MW01627830

Նվիրվում է հայ տպագրության 500-ամյակին

Khachik Grigoryan, Zaruhi Grigoryan

New English-Armenian

Dictionary

(85000 references)

Ankyunacar

Խաչիկ Գրիգորյան, Զարուհի Գրիգորյան

Նոր Անգլերեն-Հայերեն

Բառարան

(85000 բառ և արտահայտություն)

Անկյունաքար

Գրիգորյան Խաչիկ, Գրիգորյան Զարուհի
Նոր անգլերեն-հայերեն բառարան. – Եր.: «Անկյունաքար», 2021. – 906 էջ

Այս բառարանը ներառում է շուրջ 85 000 բառ և արտահայտություն: Այն նախատեսված է ընթերցողների լայն շրջանակների համար, հատկապես ուսանողների և դիմորդների, ինչպես նաև բոլոր նրանց համար, ովքեր շփում ունեն գրավոր և բանավոր անգլերենի և հայերենի հետ:

Grigoryan Khachik, Grigoryan Zaruhi
New English-Armenian Dictionary. Yerevan, Ankyunacar Publishing, 2021; 906 pages

This dictionary contains around 85 000 references. It is made for a broad scope of readers, especially students and unversity applicants as well as all those who deal with the written and spoken English and Armenian languages.

ISBN 978-99941-876-5-2

Երկու խոսք

Ներկա բառարանը լրացնում է «Անկյունաքար» հրատարակչության անգլերեն-հայերեն բառարանների շարքը՝ իբրև ծավալուն երկլեզվյա բառարան: Իր բառապաշարով և դարձվածային միավորների քանակով «Նոր անգլերեն-հայերեն բառարանը» (85000 բառ և արտահայտություն) որոշ չափով, ճիշտ է, զիջում է մեր 2010 թվականին լույս ընծայած «Անգլերեն-հայերեն արդի բառարանին» (114000 բառ և արտահայտություն), այնուամենայնիվ իր բառապաշարի հագեցվածությամբ գերազանցում է ասպարեզում առկա մնացած անգլերեն-արևելահայերեն բառարաններին: «Նոր անգլերեն-հայերեն բառարանը» ամփոփված է ավելի սեղմ չափերի մեջ, որով և ավելի մատչելի է ընթերցողներին, այն նախատեսված է հիմնականում անգլերենի խորացված ուսումնասիրության համար և հասցեագրված է հատկապես ուսանողներին և դիմորդներին:

Բառարանը կազմելիս ձգտել ենք հնարավորինս ներկայացնել թարգմանվող բառի հայերենի տարբերակը: Օգտագործել ենք թե՛ հրապարակում առկա հաջողված հայերեն եզրերը, որոնց մեջ քիչ չեն այս բառարանը կազմողների ստեղծածները: Նորագույն փոխառությունները ներառել ենք այն եզրույթների դեպքում, որոնց համար հայերեն հաջողված համազորներ չկան կամ էլ որոնք գործածվում են հայերեն տարբերակներին զուգահեռ:

Մի շարք թեմաներին նվիրված բառապաշարը, ինչպես օրինակ՝ գիտական, տեխնիկական, համակարգչային, հեռահաղորդակցական, կրոնական, հասարակագիտական և այլն, անգլերեն-հայերեն այս բառարանում միասին արտացոլված է բավական ծավալուն չափով:

Բառարանը կազմելիս հատուկ ուշադրություն ենք դարձրել հետևյալին.

- կարևորել անգլերենի դարձվածային բայերի, դարձվածքների, կայուն կապակցությունների ու առածների արտացոլումը՝ իրենց զուգահեռություններով՝ ներառյալ բրիտանական և ամերիկյան տարբերակները, դրանք ներկայացնել իրենց հայերեն համարժեքներով, ինչպես նաև անհրաժեշտության դեպքում՝ հայերեն բառացի թարգմանությամբ:
- խոսակցական բառերի և արտահայտությունների հայերեն գրական համազորներից բացի ձգտել ենք տալ նաև համապատասխան խոսակցական տարբերակները՝ անգլերեն տեքստի ընկալումը և թարգմանությունն ավելի դիպուկ դարձնելու նպատակով:
- բուսանուններին և կենդանաբանական անուններին նվիրված բառահոդվածներում սովորաբար նշել նաև լատիներեն կարգաբաշխային (տաքսոնոմիական) անվանումները:
- որոնման հեշտության և ժամանակի խնայողության համար հապավումները, կրճատումները, աշխարհագրական եզրերը ևս ներառել ենք ընդհանուր բառացանկի մեջ:

Այս բառարանում հնչյունական տառադարձումը տրված է միջազգային հնչյունական տառադարձման բրիտանական տարբերակով՝ UK IPA: Հնչյունական տառադարձումը չի տրված մի շարք ածանցավոր և բարդ բառերի դեպքում:

Հեղինակներ

Բառահոդվածի կառուցվածքը

Գլխաբառերը բառարանում տրված են այբբենական կարգով: Բառահոդվածի ներսում տարբեր խոսքի մասերը միմյանցից անջատված են արաբական թավ թվանշաններով, օրինակ՝ **1**, **2** : Դրանք դասավորված են ըստ գործածման հաճախության: Բառիմաստները միմյանցից անջատված են արաբական ոչ թավ թվանշաններով, օրինակ՝ 1) 2) : Համանուն բառերը տրված են որպես առանձին գլխաբառեր և համարակալված են արաբական թվանշաններով, օրինակ՝ **can**^{1}, **can**^{2} : Երբ բառի դարձվածաբանական միավորները, կայուն կապակցություններն ու դարձվածային բայերն ունեն մեկից ավելի իմաստներ, վերջիններս տարանջատվում են հռոմեական թվանշաններով, օրինակ՝ i) ii):

Բառահոդվածների մեծամասնությունը ներառում է գլխաբառի հնչյունական տառադարձում (transcription): Այն տրված է գլխաբառից անմիջապես հետո՝ ուղղահայաց գծիկների միջև, օրինակ՝ |əkˌsɛpt|: Բառահոդվածի ներսում մեկից ավելի տառադարձում տրվում է այն դեպքում, երբ տարբեր խոսքի մասերի արտասանությունները տարբեր են կամ տվյալ բառը ունի մեկից ավելի արտասանություն, օրինակ՝

moderate 1 *adjective* |ˈmɒd(ə)rət| 1) չափավոր...

3 *verb* |ˈmɒdəreɪt| 1) չափավորել; չափ դնել...

Հնչյունական տառադարձմանը հաջորդում է տվյալ բառի քերականական բնութագիրը, ինչը նպատակահարմար ենք գտել տալ անգլերենով, օրինակ՝ *noun, verb* և այլն: Հաշվի առնելով բառարանից օգտվողների լայն շրջանակը՝ ձգտել ենք տալ բավարար չափով քերականական տեղեկություններ: Ներառել ենք գոյականների հոգնակի թվի ձևերի, ածականների և մակբայների համեմատության աստիճանների, անկանոն և որոշ կանոնավոր բայերի ներկա դերբայի (Participle I), անցյալ ձևի (Past Indefinite) և անցյալ դերբայի (Past Participle), ինչպես նաև որոշ բայերի դեմքերի կազմությունը և այլն: Դրանք տրված են փակագծերում՝ տվյալ գլխաբառի քերականական բնութագրից անմիջապես հետո:

Բառարանում տրված են բառերի թե՛ բրիտանական և թե՛ ամերիկյան ուղղագրական (օրինակ՝ labour և labor) և իմաստային տարբերակները: Տրված են նաև գլխաբառերի ուղղագրական և ձևաբանական տարբերակները, օրինակ՝ dollhouse և doll's house և այլն: Երբ տվյալ գլխաբառը հապավում է (abbreviation) կամ կրճատում (contraction), նշվում է նաև լրիվ ձևը, օրինակ՝ **AAM** air-to-air missile, **addn.** addition, **aren't** are not; am not:

Եթե գլխաբառը գործածվում է միայն որոշակի բառակապակցության մեջ, խոսքի մասը նշելուց հետո, փակագծում կիսաթավ տառատեսակով տրված է այդ բառակապակցությունը, օրինակ՝ **gaze** |geɪz| **1** *verb* (**gaze at/on/upon**):

Բայերի դեպքում, առանձին իմաստները տալուց հետո, թավ կետիկից հետո այբբենական կարգով տրված են դարձվածային բայերը (phrasal verbs), օրինակ՝ • **go about**: Իսկ կայուն բառակապակցությունները, դարձվածքները, առածներն ու ասացվածքները տրված են բառահոդվածի վերջում՝ դարձյալ այբբենական կարգով, յուրաքանչյուրը նոր տողից և թավ տառատեսակով, օրինակ՝ **say ditto to somebody**:

Որոշ բառիմաստները լուսաբանող բառակապակցություններն ու նախադասությունները նշված են այդ իմաստի վերջում՝ մնացածներից անջատվելով «◊» նշանով, ընդ որում իրար հաջորդող նման բառակապակցությունները միմյանցից անջատվում են կետով:

Բառի առանձին իմաստը լուսաբանող բառաշարքի ներսում հայերեն համազոր բառերը/ արտահայտությունները իրարից անջատվում են կետ-ստորակետով, որպեսզի եթե թարգմանությունը պարունակում է ստորադասական նախադասություն, ապա այդ նախադասության ստորակետը չշփոթվի բաժանարար «;» նշանի հետ:

Երբ իրար հաջորդող բառակապակցությունները ունեն կրկնվող բառեր, այդ բառերի փոխարեն օգտագործել ենք թեք գծիկ, օրինակ՝ «խուլ/կեղծ պատուհան» պետք է կարդալ «խուլ պատուհան», «կեղծ պատուհան», իսկ «**entwine with/about/round**» պետք է կարդալ «**entwine with**», «**entwine about**», «**entwine round**»:

Բառհոդվածում ըստ գործածության հաճախության են դասավորված առանձին խոսքի մասերը: Նույն սկզբունքով են դասավորված նաև բառահոդվածների ներսում հայերեն համարժեքները: Նախնառաջ նշել ենք գլխաբառի ընդհանուր ճանաչում գտած և հաճախ հանդիպող նշանակությունը, որին հաջորդում են իմաստային նրբերանգները, համատեքստային կիրառությունները, ինչպես նաև պատկերավոր, փոխաբերական գործածումները ու տարբերակները: Կարևորել ենք տվյալ բառի իմաստային նրբերանգները արտահայտող հոմանիշների ներառումը, քանի որ դրանք հատկապես օգտակար ու պարզաբանիչ կարող են լինել, երբ անգլերեն գլխաբառը կամ հայերեն համարժեքը կամ դրանք երկուսն էլ բազմիմաստ բառեր են: Իմաստային հոմանիշների դասավորության հարցում նույնպես նախնառաջ ներկայացրել ենք ամենից տարածված և/կամ հանձնարարելի հայերեն համազորները:

Հայերեն համարժեքների կողքին անհրաժեշտության դեպքում տվել ենք սեղմ բացատրություններ՝ իմաստային նրբությունները պարզաբանելու, ինչպես նաև հայ իրականության մեջ պակաս տարածված կամ անծանոթ երևույթները նկարագրելու նպատակով: Բացատրությունները նշված են փակագծերում, շեղ տառատեսակով:

Անգլերենի հնչյունական տառադարձման նշանները՝ իրենց մոտավոր հայերեն համարժեքներով

Հնչյունական տառադարձման մեջ տարբերակված են երկու տեսակի շեշտ. առաջնային, որը նշանակված է բարձր ուղղաձիգ գծով, և երկրորդային, որը նշանակված է ցածր ուղղաձիգ գծով, ընդ որում շեշտը դրվում է շեշտվող վանկից առաջ, օրինակ |ˌlɛksɪˈkɒgrəfə| տառադարձման մեջ առաջին շեշտը երկրորդային է, իսկ երկրորդը՝ առաջնային:

Բաղաձայններ

b - *բ*	l - *լ*	t - *թ*
d - *դ*	m - *մ*	v - *վ*
f - *ֆ*	n - *ն*	w - *[ու]*
g - *գ*	ŋ - ետնաքիմքային *ն*	z - *զ*
h - *հ*	p - *փ*	ʒ - *ժ*
dʒ - *ջ*	r - *ր*	ʃ - *շ*
k - *ք*	s - *ս*	tʃ - *չ*

θ - այս հնչյունն արտաբերվում է լեզվի և վերին ատամնաշարի միջև ճեղք առաջացնելով և օդն անձայն արտաշնչելով

ð - այս հնչյունն արտաբերվում է նախորդի նման, սակայն արտաբերվում է ձայնով

Ձայնավորներ

Անգլերենում այսօր տարածված է հնչյունային տառադարձման մի քանի համակարգ, որոնք բոլորն էլ ընդունելի են համարվում Միջազգային հնչյունական ասոցիացիայի (International Phonetic Association) կողմից[1]: Սույն բառարանում ձայնավորների և երկբարբառների տառադարձման նշանները մասամբ տարբերվում են մինչև հիմա ընդունված համակարգից. դրանք են՝ əː-ն համապատասխանում է ɜː-ին, ɛ-ն համպատասխանում է e-ին, ʌɪ-ը համապատասխանում է aɪ-ին, և ɛː-ն համապատասխանում է eə-ին:

ɑː - երկար *ա*	uː - երկար *ու*
i - կարճ *ի*	ʊ - կարճ *ու*
iː - երկար *ի*	æ - խիստ շեշտված *ը*
ɪ - կարճ և բաց *ի*	ə - *ը*
ɔː - երկար *օ*	əː - երկար *ը*
ɛ - է	

Երկհնչյուններ

eɪ - *էյ*	ʌɪ - *այ*
ɔɪ - *օյ*	ɛː - *էը*
əʊ - *ըու*	aʊ - *աու*
ɪə - *իը*	ʊə - *ուը*

1 Տե՛ս IPA vowel symbols for British English in dictionaries, Journal of International Phonetic Association, Volume 33 Number 2 in December 2003, http://www.yek.me.uk/ipadicts.html.

Անգլերեն-Հայերեն

Բառարան

A B C D E F G H I J K L M N O P Q R S T U V W X Y Z

Aa

A[1] |eɪ| (նաև **a**) *noun* (հոգն. **As** կամ **A's**) 1) անգլերեն այբուբենի առաջին տառը 2) արյան առաջին խմբի նշանակումը 3) *երաժշտություն* (**A**) լյա *(լյա հնչյունի տառային նշանակումը)*

A[2] |eɪ| *abbreviation* 1) Å անգստրեմ 2) ամպեր

aback |əˈbæk| *adverb* հետ; ետ; դեպի ետ

take someone aback մեկին զարմացնել/շշմեցնել

abacus |ˈæbəkəs| *noun* (հոգն. **-cuses**) 1) համրիչ 2) թակաղակ; սյան խոյակի վերնահարթակ

abandon |əˈbænd(ə)n| **1** *verb* 1) թողնել; լքել 2) հրաժարվել; դադարել; ձեռք քաշել 3) հանձնել; թողնել 4) (**abandon oneself to**) հանձնվել *(ցանկությանը)* **2** *noun* անկաշկանդություն; անկաշկանդվածություն

abandoned |əˈbænd(ə)nd| *adjective* 1) լքված; թողնված 2) անկաշկանդ; ազատ

abandonment *noun* 1) լքում; լքվածություն 2) լքելը; թողնելը 3) անկաշկանդություն

abase |əˈbeɪs| *verb* նվաստացնել; ստորացնել

abasement |əˈbeɪsmənt| *noun* նվաստացում; ստորացում

abashment *noun* 1) շփոթություն 2) շփոթմունք

abate |əˈbeɪt| *verb* 1) նվազել; թուլանալ; մեղմանալ 2) թուլացնել; մեղմացնել; թեթևացնել 3) նվազեցնել; փոքրացնել

abatement *noun* թուլացում; մեղմացում; փոքրացում

abattoir |ˈæbətwɑː| *noun* սպանդանոց; սպանդարան

abbacy |ˈæbəsi| *noun* (հոգն. **-cies**) աբբայություն

abbess |ˈæbɛs| *noun* աբբայուհի; մայրապետ

abbey |ˈæbi| *noun* (հոգն. **-beys**) աբբայարան; մենաստան; վանք

abbot |ˈæbət| *noun* վանահայր; աբբահայր

abbr. *abbreviation* abbreviation հապավում

abbreviate |əˈbriːvɪeɪt| *verb* 1) հապավել 2) կրճատել; համառոտել

abbreviation |əbriːvɪˈeɪʃ(ə)n| (հպվ. **abbr.**) *noun* հապավում; կրճատում; համառոտում

ABC[1] *noun* 1) այբուբեն; այբբենարան 2) հիմունքներ 3) այբբենական/այբբենաշարված ուղեցույց

easy/simple as ABC շատ պարզ/հասարակ

ABC[2] *abbreviation* American Broadcasting Company Ամերիկյան հեռարձակող ընկերություն

abdicate |ˈæbdɪkeɪt| *verb* հրաժարվել *(գահից, իրավունքից, պաշտոնից և այլնից)*

abdication *noun* հրաժարում

abdomen |ˈæbdəmən|, |æbˈdəʊmən| *noun* 1) որովայն; փոր; որովայնի խոռոչ 2) *կենդանաբանություն* փորիկ *(միջատի)*

abdominal |æbˈdɒmɪn(ə)l| *adjective* որովայնային; փորային; փորի

abduct |əbˈdʌkt| *verb* 1) առևանգել; փախցնել; հափշտակել 2) *բնախոսություն* բացել; տարածել *(մկանը)*

abduction *noun* 1) առևանգում; հափշտակություն 2) *բնախոսություն* բացում; բացելը *(մկանի)*

abductor *noun* 1) առևանգիչ; հափշտակիչ 2) *բնախոսություն* բացիչ մկան

abecedarian |ˌeɪbiːsiːˈdɛːrɪən| **1** *adjective* 1) այբբենական դասավորված 2) պարզունակ; հասարակ **2** *noun* սկսնակ

abed |əˈbɛd| *adverb հնացած* անկողնում

aberration |æbəˈreɪʃ(ə)n| *noun* 1) մոլորություն; շեղում; խոտորում 2) խոտորված մարդ 3) շեղում *(նորմայից)*

abet |əˈbɛt| *verb* (**abetted**, **abetting**) դրդել; հրահրել; սադրել; մղել

abetment *noun* դրդում; հրահրում

abhor |əbˈhɔː| *verb* (**-horred**, **-horring**) *գրական անգլերեն* 1) զզվել; ատել; նողկալ 2) չհանդուրժել

abhorrence |əbˈhɒr(ə)ns| *noun* զզվանք; գարշանք; նողկանք

abhorrent |əbˈhɒr(ə)nt| *adjective* նողկանք առաջացնող; զզվելի; գարշելի

abide |əˈbʌɪd| *verb* 1) (**abide by**) մնալ; վարվել ըստ *(ինչ-որ սկզբունքի, կանոնի)* 2) դիմանալ; տոկալ; հանդուրժել; տանել; համբերել 3) մնալ; ապրել; հարատևել; չթուլանալ *(հիշողությունների, զգացմունքների մասին)*

abide by հավատարիմ լինել; գործել ըստ

abiding |əˈbʌɪdɪŋ| *adjective* մնայուն; հաստատուն; անփոփոխ

ability |əˈbɪlɪti| *noun* (հոգն. **-ties**) 1) կարողություն; ունակություն; ընդունակություն 2) հմտություն; ճարպկություն; վարպետություն; ձիրք

to the best of one's ability/belief/knowledge/power/recollection/remembrance ըստ հնարավորին; ուժերի չափ; ուժերի ներածին չափ; կարողությունների սահմանում; որքան հնարավոր է

abject |ˈæbdʒɛkt| *adjective* 1) վատ; ծայրահեղ; հոռի 2) ինքնանվաստացող; առանց արժանապատվության

abjection *noun* նվաստացում; վիրավորանք

abjuration *noun* հրաժարման երդում; հանդիսավոր հրաժարում; ուրացում

abjure |əbˈdʒʊə| *verb գրական անգլերեն* հրաժարվել; ուրանալ

Abkhazia |æbˈkɑːzɪə| Աբխազիա *(պետություն Սև ծովի ափին, 1992 թ. ինքնահռչակված, իսկ 2008 թ. ճանաչված Ռուսաստանի և մի քանի այլ պետությունների կողմից)*

ablation |əˈbleɪʃ(ə)n| *noun* 1) անդամահատություն; վիրահատություն 2) մակահալում *(սառույցի, ձյան)*

ablaze |əˈbleɪz| *adjective* 1) բոցավառ; հրակեզ

2) վարվոում

able |ˈeɪb(ə)l| *adjective* (**abler**, **ablest**) 1) ունակ; ընդունակ; կարող 2) հմուտ; գիտակ; վարպետ

able-bodied *adjective* 1) ամուր; ամրակազմ; պնդակազմ 2) զինծառայության պիտանի 3) *տնտեսագիտություն* աշխատունակ

abloom |əˈbluːm| *adjective* ծաղկուն; ծաղկափթիթ; ծաղկավառ

ablution |əˈbluːʃ(ə)n| *noun* 1) լվացում; ողողում 2) մաքրում

ably |ˈeɪbli| *adverb* վարպետորեն; հմտորեն; գործիմացորեն; ճարտար կերպով

abnegate |ˈæbnɪgeɪt| *verb* 1) հրաժարվել 2) ուրանալ 3) մերժել

abnegation |æbnɪˈgeɪʃ(ə)n| *noun* 1) մերժում 2) հրաժարում

abnormal |əbˈnɔːm(ə)l| *adjective* անկանոն; աննորմալ; անբնականոն

abnormality |æbnɔːˈmælɪti|, |-nəˈmælɪti| *noun* (հոգն. **-ties**) աննորմալություն; անբնականոնություն

abnormally *adverb* անկանոնաբար; անբնական

aboard |əˈbɔːd| *adverb, preposition* նավի/գնացքի/օդանավի վրա

All aboard. Նստեցում չկա: Նստեցումն ավարտված է: *(նախազգուշացում նավի/օդանավի, իսկ Ամերիկայում՝ գնացքի/հանրակառքի մասին)*

be all aboard իրարանցման/խառնաշփոթության մեջ հայտնվել; շվարել; շփոթվել; խուճապահար լինել; խուճապի մատնվել; գլուխը կորցնել; վրդովվել; հուզվել

abode[1] |əˌbəʊd| *noun գրական անգլերեն բանաստեղծական* 1) բնակավայր; ապրելավայր; կեցավայր 2) մնալը; բնակվելը

make one's abode բնակություն հաստատել; տեղավորվել; հիմնավորվել; բույն դնել; ապրել

abode[2] *verb* անցյալ տե՛ս **abide**

abolish |əˈbɒlɪʃ| *verb* 1) չեղյալ հայտարարել/համարել; անվավեր դարձնել/համարել 2) վերացնել

abolition |æbəˈlɪʃ(ə)n| *noun* վերացում; չեղյալ հայտարարելը; անվավեր դարձնելը

abolitionism *noun* պայքար ստրկության վերացման համար

abominable |əˈbɒm(ə)nəb(ə)l| *adjective* 1) զզվելի; զազրելի; գարշելի; նողկալի 2) *խոսակցական* զզվելի; անդուր 3) սարսափելի

abominate |əˈbɒmɪneɪt| *verb գրական անգլերեն* նողկալ; գարշել; զզվել; նողկանք տածել

abomination |əbɒmɪˈneɪʃ(ə)n| *noun* 1) գարշելի բան; զզվելի բան; պղծություն; զզվանք; նողկանք 2) ատելություն

the abomination of desolation *աստվածաշնչային* ավերածություն; սրբապղծություն

aboriginal |æbəˈrɪdʒɪn(ə)l| **1** *adjective* բնիկ; տեղացի; տեղաբնակ; տեղաբնիկ **2** *noun* բնիկ; տեղաբնիկ

aborigine |æbəˈrɪdʒɪniː| *noun* տեղացի; տեղաբնիկ

abort |əˈbɔːt| **1** *verb* 1) վիժել 2) *կենսաբանություն* չզարգանալ 3) դադարեցնել; կանգնեցնել **2** *noun խոսակցական տեխնիկական* 1) դադարեցում; վթարային դադարեցում 2) վերացնելը; չկայացնելը

abortion |əˈbɔːʃ(ə)n| *noun* վիժում; վիժեցում

abortionist |əˈbɔːʃ(ə)nɪst| *noun* 1) վիժեցումների կողմնակից 2) վիժեցումներ կատարող

abortive |əˈbɔːtɪv| *adjective* 1) անհաջող; ձախողակ 2) հետաճած 3) վիժում առաջացնող

abound |əˈbaʊnd| *verb* 1) առատ լինել; զեռալ; վխտալ 2) մեծ քանակի լինել

about |əˈbaʊt| **1** *preposition* 1) մասին; վերաբերյալ 2) (**be about**) զբաղված լինել 3) շուրջը; շուրջանակի 4) համարյա **2** *adverb* 1) մոտավորապես; մոտ 2) գրեթե 3) *հիմնականում բրիտանական* այսուայնկողմ 4) *հիմնականում բրիտանական* այսուայնտեղ

about to do something ինչ-որ բան անելու պատրաստվելիս; ինչ-որ բան անելու պատրաստվող

What are you about? *խոսակցական* Ինչո՞վ ես զբաղված: Ի՞նչ ես պատրաստվում անել: Ի՞նչ գործի ես: Ի՞նչ բանի ես:

above |əˈbʌv| **1** *preposition* 1) վերևում; վեր 2) բարձր **2** *adverb* 1) ավելի բարձր 2) ավելի վեր

above all (**above all things**) ամենից շատ; նախ և առաջ; հիմնականում; ավելին

be above oneself 1) հնազանդությունից դուրս գալ; չենթարկվել; չլսել 2) անսովոր վիճակի/կացության/տրամադրության մեջ գտնվել; հունից/ափերից դուրս գալ; չափը կորցնել; չափ ու սահմանն անցնել; ինքն իրենից դուրս գալ

abrade |əˈbreɪd| *verb* 1) մաշել; քայքայել 2) պլոկել; քերթել

abrasion |əˈbreɪʒ(ə)n| *noun* 1) մաշում; քայքայում; շփում 2) *երկրաբանություն* ողողամաշում 3) պոկվածք; քերծվածք; քերթվածք

abrasive |əˈbreɪsɪv| **1** *adjective* 1) հղկող; ողորկող 2) քերծող 3) տհաճ; սուր *(ձայնի մասին)* **2** *noun* հղկանյութ; հղկափոշի

abreast |əˈbrest| *adverb* 1) մի շարքով; կողք կողքի 2) համասար 3) տեղյակ; իրազեկ *(նորություններից)*

abridge |əˈbrɪdʒ| *verb* 1) կրճատել; հապավել; համառոտել 2) *իրավունք* սահմանափակել *(իրավունքները)*

abridgment |əˈbrɪdʒm(ə)nt| (նաև **abridgement**) *noun* 1) կրճատում; հապավում; համառոտում 2) *իրավունք* սահմանափակում

abroad |əˈbrɔːd| **1** *adverb* 1) արտասահմանում 2) տարբեր ուղղություններով; ամենուրեք 3) դեպի արտասահման **2** *noun* արտասահման; արտասահմանյան երկրներ

abrogate |ˈæbrəgeɪt| *verb գրական անգլերեն* անվավեր դարձնել; չեղյալ հայտարարել; վերացնել

abrogation *noun* վերացում; չեղյալ հայտարարելը; անվավեր դարձնելը *(օրենքի և այլնի)*

abrupt |əˈbrʌpt| *adjective* 1) անսպասելի; անակնկալ; հանկարծակի 2) կտրուկ 3) կտրտված 4) զառիթափ 5) կոպիտ

abruptly *adverb* 1) հանկարծակիորեն; անսպասելիորեն 2) ընդհատաբար 3) կոպտորեն 4) զառիթափ կերպով

abruptness *noun* 1) անսպասելիություն; անակնկալություն 2) զառիթափություն; գահավեժություն 3) կտրուկություն; կոպտություն

abs *noun* *խոսակցական* որովայնի մկաններ

abscess |ˈæbsɪs|, |-sɛs| *noun* թարախաբշտիկ; թարախագնդիկ; թարախապալար

abscond |əbˈskɒnd| *verb* 1) փախչել; փախուստի դիմել 2) խուսափել

absconder *noun* արդարադատությունից թաքնվող անձ

absence |ˈæbs(ə)ns| *noun* 1) բացակայություն 2) պակասություն

Absence makes the heart grow fonder. *առած* Բաժանումից սերն ուժեղանում է: Աչքից հեռու, սրտին՝ մոտ:

absence of mind ցրվածություն; մտացրիվություն; մտամոլորություն; անուշադրություն

absence without leave *ռազմական* ինքնագլուխ/անթույլատրելի/անհարգելի բացակայություն

absent **1** *adjective* |ˈæbs(ə)nt| 1) բացակա 2) ցրված **2** *verb* |æbˈsɛnt| բացակայել **3** *preposition* *գրական անգլերեն* առանց

Long absent, soon forgotten. *առած* Աչքից հեռու՝ սրտից հեռու: Հեռացար՝ մոռացար:

The absent are always wrong. *առած* (The absent are always in the wrong.) Բացական միշտ էլ մեղավոր է:

absentee |æbs(ə)nˈtiː| *noun* 1) բացակայող անձ 2) խուսափող անձ

absenteeism |æbs(ə)nˈtiːɪz(ə)m| *noun* արհամարհում; խուսափում

absently *adverb* ցրված կերպով; անուշադիր

absentminded *adjective* բացակա; ցրված; անուշադիր

absolute |ˈæbsəluːt| **1** *adjective* 1) բացարձակ; կատարյալ; լիակատար 2) մաքուր; անխառն **2** *noun* *փիլիսոփայություն* 1) բացարձակ արժեք 2) (the absolute) բացարձակ գոյություն 3) (the Absolute) Բացարձակը; Աստված 4) բացարձակ մեծություն/սկզբունքը

absolutely |æbsəˈluːtli| *adverb* 1) բացարձակապես; անվերապահորեն 2) անկախորեն; բացարձակ մեծությամբ 3) *քերականություն* առանց խնդրի (*բայի մասին*) 4) իհարկե; անպայման

absolute majority *noun* բացարձակ մեծամասնություն (*ձայների 50 տոկոսից ավելին*)

absolution |æbsəˈluːʃ(ə)n| *noun* 1) ազատում (*պարտքերից, պարտականությունից և այլն*) 2) *եկեղեցական* մեղքերի թողություն

absolutism |ˈæbsəluːtɪz(ə)m| *noun* 1) բացարձակապաշտություն; բացարձակ արժեքների ընդունում (*քաղաքականության, փիլիսոփայության, բարոյականության և աստվածաբանության մեջ*) 2) անսահմանափակ միապետություն 3) անվիճելիորեն

absolve |əbˈzɒlv| *verb* ազատել; արձակել (*պատասխանատվությունից, մեղքից և այլն*)

absorb |əbˈzɔːb|, |-ˈsɔːb| *verb* 1) ներծծել; կլանել 2) յուրացնել 3) գրավել (*ուշադրությունը*) 4) թուլացնել (*տատանումները*)

absorbable *adjective* ներծծվող; կլանվող

absorbed |əbˈzɔːbd|, |-ˈsɔːbd| *adjective* 1) ներծծված; կլանված 2) տարված; հափշտակված

absorbent |əbˈzɔːb(ə)nt|, |-ˈsɔːb-| **1** *adjective* ներծծող; քաշող **2** *noun* ներծծող նյութ; կլանող նյութ

absorber *noun* 1) կլանող նյութ; կլանիչ 2) հարվածամեղմիչ; մեղմիչ

absorption |əbˈzɔːpʃ(ə)n|, |-ˈsɔːp-| *noun* 1) կլանում; ներծծելը 2) ներծծվելը; ներծծում 3) կլանվածություն; հափշտակվածություն; կենտրոնացում 4) կլանված լինելը (*մտքերի մեջ*) 5) ներքաշված լինելը

absorptive |-ˈzɔːptɪv|, |-ˈsɔːb-| *adjective* կլանիչ; ներծծիչ

abstain |əbˈsteɪn| *verb* 1) ժուժկալել; զսպել իրեն 2) ձեռնպահ մնալ; հրաժարվել ◊ **abstain from meat** միս չուտել

abstainer *noun* 1) սթափ անձ; ժուժկալող անձ 2) չխմող անձ

abstemious |əbˈstiːmɪəs| *adjective* չափավոր; զուսպ; ժուժկալ; սակավապետ

abstention |əbˈstɛnʃ(ə)n| *noun* 1) ձեռնպահ ձայն 2) զսպվածություն; չափավորություն

abstinence |ˈæbstɪnəns| *noun* 1) չափավորություն; զսպվածություն; ժուժկալություն 2) հրաժարում խմիչքից

abstinent *adjective* 1) չափավոր; զուսպ 2) չխմող 3) պահեցող; պահքի մեջ գտնվող անձ

abstract **1** *adjective* |ˈæbstrækt| 1) վերացական; մտային 2) տեսական 3) աբստրակտ; վերացական (*արվեստի մասին*) **2** *verb* |əbˈstrækt| 1) վերացարկել; վերացականորեն քննել; առանձնացնել 2) կորզել 3) ամփոփում գրել **3** *noun* |ˈæbstrækt| 1) ամփոփում; եզրակացություն; համառոտ շարադրանք 2) աբստրակտ արվեստի գործ 3) (the abstract) վերացականը 4) վերացական հասկացություն

in the abstract ընդհանուր առմամբ

abstract art *noun* աբստրակտ արվեստ; վերացական արվեստ

abstracted |əbˈstræktɪd| *adjective* կլանված (*սեփական մտքերի մեջ*)

abstractedly *adverb* ցրված կերպով

abstraction |əbˈstrækʃ(ə)n| *noun* 1) վերացարկում 2) վերացական բան; ընդհանրացում 3) ցրվածություն; մտացրիվություն 4) *տեխնիկական* հեռացում; արտուղղում (*ջրի, ջերմության և այլնի*) 5) վերացական արվեստի գործ

abstruse |əbˈstruːs| *adjective* 1) խորիմաստ; նրբիմաստ 2) դժվար հասկանալի 3) թաքուն; գաղտնի

absurd |əbˈsəːd| **1** *adjective* 1) անհեթեթ; անմիտ; անբովանդակ; իմաստազուրկ 2) հիմար 3) ծիծաղելի **2** *noun* անմտություն; աբսուրդ

absurdity |əbˈsəːdɪti| *noun* (հոգն. **-ties**) անհեթերություն; անիմաստություն; անբովանդակություն

absurdly *adverb* անհեթեթաբար; անիմաստորեն

Abu Dhabi |ˌæbuː ˈdɑːbi| 1) Աբու Դաբի *(Միացյալ Արաբական Էմիրություններից մեկը)* 2) Աբու Դաբի *(Միացյալ Արաբական Էմիրությունների մայրաքաղաքը)*

abundance |əˈbʌnd(ə)ns| *noun* 1) առատություն; բարգավաճում; լիություն; հորդություն 2) բարեկեցություն

abundance of the heart զգացմունքների հորդություն/բռնկում; հուզառատություն; սրտացավ վերաբերմունք

abundant |əˈbʌnd(ə)nt| *adjective* առատ; լիառատ; լի; հորդ; հարուստ

abundantly |əbˈŋd(ə)ntli| *adverb* 1) առատորեն; լիորեն; ճոխաբար 2) ծայրահեղորեն; սաստկապես

abuse **1** *verb* |əˈbjuːz| 1) չարաշահել; զեղծել; զեղծագործել 2) բռնանալ; բռնությամբ վերաբերվել; դաժանություն ցուցաբերել 3) վիրավորել; հայհոյել 4) սեռական ոտնձգություն կատարել **2** *noun* |əˈbjuːs| 1) չարաշահում; զեղծում; զեղծագործություն 2) բռնություն 3) հայհոյալից լեզու 4) ոտնձգություն *(սովորաբար սեռական)*

abusive |əˈbjuːsɪv| *adjective* 1) հայհոյախոս; հայհոյալից 2) դաժան; բիրտ 3) անարդար

abut |əˈbʌt| *verb* (**abutted**, **abutting**) 1) հարել 2) վերջանալ; դեմ առնել *(տարածքի մասին)* 3) հենվել

abutment |əˈbʌtm(ə)nt| *noun* 1) կամարակալ; նեցուկ 2) նեցուկ դնելը 3) հենման կետ

abysm |əˈbɪz(ə)m| *noun* անդունդ; վիհ; խորխորատ

abysmal |əˈbɪzm(ə)l| *adjective* 1) սարսափելի; ահռելի; ահավոր 2) *բանաստեղծական* շատ խորը

abyss |əˈbɪs| *noun* 1) անդունդ; վիհ; խորխորատ 2) խիստ մեծ տարբերություն 3) սարսափելի իրավիճակ

abyssal |əˈbɪs(ə)l| *adjective* *տեխնիկական* անդնդախոր

Abyssinia |ˌæbɪˈsɪnɪə| Հաբեշստան *(Եթովպիա պետության նախկին անվանումը)*

AC *abbreviation* 1) alternating current փոփոխական հոսանք 2) air conditioning օդորակում 3) ante Christum Քրիստոսից առաջ

a/c *abbreviation* 1) հաշիվ; հաշվեհամար; հ/հ 2) air conditioning օդորակում

acacia |əˈkeɪʃə|, |-sjə| (նաև **acacia tree**) *noun* *բուսաբանություն* ակացիա; մրփենի *(Acacia, ընտանիք Leguminosae)*

academic |ækəˈdɛmɪk| **1** *adjective* 1) ուսումնական 2) տեսական 3) վերացական 4) ակադեմիական **2** *noun* համալսարանում կամ քոլեջում դասավանդող անձ

academician |əkædəˈmɪʃ(ə)n| *noun* 1) մտավորական 2) ակադեմիկոս; ակադեմիայի անդամ

academy |əˈkædəmi| *noun* (հոգն. **-mies**) 1) ակադեմիա 2) միջնակարգ դպրոց *(հատկապես մասնավոր)* 3) գիտնականների ընկերակցություն

Acapulco |ˌækəˈpʊlkəʊ| Ակապուլկո *(նավահանգստային և առողջարանական քաղաք Մեքսիկայում)*

accede |əkˈsiːd| *verb* *գրական անգլերեն* 1) համաձայնել; ընդունել *(պայմանները)* 2) միանալ; անդամակցել; կազմակերպության անդամ դառնալ 3) ծառայության մտնել 4) համաձայնվել

accelerando |əksɛləˈrændəʊ|, |ətʃɛl-| *երաժշտություն* **1** *adjective, adverb* աստիճանաբար արագանալով/արագացնելով **2** *noun* (հոգն. **-dos** կամ **-di** |-di|) աստիճանաբար արագացող հատված

accelerate |əkˈsɛləreɪt| *verb* 1) արագանալ 2) արագացնել

acceleration |əksɛləˈreɪʃ(ə)n| *noun* արագացում

accelerative *adjective* արագացնող

accelerator |əkˈsɛləreɪtə| *noun* 1) արագացման ոտնակ 2) *ֆիզիկա* արագացուցիչ

accent **1** *noun* |ˈæks(ə)nt| |-sɛnt| 1) շեշտ 2) արտասանություն 3) առոգանություն **2** *verb* |ækˈsɛnt| 1) շեշտել 2) շեշտով նկագել

accentual |əkˈsɛntjʊəl| *adjective* շեշտային; շեշտի; առոգանության

accentuate |əkˈsɛntjʊeɪt| *verb* 1) շեշտել; շեշտավորել; ընդգծել 2) նկատելի դարձնել 3) շեշտի նշան դնել

accentuation *noun* 1) շեշտում; ընդգծում; առանձնացում; շեշտավորում 2) արտասանության ոճ; առոգանություն

accept |əkˈsɛpt| *verb* 1) ընդունել; համաձայնել 2) ստանձնել 3) ճանաչել; հավանություն տալ 4) միանալ; ողջունել 5) հանդուրժել; դիմանալ

acceptability |əksɛptəˈbɪlɪti| *noun* հանդուրժելիություն; ընդունելիություն; թույլատրելիություն

acceptable |əkˈsɛptəb(ə)l| *adjective* 1) ընդունելի; տանելի; բավարար; գոհացուցիչ 2) հանդուրժելի; թույլատրելի

the acceptable face of ընդունելի կերպ

acceptance |əkˈsɛpt(ə)ns| *noun* 1) ընդունելիություն; ընդունում 2) ընդունելություն; ընդունվելը 3) համաձայնություն; ընդունելը 4) հավանություն 5) հանդուրժանք; հանդուրժելը

acceptance of persons աչառություն; կողմնապահություն

acceptation |æksɛpˈteɪʃ(ə)n| *noun* ընդունված իմաստ

access |ˈæksɛs| **1** *noun* 1) *նաև համակարգիչներ* մատչում; մուտք; մուտ; ներթափանցում 2) մուտքի թույլտվություն 3) պոռթկում *(զգացմունքների)* 4) հասանելիություն; մատչելիություն **2** *verb* 1) մատչել; մատչում ունենալ 2) մոտենալ 3) գործածելու թույլտվություն ունենալ

accessibility |əksɛsɪˈbɪlɪti| *noun* 1) մատչելիություն 2) հասկանալիություն; ըմբռնելիություն 3) հեշտություն

accessible |əkˈsɛsɪb(ə)l| *adjective* 1) մատչելի; դյուրամատչելի; դյուրահաս 2) ըմբռնելի 3) ենթակա

accessible to bribery կաշառվող; կաշառակեր

accession |əkˈseʃ(ə)n| **1** *noun* 1) գահ բարձրանալը; գահակալություն 2) նախագահական պաշտոն ստանձնելը; պաշտոնակալություն 3) պաշտոնապես միանալը; ընդգրկում *(կազմակերպությանը)* 4) հավելում; հավելված; լրացում 5) ընդունում; ընդունելը *(պայմանագրի)* **2** *verb* 1) գրանցել հավաքածուում 2) ձեռք բերել հավաքածուի համար *(գրքեր և այլն)*

accessory |əkˈses(ə)ri| (նաև **accessary**) **1** *noun* (հոգն. **-ries**) 1) պիտույք; լրապիտույք; լրացուցիչ հարմարանք 2) անուղղակի մասնակից 3) *իրավունք* մասնակից; հանցակից **2** *adjective տեխնիկական* լրացուցիչ

accessory after the fact *իրավունք հնացած* անուղղակի մասնակից; մեղսակից

accident |ˈæksɪd(ə)nt| *noun* 1) դժբախտ պատահար; վթար; փորձանք; արկած 2) պատահար; պատահականություն; դիպված 3) *փիլիսոփայություն* անէական/պատահական հատկություն

Accidents will happen in the best regulated families. *առած* Ընտանիքն առանց այլանդակի չի լինի: Տուն կա՞, որ խոսք չլինի: Գյուղ կա՞, որ շուն չլինի:

an accident waiting to happen 1) վտանգով հղի իրավիճակ 2) խնդրահարույց մարդ

by accident պատահաբար; ոչ միտումնավոր; ոչ դիտավորյալ

meet with an accident վթարի ենթարկվել; վթարվել; վթարանք կրել

accidental |æksɪˈdent(ə)l| **1** *adjective* 1) պատահական; դիպվածական; հանկարծակի 2) երկրորդային; օժանդակ 3) ոչ էական **2** *noun* չվող թռչուն

accidentally *adverb* պատահաբար; ոչ միտումնավոր

accident-prone *adjective* փորձանքների մեջ ընկնող; փորձանքաբեր; շառոտ

acclaim |əˈkleɪm| **1** *verb* ծափահարել; ողջունել; գովաբանել; հավանության արժանացնել **2** *noun* 1) ծափահարություններ; խանդավառ ընդունելություն 2) հավանություն; գովեստ

acclamation |ækləˈmeɪʃ(ə)n| *noun* ընդհանուր հավանություն; աղմկոտ հավանություն

acclimate |ˈæklɪˌmeɪt|, |əˈklʌɪmət| *verb* օդավարժվել; օդընտելանալ; կլիմայավարժվել

acclimation *noun* օդընտելացում; օդընտելություն; օդավարժություն; կլիմայավարժություն

acclimatize |əˈklʌɪmətʌɪz| *verb* օդընտելացնել; օդավարժել; հարմարեցնել

acclivity |əˈklɪvɪti| *noun* (հոգն. **-ties**) կտրուկ վերելք

accolade |ˈækəleɪd|, |ækəˈlɑːd|, |-kəʊl-| *noun* 1) գովեստ; հավանություն 2) ասպետ հռչակելը *(սրով ուսին դիպչելով)*

accommodate |əˈkɒmədeɪt| *verb* 1) տեղավորել; բնակեցնել; օթևան տալ 2) բավարարել *(պահանջները)* 3) հարմարեցնել 4) հարմարվել 5) հաշտեցնել 6) հաշվի առնել 7) նպաստել; օգնել

accommodating |əˈkɒmədeɪtɪŋ| *adjective* 1) բարեհամբույր; բարյացակամ 2) զիջող 3) հաշտվող

accommodation |əkɒməˈdeɪʃ(ə)n| *noun* 1) տեղավորում; բնակեցում 2) (**accommodations**) սենյակ; բնակարան; կեցավայր; շենք 3) սենյակների տրամադրում 4) համաձայնություն; պայմանավորվածություն 5) հեռահարմարում *(աչքի)* 6) փոխատվություն; պարտքի տրամադրում 7) (**accomodations**) վարձու բնակարան/սենյակ 8) տեղավորելը *(սենյակներում)*

accompaniment |əˈkʌmp(ə)nɪm(ə)nt| *noun* 1) ուղեկցություն; լրացում 2) *երաժշտություն* նվագակցություն

to the accompaniment of sth նվագակցությամբ; ուղեկցությամբ

accompanist |əˈkʌmpənɪst| *noun* նվագակից; նվագակցող անձ

accompany |əˈkʌmpəni| *verb* (**-nies**, **-nied**) 1) ուղեկցել; ընկերակցել 2) *երաժշտություն* նվագակցել

accomplice |əˈkʌmplɪs|, |əˈkɒm-| *noun իրավունք* հանցակից; մեղսակից; մասնակից

accomplish |əˈkʌmplɪʃ|, |əˈkɒm-| *verb* 1) կատարել; իրագործել; վերջացնել 2) կարողանալ; հաջողեցնել

accomplished |əˈkʌmplɪʃt|, |əˈkɒm-| *adjective* 1) կատարելագործված; հմուտ; ճարտար; շնորհալի 2) *հնացած* կրթված; բարեկիրթ

accomplishment |əˈkʌmplɪʃm(ə)nt|, |əˈkɒm-| *noun* 1) կատարում; իրագործում 2) նվաճում; հաջողություն; ձեռքբերում 3) (**accomplishments**) ունակություն; հմտություն; շնորհք 4) հասնելը 5) (**accomplishments**) շնորհք; վայելչություն

accord |əˈkɔːd| **1** *verb* 1) տալ; շնորհել; նվիրել; ընձեռել 2) (**accord with**) ներդաշնակել; պատշաճ լինել 3) համաձայնել; համապատասխանության մեջ լինել **2** *noun* 1) համաձայնություն; պաշտոնական համաձայնություն 2) համապատասխանություն

be at accord with sb *հնացած* համամիտ լինել մեկի հետ; համաձայնել

be in accord 1) զուգադիպել *(կարծիքի մասին)* 2) համախոհ/համաձայն/համամիտ/գաղափարակից/համակարծիք լինել

in accord with sb/sth համաձայն *(ինչ-որ բանի, ինչ-որ մեկի)*

of one's own accord ինքնակամ; սեփական ցանկությամբ; կամովոր; հոժար կամքով

with one accord միահամուռ

accordance |əˈkɔːd(ə)ns| *noun* 1) համաձայնություն; համապատասխանություն 2) շնորհում; տվչություն

in accordance with ըստ; համեմատ; համաձայն; որևէ բանի համապատասխան

accordant |əˈkɔːd(ə)nt| *adjective հնավանդ* համապատասխան; համաձայն

according |əˈkɔːdɪŋ| *adverb* 1) (**according to**) համաձայն; ըստ 2) (**according as**) նայած; կախված այն բանից, թե

accordingly |əˈkɔːdɪŋli| *adverb* 1) համապատասխանաբար 2) հետևապես 3) այսպիսով 4) ուստի

accordion |əˈkɔːdɪən| *noun* ակորդեոն

accost |əˈkɒst| *verb* 1) դղջունել; դիմել 2) մոտենալ թշնամաբար 3) դիմել սեռական նկրտումներով

accoucheur |ækuːˈʃəː|, |ækuʃər| *noun* մանկաբարձ

account |əˈkaʊnt| **1** *noun* 1) զեկույց; նկարագրություն 2) մեկնաբանություն *(երաժշտական գործի)* 3) հաշվետվություն 4) հաշվապահություն 5) հաշիվ *(դրամատանը)* 6) կարևորություն 7) գրառում 8) նկարագրություն; շարադրանք **2** *verb* քննարկել; դիտարկել

balance one's accounts *տնտեսագիտություն* հաշվեկշիռ կատարել; հաշվեկշռել

bring/call to account պատասխանատվության կանչել; հաշիվ/բացատրություն պահանջել

keep accounts *հաշվապահություն* հաշվեմատյան վարել; հաշիվը պահել

make little account of sth նշանակություն չտալ

of much account արժեք/նշանակություն ունեցող; հեղինակություն/հարգանք վայելող

of no account արժեք/կշիռ/նշանակություն չունեցող; հեղինակազուրկ; անպօօտր եւոք *(մարդ)*

on account ի հաշիվ

on account of sth ինչ-որ բանի պատճառով

on all accounts բոլոր տեսանկյուններից/կողմերից; ցանկացած հանգամանքներում; ցանկացած առումով

on no account ոչ մի դեպքում; ոչ մի կերպ; բոլորովին; ամենևին

on sb's account հանուն ինչ-որ մեկի; ինչ-որ մեկի պատճառով

settle/square accounts with հաշիվները փակել; հատուցել; վրեժ լուծել

take into account հաշվի առնել

the great account *կրոն* ահեղ դատաստանի օրը

accountability |-ˈbɪlɪti| *noun* հաշվետվություն; ենթահաշվետու լինելը

accountable |əˈkaʊntəb(ə)l| *adjective* 1) հաշվետու; ենթահաշվետու; պատասխանատու 2) բացատրելի; հասկանալի

accountant |əˈkaʊnt(ə)nt| (հապվ. **acct.**) *noun* 1) հաշվապահ 2) հաշվետար

accounting |əˈkaʊntɪŋ| *noun* 1) հաշվապահություն; հաշվապահական գործ 2) հաշվապահական գրքեր վարելը

accounts payable *plural noun* վճարելի հաշիվներ

accredit |əˈkrɛdɪt| *verb* (**-ited**, **-iting**) 1) հավատարմագրել 2) վերագրել; համարել 3) իրավասու ճանաչել; վկայագրել

accreditation |-ˈteɪʃ(ə)n| *noun* 1) հավատարմագրում; հավատարմագրություն 2) վկայագրում

accredited |əˈkrɛdɪtɪd| *adjective* 1) հավատարմագրված *(դիվանագիտական ներկայացուցչի մասին)* 2) վկայագրված; հավատարմագրված *(հիմնարկի մասին)* 3) հեղինակավոր

accretion |əˈkriːʃ(ə)n| *noun* 1) սերտաճում; աճակցում 2) կուտակում; խտացում

accrue |əˈkruː| *verb* (**-crues**, **-crued**, **-cruing**) 1) աճել; ավելանալ; ծավալվել 2) կուտակել 3) ստացվել *(գումարի, տոկոսների մասին)* 4) բաժին ընկնել

accumulate |əˈkjuːmjʊleɪt| *verb* 1) կուտակել; հավաքել; ժողովել 2) կուտակվել; հավաքվել

accumulation |əkjuːmjʊˈleɪʃ(ə)n| *noun* 1) կուտակում 2) աճ; բազմացում

accumulative |əˈkjuːmjʊlətɪv| *adjective* կուտակային

accumulator |əˈkjuːmjʊleɪtə| *noun* կուտակիչ

accuracy |ˈækjʊrəsi| *noun* (հոգն. **-cies**) 1) ճշգրտություն; ստուգություն 2) ճշտություն

accurate |ˈækjʊrət| *adjective* 1) ճշգրիտ; ստույգ; հավաստի 2) ճշտապահ

accurately *adverb* ճշգրտորեն; ճշտորեն; անսխալաբար

accursed |əˈkəːsɪd|, |əˈkəːst| *adjective* անիծյալ; նզովյալ

accusation |ækjʊˈzeɪʃ(ə)n| *noun* 1) մեղադրանք 2) մեղադրելը

accusative |əˈkjuːzətɪv| *քերականություն* **1** *adjective* հայցական **2** *noun* հայցական հոլով

accusatory |əˈkjuːzət(ə)ri| *adjective* մեղադրական; ամբաստանական; մերկացնող

accuse |əˈkjuːz| *verb* մեղադրել; ամբաստանել

accused |əˈkjuːzd| *noun* մեղադրյալ

accuser *noun* մեղադրող; ամբաստանող

accusing |əˈkjʊːzɪŋ| *adjective* մեղադրող

accustom |əˈkʌstəm| *verb* 1) սովորեցնել; վարժեցնել; հարմարեցնել 2) (**accustom oneself**) սովորել; վարժվել; հարմարվել; ընտելանալ

accustomed |əˈkʌstəmd| *adjective* 1) սովոր; վարժված; ընտելացած 2) սովորական

ace |eɪs| **1** *noun* 1) *թղթախաղ* մեկնոց 2) առաջնակարգ մասնագետ; հմուտ վարպետ 3) անկասելի մատուցում *(թենիսում)* **2** *adjective* *խոսակցական* շատ լավ; կատարյալ **3** *verb* *խոսակցական* 1) անկասելի մատուցում կատարել 2) բարձրագույն թվանշան ստանալ քննության ժամանակ 3) (**ace someone out**) հաղթել մրցության ժամանակ

an ace up one's sleeve *խոսակցական* (**an ace in the hole**) ծածուկ հաղթաթուղթ; թաքնված առավելություն

the ace of aces լավերից լավագույնը; լավից լավը

the ace of trumps հիմնական/գլխավոր հաղթաթուղթ; ամենածանրակշիռ փաստարկ

trump the ace մեկնոցը հաղթաթղթով խփել; հարվածը հետ մղել

within an ace *խոսակցական* քիչ մնաց, որ...

acerbity *noun* 1) կծվություն; դառնություն 2) մաղձոտություն; թունոտություն

acetate |ˈæsɪteɪt| *noun* 1) քացախաթթվի աղ 2) ացետատային գործվածք

acetic |əˈsiːtɪk|, |əˈsɛt-| *adjective* քացախային

acetic acid |əˈsiːtɪk|, |əˈsɛt-| *noun* *քիմիա* քացախաթթու

acetous |əˈsiːtəs| *adjective* քացախային; թթվային

acetylene |ə'sɛtɪli:n| *noun քիմիա* ացետիլեն

Achaea |ə'k :ə| Աքայա *(հին տարածք Հունաստանի Պելեպոնես շրջանի հյուսիսում)*

ache |eɪk| **1** *noun* 1) ցավ *(սովորաբար երկարատև)* 2) վիշտ **2** *verb* 1) ցավել; ցավ ունենալ 2) բաղձալ

aches and pains ոչ ուժեղ ցավեր *(սովորաբար մկաններում)*

achievable *adjective* հասանելի; մատչելի

achieve |ə'tʃi:v| *verb* 1) հասնել; տիրանալ; նվաճել 2) կատարել; մինչև վերջ հասցնել 3) հաջողության հասնել

achievement |ə'tʃi:vm(ə)nt| *noun* 1) նվաճում; հաջողություն 2) հասնելը; նվաճելը

Achilles tendon |ə'kɪli:z| *noun կազմախոսություն* աքիլեսյան ջիլ

achromatic |ækrə(ʊ)'mætɪk| *adjective* 1) անգույն 2) գույների չբաժանող; անգունաբաժան

acid |'æsɪd| **1** *noun* 1) թթու 2) թունոտ դիտողություն **2** *adjective* 1) թթվային; թթու 2) կծու; թունոտ *(դիտողություն և այլն)*

acidify |ə'sɪdɪfʌɪ| *verb* (**-fies**, **-fied**) 1) թթվեցնել 2) թթվել

acidity |ə'sɪdɪti| *noun* 1) թթվայնություն 2) մաղձոտություն; թունոտություն *(խոսքի մասին)*

acid rain *noun* թթվուտային անձրև

acid test *noun* 1) լուրջ փորձություն 2) *քիմիա* թթվության ստուգում

acidulous |ə'sɪdjʊləs| *adjective* 1) թթու; թթվահամ 2) կծու; թունոտ *(խոսքի մասին)*

acknowledge |ək'nɒlɪdʒ| *verb* 1) ընդունել 2) ճանաչել; խոստովանել 3) շնորհակալություն հայտնել 4) նշան անել 5) հաստատել *(ստացումը)*

acknowledge one's mistakes ընդունել սեփական սխալները

acknowledgment |ək'nɒlɪdʒm(ə)nt| (նաև **acknowledgement**) *noun* 1) ընդունում; ընդունելը; խոստովանելը 2) (**acknowledgements**) շնորհակալություն; շնորհապարտություն; շնորհակալության արտահայտություն; երախտագիտություն; երախտիքի խոսք 3) ճանաչելը; ճանաչում 4) հաստատում *(ստացման)* 5) ստացական 6) նշան *(ի նշան ընկալվելու)* 7) (**acknowledgments**) երախտագիտություն

acme |'ækmi| *noun* գագաթնակետ; բարձրակետ; ծայրակետ

acne |'ækni| *noun բժշկություն* կոշտակային/պզուկային հիվանդություն

acorn |'eɪkɔ:n| *noun բուսաբանություն* կաղին

acoustic |ə'ku:stɪk| **1** *adjective* 1) ձայնային; ձայնաբանական; ակուստիկ; լսողական 2) ձայնամեկուսիչ 3) *երաժշտություն* սովորական; ոչ էլեկտրական *(գործիքների մասին)* **2** *noun* 1) (**acoustics**) ձայնաբանություն; ձայնագիտություն; ակուստիկա 2) (**acoustics**) ձայնագիտական հատկություն; հնչողություն; հնչյունային հատկություններ

acquaint |ə'kweɪnt| *verb* 1) (**acquaint with**) ծանոթացնել 2) (**acquaint oneself with**) ծանոթանալ

acquaintance |ə'kweɪnt(ə)ns| *noun* 1) ծանոթություն 2) տեղյակություն; իրազեկություն 3) ծանոթ 4) ծանոթների շրջանակ

bowing/nodding acquaintance *խոնարհական* «գլխարկի ծանոթություն»; «բարև-բարիլույս» տալը

drop an acquaintance ծանոթությանը վերջ տալ; կապերը/հարաբերությունները խզել

make acquaintance with sb (**make sb's acquaintance**) ծանոթանալ; ծանոթություն հաստատել մեկի հետ

scrape acquaintance with sb (**scrape up acquaintance with sb**) խցկվել մեկի մոտ ծանոթանալու; զոռով ծանոթանալ մեկի հետ

Short acquaintance brings repentance. *առած* Նոր ընկերոջ վրա հույս դնել չի լինի: Փորձված թանը անփորձ մածնից լավ է:

speaking acquaintance ծանոթություն, որը թույլ է տալիս զրուցել; պաշտոնական ծանոթություն

acquiesce |ækwɪ'ɛs| *verb* զիջել; լռելյայն համաձայնել; համակերպվել

acquiescence *noun* զիջում; համաձայնություն

acquiescent |ækwɪ'ɛs(ə)nt| *adjective* զիջող; զիջողամիտ; համակերպվող

acquire |ə'kwʌɪə| *verb* 1) ձեռք բերել; ստանալ; գնել 2) տիրանալ

acqired taste փորձառությամբ հավանելի բան

acquirement |ə'kwʌɪəm(ə)nt| *noun* 1) ձեռքբերում; ստացում; ստանալը 2) հմտություն; գիտելիք *(ջանքերով ստացված)*

acquisition |ækwɪ'zɪʃ(ə)n| *noun* 1) ձեռքբերում; ձեռքբերման գործողություն; ձեռք բերելը 2) ձեռքբերված իր; արժեքավոր ձեռքբերում 3) տիրապետում 4) գնում; գնելը

acquisitive |ə'kwɪzɪtɪv| *adjective* 1) ագահ; ընչասեր; զոշաքաղ 2) ընկալունակ; զգայուն

acquit |ə'kwɪt| *verb* (**-quitted**, **-quitting**) 1) արդարացնել 2) (**acquit oneself**) իրեն պահել; վարվել 3) ազատել; արձակել *(պատասխանատվությունից)* 4) (**acquit oneself of**) ազատվել *(պարտականություններից)*

acquittal |ə'kwɪt(ə)l| *noun* 1) արդարացում 2) ազատում մեղադրանքից

acre |'eɪkə| *noun* ակր *(հավասար է մոտ 0,405 հեկտարի)*

God's acre *մեղմասություն* գերեզմանոց

acreage |'eɪk(ə)rɪdʒ| *noun* հողատարածք; մակերես

acrid |'ækrɪd| *adjective* 1) սուր; կծու; գրգռող *(համի կամ հոտի մասին)* 2) բարկացած

acridity |ə'krɪdɪti| *noun* 1) սրություն; թնդություն *(ճաշի, խմիչքի)* 2) կոշտություն; կոպտություն; խստություն *(բնավորության)*

acrimonious |ækrɪ'məʊnɪəs| *adjective* մաղձոտ; թունոտ

acrimony |'ækrɪməni| *noun* 1) մաղձոտություն; թունոտություն; չարություն 2) գրգռականություն; դյուրագրգռություն

acrobat |'ækrəbæt| *noun* 1) լարախաղաց; ակրոբատ 2) փոփոխամիտ մարդ

acrobatic *adjective* լարախաղացական; ակրոբատրային

acrobatics |ækrəˈbætɪks| *plural noun* լարախաղացություն; լարախաղ; ակրոբատություն

acronym |ˈækrənɪm| *noun* սկզբնատառային հապավում; հապավաբառ; հապավում

acropolis |əˈkrɒpəlɪs| *noun* միջնաբերդ; վերնաբերդ

across |əˈkrɒs| *preposition, adverb* 1) լայնությամբ; լայնակի; լայնքով 2) մյուս կողմում; այն կողմում 3) հորիզոնական ուղղությամբ *(խաչբառի)* 4) խաչաձև 5) մի կողմից մյուսը; վրայով

across from դիմացը

across the board դիմելով բոլոր ներկաներին

acrostic |əˈkrɒstɪk| *noun* ակրոստիքոս; անվանակապ

acrylic |əˈkrɪlɪk| **1** *adjective* ակրիլային **2** *noun* 1) ակրիլային գործվածք 2) ակրիլային ներկ

act |ækt| **1** *verb* 1) գործել; կատարել; իրեն պահել 2) վարվել *(որոշակի կերպով)* 3) ուժի մեջ մտնել 4) դեր կատարել *(թատրոնում)* 5) ձևացնել 6) ազդեցություն ունենալ **2** *noun* 1) գործողություն; գործ; արարք 2) ձևացում 3) ակտ; օրենսդրական որոշում 4) *հնացած* (**acts**) որոշումներ 5) *թատրոն* արար; արարված; գործողություն

act and deed պաշտոնական փաստաթուղթ/պարտավորություն

act like a charm *ֆրանսերեն* ազդել բալասանի պես; հրաշագործ ազդեցություն ունենալ

act of faith դժվար գործ; համբերություն պահանջող գործ; մեծ ջանքեր պահանջող գործ

be in the act of doing sth զբաղվել ինչ-որ բանով; ինչ-որ գործի լինել

catch sb in the act (catch sb in the act of doing sth) հանցանքի վայրում/պահին բռնել

Dutch act *խոսակցական* ինքնասպանություն

get into the act 1) գործի մեջ առնել 2) *ամերիկյան* շահաբեր գործի մասնակից դառնալ; շահ ստանալ

put on an act *խոսակցական* կեղծ լինել; կեղծել; ձևացնել; խաղալ

the act of God *իրավունք* տարերային աղետ *(հանդիպում է նավավարձման պայմանագրերում)*

acting |ˈæktɪŋ| **1** *noun* դերասանություն; դերասանի գործը/զբաղմունքը **2** *adjective* 1) պաշտոնակատար 2) տեղապահ

actinium |ækˈtɪnɪəm| *noun* *քիմիա* ակտինիում

action |ˈækʃ(ə)n| *noun* 1) գործողություն; արարք 2) ազդեցություն 3) զինված բախում; մարտ 4) մարտական/ռազմական գործողություն 5) դատավարություն; դատական պրոցես/գործ

Actions speak louder than words. *առած* Խոսքով չեն դատում, այլ՝ գործով: Գործն ավելին է ասում, քան խոսքը: Բանը ասելը չէ, այլ՝ անելը:

be killed in action (fall in action) ընկնել/զոհվել մարտի դաշտում

bring/take an action against sb դատական գործ հարուցել մեկի դեմ

come/go/move into action գործի անցնել; պայքարի մեջ մտնել

come/go out of action հեռանալ; շարքից դուրս գալ

put in action (put into action) գործածության մեջ դնել; իրականացնել

suit the action to the word խոսքը գործով հիմնավորել; արածն ասածին համապատասխանեցնել

take action 1) ելույթ ունենալ 2) գործել; միջոցներ ձեռք առնել

activate |ˈæktɪveɪt| *verb* 1) ակտիվացնել; գործարկել; գործունացնել; գործունակացնել 2) հանդերձավորել *(ռազմական ստորաբաժանումը)*

active |ˈæktɪv| **1** *adjective* 1) ակտիվ; գործունյա; եռանդուն; ներգործուն 2) շարժուն; արթուն 3) աշխատող 4) գործող *(ծառայության, բանակի մասին)* 5) *քերականություն* ներգործական **2** *noun* *քերականություն* ներգործական բայ

actively *adverb* ակտիվորեն; եռանդուն կերպով; եռանդունորեն

activist *noun* ակտիվիստ; եռանդուն պաշտպան *(ինչ-որ գաղափարի, դիրքորոշման)*

activity |ækˈtɪvɪti| *noun* (հոգն. **-ties**) 1) ակտիվություն; գործունյա վիճակ 2) շարժում; երթևեկ; անցուդարձ 3) գործունեություն; զբաղմունք 4) աշխատանք; եռուզեռ

social activities զվարճություն, հասարակական/հանրային միջոցառում

actor |ˈæktə| *noun* 1) դերասան 2) կեղծակերպիչ 3) գործող անձ; մասնակից

a bad actor *ամերիկյան* անհուսալի մարդ

stock actor *թատրոն* մշտական թատերախմբի դերասան

actress |ˈæktrɪs| *noun* դերասանուհի

Acts (նաև **Acts of the Apostles**) *աստվածաշնչային* Գործք Առաքելոց

actual |ˈæktjʊəl|, |-tʃʊəl| *adjective* 1) իրական; բուն; փաստական 2) ընթացիկ; ներկա

actuality |æktjʊˈælɪti|, |-tʃʊ-| *noun* (հոգն. **-ties**) 1) իրականություն; եղելություն 2) (**actualities**) իրողություններ; փաստեր

actualize |ˈæktjʊəlɪz| *verb* 1) իրագործել; կենսագործել 2) *լեզվաբանություն* առկայացնել

actually |ˈæktjʊəli|, |-tʃʊ-| *adverb* 1) իրականում; փաստորեն 2) ըստ էության

actuary |ˈæktjʊəri|, |-tʃʊ-| *noun* (հոգն. **-aries**) ապահովագրական մաթեմատիկայի մասնագետ

actuate |ˈæktjʊeɪt|, |-tʃʊ-| *verb* 1) գործի գցել; աշխատեցնել 2) խթանել; դրդել; ներշնչել

actuation |-ˈeɪʃ(ə)n| *noun* 1) գործի գցելը; աշխատեցնելը 2) դրդում; խթանում; ներշնչում; գրգռում

acuity |əˈkjuːɪti| *noun* սրություն; նրբություն *(ընկալման)*

acumen |ˈækjʊmən|, |əˈkjuːmən| *noun* հնարամտություն; ճարպկություն; ճարտարություն

acuminate |əˈkjuːmɪnət| *adjective* *կենսաբանություն* սրածայր

acupuncture |ˈækjʊpʌŋktʃə| *noun* *բժշկություն* ասեղնաբուժություն

acupuncturist *noun* ասեղնաբույժ

acute |əˈkjuːt| **1** *adjective* 1) սուր 2) սուր; սուր ընթացքով *(հիվանդության մասին)* 3) խորաթափանց 4) զիլ; բարձր *(ձայնի մասին)* 5) ուժգին; խիստ **2** *noun* տե՛ս **acute accent**

acute pain սուր ցավ

acute shortage խիստ կարիք

acute accent *noun* շեշտ; կտրուկ շեշտի նշանը

acutely *adverb* սուր կերպով; կտրուկ կերպով

acuteness *noun* սրություն *(տեսողության, լսողության)*

AD *abbreviation* Anno domini Քրիստոսից հետո; մեր թվարկության

ad¹ |æd| *noun խոսակցական* (**advertisement**) գովազդ

ad² *abbreviation խոսակցական թենիս* advantage առավելություն

adage |ˈædɪdʒ| *noun* հին ասացվածք; ասույթ; առակ; աֆորիզմ

adagio |əˈdɑːdʒɪəʊ| *երաժշտություն* **1** *adjective, adverb* դանդաղ **2** *noun* (նաև **Adagio**) (հոգն. **-gios**) դանդաղ երաժշտություն

adamant |ˈædəm(ə)nt| **1** *adjective* անսասան; աներեր; անհողդողդ **2** *noun հնացած* ամուր ապար; ադամանդ

adamantine |ædəˈmæntʌɪn| *adjective բանաստեղծական* 1) շատ ամուր 2) աներեր; անսասան; անհողդողդ

Adam's apple *noun* ադամախնձոր

Adana |ˈædənə| Ադանա *(քաղաք պատմական Կիլիկիայում, ներկայումս՝ Թուրքիայում)*

adapt |əˈdæpt| *verb* 1) հարմարեցնել; համապատասխանեցնել 2) հարմարվել; համակերպվել 3) վերամշակել; փոփոխել

adaptability |-ˈbɪlɪti| *noun* կիրառելիություն; հարմարեցնելիություն; հարմարվողականություն

adaptable |əˈdæptəb(ə)l| *adjective* 1) հարմարեցնելի 2) հարմարվող

adaptation |ædəpˈteɪʃ(ə)n| *noun* 1) հարմարեցում 2) վերամշակում *(գրական երկի)* 3) հարմարվելը; փոփոխվելը

adapter |əˈdæptə| (նաև **adaptor**) *noun* 1) *տեխնիկական* հարմարիչ; փոխարկիչ 2) հարմարեցնող անձ 3) վերամշակող *(գրական երկի)*

adaptive *adjective* հարմարվողական

add |æd| *verb* 1) ավելացնել; հավելել 2) *մաթեմատիկա* գումարել 3) լրացնել 4) ավելանալ; գումարվել

addendum |əˈdɛndəm| *noun* (հոգն. **-da** |-də|, **-dums**) հավելված; լրացում

adder |ˈædə| *noun* 1) *կենդանաբանություն* իժ *(Vipera berus, ընտանիք Viperidae)* 2) *տեխնիկական համակարգիչներ* գումարիչ սարք

deaf as an adder լրիվ խուլ

flying adder ճպուռ

addict |ˈædɪkt| *noun* 1) թմրամոլ 2) կախվածության մեջ գտնվող անձ; անձնատուր եղած անձ; հակում ունեցող անձ 3) *խոսակցական* նվիրյալ

addicted |əˈdɪktɪd| *adjective* 1) հակված 2) կախվածության մեջ գտնվող 3) նվիրված

addiction |əˈdɪkʃ(ə)n| *noun* հակում; կախվածություն

addictive |əˈdɪktɪv| *adjective* հակվածություն առաջացնող

Addis Ababa |ˌædɪs ˈæbəbə| (նաև **Adis Abeba**) Ադիս Աբեբա *(Եթովպիայի մայրաքաղաքը)*

addition |əˈdɪʃ(ə)n| (հպվ. **addn.**) *noun* 1) ավելացում; հավելում; լրացում; աճ 2) *մաթեմատիկա* գումարում

in addition (in addition to) դրան ավելացրած; բացի դրանից; ի լրումն; ի հավելումն

additional |əˈdɪʃ(ə)n(ə)l| *adjective* լրացուցիչ; հավելյալ; վերադիր

additive |ˈædɪtɪv| **1** *noun* 1) հավելանյութ 2) ավելացում; հավելում **2** *adjective* 1) գումարողական 2) աճողական

addle |ˈæd(ə)l| **1** *verb հիմնականում կատակային* շփոթեցնել; խառնել **2** *adjective հնացած* նեխած *(ձվի մասին)*

addle one's brain/head գլուխը մտցնել; համառորեն պնդել; մի բանի վրա գլուխ ջարդել

address |əˈdrɛs| **1** *noun* 1) հասցե 2) վայր; բնակավայր 3) *համակարգիչներ* հասցե; հասցեատեղ 4) դիմում; ճառ; կոչ 5) ներկայում; դարպասում 6) հմտություն; վարպետություն **2** *verb* 1) հասցեագրել 2) դիմել; խոսքն ուղղել 3) ուղղել 4) միջոցներ ձեռք առնել 5) մտորել

form of address դիմելաձև

addressee |ædrɛˈsiː| *noun* հասցեատեր; հասցետեր

adduce |əˈdjuːs| *verb* ներկայացնել; վկայակոչել *(որպես ապացույց)*

adduction *noun* 1) ներկայացում; վկայակոչում *(որպես ապացույց)* 2) *բժշկություն* ադբերում *(մկանի)*

Aden, Gulf of Ադենի ծոցը *(Արաբական ծովի մի մասը, որը ընկած է Արաբական թերակղզու և Սոմալիի միջև)*

adept **1** *adjective* |ˈædɛpt| |əˈdɛpt| գիտակ; հմուտ; մասնագետ **2** *noun* |ˈædɛpt| գիտակ անձ; հմուտ անձ

adequacy *noun* 1) համապատասխանություն; պատշաճություն 2) բավարարություն; լրիվություն

adequate |ˈædɪkwət| *adjective* բավարար; բավարարող; պատշաճ; համապատասխան

adequately *adverb* 1) բավարար չափով; պատշաճորեն 2) ձեռնհասորեն

adhere |ədˈhɪə| *verb* 1) կպչել; փակչել; սոսնձվել; կպնել 2) հարել 3) հավատարմություն ցուցաբերել; հավատարիմ լինել 4) ճշգրիտ ներկայացնել; համապատասխանել 5) հետևել

adherence *noun* 1) հավատարմություն 2) ճշգրիտ կատարում *(կանոնների, օրենքների)* 3) հարում; հարելը *(կազմակերպությանը, գաղափարին և այլն)*

adherent |ədˈhɪər(ə)nt| **1** *noun* կողմնակից; հետևորդ; գաղափարակից; պաշտպան; աջակից *(կազմակերպության, անձի, գաղափարի)* **2** *adjective* կպչուն; կապակցող; կպած

adhesion |ədˈhiːʒ(ə)n| *noun* 1) կպչում; փակչում; սոսնձում 2) *տեխնիկական* կցորդում 3) հարելը; հավատարմություն *(սկզբունքներին)* 4) *ֆիզիկա* ձգողություն *(մոլեկուլների միջև)*

adhesive |əd'hi:sɪv|, |-zɪv| **1** *adjective* կպչուն **2** *noun* սոսինձ; կապակցող նյութ

ad hoc |æd 'hɒk| *adjective, adverb* 1) տվյալ դեպքի համար 2) ինքնաբերական; ինքնաբուխ

adieu |ə'dju:| *բանաստեղծական* **1** *exclamation* *ֆրանսերեն* ցտեսություն; մնաս բարով; մնաք բարով **2** *noun* (հոգն. **adieus** կամ **adieux** |ə'dju:z|) հրաժեշտ

ad infinitum |æd ɪnfɪ'nʌɪtəm| *adverb* 1) մինչև անսահմանություն; անվերջ; մշտապես 2) անորոշ երկար ժամանակ

adipose |'ædɪpəʊs|, |-z| *adjective* *տեխնիկական* ճարպային

adjacency *noun* մոտիկություն; հարևանություն; սահմանակցություն

adjacent |ə'dʒeɪs(ə)nt| *adjective* 1) մոտիկ; սահմանակից; հարևան 2) *մաթեմատիկա* կից

adjectival |ædʒɪk'tʌɪv(ə)l| *adjective* ածականական

adjective |'ædʒɪktɪv| *noun* *քերականություն* ածական; ածական անուն

adjoin |ə'dʒɔɪn| *verb* հարել; կից լինել; սահմանակցել

adjourn |ə'dʒə:n| *verb* 1) հետաձգել; տեղափոխել 2) ընդհատել 3) ընդմիջում անել *(նիստի ընթացքում)*

adjournment *noun* 1) ընդհատում 2) ուշացում; հետաձգում

adjudge |ə'dʒʌdʒ| *verb* 1) համարել; հայտարարել 2) դատել; դատապարտել 3) պարգևատրման որոշում կայացնել

adjudicate |ə'dʒu:dɪkeɪt| *verb* 1) որոշում կայացնել; դատել; որոշել 2) հայտարարել *(դատական կարգով)*

adjudicator *noun* 1) դատավոր; մրցավար 2) հաշտարար դատավոր

adjunct |'ædʒʌŋ(k)t| **1** *noun* 1) լրացում; հավելված; հավելում; հավելամաս 2) ենթակա անձ 3) *քերականություն* որոշիչ **2** *adjective* լրացուցիչ; օժանդակ

adjuration |ædʒʊə'reɪʃ(ə)n| *noun* 1) աղերս; աղաչանք; աղերսանք 2) ուխտ; երդում; հանդիսավոր խոստում

adjure |ə'dʒʊə| *verb* *գրական անգլերեն* աղաչել; աղերսել; պաղատել

adjust |ə'dʒʌst| *verb* 1) կարգի բերել; կարգաբերել; կարգավորումներ անել 2) հարմարեցնել 3) հարմարվել 4) գնահատել *(կորուստները ապահովագրական հայցի դեպքում)*

adjustable *adjective* կարգաբերելի

adjuster *noun* 1) սարող; մոնտաժող; հավաքակցող 2) կարգավորիչ

adjustment *noun* 1) կարգավորում; համաձայնեցում 2) հարմարեցում 3) ճշտում

adjuvant |'ædʒʊv(ə)nt| **1** *adjective* *բժշկություն* 1) օգնական 2) օժանդակ **2** *noun* *բժշկություն* 1) օգնական; ընթերակա 2) օժանդակ միջոց

ad lib |æd 'lɪb| **1** *verb* (**ad libbed**, **ad libbing**) հանպատրաստից խոսել **2** *noun* հանպատրաստից խոսք **3** *adverb, adjective* 1) հանպատրաստից 2) ուզածի չափ; ինչքան/որքան անհրաժեշտ է

admin |'ædmɪn| *noun* *խոսակցական* 1) կառավարում 2) կառավարիչ

administer |əd'mɪnɪstə| *verb* 1) կառավարել; ղեկավարել 2) մատակարարել 3) բաշխել 4) ծիսակատարություն կատարել/անել

administrate |əd'mɪnɪstreɪt| *verb* կառավարել; հսկել

administration |ədmɪnɪ'streɪʃ(ə)n| (*համ.* **admin.**) *noun* 1) կառավարում; ղեկավարում *(գործերի և այլն)* 2) (**the administration**) ղեկավար անձնակազմ 3) մատակարարում; բաշխում 4) ղեկավարություն; վարչություն 5) կիրառում

administrative |əd'mɪnɪstrətɪv| *adjective* կառավարչական; վարչական; վարչարարական

administrator |əd'mɪnɪstreɪtə| *noun* 1) կառավարիչ; ղեկավար 2) *իրավունք* հոգաբարձու 3) արարողապետ

admirable |'ædm(ə)rəb(ə)l| *adjective* սքանչելի; հիանալի; արտակարգ

admirably *adverb* հիանալիորեն; սքանչելիորեն

admiral |'ædm(ə)r(ə)l| *noun* *ռազմական* ծովակալ

admiralty |'ædm(ə)r(ə)lti| *noun* (հոգն. **-ties**) 1) ծովակալություն *(Բրիտանիայում)* 2) *ռազմական* ծովակալի պաշտոնը

admiration |ædmə'reɪʃ(ə)n| *noun* 1) հրճվանք; զմայլանք; հիացմունք 2) հրճվանքի առարկա; հիացմունքի առարկա

lost in admiration զմայլանքի մեջ ընկած; հիացած; ապուշ կտրած; բերանը բաց մնացած; հալից-մայից եղած

admire |əd'mʌɪə| *verb* 1) հիանալ; զմայլվել; հրճվել 2) հավանություն տալ

admirer |əd'mʌɪərə| *noun* 1) երկրպագու 2) սիրահար

admirer of music երաժշտության սիրահար; երաժշտասեր

admissible |əd'mɪsɪb(ə)l| *adjective* ընդունելի; թույլատրելի

admission |əd'mɪʃ(ə)n| *noun* 1) ընդունելություն *(ուսումնական հաստատություն և այլն)* 2) ընդունվելը; ընդունելը 3) (**admissions**) ընդունող հանձնաժողով 4) մուտքի գումար/վճար *(ընդունելության)* 5) (**admissions**) ընդունվածների քանակ 6) մուտք; թույլատրելը 7) ճանաչելը; խոստովանելը

admission free մուտքն ազատ է

admit |əd'mɪt| *verb* (**-mitted**, **-mitting**) 1) ընդունել; համաձայնել; ենթադրել 2) խոստովանել 3) ճանաչել 4) ներս թողնել 5) թույլատրել; հնարավորություն տալ 6) ընդունել որպես անդամ; անդամագրել 7) (**admit of**) ընդունել հնարավորությունը

admittance |əd'mɪt(ə)ns| *noun* 1) ընդունելություն 2) մտնելու թույլտվություն 3) *էլեկտրականություն* լրիվ հաղորդականություն

no admittance! մուտքն արգելված է; ընդունելություն չկա

admittedly |əd'mɪtɪdli| *adverb* ինչպես հայտնի է; պետք է ընդունել

admix |'ædmɪks| *verb տեխնիկական* խառնել; միախառնել

admixture |əd'mɪkstʃə| *noun* 1) խառնուրդ; խառնուկ 2) խառնում

admonish |əd'mɒnɪʃ| *verb* 1) խորհուրդ տալ; զգուշացնել; խրատել 2) հորդորել

admonishment *noun* նախազգուշական միջոցառում

admonition *noun* 1) զգուշացում; նախազգուշացում 2) հորդոր; խորհուրդ; խրատ 3) դիտողություն

admonitory *adjective* 1) հորդորական 2) նախազգուշական

ad nauseam |æd 'nɔːziæm|, |-siæm| *adverb* զզվեցնելու չափ

ado |ə'duː| *noun* 1) անհանգստություն; դժվարություն; հոգս 2) իրարանցում; ժխոր

much ado about nothing ոչնչից մեծ աղմուկ; իզուր տեղը մեծ աղմուկ *(Շեքսպիրի կատակերգության վերնագիրը)*

without further/more ado առանց հետագա ձևականությունների; անմիջապես; միանգամից

adobe |ə'dəubi|, |ə'dəub| *noun* 1) աղյուս; ալիզ *(չթրծած)* 2) կավ 3) կավաշեն շինություն

adolescence |ædə'lɛs(ə)ns| *noun* 1) պատանեկություն 2) սեռահասունացման տարիք

adolescent |ædə'lɛs(ə)nt| **1** *adjective* պատանի; երիտասարդ **2** *noun* պատանի; աղջիկ; պատանյակ; աղջնակ; դեռահաս

adopt |ə'dɒpt| *verb* 1) որդեգրել 2) ընդունել 3) կայացնել; ընդունել 4) ճանաչել 5) յուրացնել

adoptee *noun* որդեգրված անձ

adoption |ə'dɒpʃ(ə)n| *noun* 1) որդեգրում 2) ընդունում; յուրացում

adoptive |ə'dɒptɪv| *adjective* 1) որդեգրված 2) հեշտ յուրացնող

adorable |ə'dɔːrəb(ə)l| *adjective* սքանչելի; հիանալի; հմայիչ

adoration |ædə'reɪʃ(ə)n| *noun* երկրպագություն; պաշտում; մեծարում

adore |ə'dɔː| *verb* 1) երկրպագել; պաշտել 2) *խոսակցական* շատ սիրել; պաշտել

adorer *noun* երկրպագու; պաշտող

adorn |ə'dɔːn| *verb* 1) զարդարել; պճնել 2) զարդարվել 3) գունազարդել; ճոխացնել *(պատմությունը)*

adornment *noun* զարդարանք; զարդ

adrenal |ə'driːn(ə)l| **1** *adjective կազմախոսություն* մակերիկամային **2** *noun* մակերիկամ

adrenaline |ə'drɛn(ə)lɪn| (նաև **adrenalin**) *noun կենսաբանություն* մակերիկամագեղձի արտազատուկ; ադրենալին

Adriatic Sea Ադրիատիկ ծով *(Միջերկրական ծովի մի մասը, որը գտնվում է Իտալիայի և Բալկանյան թերակղզու միջև)*

adrift |ə'drɪft| *adjective, adverb* 1) հոսանքով տարվող; հոսանքին հանձնված 2) *փոխաբերական* աննպատակ; շփոթված

adroit |ə'drɔɪt| *adjective* ճարպիկ; հնարագետ; հնարամիտ

ADSL *abbreviation հեռահաղորդակցություն* asynchronous (or asymmetric) digital subscriber line անհամաժամ թվային բաժանորդային գիծ

adulate |'ædjʊleɪt| *verb* շողոքորթել; հաճոյանալ; քծնել

adulation |ædjʊ'leɪʃ(ə)n| *noun* շողոքորթություն; քծնանք; ստորաքարշություն

adulatory *adjective* քծնական; շողոքորթական; մարդահաճո

adult |'ædʌlt|, |ə'dʌlt| **1** *noun* 1) հասուն անձ 2) հասուն կենդանի 3) *իրավունք* չափահաս անձ **2** *adjective* 1) հասուն; չափահաս 2) չափահասների համար նախատեսված 3) *մեղմասություն* սեռագրգիռ; պոռնկագրական; էրոտիկ; տարփական *(ֆիլմերի/գրքերի մասին)*

adulterant |ə'dʌlt(ə)r(ə)nt| **1** *noun* խառնուրդ; կեղծախառնուրդ **2** *adjective* կեղծ; խարդախ

adulterate |ə'dʌltəreɪt| *verb* կեղծել; խարդախել *(ավելի ցածրորակ բան խառնելով. հատկապես սննդի մեջ)*

adulteration |-'reɪʃ(ə)n| *noun* կեղծում; խարդախում

adulterer |ə'dʌlt(ə)rə| *noun* անհավատարիմ ամուսին; շնացող մարդ

adulteress *noun* անհավատարիմ կին; շնացող կին

adulterous |ə'dʌlt(ə)rəs| *adjective* արտամուսնական; ապօրինի

adultery |ə'dʌlt(ə)ri| *noun* շնություն; անառակություն; արտամուսնական կապ; ամուսնական դավաճանություն

you shall not commit adultery *աստվածաշնչային* մի՛ շնացիր

adulthood *noun* հասունություն; սեռահասունություն

advance |əd'vɑːns| **1** *verb* 1) առաջ գնալ; առաջանալ; առաջ խաղալ 2) առաջընթաց ապրել 3) կանխել; ավելի առաջ տեղի ունենալ 4) զարգացնել; աջակցել 5) առաջադրել; առաջ քաշել 6) աճել 7) փոխառություն տալ 8) ժամանակից շուտ վճարել 9) կանխավճար տալ **2** *noun* 1) առաջխաղացում; առաջանցում; առաջ շարժվելը 2) առաջընթաց; զարգացում; բարելավում 3) կանխավճար 4) փոխառություն 5) (**advances**) սիրատածում; սիրահետում; հետապնդում **3** *adjective* նախնական; կանխական

be in advance (**be in advance of**) առջևում/առաջատար լինել; առաջ անցնել; առջևից ընթանալ

in advance նախօրոք; կանխավ; վաղօրոք; նախապես

make advances խոստումներ ակնարկել; առաջարկություն անել; ընդառաջ գնալ

advanced |ædˈvɑːnsd| *adjective* 1) առաջանցիկ; զարգացած; կատարելագործված 2) ժամանակակից; առաջավոր; նորագույն 3) հասակավոր; առաջացած *(տարիքի մասին)*

advance guard *noun* *ռազմական* առաջապահ գունդ; ավանգարդ

advancement |ədˈvɑːnsm(ə)nt| *noun* 1) զարգացում; առաջընթաց 2) առաջխաղացում 3) բարելավում

advantage |ədˈvɑːntɪdʒ| **1** *noun* 1) առավելություն; գերազանցություն 2) օգուտ; շահ 3) բարենպաստ հանգամանք **2** *verb* առավելություն տալ

gain/get/have/score an/the advantage of/over/on sb մեկին հաղթել; մեկի հանդեպ առավելություն ունենալ

play an advantage over sb *ամերիկյան խոսակցական* խաբել; թակարդը/ծուղակը գցել; գլուխը յուղել; մատների վրա խաղացնել; քթից բռնած ման ածել; աչքը կապել

show sth to the best advantage առավել/ամենանպաստավոր ձևով ցույց տալ ինչ-որ բան; գովաբանել ապրանքը; ապակին ալմաստի տեղ անցկացնել

take advantage of sth օգտվել *(ինչ-որ բանից)*

You have the advantage of me. Դուք ինձ ճանաչում եք, իսկ ես ձեզ՝ ոչ: Ձեզ տեղը չեմ բերում:

advantageous |ædv(ə)nˈteɪdʒəs| *adjective* նպաստավոր; բարենպաստ; ձեռնտու

advent |ˈædv(ə)nt|, |-vɛnt| *noun* 1) մուտք; ժամանում; գալուստ 2) *աստվածաբանություն* (**Advent**) Գալուստ; Քրիստոսի երկրորդ գալուստ 3) Գալստյան տոն *(արևմտյան երկրներում Ծննդյան տոներին նախորդող չորս շաբաթները)*

adventitious |ædv(ə)nˈtɪʃəs| *adjective* 1) պատահական; ոչ միտումնավոր 2) արտաքին 3) լրացուցիչ; հավելյալ

adventure |ədˈvɛntʃə| **1** *noun* 1) արկած; արկածային զգացողություն 2) արկածախնդրություն; արկածախնդիր առևտրական գործարք 3) դեպք; պատահար **2** *verb* *հնացած* 1) դիմել վտանգավոր գործի; համարձակվել; հանդգնել 2) վտանգի ենթարկել *(գումարը, կյանքը)*

at adventure (**at all adventure**) բախտի բերմամբ, թե պատահմամբ; բախտապավեն; անմտորեն

put in adventure վտանգի ենթարկել; խիզախել

adventurer |ədˈvɛntʃ(ə)rə| *noun* 1) արկածախնդիր/բախտախնդիր մարդ; արկածներ որոնող մարդ 2) ֆինանսական շահախաղորդ; սպեկուլյանտ

adventuress *noun* արկածախնդիր կին

adventurous |ədˈvɛntʃ(ə)rəs| *adjective* 1) արկածախնդիր; բախտախնդիր; հանդուգն 2) գործունյա; աշխույժ; նախաձեռնող 3) նորարարական 4) ոգևորիչ 5) վտանգներով լի

adverb |ˈædvəːb| *noun* *քերականություն* մակբայ

adverbial |ədˈvəːbɪəl| *քերականություն* **1** *adjective* մակբայական **2** *noun* մակբայական բառ

adversary |ˈædvəs(ə)ri| **1** *noun* (հոգն. **-saries**) 1) թշնամի; հակառակորդ 2) (**the Adversary**) Սատանա **2** *adjective* հակամարտական; հակամարտ; ընդդիմամարտ

adversative |ədˈvəːsətɪv| *adjective* *քերականություն* ներհակական; հակադրական; հակառակ իմաստն արտահայտող

adverse |ˈædvəːs| *adjective* 1) թշնամական 2) վնասակար; անբարենպաստ; արգելակող; բացասական; վատ

adversely *adverb* 1) թշնամաբար 2) վնասակար կերպով

adversity |ədˈvəːsɪti| *noun* (հոգն. **-ties**) 1) դժվարություն; նեղություն; անձկություն; տհաճություն; ձախորդություն; դժբախտություն 2) անբարենպաստ մթնոլորտ

Adversity/misery/poverty makes strange bedfellows. *առած* Կարիքը/չքավորությունը մոտեցնում է տարբեր մարդկանց հետ: Կարիքից հազար դուռ կծեծես:

Adversity is a good discipline. *առած* (**Adversity is a great schoolmaster.**) Դժբախտությունը կոփում է մարդուն: Վիշտը լավ ուսուցիչ է: Սխալների վրա են սովորում:

Good advice is beyond price. *առած* Լավ խորհուրդն անգին է:

advert[2] |ədˈvəːt| *verb* *գրական անգլերեն* հղել; հղում կատարել; մեջբերել

advertise |ˈædvətʌɪz| *verb* 1) գովազդել 2) հայտարարել; հայտարարություն տեղադրել *(լրատվամիջոցներում)* 3) հայտնի դարձնել; բացահայտել 4) տեղեկացնել

advertisement |ədˈvəːtɪzm(ə)nt|, |-tɪs-| *noun* 1) գովազդ 2) հայտարարություն

advertiser *noun* գովազդող; գովազդիչ

advertising *noun* 1) գովազդում; գովազդ; գովազդային գործունեություն 2) գովազդի տեղադրում

advertorial |ædvəːˈtɔːrɪəl| *noun* տեղեկացնող գովազդ

advice |ədˈvʌɪs| *noun* 1) խորհուրդ; հանձնարարական 2) *իրավունք* տեղեկագիր; տեղեկացում; ծանուցում 3) *ֆինանսներ* տեղեկանք *(կատարված գործարքի մասին)* 4) տեղեկություն

take advice խորհուրդ ստանալ *(սովորաբար մասնագետից)*

take sb's advice լսել; անսալ *(մեկի խորհրդին)*

advisable |ədˈvʌɪzəb(ə)l| *adjective* հանձնարարելի; իմաստալից; իմաստ ունեցող

advise |ədˈvʌɪz| *verb* 1) խորհուրդ տալ 2) հանձնարարել 3) տեղեկացնել; ծանուցել

advised |ədˈvʌɪzd| *adjective* 1) գիտակ; տեղյակ 2) խելամիտ; իմաստուն

advisedly |ədˈvʌɪzɪdli| *adverb* նպատակադրված; միտումնավոր; դիտավորյալ

adviser |ədˈvʌɪzə| (նաև **advisor**) *noun* 1) խորհրդատու 2) ղեկավար; ուսուցիչ

advisory |ədˈvʌɪz(ə)ri| **1** *adjective* 1) խորհրդատվական 2) առաջարկվող **2** *noun* (հոգն. **-ries**) հայտարարություն; նախազգուշացում *(սովորաբար վատ բանի մասին, օրինակ՝ վատ եղանակի)*

advocacy |ˈædvəkəsi| *noun* աջակցություն;

պաշտպանություն; ջատագովություն
advocate **1** *noun* |ˈædvəkət| 1) պաշտպան; կողմնակից 2) *իրավունք* դատապաշտպան; փաստաբան **2** *verb* |ˈædvəkeɪt| 1) հրապարակավ պաշտպանել; սատարել 2) մխիթարել
Adygea |ˈɑːdɪgeɪə|, |ˌɑːdɪˈgjeɪə| Ադիգեյա *(ինքնավար հանրապետություն Հյուսիսային Կովկասում. մտնում է Ռուսաստանի Դաշնության մեջ)*
adze |ædz| (**adz**) *noun* ուրագ
Aegean Sea Էգեյան ծով *(Միջերկրական ծովի մի մասը, որն ընկած է Հունաստանի և Թուրքիայի միջև)*
aegis |ˈiːdʒɪs| *noun* 1) հովանի; հովանավորություն; պաշտպանություն; աջակցություն ◊ **under the aegis of the UN** ՄԱԿ-ի հովանու ներքո 2) Զևսի վահանը *(Հին Հունական դիցաբանության մեջ)*
aerate |ˈɛːreɪt| *verb* 1) օդարկել; օդավորել 2) օդափոխել
aeration |-ˈreɪʃ(ə)n| *noun* 1) օդարկում; օդավորում 2) օդափոխում
aerial |ˈɛːrɪəl| **1** *adjective* 1) օդային; օդանավային; օդագնացային 2) մթնոլորտային **2** *noun* ալեսարք; ալեհավաք; անտենա
aerie |ˈɪəri|, |ˈʌɪri|, |ˈɛːri| (նաև **eyrie**) *noun* 1) արծվաբույն; գիշատիչ թռչնի բույն 2) բարձրադիր տուն
aerobatics |ɛːrəˈbætɪks| *plural noun* բարձրագույն օդագնացություն; ձևավոր թռիչքներ
aerobic |ɛːˈrəʊbɪk| *adjective կենսաբանություն* 1) օդակյաց; օդակեցիկ 2) աէրոբիկական; աէրոբիկային վերաբերող
aerobics |ɛːˈrəʊbɪks| *plural noun* աէրոբիկա
aerodrome |ˈɛːrədrəʊm| *noun* օդաթռիչքարան
aerodynamic *adjective* 1) աէրոդինամիկական; օդադինամիկական 2) շրջհոսուն
aerodynamically *adverb* 1) շրջհոսունորեն 2) օդադինամիկորեն; աէրոդինամիկորեն
aerodynamics |ˌɛːrə(ʊ)dʌɪˈnæmɪks| *plural noun* 1) օդադինամիկա; աէրոդինամիկա 2) շրջհոսունություն
aeronaut *noun պատմական* օդագնաց; օդանավորդ
aeronautical *adjective* օդագնացային
aeronautics |ɛːrəˈnɔːtɪks| *plural noun* օդագնացագիտություն
aeroplane |ˈɛːrəpleɪn| *noun* ինքնաթիռ; սավառնակ
aerosol |ˈɛːrəsɒl| *noun* 1) օդափոշի 2) օդափոշու սրվակ; ցողացիր
aerospace |ˈɛːrəspeɪs| *noun* օդատիեզերական տեխնոլոգիա
aerostat |ˈɛːrəstæt| *noun* օդապարիկ
aesthete |ˈiːsθiːt|, |ˈɛs-| (նաև **esthete**) *noun* գեղագետ; գեղեցկագետ; էսթետ
aesthetic |iːsˈθɛtɪk|, |ɛs-| (նաև **esthetic**) **1** *adjective* 1) գեղագիտական; էսթետիկական 2) զգացական **2** *noun* գեղագիտություն; էսթետիկա; գեղագիտական սկզբունքներ
aesthetically *adverb* գեղագիտորեն
aesthetics |iːsˈθɛtɪks|, |ɛs-| (նաև **esthetics**) *plural noun* գեղագիտություն; էսթետիկա
afar |əˈfɑː| *adverb բանաստեղծական* հեռվում
affability |-ˈbɪlɪti| *noun* սիրալիրություն; քաղաքավարություն
affable |ˈæfəb(ə)l| *adjective* բարյացակամ; բարեսիրտ; սիրալիր
affably *adverb* բարյացակամորեն; սիրալիրաբար
affair |əˈfɛː| *noun* 1) գործ; անելիք 2) պարտականություն 3) (**affairs**) հարցեր; գործեր *(հասարակական կարևորության)* 4) միջադեպ; դիպված 5) իրադարձություն 6) սիրավեպ; սիրային կապ 7) *ռազմական* ընդհարում 8) իր; բան
affair of honour պատվի գործ; մենամարտ
foreign affairs արտաքին գործեր
kid-glove affair պաշտոնական ընդունելություն/ճաշկերույթ
mind one's own affairs ուրիշի գործին չխառնվել; քիթը չխոթել ուրիշի գործերի մեջ
settle one's affairs 1) գործերը կարգի բերել/գցել 2) կտակ գրել
affect[1] |əˈfɛkt| *verb* 1) ազդել; ներգործել; ներազդել 2) հուզել; ալեկոծել; խռովել 3) վարակել *(հիվանդության մասին)*
affect[2] |əˈfɛkt| *verb* 1) ձևացնել; կեղծակերպել 2) կերպ ընդունել
affect[3] |ˈæfɛkt| *noun հոգեբանություն* հույզ; հուզմունք; ապրում
affectation |æfɛkˈteɪʃ(ə)n| *noun* 1) ձևացում; շինծություն; արհեստականություն 2) անբնականություն
affected |əˈfɛktɪd| *adjective* 1) ազդեցության տակ գտնվող 2) հուզված; խռոված 3) արհեստական; անբնական 4) տրամադրված; հակված
affection |əˈfɛkʃ(ə)n| *noun* 1) սեր; գորով; համակրանք; կապվածություն 2) հիվանդություն; ախտ 3) հույզ 4) ախտահարություն
fix one's affection on sb (**fix one's affections on sb**) սեր/զգացմունքը տածել մեկի հանդեպ; հրապուրված լինել
affectionate |əˈfɛkʃ(ə)nət| *adjective* սիրաքնուխ; սիրող; քնքուշ; սիրառատ
affective |əˈfɛktɪv| *adjective* 1) *բնախոսություն* հուզական 2) *լեզվաբանություն* զգայական
affiance |əˈfʌɪəns| *verb բանաստեղծական* նշանվել; նշանադրվել
affidavit |æfɪˈdeɪvɪt| *noun իրավունք* գրավոր ցուցմունք երդումով տրված
affiliate **1** *verb* |əˈfɪlɪeɪt| 1) միավորել; ընդգրկել *(ավելի մեծ կազմակերպության մաս դարձնել)* 2) միավորվել; ընդգրկվել **2** *noun* |əˈfɪlɪət| մասնաճյուղ; բաժնեմունք; ներկայացուցիչ
affiliation |əfɪlɪˈeɪʃ(ə)n| *noun* 1) միավորում; անդամ դարձնելը 2) անդամակցություն; պատկանելիություն
affined |əˈfʌɪnd| *adjective հնացած* կապված

affinity |əˈfɪnɪti| *noun* (հոգն. **-ties**) 1) հակում; հակվածություն; ձգողություն; համակրանք 2) խնամակցություն; խնամիություն; ազգակցություն 3) լեզվական ընդհանրություն

affirm |əˈfəːm| *verb* 1) պնդել; հաստատել; հայտարարել 2) հավանություն տալ; աջակցել 3) վավերացնել

affirmation |æfəˈmeɪʃ(ə)n| *noun* 1) պնդում; հաստատում 2) հանդիսավոր հայտարարություն *(երդման փոխարեն)*

affirmative |əˈfəːmətɪv| **1** *adjective* 1) հաստատական; դրական; հուսադրող 2) կոմ; խրախուսական; քաջալերիչ *(քվեարկության ժամանակ)* 3) գործունյա 4) *քերականություն* հաստատական **2** *noun* 1) հաստատական դրույթ 2) *քերականություն* հաստատական բառ **3** *exclamation* այո՛

in the affirmative դրական; հաստատական; հաստատողական

affirmative action *noun* փոխհատուցողական խտրականություն

affix **1** *verb* |əˈfɪks| կպցնել; փակցնել; սոսնձել **2** *noun* |ˈæfɪks| *քերականություն* ածանց; մասնիկ

afflict |əˈflɪkt| *verb* ցավ պատճառել; տանջել; տանջանք առաջացնել; չարչարել

affliction |əˈflɪkʃ(ə)n| *noun* 1) չարչարանք; տանջանք 2) ցավ 3) դժբախտություն

affluence *noun* 1) լիություն; առատություն; ճոխություն 2) ներհոսք; հոսք; առատություն

affluent |ˈæfluənt| **1** *adjective* 1) հարուստ; ճոխ; առատ 2) ապահովված 3) առատահոս; ջրառատ **2** *noun հնավանդ* վտակ

afflux |ˈæflʌks| *noun հնավանդ* հոսք; ներհոսք

afford |əˈfɔːd| *verb* 1) ի վիճակի լինել; իրեն թույլ տալ 2) ունենալ 3) հնարավորություն ընձեռել 4) տալ; տրամադրել; ընձեռել

afford consolation մխիթարել

affordable |əˈfɔːdəbəl| *adjective* էժան; մատչելի

afforest *verb* անտառապատել

afforestation |əˈfɒrɪst| *verb* անտառապատում

affray |əˈfreɪ| *noun իրավունք հնացած* հասարակական կարգի խանգարում; ծեծկռտուք; տուրուդմփոց

affricate |ˈæfrɪkət| *noun հնչյունաբանություն* հպաշփական/կիսաշփական հնչյուն

affront |əˈfrʌnt| **1** *noun* վիրավորանք; անարգանք; նվաստացում **2** *verb* վիրավորել; նվաստացնել

Afghan |ˈæfgæn| **1** *noun* 1) աֆղանացի 2) աֆղաներեն; փուշտու **2** *adjective* աֆղանական

Afghanistan |æfˈgænɪˌstæn| Աֆղանստան *(պետություն Միջին Ասիայում)*

afield |əˈfiːld| *adverb* 1) հեռվից; հեռվում 2) դաշտում

afire |əˈfʌɪə| *adverb, adjective բանաստեղծական* այրվող; կրակի մեջ

aflame |əˈfleɪm| *adverb, adjective* այրվող; այրվելիս; կրակի մեջ

afloat |əˈfləʊt| *adjective, adverb* 1) լողալիս; ջրի վրա; ջրի երեսին; լողացող 2) նավի/ծովի վրա 3) *փոխաբերական* առանց պարտքի; առանց դժվարության 4) շրջանառության մեջ

afoot |əˈfʊt| *adverb* 1) նախապատրաստական փուլում; պատրաստության մեջ 2) ոտքով քայլելիս

aforementioned *adjective* վերոհիշյալ; վերոնշյալ

aforethought |əˈfɔːθɔːt| *adjective* կանխամտածված; դիտավորյալ; միտումնավոր

afraid |əˈfreɪd| *adjective* 1) վախեցած; անհանգիստ 2) դժկամ

I am afraid 1) ցավում եմ 2) վախենում եմ 3)ափսոսում եմ

afresh |əˈfrɛʃ| *adverb* նորից; կրկին; վերստին; դարձյալ

Africa |ˈæfrɪkə| Աֆրիկա *(մայրցամաք)*

African |ˈæfrɪk(ə)n| **1** *noun* աֆրիկացի; սևամորթ **2** *adjective* աֆրիկական; աֆրիկյան; աֆրիկացի

African American **1** *noun* սևամորթ ամերիկացի **2** *adjective* սևամորթ ամերիկացիների

Afrikaans |æfrɪˈkɑːns| **1** *noun* աֆրիկաանս լեզու **2** *adjective* աֆրիկաներենային

aft |ɑːft| *adverb, adjective* նավախելում; դեպի նավախելը

after |ˈɑːftə| **1** *preposition* 1) հետո; ապա; անց 2) հետևից; ետևից 3) ըստ; անունով ◊ **They named him John, after his grandfather.** Նրան անվանեցին Ջոն, իր պապի անունով: 4) նմանությամբ 5) վերաբերյալ **2** *adjective* հետագա; հաջորդ

be after հետամուտ լինել, մտադրվել

afterbirth |ˈɑːftəbəːθ| *noun կազմախոսություն* ընկերք

aftereffect *noun* հետազդեցություն; հետազդանք

afterglow |ˈɑːftəgləʊ| *noun* 1) հետլուսարձակում 2) հետվայելում; ըմբոշխնում *(հաճելի իրադարձության)*

afterlife |ˈɑːftəlʌɪf| *noun* 1) հանդերձյալ կյանք 2) հետագա կյանք; կյանքի մնացած մասը

aftermath |ˈɑːftəmæθ| *noun* 1) հետևանք; հետևանքներ *(հատկապես վատ.օրինակ՝ աղետի, պատերազմի)* 2) աշնանախոտ

afternoon |ɑːftəˈnuːn| **1** *noun* հետմիջօրե; հետկեսօր; կեսօրից հետո **2** *adverb խոսակցական* կեսօրին **3** *exclamation խոսակցական* (**good afternoon**) բարի օր

the afternoon of life կյանքի երկրորդ կեսը; կյանքի միջօրեն

aftershock |ˈɑːftəʃɒk| *noun* հետցնցում *(երկրաշարժից հետո)*

afterward |ˈɑːftəwədz| (նաև **afterwards**) *adverb* հետագայում; հետո; անց; ավելի ուշ

again |əˈgɛn|, |əˈgeɪn| *adverb* 1) նորից; կրկին 2) ի լրումն

again and again նորից ու նորից

now and again ժամանակ առ ժամանակ; մերթ ընդ մերթ; կրկին
time and again նորից ու նորից

against |ə'gɛnst|, |ə'geɪnst| *preposition* 1) դեմ; ընդդեմ 2) մոտ; մոտակայքում 3) պարագայում; դեպքում ◊ **insurance against accident** ապահովագրություն վթարի դեպքում 4) ի հակադրություն 5) հենված; հպված

agape[1] |ə'geɪp| *adjective* բերանը բաց

agape[2] |'ægəpi| *noun քրիստոնեական աստվածաբանություն* 1) սեր; քրիստոնեական սեր *(ի տարբերություն սեռական սիրո)* 2) հաղորդության ընթրիք *(նախնական քրիստոնյաների շրջանում)*

agate |'ægət| *noun* ագաթ

age |eɪdʒ| **1** *noun* 1) տարիք 2) դար; դարաշրջան 3) սերունդ; սերնդի ժամանակահատված 4) չափահասություն 5) (**ages, an age**) շատ երկար ժամանակ **2** *verb* (**aging**) 1) ծերանալ 2) ծերացնել 3) հասունանալ *(ոգելից խմիչքների մասին)* 4) թվագրում; տարիքի որոշում
act/be one's age իրեն պահել խելամտորեն, ինչպես վայել է տվյալ հասակին
ages շատ երկար ժամանակ
ages ago վաղուց; դարեր առաջ
at an advanced age հասակն առած; տարեց; շատ ծեր
bear/carry one's age well տարիքի համեմատ լավ տեսք ունենալ; տարիքից երիտասարդ երևալ
become of age չափահաս դառնալ
be under age անչափահաս լինել
come of age չափահաս դառնալ; հասունանալ
for ages (**for an age**) շատ երկար ժամանակ
ripe/old age հասուն/ծեր տարիք
the age of Reason XVII դարի ռացիոնալիզմի դարաշրջան
the awkward age անցման տարիք
the full age չափահաս տարիք

aged *adjective* 1) տարիքի; տարեկան 2) ծեր; հին; տարեց 3) հնացված

age group *noun* տարիքային խումբ

ageism |'eɪdʒɪz(ə)m| (նաև **agism**) *noun* տարիքային խտրականություն

ageless |'eɪdʒlɪs| *adjective* չծերացող; հավերժ

agency |'eɪdʒ(ə)nsi| *noun* 1) գործակալություն; կազմակերպություն 2) միջոց; գործոն
by/through the agency of sb ինչ-որ մեկի միջոցով
free agency կամքի ազատություն; ազատ կամք

agenda |ə'dʒɛndə| *noun* 1) օրակարգ 2) գործողությունների ծրագիր
on the agenda օրակարգում; ըստ ծրագրի
set the agenda կազմել ծրագիր

agent |'eɪdʒ(ə)nt| *noun* 1) գործակալ; ներկայացուցիչ; միջնորդ 2) գործոն; միջոց; գործող ուժ 3) *քերականություն* գործող; ներգործող; գործիչ; գործողություն կատարող

age of consent *noun* չափահասություն; ամուսնական տարիք *(հատկապես աղջիկների)*

age-old *adjective* հինավուրց; հին; դարավոր

agglomerate **1** *verb* |ə'glɒməreɪt| կիտել; դիզել; շեղջակուտել **2** *noun* |ə'glɒmərət| կուտակ; շեղջակուտակ **3** *adjective* |ə'glɒmərət| կիտված; դիզված

agglomeration *noun* 1) կուտակում; դիզում; կիտում; շեղջակուտում; կենտրոնացում 2) *տեխնիկական* եռակալում

agglutinate |ə'glu:tɪneɪt| *verb* 1) սոսնձել 2) *կենսաբանություն* կպչել

agglutinative |ə'glu:tɪnətɪv| *adjective լեզվաբանություն* կցական

aggrandize |ə'grændʌɪz| *verb* 1) ավելացնել; հզորացնել; ուժեղացնել 2) փառաբանել; գովաբանել *(չափից ավելի)*

aggravate |'ægrəveɪt| *verb* 1) ծանրացնել; վատացնել; վատթարացնել 2) ուժեղանալ; ծանրանալ; սրվել *(վիճակի մասին)* 3) գրգռել

aggravation |-'veɪʃ(ə)n| *noun* 1) վատթարացում; ծանրացում *(հիվանդության)* 2) *իրավունք* ծանրացուցիչ հանգամանք 3) բարկության պատճառ

aggregate **1** *noun* |'ægrɪgət| ամբողջություն; հավաքածու; համախումբ; կուտակում **2** *adjective* |'ægrɪgət| համակուտակային; հավաքական; ընդհանուր; ամբողջական **3** *verb* |'ægrɪgeɪt| կուտակվել; կույտ կազմել; համախմբվել
as aggregate (**as the aggregate**) որպես ամբողջություն

aggregation |-'geɪʃ(ə)n| *noun* 1) կուտակում; զանգված; համակուտակում 2) համախմբում; միացում; կենտրոնացում

aggression |ə'grɛʃ(ə)n| *noun* 1) նախահարձակություն; ագրեսիա; հարձակում 2) թշնամականություն 3) բռնի գործողություններ

aggressive |ə'grɛsɪv| *adjective* 1) նախահարձակ; բռնի; հարձակողական 2) եռանդուն; վճռական; պնդերես

aggressively *adverb* 1) եռանդունորեն; վճռականորեն 2) նախահարձակ կերպով

aggressor |ə'grɛsə| *noun* հարձակվող կողմ; նախահարձակ կողմ

aggrieved |ə'gri:vd| *adjective* 1) նեղացած; վիրավորված 2) վշտացած 3) *իրավունք* տուժած

aghast |ə'gɑ:st| *adjective* ահաբեկված; սարսափահար; ցնցված

agile |'ædʒʌɪl| *adjective* 1) արագաշարժ; փութաշարժ; փութկոտ; շարժուն 2) աշխույժ; կորովի; ճարպիկ

agility |ə'dʒɪlɪti| *noun* 1) արագաշարժություն; աշխուժություն; ճարպկություն; ճարտարություն 2) հնարամտություն

agitate |'ædʒɪteɪt| *verb* 1) բորբոքել; գրգռել; նյարդայնացնել 2) հուզել; ալեկոծել 3) խառնել; հարել *(հատկապես հեղուկը)* 4) քարոզարշավ անցկացնել

agitation |ædʒɪ'teɪʃ(ə)n| *noun* 1) բորբոքում; գրգռում; նյարդայնացում 2) գրգռվածություն; նյարդայնություն 3) խառնում; հարում *(հատկապես հեղուկի)*

agitator |'ædʒɪteɪtə| *noun* 1) բորբոքող անձ;

խոռվություն առաջացնող անձ; հրձիգ 2) քարոզիչ; ագիտատոր 3) *տեխնիկական* խառնիչ; հարիչ

aglow |ə'gləʊ| *adjective* 1) բոցավառ; հրավառ; բորբոքված 2) հուզված; գրգռված

AGM *abbreviation* annual genearal meeting տարեկան ընդհանուր ժողով

agnate |'ægneɪt| *իրավունք* **1** *noun* ազգական արական գծով **2** *adjective* 1) ազգական *(արական գծով)* 2) ցեղակից

agnostic |æg'nɒstɪk| **1** *noun* անգետական; ագնոստիկ **2** *adjective* անգետական; ագնոստիկական

agnosticism |-sɪz(ə)m| *noun* անգետականություն; ագնոստիցիզմ

ago |ə'gəʊ| *adverb* առաջ; նախքան

long ago վաղուց

agog |ə'gɒg| *adjective* հետաքրքրասիրությունից վառվող; գրգռված

be agog about/for/upon/with, be all agog about/ for/upon/with ցանկություն/իղձ/տենչ/փափագ ունենալ մի բան անելու; հուզված սպասել ինչ-որ բան; անհամբերությամբ սպասել ինչ-որ բանի

agonize |'ægənʌɪz| *verb* 1) տանջվել; տառապել; տվայտել 2) տառապանք պատճառել

agonized |'ægənʌɪzd| *adjective* տանջալի; տաժանելի

agonizing |'ægənʌɪzɪŋ| (նաև **agonising**) *adjective* տանջալի; տաժանելի; հոգետանջ

agony |'ægəni| *noun* (հոգն. **-nies**) 1) հոգեվարք 2) տանջանք; չարչարանք; տառապանք

be in agony of despair/grief շատ վշտանալ; դրությունից դուրս գալու ելք չգտնել; խիստ հուսահատ վիճակում գտնվել; անելանելի դրության մեջ լինել

agoraphobia |æg(ə)rə'fəʊbɪə| *noun բժշկություն* տարածավախ; տարածավախություն

agrarian |ə'grɛːrɪən| **1** *adjective* գյուղատնտեսական; երկրագործական; հողագործական **2** *noun* հողի վերաբաշխման կողմնակից

agree |ə'griː| *verb* (**agrees**, **agreed**, **agreeing**) 1) համաձայնել; համաձայնվել 2) համակարծիք լինել 3) պայմանավորվել 4) համապատասխանել; հարմար լինել; հարմարվել 5) որոշել

agree like cats and dogs, agree like pickpockets in fair, agree like harp and horrow իրար հետ շուն ու կատվի պես լինել; իրար հետ յոլա չգնալ; իրար լեզու չհասկանալ

agree to differ/disagree հրաժարվել միմյանց համոզելուց; մնալ սեփական կարծիքին

agreeable |ə'griːəb(ə)l| *adjective* 1) հաճելի; դուրեկան; ախորժելի 2) պատրաստակամ; հոժար; համաձայն 3) ընդունելի; հավանելի

agreeably *adverb* 1) հաճելիորեն; դուրեկանորեն 2) համապատասխանորեն; պատշաճորեն

agreement |ə'griːm(ə)nt| *noun* 1) համաձայնություն; համապատասխանություն 2) պայմանագիր; համաձայնագիր

come to an agreement, make an agreement համաձայնության գալ; լեզու գտնել; մի մտքի գալ; ընդհանրության գալ; ընդհանուր հայտարարի գալ

agribusiness |'ægrɪbɪznɪs| *noun* ագրոարդյունաբերություն; գյուղատնտեսական գործարարություն

agricultural *adjective* գյուղատնտեսական; երկրագործական; ագրարային

agriculture |'ægrɪkʌltʃə| *noun* գյուղատնտեսություն; երկրագործություն

agriculturist |-'kʌltʃ(ə)rɪst| *noun* 1) գյուղատնտես 2) հողագործ; երկրագործ

agronomist *noun* գյուղատնտես

agronomy |ə'grɒnəmi| *noun* 1) գյուղատնտեսագիտություն 2) գյուղատնտեսություն; երկրագործություն

aground |ə'graʊnd| *adjective, adverb* ծանծաղուտում խրված; ծանծաղուտի վրա

ague |'eɪgjuː| *noun հնացած* մալարիա; ճահճատենդ; դողէրոցք

Agues come on horseback but go away on foot. *առած* Ցավը ձիով գալիս է, ոտքով՝ գնում: Ցավը որ եկավ, մենակ չի գա:

ah |ɑː| *exclamation* ա՜հ

aha |ə'hɑː|, |ɑː'hɑː| *exclamation* ահա; ահավասիկ

ahead |ə'hɛd| *adverb* 1) առաջ; առջևում 2) բարձր 3) ապագայում

ahead of 1) դիմացը 2) սպասման վիճակում

ahem |ə'hɛm| *exclamation* հ՜մ, ըհ՜մ

AI *abbreviation* 1) artificial intelligence արհեստական բանականություն 2) artificial insemination արհեստական բեղմնավորում 3) Amnesty International Միջազգային համաներում

aid |eɪd| **1** *noun* 1) օգնություն; աջակցություն 2) նպաստ; օժանդակություն **2** *verb* 1) օգնել; աջակցել; նպաստել 2) խրախուսել

aide |eɪd| *noun* օգնական; խորհրդատու; խորհրդական *(հատկապես քաղաքական առաջնորդի)*

AIDS |eɪdz| *abbreviation* acquired immune deficiency syndrome Ձեռքբերովի իմունային անբավարարության համախտանիշ; ՁԻԱՀ

aileron |'eɪlərɒn| *noun* էլերոն *(ինքնաթիռի թևի շարժուն մաս)*

ailing |'eɪlɪŋ| *adjective* տկար; հիվանդ; անառողջ

ailment |'eɪlm(ə)nt| *noun* անառողջություն; տկարություն

aim |eɪm| **1** *verb* ուղղել; նշան բռնել **2** *noun* 1) նպատակ; նպատակակետ 2) նշան բռնելը; նշանառություն

aimless |'eɪmlɪs| *adjective* աննպատակ; նպատակազուրկ

air |ɛː| **1** *noun* 1) օդ 2) բաց տարածություն 3) մթնոլորտ 4) թեթև քամի 5) տեսք; կեցվածք **2** *verb* 1) հրապարակավ արտահայտվել 2) հենարձակել 3) օդափոխել 4) (**air oneself**) մաքուր օդի դուրս գալ

air a grievance բռնարկման դնել մի բարդ խնդիր

beat the air, fish in the air ջուր ծեծել; խոսքերը քամուն տալ; իզուր խոսել; օդի մեջ կրակել

be in the air 1) անորոշ վիճակում լինել; օդից կախված լինել 2) լսվել; արագ տարածվել *(լուրի մասին)*
clear the air մթնոլորտի լարվածությունը վերացնել; օդը մաքրել; տարաձայնությունները հարթել
give oneself airs, put on airs, assume airs քիթը տնկել; գլուխը ցցել; քիթը ամպերին հասցնել; գոռոզանալ; ոտքերի տակը չտեսնել
make/turn the air blue հայհոյել; հիշոցներ արձակել; լուտանք թափել
take the air 1) դուրս գալ զբոսնելու; դուրս գալ մաքուր օդ շնչելու 2) *խոսակցական* ծլկել; արագոը ճղել
tread/walk on air ուրախությունից իրեն կորցնել; հրճվանքից ոտքերը գետնից կտրել; յոթերորդ երկնքում լինել
air bag *noun* օդային բարձ *(ավտոմեքենայի մեջ)*
airbase |ˈɛːbeɪs| *noun ռազմական* օդուժի հենակետ
airborne |ˈɛːbɔːn| *adjective* 1) օդով փոխադրվող; օդով տեղափոխվող 2) օդում գտնվող *(ինքնաթիռի մասին)*
airbrush |ˈɛːbrʌʃ| **1** *noun* ներկացրիչ **2** *verb* 1) ներկացրել 2) *փոխաբերական* գեղեցկացնել; զարդարել; սիրունացնել
airbus |ˈɛːbʌs| *noun առևտրանշան* աերոբուս; խոշոր մարդատար օդանավ
air conditioner *noun* օդորակիչ
air conditioning *noun* օդորակում
aircraft |ˈɛːkrɑːft| *noun* (հոգն. նույնը) ինքնաթիռ; ուղղաթիռ; թռչող մեքենա
aircraft carrier *noun* օդանավակիր; ավիակիր
aircrew |ˈɛːkruː| *noun* (հոգն. **-crews**) 1) ինքնաթիռի անձնակազմ 2) ինքնաթիռի անձնակազմի անդամ
airdrop |ˈɛːdrɒp| **1** *noun ռազմական* օդանետում; օդանավից նետում *(բեռների, զորքերի)* **2** *verb* (**-dropped**, **-dropping**) օդանետել; օդանավից նետել
airfield |ˈɛːfiːld| *noun* օդաթռիչքարան; թռիչքադաշտ
air force *noun* օդուժ; օդանավատորմ
air gun |ˈɛːgʌn| *noun* օդաճնշական հրացան
airily *adverb* 1) թեթևորեն; եթերայնորեն; նազանքով 2) անհոգաբար; թեթևամտորեն
airing |ˈɛːrɪŋ| *noun* 1) օդափոխում 2) օդարկում և չորացում 3) հրապարակային քննարկում 4) հեռարձակում 5) զբոսանք
take sb for an airing *ծածկալեզու* սպանել; վերջ տալ մեկի կյանքին
airless |ˈɛːlɪs| *adjective* 1) հեղձուկ; հեղձուցիչ 2) անհողմ; հանդարտ
airlift |ˈɛːlɪft| **1** *noun* տեղափոխում օդով; օդային կամուրջ **2** *verb* փոխադրել օդով
airline |ˈɛːlʌɪn| *noun* 1) օդագիծ; ավիագիծ; օդուղի 2) ավիաընկերություն; օդանավային ընկերություն; ավիափոխադրական ընկերություն 3) օդամուղ խողովակ; օդ փչող խողովակ
airlock |ˈɛːlɒk| (նաև **air lock**) *noun* 1) օդային խցան 2) անցախուց
airmail |ˈɛːmeɪl| **1** *noun* օդային փոստ **2** *verb* ուղարկել օդային փոստով; ուղարկել ավիափոստով
airplane |ˈɛːpleɪn| *noun* ինքնաթիռ; սավառնակ
air pocket *noun* օդային փոս
airport |ˈɛːpɔːt| *noun* օդակայան; օդանավակայան
air raid *noun* օդային հարձակում
air rifle *noun* օդաճնշական հրացան
airship |ˈɛːʃɪp| *noun* դիրիժաբլ; օդապարիկ
airsick |ˈɛːsɪk| *adjective* օդանավային հիվանդությամբ տառապող; օդախտավոր
airsickness *noun* օդանավային հիվանդություն; օդախտ
airspace |ˈɛːspeɪs| *noun* օդային տարածություն
airstrip |ˈɛːstrɪp| *noun* թռիչքուղի
airtight |ˈɛːtʌɪt| *adjective* 1) օդանթափանց 2) անխոցելի; անհաղթելի
airtime |ˈɛːtʌɪm| *noun* եթերային ժամանակ
air-to-air *adjective* 1) *ռազմական* օդ-օդ 2) ինքնաթիռից ինքնաթիռ
air traffic controller *noun* ավիադիսպետչեր; օդային տեղաշարժի հսկող
airwaves |ˈɛːweɪvz| *plural noun* ռադիոալիքներ
airway |ˈɛːweɪ| *noun* 1) օդային անցուղի 2) *բժշկություն* օդային խողովակ 3) օդուղի
airworthiness *noun* թռիչքի համար պիտանություն; թռիչքապիտանություն
airworthy |ˈɛːwəːði| *adjective* թռիչքի համար պիտանի; թռիչքապիտանի
airy |ˈɛːri| *adjective* 1) ընդարձակ; լուսավոր 2) նուրբ; օդային; եթերային 3) թեթևսոլիկ; անլուրջ; անհոգ
ajar[1] |əˈdʒɑː| *adverb, adjective* կիսաբաց
ajar[2] |əˈdʒɑː| *adverb հնացած* գժտված; աններդաշնակ
akin |əˈkɪn| *adjective* 1) հարազատ; ազգակից; համազգի 2) նման
Alabama |ˌæləˈbæmə| Ալաբամա *(ԱՄՆ-ի նահանգ)*
alabaster |ˈæləbɑːstə|, |-bæstə| **1** *noun* գիպս **2** *adjective* 1) գիպսե 2) *բանաստեղծական* ճերմակ; ճերմակաթույր; սպիտակ
alacrity |əˈlækrɪti| *noun* 1) պատրաստակամություն; հոժարակամություն 2) արագաշարժություն
alarm |əˈlɑːm| **1** *noun* 1) տագնապ; խուճապ; ահազանգ; տագնապի ազդանշան 2) զարթուցիչ **2** *verb* 1) տագնապ բարձրացնել; ահազանգ հնչեցնել 2) տագնապահարել; հուզել; վախեցնել 3) ազդանշանով պահպանված
false alarm կեղծ ահազանգ
alarm clock *noun* զարթուցիչ
alarmingly *adverb* տագնապալի; տագնապահույզ; տագնապեցնող; վտանգալի; սպառնալի
alarmist |əˈlɑːmɪst| **1** *noun* խուճապարար **2**

adjective խունանկարարական
alas |ə'læs|, |ə'lɑːs| *exclamation* *բանաստեղծական կատակային* ավա՜ղ; ափսո՜ս
Alaska |ə'læskə| Ալյասկա *(ԱՄՆ-ի նահանգ)*
Albania |æl'beɪnɪə| Ալբանիա *(պետություն Եվրոպայի հարավ-արևելքում)*
Albanian |æl'beɪnɪən| **1** *adjective* ալբանական **2** *noun* 1) ալբանացի 2) ալբաներեն
albatross |'ælbətrɒs| *noun* (հոգն. **-trosses**) 1) *կենդանաբանություն* ալբատրոս; ջրխորթան *(ընտանիք Diomedeidae)* 2) ծանր բեռ; հոգս
albeit |ɔːl'biːɪt| *conjunction* թեև; թեպետ
albescent |æl'bɛs(ə)nt| *adjective* *բանաստեղծական* սպիտակող; սպիտակին տվող
albino |æl'biːnəʊ| *noun* (հոգն. **-nos**) լնամաշկ; լնամորթ; ալբինոս
album |'ælbəm| *noun* 1) ալբոմ; պատկերատետր 2) երաժշտական հավաքածու
albumen |'ælbjʊmɪn| *noun* բնասպիտ; ձվասպիտ; ալբումին
albumin |'ælbjʊmɪn| *noun* *կենսաքիմիա* բնասպիտ
alchemic |æl'kɛmɪk| *adjective* ալքիմիական
alchemist *noun* ալքիմիկոս
alchemy |'ælkɪmi| *noun* ալքիմիա
alcohol |'ælkəhɒl| *noun* 1) սպիրտ; ալկոհոլ 2) ալկոհոլային խմիչք
alcoholic |ælkə'hɒlɪk| **1** *adjective* ալկոհոլային; սպիրտային **2** *noun* հարբեցող; ալկոհոլամոլ
alcoholism |'ælkəhɒlɪz(ə)m| *noun* հարբեցողություն; ալկոհոլամոլություն; գինեմոլություն
alcove |'ælkəʊv| *noun* խորշ
alder |'ɔːldə| (նաև **alder tree**) *noun* *բուսաբանություն* լաստենի *(Genus Alnus, ընտանիք Betulaceae)*
alderman |'ɔːldəmən| *noun* (հոգն. **-men**) ավագանու անդամ; քաղաքային խորհրդի անդամ
ale |eɪl| *noun* էյլ; գարեջուր
alee |ə'liː| *adverb, adjective* հողմահակառակ
Aleksandropol |ˌælɪk'sɑːndrəpɒl| (նաև **Alexandropol**) Ալեքսանդրապոլ *(Գյումրի քաղաքի նախկին (1840-1924 թթ.) անվանումը)*
Aleppo |æ'lɛpəʊ| Հալեպ *(քաղաք Սիրիայում)*
alert |ə'ləːt| **1** *adjective* 1) զգաստ; զգոն; աչալուրջ 2) աշխույժ; առույգ **2** *noun* 1) զգոնություն; զգաստություն; աչալրջություն 2) տագնապ; տագնապի ազդանշան **3** *verb* զգաստացնել; նախազգուշացնել
be alerted to the problem տեղեկացվել հարցի մասին; տեղյակ պահվել խնդրի վերաբերյալ
on the alert աչալուրջ; զգոն
alertness *noun* 1) զգաստություն; զգոնություն; զգուշություն 2) առույգություն; աշխուժություն; արթնություն
Alexandria |ˌælɪg'zɑːndrɪə| Ալեքսանդրիա *(նավահանգստային քաղաք Եգիպտոսում)*
alfalfa |æl'fælfə| *noun* *բուսաբանություն* առվույտ *(Medicago sativa, ընտանիք Leguminosae)*
algebra |'ældʒɪbrə| *noun* հանրահաշիվ
algebraic *adjective* հանրահաշվական
Algeria |æl'dʒɪərɪə| Ալժիր *(պետություն Աֆրիկայի հյուսիսում)*
Algiers |æl'dʒɪəz| Ալժիր *(Ալժիր պետության մայրաքաղաքը)*
algorithm |'ælgərɪð(ə)m| *noun* քայլաշար; կանոնաշար
alias |'eɪlɪəs| **1** *adverb* 1) այլ խոսքով; այլ կերպ ասած 2) նույն ինքը **2** *noun* այլանուն; ուրիշ/հնարովի անուն **3** *verb* *ֆիզիկա հեռահաղորդակցություն* սխալ նույնացնել
alibi |'ælɪbʌɪ| **1** *noun* (հոգն. **-bis**) 1) *իրավունք* այլուրեքություն 2) ինքնարդարացում; չքմեղանք **2** *verb* (**-bis**, **-bied**, **-biing**) *խոսակցական* 1) այլուրեքություն տրամադրել; այլուրեքությունը հաստատել 2) արդարանալ; չքմեղանալ
alien |'eɪlɪən| **1** *adjective* 1) օտար; անծանոթ; խորթ 2) օտարերկրյա **2** *noun* 1) օտարերկրացի 2) տարաշխարհիկ բան
alienable |'eɪlɪənəb(ə)l| *adjective* *իրավունք* օտարելի
alienate |'eɪlɪəneɪt| *verb* 1) օտարացնել; հեռացնել 2) թշնամացնել; խորթացնել 3) *իրավունք* օտարել
alienation |eɪlɪə'neɪʃ(ə)n| *noun* 1) հեռացում; խորթացում; սառչում 2) *իրավունք* օտարում 3) մտավոր խանգարում; խելագարություն; անձնավորության կորուստ
alienist |'eɪlɪənɪst| *noun* 1) հոգեբույժ 2) դատական հոգեբույժ
alight[1] |ə'lʌɪt| *verb* 1) իջնել; վայրէջք կատարել; նստել *(թռչունների, թռչող սարքերի մասին)* 2) իջնել *(փոխադրամիջոցից)*
alight[2] |ə'lʌɪt| *adverb, adjective* 1) կրակի մեջ; բոցավառ 2) լուսարձակող; հրավառ
align |ə'lʌɪn| *verb* 1) մի գծի շարել 2) դասավորել; տեղադրել 3) հավասարվել 4) հարել; աջակցել 5) համաձայնվել; համագործակցել
alignment |ə'lʌɪnm(ə)nt| *noun* 1) հավասարեցում; մի գծի վրա շարելը 2) ուղղություն; երթուղի 3) դիրքորոշում
alike |ə'lʌɪk| **1** *adjective* նման; նույնպիսի; նմանօրինակ; հանգույն **2** *adverb* նմանապես; հանգունորեն
aliment |'ælɪm(ə)nt| **1** *noun* *հնացած* կեր; ուտելիք; սնուցում **2** *verb* կերակրել; սնունդ մատակարարել
alimentary |ælɪ'mɛnt(ə)ri| *adjective* 1) սննդային 2) խնամակալական; ապրուստի; կենսապահովման
alimentary canal *noun* մարսողական ուղի
alimentation |ˌælɪm(ə)n'teɪʃ(ə)n| *noun* *գրական անգլերեն* 1) սնուցում; կերակրում 2) ապահովում; աջակցություն; խնամակալում
alimony |'ælɪməni| *noun* 1) *իրավունք* ապրուստավարձ; ապրուստավճար; ապրուստադրամ; ալիմենտ 2) կերակուր; կերակրում
aliquot |'ælɪkwɒt| **1** *noun* 1) *մաթեմատիկա* բաժանարար 2) նմուշ *(քիմիական վերլուծության համար)* **2** *verb* 1) բաժանել մասերի 2) նմուշ

վերցնել

A-list (կամ **B-list**) *noun* ամենահայտնի մարդկանց ցուցակ

alive |əˈlʌɪv| *adjective* 1) կենդանի; ողջ; գոյություն ունեցող 2) գործող; ուժի մեջ 3) աշխույժ; կայտառ 4) լի; լեցուն; առատ 5) ընկալող

alive and kicking *կատակային* ողջ և առողջ; աշխույժ; արյունը եռացող

alive and well ուժի մեջ

alkali |ˈælkəlʌɪ| *noun* (հոգն. **-lis**) *քիմիա* ալկալի; հիմք

alkaline |ˈælkəlʌɪn| *adjective քիմիա* ալկալիական; հիմնային

all |ɔːl| **1** *predeterminer, adjective, pronoun* 1) բոլոր; ողջ 2) որևէ; ցանկացած 3) առավելագույն 4) ամեն ինչ **2** *adverb* 1) ամբողջովին; լիովին 2) կատարելապես; ամբողջապես **3** *noun* ամեն ինչը; բոլորը; ամբողջը

After all... Վերջին հաշվով...; Չէ՞ որ....

all along *խոսակցական* ամբողջ ժամանակ; ամենասկզբից; հենց սկզբից

all but 1) գրեթե; համարյա 2) բոլորը, բացի

all for nothing ամեն ինչ ավելորդ է; ամեն ինչ իզուր է; ամեն ինչ անիմաստ է

all in *խոսակցական* ուժասպառ; հյուծված

all the go, all the rage *խոսակցական* նորաձևության վերջին ճիչը

all there 1) խելացի; շուտ կողմնորոշվող/հասկացող *(հիմնականում օգտագործվում է ժխտական not quite all there արտահայտության մեջ)* 2) դիրքի/բարձրության վրա; իրեն համապատասխան դիրքում պահող *(հիմնականում օգտագործվում է to be բայի հետ)*

all the time/while շարունակ; անդադար; ամբողջ ժամանակ; անընդմեջ

and all *խոսակցական* և այլն, և այլն; և նման բաներ

be all over oneself 1) կաշվից դուրս գալ 2) գոհ/հիացած լինել 3) գոռոզանալ; փքվել

allay |əˈleɪ| *verb* 1) թուլացնել; հանգստացնել; մեղմացնել 2) նվազեցնել; պակասեցնել

all clear *noun* ավարտի ազդանշան; ավարտ *(վտանգը անցնելուց հետո)*

allegation |ælɪˈgeɪʃ(ə)n| *noun* 1) պնդում; հայտարարություն *(սովորաբար առանց հիմնավորման)* 2) փաստարկ; փաստարկություն; հիմնավորում

allege |əˈlɛdʒ| *verb* 1) պնդել; հայտարարել *(սովորաբար անհիմն)* 2) հղում կատարել

alleged |əˈlɛdʒd| *adjective* ասված; ենթադրվող; կասկածվող

allegedly *adverb* իբր; իբր թե

allegiance |əˈliːdʒ(ə)ns| *noun* 1) հավատարմություն; նվիրվածություն; անձնվիրություն 2) *պատմական* վասալական կախում

allegoric *adjective* այլաբանական; այլախոսական

allegorical |ælɪˈgɒrɪk(ə)l| *adjective* այլաբանական; այլախոսական

allegory |ˈælɪg(ə)ri| *noun* (հոգն. **-ries**) 1) *գրականագիտություն* այլաբանություն; այլաբերություն; այլախոսություն 2) խորհրդանիշ

allegro |əˈleɪgrəʊ|, |-ˈlɛg-| *երաժշտություն* **1** *adjective, adverb* արագ **2** *noun* (հոգն. **-gros**) արագ տեմպով երաժշտական գործ

allergen |ˈælədʒ(ə)n| *noun* ալերգեն; այլախտածին

allergic |əˈləːdʒɪk| *adjective* 1) այլախտային; ալերգիայի 2) (**allergic to**) այլախտ/ալերգիա ունեցող *(որևէ բանի հանդեպ)*

allergy |ˈælədʒi| *noun* (հոգն. **-gies**) այլախտ; ալերգիա

alleviate |əˈliːvɪeɪt| *verb* մեղմացնել; մեղմել; թուլացնել; թեթևացնել; նվազեցնել

alleviation |-ˈeɪʃ(ə)n| *noun* մեղմացում; թուլացում; նվազեցում

alley¹ |ˈæli| *noun* (հոգն. **-leys**) 1) նրբանցք 2) ծառուղի

blind alley/lead փակուղի; նրբանցք; նրբուղի

up one's alley մեկի համար հարմար; մեկի ճաշակին հարմար

alley² |ˈæli| (նաև **ally**) *noun* (հոգն. **-leys**) մարմարից կամ ապակուց պատրաստված գնդակ *(որպես խաղալիք)*

alliance |əˈlʌɪəns| *noun* 1) միություն; դաշինք 2) միասնություն 3) ընդհանրություն; նմանություն

make an alliance դաշինք կնքել/կոել; ուխտ կապել

allied |ˈælʌɪd|, |əˈlʌɪd| *adjective* 1) մոտիկ; ցեղակից 2) միավորված; միացած; դաշնակից; կապված 3) կապակցված; փոխկապակցված

alligator |ˈælɪgeɪtə| *noun կենդանաբանություն* ալիգատոր *(Genus Alligator, ընտանիք Alligatoridae, կարգ Crocodylia)*

alligator clip *noun* կոկորդիլոս տիպի սեղմակ

all-in *adjective* ընդհանուր; ամեն ինչ ներառող

all-inclusive *adjective* 1) համապարփակ; ամբողջական 2) ամբողջը ներառող; ընդհանուր

alliteration |əlɪtəˈreɪʃ(ə)n| *noun լեզվաբանություն* ալիտերացիա; բաղաձայնույթ

allocate |ˈæləkeɪt| *verb* հատկացնել; առանձնացնել; տրամադրել; բաշխել; տեղաբաշխել

allocation |æləˈkeɪʃ(ə)n| *noun* 1) հատկացում; բաշխում; նշանակում 2) մասնաբաժին; հատկացված բաժնեքանակ 3) տեղավորում 4) տեղեկացում

allocution |æləˈkjuːʃ(ə)n| *noun* ճառ; դիմում; խոսք; ելույթ *(հատկապես խորհրդատվական, հորդորական)*

allot |əˈlɒt| *verb* (**-lotted**, **-lotting**) 1) հատկացնել; առանձնացնել; բաց թողնել 2) բաշխել; բաժանել

allotment |əˈlɒtm(ə)nt| *noun* 1) բաշխում; բաժանում 2) հատկացում 3) բաժին; բաժնեմաս 4) բախտ; ճակատագիր

allotropy |əˈlɒtrəpi| *noun քիմիա* այլակերպություն

allow |əˈlaʊ| *verb* 1) թույլ տալ; թույլատրել; արտոնել; թողնել 2) տալ; տրամադրել; հատկացնել 3) հաշվի առնել 4) պնդել; կարծիք ունենալ; ընդունել; ճանաչել

allow for նկատի ունենալ

allowable *adjective* 1) թույլատրելի; արտոնելի 2) ընդունելի 3) օրինական

allowance |əˈlaʊəns| **1** *noun* 1) չափաքանակ; չափ; թույլատրված չափ 2) նպաստ; դրամական օգնություն 3) օրապահիկ 4) *տեխնիկական* թույլտվածք **2** *verb* *հնավանդ* նպաստ տրամադրել

make allowance, make allowance for 1) նկատի/հաշվի առնել; նկատի ունենալ 2) բացառություն անել

allowedly |əˈlaʊɪdli| *adverb* ըստ ընդունված կարծիքի; ինչպես ընդունված է

alloy **1** *noun* |ˈælɔɪ| 1) համահալվածք; համաձուլվածք; հարազոդ 2) խառնուկ; խառնուրդ **2** *verb* |əˈlɔɪ| 1) համահալել; համաձուլել; հարազոդել 2) աղարտել; եղծել; խեղաթյուրել

all right **1** *adjective* 1) ընդունելի; հանդուրժելի; բավարար 2) թույլատրելի **2** *adverb* լավ; բավարար կերպով; գոհացուցիչ կերպով **3** *exclamation* լավ է; եղավ; ամեն ինչ կարգին է

allseed |ˈɔːlsiːd| *noun* բազմասերմ բույս

all-terrain vehicle (համ. **ATV**) *noun* ամենագնաց; ամենագնաց մեքենա

all-time *adjective* չտեսնված; անգերազանցելի

allude |əˈluːd|, |əˈljuːd| *verb* 1) հիշատակել; նշել; հղել; վկայակոչել 2) ակնարկել 3) հիշեցնել *(արվեստի գործը՝ մեկ ուրիշ գործի)*

allure |əˈljʊə| **1** *noun* հմայք; գրավչություն; հրապույր **2** *verb* գրավել; հմայել; թովել; գերել; հրապուրել

allurement *noun* 1) գայթակղություն; հրապույր 2) գրավչություն

allusion |əˈluːʒ(ə)n|, |-ˈljuː-| *noun* 1) ակնարկում; հիշատակում; հիշատակություն; նշում 2) *լեզվաբանություն* ակնարկ

allusive |əˈluːsɪv|, |-ˈljuː-| *adjective* 1) ակնարկ պարունակող; ակնարկող 2) խորհրդանշական

alluvial |əˈluːvɪəl|, |-ˈljuː-| *adjective* գետաբերուկային; ջրաբերուկային

alluvium |əˈluːvɪəm|, |-ˈljuː-| *noun* ջրաբերուկային գոյացություն

ally[1] **1** *noun* |ˌælʌɪ|(հոգն. **-lies**) 1) դաշնակից; կողմնակից 2) դաշնակից պետություն **2** *verb* |əˌlʌɪ|(**-lies**, **-lied**) 1) (**ally something to**) միավորել; միացնել 2) (**ally oneself with**) միավորվել 3) միանալ; դաշնակցել

ally[2] *noun* (հոգն. **-lies**) տե՛ս **alley**

Alma-Ata |ælmə əˈtɑː| Ալմա Աթա *(քաղաք Ղազախստանում)*

almanac |ˈɔːlmənæk|, |ˈɒl-| (նաև **almanack**) *noun* ժողովածու; օրացույց

almighty |ɔːlˈmʌɪti| *adjective* 1) ամենակարող; ամենազոր 2) Ամենազոր; Աստված 3) հսկայական; վիթխարի

God Almighty Ամենակարող Աստված

almond |ˈɑːmənd| **1** 1) նուշ 2) *բուսաբանություն* նշենի *(Prunus, ընտանիք Rosaceae)* 3) *կազմախոսություն* նշագեղձ **2** *adjective* նշով; նշահամ

almost |ˈɔːlməʊst| *adverb* գրեթե; համարյա

'Almost' never killed a fly. *առած*; Մի «չէ»-ն հազար ու մի ցավից կազատի:

'Almost' was never hanged. *առած* «Համարյա» ասելը միշտ էլ ձեռնտու է:

alms |ɑːmz| *plural noun* *հնացած* ողորմություն

aloe |ˈæləʊ| *noun* *բուսաբանություն* հալվե; ալոե

aloft |əˈlɒft| *adjective, adverb* վերևում; օդում; վեր; դեպի վեր

alone |əˈləʊn| *adjective, adverb* 1) միայնակ; մենակ 2) առանց ուրիշի օգնության 3) միայն; բացառապես; միմիայն

leave alone հանգիստ թողնել; չմիջամտել; չխառնվել; ուրիշի գործին չխառնվել

along |əˈlɒŋ| **1** *preposition* 1) երկայնքով 2) ընթացքում 3) առաջ **2** *adverb* 1) ընկերակցությամբ 2) հետը

all along ամբողջ ժամանակ; ամբողջ ընթացքում

along the lines of համաձայն; համապատասխան

go along առաջ գնալ

alongside |əlɒŋˈsʌɪd| *preposition* (նաև **alongside of**) 1) մոտ; մոտը; մոտակայքում 2) միասին 3) միևնույն ժամանակ 4) երկայնքով

aloof |əˈluːf| *adjective* 1) մի կողմ քաշված; խույս տվող; անընկերասեր; չշփվող 2) անտարբեր; անմասնակից; անհաղորդ 3) հեռու 4) խորթացած

aloofness *noun* անտարբերություն; խուսափողություն

aloud |əˈlaʊd| *adverb* 1) բարձրաձայն; բարձր 2) ողջ ձայնով

alp |ælp| *noun* 1) լեռնագագաթ 2) լեռնային մարգագետին; ալպյան մարգագետին

alpha |ˈælfə| *noun* 1) ալֆա 2) ամենապայծառ աստղ *(որևէ համաստեղության)* 3) տիրապետող/իշխող կենդանի *(կենդանիների խմբում)*

alpha and omegaa *աստվածաշնչային* 1) հիմնականը; գլխավորը; հավատամքը; ալֆան և օմեգան *(հունական այբուբենի առաջին և վերջին տառերը)* 2) սկիզբն ու վերջը

alphabet |ˈælfəbɛt| *noun* 1) այբուբեն 2) հիմնատարրեր; հիմունքներ

alphabetically *adverb* այբբենականորեն

Alpha Centauri |ælfə sɛnˈtɔːrʌɪ| *աստղագիտություն* Կենտավրոսի Ալֆա *(պայծառությամբ երկնքի երրորդ աստղը)*

alphanumeric |ælfənjuːˈmɛrɪk| **1** *adjective* տառաթվային; տառաթվանշանային **2** *noun* տառաթվային նշան/նիշ *(որը կա՛մ տառ է, կա՛մ թվանշան)*

alpha particle *noun* *ֆիզիկա* ալֆա-մասնիկ

alpine |ˈælpʌɪn| **1** *adjective* ալպյան; բարձրալեռնային **2** *noun* լեռնային շրջանների հատուկ բույս

Alps Ալպեր *(լեռնաշղթա Եվրոպայում)*

already |ɔːlˈrɛdi| *adverb* 1) արդեն 2) այլևս

also |ˈɔːlsəʊ| *adverb* նաև; ի լրումն; նույնպես; էլ

also-ran *noun* 1) չհաղթած մասնակից 2) անհաջողակ մարդ

Altai |ˈæltʌɪ| (նաև **Altay**) Ալթայ *(երկրամաս Ռուսաստանում, Սիբիրի հարավ-արևմուտքում)*

altar |ˈɔːltə|, |ˈɒl-| *noun* 1) եկեղեցական բեմ; սեղան 2) *կրոն* զոհասեղան

lead to the altar եկեղեցում պսակվել; ամուսնանալ; ամուսնական դաշինք կնքել; առագաստ առաջնորդել

altarpiece |ˈɔːltəpiːs|, |ˈɒl-| *noun* եկեղեցական բեմի նկար

alter |ˈɔːltə|, |ˈɒl-| *verb* 1) փոխել; փոփոխել; կերպափոխել 2) փոխվել; փոփոխվել 3) կոտել; ամորձատել *(ընտանի կենդանիներին)*

alteration |ˈɔːltəreɪʃ(ə)n|, |ˈɒl-| *noun* 1) փոփոխում 2) ձևափոխում 3) փոփոխություն

altercate |ˈɔːltəkeɪt|, |ˈɒl-| *verb հնացած* վիճել; վիճաբանել; հակաճառել

altercation |ɔltəˈkeɪʃ(ə)| *noun* վեճ; վիճաբանություն

alternate 1 *verb* |ˈɔːltəneɪt| |ˈɒl-| հերթագայել; հաջորդել; փոխհաջորդել **2** *adjective* |ɔːlˈtəːnət| |ɒl-|(հապվ. **alt.**) 1) հերթական; մեկընդմեջ 2) *բուսաբանություն* հերթադիր *(տերևների մասին)* **3** *noun* |ɔːlˈtəːnət| |ɒl-|(հապվ. **alt.**) փոխարինող անձ; տեղակալ

alternate angles *plural noun երկրաչափություն* ներքին խաչաձև անկյուններ

alternating current (հապվ. **AC** կամ **ac**) *noun* փոփոխական հոսանք

alternation *noun* հերթագայում; հաջորդում

alternative |ɔːlˈtəːnətɪv|, |ɒl-| **1** *adjective* 1) այլընտրական 2) փոխբացառող 3) ոչ ավանդական; անսովոր **2** *noun* այլընտրանք; երկընտրանք

alternatively *adverb* այլընտրաբար; այլ կերպ

alternative medicine *noun* այլընտրական բժշկություն; ոչ ավանդական բժշկություն

alternator |ˈɔːltəneɪtə|, |ˈɒl-| *noun* փոփոխական հոսանքի գեներատոր

although |ɔːlˈðəʊ|, |ɒl-| *conjunction* թեև; չնայած; թեպետև; այնուամենայնիվ; սակայն

altimeter |ˈæltɪmiːtə| (հապվ. **alt.**) *noun* բարձրաչափ

altitude |ˈæltɪtjuːd| (հապվ. **alt.**) *noun* 1) բարձրություն; բարձրունք *(նաև ծովի մակարդակից)* 2) մեծ բարձրություն 3) *երկրաչափություն* բարձրություն *(եռանկյան կամ այլ պատկերի)*

grab for altitude 1) *օդագնացություն* դեպի վեր գնալ; վերև բարձրանալ 2) *փոխաբերական խոսակցական* զայրանալ; կատաղել; փրփրել; գազազել; ափերից դուրս գալ

alto |ˈæltəʊ| *noun* (հոգն. **-tos**) *երաժշտություն* ալտ

altogether |ɔːltəˈgɛðə|, |ɒl-| *adverb* 1) լիովին; ընդհանրապես; ամբողջովին 2) միանգամայն 3) ընդհանուր առմամբ 4) ընդամենը

in the altogether *խոսակցական* 1) մերկացած վիճակում *(բնորդի մասին)* 2) մորե մերկ

altruism |ˈæltrʊɪz(ə)m| *noun* այլասիրություն

altruistic |æltrʊˈɪstɪk| *adjective* այլասիրական

alum |ˈæləm| *noun քիմիա* շիբ; պաղլեղ

alumina |əˈluːmɪnə| *noun քիմիա* ալյումինի օքսիդ

aluminum |æljʊˈmɪnɪəm| (բրիտանական **aluminium**) *noun* ալյումին

alumna |əˈlʌmnə| *noun* (հոգն. **-nae** |-niː|) շրջանավարտ *(իգական սեռի)*

alumnus |əˈlʌmnəs| *noun* (հոգն. **-ni** |-ni|) շրջանավարտ; նախկին սան *(հատկապես արական սեռի)*

alveolus |ælˈvɪələs|, |ælvɪˈəʊləs| *noun* (հոգն. **-li** |-lʌɪ|, |-liː|) *կազմախոսություն* 1) փոս; խոռոչ 2) թոքաբշտիկ 3) լնդերք; լեզվահիմք

always |ˈɔːlweɪz|, |-ɪz| (**alway**) *adverb* 1) միշտ; մշտապես; բոլոր հանգամանքներում 2) շարունակ

Always is a long time/word. *հեգնական* «Միշտը» առաձգական հասկացություն է: Երբեք խոստում մի՛ տուր:

Alzheimer's disease |ˈæltshʌɪməz| *noun* Ալցհեյմերի հիվանդություն

AM *abbreviation* 1) amplitude modulation լայնույթային մոդուլում 2) Master of Arts արվեստների մագիստրոս; հումանիտար գիտությունների մագիստրոս

am առաջին դեմք եզակի ներկա տե՛ս **be** եմ

a.m. *abbreviation* ante meridiem առավոտյան; կեսօրից առաջ

amalgam |əˈmælgəm| *noun* 1) խառնուրդ 2) *քիմիա* սնդիկազոդ; սնդկազանգ; ամալգամ

amalgamate |əˈmælgəmeɪt| *verb* 1) խառնել; միախառնել 2) սնդկազոդել; սնդկազանգել

amalgamation |əmælgəˈmeɪʃ(ə)| *noun* 1) միացում; միախառնում 2) սնդկազոդում; սնդկազանգում

amass |əˈmæs| *verb* 1) հավաքել; կուտակել; դիզել 2) հավաքվել; կուտակվել *(մարդկանց մասին)*

amateur |ˈæmətə|, |-tjʊə| **1** *noun* ոչ մասնագետ; սիրող; դիլետանտ; անձնահաճ **2** *adjective* սիրողական; դիլետանտական; ոչ արհեստավարժ

amateurish |ˈæmətərɪʃ| *adjective* սիրողական; դիլետանտական; ոչ մասնագիտական

amaze |əˈmeɪz| *verb* զարմացնել; շշմեցնել; ցնցել; ապշեցնել

amazement |əˈmeɪzm(ə)nt| *noun* զարմանք; զարմացում; ապշանք

amazing |əˈmeɪzɪŋ| *adjective* զարմանալի; շշմեցուցիչ; ապշեցուցիչ; ցնցող

amazingly *adverb* զարմանալիորեն

Amazon[1] |ˌæməz(ə)n| Ամազոն *(գետ Հարավային Ամերիկայում)*

Amazonia |ˌæməˈzəʊnɪə| Ամազոնիա *(Ամազոն գետի շրջակայքը)*

ambassador |æmˈbæsədə| *noun* 1) դեսպան 2) նվիրակ; պատգամավոր 3) *փոխաբերական* դեսպան; ներկայացուցիչ

ambassadorial |æmbæsəˈdɔːrɪəl|, |æmˈbæs-| *adjective* դեսպանական

ambassadress |æm'bæsədrɪs| *noun* 1) դեսպանի կին 2) կին դեսպան

amber |'æmbə| **1** *noun* 1) սաթ 2) դեղին գույն 3) լուսացույցի դեղին գույն **2** *adjective* սաթե

ambergris |'æmbəgrɪs|, |-iːs| *noun* համպար; մշկունի *(ճարպակետի աղիքներից արտազատվող մոմանման նյութ, որը լողում է ջրի երեսին. օգտագործվում է օծանելիքի արտադրության մեջ)*

ambidexterity |-'stɛrɪti| *noun* հավասարաձեռքություն *(երկու ձեռքերը հավասարապես օգտագործելու ընդունակություն)*

ambidextrous |æmbɪ'dɛkstrəs| *adjective* հավասարաձեռք *(երկու ձեռքը նույն կերպ օգտագործող)*

ambience |'æmbɪəns| (նաև **ambiance**) *noun* մթնոլորտ; տրամադրություն; շրջապատ; միջավայր

ambient |'æmbɪənt| **1** *adjective* շրջապատող; շրջակա; մոտակա **2** *noun* (նաև **ambient music**) ամբիենտ *(ժամանակակից երաժշտության տեսակ)*

ambiguity |æmbɪ'gjuːɪti| *noun* (հոգն. **-ties**) 1) երկիմաստություն; երկդիմություն 2) անորոշություն; անհաստատություն

ambiguous |æm'bɪgjʊəs| *adjective* 1) երկիմաստ; երկդիմի 2) անորոշ; կասկածելի

ambit |'æmbɪt| *noun* սահմաններ; տարածք; ընդգրկում

ambition |æm'bɪʃ(ə)n| *noun* 1) փառասիրություն; փառախնդրություն; սնափառություն 2) նպատակադրություն; ձգտում; փափագ 3) աշխատասիրություն; ջանասիրություն

ambitious |æm'bɪʃəs| *adjective* 1) փառասեր; սնափառ 2) հավակնոտ 3) դժվարին

ambivalence *noun* 1) երկակիություն 2) երկակի մոտեցում; անվճռականություն

ambivalent |æm'bɪv(ə)l(ə)nt| *adjective* երկակի; հակասական

amble |'æmb(ə)l| **1** *verb* զբոսնել; անշտապ քայլել **2** *noun* զբոսանք; անշտապ քայլք

ambrosia |æm'brəʊzjə| *noun* *հունական և հռոմեական դիցաբանություն* աստվածների կերակուր; ամբրոսիա

ambulance |'æmbjʊl(ə)ns| *noun* 1) շտապօգնության մեքենա; շտապօգնություն 2) դաշտային հիվանդանոց

ambulatory |'æmbjʊlət(ə)ri| **1** *adjective* 1) շարժվող; քայլող *(հիվանդի մասին)* 2) շարժական *(բժշկական ծառայության մասին)* **2** *noun* (հոգն. **-ries**) վանքի ծեմասրահ

ambuscade |æmbə'skeɪd| **1** *noun* *հնացած* դարան **2** *verb* *հնավանդ* հարձակվել դարանից

ambush |'æmbʊʃ| **1** *noun* դարան; դարանակալ հարձակում **2** *verb* դարանից հարձակվել

lay/make an ambush դարան մտնել; դարանամուտ լինել; ծուղակը/թակարդը գցել

lie in ambush դարան մտնել; դարանակալել

ameliorate |ə'miːlɪəreɪt| *verb* 1) բարելավել; լավացնել; բարեկարգել 2) հողաբարելավել

amelioration |əˌmiːlɪə'reɪʃ(ə)n| *noun* 1) հողաբարելավում 2) բարելավում; բարվոքում

amen |ɑː'mɛn|, |eɪ-| **1** *exclamation* ամեն **2** *noun* համաձայնություն; հավանություն

say amen (say amen to) համաձայնել; հավանություն տալ; քաջալերել; խրախուսել; ոգևորել

amenability |-'bɪlɪti| *noun* 1) պատասխանատվություն 2) ենթարկվածություն; ենթակայություն

amenable |ə'miːnəb(ə)l| *adjective* 1) պատասխանատու 2) ենթակա 3) լսող; հնազանդ; հլու

amend |ə'mɛnd| *verb* 1) ուղղել; շտկել; բարվոքել; բարելավել; լավացնել 2) փոփոխել; ձևափոխել; ուղղումներ մտցնել; ուղղել

amendable *adjective* ուղղելի; շտկելի

amendment |ə'mɛn(d)m(ə)nt| *noun* 1) ուղղում; փոփոխություն; լրացում *(օրենքում)* 2) պարարտանյութ 3) բարելավում

amends |ə'mɛn(d)z| *plural noun* հատուցում; փոխհատուցում

make amends (make amends for) վնասը հատուցել; փոխհատույց լինել; տակից դուրս գալ; վնասի փոխարեն վճարել/փոխհատուցել; մեղքը քավել

amenity |ə'miːnɪti|, |-'mɛn-| *noun* (հոգն. **-ties**) 1) հարմարություն; բարեհարմարություն 2) հաճելիություն; դուրեկանություն; ախորժելիություն

amerce *verb* 1) տուգանել 2) պատժել

amercement |ə'məːsmənt| *noun* *պատմական անգլիական իրավունք* 1) տուգանում 2) տուգանք

America |ə'merɪkə| (նաև **the Americas**) Ամերիկա *(արևմտյան կիսագնդի ցամաքը)*

discover America Ամերիկա հայտնագործել; պատմել/ասել այն, ինչը բոլորին հայտնի է

American |ə'mɛrɪk(ə)n| **1** *adjective* ամերիկյան **2** *noun* ամերիկացի

American Indian **1** *noun* ամերիկյան հնդկացի **2** *adjective* ամերիկյան հնդկացիական

Americanize |ə'mɛrɪk(ə)nʌɪz| *verb* ամերիկանացնել

americium |æmə'rɪsjəm| *noun* *քիմիա* ամերիցիում

amethyst |'æməθɪst| *noun* 1) մեղեսիկ; վանակն 2) մանուշակագույն; մուգ մանուշակագույն

amiability |eɪmɪə'bɪlɪti| *noun* 1) ընկերասիրություն; բարյացակամություն; բարեհաճություն 2) մեղմություն; բարեհոգություն

amiable |'eɪmɪəb(ə)l| *adjective* բարյացակամ; բարեհաճ; սիրալիր; ընկերական; բարեկամական

amicability |æmɪkə'bɪlɪti| *noun* բարյացակամություն; սիրալիրություն

amicable |'æmɪkəb(ə)l| *adjective* 1) սիրալիր; բարյացակամ; բարեհաճ; ընկերական; բարեկամական 2) խաղաղ

amicably *adverb* սիրալիրորեն; բարյացակամորեն

amid |ə'mɪd| *preposition* միջև; մեջ; մեջտեղում

amidships |ə'mɪdʃɪps| (նաև **amidship**) *adverb, adjective* նավի մեջտեղում

amidst |əˈmɪdst| *preposition* մեջտեղում

amino acid *noun կենսաքիմիա* ամինաթթու

amiss |əˈmɪs| **1** *adjective* 1) սխալ; անհիշտ; անհրավացի 2) անպատշաճ; անպատեհ; անտեղի **2** *adverb հնացած* սխալաբար; անճշտորեն

amity |ˈæmɪti| *noun* բարյացակամ հարաբերություն; խաղաղ հարաբերություն

Amman |əˈmɑːn| Ամման *(Հորդանանի մայրաքաղաքը)*

ammeter |ˈæmɪtə| *noun ֆիզիկա* ամպերմետր

ammonia |əˈməʊnɪə| *noun* 1) անուշադր 2) (**liquid ammonia**) անուշադրի սպիրտ

ammunition |æmjʊˈnɪʃ(ə)n| *noun* 1) *ռազմական* զինամթերք; ռազմամթերք 2) *փոխաբերական* միջոց

amnesia |æmˈniːzjə| *noun* հիշողության կորուստ; ամնեզիա; անհիշություն

amnesty |ˈæmnɪsti| **1** *noun* (հոգն. **-ties**) 1) համաներում 2) ներում **2** *verb* (**-ties**, **-tied**) համաներում հռչակել/շնորհել

amniotic fluid *noun բնախոսություն* շուրջպտղային ջրեր

among |əˈmʌŋ| (բրիտանական **amongst**) *preposition* մեջ; միջև; շրջանում

amoral |eɪˈmɒr(ə)l| *adjective* անբարոյական

amorous |ˈæm(ə)rəs| *adjective* սիրային; սիրաբաղձ; սիրատենչ

amorously *adverb* սիրաբաղձորեն; սիրատենչորեն

amorousness *noun* 1) սիրահարվածություն 2) սիրաբաղձություն

amorphous |əˈmɔːfəs| *adjective* 1) անձև; անձևարան 2) անկառուցվածք; ոչ բյուրեղային

amortization |-ˈzeɪʃ(ə)n| *noun* 1) *տեխնիկական* մարում; մեղմացում 2) *տնտեսագիտություն* մաշվածք 3) *ֆինանսներ* պարտքի մարում

Amos |ˈeɪmɒs| *աստվածաշնչային* Ամոս; Ամովս *(Հին Կտակարանի մարգարեական գրքերից մեկը)*

amount |əˈmaʊnt| **1** *noun* 1) քանակ 2) գումար **2** *verb* 1) կազմել; հավասարվել *(գումարի մասին)* 2) համարժեք լինել 3) դառնալ

not to amount to a row of beans/pins *առած* մի քոռ կոպեկի չափ էլ գին չունենալ; մի սոխի չափ էլ գին չունենալ; գրողի գին չունենալ; բանի պետք չլինել; կույտի մեջ ավազահատիկ լինել

amour |əˈmʊə| *noun* 1) սիրային կապ 2) սիրատարփանք

amp[1] |æmp| *noun ֆիզիկա* (**ampere**) ամպեր

amp[2] |æmp| **1** *noun խոսակցական* ուժեղացուցիչ **2** *verb* 1) (**amp something up**) ուժեղացուցիչով նվագել *(երաժշտությունը)* 2) (**amped, amped up**) եռանդով լի

ampere |ˈæmpɛː| (հպվ. **A**) *noun ֆիզիկա* ամպեր

amphibian |æmˈfɪbɪən| **1** *noun* 1) *կենդանաբանություն* երկկենցաղ կենդանի 2) *տեխնիկական* ցամաքաջրային փոխադրամիջոց **2** *adjective կենդանաբանություն* երկկենցաղ

amphibolous *adjective* կասկածելի; անորոշ; ոչ միարժեք

amphora |ˈæmf(ə)rə| *noun* (հոգն. **-rae** |-riː| կամ **-ras**) թակույկ; կավաման; ամֆորա

ample |ˈæmp(ə)l| *adjective* (**-pler**, **-plest**) 1) հարուստ; լի; առատ; շատ 2) մեծ; տարողունակ; ընդարձակ 3) լիքը; գեր 4) միանգամայն բավարար

amplification |-fɪˈkeɪʃ(ə)n| *noun* 1) մեծացում; աճ; ընդարձակում 2) *էլեկտրականություն* ուժեղացում 3) ընդլայնում; չափազանցում; չափազանցություն

amplifier |ˈæmplɪfʌɪə| *noun էլեկտրականություն* ուժեղացուցիչ

amplify |ˈæmplɪfʌɪ| *verb* (**-fies**, **-fied**) 1) ուժեղացնել *(ձայնը, էլեկտրական ազդանշանը)* 2) շեշտել; ընդգծել 3) չափազանցել

amplitude |ˈæmplɪtjuːd| *noun* 1) *ֆիզիկա* լայնույթ 2) չափ; մեծություն; ընդգրկում

amply *adverb* 1) առատորեն; լիուլի; շատ; բավականաչափ 2) ընդարձակ; մանրամասն

ampoule |ˈæmpuːl| (նաև **ampul** կամ **ampule**) *noun* սրվակ

amputate |ˈæmpjʊteɪt| *verb* անդամահատել; կտրել

amputation |-ˈteɪʃ(ə)n| *noun* անդամահատում; կտրում; հեռացում

amputee |æmpjʊˈtiː| *noun* անդամահատված մարդ

Amsterdam |ˌæmstəˈdæm| Ամստերդամ *(Նիդեռլանդների մայրաքաղաքը)*

Amu Darya |ˌɑːmuː ˈdɑːrɪə| Ամուդարյա *(գետ Միջին Ասիայում)*

amulet |ˈæmjʊlɪt| *noun* հուռութք; հմայակ; հմայիլ

Amur |əˈmʊə| Ամուր *(գետ Ասիայի արևելքում՝ Ռուսաստանի և Չինաստանի սահմանին)*

amuse |əˈmjuːz| *verb* 1) զարմացնել; հիացնել; ապշեցնել 2) զբաղեցնել; զվարճացնել

amusement |əˈmjuːzm(ə)nt| *noun* 1) զվարճություն; ժամանց 2) զվարճալիք 3) հրճվանք

amusing |əˈmjuːzɪŋ| *adjective* զվարճալի; ծիծաղաշարժ

anachronism |əˈnækrənɪz(ə)m| *noun* 1) ժամանակավրեպություն; անցյալի մնացուկ 2) ապաժամություն *(ժամանակագրության խախտում)*

anaerobic |ænɛːˈrəʊbɪk| *adjective կենսաբանություն* անօդակյաց

anagram |ˈænəgræm| **1** *noun լեզվաբանություն* գրաշրջություն; տառափոխադրություն **2** *verb* (**-grammed**, **-gramming**) գրաշրջել; տառափոխադրել

anal |ˈeɪn(ə)l| *adjective* սրբանային; հետանցքային

analgesia |æn(ə)lˈdʒiːzjə| *noun բժշկություն* 1) ցավազրկում 2) անցավազգացություն

analgesic |æn(ə)lˈdʒiːsɪk|, |-zɪk| *բժշկություն* **1** *adjective* ցավազրկիչ; ցավամոքիչ **2** *noun* ցավազրկիչ դեղ; ցավամոքիչ դեղ

analogous |əˈnæləgəs| *adjective* նման; նմանօրինակ; համանման; միանման

analogy |ə'næləd͡ʒi| *noun* (հոգն. **-gies**) 1) նմանություն; համանմանություն; միանմանություն 2) *լեզվաբանություն* համաբանություն

analysis |ə'nælɪsɪs| *noun* (հոգն. **-ses** |-si:z|) 1) վերլուծություն 2) *քիմիա* տարրալուծություն

in the final analysis, in the last analysis վերջին հաշվով; վերջիվերջո; ի վերջո; վերջնականապես

analyst |'æn(ə)lɪst| *noun* 1) վերլուծաբան 2) լաբորանտ քիմիկոս

analytically *adverb* վերլուծաբար

analyze |'æn(ə)lʌɪz| (բրիտանական **analyse**) *verb* 1) վերլուծել; տարբաղադրել 2) տարրալուծել

anamnesis |ænəm'ni:sɪs| *noun* (հոգն. **-ses** |-si:z|) 1) վերհիշում; վերհիշություն 2) *բժշկություն* հիվանդի գանգատներ; հիվանդության պատմություն 3) *եկեղեցական* հիշատակություն

anarchism |'ænəkɪz(ə)m| *noun* 1) *քաղաքականություն* անիշխանության ձգտում; անարխիզմ 2) հրաժարում ընդունված կանոններից

anarchist |'ænəkɪst| **1** *noun* անիշխանական/անարխիստ անձ **2** *adjective* անիշխանական; անարխիստ

anarchy |'ænəki| *noun* անիշխանություն; անարխիա

anathema |ə'næθəmə| *noun* 1) *եկեղեցական* բանադրանք 2) անեծք; նզովք

anatomical |ænə'tɒmɪk(ə)l| (հապվ. **anat.**) *adjective* կազմախոսական; անատոմիական

anatomist |ə'nætəmɪst| *noun* 1) կազմախոս; անատոմիստ 2) դիահերձող

anatomize |ə'nætəmʌɪz| *verb* 1) դիահերձել 2) վերլուծել

anatomy |ə'nætəmi| (հապվ. **anat.**) *noun* (հոգն. **-mies**) 1) կազմախոսություն; անատոմիա 2) մանրամասն քննություն

ancestor |'ænsɛstə| *noun* 1) նախնի; նախահայր 2) նախատիպ

be one's own ancestor ինքն իրեն պարտական լինել

ancestral |æn'sɛstr(ə)l| *adjective* 1) ժառանգական; տոհմական 2) նախնիների

ancestry |'ænsɛstri| *noun* (հոգն. **-tries**) 1) նախնիներ; նախածնողներ 2) ծագում; ազգաբանություն; ծագումնաբանություն

anchor |'æŋkə| **1** *noun* 1) խարիսխ 2) *փոխաբերական* հենարան; նեցուկ **2** *verb* 1) խարիսխ գցել; խարսխել; հանգրվանել 2) հենարան լինել

be/lie at anchor 1) *ծովային* խարիսխ գցած լինել 2) *փոխաբերական* անդրդվելի/անհողդողդ լինել;

cast/drop anchor 1) *ծովային* խարիսխ գցել 2) *փոխաբերական* հանգրվան/հենարան գտնել; հանգրվանել

weigh anchor 1) *ծովային* խարիսխ բարձրացնել 2) *փոխաբերական* վերսկսել ընդհատված աշխատանքը; լծվել աշխատանքի; նոր թափ առնել

anchorage |'æŋk(ə)rɪd͡ʒ| *noun* 1) խարսխակայան 2) հենարան; հենասյուն 3) ապաստան

anchorite |'æŋkərʌɪt| *noun* *պատմական* մենակյաց; ճգնավոր

anchorman |'æŋkəmən| *noun* (հոգն. **-men**) 1) հաղորդավար 2) կարևորագույն անձ

anchorwoman |'æŋkəwʊmən| *noun* (հոգն. **-women**) հաղորդավարուհի

ancient[1] |'eɪnʃ(ə)nt| **1** *adjective* հին; վաղեմի; հինավուրց; անտիկ **2** *noun* *հնավանդ կատակային* ծեր մարդ

the ancients հին ժողովուրդներ

ancient[2] |'eɪnʃ(ə)nt| *noun* *հնավանդ* դրոշ

ancillary |æn'sɪləri| **1** *adjective* օժանդակ; լրացուցիչ; հավելյալ **2** *noun* (հոգն. **-laries**) 1) օժանդակ անձ 2) լրացուցիչ բան

and |ənd|, |(ə)n|, |ænd| **1** *conjunction* 1) և 2) իսկ **2** *noun* (սվրբ **AND**) *տրամաբանություն էլեկտրոնիկա* ԵՎ *(տրամաբանական գործանշան)*

Andalusia |ˌændə'lu:sɪə| Անդալուզիա *(շրջան Իսպանիայի հարավում)*

andante |æn'dænti| *երաժշտություն* **1** *adjective, adverb* հանդարտ; դանդաղ **2** *noun* հանդարտ/դանդաղ տեմպ

Andes |'ændi:z| Անդեր; Անդյան լեռներ *(լեռնաշղթա Հարավային Ամերիկայի արևմտյան մասում)*

Andorra |æn'dɔ:rə| Անդորրա *(պետություն Իսպանիայի և Ֆրանսիայի միջև)*

Andrew, St. |'ændru:| Անդրեաս առաքյալ *(Քրիստոսի 12 աշակերտներից մեկը)*

anecdotal |ˌænɪk'dəʊtl| *adjective* մանրապատումային; պատմվածքների վրա հիմնված

anecdote |'ænɪkdəʊt| *noun* 1) կատակապատում; անեկդոտ 2) անհավաստի պատմություն 3) պատումային պատկերում *(գեղանկարչության մեջ)*

anemia |ə'ni:mɪə| (բրիտանական **anaemia**) *noun* սակավարյունություն; արյունասակավություն

anemic |ə'ni:mɪk| (բրիտանական **anaemic**) *adjective* 1) սակավարյուն; արյունասակավ 2) *փոխաբերական* անկյանք; գունատ

anemometer |ænɪ'mɒmɪtə| *noun* *օդերևութաբանություն* հողմաչափ

anesthesia |ænɪs'θi:zjə| (բրիտանական **anaesthesia**) *noun* ցավազրկում; անզգայացում

anesthetic |ænɪs'θɛtɪk| (բրիտանական **anaesthetic**) **1** *noun* 1) անզգայացնող նյութ 2) անզգայացում **2** *adjective* անզգայացման

anesthetize |ə'ni:sθətʌɪz| (բրիտանական **anaesthetize**) *verb* անզգայացնել; ցավազրկել

anew |ə'nju:| *adverb* *բանաստեղծական* 1) վերստին; նորից; կրկին 2) այլ կերպ

anfractuous |ən'fræktjʊəs| *adjective* *հազվադեպ* 1) ոլորապտույտ 2) բարդ; խճճված

Angara River Անգարա *(գետ Սիբիրում)*

angel |'eɪnd͡ʒ(ə)l| *noun* 1) հրեշտակ 2) պահապան հրեշտակ 3) բարի մարդ 4) *խոսակցական* դրամական օգնություն տրամադրող անձ 5) արտակարգ գեղեցիկ մարդ 6) *խոսակցական* օդագնացություն ինքնաթիռի թռիչքի բարձրությունը *(արտահայտված հազար ֆուտերով)*

fallen angel *աստվածաշնչային* դրախտից վտարված հրեշտակ
guardian angel *կրոն* բարի/պահապան հրեշտակ
join the angels *ամերիկյան* հանդերձյալ աշխարհ գնալ; մեռնել; համբառնալ; համբարձվել; Վերին Երուսաղեմ գնալ
like an angel հրեշտակի պես; կարգին, օրինակելի; ոնց որ Աստծո գառ *(հիմնականում գործածվում է be/have բայերի հետ)*
rush in where angels fear to tread չմտածված/ինքնավստահ կերպով վտանգավոր գործ բռնել *(Fools rush in where angels fear to tread ասացվածքի մի մասը)*
Speak of angels and they flip their wings. *խոսակցական* Անունը տուր՝ սուփրեն գցի՛ր: Շան անունը տուր՝ փետը ձե՛ռդ առ:

angelic |æn'dʒɛlɪk| *adjective* 1) հրեշտակային 2) շատ գեղեցիկ; անմեղ; բարի

anger |'æŋgə| **1** *noun* բարկություն; զայրույթ; ջղայնություն **2** *verb* բարկացնել; զայրացնել; ջղայնացնել
Anger is a short madness. *լատինական ասացվածք* Զայրույթը ժամանակավոր խելագարություն է: Բարկությունն ու գժությունը մեկ են:

angina |æn'dʒʌɪnə| *noun* կրծքահեղձուկ; անգինա

angle¹ |'æŋg(ə)l| **1** *noun* 1) անկյուն 2) թեքություն 3) տեսանկյուն **2** *verb* 1) անկյան տակ պահել; անկյուն տալ 2) անկյան տակ շարժվել 3) որոշակի տեսանկյուն արտահայտել
from all angles բոլոր տեսանկյուններից

angle² |'æŋg(ə)l| **1** *verb* կարթով ձուկ որսալ; կարթել **2** *noun հնավանդ* կարթ *(ձկան)*

angler |'æŋglə| *noun* ձկնորս; կարթով ձուկ որսացող մարդ

Anglican |'æŋglɪk(ə)n| **1** *adjective* անգլիկան **2** *noun* անգլիկան եկեղեցու հավատացյալ

Anglicism |'æŋglɪsɪz(ə)m| *noun* անգլաբանություն *(բրիտանական անգլերենին հատուկ)*

anglicize |'æŋglɪsʌɪz| *verb* անգլիականացնել

angling |'æŋglɪŋ| *noun* կարթով ձուկ որսալը

Anglo |'æŋgləʊ| *noun* (հոգն. **-glos**) անգլիական ծագման ամերիկացի

anglophone |'æŋglə(ʊ)fəʊn| **1** *adjective* անգլախոս **2** *noun* անգլախոս անձ

Anglo-Saxon **1** *adjective* անգլոսաքսոնական **2** *noun* անգլոսաքսոն

Angola |æŋ'gəʊlə| Անգոլա *(պետություն Աֆրիկայի հարավում)*

Angora |æŋ'gɔ:rə| Անգորա *(Անկարա քաղաքի նախկին (մինչև 1930 թ.) անվանումը)*

angora |æŋ'gɔ:rə| *noun* 1) երկարամազ կենդանի *(կատու, այծ կամ ճագար)* 2) երկարամազ այծի բրդից պատրաստված գործվածք; անգորական գործվածք

angrily *adverb* զայրացած; բարկացած

angry |'æŋgri| *adjective* (**-grier**, **-griest**) 1) զայրացած; ջղային; բարկացած 2) *փոխաբերական* փոթորկոտ *(եղանակի, քամու մասին)* 3) կարմրած *(վերքի մասին)*

angst |æŋst| *noun* վախ; երկյուղ; տագնապ; անհանգստություն

anguish |'æŋgwɪʃ| **1** *noun* տանջանք; տառապանք; վիշտ; թախիծ **2** *verb* տառապել; տանջվել; չարչարվել

angular |'æŋgjʊlə| *adjective* 1) անկյունավոր 2) ոսկրոտ; նիհար *(մարդու մասին)* 3) *ֆիզիկա* անկյունային 4) կոպիտ; անտաշ

angularity *noun* 1) անկյունավորություն 2) կոշտություն 3) նիհարություն; ոսկրոտություն

anhydride |æn'hʌɪdrʌɪd| *noun քիմիա* անջուր միացություն; անհիդրիդ

anhydrite |æn'hʌɪdrʌɪt| *noun* անջուր կալցիումի սուլֆատ

anhydrous |æn'hʌɪdrəs| *adjective քիմիա* անջուր

animal |'ænɪm(ə)l| **1** *noun* 1) կենդանի; անասուն 2) կաթնասուն կենդանի 3) բիրտ մարդ; անասնաբարո մարդ **2** *adjective* 1) կենդանական; անասնական 2) անասուններին հատուկ

animate **1** *verb* |'ænɪmeɪt| 1) կենդանացնել 2) ոգեշնչել **2** *adjective* |'ænɪmət| 1) կենդանի; կյանք ունեցող; ապրող; շնչավոր 2) աշխույժ; կենսուրախ 3) *լեզվաբանություն* շնչավոր

animated |'ænɪmeɪtɪd| *adjective* 1) աշխույժ; կենսուրախ; կենսալից 2) շարժապատկերային; անիմացիոն; մուլտիպլիկացիոն

animation |ænɪ'meɪʃ(ə)n| *noun* 1) ոգևորություն; կենսուրախություն 2) կենդանություն 3) շարժապատկերում; անիմացիա; մուլտֆիլմի ստեղծում

animosity |ænɪ'mɒsɪti| *noun* (հոգն. **-ties**) ատելություն; թշնամություն

animus |'ænɪməs| *noun* 1) թշնամություն 2) նախատրամադրվածություն 3) *փիլիսոփայություն* կնոջ անձնավորության տղամարդկային մասը *(ըստ Յունգի)*

anion |'ænʌɪən| *noun քիմիա* անիոն; բացասական իոն

Ankara |'æŋkərə| Անկարա *(Թուրքիայի մայրաքաղաքը)*

ankle |'æŋk(ə)l| **1** *noun կազմախոսություն* կոճ **2** *verb* 1) թողնել; հեռանալ; լքել 2) քայլել

anklet |'æŋklɪt| *noun* 1) կարճ գուլպա 2) կոճի վրա հագցվող զարդ

annalist |'æn(ə)lɪst| *noun* պատմագիր; պատմիչ

annals |'æn(ə)lz| *plural noun* 1) տարեգրություններ 2) պատմական գրառումներ 3) տարեգիրք

anneal |ə'ni:l| *verb* 1) թրծաթողնել 2) թրծել

annex **1** *verb* |ə'nɛks| 1) լրացնել; հավելել 2) գրավել; զավթել 3) յուրացնել; հափշտակել; սեփականացնել **2** *noun* |'ænɛks| (*բրիտանական* **annexe**) (հոգն. **-nexes**) 1) հավելված; լրացում 2) կցաշենք; կցակառույց

annexation *noun* բռնագրավում; բռնակցում

annihilate |ə'nʌɪɪleɪt| *verb* 1) ոչնչացնել; բնաջնջել 2) ջախջախել; խորտակել 3) *ֆիզիկա* անհետացնել; վերացնել

annihilation *noun* 1) բնաջնջում; վերացում 2) *ֆիզիկա* անհետացում; ոչնչացում; ճառագայթման վերածելը

anniversary |ænɪ'vɜ:s(ə)ri| *noun* (հոգն. **-ries**) 1) տարեդարձ 2) հոբելյան

Anno Domini |ˌænəʊ 'dɒmɪnʌɪ| *adverb* մեր թվարկության; Քրիստոսից հետո

annotate |'ænəteɪt| *verb* ծանոթագրել; ծանոթագրություններ տալ

annotation |ænə'teɪʃ(ə)n| *noun* 1) ծանոթագրություն 2) ծանոթագրում

announce |ə'naʊns| *verb* 1) հայտարարել; ազդարարել 2) հայտնել; տեղեկացնել

announcement |ə'naʊnsm(ə)nt| *noun* 1) հայտարարություն; ազդարարություն 2) տեղեկություն 3) տեղեկացում; իրազեկում

announcer |ə'naʊnsə| *noun* հաղորդավար

annoy |ə'nɔɪ| *verb* գրգռել; նյարդայնացնել; ջղայնացնել; ձանձրացնել; տհաճություն պատճառել; բարկացնել

annoyance |ə'nɔɪəns| *noun* 1) ջղայնություն; նյարդայնություն; գրգռվածություն 2) հոգնեցնելը; ձանձրացնելը

annoying |ə'nɔɪɪŋ| *adjective* 1) ձանձրալի; տաղտկացուցիչ 2) գրգռող; ջղայնացնող

annual |'ænjʊəl| **1** *adjective* 1) տարեկան; ամենամյա 2) *բուսաբանություն* միամյա **2** *noun* 1) տարեգիրք 2) *բուսաբանություն* միամյա բույս

annually *adverb* տարեկան; ամեն տարի

annuity |ə'nju:ɪti| *noun* (հոգն. **-ties**) տարեվճար; տարեվարձ

annul |ə'nʌl| *verb* (**-nulled**, **-nulling**) 1) վերացնել; լուծարել; չեղարկել 2) ամուսնալուծել

annular |'ænjʊlə| *adjective* *տեխնիկական* օղակաձման; օղակաձև

annulment *noun* վերացում; լուծարում; ոչնչացում

annunciate |ə'nʌnsɪeɪt| *verb* *հնավանդ* 1) հայտարարել; ազդարարել 2) հայտնել

annunciation |ənʌnsɪ'eɪʃ(ə)n| *noun* (*մեծատառ* **the Annunciation**) 1) *աստվածաշնչային* Ավետում 2) հայտարարում; ազդարարում

anode |'ænəʊd| *noun* անոդ; դրական էլեկտրոդ

anodyne |'ænədʌɪn| **1** *adjective* հանգստացնող; շեղող; անվնաս **2** *noun* հանգստացնող դեղամիջոց

anoint |ə'nɔɪnt| *verb* 1) *եկեղեցական* օծել; մեռնել 2) քսել

anomalous |ə'nɒm(ə)ləs| *adjective* աննորմալ; անկանոն; տարականոն

anomaly |ə'nɒm(ə)li| *noun* (հոգն. **-lies**) անկանոնություն; շեղում; անոմալիա

anon |ə'nɒn| *adverb* *հնավանդ* 1) շուտով; մոտակայում 2) հիմա; անմիջապես

anonymity |ænə'nɪmɪti| *noun* անանունություն

anonymous |ə'nɒnɪməs| *adjective* 1) անանուն 2) անստորագիր 3) աննշան; սովորական

anorak |'ænəræk| *noun* կնգուղով բաճկոն *(սկզբնապես օգտագործվում էր բևեռային շրջաններում)*

anorexia |ænə'rɛksɪə| *noun* 1) ախորժակի բացակայություն 2) քաշը կորցնելու մարմաջ

another |ə'nʌðə| *adjective, pronoun* 1) ուրիշ; այլ; մյուս 2) մեկ ուրիշ; ուրիշը; մեկ ուրիշը

Ask another. *խոսակցական* (**Ask me another.**) Ի՞նչ իմանամ: Որտեղի՞ց իմանամ:

yet another ևս մեկ

you are another madness *խոսակցական* ինքդ ես; ինքդ ես, որ կաս *(վիրավորանքին ի պատասխան)*

answer |'ɑ:nsə| **1** *noun* 1) պատասխան 2) լուծում 3) արձագանք **2** *verb* 1) պատասխանել; արձագանքել; պատասխան տալ 2) բավարարել; գոհացնել 3) պաշտպանվել • **answer back** կոպտորեն պատասխանել **answer for** պատասխանատու լինել *(ինչ-որ մեկի համար)*

answer the bell/door դուռը բացել *(զանգի ձայնը լսելուց հետո)*

A soft answer turneth away the wrath. *աստվածաշնչային* Հեզ պատասխանը կանխում է ցասումը:

know all the answers ամեն ինչի համար պատրաստի պատասխան ունենալ; շուտ կողմնորոշվել; խոսքի տակ չմնալ; խոսքը լեզվի ծայրին ունենալ

The answer's a lemon. *ծածկալեզու* Չէ՛ մի: Գրպանդ լա՛ց բաց: Էլ ի՞նչ կուզեիր:

answerable |'ɑ:ns(ə)rəb(ə)l| *adjective* 1) պատասխանատու 2) պատասխանելի; պատասխան ենթադրող

answering machine *noun* պատասխանիչ մեքենա; ինքնապատասխանիչ

answerless *adjective* անպատասխան

ant |ænt| *noun* *կենդանաբանություն* մրջյուն *(ընտանիք Formicidae, կարգ Hymenoptera)*

have ants in one's pants *խոսակցական* անհանգիստ լինել

antacid |ænt'æsɪd| **1** *adjective* հակաթթվային **2** *noun* հակաթթվային դեղ

antagonism |æn'tæg(ə)nɪz(ə)m| *noun* թշնամություն; հակամարտություն; հակառակություն; գժտություն

antagonist |æn'tæg(ə)nɪst| *noun* 1) թշնամի; հակառակորդ; ոսոխ 2) *կենսաքիմիա* հակազդող նյութ 3) *կազմախոսություն* հակադարձնող մկան

antagonistic |æn̩tæg(ə)'nɪstɪk| *adjective* 1) թշնամական 2) *կենսաքիմիա* հակազդող

antagonize |æn'tæg(ə)nʌɪz| *verb* 1) թշնամություն առաջացնել; թշնամացնել 2) հակազդել; դիմադրել

Antalya |æn'tæljə| Անթալիա *(նավահանգստային քաղաք Թուրքիայում)*

Antananarivo |ˌæntəˌnænə'ri:vəʊ| Անտանանարիվու *(Մադագասկարի մայրաքաղաքը)*

Antarctic |æn'tɑ:ktɪk| **1** *adjective* անտարկտիկական **2** *noun* Անտարկտիկա

Antarctica |ænt'ɑ:ktɪkə| Անտարկտիդա *(մայրցամաք Հարավային բևեռի շուրջ)*

Antarctic Circle Հարավաբևեռային շրջան

Antarctic Ocean Հարավաբևեռային օվկիանոս

ante- |ˈænti| *prefix* առաջ; նախքան

antecedence *noun* նախորդում; առաջնություն

antecedent |æntɪˈsiːd(ə)nt| **1** *noun* 1) անցյալ; նախորդ կյանք 2) նախնի; նախահայր 3) *լեզվաբանություն* նախորդող; հարաբերյալ **2** *adjective* 1) նախորդ; նախընթաց 2) նախորդող; նախընթաց

antechamber |ˈæntɪtʃeɪmbə| *noun* նախասրահ

antedate |æntɪˈdeɪt|, |ˈæntɪdeɪt| *verb* 1) նախորդել 2) թվագրել ավելի վաղ թվականով

antediluvian |ˌæntɪdɪˈluːvɪən| *adjective* 1) նախաջրհեղեղյան 2) հնաոճ; ծիծաղելի

antelope |ˈæntɪləʊp| *noun* (հոգն. նույնը կամ **-lopes**) *կենդանաբանություն* այծքաղ; վիթ

antenatal |æntɪˈneɪt(ə)l| **1** *adjective* նախածննդյան; ներարգանդային **2** *noun* *խոսակցական* հղի կնոջ բժշկական հետազոտություն

antenna |ænˈtɛnə| *noun* 1) *ռադիո* ալեհավաք 2) *կենդանաբանություն* բեղիկ *(միջատների)*

anterior |ænˈtɪərɪə| *adjective* 1) նախորդ; նախընթաց 2) դիմացի; առաջնային

anteriority |-rɪˈɒrɪti| *noun* 1) նախընթացություն; ավագություն 2) նախորդում

anthem |ˈænθəm| *noun* 1) օրհներգ 2) *եկեղեցական* օրհնություն; փառաբանություն

anther |ˈænθə| *noun* *բուսաբանություն* փոշանոթ

anthology |ænˈθɒlədʒi| *noun* (հոգն. **-gies**) ժողովածու; ճաղկաքաղ

Anthony, St. (նաև **Antony**) սուրբ Անտոնիոս; Անտոն Մեծ *(եգիպտացի ճգնավոր, քրիստոնեական ճգնավորության հիմնադիրը)*

anthracite |ˈænθrəsʌɪt| *noun* *հանքաբանություն* ածխաքար; անտրացիտ

anthrax |ˈænθræks| *noun* *բժշկություն* սիբիրախտ; ածխախտ

anthropoid |ˈænθrəpɔɪd| **1** *adjective* մարդանման **2** *noun* *կենդանաբանություն* մարդանման կապիկ

anthropological |-pəˈlɒdʒɪk(ə)l| *adjective* մարդաբանական

anthropologist *noun* մարդաբան

anthropology |ænθrəˈpɒlədʒi| *noun* մարդաբանություն

anthropophagy |ænθrəˈpɒfədʒi| *noun* մարդակերություն

anti- |ˈænti| (նաև **ant-**) *prefix* հակա-

anti-Semite *noun* հակահրեա; հակասեմական

antiaircraft (նաև **anti-aircraft**) (հապվ. **AA**) *adjective* հակաօդային

antibacterial |ˌæntɪbækˈtɪərɪəl| *adjective* հակամանրէական; հակաբակտերիական

antibiotic |ˌæntɪbʌɪˈɒtɪk| **1** *noun* հակակենսիկ; հակաբիոտիկ **2** *adjective* հակակենսիկային; հակաբիոտիկային

antibody |ˈæntɪbɒdi| *noun* (հոգն. **-bodies**) հակամարմին

anticipate |ænˈtɪsɪpeɪt| *verb* 1) ակնկալել; սպասել; նախատեսել; կանխատեսել 2) կանխել; նախորդ լինել; առաջ անցնել

That which one least anticipates soonest comes to pass. *առած* Մտքով չանցածն է հաճախ իրականանում: Չսպասածդ կատարվում է: Ինչին չէիր սպասում, դեմդ ելավ:

anticipation |æntɪsɪˈpeɪʃ(ə)n| *noun* 1) ակնկալում; սպասում; կանխազգացում 2) կանխում; առաջ անցնելը

by anticipation նախօրոք; նախապես; վաղօրոք; կանխապես

in anticipation (in anticipation of) սպասման մեջ; ինչ-որ բանի սպասելով; ինչ-որ բան ակնկալելով

anticipatory |ænˈtɪsɪpətəri| *adjective* 1) նախնական; սպասվող; ակնկալվող 2) կանխարգելող 3) վաղաժամ

anticlerical |æntɪˈklɛrɪk(ə)l| *պատմական* **1** *adjective* հակակղերական **2** *noun* հակակղերական անձ

anticlimax |æntɪˈklʌɪmæks| *noun* անկում; լարվածության թուլացում

anticlockwise *adverb, adjective* ժամացույցի սլաքի հակառակ; ժամասլաքի հակառակ

anticoagulant |ˌæntɪkəʊˈægjʊl(ə)nt| **1** *adjective* հակամակարդիչ **2** *noun* հակամակարդիչ նյութ

antics |ˈæntɪks| *plural noun* ծիծաղելի վարք

anticyclone |æntɪˈsʌɪkləʊn| *noun* հակացիկլոն; արտահոսմապտույտ

antidepressant |ˌæntɪdɪˈprɛs(ə)nt| **1** *adjective* հակաընկճական **2** *noun* հակաընկճական դեղամիջոց

antidote |ˈæntɪdəʊt| **1** *noun* հակաթույն **2** *verb* (**-dotes**, **-doted**, **-doting**) փոխազդել հակաթույնի հետ

antifreeze |ˈæntɪfriːz| *noun* հակասառիչ նյութ

antigen |ˈæntɪdʒ(ə)n| *noun* *կենսաբանություն* հականյութ

Antigua and Barbuda |ænˈtiːgə|, |bɑːˈbuːdə| Անտիգուա և Բարբուդա *(պետություն Կարիբյան ծովում)*

antihero *noun* հակահերոս

antilock (նաև **anti-lock**) *adjective* հակալռվող *(արգելակների մասին)*

antimony |ˈæntɪməni| *noun* *քիմիա* ծարիր; անտիմոն

antioxidant |æntɪˈɒksɪd(ə)nt| *noun* հակաօքսիդիչ

antipathetic |ˌæntɪpəˈθɛtɪk| *adjective* ատելի; հակակրելի

antipathy |ænˈtɪpəθi| *noun* (հոգն. **-thies**) հակակրանք; հակակրություն; ատելություն

antiperspirant |æntɪˈpəːspɪrənt| *noun* հակաքրտինքային միջոց

antiphony |ænˈtɪf(ə)ni| *noun* *եկեղեցական* փոխերգություն

antipodal |ænˈtɪpəd(ə)l| *adjective* հակոտնյա

antiquarian |æntɪˈkwɛːrɪən| **1** *adjective* 1) հնարժեք 2) հնավաճառքի **2** *noun* հնահավաք; հնարժեք իրեր հավաքող

antique |ænˈtiːk| **1** *noun* հնարժեք իր; հնաոճ իր **2** *adjective* 1) հնարժեք; անտիկ 2) հինավուրց; հնացած **3** *verb* 1) հնաոճ դարձնել; հնացնել 2) հնարժեք իրեր գնել

antiquity |ænˈtɪkwɪti| *noun* (հոգն. **-ties**) 1) հին աշխարհ; հին դարեր 2) (**antiquities**) հնադարյան իրեր 3) մեծ տարիք 4) հնություն

high antiquity խոր հնություն; վաղեմություն; վաղնջականություն

antiscorbutic |ˌæntɪskɔːˈbjuːtɪk| *բժշկություն* **1** *adjective* հակալնդահարական **2** *noun* հակալնդահարական սնունդ/դեղ

anti-Semitism *noun* հակասեմականություն; հակահրեականություն

antiseptic |æntɪˈsɛptɪk| **1** *adjective* 1) հականեխային 2) մաքուր; ախտազերծ **2** *noun* հականեխային դեղամիջոց

antisocial |æntɪˈsəʊʃ(ə)l| *adjective* 1) հակահասարակական; հակահանրային 2) ինքնամփոփ; անհաղորդ

antitank *adjective* *ռազմական* հակատանկային; հակահրասայլային

antithesis |ænˈtɪθəsɪs| *noun* (հոգն. **-ses** |-siːz|) 1) հակադրություն; ընդդիմություն 2) *փիլիսոփայություն* հակաթեզ 3) *լեզվաբանություն* բառական հակադրություն

antitoxic *adjective* հակաթունային

antitoxin |æntɪˈtɒksɪn| *noun* *բնախոսություն* հակաթույն

antiviral |æntɪˈvʌɪər(ə)l| *adjective* *բժշկություն* հակավիրուսային

antler |ˈæntlə| *noun* եղջերուի եղջյուր

antonym |ˈæntənɪm| *noun* *լեզվաբանություն* հականիշ; հականուն

anus |ˈeɪnəs| *noun* *կազմախոսություն կենդանաբանություն* հետանցք; սրբան

anvil |ˈænvɪl| *noun* 1) զնդան; սալ 2) տե՛ս **incus**

A good anvil does not fear the hammer. *առած* «Լավ զնդանը մուրճից չի վախենում»: Լավ լողորդը հորդ գետից չի վախենում:

anxiety |æŋˈzʌɪəti| *noun* (հոգն. **-ties**) 1) անհանգստություն; տագնապ; անձկություն; խռովք; հուզմունք 2) փափագ; բաղձանք

anxious |ˈæŋ(k)ʃəs| *adjective* 1) անհանգիստ; տագնապախռով; տագնապահար; խուճապահար 2) փափագող; ձգտող

I am very anxious to meet him. Ես շատ եմ ուզում հանդիպել նրան:

any |ˈɛni| **1** *adjective, pronoun* որևէ; ցանկացած; յուրաքանչյուր; ամեն մի; ինչ-որ **2** *adverb* ամենևին; դյուզն ինչ; որևէ չափով իսկ

anybody |ˈɛnɪbɒdi| *pronoun* 1) որևէ մեկը; ամեն մեկը 2) կարևոր մեկը

anyhow |ˈɛnɪhaʊ| *adverb* 1) ինչ-որ կերպ 2) մի կերպ; ի միջի այլոց; այսպես թե այնպես

anyone |ˈɛnɪwʌn| *pronoun* 1) որևէ մեկը; ցանկացած մեկը; յուրաքանչյուրը 2) կարևոր մեկը

anyplace |ˈɛnɪpleɪs| *adverb* 1) ամենուրեք 2) որևէ տեղ

anything |ˈɛnɪθɪŋ| *pronoun* 1) ինչ-որ բան 2) ամեն բան; ցանկացած բան

anyway |ˈɛnɪweɪ| *adverb* 1) ամեն դեպքում; համենայն դեպս 2) դե ի՞նչ

anywhere |ˈɛnɪwɛː| **1** *adverb* 1) ինչ-որ տեղ 2) ցանկացած տեղում; ամենուրեք **2** *pronoun* ցանկացած տեղ

anywise |ˈɛnɪwʌɪz| *adverb* *հնավանդ* ինչ-որ կերպ; ինչ-որ չափով

aorta |eɪˈɔːtə| *noun* *կազմախոսություն* զարկերակ

apace |əˈpeɪs| *adverb* *բանաստեղծական* արագորեն; շտապով; շուտափույթ կերպով

apart |əˈpɑːt| *adverb* 1) առանձին; առանձին-առանձին; անջատ 2) մի կողմ; հեռու; մեկուսի 3) կտոր-կտոր; ծվեն-ծվեն; մաս-մաս

apart from 1) բացի 2) ի լրումն; ինչպես նաև
tell apart տարբերել; զանազանել

apartheid |əˈpɑːtheɪt| *noun* *պատմական* ցեղային խտրականություն; ռասայական խտրականություն

apartment |əˈpɑːtm(ə)nt| (հապվ. **apt.**) *noun* 1) բնակարան; հարկաբաժին 2) բազմաբնակարան շենք 3) (**apartments**) շքասենյակներ 4) սենյակ

have/got apartments to let *ծածկալեզու* ծայրը/տախտակը պակաս; վերնատունը դատարկ
walk-up apartment *ամերիկյան* վերելակ չունեցող շենք

apartness *noun* մեկուսություն; առանձնություն; միայնություն

apathetic |æpəˈθɛtɪk| *adjective* անտարբեր; անզգա; անմասնակից; անհաղորդ

apathy |ˈæpəθi| *noun* անտարբերություն; թմրածություն

ape |eɪp| **1** *noun* 1) կապիկ 2) մարդանման կապիկ 3) կոտրատվող մարդ; մեջմուն; խեղկատակ **2** *verb* կապկել; ընդօրինակել; նմանակել

act/play the ape հիմարություններ/կապիկություն/մեջմունություն անել; անլուրջ բաներ անել; ձեռք առնել; հիմար ձևանալ
go ape մեծ խանդավառություն ցուցաբերել
God's ape *հնացած* ի ծնե ապուշ; հիմարիկ
lead apes in hell *կատակային* մեռնել որպես պառաված օրիորդ *(ըստ հին անգլիական հավատալիքի՝ պառաված օրիորդը կապիկ պետք է օրորի դժոխքում)*
play the sedulous ape կուրորեն նմանակել *(բանաստեղծի/գրողի ոճին)*
The higher the ape goes, the more he shows his tail. *առած* Ինչքան կապիկը վեր է բարձրանում, այնքան լավ է երևում նրա պոչը: *(այն մարդու մասին, որի թերություններն առավել ակնհայտ են՝ ըստ նրա հասարակական դիրքի)*

Apennines |ˈæpɪˌnʌɪnz| Ապենիններ *(լեռնաշղթա Իտալիայում)*

aperture |ˈæpətjʊə|, |-tʃ(ʊ)ə| *noun* *տեխնիկական* 1) անցք; ճեղք 2) բացվածք

apery |ˈeɪpəri| *noun* *հնավանդ* կապկում

apex |ˈeɪpɛks| **1** *noun* (հոգն. **apexes** կամ **apices** |ˈeɪpɪsiːz|) 1) գագաթ; կատար 2) *երկրաչափություն* գագաթ **2** *verb* գագաթին հասնել

aphorism |ˈæfərɪz(ə)m| *noun* իմաստախոսք; իմաստալից խոսք; աֆորիզմ

aphrodisiac |æfrəˈdɪzɪæk| *noun* սեռագրգիռ միջոց

Apia |ˈæpɪə| Ապիա *(Սամոայի մայրաքաղաքը)*

apiarist *noun* մեղվաբույծ; մեղվապահ

apiary |ˈeɪpɪəri| *noun* (հոգն. **-aries**) մեղվանոց; փեթականոց; մեղվատուն

apical |ˈeɪpɪk(ə)l|, |ˈæp-| *adjective* 1) *տեխնիկական* գագաթային; կատարային 2) *լեզվաբանություն* լեզվածայրային

apiculture |ˈeɪpɪkʌltʃə| *noun* մեղվաբուծություն

apiece |əˈpiːs| *adverb* հատին; մեկ հատին; յուրաքանչյուրին

two dollars apiece երկու դոլար հատի համար

apish |ˈeɪpɪʃ| *adjective* 1) կապկային 2) կապկանման 3) հիմար; հիմարավուն

apocalypse |əˈpɒkəlɪps| *noun* (հաճախ **the Apocalypse**) 1) *աստվածաշնչային* (**the Apocalypse**) Հայտնություն; Հայտնության գիրք 2) աշխարհի կործանում; աշխարհի վերջ 3) աղետ

apocalyptic |əpɒkəˈlɪptɪk| *adjective* 1) հայտնութենական 2) աշխարհավերջյա; աղետալի

apocope |əˈpɒkəpi| *noun լեզվաբանություն* վերջնահնչյունի/վերջնավանկի անկում

apocryphal |əˈpɒkrɪf(ə)l| *adjective* 1) պարականոն; ոչ կանոնական 2) անհավաստի; կասկածելի

apogee |ˈæpədʒiː| *noun աստղագիտություն* 1) հեռակետ *(արբանյակի ուղեծրի ամենահեռավոր կետը)* 2) *փոխաբերական* բարձրակետ; գագաթնակետ

apolitical |eɪpəˈlɪtɪk(ə)l| *adjective* ապաքաղաքական

apologetic |əpɒləˈdʒɛtɪk| **1** *adjective* 1) չքմեղական; խնդրողական 2) հաշտարարական 3) ջատագովական **2** *noun* ջատագովություն; պաշտպանություն

apologetics *plural noun* ջատագովություն

apologist |əˈpɒlədʒɪst| *noun* պաշտպան; դատապաշտպան; ջատագով; կողմնակից

apologize |əˈpɒlədʒʌɪz| *verb* 1) ներողություն խնդրել; ներում հայցել 2) ափսոսանք հայտնել

apology |əˈpɒlədʒi| *noun* (հոգն. **-gies**) 1) ներողություն; ափսոսանք 2) արդարացնելը

apology for ոչ արժանի փոխարինող; խղճուկ նմանություն; խղճուկ նմուշ

offer/make an apology (**offer/make one's apology**) ներողություն խնդրել; ներում հայցել

apoplectic |æpəˈplɛktɪk| *adjective խոսակցական* 1) գրգռված; բորբոքված; հուզված 2) կաթվածային

apoplexy |ˈæpəplɛksi| *noun* (հոգն. **-plexies**) *հնացած* 1) կաթված 2) կատաղություն; բարկություն

apostasy |əˈpɒstəsi| *noun* ուրացում; ուրացություն; ուխտադրժություն

apostate |ˈæpəsteɪt| **1** *noun* ուրացող անձ; դավաճան **2** *adjective* ուրացող; ուրացողական

apostatize |əˈpɒstətʌɪz| *verb* ուրանալ; հրաժարվել

apostle |əˈpɒs(ə)l| *noun* (հաճախ **Apostle**) 1) առաքյալ 2) *փոխաբերական* ջատագով; կողմնակից; ներկայացուցիչ

Apostles' Creed *եկեղեցական* Առաքյալների հանգանակ

apostrophe¹ |əˈpɒstrəfi| *noun լեզվաբանություն* (') ապաթարց

apostrophe² |əˈpɒstrəfi| *noun ճարտասանություն* դիմում; կոչ

apotheosis |əpɒθɪˈəʊsɪs| *noun* (հոգն. **-ses** |-siːz|) 1) զարգացման գագաթնակետ; բարձրակետ 2) աստվածացում; փառաբանություն; ներբողյան

Appalachian Mountains |ˌæpəˈleɪʃ(ə)n| (նաև **the Appalachians**) Ապալաչներ; Ապալաչյան լեռներ *(լեռնաշղթա Հյուսիսային Ամերիկայում)*

appall |əˈpɔːl| *verb* (**-palled**, **-palling**) սարսափել; զարհուրել; երկյուղել

appalling |əˈpɔːlɪŋ| *adjective խոսակցական* սարսափելի; զարհուրելի; սոսկալի; ահավոր; ցնցող

appallingly *adverb* սարսափելիորեն; զարհուրելիորեն

apparatus |æpəˈreɪtəs| *noun* (հոգն. **-uses**) 1) սարք; սարքավորում; գործիք; հարմարանք 2) համակարգ *(կազմակերպության մեջ)* 3) օրգան; մեքենա *(կուսակցական, պետական)*

apparel |əˈpær(ə)l| **1** *noun գրական անգլերեն* 1) հագուստ; հանդերձ; զգեստ 2) *եկեղեցական* հանդերձանք; զարդարանք **2** *verb* (**-eled**, **-eling**; բրիտ. **-elled**, **-elling**) *հնավանդ* զգեստավորել; հանդերձավորել

apparent |əˈpær(ə)nt| *adjective* 1) ակնհայտ; բացահայտ; աներկբա 2) տեսանելի; երևացող 3) առերևույթ; երևութական

apparently *adverb* 1) ակնհայտորեն; ակներևաբար 2) հավանաբար; հավանականորեն

apparition |æpəˈrɪʃ(ə)n| *noun* 1) երևում; երևալը; հայտնվելը 2) տեսիլք; ցնորք

appeal |əˈpiːl| **1** *verb* 1) դիմել; կոչ անել 2) գրավել; հրապուրել **2** *noun* 1) դիմում; կոչ 2) աղաչանք; խնդրանք; աղերսանք 3) գրավչություն; հմայք

eye appeal արտաքին գրավչություն

have appeal դուր գալ; հավանել; աչքը կպչել

sex appeal սեռական գրավչություն; իր սեռին հատուկ գրավչություն *(հատկապես կնոջ)*

appealing |əˈpiːlɪŋ| *adjective* 1) գրավիչ; հրապուրիչ 2) աղերսական; աղաչական

appealingly *adverb* աղերսագին; աղաչագին

appear |əˈpɪə| *verb* 1) հայտնվել; երևալ 2) առաջանալ 3) հրատարակվել; լույս տեսնել *(գրքի մասին)* 4) պարզվել; իմացվել; բանից դուրս գալ

appearance |əˈpɪər(ə)ns| *noun* 1) արտաքին տեսք; տեսք 2) հայտնվելը; երևալը; հայտնություն 3) տպավորություն 4) ելույթ 5) ժամանում

keep up appearances տպավորություն գործել/ստեղծել *(իրական վիճակը թաքցնելու համար)*

appease |əˈpiːz| *verb* 1) հանգստացնել; խաղաղեցնել 2) բավարարել 3) թույլ տալ; ներողամտաբար վերաբերվել; զիջողություն ցուցաբերել; զիջել

appeasement *noun* 1) խաղաղեցում; հանգստացում 2) զիջում; զիջողություն

appellant |əˈpɛl(ə)nt| *noun իրավունք* հայցվոր; հայցատու

appellate |əˈpɛlət| *adjective իրավունք* վճռաբեկ; բողոքարկման

appellative |əˈpɛlətɪv| **1** *adjective գրական անգլերեն* հասարակ **2** *noun քերականություն* հասարակ գոյական

appellee |æpəˈliː|, |əpɛˈliː| *noun իրավունք* պատասխանող

append |əˈpɛnd| *verb* 1) կպցնել; ավելացնել; կցել *(գրքին, փաստաթղթին և այլն)* 2) լրացնել; գումարել

appendage |əˈpɛndɪdʒ| *noun* 1) հավելուկ; հավելված 2) լրացում; հավելում

appendant |əˈpɛnd(ə)nt| *գրական անգլերեն հնացած* **1** *adjective* լրացուցիչ; կից; առընթեր **2** *noun* կախյալ մարդ; ենթակա մարդ

appendicitis |əpɛndɪˈsʌɪtɪs| *noun* կույր աղիքի բորբոքում

appendix |əˈpɛndɪks| *noun* (հոգն. **-dices** |-siːz|; **-dixes**) 1) *կազմախոսություն* կույր աղիք 2) հավելված; լրացում *(գրքի, փաստաթղթի)*

appertain |æpəˈteɪn| *verb* 1) պատկանել; վերաբերել 2) հատուկ լինել; կիրառելի լինել

appetite |ˈæpɪtʌɪt| *noun* 1) ախորժակ 2) ցանկություն; փափագ; հակում

Appetite comes with eating. *առած* Ախորժակը բացվում է ուտելիս: Ախորժակն ատամի տակն է:
whet sb's appetite ախորժակը գրգռել; հետաքրքրությունը խթանել/շարժել
work up an appetite սովածանալ

appetizer |ˈæpɪtʌɪzə| *noun* նախուտեստ

appetizing |ˈæpɪtʌɪzɪŋ| (նաև **appetising**) *adjective* ախորժաբեր; ախորժակաբեր

applaud |əˈplɔːd| *verb* 1) ծափահարել; ծափել; ծափ զարկել 2) հավանություն տալ; ողջունել

applause |əˈplɔːz| *noun* 1) ծափահարություն; ծափ 2) հավանություն; գովեստ

apple |ˈæp(ə)l| *noun բուսաբանություն* խնձոր; խնձորենի *(Genus Malus, ընտանիք Rosaceae)*

Adam's apple ադամախնձոր
be apple of Sodom *աստվածաշնչային* (**be Sodom apple**) գեղեցիկ, բայց փտած պտուղ լինել
the apple of discord *դիցաբանություն* կռվախնձոր
the apple of one's eye *աստվածաշնչային* աչքի լույս
The rotten apple injures its neighbours. *առած* Փտած խնձորը փչացնում է կողքինին:
upset sb's apple cart խափանել մեկի գործը/ծրագիրը; խաղաթղթերը խառնել; գործը փչացնել

apple pie *noun* բարեկեցություն; բարօրություն

as American as apple pie բուն ամերիկյան; խիկական ամերիկյան

applet |ˈæplɪt| *noun համակարգիչներ* ծրագրիկ

appliance |əˈplʌɪəns| *noun* 1) հարմարանք; սարք 2) կիրառում; կիրառություն

home appliances կենցաղային սարքեր

applicable |əˈplɪkəb(ə)l|, |ˈæplɪk-| *adjective* հարմար; տեղին; կիրառելի; համապատասխան

applicant |ˈæplɪk(ə)nt| *noun* 1) հավակնորդ; դիմորդ; դիմող *(պաշտոնի/տեղի համար)* 2) հայցվոր

application |æplɪˈkeɪʃ(ə)n| *noun* 1) դիմում 2) խնդրանք 3) կիրառություն 4) գործածում *(դեղերի)* 5) շերտածածկում; քսածածկում; վրան գծելը; վրան նկարելը 6) ջանք; եռանդ 7) *համակարգիչներ* աշխատածրագիր

applied |əˈplʌɪd| *adjective* 1) կիրառական 2) գործնական

apply |əˈplʌɪ| *verb* (**-plies**, **-plied**) 1) դիմել; հայցել 2) վերաբերել; առնչություն ունենալ 3) մակերեսի վրա տարածել; մակերեսին նկարել; մակերեսին քսել 4) ջանասիրաբար աշխատել; ջանք գործադրել 5) կիրառել; կիրարկել 6) հարմար լինել

appoint |əˈpɔɪnt| *verb* 1) նշանակել; որոշել; սահմանել 2) հոչակել 3) *իրավունք* կարգադրել 4) ժամադրել

appointee |-ˈtiː| *noun* նշանակում ստացած անձ

appointment |əˈpɔɪntm(ə)nt| *noun* 1) նշանակում; կարգում *(պաշտոնի)* 2) ժամադրություն 3) պաշտոն 4) պաշտոնյա 5) (**appointments**) սարքավորանք; կահավորանք; կահկարասի

break an appointment ժամադրության չգնալ/չներկայանալ; ժամադրությունը խափանել
hold an appointment պաշտոնի տեր լինել; աթոռ զբաղեցնել; պաշտոն գրավել
keep an appointment գնալ ժամադրության; ճիշտ ժամանակին հայտնվել ժամադրավայրում
make an appointment ժամադրություն նշանակել; ժամադրվել

apportion |əˈpɔːʃ(ə)n| *verb* 1) բաշխել; բաժանել 2) հատկացնել; առանձնացնել

apportionment |əˈpɔːʃənm(ə)nt| *noun* 1) բաշխում; հատկացում 2) համամասնական բաշխում *(ԱՄՆ-ի Ներկայացուցիչների պալատում ըստ բնակչության քանակի տեղերի բաշխում)*

apposite |ˈæpəzɪt| *adjective* տեղին; հարմար; պատեհ

apposition |æpəˈzɪʃ(ə)n| *noun* վրան դնել; դնել; տեղադրել

appraisal |əˈpreɪz(ə)l| *noun* գնահատում; գնահատական; արժեհաշվարկ; արժեհաշվում

appraise |əˈpreɪz| *verb* 1) գնահատել; արժեհաշվել 2) գնորոշել; գնահատել

appraiser *noun* գնահատող անձ; արժեհաշվող անձ

appreciable |əˈpriːʃəb(ə)l|, |-ʃɪə-| *adjective* 1) էական; նկատելի; շոշափելի 2) գնահատելի

appreciate |əˈpriːʃɪeɪt|, |-sɪ-| *verb* 1) գնահատել 2) շնորհակալ լինել; պատշաճը հատուցել; երախտապարտ լինել 3) հասկանալ; ըմբռնել 4) բարձրացնել գինը

appreciation |əpriːʃɪˈeɪʃ(ə)n|, |-sɪ-| *noun* 1)

գնահատում; գնահատանք 2) երախտագիտություն; շնորհակալություն 3) գնահատանքի խոսք 4) ընկալում; իրավիճակի ըմբռնում 5) գնի բարձրացում *(որևէ ապրանքի)* 6) *տնտեսագիտություն* արժևորում *(դրամի)*

appreciative |-ʃ(ɪ)ətɪv| *adjective* 1) ընկալունակ; լավ հասկացող 2) գնահատող; երախտագետ

apprehend |æprɪˈhɛnd| *verb* 1) ընկալել; հասկանալ 2) կանխազգալ; գուշակել 3) ձերբակալել; կալանավորել

apprehensible |æprɪˈhɛnsɪb(ə)l| *adjective* *հնավանդ բանաստեղծական* ընկալելի; հասկանալի; պարզ

apprehension |æprɪˈhɛnʃ(ə)n| *noun* 1) վատ կանխազգացում; անհանգստություն; մտահոգություն 2) հասկացում; ընկալում 3) դյուրըմբռնողություն 4) կարծիք; պատկերացում 5) ձերբակալում; կալանավորում

apprehensive |æprɪˈhɛnsɪv| *adjective* 1) անհանգիստ; մտահոգ; մտատանջ 2) ընկալունակ; ըմբռնող; հասկացող

apprentice |əˈprɛntɪs| **1** *noun* 1) աշակերտ; փոքրավոր; աշկերտ *(արհեստի մեջ)* 2) սկսնակ **2** *verb* 1) աշակերտ վերցնել 2) աշակերտել; սովորել *(արհեստ)*

apprenticeship *noun* 1) աշակերտություն; ուսում *(արհեստի)* 2) աշակերտության ժամկետ

apprise |əˈprʌɪz| *verb* տեղեկացնել; իրազեկել; հաղորդել; ծանուցել

apprize |əˈprʌɪz| *verb* *հնավանդ* 1) գին որոշել; գին դնել 2) մեծապես գնահատել; արժևորել

approach |əˈprəʊtʃ| **1** *verb* 1) մոտենալ; մերձենալ 2) հասնել; վրա հասնել **2** *noun* 1) մոտեցում 2) մուտք; նախաբան 3) մոտարկում; մոտավորություն 4) վայրէջք *(ինքնաթիռի)* 5) հարաբերությունների հաստատում *(անձնական կամ սեռական բնույթի)* 6) մատույց; մոտենալու ուղի

approachable |əˈprəʊtʃəb(ə)l| *adjective* 1) մատչելի; հասանելի 2) դյուրամատույց; դյուրամատչելի *(վայրի մասին)*

approbate |ˈæprəbeɪt| *verb* *ամերիկյան* հավանություն տալ; հաստատել; արտոնել

approbation |æprəˈbeɪʃ(ə)n| *noun* *գրական անգլերեն* 1) հավանություն; գովեստ 2) թույլտվություն; արտոնություն; համաձայնություն

meet sb's approbation խրախուսանքի/գովասանքի արժանանալ; գովեստի խոսքեր լսել *(որևէ մեկից)*

appropriate **1** *adjective* |əˈprəʊprɪət| հարմար; պատշաճ; համապատասխան **2** *verb* |əˈprəʊprɪeɪt| 1) յուրացնել; սեփականացնել 2) հատկացնել; տրամադրել

appropriation *noun* 1) յուրացում; սեփականում 2) հատկացում; հատկացված գումար

approval |əˈpruːv(ə)l| *noun* 1) հավանություն; հաճություն 2) ընդունելություն; բարեհաճություն

approve |əˈpruːv| *verb* 1) հավանություն տալ; հաստատել; համաձայնել 2) ցույց տալ; ապացուցել

approvingly *adverb* հավանողական; հավանությամբ արտահայտելով

approx. *abbreviation* approximately մոտավորապես

approximate **1** *adjective* |əˈprɒksɪmət| 1) մոտավոր 2) մոտ գտնվող; մոտակա **2** *verb* |əˈprɒksɪmeɪt| 1) մոտենալ; մոտ գալ 2) մոտարկել; մոտավորապես ճիշտ լինել

approximately |-mətli| *adverb* մոտավորապես; համարյա

approximation *noun* 1) մոտավորություն 2) մոտավոր արժեք

approximative |əˈprɒksɪmətɪv| *adjective* մոտավոր; մոտավորեցնող

appurtenance |əˈpəːt(ɪ)nəns| *noun* 1) պիտույք; պարագա 2) լրասարք

appurtenant |əˈpəːt(ɪ)nənt| *adjective* պատկանող; վերաբերող

Apr. *abbreviation* April ապրիլ

apricot |ˈeɪprɪkɒt|, |ˈæprɪkɒt| *noun* 1) ծիրան 2) ծիրանենի *(Prunus armeniaca, ընտանիք Rosaceae)* 3) ծիրանի գույնը; ծիրանագույն

April |ˈeɪpr(ɪ)l| *noun* ապրիլ

April Fool's Day (նաև **April Fools' Day**) *noun* Ապրիլի մեկը

a priori |eɪ prʌɪˈɔːrʌɪ|, |ɑː prɪˈɔːri| **1** *adjective* անփաստական; նախափաստական **2** *adverb* անփաստորեն; նախափաստորեն

apron |ˈeɪpr(ə)n| *noun* 1) գոգնոց; առաջակալ 2) ծածկոց 3) հարթակ

be pinned to one's wife's apron string, be pinned to one's mother's apron string, be tied to one's mother's apron string, be tied to one's wife's apron string կնկա/մոր լաչակի տակ լինել; փեշի տակ լինել; մեկի ձեռքին գերի լինել; մեկի փեշից կարած լինել

apropos |æprəˈpəʊ|, |ˈæprəpəʊ| **1** *preposition* վերաբերյալ; մասին **2** *adverb* անկախ; անկապ **3** *adjective* հարմար; տեղին; պատեհ

apse |æps| *noun* *ճարտարապետություն* 1) ապսիդ 2) խորան

apt |æpt| *adjective* 1) հարմար; տեղին; պատեհ 2) հակված; հակամետ 3) ընդունակ; արագ ըմբռնող

be apt to do sth մի բան անելու հակված լինել; հակվածություն ունենալ մի բան անելու

aptitude |ˈæptɪtjuːd| *noun* 1) ընդունակություն; ունակություն 2) պիտանություն; հարմարություն

aqualung |ˈækwəlʌŋ| **1** *noun* ջրադիմակ; աքվալանգ **2** *verb* *հնացած* ջրադիմակով լողալ

aquamarine |ˌækwəməˈriːn| *noun* 1) ծովակն 2) ծովակնագույն; բաց կապտականաչագույն

aquarelle |ækwəˈrɛl| *noun* 1) ջրաներկ 2) ջրաներկ նկար

aquarium |əˈkwɛːrɪəm| *noun* (հոգն. **-iums** կամ **-ia** |-rɪə|) աքվարիում; ապակյա ավազան; ձկնավազան

Aquarius |əˈkwɛːrɪəs| *աստղագիտություն* Ջրհոս

aquatic |əˈkwætɪk|, |-ˈkwɒt-| **1** *adjective* ջրային **2** *noun* 1) ջրային կենդանի; ջրային բույս 2) (**aquatics**) ջրային մարզաձև

aqueduct |ˈækwɪdʌkt| *noun* ջրամուղ; ջրանցույց

aqueous |ˈeɪkwɪəs| *adjective* 1) ջրային; ջուր պարունակող; ջրալի 2) ջրանման

Arab |ˈærəb|, |ˈeɪræb| **1** *noun* 1) արաբ 2) արաբական ձի **2** *adjective* արաբական

Arab of the gutter, street Arab անապաստան երեխա; փողոցային տղա; փողոցի զավակ

arabesque |ærəˈbɛsk| *noun* 1) արաբանախշ 2) արաբաեղանակ 3) *պարարվեստ* արաբադիրք; արաբեսկ; նկարաքանդակ *(դասական պարի հիմնական դիրքերից մեկը)* 4) արաբենիք *(գրական, երաժշտական մանր երկերի ժողովածու)*

Arabia |əˈreɪbɪə| (նաև **Arabian peninsula**) Արաբիա *(թերակղզի Ասիայի հարավ-արևմուտքում)*

Arabian |əˈreɪbɪən| **1** *adjective* արաբական **2** *noun պատմական* 1) արաբ; արաբացի; Արաբիայի բնակիչ 2) արաբական ձի

Arabian Desert Արաբական անապատ *(Սահարա անապատի արևելյան մասը)*

Arabian peninsula Արաբական թերակղզի

Arabian Sea Արաբական ծով *(ծով Հնդկական օվկիանոսի հյուսիսում՝ Արաբիայի և Հնդկաստանի միջև)*

Arabic |ˈærəbɪk| **1** *noun* արաբերեն **2** *adjective* արաբական; արաբերենի

arable |ˈærəb(ə)l| **1** *adjective* 1) հերկելի; վարելի 2) հերկելի հողերի; վարելահողային **2** *noun* հերկահող; վարելահող

arachnid *noun* սարդակերպ կենդանի

Arachnida |əˈræknɪdə| *կենդանաբանություն* սարդակերպեր

Aral Sea |ˈærəl| Արալյան ծով *(լիճ Միջին Ասիայում)*

Ararat, Mount |ˈærəˌræt| Արարատ *(լեռ Հայկական լեռնաշխարհում)*

arbalest |ˈɑːbəlɛst| *noun պատմական* արբալետ; նետակալ

arbiter |ˈɑːbɪtə| *noun* 1) իրավարար; հաշտարար դատավոր 2) *փոխաբերական* տիրակալ

arbitrage |ˈɑːbɪtrɪdʒ|, |ɑːbɪˈtrɑːʒ| **1** *noun* արժեթղթերի առք և վաճառք *(միաժամանակ)* **2** *verb* արժեթղթեր գնել և վաճառել

arbitrageur |ˌɑːbɪtrɑːˈʒəː| (նաև **arbitrager**) *noun* արժեթղթերի գնորդ և վաճառող

arbitrary |ˈɑːbɪt(rə)ri| *adjective* 1) պատահական; կամայական 2) բռնկալական 3) քմահաճ ◊ **arbitrary detention** վիճարկելի կալանք

arbitrate |ˈɑːbɪtreɪt| *verb* իրավարարություն կատարել; իրավարարական վճիռ կայացնել

arbitration |ɑːbɪˈtreɪʃ(ə)n| *noun* իրավարարություն; միջնորդ դատարան

arbor[1] |ˈɑːbə| *noun* առանցք; առնի

arbor[2] |ˈɑːbə| (բրիտանական **arbour**) *noun* 1) ծառ 2) կանաչածածկ տաղավար

arboreal |ɑːˈbɔːrɪəl| *adjective* 1) ծառաբնակ 2) ծառային 3) փայտային

arboriculture |ˈɑːb(ə)rɪkʌltʃə|, |ɑːˈbɔːr-| *noun* ծառաբուծություն

arc |ɑːk| **1** *noun* 1) աղեղ 2) էլեկտրական աղեղ; վոլտյան աղեղ 3) ծիածան **2** *verb* (**arced** |ɑːkt|; **arcing** |ˈɑːkɪŋ|) 1) շարժվել աղեղով 2) էլեկտրական աղեղ առաջացնել

arcade |ɑːˈkeɪd| *noun* 1) կամարաշար 2) կամարակապ սրահ

arcane |ɑːˈkeɪn| *adjective* գաղտնի; թաքուն; խորհրդավոր

arch[1] |ɑːtʃ| **1** *noun* կամար; կամարաշար; աղեղ **2** *verb* 1) կամարի տեսք ունենալ; աղեղի նմանվել 2) կամար կապել

arch[2] |ɑːtʃ| *adjective* չարաճճի; խենթուկ

archaeological |-ˈlɒdʒɪk(ə)l| *adjective* հնագիտական

archaeologist *noun* հնագետ

archaeology |ɑːkɪˈɒlədʒi| (նաև **archeology**) *noun* հնագիտություն

archaic |ɑːˈkeɪɪk| *adjective* 1) հնավանդ; հնամենի; նախավանդ; հնացած 2) *լեզվաբանություն* հնաբանական; հնաբան

archaism |ˈɑːkeɪɪz(ə)m| *noun* 1) հնաբանություն; հնաբառ 2) հնաոճ

Archangel |ˈɑːkˌeɪndʒəl| Արխանգելսկ *(նավահանգստային քաղաք Ռուսաստանի հյուսիս-արևմուտքում)*

archangel |ˈɑːkeɪndʒ(ə)l|, |ɑːkˈeɪn-| *noun* հրեշտակապետ

archbishop |ɑːtʃˈbɪʃəp|, |ˈɑːtʃ-| *noun* արքեպիսկոպոս

archer |ˈɑːtʃə| *noun* 1) նետաձիգ; աղեղնավոր 2) Աղեղնավոր *(համաստեղություն)*

archery |ˈɑːtʃəri| *noun* նետաձգություն

archetypal |ɑːkɪˈtʌɪp(ə)l| *adjective* 1) նախնական; բուն; իսկական 2) նախատիպային; սկզբնատիպային 3) բնօրինակ

archetype |ˈɑːkɪtʌɪp| *noun* 1) նմուշօրինակ; իսկական օրինակ 2) բնօրինակ 3) սկզբնատիպ; նախատիպ

archipelago |ɑːkɪˈpɛləgəʊ| *noun* (հոգն. **-gos** կամ **-goes**) կղզիախումբ

architect |ˈɑːkɪtɛkt| **1** *noun* ճարտարապետ **2** *verb համակարգիչներ* կառուցել; նախագծել

be the architect of one's own fortune *առած* իր բախտի տերը լինել; իր բախտի դարբինը լինել; իր բախտը կոել

architectonic |ˌɑːkɪtɛkˈtɒnɪk| **1** *adjective* 1) ճարտարապետական 2) գեղակառույց **2** *noun* 1) ճարտարապետության ուսումնասիրություն 2) կառուցվածք *(երաժշտության, գրականության և այլնի)*

architectural |-ˈtɛktʃ(ə)r(ə)l| *adjective* ճարտարապետական

architecture |ˈɑːkɪtɛktʃə| *noun* 1) ճարտարապետություն 2) կառուցվածք; համակառույց 3) *համակարգիչներ* համակառույց

architrave |ˈɑːkɪtreɪv| *noun ճարտարապետություն* խոյակ; սյունագլուխ; քովթար

archival |ɑ:ˈkʌɪv(ə)l| *adjective* արխիվային; դիվանային

archive |ˈɑ:kʌɪv| (սովորաբար **archives**) **1** *noun* 1) դիվան; արխիվ; հնադարան 2) *համակարգիչներ* հնադարան **2** *verb* 1) արխիվացնել; դիվանապահել; պահեստավորել 2) *համակարգիչներ* արխիվացնել

archivist |ˈɑ:kɪvɪst| *noun* դիվանապահ; արխիվարիուս

archly *adverb* 1) չարաճճիորեն; խորամանկորեն 2) ճարպկորեն

archway |ˈɑ:tʃweɪ| *noun ճարտարապետություն* կամար; կամարաշար

Arctic |ˈɑ:ktɪk| **1** *adjective* 1) արկտիկական; բևեռային; հյուսիսաբևեռային 2) շատ ցուրտ **2** *noun* Հյուսիսային բևեռ

Arctic Circle Հյուսիսային բևեռագոտի

Arctic Ocean Հյուսիսային սառուցյալ օվկիանոս

Arcturus |ɑ:kˈtjʊərəs| *աստղագիտություն* Արկտուր *(պայծառությամբ՝ երկնքի չորրորդ աստղը)*

ardent |ˈɑ:d(ə)nt| *adjective* 1) բուռն; կրակոտ; կրքոտ; բոցաշունչ 2) այրող; բոցակեզ 3) պայծառ; շողշողուն

ardently *adverb* բուռն կերպով; ջերմորեն

arduous |ˈɑ:djʊəs| *adjective* 1) ծանր; դժվարին; հոգնեցուցիչ; տաժանակիր 2) դժվարամատչելի 3) եռանդուն

are² |ɑ:| *noun պատմական* ար *(հավասար է 100 քառակուսի մետրի)*

area |ˈɛ:rɪə| *noun* 1) տարածք; տարածություն; մակերես 2) ասպարեզ *(գործունեության)* 3) *մաթեմատիկա* մակերես 4) շրջան

arena |əˈri:nə| *noun* ասպարեզ; արենա

argent |ˈɑ:dʒ(ə)nt| **1** *adjective բանաստեղծական զինանշաններ* արծաթավուն; արծաթյա **2** *noun զինանշաններ* արծաթավուն ծածկույթ

Argentina |ˌɑ:dʒənˈti:nə| Արգենտինա *(պետություն Հարավային Ամերիկայում)*

argon |ˈɑ:gɒn| *noun քիմիա* արգոն

argot |ˈɑ:gəʊ| *noun* ծածկալեզու; ժարգոն *(որոշակի դասակարգի)*

arguable |ˈɑ:gjʊəb(ə)l| *adjective* 1) վիճելի; կասկածելի 2) քննարկման ենթակա

arguably *adverb* հավանաբար

argue |ˈɑ:gju:| *verb* (**-gues**, **-gued**, **-guing**) 1) վիճել; վիճաբանել 2) փաստարկել; հիմնավորել 3) պնդել

argument |ˈɑ:gjʊm(ə)nt| *noun* 1) փաստարկ 2) փաստարկություն 3) *մաթեմատիկա* անկախ փոփոխական; արգումենտ 4) վեճ 5) բանավեճ

argumentation |ˌɑ:gjʊmɛnˈteɪʃ(ə)n| *noun* 1) փաստարկում; ապացուցում 2) բանավեճ; քննարկում

argumentative |ɑ:gjʊˈmɛntətɪv| *adjective* 1) վիճասեր; վիճաբան 2) բանավիճային

aria |ˈɑ:rɪə| *noun երաժշտություն* մեներգ; արիա

arid |ˈærɪd| *adjective* 1) չոր; անջուր; անջրդի; չորային 2) *փոխաբերական* անհետաքրքիր; անբովանդակ

aridity |əˈrɪdɪti| *noun* 1) չորություն; երաշտ 2) ձանձրալիություն; տաղտկալիություն

Aries |ˈɛ:ri:z| *աստղագիտություն* Խոյ *(համաստեղություն)*

aright |əˈrʌɪt| *adverb բարբառային* ճիշտ; ճշմարտացիորեն

arise |əˈrʌɪz| *verb* (անցյալ **arose** |əˈrəʊz|; անցյալ դերբայ **arisen** |əˈrɪz(ə)n|) 1) ծագել; առաջանալ 2) գոյանալ; սկզբնավորվել 3) վեր կենալ; բարձրանալ 4) *եկեղեցական* հարություն առնել

if the need arises եթե կարիք լինի

aristocracy |ærɪˈstɒkrəsi| *noun* (հոգն. **-cies**) 1) ազնվականություն; վերնախավ 2) ազնվապետություն *(կառավարման ձև, երբ իշխանությունը պատկանում է ազնվականությանը)*

aristocrat |ˈærɪstəkræt|, |əˈrɪst-| *noun* ազնվական; արիստոկրատ; ազնվապետ

aristocratic |ˌærɪstəˈkrætɪk| *adjective* ազնվականական; արիստոկրատական; ազնվապետական

arithmetic **1** *noun* |əˈrɪθmətɪk| 1) թվաբանություն 2) հաշվարկ **2** *adjective* |ærɪθˈmɛtɪk| (նաև **arithmetical**) թվաբանական

arithmetic mean *noun մաթեմատիկա* միջին թվաբանական

Arizona |ˌærɪˈzəʊnə| Արիզոնա *(ԱՄՆ-ի նահանգ)*

ark |ɑ:k| *noun* 1) տապան 2) ապաստարան; պատսպարան 3) տուփ 4) (**Ark of the Covenant**) Ուխտի Տապանակ

must have come out of the ark 1) Լուսնից է իջել *(մարդու մասին)* 2) հազար տարվա; Նոյի տապանից է գալիս:

the ark rested on Mt. Ararat *խոսակցական* Ամերիկա հայտնագործեց; գյուտ արեց; նորություն ասաց *(ի պատասխան ուշացած լուր բերող մարդուն)*

touch the ark *աստվածաշնչային* (**touch the ark of the covenant**) պղծել; անարգել; եղծել

Arkansas |ˈɑ:kənˌsɔ:| Արկանզաս *(ԱՄՆ-ի նահանգ)*

Ark of the Covenant (նաև **Ark of the Testimony**) Ուխտի Տապանակ

arm¹ |ɑ:m| *noun* 1) թև; բազուկ; ձեռք 2) թևք *(հագուստի)* 3) օգնություն; աջակցություն 4) թև; հատված *(կազմակերպության)*

a baby in arms անփորձ մարդ; ոչ հասուն մարդ

arm in arm 1) ձեռք-ձեռքի տված; թև-թևի տված; իրար թև մտած 2) ամբողջ սրտով; միացած; միահամուռ; սերտ կապի մեջ; համահունչ

fold one's arms ձեռքերը ծալած նստել; անգործության մատնվել; ժամանակ սպանել; պարապ-սարապ լինել; պարապ-սարապ ման գալ

have a long arm երկար ձեռքեր ունենալ; ի վիճակի լինել հեռվից վնասելու

hold/keep/be at arm's length պաշտոնական հարաբերությունների մեջ լինել; մտերմություն թույլ չտալ

on the arm *խոսակցական* ձրի; անվճար; «ապառիկ»

the arm of the law օրենքի ձեռքը; արդարադատության բազուկը
the long arm of coincidence զարմանալի զուգադիպություն; բացառիկ դեպք
under the arm *ծածկալեզու* անպետք; անպիտան; փուչ
up in arms բարկացած; մտահոգված
with one arm behind one's back, with one arm tied behind one's back 1) անօգնական/անհարմար վիճակում 2) առանց դժվարության; հեշտ ու հանգիստ
with open arms գրկաբաց; ջերմորեն

arm² |ɑːm| **1** *verb* 1) զինել; սպառազինել 2) մատակարարել **2** *noun* տե՛ս **arms**
bear arms 1) զինծառայության անցնել; զինվոր լինել; զինվորագրվել 2) զինված լինել; զինանշան կրել
lay down arms զենքը վայր դնել; հանձնվել; դադարեցնել մարտը
take up arms վերսկսել/շարունակել մարտը; զենք վերցնել

armada |ɑːˈmɑːdə| *noun* ռազմական նավատորմիղ

armadillo |ɑːməˈdɪləʊ| *noun* (հոգն. **-los**) *կենդանաբանություն* զրահակիր *(ընտանիք Dasypodidae, կարգ Xenarthra կամ Edentata)*

armament |ˈɑːməm(ə)nt| *noun* 1) սպառազինություն 2) սպառազինում

armchair **1** *noun* |ɑːmˈtʃɛː| |ˈɑːm-| բազկաթոռ **2** *adjective* |ˈɑːmtʃɛː| տեսական; ոչ գործնական

armed |ɑːmd| *adjective* 1) զինված; սպառազինված 2) համալրված; սարքավորված

armed forces (նաև **armed services**) *plural noun* զինված ուժեր

Armenia |ɑːˈmiːnɪə| Հայաստան; Հայաստանի Հանրապետություն

Armenian |ɑːˈmiːnɪən| **1** *adjective* 1) հայկական 2) հայերեն **2** *noun* 1) հայ 2) հայերեն; հայոց լեզու

Armenian Church (նաև **Armenian Apostolic Orthodox Church**) Հայոց Եկեղեցի; Հայ Առաքելական Եկեղեցի

armful *noun* գրկաչափ; մի գիրկ

armistice |ˈɑːmɪstɪs| *noun* զինադադար

armless *adjective* անձեռք

armlet |ˈɑːmlɪt| *noun* 1) թևակապ; թևնոց 2) գետաբերան

armor |ˈɑːmə| (բրիտանական **armour**) **1** *noun* զրահ; սպառազինություն **2** *verb* պաշտպանել; պաշտպանության տակ առնել

armored (բրիտանական **armoured**) *adjective* զրահապատ; զրահածածկ

armpit |ˈɑːmpɪt| *noun* 1) անութ; թևատակ 2) *խոսակցական* տհաճ տեղ
up to one's armpits մինչև կոկորդը խրված

arms |ɑːmz| *plural noun* զենք; զենքեր; սպառազինություն
a call to arms ի զեն
be up in arms խիստ բողոքել մի բանի դեմ
take up arms կռիվը սկսել

army |ˈɑːmi| *noun* (հոգն. **-mies**) 1) բանակ 2) ցամաքային բանակ 3) մեծ քանակություն
blue ribbon army սթափության միություն

aroma |əˈrəʊmə| *noun* 1) բուրմունք; բույր; անուշահոտություն 2) *փոխաբերական* մթնոլորտ

aromatherapy |ərəʊməˈθɛrəpi| *noun* հոտաբուժություն

aromatic |ærəˈmætɪk| **1** *adjective* 1) բուրմունքային 2) *քիմիա* արոմատիկ **2** *noun* հոտավետ նյութ; հոտավետ բույս

around |əˈraʊnd| **1** *adverb* 1) շուրջ; մոտակայքում 2) շրջանաձև 3) հակառակ ուղղությամբ 4) այլ ուղղությամբ 5) *(ցույց է տալիս մարդկանց հարաբերությունները)* 6) *(ցույց է տալիս կողմնորոշվելու ընդունակությունը)* 7) ձեռքի տակ 8) մոտավորապես 9) ողջ տարածքով **2** *preposition* (բրիտանական **round**) 1) շուրջը; բոլոր կողմերում 2) մյուս կողմում 3) գրկելով; փարվելով 4) շրջանաձև
have been around 1) *խոսակցական* երկար ժամանակ գոյություն ունենալ 2) աշխարհ տեսնել; երկրե-երկիր շրջել; կյանքի փորձ ձեռք բերել

arousal *noun* 1) արթնացում 2) գրգռում *(սովորաբար սեռական)*

arouse |əˈraʊz| *verb* 1) արթնացնել; զարթնեցնել 2) արթնանալ; զարթնել 3) հուզել; ալեկոծել 4) գրգռել *(սեռականապես)*

arr. *abbreviation* 1) arranged by դաշնակումը ըստ *(ասվում է երաժշտական ստեղծագործության դաշնակողի մասին)* 2) arrival ժամանում

arraign |əˈreɪn| *verb* 1) ատյանի առաջ հանել; դատի կանչել 2) ամբաստանել; մեղադրանք հարուցել

arraignment *noun* 1) դատի կանչելը; ատյանի առաջ հանելը 2) ամբաստանություն; մեղադրանքի հարուցում

arrange |əˈreɪn(d)ʒ| *verb* 1) կարգի բերել; դասավորել 2) կարգադրել; կազմակերպել; պայմանավորվել; նախապատրաստել 3) *երաժշտություն* գործիքավորել; դաշնակել 4) կարգավորել; հաշտեցնել; հարթել *(վեճը և այլն)*

arrangement |əˈreɪn(d)ʒm(ə)nt| *noun* 1) կարգի բերելը; կարգադրում 2) (**arrangements**) նախապատրաստություններ; նախապատրաստական աշխատանքներ 3) պայմանավորվածություն 4) *երաժշտություն* գործիքավորում; դաշնակում 5) կարգավորում; հաշտեցում
make arrangements 1) (**make arrangements with sb**) պայմանավորվել; պայման կնքել/կապել; համաձայնության գալ մեկի հետ 2) միջոցներ ձեռք առնել; կազմակերպել; կարգադրություն անել

arranger *noun* *երաժշտություն* դաշնակիչ; դաշնակող

arrant |ˈær(ə)nt| *adjective* *հնացած* իսկական; կատարյալ *(օգտագործվում է բացասական իմաստով)* ◇ **arrant nonsense** կատարյալ անհեթեթություն

array |əˈreɪ| **1** *noun* 1) շարք; զանգված; խումբ; ցուցադրություն 2) *ռազմական* դասավորություն; տեղաբաշխում 3) *մաթեմատիկա* թվացանց 4) *հա-*

մակարգիչներ զանգված; տարրազանգված 5) հանդերձ; զգեստ **2** *verb* 1) դասավորել; կարգավորել; ցուցադրել; ցուցահանել 2) (**be arrayed**) հագած լինել; կրել; զուգված լինել

arrears |ə'rɪəz| *plural noun* ուշացած պարտքեր

arrest |ə'rɛst| **1** *verb* 1) ձերբակալել; կալանավորել 2) կանգնեցնել; դադարեցնել 3) գրավել *(ուշադրությունը)* **2** *noun* 1) ձերբակալում; կալանավորում 2) դադարեցում; կանգնեցում; կանգ; արգելակում

under arrest կալանքի/արգելանքի տակ; կալանավորված; բանտարկված; ձերբակալված

arrester |ə'rɛstə| (նաև **arrestor**) *noun* խափանիչ սարք; դադարեցնող սարք

arresting *adjective* 1) գրավիչ; ակնառու 2) ձերբակալող; կալանավորող

arrival |ə'rʌɪv(ə)l| *noun* 1) ժամանում 2) ժամանած անձ 3) ծագում; հայտնվելը

the new arrival *խոսակցական* նորածին; մանուկ

arrive |ə'rʌɪv| *verb* 1) ժամանել; հասնել; գալ 2) հայտնվել 3) ծնվել *(երեխայի մասին)* 4) տեղի ունենալ 5) *խոսակցական* ճանաչման հասնել

arrogance *noun* ամբարտավանություն; գոռոզություն; մեծամտություն

arrogant |'ærəg(ə)nt| *adjective* ամբարտավան; գոռոզ; մեծամիտ

arrogantly *adverb* ամբարտավանորեն; մեծամտորեն; գոռոզամտորեն

arrogate |'ærəgeɪt| *verb* 1) անհիմն յուրացնել 2) անհիմն պահանջել

arrogation |-'geɪʃ(ə)n| *noun* 1) անհիմն պահանջ 2) անհիմն յուրացում

arrow |'ærəʊ| *noun* 1) նետ 2) սլաք

arrowhead |'ærəʊhɛd| *noun* նետի ծայր; սլաք

arrowy *adjective* 1) սրածայր; սլաքածայր 2) մաղձոտ; թունոտ

arsenal |'ɑːs(ə)n(ə)l| *noun* 1) զինապահեստ; զինանոց 2) զինագործարան 3) պահեստ

arsenic **1** *noun* |'ɑːs(ə)nɪk| *քիմիա* զառիկ; արսեն; մկնդեղ **2** *adjective* |ɑː'sɛnɪk| զառիկային; արսենի

arsenical |ɑː'sɛnɪk(ə)l| **1** *adjective* զառիկ պարունակող **2** *noun* զառիկ պարունակող նյութ

arson |'ɑːs(ə)n| *noun* *իրավունք* հրկիզում; դիտավորյալ հրկիզում

arsonist *noun* հրկիզող; հրձիգ

art[1] |ɑːt| *noun* 1) արվեստ 2) արվեստի գործ 3) (**arts**) հումանիտար գիտություններ; հումանիտար ասպարեզ 4) արհեստ 5) շնորհք; վարպետություն

art deco XX արտ դեկո *(դարի 20-30-ական թթ դեկորատիվ արվեստի ոճ)*

Art is long, life is short. *լատիներեն առած* Որքան ապրես, այնքան պետք է սովորես:

art of war ռազմարվեստ

arts and crafts ձևավորման արվեստ և ձեռագործ

black art 1) սև մոգություն *(դժոխքի ուժերի օգտագործմամբ)* 2) գրբացություն; կախարդություն; հմայություն

manly art «տղամարդկային արվեստ»; բռնցքամարտ; կռվամարտ

arterial |ɑː'tɪərɪəl| **1** *noun* մայրուղի **2** *adjective* 1) զարկերակային 2) կարևորագույն

arteriosclerosis |ɑːˌtɪərɪəʊsklɪə'rəʊsɪs| *noun* *բժշկություն* զարկերակային կարծրախտ

artery |'ɑːtəri| *noun* (հոգն. **-teries**) 1) *կազմախոսություն* զարկերակ 2) մայրուղի

artful |'ɑːtfʊl|, |-f(ə)l| *adjective* 1) ճարպիկ; ճարտար; հմուտ 2) խորամանկ

artful as a cart load of monkeys (**as artful as a cart load of monkeys**) խորամանկ աղվես; խորամանկ

arthritic |-'θrɪtɪk| *adjective* 1) հոդային 2) *բժշկություն* հոդացավային

arthritis |ɑː'θrʌɪtɪs| *noun* հոդացավ

arthropod |'ɑːθrəpɒd| *noun* հոդվածոտանի

Arthropoda |ˌɑːθrə'pəʊdə| *կենդանաբանություն* հոդվածոտանիներ

artichoke |'ɑːtɪtʃəʊk| *noun* *բուսաբանություն* կանկառ; արճիճուկ; արտիճուկ *(Cynara scolymus, ընտանիք Compositae)*

article |'ɑːtɪk(ə)l| **1** *noun* 1) հոդված 2) առարկա; իր 3) *իրավունք* հոդված; կետ 4) *քերականություն* հոդ **2** *verb* պայմանագրով կապել

articles of faith 1) որևէ կրոնի հիմունքներ 2) հավատո հանգանակ

in the article of death մերձիմահ; մահամերձ; մահվան մահճում; վերջին շնչում

leading article առաջնորդող հոդված

articular |ɑː'tɪkjʊlə| *adjective* հոդային

articulate **1** *adjective* |ɑː'tɪkjʊlət| 1) հոդաբաշխ; հոդորոշ; հստակ *(խոսքի մասին)* 2) հոդավոր; հոդվածավոր **2** *verb* |ɑː'tɪkjʊleɪt| 1) սահուն արտահայտել 2) հստակ արտաբերել 3) հոդ կազմել 4) (**be articulated**) հոդերով ամրացված լինել

articulated *adjective* 1) հոդավորված; հոդերով ամրացված 2) արտահայտված; արտաբերված

articulation |ɑːˌtɪkjʊ'leɪʃ(ə)n| *noun* 1) արտասանություն; արտաբերում 2) հոդավորվածություն 3) *տեխնիկական* հոդակապ

artifice |'ɑːtɪfɪs| *noun* հնարք; ճարպիկ միջոց

artificer |ɑː'tɪfɪsə| *noun* *հնավանդ* 1) վարպետ; հմուտ մարդ 2) *ռազմական* բարձրորակ մեխանիկ

artificial |ɑːtɪ'fɪʃ(ə)l| *adjective* 1) արհեստական; ձեռակերտ 2) անբնական; արհեստական 3) կեղծ; բռնազբոսիկ; ոչ անկեղծ

artificial insemination (հապ. **AI**) *noun* արհեստական սերմնավորում

artificial intelligence (հապ. **AI**) *noun* արհեստական բանականություն

artificially *adverb* արհեստականորեն

artificial respiration *noun* արհեստական շնչառություն

artillerist *noun* հրետանավոր

artillery |ɑː'tɪləri| *noun* (հոգն. **-leries**) 1) հրետանի 2) հրետանային զորամաս

artilleryman *noun* հրետանավոր

artisan |ɑːtɪˈzæn|, |ˈɑːtɪzæn| *noun* հմուտ վարպետ; արհեստավոր

artist |ˈɑːtɪst| *noun* 1) նկարիչ 2) արվեստագետ; արտիստ; կատարող 3) իր գործի վարպետ

artistic |ɑːˈtɪstɪk| *adjective* 1) արվեստագիտական; ստեղծագործական 2) գեղարվեստական 3) դերասանական 4) գեղագիտական; գեղեցիկ

artistically *adverb* 1) վարպետորեն; ճաշակով 2) գեղարվեստական տեսակետից

artistry *noun* 1) գեղարվեստականություն 2) նկարչություն 3) արվեստ; հմտություն

artless |ˈɑːtlɪs| *adjective* 1) անարվեստ; անճաշակ; հասարակ 2) անճարակ; անհմուտ

art nouveau |ɑː nuːˈvəʊ| *noun* նոր արվեստ; ար/արտ նուվո *(արվեստի ոճ, որը տարածված էր 1890 թվականից մինչև Առաջին Աշխարհամարտը)*

Artsakh Արցախ *(պատմական Հայաստանի նահանգներից մեկը, որը համապատասխանում էր ներկայիս Լեռնային և Դաշտավայրային Ղարաբաղին)*

arts and crafts *plural noun* կիրառական արվեստ; զարդարվեստ

artwork |ˈɑːtwəːk| *noun* նկարներ

Aryan |ˈɛːrɪən| **1** *noun* արիացի **2** *adjective* արիական

as¹ |æz|, |əz| **1** *adverb* այնքան; այնքան որքան ◇ **it tasted like orange juice but not as sweet** նրա համը նման էր նարնջի հյութի, սակայն ոչ այնքան քաղցր **2** *conjunction* 1) ընթացքում; երբ ◇ **as he grew older, he was more fond of his garden** ինչքան նա մեծանում էր, այնքան ավելի էր սիրում իր այգին 2) ինչպես 3) քանի որ; որովհետև 4) որքան էլ որ; ինչքան էլ որ **3** *preposition* 1) որպես *(ցույց է տալիս դեր, բնավորություն)* ◇ **he got a job as a driver** նա ստացավ վարորդի աշխատանք 2) ընթացքում; ժամանակ ◇ **as a student he was a good sportsman** ուսանող ժամանակ նա լավ մարզիկ էր

as for ինչ վերաբերում է

as if կարծես թե; կարծես եթե

as it were կարծես թե; այսպես ասած; մի տեսակ

as of վիճակով *(նշում է ժամանակաշրջան)*

as² |æs| *noun* (հոգն. **asses**) աս *(հին հռոմեական պղնձադրամ)*

ASA *abbreviation* American Standards Association Չափորոշանկների ամերիկյան ընկերակցություն

asbestos |æzˈbɛstɒs|, |æs-|, |-təs| *noun* ասբեստ

ascend |əˈsɛnd| *verb* 1) բարձրանալ; ելնել; վեր խոյանալ 2) մագլցել 3) *եկեղեցական* համբարձվել

ascend to the throne գահ բարձրանալ

ascendancy |əˈsɛnd(ə)nsi| (նաև **ascendency**) *noun* իշխանություն; ազդեցություն

ascendant |əˈsɛnd(ə)nt| (նաև **ascendent**) **1** *adjective* բարձրացող; ելնող **2** *noun* *աստղագուշակություն* խավարածիրի այն կետը, որով այն հատվում է արևելյան հորիզոնի գծի հետ որոշակի պահի *(սովորաբար մարդու ծննդյան պահին)*

ascending *adjective* 1) բարձրացող; վերընթաց 2) զառիվեր 3) աճող

Ascension Day *եկեղեցական* Համբարձում; Համբարձման տոն

ascent |əˈsɛnt| *noun* 1) վերելք 2) զառիվեր 3) առաջխաղացում; առաջընթաց *(պաշտոնի և այլն)*

ascertain |æsəˈteɪn| *verb* պարզել; հաստատել; հավաստիանալ; համոզվել

ascetic |əˈsɛtɪk| **1** *adjective* ճգնավորական; ճգնակեցական; ժուժկալ **2** *noun* ճգնավոր; ճգնակյաց

asceticism |-tɪsɪz(ə)m| *noun* ճգնավորություն; ճգնակեցություն

ASCII *համակարգիչներ abbreviation* American Standard Code for Information Interchange Տեղեկույթի փոխանակման ամերիկյան չափորոշական կոդ

ascribe |əˈskrʌɪb| *verb* վերագրել; համարել

ascription |əˈskrɪpʃ(ə)n| *noun* 1) վերագրում; համարում 2) *եկեղեցական* վերաբերություն *(քարոզի վերջում Աստծո փառաբանության խոսք)*

ASEAN |ˈæsɪən| *abbreviation* Association of Southeast Asian Nations Հարավարևելյան Ասիայի երկրների ընկերակցություն

aseptic |eɪˈsɛptɪk| *adjective* հականեխային; հականեխիչ

asexual |eɪˈsɛksjʊəl|, |-ʃʊəl| *adjective* 1) անսեռ 2) ոչ սեռական

ash¹ |æʃ| *noun* 1) մոխիր 2) (**ashes**) ավերակներ 3) (**ashes**) աճյուն

rise/emerge from the ashes վեր հառնել մոխիրներից

ash² |æʃ| *noun* 1) *բուսաբանություն* հացենի *(Genus Fraxinus, ընտանիք Oleaceae)* 2) հացենու փայտ

ashamed |əˈʃeɪmd| *adjective* ամոթահար

be ashamed ամաչել

ashen¹ |ˈæʃ(ə)n| *adjective* 1) մոխրագույն 2) դալուկ; դալկադեմ; գունատ

ashen² |ˈæʃ(ə)n| *adjective հնավանդ բանաստեղծական* հացենուց պատրաստված

Ashgabat |ˈæʃgəˌbæt| (նաև **Ashkhabad**) Աշգաբաղ *(Թուրքմենստանի մայրաքաղաքը)*

ashore |əˈʃɔː| *adverb* 1) ափին մոտ; ափին 2) դեպի ափ

ashram |ˈæʃrəm| *noun* մենաստան *(Հնդկաստանում)*

ashtray |ˈæʃtreɪ| *noun* մոխրաման

ashy |ˈæʃi| *adjective* 1) մոխրագույն 2) մոխրանման; մոխրածածկ

Asia |ˈeɪʃə|, |ˈeɪʒə| Ասիա *(աշխարհի խոշորագույն մայրցամաքը)*

Asia Minor Փոքր Ասիա *(թերակղզի Ասիայի արևմուտքում)*

Asian |ˈeɪʃ(ə)n|, |-ʒ(ə)n| **1** *adjective* ասիական **2** *noun* ասիացի

Asiatic |eɪʃɪˈætɪk|, |eɪz-| **1** *adjective* ասիական **2** *noun հաճախ վիրավորական* ասիացի

aside |əˈsʌɪd| **1** *adverb* մի կողմ; մի կողմում; առանձին **2** *noun թատրոն* մեկուսի

aside from բացի

ask |ɑːsk| **1** *verb* 1) հարցնել; տեղեկանալ 2) խնդրել 3) հրավիրել 4) պահանջել **2** *noun* 1) խնդրանք 2) պահանջ

If you ask me... *խոսակցական* Իմ կարծիքով...; Ինձ որ հարցնեք...; Թե ինձ լսեք....

askance |əˈskæns|, |əˈskɑːns| (նաև **askant**) *adverb* ծուռ; խեթ; խեթ-խեթ; կասկածանքով

askew |əˈskjuː| *adverb, adjective* շեղ; ծուռ; թեք

asking price *noun* առաջարկվող գին

aslant |əˈslɑːnt| **1** *adverb* թեք; շեղակիորեն **2** *preposition* միջով

asleep |əˈsliːp| *adjective, adverb* 1) քնած; քնի մեջ 2) անուշադիր 3) թմրած; ընդարմացած 4) *բանաստեղծական* մեռած; ննջած; մահացած

be asleep քնած լինել

fall asleep քնել; քուն մտնել

aslope |əˈsləʊp| *adverb, adjective հնավանդ բանաստեղծական* թեքության վրա; թեք վիճակում; շեղորեն

Asmara |æsˈmɑːrə| (նաև **Asmera**) Ասմարա *(Էրիթրեայի մայրաքաղաքը)*

asp |æsp| *noun* (նաև **asp viper**) *կենդանաբանություն* քարբ; իժ *(Vipera aspis, ընտանիք Viperidae)*

aspect |ˈæspɛkt| *noun* 1) տեսանկյուն; տեսակետ; հայեցակետ 2) մոտեցում 3) կողմ; երես 4) կերպարանք 5) *լեզվաբանություն* կերպ 6) տեսարան 7) ուղղություն

aspen |ˈæsp(ə)n| *noun բուսաբանություն* բարդի; դողացող բարդի *(Genus Populus, ընտանիք Salicaceae)*

asperity |əˈspɛrɪti| *noun* (հոգն. **-ties**) 1) խստություն; կոշտություն *(խոսքի)* 2) (**asperities**) դժվարություններ; դաժանություն 3) (**asperities**) անհարթություն *(մակերեսի)*

asperse |əˈspəːs| *verb հազվադեպ* վարկաբեկել; անվանարկել; անպատվել; անարգել; խայտառակել; զրպարտել

aspersion |əˈspəːʃ(ə)n| *noun* զրպարտություն

asphalt |ˈæsfælt|, |-əlt| **1** *noun* ասֆալտ **2** *verb* ասֆալտապատել

asphyxia |əsˈfɪksɪə| *noun* շնչահեղձություն

asphyxiation |-ˈeɪʃ(ə)n| *noun* շնչահեղձություն

aspirant |əˈspʌɪər(ə)nt|, |ˈæsp(ɪ)r-| **1** *adjective* ձգտող; հավակնող **2** *noun* հավակնորդ

aspirate **1** *verb* |ˈæspəreɪt| 1) արտաշնչումով արտասանել 2) ներս քաշել *(հեղուկը)* 3) ներշնչել **2** *noun* |æsp(ə)rət| 1) *հնչյունաբանություն* հագագային բաղաձայն 2) *բժշկություն* արտածծված նյութ **3** *adjective* |ˈæsp(ə)rət| *հազվադեպ հնչյունաբանություն* հագագային; շնչեղ

aspiration |æspəˈreɪʃ(ə)n| *noun* 1) (**aspirations**) ձգտում; տենչ; փափագ 2) տենչանքի առարկա 3) շնչառություն 4) *լեզվաբանություն* շնչեղացում 5) *բժշկություն* արտածծում

aspire |əˈspʌɪə| *verb* 1) ձգտել; տենչալ 2) *բանաստեղծական* վեր բարձրանալ; վեր խոյանալ

aspirin |ˈæsp(ə)rɪn| *noun բժշկություն* ասպիրին

asquint |əˈskwɪnt| *adverb, adjective* խեթ; թեք *(հայացքի մասին)*

ass[1] |æs| *noun* 1) էշ; ավանակ 2) հիմար մարդ; ապուշ մարդ

act/play the ass հիմարանալ; հիմար ձևանալ; իրեն էշի տեղ դնել

All asses wag their ears. *առած* Բոլոր էշերն ականջներն են շարժում: Հիմարներին հատուկ է խորիմաստ արտահայտություն տալ դեմքին:

Balaam's ass *առած* Բաղաամի ավանակ; լռակյաց/հլու մարդ, որը հանկարծ բողոքում է

Buridan's ass *աստվածաշնչային* Բուրիդանի ավանակ; ուժեղ երկընտրանքի մեջ գտնվող մարդ *(այն մարդու մասին, որը չի կարողանում ընտրություն կատարել)*

Never bray at an ass. *առած* Հիմարից հեռո՛ւ մնա: Շան վրա մի՛ հաչիր:

ass[2] (բրիտանական **arse**) *noun գռեհկաբանություն* հետույք

assail |əˈseɪl| *verb* 1) հարձակվել; գրոհել 2) խիստ քննադատել 3) վրա հասնել

assailable *adjective* խոցելի; հարձակման ենթակա

assailant |əˈseɪl(ə)nt| *noun* հարձակվող կողմ; գրոհող կողմ

assassin |əˈsæsɪn| *noun* մարդասպան; ահաբեկիչ *(հատկապես քաղաքական կամ կրոնական առաջնորդի)*

assassinate |əˈsæsɪneɪt| *verb* սպանել; մարդասպանություն գործել

assassination |-ˈneɪʃ(ə)n| *noun* սպանություն; մարդասպանություն *(քաղաքական)*

assault |əˈsɔːlt|, |əˈsɒlt| **1** *verb* 1) հարձակվել; գրոհել 2) վրա տալ; վրա պրծնել 3) բռնաբարել **2** *noun* 1) հարձակում; գրոհ 2) քննադատություն 3) վիրավորանք 4) *մեղմասություն* բռնաբարություն

assaulter *noun* 1) հարձակվող կողմ 2) *իրավունք* վիրավորող կողմ

assemblage |əˈsɛmblɪdʒ| *noun* 1) հավաք; հավաքվելը 2) *տեխնիկական* հավաքում; հավաքակցում

assemble |əˈsɛmb(ə)l| *verb* 1) հավաքել; ժողովել; գումարել *(ժողով)* 2) հավաքվել; ժողովվել 3) *տեխնիկական* հավաքակցել 4) *համակարգիչներ* կազմարկել

assembly |əˈsɛmbli| *noun* (հոգն. **-blies**) 1) հավաք; ժողով; համաժողով; ասամբլեա ◇ **general assembly** վեհաժողով 2) հավաքվելը 3) *տեխնիկական* հավաքակցում 4) *համակարգիչներ* կազմարկում

assembly line *noun տեխնիկական* հավաքակցման գիծ

assent |əˈsɛnt| **1** *noun* համաձայնություն; հավանություն **2** *verb* հավանություն տալ; համաձայնել

assert |əˈsəːt| *verb* պնդել; հաստատել; հայտարարել; հռչակել

assert oneself 1) իրենը պնդել 2) հաստատվել; ինքնահաստատվել; իշխանության անցնել

assertion |əˈsəːʃ(ə)n| *noun* 1) պնդում 2) հավակնություն 3) *տրամաբանություն* դատողություն 4) հայտարարություն

assertive |əˈsəːtɪv| *adjective* 1) հաստատական; դրական 2) հարձակողական; ինքնավստահ

assertiveness *noun* ինքնավստահություն

assess |əˈsɛs| *verb* 1) գնահատել; գնահատական տալ 2) գնորոշել; գնարկել; գնահատել *(գույքը)* 3) հարկել; հարկ դնել 4) որոշել չափը *(հարկի, տուգանքի)*

assessable *adjective* հարկման ենթակա; հարկելի

assessment |əˈsɛsmənt| *noun* 1) գնահատում 2) գնորոշում; գնարկում 3) հարկի չափ 4) գնահատական

assessor |əˈsɛsə| *noun* 1) գնահատող անձ 2) հարկային գործակալ 3) իրավախորհրդատու

asset |ˈæsɛt| *noun* 1) հարստություն; արժեք; արժեքավոր բան 2) (**assets**) ունեցվածք; ակտիվներ 3) ռազմական սարքավորումներ/տեխնիկա 4) արժանիք

assets and liabilities ակտիվներ և պասիվներ

asseverate |əˈsɛvəreɪt| *verb* հանդիսավորապես հայտարարել; երդումով հաստատել

asseveration |əsɛvəˈreɪʃ(ə)n| *noun* հանդիսավոր հայտարարություն

assiduity |æsɪˈdjuːɪti| *noun* (հոգն. **-ties**) ջանադրություն; ջանք; ճիգ

assiduous |əˈsɪdjʊəs| *adjective* ջանասեր; տքնաջան

assign |əˈsʌɪn| **1** *verb* 1) նշանակել; որոշել; սահմանել; հատկացնել 2) հանձնարարել 3) (**assign something to**) վերագրել 4) փոխանցել *(իրավունքները, պարտավորությունները)* **2** *noun իրավունք* տե՛ս **assignee**

assignation |æsɪgˈneɪʃ(ə)n| *noun* 1) նշանակում; հատկացում 2) փոխանցում *(իրավունքի, ունեցվածքի)* 3) ժամադրություն *(գաղտնի սիրային)*

assignee |æsɪˈniː|, |-sʌɪ-| *noun իրավունք* 1) լիազորված անձ 2) իրավահաջորդ

assignment |əˈsʌɪnm(ə)nt| *noun* 1) նշանակում 2) հանձնարարություն 3) հանձնարարում 4) հատկացում 5) փոխանցում *(իրավունքի, ունեցվածքի, պարտավորության)* 6) պարտականություն 7) գործուղում

assimilate |əˈsɪmɪleɪt| *verb* 1) յուրացնել; հասկանալ 2) ներծծել; մարսել 3) միաձուլել; ձուլել 4) նմանեցնել 5) ձուլվել 6) յուրացվել

assimilation |-ˈleɪʃ(ə)n| *noun* 1) միաձուլում 2) *կենսաբանություն* յուրացում; մարսելը 3) նմանեցում 4) *լեզվաբանություն* առնմանում; առնմանություն

assist |əˈsɪst| **1** *verb* 1) օգնել; աջակցել; սատարել 2) մասնակցել; գործակցել 3) ներկա լինել **2** *noun* օգնություն; աջակցություն; օժանդակություն

assistance *noun* 1) օգնություն; աջակցություն; օժանդակություն 2) նպաստ

be of assistance օգնել

come to sb's assistance օգնության հասնել

assistant |əˈsɪst(ə)nt| *noun* 1) օգնական; աջակից; ասիստենտ 2) աշխատակից; գործակից

associate **1** *verb* |əˈsəʊʃɪeɪt| |-sɪeɪt| 1) ասոցացնել; կապել 2) միացնել; կապել; կապակցել 3) համակցել 4) հարաբերվել; հաղորդակցվել 5) ընդգրկվել; միավորվել **2** *noun* |əˈsəʊʃɪət| |-sɪət| 1) ընկեր; գործընկեր 2) կրտսեր գիտական կոչում **3** *adjective* |əˈsəʊʃɪət| |-sɪət| 1) միավորված; համատեղ; միավորյալ; միացյալ 2) օգնական

association |əsəʊsɪˈeɪʃ(ə)n|, |-ʃɪ-| *noun* 1) միություն; ընկերակցություն; ասոցիացիա 2) զուգորդություն; ասոցիացիա; կապ; հիշողություն

assonance |ˈæs(ə)nəns| *noun հնչյունաբանություն* 1) առձայնույթ; նմանաձայնություն 2) զուգաձայնություն 3) ոչ լրիվ հանգ; ասոնանս

assort |əˈsɔːt| *verb* տեսակավորել; դասակարգել

assorted |əˈsɔːtɪd| *adjective* 1) տարատեսակ 2) դասակարգված 3) համապատասխան

assortment |əˈsɔːtm(ə)nt| *noun* տեսականի; տեսակավորում

Asst. *abbreviation* Assistant օգնական; ասիստենտ

assuage |əˈsweɪdʒ| *verb* 1) հանգստացնել; մեղմացնել; թուլացնել; չափավորել 2) խաղաղեցնել

assuagement *noun* 1) հանգստացում; մեղմացում 2) խաղաղեցում 3) ցավամոքիչ միջոց

assume |əˈsjuːm| *verb* 1) ընդունել; ենթադրել 2) ստանձնել; հանձնառել 3) ընդունել

assuming |əˈsjuːmɪŋ| **1** *conjunction* եթե; պայմանով **2** *adjective հնավանդ* ամբարտավան; գոռոզ

assumption |əˈsʌm(p)ʃ(ə)n| *noun* 1) ստանձնում; ընդունում; հանձն առնելը 2) ընդունելը; ենթադրելը 3) *եկեղեցական* Վերացում *(Աստվածածնի)* 4) *հնացած* ամբարտավանություն; գոռոզություն

assurance |əˈʃʊər(ə)ns| *noun* 1) երաշխիք; հավաստիացում; հավաստիք 2) վստահություն; ինքնավստահություն 3) *բրիտանական* ապահովագրություն

give assurances երաշխավորել

assure |əˈʃʊə| *verb* 1) հավաստիացնել; երաշխավորել; համոզել 2) *բրիտանական* ապահովագրել

assured *adjective* 1) վստահ 2) ապահովագրված 3) ինքնավստահ; լկտի

assuredly |əˈʃʊərɪdli| *adverb* 1) իհարկե; անկասկած 2) վստահորեն

Assyria |əˈsɪrɪə| Ասորեստան *(հին պետություն ժամանակակից Իրաքի հյուսիսում)*

Astana Աստանա *(Ղազախստանի մայրաքաղաքը)*

astatine |ˈæstətiːn| *noun քիմիա* (**At**) աստատ

aster |ˈæstə| *noun բուսաբանություն* աստղածաղիկ *(Genus Aster, ընտանիք Compositae)*

asterisk |ˈæstərɪsk| **1** *noun* 1) աստղիկ 2) *տպագրություն* աստղանիշ; աստղանշան **2** *verb* աստղանիշով նշել

asteroid |ˈæstərɔɪd| *noun* աստղակերպ; աստերոիդ

asthma |ˈæsmə| *noun բժշկություն* հեղձուկ; ասթմա; շնչարգելանք

asthmatic |æsˈmætɪk| **1** *adjective* հեղձուկային; շնչարգելանքի; ասթմայի **2** *noun* հեղձուկով/ասթմայով տառապող

astigmatism |əˈstɪgmətɪz(ə)m| *noun* տարաբեկություն; աստիգմատիզմ

astir |əˈstɜː| *adjective* 1) շարժման մեջ 2) հուզված; գրգռված 3) արթուն վիճակում

astonish |əˈstɒnɪʃ| *verb* զարմացնել; հիացնել; ապշեցնել

astonish the Browns *առած* մարտահրավեր նետել հասարակության նախապաշարմունքներին

astonishment *noun* զարմանք; ապշություն

astound |əˈstaʊnd| *verb* շշմեցնել; զարմացնել

astounding *adjective* զարմանալի; ապշեցուցիչ; շլացուցիչ

astraddle |əˈstræd(ə)l| *adjective, adverb* ոտքերը լայն դրած

Astrakhan |ˌæstrəˈkɑːn| Աստրախան *(քաղաք Ռուսաստանում, Վոլգա գետի գետաբերանում)*

astrakhan |æstrəˈkæn| *noun* կարակուլ; գառնենի

astray |əˈstreɪ| *adverb* մոլոր; ծուռ; շեղ; խոտոր

go astray մոլորվել; խոտորվել

astride |əˈstrʌɪd| *preposition* ոտքերը լայն դրված

astringent |əˈstrɪn(d)ʒ(ə)nt| **1** *adjective* 1) մածող; կպցնող; ձգող 2) խիստ; թունդ; կտրուկ **2** *noun* մածող; կպցնող

astrologer *noun* աստղագուշակ

astrology |əˈstrɒlədʒi| *noun* աստղագուշակություն

astronaut |ˈæstrənɔːt| *noun* տիեզերագնաց; աստղագնաց

astronomer |əˈstrɒnəmə| *noun* աստղագետ

astronomic *adjective* աստղագիտական

astronomical |æstrəˈnɒmɪk(ə)l| *adjective* 1) աստղագիտական 2) *խոսակցական* աստղաբաշխական; չափազանց մեծ

astronomy |əˈstrɒnəmi| *noun* աստղագիտություն

astrophysics |æstrə(ʊ)ˈfɪzɪks| *noun* աստղաֆիզիկա

astute |əˈstjuːt| *adjective* 1) ճարպիկ; հնարագետ; խորագետ; խորամանկ 2) խորաթափանց; հեռատես

Asunción |əˌsʊnsɪˈɒn| Ասունսիոն *(Պարագվայի մայրաքաղաքը)*

asunder |əˈsʌndə| *adverb հնացած բանաստեղծական* 1) տարբեր կողմեր; իրարից հեռու 2) կտորկտոր

asylum |əˈsʌɪləm| *noun* 1) ապաստան; ապաստարան 2) պատսպարան 3) հոգեբուժարան

asymmetric *adjective* անհամաչափ; ասիմետրիկ

asymmetry |æˈsɪmɪtri|, |eɪ-| *noun* (հոգն. **-tries**) անհամաչափություն; անզուգաչափություն

at¹ |æt|, |ət| *preposition* 1) մոտ; վրա; մեջ; մինչև; ինչ-որ տեղում *(արտահայտում է տեղադրություն)* 2) կողմում; կողմը *(ցույց է տալիս աշխարհագրական ուղղություն)* 3) *(ցույց է տալիս ժամանակ)* ◇ **at night** գիշերը 4) *(արտահայտում է վիճակ)* ◇ **at fault** փչացած վիճակում

at² *noun* ատ *(արժույթի միավոր Լաոսում, հավասար է մեկ հարյուրերորդ կիպի)*

Atacama Desert |ˌætəˈkɑːmə| Ատակամա անապատ *(անապատ Չիլիում)*

Athanasian Creed |æθəˈneɪʃ(ə)n| *քրիստոնեություն* Աթանասյան հանգանակ

atheism |ˈeɪθɪɪz(ə)m| *noun* անաստվածություն; անկրոնություն; աստվածամերժություն; աթեիզմ

atheist *noun* անաստված; աստվածամերժ; անկրոն; աթեիստ

atheistic |-ˈɪstɪk| *adjective* անաստվածական; աստվածամերժական; անկրոնական; աթեիստական

athenaeum |æθɪˈniːəm| (նաև **atheneum**) *noun* կաճառ; գրադարան

Athenian *adjective* աթենական

Athens |ˈæθɪnz| Աթենք *(Հունաստանի մայրաքաղաքը)*

athirst |əˈθəːst| *adjective հնացած* 1) ծարավ 2) ծարավի; տենչող

athlete |ˈæθliːt| *noun* 1) մարզիկ 2) թեթևատլետ 3) ուժեղ/ամրակազմ մարդ; ատլետիկ կազմվածքով մարդ

athletic |æθˈlɛtɪk| *adjective* 1) մարզական 2) ուժեղ; հզոր; ամրակազմ; պնդակազմ; ատլետիկ

athletics |æθˈlɛtɪks| *plural noun* 1) մարմնամարզություն; մարզանք; մարզասիրություն 2) թեթև ատլետիկա

at-home **1** *noun* ոչ պաշտոնական երեկույթ տանը **2** *adjective* տանը տեղի ունեցող

athwart |əˈθwɔːt| **1** *preposition* միջով; լայնքով **2** *adverb* 1) շեղակի; մի կողմից մյուսը 2) հակառակ; ընդդեմ

Atlantic |ətˈlæntɪk| **1** *adjective* ատլանտյան **2** *noun* Ատլանտյան օվկիանոս

Atlantic Ocean Ատլանտյան օվկիանոս

Atlantic time Ատլանտյան ժամանակ

atlas |ˈætləs| *noun* 1) ատլաս; քարտեզագիրք 2) *կազմախոսություն* առաջին վզոսկր

Atlas Mountains Ատլասի լեռներ *(լեռնաշղթա Աֆրիկայի հյուսիսում)*

ATM *abbreviation* 1) automated/automatic teller machine բանկոմատ; բանկային մեքենա 2) *հեռահաղորդակցություն* asynchronous transfer mode անհամաժամ փոխանցման կերպ

atm *ֆիզիկա abbreviation* atmosphere մթնոլորտ *(որպես ճնշման միավոր)*

atmosphere |ˈætməsfɪə| *noun* 1) մթնոլորտ; օդ 2) միջավայր; շրջապատ 3) հաճելի տրամադրություն

atmospheric |ætməsˈfɛrɪk| *adjective* 1) մթնոլորտային 2) *փոխաբերական* տրամադրող

atoll |ˈætɒl|, |əˈtɒl| *noun* կորալային կղզի

atom |ˈætəm| *noun* 1) ատոմ; հյուլե 2) փոքրագույն մասնիկ
break to atoms ջարդել-փշրել; փշուր-փշուր/ջարդուփշուր/ջարդուխուրդ անել
atom bomb (նաև **atomic bomb**) *noun* ատոմային ռումբ
atomic |əˈtɒmɪk| *adjective* 1) ատոմային 2) շատ փոքր; փոքրագույն
atomicity |ætəˈmɪsɪti| *noun* 1) ատոմային կառուցվածք; ատոմականություն 2) *քիմիա* ատոմների քանակ
atomic mass *noun* ատոմական կշիռ
atomic number *noun քիմիա ֆիզիկա* ատոմական համար
atomize |ˈætəmʌɪz| *verb* 1) մանրացնել; փոշիացնել 2) փոշեցրել
atomizer |ˈætəmʌɪzə| (*բրիտանական* **atomiser**) *noun* փոշեցրիչ
atone |əˈtəʊn| *verb* 1) քավել 2) հատուցել
atonement |əˈtəʊnm(ə)nt| *noun* 1) հատուցում; ապաշխարություն 2) *եկեղեցական* հաշտեցում
vicarious atonement ուրիշի մեղքի քավում
atonic |əˈtɒnɪk| *adjective* 1) *լեզվաբանություն* անշեշտ 2) *բնախոսություն* թույլ; անուժ
atop |əˈtɒp| **1** *preposition* դեպի վեր **2** *adverb* վերևում; գագաթին
atrium |ˈeɪtrɪəm| *noun* (հոգն. **atria** |ˈeɪtrɪə| կամ **atriums**) 1) *ճարտարապետություն* գավիթ 2) *կազմախոսություն* նախասիրտ
atrocious |əˈtrəʊʃəs| *adjective* 1) սարսափելի; գազանային; դաժանաբարո 2) *խոսակցական* անտանելի; զզվելի; գարշելի
atrociously *adverb* սարսափելիորեն; չափազանց
atrocity |əˈtrɒsɪti| *noun* (հոգն. **-ties**) 1) դաժանություն; վայրագություն; գազանություն 2) անտանելի/գարշելի բան
atrophy |ˈætrəfi| **1** *verb* (**-phies**, **-phied**) 1) հյուծվել; թուլանալ 2) ապաճել **2** *noun* 1) ապաճում; ծյուրանք 2) բթացում 3) կորուստ
attaboy |ˈætəbɔɪ| **1** *exclamation* կեցցե՛ս; ապրե՛ս *(քաջալերանքի բացականչություն)* **2** *noun* քաջալերանք
attach |əˈtætʃ| *verb* 1) կպցնել; միացնել 2) ամրացնել; կցել; փակցնել 3) վերագրել; համարել 4) տալ *(նշանակություն)* 5) (**attach oneself to**) միանալ 6) *իրավունք* կալանք դնել
attaché |əˈtæʃeɪ| *noun* կցորդ *(դիվանագիտական)*
attached |əˈtætʃt| *adjective* 1) ամրացված; կցված 2) կից; առդիր *(նամակին)* 3) կապված; նվիրված 4) (**attached to**) գործուղված *(ինչ-որ կազմակերպության)* 5) միավորված
attachment |əˈtætʃm(ə)nt| *noun* 1) կցորդ 2) *համակարգիչներ* կցուրդ 3) կից/առդիր գրություն 4) լրացուցիչ սարք 5) նվիրվածություն; կապվածություն 6) ջերմ հարաբերություններ 7) կցում; միացում; համակցում 8) *իրավունք* կալանք դնելը 9) պատկանելիք

attack |əˈtæk| **1** *verb* 1) հարձակվել; գրոհել; արշավել 2) հարձակվել; վրա պրծնել 3) քննադատել 4) ձեռք զարնել; ձեռնամուխ լինել *(ինչ-որ գործի)* 5) քայքայել **2** *noun* 1) հարձակում; գրոհ 2) հիվանդության նոպա/ախտաժամ
Attack is the best method of defence. Լավագույն պաշտպանությունը հարձակումն է:
make an attack (**make an attack on**) հարձակվել մեկի վրա; վրա պրծնել մեկի վրա
attacker *noun* հարձակվող; գրոհող
attain |əˈteɪn| *verb* 1) հասնել; գալ 2) նվաճել; հաջողել; ձեռք բերել
attainability |-ˈbɪlɪti| *noun* հասանելիություն
attainable *adjective* հասանելի; հաջողելի
attainment |əˈteɪnm(ə)nt| *noun* 1) հասնելը 2) հաջողում; նվաճում
attaint |əˈteɪnt| *verb* 1) զրկել ունեցվածքային և քաղաքացիական իրավունքներից 2) պատվազրկել; անպատվել
attar |ˈætə| (նաև **otto**) *noun* եթերայուղ *(ծաղիկներից)*
attempt |əˈtɛm(p)t| **1** *verb* 1) փորձել; փորձ անել 2) ոտնձգություն անել 3) զայթակղել **2** *noun* 1) փորձ; ձեռնարկում 2) մահափորձ
attend |əˈtɛnd| *verb* 1) այցելել; ներկայանալ; հաճախել 2) հետևել; խնամել; հոգալ; ուշադրություն հատկացնել 3) ուղեկցել
attendance |əˈtɛnd(ə)ns| *noun* 1) այցելություն 2) ներկա գտնվելը; ներկայություն 3) հաճախելիություն; հաճախում; այցելությունների քանակ 4) խնամք
in attendance 1) ներկա 2) ուղեկցելիս
attendant |əˈtɛnd(ə)nt| **1** *noun* 1) սպասարկող անձ; սպասարկող 2) ուղեկցող անձ **2** *adjective* 1) ուղեկցող 2) օգնող; օժանդակող
attention |əˈtɛnʃ(ə)n| *noun* 1) ուշադրություն 2) կենտրոնացվածություն 3) (**attentions**) հետաքրքրություն *(հատկապես անցանկալի)* 4) (**attentions**) սիրահետում 5) *ռազմական* զգաստ 6) հոգատարություն
attract attention գրավել ուշադրությունը
engage sb's attention մեկի ուշադրությունը գրավել; հետաքրքրությունը շարժել
pay one's attention (**pay one's attention to**) սիրահետել; սիրաբանել
rivet one's attention (**rivet one's attention on**) ուշադրությունը կենտրոնացնել; կենտրոնանալ
stand at attention *ռազմական* զգաստ/ձգված կանգնել
attentive |əˈtɛntɪv| *adjective* 1) ուշադիր 2) հոգատար; հոգացող; ուշադիր
attenuate **1** *verb* |əˈtɛnjʊeɪt| 1) թուլացնել; մեղմացնել 2) թուլանալ 3) բարակեցնել **2** *adjective* |əˈtɛnjʊət| *հազվադեպ* 1) թուլացած; մեղմացած 2) բարակած
attenuation |-ˈeɪʃ(ə)n| *noun* 1) թուլացում; նվազեցում; հյուծում 2) *ֆիզիկա* մարում; թուլացում *(ազդանշանների մասին)*
attest |əˈtɛst| *verb* 1) վկայել; հավաստել 2) պնդել; հաստատել

attestation *noun* 1) հաստատում; փաստում 2) վկայություն 3) երդվեցնելը

attic |ˈætɪk| *noun* ձեղնահարկ; ձեղուն

attire |əˈtʌɪə| **1** *noun* հագուստ; հանդերձ **2** *verb* հագնվել; զուգվել

attitude |ˈætɪtjuːd| *noun* 1) դիրքորոշում; վերաբերմունք 2) դիրք; կեցվածք 3) անհատականություն; ոճ

assume/strike an attitude թատերական կեցվածք ընդունել

attitude of mind (turn of mind) խելքի կերտվածք; մտածելակերպ

take up an attitude դիրքավորվել; դիրք բռնել ինչ-որ հարցի նկատմամբ; դիրք գրավել ինչ-որ հարցի նկատմամբ

attitudinize |ætɪˈtjuːdɪnʌɪz| *verb* 1) կեցվածք ընդունել; դիրքավորվել 2) իրեն անբնական պահել

attn. *abbreviation* for the attention of փոխանցել; փոխանցելու համար *(գրվում է նամակների, ծրարների վրա՝ որևէ մեկին փոխանցելու համար)*

attorney |əˈtəːni| *noun* (հոգն. **-neys**) 1) հավատարմատար 2) փաստաբան

letter/power of attorney լիազորագիր; հավատարմագիր

attorney general (հապվ. **AG** կամ **Atty. Gen.**) *noun* (հոգն. **attorneys general**) 1) *բրիտանական* գլխավոր իրավախորհրդատու 2) *ամերիկյան* արդարադատության նախարար

attract |əˈtrækt| *verb* ձգել; գրավել; քաշել; հրապուրել

attraction |əˈtrækʃ(ə)n| *noun* 1) ձգում; ձգողություն; ձգողականություն 2) հրապուրանք 3) գրավչություն; հմայք 4) հետաքրքիր վայր/առարկա 5) *ֆիզիկա* ձգողականություն

attractive |əˈtræktɪv| *adjective* 1) գրավիչ; հրապուրիչ; ձգող 2) հաճելի; դուրեկան 3) հետաքրքիր 4) *ֆիզիկա* ձգողական

attributable |əˈtrɪbjʊtəb(ə)l| *adjective* 1) վերագրելի 2) հատկանշական

attribute **1** *verb* |əˈtrɪbjuːt| վերագրել; վերաբերել; համարել **2** *noun* |ˈætrɪbjuːt| 1) հատկանիշ; բնութագիծ 2) խորհրդանշան; խորհրդանիշ 3) *քերականություն* որոշիչ

attribution |ætrɪˈbjuːʃ(ə)n| *noun* 1) վերագրում 2) իրավասություն

attributive |əˈtrɪbjʊtɪv| *adjective* *քերականություն* որոշչային

attrition |əˈtrɪʃ(ə)n| *noun* 1) շփում 2) մաշում; մաշելը; հյուծում 3) *եկեղեցական* վիշտ; տրտմություն

attune |əˈtjuːn| *verb* 1) վարժեցնել; ընտելացնել 2) օդընտելացնել 3) ընկալունակ դառնալ 4) ներդաշնակեցնել

ATV *abbreviation* all-terrain vehicle ամենագնաց մեքենա

atypical |eɪˈtɪpɪk(ə)l|, |æ-| *adjective* ոչ տիպական; անտիպար

aubergine |ˈəʊbəʒiːn| *noun* *բուսաբանություն* բադրիջան; սմբուկ

auburn |ˈɔːbən|, |-bəːn| **1** *adjective* կարմրաշագանակավուն *(սովորաբար մազերի մասին)* **2** *noun* կարմրաշագանակագույն

auction |ˈɔːkʃ(ə)n| **1** *noun* աճուրդ **2** *verb* վաճառել աճուրդում/աճուրդով

all over the auction *խոսակցական* ամենուր

Dutch auction աճուրդ, որտեղ գները սկզբում շատ բարձր են լինում, հետո աստիճանաբար իջնում են, մինչև գնորդ գտնվելը

auctioneer |ɔːkʃəˈnɪə| *noun* աճուրդախոս

audacious |ɔːˈdeɪʃəs| *adjective* 1) անվեհեր; քաջարի; քաջ; համարձակ; աներկյուղ 2) լկտի; հանդուգն; անզուսպ 3) անզգույշ; անխոհեմ

audaciously *adverb* համարձակորեն; աներկյուղաբար

audacity |ɔːˈdæsɪti| *noun* 1) քաջություն; խիզախություն; համարձակություն 2) լկտիություն; ամբարտավանություն; հանդգնություն

audibility |-ˈbɪlɪti| *noun* լսելիություն; հստակություն

audible |ˈɔːdɪb(ə)l| *adjective* լսելի; պարզորոշ

audibly *adverb* լսելիորեն

audience |ˈɔːdɪəns| *noun* 1) լսարան; հանդիսականներ; հասարակություն; ունկնդիրներ 2) հեռուստադիտողներ; ռադիոլսողներ 3) հարցազրույց 4) լսում; պաշտոնական լսում 5) ընդունելություն; ունկնդրություն 6) ընթերցողներ *(գրքի)*

soap the audience *գռեհկաբանություն* շողոքորթել հանդիսատեսին; ծափահարություններ կորզել; քծնվել հանդիսատեսին

audio |ˈɔːdɪəʊ| *noun* 1) ձայն; ձայնային գրանցում 2) ձայնի վերարտադրություն

audio- |ˈɔːdɪəʊ| *combining form* ձայնա-

audiovisual *adjective* ձայնատեսողական

audit |ˈɔːdɪt| **1** *noun* ստուգում; հաշվեստուգում **2** *verb* (**-dited**, **-diting**) ստուգում կատարել; հաշվեստուգում կատարել

audition |ɔːˈdɪʃ(ə)n| **1** *noun* 1) լսում 2) լսողություն 3) *թատրոն* փորձնական լսում **2** *verb* 1) լսում անցկացնել 2) փորձնական լսում անցկացնել

auditor |ˈɔːdɪtə| *noun* 1) ստուգող; հաշվեստուգող 2) լսող; ունկնդիր

auditorial |-ˈtɔːrɪəl| *adjective* ստուգման; հաշվեստուգման

auditorium |ɔːdɪˈtɔːrɪəm| *noun* (հոգն. **-toriums** կամ **-toria** |-rɪə|) 1) լսարան 2) հանդիսասրահ

auditory |ˈɔːdɪt(ə)ri| *adjective* լսողական; լսողության

au fait |əʊ ˈfeɪ| *adjective* գիտակ

Aug. *abbreviation* August օգոստոս

auger |ˈɔːgə| *noun* գայլիկոն; շաղափ

aught[1] |ɔːt| (նաև **ought**) *հնացած pronoun* որևէ բան ◊ **for aught I know** ես բոլորովին չգիտեմ

aught[2] *noun* զրո; 0 թվանշանը

augment **1** *verb* |ɔːgˈment| մեծացնել; ավելացնել; ուժեղացնել; աճեցնել **2** *noun* |ˈɔːgm(ə)nt| *լեզվաբանություն* հավելում; աճում; մեծացում

augmentation |ɔːgmɛnˈteɪʃ(ə)n| *noun* ավելացում; հավելում; հավելված

augmentative |ɔːgˈmɛntətɪv| *adjective* 1) *լեզվաբանություն* մեծացուցիչ; խոշորացուցիչ *(ածանց)* 2) աճելու ընդունակ; աճող

augur |ˈɔːgə| **1** *verb* գուշակել; բախտը նայել **2** *noun պատմական* հավահարցուկ; հավահմա; ավգուր *(Հին Հռոմում)*

augural |ˈɔːgjʊr(ə)l| *adjective* գուշակող; գուշակողական

augury |ˈɔːgjʊri| *noun* (հոգն. **-ries**) 1) գուշակություն; հավահմայություն 2) նշան; նախանշան

August |ˈɔːgəst| *noun* օգոստոս

august |ɔːˈgʌst| *adjective* 1) վսեմ; վեհ 2) օգոստոսափառ

Augustine, St.[2] |ɔːˈgʌstɪn| Սուրբ Օգոստինոս; Օգոստինոս Երանելի *(4-5 րդ դարի մեծ աստվածաբան)*

aunt |ɑːnt| *noun* հորաքույր; մորաքույր; քեռակին; հորեղբոր կին

If my aunt had been a man, she'd have been my uncle. *խոսակցական կատակային* Եթե մորաքույրս տղամարդ լիներ, նրան քեռի կասեի: «Եթե»-ով բան դուրս չի գա:

my aunt! *խոսակցական* (**my sainted aunt!**) Ա՜յ քեզ բան: Չէ հա՜: Ահա՜ թե ինչ: Ա՜յ թե ինչ: Դե՜, դե՜: Ազնի՜վ խոսք: Գրո՛ղը տանի: Սատանա՛ն տանի *(զարմանք/ափսոսանք/հիացմունք արտահայտող բացականչություն)*

au pair |əʊ ˈpɛː| *noun* արտասահմանցի աղջիկ, որն օգնում է տնային աշխատանքներում կամ երեխաների խնամքի հարցում՝ սենյակի և ուտելիքի դիմաց; օպեր

aura |ˈɔːrə| *noun* (հոգն. **auras** |-riː|) 1) մթնոլորտ; ոգի 2) լուսապսակ 3) բուրմունք 4) *բժշկություն* նախանշան *(ընկնավորության կամ միգրենի)*

aural |ˈɔːr(ə)l| *adjective* ականջի; ականջային

aurally *adverb* բանավոր; բերանացի; լսողությամբ; բանավոր կերպով

aureate |ˈɔːrɪət| *adjective* 1) ոսկեգույն; ոսկե 2) ճոխ; շքեղ; հարուստ *(լեզվի մասին)*

aureole |ˈɔːrɪəʊl| (նաև **aureola**) *noun* 1) լուսապսակ; փառապսակ 2) պսակ

auricle |ˈɔːrɪk(ə)l| *noun կազմախոսություն կենսաբանություն* 1) ականջախեցի; արտաքին ականջ 2) նախասրտի խորշ

auricular |ɔːˈrɪkjʊlə| *adjective* 1) լսողական; ականջային 2) ականջախեցու նման

auriferous |ɔːˈrɪf(ə)rəs| *adjective* ոսկեբեր; ոսկետու

Auriga |ɔːˈrʌɪgə| *աստղագիտություն* Կառավար *(համաստեղություն)*

auroral *adjective* 1) այգաբացի; առավոտյան 2) վարդագույն 3) բևեռափայլի

Auschwitz |ˈaʊʃvɪts| Օսվենցիմ *(քաղաք Լեհաստանում, որտեղ նացիստները Երկրորդ աշխարհամարտի ժամանակ ստեղծել էին համակենտրոնացման ճամբարներ)*

auscultation |ɔːsk(ə)lˈteɪʃ(ə)n| *noun* հիվանդի լսում; հիվանդալսում

auspice |ˈɔːspɪs| *noun հնավանդ* 1) բարի նշան; աստվածային նշան 2) հովանի 3) *պատմական* հավահմայություն

under the auspices of հովանու ներքո

auspicious |ɔːˈspɪʃəs| *adjective* 1) բարեգուշակ; բարեհաճ 2) բարգավաճ

austere |ɒˈstɪə|, |ɔː-| *adjective* (**-terer**, **-terest**) 1) խիստ; խստապահանջ; դաժան; խոժոռ 2) ճգնավորական; խստակեցական 3) անպաճույճ; պարզ; խիստ *(ոճի մասին)*

austerity |ɒˈstɛrɪti|, |ɔː-| *noun* (հոգն. **-ties**) 1) խստություն; խստապահանջություն 2) ճգնակեցություն; խստակեցություն 3) պարզություն; անպաճուճություն

austral |ˈɒstr(ə)l|, |ˈɔː-| *adjective* 1) հարավային 2) հարավային կիսագնդին վերաբերող 3) ավստրալական

Australasia |ˌɒstrəˈleɪʒə|, |-ˈleɪʃə| Ավստրալասիա *(տարածք, տարածք, որում ներառված են Ավստրալիան, Նոր Զելանդիան, Նոր Գվինեան և Խաղաղ օվկիանոսի շրջակա կղզիները)*

Australia |ɒˈstreɪlɪə| Ավստրալիա *(մայրցամաք և պետություն Խաղաղ օվկիանոսի հարավարևմտյան մասում)*

Australian |ɒˈstreɪlɪən|, |ɔː-| **1** *noun* ավստրալացի **2** *adjective* ավստրալական

Austria |ˈɒstrɪə| Ավստրիա *(պետություն Եվրոպայի կենտրոնում)*

Austria–Hungary (նաև **Austro-Hungarian empire**) Ավստրո-Հունգարիա *(կայսրություն, որը հաստատվել է 1867 թ.՝ իր մեջ ներառելով Ավստրիան, Հունգարիան, Չեխիան, Սլովակիան, Սլովենիան, Խորվաթիան, Բոսնիա-Հերցոգովինան և Լեհաստանի, Ռումինիայի, Ուկրաինայի և Իտալիայի տարածքների մի մասը. դադարել է գոյություն ունենալուց Առաջին աշխարհամարտից հետո)*

Austrian **1** *adjective* ավստրիական **2** *noun* ավստրիացի

authentic |ɔːˈθɛntɪk| (հպվ. **auth.**) *adjective* 1) իսկական; բնական; բուն; աննախադեպ; հարազատ 2) փաստերով հիմնավորված 3) *իրավունք* վավերական 4) վստահելի

authentically *adverb* վավերականորեն; իսկորեն

authenticate |ɔːˈθɛntɪkeɪt| *verb* 1) վավերացնել 2) իսկությունը ապացուցել; իսկությունը հաստատել 3) *համակարգիչներ* իսկորոշել

authenticity |ɔːθɛnˈtɪsɪti| *noun* իսկություն; վավերականություն; իսկականություն; ստուգություն

author |ˈɔːθə| (հպվ. **auth.**) **1** *noun* հեղինակ; գրող; սկզբնապատճառ **2** *verb* 1) հեղինակել 2) ստեղծել

Choose an author as you choose a friend. *առած* Գիրք ընտրի՛ր այնպես, ինչպես ընկեր կընտրես:

Like author, like book. *առած* Ինչպիսին հեղինակն է, այնպիսին էլ գիրքն է:

the author of evil չար ոգի; դև; սատանա

authoress *noun* կին գրող; կին հեղինակ

authoritative |ɔːˈθɒrɪtətɪv|, |-teɪtɪv| *adjective* 1) հեղինակավոր; ազդեցիկ 2) վստահելի; հավաստի 3) պաշտոնական

authority |ɔːˈθɒrɪti| (հպվ. **auth.**) *noun* (հոգն. **-ties**) 1) իշխանություն; իրավունք 2) թույլտվություն 3) (**authorities**) իշխանություններ; իշխանական մարմիններ 4) ղեկավարություն 5) ազդեցություն 6) փորձագետ 7) վստահելի աղբյուր *(օրինակ՝ գիրք)*

on good authority արժանահավատ/հավաստի աղբյուրներից

authorization |ɔːθəraɪˈzeɪʃ(ə)| *noun* 1) արտոնություն; հրաման; թույլտվություն 2) արտոնում; թույլատրում 3) թույլատրագիր; արտոնագիր 4) հաստատում

authorize |ˈɔːθəraɪz| *verb* 1) արտոնել; իրավասություն տալ 2) թույլատրել; լիազորել

authorship |ˈɔːθəʃɪp| *noun* 1) հեղինակություն 2) գրողի մասնագիտություն

autism |ˈɔːtɪz(ə)m| *noun* *հոգեբուժություն* 1) ինքնամփոփություն; անհաղորդակցություն; աուտիզմ 2) սեփական ցնորքների մեջ խորասուզում

autistic |ˈɔːtɪstɪk| *adjective* անհաղորդակցությամբ/աուտիզմով տառապող

auto |ˈɔːtəʊ| *noun* (հոգն. **-tos**) *խոսակցական* ավտոմեքենա

auto- |ˈɔːtəʊ| (սովորաբար **aut-**) *combining form* ինքնա-

autobiographic *adjective* ինքնակենսագրական

autobiography |ɔːtəbaɪˈɒgrəfi| *noun* (հոգն. **-phies**) ինքնակենսագրություն

autoclave |ˈɔːtəkleɪv| **1** *noun* ինքնափակ կաթսա **2** *verb* ինքնափակ կաթսայում տաքացնել

autocracy |ɔːˈtɒkrəsi| *noun* (հոգն. **-cies**) ինքնակալություն; միապետություն

autocrat |ˈɔːtəkræt| *noun* 1) ինքնակալ; միապետ 2) բռնապետ

autocratic |ɔːtəˈkrætɪk| *adjective* 1) ինքնակալական; միապետական 2) բռնատիրական

autogenous |ɔːˈtɒdʒɪnəs| *adjective* 1) ինքնածին 2) ինքնազոդ

autograph |ˈɔːtəgrɑːf| **1** *noun* 1) ինքնագիր 2) ինքնագիր ձեռագիր 3) ձեռագիր **2** *verb* ինքնագիր տալ; ստորագրել **3** *adjective* 1) ինքնագիր 2) բնագիր

automat |ˈɔːtəmæt| *noun* մեքենաներով սպասարկվող սրճարան

automate |ˈɔːtəmeɪt| *verb* ինքնաշխատ/ավտոմատ դարձնել

automatic |ɔːtəˈmætɪk| **1** *adjective* 1) ինքնաշխատ; ավտոմատ 2) *ռազմական* ինքնաձիգ 3) ինքնաշխատ; ինքնափոփոխ *(ավտոմեքենայի փոխանցման տուփի մասին)* 4) ինքնաբերական; ակամա **2** *noun* 1) *ռազմական* ինքնաձիգ զենք 2) ինքնափոփոխ փոխանցումատուփով ավտոմեքենա 3) ինքնաշխատ մեքենա/մեխանիզմ

automatically *adverb* 1) ինքնաշխատ/ավտոմատ կերպով 2) ինքնաբերաբար; անգիտակցաբար

automatic pilot *noun* ինքնաշխատ օդաչու

automation |ɔːtəˈmeɪʃ(ə)n| *noun* ինքնաշխատեցում; ավտոմատացում

automatism |ɔːˈtɒmətɪz(ə)m| *noun* 1) ինքնաշխատ/ավտոմատ գործողություններ 2) ակամայություն 3) *արվեստ* ակամա նկարչություն; ավտոմատիզմ *(սյուրռեալիստների ստեղծագործական տեխնիկա)*

automobile |ˈɔːtəməbiːl| *noun* ավտոմեքենա; ավտոմոբիլ; ինքնաշարժ

automotive |ɔːtəˈməʊtɪv| *adjective* 1) ավտոմոբիլային 2) ինքնաշարժ; ինքնաշարժիչ

autonomist *noun* ինքնավարության կողմնակից

autonomous |ɔːˈtɒnəməs| *adjective* 1) ինքնավար; ինքնուրույն 2) անկախ

autonomy |ɔːˈtɒnəmi| *noun* (հոգն. **-mies**) 1) ինքնավարություն 2) անկախություն; ինքնուրույնություն 3) ինքնակառավարում

autopsy |ˈɔːtɒpsi|, |ɔːˈtɒpsi| **1** *noun* (հոգն. **-sies**) դիահերձում **2** *verb* (**-sies**, **-sied**) դիահերձել

autosuggestion *noun* ինքնաներշնչում

autotroph |ˈɔːtə(ʊ)trəʊf|, |-trɒf| *noun* *կենսաբանություն* ինքնասնուցվող էակ; ինքնասուն էակ

autotrophic *adjective* *կենսաբանություն* ինքնասնուցվող; ինքնասուն

autumn |ˈɔːtəm| *noun* 1) աշուն 2) *աստղագիտություն* աշնանային գիշերահավասարից գարնանային գիշերահավասար ընկած ժամանակամիջոցը

come to one's autumn անխոհեմության պտուղները ճաշակել; ըստ արժանվույն/տեղին ստանալ; կործանման եզրին հասնել; մայրամուտին հասնել

autumnal |ɔːˈtʌmn(ə)l| *adjective* աշնանային

auxiliary |ɔːgˈzɪlɪəri|, |ɒg-| **1** *adjective* 1) օժանդակ; լրացուցիչ 2) պահեստային **2** *noun* (հոգն. **-ries**) 1) օգնական 2) *ռազմական* (**auxiliaries**) օգնական ուժեր 3) *քերականություն* օժանդակ բայ

avail |əˈveɪl| **1** *verb* 1) օգտագործել; օգուտ բերել; օգտվել 2) օգնել; օժանդակել; նպաստել **2** *noun* օգուտ; շահ

avail oneself օգտվել; վայելել

of little avail, without avail ոչ օգտավետ; քիչ օգտակար; անօգուտ; իզուր

availability |-ˈbɪlɪti| *noun* 1) առկայություն; մատչելիություն; ներկայություն; հասանելիություն 2) օգտակարություն; պիտանիություն; պիտանություն

available |əˈveɪləb(ə)l| *adjective* 1) հասանելի; մատչելի; առկա 2) ազատ; չզբաղված; չզբաղեցված

make available մատչելի/հասկանալի դարձնել; տրամադրել ինչ-որ բան

avalanche |ˈævəlɑːnʃ| **1** *noun* 1) ձյունահյուս; ձյունափլվածք 2) հեղեղ; մեծ քանակություն 3) *ֆիզիկա* հեղեղ **2** *verb* 1) լեռներից ցած հոսել *(ձյան, սառույցի մասին)* 2) կլանվել հեղեղից 3) գլորվել; թափվել

avant-garde |ævɒ̃:(ŋ)'gɑ:d| **1** *noun* նորաբանություն; ավանգարդ *(հատկապես արվեստում)* **2** *adjective* նորաբանական; ավանգարդ

avarice |'æv(ə)rɪs| *noun* ագահություն; անհագություն; անկշտություն; կծծիություն

avaricious |ævə'rɪʃəs| *adjective* ագահ; անհագ; անհագուրդ

avast |ə'vɑ:st| *exclamation ծովային* կանգ ա՛ռ; դադա՛ր

avatar |'ævətɑ:| *noun* 1) *հինդուիզմ* մարմնավորում 2) *համակարգիչներ* անձնապատկեր *(պատկերակ, որը գործածողին ներկայացնում է թվացյալ տարածության մեջ)*

avaunt |ə'vɔ:nt| *exclamation հնացած* հեռու՛; հեռացի՛ր

Ave. *abbreviation* Avenue պողոտա; փողոց

ave |'ɑ:vi|, |'ɑ:veɪ| **1** *exclamation բանաստեղծական* ողջու՛յն **2** *noun* 1) (**Ave Maria**) ողջույն, Մարիամ 2) ողջույն

avenge |ə'vɛn(d)ʒ| *verb* վրեժ լուծել; վրեժխնդիր լինել

avenger *noun* վրիժառու

avenue |'æv(ə)nju:| *noun* 1) պողոտա *(սովորաբար երկու կողմում ծառեր ունեցող)* 2) փողոց; ծառուղի 3) ուղի; ճանապարհ 4) *փոխաբերական* ճանապարհ; ուղի; միջոց

explore every avenue, leave no avenue unexplored օգտագործել բոլոր հնարավորությունները; առիթը բաց չթողնել; ամեն ինչի դիմել

aver |ə'və:| *verb* (**averred**, **averring**) *գրական անգլերեն* 1) պնդել; հաստատել; հայտարարել 2) *իրավունք* ապացուցել

average |'æv(ə)rɪdʒ| (հապվ. **avg.**) **1** *noun* 1) միջին մեծություն; միջինը; միջին թիվ 2) սովորական մեծություն; սովորական չափ 3) կորուստի չափ *(նավի կործանման դեպքում)* **2** *adjective* 1) միջին 2) սովորական 3) միջակ **3** *verb* 1) միջինը հանել; միջինը հաշվել; միջինացնել 2) միջինում լինել; միջինում հավասարվել *(ինչ-որ մեծության)* 3) (**average out**) հավասարապես բաշխվել 4) (**average out at/to**) միջինում կազմել

above the average միջակից բարձր
below average միջակից ցածր
on the average միջին հաշվով
strike an average միջին թիվը հանել

averment |ə'və:m(ə)nt| *noun գրական անգլերեն* 1) պնդում; դրույթ; տեսակետ 2) *իրավունք* ապացուցում

averse |ə'və:s| *adjective* անտրամադիր; դեմ; ընդդեմ; հակակրանք տածող ◇ **not averse to a good dinner** լավ ճաշելուն դեմ չլինել

aversion |ə'və:ʃ(ə)n| *noun* 1) հակակրանք; զզվանք; ատելություն 2) հակակրանքի առարկա

one's pet aversion *կատակային* չափազանց ուժեղ հակակրանք; զզվանք

avert |ə'və:t| *verb* 1) շրջվել; հետ դառնալ 2) մի կողմ թեքել; շրջել 3) կանխել; հեռացնել; կասեցնել *(որևէ անցանկալի բան)*

Aves |'eɪvi:z|, |ɑ:veɪz| *կենդանաբանություն* թռչուններ; թռչունների դաս

avian |'eɪvɪən| **1** *adjective* թռչնային; թռչունների **2** *noun* թռչուն

avian influenza թռչնագրիպ

aviary |'eɪvɪəri| *noun* (հոգն. **-aries**) թռչնավանդակ; թռչնարան

aviate |'eɪvɪeɪt| *verb* թռչել օդանավով

aviation |eɪvɪ'eɪʃ(ə)n| *noun* օդագնացություն; ավիացիա

aviator |'eɪvɪeɪtə| *noun հնացած* օդաչու; օդանավորդ

aviculture |'eɪvɪkʌltʃə| *noun* թռչնաբուծություն

avid |'ævɪd| *adjective* 1) խանդավառ; եռանդուն 2) (**avid for**) տենչացող

avidity |ə'vɪdɪti| *noun* տենչ; փափագ; իղձ

avidly *adverb* ագահորեն; տենչագին

avocation |ævə'keɪʃ(ə)n| *noun* հակում; սիրած զբաղմունք

Avogadro's law |ævə'gɑ:drəʊz| *քիմիա* Ավոգադրոյի օրենք

Avogadro's number |ævə'gɑ:drəʊz| (նաև **Avogadro's constant**) *քիմիա* Ավոգադրոյի թիվ

avoid |ə'vɔɪd| *verb* 1) խուսափել; շրջանցել; խույս տալ 2) *իրավունք* չեղյալ դարձնել; անվավեր դարձնել

avoidable *adjective* խուսափելի; շրջանցելի

avoidance *noun* 1) խուսափում; շրջանցում 2) *իրավունք* վերացում; անվավեր դարձնելը

avouch |ə'vaʊtʃ| *verb հնացած* հայտարարել; պնդել

avow |ə'vaʊ| *verb* ընդունել; խոստովանել

avowal *noun* խոստովանություն; հայտարարություն

avowedly *adverb* բացահայտորեն; անկեղծորեն; շիտակորեն

avulsion |ə'vʌlʃ(ə)n| *noun բժշկություն* 1) պոկում; առանձնացում 2) *իրավունք* կորզում; խլում *(հողի)*

await |ə'weɪt| *verb* սպասել; մնալ

awake |ə'weɪk| **1** *verb* (անցյալ **awoke** |ə'wəʊk|; անցյալ դերբայ **awoken** |ə'wəʊk(ə)n|) 1) զարթնել; արթնանալ 2) արթնացնել 3) գիտակցել **2** *adjective* 1) արթուն; զգոն 2) տեղյակ; իրազեկ

wide/broad awake 1) լրիվ/կատարելապես արթնացած 2) զգոն; աչալուրջ; հեռատեսական 3) իր շահն իմացող; զգուշավոր; խորամանկ; իր լավն ու վատը իմացող; իր խերն ու շառը իմացող

awaken |ə'weɪk(ə)n| *verb* 1) արթնացնել; զարթնեցնել 2) տեղեկացնել; իմացնել

awakening |ə'weɪkənɪŋ| **1** *noun* 1) արթնացում 2) գիտակցում **2** *adjective* արթնացնող; հայտնվող

rude awakening դառը/խոր հիասթափություն; իղձերի/երազանքների փլուզում; հուսախաբություն

award |ə'wɔ:d| **1** *verb* պարգևատրել; պարգևել; տալ **2** *noun* 1) պարգև; պարգևատրություն 2) մրցանակ 3) շնորհ

aware |ə'wɛ:| *adjective* 1) տեղյակ; իրազեկ; գիտակից 2) գիտակ; լավատեղյակ

be aware of danger գիտակցել վտանգը

awareness *noun* իրազեկություն; տեղյակություն; լավատեղյակություն

awash |əˈwɒʃ| *adjective* 1) ջրով ողողված 2) ջրի մակարդակին

away |əˈweɪ| **1** *adverb* 1) հեռու; հեռվում; հեռվում գտնվող 2) հեռավորության վրա 3) *(որոշակի ժամանակամիջոց հետո)* ◇ **the meeting is only a few weeks away** հանդիպմանը մնացել է միայն մի քանի շաբաթ 4) շեղված; հեռացած 5) անընդհատորեն 6) բացակա **2** *adjective* մարզական հակառակորդի դաշտում անցկացված *(մրցության մասին)*

Away with it! *խոսակցական* Հեռո՛ւ տարեք: Հեռո՛ւ աչքիցս: Հայդա՛: Կորցրե՛ք աչքիցս: Տարե՛ք գրողի ծոցը: Դե՛ն տարեք: Ռա՛դ արեք:

far and away, out and away շատ; բավականաչափ շատ; անհամեմատ ավելի; անտարակույս; աներկբայորեն; անկասկած

awe |ɔː| **1** *noun* ակնածանք; երկյուղածություն; պատկառանք **2** *verb* ակնածանք ներշնչել; երկյուղածություն ներշնչել

hold/keep in awe, srike with awe ակնածանք/երկյուղածություն/պատկառանք ներշնչել

stand in awe of երկյուղածություն/պատկառանք զգալ մեկի հանդեպ; ակնածանք տածել մեկի հանդեպ; ակնածանքը սրտում կանգնել դեմ առ դեմ

awe-inspiring *adjective* ակնածանք ներշնչող; երկյուղածություն ներշնչող; պատկառելի; ակնածելի

awesome |ˈɔːs(ə)m| *adjective* 1) ակնածելի; տպավորիչ 2) սարսափազդու; ահարկու 3) *խոսակցական* հրաշալի

awestruck |ˈɔːstrʌk| (նաև **awestricken**) *adjective* երկյուղածությամբ լցված; պատկառանքով լցված

awful |ˈɔːfʊl| **1** *adjective* 1) զզվելի; ահավոր 2) սարսափելի; ահարկու; երկյուղալի 3) դժբախտ; անբախտ 4) պատկառազդու; մեծազդու **2** *adverb* *խոսակցական* սարսափելիորեն; չափազանց

an awful lot չափազանց շատ; հսկայական քանակությամբ

awfully |ˈɔːfʊli| *adverb* 1) սարսափելիորեն; զզվելիորեն; գարշելիորեն 2) չափազանց; չափից դուրս

awhile |əˈwaɪl| *adverb* կարճ ժամանակով

awkward |ˈɔːkwəd| *adjective* 1) անհարմար; դժվար; դժվարին 2) անմարդամոտ; անհաղորդ 3) անդուր; անախորժ; տհաճ 4) կոշտ; կոպիտ; անճոռնի 5) անշնորհք; անճարակ

awkwardly *adverb* անշնորհք կերպով; անճոռնի կերպով; կոպտորեն

awkwardness *noun* ծանրաշարժություն; անճոռնիություն; անճարակություն

awl |ɔːl| *noun* բիզ; հերյուն

pack up one's awls, pack up one's ends and awls *կատակային* եղած-չեղածը/ունեցած-չունեցածը/փասա-փուսան հավաքել *(բառախաղ՝ awl ձայնահնչյուն բառն օգտագործվում է all-ի փոխարեն)*

awn |ɔːn| *noun* *բուսաբանություն* քիստ; փուշ

awning |ˈɔːnɪŋ| *noun* վրանակ; վրան

AWOL |ˈeɪwɒl| *adjective* *ռազմական* (**absent without official leave**) ինքնակամ բացակայության մեջ գտնվող

awry |əˈraɪ| *adverb, adjective* 1) շեղված; ծուռ; թյուր 2) շեղ; ծուռ

ax |æks| (նաև **axe**) **1** *noun* 1) կացին 2) *խոսակցական* երաժշտական գործիք *(հատկապես ջազային սաքսաֆոն կամ թավ կիթառ)* **2** *verb* 1) դադարեցնել; կասեցնել 2) կրճատել *(գները, ծառայությունները)* 3) կացնով կոտրել

have an ax to grind աղուն ունենալ աղալու; սեփական շահագրգռություն ունենալ

axial |ˈæksɪəl| *adjective* առանցքային

axiom |ˈæksɪəm| *noun* ինքնահայտություն; ինքնահայտ ճշմարտություն; աքսիոմ

axiomatic |æksɪəˈmætɪk| *adjective* ինքնահայտ; անվիճելի

axis |ˈæksɪs| *noun* (հոգն. **axes** |-siːz|) 1) առանցք 2) սռնի 3) *կազմախոսություն* ողնաշար 4) *բուսաբանություն* գլխավոր ցողուն

axle |ˈæks(ə)l| *noun* սռնի; լիսեռ

ayah |ˈʌɪə| *noun* տեղաբնիկ դայակ *(Հնդկաստանում կամ այլ բրիտանական նախկին գաղութներում)*

ayatollah |ʌɪəˈtɒlə| *noun* այաթոլա; շիիթական կրոնական առաջնորդ

aye[1] |ʌɪ| (նաև **ay**) **1** *exclamation* *հնացած բարբառային* 1) այո՛ 2) լսո՛ւմ եմ *(ասվում է հրաման ստանալիս որպես պատասխան)* 3) կողմ եմ *(քվեարկելիս)* **2** *noun* 1) կողմ ձայն 2) հաստատական պատասխան

the ayes have it կողմ ձայները գերակշռում են

aye[2] *adverb* *հնացած* միշտ; մշտապես

azalea |əˈzeɪlɪə| *noun* *բուսաբանություն* ծեփիկ; նազվարդ *(Genus Rhododendron, ընտանիք Ericaceae)*

Azerbaijan |æzəbʌɪˈdʒɑːn| Ադրբեջան *(պետություն Հարավային Կովկասում)*

Azores |əˈzɔːz, əˈzɔːrəʃ| Ազորյան կղզիներ *(կղզիների խումբ Ատլանտյան օվկիանոսում, Պորտուգալիայից արևմուտք)*

Azov, Sea of |ˈæzɒf| Ազովի ծով *(ծով Ռուսաստանի հարավում՝ Ուկրաինայի հետ սահմանին)*

azure |ˈæʒə|, |-ʒj(ʊ)ə|, |-zjʊə;|, |ˈeɪ-| **1** *adjective* երկնագույն; լազուր; լաջվարդ **2** *noun* 1) երկնագույն 2) *բանաստեղծական* երկինք

Bb

B[1] |biː| (նաև **b**) *noun* 1) *(անգլերեն այբուբենի երկրորդ տառը)* 2) *երաժշտություն* (**B**) սի *(սի հնչյունի տառային նշանակումը)*

B[2] *abbreviation (տեքստերում օգտագործվում է be բառի փոխարեն)*

BA *noun* (**Bachelor of Arts**) բակալավր; արվեստի բակալավր; հումանիտար գիտությունների բակալավր

baa |bɑː| **1** *verb* մկկալ; մայել **2** *noun* մկկոց; մայուն

baba[1] |ˌbɑːbɑː| (նաև **baba au rhum**) ռոմի մեջ թաթախված խմորեղեն

baba[2] |ˌbɑːbɑː| *noun հնդկական անգլերեն* 1) հայր; հայրիկ 2) ընկեր; տղաս; բարեկամս *(օգտագործվում է ընկերոջ կամ երեխայի հետ խոսելիս)* 3) սուրբ մարդ

babble |ˈbæb(ə)l| **1** *verb* 1) շաղակրատել; բլբլալ 2) թոթովել 3) կարկաչել; քչքչալ; խոխոջել **2** *noun* 1) շատախոսություն; շաղակրատանք; բլբլոց; խառնաշփոթ խոսակցություն 2) կարկաչյուն; խոխոջյուն

babbler |ˈbæblə| *noun* շատախոս; շաղակրատ; բլբլան

babe |beɪb| *noun* 1) *բանաստեղծական* մանուկ; երեխա 2) *փոխաբերական* երեխա; անմեղ մարդ; անպաշտպան մարդ 3) *խոսակցական* քաղցրիկ; սիրունիկ; անուշ; նանար 4) *ամերիկյան* ընկերս; եղբայրս *(օգտագործվում է մոտիկ ընկերոջը կամ սիրած մարդուն դիմելիս)* 5) գրավիչ կին/աղջիկ

baboon |bəˈbuːn| *noun կենդանաբանություն* բաբուն; շնագլուխ *(Papio and Mandrillus, ընտանիք Cercopithecidae)*

baby |ˈbeɪbi| **1** 1) նորածին; մանուկ, երեխա 2) *խոսակցական* կրտսերը 3) *խոսակցական* երեխա; փոքրիկ *(ընտանիքի կամ որևէ խմբի ամենակրտսեր անդամը)* 4) *փոխաբերական* զավակ 5) *խոսակցական* զավակ 6) *ամերիկյան խոսակցական* սիրելիս, զավակս **2** *verb* երեխայի տեղ դնել; երեխայի պես վերաբերվել **3** *adjective* խակ; տհաս *(բույսի մասին)*

leave sb holding the baby պատասխանատվությունը թողնել ուրիշի վրա

throw the baby out with the bathwater պիտանին անպիտանի հետ դեն նետել; թացը չորի հետ այրել

baby boom *noun խոսակցական* ծնելիության բարձրացում

baby carriage *noun ամերիկյան* մանկասայլակ *(որի մեջ երեխան պառկում է)*

babyish |ˈbeɪbɪɪʃ| *adjective* 1) *արհամարհական* մանկամիտ; երեխայական 2) մանկական

Babylon[1] |ˌbæbɪlən| Բաբելոն *(հին քաղաք Միջագետքում)*

Babylonian Captivity բաբելոնյան գերություն *(հրեաների գերեվարումը Նաբուգոդոնոսորի կողմից, Քրիստոսից առաջ 586-539 թթ.)*

babysitter *noun* դայակ

bachelor[1] |ˈbætʃələ| *noun* բակալավր

bachelor[2] *noun* ամուրի *(տղամարդ)*

bacillus |bəˈsɪləs| *noun* (հոգն. **-cilli** |-lʌɪ|, |-liː|) ցուպիկ; բացիլ

back |bæk| **1** *noun* 1) մեջք; թիկունք 2) ետևի մաս; ետնամաս 3) *տպագրություն* կազմի ետև; շրջերես 4) *մարզական* պաշտպան **2** *adverb* 1) ետ; հետ; դեպի ետ 2) անցյալում; առաջ *(նշվում է անցյալի ժամանակակետը կամ անցած ժամանակահատվածը)* 3) հետևում ◊ **He stood back in the crowd.** Նա կանգնած էր ամբոխի մեջ՝ հետևում: 4) վերադարձած 5) կրկին նորաձև **3** *verb* 1) աջակցել; օժանդակել; սատարել 2) ետ գնալ, 3) ետ տանել 4) գրազ գալ *(ինչ-որ բանի վրա)* 5) ետևում լինել 6) *երաժշտություն* նվագակցել • **back away** i) ետ-ետ գնալ ii) կամաց-կամաց թողնել *(ինչ-որ բան անելը)* **back down** հրաժարվել; ուրանալ **back off** i) հետ կանգնել; ետ քաշվել ii) դադարել; վերջ տալ **back out** խույս տալ; ետ քաշվել **back up** i) աջակցել; պաշտպանել ii) ամրապնդել; հաստատել iii) *համակարգիչներ* պահուստավորել *(տեղեկույթը)* iv) խցանվել *(ավտոմեքենաների մասին)* **4** *adjective* 1) հետևի 2) նախկին; նախորդ 3) ուշացված; ժամկետանց; ետ պահված 4) *լեզվաբանություն* ետնալեզվային *(ձայնավորի մասին)*

at the back of one's mind, in the back of one's mind հոգու խորքում; սրտում

back street/road/lane խուլ փողոց; ետնախորշ

back the wrong horse աջակցել ոչ այն մարդուն; աջակցել ոչ այն գործին

be happy to see the back of sb, be glad to see the back of sth *խոսակցական* ուրախ լինել օձիքն ազատելու համար *(մեկից)*

behind sb's back մեջքի հետևում; գաղտնի

break sb's back հալից գցել; մեջքը կոտրել

break the back of sth գործի մեջքը կոտրել; հիմնական մասն անել

have one's back to the wall պատին դեմ արած վիճակում լինել; նեղության մեջ լինել

put one's back into sth ջանք գործադրել; տքնել մի գործի մեջ

turn one's back on sb/sth մեջքով շրջվել; երես թեքել; մերժել

backache |ˈbækeɪk| *noun* մեջքի ցավ; մեջքացավ

backbench *noun* բրիտանական խորհրդարանի շարքային անդամների նստատեղ

backbencher *noun* բրիտանական խորհրդարանի շարքային անդամ

backbite *verb* բամբասել; չարախոսել

backbone |ˈbækbəʊn| *noun* 1) *կազմախոսություն* ողնաշար 2) հիմք; էություն 3) հաստատակամություն; բնավորության ամրություն

back-breaking (նաև **backbreaking**) *adjective* հյուծիչ; տանջող *(ֆիզիկական աշխատանքի մասին)*

backchat |ˈbæktʃæt| *noun խոսակցական* անհարգալից/հանդուգն պատասխան

back-end *adjective* 1) վերջնամասային 2) *համակարգիչներ* ետնաբեմային *(ոչ թե գործածողի, այլ ծրագրի կողմից կատարվող գործողությունների մասին)* 3) *համակարգիչներ* շտեմարանների հետ աշխատող *(համակարգիչների մասին)*

backer *noun* 1) աջակցող; հովանավորող; սատարող; աջակից 2) գրազ եկող, խաղադրույք անող

backfire |bækˈfʌɪə| **1** *verb* 1) պայթյունի ձայն հանել *(մեքենայի շարժիչի մասին)* 2) հակառակ ազդեցություն ունենալ **2** *noun* 1) պայթյուն *(մեքենայի շարժիչում կամ խլացուցիչում)* 2) պաշտպանիչ կրակ *(որն իրագործվում է անտառային հրդեհների մարման ժամանակ)*

back-formation *noun լեզվաբանություն* հնի ձևափոխումով կառուցված նորաստեղծ բառ

backgammon |ˈbækgæmən| *noun* նարդի

background |ˈbækgraʊnd| *noun* 1) *նաև փոխաբերական* խորապատկեր; հիմնապատկեր; ետնաբեմ; ետևի պլան 2) ստվեր; ետին պլան; երկրորդական պաշտոն 3) անձի տվյալները; կենսագրական 4) անցյալ; նախապատմություն; նախադրյալ 5) *համակարգիչներ* միջակա գործընթաց

in the background *համակարգիչներ* խորքում; խորապատկերի վրա

backhand |ˈbækhænd| *noun մարզական* հարված ձախից, շրջված ձեռքով *(թենիսում)*

backing |ˈbækɪŋ| *noun* 1) աջակցություն; սատարում 2) աստառ 3) նվագակցություն

backlash |ˈbæklæʃ| *noun* հակադարձ ազդեցություն

backlog |ˈbæklɒg| *noun* չկատարված պատվերներ; պարտք մնացած աշխատանքներ

backmost *adjective* ամենաետևի

backpack |ˈbækpæk| **1** *noun* 1) *հիմնականում ամերիկյան* մեջքապարկ 2) պայուսակ *(հատկապես ուսանողական)* **2** *verb* արշավի գնալ ուսապարկով

backpedal *verb* 1) հեծանիվի ոտնակը ետ շրջել; արգելակել 2) *փոխաբերական* կարծիքը փոխել; խոսքը ետ վերցնել; հերքել ասածը

backside |bækˈsʌɪd|, |ˈbæksʌɪd| *noun* 1) հետույք 2) ետևի կողմը

backslash |ˈbækslæʃ| *noun համակարգիչներ* ետշեղ գիծ

backslider *noun* 1) *կրոն* ուրացող 2) դավաճան 3) վատ սովորությանը վերադարձած

backstage |bækˈsteɪdʒ| *adverb* կուլիսների ետևում; ետնաբեմում

backstairs |ˈbækstɛːz| **1** *noun* ետնասանդուղք **2** *adjective* գաղտնի; անդրկուլիսյան

backstroke |ˈbækstrəʊk| *noun մարզական* թիկնալող; մեջքալող

backtrack |ˈbæktræk| *verb* 1) վերադառնալ 2) խոսքից հետ կանգնել; հրաժարվել; ուրանալ 3) փոխել դիրքորոշումը

backup *noun* 1) օգնություն; աջակցություն 2) փոխարինող; պահեստային մարդ/առարկա 3) *համակարգիչներ* պահուստ; պահուստային պատճեն 4) *երաժշտություն* նվագակցություն

backward |ˈbækwəd| **1** *adjective* 1) ետ ուղղված 2) հետամնաց; հետադեմ 3) ուշացած; թերզարգացած **2** *adverb* 1) (**backwards**) ետ; դեպի ետ 2) հակառակ կողմով 3) դեպի վատը

backwash |ˈbækwɒʃ| *noun* 1) հետադարձ հոսանք 2) հետևանք; արձագանք *(սովորաբար տհաճ)*

backwater |ˈbækwɔːtə| *noun* 1) գետախորշ 2) հետավոր/խուլ անկյուն 3) լճացում; լճացած վիճակ/վայր

backwoods |ˈbækwʊdz| *noun* 1) անտառի թավուտ, խուլ թավուտ 2) խուլ տեղ, ծայրագավառ

backyard |bækˈjɑːd| *noun* բակ; ետնաբակ

bacon |ˈbeɪk(ə)n| *noun* խոզապուխտ

bring home the bacon *խոսակցական* 1) ապրուստ վաստակել 2) հաջողության հասնել

bacterial *adjective* մանրէական

bacteriology |bækˌtɪərɪˈɒlədʒi| *noun* մանրէաբանություն

bacterium |bækˈtɪərɪəm| *noun* (հոգն. **-teria** |-rɪə|) մանրէ; ցուպիկ; բակտերիա; բացիլ

Bactria |ˈbæktrɪə| Բակտրիա *(հին պետություն ներկայիս Աֆղանստանի հյուսիսում)*

bad |bæd| **1** *adjective*(**worse** |wəːs|; **worst** |wəːst|) 1) վատ; անպիտան; անպետք; անպաստ; վնասակար; անհաջող 2) տհաճ, անդուր 3) անորակ; ցածր; ստորին 4) լուրջ, խիստ 5) արատավոր, անբարոյական, անընդունելի 6) չարաճճի 7) փչացած, նեխած **2** *noun* վատը

feel bad about մեղավոր զգալ իրեն *(որևէ բանի հետ կապված)*

in a bad way *խոսակցական* վատ վիճակում, հիվանդ, դժբախտ

not bad *խոսակցական* բավական լավ, սպասվածից լավ

take the bad with the good լավի հետ վատն էլ ընդունել; միսն առանց ոսկոր չի լինում

too bad *խոսակցական* 1) ափսոս, ցավալի է 2) *հեգնական* շատ վատ է

baddy |ˈbædi| (նաև **baddie**) *խոսակցական noun* վատ հերոս; չարագործ *(ֆիլմում, գրքում)*

badge |bædʒ| *noun* 1) կրծքանշան 2) խորհրդանշան 3) նիշ; նշան

badger |ˈbædʒə| **1** *noun կենդանաբանություն* գորշուկ; փորսուղ **2** *verb* 1) հետապնդել; հալածել 2) հետապնդել հարցերով/պնդումներով

badly |ˈbædli| **1** *adverb* 1) վատ 2) ուժգին; սաստիկ; չափազանց **2** *adjective* մեղավոր; ափսոսանքով լի

badminton |ˈbædmɪnt(ə)n| *noun* փետրագնդակ; բադմինտոն

bad-tempered *adjective* 1) զայրացած; բարկացած 2) դյուրագրգիռ; զայրացկոտ

Baffin Island Բաֆինի երկիր *(կղզիներ Կանադայի Արկտիկական կղզեխմբի մեջ)*

baffle |ˈbæf(ə)l| **1** *verb* 1) մոլորեցնել; շփոթեցնել; փակուղու առաջ դնել 2) խանգարել; խոչընդոտել **2** *noun* միջնորմ; էկրան

bag |bæg| **1** *noun* 1) պարկ; տոպրակ 2) պայուսակ **2** *verb* 1) տոպրակի մեջ դնել 2) *խոսակցական* որս խփել 3) *խոսակցական* ձեռք գցել, ճանկել 4) կախ ընկնել

bag and baggage ունեցած-չունեցած

bag of bones կաշի ու ոսկոր; հյուծված մարդ

bear/carry the bag դրության տերը լինել

in the bag ձեռքի մեջ; համարյա ձեռք բերած; գլուխ բերած

not sb's bag մեկի չսիրած բանը

bagatelle |ˌbægəˈtɛl| *noun* դատարկ/աննշան բան; չնչին բան

bagel |ˈbeɪg(ə)l| *noun* օղաբլիթ

baggage |ˈbægɪdʒ| *noun* 1) *ամերիկյան* ուղեբեռ 2) *փոխաբերական* բեռ; ծանրություն *(հոգեկան)* 3) *հնացած արհամարհական* լկտի կին/աղջիկ

baggy |ˈbægi| **1** *adjective* 1) ազատ; պարկանման *(հագուստի մասին)* 2) պարկավոր *(աչքերի մասին)* **2** *noun* լայն անդրավարտիք/շալվար/կիսաշալվար

Baghdad |bægˈdæd| Բաղդադ *(Իրաքի մայրաքաղաքը)*

bagpipe |ˈbægpʌɪp| *noun* *երաժշտություն* պարկապզուկ

baguette |bæˈgɛt| *noun* ֆրանսիական հաց; բոքոն

Bahamas |bəˈhɑːməz| Բահամյան կղզիներ *(պետություն Կարիբյան ծովում)*

Bahrain |bɑːˈreɪn| Բահրեյն *(պետություն Պարսից ծոցի կղզիների վրա)*

Baikal, Lake |bʌɪˈkɑːl| (նաև **Baykal**) Բայկալ *(լիճ Ռուսաստանի սիբիրյան մասում)*

bail[1] |beɪl| **1** *noun* երաշխավորություն; երաշխիք *(գումար, որը մուծվում է ապահովելու, որ մեղադրյալը կներկայանա դատարան)* **2** *verb* 1) երաշխավոր լինել 2) արագ հեռանալ • **bail out** i) դուրս թռչել *(խորտակվող ինքնաթիռից)* ii) դուրս պրծնել, օժիքն ազատել *(իրավիճակից, հարաբերություններից)* iii) ջուրը դատարկել *(նավակից)*

bail[2] |beɪl| *noun* վերին ձող *(կրիկետ խաղում)*

bailey |ˈbeɪli| *noun* (հոգն. **-leys**) դղյակի բակ

bailiff |ˈbeɪlɪf| *noun* 1) *բրիտանական* դատական կատարածու 2) *ամերիկյան* դատարանի հսկիչ 3) *բրիտանական* կալվածքի կառավարիչ

bailment |ˈbeɪlm(ə)nt| *noun* երաշխավորությամբ ազատելը

bairn |bɛːn| *noun* *շոտլանդական* երեխա

bait |beɪt| **1** *noun* 1) խայծ 2) գայթակղություն **2** *verb* 1) խայծ դնել 2) դիտավորյալ ջղայնացնել; գրգռել

baize |beɪz| *noun* բրդե խավոտ գործվածք; բեհեզ

bake |beɪk| *verb* 1) թխել; եփել 2) թխվել; եփվել 3) թրծել; պնդացնել 4) *խոսակցական* շոգել; արևակեզ լինել

baker |ˈbeɪkə| *noun* 1) հացթուխ 2) հացավաճառ

bakery |ˈbeɪk(ə)ri| *noun* 1) հացի փուռ; հացի խանութ 2) հացեղեն; հացամթերք; հացաբուլկեղեն

bakeshop |ˈbeɪkʃɔp| *noun* *ամերիկյան* հացի փուռ; հացի խանութ

baking powder *noun* փխրեցուցիչ; թխելու փոշի; խմորիչ *(նախատեսված է խմորն ուռեցնելու համար և փոխարինում է թթխմորին)*

baking soda *noun* սննդի սոդա; նատրիումի հիդրոկարբոնատ

baksheesh |bækˈʃiːʃ| *noun* 1) կաշառք 2) օգնություն; նվեր

Baku |bæˈkuː| Բաքու *(Ադրբեջանի մայրաքաղաքը)*

balance |ˈbæl(ə)ns| **1** *noun* 1) հավասարակշռություն; հավասարակշռվածություն *(նաև հոգեկան)* 2) գումարի մնացորդ *(բանկում)* 3) *հաշվապահություն* հաշվեկշիռ 4) լիավճար *(կանխավճարը վճարելուց հետո մնացած պարտքը)* 5) կշեռք **2** *verb* 1) հավասարակշռել; հավասարակշռությունը պահել 2) հակակշռել 3) համեմատել; բաղդատել 4) *հաշվապահություն* հաշվեկշռել

be/hang in the balance անհայտ լինել; անորոշ վիճակում լինել; վտանգավոր վիճակում լինել

off balance 1) հավասարակշռությունը խախտված 2) զարմացած; անակնկալի եկած

on balance արդյունքում; ի վերջո

balance-sheet *noun* հաշվեկշիռ; հաշվեկշռային հաշվետվություն

balanced |ˈbælənst| *adjective* 1) հավասարակշռված; ներդաշնակ 2) հաշվեկշռի բերված

balance sheet *noun* *հաշվապահություն* հաշվեկշիռ

balcony |ˈbælkəni| *noun* 1) պատշգամբ 2) օթյակ

bald |bɔːld| *adjective* 1) ճաղատ 2) հարթ; անանց եղուստների; լերկ 3) մերկ; անպաճույճ 4) չքողարկված

baldachin |ˈbældəkɪn|, |ˈbɔːld-| (նաև **baldaquin**) *noun* ամպհովանի

balderdash |ˈbɔːldədæʃ| *noun* *հնացած* անմտություն; հիմարություն; բարբաջանք

balding |ˈbɔːldɪŋ| *adjective* ճաղատացող

baldly *adverb* ուղղակի; երեսին; առանց քաշվելու

bale[1] |beɪl| **1** *noun* հակ *(ծղոտի, թղթի և այլն)* **2** *verb* հակերի մեջ դասավորել; հակավորել

bale[2] |beɪl| *noun* *հնացած բանաստեղծական* 1) չարիք; չարը 2) չարիք; պատուհաս; փորձանք

baleful |ˈbeɪlfʊl|, |-f(ə)l| *adjective* 1) *գրքային* չարագուշակ; սպառնալի; մռայլ; ժանտ 2) կործանարար; աղետաբեր

Bali |ˈbɑːli| Բալի *(կղզի Ինդոնեզիայի կազմի մեջ)*

balk |bɔːlk|, |bɔːk| (*բրիտանական* **baulk**) **1** *verb* 1) հրաժարվել; չընդունել *(միտքը, նախաձեռնությունը)* 2) տատանվել; երկբայել 3) արգելել; խոչընդոտել; արգելք հանդիսանալ 4) անտեսել *(հնարավորությունը կամ հրավերը)* 5) հակառակվել *(ձիու մասին)* 6) *մարզական* անել արգելված շարժում *(բեյսբոլում)* **2** *noun* 1) *մարզական* արգելված շարժում *(բեյսբոլում)* 2) հեծան; քառատաշ գերան 3) արգելված գոտի *(բիլիարդում)* 4) ճոճի չճերկված ճատված

Balkan *adjective* բալկանյան

ball[1] |bɔːl| **1** *noun* 1) գնդակ 2) գունդ; կծիկ 3) ճարված *(կրիկետում և այլն)* 4) *գռեհկաբանություն* ամորձի 5) *գռեհկաբանություն* սեռական ակտ **2** *verb* 1) կլորացնել; գնդաձև դարձնել 2) *գռեհկաբանություն* սեռական ճարաբերություն ունենալ

a ball of fire տեղով կրակ; կրակի կտոր *(մարդու մասին)*

carry the ball *ամերիկյան խոսակցական* պատասխանատու լինել

drop the ball ձախողել/չկատարել պարտականությունը

get the ball rolling, set the ball rolling, start the ball rolling սկսել; գործի գցել

have a ball *խոսակցական* ուրախանալ; զվարճանալ

on the ball աշխույժ; ճկուն; արագաշարժ

play ball ճամագործակցել

the ball is in sb's court գնդակն ինչ-որ մեկի դաշտում է; պատասխան տալու ճերթն ինչ-որ մեկինն է

ball[2] |bɔːl| *noun* պարաճանդես

ballad |ˈbæləd| *noun* 1) բալլադ 2) սիրային երգ, սիրերգ

ballast |ˈbæləst| **1** *noun* 1) բալաստ 2) *շինարարություն* խիճ; վերնալիր; բալաստ *(երկաթուղային պաստառի խիճը՝ ավազը)* 3) ճավասարակշռությունն ապաճովող բան; կայունություն տվող բան **2** *verb* 1) խճապատել 2) կայունություն տալ *(նավը բալաստով բեռնելու միջոցով)*

ball bearing *noun* *տեխնիկական* գնդառանցքակալ

ball boy |ˈbɔːlbɔɪ| *noun* թենիսում խաղացողների ճամար գնդակները ճավաքող տղա

ballerina |bæləˈriːnə| *noun* բալետի պարուճի; թատերապարուճի; դասական պարի պարուճի

ballet |ˈbæleɪ|, |-li| *noun* 1) բալետ; թատերապար; դասական պար 2) բալետային խումբ

ball game *noun* 1) գնդակով խաղ 2) *ամերիկյան* բեյսբոլ

ballistic |bəˈlɪstɪk| *adjective* *տեխնիկական* բալիստիկական; ձգաբանական

go ballistic *խոսակցական* բարկանալ; բորբոքվել

ballistic missile *noun* բալիստիկ ճրթիռ

ballistics |bəˈlɪstɪks| *noun* *տեխնիկական ռազմական* բալիստիկա; ձգաբանություն

balloon |bəˈluːn| **1** *noun* 1) փուչիկ 2) օդապարիկ **2** *verb* 1) ճանկարծակի ուռչել/մեծանալ 2) (*սովորաբար* **go ballooning**) օդապարիկային սպորտով զբաղվել

when the balloon goes up *բրիտանական խոսակցական* երբ պրոբլեմները սկսվում են; երբ կեղտը ելնում է ջրի երես

ballot |ˈbælət| **1** *noun* 1) քվեարկություն 2) *բրիտանական* (նաև **ballot paper**) քվեաթերթիկ 3) քվեատոկոս **2** *verb* (**-loted**, **-loting**) 1) ձայն տալ; քվեարկել 2) քվեարկության դնել

ballot box *noun* 1) քվեատուփ 2) (**the ballot box**) քվեակարգ

ballpark |ˈbɔːlpɑːk| **1** *noun* 1) *հիմնականում ամերիկյան* բեյսբոլի դաշտ 2) *խոսակցական* տիրույթ; լայնույթ **2** *adjective* մոտավոր

ballpoint |ˈbɔːlpɔɪnt| (նաև **ballpoint pen**) *noun* գնդիկավոր գրիչ

ballroom |ˈbɔːlruːm|, |-rʊm| *noun* պարասրաճ; պարասենյակ

ballroom dancing *noun* պարաճանդեսային պարեր պարելը

ballyhoo |bælɪˈhuː| *խոսակցական* **1** *noun* դատարկ աղմուկ; իրարանցում **2** *verb* (**-hoos**, **-hooed**) անճարկի գովաբանել

balm |bɑːm| *noun* 1) (նաև **balsam**) բալզամ; բալասան 2) *գրքային* սպեղանի; ճանգստացնող միջոց; սփոփանք 3) օծանելիք; ճոտավետ քսուք

balmy |ˈbɑːmi| *adjective* (**balmier**, **balmiest**) 1) տաք; ճաճելի; մեղմ; կազդուրիչ *(եղանակի մասին)* 2) *խոսակցական* չափազանց ճիմար; տարօրինակ

Balqash, Lake |bælˈkɑːʃ| (նաև **Balkhash**) Բալխաշ *(լիճ Ղազախստանում)*

balsa |ˈbɒlsə| *noun* բալզա; լաստափայտ

balsam |ˈbɔːlsəm|, |ˈbɒl-| *noun* 1) տե՛ս **balm** 2) բալասան *(ցանկացած բույս կամ ծառ, որից բալասան է ստացվում)*

Baluchistan |bəˌluːtʃɪˈstɑːn|, |-ˈstæn| Բելուջիստան *(տարածք Պակիստանում)*

baluster |ˈbæləstə| *noun* բազրիքի ճաղ

balustrade |ˌbæləˈstreɪd| *noun* բազրիք

bamboo |bæmˈbuː| *noun* *բուսաբանություն* բամբուկ; ճնդկեղեգ *(Bambusa, ընտանիք Gramineae)*

bamboozle |bæmˈbuːz(ə)l| *verb* *խոսակցական* խաբել; շփոթեցնել; մոլորեցնել

ban[1] |bæn| **1** *verb* (**banned**, **banning**) արգելել; արգելք դնել **2** *noun* 1) արգելք 2) օրենքից դուրս ճայտարարելը 3) *եկեղեցական* բանադրանք; նզովք

ban[2] |bɑːn| *noun* (հոգն. **bani** |ˈbɑːni|) բան *(Ռումինիայի դրամական միավոր, որը ճավասար է լեյի ճարյուրերորդ մասին)*

banal |bəˈnɑːl|, |-ˈnæl|, |ˈbeɪnəl| *adjective* տափակ; ծեծված; սովորական

banality |-ˈnælɪti| *noun* հոգն. **-ies** տափակություն

banana |bəˈnɑːnə| *noun* *բուսաբանություն* բանան; ադամաթուզ *(Musa, ընտանիք Musaceae)*

go bananas *ծածկալեզու* բարկանալ, ջղայնանալ

band[1] |bænd| **1** *noun* 1) երիզ; ժապավեն; կապ 2) ամուսնական մատանի 3) *տեխնիկական* ճաճախությունների գոտի; տիրույթ 4) միջակայք **2** *verb* 1) փաթաթել 2) օղակավորել *(օրինակ՝ թռչուններին)*

band[2] |bænd| **1** *noun* 1) երաժշտական խումբ *(փոփ, ջազ կամ ռոք կատարող)* 2) նվագախումբ *(ճատկապես փողային)* 3) գաղափարակից մարդկանց խումբ **2** *verb* միավորվել; ճամախմբվել

band[3] *noun* ավազակախումբ

bandage |ˈbændɪdʒ| **1** *noun* 1) վիրակապ 2) բանդաժ **2** *verb* վիրակապել; բինտել

bandanna |bænˈdænə| *noun* բանդանա; գլխաշոր

bandit |ˈbændɪt| *noun* (հոգն. **bandits** կամ **banditti** |bænˈdiːti|) բանդիտ; ավազակ; ելուզակ

bandmaster |ˈbæn(d)mɑːstə| *noun* խմբավար; դեկավար *(զինվորական կամ փողային նվագախմբում)*

bandolier |ˌbændəˈlɪə| (նաև **bandoleer**) *noun* փամփշտաժապավեն; փամփշտակալ ժապավեն

bandsman |ˈbæn(d)zmən| *noun* (հոգն. **-men**) նվագախմբի երաժիշտ

bandstand |ˈbæn(d)stænd| *noun* բեմահարթակ

bandwagon |ˈbændwægən| *noun* 1) վագոն նվագախմբի համար 2) մոդայիկ գործ; նորաձև երևույթ

bandwidth |ˈbændwɪtθ|, |-wɪdθ| *noun* 1) *էլեկտրոնիկա* թողանցման շերտ 2) *համակարգիչներ* թողունակություն; արագություն *(ցանցի)*

bandy¹ |ˈbændi| *adjective* (**-dier**, **-diest**) ծուռ *(ոտքերի մասին)*

bandy² |ˈbændi| **1** *verb* (**-dies**, **-died**) քննարկել; ասել-խոսել *(մի բանի մասին)* • **bandy sth. around, bandy sth. about** հոլովել; հաճախակի արտասանել **2** *noun* գնդակով հոկեյ

bandy words with sb *հնացած* կոպիտ խոսքեր ասել, լեզվակռիվ անել

bane |beɪn| *noun* փորձանք; անեծք; դժբախտություն

baneful *adjective* կործանարար; կորստաբեր; աղետալի

bang¹ |bæŋ| **1** *noun* 1) հանկարծակի բարձր ձայն; հանկարծակի աղմուկ/շրխկոց 2) հանկարծակի հարված *(մարմնի որևէ մասին)* 3) (**bangs**) մազափունջ (ճակատի վրա) 4) *գռեհկաբանություն* սեռական հարաբերություն 5) *համակարգիչներ* ! նշանը **2** *verb* 1) խփել; հարվածել 2) խփվել 3) շխկացնել *(դուռը և այլն)* 4) *խոսակցական* ծեծել; թակել 5) *գռեհկաբանություն* սեռական հարաբերություն ունենալ կնոջ հետ **3** *adverb խոսակցական բրիտանական* 1) ճիշտ; ուղիղ; խկը 2) լրիվ; ամբողջովին **4** *exclamation* շըրը՛խկ; թըրը՛մփ

with a bang *խոսակցական* մեծ հաջողությամբ

bang² |bæŋ| *noun* կանեփի տերևներից և ծաղիկներից արված պատրաստուկ *(օգտագործվում է որպես թմրանյութ)*

banger |ˈbæŋə| *noun խոսակցական բրիտանական* 1) նրբերշիկ 2) «սայլ»; ջարդուխուրդ մեքենա *(վատ վիճակում գտնվող հին ավտոմեքենա)* 3) աղմկոտ/բարձրաձայն հրավառություն

Bangkok |bæŋˈkɒk| Բանգկոկ *(Թաիլանդի մայրաքաղաքը)*

Bangladesh |ˌbæŋgləˈdɛʃ| Բանգլադեշ *(պետություն Ասիայի հարավում՝ Գանգեսի գետաբերանում)*

bangle |ˈbæŋg(ə)l| *noun* ապարանջան *(նաև ոտքի)*

bang-up *adjective խոսակցական ամերիկյան* շատ լավ; հիանալի

banish |ˈbænɪʃ| *verb* 1) աքսորել; վտարել 2) վռնդել 3) ազատվել; հեռու վանել

banishment *noun* աքսորում; արտաքսում; վտարում

banister |ˈbænɪstə| (նաև **bannister**) *noun* (*սովորաբար* **banisters**) բազրիք; ճաղաշարք

banjo |ˈbændʒəʊ| *noun* (հոգն. **-jos -joes**) *երաժշտություն* բանջո

bank¹ |bæŋk| **1** *noun* 1) գետափ, լճափ 2) հողապատնեշ, թումբ **2** *verb* 1) լիցք անել, թումբ կապել 2) կիտել, կուտակել 3) պատնեշել

bank² |bæŋk| **1** *noun* 1) դրամատուն; բանկ 2) բանկ; պահեստարան ◇ **blood bank** արյան բանկ **2** *verb* 1) փողը բանկ դնել 2) բանկի տնօրեն լինել 3) *թղթախաղ* բանկը բռնել • **bank on sb/sth** վստահել ինչ-որ մեկին; վստահել ինչ-որ բանի

not break the bank *խոսակցական կատակային* թանկ չլինել

You can't put it in the bank *խոսակցական* դատարկ բան է; ոչինչ չարժի

banker |ˈbæŋkə| *noun* բանկիր; բանկի կառավարիչ

bank holiday *noun բրիտանական* պաշտոնական ոչ աշխատանքային օր, որը հաստատված է օրենքով *(այդ օրը բոլոր բանկերը փակ են)*

banking |ˈbæŋkɪŋ| *noun* բանկային գործ

banknote |ˈbæŋknəʊt| (նաև **bank note**) *noun* 1) *բրիտանական* թղթադրամ 2) *ամերիկյան* հավաստագիր 3) դրամատոմս; բանկատոմս; դրամական տոմս

bankrupt |ˈbæŋkrʌpt| **1** *adjective* 1) սնանկ 2) անվճարունակ 3) *փոխաբերական* զուրկ; չունեցող **2** *noun* սնանկ անձ **3** *verb* սնանկացնել

bankruptcy *noun* (հոգն. **-cies**) 1) սնանկություն; անվճարունակություն 2) սնանկացում

bank statement *noun* դրամատան տեղեկագիր/քաղվածք

banner |ˈbænə| **1** *noun* 1) դրոշ, դրոշակ 2) ցուցապաստառ 3) թերթի վերնագիր ողջ էջով մեկ 4) *համակարգիչներ* գովազդ կայքէջում; բաներային գովազդ **2** *adjective ամերիկյան* հիանալի; գերազանց

banquet |ˈbæŋkwɪt| **1** *noun* 1) ճաշկերույթ; խնջույք; բանկետ 2) հանդիսավոր ընթրիք **2** *verb* (**-queted -queting**) 1) խնջույք/ճաշկերույթ կազմակերպել 2) մասնակցել խնջույքին

bantam |ˈbæntəm| **1** *noun* բանտամ *(հավերի փոքր տեսակ)* **2** *adjective* փոքր չափերի; փոքրալիտրաժ

banter |ˈbæntə| **1** *noun* բարեհոգի կատակ **2** *verb* բարեհոգաբար կատակել; զվարճանալ

bantling *noun հնացած* զարմ; հետնորդ; մանուկ

baobab |ˈbeɪəbæb| *noun բուսաբանություն* բաոբաբ *(Աֆրիկայում և Ասիայում աճող ծառ) (Genus Adansonia, ընտանիք Bombacaceae)*

baptism |ˈbæptɪz(ə)m| *noun* մկրտություն; կնունք

baptism of fire դժվարին մուտք նոր գործի մեջ

baptist |ˈbæptɪst| *noun* 1) (**Baptist**) մկրտչական 2) մկրտիչ; մկրտող

baptize |bæpˈtʌɪz| *verb* մկրտել; կնքել

bar[1] |bɑː| **1** *noun* 1) ձող 2) սողնակ; նիգ 3) կտոր; սալիկ ◊ **bar of chocolate** շոկոլադի սալիկ 4) շերտ ◊ **bar of light** լույսի շերտ 5) ուղեկալ; ուղեփակոց 6) արգելք 7) ծանծաղուտ 8) արգելապատ *(որը բաժանում է մեղադրյալների նստարանը դատարանում)* 9) դատարան 10) *երաժշտություն բրիտանական* տակտի գիծ; տակտ **2** *verb* (**barred**, **barring**) 1) փակել սողնակով 2) արգելափակել; ուղեկալով փակել 3) արգելել **3** *preposition բրիտանական* բացի; բացառությամբ

be at the bar փաստաբան լինել

let down the bars արգելքները վերացնել

bar[2] |bɑː| *noun* բար *(ճնշման միավոր, որը հավասար է 100 000 նյուտոնի՝ մեկ քառակուսի մետրի վրա)*

bar[3] *noun* 1) դատավորներին անջատող արգելապատ 2) (**the Bar**) փաստաբանություն

barb[1] |bɑːb| *noun* 1) փուշ 2) խայթոց; խայթող դիտողություն 3) ալաք; կարթ *(ձկան/նիզակի սրածայր մասը)*

barb[2] |bɑːb| *noun* բերբերական ցեղի ձի

Barbados |bɑːˈbeɪdɒs| Բարբադոս *(պետություն Կարիբյան ծովի համանուն կղզու վրա)*

barbarian |bɑːˈbɛːrɪən| **1** *noun* բարբարոս **2** *adjective* 1) բարբարոսական 2) անկիրթ

barbaric |bɑːˈbærɪk| *adjective* 1) բարբարոսական; վայրենի; վայրագ 2) պարզունակ; անքաղաքակիրթ

barbarism |ˈbɑːbərɪz(ə)m| *noun* 1) բարբարոսություն 2) անկրթություն; վայրենություն

barbarity |bɑːˈbærɪti| *noun* (հոգն. **-ties**) 1) բարբարոսություն; անկրթություն 2) դաժանություն; վայրագություն; անմարդկայնություն 3) կոպտություն

barbarous |ˈbɑːb(ə)rəs| *adjective* 1) դաժան; վայրենի; վայրագ; անմարդկային 2) անկիրթ

barbecue |ˈbɑːbɪkjuː| **1** *noun* 1) խորոված 2) (**BBQ**) միս խորովելու շրջանակ; մանղալ; մանղալ **2** *verb* (**-cued**, **-cuing**) խորոված անել

barbed |bɑːbd| *adjective* 1) փշոտ; փշավոր 2) սուր; վիրավորական *(կատակի, դիտողության մասին)*

barbed wire *noun* փշալար

barber |ˈbɑːbə| **1** *noun* 1) վարսավիր *(հատկապես տղամարդկանց)* 2) (նաև **barber's**) վարսավիրանոց **2** *verb* կտրել *(տղամարդու մազերը)*

barberry |ˈbɑːb(ə)ri| *noun* (հոգն. **-ries**) *բուսաբանություն* ծորենի; բարբարիս

Barcelona |ˌbɑːsəˈləʊnə|, |bærθeˈlonæ|, |bærse-| Բարսելոնա *(քաղաք Իսպանիայում)*

bar chart *noun* շերտագծույթ *(դիագրամ)*

bar code *noun* գծանիշ; գծակոդ

bard[1] |bɑːd| *noun հնացած բանաստեղծական* երգիչ; բանաստեղծ; բարդ

the bard of Avon Շեքսպիր

bare |bɛː| **1** *adjective* 1) մերկ; լերկ; բաց 2) մերկ; առանց ծածկույթի; առանց տերևների 3) աղքատիկ; ողորմելի 4) պարզ; անպաճույճ 5) դատարկ 6) նվազագույն 7) չնչին **2** *verb* 1) մերկացնել 2) բացահայտել

lay sth bare բացահայտել ինչ-որ բան

the bare bones of sth. հիմնական փաստերը

with bare hands անզեն

bareback |ˈbɛːbæk| **1** *adjective* անթամբ; չթամբած **2** *adverb* առանց թամբելու

barefaced |bɛːˈfeɪst| *adjective* 1) անամոթ; լկտի 2) բաց/չծածկված դեմքով 3) առանց դիմակի 4) առանց մորուքի

barefoot |ˈbɛəfʊt| (նաև **barefooted**) *adjective, adverb* բոբիկ; ոտաբոբիկ; բոկոտն

bareheaded |bɛːˈhɛdɪd| *adjective, adverb* գլխաբաց

barely |ˈbɛːli| *adverb* 1) հազիվ; մի կերպ 2) նոր; հենց նոր 3) պարզ; ուղղակի; պարզապես 4) հազիվ թե 5) հազիվհազ

bareness *noun* 1) մերկություն; տկլորություն; ծածկույթի բացակայություն 2) զրկանքներ; աղքատություն

Barents Sea Բարենցի ծով *(ծով Հյուսիսային սառուցյալ օվկիանոսում)*

bargain |ˈbɑːgɪn| **1** *noun* 1) գործարք; համաձայնություն; սակարկություն 2) էժան/ձեռնտու ապրանք **2** *verb* 1) սակարկել 2) գործարք կնքել; համաձայնության գալ

drive a hard bargain անհողդողդ լինել սակարկելիս

make a bargain, close a bargain գործարք կնքել, համաձայնության գալ

barge |bɑːdʒ| **1** *noun* 1) բեռնատար նավ 2) լաստանավ 3) զբոսանավ **2** *verb* 1) անճոռնի/անշնորհք շարժվել 2) բեռնատար նավով փոխադրել; լաստանավով փոխադրել 3) ներխուժել • **barge in** կոպտորեն խառնվել խոսակցությանը

bargee |bɑːˈdʒiː| *noun հիմնականում բրիտանական* լաստանավորդ; բեռնատար նավի վրա աշխատող անձ

baritone |ˈbærɪtəʊn| **1** *noun* բարիտոն; բարիտոն ձայն **2** *adjective* բարիտոն

barium |ˈbɛːrɪəm| *noun քիմիա* (**Ba**) բարիում

bark[1] |bɑːk| **1** *noun* 1) հաչոց; հաչ 2) *խոսակցական* հազ 3) կրակոցի ձայն 4) *խոսակցական* հռհռոց; քրքիջ **2** *verb* 1) (**bark at sb/sth**) հաչել 2) գոռալով խոսել; կտրուկ խոսել 3) հազալ

sb's bark is worse than their bite *խոսակցական* Հաչան շունը չի կծում: Ավելի շատ աղմկում է, քան վնասում:

bark[2] |bɑːk| **1** *noun* 1) կեղև *(ծառի)* 2) *ծածկալեզու* կաշի **2** *verb* 1) կեղևահան անել; կեղևը հանել 2) դաբաղել; աղաղել 3) կաշին պլոկել

bark[3] |bɑːk| *noun* եռակայմ առագաստանավ

barkeeper |ˈbɑːkiːpə| (նաև **barkeep**) *noun ամերիկյան* բարի տնօրեն; բարի աշխատող; բարում աշխատող

barker |ˈbɑːkə| *noun խոսակցական* 1) աճուրդախոս 2) կանչող/հրավիրող անձ

barley |ˈbɑːli| *noun բուսաբանություն* գարի *(Hor-*

deum, ընտանիք Gramineae)

cry barley ողորմություն խնդրել

barleycorn |ˈbɑːlɪkɔːn| *noun* 1) գարու հատիկ 2) *հնացած* մեկ երրորդ մատնաչափ; մեկ քառորդ մատնաչափ *(երկարության չափ)*

barmaid |ˈbɑːmeɪd| *noun* 1) բարի/բուֆետի սպասուհի; մատուցողուհի; բարում աշխատող կին 2) *բրիտանական* բարի կին տնօրեն

barman |ˈbɑːmən| *noun* հոգն. **-men** *բրիտանական* բարմեն; բարում ծառայող տղամարդ

barmy |ˈbɑːmi| *adjective* (**barmier barmiest**) *խոսակցական* խենթավուն; հիմար; ցնդած

barn¹ |bɑːn| *noun* 1) ամբար; շտեմարան; խոտանոց; հարդանոց 2) մեծ և անճոռնի շենք 3) ավտոմեքենաների պահեստարան

barn² |bɑːn| (հապվ. **b**) *noun ֆիզիկա* բարն *(մակերեսի միավոր, հավասար է 10^{-28} քառակուսի սանտիմետրի)*

barometer |bəˈrɒmɪtə| *noun տեխնիկական* ճնշաչափ; ծանրաչափ

barometric |bærəˈmɛtrɪk| *տեխնիկական* ճնշաչափական; ծանրաչափական

baron |ˈbær(ə)n| *noun* 1) բարոն *(ազնվական տիտղոս)* 2) *հնացած* խոշոր կալվածատեր 3) մագնատ

baroness |ˈbær(ə)nɪs| *noun* բարոնուհի; բարոնի կին/այրի

baronet |ˈbær(ə)nɪt| *noun* բարոնետ *(ամենացածր ազնվականական տիտղոս Բրիտանիայում. նրանց դիմում են «սըր»)*

baronetcy |ˈbær(ə)nɪtsi| *noun* (հոգն. **-cies**) բարոնետի տիտղոսը

barony |ˈbær(ə)ni| *noun* (հոգն. **-nies**) 1) բարոնի տիտղոսը 2) բարոնի կալվածքը 3) կալվածք; ոստան

baroque |bəˈrɒk|, |-ˈrəʊk| **1** *adjective* 1) բարոկո ոճի 2) ոճավոր; արտասովոր; զարդարուն; զիզի-բիզի **2** *noun* բարոկո ոճ

barrack¹ |ˈbærək| **1** *verb* զորանոցներում տեղավորել **2** *noun* (**barracks**) զորանոց

barrack² |ˈbærək| *verb բրիտանական, ավստրալական, նորզելանդական* աջակցել; սատարել *(սիրելի թիմին, հատկապես բարձր աղաղակներով)*

barracks |ˈbærəks| *plural noun* 1) զորանոց; զորանոցներ 2) անճոռնի շինություն; խրճիթ; գոմ

barrage |ˈbærɑːʒ| **1** *noun* 1) պատվար 2) ամբարտակ 3) *ռազմական* խափանիչ կրակ 4) *ռազմական* հրապատնեշ **2** *verb նաև փոխաբերական* ռմբակոծել

barrel |ˈbær(ə)l| **1** *noun* 1) տակառ; տակառիկ 2) բարել *(չափի միավոր, որը սովորաբար հավասար է 36 բրիտանական գալոնի՝ գարեջրի համար և 35 բրիտանական կամ 42 ամերիկյան գալոնի՝ նավթի համար)* 3) փող *(հրացանի)* 4) փոր *(ձիու, տավարի)* **2** *verb* (**-reled**, **-reling**; **-relled**, **-relling**) 1) տակառների մեջ լցնել 2) սլանալ

barren |ˈbær(ə)n| **1** *adjective* 1) անպտուղ; անբերրի *(հողի մասին)* 2) ամուլ; չբեր; անզավակ; անծնունդ; ստերջ *(կնոջ, կենդանիների մասին)* 3) անօգուտ 4) զուրկ; զերծ **2** *noun* (հաճախ **barrens**) անբերրի հող; անբերրի հովիտ

barricade |ˌbærɪˈkeɪd| **1** *noun* 1) բարիկադ 2) արգելք **2** *verb* 1) փակել; արգելափակել 2) բարիկադներով փակել

barrier |ˈbærɪə| *noun* 1) արգելք; արգելապատ 2) անջրպետ; խոչընդոտ 3) ուղեկալ; ուղեփակոց

break the barrier արգելքը հաղթահարել

barring |ˈbɑːrɪŋ| *preposition* բացի; բացառությամբ; չհաշված

barrister |ˈbærɪstə| (նաև **barrister-at-law**) *noun հիմնականում բրիտանական* փաստաբան

Barrow¹ *noun* 1) սայլակ; ձեռնասայլակ 2) պատգարակ

Barrow² *noun* 1) *հնագիտություն* գերեզմանաթումբ; դամբարան 2) բլուր; բարձունք

bartender |ˈbɑːtɛndə| *noun* բարի տնօրեն; բարմեն

barter |ˈbɑːtə| **1** *verb* ապրանքափոխանակում կատարել **2** *noun* ապրանքափոխանակում; ապրանքափոխանակություն

Bartholomew, St. |bɑːˈθɒləˌmjuː| *աստվածաշնչյան* Բարդուղիմեոս առաքյալ

Baruch |ˈbɑːrʊk| Բարուք *(Աստվածաշնչի պարականոն գրքերից մեկը)*

basalt |ˈbæsɔːlt|, |-(ə)lt| *noun հանքաբանություն* բազալտ; սևակուռ

base¹ |beɪs| **1** *noun* 1) հիմք 2) *ռազմական* ռազմակայան; բազա; հենակետ; հենակայան 3) հիմք; սկզբնաղբյուր 4) հիմնանյութ; սկզբնանյութ; նախանյութ 5) ննտավայր 6) *քիմիա* հիմք; ալկալի **2** *verb* հիմնել

off base *խոսակցական* լրիվ սխալ

base² |beɪs| *adjective* 1) ցածր; ստոր; նենգ 2) ոչ-ազնիվ *(մետաղների մասին)*

baseball |ˈbeɪsbɔːl| *noun մարզական* բեյսբոլ

baseboard |ˈbeɪsbɔːd| *noun շինարարություն* շրիշակ

baseless |ˈbeɪslɪs| *adjective* 1) անհիմն; չհիմնավորված; դատարկ; սին 2) *ճարտարապետություն* հիմք չունեցող *(սյան մասին)*

baseline |ˈbeɪslʌɪn| *noun* 1) հիմնական/ստորին գիծ *(համեմատությունների համար)* 2) *մարզական* դաշտի ետևի գիծը *(վոլեյբոլում, թենիսում)*

basement |ˈbeɪsm(ə)nt| *noun* 1) նկուղային/կիսանկուղային հարկ; ներքնահարկ 2) *երկրաբանություն* հիմք *(տվյալ տարածքի ամենահին գոյացությունը/շերտը)*

base metal *noun* սովորական մետաղ; ոչ-ազնիվ մետաղ

bash |bæʃ| **1** *verb խոսակցական* 1) ուժեղ հարվածել 2) ծեծել 3) *փոխաբերական* ուժեղ քննադատել • **bash away** տքնել; չարչարվել **bash sth down/in** ջարդել; փշրել **bash sth out** ինչ-որ բան արագ պատրաստել; թխել **2** *noun խոսակցական* 1) ուժեղ հարված 2) խնջույք; հավաքույթ

have a bash *բրիտանական խոսակցական* ճիգ գործադրել

bashful |ˈbæʃfʊl|, |-f(ə)l| *adjective* ամաչկոտ; երկչոտ; համեստ

Bashkiria |bæʃˈkɪərɪə| Բաշկիրտոստան *(ինքնավար հանրապետություն Ռուսաստանի կազմում)*

basic |ˈbeɪsɪk| **1** *adjective* 1) հիմնական 2) պարզագույն 3) ամենաանհրաժեշտ **2** *noun* 1) (**basics**) հիմունքներ 2) հիմնական/ամենաանհրաժեշտ պարագաներ

basically |ˈbeɪsɪk(ə)li| *adverb* 1) հիմնականում 2) ըստ էության

basil |ˈbæz(ə)l|, |-zɪl| *noun բուսաբանություն* ռեհան; շահասպրամ *(Genus Ocimum, ընտանիք Labiatae)*

basilica |bəˈsɪlɪkə|, |-ˈzɪl-| *noun ճարտարապետություն* բազիլիկ

basin |ˈbeɪs(ə)n| *noun* 1) կոնք; լվացակոնք 2) ավազան 3) ջրամբար 4) փոքր ծովածոց

basis |ˈbeɪsɪs| *noun* (հոգն. **-ses** |-siːz|) 1) հիմք 2) հիմունք; կարգ; սկզբունք 3) դրդապատճառ 4) հիմնավորում

bask |bɑːsk| *verb* տաքանալ *(սովորաբար արևի տակ)* • **bask in sth** վայելել; հաճույք ստանալ

bask in the sun տաքանալ արևի տակ

basket |ˈbɑːskɪt| *noun* 1) զամբյուղ, կողով 2) բասկետբոլի զամբյուղ 3) դիրիժաբլ

basketball |ˈbɑːskɪtbɔːl| *noun մարզական* բասկետբոլ

basketry |ˈbɑːskɪtri| *noun* 1) կողովագործություն 2) հյուսածո իրեր

basque |bæsk|, |bɑːsk| *noun* բասկա *(կանացի ներքնազգեստի տեսակ)*

bas-relief |ˈbæsrɪˌliːf|, |ˈbɑː(s)-| *noun* հարթաքանդակ; խորաքանդակ

bass[1] |beɪs| **1** *noun* 1) բաս; թավ/բամբ ձայն 2) *խոսակցական* բաս կիթառ; բաս; թավ կիթառ **2** *adjective* բամբ; բասային

bass[2] |bæs| *noun* (հոգն. նույնը կամ **basses**) *կենդանաբանություն* պերկես *(ձկան տեսակ. ընտանիք Percichthyidae կամ Moronidae)*

bassoon |bəˈsuːn| *noun* ֆագոտ *(երաժշտական գործիք)*

bastard |ˈbɑːstəd|, |ˈbæst-| **1** *noun* 1) ապօրինի զավակ; ապօրինածին 2) պոռնկորդի; շան որդի; սրիկա *(հայհոյանք)* **2** *adjective* 1) ապօրինի 2) *փոխաբերական* խարդախված; կեղծ 3) անորակ; վատ 4) արտասովոր

baste[1] |beɪst| *verb* տապակելու ժամանակ մսի վրա հյութ կամ յուղ լցնել

baste[2] |beɪst| *verb* բլանդել; շուլալել

baste[3] |beɪst| *verb հնացած խոսակցական* ծեծել; թակել

bastion |ˈbæstɪən| *noun* 1) *պատմական* ամրոց; ամրացված շինություն 2) *փոխաբերական* միջնաբերդ; ապաստարան

bat[1] |bæt| **1** *noun մարզական* 1) հարված; զարկ *(կրիկետում և այլ խաղերում)* 2) կրիկետ խաղացող 3) զարկիչ; գնդակաթիակ *(բեյսբոլի, կրիկետի, սեղանի թենիսի)* **2** *verb* (**batted**, **batting**) զարկել; հարվածել

bat[2] |bæt| *noun կենդանաբանություն* չղջիկ *(կարգ Chiroptera)*

have bats in the belfry, have bats in one's belfry *խոսակցական* ծալը պակաս լինել

like a bat out of hell *խոսակցական* շատ արագ, սուրալով

bat[3] |bæt| *verb* (**batted**, **batting**) աչքերը/թարթիչները թարթել

batata |bəˈtɑːtə| *noun բուսաբանություն* բատատ; քաղցր կարտոֆիլ

batch |bætʃ| **1** *noun* 1) խմբաքանակ; ապրանքախումբ 2) կույտ; տրցակ 3) խումբ; միավորում; կուսակցություն 4) *համակարգիչներ* գրառումների խումբ; խմբաքանակ **2** *verb* խմբերի մեջ դասավորել; խմբավորել

bath[1] |bɑːθ| **1** *noun* (հոգն. **baths** |bɑːðz|) 1) լոգանք 2) լոգարան 3) (**baths**) բաղնիք 4) (**baths**) առողջարան 5) լողասենյակ 6) *տեխնիկական* գուռ; վաննա **2** *verb* 1) լողացնել 2) լողանալ; լոգանք ընդունել

take a bath 1) լոգանք ընդունել 2) *ամերիկյան* փող կորցնել գործարարական պայմանագրով

bathe |beɪð| **1** *verb* 1) լողանալ; լոգանք ընդունել 2) լողալ; լող տալ 3) լվանալ; ողողել **2** *noun* լոգանք ընդունելը; լողացում

bather *noun* լողացող

bathos |ˈbeɪθɒs| *noun* 1) *գրքային* ոճի հանկարծակի անցում տափակություններին *(բարձրաոճ գրական գործի մեջ. սովորաբար ոչ դիտավորյալ)* 2) տափակություն; անհամություն

bathrobe |ˈbɑːθrəʊb| *noun* լոգարանային վերնազգեստ/խալաթ

bathroom |ˈbɑːθruːm|, |-rʊm| *noun* 1) լողասենյակ 2) *ամերիկյան* զուգարան

bathtub |ˈbɑːθtʌb| *noun* լոգարան; վաննա

batik |ˈbætɪk|, |bəˈtiːk| *noun* մոմագրություն; բատիկա *(կտորի վրա գունավոր պատկեր նկարելու եղանակ, երբ օգտագործվում է մոմը)*

bat mitzvah |bɑːt ˈmɪtzvə| *noun* բատ միցվա *(հրեական կրոնական ծես, որի ժամանակ 12 տարին լրացած աղջիկը համարվում է պատրաստ կրոնական պատվիրանները կատարելու և պաշտամունքին մասնակցելու)*

baton |ˈbæt(ə)n| *noun* 1) գավազան; մական 2) դիրիժորական փայտիկ 3) ոստիկանական մահակ

pass on the baton փոխանցել պարտականությունը

take up the baton, pick up the baton ստանձնել պարտականությունը

batsman |ˈbætsmən| *noun* (հոգն. **-men**) գնդակը ետ հարվածող *(բեյսբոլում, կրիկետում)*

battalion |bəˈtælɪən| *noun ռազմական* գումարտակ

batten[1] |ˈbæt(ə)n| **1** *verb* տախտակներով ամրացնել **2** *noun* 1) հենափայտ 2) դռան տախտակ

batten[2] |ˈbæt(ə)n| *verb* գիրանալ; յուղոտվել *(ինչ-որ մեկի հաշվին)*

batter[1] |ˈbætə| *verb* 1) ուժեղ հարվածել; ծեծել 2) *փոխաբերական* քննադատել; գրաքննության ենթարկել

batter[2] |ˈbætə| *noun* ջրալի կերակրալցուկ/եփաթիլութ *(օգտագործվում է թխվածքների կամ ձկան վրա լցնելու համար)*

batter[3] |ˈbætə| *noun* մարզական հարվածող բեյսբոլիստ

battered[1] |ˈbætəd| *adjective* 1) ծեծված; ջարդված 2) մաշված; հնացած

battered[2] |ˈbætəd| *adjective* եփածխմորով պատված և տապակված

battery |ˈbæt(ə)ri| *noun* (հոգն. **-teries**) 1) *էլեկտրականություն* մարտկոց; գալվանական էլեմենտ 2) *ռազմական* մարտկոց; հրետանու մարտկոց 3) շարք; հաջորդականություն 4) *իրավունք* ծեծ; վիրավորանք

battle |ˈbæt(ə)l| **1** *noun* 1) մարտ; ճակատամարտ; կռիվ 2) պայքար **2** *verb* կռվել; պայքարել; մարտնչել

battle-grey *noun* պաշտպանական գույն; գորշ կանաչավուն

battlefield |ˈbæt(ə)lfi:ld| (նաև **battleground**) *noun* մարտադաշտ; ռազմադաշտ; ճակատամարտության գոտի

battlement |ˈbæt(ə)lm(ə)nt| *noun* (**battlements**) ատամնավոր պարիսպ

battleship |ˈbæt(ə)lʃɪp| *noun ռազմական* գծանավ

bauble |ˈbɔ:b(ə)l| *noun* 1) անարժեք զարդ 2) տոնածառի գնդաձև խաղալիք

bauxite |ˈbɔ:ksʌɪt| *noun հանքաբանություն* բոքսիտ

Bavaria |bəˈvɛ:rɪə| Բավարիա *(Գերմանիայի հողերից մեկը)*

bawdy |ˈbɔ:di| **1** *adjective* (**bawdier**, **bawdiest**) գռեհիկ; անպարկեշտ **2** *noun* հայհոյախոսություն; պղծախոսություն

bawl |bɔ:l| **1** *verb* բարձրաձայն լաց լինել; աղաղակել **2** *noun* բղավոց; աղաղակ

bay[1] |beɪ| *noun* ծոց; ծովածոց

bay[2] |beɪ| *noun բուսաբանություն* դափնի *(Laurus nobilis, ընտանիք Lauraceae)*

bay[3] |beɪ| *noun* 1) *շինարարություն* բացվածք; աչք 2) թռիչք; սյունամեջ 3) հատվածամաս *(ինքնաթիռում, նավում)* 4) *համակարգիչներ* բացվածք *(տարածություն համակարգչի վրա, որտեղ դրվում է պնակավարը)*

bay[4] |beɪ| **1** *adjective* մուգ դարչնագույն *(ձիու մասին)* **2** *noun* մուգ դարչնագույն ձի

bay[5] |beɪ| **1** *verb* հաչել **2** *noun* հաչոց

Bayern |ˈbæɪen| Բավարիա *(գերմաներեն անվանումը)*

bayonet |ˈbeɪənɪt| **1** *noun* 1) *ռազմական* սվին 2) *տեխնիկական* սվինանման միացք **2** *verb* (**-neted**, **-neting**) սվինով խոցել; սվինահարել

Bay State Ծոցի նահանգ *(ԱՄՆ-ի Մասաչուսեթս նահանգի մականունը)*

bazaar |bəˈzɑ:| *noun* 1) արևելյան շուկա; բազար 2) ձեռագործ իրերի զեղչավաճառք բարեգործական նպատակներով 3) *հնացած* հանրախանութ

bazooka |bəˈzu:kə| *noun ռազմական* ռեակտիվ հակատանկային ականանետ

BBC *abbreviation* British Broadcasting Corporation Բրիտանական հեռարձակող ընկերություն

BC *abbreviation* 1) before Christ Քրիստոսից առաջ 2) British Columbia Բրիտանական Կոլումբիա 3) *ռազմական* Batallion Commander վաշտապետ

be **1** *verb* (եզակի ներկա **am** |æm|, |əm|; **are** |ɑ:|, |ə|; **is** |ɪz|; հոգն. ներկա **are**; 1 և 3րդ եզակի անցյալ **was** |wɒz|, |wəz|; 2րդ եզակի անցյալ և հոգն. անցյալ **were** |wə:|, |wə|; ներկա ստորադաս. **be**; անցյալ ստորադաս. **were**; ներկա դերբայ **being**; անցյալ դերբայ **been** |bi:n|, |bɪn|) 1) լինել; գոյություն ունենալ 2) ներկա լինել; գտնվել 3) տեղի ունենալ 4) գնալ; այցելել 5) արժենալ; կազմել; ներկայացնել; նշանակել; իմաստ ունենալ *(հանդես է գալիս որպես կապակցող բայ)* **2** *auxiliary verb* 1) *(օգտագործվում է ներկա դերբայի հետ՝ կազմելով շարունակական ձևեր)* 2) *(օգտագործվում է անցյալ դերբայի հետ՝ կազմելով անցյալ եղանակ)* 3) պետք է; նախատեսված է, որ *(օգտագործվում է նշելու ինչ-որ կատարվելիք բան)* 4) պետք է; պարտավոր է *(օգտագործվում է պարտականություն կամ անհրաժեշտություն արտահայտելու համար)* 5) *(օգտագործվում է հնարավորություն արտահայտելու համար)*

as was ինչպես կոչվում էր նախկինում

be that as it may եթե նույնիսկ դա այդպես է

the be-all and end-all of sth *խոսակցական* ամենակարևոր մասը

beach |bi:tʃ| **1** *noun* 1) ծովափ; լճափ 2) լողափ **2** *verb* 1) ափ հանել *(նավակը)* 2) ծանծաղուտը խրվել *(կետի և այլ կենդանիների մասին)*

beacon |ˈbi:k(ə)n| **1** *noun* 1) ազդանշանային լույս 2) *նաև փոխաբերական* փարոս 3) ռադիոփարոս 4) ազդանշանային աշտարակ/բլուր **2** *verb փոխաբերական* փարոսի պես լուսավորել

bead |bi:d| **1** *noun* 1) ուլունքահատիկ 2) (**beads**) ուլունք; վզնոց 3) (**beads**) տերողորմյա **2** *verb* 1) ուլունք շարել 2) ուլունքով զարդարել

draw a bead on sb/sth, get a bead on sb/sth *հիմնականում ամերիկյան* նշան բռնել *(ինչ-որ մեկին, ինչ-որ բանի)*

beady |ˈbi:di| *adjective* 1) ուլունքանման *(աչքերի մասին, որոնք փոքր են, կլոր և փայլուն, հաճախ նաև կասկածոտ հայացքով)* 2) ծակող; խորաթափանց *(հայացքի մասին)*

beagle |ˈbi:g(ə)l| *noun* որսաշուն

beak |bi:k| *noun* 1) կտուց 2) *կատակային* մեծ և կեռ քիթ 3) նավացռուկ; նավաքիթ

beaker |ˈbi:kə| *noun* 1) գավաթ; սկահակ 2) *բրիտանական* մի լիքը գավաթ; գավաթի պարունակությունը 3) *քիմիա* չափաարկղակ; չափանոթ

beam |bi:m| **1** *noun* 1) ճառագայթների փունջ/խուրձ 2) գերան; հեծան; չորսու 3) մարմնամարզական գերան 4) լայն, երջանիկ ժպիտ **2** *verb* 1) շողալ; երջանիկ ժպիտով ժպտալ 2) առաքել *(ռադիո- կամ հեռուստատեսային ազդանշաններ)* 3) արձակել *(լույս կամ ջերմություն)*

off beam *խոսակցական* սխալ, ոչ ճիշտ

bean |bi:n| **1** *noun* 1) բակլա; լոբի 2) հատիկ *(սուրճի, կակաոյի և այլնի)* **2** *verb խոսակցական* հարվածել գլխին

full of beans աշխույժ; եռանդուն

not have a bean *բրիտանական խոսակցական* փող չունենալ
old bean *ծածկալեզու* բարեկամ; ծերուկ

bean sprouts *plural noun* նոր ծլած բակլա; նոր ծլած լոբի

bear¹ |bɛː| *verb* (անցյալ **bore** |bɔː|; անցյալ դերբայ **borne** |bɔːn|) 1) տանել; հանդուրժել 2) (**not bear sth, not bear doing sth**) հարմար չլինել; չհամեմատվել 3) կրել *(պատասխանատվություն, բեռ)* 4) ունենալ զգացողություն *(հատկապես բացասական)* 5) տանել; դիմանալ *(ծանրությանը)* 6) կրել *(անուն)* ◇ **he bore an ancient name** նա կրում էր հինավուրց անուն 7) պահել իրեն ◇ **he bore himself with dignity** նա իրեն արժանապատվորեն էր պահում 8) ծնել; ծննդաբերել 9) տալ *(պտուղ, ծաղիկ)* • **bear down on sb/sth** i) սլանալ դեպի; հարձակվել ii) ճնշել; սեղմել **bear on** ազդել **bear out** հաստատել ասածը; աջակցել **bear up under sth** i) դիմանալ; քաջաբար տանել ii) քաջալերել **bear with sb/sth** հանդուրժել; տանել *(ինչ-որ բան/ինչ-որ մեկին)*
bear arms զինվոր լինել; ծառայել
bear hard ճնշում գործադրել
be borne on sb հասկացվել; ընկալվել *(հատկապես որոշ ժամանակ անց)*
bring sth to bear on sb/sth ազդել; ներգործել

bear² |bɛː| *noun* կենդանաբանություն արջ ◇ **grizzly bear** ամերիկյան գորշ արջ. **polar bear** սպիտակ արջ. **teddy bear** խաղալիք փափուկ արջուկ
like a bear with a sore head *խոսակցական* գազազած; չարացած

bearable |ˈbɛːrəb(ə)l| *adjective* տանելի; ընդունելի; հանդուրժելի

beard |bɪəd| **1** *noun* 1) մորուք 2) քիստ *(հասկի)* **2** *verb* քաջաբար ընդդիմանալ; ձեռնոց նետել
beard the lion in his den թշնամու վրա նրա իսկ կացարանում հարձակվել; տեսակցել կարևոր մարդուն՝ սեփական անհամաձայնությունն արտահայտելու համար

bearded *adjective* մորուքավոր

bearer |ˈbɛːrə| *noun* 1) կրող; տանող 2) բեռնակիր 3) տեր; սեփականատեր 4) պտղատու ծառ 5) ներկայացնող

bearing |ˈbɛːrɪŋ| *noun* 1) վարքագիծ; պահվածք; կեցվածք *(և՛ մարմնի դիրքի, և՛ գործողություններ վերաբերյալ)* 2) առնչություն; կապ 3) *տեխնիկական* ուղղություն ըստ կողմնացույցի 4) *տեխնիկական* ball-bearing առանցքակալ; գնդառանցքակալ 5) *ճարտարապետություն* հենարան; հենց; հենման կետ 6) գտնվելու վայր
get one's bearings, find one's bearings, take one's bearings կողմնորոշվել; ուշքի գալ
loose one's bearings շփոթվել; կորցնել իրեն

bearish |ˈbɛːrɪʃ| *adjective* 1) արջային 2) *ֆինանսներ* իջնող; նվազող

bearskin |ˈbɛːskɪn| *noun* 1) արջի մորթի 2) արջի մորթուց կարված բարձր ու սև գլխարկ *(որը հագնում են անգլիական գվարդիականները)*

beast |biːst| *noun* 1) գազան 2) (**beasts**) անասուն; կենդանի 3) տհաճ/դաժանաբարո մարդ

beastly |ˈbiːstli| **1** *adjective* (**-lier**, **-liest**) 1) *բրիտանական խոսակցական* խիստ տհաճ; զզվելի 2) անմարդկային; դաժան **2** *adverb* *խոսակցական* սարսափելի; զզվելի; անտանելի

beat |biːt| **1** *verb* (անցյալ **beat**; անցյալ դերբայ **beaten** |ˈbiːt(ə)n|) 1) խփել; ծեծել; հարվածել 2) բախել; բաբախել; թակել; խփել 3) ձայն/ազդանշան հանել 4) թափահարել թևերը 5) հաղթել; պարտության մատնել 6) խառնել *(լուծույթը)* 7) կոել; կոփել 8) խուսափել • **beat oneself up over/about sth** իրեն իրեն մեղադրել; իրեն իրեն դատապարտել **beat sb/sth off** ետ մղել; ետ վանել **beat sb up** ուժեղ ծեծել; հարվածել **beat sth down** հարվածելով ջարդել **beat sth down to sth** գինն իջեցնել **beat sth out** i) ռիթմ խփել ii) կրակը մարել խփելով iii) խփելով հեռացնել **2** *noun* 1) զարկ; բաբախյուն 2) ռիթմ 3) շուրջայց 4) պարեկաշրջան; պարեկության տեղամաս **3** *adjective* (**dead beat**) լրիվ հյուծված
beat about a bush ջուր ծեծել
beat one's brains out *խոսակցական ամերիկյան* մտածել; խելքին զոռ տալ
beat one's breast կուրծք ծեծել; ափսոսանք հայտնել
beat the rap *ծածկալեզու ամերիկյան* ծլկել; ջրից չոր դուրս գալ
can you beat that!, can you beat it! *խոսակցական* էդպիսի բաներ; զարմանալու բան *(արտահայտում է զարմանք)*
off the beaten track տրորված ճանապարհից դուրս; ուրիշ մարդկանցից հեռու

beaten |ˈbiːt(ə)n| **1** *verb* անցյալ դերբայ տե՛ս **beat** **2** *adjective* 1) պարտված 2) հյուծված 3) ծեծված; անհամ 4) օգտագործված; բանեցրած

beatify |bɪˈætɪfʌɪ| *verb* (**-fies**, **-fied**) սրբացնել; սրբերի շարքը դասել

beating |ˈbiːtɪŋ| *noun* 1) ծեծ; ծեծելը 2) *խոսակցական* ծանր պարտություն 3) բաբախում; զարկ; տրոփյուն *(սովորաբար սրտի)*

beauteous |ˈbjuːtɪəs| *adjective բանաստեղծական* գեղեցիկ; հրաշագեղ

beautician |bjuːˈtɪʃ(ə)n| *noun* գեղարար; կոսմետոլոգ

beautification |-fɪˈkeɪʃ(ə)n| *noun* զարդարում; գեղազարդում

beautiful |ˈbjuːtɪfʊl|, |-f(ə)l| *adjective* 1) գեղեցիկ; գրավիչ; սիրունատես; գեղատեսիլ 2) գերազանց

beautify |ˈbjuːtɪfʌɪ| *verb* (**-fies**, **-fied**) գեղեցկացնել

beauty |ˈbjuːti| *noun* (հոգն. **-ties**) 1) գեղեցկություն 2) գեղեցկուհի; գեղեցիկ անձ 3) գեղեցիկ/հրաշալի նմուշ *(որևէ բանի)* 4) հաճելի կողմ
beauty is only skin-deep մարդուն արտաքինով չեն դատում

beauty contest *noun* գեղեցկության մրցույթ

beauty queen *noun* գեղեցկության թագուհի; գեղեցկության մրցույթի հաղթող

beauty spot *noun* 1) գեղատեսիլ վայր 2) գեղեցկության խալ *(որը կանայք դնում են իրենց դեմքին՝ գեղեցիկ երևալու համար)* 3) խալ

beaver¹ |ˈbiːvə| **1** *noun* (հոգն. նույնը կամ **-vers**)

1) *կենդանաբանություն* կուղբ *(Castor, ընտանիք Castoridae)* 2) կղբենի 3) կղբենուց գլխարկ **2** *verb խոսակցական* տքնաջան/ջանասիրաբար աշխատել; տքնել

beaver² |ˈbiːvə| *noun պատմական* երեսակալ *(սաղավարտի)*

beaver³ |ˈbiːvə| *noun գռեհկաբանություն* կանանց արտաքին սեռական օրգաններ

Beaver State Կուղբերի նահանգ *(ԱՄՆ-ի Օրեգոն նահանգի մականունը)*

becalm |bɪˈkɑːm| *verb* 1) անշարժանալ քամու բացակայության պատճառով *(նավի մասին)* 2) հանդարտեցնել

because |bɪˈkɒz| *conjunction* 1) որովհետև; քանի որ; քանզի 2) (**because of**) պատճառով

beck¹ |bɛk| *noun բրիտանական* լեռնային վտակ/առվակ

beck² |bɛk| *noun բանաստեղծական* ձեռքով/գլխով շարժում *(որը նշանակում է ողջույն կամ հրաման)*

at sb's beck and call ինչ-որ մեկի հրամանին պատրաստ; ինչ-որ մեկի հրամանին հլու-հնազանդ

beckon |ˈbɛk(ə)n| *verb* 1) ձեռքով նշան անել; գլխով նշան անել; հրավիրել 2) գրավել; գրավիչ լինել

become |bɪˈkʌm| *verb* (անցյալ **-came** |bɪˈkeɪm|; անցյալ դերբայ **-come**) 1) դառնալ 2) վերածվել; փոխվել; փոխարկվել; անցնել *(մի բանից, մի վիճակի)* 3) սազել 4) հարմար/պատշաճ լինել 5) (**become of**) պատահել; տեղի ունենալ; կատարվել *(մեկի հետ)*

becoming 1 *adjective* 1) սազող; սազական 2) պատշաճ; վայելուչ **2** *noun փիլիսոփայություն* կայացում

bed |bɛd| **1** *noun* 1) մահճակալ; անկողին 2) քնելու տեղ 3) մարգ 4) պատվանդան; հիմք *(երկաթուղու, խճուղու)* 5) հատակ; հուն *(գետի, լճի, ծովի)* 6) շերտ *(երկրաբանական և այլն)* **2** *verb* (**bedded**, **bedding**) 1) անկողին մտնել 2) անկողին դնել 3) *խոսակցական* սեռական հարաբերություն ունենալ; կենակցել 4) մարգում տնկել *(սածիլները և այլն)* 5) ամրացնել; ագուցել

bed of roses թեթև/անհոգ կյանք

get out of bed on the wrong side *բրիտանական* (**get up on the wrong side of the bed**) ձախ ոտքի վրա վեր կենալ, վատ տրամադրություն ունենալ

take to one's bed անկողին ընկնել *(հիվանդության պատճառով)*

you've made your bed and you must lie in it ինչ որ ցանես, այն էլ կհնձես

bed and breakfast (նաև **bed-and-breakfast b. & b.**) *noun* անկողին և նախաճաշ *(հյուրանոցներում տեղավորման տեսակ, որի մեջ մտնում է գիշերելը և նախաճաշը)*

bedclothes |ˈbɛdkləʊðz| *plural noun* անկողնային սպիտակեղեն; անկողնու սպիտակեղեն

bedding |ˈbɛdɪŋ| *noun* 1) անկողնային ծածկոցներ *(վերմակներ, սավաններ և այլն)* 2) փռոց; ցամքար *(անասունների տակ փռելու համար)* 3) հիմնական շերտ

bedeck |bɪˈdɛk| *verb* զարդարել; զուգել

bedew |bɪˈdjuː| *verb բանաստեղծական* ցողել; ցողով ծածկել

bedfellow |ˈbɛdfɛləʊ| *noun* 1) անկողնակից; կողակից; ամուսին 2) *փոխաբերական* կողմնակից; համախոհ

bedim |bɪˈdɪm| *verb* (**-dimmed**, **-dimming**) *բանաստեղծական* 1) մշուշել; մշուշապատել 2) մթագնել

bedpan |ˈbɛdpæn| *noun* միզանոթ; պետքանոթ; գիշերանոթ

bedraggle *verb* կեղտոտել

bedraggled |bɪˈdræg(ə)l| *adjective* կեղտոտված; աղտոտված

bedrock |ˈbɛdrɒk| *noun* 1) *երկրաբանություն* հիմնաժայռ 2) *փոխաբերական* հիմնական սկզբունքներ; հիմք

bedroom |ˈbɛdruːm|, |-rʊm| (հապվ. **bdrm.**) **1** *noun* ննջարան **2** *adjective* ննջարանային; անկողնային; սեռական հարաբերությունների

bedside |ˈbɛdsʌɪd| *noun* անկողնու շուրջը

bedsore |ˈbɛdsɔː| *noun* պառկելախոց; պառկելավերք

bedspread |ˈbɛdsprɛd| *noun* անկողնու ծածկոց

bedstead |ˈbɛdstɛd| *noun* 1) մահճակալի հենք 2) մահճակալ *(առանց ներքնակի)*

bedtime |ˈbɛdtʌɪm| *noun* պառկելու/քնելու ժամանակ

bee |biː| *noun* 1) *կենդանաբանություն* մեղու *(ընտանիք Apidae)* 2) հավաքույթ *(համատեղ աշխատանքի կամ զվարճանքի համար)*

have a bee in one's bonnet *խոսակցական* ինչ-որ բանի համար գժված; ինչ-որ բանի վրա գժված; ինչ-որ բանով տարված

the bee's knees *խոսակցական* հրաշալի մարդ

beech |biːtʃ| *noun* (նաև **beech tree**) *բուսաբանություն* հաճարի; հաճարենի *(ընտանիք Fagaceae)*

beef |biːf| **1** *noun* 1) տավարի միս 2) *խոսակցական* միս; մկան *(մարդու)* 3) *խոսակցական* բողոք **2** *verb խոսակցական* բողոքել

beef sth up ինչ-որ բան մեծացնել; ամրացնել

beefeater |ˈbiːfiːtə| *noun* գվարդիայի զինվոր, որն ավանդական համազգեստով ծառայում է Լոնդոնի Թաուերում

beefsteak |biːfˈsteɪk|, |ˈbiːf-| *noun խոհանոց* բիֆշտեքս *(մսի պատրաստման բրիտանական տեսակ)*

beefy |ˈbiːfi| *adjective* (**beefier**, **beefiest**) 1) մսոտ; մկանուտ; ամուր 2) մեծ; հզոր 3) մսահամ; մսի համ ունեցող

beehive |ˈbiːhʌɪv| *noun* 1) փեթակ; մեղվաբույն 2) *փոխաբերական* մարդաշատ վայր, մեղվանոց 3) կանացի սանրվածքի տեսակ *(1960-ականներին տարածված)*

Beehive State Փեթակի նահանգ *(ԱՄՆ-ի Յուտա նահանգի մականունը)*

beekeeper *noun* մեղվապահ

beep |biːp| **1** *noun* ավտոմեքենայի ազդանշան; ճիկ; պիբիփ **2** *verb* ազդանշանի ձայն հանել

beer |bɪə| *noun* գարեջուր

beer and skittles 1) զվարճություն 2) քեֆ-ուրախություն

beeswax |ˈbiːzwæks| *noun* 1) մեղրամոմ 2) *խոսակցական* գործ; մտահոգություն *(որևէ մեկի)*

beet |biːt| *noun բուսաբանություն* ճակնդեղ; բազուկ *(Beta vulgaris, ընտանիք Chenopodiaceae)*

beetle[1] |ˈbiːt(ə)l| **1** *noun* 1) *կենդանաբանություն* բզեզ *(կարգ Coleoptera)* 2) «բզեզ» *(փոքր «ֆոլկսվագեն» ավտոմեքենայի փաղաքշական անունը)* **2** *verb խոսակցական* արագ շարժվել

beetle[2] |ˈbiːt(ə)l| **1** *noun* թակ; փայտամուրճ; թոխմախ **2** *verb* տոփանել

beetle[3] |ˈbiːt(ə)l| **1** *verb* կախ ընկնել; խոժոռվել *(սովորաբար մարդու հոնքերի մասին)* **2** *adjective* կախ ընկած; խոժոռված *(սովորաբար մարդու հոնքերի մասին)*

beetle-browed *adjective* կախ ընկած հոնքերով

beetroot |ˈbiːtruːt| *noun բրիտանական բուսաբանություն* բազուկ; ճակնդեղ; տակ *(Beta vulgaris ենթատեսակ vulgaris, ընտանիք Chenopodiaceae)*

befall |bɪˈfɔːl| *verb* (անցյալ **-fell** |bɪˈfɛl|; անցյալ դերբայ **-fallen** |bɪˈfɔːlən|) *բանաստեղծական* կատարվել; տեղի ունենալ; բաժին ընկնել

befit |bɪˈfɪt| *verb* (**fitted**, **-fitting**) *գրական անգլերեն* հարմար լինել; սազել; համապատասխանել

befog |bɪˈfɒg| *verb* (**-fogged**, **-fogging**) 1) մշուշել; մշուշապատել 2) շփոթեցնել; մոլորեցնել; խառնել

befool |bɪˈfuːl| *verb հնացած* հիմարացնել

before |bɪˈfɔː| *preposition, conjunction, adverb* 1) նախքան, առաջ; մինչև 2) դիմաց; առաջ; առջևում 3) ավելի շուտ *(քան)*

beforehand |bɪˈfɔːhænd| *adverb* նախօրոք; նախքան

befoul |bɪˈfaʊl| *verb* կեղտոտել; պղծել

befriend |bɪˈfrɛnd| *verb* վերաբերվել ընկերաբար/բարեկամաբար

beg |bɛg| *verb* (**begged**, **begging**) 1) (**beg sb for sth, beg sth of/frm sb**) աղաչել; խնդրել; պաղատել 2) մուրալ; ողորմություն խնդրել • **beg off** հրաժարվել, ետ քաշվել

beg leave *գրական անգլերեն* թույլտվություն խնդրել
beg your pardon 1) ներողություն եմ խնդրում 2) կրկնեք; խնդրեմ
I beg to differ թույլ տվեք չհամաձայնել

beget |bɪˈgɛt| *verb* (**-getting**; անցյալ **-got** |bɪˈgɒt|; անցյալ դերբայ **-gotten** |bɪˈgɒt(ə)n|) *գրքային* 1) ծնել; ունենալ *(զավակ)* 2) բերել; առաջացնել *(որոշակի արդյունք)*

beggar |ˈbɛgə| **1** *noun* 1) մուրացկան; մուրացիկ 2) տիպ *(օգտագործվում է ածականի հետ՝ տվյալ մարդուն նկարագրելու համար)* **2** *verb* աղքատացնել

beggar belief/description անհնարին է հավատալ/նկարագրել
Beggars can't be choosers. Աղքատները չեն կարող ընտրել:
lazy beggar ծույլ տիպ
little beggars փոքրիկներ; բալիկներ

begin |bɪˈgɪn| *verb* (**-ginning**; անցյալ **-gan** |bɪˈgæn|; անցյալ դերբայ **-gun** |bɪˈgʌn|) 1) սկսել; սկզբնավորել 2) սկսվել; սկզբնավորվել
to begin with 1) սկզբում 2) նախ և առաջ

beginner |bɪˈgɪnə| *noun* սկսնակ

beginning |bɪˈgɪnɪŋ| **1** *noun* 1) սկիզբ; սկզբնակետ 2) սկզբներ *(օրինակ՝ ամսվա, տարվա)* 3) անցյալ; պատմություն; ծագում 4) (**beginnings**) հիմունքներ **2** *adjective* 1) նոր; անփորձ; սկսնակ 2) ներածական; նախնական

begone |bɪˈgɒn| *exclamation բանաստեղծական* կորի՛ր; հեռացի՛ր

begrudge |bɪˈgrʌdʒ| *verb* 1) նախանձել 2) խնայել; ժլատություն անել

beguile |bɪˈgaɪl| *verb* 1) հրապուրել; պատրել; խաբել 2) *հնացած* զբաղեցնել; ժամանակ անցկացնել

behave |bɪˈheɪv| *verb* 1) իրեն պահել; վարվել; կենցաղավարել 2) (**behave oneself**) իրեն լավ պահել 3) աշխատել *(մեքենայի, մեխանիզմի մասին)*

behavior |bɪˈheɪvjə| (*բրիտանական* **behaviour**) *noun* 1) վարք; պահվածք; վարմունք 2) վարքագիծ
be on one's best behavior իրեն լավ կողմից ցույց տալ; իրեն լավ պահել; իրեն պատկառանքով պահել *(մանավանդ, երբ կողքից դիտում են)*

behead |bɪˈhɛd| *verb* գլխատել

behind |bɪˈhʌɪnd| **1** *preposition* 1) ետևում; հետևում; հետևից 2) այն կողմում 3) ետ մնացած *(առաջընթացից, օրակարգից և այլն)* 4) մեջքին կանգնած; աջակցող; սատարող; ետևում *(աջակցության համար)* 5) իրենից հետո *(մահվան/բաժանման դեպքում)* **2** *adverb* ետ; ետևում; ետևից ◇ **stay behind** մնալ. **left behind** թողնված, լքված. **fall behind** չհասցնել, ետ մնալ **3** *adjective* հաջորդող; ետ մնացող **4** *noun խոսակցական* հետույք

behold |bɪˈhəʊld| *verb* (անցյալ և անցյալ դերբայ **-held** |bɪˈhɛld|) *հնացած բանաստեղծական* տեսնել; նայել; հայել

beholder *noun* ականատես; հանդիսատես; վկա

behoof |bɪˈhuːf| *noun հնացած* օգուտ; շահ
in/on/for our behoof մեր շահերից ելնելով

behoove |bɪˈhəʊv| (*բրիտանական* **behove**) *verb գրական անգլերեն* հարկ/պետք լինել; պատշաճ լինել

beige |beɪʒ|, |beɪdʒ| **1** *adjective* բաց դարչնավուն; բեժ գույնի **2** *noun* բաց դարչնագույն; բեժ գույնը

Beijing |beɪˈdʒɪŋ| Պեկին *(Չինաստանի մայրաքաղաքը)*

being |ˈbiːɪŋ| **1** *verb* ներկա դերբայ տե՛ս **be** **2** *noun* 1) գոյություն; կեցություն ◇ **come into being** գոյության կոչվել 2) էություն 3) էակ ◇ **human being** մարդ, մարդ էակ՝ արարած

Beirut |beɪˈruːt| Բեյրութ *(Լիբանանի մայրաքաղաքը)*

Belarus |ˌbɛləˈruːs|, |b j ɪlæˈrus j | Բելառուս *(պետություն Արևելյան Եվրոպայում)*

belated |bɪˈleɪtɪd| *adjective* ուշացած

belch |bɛltʃ| **1** *noun* 1) զկռտոց; բռկոց; բխկոց 2)

(**belch from**) ծխի սյուն **2** *verb* 1) զկռտալ; բղկալ; բխկալ 2) ծուխ փչել; ծխալ

beleaguer |bɪˈliːɡə| *verb* 1) քննադատել; դժվարություններ ստեղծել 2) պաշարել

Belfast |bɛlˈfɑːst| Բելֆաստ *(Հյուսիսային Իռլանդիայի մայրաքաղաքը)*

belfry |ˈbɛlfri| *noun* (հոգն. **-fries**) զանգակատուն; աշտարակ

Belgian |ˈbɛldʒ(ə)n| **1** *adjective* բելգիական **2** *noun* բելգիացի

Belgium |ˈbɛldʒəm| Բելգիա *(պետություն Արևմտյան Եվրոպայում)*

Belgrade |bɛlˈɡreɪd| Բելգրադ *(Սերբիայի մայրաքաղաքը)*

belie |bɪˈlʌɪ| *verb* (**-lying**) 1) աղճատել; աղավաղել; թաքցնել 2) մերկացնել; բացահայտել

belief |bɪˈliːf| *noun* 1) հավատ; վստահություն; համոզմունք 2) կարծիք 3) հավատք; հավատ; դավանանք

be of the belief that այն կարծիքին լինել, որ
beyond belief անհավատալի
to the best of my belief որքան ինձ հայտնի է

believable *adjective* հավատալի; հավանական

believe |bɪˈliːv| *verb* 1) հավատալ; հավատ ընծայել; համոզված լինել; ընդունել 2) կարծել 3) վստահել • **believe in** i) հավատալ գոյությանը ii) կարծել, որ ինչ-որ բան ճիշտ է; ընդունել iii) վստահել

seeing is believing *առած* աչքը տեսածին է հավատում
would you believe it? *խոսակցական* կհավատա՞ս
you'd better believe it! *խոսակցական* ճիշտ եմ ասում; հավատա ինձ

believer |bɪˈliːvə| *noun* 1) հավատացյալ *(որևէ կրոնի)* 2) կողմնակից 3) հավատացող

belittle |bɪˈlɪt(ə)l| *verb* նվաստացնել; թերագնահատել

bell[1] |bɛl| **1** *noun* 1) զանգ; զանգակ 2) զանգ; զանգի ձայն 3) *բուսաբանություն* ծաղկաբաժակ 4) *ծովային* կեսժամյա հերթափոխ **2** *verb* 1) զանգեր կախել; զանգեր մատակարարել 2) զանգի ձայն հանել 3) դուրս պրծնել *(զանգի լեզվակի նման)*

bear away the bell, carry away the bell 1) առաջնորդել; առաջնորդ լինել 2) շահել գլխավոր մրցանակը
bells and whistles լրացուցիչ հաճելի հատկություններ
clear as a bell պարզ; հստակ
ring a bell *խոսակցական* ծանոթ հնչել
with bells on *խոսակցական* խանդավառությամբ

bell[2] |bel| **1** *noun* բառաչ *(եղջերուի բառաչը կտղանքի ժամանակ)* **2** *verb* բառաչել *(եղջերուի մասին)*

bellboy |ˈbɛlbɔɪ| *noun* սպասավոր; բեռնակիր *(հյուրանոցներում)*

belle |bɛl| *noun* գեղեցկուհի; տեղի ամենագեղեցիկ կինը

belles-lettres |bɛlˈlɛtrə| *plural noun* 1) արձակագրություն; վիպագրություն; գեղարվեստական արձակ 2) գեղարվեստական գրականություն; գրականություն *(որպես արվեստի ճյուղ)*

bellhop *noun* սպասավոր; բեռնակիր *(հյուրանոցներում)*

bellicose |ˈbɛlɪkəʊs| *adjective* ռազմատենչ; թշնամական; ագրեսիվ

bellicosity |-ˈkɒsɪti| *noun* ռազմատենչություն

belligerent |bəˈlɪdʒ(ə)r(ə)nt| **1** *adjective* 1) պատերազմող 2) ռազմատենչ; ագրեսիվ; կռվարար **2** *noun* պատերազմող կողմ/երկիր

Bellingshausen Sea |ˈbɛlɪŋzˌhaʊz(ə)n| Բելինգսհաուզենի ծով *(ծով Խաղաղ օվկիանոսի հարավում, Անտարկտիդայի մոտ)*

bellow |ˈbɛləʊ| **1** *verb* 1) բառաչել; մռնչալ 2) գոռալ; բղավել **2** *noun* 1) բառաչ; մռնչյուն 2) ճիչ; բղավոց; գոռոց

bellows |ˈbɛləʊz| *plural noun* փուքս

belly |ˈbɛli| *noun* փոր; որովայն

belong |bɪˈlɒŋ| *verb* 1) պատկանել 2) պատշաճ/ հարմար լինել; վայելուչ լինել 3) (**belong to**) անդամ լինել

belongings |bɪˈlɒŋɪŋz| *plural noun* պիտույքներ; պատկանելիք

beloved |bɪˈlʌvɪd|, |-ˈlʌvd| *adjective* սիրելի; սիրեցյալ

below |bɪˈləʊ| **1** *preposition* տակ; ներքևում **2** *adverb* 1) ներքևում 2) ավելի ցած; ներքև

belt |bɛlt| **1** *noun* 1) գոտի 2) *տեխնիկական* փոկ; շարժափոկ 3) տարածք; գոտի 4) ուժգին հարված **2** *verb* 1) գոտևորել 2) կապել 3) ամրակապել 4) հարվածել *(հատկապես գոտիով)* 5) արագ կուլ տալ 6) *բրիտանական խոսակցական* շատ արագ շարժվել

below the belt անարդար; դաժան; գոտկատեղից ներքև
belt and braces *խոսակցական* ավելին, քան անհրաժեշտ է
belt sth out *խոսակցական* բարձր երգել/նվագել
belt up *խոսակցական բրիտանական* 1) կապել ամրագոտին 2) ձայնը կտրի՛ր
have sth under one's belt *խոսակցական* արդեն ունենալ ձեռքբերումներ

bemoan |bɪˈməʊn| *verb* *հաճախ կատակային* տրտմել; ողբալ

bench *noun* 1) նստարան 2) տեղ պառլամենտում 3) (**the bench**) դատավոր; դատավորի պաշտոն 4) *մարզական* նստարան *(սովորաբար պահեստային խաղացողների)*

benchmark |ˈbɛn(t)ʃmɑːk| *noun* չափանիշ; չափորոշիչ

bend[1] |bɛnd| **1** *verb* (անցյալ **bent**) 1) թեքել; ծռել; կռացնել; կորացնել; հակել; ճկել 2) թեքվել; ծռվել; կռանալ; կորանալ; հակվել; ճկվել 3) ենթարկել; հնազանդեցնել; հպատակեցնել 4) ենթարկվել; հնազանդվել; հպատակվել 5) ուղղել *(ուշադրությունը, ջանքերը)* 6) իրեն հարմարեցնել; իրեն հարմար ձևով փոխել **2** *noun* 1) ծռվածք; թեքում 2) ոլորան

on bended knees ծունկի իջած; խոնարհաբար
round the bend խելքը թռցրած

beneath |bɪˈniːθ| **1** *preposition* 1) ներքևում;

տակը 2) ավելի ցածր 3) ետևում; տակ *(դիմակի և այլն)* **2** *adverb* տակ; ցած

benediction |ˌbɛnɪˈdɪkʃ(ə)n| *noun* օրհնություն

benefaction |bɛnɪˈfækʃ(ə)n| *noun* բարերարություն; նվիրատվություն

benefactor |ˈbɛnɪfæktə| *noun* բարերար; նվիրատու

benefice |ˈbɛnɪfɪs| *noun* վճարովի քահանայական պաշտոն

beneficent |bɪˈnɛfɪs(ə)nt| *adjective* 1) բարերար; բարեգործ 2) օգտակար; օգտավետ

beneficial |bɛnɪˈfɪʃ(ə)l| *adjective* բարերար; օգտակար

beneficiary |bɛnɪˈfɪʃ(ə)ri| *noun* 1) շահառու; օգտառու; նպաստառու 2) ժառանգորդ

benefit |ˈbɛnɪfɪt| **1** *noun* 1) օգուտ; շահ 2) նպաստ 3) բարեգործական միջոցառում **2** *verb* 1) օգուտ քաղել 2) օգուտ բերել/տալ

benefit of clergy հոգևորականների չդատվելն աշխարհիկ դատարանով

for sb's benefit ինչ-որ մեկի բարիքի համար

Benelux |ˈbɛnɪlʌks| Բենիլյուքս *(Բելգիայի, Նիդեռլանդների և Լյուքսեմբուրգի հավաքական անվանումը)*

benevolence *noun* 1) բարեգործություն 2) բարյացակամություն

benevolent |bɪˈnɛv(ə)l(ə)nt| *adjective* 1) բարյացակամ 2) բարեգործական

Bengali |bɛŋˈgɔːli| **1** *noun* (հոգն. **-lis**) 1) բենգալացի 2) բենգալերեն **2** *adjective* բենգալական

benighted |bɪˈnʌɪtɪd| *adjective* 1) *հնացած* անկիրթ; հետամնաց; խավարամիտ; անուս 2) առանց լուսավորության *(վայրերի մասին)*

benign |bɪˈnʌɪn| *adjective* 1) *գրական* անգլերեն բարի; մեղմ 2) *բժշկություն* բարորակ

Benin |bɛˈniːn| Բենին *(պետություն Աֆրիկայի արևմուտքում)*

Benjamin |ˈbɛndʒəmɪn| *աստվածաշնչային* Բենիամին *(Իսրայելի 12 ցեղերից մեկը)*

bent[1] |bɛnt| **1** անցյալ և անցյալ դերբայ տե՛ս **bend 1 2** *adjective* 1) ծուռ; թեք 2) կորացած; կքած 3) *խոսակցական բրիտանական* անազնիվ 4) *խոսակցական բրիտանական* միասեռական

bent on sth, bent on doing sth մի բան մտքը դրած

bent[2] |bɛnt| *noun* 1) *բուսաբանություն* սեզ *(Agrostis և այլ տեսակներ, ընտանիք Graminae)* 2) *հնացած բրիտանական* արոտավայր

benumb |bɪˈnʌm| *verb* անզգայացնել; թմրեցնել

benzene |ˈbɛnziːn| *noun քիմիա* բենզոլ

bequeath |bɪˈkwiːð| *verb* 1) կտակել 2) թողնել; ժառանգել *(գիտելիքներ, աշխատանքի արդյունքներ և այլն)*

bequest |bɪˈkwɛst| *noun* ժառանգություն

berate |bɪˈreɪt| *verb* հանդիմանել; կշտամբել

bereave |bɪˈriːv| *verb* (**be bereft of**) կորցնել; զրկվել *(մերձավորից)*

bereavement *noun* ծանր կորուստ

bereft |bɪˈrɛft| **1** անցյալ դերբայ տե՛ս **bereave 2** *adjective* 1) զուրկ 2) միայնակ; մենակ

beret |ˈbereɪ|, |-ri| *noun* բերետ

Bering Sea Բերինգի ծով *(ծով, որն ընկած է Սիբիրի և Ալյասկայի միջև)*

Bering Strait Բերինգի նեղուց *(նեղուց, որը բաժանում է Սիբիրը և Ալյասկան)*

berkelium |bəːˈkiːlɪəm|, |ˈbəːklɪəm| *noun քիմիա* (**Bk**) բերքլիում

Berlin |bəːˈlɪn| Բեռլին *(Գերմանիայի մայրաքաղաքը)*

Berne |bəːn| (նաև **Bern**) Բեռն *(Շվեյցարիայի մայրաքաղաքը)*

berry |ˈbɛri| *noun* (հոգն. **-ries**) *բուսաբանություն* հատապտուղ; հատընդեղ

berserk |bəˈsəːk|, |-z-| *adjective* 1) կատաղած; իրեն կորցրած 2) վերահսկողությունից դուրս *(մարդու/կենդանու/մեքենայի մասին)*

berth |bəːθ| **1** *noun* 1) կախովի անկողին նավում; քնելու տեղ գնացքում 2) խարսխակայան **2** *verb* կայանել; խարիսխ գցել

beryl |ˈbɛrɪl| *noun հանքաբանություն* բերյուղ; բերիլ

beryllium |bəˈrɪlɪəm| *noun քիմիա* (**Be**) բերիլիում

beseech |bɪˈsiːtʃ| *verb* (անցյալ **-sought** |-ˈsɔːt| կամ **-seeched**) աղաչել; խնդրել

beset |bɪˈsɛt| *verb* (**-setting**; անցյալ և անցյալ դերբայ **-set**) 1) անհանգստացնել; ձանձրացնել 2) պաշարել; շրջապատել 3) *հնացած* պատված/ծածկված լինել

beside |bɪˈsʌɪd| *preposition* 1) կողքին; մոտ 2) բացի; ի լրումն

besides |bɪˈsʌɪdz| **1** *adverb* բացի դրանից **2** *preposition* բացի

besiege |bɪˈsiːdʒ| *verb* 1) պաշարել; շրջապատել 2) պաշարել խնդրանքներով; ծանրաբեռնել հարցերով

besmear |bɪˈsmɪə| *verb բանաստեղծական* կեղտոտել; աղտոտել

besmirch |bɪˈsməːtʃ| *verb* 1) վարկաբեկել; արատավորել 2) *բանաստեղծական* կեղտոտել; կեղտ լցնել

besom |ˈbiːz(ə)m|, |ˈbɪz-| *noun* ավել; ցախավել

besotted |bɪˈsɒtɪd| *adjective* 1) կուրացած; խելագարի պես սիրահարված 2) *հնացած* հարբած

bespatter |bɪˈspætə| *verb* կեղտ/հեղուկ ցայտեցնել; ցեխոտել

bespeak |bɪˈspiːk| *verb* (անցյալ **-spoke** |-ˈspəʊk|; անցյալ դերբայ **-spoken** |-ˈspəʊk(ə)n|) 1) ենթադրել; վկայել 2) նախօրոք պատվիրել 3) *հնացած* ասել; խոսել

bespectacled |bɪˈspɛktək(ə)ld| *adjective* ակնոց դրած; ակնոցավոր

bespoke |bɪˈspəʊk| **1** անցյալ տե՛ս **bespeak 2** *adjective հիմնականում բրիտանական* պատվերով արված

besprinkle |bɪˈsprɪŋk(ə)l| *verb բանաստեղծական* ցողել; ցանել

Bessarabia |ˌbɛsəˈreɪbɪə| Բեսարաբիա *(պատմական շրջան՝ Դնեստր և Պրուտ գետերի միջև.*

ներկայումս՝ Մոլդովայի և Ուկրաինայի կազմում)

best |bɛst| **1** *adjective* լավագույն; ամենալավ **2** *adverb* ամենից լավ; ամենալավ կերպով **3** *noun* ամենալավը; հնարավոր լավագույնը **4** *verb խոսակցական* հաղթել; խաբել; մոլորեցնել

all the best ամենայն բարիք *(սովորաբար օգտագործվում է նամակի կամ խոսակցության վերջում)*
at best լավագույն դեպքում
make the best of sth/it/things, make the best of a bad job արիաբար դիմանալ դժվարություններին; իրեն լավագույնս դրսևորել
the best of a bad bunch *խոսակցական* մյուսներից մի փոքր լավ, կույրերի մեջ միաչքանի թագավոր
to the best of one's ability, to the best of one's knowledge հնարավորին չափով, կարելիվույն չափ

bestial |ˈbɛstɪəl| *adjective* 1) գազանային; կենդանական; անասնական 2) դաժան; վայրագ

best man *noun* փեսաեղբայր

bestow |bɪˈstəʊ| *verb* պարգևել; շնորհել

bestrew |bɪˈstru:| *verb* (անցյալ **-strewed** կամ **-strewn** |-ˈstru:n|) *բանաստեղծական* ծածկել; շաղ տալ վրան

bestride |bɪˈstrʌɪd| *verb* (անցյալ **-strode** |-ˈstrəʊd|; անցյալ դերբայ **-stridden** |-ˈstrɪd(ə)n|) հեծնել

best seller *noun* ամենագնայուն/ամենավաճառվող ապրանք *(սովորաբար գիրք)*

bet |bɛt| **1** *noun* 1) գրազ 2) *խոսակցական* կարծիք; կանխատեսում **2** *verb* 1) գրազ գալ 2) *խոսակցական* վստահ լինել

all bets are off *խոսակցական* ոչ ոք չգիտի, թե վերջն ինչ է լինելու
I/I'll bet *խոսակցական* 1) համկանում եմ 2) չեմ հավատում, չէ՛ հա
you bet! *խոսակցական* այո՛; հաստատ է; այդպես է
you can bet your life, you can bet your bottom dollar *խոսակցական* հաստատ եմ ասում; վստա՛հ եղիր

beta |ˈbi:tə| *noun* 1) (**B**, **β**) բետա *(հունական այբուբենի երկրորդ տառը)* 2) *համակարգիչներ* բետա

beta decay *noun ֆիզիկա* բետա-քայքայում *(ատոմի քայքայում բետա-ճառագայթների, այսինքն՝ էլեկտրոնների արձակմամբ)*

betake |bɪˈteɪk| *verb* (անցյալ **-took** |bɪˈtʊk|; անցյալ դերբայ **-taken** |bɪˈteɪk(ə)n|) *բանաստեղծական* դիմել; գնալ դեպի

beta particle (նաև **beta ray**) *noun ֆիզիկա* բետա-մասնիկ *(արագ շարժվող էլեկտրոն)*

bethink |bɪˈθɪŋk| *verb* (անցյալ և անցյալ դերբայ **-thought** |-ˈθɔ:t|) *գրական անգլերեն հնացած* 1) հիշել; մտաբերել 2) մտորել

Bethlehem |ˈbɛθlɪhɛm| Բեթղեհեմ *(փոքր քաղաք Երուսաղեմի մոտ, Հիսուս Քրիստոսի ծննդավայրը)*

betide |bɪˈtʌɪd| *verb բանաստեղծական* տեղի ունենալ

woe betide him who ... վա՜յ նրան, ով ...

betray |bɪˈtreɪ| *verb* 1) մատնել; դավաճանել 2) խաբել

betrayal *noun* մատնություն; դավաճանություն

betrothal *noun* նշանդրեք

better[1] |ˌbɛtə| **1** *adjective, adverb* ավելի լավ **2** *noun* ավելի լավը

be better off 1) ավելի հարուստ լինել 2) ավելի լավ լինել
for better or for worse ինչ էլ որ լինի
get the better of sb/sth հաղթել ինչ-որ մեկին; առավելություն ստանալ

better[2] |ˌbɛtə| *noun* տե՛ս **bettor**

betting |ˈbɛtɪŋ| *noun* գրազ գալը

the betting is that... *խոսակցական* այնպես է թվում, որ..., կարծես թե

bettor |ˈbɛtə| (նաև **better**) *noun* գրազ եկող անձ *(սովորաբար պարբերաբար)*

between |bɪˈtwi:n| (հապվ. **bet.**) **1** *preposition* 1) միջև 2) միասին; համատեղ; միացյալ ջանքերով/ուժերով **2** *adverb* (**in between**) միջև; մեջտեղում

betwixt |bɪˈtwɪkst| *preposition, adverb հնացած* միջև

between and betwixt *հնացած* ո՛չ այս կողմ, ո՛չ այն կողմ; ո՛չ այս, ո՛չ այն

bevel |ˈbɛv(ə)l| **1** *noun տեխնիկական* երեսակ; շեղատ **2** *verb* (**beveled**, **beveling** կամ **bevelled**, **bevelling**) *տեխնիկական* շեղատ տաշել

beverage |ˈbɛv(ə)rɪdʒ| *noun* ըմպելիք; խմիչք

bevy |ˈbɛvi| *noun* (հոգն. **bevies**) 1) խումբ; հավաքույթ *(հատկապես կանանց կամ աղջիկների)* 2) երամ *(թռչունների)*

bewail |bɪˈweɪl| *verb* ողբալ

beware |bɪˈwɛ:| *verb* զգուշանալ; զգոն լինել

bewilder |bɪˈwɪldə| *verb* շփոթեցնել

bewitch |bɪˈwɪtʃ| *verb* 1) կախարդել 2) հմայել, հրապուրել

beyond |bɪˈjɒnd| **1** *preposition* 1) այն կողմը 2) ուշ 3) վեր **2** *adverb* հեռվում

be beyond sb *խոսակցական* ինչ-որ մեկի խելքի բանը չլինել; ինչ-որ մեկի ուժի բանը չլինել

Bhutan |bu:ˈtɑ:n| Բութան *(պետություն Ասիայի հարավում՝ Հիմալայան լեռների լանջերին)*

bias |ˈbʌɪəs| **1** *noun* 1) կողմնակալություն; կանխակալություն 2) հակում; կենտրոնացում *(որոշակի առարկայի վրա)* 3) շեղում; թեքություն 4) հագուստի թեք գիծ 5) *էլեկտրոնիկա* խոտորում **2** *verb* շեղել; ազդեցություն ունենալ; տրամադրել

bib[1] |bɪb| *noun* 1) մանկական գոգնոցի վերին մասը 2) կրծքի վրայի գունավոր բիծ *(թռչունների)*

one's best bib and tucker որևէ մեկի լավագույն հագուստները

bib[2] |bɪb| *verb* (**bibbed**, **bibbing**) *հնավանդ* կոնծել; խմել; հարբեցողությամբ զբաղվել

bibber |ˈbɪbə| *noun* հարբեցող

Bible |ˈbʌɪb(ə)l| *noun* 1) Աստվածաշունչ; Սուրբ Գիրք *(քրիստոնեական Սուրբ Գիրքը ներառում է Հին և Նոր Կտակարանները)* 2) Հին Կտակարան *(հրեական Սուրբ Գիրքը)* 3) հանրագիտարան; որևէ նյութի վերաբերյալ սպառիչ տեղեկությունների գիրք

biblical |ˈbɪblɪk(ə)l| (նաև **Biblical**) (հապվ. **bibl.** կամ **Bibl.**) *adjective* 1) աստվածաշնչային; աստվածաշնչական 2) հսկայական; մեծ

bibliography |ˌbɪblɪˈɒgrəfi| (հապվ. **bibliog.**) *noun* մատենագիտություն

bibliophile |ˈbɪblɪə(ʊ)fʌɪl| *noun* գրքասեր; գրքեր հավաքող

bicameral |bʌɪˈkæm(ə)r(ə)l| *adjective* երկու պալատներ ունեցող *(օրենսդրական մարմնի մասին)*

bicarbonate |bʌɪˈkɑːbəneɪt|, |-nət| *noun քիմիա* երկկարբոնատ

bicentennial |bʌɪsɛnˈtɛnɪəl| **1** *noun* երկհարյուրամյակ; երկհարյուրամյա հոբելյան **2** *adjective* երկհարյուրամյա

biceps |ˈbʌɪsɛps| *noun* (հոգն. նույնը կամ **-cepses**) *կազմախոսություն* երկգլուխ մկան

bicker |ˈbɪkə| *verb* 1) վիճաբանել; դատարկաբանել 2) *բանաստեղծական* կարկաչել

biconvex |bʌɪˈkɒnvɛks| *adjective* երկուռուցիկ

bicycle |ˈbʌɪsɪk(ə)l| **1** *noun* հեծանիվ **2** *verb* հեծանիվ վարել

bicyclist |-klɪst| *noun* հեծանվորդ

bid[1] |bɪd| **1** *verb* (**bidding**; անցյալ և անցյալ դերբայ **bid**) 1) գին առաջարկել 2) մրցույթ հայտարարել 3) փորձ կատարել; հավակնել 4) *հնացած* հրավիրել **2** *noun* 1) գնի առաջարկ; հայտ 2) հայտամրցույթ 3) հավակնություն, փորձ

bid[2] |bɪd| *verb* (**bidding** անցյալ **bid bade** անցյալ դերբայ **bid**) 1) ասել; մաղթել *(բարև, հրաժեշտ և այլն)* 2) *հնացած* հրամայել

bidder *noun* 1) գնորդ; գին առաջարկող *(աճուրդներում)* 2) առաջարկող

bidding |ˈbɪdɪŋ| *noun* 1) գնի առաջարկ 2) առաջարկ *(որևէ բանի)* 3) *հնացած* հրաման; պահանջ

biennial |bʌɪˈɛnɪəl| **1** *noun բուսաբանություն* երկամյա բույս **2** *adjective* երկամյա

bier |bɪə| *noun* թաղման պատգարակ

biff |bɪf| **1** *verb խոսակցական* ուժեղ հարվածել **2** *noun* ուժեղ հարված

bifocal |bʌɪˈfəʊk(ə)l| **1** *adjective* երկկիզակետ **2** *noun* երկկիզակետ ակնոց

bifurcate **1** *verb* |ˈbʌɪfəkeɪt| 1) երկատել; ճյուղավորել 2) երկատվել; ճյուղավորվել **2** *adjective* |bʌɪˈfəːkət| երկատված; ճյուղավորված

big |bɪg| **1** *adjective* 1) մեծ; խոշոր 2) նշանակալի; լուրջ 3) *խոսակցական* չափահաս 4) *խոսակցական* մողայիկ; տարածված 5) առատաձեռն **2** *adverb* մեծ մասշտաբներով

be/get too big for one's boots մեծամտանալ; գոռոզանալ

big deal! *խոսակցական* կատակային մե՜ծ բան է; ի՞նչ անենք

big shot *խոսակցական* կարևոր/ազդեցիկ մարդ

go over big (**go over big with sb**) ինչ-որ մեկի վրա լավ տպավորություն գործել

make it big *խոսակցական* հաջողակ լինել; հաջողություն ունենալ

talk big *խոսակցական* մեծամտորեն խոսել

bigamist *noun* երկկին; երկամուսին

bigamy |ˈbɪgəmi| *noun* երկկնություն; երկամուսնություն

Big Apple Մեծ խնձոր *(Նյու Յորքի մականունը)*

big bang (նաև **Big Bang**) *noun աստղագիտություն* Մեծ պայթյուն *(ըստ աստղագետների, գերխիտ նյութի պայթյուն, որից առաջացել է տիեզերքը)*

bighead *noun խոսակցական* պարծենկոտ/գոռոզ մարդ

bigheaded *adjective* պարծենկոտ

bight |bʌɪt| *noun* ծովածոց; գետի ոլորան

bigmouth *noun* շատախոս/պարծենկոտ մարդ

Big Muddy Մեծ պղտոր գետ *(Միսուրի գետի մականունը)*

bigot |ˈbɪgət| *noun* ծայրահեղական/մոլեռանդ մարդ

bigotry |ˈbɪgətri| *noun* ծայրահեղականություն; մոլեռանդություն

big time *խոսակցական* **1** *noun* աստեղային ժամ; մեծ հաջողություն **2** *adverb* մեծ չափերով; մեծ մասշտաբով

bigwig |ˈbɪgwɪg| *noun խոսակցական* մեծանուն մարդ; ջոջ

bijou |ˈbiːʒuː| **1** *adjective* գողտրիկ **2** *noun* (հոգն. **-joux**) *հնացած* էժանագին զարդ

bike |bʌɪk| **1** *noun խոսակցական* տե՛ս **bicycle** **2** *verb* 1) հեծանիվով ինչ-որ տեղ գնալ 2) *խոսակցական* ինչ-որ բան մոտոցիկլետով ուղարկել

on your bike! *խոսակցական* հեռու՛ գնա; ռադ եղի՛ր; հեռացի՛ր

bike lane *noun* հեծանվուղի *(փողոցներում)*

bilabial |bʌɪˈleɪbɪəl| **1** *adjective հնչյունաբանություն* երկշրթնային **2** *noun հնչյունաբանություն* երկշրթնային հնչյուն

bilateral |bʌɪˈlæt(ə)r(ə)l| *adjective* 1) երկկողմանի 2) երկկողմ

bilberry |ˈbɪlb(ə)ri| *noun* (հոգն. **-ries**) *բուսաբանություն* հապալաս *(Genus Vaccinium, ընտանիք Ericaceae)*

bile |bʌɪl| *noun* 1) լեղի; մաղձ 2) *փոխաբերական* բարկություն; ատելություն

bilge |bɪldʒ| **1** *noun* 1) նավի հատակ 2) նավամբարի ջուր 3) *խոսակցական* հիմարություն; անհեթեթություն **2** *verb հնացած* ճեղքվածք տալ *(նավի մասին)*

biliary |ˈbɪlɪəri| *adjective բժշկություն* լեղվային; մաղձային

bilingual |bʌɪˈlɪŋgw(ə)l| **1** *adjective* 1) երկլեզվակիր; երկլեզու; երկլեզվյան 2) երկու լեզվով խոսող **2** *noun* երկլեզվակիր անձ; երկու լեզվով խոսող անձ

bilious |ˈbɪlɪəs| *adjective* 1) սրտխառնուք զգացող 2) տհաճ/խունացած գույնի; մեռելագույն 3) մաղձոտ; ջղային

bilk |bɪlk| *խոսակցական verb* խաբել; շորթել

bill[1] |bɪl| **1** *noun* 1) հաշիվ; մուրհակ 2) օրինագիծ 3) ազդ 4) *ամերիկյան* թղթադրամ; դրամանիշ 5) զվարճանքի ծրագիր **2** *verb* 1) ազդ փակցնել 2) հաշիվ ներկայացնել

bill[2] |bɪl| *noun* կտուց

bill and coo *խոսակցական* աղավնիների պես իրար գուրգուրել; աղավնիների պես համբուրվել; ղունղունալ

billboard |ˈbɪlbɔːd| *noun* ազդապաստառ; գովազդային պաստառ; մեծ ազդագիր

billet[1] |ˈbɪlɪt| **1** *noun* զինվորականների բնակավայր *(սովորաբար ժամանակավոր)* **2** *verb* (**-leted**, **-leting**) զինվորականներին տեղավորել բնակարաններում *(հատկապես քաղաքացիների բնակարաններում՝ պատերազմի ժամանակ)*

billet[2] |ˈbɪlɪt| *noun* 1) կոճղ; հաստ մահակ 2) մետաղի կտոր

billet-doux |ˌbɪlɪˈduː| *noun* (հոգն. **billets-doux** արտաս. նույնը կամ |-ˈduːz|) *հնացած կատակային* սիրային նամակ

billfold |ˈbɪlfəʊld| *noun ամերիկյան* դրամապանակ

billiard |ˈbɪljədz| *noun* 1) (**billiards**) բիլիարդ 2) հարված բիլիարդում, երբ հիմնական գնդակը դիպչում է միանգամից երկու գնդակների

billion |ˈbɪljən| *numeral* 1) միլիարդ 2) *հնացած* տրիլիոն 3) *խոսակցական* (**billions**) մեծ քանակի; լիքը; հազար ու մի

bill of exchange *noun տնտեսագիտություն* փոխանցելի մուրհակ

bill of lading *noun տնտեսագիտություն* բեռնագիր

bill of sale *noun* վաճառագիր

billow |ˈbɪləʊ| **1** *noun* կոհակ; մեծ ալիք **2** *verb* 1) ալեկոծվել 2) ուռչել քամուց

billy goat *noun* արու այծ

bin |bɪn| **1** *noun* 1) ամբար 2) աղբարկղ **2** *verb* *խոսակցական* դեն նետել

binary |ˈbʌɪnəri| **1** *adjective* 1) *համակարգիչներ, մաթեմատիկա* երկուական 2) կրկնակի **2** *noun* (հոգն. **-ries**) երկուական համակարգ

bind |bʌɪnd| *verb* 1) կապել 2) պարտավորեցնել 3) ամրացնել 4) կազմել *(գիրքը)* • **bind off** փակել հանգույցները գործվածք գործելիս; «կտրել» **bind sb over** պարտավորեցնել ինչ-որ մեկին **bind up** կապել *(վերքը)*

binder |ˈbʌɪndə| *noun* 1) կազմարար 2) կազմ 3) կապակցող նյութ 4) խրձակապ մեքենա

binding |ˈbʌɪndɪŋ| **1** *noun* 1) գրքի կազմ 2) եզրակար 3) դահուկային ամրակապ **2** *adjective* պարտավորեցնող; կապող ◇ **binding force** պարտադրանք

bindweed |ˈbʌɪndwiːd| *noun բուսաբանություն* պատատուկ *(Convolvulus և Calystegia, ընտանիք Convolvulaceae)*

bine |bʌɪn| *noun* ընձյուղ; շիվ

binge |bɪn(d)ʒ| *խոսակցական* **1** *noun* որևէ բանով զբաղվելը; որևէ բանի հանձնվելը *(հատկապես ուտելուն, խմելուն)* **2** *verb* (**binging** կամ **bingeing**) խժռել; կոնծել

bingo |ˈbɪŋgəʊ| **1** *noun* բինգո *(խաղի տեսակ, որում խաղարկվում են մրցանակներ)* **2** *exclamation* ուռա՛; ջա՛ն *(արտահայտում է բավարարություն կամ զարմանք որևէ դրական երևույթի վերաբերյալ)*

binocular |bɪˈnɒkjʊlə| *adjective* երկակնյա

binoculars |bɪˈnɒkjʊləz| *plural noun* հեռադիտակ; երկդիտակ

binomial |bʌɪˈnəʊmɪəl| **1** *noun* 1) *մաթեմատիկա* երկանդամ 2) *կենսաբանություն* երկմաս անուն *(տեսակների անունների դասակարգում երկու բառերի միջոցով, որոնցից առաջինը ցույց է տալիս տեսակի անունը, իսկ երկրորդը մակդիր է)* **2** *adjective* *մաթեմատիկա* երկանդամին վերաբերող

bio |ˈbʌɪəʊ| **1** *noun* (հոգն. **-os**) *խոսակցական* 1) կենսաբանություն 2) կենսագրություն **2** *adjective* *խոսակցական* 1) կենսաբանական 2) կենսագրական

biochemistry |bʌɪə(ʊ)ˈkɛmɪstri| *noun* 1) կենսաքիմիա 2) կենսաքիմիական կառուցվածք

biodegradable |ˌbʌɪə(ʊ)dɪˈgreɪdəb(ə)l| *adjective* կենսաքայքայելի

biodiversity |ˌbʌɪə(ʊ)dʌɪˈvəːsɪti| *noun* կենսաբազմազանություն

biogas |ˈbʌɪə(ʊ)gæs| *noun* կենսագազ *(հատկապես մեթան)*

biographer *noun* կենսագիր

biography |bʌɪˈɒgrəfi| *noun* կենսագրություն

biological |bʌɪə(ʊ)ˈlɒdʒɪk(ə)l| (հպվ. **biol.**) *adjective* կենսաբանական

biologist *noun* կենսաբան

biology |bʌɪˈɒlədʒi| (հպվ. **biol.**) *noun* 1) կենսաբանություն 2) կենսագործունեություն 3) կենսաշխարհ

biomass |ˈbʌɪə(ʊ)mæs| *noun* կենսազանգված

biometric |bʌɪə(ʊ)ˈmɛtrɪk| *adjective* կենսաչափական

biophysics |bʌɪə(ʊ)ˈfɪzɪks| *plural noun* կենսաֆիզիկա

biosphere |ˈbʌɪə(ʊ)sfɪə| *noun* կենսոլորտ

biotechnology |ˌbʌɪə(ʊ)tɛkˈnɒlədʒi| *noun* կենսատեխնոլոգիա

bipartisan |ˌbʌɪpɑːtɪˈzæn| *adjective* երկկուսակցական

biped |ˈbʌɪpɛd| *noun* երկոտք; երկոտն

bipedal |bʌɪˈpiːd(ə)l| *adjective կենդանաբանություն* երկոտանի; երկոտն

biplane |ˈbʌɪpleɪn| *noun* կրկնաթև ինքնաթիռ

bipolar |bʌɪˈpəʊlə| *adjective* երկբևեռ

birch |bəːtʃ| *noun* 1) *բուսաբանություն* կեչի *(Betula, ընտանիք Betulaceae)* 2) ճիպոտ

bird |bəːd| *noun* 1) թռչուն 2) *խոսակցական* մարդ; տիպ 3) *ծածկալեզու* աղջիկ; ընկերուհի

a bird in the hand is worth two in the bush կանխիկը թողած՝ ապառիկի ետևից մի՛ վազիր

birds of a feather flock together *առած* նմանը նմանին է գտնում

the bird has flown անհրաժեշտ մարդը հեռացել է

birdie |ˈbəːdi| *noun* (հոգն. **birdies**) *խոսակցական* թռչնակ

bird-watcher |ˈbəːdwɒtʃə| (նաև **birdwatcher**) *noun* թռչնադետ; թռչունների վարքը դիտող անձ

Birmingham |ˈbəːmɪŋəm| Բիրմինգեմ *(արդյու-*

նաբերականն քաղաք Անգլիայում)

birth |bəːθ| *noun* 1) ծնունդ 2) ծագում 3) առաջացում; սկիզբ

give birth ծնել

birth certificate *noun* ծննդյան վկայական

birth control *noun* ծնելիության վերահսկողություն

birthday |ˈbəːθdeɪ| *noun* ծննդյան օր; ծնունդ

in one's birthday suit *կատակային* մերկ

birthmark |ˈbəːθmɑːk| *noun* խալ; ծննդանշան

birthplace |ˈbəːθpleɪs| *noun* 1) ծննդավայր 2) ծագման վայր *(ինչ-որ բանի)*

birth rate *noun* ծնելիություն; ծնելիության մակարդակ

Biscay, Bay of |ˈbɪskeɪ| Բիսկայան ծոց *(Ատլանտյան օվկիանոսի մի մասը, որն ընկած է Իսպանիայի հյուսիսային ափի և Ֆրանսիայի միջև)*

biscuit |ˈbɪskɪt| **1** *noun* 1) թխվածքաբլիթ; բիսքվիտ 2) բաց դարչնագույն **2** *adjective* բաց դարչնագույն

bisect |bʌɪˈsɛkt| *verb* կիսել; երկատել

bisection |-ˈsɛkʃ(ə)n| *noun* կիսում; երկատում

bisexual |bʌɪˈsɛksjʊəl|, |-ʃʊəl| **1** *adjective* 1) երկսեռամոլ *(թե՛ կանանց, թե՛ տղամարդկանց նկատմամբ հակում ունեցող)* 2) կենսաբանություն երկսեռ *(արական և իգական սեռերի հատկություններ ունեցող)* **2** *noun* երկսեռամոլ անձ

Bishkek |bɪʃˈkɛk| Բիշկեկ *(Ղրղզստանի մայրաքաղաքը)*

bishop |ˈbɪʃəp| *noun* 1) *եկեղեցական* եպիսկոպոս 2) *շախմատ* փիղ 3) *խոհանոց* թերմոն *(գինուց և մրգահյութերից պատրաստված խմիչք)*

bishopric |ˈbɪʃəprɪk| *noun* 1) եպիսկոպոսական պաշտոն 2) *եկեղեցական* թեմ

bismuth |ˈbɪzməθ| *noun* *քիմիա* (**Bi**) բիսմութ

bison |ˈbʌɪs(ə)n| *noun* (հոգն. նույնը) *կենդանաբանություն* բիզոն; ամերիկյան վայրի ցուլ *(Bison, ընտանիք Bovidae)*

Bissau |bɪˈsaʊ| Բիսաու *(Գվինեա-Բիսաուի մայրաքաղաքը)*

bistro |ˈbiːstrəʊ|, |ˈbɪs-| *noun* (հոգն. **-tros**) բիստրո; փոքրիկ ռեստորան; խորտկարան

bit[1] |bɪt| *noun* 1) կտոր; փոքր մաս ◇ **a bit** մի քիչ 2) մանր դրամ

a bit somewhat ինչ-որ չափով

bit by bit քիչ-քիչ, աստիճանաբար

bits and pieces փոքր մասեր

do one's bit *խոսակցական* անել գործի իր մասը

not a bit բոլորովին, ամենևին

to bits 1) կտոր-կտոր 2) չափազանց շատ

bit[2] անցյալ տե՛ս **bite**

bit[3] |bɪt| *noun* 1) սանձ 2) շաղափ; սուր ծայր

bit[4] |bɪt| *noun* *համակարգիչներ* բիթ *(տեղեկույթի միավոր)*

bit[3] |bɪt| *noun* 1) սանձ 2) շաղափ; սուր ծայր

bit[4] |bɪt| *noun* *համակարգիչներ* բիթ *(տեղեկույթի միավոր)*

bitch |bɪtʃ| **1** *noun* 1) էգ շուն/գայլ *(և մի շարք այլ կենդանիների էգը)* 2) *ծածկալեզու* քած 3) *ծածկալեզու* դժվարություն; զզվելի բան **2** *verb* *խոսակցական* մրթմրթալ; նվնվալ; բողոքել

bitchy |ˈbɪtʃi| *խոսակցական adjective* չար; մաղձոտ

bite |bʌɪt| **1** *noun* 1) խայթոց; կծելը 2) կտոր 3) պատառ 4) համ, համեմունք 5) խայծը կուլ տալը; խփելը *(ձկան մասին)* **2** *verb* (անցյալ **bit** |bɪt|; անցյալ դերբայ **bitten** |ˈbɪt(ə)n|) 1) խայթել, կծել 2) բռնել 3) խայծը կուլ տալ; խփել *(ձկան մասին)* • **bite back** (**bite back at sb/sth**) բարկությամբ վերաբերվել **bite sth back** զսպել; ձեռնպահ մնալ

be bitten by the ... bug տարվել ինչ-որ բանով

bite the bullet *խոսակցական* դժվար բան սկսել

bite the dust *խոսակցական* 1) ձախողվել; կործանվել 2) *կատակային* մեռնել

biting |ˈbʌɪtɪŋ| *adjective* 1) խայթող *(միջատների և այլ կենդանիների մասին)* 2) կծու; դաժան *(քննադատության մասին)* 3) սուր; կտրող *(ցրտի մասին)*

bit rate *noun* *էլեկտրոնիկա* բիթային արագություն *(երկուական տվյալների փոխանցման արագություն)*

bitter |ˈbɪtə| **1** *adjective* 1) դառը 2) սուր *(ցրտի մասին)* 3) բարկացած; դառնացած **2** *noun* 1) գարեջրի տեսակ 2) լիկյորի տեսակ *(պատրաստվում է բույսերից և ավելացվում է այլ ալկոհոլային խմիչքներին՝ բուրմունք տալու համար)*

bitterly *adverb* 1) դառնորեն 2) չափազանց

bitterness *noun* դառնություն

bitty |ˈbɪti| *խոսակցական adjective* 1) անջատ-անջատ; չհամաձայնեցված 2) մանրիկ; փոքրիկ

bitumen |ˈbɪtjʊmən| *noun* բիտում; ասֆալտ

bivalve |ˈbʌɪvælv| **1** *noun* երկփեղկ փափկամարմին **2** *adjective* (նաև **bivalved**) *կենդանաբանություն* երկփեղկ

bivouac |ˈbɪvʊæk|, |ˈbɪvwæk| **1** *noun* ժամանակավոր գիշերակացք *(որն օգտագործում են հատկապես զինվորները ու լեռնագնացները, և որը չի պարունակում վրաններ)* **2** *verb* ժամանակավոր գիշերել առանց վրանի

bizarre |bɪˈzɑː| *adjective* տարօրինակ; անհավանական

blab |blæb| *խոսակցական* **1** *noun* շատախոս **2** *verb* դուրս տալ *(գաղտնիքը)*

blabber |ˈblæbə| **1** *verb* *խոսակցական* շատախոսել; շաղակրատել **2** *noun* շատախոս; շաղակրատ

black |blæk| **1** *adjective* 1) սև; մութ 2) սարսափելի 3) սևամորթ 4) ամպամած **2** *noun* 1) սև գույն 2) սևամորթ անձ **3** *verb* 1) սևացնել 2) բոյկոտել • **black out** ուշաթափվել **black sth out** i) հանգցնել լույսերը; մթնեցնել ii) անընթեռնելի դարձնել

black and blue կապտուկներով ծածկված

in the black *խոսակցական* պարտք չունեցող, վճարունակ

not as black as one is painted ոչ այնքան վատ, որքան պատմում են ինչ-որ մեկի մասին

blackball |ˈblækbɔːl| *verb* դեմ քվեարկել

black belt *noun* սև գոտի *(կարատեում, ձյուդոյում և այլ մարտարվեստներում)*

blackberry |ˈblækb(ə)ri| **1** *noun* (հոգն. **-ries**) 1) մոշ 2) *բուսաբանություն* մոշենի *(Rubus fruticosus, ընտանիք Rosaceae)* **2** *verb* (**-ries**, **-ried**) մոշ հավաքել

blackbird |ˈblækbəːd| *noun կենդանաբանություն* սև կեռնեխ *(թռչնի տեսակ. Turdus, ենթաընտանիք Turdinae, ընտանիք Muscicapidae)*

blackboard |ˈblækbɔːd| *noun* գրատախտակ

black currant |blækˈkʌr(ə)nt| *noun բուսաբանություն* սև հաղարջ *(Genus Ribes, ընտանիք Grossulariaceae)*

Black Death *պատմական* պատուցային ժանտախտ *(այս համաճարակը 1348-49 թթ. Եվրոպայում միլիոնավոր մարդկանց կյանք է խլել)*

blacken |ˈblæk(ə)n| *verb* 1) սևանալ 2) սևացնել 3) վարկաբեկել; արատավորել

black eye *noun* կապտուկով աչք *(հարվածից)*

blackguard |ˈblægɑːd|, |-gəd| **1** *noun հնացած* սրիկա; ստոր մարդ **2** *verb հնացած* հայհոյալից խոսել

blackhead |ˈblækhɛd| *noun* կոշտուկ; բշտիկ

black hole *noun աստղագիտություն ֆիզիկա* սև խոռոչ *(տարածության հատված, որում ձգողականության դաշտը այնքան մեծ է, որ ոչ մի նյութ կամ ճառագայթում չի կարող դուրս գալ այդտեղից)*

black ice *noun* մերկասառույց

blackjack |ˈblækdʒæk| *noun* 1) քսանմեկ; թղթախաղի տեսակ *(որում խաղացողները ձգտում են հավաքել 21 միավոր)* 2) մահակ *(որն օգտագործվում է որպես զենք)* 3) *պատմական* ծովահենների դրոշ 4) *պատմական* կուպրապատ տակառ *(որում ալկոհոլային ըմպելիքներ էին պահում)*

blackleg |ˈblæklɛg| *noun* գործադուլաբեկ

blacklist |ˈblæklɪst| **1** *noun* սև ցուցակ *(կասկածելի կազմակերպությունների կամ անհատների ցուցակ)* **2** *verb* սև ցուցակի մեջ գրանցել

black magic *noun* սև մոգություն

blackmail |ˈblækmeɪl| **1** *noun* նենգաստպառնալիք; շանտաժ **2** *verb* նենգաշորթել; նենգասպառնալ; շանտաժել

blackmailer *noun* նենգասպառնացող

black mark *noun խոսակցական* 1) նշում անհուսալիության մասին 2) բիծ *(հեղինակության և այլնի վրա)*

black market *noun* սև շուկա *(պաշտոնապես վերահսկվող ապրանքների անօրինական առևտուր)*

blackout |ˈblækaʊt| *noun* 1) մթնեցում 2) գիտակցության կորուստ 3) գաղտնիացում; տեղեկության արտահոսքի արգելակում 4) էլեկտրականության անջատում; հովհարային անջատում

Black Sea Սև ծով

blacksmith |ˈblæksmɪθ| *noun* դարբին

blackthorn |ˈblækθɔːn| *noun բուսաբանություն* մամխի *(Prunus spinosa, ընտանիք Rosaceae)*

bladder |ˈblædə| *noun* 1) պարկ; փամփուշտ 2) *կազմախոսություն* (նաև **urinary bladder**) միզափամփուշտ

blade |bleɪd| *noun* 1) շեղբ 2) թիակաբերան 3) երկարավուն տերև 4) պտտաթև *(ուղղաթիռի և այլնի)*

blah |blɑː| *խոսակցական* **1** *adjective* 1) ձանձրալի, անհետաքրքիր 2) վատ զգացողությամբ **2** *noun* (նաև **blah-blah**) և այլն, և այլն

blame |bleɪm| **1** *noun* 1) մեղադրանք 2) մեղք **2** *verb* մեղադրել

be to blame (**be to blame for sth**) պատասխանատու լինել ինչ-որ բանի համար

blameful *adjective* 1) մեղադրանքի արժանի 2) ուրիշներին մեղադրել սիրող

blameless |ˈbleɪmlɪs| *adjective* անմեղ

blameworthy |ˈbleɪmwəːði| *adjective* հանցապարտ

blanch |blɑːn(t)ʃ| *verb* 1) գունազրկել; սպիտակեցնել 2) գունատվել *(դեմքի մասին)* 3) կեղևահան անել խաշելով *(հատկապես նուշը)*

bland |blænd| *adjective* 1) մեղմ; սիրալիր 2) թույլ; անհամ

blank |blæŋk| **1** *noun* 1) դատարկ տեղ 2) դատարկություն 3) *տեխնիկական* առարկա առանց մշակման, կոճղ 4) դատարկ փամփուշտ *(որի մեջ կա վառոդ, սակայն չկա գնդակ)* **2** *adjective* 1) չգրված; դատարկ 2) անիմաստ; դատարկ *(դեմքի արտահայտության, հայացքի մասին)* 3) լիակատար; բացարձակ **3** *verb* 1) *խոսակցական բրիտանական* լրիվ արհամարհել 2) *ամերիկյան* քարանալ; պապանձվել; անընդունակ լինել խոսելու • **blank out** հանկարծակի դատարկվել **blank sth out** i) լրիվ ծածկել, անտեսանելի դարձնել ii) դիտավորյալ մոռանալ *(տհաճ բանը)*

draw a blank հաջողություն չունենալ; ձախողվել

blanket |ˈblæŋkɪt| **1** *noun* 1) վերմակ; ծածկոց 2) ծածկույթ; քող 3) *տպագրություն* ռետինե շերտ *(որն օֆսեթ տպագրության մեջ օգտագործվում է պատկերը թիթեղից թղթի վրա փոխանցելու համար)* **2** *adjective* համատարած; ընդհանուր **3** *verb* ծածկել հաստ շերտով

blankly *adverb* անմտորեն; դատարկ հայացքով

blank verse *noun* արձակ բանաստեղծություն *(որը հիմնականում օգտագործում է հնգոտնյա յամբ)*

blare |blɛː| **1** *noun* 1) փողի ձայն 2) բարձր/անդուր ձայն **2** *verb* 1) շեփորել 2) բարձր ձայն հանել; անդուր ձայն հանել

blarney |ˈblɑːni| **1** *noun խոսակցական* շողոքորթություն **2** *verb* (**-neys**, **-neyed**) շողոքորթել

blaspheme |blæsˈfiːm| *verb* աստվածհայհոյություն անել; հայհոյել

blasphemous *adjective* հայհոյալից

blasphemy |ˈblæsfəmi| *noun* աստվածհայհոյություն

blast |blɑːst| **1** *noun* 1) պոռթկում 2) պայթյուն 3) փողի ձայն 4) ուժեղ քննադատություն **2** *verb* 1) պայթեցնել 2) ոչնչացնել 3) բարձր ձայն հանել 4) *խոսակցական* ուժգին քննադատել 5) *խոսակցական* ուժգին հարվածել 6) ոչնչացնել *(բերքը և այլն)*

• **blast away** անընդհատ կրակել *(հրացանի, հրաձիգի մասին)* **blast off** պոկվել գետնից *(տիեզերանավի մասին)* **3** *exclamation խոսակցական բրիտանական գրողը տանի*

a blast from the past *խոսակցական* անցյալի հիշատակ

full blast (at full blast) ամբողջ թափով

blast-furnace *noun* դոմնային վառարան

blastoff *noun* արձակում; պոկում *(հրթիռի և այլնի)*

blatant |ˈbleɪt(ə)nt| *adjective* 1) ճղճղան; գռեհիկ 2) անամոթ

blatantly |ˈbleɪt(ə)ntli| *adverb* 1) գռեհկորեն 2) անամոթաբար

blather |ˈblæðə| (նաև **blether** կամ **blither**) **1** *verb* դատարկաբանել; շատախոսել **2** *noun* դատարկաբանություն; շատախոսություն

blaze¹ |bleɪz| **1** *noun* 1) բոց; հրդեհ 2) բռնկում; փայլատակում 3) պոռթկում *(զգացմունքի)* **2** *verb* 1) վառվել, հրկիզվել 2) փայլել 3) ինչ-որ բանի հանել տպավորիչ կերպով • **blaze up** i) հանկարծակի բռնկվել ii) հանկարծակի բարկանալ

like blazes *հնացած* շատ ուժեղ, շատ արագ, սրընթաց

blaze² |bleɪz| **1** *noun* 1) սպիտակ խալ *(կենդանու կամ թռչունի ճակատին)* 2) նշան ծառի վրա *(կեղևը հանելով արված)* **2** *verb* բացել; հարթել

blaze a trail ճանապարհ բացել; ուղի հարթել

blazer |ˈbleɪzə| *noun* վառ գույնի սպորտային հագուստ

blazon |ˈbleɪz(ə)n| **1** *verb* ցուցադրել; ի ցույց դնել **2** *noun* *զինանշաններ* զենքերի ճիշտ պատկերում

bleach |bliːtʃ| **1** *verb* 1) սպիտակեցնել; գունազրկել 2) մաքրել և ախտազերծել 3) գունաթափվել **2** *noun* սպիտակեցնող/գունազրկիչ նյութ

bleacher |ˈbliːtʃə| *noun* 1) գունաթափող անձ 2) էժան տեղեր տրիբունայում

bleak¹ |bliːk| *adjective* 1) մռայլ 2) ամայի 3) մերկ

bleak² |bliːk| *noun* *կենդանաբանություն* սպիտակաձուկ *(տեսակներ Alburnus և Chalcalburnus, ընտանիք Cyprinidae)*

blearily *adverb* հոգնած; պղտորված *(հայացքի մասին)*

bleary |ˈblɪəri| *adjective* (**blearier**, **bleariest**) պղտոր; մշուշոտ *(հայացքի մասին, հատկապես հոգնածությունից)*

bleat |bliːt| **1** *noun* մայուն; մկկոց **2** *verb* մայել; մկկալ

bleed |bliːd| **1** *verb* (անցյալ և անցյալ դերբայ **bled** |blɛd|) 1) արյունաքամ լինել 2) արյուն թափել 3) փող կորզել 4) *բժշկություն* արյուն վերցնել 5) *տպագրություն* եզրահատվել *(նկարն էջի եզրին կտրվել)* 6) փոխթափանցել *(գույների մասին)* **2** *noun* 1) արյունաքամ լինելը 2) *տպագրություն* եզրահատում 3) արտահոսք 4) փոխթափանցում *(ներկերի մասին)*

bleed sb dry ինչ-որ մեկին լրիվ թալանել

bleeding |ˈbliːdɪŋ| **1** *adjective խոսակցական բրիտանական* չափից դուրս *(օգտագործվում է որևէ բան շեշտելու համար)* **2** *noun* արնաքամություն; արնահոսություն

bleep |bliːp| **1** *noun* կարճ ձայն *(սովորաբար էլեկտրոնային գործիքներով արձակվող)* **2** *verb* կարճ ձայն արձակել

blemish |ˈblɛmɪʃ| **1** *noun* արատ; թերություն; բիծ *(նաև փոխաբերական)* **2** *verb* փչացնել; արատավորել

blench¹ |blɛn(t)ʃ| *verb* ընկրկել; խուսափել

blench² |blɛntʃ| *verb բարբառային* տե՛ս **blanch**

blend |blɛnd| **1** *noun* 1) խառնուրդ 2) համադրություն *(սովորաբար հաճելի)* **2** *verb* 1) խառնել 2) համադրվել 3) խառնվել; միաձուլվել • **blend in** (**blend in with sth/sb**) խառնվել, տարալուծվել *(շրջապատի հետ)* **blend sth in** ինչ-որ բան խառնել մյուսի մեջ *(անընդ պատրաստելիս)*

blender |ˈblɛndə| *noun* խառնիչ; հարիչ

bless |blɛs| *verb* 1) օրհնել 2) օրհնաբանել 3) օծել

bless you! առողջությու՛ն *(ասվում է, երբ մեկը փռշտում է)*

blessed |ˈblɛsɪd|, |blɛst| *adjective աստվածաշնչային* 1) օրհնված; երանելի ◇ **blessed are the poor in spirit** *աստվածաշնչային* երանելի են հոգով աղքատները 2) երջանիկ 3) *հեգնական* տնաշեն; օրհնված

Blessed Virgin Mary (նաև **Blessed Virgin**) (հպվ. **BVM**) Օրհնյալ Սուրբ Կույս; Օրհնյալ Կույս Մարիամ

blessing |ˈblɛsɪŋ| *noun* 1) օրհնություն 2) հավանություն 3) բարիք

a blessing in disguise չարիք, որը բարիքի է վերածվում

blight |blʌɪt| **1** *noun* 1) բույսերի վարակ; բույսերի հիվանդություն 2) փչացնող բան; խափանող բան; ի դերև հանող բան *(ծրագրերը, հույսերը և այլն)* 3) անկում; քայքայում **2** *verb* 1) փչացնել; կործանել 2) վարակել *(բույսերը)*

blighter |ˈblʌɪtə| *noun խոսակցական* վնասաբեր մարդ

blimp |blɪmp| *noun* 1) *խոսակցական* փոքր դիրիժաբլ 2) ծայրահեղ պահպանողական մարդ 3) տեսախցիկի ձայնակլանիչ ծածկույթ

blind |blʌɪnd| **1** *adjective* 1) կույր 2) անորոշ 3) չերևացող; անտեսանելի **2** *noun* շերտավարագույր **3** *verb* 1) կուրացնել 2) մթնեցնել

blind as a bat չղջիկի պես կույր; վատ տեսնող

blind sb with science ինչ-որ մեկին շշմեցնել գիտական եզրերով/տերմիններով

turn a blind eye (turn a blind eye to sth) չտեսնելու տալ; ձևացնել, թե չի տեսնում; աչք փակել

blind date *noun* 1) ժամադրություն անծանոթի հետ 2) անծանոթ անձ, որի հետ նշանակված է ժամադրություն

blinder |ˈblʌɪndə| *noun* 1) աչքակալ *(ձիու)* 2) հրաշալի կատարում/բան

blindfold |ˈblʌɪn(d)fəʊld| **1** *verb* աչքերը կապել **2** *noun* աչքակապ **3** *adjective բանաստեղծական* աչքակապ կրող **4** *adverb* 1) աչքերը կապած 2) հեշտությամբ; թեթևորեն; աչքերը փակ

blindly |ˈblʌɪndli| *adverb* 1) կուրորեն 2) անխոհեմաբար; անխոհեմորեն

blindness *noun* կուրություն

blind spot *noun* 1) մեռյալ/չերևացող գոտի *(օ-րինակ՝ ավտոմեքենայի հետևի մասը հայելու համար)* 2) *բնախոսություն* կույր կետ *(աչքի օպտիկական նյարդի մուտքի տեղը ցանցաթաղանթի վրա)* 3) անտեղյակության ասպարեզ 4) *հեռահաղորդակցություն* լռության գոտի

bling-bling **1** *noun* *խոսակցական* ճոճուն հագուստ; աչքի ընկնող հագուստ; աչքի ընկնող արդուզարդ **2** *adjective* ճոճուն հագնված

blink |blɪŋk| **1** *verb* 1) թարթել; քթթել 2) (**blink back**) թարթելով զսպել *(արցունքները)* 3) աչքերը թարթել զարմանքից 4) *փոխաբերական* նահանջել 5) առկայծել **2** *noun* 1) թարթում 2) առկայծում

in the blink of an eye մի ակնթարթում

on the blink *խոսակցական* չաշխատող; փչացած *(մեքենայի մասին)*

blinker |ˈblɪŋkə| **1** *noun* 1) աչքակալ *(ձիու)* 2) թարթիչ *(ավտոմեքենայի)* **2** *verb* 1) աչքակալ դնել ձիուն 2) *փոխաբերական* նեղացնել տեսադաշտը

blinkered |ˈblɪŋkəd| *adjective* 1) *փոխաբերական* սահմանափակ; նեղմիտ 2) աչքակալ հագցրած *(ձիու մասին)*

blip |blɪp| **1** *noun* 1) հետք; բռնկում *(համակարգչի/օսցիլոգրաֆի էկրանի վրա)* 2) կարճ ձայն, որն ուղեկցում է համակարգչի/օսցիլոգրաֆի էկրանի վրայի բռնկմանը 3) անսպասելի շեղում հիմնական ուղղությունից **2** *verb* (**blipped**, **blipping**) կարճ, բարձր տոնի ձայն արձակել *(սարքի մասին)*

bliss |blɪs| *noun* երանություն

bliss out *խոսակցական* երանության հասնել *(սովորաբար մոռացության պատճառով)*

blissful |ˈblɪsfʊl|, |-f(ə)l| *adjective* երանավետ; երջանիկ

blissful ignorance երջանիկ անգիտություն

blister |ˈblɪstə| **1** *noun* 1) բշտիկ 2) ուռուցք 3) *բրիտանական խոսակցական* ձանձրալի/տհաճ մարդ **2** *verb* 1) բշտիկ առաջացնել 2) ուժգին քննադատել

blithe |blʌɪð| *adjective* 1) ուրախ; զվարթ 2) անփույթ; անհոգ

blithering |ˈblɪð(ə)rɪŋ| *adjective* 1) *հնացած բրիտանական խոսակցական* լիակատար 2) *խոսակցական* շատախոս

blitz |blɪts| **1** *noun* 1) կայծակնային պատերազմ 2) ինքնաթիռային ռմբակոծումներ 3) *շախմատ* կայծակնային խաղ **2** *verb* կայծակնային հարձակում կատարել

blizzard |ˈblɪzəd| *noun* 1) ձնաբուք 2) *փոխաբերական* մեծ քանակ, առատություն

bloat[1] |bləʊt| **1** *verb* ուռչել; լցվել ջրով/գազով **2** *noun* *կենդանաբանություն* ստամոքսի ուռչում

bloat[2] |bləʊt| *verb* ապխտել *(ձուկը)*

bloated |ˈbləʊtɪd| *adjective* 1) ուռած *(լցված հեղուկով կամ գազով)* 2) *փոխաբերական* ուռած; մեծացած 3) *փոխաբերական* հարուստ

bloater[1] |ˌbləʊtə| *noun* ապխտած ձուկ *(հատկապես ծովատառեխ)*

bloater[2] *noun* *կենդանաբանություն* սիգ; լճատառեխ

bloc |blɒk| *noun* քաղաքական դաշինք

block |blɒk| **1** *verb* 1) արգելել; խոչընդոտել 2) *բժշկություն* անզգայացնել 3) սառեցնել *(հաշիվը բանկում)* 4) ձև տալ կաղապարի միջոցով; կաղապարել **2** *noun* 1) կոճղ 2) բեկոր 3) կաղապար 4) թաղամաս 5) բաժին; հատված *(շինության մեջ)* 6) *համակարգիչներ* տեքստի մաս/հատված *(որը մշակվում է որպես մի միավոր)* 7) խոչընդոտ; արգելք 8) ճախարակ 9) *խոսակցական* գլուխ

blockade |blɒˈkeɪd| **1** *noun* 1) շրջափակում 2) արգելք **2** *verb* շրջափակել

blockage |ˈblɒkɪdʒ| *noun* խցանում

block and tackle *noun* *տեխնիկական* ճախարակ և կարապիկ

blockbuster |ˈblɒkbʌstə| *noun* *խոսակցական* 1) մեծ հզորության ինչ-որ բան 2) մեծ հաջողություն ունեցած ֆիլմ/գիրք 3) մեծ հզորության օդային ռումբ

block capitals *plural noun* առանձին գրված մեծատառեր

blockhead |ˈblɒkhɛd| *noun* *խոսակցական* հիմար; չորագլուխ; բթամիտ

blockhouse |ˈblɒkhaʊs| *noun* 1) *ռազմական* դաշտային ամրություն 2) փայտաշեն տուն

blog **1** *noun* *համակարգիչներ* ցանցօրագիր; բլոգ **2** *verb* (**blogged**, **blogging**) բլոգը վարել/սպասարկել

blogger *noun* բլոգեր; բլոգավար; օրագրավար

bloke |bləʊk| *noun* *խոսակցական* տղամարդ; մարդ

blonde |blɒnd| **1** *adjective* շիկահեր *(կնոջ մասին)* **2** *noun* շիկահեր կին

blood |blʌd| **1** *noun* 1) արյուն 2) արյունահեղություն 3) *փոխաբերական* խառնվածք 4) տոհմ, ծագում 5) *խոսակցական* մոդայիկ և հախուռն երիտասարդ **2** *verb* ներգրավել; ընծայել *(որևէ նոր զբաղմունքի մեջ)*

bad blood ատելություն

blood, sweat and tears ծանրագույն աշխատանք, տանջանք

blood and guts *խոսակցական* բռնություն և արյունահեղություն *(սովորաբար կինոնկարներում)*

blood is thicker than water *առած* ընտանեկան կապերն ամենից ուժեղ են

have blood on one's hands ձեռքերն արյունոտ լինել; պատասխանատու լինել ոճրի համար

in cold blood անողորմաբար, սառնասրտորեն

make someone's blood run cold սարսափի մատնել ինչ-որ մեկին

out for blood, out for someone's blood վրեժի ծարավ

young blood խմբի երիտասարդ անդամը

bloodbath |ˈblʌdbɑːθ| *noun* նախճիր; արյան բաղնիք

blood count *noun* *բժշկություն* 1) արյան գնդիկների որոշում 2) արյան գնդիկների քանակ

bloodcurdling *adjective* սարսափելի; ահավոր

blood donor *noun* արյան դոնոր

blood group *noun* արյան խումբ
blood group 0 արյան խումբ 0 (I)
blood group A արյան խումբ A (II)
blood group AB արյան խումբ AB (IV)
blood group B արյան խումբ B (III)

bloodhound |ˈblʌdhaʊnd| *noun* խուշոր որսաշուն *(որն ունի լավ հոտառություն)*

bloodless |ˈblʌdlɪs| *adjective* 1) անարյուն; արյուն չպարունակող 2) անարյուն; առանց բռնության 3) գունատ 4) սառը; անկյանք

blood poisoning *noun բժշկություն* արյան վարակում

blood pressure *noun* արյան ճնշում

bloodshed |ˈblʌdʃɛd| *noun* արյունահեղություն

blood sport *noun* մարզաձև, որում հեղվում է կենդանիների արյունը *(օրինակ՝ որսորդությունը)*

bloodstain |ˈblʌdsteɪn| *noun* արյան բիծ; արնաբիծ

bloodstained *adjective* արյունոտ

bloodstream |ˈblʌdstriːm| *noun* արյան շրջանառություն

blood test *noun* արյան անալիզ/քննություն

bloodthirsty |ˈblʌdθəːsti| *adjective* (**-thirstier**, **-thirstiest**) արյան ծարավի; արյունռուշտ

blood transfusion *noun* արյան փոխներարկում

blood vessel *noun* արյունատար անոթ

bloody¹ |ˈblʌdi| **1** *adjective* 1) արյունոտ 2) արնանման 3) արյունռուշտ; արյունոտ **2** *verb* (**bloodies**, **bloodied**) արնոտել; արյունոտել

bloody² *adjective խոսակցական բրիտանական* անիծյալ *(օգտագործվում է արտահայտելու բարկություն, հիասթափություն, զզվում կամ ուղղակի ինչ-որ բան շեշտելու համար)* ◇ **What bloody awful weather!** Այս ի՜նչ սարսափելի եղանակ է

Bloody Mary¹ Արյունոտ Մերի *(Անգլիայի թագուհի Մերի Առաջինի մականունը)*

Bloody Mary² *noun* Արյունոտ Մերի *(ալկոհոլային խմիչք, որը ստացվում է օղին լոլիկի հյութի հետ խառնելով)*

bloody-minded *adjective խոսակցական* դաժան; անմարդկային

bloom¹ |bluːm| **1** *noun* 1) ծաղկում 2) ծաղիկ *(հատկապես գեղեցկության համար աճեցված)* 3) ծաղկման շրջան 4) առողջություն; առողջ տեսք; առողջ կարմրություն *(դեմքի)* **2** *verb* 1) ծաղկել; փթթել 2) առողջանալ; տեսքի գալ 3) փայլել; շողալ *(գույնի/կրակի/լույսի մասին)*
in bloom, in full bloom ծաղկման շրջանում

bloom² |bluːm| *noun* պողպատե նախապատրաստվածք

bloomer¹ |ˈbluːmə| *noun* 1) ծաղկող բույս 2) հասուն մարդ; հասունացած մարդ

bloomer² |ˈbluːmə| *noun խոսակցական հնացած* կոպիտ սխալ

bloomers |ˈbluːməz| *plural noun* կանացի մարզական շալվար

blossom |ˈblɒs(ə)m| **1** *noun* 1) ծաղիկ 2) ծաղկում 3) ծաղկում **2** *verb* 1) ծաղկել 2) փթթել 3) հասունանալ

blot |blɒt| **1** *noun* 1) բիծ 2) արատ **2** *verb* 1) չորացնել *(թանաքը, հեղուկը)* ◇ **to blot out** ջնջել 2) կեղտոտել ◇ **to blot one's copybook** արատավորել իր անունը

blotch |blɒtʃ| **1** *noun* բիծ; պուտ *(սովորաբար դեմքի վրա)* **2** *verb* բծերով ծածկել; բծոտել

blotchy *adjective* 1) բծերով/պուտերով ծածկված 2) ամոթալից

blotter |ˈblɒtə| *noun* 1) ծծաթուղթ; ծծան; ծծողական թուղթ 2) ճնշածծան 3) ժամանակավոր գրանցամատյան *(հատկապես ոստիկանական)*

blotting paper *noun* ծծաթուղթ; ծծողական թուղթ; ծծան

blouse |ˈblaʊz| *noun* 1) կանացի բլուզ; կանացի վերնաշապիկ 2) բանվորական/զինվորական արտահագուստ

blow¹ |bləʊ| **1** *noun* 1) հարված 2) ուժեղ քամի; քամու պոռթկում **2** *verb* (անցյալ **blew** |bluː|; անցյալ դերբայ **blown** |bləʊn|) 1) փչել 2) փչելտանել 3) *խոսակցական* թողնել-հեռանալ 4) ծանր շնչել; հևալ 5) *խոսակցական* մսխել; վատնել 6) *հնացած բրիտանական* անիծել • **blow in** անսպասելի ներխուժել *(մարդու մասին)* **blow out** i) հանգել ii) ծակվել ընթացքի ժամանակ *(անվադողի մասին)* iii) հանկարծակի գազ բաց թողնել *(նավթի կամ գազի պահեստարանի մասին)* **blow someone away** i) հրազենով սպանել ինչ-որ մեկին ii) (**be blown away**) խիստ տպավորված լինել **blow someone off** i) դիտավորյալ չներկայանալ ժամադրությանը ii) դադարեցնել սիրավեպը ինչ-որ մեկի հետ **blow something off** i) արհամարհել ինչ-որ բան ii) չներկայանալ ինչ-որ բանի **blow something out** փչելով հանգցնել **blow sth up** խոշորացնել *(լուսանկարը, տեքստը)* **blow up** i) ուռեցնել ii) պայթեցնել iii) պայթել
be blown off course *փոխաբերական* ընդհատվել ինչ-որ հանգամանքի պատճառով *(նախագծի մասին)*
blow a fuse համբերությունից հանել
blow hot and cold տարուբերվել; տատանվել *(կարծիքների միջև)*
blow one's brains out *խոսակցական* ինքնասպանություն գործել հրազենով գլխին կրակելով
blow one's own trumpet ինքնագովությամբ զբաղվել
blow someone's mind *խոսակցական* ինչ-որ մեկի վրա ուժեղ ազդեցություն թողնել
blow the doors off *խոսակցական* զգալիորեն լավ լինել, քան

blow² |bləʊ| *noun* 1) հարված 2) ցնցում
at one blow մեկ հարվածով; մի զարկով
come to blows սկսել կռիվը
soften/cushion the blow մեղմացնել հարվածը
strike a blow against գործել ինչ-որ մեկի դեմ
strike a blow for գործել ինչ-որ մեկի կողմից

blow³ |bləʊ| *հնավանդ բանաստեղծական* **1** *verb* (անցյալ **blew** |bluː|; անցյալ դերբայ **blown** |bləʊn|) *բանաստեղծական* ծաղկել **2** *noun բանաստեղծական* ծաղկում

blowhole |ˈbləʊhəʊl| *noun* 1) շնչառական

անցք *(կետ ձկան)* 2) անցք սառույցի մեջ *(որի միջոցով բևեռային կենդանիները շնչում են)*

blown 1 անցյալ դերբայ տե՛ս **blow 2** *adjective* ավերված; փչացած

blown away ապշած; խիստ զարմացած

blowout 1 *noun* 1) ավտոմեքենայի անվադողի պայթյուն *(ընթացքի ժամանակ)* 2) բարկության ժայթքում 3) *ամերիկյան* ճոխ ճաշկերույթ 4) *ամերիկյան մարզական* հեշտ հաղթանակ 5) գազի հանկարծակի ժայթքում; նավթի հանկարծակի ժայթքում **2** *adjective* հսկայական; ամենակալ

blowtorch |ˈbləʊtɔːtʃ| *noun* զոդման լամպ

blowy |ˈbləʊi| *adjective* (**blowier**, **blowiest**) քամոտ

blubber¹ |ˈblʌbə| **1** *noun* 1) կետի ճարպ *(կամ այլ ծովային կենդանու)* 2) *խոսակցական արհամարհական* գեր մարդու ճարպ **2** *adjective* *հնացած* ուռած; բորբոքված

blubber² |ˈblʌbə| *verb* *խոսակցական* բարձր լաց լինել; հեկեկալ

bludgeon |ˈblʌdʒ(ə)n| **1** *noun* մահակ **2** *verb* ծեծել մահակով

blue |bluː| **1** *adjective* 1) կապույտ; երկնագույն 2) կապտած *(ցրտից և այլն)* 3) *խոսակցական* ճնշված; տրտում; տխուր 4) *խոսակցական* պոռնկագրական; բաց *(ֆիլմի, կատակի մասին)* 5) *խոսակցական* չափազանց կրոնական/բարոյախոսական **2** *noun* 1) կապույտ գույն 2) կապույտ համազգեստ 3) *բանաստեղծական* երկինք 4) *բանաստեղծական* ծով 5) տրտմություն; թախիծ **3** *verb* կապտեցնել

out of the blue անսպասելիորեն; հանկարծակի

blue-chip *adjective* արժեքավոր բաժնետոմս ունեցող *(մեծ եկամուտ բերող և փոքր ռիսկ պարունակող)*

blue-collar *adjective* բանվոր; կապույտ օձիքավոր; ձեռնաշխատ

Bluegrass State Դաշտավլուկի նահանգ *(ԱՄՆ-ի Կենտուկի նահանգի մականունը)*

Blue Hen State Թխակապույտ Աքլորի նահանգ *(ԱՄՆ-ի Դելավեր նահանգի մականունը)*

Blue Law State Պուրիտանական նահանգ *(ԱՄՆ-ի Կոնեկտիկուտ նահանգի մականունը)*

Blue Nile Կապույտ Նեղոս *(Նեղոս գետի երկու հիմնական վտակներից մեկը, որը սկիզբ է առնում Եթովպիայից)*

blueprint |ˈbluːprɪnt| **1** *noun* 1) նախագծի գծագիր 2) *փոխաբերական* ծրագիր/նախագիծ *(որևէ բանի)* **2** *verb* նախագծել; ծրագրել

blues |bluːz| *plural noun* 1) երաժշտություն բլյուզ *(թախծոտ երաժշտական ոճ, որը նախապես զարգացել է ամերիկյան սևամորթների միջավայրում)* 2) *խոսակցական* թախիծ; տրտմություն

bluestocking |ˈbluːstɒkɪŋ| *noun* *հաճախ արհամարհական* մտավորական/կրթված կին; գիտուն կին

Bluetooth *noun* բլութութ *(ռադիո տեխնոլոգիա, որը թույլ է տալիս հաղորդակցվել բջջային հեռախոսներին, համակարգիչներին և այլ էլեկտրոնային սարքերին կարճ հեռավորության վրա)*

bluff¹ |blʌf| **1** *noun* խաբեություն; բլեֆ **2** *verb* խաբել; բլեֆ անել

call someone's bluff մերկացնել ինչ-որ մեկի բլեֆը

bluff² |blʌf| *adjective* ճշտախոս; շիտակ

bluff³ 1 *noun* զառիթափ ժայռ **2** *adjective* զառիթափ

bluish |ˈbluːɪʃ| (նաև **blueish**) *adjective* կապտավուն

blunder |ˈblʌndə| **1** *noun* կոպիտ սխալ; սայթաքում **2** *verb* կոպիտ սխալ թույլ տալ; սայթաքել

blunder about/around խարխափել

blunt |blʌnt| **1** *adjective* 1) բութ *(դանակի և այլնի մասին)* 2) չափազանց ուղիղ, անխոհեմ **2** *noun* *խոսակցական* մարիխուանայով լցված սիգար **3** *verb* բթացնել

bluntly *adverb* կոպիտ կերպով; անխոհեմաբար

blur |bləː| **1** *noun* մշուշ; աղավաղում **2** *verb* մշուշվել; ջնջվել

blurt |bləːt| *verb* դուրս տալ; խոսք թռցնել բերանից

blush |blʌʃ| **1** *verb* կարմրել; շիկնել **2** *noun* 1) շիկնանք 2) կարմրություն

at first blush առաջին հայացքից/տպավորությունից

blusher |ˈblʌʃə| *noun* կարմրաներկ *(այտերի համար)*

bluster |ˈblʌstə| **1** *verb* 1) աղմկել, գոռգոռալ, սպառնալ 2) մոլեգնել; ոռնալ *(փոթորկի մասին)* **2** *noun* 1) աղմուկ-աղաղակ 2) դատարկ սպառնալիք 3) գլուխգովանություն

blustery |ˈblʌstəri| *adjective* մոլեգին; քամոտ *(եղանակի մասին)*

BMX *noun* ամուր կառուցված հեծանիվ *(որն օգտագործվում է կոպիտ ճանապարհների վրա վարելու համար)*

BO *abbreviation* 1) *խոսակցական* body odor մարմնի հոտ 2) best offer լավագույն առաջարկ 3) box office տոմսարկղ 4) back order հետադարձ պատվեր

boa |ˈbəʊə| *noun* 1) վիշապ օձ 2) կանացի վզամորթի

boa constrictor *noun* *կենդանաբանություն* փաթաթվող օձ *(Boa constrictor, ընտանիք Boidae)*

boar |bɔː| *noun* (հոգն. նույնը կամ **boars**) 1) չամորձատված արու խոզ 2) վարազ

board |bɔːd| **1** *noun* 1) տախտակ 2) սեղան 3) վարչություն; խորհուրդ ◊ **board of trustees** հոգաբարձուների խորհուրդ 4) ուտելիք; սնունդ *(որպես վճարովի ծառայության մաս)* **2** *verb* 1) նստել *(նավ, ինքնաթիռ և այլն)* 2) օթևանել; ապրել 3) տրամադրել սնունդ • **board sth up** տախտակներով ծածկել պատուհանը

on board տախտակամածին; օդանավի մեջ

take sth on board հասկանալ գաղափարը/առաջարկը

boarder |ˈbɔːdə| *noun* 1) գիշերօթիկ դպրոցի սան 2) կենվոր; տնվոր

boarding-house *noun* 1) պանսիոն; կենսօթևան 2) օթևան; մասնավոր սենյակ *(վճարովի գիշերելու համար)*

boarding-school *noun* գիշերօթիկ դպրոց

boast |bəʊst| **1** *noun* պարծենկոտություն **2** *verb* 1) պարծենալ 2) հպարտանալ 3) ունենալ

boaster *noun* պարծենկոտ մարդ

boastful |ˈbəʊstfʊl|, |-f(ə)l| *adjective* պարծենկոտ

boat |bəʊt| *noun* 1) նավակ 2) նավ

be in the same boat *խոսակցական* միևնույն վիճակում լինել; մի հալի/օրի լինել

off the boat *խոսակցական վիրավորական* նորեկ *(սովորաբար արտասահմանից և ենթադրաբար միամիտ մարդ)*

rock the boat *խոսակցական* եղած իրավիճակը խաթարել

boatman |ˈbəʊtmən| *noun* (հոգն. **-men**) նավավար

boatswain |ˈbəʊs(ə)n| (նաև **bo'sun** կամ **bosun**) *noun* բոցման

bob[1] |bɒb| **1** *verb* (**bobbed**, **bobbing**) 1) վերուվար անել 2) հանկարծակի հայտնվել կամ անհետանալ **2** *noun* վերուվար շարժում

bob[2] |bɒb| **1** *noun* 1) մազերի կարճ կտրվածք 2) ծանրոց *(օրինակ՝ ճոճանակի, օդապարուկի վրա և այլն)* 3) *մարզական* բոբսլեյ 4) կարճ տող բանաստեղծության տան վերջում 5) ձիու կարճ կտրած պոչ **2** *verb* (**bobbed**, **bobbing**) 1) մազերը կարճ կտրել 2) *մարզական* բոբսլեյ վարել

bob[3] |bɒb| *noun* (հոգն. նույնը) *խոսակցական* մեծ քանակի փող; մի փեշ փող

bobber |ˈbɒbə| *noun* լողան

bobbin |ˈbɒbɪn| *noun* 1) կոճ 2) իլիկ

bobby |ˈbɒbi| *noun* *խոսակցական* ոստիկան

bobsleigh |bɒbsleɪ| *noun* *մարզական* բոբսլեյ

bobtail |ˈbɒbteɪl| **1** *noun* կարճ կտրած պոչ *(ձիու կամ շան)* **2** *adjective* (նաև **bobtailed**) *փոխաբերական* կարճ և տրած

bode |bəʊd| *verb* գուշակել; կանխագուշակել; նշան լինել

bodice |ˈbɒdɪs| *noun* իրանակալ; կրծկալ; կորսաժ

bodily |ˈbɒdɪli| **1** *adjective* մարմնական; մարմնի **2** *adverb* մարմնապես

body |ˈbɒdi| **1** *noun* 1) մարմին 2) մարմին; իրան *(որը հասկացվում է առանց գլխի կամ էլ առանց գլխի, ձեռքերի ու ոտքերի)* 3) դիակ 4) մարդկանց խումբ 5) հիմնական մաս *(որևէ բանի)* 6) մեծ քանակություն 7) առարկա; մարմին **2** *verb* ձև տալ; մարմնավորել

body and soul ամբողջ հոգով; ողջ էությամբ

in a body ամբողջությամբ

keep body and soul together ողջ մնալ *(հատկապես դժվար իրավիճակներում)*

bodybuilding *noun* բոդիբիլդինգ *(մարզանք, որի նպատակն է խոշոր մկաններ զարգացնելը)*

bodyguard |ˈbɒdɪgɑːd| *noun* թիկնապահ

body language *noun* շարժումների լեզու

bodywork |ˈbɒdɪwəːk| *noun* 1) թափք *(ավտոմեքենայի)* 2) մերսում

Boer |bɔː|, |ˈbəʊə|, |bʊə| *պատմական* **1** *noun* բուր *(Հարավային Աֆրիկայում հոլանդացի վերաբնակ)* **2** *adjective* բուրական

bog |bɒg| **1** *noun* 1) ճահիճ 2) *բրիտանական ծածկալեզու* զուգարան; արտաքնոց **2** *verb* (**be bogged down**) խրվել ճահճի մեջ

bog off հեռացի՛ր

bogey |ˈbəʊgi| (նաև **bogy**) *noun* (հոգն. **-geys**) 1) վախ ներշնչող բան; չար ոգի 2) *ռազմական ծածկալեզու* թշնամական ինքնաթիռ

boggle |ˈbɒg(ə)l| *verb* *խոսակցական* վախենալ; սարսափել

boggy |ˈbɒgi| *adjective* ճահճոտ

bogie |ˈbəʊgi| *noun* (հոգն. **-gies**) սայլակ; սայլակարք

Bogotá |ˌbɒgəˈtɑː|, |boɣoˈtæ| Բոգոտա *(Կոլումբիայի մայրաքաղաքը)*

Bohemia |bəʊˈhiːmɪə| *պատմական* Բոհեմիա *(նախկինում՝ ալավոնական պետություն, ներկայումս՝ շրջան Չեխիայի արևմուտքում)*

Bohemian |bəʊˈhiːmɪən| **1** *noun* *փոխաբերական* բոհեմիկ պատկանող անձ **2** *adjective* 1) բոհեմային 2) բոհեմացի

boil[1] |bɔɪl| **1** *verb* 1) եռալ 2) եռացնել 3) բարկանալ • **boil away** եռալ-վերջանալ **boil down to** հանգել **boil over** եփվել-թափվել ամանի եզրերից **boil something down** հեղուկի ծավալը փոքրացնել եռացնելով **2** *noun* 1) եռում 2) ձկնապուր

keep the pot boiling լարվածության մեջ պահել

boil[2] |bɔɪl| *noun* չիբան

boiler |ˈbɔɪlə| *noun* շոգեկաթսա

boiler suit *noun* բանվորական արտահագուստ

boiling |ˈbɔɪlɪŋ| **1** *adjective* 1) եռացող 2) *փոխաբերական* շատ շոգ; տոթ 3) հուզված; գրգռված **2** *noun* եռում

boiling point *noun* եռման կետ; եռման ջերմաստիճան

boisterous |ˈbɔɪst(ə)rəs| *adjective* 1) մոլեգին; աղմկոտ 2) աշխույժ

bold |bəʊld| **1** *adjective* 1) համարձակ 2) հանդուգն 3) հստակ 4) թավ *(տառատեսակի մասին)* **2** *noun* թավ տառատեսակ

be so bold համարձակվել *(օգտագործվում է պաշտոնական հանգամանքներում՝ քաղաքավարի կերպով հարցադրում կատարելու համար)*

bole[1] |bəʊl| *noun* բուն *(ծառի)*

bole[2] |bəʊl| *noun* բոլյուս *(հանքաների տեսակ, որը ունի կարմրավուն երանգ)*

Bolivia |bəˈlɪvɪə|, |boˈliβjæ| Բոլիվիա *(պետություն Հարավային Ամերիկայի արևմուտքում)*

boll |bəʊl| *noun* *բուսաբանություն* սերմնատուփ *(բամբակի և այլն)*

bollard |ˈbɒlɑːd|, |-ləd| *noun* 1) պարսպի ցից *(նախատեսվում է մեքենաներին որոշակի վայրեր մուտքը արգելելու համար)* 2) կառանման ցից *(օգտագործվում է նավահանգիստներում նավերը կառանելու համար)*

Bologna |bəˈləʊnjə|, |bəˈlɒnjə|, |boˈlɔŋŋæ| Բոլոնիա *(քաղաք Իտալիայի հյուսիսում)*

Bolshevik |ˈbɒlʃɪvɪk| **1** *noun* *պատմական* բոլշևիկ

2 *adjective* բոլշևիկյան
Bolshevism *noun* բոլշևիզմ
Bolshie |ˈbɒlʃi| (նաև **Bolshy**) **1** *noun* (հոգն. **-shies**) *խոսակցական* բոլշևիկ; սոցիալիստ **2** *adjective* (**bolshie**) *խոսակցական հնացած* կովարար և անզիջում
bolster |ˈbəʊlstə| **1** *noun* (նաև **bolster pillow**) գլանաձև բարձ; մութաքա **2** *verb* նեցուկ տալ; հենարան տալ
bolt¹ |bəʊlt| **1** *noun* 1) սողնակ 2) գնդերիթ 3) նետ *(հատկապես արբալետից նետված)* 4) կայծակ **2** *verb* 1) սողնակով փակել 2) գնդերիթով միացնել
a bolt from (or out of) the blue ամպրոպ երկնքից; անսպասելի իրադարձություն կամ լուր
bolt² |bəʊlt| *verb* 1) սանձազերծ սլանալ 2) արագ ծամել; արագ կուլ տալ
make a bolt for փախչելու փորձ կատարել
bolt³ |bəʊlt| *noun* թոփ; կապոց *(կտորի)*
bolt⁴ |bəʊlt| (նաև **boult**) *verb հնացած* մաղով անցկացնել *(ալյուրը և այլն)*
bomb |bɒm| **1** *noun* 1) ռումբ 2) (**the bomb**) ատոմային/միջուկային ռումբ 3) *բրիտանական խոսակցական* (**a bomb**) շատ փող 4) *ամերիկյան խոսակցական* (**a bomb**) լիակատար ձախողում **2** *verb* 1) ռմբակոծել 2) *բրիտանական խոսակցական* սլանալ 3) *ամերիկյան խոսակցական* կտրվել քննությունից
bombard **1** *verb* |bɒmˈbɑːd| 1) ռմբակոծել 2) տարափ տեղալ *(հարցերի, քննադատության և այլնի)* **2** *noun* |ˈbɒmbɑːd| *պատմական* թնդանոթ *(որը կրակում էր քարե արկերով)*
bombast |ˈbɒmbæst| *noun* փքունություն, ճոռոմություն
bombastic |-ˈbæstɪk| *adjective* փքուն, ճոռոմ
Bombay |bɒmˈbeɪ| Մումբայ; Բոմբեյ *(խոշոր նավահանգստային քաղաք Հնդկաստանում. 1995 թ. վերանվանվել է Մումբայ)*
bomb disposal *noun* ռումբերի վնասազերծում
bomber |ˈbɒmə| *noun* 1) *ռազմական* ռմբակոծիչ 2) ռումբեր տեղադրող *(հատկապես ահաբեկիչ)* 3) *խոսակցական* մարիխուանա պարունակող գլանակ
bombing *noun ռազմական* ռմբակոծում
bombshell |ˈbɒmʃɛl| *noun* 1) շշմեցուցիչ նորություն 2) *խոսակցական* շատ հրապուրիչ կին 3) *հնացած* հրետանային արկ
bona fide |ˌbəʊnə ˈfʌɪdi| **1** *adjective* բարեխիղճ; իսկական; վստահելի **2** *adverb* *իրավունքը* անկեղծորեն; առանց խաբեության
bond |bɒnd| *noun* 1) կապ; կապանք 2) (**bonds**) պարտատոմսեր 3) (**bonds**) պարտականություններ
bondage |ˈbɒndɪdʒ| *noun* ճորտություն, ստրկություն
bone |bəʊn| **1** *noun* 1) ոսկոր 2) մարմին 3) կմախք 4) դիակ 5) ոսկրանյութ 6) սպիտակ գույն *(ոսկորի գույնի)* **2** *verb* 1) ոսկրահան անել *(միսը, ձուկը և այլն)* 2) *խոսակցական* խորությամբ ուսումնասիրել
a bone of contention կովախնձոր
bone up on sth *խոսակցական* ամեն ինչ վերհիշել; ամեն ինչ սովորել; անգիր անել; «ջուր անել»; ջրի պես իմանալ
close to the bone *խոսակցական* թույլ տեղին դիպչող; վիրավորական
cut/pare to the bone կրճատել, որքան հնարավոր է
make no bones about sth ազնիվ լինել ինչ-որ բանի վերաբերյալ; չթաքցնել
throw sb a bone ոսկոր նետել ինչ-որ մեկին; քիչ բանով բավարարել
to the bone մինչև ուղն ու ծուծը; մինչև հոգու խորքը
work one's fingers to the bone տքնաջան/քրտնաջան աշխատել
bone-dry *adjective* լրիվ չոր
bone marrow *noun* ոսկրածուծ
bonemeal |ˈbəʊnmiːl| *noun* ոսկրալյուր
boner |ˈbəʊnə| *noun խոսակցական* հիմար սխալ
bonfire |ˈbɒnfʌɪə| *noun* խարույկ
bonkers |ˈbɒŋkəz| *adjective խոսակցական* գիժ; խելագար
bonnet |ˈbɒnɪt| *noun* 1) կանացի անեզր գլխարկ; երեխայի անեզր գլխարկ *(որը սովորաբար կապվում է ժապավենով)* 2) ավտոմեքենայի ծածկոց
bonny |ˈbɒni| (նաև **bonnie**) **1** *adjective խոսակցական* 1) սիրունիկ 2) առողջ **2** *noun* սիրունիկս *(օգտագործվում է սիրելիին կամ երեխային դիմելիս)*
bonus |ˈbəʊnəs| *noun* պարգև; լրացուցիչ պարգևատրում
bony |ˈbəʊni| *adjective* 1) ոսկրոտ 2) նիհար
boo |buː| **1** *exclamation* թու՜հ *(չհավանելու բացականչություն)* **2** *noun* ու՜ *(դժգոհությունը/տհաճությունը արտահայտելը)* **3** *verb* (**boos**, **booed**) արտահայտել դժգոհությունը; շվացնել
wouldn't say boo to a goose շատ ամաչկոտ լինել
boob¹ |buːb| *խոսակցական noun* հիմար/տխմար մարդ
boob² |buːb| *noun խոսակցական* կանացի կուրծք
booby¹ |ˈbuːbi| *noun* (հոգն. **-bies**) հիմար/մանկամիտ մարդ
booby² |ˈbuːbi| *noun* (հոգն. **-bies**) *խոսակցական* կանացի կուրծք
booby prize *noun* պարգև ամենավերջին տեղ զբաղեցնողին *(որպես կատակ)*
booby trap **1** *noun* 1) *ռազմական* թաքնված ական 2) թակարդ-կատակ **2** *verb* (**booby-trap**) թաքնված ական դնել
boogie |ˈbuːgi| **1** *noun* (նաև **boogie-woogie**) (հոգն. **boogies**) բուգի-վուգի *(պարի տեսակ)* **2** *verb* (**boogieing**) *խոսակցական* պարել բուգի-վուգի
book **1** *noun* 1) գիրք 2) հաշվապահական հաշիվներ ◊ **to do the books** հաշվապահությունը կարգի բերել 3) գրանցամատյան **2** *verb* 1) գրանցել; գրառումներ անել 2) պատվիրել

be in someone's bad books ինչ-որ մեկի համար վատ համբավ ունենալ
be in someone's good books *խոսակցական* ինչ-որ մեկի համար լավ համբավ ունենալ
bring someone to book ինչ-որ մեկին դատարան կանչել
by the book *խոսակցական* ըստ օրենքի
in my book *խոսակցական* իմ կարծիքով

bookbinder |ˈbʊkbʌɪndə| *noun* կազմարար

bookbinding *noun* կազմարարություն

bookcase |ˈbʊkkeɪs| *noun* գրապահարան; գրադարակ

booking |ˈbʊkɪŋ| *noun* 1) պատվիրում 2) պայմանավորվածություն ներկայացմանը մասնակցելու վերաբերյալ

booking-office *noun* տոմսարկղ

bookkeeper *noun* հաշվապահ; հաշվետար

bookkeeping |ˈbʊkki:pə| *noun* հաշվապահություն; հաշվետարություն

booklet |ˈbʊklɪt| *noun* գրքույկ

bookmaker |ˈbʊkmeɪkə| *noun* դրույքավար

bookmark |ˈbʊkmɑ:k| **1** *noun* էջանշան **2** *verb համակարգիչներ* էջանշան դնել

bookseller |ˈbʊksɛlə| *noun* գրավաճառ

bookshelf |ˈbʊkʃɛlf| *noun* գրադարակ

bookshop *noun* գրախանութ

bookstall |ˈbʊkstɔ:l| *noun* գրքի կրպակ; գրավաճառանոց

bookstore |ˈbʊkstɔ:| (նաև **bookshop**) *noun ամերիկյան* գրախանութ

bookworm |ˈbʊkwə:m| *noun* 1) գրամոլ; գրասեր 2) գրքի որդ

Boolean |ˈbu:lɪən| **1** *adjective* բուլյան *(տրամաբանական հանրահաշվին վերաբերող)* **2** *noun համակարգիչներ* երկուական փոփոխական

boom¹ |bu:m| **1** *noun* թնդյուն **2** *verb* թնդալ

boom² |bu:m| **1** *noun* 1) մեծ պահանջարկ/հաջողություն 2) աղմկալի գովազդ **2** *verb* մեծ պահանջարկ ունենալ; մեծ հաջողություն ունենալ

boom³ |bu:m| *noun* 1) առագաստափայտ 2) պլաք *(վերամբարձ կռունկի)*

boomerang |ˈbu:məræŋ| **1** *noun* բումերանգ **2** *verb* վերադառնալ ուղարկողին

boon¹ |bu:n| *noun հնացած* 1) բարիք 2) բարեհաճություն

boon² |bu:n| *adjective* հաճելի; ընկերական *(ընկերոջ մասին)*

boorish *adjective* բիրտ; անտաշ

boost |bu:st| **1** *verb* 1) աջակցել; պաշտպանել 2) նպաստել; խթանել 3) հրել 4) զորացնել *(էլեկտրական ազդանշանը)* 5) *խոսակցական* գովաբանել **2** *noun* 1) աջակցություն 2) հրում 3) աճ; բարձրացում 4) խթան

boot¹ |bu:t| **1** *noun* 1) երկարաճիտ կոշիկ 2) բեռնարկղ *(ավտոմեքենայի)* 3) ապտակ **2** *verb* 1) ոտքով հարվածել 2) *համակարգիչներ* բեռնել *(գործավարական համակարգը)* • **boot out** ծառայությունից հեռացնել
be given the boot, get the boot հեռացվել աշխատանքից
give someone the boot ինչ-որ մեկին հեռացնել աշխատանքից
one's heart sank/fell into one's boots սիրտը փորը ընկնել; նվաղել
you can bet your boots *խոսակցական* հաստատ բան է; վստահ եղիր

boot² |bu:t| *noun* (**to boot**) ի լրումն

booth |bu:ð|, |bu:θ| *noun* 1) կրպակ; խցիկ 2) տաղավար *(ընտրողական)*

bootlace |ˈbu:tleɪs| *noun* կոշիկի քուղ

booty¹ |ˈbu:ti| *noun* 1) ավար, կողոպուտ 2) *խոսակցական* արժեքավոր իրեր; շահում *(որոնք ստանում, գնում կամ շահում են)*

booty² *noun* (հոգն. **-ties**) *խոսակցական* հետույք
shake one's booty աշխույժ պարել

booze |bu:z| **1** *noun խոսակցական* ոգելից խմիչք **2** *verb խոսակցական* կոնծել

booze-up *noun խոսակցական* հարբեցողություն; կոնծաքանություն

borax |ˈbɔ:ræks| *noun քիմիա* բորակ; աղբորակ

border |ˈbɔ:də| **1** *noun* 1) սահման 2) եզր; եզրագիծ **2** *verb* 1) սահմանակից լինել 2) ինչ-որ բանի եզրին լինել

borderland |ˈbɔ:dəlænd| *noun* սահմանամերձ շրջան

borderline |ˈbɔ:dəlʌɪn| **1** *noun* սահման; բաժանարար սահման **2** *adjective* միջանկյալ

bore¹ |bɔ:| **1** *verb* 1) հորատել 2) ճանապարհ հարթել *(ամբոխի միջով)* **2** *noun* հորատած անցք

bore² |bɔ:| **1** *verb* ձանձրացնել **2** *noun* 1) ձանձրալի մարդ 2) ձանձրալի վիճակ

boreal |ˈbɔ:rɪəl| *adjective* հյուսիսային

bored¹ |bɔ:d| *adjective* ձանձրացած

bored² *adjective* փող ունեցող; փողավոր *(հրացանի մասին)*

boredom |ˈbɔ:dəm| *noun* ձանձրույթ

borehole |ˈbɔ:həʊl| *noun* հորատանցք

boring |ˈbɔ:rɪŋ| *adjective* ձանձրալի; անհետաքրքիր

born |bɔ:n| *adjective* 1) ծնված ◊ **be born** ծնվել 2) սկսված 3) բնածին
born and bred ծնված և մեծացած
born with a silver spoon in one's mouth հարուստ ընտանիքում ծնված
There is one born in every minute. Դյուրահավատ մարդիկ շատ կան:
wasn't born yesterday երեկվա երեխան չլինել; միամիտ չլինել; լուսից իջած չլինել

born-again **1** *adjective եկեղեցական* 1) վերստին ծնված 2) նորադարձ; նորահավատ **2** *noun* վերստին ծնված քրիստոնյա

borne |bɔ:n| **1** անցյալ դերբայ տե՛ս **bear1** **2** *adjective* տարածվող *(մանրէների մասին)*

Borneo |ˈbɔ:nɪˌəʊ| Բոռնեո *(Մալայան կղզեխմբի ամենամեծ կղզին)*

boron |ˈbɔ:rɒn| *noun քիմիա* (**B**) բոր

borough |ˈbʌrə| (հպվ. **bor.**) *noun* փոքր քաղաք
borrow |ˈbɒrəʊ| *verb* 1) պարտք վերցնել 2) փոխ առնել
be on borrowed time, be living on borrowed time փոխ առնված կյանքով ապրել; ապրել այն դեպքում, երբ պետք է որ մեռած լինեն
borrow trouble գլխացավանք ստեղծել իր համար
borrower *noun* փոխառու
borrowing *noun* 1) փոխառություն; պարտք 2) *լեզվաբանություն* փոխառություն
Bosnia |ˈbɒzniə| Բոսնիա *(տարածք Բալկաններում, որն այժմ մտնում է Բոսնիա և Հերցոգովինայի կազմի մեջ)*
Bosnia and Herzegovina Բոսնիա և Հերցոգովինա *(պետություն Եվրոպայի հարավ-արևելքում)*
bosom |ˈbʊz(ə)m| **1** *noun* ծոց; գիրկ; կուրծք **2** *adjective* մտերիկ; սրտամոտ
bosom-friend *noun* մտերիմ ընկեր
Bosporus |ˈbɒspərəs| (նաև **Bosphorus**) Բոսֆոր *(նեղուց, որը Սև ծովը միացնում է Մարմարի ծովին)*
boss[1] |bɒs| *խոսակցական* **1** *noun* 1) տեր; ձեռնարկատեր 2) իրադրության տեր **2** *verb* 1) հրամաններ արձակել 2) կառավարել **3** *adjective* արտակարգ; գերազանց; հիանալի
be one's own boss իր գլխի տերը լինել; իր ձեռնարկության տերը լինել
show someone who's boss ցույց տալ, թե ով է տերը
boss[2] |bɒs| *noun* ուռուցք; ուռած տեղ; ելուստ
boss[3] |bɒs| *noun* *խոսակցական* կով
bossy[1] |ˈbɒsi| *adjective* (**bossier**, **bossiest**) *խոսակցական* ղեկավարել սիրող
bossy[2] |ˈbɒsi| *noun* (հոգն. **bossies**) *խոսակցական* կով; հորթ
Boston[1] |ˌbɒstən| Բոստոն *(Մասաչուսեթս նահանգի մայրաքաղաքը)*
bot[1] |bɒt| *noun* բոռի թրթուր
bot[2] *noun* 1) ռոբոտ 2) թրթուր *(համակարգչային ծրագիր, որը նույն գործողությունը կատարում է կրկին ու կրկին)*
botanical **1** *adjective* բուսաբանական **2** *noun* բույսերից ստացված նյութ
botany |ˈbɒt(ə)ni| *noun* բուսաբանություն
botch |bɒtʃ| **1** *verb* *խոսակցական* 1) կարկատել 2) գործը անփույթ կատարել; գործը փչացնել **2** *noun* (նաև **botch-up**) *խոսակցական* վատ կատարված աշխատանք
botcher *noun* վատ/ապաշնորհ աշխատող; փինաչի
both |bəʊθ| **1** *pronoun, adjective* երկուսը; և՛ նա, և՛ մյուսը **2** *adverb* և՛ ... և՛; թե՛ ... թե՛
bother |ˈbɒðə| **1** *noun* անհանգստություն, հոգս **2** *verb* 1) անհանգստացնել 2) անհանգստանալ
can't be bothered (can't be bothered to do something) նեղություն չտալ իրեն; չուզենալ մի բան անել
bothersome |ˈbɒðəsəm| *adjective* անհանգստացնող; ձանձրալի
bothy |ˈbɒθi| (նաև **bothie**) *noun* (հոգն. **bothies**) հյուղակ; խրճիթ *(Շոտլանդիայում)*
Botswana |bɒtˈswɑːnə| Բոտսվանա *(պետություն Աֆրիկայի հարավում)*
bottle |ˈbɒt(ə)l| **1** *noun* 1) շիշ; սրվակ; անոթ 2) *խոսակցական* քաջություն 3) մի շիշ լիքը **2** *verb* 1) շշերի մեջ լցնել; շշալցնել 2) պահածոյացնել • **bottle out of sth (bottle out of doing sth)** վախից դրդված հրաժարվել մի բանից **bottle sth up** ինչ-որ բան թաքցնել իր ներսում
hit the bottle *խոսակցական* կոնծել, լակել
bottle green *noun* բրիտանական մուգ կանաչ գույն; շշի գույնի
bottleneck |ˈbɒt(ə)lnɛk| *noun* 1) շշի բերան 2) ճանապարհի նեղ մասը 3) ճանապարհային խցանում
bottom |ˈbɒtəm| **1** *noun* 1) հատակ 2) *խոսակցական* հետույք 3) ներքևի մաս 4) նստատեղ 5) հիմք **2** *adjective* ներքևի, ստորին **3** *verb* (**bottom out**) դադարել դեպի վատը գնալը; դեպի լավը գնալ
at bottom ըստ էության; հիմնականում
bet your bottom dollar ամեն ինչ գրավ դնել
bottoms up! *խոսակցական* խմել մինչև վերջ
the bottom falls out, the bottom drops out ձախողում; անկում
bottomless |ˈbɒtəmlɪs| *adjective* 1) անհատակ 2) շատ խորը 3) մերկ; բաց *(հատկապես գոտկատեղից ներքև)*
bottom line *noun* *խոսակցական* 1) գումար 2) արդյունք; հանրագումար 3) վերջնական չափանիշ 4) ամենաէժան գին
botulism |ˈbɒtjʊlɪz(ə)m| *noun* բոտուլիզմ; սննդաթունավորում *(սննդային թունավորում, որն առաջանում է վատ պահածոյացված սնունդից)*
bougainvillea |ˌbuːg(ə)nˈvɪlɪə| (նաև **bougainvillaea**) *noun* *բուսաբանություն* բուգենվիլի *(արևադարձային մագլցող բույս)*
bough |baʊ| *noun* ոստ, ճյուղ
boulder |ˈbəʊldə| (նաև **bowlder**) *noun* մեծ գլաքար
boulevard |ˈbuːləvɑːd| (հպվ. **blvd.**) *noun* լայն ծառուղի
bounce |baʊns| **1** *verb* 1) ոստոստալ; ետ ցատկել 2) անդրադառնալ 3) սուրալ; սլանալ 4) վերադարձնել *(վճարագիրը/չեքը՝ վճարողի հաշվին փողի բացակայության պատճառով)* • **bounce back** կազդուրվել *(հիվանդությունից, դժվարություններից հետո)* **2** *noun* 1) ոստյուն 2) կայտառություն 3) առողջություն; փայլ *(մազերի)*
be bouncing off the wall *խոսակցական* գրգռված լինել; տեղում դադար չառնել
bouncer |ˈbaʊnsə| *noun* վռնդիչ; դռնապան *(գիշերային ակումբի և այլն)*
bouncing |ˈbaʊnsɪŋ| *adjective* 1) առույգ; կայտառ; աշխույժ 2) վերադարձված *(բանկի կողմից)*
bouncy |ˈbaʊnsi| *adjective* (**bouncier**, **bounciest**) 1) ոստոստող; ցատկոտող; առաձգական 2) առողջ; փայլուն *(մազերի մասին)* 3) առույգ

bound¹ |baʊnd| **1** *verb* քայլել մեծ քայլերով; վազել մեծ քայլերով **2** *noun* մեծ քայլ; լռնք

bound² |baʊnd| *noun* սահման

in bounds *մարզական* խաղահրապարակի սահմաններում

bound³ |baʊnd| *adjective* 1) պատրաստ մեկնելու 2) *փոխաբերական* ուր որ է մոտեցող; վերահաս ◊ **it is bound to happen** դա անպայման տեղի է ունենալու

bound⁴ |baʊnd| **1** անցյալ դերբայ տե՛ս **bind** **2** *adjective* 1) կապված, սահմանափակված 2) պարտավորված 3) կազմված *(գրքի մասին)*

bound up with, bound up in սերտորեն կապված

boundary |baʊnd(ə)ri| *noun* սահման; սահմանագիծ

boundless |ˈbaʊndlɪs| *adjective* անսահման

bounteous |ˈbaʊntɪəs| *adjective* *հնացած* առատաձեռն

bountiful |baʊntɪfʊl|, |-f(ə)l| *adjective* 1) առատ; լի 2) առատաձեռն

bounty |ˈbaʊnti| *noun* (հոգն. **-ties**) 1) առատաձեռնություն 2) առատություն 3) պարգև *(սովորաբար կառավարական)* 4) զինվորական պարգև *(սովորաբար տրվում է կամավորապես ծառայության անցնելիս)*

bouquet |bʊˈkeɪ|, |bəʊˈkeɪ|, |ˈbʊkeɪ| *noun* 1) ծաղկեփունջ 2) բուրմունքի փունջ; բնորոշ բուրմունք *(գինու և այլն)*

bourbon |ˈbəːb(ə)n|, |ˈbʊə-| *noun* *ամերիկյան* բուրբոն *(վիսկիի տեսակ)*

bourgeois |ˈbʊəʒwɑː| **1** *noun* բուրժուա **2** *adjective* բուրժուական

bourgeoise |ˈbʊəʒwɑːz| **1** *adjective* բուրժուա կանանց; բուրժուազիայի կին ներկայացուցիչների մասին **2** *noun* բուրժուա կին; բուրժուազիայի կին ներկայացուցիչ

bourgeoisie |ˌbʊəʒwɑːˈziː| *noun* 1) բուրժուազիա *(հասարակության միջին խավ)* 2) կապիտալիստներ *(դասակարգ)*

bout |baʊt| *noun* 1) մեծ ակտիվության կարճ ժամանակամիջոց 2) հիվանդության նոպա 3) մենամարտ *(բռնցքամարտի կամ ըմբշամարտի)*

boutique |buːˈtiːk| *noun* նորաձև հագուստի փոքր խանութ

bovine |ˈbəʊvʌɪn| *adjective* 1) եզան, ցուլի 2) բութ; դանդաղաշ

bow¹ |bəʊ| **1** *noun* 1) աղեղ *(նետեր նետելու համար)* 2) հանգուցավոր ժապավեն 3) աղեղ *(երաժշտական գործիքի համար)* 4) կամար **2** *verb* նվագել աղեղով

bow² |baʊ| **1** *verb* 1) խոնարհվել; գլուխ տալ 2) կքվել **2** *noun* խոնարհում

bow and scrape *արհամարհական* ստորաքարշություն անել

take a bow խոնարհվել՝ ծափահարությունները ընդունելիս

bow³ |baʊ| (նաև **bows**) *noun* նավաքիթ

bowel |ˈbaʊəl| (նաև **bowels**) *noun* 1) աղիք 2) (**the bowels of sth**) ներքինը, ներսի մասը

bowel movement *noun* 1) կղկղելը 2) կղկղանք

bower¹ |ˈbaʊə| **1** *noun* 1) քոթեջ 2) ստվերոտ տեղ 3) *բանաստեղծական* կանացի ննջարան **2** *verb* *բանաստեղծական* ստվեր գցել

bower² |ˈbaʊə| (նաև **bower anchor**) *noun* հիմնական խարիսխ

bowl¹ |bəʊl| *noun* 1) գավաթ; բաժակ 2) մարզադաշտ

bowl² |bəʊl| **1** *noun* բոուլինգի գնդակ **2** *verb* 1) գլորել գետնի վրայով 2) արագ շարժվել *(որոշակի ուղղությամբ)*

bowl someone over 1) վայր գցել ինչ-որ մեկին 2) շշմեցնել; շփոթեցնել

bow legs *plural noun* ծուռ ոտքեր

bowler¹ |ˈbəʊlə| *noun* 1) կրիկետ խաղացող 2) բոուլինգ խաղացող

bowler² |ˈbəʊlə| (նաև **bowler hat**) *noun* տղամարդու ֆետրե գլխարկ

bowling |ˈbəʊlɪŋ| *noun* 1) բոուլինգ; կեգլի 2) *կրիկետ* գնդակի փոխանցում

bowman¹ |ˈbəʊmən| *noun* (հոգն. **-men**) աղեղնավոր; աղեղնաձիգ

bowman² |ˈbaʊmən| *noun* (հոգն. **-men**) նավաքթի թիավար *(թիավարման մարզաձևում)*

bow tie *noun* թիթեռնիկաձև փողկապ

box¹ |bɒks| **1** *noun* 1) տուփ; արկղ 2) վանդակ 3) *խոսակցական* դագաղ 4) *համակարգիչներ* սալիկ ◊ **dialog box** երկխոսության սալիկ 5) պատյան 6) փոստարկղ **2** *verb* 1) տուփի մեջ դնել 2) մեկուսացնել 3) սահմանափակել

box sth/sb in սահմանափակել

in a box սահմանափակված

in-a-box, in-the-box պարզ կերպով փաթեթավորված

out of the box, right out of the box տուփից նոր հանված; նոփ-նոր

think outside the box մտածել ստեղծագործաբար

box² |bɒks| **1** *verb* բռնցքամարտել **2** *noun* բռունցքով հարված; ապտակ

box³ |bɒks| *noun* *բուսաբանություն* շիմշատ; տոսախ *(Buxus sempervirens, ընտանիք Buxaceae)*

box-office *noun* թատրոնի տոմսարկղ

boxcar |ˈbɒkskɑː| *noun* ապրանքատար վագոն

boxer |ˈbɒksə| *noun* 1) բռնցքամարտիկ 2) շան տեսակ

boxer shorts *plural noun* բռնցքամարտիկի վարտիք

boxing |ˈbɒksɪŋ| *noun* *մարզական* բռնցքամարտ

Boxing Day *noun* Ծննդյան տոնին հետևող առաջին աշխատանքային օրը Բրիտանիայում և Համագործակցության երկրներում

box office *noun* տոմսարկղ

boxwood |ˈbɒkswʊd| *noun* *բուսաբանություն* շիմշատի ծառ *(Buxus sempervirens, ընտանիք Buxaceae)*

boy |bɔɪ| **1** *noun* 1) տղա; պատանի 2) մարդ, ջահել *(օգտագործվում է մտերիմ մարդկանց նկատմամբ)* 3) որդի 4) (**our boys**) տվյալ երկրի զինվորներ *(փաղաքշաբար)* **2** *exclamation* ա՜յ մարդ; ա՜յ քեզ բան *(արտահայտում է զարմանք, գրգռվածություն)*

boys will be boys տղաները մնում են տղաներ *(օգտագործվում է, երբ ուզում են ասել, որ երիտասարդներից կարելի է սպասել կռվարարություն)*

the boys in blue *խոսակցական* ոստիկաններ

boycott |ˈbɔɪkɒt| **1** *verb* բոյկոտել **2** *noun* բոյկոտ

boyfriend |ˈbɔɪfrɛnd| *noun* սիրեցյալ; կենակից *(արական սեռի)*

boyhood *noun* պատանեկություն

boyish *adjective* տղայական; կենսուրախ

bps *abbreviation համակարգիչներ* bits per second բիթ մեկ վայրկյանում

brace |breɪs| **1** *noun* 1) շալվարակալ 2) ամրակապ 3) պահանգ 4) ձևավոր փակագիծ **2** *verb* 1) ամրացնել; պնդացնել; ձգել 2) պնդացնել 3) նախապատրաստել *(ինչ-որ դժվար բանի)*

brace up քաջասիրտ լինել

bracelet |ˈbreɪslɪt| *noun* 1) ապարանջան 2) *խոսակցական* (**bracelets**) ձեռնաշղթա

bracing *adjective* կազդուրիչ; առողջարար

bracken |ˈbræk(ə)n| *noun բուսաբանություն* պտեր; ձարխոտ *(Pteridium aquilinum, ընտանիք Dennstaedtiaceae (կամ Hypolepidaceae))*

bracket |ˈbrækɪt| **1** *noun* 1) փակագիծ 2) բարձակ, նեցուկ 3) սահման; խումբ *(տարիքային, գնային, եկամուտի և այլնի)* ◇ **–40 age bracket** 30-40 տարեկանների խումբ **2** *verb* 1) փակագծի մեջ առնել 2) խմբի մեջ մտցնել 3) *ռազմական* նշանփորձել; նշանառությունը ստուգել 4) նեցուկ տալ

brackish |ˈbrækɪʃ| *adjective* 1) աղի; աղահամ 2) աղի ջրի; ծովային *(ձկների մասին)* 3) տհաճ, զզվելի

bradawl |ˈbrædɔːl| *noun* բիզ

brag |bræg| **1** *verb* պարծենալ **2** *noun* 1) թղթախաղի տեսակ *(պոկեր խաղի պարզեցված տարբերակը)* 2) պարծենկոտություն; սնապարծություն 3) ինքնահավանություն **3** *adjective* գերազանց; առաջնակարգ

braggart |ˈbrægət|, |-ɑːt| *noun* պարծենկոտ/գլուխգովան մարդ

Brahmaputra |ˌbrɑːməˈpuːtrə| Բրահմապուտրա *(գետ Ասիայի հարավում)*

braid |breɪd| **1** *verb* 1) հյուսել 2) երիզով/ծոպով զարդարել **2** *noun* 1) երիզակ; ժապավեն 2) հյուս; ծամ

Braille **1** *noun* Բրայլ *(գրավոր լեզու կույրերի համար, որը բաղկացած է ուռուցիկ տառերից, որոնք հնարավոր է շոշափելով ճանաչել)* **2** *verb* տպել Բրայլի լեզվով

brain |breɪn| **1** *noun* 1) ուղեղ ◇ **brain drain** ուղեղների արտահոսք երկրից 2) միտք 3) բանականություն 4) *խոսակցական* խելացի մարդ; «ուղեղ» **2** *verb* սպանել գլխին հարվածելով

have something on the brain մտքում միայն մի բան ունենալ; ուշքումիտքը մի բան լինել

brain-dead *adjective* 1) մեռած ուղեղով 2) *խոսակցական* չափազանց հիմար

brain drain *noun խոսակցական* ուղեղների արտահոսք

brainless |ˈbreɪnlɪs| *adjective* հիմար; անուղեղ

brainstem |ˈbreɪnstɛm| (նաև **brain stem**) *noun կազմախոսություն* ուղեղաբուն

brainstorm |ˈbreɪnstɔːm| **1** *noun* 1) *խոսակցական* ուղեղային գրոհ *(խմբային ինքնաբուխ քննարկում, որի ժամանակ ծնվում են խնդիրները լուծելու գաղափարներ)* 2) *խոսակցական* մտածողության մթագնում **2** *verb* ուղեղային գրոհ կազմակերպել

brain-teaser (նաև **brain-twister**) *noun խոսակցական* դժվար խնդիր; գլուխկոտրուկ

brainwash |ˈbreɪnwɒʃ| *verb* ուղեղները լվանալ; գաղափարական մշակման ենթարկել

brainwave |ˈbreɪnweɪv| *noun* 1) ուղեղի էլեկտրական իմպուլսներ 2) *խոսակցական* խելացի գաղափար

brainy |ˈbreɪni| *adjective* (**brainier**, **brainiest**) խելացի; ընդունակ; տաղանդավոր

braise |breɪz| *verb* շոգեխաշել *(միսը)*

brake¹ |breɪk| **1** *noun* արգելակ **2** *verb* արգելակել

brake² |breɪk| *noun պատմական* սայլ

brake³ |breɪk| *noun* վուշ ճմլելու մեքենա

brake⁴ |breɪk| *noun հնացած բանաստեղծական* թուփ; թփուտ

brake⁵ |breɪk| (նաև **brake fern**) *noun բուսաբանություն* պտեր; ձարխոտ

brake light *noun* արգելակման լույս *(մեքենայի հետևում կարմիր լույս, որը վառվում է մեքենան արգելակելիս)*

bramble |ˈbræmb(ə)l| *noun բուսաբանություն* մոշ

bran |bræn| *noun* հացահատիկի թեփ

branch |brɑːn(t)ʃ| **1** *noun* 1) ճյուղ; ոստ 2) ճյուղ, բնագավառ 3) բաժանմունք **2** *verb* 1) ճյուղերի բաժանվել 2) հեռանալ հիմնական ուղղությունից • **branch off** ճյուղավորվել **branch out** ընդարձակվել; ընդարձակել գործը

brand |brænd| **1** *noun* 1) ապրանքատեսակ, ապրանքանիշ 2) խարան 3) տեսակ, որակ 4) *բանաստեղծական* սուր **2** *verb* 1) դրոշմ դնել 2) ապրանքանիշ դնել

branding iron *noun* խարանիչ երկաթ *(կենդանիների վրա խարան դնելու համար)*

brandish |ˈbrændɪʃ| *verb* ճոճել *(սուր, մահակ)*

brand name *noun* 1) ապրանքանշան; մակնիշի անուն 2) հանրահայտ անուն

brand new *adjective* բոլորովին նոր, նոփ-նոր

brandy |ˈbrændi| *noun* կոնյակ; բրենդի; օղի

brash¹ |bræʃ| *adjective* հանդուգն; լկտի; լպիրշ

brash² |bræʃ| *noun* բեկորների կույտ

Brasilia |brəˈzɪlɪə| Բրազիլիա *(Բրազիլիայի մայրաքաղաքը)*

brass |brɑːs| *noun* 1) արույր 2) *երաժշտություն* փողային գործիքներ 3) հիշատակի տախտակ

brass ring *խոսակցական* վաստակած պարգև

brassy¹ |ˌbrɑːsi| *adjective* (**brassier**, **brassiest**) 1) արույրե 2) պայծառ դեղին 3) փողային գործիքի հնչողությամբ 4) անամոթ; անպատկառ

brassy² *noun խոսակցական, գոլֆ* պղնձապատ մական

brat |bræt| *noun խոսակցական, արհամարհական, կատակային* 1) անդաստիարակ երեխա 2) լակոտ

Bratislava |ˌbrætɪˈslɑːvə| Բրատիսլավա *(Սլովակիայի մայրաքաղաքը)*

bravado |brəˈvɑːdəʊ| *noun* պարծենկոտություն; ցուցադրական խիզախություն

brave |breɪv| **1** *adjective* քաջ, խիզախ **2** *verb* խիզախել **3** *noun* 1) (**the brave**) խիզախներ 2) *հնացած* ամերիկացի բնիկ հնդկացիներ

brave new world *հեգնական* հիանալի նոր ժամանակաշրջան; սքանչելի նոր աշխարհ *(Օլդոս Հաքսլիի գրքի անվանումից)*

bravely *adverb* խիզախորեն; քաջաբար

bravery |ˈbreɪv(ə)ri| *noun* քաջություն

bravo¹ |brɑːˈvəʊ|, |ˈbrɑːvəʊ| **1** *exclamation* կեցցե՛ *(օգտագործվում է ելույթ ունեցողի նկատմամբ հավանություն արտահայտելու համար)* **2** *noun* (հոգն. **-vos**) կեցցե՛; հիացական բացականչություն

bravo² |ˈbrɑːvəʊ| *noun* (հոգն. **-vos** կամ **-voes**) վարձու մարդասպան

brawl |brɔːl| **1** *noun* աղմկոտ վեճ **2** *verb* 1) աղմուկ բարձրացնել 2) ծեծկռտուք սարքել

brawler *noun* կռվարար մարդ

brawn |brɔːn| *noun* 1) մկաններ; ֆիզիկական ուժ 2) խոզի գլխից պատրաստված դոնդող

brawny |ˈbrɔːni| *adjective* (**brawnier**, **brawniest**) ամրակազմ; ուժեղ

bray¹ |breɪ| **1** *noun* էշի զռոց **2** *verb* զռալ

bray² |breɪ| *verb հնացած* մանրել; ծեծել

brazier |ˈbreɪzɪə|, |-ʒə| *noun* պղնձե կաթսա՝ վառվող ածուխների կրակը պահելու համար

Brazil |brəˈzɪl| Բրազիլիա *(խոշոր պետություն Հարավային Ամերիկայում)*

Brazilian **1** *adjective* բրազիլական **2** *noun* բրազիլացի; բրազիլուհի

Brazzaville |ˈbræzəvɪl| Բրազավիլ *(Կոնգոյի Հանրապետության մայրաքաղաքը)*

breach |briːtʃ| **1** *noun* 1) ճեղք, պատռվածք 2) *իրավունքի* խախտում *(օրենքի)* 3) խզում *(հարաբերությունների)* **2** *verb* 1) ճեղք բացել 2) խախտել *(օրենքը)*

breach of promise խոստման խախտում
breach of the peace կարգուկանոնի խանգարում
step into breach փոխարինել մեկին, ով հանկարծակի անկարող է դարձել աշխատանքը կատարելու

bread |bred| *noun* 1) հաց 2) ապրուստ

cast one's bread upon the waters լավություն արա, գցիր ջուրը
daily bread հաց հանապազօրյա
want one's bread buttered on both sides պետք եղածից ավելին ուզել

Breadbasket of America Ամերիկայի Հացի Կողով *(ԱՄՆ-ի Կանզաս նահանգի մականունը)*

breadcrumb |ˈbredkrʌm| *noun* հացի փշրանքներ

breadline |ˈbredlaɪn| *noun* ձրի կերակուր ստացողների հերթ

breadth |bredθ|, |-t-| *noun* 1) լայնություն 2) հայացքների լայնություն; լայնախոհություն

breadwinner |ˈbredwɪnə| *noun* ընտանիքի կերակրող

break |breɪk| **1** *verb* (անցյալ **broke** |brəʊk|; անցյալ դերբայ **broken** |ˈbrəʊkən|) 1) կոտրել; ջարդել 2) կոտրվել; ջարդվել 3) փչանալ; չաշխատել 4) խախտել *(օրենքը)* 5) ընդհատել 6) ընդմիջել; ընդմիջում անել 7) (**break free**) փախչել; ազատվել 8) կերկերալ *(ձայնի մասին)* • **break away** փախչել; ազատվել **break down** i) փչանալ ii) տեղի չունենալ iii) վատանալ iv) իրեն կորցնել v) տրոհել *(վերլուծության համար)* **break for sth** դուրս պրծնել; պոկվել **break in** i) ներխուժել; ներս մտնել ii) ընդհատել խոսակցությունը; միջամտել խոսակցությանը **break into sth** i) կոտրումով ներս մտնել ii) հանկարծակի պոռթկալ ծիծաղից iii) սկսել ավելի արագ վազել **break off** i) պոկվել ուժի ազդեցության տակ ii) դադարեցնել բանակցությունները **break out** բռնկվել; հանկարծակի սկսվել *(պատերազմի, համաճարակի մասին)* **break out, break out of sth** փախչել; ազատվել *(ինչ-որ բանից)* **break out in sth** ծածկվել ինչ-որ բանով **break sth down** i) ջարդել; վերացնել ii) տրոհել *(վերլուծելու համար)* **break sth in** հագնել նոր բանը, մինչև ավելի հարմար դառնա; հագնելով բացել/լայնացնել *(հատկապես կոշիկները)* **break sth up** i) բաժանել մասերի ii) դադարեցնել iii) վերջ տալ **break through** հայտնագործություն կատարել **break through, break through sth** i) ճեղքել-անցնել; ուժով ճանապարհ բացել ii) հայտնվել ամպերի միջից *(արևի, լուսնի մասին)* **break through sth** հաղթահարել **break up** i) ջարդել; մանրել ii) վերջանալ; դադարել iii) ցրվել *(ժողովի մասին)* iv) փակվել արձակուրդների ժամանակ *(ուսումնական հաստատությունների մասին)* v) խիստ թուլանալ vi) *ամերիկյան* շատ բարձր ծիծաղել **2** *noun* 1) ընդմիջում 2) դասամիջոց 3) ճեղք 4) լուսաբաց 5) կարճ արձակուրդ 6) փոփոխություն 7) հնարավորություն 8) կոտրվածք

break of the day/dawn լուսաբաց; այգաբաց
give someone a break 1) *խոսակցական* դադարեցնել ճնշումն ինչ-որ մեկի վրա 2) հնարավորություն տալ; խիստ չդատել ինչ-որ մեկին

breakable |ˈbreɪkəb(ə)l| **1** *adjective* փխրուն; ջարդվող; դյուրաբեկ **2** *noun* փխրուն իրեր/առարկաներ; դյուրաբեկ իրեր/առարկաներ

breakage |ˈbreɪkɪdʒ| *noun* 1) կոտրում; ջարդում 2) ջարդված իր

breakaway |ˈbreɪkəweɪ| **1** *noun* 1) տրոհում 2) շեղում; հեռացում *(ընդունված ոճից)* **2** *adjective* բաժանված; անջատված *(կուսակցության/խմբի/երկրի մի մասի վերաբերյալ)*

breakdown |ˈbreɪkdaʊn| *noun* 1) անկում, ուժերի թուլացում 2) կործանում, վնասվածք 3) խափանում 4) խզում *(հարաբերությունների, ամուսնության և այլնի)* 5) քայքայում; տրոհում 6) վերլուծություն 7) աշխույժ ամերիկյան քանթրի պար

breaker |ˈbreɪkə| *noun* 1) ծովափնյա ալեկոծություն; կոհակ 2) խախտող; կոտրող 3) *էլեկտրական* *ընդհատիչ* 4) բրեյք դանս պարող

breakfast |ˈbrɛkfəst| **1** *noun* նախաճաշ **2** *verb* նախաճաշել

break-in *noun* ներխուժում; կոտրումով մտնելը

breakneck |ˈbreɪknɛk| *adjective* վտանգավոր; շատ արագ

breakthrough |ˈbreɪkθru:| *noun* 1) ճեղքում; նվաճում 2) բեկում

breakup *noun* 1) խզում *(ամուսնության, հարաբերությունների)* 2) մասնատում; տրոհում *(երկրի)*

breakwater |ˈbreɪkwɔ:tə| *noun* ծովապատնեշ

bream[1] |bri:m| *noun* (հոգն. նույնը) *կենդանաբանություն* բրամ *(ձկան տեսակ. Abramis brama, ընտանիք Cyprinidae)*

bream[2] |bri:m| *verb* *հնավանդ ծովային* մաքրել նավի ստորջրյա մասը

breast |brɛst| **1** *noun* 1) կուրծք 2) կրծքագեղձ 3) *բանաստեղծական* սիրտ **2** *verb* 1) ընդդիմանալ 2) բարձրանալ բլրի գագաթը

beat one's breast կուրծք ծեծել; ափսոսանք/հուսահատություն արտահայտել

breastbone |ˈbrɛs(t)bəʊn| *noun* *կազմախոսություն* կրծոսկր

breast-feed |ˈbrɛs(t)fi:d| *verb* (անցյալ և անցյալ դերբայ **-fed**) կրծքով/կաթով կերակրել

breaststroke |ˈbrɛs(t)strəʊk| *noun* *մարզական* բրաս *(լողաձև)*

breath |brɛθ| *noun* 1) շունչ ◇ **draw breath** շունչ քաշել 2) փչում, քամի

a breath of fresh air 1) շունչ քաշելու ժամանակ 2) մի փոքր մաքուր օդ

breath of life կենսական անհրաժեշտություն

catch one's breath 1) շունչը տեղը բերել 2) շունչը պահել

don't hold your breath *խոսակցական* մի անհանգստացիր, դա երկար կտևի

get one's breath, get one's breath back շունչը տեղը բերել

hold one's breath շունչը պահել

in the same breath տեղնուտեղը

last breath վերջին շունչ; կյանքի վերջին պահերը

under/below one's breath ցածր ձայնով; անլսելի

waste one's breath զուր տեղը խոսել

breathalyze *verb* ալկոհոլի քանակը ստուգել *(վարորդի օրգանիզմում)*

breathe |bri:ð| *verb* 1) շնչել; շունչ քաշել 2) կենդանի լինել 3) կամաց խոսել • **breathe in** ներշնչել **breathe out** արտաշնչել

breathe again, breathe freely again շունչ քաշել; հանգստանալ

breathe down someone's neck հետևել մեկին

breathe one's last մեռնել

breather |ˈbri:ðə| *noun* 1) կարճատև դադար 2) շնչող *(որոշակի ձևով շնչող մարդ կամ կենդանի)* 3) կափույր՝ շնչելու համար

breathing |ˈbri:ðɪŋ| *noun* շնչառություն

breathless |ˈbrɛθlɪs| *adjective* 1) շնչասպառ 2) շունչը պահած; առանց քամու; անքամի

breathlessly *adverb* 1) շունչը պահած 2) շնչասպառ

breathtaking |ˈbrɛθteɪkɪŋ| *adjective* զարմանալի; ցնցող; կլանող; հափշտակիչ

breath test **1** *noun* ալկոհոլի ստուգում *(ավտոմեքենաների վարորդների)* **2** *verb* (**breath-test**) ստուգել ալկոհոլը

breeches |ˈbrɪtʃɪz| *plural noun* բրիջ *(շալվար)*

breed |bri:d| **1** (անցյալ և անցյալ դերբայ **bred** |brɛd|) 1) աճեցնել; բուծել; բազմացնել 2) կրթել; դաստիարակել **2** *noun* 1) ցեղ, տոհմ 2) մարդու տեսակ

breeder *noun* 1) բուծող; անասնաբույծ; բուսաբույծ 2) բազմացող կենդանի

breeding |ˈbri:dɪŋ| *noun* 1) բուծում 2) *հնացած* բարեկրթություն

breeding ground *noun* 1) բուծարան 2) *փոխաբերական* պարարտ հող

breeze[1] |bri:z| **1** *noun* 1) զեփյուռ 2) *խոսակցական* հեշտ գործ; խաղուպար **2** *verb* 1) անցնել կողքով; սլանալ 2) հեշտությամբ անել/հաղթահարել

breeze[2] |bri:z| *noun* խարամ

breezy |ˈbri:zi| *adjective* (**breezier**, **breeziest**) 1) քամոտ 2) ուրախ; անհոգ

Bremen |ˈbreɪmən|, |ˈbre:mən| 1) Բրեմեն *(Գերմանիայի հողերից մեկը)* 2) Բրեմեն *(համանուն հողի մայրաքաղաքը Գերմանիայում)*

brethren *noun* 1) *հնացած* եղբայրներ 2) *եկեղեցական* միաբանություն

breve |bri:v| *noun* 1) *երաժշտություն* ութ քառորդ ձայնանիշ *(ներկայումս հազվադեպ օգտագործվող)* 2) *պատմական* պապական ուղերձ

breviary |ˈbri:vɪəri| *noun* (հոգն. **-aries**) կաթոլիկական ժիսագիրք

brevity |ˈbrɛvɪti| *noun* կարճություն, սեղմություն

Brevity is the soul of wit. Կարճությունը տաղանդի էությունն է:

brew |bru:| **1** *verb* 1) գարեջուր եփել 2) հասունանալ 3) պատրաստել *(տաք ըմպելիք)* **2** *noun* 1) գարեջրի տեսակ 2) մի բաժակ թեյ կամ սուրճ 3) խառնուրդ

a witch's brew, an evil brew սատանայական/դժոխային վիճակ

brew up *բրիտանական* թեյ պատրաստել/թրմել

brewer *noun* գարեջրագործ

brewery |ˈbrʊəri| *noun* գարեջրի գործարան

bribe |brʌɪb| **1** *noun* կաշառք **2** *verb* կաշառել

bribery *noun* կաշառակերություն

bric-a-brac |ˈbrɪkəbræk| *noun* հնոտի; էժանագին իրեր; հին առարկաներ

brick **1** *noun* 1) աղյուս 2) չորսու 3) *բրիտանական* *խոսակցական* առատաձեռն մարդ **2** *verb* փակել աղյուսներով

be up against a brick wall պատին դեմ առնել;

չկարողանալ ընթացքը շարունակել
make bricks without a straw գործն անել առանց անհրաժեշտ միջոցների/նյութերի

bricklayer |ˈbrɪkleɪə| *noun* որմնադիր; պատշար

brickwork |ˈbrɪkwəːk| *noun* 1) աղյուսե շարվածք 2) (**brickworks**) աղյուսի գործարան

bridal |ˈbrʌɪd(ə)l| *adjective* 1) հարսանեկան 2) հարսնացուի

bride |brʌɪd| *noun* հարս; հարսնացու

bridegroom |ˈbrʌɪdgruːm| *noun* փեսա; փեսացու

bridesmaid |ˈbrʌɪdzmeɪd| *noun* հարսնաքույր

bridge[1] |brɪdʒ| **1** *noun* 1) կամուրջ 2) կամրջակ *(նավի վրա)* **2** *verb* 1) կամուրջ գցել 2) տարբերությունները վերացնել
cross that bridge when one comes to it խնդիրը լուծել ծագելուն պես

bridge[2] |brɪdʒ| *noun* բրիջ *(թղթախաղի տեսակ)*

Bridgetown |ˈbrɪdʒtaʊn| Բրիջթաուն *(Բարբադոսի մայրաքաղաքը)*

bridle |ˈbrʌɪd(ə)l| **1** *noun* սանձ **2** *verb* 1) սանձել 2) զսպել; սանձահարել

brief |briːf| **1** *adjective* կարճ, սեղմ **2** *noun* 1) գործ, պարտականություն 2) ամփոփագիր **3** *verb* ամփոփել; հրահանգավորել
hold no brief for չպաշտպանել; կողմնակից չլինել
in brief կարճ; երկու խոսքով

briefcase |ˈbriːfkeɪs| *noun* պորտֆել; ձեռքի ճամպրուկ

briefing |ˈbriːfɪŋ| *noun* 1) ճեպազրույց 2) հրահանգներ; տեղեկություն 3) հրահանգավորում; տեղեկացում

briefly *adverb* 1) համառոտ կերպով; հակիրճ 2) երկու խոսքով

briefs |briːfs| *plural noun* վարտիք

brier[1] |brʌɪə| (նաև **briar**) *noun* 1) փշոտ թուփ 2) մասրենի

brier[2] |brʌɪə| (նաև **briar**) *noun* 1) հավամրգու ծխամորճ 2) *բուսաբանություն* հավամրգի *(Erica arborea, ընտանիք Ericaceae)*

brig |brɪg| *noun* 1) երկկայմ առագաստանավ; երկկայմանավ 2) կալանատուն *(ռազմանավի վրա)*

brigade |brɪˈgeɪd| *noun* 1) *ռազմական* բրիգադ; ջոկ 2) խումբ; ջոկատ; աշխատախումբ

brigadier |brɪgəˈdɪə| *noun* 1) բրիգադիր 2) բրիգադային հրամանատար

brigand |ˈbrɪg(ə)nd| *noun* *բանաստեղծական* ավազակ; բանդիտ

bright |brʌɪt| **1** *adjective* 1) պայծառ; լուսավոր 2) փայլուն 3) հստակ; մաքուր 4) խելացի **2** *adverb* պայծառ կերպով **3** *noun* 1) պայծառ գույներ 2) հեռարձակ լույսեր *(ավտոմեքենայի)* • **bright and early** ծեգը ծեգին; առավոտյան շատ վաղ **bright as a button** ընկալող; հասկացող **look on the bright side** լավատես լինել **the bright lights** քաղաքային կյանքի փայլը

brighten |ˈbrʌɪt(ə)n| *verb* 1) պայծառանալ 2) լուսավորել; պայծառացնել 3) երջանկանալ 4) երջանկացնել

brilliance |ˈbrɪlj(ə)ns| (նաև **brilliancy**) *noun* 1) փայլ; պայծառություն 2) տաղանդ; խելք

brilliant |ˈbrɪlj(ə)nt| **1** *adjective* 1) փայլուն; շողշողուն 2) հրաշալի **2** *noun* ադամանդ

brilliantly *adverb* փայլուն կերպով

brim |brɪm| **1** *noun* եզր; պռունկ ◇ **full to the brim** մինչև պռունկը լի **2** *verb* 1) լցված լինել 2) լցնել մինչև պռունկը
brim over եզրից թափվել

brimful *adjective* լիքը մինչև պռունկը

brine |brʌɪn| *noun* 1) աղաջուր 2) ծովաջուր

bring |brɪŋ| *verb* (անցյալ **brought** |brɔːt|) 1) բերել 2) առաջացնել 3) հանգեցնել • **bring about** առաջացնել **bring back** վերադարձնել **bring someone around** i) գիտակցության բերել ii) համոզել **bring someone down** i) վայր գցել ինչ-որ մեկին ii) թուլացնել ինչ-որ մեկին iii) դժբախտացնել ինչ-որ մեկին **bring someone out** i) դուրս բերել *(անվստահությունից, միայնությունից և այլն)* ii) ներկայացնել հասարակությանը **bring someone up** դաստիարակել; մեծացնել **bring something forth** *բանաստեղծական հնացած* ծնել **bring something up** i) փսխել ii) քննարկման դնել ինչ-որ հարց **bring sth in** i) մտցնել ինչ-որ բան *(հատկապես նոր օրենք կամ ապրանք)* ii) վաստակել գումար **bring sth out** թողարկել *(ապրանք, հրապարակում և այլն)* **bring up** կանգ առնել

brink |brɪŋk| *noun* 1) եզր *(անդունդի)* 2) զառիթափ/զառիվայր ափ 3) շեմ *(իրադարձության)* • **on the brink of** եզրին *(սովորաբար ինչ-որ վատ իրադարձության)*

brisk |brɪsk| *adjective* 1) աշխույժ; ժիր 2) թարմ *(քամու մասին)* 3) կտրուկ

briskly *adverb* աշխուժորեն

bristle |ˈbrɪs(ə)l| **1** *noun* ցցամազ, խոզան **2** *verb* մազերը բիզ-բիզ կանգնել
bristle with ծածկված լինել; լիքը լինել ինչ-որ բանով

Bristol |ˈbrɪst(ə)l| Բրիստոլ *(քաղաք Անգլիայի հարավ-արևմուտքում)*

Brit |brɪt| *խոսակցական* **1** *noun* բրիտանացի **2** *adjective* բրիտանական

Britain |ˈbrɪt(ə)n| Բրիտանիա *(կղզի, որի վրա գտնվում են Անգլիան, Ուելսը և Շոտլանդիան)*

Britannia |brɪˈtænjə| Մեծ Բրիտանիայի խորհրդանշական պատկերը կնոջ տեսքով

British |ˈbrɪtɪʃ| *adjective* բրիտանական; անգլիական

British Columbia Բրիտանական Կոլումբիա *(Կանադայի նահանգ)*

Britisher |ˈbrɪtɪʃə| *noun* *խոսակցական* անգլիացի; բրիտանացի

British India Բրիտանական Հնդկաստան *(Հնդկաստանի այն մասը, որը կառավարվում էր Բրիտանիայի կողմից մինչև 1947 թ.)*

Briton |ˈbrɪt(ə)n| *noun* 1) բրիտանացի; անգլիացի 2) բրիտ

brittle |ˈbrɪt(ə)l| *adjective* 1) փխրուն; դյուրաբեկ 2) ականջ ծակող *(ձայնի մասին)*

broach¹ |brəʊtʃ| *verb* սկսել; բաց անել *(դժվար հարցի քննարկումը)*

broach² |brəʊts| *ծովային* **1** *verb* շրջվել; շրջադարձ կատարել **2** *noun* հանկարծակի շրջադարձ *(նավի)*

broad |brɔːd| **1** *adjective* 1) լայն; ընդարձակ 2) ընդհանուր 3) նկատելի; անթաքույց **2** *noun* *արհամարհական հնացած* կին

in broad daylight օրը ցերեկով

it is as broad as it's long միևնույն է, թե որ ճանապարհը կընտրես

broadband |ˈbrɔːdbænd| **1** *adjective* *տեխնիկական* լայնաշերտ **2** *noun* լայնաշերտ ազդանշաններ

broad bean *noun* կերային ընդեղեն

broadcast |ˈbrɔːdkɑːst| **1** *verb* 1) հեռարձակել 2) տարածել **2** *adjective* 1) հեռարձակվող 2) ցանած **3** *noun* հաղորդում *(ռադիո կամ հեռուստատեսային)*

broadcaster *noun* 1) հաղորդավար 2) հեռարձակող ընկերություն

broadcasting *noun* հեռարձակում *(ռադիո կամ հեռուստատեսային)*

broaden |ˈbrɔːd(ə)n| *verb* 1) ընդարձակել; ընդլայնել 2) ընդարձակվել

broaden out լայնանալ *(գետի/ճանապարհի մասին)*

broadly |ˈbrɔːdli| *adverb* 1) ընդհանուր առմամբ; հիմնականում 2) լայնորեն

broad-minded *adjective* լայն հայացքների տեր; հանդուրժող

broadness *noun* 1) լայնություն 2) կոպտություն *(խոսքի)*

broadsheet |ˈbrɔːdʃiːt| *noun* 1) մի կողմի վրա տպված թղթի լայն թերթ 2) գովազդ 3) մեծ ձևաչափի թերթ *(համեմատաբար լուրջ ուղղվածություն)*

broadsword |ˈbrɔːdsɔːd| *noun* լայնաշեղբ սուր; թրադաշույն

brocade |brəˈkeɪd| **1** *noun* դիպակ; զառնավուխտ **2** *verb* դիպակ գործել

broccoli |ˈbrɒkəli| *noun* բրոկոլի; ծնեբեկային կաղամբ

brochure |ˈbrəʊʃə|, |brɒˈʃʊə| *noun* գրքույկ

brogue¹ |brəʊg| *noun* կոպիտ կոշիկ

brogue² |brəʊg| *noun* առոգանություն; արտասանություն *(հատկապես իռլանդական կամ շոտլանդական)*

broil¹ |brɔɪl| *verb* տապակել կրակի վրա

broil² |brɔɪl| *noun* *հնացած* աղմուկ; վիճաբանություն

broke |brəʊk| **1** անցյալ տե՛ս **break** **2** *adjective* սնանկացած; սնանկ

broken |ˈbrəʊk(ə)n| **1** անցյալ դերբայ տե՛ս **break** **2** *adjective* 1) կոտրված; փչացած 2) բաժանված 3) կտրտված *(նաև խոսքի մասին)* 4) կոտրատված

broken-down *adjective* ջարդված; փչացած; շարքից դուրս եկած

broken-hearted *adjective* կոտրված սրտով; դժբախտ; վշտակիր

broken home *noun* բաժանված ընտանիք

brokenly *adverb* ընդհատումներով

broker |ˈbrəʊkə| **1** *noun* բրոքեր; մակլեր; վաճառամիջնորդ **2** *verb* կարգավորել; միջնորդել; բանակցել

bromide |ˈbrəʊmʌɪd| *noun* 1) *քիմիա* բրոմիդ 2) կալիումի բրոմիդ *(անցյալում օգտագործվել է որպես հանգստացնող միջոց)* 3) ծեծված միտք/դիտողություն *(որը սովորաբար նպատակ ունի հանգստացնելու)*

bromine |ˈbrəʊmiːn| *noun* *քիմիա* (**Br**) բրոմ

bronchial |ˈbrɒŋkɪəl| *adjective* բրոնխային

bronchitis |brɒŋˈkʌɪtɪs| *noun* *բժշկություն* բրոնխիտ; ցնցղատապ

bronchus |ˈbrɒŋkəs| *noun* (հոգն. **-chi** |-kʌɪ|) բրոնխ

bronco |ˈbrɒŋkəʊ| *noun* (հոգն. **-cos**) կիսավայրի ձի

bronze |brɒnz| **1** *noun* 1) բրոնզ 2) բրոնզի գույն **2** *adjective* 1) բրոնզե 2) բրոնզագույն **3** *verb* (**be bronzed**) արևայրուկ ստանալ

Bronze Age *noun* Բրոնզե դար

bronze medal *noun* բրոնզե մեդալ

brooch |brəʊtʃ| *noun* բրոշ, կրծքազարդ

brood |bruːd| **1** *verb* 1) թուխս նստել 2) մտորել **2** *noun* ձագեր; ճտեր *(մի մորից, միաժին ծնված)*

broody |ˈbruːdi| *adjective* (**broodier**, **broodiest**) 1) թուխս նստած 2) մտածկոտ; խորասուզված 3) *խոսակցական* երեխա ունենալու մեծ ցանկություն ունեցող *(կնոջ մասին)*

brook¹ |brʊk| *noun* առու, վտակ

brook² |brʊk| *verb* *գրական* *անգլերեն* հանդուրժել

broom |bruːm| **1** *noun* 1) ավել; ցախավել 2) *բուսաբանություն* ուռենու թուփ 3) ավլում; ավլելը **2** *verb* ավլել

broomstick |ˈbruːmstɪk| *noun* ավելի կոթ

Bros |brɒs| *plural noun* եղբայրներ *(կազմակերպության անվան մեջ)*

broth |brɒθ| *noun* արգանակ, մսաջուր

brothel |ˈbrɒθ(ə)l| *noun* հասարակաց տուն

brother |ˈbrʌðə| **1** *noun* 1) եղբայր 2) եկեղեցու անդամ 3) երկրացի; համերկրացի **2** *exclamation* ա՜յ քեզ բան *(արտահայտում է հիասթափություն կամ զարմանք)*

brotherhood |ˈbrʌðəhʊd| *noun* 1) եղբայրություն 2) միություն 3) արհեստակցական միություն; արհմիություն 4) *կրոն* եղբայրակցություն

brother-in-law *noun* 1) փեսա *(քրոջ ամուսինը)* 2) աներորդի, աներձագ 3) տեգր; տագր; տայգր 4) քենակալ

brotherly **1** *adjective* եղբայրական **2** *adverb* եղբայրաբար

brow¹ |braʊ| *noun* 1) հոնք, ունք 2) ճակատ 3) բլրի գագաթ

brow² |braʊ| *noun* *ճովային* փայտյա կամրջակ; փայտամայթ

browbeat |ˈbraʊbiːt| *verb* (անցյալ **-beat**; անցյալ դերբայ **-beaten**) վախեցնել; ահաբեկել; վախեցնելով ստիպել

brown |braʊn| **1** *adjective* 1) դարչնագույն; շագանակագույն 2) թուխ **2** *noun* շագանակագույն/դարչնագույն գույն **3** *verb* 1) կարմրացնել; տապակել *(եփելով)* 2) կարմրել *(եփելուց)*

browned off ձանձրացած

brown goods *plural noun* էլեկտրոնային ապրանքներ

Brownie |ˈbraʊni| *noun* (հոգն. **-ies**) 1) աղջիկ սկաուտ *(կրտսեր տարիքի)* 2) (**brownie**) շոկոլադի թխվածք ընկույզով

brownie point *կատակային* միավոր մարդահաճությանն համար

brownish *adjective* դարչնավուն; շագանակավուն

browse |braʊz| **1** *verb* 1) արագ դիտել; թերթել; զննել 2) *համակարգիչներ* զննարկել 3) արածել **2** *noun* 1) արագ նայելը/դիտելը; զննում 2) մատղաշ ընձյուղներ; ծիլեր

browser |ˈbraʊzə| *verb* *համակարգիչներ* զննարկիչ

bruise |bruːz| **1** *noun* կապտուկ **2** *verb* 1) ծեծելով կապտեցնել 2) կապտուկ առաջացնել

bruit |bruːt| **1** *noun* լուր; համբավ **2** *verb* լուր տարածել

brunch |brʌn(t)ʃ| *noun* ուշ նախաճաշ

brunette |bruːˈnɛt|, |brʊ-| (նաև **brunet**) *adjective* սևահեր; թխահեր

brunt |brʌnt| *noun* 1) հիմնական հարված 2) հարվածի ծանրություն

brush¹ |brʌʃ| **1** *noun* 1) խոզանակ 2) վրձին 3) խոզանակում 4) թեթևակի դիպչում 5) աղվեսի պոչ **2** *verb* 1) խոզանակել 2) մաքրել խոզանակով 3) որևէ բան քսել վրձնով 4) թեթևակի դիպչել • **brush sb/sth aside** մի կողմ նետել **brush sth up** թարմացնել; լավացնել *(հմտությունը)*

brush² *noun* 1) ցածր թփուտներ 2) ցածր թփուտներով ծածկված տարածք

brush-off *noun* *խոսակցական* կոպիտ մերժում

brushwood |ˈbrʌʃwʊd| *noun* 1) թփուտ, մացառուտ 2) ցախ

brusque |brʊsk|, |bruːsk| *adjective* կոպիտ; բոթ

Brussels |ˈbrʌs(ə)lz| Բրյուսել *(Բելգիայի մայրաքաղաքը)*

Brussels sprout |ˈbrʌs(ə)lz| (նաև **brussels sprout**) *noun* *բուսաբանություն* բրյուսելյան կաղամբ

brutal |ˈbruːt(ə)l| *adjective* 1) վայրենի 2) անողորմ; դաժան

brutality |-ˈtælɪti| *noun* 1) կոպտություն 2) դաժանություն

brute |bruːt| **1** *noun* 1) անասուն 2) գազան **2** *adjective* 1) վայրենի; անասնական 2) դաժան; բիրտ

brutish |ˈbruːtɪʃ| *adjective* անասնական; գազանային

BSc *abbreviation* Bachelor of Science բակալավր *(բնական գիտությունների)*

BSE *abbreviation* bovine spongiform encephalopathy տավարի ուղեղի սպունգանման ախտահարում

BST *abbreviation* British Summer Time բրիտանական ամառային ժամանակ

bubble |ˈbʌb(ə)l| **1** *noun* 1) պղպջակ 2) փոքր քանակություն *(ինչ-որ բանի)* 3) ուռեցրած բան; օճառի պղպջակ 4) անկայուն վիճակ **2** *verb* 1) պղպջակներ արձակել 2) եռալ 3) լցված/բորբոքված լինել

bubble bath *noun* 1) լոգարանի փրփուր 2) փրփուրով լի լոգարան

bubblegum |ˈbʌb(ə)lgʌm| **1** *noun* փչվող ծամոն **2** *adjective* անլուրջ; անճաշակ; երեխայական

bubbly |ˈbʌbli| **1** *adjective* (**-blier**, **-bliest**) 1) պղպջակներով լի; պղպջուն 2) ավյունով լի; եռուն; եռանդուն **2** *noun* *խոսակցական* 1) շամպայն 2) փրփրուն ըմպելիք

buccaneer |bʌkəˈnɪə| *noun* 1) *պատմական* ծովահեն 2) համարձակ մարդ *(հատկապես գործարարության մեջ)*

Bucharest |ˌbuːkəˈrɛst| Բուխարեստ *(Ռումինիայի մայրաքաղաքը)*

buck¹ |bʌk| **1** *noun* 1) արու կենդանի *(հատկապես եղջերուի կամ ճագարի)* 2) ծառս լինելը *(ձիու)* 3) *հնացած* պճնամոլ երիտասարդ **2** *verb* 1) ծառս լինել 2) հակառակվել; դիմադրել 3) ուրախացնել; աշխուժացնել **3** *adjective* *ռազմական* ծածկալեզու ամենացածր կոչումը

buck up աշխուժացնել; ուրախացնել

buck² |bʌk| *noun* *խոսակցական* դոլար

big bucks մեծ փողեր

fast/quick buck հեշտությամբ վաստակած փող

buck³ |bʌk| *noun* խաղանիշ *(պոկեր թղթախաղում, որը ցույց է տալիս, թե ում հերթն է)*

bucket |ˈbʌkɪt| **1** *noun* 1) դույլ 2) շերեփ 3) մեծ քանակություն *(հեղուկի)* **2** *verb* (**it buckets**) առատ անձրև է գալիս

Buckeye State Զիակասկի նահանգ *(ԱՄՆ-ի Օհայո նահանգի մականունը)*

buckle |ˈbʌk(ə)l| **1** *noun* ճարմանդ **2** *verb* 1) ճարմանդով ամրացնել 2) ծռվել; ծռմռվել • **buckle down** *խոսակցական* գործին կպչել լրջորեն

buckram |ˈbʌkrəm| **1** *noun* մոմլաթ **2** *adjective* մոմլաթե

buckshot |ˈbʌkʃɒt| *noun* խոշոր կոտորակ *(հրացանով կրակելու համար)*

buckskin |ˈbʌkskɪn| *noun* եղջերվի կաշի

buckwheat |ˈbʌkwiːt| *noun* *բուսաբանություն* հնդկացորեն *(Fagopyrum esculentum, ընտանիք Polygonaceae)*

bucolic |bjuːˈkɒlɪk| **1** *adjective* հովվերգական **2** *noun* հովվերգություն

bud¹ |bʌd| **1** *noun* *կենսաբանություն* 1) բողբոջ, ծիլ 2) ծլած **2** *verb* բողբոջել, ծլել

in bud բողբոջած

bud² |bʌd| *noun* *խոսակցական* ընկեր *(օգտագործ-*

վում է անձանոթ տղամարդուն դիմելիս)

Budapest |ˌb(j)uːdəˈpest|, |ˈbudæpeʃt| Բուդապեշտ *(Հունգարիայի մայրաքաղաքը)*

Buddhism |ˈbʊdɪz(ə)m| *noun* բուդդայականություն; բուդդիզմ

Buddhist *noun* բուդդայական

budding |ˈbʌdɪŋ| *adjective* 1) բողբոջող; ծլարձակող 2) հույսեր ներշնչող *(մարդու մասին)* 3) հուսադրող *(հարաբերությունների մասին)*

buddy |ˈbʌdi| *խոսակցական* **1** *noun* (հոգն. **-dies**) մտերիմ ընկեր **2** *verb* (**-dies**, **-died**) մտերմանալ

budge |bʌdʒ| *verb* 1) շարժվել; տեղից շարժվել; իրար գալ 2) տեղ տալ 3) տեղից շարժել

budgerigar |ˈbʌdʒ(ə)rɪgɑː| *noun կենդանաբանություն* շերտավոր/ալիքավոր թութակ *(Melopsittacus undulatus, ընտանիք Psittacidae)*

budget |ˈbʌdʒɪt| **1** *noun* 1) բյուջե 2) նախահաշիվ **2** *adjective* էժան **3** *verb* 1) բյուջեում նախատեսել; բյուջե կազմել 2) հատկացնել

on a budget սահմանափակ միջոցներով

budgetary *adjective* բյուջետային

Buenos Aires |ˌbweɪnəs ˈʌɪriːz|, |ˌbwenos ˈæjres| Բուենոս Այրես *(Արգենտինայի մայրաքաղաքը)*

buff¹ |bʌf| **1** *noun* 1) մուգ դեղին գույն 2) մուգ դեղին կաշի **2** *verb* փայլեցնել **3** *adjective* 1) մուգ դեղին 2) լավ ֆիզիկական վիճակում

in the buff *խոսակցական* մերկ

buff² |bʌf| *noun խոսակցական* սիրահար; մասնագետ *(ինչ-որ թեմայի, ասպարեզի)*

buffalo |ˈbʌfələʊ| **1** *noun* (հոգն. նույնը, **-loes** կամ **-los**) 1) գոմեշ 2) *ամերիկյան* բիզոն **2** *verb* (**-loes**, **-loed**) *խոսակցական* 1) վախեցնել 2) շփոթեցնել; տարակուսանքի մեջ գցել

buffer |ˈbʌfə| **1** *noun* 1) թափարգել; բուֆեր 2) *համակարգիչներ* պահեստ **2** *verb* մեղմացնել; մեղմել; մարել *(հարվածը, ընդհարումը և այլն)*

buffet¹ |ˈbʊfeɪ|, |ˈbʌfeɪ| *noun* 1) բուֆետ; պահարան 2) վաճառասեղան 3) շվեդական սեղան *(հյուրասիրության ձև, երբ հյուրերն իրենք են հյուրասիրվում)*

buffet² |ˈbʌfɪt| **1** *noun* 1) հարված *(սովորաբար ձեռքով)* 2) *փոխաբերական* բախտի հարված **2** *verb* 1) հարվածել *(պարբերաբար և ուժեղ)* 2) պայքարել

buffoon |bəˈfuːn| *noun* ծաղրածու; ծիծաղելի մարդ

buffoonery *noun* (հոգն. **-eries**) ծաղրածություն

bug |bʌg| **1** *noun* 1) *կենդանաբանություն* փայտոջիլ *(կարգ Hemiptera)* 2) *խոսակցական* վարակիչ հիվանդություն *(սովորաբար թույլ)* 3) *համակարգիչներ* վրեպ 4) հետաքրքրություն; հոբբի 5) *խոսակցական* գաղտնալսման սարք; «բզեզ» 6) փոքր միջատ **2** *verb* 1) գաղտնալսման սարք տեղադրել 2) ձանձրացնել

bug off *խոսակցական* հեռացի՛ր; կորի՛ր

bugaboo |ˈbʌgəbuː| *noun* վախենալու բան; խրտվիլակ

buggy¹ |ˈbʌgi| *noun* (հոգն. **-gies**) 1) թեթև մեքենա *(սովորաբար առանց տանիքի)* 2) մանկասայլակ

buggy² |ˈbʌgi| *adjective* (**-gier**, **-giest**) 1) *համակարգիչներ* վարակված 2) *խոսակցական* խելքը թռցրած; գիժ

bugle¹ |ˈbjuːg(ə)l| **1** *noun* 1) *երաժշտություն* փող; շեփոր 2) եղջերափող **2** *verb* փող հնչեցնել

bugle² |ˈbjuːg(ə)l| *noun բուսաբանություն* մայրախոտ; ժահախոտ *(Genus Ajuga, ընտանիք Labiatae)*

bugler |ˈbjuːglə| *noun* շեփորահար

build |bɪld| **1** *verb* (անցյալ և անցյալ դերբայ **built** |bɪlt|) 1) կառուցել 2) հաստատել; զարգացնել **2** *noun* 1) մարմնակազմություն; կազմվածք 2) *համակարգիչներ* ծրագրատարբերակ *(համակարգչային ծրագրի կազմարկված տարբերակը)*

build sth in/into 1) *համակարգիչներ, տեխնիկական* ներսարկել; ներկառուցել 2) դարձնել անկապտելի մասը

build sth up 1) ստեղծել; կառուցել 2) ուժեղացնել; բարձրացնել

build up մեծանալ; խոշորանալ

builder |ˈbɪldə| *noun* 1) շինարար 2) կառուցող 3) որմնադիր

building |ˈbɪldɪŋ| (հապվ. **bldg.**) *noun* 1) շինություն; շենք 2) կառուցում; շինարարություն

building site *noun* շինհրապարակ

buildup *noun* 1) կուտակում *(սովորաբար ինչ-որ բացասական բանի)* 2) նախապատրաստական շրջան; նախապատրաստություն

built-in *adjective համակարգիչներ, տեխնիկական* ներկառուցված; ներսարկված

built-up *adjective* 1) կառուցապատված 2) բարձրացված

Bujumbura |ˌbuːdʒəmˈbʊərə| Բուջումբուրա *(Բուրունդիի մայրաքաղաքը)*

bulb |bʌlb| *noun* 1) *բուսաբանություն* սոխարմատ 2) էլեկտրական լամպ

Bulgaria |bʌlˈgɛːrɪə| Բուլղարիա *(պետություն Եվրոպայի հարավ-արևելքում)*

Bulgarian |bʌlˈgɛːrɪən| **1** *adjective* բուլղարական **2** *noun* 1) բուլղարացի 2) բուլղարերեն

bulge |bʌldʒ| **1** *noun* ուռուցիկություն **2** *verb* 1) լիքը լինել 2) ուռչել; ուռեցնել

bulimia |bjʊˈlɪmɪə|, |bʊ-| *noun բժշկություն* սովածության աննորմալ զգացողություն; գերսովածություն

bulk |bʌlk| **1** *noun* 1) հիմնական մաս ◊ **the bulk** մեծ մասը 2) չափեր *(սովորաբար մեծ)* 3) քաշ 4) մեծ ծավալ/չափ/զանգված **2** *verb* 1) կարևոր թվալ 2) մեծ թվալ 3) ծանրացնել

in bulk 1) մեծ քանակությամբ 2) չփաթեթավորված *(ապրանքի մասին)*

in bulk 1) մեծ քանակներով; մեծաքանակ *(սովորաբար էժան գներով)* 2) չփաթեթավորված *(ապրանքների մասին)*

bulkhead |ˈbʌlkhɛd| *noun* միջնորմ *(նավում, օդանավում)*

bulky |ˈbʌlki| *adjective* 1) խոշոր 2) ծանրաշարժ

bull¹ |bʊl| **1** *noun* 1) ցուլ 2) (**the Bull**) Ցուլ *(համաստեղություն)* 3) ֆինանսներ ցուլ *(անձ արժեթղ-*

թերի շուկայում, ով արժեթղթերը գնում է ցածր գնով և վաճառում հետագայում բարձր գներով) **2** *adjective* ցլային; ցուլի **3** *verb* շարժվել ցուլի պես; ալանալ

bull[2] |bʊl| *noun* Հռոմի պապի հրովարտակ

bull[3] |bʊl| *noun խոսակցական* անհեթեթություն; անհիմաստություն

bulldog |ˈbʊldɒg| *noun* 1) բուլդոգ; ցլաշուն *(շան ցեղ)* 2) համառ մարդ 3) վերակացու *(Օքսֆորդի համալսարանում)*

bulldoze |ˈbʊldəʊz| *verb* 1) հարթեցնել բուլդոզերով 2) քանդել բուլդոզերով 3) ստիպել; վախեցնել

bulldozer |bʊldəʊzə| *noun* բուլդոզեր

bullet |ˈbʊlɪt| *noun* 1) գնդակ *(հրազենի)* 2) *տպագրություն, համակարգիչներ* կետ *(տողասկզբում)*

bulletin |ˈbʊlɪtɪn| *noun* տեղեկագիր; ամփոփագիր

bulletin board *noun* հայտարարությունների տախտակ

bulletproof |ˈbʊlɪtpru:f| *adjective* զրահապատ; գնդակի նկատմամբ անխոցելի

bullfight |ˈbʊlfʌɪt| *noun* ցլամարտ

bullfighter *noun* ցլամարտիկ

bullfighting *noun* ցլամարտ

bullfinch |ˈbʊlfɪn(t)ʃ| *noun կենդանաբանություն* խածկտիկ; եզնակահավ *(Genus Pyrrhula, ընտանիք Fringillidae)*

bullhead |ˈbʊlhɛd| *noun կենդանաբանություն* 1) գետաձկնիկ 2) լոքոյիկ

bullion |ˈbʊlj(ə)n| *noun* 1) ձուլակտոր *(ոսկու կամ արծաթի)* 2) (**bullion fringe**) ոսկյա/արծաթյա ժանյակ

bullock *noun* 1) եզ 2) ցլիկ

bullring |ˈbʊlrɪŋ| *noun* ցլամարտի ասպարեզ

bull's-eye *noun* (նաև **bullseye**) 1) նպատակակետ; թիրախի կենտրոն 2) ճշգրիտ հարված նպատակակետին

bully[1] |ˈbʊli| **1** *noun* խուլիգան; ջարդարար **2** *verb* վախեցնել

bully[2] |ˈbʊli| *խոսակցական* **1** *adjective* առաջնակարգ; հրաշալի **2** *exclamation* կեցցե՛ *(արտահայտում է հիացմունք և հավանություն)*

bullyrag *verb* (**-ragged**, **-ragging**) *խոսակցական* վախեցնել; ահաբեկել

bulrush |ˈbʊlrʌʃ| (նաև **bullrush**) *noun* եղեգ

bulwark |ˈbʊlwək| *noun* 1) պատվար 2) պահապան 3) նավակողի եզրաստ *(պաշտպանության համար)*

bum[1] |bʌm| *խոսակցական* **1** *noun* 1) թափառաշրջիկ 2) ծույլ մարդ **2** *verb* (**bummed**, **bumming**) 1) թափառել 2) կորզել; ուրիշի հաշվին ապրել 3) հիասթափեցնել **3** *adjective* վատորակ

get the bum's rush վռնդվել

give someone the bum's rush վռնդել

bum[2] |bʌm| *noun խոսակցական* հետույք

bumbag |ˈbʌmbæg| *noun* դրամապանակ գոտու վրա

bumblebee |ˈbʌmb(ə)lbi:| *noun կենդանաբանություն* իշամեղու *(Genus Bombus, ընտանիք Apidae)*

bump |bʌmp| **1** *noun* 1) հարված; բախում 2) ուռուցք **2** *verb* 1) խփել; զարկել 2) խփվել; զարկվել 3) շարժվել ցնցվելով • **bump someone off** *խոսակցական* սպանել մեկին **bump someone up** *խոսակցական* բարձրացնել մեկի պաշտոնը; առաջ տանել մեկին **bump something up** i) մեծացնել; բարձրացնել ii) անել նախատեսվածից շատ; արագացնել **bump sth up** i) մեծացնել ii) ժամկետից շուտ թողարկել

bumper |ˈbʌmpə| **1** *noun* 1) թափարգել 2) բաժակ *(բաժակաճառ արտասանելիս)* **2** *adjective* 1) արտակարգ մեծ 2) հաջող

bumper-to-bumper կիպ; իրար շատ մոտ

bumpkin |ˈbʌm(p)kɪn| *noun խոսակցական* անտաշ մարդ

bumptious |ˈbʌm(p)ʃəs| *adjective* ինքնավստահ; ինքնահավան; լկտի

bumpy |ˈbʌmpi| *adjective* (**bumpier**, **bumpiest**) 1) անհարթ *(ճանապարհի մասին)* 2) խորդուբորդ

bun |bʌn| *noun* 1) քաղցրաբլիթ 2) պոչ; պոչիկ *(սանրվածք)* 3) *խոսակցական* հետույք

have a bun in the oven *խոսակցական* հղի լինել

bunch |bʌn(t)ʃ| **1** *noun* 1) փունջ; կապոց 2) *խոսակցական* մեծ քանակություն 3) *խոսակցական* մարդկանց խումբ **2** *verb* 1) փունջ կազմել 2) հավաքվել

the best/pick of the bunch լավագույնը խմբի մեջ

Bundestag |ˈbʊndəzˌtɑ:g| Բունդեստագ *(Գերմանիայի խորհրդարանի ստորին պալատը)*

bundle |ˈbʌnd(ə)l| **1** *noun* 1) կապոց; փաթեթ 2) *խոսակցական* տիպ *(մարդու մասին)* 3) *խոսակցական* (**a bundle**) լիքը փող **2** *verb* 1) խցկել 2) փաթեթավորել; ծրարել 3) *համակարգիչներ* վաճառել որպես մի փաթեթ

a bundle of fun, a bundle of laughs չափազանց զվարճալի բան

a bundle of nerves նյարդերի կծիկ; լարված մարդ

bung |bʌŋ| **1** *noun* խցան **2** *verb խոսակցական* 1) նետել; շպրտել 2) փակել խցանով

bungalow |ˈbʌŋgələʊ| *noun* միահարկ տուն; ամառանոց

bungee |ˈbʌndʒi| **1** *noun* (նաև **bungee cord**) ռետինե ճոպան *(որն օգտագործվում է զվարճանքի համար մեծ բարձրությունից վայր նետվելիս ոտքերին կապելու համար)* **2** *verb* վայր նետվել մեծ բարձրությունից *(զվարճանքի համար)*

bungee-jumping *noun* մեծ բարձրությունից վայր նետվելու մարզաձև

bungle |ˈbʌŋg(ə)l| **1** *noun* անհմուտ գործ **2** *verb* անհմուտ աշխատել

bungler *noun* անհմուտ/ապաշնորհ աշխատող; փինաչի

bunk[1] |bʌŋk| **1** *noun* մահճակալ *(նավասենյակում, գնացքում և այլն)* **2** *verb* քնել մահճակալում

bunk[2] |bʌŋk| *noun խոսակցական* անմտություն

bunker |ˈbʌŋkə| **1** *noun* 1) ռմբապաստարան 2) վառելիքի պահեստարան 3) փոսիկ *(գոլֆի դաշտում)* **2** *verb* 1) լիցքավորել վառելիքով *(նավը)* 2) գնդակը գցել փոսը *(գոլֆում)*

bunkum |ˈbʌŋkəm| (նաև **buncombe**) *noun հնացած խոսակցական* անմտություն; հիմարություն; դատարկաբանություն

bunny |ˈbʌni| *noun* (նաև **bunny rabbit**) (հոգն. **-nies**) *խոսակցական* ճագար

Bunsen burner *noun* բունզենյան վառիչ *(օգտագործվում է գիտական աշխատանոցներում)*

bunt¹ |bʌnt| **1** *verb* դիտավորյալ թույլ հարվածել *(բեյսբոլում)* **2** *noun* դիտավորյալ թույլ հարված

bunt² |bʌnt| *noun* ուռկանատոպրակ

bunt³ |bʌnt| *noun բուսաբանություն* մրիկ *(հատիկաբույսերի սնկային հիվանդություն, որի դեպքում հատիկից գալիս է նեխած ձկան հոտ)*

bunting¹ |ˈbʌntɪŋ| *noun կենդանաբանություն* դրախտապան *(թռչնի տեսակ. ընտանիք Emberizidae)*

bunting² |ˈbʌntɪŋ| *noun* դրոշներ; գունավոր զարդարանքներ

buoy |bɔɪ| **1** *noun* խութանշան; լողան **2** *verb* 1) ջրի վրա պահել; բարձրացնել տրամադրությունը 2) բարձրացնել; բարձր պահել *(գները)* 3) խութանշաններ դնել

buoyancy |ˈbɔɪənsi| *noun* 1) լողունություն 2) լավատեսություն; կենսուրախություն 3) *ֆինանսներ* բարձր ակտիվություն *(բորսայում)*

buoyant |ˈbɔɪənt| *adjective* 1) լողունակ 2) կենսուրախ 3) կենսունակ

burden |ˈbəːd(ə)n| **1** *noun* բեռ; ծանրություն **2** *verb* 1) բարձել 2) ծանրաբեռնել

burden of proof *իրավունք* ճշմարտության բեռ *(ճշմարտությունն ապացուցելու պարտականություն)*

burdensome *adjective* ծանր; նեղություն պատճառող

burdock |ˈbəːdɒk| *noun բուսաբանություն* կռատուկ; կոթուկ *(Genus Arctium, ընտանիք Compositae)*

bureau |ˈbjʊərəʊ| *noun* 1) բյուրո; գրասենյակ; կոմիտե 2) գրասեղան

bureaucracy |bjʊ(ə)ˈrɒkrəsi| *noun* բյուրոկրատիա; դիվանակալություն

bureaucrat |ˈbjʊərəkræt| *noun* բյուրոկրատ; դիվանակալ

bureaucratic |-ˈkrætɪk| *adjective* բյուրոկրատական; դիվանակալական

burette |bjʊˈrɛt| (նաև **buret**) *noun քիմիա* բյուրետ

burger |ˈbəːgə| *noun* համբուրգեր *(որոշակի տեսակի)*

burgh |ˈbʌrə| *noun հնացած* ինքնավար քաղաք

burglar |ˈbəːglə| *noun* կողոպտիչ

burglary |ˈbəːgləri| *noun* կողոպուտ

burgle |ˈbəːg(ə)l| *verb* կողոպտել կոտրումով

Burgundy |ˈbəːgəndi| Բուրգունդիա *(պատմական տարածք Ֆրանսիայի արևելքում)*

burgundy |ˈbəːgəndi| (նաև **Burgundy**) *noun* (հոգն. **-dies**) 1) բուրգունդյան գինի 2) մուգ կարմիր գույն

burial |ˈbɛrɪəl| *noun* 1) թաղում 2) *հնագիտություն* գերեզմանատեղ

Burkina Faso |bəːˈkiːnə| Բուրկինա Ֆասո *(պետություն Աֆրիկայի արևմուտքում)*

burlap |ˈbəːlæp| *noun* կտավ *(ջութից)*

burlesque |bəːˈlɛsk| **1** *noun* 1) ծաղրանմանություն 2) ծաղրանկար **2** *verb* (**-lesques**, **-lesqued**, **-lesquing**) ծաղրանմանակել

burly |ˈbəːli| *adjective* (**-lier**, **-liest**) ամրակազմ; խոշորամարմին

Burma Բիրմա *(Մյանմա պետության նախկին (մինչև 1989 թ.) անվանումը)*

burn¹ |bəːn| **1** *verb* 1) այրել; վառել 2) այրվել; վառվել 3) հրդեհել 4) բարկացնել • **burn down** i) այրել-ոչնչացնել ii) հանգել *(կրակի մասին)* **burn out** այրվելուց փչանալ **burn out** հյուծվել **burn sb out** հյուծել **burn sth off** i) ինչ-որ բան այրելով հեռացնել ii) վարժությունների միջոցով էներգիան օգտագործել **burn sth up** i) այրել-ոչնչացնել ii) վարժություններով էներգիան օգտագործել **burn up** i) այրվել-սպառվել ii) բարձր ջերմություն ունենալ **2** *noun* 1) այրվածք 2) այրում

burn/lay rubber շատ արագ վարել ավտոմեքենան; «այրել» անվադողերը

burn a hole in sb's pocket ծախսելու մարմաջ առաջացնել *(փողի մասին)*

burn the candle at both ends ուշ քնել և վաղ արթնանալ

burn the midnight oil մինչև ուշ գիշեր պարապել; մինչև ուշ գիշեր աշխատել

burn² |bəːn| *noun* գետակ; վտակ

burner |ˈbəːnə| *noun* 1) այրիչ 2) հնոց 3) CD burner սեղմապնակի շավիղայրիչ

on the back burner *խոսակցական* ցածր առաջնահերթություն ունեցող

on the front burner *խոսակցական* բարձր առաջնահերթություն ունեցող

burning |ˈbəːnɪŋ| **1** *adjective* 1) ուժգին 2) կարևոր 3) այրող 4) այրվող; վառվող **2** *noun* 1) այրում 2) թրծում

burnish |ˈbəːnɪʃ| **1** *verb* ողորկել; հղկել **2** *noun* փայլ

burnt **1** անցյալ և անցյալ դերբայ տե՛ս **burn** **2** *adjective* այրված

burp |bəːp| *խոսակցական* **1** *verb* բղկալ; գղտալ **2** *noun* բղկոց; գղտոց

burr |bəː| **1** *noun* 1) r հնչյունի կոշտ արտասանություն; ղատաասություն *(Անգլիայի հյուսիսում)* 2) գվվոց *(մեքենայի արձակած)* **2** *verb* 1) ղատաասել 2) գվվոց հանել

burro |ˈbʌrəʊ| *noun* (հոգն. **-ros**) իշուկ; ավանակ

burrow |ˈbʌrəʊ| **1** *noun* որջ; անցք **2** *verb* 1) անցք փորել 2) թաքնվել 3) փնտրտել; որոնել 4) *փոխաբերական* հետազոտել; ուսումնասիրել

Bursa |ˈbəːsə| Բուրսա *(քաղաք Թուրքիայի հյուսիս-արևմուտքում)*

bursar |ˈbəːsə| *noun* 1) գանձապահ *(համալսարաններում)* 2) կրթաթոշակառու ուսանող

bursary |ˈbəːsəri| *noun* (հոգն. **-ries**) ուսման նպաստ

burst |bəːst| **1** *verb* 1) պայթել; պայթեցնել 2) պոռթկալ • **burst in** ներխուժել **burst in on sb/sth** ընդհատել ներխուժելով **burst into sth** հանկարծակի ինչ-որ բան սկսել **2** *noun* 1) պայթյուն 2) պոռթկում 3) կրակահերթ

be bursitng to do sth հազիվ զսպել իրեն ինչ-որ բան անելուց

burst sb's bubbles ոչնչացնել ինչ-որ մեկի հույսերը

Burundi |bʊ'rʊndi| Բուրունդի *(պետություն Աֆրիկայի կենտրոնական մասում)*

bury |'bɛri| *verb* 1) թաղել 2) թաքցնել 3) ծածկել հողով 4) անհետացնել

bury one's head in the sand գլուխն ավազի մեջ թաղել; տհաճ բաները չտեսնելու տալ

bury oneself in, be buried in *փոխաբերական* խորամուխ լինել; թաղվել; խորանալ *(մի բանի մեջ)*

bury the hatchet կացինը թաղել; վերջ տալ վեճին

Buryatia |ˌbʊə'jɑːtɪə| (նաև **Buryat Republic**) Բուրյաթիա *(ինքնավար հանրապետություն Ռուսաստանի հարավ-արևելքում)*

burying-ground *noun* գերեզմանատուն, գերեզմանոց

bus |bʌs| **1** *noun* 1) ավտոբուս 2) *համակարգիչներ* դող **2** *verb* 1) ավտոբուսով տեղափոխել 2) ռեստորանում կեղտոտ ամանները հավաքել *(սեղանից)*

bush |bʊʃ| **1** *noun* 1) թուփ 2) անմշակ հող 3) խիտ մազեր **2** *verb* ցցվել

bushel |'bʊʃ(ə)l| (հպվ. **bu.**) *noun* 1) *ամերիկյան* բուշել *(չափի միավոր, որը հավասար է 35,2 լիտրի)* 2) *բրիտանական* բուշել *(չափի միավոր, որը հավասար է 36,4 լիտրի)*

Bushman |'bʊʃmən| *noun* (հոգն. **-men**) բուշմեն *(աֆրիկյան ցեղի ներկայացուցիչ)*

bushwhacker |'bʊʃwækə| *noun* 1) մացառուտներում բնակվող 2) պարտիզան

bushy |'bʊʃi| *adjective* 1) թփակալած; թփուտ; մացառուտ 2) խիտ աճող

business |'bɪznɪs| (**bus.**) *noun* 1) զբաղմունք 2) գործ 3) որևէ մեկի գործը; որևէ մեկին վերաբերող բան 4) գործարարություն; ձեռներեցություն; բիզնես 5) ընկերություն

be in business *խոսակցական* պատրաստ լինել ինչ-որ բան սկսելու

be the business շատ լավ լինել

business as usual ամեն ինչ առաջվա նման

business is business գործը մնում է գործ

get down to business գործի կպչել

like nobody's business շատ արագ; շատ լավ

mind one's own business իր գործով զբաղվել; ուրիշի գործին չխառնվել

out of business գործունեությունը դադարեցրած

business card *noun* այցետոմս; այցեքարտ

businesslike |'bɪznɪslʌɪk| *adjective* գործնական; գործունյա; գործիմաց

businessman |'bɪznɪsmən| *noun* 1) գործարար; գործարար մարդ; ձեռնարկատեր 2) առևտրական

business person (նաև **businessperson**) *noun* գործարար անձ

business studies *plural noun* տնտեսագիտական ուսուցում

busk[1] |bʌsk| *verb* փողոցում երաժշտություն նվագելով փող վաստակել

busk[2] *noun պատմական* սեղմիրանը կոճկելու թանթիկ

busker *noun* փողոցային երաժիշտ

bus lane *noun* ավտոբուսների ուղի *(փողոցի հատված, որով կարող են երթևեկել ավտոբուսները)*

bust[1] |bʌst| *noun* 1) կիսանդրի 2) կուրծք

bust[2] |bʌst| *խոսակցական* **1** *verb* (անցյալ և անցյալ դերբայ **busted** կամ **bust**) 1) կոտրել; ջարդել 2) ձերբակալել 3) իջեցնել կոչումը *(զինվորականների)* **2** *noun* 1) տնտեսական դժվարություն; անհաջողություն 2) ոստիկանական շուրջկալ 3) անպետք բան **3** *adjective* սնանկ; սնանկացած

bustle[1] |'bʌs(ə)l| **1** *verb* շտապել; իրար անցնել **2** *noun* իրարանցում

bustle[2] |'bʌs(ə)l| *noun պատմական* նստաբարձիկ

busy |'bɪzi| **1** *adjective* 1) զբաղված 2) մարդաշատ 3) անհանգիստ **2** *verb* 1) զբաղեցնել 2) (**busy oneself**) զբաղվել

busybody |'bɪzɪbɒdi| *noun* (հոգն. **-bodies**) միջամուխ մարդ; ուրիշների գործերին խառնվող մարդ

but |bʌt|, |bət| **1** *conjunction* 1) բայց; սակայն 2) այնուամենայնիվ; այնուհանդերձ 3) իսկ; այլ **2** *adverb* միայն **3** *preposition* բացի

but for 1) եթե ոչ; եթե չլիներ 2) բացի

but then այնուամենայնիվ; մյուս կողմից

butane |'bjuːteɪn| *noun քիմիա* բութան

butcher |'bʊtʃə| **1** *noun* 1) մսագործ 2) մարդասպան 3) ցրիչ/վաճառող գնացքում *(որը տրամադրում է լրագրեր, սնունդ և այլն)* **2** *verb* 1) միսը կտրատել *(վաճառքի համար)* 2) սպանել; մորթոտել

butchery |'bʊtʃəri| *noun* 1) նախճիր; կոտորած; մարդասպանություն *(մեծ քանակի մարդկանց)* 2) սպանդանոց

butler |'bʌtlə| *noun* ծառայապետ

butt[1] |bʌt| **1** *verb* 1) հարվածել գլխով 2) հարվածել պոզերով; պոզահարել 3) զարկվել; խփվել • **butt in** (**butt in on sb/sth**) միջամտել; խառնվել **2** *noun* հարված *(գլխով կամ եղջյուրներով)*

butt[2] |bʌt| *noun* 1) թիրախ *(ծաղրի, դիտողությունների)* 2) թիրախ *(հրաձգության, նետաձգության)*

butt[3] |bʌt| **1** *noun* 1) բութ ծայր *(որևէ բանի, օրինակ՝ գործիքի կամ զենքի)* 2) ծխախոտի մնացուկ; ծխուկ 3) ծառի բնի ամենալայն մասը 4) *խոսակցական* հետույք **2** *verb* ծայրը ծայրին միանալ

butt[4] |bʌt| *noun* տակառ *(գինու, գարեջրի)*

butter |'bʌtə| **1** *noun* կարագ; յուղ **2** *verb* կարագ քսել • **butter someone up** քծնել

look as if butter wouldn't melt in one's mouth հեզ մարդու տպավորություն թողնել; անմեղ տեսք ունենալ *(չլինելով այդպիսին)*

buttercup |ˈbʌtəkʌp| *noun բուսաբանություն* գորտնուկ; հրանունկ

butterfly |ˈbʌtəflʌɪ| *noun կենդանաբանություն* 1) թիթեռ *(գերընտանիքներ Papilionoidea և Hesperioidea)* 2) թեթևսոլիկ կին 3) *մարզական* բատերֆլայ *(լողի ձև)* 4) *խոսակցական* (**butterflies**) թրթռոց ստամոքսում *(անհանգստանալուց առաջացած)*

buttermilk |ˈbʌtəmɪlk| *noun* 1) թան 2) թույլ դեղին *(ներկի/պաստառի մասին)*

buttock |ˈbʌtək| *noun* հետույք; նստատեղ

button |ˈbʌt(ə)n| **1** *noun* կոճակ; սեղմակ **2** *verb* 1) կոճկել 2) լռել

button one's lips/lip ձայնը կտրել; լռել; չխոսել

on the button 1) ճիշտ ժամանակին 2) իսկ և իսկ

push all the right buttons դուր գալ; ամեն ինչ անել դուր գալու համար

push sb's buttons ինչ-որ մեկին ինչ-որ բանի դրդել

buttonhole |ˈbʌt(ə)nhəʊl| **1** *noun* 1) կոճականցք 2) ծաղկեփունջ՝ կոճականցքի մեջ **2** *verb* 1) ավելորդ խոսակցությամբ զբաղեցնել 2) կոճակի անցք բացել

buttress |ˈbʌtrɪs| **1** *noun* 1) *շինարարություն* որմնահեց; որմնանեցուկ 2) *փոխաբերական* հենարան; նեցուկ **2** *verb* 1) որմնահեցով ամրացնել 2) *փոխաբերական* հիմնավորել

buxom |ˈbʌks(ə)m| *adjective* փթթուն; մեծ կրծքերով *(կնոջ մասին)*

buy |bʌɪ| **1** *verb* (**buys**, **buying**; անցյալ և անցյալ դերբայ **bought** |bɔːt|) 1) գնել 2) կաշառել 3) *խոսակցական* ընդունել; կուտը ուտել; հավատ ընծայել • **buy into** i) բաժնետոմսեր գնել ii) *փոխաբերական* հավատ ընծայել **buy sb off** փող տալով ազատվել **buy sb out** i) գնել ինչ-որ մեկի բաժինը ձեռնարկությունում ii) փող տալով ազատվել բանակից; փող տալով դուրս գալ կազմակերպությունից **buy sth in** գնել մեծ քանակներով **buy sth up** գնել հնարավորին չափ շատ **2** *noun* գնում

bought it!, have bought it! *խոսակցական* սպանվել

buy the farm *խոսակցական* մեռնել

buy time *խոսակցական* հետաձգել

buyer |ˈbʌɪə| *noun* 1) գնորդ 2) մատակարար

buyer's market հարմար շուկա գնորդի համար *(տնտեսական իրավիճակ, երբ ապրանքները առատ են, և գնորդները կարող են ապրանքների գինը ցածր պահել)*

buyout |ˈbʌɪaʊt| *noun* հսկիչ փաթեթի գնում

buzz |bʌz| **1** *noun* 1) բզզոց 2) աղմկոտ զրույց 3) լավ տրամադրություն; ոգևորություն 4) հիրավանգում 5) *խոսակցական* ասեկոսե; բամբասանք **2** *verb* 1) բզզալ 2) գործնական ակտիվություն ցուցաբերել 3) կանչել *(զանգի կոճակը սեղմելով)* 4) *խոսակցական* շնչի վրա լինել *(հատկապես որպես զգուշացում կամ սպառնալիք)* • **buzz about/around** վազվզել, իրար անցնել **buzz off** *խոսակցական* հեռացի՛ր; կորի՛ր

give sb a buzz *խոսակցական* զանգել ինչ-որ մեկին

buzzard |ˈbʌzəd| *noun* 1) *կենդանաբանություն* լալկան բազե *(ընտանիք Accipitridae)* 2) *կենդանաբանություն* ամերիկյան անգղ; գրիֆ

buzzer |ˈbʌzə| *noun* 1) զանգ 2) ազդանշանային սարք *(որը զանգի նմանվող ձայն է արձակում)*

at the buzzer *մարզական* խաղի ավարտին մոտ

buzzword |ˈbʌzwəːd| (նաև **buzz phrase**) *noun խոսակցական* մոդայիկ խոսք

by |bʌɪ| **1** *preposition* 1) մոտ; կողքը; կողքով 2) վրա; հետ 3) տակ 4) *(արտահայտում է գործիական հոլովի իմաստ)* ◇ **by bus** ավտոբուսով 5) կողմից *(նշում է հեղինակին)* ◇ **by Leonardo** Լեոնարդոյի *(ստեղծած)* 6) մինչև *(նշում է գործի կատարման վերջնաժամկետը)* ◇ **by tomorrow** մինչև վաղը 7) *(նշում է ինչ-որ բանի չափը)* ◇ **Prices went up by 15%.** Գները աճեցին 15 տոկոսով: 8) ընթացքում 9) *(ցույց է տալիս ինչ-որ մեկի կամ ինչ-որ բանի այն մասը, որից բռնում են կամ որին դիպչում են)* ◇ **hold by the hand** բռնել ձեռքից 10) համաձայն, ըստ 11) *(օգտագործվում է երդվելիս)* ◇ **I swear by God** Երդվում եմ Աստծով **2** *adverb* մոտ; մոտիկ

by and by շուտով; քիչ անց

by and large ընդհանուր առմամբ

by oneself 1) միայնակ 2) առանց օգնության

bye[1] |bʌɪ| *noun մարզական* անցում մրցումների հաջորդ փուլ առանց խաղի

bye[2] |bʌɪ| *exclamation խոսակցական* ցտեսություն; առա՛ջժմ

bye-bye *exclamation* ցտեսությու՛ն; առա՛ջժմ

by-election *noun* լրացուցիչ ընտրություններ

bygone |ˈbʌɪgɒn| **1** *adjective* անցած; հնացած; անցած-գնացած **2** *noun* անցյալ

let bygones be bygones մոռանանք անցյալը; անցած լինի

bylaw (նաև **by-law**) *noun* 1) կանոնադրություն 2) տեղական ինքնակառավարման օրենքներ

bypass |ˈbʌɪpɑːs| **1** *noun* 1) շրջանց; շրջանցի ճանապարհ 2) *բժշկություն* զուգահեռային վիրահատություն *(սրտի վրա)* **2** *verb* 1) շրջանցել 2) անտեսել

byproduct *noun* (նաև **by-product**) կողմնակի արդյունք

bystander |ˈbʌɪstændə| *noun* ականատես; վկա

byte |bʌɪt| *noun համակարգիչներ* բայթ *(տեղեկության միավոր, որը հավասար է ութ բիթի)*

byword |ˈbʌɪwəːd| *noun* 1) ասացվածք; առակ 2) մարմնացում

Byzantine |bɪˈzæntʌɪn|, |bʌɪ-| **1** *adjective* բյուզանդական **2** *noun* բյուզանդացի

Byzantine Empire Բյուզանդական կայսրություն

Byzantium |bɪˈzæntɪəm|, |bʌɪ-| Բյուզանդիոն *(հին հունական քաղաք, որը հետագայում վերանվանվեց Կոստանդնուպոլիս, ներկայումս՝ Ստամբուլ)*

Cc

C¹ |siː| (նաև **c**) *noun* (հոգն. **Cs** կամ **C's**) 1) անգլերեն այբուբենի երրորդ տառը 2) *երաժշտություն* (**C**) դո *(դո հնչյունի տառային նշանակումը)* 3) հարյուր *(հռոմեական թվանշաններով)*

C² **1** *abbreviation* 1) Cape 2) copyright, © 3) Christian *(անձնական գովազդներում)* 4) *ֆիզիկա* coulomb **2** *symbol* 1) *ֆիզիկա* capacitance ունակություն 2) տե՛ս **carbon**

cab¹ |kæb| **1** *noun* 1) երկանիվ կառք 2) տաքսի **2** *verb* (**cabbed**, **cabbing**) կառքով ճանապարհորդել

cab² |kæb| **1** *noun խոսակցական* 1) երկաթուղային շոգեքարշի մեքենավարի խցիկ 2) օդաչուի խցիկ **2** *noun* տողացի թարգմանություն **3** *verb* օգտվել տողացի թարգմանությունից

cabal |kəˈbæl| **1** *noun* 1) խարդավանք 2) կլիկ; խմբակցություն *(քաղաքական)* **2** *verb* խարդավանել; նենգագործել; դավադրություն կազմակերպել

cabaret |ˈkæbəreɪ|, |ˌkæbəˈreɪ| *noun* 1) կաբարե *(ժամանցի ձև)* 2) կաբարե ունեցող գիշերային ակումբ

cabbage |ˈkæbɪdʒ| *noun* 1) կաղամբ *(Brassica oleracea, ընտանիք Brassicaceae)* 2) որոշչային կաղամբի 3) *խոսակցական* թղթադրամ

cabin |ˈkæbɪn| **1** *noun* 1) խրճիթ; հյուղակ; տնակ 2) նավախուց 3) խցիկ **2** *verb* (**cabined**, **cabining**) *հնացած*

cabin boy *noun պատմական ծովային* սպասավոր; սպասյակ *(նավախուցի)*

cabinet |ˈkæbɪnɪt| **1** *noun* 1) պահարան 2) արկղերով/դարակներով գրասեղան 3) ռադիոընդունիչի արկղ 4) մինիստրների կաբինետ **2** *adjective* կաբինետային

cable |ˈkeɪb(ə)l| **1** *noun* 1) մալուխ; կաբել; էլեկտրամալուխ 2) թոկ; պարան; ճոպան 3) հեռագիր **2** *verb* 1) հեռագրել 2) թոկով ամրացնել

cable car *noun* ճոպանուղու խցիկ

cable television *noun* մալուխային հեռուստատեսություն

cabman |ˈkæbmən| *noun* (հոգն. **-men**) 1) կառապան 2) տաքսու վարորդ

cabotage |kæbətɑːʒ|, |-ɪdʒ| *noun ծովային* ծովեզրյա նավագնացություն

cabriolet |ˈkæbrɪə(ʊ)leɪ| *noun* 1) կաբրիոլետ *(երկանիվ կառք)* 2) կաբրիոլետ; հետգցովի ծածկով ավտոմեքենա

cabstand *noun* կանգառ *(տաքսիների և կառքերի)*

cacao |kəˈkɑːəʊ|, |-ˈkeɪəʊ| *noun* (հոգն. **-os**) 1) կակաո *(հատիկ)* 2) կակաոյի ծառ *(Theobroma cacao, ընտանիք Sterculiaceae)*

cache |kæʃ| **1** *noun* 1) գաղտնարան; պահեստ 2) *համակարգիչներ* հիշապահեստ **2** *verb* 1) պահեստավորել; ամբարել; պահեստում պահել 2) *համակարգիչներ* պահել հիշապահեստում

cackle |ˈkæk(ə)l| **1** *verb* կչկչալ; հռհռալ; քրքջալ **2** *noun* կչկչոց; հռհռոց; քրքիջ

cacophony |kəˈkɒf(ə)ni| *noun* (հոգն. **-nies**) աններդաշնակություն; անբարեհնչություն; կակոֆոնիա

cactus |ˈkæktəs| *noun* (հոգն. **-ti** |-tʌɪ| կամ **-tuses**) *բուսաբանություն* կակտուս; կոզի *(ընտանիք Cactaceae)*

CAD *abbreviation* computer-aided design համակարգչավորված նախագծում

cad |kæd| *noun հնացած կատակային* գռեհիկ տղամարդ; անտաշ տղամարդ

cadaver |kəˈdɑːvə|, |-ˈdeɪ-| *noun բժշկություն բանաստեղծական* դիակ; դի; անշնչ

cadaverous |kəˈdæv(ə)rəs| *adjective* 1) դիակային 2) մեռելագույն; գունատ; վտիտ; ոսկրոտ

caddish *adjective* գռեհիկ; անվայելուչ; վուլգար

caddy¹ |ˌkædi| *noun* (հոգն. **-dies**) 1) թեյատուփ 2) բաժիններով արկղիկ

cadence |ˈkeɪd(ə)ns| *noun երաժշտություն* 1) ռիթմ; տակտ 2) հնչերանգ; ինտոնացիա; մոդուլում 3) կադենցիա

cadet |kəˈdɛt| *noun* 1) կադետ *(ռազմական դպրոցում սովորող)* 2) *գրական անգլերեն հնավանդ* կրտսեր որդի

cadge |kædʒ| *verb խոսակցական* 1) մուրալ; երեսը պնդելով խնդրել 2) մանր առևտուր անել

cadger *noun* 1) մուրացող; ուզվոր 2) մանրավաճառ

cadmium |ˈkædmɪəm| *noun քիմիա* (**Cd**) կադմիում

cadre |ˈkɑːdə|, |ˈkɑːdr(ə)|, |ˈkædri| *noun* 1) կադրեր; աշխատախումբ; աշխատակազմ 2) կմախք; սխեմա 3) մասնագետ; կադր 4) աշխատակազմի անդամ

Caesar |ˈsiːzə| *noun* 1) կեսար 2) *բժշկություն* կեսարյան հատում

Caesarea |ˌsiːzəˈrɪə| Կեսարիա *(հնադարյան նավահանգիստ Իսրայելի միջերկրածովյան ափին)*

café |ˈkæfeɪ|, |ˈkæfi|, |kæf| (նաև **cafe**) *noun* 1) սրճարան; կաֆե 2) բար; գիշերային ակումբ 3) սուրճ

cafeteria |kæfɪˈtɪərɪə| *noun* ինքնասպասարկումով ճաշարան

caffeine |ˈkæfiːn| *noun* կոֆեին; սրճանյութ

cage |keɪdʒ| **1** *noun* 1) վանդակ 2) վերելակ 3) *փոխաբերական* բանտ **2** *verb* 1) վանդակի մեջ դնել 2) *փոխաբերական* բանտարկել

cagey |ˈkeɪdʒi| (նաև **cagy**) *adjective խոսակցական* զգույշ; շրջահայաց; կասկածամիտ

Cain |keɪn| *noun աստվածաշնչային* Կայեն; եղբայրասպան

Cairo |ˈkʌɪərəʊ| Կահիրե *(Եգիպտոսի մայրաքաղաքը)*

cajole |kəˈdʒəʊl| *verb* (**cajole out of, cajole into**) շողոքորթելով խաբել; համոզել

cajolement *noun* խաբելը; շողոքորթելով համոզելը

cake |keɪk| **1** *noun* 1) տորթ; կեքս; թխվածք; բլիթ ◊ **cakes and ale** ուրախություն. **go like hot cakes** լավ վաճառվել; անմիջապես սպառվել *(ապրանքի մասին)*. **take the cake** հաղթող դուրս գալ. **you cannot eat your cake and have it too** մի կարկանդակը երկու անգամ չես ուտի 2) կտոր; բրիկետ ◊ **ice cake** սառցագունդ. **cake of soap** օճառի կտոր 3) ցեխի/կավի գունդ *(զգեստի վրա)* **2** *verb* 1) պատել; ծածկել; կեղև առաջացնել 2) չորանալ; մածուցիկանալ *(Այութի մասին)*

calabash |ˈkæləbæʃ| *noun* (նաև **calabash tree**) 1) դդումի տեսակ *(Crescentia cujete, ընտանիք Bignoniaceae)* 2) շիշ/ծխամորճ *(պատրաստված այս դդումից)*

calaboose |ˌkæləˈbuːs| *noun ամերիկյան խոսակցական* բանտ

calamitous *adjective* 1) աղետալի 2) կործանարար; վնասաբեր

calamity |kəˈlæmɪti| *noun* (հոգն. **-ties**) աղետ; դժբախտություն

calcareous |kælˈkɛːrɪəs| *adjective* կրային

calcification |-fɪˈkeɪʃ(ə)n| *noun* կարծրացում; քարացում; կրակալում

calcify |ˈkælsɪfʌɪ| *verb* (**-fies**, **-fied**) 1) կարծրացնել 2) կարծրանալ; կրակալել

calcine |ˈkælsʌɪn|, |-sɪn| *verb* 1) *տեխնիկական* կալցինացնել; կրացնել 2) այրել; մոխրացնել

calcium |ˈkælsɪəm| *noun քիմիա* (**Ca**) կալցիում; կրածին

calcium carbonate *noun* կալցիումի կարբոնատ;

calculability |-ˈbɪlɪti| *noun* հաշվելիություն

calculable |ˈkælkjʊləb(ə)l| *adjective* 1) հաշվելի; չափելի 2) վստահելի

calculate |ˈkælkjʊleɪt| *verb* 1) հաշվել 2) հաշվարկել; հաշվարկի/հաշվարկման ենթարկել 3) *ամերիկյան* ենթադրել

calculation |kælkjʊˈleɪʃ(ə)n| *noun* 1) հաշվում 2) հաշվարկում; հաշվարկ 3) *ամերիկյան* ենթադրություն

calculator |ˈkælkjʊleɪtə| *noun* 1) թվահաշվիչ; հաշվիչ; կալկուլյատոր 2) հաշվեմեքենա 3) հաշվարկային աղյուսակ

calculus |ˈkælkjʊləs| *noun* 1) *բժշկություն* քար *(միզապարկի/փուշտի, երիկամի)* 2) *մաթեմատիկա* մաթեմատիկական անալիզ ◊ **differential calculus** դիֆերենցիալ/տարբերական հաշիվ. **integral calculus** ինտեգրալ/միահավաք հաշիվ

Calcutta |kælˈkʌtə| Կալկաթա *(խոշոր քաղաք Հնդկաստանի արևելքում)*

Caledonian |ˌkælɪˈdəʊnɪən| *բանաստեղծական* **1** *adjective* շոտլանդական **2** *noun* շոտլանդացի

calendar |ˈkælɪndə| (հպվ. **cal** կամ **cal.**) **1** *noun* 1) օրացույց 2) *ամերիկյան* օրակարգ 3) *իրավունք* լսվելիք գործերի ցուցակ 4) ցուցակագրում *(փաստաթղթերի)* 5) տոնացույց **2** *verb* ցուցակագրել; արձանագրել; ցուցակ կազմել

calf¹ |kɑːf| *noun* (հոգն. **calves** |kɑːvz|) 1) հորթ; ձագ *(փղի, կետի, ոնգեղջյուրի և այլն)* ◊ **in/with calf** հղի *(կովի մասին)*. **golden calf** *փոխաբերական* ոսկե հորթ 2) հիմար; ցանցառ մարդ 3) հորթի կաշի

calf² |kɑːf| *noun* (հոգն. **calves** |kɑːvz|) *կազմախոսություն* սրնքաձուկ; սրնքամիս *(սրունքի ուռուցիկ մասը)*

calfskin |ˈkɑːfskɪn| *noun* հորթի կաշի

caliber |ˈkælɪbə| (*բրիտանական* **calibre**) (հպվ. **cal** կամ **cal.**) *noun* 1) տրամաչափ; կալիբր 2) արժանիք 3) ցուցանիշ; չափանիշ

calibrate |ˈkælɪbreɪt| *verb* տրամաչափել; աստիճանավորել; չափավորել; ճշտել

calibration |kælɪˈbreɪʃ(ə)n| *noun* տրամաչափում; աստիճանավորում; ճշտում

calico |ˈkælɪkəʊ| **1** *noun* (հոգն. **-coes** կամ **-cos**) 1) սպիտակեղեն; կալենկոր *(կտորեղեն)* 2) *ամերիկյան* չիթ **2** *adjective* 1) սպիտակեղենի; կալենկորի 2) *ամերիկյան* չթի

California |ˌkælɪˈfɔːnɪə| Կալիֆորնիա *(ԱՄՆ-ի նահանգ)*

californium |ˌkælɪˈfɔːnɪəm| *noun քիմիա* կալիֆորնիում

caliper |ˈkælɪpə| (նաև **calliper**) *noun* (**calipers**) կարկին

caliph |ˈkeɪlɪf|, |ˈkæ-| *noun պատմական* խալիֆ; ամիրապետ

caliphate *noun* խալիֆայություն

call |kɔːl| **1** *verb* 1) կանչել; ձայն տալ; կոչ անել; ձայնել 2) անվանել 3) հրավիրել; հավաքել; գումարել 4) արթնացնել • **call at** անցնել; մտնել **call away** ետ կանչել **call down** i) կանչել ներքևում գտնվող որևէ մեկին ii) նզովք կարդալ; անեծք հրավիրել iii) նախատել **call for** i) գալ մեկի ետևից ii) պահանջել; նախատեսել; պատվիրել **call forth** առաջացնել **call in** i) բժիշկ կանչել ii) վերադարձնել *(պարտքը)* iii) շրջանառությունից հանել *(փողը)* **call off** i) հետաձգել ii) ետ կանչել *(դեսպանին)* iii) չեղել ուշադրությունը **call on** i) այցելել *(ծանոթներին)* ii) կոչ անել; դիմել **call out** i) գոռալ; բղավել; աղաղակել ii) մենամարտի հրավիրել iii) զինակոչել **call out of** կանչել; ձայն տալ *(բարձր ձայնով)* **call over** ցուցակով կանչել **call up** i) զինակոչել ii) զանգահարել iii) կատարել iv) պատկերացնել **2** *noun* 1) կոչ; կանչ; ձայն տալը 2) դատակոչ 3) ազդանշան; սուլոց 4) հեռախոսային կանչ 5) այցելություն ◊ **pay a call** այցելել 6) ժամանում *(գնացքի, նավի)* 7) պահանջ

to be called for ցպահանջ

call box *noun* 1) հրատապ հեռախոսազանգերի խցիկ 2) *բրիտանական* հեռախոսախցիկ

caller |ˈkɔːlə| *noun* 1) հյուր; այցելու 2) զանգահարող

calligraphy |kəˈlɪgrəfi| *noun* գեղագրություն; վայելչագրություն

calling |ˈkɔːlɪŋ| *noun* 1) կոչում 2) արհեստ;

զբաղմունք

calliper *noun* (**callipers**) չափակարկին; ձողակարկին

callosity |kə'lɒsiti| *noun* (հոգն. **-ties**) *տեխնիկական* կոշտացում *(մաշկի)*

callous |'kæləs| **1** *adjective* 1) կարծրասիրտ; քարսիրտ; անգութ 2) կոշտացած; կոշտ **2** *noun* տե՛ս **callus**

callousness *noun* կոպտություն; քարսրտություն

callow |'kæləʊ| *adjective* 1) անփորձ; չհասունացած *(մարդ)* 2) անփետուր

call-up *noun* զինակոչ

callus |'kæləs| (նաև **callous**) *noun* կոշտուկ; կոշտացում

calm |kɑ:m| **1** *adjective* 1) հանդարտ; հանգիստ; խաղաղ 2) անհողմ 3) *խոսակցական* հանդուգն **2** *noun* 1) անդորրություն; հանդարտություն 2) անհողմություն 3) *խոսակցական* հանդգնություն **3** *verb* 1) հանգստանալ; խաղաղվել 2) հանգստացնել; խաղաղեցնել

calmness *noun* անդորրություն; հանդարտություն

caloric |kə'lɒrɪk|, |'kælərɪk| **1** *adjective* *տեխնիկական* ջերմային; կալորիական **2** *noun* *պատմական ֆիզիկա* ջերմություն

calorie |'kæləri| (հապվ. **cal.**) *noun* (հոգն. **-ries**) *ֆիզիկա* կալորիա

calorific |kælə'rɪfɪk| *adjective* ջերմային; ջերմարար ◊ **calorific capacity** ջերմատարողություն. **calorific effect** ջերմունակություն

calorimeter |ˌkælə'rɪmɪtə| *noun* *ֆիզիկա* կալորիաչափ *(ջերմության քանակը չափող գործիք)*

calumet |'kæljʊmɛt| *noun* խաղաղության չիբուխ/ծխամորճ *(հնդկացիների շրջանում)*

calumniate |kə'lʌmnieɪt| *verb* *գրական անգլերեն* զրպարտել; արատավորել

calumniation |-'eɪʃ(ə)n| *noun* զրպարտում; արատավորում

calumniator *noun* զրպարտիչ

calumny |'kæləmni| *noun* (հոգն. **-nies**) զրպարտություն

Calvary |'kælv(ə)ri| Գողգոթա *(այն վայրը Երուսաղեմի մոտ, ուր խաչվել է Հիսուս Քրիստոս)*

calve |kɑ:v| *verb* հորթ ծնել; ձագ բերել

calx |kælks| *noun* (հոգն. **calces** |'kælsi:z|) *հնացած քիմիա* 1) ձուլված կավավազ 2) կիր

calyx |'kælɪks|, |'keɪ-| (նաև **calix**) *noun* (հոգն. **calyces** |-lɪsi:z| կամ **calyxes**) *բուսաբանություն* ծաղկաբաժակ

CAM *abbreviation* computer-aided manufacturing համակարգչավորված արտադրություն

camber |'kæmbə| *noun* 1) ուռուցիկություն; կորնթարդություն 2) *բրիտանական* թեքություն *(ճանապարհի)*

cambium |'kæmbɪəm| *noun* (հոգն. **-bia** |-bɪə| կամ **-biums**) *բուսաբանություն* կամբիում

Cambodia |kæm'bəʊdɪə| Կամբոջա *(պետություն Հարավարևելյան Ասիայում)*

Cambrian |'kæmbrɪən| **1** *adjective* ուելսական **2** *noun* ուելսացի; Ուելսի բնակիչ

cambric |'kæmbrɪk|, |'keɪm-| *noun* բատիստ *(գործվածք)*

Cambridge |'keɪmbrɪdʒ| 1) Քեմբրիջ *(քաղաք Անգլիայի արևելքում. այստեղ է գտնվում Քեմբրիջի համալսարանը)* 2) Քեմբրիջ *(քաղաք ԱՄՆ-ի Մասաչուսեթս նահանգում. այստեղ է գտնվում Հարվարդի համալսարանը և Մասաչուսեթսի Տեխնոլոգիական Ինստիտուտը)*

camel |'kæm(ə)l| *noun* ուղտ *(Camelus, ընտանիք Camelidae)*

break the camel's back համբերության բաժակը լցնել

swallow a camel դժվարությունների առաջ կանգ չառնել

camellia |kə'mi:lɪə|, |-'mɛlɪə| *noun* *բուսաբանություն* կամելիա *(Genus Camellia, ընտանիք Theaceae)*

Camellia State Կամելիայի նահանգ *(ԱՄՆ-ի Ալաբամա նահանգի մականունը)*

cameo |'kæmɪəʊ| *noun* (հոգն. **-os**) 1) կամեյոն *(փորագրած գունաքար)* 2) դիպուկ նկարագրություն

camera |'kæm(ə)rə| *noun* 1) լուսանկարչական ապարատ 2) տեսախցիկ 3) *շինարարություն* կամարակապ շենք 4) դատավորի առանձնասենյակ

cameraman |'kæmrəmən| *noun* (հոգն. **-men**) 1) կինոօպերատոր; օպերատոր 2) ֆոտոլրագրող

Cameroon |ˌkæmə'ru:n| Կամերուն *(պետություն Աֆրիկայի արևմուտքում)*

camion *noun* 1) սայլ 2) բեռնատար ավտոմեքենա

camouflage |'kæməflɑ:ʒ| **1** *noun* 1) քողարկում; քողածածկում 2) *փոխաբերական* պարտակում; քողարկում **2** *verb* քողարկել

camp¹ |kæmp| **1** *noun* 1) ճամբար ◊ **internment camp** ռազմագերիների ճամբար 2) ճամբարակայան 3) *ամերիկյան* տնակ *(անտառում)* **2** *verb* 1) ճամբար դնել 2) ժամանակավոր օթևանում ապրել ◊ **camp out** բացօթյա ապրել

camp² |kæmp| *խոսակցական* **1** *adjective* 1) թատերական; արհեստական; շինծու; 2) կնակերպ; կնաբարո *(տղամարդու մասին)* 3) միամիտ; պարզամիտ; անխորամանկ **2** *noun* թատերական ոճ; թատերական վարք; արհեստական ոճ; շինծու ոճ **3** *verb* իրեն կնոջ պես պահել; կնակերպ վարվել *(տղամարդու մասին)*

campaign |kæm'peɪn| **1** *noun* 1) արշավանք 2) քարոզարշավ; արշավ ◊ **press campaign** մամուլի քարոզարշավ. **launch a campaign** քարոզարշավ ձեռնարկել/սկսել **2** *verb* քարոզարշավի մասնակցել

campaigner *noun* քարոզարշավի/արշավի մասնակից

camper |'kæmpə| *noun* 1) ճամբարում հանգստացող; վրանում հանգստացող 2) «տուն՝ անիվների վրա» *(քնելու և սնունդ պատրաստելու հարմարանքներով ավտոմեքենա)*

happy camper բավարարված մարդ; իրեն լավ զգացող մարդ; իրեն տեղում զգացող մարդ

camphor |ˈkæmfə| *noun* քափուր; քաֆուր; կամֆորա

camping *noun* ավտոտուրիստների ճամբար

campsite |ˈkæmpsʌɪt| *noun* ճամբարատեղի; ճամբարավայր

campus |ˈkæmpəs| *noun* (հոգն. **-puses**) *ամերիկյան* համալսարանի/դպրոցի տարածք

can[1] |kæn| *modal verb* (3rd sing. present **can**; անցյալ **could** |kʊd|) 1) կարողանալ; ի վիճակի լինել 2) հնարավորություն ունենալ; իրավունք ունենալ

can[2] |kæn| **1** *noun* 1) թիթեղամման; բիդոն 2) *ամերիկյան* պահածոյի տուփ; թիթեղյա աման 3) պահածո ◊ **garbage can** i) աղբարկղ ii) բանվորական ավանի խղճուկ կացարան **2** *verb* (**canned**, **canning**) պահածո պատրաստել

Cana |ˈkeɪnə| Կանա *(հին քաղաք Գալիլիայում, ուր Քրիստոս կատարեց ջուրը գինու փոխելու առաջին հրաշքը)*

Canaan |ˈkeɪnən| Քանան *(հին երկիր, որ իր մեջ ներառում էր Պաղեստինը և Հորդանանի արևելքը)*

Canada |ˈkænədə| Կանադա *(պետություն Հյուսիսային Ամերիկայում)*

Canadian **1** *noun* կանադացի **2** *adjective* կանադական

canal |kəˈnæl| *noun* 1) ջրանցք; ոռոգման առու 2) *կազմախոսություն* խողովակ; անցք ◊ **alimentary canal** կերակրափող; որկոր 3) անցուղի

canalization |-ˈzeɪʃ(ə)n| *noun* 1) կոյուղի 2) ջրանցքի անցկացում

canard |kəˈnɑːd|, |ˈkænɑːd| *noun* սուտ լուր; հերյուրանք

canary |kəˈnɛːri| **1** *noun* (հոգն. **-naries**) դեղձանիկ *(Serinus, ընտանիք Fringillidae)* **2** *adjective* բաց դեղին

Canberra |ˈkænbərə| Կանբերա *(Ավստրալիայի մայրաքաղաքը)*

cancel |ˈkæns(ə)l| **1** *verb* (**-celed**, **-celing**; բրիտ. **-celled**, **-celling**) 1) վերացնել; ոչնչացնել; չեղյալ համարել; անվավեր դարձնել; անվավեր համարել 2) ջնջել; ցուցակից հանել 3) *համակարգիչներ* չեղարկել 4) մարել *(փոստանիշը)* 5) *մաթեմատիկա* կրճատել **2** *noun* մարում *(նամականիշի)*

cancellation |ˌkænsəˈleɪʃ(ə)n| *noun* 1) վերացում; ոչնչացում; չեղյալ համարելը; անվավեր դարձնելը 2) ջնջում 3) *համակարգիչներ* չեղարկում 4) մարում *(փոստանիշի)* 5) *մաթեմատիկա* կրճատում

Cancer |ˈkænsə| *աստղագիտություն* Խեցգետին *(համաստեղություն)*

cancer |ˈkænsə| *noun* 1) *բժշկություն* քաղցկեղ 2) *փոխաբերական* չարիք; պատուհաս

candescent *adjective* լուսաշեկ; հրավառ; բոցակեզ

candid |ˈkændɪd| *adjective* 1) անկեղծ; պարզասիրտ *(պատասխան և այլն)* 2) անաչառ 3) ճշմարտացի *(լուսանկարի մասին, որն արվել է առանց լուսանկարված մարդու իմացության)*

candidacy *noun* թեկնածություն

candidate |ˈkændɪdeɪt|, |-dət| *noun* թեկնածու

candidature *noun* թեկնածություն

candidly *adverb* անկեղծորեն; հրապարակավ

candle |ˈkænd(ə)l| *noun* մոմ

not fit to hold a candle to եղունգին արժանի չլինել

candlelight |ˈkænd(ə)llʌɪt| *noun* 1) մոմի լույս 2) արհեստական լուսավորություն 3) աղջամուղջ; մթնշաղ

candlestick |ˈkænd(ə)lstɪk| *noun* մոմակալ; աշտանակ

candy |ˈkændi| **1** *noun* (հոգն. **-dies**) 1) կոնֆետ; քաղցրավենիք 2) սառնաշաքար; նաբաթ **2** *verb* (**-dies**, **-died**) 1) շաքարի մեջ եփել 2) շաքարապատել *(միրգը)*

cane |keɪn| **1** *noun* 1) եղեգ 2) եղեգնափայտ; ձեռնափայտ; գավազան 3) շաքարեղեգ 4) ձողիկ 5) *բրիտանական* ծեծ *(փայտով)* **2** *verb* 1) փայտով ծեծել 2) հասկացնել; գլուխը մտցնել *(դասը)* 3) հյուսել եղեգնից

Canes Venatici |ˌkeɪniːz vɪˈnætɪsʌɪ| *աստղագիտություն* Որսաշներ *(համաստեղություն)*

canicular *adjective* շան; շնային ◊ **canicular days** տոթ օրեր *(հուլիսին և օգոստոսին)*

canine |ˈkeɪnʌɪn|, |ˈkæ-| **1** *adjective* շնային; շան ◊ **canine hunger** գայլի ախորժակ **2** *noun* շնատամ

Canis Major |ˌkeɪnɪs ˈmeɪdʒə| *աստղագիտություն* Մեծ Շուն *(համաստեղություն)*

Canis Minor |ˈmʌɪnə| *աստղագիտություն* Փոքր Շուն *(համաստեղություն)*

canister |ˈkænɪstə| *noun* 1) մետաղե տուփ *(թեյի, սուրճի)* 2) հակագազի տուփ

canker |ˈkæŋkə| **1** *noun* 1) խոց; որդնակերուք 2) *գյուղատնտեսություն* վնասատու 3) պտղատու ծառերի հիվանդություն **2** *verb* 1) խոցով/որդնակերուքով վարակվել *(ծառի մասին)* 2) (**cankered**) չար; դառնությամբ լի *(սովորաբար որպես ածական)*

cankerous *adjective* 1) խոցավոր 2) ուտիչ

cannabis |ˈkænəbɪs| *noun* 1) կանեփ *(Cannabis sativa, ընտանիք Cannabaceae (կամ Cannabidaceae))* 2) հաշիշ

canned |kænd| *adjective* պահածոյացված; պահածոյած

cannery |ˈkænəri| *noun* (հոգն. **-neries**) պահածոների գործարան

cannibal |ˈkænɪb(ə)l| *noun* 1) մարդակեր 2) իր նմանին ուտող կենդանի; իր տեսակին ուտող կենդանի

cannibalism *noun* 1) մարդակերություն 2) *կենդանաբանություն* իր տեսակի կենդանուն ուտելը

cannon |ˈkænən| *noun* հրանոթ; թնդանոթ; պտտվող թմբուկ

cannonade |ˌkænəˈneɪd| **1** *noun* հրետակոծություն; հրանոթային կրակ; հրաձգություն **2** *verb* հրետակոծել

cannoneer |kænəˈnɪə| *noun* *պատմական* հրետաձիգ; հրետանավոր

canny |ˈkæni| *adjective* (**-nier**, **-niest**) 1) ճարպիկ; խորամանկ; իր գործն իմացող 2) զգույշ 3) *շոտլանդական* հաճելի; սիրունիկ

canoe |kəˈnuː| **1** *noun* մակույկ; նավակ **2** *verb* (**-noes**, **-noed**, **-noeing**) նավարկել մակույկով

paddle one's own canoe անկախ գործել; ինքնուրույն լինել

canon¹ |ˈkænən| *noun* 1) կանոն; չափանիշ 2) եկեղեցական երգ

canon² |ˈkænən| *noun եկեղեցական* կանոնիկոս; Աստվածաշնչի գրքերի ընդունված հավաքածուն

canonical |kəˈnɒnɪk(ə)l| **1** *adjective* կանոնական **2** *plural noun* (**canonicals**) սքեմ; կրոնավորի հագուստ

canonize |ˈkænənʌɪz| *verb* սրբացնել; սուրբ հայտարարել

canopy |ˈkænəpi| **1** *noun* (հոգն. **-pies**) 1) ամպհովանի; վարագույր; ծածկ 2) *փոխաբերական բանաստեղծական* երկինք; երկնակամար 3) կատար; պսակ *(ծառերի)* **2** *verb* (**-pies**, **-pied**) ծածկել; որպես ամպհովանի ծառայել

cant¹ |kænt| **1** *noun* 1) կեղծավորություն; երեսպաշտություն; շողոքորթություն 2) տարածված բառ; շատ գործածական բառ 3) ժարգոն; ծածկալեզու *(գողերի և այլնի)* **2** *verb* 1) կեղծավորություն անել 2) ժարգոնով խոսել

cant² |kænt| **1** *verb հնացած* 1) խոտորել; թեքել *(ուղիղ գծից)* 2) խոտորվել; թեքվել *(ուղիղ գծից)* 3) թեք դիրք ընդունել 4) շրջել **2** *noun* 1) շեղություն 2) թեքվածք; թեքություն 3) խոտորում; շեղում 4) հարված; հրոց

Cantabrigian |ˌkæntəˈbrɪdʒɪən| **1** *adjective* Քեմբրիջի; Քեմբրիջյան **2** *noun* Քեմբրիջի համալսարանի ուսանող

cantankerous |kænˈtæŋk(ə)rəs| *adjective* կովարար; կովախնդիր

cantata |kænˈtɑːtə| *noun* կանտատա

canteen |kænˈtiːn| *noun* 1) բուֆետ; ճաշարան 2) մթերային խանութ *(զորամասում)* 3) տափաշիշ

canter |ˈkæntə| **1** *noun* 1) քառատրոփ/թեթև արշավ ◊ **win at/in a canter** հեշտությամբ հաղթանակ տանել 2) ժարգոնով խոսող 3) կեղծավոր; երեսպաշտ **2** *verb* թեթև արշավով ընթանալ; քառատրոփ ընթանալ

Canterbury |ˈkæntəbəri| *noun* պահարանիկ; դարակ *(գրքերի, թղթերի)* ◊ **Canterbury** *բուսաբանություն* զանգակածաղիկ

canticle |ˈkæntɪk(ə)l| *noun* 1) *կրոն* երգ; օրհներգ 2) (**Canticles, Canticle of Canticles**) տե՛ս **Song of Songs**

canto |ˈkæntəʊ| *noun* (հոգն. **-tos**) *բանաստեղծական* երգ; տաղ

canton **1** *noun* կանտոն; գավառ **2** *verb* տեղավորել *(զորքը)*

cantonment |kænˈtɒnm(ə)nt|, |-ˈtuːn-| *noun* 1) *ռազմական* բարաք ◊ **winter cantonment** ձմեռային բարաքներ 2) զինվորական բնակավայր *(Հնդկաստանում)* 3) *ամերիկյան* մշտական ճամբար

canvas |ˈkænvəs| **1** *noun* 1) կտավ; քաթան; պարուսին; բրեզենտ 2) հենք; կանվա 3) կտավ; նկար 4) *ծովային* առագաստներ **2** *verb* (**-vased**, **-vasing**) կտավով/քաթանով/պարուսինով/բրեզենտով ծածկել

under canvas 1) *ռազմական* վրաններում 2) *ծովային* առագաստարձակ

canvass |ˈkænvəs| **1** *verb* 1) ձայներ հավաքել *(քվեարկությունից առաջ)* 2) քննարկել; վիճաբանել 3) բաժանորդագրել; պատվերներ հավաքել **2** *noun* 1) ձայների նախնական հավաք *(քվեարկությունից առաջ)* 2) քննարկում; վիճաբանում 3) *ամերիկյան* ձայների պաշտոնական հաշվում

canyon |ˈkænjən| *noun* կիրճ; ձոր

caoutchouc |ˈkaʊtʃʊk| *noun* կաուչուկ

cap¹ |kæp| **1** *noun* 1) կեպի; գլխարկ; գդակ ◊ **fore-and-aft cap** օդաչուի գլխարկ; պիլոտկա 2) գլխադիր *(կանանց)* 3) *տեխնիկական* կափարիչ; գլխիկ 4) պատիճ; պիստոն; հրապատիճ 5) ծնկոսկր 6) լեռնագագաթ **2** *verb* (**capped**, **capping**) 1) գլխարկ հագնել 2) պատիճ դնել *(հրազենի մեջ)* 3) գիտական աստիճան տալ *(շոտլանդական համալսարանում)* 4) գերազանցել 5) ավարտել; պսակը լրացնել ◊ **to cap it all** ի լրումն; այդ ամենից բացի

cap and gown անգլիական ուսանողների համազգեստ

fling one's cap over the windmill, throw one's cap over the mill անխոհեմ վարվել; անցնել չափը/սահմանը *(կնոջ մասին)*

set one's cap at sb *խոսակցական* փեսացու որսալ/գրավել; վզից կախվել; պոկ չգալ

the cap fits հարվածը դիպուկ է; համապատասխանում է

touch one's cap to sb բարևել/ողջունել մեկին *(գլխարկը թեթևակի բարձրացնելով/ձեռքը գլխարկին տանելով)*

cap² *noun* ֆինանսներ տե՛ս **capitalization**

capability |keɪpəˈbɪlɪti| *noun* (հոգն. **-ties**) 1) ընդունակություն; կարողություն 2) (**capabilities**) հնարավորություններ

capable |ˈkeɪpəb(ə)l| *adjective* 1) ընդունակ; շնորհալի *(ինչ-որ բան անելու)* 2) ենթակա; ենթարկվող 3) հակված; միտում ունեցող

capacious |kəˈpeɪʃəs| *adjective* ընդարձակ; մեծածավալ

capacitate |kəˈpæsɪteɪt| *verb գրական անգլերեն հնացած* ընդունակ/իրավազոր դարձնել

capacitor |kəˈpæsɪtə| *noun ֆիզիկա* կոնդենսատոր

capacity |kəˈpæsɪti| *noun* (հոգն. **-ties**) 1) ընդունակություն; շնորհալիություն 2) տարողություն 3) հզորություն 4) պաշտոն ◊ **in the capacity of** իբրև ...; որպես ...; ... պաշտոնում 5) ձեռնահասություն 6) *տեխնիկական* կարողություն; արտադրողականություն ◊ **labour capacity** աշխատանքի արտադրողականություն

cape¹ |keɪp| **1** *noun* հրվանդան **2** *adjective* հարավաֆրիկյան

cape² |keɪp| *noun* թիկնոց

Cape of Good Hope Բարեհույս հրվանդան

(Աֆրիկայի ամենահարավային կետը)

caper[1] |ˈkeɪpə| **1** *verb* թռչկոտել; ցատկոտել **2** *noun* 1) թռիչք; ցատկ; ոստյուն 2) *խոսակցական* արարք; չարաճճիություն ◇ **cut a capers** խեղկատակություն անել

caper[2] |ˈkeɪpə| *noun* կապար

Cape Town Քեյփթաուն *(քաղաք Հարավաֆրիկյան Հանրապետությունում)*

capful *noun* մի լիքը գլխարկ

capillary |kəˈpɪləri| **1** *noun* կազմախոսություն մազանոթ **2** *adjective* մազանոթային; մազաչափ բարակ; մազի նման բարակ

capital[1] |ˈkæpɪt(ə)l| **1** *noun* 1) մայրաքաղաք 2) *փոխաբերական* մայրաքաղաք; կենտրոն 3) կապիտալ; դրամամիջոցներ ◇ **fixed capital** հաստատուն կապիտալ. **floating/circulating capital** շրջանառու կապիտալ. **industrial capital** արդյունաբերական կապիտալ 4) *փոխաբերական* ռեսուրս; միջոցներ 5) (**capital letter**) մեծատառ **2** *adjective* 1) մահվան *(դատավճռի մասին)* 2) դրամական 3) հիմնական; գլխավոր 4) *խոսակցական* հնացած գերազանց; հիանալի 5) ◇ **capital letter** մեծատառ 6) *իրավունք* քրեական **3** *exclamation* *խոսակցական* *հնացած* հրաշալի է; հիանալի է *(արտահայտում է հավանություն, հիացմունք)*

capital[2] |ˈkæpɪt(ə)l| *noun* *ճարտարապետություն* սյունագլուխ; խոյակ

capital gain *noun* միջոցների ինքնագին

capital gains tax *noun* միջոցների ինքնագնի հարկ

capitalism |ˈkæpɪt(ə)lɪz(ə)m| *noun* կապիտալիզմ; միջոցավարություն; դրամատիրություն

capitalist |ˈkæpɪt(ə)lɪst| **1** *noun* կապիտալիստ; դրամատեր **2** *adjective* կապիտալիստական; դրամատիրական

capitalistic |-ˈlɪstɪk| *adjective* կապիտալիստական

capitalization |-ˈzeɪʃ(ə)n| *noun* կապիտալացում

capitalize |ˈkæpɪt(ə)lʌɪz| *verb* կապիտալացնել; կապիտալի վերածել

capitally *adjective* գերազանցորեն; հիանալի կերպով

capital punishment *noun* մահապատիժ

capitation |kæpɪˈteɪʃ(ə)n| *noun* գլխահարկ

Capitol |ˈkæpɪt(ə)l| (**the Capitol**) *noun* 1) Կապիտոլիում *(Հին Հռոմում)* 2) *ամերիկյան* ԱՄՆ-ի կոնգրեսի շենքը

Capitol Hill Կապիտոլիական բլուր *(շրջան Վաշինգտոն քաղաքում, որ գտնվում է Կապիտոլիական շենքը)*

capitulate |kəˈpɪtjʊleɪt| *verb* անձնատուր լինել; անձնատրվել; կապիտուլյացիայի ենթարկվել

capitulation |kəpɪtjʊˈleɪʃ(ə)n| *noun* անձնատրություն; կապիտուլյացիա

Cappadocia |ˌkæpəˈdəʊʃə| Կապադովկիա *(հնադարյան շրջան Փոքր Ասիայում)*

Capri |kəˈpriː|, |ˈkæpri| Կապրի *(կղզի Տիրենյան ծովում. պատկանում է Իտալիային)*

caprice |kəˈpriːs| *noun* 1) քմահաճույք; քմայք 2) նաև **capriccio** կապրիչո

capricious |kəˈprɪʃəs| *adjective* քմահաճ; փոփոխամիտ

Capricorn |ˈkæprɪkɔːn| *noun* *աստղագիտություն* Այծեղջյուր

capsicum |ˈkæpsɪkəm| *noun* (հոգն. **-cums**) *բուսաբանություն* բիբար; ծիծակ; կարմիր պղպեղ; պատիճապղպեղ; փոճնկապղպեղ; լոլոզպղպեղ; տարևոր պղպեղ; տաքդեղ *(Genus Capsicum, ընտանիք Solanaceae)*

capsize |kæpˈsʌɪz| **1** *verb* 1) շրջվել *(նավի/սայլի և այլնի մասին)* 2) շրջել *(նավը և այլն)* **2** *noun* շրջում; շրջելը

capsule |ˈkæpsjuːl|, |-sjʊl| *noun* 1) պատիճ 2) թաղանթ

captain |ˈkæptɪn| **1** *noun* 1) կապիտան; նավապետ ◇ **sea captain** *բանաստեղծական* մեծ ծովագնաց 2) մարզական թիմի ավագ 3) *ամերիկյան* հրամանատար *(վաշտի և այլնի)* 4) զորավար 5) ղեկավար 6) հրշեջ խմբի պետ **2** *verb* ղեկավարել

be the captain of one's soul ոչ մեկից կախում չունենալ; իր գլխի տերը լինել; իր բախտի տերը լինել; ազատ մարդ լինել

caption |ˈkæpʃ(ə)n| **1** *noun* 1) ենթագիր *(ֆիլմի)* 2) *ամերիկյան* վերնագիր *(հոդվածի)* 3) *իրավունք* կալանք 4) *համակարգիչներ* տիտր **2** *verb* վերնագրել

captious |ˈkæpʃəs| *adjective* գրական անգլերեն մանրախնդիր; բծախնդիր

captivate |ˈkæptɪveɪt| *verb* հմայել; թովել; գերել

captive |ˈkæptɪv| **1** *noun* գերի; կալանավոր **2** *adjective* գերի վերցված; գերված ◇ **hold captive** գերության մեջ պահել

captivity |kæpˈtɪvɪti| *noun* (հոգն. **-ties**) գերություն

captor |ˈkæptə| *noun* գերող; կալանող

capture |ˈkæptʃə| **1** *verb* 1) գերել; գերեվարել; գերի վերցնել 2) կալանավորել **2** *noun* 1) գրավում 2) գերում 3) կալանավորում

car |kɑː| *noun* 1) ավտոմեքենա ◇ **goods car** բեռնատար ավտոմեքենա. **ambulance car** շտապօգնության մեքենա. **armoured car** զրահապատ մեքենա 2) վագոն ◇ **coach car** մարդատար վագոն. **lounge car** փափուկ վագոն. **sleeping car** ննջավագոն. **smoking car** ծխողների վագոն. **soft seated car** փափուկ վագոն. **parlour car** *ամերիկյան* սալոնվագոն. **through car** ուղղակի հաղորդակցության վագոն 3) օդանավի գոնդոլ 4) *բանաստեղծական* կառք

owl car *ամերիկյան* 1) գիշերային տրամվայ 2) գիշերային տաքսի

carabineer |ˌkærəbɪˈnɪə| (նաև **carabinier**) *noun* *պատմական* կարաբիներ

Caracas |kəˈrækəs| Կարակաս *(Վենեսուելայի մայրաքաղաքը)*

carafe |kəˈræf|, |-ˈrɑːf| *noun* ջրաման

caramel |ˈkærəm(ə)l|, |-mɛl| *noun* կարամել;

շաքարավենի

carat |ˈkærət| *noun* կարատ *(0,2 գրամ. թանկագին քարերի կշռաչափ)*

caravan |ˈkærəvæn|, |kærəˈvæn| *noun* 1) *բրիտանական* անվավոր շարժական տնակ 2) ծածկասայլ 3) քարավան

carbide |ˈkɑːbʌɪd| *noun քիմիա* կարբիդ

carbohydrate |kɑːbəˈhʌɪdreɪt| *noun կենսաքիմիա, քիմիա* ածխաջուր

carbolic |kɑːˈbɒlɪk| **1** *noun* կարբոլյան թթու **2** *adjective* կարբոլյան

carbon |ˈkɑːb(ə)n| *noun* 1) *քիմիա* ածխածին ◇ **carbon black** մուր 2) *էլեկտրականություն* ածխային էլեկտրոդ ◇ **absorbent carbon** *քիմիա* ակտիվացված ածուխ

carbonate **1** *noun* |ˈkɑːbəneɪt| *քիմիա* կարբոնատ **2** *verb* գազավորել; հարստացնել ածխաթթու գազով *(հեղուկը)*

carbon copy *noun* 1) պատճեն *(փաստաթղթի և այլն)* 2) նմանակ; պատճեն *(մարդու, առարկայի)*

carbon dating *noun* ռադիոածխածնային/ածխածնային թվագրում

carbon dioxide *noun* ածխածնի երկօքսիդ

carbonic |kɑːˈbɒnɪk| *adjective* ածխային; ածխածնային

carbonic acid *noun* ածխաթթու

carbonize |ˈkɑːbənʌɪz| *verb* ածխացնել; կարբոնացնել; այրել

carbon monoxide *noun* ածխածնի միօքսիդ; շմոլ գազ

carbon paper *noun* պատճենահան թուղթ

carbuncle |ˈkɑːbʌŋk(ə)l| *noun* 1) *բժշկություն* կայծռուռուցք 2) *հանքաբանություն* ազնիվ կարկեհան; կարբունկուլ

carburetor |kɑːbjʊˈrɛtə|, |-bə-| (նաև **carburator** կամ **carburettor**) *noun* կարբյուրատոր; գազարար

carcass |ˈkɑːkəs| (բրիտանական **carcase**) *noun* 1) մսեղիք *(մորթած անասունի ամբողջ միսը)* 2) *արհամարհական* դիակ; մարմին *(մեռած կամ կենդանի մարդու մասին)* 3) կարկաս; հիմնակմախք 4) մնացորդներ 5) *ռազմական, պատմական* հրկեզ արկ

carcinogen |kɑːˈsɪnədʒ(ə)n| *noun* քաղցկեղածին նյութ

card¹ |kɑːd| **1** *noun* 1) քարտ; տոմս ◇ **calling card** այցետոմս. **food card** պարենաքարտ; մթերային քարտ 2) բացիկ 3) խաղաթուղթ 4) (**cards**) թղթախաղ ◇ **play one's card well** լավ օգտագործել հանգամանքները; գործը խելացի վարել; իրեն խելացի պահել 5) *համակարգիչներ* տե՛ս **expansion card** ընդլայնման շրջույթ 6) *խոսակցական* «տիպ»; «դեմք»; մարդ ◇ **a queer card** տարօրինակ մարդ 7) տոմս ◇ **party card** կուսակցական տոմս 8) քարտաշրջան *(կողմնացույցի)* 9) *ամերիկյան* հայտարարություն; տպագրում *(թերթում)* **2** *verb* 1) գրանցել քարտի վրա 2) ստուգել անձը հաստատող փաստաթուղթը

be on the cards Բացառված չէ, որ....; հնարավոր/հավանական լինել

big card 1) կարևոր անձ; ղեկավար 2) հանրահանաչ մարդ; հասարակության ոգին; բոլորի սիրելին

Cards on the table. *խոսակցական* Բացե՛ք խաղաթղթերը: Խաղաթղթերը՝ սեղանի՛ն:

have/hold the cards խաղաթուղթը ձեռքում ունենալ; դրության տերը լինել

have a card up one's sleeve պատրաստ հաղթաթուղթ ունենալ; որևէ բան նյութել

have had the yellow card զգուշացվել

in the cards հավանական; հնարավոր

last card վերջին հաղթաթուղթը/փաստարկը; վերջին հնարավորությունը

lay/put/stake everything on the card ամեն ինչ խաղի մեջ դնել; ռիսկի դիմել

lay down one's cards *փոխաբերական* բացել խաղաթղթերը

no cards հատուկ հրավեր չի լինի *(հուղարկավորության հայտարարության տակ)*

play all one's cards օգտագործել բոլոր հնարավորությունները; օգտագործել բոլոր միջոցները

play a wrong card սխալ քայլ կատարել; սխալվել

show one's cards իր խաղաթղթերը բաց անել; իր գաղտնիքը բաց անել; իր մտադրությունները բաց անել

throw/fling up one's cards տեղի տալ; իրեն անզոր ճանաչել; իրեն պարտված համարել; իրեն անընդունակ ճանաչել; ընդունել սեփական պարտությունը; հանձնվել; խաղից դուրս գալ

trump card ամենահամոզիչ/ծանրակշիռ փաստարկ; հաղթաթուղթ

card² **1** *verb* գզել; սանդերքել; բրդագզել *(բուրդը և այլն)* **2** *noun* սանդերք *(ասեղնավոր ժապավենային սանր)*

cardamom |ˈkɑːdəməm| (նաև **cardamon**) *noun բուսաբանություն* հիլ; անդրիտակ; մալախ; շուշմիր; կարդամոն *(Elettaria cardamomum, ընտանիք Zingiberaceae)*

cardboard |ˈkɑːdbɔːd| **1** *noun* ստվարաթուղթ; խավաքարտ **2** *adjective* արհեստական; շինծու *(գեղարվեստական երկի հերոսի մասին)*

cardholder |ˈkɑːdhəʊldə| *noun* քարտատեր *(բանկային քարտ)*

cardiac |ˈkɑːdɪæk| **1** *adjective կազմախոսություն* սրտային; սրտի **2** *noun խոսակցական, բժշկություն* սրտային դեղորայք

Cardiff |ˈkɑːdɪf| Կարդիֆ *(Ուելսի մայրաքաղաքը)*

cardigan |ˈkɑːdɪg(ə)n| *noun* կանացի բրդե հյուսված ժակետ

cardinal |ˈkɑːd(ɪ)n(ə)l| **1** *noun* կարդինալ; ծիրանավոր *(կաթոլիկության հոգևոր բարձրագույն տիտղոս՝ պապից հետո)* **2** *adjective* 1) գլխավոր; հիմնական 2) վառ կարմիր 3) ◇ **cardinal numeral** քանակական թվական

cardinal point *noun* աշխարհի կողմ *(հյուսիս, հարավ, արևելք, արևմուտք)*

card index *noun* քարտարան

cardiology |kɑːdɪˈɒlədʒi| *noun* սրտաբանություն

cardiovascular |ˌkɑːdɪəʊˈvæskjʊlə| *adjective* *բժշկություն* սիրտ-անոթային

care |kɛː| **1** *noun* 1) խնամք; հոգատարություն ◇ **in care of** խնամքի տակ 2) հսկողություն *(բժշկական)* 3) ուշադրություն 4) հոգս **2** *verb* 1) (**care about/for**) հոգալ; խնամել 2) (**care for**) հետաքրքրվել; սիրել 3) (**care to**) ցանկանալ

For all I care. *խոսակցական* Իմ գործը չէ: Ինձ ի՞նչ:
Fretting cares make gray hairs. *առած* Հոգսն է մարդուն ծերացնողը:
Have a care! *խոսակցական* Զգո՛ւյշ եղեք: Զգուշացե՛ք:
I don't care ինձ համար միևնույն է
I don't care if I do. *խոսակցական* Դեմ չեմ: Չեմ առարկում: Չեմ հրաժարվի: Կարելի է *(փորձել)*
not care a bean/bit/button/curse/darn/fiddlestick/fig/groat/hang/hoot/jot/penny/pin/rap/straw/thing/twopence/twopenny/whoop, not care a brass farthing *խոսակցական* չհոգալ; չհետաքրքրվել; միևնույնը լինել; Պետքս չէ: Հոգ չէ: Ինձ ի՞նչ: Թքած ունեմ:
take care 1) զգույշ լինել; զգուշանալ 2) հոգալ; խնամել; ուշադիր լինել 3) *ծածկալեզու* ազատվել ինչ-որ բանից; հաշիվը մաքրել
Take care of the pence and pounds will take care of themselves. *առած* Խնայի՛ր փեննիները, իսկ ֆունտերն իրենք իրենց կխնայեն:

career |kəˈrɪə| **1** *noun* 1) պաշտոնեություն; կարիերա 2) զբաղմունք; ասպարեզ; գործունեություն 3) *ամերիկյան* դիվանագետի մասնագիտություն 4) սրարշավ ◇ **in full career** սրարշավ; բուռն թափով 5) *որպես ածական* աշխատող *(կնոջ մասին)* **2** *verb* սրարշավել

carve out a career պաշտոնեության հասնել; կարիերա անել; դիրքի/հաջողության հասնել

careerist |kəˈrɪərɪst| *noun* պաշտոնամոլ; կարիերիստ

carefree |ˈkɛːfriː| *adjective* անհոգ; անդարդ; անցավ

careful |ˈkɛːfʊl|, |-f(ə)l| *adjective* 1) ուշադիր; զգուշավոր; զգույշ 2) (**careful of/about**) հոգատար 3) խնայող *(հատկապես գումարը)* 4) հոգացող; ջանացող; ճշտակատար 5) ստույգ *(հաշվում)*

carefully *adverb* 1) ուշադիր 2) մանրակրկիտ կերպով 3) զգուշորեն

carefulness *noun* 1) հոգատարություն 2) ջանացողություն 3) ուշադիր լինելը 4) զգուշություն

careless |ˈkɛːlɪs| *adjective* 1) անհոգ; անդարդ 2) թեթևամիտ 3) անուշադիր; անփույթ; անզգույշ

carelessly *adverb* 1) անփութորեն; անուշադիր կերպով 2) անզգուշորեն 3) անհոգ կերպով

carelessness *noun* 1) անհոգություն 2) թեթևամտություն 3) անփութություն; անուշադրություն

caress |kəˈrɛs| **1** *verb* փաղաքշել; շոյել **2** *noun* փաղաքշանք

caretaker |ˈkɛːteɪkə| *noun* 1) խնամատար; խնամք տանող 2) պահակ

cargo |ˈkɑːgəʊ| *noun* (հոգն. **-goes** կամ **-gos**) բեռ; ապրանքներ *(նավի, ինքնաթիռի և այլն)*

Caribbean Sea Կարիբյան ծով *(Ատլանտյան օվկիանոսի մի մասը, որը գտնվում է Կենտրոնական և Հարավային Ամերիկաների միջև)*

caribou |ˈkærɪbuː| *noun* (հոգն. նույնը կամ **-bous**) կանադական եղջերու *(Genus Rangifer)*

caricature |ˈkærɪkəˌtjʊə| **1** *noun* ծաղրանկար **2** *verb* ծաղրանկարել

caring |ˈkɛːrɪŋ| **1** *adjective* հոգատար; հոգածու; ուշադիր **2** *noun* խնամք; հոգածություն

carious |ˈkɛːrɪəs| *adjective* փտած; ոսկորը փտած; կարիոզ *(ատամների կամ ոսկորների մասին)*

carjack *verb* 1) ավտոմեքենա առևանգել 2) ավազակային հարձակում գործել ավտոմեքենայի վրա

carjacking |ˈkɑːdʒækɪŋ| *noun* մեքենայի բռնագրավում

carload |ˈkɑːləʊd| *noun* մի վագոն բեռ

carman *noun* (հոգն. **-men**) *հնացած* 1) վագոնավար; մեքենավար 2) սայլապան

carmine |ˈkɑːmʌɪn|, |-mɪn| *noun* կարմին; որդան կարմիր *(կարմիր ներկ)*

carnage |ˈkɑːnɪdʒ| *noun* կոտորած

carnal |ˈkɑːn(ə)l| *adjective* մարմնային; մարմնական

carnation[1] |kɑːˈneɪʃ(ə)n| *noun* *բուսաբանություն* մեխակ *(կարմիր, սպիտակ կամ վարդագույն)*

carnation[2] **1** *adjective* կարմրավարդագույն **2** *noun* կարմրավարդագույն գույնը

carnival |ˈkɑːnɪv(ə)l| *noun* 1) դիմակահանդես; փառատոն 2) բարեկենդան 3) բուռն ուրախություն

carnivore |ˈkɑːnɪvɔː| *noun* մսակեր կենդանի

carnivorous |kɑːˈnɪv(ə)rəs| *adjective* մսակեր

carol |ˈkær(ə)l| **1** *noun* 1) ուրախ երգ; օրհներգ 2) ծլվլոց *(թռչունների)* **2** *verb* (**caroled**, **caroling**; հիմն. բրիտ. **carolled**, **carolling**) գովերգել

carotid |kəˈrɒtɪd| **1** *adjective* քներակային **2** *noun* *կազմախոսություն* քներակ

carousal *noun* 1) քեֆ; խնջույք 2) *ամերիկյան* կարուսել

carouse |kəˈraʊz| **1** *verb* քեֆ անել; խնջույք անել **2** *noun* տե՛ս **carousal**

carousel |ˌkærəˈsɛl|, |-ˈzɛl| (նաև **carrousel**) *noun* 1) կարուսել *(զբոսայգում)* 2) կարուսել *(օդակայանում՝ բեռների համար)*

carp[1] |kɑːp| *noun* (հոգն. նույնը) *կենդանաբանություն* ծածան *(ձկան տեսակ. ընտանիք Cyprinidae)*

carp[2] |kɑːp| *verb* բծախնդրություն ցուցաբերել; թերություններ գտնել; քննադատել

Carpathian Mountains |kɑːˈpeɪθɪən| (նաև **the Carpathians**) Կարպատյան լեռներ *(լեռնաշղթա Արևելյան Եվրոպայում)*

carpel |ˈkɑːp(ə)l| *noun* *բուսաբանություն* պտղաթերթիկ; պտղատերև; կարպել

carpenter |ˈkɑːp(ə)ntə| **1** *noun* ատաղձագործ; հյուսն **2** *verb* ատաղձագործությամբ զբաղվել

Such carpenters, such chips. *առած* Ինչ վարպետը, էնպես էլ՝ գործը: Ապրանքը տիրոջն է քաշում: Գործից երևում է վարպետի շնորհքը:

carpentry |ˈkɑ:p(ə)ntri| *noun* ատաղձագործություն

carpet |ˈkɑ:pɪt| **1** *noun* 1) գորգ; կարպետ ◊ **on the carpet** քննարկման դրված 2) *տեխնիկական* ծածկույթ; ծածկ **2** *verb* (**-peted**, **-peting**) 1) ծածկել գորգով/ճաղիկներով 2) կանչել կշտամբելու

be on the carpet խիստ հանդիմանություն ստանալ; խիստ նկատողություն ստանալ

come on the carpet հայտնվել; լույս աշխարհ գալ; ի հայտ գալ

magic carpet կախարդական/թռչող գորգ

roll out the red carpet for sb մեկին հանդիսավոր կերպով դիմավորել; ոտքերի տակ գորգ փռել

carriage |ˈkærɪdʒ| *noun* 1) կառք ◊ **carriage and pair** երկձի կառք 2) *երկաթուղային* վագոն ◊ **composite carriage** կոմբինացված վագոն. **corridor carriage** պուլմանի վագոն. **saloon carriage** սալոն վագոն 3) *ռազմական* հրետասայլ; լաֆետ 4) *օդագնացություն* հենասարք 5) փոխադրում; առաքում; փոխադրման արժեք 6) վարվելաձև; կեցվածք 7) *տեխնիկական* շրջանակ 8) կատարելը; անցկացնելը (*օրինագիծը պառլամենտում*) 9) տարածում (*հիվանդության*)

carrier |ˈkærɪə| *noun* 1) ապրանքը փոխադրող; բեռնակիր; սուրհանդակ ◊ **letter carrier** փոստատար 2) *ծովային* օդանավակիր ◊ **aircraft carrier** օդանավակիր. **cruiser carrier** հածանավ; օդանավակիր 3) *բժշկություն* բացիլակիր; կրող; հիվանդության տարածող

carrion |ˈkærɪən| **1** *noun* մեռելոտի; գեշ; լեշ **2** *adjective* փտած; նեխած; գարշելի

carrot |ˈkærət| *noun* *բուսաբանություն* գազար (*Daucus carota, ընտանիք Umbelliferae*)

like a carrot to a donkey գայթակղելու միջոց; գայթակղություն; խայծ

carry |ˈkæri| **1** *verb* (**-ries**, **-ried**) 1) կրել; տանել 2) փոխադրել 3) նեցուկ լինել; պահել 4) հաղորդել; փոխանցել (*ձայն և այլն*) 5) կրել; տարածել (*հիվանդություն*) 6) հասցնել 7) հավաքել (*խոտ*) 8) հաղորդել (*նորությունները*) 9) որոշում ընդունել; անցկացնել 10) *ռազմական* գրոհով գրավել 11) եկամուտ տալ 12) գրավել; հրապուրել 13) *ամերիկյան* ծախել; առևտուր անել • **carry away** i) տանել ii) դյութել; հրապուրել **carry back** հիշեցնել անցյալը **carry forward** i) հաջորդ էջը փոխադրել ii) գործն առաջ տանել **carry it off well** i) չհանձնվել; տեղի չտալ; զենքը վայր չդնել ii) իրեն լավ պահել; հուզմունքը ցույց չտալ **carry off** i) տանել; փոխանցել ii) մահվան դուռը հասցնել iii) շահել (*մրցանակ*) **carry on** i) շարունակել ii) կատարել iii) *խոսակցական* սիրաբանել; ֆլիրտ անել **carry out** i) կատարել; իրագործել ii) մեռելը տնից դուրս բերել **carry over** i) փոխադրել ii) *հաշվապահություն* հաջորդ էջը փոխադրել **carry through** ավարտել; վախճանի հասցնել **2** *noun* (հոգն. **-ries**) փոխադրում; կրում; կրելը

carry all before one խոչընդոտները հաղթահարել

carry into effect ի կատար ածել

Carry me out. *խոսակցական կատակային* Ես էլ հավատացի: Ա՜յ քեզ փչոց:

carry too far շատ հեռու գնալ; շատ հեռու տանել

carryall *noun* 1) պայուսակ (*գնումների համար*) 2) միաձի ընդարձակ կառք 3) *ամերիկյան* ծածկով ընդարձակ ավտոմեքենա (*երկայնակի նստարաններով*)

carry-on *noun* ձեռքի ուղեպայուսակ

carsick |ˈkɑ:sɪk| *adjective* մեքենայի ընթացքից սրտխառնոց ունեցող

cart |kɑ:t| **1** *noun* 1) սայլ; սայլակառք 2) երկանիվ սայլակ 3) ապրանքասայլակ **2** *verb* 1) սայլակով տեղափոխել 2) *խոսակցական* մի կերպ տանել; դժվարությամբ տանել (*ծանր առարկան*) 3) հեռացնել; քշել (*մարդկանց*)

in the cart դժվարին կացության մեջ; ծանր կացության մեջ; անելանելի կացության մեջ

put the cart before the horse 1) թարս ու շիտակ անել 2) *փոխաբերական* կանխել իրադարձությունները

cartel |kɑ:ˈtɛl| *noun* 1) *տնտեսագիտություն* կարտել; միավորում (*արդյունաբերողների*) 2) ռազմագերիների փոխանակման համաձայնություն; գերիների փոխադարձ հանձնում 3) *հնացած* մենամարտի հրավեր

carter *noun* սայլապան

cartful *noun* մի լիքը սայլ (*որպես չափ*)

Carthage |ˈkɑ:θɪdʒ| Կարթագեն (*հնադարյան քաղաք Աֆրիկայի հյուսիսում, այժմյան Թունիսում*)

cartilage |ˈkɑ:t(ɪ)lɪdʒ| *noun* *կազմախոսություն* աճառ

cartographer *noun* քարտեզագիր

cartography |kɑ:ˈtɒgrəfi| *noun* քարտեզագրություն

carton |ˈkɑ:t(ə)n| *noun* ստվարաթղթե տուփ (*սննդի, ըմպելիքների համար*)

cartoon |kɑ:ˈtu:n| **1** *noun* 1) ծաղրանկար (*քաղաքական*) 2) ուրվագիծ; էսքիզ (*որմնանկարի համար*) 3) մուլտիպլիկացիոն կինոնկար **2** *verb* ծաղրանկարել

animated cartoon մուլտիպլիկացիոն կինոնկար

cartoonist *noun* 1) ծաղրանկարիչ 2) նկարիչ-մուլտիպլիկատոր

cartridge |ˈkɑ:trɪdʒ| *noun* 1) փամփուշտ ◊ **blank cartridge** անգնդակ փամփուշտ 2) *որոշչային* փամփշտի 3) պարկուճ (*տպագրական*)

carve |kɑ:v| *verb* 1) փորագրել (*փայտի/ոսկրի/քարի վրա*) 2) քանդակել 3) կտրել (*եփած միսը*) ◊ **carve out a career for oneself** կարիերա անել իր համար; պաշտոնուղի հարթել իր համար. **carve up** բաժանել (*ժառանգությունը, տարածքը*)

carver |ˈkɑ:və| *noun* 1) փորագրիչ; քանդակիչ 2) դանակ (*միս կտրելու համար*)

carving |ˈkɑ:vɪŋ| *noun* փորագրություն; քանդակ

Casablanca |ˌkæsəˈblæŋkə| Կասաբլանկա (*քաղաք Մարոկկոյում*)

cascade |kæsˈkeɪd| **1** *noun* 1) փոքրիկ ջրվեժ 2) *էլեկտրականություն* կասկադ **2** *verb* 1) թափվել մեծ քանակությամբ 2) շարել հերթականությամբ

case¹ |keɪs| *noun* 1) դեպք ◊ **in case of** դեպքում. **in any case** ամեն դեպքում. **it is not the case** այդպես չէ. **to put case that...** ենթադրենք, որ.... **gone case** *խոսակցական* անհուսալի դեպք 2) դրություն; պարագա ◊ **as the case stands** տվյալ պայմաններում 3) *իրավունք* գործ ◊ **state one's case** իր գործի էությունը շարադրել 4) փաստ; ապացույց; փաստարկ 5) *քերականություն* հոլով ◊ **possesive case** ստացական հոլով 6) *բժշկություն* բուժվող; հիվանդ; պացիենտ; վիրավոր ◊ **cot case** անկողնային հիվանդ. **walking case** ոչ անկողնային հիվանդ
come down to cases, get down to cases *ամերիկյան ծածկալեզու* խոսել ըստ էության; հասնել գործի բուն էությանը
hard case *խոսակցական* փչացած/անուղղելի մարդ; այլասերված մարդ; հանցագործ
in case of emergency ծայրահեղ անհրաժեշտության դեպքում
It's a case. *խոսակցական* Սիրահարված են իրար: Սեր են կապել իրար հետ:
meet the case 1) համապատասխանել *(պահանջներին)* 2) հարմար լինել
Put the case that... Ենթադրենք, թե...
case² |keɪs| **1** *noun* 1) արկղ; տուփ ◊ **vanity case** կանացի պայուսակ. **cigar case** սիգարատուփ; պորտսիգար 2) ուղեպայուսակ 3) բուն; շապիկ; տուփ 4) *տեխնիկական* պատյան *(մեքենայի)* 5) ցուցափեղկ 6) *ռազմական* պարկուճ **2** *verb* 1) դնել *(արկղի/տուփի/բնի մեջ)* 2) շրջանակի մեջ դնել; շրջանակել; ծածկել
case history *noun* գործ; գործի պատմություն *(տվյալ անձի բժշկական կամ սոցիալական տվյալների հավաքածուն)*
casein |ˈkeɪsiːn|, |-sɪɪn| *noun* *քիմիա* կազեին *(պանրի մակարդ)*
case law *noun* նախադեպային իրավունք; դատական նախադեպ
casemate |ˈkeɪsmeɪt| *noun* *պատմական, ռազմական* կազեմատ *(ամրություն)*
casement |ˈkeɪsm(ə)nt| *noun* 1) փեղկավոր ապակեկալ 2) *բանաստեղծական* պատուհան
case study *noun* 1) մեկնաբանող օրինակ; լուսաբանում; օրինակ 2) դեպքի ուսումնասիրություն *(որևէ տեսության հետ կապված)*
cash¹ |kæʃ| **1** *noun* 1) կանխիկ դրամ ◊ **cash down** կանխիկ փողով. **cash on delivery** վերադիր վճարումով. **net/spot cash** կանխիկ փող/դրամ. **spare cash** ազատ փող/դրամ 2) *խոսակցական* փող ◊ **be in cash** ձեռքին փող ունենալ. **be out of cash** ձեռքին փող չունենալ; ձեռքին դրամ չունենալ **2** *verb* 1) կանխիկ դրամով վճարել 2) փող/դրամ ստանալ վճարագրով
cash flow կանխիկի հոսք
cash on the nail *ամերիկյան խոսակցական* կանխիկ դրամ/գումար
cash register դրամարկղային մեքենա
cash cow *noun* *խոսակցական* 1) եկամտաբեր գործ; եկամտաբեր արտադրատեսակ; եկամտաբեր ներդրում 2) դրամի աղբյուր
cash crop *noun* փողաբեր մթերք
cashew |ˈkæʃuː|, |kəˈʃuː| *noun* 1) *բուսաբանություն* **(cashew tree)** բալատրենի; նշապտղի; մակոն; հնդիկ շագանակ *(Anacardium occidentale, ընտանիք Anacardiaceae)* 2) **(cashew nut)** հնդընկույզ; բալատուր *(բալատրենու պտուղը)*
cash flow *noun* կանխիկի հոսք
cashier¹ |kæˈʃɪə|, |kə-| *noun* գանձապահ
cashier² |kæˈʃɪə|, |kə-| *verb* 1) ծառայությունից արձակել 2) *ռազմական* շարքային դարձնել; աստիճանից զրկել
cashless *adjective* կանխիկ դրամ չունեցող
cashmere |kæʃˈmɪə|, |ˈkæʃmɪə| *noun* քաշմիր *(բրդե գործվածք)*
casing |ˈkeɪsɪŋ| *noun* 1) պատյան 2) ավտոդող 3) կաշվե պատյան
casino |kəˈsiːnəʊ| *noun* (հոգն. **-nos**) խաղատուն; կազինո
cask |kɑːsk| *noun* տակառ; տակառիկ
the cask of Danaides *դիցաբանություն* դանայան/անտակ տակառ; տաժանելի/հզուր աշխատանք; վերջ չունեցող աշխատանք; ուժասպառ անող աշխատանք
casket |ˈkɑːskɪt| *noun* 1) արկղիկ 2) աճյունասափոր 3) *ամերիկյան* դագաղ
Caspian Sea |ˈkæspɪən| Կասպից ծով
casque |kɑːsk| *noun* *պատմական, բանաստեղծական* սաղավարտ
cassation |kəˈseɪʃ(ə)n| *noun* *իրավունք* վճռաբեկման գանգատ
cassava |kəˈsɑːvə| *noun* 1) *բուսաբանություն* հացարմատ; մանիոկ *(Genus Manihot, ընտանիք Euphorbiaceae)* 2) հացարմատից ստացվող ալյուր
casserole |ˈkæsərəʊl| **1** *noun* 1) թխվածքաման *(ջեռոցում դանդաղ եփված)* 2) թխվածքաման կափարիչավոր աման *(սովորաբար կավե կամ ապակե)* **2** *verb* ջեռոցում դանդաղ եփել
cassette |kəˈsɛt| *noun* 1) ձայներիզ 2) տեսաերիզ 3) ժապավենատուփ; կասետ
cassette recorder *noun* *տեխնիկական* ձայնագրանցիչ
Cassiopeia |ˌkæsɪə(ʊ)ˈpiːə| Կասիոպեա *(համաստեղություն)*
cassock |ˈkæsək| *noun* 1) փարաջա; սքեմ; պարեգոտ *(հոգևորականի)* 2) *փոխաբերական* քահանա
cast¹ |kɑːst| **1** *verb* (անցյալ **cast**) 1) նետել; գցել; շպրտել 2) ուղղել *(հայացքը և այլն)* 3) փոխել *(ատամները/կաշին/եղջյուրները)* 4) տերևները թափել 5) հաշվել 6) դերերը բաշխել 7) *տեխնիկական* կաղապարել • **be cast away** նավաբեկման ենթարկվել **cast about** մտածել; կշռադատել **cast aside** մերժել; չընդունել **cast away** դեն գցել; մի կողմ նետել **cast back** i) վերադառնալ *(նախկին վիճակին)* ii) վերականգնել *(նախկին վիճակը)* **cast down** i) վհատեցնել ii) հայացքը խոնարհել iii) տապալել **cast off** i) դեն գցել; լքել ii) աշխատանքը վերջացնել iii) ազատվել կապանքներից iv) *ծովային* հեռանալ *(ծովափից)* **cast out** i) դուրս նետել ii) փսխել **cast up** i) աչքերը բարձրացնել ii) հաշվել; հաշվարկել **2** *noun* 1) նետում; ձգում *(ուռկանի, կարթի և այլնի)* 2) ռիսկ ◊ **stake/set/put on a cast** բախ-

տախտակի դնել 3) տեղ *(սայլի մեջ)* 4) *թատրոն* գործող անձինք; դերակատարներ; դերաբաշխում 5) մտածելակերպ; բնավորության գիծ; տիպ 6) դեմքի արտահայտություն 7) հաշվում; հաշվարկում 8) երանգ 9) շրջադարձ; շեղում 10) *տեխնիկական* կաղապար

last cast վերջին հնարավորություն

The die is cast Վիճակը գցված է:

cast² |kɑ:st| **1** *noun* դերասանախումբ **2** *verb* (անցյալ և անց. ալ դերբայ **cast**) դեր հատկացնել

castanets |ˌkæstəˈnɛts| *plural noun* կաստանիետներ; չխկչխկաններ *(օգտագործվում է իսպանական պարերի ժամանակ)*

castaway |ˈkɑ:stəweɪ| **1** *noun* 1) նավաբեկյալ 2) մերժված; աքսորական; պարիա **2** *adjective* մերժված; հալածված; իրավազուրկ

caste |kɑ:st| *noun* 1) կաստա; տոհմախումբ ◇ **lose caste** հասարակական դիրքը կորցնել 2) արտոնյալ դասակարգ

castigate |ˈkæstɪgeɪt| *verb գրական անգլերեն* 1) պատժել; խարազանել 2) ուժեղ/խիստ քննադատության ենթարկել

castigation |-ˈgeɪʃ(ə)n| *noun* 1) պատիժ; խարազանում 2) խիստ քննադատություն

Castile |kæsˈti:l| Կաստիլիա *(պատմական շրջան Իսպանիայում)*

cast iron **1** *noun* չուգուն; թուջ **2** *adjective* 1) չուգունի; թուջե 2) պինդ; ամուր 3) *փոխաբերական* աննկուն; հաստատուն

castle |ˈkɑ:s(ə)l| **1** *noun* 1) ամրոց; դղյակ 2) *շախմատ* նավակ 3) ամրություն **2** *verb շախմատ* փոխատեղել; փոխատեղում կատարել

build castles in Spain, build castles in the air *ֆրանսերեն* օդային դղյակներ կառուցել; օդային ամրոց կառուցել; երազանքներով տարվել; ավազի վրա տուն սարքել

built like a castle հաղթամարմին; թիկնեղ; աժդահա

castoff **1** *adjective* դեն նետված; անպետք; **2** *noun* դեն գցած հագուստ; մեկին անպետք հագուստ

castor |ˈkɑ:stə| **1** *noun* 1) *բժշկություն* կուղբի գեղձահյութ; կղբաշիթ 2) *ծածկալեզու* գլխարկ *(կաստորից)* **2** *noun* 1) պղպեղաման 2) համեմունքակալ *(քացախի, պղպեղի, մանանեխի ամանները)* 3) անվակ *(կահկարասիների)*

castrate |kæˈstreɪt|, |ˈkæstreɪt| **1** *verb նաև փոխաբերական* ամորձատել; մալել; կոտել **2** *noun* ամորձատված մարդ/կենդանի

castration -ˈstreɪʃ(ə)n| *noun* ամորձատում; մալում; կոտում

casual |ˈkæʒjʊəl|, |-zj-| **1** *adjective* 1) պատահական 2) անհաստատուն; անվստահելի; անկանոն 3) աչքամա; չկանխամտածված 4) անփույթ **2** *noun* 1) որևէ բանով անկանոնաբար զբաղվող մարդ; պատահական աշխատող 2) (**casuals**) ամենօրյա հագուստ/կոշիկ

casually *adverb* 1) պատահաբար; բախտի բերմամբ 2) առանց դիտավորության

casualty |ˈkæʒjʊəlti|, |-zj-| *noun* (հոգն. **-ties**) 1) դժբախտ պատահար 2) վիրավոր; սպանված 3) (**casualties**) կորուստներ *(սպանված/վիրավոր և անհայտ կորած)* ◇ **inflict casualties** *ռազմական* կորուստներ հասցնել

cat¹ |kæt| **1** *noun* 1) *կենդանաբանություն* կատու *(Felis catus, ընտանիք Felidae)* 2) *փոխաբերական* կռվարար կին 3) մտրակ 4) վեցոտանի կասկարա 5) *ծովային* խարսխամբարձ **2** *verb* (**catted**, **catting**) *ծովային* խարիսխը բարձրացնել ջրի մակերեսից

A cat in gloves catches no mice. *առած* Ձեռնոցով կատուն մուկ չի բռնի: Ձեռնոցով գործ չես անի:

A cat may look at a king. *առած* Ոչ մեկին նայելը արգելված չէ: Աչքը տրված է նայելու համար:

a cat's cradle «Կատվի օրորոց»; «Ձամբյուղիկ» *(մանկական խաղ. մի խաղացողի մատներին ամրացված թելը վերցնում է մյուսը՝ այլ պատկեր ստանալով)*

cat-and-dog existence, cat-and-dog life շան ու կատվի պես; մշտական վեճի մեջ

Cheshire cat (**grin like a Cheshire cat**) Չեշիրյան կատու; դեմքի երկիմաստ արտահայտություն *(Լյուիս Քերոլի «Ալիսը հրաշքների աշխարհում» գրքից)*

copy cat կապիկ; ուրիշներին կապկող մարդ

Dog my cats. *ամերիկյան* Գրո՛ղը տանի: Ա՜յ քեզ բան: Տե՛ս, է՜: *(զարմանք արտահայտող բացականչություն)*

fat cat 1) կապիտալիստ; փողի տոպրակ 2) հայտնի անձ

flight like Kilkenny cats կատաղի կերպով ծեծկռտվել

Has the cat got your tongue? *խոսակցական* Դու ի՞նչ է, լեզուդ կո՞ւլ ես տվել:

have more lives than a cat կատվից ավելի կենսունակ լինել

It is enough to make a cat laugh. *խոսակցական* Ծիծաղից կմեռնես: Եփած հավի ծիծաղը կգա:

let the cat out of the bag բերանից խոսք թռցնել; գաղտնիքը չպահել

play cat and mouse with sb «մուկ ու կատու» խաղալ մեկի հետ

see how the cat jumps *խոսակցական* սպասողական դիրք բռնել; սպասողական դիրք ընդունել

see which way the cat jumps սպասել, թե քամին որ կողմ կփչի

tame cat կամազուրկ/թույլ մարդ; անողնաշար մարդ; փալաս

That cat won't jump. *խոսակցական* Էդ մեկը չի անցնի: Էդպես չի լինի:

The cat did it. *խոսակցական, կատակային* Փիսոն է արել: Կատուն է մեղավոր: Ես չեմ արել:

The cat is out of the bag. Գաղտնիքը հայտնի դարձավ:

wild cat անհույս գործ

You cannot swing a cat. Նեղվածք է: Ասեղ գցելու տեղ չկա: Ծուռ գալու տեղ չկա:

cat² |kæt| *noun* տե՛ս **catalytic converter**

cat³ |kæt| *noun* տե՛ս **catamaran**

catabolism |kəˈtæbəlɪz(ə)m| *noun կենսաբանություն* կատաբոլիզմ; տարրալուծում

cataclysm |ˈkætəˌklɪz(ə)m| *noun* 1) բնական աղետ; արհավիրք; հեղեղ 2) հեղաշրջում *(սոցիա-*

լական, քաղաքական)

catacomb |ˈkætəku:m|, |-kəʊm| *noun* 1) (**catacombs**) կատակոմբներ *(ստորգետնյա շիրիմներ)* 2) *փոխաբերական* կատակոմբ; ստորերկրյա շենք

catafalque |ˈkætəfælk| *noun* դիապատվանդան

catalog |ˈkæt(ə)lɒg| (նաև **catalogue**) **1** *noun* 1) գրացուցակ; ցանկ; կատալոգ; տեղեկագիրք ◊ **subject catalog** առարկայական գրացուցակ 2) գնացուցակ ◊ **priced catalog** գների ցանկ 3) *ամերիկյան* ուսումնական պլան; ծրագիր **2** *verb* (**-logs**, **-loged**, **-loging**; նաև **-logues**, **-logued**, **-loguing**) 1) գրացուցակ/կատալոգ կազմել 2) գրացուցակի/կատալոգի մեջ մտցնել

Catalonia |ˌkætəˈləʊnɪə| Կատալոնիա *(ինքնավար շրջան Իսպանիայում)*

catalysis |kəˈtælɪsɪs| *noun քիմիա* կատալիզ

catalyst |ˈkæt(ə)lɪst| *noun* 1) ճեպազդակ; ճեպազդիչ; կատալիզորդ; կատալիզատոր 2) *փոխաբերական* ճեպազդակ; «կատալիզատոր»; դեպքերն արագացնող անձ

catalytic |ˌkætəˈlɪtɪk| *adjective* ճեպազդիչ; կատալիտիկ

catalytic converter *noun քիմիա* կատալիտիկ փոխարկիչ *(արտանետվող գազերի)*

catalyze |ˈkæt(ə)lʌɪz| (*բրիտանական* **catalyse**) *verb* 1) ճեպազդել; կատալիզ անել 2) *փոխաբերական* խթանել

catamaran |ˌkætəməˈræn| *noun* զուգանավ; կատամարան

catapult |ˈkætəpʌlt| **1** *noun* 1) *օդագնացություն* կատապուլտ; ինքնանետիչ 2) *պատմական* բաբան; խոյ; քարընկեց; մարտամեքենա 3) սավառնակնետ; կատապուլտ 4) *բրիտանական* պարսատիկ **2** *verb* 1) նետել; արձակել 2) նետվել; սլանալ

cataract |ˈkætərækt| *noun* 1) ջրվեժ 2) հեղեղ; հորդ անձրև; տեղատարափ 3) *բժշկություն* կատարակտ

catarrh |kəˈtɑ:| *noun* կատառ; դում; հարբուխ *(լորձաթաղանթի բորբոքում)*

catastrophe |kəˈtæstrəfi| *noun* 1) աղետ; դժբախտություն 2) վախճան; լուծում *(դրամայի)*

catastrophic |kætəˈstrɒfɪk| *adjective* 1) աղետաբեր; աղետալի 2) կտրուկ; շեշտակի *(փոփոխության մասին)* 3) ահավոր; սարսափելի; խիստ անհաջող

catcall |ˈkætkɔ:l| **1** *noun* սուլոց; շվոց; շվացնելը **2** *verb* սուլելով խայտառակել

catch |kætʃ| **1** *verb* (անցյալ **caught** |kɔ:t|) 1) բռնել; որսալ; ճանկել 2) մեկին մի բան անելիս բռնել 3) ձերբակալել; կալանավորել 4) խճճվել; խրվել-մնալ; կպչել 5) հասնել; հասցնել նստել *(ավտոբուս, գնացք, ինքնաթիռ և այլն)* 6) վրա հասնել *(անձրևի/փոթորիկի մասին)* 7) հրապուրել; հետաքրքրել 8) ականջին հասնել; լսել *(հատկապես դժվարությամբ)* 9) բռնկվել; բոցավառվել 10) վարակվել 11) դիպչել *(գնդակի մասին)* 12) հասկանալ; կռահել; ըմբռնել 13) ճմլել; ճխլել; տակը գցել *(դռան և այլն)* 14) սառել; սառչել *(գետի մասին)* • **catch at** i) փորձել մի բանից բռնել; կառչել ii) ուրախանալ *(որևէ բանով)* **catch away** փախցնել; առևանգել **catch cold** մրսել; հիվանդանալ **catch off** *ամերիկյան* քնել **catch on** i) հասկանալ *(իմաստը)* ii) տարածվել; մոդայիկ դառնալ **catch out** հայտնաբերել **catch up** i) հասնել ii) ընդհատել *(խոսողին)* iii) բարձրացնել **2** *noun* 1) բռնելը; ձերբակալելը 2) ձկան որս 3) շահավետ ձեռքբերում; շահ; օգուտ 4) նենգամիտ հարց; թակարդ 5) փական 6) արգելակ 7) ընդհատում *(ձայնի, շնչառության)*

catch it, catch it hot հանդիմանանք ստանալ; պատժվել

Catch me at it., Catch me doing that., Catch me. *խոսակցական* Ոչ մի դեպքում չեմ անի: Չէ՛ մի: Ես արեցի՝ դու տեսար: Ծոծրակդ կտեսնես:

catch sb bending, catch sb napping, catch sb unawares մեկին հանկարծակիի բերել

catch sb tripping մերկացնել; սխալը բռնել

catch with chaff խաբել; աչքին թոզ փչել; մատների վրա խաղացնել; խելքն առնել/ուտել

No catch., Not much of a catch. *արհամարհական* Եղածն ի՞նչ է: Անպետք բան է: Բանի պետք չէ: Հեչ բան է:

you will catch it! դու դեռ կտեսնե՛ս

catching |ˈkætʃɪŋ| *adjective խոսակցական* 1) վարակիչ 2) գրավիչ; ձգող

catchment area *noun* 1) (**catchment**) սպասարկվող տարածք *(հիվանդանոցի, դպրոցի և այլնի)* 2) անձրևաջրի կուտակման տարածք

catchpenny |ˈkætʃpɛni| *adjective* էժանագին; անարժեք; դրամ քաշող

catchphrase |ˈkætʃfreɪz| *noun* հայտնի դարձվածք

catchword |ˈkætʃwə:d| *noun* 1) գործածական/ընթացիկ բառ 2) լոզունգ; կոչ 3) *թատրոն* վերջնաբառ; ռեպլիկա 4) *տպագրություն* էջախորագիր; էջավերնագիր *(բառարաններում)* 5) նշանաբան

catchy |ˈkætʃi| *adjective* (**catchier**, **catchiest**) 1) հիշվող; հեշտությամբ ընկալվող *(մեղեդի, արտահայտություն)* 2) գրավիչ

catechism |ˈkætɪkɪz(ə)m| *noun* 1) հարցուպատասխանք *(որոնցում արտահայտված են քրիստոնեության սկզբունքները)* 2) հարցուպատասխան; հարցուպատասխանք *(որևէ բան ուսուցանելու համար)*

categorical |kætɪˈgɒrɪk(ə)l| *adjective* կտրուկ; վճռական; կատեգորիկ; անվերապահ

categorically *adverb* վճռականորեն

categorize |ˈkætɪgərʌɪz| *verb* դասակարգել; խմբավորել; դասել

category |ˈkætɪg(ə)ri| *noun* (հոգն. **-ries**) կարգ; դաս; կատեգորիա ◊ **grammatical category** քերականական կարգ

cater |ˈkeɪtə| **1** *verb* 1) *հիմնականում բրիտանական* (**cater for**) մթերք մատակարարել 2) բավականություն պատճառել 3) (**cater to**) սպասարկել **2** *noun* չորսանոց *(թղթախաղում)*

caterer *noun* մթերք մատակարարող

caterpillar |ˈkætəpɪlə| **1** *noun* 1) *կենսաբանություն* թրթուր 2) թրթուր *(տանկի, տրակտորի)* **2** *adjective որոշչային* թրթուրաձև; թրթուրավոր

caterwaul |ˈkætəwɔːl| **1** *verb* մլավել **2** *noun* 1) մլավում; մլավոց 2) *խոսակցական* կատվահամերգ *(խիստ աններդաշնակ աղմուկ)*

catgut |ˈkætgʌt| *noun* 1) աղելար; լար *(ջութակի և այլնի)* 2) *բժշկություն* աղելար; կետգուտ

catharsis |kəˈθɑːsɪs| *noun* 1) կատարզիս; զգացմունքների մաքրագործում 2) *բժշկություն հազվադեպ* բուժում լուծողականներով; աղիների մաքրում

cathartic |kəˈθɑːtɪk| **1** *adjective* 1) կատարզիս առաջացնող; մաքրագործող 2) *բժշկություն* լուծողական; մաքրող *(դեղի մասին)* **2** *noun բժշկություն* լուծողական; մաքրադեղ

Cathay |kæˈθeɪ| *գրքային հնավանդ* Չինաստան *(միջնադարյան Եվրոպայում)*

cathedral |kəˈθiːdr(ə)l| *noun* 1) մայր տաճար 2) առաջնորդարան

catheter |ˈkæθɪtə| *noun բժշկություն* խողովակ; կատետր

cathode |ˈkæθəʊd| *noun ֆիզիկա* կաթոդ

cathode-ray tube (հապվ. **CRT**) (նաև **cathode ray tube**) *noun* կաթոդաճառագայթային խողովակ

catholic |ˈkæθ(ə)lɪk| **1** *adjective* 1) կաթոլիկական; կաթոլիկ 2) *եկեղեցական* ընդհանրական 3) համապարփակ; լայն *(հետկայաես նախասիրությունների մասին)* **2** *noun* (**Catholic**) կաթոլիկ; կաթոլիկ եկեղեցու անդամ

Catholicism |kəˈθɒlɪsɪz(ə)m| *noun* կաթոլիկություն

cation |ˈkætʌɪən| *noun քիմիա* կատիոն

catlike |ˈkætlʌɪk| *adjective* կատվի; կատվային; կատվանման

CAT scan *noun* ռենտգենային պատկեր, որն արված է համակարգչային շերտագրման միջոցով

cattle |ˈkæt(ə)l| *noun* խոշոր եղջերավոր անասուն ◊ **horned cattle** եղջերավոր անասուն. **pedigree cattle** ազնվացեղ անասուն. **store cattle** մսացու անասուն

catwalk |ˈkætwɔːk| *noun* պոդիում

Caucasian |kɔːˈkeɪzɪən|, |-ʒ(ə)n| **1** *adjective* կովկասյան; Կովկասի **2** *noun* կովկասցի

Caucasus |ˈkɔːkəsəs| (նաև **Caucasia**) Կովկաս

caucus |ˈkɔːkəs| **1** *noun* (հոգն. **-cuses**) 1) կուսակցական նախածողով 2) կուսակցական նախածողովի անդամները 3) ներկուսակցական խմբավորում 4) ներկուսակցական խմբավորման ժողով **2** *verb* (**-cused**, **-cusing**) 1) կուսակցական նախածողով անցկացնել 2) ներկուսակցական խմբավորման ժողով անցկացնել

caul |kɔːl| *noun* 1) *կազմախոսություն* ընկերք; սաղմնաթաղանթ 2) *հնացած* քող; գլխադիր; մազերի ցանց *(կանացի)*

be born with a caul բարի աստղի տակ ծնվել

cauldron |ˈkɔːldr(ə)n|, |ˈkɒl-| (նաև **caldron**) *noun* 1) կաթսա 2) *փոխաբերական* եռացող կաթսա; բուռն զգացմունքներով վիճակ

cauliflower |ˈkɒlɪflaʊə| *noun բուսաբանություն* ծաղկակաղամբ

causality |kɔːˈzælɪti| *noun* պատճառականություն; պատճառական կապ

causative |ˈkɔːzətɪv| **1** *adjective* 1) պատճառական 2) *քերականություն* պատճառական *(բայ)* **2** *noun* պատճառական բայ

cause |kɔːz| **1** *noun* 1) պատճառ 2) հիմք; շարժառիթ; առիթ ◊ **prime cause** սկզբնապատճառ. **spot the cause of the trouble** պարզել որևէ բանի անսարքության պատճառը 3) գործ ◊ **support a cause** շահերը պաշտպանել; նպաստել; օգնության ձեռք մեկնել *(որևէ մեկի կամ մի բանի)*. **the cause of peace** խաղաղության գործը 4) *իրավունք* դատական գործ ◊ **plead a cause** դատական գործ պաշտպանել 5) շահագրգռված կողմը **2** *verb* 1) պատճառել; ազդել 2) ստիպել

losing cause անհույս գործ; պարտության դատապարտված գործ

lost cause 1) անհույս գործ; վերջացած գործ; տանուլ տված գործ 2) կորած մարդ/հոգի

make common cause with sb միանալ մեկին; համագործակցել մեկի հետ

causeless *adjective* պատճառազուրկ; անհիմն

causeway |ˈkɔːzweɪ| **1** *noun* 1) խճուղի 2) սալարկ; սալահատակ 3) փայտյա կամրջակ *(ճահիճների/ճահիճների վրա)* **2** *verb* 1) ճանապարհ կառուցել 2) սալարկել

caustic |ˈkɔːstɪk|, |ˈkɒst-| **1** *adjective* 1) այրիչ; խայթող 2) սարկաստիկ; կծու հեգնական **2** *noun* 1) *քիմիա* այրիչ/խայթող նյութ ◊ **lunar caustic** խայրիչ քար 2) սարկազմ; կծու ծաղրանք

cauterize |ˈkɔːtərʌɪz| *verb բժշկություն* խարել

cautery |ˈkɔːt(ə)ri| *noun* (հոգն. **-teries**) *բժշկություն* խարում

caution |ˈkɔːʃ(ə)n| **1** *noun* 1) զգուշություն; շրջահայեցություն; շրջահայացություն 2) նախազգուշություն; նախազգուշացում 3) զարմանալի/տարօրինակություններով մարդ **2** *verb* (**caution against**) նախազգուշացնել; զգուշացնել ◊ **caution!** *ռազմական* պատրա՛ստ

Caution is the parent of safety. *առած* Զգուշությունն անվտանգության ծնողն է: Զգուշությունը լավ բան է:

cautionary |ˈkɔːʃ(ə)n(ə)ri| *adjective* նախազգուշացնող; նախազգուշական

cautious |ˈkɔːʃəs| *adjective* զգույշ; շրջահայաց

cautiously *adverb* զգուշորեն; ուշադիր կերպով; շրջահայացորեն

cavalcade |ˌkæv(ə)lˈkeɪd|, |ˈkæv(ə)lkeɪd| *noun* հեծելախումբ

cavalier |ˌkævəˈlɪə| **1** *noun* 1) հեծյալ; հեծվոր; ձիավոր 2) ասպետ 3) *պատմական* ասպետ 4) *պատմական* թագավորի կողմնակից Անգլիայում 17-րդ դարում **2** *adjective* 1) չքաշվող; անքաղաքավարի 2) գոռոզ 3) *պատմական* միապետական; ռոյալիստական

cavalry |ˈkæv(ə)lri| *noun* (հոգն. **-ries**) *պատմական* 1) հեծելազոր 2) *որոշչային* հեծելազորի

cave |keɪv| **1** *noun* 1) այր; քարայր; քարանձավ 2) խոռոչ 3) *քաղաքականություն* կուսակցախումբ; ֆրակցիա *(կուսակցության ներսում)* **2** *verb* 1) փորել; խոռոչ բացել 2) օպոզիցիոն խմբակ ստեղծել; դիմադիր խմբակ ստեղծել ◊ **cave in** i) նստել *(հողի/շենքի մասին)* ii) թաղվել; խրվել *(մի բանի մեջ)* iii) *փոխաբերական* զիջել; ենթարկվել

caveman |ˈkeɪvmæn| *noun* (հոգն. **-men**) 1) անձավաբնակ; քարանձավաբնակ 2) բռի մարդ; անտաշ մարդ; անկիրթ մարդ

cavern |ˈkæv(ə)n| *noun* 1) այր; քարայր 2) խոռոչ 3) *բժշկություն* խոռոչ; կավերնա

caviar |ˈkævɪɑː|, |ˌkævɪˈɑː| (նաև **caviare**) *noun* ձկնկիթ; խավիար

cavil |ˈkæv(ə)l| **1** *verb* բծախնդրություն անել **2** *noun* բծախնդրություն

cavity |ˈkævɪtɪ| *noun* (հոգն. **-ties**) խոռոչ ◊ **abdominal cavity** որովայնի խոռոչ

caw |kɔː| **1** *noun* կռռոց; կռկռոց **2** *verb* կռռալ; կռկռալ

cay |keɪ|, |kiː| *noun* 1) խութ 2) ավազոտ ծանծաղուտ

cayenne |keɪˈɛn| (նաև **cayenne pepper**) *noun* կարմիր պատիճապղպեղ

Cayman Islands |ˈkeɪmən| (նաև **the Caymans**) Կայմանյան կղզիներ *(երեք կղզիներ Կարիբյան ծովում. Ներկայումս պատկանում է Միացյալ Թագավորությանը)*

CD *abbreviation համակարգիչներ* compact disc սեղմապնակ

CD-ROM *noun համակարգիչներ* (**compact disc read-only memory**) միայն կարդալու սեղմապնակ

cease |siːs| *verb* դադարել; դադարեցնել ◊ **cease fire** *ռազմական* կրակը դադարեցնել

cease-fire |ˈsiːsfʌɪə| *noun* 1) *ռազմական* հրադադար *(երկկողմանի համաձայնությամբ պատերազմական գործողությունների ժամանակավոր դադարեցում)* 2) հրադադարի հրաման/ազդանշան

ceaseless |ˈsiːslɪs| *adjective* անդադար; անընդհատ

cedar |ˈsiːdə| *noun* 1) *բուսաբանություն* մայրի; մերի *(սոճազգի ծառ. genus Cedrus, ընտանիք Pinaceae)* 2) *բուսաբանություն* մայրի լիբանանի; մայր; սարդ *(Cedrus libani)* 3) *որոշչային* մայրի ծառի 4) մայրի հիմալայան; տիվտար; քաջաց ծառ; դիվատառամայրի; դիվաց ծառ *(Cedrus deodora)*

cede |siːd| *verb* զիջել *(տարածք, իշխանություն և այլն)*

cedilla |sɪˈdɪlə| *noun* (¸) սեդիլ; ենթակետ *(որը դրվում է c տառի տակ ֆրանսերենում և s տառի տակ թուրքերենում և այլ լեզուներում)*

ceiling |ˈsiːlɪŋ| *noun* 1) առաստաղ ◊ **emergency ceiling** *օդագնացություն* ամենաբարձր առաստաղ 2) առավելագույն աշխատավարձ 3) ծածկ 4) *նաև որոշչային* ամենաբարձր; վերին սահման *(գնի և այլնի)*

hit the ceiling 1) կատաղել; գազազել; գազան կտրել; աչքն արյուն կոխել; պատեպատ խփվել 2) կտրուկ բարձրանալ

celebrate |ˈsɛlɪbreɪt| *verb* 1) տոնել; տոնը նշել 2) հռչակել; փառաբանել; տոնել 3) *եկեղեցական* մատուցել *(պատարագ և այլն)*

celebrated *adjective* նշանավոր

celebration |sɛlɪˈbreɪʃ(ə)n| *noun* 1) տոնում; տոնակատարում; տոնակատարություն 2) փառաբանում; հռչակում

celebrity |sɪˈlɛbrɪtɪ| *noun* (հոգն. **-ties**) 1) հռչակ; փառք 2) հռչակավոր/նշանավոր մարդ

celerity |sɪˈlɛrɪtɪ| *noun հնավանդ բանաստեղծական* արագություն; սրընթացություն

celery |ˈsɛlərɪ| *noun բուսաբանություն* քարավուս; կարոս; նեխուր

celestial |sɪˈlɛstɪəl| *adjective* 1) երկնային 2) *փոխաբերական* չքնաղ; հրաշալի

celibacy *noun* ամուրիություն; ողջախոհություն

celibate |ˈsɛlɪbət| **1** *adjective* ամուրի **2** *noun* 1) ամուրի 2) ամուրիություն; ամուրի կյանք

cell |sɛl| *noun* 1) խուց *(բանտի)* ◊ **condemned cell** մահապարտի խուց 2) *կենսաբանություն* բջիջ 3) խուց *(վանքի)* 4) *բանաստեղծական* գերեզման 5) *էլեկտրականություն* մարտկոց; էլեմենտ ◊ **voltaic cell** գալվանական մարտկոց; գալվանական էլեմենտ

cella |ˈkɛlə| *noun* (հոգն. **cellae** |-liː|) նաոս *(հունական տաճարի գլխավոր սենյակը)*

cellar |ˈsɛlə| **1** *noun* 1) ներքնատուն; նկուղ 2) մառան 3) գինու պաշար **2** *verb* մառանում պահել *(գինին)*

cellist *noun* թավջութակահար

cello |ˈtʃɛləʊ| *noun* (հոգն. **-los**) թավջութակ

cellophane |ˈsɛləfeɪn| *noun* պոլիէթիլեն; ցելոֆան

wrap sb in cellophane մեկին մեկուսացնել աշխարհից; մարդկանցից հեռու պահել; մարդկանց աչքից հեռու պահել; կողպեքի տակ դնել

cellular |ˈsɛljʊlə| *adjective* 1) բջջային 2) բաժանմունքներով; սենյակներով 3) բջջավոր

cellular phone բջջային հեռախոս

cellulite |ˈsɛljʊlʌɪt| *noun* ցելյուլիտ

celluloid |ˈsɛljʊlɔɪd| *noun* ցելյուլոիդ

cellulose |ˈsɛljʊləʊz|, |-s| **1** *noun* ցելյուլոզա; բջջանյութ **2** *adjective* բջջավոր

Celsius (հպվ. **C**) **1** *adjective* ըստ Ցելսիուսի **2** *noun* (նաև **Celsius scale**) Ցելսիուսի սանդղակը

Celt |kɛlt|, |s-| *noun* կելտ

Celtic |ˈkɛltɪk|, |ˈs-| **1** *adjective* կելտական **2** *noun* կելտերեն

cement |sɪˈmɛnt| **1** *noun* 1) ցեմենտ 2) *փոխաբերական* ցեմենտ; կապող օղակ 3) մածիկ; ծեփան 4) մածուցիչ նյութ **2** *verb* 1) ցեմենտել; պնդացնել; ամրացնել *(ցեմենտով)* 2) *փոխաբերական* ցեմենտել; ամրապնդել *(հարաբերությունները և այլն)*

cementation |ˌsiːmɛnˈteɪʃ(ə)n| *noun* ցեմենտում; ամրացում

cement mixer (նաև **concrete mixer**) *noun* բետոնախառնիչ

cemetery |ˈsɛmɪtrɪ| *noun* (հոգն. **-teries**) գերեզմանատուն

cenotaph |ˈsɛnətɑːf|, |-tæf| *noun* 1) սենոտաֆ *(հարգանքի համար կառուցված դամբան, երբ մարմինն ուրիշ տեղ է թաղված)* 2) անհայտ զինվորի հուշարձան

censer |ˈsɛnsə| *noun եկեղեցական* բուրվառ

censor |ˈsɛnsə| **1** *noun* 1) գրաքննիչ; գենզոր 2) *փոխաբերական* դատավոր **2** *verb* գրաքննության ենթարկել; քննել; ստուգել

censorial |-ˈsɔːrɪəl| *adjective* գրաքննչական; ցենզորական

censorious |sɛnˈsɔːrɪəs| *adjective* քննադատական; քննադատող

censorship |ˈsɛnsəʃɪp| *noun* 1) գրաքննություն; ցենզուրա 2) գրաքննիչի պաշտոնը

censure |ˈsɛnʃə| **1** *verb* պախարակել; պարսավել; կշտամբել **2** *noun* պախարակում; պարսավում; պարսավանք ◇ **vote of censure** անվստահության քվե

census |ˈsɛnsəs| *noun* (հոգն. **-suses**) մարդահամար

cent |sɛnt| *noun* ցենտ *(դոլարի 1/100 մասը)* ◇ **per cent** տոկոս

I don't care a cent ինձ համար գրոշ չարժե

put in one's cents *ամերիկյան ծածկալեզու* մեջ ընկնել; գլուխ տանել; անվերջ խցկվել իր կարծիքներով; անվերջ խցկվել իր խորհրդով

Ten cents., Thirty cents., Two cents. *ամերիկյան ծածկալեզու* Եղածն ի՞նչ է: Զնչին բան է: Ո՞ւմ է պետք:

centaur |ˈsɛntɔː| *noun հունական դիցաբանություն* կենտավրոս; ձիամարդ

Centaurus |sɛnˈtɔːrəs| *աստղագիտություն* Կենտավրոս *(համաստեղություն)*

centenarian |ˌsɛntɪˈnɛːrɪən| **1** *noun* հարյուրամյա մարդ **2** *adjective* հարյուրամյա; հարյուր տարեկան

centenary sɛnˈtiːnəri|, |-ˈtɛn-| **1** *noun* (հոգն. **-aries**) հարյուրամյակ; հարյուրամյա տարեդարձ **2** *adjective* հարյուրամյա

centennial |sɛnˈtɛnɪəl| **1** *adjective* հարյուրամյա; հարյուր տարին մեկ տեղի ունեցող **2** *noun* հարյուրամյա տարեդարձ

Centennial State Հարյուրամյակի նահանգ *(ԱՄՆ-ի Կոլորադո նահանգի մականունը)*

center |ˈsɛntə| (բրիտանական **centre**) **1** *noun ամերիկյան* տե՛ս **centre** **2** *verb* 1) կենտրոնանալ 2) կենտրոնացնել 3) կենտրոնավորել; կենտրոնաբերել

centigrade |ˈsɛntɪgreɪd| *adjective* հարյուրաստիճան *(ջերմաչափ)* ◇ **centigrade thermometer** Ցելսիուսի ջերմաչափ

centimetre *noun* սանտիմետր

centipede |ˈsɛntɪpiːd| *noun կենդանաբանություն* հազարոտնանի *(դաս Chilopoda)*

central |ˈsɛntr(ə)l| *adjective* 1) կենտրոնական 2) հիմնական; գլխավոր; կարևորագույն

Central African Republic Կենտրոնաֆրիկյան Հանրապետություն *(պետություն Աֆրիկայի կենտրոնում)*

Central America Կենտրոնական Ամերիկա *(Հյուսիսային Ամերիկայի հարավային մասը, որի մեջ մտնում են Գվատեմալա, Բելիզե, Հոնդուրաս, Էլ Սալվադոր, Նիկարագուա, Կոստա Ռիկա և Պանամա պետությունները)*

central heating *noun* կենտրոնական ջեռուցում

Central Intelligence Agency (հպվ. **CIA**) ԿՀՎ; Կենտրոնական հետախուզական վարչություն *(ԱՄՆ-ի հետախուզական գործակալություն)*

centralization |-ˈzeɪʃ(ə)n| *noun* համակենտրոնացում; կենտրոնացում

centralize |ˈsɛntrəlʌɪz| *verb* 1) համակենտրոնացնել 2) համախմբել

central processing unit (նաև **central processor**) (հպվ. **CPU**) *noun համակարգիչներ* կենտրոնական մշակիչ հանգույց; ԿՄՀ

centre **1** *noun բրիտանական* կենտրոն ◇ **dead centre** *տեխնիկական* մեռյալ կետ; անշարժ կենտրոն **2** *verb* կենտրոնացնել; կենտրոնանալ

centre of attention ուշադրության կենտրոն

centric |ˈsɛntrɪk| *adjective* 1) կենտրոնական 2) *բուսաբանություն* կենտրոնահամաչափ

centrifugal |ˌsɛntrɪˈfjuːg(ə)l|, |sɛnˈtrɪfjʊg(ə)l| *adjective ֆիզիկա* կենտրոնախույս

centrifugal force *noun ֆիզիկա* կենտրոնախույս ուժ

centrifuge |ˈsɛntrɪfjuːdʒ| **1** *noun* կենտրոնախույս մեքենա; կենտրոնախուսիչ; ցենտրիֆուգա **2** *verb* կենտրոնախուսել

centripetal |ˌsɛntrɪˈpiːt(ə)l|, |sɛnˈtrɪpɪt(ə)l| *adjective ֆիզիկա* կենտրոնաձիգ

century |ˈsɛntʃʊri| *noun* (հոգն. **-ries**) 1) հարյուրամյակ; դար 2) հարյուրյակ 3) *ամերիկյան խոսակցական* 100 դոլար

cephalic |sɪˈfælɪk|, |kɛ-| *adjective տեխնիկական կազմախոսություն* գլխի; գլխային; գանգային

ceramic |sɪˈræmɪk| **1** *adjective* կավագործական; խեցեգործական; կերամիկական **2** *noun* 1) (**ceramics**) խեցեղեն 2) (**ceramics**) կերամիկա

cereal |ˈsɪərɪəl| **1** *noun* 1) հացահատիկ 2) (**cereals**) հացաբույս 3) փաթիլիկներ *(նախաճաշին կաթով ուտելու համար)* 4) շիլա *(կաթով և այլն)* **2** *adjective* հացահատիկային

cerebellum |ˌsɛrɪˈbɛləm| *noun* (հոգն. **-bellums** կամ **-bella** |-lə|) *կազմախոսություն* ուղեղիկ; փոքր ուղեղ

cerebral |ˈsɛrɪbr(ə)l| *adjective* 1) ուղեղային 2) *հնչյունաբանություն* (**retroflex**) ետ շրջված

cerebral palsy *noun բժշկություն* ուղեղալուծանք

cerebrum |ˈsɛrɪbrəm| *noun* (հոգն. **-bra** |-brə|) *կազմախոսություն* ուղեղ; մեծ ուղեղ

cerecloth |ˈsɪəklɒθ| *noun պատմական* մոմլաթ

ceremonial |sɛrɪˈməʊnɪəl| **1** *adjective* 1) հանդիսավոր; ծիսային; արարողական 2) ձևական **2** *noun* ծես; արարողություն; հանդիսակարգ

ceremonious |sɛrɪˈməʊnɪəs| *adjective* 1) ծիսական; սեթևեթ 2) ձևական 3) բծախնդիր; պեդանտ

ceremony |ˈsɛrɪməni| *noun* (հոգն. **-nies**) 1) արարողություն; հանդիսություն 2) ձևականություն ◊ **stand upon ceremony** խիստ պաշտոնական լինել

cerium |ˈsɪərɪəm| *noun քիմիա* (**Ce**) ցերիում

certain |ˈsəːt(ə)n|, |-tɪn| **1** *adjective* 1) որոշակի; որոշ; հստակ 2) հուսալի; վստահելի; ապահով; անտարակուսելի 3) համատացած ◊ **make certain of** համատիանալ. **for certain** հաստատապես 4) մի; ինչ-որ 5) անխուսափելի **2** *pronoun* ոմանք; մի քանիսը

certainly |ˈsəːt(ə)nli|, |-tɪn-| *adverb* անշուշտ; իհարկե; անկասկած

certainty |ˈsəːt(ə)nti|, |-tɪn-| *noun* (հոգն. **-ties**) 1) անտարակուսելի փաստ ◊ **bet on a certainty** գրազ գալ որևէ հաստատ բանի վրա 2) վստահություն 3) վստահելի մարդ

for a centainty անկասկած; անտարակույս; հաստատ; անպայման; հաստատապես

moral certainty ներքին համատ/վստահություն

Never quit certainty for hope. *առած* Կանխիկը թողած՝ ապառիկի հետևից մի՛ ընկնիր:

certificate **1** *noun* |səˈtɪfɪkət| 1) վկայական ◊ **certificate of birth** ծննդյան վկայական; ծննդական 2) *ամերիկյան* ատեստատ **2** *verb* |səˈtɪfɪkeɪt| վկայել; վկայական տալ; վկայագրել

certification |səːtɪfɪˈkeɪʃ(ə)n| *noun* 1) վկայական տալը 2) վկայագրություն; վավերացում; վկայագրում

certify |ˈsəːtɪfʌɪ| *verb* (**-fies**, **-fied**) 1) վկայել; վավերացնել 2) հավաստիացնել; երաշխավորել 3) *բժշկություն* հիվանդության վկայական տալը *(հոգեկան)*

certiorari |ˌsəːtɪə(ʊ)ˈrɑːri| *noun իրավունք* վերադաս դատարանի կողմից գործը ստորադաս դատարանից պահանջելը

certitude |ˈsəːtɪtjuːd| *noun* համոզվածություն; վստահություն; որոշակիություն

cervical |ˈsəːvɪk(ə)l|, |səːˈvʌɪk(ə)l| *adjective կազմախոսություն* վզի; պարանոցային

cervix |ˈsəːvɪks| *noun* (հոգն. **-vices** |-siːz|) վզիկ

cesarean |sɪˈzɛːrɪən| (նաև **caesarean** կամ **Caesarean**) **1** *adjective* կեսարյան **2** *noun* կեսարյան հատում

cesium |ˈsiːzɪəm| (բրիտանական **caesium**) *noun քիմիա* (**Cs**) ցեզիում *(քիմիական տարր)*

cessation |sɛˈseɪʃ(ə)n| *noun* 1) դադարում ◊ **cessation of hostilities** պատերազմական գործողությունների դադարեցում; զինադադար 2) ընդհատում; ընդմիջում

cession |ˈsɛʃ(ə)n| *noun* զիջում; հանձնում *(իրավունքների և այլն)*

cesspit |ˈsɛspɪt| *noun* 1) աղբահոր 2) *փոխաբերական* գարշելի վայր; զզվելի վիճակ

cesspool |ˈsɛspuːl| *noun նաև փոխաբերական* աղբահոր

Ceylon |sɪˈlɒn| Ցեյլոն *(Շրի Լանկա կղզու և պետության նախկին (մինչև 1972 թ.) անվանումը)*

cf. *abbreviation լատիներեն* confer համեմատել

CGT *abbreviation* capital gains tax միջոցների ինքնաճի հարկ

Chad |tʃæd| Չադ *(պետություն Աֆրիկայի հյուսիսում)*

Chad, Lake Չադ լիճ *(լիճ Աֆրիկայի հյուսիսում)*

chafe |tʃeɪf| **1** *verb* 1) քերել; քսել; տրորել; հարել 2) քերծվել; պլոկվել; հարվել *(մարմնի մասի վերաբերյալ)* 3) շփելով տաքացնել 4) շփելով տաքանալ 5) գրգռվել; ջղայնանալ; զայրանալ **2** *noun* 1) քերծվածք; հարում; հարելը 2) գրգիռ; գրգռում; բարկություն

chafer |ˈtʃeɪfə| *noun կենդանաբանություն* մայիսյան բզեզ *(ընտանիք Scarabaeidae)*

chaff[1] |tʃɑːf|, |tʃæf| *noun* 1) դարման 2) թափթփուկներ; տականք; թափոն; թեփ 3) մանր հարդ 4) թեթև հեգնանք

chaff[2] |tʃɑːf|, |tʃæf| **1** *noun* թեթև կատակ **2** *verb* 1) կատակ անել; ծաղրել; ձեռք առնել 2) կոտրտել; մանրել

chaffer |ˈtʃæfə| **1** *verb* սակարկել **2** *noun հնացած* սակարկում

chaffinch |ˈtʃæfɪn(t)ʃ| *noun կենդանաբանություն* սերինոս *(սարեկի մի տեսակ. Fringilla, ընտանիք Fringillidae)*

chaffy *adjective* դատարկ; անբովանդակ

chagrin |ˈʃægrɪn|, |ʃəˈgrɪn| **1** *noun* վիշտ; դառնություն **2** *verb* 1) վշտացնել 2) վշտանալ

chain |tʃeɪn| **1** *noun* 1) շղթա 2) *նաև փոխաբերական* (**chains**) կապանքներ 3) շղթա; վզնոց 4) երկարության չափ *(=19.8մ)* 5) *որոշչային* շղթայի; շղթայե **2** *verb* շղթայել; կաշկանդել; կապել

drag the chain հետ մնալ; վերջից գնալ

keep sb on the chain մեկի գործողությունները սահմանափակել; ձեռքերը կապել

chain-smoker մոլի ծխող; անընդհատ ծխող

chain mail *noun պատմական* օղազրահ; վերտազրահ *(մետաղալարից հյուսած օղաձև զրահ, հյուսածո զրահ)*

chain reaction *noun* 1) շղթայական ռեակցիա 2) *փոխաբերական* շղթայական իրադարձություններ

chain-smoke *verb* անընդհատ ծխել; գլանակ գլանակի հետևից ծխել

chain store *noun* շղթայախանութ

chair |tʃɛː| **1** *noun* 1) աթոռ ◊ **cane chair** հյուսկեն աթոռ *(եղեգից)*. **easy chair** բազկաթոռ. **hammock chair** ծալովի աթոռ. **take a chair** նստեցե՛ք 2) ամբիոն 3) պրոֆեսորական կազմ 4) նախագահի տեղ 5) նախագահ *(ժողովի)* 6) *ամերիկյան* էլեկտրական աթոռ **2** *verb* 1) նախագահել 2) աթոռի վրա տանել; աթոռով տանել *(հաղթությունը տոնելու համար)*

be/sit on the chair նախագահել

get the chair, go to the chair *ամերիկյան* էլեկտրական աթոռին նստել; մահվան դատապարտվել; մահապատիժը կրել

leave the chair փակել նիստը; ժողովը փակել *(նախագահի մասին)*

One man makes a chair another sits in it. *առած* Մեկն աթոռ է սարքում, մյուսը՝ նստում վրան: Մեկն աշխատում է, մյուսն՝ ուտում: Մարդ կա աշխարհն է շալակած տանում, մարդ կա՝ ելել է շալակն աշխարհի:

take the chair բազմել նիստը; նախագահել

chairman |ˈtʃɛːmən| **1** *noun* (հոգն. **-men**) նախագահ **2** *verb* նախագահել

chairperson |ˈtʃɛːpəːs(ə)n| *noun* նախագահող *(կին կամ տղամարդ)*

chairwoman *noun* (հոգն. **-women**) կին նախագահ

chaise |ʃeɪz| *noun* 1) փայտոն; կառք 2) *պատմական* փոստակառք

Chalcedon |ˈkælsɪdɒn|, |kælˈsiːd(ə)n| Քաղկեդոն *(հնադարյան քաղաք Բոսֆորի նեղուցի ափին, ներկայումս՝ Ստամբուլի մի մասը)*

chalet |ˈʃæleɪ| *noun* 1) շվեյցարական տնակ 2) հասարակական զուգարան

chalk |tʃɔːk| **1** *noun* կավիճ **2** *verb* կավճով գրել; կավճով նկարել ◇ **chalk out** ծրագրել

as different as chalk and cheese լրիվ տարբեր; ընդհանուր ոչինչ չունեցող

by a long chalk, by long chalks *խոսակցական* բավականին շատ; զգալի չափով; ավելի շատ; շատ ու շատ

stump one's chalks, walk one's chalks *ծածկալեզու* հեռանալ; փախչել

chalkstone *noun* *հնացած բժշկություն* 1) աղերի կուտակում *(հոդերում)* 2) կրաքար

chalky |ˈtʃɔːki| *adjective* (**chalkier**, **chalkiest**) 1) *բժշկություն* հոդատապի 2) կավճոտ; կրային 3) կավճանման; կավճագույն

challenge |ˈtʃælɪn(d)ʒ| **1** *noun* 1) կանչ; կոչ 2) մարտահրավեր; բարդ խնդիր 3) մրցահրավեր; մարտահրավեր 4) *ծովային* տարբերիչ ճանաչման նշաններ **2** *verb* 1) կանչել; ձայն տալ 2) հրավիրել *(մրցման, մարտի)* 3) առարկել; վիճելի համարել 4) հավակնել

challenging *adjective* 1) դժվարին 2) խթանող 3) խոստումնալից

chamber |ˈtʃeɪmbə| **1** *noun* 1) պալատ; դահլիճ ◇ **Gilded Chamber** Լորդերի պալատ. **Lower chamber** ստորին պալատ *(համայնքների պալատ)*. **Second chamber** վերին պալատ. **Star chamber** *պատմական* Աստղերի պալատ *(Անգլիայի քաղաքական և քրեական գաղտնի դատարան 16-17դդ.)*. **chamber of commerce** առևտրի պալատ 2) *բանաստեղծական* սենյակ 3) (**chambers**) բնակարան 4) *բրիտանական իրավունք* (**chambers**) դատապաշտպանի գրասենյակ 5) *տեխնիկական* խոռոչ; խցիկ 6) *որոշչային երաժշտություն* կամերային **2** *verb* գնդակը հրացանի մեջ դնել

chamberlain |ˈtʃeɪmbəlɪn| *noun* *պատմական* 1) թագավորական արքունիքի կառավարիչ 2) *բրիտանական* սենեկապետ *(պալատական տիտղոս)*

chambermaid |ˈtʃeɪmbəmeɪd| *noun* աղախին; սպասուհի *(հատկապես հյուրանոցի)*

chamber music *noun* կամերային երաժշտություն

chamber of commerce (հապվ. **C. of C.**) *noun* առևտրի պալատ

chameleon |kəˈmiːlɪən| (բրիտանական **chamaeleon**) *noun* *կենդանաբանություն* նաև *փոխաբերական* քամելեոն *(ընտանիք Chamaeleonidae)*

chamfer |ˈtʃæmfə| **1** *verb* 1) տաշել; շեղահատել; անկյունատել 2) փորել **2** *noun* 1) ակոս; փորվածք 2) շեղահատված եզրակ; երեսակ

chamois *noun* 1) *կենդանաբանություն* քարայծ *(Genus Rupicapra, ընտանիք Bovidae)* 2) թավշակաշի; զամշ

chamomile |ˈkæməmʌɪl| (նաև **camomile**) *noun* *բուսաբանություն* 1) անթեմ; իգաբող; իգափոշի *(Anthemis, ընտանիք Compositae)* 2) անթեմ ազնիվ; հռոմեական երիցուկ *(Anthemis nobilis, ընտանիք Compositae)*

champ[1] |tʃɒmp| **1** *verb* (**chomp**) չփչփացնել *(ուտելիս)* **2** *noun* չփչփոց

champ[2] |tʃæmp| *noun* *խոսակցական* տե՛ս **champion**

champagne |ʃæmˈpeɪn| *noun* 1) շամպայն գինի 2) ծղոտի գույն; կրեմագույն

champaign |ˈtʃæmpeɪn| *noun* *բանաստեղծական* հարթավայր; դաշտավայր

champion |ˈtʃæmpɪən| **1** *noun* 1) չեմպիոն 2) հաղթող; հաղթանակ տանող 3) մարտնչող; մարտիկ; պաշտպան ◇ **champion of peace** խաղաղության համար մարտնչող **2** *verb* պաշտպանել; մարտնչել **3** *adjective* առաջնակարգ

championship |ˈtʃæmpɪənʃɪp| *noun* 1) *մարզական* առաջնություն; չեմպիոնատ 2) չեմպիոնի կոչում 3) պաշտպանություն; միջնորդություն

chance |tʃɑːns| **1** *noun* 1) հարմար առիթ; հնարավորություն 2) (**chances**) հավանականություն 3) դեպք; առիթ 4) պատահականություն; դիպվածականություն 5) բախտ; հաջողություն; շանս **2** *adjective* պատահական **3** *verb* 1) պատահել 2) *խոսակցական* ռիսկ անել ◇ **chance upon** պատահաբար գտնել; հանդիպել

An evil chance seldom comes alone. *առած* Դժբախտությունը մենակ չի գալիս: Փորձանքը մենակ չի գալիս: Ձախորդությունները իրար են հաջորդում:

by chance պատահաբար; բախտի բերմամբ, թե պատահմամբ

give sb a chance 1) հնարավորություն ընձեռել մեկին 2) բաց թողնել այս անգամ; ների այս անգամ

leave nothing to chance ոչինչ չթողնել բախտի քմահաճույքին

let the chance slip հնարավորությունը բաց թողնել; առիթը բաց թողնել; չօգտվել հնարավորությունից

long chance կասկածելի հնարավորություն; ռիսկ

not a cat's chance *խոսակցական* ոչ մի հնարավորություն

off chance չնչին/աննշան հնարավորություն; փոքրիկ հնարավորություն

on the chance եթե; այն դեպքում, եթե

stand a chance հնարավորություն ունենալ

take one's chance 1) բախտը փորձել 2) ռիսկի դիմել 3) (**stand one's chance**) հաշտվել ճակատագրի հետ

chancel |ˈtʃɑːns(ə)l| *noun* խորան; բեմ; պատարագարան

chancellery |ˈtʃɑːns(ə)l(ə)ri|, |-sləri| *noun* (հոգն. **-leries**) դեսպանատուն

chancellor |ˈtʃɑːns(ə)lə| *noun* 1) կանցլեր; վարչապետ *(որոշ եվրոպական երկրներում)* ◇ **Lord chancellor** լորդ կանցլեր; լորդերի պալատի նախագահ; գերագույն դատավոր *(Անգլիայում)* 2) դեսպանության առաջին քարտուղար 3) համալսարանի պատվավոր ռեկտոր *(Անգլիայում)*

Chancellor of the Exchequer *noun* ֆինանսների նախարար *(ՄԹ-ում)*

chancery |ˈtʃɑːns(ə)ri| *noun* (հոգն. **-ceries**) 1) լորդ կանցլերի դատարան 2) *ամերիկյան* խղճի դատարան 3) արխիվ; դիվան

in chancery անհույս վիճակում; անելանելի դրության մեջ; ծուղակի մեջ

chancy |ˈtʃɑːnsi| *adjective* (**chancier**, **chanciest**) *խոսակցական* վտանգավոր

chandelier |ˌʃændəˈlɪə| *noun* ջահ

change |tʃeɪn(d)ʒ| **1** *verb* 1) փոխել; փոփոխել; վերափոխել 2) փոխվել; փոփոխվել; վերափոխվել; վերածվել; դառնալ 3) փոխանակել 4) փոխարինել 5) մանրել; մանրացնել *(փողը)* 6) զգեստը փոխել 7) գնացքը փոխել 8) տեղափոխվել նոր բնակարան **2** *noun* 1) փոփոխություն; փոփոխում 2) փոխարինում 3) փոխնորդ; սպիտակեղեն 4) փոխանակում *(փողի)* 5) մանր դրամ; մանրադրամ ◇ **small change** i) մանր դրամ ii) *փոխաբերական* տափակաբանություն 6) փոխելը *(գնացքը, նավը և այլն)* 7) լուսնի նոր փուլ; նորալուսին 8) (**changes**) զանգերն իրար ետևից տալը; զանգերի անընդհատ ղողանջը

change of air իրադրության փոփոխություն

change of front արմատական փոփոխություն

change of heart հայացքների/նպատակների փոփոխություն; մտադրությունների փոփոխություն

change of scene իրադրության փոփոխություն; բնակավայր փոխել

changes and chances բախտի քմահաճույքներ

for a change զանազանության համար

get a change out of sb *խոսակցական* բերանից ունելիով խոսք քաշել

the last great change *ծածկալեզու* մահ; հավերժական քուն

changeable |ˈtʃeɪn(d)ʒəb(ə)l| *adjective* փոփոխական; անկայուն

changeable as the moon, as changeable as a weathercock լուսնի նման փոփոխական; փոփոխամիտ/հեղհեղուկ մարդ; Գծի ո՛չ հովին նստիր, ո՛չ արևին: Նրա ջրին փլավ գցել չի լինի:

changeover |ˈtʃeɪn(d)ʒəʊvə| *noun* 1) փոփոխություն; փոխարկություն; անցում *(մի համակարգից կամ իրավիճակից մյուսին)* 2) *համակարգիչներ* փոխանջատում

channel |ˈtʃæn(ə)l| **1** *noun* 1) ջրանցք 2) *փոխաբերական* ուղի; աղբյուր *(տեղեկություններ ստանալու)* 3) նեղուց ◇ **the Channel** Լա Մանշ 4) հուն 5) ջրատար առու 6) *տեխնիկական* փորակ; ակոսիկ 7) *համակարգիչներ* կապուղի 8) *տեխնիկական* ալիք *(ռադիո- կամ հեռուստատեսային)* **2** *verb* (**-neled**, **-neling**; բրիտ. **-nelled**, **-nelling**) 1) ջրանցք/առու փորել 2) ակոսիկներ բացել 3) ուղղել; օգտագործել

Channel Tunnel Լա Մանշի թունել *(երկաթուղային թունել Լա Մանշ նեղուցի տակով, որը միացնում է Անգլիան և Ֆրանսիան)*

chant |tʃɑːnt| **1** *noun* 1) օրհներգություն 2) *բանաստեղծական* երգ **2** *verb* 1) երգել; ձոր տալով երգել 2) գովերգել 3) երգելով խոսել 4) սաղմոսերգել

chantey |ˈʃænti| (նաև **chanty** կամ **shanty**) *noun* նավաստիների խմբերգ *(ծանրություններ բարձրացնելու ժամանակ)*

chaos |ˈkeɪɒs| *noun* քաոս; խառնաշփոթություն

chaotic |keɪˈɒtɪk| *adjective* քաոսային; խառնաշփոթ

chap[1] |tʃæp| **1** *verb* (**chapped**, **chapping**) 1) ճաքճքել *(մաշկի մասին)* 2) ճաքեցնել *(մաշկը)* **2** *noun* ճեղք; ճաք; պատռվածք

chap[2] |tʃæp| *noun* *խոսակցական* տղա; երիտասարդ ◇ **old chap** մտերիմ ընկեր; բարեկամ

chapel |ˈtʃæp(ə)l| *noun* 1) մատուռ 2) եկեղեցի *(բանտի, տան)* 3) աղոթարան 4) կապելլա; երգեցիկ խումբ 5) *բրիտանական* տպարանի աշխատողները

chaperone |ˈʃæpərəʊn| (նաև **chaperon**) **1** *noun* գործընկերուհի; ընկերուհի; երիտասարդ աղջիկներին ուղեկցող կին **2** *verb* ուղեկցել *(երիտասարդ աղջիկներին)*

chaplain |ˈtʃæplɪn| *noun* 1) կապելլան 2) քահանա

chaplet |ˈtʃæplɪt| *noun* 1) պսակ; ժապավեն *(գլխի)* 2) տերողորմյա; ուլունքներ; մանյակ

chapman |ˈtʃæpmən| *noun* (հոգն. **-men**) *հնացած* մանրավաճառ; չարչի

chapter |ˈtʃæptə| *noun* 1) գլուխ *(գրքի)* 2) *փոխաբերական* էջ; ժամանակաշրջան *(կյանքի)* ◇ **to the end of the chapter** *փոխաբերական* մինչև վերջ 3) թեմա; նյութ 4) ղեկավար մարմին *(կրոնական կազմակերպության)*

open a new chapter նոր կյանք սկսել

char[1] |tʃɑː| **1** *verb* (**charred**, **charring**) 1) ածխացնել; ածխանալ 2) այրել **2** *noun* ածխացած նյութ

char[2] |tʃɑː| *խոսակցական* **1** *noun* (**charwoman**) օրավարձու հավաքարարուհի **2** *verb* (**charred**, **charring**) օրավարձու հավաքարարություն անել

char[3] |tʃɑː| (նաև **cha** կամ **chai**) *noun* *խոսակցական* թեյ

char[4] (նաև **charr**) *noun* (հոգն. նույնը) *կենդանաբանություն* մի տեսակ կարմրախայտ *(Genus Salvelinus, ընտանիք Salmonidae)*

character |ˈkærəktə| **1** *noun* 1) բնավորություն 2) բնույթ 3) բնորոշ գիծ; առանձնահատկություն 4) *կենսաբանություն* հատկանիշ 5) համբավ 6) բնութագիր; գրավոր բնութագիր 7) դեմք; անձնավորություն; գործիչ 8) դեր 9) տիպ; տիպար *(գրական երկի)* 10) *խոսակցական* տարօրինակ մարդ; հետաքրքիր մարդ 11) (**characters**) տառեր; այբուբեն; գրանշաններ 12) *համակարգիչներ* գրանշան **2** *verb* *հնացած* 1) տպավորել 2) բնութագրել; բնորոշել; նկարագրել 3) փորագրել

quite a character վառ անհատականություն; արտառոց/յուրահատուկ մարդ

characteristic |kærəktəˈrɪstɪk| **1** *adjective*

բնորոշ; հատկանշական; յուրահատուկ; տիպիկ **2** *noun* 1) բնորոշ գիծ; բնութագրող հատկանիշ; առանձնահատկություն 2) (**characteristics**) բնութագիր; բնութագրություն

characterization |-ˈzeɪʃ(ə)n| *noun* բնութագրում; բնութագրություն

characterize |ˈkærəktərʌɪz| *verb* 1) բնութագրել 2) բնորոշ/հատկանշական լինել

charade |ʃəˈrɑːd| *noun* շարադ; վանկախաղ

charcoal |ˈtʃɑːkəʊl| **1** *noun* 1) փայտածուխ; քարածուխ 2) ածխամատիտ 3) նկար *(ածուխով)* **2** *verb* 1) ածխի վրա խորովել 2) *փոխաբերական* սևացնել; մրոտել

charge |tʃɑːdʒ| **1** *verb* 1) լցնել; լիցք տալ *(զենքը, ակումուլյատորը)* 2) (**charge with**) հանձնարարել; մեկի վրա պարտականություն/պատասխանատվություն դնել 3) ծանրաբեռնել *(հիշողությունը)* 4) հագեցնել 5) մեկի հաշվին գրել 6) գին նշանակել; գին որոշել ◊ **how much do you charge for?, what do you charge for?** ի՞նչ գին եք նշանակում; ի՞նչ արժե 7) մեղադրել; մեղադրանք առաջադրել 8) *տեխնիկական* բեռնավորել 9) *ռազմական* գրոհել *(հեծելազորով)* **2** *noun* 1) լիցք *(մարտական, էլեկտրական)* 2) բեռնավորում 3) *փոխաբերական* բեռ 4) ղեկավարություն; պատասխանատվություն *(ըստ պաշտոնի)* 5) պարտականություններ 6) խնամք; խնամատարություն; հսկողություն; հոգատարություն ◊ **give in charge of** հսկողության տակ դնել; հսկողության հանձնել *(մեկին)* 7) խնամքի տակ գտնվող անձ 8) գին; արժեք; ծախք; ծախս ◊ **at one's own charge** իր սեփական ծախսով; իր հաշվին. **additional charge** վերադիր ծախքեր 9) դատական մեղադրանք ◊ **bring charge home to somebody** մեղադրել մեկին 10) *հրավունք* ճառ *(դատավորի)* 11) *տեխնիկական* բեռնվածություն 12) *ռազմական* գրոհ; գրոհի ազդանշան 13) *եկեղեցական* համայնք

be in charge of 1) ղեկավար դիրքում լինել; կառավարել; հրահանգել 2) *ռազմական* հրահանգել 3) հսկողության տակ լինել

free of charge ձրի; անվճար

return to the charge վերսկսել վիճաբանությունը/քննարկումը

take charge of 1) ղեկավարել; ղեկավարությունը ձեռքը վերցնել; պատասխանատվությունը ձեռքը վերցնել 2) հսկել; հետևել; նայել *(մեկին)*

chargeable *adjective* 1) վճարման/հարկման ենթակա 2) մեղադրանքի արժանի

charger¹ ˈtʃɑːdʒə| *noun* 1) մարտական ձի 2) փամփուշտի պահունակ

charger² ˈtʃɑːdʒə| (նաև **charger plate**) *noun* խոշոր տափակ ափսե; մեծ տափակ պնակ

chariot |ˈtʃæriət| **1** *noun* *բանաստեղծական պատմական* մարտակառք **2** *verb* *բանաստեղծական* մարտակառքով տանել

be tied to the chariot of sb կյանքը կապել մեկի հետ; բախտը կապել մեկի հետ

charisma |kəˈrɪzmə| *noun* 1) հմայագերություն 2) Աստծուց տրված շնորհ

charismatic |kærɪzˈmætɪk| **1** *adjective* 1) հմայագերող; հմայական; հմայող 2) Աստծուց տրված/ներշնչված **2** *noun* 1) *կրոն* խարիզմատիկ շարժման կողմնակից 2) հմայագերող անձ

charitable |ˈtʃærɪtəb(ə)l| *adjective* 1) բարեգործական 2) առատաձեռն; կարեկցող; գթառատ

charity |ˈtʃærɪti| *noun* (հոգն. **-ties**) 1) ողորմածություն; կարեկցություն 2) բարեգործություն; ողորմություն 3) բարեգործական ընկերություն

Charity begins at home. *ֆրանսիական ասացվածք* Սկզբում քո ծա՛ռը ջրիր: Բարեգործությունը սկսիր մտերիմներիցդ: Սեփական շապիկը մոտ է մարմնին: Առաջ մորթու, հետո՝ որդու:

charlatan |ˈʃɑːlət(ə)n| *noun* խաբեբա; շառլատան

Charles' law |ˈtʃɑːlz| (նաև **Charles's law**) *քիմիա* Շառլի օրենք

Charles's Wain |ˈtʃɑːlzɪz| *հնացած բրիտանական* Մեծ արջ *(համաստեղություն)*

charm |tʃɑːm| **1** *noun* 1) հմայք; թովչանք 2) (**charms**) կախարդանք 3) հուռութ; հմայիլ; թալիսման 4) բրելոկ; կախազարդ **2** *verb* 1) հմայել; դյութել; հրապուրել 2) կախարդել

charmer |tʃɑːmə| *noun* 1) *կատակային* կախարդուհի; հմայիչ կին 2) կախարդող *(օձերի)*

charming |ˈtʃɑːmɪŋ| *adjective* 1) սքանչելի; հիանալի; հմայիչ; հրապուրիչ; դյութիչ 2) մարդամոտ; շփվող

chart |tʃɑːt| **1** *noun* 1) դիագրամ; աղյուսակ 2) ծովային քարտեզ **2** *verb* քարտեզ գծել; քարտեզագրել

charter |ˈtʃɑːtə| **1** *noun* 1) հրովարտակ; խարտիա ◊ **The Great Charter** *պատմական* Ազատությունների մեծ խարտիան *(1215թ).* **The People's Charter** Չարտիստների ծրագիրը *(1838թ)* 2) կանոնադրություն 3) արտոնություն 4) վարձույթ *(ինքնաթիռի, նավի, ավտոմեքենայի)* **2** *verb* 1) շնորհել *(հրովարտակ, խարտիա)* 2) վարձել *(նավ, ավտոմեքենա, ավտոբուս՝ բեռ փոխադրելու համար)*

chartered |ˈtʃɑːtəd| *adjective* դիպլոմավորված; հավաստագրված

charter flight *noun* վարձաչվերթ; չարտերային/վարձակալական թռիչք

chartist *noun* *պատմական* չարտիստ

charwoman |ˈtʃɑːwʊmən| *noun* (հոգն. **-women**) *հնացած* օրավարձու հավաքարարուհի; աղախին

chary |ˈtʃɛːri| *adjective* (**charier**, **chariest**) 1) զգույշ 2) զուսպ; սակավախոս

Charybdis |kəˈrɪbdɪs| *հունական դիցաբանություն* քարիբդա; հորձանք

chase¹ |tʃeɪs| **1** *verb* 1) հետապնդել 2) փորձել ձեռք բերել; ձգտել ձեռք գցել 3) սիրահետել 4) որսալ; որս անել 5) (**chase from, chase out of**) դուրս քշել; վռնդել 6) *փոխաբերական* ցրել **2** *noun* 1) հետապնդում; հալածում ◊ **give a chase** հետապնդել; հալածել 2) որս 3) որսատեղ 4) որս; հետապնդվող կենդանի 5) հետապնդվող նավ

Chase yourself., Go chase yourself. *խոսակցական* Հանգի՛ստ թող: Չքվի՛ր: Կորի՛ր աչքիցս:

wild-goose chase անիմաստ հետապնդում; աննպատակ գործ; խելացնոր արարք; որևէ անկենսագործելի բանի հետապնդում

chase² |tʃeɪs| *verb* փորագրել մետաղի վրա

chase³ |tʃeɪs| *noun* տառամայրերի շրջանակ

chaser |ˈtʃeɪsə| *noun* 1) հետապնդող; հալածող 2) *օդագնացության* կործանիչ ինքնաթիռ 3) *ծովային* սուզանավերի կործանիչ

chasm |ˈkæz(ə)m| *noun* 1) անդունդ; վիհ 2) խոր ձորակ

chassis |ˈʃæsi|, |-iː| *noun* (հոգն. նույնը |-sɪz|) շասսի; ամրաշրջանակ; հենասարք

chaste |tʃeɪst| *adjective* 1) ողջախոհ; մաքրաբարո; կուսական 2) խիստ; համեստ; պարզ; զուսպ *(ոճ)*

chasten |ˈtʃeɪs(ə)n| *verb* 1) կարգի հրավիրել; դաստիարակել; պատժել; ուղղել; դարձի բերել 2) մաքրել *(ոճը)*

chastise |tʃæˈstʌɪz| *verb* 1) պատժել; ծեծել 2) խիստ հանդիմանություն անել

chastise sb with scorpions, chastise sb with whips *գրքային* խստորեն պատժել մեկին

chastisement |ˈtʃæstɪzm(ə)nt|, |-ˈtʌɪzm(ə)nt| *noun* կարգապահական պատիժ; պատիժ

chastity |ˈtʃæstɪti| *noun* 1) ողջախոհություն; մաքրաբարոյություն; կուսություն 2) մաքրություն; խստություն; պարզություն *(ոճի)*

chat |tʃæt| **1** *verb* (**chatted**, **chatting**) զրուցել; խոսել **2** *noun* թեթև մտերմական խոսակցություն; շաղակրատանք; զրույց

chat² |tʃæt| *noun* կենդանաբանություն կեռնեխակտուց *(Saxicola, ենթաընտանիք Turdinae, ընտանիք Muscicapidae)*

chat room *noun* համակարգիչներ զրուցատեղ

chatter |ˈtʃætə| **1** *verb* 1) շատախոսել; շաղակրատել; բլբլալ 2) ծլվլալ; ճովողել 3) զնգզնգալ *(հատկապես սարքի մասին)* 4) չխկչխկացնել *(ատամները)* 5) չխկչխկալ; կափկափել *(ատամների մասին)* **2** *noun* 1) շատախոսություն; շաղակրատանք 2) ծլվլոց; ճովողյուն 3) զնգզնգոց

chatter like a magpie, chatter like an ape կաչաղակի պես շաղակրատել; դատարկ-դատարկ դուրս տալ; չաչանակել

Who chatters to you, will chatter of you. *առած* Քեզ հետ բամբասողը քեզ էլ կբամբասի: Ոսկոր բերող շունը ոսկոր կտանի:

chatterbox |ˈtʃætəbɒks| *noun* *խոսակցական* 1) շատախոս; շաղակրատ; չաչանակ 2) *ամերիկյան ռազմական* գնդացիր

chatty |ˈtʃæti| *adjective* (**chattier**, **chattiest**) շատախոս; շաղակրատ; աշխույժ

chauffeur |ˈʃəʊfə|, |ʃəʊˈfəː| **1** *noun* ավտովարորդ; վարորդ **2** *verb* վարորդություն անել; վարորդ աշխատել

chauvinism |ˈʃəʊv(ɪ)nɪz(ə)m| *noun* 1) շովինիզմ; ազգայնամոլություն 2) շովինիստ; մոլեռանդ; *(սեփական նպատակի, խմբի կամ սեռի հանդեպ անվերապահ ու չափազանցված/ծայրահեղ նվիրվածություն դրսևորող)*

chauvinist |ˈʃəʊv(ɪ)nɪst| **1** *noun* շովինիստ; ազգայնամոլ **2** *adjective* շովինիստական; ազգայնամոլական

cheap |tʃiːp| **1** *adjective* էժանագին; էժան **2** *adverb* էժան ◊ **hold cheap** չգնահատել; բանի տեղ չդնել. **go cheap** էժան գնով վաճառվել. **cheap and nasty** էժան մսից կերակուր դուրս չի գա. **get off cheap** էժան պրծնել; էժան գնով ազատվել. **feel cheap** իրեն վատ զգալ; տրամադրություն չունենալ

as cheap as dirt, dirt cheap շատ էժան; ջրի գին; շան մսի գին

cheapen |ˈtʃiːp(ə)n| *verb* 1) էժանացնել 2) էժանանալ 3) պարզունակացնել; գռեհկացնել 4) նվաստանալ 5) վարկաբեկել

cheat |tʃiːt| **1** *verb* 1) խաբել; խարդախել; կեղծարարություն անել 2) արտագրել; «թխել» *(քննության)* 3) անօրակ ապրանք գործածել 4) *խոսակցական* դավաճանել *(ամուսնուն և այլն)* 5) խուսափել; պրծնել; պլստալ *(վտանգից և այլն)* **2** *noun* 1) խաբեբայություն; խարդախություն 2) խաբեբա; սրիկա; խարդախ *(մարդ)* • **topping cheat** կախաղան

Chechnya |ˌtʃɛtʃˈnjɑː| (նաև **Chechenia**) Չեչնիա *(ինքնավար Հանրապետություն Կովկասում, Ռուսաստանի կազմում)*

check¹ |tʃɛk| **1** *verb* 1) ստուգել; քննել ◊ **check out** i) *ամերիկյան* հրաժարական տալ ii) ազատել համարը *(հյուրանոցում)*. **check up** ստուգել; վերստուգել 2) (**check against**) համապատասխանեցնել; մի բանով ստուգել 3) համապատասխան լինել 4) զսպել; կասեցնել; դադարեցնել; կանգնեցնել; արգելակել 5) (**check oneself**) ինքն իրեն կանգնեցնել; իրեն զսպել *(անցանկալի արարք կատարելուց)* 6) *շախմատ* «շախ» հայտարարել **2** *noun* 1) *շախմատ* շախ 2) հանկարծակի կասեցում; դադարում; արգելք 3) *ռազմական* թեթև պարտություն 4) ստուգում ◊ **loyalty check** հավատարմության ստուգում *(ԱՄՆ-ում)*. **keep in check, hold in check** զսպել; սանձած պահել 5) *փոխաբերական* սանձ 6) համար *(հանդերձարանի)* 7) քառակուսավոր/վանդակավոր գործվածք 8) անդորրագիր *(ուղեբեռի)* 9) փոխնտմն; կտրոն *(տոմսին փոխարինող այլ փաստաթուղթ)* **3** *exclamation* եղա՛վ; համաձա՛յն եմ

blank check գործողությունների ազատություն; անսահմանափակ իրավունք

cash in one's checks, hand in one's checks, pass in one's checks 1) հանձնվել; անձնատուր լինել 2) *ամերիկյան* կյանքի հետ հաշիվները փակել; այն աշխարհը գնալ

rain check *ամերիկյան* 1) տեղափոխում/հետաձգում *(հրավերքի, միջոցառման, մրցախաղի. անձրևի և այլ պատճառներով)* 2) ուրիշ անգամ; մեկ ուրիշ օր

check² |tʃɛk| (բրիտանական **cheque**) *noun* չեկ; չեք; վճարագիր

check³ |tʃɛk| **1** *noun* վանդակավոր կտոր **2** *adjective* վանդակավոր; աղյուսակավոր

checkbook |ˈtʃɛkbʊk| *noun* վճարագրի գրքույկ

checkbox *noun* *համակարգիչներ* նշապակին

checked |tʃɛkt| *adjective* վանդակավոր *(գործվածքի մասին)*

checkerboard |ˈtʃɛkəbɔːd| *noun* շախմատի տախտակ

checkered *adjective* 1) աղյուսակավոր; վանդակավոր 2) խայտաբղետ; երփներանգ 3) բազմազան; տեսակ-տեսակ

check-in *noun* 1) գրանցում *(օդակայանում, հյուրանոցում)* 2) գրանցման կետ *(օդակայանում, հյուրանոցում)*

checking account |ˈtʃɛkɪŋ| (բրիտանական **chequing account**) *noun* վճարագրի հաշիվ

checklist |ˈtʃɛklɪst| *noun* ստուգացուցակ; ստուգացանկ

checkmate |ˈtʃɛkmeɪt| **1** *noun* 1) *շախմատ* շախ և մատ 2) խորտակում; լիակատար պարտություն **2** *verb* *շախմատ* 1) «մատ» հայտարարել 2) խափանել *(պլանները)* 3) պարտության մատնել

checkout |ˈtʃɛkaʊt| *noun* 1) վճարման կետ *(սուպերմարկետում և այլն)* 2) դուրս գրվելը *(հյուրանոցից)*

checkup *noun* *ամերիկյան* 1) ստուգում; վերստուգում 2) *որոշչային* վերստուգիչ

cheddar |ˈtʃɛdə| *noun* չեդար *(պանրի տեսակ)*

cheek |tʃiːk| **1** *noun* 1) այտ; թուշ 2) անամոթություն; անպատկառություն; հանդգնություն ◊ **have the cheek to say** հանդգնություն ունենալ ասելու 3) ինքնավստահություն; համարձակություն **2** *verb* իրեն հանդուգն պահել; հանդուգն խոսքեր ասել

Cheek brings success. *առած* Քաջությունը քաղաքներ է նվաճում: Համարձակությունը քաղաքներ է նվաճում

cheek by jaw 1) մտերիմ 2) կողք-կողքի

cheek by jowl 1) մտերիմ; մոտիկ; ինտիմ 2) կողք կողքի

give cheek *խոսակցական* կոպտել; գազազախոսել

to one's own cheek *խոսակցական* ամեն ինչ միայն իր համար; իր համար; միայն իր օգտին; սեփական գրպանի համար

turn the other cheek *աստվածաշնչային* 1) մյուս այտը դեմ տալ *(հարվածի համար)* 2) հլուհնազանդ լինել; հպատակվել

cheekbone |ˈtʃiːkbəʊn| *noun* այտոսկր

cheeky |ˈtʃiːki| *adjective* (**cheekier**, **cheekiest**) հանդուգն; անամոթ; անպատկառ

cheep |tʃiːp| **1** *noun* ծվոց; ծվծվոց *(հատկապես ճուտի)* **2** *verb* ծվծվալ; ճվճվալ

cheer |tʃɪə| **1** *verb* 1) բացականչություններով հավանություն տալ 2) ողջունել *(բարձրաձայն բացականչություններով)* ◊ **cheer up** քաջալերել; ոգևորել; սիրտ տալ. **cheer up!** մի՛ վհատվիր; պինդ կա՛ց 3) ծափահարել 4) ուրախացնել; քաջալերել; սիրտ տալ **2** *noun* 1) հավանության բացականչություն 2) (**cheers**) ծափահարություններ 3) տրամադրություն 4) հյուրասիրություն 5) ողջույն

be of good cheers ուրախ/զվարթ լինել; աշխույժ/կենսուրախ լինել

give three cheers երեք անգամ ուռա գոռալ; երեք անգամ ողջունել

make good cheer զվարճանալ; խնջույք սարքել; քեֆ անել

cheerful |ˈtʃɪəfʊl|, |-f(ə)l| *adjective* 1) ուրախ; կենսուրախ; զվարթ 2) լավ տրամադրությամբ 3) պայծառ *(օր)*

cheerful as a lark, as cheerful as a lark արտույտի պես զվարթ; արտույտի պես առույգ; արտույտի պես կենսուրախ

cheerfully *adverb* 1) զվարթորեն; կայտառ; ուրախ; լավատեսորեն 2) հաճելի; դուրեկան; ուրախ; տրամադրող 3) ուրախությամբ; պատրաստակամորեն; բարեհաճորեն

cheerfulness *noun* կենսուրախություն; կայտառություն

cheerio |tʃɪərɪˈəʊ| *exclamation* *խոսակցական* հաջողությու՜ն; ցտեսությու՜ն

cheerless |ˈtʃɪəlɪs| *adjective* վհատ; տրտում; մռայլ

cheers |tʃɪəz| *exclamation* *խոսակցական* 1) կենա՛ց; ջանսաղությու՜ն 2) *բրիտանական* առա՛ջ՛մ; մինչ նոր հանդիպում; ամենայն բարի՛ք 3) *հիմնականում բրիտանական* շնորհակալություն; զգացված եմ

cheery |ˈtʃɪəri| *adjective* (**cheerier**, **cheeriest**) ժիր; ուրախ; զվարթ

cheese¹ |tʃiːz| *noun* 1) պանիր ◊ **a cheese** պանրի գլուխ. **cottage cheese** կաթնաշոռ. **green cheese** թարմ պանիր. **ripe cheese** աղը դրած պանիր 2) կաթնաշոռ 3) ուներանս; ծնկակալ ողջույն 4) *խոսակցական* զգացմունքայնություն

get the cheese անհաջողության մատնվել; ձեռնունայն մնալ; խաբվել; անհուսալի դրության մեջ ընկնել; ձախողվել

hard cheese *խոսակցական* ողբալի իրադրություն; անհաջողություն; ձախորդություն

cheese² |tʃiːz| (նաև **big cheese**) *noun* *խոսակցական* կարևոր անձ; մեծավոր

big cheese *ամերիկյան* կարևոր անձ; ջոջամարդ

cheese³ |tʃiːz| *verb* *խոսակցական* նյարդայնացնել; նյարդերի հետ խաղալ; ձանձրացնել

cheesecake |ˈtʃiːzkeɪk| *noun* շոռակարկանդակ; շոռաբլիթ

cheesemonger |ˈtʃiːzmʌŋgə| *noun* կաթնամթերք/կաթնեղեն վաճառող; պանրավաճառ

cheesy |ˈtʃiːzi| *adjective* (**cheesier**, **cheesiest**) 1) պանրի; պանրային; պանրոտ 2) *խոսակցական* էժանագին; անարժեք; խաբուսիկ; շինծու

cheetah |ˈtʃiːtə| *noun* *կենդանաբանություն* վագրակատու; հեպարդ; շնակատու *(Acinonyx jubatus, ընտանիք Felidae)*

chef |ʃɛf| **1** *noun* խոհարար; ավագ խոհարար **2** *verb* (**cheffed**, **cheffing**) *խոսակցական* աշխատել որպես ավագ խոհարար

Chelyabinsk |tʃɪlˈjɑːbɪnsk| Չելյաբինսկ *(քաղաք Ռուսաստանում, Ուրալի հարավում)*

chemical |ˈkɛmɪk(ə)l| (հապվ. **chem.**) **1** *adjective* քիմիական **2** *noun* քիմիկատ; քիմիական նյութ/պատրաստուկ

chemise |ʃəˈmiːz| *noun* 1) կանացի շապիկ; կանացի գիշերանոց 2) կանացի զգեստի տեսակ

chemist |ˈkɛmɪst| (հապվ. **chem.**) *noun* 1) քիմիկոս 2) *բրիտանական* դեղագործ; դեղավաճառ 3) *բրիտանական* դեղատուն

chemistry |ˈkɛmɪstri| (հապվ. **chem.**) *noun* (հոգն. **-tries**) 1) քիմիա ◊ **industrial chemistry** տեխնիկական քիմիա. **agricultural chemistry** ագրոքիմիա 2) *փոխաբերական* փոխադարձ ձգողություն *(երկու մարդկանց միջև)*

chemotherapy |ˌkiːmə(ʊ)ˈθɛrəpi|, |ˌkɛm-| *noun* քիմիաբուժում; բուժում քիմիական նյութերով/միջոցներով *(հատկապես քաղցկեղի դեպքում)*

cheque *noun* չեկ; չեք; վճարագիր ◊ **cash a cheque** չեկով դրամ ստանալ. **draw a cheque** չեկ դուրս գրել

chequer |ˈtʃɛkə| **1** *noun* 1) շախմատի տախտակ 2) *ամերիկյան* տամախաղ; շաշկի 3) վանդակավոր գործվածք **2** *verb* 1) գծել *(վանդակներով)* 2) դասավորել շախմատային կարգով 3) *փոխաբերական* բազմազանել; բազմազան դարձնել

cherish |ˈtʃɛrɪʃ| *verb* 1) փայփայել; տածել *(հույս և այլն)* 2) գուրգուրել; զգվել; սնուցել 3) քնքշությամբ անեցնել; խնամել

cherry |ˈtʃɛri| **1** *noun* (հոգն. **-ries**) *բուսաբանություն* 1) բալ 2) կեռաս 3) բալենի 4) կեռասենի *(Genus Prunus, ընտանիք Rosaceae)* **2** *adjective* բալի գույն

cherub |ˈtʃɛrəb| *noun* (հոգն. **cherubim**) 1) *կրոնական* քերովբե; հրեշտակ 2) «հրեշտակ»; հմայիչ երեխա

chervil |ˈtʃəːvɪl| *noun* *բուսաբանություն* շուշանբանջար; դմի; գմուկ; քեղակարոս; շիշվիկ; բերկրատերև *(Anthriscus cerefolium, ընտանիք Umbelliferae)*

chess |tʃɛs| *noun* շախմատ ◊ **play chess** շախմատ խաղալ

chest |tʃɛst| *noun* 1) կրծքավանդակ; կուրծք 2) *խոսակցական* կանացի կուրծք; ստինքներ 3) սնդուկ; մեծ արկղ ◊ **chest of drawers** կոմոդ *(արկղերով/դարակներով պահարան)*. **medicine chest** դեղարկղ 4) պահարանիկ 5) տե՛ս **chest of drawers** 6) *բրիտանական* գանձարան ◊ **military chest** ռազմական գանձարան

get sth off one's chest *խոսակցական* ազնվորեն խոստովանել; հոգին հանգստացնել/թեթևացնել; ամեն ինչ պատմել; սրտից քար գցել

chesterfield |ˈtʃɛstəfiːld| *noun* 1) փափուկ բազմոց 2) *կանադական* բազմոց; թախտ 3) մի տեսակ երկար վերարկու

chestnut |ˈtʃɛsnʌt| **1** *noun* 1) *բուսաբանություն* շագանակ; կաստան *(շագանակենու պտուղը)* 2) *բուսաբանություն* շագանակենի *(Genus Prunus, ընտանիք Rosaceae)* 3) տե՛ս **horse chestnut** 4) մուգ կարմրաշագանակագույն; մուգ կարմրադարչնագույն 5) աշխետ; շառատ ձի 6) (**an old chestnut**) հնացած անեկդոտ 7) *ռազմական ծածկալեզու* (**chestnuts**) գնդակներ **2** *adjective* 1) շագանակագույն 2) աշխետ; շառատ *(ձի)*

pull sb's chestnuts out of the fire, pull chestnuts out of the fire for sb, pull the chestnuts out of the fire ուրիշի ձեռքով կրակից շագանակ հանել; հարսի միջոցով փեսային լավություն անել; ուրիշի ձեռքով կրակ բռնել; ուրիշի ձեռքով փուշ բռնել

put the chestnuts in the fire *փոխաբերական* շփոթ ստեղծել; գործերը խճճել; կրակի վրա յուղ լցնել

chest of drawers *noun* դարակներով պահարան

chevalier |ʃɛvəˈlɪə| *noun* 1) *պատմական* ասպետ 2) կավալեր *(միաբանության)*

chevalier of fortune, chevalier of industry *ֆրանսերեն* բախտախնդիր/խարդախ մարդ; անաշխատ եկամտով հարստացող մարդ; արկածախնդիր մարդ; սրիկա մարդ

chew |tʃuː| **1** *verb* 1) ծամել 2) *փոխաբերական* (**chew upon/over**) խորհել; մտածել • **chew up** i) քրքրել ii) ծամելով մանրացնել **2** *noun* ծամոն

chew the fat/rag 1) փնթփնթալ; կոկռալ 2) շատախոսել; բամբասել; լեզվին տալ

chewing gum *noun* ծամոն; մաստակ

chewy |ˈtʃuːi| *adjective* 1) դժվար ծամվող; դանդաղ ծամվող *(սննդի մասին)* 2) ծամելի; ծամվող

chiaroscuro |kɪˌɑːrəˈskʊərəʊ| *noun* լույսուստվեր *(նաև նկարչության մեջ)*

chic |ʃiːk| **1** *adjective* (**chicer**, **chicest**) նրբագեղ; նորաձև **2** *noun* նրբագեղություն; նորաձևություն

Chicago |ʃɪˈkɑːgəʊ| Չիկագո *(քաղաք ԱՄՆ-ի հյուսիս-արևելքում)*

chicane |ʃɪˈkeɪn| **1** *noun* **2** *verb* *հնացած* 1) բծախնդրություն անել 2) խորամանկություն անել; նենգագործել

chicanery |ʃɪˈkeɪnəri| *noun* 1) բծախնդրություն 2) խորամանկություն; նենգագործություն 3) սոփեստություն; սոփեստաբանություն

Chichén Itzá |tʃɪˌtʃɛn ɪtˈsɑː| Չիչեն Իցա *(մայաների միջնադարյան կայսրության մայրաքաղաքը՝ հերկայիս Մեքսիկայում)*

chick |tʃɪk| *noun* ճուտ *(թռչունի)* ◊ **the chicks** ճուտիկներ; երեխաներ

slick chick *ամերիկյան ծածկալեզու* գեղեցկուհի; սիրունիկ աղջիկ

chicken |ˈtʃɪkɪn| **1** *noun* 1) ճուտ *(թռչունի)* 2) հավ; հավի միս 3) *փոխաբերական* երեխա 4) *խոսակցական* ուժեղ նյարդերի խաղ **2** *adjective* վախկոտ **3** *verb* *խոսակցական* ետ քաշվել; գլուխ չդնել

be no chicken *կատակային* ջահել չլինել

Don't count the chickens before they are hatched. *առած* Ճտերն աշնանն են հաշվում: Առուն թռի՛ր, նոր ասա՝ հո՛պ:

spring chicken *կատակային* անփորձ/անճար մարդ; կաթնակեր երեխա

That's my chicken. *խոսակցական* Ի՛մ գործն է: Քո գործը չէ: Քեզ ի՞նչ:

chicken-hearted (նաև **chicken-livered**) *adjective* վախկոտ; փոքրոգի

chicken pox |ˈtʃɪkɪnpɒks| (նաև **chickenpox**) *noun* *բժշկություն* ջրծաղիկ

chicory |ˈtʃɪk(ə)ri| *noun* (հոգն. **-ries**) ցիկորի; եղերդ

chide |tʃʌɪd| *verb* (անցյալ **chided** կամ **chid** |tʃɪd|; անցյալ դերբայ **chided** կամ **chidden** |ˈtʃɪd(ə)n|) 1) նախատել; կշտամբել 2) ոռնալ; մռնչալ *(քամու մասին)*

chief |tʃiːf| **1** *noun* 1) առաջնորդ; պարագլուխ 2) պետ; ղեկավար; տնօրեն **2** *adjective* գլխավոր; հիմնական; կարևորագույն

chiefly |ˈtʃiːfli| *adverb* գլխավորապես; հատկապես; առավելապես

chieftain |ˈtʃiːft(ə)n|, |-tɪn| *noun* 1) ցեղապետ 2) ավազակապետ; ատաման 3) *բանաստեղծական* զորապետ; զորավար

chiffon |ˈʃɪfɒn| *noun* շղարշ; շիֆոն *(մետաքսից կամ նայլոնից պատրաստված)*

chilblain |tʃɪlbleɪn| *noun* ցրտահարուք

chilblained *adjective* ցրտահարված *(մարմնի մասի վերաբերյալ)*

child |tʃʌɪld| *noun* (հոգն. **children** |ˈtʃɪldr(ə)n|) 1) երեխա; մանուկ; զավակ ◇ **from a child** մանկությունից 2) զավակ; որդի; դուստր 3) «երեխա»; անպատասխանատու մարդ; չհասունացած մարդ 4) անփորձ մարդ *(հատկապես տվյալ ոլորտում)* 5) հետնորդ; սերունդ; ժառանգ 6) *փոխաբերական* (**child of**) ծնունդ; հետևանք; արգասիք; զավակ; «արտադրանք» *(տվյալ միջավայրի ազդեցության տակ ձևավորված մարդ կամ առարկա)*

a burnt child dreads the fire բերանը դաղած երեխան սառին էլ կփչի

child of an idle brain, fancy's child *գրքային* երևակայության ծնունդ; պարապ վախտի խաղալիք; երազանքի պտուղ

child of nature բնության զավակ

child of shame, child of sin ապօրինածին երեխա; ապօրինի զավակ

natural child արտամուսնական երեխա

The child is the father of the man. Երեխան տղամարդու հայրն է: Երեխայի մեջ արդեն հասուն մարդու գծեր կան:

the children of light *աստվածաշնչային* լուսո որդիներ; քրիստոնյաներ

with child հղի; երեխով; տղոցկան

childbirth |ˈtʃʌɪl(d)bəːθ| *noun* ծննդաբերություն

child care |ˈtʃʌɪl(d)kɛː| *noun* երեխաների խնամք

childhood |ˈtʃʌɪldhʊd| *noun* մանկություն

be in one's second childhood կրկին մանկանալ; երկրորդ մանկություն ապրել

childish |ˈtʃʌɪldɪʃ| *adjective* 1) մանկական 2) երեխայական; տղայական; մանկամիտ; չհասունացած

childless *adjective* անզավակ

childlike |ˈtʃʌɪl(d)lʌɪk| *adjective* երեխայի նման; անմեղ; անկեղծ *(մեծահասակի մասին)*

childminder *noun* երեխաներին խնամող; դայակ; երեխաների խնամքով զբաղվող անձ

childproof |ˈtʃʌɪl(d)pruːf| **1** *adjective* երեխաների համար ապահով **2** *verb* երեխաների համար անմատչելի դարձնել

Chile |ˈtʃɪli|, |ˈtʃile| Չիլի *(պետություն Հարավային Ամերիկայում)*

chili |ˈtʃɪli| (նաև **chili pepper** կամ **chile**) *noun* (հոգն. **chilies** կամ **chiles** կամ բրիտ. **chillies**) չիլի պղպեղ

chill |tʃɪl| **1** *noun* 1) ցուրտ; սառնություն; պաղություն; զովություն *(թեթև, բայց տհաճ)* 2) (**chills**) սարսուռ; դող 3) *փոխաբերական* ճնշող ազդեցություն; ընկճող ազդեցություն 4) հանկարծակի զգացում *(հատկապես վախի)* 5) *փոխաբերական* սառնություն 6) *տեխնիկական* ջրմխում **2** *verb* 1) սառել 2) սառցնել 3) դողացնել 4) ընկճել; վհատեցնել 5) *տեխնիկական* ջրմխել **3** *adjective* սառը; պաղ

catch a chill մրսել; ցրտահարվել

put the chill on sb *ամերիկյան ծածկալեզու* սառը վերաբերմունք ցույց տալ; սառն ընդունել

take the chill off տաքացնել; ջերմացնել

chilly |ˈtʃɪli| **1** *adjective* (**chillier**, **chilliest**) 1) սառը; ցրտոտ 2) սառեցնող; սարսռեցնող 3) սառը; չոր; անսիրալիր; անբարյացակամ *(ընդունելության)* 4) մրսող *(մարդու մասին)* **2** *adverb* 1) սառնորեն 2) *փոխաբերական* չոր; սառը; անսիրալիր

chime¹ |tʃʌɪm| **1** *noun* 1) զանգ; զանգակ 2) զանգերի ղողանջ 3) մեղեդի; ռիթմ 4) հարմոնիա; ներդաշնակություն **2** *verb* 1) զանգերը տալ 2) խփել *(ժամացույցի մասին)* 3) ներդաշնակել; համապատասխանել ◇ **chime in** i) երգեցողությանը միանալ; ձայնակցել ii) խոսակցությանը միանալ

chime² |tʃʌɪm| (նաև **chimb**) *noun* ակոսվածք *(տակառի եզրին)*

chimera |kʌɪˈmɪərə|, |kɪ-| (նաև **chimaera**) *noun* 1) Քիմեր *(առասպելական հրեշ)* 2) քիմեր; ցնորք; պատրանք

chimerical |-ˈmɛrɪk(ə)l| *adjective* քիմերային; ցնորային

chimney |ˈtʃɪmni| *noun* (հոգն. **-neys**) 1) բուխարի 2) ծխնելույզ 3) լամպի ապակի 4) ճեղք *(ժայռի)* 5) խառնարան *(հրաբխի)*

smoke like a chimney շատ ծխել; իրար հետևից ծխել; քքել

chimney sweep *noun* ծխնելույզ մաքրող

chimpanzee |tʃɪmpænˈziː| *noun* կենդանաբանություն շիմպանզե *(Genus Pan, ընտանիք Pongidae)*

chin |tʃɪn| **1** *noun* կզակ; դունչ ◇ **scrape one's chin** սափրվել **2** *verb* ձգվել հորիզոնական ձողից *(կզակը ձողին հասցնելով)*

Chin up. *խոսակցական* Մի՛ ընկճվիր: Գլուխդ բա՛րձր պահիր: Քիթդ մի՛ կախիր:

take sth on the chin *խոսակցական* կրել կյանքի դժվարությունները; տանել կյանքի դժվարությունները; չընկճվել; դիմանալ; տոկալ

up to the chin մինչև կոկորդը; մինչև ականջները; մինչև ականջների ծայրը; մինչև մազերի ծայրը

China |ˈtʃʌɪnə| Չինաստան *(պետություն Արևելյան Ասիայում)*

china |ˈtʃʌɪnə| **1** *noun* ճենապակի; հախճապակի ◇ **a piece of china** ճենապակյա/ճենապակե առարկա *(գավաթ և այլն)* **2** *adjective* ճենապակյա; ճենապակե

Chinaman |ˈtʃʌɪnəmən| *noun* (հոգն. **-men**) *արհամարհական* չինացի; չին

China Sea Չինական ծով *(Խաղաղ օվկիանոսի այն մասը, որը հարում է Չինաստանին)*

Chinese |tʃʌɪˈniːz| **1** *adjective* 1) չինական 2) չինացի **2** *noun* (հոգն. նույնը) 1) չինացի ◇ **the Chinese** չինացիք; չինացիները 2) չինարեն

chink¹ |tʃɪŋk| *noun* ճեղք; ճեղքվածք; ճաք

chink² |tʃɪŋk| **1** *verb* զնգալ; զրնգալ **2** *noun* 1) զնգոց; զրնգոց 2) (**chinks**) կանխիկ դրամ

chintz |tʃɪn(t)s| **1** *noun* չիթ **2** *adjective* չթե

chip |tʃɪp| **1** *noun* 1) տաշեղ; ծղան 2) բեկոր; փշուր; կտոր 3) *խոսակցական* (**chips**) կարտոֆիլի բարակ տապակած կտորներ; չիպս 4) *տեխնիկական* (**microchip**) չիպ; չիփ; մանրաշրջույթ **2** *verb* (**chipped**, **chipping**) 1) տաշել; ռանդել 2) ճղել; ճեղքել; կոտրել 3) ջարդվել; կոտրվել 4) բարակ կտրտված կարտոֆիլ տապակել ◊ **chip in** խառնվել խոսակցությանը; կռվի մեջ մտնել

be in the chips *խոսակցական* փող/դրամ ունենալ; գրպանը լիքը լինել; գրպանը տոուզ լինել
cash in one's chips *ամերիկյան ծածկալեզու* մեռնել; կյանքի հետ հաշիվները փակել
chip of the old block, chip off the old block *խոսակցական* իր հոր տղան; հոր/մոր պատկերը; շատ նման հորը; Պտուղը ծառից հեռու չի ընկնի:
have a chip on one's shoulder, carry a chip on one's shoulder վեճի առիթ որոնել; կռվի առիթ որոնել; կռվարար/կռվասեր լինել; ատամ ունենալ մեկի դեմ; քեն քշել
Have had one's chips. *ծածկալեզու* Վերջն եկել է:
knock a chip from, knock a chip off *ամերիկյան* ընդունել մեկի մարտահրավերը; կռվի մեջ մտնել
Little chips light great fires. *առած* Կայծից հրդեհ կբռնկվի: Տաշեղներից խարույկ կգոյանա:
throw in one's chips with sb *ամերիկյան խոսակցական* միանալ մեկի հետ

chirp |tʃəːp| **1** *verb* ծլվլալ; ճռվողել **2** *noun* ճռվողյուն; ծլվլոց

chirpy |'tʃəːpi| *adjective* (**chirpier**, **chirpiest**) *խոսակցական* կենսուրախ; աշխույժ; ուրախ

chirr |tʃəː| (նաև **churr**) **1** *verb* ճթճթալ; ճռճռալ; խշխշալ **2** *noun* 1) ճթճթոց; ճռճռոց *(ծղրիդի)* 2) խշխշոց

chirrup |'tʃɪrəp| **1** *verb* (**-ruped**, **-ruping**) ծլվլալ **2** *noun* ծլվլոց

chisel |'tʃɪz(ə)l| **1** *noun* 1) կտրիչ; հատիչ 2) *տեխնիկական* դուր 3) (**the chisel**) քանդակագործություն 4) *ծածկալեզու* խաբեբայություն **2** *verb* (**-eled**, **-eling**; բրիտ. **-elled**, **-elling**) 1) քանդակել 2) *փոխաբերական* հղկել *(ոճը)* 3) *ծածկալեզու* խաբել

Chişinău |ˌkɪʃɪ'naʊ| Քիշինև *(Մոլդովայի մայրաքաղաքը)*

chit[1] |tʃɪt| *noun* 1) ընձյուղ 2) փոքր երեխա ◊ **a chit of a girl** *արհամարհական* անփորձ աղջիկ

chit[2] |tʃɪt| *noun հնդկական անգլերեն* 1) զեկույց 2) գրավոր բնութագիր

chivalrous |'ʃɪv(ə)lrəs| *adjective* ասպետական; ասպետ

chivalry |'ʃɪv(ə)lri| *noun* 1) ասպետություն 2) ասպետներ

chives |tʃʌɪv| *plural noun* 1) *բուսաբանություն* սոխուկ *(Allium schoenoprasum, ընտանիք Liliaceae)* 2) սոխուկի տերևները

chloride |'klɔːrʌɪd| **1** *noun քիմիա* քլորիդ ◊ **cupreous chloride** պղնձաքլորիդ **2** *adjective* քլորաջրածնային; քլորոտ

chlorinate |'klɔːrɪneɪt|, |'klɒ-| *verb* քլորել; քլորավորել; քլորով մշակել

chlorination *noun* քլորացում

chlorine |'klɔːriːn| *noun քիմիա* (**Cl**) քլոր

chlorofluorocarbon |ˌklɔːrə(ʊ)ˌflʊərə(ʊ)'kɑːb(ə)n|, |-ˌflɔː-| (հապվ. **CFC**) *noun քիմիա* ֆրեոն

chloroform |'klɔːrəfɔːm|, |'klɒr-| **1** *noun* քլորոֆորմ **2** *verb* քլորոֆորմով քնեցնել

chlorophyll |'klɔːrəfɪl|, |'klɒ-| *noun բուսաբանություն* քլորոֆիլ

chloroplast |'klɔːrə(ʊ)plæst|, |-plɑːst|, |'klɒ-| *noun բուսաբանություն* քլորոպլաստ; կանաչ պլաստիդ

chock |tʃɒk| **1** *noun* 1) սեպ 2) նեցուկ; հենարան 3) առանցքակալ **2** *verb* մի բանի տակ նեցուկ դնել; մի բանի տակ հենարան դնել ◊ **chock up** սեպել; սեպով ամրացնել; լցնել; խցկել

chockablock |tʃɒkə'blɒk| (նաև **chock-a-block**) *adjective խոսակցական* լեփ-լեցուն; բերնեբերան լցված *(մարդկանցով, իրերով)*

chock-full *adjective խոսակցական* լեփ-լեցուն; լիքը լցված

chocoholic |tʃɒkə'hɒlɪk| (նաև **chocaholic**) *noun խոսակցական* շոկոլադամոլ

chocolate |'tʃɒk(ə)lət| **1** *noun* 1) շոկոլադ 2) (**chocolates**) շոկոլադե կոնֆետներ 3) շոկոլադի գույն **2** *adjective* 1) շոկոլադային *(գույնի մասին)* 2) մուգ շագանակագույն

choice |tʃɔɪs| **1** *noun* 1) ընտրություն; ընտրում ◊ **make choice of** ընտրել; ջոկել. **make/take one's choice** իր համար ընտրություն կատարել 2) երկընտրանք 3) ընտրված; ընտրյալ **2** *adjective* ընտիր; լավագույն

Hobson's choice ակամա/հարկադրված ընտրություն *(XVII դարում Քեմբրիջում վճարովի ձիանոցի տեր Հոբսոնի անունով, ով ստիպում էր իր հաճախորդներին ընտրել ելքի մոտ կանգնած ձիուն)*

There is small choice in rotten apples. *առած* Փտած խնձորների մեջ ընտրություն չկա: Երբ ձուկ չկա, խեցգետինն էլ ձուկ է:

choir |'kwʌɪə| **1** *noun* 1) երգչախումբ 2) երգչադաս *(եկեղեցում)* **2** *verb բանաստեղծական* խմբով երգել

choke |tʃəʊk| **1** *verb* 1) շնչասպառ լինել; շնչահեղձ լինել; խեղդվել 2) խեղդել; շնչահեղձ անել 3) խեղդվել *(հացից և այլն)* • **choke down** i) դժվարությամբ կուլ տալ *(կերակուրը)* ii) զսպել *(արցունքները)* **choke in** *ամերիկյան խոսակցական* լեզուն իրեն պահել **choke off** ստիպել հրաժարվել *(մտադրությունից)* **choke up** կալնել; փակել; լցնել **2** *noun* 1) հեղձանքի նոպա 2) նեղացած մաս *(խողովակի)*

choker |'tʃəʊkə| *noun* 1) բարձր օսլայած օձիք 2) *ծածկալեզու* փողկապ

cholera |'kɒlərə| *noun* խոլերա ◊ **summer cholera** դիզենտերիա; արնալուծ

choleric |'kɒlərɪk| *adjective* մաղձային; մաղձոտ; դյուրաբորբոք

cholesterol |kə'lɛstərɒl| *noun* քոլեստերոլ; քոլեստերին

choose |tʃuːz| *verb* (անցյալ **chose** |tʃəʊz|; անցյալ դերբայ **chosen** |'tʃəʊz(ə)n|) 1) ընտրել; զատել 2) գերադասել; նախընտրել

choosy |'tʃuːzi| *adjective* (**choosier**, **choosiest**) *խոսակցական ամերիկյան* դժվարահաճ; չմահավան

chop |tʃɒp| **1** *verb* (**chopped**, **chopping**) 1) կտրել; կոտորել; կտրտել 2) թակել; ծեծել 3) հատ-հատ արտասանել *(բառերը)* ◇ **chop up** մանրել; կտրատել 4) հատել; կտրել *(ծառը)* 5) կտրուկ նվազեցնել; վերջ տալ 6) փոխել; փոփոխել 7) երերալ; տատանվել ◇ **chop about** i) ուղղությունը հանկարծակի փոխել *(քամու մասին)* ii) կտրել; կոտորել. **chop in** խոսակցությանը միանալ **2** *noun* 1) զարկ; հարված 2) թակածո կոտլետ 3) փոփոխում; տատանում 4) ալեծածանություն; ծփանք 5) (**chops**) ծնոտ 6) դրոշմ; գործարանի դրոշմանիշ ◇ **first chop** առաջին տեսակի. **second chop** երկրորդ տեսակի

chop and change 1) հաճախակի փոխել *(հայացքները/ծրագրերը/մտադրությունները)* 2) տատանվել; անվճռական լինել; չկարողանալ վճիռ կայացնել

lick one's chops մատները լիզել

chopper |ˈtʃɒpə| *noun* 1) մեծ դանակ; կացին 2) *ամերիկյան* հնկիչ *(թատրոնում)* 3) (**choppers**) ատամներ

chopstick |ˈtʃɒpstɪk| *noun* ձողիկ *(ուտելիս օգտագործվող. չինացիների և այլոց)*

choral |ˈkɔːr(ə)l| *adjective* 1) երգչախմբային; երգչախմբական 2) երգեցողության; երգեցողությամբ զբաղվող

chorale |kɒˈrɑːl| *noun* *եկեղեցական* խմբերգություն; խորալ

chord¹ |kɔːd| **1** *noun* 1) *երաժշտություն* ակորդ 2) ներդաշնակություն *(գույների)* **2** *verb* ակորդներ նվագել

chord² |kɔːd| *noun* 1) *բանաստեղծական* լար ◇ **touch the right chord** ամենազգայուն թելերին դիպչել 2) *մաթեմատիկա* լարագիծ 3) *կազմախոսություն* կապան; լար ◇ **vocal chords** ձայնալարեր. **spinal chord** ողնուղեղ

strike a chord in sb's heart, touch a chord in the heart of sb խորապես հուզել մեկին; սրտի լարերին դիպչել

chore |tʃɔː| *noun* 1) առօրյա գործ; ամենօրյա գործ; տնային գործ 2) տհաճ, բայց անհրաժեշտ գործ; դժվար խնդիր

choreograph |ˈkɒrɪəgrɑːf| *verb* 1) բեմադրել *(պար, ներկայացում և այլն)* 2) *փոխաբերական* իրականացնել; մշակել և իրագործել

choreographer |-ɪˈɒgrəfə| *noun* պարուսույց

choreography |ˌkɒrɪˈɒgrəfi| *noun* պարարվեստ; խորեոգրաֆիա

chorister ˈkɒrɪstə| *noun* խմբերգիչ; երգիչ

chorus |ˈkɔːrəs| **1** *noun* (*հոգն.* **-ruses**) 1) երգչախումբ ◇ **in chorus** խմբով 2) երաժշտություն *(խմբերգի համար)* 3) կրկներգ **2** *verb* (**-rused**, **-rusing**) խմբով խոսել; երգել

chosen 1 *verb* անցյալ դերբայ տե՛ս **choose 2** *adjective* 1) ընտրյալ 2) գերադասելի

Christ |kraɪst| **1** *noun* Քրիստոս **2** *exclamation* Աստվա՜ծ իմ

christen ˈkrɪs(ə)n| *verb* 1) կնքել; մկրտել 2) կոչել; անվանել 3) *խոսակցական* շնորհավորել *(առաջին անգամ գործածել)*

Christian 1 *adjective* 1) քրիստոնեական 2) քրիստոնյա **2** *noun* քրիստոնյա

Christiania |ˌkrɪstɪˈɑːnɪə| (նաև **Kristiania**) Քրիստիանիա *(Օսլո քաղաքի նախկին (1624-1924 թթ.) անվանումը)*

Christianity |krɪstɪˈænɪti| *noun* քրիստոնեություն

Christian name *noun* անուն; անձնանուն *(հատկապես մկրտության ժամանակ տրվող)*

Christmas |ˈkrɪsməs| **1** *noun* (*հոգն.* **-mases**) 1) Սուրբ ծնունդ *(Քրիստոսի ծննդյան եկեղեցական տոնը)* 2) որոշչային ծննդյան **2** *exclamation* *խոսակցական (արտահայտում է զարմանք, հուսահատություն)*

Christmas comes but once a year. *առած* Ամեն օր տոն չի լինում: Ամեն օր տերտերը գաթա չի ուտի: Ամեն անգամ գետը գերան չի բերի: *(Christmas comes but once a year, but when it comes it brings good cheer ասացվածքի մի մասը)*

Christmas card *noun* սուրբծննդյան բացիկ; սուրբծննդյան շնորհավորական բացիկ

Christmas Eve Սուրբծննդյան երեկո

Christmas Island Սուրբ Ծննդյան կղզի *(կղզի Հնդկական օվկիանոսում, Ճավա կղզու մոտ)*

Christmas tree *noun* սուրբծննդյան տոնածառ; Նոր տարվա տոնածառ

chromatic |krəˈmætɪk| *adjective* 1) *երաժշտություն* քրոմատիկ; կիսաձայնական 2) քրոմատիկ; գունային

chromatography |ˌkrəʊməˈtɒgrəfi| *noun* *քիմիա* գունագրություն

chrome |krəʊm| *noun* *քիմիա* (**Cr**) քրոմ

chromic |ˈkrəʊmɪk| *adjective* *քիմիա* քրոմային; քրոմի

chromosome |ˈkrəʊməsəʊm| *noun* *կենսաբանություն* քրոմոսոմ; ժառանգակ

chronic |ˈkrɒnɪk| *adjective* 1) քրոնիկական; քրոնիկ *(հիվանդություն)* 2) հարատև; սովորական; երկարատև; մնայուն

chronicle |ˈkrɒnɪk(ə)l| **1** *noun* ժամանակագրություն; քրոնիկոն **2** *verb* գրանցել; գրի առնել *(պատմական անցքերը)*

chronicler *noun* ժամանակագիր; պատմագիր

Chronicles *աստվածաշնչային* Մնացորդաց գիրք

chronological |krɒnəˈlɒdʒɪk(ə)l| *adjective* ժամանակագրական

chronology |krəˈnɒlədʒi| *noun* (*հոգն.* **-gies**) 1) ժամանակագրություն; քրոնոլոգիա 2) ժամանակագրական աղյուսակ

chronometer |krəˈnɒmɪtə| *noun* քրոնոմետր; ժամանակաչափ

chrysanthemum |krɪˈsænθɪməm|, |-z-| *noun* (*հոգն.* **-mums**) *բուսաբանություն* քրիզանթեմ; ոսկեծաղիկ *(Genera Chrysanthemum կամ Dendranthema, ընտանիք Compositae)*

chubby |ˈtʃʌbi| *adjective* (**-bier**, **-biest**) թմբլիկ; կլորադեմ

chuck¹ |tʃʌk| *խոսակցական verb* կռնչ

chuck² |tʃʌk| **1** *verb* շպրտել; նետել • **chuck**

away i) առիթը ձեռքից բաց թողնել ii) փող/դրամ վատնել **chuck it!** լռի՛ր **chuck out** դուրս քշել; վռնդել **chuck up** թողնել *(աշխատանքը, պաշտոնը)* **2** *noun* 1) շպրտում; նետում 2) ◇ **the chucks** *ծածկալեզու* ծառայությունից հեռացնելը

chuck³ |tʃʌk| **1** *noun* 1) ճուտ 2) *փաղաքշական* ճուտիկ 3) կչկչոց; կռթոց *(հավի)* 4) ձիուն շտապեցնելը *(ձայն տալով)* **2** *verb* 1) ձայն տալով հավերին կանչել; ջու՛- ջու՛ անել 2) կչկչալ; կռթալ 3) ձիուն շտապեցնել

chuck⁴ |tʃʌk| *noun* *խոսակցական* ուտելիք; սնունդ

chuckle |'tʃʌk(ə)l| **1** *verb* 1) քթի տակ ծիծաղել; քրքջալ 2) ուրախանալ 3) կչկչալ **2** *noun* 1) քրքիջ; քթի տակ ծիծաղելը 2) ուրախություն 3) կչկչոց

chuff |tʃʌf| *noun* 1) կոպիտ/բոի մարդ 2) կծծի/ժլատ մարդ

chug¹ |tʃʌg| **1** *verb* (**chugged**, **chugging**) փրթփրթալով աշխատել *(մեքենայի շարժիչի մասին)* **2** *noun* փրթփրթոց

chug² (նաև **chugalug** կամ **chug-a-lug**) *verb* (**chugged**, **chugging**) *խոսակցական* մի շնչով խմել

Chukchi Sea |'tʃʊktʃi:| Չուկոտյան ծով *(Հյուսիսային սառուցյալ օվկիանոսի մի մասը, որը Բերինգի նեղուցի միջոցով միանում է Խաղաղ օվկիանոսին)*

chum¹ |tʃʌm| *հնացած* **1** *noun* 1) *խոսակցական* ընկեր; բարեկամ ◇ **new chum** վերաբնակիչ; նորաբնակիչ *(Ավստրալիայում)* 2) սենյակակից; սենեկակից; նույն սենյակում ապրող **2** *verb* (**chummed**, **chumming**) 1) նույն սենյակում ապրել 2) ընկերանալ; ընկերություն անել ◇ **chum in/up** մտերմանալ

chum² |tʃʌm| **1** *noun* ձուկ բռնելու խայծ **2** *verb* խայծը նետել նավակողից

chummy *adjective* *խոսակցական* սրտաբաց; մարդամոտ; ընկերական

chump |tʃʌmp| *noun* 1) կոճղ 2) *խոսակցական* գլուխ 3) հաստագլուխ; հիմար 4) սուկի *(մեջքի միս)*

be off one's chump, go off one's chump *ծածկալեզու* խախտվել; խելքը թռցնել; գժվել; ցնդել

chunk |tʃʌŋk| **1** *noun* 1) կտոր; պատառ 2) թիկնավետ/ամրակազմ մարդ **2** *verb* կտրտել; կտրատել; մանրացնել

a chunk of a ... 1) հրաշալի; հիանալի *(մարդու մասին)* 2) դաժան; անողոք *(կովի/մեռնամարտի մասին)*

chunky |'tʃʌŋki| *adjective* (**chunkier**, **chunkiest**) 1) գեր ու կարճահասակ 2) հաստ; խոշոր *(նաև բրդյա հագուստի մասին)* 3) կտորներով; պատառներով *(կերակրի մասին)*

church |tʃə:tʃ| **1** *noun* եկեղեցի ◇ **the Church of England** Անգլիկան Եկեղեցի. **Free church** Անկախ եկեղեցի *(Շոտլանդիայում)* **2** *verb* *հնացած* նոր ծննդաբերած կնոջը եկեղեցի տանել *(Աստծուն գոհունակություն հայտնելու համար)*

enter the church, go into the church հոգևորական դառնալ; կրոնավոր դառնալ; հոգևոր ասպարեզ ընդունել

churchgoer |'tʃə:tʃgəʊə| *noun* եկեղեցի հաճախող

Church of England Անգլիկան եկեղեցի

churchwarden |'tʃə:tʃwɔ:d(ə)n| *noun* 1) երեցփոխ 2) երկար ծխամորճ *(կավից)*

churchy |'tʃə:tʃi| *adjective* 1) կրոնով տարված *(մարդու մասին)* 2) *խոսակցական* մեղմ; հեզահամբույր; քաղցր-մեղցր 3) եկեղեցանման; եկեղեցունման

churchyard |'tʃə:tʃja:d| *noun* եկեղեցու բակ; գերեզմանատուն

churl |tʃə:l| *noun* 1) կոպիտ; բոի; գռեհիկ; անտաշ *(մարդ)* 2) կծծի/ժլատ մարդ

churlish |'tʃə:lɪʃ| *adjective* 1) կոպիտ; անտաշ; բոի 2) կծծի; ժլատ

churn |tʃə:n| **1** *noun* 1) խնոցի 2) խառնիչ **2** *verb* 1) խնոցի հարել 2) թափ տալով խառնել; փրփրացնել

chute¹ |ʃu:t| (նաև **shoot**) *noun* 1) սահանք 2) զառիվայր; թեքվածք; թեքատ

chute² |ʃu:t| *noun* *ռազմական խոսակցական* անկարգել; պարաշյուտ

Chuvashia |tʃu:'vɑ:ʃɪə| Չուվաշիա *(ինքնավար հանրապետություն Ռուսաստանի կազմում)*

CIA *abbreviation* Central Intelligence Agency ԿՀՎ; Կենտրոնական Հետախուզական Վարչություն *(ԱՄՆ-ի)*

cicada |sɪ'kɑ:də| *noun* ցիկադա *(կնճիթավոր միջատ. ընտանիք Cicadidae)*

cicatrize |'sɪkətrʌɪz| *verb* 1) սպիանալ; լավանալ *(վերքի մասին)* 2) բուժել *(վերքը)*

cider |'sʌɪdə| *noun* (նաև **sweet cider**) խնձորի գինի

all talk and no cider դատարկ խոսակցություն

cigar |sɪ'gɑ:| *noun* սիգար

cigarette |sɪgə'rɛt| (նաև **cigaret**) *noun* սիգարետ; գլանակ

ciliary |'sɪlɪəri| *adjective* *կենսաբանություն* թարթիչային

Cilicia |sɪ'lɪʃə| Կիլիկիա *(հինավուրց շրջան Փոքր Ասիայում)*

cinder |'sɪndə| *noun* 1) խարամ 2) (**cinders**) մարմրող ածուխ; անթեղ 3) (**cinders**) մոխիր

Cinderella |sɪndə'rɛlə| *noun* 1) Մոխրոտիկ; Մոխրատիտիկ *(հեքիաթում)* 2) «թաքնված տաղանդ»

cinema |'sɪnɪmə|, |-mɑ:| *noun* 1) կինոթատրոն 2) կինոֆիլմ; ֆիլմ 3) կինոարտադրություն; կինոարդյունաբերություն

cinematograph |ˌsɪnɪ'mætəgrɑ:f| (նաև **kinematograph**) *noun* *պատմական* 1) կինոապարատ 2) կինեմատոգրաֆ; կինոթատրոն

cinereous |sɪ'nɪərɪəs| *adjective* մոխրագույն; գորշ

cinnabar |'sɪnəbɑ:| *noun* կինաբար *(վառ կարմիր հանքանյութ և դրանից պատրաստված ներկ)*

cinnamon |'sɪnəmən| *noun* դարչին; կինամոն

cipher |'sʌɪfə| (նաև **cypher**) **1** *noun* 1) ծածկագիր; գաղտնագիր; շիֆր ◇ **in cipher** ծածկագրված

2) ծածկագիրը կարդալու բանալի 3) *հնացած* զրո 4) մոնոգրամ 5) արաբական թվանշան **2** *verb* 1) ծածկագրել; գաղտնագրել 2) (**cipher out**) հաշվել; հաշվարկել

circa |ˈsəːkə| *preposition* մոտ; մոտավորապես

Circassian |səːˈkæsɪən| **1** *adjective* չերքեզական **2** *noun* չերքեզ; չերքեզուհի

circle |ˈsəːk(ə)l| (հապվ. **cir.** կամ **circ.**) **1** *noun* 1) շրջան; շրջանակ; շրջագիծ ◇ **complete the circle** շրջափակել. **square the circle** շրջանի քառակուսին գտնել; անլուծելի խնդիր առաջադրել; անհնարին բանի ձգտել. **Arctic circle** հյուսիսային բևեռային շրջան 2) *աստղագիտություն* շրջանածիր; ուղեծիր 3) *թատրոն* թատերահարկ; յարուս ◇ **parquet circle** ամֆիթատրոն. **dress circle** օթյակ; դստիկոն *(թատրոնի)*. **upper circle** վերնասրահ; գալյորկա *(թատրոնում)* 4) *ամերիկյան* թատերապատշգամբ; բալկոն 5) շրջապտույտ; շրջան; ցիկլ 6) ծանոթների շրջան ◇ **family circle** ընտանեկան շրջան 7) գործունեության ոլորտ 8) խմբակ *(ուսումնական)* **2** *verb* 1) պտտվել; պտույտներ տալ 2) շրջապատել; շրջափակվել

argue in a circle, reason in a circle *խոսակցական* ոչ տրամաբանորեն դատել; խճճվել դատողությունների մեջ

go/run/rush round in a circle խճճվել; տեղում դոփել

go/run round in small circles ժամանակն իզուր վատնել; ջուր ծեծել

vicious circle արատավոր շրջան; անելք դրություն; կախարդական շրջան

circlet |ˈsəːklɪt| *noun* 1) կլորակ; շրջանակ 2) ապարանջան; մատանի 3) խույր; ապարոշ *(գլխազարդ)*

circuit |ˈsəːkɪt| (հապվ. **cir.** կամ **circ.**) **1** *noun* 1) շրջապտույտ 2) շրջագծի երկայնություն 3) շրջագայություն 4) դատական օկրուգ 5) *էլեկտրականություն* շղթա; շղթայագիծ ◇ **short circuit** կարճ միացում 6) պարբերաշրջան; ցիկլ **2** *verb* պտույտներ տալ

circuit board *noun համակարգիչներ* շղթայի հարթակ; շղթայի քարտ

circuit breaker *noun համակարգիչներ* ընդհատիչ

circuitous |səːˈkjuːɪtəs| *adjective* զարտուղի; կողմնակի *(ճանապարհի մասին)*

circular |ˈsəːkjʊlə| (հապվ. **cir.** կամ **circ.**) **1** *adjective* 1) կլոր 2) շրջանային; շրջանաձև; պտուտական 3) շրջաբերական 4) *մաթեմատիկա* աղեղնաձև 5) պտուտակաձև *(սանդուղք)* **2** *noun* 1) շրջաբերական 2) գովազդ; թռուցիկ

circulate |ˈsəːkjʊleɪt| *verb* 1) շրջանառել *(արյան մասին)* 2) պտտվել 3) շրջանառության մեջ լինել *(դրամի մասին)* 4) տարածվել *(լուրերի մասին)* 5) տարածել *(լուրեր)* 6) կրկնվել *(պարբերական կոտորակի մասին)*

circulation |səːkjʊˈleɪʃ(ə)n| (հապվ. **cir.** կամ **circ.**) *noun* 1) շրջապտույտ; շրջանառություն *(արյան)* ◇ **in circulation** շրջանառության մեջ 2) փողի/դրամի շրջանառություն 3) մամուլի տարածում; տպաքանակ; տիրաժ 4) տարածում; տարածվելը *(լուրերի և այլնի)*

circulator *noun* տարածող *(հիվանդության, լուրեր և այլն)*

circulatory |ˈsəːkjʊlət(ə)ri|, |səːkjʊˈleɪt(ə)ri| *adjective* շրջանառական; շրջանառու

circumambient |ˌsəːkəmˈæmbɪənt| *adjective բանաստեղծական* շրջապատող

circumambulate |ˌsəːkəmˈæmbjʊleɪt| *verb գրական անգլերեն* 1) շրջագայել; շրջել 2) *փոխաբերական* հարցի շուրջը պտտվել; գործի էության մեջ չթափանցել

circumcise |ˈsəːkəmsʌɪz| *verb* 1) թլփատել 2) շրջահատել

circumcision |səːkəmˈsɪʒ(ə)n| *noun* թլփատում; թլփատություն

circumference |səˈkʌmf(ə)r(ə)ns| (հապվ. **cir.** կամ **circ.**,) *noun* 1) շրջագիծ; պարագիծ 2) շրջապատ; շրջակայք

circumferential |-ˈrɛnʃ(ə)l| *adjective* շրջագծային

circumfluent |səːˈkʌmflʊənt| *adjective* ողողող; շրջահոս

circumjacent |ˌsəːkəmˈdʒeɪs(ə)nt| *adjective հնացած* շրջապատող; եզերող; շրջանակող; օղակող

circumlocution |ˌsəːkəmləˈkjuːʃ(ə)n| *noun* 1) խուսափողական պատասխան 2) բազմախոսություն; շատախոսություն; երկարաբանություն

circumlocutory |-ˈlɒkjʊt(ə)ri| *adjective* 1) խուսափողական 2) շատախոս; բազմաբան; երկարաբան

circumnavigate |səːkəmˈnævɪgeɪt| *verb* շուրջերկրյա նավարկություն կատարել

circumnavigation |-ˈgeɪʃ(ə)n| *noun* շուրջերկրյա նավարկություն

circumnavigator *noun* շուրջերկրյա ծովագնաց

circumscribe |ˈsəːkəmskrʌɪb| *verb* 1) սահմանափակել; սահմանագծել 2) *մաթեմատիկա* շրջագծել

circumscription |-ˈskrɪpʃ(ə)n| *noun* 1) սահմանափակում 2) սահման; սահմանագիծ

circumspect |ˈsəːkəmspɛkt| *adjective* շրջահայաց; զգույշ

circumspection |-ˈspɛkʃ(ə)n| *noun* շրջահայեցություն

circumstance |ˈsəːkəmst(ə)ns| *noun* 1) հանգամանք; դեպք; պարագա ◇ **under no circumstances** ոչ մի դեպքում. **narrow circumstance** ղժվարին կացություն; նեղ պայմաններ 2) (**circumstances**) նյութական դրություն ◇ **in straitened circumstances, in poor circumstances, in reduced circumstances** ծանր նյութական պայմաններում. **be in easy circumstances** լավ նյութական պայմաններում լինել; նյութապես ապահովված լինել 3) (**circumstances**) մանրամասնություններ 4) հանդիսակարգ

Circumstances alter cases. *առած* Ամեն ինչ կախված է հանգամանքներից: Հանգամանքներն են որոշում մարդու արարքը:

easy circumstances ապահով/անհոգ կյանք;

հեշտ կյանք

remote circumstance, poor circumstance, mere circumstance 1) անպետք իր 2) ազդեցություն չունեցող մարդ; կարևորություն չունեցող մարդ

circumstantial |sə:kəmˈstænʃ(ə)l| *adjective* 1) մանրամասն; հիմնավոր 2) պատահական; կողմնակի; անուղղակի

circumvent |sə:kəmˈvɛnt| *verb* 1) խաբել; խորամանկել 2) խափանել *(պլանները)* 3) շրջանցել

circus |ˈsə:kəs| *noun* (հոգն. **-cuses**) 1) կրկես 2) կրկեսի հրապարակ 3) *երկրաբանություն* ցիրկ 4) կլոր հրապարակ *(որից շառավղաձև փողոցներ են սկիզբ առնում)*

see the circus *ամերիկյան խոսակցական* տհաճություն/ձախորդության հանդիպել

cirrhosis |sɪˈrəʊsɪs| *noun բժշկություն* ցիրոզ; թորշոմում; կնճռոտում

cirrostratus |ˌsɪrəʊˈstrɑ:təs|, |-ˈstreɪtəs| *noun* փետրաշերտավոր ամպ

cirrus |ˈsɪrəs| *noun* (հոգն. **cirri** |-rʌɪ|) 1) փետրաձև ամպ 2) *բուսաբանություն* մագմզուկ; բեղիկ 3) *կենդանաբանություն* շոշափուկ

CIS *abbreviation* Commonwealth of Independent States ԱՊՀ; Անկախ պետությունների համագործակցություն

cistern |ˈsɪstən| *noun* 1) ցիստերն 2) ջրամբար; ավազան

citadel |ˈsɪtəd(ə)l|, |-dɛl| *noun* 1) միջնաբերդ 2) ամրոց; ամրություն 3) պատվար; հենարան 4) ապաստան; պատսպարան

citation |sʌɪˈteɪʃ(ə)n| (հպվ. **cit.**) *noun* 1) վկայակոչում; մեջբերում 2) թվարկում 3) դատակոչ

cite |sʌɪt| **1** *verb* 1) վկայակոչել; մեջբերել 2) կանչել; հրավիրել *(դատարան)* **2** *noun* մեջբերում; վկայակոչում; հղում

citizen |ˈsɪtɪz(ə)n| (հպվ. **cit.**) *noun* 1) քաղաքացի 2) քաղաքի բնակիչ

citizen of the world աշխարհաքաղաքացի; ամբողջ աշխարհն իր հայրենիքը համարող մարդ

citizenship *noun* քաղաքացիություն

citric acid *noun քիմիա* կիտրոնաթթու; լիմոնաթթու

citron |ˈsɪtr(ə)n| *noun բուսաբանություն* ցիտրոն *(կիտրոնից պակաս թթու պտուղ ներով ծառ)*

citrus |ˈsɪtrəs| **1** *noun* (հոգն. **-ruses**) 1) *բուսաբանություն* ցիտրուսային/կիտրոնազգի բույս 2) ցիտրուս; ցիտրուսային պտուղ **2** *adjective* (նաև **citrous**) ցիտրուսային

city |ˈsɪti| *noun* (հոգն. **cities**) 1) քաղաք ◇ **the City** Սիտի *(Լոնդոնի առևտրական կենտրոնը)* 2) *որոշչային* քաղաքային; մունիցիպալ

be in a fat city *ամերիկյան ծածկալեզու* հիանալի տրամադրության մեջ լինել; Քեֆին քեֆ չի հասնի: Մովը ծնկներից է:

federal city *ամերիկյան* մայրաքաղաք Վաշինգտոնը

the city of the angels *ամերիկյան* հրեշտակների քաղաք Լոս-Անջելեսը *(իսպաներենից)*

the eternal city հավերժական քաղաք Հռոմը

City of God 1) Աստծո քաղաք 2) քրիստոնեական եկեղեցին *(ըստ Օգոստինոսի «Աստծո քաղաքը» գործի բնորոշման)*

civic |ˈsɪvɪk| *adjective* 1) քաղաքացիական ◇ **civic education** քաղաքացիական կրթություն 2) քաղաքային

civil |ˈsɪv(ə)l|, |-ɪl| *adjective* 1) քաղաքացիական 2) քաղաքավարի; բարեկիրթ

do the civil *խոսակցական* քաղաքավարի/սիրալիր լինել; բարեհամբույր լինել

civil engineer *noun* շինարար ինժեներ; քաղաքացիական շինարարության ինժեներ

civilian |sɪˈvɪlj(ə)n| **1** *noun* քաղաքացի; քաղաքացիական զգեստով մարդ; քաղաքացիական հագուստով մարդ **2** *adjective* քաղաքացիական

civility |sɪˈvɪlɪti| *noun* (հոգն. **-ties**) քաղաքավարություն; բարեկրթություն; սիրալիրություն

civilization |ˌsɪvɪlʌɪˈzeɪʃ(ə)n| *noun* քաղաքակրթություն

civilize |ˈsɪvɪlʌɪz| *verb* քաղաքակրթել; քաղաքակիրթ դարձնել

civil law *noun* քաղաքացիական իրավունք/օրենսգիրք

civil liberty *noun* (**civil liberties**) քաղաքացիական ազատություններ

civil rights *plural noun* քաղաքացիական իրավունքներ

civil servant *noun* քաղծառայող; քաղաքացիական ծառայող

civil service *noun* քաղաքացիական ծառայություն

civil war *noun* քաղաքացիական պատերազմ

clack |klæk| **1** *verb* 1) շխկացնել; թխկացնել 2) բարձրաձայն շաղակրատել 3) կչկչալ **2** *noun* 1) շխկոց; թխկոց 2) շաղակրատանք

clad² |klæd| *verb* (**cladding**; անցյալ և անցյալ դերբայ **cladded** կամ **clad**) պատել; զօծել; ծածկել; վերարկել

claim |kleɪm| **1** *verb* 1) պահանջել 2) պահանջ ներկայացնել 3) հաստատել; պնդել 4) *իրավունք* հայց հարուցել **2** *noun* 1) պահանջ 2) իրավապահանջ; հայց ◇ **lay claim to** իրավունքներ ներկայացնել. **prosecute a claim for damages** հայց հարուցել վնասների հատուցման համար 3) պնդում 4) *հանքաբանություն* մշակման համար հատկացված հանքավայր

jump a claim ապօրինի տիրանալ ուրիշի հողամասին/ունեցվածքին

push one's claim համառորեն պահանջ ներկայացնել

stake out a claim սեփական իրավունքը հաստատել

claimant |ˈkleɪm(ə)nt| *noun* 1) *իրավունք* հայցվոր 2) հավակնորդ

clairvoyance |klɛ:ˈvɔɪəns| *noun* 1) խորաթափանցություն 2) պայծառատեսություն

clairvoyant |klɛ:ˈvɔɪənt| **1** *noun* խորաթափանցություն; սրաթափանցություն **2** *adjective* խորաթափանց; սրաթափանց

clam |klæm| **1** *noun* ուտելի փափկամարմին

2 *verb* (**clammed**, **clamming**) 1) փափկամարմիններ որսալ/հավաքել 2) հանկարծակի լռել

shut up like a clam *խոսակցական* լռել; դադարել խոսելուց; բերանը ջուր առնել

clamant |ˈkleɪm(ə)nt|, |ˈklæm-| *adjective* 1) աղմկարար 2) հապտատակամ; համառ 3) աղաղակող *(անարդարության մասին)*

clamber |ˈklæmbə| **1** *verb* 1) մագլցել 2) շուրջը բոլորվել *(բույսերի մասին)* **2** *noun* մագլցում

clammy |ˈklæmi| *adjective* (**clammier**, **clammiest**) 1) մածուցիկ; կպչուն 2) խոնավ *(օդի մասին)*

clamorous *adjective* աղմկալի; աղմկարար

clamp |klæmp| **1** *noun* 1) սեղմիչ; մամլակ 2) կույտ; կուտակ; դարսակ 3) ծանր քայլվածք **2** *verb* 1) ամրացնել 2) սեղմել 3) դարսել; շարել 4) դոփելով քայլել

clampdown |ˈklæmpdaʊn| *noun խոսակցական* ճնշելու փորձ; դիմագրավություն

clan |klæn| *noun* 1) տոհմային համայնք; կլան 2) խմբավորում; կլիկ

clandestine |klænˈdɛstɪn|, |ˈklændɛstɪn| *adjective* գաղտնի; ծածուկ; գաղտնագողի

clang |klæŋ| **1** *noun* շաչյուն; շառաչյուն; զնգոց **2** *verb* զնգալ; շառաչել

clank |klæŋk| **1** *noun* 1) շառաչյուն *(շղթաների)* 2) շաչյուն *(չեկքի)* **2** *verb* շառաչել; շաչել

clap |klæp| **1** *verb* (**clapped**, **clapping**) 1) ծափահարել; ծափ տալ 2) թափահարել *(թևերը)* 3) թեթև զարկել *(ուսերին)* 4) ուժգին փակել *(կափարիչը)* 5) գլխարկն աչքերին քաշել ◇ **clap on** i) առագաստները պարզել ii) հարկել; հարկ դնել. **clap up** արագ կերպով գործարք կնքել **2** *noun* 1) որոտ 2) ծափ

clapper |ˈklæpə| *noun* 1) լեզվակ *(զանգի)* 2) ճչանակ *(թռչուններ վախեցնելու համար)*

like the clappers 1) շատ արագ; միանգամից; ակնթարթորեն 2) հիմնովին; ամբողջովին

claptrap |klæptræp| (նաև **clap-trap**) **1** *noun* ճոռոմ դարձվածք; ճռնչալից խոսք **2** *adjective* ցուցամոլական

claret |ˈklærət| **1** *noun* 1) կլարետ; բորդո *(գինու տեսակ)* ◇ **tap sb's claret** մեկի քիթը ջարդելով արյունոտել 2) բորդո *(մուգ կարմիր գույն)* **2** *adjective* բորդոյի գույնի; մուգ կարմրագույն

clarification |-fɪˈkeɪʃ(ə)n| *noun* 1) պարզաբանում; պարզում 2) մաքրում; զտում

clarify |ˈklærɪfʌɪ| *verb* (**-fies**, **-fied**) 1) մաքրել; հստակ դարձնել 2) մաքրվել; հստակ դառնալ 3) պարզել; պարզաբանել

clarinet |klærɪˈnɛt| *noun* երաժշտություն կլարնետ

clarion |ˈklærɪən| **1** *noun* պատմական բանաստեղծական 1) փող; շեփոր 2) շեփորի ձայնը **2** *adjective* հնչեղ

clarity |ˈklærɪti| *noun* 1) պարզություն 2) հստակություն 3) վճիտություն; թափանցիկություն

clash |klæʃ| **1** *noun* 1) բախում; ընդհարում; կոնֆլիկտ 2) զենքի շաչյուն 3) աղմուկ **2** *verb* 1) բախվել; ընդհարվել 2) համընկնել *(ժամանակի տեսանկյունից)* 3) չհամընկնել *(կարծիքների/տեսակետների մասին)* 4) զանգերը տալ 5) աղմուկ բարձրացնել 6) շաչել; շառաչել

clasp |klɑːsp| **1** *verb* 1) կոճկել 2) ձեռք սեղմել 3) գրկել; գրկախառնվել **2** *noun* 1) ճարմանդ; կոճակ 2) ձեռք սեղմելը 3) գիրկ; գրկելը; գրկախառնում

class |klɑːs| **1** *noun* դասակարգ ◇ **the working class** բանվոր դասակարգ. **the middle class** միջին դաս. **the upper class** խոշոր բուրժուազիա; արիստոկրատիա; բարձր խավ. **the proprietary class** ունևոր դաս. **landed classes** կալվածատերեր **2** *verb* դասակարգել ◇ **class with** *փոխաբերական* մի շարքում դասել **3** *adjective խոսակցական* դասակարգային **4** *noun* 1) կենսաբանություն դաս; խումբ 2) կարգ; տեսակ; դասարան 3) զորակոչի հասակ 4) կարգ *(երկաթուղու, նավի և այլն)* 5) ամերիկյան շրջանավարտներ *(նույն տարվա)* **5** *adjective* 1) դասարանային; դասարանական 2) *խոսակցական* գերազանց

be in a class by oneself աչքի ընկնել ինչ-որ բանում; մի գլուխ բարձր լինել մյուսներից

It is no class., There is no class. *խոսակցական* Հեչ բան է: Անպետք բան է: Դատարկ բան է:

class action *noun իրավունք* խմբային հայց; համատեղ հայց

classic |ˈklæsɪk| **1** *adjective* 1) դասական; կլասիկ 2) օրինակելի 3) բնորոշ; հատկանշական; տիպիկ **2** *noun* 1) դասական; կլասիկ *(հեղինակ, նկարիչ և այլն)* 2) դասական բանասիրության մասնագետ *(հունագետ, լատինագետ)* 3) դասական լեզուներ և գրականություն 4) դասական գործ

classical |ˈklæsɪk(ə)l| *adjective* 1) դասական; կլասիկ *(հատկապես հին հունահռոմեական մշակույթի տարրերի մասին)* 2) դասական; հունարենի ու լատիներենի վրա հիմնված *(կրթության վերաբերյալ)*

classicism |ˈklæsɪsɪz(ə)m| *noun* 1) կլասիցիզմ; դասականություն; կլասիկականություն 2) *լեզվաբանություն* լատինական կամ հունական արտահայտություն

classification |ˌklæsɪfɪˈkeɪʃ(ə)n| *noun* դասակարգում

classified |ˈklæsɪfʌɪd| **1** *adjective* դասակարգված **2** *noun* դասակարգված գովազդներ

classify |ˈklæsɪfʌɪ| *verb* (**-fies**, **-fied**) 1) դասակարգել 2) գաղտնիացնել

classifying *adjective* քերականություն հարաբերական *(ածականի մասին, որը սովորաբար չի ունենում համեմատության աստիճաններ)*

classless |ˈklɑːslɪs| *adjective* 1) անդասակարգ; դասակարգերի չբաժանված *(հասարակության մասին)* 2) ոչ դասակարգային *(որոշակի դասակարգի բնորոշ հատկանիշներ չունեցող)*

classmate |ˈklɑːsmeɪt| *noun* 1) դասընկեր; դասարանակից 2) դպրոցակից *(նույն դպրոցի աշակերտ)*

classroom |ˈklɑːsruːm|, |-rʊm| *noun* դասասենյակ; դասարան

classy |ˈklɑːsi| *adjective* (**classier**, **classiest**) *խոսակցական* նրբաճաշակ; նրբաոճ

clatter |ˈklætə| **1** *noun* 1) թխկթխկոց; չխկ-

չխկոց; շրխկոց 2) ժխոր; աղմուկ-աղաղակ; գոռում-գոչյուն 3) դոփյուն **2** *verb* 1) թխկթխկացնել; չխկչխկացնել 2) աղմկել; գոռգոռալ; աղմուկ գցել ◇ clatter along դոփել

clause |klɔːz| *noun* 1) *քերականություն* նախադասություն ◇ principal clause գլխավոր նախադասություն. subordinate clause երկրորդական նախադասություն 2) կետ; հոդված *(պայմանագրի և այլնի)* ◇ saving clause պայմանագրի հոդված *(վերապահումով)*

claustrophobia |klɔːstrəˈfəʊbɪə| *noun* վախ փակ տարածքից

claustrophobic |klɔːstrəˈfəʊbɪk| **1** *adjective* 1) փակ տարածքից վախեցող *(մարդու մասին)* 2) փակ տարածքից վախ առաջացնող *(վայրի մասին)* **2** *noun* փակ տարածքից վախեցող մարդ

clavicle |ˈklævɪk(ə)l| *noun* *կազմախոսություն* անրակ

claw |klɔː| **1** *noun* 1) *կազմախոսություն* ճանկ; մագիլ; ճիրան 2) թաթ *(ճանկերով)* 3) չանչ 4) *արհամարհական* ձեռք 5) *տեխնիկական* աքցան **2** *verb* 1) ճանկռտել; չանգռտել; քերծել; քրքրել 2) դիզել *(փող և այլն)*

Claw me and I will claw thee. *առած* Ծառայություն՝ ծառայության դիմաց: Մերձավորները իրար պաշտպանում են: Դու ինձ, ես՝ քեզ: Պա՛չ արա մի աչքս՝ պաչեմ երկու աչքդ:

cut/clip/pare sb's claws *փոխաբերական* մեկին վնասազերծ անել; վնասազերծել; շարքից հանել

get one's claws into sb կառչել մեկին; պինդ բռնել; կպչել ու պոկ չգալ մեկից; ճանկը գցել; թակարդը/ցանցը գցել

clay |kleɪ| *noun* 1) կավ ◇ plastic clay քանդակելու կավ 2) հող 3) *բանաստեղծական* աճյուն 4) կավե ծխամորճ

moisten one's clay կոկորդը թրջել; խմել

clayey *adjective* կավային; կավե

claymore |ˈkleɪmɔː| *noun* թրադաշույն *(շոտլանդական լեռնեցիների)*

clean |kliːn| **1** *adjective* 1) մաքուր; լվացված; մաքրված; սրբված 2) մաքրասեր; մաքրակենցաղ 3) մաքուր; չաղտոտված; աղտոտումից զերծ 4) մաքրաբարո; առաքինի 5) վայելչության սահմաններում *(ոտանավորի, անեկդոտի մասին)* 6) բարեկազմ; լավ կազմվածք ունեցող *(մարդու մասին)* 7) դիպուկ 8) անմեղ; արդար; արդարացի; անխարդախ 9) կոկիկ; զուսպ; հավասար *(որևէ առարկայի տեսքի մասին)* **2** *adverb* 1) մաքուր-մաքուր 2) ուղղակի; հենց 3) բոլորովին; միանգամայն **3** *verb* 1) մաքրել 2) հավաքել; սրբել *(սենյակը)* ◇ clean down փոշին սրբել; ձին մաքրել. clean up հավաքել; կարգի բերել 3) ամանները լվանալ **4** *noun* ◇ give it a clean մաքրել

clean as a pin մաքուր; կոկիկ; ասեղի տակից նոր դուրս եկած

clean sheet/slate մաքուր անուն; անբիծ համբավ

clean-cut *adjective* 1) սուր արտահայտված; արտահայտիչ; ցայտուն *(դիմագծեր և այլն)* 2) կոկիկ; վայելուչ; բարետես 3) որոշակի; ստույգ

cleaner |ˈkliːnə| *noun* 1) հավաքարար; մաքրող ◇ vacuum cleaner փոշեծծիչ 2) (the cleaners) քիմմաքրում 3) մաքրիչ *(սարք)* 4) մաքրող նյութ

go to the cleaners *խոսակցական* թալանվել; կողոպտվել; փողերը կորցնել; կլպվել

cleanliness *noun* մաքրություն; մաքրասիրություն

Cleanliness is next to godliness. *առած* Մաքրասիրությունը բերում է արդարամտության:

cleanly **1** *adverb* |ˈkliːnli| 1) մաքուր; չաղտոտող 2) մաքուր; բարեհաջող; անփորձանք; հարթ *(որևէ գործ կատարելու վերաբերյալ)* **2** *adjective* |ˈklɛnli|(-lier, -liest) *հնացված* մաքրասեր

cleanse |klɛnz| *verb* 1) մաքրել *(հատկապես մաշկը)* 2) ախտահանել 3) ազատել *(մեղքից, թերություններից և այլն)*

cleanser |ˈklenzə| *noun* 1) մաքրող նյութ; մաքրող հեղուկ; մաքրող փոշի *(լվացարանները և այլն մաքրելու համար)* 2) մաքրող *(մաշկը մաքրելու նյութ)*

clean-shaven *adjective* մաքուր սափրված

cleanup (նաև **clean-up**) *noun* *խոսակցական* մաքրում; հավաքում

clear |klɪə| **1** *adjective* 1) պարզորոշ; բացահայտ; որոշակի 2) հասկանալի; դյուրըմբռնելի; մատչելի; աներկիմաստ 3) թափանցիկ 4) ջինջ; անամպ; պարզ; պայծառ *(նաև աչքերի մասին)* 5) մաքուր; հստակ 6) զերծ *(հիվանդությունից և այլն)* 7) հանգիստ *(խղճի մասին)* 8) (**clear of**) հեռու; չդիպչող 9) ազատ *(ճանապարհի մասին)* 10) ամբողջ; լրիվ **2** *adverb* 1) հեռու; մի կողմ; ճանապարհից այնկողմ 2) պարզ ◇ clear as noonday i) լույսի պես պարզ ii) լիովին; ամբողջապես 3) մաքուր 4) հստակորեն; պարզորոշ; որոշակիորեն 5) ամբողջությամբ **3** *verb* 1) մաքրել 2) պարզ/պարզորոշ դառնալ 3) փարատել *(կասկածը)* 4) արդարացնել *(մեղադրյալին)* 5) խոչընդոտները վերացնել 6) ցրվել *(ամպերի, մարդկանց մասին)* 7) կողքից անցնել 8) *մարզական* արգելագիծը թռչել-անցնել 9) վճարել; հատուցել

All clear 1) Օդային տագնապն ավարտված է: Տագնապի ավարտ: 2) Ճանապարհն ազատ է: Ճանապարհը բաց է:

As clear as two and two makes four. Պարզ է, ինչպես երկու անգամ երկուսը՝ չորս:

clear away 1) ազատվել *(որևէ բանից)* 2) փախչել; ծլկել

clear off հեռացի՛ր

clear out 1) դատարկել 2) հեռանալ

clear up 1) պարզել *(գործը)* 2) հավաքել; մաքրել 3) պարզվել *(եղանակի մասին)*

come off clear ջրից չոր դուրս գալ

get away clear ազատվել; պրծնել

in the clear *խոսակցական* կասկածից/վտանգից դուրս

keep clear of sb/sth 1) հեռու մնալ; խուսափել *(մեկից, ինչ-որ բանից)* 2) զգուշանալ; զգույշ լինել

stand clear նահանջել

clearance |ˈklɪər(ə)ns| *noun* 1) մաքրում 2) հարթում; անտառահատում 3) խոչընդոտների վերացում 4) մաքսազերծում 5) մաքսային վկայական 6) պաշտոնական թույլտվություն *(որևէ բան անելու)* 7) *տեխնիկական* բացակ; արանք

clear-cut **1** *adjective* 1) սուր արտահայտված *(դիմագծերի մասին)* 2) պարզորոշ; հստակ 3) ծառահատված; ծառերից զուրկ *(տարածքի մասին)* **2** *verb* ծառահատել; տարածքը մաքրել ծառերից

clearheaded (նաև **clear-headed**) *adjective* սթափ; զգաստ; զգոն; արթնամիտ

clearing |ˈklɪərɪŋ| *noun* 1) բացատ *(անտառի մեջ ծառերից ազատ տարածություն)* 2) հարթած հողամաս *(անտառում)* 3) պարզում 4) պարզաբանում 5) *տնտեսագիտություն* հաշվանցում *(անդրամ հաշվարկ)* 6) գետի սառցահալք; գետի բացվելը

clearly *adverb* 1) պարզորեն; որոշակիորեն 2) անկասկած; անշուշտ

clear-sighted *adjective* խորաթափանց; կանխատես; քննախույզ

cleavage |ˈkliːvɪdʒ| *noun* 1) ճեղքում 2) *փոխաբերական* պառակտում 3) *երկրաբանություն հանքաբանություն* խավավորություն

cleave[1] |kliːv| *verb* (անցյալ **clove** |kləʊv| կամ **cleft** |klɛft| կամ **cleaved** ;անցյալ դերբայ **cloven** |ˈkləʊv(ə)n| կամ **cleft** կամ **cleaved**) 1) ճեղքել; երկփեղկել 2) կտրել

cleave[2] |kliːv| *verb բանաստեղծական* 1) հավատարիմ մնալ 2) հարել; հոգեպես կապված լինել; կապվածություն ունենալ *(մեկի կամ մի բանի հետ)*

clef |klɛf| *noun երաժշտություն* բանալի

cleft[1] |klɛft| **1** *verb* անցյալ տե՛ս **cleave1** **2** *adjective* բաժանված; ճեղքված; պառակտված

cleft[2] |klɛft| *noun* ճեղք; ճեղքվածք

cleg *noun* տե՛ս **horsefly** բոռ; ձիապիծակ

clemency *noun* 1) մեղմություն *(բնավորության, եղանակի)* 2) գթասրտություն

clement |ˈklɛm(ə)nt| *adjective* 1) մեղմ *(եղանակի/բնավորության մասին)* 2) գթասիրտ

clench |klɛn(t)ʃ| **1** *verb* 1) սեղմվել; բռունցքվել; կծկվել *(մատների/ձեռքի մասին. հատկապես զայրույթի պատճառով)* 2) սեղմել *(ատամները)* 3) բռնել; ուժգին սեղմել *(ձեռքերով կամ ատամներով)* 4) համաձայնության գալ 5) վեճը հարթել 6) *տեխնիկական* գամել **2** *noun* 1) սեղմում *(բռունցքի, ատամների)* 2) *տեխնիկական* գամում; գամ

clergy |ˈkləːdʒi| *noun* (հոգն. **-gies**) հոգևորականություն

clergyman |ˈkləːdʒɪmən| *noun* (հոգն. **-men**) քահանա

clergywoman |ˈkləːdʒɪwʊmən| *noun* (հոգն. **-women**) կին քահանա

cleric |ˈklɛrɪk| *noun* 1) քահանա; հոգևորական *(քրիստոնյա)* 2) հոգևորական; հոգևոր առաջնորդ *(ցանկացած կրոնի)*

clerical |ˈklɛrɪk(ə)l| **1** *adjective* 1) գրասենյակային 2) կղերական; կղերային; հոգևոր **2** *noun* կղերական; հոգևորական

clerk |klaːk| **1** *noun* 1) կլերկ; գրասենյակային ծառայող 2) քարտուղար ◊ **correspondence clerk** գրագիր; գրավար 3) գործակատար 4) ռազմական գրագիր 5) *հնացած* քահանա **2** *verb* աշխատել որպես գրասենյակային ծառայող

clever |ˈklɛvə| *adjective* (**cleverer**, **cleverest**) 1) խելոք 2) ընդունակ; շնորհալի 3) ճարպիկ; ճարտար; հմուտ; ձեռնհաս 4) *ամերիկյան* բարեհոգի; բարեսիրտ

cleverness *noun* 1) շնորհալիություն 2) ճարպկություն 3) ձեռնհասություն; հմտություն

clew |kluː| **1** *noun* 1) կծիկ 2) ուղեցույց թել; գաղտնիքի բանալի **2** *verb* կծիկ անել; կծկել *(առագաստանավում)*

cliché |ˈkliːʃeɪ| (նաև **cliche**) *noun* 1) *տպագրություն* տառաձույլ; կլիշե 2) նմանաձույլ 3) *լեզվաբանություն* շաբլոնային արտահայտություն 4) անհետաքրքիր մարդ; խիստ կանխատեսելի մարդ

click |klɪk| **1** *noun* 1) չխկոց *(հրացանի և այլնի)* 2) *տեխնիկական* մղլակ; շնիկ 3) *համակարգիչներ* կտտոց **2** *verb* 1) չխկացնել; թրխկացնել *(դուռը)* 2) *համակարգիչներ* կտտացնել

client |ˈklʌɪənt| *noun* 1) սպասարկյալ; հաճախորդ; կլիենտ 2) գնորդ 3) պատվիրատու 4) *համակարգիչներ* սպասառու *(համակարգչի մասին)*

clientele |ˌkliːɒnˈtɛl| *noun* սպասարկյալներ; կլիենտուրա

cliff |klɪf| *noun* քարափ; ժայռ

cliffhanger |ˈklɪfhæŋə| *noun* 1) լարված ավարտ *(հեռուստասերիալի հերթական մասի վերաբերյալ)* 2) հետաքրքրաշարժ պատմություն; հետաքրքրաշարժ դիպված

climactic |klʌɪˈmæktɪk| *adjective* զգայացունց *(գործողության/դեպքի/տեսարանի մասին)*

climate |ˈklʌɪmət| *noun* կլիմա; եղանակ

climate of the opinion *գրքային* հասարակական կարծիք; գերիշխող պատկերացում

climatic *adjective* կլիմայական

climatology |klʌɪməˈtɒlədʒi| *noun* կլիմայագիտություն

climax |ˈklʌɪmæks| **1** *noun* 1) գագաթնակետ; առավելագույն լարվածություն 2) հագուրդ; օրգազմ **2** *verb* 1) գագաթնակետին հասնել 2) հագուրդ/օրգազմ ապրել

reach the climax հասնել գագաթնակետին/ նպատակին; հասնել բարձրագույն կետին; հասնել ամենաբարձր կետին

climb |klʌɪm| **1** *verb* 1) մագլցել 2) բարձրանալ 3) *օդագնացություն* բարձրություն վերցնել ◊ **climb down** իջնել; զիջել *(վեճում)* 4) ոլորվել; փաթաթվել; բաղեղվել *(բույսի մասին)* 5) անել; ավելանալ **2** *noun* 1) մագլցում; վերելք 2) մագլցելու վերելք; բարձունք *(որը պետք է մագլցել)*

be on the climb կարիերա անել; պաշտոնուղի հարթել

climber |ˈklʌɪmə| *noun* 1) ալպինիստ; լեռնագնաց 2) պատատաբույս; փաթաթվող բույս 3) կարիերիստ; պաշտոնամոլ

Hasty climbers have sudden falls. *առած* Շտապողին տղա չի լինի: Կաճապարես՝ վրադ կծիծաղեցնես:

climbing *noun* լեռնագնացություն; ալպինիզմ; լեռնարշավ

clime |klʌɪm| *noun երկրաբանություն* 1) երկիր *(որոշակի կլիմայով)* 2) կլիմա

clinch |klɪn(t)ʃ| **1** *verb* 1) հաստատել; կարգավորել *(պայմանագիրը, գործարքը)* 2) պահպանել;

հաղթանակը, կոչումը 3) ամրացնել սեղմակով **2** *noun* սեղմակ

cling |klɪŋ| **1** *verb* (անցյալ և անցյալ դերբայ **clung** |klʌŋ|) 1) կպչել; կառչել; փաթաթվել 2) *փոխաբերական* հավատարիմ մնալ *(հայացքներին, սովորություններին, ընկերներին և այլն)* 3) ափի ուղղությամբ գնալ; փողոցի ուղղությամբ գնալ 4) (**cling to**) կիպ նստել *(զգեստի մասին)* 5) (**cling to**) փարվել *(մեկին)* 6) կախվածություն ունենալ մեկից **2** *noun* (նաև **cling peach**) չանջատվող կորիզով դեղձ; ոչ պճռովի դեղձ

clingy |ˈklɪŋi| *adjective* (**clingier**, **clingiest**) կպչուն; կառչուն

clinic |ˈklɪnɪk| *noun* 1) բուժարան; կլինիկա 2) բուժկետ 3) բուժում 4) կարճ գիտաժողով 5) պարապմունք

clinical |ˈklɪnɪk(ə)l| *adjective* 1) բուժարանային; կլինիկական 2) անկողմնակալ; սառնասիրտ; փաստական; անզգացմունք; սառը

clinically *adverb* 1) կլինիկական առումով 2) սթափ; սթափորեն; անաչառորեն; սառնասրտորեն

clink[1] |klɪŋk| **1** *noun* զնգոց *(ապակու, մետաղի)* **2** *verb* զնգալ

clink[2] |klɪŋk| *noun խոսակցական* բանտ

clinker[1] |ˈklɪŋkə| *noun* 1) կլինկեր *(գերաթուրծ հրակայուն աղյուս)* 2) խարամ

clinker[2] |ˈklɪŋkə| *noun խոսակցական* անորակ բան; ձախողակ բան

clip[1] |klɪp| **1** *noun* 1) խուզում 2) խուզած բուրդ 3) ուժեղ հարված 4) տեսահոլովակ **2** *verb* (**clipped**, **clipping**) 1) խուզել 2) կտրել 3) կուլ տալ *(տառերը, վանկերը)* 4) խփել

clip sb's wings թևերը կտրել; կանխել; դեմն առնել

clip[2] |klɪp| **1** *verb* (**clipped**, **clipping**) 1) ամրացնել; պնդացնել; կպցնել 2) սեղմել **2** *noun* 1) սեղմիչ; պնդիչ; մամլակ; ամրուցիչ; ամրակ 2) պահունգ; ճարմանդ 3) փամփուշտների պահունակ 4) հոլովակ

clip sb's wings 1) թևերը կտրել 2) կանխել; դեմն առնել

clipboard |ˈklɪpbɔːd| *noun համակարգիչներ* գզրոց

clipper |ˈklɪpə| *noun ծովային* կլիպեր *(արագընթաց առագաստանավ)*

clipping |ˈklɪpɪŋ| *noun* լրագրի քաղվածք; կտրանք

clique |kliːk| *noun* խառնախումբ; խառնակչախումբ; հանցախումբ

clitoris |ˈklɪt(ə)rɪs| *noun կազմախոսություն* ծլիկ; համք *(կնոջ սեռական գործարանի գրգռական մասը)*

cloak |kləʊk| **1** *noun* 1) թիկնոց; վերարկու 2) ծածկոց; ծածկույթ 3) պատրվակ ◊ **under a cloak of, under the cloak of** պատրվակով; քողի տակ **2** *verb* 1) վրան գցել *(վերարկուն)* 2) ծածկել; թաքցնել

cloakroom |ˈkləʊkruːm|, |-rʊm| *noun* 1) հանդերձարան 2) պահասենյակ *(ուղեբեռի)*

clobber |ˈklɒbə| *verb խոսակցական* 1) ուժեղ հարվածել; ծեծել; քոթակել 2) վնաս հասցնել; փչացնել; վատ վարվել 3) ջախջախիչ պարտության մատնել; հաղթել; ջարդել

clock[1] |klɒk| **1** *noun* ժամացույց *(պատի, սեղանի և այլն)* ◊ **alarm clock** զարթուցիչ. **grandfather's clock** կանգուն ժամացույց. **what o'clock is it?** ժամը քանի՞սն է. **set the clock** ժամացույցն ուղղել **2** *verb* 1) հասնել որոշակի արդյունքի; գրանցել որոշակի արդյունք 2) տանել *(հաղթանակ)* 3) *խոսակցական* գլխին հարվածել/խփել

beat the clock *ժամկետից* արագ գործել; շտապել

like a clock ճիշտ ժամանակին; ճշտապահորեն

round/around the clock գիշեր-ցերեկ; զորուգիշեր; ամբողջ օրը

stop/fix sb's clock *ամերիկյան խոսակցական* ստիպել մեկին լռել; հաշիվները մաքրել; մեկին վնասազերծել

When one's clock strikes. Երբ որ մեկի ժամը հնչի: Երբ գա գործելու ժամանակը:

work against the clock շատ արագ գործել; կարճ ժամանակահատվածում անել

clock[2] |klɒk| *noun հնացած* ալաք *(նախշ գուլպայի վրա)*

clock tower *noun* ժամացույցի աշտարակ

clockwise |ˈklɒkwʌɪz| *adverb, adjective* ժամացույցի սլաքի ուղղությամբ; ժամսլաքի ուղղությամբ

clockwork |ˈklɒkwəːk| **1** *noun* ժամացույցի մեխանիզմ **2** *adjective* 1) *որոշչային* լարովի *(խաղալիք)* 2) *որոշչային* ճշտորոշ

clod |klɒd| *noun* 1) հողի գունդ; հողակոշտ; գուղձ 2) մարմին; աճյուն 3) *խոսակցական* բթամիտ մարդ

cloddish |ˈklɒdɪʃ| *adjective* 1) բթամիտ 2) դանդաղկոտ; դանդաղաշարժ; անշնորհք

clog |klɒg| **1** *noun* 1) ճալիկ; փայտյա ներբանով կոշիկ 2) արգելք; խոչընդոտ 3) կապանք **2** *verb* (**clogged**, **clogging**) 1) կապել *(ձին)* 2) խանգարել; խոչընդոտ լինել 3) փակել; խցանել; կալնել 4) փակվել; խցանվել; կալնվել

cloister |ˈklɔɪstə| **1** *noun* 1) *ճարտարապետություն* կամարակապ սրահ 2) վանք 3) (**the cloister**) վանական կյանք 4) մեկուսի վայր; «կղզյակ» **2** *verb* վանք տարագրել

cloistral *adjective* 1) վանքի; վանական 2) միանձնական; մենակյաց

clone |kləʊn| **1** *noun կենսաբանություն* 1) կենսապատճեն; կլոն; կրկնածնունդ; սերնդակ 2) *համակարգիչներ* կրկնօրինակ *(համակարգչի կամ շրջույթի մասին)* **2** *verb* 1) *կենսաբանություն* կենսապատճենել; կլոնավորել 2) կրկնօրինակել

close[1] |kləʊs| **1** *adjective* 1) մոտիկ; մոտակա; մոտ 2) սերտ; կիպ 3) խիտ 4) սեղմ 5) լարված *(մրցակցության մասին)* 6) հարազատ *(բարեկամի մասին)* 7) ռազմական փակ *(շարքի մասին)* 8) սևեռուն *(հայացք)* 9) մանրամասն; ուշադիր 10) ճիշտ; ստույգ *(թարգմանություն)* 11) փակ; ծածուկ 12) խիստ *(մեկուսացում, կալանք)* 13) զուսպ; գաղտնամիտ 14) ժլատ; կծծի 15) տոթ; հեղձուցիչ **2** *adverb* 1) մոտիկ ◊ **close by** մոտիկ; մոտակայքում. **close to** մոտ; մոտիկ. **close upon** մոտավորապես 2) կիպ; սերտորեն

close[2] |kləʊz| **1** *verb* 1) փակել; ծածկել 2) փակվել; ծածկվել 3) վերջացնել; ամփոփել 4) *ռազմական* փակել *(շարքերը)* 5) մոտենալ; մերձենալ; միանալ 6) *էլեկտրականություն* միացնել *(շղթան)* • **close about** փաթաթել; շրջապատել **close down** i) ճնշում գործադրել ii) փակել; լուծարքի ենթարկել *(ձեռնարկության մասին)* **close in** i) վրա հասնել; մոտենալ ii) կարճանալ *(օրերի մասին)* **close on** համաձայնության գալ **close up** i) միանալ; միակցվել; փակվել *(վերքի մասին)* ii) կնքել *(նամակները)* **close upon** i) բռնել; սեղմել ii) վերջին հայացք ձգել **close with** պայքարի մտնել **2** *noun* 1) վերջ; ավարտ ◇ **bring to a close** ավարտել; մինչև վերջը հասցնել. **draw to a close** վախճանին մոտենալ 2) փակվելը *(հատկապես՝ դռան)*

close as an oyster ձկան պես համր; լեզուն իրեն քաշած

close season/time արգելված որսաշրջան

draw sth to a close, bring sth to a close ավարտին հասցնել; գործը մինչև վերջ տանել

closed |kləʊzd| *adjective* 1) փակ; փակված; կողպված ◇ **closed shop** *ամերիկյան* միայն արհմիության անդամներին աշխատանքի ընդունող ձեռնարկություն 2) ավարտված

closed book (նաև **sealed book**) անհայտ թեմա/մարդ

closed-circuit television (հապվ. **CCTV**) *noun* փակ շրջույթով հեռուստատեսություն *(որում ազդանշանը տեսախցիկներից փոխանցվում է սահմանափակ քանակությամբ ցուցասարքերի)*

close-fisted *adjective* գծուծ; ժլատ

closely *adverb* 1) մոտիկ; սերտորեն 2) ուշադրությամբ; մանրամասն

closeness *noun* 1) մոտիկություն 2) տոթ; ծանր օդ 3) խտություն

closet |ˈklɒzɪt| **1** *noun* 1) պատի պահարան; մառան 2) առանձնասենյակ; կաբինետ 3) *հնացած* զուգարան **2** *adjective* թաքուն; գաղտնի; թաքնված **3** *verb* (**closeted**, **closeting**) 1) փակել; առանձնացնել 2) փակվել; առանձնանալ *(խորհրդակցելու համար)*

close-up *noun* 1) *ամերիկյան* ուշադիր զննում 2) խոշոր պլան *(լուսանկար կամ տեսանյութ)*

closing *adjective* եզրափակիչ

closing time *noun* փակման ժամ *(խանութների, հիմնարկների և այլն)*

closure |ˈkləʊʒə| **1** *noun* 1) փակում 2) միջնորմ 3) վիճաբանությունների դադարում *(պառլամենտում)* **2** *verb* վիճաբանությունները դադարեցնել *(պառլամենտում)*

clot |klɒt| **1** *noun* 1) գունդ 2) խտիլ; թանձրուկ 3) *բժշկություն* թրոմբ; խիցք **2** *verb* (**clotted**, **clotting**) 1) թանձրանալ 2) մակարդվել *(արյան մասին)*

cloth |klɒθ *noun* (հոգն. **cloths** |klɒθz|, |klɒðz|) 1) գործվածք; կտոր; մահուդ; կտավ; քաթան ◇ **bound in cloth** *տպագրություն* գործվածքակազմ *(գիրք)* 2) գործվածքի կտորներ; մահուդի տեսակներ 3) սփռոց ◇ **draw the cloth** սեղանը հավաքել 4) հոգևոր աստիճան ◇ **the cloth** հոգևորականություն

of the same cloth նույն զբաղմունքի տեր; նույն արհեստի տեր

wear the black cloth հոգևոր կոչում ստանալ; հոգևոր աստիճան ստանալ; հոգևորական դառնալ; սև սքեմ հագնել

clothe |kləʊð| *verb* (անցյալ և անցյալ դերբայ **clothed** կամ **clad** |klæd|) 1) հագցնել ◇ **clothed with authority** *փոխաբերական* իշխանությամբ օժտված 2) ծածկել 3) հագնվել

clothes |kləʊ(ð)z| *plural noun* 1) հագուստ; զգեստ ◇ **fatigue clothes** *խոսակցական* բանվորական արտահագուստ; հատուկ հագուստ. **plain clothes** քաղաքացիական զգեստ. **store clothes** *ամերիկյան* պատրաստի հագուստ 2) սպիտակեղեն; կտավեղեն *(անկողնու և այլն)*

jump into one's clothes արագ հագնվել; շտապշտապ հագնվել; վրան մի բան գցել

clothesline **1** *noun* լվացքի պարան **2** *verb* խաղացողին ձեռքով ցած գցել *(ֆուտբոլում)*

clothier |ˈkləʊðɪə| *noun* 1) մահուդագործ; մահուդավաճառ 2) դերձակ

clothing |ˈkləʊðɪŋ| *noun* հագուստ; զգեստ; հագուստեղեն

cloud |klaʊd| **1** *noun* 1) ամպ; թուխպ 2) քուլա *(ծխի, փոշու)* 3) բազմություն *(թռչունների, միջատների և այլն)* 4) ծածկույթ; քող; խավար 5) բիծ; երակ *(մարմարի)* 6) պղտորում 7) դժգոհություն; թախիծ **2** *verb* 1) ծածկվել ամպերով 2) մթագնել; մթնել; խոժոռվել 3) խավարեցնել; պղտորել; մթագնել 4) *փոխաբերական* մրոտել *(անունը)* ◇ **cloud over, cloud up** ամպերով ծածկվել; թխպապատել

a cloud on one's brow մռայլ; խոժոռված տեսք

be/sit on a cloud *ամերիկյան խոսակցական* շատ երջանիկ լինել; յոթերորդ երկնքում սավառնել

be in cloudland երկնքում ճախրել; երազել; երազներով ապրել; յոթերորդ երկնքում լինել

Every cloud has a silver lining., Every cloud has its silver lining. *առած* Չկա չարիք առանց բարիքի:

If there were no clouds, we should not enjoy the sun. *առած* Եթե չլինեին ամպերը, արևի հարգը չէինք իմանա: Մինչև չգա հետինը, չի հիշվի առաջինը:

on cloud seven, on cloud nine *խոսակցական* յոթերորդ երկնքում

under a cloud շնորհազրկված; աչքից ընկած

under a cloud ողբալի դրության մեջ; ծանր վիճակում; կասկածանքի տակ; ամոթալի վիճակում

wait till the clouds roll by սպասել մինչև կցրվեն ամպերը; սպասել հարմար առիթի; սպասել պատեհ առիթի

cloudberry |ˈklaʊdbɛri|, |-b(ə)ri| *noun* (հոգն. **-ries**) *բուսաբանություն* ճախնամորի; ճահճամոշ *(Rubus chamaemorus, ընտանիք Rosaceae)*

cloudburst |ˈklaʊdbəːst| *noun* տարափ; ուժեղ անձրև

cloudiness *noun* ամպամածություն

cloudless *adjective* անամպ

cloudlet *noun* ամպիկ; փոքր ամպ

cloudy |ˈklaʊdi| *adjective* (**cloudier**, **cloudiest**)

1) ամպամած 2) մառախլային; մշուշապատ; աղոտ 3) պղտոր *(հեղուկ)* 4) մշուշապատ *(հայացք)*

clout |klaʊt| **1** *noun* 1) *խոսակցական* ապտակ 2) *խոսակցական* իշխանություն; հեղինակություն 3) *հնացած* կարկատան; հյուսվածքի կտոր; լաթ 4) *տեխնիկական* տափօղակ **2** *verb* 1) *խոսակցական* ապտակ հասցնել 2) *հնացած* կարկատել *(հագուստը)*

clove¹ |kləʊv| *noun* մեխակ *(համեմաբույս)*

clove² |kləʊv| *noun* պճեղ *(սխտորի)*

cloven foot/hoof վատ/չար մտադրություն; սատանան ինքը; տեղով Սադայելը

cloven |ˈkləʊv(ə)n| **1** *verb* անցյալ դերբայ տե՛ս **cleave 1 2** *adjective* երկփեղկված

clover |ˈkləʊvə| *noun բուսաբանություն* երեքնուկ *(Genus Trifolium, ընտանիք Leguminosae)*

be/live in clover ճոխ կյանքով ապրել; շքեղ կյանքով ապրել

in clover պերճանքի մեջ; առատության մեջ

clown |klaʊn| **1** *noun* 1) խեղկատակ; ծաղրածու; միմոս 2) հիմարի մեկը **2** *verb* ծաղրածություն անել; միմոսություն անել

clownish *adjective* խեղկատակի; խեղկատակային; ծաղրածուական

cloy |klɔɪ| *verb* զզվեցնելու աստիճան հագեցնել; մինչև կոկորդը կշտացնել

club¹ |klʌb| **1** *noun* 1) ակումբ 2) մոդային գիշերային ակումբ **2** *verb* (**clubbed**, **clubbing**) *խոսակցական* 1) բաժնեգրությամբ մի բան անել; ընդհանուր ծախսով մի բան անել 2) հավաքվել *(միասին)*

cock and hen club *կատակային* պիչակների ու փեշերի ակումբ *(ակումբ, որի անդամ կարող են դառնալ թե՛ տղամարդիկ, թե՛ կանայք)*

Darby and Joan club տարեց մարդկանց ակումբ

in the club, in the pudding club *ծածկալեզու* հղի

club² **1** *noun* 1) մահակ; դագանակ 2) *մարզական* մական *(հատկապես գոլֆի)* 3) *թղթախաղ* (**clubs**) խաչի խաղաթուղթ **2** *verb* (**clubbed**, **clubbing**) մահակով ծեծել; դնգստել

club-footed *adjective* ծռաթաթ; խեղված թաթով

clubman |ˈklʌbmən| *noun* (հոգն. **-men**) 1) ակումբի անդամ 2) *ամերիկյան* աշխարհիկ մարդ; կենսասեր մարդ

cluck |klʌk| **1** *noun* կչկչոց; կռթոց *(հավի)* **2** *verb* (նաև **cluck-cluck**) կչկչալ; կռթալ

clue |kluː| **1** *noun* 1) բանալի *(գաղտնիքը բացելու)* 2) թել *(մտքի)* 3) պատասխան *(խաչբառի և այլն)* **2** *verb* (**clues**, **clued**, **clueing**) *խոսակցական* պատմել; ասել; տեղյակ պահել *(որևէ բանի մասին)*

not have a clue *խոսակցական* միանգամայն անտեղյակ լինել; միանգամայն անգետ լինել; չկարողանալ հասկանալ/բացատրել

clueless |ˈkluːlɪs| *adjective խոսակցական* անտեղյակ; անիրազեկ

clump |klʌmp| **1** *noun* 1) ծառերի/թփերի խումբ 2) կոշտ; կունձ 3) երկտակ ներբան **2** *verb* 1) ծառ տնկել *(առանձին խմբերով)* 2) ծանր քայլել 3) երկտակ ներբան դնել

clumsy |ˈklʌmzi| *adjective* (**-sier**, **-siest**) 1) անշնորհք; անճոռնի 2) կոշտ ու կոպիտ; անտաշ 3) անտակտ

clunk |klʌŋk| **1** *noun* 1) դխկոց; բութ ձայն 2) *խոսակցական* հիմար մարդ **2** *verb* դխկալ; դրխկալ; դխկալով շարժվել

cluster |ˈklʌstə| **1** *noun* 1) փունջ *(ծաղիկների)* 2) ողկույզ; ճութ 3) խումբ *(ծառերի, կղզիների և այլն)* 4) բույլ *(աստղերի)* 5) պարս; մեղվախումբ 6) մարդկանց փոքր խումբ/բազմություն 7) շարք **2** *verb* 1) խմբվել; խռնվել 2) փնջերով/ճթերով աճել

clutch¹ |klʌtʃ| **1** *verb* 1) ամուր սեղմել 2) բռնել; ճանկել **2** *noun* 1) բռնում; ճանկում 2) (**clutches**) ճանկեր; ճիրաններ 3) *փոխաբերական* (**clutches**) ճիրաններ 4) *տեխնիկական* սեղմիչ; մամլակ 5) (**clutches**) ատամներ

slip one's clutch *ամերիկյան ծածկալեզու* լեզվին տալ; դուրս տալ; շատախոսել

clutch² |klʌtʃ| *noun* 1) թխսի տակի ձվեր/հավկիթներ 2) ճուտեր; ճտեր; ձագեր *(մի մորից)*

clutter |ˈklʌtə| **1** *noun* 1) իրարանցում; խառնաշփոթություն 2) խուճապ 3) աղմուկ **2** *verb* 1) իրար անցնել; իրարանցում ստեղծել 2) աղմկել; գոռգոռալ 3) խմբվել; խճողվել; խռնվել

coach¹ |kəʊtʃ| **1** *noun* 1) *երկաթուղային* վագոն 2) ծածկակառք 3) ավտոբուս *(միջքաղաքային հաղորդակցության համար)* **2** *verb* գնալ; ճանապարհորդել *(գնացքով/կառքով/ավտոբուսով)*

slow coach *արհամարհական* բթամիտ; տհաս; դդում; դմբո; հնաոճ/հետամնաց մարդ

coach² **1** *noun* 1) կրկնուսույց; դասուսույց; ռեպետիտոր 2) հրահանգիչ; մարզիչ **2** *verb* 1) մարզել; վարժեցնել; սովորեցնել *(քննություններից առաջ)* 2) մարզել

coachman |ˈkəʊtʃmən| *noun* (հոգն. **-men**) կառապան

coagulate |kəʊˈægjʊleɪt| *verb* 1) մակարդվել 2) *քիմիա* մակարդել; կոագուլյացիայի ենթարկել

coagulation *noun* մակարդում; կոագուլյացիա

coal |kəʊl| **1** *noun* ածուխ; քարածուխ ◊ **blind coal** ածխաքար; անտրացիտ. **brown coal** գորշ ածուխ. **coking coal** կոքսածուխ. **get coal** ածուխ արդյունահանել **2** *verb* 1) ածխով բեռնել 2) ածխանալ

a cold coal to blow at *խոսակցական* անհույս գործ; ուժերն անտեղի վատնելը; ուժերն իզուր վատնելը; ջուր ծեծելը; մաղով ջուր կրելը

be on hot coals անհանգիստ զգալ; ասեղների վրա նստած լինել; փշերի վրա նստած լինել

blow the coal կրակը բորբոքել

call/have someone over the coals մեկին կշտամբել

carry coals to Newcastle ածուխ տանել Նյուքասլ քաղաքը; ածուխ կրել Նյուքասլ; ծովը ջուր լցնել; անմիտ բան անել; զուր տեղը աշխատել *(Նյուքասլը ածխի արդյունաբերության կենտրոն է)*

heap coals of fire on sb's head *աստվածաշնչային* չարիքի դեմ բարիք գործելով ամոթանք տալ մեկին

coal-black *adjective* ածուխի պես սև

coaler |ˈkəʊlə| *noun* 1) ածխանավ 2) ածուխ բարձող

coalesce |ˌkəʊəˈles| *verb* 1) սերտաճել; միակցվել; միաձուլվել 2) դաշինք կազմել; միանալ; կոալիցիա կազմել

coalescence *noun* 1) սերտաճում; միակցում; միացում; միաձուլում 2) դաշինք կազմելը

coalition |ˌkəʊəˈlɪʃ(ə)n| *noun* դաշինք; կոալիցիա; համաձայնություն

coaly *adjective* 1) ածխային 2) սև; կեղտոտ

coarse |kɔːs| *adjective* 1) կոշտ; կոպիտ 2) չմշակված; անմշակ; հում 3) անքաղաքավարի; անպատշաճ 4) գռեհիկ; վուլգար 5) վատորակ

coarsen |ˈkɔːs(ə)n| *verb* կոպտանալ; կոշտանալ

coarseness *noun* կոպտություն; գռեհկություն; անպատշաճություն

coast |kəʊst| **1** *noun* 1) ափ; ծովափ 2) *ամերիկյան* ձյան բլուրներ *(սահելու համար)* **2** *verb* 1) ափի երկայնությամբ լողալ 2) *ամերիկյան* սահնակով սահել; սահնակով սղղալ 3) հեշտությամբ շարժվել

clear coast ազատ/բաց ճանապարհ

from coast to coast Ատլանտյան օվկիանոսից մինչև Խաղաղ օվկիանոս; Ամերիկայի մի ափից մյուսը; ամբողջ/բովանդակ Ամերիկայում

ironbound coast քարքարոտ ափ

coastal *adjective* առափնյա; ափամերձ; մերձափնյա

coaster |ˈkəʊstə| *noun* 1) եզրագնաց նավ 2) սկուտեղ *(արծաթից և այլն՝ շշի կամ գավաթի տակ դնելու)*

coast guard |ˈkəʊs(t)gɑːd| (նաև **coastguard**) *noun* առափնյա պահակախումբ

coastline |ˈkəʊs(t)laɪn| *noun* ջրափնյա գիծ

coastwise |ˈkəʊstwaɪz| **1** *adjective* առափնյա; ծովեզրյա **2** *adverb* ափի երկայնությամբ/երկայնքով

coat |kəʊt| **1** *noun* 1) վերարկու; վերնազգեստ ◊ **coat and skirt** կանացի կոստյում 2) պիջակ *(նաև կանացի)* ◊ **dress coat, claw-hammer coat** ֆրակ *(հագուստ)*. **morning coat** այցելազգեստ. **Eton coat** բաճկոն. **tail coat** ֆրակ 3) ֆրենչ; համազգեստ 4) բուրդ; մորթի; մազ *(կենդանու)* 5) շերտ *(ներկի և այլնի)* 6) *բժշկություն* թաղանթ 7) *տեխնիկական* երեսապատում **2** *verb* 1) ներկել 2) ծածկել; պատել *(ներկով, փոշով և այլնով)* 3) երեսապատել

black coat *արհամարհական* տերտեր; քահանա; եկեղեցական; հոգևորական

blue coat զինվոր; ծովային

coat of arms զինանշան; գերբ

Cut your coat according to your cloth. *առած* Ոտներդ վերմակիդ չափով մեկնիր: Ոտքդ անկողնու չափո՛վ մեկնիր: Չափդ ճանաչի՛ր:

Joseph's coat *աստվածաշնչային* ճոխ/շքեղ հագուստ

on the coat-tails of... 1) մեկի օգնությամբ 2) մեկի հետևից/հետքերով

take off one's coat կռվի մեջ մտնել; կռվի պատրաստվել; կռվարար/կռվասեր լինել; կռվազան լինել

take off one's coat to the work թևքերը քշտել; գործի կպչել/անցնել

turncoat դավաճան; ուրացող

turn one's coat փոխել հայացքները/համոզմունքները; թշնամու կողմն անցնել; դառնալ ուրացող

wear the king's/queen's coat ծառայել անգլիական բանակում

coating |ˈkəʊtɪŋ| *noun* 1) շերտ; ծածկույթ *(ներկի և այլնի)* 2) վերարկուի կտոր

coauthor **1** *noun* համահեղինակ; հեղինակակից **2** *verb* համահեղինակել

coax |kəʊks| *verb* 1) հորդորել; համոզել; սիրաշահել 2) շողոքորթել

coax away գայթակղեցնել

coax something out of somebody շողոքորթելով մի բանի հասնել

coaxial |kəʊˈæksɪəl| *adjective* համառանցք; համառանցքային

cob¹ |kɒb| *noun* կողր *(եգիպտացորենի գլուխը՝ հատիկներով)*

cob² |kɒb| *noun* շաղախ; մոլ; հարդախառն ցեխ *(պատեր կառուցելու համար)*

cobalt |ˈkəʊbɔːlt|, |-ɒlt| *noun* 1) *քիմիա* (**Co**) կոբալտ 2) (**cobalt blue**) կոբալտի կապույտ ներկ

cobble¹ |ˈkɒb(ə)l| *noun* 1) գետաքար; սալաքար 2) (**cobbles**) սալարկ 3) *բրիտանական* (**cobbles**) խոշոր ածուխ

cobble² |ˈkɒb(ə)l| *verb* 1) սալարկել 2) կարկատել *(ոտնամանը)*

cobbled *adjective* սալարկված

cobbler |ˈkɒblə| *noun* 1) կոշկակար 2) գինուց, շաքարից և կիտրոնից պատրաստված զովացուցիչ ըմպելիք 3) մրգային կարկանդակ

cobby |ˈkɒbi| *adjective* թիկնավետ; ամրակազմ

cobra |ˈkəʊbrə|, |ˈkɒbrə| *noun կենդանաբանություն* կոբրա; նայա; ակնոցավոր օձ *(ընտանիք Elapidae)*

cobweb |ˈkɒbweb| *noun* 1) սարդոստայն 2) *փոխաբերական* թակարդ 3) նուրբ գործվածք; շղարշ 4) (**cobwebs**) խորամանկություն; նենգություն

blow away the cobwebs, blow the cobwebs away *խոսակցական* դուրս գալ մաքուր օդ շնչելու; թարմ օդ շնչել

have a cobweb in one's throat *խոսակցական* կոկորդը չորանալ

cobwebby *adjective* ոստայնով պատած

coca |ˈkəʊkə| *noun* 1) կոկաեն; կոկայեն *(արևադարձային թուփ, որից կոկային թմրանյութն են պատրաստում)* 2) կոկաենու/կոկայենու չորացրած տերևներ

cocaine |kə(ʊ)ˈkeɪn| *noun* կոկային

coccyx |ˈkɒksɪks| *noun* (հոգն. **coccyges** |-ɪdʒiːz| կամ **coccyxes**) *կազմախոսություն* պոչուկ; պոչոսկր

cock¹ |kɒk| **1** *noun* 1) *կենդանաբանություն* աքաղաղ; աքլոր ◊ **cock of the wood** մայրահավ; խլահավ 2) ծորակ 3) շնիկ; հրահան 4) *օդագնացություն* օդաչուի նստատեղ 5) պարագլուխ **2** *verb* 1) քիթը ցցել; երևակայել 2) (**cock up**) ականջները սրել 3) գլխարկը ծուռ դնել 4) հրացանի հրահանը քաշել

As the old cock crows so doth the young. *առած* Մորը տե՛ս, աղջկան ա՛ռ:

at full cock հրահանը լրիվ վեր քաշած

cock of the roost 1) կարևոր անձնավորություն 2) դրության տեր

fighting cock կովարար/կովասեր մարդ

live like a fighting cock ճոխ/շքեղ կյանքով ապրել

That cock won't fight. *խոսակցական* Այդ գործը գլուխ չի գա: Չի հաջողվի: Այդ համարը չի անցնի: Այդ խաղը չի անցնի:

the cock of the walk գլխավոր անձ

cock[2] |kɒk| **1** *noun հնացած* դեզ **2** *verb հնացած* խոտը դեզ անել

cockade |kɒ'keɪd| *noun* կոկարդ; գդականիշ *(գլխարկի առջևի մասում փակցվող նշան, որ կրում են զինվորականները և այլ համազգեստ կրող պաշտոնյաները)*

cock-a-doodle-doo |ˌkɒkədu:d(ə)l'du:| *noun* 1) ծուղրուղու 2) *մանկական* աքլոր; աքաղաղ

cock-a-hoop *adjective* ինքնահավան

cockatoo |kɒkə'tu:| *noun կենդանաբանություն* կակադու *(թութակի տեսակ. ընտանիք Cacatuidae/Psittacidae)*

cockerel |'kɒk(ə)r(ə)l| *noun* աքլորիկ

as game as a cockerel չափից դուրս խիզախ/համարձակ

cockle[1] |'kɒk(ə)l| *noun* 1) փոթ; ծալք 2) ծովային ուտելի կակղամորթ

warm the cockles of one's heart սիրտն ուրախացնել/ջերմացնել

cockle[2] |'kɒk(ə)l| *verb* 1) փոթ գալ 2) փրփրալիքներով ծածկվել 3) ոլորվել

cockloft *noun* ձեղնահարկ; մանսարդ

cockney |'kɒkni| **1** *noun* (հոգն. **-neys**) 1) քնիկ լոնդոնցի *(հատկապես արևելյան մասի բնակիչ)* 2) կոկնի *(լոնդոնցու արհամարհական մականուն)* **2** *adjective* քնիկ լոնդոնյան; քնիկ լոնդոնցուն հատուկ; կոկնի

cockpit |'kɒkpɪt| *noun* 1) օդաչուի խցիկ 2) *ծովային* նավախցիկ *(անձնակազմի համար)* 3) աքլորակռվի տեղ 4) *փոխաբերական* մարտադաշտ

cockroach |'kɒkrəʊtʃ| *noun կենդանաբանություն* ուտիճ; սև ուտիճ *(ենթակարգ Blattodea, կարգ Dictyoptera)*

cockscomb |'kɒkskəʊm| *noun* 1) աքաղաղի կատար 2) ինքնագոհ/պճնամոլ մարդ

cocktail |'kɒkteɪl| *noun* 1) *խոհանոց* կոկտեյլ; խմիչքաքույլ; խառնուրդ 2) ցուցամոլ 3) պոչատ ձի 4) մրգային աղցան; ծովի բարիքներով աղցան *(որպես նախուտեստ)*

cock-up *noun խոսակցական* անշնորհքություն; անշնորհք գործ

cocky |'kɒki| *adjective* (**cockier**, **cockiest**) ինքնահավան; գոռոզ; խիստ ինքնավստահ

coco |'kəʊkəʊ| *noun* (հոգն. **-cos**) կոկոսի արմավենի; ընկուզաբեր արմավենի

cocoa |'kəʊkəʊ| *noun* կակաո

coconut |'kəʊkənʌt| (նաև **cocoanut**) **1** *noun* 1) հնդընկույզ; կոկոսի ընկույզ 2) *ծածկալեզու* գլուխ **2** *adjective* կոկոսի; հնդընկույզի

cocoon |kə'ku:n| **1** *noun* բոժոժ *(մետաքսի)* **2** *verb* 1) բոժոժավորվել 2) պատենավորվել; ծածկվել 3) պաշտպանական ծածկույթով պատվել

cod |kɒd| (նաև **codfish**) **1** *noun* (հոգն. նույնը) *կենդանաբանություն* ձողաձուկ *(ընտանիք Gadidae)* **2** *verb* խաբել

coda |'kəʊdə| *noun* 1) *երաժշտություն պարարվեստ* ավարտամաս; վերջերգ; վերջավորություն 2) սոնետի ավելատող 3) ամփոփում; վերջերգ; վերջաբան

coddle |'kɒd(ə)l| **1** *verb* 1) մեկի հանդեպ շատ հոգածու լինել; փայփայել; քնքշության սովորեցնել 2) թերխաշել *(ձուն)* **2** *noun* փափկասուն մարդ

code |kəʊd| **1** *noun* 1) օրենսգիրք; օրենքների ժողովածու ◇ **penal code** քրեական օրենսգիրք. **labour code** աշխատանքային օրենսգիրք/կոդեքս 2) կոդ; այլագիր 3) ծածկագրի բանալի 4) ազդանշանների համակարգ **2** *verb* ծածկագրել; կոդավորել; այլագրել **3** *adjective* ծածկագրած; ծածկագիր

codec |'kəʊdɛk| *noun էլեկտրոնիկա* կոդավորող-ապակոդավորող *(սարք)*

codex |'kəʊdɛks| *noun* (հոգն. **codices** |'kəʊdɪsi:z|, |'kɒd-| կամ **codexes**) 1) հին ձեռագրերի ժողովածու 2) օրենսգիրք

codger |'kɒdʒə| *noun արհամարհական, խոսակցական* տարօրինակ մարդ; կամակոր ծերուկ

codicil |'kɒdɪsɪl|, |'kəʊ-| *noun* կտակի հավելված

codify |'kəʊdɪfʌɪ| *verb* (**-fies**, **-fied**) 1) օրենքները համակարգել 2) դասակարգել ըստ համակարգի

codling |'kɒdlɪŋ| *noun* մանր ձողաձուկ

cod liver oil *noun* ձկան յուղ

co-education *noun* համատեղ ուսուցում *(տղաների և աղջիկների)*

coefficient |ˌkəʊɪ'fɪʃ(ə)nt| **1** *noun* 1) գործակից 2) նպաստող գործոն **2** *adjective* նպաստող

coerce |kəʊ'ə:s| *verb* հարկադրել; ստիպել; բռնադատել ◇ **coerce into silence** լռեցնել

coercion *noun* հարկադրում; բռնադատում

coercive |kəʊ'ə:sɪv| *adjective* հարկադիր

coeval |kəʊ'i:v(ə)l| **1** *adjective* 1) հասակակից; ժամանակակից 2) համաժամանակյա; միաժամանակյա **2** *noun* հասակակից; ժամանակակից

coexist |ˌkəʊɪg'zɪst| *verb* 1) գոյակցել 2) կողքկողքի ապրել *(տարբեր ազգերի մասին)*

coexistence *noun* գոյակցություն

coexistent *adjective* գոյակցող; գոյակից

coffee |'kɒfi| *noun* սուրճ

coffee and cakes *ամերիկյան* համեստ աշխատավարձ

coffee bar *noun* սրճարան; սրճանոց

coffee pot *noun* սրճաման

coffee table *noun* սուրճի սեղանիկ

coffer |ˈkɒfə| *noun* 1) սնդուկ; արկղ *(մետաղից)* 2) (**coffers**) գանձարան 3) *ճարտարապետություն* զարդափոս; կեսոն *(առաստաղի)* 4) սուզարկղ 5) սահանադուռ; ջրարգելակ

coffin |ˈkɒfɪn| **1** *noun* 1) դագաղ 2) *ծովային ՌԻՆ/* անպետք նավ 3) թղթե տոպրակ 4) ձիու սմբակ **2** *verb* (**-fined**, **-fining**) դագաղի մեջ դնել

cog |kɒg| **1** *noun* անիվի ատամ; ելուստ **2** *verb* խարդախություն անել; խաբել

cog in a machine փոքր/չնչին մարդ; աննշան մարդ

cogency *noun* անվիճելիություն; անժխտելիություն

cogent |ˈkəʊdʒ(ə)nt| *adjective* համոզիչ; անվիճարկելի; անժխտելի

cogged *adjective* ատամնավոր

cogitate |ˈkɒdʒɪteɪt| *verb գրական անգլերեն, կատակային* խորհել; կշռադատել; մտմտալ

cogitation |-ˈteɪʃ(ə)n| *noun* խորհում; կշռադատում

cognac |ˈkɒnjæk| *noun* կոնյակ

cognate |ˈkɒgneɪt| **1** *adjective* 1) ազգակից; նման; մերձավոր 2) *լեզվաբանություն* ազգակից *(բառերի մասին)* **2** *noun* 1) ազգական 2) (**cognates**) ազգակից լեզուներ/բառեր

cognition |kɒgˈnɪʃ(ə)n| *noun* 1) իմացություն; ճանաչելիություն 2) իմացական կարողություն

cognitive |ˈkɒgnɪtɪv| *adjective* իմացական; ճանաչողական

cognizable |ˈkɒ(g)nɪzəb(ə)l| *adjective* 1) ճանաչելի; իմանալի 2) *իրավունք* իրավասության ենթակա; ենթադաս

cognizance |ˈkɒ(g)nɪz(ə)ns| (նաև **cognisance**) *noun* 1) ճանաչելը; իմանալը ◊ **take cognizance of** նկատել 2) իրազեկություն 3) իրավասություն 4) շքանշան; գերբ

cognizant |ˈkɒ(g)nɪz(ə)nt| (նաև **cognisant**) *adjective գրական անգլերեն* տեղյակ; իրազեկ

cognomen |kɒgˈnəʊmən| *noun* մականուն; ազգանուն

cohabit |kəʊˈhæbɪt| *verb* (**-habited**, **-habiting**) 1) կենակցել *(ամուսնացած չլինելով)* 2) գոյակցել; կողք-կողքի ապրել

cohabitation |-ˈteɪʃ(ə)n| *noun* կենակցություն

coheir *noun* ժառանգակից; համաժառանգ

cohere |kə(ʊ)ˈhɪə| *verb* 1) համաձայնել; համաձայնության գալ 2) կապակցված լինել; հարակցվել

coherence *noun* 1) կապակցվածություն; հաջորդականություն 2) հարակցություն

coherent |kə(ʊ)ˈhɪər(ə)nt| *adjective* 1) համաձայնեցված; հաջորդական; հետևողական 2) կապակցված; հարակցված 3) պարզորոշ

cohesion |kə(ʊ)ˈhiːʒ(ə)n| *noun* 1) կապակցում; հարակցում 2) համախմբվածություն

cohesive *adjective* 1) կապակցող 2) կապակցելի

coiffeur |kwɑːˈfəː|, |kwɒ-| *noun* վարսավիր

coiffure |kwɑːˈfjʊə|, |kwɒ-| *noun* սանրվածք

coign |kɔɪn| *noun ճարտարապետություն* արտաքին անկյուն *(շենքի)* ◊ **coign of vantage** հարմար դիրք *(դիտումների համար)*

coil¹ |kɔɪl| **1** *noun* 1) օղակաձև դարսած պարան; օղակ 2) *էլեկտրականություն* կոճ **2** *verb* 1) օղակաձև փաթաթել *(պարանը և այլն)* 2) կծկվել *(օձի մասին)* 3) ոլորվել; գալարվել 4) ոլորել; գալարել

coil² |kɔɪl| *noun հնացված բարբառային* խառնաշփոթ

coin |kɔɪn| **1** *noun* դրամ; մետաղադրամ; փող ◊ **bad coin** թերարժեք դրամ. **base coin** կեղծ դրամ. **spin a coin, toss up a coin** i) դրամը վերև գցել; գիր ու ղուշ խաղալ *(արծվախաղի ժամանակ)* ii) մետաղադրամը վեր նետելով՝ գրազը տանել; մետաղադրամը վեր նետելով՝ վեճը տանել. **pay sb in their own coin** նույն դրամով հատուցել; փոխադարձը հատուցել **2** *verb* 1) դրամ կտրել; դրամ հատել 2) հնարել; հորինել *(սուտ լուրեր)* 3) ստեղծել; հորինել *(նոր բառ/արտահայտություն/դարձվածք)*

common/current coin տարածված/ընդունված կարծիք

coinage |ˈkɔɪnɪdʒ| *noun* 1) դրամահատում 2) մետաղյա դրամներ 3) դրամական համակարգ 4) հնարում; հորինում 5) բառաստեղծում; նոր բառերի ստեղծում

coinage of the brain երևակայության պտուղ/արդյունք

coincide |ˌkəʊɪnˈsʌɪd| *verb* համընկնել; համապատասխանել; զուգադիպել

coincidence |kəʊˈɪnsɪd(ə)ns| *noun* 1) համընկնում; համապատասխանում; զուգադիպություն 2) հանգամանքների պատահական զուգադիպություն

coincidence of number քանակի համընկնում

coincidence of space տեղի համընկնում

coincidence of time ժամանակի համընկնում

strange coincidence տարօրինակ զուգադիպություն

coincident |kəʊˈɪnsɪd(ə)nt| *adjective* համընկնող; զուգադիպող; համապատասխան

coincidental |kəʊɪnsɪˈdɛnt(ə)l| *adjective* 1) հանկարծադեպ; դիպվածական; պատահական 2) համաժամանակ; նույնաժամանակ; միաժամանակ տեղի ունեցող

coiner |ˈkɔɪnə| *noun* 1) դրամահատ 2) դրամանենգ 3) հորինող; փչան մարդ

coitus |ˈkəʊɪtəs| *noun գրական անգլերեն* զուգավորություն; սեռական հարաբերություն

coke¹ |kəʊk| **1** *noun* կոքս *(քարածխի տեսակ)* **2** *verb* կոքսացնել

Go and eat coke! *զռեհկաբանություն* Չքվի՛ր: Կորի՛ր: Չքվի՛ր աչքիցս: Գնա՛ գրողի ծոցը:

coke² |kəʊk| *noun* 1) *ամերիկյան խոսակցական* կոկա-կոլա *(ըմպելիք)* 2) *խոսակցական* կոկաին

col |kɒl| *noun* թամբարդ *(լեռան)*

cola |ˈkəʊlə| *noun* կոլա; կոկա-կոլա *(ըմպելիք)*

colander |ˈkʌləndə|, |ˈkɒl-| *noun* քամիչ

cold |kəʊld| **1** *adjective* 1) սառը; պաղ; ցուրտ 2) մրսած; սառած ◊ **I am cold, I feel cold** ես մրսում եմ 3) անտարբեր; սառնասիրտ 4) պաղ *(գույն)* **2** *noun* 1) ցուրտ; ցրտություն; սառնություն ◊ **keep the cold out** տաք պահել 2) մրսելը; ցրտառություն; մրսածություն; հարբուխ **3** *adverb խոսակցական* լիովին; ամբողջովին

a cold in the head հարբուխ

be left out in the cold անտեսվել; արհամարհվել

be out in the cold ավելորդ լինել; հիմար վիճակի մեջ ընկնել

catch a cold, catch cold 1) մրսել; հիվանդանալ; հարբուխով հիվանդանալ 2) *փոխաբերական* դժվարության/փորձանքի հանդիպել

diplomatic cold «դիվանագիտական» հիվանդություն; անառողջության վկայակոչում *(որպես պատրվակ ինչ-որ բանից խուսափելու)*

get/have sb cold *ամերիկյան խոսակցական* մեկին իր ձեռքի տակ պահել; մեկին իր իշխանության տակ պահել; մեկին իր բուռը հավաքել

leave one cold տպավորություն չթողնել մեկի վրա; չհուզել

quit cold *ամերիկյան* վերջնականապես թողնել/լքել *(աշխատանքը և այլն)*

cold-blooded *adjective* 1) սառնարյուն *(կենդանիների մասին)* 2) սառնասիրտ; քարսիրտ; անխիղճ; անգութ

cold-hearted *adjective* սառը; անտարբեր; անզգա

coldish *adjective* սառնավուն; ցրտավուն

coldly *adverb* սառը; անսիրալիր; անբարեհամբույր; չոր; անտարբեր; անկիրք

coldness *noun* 1) ցուրտ; ցրտություն 2) սառնություն; անտարբերություն

cold snap *noun* հանկարծակի սառնամանիք; հանկարծակի ցրտեր

cold sore *noun* բշտիկավոր որքին; շրթնաորքին; սողնախտ; տենդացան

cold storage *noun* 1) սառցարան 2) սառցարանում պահելը

cold war *noun* սառը պատերազմ

colic |ˈkɒlɪk| *noun* խիթ; ծակոց; սուր ցավ *(աղիքային)*

collaborate |kəˈlæbəreɪt| *verb* 1) աշխատակցել; համագործել; գործակցել 2) թշնամու կողմն անցնել

collaboration *noun* 1) աշխատակցություն; համագործություն; գործակցություն 2) համագործակցություն թշնամու հետ

collaborative *adjective* համատեղ

collaborator *noun* 1) աշխատակից; համագործակից 2) թշնամու հետ համագործակցող անձ

collage |ˈkɒlɑːʒ|, |kəˈlɑːʒ| *noun* կոլաժ; ապլիկացիա; սոսնձում; սոսնձվածք

collagen |ˈkɒlədʒ(ə)n| *noun կենսաքիմիա* սոսնձածին; սոսնձատու

collapse |kəˈlæps| **1** *verb* 1) փլչել; փուլ գալ 2) ուժասպառ լինել; վհատվել 3) ձախողվել **2** *noun* 1) փլուզում 2) *փոխաբերական* կործանում; խորտակում; անկում 3) կենսական ուժերի անկում *(օրգանիզմի)* 4) *բժշկություն* գիտակցության կորուստ; կոլապս

collapsible *adjective* ծալովի; փակովի

collar |ˈkɒlə| **1** *noun* 1) օձիք ◊ **stand up collar** կանգնուն օձիք. **Eton collar** լայն օձիք; ետ ծալվող օձիք 2) մանյակ 3) պարանոցակապ *(շների)* 4) անուր; լծակամար *(ձիերը լծելիս գործածվող հարմարանք)* 5) *փոխաբերական* լուծ 6) *տեխնիկական* անվի օղակ **2** *verb* 1) պարանոցակապեր ամրացնել 2) *խոսակցական* ձերբակալել

hot under the collar 1) զայրացած; վրդովված; մոլեգնած; կատաղած 2) հուզված

in collar աշխատանք ունեցող

out of the collar առանց աշխատանքի; գործազուրկ

slip the collar խուսափել պարտականություններից

Vandyke collar եղուստներով ժանյակե օձիք *(ինչպես Վան-Դեյքի կտավներում)*

wear the collar *փոխաբերական* վզին ծանր լուծ կրել; հլու-հնազանդ վիճակում լինել; լծի տակ լինել; լուծ քաշել

work up to the collar մինչև կոկորդը աշխատանքի մեջ խրված լինել; անխոնջ/անդադրում/անդուլ աշխատել; առանց հոգնության աշխատել

collarbone |ˈkɒləbəʊn| *noun կազմախոսություն* անրակ

collate |kɒˈleɪt| *verb* 1) համեմատել; ստուգել; ճշտել; համահավաքել; համադրել 2) *տպագրություն* ստուգել; դասավորել *(մամուլները, տպած թերթերը)* 3) *համակարգիչներ* համեմատել *(համեմատել և նյութերը դասավորել ըստ կարգի)*

collateral |kɒˈlæt(ə)r(ə)l| **1** *noun* գրավ **2** *adjective* 1) երկրորդակարգ; երկրորդական; օժանդակ 2) զուգահեռ; զուգընթաց 3) անուղղակի; կողմնակի

collation |kəˈleɪʃ(ə)n| *noun* 1) համեմատում 2) թեթև նախաճաշ

colleague |ˈkɒliːg| *noun* գործընկեր; պաշտոնակից; կոլեգա

collect[1] |kəˈlɛkt| **1** *verb* 1) հավաքել; վերցնել; հավաքածու կազմել; ժողովել 2) հավաքվել 3) իր վրա իշխել; իրեն զսպել; կենտրոնանալ **2** *adverb, adjective* ստացողի կողմից վճարվող *(հեռախոսազանգի մասին)*

collect[2] |ˈkɒlɛkt|, |-lɪkt| *noun եկեղեցական* կարճ աղոթք

collected *adjective* 1) հավաք; կենտրոնացած; սթափ 2) հավաքված 3) լիակատար *(ժողովածուի մասին)*

collection |kəˈlɛkʃ(ə)n| *noun* 1) հավաքածու; կոլեկցիա 2) ժողովածու 3) հավաքում; ժողովում 4) կուտակում 5) (**collections**) քննություններ *(եռամսյակի վերջում՝ Օքսֆորդի համալսարանում)*

collective |kəˈlɛktɪv| **1** *adjective* 1) համատեղ; միատեղ; կոլեկտիվ 2) միացյալ; միահամուռ 3) *քերականություն* հավաքական **2** *noun* 1) կոլեկտիվ 2) *քերականություն* հավաքական գոյական

collective noun *noun քերականություն* հավարքական գույական

collectivism |kəˈlɛktɪvɪz(ə)m| *noun քաղաքականություն* կոլեկտիվիզմ; համախմբվածություն

collectivization |-ˈzeɪʃ(ə)n| *noun քաղաքականություն* կոլեկտիվացում; համախմբականացում

collectivize |kəˈlɛktɪvʌɪz| *verb* կոլեկտիվացնել; համախմբականացնել

collector |kəˈlɛktə| *noun* 1) հավաքորդ; կոլեկցիոներ *(որևէ բանի հավաքումով զբաղվող մարդ)* 2) հարկահավաք 3) հսկիչ 4) *տեխնիկական* կոլեկտոր

college |ˈkɒlɪdʒ| *noun* 1) կոլեջ; քոլեջ 2) միջնակարգ դպրոց 3) հատուկ ուսումնական հաստատություն *(ռազմական և այլն)* ◊ **Military college** ռազմական ակադեմիա 4) *ամերիկյան* համալսարան 5) ընկերություն; կոլեգիա 6) *ծածկալեզու* բանտ

collegian |kəˈliːdʒɪən|, |-dʒ(ə)n| *noun* 1) քոլեջի դասախոս/ուսանող 2) քոլեջ ավարտած մարդ; համալսարանավարտ

collegiate |kəˈliːdʒ(ɪ)ət| **1** *noun* քոլեջի ուսանող **2** *adjective* 1) համալսարանական 2) քոլեջի

collide |kəˈlʌɪd| *verb* բախվել; ընդհարվել

collie |ˈkɒli| *noun* (հոգն. **-lies**) *կենդանաբանություն* շոտլանդական ոչխարապահ շուն

collier |ˈkɒlɪə| *noun* 1) ածխափոր; ածխահատ 2) ածխանավ 3) ածխանավի նավաստի

colliery |ˈkɒlɪəri| *noun* (հոգն. **-leries**) քարածխահանք

collision |kəˈlɪʒ(ə)n| *noun* 1) ընդհարում; բախում *(գնացքների, նավերի և այլնի)* ◊ **come into collision with** բախվել; ընդհարվել 2) շահերի հակադրություն/բախում

collocate |ˈkɒləkeɪt| **1** *verb* դասավորել; տեղավորել; կարգել **2** *noun* |ˈkɒləkət| *լեզվաբանություն* զուգադրվել; կապակցվել *(մի բառը՝ մեկ ուրիշի հետ սովորաբար գործածվելու վերաբերյալ)*

collocation |kɒləˈkeɪʃ(ə)n| *noun* 1) դասավորում; տեղավորում 2) *լեզվաբանություն* բառակապակցություն

collodion |kəˈləʊdɪən| *noun քիմիա* կոլոդիում

collogue |kɒˈləʊg| *verb* (**-logues**, **-logued**, **-loguing**) *հնացած* 1) դեմ առ դեմ խոսել; երես առ երես խոսել 2) դավեր նյութել

colloquial |kəˈləʊkwɪəl| *adjective* խոսակցական; գործածական *(արտահայտություն, բառ, ոճ)*

colloquialism |kəˈləʊkwɪəlɪz(ə)m| *noun* խոսակցական դարձվածք/արտահայտություն; հասարակաբանություն

colloquy |ˈkɒləkwi| *noun* (հոգն. **-quies**) խոսակցություն; զրույց

collusion |kəˈl(j)uːʒ(ə)n| *noun* գաղտնի համաձայնություն

Cologne |kəˈləʊn| Քյոլն *(քաղաք Գերմանիայի արևմուտքում)*

cologne |kəˈləʊn| *noun* բուրումնաջուր; օդեկոլոն; անուշահոտ ջուր

Colombia |kəˈlɒmbɪə| Կոլումբիա *(պետություն Հարավային Ամերիկայում)*

Colombo |kəˈlʌmbəʊ| Կոլոմբո *(Շրի Լանկայի մայրաքաղաքը)*

colon¹ |ˈkəʊlən| *noun* (:) երկու կետ; կրկնակետ *(կետադրական նշան)*

colon² |ˈkəʊlən|, |-lɒn| *noun կազմախոսություն* հաստ աղիք

colonel |ˈkəːn(ə)l| *noun* գնդապետ

colonial |kəˈləʊnɪəl| **1** *adjective* 1) գաղութային 2) *ամերիկյան պատմական* նահանգների ժամանակաշրջանին վերաբերող **2** *noun* 1) գաղութաբնակ 2) *ամերիկյան պատմական* ամերիկյան բանակի զինվոր *(13 նահանգների ժամանակաշրջանում)*

colonialism |kəˈləʊnɪəlɪz(ə)m| *noun* 1) գաղութատիրություն; գաղութակալություն; 2) գաղութարարություն; գաղութացում

colonist |ˈkɒlənɪst| *noun* գաղութաբնակ; վերաբնակիչ

colonization |-ˈzeɪʃ(ə)n| *noun* գաղութացում

colonize |ˈkɒlənʌɪz| *verb* 1) գաղութացնել 2) բնակեցնել *(գաղութականներով)*

colonizer *noun* 1) գաղութարար 2) գաղութաբնակ

colonnade |ˌkɒləˈneɪd| *noun* 1) սյունաշար 2) երկշարք ծառուղի

colony |ˈkɒləni| *noun* (հոգն. **-nies**) գաղութ ◊ **Crown Colony** բրիտանական գաղութ *(ինքնավարություն չունեցող)*

colophony |kəˈlɒfəni|, |ˈkɒləˌfəʊni| *noun* բևեկնախեժ; կոլոփոն

Colorado |ˌkɒləˈrɑːdəʊ| 1) Կոլորադո *(գետ ԱՄՆ-ի կենտրոնական մասում)* 2) Կոլորադո *(ԱՄՆ-ի նահանգ)*

coloration |kʌləˈreɪʃ(ə)n| *noun* 1) գունավորում; երանգավորում 2) գունազարդում 3) ներկում

coloratura |ˌkɒlərəˈtjʊərə| *noun երաժշտություն* կոլորատուրա; գեղգեղաձայնություն

colorific |ˌkʌləˈrɪfɪk|, |ˌkɒl-| *adjective հազվադեպ* 1) ներկող 2) գունեղ 3) *փոխաբերական* գունագեղ *(ոճ)*

colossal |kəˈlɒs(ə)l| *adjective* 1) հսկայական; վիթխարի 2) *փոխաբերական* սքանչելի

Colossians |kəˈlɒʃ(ə)nz| *աստվածաշնչային* Թուղթ Կողոսացիներին *(Նոր Կտակարանի գրքերից մեկը)*

colossus |kəˈlɒsəs| *noun* (հոգն. **-lossi** |-sʌɪ| կամ **-lossuses**) 1) վիթխարի արձան; կոթող 2) հսկա

colour 1 *noun* (*ամերիկյան* **color**) 1) գույն; երանգ ◊ **primary colours** հիմնական գույներ. **secondary colours** բաղադրյալ գույներ. **out of colour** խունացած; գույնը կորցրած 2) դեմքի գույն 3) գունավորում; երանգավորում; կոլորիտ ◊ **local colour** տեղական երանգավորում/կոլորիտ 4) պատրվակ ◊ **under colour of** պատրվակով 5) (**colours**) գունավոր զգեստներ 6) (**colours**) դրոշակ ◊ **national colours** պետական դրոշ. **join the colours** զինծառայության անցնել; զինվորական ծառայության մտնել; հավաքագրվել. **with the colours** իսկական զինվորական ծառայության մեջ 7) *երաժշտություն* տեմբր; հնչերանգ **2** *verb* 1) ներկել; գունազարդել; գունավորել; երանգավորել 2) ներկվել; գունազարդվել; գունավորվել; երանգավորվել 3) կարմրել *(դեմքի/պտուղների մասին)* 4) կարմրատակել

all the colours of the rainbow ծիածանի բոլոր գույները

change colour այլայլվել; դիմափոխվել; գույն տալ, գույն առնել

desert one's colours թողնել/լքել սկսած գործը

lose colour 1) գունատվել; դալկանալ 2) գունաթափվել; խունանալ

lower one's colours, strike the colours հանձնվել; հնազանդվել; իրեն պարտված ճանաչել; դիրքերը հանձնել

nail one's colours to the mast *փոխաբերական* իր ասածը պնդել; համառել

put a false colour on խեղաթյուրել; աղավաղել *(փաստերը և այլն)*

sail under false colours 1) թաքցնել իսկական անունը; ապրել ուրիշի անվան տակ 2) թաքցնել իսկական մտադրությունները; ձևանալ; խորամանկել

take one's colour from sb, take one's colour from sb's colour մեկի ազդեցության տակ գտնվել; նմանակել մեկին

with flying colours հաղթականորեն; պատվով; փառքով; փայլուն կերպով

colt |kəʊlt| *noun* 1) մտրուկ; քուռակ 2) *ծածկալեզու* սկսնակ

A ragged colt may make a good horse. *առած* Խղճուկ մտրուկը կարող է լավ ձի դառնալ: Անճոռնի ճուտիկը սիրուն կարապ կդառնա:

column |ˈkɒləm| *noun* 1) *ճարտարապետություն* սյուն 2) *ռազմական* զորասյուն ◇ **close column** փակ զորասյուն 3) ողնաշար ◇ **vertebral/spinal column** ողնաշար; ողնասյուն 4) սյունակ *(լրագրի և այլնի)* 5) *խոսակցական* (**columns**) լրագիր; ամսագիր

dodge the column *խոսակցական* պարտականությունների կատարումից խուսափել

columnist |ˈkɒl(ə)m(n)ɪst| *noun ամերիկյան* թղթակից; մամուլի տեսաբան; ֆելիետոնիստ

coma¹ |ˈkəʊmə| *noun* կոմա; քնափություն; մահաքուն

coma² |ˈkəʊmə| *noun* (հոգն. **comae** |-miː|) *աստղագիտություն* գիսաստղը շրջապատող ամպ

comatose |ˈkəʊmətəʊs|, |-z| *adjective* 1) թմբիրային; կոմայի; քնափության 2) *կատակային* ուժասպառ; հալից ընկած

comb |kəʊm| **1** *noun* 1) սանր 2) կատար *(աքաղաղի)* 3) քերոց *(ձիու և այլն)* 4) մեղրահաց; խորիսխ 5) գզիչ *(մեքենա)* **2** *verb* 1) սանրել; հարդարել 2) թակել *(վուշ և այլն)* 3) քերելով մաքրել ◇ **comb out** i) գզել ii) *ռազմական* վերաքննել; վերազննել *(զինվորական ծառայության պիտանիությունը որոշելու համար)* 4) մանրամասն փնտրել

cut the comb ստորացնել/նսեմացնել մեկին

set up one's comb գլուխը գովել; մեծ-մեծ բրդել

combat **1** *noun* |ˈkɒmbæt| |ˈkʌm-| 1) մարտ; կռիվ; պատերազմ *(նաև մտավոր)* ◇ **single combat** մենամարտ 2) *որոշչային* մարտական; շարային **2** *verb* (**-bated** կամ **-batted**, **-bating** կամ **-batting**) 1) կռվել; պատերազմել 2) (**combat for**) մարտնչել; պայքարել 3) (**combat against/with**) պայքարել

combatant |ˈkɒmbət(ə)nt|, |ˈkʌm-| **1** *noun* 1) զինվոր; մարտիկ 2) պայքարող կողմ 3) մարտնչող 4) մրցակից; ախոյան **2** *adjective* մարտական; շարային

combative |ˈkɒmbətɪv|, |ˈkʌm-| *adjective* ռազմատենչ; կռվարար

combination |kɒmbɪˈneɪʃ(ə)n| *noun* 1) համակցություն; զուգակցություն; կոմբինացիա; կապակցություն; զուգորդություն 2) միացություն 3) (**combinations**) կցազգեստ; կոմբինացիա *(կանացի ներքնազգեստ)*

combinative |ˈkɒmbɪnətɪv| *adjective* համակցական; կոմբինատիվ; կոմբինացիաներ անելու հակում ունեցող

combinatorial |ˌkɒmbɪnəˈtɔːrɪəl| *adjective* համակցական; կոմբինատորական

combine¹ **1** *verb* |kəmˈbʌɪn| 1) համակցել; կապակցել; միացնել; միավորել 2) միանալ; միավորվել; կապակցվել; համակցվել **2** *noun* |ˈkɒmbʌɪn| 1) *գյուղատնտեսություն* կոմբայն 2) կոմբինատ 3) *քաղաքականություն* միավորում; միություն 4) խումբ; շահախումբ

combine² |ˈkɒmbʌɪn| **1** *noun* (ամբողջությամբ **combine harvester**) կոմբայն **2** *verb* կոմբայնով բերքահավաք անել

combings |ˈkəʊmɪŋ| *plural noun* խծուծ; քուլք *(սանրելուց մնացածը)*

combustibility |-ˈbɪlɪti| *noun* դյուրավառություն; բոցավառելիություն

combustible |kəmˈbʌstɪb(ə)l| **1** *adjective* 1) դյուրավառ 2) դյուրաբորբոք; դյուրագրգիռ; զայրացկոտ **2** *noun* դյուրավառ նյութ

combustion |kəmˈbʌstʃ(ə)n| *noun* 1) այրում; վառում; կիզում ◇ **spontaneous combustion** ինքնայրում 2) *քիմիա* օքսիդացում *(օրգանական նյութերի)*

come |kʌm| **1** *verb* (անցյալ **came** |keɪm|; անցյալ դերբայ **come**) 1) գալ; մոտենալ; ժամանել 2) պատահել; տեղի ունենալ 3) լինել; հաջողվել; իրականանալ 4) վրա հասնել; բաժին ընկնել ◇ **come right** կարգի գալ 5) ծագել; սերվել; ծնվել 6) դառնալ ◇ **come true** իրականանալ; կենսագործվել 7) հասնել; հավասարվել 8) ◇ **come! come!** դե՛հ, դե՛հ, հանգստացե՛ք • **come about** պատահել; տեղի ունենալ **come across** պատահաբար հանդիպել **come after** i) հետևել; հաջորդել ii) ուրիշներից ավելի ուշ գալ iii) ժառանգել **come again** i) վերադառնալ ii) *ամերիկյան* ասածը կրկնել **come along** միասին գնալ; ուղեկցել **come asunder** կազմալուծվել; մասերի բաժանվել; մասնատվել **come at** i) հասնել ii) հետամտելով՝ բանի էությունը իմանալ iii) հարձակվել **come away** i) գնալ ii) պոկվել; անջատվել; դուրս պրծնել; կոտրվել-ընկնել **come back** i) վերադառնալ ii) արթնանալ *(հիշողությունների մասին)* **come before** i) նախորդել ii) գերազանցել iii) ներկայանալ *(դատարանի առաջ)* **come by** i) մոտով/կողքով անցնել ii) ձեռք բերել iii) *ամերիկյան* մտնել **come down** i) թափվել *(անձրևի/ձյան մասին)* ii) իջնել; ընկնել

iii) ավանդաբար փոխանցվել **come down upon** հարձակվել մեկի վրա; կշտամբել; նախատել **come down with** վճարել; առատաձեռն լինել **come forward** i) պատասխանել կանչին; արձագանքել ii) իր ծառայությունները առաջարկել **come in** i) ներս մտնել ii) ստանձնել *(պաշտոն)* iii) մոդայիկ դառնալ; նորաձև դառնալ iv) *մարզական* առաջինը վերջնագիծն հասնել v) հասնել; հասունանալ **come in for** իր բաժինը ստանալ **come into** տիրանալ; տեր դառնալ **come of** ծագել; սերվել **come off** i) հեռանալ ii) պոկվել *(կոճակների և այլնի մասին)* iii) հաջողություն ունենալ iv) կայանալ; տեղի ունենալ v) ազատվել; պրծնել **come on** i) հարձակվել; գրոհել ii) աճել; առաջադիմել iii) վրա հասնել *(փոթորիկի/քամու մասին)* iv) ծագել *(հարցի մասին)* v) հիվանդանալ *(որևէ բանով)* **come on!** գնա՛նք; շարունակե՛ք; շտապի՛ր **come out** i) դուրս գալ ii) երևան գալ; հայտնաբերվել iii) գործադուլ անել iv) բողբոջել; բացվել *(տերևների/ծաղիկների մասին)* **come out with** i) հանդես գալ *(որևէ հայտարարությամբ)* ii) հանկարծակի վրա բերել; արագ-արագ ասել **come over** i) ժամանել; փոխադրվել; տեղափոխվել ii) մեկի կողմն անցնել iii) տիրել *(զգացմունքի մասին)* iv) միտք հղանալ **come round** i) հյուր գալ ii) առողջանալ; ուշքի գալ; սթափվել iii) խաբել **come short** չբավել; պակասել; չհերիքել **come to** i) հասնել մինչև *(գնի մասին)* ii) ուշքի գալ **come true** իրականանալ; կատարվել **come under** i) հարմարվել; համապատասխանել ii) մեկի ազդեցության տակ ընկնել **come up** i) բարձրանալ ii) աճել; ծագել iii) ծլել; բողբոջել iv) մոդայիկ/նորաձև դառնալ v) համալսարան ընդունվել vi) գալ *(փոքր քաղաքից մեծ քաղաք)* **come upon** i) պատահաբար հանդիպել ii) *ռազմական* հանկարծակի գրոհել **come up to** մոտենալ; հավասարվել **come up with** հասնել **2** *preposition* *խոսակցական* երբ գալիս է; երբ տեղի ունենա; դեպքում **3** *noun* *խոսակցական* սերմնահեղուկ

come a cropper 1) ընկնել; տապալվել *(գետնին)* 2) անհաջողության մատնվել; փորձանքի մեջ հայտնվել

come away none the wiser այդպես էլ ոչինչ չհասկացած գնալ; ձեռնունայն հեռանալ; բան չհասկացած անցնել-գնալ

come clean *ժարգոնային* խոստովանել; ամեն ինչ պատմել; մեղքը վիզն առնել

Come high, come low. *խոսակցական* Ինչ լինելու է՝ թող լինի: Ինչ էլ որ լինի:

come in handy օգտակար լինել; պետք գալ; տեղին լինել

come natural to sb հեշտ տրվել; դժվարություն չներկայացնել մեկի համար

Come off it! *խոսակցական* Վերջացրո՛ւ: Բավակա՛ն է: Հերիք եղավ:

come off second-best պարտություն կրել; անհաջողության մատնվել; ձախողվել; երկրորդ տեղը գրավել

come out flat-footed for *ամերիկյան խոսակցական* վճռականորեն արտահայտվել; ճշմարտությունը դեմքին ասել

come out strong իրեն ցույց տալ; ցուցամոլություն անել; փողերը/դրամը շռայլել; շքեղ կյանքով ապրել

come to ուշքի գալ; աչքերը բացել

come to one's senses/reason խելքը գլուխը հավաքել; խելոքանալ; ուշքի գալ

come to stay օգտագործման մեջ մտնել; հաստատվել; արմատանալ; ճանաչում ստանալ

come to the upshot եզրակացության գալ

Come what may., Come what might. *խոսակցական* Ինչ լինում է՝ թող լինի: Ինչ ուզում է լինի:

Easy come, easy go., Lightly come, lightly go. *առած* Ջրի բերած՝ ջրի տարած: Քամու բերած՝ քամու տարած:

I came, I saw, I conquered. Եկա, տեսա, հաղթեցի: *(լատիներեն Veni, vidi, vici. Հուլիոս Կեսարի զեկուցումը Հռոմի սենատին՝ պոնտական թագավորին հաղթելու մասին)*

make a come-back *մարզական* 1) ապաքինվել/բուժվել վնասվածքից 2) անհաջողությունից հետո կրկին ելույթ ունենալ

when one comes to think of it *խոսակցական* եթե մտածենք; որ մտածելու լինենք; եթե խորը մտածենք

comedian |kəˈmiːdɪən| *noun* 1) կատակերգակ; կատակերգու; կոմեդիաների հեղինակ *(կատակերգության հեղինակ)* 2) կոմիկ; կատակերգակ *(դերասան)*

comedienne |kəˌmiːdɪˈen|, |-ˌme-| *noun* կատակերգու դերասանուհի; կոմիկական դերեր կատարող դերասանուհի

comedown |ˈkʌmdaʊn| *noun* *խոսակցական* 1) անկում 2) ընկճվածություն; վհատություն

comedy |ˈkɒmɪdi| *noun* (հոգն. **-dies**) կատակերգություն; կոմեդիա

black/dark comedy *թատրոն* սև կատակերգություն *(հիմքում ընկած է մռայլ, սև հումոր, սուր ծաղր)*

comely |ˈkʌmli| *adjective* (**-lier**, **-liest**) 1) սիրունատես; դուրեկան; գեղեցկադեմ 2) հարմար; համապատասխան

comer |ˈkʌmə| *noun* եկող; եկվոր; ժամանող ◊ **first comer** առաջինը եկած մարդ

comet |ˈkɒmɪt| *noun* գիսաստղ

comfort |ˈkʌmfət| **1** *noun* 1) սփոփանք; մխիթարություն 2) հանգստություն; աջակցություն *(բարոյական)* 3) հանգիստ 4) հարմարավետություն; դյուրահարմարություն 5) (**comforts**) հարմարություններ **2** *verb* սփոփել; մխիթարել; հանգստացնել

cold comfort, Dutch comfort թույլ մխիթարություն

creature comforts երկրային/աշխարհիկ բարիքներ; անձնական գործածության մանր առարկաներ

take comfort in/from մխիթարվել; սփոփվել; իրեն հանգստացնել; ամոքում/մխիթարություն գտնել

comfortable |ˈkʌmf(ə)təb(ə)l| **1** *adjective* 1) հարմար; բարեհարմար 2) սփոփիչ 3) հանգիստ; գոհ **2** *noun* *բարբառային* տաք վերմակ

comfortably *adverb* հարմարավետորեն

comforter |ˈkʌmfətə| *noun* 1) մխիթարող; սփոփող 2) բրդե շարֆ; տաք վզկապ 3) *ամերիկյան* բամբակե վերմակ 4) *ամերիկյան ծածկալեզու լրագիր (որով անօթևան գործազուրկները ծածկվում են՝ բացօթյա գիշերելիս)*

comfortless *adjective* 1) անհարմար; անհրապույր 2) անմխիթար; անսփոփ; տխուր

comic |ˈkɒmɪk| **1** *adjective* զավեշտական; կոմիկական **2** *noun* 1) կինոկատակերգություն 2) կոմիկ; կատակերգակ *(դերասան)* 3) կոմիքս; նկարազարդ ամսագիր

comical |ˈkɒmɪk(ə)l| *adjective* կոմիկական; զավեշտական; ծիծաղելի; զվարճալի; ծիծաղաշարժ

comic strip *noun* կոմիքս *(նկարների միջոցով արված պատմություն)*

coming |ˈkʌmɪŋ| **1** *adjective* 1) գալիք; ապագա; եկող; վերահաս 2) խոստումնալից; հեռանկարային **2** *noun* ժամանում; գալուստ

comity |ˈkɒmɪti| *noun* (հոգն. **-ties**) քաղաքավարություն; նրբակրթություն

comma |ˈkɒmə| *noun* (,) ստորակետ ◊ **inverted commas** չակերտներ

command |kəˈmɑːnd| **1** *verb* 1) հրամանատարություն անել 2) հրաման տալ; հրամայել 3) իշխել ◊ **command oneself** իր վրա իշխել 4) տնօրինել 5) *ռազմական* գնդակոծման տակ պահել 6) վայելել *(հարգանք և այլն)* **2** *noun* 1) հրաման 2) հրամանատարություն 3) ռազմական օկրուգ/շրջան *(Անգլիայում)* 4) իշխանություն; տիրապետություն

command esteem/respect հարգանք/պատկառանք ներշնչել

have a good command of a language լավ տիրապետել որևէ լեզվի

He is not fit to command others that cannot command himself. *առած* Ով չի կարող իրեն ղեկավարել, ուրիշներին էլ չի կարողանա ղեկավարել:

If you command wisely, you'll be obeyed cheerfully. *առած* Ով իմաստուն կերպով է կարգադրում, նրան հաճույքով են ենթարկվում:

commandant |ˌkɒmənˈdænt|, |ˈkɒmənˌdænt|, |-dɑːnt| *noun* 1) պարետ 2) ռազմական ուսումնական հաստատության պետ

command economy *noun* վարչահրամայական տնտեսություն

commandeer |ˌkɒmənˈdɪə| *verb* բռնագրավել

commander |kəˈmɑːndə| (հմվ. **Comdr.**) *noun* 1) հրամանատար; պետ 2) *ծովային* երկրորդ կարգի կապիտան

commander in chief (նաև **Commander in Chief**) *noun* (հոգն. **commanders in chief**) 1) գլխավոր հրամանատար 2) *ծովային* նավատորմի հրամանատար

commanding |kəˈmɑːndɪŋ| *adjective* 1) իշխող 2) գերակշռող

commandment |kəˈmɑːn(d)m(ə)nt| *noun* հրաման; պատվիրան; պատգամ

the ten commandments տասը պատվիրանները

commando |kəˈmɑːndəʊ| *noun* (հոգն. **-dos**) 1) դիվերսիոն-դեսանտային ջոկատի մարտիկ 2) դիվերսիոն-դեսանտային ջոկատ

commemorate |kəˈmɛməreɪt| *verb* 1) տարեդարձ նշել 2) հիշեցնել 3) հիշատակն անմահացնել; որպես հիշատակ ծառայել

commemoration |kəmɛməˈreɪʃ(ə)n| *noun* 1) տարեդարձի նշում 2) նշում; հիշատակում ◊ **in commemoration of** ի հիշատակ

commemorative |kəˈmɛm(ə)rətɪv| *adjective* հիշատակելի; հիշարժան

commence |kəˈmɛns| *verb* 1) սկսել; ձեռնարկել 2) սկսվել

commencement |kəˈmɛnsm(ə)nt| *noun* 1) սկիզբ 2) համալսարաններում դիպլոմների հանձնման և գիտական աստիճանների շնորհման օր 3) *ամերիկյան* հանդես *(ուսումնական հաստատություններում)*

commend |kəˈmɛnd| *verb* 1) գովել 2) հանձնարարել 3) *հնացած* բարև ուղարկել; ողջույն հղել

commendable |kəˈmɛndəb(ə)l| *adjective* գովելի; գովասանքի արժանի

commendation |kɒmɛnˈdeɪʃ(ə)n| *noun* գովասանք

commensurable |kəˈmɛnʃ(ə)rəb(ə)l|, |-sjə-| *adjective* (**commensurable with/to**) համաչափական; համաչափելի; համաչափ

comment |ˈkɒmɛnt| **1** *noun* 1) մեկնաբանություն; լուսաբանություն 2) դիտողություն **2** *verb* 1) (**comment upon**) մեկնաբանել; լուսաբանել 2) (**comment upon**) քննադատական դիտողություններ անել

commentary |ˈkɒmənt(ə)ri| *noun* (հոգն. **-taries**) մեկնաբանություն; լուսաբանություն; ծանոթագրություն ◊ **running commentary** ռադիոլուսաբանում

commentate |ˈkɒmənteɪt| *verb* մեկնաբանել; լուսաբանել *(մարզական, լրատվական հաղորդման մեջ)*

commentator |ˈkɒmənteɪtə| *noun* մեկնաբան

commerce |ˈkɒmɜːs| (հմվ. **comm.**) *noun* 1) առևտուր 2) հարաբերություն; շփում

commercial |kəˈmɜːʃ(ə)l| (հմվ. **comm.**) **1** *adjective* առևտրական; առևտրային **2** *noun* 1) գովազդ; հեռուստագովազդ; ռադիոգովազդ 2) *խոսակցական* (**commercial traveller**) շրջիկ գործակալ; առևտրական

commercialism |kəˈmɜːʃ(ə)lɪz(ə)m| *noun* չարչիություն; չարչիական ոգի; շահադիտություն

commercialize |kəˈmɜːʃ(ə)lʌɪz| *verb* 1) առևտրային/շահութամետ դարձնել 2) եկամտի աղբյուր դարձնել; շահագործել

commingle |kɒˈmɪŋg(ə)l| *verb* 1) միախառնել 2) միախառնվել

commiserate |kəˈmɪzəreɪt| *verb* 1) կարեկցել; վշտակցել; խղճալ; գթալ 2) *հնավանդ* ցավակցել; ցավակցություն արտահայտել

commiseration *noun* ցավակցություն

commissar |ˌkɒmɪˈsɑː| *noun* կոմիսար

commissariat |ˌkɒmɪˈsɛːrɪət| *noun* 1) *ռազմական* համբարակապետություն; ինտենդանտություն 2) *պատմական* կոմիսարիատ

commissary |ˈkɒmɪs(ə)ri| *noun* (հոգն. **-saries**)

1) կոմիսար 2) ռազմական համբարակ; հնտեն-դանտ

commission |kəˈmɪʃ(ə)n| (հպվ. **comm.**) **1** *noun* 1) հանձնաժողով; կոմիտե ◇ **Commission for Social developement** Սոցիալական զարգացման հանձնաժողով. **Commission on Sustainable development** Կայուն զարգացման հանձնաժողով 2) լիազորություն; իրավասություն 3) հանձնարարություն; առաջադրանք 4) կոմիսիոն վաճառք 5) կոմիսիոն հանձնարարության վճար; վարձատրություն 6) միջնորդավճար; միջնորդավարձ **2** *verb* 1) պաշտոնի նշանակել 2) լիազորել 3) նավապետ նշանակել; նավի անձնակազմը համալրել

come/put into commission 1) *ծովային* շահագործման հանձնել *(նավը)* 2) *ծովային* շահագործման հանձնվել *(նավի մասին)*

in commission մեկնելու պատրաստ *(նավի մասին)*

out of commission շարքից դուրս եկած; անպետք

commissionaire |kəˌmɪʃəˈnɛː| *noun* 1) հանձնակատար; բարապան; շվեյցար *(հյուրանոցներում)* 2) ներկայացուցիչ

commissioner |kəˈmɪʃ(ə)nə| (հպվ. **comm.**) *noun* 1) խորհրդարանական հանձնաժողովի անդամ 2) լիազոր ◇ **High Commissioner** գերագույն կոմիսար *(գաղութներում)*

commit |kəˈmɪt| *verb* (**-mitted**, **-mitting**) 1) հանձնարարել 2) ձերբակալել; կալանավորել 3) դատի տալ 4) կրակի մատնել 5) հողին հանձնել 6) օրենսդրական հանձնաժողովին հանձնել *(օրինագիծը)* 7) կատարել *(ոճիր/սխալ/անձնապանություն և այլն)* 8) գործողության մեջ դնել ◇ **commit oneself** իրեն վարկաբեկել; իր ուժերից վեր պարտավորություն վերցնել

commitment |kəˈmɪtm(ə)nt| *noun* 1) ձերբակալում 2) դատի տալը 3) կատարում *(ոճրի և այլնի)* 4) հավատարմություն 5) խոստում; պարտավորություն 6) խանդավառություն

committal |kəˈmɪt(ə)l| *noun* 1) ձերբակալում 2) օրինագծի հանձնումը հանձնաժողովին 3) պարտավորություն 4) աճյունը հողին հանձնելը

committed *adjective* նվիրված; նվիրյալ; հավատարիմ

committee |kəˈmɪti| *noun* 1) կոմիտե ◇ **Central committee** Կենտրոնական կոմիտե. **Executive committee** գործադիր կոմիտե. **Standing committee** մշտական կոմիտե. **strike committee** գործադուլային կոմիտե. **Committee against Torture** Կտտանքների վերացման կոմիտե 2) հանձնաժողով ◇ **credentials committee** մանդատային հանձնաժողով. **Joint committee** միացյալ հանձնաժողով. **Un-American Activities committee** հակաամերիկյան գործունեություն հետաքննող հանձնաժողով *(անգլիական պառլամենտում)*. **check-up committee** *ամերիկյան* վերստուգիչ հանձնաժողով 3) *իրավունք* խնամակալ *(հոգեկան հիվանդի)*

commixture *noun* միախառնում; խառնուրդ

commode |kəˈməʊd| *noun* կոմոդ; պահարան *(դուրս քաշվող արկղերով/դարակներով)*

commodious |kəˈməʊdɪəs| *adjective* 1) լայն; ընդարձակ; հարմար 2) *հնացած* պատշաճ

commodity |kəˈmɒdɪti| *noun* (հոգն. **-ties**) 1) հումք 2) ապրանք; լայն սպառման ապրանք 3) բարիք 4) *որոշչային* ապրանքային

common |ˈkɒmən| **1** *adjective* (**-moner**, **-monest**) 1) ընդհանուր 2) համայնական; հասարակական 3) հասարակ; սովորական 4) կոպիտ; գռեհիկ; վուլգար 5) *քերականություն* հասարակ գոյական **2** *noun* 1) համայնական հող 2) ամայի տեղ 3) համայնական արոտավայրի օգտագործման իրավունք; համայնական հողի օգտագործման իրավունք

common law wife քաղաքացիական ամուսնությամբ կապված կին

common or garden *խոսակցական կատակային* շատ պարզ նյութ; հասարակ նյութ; առօրեական/ծեծված նյութ

common property հանրային սեփականություն

have nothing in common with sb ընդհանուր ոչինչ չունենալ մեկի հետ

in common ընդհանուր; միասին; միատեղ

nothing out of the common առանձնապես ոչինչ; առօրյա; սովորական

out of common արտասովոր

commonage |ˈkɒmənɪdʒ| *noun* հասարակական արոտավայրից օգտվելու իրավունք

common denominator *noun* 1) *մաթեմատիկա* ընդհանուր հայտարար 2) *փոխաբերական* ընդհանուր հայտարար; ընդհանրություն; բնորոշ գիծ *(տվյալ խմբի անդամների)*

commoner |ˈkɒmənə| *noun* 1) ժողովրդից սերած մարդ; հասարակ մարդ 2) համայնքների պալատի անդամ ◇ **First Common** խոսնակ *(համայնքների պալատի նախագահ)* 3) թոշակ չստացող ուսանող 4) համայնքից օգտվելու իրավունք ունեցող

common law *noun* 1) ընդհանուր իրավունք; չգրված օրենք; սովորութային իրավունք; նախադեպային իրավունք 2) *որպես ածական* փաստացի *(ամուսինների մասին)*

commonly *adverb* 1) սովորաբար; հաճախ 2) էժան; վատ ձևով

common noun *noun* *քերականություն* հասարակ գոյական

commonplace |ˈkɒmənpleɪs| **1** *adjective* տափակ; ծեծված; անհամ **2** *noun* սովորական/տափակ բան; մաշված/ծեծված արտահայտություն

common room *noun* դասախոսական; դասախոսարան *(դասախոսների սենյակ՝ հատկապես Օքսֆորդի համալսարանում)*

commons |ˈkɒmənz| *plural noun* 1) ◇ **the Commons** երրորդ դաս. **the House of Commons** համայնքների պալատ 2) ժողովրդական ցածր խավեր *(կապիտալիստական երկրներում)* 3) բաժին; օրապահիկ

short commons աղքատ սնունդ; նվազ մթերաբաժին; քիչ պարեն

common sense *noun* ողջամտություն; առողջ դատողություն

commonwealth |ˈkɒmənwelθ| *noun* 1) պետություն; հանրապետություն ◇ **the Common-**

wealth of England անգլիական հանրապետություն *(1649-1660 թթ.)*. **Commonwealth of Nations** Ազգությունների համագործակցություն *(Անգլիայի գլխավորությամբ)* 2) համադաշնություն; դաշնություն; ֆեդերացիա ◊ **the Commonwealth of Australia** ավստրալական դաշնություն/ֆեդերացիա

Commonwealth of Independent States (հապվ. **CIS**) Անկախ Պետությունների Համագործակցություն

commotion |kəˈməʊʃ(ə)n| *noun* 1) խռովություն; վրդովմունք 2) շփոթություն; իրարանցում; խլրտում 3) հուզմունք; ցնցում; աղմուկ-աղաղակ; վայնասուն

communal |ˈkɒmjʊn(ə)l|, |kəˈmjuː-| *adjective* 1) համայնական; կոմունալ; համայնքի 2) հասարակական; ընդհանուր

commune¹ |ˈkɒmjuːn| *noun* 1) կոմունա ◊ **the Commune of Paris** Փարիզյան կոմունա 2) համայնք

commune² |kəˈmjuːn| *verb* (**commune with**) զրուցել; խոսակցել; հաղորդակցվել; շփման մեջ լինել

communicable |kəˈmjuːnɪkəb(ə)l| *adjective* 1) հաղորդելի; հաղորդակցվելի 2) տարափոխիկ *(հիվանդության մասին)*

communicate |kəˈmjuːnɪkeɪt| *verb* 1) (**communicate to**) հաղորդել; հայտնել 2) (**communicate with**) հաղորդակցվել 3) *եկեղեցական* հաղորդվել; հաղորդություն առնել; ճաշակվել 4) վարակել

communication |kəmjuːnɪˈkeɪʃ(ə)n| *noun* 1) հաղորդակցություն; հաղորդակցում; հաղորդում ◊ **vocal communication** բանավոր հաղորդում 2) հաղորդակցության միջոցներ/համակարգեր; հաղորդակցության ճանապարհ *(երկաթուղի և այլն)* 3) *ռազմական* (**communications**) հաղորդակցության ուղիներ 4) հաղորդագրություն

communicative |kəˈmjuːnɪkətɪv| *adjective* 1) շփվող; մարդամոտ; ասող-խոսող; զրուցասեր 2) հաղորդակցական; հաղորդակցային

communion |kəˈmjuːnjən| *noun* 1) հոգևոր հաղորդակցություն 2) մասնակցություն; մասնակից լինելը 3) *քրիստոնեություն* (**Communion, Holy Communion**) հաղորդություն; սուրբ հաղորդություն 4) նմանություն; ընդհանրություն 5) համայնք

communiqué |kəˈmjuːnɪkeɪ| (նաև **communique**) *noun* պաշտոնական հաղորդագրություն; կոմյունիկե

communism |ˈkɒmjʊnɪz(ə)m| *noun* կոմունիզմ; համայնավարություն

Communism Peak Կոմունիզմի գագաթ *(լեռնագագաթ Պամիրի լեռնաշղթայում)*

communist *noun* 1) կոմունիստ; համայնավար 2) *որոշչային* կոմունիստական; համայնավարական ◊ **the Young Communist League** կոմերիտմիություն

communistic *adjective* կոմունիստական; համայնավարական

community |kəˈmjuːnɪti| *noun* (հոգն. **-ties**) 1) համայնք; ընկերակցություն ◊ **the community** հասարակություն 2) ընդհանրություն ◊ **community of interests** շահերի ընդհանրություն

community center *noun* համայնքային կենտրոն *(հասարակական, կրթական, ժամանցային)*

community service *noun* հանրօգուտ աշխատանք

commutation |kɒmjʊˈteɪʃ(ə)n| *noun* 1) փոխարինում 2) *իրավունք* մեղմացում *(պատժի)* 3) *ռազմական* դրամ *(որ տրվում է բնապարենավորման փոխարեն)* 4) *էլեկտրականություն* հոսանքադարձում; կոմուտացիա

commutative |kəˈmjuːtətɪv|, |ˈkɒmjʊˌtətɪv| *adjective* *մաթեմատիկա* փոխարինող

commutator |ˈkɒmjʊˌteɪtə| *noun* *էլեկտրականություն* կոմուտատոր; փոխարկիչ; հոսանքադարձ

commute |kəˈmjuːt| **1** *verb* 1) փոխանակել; փոխարինել 2) *իրավունք* մեղմացնել *(պատիժը)* 3) *էլեկտրականություն* հոսանքափոխել; հոսանքի ուղղությունը փոխել 4) *ամերիկյան* մշտական երթևեկություն կատարել *(գնացքով, նավով և այլն)* **2** *noun* աշխատավայր գնալ-գալը

commuter *noun* սեզոնային տոմս ունեցող ուղևոր; մշտական ուղևոր

Comoros |ˈkɒmərəʊz| Կոմորյան կղզիներ *(պետություն Հնդկական օվկիանոսում, Մադագասկար կղզուց հյուսիս)*

compact¹ **1** *adjective* |kəmˈpækt| 1) խիտ; հոծ; կուռ 2) սեղմ; հակիրճ *(ոճ)* **2** *verb* |kəmˈpækt| 1) խտացնել; սեղմել *(ճնշելով ծավալը փոքրացնել)* 2) խտանալ; սեղմվել 3) ամփոփել; խտացնել *(միտքը)* **3** *noun* |ˈkɒmpækt| համաձայնություն; պայմանագիր

compact² **1** *noun* |ˈkɒmpækt| մամլած դիմափոշի **2** *verb* խտացնել; սեղմել

compact disc (նաև **compact disk**) (հապվ. **CD**) *noun* սեղմապնակ

companion¹ |kəmˈpænjən| **1** *noun* 1) ընկերակից; ընկեր 2) ուղեկից; զրուցակից 3) գործընկեր; կոմպանյոն *(առևտրական ընկերության)* ◊ **companion in arms** զինակից 4) մասնակից 5) տեղեկագիրք; տեղեկատու ◊ **gardener's companion** այգեգործի ձեռնարկ 6) զույգ առարկաներից մեկը 7) միաբանության/օրդենի ասպետ *(ստորին աստիճանի)* **2** *verb* *գրական* անգլերեն ուղեկցել

boon companion 1) *ֆրանսիական* բաժակակից; բաժակի ընկեր 2) լավ/բարի մարդ

companion in adversity դժբախտության ընկեր

companion² |kəmˈpænjən| *noun* *ծովային* փայտյա հովար, որը տանում է դեպի նավասենյակները

companionship |kəmˈpænjənʃɪp| *noun* ընկերություն; ընկերակցություն; ընկերական հարաբերություններ; ընկերախումբ

company |ˈkʌmp(ə)ni| **1** *noun* (հոգն. **-nies**) 1) ընկերություն; միություն; խումբ ◊ **in company with** միասին; մեկի հետ. **keep company with** ընկերություն անել; շփվել. **keep company** *խոսակցական* սիրատածել. **keep/bear someone company** ուղեկցել մեկին; համընկերանալ մեկին. **part company with** կապերը խզել; բաժանվել; հրաժեշտ տալ 2) հյուրեր 3) զրուցակից ◊ **be good company** լավ զրուցակից լինել 4) թատերախումբ 5) (**ship's company**) նավակազմ 6) *ռազմական* վաշտ 7) *որոշ-*

չային վաշտի 8) շրջապատ **2** *verb* (**-nies**, **-nied**) *բանաստեղծական* ընկերակցել; ընկերություն անել

A man is known by the company he keeps. *առած* Ասա՛ ով է ընկերդ, ասեմ՝ ով ես դու:

a stock company *թատրոն* մշտական թատերախումբ; դերասանների մշտական կազմ

be choice of one's company պահանջկոտ լինել ընկեր ընտրելիս; խստաբարո լինել ընկեր ընտրելիս; զգույշ լինել ծանոթություն հաստատելիս

bubble company անազնիվ/անմաքուր հաստատություն

Company in distress makes trouble less. *առած* Ընկերովի մահը հարսանիք է:

present company always excepted, present company excepted խոսքը ներկա եղողներին չի վերաբերում

Sin in good company. Ավելի լավ մարդիկ են նույն մեղքը գործել:

Two is company, but three is none. *առած* Երրորդն ավելորդ է:

comparable |ˈkɒmp(ə)rəb(ə)l| *adjective* (**comparable with**) համեմատելի

comparably |ˈkɒmp(ə)rəbli| *adverb* նմանապես; նույն չափով; նույն աստիճանի

comparative |kəmˈpærətɪv| **1** *adjective* 1) համեմատական; հարաբերական 2) *քերականություն* բաղդատական **2** *noun* *քերականություն* բաղդատական աստիճան

comparatively *adverb* համեմատաբար

compare |kəmˈpɛː| **1** *verb* 1) համեմատել; բաղդատել; նմանեցնել ◇ **as compared with** համեմատած 2) ստուգել; առադրել 3) (**compare sth to**) նմանեցնել; նմանություն գտնել 4) (**compare sth to**) զուգահեռ անցկացնել **2** *noun* *հնացած բանաստեղծական* համեմատում ◇ **beyond/past compare** ամեն համեմատությունից դուրս

beyond compare անզուգական

comparison |kəmˈpærɪs(ə)n| *noun* համեմատություն ◇ **in comparison with** համեմատած; համեմատությամբ. **bear/stand comparison with** համեմատության դիմանալ; համեմատելի լինել

compartment |kəmˈpɑːtm(ə)nt| **1** *noun* 1) բաժանմունք 2) *երկաթուղային* ճամփախցիկ; կուպե; ճամփորդախցիկ **2** *verb* բաժանել մասերի; տրոհել բաժինների

compass |ˈkʌmpəs| **1** *noun* 1) կողմնացույց 2) (**compasses, pair of compasses**) կարկին 3) շրջան; շրջանակ 4) ծավալ; ընդգրկում; դիապազոն ◇ **beyond one's compass, beyond the compass of one's ability** մեկի հասկացողությունից վեր **2** *verb* *հնավոճ* 1) շրջապատել 2) իրագործել *(մտադրությունը)* 3) չար մտադրություն ունենալ

box the compass *ծովային* 1) լրիվ շրջան կատարել 2) *փոխաբերական* վերադառնալ ելման կետին

compassion |kəmˈpæʃ(ə)n| *noun* կարեկցություն; կարեկցում; ցավակցում; ցավակցություն

compassionate |kəmˈpæʃ(ə)nət| **1** *adjective* կարեկցող; ցավակցող **2** *verb* կարեկցել; կարեկցությամբ վերաբերվել

compatibility |-ˈbɪlɪti| *noun* համատեղելիություն; համաձայնեցվածություն

compatible |kəmˈpætɪb(ə)l| **1** *adjective* համատեղելի; համաձայնեցնելի **2** *noun* համատեղելի համակարգիչ

compatriot |kəmˈpætrɪət|, |-ˈpeɪt-| *noun* հայրենակից; համերկրացի

compeer |kəmˈpɪə| *noun* *գրական անգլերեն* հասակակից; ընկեր

compel |kəmˈpɛl| *verb* (**-pelled**, **-pelling**) 1) ստիպել; հարկադրել 2) ենթարկել

compelling *adjective* անդիմադրելի; հմայիչ; համակող; գերող

compendious |kəmˈpɛndɪəs| *adjective* *գրական անգլերեն* կրճատ; կրճատված; համառոտ; համառոտված

compendium |kəmˈpɛndɪəm| *noun* (հոգն. **-diums** կամ **-dia** |-dɪə|) 1) համառոտագիր; կոնսպեկտ 2) ամփոփում 3) համառոտ ձեռնարկ

compensate |ˈkɒmpɛnseɪt| *verb* 1) փոխհատուցել 2) վարձատրել 3) հատուցել *(ծառայությունների համար)* 4) *տեխնիկական* համակշիռ դարձնել; համակշռության բերել; համակշռել

compensation |kɒmpɛnˈseɪʃ(ə)n| *noun* 1) փոխհատուցում; հատուցում 2) վարձատրում; վարձատրություն 3) *ամերիկյան* աշխատավարձ 4) *տեխնիկական* համակշռություն; կոմպենսացիա

compensatory *adjective* փոխհատուցող; հատուցող

compete |kəmˈpiːt| *verb* մրցել; մրցակցել

competence |ˈkɒmpɪt(ə)ns| (նաև **competency**) *noun* 1) ունակություն; կարողություն 2) ձեռնհասություն; իրազեկություն 3) ունևորություն 4) *իրավունք* իրավասություն; լիազորություն

competent |ˈkɒmpɪt(ə)nt| *adjective* 1) ձեռնհաս; ձեռահաս; իրազեկ; գիտակ 2) իրավազոր; իրավասու; լիիրավ 3) հեղինակավոր

competition |kɒmpɪˈtɪʃ(ə)n| *noun* 1) մրցում 2) մրցակցություն; մրցախաղ 3) մրցույթ

competitive |kəmˈpɛtɪtɪv| *adjective* 1) մրցակցական 2) մրցութային; մրցույթի 3) մրցունակ

competitiveness *noun* մրցունակություն

competitor |kəmˈpɛtɪtə| *noun* մրցակից; մրցող

compilation |kɒmpɪˈleɪʃ(ə)n| *noun* 1) բանաքաղություն; բանաքաղում 2) կազմում *(ցուցակի, գրքի և այլն)* 3) *համակարգիչներ* կազմարկում *(ծրագրի)*

compile |kəmˈpʌɪl| *verb* 1) կազմել *(ցուցակ, բառարան)* 2) բանաքաղել 3) հավաքել *(փաստեր, տվյալներ)* 4) կուտակել *(գույք)* 5) *համակարգիչներ* կազմարկել

compiler *noun* 1) համադրող անձ 2) *համակարգիչներ* կազմարկիչ *(ծրագիր)*

complacency |kəmˈpleɪs(ə)nsi| (նաև **complacence**) *noun* 1) ինքնագոհություն; ինքնաբավականություն 2) բարեհոգություն

complacent |kəmˈpleɪs(ə)nt| *adjective* 1) ինքնագոհ; ինքնաբավական; գոհ 2) բարեհոգի

complain |kəmˈpleɪn| *verb* 1) գանգատվել; գանգատ ներկայացնել 2) դժգոհություն արտահայտել; դժգոհել

complaint |kəm'pleɪnt| *noun* 1) գանգատ; դժգոհություն; բողոք 2) տկարություն; հիվանդություն

complaisance *noun* 1) ծառայակամություն; հաճոյակամություն 2) պատրաստակամություն; քաղաքավարություն 3) զիջողություն

complement **1** *noun* |'kɒmplɪm(ə)nt| 1) *նաև քերականություն* լրացում ◊ **complement of an angle** *մաթեմատիկա* անկյան լրացում 2) համալիր 3) հատիքային կազմ; լրակազմ *(նավի, զորամասի)* **2** *verb* |'kɒmplɪmɛnt| 1) լրացնել; լրացում կատարել 2) համալրել; լրակազմել 3) փոխլրացնել

complementary |kɒmplɪ'mɛnt(ə)ri| *adjective* 1) լրացուցիչ; ավելադիր 2) *լեզվաբանություն* լրացուցիչ *(բաշխման մասին)*

complementary colors *plural noun* փոխլրացնող գույներ

complementary medicine *noun* այլընտրանքային բժշկություն

complete |kəm'pliːt| **1** *adjective* 1) լրիվ 2) ամբողջական; ամբողջ; լիավարտ 3) կատարյալ **2** *verb* 1) վերջացնել; ավարտել 2) լրացնել; համալրել

completely *adverb* կատարելապես; լիովին; ամբողջովին

completeness *noun* 1) լրիվություն; ամբողջականություն 2) ավարտվածություն

completion *noun* 1) ավարտում 2) համալիր; կոմպլեկտ

complex **1** *adjective* |'kɒmplɛks| 1) բարդ; բաղադրյալ 2) խճճված; բարդ; խրթին 3) բաղադրական **2** *noun* 1) համալիր; ամբողջություն; զուգակցություն *(շինությունների և այլնի)* 2) *հոգեբանություն* բարդույթ; կոմպլեքս 3) *խոսակցական* մի բանից ամաչելը/խրտնելը **3** *verb* *քիմիա* համակցություն կազմել

complexion |kəm'plɛkʃ(ə)n| *noun* 1) դեմքի գույն 2) *փոխաբերական* տեսք; երանգ; ներերանգ

complexity *noun* (հոգն. **-ties**) 1) բարդություն; խճճվածություն; խրթինություն 2) կոմպլեքսություն

compliance |kəm'plʌɪəns| (նաև **compliancy**) **1** *noun* 1) հաճոյակատարություն; պատրաստակամություն 2) զիջողություն **2** *adjective* համաձայնեցման; համապատասխանեցման

in compliance with 1) համաձայն *(որևէ բանի)* 2) համաձայն; ըստ; համապատասխան

compliant |kəm'plʌɪənt| *adjective* 1) հաճոյակատար; հաճոյակամ 2) զիջող

complicate |'kɒmplɪkeɪt| *verb* 1) բարդացնել; խճճել 2) դժվարացնել

complicated *adjective* բարդ; խճճված

complication |kɒmplɪ'keɪʃ(ə)n| *noun* 1) բարդացում; բարդություն; խճճում 2) *բժշկություն* բարդություն

complicity |kəm'plɪsɪti| *noun* 1) մասնակցություն 2) հանցակցություն; մեղսակցություն

compliment **1** *noun* |'kɒmplɪm(ə)nt| 1) հաճոյախոսություն 2) շնորհք; գովեստի արժանի արարք 3) (**compliments**) շնորհավորանք 4) (**compliments**) բարև; ողջույն ◊ **please present my compliments to...** խնդրեմ, բարևեցե՛ք; ողջույնս հաղորդե՛ք. **with compliments** բարևներով *(նամակի վերջում)* 5) ◊ **left-handed compliment** i) կասկածելի հաճոյախոսություն ii) անհաջող հաճոյախոսություն; անշնորհք հաճոյախոսություն. **pay a compliment** հաճոյախոսություն անել 6) սիրալիրություն; շնորհ **2** *verb* |'kɒmplɪmɛnt| 1) ողջունել; բարևել; շնորհավորել 2) (**compliment with**) նվիրել

angle/fish for compliments հաճոյախոսություն/գովեստ ակնկալել; հաճոյախոսության առիթ ստեղծել; գովեստի մեռած լինել; հաճոյախոսության գիժ լինել; գովասանք սիրել

compliments of the season Ծննդյան տոնի մաղթանքներ; Նոր տարվա շնորհավորանքներ

double-barrelled compliment երկդիմի հաճոյախոսություն; երկիմաստ գովեստ

return the compliment հաճոյախոսությանը հաճոյախոսությամբ պատասխանել; սիրալիրությունը սիրալիրությամբ փոխհատուցել

complimentary |kɒmplɪ'mɛnt(ə)ri| *adjective* 1) գովասանական; գովաբանական; գովելի 2) շնորհավորական ◊ **complimentary ticket** հրավիրատոմս

comply |kəm'plʌɪ| *verb* (**-plies**, **-plied**) 1) կատարել *(խնդիրը, պահանջը և այլն)* 2) ենթարկվել *(կանոններին)* 3) համաձայնել; հոժարել 4) համապատասխանել *(պայմաններին)*

component |kəm'pəʊnənt| **1** *noun* բաղադրիչ; բաղադրիչ մաս; բաղադրատարր **2** *adjective* բաղադրիչ; բաղադրական

compose |kəm'pəʊz| *verb* 1) կազմել; բաղադրել 2) հորինել 3) հանգստացնել ◊ **compose oneself** հանգստանալ; հանդարտվել. **compose one's thoughts** միտքը կենտրոնացնել; կենտրոնանալ 4) հարթել *(վեճը, կռիվը և այլն)* 5) *տպագրություն* շարել; շարվածք անել

composed *adjective* հանգիստ; զուսպ; հանդարտ

composer |kəm'pəʊzə| *noun* կոմպոզիտոր; երգահան

composite |'kɒmpəzɪt| **1** *adjective* 1) բաղադրյալ; բարդ 2) *բուսաբանություն* բարդ ծաղկավոր; բարդածաղկավոր **2** *noun* 1) բաղադրություն; խառնուրդ 2) բաղադրյալ նյութ **3** *verb* միացնել *(պատկերները)*

composition |kɒmpə'zɪʃ(ə)n| *noun* 1) երկ; հորինվածք *(գրական, երաժշտական)* 2) հորինում; կոմպոզիցիա 3) բաղադրում 4) շարադրություն *(դպրոցական)* 5) *քիմիա* բաղադրություն; միացություն; խառնուրդ 6) փոխադարձ համաձայնություն *(զինադադարի, պարտքերի վճարման և այլն)* 7) մտքի կերտվածք; բնավորություն 8) *տպագրություն* շարվածք

compositor |kəm'pɒzɪtə| *noun* *տպագրություն* *պատմական* գրաշար

compost |'kɒmpɒst| **1** *noun* *գյուղատնտեսություն* պարարտախառնուրդ; կոմպոստ **2** *verb* 1) կոմպոստի վերածել 2) կոմպոստով մշակել *(հողը)*

composure |kəm'pəʊʒə| *noun* հանդարտություն; ինքնազսպում; ինքնատիրապետում

compote |ˈkɒmpəʊt|, |-ɒt| *noun* կոմպոտ; մրգաջուր; խոշապ

compound **1** *noun* |ˈkɒmpaʊnd| 1) բաղադրություն; միացություն; խառնուրդ 2) բաղադրյալ բառ 3) *տեխնիկական* կոմպաունդ *(շոգեմեքենաների համակարգ)* **2** *adjective* |ˈkɒmpəʊnd| 1) բաղադրյալ; բարդ 2) *քերականություն* բարդ համադասական *(նախադասություն)* **3** *verb* |kəmˈpaʊnd| 1) բաղադրել; խառնել; միացնել 2) հաշտեցնել; հարթել *(վեճը)* 3) ներել *(վիրավորանքը)* 4) վատթարացնել

comprehend |kɒmprɪˈhɛnd| *verb* 1) հասկանալ; ըմբռնել; կռահել 2) ընդգրկել; ներգրավել

comprehensible |kɒmprɪˈhɛnsɪb(ə)l| *adjective* հասկանալի; դյուրըմբռնելի

comprehension |kɒmprɪˈhɛnʃ(ə)n| *noun* 1) ըմբռնում; հասկանալու կարողություն 2) *հնացած* ընդգրկում; ներգրավում

pass one's comprehension մեկի հասկացողությունից վեր լինել

comprehensive |kɒmprɪˈhɛnsɪv| **1** *adjective* 1) ընդգրկուն; սպառիչ; համապարփակ 2) բազմակողմանի; մանրամասն; խորը 3) *հնացած* հասկացող; ըմբռնող **2** *noun* հանրակրթական դպրոց

compress **1** *verb* |kəmˈprɛs| 1) սեղմել; ճզմել 2) *համակարգիչներ* խտացնել **2** *noun* |ˈkɒmprɛs| թրջոց; կոմպրես

compression |kəmˈprɛʃ(ə)n| *noun* 1) սեղմում; ճզմում; ճնշում 2) *տեխնիկական* ճնշում; խտացում; կոմպրեսիա

compressor |kəmˈprɛsə| *noun* 1) *տեխնիկական* ճնշակ; կոմպրեսոր 2) *համակարգիչներ* խտացուցիչ *(ծրագիր կամ սարք, որը կատարում է տվյալների խտացում)*

comprise |kəmˈprʌɪz| *verb* 1) ընդգրկել 2) բովանդակել; պարունակել 3) կազմել

compromise |ˈkɒmprəmʌɪz| **1** *noun* փոխզիջում; համաձայնություն; փոխադարձ զիջում **2** *verb* 1) համաձայնել; փոխզիջել; կոմպրոմիս անել; փոխզիջում/համաձայնություն անել; գնալ փոխզիջման 2) վարկաբեկել *(իրեն, մեկին)*

compromiser *noun* համաձայնողական անձ; հաշտվողական անձ

compulsion |kəmˈpʌlʃ(ə)n| *noun* 1) հարկադրանք; հարկադրում 2) մղում; անդիմադրելի ցանկություն

compulsive |kəmˈpʌlsɪv| *adjective* 1) հարկադրական; անդիմադրելի 2) պարտադիր 3) իրենից անկախ; ակամա *(ստող և այլն)* 4) գերող; գրավիչ; հետաքրքրական

compulsory |kəmˈpʌls(ə)ri| *adjective* 1) հարկադիր; հարկադրական 2) պարտադիր

compunction |kəmˈpʌŋkʃ(ə)n| *noun* խղճի խայթ; զղջում

computable |-ˈpjuːtəb(ə)l|, |ˈkɒm-| *adjective* հաշվելի; հաշվարկելի

computation |kɒmpjʊˈteɪʃ(ə)n| *noun* 1) հաշվում 2) *նաև համակարգիչներ* հաշվարկում

compute |kəmˈpjuːt| *verb* 1) հաշվել 2) հաշվարկել; հաշվարկ կատարել 3) *խոսակցական* տրամաբանական լինել; ճշմարտանման լինել; խելամիտ թվալ

computer |kəmˈpjuːtə| *noun* 1) համակարգիչ; կոմպյուտեր 2) հաշվող; հաշվարկներ կատարող *(մարդ)*

computerization |-ˈzeɪʃ(ə)n| *noun* համակարգիչների ներդրում; համակարգչային եղանակների ներդրում

computerize |kəmˈpjuːtərʌɪz| *verb* համակարգչայնացնել; համակարգչավորել; համակարգչային համակարգի անցնել

computer-literate *adjective* համակարգչային գրագիտություն ունեցող

computer science *noun* գիտություն համակարգիչների մասին; համակարգչագիտություն

computing *noun* 1) համակարգչային գիտություն 2) համակարգչի գործածություն

comrade |ˈkɒmreɪd| *noun* 1) ընկեր 2) ծառայակից; պաշտոնակից

comradeship *noun* ընկերական հարաբերություններ; ընկերություն

con[1] |kɒn| *խոսակցական* **1** *verb* (**conned**, **conning**) խաբել; խաբեբայություն անել **2** *noun* խաբեություն; խաբեբայություն

con[2] |kɒn| *noun* թերություն; պակասություն ◊ **the pros and cons** թեր ու դեմ

con[3] |kɒn| *verb* (**conned**, **conning**) *հնավանդ* նավը առաջնորդել; ղեկավարել

concave |ˈkɒnkeɪv| **1** *adjective* գոգավոր **2** *noun* *բանաստեղծական* երկնակամար

concavity |kɒnˈkævɪti| *noun* (հոգն. **-ties**) գոգավոր մակերես

concavo-convex *adjective* ուռուցիկագոգավոր *(ոսպնյակի մասին, որի մի կողմը ուռուցիկ է, իսկ մյուսը՝ գոգավոր)*

conceal |kənˈsiːl| *verb* 1) թաքցնել; պահել; ծածկել 2) քողարկել

concealer |kənˈsiːlə| *noun* 1) թաքցնող; ծածկող; պարտակող 2) դիմափոշի; դիմաներկ *(դեմքի մաշկին համաչափ երանգ հաղորդող)*

concealment *noun* 1) թաքցնելը; ծածկելը 2) թաքստարան; գաղտնարան 3) քողարկելը; քողարկում

concede |kənˈsiːd| *verb* 1) զիջել *(իրավունքը)* 2) ընդունել; համաձայնել 3) պարտությունն ընդունել; իրեն պարտված ճանաչել

conceit |kənˈsiːt| *noun* 1) մեծամտություն; սնապարծություն ◊ **full of conceit** մեծամիտ; ինքնահավան 2) տարօրինակություն; քմահաճույք ◊ **out of conceit with** հիասթափված *(որևէ բանից)*

be out of conceit with sb դժգոհ լինել մեկից; հիասթափվել մեկից

conceited |kənˈsiːtɪd| *adjective* սնապարծ; ինքնահավան; ինքնագոհ; մեծամիտ

conceivable |kənˈsiːvəb(ə)l| *adjective* հասկանալի; ըմբռնելի; դյուրըմբռնելի

conceive |kənˈsiːv| *verb* 1) միտք հղանալ; մտածել; ստեղծել; ծնել 2) երևակայել; պատկերացնել; հասկանալ; գլխի ընկնել; ըմբռնել

3) ձևակերպել; արտահայտել 4) զգալ 5) *կենսաբանություն* հղիանալ

concentrate |ˈkɒns(ə)ntreɪt| **1** *verb* 1) կենտրոնացնել; համակենտրոնացնել 2) (**concentrate on/upon**) կենտրոնանալ *(մի բանի վրա)* 3) *քիմիա* թանձրացնել; խտացնել *(հատկապես՝ եռացնելով)* **2** *noun* խտանյութ; թանձրուկ; խտածո նյութ; կոնցենտրատ

concentrated *adjective* 1) նպատակաուղղված; կենտրոնացված; միտված 2) համախմբված; կենտրոնացված 3) խտացված

concentration |kɒns(ə)nˈtreɪʃ(ə)n| *noun* 1) կենտրոնացում; համակենտրոնացում 2) թանձրացում; խտացում 3) հանքի հարստացում 4) *որոշչային* համակենտրոնացած 5) *որոշչային* համակենտրոնացման *(ճամբարի մասին)* 6) խտություն

concentration camp *noun* համակենտրոնացման ճամբար

concentric |kənˈsɛntrɪk| *adjective* 1) համակենտրոն; համակենտրոնական 2) *ռազմական* կենտրոնացված *(կրակ)*

concept |ˈkɒnsɛpt| *noun* 1) հասկացություն; համադրույթ 2) հասկացողություն; գաղափար; ընդհանուր պատկերացում

conception |kənˈsɛpʃ(ə)n| *noun* 1) ըմբռնողություն; ըմբռնում; հասկացողություն 2) գաղափար; կոնցեպցիա 3) մտահղացում; հղացում 4) *կենսաբանություն* հղիացում

conceptual |kənˈsɛptjʊəl| *adjective* հասկացութային; հասկացական; կոնցեպտուալ

conceptual art (նաև **concept art**) *noun* համադրույթային արվեստ; կոնցեպտուալ արվեստ *(արվեստի տեսակ, որում արտահայտվող գաղափարն ավելի կարևոր է համարվում, քան բուն արվեստի գործը)*

concern |kənˈsəːn| **1** *verb* 1) վերաբերել; առնչվել; առնչություն ունենալ ◊ **sth is concerned** խոսքը վերաբերում է 2) հետաքրքրել; շահագրգռել ◊ **concern oneself** հետաքրքրվել; շահագրգռված լինել. **be concerned in** շահագրգռված լինել 3) հոգալ; մտահոգվել; անհանգստանալ **2** *noun* 1) շահագրգռություն; մասնակցություն 2) մտահոգություն; հոգացողություն; հոգս; անհանգստություն; վրդովմունք 3) նշանակություն; կարևորություն; առնչություն ◊ **have no concern with** առնչություն չունենալ. **no concern at mine** դա իմ գործը չէ; ինձ ամենևին չի վերաբերում. **mind your own concerns!** ձեր գործով զբաղվե՛ք 4) ձեռնարկություն; կոնցեռն *(տնտեսական ձեռնարկությունների միություն)* 5) (**concerns**) գործեր

a going concern շահութաբեր գործ/ձեռնարկություն

It is no concern of mine. Իմ գործը չէ: Ինձ չի վերաբերում: Ինձ չի հետաքրքրում: Պետքս չէ: Հոգս չէ:

concerned |kənˈsəːnd| *adjective* 1) վերաբերող; առնչություն ունեցող; ներգրավված 2) մտահոգված; մտահոգ; վրդովված

concerning |kənˈsəːnɪŋ| *preposition* վերաբերյալ; վերաբերմամբ; նկատմամբ

concert 1 *noun* |ˈkɒnsət| 1) համերգ 2) համաձայնություն ◊ **in concert with** փոխադարձ համաձայնությամբ; միասին **2** *verb* |kənˈsəːt| *գրական անգլերեն* 1) համաձայնել; համաձայնության գալ; պայմանավորվել 2) համաձայնեցնել

concerted |kənˈsəːtɪd| *adjective* 1) միահամուռ; համախմբված; միասնական 2) չանադիր; եռանդուն

concerto |kənˈtʃəːtəʊ|, |-ˈtʃɛːtəʊ| *noun* (հոգն. **-tos** կամ **-ti** |-ti|) կոնցերտ *(երաժշտական խումբի երկ՝ նվագախմբի կատարմամբ)*

concession |kənˈsɛʃ(ə)n| *noun* 1) զիջում 2) *տնտեսագիտություն* զիջանք; արտոնագրություն; կոնցեսիա; թույլտվություն

concessionaire |kənˌsɛʃəˈnɛː| (նաև **concessioner**) *noun* կոնցեսիոներ; զիջանքառու

concessive |kənˈsɛsɪv| *adjective* 1) զիջող 2) *քերականություն* զիջական *(նախադասություն)*

conch |kɒŋk|, |kɒn(t)ʃ| *noun* (հոգն. **conchs** |kɒŋks| կամ **conches** |ˈkɒntʃɪz|) խեցի *(ծովային կակղամորթի. գործածվում է նաև որպես երաժշտական գործիք)*

conciliate |kənˈsɪlɪeɪt| *verb* 1) *գրական անգլերեն* հաշտեցնել; միաբանեցնել; խաղաղեցնել 2) միջնորդել; միջնորդություն անել 3) *հնացած* վստահություն ձեռք բերել; բարեհաճություն վաստակել

conciliation *noun* հաշտեցում; խաղաղեցում

conciliator *noun* հաշտարար; խաղաղարար; խաղաղագործ

conciliatory *adjective* հաշտարար; հաշտվողական

concise |kənˈsʌɪs| *adjective* համառոտ; կրճատ; հակիրճ

conciseness *noun* համառոտություն; հակիրճություն

conclave |ˈkɒŋkleɪv| *noun* 1) առանձնաժողով 2) պապընտիր ժողով *(որի ընթացքում կարդինալներն ընտրում են Հռոմի պապին)*

conclude |kənˈkluːd| *verb* 1) եզրափակել; ամփոփել; վերջացնել 2) եզրակացնել; հետևություն անել 3) վճռել; որոշել 4) կնքել *(պայմանագիր և այլն)*

conclusion |kənˈkluːʒ(ə)n| *noun* 1) եզրափակում; ամփոփում ◊ **in conclusion** որպես եզրակացություն 2) ավարտում ◊ **bring to a conclusion** ավարտել; վերջացնել 3) կնքում *(պայմանագրի)* 4) հետևություն; եզրակացություն ◊ **draw a conclusion** եզրակացնել; եզրակացություն անել; հետևեցնել 5) *հնացած* փորձ

jump to the conclusion, jump at a conclusion, rush to a conclusion շտապ եզրակացության հանգել; հապշտապ եզրակացություն անել

try conclusions with sb մեկի հետ մրցել; ուժերը փորձել

conclusive |kənˈkluːsɪv| *adjective* 1) եզրափակիչ; վերջնական 2) համոզիչ 3) վճռական *(հաղթանակի մասին)*

concoct |kənˈkɒkt| *verb* 1) եփել; պատրաստել 2) *փոխաբերական* հնարել; հորինել; «թխել» 3) դավադրական պլաններ կազմել

concoction *noun* 1) եփում; պատրաստում 2) ուտելիք; կերակուր 3) *փոխաբերական* հնարովի բան 4) դավադրական ծրագիր

concomitant |kən'kɒmɪt(ə)nt| *գրական անգլերեն* **1** *adjective* զուգընթաց; ուղեկցող **2** *noun* ուղեկցող/զուգընթաց երևույթ

concord |'kɒŋkɔːd| *noun* 1) համաձայնություն 2) դաշնագիր; կոնվենցիա 3) *քերականություն* համաձայնեցում; համաձայնություն 4) *երաժշտություն* ներդաշնակություն

concordance |kən'kɔːd(ə)ns| **1** *noun* 1) համաձայնություն; համաձայնեցում; ներդաշնակություն 2) բառացանկ; համաբարբառ *(տվյալ հեղինակի գործերում կամ տվյալ գրքում հանդիպող բառերի այբբենական ցուցակ)* **2** *verb* համաձայնեցնել

concordant |kən'kɔːd(ə)nt| *adjective* 1) համաձայն 2) ներդաշնակ

concourse |'kɒŋkɔːs| *noun* 1) բազմություն; ամբոխ 2) կուտակում; խռնում 3) *ամերիկյան* կայարանի գլխավոր սպասասրահ

concrete **1** *adjective* |'kɒŋkriːt| 1) որոշակի; կոնկրետ; իրական; ռեալ 2) բետոնի; բետոնե 3) թանձրացական *(գոյականի մասին)* **2** *noun* |'kɒŋkriːt| բետոն ◇ **armoured concrete** երկաթբետոն **3** *verb* 1) թանձրանալ; խտանալ; պնդանալ; ամրանալ; կարծրանալ 2) միակցել; սերտաճեցնել

in the concrete իրականության մեջ; գործնականում

concretion |kən'kriːʃ(ə)n| *noun* 1) սերտաճում; միակցում 2) թանձրացում; խտացում; մակարդում 3) պինդ/միակցված զանգված 4) *բժշկություն* քարեր

concubine |'kɒŋkjʊbʌɪn| *noun* 1) հարճ 2) *հնացած* սիրուհի

concur |kən'kəː| *verb* (**-curred**, **-curring**) 1) (**concur with**) համամիտ լինել; համաձայնել 2) համընկնել; զուգադիպել 3) աջակցել

concurrence *noun* 1) համընկնում 2) զուգադիպում *(հանգամանքների)* 3) աջակցություն

concurrent |kən'kʌr(ə)nt| **1** *noun* մրցակից **2** *adjective* 1) համընկնող; միաժամանակյա 2) զուգընթաց; զուգահեռ; համատեղ; միատեղ

concuss |kən'kʌs| *verb* ցնցել *(մարդու կամ կենդանու գլխին հարվածելով)*

concussion |kən'kʌʃ(ə)n| *noun* 1) կոնտուզիա 2) ցնցում

condemn |kən'dɛm| *verb* 1) պախարակել; դատափետել 2) դատապարտել 3) դատավճիռ կայացնել 4) մատնել; մերկացնել ◇ **his looks condemn him** նրա տեսքն իրեն մատնում է 5) խոտանել

condemnation *noun* 1) դատապարտում 2) դատավճիռ 3) կշտամբանք; պարսավանք; նախատինք

condemnatory |-'dɛmnət(ə)ri| *adjective* դատապարտող; մեղադրական

condensation |kɒndɛn'seɪʃ(ə)n| *noun* 1) թանձրացում; խտացում; կոնդենսացիա 2) խտացրած զանգված 3) հակիրճություն; համառոտություն 4) ամփոփում

condense |kən'dɛns| *verb* 1) թանձրանալ 2) խտացնել 3) կրճատել; համառոտել; սեղմ արտահայտել *(միտքը)*

condenser |kən'dɛnsə| *noun* 1) *տեխնիկական* խտարար; շոգեխտարար 2) կոնդենսատոր; սառեցուցիչ 3) *էլեկտրականություն* լեյդենյան անոթ

condescend |kɒndɪ'sɛnd| *verb* 1) բարեհաճ/ներողամիտ վերաբերվել; զիջողություն ցուցաբերել; բարեհաճել 2) արժանացնել 3) ստորանալ; արժանապատվությունը կորցնել

condescending *adjective* հովանավորական; խնամակալական; խնամարկուական; հանդուրժողական; ներողամիտ

condescension *noun* ներողամիտ վերաբերմունք; զիջողություն; ներողամտություն

condiment |'kɒndɪm(ə)nt| *noun* համեմունք; ամոքանք

condition |kən'dɪʃ(ə)n| **1** *noun* 1) պայման ◇ **on condition that** այն պայմանով, որ 2) (**conditions**) հանգամանքներ; պարագաներ ◇ **favourable conditions** բարենպաստ հանգամանքներ. **under existing conditions** տվյալ պարագաներում; տվյալ պայմաններում 3) վիճակ; դրություն ◇ **in good condition** լավ դրության մեջ 4) *ամերիկյան* (**conditions**) վերաքննություն; պարտքեր **2** *verb* 1) պայմանավորել 2) պատշաճ վիճակի հասցնել; բարվոքել; մշակել 3) առողջացնել

alter/change one's condition *հնացած* ամուսնանալ; պսակվել

be out of condition պատրաստ չլինել; վատ վիճակում լինել; վատ դրության մեջ լինել

in a certain condition, in a delicate condition, in an interesting condition պատճառավոր; հղի

conditional |kən'dɪʃ(ə)n(ə)l| **1** *adjective* 1) պայմանական 2) պայմանավորված *(մի բանով)* **2** *noun* *քերականություն* պայմանական/ենթադրական նախադասություն; պայմանական եղանակ; պայմանական շաղկապ

conditionally *adverb* պայմանականորեն

conditioner |kən'dɪʃ(ə)nə| *noun* բալզամ; կոնդիցիոներ *(լվանալուց հետո մազերին քսելու միջոց)*

condole |kən'dəʊl| *verb* ցավակցություն հայտնել

condolence |kən'dəʊl(ə)ns| *noun* ցավակցություն; կարեկցություն

condom |'kɒndəm| *noun* պահպանակ

condominium |ˌkɒndə'mɪnɪəm| *noun* (հոգն. **-ums**) համատիրություն

condone |kən'dəʊn| *verb* եկեղեցական թողություն տալ *(մեղքերի)*

conduce |kən'djuːs| *verb* *գրական անգլերեն* նպաստել; օժանդակել

conducive |kən'djuːsɪv| *adjective* նպաստող; օժանդակող

conduct **1** *noun* |'kɒndʌkt| 1) վարք 2) վարում *(գործերի)* 3) ղեկավարում 4) *ռազմական* ◇ **conduct of fire** կրակի ղեկավարում **2** *verb* |kən'dʌkt| 1) վարել ◇ **conduct oneself** իրեն պահել; վարվել;

իրեն դրսևորել 2) առաջնորդել; ուղեկցել 3) տանել 4) ղեկավարել; կառավարել 5) հրամանատարություն անել 6) *երաժշտություն* ղեկավարել *(նվագախումբ և այլն)* 7) *ֆիզիկա* հաղորդել *(էլեկտրականություն, ջերմություն)*

conduction |kən'dʌkʃ(ə)n| *noun* *ֆիզիկա* հաղորդականություն

conductivity |kɒndʌk'tɪvɪti| *noun* (նաև **electrical conductivity**) (հոգն. **-ties**) հաղորդականություն; ջերմահաղորդություն; էլեկտրահաղորդականություն

conductor |kən'dʌktə| *noun* 1) դիրիժոր; խմբավար 2) տոմսավաճառ *(տրամվայի և այլնի)* 3) *ամերիկյան* վագոնավար *(տրամվայի)* 4) *ամերիկյան* *երկաթուղային* ուղեկցող 5) *ֆիզիկա* հաղորդիչ

conduit |'kɒndɪt|, |-jʊɪt| *noun* 1) խողովակաշար; ջրատար 2) ջրմուղի խողովակ 3) *էլեկտրականություն* մեկուսացման փողրակ

cone |kəʊn| *noun* 1) *մաթեմատիկա* կոն 2) *բուսաբանություն* եղևնակոն; սոճու կոն

confabulate |kən'fæbjʊleɪt| *verb* *գրական* *անգլերեն* զրուցել

confection |kən'fɛkʃ(ə)n| *noun* 1) քաղցրեղեն 2) կանացի պատրաստի հագուստեղեն *(հատկապես նորաձև)* 3) միախառնելը; իրար խառնելը

confectioner |kən'fɛkʃ(ə)nə| *noun* հրուշակավաճառ; հրուշակագործ

confectionery |kən'fɛkʃ(ə)n(ə)ri| *noun* (հոգն. **-eries**) 1) հրուշակարան 2) հրուշակեղեն

confederacy |kən'fɛd(ə)rəsi| *noun* (հոգն. **-cies**) 1) կոնֆեդերացիա; լիգա 2) դավադրություն

confederate **1** *adjective* |kən'fɛd(ə)rət| դաշնային; ֆեդերալ **2** *noun* |kən'fɛd(ə)rət| 1) հանցակից; դավակից 2) դաշնության անդամ; կոնֆեդերացիայի անդամ 3) հարավային նահանգների կողմնակից *(1860-1865թթ. քաղաքացիական պատերազմի ժամանակ)* **3** *verb* |kən'fɛdəreɪt| 1) միավորվել; դաշնության/ֆեդերացիայի մեջ մտնել 2) միավորել

confederation |kənfɛdə'reɪʃ(ə)n| *noun* համադաշնություն; կոնֆեդերացիա

confer |kən'fəː| *verb* (**-ferred**, **-ferring**) 1) (**confer on**) գիտական կոչում շնորհել; գիտական աստիճան շնորհել 2) (**confer with**) խորհրդակցել; զրուցել

conference |'kɒnf(ə)r(ə)ns| **1** *noun* համաժողով; խորհրդաժողով; կոնֆերանս; խորհրդակցություն; համագումար; գիտաժողով **2** *verb* (**conferencing**) համաժողովի/խորհրդաժողովի/կոնֆերանսի/խորհրդակցության/համագումարի/գիտաժողովի մասնակցել

conferment *noun* շնորհում; տալը *(գիտական աստիճանի/կոչման և այլն)*

confess |kən'fɛs| *verb* խոստովանել; ընդունել *(գործած սխալը, հանցանքը)*

confession |kən'fɛʃ(ə)n| *noun* 1) խոստովանություն; խոստովանանք 2) *կրոնական* դավանանք

Confession is the first step. *առած* Խոստովանությունը զղջման առաջին քայլն է: Խոստովանի՛ր: Մեղա՛ արի:

Confession of faith Հավատո հանգանակ

Open confession is good for the soul. *առած* Անկեղծ խոստովանությունը թեթևացնում է հոգին:

confessor |kən'fɛsə| *noun* խոստովանող; խոստովանահայր

confetti |kən'fɛti| *noun* գունավոր թղթիկներ *(որոնք օդ են նետվում հարսանեկան արարողության ժամանակ)*

confidant |'kɒnfɪdænt|, |ˌkɒnfɪ'dænt|, |-dɑːnt| *noun* (իգ. **confidante** արտասս. նույնը) մտերիմ/սրտակից մարդ

confide |kən'fʌɪd| *verb* 1) (**confide in**) վստահել; ապավինել 2) *հնացած* (**confide to**) գաղտնիքը վստահել

confidence |'kɒnfɪd(ə)ns| *noun* 1) վստահություն ◇ **give one's confidence to** վստահել. **place confidence in** հավատալ; վստահել 2) համարձակություն 3) գաղտնի հաղորդում ◇ **told in confidence** գաղտնաբար ասված

a confidence game/trick 1) խարդախ/զարտուղի ճանապարհով ձեռք բերած փող 2) փչոց; խաբեություն; սրիկայություն

in confidence գաղտնի; գաղտնապես

in strict confidence հույժ գաղտնի

take sb into one's confidence մեկին իր գաղտնիքը հայտնել; վստահել առանց երկմտելու

worm oneself into sb's confidence մեկի վստահությանն արժանանալ *(քծնանքով, խարդախությամբ և այլն)*

confident |'kɒnfɪd(ə)nt| **1** *adjective* 1) համարձակ; ինքնավստահ 2) վստահ; հաստատակամ; աներկբա **2** *noun* *հնավանդ* տե՛ս **confidant**

confidential |kɒnfɪ'dɛnʃ(ə)l| *adjective* 1) գաղտնի; խորհրդապահական; կոնֆիդենցիալ; մեկուսի 2) հավատարմական 3) վստահելի; ապահով

confidentiality |-ʃɪ'ælɪti| *noun* խորհրդապահություն; գաղտնապահություն

confidentially *adverb* խորհրդապահորեն; գաղտնապահորեն

configuration |kənˌfɪgə'reɪʃ(ə)n|, |-gjʊ-| *noun* 1) փոխդասավորություն; փոխտեղադրվածություն 2) ուրվագիծ; տեսք 3) *համակարգիչներ* կազմաձև

configure *verb* 1) ձևավորել; ձև տալ; ձև հաղորդել; կազմել 2) *համակարգիչներ* կազմաձևել

confine **1** *verb* |kən'fʌɪn| 1) (**confine someone/something to**) սահմանափակել; սահման դնել 2) (**confine someone to/in**) բանտարկել; ազատազրկել; կալանքի ենթարկել 3) գամված լինել *(անկողնուն, հաշմանդամի սայլակին և այլն)* 4) *հնացած* (**be confined**) ծնել; ազատվել **2** *noun* |'kɒnfʌɪn| *նաև փոխաբերական* (**confines**) սահմաններ; սահմանագիծ

confined *adjective* փակ; սահմանափակ; նեղ *(տարածքի մասին)*

confinement *noun* 1) սահմանափակում 2) բանտարկություն; կալանք 3) *խոսակցական* ծննդաբերություն; ազատում

confirm |kən'fəːm| *verb* 1) հաստատել; հավաստել; վկայել *(մի բանի ստուգությունը)* 2) վավերացնել *(պայմանագիրը)* 3) *եկեղեցական* նախահաղորդել 4) *եկեղեցական* օծել

confirmation |kɒnfəˈmeɪʃ(ə)n| *noun* 1) հաստատում 2) վավերացում 3) *եկեղեցական* նախահաղորդություն; կոնֆիրմացիա 4) *եկեղեցական* օծում

confirmed |kənˈfəːmd| *adjective* 1) քրոնիկական; խրոնիկական; երկարատև 2) արմատացած 3) անուղղելի; թունդ; մոլի

confiscate |ˈkɒnfɪskeɪt| *verb* բռնագրավել; առգրավել

confiscation |-ˈskeɪʃ(ə)n| *noun* բռնագրավում; առգրավում

conflagration |ˌkɒnfləˈgreɪʃ(ə)n| *noun* մեծ հրդեհ

conflict **1** *noun* |ˈkɒnflɪkt| 1) ընդհարում; բախում; կոնֆլիկտ 2) հակամարտություն; պայքար ◊ **conflict resolution** հակամարտությունների կարգավորում. **open conflict** բացահայտ հակամարտություն 3) հակասություն; անհամատեղելիություն 4) *հոգեբանություն* ներքին հակասություն **2** *verb* |kənˈflɪkt| 1) (**conflict with**) հակասել 2) բախման մեջ լինել; պայքարել; բախվել

confluence |ˈkɒnflʊəns| *noun* 1) միախառնում; միացում *(գետերի)* 2) հատում *(ճանապարհների)* 3) խաչմերուկ 4) համախռնում *(ժողովրդի)*

confluent |ˈkɒnflʊənt| **1** *adjective* միախառնվող **2** *noun* վտակ

conflux |ˈkɒnflʌks| *noun* 1) համախռնում *(ժողովրդի)* 2) ամբոխ

conform |kənˈfɔːm| *verb* 1) համապատասխանել; համաձայնեցնել; համակերպել 2) հարմարվել; համակերպվել 3) հարմարվել; ենթարկվել *(կանոններին)*

conformation |kɒnfɔːˈmeɪʃ(ə)n| *noun* 1) կերտվածք; ձև; կառուցվածք 2) ենթարկվելը *(կանոններին)*

conformist |kənˈfɔːmɪst| **1** *noun* 1) պահպանողական անձ; ավանդապաշտ անձ 2) հարմարվողական անձ 3) *բրիտանական պատմական* կոնֆորմիստ *(անգլիական եկեղեցու հետևորդ)* **2** *adjective* պահպանողական; ավանդապաշտ

conformity |kənˈfɔːmɪti| *noun* 1) համապատասխանություն; համաձայնություն 2) ավանդապաշտություն

in conformity with sth համաձայն ինչ-որ բանի

confound |kənˈfaʊnd| **1** *verb* 1) շփոթեցնել; ապշեցնել; շշմեցնել 2) խառնաշփոթել; խառնել 3) խորտակել *(պլանները)* **2** *exclamation հնացած* (**confound it**) գրո՛ղը տանի; գրողի ծո՛ցը

confounded |kənˈfaʊndɪd| *adjective* 1) *խոսակցական* անիծված; անիծյալ 2) շփոթված; մոլորված; շշկլված 3) *փոխաբերական* դժոխային; անտանելի

confoundedly *adjective խոսակցական* սարսափելի; սոսկալի; սաստիկ

confront |kənˈfrʌnt| *verb* 1) դեմառդեմ կանգնել; հանդիպել 2) վտանգին դեմ հանդիման նայել; դիմակայել 3) դիմադրել *(դժվարություններին)* 4) երես առ երես անել; դեմ հանդիման բերել 5) *իրավունք* առերեսում անել 6) համեմատել; բաղդատել; համադրել

confrontation |ˌkɒnfrʌnˈteɪʃn| *noun* 1) երես առ երես բերելը; առերեսում 2) համեմատում; համադրում; զուգադրություն 3) հակամարտություն 4) *իրավունք* առերեսում

confuse |kənˈfjuːz| *verb* 1) անկարգություն առաջ բերել; խառնակություն առաջացնել 2) խառնել; շփոթել; խճճել 3) շփոթության մեջ գցել; շփոթեցնել 4) մթագնել *(գիտակցությունը)*

confused |kənfjuːzd| *adjective* 1) խառնված; խճճված 2) անկապ; անկարգ; խառնաշփոթ 3) շփոթված; մոլորված

confusion |kənˈfjuːʒ(ə)n| *noun* 1) անկարգություն; խառնաշփոթություն 2) խճճվածություն 3) շփոթություն; հուզմունք; շփոթմունք

confusion of tongues *աստվածաշնչային* լեզուների շփոթը; բաբելոնյան աշտարակաշինություն

confusion worse confounded *գրքային* խառնաշփոթ; շփոթ; բացարձակ քաոս *(արտահայտությունը պատկանում է Ջոն Միլթոնին)*

confutation |kɒnfjʊˈteɪʃ(ə)n| *noun* հերքում; բացասում

confute |kənˈfjuːt| *verb գրական անգլերեն* հերքել; բացասել

congeal |kənˈdʒiːl| *verb* 1) սառել; պաղել 2) սառեցնել; պաղեցնել 3) թանձրանալ; մակարդվել 4) *փոխաբերական* ամբողջանալ; ավարտուն տեսք ստանալ

congelation |ˌkɒndʒəˈleɪʃ(ə)n| *noun* 1) սառում; սառչելը 2) սառեցում 3) թանձրացում; մակարդում; պնդացում

congenial |kənˈdʒiːnɪəl| *adjective* 1) ազգակից; ազգակցական; հարազատ 2) նման; մոտ *(ոգով, հայացքներով)* 3) (**congenial to**) համապատասխան; հարմար

congeniality |-nɪˈælɪti| *noun* ազգակցություն; ընդհանրություն *(հայացքների, մտածելակերպի)*

congenital |kənˈdʒenɪt(ə)l| *adjective* բնածին; ի ծնե

congested |kənˈdʒestɪd| *adjective* 1) լեփ-լեցուն 2) գերբնակված 3) խցանված *(շնչառական ուղիների մասին)* 4) *բժշկություն* խիստ լցված *(արյունով)*

congestion |kənˈdʒestʃ(ə)n| *noun* 1) *բժշկություն* արյունախռնում 2) գերբնակվածություն 3) խռնում; գերբեռնվածություն

conglomerate **1** *noun* |kənˈglɒm(ə)rət| 1) կոնգլոմերատ; խառնակույտ 2) *տնտեսագիտություն* կոնգլոմերատ; խառնուրդ *(զանազան չառնչվող ապրանքներ արտադրող ընկերություն)* 3) *երկրաբանություն* խառնահանք; խառնաքար; կոնգլոմերատ **2** *adjective* |kənˈglɒm(ə)rət| **3** *verb* |kənˈglɒməreɪt| 1) խռնվել; կուտակվել; հավաքվել; միաձուլվել 2) կուտակել; հավաքել; միաձուլել

conglomeration *noun* 1) խռնում; կուտակում; խռնվելը 2) կոնգլոմերացիա; միաձուլում

Congo |ˈkɒŋgəʊ| Կոնգո *(պետություն Կենտրոնական Աֆրիկայում)*

Congo, Democratic Republic of the

Կոնգոյի Ժողովրդական Հանրապետություն *(պետություն Կենտրոնական Աֆրիկայում)*

Congo, Republic of the Կոնգոյի Հանրապետություն *(պետություն Աֆրիկայի արևմուտքում)*

congratulate |kən'grætjʊleɪt| *verb* 1) (**congratulate on/upon**) շնորհավորել 2) (**congratulate oneself**) իրեն լավ զգալ; բավարարված լինել; գոհ լինել *(իր արածով)*

congratulation |kəngrætjʊ'leɪʃ(ə)n| *noun* 1) շնորհավորում; շնորհավորանք 2) (**congratulations**) շնորհավորական խոսքեր 3) *խոսակցական* (**congratulations!**) շնորհավորում եմ; շնորհավորանքներս

congratulatory |-lət(ə)ri| *adjective* շնորհավորական

congregate 1 *verb* |'kɒŋgrɪgeɪt| 1) հավաքվել; ժողովվել; կուտակվել; խռնվել 2) հավաքել; ժողովել; կուտակել **2** *adjective* համայնական

congregation |kɒŋgrɪ'geɪʃ(ə)n| *noun* 1) խռնում; հավաքույթ 2) *բրիտանական* հավաք; համաժողով *(որոշ համալսարաններում)* 3) *եկեղեցական* միաբանություն; ծխական համայնքի անդամներ 4) համայնք

congress |'kɒŋgrɛs| *noun* 1) համագումար; վեհաժողով 2) ◊ **the Congress** ԱՄՆ-ի կոնգրեսը

congressional |kən'grɛʃ(ə)n(ə)l| *adjective* 1) կոնգրեսին վերաբերող 2) ընտրական

congressman |'kɒŋgrɛsmən| *noun* (հոգն. **-men**) ԱՄՆ-ի կոնգրեսի անդամ

congruence *noun* 1) համապատասխանություն; համընկնողություն 2) համաձայնեցում; համաձայնեցվածություն

congruent |'kɒŋgrʊənt| *adjective* 1) համապատասխան 2) ներդաշնակ 3) *երկրաչափություն* նման

congruous |'kɒŋgrʊəs| *adjective* 1) համընկնող; համապատասխանող 2) կապակցված

conic |'kɒnɪk| **1** *adjective հիմնականում մաթեմատիկա* կոնական; կոնային; կոնաձև **2** *noun* կոնական հատույթ

conical |'kɒnɪk(ə)l| *adjective* կոնաձև; կոնանման; կոնային

conifer |'kɒnɪfə|, |'kəʊn-| *noun* փշատերև ծառ

coniferous |kə'nɪf(ə)rəs| *adjective* փշատերև

conjectural |kən'dʒɛktʃ(ə)r(ə)l| *adjective* ենթադրական

conjecture |kən'dʒɛktʃə| **1** *noun* ենթադրություն; կռահում **2** *verb* ենթադրել; կռահել

conjoin |kən'dʒɔɪn| *verb գրական անգլերեն* 1) միանալ; կապակցվել 2) միացնել; կապակցել

conjoint |kən'dʒɔɪnt| *adjective* միացյալ; միավորված; կից; հարակից

conjugal |'kɒndʒʊg(ə)l| *adjective* ամուսնական

conjugality |-'gælɪti| *noun* ամուսնություն

conjugate 1 *verb* |'kɒndʒʊgeɪt| 1) *քերականություն* խոնարհել 2) *քերականություն* խոնարհվել 3) *կենսաբանություն* միանալ; զուգավորվել **2** *adjective* |'kɒndʒʊgət| 1) *կենսաբանություն* միացած; զուգավորված 2) *մաթեմատիկա* զուգորդված 3) *բուսաբանություն* զույգ 4) *լեզվաբանություն* ազգակից *(բառ)* **3** *noun* |'kɒndʒʊgət| ազգակից բառ

conjugation |kɒndʒʊ'geɪʃ(ə)n| *noun* 1) *քերականություն* խոնարհում ◊ **periphrastic conjugation** խոնարհում օժանդակ բայի միջոցով 2) միացում

conjunct 1 *adjective* |kən'dʒʌŋ(k)t| միացյալ; միավորված **2** *noun* |'kɒndʒʌŋ(k)t| միացյալ բաներ; միավորված բաներ

conjunction |kən'dʒʌŋ(k)ʃ(ə)n| *noun* 1) միացում; հարակցություն; կապ ◊ **in conjunction with** միասին; համատեղ 2) զուգադիպություն *(հանգամանքների)* 3) *քերականություն* շաղկապ

conjunctional *adjective քերականություն* շաղկապի

conjunctive |kən'dʒʌŋ(k)tɪv| **1** *adjective* 1) շաղկապող; կապող 2) *կազմախոսություն* շարակցական *(հյուսվածք)* **2** *noun քերականություն* ստորադասական եղանակ

conjunctivitis |kən,dʒʌŋ(k)tɪ'vʌɪtɪs| *noun բժշկություն* շաղկապենու բորբոքում *(աչքի)*

conjuncture |kən'dʒʌŋ(k)tʃə| *noun* 1) հանգամանքների զուգադիպություն 2) իրադրություն; կոնյունկտուրա

conjure |'kʌndʒə| *verb* 1) աճպարարություն անել; ֆոկուսներ ցույց տալ 2) հիշեցնել; հիշողություն զարթնեցնել; հիշողության մեջ զարթնեցնել *(որոշակի պատկեր, դեմք և այլն)* 3) կախարդել; հմայել; դյութել ◊ **conjure away** քշել ոգիներին. **conjure up** հիշողության մեջ վերականգնել; պատկերացնել 4) *հնացած* աղաչել

conjuring |'kʌndʒərɪŋ| *noun* աճպարարություն

conjuror |'kʌndʒərə| (նաև **conjurer**) *noun* 1) ձեռնածու; աճպարար 2) *հիմնականում բրիտանական* կախարդ; վհուկ; դյութ

conk¹ |kɒŋk| *verb խոսակցական* 1) փչանալ; կոտրվել; շարքից դուրս գալ *(մեքենայի մասին)* 2) ուշագնաց լինել 3) քնով անցնել 4) մեռնել

conk² |kɒŋk| *խոսակցական* **1** *verb* գլխին խփել **2** *noun* 1) քիթ 2) *խոսակցական* շարժիչի անկանոն աշխատանք

connate |'kɒneɪt| *adjective* 1) բնածին 2) միաժամանակ ծագած/ծնված

connatural |kə'nætʃ(ə)r(ə)l| *adjective* 1) բնածին 2) նման; միանման

connect |kə'nɛkt| *verb* 1) միացնել; կապել 2) միանալ; կապվել 3) կապակցել; զուգորդել 4) կապակցվել; զուգորդվել 5) մտերմանալ; կապվել; ընկերանալ

Connecticut |kə'nɛtɪkət| Կոնեկտիկուտ *(ԱՄՆ-ի նահանգ)*

connection |kə'nɛkʃ(ə)n| (*բրիտանական* **connexion**) *noun* 1) կապ; կապակցություն; կապակցվածություն ◊ **in this connection** այդ կապակցությամբ. **in connection with** կապակցությամբ 2) (**connections**) կապեր; ծանոթություն 3) միացում; կցում 4) հարաբերություն 5) չվացուցակների համաձայնեցում *(նավերի, գնացքների)* 6) հաճախորդներ; սպասարկյալներ; կլիենտուրա 7) ազգակցություն; ազգակից; խնամի 8) սեռական կապ

connective |kə'nɛktɪv| **1** *adjective* 1) կապող;

շաղկապող 2) *կազմախոսություն* շարակցական *(հյուսվածք)* **2** *noun* *քերականություն* կապ; կապակցող մասնիկ

connective tissue *noun* *կազմախոսություն* շարակցական հյուսվածք

connivance |kəˈnʌɪv(ə)ns| *noun* թողտվություն; ներողամտություն; զանցանքի թողտվություն

connive |kəˈnʌɪv| *verb* մատների արանքով նայել; չարգելել

connoisseur |ˌkɒnəˈsəː| *noun* գիտակ

connotation |kɒnəˈteɪʃ(ə)n| *noun* հարանշանակություն; լրացուցիչ իմաստ *(բառի)*

connote |kəˈnəʊt| *verb* 1) հարանշանակել; լրացուցիչ իմաստ ունենալ; հարանշանակություն ունենալ *(բառի/փաստերի մասին)* 2) նշանակել; խորհրդանշել

connubial |kəˈnjuːbɪəl| *adjective* *բանաստեղծական* ամուսնական

conquer |ˈkɒŋkə| *verb* 1) նվաճել; տիրել 2) հաղթել; հաղթահարել *(դժվարությունները և այլն)* 3) զսպել; սանձել *(զգացմունքները, ցանկությունները)* 4) նպատակին հասնել

conqueror *noun* 1) հաղթող; նվաճող ◇ **the Conqueror** Վիլհելմ նվաճող 2) *մարզական* վճռական խաղ

conquest |kɒŋkwɛst| *noun* 1) նվաճում; հաղթանակ ◇ **the Norman Conquest** *պատմական* Անգլիայի նորմանական նվաճումը *(1066թ.)* 2) նվաճված երկրամաս

consanguineous |ˌkɒnsæŋˈgwɪnɪəs| *adjective* արյունակցական

consanguinity *noun* արյունակցություն

conscience |ˈkɒnʃ(ə)ns| *noun* խիղճ; խղճմտանք

A good conscience is a constant feast., A good conscience is a soft pillow. *առած* Ում խիղճը հանգիստ է, նա հանգիստ քուն է մտնում: Ում խիղճը հանգիստ է, ամեն դռան թակոցից վեր չի թռչում:
bad/guilty conscience անմաքուր խիղճ
come to terms with one's conscience, make an agreement with one's conscience խղճի հետ գործարք կնքել; հոգու հետ գործարք կնքել
get sth off one's conscience խիղճը հանգստացնել; հոգին թեթևացնել
good/clear conscience մաքուր խիղճ
have sth on one's conscience խղճի/հոգու վրա ինչ-որ բան ունենալ; մեղավոր զգալ
have the conscience to հանդգնություն ունենալ *(ասելու/անելու որևէ բան)*
in all conscience *խոսակցական* ձեռքը խղճին դրած; ճիշտն ասած; անկասկած; իհարկե; անշուշտ; անտարակույս
make smth a matter of conscience խղճմտանքով վարվել
the pang of conscience, the pricks of conscience, the worm of conscience խղճի խայթ

conscientious |ˌkɒnʃɪˈɛnʃəs| *adjective* 1) բարեխիղճ; պարտաճանաչ 2) խղճով; խղճմտանքով 3) բարեխղճորեն արված

conscious |ˈkɒnʃəs| *adjective* 1) գիտակցող; զգացող ◇ **be conscious of sth** գիտակցել; զգալ 2) գիտակից; գիտակցական ◇ **be conscious to the last** գիտակցությունը չկորցնել մինչև վերջին րոպեն

consciousness |ˈkɒnʃəsnɪs| *noun* 1) գիտակցություն ◇ **recover consciousness, regain consciousness** գիտակցության գալ; ուշքի գալ 2) գիտակցականություն ◇ **class consciousness** դասակարգային ինքնագիտակցություն 3) տեղյակություն

conscript **1** *verb* |kənˈskrɪpt| հավաքագրել; զինվորագրել; զորակոչել *(պարտադիր զինվորական ծառայության ենթարկել)* **2** *noun* |ˈkɒnskrɪpt| զորակոչիկ; հավաքագրված անձ; զինվորական ծառայության կոչված անձ

conscription |kənˈskrɪpʃ(ə)n| *noun* ընդհանուր զինապարտություն; ընդհանուր զինվորագրություն; զինվորահավաք; զինակոչ ◇ **conscription of wealth** զորահավաքից ազատվածներից գանձվող հարկ

consecrate |ˈkɒnsɪkreɪt| *verb* 1) նվիրել; նվիրաբերել 2) ձոնել; նվիրագործել; սրբագործել 3) օրհնել

consecration |-ˈkreɪʃ(ə)n| *noun* 1) նվիրում; նվիրաբերում 2) ձոնում

consecutive |kənˈsɛkjʊtɪv| *adjective* 1) հաջորդական; հետևողական 2) *քերականություն* հետևանքի; հետևանքային

consecutively *adverb* հաջորդաբար; անընդհատորեն

consensus |kənˈsɛnsəs| *noun* միաձայնություն; համաձայնություն; համերաշխություն; ներդաշնակություն

consent |kənˈsɛnt| **1** *noun* 1) համաձայնություն ◇ **a half-hearted consent** հարկադրված համաձայնություն 2) թույլտվություն **2** *verb* 1) համաձայնել; համաձայնության գալ; զիջել 2) թույլատրել

win sb's consent մեկի հովանավորությանն արժանանալ; մեկի համաձայնությանն արժանանալ

consentient |kənˈsɛnʃ(ə)nt| *adjective* *հնացած* 1) (**consentient with**) համաձայնեցված 2) (**consentient to**) համընկնող

consequence |ˈkɒnsɪkw(ə)ns| *noun* 1) հետևանք ◇ **in consequence of** շնորհիվ; հետևանքով; պատճառով. **take the consequences** հետևանքների համար պատասխանատու լինել 2) նշանակություն; կարևորություն ◇ **of consequence** կարևոր; էական. **of no consequence** ոչ կարևոր; անէական 3) ազդեցություն ◇ **person of consequence** ազդեցիկ անձ

consequent |ˈkɒnsɪkw(ə)nt| **1** *adjective* 1) հաջորդական; հաջորդող; հետագա; հետևողական 2) բխող **2** *noun* 1) հետևանք 2) *մաթեմատիկա* համեմատության երկրորդ անդամը

consequential |kɒnsɪˈkwɛnʃ(ə)l| *adjective* 1) բխող; հետևանքը հանդիսացող; հետևող 2) ինքնավստահ; չափազանց մեծամիտ 3) կարևոր 4) կողմնակի

consequently |ˈkɒnsɪkw(ə)ntli| *adverb* հետևաբար; որպես հետևանք; ուստի

conservancy |kənˈsəːv(ə)nsi| *noun* (հոգն. **-cies**) 1) նավագնացությունը և ձկնարդյունաբերությունը կանոնավորող կոմիտե 2) գետերի, նավահանգիստների և անտառների պահպանություն

conservation |kɒnsəˈveɪʃ(ə)n| *noun* 1) պահպանում; պահում 2) հիշելու կարողություն 3) պահածո պատրաստելը 4) գետերի/անտառների պահպանություն

conservatism *noun* պահպանողականություն; կոնսերվատիզմ

conservative |kənˈsəːvətɪv| **1** *adjective* 1) պահպանողական; աջ; ավանդապաշտ 2) ավանդական *(հագուստի, ճաշակի վերաբերյալ)* 3) չափավոր **2** *noun* պահպանողական; պահպանողական կուսակցության անդամ ◇ **go conservative** պահպանողական դառնալ

conservatoire |kənˈsəːvətwɑː| *noun* երաժշտանոց; կոնսերվատորիա *(երաժշտական բարձրագույն ուսումնական հաստատություն)*

conservator |ˈkɒnsəˌveɪtə|, |kənˈsəːvətə| *noun* 1) պահապան *(թանգարանի և այլնի)* 2) խնամակալ 3) գետերի, նավահանգիստների և անտառների պահպանության վարչության աշխատակից

conservatory |kənˈsəːvət(ə)ri| *noun* (հոգն. **-ries**) 1) ջերմոց; ծաղկաջերմոց 2) *ամերիկյան* երաժշտանոց; կոնսերվատորիա

conserve **1** *verb* |kənˈsəːv| 1) պահել; պահպանել 2) պահածո պատրաստել 3) խնայողաբար գործածել; խնայել **2** *noun* |ˈkɒnsəːv| *հնացած* պահածո; մուրաբա; շաքարած միրգ

consider |kənˈsɪdə| *verb* 1) կշռադատել; ծանրութեթև անել; մտածել; խորհել *(որոշում ընդունելուց առաջ)* 2) հակված լինել; մտադիր լինել *(մի բան անելու)* 3) համարել; կարծել 4) հաշվի առնել; նկատի առնել 5) քննարկել 6) մեկին բարձր գնահատել; հարգանք ցույցաբերել/մատուցել 7) զննել; տնտղել; ուշադիր նայել; ուշադրությամբ դիտել; դիտարկել

all things considered հաշվի առնելով ամեն ինչ; նկատի ունենալով ամեն ինչ

considerable |kənˈsɪd(ə)rəb(ə)l| *adjective* 1) զգալի; նշանակալի; բավականաչափ 2) կարևոր; աչքի ընկնող; նշանավոր; վաստակավոր 3) մեծ

considerate |kənˈsɪd(ə)rət| *adjective* ուշադիր; քաղաքավարի; տակտով; նրբազգաց

consideration |kənsɪdəˈreɪʃ(ə)n| *noun* 1) քննում; քննարկում ◇ **take into consideration** քննարկել; հաշվի առնել; ուշադրության առնել; նկատի ունենալ 2) (**considerations**) նկատառում; կարծիք 3) ուշադրություն ◇ **in consideration of** նկատի առնելով; հաշվի առնելով. **pay serious consideration to** լուրջ ուշադրություն դարձնել. **on no consideration** ոչ մի դեպքում; ոչ մի կերպ 4) հարգանք; սիրալիրություն; նրբանկատություն ◇ **of consideration** հարգանք վայելող; ականավոր *(գրող, գործիչ և այլն)* 5) վճար

under consideration քննարկվող; քննարկման մեջ

considering |kənˈsɪd(ə)rɪŋ| **1** *preposition, conjunction* հաշվի առնելով; նկատի ունենալով **2** *adverb* *խոսակցական* ընդհանուր առմամբ

consign |kənˈsʌɪn| *verb* 1) հանձնել; հանձնարարել 2) հողին հանձնել 3) *տնտեսագիտություն* ապրանք առաքել 4) բանկում դրամ պահ դնել

consignee |kɒnsʌɪˈniː| *noun* բեռնընկալ; ապրանք ստացող

consignment |kənˈsʌɪnm(ə)nt| *noun* 1) բեռ; բեռնախումբ; ապրանք 2) ապրանքի/բեռների առաքում 3) *տնտեսագիտություն* բեռնագիր

consignor *noun* բեռնառաք

consist **1** *verb* |kənˈsɪst| 1) (**consist of**) բաղկանալ; բաղկացած լինել 2) (**consist in**) կայանալ; լինել; պարունակել 3) *հնացած* (**consist with**) համընկնել; համապատասխանել **2** *noun* |ˈkɒnsɪst| երկաթուղային շարժակազմ

consistence |kənˈsɪst(ə)ns| *noun* 1) համակազմվածք; կազմվածք 2) խտության աստիճան; խտություն; թանձրություն *(նյութի)*

consistency |kənˈsɪst(ə)nsi| (նաև **consistence**) *noun* (հոգն. **-cies**) 1) հետևողականություն 2) կայունություն; տոկունություն 3) կազմվածք 4) թանձրություն

consistent |kənˈsɪst(ə)nt| *adjective* 1) հետևողական 2) ամուր; կայուն; տոկուն; հաստատուն 3) համատեղելի; միասնական

consistently *adverb* 1) համապատասխանորեն 2) հետևողականորեն

consolation |ˌkɒnsəˈleɪʃ(ə)n| *noun* սփոփում; սփոփանք; մխիթարություն

consolatory |kənˈsɒlət(ə)ri|, |-ˈsəʊl-| *adjective* սփոփիչ; մխիթարական

console[1] |kənˈsəʊl| *verb* սփոփել; մխիթարել

console[2] |ˈkɒnsəʊl| *noun* 1) *ճարտարապետություն* *տեխնիկական* բարձակ 2) *համակարգիչներ* կառավարակետ

consolidate |kənˈsɒlɪdeɪt| *verb* 1) ամրացնել 2) միացնել; միավորել; համախմբել 3) համախմբվել 4) *ռազմական* ամրացնել գրաված դիրքը 5) հաստատուն դարձնել; ապահովել 6) ամփոփել; համախմբել *(փոխառությունը)* 7) պնդանալ; կարծրանալ; ամրանալ

consolidation |-ˈdeɪʃ(ə)n| *noun* 1) ամրացում; կոնսոլիդացիա 2) միավորում; համախմբում 3) ամփոփում 4) *ռազմական* ամրացում *(գրաված տարածքի)* 5) պնդացում; կարծրացում

consonance |ˈkɒns(ə)nəns| *noun* 1) ներդաշնակություն 2) *փոխաբերական* համաձայնություն; միասնություն *(կարծիքների և այլնի)* 3) համերաշխություն ◇ **in consonance with** համերաշխ 4) *երաժշտություն* կոնսոնանս; համահնչունություն

consonant |ˈkɒns(ə)nənt| **1** *noun* 1) բաղաձայն հնչյուն 2) բաղաձայն հնչյուն արտահայտող տառ **2** *adjective* 1) (**consonant to**) համաձայն 2) (**consonant with**) համատեղելի 3) ներդաշնակ; բարեհնչյուն

consonantal |-ˈnænt(ə)l| *adjective* 1) *քերականություն* բաղաձայնով վերջացող *(հիմք և այլն)* 2) բաղաձայն; բաղաձայնական

consort **1** *noun* |ˈkɒnsɔːt| 1) ամուսին ◇ **prince consort** իշխող թագուհու ամուսինը 2) *ծովային* ուղեկցորդ նավ 3) ուղեկից **2** *verb* |kənˈsɔːt| 1) (**consort with**) շփվել; հասարակության մեջ լինել *(մեկի հետ)* 2) (**consort with/to**) համապատասխանել; ներդաշնակել 3) ուղեկցել

consortium |kən'sɔːtɪəm| *noun* (հոգն. **-tia** |-tɪə| կամ **-tiums**) 1) համախումբ; կոնսորցիում 2) *իրավունք* միավորում; ամուսնություն

conspectus |kən'spɛktəs| *noun* համառոտագիր; ամփոփագիր; կոնսպեկտ

conspicuous |kən'spɪkjʊəs| *adjective* 1) նկատելի; աչքի ընկնող; ցայտուն; ուշագրավ 2) նշանավոր; ականավոր

conspicuously *adverb* ակնհայտորեն; զգալիորեն; տեսանելիորեն

conspiracy |kən'spɪrəsi| *noun* (հոգն. **-cies**) 1) դավադրություն; գաղտնի համաձայնություն 2) գաղտնիություն

a conspiracy of silence լռության մատնելը

conspirator |kən'spɪrətə| *noun* դավադիր

conspire |kən'spʌɪə| *verb* դավադրություն կազմել; գաղտնաբար համաձայնել; դավել

constable |'kʌnstəb(ə)l|, |'kɒn-| *noun* կոնստեբլ; ոստիկան *(Անգլիայում)* ◇ **Chief Constable** ոստիկանապետ *(քաղաքի և այլնի)*

outrun the constable պարտքեր անել; պարտքի մեջ թաղվել; պարտքով ապրել; շռայլ կյանք վարել

constabulary |kən'stæbjʊləri| **1** *noun* (հոգն. **-laries**) ոստիկանություն **2** *adjective* ոստիկանական

constancy |'kɒnst(ə)nsi| *noun* 1) հաստատունություն; կայունություն 2) հավատարմություն *(սկզբունքների)* 3) հաստատակամություն

constant |'kɒnst(ə)nt| **1** *adjective* 1) հաստատուն; անփոփոխ; մնայուն 2) հավատարիմ *(սկզբունքներին)* 3) հաստատակամ; կայուն **2** *noun* 1) *մաթեմատիկա* հաստատուն թիվ 2) *ֆիզիկա* հաստատուն մեծություն

Constantinople |ˌkɒnstæntɪ'nəʊp(ə)l| Կոստանդնուպոլիս *(Ստամբուլ քաղաքի հին անվանումը)*

constantly *adverb* 1) մշտապես; շարունակ 2) հաճախակի

constellation |kɒnstə'leɪʃ(ə)n| *noun* 1) համաստեղություն 2) *փոխաբերական* կաճառ *(ականավոր մարդկանց խումբ)*

consternation |kɒnstə'neɪʃ(ə)n| *noun* սարսափ; ահ

constipated |'kɒnstɪpeɪt| *adjective* 1) փորկապությամբ տառապող; փորկապված 2) *փոխաբերական* դանդաղկոտ; սահմանափակ; անկյանք

constipation |kɒnstɪ'peɪʃ(ə)n| *noun* *բժշկություն* փորկապություն

constituency |kən'stɪtjʊənsi| *noun* (հոգն. **-cies**) 1) ընտրողներ; ընտրախավ 2) ընտրատարածք; ընտրական օկրուգ 3) հաճախորդներ; գնորդներ 4) բաժանորդներ *(թերթի և այլնի)*

constituent |kən'stɪtjʊənt| **1** *adjective* 1) ընտրական; սահմանադիր 2) բաղադրիչ; բաղադրող; բաղկացուցիչ **2** *noun* 1) ընտրող 2) *իրավունք* հավատոտու; հավատարմատու; վստահորդ; լիազորություն տվող մարդ 3) բաղադրիչ/բաղկացուցիչ մաս

constitute |'kɒnstɪtjuːt| *verb* 1) կազմել; հիմնել; հաստատել 2) նշանակել 3) հրատարակել; սահմանել *(օրենք)* 4) բաղադրիչ մաս լինել; մասը կազմել; բաղադրել

constitution |kɒnstɪ'tjuːʃ(ə)n| **1** *noun* 1) սահմանադրություն 2) հիմնում; սահմանում; կազմակերպում 3) կազմվածք **2** *noun* 1) մարմնի կազմվածք; կերտվածք 2) կազմություն; կազմ

constitutional |kɒnstɪ'tjuːʃ(ə)n(ə)l| **1** *adjective* 1) սահմանադրական 2) *բժշկություն* օրգանական; կոնստիտուցիոնալ; առողջական 3) *քիմիա* կառուցվածքային **2** *noun* *հնացած խոսակցական* զբոսանք

Constitution State Սահմանադրության նահանգ *(ԱՄՆ-ի Կոնեկտիկուտ նահանգի մականունը)*

constitutive |'kɒnstɪtjuːtɪv| *adjective* 1) սահմանադիր 2) բաղադրական; բաղադրիչ 3) հիմնական

constrain |kən'streɪn| *verb* 1) հարկադրել; ստիպել; բռնադատել 2) զսպել; ճնշել 3) բանտարկել 4) սահմանել

constrainedly |kən'streɪnɪdli| *adverb* լարվածությամբ; բռնազբոսիկ կերպով; հարկադրված

constraint |kən'streɪnt| *noun* 1) հարկադրում; հարկադրանք; բռնադատում; ճնշում; սահմանափակում ◇ **under constraint** հարկադրված; ճնշման տակ 2) բռնազբոսիկություն 3) բանտարկություն

constrict |kən'strɪkt| *verb* սեղմել; ձգել; ճնշել; հույպ տալ; կծկել

constriction *noun* սեղմում; կծկում; ճնշում

constrictor |kən'strɪktə| *noun* 1) *կենդանաբանություն* վիշապ օձ *(ընտանիքներ Boidae և Pythonidae)* 2) *կազմախոսություն* սեղմիչ մկան; ճնշիչ մկան

construct **1** *verb* |kən'strʌkt| 1) կառուցել; շինել 2) կազմել 3) ստեղծել; հորինել; կերտել 4) *քերականություն* նախադասություն կազմել **2** *noun* |'kɒnstrʌkt| 1) գաղափարական կառույց 2) *լեզվաբանություն* կառուցվածք; կառույց *(բառային)* 3) կառույց; շինվածք

construction |kən'strʌkʃ(ə)n| *noun* 1) շինարարություն; կառուցում ◇ **under construction** շինվող; կառուցվող 2) շինություն; շենք 3) կազմվածք; կառուցվածք 4) *քերականություն* կառուցվածք; կառույց *(նախադասության)* 5) *մաթեմատիկա* կառուցում

constructional *adjective* կառուցվածքային; կոնստրուկտիվ

constructive |kən'strʌktɪv| *adjective* 1) դրական; կոնստրուկտիվ; կառուցողական; շինիչ *(քննադատություն, առաջարկ)* 2) ստեղծարար; ստեղծագործական; կոնստրուկտիվ 3) շինարարական; կառուցողական

constructor *noun* 1) շինարար; կառուցող; շինող 2) կոնստրուկտոր 3) ինժեներ նավաշինարար

construe |kən'struː| *verb* (**-strues**, **-strued**, **-struing**) 1) մեկնաբանել; բացատրել; պարզաբանել 2) *քերականություն* շարահյուսական վերլուծություն կատարել 3) *քերականություն* պահանջել

(խնդրառություն)

consul |ˈkɒns(ə)l| *noun* հյուպատոս

consular |ˈkɒnsjʊlə| *adjective* հյուպատոսական

consulate |ˈkɒnsjʊlət| *noun* 1) հյուպատոսություն; հյուպատոսարան 2) հյուպատոսի կոչում

consult |kənˈsʌlt| *verb* 1) (**consult with**) խորհրդակցել; մեկից խորհուրդ հարցնել 2) նայել; տեղեկանալ; ճշտել; հավաստիանալ; տեղեկանալ *(բառարանից, գրքերից, մասնագետներից)* 3) հաշվի առնել; նկատի ունենալ 4) քննարկել

consultant |kənˈsʌlt(ə)nt| *noun* խորհրդատու; խորհրդական

consultation |kɒnsəlˈteɪʃ(ə)n| *noun* 1) կոնսուլտացիա; խորհրդատվություն 2) խորհրդակցություն; քննարկում 3) *բժշկություն* կոնսիլիում; բժիշկների խորհրդակցություն

consultative |-tətɪv| *adjective* 1) խորհրդակցական 2) խորհրդատվական

consulting |kənˈsʌltɪŋ| **1** *adjective* 1) խորհրդակցող; խորհուրդ տվող 2) բուժող *(բժիշկ)* 3) ընդունելության *(բժշկի մասին)* **2** *noun* խորհրդատվություն; խորհրդատվական գործարարություն

consulting room *noun* ընդունարան *(բժշկի և այլնի)*

consume |kənˈsju:m| *verb* 1) սպառել; գործածել; ծախսել 2) լափել; կլանել; խժռել; ոչնչացնել 3) վատնել; շռայլել *(միջոցները և այլն)* 4) հյուծվել; մաշվել

consumer |kənˈsju:mə| *noun* 1) սպառող 2) *որոշչային* լայն սպառման

consumerism |kənˈsju:mərɪz(ə)m| *noun* 1) սպառողների շահերի պաշտպանություն 2) *արհամարհական* սպառողականություն; սպառողական հոգեբանություն

consummate **1** *verb* |ˈkɒnsəmeɪt| |-sjʊ-| 1) կատարելագործել 2) ավարտել **2** *adjective* |kənˈsʌmət| |ˈkɒnsʌmət| կատարյալ; լրիվ; լիակատար; լիավարտ

consummation |kɒnsəˈmeɪʃ(ə)n|, |-sjʊ-| *noun* 1) ավարտում; կատարում; վախճան *(գործի և այլնի)* 2) իրագործում; իրականացում 3) ցանկալի վախճան/նպատակ

consumption |kənˈsʌm(p)ʃ(ə)n| *noun* 1) սպառում; ծախսում 2) թոքախտ; պալարախտ ◇ **galloping consumption** սրընթաց թոքախտ

consumptive |kənˈsʌm(p)tɪv| **1** *adjective* թոքախտային; պալարախտային; հյուծող; մաշող **2** *noun հնացած* թոքախտավոր հիվանդ

contact **1** *noun* |ˈkɒntækt| 1) շփում; հպում; կոնտակտ; հաղորդակցություն ◇ **make contact** i) կապ հաստատել ii) *էլեկտրականություն* միացնել *(հոսանքը)*. **break contact** անջատել *(հոսանքը)* 2) *մաթեմատիկա* շոշափում 3) *ամերիկյան* բարեկամություն; մտերմական կապեր 4) *որոշչային* շփման; կոնտակտի; հպման 5) ծանոթ անձ; ծանոթ 6) կապորդ; հաղորդակցման անձ **2** *verb* |ˈkɒntækt| |kənˈtækt| 1) շփվել; հպվել 2) կապ հաստատել

come into contact with, come in contact with շփվել; շփման մեջ մտնել; հանդիպել մեկի հետ; բախվել մեկի հետ; հարաբերության մեջ մտնել

contact lens *noun* կոնտակտային ոսպնյակ

contagion |kənˈteɪdʒ(ə)n| *noun* 1) վարակ; վարակում 2) *փոխաբերական* վնասակար ազդեցություն; վնասակար գաղափարների տարածում; վնասակար արարքների տարածում 3) վարակիչ հիվանդություն

contagious |kənˈteɪdʒəs| *adjective* 1) վարակիչ; փոխանցվող 2) *փոխաբերական* վարակիչ *(ծիծաղ, զգացում, վերաբերմունք)*

contain |kənˈteɪn| *verb* 1) պարունակել; բովանդակել 2) ետ պահել; կանգնեցնել *(թշնամուն)* 3) զսպել *(կրքերը)* ◇ **contain oneself** իրեն զսպել 4) *մաթեմատիկա* բաժանվել առանց մնացորդի

container |kənˈteɪnə| *noun* 1) անոթ; աման 2) բեռնարկղ; կոնտեյներ; բեռնամփոփ 3) պահեստաման; հեղուկանոց 4) *ռազմական* գազաբալոն; գազաման

containment |kənˈteɪnm(ə)nt| *noun* 1) վերահսկողություն *(վարակի և այլնի տարածման)* 2) զսպում; զսպման քաղաքականություն 3) սանձում

contaminant *noun* 1) աղտոտող նյութ 2) խառնուրդ

contaminate |kənˈtæmɪneɪt| *verb* 1) աղտոտել; վարակել 2) փչացնել; ապականել 3) ռադիոակտիվ դարձնել *(ատոմային պայթյունի հետևանքով)*

contamination |-ˈneɪʃ(ə)n| *noun* 1) վարակում 2) աղտոտում; ապականում 3) *լեզվաբանություն* բաղարկություն; բաղարկում *(երկու բառերի միացումից առաջացած նոր բառաձև)*

contemn |kənˈtɛm| *verb հնացած* արհամարհել

contemplate |ˈkɒntɛmpleɪt|, |-təm-| *verb* 1) դիտել; զննել; տնտղել 2) խորհել; մտածել; խորհրդածել 3) մտադրվել; ծրագրել; նախատեսել 4) *գրքային* հայել; ուշադիր դիտել

contemplation |ˌkɒntɛmˈpleɪʃ(ə)n| *noun* 1) դիտում; զննում; հայեցողություն 2) խորհում; մտորում ◇ **be in contemplation** ծրագրվել

have sth in contemplation նկատի ունենալ; մտադիր լինել ինչ-որ բան անելու; նպատակ դնել; մտադրվել ինչ-որ բան անելու

contemplative |kənˈtɛmplətɪv| **1** *adjective* 1) մտածկոտ; մտազբաղ 2) հայեցողական; հայեցական; իմանալի 3) դիտողական; զննողական **2** *noun* մտահայեցող; մտահայեցությամբ զբաղվող անձ

contemporaneity |-ˈni:ɪti|, |-ˈneɪɪti| *noun* 1) ժամանակակցություն; ժամանակակից լինելը 2) համաժամանակություն; միաժամանակություն

contemporary |kənˈtɛmp(ə)r(ər)i| **1** *adjective* 1) ժամանակակից; արդի 2) միևնույն ժամանակվա **2** *noun* (հոգն. **-raries**) 1) ժամանակակից մարդ; ժամանակակցորդ 2) հասակակից

contempt |kənˈtɛm(p)t| *noun* 1) արհամարհանք; արհամարհում; արհամարհական վերաբերմունք ◇ **hold in contempt** արհամարհել 2) *իրավունք* օրենքի արհամարհում ◇ **contempt of court** դատավճռի/դատարանի արհամարհում

fall into contempt իր նկատմամբ արհամարհանք հարուցել; իր նկատմամբ քամահրանք հարուցել; արհամարհական վերաբերմունքի արժամանալ

in contempt of sth ի հեճուկս ինչ-որ բանի; հակառակ ինչ-որ բանի; առանց նկատի ունենալու

contemptible |kən'tɛm(p)tıb(ə)l| *adjective* արհամարհելի; չնչին; արգահատելի; արհամարհանքի արժանի

contemptuous |kən'tɛm(p)tjʊəs| *adjective* արհամարհական

contend |kən'tɛnd| *verb* 1) կռվել; պայքարել 2) մրցել; մրցակցել 3) վիճել; առարկել 4) պնդել; հաստատել

contender *noun* մրցակից; հավակնորդ

content¹ |kən'tɛnt| **1** *adjective* 1) գոհ; գոհունակ; բավարարված; բավականություն ստացած 2) կողմ քվեարկող *(լորդերի պալատում)* **2** *verb* բավարարել; գոհացնել ◊ **content oneself with** բավարարվել; գոհանալ **3** *noun* գոհունակություն; գոհություն

one's heart's content սրտի ուզածի չափ; որքան սիրտդ ուզի

content² |'kɒntɛnt| *noun* 1) տարողություն; ծավալ 2) (**contents**) բովանդակություն; գրքի և այլնի 3) օրինագծի օգտին քվեարկող լորդերի պալատի անդամ

table of contents ցանկ; գրքի բովանդակություն

contented |kən'tɛntıd| *adjective* (**contented with**) գոհ; բավարարված

contention |kən'tɛnʃ(ə)n| *noun* 1) վեճ; կռիվ; տարակարծություն 2) կռվի/վեճի/տարակարծության առարկա 3) մրցում; մրցակցություն

a bone of contention կռվախնձոր

contentious |kən'tɛnʃəs| *adjective* 1) վիճելի 2) կռվարար; կռվախնդիր

contentment |kən'tɛntm(ə)nt| *noun* բավարարվածություն; գոհունակություն; գոհություն; բավականություն

conterminous |kɒn'təːmınəs| *adjective* 1) կից; սահմանակից 2) համընկնող

contest **1** *noun* |'kɒntɛst| 1) մրցում; մրցություն; մրցակցություն ◊ **close contest** *ամերիկյան* համառ պայքար; անզիջում պայքար *(ընտրությունների ժամանակ)* 2) մրցույթ 3) վեճ; վիճաբանություն **2** *verb* |kən'tɛst| 1) մրցել; մրցակցել 2) ճշմարտությունը պաշտպանել; վիճելի համարել; առարկել; հերքել 3) վիճաբանել 4) (**contest for**) պայքարել

contestant |kən'tɛst(ə)nt| *noun* մրցակից; մրցամարտիկ; մրցորդ

context |'kɒntɛkst| *noun* 1) համատեքստ; կոնտեքստ; խոսքաշար 2) իրավիճակ; շրջապատ

contextual |kən'tɛkstjʊəl| *adjective* համատեքստային; համատեքստի

contextualize |kən'tɛkstjʊəlʌız| *verb* համատեքստի մեջ դնել; համատեքստի մեջ դիտել

contexture *noun* 1) հորինվածք; կառուցվածք *(գրական երկի)* 2) կառուցվածք; հյուսվածք; գործվածք 3) առնչվող տեքստ

contiguity |ˌkɒntı'gjuːıti| *noun* 1) շփում; հպում 2) հարակցություն; գաղափարների զուգորդություն

contiguous |kən'tıgjʊəs| *adjective* սահմանակից; սահմանամերձ; հարող

continence *noun* 1) զսպվածություն 2) ժուժկալություն; ողջախոհություն; անարատություն

continent¹ |'kɒntınənt| *noun* մայրցամաք ◊ **the Continent** Եվրոպական մայրցամաք *(ի հակադրություն բրիտանական կղզիների)*

the dark continent սև մայրցամաք *(Աֆրիկան)*

continent² |'kɒntınənt| *adjective* 1) զուսպ; զսպված 2) ժուժկալ; ողջախոհ; անարատ

continental |kɒntı'nɛnt(ə)l| **1** *adjective* 1) մայրցամաքի; ցամաքային 2) արևմտաեվրոպական *(առանց Բրիտանիայի)* **2** *noun* Եվրոպական մայրցամաքի բնակիչ; ոչ բրիտանացի

continental breakfast *noun* թեթև նախաճաշ *(սովորաբար սուրճով ու քաղցրեղենով)*

contingency |kən'tındʒ(ə)nsi| *noun* (հոգն. **-cies**) պատահականություն; անակնկալություն; անակնկալ հանգամանք; դիպված

contingent |kən'tındʒ(ə)nt| **1** *adjective* 1) պատահական; դիպվածական; անակնկալ; չնախատեսված; հնարավոր 2) պայմանական **2** *noun* քանակակազմ; կոնտինգենտ *(նաև զինված ուժերի)*

continual |kən'tınjʊəl| *adjective* անփոփոխ; անընդհատ; մշտական

continually *adverb* շարունակ; շարունակաբար; մշտապես; անընդհատ

continuance |kən'tınjʊəns| *noun* 1) տևողություն; տևականություն ◊ **of long continuance** տևական; երկարատև 2) երկարատև մնալը *(նույն պաշտոնում և այլն)* 3) շարունակություն; անընդհատություն

continuation |kəntınjʊ'eıʃ(ə)n| *noun* շարունակություն; շարունակում; վերսկսում

continue |kən'tınjuː| *verb* (**-ues**, **-ued**, **-uing**) 1) շարունակել; երկարաձգել; տևականացնել 2) շարունակվել; տևել; ձգվել 3) մնալ; կենալ 4) շարունակելի լինել; շարունակական լինել 5) տարածվել; ձգվել

to be continued շարունակելի; շարունակությունը հաջորդ համարում; հաջորդիվ

continued *adjective* շարունակական

continuity |ˌkɒntı'njuːıti| *noun* (հոգն. **-ties**) 1) անընդհատություն; շարունակականություն 2) հաջորդականություն *(երևույթների, իրադրությունների և այլնի)*

continuous |kən'tınjʊəs| *adjective* 1) անընդհատ; անդադար 2) միապաղաղ; տևական; անփոփոխ 3) *քերականություն* շարունակական 4) *ռադիո* չմարող; չհանգչող

contort |kən'tɔːt| *verb* 1) ծռել; ծամռել 2) խեղաթյուրել; աղավաղել; այլանդակել

contortion *noun* 1) ծռում; ծամռում 2) աղավաղում; խեղաթյուրում; այլանդակում

contour |'kɒntʊə| **1** *noun* 1) ուրվագիծ; եզրագիծ 2) հորիզոնագիծ 3) *ամերիկյան* իրերի դրություն; անցքերի ընթացք 4) *որոշչային* ուրվագծի; ուրվագծային **2** *verb* 1) ուրվագծել 2) հորիզոնագծել 3) շրջանցել

contraband |'kɒntrəbænd| **1** *noun* մաքսանենգություն; մաքսանենգ ապրանք **2** *adjective* մաքսանենգային

contrabandist *noun* մաքսանենգ անձ

contraception |kɒntrəˈsɛpʃ(ə)n| *noun* հղիության կանխում; հակաբեղմնավորման միջոցերի օգտագործում

contraceptive |kɒntrəˈsɛptɪv| **1** *adjective* 1) հակաբեղմնավորիչ 2) հակաբեղմնավորման **2** *noun* հակաբեղմնավորիչ միջոց

contract 1 *noun* |ˈkɒntrækt| 1) պայմանագիր; համաձայնություն ◊ **labour contract** աշխատանքային պայմանագիր 2) *որոշչային* պայմանագրային; գործավարձային; գործավարձու **2** *verb* |kənˈtrækt| 1) կծկվել; կրճատվել; սեղմվել 2) կծկել; սեղմել 3) խոժոռել; կիտել հոնքերը 4) կրճատել 5) պայմանագիր կնքել 6) պարտավորություն ստանձնել; իր վրա պարտավորություն վերցնել 7) ամուսնանալ 8) մտնել *(միության մեջ)* 9) բարեկամություն հաստատել 10) սովորություն ձեռք բերել 11) պարտքի մեջ ընկնել 12) վարակվել *(հիվանդությամբ)*

mess up the contract փչացնել/ձախողել գործը; խառնաշփոթ ստեղծել; խաղաթղթերը խառնել

contractile |kənˈtræktʌɪl| *adjective կենսաբանություն բնախոսություն* 1) կծկվող; կրճատվող 2) կծկող; կրճատող

contraction |kənˈtrækʃ(ə)n| *noun* 1) կրճատում; կծկում; կարճացում 2) սովորություն ձեռք բերելը 3) պարտքի մեջ ընկնելը 4) ամուսնանալը 5) *լեզվաբանություն* հապավում 6) *հնչյունաբանություն* միաձուլում; ձուլում *(երկու վանկի հարևան ձայնավորների)*

contractor |kənˈtræktə| *noun* 1) կապալառու 2) պայմանագիր ստորագրած անձ 3) *կազմախոսություն* կծկող մկան

contractual |kənˈtræktʃʊəl| *adjective* 1) պայմանագրային; պայմանագրի վրա հիմնված 2) պայմանագրային; պայմանագրի նման վող

contradict |kɒntrəˈdɪkt| *verb* 1) ժխտել; հերքել 2) հակասել; հակասող լինել 3) հակաճառել

contradiction |kɒntrəˈdɪkʃ(ə)n| *noun* 1) հակասություն 2) հերքում 3) հակադրություն

a contradiction in terms հակասություն; անհամատեղելի հասկացություն; տրամաբանական հակասություն; անհամապատասխանություն

contradictor *noun* 1) ընդդիմախոս; հակաճառող 2) հակառակորդ

contradictory |kɒntrəˈdɪkt(ə)ri| **1** *adjective* հակասական; անհամատեղելի; հակառակ; հակասելի **2** *noun* (հոգն. **-ries**) *տրամաբանություն* հակասող ենթադրություն

contradistinction |kɒntrədɪˈstɪŋ(k)ʃ(ə)n| *noun* հակադրություն; հակադրում; զանազանում

contradistinguish |kɒntrədɪˈstɪŋgwɪʃ| *verb* *հնավաճառ* հակադրել; զանազանել

contralto |kənˈtræltəʊ| *noun* (հոգն. **-tos**) 1) կոնտրալտո *(կանացի ամենացածր ձայնը)* 2) կոնտրալտո *(այդպիսի ձայնով երգչուհի)* 3) կոնտրալտո *(այդպիսի ձայնի համար նախատեսված գործ)*

contraposition |kɒntrəpəˈzɪʃ(ə)n| *noun* *տրամաբանություն* հակաթեզ; հակադրույթ

contrapuntal |ˌkɒntrəˈpʌnt(ə)l| *adjective երաժշտություն* կոնտրապունկտի; ձայնակարգության *(երկու կամ ավելի ձայներ միմյանց հետ զուգորդելու)*

contrariness |ˈkɒntrərɪnɪs|, |kənˈtrɛːrɪnɪs| *noun* համառություն

contrariwise |kənˈtrɛːrɪwʌɪz|, |ˈkɒntrərɪˌwʌɪz| *adverb* հակառակ կողմից; հակառակ ուղղությամբ

contrary 1 *adjective* |ˈkɒntrəri| 1) հակադիր; հակառակ; հակադարձ ◊ **be contrary to** հակասել; հակառակվել 2) անբարենպաստ; հակառակ *(քամու մասին)* 3) *խոսակցական* համառ; կամակական **2** *noun* (հոգն. **-traries**) 1) հակադրություն 2) (**the contrary**) հակառակը **3** *adverb* հակառակ

just on the contrary, quite on the contrary ընդհակառակը; ճիշտ հակառակը

to the contrary այլ կերպ; հակառակ իմաստով

contrast 1 *noun* |ˈkɒntrɑːst| 1) հակադրություն; հակապատկեր ◊ **in contrast with** ի հակադրություն 2) երանգ; նրբերանգ 3) հակասություն **2** *verb* |kənˈtrɑːst| 1) հակադրել 2) առանդրել; համեմատել 3) տարբերվել; զանազանվել *(մեկը մյուսից)* 4) հակադրություն կազմել 5) հակասել

contravene |ˌkɒntrəˈviːn| *verb* 1) խախտել *(օրենքը, կանոնը և այլն)* 2) հակառակել; հակասել *(օրենքին և այլն)* 3) *հնացած* առարկել; վիճարկել

contravention |kɒntrəˈvɛnʃ(ə)n| *noun* խախտում *(օրենքի և այլնի)*

contribute |kənˈtrɪbjuːt|, |ˈkɒntrɪbjuːt| *verb* 1) (**contribute to**) աջակցել; նպաստել; օժանդակել 2) նվիրաբերել *(դրամ)* 3) (**contribute to**) ներդրում անել *(գիտության մեջ)* 4) թղթակցել *(լրագրին, ամսագրին)*

contribution |kɒntrɪˈbjuːʃ(ə)n| *noun* 1) աջակցություն; օժանդակություն 2) ավանդ; ներդրում *(դրամական, գիտական և այլն)* 3) մուծում 4) նվիրատվություն 5) հոդված; թղթակցություն 6) ռազմատուգանք; կոնտրիբուցիա ◊ **lay under contribution** ռազմատուգանք նշանակել/գանձել

make a contribution to sth ներդրում անել ինչ-որ գործում; իր մասն ունենալ ինչ-որ գործում; մասնակից լինել ինչ-որ բանի

contributor |kənˈtrɪbjʊtə| *noun* 1) աջակցող; աջակցություն ցույց տվող 2) հեղինակ *(հոդվածի)* 3) թղթակից 4) նվիրատու

contributory |kənˈtrɪbjʊt(ə)ri| *adjective* 1) աջակցող; նպաստող; օժանդակող 2) մուծում կատարող 3) թղթակցող

contrite |ˈkɒntrʌɪt| *adjective* զղջացող; ապաշխարող

contrition |kənˈtrɪʃ(ə)n| *noun* զղջում; ապաշխարություն

contrivance |kənˈtrʌɪv(ə)ns| *noun* 1) հնարագործություն; հնարամտություն 2) գյուտարարություն; գյուտ 3) հարմարանք 4) հնարք; հնարում; հորինում 5) հերյուրանք

contrive |kənˈtrʌɪv| *verb* 1) հնարել; գյուտ անել 2) մտադրվել; նյութել; ծրագրել 3) հնարամտել; հնարք գտնել; ճար գտնել 4) իր գործերը դասավորել

contrived |kən'trʌɪvd| *adjective* 1) ձևացրած; սարքված; հորինված 2) շինծու; անբնական; արհեստական; բռնազբոսիկ

control |kən'trəʊl| **1** *noun* 1) կառավարում; ղեկավարում ◊ **be in control of** կառավարել; ղեկավարել 2) իշխանություն 3) իրեն պահելը; ինքնազսպում; ինքնատիրապետում 4) հսկողություն; վերահսկում; վերահսկողություն; ստուգում ◊ **social control** հասարակական վերահսկողություն **2** *verb* (**-trolled**, **-trolling**) 1) կառավարել; ղեկավարել 2) իշխել; իրեն զսպել 3) վերահսկել; ստուգել 4) կարգավորել; կանոնավորել

Everything is under control. *խոսակցական* Ամեն ինչ կարգին է: Ամեն ինչ վերահսկվում է:
have complete control of sb ամբողջությամբ իշխել մեկին; իր հսկողության տակ առնել

control freak *noun խոսակցական* ամեն ինչ վերահսկել ցանկացող մարդ

controllable *adjective* կառավարելի; ղեկավարելի; վերահսկելի; սանձահարելի *(կենդանի)*

controller |kən'trəʊlə| *noun* 1) վերահսկիչ; վերաքննիչ; վերստուգիչ; վերահսկող 2) *տեխնիկական* հոսանքի կարգավորիչ 3) *համակարգիչներ* սարքահսկորդ

controversial |kɒntrə'vəːʃ(ə)l| *adjective* վիճելի; վիճահարույց; վիճարկելի

controversy |'kɒntrəvəːsi|, |kən'trɒvəsi| *noun* (հոգն. **-sies**) 1) վիճաբանություն; բանավեճ ◊ **without/beyond controversy** անվիճելի; անժխտելի 2) հակադրություն

controvert 'kɒntrəvəːt|, |ˌkɒntrə'vəːt| *verb* վիճարկել; բանավիճել; վիճաբանել

contumacious |ˌkɒntjʊ'meɪʃəs| *adjective* *հնավանդ իրավունք* չենթարկվող; չհպատակվող; անհնազանդ; հակառակող

contumacy |'kɒntjʊməsi| *noun* *հնավանդ իրավունք* անհնազանդություն; ըմբոստություն; չենթարկվելը

contumely |'kɒntjuːmɪli|, |-tjuːmli| *noun* (հոգն. **-lies**) վիրավորանք; անարգանք

contuse |kən'tjuːz| *verb* կոնտուզիա պատճառել

contusion |kən'tjuːʒ(ə)n| *noun* կոնտուզիա

conundrum |kə'nʌndrəm| *noun* (հոգն. **-drums**) 1) գլուխկոտրուկ; խճճված խնդիր 2) հանելուկ

convalesce |ˌkɒnvə'lɛs| *verb* ապաքինվել; առողջանալ

convalescence *noun* ապաքինում; առողջացում

convalescent |kɒnvə'lɛs(ə)nt| **1** *adjective* ապաքինվող; առողջացող **2** *noun* ապաքինվող անձ

convection |kən'vɛkʃ(ə)n| *noun* *ֆիզիկա* կոնվեկցիա; ջերմափոխանցում; լիցքափոխանցում; զանգվածափոխանցում

convene |kən'viːn| *verb* 1) հրավիրել; գումարել *(նիստ և այլն)* 2) հավաքվել; գումարվել 3) դատարան կանչել

convener *noun* նիստ հրավիրելու լիազորված անձ

convenience |kən'viːnɪəns| *noun* 1) հարմարություն 2) (**conveniences**) հարմարություններ; դյուրահարմարություն 3) զուգարան 4) պիտանիություն 5) նյութական շահ; օգուտ ◊ **for the convenience of** հօգուտ; օգտին

At your convenience., At your earliest convenience. Երբ ձեզ հարմար է: Նայեք ձեր հարմարությանը: Ըստ ձեր հայեցողության: Առաջին իսկ հնարավորության դեպքում:
make convenience of sb անամոթաբար օգտագործել մեկին իր շահերի համար; անխղճորեն օգտագործել մեկին իր շահերի համար; չարաշահել մեկի մտերմությունը; չարաշահել մեկի վստահությունը

convenience food *noun* պատրաստի տաքացնելու կերակուր

convenient |kən'viːnɪənt| *adjective* 1) հարմար; պիտանի; պետքական 2) պատշաճ; պատեհ

convent |'kɒnv(ə)nt| *noun* 1) կուսանոց 2) (**convent school**) կուսանոցին կից օրիորդաց դպրոց

convention |kən'vɛnʃ(ə)n| *noun* 1) կոնվենցիա ◊ **Convention against Torture and other Cruel, Inhuman or Degrading Treatment or Punishment** Կտտանքների և այլ տիպի դաժան, անմարդկային կամ ստորացուցիչ վերաբերմունքի վերացման կոնվենցիա. **Convention on the Prevention and Punishment of the Crime of Genocide** Ցեղասպանության ոճիրի կանխման և պատժման կոնվենցիա 2) սովորույթ 3) պայմանագիր; դաշնագրություն; համաձայնագիր 4) համաժողով; համագումար 5) *պատմական* կոնվենտ 6) ընդհանուր համաձայնություն

conventional |kən'vɛnʃ(ə)n(ə)l| *adjective* 1) պայմանական 2) բոլորի կողմից ընդունված; հանրաճանաչ; սովորական 3) պայմանագրային 4) ավանդական 5) սովորական; ոչ միջուկային *(զենքի մասին)*

conventionality |-'nælɪti| *noun* պայմանականություն

conventionally *adverb* պայմանականորեն

converge |kən'vəːdʒ| *verb* 1) հանդիպել; միանալ; միակցվել; համամիտել; զուգամիտել 2) *մաթեմատիկա* մոտենալ; մերձենալ *(սահմանին)* 3) մի կետի հանգեցնել; համատեղել

convergence (նաև **convergency**) *noun* 1) միացում; հանդիպում; համընկնում 2) *լեզվաբանություն* զուգամերձություն; կոնվերգենցիա; զուգամետություն *(հնչյունների և այլնի)* 3) համեմատություն; զուգամիտություն; զուգամիտում

convergent |kən'vəːdʒ(ə)nt| *adjective* 1) համամետ 2) *լեզվաբանություն* զուգամերձ

conversance *noun* իրազեկություն; տեղյակություն

conversant |kən'vəːs(ə)nt| *adjective* 1) (**conversant with**) տեղյակ; իրազեկ ◊ **keep conversant** տեղյակ պահել 2) վերաբերող *(մի բանի)*

conversation |kɒnvə'seɪʃ(ə)n| *noun* խոսակցություն; զրույց; խոսք

make conversation զրուցել քաղաքավարությունից դրդված

conversational |ˌkɒnvə'seɪʃ(ə)n(ə)l| *adjective*

1) խոսակցական 2) զրուցասեր; աստղ-խոսող

converse¹ **1** *verb* |kənˈvəːs| զրուցել; խոսել **2** *noun* |ˈkɒnvəːs| *հնացած* 1) հակառակ դրույթ 2) *մաթեմատիկա* հակադարձ թեորեմ

converse² |ˈkɒnvəːs| **1** *noun* հակադարձը **2** *adjective* հակառակ; հակադարձ; ետադարձ; շրջված

conversely |ˈkɒnvəːsli|, |kənˈvəːsli| *adverb* ընդհակառակը; հակառակը

conversion |kənˈvəːʃ(ə)n| *noun* 1) փոխարկում; փոխում; փոփոխում 2) մի վիճակից մյուսը փոխվելը; փոփոխություն 3) քաղաքական մի հոսանքից մյուսն անցնելը; քաղաքական մի կուսակցությունից մյուսն անցնելը 4) դավանափոխություն 5) չափ ու կշռի մի համակարգից մյուսին վերածելը 6) *ֆինանսներ* պարտամուրհակի փոխանցում; վերահաշվարկ 7) վերակառուցում; վերասարքավորում 8) *տեխնիկական* վերամշակում 9) *քերականություն* փոխանցում; փոխակարգություն *(մի խոսքի մասից մյուսը)*

convert **1** *verb* |kənˈvəːt| 1) փոխել; փոխարկել; փոփոխել 2) դարձնել; փոխակերպել 3) նոր կրոնի դարձնել; կրոնափոխ անել 4) փոխանցել *(պարտամուրհակը)* **2** *noun* |ˈkɒnvəːt| 1) մի կուսակցությունից մյուսն անցած անձնավորություն 2) *կրոն* նորադարձ; նորահավատ

convertible |kənˈvəːtɪb(ə)l| **1** *adjective* 1) դարձնելի; շրջելի; փոխակերպելի 2) փոփոխելի; փոխանցելի **2** *noun* 1) ծալվող տանիքով ավտոմեքենա 2) (**convertibles**) փոխարկելի արժեթուղթ/արժույթ

convex |ˈkɒnvɛks| *adjective* ուռուցիկ; կորնթարդ

convexity |-ˈvɛksɪti| *noun* ուռուցիկություն

convey |kənˈveɪ| *verb* 1) տեղափոխել; փոխադրել *(ապրանք և այլն)* 2) փոխանցել; հաղորդել *(էլեկտրականություն, ձայն, բուրմունք և այլն)* 3) *իրավունք* գույքի սեփականատիրական իրավունքը հանձնել ուրիշին 4) հայտնել *(լուրեր)* 5) հաղորդել; արտահայտել *(մտքեր, գաղափարներ)*

conveyance |kənˈveɪəns| *noun* 1) տեղափոխում; փոխադրում *(ապրանքի և այլնի)* 2) փոխադրամիջոց 3) *իրավունք* գույքի սեփականատիրական իրավունքի հանձնում 4) հաղորդում; արտահայտում *(մտքերի և այլնի)*

conveyor belt *noun* կոնվեյեր; հարահոս գիծ; հարահոսագիծ

convict **1** *verb* |kənˈvɪkt| 1) ապացուցել հանցավոր լինելը; մեղավոր ճանաչել; դատապարտել 2) հանցանքը գիտակցել տալ **2** *noun* |ˈkɒnvɪkt| դատապարտյալ; տաժանապարտ

conviction |kənˈvɪkʃ(ə)n| *noun* 1) համոզմունք 2) համոզվածություն 3) դատապարտում; մեկին մեղավոր ճանաչելը ◇ **summary conviction** դատավճիռ կայացնելը *(առանց ատենակալների մասնակցության)*

carry conviction համոզել; համոզիչ լինել; վստահություն ներշնչել

convince |kənˈvɪns| *verb* 1) համոզել; հավաստիացնել 2) (**convince of**) հանցանքը գիտակցել տալ

convinced *adjective* (**convinced of**) համոզված

convincible *adjective* համոզվող

convincing |kənˈvɪnsɪŋ| *adjective* 1) համոզիչ 2) վճռական *(հաղթանակի մասին)*

convivial |kənˈvɪvɪəl| *adjective* 1) տոնական 2) ուրախ; զվարթ; քեֆկրալի

conviviality |-ˈælɪti| *noun* ուրախություն; խնդություն; ուրախ տրամադրություն

convocation |ˌkɒnvəˈkeɪʃ(ə)n| *noun* 1) ժողով; նիստ *(պաշտոնական)* 2) հրավիրում; գումարում *(ժողովի, նիստի)*

convoke |kənˈvəʊk| *verb* գրական անգլերեն գումարել *(համագումար, ժողով և այլն)*

convoluted |ˌkɒnvəˈl(j)uːtɪd| *adjective* 1) ոլորված; գալարված; պարուրաձև 2) *տեխնիկական* ոլորված; փաթաթված

convolution |ˌkɒnvəˈluːʃ(ə)n| *noun* 1) ոլորում; գալար; ոլորք; պտույտ *(պարուրագծի)* 2) ուղեղի ոլորք; ծալք

convolvulus |kənˈvɒlvjʊləs| *noun* (հոգն. **-luses**) *բուսաբանություն* պատատուկ; բաղարջուկ; դաշտագեղձ *(Genus Convolvulus, ընտանիք Convolvulaceae)*

convoy |ˈkɒnvɔɪ| **1** *noun* 1) ուղեկցում; ուղեկցորդ; պահակախումբ 2) *ռազմական* ուղեկցվող տրանսպորտ; գումակ; մարտասայլ 3) *ծովային* ռազմանավերի պաշտպանության տակ ընթացող փոխադրանավեր 4) *որոշչային* ուղեկցող; ուղեկցորդ **2** *verb* ուղեկցել; ուղեկցորդել

convulse |kənˈvʌls| *verb* 1) ցնցել 2) ջղաձգություն/կարկամություն առաջացնել ◇ **be convulsed** i) ջղաձգվել ii) *փոխաբերական* ծիծաղից ցնցվել; ջղաձգվել

convulsion |kənˈvʌlʃ(ə)n| *noun* 1) ջղաձգություն; կարկամում 2) ջղաձգող ծիծաղ 3) ցնցում; երերում

the convulsion of nature տարերային աղետ *(երկրաշարժ, ջրհեղեղ, հրաբխի ժայթքում և այլն)*

convulsive |kənˈvʌlsɪv| *adjective* ջղաձգական; կարկամային

cony *noun* (հոգն. **-nies**) ճագար

coo¹ |kuː| **1** *verb* (**coos**, **cooed**) 1) մնչել; դունդունալ; դունդունալ 2) *փոխաբերական* սիրային քաղցր խոսքեր մրմնջալ **2** *noun* մնչյուն; դունդունալը *(աղավնիների)*

coo² |kuː| *exclamation* *խոսակցական* ա՜յ; վա՜յ *(արտահայտում է զարմանք)*

cook |kʊk| **1** *verb* 1) եփել; պատրաստել; խոհարարություն անել 2) եփվել; տապակվել ◇ *փոխաբերական* **be cooked** խաշվել; տապակվել; ուժասպառ լինել շոգից 3) *խոսակցական* կեղծել *(փաստաթղթերը)* 4) հնարել; հորինել **2** *noun* 1) խոհարար 2) *ծովային* կոկ *(նավի խոհարար)* 3) խոհարարուհի

cook with electricity/gas, cook on the front turner 1) հաջողացնել; առաջ գնալ 2) ճիշտ վարվել; խելամիտ գործել

Too many cooks spoil the broth. *առած* Ցորթ դայակի պահած երեխան իրեն հսկող աչք չի ունենա: Մի բանի վրա շատ ուշադրություն դարձնես՝ անպայման կկորցնես:

cookbook |ˈkʊkbʊk| *noun* խոհարարական գիրք

cooker |ˈkʊkə| *noun* 1) օջախ; կրակարան 2) *ռազմական* շարժական խոհանոց 3) կաթսա; կերակուր եփելու աման ◇ **pressure cooker** հերմետիկորեն փակվող կաթսա *(կերակուր եփելու համար)* 4) եփելու համար պիտանի մրգեր 5) հնարող; մոգոնող մարդ 6) կեղծող *(փաստաթղթերի)*

cookery |ˈkʊk(ə)ri| *noun* (հոգն. **-eries**) 1) խոհարարություն 2) եփվածք; եփած բան 3) խոհանոց

cookie |ˈkʊki| *noun* (հոգն. **-ies**) 1) *շոտլանդական* բուլկի 2) *ամերիկյան* թխվածք; խմորեղեն 3) *համակարգիչներ* թխուկ *(տվյալների փոքր փաթեթ, որն օգտագործվում է կայքին մատչելիս՝ պահպանելով գործածողի ընտրանքները)*

That's how the cookie crumbles., That's the way the cookie crumbles. *խոսակցական կատակային* Այսպիսին են գործերը: Այսպիսի/Էսպիսի բաներ:

toss one's cookies *ամերիկյան ծածկալեզու* փսխել; կերածը հետ տալ; սիրտը թափել

cooking |ˈkʊkɪŋ| *noun* 1) եփում; եփելը; եփ տալը 2) կերակուր պատրաստելը; ճաշ պատրաստելը; եփելը 3) սնունդ; կերակուր *(որոշակի ձևով պատրաստված)* 4) կերակրի; սննդային; սննդի

cool |ku:l| **1** *adjective* 1) զով; հով; պաղ ◇ **get cool** հովանալ; պաղել; սառչել 2) հանդարտ; հանգիստ; սառնարյուն; անվրդով; անդորր ◇ **keep cool** անվրդով մնալ; սառնասրտությունը պահպանել 3) անսիրալիր; սառը; պաղ; անհամբույր 4) լկտի; անպատկառ 5) *խոսակցական* կլորիկ *(գումար)* 6) *խոսակցական* զիլ; հզոր; հրաշալի **2** *noun* զովություն; ցուրտ **3** *verb* 1) հովանալ; պաղել; սառչել 2) սառեցնել; պաղեցնել; հովացնել; զովացնել

as cool as a cucumber 1) սառը; հանգիստ; հանդարտ 2) սառնարյուն; անտարբեր; անարյուն; պաղած ապուր/տոլմա

cool beggar/card/customer/fish/hand 1) հանդուգն մարդ 2) սառնարյուն/սթափ մարդ; լրջախոհ մարդ

cooler |ˈku:lə| *noun* 1) սառնարան 2) *ռազմական ծածկալեզու* զինվորական կալանատուն; հաուպտվախտ 3) *ծածկալեզու* պատժախուց; կարցեր

put in the cooler *ամերիկյան ծածկալեզու* հետաձգել

coolie |ˈku:li| *noun* (հոգն. **-lies**) *վիրավորական* կուլի *(բեռնակիր բանվոր մի շարք արևելյան երկրներում)*

cooling-off period *noun* մտորելու ժամանակահատված. հարաբերությունները պարզելու ժամանակահատված

coolness *noun* 1) զովություն; հովություն 2) *փոխաբերական* սառնություն 3) սառնարյունություն

coon |ku:n| *noun* 1) *կենդանաբանություն* ջրարջ; լողարջ 2) խորամանկ մարդ ◇ **a gone coon** *խոսակցական* կորած/ջրատար մարդ

hunt/skin the same old coon *ամերիկյան ծածկալեզու* միշտ միևնույն գործն անել; միայն մի բանով զբաղվել

tree the coon 1) խնդիրը լուծել; հարցը պարզել 2) բռնել/գտնել մեկին *(երկարատև որոնումներից հետո)*

coop |ku:p| **1** *noun* 1) վանդակ *(թռչունների համար)* 2) ձկնորսակողով; ձկնորսասակառ **2** *verb* 1) վանդակում փակել; վանդակ դնել 2) (**coop in/up**) փակի տակ պահել

fly the coop 1) փախչել; արանքը ճղել; ծլկել 2) փախուստի դիմել *(սիրահարների մասին)*

cooper |ˈku:pə| **1** *noun* 1) տակառագործ 2) թունդ ոգելից խմիչք **2** *verb* տակառագործություն անել

cooperate |kəʊˈɒpəreɪt| (նաև **co-operate**) *verb* 1) (**cooperate with/in**) գործակցել; համագործել 2) աջակցել 3) համագործակցել; կոոպերացիա կազմել 4) միավորվել *(որոշակի նպատակով)* 5) *ռազմական* փոխգործել

cooperation |kəʊˌɒpəˈreɪʃ(ə)n| (նաև **co-operation**) *noun* 1) կոոպերատիվ; կոոպերացիա 2) համագործակցություն; համատեղ գործունեություն ◇ **international cooperation** միջազգային համագործակցություն 3) համագործակցում; կոոպերացում 4) *ռազմական* փոխգործողություն *(ռազմական տարբեր միավորումների)*

cooperative |kəʊˈɒp(ə)rətɪv| (նաև **co-operative**) **1** *adjective* 1) կոոպերատիվ 2) համատեղ; միատեղ **2** *noun* կոոպերատիվ տնտեսություն

co-opt *verb* 1) կոոպտացիայի ենթարկել; ինքնահամալրել *(վարչական մարմնի որոշմամբ)* 2) ներգրավել *(մեկ այլ գործում)* 3) որդեգրել *(գաղափար, գաղափարախոսություն)*

coordinate (նաև **co-ordinate**) **1** *verb* |kəʊˈɔ:dɪneɪt| 1) համաձայնեցնել; համակարգել; կոորդինացնել; կոորդինացիայի ենթարկել 2) ճիշտ հարաբերակցություն սահմանել 3) ներդաշնակել; համապատասխանեցնել **2** *adjective* |kəʊˈɔ:dɪnət| 1) հավասար ըստ դիրքի/իրավունքի/աստիճանի 2) համակարգված; համաձայնեցված; կոորդինացված; հարաբերակցված; կոորդինացիայի ենթարկված 3) *մաթեմատիկա* միևնույն աստիճանի 4) *քերականություն* համադաս; համադասական *(նախադասություն)* 5) կոորդինատային **3** *noun* |kəʊˈɔ:dɪnət| *մաթեմատիկա* կոորդինատ; դիրքացույց

coordination |kəʊˌɔ:dɪˈneɪʃ(ə)n| *noun* 1) համակարգում; համաձայնեցում; կոորդինացիա; հարաբերակցություն 2) *քերականություն* շաղկապական համադասություն

coot |ku:t| *noun* 1) *կենդանաբանություն* սև փարփար; կերկեր *(վայրի բադի տեսակ. Fulica, ընտանիք Rallidae)* 2) *խոսակցական* պարզամիտ/միամիտ մարդ; տխմար մարդ

cop[1] |kɒp| *խոսակցական* **1** *noun* 1) *ամերիկյան* ոստիկան 2) բռնելը **2** *verb* (**copped**, **copping**) հանցանքի վայրում բռնել ◇ **cop it** բռնել; ճանկել. **you will cop it** *դպրոցական* քեզ կհասնի

cop[2] |kɒp| *noun* թելակոճ; կոճ

copartner *noun* 1) ընկերության անդամ 2) գործընկեր *(առևտրական)*

copartnership *noun* բաժնետիրական ընկերություն

cope[1] |kəʊp| *verb* 1) (**cope with**) գլուխ բերել; հաղթահարել 2) կովել; պայքարել *(մեկի հետ)*

cope with one's problem խնդիրն իրքնուրույն լուծել

cope² |kəʊp| **1** *noun* 1) *եկեղեցական* շուրջառ; փարաջա 2) *փոխաբերական* ◊ **the cope of heaven** երկնակամար. **the cope of night** գիշերվա հովանի **2** *verb* ծածկել

copeck *noun* կոպեկ

Copenhagen |ˌkəʊpən'heɪg(ə)n|, |-'hɑːg(ə)n| Կոպենհագեն *(Դանիայի մայրաքաղաքը)*

coping |'kəʊpɪŋ| *noun* *շինարարություն* որմնեզր; քիվ; քիվածածկ

copious |'kəʊpɪəs| *adjective* 1) առատ; լի 2) ջրառատ *(հոսանքը)* 3) շաղակրատ *(հեղինակի մասին)* 4) ճոխ; հարուստ *(բառարան, ոճ)* 5) բեղմնավոր *(հեղինակ)*

copper¹ |'kɒpə| **1** *noun* 1) *քիմիա* պղինձ 2) պղնձե դրամ 3) պղնձե կաթսա 4) ◊ **cool one's copper** խումարությունից դուրս գալ *(թունդ խմիչքով)* 5) *որոշչային* պղնձե; պղնձի **2** *verb* պղնձապատել

copper² |'kɒpə| *noun* *խոսակցական* ոստիկան

copperas |'kɒp(ə)rəs| *noun* *քիմիա* պղնձարջասպ

copperhead |'kɒpəhɛd| *noun* *կենդանաբանություն* պղնձօձ

copperplate |'kɒpəpleɪt| **1** *noun* պղնձե տախտակ *(փորագրության համար)* **2** *adjective* գեղագրական *(ձեռագիր)*

coppery |'kɒp(ə)ri| *adjective* պղնձագույն; պղնձի գույն

coppice |'kɒpɪs| **1** *noun* փոքրիկ պուրակ; մատղաշ անտառ **2** *verb* կտրտել; էտել *(ծառերը և թփերը՝ նրանց աճին նպաստելու համար)*

Coptic Church Ղպտական եկեղեցի; Ղպտի եկեղեցի

copula |'kɒpjʊlə| *noun* *տրամաբանություն, քերականություն* հանգույց

copulate |'kɒpjʊleɪt| *verb* *կենսաբանություն* զուգավորվել

copulation *noun* 1) *կենսաբանություն* զուգավորում 2) *քերականություն* կապում; կապակցում

copulative |'kɒpjʊlətɪv| **1** *adjective* *քերականություն* միավորիչ; բաղհյուսական; շաղկապող **2** *noun* *քերականություն* բաղհյուսական շաղկապ

copy |'kɒpi| **1** *noun* (հոգն. **copies**) 1) օրինակ *(գրքի և այլնի)* 2) ձեռագիր; գրչագիր ◊ **fair/clean copy** մաքրագրություն; մաքրագիր. **foul/rough copy** սևագրություն; սևագիր 3) պատճեն *(փաստաթղթի)* 4) տպագրվելիք նյութ *(թերթի համար)* 5) նմուշ **2** *verb* (**copies**, **copied**) 1) արտագրել 2) ընդօրինակել 3) պատճեն հանել; պատճենել

copyist |'kɒpɪɪst| *noun* 1) արտագրող; ընդօրինակող 2) նմանակող *(հատկապես արվեստում)*

copyright |'kɒpɪrʌɪt| **1** *noun* հեղինակային իրավունք; հրատարակչական իրավունք; պատճենման/արտատպման իրավունք **2** *verb* հեղինակի իրավունքը ապահովել **3** *adjective* հեղինակային իրավունքով պահպանված

copywriter |'kɒpɪrʌɪtə| *noun* գովազդագիր

coquet **1** *verb* սիրակատակել; պչրվել; կոկետություն անել **2** *noun* *հնացած* կոկետություն անող անձ

coquetry |'kɒkɪtri|, |'kəʊ-| *noun* 1) կոկետություն; պչրողություն 2) կոկետ/պճնամոլ արտաքին

coquette |kɒ'kɛt| *noun* պչրուհի; կոկետուհի

coquettish *adjective* կոկետ; պչրող; պճնամոլ

coral |'kɒr(ə)l| **1** *noun* մարջան; բուստ **2** *adjective* 1) մարջանե 2) մարջանագույն

True coral needs no painting. Լավ ապրանքը գովասանքի կարիք չունի: Մաքուր ոսկին փայլի կարիք չունի. Ծակ ունիքը գետնին չի մնա: Տաշած քարը գետնին չի մնա:

Coral Sea Մարջանի ծով *(ծով Խաղաղ օվկիանոսի հարավում՝ Ավստրալիայի ափերի մոտ)*

cord |kɔːd| **1** *noun* 1) պարան; թոկ 2) լար 3) *կազմախոսություն* լար ◊ **vocal cords** ձայնալարեր. **spinal cord** ողնուղեղ 4) մակաշերտ *(գործվածքի վրա)* 5) (**cords**) պլիսե շալվար 6) կորդ *(վառելափայտի չափ)* **2** *verb* (**cord up**) պարանով կապել

cut the cord *փոխաբերական* պորտալարը կտրել; անկախանալ

the cords of affection սիրո կապանքներ

the silver cord is loosed *աստվածաշնչային* արծաթե թելը կտրվել; ուժերը հատնել; Մահը մոտ է:

cordage |'kɔːdɪdʒ| *noun* *ծովային* պարանասարք; նավահանդերձանք

cordial |'kɔːdɪəl| **1** *adjective* 1) սիրալիր; սրտանց; ջերմ; սրտաբաց 2) սրտի; սրտային 3) սրտակից; սրտագին **2** *noun* 1) սրտային դեղ 2) լիկյոր

cordiality |-'ælɪti| *noun* սիրալիրություն; սրտակցություն; սրտագինություն

cordially *adverb* սրտանց; սրտագին; ջերմորեն

cordless |'kɔːdlɪs| **1** *adjective* անլար *(հեռախոսի և այլնի մասին)* **2** *noun* անլար հեռախոս

Cordoba |'kɔːdəbə| (նաև **Cordova**) 1) Կորդոբա *(քաղաք Իսպանիայում)* 2) Կորդոբա *(քաղաք Արգենտինայում)*

cordon |'kɔːd(ə)n| **1** *noun* 1) շրջափակ; կորդոն *(զինվորական, սանիտարական և այլն)* 2) շքանշանի ժապավեն **2** *verb* շրջափակել

corduroy |'kɔːdərɔɪ|, |-djʊ-| **1** *noun* 1) պլիս *(գործվածք)* 2) գծավոր թավիշ *(գործվածք)* 3) պլիսե շալվար 4) *ամերիկյան* գերանակապ; գերաններից կառուցված ճանապարհ; գերաններից կառուցված կամուրջ **2** *verb* գերանակապ ճանապարհ սարքել; գերանակապ կամուրջ սարքել

core |kɔː| **1** *noun* 1) միջուկ; կորիզ; ներքին մասը ◊ **to the core** մինչև խորքը; ամբողջապես. **rotten at the core** փչացած մինչև ուղն ու ծուծը 2) էություն; ուղն ու ծուծը 3) *տեխնիկական* միջահյուս **2** *verb* միջուկը հանել **3** *adjective* ամենաէական

cored *adjective* դատարկ; փուչ

coriander |ˌkɒrɪ'ændə| *noun* *բուսաբանություն* համեմ; գինձ *(Coriandrum sativum, ընտանիք Umbelliferae)*

Corinthians *աստվածաշնչային* Առաջին թուղթ կորնթացիներին; Երկրորդ թուղթ կորնթացիներին

cork |kɔːk| **1** *noun* 1) խցան 2) կարթի խցանիկ

◇ **like a cork** լողուն; ջրի մակերեսի վրա լողացող 3) *բուսաբանություն* ենթակեղև 4) *որոշչային* խցանե; խցանային; ենթակեղևային *(գոտի)* 5) ենթակեղևից պատրաստած **2** *verb* 1) խցանել; բերանը փակել 2) զսպել *(զգացմունքները)*

corkage |ˈkɔːkɪdʒ| *noun* 1) խցանահանում *(շշի)* 2) խցանահանման վճար *(որը գանձում է ռեստորանը՝ հաճախորդի բերած գինին խցանահանելու և մատուցելու համար)*

corker |ˈkɔːkə| *noun* 1) ցնցող բան; զարմանահրաշ բան 2) անհերքելի ապացույց 3) խցանող սարք

corkscrew |ˈkɔːkskruː| **1** *noun* խցանահան **2** *verb* 1) պարուրագծով շարժվել 2) *փոխաբերական* խցկվելով անցնել *(ամբոխի միջով)* **3** *adjective* պարուրաձև; պտուտակաձև

corky |ˈkɔːki| *adjective* (**corkier**, **corkiest**) 1) խցանային; խցանե 2) *խոսակցական* կենսուրախ; կայտառ

corn¹ |kɔːn| **1** *noun* 1) հատիկ 2) *հավաքական* հացահատիկ; ցորեն ◇ **standing corn** չհնձված հացահատիկ 3) *ամերիկյան* (**Indian corn**) եգիպտացորեն 4) *ամերիկյան խոսակցական* եգիպտացորենի օղի **2** *verb* 1) հատիկավորվել 2) *տեխնիկական* հատիկավորել **3** *verb* միսը աղել; միսը աղ դնել

measure another's corn by one's own bushel *առած* իր արշինով չափել

corn² |kɔːn| *noun* կոշտուկ ◇ **pet corn** *կատակային* ամենացավոտ տեղը

tread on sb's corns *առած* ցավոտ տեղին դիպչել; մեկի զգայուն տեղին դիպչել; Կախվածի տանը պարանից չեն խոսում:

cornea |ˈkɔːnɪə| *noun կազմախոսություն* աչքի եղջերաթաղանթ

cornel |ˈkɔːn(ə)l| *noun բուսաբանություն* 1) հոն 2) *որոշչային* հոնի

corner |ˈkɔːnə| **1** *noun* 1) անկյուն 2) հատման տեղ *(երկու փողոցի)* 3) երկրի կողմ 4) անկյունիկ; քունջ ◇ **a warm/hot corner** թեժ ճակատամարտի վայր; վտանգավոր անձ; վտանգավոր դրություն/տեղ 5) ապրանքների հավաքագնում *(չարաշահական նպատակներով)* 6) *մարզական* անկյունային հարված 7) *որոշչային* անկյունային; անկյունի **2** *verb* 1) նեղը գցել; պատին սեղմել; անելանելի կացության մեջ դնել 2) հավաքագնել ապրանքները *(չարաշահական նպատակներով)*

drive sb into a corner մեկին նեղը գցել; անելանելի դրության մեջ դնել; պատին դեմ տալ; սեղմել

from the four corners of the earth աշխարհի բոլոր ծայրերից/կողմերից

have a corner in sb's heart մեկի հոգում տեղ ունենալ; մեկի սրտելին լինել; սիրտը գրավել/նվաճել

look round the corner զգույշ լինել; զգուշությամբ գործել; հետո նայելով գործել

out of the corner of one's eye աչքի պոչով; գողունի; ծածուկ; աննկատ

rough corners *ամերիկյան* անդաստիարակություն; կոպտություն

turn the corner դուրս գալ վտանգավոր իրադրությունից; դուրս գալ դժվարին կացությունից

cornerstone |ˈkɔːnəstəʊn| *noun* անկյունաքար; հիմնաքար

cornet |ˈkɔːnɪt| *noun* 1) *երաժշտություն* կոռնետ *(պղնձե փողային գործիք)* 2) *հնացած ռազմական* կոռնետ; հեծելավագ 3) թղթափաթեթ; թղթագալար 4) *բրիտանական* պաղպաղակ վաֆլիի բաժակներով

cornflakes |ˈkɔːnfleɪk| *plural noun* փաթիլիկներ *(նախաճաշի համար)*

corn flour |ˈkɔːnflaʊə| *noun* 1) եգիպտացորենի ալյուր 2) բրնձի ալյուր

Cornhusker State Եգիպտացորենականների նահանգ *(ԱՄՆ-ի Նեբրասկա նահանգի մականունը)*

cornice |ˈkɔːnɪs| *noun* 1) *ճարտարապետություն* քիվ 2) անդունդի գլխին կախված ձյան հյուս

Corn State Եգիպտացորենի նահանգ *(ԱՄՆ-ի Այովա նահանգի մականունը)*

cornucopia |ˌkɔːnjʊˈkəʊpɪə| *noun նաև փոխաբերական* առատության եղջյուր

corny |ˈkɔːni| *adjective* (**cornier**, **corniest**) *խոսակցական* 1) հուզաճմլիկ; լալկան; տափակ; սենտիմենտալ 2) հացահատիկային; հացահատիկի 3) կոշտուկավոր

corolla |kəˈrɒlə| *noun բուսաբանություն* ծաղկապսակ

corollary |kəˈrɒləri| **1** *noun* (հոգն. **-laries**) 1) եզրակացություն 2) հետևանք **2** *adjective* 1) հետևանքային; հետևող 2) լրացուցիչ; հավելյալ; կապված

corona |kəˈrəʊnə| *noun* (հոգն. **-nae** |-niː|) 1) արևի պսակ; օղակ; բակ *(արևի/լուսնի շուրջը)* 2) ատամնապսակ 3) *ամերիկյան* բեռնաթամբի բարձ

Corona Australis |kəˌrəʊnə ɒˈstreɪlɪs| *աստղագիտություն* Հարավային թագ *(համաստեղություն)*

Corona Borealis |ˌbɔːrɪˈeɪlɪs| *աստղագիտություն* Հյուսիսային թագ *(համաստեղություն)*

coronal¹ |kəˈrəʊn(ə)l|, |ˈkɒr(ə)n(ə)l| **1** *adjective* 1) պսակային; պսակաձև 2) ճակատային; ճակատի **2** *noun* 1) թագ; պսակ 2) ծաղկապսակ

coronal² |ˈkɒr(ə)n(ə)l| *noun* 1) ծաղկեպսակ; պսակ; դրասանգ 2) փոքրիկ թագ; պսակ

coronary |ˈkɒr(ə)n(ə)ri| **1** *adjective կազմախոսություն* պսակաձև **2** *noun* (հոգն. **-naries**) նաև **coronary thrombosis** սրտանոթների խցանում

coronation |kɒrəˈneɪʃ(ə)n| *noun* թագադրում; թագադրություն

coroner |ˈkɒr(ə)nə| *noun* դատաքննիչ *(քրեական գործերի)*

coronet |ˈkɒr(ə)nɪt| *noun* 1) թագ *(ոչ արքայական՝ բարձրագույն ազնվականների)* 2) ապարոշ; խույր 3) *բանաստեղծական* պսակ

corporal¹ |ˈkɔːp(ə)r(ə)l| *noun ռազմական* կապրալ *(կրտսեր ենթասպա)*

corporal² |ˈkɔːp(ə)r(ə)l| *adjective* մարմնական ◇ **corporal defects** ֆիզիկական/մարմնական արատներ

corporal punishment *noun* մարմնական պատիժ

corporate |ˈkɔːp(ə)rət| **1** *adjective* 1) ընդհանուր; կորպորատիվ; բաժնետիրական; միավորված 2) մեկուսախմբակային **2** *noun* բաժնետիրություն

corporation |kɔ:pə'reɪʃ(ə)n| *noun* 1) կորպորացիա; խոշոր ընկերություն ◊ **municipal corporation, the Corporation** քաղաքային վարչություն; մունիցիպալիտետ 2) բաժնետիրական ընկերություն; բաժնետիրություն 3) *խոսակցական հնացած* մեծ փոր

corporeal |kɔ:'pɔ:rɪəl| *adjective* 1) մարմնական; ֆիզիկական 2) նյութական; մարմնավոր

corps |kɔ:| *noun* (հոգն. **corps** |kɔ:z|) 1) *ռազմական* կորպուս; զորաբանակ ◊ **provost corps** ռազմական ոստիկանություն 2) *որոշչային* կորպուսի

corpse |kɔ:ps| *noun* դիակ; անշունչ դիակ; անկենդան մարմին

corpulence *noun* մարմնեղություն; գիրություն; հաղթանդամություն

corpulent |'kɔ:pjʊl(ə)nt| *adjective* 1) մարմնեղ; հաղթանդամ 2) մսոտ *(քիթ)*

corpus |'kɔ:pəs| *noun* (հոգն. **-pora** |'kɔ:pərə| կամ **-puses**) օրենսգիրք; ժողովածու ◊ **corpus juris** օրենքների ժողովածու

Corpus Christi |ˌkɔ:pəs 'krɪsti| *քրիստոնեություն* Սուրբ հաղորդության տոն *(Արևմտյան եկեղեցում)*

corpuscle |'kɔ:pʌs(ə)l| *noun կենսաբանություն* 1) մարմնիկ; ամենափոքր մասնիկ ◊ **red corpuscles** *բնախոսություն* արյան կարմիր գնդիկներ 2) *ֆիզիկա պատմական* ատոմ; հյուլե; էլեկտրոն

corpuscular |kɔ:'pʌskjʊlə| *adjective* ատոմական; ատոմային; փոքրագույն

corral |kə'rɑ:l| **1** *noun* 1) *ամերիկյան* փարախ; անասնոց 2) ճամբար *(սայլերով շրջապատված)* **2** *verb* (**-ralled**, **-ralling**) 1) փարախում պահել; փարախը մտցնել *(անասուններին)* 2) *փոխաբերական* իրար գլխի հավաքել; մեկտեղ հավաքել

correct |kə'rɛkt| **1** *adjective* 1) ճիշտ; ուղիղ; ստույգ 2) լավ *(ճաշակ)* 3) կիրթ; կոռեկտ; քաղաքավարի **2** *verb* 1) ուղղել; ճշտել; շտկել 2) սրբագրել 3) ուղղումներ մտցնել *(գործիքի ցուցմունքների մեջ)* 4) հրետանային կրակը կանոնավորել 5) պատժել 6) չեզոքացնել *(վնասակար ազդեցությունը)*

correction |kə'rɛkʃ(ə)n| *noun* 1) ուղղում; ճշտում ◊ **speak under correction** խոսել՝ սխալների հնարավորությունն ընդունելով 2) ուղղված օրինակ

correction fluid *noun* ջնջող մածիկ *(տեքստում տառեր ջնջելու և ուղղումներ անելու համար)*

corrective |kə'rɛktɪv| **1** *adjective* 1) ուղղիչ 2) ուղղող; ճշտող; շտկող 3) *բժշկություն* չեզոքացնող **2** *noun* 1) ճշտում; ուղղում 2) *բժշկություն* չեզոքացնող միջոց

correctly *adverb* ճշտորեն; ստույգ կերպով

corrector |kə'rɛktə| *noun* ճշտող; ուղղող ◊ **corrector of the press** սրբագրիչ

correlate **1** *verb* |'kɒrəleɪt| |-rɪ-| 1) (**correlate with**) որոշակի հարաբերակցության մեջ լինել 2) (**correlate with**) հարաբերակցություն հաստատել **2** *noun* 1) կորելատ; հարաբերակից *(փոխադարձ հարաբերության մեջ գտնվող առարկա)* 2) հարաբերական հասկացողություն 3) հարաբերակցվող միավոր

correlation |ˌkɒrə'leɪʃ(ə)n|, |-rɪ-| *noun* հարաբերակցություն; լծորդություն

correlative |kə'rɛlətɪv| **1** *adjective* հարաբերակցական; հարաբերակից; լծորդակից **2** *noun* հարաբերակից երևույթ; շաղկապված երևույթ *(մեկ այլ երևույթի հետ)*

correspond |kɒrɪ'spɒnd| *verb* 1) (**correspond with/to**) համապատասխանել 2) (**correlate with**) համանման լինել; համընկնել 3) (**correlate with**) թղթակցություն/նամակագրություն ունենալ; թղթակցել

correspondence |kɒrɪ'spɒnd(ə)ns| *noun* 1) համապատասխանություն; համանմանություն; անալոգիա 2) թղթակցություն; նամակագրություն; նամակներ 3) *որոշչային* հեռակա

correspondence course *noun* հեռակա դասընթաց

correspondent |kɒrɪ'spɒnd(ə)nt| **1** *noun* թղթակից **2** *adjective* (**correspondent to/with**) համապատասխան; համապատասխանող

corresponding *adjective* 1) համապատասխան; համապատասխանող; համարժեք 2) թղթակցող

corresponding angles *plural noun մաթեմատիկա* համապատասխան անկյուններ

corridor |'kɒrɪdɔ:| *noun* միջանցք

corrigible |'kɒrɪdʒɪb(ə)l| *adjective* ուղղելի; շտկելի

corroborant **1** *adjective* հաստատող; հավաստող; հիմնավորող **2** *noun բժշկություն* կազդուրիչ միջոց

corroborate |kə'rɒbəreɪt| *verb* հաստատել; փաստերով հիմնավորել *(տեսություն և այլն)*

corroboration |-'reɪʃ(ə)n| *noun* հաստատում; հիմնավորում *(տեսության և այլնի)*

corrode |kə'rəʊd| *verb* 1) մաշվել; քայքայվել; ժանգոտվել; ժանգոտանալ 2) ուտել; քայքայել; մաշել; խարել *(թթվով)*

corrodible *adjective* կերման/ժանգոտման ենթակա

corrosion |kə'rəʊʒ(ə)n| *noun* 1) ժանգոտում; կերում; կոռոզիա 2) ժանգ 3) օքսիդացում

corrosive |kə'rəʊsɪv| **1** *adjective* ուտիչ; մաշիչ; կերիչ; խարիչ **2** *noun* ուտիչ/քայքայիչ նյութ

corrugate |'kɒrʊgeɪt| *verb* 1) խորշոմել; փոթ գալ; ծալծլվել 2) *տեխնիկական* ալեձև/ակոսավոր դարձնել; ծալքավորել *(երկաթը և այլն)*

corrugated *adjective* ալիքաձև; ակոսավոր *(երկաթ)*

corrugation *noun* 1) խորշոմում; թորշոմում 2) խորշոմ; կնճիռ 3) *տեխնիկական* ակոսավորում; ծալքավորում *(երկաթի)* 4) փոս ընկած տեղ *(ճանապարհի վրա)*

corrupt |kə'rʌpt| **1** *adjective* 1) փչացած; այլասերված 2) կաշառվող 3) աղճատված *(տեքստ)* **2** *verb* 1) փչանալ; այլասերվել 2) փչացնել; այլասերել 3) կաշառել 4) փտել; նեխել; քայքայվել 5) աղավաղել; աղճատել *(տեքստը)*

corruptibility *noun* կաշառելիություն

corruptible *adjective* կաշառելի; նեխման/փտման ենթակա; այլասերման ենթակա

corruption |kəˈrʌpʃ(ə)n| *noun* 1) փչացում; նեխում; քայքայում 2) անբարոյականություն; անառակություն; այլասերվածություն 3) կաշառվածություն; կաշառակերություն 4) աղավաղում; աղճատում *(տեքստի)*

corsage |kɔːˈsɑːʒ|, |ˈkɔːsɑːʒ| *noun* իրանակալ; կորսաժ

corsair |ˈkɔːsɛː| *noun հնացած* 1) ծովահեն; ծովային ավազակ 2) ծովահենների նավ

Corse |kɔʀs| Կորսիկա *(ֆրանսերեն անվանումը)*

corselet *noun* պատմական զրահ

corset |ˈkɔːsɪt| *noun* սեղմիրան; լանջազգեստ; կորսեթ; կորսետ

Corsica |ˈkɔːsɪkə| Կորսիկա *(կղզի Միջերկրական ծովում. պատկանում է Ֆրանսիային)*

cortex |ˈkɔːtɛks| *noun* (հոգն. **-tices** |-tɪˌsiːz|) 1) *բուսաբանություն* կեղև 2) *կազմախոսություն* գլխուղեղի կեղև

corvette |kɔːˈvɛt| *noun ծովային* կորվետ *(հետախուզական նավակ)*

cosine |ˈkəʊsʌɪn| *noun մաթեմատիկա* կոսինուս; հակածոց

cosmetic |kɒzˈmɛtɪk| **1** *adjective* 1) դիմահարդարման; դիմահարդարական; կոսմետիկական; գեղարարական 2) մակերեսային; թեթևակի; կոսմետիկական **2** *noun* դիմահարդարման միջոց; կոսմետիկական միջոց

cosmic |ˈkɒzmɪk| *adjective* 1) տիեզերական; տիեզերային 2) հսկայական

cosmological |-məˈlɒdʒɪk(ə)l| *adjective* տիեզերաբանական; կոսմոլոգիական

cosmology |kɒzˈmɒlədʒi| *noun* (հոգն. **-gies**) տիեզերաբանություն; տիեզերագիտություն; կոսմոլոգիա

cosmonaut |ˈkɒzmənɔːt| *noun* տիեզերագնաց *(հատկապես ռուս)*

cosmopolitan |ˌkɒzməˈpɒlɪt(ə)n| **1** *adjective* աշխարհաքաղաքացիական; կոսմոպոլիտական **2** *noun* աշխարհաքաղաքացի; կոսմոպոլիտ ◊ **kithless cosmopolitan** հայրենամերժ աշխարհաքաղաքացի/կոսմոպոլիտ

cosmos¹ |ˈkɒzmɒs| *noun* 1) տիեզերք 2) մտածելակերպ; գաղափարական համակարգ

cosmos² |ˈkɒzmɒs| *noun բուսաբանություն* զարդգեն *(Genus Centaurea, ընտանիք Compositae)*

cost |kɒst| **1** *verb* (անցյալ և անցյալ դերբայ **cost**) 1) արժենալ 2) նստել; արժենալ 3) գնահատել *(ապրանքը)* 4) գինը որոշել **2** *noun* 1) արժեք; գին ◊ **first cost** ինքնարժեք. **prime cost** գործարանային ինքնարժեք. **initial cost** նախնական/հիմնական արժեք; հիմնական ծախսեր. **count the cost** նախնական հաշվարկ կատարել; բոլոր հանգամանքները հաշվի առնել. **costs of production** արտադրության ծախսեր. **at the cost of** որևէ բանի գնով. **at all costs** ամեն գնով; ինչ գնով էլ լինի; բոլոր միջոցներով 2) հաշիվ; ծախսեր ◊ **at my cost** իմ հաշվին 3) (**costs**) դատական ծախսեր

count the cost կշռադատել բոլոր հանգամանքները; ծանրութեթև անել բոլոր հանգամանքները; հաշվի առնել հնարավոր վտանգները ու հետևանքները

to one's cost ի վնաս իրեն; իր գլխին փորձանք բերելով

costal |ˈkɒst(ə)l| *adjective* կողային

Costa Rica |ˈriːkə| Կոստա Ռիկա *(պետություն Կենտրոնական Ամերիկայում)*

cost-effective *adjective* ծախսաարդյունավետ; ծախսաարդյուն; շահութաբեր; ցածր ինքնարժեքով

costly |ˈkɒs(t)li| *adjective* (**-lier**, **-liest**) 1) թանկ; թանկագին; արժեքավոր 2) փարթամ; շքեղ; ճոխ

costume **1** *noun* |ˈkɒstjuːm| 1) տարազ; զգեստ *(որևէ ժողովրդի, տեղի և այլնի հատուկ հագուստ)* 2) կոստյում; զգեստ *(կանացի)* 3) հագուստ; կոստյում; հանդերձ *(դերասանի)* **2** *verb* զգեստավորել

cosy **1** *adjective* հարմար; բարեհարմար; հանգստավետ **2** *noun* 1) ծածկոց *(թեյամանի, սրճամանի և այլնի)* 2) բազմոցիկ *(երկու հոգու համար)*

cot¹ |kɒt| **1** *noun* 1) ոչխարանոց; փարախ 2) *բանաստեղծական* տնակ; խրճիթ **2** *verb* ոչխարներին փարախ քշել

cot² |kɒt| *noun* 1) մանկական մահճակալ 2) մահիճ *(նավում)* 3) շարժական թեթև մահճակալ

cote |kəʊt| *noun* 1) թռչնանոց; թռչնատուն *(հատկապես աղավնիների)* 2) գոմ; փարախ

Côte d'Ivoire |kot divwæʀ| Կոտ Դ'իվուար *(պետություն Աֆրիկայի արևմուտքում. նախկինում՝ (մինչև 1986 թ.) Փղոսկրի Ափ)*

coterie |ˈkəʊt(ə)ri| *noun* (հոգն. **-ries**) 1) խմբակ *(գրական, թատերական և այլն)* 2) ընկերական շրջանակ

Cotopaxi |ˌkɒtəˈpæksi| Կոտոպախի *(գործող հրաբուխ Էկվադորում)*

cottage |ˈkɒtɪdʒ| *noun* 1) խրճիթ; հյուղ; տնակ 2) կոտեջ; քոթեջ; քաղաքից դուրս գտնվող տուն 3) *ամերիկյան* ամառանոցային տուն

cottage cheese *noun* քամած կաթնաշոռ

cottager |ˈkɒtɪdʒə| *noun* 1) բատրակ 2) գյուղաբնակիչ 3) *ամերիկյան* ամառանոցաբնակ

cottar |ˈkɒtə| (նաև **cotter**) *noun պատմական շոտլանդական իռլանդական* բատրակ; հյուղաբնակ

cotton |ˈkɒt(ə)n| **1** *noun* 1) *բուսաբանություն* բամբակ; բամբակենի 2) բամբակեղեն ◊ **spun cotton** բամբակի մանվածք 3) թել 4) բամբակ *(մաքրած)* ◊ **absorbent cotton** խոնավածուծ բամբակ **2** *verb խոսակցական* 1) համաձայնել; հարմարվել; հաշտ ապրել 2) (**cotton to**) մտերմանալ; կապվել **3** *adjective* բամբակե; բամբակի; բամբակեղեն; բամբակյա

Cotton State Բամբակի նահանգ *(ԱՄՆ-ի Ալաբամա նահանգի անվանումը)*

cotyledon |ˌkɒtɪˈliːd(ə)n| *noun բուսաբանություն* շաքիլ

couch |kaʊtʃ| **1** *noun* 1) թախտ; բազմոց; օթոց 2) *բանաստեղծական* մահիճ 3) որջ **2** *verb* 1) պառկել 2) թաքնվել; թաք կենալ *(գազանների մասին)*

3) *բժշկության* կատարակտը հեռացնել 4) ձևակերպել; արտահայտել

couch potato *noun* *խոսակցական* մոլի հեռուստադիտող; բազմոցին կպած մարդ

cougar *noun* *կենդանաբանություն* պումա; կուգուար *(Felis concolor, ընտանիք Felidae)*

cough |kɒf| **1** *verb* հազալ ◊ **cough down** հազալով լռեցնել հռետորին. **cough out/up** i) հանկարծակի վրա բերել ii) հազալով խխել **2** *noun* հազ

coulee |ˈku:li| *noun* *ամերիկյան* ձորակ; ցամաքած գետի հուն

coulisse |ku:ˈli:s| *noun* 1) *թատրոն* ետնաբեմ; կուլիսներ; կուլիս; անդրաբեմ 2) *տեխնիկական* փորակ; ակոսիկ

coulomb |ˈku:lɒm| (հպվ. **C**) *noun* *ֆիզիկա էլեկտրականություն* կուլոն *(էլեկտրական հոսանքի միավոր)*

council |ˈkaʊns(ə)l|, |-sɪl| *noun* 1) խորհուրդ *(կազմակերպություն)* ◊ **World Peace Council** խաղաղության համաշխարհային կոմիտե. **Security council** Անվտանգության խորհուրդ. **city council** քաղաքային խորհուրդ. **town council** մունիցիպալիտետ; քաղաքային խորհուրդ. **the Council, the King's Privy council** i) պետական խորհուրդ ii) *պատմական* գաղտնի խորհրդարան *(Անգլիայում).* **in Council** թագավորական; թագավորի անունից *(հրաման, օրենք և այլն).* **County council** նահանգային խորհուրդ *(Անգլիայում).* **Council of Action** գործողության կոմիտե. **Council of War** ռազմական խորհուրդ. **Concil of Europe** Եվրախորհուրդ 2) խորհրդակցություն 3) կոնսիլիում *(բժիշկների)* 4) եկեղեցական ժողով

Councils of war never fight. *առած* Պատերազմի հրձիգները երբեք կռվին չեն մասնակցում; Պատերազմի հրձիգները երբեք պատերազմի մեջ չեն մտնում:

Council of Chalcedon, Council of Europe,etc. Քաղկեդոնի ժողով *(չորրորդ տիեզերական ժողովը, որի որոշումները չընդունեց Հայոց Եկեղեցին և մի շարք այլ արևելյան եկեղեցիներ)*

councilor |ˈkaʊns(ə)lə| (նաև **councillor**) *noun* խորհրդի անդամ

counsel |ˈkaʊns(ə)l| **1** *noun* 1) քննարկում; խորհրդակցում ◊ **take counsel (take counsel together/with)** խորհրդակցել; քննել; քննարկել 2) խորհուրդ; խրատ 3) մտադրություն ◊ **keep one's own counsel** գաղտնի/ծածուկ պահել; մտադրությունը գաղտնի պահել; չխոսել; լեզուն իրեն քաշել; լեզուն ատամների հետևում պահել 4) փաստաբան; դատապաշտպան ◊ **counsel for the Crown** անգլիական կառավարության անունից հանդես եկող փաստաբան. **counsel for the defence** դատապաշտպան. **counsel for the prosecution** հայցվորի անունից հանդես եկող փաստաբան. **the King's Counsel, the Queen's Counsel** անգլիական կառավարության կողմից նշանակված փաստաբան **2** *verb* (**-seled**, **-seling**; հիմն. բրիտ. **-selled**, **-selling**) խորհուրդ տալ; խրատել

a counsel of perfection *աստվածաշնչային* հիանալի, բայց անիրագործելի խորհուրդ

darken counsel *աստվածաշնչային* խճճել հարցը/գործը

Good counsel does no harm, Good counsel never comes amiss or too late. *առած* Լավ խորհրդից վնաս չկա: Լավ խորհուրդը միշտ պետք կգա:

hold counsel with sb խորհրդակցել; մեկից խորհուրդ հարցնել

take counsel of one's pillow առավոտը կգա, բարին հետը

counseling |ˈkaʊns(ə)lɪŋ| (նաև **counselling**) *noun* խորհրդատվություն *(հոգեբանական և այլն)*

counselor |ˈkaʊns(ə)lə| (նաև **counsellor**) *noun* 1) խորհրդատու; խորհրդական 2) *ամերիկյան* փաստաբան

count[1] |kaʊnt| **1** *verb* 1) հաշվել; համրել 2) թվել; թվարկել 3) համարել; կարծել 4) հաշվի առնել; նշանակություն ունենալ ◊ **this does not count** այդ հաշվի չպիտի առնել; նկատի պետք չէ ունենալ • **count in** հաշվի մեջ կցել; ներառել **count off** հաշվի'ր; թիվ տո'ւր *(ռազմական հրաման)* **count on** i) հաշվի չառնել; նկատի չունենալ ii) վստահում/բացակայության պատճառով հետաձգել խորհրդարանի ժողովը iii) *մարզական* պարտության պատճառով մրցումներից դուրս եկած համարել **count up** հաշվում կատարել; հաշվել **count upon** տե՛ս **count on** **2** *noun* 1) հաշվում; համրում ◊ **blood counts** արյան անալիզ. **keep count** հաշվում կատարել; հաշիվ պահել. **lose count** հաշիվը կորցնել 2) հաշիվ; հաշվարկ

be out for the count պարտություն կրել; կործանվել

count for a great deal, count for much մեծ նշանակություն տալ; բարձր գնահատել

count for little 1) նշանակություն չտալ; ցածր գնահատել 2) մեծ նշանակություն չունենալ; ցածր գնահատվել

count of noses ներկա գտնվող անձանց հաշվում

take count of sth ուշադրություն դարձնել ինչ-որ բանի

count[2] |kaʊnt| *noun* կոմս *(անգլիական ծագում չունեցող)*

countable |ˈkaʊntəb(ə)l| *adjective* հաշվելի

countdown |ˈkaʊntdaʊn| *noun* հետհաշվարկ; հետադարձ հաշվարկ

countenance |ˈkaʊnt(ə)nəns|, |-tɪn-| **1** *noun* 1) դեմքի արտահայտություն; դեմք ◊ **change one's countenance** դիմափոխվել; այլայլվել. **keep one's countenance** i) կերպարանքը չփոխել; դեմքի նույն արտահայտությունը պահպանել ii) ծիծաղը զսպել. **lose countenance** իրեն կորցնել. **put out of countenance** շփոթեցնել; շփոթության մեջ գցել 2) աջակցություն; սատարում; օգնություն *(բարոյական)* ◊ **keep sb in countenance** աջակցություն/օգնություն ցույց տալ. **lend one's countenance to** բարոյական նեցուկ լինել; սատարել 3) հավանություն արտահայտող հայացք **2** *verb* աջակցել; սատարել; քաջալերել; համակրել

counter[1] |ˈkaʊntə| *noun* 1) վաճառասեղան 2) խաղանիշ 3) քար *(տամախաղի)*

under the counter *խոսակցական* ծածուկ; գաղտագողի; սուս ու փուս

counter[2] |ˈkaʊntə| **1** *verb* 1) հարվածը ետ մղել;

հակահարվածել *(բռնցքամարտում)* 2) հակազդել; դիմադրել; հակաճառել **2** *adverb* հակառակ ուղղությամբ; ընդդեմ **3** *adjective* հակադիր; հակառակ **4** *noun* 1) կրկնամաս *(կոշիկի)* 2) *մարզական* հարվածի վանում; ետ մղում

counteract |kaʊntər'ækt| *verb* 1) հակազդել 2) չեզոքացնել

counterattack 1 *noun* հակագրոհ **2** *verb* հակագրոհել; հակահարձակում կատարել

counterbalance 1 *noun* |'kaʊntəˌbæl(ə)ns| 1) հակակշիռ 2) *տեխնիկական* հավասարակշռող մեխանիզմ **2** *verb* |ˌkaʊntə'bæl(ə)ns| հավասարակշռել

counterblow *noun* հակահարված

countercharge |'kaʊntətʃɑːdʒ| **1** *verb* հակամեղադրանք ներկայացնել; հակագրոհել **2** *noun* հակամեղադրանք

counterclockwise |æntı'klɒkwʌız| *adverb, adjective* ժամացույցի սլաքի հակառակ ուղղությամբ; ժամսլաքի հակառակ ուղղությամբ

counterfeit |'kaʊntəfıt|, |-fiːt| **1** *adjective* 1) կեղծած; խարդախած 2) կեղծ; շինծու **2** *noun* 1) կեղծում; կեղծիք; խարդախություն 2) կեղծ/ձևացող մարդ **3** *verb* 1) կեղծել; խարդախել 2) ընդօրինակել; նմանվել 3) ձևանալ; կեղծել; խաբել

counterfeiter *noun* 1) կեղծարար/ձևացող մարդ 2) դրամանենգ

counterfoil |'kaʊntəfɔıl| *noun* կռնակ; կոճղ; կտրոն *(տոմսի, գրքույկի)*

countermand |ˌkaʊntə'mɑːnd| **1** *verb* 1) հակահրաման տալ 2) վերացնել; փոխել; չեղարկել *(հրամանը, պատվերը)* 3) ետ կանչել **2** *noun* հակահրաման

countermark |'kaʊntəmɑːk| **1** *noun* 1) դրոշմ *(գործարանի)* 2) փորձադրոշմ **2** *verb* դրոշմել

countermine |'kaʊntəmʌın| *ռազմական* **1** *noun* հակաական **2** *verb* 1) հակաական դնել 2) *փոխաբերական* խափանել; խորտակել *(ծրագրերը)*

counterpane |'kaʊntəpeın| *noun հնացած* ծածկոց *(մահճակալի)*

counterpart |'kaʊntəpɑːt| *noun* 1) երկնմանակ; կրկնորդ 2) պատճեն; կրկնօրինակ; կրկնակ; նմանօրինակ 3) հակառակ կողմ *(դատավարությունում)* 4) պաշտոնակից

counterpoint |'kaʊntəpɔınt| **1** *noun* 1) *երաժշտություն* կոնտրապունկտ; ձայնակարգություն *(ձայների և մեղեդիների ներդաշնակության ուսմունքը)* 2) *երաժշտություն* կոնտրապունկտ; ձայնակարգություն *(մեկ ուրիշ մեղեդու հետ ներդաշնակ կատարվող մեղեդի)* 3) հակակշիռ *(փաստարկ, գաղափար, թեմա)* **2** *verb* 1) կոնտրապունկտ ավելացնել; ձայնակարգություն ավելացնել 2) (**be counterpointed**) ընդգծվել *(հակակշռի միջոցով)* 3) հակակշռել

counterpoise |'kaʊntəpɔız| **1** *noun* 1) հակակշիռ 2) հավասարակշռություն **2** *verb* հավասարակշռել

counterproductive |ˌkaʊntəprə'dʌktıv| *adjective* հակառակ հետևանքներ ունեցող

countersign |'kaʊntəsʌın| **1** *verb* 1) վավերացնել *(փաստաթուղթը)* 2) հաստատել **2** *noun* *հնացած* 1) անցաբառ; նշանաբան 2) վավերագրում; վավերագրություն

countersignature |-'sıgnətʃə| *noun* վավերագրում; վավերագրություն; վավերացնող ստորագրություն

countess |'kaʊntıs| *noun* կոմսուհի

countless |'kaʊntlıs| *adjective* անհաշիվ; անթիվ; անհամար

country |'kʌntri| *noun* (հոգն. **-tries**) 1) երկիր; երկրամաս ◊ **forbid the country** արգելել երկրի մուտքը. **conscript country** զինապարտություն ունեցող երկիր. **plunge a country into war** երկիրը պատերազմի մեջ ներգրավել 2) (**mother country**) հայրենիք 3) ժողովուրդ; բնակչություն ◊ **appeal/go to the country** գրել պառլամենտը և նոր ընտրություններ նշանակել 4) տարածք; վայր ◊ **Black country** քարածխային շրջան *(Անգլիայում)* 5) գյուղական վայր; գյուղ *(ի հակադրություն քաղաքի)* ◊ **in the country** գյուղում; քաղաքից դուրս; ամառանոցում. **to the country** դեպի գյուղ; քաղաքից դուրս; ամառանոց 6) ծայրամաս; գավառ 7) *որոշչային* գյուղական; գավառային; քաղաքից դուրս գտնվող

Every country has its customs. *առած* Ինչքան երկիր՝ այնքան սովորույթ: Ինչքան մարդ՝ այնքան բնավորություն:

God's country *հեգնական* Տիրոջ երկիրը; Ավետյաց երկիրը *(սովորաբար ԱՄՆ-ի մասին)*

the old country 1) Անգլիան 2) հայրենիքը 3) *ամերիկյան* նախնիների երկիրը

this country իմ երկիրը/հայրենիքը *(սովորաբար թարգմանվում է խոսողի երկրի անունով)*

country house *noun* 1) ամառանոց *(տուն)* 2) կալվածատիրական տուն

countryman |'kʌntrımən| *noun* (հոգն. **-men**) 1) *բրիտանական* գյուղացի; գեղջուկ 2) համերկրացի; երկրացի; հայրենակից

countryside |'kʌntrısʌıd| *noun* 1) գյուղական վայր; գյուղ *(ի հակադրություն քաղաքի)* 2) ծայրամաս 3) գյուղական բնակչություն

countrywoman *noun* (հոգն. **-women**) 1) գյուղացի կին; գեղջկուհի 2) համերկրացի կին

county |'kaʊnti| *noun* (հոգն. **-ties**) 1) կոմսություն *(վարչական միավոր Անգլիայում)* 2) կոմսության բնակչություն 3) *ամերիկյան* օկրուգ

the home counties Լոնդոնին շրջապատող կոմսությունները

coup |kuː| *noun* (հոգն. **coups** |kuːz|) 1) հաջողություն; հաջող խաղընթաց/հարված/քայլ 2) զինվորական հեղաշրջում

couple |'kʌp(ə)l| **1** *noun* 1) զույգ ◊ **in couples** զույգ-զույգ; զույգերով 2) ամուսնական զույգ 3) երկու հոգի 4) (**a couple of**) մի քանի 5) *ֆիզիկա* ջերմազույգ **2** *verb* 1) միացնել 2) (**couple up**) միանալ; զույգ կազմել 3) *երկաթուղային* վագոնները կցել; շղթայակցել 4) *հնացած* զուգավորվել 5) զույգ ընտրել 6) (**couple together**) զուգորդել; կապակցել

go in couples անբաժան լինել; միշտ միասին լինել; զույգ կազմած լինել

It is not every couple that is a pair. *առած* Ամեն

երկուսը չէ, որ զույգ են: Ոչ բոլոր ամուսնություններն են հաջող:

coupler |ˈkʌplə| *noun* 1) *երկաթուղային* վագոնների շղթայակցող միջոց 2) *տեխնիկական* միացնող գործիք; կցորդիչ

couplet |ˈkʌplɪt| *noun* երկտող ոտանավոր

coupling |ˈkʌplɪŋ| *noun* 1) *երկաթուղային* շղթայակցում *(վագոնների)* 2) զուգավորում; մերձավորում 3) *տեխնիկական* միացնող կցորդիչ

coupon |ˈkuːpɒn| *noun* կտրոն

courage |ˈkʌrɪdʒ| *noun* քաջություն; արիություն; համարձակություն; խիզախություն

Dutch courage հարբածի քաջություն; Մովը ծնկներից է:

pick up courage, summon courage սիրտ առնել; արիանալ

pluck up courage համարձակությամբ լցվել; հանդգնել; խիզախել

screw up one's courage սրտապնդվել; համարձակ դառնալ; գոտեպնդվել; արիանալ; սիրտ առնել

take one's courage in both hands համարձակվել; ռիսկ անել

courageous |kəˈreɪdʒəs| *adjective* քաջ; համարձակ; արի; խիզախ

courgette |kʊəˈʒet| *noun* մանր դդմիկ

courier |ˈkʊrɪə| **1** *noun* 1) սուրհանդակ; լրատար; լրաբեր 2) գործակալ 3) ուղեկցորդ **2** *verb* սուրհանդակի միջոցով ուղարկել

course |kɔːs| **1** *noun* 1) կուրս ◊ **course of exchange** փոխարժեք 2) (**courses**) դասընթաց ◊ **correspondence courses** հեռակա դասընթացներ 3) ընթացք; երթուղի; ընթացուղի; ուղի; հուն 4) ընթացք *(անցքերի)* ◊ **in due course** պատշաճ ժամանակ; պատշաճ ժամանակին. **in the course of** ընթացքում. **of course** անշուշտ; իհարկե; հարկավ 5) վարքագիծ ◊ **a course of action** գործելակերպ; գործելու եղանակ 6) կերակուր; կերակրատեսակ **2** *verb* 1) հետապնդել; հալածել; մի բանի ետևից ընկնել 2) ձին քշել 3) հոսել; ընթանալ

let things take the course իրադարձությունները թողնել իրենց բնական ընթացքին

stay the course դիմանալ; դիմադրել

the course of nature բնության օրենք; բնական ընթացք

courser |ˈkɔːsə| *noun* *հնացած բանաստեղծական* նժույգ

coursework |ˈkɔːswəːk| (նաև **course work**) *noun* գրավոր աշխատանք; գործնական աշխատանք *(ուսանողի)*

court |kɔːt| **1** *noun* 1) բակ 2) խաղահրապարակ; սպորտային հրապարակ 3) դատարան; դատավորներ ◊ **Supreme Court** Գերագույն դատարան. **Court of Appeal** Վճռաբեկ դատարան. **court of justice** դատարան. **circuit court** դատարանի արտագնա նստաշրջան. **spiritual court** եկեղեցական դատարան. **put out of court** զրկել դատարանում գործը լսելու իրավունքից 4) դատարանի շենք 5) արքունիք ◊ **at court** արքունիքում. **hold a court** արքունիքում ընդունելություն կազմակերպել 6) սիրատածում 7) *որոշչային* դատարանային; դատարանական 8) *որոշչային* պալատի; արքունիքի **2** *verb* *հնացած* 1) սիրատածել 2) ձգտել մեկի բարեհաճությունը շահել; հրապուրել 3) շողոքորթել 4) ձգտել հեղինակություն ձեռք բերել

a kangaroo court *ամերիկյան* դատական բեմականացում; կեղծ դատ/դատավարություն; ապօրինի դատ

be out of the court ուժը կորցնել; հնանալ; անընդունելի լինել

courteous |ˈkəːtjəs| *adjective* քաղաքավարի; բարեկիրթ

courtesan |ˌkɔːtɪˈzæn|, |ˈkɔːtɪ-| *noun* կուրտիզանուհի; թեթևաբարո կին

courtesy |ˈkəːtɪsi| *noun* (հոգն. **-sies**) քաղաքավարություն; բարեկրթություն ◊ **by the courtesy** շնորհիվ սիրալիրության. **do sb the courtesy** մեկին պատվել; մեկին պատիվ անել

շնորհիվ; արդյունքում

with scant courtesy ոչ սիրալիր; անսիրալիր; անքաղաքավարի

courtier |ˈkɔːtɪə| *noun* պալատական; դրանիկ

courtly |ˈkɔːtli| *adjective* (**-lier**, **-liest**) 1) նուրբ; նրբընտիր; նրբին; նրբազգեղ; քաղաքավարի 2) հանդիսավորական 3) շողոքորթ

courtly manners քաղաքավարի շարժուձև

court-martial **1** *noun* (հոգն. **courts-martial** կամ **court-martials**) ռազմադաշտային դատարան; ռազմական տրիբունալ **2** *verb* (**-martialed**, **-martialing**; բրիտ. **-martialled**, **-martialling**) դատել ռազմադաշտային դատարանով

courtroom |ˈkɔːtruːm|, |-rʊm| *noun* դատական նիստերի դահլիճ

courtship |ˈkɔːtʃɪp| *noun* 1) սիրատածում 2) սիրահետում 3) սիրաբանություն

courtyard |ˈkɔːtjɑːd| *noun* բակ

cousin |ˈkʌz(ə)n| *noun* (նաև **first cousin**) 1) մորաքրոջ որդի/դուստր; քեռու որդի/դուստր; հորաքրոջ որդի/դուստր; հորեղբոր որդի/դուստր ◊ **second cousin** ծողնակից եղբայր/քույր 2) ազգակից; ազգական ◊ **call cousins with** մեկին ազգակից համարել. **country cousin** գեղջուկ; գավառաբնակ

cousin seven, cousin several times removed հեռավոր ազգական; քեռու եզան գեղից; պապի պապը

not to call the king one's cousin, not to call the queen one's cousin *խոսակցական* փքվել; մեծամտանալ; ոչ մեկին չճանաչել; քիթը ցցել

covalent |kəʊˈveɪl(ə)nt| *adjective* *քիմիա* կովալենտ; համարժեքական

cove[1] |kəʊv| **1** *noun* 1) ծովածոցիկ 2) մեկուսի/անդորր անկյուն 3) *ճարտարապետություն* կամար **2** *verb* *ճարտարապետություն, շինարարություն* կամարակապել

cove[2] |kəʊv| *noun* *խոսակցական հնացած* երիտասարդ/ջահել տղա; տղամարդ ◊ **topping cove** դահիճ

covenant |ˈkʌv(ə)nənt| **1** *noun* 1) համաձայնություն 2) *իրավունք* պայմանագիր 3) *աստվածաբանություն* ուխտ **2** *verb* համաձայնություն կնքել; համաձայնել; համաձայնվել

cover |ˈkʌvə| **1** *verb* 1) (**cover with**) ծածկել; սքողել; պատել ◊ **covered** գլխարկը գլխին 2) թաքցնել *(զգացմունքները և այլն)* 3) քողարկել 4) ընդգրկել 5) գերազանցել *(թվով)* 6) անցնել *(տարածություն)* 7) փռվել; տարածվել; ձգվել 8) իշխել *(վայրի վրա)* 9) պատսպարել; պաշտպանել 10) թղթակցել 11) *ռազմական* ծածկույթով հավասարվել 12) նշան բռնել ◊ **cover in** հողով ծածկել *(գերեզմանը)*. **cover up** թաքցնել 13) ննկարագրել 14) փակել *(հաշիվը, պարտքը)* **2** *noun* 1) ծածկոց; ծածկույթ; պատյան; շապիկ *(գործիքի)* 2) փաթաթան 3) ծրար ◊ **under the same cover** նույն ծրարի մեջ 4) կազմ *(գրքի)* 5) կափարիչ; խուփ 6) ծածկ; պատսպարան; թաքստոց; պաշտպանություն ◊ **under cover** պաշտպանության տակ; ծածկույթի տակ 7) հովանի 8) շրջակար; երեսվածք 9) շիրմա; առաջակալ *(ծալովի շրջանակով ծածկոց)* 10) *փոխաբերական* պատրվակ 11) սեղանասպասք; սեղանասարք

from cover to cover *նաև փոխաբերական* ամբողջությամբ; ծայրեծայր; սկզբից մինչև վերջ

take cover թաքնվել; ընդհատակ անցնել; պաշտպանվել

coverage |ˈkʌv(ə)rɪdʒ| *noun* 1) ընդգրկում; շրջանակներ; սահմաններ; մասշտաբ; գործունեության ոլորտ 2) ապահովագրում; ապահովագրման չափ 3) ծածկույթ *(գանգի)* 4) լուսաբանում 5) նկարագրություն

coverall |ˈkʌvərɔːl| *noun* բանվորական արտահագուստ

covering |ˈkʌv(ə)rɪŋ| *noun* ծածկոց; շապիկ; պատյան; երես

coverlet |ˈkʌvəlɪt| *noun* ծածկոց; ծածկույթ; վերմակ *(մահճակալի)*

cover letter *noun* (**covering letter**) ուղեկցող նամակ

covert **1** *adjective* |ˈkʌvət| |ˈkəʊvəːt| գաղտնի; ծածուկ; քողարկված **2** *noun* |ˈkʌvət| |ˈkʌvə| 1) անտառի թավուտ *(որսի կենդանիների պատսպարան)* 2) կովերկոտ *(կտորեղեն)*

cover-up (նաև **coverup**) *noun* 1) թաքցնելը *(հանցագործությունը, կոպիտ սխալը)* 2) վրայից հագնելու լայն հագուստ *(լողազգեստի կամ մարզահագուստի հետ հագնվող)*

covet |ˈkʌvɪt| *verb* (**coveted**, **coveting**) ցանկանալ; կամենալ; բաղձալ; ծարավի լինել

All covet, all lose. *առած* Շատ բան ցանկանաս՝ ոչինչ չես ստանա: Մի ձեռքով երկու ձմերուկ չեն բռնի:

covetous |ˈkʌvɪtəs| *adjective* (**covetous of**) ագահ; ընչաքաղց

covey |ˈkʌvi| *noun* (հոգն. **-eys**) 1) մայր և ձագեր; կաքավներ ◊ **spring a covey** կաքավներին խրտնեցնել 2) ընտանիք; խումբ *(երեխաների, կանանց)*

cow¹ |kaʊ| *noun* 1) կով ◊ **dry cow** ստերջ/ամուլ կով. **grunting cow** յակ 2) (**cows**) կաթնատու անասուններ ◊ **keep cows** անասուններ պահել 3) էգ *(փղի, ռնգեղջյուրի/կետի և այլնի)*

have a cow *խոսակցական* բարկանալ

Many a good cow hath a bad calf. *առած* Ընտանիքն առանց այլանդակի չի լինի: Լավ հորից՝ գեշ տղա:

milk/milking cow կթան կով; եկամտի/շահի աղբյուր

till the cows come home *խոսակցական* շատ երկար; մինչև հավիտենություն; մինչև Տիրոջ երկրորդ գալուստը

when the cows come home *խոսակցական* երբեք

cow² |kaʊ| *verb* վախեցնել; ահաբեկել; ահ տալով հնազանդեցնել

coward |ˈkaʊəd| **1** *noun* վախկոտ/երկչոտ մարդ ◊ **a sad coward** բացահայտ վախկոտ մարդ; չափազանց վախկոտ մարդ **2** *adjective բանաստեղծական* երկչոտ

Cowards are cruel. *առած* Վախկոտը միշտ դաժան է լինում:

Cowards die many times before their death. Վախկոտը շատ անգամ է մեռնում:

cowardice |ˈkaʊədɪs| *noun* վախկոտություն; երկչոտություն

cowardly |ˈkaʊədli| **1** *adjective* փոքրոգի; վախկոտ; թուլամորթ; երկչոտ; ստորաքարշ **2** *adverb* հնավանդ երկչոտաբար; վախկոտ կերպով

cowboy |ˈkaʊbɔɪ| **1** *noun* 1) կովարած; նախրապան 2) *ամերիկյան* կովբոյ *(ձիավոր հովիվ)* **2** *verb* աշխատել որպես կովարած; կովարածություն/նախրապանություն անել

Cowboy State Կովբոյների նահանգ *(ԱՄՆ-ի Վայոմինգ նահանգի մականունը)*

cower |ˈkaʊə| *verb* կծկվել *(վախից, ցրտից)*

cowherd |ˈkaʊhəːd| *noun* կովարած; տավարած

cowl |kaʊl| *noun* 1) վեղարով փարաջա 2) վեղար 3) *խոսակցական* վանական 4) գլխադիր *(ծխնելույզի)*

cowman |ˈkaʊmən| *noun* (հոգն. **-men**) 1) ֆերմայի բանվոր 2) *ամերիկյան* անասնավաճառ

coworker *noun* աշխատակից; գործընկեր

cox |kɒks| **1** *noun* տե՛ս **coxswain** ղեկակալ **2** *verb* ղեկակալ լինել

coxcomb |ˈkɒkskəʊm| *noun* 1) պճնամոլ; ինքնահավան; փուչ մարդ 2) *պատմական* ծաղրածուի թասակ

coxswain |ˈkɒks(ə)n| *noun* *ծովային* ղեկակալ *(նավի)*

coy |kɔɪ| *adjective* (**coyer**, **coyest**) 1) ամոթխած ձևացող; կեղծ համեստ 2) սակավախոս; փակ; չխոսկան *(հատկապես տվյալ հարցի վերաբերյալ)* 3) *հնացած* ամոթխած; ամաչկոտ

coyote |ˈkɔɪəʊt|, |kɔɪˈəʊti| *noun* կենդանաբանություն կոյոտ; դաշտագայլ *(Canis latrans, ընտանիք Canidae)*

Coyote State Կոյոտների նահանգ *(ԱՄՆ-ի Հարավային Դակոտա նահանգի մականունը)*

cozen |ˈkʌz(ə)n| *verb* 1) խաբել; աչքերին թոզ փչել; հիմարացնել 2) շորթել; կորզել; խաբելով ստանալ

cozy |ˈkəʊzi| (*բրիտանական* **cosy**) **1** *adjective* (**-zier**, **-ziest**) 1) հարմարավետ; տաքուկ; անդորր 2) մտերիմ; մտերմիկ; անկաշկանդ; տնավարի *(ճարաքերություններին, խոսակցության մասին)* **2** *noun* (հոգն. **-zies**) թեյամանի ծածկոց **3** *verb* (**-zies**, **-zied**) *խոսակցական* 1) ջերմություն/հարմարավետություն հաղորդել 2) հարմարավետ տեղավորել

crab¹ |kræb| **1** *noun* 1) *կենդանաբանություն* ծովախեցգետին; կրաբ 2) *տեխնիկական* վերամբարձ մեքենա **2** *verb* 1) բծախնդիր լինել; քննադատության ենթարկել 2) ծովախեցգետին որսալ

catch a crab անշնորհք թիավարել

crab² |kræb| *noun* 1) վայրի խնձոր 2) (**crab-tree**) վայրի խնձորենի

crab³ |kræb| **1** *noun խոսակցական* դյուրագրգիռ մարդ **2** *verb* (**crabbed**, **crabbing**) *խոսակցական* 1) բողոքել; քրթմնջալ; մռթմռթալ 2) փչացնել

crabby |ˈkræbi| *adjective* (**crabbier**, **crabbiest**) 1) կամակոր; չհոժարող; իրասածի 2) դյուրագրգիռ

Crab Nebula *աստղագիտություն* Խեցգետնակերպ Միգամածություն

crack |kræk| **1** *noun* 1) ճայթյուն; շխկոց 2) ճեղք; ճեղքվածք; ճաք 3) հարված 4) կոտրանք կատարող գող 5) կոտրանքով գողություն **2** *verb* 1) շրխկացնել; չխկացնել 2) ճթթալ; ճարճատել 3) ճայթել; ճաքել; ճեղքվել 4) բեկվել *(ձայնի մասին)* 5) ջարդել; կոտրել *(ընկույզ)* 6) շարքից դուրս բերել *(ձին և այլն)* • **crack up** i) աղմուկով ընկնել; ջարդվել; ջարդուփշուր լինել ii) գովաբանել **3** *adjective* հռչակավոր; հմուտ; ճարտար; ընտիր; առաջնակարգ **4** *adverb* 1) ուղղակի 2) ճայթյունով

crack a bottle մի շիշ գինի խմել *(ընկերոջ հետ)*
crack a joke *խոսակցական* անեկդոտ պատմել
crack jokes կատակներ անել
crack wise *ամերիկյան խոսակցական* սրախոսել; սրամտել; կծու խոսքեր ասել
in a crack *խոսակցական* իսկույն; իսկույնեթ; անմիջապես; մեկ ակնթարթում; աչքը չթարթած

cracked |krækt| *adjective* խելագար; խելացնոր

cracker |ˈkrækə| *noun* 1) հրթիռ 2) թրխկան *(խաղալիք)* 3) (**crackers**) կոտրիչ *(ընկույզ ջարդելու համար)* 4) կեքսեր *(թխվածքի տեսակ)* 5) *ծածկալեզու* սուտ

be crackers խելագարվել; գժվել

crackle |ˈkræk(ə)l| **1** *verb* ճթճթալ; ճարճատել **2** *noun* 1) տրաքոց *(հրացանի)* 2) ճարճատյուն; ճթճթոց *(վառվող փայտի)*

crackling |ˈkræklɪŋ| *noun* լավ տապակած խոզի միս

cracknel |ˈkrækn(ə)l| *noun* փխրուն թխվածք

cracksman |ˈkræksmən| *noun* (հոգն. **-men**) *խոսակցական հնացած* կոտրանք կատարող գող

cracky |ˈkræki| *noun հնացած խոսակցական* 1) ճաքած 2) հեշտ ճեղքվող 3) խելագար; աննորմալ

Cracow |ˈkrækaʊ| Կրակով *(քաղաք Լեհաստանում)*

cradle |ˈkreɪd(ə)l| **1** *noun* 1) օրորոց 2) *փոխաբերական* ակունք *(արվեստի և այլնի)* 3) *տեխնիկական* շրջանակ 4) *հանքաբանություն* տաշտ *(ոսկեխառն ավազ լվանալու համար)* 5) օրան **2** *verb* օրորել; օրորելով քնեցնել

from the cradle to the grave օրորոցից մինչև գերեզման; ամբողջ կյանքում
in the cradle օրորոցում; ամենասկզբում; սկզբնական վիճակում
rob the cradle *ամերիկյան խոսակցական* ամուսնանալ իրենից երիտասարդի հետ; սիրահետել իրենից երիտասարդին

cradling |ˈkreɪdlɪŋ| *noun* 1) *ճարտարապետություն* օրորում 2) *շինարարություն* ողնարկ; կամարակապ; կամարակալ

craft |krɑːft| **1** *noun* 1) արհեստ; զբաղմունք 2) ճարպկություն; ճարտարություն; հմտություն 3) խորամանկություն; նենգություն 4) համքարություն 5) *հավաքական* նավեր; ինքնաթիռներ ◊ **small craft** նավակներ. **landing craft** դեսանտային ինքնագնացներ նավ 6) *որոշչային* համքարային **2** *verb* սարքել; պատրաստել *(ձեռքով)*

craftsman |ˈkrɑːf(t)smən| *noun* (հոգն. **-men**) արհեստավոր; մասնագետ; վարպետ *(իր գործի)*

craftsmanship *noun* վարպետություն; հմտություն

crafty |ˈkrɑːfti| *adjective* (**craftier**, **craftiest**) 1) ճարպիկ; ճարտար; հմուտ 2) խորամանկ; նենգ

crag |kræg| *noun* ժայռ; քարափ

craggy |ˈkrægi| *adjective* (**-gier**, **-giest**) 1) ժայռոտ 2) առնական; արտահայտիչ դիմագծերով *(տղամարդու դեմքի մասին)*

cragsman |ˈkrægzmən| *noun* (հոգն. **-men**) լեռնագնաց; ալպինիստ *(հատկապես փորձառու)*

crake |kreɪk| *noun կենդանաբանություն* ջրահավ *(ընտանիք Rallidae)*

cram |kræm| *verb* (**crammed**, **cramming**) 1) խիստ լցնել; չափից ավելի լցնել 2) (**cram into/down**) խցկել; ներս կոխել; ճխտել; խճողել 3) չափից ավելի կերակրել 4) վարժեցնել; քննություններին պատրաստել; մեկի գլուխը մի բան մտցնել 5) անգիր անել; սերտել

crammer |ˈkræmə| *noun* 1) կրկնուսույց; սերտարար; ռեպետիտոր 2) սուտ

cramp |kræmp| **1** *noun* 1) ջղաձգություն; կարկամություն 2) *տեխնիկական* պահանգ; կեռ **2** *verb* 1) ջղաձգություն առաջացնել 2) նեղացնել; սեղմել; կապել 3) կաշկանդել; դանդաղեցնել *(շարժումները)* 4) *տեխնիկական* պահանգով/կեռով պնդացնել; կապել

cramped |kræmpd| *adjective* 1) ջղակծկված; կաշկանդված 2) սեղմված; ճնշված; կաշկանդված 3) անընթեռնելի *(ձեռագիր)*

cranberry |ˈkrænb(ə)ri| *noun* (հոգն. **-ries**) *բուսաբանություն* լոռամրգի *(Genus Vaccinium, ընտանիք Ericaceae)*

crane¹ |kreɪn| **1** *noun* 1) կռունկ 2) *տեխնիկական* ամբարձիչ կռունկ **2** *verb* 1) վիզը երկարացնել 2) կռունկով բարձրացնել *(ծանրություններ)* ◊ **crane at** տատանվել; վարանել *(դժվարությունների առաջ և այլն)*

crane² |kreɪn| *noun կենդանաբանություն* կռունկ *(ընտանիք Gruidae)*

cranial |ˈkreɪnɪəl| *adjective կազմախոսություն* 1) գանգային 2) գլխամերձ

cranium |ˈkreɪnɪəm| *noun* (հոգն. **-niums** կամ

-nia |-nɪə|) *կազմախոսություն* գանգ

crank¹ |kræŋk| **1** *verb* 1) ծռել; կորացնել 2) բռնակով լարել **2** *noun տեխնիկական* ծռարություն; արմունկ; ծունկ; ծնկավոր լծակ; բռնակ; կոթ **3** *adjective* խախուտ; թուլացած

crank² |kræŋk| **1** *noun* 1) քմահաճույք 2) տարօրինակ/քմահաճ մարդ; քմահաճ ոճ **2** *adjective* չար; անդուր

crankshaft |ˈkræŋkʃɑːft| *noun* ծնկաձև լիսեռ

cranky |ˈkræŋki| *adjective* (**crankier**, **crankiest**) *խոսակցական* 1) խախուտ; թուլացած 2) քմահաճ; տարօրինակություններ ունեցող; դժվարահավան; էքսցենտրիկ 3) ոլորապտույտ; ծուռումուռ

crannied |-ɪd| *adjective* ճաքած

cranny |ˈkræni| *noun* (հոգն. **-nies**) ճեղք; ճեղքվածք; ճաք

crape |kreɪp| *noun* 1) կրեպ *(մետաքսե նուր գործվածք)* 2) շղարշ 3) *փոխաբերական* սուգ; սգաշոր

crapulence *noun* գինովություն; խումար

crapulent ˈkræpjʊl(ə)nt| *adjective բանաստեղծական* 1) գինով; հարբած 2) շվայտ

crash¹ |kræʃ| **1** *verb* 1) աղմուկով ընկնել; խորտակվել; ջարդվել 2) աղմուկով զարկվել; մի բանի անսպասելի դիպչել/բախվել 3) վթարի ենթարկվել; խորտակվել **2** *noun* 1) շառաչյուն; թնդյուն 2) սնանկացում 3) վթար; խորտակում 4) *համակարգիչնի* խորտակում **3** *adjective* արագընթաց; շտապ; արագ **4** *adverb* աղմուկով; դղրդոցով

crash² |kræʃ| *noun հնացած* կտավ; քաթան

crash helmet *noun* օդաչուի սաղավարտ

crash-land *verb օդագնացություն* 1) հարկադրված վայրէջք կատարել 2) խորտակվել վայրէջքի ժամանակ

crass |kræs| *adjective* 1) կոպիտ 2) լիակատար; կատարյալ

crater |ˈkreɪtə| *noun* 1) խառնարան *(հրաբխի)* 2) ռմբաձագար; արկաձագար *(արկի/ռումբի քանդած փոս)* 3) ձագար

cravat |krəˈvæt| *noun հնացած* շարֆ; փողկապ ◊ **hempen cravat** դահճի պարան

crave |kreɪv| *verb* 1) տենչալ; փափագել 2) խնդրել; աղաչել 3) պահանջել; հարկադրել *(հանգամանքների մասին)*

craven |ˈkreɪv(ə)n| **1** *adjective* վախկոտ; փոքրոգի **2** *noun հնավանդ* վախկոտ/երկչոտ մարդ

cry craven հանձնվել; իրեն պարտված ճանաչել; վախենալ; սիրտը դող ընկնել

craving |ˈkreɪvɪŋ| *noun* (**craving for**) տենչ; փափագ

craw |krɔː| *noun հնացած* 1) կտնառք; քուչ *(թռչունների)* 2) կատակային ստամոքս

crawfish |ˈkrɔːfɪʃ| **1** *noun* (հոգն. նույնը կամ **-fishes**) տե՛ս **crayfish** **2** *verb խոսակցական* նահանջել

crawl |krɔːl| **1** *verb* 1) սողալ 2) դանդաղ շարժվել; քարշ գալ 3) քծնել; ստորաքարշություն անել 4) վխտալ *(միջատների մասին)* 5) սարսուռ զգալ; սարսռել **2** *noun* 1) սողում; սողալը ◊ **at a crawl** դանդաղ; կրիայի քայլերով 2) դանդաղ շարժում ◊ **the crawl** *մարզական* կրոլ *(լողալու ձև)*

crawler |ˈkrɔːlə| *noun* 1) սողուն 2) քծնող; ստորաքարշ մարդ

crayfish |ˈkreɪfɪʃ| *noun* (նաև **freshwater crayfish**) (հոգն. նույնը կամ **-fishes**) *կենդանաբանություն* գետային խեցգետին *(ենթադաս Astacidea, դաս Malacostraca)*

crayon |ˈkreɪən| **1** *noun* 1) գունավոր կավճի կտոր; գունավոր մատիտ 2) նկար *(գունավոր կավճով կամ մատիտով նկարած)* 3) նկարչական ածուխ 4) *էլեկտրականություն* աղեղնավոր լամպի ածուխ **2** *verb* գունավոր կավճով նկարել

craze |kreɪz| **1** *noun* 1) մտամոլություն 2) մտագարություն; մոլություն ◊ **be the craze** նորաձև լինել; մոդա լինել; ընդունված լինել **2** *verb* գլխահան անել; խենթացնել

crazy |ˈkreɪzi| *խոսակցական* **1** *adjective* (**-zier**, **-ziest**) 1) խելագար; խելացնոր; ցնորված 2) տարված; խիստ ոգևորված *(մի բանով)* 3) խախուտ; քանդվող; փլվող **2** *noun* (հոգն. **-zies**) խելագար/խելացնոր մարդ

as crazy as a coot *խոսակցական* ցնդած; խելքը կորցրած; գժված; գիժ; ծալը պակաս

creak |kriːk| **1** *verb* ճռռալ; ճռճռալ **2** *noun* ճռռոց

creaky |ˈkriːki| *adjective* (**creakier**, **creakiest**) ճռռացող; ճռռան

cream |kriːm| **1** *noun* 1) սեր; սերուցք; կրեմ 2) *փոխաբերական* սերուցք»; ընտիր/ջոկովի բան ◊ **sour cream** թթվասեր. **skim the cream off** սերը քաշել 3) կրեմ; քսուք *(դիմահարդարական միջոց)* 4) *որոշչային* բաց դեղնագույն **2** *verb* 1) սեր կապել 2) սերը/կաթնասերը քաշել

the cream of the joke/story կատակի համն ու հոտը; պատմության աղը

creamery |ˈkriːm(ə)ri| *noun* (հոգն. **-eries**) 1) յուղի/պանրի գործարան 2) կաթնեղենի խանութ

creamy |ˈkriːmi| *adjective* (**creamier**, **creamiest**) 1) կրեմային; կրեմագույն 2) յուղային; յուղալի; շատ կրեմով

crease |kriːs| **1** *noun* 1) ծալք; փոթ 2) կնճիռ **2** *verb* 1) ծալքավորել; արդուկել *(շալվարը)* 2) ճխլտվել; ճմռթվել; ճմրթել 3) կնճիռ առաջացնել

creasy *adjective* ճմրթված; ծալքավոր; կնճռոտ

create |kriːˈeɪt| *verb* 1) ստեղծել; ստեղծագործել; արարել 2) կոչում տալ ◊ **be created** կոչում ստանալ 3) իրար անցնել; աղմուկ բարձրացնել

creation |kriːˈeɪʃ(ə)n| *noun* 1) ստեղծում; ստեղծագործում 2) ստեղծագործություն *(գեղարվեստական, գրական և այլն)* 3) աշխարհաստեղծություն; արարչություն 4) կոչում տալը

all over creation *ամերիկյան խոսակցական* ամենուր; ամենուրեք; ամբողջ աշխարհում

whip all creation *խոսակցական* գերազանցել բոլոր պայմանլիքները/ակնկալիքները

creative |kriːˈeɪtɪv| **1** *adjective* ստեղծարար; ստեղծագործ; արարիչ; ստեղծագործական; երևակայության տեր **2** *noun* ստեղծագործ մարդ

creativity *noun* 1) ստեղծականություն; ստեղծագործական մոտեցում; ընդունակություն 2) ճարտարություն; հնարամտություն; ճարտարություն

creator |kriːˈeɪtə| *noun* 1) ստեղծիչ; ստեղծող; արարիչ 2) հեղինակ 3) (**the Creator**) Արարիչ; Աստված

creature |ˈkriːtʃə| *noun* 1) արարած; էակ 2) մարդ 3) կենդանի էակ 4) դրածո 5) *արհամարհական* ստոր արարած

creature of circumstance հանգամանքների ծնունդ; բախտի/ճակատագրի ձեռքին խաղալիք
fellow creature մերձավոր; ընկեր տղա; ախպեր տղա

crèche |krɛʃ|, |kreɪʃ| *noun* մանկամսուր

credence |ˈkriːd(ə)ns| *noun* հավատ; վստահություն ◇ **give credence to** վստահել. **find credence** վստահություն վայելել. **refuse credence** չվստահել; վստահություն չտածել

credential |krɪˈdɛnʃ(ə)l| *noun* 1) հավատարմագիր; լիազորագիր *(դեսպանի)* 2) լիազորություն; մանդատ 3) հանձնարարական *(նամակ, գրություն)*

credibility |krɛdɪˈbɪlɪti| *noun* 1) հավանականություն 2) վստահելիություն; հավաստիություն

credible |ˈkrɛdɪb(ə)l| *adjective* 1) վստահելի; համոզիչ; արժանահավատ 2) հավանական; ճշմարտանման

credit |ˈkrɛdɪt| **1** *noun* 1) վստահություն; հավատ ◇ **give credit to** վստահել; հավատալ 2) լավ համբավ; հարգանք; պատիվ ◇ **do sb credit** մեկին պատիվ բերել 3) նշանակություն; ազդեցություն 4) երախտիք ◇ **have the credit of** երախտիք ունենալ 5) *ֆինանսներ* վարկ ◇ **on credit** վարկով; ապառիկ 6) *հաշվապահություն* պահանջ; մուտք արած գումար **2** *verb* (**credited**, **crediting**) 1) վստահել; հավատալ 2) մեկին վերագրել; մեկին շնորհել *(մի բան)* 3) մեկին օժտել *(մի բանով)* 4) *ֆինանսներ, հաշվապահություն* վարկավորել; պահանջի հաշվում գրել

lose credit մեկի վստահությունից զրկվել; մեկի աչքից ընկնել

creditable |ˈkrɛdɪtəb(ə)l| *adjective* 1) գովելի; գովասանքի արժանի; հարգանքի արժանի; վստահելի 2) պատվաբեր

credit card *noun* վարկաքարտ

creditor |ˈkrɛdɪtə| *noun* 1) վարկատու; պարտատեր 2) *հաշվապահություն* մուտք *(հաշվապահական գրքի աջ կողմը)*

Creditors have better memories than debtors. *առած* Պարտատերերն ավելի լավ հիշողություն ունեն, քան պարտապանները:

credit rating *noun* *տնտեսագիտություն* վարկունակություն

credo |ˈkriːdəʊ|, |ˈkreɪ-| *noun* (հոգն. **-dos**) 1) հավատամք; հավատ 2) համոզմունք; հավատամք 3) *եկեղեցական* հավատո հանգանակ *(հատկապես լատիներեն)*

credulity |krɪˈdjuːlɪti| *noun* դյուրահավատություն

credulous |ˈkrɛdjʊləs| *adjective* դյուրահավատ

creed |kriːd| *noun* 1) հավատ; դավանանք 2) համոզմունք; հավատամք 3) հավատո հանգանակ

creek |kriːk| *noun* 1) ծոցիկ; ծովախորշիկ 2) գետաբազուկ; գետաճյուղ 3) *ամերիկյան* վտակ; գետակ 4) ձորակ

be up the creek *ամերիկյան ծածկալեզու* դժվար դրության մեջ լինել; դժվար կացության մեջ լինել; դժբախտության մեջ ընկնել; փորձանքի մեջ ընկնել; խրվել

creep |kriːp| **1** *verb* (անցյալ և անցյալ դերբայ **crept** |krɛpt|) 1) սողալ 2) փռվել; սփռվել; տարածվել; շուրջը բոլորվել *(բույսերի մասին)* 3) գաղտագողի մոտենալ 4) հազիվհազ շարժվել *(ծերերի/հիվանդների մասին)* 5) սարսուռ զգալ **2** *noun* 1) *խոսակցական* զզվելի մարդ 2) սրիկա; պնակալեզ; կեղծավոր մարդ; երկերեսանի մարդ; ստրկամիտ մարդ 3) սողալը; աննկատ ընթանալը

give the creeps սարսափեցնել; սարսուռ ազդել; սահմռկեցնել

creeper |ˈkriːpə| *noun* 1) գետնատարած բույս; սողաբույս 2) սողուն *(կենդանի)*

creepy |ˈkriːpi| *adjective* (**creepier**, **creepiest**) *խոսակցական* 1) սարսռեցնող 2) սողացող

creepy-crawly *խոսակցական* **1** *noun* (հոգն. **-crawlies**) զեռուն **2** *adjective* վախենալի; անդուր

cremate |krɪˈmeɪt| *verb* դիակիզել

cremation |-ˈmeɪʃ(ə)n| *noun* դիակիզում; դիակիզություն

crematorium |ˌkrɛməˈtɔːrɪəm| *noun* (հոգն. **-toria** կամ **-toriums**) դիակիզարան

creosote |ˈkriːəsəʊt| **1** *noun* (նաև **creosote oil**) *քիմիա* կրեոզոտ; հակաճեխիչ նյութ փայտի համար **2** *verb* կրեոզոտով մշակել

crepe |kreɪp| (նաև **crêpe**) *noun* 1) կրեպ *(նուր գործվածք)* 2) *խոհանոց* բարակաբլիթ; բլինչիկ

crepitate |ˈkrɛpɪteɪt| *verb* 1) ճարճատել 2) խռռալ; խզզալ

crepitation |ˌkrɛpɪˈteɪʃ(ə)n| *noun* 1) ճարճատյուն 2) խզզոց *(թոքերի բորբոքման ժամանակ)*

crepuscular |krɪˈpʌskjʊlə|, |krɛ-| *adjective* մթնշաղային; աղոտ; անորոշ

crescendo |krɪˈʃɛndəʊ| **1** *noun* 1) *երաժշտություն* կրեշենդո; ձայնի ուժգնացում 2) ուժգնացում; սաստկացում; աճ; ավելացում 3) գագաթնակետ **2** *adverb, adjective* *երաժշտություն* կրեշենդո; ձայնի ուժգնացմամբ **3** *verb* (**-does**, **-doed**) ուժգնանալ

crescent |ˈkrɛz(ə)nt|, |-s-| **1** *noun* 1) լուսնեղջյուր; մահիկ 2) կիսաշրջան; կիսալուսին 3) (**the Crescent**) Իսլամի խորհրդանիշը; Օսմանյան կայսրության խորհրդանիշը **2** *adjective* 1) մահիկաձև 2) աճող; ավելացող

cresset |ˈkrɛsɪt| *noun* *պատմական* ջահ; ճրագ

crest |krɛst| **1** *noun* 1) կատար *(աքաղաղի)* 2) փունջ *(թռչունի)* 3) բաշ *(ձիու)* 4) կատար *(ալիքի, լեռան, տանիքի)* **2** *verb* 1) կատարազարդել 2) կատարին հասնել *(լեռան)* 3) բարձրանալ *(ալիքների մասին)*

on the crest of the wave փառքի գագաթնակետին

crested |ˈkrɛstɪd| *adjective* 1) կատարազարդ 2) սրածայր

crestfallen |ˈkrɛstfɔːl(ə)n| *adjective* *փոխաբերական* ընկճված; վհատված; արիությունը կորցրած

Crete |kriːt| Կրետե *(կղզի Միջերկրական ծովում. պատկանում է Հունաստանին)*

cretin |ˈkrɛtɪn| *noun* բթամիտ; ապուշ

cretinous *adjective* 1) կրետինությամբ տառապող 2) բթամիտ; ապուշ

crevasse |krɪˈvæs| *noun* խորոչ; ճեղքվածք *(սառցադաշտի)*

crevice |ˈkrɛvɪs| *noun* ճեղք; ճեղքվածք; ծերպ

crew¹ |kruː| **1** *noun* 1) նավակազմ; օդանավակազմ; նավի/օդանավի անձնակազմ 2) խումբ; հրոսակախումբ ◊ **the whole crew** բոլորը; ամենքը 3) *երկաթուղային* գնացքը սպասարկող անձնակազմ 4) *ռազմական* զենացրային/հրանոթային խումբ 5) աշխատանքային խումբ **2** *verb* անձնակազմը համալրել

crew² *verb* անցյալ ձև'ս **crow 2**

crib |krɪb| **1** *noun* 1) մանկական մահճակալ 2) մսուր 3) ծածկաթերթիկ; գաղտնաթերթիկ *(դպրոցներում)* 4) *խոսակցական* գրագողություն; բանագողություն **2** *verb* (**cribbed**, **cribbing**) 1) կողպել; նեղ տեղում փակել 2) թաքուն արտագրել *(դպրոցներում)* 3) *խոսակցական* գրագողություն անել

cribbage |ˈkrɪbɪdʒ| *noun* կրիբիջ *(թղթախաղի տեսակ)*

crick¹ |krɪk| **1** *noun* մկանների ձգում *(պարանոցի ու մեջքի)* **2** *verb* ձգել; ցավեցնել *(պարանոցի կամ մեջքի մկանները)*

crick² *noun* *բարբառային* ձև'ս **creek**

cricket¹ |ˈkrɪkɪt| *noun* *կենդանաբանություն* ծղրիդ ◊ **as lively as a cricket, as merry as a cricket, as chirpy as a cricket** կենսուրախ; աշխույժ; ժիր; կյանքով լի

cricket² |ˈkrɪkɪt| **1** *noun* *մարզական* կրիկետ *(խաղ)* **2** *verb* կրիկետ խաղալ

it is not cricket կանոնի համաձայն չէ; անազնիվ է

crier |ˈkrʌɪə| *noun* 1) մունետիկ 2) ճչան; աղմկող

crime |krʌɪm| **1** *noun* 1) հանցանք; ոճիր; հանցագործություն; ոճրագործություն 2) չարագործություն **2** *verb* *ռազմական* պատժել կանոնադրությունը խախտելու համար

commit/perpetuate a crime հանցագործություն կատարել; ոճիր գործել

crime doesn't pay *առած* ոճիրը երբեք արդարացնում չունի

Greater the crime, higher the gallows. *առած* Ինչքան մեծ է հանցանքը, այնքան բարձր է կախաղանը: Համարժեքը՝ ըստ հանցանքի: Մեծ ոճիր՝ մեծ պատիժ:

Crimea |krʌɪˈmiːə| Ղրիմ *(թերակղզի Սև ծովում՝ Ուկրաինայի կազմում)*

criminal |ˈkrɪmɪn(ə)l| **1** *noun* հանցագործ; ոճրագործ **2** *adjective* 1) հանցավոր; ոճրագործ 2) քրեական

criminality |-ˈnælɪti| *noun* հանցավորություն

criminological |-nəˈlɒdʒɪk(ə)l| *adjective* քրեաբանական

crimp |krɪmp| **1** *verb* 1) գանգրացնել *(մազերը)* 2) ծալազարդել *(գործվածքը)* **2** *noun* գործակալ *(խարդախ ճանապարհով զինվորներ և նավաստիներ հավաքագրող)* **3** *verb* հավաքագրել խարդախ ճանապարհներով

crimson |ˈkrɪmz(ə)n| **1** *adjective* բոսորագույն; մուգ կարմիր **2** *noun* 1) մուգ կարմիր գույն 2) կարմրություն *(երեսի)* **3** *verb* շիկնել; կարմրատակել

cringe |krɪn(d)ʒ| **1** *verb* (**cringing**) 1) ստորաքարշություն անել; քծնել 2) կուչ գալ **2** *noun* ստորաքարշություն; քծնողություն

crinkle |ˈkrɪŋk(ə)l| **1** *verb* 1) ոլորվել; ծալվել; ծռվել; գալարվել 2) կնճռոտվել **2** *noun* 1) ոլորք; ծալք; գալար 2) կնճիռ

crinkum-crankum |krɪŋkəmˈkræŋkəm| *noun* *հնավանդ* խճճված գործ

crinoline |ˈkrɪn(ə)lɪn| *noun* 1) *պատմական* կրինոլին *(կանացի լայն շրջազգեստ՝ հագուստի տակից կրելու)* 2) *ծովային* հակատորպեդային ցանց

cripple |ˈkrɪp(ə)l| **1** *noun* հաշմանդամ **2** *verb* 1) խեղել; հաշմել; հաշմանդամ/խեղանդամ դարձնել 2) աշխատունակությունից զրկել 3) վնասել

He that lives with cripples learns to limp. *առած* Ծունը շան մոտ կապես՝ կա'մ հաչան կլինի, կա'մ կծան: Ձին ձիու մոտ կապես՝ կա'մ կխրխնջա, կա'մ քացի կտա:

crisis |ˈkrʌɪsɪs| *noun* (հոգն. **-ses** |-siːz|) 1) ճգնաժամ ◊ **cabinet crisis** կառավարական ճգնաժամ 2) շրջադարձային կետ; բեկում

crisp |krɪsp| **1** *adjective* 1) խուճուճ; գանգուր 2) փխրուն; դյուրաբեկ 3) կազդուրիչ; թարմ *(օդ)* 4) սուր արտահայտված *(դիմագծեր)* 5) պարզ; պարզորոշ; հստակ 6) խրթխրթան **2** *noun* 1) խրթխրթան շաքարակեղևով խմորեղեն 2) կարտոֆիլի չիփս/չիպս **3** *verb* 1) փխրուն դառնալ; փխրուն դարձնել 2) գանգրանալ 3) գանգրացնել 4) ճռճռալ; ղրճղրճալ

crispy |ˈkrɪspi| *adjective* (**crispier**, **crispiest**) խրթխրթան *(հատկապես եփված սննդի մասին)*

crisscross |ˈkrɪskrɒs| **1** *noun* 1) խաչանշան *(ստորագրության փոխարեն)* 2) խաչախառ **2** *adjective* խաչաձև; խաչաձևված **3** *adverb* խաչաձև **4** *verb* խաչաձևել

criterion |krʌɪˈtɪərɪən| *noun* (հոգն. **-teria** |-rɪə|) չափանիշ; ցուցանիշ

critic |ˈkrɪtɪk| *noun* 1) քննադատ 2) գրաքննադատ; արվեստի քննադատ

an arm-chair critic փալ-քննադատ; աշխատասենյակային/բազկաթոռային քննադատ

critical |ˈkrɪtɪk(ə)l| *adjective* 1) քննադատական 2) ճգնաժամային; կրիտիկական; բեկումնային; շրջադարձային; վճռական 3) վտանգավոր *(դրություն)*

criticism |ˈkrɪtɪsɪz(ə)m| *noun* 1) քննադատություն ◊ **scathing criticism** խիստ քննադատություն.

slashing criticism ոչնչացնող քննադատություն 2) քննադատական հոդված 3) վերլուծություն

criticize |ˈkrɪtɪsʌɪz| *verb* 1) քննադատել 2) պարսավել; պախարակել

critique |krɪˈti:k| **1** *noun* 1) քննադատություն 2) քննադատական հոդված; գրախոսություն **2** *verb* (**-tiques**, **-tiqued**, **-tiquing**) քննադատաբար վերլուծել; գրախոսել; վերլուծել

croak |krəʊk| **1** *noun* կռռոց; կոկռոց *(ագռավի, գորտի)* **2** *verb* 1) կռռալ; կոկռալ 2) փնթփնթալ; մռթմռթալ

Croat |ˈkrəʊæt| **1** *noun* խորվաթ **2** *adjective* խորվաթական; խորվաթերեն

Croatia |krəʊˈeɪʃə| ՝ Խորվաթիա *(պետություն Եվրոպայի հարավ-արևելքում)*

crochet |ˈkrəʊʃeɪ|, |-ʃi| **1** *noun* 1) քարգահակար 2) քարգահակար իրեր **2** *verb* (**-cheted** |-ʃeɪd| , **-cheting** |-ʃeɪɪŋ|) քարգահով ասեղնագործել

crock[1] |krɒk| *noun* 1) կճուճ; կավե սափոր 2) խեցի; խեցեղենի կտոր

crock[2] |krɒk| **1** *noun* 1) *խոսակցական* ուժասպառ եղած մարդ; հալից ընկած մարդ 2) հալից ընկած քնռոտ ձի **2** *verb* քշելով ուժասպառ անել *(ձին)*

crockery |ˈkrɒk(ə)ri| *noun* հախճապակյա ամանեղեն; կավե ամանեղեն

crocodile |ˈkrɒkədʌɪl| *noun* 1) *կենդանաբանություն* կոկորդիլոս *(ընտանիք Crocodylidae)* 2) *խոսակցական բրիտանական* զույգերով գրոսանք *(աշակերտների)* 3) կոկորդիլոսի կաշի 4) *որոշչային* կոկորդիլոսի

crocus |ˈkrəʊkəs| *noun* (հոգն. **-cuses** կամ **-ci** |-kʌɪ|, |-ki:|) *բուսաբանություն* քրքում; չիգտամ; զաֆրան; կրոկուս *(Crocus, ընտանիք Iridaceae)*

Croesus |ˈkri:səs| *noun փոխաբերական* հարուստ մարդ; ֆինանսական արքա

croft |krɒft| **1** *noun* 1) տնամերձ հողամաս *(վարելահող)* 2) փոքր ֆերմա **2** *verb* մշակել տնամերձ հողամասը

crofter *noun* փոքր ֆերմայի վարձակալ

croissant |ˈkrwæsɒ̃| *noun* կրուասան *(ֆրանսիական թխվածք)*

cromlech |ˈkrɒmlɛk| *noun հնագիտություն* շրջաքար; կրոմլեխ

crone |krəʊn| *noun* քավթառ; ջադու

crony |ˈkrəʊni| *noun* (հոգն. **-nies**) *խոսակցական արհամարհական* վաղեմի բարեկամ; մտերիմ ընկեր; համախոհ; գործակից

crook |krʊk| **1** *noun* 1) կեռ; ճարմանդ 2) ծռած/կռացած ծայր 3) ոլորք; ոլորան *(գետի, ճանապարհի)* 4) խաբեբա; սրիկա; խարդախ 5) ցուպ; գավազան **2** *verb* 1) կռանալ; կզվել; ծռվել 2) ծռել; կորացնել **3** *adjective խոսակցական* տե՛ս **crooked**

go crook *խոսակցական* մռայլվել

on the crook *խոսակցական* խարդախ ճանապարհով; անազնիվ ճանապարհով; զարտուղի ճանապարհով

crooked |ˈkrʊkɪd| *adjective* (**crookeder**, **crookedest**) 1) ծուռ; կոր; կեռ; կորացրած; ծռած 2) *փոխաբերական* անազնիվ; կեղծ 3) ծռված; կռացած

croon |kru:n| **1** *verb* կիսաձայն երգել; քթի տակ երգել; մրմնջալ **2** *noun* մրմունջ; կիսաձայն երգելը

crop |krɒp| **1** *noun* 1) բերք; հունձք ◇ **heavy crop** հարուստ բերք. **poor crop** աղքատ բերք. **in crop** ցանքսի տակ. **out of crop** չցանված; հարոս թողած *(վարելահող)*. **under crop** ցանված 2) չհնձած հացահատիկ 3) *գյուղատնտեսություն* մշակաբույս; կուլտուրա ◇ **technical crops** տեխնիկական կուլտուրաներ/մշակաբույսեր 4) կարճ կտրած մազեր ◇ **Eton crop** կարճ կտրած մազեր *(կանանց)*. **have a crop** մազերը խուզել; մազերը կարճ կտրել 5) կտնառք; բուշ *(թռչունի)* 6) բազմություն 7) հաստ մտրակ **2** *verb* (**cropped**, **cropping**) 1) բերք/պտուղ տալ 2) բերքը հավաքել 3) կտրել; խուզել ◇ **close cropped** կարճ խուզած/կտրած 4) պոկոտել *(խոտը և այլն)* ◇ **crop out** *երկրաբանություն* մակերես դուրս գալ *(շերտի մասին)*. **crop up** անսպասելի երևան գալ 5) *համակարգիչներ* մասնակտրել; կտրել-հանել *(նկարի մի մասը)*

crop-eared *adjective* 1) ականջատ; ականջը կտրած 2) *պատմական* կարճ կտրած մազերով; կարճահեր *(պուրիտանների մասին)*

cropper |ˈkrɒpə| *noun* 1) հնձվոր; քաղվոր 2) խոտհար մեքենա; հնձող մեքենա 3) ◇ **good cropper** պտղաբեր բույս 4) *խոսակցական* վայր ընկնելը ◇ **come a cropper** i) ամբողջ հասակով մեկ փռվել ii) *փոխաբերական* կործանվել

croquet |ˈkrəʊkeɪ|, |-ki| **1** *noun* կրոկետ *(խաղ)* **2** *verb* (**-queted** |-keɪd| , **-queting** |-keɪɪŋ|) իր գնդակով հակառակորդի գնդակին խփել *(կրոկետ խաղալիս)*

cross |krɒs| **1** *noun* 1) խաչ; խաչի նշան 2) խաչ; խաչափայտ ◇ **Red Cross** Կարմիր խաչ 3) խաչելություն 4) *կենսաբանություն* խաչասերում; հիբրիդացում 5) *կենսաբանություն* խառնածին; հիբրիդ **2** *verb* 1) կտրել; հատել-անցնել *(փողոցը, գետը, ծովը, օվկիանոսը)* ◇ **cross off, cross out** ջնջել; ցուցակից հանել. **cross over** կտրել; անցնել; հատել 2) խաչաձևել; խաչել *(ձեռքերը, սրերը)* 3) խաչակնքվել; խաչակնքել 4) միմյանց չհանդիպել; առանց նկատելու՝ իրար կողքից անցնել 5) արգելք հարուցել 6) *կենսաբանություն* խաչասերվել 7) *կենսաբանություն* խաչասերել **3** *adjective* 1) լայնակի; խոտորնակի; հատվող 2) հակառակ *(քամու մասին)* 3) անբարենպաստ 4) հակադիր; հակառակ; հակադարձ *(գործողությունների մասին)* 5) խաչաձև 6) *խոսակցական* չար; բարկացկոտ ◇ **as cross as two sticks** խիստ զայրացած

bear one's cross *աստվածաշնչային* իր խաչը կրել; տանել ճակատագրի բոլոր հարվածները

No cross, no crown. *առած* Ով չաշխատի, նա չի ուտի:

cross-examination *noun* խաչաձև հարցաքննություն

crossbar |ˈkrɒsbɑ:| *noun տեխնիկական* լայնակի գցված գերան; հեծան

cross-check **1** *verb* խաչաձև ստուգել **2** *noun* խաչաձև ստուգում

cross-country **1** *adjective* 1) դաշտային; կտրտված վայրում կատարվող *(վազքի և այլնի մասին)* 2) արգելարշավի; կրոսի; արգելքներով արշավի; կտրատված վայրով վազքի 3) դահուկային արգելարշավի 4) երկրով մեկ ճանապարհորդող **2** *noun* 1) արգելարշավ; կրոս; արգելքներով արշավ; կտրատված վայրով վազք 2) դահուկային արգելարշավ

cross-examine *verb* խաչաձև հարցաքննության ենթարկել

cross-eyed *adjective* շիլ; շիլաչք; շլդիկ *(նաև ժամանակավոր վիճակի մասին, երբ մարդ սևեռում նայում է որևէ բանի)*

cross-fertilize *verb* 1) *բուսաբանություն* խաչասերել 2) *բուսաբանություն* խաչասերվել 3) խթանել; ակտիվացնել; հարստացնել; զարգացնել *(գաղափարների կամ տեղեկության փոխանակման միջոցով)*

crossfire |ˈkrɒsfʌɪə| *noun ռազմական* խաչաձև կրակ

cross-grained *adjective* համառ; կամակոր; զայրացկոտ

crossing |ˈkrɒsɪŋ| *noun* 1) հատում; տրամախաչում; խաչաձևում 2) խաչասերում 3) ճանապարհների խաչմերուկ 4) *երկաթուղային* գծանց 5) անցում 6) խաչ քաշելը

cross-legged *adjective, adverb* ծալապատիկ նստած; ոտքերը խաչաձևած

crossover |ˈkrɒsəʊvə| *noun* 1) անցում; անցման կետ/տեղ; 2) *համակարգիչներ* համակարգային անցում

cross-pollinate *verb* խաչաձև փոշոտում

cross-question *verb* խաչաձև հարցեր տալ

cross reference **1** *noun* (**cross references**) խաչաձև հղումներ **2** *verb* խաչաձև հղումներ կատարել

crossroad *noun* 1) հատող փողոց 2) (**crossroads**) ճանապարհների խաչմերուկ ◊ **at the crossroads** երկընտրանքի մեջ

cross section **1** *noun* լայնակի հատված/կտրվածք/հատույթ **2** *verb* (**cross-section**) լայնակի հատում կատարել

cross-stitch **1** *noun ասեղնագործություն* խաչկար; խաչ-կար *(ասեղնագործ)* **2** *verb* խաչկար անել

crosswise |ˈkrɒswʌɪz| *adverb* խաչաձև

crossword |ˈkrɒswəːd| (նաև **crossword puzzle**) *noun* խաչբառ

crotch |krɒtʃ| *noun* 1) *կենսաբանություն* շեք; ցայլք; ազդրամեջ 2) ճյուղ *(հագուստի)*

crotchet |ˈkrɒtʃɪt| *noun* 1) քմայք; քմահաճույք 2) *երաժշտություն* քառորդակ *(ձայնանիշի քառորդ մասը)* 3) կեռիկ; ճարմանդ

crotchety |ˈkrɒtʃɪti| *adjective* քմահաճ; ինքնահաճ

crouch |kraʊtʃ| **1** *verb* 1) կռանալ; խոնարհվել 2) պահ մտնել 3) ստորաքարշություն անել; քծնել 4) գետնին սեղմվել **2** *noun* կռացած դիրք

croup¹ |kruːp| *noun բժշկություն* խորոզակ; աքլորախեղդ *(հիվանդություն)*

croup² |kruːp| *noun* գավակ *(ձիու)*

crow¹ |krəʊ| *noun կենդանաբանություն* ագռավ ◊

have a crow to pick with sb, have a crow to pluck with sb, have a crow to pull with sb մեկի հետ հաշիվ ունենալ; մեկի հետ հաշիվ ունենալ մաքրելու

as the crow flies ամենակարճ ճանապարհով; ուղիղ գծով

Crows do not pick crows' eyes. *առած* Շունը շան ոտ չի կոխի: Շունը շան թաթ չի ծամի: Շունը շան միս չի ուտի: Ագռավն ագռավի աչք չի հանի:

white crow սպիտակ ագռավ; սև աղվես; չտեսնված/չլսված երևույթ; հազվագյուտ բան

crow² |krəʊ| **1** *verb* (անցյալ **crowed** կամ բրիտ. **crew** |kruː|) 1) կանչել *(աքլորի մասին)* 2) ճիչով ուրախություն արտահայտել *(մանկան մասին)* ◊ **crow over** հաղթող դուրս գալ 3) հրճվել **2** *noun* 1) աքլորականչ 2) մանկական ճիչ *(ուրախության)*

crowbar |ˈkrəʊbɑː| **1** *noun* նիգ; լինգ *(գործիք)* **2** *verb* (**-barred**, **-barring**) լինգով/նիգով բացել

crowd |kraʊd| **1** *noun* 1) ամբոխ ◊ **in crowds** խմբերով; ամբոխներով. **the crowd** ցածր խավեր. **may pass in a crowd** ուրիշներից ոչնչով պակաս չլինել; ընդհանուր մակարդակին համապատասխանել 2) *խոսակցական* խումբ 3) հրհրոց; ճխտոց 4) բազմություն; զանգված **2** *verb* 1) խռնվել; խմբվել 2) լեփ-լեցուն լցվել 3) լցնել 4) նեղել; ճզմել ◊ **crowd into** խցկվել; զոռով անցնել; ճեղքել-անցնել. **crowd out** դուրս մղել 5) նեղվել; ճխտվել

follow the crowd, go with the crowd մեծամասնությանը հետևել; հոսանքով լողալ; համակերպվել; գնալ հոսանքի ուղղությամբ

crowded *adjective* լիքը; լեցուն

crown |kraʊn| **1** *noun* 1) թագ; պսակ 2) *փոխաբերական* թագավոր; թագուհի; թագավորական իշխանություն; գահ 3) ծաղկեպսակ 4) գագաթ *(գլխի)* 5) գլուխ 6) գագաթ; կատար *(ծառի, գլխարկի)* 7) ատամնապսակ 8) կրին *(հին գ շիլինգ արժողությամբ դրամ)* 9) *ողողչային* թագի **2** *verb* 1) թագադրել; գլխին պսակ դնել; պսակել 2) վարձատրել; հատուցել 3) ավարտել; վերջացնել 4) ատամնապսակ դնել

a crown of glory *աստվածաշնչային* հաղթողի դափնեպսակ

a crown of thorns *աստվածաշնչային* փշե պսակ; տառապանք

to crown it all ի լրումն; ի հավելումն

crown prince *noun* գահաժառանգ արքայորդի

crown princess *noun* 1) գահաժառանգ արքայորդու կինը 2) գահաժառանգ արքայադուստր

crucial |ˈkruːʃ(ə)l| *adjective* 1) վճռական; բախտորոշ; ճակատագրականն 2) *կազմախոսություն* խաչաձև

crucible |ˈkruːsɪb(ə)l| *noun* 1) *քիմիա* թորանոթ; ռետորտ; հալոց 2) *փոխաբերական* ծանր փորձություն; հոգս; նեղություն

cruciferous |kruːˈsɪf(ə)rəs| *adjective բուսաբանություն* խաչածաղկավոր

crucifix |ˈkruːsɪfɪks| *noun* խաչելություն

crucifixion |kruːsɪˈfɪkʃ(ə)n| *noun պատմական* 1) խաչելություն; խաչելը; խաչում 2) չարչարանք; տառապանք

cruciform |ˈkruːsɪfɔːm| **1** *adjective* խաչաձև **2**

noun խաչաձև բաև

crucify |ˈkruːsɪfʌɪ| *verb* (**-fies**, **-fied**) *պատմական* 1) խաչել; խաչ բարձրացնել 2) մեռցնել *(մարմինը)*

crude |kruːd| **1** *adjective* 1) հում; թերահաս 2) չմարսված *(կերակուր)* 3) հում; անմշակ; չմշակված; անզուտ; չզտված 4) թերավարտ *(նախագիծ և այլն)* 5) տհաս; անհաս 6) բիրտ; կոպիտ; անտաշ **2** *noun* հում նավթ

crudity *noun* 1) տհասություն; խակություն; անհասունություն 2) անավարտվածություն *(նախագծի և այլնի)* 3) կոպտություն; բռիություն

cruel |krʊəl| *adjective* (**-eler**, **-elest**; բրիտ. **-eller**, **-ellest**) 1) դաժան; քարսիրտ; անգութ; անողորմ 2) ծանր; տանջալից

cruelly *adverb* դաժանորեն; անգթաբար

cruelty |ˈkrʊəlti| *noun* (հոգն. **-ties**) դաժանություն; անգթություն; քարսրտություն

cruise |kruːz| **1** *verb* նավարկություն կատարել; երթևեկել; հածանավել; նավարկել; ճամփորդել նավով **2** *noun* նավարկություն *(ծովով)*

cruiser |ˈkruːzə| *noun* 1) հածանավ ◊ **armoured cruiser** զրահանավ 2) ծովային ճամփորդանավ 3) ծովային ճամփորդություն կատարող անձ

crumb |krʌm| **1** *noun* 1) փշուր; փշրանք *(հացի)* 2) հացի միջուկ 3) մասնիկ ◊ **crumbs of information** կցկտուր տեղեկություններ 4) արգահատելի մարդ **2** *verb* 1) փշրել; մանրել 2) փշուրներ հավաքել *(սեղանից)* 3) փշուրներ թափել 4) հացի փշրանքներով ծածկել

gather one's crumbs, pick up one's crumbs աստիճանաբար կազդուրվել/շտկվել; աստիճանաբար կարգի գալ; աստիճանաբար շենք-շնորհքի գալ

crumble |ˈkrʌmb(ə)l| *verb* 1) փշրվել 2) քանդվել; թափվել; փուլ գալ 3) նսեմանալ *(փառքի մասին)*

crumbly |ˈkrʌmbli| *adjective* (**-blier**, **-bliest**) 1) փխրուն; փշրուն 2) դյուրաբեկ; խախուտ

crumby |ˈkrʌmi| *adjective* (**crumbier**, **crumbiest**) փշուրներով ծածկված

crummy |ˈkrʌmi| (նաև **crumby**) *խոսակցական* **1** *adjective* (**-mier**, **-miest**) 1) գեր; մարմնեղ 2) ունևոր; ապահովված **2** *noun* բեռնատար, որը փայտահատներին տեղափոխում է աշխատավայր

crump |krʌmp| **1** *noun* 1) ուժեղ հարված 2) *ռազմական ծածկալեզու* ֆուգասային ռումբ **2** *verb* 1) ուժեղ հարված հասցնել 2) *ռազմական ծածկալեզու* կրակել; գնդակոծել

crumpet |ˈkrʌmpɪt| *noun* 1) փխրուն թխվածք; ուռուցաբլիթ 2) *ծածկալեզու* գլուխ

barmy on the crumpet, off one's crumpet *խոսակցական արհամարհական* ցնդած; խելքը թռցրած; կիսախելագար; գիժ

crumple |ˈkrʌmp(ə)l| **1** *verb* 1) ճխլտել; ճմլել; ճմռել 2) ճխլտվել; ճմլվել; ճմռվել 3) կուչ գալ **2** *noun* ծալք; ճմռթվածք; ճխլտվածք

crunch |krʌn(t)ʃ| **1** *verb* 1) ճռճռալ; ճթճթալ 2) աղմուկով ծամել **2** *noun* ճռճռոց

crunchy |ˈkrʌntʃi| *adjective* (**crunchier**, **crunchiest**) ճռճռան

crusade |kruːˈseɪd| **1** *noun* (հաճախ **Crusade**) 1) *պատմական* խաչակրաց արշավանք 2) *փոխաբերական* քարոզարշավ; արշավ; կամպանիա **2** *verb* քարոզարշավ անել; քարոզարշավի մասնակցել

crusader *noun* *պատմական* խաչակիր

crush |krʌʃ| **1** *verb* 1) ճնշել; տրորել; հրել; փշրել; մանրացնել; փոշի դարձնել 2) տրորել; մզել *(խաղողը)* 3) ճմլել 4) ոչնչացնել; ջախջախել • **crush down** i) փշրել; մանրացնել ii) *փոխաբերական* ճնշել *(ապստամբությունը և այլն)* **crush out** ճնշել; խեղդել *(ապստամբությունը)* **crush up** ծեծել; մանրել **2** *noun* 1) հրմշտոց 2) *խոսակցական* աղմկալի խառնամբոխով 3) ջախջախիչ հարված 4) *ռազմական* ջախջախում 5) *ծածկալեզու* (**crush on**) ուժեղ սիրահարվածություն 6) մրգի հյութ *(ըմպելիք)*

have a crush on sb *խոսակցական* խիստ տարվել մեկով; խիստ հրապուրվել մեկով; գլուխը կորցնել մեկի համար; խելքը գնալ մեկի համար

crust |krʌst| **1** *noun* 1) կեղև *(սառույցի և այլնի)* 2) հացի չորուկ 3) *փոխաբերական* դիմակ 4) *երկրաբանություն* երկրագնդի կեղևը 5) սառցաձյուն 6) նստվածք; փառ *(գինու շշի պատերին)* **2** *verb* կեղևով ծածկվել; կեղև կապել

earn one's crust մի կտոր հաց աշխատել; ապրուստ վաստակել; գոյության միջոցներ հայթայթել

crustacean *noun* *կենդանաբանություն* խեցգետնակերպ կենդանի

crusted |ˈkrʌstɪd| *adjective* 1) կեղևով ծածկված; կեղևով պատած 2) քարացած; արմատացած *(սովորությունների/նախապաշարմունքների մասին)* 3) հնացած

crusty |ˈkrʌsti| *adjective* (**crustier**, **crustiest**) 1) կեղևապատ 2) կռվարար; կռվախնդիր

crutch |krʌtʃ| **1** *noun* 1) հենակ; անթացուպ 2) *փոխաբերական* հենարան; նեցուկ; օգնություն **2** *verb* հենակներով/անթացուպերով շրջել

crux |krʌks| *noun* (հոգն. **cruxes** կամ **cruces** |ˈkruːsiːz|) դժվար կացություն; տարակուսանք

cry |krʌɪ| **1** *verb* (**cries**, **cried**) 1) ճչալ; աղաղակել; գոռալ; բղավել 2) բացականչել 3) լալ; լաց լինել 4) օգնության կանչել 5) հրապարակել; հայտարարել • **cry down** i) գինը իջեցնել *(ապրանքի)* ii) քննադատել iii) աղաղակներով լռեցնել **cry for** համառորեն մի բան խնդրել *(լացով)* **cry for the moon** անհնարին բանի ձգտել **cry off** հրաժարվել մի բանից; նահանջել **cry out** կանչել; ողբալ; բարձրաձայն գանգատվել **cry out against** (**cry out**) պարսավել; կշտամբել **cry up** գովաբանել **2** *noun* (հոգն. **cries**) 1) ճիչ; աղաղակ ◊ **give a cry** ճիչ արձակել 2) լաց ◊ **have a good cry** կուշտ լաց լինել 3) աղաչանք *(օգնության կանչ)* 4) մարտական կանչ/կոչ 5) ընդհանուր հավանություն; ընդհանուր բողոք 6) լուրեր *(տագնապալի)* 7) շների հաչոց *(հետապնդման ժամանակ)* ◊ **in full cry** i) կատաղի հետապնդման ժամանակ ii) *փոխաբերական* եռուն շրջանում

a far cry 1) հեռու տարածություն; հեռավորություն 2) երկար ժամանակ 3) մեծ տարբերություն;

բոլորովին ուրիշ բան; միանգամայն ուրիշ բան
burst out crying հոնգուր-հոնգուր լալ
cry one's eyes out, cry one's heart out դառը լացել/ողբալ; բախտը լացել; հեկեկալ
cry on sb's shoulder սիրտը բացել մեկի առաջ; մտերմորեն պատմել մեկին իր դարդը
cry peccavi ընդունել իր մեղքը *(լատիներեն peccavi զղջում եմ)*
Much cry and litle wool., Great cry and litle wool. Լեռը երկնեց, մուկ ծնեց: Մեծ-մեծ խոստումներ և աննշան արդյունք: Ջուր տեղը մեծ աղմուկ:
the cry of wolf կեղծ տագնապ
the popular cry համատարած կարծիք; համընդհանուր հրապուրանք
there is no use to cry over spilt milk կորած բանի հետևից չես ընկնի
crying |ˈkrʌɪɪŋ| *adjective* 1) լացող; աղաղակող; բղավող 2) *փոխաբերական* աղաղակող; անհանդուրժելի
cryogenics |ˌkrʌɪə(ʊ)ˈdʒɛnɪks| *plural noun* սառեցնող; ցածր ջերմաստիճանային
crypt |krɪpt| *noun* 1) գետնադամբարան *(եկեղեցու տակ)* 2) դամբարան
cryptic |ˈkrɪptɪk| *adjective* 1) գաղտնի; թաքուն 2) խորհրդավոր
crypto |ˈkrɪptəʊ| *noun* 1) *նաև* **cryptography** ծածկագրում; ծածկագրություն 2) *խոսակցական* ծպտված կուսակցական; ծպտված կոմունիստ
crystal |ˈkrɪst(ə)l| **1** *noun* 1) բյուրեղապակի; բյուրեղապակյա ամանեղեն 2) *քիմիա* բյուրեղ 3) *բանաստեղծական* սառույց; ջուր; աչք; արցունք 4) *ամերիկյան* գրպանի ժամացույցի ապակի 5) *ծածկալեզու* զուշակություն 6) *ռադիո* դետեկտորի բյուրեղ **2** *adjective* 1) բյուրեղապակյա 2) թափանցիկ; հստակ; պարզ; վճիտ 3) բյուրեղային; բյուրեղի
crystal ball *noun* բյուրեղապակե գունդ *(բախտագուշակի)*
crystalline |ˈkrɪst(ə)lʌɪn| *adjective* բյուրեղային; բյուրեղաթափանց; պարզ; վճիտ; ջինջ
crystallization |-ˈzeɪʃ(ə)n| *noun* բյուրեղացում
crystallize |ˈkrɪst(ə)lʌɪz| *verb* 1) բյուրեղացնել 2) բյուրեղանալ 3) *փոխաբերական* որոշ ձև ընդունել; ձևավորվել; որոշակիանալ; բյուրեղանալ 4) շաքարապատել; շաքարել *(մրգեր)*
crystallography |ˌkrɪstəˈlɒgrəfi| *noun* բյուրեղագրություն
cub |kʌb| **1** *noun* 1) ձագ; կորյուն *(գիշատիչ կենդանու)* 2) *փոխաբերական* պատանի 3) *արհամարհական* լակոտ; համբակ **2** *verb* (**cubbed**, **cubbing**) ծնել; ձագ բերել; ցկնել *(կենդանիների մասին)*
Cuba |ˈkjuːbə| Կուբա *(պետություն Կարիբյան ծովի կղզիների վրա)*
cubbish *adjective* անկիրթ
cube |kjuːb| **1** *noun մաթեմատիկա* խորանարդ **2** *verb* 1) *մաթեմատիկա* խորանարդ աստիճան բարձրացնել 2) կտրատել փոքրիկ խորանարդիկների
cube root *noun մաթեմատիկա* խորանարդ արմատ
cubic |ˈkjuːbɪk| **1** *adjective* խորանարդային; խորանարդի **2** *noun մաթեմատիկա* խորանարդ աստիճանի հավասարում
cubicle |ˈkjuːbɪk(ə)l| *noun* քնելու համար առանձնացրած տեղ; ննջախուց
cubism |ˈkjuːbɪz(ə)m| *noun արվեստ* կուբիզմ
cuboid |ˈkjuːbɔɪd| **1** *adjective* խորանարդի ձև ունեցող; խորանարդանման **2** *noun* 1) *կազմախոսություն* խորանարդաձև ոսկր 2) *մաթեմատիկա* խորանարդանման մարմին
cuckold |ˈkʌk(ə)ld| **1** *noun հնացած* եղջերակիր; կնոջից խաբված ամուսին **2** *verb* ամուսնուն դավաճանել
cuckoo |ˈkʊkuː| **1** *noun* 1) *կենդանաբանություն* կկու *(ընտանիք Cuculidae)* 2) «կուկու» կանչելը 3) *ծածկալեզու* բացբերան 4) *խոսակցական* խելագար մարդ **2** *exclamation* կուկու՛, կուկու՛ **3** *adjective խոսակցական* խելագար
a cuckoo in the nest անցանկալի/անկոչ հյուր
cucumber |ˈkjuːkʌmbə| *noun բուսաբանություն* վարունգ
cud |kʌd| *noun* որոճ ◇ **chew the cud** i) որոճալ ii) *փոխաբերական* նույն բանն անընդհատ ծամծմել
cuddle |ˈkʌd(ə)l| **1** *verb* 1) գրկել; կրծքին սեղմել *(երեխային)* 2) (**cuddle together**) կծկվել; կուչ գալ; իրար փաթաթվել **2** *noun* գիրկ; գրկախառնություն
cuddly |ˈkʌdli| *adjective* (**-dlier**, **-dliest**) անուշիկ; համովիկ; քաղցրիկ; հմայիչ
cuddy[1] |ˈkʌdi| *noun* 1) նավախուց *(փոքր նավի)* 2) մառան
cuddy[2] *noun* (հոգն. **-dies**) *բարբառային* 1) էշ 2) անխելք/ցանցառ մարդ
cue[1] |kjuː| **1** *noun* 1) կիյ; խաղաձող *(բիլիարդի)* 2) հյուս **2** *verb* (**cues**, **cued**, **cueing** կամ **cuing**) կիյով/խաղաձողով հարվածել
cue[2] |kjuː| **1** *noun* 1) *թատրոն* դերասանի վերջնաբառ; վերջնախոսք; պատասխան; ռեպլիկ 2) ակնարկ ◇ **give sb the cue** ակնարկել; հուշել. **take one's cue from** մեկի ակնարկություններից օգտվել; մեկի ակնարկություններից օգտվել 3) ռեպլիկ **2** *verb* (**cues**, **cued**, **cueing** կամ **cuing**) 1) ակնարկներ անել; հուշել 2) ռեպլիկներ անել 3) պատրաստ պահել *(ձայնարկիչը կամ տեսարկիչը՝ աշխատեցնելու)*
miss one's cue, miss a cue ժամանակին չանդրադառնալ; անպատասխան թողնել ինչ-որ բան; հնարավորությունը բաց թողնել
cuff[1] |kʌf| **1** *noun* 1) մանժետ; թևածալ; բազկապատ 2) *խոսակցական* ձեռնաշղթաներ **2** *verb խոսակցական* ձեռնաշղթաներ հագնել
off the cuff 1) հանպատրաստից; տեղում; միանգամից 2) ոչ պաշտոնական; մտերմիկ
cuff[2] |kʌf| **1** *verb* բռունցքով հարվածել **2** *noun* հարված; ապտակ; բռունցքի հարված ◇ **cuffs and kicks** ձեռքի ու ոտքի հարվածներ
cuff link |ˈkʌflɪŋk| *noun* թևքաճարմանդ; ճարմանդ
cuirass |kwɪˈræs| *noun* զրահ; զրահազգեստ
cuirassier |ˌkwɪrəˈsiːə| *noun պատմական* կիրա-

սիր; զրահավոր զինվոր

cuisine |kwɪ'zi:n| *noun* 1) կերակուրներ; խոհանոց *(որոշակի վայրի)* 2) խոհարարական արվեստ

cul-de-sac |'kʌldəˌsæk|, |'kʊl-| *noun* (հոգն. **cul-de-sacs** կամ **culs-de-sac**) 1) փակուղի 2) *փոխաբերական* անելանելի կացություն

culinary |'kʌlɪn(ə)ri| *adjective* խոհարարական; խոհարարային

cull |kʌl| **1** *verb* 1) հավաքել 2) ընտրել; ջոկել **2** *noun* վերացնելը *(անասունների կամ վայրի կենդանիների որոշակի մասը)*

culminate |'kʌlmɪneɪt| *verb* 1) գագաթնակետին հասնել 2) *աստղագիտություն* միջօրեականով անցնել

culmination |kʌlmɪn'eɪʃ(ə)n| *noun* 1) գագաթնակետ; բարձրակետ 2) *աստղագիտություն* կուլմինացիա

culpability |-'bɪlɪti| *noun* մեղավորություն; հանցավորություն

culpable |'kʌlpəb(ə)l| *adjective* հանցավոր; մեղավոր

culprit |'kʌlprɪt| *noun* 1) հանցագործ 2) *իրավունք* մեղադրյալ; ամբաստանյալ

cult |kʌlt| *noun* 1) պաշտամունք 2) աղանդ

cultivar |'kʌltɪvɑ:| *noun* *բուսաբանություն* մշակաբույս; մշակվող բույս; կուլտիվար

cultivate |'kʌltɪveɪt| *verb* 1) մշակել 2) աճեցնել *(գյուղատնտեսական մշակաբույսեր)* 3) տեսակը լավացնել *(բույսի)* 4) զարգացնել *(ունակություններ և այլն)*

cultivation |-'veɪʃ(ə)n| *noun* 1) մշակում *(հողի)* 2) աճեցում; բազմացում *(գյուղատնտեսական մշակաբույսերի)* 3) տեսակի լավացնելը *(բույսերի)* 4) մանրէաբուծում 5) զարգացում *(ունակություններ, հմտությունների և այլնի)*

cultivator |'kʌltɪveɪtə| *noun* 1) հողագործ; գյուղատնտես; ագրոնոմ 2) կուլտիվատոր *(գործիք)*

cultural |'kʌltʃ(ə)r(ə)l| *adjective* 1) մշակութային 2) մշակովի

culture |'kʌltʃə| **1** *noun* 1) մշակույթ ◊ **indigenious culture** բնիկ ժողովուրդների մշակույթ. **material culture** նյութական մշակույթ 2) գյուղատնտեսական մշակաբույս; բուծում *(մեղուների, ձկների և այլն)* 3) մանրէաբուծում 4) *կենսաբանություն* մանրէաբուծույթ; բուծույթ **2** *verb* *կենսաբանություն* աճեցնել *(մանրէաբուծույթ և այլն)*

cultured |'kʌltʃəd| *adjective* 1) բարեկիրթ; կուլտուրական; կրթված 2) բուծված *(մանրէների մասին)*

culture shock *noun* մշակութային ցնցում; այլ մշակույթից ցնցում

cum[1] |kʌm| *preposition* միաժամանակ; և', և'

cum[2] |kʌm| *noun* *խոսակցական* տե՛ս **come**

cumber |'kʌmbə| **1** *verb* *հնացած* 1) շրջափակել; ուղեկապել 2) խանգարել; արգելակել; արգելել; խոչընդոտ հանդիսանալ **2** *noun* *հնավանդ* դժվար կացություն; դժվարություն

cumbersome |'kʌmbəs(ə)m| *adjective* 1) դժվարաշարժ; անհարմար; ծանրաշարժ 2) դժվար; ծանր; վիթխարի

cumin |'kʌmɪn| (նաև **cummin**) *noun* *բուսաբանություն* չաման; քեմոն *(Cuminum cyminum, ընտանիք Umbelliferae)*

cumulative |'kju:mjʊlətɪv| *adjective* 1) գումարային; ընդհանուր; միասնական; կուտակային; աճողական 2) ամփոփված; միաբերված; ընդհանուր *(գրացուցակ, ցանկ)*

cumulonimbus |ˌkju:mjʊləʊ'nɪmbəs| *noun* (հոգն. **-nimbi** |-bʌɪ|) *օդերևութաբանություն* կույտաանձրևային ամպ

cumulus |'kju:mjʊləs| *noun* (հոգն. **-li** |-lʌɪ|, |-li:|) *օդերևութաբանություն* կուտակված ամպեր; բուլա-բուլա ամպեր

cuneiform |'kju:nɪfɔ:m|, |kju:'neɪɪfɔ:m| **1** *adjective* սեպագիր; սեպաձև **2** *noun* սեպաձև գիր

cunning |'kʌnɪŋ| **1** *adjective* 1) խորամանկ; ճարպիկ; նենգ 2) սքանչելի; գրավիչ; հրապուրիչ **2** *noun* 1) ճարպկություն; ճարտարություն 2) խորամանկություն; նենգություն

cup |kʌp| **1** *noun* 1) գավաթ; թաս; բաժակ ◊ **grace cup** բարեմաղթության գավաթ. **crush a cup of wine** մի շիշ գինի խմել. **be in one's cups** մի քիչ խմած լինել; կոնծած լինել. **be a cup too low** ընկճված տրամադրության մեջ լինել. **the cup of life** կյանքի բաժակը. **fill up the cup** i) համբերության բաժակը լցնել ii) լցվել-թափվել. **the cup is full** բաժակը լցվել է *(համբերության)* 2) *բժշկություն* բուժապուլիկ; բանկա 3) *բուսաբանություն* ծաղկաբաժակ **2** *verb* (**cupped**, **cupping**) *բժշկություն* բուժապուլիկներ գցել; բանկաներ դնել

a bitter cup դառը բաժակ

A full cup must be carried steadily. *առած* Լիքը բաժակը պետք է զգուշությամբ տանել: Բարիքներին պետք է խնամքով վերաբերվել: Երջանկությունը պետք է գնահատել իմանալ:

another cup of tea, a different cup of tea *խոսակցական* ուրիշ գործ; ուրիշ բան; ուրիշ խոսակցություն; ուրիշ պատմություն

drink the cup of bitterness to the dregs, drain the cup of sorrow to the dregs *աստվածաշնչային* դառնության բաժակը մինչև տակը խմել; դառնության բաժակը ցմրուր խմել; դառնության բաժակն ամբողջությամբ խմել; արիաբար տոկալ տառապանքներին; արիաբար տոկալ զրկանքներին

Let this cup pass from me. *աստվածաշնչային* Թող անցնի ինձնից այս գավաթը: Թող վիշտը հեռանա ինձնից: Թող դժբախտությունը հեռանա ինձնից:

one's cup of tea *խոսակցական* մեկի նախասիրած բանը; մեկի ճաշակով; այն, ինչ մեկին դուր է գալիս; մեկի հավանած բանը

The cup is filled., The cup is full., The cup is full to the brim., The cup is overflowing. *աստվածաշնչային* Համբերության բաժակը լցված է: Տառապանքի բաժակը լցված է:

the cup of Circe *դիցաբանություն* Կիրկեի թասը *(որից խմելիս մարդիկ փոխակերպվում են անասունների)*

cupboard |'kʌbəd| *noun* պահարան; բուֆետ *(ամանեղենի)*

cry cupboard *հնացած* սոված/քաղցած լինել; լրիվ դատարկ լինել; վեց-վեց անել *(ստամոքսի մասին)*

cupful |ˈkʌpfʊl| *noun* (հոգն. **-fuls**) 1) լիքը բաժակ 2) տե՛ս **cup**

cupidity |kjuːˈpɪdɪti| *noun* ագահություն; ընչաքաղցություն; փողասիրություն

cupola |ˈkjuːpələ| *noun* գմբեթ

cuprous |ˈkjuːprəs| *adjective* *քիմիա* պղնձե

cur |kəː| *noun* 1) *արհամարհական* անպիտան շուն 2) *խոսակցական* անտաշ/կոպիտ մարդ

curable |ˈkjʊərəb(ə)l| *adjective* բուժելի

curacy |ˈkjʊərəsi| *noun* (հոգն. **-cies**) 1) հոգևորականի պատիճան 2) ծուխ *(եկեղեցական)*

curate[1] |ˈkjʊərət| *noun* (նաև **assistant curate**) ծխատեր քահանայի օգնական

curate[2] |kjʊ(ə)ˈreɪt| *verb* ընտրել; ջոկել

curative |ˈkjʊərətɪv| **1** *adjective* բուժական; բուժիչ **2** *noun* բուժիչ միջոց

curator |kjʊ(ə)ˈreɪtə| *noun* 1) համադրող; կուրատոր; թանգարանապահ; վարիչ *(թանգարանի, գրադարանի)* 2) խնամակալ; հոգաբարձու 3) վարչության անդամ *(անգլիական համալսարաններում)*

curb |kəːb| **1** *noun* 1) սանձ; սանձիկ 2) *փոխաբերական* սանձահարում; սանձում 3) մայթեզր **2** *verb* սանձել; սանձահարել

curbstone |ˈkəːbstəʊn| *noun* սալահատակի եզրաքար

curd |kəːd| **1** *noun* *խոսակցական* կտրված կաթ; կաթնաշոռ **2** *verb* 1) կտրվել; մերվել *(կաթի մասին)* 2) մակարդվել *(արյան մասին)*

curdle |ˈkəːd(ə)l| *verb* 1) մակարդվել; կտրվել *(կաթի մասին)* 2) *փոխաբերական* քարանալ *(վախից)* 3) փայտանալ *(գրտից)*

cure |kjʊə| **1** *verb* 1) բուժել; բժշկել; առողջացնել 2) պահածո պատրաստել **2** *noun* 1) դեղ; դեղամիջոց 2) բուժում

beyond/past cure անբուժելի; անուղղելի; անհույս; անդառնալի կորած

What can't be cured must be endured. *առած* Այն, ինչ բուժվող չէ, պետք է հանդուրժել: Եթե չես կարող քեզ հարվածող ձեռքը կտրել, պետք է պաչես: Եթե չես կարող քեզ հարվածող ձեռքը կտրել, պետք է դնես գլխիդ:

cure-all *noun* համադարման; ամենաբույժ միջոց

cureless *adjective* անբուժելի

curfew |ˈkəːfjuː| *noun* 1) *պատմական* կրակմարի զանգ *(լույսերը մարելու ազդանշան)* 2) պարետային ժամ

curio |ˈkjʊərɪəʊ| *noun* (հոգն. **-os**) հնարժեք/հազվագյուտ իր

curiosity |kjʊərɪˈɒsɪti| *noun* (հոգն. **-ties**) 1) հետաքրքրասիրություն; հարցասիրություն 2) տարօրինակություն 3) հնարժեք իր; հազվագյուտ/անսովոր բան

Curiosity killed the cat., Curiosity killed a cat. Հետաքրքրասիրությունը լավ բանի չի հասցնի; Շատ իմանաս՝ շուտ կծերանաս: *(շարունակությունը՝ satisfaction brought it back.)*

set sb's curiosity agog մեկի հետաքրքրությունը բորբոքել/գրգռել

curious |ˈkjʊərɪəs| *adjective* 1) հետաքրքրվող; հետաքրքրասեր; հարցասեր 2) հետաքրքրական; հետաքրքիր; տարօրինակ; զարմանալի 3) նրբագեղ

curium |ˈkjʊərɪəm| *noun* *քիմիա* (**Cm**) կյուրիում

curl |kəːl| **1** *verb* 1) խուճուճել; խոպոպել; գանգրացնել; գանգուր լինել 2) ոլորվել *(ճանապարհի մասին)* 3) կծկվել 4) քուլա-քուլա բարձրանալ *(ամպերի/ծխի մասին)* ◇ **curl up** i) կծկվել; կուչ գալ *(ցրտից, շոգից)* ii) ընկնում ստանալ **2** *noun* 1) խոպոպ; խոպոպիկ 2) (**curls**) գանգուրներ; գանգուր մազեր 3) գանգրացում 4) օղակ *(ծխի)* 5) պարույր; գալար 6) *մաթեմատիկա* ռոտոր

curler |ˈkəːlə| *noun* (**curlers**) վարսափաթթուկ; փաթթուկ; բիգուդի

curling |ˈkəːlɪŋ| *noun* քերլինգ *(շոտլանդական խաղի տեսակ, որը խաղում են սառույցի վրա)*

curly |ˈkəːli| *adjective* (**curlier**, **curliest**) 1) գանգուր 2) ալեձև

currant |ˈkʌr(ə)nt| *noun* 1) *բուսաբանություն* հաղարջ ◇ **black currant** սև հաղարջ. **red currant** կարմիր հաղարջ 2) *բուսաբանություն* հաղարջենի *(Genus Ribes, ընտանիք Grossulariaceae)* 3) կորնթյան չամիչ

currency |ˈkʌr(ə)nsi| *noun* (հոգն. **-cies**) 1) դրամական համակարգ; դրամաշրջանառություն ◇ **give currency to** շրջանառության մեջ դնել 2) արժույթ; տարադրամ ◇ **paper currency** թղթադրամ 3) գործածելիություն; տարածվածություն; տարածում *(բառերի, կարծիքների և այլնի)*

current |ˈkʌr(ə)nt| **1** *adjective* 1) հոսող; ընթացող 2) լայն տարածում ունեցող *(կարծիք, բառ և այլն)* 3) ընթացիկ *(անցքեր, քաղաքականություն և այլն)* ◇ **pass/go current, run current** ամենուրեք շրջանառության մեջ լինել; ամենուրեք ընդունված լինել 4) սահուն; հարթ *(ոճ)* **2** *noun* 1) հոսանք *(ջրի և այլնի)* 2) ընթացք *(անցքերի)* 3) *էլեկտրականություն* հոսանք ◇ **alternating/commuted current** փոփոխական հոսանք. **direct current** հաստատուն հոսանք. **primary current** առաջնային հոսանք

against the current հոսանքի դեմ; հակառակ/ընդդեմ հոսանքի

current affairs *plural noun* արդիական հիմնահարցեր/խնդիրներ

currently |ˈkʌrəntli| *adverb* ներկայումս; հիմա; այժմ

curriculum |kʌˈrɪkjʊləm| *noun* (հոգն. **-la** |-lə| կամ **-lums**) ուսումնական պլան; ծրագիր; դասացանկ *(ինստիտուտի, համալսարանի, դպրոցի)*

curriculum vitae |ˈviːtʌɪ|, |ˈvʌɪtiː| (Հպվ. **CV**) *noun* (հոգն. **curricula vitae** |-lə|) ինքնակենսագրություն; աշխատանքային ինքնակենսագրություն; կարճ կենսագրություն

currier |ˈkʌrɪə| *noun* կաշեգործ

curry[1] |ˈkʌri| *noun* *խոհանոց* 1) կարրի *(համեմունքի տեսակ)* 2) կարրի *(մսով ու բանջարեղենով ճաշատեսակ)*

curry[2] |ˈkʌri| *verb* (**-ries**, **-ried**) 1) քերոցով մաքրել *(ձին)* 2) կաշին մշակել

curry-comb *noun* քերոց

curse |kəːs| **1** *noun* 1) անեծք; նզովք ◊ **pronounce a curse upon** մեկին անիծել; նզովել 2) հայհոյանք; վիրավորանք ◊ **not worth a curse** մի քոռ կոպեկ չարժի 3) պատուհաս; աղետ **2** *verb* 1) անիծել; նզովել 2) հայհոյել 3) տանջել; տառապանք պատճառել 4) մեկի համար դժբախտություն լինել

call down curses upon sb, call down curses from heaven upon sb's head անիծել; մեկի գլխին անեծք թափել

Curses like chickens come home to roost. *առած* Անեծքները հետ են գալիս: Փոս փորողն ինքն է փոսն ընկնում:

the curse of Cain *աստվածաշնչային* Կայենի նզովքը

cursed |ˈkəːsɪd|, |kəːst| *adjective խոսակցական հնացած* 1) անիծյալ; անիծված; նզովյալ 2) զզվելի; նողկալի

cursive |ˈkəːsɪv| **1** *adjective* 1) արագագիր 2) ձեռագիր **2** *noun* արագագրություն

cursor |ˈkəːsə| *noun համակարգիչներ* շարժագիծ

cursory |ˈkəːs(ə)ri| *adjective* 1) թռուցիկ; մակերեսային 2) սահուն; վարժ *(ընթերցանություն և այլն)*

cursory reading թռուցիկ ընթերցանություն

curt |kəːt| *adjective* 1) հակիրճ; սեղմ *(ոճ)* 2) կցկտուր; կոպիտ; կտրուկ *(պատասխան և այլն)* 3) կարճ

curtail |kəːˈteɪl| *verb* 1) կրճատել; նվազեցնել; պակասեցնել 2) համառոտել; կարճացնել

curtailment *noun* 1) կրճատում; պակասեցում; նվազեցում 2) համառոտում; կարճացում

curtain |ˈkəːt(ə)n| **1** *noun* 1) վարագույր ◊ **draw the curtain** վարագույր քաշել. **iron curtain** i) անհաղթելի արգելք/խոչընդոտ ii) *քաղաքականություն* երկաթյա վարագույր *(քաղաքական և գաղափարական խոչընդոտներ երկրների միջև)* 2) *ռազմական* հրաքող; ծածկույթ **2** *verb* վարագուրել; վարագույր քաշել; վարագույրով ծածկել

drop the curtain վերջացնել; ավարտել *(գործը, պատմությունը, պատմվածքը, ներկայացումը)*

lift/raise the curtain վարագույրը բարձրացնել/բացել; ի ցույց հանել; հրապարակայնության տալ; վարագույրը մի կողմ տանել

curtsy |ˈkəːtsi| (նաև **curtsey**) **1** *noun* (հոգն. **-sies** կամ **-seys**) ռևերանս *(ծնկածալ ողջույն)* ◊ **drop a curtsy** ռևերանս անել **2** *verb* (**-sies**, **-sied** կամ **-seys**, **-seyed**) ռևերանս անել

curvature |ˈkəːvətʃə| *noun* 1) կորություն; թեքություն; ոլորապտույտ 2) ծռում

curve |kəːv| **1** *noun* 1) կոր գիծ 2) կորություն; թեքություն 3) դիագրամ 4) գծագիր; ուրվագիծ 5) *մաթեմատիկա* կորագիծ **2** *verb* 1) ծռվել; կորանալ 2) ծռել; կորացնել

curvilinear |ˌkəːvɪˈlɪnɪə| *adjective* կորագիծ

cushion |ˈkʊʃ(ə)n| **1** *noun* 1) բարձ *(բազմոցի, թիկնածոի)* 2) փափուկ ներդիր 3) բիլիարդի սեղանի եզր 4) *տեխնիկական* միջադիր; բարձ **2** *verb* 1) մի բանի տակ բարձ դնել 2) հանգստացնել; հանդարտեցնել; մեղմացնել *(հարվածը և այլն)* 3) գնդակ դնել բիլիարդի սեղանի եզրին

cushy |ˈkʊʃi| *adjective* (**cushier**, **cushiest**) *խոսակցական ծածկալեզու* հեշտ; շահավետ *(աշխատանքի մասին)*

cusp |kʌsp| *noun* 1) լուսնի եղջյուր 2) նիզակի սուր ծայրը 3) սրածայր գագաթ *(լեռան)*

cuspidor |ˈkʌspɪdɔː| *noun ամերիկյան* թքաման

custard |ˈkʌstəd| *noun խոհանոց* ձվով, կաթով ու շաքարով կրեմ

custodian |kʌˈstəʊdɪən| *noun* 1) պահապան 2) վարիչ *(թանգարանի, գրադարանի)* 3) խնամակալ

custody |ˈkʌstədi| *noun* 1) պահպանություն; խնամակալություն; խնամատարություն ◊ **have the custody** պահպանել. **be in the custody of** խնամակալության տակ լինել; պահպանության ներքո լինել 2) բանտարկություն; ձերբակալում; կալանավորում ◊ **in custody** բանտում նստած; կալանքի տակ. **take into custody** կալանքի տակ առնել; բանտարկել; կալանավորել

custom |ˈkʌstəm| **1** *noun* 1) սովորություն; սովորույթ ◊ **native customs** տեղական սովորություններ 2) հաճախորդներ 3) գնումներ; պատվերներ 4) (**customs**) մաքսատուրք **2** *adjective* հարմարեցված

customary |ˈkʌstəm(ə)ri| **1** *adjective* սովորական **2** *noun* (հոգն. **-aries**) *պատմական* տե՛ս **custumal** սովորությունների մասին պատմող գիրք; ազգագրական ժողովածու

customer |ˈkʌstəmə| *noun* 1) գնորդ; հաճախորդ 2) *փոխաբերական* մշտայցելու ◊ **awkward customer** *խոսակցական* անշնորհք մարդ. **ugly customer** ծանր բնավորություն ունեցող մարդ. **queer customer, rum customer** տարօրինակ մարդ; կասկածելի մարդ

rough/tough customer 1) մարդ, որի հետ չարժե գործ բնել; վտանգավոր մարդ; հակառակորդ 2) կյանքի համար վտանգավոր *(գիշատիչ գազանների մասին)* 3) կոպիտ/անտաշ մարդ

custom-made *adjective* պատվերով պատրաստված

customs *plural noun* 1) մաքսատուն 2) (**customs duties**) մաքս

cut |kʌt| **1** *verb* (**cutting**; անցյալ և անցյալ դերբայ **cut**) 1) կտրել; կտրտել; հատել 2) վիրավորել; վերք հասցնել *(դանակով, թրով)* 3) սուր ցավ պատճառել 4) հնձել; բերք հավաքել 5) խուզել *(մազերը)* 6) ձևել *(կտորը)* 7) անտառահատել 8) փորագրել *(քարի/փայտի վրա)* 9) իջեցնել *(գները, հարկը)* 10) հատվել *(գծերի/ճանապարհների մասին)* 11) թուղթը կտրել *(թղթախաղի մեջ)* 12) ծանոթությունը խզել մեկի հետ 13) վիրավորել *(խոսքով)* 14) *ծածկալեզու* արագ հեռանալ ◊ **cut and run** արագ փախչել; ծլկել 15) հեկել; նստավորել *(թանկագին քարերը)* 16) կրճատել *(հատվածները)* 17) պատվին կպչել • **be cut off** *ռազմական* իր զորամասից կտրված լինել **cut across** կտրել; կտրել-անցնել *(փողոցը և այլն)* **cut at** հարված հասցնել **cut away** i) կտրել; խուզել ii) *խոսակցական* փախչել; ծլկել **cut down** i) կրճատել *(ծախսերը)* ii) անտառահատել **cut in** i) խառնվել; միջամտել; արանքը մտնել *(խոսակցության, ուրիշի գործերի)* ii) խաղի մեջ մտնել; սեպվել **cut off** i) կտրել ii) գերեզման իջեցնել iii) փակել; կտրել *(ճանապարհները)* iv) անջատել *(էլեկտրականությունը)* **cut out** i) կտրել-հանել; ձևել *(կտորը)* ii) նավը ափից կտրել iii) խաղից դուրս գալ **cut under** մի քան ուրիշներից էժան ծախել **cut up** կտրտել **cut up rough** զայրանալ; վրդովվել **2** *noun* 1) կտրվածք; կտրված տեղ; վերք *(կտրածի)* 2) հարված *(մտրակով, փայտով)* 3) ձև *(զգեստի)* 4) տարազ 5) կտրանք *(թերթի, ամսագրի)* 6) սուկի *(մեջքամասի միս)* 7) իջեցում *(գնի)* 8) կրճատում *(աշխատավարձի, հատորները)* 9) ծանոթության խզում 10) վիրավորական արարմունք/վարմունք

a cut above sb *խոսակցական* ինչ-որ մեկից լավ; ինչ-որ մեկից մի գլուխ բարձր

a cut and thrust աշխույժ վեճ

cut/slip the cable *ծածկալեզու* մեռնել; ոտքերը ձգել; մեկնել; կյանքի թելը կտրվել; հոգին ավանդել; շունչը փչել

cut and come again ախորժակով ուտել

cut no ice *խոսակցական* զուր տեղը մի բան անել; ապարդյուն աշխատել

cut one's eye-teeth, cut one's wisdom-teeth կյանքի փորձ ձեռք բերել; շրջահայաց դառնալ

cut sb dead չողջունել; չբարևել; չնկատելու տալ; չտեսնելու տալ

cut sb short կոպտորեն ընդհատել մեկին, որ կարճ կապի

cut sb to the heart/quick, cut to the quick of the soul խորը խոցել; խիստ վիրավորել; սրտի լարերին դիպչել; զգայուն լարերին դիպչել; մինչև սրտի խորքը վիրավորվել

cut short խոսքը կտրել; ընդհատել

cut the ground from under sb, cut the grass from under sb/sb's feet մեկին զրկել հենարանից; մեկին զրկել ոտքերի տակի հողից

cut to bits ջարդուփշուր անել; գլխովին ջախջախվել; քարուքանդ անել; քարը քարին չթողնել

cut up savage/ugly զայրանալ; մոլեգնել; կատաղել; գազազել; փրփրել

cut up the fat/well մեծ կարողություն թողնել մահից հետո

give sb the direct cut մեկի հետ ծանոթությունը խզել

short cut ամենակարճ ճանապարհ

the cut of sb's jib արտաքին տեսքը; արտաքինը; կերպարանքը

cutback |ˈkʌtbæk| *noun* կրճատում; նվազեցում

cute |kjuːt| *adjective* 1) *ամերիկյան* դուրեկան; սիրուն *(իր, մարդ)* 2) *խոսակցական* գրավիչ; հրապուրիչ 3) *խոսակցական* խելոք ձևացող; սրամիտ ձևացող

cuticle |ˈkjuːtɪk(ə)l| *noun* 1) *բուսաբանություն, կենդանաբանություն* վերնամաշկիկ; ծածկիկ 2) *կենդանաբանություն* տե՛ս **epidermis**

cutlery |ˈkʌtləri| *noun* 1) դանակեղեն 2) դանակ-պատառաքաղ *(դանակներ, պատառաքաղներ, գդալներ)*

cutlet |ˈkʌtlɪt| *noun* թակածո կոտլետ ◊ **veal cutlet** հորթի մսից պատրաստած կոտլետ

cutoff (նաև **cut-off**) **1** *adjective* 1) սահմանային; վերջնական 2) կարճ; կարճ կտրված *(հագուստի մասին)* 3) կտրված; մեկուսացված; մատչում չունեցող *(մարդու մասին)* **2** *noun* 1) սահմանագիծ; վերջնագիծ 2) դադարեցում; ընդհատում; կտրելը 3) (**cutoffs**) կիսատաբատ *(սովորաբար չկարված փողքերով)* 4) տե՛ս **shortcut**

cutpurse |ˈkʌtpəːs| *noun* գրպանահատ

cutter |ˈkʌtə| *noun* 1) փորագրիչ *(փայտի/քարի վրա)* 2) ձևարար; ձևող; ձև անող 3) ֆրեզեր *(կտրող գործիք)* 4) հանքապեղիչ; բրիչ 5) կատեր; փոքրանավակ 6) թործամեքենա; ներհատիչ մեքենա

cutthroat **1** *noun* 1) մարդասպան; ոճրագործ 2) *որոշչային* դաժան; անգութ **2** *adjective* դաժան; մոլեգին *(մրցակցության մասին)*

cutting |ˈkʌtɪŋ| **1** *noun* 1) կտրանք *(թերթի, ամսագրի)* ◊ **press cutting** կտրանք 2) կտրվածք *(զգեստի և այլն)* 3) (**cuttings**) կտորտանք; սղոցուք; թեփ **2** *adjective* 1) սուր; խոցող; կծու; կտրուկ; թունոտ 2) ծակող; թափանցող *(ցուրտ)*

cutting edge **1** *noun* 1) սայր; շեղբ 2) նորագույն զարգացում; «վերջին խոսքը»; առաջավոր գիծ *(գիտելիքների, տեխնիկայի և այլն)* 3) առավելություն; գերազանցություն *(մրցակիցների համեմատ)* 4) սրություն; սրամտություն; հատու լինելը *(խոսքի և այլն)* **2** *adjective* (**cutting-edge**) նորագույն; նորարարական

cutwater |ˈkʌtwɔːtə| *noun* *ծովային* ջրահատ *(նավացռուկի՝ ալիքը ճեղքող մասը)*

cyanic |sʌɪˈænɪk| *adjective* *հազվադեպ* 1) կապույտ 2) *քիմիա* ցիանային

cyanide |ˈsʌɪənʌɪd| *noun* *քիմիա* ցիանաթթվի աղ; ցիանիդ

cyber |ˈsʌɪbə| *adjective* կիբեր; կիբեռնետիկական; համակարգչային; տեղեկատվական

cybernetics |sʌɪbəˈnɛtɪks| *plural noun* կիբեռնետիկա

cyberspace |ˈsʌɪbəspeɪs| *noun* կիբերտարածություն

cyclamen |ˈsɪkləmən| *noun* (հոգն. նույնը կամ **-mens**) *բուսաբանություն* ալպյան մանուշակ; ցիկլամեն

cycle |ˈsʌɪk(ə)l| **1** *noun* 1) հեծանիվ ◊ **motor cycle** մոտոցիկլետ 2) շրջան; բոլորապտույտ; պարբերաշրջան; փուլ 3) լուսնի փուլ **2** *verb* 1) հեծանիվով գնալ 2) պարբերաբար կրկնվել; ցիկլային զարգացում ունենալ

cyclic |ˈsʌɪklɪk|, |ˈsɪk-| *adjective* 1) պարբերական; պարբերաշրջանային; ցիկլային 2) *քիմիա* շրջանային; ցիկլային

cyclically *adverb* 1) պարբերաբար 2) շրջանաձև

cyclist |ˈsʌɪklɪst| *noun* հեծանվորդ

cyclone |ˈsʌɪkləʊn| *noun* *օդերևութաբանություն* ցիկլոն; ներհողմապտույտ; պտուտամրրիկ

cyclone/tornado cellar *ամերիկյան* ապաստարան; պատսպարան

cygnet |ˈsɪgnɪt| *noun* երիտասարդ կարապ

Cygnus |ˈsɪgnəs| *աստղագիտություն* Կարապ *(համաստեղություն)*

cylinder |ˈsɪlɪndə| *noun* 1) *մաթեմատիկա տեխնիկական* գլան 2) գազաբալոն

be on all cylinders, hit on all four cylinders, hit on all six cylinders *ամերիկյան խոսակցական* լավ մարզավիճակում լինել; պատրաստ լինել գործի համար; թևքերը քշտած աշխատել

have a cylinder missing *ամերիկյան ծածկալեզու* խելապակաս լինել; ծալը/տախտակը պակաս լինել

cylindrical |-ˈlɪndrɪk(ə)l| *adjective* գլանաձև; գլանավոր

Cymric |ˈkɪmrɪk| **1** *adjective* կիմրական; ուելսական **2** *noun* կիմրական լեզու; վալերեն

cynic |ˈsɪnɪk| *noun* շնական/ցինիկ/անպատկառ անձ

cynical |ˈsɪnɪk(ə)l| *adjective* 1) շնական; ցինիկ 2) անպատկառ; անամոթ

cynicism |-sɪz(ə)m| *noun* շնականություն; ցինիզմ

cynosure |ˈsɪnəzjʊə|, |ˈsʌɪn-|, |-sjʊə| *noun* *աստղագիտություն* 1) Փոքր արջի համաստեղություն 2) բևեռային 3) *փոխաբերական* ուղեցույց աստղ; ուշադրության կենտրոն

the cynosure of all eyes *գրքային* ուշադրության կենտրոն *(արտահայտությունը պատկանում է Ջոն Միլթոնին)*

cypress |ˈsʌɪprəs| *noun* (նաև **cypress tree**) *բուսաբանություն* կիպարիս; նոճի *(Cupressus, Chamaecyparis և այլ տեսակներ, ընտանիք Cupressaceae)*

Cyprian *adjective* 1) կիպրոսյան 2) նաև **Cypriot** կիպրոսցի

Cyrillic |sɪˈrɪlɪk| **1** *noun* ◇ **Cyrillic alphabet** կիրիլագիր այբուբեն *(հին սլավոնական այբուբեն)* **2** *adjective* կիրիլագիր

cyst |sɪst| *noun* *կենսաբանություն* կիստա; բուշտ; մոլաբուշտ

cystitis |sɪˈstʌɪtɪs| *noun* *բժշկություն* փամփշտաբորբ; միզափամփուշտի բորբոքում

cytology |sʌɪˈtɒlədʒi| *noun* բջջաբանություն; ցիտոլոգիա

cytoplasm |ˈsʌɪtə(ʊ)plæz(ə)m| *noun* *կենսաբանություն* բջջահյութ; ցիտոպլազմա

czar |zɑː|, |tsɑː| (նաև **tsar** կամ **tzar**) *noun* ցար

Czech |tʃɛk| **1** *noun* 1) չեխ 2) չեխերեն **2** *adjective* չեխական

Czechoslovakia |ˌtʃɛkə(ʊ)sləˈvækɪə| Չեխոսլովակիա *(պետություն Եվրոպայում, որը գոյություն է ունեցել 1918-1993 թթ.)*

Czech Republic Չեխիայի Հանրապետություն *(պետություն Եվրոպայի կենտրոնում)*

Dd

D[1] |diː| (նաև **d**) *noun* (հոգն. **Ds** կամ **D's**) 1) անգլերեն այբուբենի չորրորդ տառը 2) *երաժշտություն* (D) ռե *(ռե հնչյունի տառային նշանակումը)* 3) հռոմեական 500 թիվը

D[2] **1** *abbreviation* 1) դեմոկրատ; դեմոկրատական 2) divorced ամուսնալուծված *(ծանոթության հայտարարություններում)* **2** *symbol* 1) *ֆիզիկա* էլեկտրական դաշտի խտություն 2) *քիմիա* դեյտերիում

d **1** *abbreviation* 1) date ամսաթիվ 2) deceased հանգուցյալ 3) deep խորունկ; մուգ 4) departed մեկնել է *(ճամփորդական ազդագրերում)* 5) died մահացել է *(ծննդյան և մահվան թվականները նշելիս)* 6) divorced ամուսնալուծված 7) փենս *(լատիներեն denarius 'penny, բառից)* **2** *symbol մաթեմատիկա* 1) (**diameter**) տրամագիծ 2) նշում է տվյալ փոփոխականի փոքր փոփոխությունը

DA *abbreviation* 1) District Attorney շրջանային դատախազ 2) Doctor of Arts հումանիտար գիտությունների դոկտոր; արվեստների դոկտոր 3) *խոսակցական* բաժի պոչ *(սանրվածքի տեսակ)*

dab[1] |dæb| **1** *verb* (**dabbed**, **dabbing**) 1) թեթև դիպչել; շոշափել; դնել; կպցնել 2) քսել 3) ներկով ծածկել; թեթև վրձնախազ քաշել 4) կտցել **2** *noun* 1) թեթև հարված 2) վրձնահարված; վրձնագիծ 3) պուտ; բիծ *(ներկի)*

dab[2] |dæb| *noun կենդանաբանություն* տափակաձուկ *(Limanda և այլն, ընտանիք Pleuronectidae)*

dabble |ˈdæb(ə)l| *verb* 1) չփչփացնել *(ոտքերը, ձեռքերը՝ ջրի մեջ)* 2) թրջել; թացացնել 3) ցայտել; ցայտեցնել; ցողել 4) *փոխաբերական* որևէ բանով մակերեսորեն զբաղվել; սիրողաբար զբաղվել

dabbler *noun* սիրող; դիլետանտ

dace |deɪs| *noun* (հոգն. նույնը) *կենդանաբանություն* կարմրակն; մանրաձածան *(Leuciscus, ընտանիք Cyprinidae)*

Dacia |ˈdeɪʃə|, |ˈdeɪsɪə| Դակիա *(հին հռոմեական նահանգ, որը գտնվում էր ներկայիս Ռումինիայի տարածքում)*

dactyl |ˈdæktɪl| *noun տաղաչափություն* գրականություն 1) ստեղն; դակտիլ *(եռավանկ ոտ բանաստեղծության մեջ. մեկ շեշտված վանկ, որին հետևում է երկու անշեշտ վանկ. կամ հունական և լատինական տաղաչափության մեջ՝ մեկ երկար վանկ, որին հետևում է երկու կարճ վանկ)* 2) մատ; ճանկ *(կենդանու)*

dactylic |dækˈtɪlɪk| *տաղաչափություն* **1** *adjective* ստեղնական; դակտիլային **2** *noun* ստեղնական ոտանավոր

dad |dæd| *noun խոսակցական* հայրիկ

Dada |ˈdɑːdɑː| *noun* դադա *(20-րդ դարի արվեստի մեջ ուղղություն, որը ծաղրում էր ընդունված կանոնները՝ ընդօծելով անտրամաբանականն ու անիմաստը)*

Dadaism |-dəɪz(ə)m| *noun փիլիսոփայություն արվեստ* դադայականություն

dado |ˈdeɪdəʊ| *noun* (հոգն. **-dos**) 1) *ճարտարապետություն* պատվանդան; խարիսխ 2) տախտակադրվագ

daffodil |ˈdæfədɪl| *noun* 1) *բուսաբանություն* բաց դեղնագույն նարգիզ *(Narcissus, ընտանիք Liliaceae)* 2) բաց դեղին գույն

daft |dɑːft| *adjective խոսակցական* 1) խելառ; խենթ; ցնդած; հիմար 2) թեթևսոլիկ; թեթևամիտ 3) անմիտ; անխոհեմ

Dagestan |ˌdæɡɪˈstɑːn|, |-ˈstæn| Դաղստան *(ինքնավար հանրապետություն Ռուսաստանի հարավ-արևմուտքում)*

dagger |ˈdæɡə| **1** *noun* 1) դաշույն; խանչալ 2) *տպագրություն* խաչանիշ 3) *կենդանաբանություն* դաշնակեց *(Acronicta, ընտանիք Noctuidae)* **2** *verb* 1) դաշույնով խփել; դաշույնահարել 2) *տպագրություն* խաչանիշով նշել; խաչանշել

at daggers drawn թշնամության մեջ

look daggers կատաղաբար նայել; աչքերից կրակ թափել; թունոտ հայացքով նայել

dahlia |ˈdeɪlɪə| *noun բուսաբանություն* գեորգին; գեորգենի; գնորգենի *(ծաղիկի տեսակ. Dahlia, ընտանիք Compositae)*

daily |ˈdeɪli| **1** *adjective* ամենօրյա; առօրյա; օրական **2** *noun* (հոգն. **-lies**) 1) օրաթերթ 2) *խոսակցական* երթևեկ սպասուհի *(որն աշխատում է ամեն օր)* 3) կին (**the dailies**) ընթացիկ նկարահանված նյութ **3** *adverb* ամեն օր

dainty |ˈdeɪnti| **1** *adjective* (**-tier**, **-tiest**) 1) սիրունիկ; քաղցրիկ; փոքրիկ 2) վայելչագեղ; նրբաճաշակ 3) համեղ; նրբահամ 4) քմահաճ *(հատկապես ուտելիքի հարցում)* **2** *noun* (հոգն. **-ties**) համեղ ուտեստ; խորտիկ

dairy |ˈdɛːri| **1** *noun* (հոգն. **dairies**) 1) կաթնամթերքի գործարան 2) կաթնեղենի խանութ; կաթնամթերքի խանութ 3) կաթնամթերք **2** *adjective* կաթնեղենի; կաթնային ◊ **diary products** կաթնամթերք

dairying |ˈdɛːrɪɪŋ| *noun* կաթնատնտեսություն; կաթնամթերքի արտադրություն

dairymaid |ˈdɛːrɪmeɪd| *noun հնացած* 1) կաթնատնտեսական ֆերմայում աշխատող կին; կթվորուհի 2) կաթնավաճառուհի

dairyman |ˈdɛːrɪmən| *noun* (հոգն. **-men**) 1) կաթնավաճառ *(տղամարդ)* 2) կթվոր

dais |ˈdeɪɪs|, |deɪs| *noun* 1) տախտակներից շինած բարձրություն; տախտակամած *(պատվավոր հյուրերի, դասախոսների համար)* 2) ամբիոն

daisy |ˈdeɪzi| *noun* (հոգն. **-sies**) 1) *բուսաբանություն* մարգարտածաղիկ; զատկածաղիկ; նախածաղիկ; հազարծաղիկ *(Bellis perennis, ընտանիք Compositae)* 2) ծածկալեզու որևէ ընտիր բան

as fresh as daisy առույգ; կայտառ

pushing up daisies, pushing up the daisies *խոսակցական* մեռած; գերեզման դրված

Dakar |ˈdækɑː| Դաքար *(Սենեգալի մայրաքաղաքը)*

dale |deɪl| *noun* *բանաստեղծական* հովիտ

Dallas |ˈdæləs| Դալաս *(քաղաք ԱՄՆ-ի Տեխաս նահանգում)*

dalliance |ˈdælɪəns| *noun* 1) թեթև զբաղմունք; անլուրջ գործ 2) սիրախաղ; սիրականտակ

dally |ˈdæli| *verb* (**-lies**, **-lied**) 1) դատարկ բաներով զբաղվել; անգործ թրև գալ 2) զվարճանալ; անլուրջ կերպով զբաղվել; խաղ անել 3) սիրականտակ անել; սիրախաղով զբաղվել

Dalmatia |dælˈmeɪʃə| Դալմաթիա *(պատմական տարածք Ներկայիս Խորվաթիայի տարածքում)*

Dalton's law *քիմիա* Դալտոնի օրենք

dam[1] *abbreviation* decameter դեկամետր

dam[2] |dæm| **1** *noun* 1) ամբարտակ; պատնեշ; թումբ; պատվար 2) ջրամբար **2** *verb* (**dammed**, **damming**) 1) պատվարել; պատնեշել; ամբարտակել 2) արգելք հարուցել; արգելել; խոչընդոտել

dam[3] |dæm| *noun* էգ կենդանի *(հատկապես ընտանի)*

damage |ˈdæmɪdʒ| **1** *noun* 1) վնաս; վնասվածք 2) *իրավունք* (**damages**) վնասների փոխհատուցում **2** *verb* 1) վնասել; փչացնել; վնաս հասցնել 2) վարկաբեկել

what's the damage? *խոսակցական* որքա՞ն արժե; ի՞նչ արժե; ի՞նչ արժեք ունի

damaging *adjective* վնասակար; անբարենպաստ

Damascus |dəˈmɑːskəs|, |-ˈmæskəs| Դամասկոս *(Սիրիայի մայրաքաղաքը)*

damask |ˈdæməsk| **1** *noun* 1) դամասկոսյան կերպաս *(քաթան կամ մետաքս)* 2) դամասկոսյան պողպատ 3) ալ, վառ կարմիր գույն **2** *adjective* 1) ծաղկավոր; նախշավոր 2) դամասկոսյան պողպատից պատրաստված 3) վառ կարմիր; վարդագույն **3** *verb* 1) նախշերով գործել 2) նախշերով զարդարել

dame |deɪm| *noun* 1) (**Dame**) տիկին *(որն ունի ասպետի աստիճանին հավասար աստիճան)* 2) տիկին; հասակն առած կին

damn |dæm| **1** *verb* 1) անիծել; նզովել 2) պախարակել; պարսավել; կշտամբել; դատապարտել 3) հայհոյել **2** *exclamation* *խոսակցական* նզո՛վք; թու՛հ *(արտահայտում է բարկություն, զարմանք, հիասթափություն)* **3** *adjective* *խոսակցական* *(օգտագործվում է խոսքը շեշտելու համար. հայերեն չի թարգմանվում)* **4** *noun* 1) անեծք; նզովք 2) հայհոյանք 3) չնչին քանակություն

damn all *խոսակցական* ընդհանրապես ոչինչ

don't be so damn silly այդքան հիմար մի՛ եղիր

I'll be damned if անիծվեմ, եթե այսպես չի

not be worth a damn որևէ արժեք չունենալ

damnable |ˈdæmnəb(ə)l| *adjective* 1) պարսավելի; կշտամբելի; դատապարտելի; մեղադրելի 2) *խոսակցական* անիծյալ; սարսափելի; զզվելի; նողկալի

damnation |dæmˈneɪʃ(ə)n| **1** *noun* 1) անեծք; նզովք 2) *կրոն* հավիտենական դատապարտություն **2** *exclamation* գրողը տանի

damnatory |ˈdæmnəˌt(ə)ri| *adjective* դատապարտող; պարսավող; մերկացնող

damned |dæmd| **1** *adjective* 1) անիծված; անիծյալ 2) դատապարտված 3) սարսափելի; սոսկալի; դժոխային; սատանայական; դիվային 4) իսկական; կատարյալ *(օգտագործվում է խոսքին շեշտ հաղորդելու համար)* ◇ **damned idiot** կատարյալ ապուշ **2** *adverb* սարսափելի; սոսկալի; չափազանց ◇ **it is damned hot** սարսափելի շոգ է

damned well *(օգտագործվում է խոսքին շեշտ հաղորդելու համար հատկապես բարկության ժամանակ)*

damning *adjective* 1) մեղադրական; մերկացնող 2) չափազանց քննադատական

damp |dæmp| **1** *adjective* խոնավ; թաց; գեջ **2** *noun* 1) խոնավություն; տամկություն; գիջություն 2) ընկճվածություն; վհատություն 3) հանքագազ 4) *ծածկալեզու* կոնծաքանություն **3** *verb* 1) խոնավացնել; տամկացնել 2) մարել; հանգցնել 3) կառավարել *(զգացմունքները)* 4) ճնշել; խեղդել; վհատեցնել 5) *տեխնիկական* թուլացնել; մեղմել *(երաժշտության ձայնը և այլն)*

dampen |ˈdæmp(ə)n| *verb* 1) խոնավացնել; խոնավանալ 2) մարել; մեղմել

damper |ˈdæmpə| *noun* *տեխնիկական* 1) խլարար *(դաշնամուրի)* 2) մեղմիչ; մարիչ 3) կափույր

put a damper on ընկճել; մարել

damping |dæmpɪŋ| *noun* 1) խոնավացում; նամացում 2) *տեխնիկական* խլացում; արգելակում; հարվածամեղմում 3) *ռադիո* մարում

dampish *adjective* խոնավավուն; քիչ խոնավ; թացոտ

damsel |ˈdæmz(ə)l| *noun* *հնացած բանաստեղծական* 1) աղջիկ; օրիորդ 2) պալատական օրիորդ

damson |ˈdæmz(ə)n| *noun* *բուսաբանություն* 1) մանր և սալոր; դամասկոսյան սալոր 2) դամասկոսյան սալորենի *(Prunus domestica, ընտանիք Rosaceae)*

dance |dɑːns| **1** *verb* 1) պարել; պար գալ 2) պարեցնել 3) պտտվել *(տերևների մասին)* 4) սահել *(ճառագայթների մասին)* **2** *noun* 1) պար 2) պարային երաժշտություն 3) պարերը

dance to another tune ուրիշ երգ երգել

dance to sb's tune/piping ուրիշի խելքով շարժվել; ուրիշի ծափ տալով պար գալ

dance upon nothing կախաղանի վրա ճոճվել

lead somebody a dance *խոսակցական* 1) քիթը բռնած ման տալ 2) հոգնեցնել; տանջել *(սպասեցնելով)*

dancer |ˈdɑːnsə| *noun* պարող; պարուհի

the merry dancers հյուսիսափայլ

dandelion |ˈdændɪlʌɪən| *noun* *բուսաբանություն* խատուտիկ; խտուտիկ; խլածաղիկ; առյուծատամ *(Taraxacum, ընտանիք Compositae)*

dander[1] |ˈdændə| *noun* *խոսակցական* զայրույթ; բարկություն; ցասում

get one's dander up զայրանալ; համբերությունը կորցնել

dander[2] *noun* թեփ *(կենդանու մազերի կամ մորթու վրա)*

dandle |ˈdænd(ə)l| *verb* 1) օրորել ձեռքերի վրա *(երեխային)* 2) փաղաքշել; գուրգուրել; երես տալ

dandruff |ˈdændrʌf| *noun* *հազվադեպ* (նաև **dandriff**) թեփ *(գլխի, մաշկի)*

dandy |ˈdændi| **1** *noun* (հոգն. **-dies**) 1) դենդի; նրբաճաշակ հագնված մարդ; պճնամոլ 2) *ծովային* փոքր երկկայմ առագաստանավ 3) *հնացած* հիանալի իր **2** *adjective* (**-dier**, **-diest**) 1) *խոսակցական* հիանալի; առաջնակարգ 2) շքեղ հագնված; պճնազգեցիկ; զարդարված

dandy brush *noun* քերոց *(ձիու)*

Dane |deɪn| *noun* դանիացի; դանուհի

danger |ˈdeɪn(d)ʒə| *noun* 1) վտանգ; սպառնալիք 2) վնաս; ռիսկ

in danger վտանգի մեջ; սպառնալիքի տակ

out of danger կյանքին վտանգ չսպառնացող

dangerous |ˈdeɪn(d)ʒ(ə)rəs| *adjective* վտանգավոր; սպառնալի

dangle |ˈdæŋg(ə)l| *verb* 1) կախված լինել; ազատ կախ ընկնել; ճոճվել 2) կախել; կախ տալ 3) *փոխաբերական* հրապուրել; գրավել; գրգռել

keep someone dangling մեկին անորոշ վիճակի մեջ թողնել

dangler *noun* 1) անգործ մարդ; պարապ մարդ 2) կնամոլ, կանանց ետևից ընկնող մարդ

Daniel[1] |ˌdænjəl| *աստվածաշնչային* Դանիել *(Հին Կտակարանի մարգարեական գրքերից մեկը)*

Danish |ˈdeɪnɪʃ| **1** *adjective* դանիական **2** *noun* դանիերեն

dank |dæŋk| *adjective* խոնավ; թաց; ցուրտ

Danube |ˈdænju:b| Դանուբ *(գետ Եվրոպայում)*

Danzig |ˈdæntsɪç| Դանցիգ *(Գդանսկ քաղաքի գերմաներեն անվանումը)*

dap |dæp| **1** *verb* (**dapped**, **dapping**) 1) ձուկ որսալ *(կարթով)* 2) սուզել; խայծը ջրի մեջ գցել *(թեթևակի)* 3) զարկվել գետնին; զարկել գետնին *(գնդակի մասին)* **2** *noun* 1) վեր թռչելը *(գնդակի)* 2) խայծ *(ձուկ բռնելիս)*

dapper |ˈdæpə| *adjective* 1) շքեղ հագնված; կոկիկ հագնված; բարեկազմ; գեղակազմ 2) արագաշարժ; աշխույժ; ժիր *(սովորաբար կարճահասակ մարդու մասին)*

dapple |ˈdæp(ə)l| **1** *verb* 1) բծերով ծածկվել 2) բծերով ծածկել **2** *noun* 1) բիծ; պուտ; խայտ 2) բծավոր կենդանի; խայտուցավոր կենդանի **3** *adjective* խայտաբղետ; խատուտիկ; բծավոր

dapple gray **1** *adjective* խայտուցավոր գորշ/սպիտակ *(ձիու մասին)* **2** *noun* խայտուցավոր գորշ ձի

Dardanelles |ˌdɑ:dəˈnelz| Դարդանել *(նեղուց, որը միացնում է Մարմարի և Էգեյան ծովերը)*

dare |dɛ:| **1** *verb* 1) համարձակվել; հանդգնել ◇ **I dare say** համարձակվում եմ ասել; կարծում եմ 2) վտանգն արհամարհել; ռիսկ անել 3) գրգռել; դրդել *(մրցության, մենամարտի և այլն)* **2** *noun* մրցահրավեր; մարտահրավեր

don't you dare չհամարձակվե՛ս

how dare you ինչպե՞ս ես համարձակվում *(արտահայտում է բարկություն)*

daredevil |ˈdɛ:dev(ə)l| **1** *noun* խիզախ; կտրիճ **2** *adjective* խիզախ; չափազանց հանդուգն; աներկյուղ; անշրջահայաց

Dar es Salaam |ˌdɑ:r ɛs səˈlɑ:m| Դար Էս Սալամ *(Տանզանիայի մայրաքաղաքը)*

daring |ˈdɛ:rɪŋ| **1** *adjective* խիզախ; համարձակ; հանդուգն; արկածախնդիր **2** *noun* խիզախություն; համարձակություն; արկածախնդրություն

dark |dɑ:k| **1** *adjective* 1) մութ; խավար; ոչ պարզ ◇ **get/grow dark** մթնել 2) մուգ գույնի 3) թուխ; թխահեր 4) տգետ; անկիրթ; անուսում 5) մռայլ; տխուր; վհատ; վշտոտ 6) անհասկանալի; անպարզ; խորհրդավոր 7) գաղտնի; թաքուն; ծածուկ 8) վատ; անազնիվ; հոռի 9) ողբերգական **2** *noun* 1) մթություն; խավար ◇ **at dark** մութը վրա հասնելիս 2) մուգ գույն

a shot in the dark անկանխատեսելի արարք

in the dark անգիտության մեջ

keep something dark ինչ-որ բան գաղտնի պահել

the darkest hour is just before the dawn *առած* ամենախավար ժամը լինում է արշալույսից առաջ; երբեք չի կարելի հուսահատվել; Չկա մի գիշեր, որքան էլ խավար, որ չլուսանա:

darken |ˈdɑ:k(ə)n| *verb* 1) մթնեցնել; խավարեցնել 2) մթնել; աղոտանալ; խավարել 3) ապականել; ստվեր գցել 4) վշտացնել; տրտմեցնել 5) մռայլվել; խոժոռվել

darken someone's door որևէ մեկին այցելել

dark glasses *plural noun* մուգ ակնոց

darkish *adjective* մուգ; մգագույն

darkling |ˈdɑ:klɪŋ| **1** *adjective* *բանաստեղծական* մթնող; մութ; անորոշ; խավար **2** *adverb* մթության մեջ; խավարում

darkly *adverb* 1) մռայլ; մռայլորեն 2) առեղծվածորեն; խորհրդավորաբար 3) մուգ գույնի

darkness *noun* 1) մթություն; խավար; գիշեր 2) մգություն; մգագունություն 3) չարություն 4) դժբախտություն; մռայլություն 5) անգիտություն 6) գաղտնիություն

darkroom |ˈdɑ:kru:m|, |-rʊm| *noun* մութ սենյակ *(լուսանկարչական աշխատանքների համար)*

darling |ˈdɑ:lɪŋ| **1** *noun* 1) սիրելի; ամենասիրելի մարդ ◇ **the darling of fortune** բախտի սիրելի 2) սիրեցյալ անձ *(որևէ խմբի համար)* **2** *adjective* սիրելի; թանկագին; սիրեցյալ

be a darling եղբոր/քրոջ պես, ... *(օգտագործվում է որպես նախաբան ընկերական խնդրանքից առաջ)*

darmstadtium *noun* *քիմիա* դարմշտադիում *(քիմիական տարր 110 ատոմական համարի, որը քայքայվում է վայրկյանի հազարերորդական մասի ընթացքում)*

darn[1] |dɑ:n| **1** *verb* 1) կարկատել; լցնել *(ծակերը)* 2) ասեղնագործել **2** *noun* կարկատած տեղ; կարկատան

darn[2] |dɑ:n| (նաև **durn**) *verb, adjective, exclamation* խոսակցական ծածկալեզու անիծել; նզովել; անիծյալ

darnel |ˈdɑ:n(ə)l| *noun* բուսաբանություն որոմ *(մոլախոտ. Lolium, ընտանիք Gramineae)*

darning |ˈdɑːnɪŋ| *noun* 1) կարկատում; կարկատելը; լիցք 2) կարկատման ենթակա իրեր; կարկատելիք

dart |dɑːt| **1** *noun* 1) նետողական զենք; նիզակ; տեգ; նետ 2) խայթոց 3) սրընթաց շարժում 4) նետում *(նիզակի և այլնի)* 5) դարթ խաղը 6) նետ *(որն օգտագործվում է դարթ խաղի մեջ)* **2** *verb* 1) նետել *(նիզակ, հայացք և այլն)* 2) սլանալ; նիզակի պես նետվել ◇ **dart down** խոյընթաց թռիչք կատարել դեպի ներքև; դեպի վայր/ներքև սլանալ

Darwinism |ˈdɑːwɪnɪz(ə)m| *noun* դարվինականություն; դարվինիզմ

dash |dæʃ| **1** *verb* I) սլանալ; նետվել; սուրալ; շտապել 2) նետել; շպրտել; գցել 3) ջարդել; փշրել; կոտրել 4) ջարդվել; կոտրվել; փշրվել; կործանվել ◇ **dash against** դիպչել; ուժով բախվել 5) խառնել մի բանի հետ 6) ամաչեցնել; շփոթեցնել; հուսահատեցնել; վհատեցնել **2** *exclamation խոսակցական հնացած* (**dash it!**) թո՛ղ; գրողի ծո՛ցը; ռա՛դ արա **3** *noun* 1) սրընթաց շարժում; սլանալը; նետվելը 2) փոքր քանակի խառնուրդ 3) պոռթկում; թափ; ուժգին գրոհ ◇ **cut a dash** աչքի ընկնել; առանձնանալ 4) եռանդ; ուժ; թափ 5) գծիկ *(Մորզեի այբուբենում)* 6) ճղփյուն; ծփյուն 7) գծիկ 8) *մարզական* կարճ տարածության վազք

dash somenthing off ինչ-որ բան առանց մտածելու գրել

dashboard |ˈdæʃbɔːd| *noun* 1) *հնացած* կառանիվի ծածկաթև *(որը պաշտպանում էր ցեխի ցայտերից)* 2) վահանակ *(ավտոմեքենայի, ինքնաթիռի)*

dasher |ˈdæʃə| *noun* 1) ցուցամոլ մարդ 2) հարիչ *(խնոցասարքի)*

dashing |ˈdæʃɪŋ| *adjective* 1) խիզախ; աներկյուղ; անվեհեր; արի; կտրիճ 2) նրբագեղ; նրբաճաշակ; նորաձև; ցուցասեր

dastard |ˈdæstəd|, |ˈdɑː-| *noun հնացած կատակային* 1) վախկոտ մարդ 2) ստոր մարդ

dastardly |ˈdæstədli|, |ˈdɑː-| *adjective հնացած կատակային* վախկոտ; ստոր

data |ˈdeɪtə| *noun* 1) հոգնակի տե՛ս **datum** 2) տվյալներ; տեղեկություններ; փաստեր 3) *ամերիկյան* նորություններ

database |ˈdeɪtəbeɪs| *noun համակարգիչներ* շտեմարան; տվյալների շտեմարան; կարգապահոց *(տվյալների կարգավորված հավաքածու)*

datable |ˈdeɪtəb(ə)l|` (նաև **dateable**) *adjective* թվագրելի

date[1] |deɪt| **1** *noun* 1) թվական; տարեթիվ; ամսաթիվ 2) կյանքի ժամանակ *(հաշված ծննդյան օրվանից մինչև մահվան օրը)* 3) ժամանակամիջոց; ժամանակաշրջան ◇ **out of date** հնացած. **up to date** արդի; արդիական; ժամանակակից; նորագույն 4) *խոսակցական* ժամադրություն 5) ժամադրյալ *(այն անձը, ում հետ ժամադրված են)* **2** *verb* 1) թվագրել; թվական դնել 2) սկիզբ առնել; թվագրվել 3) *խոսակցական* ժամադրվել 4) հնանալ; հնաոճ դառնալ 5) մատնել տարիքը

to date մինչև հիմա; մինչև օրս

date[2] |deɪt| *noun* 1) արմավ; խուրմա 2) *բուսաբանություն* արմավենի *(Phoenix dactylifera, ընտանիք Palmae)*

dated *adjective* հնացած

dateless |ˈdeɪtlɪs| *adjective* 1) չթվագրված 2) *բանաստեղծական* անհիշելի; վաղեմի; անսահման; անվերջ 3) *ամերիկյան* չհրավիրված; հրավեր չստացած; չժամադրված 4) չհնացող

dateline **1** *noun* թվականի տող *(հոդվածում)* **2** *verb* նշել գրելու տեղը և թվականը

date palm *noun* արմավենի

dative |ˈdeɪtɪv| **1** *adjective քերականություն* տրական **2** *noun քերականություն* տրական հոլով

datum |ˈdeɪtəm| *noun* (հոգն. **data**) 1) տվյալ; տրված մեծություն; նախնական փաստ 2) հաշվանքի սկզբնակետ

daub |dɔːb| **1** *verb* 1) քսել; ծեփել 2) լղոզել; վատ նկարել 3) կեղտոտել **2** *noun* 1) ծեփ 2) անշնորհք նկար; խզբզանք

dauber |ˈdɔːbə| *noun* անշնորհք/ապաշնորհ նկարիչ; լղոզող

daughter |ˈdɔːtə| **1** *noun* 1) դուստր; աղջիկ 2) էգ ձագ *(կենդանու)* **2** *adjective կենսաբանություն* դուստր *(բջջի կիսումից առաջացած)*

daughter-in-law *noun* (հոգն. **daughters-in-law**) հարս; նու *(տղայի կինը)*

daunt |dɔːnt| *verb* 1) վախեցնել; ահաբեկել 2) վհատեցնել

daunting *adjective* վախեցնող; վհատեցնող

dauntless |ˈdɔːntlɪs| *adjective* աներկյուղ; անվեհեր

davenport |ˈdæv(ə)npɔːt| *noun* 1) արկղերով գրասեղան 2) *ամերիկյան* բազմոց *(որը սովորաբար կարող է մահճակալ դառնալ)*

daw |dɔː| *noun* արջնագռավ; սև ագռավ

dawdle |ˈdɔːd(ə)l| *verb* 1) պարապ-սարապ լինել; անգործ թրև գալ ◇ **dawdle away** իզուր ժամանակ վատնել 2) դանդաղել; տնտնալ; մզմզալ; հետ ընկնել

dawdler *noun* ծույլ/անբան մարդ

dawn |dɔːn| **1** *noun* 1) լուսաբաց; ծեգ; արշալույս ◇ **at dawn** լուսաբացին; արշալույսին; լուսադեմին 2) *փոխաբերական* սկիզբ; ծագում; արշալույս **2** *verb* 1) լույսը բացվել; լուսանալ; ծեգել 2) սկիզբ առնել; ծագել; սկզբնավորվել

from dawn to dusk առավոտից երեկո; անդադար

day |deɪ| **1** *noun* 1) ցերեկ; օր 2) (**days**) ժամանակներ 3) կյանքի ժամանակ **2** *adjective* ցերեկային

all in a day's work ամենօրյա աշխատանք *(հատկապես դժվար գործի մասին)*

any day 1) *խոսակցական* ամեն պահի; ցանկացած ժամանակ 2) շատ շուտով

by the day աստիճանաբար; հետզհետե

call it a day աշխատանքային օրն ավարտված համարել

day after day օրեցօր

day and night գիշեր-ցերեկ; անընդհատ

day by day աստիճանաբար

day of reckoning պատասխան տալու օր; դատաստանի օր

from day one առաջին օրից; սկզբից

if someone is a day ամենաքիչը
that will be the day դա երբեք չի լինի
to the day ճշգրտորեն
to this day up մինչև օրս

day laborer *noun* օրավարձու բանվոր

daybreak |ˈdeɪbreɪk| *noun* արշալույս; լուսաբաց

daydream |ˈdeɪdriːm| **1** *noun* երազանք; անուրջ; ցնորք; պատրանք; տեսիլ **2** *verb* անրջել; երազել

daydreamer *noun* երազող; ցնորամոլ

day labor *noun* օրավարձու աշխատանք

daylight |ˈdeɪlʌɪt| *noun* 1) ցերեկվա լույս; ցերեկ; բնական լույս 2) լուսաբաց 3) տարածություն *(մարդկանց կամ առարկաների միջև)*
see daylight աչքերը բացվել; հասկանալ նախկինում անհասկանալի բանը

daylight saving time (նաև **daylight savings time**) *noun* ամառայինի ժամանակի անցնելը; ամառ ժամանակ ժամացույցի սլաքը մի ժամ առաջ գցելը

daylong **1** *adjective* ամբողջ օրը տևող **2** *adverb* ամբողջ օրը; օրնիբուն

day nursery *noun* մանկամսուր

day school *noun* 1) ցերեկային դպրոց *(ոչ գիշերօթիկ)* 2) դպրոց ցերեկային ուսուցմամբ

day shift *noun* ցերեկային հերթափոխ

dayspring |ˈdeɪsprɪŋ| *noun բանաստեղծական* լուսաբաց; արշալույս

daytime |ˈdeɪtʌɪm| *noun* օր; ցերեկ

day-to-day **1** *adjective* 1) ամենօրյա; առօրյա 2) կարճաժամկետ; կարճատև **2** *noun* առօրեկան ընթացք; առօրյա **3** *adverb* ամեն օր

daywork |ˈdeɪwəːk| *noun* 1) օրավարձու աշխատանք 2) ցերեկային աշխատանք

daze |deɪz| **1** *verb* շշմեցնել; շլացնել; ցնցել; զարմացնել **2** *noun* 1) զարմանք; ապշանք; ապշահարություն 2) *հանքաբանություն* փայլար

dazzle |ˈdæz(ə)l| **1** *verb* 1) շլացնել; ապշեցնել; զարմացնել 2) *հնացած* շլանալ **2** *noun* շլացուցիչ փայլ

DC *abbreviation* 1) *ֆիզիկա* direct current հաստատուն հոսանք 2) District of Columbia Կոլումբիայի շրջան

deacon |ˈdiːk(ə)n| **1** *noun եկեղեցական* սարկավագ **2** *verb ամերիկյան* սարկավագ ձեռնադրել

dead |dɛd| **1** *adjective* 1) մեռած; մեռյալ 2) թմրած 3) խուլ; ամայի; ամայացած 4) ոչ արդիական 5) մարած; հանգած; անսարք 6) աննշանչ; անկենդան; սառած 7) անշարժ; լճացած *(օդի, ջրի մասին)* 8) լիցքաթափված *(մարտկոցի մասին)* 9) լրիվ; կատարյալ; լիակատար ◇ **dead silence** կատարյալ/մեռյալ լռություն **2** *adverb* բոլորովին; կատարելապես; լիովին; միանգամայն **3** *noun* հանգուցյալներ; մեռելներ
be dead with hunger սովամահ լինել
dead and buried over վերջացած; սպառված
dead and gone վաղուց անցած
dead as a doornail անկենդան; կենդանության նշաններ ցույց չտվող
dead from the neck up *ամերիկյան ծածկալեզու* հիմար; բթամիտ
dead in the water շարժվելու/գործելու անկարող *(նավի մասին)*
dead meat լուրջ դժվարությունների մեջ
dead on arrival մեռած՝ հիվանդանոց հասցնելուն պես; չաշխատող վիճակում՝ առանց նույնիսկ մեկ անգամ աշխատեցնելու *(սարքերի մասին)*
dead on one's feet չափազանց հոգնած
dead to rights հանցանք կատարելու պահին
from the dead մեռելներից; մեռած վիճակից
the dead of winter ձմեռվա ամենացուրտ ժամանակը

deadbeat |ˈdɛdbiːt| **1** *noun խոսակցական* 1) պարտքերը չվճարող; անպարտաճանաչ 2) երեխայի ապրուստադրամը չվճարող 3) ծույլ մարդ **2** *adjective տեխնիկական* չտատանվող *(գործիքի սլաքի մասին, որն արագ հասնում է հավասարակշռության վիճակի)*

deaden |ˈdɛd(ə)n| *verb* 1) խլացնել; խեղդել; թուլացնել; ձայնը կամ զգացողությունը 2) անզգայանալ; անզգայացնել

dead end **1** *noun* 1) փակուղի 2) անելանելի իրավիճակ **2** *verb* փակուղի մտնել

deadfall |ˈdɛdfɔːl| *noun ամերիկյան* 1) թակարդ; ծուղակ *(որի մեջ ընկնելիս կենդանու վրա ընկնում է ծանր առարկա, սովորաբար գերան)* 2) տապալված ծառ

deadhead (նաև **dead-head**) **1** *noun* 1) անվճար տոմս ունեցող ուղևոր *(հանդիսատես և այլն)* 2) դատարկ ուղերթ կատարող փոխադրամիջոց 3) *խոսակցական* ձանձրալի մարդ **2** *verb* 1) դատարկ ուղերթ կատարել 2) առանց վճարելու ուղևորություն կատարել 3) թոշնած ծաղիկները կտրել *(բույսի վրայից)*

dead heat **1** *noun* հավասար արդյունք *(մրցավազքի ժամանակ)* **2** *verb* միաժամանակ հատել վերջնագիծը *(մրցավազքի ժամանակ)*

dead letter *noun* 1) հասցեատիրոջը չհանձնված նամակ 2) չեղյալ չհայտարարված, սակայն դժվար կիրառելի օրենք

deadlight |ˈdɛdlʌɪt| *noun* 1) *ծովային* խուլ լուսացույց 2) խուլ պատուհան

deadline |ˈdɛdlʌɪn| *noun* 1) վերջնաժամկետ 2) սահման գիծ *(սահմանագիծ բանտում, որից այնկողմ հայտնվելիս բանտարկյալը կարող է գնդակահարվել)*

deadlock |ˈdɛdlɒk| **1** *noun* 1) մեռյալ կետ; փակուղի; անելանելի կացություն 2) *բրիտանական* փորվող կողպեք **2** *verb* 1) փակուղի մտնել; փակուղու հանգել 2) ոչ-ոքի վիճակում լինել 3) *բրիտանական* փորվող կողպեք դնել

dead loss *noun* 1) վնաս; կորուստ 2) *խոսակցական* անօգուտ անձ

deadly |ˈdɛdli| **1** *adjective* (**-lier**, **-liest**) 1) մահացու; մահաբեր 2) անողոք; անողորմ 3) *խոսակցական* սարսափելի; սոսկալի 4) շատ դիպուկ *(սովորաբար հրաձգության մրցումների ժամանակ)* 5) շատ ձանձրալի **2** *adverb* 1) մահացու կերպով; մահու չափ 2) չափազանց; սոսկալի; ահավոր

dead-nettle *noun բուսաբանություն* խուլ եղինջ

(Lamium, ընտանիք Labiatae)
deadpan |ˈdɛdpæn| **1** *adjective* սառը; անտարբեր **2** *adverb* սառնորեն; անտարբեր կերպով **3** *verb* (**-panned**, **-panning**) անտարբեր տեսքով խոսել
Dead Sea Մեռյալ ծով *(աղի լիճ Իսրայելի և Հորդանանի սահմանին)*
dead weight (նաև **deadweight**) *noun* 1) ծանրություն; բեռ 2) լրիվ բեռնատարողություն *(նավի)* 3) *գյուղատնտեսություն* մսաքաշ; մեռելիքի քաշ 4) նաև **deadload** մեռյալ բեռ; մշտական բեռ *(կառուցվածքի սեփական քաշը)*
deadwood *noun* 1) անօգուտ բան 2) ծառի չորացած մասը
deaf |dɛf| *adjective* 1) խուլ; խլական; ծանրալուր 2) անզգա; անտարբեր
deaf as post, as deaf as post լրիվ խուլ
fall on deaf ear անտեսվել; արհամարհվել
turn a deaf ear չանսալ; հրաժարվել լսելուց
deafen |ˈdɛf(ə)n| *verb* 1) խլացնել 2) անձայնաթափանց/անձայնանցիկ դարձնել
deafening *adjective* խլացնող; խլացուցիչ
deaf-mute **1** *noun* *վիրավորական* խուլուհամր մարդ **2** *adjective* *վիրավորական* խուլուհամր
deafness *noun* խլություն
deal[1] |di:l| **1** *verb* (անցյալ և անցյալ դերբայ **dealt** |dɛlt|) 1) առևտրով զբաղվել; առևտուր անել 2) (նաև **deal out**) բաժանել; բաշխել 3) *թղթախաղ* բաժանել *(խաղաթղթերը)* 4) (**deal with**) գործ ունենալ; զբաղվել; քննարկել հարցը 5) (**deal with**) միջոցներ ձեռք առնել; պայքարել 6) (**deal with**) պայքարել; մաքառել 7) հասցնել *(հարված)* **2** *noun* 1) *խոսակցական* գործարք; համաձայնություն 2) քանակ; բաժին; մաս 3) *թղթախաղ* բաժանում; բաժանելը
a big deal կարևոր բան; կարևոր մարդ
a good deal մեծ քանակ
a raw deal *խոսակցական* անարդար իրավիճակ
big deal «մեծ բան» *(արտահայտում է մեկի անհամաձայնությունն ինչ-որ բան կարևոր համարելու առթիվ)*
cut a deal *խոսակցական* համաձայնության գալ
it's a deal *խոսակցական* եղա՛վ; համաձա՛յն եմ
deal[2] |di:l| *noun* 1) փշատերև ծառի տախտակ 2) փշատերև ծառի փայտ
dealer |ˈdi:lə| *noun* 1) առևտրական ◇ **retail dealer** հատավաճառ առևտրական 2) խաղաթուղթ բաժանող 3) անօրինական դեղերի վաճառքով զբաղվող մարդ 4) գործարքառու
dealign |di:əˈlʌɪn| *verb* ապահամակրել *(քաղաքական կուսակցությանը)*
dealing |ˈdi:lɪŋs| *noun* 1) (**dealings**) առևտրական գործեր; գործարքներ; առևտրական/գործնական փոխհարաբերություններ 2) վարվելակերպ
dean[1] |di:n| *noun* 1) դեկան 2) դիվանագիտական մարմնի ավագ 3) ավագ քահանա; ավագ երեց
dean[2] *noun* հովիտ
deanery |ˈdi:n(ə)ri| *noun* (հոգն. **-eries**) 1) դեկանատ; դեկանություն 2) դեկանի պաշտոնը 3) *բրիտանական* եկեղեցական թեմ
dear |dɪə| **1** *adjective* 1) սիրելի; թանկագին ◇ **Dear Sir** Ողորմած Տեր 2) թանկ; թանկարժեք **2** *noun* սիրեցյալ; սիրած **3** *adverb* թանկ; թանկ գնով **4** *exclamation* (**dear!, oh dear!, dear me!**) *(արտահայտում է զարմանք, ափսոսանք, կարեկցություն, անհամբերություն և այլն)*
dearly |ˈdɪəli| *adverb* 1) թանկ 2) քնքուշ; քնքշորեն 3) խիստ; չափազանց 4) լուրջ
dearth |də:θ| *noun* 1) պակաս; պակասություն; կարիք 2) անհրաժեշտ մթերքների սակավություն
death |dɛθ| *noun* 1) մահ 2) *փոխաբերական* վախճան; վերջ; կործանում; ավարտ
at death's door մահվան դուռը հասած; մահվան շեմին
catch one's death, catch one's death of cold *խոսակցական* ուժեղ մրսել
do someone to death սպանել մեկին
do something to death ձանձրացնելու չափ կրկնել ինչ-որ բան
put someone to death սպանել մեկին
till death us do part մինչև կյանքի վերջը *(ամուսնական արարողությունից հատված)*
to death 1) մահացու կերպով; մեռնելու աստիճան 2) մահու չափ; չափից դուրս
deathbed |ˈdɛθbɛd| *noun* 1) մահվան անկողին 2) մահվանից առաջ րոպեները; մահվանը նախորդող րոպեները
death blow *noun* մահացու հարված; ճակատագրական հարված
death certificate *noun* մահվան վկայական
deathless *adjective* *բանաստեղծական կատակային* անմահ
deathly |ˈdɛθli| *adjective* (**-lier**, **-liest**) 1) մահացու; ճակատագրական 2) մահվան կերպարանքով
death penalty *noun* մահապատիժ
death rate *noun* մահացություն, մահացության տոկոս
death rattle *noun* հոգեվարքի խռխռոց
death row *noun* մահվան դատապարտվածների խուց
death's head *noun* գանգ *(որպես մահվան խորհրդանիշ)*
death toll *noun* զոհվածների քանակ; զոհեր *(սովորաբար որևէ վթարի, մարտի կամ բնական աղետի ժամանակ)*
death trap *noun* վտանգավոր տեղ; վտանգ; թակարդ
death warrant *noun* 1) մահվան դատավճիռն ի կատար ածելու կարգադրություն 2) *փոխաբերական* մահվան դատավճիռ
debacle |deɪˈbɑ:k(ə)l| *noun* 1) ջախջախիչ պարտություն; տապալում; անհաջողություն 2) սառցահալք; սառույցից մաքրվելը *(գետի)* 3) խորտակիչ հեղեղում
debar |dɪˈbɑ:| *verb* (**-barred**, **-barring**) 1) արգելել; զրկել իրավունքից 2) հեռացնել
debark[1] |di:ˈbɑ:k| *verb* 1) ափ իջեցնել; ցամաք

հանել 2) ցամաք դուրս գալ 3) բեռնաթափել; բեռը դատարկել; իջեցնել *(նավից կամ օդանավից)*

debark² |diːˈbɑːk| *verb* կեղևահան անել *(ծառը)*

debarkation |-ˈkeɪʃ(ə)n| *noun* 1) բեռնաթափում; ափ իջնելը *(նավից)* 2) ափհանում

debase |dɪˈbeɪs| *verb* 1) ստորացնել; իջեցնել; արժանապատվությունից զցել 2) վատացնել; վատթարացնել; փչացնել *(որակը և այլն)* 3) արժեզրկել; կեղծել *(մետաղադրամը՝ նրա մեջ թանկարժեք մետաղի քանակը նվազեցնելով)*

debasement *noun* 1) ստորացում; նվաստացում 2) արժեզրկում; կեղծում *(մետաղադրամի)* 3) վատացում

debatable |dɪˈbeɪtəb(ə)l| *adjective* 1) վիճելի 2) վիճարկելի

debate |dɪˈbeɪt| **1** *noun* 1) վիճաբանություն; քննարկում 2) բանավեճ; բանակռիվ; վեճ 3) պառլամենտական նիստերի պաշտոնական հաշվետվություն **2** *verb* 1) քննարկել 2) վիճաբանել 3) վիճարկել 4) կշռադատել; խորհել

be open to debate չապացուցված; հետագա քննարկում պահանջող
beyond debate անվիճելի
under debate քննարկման մեջ

debater *noun* բանավիճող/վիճաբանող անձ

debauch |dɪˈbɔːtʃ| **1** *verb* 1) գայթակղեցնել; անբարոյացնել; անառակացնել; պղծել 2) *հնացած* գայթակղել *(կնոջը)* 3) փչացնել *(ճաշակը և այլն)* **2** *noun* 1) աղմուկ-աղաղակ; վայնասուն; անկարգություն 2) գինարբուք; կոնծաբանություն

debauched *adjective* գռփ; շվայտ

debauchee |ˌdɪbɔːˈtʃiː|, |-ˈʃiː| *noun* 1) անբարոյական/շվայտ մարդ 2) հարբեցող

debauchery |dɪˈbɔːtʃ(ə)ri| *noun* 1) անբարոյականություն; անառակություն; զեխություն; գռփություն 2) հարբեցողություն; գինեմոլություն; անժուժկալություն

debenture |dɪˈbɛntʃə| *noun* (նաև **debenture bond**) 1) պարտքի հանձնառություն; պարտագիր 2) բաժնետիրական ընկերության պարտագիր

debilitate |dɪˈbɪlɪteɪt| *verb* 1) թուլացնել; հյուծել 2) թուլացնել; հետաձգել; խոչընդոտել

debility |dɪˈbɪlɪti| *noun* թուլություն; տկարություն; անզորություն

debit |ˈdɛbɪt| **1** *noun* 1) դեբետ; պարտք ◊ **put to the debit** դեբետի մեջ մտցնել; պարտագրել 2) *հաշվապահություն* դեբետ; մուտք *(հաշվապահական հաշիվների ձախ կողմը. ակտիվային հաշիվներում այն ցույց է տալիս մուտքը (փողի, միջոցների, ինչպես նաև գնորդների պարտքի ավելացումը), իսկ պասիվային հաշիվներում՝ ելքը (պարտավորությունների մարումը, կապիտալի փոքրացումը, վնաս կրելը))* **2** *verb* (**debited**, **debiting**) *հաշվապահություն* դեբետի մեջ մտցնել; պարտագրել

on the debit side բացասական հաշվում

debit card *noun* *ֆինանսներ* դեբետային/վճարային քարտ *(դրամատան թողարկած քարտ, որը տիրոջը հնարավորություն է տալիս փողը էլեկտրոնային կերպով փոխանցել մեկ այլ դրամատան հաշվի՝ գնում կատարելիս, ինչպես նաև դրամատան ավտոմատից անմիջապես գումար ստանալ)*

debouch |dɪˈbaʊtʃ|, |-ˈbuːʃ| *verb* նեղ տեղից դուրս գալ; դուրս գալ դեպի բաց տարածք *(գետի/զորքի մասին)*

debouchment *noun* 1) կիրճից բաց տարածություն դուրս գալը 2) *ռազմական* կիրճից բաց տեղ դուրս գալը; նեղ տեղից դուրս գալը *(զորքի մասին)*

debrief |diːˈbriːf| **1** *verb* կատարել հարցում զինվորական հանձնարարությունը կատարելուց հետո **2** *noun* հարցում հանձնարարության կատարման մասին

debris |ˈdɛbriː|, |ˈdeɪbriː| *noun* 1) բեկորներ; կտորտանք; փշուրներ 2) ապարների մնացորդներ 3) աղբ; թափոն 4) ավերակներ

debt |dɛt| *noun* պարտք; տալիք ◊ **debt of nature** մահ. **bad debt** անհուսալի պարտք. **National Debt** պետական պարտք. **in debt** պարտքերի մեջ ընկած. **run into debt** պարտքերի մեջ խրվել; պարտքերի տակ ընկնել

be in someone's debt ինչ-որ մեկին պարտք լինել

debtor |ˈdɛtə| *noun* 1) պարտապան 2) *հաշվապահություն* դեբիտոր

debug |diːˈbʌg| **1** *verb* (**-bugged**, **-bugging**) 1) *համակարգիչներ* վրիպազերծել *(հայտնաբերել և վերացնել համակարգչային ծրագրի վրեպները)* 2) վերացնել գաղտնալսողական սարքերը 3) վերացնել միջատներին **2** *noun* վրիպազերծում

debunk |diːˈbʌŋk| *verb* 1) *խոսակցական* մերկացնել *(սուտը)* 2) պսակազերծել; անվանարկել *(հատկապես ծաղրի միջոցով)*

debut |ˈdeɪbjuː|, |-buː| **1** *noun* նախելույթ; դեբյուտ; առաջին ելույթ *(թատրոնում և այլն)* ◊ **make one's debut** առաջին անգամ հանդես գալ **2** *verb* 1) նախելույթ ունենալ 2) սկսել; նախաձեռնել *(նոր արտադրատեսակ)*

Dec. *abbreviation* December դեկտեմբեր

deca- |ˈdɛkə| (նաև **dec-**) *combining form* տասնա-

decade |ˈdɛkeɪd|, |dɪˈkeɪd| *noun* 1) տասնամյակ 2) տասնյակ; տասը հատ

decadence |ˈdɛkəd(ə)ns| *noun* 1) անկումայնություն; դեկադենտություն 2) անկում; քայքայում; թուլացում

decadent |ˈdɛkəd(ə)nt| **1** *adjective* անկումային; դեկադենտական **2** *noun* անկումային անձ; դեկադենտ

decahedral *adjective* տասնանիստ

decamp |dɪˈkæmp| *verb* 1) ճամբարը թողնել; ճամբարից մեկնել 2) հանկարծակի տեղափոխվել 3) *խոսակցական* փախչել; ծլկել

decampment *noun* 1) ճամբարը թողնելը; ճամբարից մեկնելը 2) հանկարծակի հեռանալը; փախուստ

decant |dɪˈkænt| *verb* 1) քամել; քամոցել; զտել *(դանդաղորեն ամանից լցնելով, որպեսզի նստվածքը չպղտորվի)* 2) գինին շշից գրաֆինի մեջ դատարկել

decanter |dɪˈkæntə| *noun* գրաֆին; ապակե ջրաման

decapitate |dɪˈkæpɪteɪt| *verb* 1) գլխատել 2) ինչ-որ բանի վերևի մասը կտրել 3) *փոխաբերական* կազմակերպության ղեկավարներին հեռացնելը

decapitation |-ˈteɪʃ(ə)n| *noun* գլխատում; գլխատելը

decathlon |dɪˈkæθlɒn|, |-lən| *noun մարզական* տասնամարտ

decay |dɪˈkeɪ| **1** *verb* 1) փտել; նեխել; քայքայվել; հոտել; փչանալ 2) *փոխաբերական* անկման հասնել; քայքայվել 3) քայքայել; ավերել 4) *տեխնիկական* նվազել; պակասել **2** *noun* 1) փտում; նեխում; հոտում 2) *փոխաբերական* անկում; քայքայում 3) ավերում *(շենքի, այլ առարկաների)* 4) քայքայված հյուսվածք 5) *տեխնիկական* նվազում

decease |dɪˈsiːs| **1** *noun գրական անգլերեն, իրավունք* վախճան; մահ **2** *verb հնավանդ* մեռնել; մահանալ; վախճանվել

deceased |dɪˈsiːst| *գրական անգլերեն, իրավունք* **1** *noun* հանգուցյալ; ննջեցյալ; վախճանված **2** *adjective* հանգուցյալ; ննջեցյալ

decedent |dɪˈsiːd(ə)nt| *noun ամերիկյան իրավունք* հանգուցյալ

deceit |dɪˈsiːt| *noun* 1) խաբեություն; սուտ; ստախոսություն 2) խորամանկություն; նենգություն

deceitful |dɪˈsiːtfʊl|, |-f(ə)l| *adjective* 1) ստախոս; խորամանկ; նենգ 2) խաբուսիկ; մոլորեցնող

deceitfully *adverb* 1) նենգորեն; ուխտադրժորեն 2) խաբուսիկորեն

deceive |dɪˈsiːv| *verb* 1) խաբել 2) մոլորեցնել; ապակողմնորոշել 3) անհավատարիմ լինել; խաբել *(ամուսնական հարցերում)* 4) *հնացած* հիասթափեցնել

decelerate |diːˈsɛləreɪt| *verb* արագությունը պակասեցնել; դանդաղեցնել; արգելակել

December |dɪˈsɛmbə| *noun* դեկտեմբեր

Decembrist |dɪˈsɛmbrɪst| *noun պատմական* դեկաբրիստ

decency |ˈdiːs(ə)nsi| *noun* (հոգն. **-cies**) 1) պարկեշտություն; պատշաճություն; քաղաքավարություն; սիրալիրություն ◇ **by/in decency, in common decency** քաղաքավարությունից դրդված 2) (**decencies**) քաղաքավարության կանոններ 3) (**decencies**) կանոնավոր կյանքի պահանջներ

decennial |dɪˈsɛnɪəl| *adjective* 1) տասնամյա 2) տասը տարին մեկ կրկնվող

decent |ˈdiːs(ə)nt| *adjective* 1) պարկեշտ; համեստ 2) պատշաճ; վայելուչ; քաղաքավարի 3) սիրալիր 4) *խոսակցական* պատշաճ հագնված 5) բավարար; ընդունելի 6) լավ

do the decent thing արժանապատվորեն վարվել *(նույնիսկ հակառակ իր շահերի)*

decently *adverb* 1) քաղաքավարությամբ; վայելչորեն; պատշաճորեն 2) պարկեշտորեն; համեստորեն; արժանապատվորեն 3) սիրալիր կերպով

decentralize |diːˈsɛntrəlʌɪz| *verb* ապակենտրոնացնել

deception |dɪˈsɛpʃ(ə)n| *noun* 1) խաբեբայություն; խաբեություն; սուտ 2) խորամանկություն 3) պատրանք; խաբեբայական արարք

deceptive |dɪˈsɛptɪv| *adjective* խաբուսիկ; մոլորեցնող

deceptively *adverb* խաբուսիկ կերպով

deci- |ˈdɛsi| *combining form* դեցի- *(ցույց է տալիս մեկ տասներորդ մասը)*

decibel |ˈdɛsɪbɛl| (հապ. **dB**) *noun ֆիզիկա* դեցիբել *(ձայնի բարձրության միավոր)*

decide |dɪˈsʌɪd| *verb* 1) որոշել; որոշման հանգել; վճռել 2) ստիպել որոշման գալու 3) վճիռ կայացնել 4) քննել

decided |dɪˈsʌɪdɪd| *adjective* 1) որոշակի; անվիճելի; անկասկած 2) վճռական; հաստատակամ *(բնավորության մասին)*

decidedly |dɪˈsʌɪdɪdli| *adverb* 1) վճռականորեն; վճռականապես; միարժեքորեն 2) անկասկած; անտարակույս

deciduous |dɪˈsɪdjʊəs| *adjective* 1) *կենդանաբանություն* գցվող; փոխվող; թափվող *(եղջյուրների, կաշու, փետուրների, կաթնատամների մասին)* 2) *բուսաբանություն* տերևաթափվող 3) *խոսակցական* լայնատերև

decimal |ˈdɛsɪm(ə)l| *մաթեմատիկա* **1** *adjective* տասնորդական ◇ **decimal fraction** տասնորդական կոտորակ **2** *noun* (նաև **decimal fraction**) 1) տասնորդական կոտորակ 2) հաշվանքի տասնորդական համակարգ

decimalize |ˈdɛsɪm(ə)lʌɪz| *verb մաթեմատիկա* 1) տասնորդական կոտորակի վերածել 2) տասնորդական համակարգի վերածել 3) բաժանել տասի

decimate |ˈdɛsɪmeɪt| *verb* 1) յուրաքանչյուր տասներորդին մահապատժի ենթարկել 2) *փոխաբերական* հնձել; ոչնչացնել

decimation |-ˈmeɪʃ(ə)n| *noun* 1) յուրաքանչյուր տասներորդին մահապատժի ենթարկելը 2) *փոխաբերական* հնձում; ոչնչացում

decimeter |ˈdɛsɪmiːtə| (*բրիտանական* **decimetre**) (հապ. **dm**) *noun* տասնորդամետր; մեկ տասներորդ մետր; դեցիմետր

decipher |dɪˈsʌɪfə| **1** *verb* 1) վերծանել; կարդալ *(ծածկագիրը, դժվար ընթեռնելի ձեռագիրը և այլն)* 2) գլխի ընկնել; հասկանալ 3) գաղտնազերծել **2** *noun* վերծանում; կարդալը

decipherable *adjective* վերծանելի; ընթեռնելի

decision |dɪˈsɪʒ(ə)n| *noun* 1) որոշում; վճիռ; եզրակացություն ◇ **arrive at a decision, come to a decision** որոշել; վճռել; որոշման հանգել; որոշում ընդունել 2) վճռում 3) վճռականություն

decision making *noun* (նաև **decision-making**) որոշումների կայացում

decisive |dɪˈsʌɪsɪv| *adjective* 1) վճռական; որոշիչ 2) վերջնական

decisively *adverb* վճռականորեն

deck |dɛk| **1** *noun* 1) տախտակամած 2) հարթակ 3) *խոսակցական* (**the deck**) առաջին հարկ 4) նվագարկիչի վահանակ 5) խաղաթղթերի կապուկ 6) *խոսակցական* թմրանյութի կապոց **2** *verb* 1) տախտակամած շինել 2) զարդարել; զուգել *(ծաղիկներով և այլն)* 3) *խոսակցական* գետնին գցել/խփել ինչ-որ մեկին

not playing with a full deck մտավոր թերզարգացած

on deck 1) նավի տախտակամածին 2) պատրաստ աշխատանքի կամ հանձնարարության

tread the deck նավագնաց լինել

deck chair |ˈdɛktʃɛː| *noun* պառկելաթոռ; տախտակամածի աթոռ

-decker |ˈdɛkə| *combining form* տախտակամածով նավ; տախտակամածանավ

deckhand |ˈdɛkhænd| *noun* նավաստի

deckhouse |dɛkhaʊs| *noun* ծովային խցիկ *(նավի տախտակամածի վրա)*

decking |ˈdɛkɪŋ| *noun* 1) տախտամած; տախտակամած; երեսարկ 2) զարդարում; զարդարանք

declaim |dɪˈkleɪm| *verb* 1) ոտանավորներ արտասանել 2) հանդիսավոր/վերամբարձորեն խոսել 3) (**declaim against**) դատապարտել; ընդդիմախոսել

declamation |dɛkləˈmeɪʃ(ə)n| *noun* 1) արտասանում; արտասանություն; կարդալը 2) ճոռոմաբանություն; ճարտասանություն 3) հանդիսավոր ճառ 4) *երաժշտություն* բառերի ճիշտ շեշտադրում *(երգեցողական արվեստում)*

declaration |dɛkləˈreɪʃ(ə)n| *noun* 1) հռչակագիր 2) հայտարարություն; հայտարարելը ◊ **declaration of war** պատերազմ հայտարարելը 3) հայտարարագիր *(մաքսային)* 4) *իրավունք* ցուցմունք; հայտարարություն *(դատարանում առանց երդման)* 5) *թղթախաղ* հաղթաթուղթը բացահայտելը

Declaration of Independence Անկախության հռչակագիր *(ԱՄՆ-ի անկախությունը Բրիտանիայից հռչակող փաստաթուղթ, որը ստորագրվեց 1776թ.)*

declarative |dɪˈklærətɪv| **1** *adjective* 1) հանդիսավոր; հայտարարական ◊ **declarative statement** հանդիսավոր հայտարարություն 2) *քերականություն* պատմողական *(նախադասության մասին)* 3) *քերականություն* ասացական *(բայերի մասին)* **2** *noun* 1) հանդիսավոր հայտարարություն 2) *քերականություն* պատմողական նախադասություն 3) *քերականություն* ասացական բայ

declare dɪˈklɛː| *verb* 1) հայտարարել; հայտարարություն տալ ◊ **declare war** պատերազմ հայտարարել 2) հռչակել; հանդիսավոր կերպով հայտարարել; հրապարակել ◊ **declare oneself** խոստովանել; իր ինքնությունը հայտնել 3) (**declare for/against**) թեր/դեմ արտահայտվել ◊ **declare off** հրաժարվել *(գործարքից, պարտավորությունից և այլն)* 4) հայտարարագիր տալ *(մաքսային մարմիններին)* 5) թեկնածու հայտարարել *(որևէ մեկին)*

declension |dɪˈklɛnʃ(ə)n| *noun* 1) *քերականություն* հոլովում; թեքում 2) թեքություն 3) շեղում; խոտորում 4) *բանաստեղծական* անկում; կործանում

declensional *adjective* *քերականություն* հոլովական

declinable *adjective* *քերականություն* հոլովվող

declination |ˌdɛklɪˈneɪʃ(ə)n| *noun* 1) թեքություն; թեքում; շեղում 2) *քերականություն* թեքում; հոլովում 3) մագնիսասլաքի խոտորում 4) *հնացած* անկում 5) *աստղագիտություն* հակում 6) մերժում *(հատկապես քաղաքավարի)*

decline |dɪˈklʌɪn| **1** *verb* 1) պակասել; նվազել 2) հրաժարվել; մերժել 3) վատանալ; վատթարանալ 4) ընկնել; իջնել *(ջերմաստիճանի մասին)* 5) թեքել; թեքվել 6) մերժել *(խնդիրը և այլն)* 7) *քերականություն* հոլովել; թեքել **2** *noun* 1) վատացում; վատթարացում 2) անկում; վախճան 3) թեքություն; թեքվածք 4) մայրամուտ ◊ **on the decline** ծերության օրերին; կյանքի մայրամուտին. **the decline of the moon** լուսնի նվազում

declining years ծերության տարիներ

declivity |dɪˈklɪvɪti| *noun* (հոգն. **-ties**) թեքություն; զառիվայր; զառիթափ; լանջ

decode |diːˈkəʊd| **1** *verb* վերծանել; ապակոդավորել; ծածկագրերը կարդալ **2** *noun* *խոսակցական* վերծանված հաղորդագրություն

decoder |diːˈkəʊdə| *noun* 1) վերծանիչ 2) ապակոդավորիչ

decolorization |-ˈzeɪʃ(ə)n| *noun* գունազրկում

decolorize |diːˈkʌlərʌɪz| *verb* գունազրկել; գունաթափել

decompensation |ˌdiːkɒmp(ə)nˈseɪʃ(ə)n| *noun* *բժշկություն* անվերականգնելիություն *(որևէ օրգանի, հատկապես սրտի և լյարդի վերականգնվելու անկարողությունը հիվանդությունից կամ բռնվածությունից հետո)*

decompose |diːkəmˈpəʊz| *verb* 1) տարրալուծել; վերլուծել 2) կազմալուծվել; քայքայվել; նեխել 3) տրոհվել

decomposition *noun* 1) *ֆիզիկա, քիմիա* տարրալուծում; տրոհում 2) քայքայում; նեխում

decompress |ˌdiːkəmˈprɛs| *verb* 1) փոքրացնել ճնշումը 2) աստիճանաբար փոքրացնել մթնոլորտային ճնշումը *(սուզորդներին նորմալ վիճակի բերելու համար)* 3) *համակարգիչներ* ապասեղմել; բացել *(տվյալները)*

decompression |diːkəmˈprɛʃ(ə)n| *noun* 1) ճնշման նվազեցում; ճնշաթողում 2) *համակարգիչներ* ապասեղմում; բացում *(տվյալների)*

decontaminate |diːk(ə)nˈtæmɪneɪt| *verb* վարակազերծել; ախտահանել; ապագազազացնել

decontamination *noun* վարակազերծում; ախտահանում

decor |ˈdeɪkɔː|, |ˈdɛ-| *noun* 1) զարդ; ձևատարր 2) ձևավորում; գեղարվեստական ձևավորում

decorate |ˈdɛkəreɪt| *verb* 1) զարդարել; հարդարել 2) պարգևատրել *(շքանշանով և այլն)*

decoration |dɛkəˈreɪʃ(ə)n| *noun* 1) զարդարանք 2) տոնական զարդարանք *(դրոշակներ, ծաղկաշղթաներ և այլն)* 3) շքանշան; պատվանշան

decorative |ˈdɛk(ə)rətɪv| *adjective* գեղազարդային; զարդային; զարդարվեստի

decorative arts *plural noun* զարդարվեստ; դեկորատիվ արվեստ

decorator |ˈdɛkəreɪtə| *noun* 1) գեղազարդիչ;

շենքերի գեղազարդման մասնագետ; գեղարկիչ 2) ներկարար; պաստառիչ

decorous |ˈdɛk(ə)rəs| *adjective* վայելուչ; պատշաճ; ճաշակով

decorum |dɪˈkɔːrəm| *noun* 1) արտաքին վայելչություն; պատշաճություն 2) վարվելակարգ

decoy **1** *noun* |ˈdiːkɔɪ| |dɪˈkɔɪ| 1) խայծ 2) թակարդ; ծուղակ **2** *verb* |dɪˈkɔɪ| |ˈdiːkɔɪ| հրապուրել; թակարդի մեջ գցել; ծուղակ լարել

decrease **1** *verb* |dɪˈkriːs| 1) պակասեցնել; փոքրացնել; նվազեցնել 2) պակասել; փոքրանալ; նվազել **2** *noun* |ˈdiːkriːs| պակասեցում; նվազեցում; փոքրացում; քչացում

on the decrease նվազող

decree |dɪˈkriː| **1** *noun* 1) հրամանագիր; հրաման; որոշում 2) հրաման արձակելը; որոշում կայացնելը 3) որոշում; վճիռ *(դատարանի)* **2** *verb* (**-crees**, **-creed**, **-creeing**) 1) հրամանագրել 2) հրաման արձակել

decrement |ˈdɛkrɪm(ə)nt| **1** *noun* 1) պակասեցում; նվազեցում 2) թուլացում; հանդարտեցում 3) *ֆիզիկա, մաթեմատիկա* նվազաքայլ *(այն քանակությունը, որի չափով որևէ մեծություն նվազում է կամ նվազեցվում)* **2** *verb համակարգիչներ* քայլանվազեցնել

decrepit |dɪˈkrɛpɪt| *adjective* 1) խարխուլ; հնամաշ 2) զառամյալ; տկար

decrepitate |dɪˈkrɛpɪteɪt| *verb* 1) *տեխնիկական* ճաքել այրման ժամանակ 2) ճթճթալ; ճարճատել *(կրակի վրա)*

decrepitation |-ˈteɪʃ(ə)n| *noun* 1) *տեխնիկական* այրում; կիզում 2) ճարճատում; ճթճթում; ճթճթալը 3) ճաքճքում

decrepitude *noun* 1) հնամաշություն; խարխուլություն 2) զառամություն

decrescent |dɪˈkrɛs(ə)nt| *adjective* նվազող *(լուսնի մասին)*

decry |dɪˈkrʌɪ| *verb* (**-cries**, **-cried**) 1) պարսավել; կշտամբել; հանդիմանել *(հրապարակայնորեն)* 2) արժեզրկել

decumbent |dɪˈkʌmb(ə)nt| *adjective* 1) պառկած; ընկած 2) *բուսաբանություն* գետնատարած

dedicate |ˈdɛdɪkeɪt| *verb* 1) նվիրել; ձոնել 2) *խոսակցական* բանալ, բացված հայտարարել *(հանդիսավոր կերպով)* 3) մակագրություն անել *(գրքի վրա)* 4) նվիրագործել; սրբագործել

dedicated *adjective* 1) նվիրված 2) ձոնված 3) հատկացված *(ինչ-որ բանի համար)*

dedication |dɛdɪˈkeɪʃ(ə)n| *noun* 1) ընծայական ուղերձ; ձոն; ներբող 2) նվիրվածություն; նվիրված լինելը; անձնվիրություն 3) բացման խոսք; բացման արարողություն; նվիրագործման արարողություն 4) նվիրագործում; սրբագործում *(եկեղեցու կամ այլ շինության)*

deduce |dɪˈdjuːs| *verb* 1) եզրակացնել; հետևեցնել; հանգել 2) ծագումը հաստատել/պարզել

deduct |dɪˈdʌkt| *verb* հանել; պահում անել; պակասեցնել

deduction |dɪˈdʌkʃ(ə)n| *noun* 1) նվազեցում; հանուրդ 2) *մաթեմատիկա* հանում 3) *մաթեմատիկա* հանելի 4) եզրակացություն; հետևություն; եզրահանգում 5) *փիլիսոփայություն* արտածում

deductive |dɪˈdʌktɪv| *adjective փիլիսոփայություն* արտածական

deed |diːd| **1** *noun* 1) գործ; արարք 2) գործ; փաստ ◊ **in deed and in name** թե՛ խոսքով, թե՛ գործով. **in very deed** իրոք; իսկապես 3) սխրագործություն; նվաճում; սխրանք 4) *իրավունք* փաստաթուղթ; ակտ; վավերագիր **2** *verb* 1) *ամերիկյան* վավերագրով հանձնել 2) փոխանցել *(ունեցվածք, իրավունք)*

deem |diːm| *verb* ենթադրել; կարծել; համարել

deep |diːp| **1** *adjective* 1) խոր; խորունկ ◊ **deep in love** մինչև ականջները սիրահարված. **deep in debt** մինչև ականջները պարտքի մեջ խրված. **deep in his pursuit** իր գործի մեջ խորասուզված 2) մուգ; թունդ *(գույնի, ներկի մասին)* 3) *խոսակցական* խորամանկ 4) ցածր; կրծքային *(ձայնի, հնչյունի մասին)* 5) մութ; դժվարըմբռնելի 6) կլանված; ընկղմված; խրված; խորհրդավոր **2** *noun* 1) խորություն; խոր տեղ 2) անդունդ; անհատակ խորություն 3) *բանաստեղծական* ծով; օվկիանոս **3** *adverb* խորը; խորապես

go off the deep end *խոսակցական* 1) հանկարծակի բարկանալ 2) գժություն անել; իրեն խիստ տարօրինակ պահել

jump in at the deep end դժվարին խնդրի առաջ կանգնել՝ առանց փորձառություն ունենալու

deepen |ˈdiːp(ə)n| *verb* 1) խորանալ 2) խորացնել 3) ուժեղանալ; սաստկանալ 4) ուժեղացնել; սաստկացնել 5) մգանալ 6) մգացնել 7) ցածրանալ *(ձայնի մասին)* 8) ցածրացնել *(ձայնը)* 9) մթնոլորտային ճնշումը թուլանալ

deep freeze **1** *noun* (նաև **deep freezer**) 1) խորը սառեցում *(սառեցման ջերմաստիճանից ցածր)* 2) *փոխաբերական* լճացում **2** *verb* (**deep-freeze**) խորը սառեցնել

deep-laid *adjective* մանրամասն մշակված և գաղտնի; խորամանկ *(ծրագրի մասին)*

deeply *adverb* 1) խորը; խորապես 2) ծայրահեղորեն

deep-rooted *adjective* խորապես արմատացած

deep sea **1** *noun* խոր ջրեր; օվկիանոսի խոր մասերը **2** *adjective* խոր ջրերի; խորջրյա

deep-seated *adjective* 1) խոր նստած; արմատացած 2) *տեխնիկական* խորանիստ

deer |dɪə| *noun* (հոգն. նույնը) 1) *կենդանաբանություն* եղջերու; պախրա; եղնիկ *(ընտանիք Cervidae)* 2) *հավաքական* որսի խոշոր կենդանիներ

deerhound |ˈdɪəhaʊnd| *noun* շոտլանդական որսկան շուն

deerskin |ˈdɪəskɪn| *noun* եղջերվենի

deface |dɪˈfeɪs| *verb* 1) այլանդակել; տեսքը փչացնել *(հատկապես վրան խզբզելով)* 2) ջնջել; եղծանել; անընթեռնելի դարձնել

defacement *noun* 1) այլանդակում; աղավաղում 2) այլանդակություն

de facto |deɪ ˈfæktəʊ|, |diː| **1** *adverb լատիներեն* փաստորեն **2** *adjective* փաստական

defalcate |ˈdiːfælˌkeɪt| *verb* *գրական անգլերեն* յուրացնել; մսխել *(իրեն վստահված ուրիշի ունեցվածքը)*

defalcation *noun* 1) յուրացում *(ուրիշի գույքի, փողի)* 2) վատնում

defamation *noun* 1) զրպարտություն; զրպարտանք 2) վարկաբեկում

defame |dɪˈfeɪm| *verb* զրպարտել; վարկաբեկել; արատավորել; անվանարկել

default |dɪˈfɔːlt| **1** *noun* 1) պարտազանցում; պարտավորություններ չկատարելը 2) չներկայանալը *(դատարան)* 3) *մարզական* մրցությունից դուրս գալը 4) *համակարգիչներ* նախադրված կայանքներ; լռելյայն կայանքներ **2** *verb* 1) պարտազանց լինել 2) չներկայանալ դատարան 3) դատավճիռ կայացնել պատասխանողի բացակայությամբ 4) *մարզական* մրցակցությունից դուրս գալ

by default 1) ընդդիմության բացակայությամբ 2) *համակարգիչներ* լռելյայն

in default պարտազանց վիճակում

in default of բացակայության պայմաններում

defaulter |dɪˈfɔːltə| *noun* 1) պարտազանց անձ 2) բուժումը մինչև վերջ չընդունած անձ

defeasance |dɪˈfiːz(ə)ns| *noun* *իրավունք* 1) ոչնչացում; վերացում 2) չեղարկման հոդված; չեղյալ համարելու հոդված *(պայմանագրում)*

defeasible |dɪˈfiːzɪb(ə)l| *adjective* *իրավունք* *փիլիսոփայություն* չեղարկելի; չեղյալ հայտարարելի

defeat |dɪˈfiːt| **1** *verb* 1) հաղթել; տապալել; պարտության մատնել 2) խանգարել; ձախողել 3) *փոխաբերական* խորտակել *(հույսերը և այլն)* 4) վերացնել; ոչնչացնել **2** *noun* 1) պարտություն 2) *փոխաբերական* ձախողում; խորտակում *(հույսերի և այլնի)* 3) *իրավունք* վերացում; ոչնչացում

defeatism *noun* *քաղաքականություն* պարտվողականություն

defeatist **1** *noun* պարտվողական անձ **2** *adjective* պարտվողական

defecate |ˈdɛfɪkeɪt|, |ˈdiːf-| *verb* *բնախոսություն* կղկղել

defecation *noun* կղկղում

defect[1] |ˈdiːfɛkt|, |dɪˈfɛkt| *noun* պակասություն; թերություն; արատ

defect[2] |dɪˈfɛkt| *verb* լքել; հեռանալ

defection *noun* 1) ուրացողություն; ուրացություն; ուխտադրժություն; դասալքություն 2) լքելը; լքում; հեռանալը

defective |dɪˈfɛktɪv| **1** *adjective* 1) պակասավոր; թերի; արատավոր 2) մտավոր թերզարգացած 3) *քերականություն* պակասավոր *(բայի մասին)* **2** *noun* *հնացած* *վիրավորական* մտավոր թերզարգացած անձ

defence *noun* 1) պաշտպանություն 2) *ռազմական* պաշտպանական միջոցներ

defend |dɪˈfɛnd| *verb* 1) պաշտպանել 2) պաշտպանական խոսք ասել

defendant |dɪˈfɛnd(ə)nt| *noun* *իրավունք* պատասխանող կողմ; մեղադրյալ; ամբաստանյալ

defender *noun* 1) պաշտպան 2) *իրավունք* պաշտպանություն; պաշտպանող կողմ

defenseless *adjective* անպաշտպան; խոցելի

defensible |dɪˈfɛnsɪb(ə)l| *adjective* 1) պաշտպանելի 2) արդարացված

defensive |dɪˈfɛnsɪv| **1** *adjective* պաշտպանողական; պաշտպանական **2** *noun* 1) *ռազմական* պաշտպանություն 2) պաշտպանողական դիրք

on the defensive պաշտպանողական դիրքում

defer[1] |dɪˈfəː| *verb* (**-ferred**, **-ferring**) 1) հետաձգել; երկարաձգել; ձգձգել 2) տարկետում տրամադրել

defer[2] |dɪˈfəː| *verb* (**-ferred**, **-ferring**) անսալ; վստահել; ապավինել

deference |ˈdɛf(ə)r(ə)ns| *noun* 1) ապավինում 2) հարգանք; ակնածանք; հարգալից վերաբերմունք

in deference հարգանքից մղված

deferent[1] |ˈdɛf(ə)r(ə)nt| *adjective* 1) *կազմախոսություն* բացատար; արտատար *(ծորան, երակ և այլն)* 2) *հազվադեպ* հարգալից

deferent[2] |ˈdɛf(ə)r(ə)nt| *noun* *աստղագիտություն* դեֆերենտ *(երևակայական շրջան Պտղոմեոսյան համակարգում, որի կենտրոնում գտնվում է Երկիրը)*

deferential |dɛfəˈrɛnʃ(ə)l| *adjective* հարգալից; ակնածալի

deferment *noun* հետաձգում; երկարաձգում; տարկետում

defiance |dɪˈfʌɪəns| *noun* 1) բացահայտ անհնազանդություն; բացարձակ արհամարհում 2) մրցահրավեր; մարտահրավեր; մենամարտի հրավեր

defiant |dɪˈfʌɪənt| *adjective* արհամարհական; հանդուգն; անպատկառ; անհնազանդ

defiantly *adverb* հանդգնորեն; անպատկառորեն

defibrillator |diːˈfɪbrɪleɪtə| *noun* *բժշկություն* ապաթարթափիչ; սրտի ռիթմը վերականգնող սարք

deficiency |dɪˈfɪʃ(ə)nsi| *noun* (հոգն. **-cies**) 1) պակաս; պակասություն 2) արատ; թերություն

deficient |dɪˈfɪʃ(ə)nt| *adjective* 1) անբավարար; թերի; պակաս 2) զուրկ 3) անկատար; ոչ կատարյալ 4) (նաև **mentally deficient**) տկարամիտ; խելապակաս

deficit |ˈdɛfɪsɪt|, |ˈdiː-| *noun* 1) պակասորդ 2) պակաս; պակասություն; անբավարարություն

defilade |ˌdɛfɪˈleɪd| **1** *noun* *ռազմական* թաքստոց **2** *verb* *ռազմական* թաքցնել; պաշտպանել

defile[1] |dɪˈfʌɪl| *verb* 1) կեղտոտել; աղտոտել; ապականել 2) պղծել 3) *հնացած* անառակացնել; անբարոյականացնել; պղծել

defile[2] |dɪˈfʌɪl| **1** *noun* |ˈdiːfʌɪl| 1) կիրճ; կապան 2) նեղ անցում *(զորքերի համար)* **2** *verb* *հնացած* շարանցել մեկ շարքով *(զորքերի մասին)*

defilement *noun* 1) կեղտոտում; աղտոտում; ապականում 2) պղծում 3) *հնացած* անառակացում; անբարոյականացում

definable *adjective* սահմանելի; սահմանման

ենթարկվող

define |dɪˈfʌɪn| *verb* 1) սահմանել; սահմանումը տալ 2) բնորոշել 3) սահմանը որոշել; սահմանել

definite |ˈdɛfɪnɪt| *adjective* 1) որոշակի; որոշ; պարզ; հստակ; ճշգրիտ 2) վճռական; հաստատ 3) *քերականություն* որոշիչ *(հոդի մասին)*

definite article *noun քերականություն* որոշյալ հոդ

definitely |ˈdɛfɪnɪtli| *adverb* հաստատապես; ակնհայտորեն; ստուգապես; որոշակիորեն; այո

definition |dɛfɪˈnɪʃ(ə)n| *noun* 1) սահմանում; բացատրություն; բնորոշում 2) պարզություն; հստակություն; ճշգրտություն 3) *համակարգիչներ* լուծաչափ *(նուրբ մանրամասները հաղորդելու էկրանի հատկությունը)*

by definition ըստ սահմանման; իր էությամբ

definitive |dɪˈfɪnɪtɪv| **1** *adjective* 1) վերջնական; եզրափակիչ; լավագույն 2) վստահելի; հավաստի 3) *կենդանաբանություն* հասուն 4) հասարակ *(նամականիշի մասին)* **2** *noun* հասարակ նամականիշ

deflagrate |ˈdɛfləgreɪt| *verb հնացած քիմիա* 1) արագ այրել; այրել-վերջացնել; սպառել 2) արագ այրվել; այրվել-վերջանալ; սպառվել

deflagration |-ˈreɪʃ(ə)n| *noun* 1) պայթուցիկ նյութերի արագ այրվելը *(առանց պայթյունի)* 2) բռնցակիզում

deflate |dɪˈfleɪt| *verb* 1) բաց թողնել *(օդը, գազը)* 2) խոնարհեցնել; ընկճել 3) իջնել; թուլանալ *(փուչիկի մասին)* 4) *տնտեսագիտություն* գները իջեցնել

deflation |dɪˈfleɪʃ(ə)n| *noun* 1) հանցում; բաց թողնելը *(օդի, գազի)* 2) *տնտեսագիտություն* գնանվազում; գների նվազում

deflect |dɪˈflɛkt| *verb* 1) խոտորվել; շեղվել 2) խոտորել; շեղել

deflection |dɪˈflɛkʃ(ə)n| (նաև **deflexion**) *noun* 1) խոտորում; շեղում 2) բեկում; բեկվելը 3) շեղման չափ

deflower |diːˈflaʊə| *verb* 1) կուսությունից զրկել 2) ծաղիկները պոկել 3) փչացնել; ապականել; պղծել

defoliate |diːˈfəʊlɪeɪt| **1** *verb* տերևազուրկ անել **2** *adjective* տերևազուրկ; տերևաթափ

defoliation *noun* 1) տերևաթափ 2) *ռազմական* տերևաթափում *(թշնամու ապաքողարկման համար)*

deforest |diːˈfɒrɪst| *verb* անտառազրկել; անտառահատել

deform |dɪˈfɔːm| *verb* 1) այլանդակել; ձևախեղել; խեղաթյուրել; աղավաղել 2) *տեխնիկական* ձևափոխել; այլաձևել

deformation |ˌdiːfɔːˈmeɪʃ(ə)n| *noun* 1) *տեխնիկական* այլաձևում; ձևափոխում 2) այլանդակում; աղավաղում; խեղաթյուրում

deformity |dɪˈfɔːmɪti| *noun* (հոգն. **-ties**) 1) պակասություն; արատ; թերություն *(ֆիզիկական կամ բարոյական)* 2) ձևափոխում; ձևափոխություն

defraud |dɪˈfrɔːd| *verb* 1) շորթել; կողզել *(խորամանկությամբ, խաբեությամբ)* 2) խաբել

defray |dɪˈfreɪ| *verb* վճարել; հատուցել

defrock |diːˈfrɒk| *verb եկեղեցական* կարգալույծ անել; հոգևոր կոչումից զրկել

defrost |diːˈfrɒst| *verb* 1) եղյամազերծել; սառցազերծել; սառցահանել 2) ապասառեցնել; հալեցնել

deft |dɛft| *adjective* ճարպիկ; ճարտար; արագաշարժ; փութկոտ

deftly *adverb* ճարպկորեն; արագորեն; փութանակի; խսկույն

defunct |dɪˈfʌŋ(k)t| **1** *adjective* 1) մեռած; մահացած; վախճանված; հանգուցյալ 2) անհետացած 3) չգործող **2** *noun* հանգուցյալ

defuse |diːˈfjuːz| *verb* 1) վնասազերծել; լիցքաթափել *(պայթուցիկ սարքը)* 2) պայթուցիչը հանել 3) *փոխաբերական* լիցքաթափել *(վտանգավոր իրավիճակը և այլն)*

defy |dɪˈfʌɪ| *verb* (**-fies**, **-fied**) 1) դիմակայել; դիմադրել 2) չհնազանդվել; արհամարհել 3) չենթարկվել; բացառել; հակառակ լինել ◇ **it defies description** աննկարագրելի է; նկարագրությանը չի ենթարկվում 4) *հնացած* մրցման կանչել; մրցման հրավիրել 5) անհնարին լինել

degas |diːˈgæs| *verb* (**-gassed**, **-gassing**) 1) ապագազազերծել 2) ապագազազերծվել

degenerate **1** *adjective* |dɪˈdʒɛn(ə)rət| այլասերված **2** *noun* |dɪˈdʒɛn(ə)rət| այլասերված անձ; փչացած մարդ **3** *verb* |dɪˈdʒɛnəreɪt| այլասերվել

degeneration |dɪˌdʒɛnəˈreɪʃ(ə)n| *noun* 1) այլասերում; անկում 2) *բժշկություն* ապասերում; հետաճ

degenerative |dɪˈdʒɛn(ə)rətɪv| *adjective* 1) այլասերվող; այլասերված 2) այլասերիչ

degradation |ˌdɛgrəˈdeɪʃ(ə)n| *noun* 1) ցածրացում; իջեցում 2) անկում; վատթարացում 3) *երկրաբանություն* քայքայում *(ապարների)* 4) *քիմիա* քայքայում; տարրալուծում

degrade |dɪˈgreɪd| *verb* 1) այլասերել; ապականել 2) *հնացած* աստիճանազրկել 3) իջնել; թուլանալ; նվազել; պակասել 4) *երկրաբանություն* քայքայել *(ապարները)* 5) *քիմիա* քայքայել; տարրալուծել

degrading |dɪˈgreɪdɪŋ| *adjective* ստորացուցիչ; նվաստացուցիչ; վիրավորական

degree |dɪˈgriː| *noun* 1) աստիճան; չափ 2) աստիճան *(անկյունի կամ ջերմաստիճան չափելու միավոր)* 3) գիտական աստիճան/կոչում ◇ **degree in physics** գիտական կոչում ֆիզիկայի գծով 4) դիրք *(հասարակական)* 5) *քերականություն* համեմատության աստիճան

by degrees աստիճանաբար; հետզհետե

to a degree 1) ինչ-որ չափով 2) *հնացած* զգալի չափով

degressive |dɪˈgrɛsɪv| *adjective* նվազական; վայրընթաց; նվազող

dehumanize |diːˈhjuːmənʌɪz| *verb* 1) անմարդկայնացնել 2) մեխանիկական դարձնել; արհեստականացնել

dehumidification *noun* խոնավազերծում; չորացում

dehydrate |diːˈhʌɪdreɪt| *verb* 1) ջրազրկել 2) ջրազրկվել

dehydration *noun քիմիա* ջրազրկում

de-ice |diːˈʌɪs| *verb* սառցազերծել

deification |-fɪˈkeɪʃ(ə)n| *noun* աստվածացում; աստվածարում

deify |ˈdeɪɪfʌɪ|, |ˈdiːɪ-| *verb* (**-fies**, **-fied**) 1) աստվածացնել; աստվածարել 2) պաշտել; երկրպագել

deign |deɪn| *verb* արժանացնել; բարեհաճել; շնորհ անել

deism |ˈdeɪɪz(ə)m|, |ˈdiːɪ-| *noun փիլիսոփայություն* դեիզմ; աստվածապատճառություն *(ուսմունք, ըստ որի Աստված տիեզերքի պատճառն է, սակայն չի ընդունում, որ Աստված միջամտում է իր ստեղծած արարչությանը)*

deist *noun* դեիստ; աստվածապատճառական

deity |ˈdeɪɪti|, |ˈdiːɪ-| *noun* (հոգն. **-ties**) 1) աստվածություն; աստված *(բազմաստվածական կրոններում)* 2) պաշտամունքի առարկա; հիացմունքի առարկա 3) աստվածայնություն; աստվածային լինելը 4) (**the Deity**) Աստվածություն; Աստված *(միաստված ական կրոններում)*

deject |dɪˈdʒɛkt| *verb հնավանդ* ընկճել; ճնշել; վհատեցնել

dejected *adjective* ընկճված; տխուր; թախծոտ; ճնշված

dejectedly *adverb* տրտում; ձանձրացած

dejection |dɪˈdʒɛkʃ(ə)n| *noun* 1) ընկճվածություն; վհատություն; ճնշվածություն; հուսալքություն 2) *բժշկություն* կղկղանք; կղանք 3) *բժշկություն* կղկղում 4) *երկրաբանություն* լավա; հրաբխային զանգված; մոխիր

delate |dɪˈleɪt| *verb հնավանդ* 1) մատնել; հայտնել; տեղեկացնել 2) ամբաստանել; մեղադրել

delation |-ˈleɪʃ(ə)n| *noun* մատնություն; ամբաստանություն

delay |dɪˈleɪ| **1** *verb* 1) ետ պահել; դանդաղեցնել; կասեցնել 2) հետաձգել; երկարաձգել; ուշացնել 3) դանդաղել; հապաղել; ուշանալ **2** *noun* 1) ուշացում հապաղում 2) ձգձգում; քաշքշուկ 3) ժամանակամիջոց; միջակայք 4) *էլեկտրականություն* հապաղում

delectation |ˌdiːlɛkˈteɪʃ(ə)n| *noun գրական անգլերեն կատակային* հաճույք; մեծ բավականություն

delegacy |ˈdɛlɪgəsi| *noun* (հոգն. **-cies**) 1) պատգամավորություն; պատվիրակություն 2) պատգամավոր ուղարկելը 3) պատգամավորի լիազորություններ

delegate **1** *noun* |ˈdɛlɪgət| պատգամավոր **2** *verb* |ˈdɛlɪgeɪt| 1) պատգամավոր ուղարկել; լիազորել 2) հղել; հանձնարարել

delegation |dɛlɪˈgeɪʃ(ə)n| *noun* 1) պատգամավորություն; պատվիրակություն 2) պատգամավոր ուղարկելը

delete |dɪˈliːt| **1** *verb* 1) ջնջել; հանել *(տառը, բառը և այլն)* 2) *փոխաբերական* ոչնչացնել; ջնջել 3) *համակարգիչներ* ջնջել; վերացնել *(տվյալները)* **2** *noun համակարգիչներ* ՋՆՋԵԼ ստեղն; ջնջման ստեղն

deleterious |ˌdɛlɪˈtɪərɪəs| *adjective* վնասակար; վնասաբեր

deletion *noun* 1) ջնջում *(բառի և այլնի)* 2) ոչնչացում 3) ջնջված հատված *(տեքստում)*

deliberate **1** *adjective* |dɪˈlɪb(ə)rət| 1) դիտավորյալ; միտումնավոր; կանխամտածված 2) զգույշ; շրջահայաց 3) անշտապ; դանդաղ **2** *verb* |dɪˈlɪbəreɪt| 1) խորհել; մտածել; խորհրդածել 2) քննարկել; խորհրդակցել; կշռադատել

deliberately *adverb* 1) դիտավորյալ կերպով; դիտմամբ; ի հեճուկս 2) զգուշորեն; զգուշաբար; զգուշությամբ 3) դանդաղորեն

deliberation |dɪˌlɪbəˈreɪʃ(ə)n| *noun* 1) խորհրդածում; մտորում; կշռադատում 2) քննարկում; խորհրդակցում 3) զգուշություն; շրջահայացություն

deliberative |dɪˈlɪb(ə)rətɪv| *adjective* խորհրդակցական

delicacy |ˈdɛlɪkəsi| *noun* (հոգն. **-cies**) 1) նրբություն; նրբագեղություն 2) թուլություն; տկարություն; փխրունություն 3) փափկանկատություն; նրբանկատություն 4) քնքշություն 5) բարեկրթություն; նրբավարություն 6) դյուրազգացություն; զգայունություն 7) նուրբ խորտիկ; համադամ կերակուր

delicate |ˈdɛlɪkət| **1** *adjective* 1) նուրբ; նրբագեղ 2) թույլ; փխրուն; հիվանդոտ; դյուրաբեկ 3) նրբազգաց; փափկանկատ; նրբանկատ; քաղաքավարի 4) զգայուն; դյուրազգաց 5) քնքուշ 6) նրբահամ; համեղ **2** *noun խոսակցական* 1) նուրբ հագուստ 2) խորտիկ 3) նրբություն

in a delicate condition *հնացած* հղի; պատճառավոր

delicatessen |ˌdɛlɪkəˈtɛs(ə)n| *noun* 1) նրբահամ խորտիկներ 2) մթերային խանութ

delicious |dɪˈlɪʃəs| *adjective* 1) հիանալի; սքանչելի; հրաշալի; հիասքանչ 2) համեղ; ընտիր 3) հաճելի

delict |dɪˈlɪkt|, |ˈdiːlɪkt| *noun իրավունք* օրինախախտում; օրինազանցություն

delight |dɪˈlʌɪt| **1** *verb* 1) հիացնել; սքանչացնել; զմայլեցնել; հաճույք պատճառել 2) հիանալ; սքանչանալ; զմայլվել **2** *noun* հաճույք; հիացմունք; բերկրանք

delighted |dɪˈlʌɪtɪd| *adjective* հիացած; ուրախ; երջանիկ

delightful |dɪˈlʌɪtfʊl|, |-f(ə)l| *adjective* հիանալի; սքանչելի; զմայլելի; զմայլեցուցիչ; հմայիչ

delightfully *adverb* հիանալիորեն; սքանչելիորեն

delimit |dɪˈlɪmɪt| *verb* (**-limited**, **-limiting**) սահմանները որոշել; սահմանագծել; սահմանազատել

delimitation |-ˈteɪʃ(ə)n| *noun* սահմանագծում; սահմանազատում

delineate |dɪˈlɪnɪeɪt| *verb* 1) ուրվագծել; ուրվանկարել; նշել 2) նկարագրել; պատկերել

delineation |-ˈeɪʃ(ə)n| *noun* 1) ուրվագծում; շրջագծում; ուրվագիծ 2) նկարագրություն; պատկերում; ակնարկ

delinquency |dɪˈlɪŋkw(ə)nsi| *noun* (հոգն. **-cies**)

1) զանցառություն; զանցանք; պարտազանցություն; հանցավորություն 2) իրավազանցություն 3) պարտքի չվճարում; ժամկետազանցում

delinquent |dɪˈlɪŋkw(ə)nt| **1** *adjective* 1) մեղավոր; հանցավոր 2) *ամերիկյան* պարտազանց 3) իրավազանց; օրինազանց **2** *noun* իրավազանց անձ; հանցագործ

delirious |dɪˈlɪrɪəs| *adjective* 1) զառանցող; զառանցանքի մեջ գտնվող 2) զառանցական; ցնորական; անկապ 3) բորբոքված; գրգռված; մոլեգնած

delirium |dɪˈlɪrɪəm| *noun* 1) զառանցանք; զառանցում; տենդ 2) մոլեգնություն

deliver |dɪˈlɪvə| *verb* 1) հանձնել; տալ 2) (**deliver from**) ազատել; փրկել *(գերությունից, բանտից)* 3) առաքել; տեղ հասցնել *(նամակներ և այլն)* 4) արտասանել; կարդալ *(զեկուցում, դասախոսություն, ճառ)* 5) *բժշկություն* ծնունդ ընդունել ◊ **be delivered of** ազատվել; երեխա բերել; ծնել; ծննդաբերել 6) հասցնել *(հանկարծակի հարված)*

deliver the goods *խոսակցական* կատարել խոստացածը

deliverable **1** *adjective* հանձնելի; հանձնման ենթակա **2** *noun* հանձնելիք; հանձնման ենթակա առարկա

deliverance |dɪˈlɪv(ə)r(ə)ns| *noun* ազատում; փրկում; ազատություն; փրկություն

delivery |dɪˈlɪv(ə)ri| *noun* (հոգն. **-eries**) 1) հանձնում; փոխանցում; առաքում 2) ծննդաբերություն 3) արտասանում *(ճառի)* 4) արտահայտում; արտահայտվելը 5) *տեխնիկական* սնում; մատակարարում *(ջրով, էլեկտրական հոսանքով և այլն)* 6) *մարզական* նետում *(գնդակի)* 7) հանձնում; հանձնելը

take delivery of ստանալ *(գնած իրը)*

dell |dɛl| *noun* *բանաստեղծական* անտառապատ հովիտ

delta¹ |ˈdɛltə| **1** *noun* դելտա *(հունական այբուբենի չորրորդ տառը)* **2** *symbol* D տառի կոդը *(ռադիոհաղորդակցության մեջ)*

delta² *noun* դելտա; գետաբերան

delude |dɪˈl(j)uːd| *verb* մոլորեցնել; խաբել; մոլորության մեջ գցել; ապակողմնորոշել

deluge |ˈdɛljuːdʒ| **1** *noun* 1) ջրհեղեղ; հեղեղում; հեղեղ 2) տարափ; տեղատարափ 3) *փոխաբերական* հեղեղ *(բառերի և այլնի)* **2** *verb* հեղեղել; ողողել

delusion |dɪˈl(j)uːʒ(ə)n| *noun* 1) պատրանք; խաբկանք 2) մոլորություն 3) *բժշկություն* մտացրություն; մոլուցք

delusion of grandeur մեծության մտացրություն/պատրանք

delusive |dɪˈl(j)uːsɪv| *adjective* խաբուսիկ; երևակայական; անիրական

deluxe |dɪ ˈlʌks|, |ˈlʊks| *adjective* շքեղ; պերճ; փառահեղ

delve |dɛlv| *verb* 1) *հնացած* փորել; պեղել 2) քրքրել; որոնել; փնտրտել *(գրքերը և այլն)* 3) խորանալ

demagogic |-ˈgɒgɪk| *adjective* ամբոխավարական; դեմագոգիական

demagogue |ˈdɛməgɒg| *noun* ամբոխավար; դեմագոգ

demand |dɪˈmɑːnd| **1** *noun* 1) պահանջ; խնդիրք; պահանջմունք 2) *տնտեսագիտություն* պահանջարկ **2** *verb* 1) պահանջել 2) կարիք ունենալ 3) *իրավունք* կանչել 4) հարցնել

in demand պահանջարկ վայելող

supply and demand պահանջարկ և առաջարկ

demanding |dɪˈmɑːndɪŋ| *adjective* 1) պահանջող 2) պահանջկոտ 3) աշխատատար

demarcate |ˈdiːmɑːkeɪt| (նաև **demarkate**) *verb* սահմանազատել; սահմանագծել; սահմանազատիչ գիծ գծել

demarcation |diːmɑːˈkeɪʃ(ə)n| *noun* սահմանազատում; սահմանագծում

démarche |deɪˈmɑːʃ| *noun* քայլ; ցույցք *(դիվանագիտական գործողություն)*

demean¹ |dɪˈmiːn| *verb* 1) ստորացնել; նվաստացնել 2) (**demean oneself**) ստորանալ; նվաստանալ

demean² |dɪˈmiːn| *verb* *հնացած* (**demean oneself**) իրեն պահել; վարվել

demeanor |dɪˈmiːnə| (*բրիտանական* **demeanour**) *noun* վարք; իրեն պահելու ձև

demented |dɪˈmɛntɪd| *adjective* 1) թուլամտությամբ տառապող; թուլամիտ 2) *խոսակցական* խելագար

dementia |dɪˈmɛnʃə| *noun* 1) *բժշկություն* թուլամտություն; տկարամտություն 2) *գրքային* խելագարություն

demesne |dɪˈmeɪn|, |dɪˈmiːn| *noun* *պատմական* 1) տիրապետում; տիրում *(հողի, գույքի)* 2) կալվածք *(վարձակալության չտրվող)* 3) *փոխաբերական* ասպարեզ; բնագավառ; տիրույթ

held in demesne սեփականվող *(անշարժ գույքի մասին)*

demi- |ˈdɛmi| *prefix* 1) կես-; կիսա- 2) մասամբ

demilitarize |diːˈmɪlɪt(ə)rʌɪz| *verb* ապառազմականացնել

demimonde |ˌdɛmɪˈmɒnd|, |dəmimɔ̃d| (նաև **demi-monde**) *noun* 1) թեթևաբարո կանանց շրջան 2) կասկածելի համբավի տեր մարդիկ

demise |dɪˈmʌɪz| **1** *noun* 1) մահ; վախճան 2) դադարում; վերջ 3) ի դերև ելնելը 4) վարձակալության տալը 5) ժառանգաբար հանձնելը 6) գահը թագաժառանգին հանձնելը; գահից հրաժարվելը **2** *verb* *իրավունք* 1) ժառանգաբար հանձնել; կտակել 2) վարձակալության տալ 3) գահը թագաժառանգին հանձնել; գահից հրաժարվել

demission |-ˈmɪʃ(ə)n| *noun* հրաժարում; հրաժարվելը; հրաժարական տալը

demo |ˈdɛməʊ| *խոսակցական* **1** *noun* (հոգն. **-os**) 1) ցուցադրություն 2) ցուցադրական ելույթ 3) *համակարգիչներ* ցուցադրական ծրագրատարբերակ **2** *verb* (**-os, -oed**) *համակարգիչներ* ցուցադրել ծրագրի հնարավորությունները

demobilization *noun* զորացրում

demobilize |diːˈməʊbɪlʌɪz| *verb* 1) զորացրել 2) զինաթափված հայտարարել

democracy |dɪˈmɒkrəsi| *noun* (հոգն. **-cies**) 1) ժողովրդավարություն 2) ժողովրդավարական կարգ 3) հասարակ ժողովուրդ

democrat |ˈdɛməkræt| *noun* 1) ժողովրդավար; ժողովրդավարության կողմնակից 2) *ամերիկյան* (**Democrat**) դեմոկրատական կուսակցության անդամ

democratic |dɛməˈkrætɪk| *adjective* 1) ժողովրդավարական 2) դեմոկրատական կուսակցությանը վերաբերող

democratize |dɪˈmɒkrətʌɪz| *verb* ժողովրդավարացնել

demographic |ˌdɛməˈgræfɪk| *adjective* ժողովրդագրության

demography |dɪˈmɒgrəfi| *noun* ժողովրդագրություն

demolish |dɪˈmɒlɪʃ| *verb* 1) քանդել; ավերել 2) ջախջախել; հերքել; բացասել *(փաստարկները և այլն)* 3) *խոսակցական* ուտել; խժռել 4) պարտության մատնել

demolition *noun* 1) քանդում; քանդելը; ավերում 2) *ռազմական* ոչնչացում; կործանում 3) *խոսակցական* պարտություն

demon[1] |ˈdiːmən| *noun* 1) դև; սատանա; չար ոգի 2) չարահոգի մարդ 3) իր գործում վարպետ

like a demon կատաղի կերպով

demon[2] *noun համակարգիչներ* նաև **daemon** թարգմանծրագիր; դեմոն *(գործածողից ծածկված ծրագիր, որը սկսում է աշխատել որևէ գործառույթ կանչելու դեպքում)*

demoniac |dɪˈməʊnɪæk| **1** *adjective* 1) դիվահար; կատաղած; մոլեգին; այսահար 2) դիվային; սատանայական; նենգավոր **2** *noun* դիվահար անձ

demonic |dɪˈmɒnɪk| *adjective* 1) դիվային; սատանայական 2) եռանդուն; շտապով

demonstrable |dɪˈmɒnstrəb(ə)l|, |ˈdɛmən-| *adjective* 1) ապացուցելի 2) ակներև; ակնհայտ; ակնառու

demonstrate |ˈdɛmənstreɪt| *verb* 1) ցուցադրել; ցույց տալ; ի ցույց հանել 2) ապացուցել 3) հանդես բերել; ցուցաբերել; դրսևորել; բացահայտել 4) ցույցի մասնակցել

demonstration |dɛmənˈstreɪʃ(ə)n| *noun* 1) ցուցադրում 2) ապացույց; ապացուցում 3) ցուցաբերում; հանդես բերելը; բացահայտում 4) *քաղաքականություն* ցույց 5) *ռազմական* ռազմացույց

demonstrative |dɪˈmɒnstrətɪv| **1** *adjective* 1) ցուցադրական 2) *քերականություն* ցուցական 3) բուռն; անզուսպ 4) ապացուցական 5) ուսուցողական **2** *noun քերականություն* ցուցական դերանուն

demonstrator |ˈdɛmənstreɪtə| *noun* 1) ցույցի մասնակից; ցուցարար 2) ցուցադրիչ 3) ցուցանմուշ

demoralization |-ˈzeɪʃ(ə)n| *noun* բարոյալքում

demoralize |dɪˈmɒrəlʌɪz| *verb* 1) բարոյալքել 2) կազմալուծել

demote |diːˈməʊt| *verb խոսակցական* պաշտոնը իջեցնել; պաշտոնանկել

demotion *noun* պաշտոնի իջեցում; պաշտոնանկում

demountable *adjective* քանդովի; քանդվող

demur |dɪˈməː| **1** *verb* (**-murred**, **-murring**) 1) տարակուսել; երկմտել; տատանվել; վարանել 2) առարկել; հակաճառել 3) *իրավունք* բացարկ հայտարարել **2** *noun* 1) տատանում; վարանում; տարակուսանք 2) առարկություն

demure |dɪˈmjʊə| *adjective* (**-murer**, **-murest**) 1) լուրջ; ծանրաբարո 2) համեստ; ամոթխած 3) շինծու համեստ

den |dɛn| **1** *noun* 1) այր; քարայր; որջ 2) հանցագործների բույն; որջ 3) փոքր առանձնասենյակ 4) խցիկ; նեղ սենյակ **2** *verb* (**denned**, **denning**) 1) որջի մեջ բնակվել 2) որջում թաքնվել

denary |ˈdiːn(ə)ri| *adjective* տասնորդական; տասից բաղկացած

denationalize |diːˈnæʃ(ə)n(ə)lʌɪz| *verb* 1) ազգային առանձնահատկություններից զրկել 2) *տնտեսագիտություն* մասնավորեցնել

denaturalize |diːˈnætʃ(ə)rəlʌɪz| *verb* 1) զրկել քաղաքացիությունից; զրկել հպատակությունից 2) զրկել բնական հատկություններից; անբնական դարձնել

denature |diːˈneɪtʃə| *verb* 1) փոխել բնածին հատկությունները 2) բնափոխել *(սպիրտը)* 3) բնափոխվել

denazification *noun* նացիզմի մնացորդների վերացում

denazify *verb* (**-fies**, **-fied**) նացիզմի մնացորդները վերացնել

dendriform *adjective* ծառանման

dene[1] |diːn| (նաև **dean**) *noun* հովիտ; հարթավայր

dene[2] |diːn| *noun բարբառային* դյուներ; ավազաթմբեր *(ծովափերին և անապատներում գոյացած)*

dengue |ˈdɛŋgi| (նաև **dengue fever**) *noun* արևադարձային տենդ

denial |dɪˈnʌɪ(ə)l| *noun* 1) մերժում; ժխտում; ուրացում 2) հրաժարվելը 3) ժխտում; հերքում; բացասում ◇ **flat denial** կտրուկ հերքում. **strong denial** ուղղակի մերժում 4) չճանաչելը; չընդունելը

denim |ˈdɛnɪm| *noun* 1) ջինսային կտոր 2) ջինսի հագուստ

denitrification *noun* ազոտազերծում; բորակազերծում

denitrify |diːˈnʌɪtrɪfʌɪ| *verb* (**-fies**, **-fied**) ազոտազերծել; բորակազերծել *(քիմիական քայքայման միջոցով)*

denizen |ˈdɛnɪz(ə)n| **1** *noun գրական անգլերեն կատակային* 1) տեղական բնակիչ; տեղացի 2) հպատակագրված օտարերկրացի 3) կլիմայավարժված կենդանի/բույս 4) *լեզվաբանություն* փոխառյալ բառ; փոխառություն **2** *verb* 1) քաղաքացիություն տալ; հպատակագրել 2) կլիմայավարժել; միջավայրին ընտելացնել

Denmark |ˈdɛnmɑːk| Դանիա *(պետություն Եվրոպայի հյուսիս-արևմուտքում)*

denominate |dɪˈnɒmɪneɪt| *verb* 1) անվանել; անուն տալ 2) արտահայտել *(որոշակի դրա-*

մակաՆ միավորով)

denomination |dɪˌnɒmɪ'neɪʃ(ə)n| *noun* 1) *կրոՆ* դավաՆություՆ; հարաՆվաՆություՆ 2) աՆվաՆում; աՆուՆ 3) միավոր *(չափմաՆ)* 4) արժեՆիշ *(թղթադրամի)*

denominational |dɪˌnɒmɪ'neɪʃ(ə)n(ə)l| *adjective* դավաՆակաՆ; հարաՆվաՆակաՆ

denominative |dɪ'nɒmɪnətɪv| *adjective* 1) աՆվաՆակաՆ 2) *քերակաՆություՆ* աՆվաՆակազմ; աՆվաՆակերտ

denominator |dɪ'nɒmɪneɪtə| *noun* 1) *մաթեմատիկա* հայտարար 2) *մաթեմատիկա* բաժաՆարար 3) բՆակչությաՆ ըՆդհաՆուր քաՆակ

denotation *noun* 1) Նշում; ՆշաՆակում 2) ՆիՇ; ՆշաՆ 3) *լեզվաբաՆություՆ* հիմՆաՆշաՆակություՆ; բառի հիմՆակաՆ իմաստ

denotative |-tətɪv| *adjective* 1) Նշող; ՆշաՆակող; մատՆաՆշող 2) բացահայտ 3) *լեզվաբաՆություՆ* հիմՆաՆշաՆակայիՆ

denote |dɪ'nəʊt| *verb* 1) ՆշաՆակել; արտահայտել 2) ցույց տալ; մատՆաՆշել; Նշել

denouement |deɪ'nu:mɒ˜| *noun* 1) վերջաբաՆ; վախճաՆ 2) հաՆգուցալուծում; գագաթՆակետ

denounce |dɪ'naʊns| *verb* 1) դատապարտել; մեղադրել; պախարակել; պարսավել; մերկացՆել 2) *քաղաքակաՆություՆ* չեղյալ հայտարարել *(պայմաՆագիրը)* 3) մատՆել 4) խզել

dense |dens| *adjective* 1) խիտ; հոծ; թաՆձր 2) *փոխաբերակաՆ* բթամիտ; բութ; թաՆձրամիտ 3) խրթիՆ

density |'densɪti| *noun* (հոգՆ. **-ties**) 1) խտություՆ; հոծություՆ; թաՆձրություՆ 2) *ֆիզիկա* տեսակարար կշիռ; խտություՆ 3) հիմարություՆ; բթամտություՆ

dent |dent| **1** *noun* 1) փոս ըՆկած տեղ; խորոչ; խորություՆ; փոսիկ 2) Նվազում **2** *verb* 1) փոս գցել *(սեղմելով)* 2) հետք թողՆել

dental |'dent(ə)l| **1** *adjective* 1) ատամՆայիՆ 2) ատամՆաբուժակաՆ **2** *noun հՆչյուՆաբաՆություՆ* ատամՆայիՆ բաղաձայՆ

dental floss *noun* ատամՆայիՆ թել *(մաքրելու համար)*

denticle |'dentɪk(ə)l| *noun կեՆդաՆաբաՆություՆ* ատամիկ

denticulated *adjective* ատամՆավոր; քարթված; կեռատված

dentifrice |'dentɪfrɪs| *noun* ատամՆափոշի; ատամՆամածուկ

dentist |'dentɪst| (հպվ. **dent.**) *noun* ատամՆաբույժ

dentistry *noun* ատամՆաբուժություՆ

dentition |den'tɪʃ(ə)n| *noun* 1) ատամՆերի դասավորություՆ 2) ատամՆերի դուրս գալը

denture |'dentʃə| *noun* ատամՆահեՆք *(սովորաբար արհեստակաՆ ատամՆերի)*

denudation |di:njʊ'deɪʃ(ə)n| *noun* 1) մերկացում 2) *երկրաբաՆություՆ* լերկացում

denude |dɪ'nju:d| *verb* 1) մերկացՆել 2) զրկել որևէ բաՆից 3) *երկրաբաՆություՆ* լերկացՆել

denunciation |dɪˌnʌnsɪ'eɪʃ(ə)n| *noun* 1) դատապարտում; մեղադրում; պախարակում; պարսավում 2) *իրավուՆք* չեղյալ հայտարարելը *(պայմաՆագրի)* 3) մատՆություՆ 4) խզում

denunciator |-'nʌnsɪeɪtə|, |-'nʌnʃɪeɪtə| *noun* 1) մեղադրող; ամբաստաՆող 2) մատՆիչ

deny |dɪ'nʌɪ| *verb* (**-nies**, **-nied**) 1) հերքել; ժխտել; չհամաձայՆվել 2) մերժել իՆչ-որ բաՆ; հրաժարվել իՆչ-որ բաՆից ◇ **deny oneself sth** իրեՆ զրկել 3) ուրաՆալ; իր ասածից ետ կաՆգՆել; հրաժարվել 4) խաՆգարել; խոչըՆդոտել

deodorant |dɪ'əʊd(ə)r(ə)nt| *noun* հոտազերծիչ

deoxygenate |di:'ɒksɪdʒəneɪt| *verb* թթվածՆազերծել

deoxyribonucleic acid |dɪˌɒksɪrʌɪbəʊnju:'kleɪɪk| *noun* դեզօքսիռիբոՆուկլեիՆաթթու

depart |dɪ'pɑ:t| *verb* 1) հեռաՆալ; բաժաՆվել; մեկՆել; գՆալ 2) մեռՆել; վախճաՆվել 3) (**depart from**) շեղվել; խոտորվել 4) հրաժարվել

depart this life *հՆացած* մեռՆել

departed |dɪ'pɑ:tɪd| **1** *adjective* հաՆգուցյալ **2** *noun* (**the departed**) հաՆգուցյալ; հաՆգուցյալՆեր

department |dɪ'pɑ:tm(ə)nt| *noun* 1) բաժիՆ; բաժաՆմուՆք 2) ֆակուլտետ 3) ճյուղ; բՆագավառ 4) գերատեսչություՆ

departmental |di:pɑ:t'ment(ə)l| *adjective* 1) բաժաՆմուՆքի 2) գերատեսչակաՆ

department store *noun* հաՆրախաՆութ

departure |dɪ'pɑ:tʃə| *noun* 1) մեկՆում; մեկՆելը; հեռաՆալը 2) մահ; վախճաՆ 3) շեղում; հրաժարում; խոտորում 4) *ՆավագՆացություՆ* հեռացում *(Նավի կամ օդաՆավի շեղումՆ արևմտյաՆ միջօրեակաՆից՝ մղոՆՆերով արտահայտված)*

depend |dɪ'pend| *verb* 1) (**depend on, depend upon**) կախված լիՆել; կախում ուՆեՆալ 2) խՆամքի տակ գտՆվել 3) վստահել; հույս դՆել; ապավիՆել; հուսալ 4) *հՆացած* կախ ըՆկՆել

it depends Նայած; Նայած թե; աՆորոշ է

dependable |dɪ'pendəb(ə)l| *adjective* վստահելի; հուսալի; արժաՆահավատ

dependence |dɪ'pend(ə)ns| *noun* 1) կախում; կախվածություՆ 2) վստահություՆ; հույս; ապավիՆություՆ 3) կախվածություՆ; ըՆտելացում *(թմրաՆյութերի Նկատմամբ և այլՆ)*

dependency |dɪ'pend(ə)nsi| *noun* (հոգՆ. **-cies**) 1) կախում; կախվածություՆ; կախյալ դրություՆ 2) կախյալ երկիր; գաղութ 3) տե՛ս **dependence**

dependent |dɪ'pend(ə)nt| **1** *adjective* 1) (**dependent on/upon**) կախված; պայմաՆավորված 2) ե՛Նթակա; ստորադրյալ 3) կախյալ; կախում ուՆեցող 4) խՆամքի տակ գտՆվող; խՆամարկյալ 5) *քերակաՆություՆ* ստորադաս *(ՆախադասություՆ)* **2** *noun* (բրիտանական **dependant**) 1) խՆամառու; խՆամքի տակ գտՆվող մարդ 2) *քերակաՆություՆ* ստորադասակաՆ դարձված/տարր

depict |dɪ'pɪkt| *verb* 1) պատկերել; Նկարել; արտապատկերել 2) Նկարագրել

deplane |di:'pleɪn| *verb* 1) իջՆել; դուրս գալ *(իՆքՆաթիռից)* 2) իջեցՆել *(իՆքՆաթիռից)*

deplete |dɪ'pli:t| *verb* 1) սպառել; պարպել;

դատարկել 2) ստամոքսը մաքրել/դատարկել 3) նվազեցնել; բչացնել

depletion |-ˈpliːʃ(ə)n| *noun* 1) սպառում; պարպում; դատարկում 2) ստամոքսը մաքրելը/դատարկելը

deplorable |dɪˈplɔːrəb(ə)l| *adjective* ողբալի; ողորմելի; գավալի; տխրալի

deplorably *adverb* ողբալիորեն; ցավալիորեն

deplore |dɪˈplɔː| *verb* 1) ողբալ; սգալ; ցավել 2) դատապարտելի համարել; դատապարտել

deploy |dɪˈplɔɪ| *verb* 1) *ռազմական* ծավալել; տարածել; տեղադրել; սփռել *(զորքը)* 2) տարածվել; ծավալվել; սփռվել *(զորքի մասին)* 3) *գրքային* օգտագործել; գործածել; կիրառել

deployment *noun* 1) տեղաբաշխում; ծավալում *(զորքերի)* 2) առաջխաղացում *(զորքերի)* 3) օգտագործում; գործի գցելը

depolarize |diːˈpəʊlərʌɪz| *verb ֆիզիկա* ապաբևեռացնել

depopulate |diːˈpɒpjʊleɪt| *verb* 1) ամայացնել; անմարդաբնակ դարձնել; պակասեցնել/ոչնչացնել բնակչությունը 2) *հազվադեպ* պակասել *(բնակչության մասին)*

depopulation *noun* 1) բնակչության նվազում; բնաջնջում 2) ամայություն; անմարդաբնակություն

deport |dɪˈpɔːt| *verb* 1) արտաքսել; վտարել; աքսորել; տարագրել 2) *հնացած* (**deport oneself**) վարվել

deportation *noun* վտարում; աքսորում

deportee |ˌdiːpɔːˈtiː| *noun* արտաքսյալ; աքսորյալ; աքսորական; վտարանդի

deportment |dɪˈpɔːtm(ə)nt| *noun* 1) շարժուձևեր; վարք; վարվելաձև 2) պահվածք; կեցվածք

depose |dɪˈpəʊz| *verb* 1) հեռացնել; գահընկեց անել; իշխանությունից զրկել 2) *իրավունք* երդմամբ վկայություն տալ 3) *իրավունք* հարցաքննել երդմամբ

deposit |dɪˈpɒzɪt| **1** *noun* 1) ավանդ; ներդրում 2) նստվածք; տականք; դիրտ; մրուր 3) կանխավճար; գրավ 4) *երկրաբանություն* հանքատեղ; հանքավայր; հանքաշերտ 5) *ամերիկյան* պահետարան **2** *verb* (**-ited**, **-iting**) 1) ավանդ դնել; ավանդ տալ 2) կանխավճար տալ; գրավ տալ 3) նստվածք առաջացնել 4) ձու ածել 5) թողնել

depositary |dɪˈpɒzɪt(ə)ri| (նաև **depository**) *noun* (հոգն. **-taries**) 1) ավանդապահ 2) պահատու

deposition |ˌdɛpəˈzɪʃ(ə)n|, |diː-| *noun* 1) գահընկեց անելը; գահազրկություն; գահընկեցություն 2) աշխատանքից հեռացնելը; իշխանությունից զրկելը 3) երդմամբ վկայություն տալը 4) նստվածք; դիրտ; մրուր 5) Իջեցում *(Հիսուս Քրիստոսի մարմինը խաչից իջեցնելը)*

depositor |dɪˈpɒzɪtə| *noun* ավանդատու; ավանդատեր

depository |dɪˈpɒzɪt(ə)ri| *noun* (հոգն. **-ries**) 1) պահեստարան; պահեստ 2) *փոխաբերական* պահոց; շտեմարան; գանձարան 3) տե՛ս **depositary**

depot |ˈdɛpəʊ| *noun* 1) պահեստ; պահեստանոց; շտեմարան 2) *ռազմական* զինապահեստ 3) *երկաթուղային* դեպո 4) ռազմագերիների ճամբար 5) *ամերիկյան* կայարան *(երկաթուղային կամ ավտոբուսային)* 6) պահեստի

deprave |dɪˈpreɪv| *verb* 1) անբարոյացնել; անառակացնել 2) աղավաղել; վատթարացնել; փչացնել

depraved |dɪˈpreɪvd| *adjective* անբարոյական; անառակ; փչացած

depravity |dɪˈprævɪti| *noun* (հոգն. **-ties**) 1) անբարոյականություն; անառակություն; փչացածություն; արատավորություն 2) անառակ վարք/արարք

deprecate |ˈdɛprɪkeɪt| *verb* 1) խիստ դատապարտել; պախարակել 2) արժեզրկել; նսեմացնել

deprecatory *adjective* 1) պարսավական; նախատական; կշտամբական 2) ներողություն հայցող 3) աղերսական; պաղատական

depreciate |dɪˈpriːʃɪeɪt|, |-sɪ-| *verb* 1) արժեզրկել; արժեքազրկել; գինը գցել 2) արժեզրկվել; անարժեք դառնալ; գինը կորցնել 3) թերագնահատել; նսեմացնել; արհամարհել

depreciation |dɪˌpriːʃɪˈeɪʃ(ə)n|, |-sɪˈeɪ-| *noun* 1) արժեզրկում; արժեքազրկում; արժեքը գցելը 2) *ֆինանսներ* արժենվազում 3) մաշվածություն; մաշվածք; ամորտիզացիա 4) արհամարհում; նսեմացում

depreciatory |dɪˈpriːʃ(ɪ)ət(ə)ri| *adjective* 1) արժեզրկող; արժեքը գցող; անարժեք դարձնող 2) նսեմացնող

depredation |ˌdɛprɪˈdeɪʃ(ə)n| *noun* 1) կողոպուտ; թալան; հափշտակում 2) ավերում; կործանում; ավերածություն

depredator |ˈdɛprɪdeɪtə| *noun հնացած* 1) կողոպտիչ; կործանիչ; ավերիչ 2) գիշատիչ կենդանի

depress |dɪˈprɛs| *verb* 1) ճնշել; ընկճել; հուսահատեցնել 2) թուլացնել; նվազեցնել 3) իջեցնել ձայնը 4) իջեցնել գները 5) սեղմել ստեղնը

depressed |dɪˈprɛsd| *adjective* 1) ընկճված; վհատ; հուսալքված 2) *բժշկություն* ընկճվածությամբ տառապող 3) լճացած; անբարեկեցիկ 4) փոս ընկած; ճզմված

depressing |dɪˈprɛsɪŋ| *adjective* ճնշող; ծանր; ընկճող; վհատեցնող; անդուր

depression |dɪˈprɛʃ(ə)n| *noun* 1) ճնշվածություն; ճնշված հոգեկան վիճակ; ընկճվածություն; վհատություն 2) *տնտեսագիտություն* լճացում; անբարեկեցիկ վիճակ 3) անկում *(գների, ճնշման և այլն)* 4) խոռոչ; փոս ընկած տեղ; ցածր վայր; ցածրավայր 5) *աստղագիտություն* անկյունային հակում 6) *ֆիզիկա* նոսրացում; վակուում

deprivation |dɛprɪˈveɪʃ(ə)n| *noun* 1) զրկում; զրկվելը; կորուստ 2) *հնացած* պաշտոնազրկում *(հատկապես եկեղեցական պաշտոնից)*

deprive |dɪˈprʌɪv| *verb* 1) (**deprive of**) զրկել; կողզել 2) *հնացած* պաշտոնազրկել

deprived |dɪˈprʌɪvd| *adjective* զուրկ; զրկված; կարիքավոր

depth |dɛpθ| *noun* 1) խորություն; խորք 2) *բա-*

նաստեղծական խորություն; հորձանուտ; անդունդ 3) թանձրություն; ուժգնություն; հագեցածություն *(ձայնի, գույնի, զգացմունքների և այլնի)* 4) լռություն; վտանգ 5) բազմակողմանիություն; ամբողջություն; խորագիտություն *(բնավորության)* 6) ամենածայրահեղ մասը ◇ **the depths of winter** խորը ձմեռ

hidden depth ծածուկ կարողություններ; ծածուկ խորքեր

in depth մանրամասնորեն

out of one's depth 1) ջրի խորը մասում, որտեղ հնարավոր չէ կանգնել 2) *փոխաբերական* մեկի կարողություններից վեր

deputation |dɛpjʊˈteɪʃ(ə)n| *noun* 1) պատգամավորություն; պատվիրակություն 2) պատվիրակ ուղարկելը

depute |dɪˈpjuːt| *verb* 1) պատվիրակ ուղարկել; նվիրակ ուղարկել 2) լիազորությունները հանձնել; հանձնարարել 3) տեղակալ նշանակել

deputize |ˈdɛpjʊtʌɪz| *verb* 1) ներկայացուցիչ լինել; ներկայացնել 2) տեղակալ նշանակել

deputy |ˈdɛpjʊti| *noun* (հոգն. **-ties**) 1) պատվիրակ; պատգամավոր; ներկայացուցիչ; նվիրակ 2) տեղակալ; օգնական

deracinate |dɪˈræsɪneɪt| *verb բանաստեղծական* արմատահան/արմատախիլ անել

derail |dɪˈreɪl| *verb* 1) գնացքը խորտակել 2) գծից դուրս գալ *(գնացքի մասին)* 3) *փոխաբերական* շեղել ուղղությունից *(որևէ գործընթաց)*

derailment *noun* գծից դուրս գալը; կործանում *(գնացքի)*

derange |dɪˈreɪn(d)ʒ| *verb* 1) խելագարության հասցնել; խելագարեցնել; խենթացնել 2) խառնաշփոթ առաջացնել 3) *հնացած* խափանել; խանգարել; ընդհատել

derangement *noun* 1) խառնաշփոթ առաջացնելը 2) խառնաշփոթ; շփոթ 3) հոգեկան խանգարում

Derby |ˈdɑːbi| *noun* (հոգն. **-bies**) 1) Դերբի *(երեք տարեկան ձիերի ամենամյա ձիարշավ)* 2) *ամերիկյան* կլորավուն գագաթով գլխարկ

deregulate |diːˈrɛgjʊleɪt| *verb* դադարեցնել կարգավորելը

deregulation |-ˈleɪʃ(ə)n| *noun* կարգավորման դադարեցում

derelict |ˈdɛrəlɪkt| **1** *adjective* 1) լքված; անուշադրության մատնված 2) անփույթ **2** *noun* 1) մերժված/անտուն անձ 2) լքված ունեցվածք *(հատկապես նավ)*

dereliction |dɛrəˈlɪkʃ(ə)n| *noun* 1) լքում; լքվածություն 2) զանցառություն; պարտազանցություն 3) ջրի մակարդակի անկման հետևանքով առաջացած ցամաքած ափ/շերտ

deride |dɪˈrʌɪd| *verb* ծաղրել; ծանակել; ծաղր ու ծանակ անել; հեգնել

derision |dɪˈrɪʒ(ə)n| *noun* ծաղրում; ծանակում; ծաղրանք

hold in derision *հնացած* ծաղրել

derisive |dɪˈrʌɪsɪv|, |-z-| *adjective* 1) ծաղրական; ծաղրալի; կատակային; հեգնական 2) ծիծաղելի; ծիծաղաշարժ

derisory |dɪˈrʌɪs(ə)ri|, |-z-| *adjective* 1) աննշան; ծիծաղելիորեն փոքր 2) ծիծաղաշարժ

derivation |dɛrɪˈveɪʃ(ə)n| *noun* 1) ծագում; սկիզբ; աղբյուր; սերում 2) *լեզվաբանություն* ածանցում; բառածանցում 3) շեղում; խոտորում *(սլաքի և այլնի)* 4) *էլեկտրականություն* ճյուղավորում; էլեկտրաճյուղ 5) *մաթեմատիկա* բխեցում

derivative |dɪˈrɪvətɪv| **1** *adjective* 1) ածանցյալ; ածանցավոր 2) ածանցական; բառածանցական; բառակազմական 3) ոչ նախնական; ոչ իսկական 4) պատճենված **2** *noun* 1) *քերականություն* ածանցյալ բառ 2) *մաթեմատիկա* ածանցյալ 3) ածանցված բան

derive |dɪˈrʌɪv| *verb* 1) ստանալ; դուրս բերել; հանել 2) բխեցնել 3) ծագել; սկիզբ առնել; սերել 4) ժառանգել 5) *էլեկտրականություն* ճյուղավորել 6) պարզել ծագումը 7) *քիմիա* ստանալ

dermatitis |ˌdəːməˈtʌɪtɪs| *noun* մաշկաբորբ; մաշկի բորբոքում

dermatological |-təˈlɒdʒɪk(ə)l| *adjective* մաշկաբանական

dermatology |ˌdəːməˈtɒlədʒi| *noun* մաշկաբանություն

dermis |ˈdəːmɪs| *noun կազմախոսություն* մաշկ

derogate |ˈdɛrəgeɪt| *verb գրական անգլերեն* 1) նվաստացնել; նսեմացնել *(արժանիքները և այլն)* 2) (**derogate from**) շեղվել; խոտորվել; հեռանալ 3) ստորանալ; արժանապատվությունը գցել

derogation |dɛrəˈgeɪʃ(ə)n| *noun* 1) նսեմացում; նվաստացում *(արժանիքների և այլնի)* 2) ոտնահարում; անարգում

derogatory |dɪˈrɒgət(ə)ri| *adjective* 1) նսեմացնող; նսեմացուցիչ; նվաստացնող; նվաստացուցիչ; ստորացնող; ստորացուցիչ 2) արհամարհական; վիրավորական

derrick |ˈdɛrɪk| *noun* 1) *տեխնիկական* ամբարձիչ մեքենա 2) հորատման վերնակ

derring-do |ˌdɛrɪŋˈduː| *noun հնացած կատակային* 1) անխոհեմ քաջություն 2) խիզախություն; արիություն

dervish |ˈdəːvɪʃ| *noun* դերվիշ

desalination *noun* աղազերծում; աղազրկում

descant **1** *noun* |ˈdɛskænt| 1) երգ; մեղեդի; եղանակ; վերնաձայն 2) *երաժշտություն* դիսկանտ *(մանկական բարձր ձայն)* 3) քննարկում; քննություն **2** *verb* |dɪˈskænt| |dɛ-| հանգամանորեն խոսել; քննարկել

descend |dɪˈsɛnd| *verb* 1) իջնել; ցած իջնել; ներքև տանել 2) (**descend from**) ծագել; սերել 3) ժառանգաբար անցնել; ժառանգվել 4) ընկնել *(բարոյապես)* 5) վրա պրծնել; հարձակվել

descendant |dɪˈsɛnd(ə)nt| *noun* հետնորդ; ժառանգ; շառավիղ; սերունդ

descent |dɪˈsɛnt| *noun* 1) վայրէջք; անկում; իջնելը 2) զառիվայր; զառիթափ 3) ժառանգելը; ժառանգաբար անցնելը 4) ծագում; սերում 5) սերունդ 6) հանկարծակի հարձակում

describe |dɪˈskrʌɪb| *verb* 1) նկարագրել; պատկերել; բնութագրել 2) գծագրել

description |dɪˈskrɪpʃ(ə)n| *noun* 1) նկարագրություն; նկարագրում; պատկերում 2) տեսակ; դաս; կարգ

answer the description համապատասխանել նկարագրությանը

beyond description աննկարագրելի; անհամեմատելի

defy description նկարագրության չենթարկվել; աննկարագրելի լինել

descriptive |dɪˈskrɪptɪv| *adjective* նկարագրական; պատկերավոր ◇ **descriptive linguistics** նկարագրական լեզվաբանություն. **descriptive adjective** որակական ածական

descry |dɪˈskrʌɪ| *verb* (**-scries**, **-scried**) *բանաստեղծական* 1) նկատել; նշմարել 2) ճանաչել; բացահայտել; հայտնաբերել

desecrate |ˈdɛsɪkreɪt| *verb* 1) պղծել; սրբապղծել 2) ապասրբագործել

desecration *noun* պղծում; սրբապղծում

desert¹ |dɪˈzəːt| *verb* 1) լքել; թողնել 2) *ռազմական* դասալքել

desert² |ˈdɛzət| **1** *noun* անապատ; ամայի տեղ; անմարդաբնակ վայր **2** *adjective* ամայի; անմարդաբնակ; անբնակ

desert³ |dɪˈzəːt| *noun* (**deserts**) արժանիք; վաստակ

get one's just deserts ստանալ արժանի հատուցում

deserter |dɪˈzəːtə| *noun* դասալիք; զինախույս; զորախույս

desertification |dɛˌzəːtɪfɪˈkeɪʃ(ə)n| *noun* անապատացում

desertion |-ˈzəːʃ(ə)n| *noun* 1) լքում; լքելը; թողնելը 2) դասալքություն 3) լքվածություն; անուշադրության մատնված լինելը

desert island *noun* անմարդաբնակ կղզի

deserve |dɪˈzəːv| *verb* արժանի լինել; արժանանալ

deservedly |-vɪdli| *adverb* արժանապես; արժանվույն; տեղին; ըստ պատշաճի

deserving |dɪˈzəːvɪŋ| *adjective* արժանավոր; արժանի

desiccate |ˈdɛsɪkeɪt| *verb* 1) չորացնել; ջրազրկել; խոնավազրկել 2) չորանալ; խոնավությունից զրկվել 3) *փոխաբերական* կորցնել հետաքրքրությունը

desiccation |-ˈkeɪʃ(ə)n| *noun* չորացում; խոնավազրկում; ջրազրկում

desiderate |dɪˈzɪdəreɪt|, |-ˈsɪd-| *verb հնավաճ* որևէ բանի պակաս զգալ; փափագել; անձկալ

desideratum |dɪˌzɪdəˈrɑːtəm|, |-ˈreɪtəm|, |-ˌsɪd-| *noun* (հոգն. **-ta** |-tə|) անհրաժեշտ/ցանկալի/ըղձալի բան

design |dɪˈzʌɪn| **1** *noun* 1) նախագիծ; ուրվագիծ 2) մտադրություն; ծրագիր; դիտավորություն 3) կառուցվածք; գեղակառույց 4) ուրվագիծ; նախշ; զարդանկար **2** *verb* 1) նախագծել; նախագիծ կազմել; ծրագրել 2) մտադրվել; ծրագրել; նախատեսել; դիտավորվել 3) գեղակառուցել 4) նկարել; ուրվագծել

by design մտադրված

have designs on մտադրված լինել; նպատակադրվել *(ինչ-որ բան անելու. սովորաբար անազնիվ ճանապարհներով)*

designate **1** *verb* |ˈdɛzɪgneɪt| 1) նշանակել *(պաշտոնի)* 2) նշել; հատկացնել 3) նշանակել; նշանակություն ունենալ 4) որոշել; նշել **2** *adjective* |ˈdɛzɪgnət| նշանակված *(պաշտոնի)*

designated driver *noun* նշանակված վարորդ *(անձ, որը չի օգտագործում ոգելից խմիչք, որպեսզի մյուսներին ապահովաբար հասցնի տեղ)*

designation |dɛzɪgˈneɪʃ(ə)n| *noun* 1) նշանակում *(պաշտոնում)* 2) նշում; անվանում 3) *լեզվաբանություն* նշանակում

designedly |dɪˈzʌɪnɪdli| *adverb* դիտավորյալ; կանխամտածված կերպով; միտումնավոր

designer |dɪˈzʌɪnə| **1** *noun* 1) նախագծող; նախագիծ կազմող; գծագրիչ 2) *փոխաբերական* բանսարկու; խարդավանիչ 3) գեղարկիչ; գեղարկու; գեղակառուցիչ **2** *adjective* նորաձև

designing |dɪˈzʌɪnɪŋ| *adjective* *փոխաբերական* խորամանկ; նենգ

desirability |-ˈbɪlɪti| *noun* ցանկալիություն; բաղձալիություն; ըղձալիություն

desirable |dɪˈzʌɪərəb(ə)l| **1** *adjective* ցանկալի; բաղձալի; ըղձալի; փափագելի **2** *noun* ցանկալի անձ/իր

desire |dɪˈzʌɪə| **1** *noun* 1) ցանկություն; տենչ; փափագ 2) կիրք; տարփանք 3) խնդրանք; պահանջ 4) իղձ; երազանք; տենչանքի առարկա **2** *verb* 1) ցանկանալ; ցանկալ; բաղձալ; փափագել 2) խնդրել; պահանջել

desirous |dɪˈzʌɪərəs| *adjective* տենչացող; փափագող; ծարավի

desist |dɪˈzɪst|, |dɪˈsɪst| *verb* դադարեցնել; վերջ տալ; դադարել; ետ կանգնել

desk |dɛsk| *noun* 1) գրասեղան 2) նստարան *(աշակերտական)* 3) *երաժշտություն* նոտակալ 4) ընդունարանի սեղան *(հյուրանոցում և այլն)* 5) բաժին *(թերթում)* 6) գրակալ *(եկեղեցում)*

desktop |ˈdɛsktɒp| *noun* 1) սեղանի մակերես 2) սեղանադիր համակարգիչ 3) *համակարգիչներ* համակարգչի սեղանը

desktop publishing (հապվ. **DTP**) *noun* սեղանադիր հրատարակչություն

desolate **1** *adjective* |ˈdɛs(ə)lət| 1) անբնակ; անմարդաբնակ; ամայի 2) թշվառ; անմխիթար 3) լքված; բարձիթողի արված; անուշադրության մատնված **2** *verb* |ˈdɛsəleɪt| 1) ամայացնել; անմարդաբնակ դարձնել; քանդել; ավերել; ոչնչացնել; դատարկել 2) լքել; անբախտացնել; թշվառացնել

desolation |dɛsəˈleɪʃ(ə)n| *noun* 1) ամայացում; ամայանալը; լքված լինելը; ավերածություն 2) լքվածություն; մենակություն; միայնակություն; վհատություն; հուսահատություն; թշվառություն

despair |dɪˈspɛː| **1** *noun* 1) հուսահատություն; հուսաբեկություն 2) հուսահատություն պատճառող բան **2** *verb* հուսահատվել; հույսը կտրել; վհատվել

be the despair of հուսահատության պատճառ

լինել

despairingly *adverb* անհույս կերպով; հուսահատորեն

desperado |ˌdɛspəˈrɑːdəʊ| *noun* (հոգն. **-does** կամ **-dos**) հանդուգն մարդ; գլխից ձեռք քաշած մարդ; թոկից փախած

desperate |ˈdɛsp(ə)rət| *adjective* 1) հուսահատ; հուսակտուր; հուսահատված; անհույս 2) անելանելի 3) հանդուգն; մոլի 4) անխոհեմ; խենթ 5) սարսափելի; վտանգավոր 6) ծարավի

desperate diseases must have desperate remedies *առած* ծանր հիվանդությունները լուրջ միջոցներ են պահանջում; սեպը սեպով են հանում

desperately *adverb* 1) հուսահատորեն; անխոհեմորեն 2) ուժգնորեն; ծայրահեղորեն

desperation *noun* 1) հուսահատություն; հուսաբեկություն; վհատություն; անելանելիություն 2) խենթություն; անխոհեմություն

despicable |dɪˈspɪkəb(ə)l|, |ˈdɛspɪk-| *adjective* արհամարհելի; արհամարհանքի արժանի; արգահատելի; խղճուկ

despise |dɪˈspʌɪz| *verb* արհամարհել; արգահատել; քամահրել

despite |dɪˈspʌɪt| **1** *preposition* չնայած; հակառակ *(ինչ-որ բանի)* **2** *noun* *հնացած բանաստեղծական* 1) չարություն; քեն 2) վիրավորանք; վնաս; արհամարհանք

despite of *հնացած* չնայած

in sb's spite ի հեճուկս ինչ-որ մեկի

despiteful *adjective* *բանաստեղծական* չար; չարասիրտ; ոխակալ; չարահոգի

despoil |dɪˈspɔɪl| *verb* կողոպտել; թալանել; հափշտակել; զրկել

despond |dɪˈspɒnd| **1** *verb* *հնացած* հույսը կտրել; վհատվել; հուսալքվել **2** *noun* տե՛ս **despondency**

despondency *noun* հուսահատություն; վհատություն; ընկճվածություն; ճնշվածություն

despondent |dɪˈspɒnd(ə)nt| *adjective* վհատ; ընկճված; հուսահատ; ճնշված; նկուն

despot |ˈdɛspɒt| *noun* բռնակալ; բռնապետ

despotic |-ˈspɒtɪk| *adjective* բռնակալական; բռնապետական; իշխանատենչ; բռնակալ

despotism |ˈdɛspətɪz(ə)m| *noun* 1) բռնակալություն; բռնապետություն 2) բռնապետական երկիր

dessert |dɪˈzəːt| *noun* աղանդեր; անուշեղեն

dessertspoon |dɪˈzəːtspuːn| *noun* աղանդերային գդալ; աղանդերային գդալի չափ

destabilize |diːˈsteɪbɪlʌɪz|, |-b(ə)l-| *verb* ապակայունացնել

destination |ˌdɛstɪˈneɪʃ(ə)n| **1** *noun* 1) նպատակակետ; նպատակավայր 2) դեր; նշանակություն; կոչում; նպատակ; վախճան **2** *adjective* նպատակային; որոշված

destine |ˈdɛstɪn| *verb* 1) նախորոշել; նախասահմանել; կանխորոշել 2) նախատեսել; ծրագրել; մտադրվել

destined |ˈdɛstɪnd| *adjective* 1) կանխորոշված; նախասահմանված; կոչված; նախատեսված 2) (**destined for**) ուղղված; նպատակաուղղված

destiny |ˈdɛstɪni| *noun* (հոգն. **-nies**) 1) բախտ; ճակատագիր 2) նախասահմանություն

destitute |ˈdɛstɪtjuːt| *adjective* 1) չքավոր; աղքատ; ընչազուրկ 2) (**destitute of**) զրկված; զուրկ

destitution |-ˈtjuːʃ(ə)n| *noun* 1) կարիք; աղքատություն; չքավորություն; տնանկություն 2) զրկանք

destroy |dɪˈstrɔɪ| *verb* 1) քանդել; ոչնչացնել; կործանել; բնաջնջել; ավերել 2) պարտության մատնել

destroyer |dɪˈstrɔɪə| *noun* 1) կործանող; խորտակող; ավերող 2) *ծովային* ականակիր նավ

destruction |dɪˈstrʌkʃ(ə)n| *noun* 1) կործանում; ավերում; խորտակում; ոչնչացում 2) բնաջնջում 3) ավերածություն 4) կործանման պատճառ

destructive |dɪˈstrʌktɪv| *adjective* 1) կործանիչ; ավերիչ; քայքայիչ; կազմալուծիչ 2) կործանարար; կորստաբեր; վնասակար

desultory |ˈdɛs(ə)lt(ə)ri|, |-z-| *adjective* 1) անկապ; անկապակից; կցկտուր; խառնաշփոթ 2) պատահական

detach |dɪˈtætʃ| *verb* 1) արձակել; քանդել; լուծել; անջատել; բաժանել; պոկել 2) արձակվել; անջատվել 3) *ռազմածովային* ուղարկել; գործուղել *(ջոկատը, նավը)*

detached *adjective* 1) անջատ; բաժան; զատ; առանձին; մեկուսի; անջատված; առանձնացված 2) անկախ; անկողմնապահ; անկողմնակալ

detached house առանձնատուն

detachment |dɪˈtætʃm(ə)nt| *noun* 1) անկողմնապահություն; անկողմնակալություն 2) *ռազմածովային* ջոկատ; զորախումբ; նավախումբ 3) անջատում; բաժանում; առանձնացում 4) անտարբերություն; մեկուսացածություն

detail |ˈdiːteɪl| **1** *noun* 1) մանրամասնություն; դետալ; մանրամաս *(մեքենայի)* 2) (**detalis**) մանրամասն տեղեկություններ 3) *ռազմական* վերակարգ; կարգախումբ; հատուկ անձնախումբ **2** *verb* 1) մանրամասն պատմել 2) *ռազմական* կարգել; վերակարգել; գործուղել; ուղարկել; նշանակել 3) նուրբ զարդերով դրվագել

go into detail լրիվ տեղեկություններ տալ

in detail մանրամասնորեն; ամբողջությամբ

detailed *adjective* 1) մանրամասն; մանրակրկիտ 2) մանրամասն մշակված

detain |dɪˈteɪn| *verb* 1) կալանքի տակ պահել; կալանավորել 2) դանդաղեցնել; խանգարել; խոչընդոտել; արգելք դառնալ; կասեցնել 3) պահել; ուշացնել *(աշխատավարձը)*

detect |dɪˈtɛkt| *verb* 1) հայտնաբերել; երևան հանել; բացահայտել 2) նշմարել; նկատել 3) *ռադիո* ուղղել *(էլեկտրամագնիսական ալիքները)*

detectable *adjective* հայտնաբերելի

detection |dɪˈtɛkʃ(ə)n| *noun* 1) հայտնաբերում; բացահայտում; երևան հանելը; դրսևորում 2) *ռադիո* ուղղում; ապամոդուլում *(էլեկտրամագնիսական ալիքների)*

detective |dɪˈtɛktɪv| **1** *adjective* խուզարկու;

խուզարկուական; դետեկտիվ **2** *noun* խուզարկու; ոստիկանության գործակալ; ոճրագտակ

detective story (նաև **detective novel**) *noun* խուզարկուական պատմություն

detector |dɪ'tɛktə| *noun* 1) *ռադիո* ուղղիչ 2) *տեխնիկական* հայտնաբերիչ; որոշիչ

détente |deɪ'tɑ:nt| (նաև **detente**) *noun* լիցքաթափում; թուլացում; լարվածության թուլացում *(երկրների միջև)*

detention |dɪ'tɛnʃ(ə)n| *noun* 1) կալանք; կալանքի տակ պահելը 2) ուշացում; հապաղում 3) դասերից հետո դպրոցում պահելը *(որպես պատիժ)*

detention center *noun* օրինազանցներին կարճ ժամանակով կալանքի տակ պահելու կենտրոն

deter |dɪ'tə:| *verb* (**-terred**, **-terring**) 1) (**deter from**) ետ պահել; տարհամոզել; մտադրությունից ետ կանգնեցնել; համոզել 2) կասեցնել; արգելել

detergent |dɪ'tə:dʒ(ə)nt| **1** *noun* մաքրող միջոց; լվացող նյութ; լվացքի փոշի; ամանեղենի հեղուկ **2** *adjective* մաքրող; լվացող

deteriorate |dɪ'tɪərɪəreɪt| *verb* 1) վատանալ; վատթարանալ; փչանալ; ավերվել 2) վատացնել; վատթարացնել

deterioration |-'reɪʃ(ə)n| *noun* 1) վատացում; վատթարացում; փչացում 2) մաշվածություն; մաշվածք

determinant |dɪ'tə:mɪnənt| **1** *noun* 1) որոշիչ գործոն 2) *մաթեմատիկա* որոշիչ 3) *կենսաբանություն* որոշիչ գեն **2** *adjective* որոշող; վճռող; պայմանավորող

determinate |dɪ'tə:mɪnət| *adjective* 1) որոշված; սահմանված; որոշակի 2) վերջնական; վճռական

determination |dɪˌtə:mɪ'neɪʃ(ə)n| *noun* 1) վճռականություն 2) որոշում; սահմանում 3) *իրավունք* վճիռ; որոշում

determinative |dɪ'tə:mɪnətɪv| **1** *adjective* *իրավունք* որոշիչ; սահմանող; վճռող; վճռական **2** *noun* *քերականություն* (նաև **determiner**) որոշող բառ

determine |dɪ'tə:mɪn| *verb* 1) որոշել; սահմանել; վճռել 2) որոշել; հաշվարկել 3) *իրավունք* վերջանալ; լրանալ *(ժամկետի, վարձակալման մասին)* 4) վերջ դնել

determined |dɪ'tə:mɪnd| *adjective* 1) վճռական; հաստատուն; հաստատակամ 2) որոշակի; սահմանված; նշանակված

determiner |dɪ'tə:mɪnə| *noun* 1) *քերականություն* որոշիչ բառ 2) որոշիչ անձ; որոշիչ բան

deterrent |dɪ'tɛr(ə)nt| **1** *noun* զսպող/վախեցնող/սանձահարող գործոն **2** *adjective* զսպող; վախեցնող

detest |dɪ'tɛst| *verb* ատել; զզվանք տածել; նողկանք զգալ; հակակրել

detestable |dɪ'tɛstəb(ə)l| *adjective* նողկալի; գարշելի; ատելի

detestation |ˌdi:tɛ'steɪʃ(ə)n| *noun* 1) ատելություն; նողկանք; գարշանք; խորշանք 2) նողկալի անձ; նողկալի բան

dethrone |di:'θrəʊn|, |dɪ-| *verb* 1) գահընկեց անել; գահազրկել 2) իշխանությունից զրկել

dethronement *noun* գահընկեց անելը; գահընկեցություն

detonate |'dɛtəneɪt| *verb* պայթել; պայթեցնել

detonation |dɛtə'neɪʃ(ə)n| *noun* 1) պայթյուն; ճայթյուն 2) անժամանակ բռնկում *(ներքին այրման շարժիչներում)*

detonator |'dɛtəneɪtə| *noun* *տեխնիկական* ճայթիչ

detour |'di:tʊə| **1** *noun* 1) զարտուղի ճանապարհ; շեղում *(ուղիղ ճանապարհից)* 2) շրջանցում; շրջանցող/հավելյալ ճանապարհ **2** *verb* 1) շրջանցել 2) զարտուղի ճանապարհով գնալ

detract |dɪ'trækt| *verb* 1) (**detract from**) նվազեցնել; նսեմացնել 2) շեղել *(ուշադրությունը)*

detraction *noun* 1) նվազեցում; նվաստացում; նսեմացում 2) չարախոսություն; բամբասանք; զրպարտություն 3) ձգձգում; հետաձգում

detrain |di:'treɪn| *verb* 1) իջնել *(գնացքից)* 2) իջեցնել *(գնացքից)* 3) բեռնաթափել *(վագոնները)*

detriment |'dɛtrɪm(ə)nt| *noun* 1) վնաս; վնասվածք 2) վնասի պատճառ

detrimental |ˌdɛtrɪ'mɛnt(ə)l| *adjective* 1) վնասաբեր 2) վնասակար

detrition |dɪ'trɪʃ(ə)n| *noun* *հազվադեպ* քայքայում; մաշում *(շփվելուց)*

detritus |dɪ'trʌɪtəs| *noun* 1) *երկրաբանություն* բեկորանյութ; բեկորներ 2) թափուկներ *(օրգանիզմների քայքայումից առաջացած նյութեր)*

Detroit |dɪ'trɔɪt| Դետրոյտ *(քաղաք ԱՄՆ-ի Միչիգան նահանգում)*

detune |di:'tju:n| *verb* 1) *ռադիո* լարից գցել; ապալարել 2) *ֆիզիկա* փոխել արձակված ալիքի երկարությունը *(լազերներում)*

deuce¹ |dju:s| *noun* 1) երկու միավոր *(թղթախաղում)* 2) հավասար հաշիվ *(թենիսում)*

deuce² |dju:s| *noun* *խոսակցական* սատանա, գրող *(ավում է բարկություն/անհամբերություն/զարմանք արտահայտող նախադասություններում)*

a duce of a ... անիծյալ ...

deuced |'dju:sɪd|, |dju:st| *խոսակցական հնացած* *adjective* սատանայական; սարսափելի; սոսկալի

deus ex machina |ˌdeɪʊs ɛks 'mækɪnə|, |ˌdi:əs ɛks mə'ʃi:nə| *noun* անսպասելի փրկություն

deuterium |dju:'tɪərɪəm| *noun* *քիմիա* դեյտերիում

Deuteronomy |ˌdju:tə'rɒnəmi| *աստվածաշնչային* Երկրորդ Օրենք; Երկրորդումն Օրինաց

Deutschland |'dɔytʃlænt| Գերմանիա *(գերմաներեն անվանումը)*

devaluation *noun* արժեզրկում

devalue |di:'vælju:| *verb* (**-values**, **-valued**, **-valuing**) 1) արժեզրկել; արժեքազրկել 2) արժեզրկել *(արժույթը)*

devastate |'dɛvəsteɪt| *verb* 1) ավերել; ամայացնել 2) խորտակել; ջախջախել

devastating |ˈdɛvəsteɪtɪŋ| *adjective* 1) կործանարար; ամայացնող 2) գրավիչ; տպավորիչ 3) ցնցող; շշմեցուցիչ

devastation |-ˈsteɪʃ(ə)n| *noun* ամայացում; ավերում; ավերածություն; ավեր

develop |dɪˈvɛləp| *verb* (**-veloped**, **-veloping**) 1) զարգացնել; կատարելագործել; մշակել 2) զարգանալ; կատարելագործվել 3) երևան հանել; երևան գալ; հանդես բերել; հանդես գալ; դրսևորվել 4) *լուսանկարչություն* երևակել 5) ծավալել *(մտքեր, գաղափարներ)* 6) *մաթեմատիկա* վերածել շարքի 7) *ամերիկյան* բացահայտել

developed *adjective* 1) զարգացած; մշակված; լիարժեք 2) արդյունաբերապես զարգացած

developer *noun* 1) *լուսանկարչություն* երևակիչ 2) զարգացող անհատ ◇ **early developer** արագ զարգացող երեխա 3) մշակումներ կատարող

development |dɪˈvɛləpm(ə)nt| *noun* 1) զարգացում; աճ; աճում; լայնացում; ընդլայնում; ծավալում 2) երևան հանելը; երևան գալը; դրսևորվելը 3) *լուսանկարչություն* երևակում 4) նորություն; նոր ապրանք/գաղափար 5) *տեխնիկական* մշակում

developmental |dɪˌvɛləpˈmɛnt(ə)l| *adjective* զարգացման; զարգացման հետ կապված

deviant |ˈdiːvɪənt| **1** *adjective* 1) շեղված *(ընդունված նորմերից)* 2) *վիրավորական* համասեռական **2** *noun* շեղված անձ; շեղված երևույթ

deviate **1** *verb* |ˈdiːvɪeɪt| շեղվել; խոտորվել; թեքվել; շեղվել **2** *noun, adjective* |ˈdiːvɪət| տե՛ս **deviant**

deviation |diːvɪˈeɪʃ(ə)n| *noun* 1) շեղում; խոտորում 2) *քաղաքականություն* թեքում

device |dɪˈvʌɪs| *noun* 1) հարմարանք; մեխանիզմ; սարք 2) պայթուցիկ սարք; ռումբ 3) ծրագիր; հնարք; միջոց 4) գրական հնարք 5) նշանաբան; խորհրդանիշ

leave someone to their own devices իր կամքին թողնել *(առանց հսկողության)*

devil |ˈdɛv(ə)l| **1** *noun* 1) սատանա; դև ◇ **the devil a bit!** ինչպե՜ս չէ; ո՜նց չէ. **What the devil do you mean?** Ի՞նչ եք ուզում դրանով ասել; սատանան տանի. **be a devil to work** խելագարի/դիվահարի նման աշխատել; աշխատանքով տարված լինել 2) օգնական; ուրիշի փոխարեն աշխատող ◇ **printer's devil** տպարանում մանր հանձնարարություններ կատարող տղա 3) ճարպիկ/խորամանկ մարդ 4) հոգավոր; մարդ ◇ **lucky devil** բախտավոր մարդ. **poor devil** խեղճ մարդ 5) դժվար գործ 6) սարք *(հատկապես քանդող)* **2** *verb* (**deviled**, **deviling**; բրիտ. **devilled**, **devilling**) 1) աշխատել որպես օգնական 2) անհանգստացնել *(հաչոր մեկին)*

between the devil and the deep sea երկու կրակի արանքում; անելանելի կացության մեջ

devil a ... ոչ մի ...

devil-may-care անհոգ; ուրախ

give the devil his due ընդունել անգամ վատ մարդու առավելությունները

go to the devil 1) գնալ գրողի ծոցը 2) բարոյապես ընկնել

like the devil շատ արագ/եռանդուն

play the devil with վատ ազդել

speak/talk of the devil շան անունը տուր, փայտը ձեռքդ առ

The devil can quote Scripture for his purpose. Սատանան Սուրբ Գիրքը կարող է վկայակոչել իր նպատակի համար:

devilfish |ˈdɛv(ə)lfɪʃ| *noun* (հոգն. նույնը կամ **-fishes**) 1) *կենդանաբանություն* կատվաձուկ 2) ութոտնուկ; ծովահրեշ 3) թանաքաձուկ

devilish |ˈdɛv(ə)lɪʃ| **1** *adjective* դիվային; դիվական; սատանայական; դժոխային; սոսկալի **2** *adverb* *խոսակցական հնացած* սարսափելիորեն; սոսկալիորեն

devilry |ˈdɛv(ə)lri| *noun* 1) դիվային գործ; սև մոգություն; սատանայություն 2) չարաճճիություն; դաժանություն 3) չարաճճիություն; չարություն; չար կատակ

devious |ˈdiːvɪəs| *adjective* 1) խոտոր; անուղիղ 2) շրջանց; շրջանցիկ; զարտուղի; ոլորապտույտ 3) *փոխաբերական* խորամանկ; կեղծ; անազնիվ 4) ճարպիկ

deviously *adverb* խոտոր կերպով

devise |dɪˈvʌɪz| **1** *verb* 1) հորինել; հնարել; գյուտ անել 2) *իրավունք* կտակել *(անշարժ գույքը)* 3) նախագծել; ծրագրել **2** *noun* *իրավունք* կտակ

devoid |dɪˈvɔɪd| *adjective* (**devoid of**) զուրկ; զերծ

devolution |ˌdiːvəˈluːʃ(ə)n|, |dɛv-| *noun* *քաղաքականություն* 1) հանձնում; փոխանցում *(իշխանության, լիազորությունների և այլն)* 2) *իրավունք* տիրապետման իրավունքի փոխանցում 3) *կենսաբանություն* այլասերում;ապասերում

devolve |dɪˈvɒlv| *verb* 1) փոխանցել; հանձնել *(իշխանությունը, իրավասությունը)* 2) հանձնել *(աշխատանքը, պարտականությունները և այլն)* 3) *իրավունք* (**devolve on/upon**) անցնել մեկ ուրիշի *(գույքի մասին)* 4) (**devolve upon**) կախված լինել

Devonian |dɛˈvəʊnɪən|, |dɪ-| **1** *adjective* 1) Դևոնշիրի 2) *երկրաբանություն* դևոնյան **2** *noun* 1) Դևոնշիրի բնիկ; բնիկ դևոնշիրցի 2) *երկրաբանություն* դևոնյան շրջան

devote |dɪˈvəʊt| *verb* 1) (**devote to**) նվիրել *(իր ժամանակը և այլն)* 2) *հնացած* անիծել; դատապարտել

devote oneself նվիրվել; հանձնվել

devoted |dɪˈvəʊtɪd| *adjective* նվիրված; անձնվեր; հավատարիմ; հափշտակված

devotedly *adverb* անձնվիրաբար

devotee |ˌdɛvə(ʊ)ˈtiː| *noun* 1) նվիրված մարդ *(որևէ բանի)* 2) աստվածավախ/բարեպաշտ մարդ

devotion |dɪˈvəʊʃ(ə)n| *noun* 1) նվիրվածություն; անձնվիրություն; նվիրում 2) բարեպաշտություն; աստվածապաշտություն 3) *կրոնական* աղոթք; պաշտամունք

devotional *adjective* բարեպաշտ; աստվածապաշտ; ջերմեռանդ

devour |dɪˈvaʊə| *verb* 1) լափել; ագահաբար ուտել; խժռել 2) *փոխաբերական* կլանել; կուլ տալ

devout |dɪˈvaʊt| *adjective* 1) բարեպաշտ; անկեղծ; ջերմեռանդ; ջերմ 2) անկեղծ; շիտակ

devoutly *adverb* 1) բարեպաշտորեն 2) սրտանց;

խորապես

dew |ˈdjuː| **1** *noun* 1) ցող; շաղ 2) կաթիլ; արցունքակաթիլ **2** *verb* 1) թրջել; ցողել; շաղ տալ 2) *բանաստեղծական* ցողով ծածկել

dewberry |ˈdjuːb(ə)ri| *noun* (հոգն. **-ries**) *բուսաբանություն* մոշ *(Rubus caesius, ընտանիք Rosaceae)*

dewdrop |ˈdjuːdrɒp| *noun* 1) ցողի կաթիլ; շաղիկ; ցողիկ 2) *բրիտանական* կաթիլ քթի ծայրին

dewfall |ˈdjuːfɔːl| *noun բանաստեղծական* 1) ցողի գոյացում; ցողագոյացում 2) ցողի շերտ

dew point *noun ֆիզիկա* ցողի կետ *(այն ջերմաստիճանը, կախված ճնշումից և խոնավությունից, որի դեպքում տեղի է ունենում ցողի գոյացում)*

dewy |ˈdjuːi| *adjective* (**dewier**, **dewiest**) 1) ցողոտ; շաղոտ; ցողապատ; ցողաթաթախ 2) ցողանման 3) *բանաստեղծական* թարմ; զով

dexter |ˈdɛkstə| *adjective հնավաճ զինանշաններ* 1) աջ 2) աջակողմյան *(զինանշաններում՝ դիտողի համար ձախ կողմում)*

dexterity |dɛkˈstɛrɪti| *noun* 1) ճարպկություն; ճարտարություն; հնարագիտություն 2) ժրություն; աշխուժություն; արագաշարժություն

dexterous |ˈdɛkst(ə)rəs| (նաև **dextrous**) *adjective* 1) ճարպիկ; ճարտար; հմուտ; վարժ 2) ժիր; արագաշարժ 3) սրամիտ; քաջամիտ

dexterously *adverb* 1) ճարպկորեն; ճարտարորեն 2) հմտորեն; վարպետորեն

dextrose |ˈdɛkstrəʊz|, |-s| *noun քիմիա* աջապտույտ խաղողաշաքար *(բնական խաղողաշաքարի գերակշռող տեսակը, որը լույսի բևեռացման հարթությունը պտտում է դեպի աջ)*

Dhaka |ˈdækə| (նաև **Dacca**) Դաքա *(Բանգլադեշի մայրաքաղաքը)*

di-[1] |dʌɪ|, |di| *combining form* երկ- ◇ **dichromatic** երկգույն

di-[2] |di|, |dʌɪ| *prefix* տե՛ս **dis-**

di-[3] |dʌɪ| *prefix* տե՛ս **dia-**

dia- |dʌɪə| (նաև **di-**) *prefix* միջով; վրայով

diabetes |ˌdʌɪəˈbiːtiːz| *noun բժշկություն* շաքարախտ

diabetic |dʌɪəˈbɛtɪk| **1** *adjective* շաքարախտի **2** *noun* շաքարախտով հիվանդ

diabolical |dʌɪəˈbɒlɪk(ə)l| (նաև **diabolic**) *adjective* 1) դիվային; դիվական; սատանայական 2) չարանենգ; դաժան; անգութ

diabolism |dʌɪˈæbəlɪz(ə)m| *noun* 1) կախարդություն; սև մոգություն 2) դաժանություն; անգթություն; չարանենգություն 3) դիվահարություն 4) սատանայապաշտություն

diacritic |ˌdʌɪəˈkrɪtɪk| **1** *noun* հնչյունատարբերակիչ; տարբերիչ նշան *(տառի վերևը կամ տակը գրվող նշան)* **2** *adjective* հնչյունատարբերակիչ

diadem |ˈdʌɪədɛm| **1** *noun* 1) թագ 2) խույր; ապարոշ **2** *verb* թագով պսակել; թագադրել

diagnose |ˈdʌɪəgnəʊz|, |-ˈnəʊz| *verb* 1) ախտորոշել; ախտաճանաչել 2) մանրամասն վերլուծել

diagnosis |ˌdʌɪəgˈnəʊsɪs| *noun* (հոգն. **-ses** |-siːz|) 1) ախտորոշում; ախտաճանաչում 2) մանրամասն նկարագրություն/վերլուծություն

diagnostic |dʌɪəgˈnɒstɪk| **1** *adjective* 1) ախտորոշական; ախտորոշիչ 2) բնորոշ; տարբերիչ 3) *համակարգիչներ* փորձնական **2** *noun* 1) ախտանիշ 2) փորձնական ծրագիր; փորձնական հրամանաշար 3) ախտորոշման եղանակ

diagonal |dʌɪˈæg(ə)n(ə)l| (հապվ. **diag.**) **1** *adjective* 1) անկյունագծային 2) շեղ **2** *noun* 1) անկյունագիծ 2) թեք գիծ; որևէ թեք բան

diagonally *adverb* 1) անկյունագծորեն 2) շեղակի

diagram |ˈdʌɪəgræm| **1** *noun* (հապվ. **diag.**) տրամագիր; գծագիր **2** *verb* (**-gramed**, **-graming**; նաև **-grammed**, **-gramming**) պատկերել գծագրի տեսքով; գծապատկերել

diagrammatic |-grəˈmætɪk| *adjective* տրամագրային; գծապատկերային

dial |dʌɪəl| **1** *noun* 1) թվատախտակ 2) արևաժամացույց 3) համարագրված սկավառակ *(հեռախոսի)* 4) *տեխնիկական* անկյունացույց շրջան **2** *verb* (**dialed**, **dialing**; բրիտ. **dialled**, **dialling**) 1) համարը հավաքել; զանգահարել; զանգել 2) կարգավորել ըստ թվատախտակի 3) չափել ըստ սանդղակի 4) (**dial something up**) ինչ-որ ծառայության մատչել հեռախոսի միջոցով

dialect |ˈdʌɪəlɛkt| *noun* 1) *լեզվաբանություն* բարբառ; գավառաբարբառ; խոսվածք 2) *համակարգիչներ* ծրագրային լեզվի տարբերակ

dialectal |-ˈlɛkt(ə)l| *adjective լեզվաբանություն* բարբառային; գավառաբանական

dialectical |dʌɪəˈlɛktɪk(ə)l| *adjective* 1) տրամախոսական; տրամահայտական; դիալեկտիկական 2) բանավեճ սիրող 3) *լեզվաբանություն* բարբառային

dialectician |ˌdʌɪəlɛkˈtɪʃ(ə)n| *noun փիլիսոփայություն* տրամախոս

dialectics |dʌɪəˈlɛktɪks| *plural noun, adjective* տրամախոսություն; տրամահայտություն; դիալեկտիկա

dialectology |ˌdʌɪəlɛkˈtɒlədʒi| *noun* բարբառագիտություն

dialogue |ˈdʌɪəlɒg| (նաև **dialog**) **1** *noun* 1) երկխոսություն; խոսույթ ◇ **dialogue of civilizations** քաղաքակրթությունների երկխոսություն 2) խոսակցություն; զրույց 3) քննարկում; բանակցություն; բանավեճ; տրամախոսություն **2** *verb* 1) բանակցել 2) երկխոսություններ մտցնել *(կինոնկարում, պիեսում և այլն)*

dialog of deaf խուլերի զրույց; անօգուտ զրույց

dial-up *adjective* հեռախոսագծով մատչելի

dialysis |dʌɪˈælɪsɪs| *noun* (հոգն. **-ses** |-siːz|) 1) *քիմիա* տրամազատում *(հեղուկի մեջ մասնիկների զատում՝ ըստ թաղանթի միջով իրենց թափանցման ընդունակության)* 2) *բժշկություն* արյան տրամազատում *(արյան մաքրում արհեստական եղանակով, երբ երիկամները չեն աշխատում)*

diameter |dʌɪˈæmɪtə| (հապվ. **diam.**) *noun* տրամագիծ

diametral *adjective* տրամագծային; լայնակի

diametrical |ˌdʌɪəˈmɛtrɪk(ə)l| *adjective* տրամագծային; լայնակի

diamond |ˈdʌɪəmənd| **1** *noun* 1) ադամանդ;

պլմաստ; շողակն 2) ապակի կտրելու գործիք; ապակեհատ 3) *մաթեմատիկա* շեղանկյուն 4) (**diamonds**) ագուռ; աղյուս *(խաղաթուղթ)* 5) *ամերիկյան* հրապարակ *(բեյսբոլ խաղի համար)* **2** *verb* ադամանդներով զարդարել **3** *adjective* ադամանդե

diamond in the rough անմշակ ադամանդ; լավ բնավորությամբ, սակայն չկրթված մարդ

Diamond State Ադամանդե նահանգ *(ԱՄՆ-ի Դելավար նահանգի մականունը)*

diamond wedding (նաև **diamond wedding anniversary**) *noun* ադամանդե հարսանիք *(ամուսնության 60- կամ 75-ամյակը)*

diapason |ˌdʌɪəˈpeɪs(ə)n|, |-z-| *noun* (նաև **open diapason** կամ **stopped diapason**) 1) *երաժշտություն* ձայնածավալ 2) ընդգրկույթ

diaper |ˈdʌɪəpə| **1** *noun* 1) *ամերիկյան* խանձարուր; բարուր 2) նախշավոր քաթան 3) անձեռոցիկ; սրբիչ *(նախշավոր քաթանից)* 4) ռոմբաձև նախշ **2** *verb* 1) շեղանկյունաձև նախշել 2) *ամերիկյան* բարուրել; խանձարուրել

diaphanous |dʌɪˈæf(ə)nəs| *adjective* 1) թափանցիկ; լուսաթափանց 2) նուրբ; անմարմին

diaphragm |ˈdʌɪəfræm| *noun* 1) *կազմախոսություն* ստոծանի 2) միջնորմ 3) *տեխնիկական* թաղանթ 4) *բուսաբանություն կենդանաբանություն* թաղանթ

diarrhea |ˌdʌɪəˈrɪə| (*բրիտանական* **diarrhoea**) *noun բժշկություն* լուծ; փորլուծություն

diary |ˈdʌɪəri| *noun* (հոգն. **-ries**) 1) օրագիր 2) օրատետր; հուշատետր 3) գրառումների տետր 4) ամենօրյա հեռուստահաղորդում

diastole |dʌɪˈæstəli| *noun բնախոսություն* թողանք *(սրտամկանի կծկման)*

diastolic *adjective* թողանքի *(սրտամկանի կծկման)*

diathermy |ˈdʌɪəˌθəːmi| *noun բժշկություն* ջերմաթափանցում

diatomic |ˌdʌɪəˈtɒmɪk| *adjective քիմիա* երկատոմ

diatribe |ˈdʌɪətrʌɪb| *noun* սուր քննադատություն; մերկացուցիչ ճառ; կատաղի դատապարտում

dibs |dɪbz| *plural noun խոսակցական* 1) վեգ 2) խաղանիշ 3) *ծածկալեզու* փող; գումար

have first dibs on առաջին ընտրության իրավունք ունենալ

dice |dʌɪs| **1** *noun* (հոգն. նույնը) 1) զառ 2) զառախաղ **2** *verb* 1) վեգ/զառ խաղալ 2) խորանարդաձև կտրտել *(բանջարեղենը)*

dice with death մահվան հետ խաղ անել; շատ վտանգավոր գործ ձեռնարկել

no dice *խոսակցական* ոչ մի դեպքում *(ցույց է տալիս մերժում կամ հնարավորության բացակայություն)*

roll/throw of the dice քիչ հավանական բան

dicer *noun* 1) զառ`խաղացող 2) խորանարդիկների տեսքով կտրող գործիք

dichotomy |dʌɪˈkɒtəmi|, |dɪ-| *noun* (հոգն. **-mies**) երկատում

dichromatic |dʌɪkrə(ʊ)ˈmætɪk| *adjective* երկգույն

dick¹ |dɪk| **1** *noun* 1) *գռեհկաբանություն* առնանդամ 2) *գռեհկաբանություն* որևէ բան **2** *verb գռեհկաբանություն* որևէ բան անվարժ կատարել

dick² |dɪk| *noun հնացած խոսակցական ծածկալեզու* խուզարկու

dickens |ˈdɪkɪnz| *noun խոսակցական հնացած* դև; սատանա

dicker |ˈdɪkə| **1** *verb* 1) *ամերիկյան* մանր բաների համար սակարկել 2) անպատասխանատու վերաբերվել *(ինչ-որ բանի)* **2** *noun* մանր գործարք

dickey |ˈdɪki| (նաև **dicky**) *noun* (հոգն. **dickeys** կամ **dickies**)*խոսակցական* 1) կրծքակալ *(շապիկի)* 2) կառապանի նստելու տեղ

dicky |ˈdɪki| **1** *adjective* (**dickier**, **dickiest**) *խոսակցական* 1) *ծածկալեզու* թույլ; տկար; անկայուն; խախուտ 2) անվստահելի **2** *noun* տե՛ս **dickey**

dictate |dɪkˈteɪt| **1** *verb* 1) թելադրել 2) հրամայել; պայմաններ թելադրել; հարկադրել; պարտադրել **2** *noun* |ˈdɪkteɪt| 1) կարգադրություն; ուղեցույց; հրաման 2) *քաղաքականություն* պարտադրանք; հարկադրանք

dictation |dɪkˈteɪʃ(ə)n| *noun* 1) թելադրություն; թելադրում; թելադրանք 2) պարտադրանք; կարգադրություն

dictator |dɪkˈteɪtə| *noun* բռնապետ; բռնակալ

dictatorial |dɪktəˈtɔːrɪəl| *adjective* 1) *քաղաքականություն* բռնապետական; բռնակալական 2) հրամայական; տիրական; հարկադրական

dictatorship |dɪkˈteɪtəʃɪp| *noun քաղաքականություն* 1) բռնապետություն 2) բռնապետական երկիր

diction |ˈdɪkʃ(ə)n| *noun* 1) խոսելաոճ; գրելաոճ 2) առոգանություն; արտաբերություն; արտասանություն

dictionary |ˈdɪkʃ(ə)n(ə)ri| (հպվ. **dict.**) *noun* (հոգն. **-aries**) բառարան; բառգիրք; բառագիրք

have swallowed a dictionary ճոռոմ խոսքերով խոսել; գիտական բառեր գործածել

dictum |ˈdɪktəm| *noun* (հոգն. **-ta** |-tə| կամ **-tums**) 1) ասույթ; ասացվածք; ասվածք 2) հեղինակավոր հայտարարություն; ծանրակշիռ արտահայտություն

didactic |dɪˈdæktɪk|, |dʌɪ-| *adjective* 1) խրատական; ուսուցողական 2) բարոյախոսական; վարդապետական

didactically *adverb* ուսուցողաբար

diddle |ˈdɪd(ə)l| *verb* 1) խաբել; թալանել; խաբեբայություն անել 2) կեղծել 3) *խոսակցական* իզուր ժամանակ վատնել; թրև գալ 4) (**diddle with**) խաղ անել; խաղալ 5) *գռեհկաբանություն* սեռական հարաբերություն ունենալ

dido |ˈdʌɪdəʊ| *noun* (հոգն. **-does** կամ **-dos**) *ամերիկյան խոսակցական* կատակ; հանաք; չարություն

cut up didoes կատակներ անել; կատակելով զվարճանալ

die¹ |dʌɪ| *verb* (**dying**) 1) մեռնել; մահանալ; վախճանվել 2) *խոսակցական* (**die for**) սաստիկ ցանկանալ; բաղձալ; տենչալ 3) վերջանալ; անհետանալ; թուլանալ; մարել 4) սարսափել; ցնցվել • **die away** i) ուշաթափվել ii) մարել (*ձայնի մասին*) **die back** մեռնել տերևների ծայրից մինչև արմատը (*բույսի մասին*) **die game** քաջի մահով մեռնել; մինչև վերջին շունչը պայքարել **die off** մեռնել; անհետանալ; մեկը մյուսի հետևից վերանալ **die out** i) անհետանալ; վերանալ ii) մոռացվել iii) մարել; թուլանալ

die hard դժվարությամբ վերանալ
die on the vine մեռնել սաղմի մեջ; չհաջողվել հենց սկզբից
never say die երբեք չհուսահատվել
to die for *խոսակցական* շատ ցանկալի; շատ լավը

die² |dʌɪ| **1** *noun* 1) **(dice)** զառ; վեգ; խաղանիշ 2) *փոխաբերական* հաջողություն 3) **(dies)** դրոշմոց; շտամպ; տառամայր 4) խորանարդիկ **2** *verb* դրամ կտրել; դրոշմել; դրոշմատպել
straight as a die, as straight as a die բացարձակապես ուղիղ
the die is cast վիճակը նետված է

diehard |ˈdʌɪhɑːd| *noun* *քաղաքականություն* պնդաճակատ; պահպանողական; կամակոր

diesel |ˈdiːz(ə)l| *noun* (նաև **diesel engine**) 1) դիզելային շարժիչ 2) դիզելային շարժիչով ավտոմեքենա 3) դիզելային վառելիք

diet¹ |ˈdʌɪət| **1** *noun* 1) կերակուր; սնունդ; ուտելիք 2) սննդակարգ; սննդականոն 3) *փոխաբերական* կանոնակարգ **2** *verb* (**dieted**, **dieting**) սննդակարգի հետևել; սննդակարգ պահել

diet² |ˈdʌɪət| *noun* 1) խորհրդարան (*որոշ երկրներում*) 2) խորհրդակցություն

dietary |ˈdʌɪət(ə)ri| **1** *adjective* սննդակարգային **2** *noun* (հոգն. **-taries**) *հնացած* 1) սննդակարգ 2) օրապահիկ; օրապարեն

dietetic |ˌdʌɪəˈtɛtɪk| *adjective* սննդակարգային; կերականոնային

dietetics |dʌɪəˈtɛtɪks| *plural noun* սննդագիտություն

dietitian |dʌɪəˈtɪʃ(ə)n| (նաև **dietician**) *noun* սննդագետ բժիշկ

differ |ˈdɪfə| *verb* 1) տարբերվել; զանազանվել; առանձնանալ 2) չհամաձայնվել; տարակարծիք լինել
agree to differ դադարեցնել վեճը (*որովհետև վիճողներից ոչ մեկը չի պատրաստվում համոզվել*)
beg to differ չհամաձայնվել քաղաքավարի կերպով

difference |ˈdɪf(ə)r(ə)ns| **1** *noun* 1) տարբերություն; զանազանություն; ոչ նմանություն 2) տարաձայնություն; անհամաձայնություն; վեճ; վիճաբանություն 3) *մաթեմատիկա* մնացորդ; տարբերություն **2** *verb* զինանշաններ տարբերել; զանազանել; ջնջել
make a difference ազդեցություն ունենալ
with a difference նոր առանձնահատկությամբ

different |ˈdɪf(ə)r(ə)nt| *adjective* 1) տարբեր; ոչ նման; ուրիշ; այլ; զանազան 2) առանձին

differential |ˌdɪfəˈrɛnʃ(ə)l| **1** *adjective* 1) *մաթեմատիկա* դիֆերենցիալ; տարբերական 2) տարբերիչ; զանազանիչ; տարբերակիչ **2** *noun* *մաթեմատիկա* 1) դիֆերենցիալ; տարբերական 2) տարբերական փոխանցում (*ավտոմեքենայի անիվներին պտտող ուժի ոչ համաչափ փոխանցում շրջադարձերի ժամանակ*)

differentiate |ˌdɪfəˈrɛnʃɪeɪt| *verb* 1) տարբերել; զանազանել; տարբերություն տեսնել 2) տարբերակվել 3) *մաթեմատիկա* ածանցել 4) ձևափոխվել; փոխակերպվել; կերպարանափոխվել

differentiation |-ˈeɪʃ(ə)n| *noun* 1) տարբերակում; տարբերում; զատորոշում 2) *մաթեմատիկա* դիֆերենցում; ածանցում 3) ձևափոխում; կերպարանափոխում

differently *adverb* տարբեր ձևով; այլ կերպ; ուրիշ ձևով

difficult |ˈdɪfɪk(ə)lt| *adjective* 1) դժվար; դժվարին; ծանր 2) ծանր; անկանխատեսելի; տհաճ (*բնավորության և այլնի մասին*)

difficulty |ˈdɪfɪk(ə)lti| *noun* (հոգն. **-ties**) 1) դժվարություն; խնդիր 2) դժվար կացություն; դժվարություն; ծանր դրություն; խոչընդոտ

diffidence *noun* 1) համեստություն; ամաչկոտություն; երկչոտություն; պարկեշտություն 2) անվստահություն

diffident |ˈdɪfɪd(ə)nt| *adjective* 1) համեստ; ամաչկոտ; երկչոտ 2) անվստահ; անհամարձակ

diffract |dɪˈfrækt| *verb* *ֆիզիկա* բեկել; բեկբեկել; շեղել (*ճառագայթները*)

diffraction *noun* բեկում; բեկբեկում

diffuse **1** *verb* |dɪˈfjuːz| 1) տարածել; սփռել; ծավալել 2) տարածվել; սփռվել; ծավալվել 3) ներտարածվել; դիֆուզվել 4) շաղ տալ; ցրել; ցրիվ տալ **2** *adjective* |dɪˈfjuːs| 1) տարածված; սփռված; ցրված; ցրիվ 2) անկազմակերպ; ցաքուցրիվ 3) անորոշ; մշուշոտ; լղոզված

diffusion |dɪˈfjuːʒ(ə)n| *noun* 1) տարածում; ծավալում; ցրում 2) *ֆիզիկա* դիֆուզիա; ներտարածում 3) երկարաբանություն; երկարախոսություն

diffusive *adjective* 1) տարածվող; ծավալվող; ցրվող 2) *ֆիզիկա* ցրիվ; ցրված 3) երկարաբան; երկարախոս

dig |dɪɡ| **1** *verb* (**digging**; անցյալ **dug** |dʌɡ|) 1) փորել; քանդել; պեղել; փորփրել 2) (**dig through**) ճեղքել; անցնել 3) փնտրել-հանել 4) (**dig out/up**) գտնել; հայտնաբերել 5) *խոսակցական* հասկանալ; սիրել; գնահատել 6) *ամերիկյան խոսակցական* եռանդով աշխատել; սերտել; անգիր անել 7) *բրիտանական խոսակցական* բնակարան ունենալ • **dig in** i) խրամատ փորել **dig oneself in** խրամատավորվել; խրամատի մեջ ամրանալ ii) *խոսակցական* խժռել; կուլ տալ iii) մտցնել; խրել iv) փորել; պեղել **dig out** i) փորել-հանել; հայտնաբերել ii) *ամերիկյան խոսակցական* արագ հեռանալ; ծլկել iii) *ամերիկյան խոսակցական* անհետանալ **dig up** i) փորել-գտնել ii) *ամերիկյան* պրպտելով գտնել/հայտնաբերել **2** *noun* 1) փորելը 2) հրում (*հատկապես մատով, արմունկով*) 3) խայթիչ դիտողություն; ծաղր 4) *խոսակցական* պեղում

digerati |ˌdɪdʒəˈrɑːti| *plural noun* համակարգչային վերնախավ; տեղեկատվական վերնախավ

digest **1** *verb* |dʌɪˈdʒɛst| |dɪ-| 1) մարսել; մարսվել 2) յուրացնել (*գիտելիքները և այլն*) 3) համակարգել; դասակարգել 4) *հնացած* տանել; հանդուրժել; կրել **2** *noun* |ˈdʌɪdʒɛst| 1) ժողովածու; հավաքածու; ամփոփագիր; համառոտ ձեռնարկ 2) տեղեկատու; տեղեկագիր

digestible *adjective* մարսելի; դյուրամարս; հեշտ մարսվող; մարսողական

digestion |dʌɪˈdʒɛstʃ(ə)n|, |dɪ-| *noun* 1) մարսողություն 2) յուրացում; ըմբռնում *(գիտելիքների և այլնի)* 3) *քիմիա* քայքայում

digestive |dʌɪˈdʒɛstɪv|, |dɪ-| **1** *adjective* 1) մարսողական 2) մարսողությանը նպաստող **2** *noun* մարսողությանը նպաստող միջոց; մարսողական միջոց

digger |ˈdɪɡə| *noun* 1) հողափոր 2) հանքագործ բանվոր; ոսկեխույզ 3) *ծածկալեզու* ավստրալացի 4) փորելու գործիք

diggings |ˈdɪɡɪŋz| *plural noun* 1) հանքահոր; հանքարան; ոսկու հանքեր 2) *խոսակցական հնացած* բնակարան; բնակավայր; կացարան 3) հանքաքար; հանքանյութ *(որը փորվել-հանվել է)*

digit |ˈdɪdʒɪt| *noun* 1) թվանշան; թվանիշ 2) մատ *(սովորաբար կենդանիների)* 3) *աստղագիտություն* արեգակի կամ լուսնի տրամագծի մեկ տասներկուերորդ մասը *(որն օգտագործվում է խավարման աստիճանը չափելու համար)*

digital |ˈdɪdʒɪt(ə)l| *adjective* 1) թվանշանային; թվային; թվացուցային 2) մատների; մատնանման

digitalize¹ |ˈdɪdʒɪt(ə)lʌɪz| *verb* թվայնացնել

digitalize² |ˈdɪdʒɪt(ə)lʌɪz| *verb բժշկություն* արտային դեղեր ներարկել

digitally *adverb* 1) թվային տեսքով; թվայնացված տեսքով 2) մատների միջոցով

Digital Millennium Copyright Act (հպվ. **DMCA**) Հեղինակային իրավունքի պահպանում թվադարում

digital television (հպվ. **DTV**) *noun* թվային հեռուստատեսություն

digitize |ˈdɪdʒɪtʌɪz| *verb* թվայնացնել

dignified |ˈdɪɡnɪfʌɪd| *adjective* արժանապատիվ; ծանրաբարո; վեհապանծ; մեծապատիվ

dignify |ˈdɪɡnɪfʌɪ| *verb* (**-fies**, **-fied**) 1) վեհացնել; ազնվացնել; արժանապատվություն հաղորդել 2) արժանացնել 3) մեծարել

dignitary |ˈdɪɡnɪt(ə)ri| *noun* (հոգն. **-taries**) աստիճանավոր; բարձրաստիճան պաշտոնյա *(հատկապես եկեղեցական)*

dignity |ˈdɪɡnɪti| *noun* (հոգն. **-ties**) 1) արժանապատվություն; ազնվաբարոյություն; ինքնասիրություն 2) բարձր կոչում; տիտղոս 3) հանդիսավորություն; ծանրաբարոյություն

digraph |ˈdʌɪɡrɑːf| *noun լեզվաբանություն* 1) երկգիր; երկտառ 2) *տպագրություն* տառամիացություն

digress |dʌɪˈɡrɛs| *verb* շեղվել; խոտորվել *(թեմայից)*

dike¹ |dʌɪk| (նաև **dyke**) **1** *noun* 1) թումբ; պատնեշ; պատվար; ամբարտակ 2) *փոխաբերական* արգելք; խոչընդոտ 3) առու; ջրանցք 4) ապարների բաժանող երակ *(որն ունի պատի տեսք)* **2** *verb* 1) խրամատել; թմբապատել 2) ամբարտակել 3) չորացնել/ցամաքեցնել վայրը *(առուներ փորելով)*

put one's finger in the dike փորձանքը կանխել

dike² *noun վիրավորական* լեսբուհի

dilapidate |dɪˈlæpɪdeɪt| *verb հնացած* 1) քանդել; քայքայել 2) փչչել; քանդվել; քայքայվել

dilapidated |dɪˈlæpɪdeɪtɪd| *adjective* 1) կիսավեր; կիսաքանդ; խարխուլ; կիսակործան 2) ավերված; քանդված; քայքայված

dilapidation *noun* 1) խարխլվածություն 2) քայքայում; ավերում

dilatation |ˌdʌɪleɪˈteɪʃ(ə)n|, |dɪ-|, |-lə-| *noun բժշկություն, բնախոսություն* 1) լայնացում; ընդլայնում; ընդարձակում 2) տարածում; ծավալում

dilate |dʌɪˈleɪt|, |dɪ-| *verb* 1) լայնացնել; ընդլայնել; ընդարձակել 2) ընդարձակվել; ընդլայնվել; լայնանալ 3) տարածվել; երկարաբանել *(նյութի շուրջ)*

dilatory |ˈdɪlət(ə)ri| *adjective* 1) դանդաղ; դանդաղկոտ 2) ձգձգիչ; ձգձգման; հետաձգման ◊ **dilatory tactics** ձգձգման մարտավարություն 3) ուշացած

dilemma |dɪˈlɛmə|, |dʌɪ-| *noun* 1) երկսայրաբանություն; դիլեմմա 2) երկընտրանք; տարակուսանք; դիլեմա; դժվարին կացություն

dilettante |ˌdɪlɪˈtænteɪ|, |-ti| **1** *noun* (հոգն. **-tanti** |-ti| կամ **-tantes**) 1) ոչ մասնագետ; սիրող 2) *հնացած* արվեստասեր **2** *adjective* սիրողական

diligence¹ |ˈdɪlɪdʒ(ə)ns| *noun* 1) ջանասիրություն; աշխատասիրություն; ժրաջանություն; ջանադրություն 2) *իրավունք* ուշադրություն; ուշադիր վերաբերմունք

diligence² |ˈdɪlɪdʒ(ə)ns| *noun պատմական* հանրակառք

diligent |ˈdɪlɪdʒ(ə)nt| *adjective* ջանասեր; աշխատասեր; ժրաջան; գործունյա; փութկոտ

diligently *adverb* ջանասիրաբար; մեղվաջանորեն; տքնաջանորեն

dill |dɪl| *noun բուսաբանություն* սամիթ *(Anethum graveolens, ընտանիք Umbelliferae)*

dilly-dally |ˈdɪlɪdæli| *verb* (**-lies**, **-lied**) *խոսակցական* տատանվել; դանդաղել

dilute |dʌɪˈl(j)uːt|, |dɪ-| **1** *verb* 1) ջրիկացնել; լուծել; նոսրացնել; տարրալուծել 2) *փոխաբերական* ամլացնել; բովանդակությունից զրկել; բովանդակազրկել; իմաստազրկել *(գաղափարի, մտքերի մասին)* **2** *adjective* |dʌɪ-| 1) ջրիկացրած; ջուր խառնած; ջրով բաց արած; նոսրացրած; նոսր 2) թույլ; ոչ պայծառ *(գույնի մասին)*

dilution *noun* 1) ջրիկացում; լուծում; նոսրացում 2) նոսրացման աստիճան 3) նոսրացված հեղուկ 4) բաժնետոմսերի արժեքի նվազում լրացուցիչ բաժնետոմսերի թողարկման պատճառով

dim |dɪm| **1** *adjective* (**dimmer**, **dimmest**) 1) աղոտ; կիսախավար; պղտոր; անպարզ; մշուշոտ; դժգույն 2) կիսամութ 3) հուսահատ; չհուսադրող 4) *խոսակցական* բութ; թանձրամիտ **2** *verb* (**dimmed**, **dimming**) 1) աղոտանալ; մշուշապատվել 2) աղոտացնել; մշուշապատել; մթագնել 3) պղտորվել 4) պղտորել 5) ավտոմեքենայի լույսերը հեռավորից մոտակա դարձնել

take a dim view of անբարեհաճությամբ վերաբերվել

dime |dʌɪm| *noun ամերիկյան* 1) տասը ցենտանոց 2) էժանագին; չնչին

a dime a dozen *խոսակցական* անարժեք; հասարակ
drop a dime on someone *խոսակցական* մատնել մեկին
get off the dime *խոսակցական* վճռական լինել; նախաձեռնել
turn on the dime շատ փոքր տեղում շրջադարձ կատարել *(ավտոմեքենայի/մարդու մասին)*

dimension |dɪˈmɛnʃ(ə)n|, |dʌɪ-| **1** *noun* 1) չափ *(երկարության, ծանրության, լայնության և այլն)* 2) (**dimensions**) չափեր; արտաքին չափեր 3) կողմ; տեսանկյուն 4) *ֆիզիկա* չափողականություն 5) *մաթեմատիկա* չափում **2** *verb* ձևել ըստ պահանջված չափերի; նշել ըստ տրված չափերի

dimensional *adjective* 1) տարածական 2) չափողական

diminish |dɪˈmɪnɪʃ| *verb* 1) պակասել; նվազել; կրճատվել 2) պակասեցնել; նվազեցնել; կրճատել 3) թուլացնել 4) ցածրացնել; ստորացնել; նվաստացնել; նսեմացնել
diminishing returns նվազման կետ *(վերաբերում է այն պահին, երբ օգուտների մակարդակը պակաս է, քան գործադրված ջանքերը կամ ներդրված գումարը)*

diminuendo |dɪˌmɪnjʊˈendəʊ| *երաժշտություն* **1** *noun* (հոգն. **-dos** կամ **-di** |-di|) նվազաձայն **2** *adverb, adjective* նվազաբար **3** *verb* (**-dos**, **-doed**) նվազել; թուլանալ *(ձայնի մասին)*

diminution |ˌdɪmɪˈnjuːʃ(ə)n| *noun* 1) պակասեցում; նվազեցում; կրճատում; փոքրացում 2) պակասում; նվազում; անկում 3) *երաժշտություն* ձայնանիշերի տևողության կրճատում

diminutive |dɪˈmɪnjʊtɪv| **1** *adjective* 1) *քերականություն* նվազական 2) փոքրիկ; պստլիկ; պստիկ; մանր **2** *noun քերականություն* 1) նվազական բառ/վերջածանց 2) փոքրիկ մարդ

dimity |ˈdɪmɪti| *noun* հաստ բամբակե գործվածք; կանիֆաս

dimple |ˈdɪmp(ə)l| **1** *noun* 1) փոսիկ; այտափոսիկ 2) փոս ընկած տեղ; խորշ **2** *verb* 1) փոսիկներով ծածկվել 2) փոսիկ առաջանալ ժպտալիս

dimply *adjective* 1) փոսիկներով; այտափոսիկներով 2) թեթև ալեկոծվող

din |dɪn| **1** *noun* աղմուկ; ժխոր; գոռում-գոչյուն **2** *verb* (**dinned**, **dinning**) 1) աղմկել; գոռգոռալ 2) անընդհատ կրկնել; ձանձրացնել անընդհատ կրկնելով

dine |dʌɪn| *verb* 1) ճաշել ◊ **dine out** ճաշել տանից դուրս. **dine on** ճաշին ուտել *(ինչ-որ բան)* 2) ճաշով հյուրասիրել; ճաշկերույթ տալ

diner |ˈdʌɪnə| *noun* 1) ճաշող; հաճախորդ *(սովորաբար ռեստորանի)* 2) *խոսակցական* վագոն-ռեստորան

ding[1] |dɪŋ| **1** *verb* 1) հնչել; ղողանջել; զնգալ 2) *խոսակցական* շարունակ խոսել; շաղակրատել; զահլա տանել **2** *noun* ղողանջ *(զանգի)* **3** *exclamation* զընգ *(զանգի ձայնի նմանակում)*

ding[2] |dɪŋ| **1** *noun խոսակցական* փոս ընկած տեղ **2** *verb խոսակցական* փոս գցել

ding-dong |ˈdɪŋdɒŋ|, |dɪŋˈdɒŋ| **1** *noun խոսակցական* 1) զանգերի ղողանջ 2) զանգի ձայնի նմանակում **2** *adjective* 1) հերթագայող; միմյանց հաջորդող 2) փոխնեփոխ հնչող

dinghy |ˈdɪŋgi|, |ˈdɪŋi| *noun* (հոգն. **-ghies**) 1) նավակի տեսակ 2) փչովի նավակ 3) փոքր մոտորանավակ

dingle |ˈdɪŋg(ə)l| *noun բանաստեղծական բարբառային* լեռնագոգ; լեռնահովիտ

dingo |ˈdɪŋgəʊ| *noun* (հոգն. **-goes** կամ **-gos**) *կենդանաբանություն* դինգո *(ավստրալական վայրի շուն. Canis dingo, ընտանիք Canidae)*

dingy |ˈdɪn(d)ʒi| *adjective* (**-gier**, **-giest**) 1) աղտոտ; կեղտոտ; մրոտ; կեղտագույն 2) անդուր; տգեղ

dining car *noun* վագոն-ռեստորան

dining room *noun* 1) ճաշարան 2) ճաշասենյակ

dinner |ˈdɪnə| *noun* 1) ճաշ ◊ **have dinner** ճաշել. **give a dinner** ճաշկերույթ տալ 2) հանդիսավոր ճաշկերույթ

dinner party *noun* 1) ճաշկերույթ 2) ճաշի հրավիրված հյուրեր

dinosaur |ˈdʌɪnəsɔː| *noun կենդանաբանություն* հնէամողես; դինոզավր

dint |dɪnt| **1** *noun* 1) փոս; դրոշմ; հարվածի հետք 2) *հնացած* հարված *(հատկապես զենքով)* **2** *verb* դրոշմել; հետք թողնել; փոս գցել
by dint of միջոցով

diocese |ˈdʌɪəsɪs| *noun* (հոգն. **-ceses** |ˈdʌɪəsiːz|, |-siːzɪz|) թեմ; վիճակ

diode |ˈdʌɪəʊd| *noun էլեկտրոնիկա* դիոդ

Diophantine equation |ˌdʌɪəˈfæntɪn|, |-tʌɪn| *մաթեմատիկա* դիոֆանտյան հավասարում

diopter |dʌɪˈɒptə| *noun* բեկաչափ *(ոսպնյակի բեկման ուժի չափման միավոր, որը հավասար է մետրերով հաշված նրա կիզակետային հեռավորության հակադարձին)*

dioxide |dʌɪˈɒksʌɪd| *noun քիմիա* երկօքսիդ

dip |dɪp| **1** *verb* (**dipped**, **dipping**) 1) ընկղմել; սուզել; թաթախել; իջեցնել 2) սուզվել; ընկղմվել; իջնել 3) ընկնել; նվազել 4) ներկել թաթախելով 5) մկրտել ընկղմելով **2** *noun* 1) ընկղմում; լողանալը ◊ **take a dip in the sea** ծովում մի փոքր լողանալ 2) լուծույթ; հեղուկ *(թռչունների/ոչխարների վրա պարազիտներ ոչնչացնելու)* 3) զառիվայր; թեքվածք; անկում 4) *ծածկալեզու* գրպանահատ 5) սոուս; թացան

diphtheria |dɪpˈθɪərɪə|, |dɪf-| *noun բժշկություն* դիֆտերիա; կեղծամաշկ

diphthong |ˈdɪfθɒŋ| *noun հնչյունաբանություն* երկբարբառ; երկձայն

diploid |ˈdɪplɔɪd| **1** *adjective* 1) *կենսաբանություն* կրկնահավաքածու 2) կրկնակի; երկակի **2** *noun* կրկնահավաքածու բջիջ

diploma |dɪˈpləʊmə| *noun* 1) դիպլոմ; վկայական 2) պաշտոնական փաստաթուղթ

diplomacy |dɪˈpləʊməsi| *noun* 1) դիվանագիտություն 2) ճարտարություն; հնարամտություն

diplomat |ˈdɪpləmæt| *noun* դիվանագետ

diplomatic |dɪplə'mætɪk| *adjective* 1) դիվանագիտական 2) *փոխաբերական* դիվանագիտական; խուսափուկ; ճարպիկ; հմուտ 3) քաղաքավարի; նրբանկատ 4) ճշգրիտ; հավաստի *(պատճենի մասին)*

diplomatically *adverb* դիվանագիտորեն

Diplopoda |ˌdɪplə'pəʊdə| *կենդանաբանություն* երկզույգոտանիներ

Diplura |dɪ'plʊərə| *միջատաբանություն* երկպոչանիներ *(միջատների կարգ. ենթադաս Apterygota, դաս Insecta)*

dipper |'dɪpə| *noun* 1) շերեփ; շերեփաթիակ 2) ◊ **the Big Dipper, the Dipper** Մեծ արջ. **the Little Dipper** Փոքր արջ 3) *կենդանաբանություն* սուզահավ *(Cinclus, ընտանիք Cinclidae)*

Diptera |'dɪpt(ə)rə| *միջատաբանություն* երկթևանիներ *(միջատների կարգ)*

dire |'dʌɪə| *adjective* 1) սարսափելի; զարհուրելի; սոսկալի 2) անհետաձգելի; ծայրահեղ

direct |dɪ'rɛkt|, |dʌɪ-| **1** *adjective* 1) ուղիղ; ուղղակի 2) անմիջական; ուղղակի; առանց միջնորդի 3) անկեղծ; շիտակ; պարզասիրտ 4) տրամագծային; հակադիր 5) ուղղահայաց **2** *adverb* ուղիղ; ուղղակի; անմիջապես; անմիջականորեն **3** *verb* 1) ղեկավարել; կառավարել; վարել; առաջնորդել 2) ուղղություն տալ; ուղղել; ուղղորդել 3) հասցեագրել 4) նշան բռնել; նշան առնել; նպատակին ուղղել 5) ճանապարհ ցույց տալ 6) հրամայել; պատվիրել; կարգադրել; հրահանգել

direct action *noun* ուղղակի գործողություններ *(ցույցերի, գործադուլների և բողոքի այլ հասարակական ձևերի, այլ ոչ թե բանակցությունների կիրառում)*

direct current (*հապվ.* **DC**) *noun ֆիզիկա* հաստատուն հոսանք

direct debit *noun* ուղղակի գանձում *(վճարման համակարգ, երբ վարկատուներն իրավունք ունեն հաճախորդի դրամատան հաշվից ուղղակի գանձում կատարել որոշակի կանոնավոր միջակայքերով)*

direct dialing *noun* համարի ուղղակի հավաքում *(առանց փոխանջատիչ կենտրոնին միանալու)*

direction |dɪ'rɛkʃ(ə)n|, |dʌɪ-| *noun* 1) ուղղություն 2) ղեկավարում; կառավարում; վարում; տնօրինում 3) (**directions**) ցուցում; հրահանգ; կարգադրություն; տնօրինություն 4) հասցե *(նամակի վրա և այլն)* 5) տնօրինություն; վարչություն 6) նպատակ

directive |dɪ'rɛktɪv|, |dʌɪ-| **1** *noun* հրահանգ; կարգադրություն **2** *adjective* ուղղություն տվող; ղեկավար; մատնանշող

directly |dɪ'rɛktli|, |dʌɪ-| **1** *adverb* 1) ուղիղ; ուղղակի; անմիջականորեն 2) անմիջապես; իսկույն; անհապաղ 3) առանց միջնորդի 4) շիտակ; անկեղծ; ճիշտ 5) ազնվորեն **2** *conjunction խոսակցական* հենց որ

direct mail *noun* ուղղակի փոստային առաքում *(շուկայավարման եղանակ, որի դեպքում ընկերությունները փոստով գովազդային նյութեր են առաքում հնարավոր գնորդներին)*

direct marketing *noun* ուղղակի շուկայավարում *(ապրանքների վաճառք գնորդներին ուղղակի, առանց մանրավաճառների. օրինակ՝ փոստային պատվերների կամ հեռախոսազանգերի միջոցով)*

directness *noun* 1) անկեղծություն; շիտակություն; անմիջականություն 2) ակնհայտություն 3) անմիջնորդություն

direct object *noun քերականություն* ուղիղ խնդիր

director |dɪ'rɛktə|, |dʌɪ-| (*հապվ.* **dir.**) *noun* 1) ղեկավար; տնօրեն 2) ռեժիսոր 3) դիրիժոր; նվագավար

directorate |dɪ'rɛkt(ə)rət|, |dʌɪ-| *noun* 1) վարչություն; տնօրենների խորհուրդ 2) տնօրենի պաշտոնը

directory |dɪ'rɛkt(ə)ri|, |dʌɪ-| **1** *noun* (*հոգն.* **-ries**) 1) տեղեկատու; տեղեկագիրք; հասցեագիրք; տեղեկացույց 2) ուղեցույց; ձեռնարկ 3) *համակարգիչներ* գրացուցակ **2** *adjective* հրահանգչական

directress |dɪ'rɛktrɪs|, |dʌɪ-| (*նաև* **directrice**) *noun* տնօրենուհի

direct speech *noun* ուղղակի խոսք

direful |'dʌɪəfʊl|, |-f(ə)l| *adjective հնացած բանաստեղծական* սարսափելի; սոսկալի; զարհուրելի

dirge |dəːdʒ| *noun* 1) սգերգ 2) հոգեհանգիստ 3) հուղարկավորություն

dirigible |'dɪrɪdʒɪb(ə)l| **1** *adjective* ղեկավարելի **2** *noun* դիրիժաբլ

dirk |dəːk| *noun* 1) շոտլանդական դաշույն 2) *ծովային* նրան *(կարճ սուսեր)*

dirt |dəːt| *noun* 1) կեղտ; աղբ 2) *փոխաբերական* զարշելի արարմունք; ստորություն; անազնվություն; աղտեղություն 3) հող; գետին; ցեխ 4) հայհոյանք; լուտանք; բամբասանք 5) *խոսակցական* կղանք 6) աղտոտություն; կեղտոտություն 7) անբարոյականություն; ապականություն

do someone dirt մեկի դեմ ստորություն անել

drag the name of someone/something through the dirt ինչ-որ մեկի (կամ ինչ-որ բանի) անունը խայտառակել

eat dirt վիրավորանք կրել; անարգանք ստանալ; նվաստանալ

dirt cheap *adverb, adjective խոսակցական* չափազանց էժան

dirtily *adverb* 1) կեղտոտ; կեղտոտ կերպով 2) անազնվորեն; անարգաբար; ստորաբար

dirty |'dəːti| **1** *adjective* (**dirtier**, **dirtiest**) 1) կեղտոտ; աղտոտ; ցեխոտ 2) կեղտոտող; ապականող 3) ոչ պայծառ; կեղտոտ *(գույնի մասին)* 4) անվայելուչ; անպարկեշտ; անպատկառ; ստոր 5) աղտոտված 6) *փոխաբերական* անազնիվ; ստոր; անարգ 7) վատ; անձրևային; քամոտ *(եղանակի մասին)* **2** *verb* (**dirties**, **dirtied**) կեղտոտել; աղտոտել; ապականել; ցեխոտել

the dirty end of the stick *խոսակցական* իրավիճակի տհաճ մասը

dis- |dɪs| *prefix* 1) *(արտահայտում է ժխտական իմաստ)* ◊ **dislike** չսիրել 2) բաժանման կամ անջատման իմաստ ◊ **discharge** լիցքաթափել 3) որևէ բանից զրկելու իմաստ ◊ **disbud** բողբոջներից զրկել

disability |dɪsəˈbɪlɪti| *noun* (հոգն. **-ties**) 1) անընդունակություն; անզորություն; անկարողություն; թուլություն; անաշխատունակություն 2) *իրավունք* անիրավունակություն 3) *ֆինանսներ* անվճարունակություն

disable |dɪsˈeɪb(ə)l| *verb* 1) անընդունակ/անպետք դարձնել; հաշմանդամ դարձնել; խեղել; հաշմել; անաշխատունակ դարձնել 2) *իրավունք* անիրավունակ դարձնել; իրավունքից զրկել 3) *համակարգիչներ* կասեցնել 4) անջատել; շարքից հանել

disabled *adjective* անաշխատունակ; խեղված; խեղանդամ; հաշմանդամ

disabled list (հապվ. DL) *մարզական* վնասվածք ունեցող մարզիկների ցուցակ

disabuse |ˌdɪsəˈbjuːz| *verb* մոլորությունից հանել; մեկի աչքերը բաց անել

disaccord |dɪsəˈkɔːd| **1** *noun* *հազվադեպ* անհամաձայնություն; տարաձայնություն; երկպառակություն; անմիաբանություն **2** *verb* *հնացած* անհամաձայն լինել; տարակարծիք լինել; չհամաձայնվել

disadvantage |dɪsədˈvɑːntɪdʒ| **1** *noun* 1) անհարմարություն; անբարենպաստ իրավիճակ 2) վնաս; վնասվածք **2** *verb* անհարմար վիճակի մեջ դնել

at a disadvantage անբարենպաստ դիրքում/վիճակում *(ինչ-որ մեկի նկատմամբ)*

disadvantaged |dɪsədˈvɑːntɪdʒd| *adjective* ընչազուրկ; աղքատ

disadvantageous |ˌdɪsædv(ə)nˈteɪdʒəs| *adjective* անբարենպաստ; աննպաստ; անշահավետ

disaffected |dɪsəˈfɛktɪd| *adjective* 1) անբարյացկամ; թշնամական 2) դժգոհ; չբավարարված

disaffection |dɪsəˈfɛkʃ(ə)n| *noun* 1) անբարյացկամություն 2) դժգոհություն 3)

disaffirm |dɪsəˈfəːm| *verb* 1) *իրավունք* չվավերացնել; չեղարկել; չեղյալ դարձնել; անվավեր համարել 2) ժխտել; հերքել

disagree |dɪsəˈɡriː| *verb* (**-agrees**, **-agreed**, **-agreeing**) 1) չհամաձայնել; չհամաձայնվել 2) տարակարծիք լինել 3) կռվել; վիճել 4) հակասել *(մեկը մյուսին)* 5) անհամապատասխան լինել; չհամապատասխանել; վնասակար լինել *(սննդի/կլիմայի մասին)*

disagreeable |dɪsəˈɡriːəb(ə)l| *adjective* անախորժ; տհաճ; անդուրեկան; անհամբույր

disagreement *noun* 1) տարակարծություն; տարաձայնություն; անհամաձայնություն; երկպառակություն 2) անհամապատասխանություն

disallow |dɪsəˈlaʊ| *verb* 1) մերժել 2) արգելել; չթույլատրել; խոչընդոտել

disappear |dɪsəˈpɪə| *verb* 1) անհետանալ; չքանալ; կորչել; վերանալ 2) անհետացնել; սպանել

disappearance *noun* անհետացում; չքացում; վերացում

disappoint |dɪsəˈpɔɪnt| *verb* 1) հիասթափեցնել; հիասթափություն պատճառել; հուսախաբ անել 2) չեղյալ դարձնել; խափանել

disappointed *adjective* հիասթափված; հուսախաբ; վշտացած

disappointing *adjective* անմխիթարական; ցավալի; հիասթափեցնող

disappointment |dɪsəˈpɔɪntm(ə)nt| *noun* 1) հիասթափություն; հուսախաբություն 2) վրդովմունք; անախորժություն; խռովք

disapprobation |dɪsˌæprəˈbeɪʃ(ə)n| *noun* դատապարտում; հավանություն չտալը; հանդիմանություն

disapproval *noun* դատապարտում; հավանություն չտալը; չհաճելը; անհավանություն; կշտամբանք

disapprove |dɪsəˈpruːv| *verb* հավանություն չտալ; չհավանել; դատապարտել; բացասաբար վերաբերվել; չբարեհաճել; անբարեհաճ վերաբերվել; պախարակել

disarm |dɪsˈɑːm| *verb* 1) զինաթափ լինել; ապազինել 2) վնասազերծել *(ռումբը)* 3) զինաթափվել; զենքերը վայր դնել

disarmament |dɪsˈɑːməm(ə)nt| *noun* զինաթափում; զինաթափելը

disarrange |dɪsəˈreɪn(d)ʒ| *verb* անկարգություն առաջ բերել; խառնաշփոթ առաջացնել

disarrangement *noun* անկարգություն; խառնակություն; խառնաշփոթ

disarray |dɪsəˈreɪ| **1** *noun* 1) խառնաշփոթություն; անկարգություն; իրարանցում; շփոթություն 2) անփութություն; թափթփվածություն *(հագուստի մեջ)* **2** *verb* 1) անկարգություն առաջացնել; խառնաշփոթ առաջացնել 2) *բանաստեղծական* հագուստը հանել; մերկացնել

disassociate |dɪsəˈsəʊʃɪeɪt|, |-sɪ-| *verb* անջատել; բաժանել; մասնատել

disaster |dɪˈzɑːstə| *noun* աղետ; դժբախտություն; արհավիրք

be a recipe for disaster փորձանքի բուն լինել

disastrous *adjective* 1) աղետալի; կործանարար; կորստաբեր 2) չափազանց անհաջող; ձախող

disastrously *adverb* կործանարար կերպով

disavow |dɪsəˈvaʊ| *verb* ուրանալ; հրաժարվել; իրենից պատասխանատվությունը գցել

disavowal *noun* 1) բացասում; ժխտում; հերքում 2) ուրացում; հրաժարում 3) *քաղաքականություն* հրաժարում; հայտարարություն դիվանագետի կողմից իր իրավասությունների գերազանցման մասին

disband |dɪsˈbænd| *verb* 1) արձակել; ցրել *(զորքը և այլն)* 2) ցրվել; դադարել գոյություն ունենալուց *(կազմակերպության մասին)*

disbar |dɪsˈbɑː| *verb* (**-barred**, **-barring**) *իրավունք* փաստաբան լինելու իրավունքից կամ փաստաբանական պրակտիկայից զրկել

disbelief *noun* անհավատություն; չհավատալը; անվստահություն

disbelieve |dɪsbɪˈliːv| *verb* 1) չհավատալ; չվստահել 2) անհավատ/անկրոն լինել

disbeliever *noun* անհավատ; չհավատացող

disburden |dɪsˈbəːd(ə)n| *verb* 1) ազատել բեռից; բեռն իջեցնել 2) ազատվել բեռից; ազատագրվել անհանգստությունից

disburse |dɪsˈbəːs| *verb* վճարել; ծախսել; վարձատրել

discard **1** *verb* |dɪˈskɑːd| 1) դուրս նետել; դուրս գցել; դեն շպրտել *(որպես անպետք)* 2) հրաժարվել 3) *թղթախաղ* խաղաքարտը նետել *(որպես անպետք)* **2** *noun* |ˈdɪskɑːd| դեն նետված իր; մերժված մարդ

discern |dɪˈsəːn| *verb* 1) նշմարել; նկատել; տեսնել 2) տարբերել; զանազանել; զատորոշել; ջոկել

discerning |dɪˈsəːnɪŋ| *adjective* խորաթափանց; թափանցող

discernment |dɪˈsəːnm(ə)nt| *noun* 1) տարբերում; զանազանում; զատորոշում 2) խորաթափանցություն

discharge **1** *verb* |dɪsˈtʃɑːdʒ| 1) ազատել; դուրս գրել *(բանտից, հիվանդանոցից)* 2) արձակել *(ծառայությունից, աշխատանքից)* 3) արձակել; բաց թողնել; դուրս թափել; արտահոսել 4) *էլեկտրականություն* լիցքաթափել; պարպել 5) *ռազմական* զորացրել 6) բեռնաթափել; բեռից ազատել 7) կրակել; լիցք արձակել 8) վճարել *(պարտքը)* 9) կատարել *(պարտականությունները)* 10) *իրավունք* չեղյալ հայտարարել **2** *noun* |ˈdɪstʃɑːdʒ| |dɪsˈtʃɑːdʒ| 1) ազատում *(բանտից)* 2) դուրս գրում *(հիվանդանոցից)* 3) ազատում պարտքից *(սնանկ կազմակերպության մասին)* 4) արտաթորում; արտահոսում 5) *էլեկտրականություն* լիցքաթափում; պարպում 6) կրակոց; համազարկ 7) բեռնաթափում; դատարկում 8) արձակում *(ծառայությունից)* 9) վճարում *(պարտքի)* 10) կատարում *(պարտականությունների)* 11) *իրավունք* չեղյալ հայտարարելը

disciple |dɪˈsʌɪp(ə)l| **1** *noun* 1) աշակերտ; հետևորդ 2) *եկեղեցական* առաքյալ **2** *verb* Քրիստոսի հետևորդ դարձնել

Disciples of Christ Քրիստոսի աշակերտներ *(բողոքական հարանվանություն)*

disciplinary |ˈdɪsɪplɪn(ə)ri|, |ˌdɪsɪˈplɪn-| *adjective* 1) կարգապահական; ուղղիչ 2) կարգապահ դարձնող; դաստիարակող

discipline |ˈdɪsɪplɪn| **1** *noun* 1) կարգապահություն; կարգ 2) պատիժ; պատժում 3) գիտության ճյուղ; գիտակարգ; գիտաճյուղ 4) գործունեության ասպարեզ 5) վարժանք; մարզում **2** *verb* 1) կարգավարժել; կարգապահության վարժեցնել; կարգապահ դարձնել 2) պատժել; խրատել

disc jockey (նաև **disk jockey**) *noun* երաժշտավար

disclaim |dɪsˈkleɪm| *verb* 1) ժխտել; չընդունել; մերժել *(իրավունքը, պահանջը)* 2) ուրանալ; հրաժարվել *(իրավունքներից)*

disclaimer |dɪsˈkleɪmə| *noun* 1) հրաժարում *(իրավունքներից, պահանջից, պատասխանատվությունից)* 2) հրաժարագիր; հրաժարման հայտարարագիր 3) ուրացում; ժխտում; մերժում

disclose |dɪsˈkləʊz| *verb* հայտնաբերել; երևան հանել; բանալ; բաց անել; մերկացնել; բացահայտել

disclosure |dɪsˈkləʊʒə| *noun* 1) հայտնաբերում; հայտաբերում; բացահայտում; երևան հանելը; մերկացում 2) հայտնաբերված/հայտաբերված բան

disco |ˈdɪskəʊ| *խոսակցական* **1** *noun* (հոգն. **-cos**) 1) պարաասրահ; դիսկո-պարաասրահ 2) դիսկո *(երաժշտական ոճ)* **2** *verb* (**-coes**, **-coed**) դիսկո պարել

discolor |dɪsˈkʌlə| *verb* 1) գույնը փոխել; գունազրկվել; 2) գույնը փոխել; գունազրկել

discoloration |-ˈreɪʃ(ə)n| *noun* 1) գունազրկում; գույնը փոխելը 2) բիծ; պուտ

discomfit |dɪsˈkʌmfɪt| *verb* (**-fited**, **-fiting**) 1) շփոթեցնել; շփոթության մեջ գցել 2) խափանել *(պլանները և այլն)* 3) *հնացած* պարտության մատնել

discomfiture *noun* 1) շփոթվածություն; շփոթություն 2) ծրագրերի խափանում 3) *հնացած* պարտություն

discomfort |dɪsˈkʌmfət| **1** *noun* 1) անհարմարություն 2) անհանգստություն; նեղություն; անձկություն 3) մարմնական տկարություն **2** *verb* անհանգստացնել; նեղացնել; անհանգստություն պատճառել

discompose |dɪskəmˈpəʊz| *verb* հուզել; վրդովել; անհանգստացնել

discomposure |-ˈpəʊʒə| *noun* անհանգստություն; հուզմունք; տագնապ; շփոթմունք

disconcert |ˌdɪskənˈsəːt| *verb* 1) շփոթեցնել; շփոթության մեջ գցել 2) հուզել; գրգռել; անհանգստացնել

disconnect |dɪskəˈnɛkt| **1** *verb* 1) անջատել; բաժանել; իրարից հեռացնել 2) *էլեկտրականություն* անջատել **2** *noun* *համակարգիչներ* անջատված վիճակ; կապի բացակայություն

disconnectedly *adverb* անկապորեն; կցկտուր կերպով

disconnection *noun* անջատում; բաժանում

disconsolate |dɪsˈkɒns(ə)lət| *adjective* անմխիթար; անսփոփ; թշվառ; տխուր

discontent |dɪskənˈtɛnt| **1** *noun* 1) դժգոհություն; անբավականություն; անբավարարվածություն 2) դժգոհ անձ **2** *adjective* դժգոհ; չբավարարված **3** *verb* դժգոհություն առաջացնել

discontented *adjective* դժգոհ; անբավական; չբավարարված

discontentedly *adverb* դժգոհությամբ; դժկամորեն

discontentment *noun* դժգոհություն; անբավականություն; անբավարարվածություն

discontinuance *noun* 1) դադարում; ընդհատում; դադարեցում 2) *իրավունք* գործի կարճում

discontinue |dɪskənˈtɪnjuː| *verb* (**-tinues**, **-tinued**, **-tinuing**) 1) ընդհատել; ընդմիջել; դադարեցնել 2) ընդհատվել; դադարել 3) *իրավունք* կարճել *(գործը)*

discontinuous |dɪskənˈtɪnjʊəs| *adjective* 1) ընդհատվող; ընդհատուն; ընդհատ; ընդմիջվող 2) *մաթեմատիկա* խզվող; ընդհատ

discord |ˈdɪskɔ:d| **1** *noun* 1) տարաձայնություն; անհամաձայնություն; անհամերաշխություն 2) *երաժշտություն* աններդաշնակություն **2** *verb* |dɪsˈkɔ:d| 1) չհամաձայնվել; տարակարծիք լինել 2) *երաժշտություն* աններդաշնակել; աններդաշնակ լինել; աններդաշնակություն մտցնել

discordance *noun* 1) տարաձայնություն; անհամաձայնություն 2) աններդաշնակություն

discordant |dɪˈskɔ:d(ə)nt| *adjective* 1) անհամաձայն; անհամապատասխան; հակասական 2) աններդաշնակ

strike a discordant note հայտնվել անհամապատասխան վայրում

discount **1** *noun* |ˈdɪskaʊnt| 1) զեղչում; զեղչ 2) մուրհակների զեղչում; զեղչման տոկոս **2** *verb* |dɪsˈkaʊnt| 1) զեղչել; իջեցնել 2) հաշվի չառնել; արհամարհել 3) վստահություն չտածել; չհավատալ **3** *adjective* զեղչով; ցածր գնով

at a discount զեղչով; սովորական գնից ցածր

discountenance |dɪsˈkaʊntɪnəns| *verb* 1) հավանություն չտալ; չքաջալերել; աջակցություն ցույց չտալ; չխրախուսել 2) ամաչեցնել; շփոթեցնել

discourage |dɪsˈkʌrɪdʒ| *verb* 1) վհատեցնել; վստահաբեկ անել; հուսալքել; հուսահատեցնել; թևաթափ անել 2) մտադրությունից ետ կանգնեցնել; տարհամոզել; միտքը փոխել տալ 3) խանգարել; խոչընդոտել

discouragement *noun* 1) վհատություն; հուսահատություն; հուսաբեկություն 2) խոչընդոտ; արգելք

discourse **1** *noun* |ˈdɪskɔ:s| |-ˈkɔ:s| 1) դատողություն; քննախոսություն; քննարկում *(բանավոր կամ գրավոր)* 2) *փիլիսոփայություն* տրամաբանություն 3) խոսակցություն; զրույց 4) *լեզվաբանություն* խոսույթ **2** *verb* |dɪsˈkɔ:s| 1) շարադրել; խոսել; ճառել 2) զրույց անել; զրուցել; խոսակցել; զրուցակցել

discourteous |dɪsˈkə:tjəs| *adjective* անքաղաքավարի; անբարեկիրթ; անկիրթ; կոպիտ

discourtesy |dɪsˈkə:təsi| *noun* (հոգն. **-sies**) անքաղաքավարություն; անբարեկրթություն; անկրթություն; կոպտություն

discover |dɪˈskʌvə| *verb* 1) հայտնաբերել; հայտնագործել; հայտնագործություն անել; գյուտ անել; գտնել; երևան հանել; բացահայտել 2) հասկանալ

discovery |dɪˈskʌv(ə)ri| *noun* (հոգն. **-veries**) 1) հայտնագործություն; գյուտ 2) հայտնաբերում; հայտնաբերելը; բաց անելը 3) փաստաթղթերի պարտադիր ներկայացում *(դատարանին)*

discredit |dɪsˈkredɪt| **1** *verb* (**-credited**, **-crediting**) 1) վարկաբեկել; վարկաբեկ անել; հեղինակությունը գցել; հեղինակազրկել; համբավազրկել 2) կասկածելի հռչակել; կասկածի տակ դնել **2** *noun* 1) վարկաբեկում; հեղինակազրկում 2) անվստահություն; կասկած 3) վարկաբեկող անձ 4) վարկաբեկված անձ

discreditable |dɪsˈkredɪtəb(ə)l| *adjective* վարկաբեկիչ; վարկաբեկող; ամոթալի

discreet |dɪˈskri:t| *adjective* (**-creeter**, **-creetest**) զգույշ; շրջահայաց; խոհեմ; զուսպ; աննկատ

discreetly *adverb* զգուշորեն; խոհեմաբար; շրջահայացորեն

discrepancy |dɪsˈkrep(ə)nsi| *noun* (հոգն. **-cies**) 1) անհամաձայնություն; տարաձայնություն; տարակարծություն; հակասություն 2) տարբերություն; զանազանություն

discrepant *adjective* հակասական; տարբեր; հակառակ; անհարիր

discrete |dɪˈskri:t| *adjective* 1) անջատ; որոշ; առանձին; զատ 2) ընդհատ

discretion |dɪˈskreʃ(ə)n| *noun* 1) խոհեմություն; շրջահայացություն; զգուշություն; ողջամտություն 2) գործողությունների ազատություն; հայեցողություն

at discretion ըստ հայեցողության

discretion is the better part of valor լավ է խուսափել վտանգից, քան դիմակայել դրան

discretionary *adjective* հայեցողական

discriminate |dɪˈskrɪmɪneɪt| *verb* 1) տարբերել; զանազանել; ջոկել; տարբերակել 2) խտրություն դնել; խտրական վերաբերմունք ցուցաբերել

discriminating |dɪˈskrɪmɪneɪtɪŋ| *adjective* 1) խորաթափանց; քննող; նրբազգաց 2) տարբերական *(դրույք, մաքս և այլն)*

discrimination |dɪˌskrɪmɪˈneɪʃ(ə)n| *noun* 1) խտրականություն; տարբերում; տարբերակում ◇ **race discrimination** ռասայական խտրականություն. **sex discrimination** սեռային խտրականություն 2) ընտրողություն; տարբերելու ընդունակություն 3) կողմնորոշվելու ընդունակություն; խորաթափանցություն

discriminatory |dɪˈskrɪmɪnɪˌt(ə)ri|, |dɪˌskrɪmɪˈneɪt(ə)ri| *adjective* 1) խտրական 2) կանխակալ; միտումնավոր 3) ընտրողական

discursive |dɪsˈkə:sɪv| *adjective* 1) ցրվող; շեղվող 2) *փիլիսոփայություն* տրամաբանական; հետևողական 3) քննական

discus |ˈdɪskəs| *noun* (հոգն. **-cuses**) 1) սկավառակ 2) *մարզական* սկավառակի նետում

discuss |dɪˈskʌs| *verb* քննարկել; քննել; վիճարկել; բանավիճել

discussion |dɪˈskʌʃ(ə)n| *noun* 1) քննարկում; քննում; բանավեճ; վիճաբանություն 2) ուսումնասիրություն; դիտարկում

disdain |dɪsˈdeɪn|, |-z-| **1** *noun* արհամարհանք; քամահրանք; անտեսում **2** *verb* 1) արհամարհել; քամահրել; անտեսել 2) իր արժանապատվությունից ցածր համարել

disdainful |dɪsˈdeɪnfʊl|, |-f(ə)l|, |-z-| *adjective* արհամարհական; արհամարհանք արտահայտող; մեծամիտ

disdainfully *adverb* արհամարհաբար; մեծամտորեն

disease |dɪˈzi:z| *noun* 1) հիվանդություն; ախտ; վատառողջություն 2) *փոխաբերական* ախտ; մոլություն

diseased |dɪˈzi:zd| *adjective* 1) հիվանդ; հիվանդացած; անառողջ; ախտակիր 2) հիվանդուռ; անառողջ

disembark |dɪsɪmˈbɑːk|, |dɪsɛm-| *verb* 1) ցած իջնել; դուրս գալ *(մեքենայից, նավից)* 2) ափ դուրս գալ; ափ իջնել 3) բեռնաթափել; բեռը դատարկել

disembarkation |-ˈkeɪʃ(ə)n| *noun* ափհանում; իջեցում; բեռնաթափում

disembarrass |dɪsɪmˈbærəs|, |dɪsɛm-| *verb* 1) ազատել *(դժվարություններից, նեղություններից, բեռից և այլն)* 2) հազվադեպ շփոթված/նեղ դրությունից հանել

disembodied *adjective* 1) անմարմին; մարմնից ազատված 2) անիրական

disembody |dɪsɪmˈbɒdi|, |dɪsɛm-| *verb* (**-bodies**, **-bodied**) 1) *կրոն* մարմնատել; մարմնից անջատել; ֆիզիկական ձևից ազատել *(հոգին)* 2) *ռազմական հազվադեպ* լուծարել; ցրել *(զորքը)*

disembogue |ˌdɪsɪmˈbəʊg|, |ˌdɪsɛm-| *verb* (**-bogues**, **-bogued**, **-boguing**) *բանաստեղծական* թափվել; հոսել; արտահոսել *(գետի մասին)*

disembowel |ˌdɪsɪmˈbaʊəl|, |ˌdɪsɛm-| *verb* (**-boweled**, **-boweling**; բրիտ. **-bowelled**, **-bowelling**) փորոտիքը հանել; փորը մաքրել

disembroil |ˌdɪsɪmˈbrɔɪl|, |ˌdɪsɛm-| *verb հնացած* արձակել; քակել; բաց անել; քանդել *(խճճվածը)*

disenchant |dɪsɪnˈtʃɑːnt|, |dɪsɛn-| *verb* 1) ապահմայել; կախարդանքից ազատել 2) պատրանքը փարատել; հիասթափեցնել; ցնորքներից ազատել

disengage |ˌdɪsɪnˈgeɪdʒ|, |ˌdɪsɛn-| *verb* 1) ազատել; արձակել 2) ազատվել; արձակվել 3) թուլացնել *(կապերը)* 4) *ռազմական* մերձամարտից դուրս գալ

disengaged *adjective* ազատ; պարապ

disengagement |dɪsɪnˈgeɪdʒm(ə)nt|, |dɪsɛn-| *noun* 1) ազատում; արձակում; հեռացում *(ինչ-որ գործից, զբաղմունքից)* 2) հնացած նշանը հետ տալը 3) *ռազմական* մարտից դուրս գալը 4) անկաշկանդություն; անկողմնակալություն

disentangle |dɪsɪnˈtæŋg(ə)l|, |dɪsɛn-| *verb* 1) արձակել; բաց անել; բացել; ազատել *(խճճվածի/կապկպվածի մասին)* 2) ազատվել; արձակվել; դուրս պրծնել 3) նեղ դրությունից դուրս բերել

disenthrall |ˌdɪsɪnˈθrɔːl|, |ˌdɪsɛn-| (բրիտանական **disenthral**) *verb բանաստեղծական* ստրկությունից ազատել; ազատություն՝ տալ; ազատ արձակել

disentitle |dɪsɪnˈtʌɪt(ə)l|, |dɪsɛn-| *verb* 1) իրավունքից զրկել; իրավազրկել 2) տիտղոսից զրկել

disestablish |dɪsɪˈstæblɪʃ|, |dɪsɛ-| *verb* կարգավիճակից զրկել *(հատկապես եկեղեցուն)*

disestablishment *noun* եկեղեցու անջատումը պետությունից; պաշտոնական կարգավիճակից զրկելը

disfavor |dɪsˈfeɪvə| (բրիտանական **disfavour**) **1** *noun* 1) շնորհազրկություն 2) անհավանություն; հավանություն չտալը; չխրախուսելը **2** *verb* հավանություն չտալ; շնորհազրկել

disfigure |dɪsˈfɪgə| *verb* 1) այլանդակել 2) աղավաղել; փչացնել

disfranchise |dɪsˈfræn(t)ʃʌɪz| *verb* զրկել քաղաքացիական իրավունքից *(զրկել ընտրական իրավունքից)*

disgorge |dɪsˈgɔːdʒ| *verb* 1) ժայթքել; դուրս նետել 2) ործկալ; ետ տալ 3) թափվել; լցվել *(գետի մասին)* 4) վերադարձնել *(անօրինաբար վերցրածը)* 5) նստվածքը հեռացնել *(գինու և այլն)*

disgrace |dɪsˈgreɪs| **1** *noun* 1) անպատվություն; խայտառակություն; նախատինք; ամոթանք 2) ստորություն; ստոր արարք 3) շնորհազրկություն; անբարեհաճություն **2** *verb* 1) խայտառակել; անպատվել; անարգել; ստորացնել 2) շնորհազրկել; անբարեհաճորեն վերաբերվել

disgraceful |dɪsˈgreɪsfʊl|, |-f(ə)l| *adjective* խայտառակ; անազնիվ; անպատիվ; ամոթալի

disgracefully *adverb* խայտառակ կերպով; ամոթալիորեն

disgruntled |dɪsˈgrʌnt(ə)ld| *adjective* դժգոհ; զայրացած; ջղայնացած; անբավական

disguise |dɪsˈgʌɪz| **1** *verb* 1) ծպտվել; քողարկվել 2) անճանաչելի դարձնել; թաքցնել 3) թաքնվել 4) աղավաղել **2** *noun* 1) ծպտում; քողարկում; զգեստափոխություն 2) դիմակ; կեղծված արտաքին 3) ձևացում; ձևացնելը

disgust |dɪsˈgʌst| **1** *noun* զզվանք; գարշանք; նողկանք; խորշանք **2** *verb* զզվանք առաջացնել; զզվեցնել

disgustful |dɪsˈgʌstfʊl|, |-f(ə)l| *adjective* զզվելի; գարշելի; նողկալի

disgustingly *adverb* զզվելիորեն; նողկալիորեն; գարշելիորեն

dish |dɪʃ| **1** *noun* 1) սկուտեղ; աման; պնակ; ամանեղեն 2) կերակուր; կերակրատեսակ; ճաշ 3) *խոսակցական* գրավիչ անձ; գեղեցկուհի 4) քիչ հայտնի տեղեկություն **2** *verb* 1) սկուտեղի մեջ դնել; ափսեների մեջ դնել 2) (**dish sth out**) բաժանել պատահականորեն 3) *բրիտանական* ջախջախել; պարտության մատնել 4) կլոր տեսք տալ
• **dish sth off** փոխանցում կատարել *(հատկապես բասկետբոլում)*

dish the dirt *խոսակցական* տարածել վարկաբեկիչ տեղեկություն

disharmonious |-ˈməʊnɪəs| *adjective* աններդաշնակ; անհամապատասխան

disharmony |dɪsˈhɑːməni| *noun* աններդաշնակություն; անհամաձայնություն; անբարեհնչունություն

dishcloth |ˈdɪʃklɒθ| *noun* ամանեղենի սրբիչ

dishearten |dɪsˈhɑːt(ə)n| *verb* վհատեցնել; հուսալքել; հուսահատեցնել; հուսաբեկել

disheveled |dɪˈʃɛv(ə)ld| (բրիտանական **dishevelled**) *adjective* գզգզված; խճճված *(մազերի/հագուստի, արտաքինի մասին)*

dishonest |dɪsˈɒnɪst| *adjective* անազնիվ; խարդախ

dishonestly *adverb* անազնվորեն; խաբեբայորեն

dishonesty |dɪsˈɒnɪsti| *noun* (հոգն. **-ties**) 1) անազնվություն; խարդախություն; ստախոսություն 2) խաբեբայական արարք

dishonor |dɪsˈɒnə| (բրիտանական **dishonour**) **1** *noun* անպատվություն; խայտառակություն; անարգանք **2** *verb* 1) անպատվել; խայտառակել; անարգել 2) *հնացած* բռնաբարել 3) չհարգել պայմանավորվածությունը 4) չվճարել; հրաժարվել վճարելուց

dishonorable |dɪsˈɒn(ə)rəb(ə)l| (բրիտանական **dishonourable**) *adjective* անպատիվ; անարգ; խայտառակ; անազնիվ; ստոր; անպատվաբեր

dishwasher |ˈdɪʃwɒʃə| *noun* 1) աման լվացող կին 2) աման լվացող մեքենա

dishwater |ˈdɪʃwɔːtə| *noun* ամանալվացուկ; ամանաջուր *(որի մեջ ամաններ են լվացվել)*

disillusion |ˌdɪsɪˈl(j)uːʒ(ə)n| **1** *noun* հիասթափություն; պատրանքների խորտակում; հուսախաբություն **2** *verb* հիասթափեցնել; պատրանքները խորտակել

disillusioned |dɪsɪˈluːʒ(ə)nd, -ˈljuː-| *adjective* հիասթափված; հուսախաբված

disinclination |ˌdɪsɪnklɪˈneɪʃ(ə)n| *noun* չկամենալը; հակված չլինելը; անտրամադիր լինելը

disinfect |ˌdɪsɪnˈfɛkt| *verb* ախտահանել; ախտազերծել; վարակազերծել

disinfectant |dɪsɪnˈfɛkt(ə)nt| **1** *noun* ախտահանիչ միջոց; հականեխիչ միջոց; մանրէասպան միջոց **2** *adjective* ախտահանող; ախտահանիչ; հականեխիչ; վարակահան

disinfection *noun* ախտահանություն; ախտահանում; վարակազերծում

disinherit dɪsɪnˈhɛrɪt| *verb* (**-herited**, **-heriting**) ժառանգությունից զրկել

disinheritance *noun* ժառանգությունից զրկելը

disintegrate |dɪsˈɪntɪgreɪt| *verb* 1) բաղկացուցիչ մասերի բաժանել; մասնատել; մանրատել 2) մասնատվել; բաժանվել 3) քայքայվել; կազմալուծվել; տրոհվել 4) քայքայել; տարրալուծել

disintegration |dɪsˌɪntɪˈgreɪʃ(ə)n| *noun* 1) բաղկացուցիչ մասերի վերածելը; մասնատում; մանրատում 2) քայքայում; կազմալուծում; տրոհում

disinter |ˌdɪsɪnˈtəː| *verb* (**-terred**, **-terring**) 1) գերեզմանից/հողից հանել; փորել-հանել 2) հայտնաբերել

disinterest |dɪsˈɪnt(ə)rɪst| *noun* 1) հետաքրքրության բացակայություն 2) անշահագրգռություն; անկողմնակալություն

disinterested |dɪsˈɪnt(ə)rɪstɪd| *adjective* 1) անշահախնդիր; անշահասեր; անկողմնակալ; անաչառ 2) անտարբեր; որևէ բանով չհետաքրքրվող

disjoin |dɪsˈdʒɔɪn| *verb* բաժանել; անջատել; մասնատել

disjoint |dɪsˈdʒɔɪnt| **1** *verb* 1) մասնատել; բաժան-բաժան անել; անդամատել 2) հոդաթափ անել; հոդախախտել 3) խախտել կառույցը; խախտել ծրագրերը **2** *adjective* *մաթեմատիկա* անջատ

disjointed |dɪsˈdʒɔɪntɪd| *adjective* 1) անդամատված; մասնատված 2) անկապ; անկապակից 3) հոդախախտված

disjointedly *adverb* 1) անջատ-անջատ; մեկուսացված 2) անկապորեն; անհետևողականորեն

disjunction |dɪsˈdʒʌŋ(k)ʃ(ə)n| *noun* 1) բաժանում; անջատում; զատում 2) *տրամաբանություն* գումարում

disjunctive |dɪsˈdʒʌŋ(k)tɪv| **1** *adjective* 1) անջատող; բաժանող; տրոհական 2) *տրամաբանություն* անջատական; այլընտրական; փոխբացառող **2** *noun* *քերականություն* տրոհական շաղկապ

disk |dɪsk| (նաև **disc**) *noun* 1) սկավառակ 2) *համակարգիչներ* պնակ; սկավառակ

disk drive *noun* *համակարգիչներ* պնակավար; սկավառակավար

diskette |dɪˈskɛt| *noun* *համակարգիչներ* ճկապնակ

dislike |dɪsˈlʌɪk| **1** *verb* չսիրել; ատելություն տածել; անբարյացակամ լինել; հակակրել **2** *noun* ատելություն; հակակրանք; զզվանք; անբարյացակամություն

dislocate |ˈdɪsləkeɪt| *verb* 1) խախտել; խաթարել 2) տեղաշարժել 3) հոդախախտել

dislocation |ˌdɪslə(ʊ)ˈkeɪʃ(ə)n| *noun* 1) տեղափոխություն; տարատեղում; տեղաշարժ 2) հոդախախտում 3) կազմալուծում; քայքայում; կազմաքանդում 4) խախտում

dislodge |dɪsˈlɒdʒ| *verb* 1) տեղահան անել; հեռացնել; տեղահանել 2) հալածել; դուրս քշել *(զազանին իր որջից)* 3) դուրս մղել; դիրքից հանել *(թշնամուն)*

disloyal |dɪsˈlɔɪ(ə)l| *adjective* 1) անհավատարիմ; անվստահելի; նենգ; դավաճանական 2) ուխտադրուժ

dismal |ˈdɪzm(ə)l| *adjective* 1) մռայլ; տխուր; չարագուշակ 2) տրտում; վհատ; ընկճված

dismantle |dɪsˈmænt(ə)l| *verb* 1) քանդել; ապասարքել 2) կործանել; ոչնչացնել 3) մերկացնել

dismay |dɪsˈmeɪ| **1** *verb* 1) սարսափեցնել; ահաբեկել; վախեցնել 2) շփոթեցնել 3) վհատեցնել **2** *noun* 1) սարսափ; վախ; շփոթմունք; շփոթություն 2) վհատություն

dismember |dɪsˈmɛmbə| *verb* 1) անդամատել; բաժանել; մասնատել 2) տրոհել; մասնատել 3) անդամությունից զրկել

dismiss |dɪsˈmɪs| *verb* 1) արձակել; բաց թողնել; թույլ տալ գնալու; ազատել 2) հեռացնել; վռնդել *(աշխատանքից)* 3) փակել; գրել *(ժողովը և այլն)* 4) *իրավունք* մերժել հայցը լսման մասին 5) հեռացնել մտքերը; չմտածել

dismissal *noun* 1) արձակում; բացթողում 2) հեռացում; հեռացնելը *(աշխատանքից)* 3) հեռացնելը; իրենից վանելը; չմտածելը *(անախորժ մտքերը և այլն)*

dismissive |dɪsˈmɪsɪv| *adjective* արհամարհական

dismissively *adverb* արհամարհաբար

dismount |dɪsˈmaʊnt| **1** *verb* 1) իջնել *(ձիուց, հեծանիվից)* 2) վերցնել; հանել *(պատվանդանի վրայից)* 3) *համակարգիչներ* ապասարքել *(պնակը կամ պնակավարը)* **2** *noun* մարզական իջնում

(մարմնամարզական սարքից)

disobedience *noun* անհնազանդություն; չհնազանդվելը

disobedient |dɪsəˈbiːdɪənt| *adjective* անհնազանդ; չհնազանդվող; չլսող; ըմբոստ

disobey |dɪsəˈbeɪ| *verb* չհնազանդվել; չենթարկվել; չլսել; չանսալ

disoblige |dɪsəˈblʌɪdʒ| *verb* 1) վիրավորել; անսիրալիր գտնվել; վշտացնել 2) անհանգստացնել; դժվարացնել; խանգարել

disorder |dɪsˈɔːdə| **1** *noun* 1) անկարգություն; խառնաշփոթ 2) խռովություն; ընդվզում 3) *բժշկություն* խանգարում **2** *verb* 1) անկարգություն առաջ բերել; խառնաշփոթ առաջացնել; խառնել 2) խանգարել; քայքայել *(առողջությունը)*

disorderly |dɪsˈɔːdəli| **1** *adjective* 1) անկարգ; խառնաշփոթ; անկանոն; անկազմակերպ 2) անփույթ; փնթի; անմաքուր 3) խանգարված *(առողջության մասին)* 4) սանձարձակ; անսանձ; անզուսպ; կարգազանց **2** *adverb* անկարգաբար; անկանոն կերպով

disorganization |-ˈzeɪʃ(ə)n| *noun* անկարգություն; խանգարում

disorganized |dɪsˈɔːgənʌɪzd| *adjective* անկազմակերպ; անկանոն; չկազմակերպված

disorientate |dɪsˈɔːrɪənteɪt| *verb* ապակողմնորոշել; մոլորեցնել; խճճել

disorientation |-ˈteɪʃ(ə)n| *noun* ապակողմնորոշում

disown |dɪsˈəʊn| *verb* չճանաչել; չընդունել; ժխտել; հրաժարվել; ուրանալ

disparage |dɪˈspærɪdʒ| *verb* 1) նսեմացնել; ստորացնել; անարգել; նվաստացնել 2) արհամարհաբար արտահայտվել; արհամարհանքով խոսել 3) թերագնահատել

disparagement *noun* 1) արհամարհանք; քամահրանք 2) թերագնահատում; թերագնահատություն; նսեմացում

disparate |ˈdɪsp(ə)rət| **1** *adjective* անհամեմատելի; անհամատեղելի; անհարիր **2** *noun* *հնավան* անհամատեղելի բաներ

disparity |dɪˈspærɪti| *noun* (հոգն. **-ties**) անհավասարություն; անհամապատասխանություն; անհամաչափություն

dispatch |dɪˈspætʃ| (նաև **despatch**) **1** *verb* 1) ուղարկել; առաքել 2) արագ կատարել; հարցերը լուծել 3) *խոսակցական* այն աշխարհն ուղարկել; սպանել **2** *noun* 1) ուղարկում; առաքում 2) հաղորդում; զեկույց; ճեպագիր; զեկուցագիր 3) սպանություն; սպանելը

dispatcher *noun* 1) առաքիչ 2) կարգավորող

dispel |dɪˈspɛl| *verb* (**-pelled**, **-pelling**) ցրել; քշել; փարատել; հեռացնել; վանել

dispensable |dɪˈspɛnsəb(ə)l| *adjective* 1) անպարտադիր; ոչ պարտադիր; զանցառելի 2) թուլացման ենթակա; թեթևացման ենթակա *(օրենքի կամ այլ կանոնի մասին)* 3) բաշխելի

dispensary |dɪˈspɛns(ə)ri| *noun* (հոգն. **-ries**) 1) դեղատուն 2) *ամերիկյան* բարեգործական բուժարան 3) բարեգործական դեղատուն

dispensation |dɪspɛnˈseɪʃ(ə)n| *noun* 1) բաշխում; բաժանում 2) ազատում *(պարտավորություններից, ուխտից)*

dispense |dɪˈspɛns| *verb* 1) բաշխել; բաժանել; հատկացնել 2) (**dispense with**) կառավարվել/ դիմանալ առանց; յոլա գնալ առանց 3) բացառություն անել *(դեղը)* 4) ազատել *(պարտավորություններից, հատկապես կրոնական)*

dispense with someone's services ինչ-որ մեկին ազատել աշխատանքից

dispenser |dɪˈspɛnsə| *noun* 1) բաշխող անձ 2) բաժնեչափիչ *(սարք, որը որոշակի չափաբաժիններով տալիս է ինչ-որ բան)* 3) դեղագործ

dispersal *noun* ցրում; ցրելը; ապակենտրոնացում

disperse |dɪˈspəːs| **1** *verb* 1) ցրիվ տալ; ցրել; ցիրուցան անել 2) ցրվել; ցրիվ գալ 3) անհետանալ; չքանալ; ցնդել 4) անհետացնել; ցնդեցնել 5) տարածել; սփռել 6) *ֆիզիկա* բաղադրիչների վերածել *(լույսը)* **2** *adjective* *քիմիա* ցրված *(փուլային վիճակի մասին)*

dispersion |dɪˈspəːʃ(ə)n| *noun* 1) ցրում; ցրելը; ցրիվ գալը 2) ցիրուցան լինելը; իրարից հեռու ընկած լինելը; ցրվելը 3) *ֆիզիկա* *քիմիա* ցրում; սփռում 4) ցրվածություն

dispirit |dɪˈspɪrɪt| *verb* վհատեցնել; ընկճել; հուսաբեկել

displace |dɪsˈpleɪs| *verb* 1) փոխարինել; տեղը գրավել; դուրս մղել 2) տեղափոխել; փոխադրել; տեղաշարժել; տեղը փոխել 3) հանել; հեռացնել *(պաշտոնից)*

displaced person *noun* բռնի տեղափոխված անձ

displacement |dɪsˈpleɪsm(ə)nt| *noun* 1) տեղափոխում; փոխադրում; տեղաշարժ; շեղում 2) փոխարինում 3) հեռացում *(պաշտոնից)* 4) *երկրաբանություն* տեղաշարժ *(շերտերի)* 5) բռնի տեղաշարժ 6) ջրատարողություն; արտամղված ջրածավալ *(նավի կողմից)*

display |dɪˈspleɪ| **1** *verb* 1) ցուցադրել; ցույց տալ 2) ցուցաբերել; հանդես բերել; դրսևորել; ցուցահանել **2** *noun* 1) ցուցադրում; ցուցահանդես 2) ցուցադրություն; ցուցադրված իրեր 3) ցուցաբերում; հանդես բերելը; դրսևորելը 4) ի ցույց դնելը; պարծենալը; ցուցամոլություն 5) *համակարգիչներ* ցուցասարք

displease |dɪsˈpliːz| *verb* 1) դուր չգալ; հաճելի չլինել; տհաճ լինել; տհաճություն պատճառել 2) զայրացնել; բարկացնել; ջղայնացնել; գրգռել

displeasure |dɪsˈplɛʒə| **1** *noun* անբավականություն; դժգոհություն; տհաճություն; անախորժություն **2** *verb* *հնավան* ձանձրացնել; տհաճություն պատճառել; դժգոհություն առաջացնել

disposable |dɪˈspəʊzəb(ə)l| **1** *adjective* 1) մեկանգամյա *(օգտագործման)* 2) փոխարինելի 3) մատչելի *(դրամական միջոցների մասին)* **2** *noun* մեկանգամյա օգտագործման իր

disposal |dɪˈspəʊz(ə)l| *noun* 1) ազատվելը; դեն նետելը 2) տեղավորում; զետեղում; դասավորում 3) փոխանցում 4) տնօրինություն; տնօրինում; իշխանություն; հսկողություն 5) հեռացում

at one's disposal ինչ-որ մեկի տրամադրության տակ

dispose |dɪˈspəʊz| *verb* 1) դեն նետել; ազատվել 2) տեղավորել; դասավորել; զետեղել 3) տրամադրել; հակամիտել; հակամետ դարձնել ◊ **be disposed** տրամադրվել; տրամադիր լինել; բարեհաճ լինել; լավ վերաբերվել 4) տնօրինել; կարգադրել; կարգավորել ◊ **dispose of** կարգադրություն անել; կարգադրել; հեռացնել; վերացնել; ազատվել *(որևէ բանից)* 5) *խոսակցական* սպանել

disposition |dɪspəˈzɪʃ(ə)n| *noun* 1) բնավորություն; խառնվածք 2) դասավորություն; տեղաբաշխում; կարգ 3) *ռազմական* (**dispositions**) պատրաստություններ 4) հակում; հակվածություն; տրամադրվածություն 5) կարգադրում; իշխանություն; տնօրինություն ◊ **have in one's disposition** իր տրամադրության տակ ունենալ 6) *կրոն* նախախնամություն 7) *իրավունք* փոխանցում; կտակ

dispossess |dɪspəˈzɛs| *verb* 1) զրկել սեփականության իրավունքից; օտարել; սեփականազրկել 2) վտարել

dispossession |-ˈzɛʃ(ə)n| *noun* 1) սեփականության իրավունքից զրկելը; սեփականության օտարում; սեփականազրկում 2) վտարում

dispraise |dɪsˈpreɪz| **1** *noun հազվադեպ* պարսավանք; կշտամբանք; նախատինք; քննադատություն **2** *verb հնացած* պարսավել; կշտամբել; նախատել; քննադատել

disproof |dɪsˈpruːf| *noun* հերքում; ժխտում

disproportion |dɪsprəˈpɔːʃ(ə)n| *noun* անհամաչափություն; անհամամասնություն

disproportionate |ˌdɪsprəˈpɔːʃ(ə)nət| *adjective* անհամաչափ; անհամամասնական

disproportionately *adverb* անհամաչափորեն; անհամամասնորեն

disprove |dɪsˈpruːv| *verb* հերքել

disputable |dɪˈspjuːtəb(ə)l|, |ˈdɪspjʊtəb(ə)l| *adjective* վիճելի; կասկածելի; երկբայելի; տարակուսելի

disputant |-ˈspjuːt(ə)nt| *noun* վիճող; բանավեճի մասնակից

disputation |dɪspjuːˈteɪʃ(ə)n|, |-pjʊˈt-| *noun* վեճ; բանավեճ; վիճաբանություն

dispute |dɪˈspjuːt|, |ˈdɪspjuːt| **1** *noun* 1) վիճաբանություն; բանավեճ; վեճ 2) վեճ; կռիվ; հակաճառում; հակաճառություն; ընդդիմախոսություն **2** *verb* |dɪˈspjuːt| 1) վիճել; բանավիճել 2) վիճարկել; կասկածի տակ դնել 3) պայքարել; ձգտել հաղթանակի

beyond dispute անվիճելի; անվիճելիորեն

disqualification |dɪsˌkwɒlɪfɪˈkeɪʃ(ə)n| *noun* 1) որակազրկում; որակավորման կորուստ; ապաորակավորում 2) անպիտանիություն; անպետքություն 3) արգելք; արատ

disqualify |dɪsˈkwɒlɪfʌɪ| *verb* (**-fies**, **-fied**) 1) որակազրկել; ապաորակավորել; ապաորակել 2) անպետք ճանաչել 3) անպետք դարձնել

disquiet |dɪsˈkwʌɪət| **1** *noun* անհանգստություն; հուզմունք; խռովություն; տագնապ **2** *verb* անհանգստացնել; հուզել; խռովել **3** *adjective* անհանգիստ; տագնապալի

disquietude |dɪsˈkwʌɪətjuːd| *noun* անհանգստություն; հուզմունք; տագնապ; ալեկոծություն

disregard |dɪsrɪˈgɑːd| **1** *verb* անտեսել; հաշվի չառնել; արհամարհել; ավելորդ համարել; անուշադրության մատնել; զանց առնել **2** *noun* անուշադրություն; արհամարհանք; անտարբերություն; արհամարհելը

disrepair |dɪsrɪˈpɛː| *noun* վատ վիճակ; անսարքին լինելը; վնասված լինելը; մաշվածություն; հնացածություն

disreputable |dɪsˈrɛpjʊtəb(ə)l| *adjective* 1) վատահամբավ; անվստահելի; անհուսալի 2) անպարկեշտ; անպատշաճ; անվայելուչ

disrepute |ˌdɪsrɪˈpjuːt| *noun* վատ համբավ; անվանարկություն; վարկաբեկություն

disrespect |dɪsrɪˈspɛkt| **1** *noun* հարգանքի բացակայություն; չհարգելը; անհարգալից/անհարգալիր վերաբերմունք; արհամարհանք; անտեսում **2** *verb խոսակցական* անհարգալից վերաբերմունք ցույց տալ; չհարգել; վիրավորել

disrespectful *adjective* անքաղաքավարի; անքաղաքավարի; անհարգալից; չհարգող; չպատկառող

disrobe |dɪsˈrəʊb| *verb* 1) մերկացնել; հագուստը հանել 2) մերկանալ; հանվել 3) հանել հագուստը *(պաշտոնական արարողությունից հետո)*

disrupt |dɪsˈrʌpt| **1** *verb* 1) խաթարել; խզել; ընդհատել; ավերել; ձախողել; տապալել 2) *փոխաբերական* վնասել; քայքայել **2** *adjective* խաթարված; խանգարված; քայքայված

disruption *noun* տապալում; պառակտում

disruptive *adjective* կործանիչ; ավերիչ; քայքայիչ; կործանարար

dissatisfaction *noun* անբավարարվածություն; անբավականություն; դժգոհություն

dissatisfied *adjective* դժգոհ; անբավական

dissatisfy |dɪ(s)ˈsætɪsfʌɪ| *verb* (**-fies**, **-fied**) չբավարարել; դժգոհություն պատճառել

dissect |dʌɪˈsɛkt|, |dɪ-| *verb* 1) *բժշկություն* հերձել; անդամահատել *(կենդանուն կամ բույսը՝ հետազոտելու համար)* 2) վերլուծել; մանրամասն վերլուծության ենթարկել

dissection *noun* 1) *բժշկություն* հերձում; դիահերձում 2) վերլուծություն; վերլուծում; հետազոտություն 3) կտրում; կտրվածք

dissemble |dɪˈsɛmb(ə)l| *verb* 1) թաքցնել; ցույց չտալ; քողարկել *(զգացմունքները, համոզմունքը)* 2) ձևանալ

disseminate |dɪˈsɛmɪneɪt| *verb* ցանել; շաղ տալ; սերմանել; տարածել

dissemination |-ˈneɪʃ(ə)n| *noun* ցանում; սերմանում; տարածում; շաղ տալը

dissension |dɪˈsɛnʃ(ə)n| *noun* 1) երկպառակություն; գժտություն; անհամերաշխություն; կռիվ; պառակտում 2) տարաձայնություն; անհամաձայնություն

dissent |dɪˈsɛnt| **1** *verb* 1) տարակարծիք լինել; առարկել 2) *եկեղեցական* անջատվել; հեռանալ *(եկեղեցական տիրապետող հայացքներից)* **2**

noun 1) անհամաձայնություն; տարակարծություն; անհամերաշխություն 2) *եկեղեցական* (նաև **Dissent**) հերձվածողություն; հերձված

dissenter |dɪ'sɛntə| *noun* 1) հերձվածող; աղանդավոր 2) այլախոհ

dissentient |dɪ'sɛnʃɪənt|, |-ʃ(ə)nt| **1** *adjective* այլ կերպ մտածող; այլախոհ; այլակարծիք **2** *noun* այլախոհ անձ

dissertation |ˌdɪsə'teɪʃ(ə)n| *noun* ատենախոսություն; թեզ

disservice |dɪ(s)'səːvɪs| *noun* վնաս; վատ ծառայություն

dissever |dɪ(s)'sɛvə| *verb հազվադեպ* 1) անջատել; բաժանել; զատել; մասնատել 2) անջատվել; բաժանվել; զատվել

dissidence |'dɪsɪd(ə)ns| *noun* այլախոհություն; տարաձայնություն; անհամաձայնություն; պառակտում

dissident |'dɪsɪd(ə)nt| **1** *noun* 1) հերձվածող; աղանդավոր; այլադավան 2) այլախոհ անձ **2** *adjective* այլ կերպ մտածող; այլախոհ

dissimilar |dɪ'sɪmɪlə| *adjective* տարբեր; այլազան; այլատեսակ; ոչ նման; ուրիշ; այլ

dissimilarity |-'lærɪti| *noun* տարբերություն; այլազանություն; զանազանություն; ոչնմանություն

dissimilation *noun լեզվաբանություն* տարնմանություն; տարնմանում

dissimulate |dɪ'sɪmjʊleɪt| *verb* 1) քողարկել; ծածկել 2) ձևանալ; կեղծավորություն անել

dissimulation *noun* 1) թաքցնելը; քողարկելը 2) ձևացում; կեղծում; կեղծավորություն; կեղծիք

dissipate |'dɪsɪpeɪt| *verb* 1) ցրել; տարածել; սփռել 2) ցրվել; տարածվել; սփռվել 3) փարատել; հեռացնել 4) փարատվել; հեռանալ 5) վատնել; շռայլել; մսխել *(ժամանակը, դրամը)* 6) *խոսակցական* շվայտ կյանք վարել 7) քեֆ անել; զվարճանալ

dissipated *adjective* 1) անառակ; շվայտ; շփացած 2) ցրված; փարատված 3) վատնած; շռայլած; մսխած

dissipation |dɪsɪ'peɪʃ(ə)n| *noun* 1) անառակ կյանք; շվայտ կյանք 2) վատնում; մսխում; շռայլում 3) ցրում 4) ժամանց; զվարճություն

dissociable |dɪ'səʊʃɪəb(ə)l|, |-sɪ-| *adjective* 1) բաժանելի; տրոհելի; տարանջատելի; մասնատելի; անջատելի 2) *գրքային* անմարդամոտ; անընկերական; անհաղորդասեր; չշփվող; ինքնամփոփ

dissociate |dɪ'səʊʃɪeɪt|, |-sɪ-| *verb* 1) անջատել; բաժանել; առանձնացնել; կտրել; մեկուսացված դիտել 2) (**dissociate oneself from**) առանձնանալ; սահմանազատվել; անջատվել; կապ չունենալ; չպատկանել *(որևէ խմբի, կազմակերպության)* 3) (**dissociate oneself from**) չընդունել; չկիսել *(հայացքները, և այլն)* 4) *քիմիա* տարրաբաժանել; քայքայել *(բարդ քիմիական նյութը՝ բաղկացուցիչ մասերի)*

dissoluble |dɪ'sɒljʊb(ə)l| *adjective* 1) լուծելի; խզելի; լուծարելի *(պայմանագրի/ամուսնության մասին և այլն)* 2) լուծելի; լուծվող; լուծուն; լուծունակ

dissolute |'dɪsəluːt| *adjective* անառակ; ցոփ; զեխ; անժուժկալ; մեղկ; թուլամորթ

dissolution |dɪsə'luːʃ(ə)n| *noun* 1) լուծարում; լուծում; քանդում; խզում *(ամուսնության, պայմանագրի և այլնի)* 2) դադարում; ընդհատում; փակում; արձակում *(խորհրդարանի և այլնի)* 3) լուծում; լուծվելը; տարրալուծում; կազմալուծում; քայքայում 4) մահ; վախճան; վերջ; անհետացում 5) շվայտություն; զեխություն; ցոփություն; ցոփակեցություն

dissolve |dɪ'zɒlv| *verb* 1) լուծվել; հալվել; քայքայվել; հալչել; ջրիկանալ; հալել 2) լուծել; հալել; բացել; բաց անել; ջրիկացնել *(ջրի և այլնի մեջ)* 3) անհետանալ; վերանալ; չքանալ; անէանալ *(զգացմունքի մասին)* 4) քայքայվել; կազմալուծվել; ջլատվել 5) (**dissolve in/into tears**) առատ արցունք թափել; անձնատուր լինել; տրվել; հանձնվել *(վշտին և այլն)* 6) *կինո* սահուն անցնել; աստիճանաբար անցնել; սահուն անցում կատարել; վերափոխվել 7) արձակել; լուծարել *(խորհրդարանը և այլն)* 8) քանդել; լուծել; չեղյալ համարել

dissolvent |dɪ'zɒlv(ə)nt| **1** *noun* լուծիչ; լուծող նյութ **2** *adjective* լուծող

dissonance |'dɪs(ə)nəns| *noun* 1) *երաժշտություն* անբարեհնչունություն; աններդաշնակություն; դիսոնանս; այլաձայնություն; տարաձայնություն 2) անհամերաշխություն; անհամապատասխանություն; անհարիրություն; ընդհարում; երկպառակություն; հակասություն

dissonant |'dɪs(ə)nənt| *adjective* 1) *երաժշտություն* աններդաշնակ; աններդաշնակություն մտցնող; անբարեհունչ; անբարեհնչյուն; աներաժշտական; այլաձայն; տարաձայն 2) հակասական; աններդաշնակ; խայտաբղետ

dissuade |dɪ'sweɪd| *verb* (**dissuade from**) տարհամոզել; միտքը/համոզմունքը փոխել տալ; հետ պահել; խորհուրդ չտալ; չխրախուսել

dissyllabic *adjective* երկվանկ

dissyllable |dɪ'sɪləb(ə)l| *noun* երկվանկ բառ

distaff |'dɪstɑːf| *noun* 1) *պատմական* թեշիկ; իլիկ; մանելիք 2) կանացի գործ; կանացի զբաղմունք

distance |'dɪst(ə)ns| **1** *noun* 1) տարածություն; հեռավորություն; միջոց; ժամանակամիջոց 2) հեռվություն; հեռավորություն; հեռու լինելը; հեռավոր լինելը 3) տարբերություն; աննմանություն; շեղում; անհամապատասխանություն 4) հեռավոր/հեռու կետ; հեռավոր վայր; հեռուն 5) սառնություն; զսպվածություն; պաղություն; անբարեհամբուրություն; չորություն; անտարբերություն 6) *մարզական* մրցատարածություն; տարածություն 7) *մարզական* բռնցքամարտի նախատեսված տևողությունը; հիմնական ժամանակը **2** *verb* 1) հեռու պահել; հեռացնել; անջատել; զատել; որոշ հեռավորության վրա տեղավորել 2) մեկին ետևում թողնել; մեկին գերազանցել *(մրցության մեջ)* 3) (**distance oneself from**) հեռու մնալ; իրեն հեռու պահել; չխրախուսել; անդամ չլինել; չհաղորդակցվել; առնչություն չունենալ

at a distance որոշ հեռավորության վրա

at a respectful distance պատկառելի հեռավո-

թության վրա
from a distance հեռվից
go the distance 1) *մարզական* 2) տևել մինչև մարտի վերջը; խուսափել նոքաուտից 3) երկար տևել; երկար ձգվել; երկար շարունակվել
in the distance հեռվում
keep one's distance հեռու մնալ; իրեն հեռու պահել; խուսափել; հեռավորություն պահել
within ... distance հասանելի; ոչ չափազանց հեռու
within splitting distance ոչ շատ հեռու; մոտիկ; հասանելի; մատչելի
within striking distance հասանելիության սահմաններում

distance learning *noun* հեռակա ուսումնառություն; հեռակա կրթություն *(հեռահաղորդակցության միջոցների, հատկապես համացանցի օգնությամբ)*

distant |ˈdɪst(ə)nt| *adjective* 1) հեռավոր; հեռու; հեռակա; վաղեմի; անցած; անցած-գնացած; անհիշելի ◇ **three miles distant** երեք մղոն հեռու. **a distant likeness** հեռավոր նմանություն. **a distant relative** հեռավոր ազգական 2) որոշակի հեռավորության վրա 3) աղոտ; թույլ; ցածր; հեռվից եկող; տարտամ 4) հեռու; հեռավոր; ոչ հարազատ *(ազգականի մասին)* 5) սառը; զսպված; զուսպ; պաղ; չոր; անզգա; անկիրք 6) վերացած; հեռավոր; բացակա; ցրված *(հայացքի մասին)*
be on distant terms խիստ պաշտոնական հարաբերության մեջ լինել

distaste |dɪsˈteɪst| **1** *noun* զզվանք; նողկանք; անբարյացակամություն; տհաճություն; հակակրանք **2** *verb* զզվանք տածել; նողկանք զգալ; հակակրել; չհավանել

distasteful *adjective* զզվելի; նողկալի; անախորժ; տհաճ; անհամ; վիրավորական

distemper |dɪˈstɛmpə| **1** *noun* 1) շան ժանտախտ 2) *հնացած* խռովություն **2** 1) տեմպերա 2) տեմպերայով արված պատկեր 3) տեմպերայով ներկելը **3** *verb* 1) տեմպերայով ներկել 2) *հնացած* առողջությունը քայքայել; հոգեկան հավասարակշռությունը խանգարել

distend |dɪˈstɛnd| *verb* 1) ուռցնել; փքեցնել; ընդարձակել; լայնացնել 2) ուռչել; փքվել; ընդարձակվել, լայնանալ 3) *խոսակցական* լռճվել 4) (**distended**) ուռած; փքված; ընդարձակված

distill |dɪˈstɪl| (բրիտանական **distil**) *verb* 1) թորել 2) *խոսակցական* քաշել *(օղի)* 3) քամել; կորզել; մզել; ճմլել *(բույսերից և այլն՝ բնահյութը)* 4) *փոխաբերական* ամենաէականը քաղել; խտացնել; հիմնական մասը վերցնել; զտել 5) ծորալ; կաթել; հոսել; ծորել; դուրս գալ; գոլորշիանալ

distillation *noun* թորում; զտում ◇ **dry distillation** չոր թորում

distiller |dɪˈstɪlə| *noun* 1) օղի թորող/քաշող 2) թորիչ *(գործիք)*

distillery |dɪˈstɪləri| *noun* (հոգն. **-eries**) օղեգործարան; սպիրտագործարան

distinct |dɪˈstɪŋ(k)t| *adjective* 1) տարբեր; առանձնահատուկ; յուրահատուկ; ուրիշ; այլ; ոչ նույնը; զատ; անջատ 2) պարզ; հստակ; պարզորոշ; որոշակի; ակնհայտ; ակներև; կասկած չհարուցող

distinction |dɪˈstɪŋ(k)ʃ(ə)n| *noun* 1) տարբերություն; զանազանություն; խտրություն; առանձնահատկություն; ինքնօրինակություն; ուրույնություն 2) տարբերում; զանազանում; տարբերակում; տարանջատում 3) բարձր արժանիքներ; հռչակ; կարևորություն; մեծարժեքություն; բարձրորակ լինելը 4) պատվանշան; շքանշան; մրցանակ 5) ձեռքբերում; նվաճում; լավ արդյունքներ
a distinction without a difference արհեստական տարբերություն; շինծու տարբերություն
have the distinction of ունենալ տվյալ առավելությունը; տվյալ հատկությամբ գերազանցել

distinctive |dɪˈstɪŋ(k)tɪv| *adjective* բնորոշ; հատկանշական; տարբերիչ; բնորոշիչ; առանձնահատուկ; յուրահատուկ; յուրօրինակ; ներհատուկ; բնութագրական

distinctively *adverb* յուրօրինակորեն; հատկանշորեն; հատկանշական կերպով; բնորոշ կերպով

distinctly *adverb* 1) հստակ; որոշակիորեն; պարզորոշ; նկատելիորեն 2) անկասկած; անտարակույս; հաստատապես; վստահաբար

distinguish |dɪˈstɪŋgwɪʃ| *verb* 1) տարբերել; տարբերակել; զանազանել; զատորոշել; տարորոշել; տարանջատել; տարբերակել 2) տեսնել; առանձնացնել; ջոկել; զգալ; նշմարել; նկատել *(տարբերությունը)* 3) բնորոշել; բնութագրել; տարբերակել 4) (**distinguish oneself by**) աչքի ընկնել; հռչակվել; անուն վաստակել; համբավ ձեռք բերել

distinguishable *adverb* զանազանելի; զատորոշելի; նշմարելի; նկատելի; շոշափելի; տեսանելի; զգալի; որոշակի

distinguished |dɪˈstɪŋgwɪʃt| *adjective* աչքի ընկնող;ականավոր; երևելի; նշանավոր; հեղինակավոր; ազդեցիկ; տպավորիչ; պատկառելի

distort |dɪˈstɔːt| *verb* 1) այլանդակել; ծռմռել; ծամածռել 2) ծռմռվել; ծամածռվել; այլանդակվել; այլակերպվել; տգեղանալ; տձևանալ 3) աղավաղել; խեղաթյուրել; աղճատել; նենգափոխել; կեղծել *(փաստերը)* 4) էլեկտրոնիկա աղավաղել; աղճատել *(ձայնը, պատկերը, իմպուլսը և այլն)*

distract |dɪˈstrækt| *verb* 1) շեղել; հեռացնել ուշադրությունը; միտքը զբաղեցնել 2) (**distract oneself**) ցրվել; սփոփվել; զվարճանալ; թեթևանալ; հանգստանալ 3) *հնացած* պղտորել; տանջել; հանգիստ չտալ; մտատանջել; հուզել; մտահոգել; խռովել; վրդովել; շփոթեցնել

distracted *adjective* 1) ցրված; մտազբաղ; մտացիր; մտացրիվ; անուշադիր; խառնված; խռովված; մտամոլոր 2) խելագար; խելակորույս; ցնորված; խախտված

distraction |dɪˈstrækʃ(ə)n| *noun* 1) ուշադրության շեղում; խանգարող հանգամանք; ավելորդ զբաղմունք/հոգս; արգելակիչ; խանգարիչ/խափանիչ բան 2) զվարճություն; ուրախություն; ժամանց; հաճույք 3) մտազբաղություն; ցրվածություն; մտացրություն; մտամոլորություն; խռովվածություն; մթագնում; հոգեկան հուզմունք; խելագարություն; խելացնորություն 4) գրգռվածություն

drive soneone to distraction ձանձրացնել; հոգնեցնել; զզվեցնել; հոգին հանել; տանջել; խելագարեցնել; խենթացնել

to distraction 1) խելակորույս; ինքնամոռաց; հուսահատ 2) խիստ; սաստիկ; ծայրաստիճան

distraught |dɪˈstrɔ:t| *adjective* խելագարված; խռովված; խելակորույս; խռովահույզ; հուզումնալի

distress |dɪˈstrɛs| **1** *noun* 1) վիշտ; դառնություն; կսկիծ; ցավ; տառապանք 2) անհանգստություն; մտահոգություն; մտատանջություն; տվայտանք; դարդ 3) աղետ; դժբախտություն; փորձանք 4) կարիք; աղքատություն; թշվառություն; կարոտություն; չքավորություն 5) *բժշկություն* հյուծում; ուժասպառություն; ուժաթափություն 6) *իրավունք* նաև **distraint** գույքի կալանում; գույքի վրա կալանք դնելը **2** *verb* 1) վշտացնել; տրտմեցնել; տխրեցնել; ցավ/դառնություն/տառապանք պատճառել; անհանգստացնել; մտահոգել; վիրավորել 2) մաշեցնել; մաշված տեսք տալ; հնատիպ տեսք տալ *(հագուստին, կահույքին և այլն)*

distressed |dɪˈstrɛst| *adjective* 1) վշտացած; դառնացած; մտահոգ; տրտմած; խոցված 2) *հնացած* չքավոր; կարոտյալ 3) մաշեցված; հնացված; մաշված/հնացած տեսք տված *(հագուստի, կահույքի և այլնի մասին)* 4) *տնտեսագիտություն* կարիքի ապրանք; կարիքի գույք *(որը վաճառվում է էժան գնով՝ ընկերության պարտքերը վճարելու համար, կամ արդեն իսկ գործածված ու մաշված է)*

distressful *adjective* 1) վշտալի; ցավալի; տխրալի; դառն; թախծալի; դարդոտ; հոգնատանջ; բազմաչարչար 2) *տնտեսագիտություն* աղետի; աղետալի

distributable *adjective* բաշխելի; բաժանելի

distribute |dɪˈstrɪbju:t|, |ˈdɪstrɪbju:t| *verb* 1) բաշխել; բաժանել; բաժին-բաժին հատկացնել; տալ; տարածել 2) (**be distributed**) տարածված լինել; պատահել; հանդիպել 3) ցրել; հավասարապես տարածել 4) տեղավորել; դասավորել; դասակարգել 5) *տպագրություն* շարված տառերը վերադարձնել իրենց տուփերի մեջ 6) *տրամաբանություն* գործածել ամենալայն իմաստով; ներառել տվյալ դասի բոլոր ներկայացուցիչներին; վերաբերել

distribution |dɪstrɪˈbju:ʃ(ə)n| (հպվ. **distr.**) *noun* 1) բաշխում; բաժանում; տեղաբաշխում; տարաբաշխում; տարածում; դասավորում; տեղավորում; իրացում 2) դասավորվածություն; տեղաբաշխում; տարածված լինելը; պատահելը 3) դիստրիբուցիա; բաշխում *(տվյալ լեզվական միավորի գործառության և հարակցության պայմանների ամբողջությունը)* 4) *թղթախաղ* խաղաքարտերի քանակը *(յուրաքանչյուր խաղացողի մոտ)*

distributive |dɪˈstrɪbjʊtɪv| **1** *adjective* 1) բաշխական; բաշխողական; բաշխման; տարածման; բաշխվածության; զատական 2) *քերականություն* տրոհական; բաժանական 3) *մաթեմատիկա* բաշխական **2** բաժանական *(ընտրություն արտահայտող բառ)*

distributor |dɪˈstrɪbjʊtə| (հպվ. **distr.**) *noun* 1) բաշխիչ; բաժանող; տարածող; իրացնող 2) *տեխնիկական* բաշխիչ

district |ˈdɪstrɪkt| **1** *noun* (հպվ. **distr.**) 1) շրջան; մեծաշրջան; մարզ; թաղամաս; մաս; տարածք; օկրուգ *(որոշ գործառույթի համար նախատեսված)* 2) (**the District**) (**the District of Columbia**) (**Washington, DC**) Կոլումբիայի օկրուգ **2** *verb* շրջանների/մարզերի/թաղամասերի բաժանել

district attorney (հպվ. **DA**) *noun ամերիկյան* տարածքի դատախազ

District of Columbia (հպվ. **DC** կամ **D.C.**) Կոլումբիայի օկրուգ

distrust |dɪsˈtrʌst| **1** *noun* անվստահություն; թերահավատություն; կասկած; կասկածանք **2** *verb* չվստահել; կասկածել; չհավատալ

disturb |dɪˈstə:b| *verb* 1) հուզել; վրդովել; այլայլել; անհանգստացնել; խռովել; տագնապ առաջացնել; իրար խառնել 2) անկարգություն առաջ բերել; խառնել; խառնշտել 3) խանգարել *(հանգիստը, քունը)* 4) միջամտել; խառնվել; ընդհատել; մեջ ընկնել; քիթը խոթել *(ուրիշի գործերի մեջ)* 5) խափանել; խորտակել *(հույսերը, պլանները)*

disturbance |dɪˈstə:b(ə)ns| *noun* 1) խառնաշփոթ; խախտում; խանգարում *(կարգի, լռության և այլնի)* 2) անհանգստություն; նեղություն; վրդովմունք; խռովք; հուզմունք 3) հուզում; խռովություն; ապստամբություն 4) հիվանդություն; խախտում; խաթարում; խանգարում *(առողջական վիճակի)* 5) *օդերևութաբանություն* խռովում *(մթնոլորտային և այլն)* 6) *իրավունք* իրավունքների խախտում

disturbed |dɪˈstə:bd| *adjective* խախտված; խաթարված; խանգարված; խառնաշփոթի մեջ; անհանգիստ

disturber *noun* խռովարար; խանգարող; կարգազանց; անկարգություններ հրահրող

disunion |dɪsˈju:njən|, |-ɪən| *noun* 1) բաժանում; անջատում; մասնատում 2) անհամաձայնություն; պառակտում; անհամերաշխություն

disuse |dɪsˈju:s| *noun* անգործածություն; չգործածվելը; գործածությունից դուրս լինելը

fall into disuse գործածությունից դուրս գալ; անգործածելի դառնալ; շարքից դուրս գալ; հնանալ

disused |dɪsˈju:zd| *adjective* չգործածվող; անգործածական; գործածությունից դուրս եկած; լքված; մոռացված; անուշադրության մատնված

ditch |dɪtʃ| **1** *noun* առու; փոս; ջրանցք; ջրառու; ջրուղի; խրամատ **2** *verb* 1) առու փորել; շրջափորել; խրամատել 2) առուներ մաքրել; առուներ նորոգել 3) գցել; դեն գցել; նետել; թողնել; ձեռք քաշել; թափել; լցնել; ազատվել *(մի բանից)* 4) թողնել; հեռանալ; ձեռք քաշել; հարաբերությունները վերջ տալ; երես թեքել; լքել *(մեկին)* 5) դասից փախչել; դասի չնստել; դասից բացակայել 6) հարկադիր վայրէջք անել ջրի վրա 7) ռելսերից հանել *(գնացքը)*

ditcher *noun* 1) հողափոր; խրամահատ *(մարդ, մեքենա)* 2) առվափորիչ; առվահան *(մեքենա)*

ditchwater |ˈdɪtʃwɔ:tə| *noun* կանգնած ջուր *(առուներում)*

dull as ditchwater տաղտկալի; ձանձրալի; անհետաքրքիր

dither |ˈdɪðə| **1** *verb* 1) տատանվել; վարանել; երկբայել; երկմտել; չորոշակիանալ 2) *համակարգիչներ* ողորկել գույներով *(կառուցել կոր գիծ, որն ավելի ողորկ է թվում հիմնական պատկերի կետիկների շուրջ գուներանգի կետիկների ավելացմամբ)* **2** *noun* 1) խուսակցական վարանում; անվճռականություն; տատամսոտություն; անվճռական լինելը 2) (**be in a dither**) հուզված լինել; խռովված լինել; գրգռված լինել; խառնաշփոթի մեջ լինել

dithyramb |ˈdɪθɪræm(b)| *noun* 1) ձոներգ; ներբող; գովերգ; գովաբանություն 2) գովերգություն; գովասանք; գովք; դրվատանք

ditto |ˈdɪtəʊ| *noun, adjective, adverb* 1) վերոհիշյալը; նույնը; նույնպես; նույնքանը 2) նաև **ditto marks** *(" նշանը՝ նույն բանը կրկնելուց խուսափելու համար)* 3) կրկնակ; պատճեն; կրկնօրինակ; նմանակ

say ditto to somebody համաձայնել; միշտ հավանություն տալ; «այո՛» ասել

ditty |ˈdɪti| *noun* (հոգն. **-ties**) փոքրիկ/պարզ երգ; մանրերգ; խաղիկ

ditty bag (նաև **ditty box**) *noun* կարի տոպրակ; մանրուքների արկղիկ; մանր-մունր առարկաների տուփիկ *(զինվորի, նավաստու, ձկնորսի)*

diurnal |dʌɪˈəːn(ə)l| *adjective* 1) ցերեկվա; ցերեկային; տվնջյան; ցերեկվան հատուկ 2) ցերեկվա կյանք վարող *(կենդանիների մասին)* 3) ցերեկը բացվող *(ծաղիկների մասին)* 4) ամենօրյա; առօրյա; հանապազօրյա; առօրեական; ամեն օր տեղի ունեցող 5) *աստղագիտություն* օրական

divan |dɪˈvæn|, |dʌɪˈvæn|, |ˈdʌɪvæn| *noun* 1) բազմոց; թախտ; օթոց; դիվան 2) *պատմական* դիվան; ատյան *(օսմանյան Թուրքիայում բարձրագույն պաշտոնյաների խորհուրդ, դատարան)*

dive |dʌɪv| **1** *verb* (անցյալ **dived** կամ **dove**; անցյալ դերբայ **dived**) 1) սուզվել; ընկղմվել; խորասուզվել 2) ջրասուզվել; սուզորդությամբ զբաղվել; ջրի տակ լողալ 3) սլանալ; նետվել; արագ շարժվել *(տվյալ ուղղությամբ)* 4) վայրասլաց թռիչք կատարել; խոյընթաց թռիչք կատարել; շեշտակի դեպի ցած թռչել *(թռչունի/օդանավի մասին)* 5) (**dive into**) կլանվել; խորասուզվել; կենտրոնանալ; տրվել; գրավվել *(ուսումնասիրով, որևէ զբաղմունքով)* 6) կտրուկ իջնել/ընկնել; հանկարծակի նվազել *(գների, շահույթի մասին)* 7) ձեռքն արագ տանել/մտցնել *(գրպանը, պայուսակի մեջ և այլն)* 8) *մարզական* դիտմամբ ընկնել *(ֆուտբոլում, հոկեյում)* 9) իջնել; խորանալ *(ձկան/սուզանավի մասին)* **2** *noun* 1) սուզում; ընկղմում; ջրասուզում; խորասուզում; սուզվելը; ջրասույզ լինելը 2) իջնելը; խորանալը; սուզվելը *(ձկան/սուզանավի մասին)* 3) *օդագնացություն* վայրասլացում; վայրասլաց թռիչք *(օդանավի մասին)* 4) նետվելը; սլանալը; շեշտակի շարժվելը 5) կտրուկ անկում; իջնելը; նվազում *(գների/շահույթի մասին)* 6) *մարզական* դիտմամբ ընկնելը *(ֆուտբոլում, հոկեյում)* 7) *ամերիկյան ծածկալեզու* որջ; ծակուծուկ *(վատահամբավ գիշերային ակումբ կամ բար)*

dive in հյուրասիրվել; օգտվել *(ուտելիքից)*

take a dive 1) *մարզական* իրեն նոքաուտ եղած ձևացնել *(բռնցքամարտում)* 2) հանկարծակի ընկնել; նվազել; անկում ապրել *(գների/հույսերի/կարողության և այլնի մասին)*

diver |ˈdʌɪvə| *noun* 1) սուզակ; ջրասուզակ; սուզորդ; ջրասուզորդ; ծովասուզորդ 2) *կենդանաբանություն* (նաև **loon**) բևեռային սուզահավ *(ընտանիք Gaviidae)*

diverge |dʌɪˈvəːdʒ|, |dɪ-| *verb* 1) հեռանալ; անջատվել; բաժանվել; տարբեր դառնալ; տարամիտվել; տարբեր կերպ զարգանալ; ճյուղավորվել 2) տարբերվել; տարբեր լինել; զանազանվել 3) խոտորվել; թեքվել; շեղվել; խախտել *(ընթացակարգը և այլն)* 4) *մաթեմատիկա* տարամիտել

divergence |dʌɪˈvəːdʒ(ə)ns| *noun* 1) տարամիտում; տարբերություն; հատկանիշների տարամիտություն; խոտորում; շեղում; տարամիտվելը; տարբերվելը 2) անհամաձայնություն; աննմանություն; ներհակություն; տարակարծություն; անհաշտություն 3) *գիտական* դիվերգենցիայի/տարամիտման/բաժանման կետ *(օդային/օվկիանոսային հոսանքների մասին)* 4) *մաթեմատիկա* դիվերգենցիա; ճյուղավորում; տարամիտում

divergent |dʌɪˈvəːdʒ(ə)nt|, |dɪ-| *adjective* 1) տարբեր; տարբերվող; աննման; ոչ միանման; զանազանվող; տարամետ; խոտորվող 2) *մաթեմատիկա* տարամիտող; ճյուղավորվող; աճող; դիվերգենտ

divers |ˈdʌɪvəz| *adjective հնացած բանաստեղծական* տարբեր; զանազան; մի շարք; այլազան; բազմազան; այլևայլ

diverse |dʌɪˈvəːs|, |ˈdʌɪvəːs| *adjective* 1) բազմազան; բազմապիսի; զանազան; այլևայլ 2) տարբեր; այլ; ուրիշ; իրարից հեռու

diversification |-fɪˈkeɪʃ(ə)n| *noun* 1) բազմազանություն մտցնելը; բազմատեսակացում 2) անմիօրինակություն; բազմապիսություն; բազմազանություն; այլազանություն 3) *տնտեսագիտություն* բազմազանեցում

diversify |dʌɪˈvəːsɪfʌɪ|, |dɪ-| *verb* (**-fies**, **-fied**) 1) զանազանակերպել; բազմազանել; բազմազան դարձնել 2) ընդլայնվել; զարգանալ *(կազմակերպության և այլնի մասին)* 3) ընդլայնել; զարգացնել; վերափոխել; ձևափոխել *(կազմակերպությունը և այլն)* 4) *տնտեսագիտություն* բազմատեսակացնել *(նոր տիպի գործարարություններ ավելացնել արդեն եղածներին)* 5) *տնտեսագիտություն* բազմատեսակացնել *(ներդնել տարբեր տիպի բաժնետոմսերի կամ խնայողությունների մեջ՝ կորստի ռիսկը սփռելու համար)*

diversion |dʌɪˈvəːʃ(ə)n|, |dɪ-| *noun* 1) խոտորում; շեղում 2) *բրիտանական* շրջանցում; շրջանցող/հավելյալ ճանապարհ; շրջանց 3) զվարճալիք; զվարճություն; ժամանց; հաճելի զբաղմունք 4) ուշադրության շեղում; շեղիչ գործողություն 5) *ռազմական* դիվերսիա; խափանարարություն *(ռազմաարդյունաբերական կարևոր օբյեկտների պայթեցում՝ ներքին թշնամու կամ այլ երկրի գործակալների կողմից)*

diversity |dʌɪˈvəːsɪti|, |dɪ-| *noun* (հոգն. **-ties**) 1) բազմազանություն; զանազանակերպություն; պեսպիսություն; տարբերություն; այլազանություն 2) շարան; շարք; բազմություն

divert |dʌɪˈvəːt|, |dɪ-| *verb* 1) խոտորել; ընթացքը փոխել; շեղել; թեքել; ծռել *(մեկին, մի բան)*

2) շեղել ընթացքը; խոտորվել; փոխել ուղղությունը *(մեքենայի/մարդու մասին)* 3) հատկացնել; առանձնացնել; ուղղել *(գումար որևէ նպատակի համար)* 4) շեղել *(ուշադրությունը)* 5) զվարճացնել; զբաղեցնել; ուրախացնել; ցրել *(հոգսերը)*

divest |dʌɪˈvɛst|, |dɪ-| *verb* 1) զրկել; խլել 2) ազատվել; հրաժարվել *(անպետք/ավելորդ բաներից)* 3) *հնացած կատակային* (**divest of**) մերկացնել; հագուստը հանել

divide |dɪˈvʌɪd| **1** *verb* 1) բաժանել; դասակարգել; խմբավորել 2) բաշխել; հատկացնել; տրոհել; առանձնացնել 3) տարանջատել; զատել; իրարից առանձնացնել; անջատել; ստորաբաժանել 4) բաժանվել *(ըստ տված քվեների)* 5) տարակարծիք լինել 6) *մաթեմատիկա* բաժանվել 7) *մաթեմատիկա* բաժանվել *(առանց մնացորդի)* 8) *մաթեմատիկա* բաժանել *(մի թիվը մյուսի վրա)* **2** *noun* 1) հակասություն; անհամապատասխանություն; անհարիրություն 2) անդունդ; անջրպետ; տարբերություն; բաժանող երևույթ; բաժանող եզր 3) *ամերիկյան* ջրաբաժան; ջրբաժան; ջրաբաշխ; ջրաբաժանք

divide and conquer (**divide and rule**) բաժանի՛ր և տիրի՛ր; բաժանի՛ր, որ տիրես

divided against itself պառակտված; անմիաբան

divided highway *noun* հոծ գիծ ունեցող ավտոճանապարհ *(սովորաբար մի քանի գիծ ունեցող)*

dividend |ˈdɪvɪdɛnd| *noun* 1) *ֆինանսներ* շահաբաժին; շահութաբաժին; շահութամաս; դիվիդենտ 2) *տնտեսագիտություն* բաժին; մաս; փայ; մասնաբաժին; բաժնեմաս 3) (**dividents**) օգուտ; շահ; արդյունք 4) *մաթեմատիկա* բաժանելի

divination |ˌdɪvɪˈneɪʃ(ə)n| *noun* գուշակում; գուշակություն; հմայություն; բախտագուշակություն; կանխագուշակում; նախագուշակում; մարգարեություն

divine¹ |dɪˈvʌɪn| **1** *adjective* (**-viner**, **-vinest**) 1) աստվածային; արարչական; աստվածակերպ; երկնային 2) սուրբ; սրբազան 3) *խոսակցական հնացած* չնաշխարհիկ; սքանչելի; հրաշալի; երկնային; աստվածային **2** *noun* 1) *հնացած* աստվածաբան; հոգևորական 2) (**the Divine**) նախախնամություն; Աստված

divine² |dɪˈvʌɪn| *verb* 1) կռահել; գուշակել; գլխի ընկնել; հասկանալ 2) գուշակել; մարգարեություն անել; նախագուշակել; կանխագուշակել; մարգարեանալ; կանխազգալ 3) (նաև **divining rod**) ստորերկրյա ջուր կամ հանք հայտնաբերել

diviner *noun* գուշակ; գուշակություն անող; մարգարե; բախտագուշակ

diving *noun* 1) *նաև մարզական* սուզում; ջրասուզակություն; ջրի տակ լողալը; ծովասուզակություն 2) *մարզական* ջրացատկ

diving bell *noun* *տեխնիկական* ջրասուզակային զանգ

diving board *noun* ցատկահարթակ; ոստնակ; ջրացատկի աշտարակ

divinity |dɪˈvɪnɪti| *noun* 1) աստվածայնություն; աստվածություն; աստված լինելը 2) աստվածաբանություն 3) (նաև **the Divinity**) Աստված; աստված; աստվածություն 4) *խոհանոց* բեզե

divisibility |-ˈbɪlɪti| *noun* բաժանելիություն; բաժանականություն

divisible |dɪˈvɪzɪb(ə)l| *adjective* 1) բաժանելի 2) *մաթեմատիկա* առանց մնացորդի բաժանվող *(թվի մասին)*

division |dɪˈvɪʒ(ə)n| *noun* 1) բաժանում; բաժանվելը; անջատում; զատում; մասնատում; տրոհում; բաշխում 2) խորհրդարանի բաժանվելը *(օրինագծին կողմ և դեմ քվեարկողների)* 3) *տրամաբանություն* ստորաբաժանում; ստորաբաժանելը 4) տարաձայնություն; երկպառակություն 5) *մաթեմատիկա* բաժանում 6) բաժին; բաժանմունք; մասնաճյուղ; մաս; հատված; խմբավորում 7) *ռազմական* դիվիզիա; զորաբաժին 8) տեղամաս; ստորաբաժանում; վարչական տարածք; ընտրական տարածք *(վարչական միավորի՝ որևէ շրջանի մեջ մտնող մաս)* 9) *բուսաբանություն կենդանաբանություն* տիպ 10) միջնորմ; պատնեշ; սահմանագիծ

divisive |dɪˈvʌɪsɪv| *adjective* պառակտիչ; երկպառակիչ; տարաձայնություն առաջացնող

divisor |dɪˈvʌɪzə| *noun* *մաթեմատիկա* բաժանարար

divorce |dɪˈvɔːs| **1** *noun* 1) ամուսնալուծություն; ապահարզան 2) (**divorce decree**) ամուսնալուծության որոշում *(դատարանի)* 3) անջատում; բաժանում; խզում 4) սահմանագիծ **2** *verb* 1) (**get divorced**) բաժանվել; ամուսնությունը լուծել 2) բաժանել; անջատել; տարբերակել; զանազանել 3) (**divorce oneself from**) հեռու մնալ; իրեն հեռու պահել; մի կողմ քաշվել

divorcée |ˌdɪvɔːˈsiː| (նաև **divorcee**) *noun* ամուսնուց բաժանված; ամուսնալույծ; ապահարզանավոր

divulge |dʌɪˈvʌldʒ|, |dɪ-| *verb* հրապարակ հանել; դուրս հանել; հայտարարել; հայտնել; հրապարակել *(ուրիշի գաղտնիքը)*

Diwali |dɪˈwɑːli| (նաև **Divali**) *noun* Դիվալի *(հինդուիստական տոն՝ նվիրված հարստության աստվածուհի Լաքշմիին)*

Dixie (նաև **Dixieland**) *noun* (**Dixieland**) Դիքսի *(ԱՄՆ-ի հարավային նահանգների ընդհանուր անունը)*

whistle Dixie անիրականանալի բաների մասին երազել; ժամանակ վատնել

DIY *abbreviation* do-it-yourself պատրաստի՛ր ինքդ

Diyarbakir |dɪˈjɑːbəˌkɪə| Դիարբեքիր *(քաղաք Թուրքիայում, հին հայկական Տիգրանակերտ քաղաքի տեղում)*

dizzy |ˈdɪzi| **1** *adjective* (**-zier**, **-ziest**) 1) գլխապտույտ զգացող ◊ **I am dizzy, I feel dizzy** գլուխս պտտվում է 2) գլխապտույտ **2** *verb* (**-zies**, **-zied**) գլխապտույտ առաջացնել; շշմեցնել; շփոթեցնել

DJ *noun* 1) *երաժշտություն* (**disk jockey**) դիջեյ; մշակող *(անձ, որն արդեն գոյություն ունեցող երաժշտական գործերից ստեղծում է նորերը, հատկապես փոփ ժանրում)* 2) *երաժշտություն* (**disk jockey**) երաժշտավար; դիջեյ; դիսկ ժոկեյ *(անձ, որը տվյալ երեկույթի և այլնի ժամանակ ընտրում ու ներկայացնում է երաժշտական գործեր)*

Djibouti |dʒɪ'bu:ti| (նաև **Jibuti**) Ջիբութի *(պետություն Աֆրիկայի հյուսիս-արևելքում)*

DNA *noun* կենսաքիմիա կենսաբանություն տե՛ս **deoxyribonucleic acid** ԴՆԹ

DNA fingerprinting *noun* (**DNA profiling**) ԴՆԹ-ի քննում *(անձի ինքնությունը պարզելու համար)*

Dnieper |'dni:pə| Դնեպր *(գետ, որը հոսում է Ռուսաստանի, Բելոռուսիայի և Ուկրաինայի տարածքներով)*

Dniester |'dni:stə| Դնեստր *(գետ, որը հոսում է Ուկրաինայի և Մոլդովայի տարածքներով)*

Dnipropetrovsk |ˌdni:prəpɛ'trɒfsk| Դնեպրոպետրովսկ *(քաղաք Ուկրաինայում)*

do¹ |du:| **1** *verb* (**does** |dʌz|; անցյալ **did** |dɪd|; անցյալ դերբայ **done** |dʌn|) 1) անել; կատարել; իրագործել; իրականացնել; ավարտին հասցնել 2) հարդարել; կարգավորել; կարգի բերել; վայելուչ տեսք տալ; զարդարել ◊ **do one's hair** մազերը հարդարել. **do the room** սենյակը կարգի բերել; սենյակը հավաքել 3) ապահովել; տրամադրել; ունենալ ◊ **many hotels don't do single rooms at all** շատ հյուրանոցներ միտեղանոց համարներ բոլորովին չեն տրամադրում 4) հաշվարկել; լուծել; թվաբանություն անել ◊ **She was doing sums aloud.** Նա բարձրաձայն հաշվարկներ էր անում: 5) աշխատել; անել *(որպես աշխատանք)* ◊ **What does she do?** Ի՞նչ է աշխատում նա: 6) պատրաստել; տապակել; եփել ◊ **the meat is done** միսը պատրաստ է; միսը եփված է 7) դեր կատարել; դերը խաղալ; ներկայացում տալ; բեմադրել ◊ **do Hamlet** Համլետի դերը կատարել 8) խաղալ; նմանակել; վարվել մեկի նման 9) *խոսակցական* ընդունել; քաշել *(թմրադեղեր)* 10) սպասարկել; զբաղվել *(այցելուով)* 11) *խոսակցական* գռեհկաբանություն (**do it**) սեքսով զբաղվել; կենակցել; քնել 12) *խոսակցական* զուգարան գնալ; միզել; կղկղել; արտաթորել 13) ճանապարհորդել; կտրել-անցնել; շարժվել; գնալ; անցնել *(որոշակի ճանապարհ, որոշակի արագությամբ)* ◊ **That car had done about 100000 kilometers.** Այդ մեքենայի վազքը մոտ 100000 կիլոմետր էր: 14) հասնել *(վաճառքի որոշակի ցուցանիշի)* ◊ **Our best-selling album did about a million worldwide.** Մեր ամենագնայուն ալբոմի վաճառքը հասավ մեկ միլիոնի: 15) *խոսակցական* դիտել; հապճեպ այցելել; նայել; թռուցիկ նայել *(տեսարժան վայրեր)* ◊ **do the British Museum** Բրիտանական թանգարանը դիտել 16) կրել *(պատիժը բանտում և այլն)* 17) (**do with, be done**) վերջացնել; ավարտել; վերջ տալ ◊ **let us have done with it** եկեք վերջ տանք դրան. **have done!** վերջ տվեք; բավական է. **You must sit there and wait till I'm done.** Պետք է նստես այդտեղ ու սպասես մինչև վերջացնեմ: 18) (**be done with, have done with**) ազատվել; պրծնել; այլևս չմտածել *(մեկի, մի բանի մասին)* 19) (**be done**) ուժասպառ լինել 20) (**do well**) բարգավաճել; զարգանալ; վիճակ/հաջողություններ ունենալ; առաջընթաց ունենալ; գործերը լավ գնալ; գործերը հաջող ընթանալ; յոլա գնալ; իրեն լավ զգալ ◊ **How do you do?** Բարև Ձեզ: 21) վարվել; տնօրինել; գործել ◊ **do a man well** մեկի հետ լավ վարվել. **They are free to do as they please.** Նրանք ազատ կարող են անել՝ ինչ ցանկանում են: 22) պատճառել; որոշակի ազդեցություն ունենալ; անդրադառնալ; ազդել; ներգործել ◊ **do harm** վնաս պատճառել. **do good** օգտակար լինել; օգուտ տալ/օգուտ բերել 23) համապատասխանել; ընդունելի լինել; պիտանի լինել; պետք գալ; հարմար գալ; բավականացնել; հերիքել ◊ **If he's anything like you, he'll do.** Եթե նա քեզ նման է, ուրեմն կհամապատասխանի: **that will do!** բավական է; լավ է 24) առողջանալ; իրեն լավ զգալ ◊ **the invalid is doing well** հիվանդը ապաքինվում է; հիվանդը լավանալու վրա է. **how do you do?** բարև ձեզ 25) *բրիտանական* (նաև **do brown**) խաբել; մոլորեցնել 26) սպանել; կործանել; մաշել; մեռցնել; վերջը տալ; վերացնել 27) թալանել *(տունը և այլն)* 28) *խոսակցական* (**be/get done for**) մեղադրել; դատի տալ • **can't be doing with** (**won't be doing with**) *բրիտանական* տանել չկարողանալ; չուզենալ առնչություն ունենալ; չհանդուրժել **do away with** i) *խոսակցական* վերջ տալ; վերջացնել; ազատվել մի բանից ii) *խոսակցական* սպանել; վերջը տալ; ազատվել մեկից; վերացնել **do by** *հնացած* վերաբերմունք ցուցաբերել; վարվել **do down** i) *բրիտանական խոսակցական* խաբել; մատների վրա խաղացնել; մոլորեցնել ii) նսեմացնել; արժեզրկել; չարախոսել; զրպարտել; բանսարկել; քննադատել **do for** i) *խոսակցական* վերջը տալ; կործանել; սպանել; խորտակել; ձախողել; տապալել **I knew I was done for.** Ես գիտեի, որ կորած եմ: Ես գիտեի, որ վերջս եկել է: ii) *խոսակցական բրիտանական* մաքրություն անել; տան գործերով զբաղվել; խնամել iii) բավարարել; բավարար լինել; գոհացուցիչ լինել **do someone in** i) *խոսակցական* սպանել; վերջը տալ ii) *խոսակցական* ուժասպառ անել; հոգնեցնել **do someone out of** *խոսակցական* ձեռքից առնել; խորամանկությամբ զրկել; շորթել **do someone over** *բրիտանական խոսակցական* ջարդը տալ; մի լավ ծեծել **do someone up** պճնել; զուգել; զուգել-զարդարել; հագցնել **do something for** *խոսակցական* ընդգծել; ճոխացնել; շքեղացնել; տեղը տեղին դարձնել **do something out** i) *բրիտանական խոսակցական* տեսք տալ; զարդարել; կահավորել; վերանորոգել *(որոշակի ոճով, գույնով և այլն)* ii) մաքրություն անել; մաքրել; կարգի բերել; հավաքել **do something over** i) *խոսակցական* կրկնել; մի բերան ասել; սերտել ii) *խոսակցական* զարդարել; կահավորել; վերանորոգել *(սենյակը, շինությունը և այլն)* **do something up** i) հավաքել; կապել; հարդարել *(մազերը)* ii) փաթեթավորել; փաթաթել **do with** ցանկանալ; ուզենալ; հարմար գտնել **do without** i) դիմանալ առանց; ծայրը ծայրին հասցնել; շատ չտուժել առանց; յոլա գնալ ii) *խոսակցական* նախընտրել չունենալ; կարիք չունենալ **We can do without your criticisms, thank you.** Առանց ձեր քննադատության էլ կդիմանանք/յոլա կգնանք: Մենք ձեր քննադատության կարիքը չունենք: Մեզ ձեր քննադատությունները պետք չեն: **2** *auxiliary verb* 1) *(գործածվում է որպես օժանդակ բայ Present և Past Indefinite ժամանակների հարցական և ժխտական ձևերը կազմելու, ինչպես նաև պոչավոր հարցեր կազմելու համար)* ◊ **It doesn't matter.** Դա կարևոր չէ: **Do you have any pets?** Դուք որևէ կենդանի պահու՞մ եք: **You write poetry, don't you?** Դուք բանաստեղծություններ եք գրում, այնպես չէ՞: 2) *(գործածվում է որևէ բայի փոխարեն՝ կրկնությունից խուսափելու համար)* ◊ **He works as much as**

I do (=work). Նա այնքան է աշխատում, որքան ես: 3) իրոք; իսկապես *(գործածվում է միտքը շեշտելու համար. արտահայտում է պնդում, հորդոր)* ◊ He did look tired. Նա իրոք հոգնած տեսք ուներ: Do sit down. Նստե՛ք խնդրեմ: *(քաղաքավարի դիմելաձև)* **3** *noun* (հոգն. **dos** կամ **do's**) 1) *խոսակցական* տե՛ս **hairdo** 2) *խոսակցական բրիտանական* հավաքույթ; երեկույթ; միջոցառում; ժողով 3) *բրիտանական հնացած խոսակցական* խաբեություն; խաբեբայություն; խարդախություն

be to do with կապ ունենալ; առնչվել; աղերս ունենալ; գործ ունենալ *(մարդկանց, երևույթների, հասկացությունների և այլնի մասին)*

do battle կռիվ սկսել մեկի հետ; բախում ունենալ մեկի հետ

don't ... me ինձ ... բառը մի՛ ասա; ինձ մի՛ ասա, թե ...; ինձ ... խոսքով չես խաբի

do one's best ջանքերը չխնայել; ամեն ինչ անել; կաշվից դուրս գալ; ճիգ գործադրել

do one's head *խոսակցական* խառնվել իրար; գլուխը տաքանալ; իրեն կորցնել

do or die (նաև **do-or-die**) կյանքի և մահվան; կենաց և մահու

dos and don'ts օրենքներ; կանոններ

it isn't done *խոսակցական* (**it is not done**) ընդունված չէ; էդպես չեն վարվում; դա դեմ է ավանդույթներին

it won't do այդպես չի կարելի; դա անթույլատրելի է

nothing is to be done այլևս ոչինչ անել չի կարելի; բանը բանից անցել է; չափազանց ուշ է որևէ բան փոխելու համար

no you don't *խոսակցական* չհամարձակվե՛ս; չի՛ ստացվի; դու դա չես անի; բոլորովին էլ չես անի; չփորձվե՛ս

that does it! *խոսակցական* բավակա՛ն է; վե՛րջ; չափն անցավ; համբերությունս հատեց

well done! կեցցե՛ս; ապրե՛ս

what is done cannot be undone արածն արած է

do² *noun երաժշտություն* դո *(ձայնանիշ)*

dobbin |ˈdɒbɪn| *noun հնացած* 1) *մանկական* ձիուկ 2) ձի; գրաստ; վարգուն; բեռնակիր ձի

doc |dɒk| *abbreviation ամերիկյան խոսակցական* 1) doctor բժիշկ 2) *համակարգիչներ* document փաստաթուղթ; փաստանիշք

docile |ˈdəʊsʌɪl| *adjective* լուռ; հնազանդ; հլու; կամարար; ենթարկվող

dock¹ |dɒk| **1** *noun* 1) *ամերիկյան ծովային* նավահանգիստ; նավակայան; նավամատույց; խարսխակայան 2) *նավագնացություն* դոկ; նավանորոգարան 3) *նավագնացություն* (**dry dock**) չոր դոկ; չոր նավանորոգարան *(նավանորոգարան, որից ջուրը կարելի է դատարկել)* 4) *երկաթուղային* (նաև **loading dock**) բեռնավորման կայան; բեռնավորման կառամատույց; փակուղի *(բեռնատար մեքենաների ու գնացքների համար)* **2** *verb* 1) նավանորոգարան դնել; նավանորոգարան մտնել *(նավի մասին)* 2) *ծովային* կայանել; մոտեցնել նավամատույցին *(նավը)* 3) *տիեզերագնացություն* կցում իրականացնել *(տիեզերանավի մասին)* 4) միացնել *(մի սարքը մեկ ուրիշին)*

dock² |dɒk| **1** *verb* 1) *տնտեսագիտություն* հանել; նվազեցնել; պահում կատարել *(ընդհանուր գումարից)* 2) *կենդանաբանություն* կտրել *(կենդանու պոչը)* 3) *կենդանաբանություն* պոչարմատ; պոչուկ *(կենդանիների)* **2** *noun* կենդանու պոչ՝ առանց մազերի

dock³ |dɒk| *noun* (**the dock**) մեղադրյալների աթոռ *(դատարանում)*

in the dock մեղադրվող; մեղադրյալ; ամբաստանյալ

dock⁴ |dɒk| *noun բուսաբանություն* թրթնջուկ; ավելուկ *(Genus Rumex, ընտանիք Polygonaceae)*

dockage |ˈdɒkɪdʒ| *noun* 1) *նավագնացություն* նավերի կանգնելը նավանորոգարանում 2) *նավագնացություն* նավանորոգարանից օգտվելու վճար

docker |ˈdɒkə| *noun ծովային* դոկեր *(նավաշինարանի բանվոր)*

docket |ˈdɒkɪt| **1** *noun* 1) *իրավունք* դատական գործերի մատյան; քննվելիք գործերի ցանկ; դատացանկ; գրանցամատյան 2) բեռնապիտակ; բեռնանիշ; պիտակ *(որի վրա տվյալներ կան փաթեթի պարունակության վերաբերյալ)* 3) անդորրագիր *(մաքսի վճարման)* 4) փաստաթղթի բովանդակության համառոտագիր; քաղվածք փաստաթղթից 5) օրակարգ; ժողովակարգ; անելիքների ցանկ **2** *verb* (**docketed**, **docketing**) 1) *իրավունք* գրանցել դատական գործերի մատյանում; արձանագրել 2) պիտակավորել; պիտակել; պիտակ փակցնել *(բեռներին)* 3) ծանոթագրել *(բովանդակության համառոտագիր կցել փաստաթղթին)*

dockyard |ˈdɒkjɑːd| *noun ծովային* նավաշինարան; նավանորոգարան; նավարան

doctor |ˈdɒktə| **1** *noun* 1) բժիշկ; ախտաբույժ 2) ատամնաբույժ; անասնաբույժ 3) *խոսակցական* վարպետ; ուստա; շտկիչ 4) դոկտոր *(գիտական աստիճան)* 5) (նաև **Doctor of the Church**) վարդապետ 6) արհեստական ճանճ *(ձուկ որսալու համար)* 7) *հնացած* գիտուն; ուսուցիչ **2** *verb* 1) կեղծել; խարդախել; կեղծակերպել 2) կեղծել; խառնել; կշավել *(լավորակ նյութի մեջ վատորակը խառնել)* 3) *մարզական* շեղել ընթացքը *(բեյսբոլի գնդակի)* 4) *խոսակցական* բուժել; բժշկություն անել; դարմանել; բժշկել 5) *բրիտանական* կոտել; կրտել; ամորձատել *(կենդանիներին)* 6) կարգի բերել; սարքել *(սարքը)*

be just what the doctor ordered (**be what the doctor ordered**) իսկը բժշկի նշանակածն է; հենց այն է, ինչ պետք է; ինքն է; տեղը տեղին

doctorate |ˈdɒkt(ə)rət| *noun* 1) դոկտորություն; դոկտորի աստիճան 2) վարդապետության տիտղոս

doctrinaire |ˌdɒktrɪˈnɛː| **1** *adjective* կուրադավան; նեղ գաղափարական; տեսամոլական *(տեսության մեջ խրված)* **2** *noun* կուրադավան մարդ; նեղ գաղափարական մարդ; տեսամոլ

doctrinal |dɒkˈtrʌɪn(ə)l| *adjective* դավանաբանական; հավատաբանական; ուսմունքի վերաբերող; վարդապետությանը վերաբերող; սկզբունքի; տեսության; դոկտրինի

doctrine |ˈdɒktrɪn| *noun* 1) ուսմունք; դավանանք; դոկտրին; համոզմունք; տեսություն; վարդապետություն *(փիլիսոփայական համակարգ)* 2) դոկտրին; հայեցակարգ

docudrama |ˈdɒkjʊˌdrɑːmə| *noun կինո* վավերադրամա *(իրական դեպքերի վրա հիմնված ֆիլմ)*

document **1** *noun* |ˈdɒkjʊm(ə)nt| 1) փաստաթուղթ; վավերագիր; վկայաթուղթ; վավերաթուղթ; պաշտոնագիր; պաշտոնաթուղթ 2) *համակարգիչներ* փաստաթուղթ; փաստաֆիշք; փաստույթ **2** *verb* |ˈdɒkjʊmɛnt| 1) գրանցել; ձայնագրել; վավերագրել; տեղեկություններ կուտակել; փաստեր հավաքել; թղթին հանձնել; տեսագրել; վերարտադրել; փաստագրել 2) փաստաթղթերով հաստատել/հիմնավորել; ապացուցել; փաստաթղթեր տալ 3) *համակարգիչներ* փաստաֆիշքավորել

documentary |dɒkjʊˈmɛnt(ə)ri| **1** *adjective* փաստաթղթերի վրա հիմնված; վավերագրական; փաստագրական **2** *noun* (հոգն. **-ries**) *ֆիլմ* փաստագրական/վավերագրական ֆիլմ; փաստագրական/վավերագրական հաղորդում

documentation |ˌdɒkjʊmɛnˈteɪʃ(ə)n| *noun* 1) փաստաթղթեր; փաստաթղթերով հիմնավորում/ձևակերպում; փաստագրեր *(տեղեկությունների ամբողջություն)* 2) *համակարգիչներ* փաստաֆիշքերի հավաքածու 3) դասակարգում; խմբավորում; մշակում *(նյութերի)*

docusoap *noun ֆիլմ* վավերագրական սերիալ

dodder[1] |ˈdɒdə| *verb* դողալ; դողդողալ; երերալ *(թուլությունից, ծերությունից)*

dodder[2] |ˈdɒdə| *noun բուսաբանություն* գայլուկ; գաղձ; գայլախոտ *(Genus Cuscuta, ընտանիք Convolvulaceae)*

doddle |ˈdɒd(ə)l| *noun խոսակցական* խաղուպար *(շատ հեշտ գործ)*

dodecagon |dəʊˈdɛkəg(ə)n| *noun մաթեմատիկա* տասներկուանկյուն

dodecahedron |ˌdəʊdɛkəˈhiːdr(ə)n|, |-ˈhɛd-| *noun* (հոգն. **-drons** կամ **-dra** |-drə|) տասներկուանիստ

dodge |dɒdʒ| **1** *verb* 1) խուսափել; խույս տալ; ճողոպրել; փախուստի դիմել; ծլկել 2) խորամանկություն բանեցնել; ճարպկորեն ելք գտնել; խուսափել; շրջանցել; գլուխն ազատել *(խորամանկությամբ, անազնիվ ճանապարհներով)* 3) *լուսանկարչություն* համակցված պատկեր ստանալ **2** *noun* 1) խուսափելը; խույս տալը; ճողոպրելը; ծլկելը; փախուստի դիմելը; խուսափում 2) հնարք; խորամանկություն; ճար; աղվեսություն *(որևէ բանից խուսափելու, որևէ բան շրջանցելու համար)*

dodger |ˈdɒdʒə| *noun* 1) խորամանկ/ճարպիկ/նենգ/խարդախ մարդ; զեղծարար 2) *ծովային* վահան; պաշտպանիչ էկրան 3) *ամերիկյան* գովազդ; գովազդային գրքույկ; բրոշյուր *(որևէ ապրանքի, կուսակցության և այլնի վերաբերող)* 4) (նաև **corn dodger**) եգիպտացորենի ալյուրից թխված**ք**

dodgy |ˈdɒdʒi| *adjective* (**dodgier**, **dodgiest**) *բրիտանական խոսակցական* 1) խորամանկ; ճարպիկ; ճարտար; դարմանի տակի ջուր 2) վնասակար; վտանգավոր 3) անորակ; կասկածելի

Dodoma |dəʊˈdəʊmə| Դոդոմա *(Տանզանիայի մայրաքաղաքը)*

doe |dəʊ| *noun* էգ եղնիկ *(նաև նապաստակի/ճագարի/մկան էգը)*

doer |ˈduːə| *noun* 1) կատարող; անող; գործող; իրագործող 2) գործի մարդ; գործունյա մարդ *(խոսքը գործով ապացուցող մարդ)*

doeskin |ˈdəʊskɪn| *noun* 1) եղջերվենի; եղջերվի կաշի; թավշակաշի; զամշ 2) փափուկ բրդե զամշանման գործվածք

doff |dɒf| *verb հնացած* 1) հանել *(գլխարկը, վերարկուն և այլն)* 2) հանել *(գլխարկը՝ ողջունելիս)*

dog |dɒg| **1** *noun* 1) *կենդանաբանություն* շուն *(Canis familiaris, ընտանիք Canidae)* 2) արու շուն *(նաև գայլի, աղվեսի արուն)* 3) *խոսակցական* անպիտանի մեկը; շուն; գազան; վայրենու մեկը; ստոր արարած; ստոր մարդ; կեղտոտի մեկը; այլանդակ; անզգամ; թշվառական; խեղճ անասուն *(մարդու մասին)* 4) *խոսակցական արհամարհական* խրտվիլակ; փալաս; անհրապույր կին; անշուք կին 5) *տեխնիկական* շնիկ; մեխահան; ճանկ 6) *խոսակցական* անորակ բան; խոտան; անհաջող բան; ձախողված գործ; թափթփուկ; անպետք բան; փնթի գործ; անբարեխիղճ գործ 7) (նաև **firedog**) բուխարու մետաղական հենոց 8) *խոսակցական* (**dogs**) ոտքեր; ոտներ *(մարդու)* ◇ **If only I could sit down and rest my tired dogs.** Երանի՜ հնար լիներ՝ նստեի ու ոտներս հանգստացնեի: **2** *verb* (**dogged**, **dogging**) 1) մեկին կրնկակոխ հետևել; հետապնդել; ետևից ընկնել 2) հալածել; հանգիստ չտալ; տանջել; օր ու արև չտալ; մշտապես անհանգստացնել *(խնդիրների, անախորժությունների և այլնի մասին)* 3) (**dog it**) գլուխ պահել; կիսատ-պռատ անել; թերի/անփույթ աշխատել; իր ուժերը խնայել; իր ողջ հնարավորությունները չօգտագործել; գործել ոչ լրիվ հզորությամբ 4) *տեխնիկական* բռնել *(աքցանով, ունելիով և այլնով)*

a dog's age *խոսակցական* հարյուր/հազար տարի; վաղուց *(երկար ժամանակ)*

a dog's life (**lead a dog's life**) շան կյանք ունենալ; շան օրի լինել; կարիքի մեջ լինել; նեղություններ քաշել; զրկանքներ կրել

dog in the manger նախանձոտ մարդ; ո՛չ ինձ, ո՛չ քեզ; շունը՝ խոտի դեզի վրա; իրեն պետք չի, ուրիշին էլ չի տալիս; չկամ մարդ

every dog has its day *առած* մենք էլ մի օր կուրախանանք; մեր փողոցում էլ տոն կլինի; մեր փողոցում էլ հարսանիք կլինի; մի օր բախտը մեզ էլ կժպտա; ամեն ինչ իր ժամանակն ունի

hot dogs տաք նրբերշիկով բուտերբրոդ

let sleeping dogs lie տե՛ս **sleep** շանը քար մի՛ գցիր; շանից հեռու՛ կաց; անախորժ հարցերը մի կո՛ղմ թող

not a dog's chance (**have not a dog's chance**) ոչ մի հնարավորություն չունենալ; կորած լինել; բանը բուրդ լինել; ձախողվելու մատնված լինել

put on the dog իրեն երևակայել; ուրիշների աչքերին թոզ փչել; քիթը վեր ցցել; ձևեր թափել; իրեն ցույց տալ

the dogs of war *բանաստեղծական գրքային* պատերազմի արհավիրքները

throw someone to the dogs անուշադրության մատնել; անպաշտպան թողնել; շան/բանի տեղ չդնել; մեկից ձեռք քաշել

you can't teach an old dog new tricks *առած* մարդ ինչին սովոր է, այն էլ կշարունակի անել ողջ կյանքում; մարդու հակվածությունները մնում են նույնը; տարեցին չես վերադաստիարակի

dogcart *noun* *պատմական* միաձի կառք; երկանիվ կառք; մեկ ձիով լծվող կառք *(նախապես օգտագործվում էր մարզաշներին տեղափոխելու համար)*

dog collar *noun* 1) վզնոց; վզկապ *(շների)* 2) *խոսակցական* բարձր օձիք 3) *խոսակցական* քահանայի օձիք *(հատկապես անգլիկան)*

dog days *plural noun* 1) ամառվա ամենաշոգ օրերը 2) գործադադար ժամանակ; մեռյալ սեզոն; անգործ շրջան

doge |dəʊdʒ| *noun* *պատմական* դոժ; դուքս *(Վենետիկի)*

dog-ear **1** *verb* անկյունները ծալել; եզրերը ծալծըլել *(գրքի թերթերի)* **2** *adjective* եզրերը ծալծըված; մաշված անկյուններով; տրորված կողերով; մաշված; կեղտոտ եզրերով *(թղթե առարկայի մասին)*

dogged |ˈdɒgɪd| *adjective* համառ; հաստատակամ; անկոտրում; տոկուն; աննկուն

It is dogged that does it. *առած* Համառությունը հաղթանակ է բերում:

doggerel |ˈdɒg(ə)r(ə)l| *noun* *գրքային* 1) զավեշտական ոտանավոր; ծիծաղաշարժ ոտանավոր *(չհանգավորված)* 2) վատ ոտանավոր; անպետք գրվածք; աննորհք գրվածք

doggish |ˈdɒgɪʃ| *adjective* 1) շնային; շնական; շան 2) *հնացած* զայրացկոտ; անբարեհամբույր; փնթփնթան

doggy |ˈdɒgi| **1** *adjective* 1) շնային; շնանման 2) շնասեր **2** *noun* (նաև **doggie**) (հոգն. **-gies**) շնիկ

dogma |ˈdɒgmə| *noun* դոգմա; դավանանք; հավատամք; դրույթ; աղանդ; հավատալիք *(բոլոր ժամանակների և պայմանների համար անառարկելի համարվող ճշմարտություն)*

dogmatic |dɒgˈmætɪk| *adjective* դավանաբանական; դոգմատիկ; կտրական; կտրուկ; առարկություն չընդունող; արմատական; աղանդավորական

dog rose *noun* 1) *բուսաբանություն* վայրի վարդ; փշավարդ; մասրենի; մասրի; շնավարդ *(Genus Rosa, ընտանիք Rosaceae)* 2) մասուր; մասրահատիկ

dogsbody |ˈdɒgzbɒdi| *noun* (հոգն. **-bodies**) *խոսակցական* փոքրավոր; գրիչ; երթեւեկ; մանր գործերի սպասավոր *(գրասենյակում և այլն)*

dogskin |ˈdɒgskɪn| *noun* լայքա; նուրբ կաշի; շան կաշի

Dog Star Սիրիուս; Շնիկ աստղ; Շնաստղ

dog-tired *adjective* շան պես հոգնած

dogtooth *noun* *ճարտարապետություն* շնատամ

dog violet *noun* *բուսաբանություն* վայրի մանուշակ *(Genus Viola, ընտանիք Violaceae)*

Doha |ˈdəʊhɑː| Դոհա *(Կատարի մայրաքաղաքը)*

doing |ˈduːɪŋ| *noun* 1) (**doings**) գործեր; արարքներ; վարմունք; արարմունք 2) (**doings**) քաջագործություններ; սխրանքներ; մեծագործություններ 3) (**doings**) միջոցառումներ; հավաքույթներ 4) ջանք; աշխատանք 5) *խոսակցական* *բրիտանական* հանդիմանություն; կշտամբանք; ծեծ; քոթակ; «դաստիարակելը»; «մշակելը»

be someone's doing մեկի ձեռքի գործը լինել; մեկի մեղքով լինել; մեկի եփած ճաշը լինել; մեկի մատը խառը լինել

doit |dɔɪt| *noun* *հնացած* 1) մանր դրամ ◇ **not worth a doit** մի քոռ գրոշ չարժե. **not to care a doit** բանի տեղ չդնել 2) չնչին բան

doldrums |ˈdɒldrəmz| *plural noun* 1) (**the doldrums**) վատ տրամադրություն; ընկճվածություն; մելամաղձություն; մռայլություն 2) լճացում; անկում; անգործություն 3) *ծովային* հանդարտաշերտեր; խաղաղաշերտեր

dole¹ |dəʊl| **1** *noun* 1) *բրիտանական* (**the dole**) նպաստ; նյութական օգնություն; դրամական օգնություն *(գործազրկության)* 2) *հնացած* բարեգործություն; բարերարություն 3) *գրքային* բաժին; բախտ; ճակատագիր **2** *verb* (**dole something out**) բաժին տալ; բաժին հանել; բաշխել

be/go on the dole գործազրկության նպաստ ստանալ; գործազրկության նպաստով ապրել

dole² |dəʊl| *noun* *հնացած* *գրքային* վիշտ; թախիծ; ցավ; դարդ

doleful |ˈdəʊlfʊl|, |-f(ə)l| *adjective* 1) վշտալի; թախծալի; թախծոտ; մելամաղձոտ; դարդոտ 2) ցավալի; ափսոսալի; դժբախտ

doll |dɒl| **1** *noun* 1) տիկնիկ; խաղատիկնիկ 2) *խոսակցական* «տիկնիկ»; նանարիկ; սիրունիկ 3) *խոսակցական* տեսքով տղա; սիրունատես երիտասարդ 4) հոգյակ; բարեհոգի մարդ; ջանիկ; հոգատար մարդ 5) *խոսակցական* սիրունի՛կս; սիրու՛ն աղջիկ; աղջի՛ **2** *verb* *խոսակցական* 1) *ամերիկյան* (**doll someone up**) զարդարել; զուգել; պճնել 2) (**doll oneself up**) զարդարվել; զուգվել; պճնվել 3) (**doll something up**) զարդարել; գեղազարդել

dollar |ˈdɒlə| *noun* *ֆինանսներ* դոլար

dollars to doughnuts *խոսակցական* հարյուր տոկոս; վստահաբար; հաստատ; հաստատ գիտեմ; գրազ կգամ, որ ...

dollop |ˈdɒləp| **1** *noun* *խոսակցական* 1) մի-երկու գդալ; գնդիկ; որևէ խյուսի փոքր քանակություն 2) մի շերեփ; մի աման լիքը *(սննդի մասին)* 3) (**a dollop of**) մի քիչ; մի փոքր; մի կաթ ◇ **a dollop of luck** մի փոքր հաջողություն **2** *verb* (**-loped**, **-loping**) լցնել; բլթացնելով լցնել; դատարկել *(սնունդը որևէ ամանի մեջ)*

dolly |ˈdɒli| **1** *noun* (հոգն. **-lies**) 1) *մանկական* փոքրիկ տիկնիկ; պուպրիկ 2) *խոսակցական* *հնացած* «տիկնիկ»; նանարիկ; սիրունիկ 3) սայլակ *(սովորաբար տեսախցիկի համար)* 4) *պատմական* լվացքի թակ **2** *verb* (**-lies**, **-lied**) *կինո* 1) սայլակի միջոցով տեղափոխել *(տեսախցիկը)* 2) սայլակի միջոցով տեղափոխվել *(տեսախցիկի մասին)*

dolor |ˈdɒlə| (բրիտանական **dolour**) *noun* *բանաստեղծական* (**dolour**) թախիծ; տխրություն; վիշտ; մորմոք

dolorous |ˈdɒl(ə)rəs| *adjective* *բանաստեղծական* տխուր; թախծոտ; թախծալի; վշտահար; վշտաբեկ

dolphin |ˈdɒlfɪn| *noun* 1) *կենդանաբանություն* դելֆին; ծովախոզ; դելփին *(Delphinidae, Platanistidae)* 2) տե՛ս **mahimahi** 3) *ծովային* կառանացից 4) *ծովային* բախամեղմիչ; նավակառաննման բախամեղմիչ

dolt |dəʊlt| *noun* հիմար; տխմար; ապուշ

doltish *adjective* բթամիտ; ցանցառ

domain |də(ʊ)'meɪn| *noun* 1) տիրապետություն; կալվածք; տիրույթ 2) բնագավառ; ասպարեզ; ոլորտ 3) *ֆիզիկա* դոմեն *(որոշակի էլեկտրական կամ մագնիսական հատկություններով տիրույթ)* 4) *համակարգիչներ* տիրույթ; դոմեն 5) *մաթեմատիկա* որոշման տիրույթ

domain name *noun* *համակարգիչներ* տիրույթի անուն

dome |dəʊm| **1** *noun* 1) *ճարտարապետություն* գմբեթ; կամար 2) *ճարտարապետություն* գմբեթարդ ստադիոն 3) կամար; գագաթ; կատար; երկնակամար; ծածկ 4) *երկրաբանություն* գմբեթ 5) *խոսակցական* գլուխ; գլխի ձեղուն 6) *բանաստեղծական* փառահեղ շենք; ապարանք; դղյակ **2** *verb* 1) գմբեթով ծածկել; գմբեթավորել 2) *երկրաբանություն* գմբեթի նման վեր բարձրանալ

domestic |də'mɛstɪk| **1** *adjective* 1) տնային; առտնին; ընտանի; տան; ընտանեկան; կենցաղային 2) տնասեր; ընտանեսեր; ընտանիքի մարդ 3) ընտանի, ձեռնասուն *(կենդանիների մասին)* 4) ներքին; ներպետական; հայրենական **2** *noun* 1) ծառա; սպասավոր; աղախին 2) (**domestics**) հայրենական արտադրանք

domesticate |də'mɛstɪkeɪt| *verb* 1) ընտելացնել; կլիմայավարժել; մշակել; միջավայրին ընտելացնել *(կենդանիներին, բույսեր)* 2) *կատակային* ընտանեկան կյանքին կապել; ընտանեցնել

domesticity |ˌdɒmɛ'stɪsɪti|, |ˌdəʊm-| *noun* ընտանեկան կյանք; տնային հանգստակեցություն

domicile |'dɒmɪsʌɪl|, |-sɪl| (նաև **domicil**) **1** *noun* *գրական անգլերեն* 1) *իրավունք* բնակության մշտական վայր; մշտատեղ; բնակության երկիր 2) տուն; բնակարան; կացարան 3) անձի իրավաբանական հասցե **2** *verb* *գրական անգլերեն, իրավունք* մշտական բնակություն հաստատել; համարել իր բնակության մշտական վայրը; իր մշտատեղը դարձնել

dominance |'dɒmɪnəns| *noun* 1) տիրապետություն; իշխանություն; իշխում; գերիշխում; ազդեցություն 2) *կենսաբանություն* դոմինանտություն *(գենի մասին)* 3) *կենսաբանություն* գերիշխանություն; դոմինանտություն *(բուսական խմբավորություններում գերիշխող տեսակներ)*

dominant |'dɒmɪnənt| **1** *adjective* 1) իշխող; տիրող; տիրապետող; գերիշխող; գերակշռող; գլխավոր 2) բարձրադիր; բարձրակա 3) *կենսաբանություն* գերակշռող; դոմինանտ *(ժառանգական հատկանիշների վերաբերյալ)* 4) *փիլիսոփայություն* նախընտրելի *(տարբերակի մասին՝ ընտրություն կատարելիս)* **2** *noun* 1) *կենսաբանություն* գերիշխող հատկանիշ/գեն; դոմինանտ հատկանիշ կամ գեն; գերիշխող բուսատեսակ 2) *երաժշտություն* դոմինանտ

dominate |'dɒmɪneɪt| *verb* 1) իշխել; տիրել; տիրապետել; վերահսկել; ազդեցություն ունենալ մեկի վրա 2) գերազանցել; գերակշռել; ամենահեղինակավորը լինել; ամենից աչքի ընկնողը լինել 3) բարձրադիր/լինել; գերիշխել

domination |dɒmɪ'neɪʃ(ə)n| *noun* 1) տիրապետություն; իշխանություն; իշխում; գերիշխում; գերակշռում; գերիշխանություն; գերակայություն 2) *կրոն* (**dominations, dominions**) տերություններ *(հրեշտակների դաս)*

domineer |ˌdɒmɪ'nɪə| *verb* բռնակալություն անել; իշխել; իր կամքը թելադրել; բռնանալ

Dominica |ˌdɒmɪ'ni:kə|, |də'mɪnɪkə| Դոմինիկա *(պետություն Կարիբյան ծովի Դոմինիկա կղզու վրա)*

Dominican[1] |də'mɪnɪk(ə)n| **1** *noun* դոմինիկյան *(համանուն կաթոլիկ միաբանության անդամ)* **2** *adjective* դոմինիկյան

Dominican[2] |də'mɪnɪk(ə)n| **1** *adjective* Դոմինիկյան Հանրապետությանը վերաբերող **2** *noun* Դոմինիկյան Հանրապետության քաղաքացի

Dominican[3] |ˌdɒmɪ'ni:k(ə)n|, |də'mɪnɪk(ə)n| **1** *adjective* Դոմինիկա կղզուն վերաբերող **2** *noun* դոմինիկացի; Դոմինիկա կղզու բնակիչ

Dominican Republic |də'mɪnɪkən| Դոմինիկյան Հանրապետություն *(պետություն Կարիբյան ծովի Հիսպանյոլա կղզու վրա)*

dominion |də'mɪnjən| *noun* 1) իշխանություն; ինքնիշխանություն; գերիշխանություն; վերահսկողություն 2) տիրապետություն; կալված; տիրակալություն; հայրենաժառանգ կալվածք; հայրենակալվածք 3) *պատմական* (**Dominion**) դոմինիոն 4) (**dominions**) տե՛ս **domination**

domino |'dɒmɪnəʊ| *noun* (հոգն. **-noes** կամ **-nos**) 1) (**dominoes**) դոմինո *(խաղ)* 2) դոմինոյի խաղաքարեր 3) դոմինո *(դիմակահանդեսի զգեստ)*

Don |dɒn| 1) Դոն *(գետ Ռուսաստանի Եվրոպական մասում)* 2) Դոն *(փոքր գետ Շոտլանդիայում)*

don[1] |dɒn| *noun* 1) (**Don**) դոն *(իսպանական տիտղոս)* 2) իսպանացի 3) դասատու; քոլեջի անդամ 4) *խոսակցական* պարագլուխ; մաֆիոզ

don[2] |dɒn| *verb* (**donned**, **donning**) *հնացած խոսակցական* հագնել

donate |də(ʊ)'neɪt| *verb* 1) նվիրել; նվիրաբերել; շնորհել 2) արյունատվություն անել; դոնորություն անել; դոնոր լինել *(արյան կամ որևէ օրգանի)*

donation |də(ʊ)'neɪʃ(ə)n| *noun* 1) նվեր; նվիրատվություն; նվիրաբերություն; ընծա 2) նվիրաբերում; ընծայելը

donative |'dəʊnətɪv| *հազվադեպ* **1** *noun* նվեր; ընծա; պարգև; նվիրատվություն **2** *adjective* նվիրման; նվիրաբերված

Donau |'do:naʊ| Դանուբ *(գերմաներեն անվանումը)*

done |dʌn| **1** *verb* 1) անցյալ տե՛ս **do** 2) *(երբեմն գործածվում է որպես do բայի անցյալ ժամանակաձև)* 3) *խոսակցական (գործածվում է իմաստը շեշտելու համար)* **2** *adjective* 1) կատարած; արված; մշակված 2) լավ պատրաստած; լավ եփված; տապակված 3) վերջացած; անցյալում; հետևում; անցած-գնացած 4) *խոսակցական* ընդունված; հարգի **3** *exclamation* լա՛վ; եղա՛վ; պայմանավորվեցի՛նք; համաձայն եմ

a done deal արված գործ; ավարտին հասցված գործ

done for 1) կործանված; կորած 2) սնանկացած

done in *խոսակցական* ուժասպառ; հալից ընկած

Therapy was not the done thing then. Բուժումն

այդ ժամանակ ընդունված չէր:
well done! կեցցե՛ս; ապրե՛ս

Donets |dɒˈnjɛts| Դոնեց *(գետ Ռուսաստանի և Ուկրաինայի տարածքում, Դոն գետի վտակը)*

Donets Basin Դոնեցկի ածխային ավազան *(ածխարդյունաբերական շրջան Ուկրաինայում)*

Donetsk |dɒˈnjɛtsk| Դոնեցկ *(քաղաք Ուկրաինայում)*

donkey |ˈdɒŋki| *noun* (հոգն. **-keys**) 1) *կենդանաբանություն* էշ; ավանակ *(Equus asinus, ընտանիք Equidae)* 2) *խոսակցական* հիմար; ապուշ; խելապակաս

donkey's years *խոսակցական* հազար տարի; հարյուր տարի; վաղուց ի վեր

donnish |ˈdɒnɪʃ| *adjective* մանրակրկիտ; բծախնդիր

donor |ˈdəʊnə|, |-nɔː| *noun* 1) նվիրատու; նվիրաբերող; ֆինանսավորող անձ 2) *բժշկություն* արյունատու; դոնոր; տվիչ 3) *ֆիզիկա* դոնոր *(կիսահաղորդիչներում)* 4) *քիմիա* դոնորային խառնուկ

do-nothing **1** *noun* ծույլ/պարապ-սարապ/անբան մարդ; պորտաբույծ; ձգտում չունեցող մարդ **2** *adjective* ծույլ; պարապ-սարապ; անբան; ձգտում չունեցող; պորտաբույծ

doodle |ˈduːd(ə)l| **1** *verb* 1) խզբզել; գծմծել; գրոտել; անկանոն գծեր քաշել 2) ժամանակ վատնել; ջուր ծեծել; հապաղել; տնտնալ; մզմզալ **2** *noun* խզբզոց; գծմծոց; ծուռումուռ գծեր քաշելը

doom |duːm| **1** *noun* 1) կործանում; մահ; խորտակում; վախճան; ավեր; ճակատագիր 2) *հնացած կրոն* (**Doom**) Ահեղ դատաստան **2** *verb* (**doom to**) դատապարտել; նախասահմանել; մատնել; ենթարկել մի բանի ◊ **The plan was doomed to failure.** Ծրագիրը դատապարտված էր ձախողման: Ծրագիրն անխուսափելիորեն ձախողվելու էր:

doom and gloom (**gloom and doom**) համատարած ընկճվածություն; մռայլ տրամադրություն

doomsday |ˈduːmzdeɪ| (նաև **domesday**) *noun* *կրոն* 1) ահեղ դատաստանի օրը; վերջին դատաստանի օրը; աշխարհի վերջը 2) *փոխաբերական* աղետալի իրավիճակ; վտանգավոր ժամանակ; օրհասական վիճակ

till doomsday *խոսակցական* մինչև Երկրորդ գալուստը; անվերջ; չափազանց երկար ժամանակ; հավերժ

door |dɔː| *noun* 1) դուռ; դռնակ; դարպաս; շեմ; շեմք; մուտք; մատույց 2) *փոխաբերական* դուռ; միջոց; ճար; հնար; հնարավորություն; ելք

at death's door տե՛ս **death**

at the door տեղում; մոտենալուց անմիջապես առաջ *(համերգի և այլնի մասին)*

door to door 1) (**from door to door**) դռնից դուռ; ամբողջությամբ; սկզբից մինչև վերջ *(ճանապարհի մասին)* 2) դռնեդուռ; տնետուն; առանց տուն բաց թողնելու

emergency door վթարային ելք

front door գլխավոր մուտք; հանդիսավոր մուտք

lay at somebody's door մեղադրել; դատապարտել; վերագրել; մեղքը մեկի վրա բարդել

leave/keep the door open տեղ թողնել; հնարավորություն թողնել; բոլոր կամուրջները չայրել; ամբողջովին չհրաժարվել

open the door to ճանապարհ բաց անել դեպի; ուղի հարթել դեպի; լայն հնարավորություններ ընձեռել; դուռ բաց անել

out of doors դուրսը; բացօթյա; բաց երկնքի տակ; մաքուր օդին

doorbell |ˈdɔːbɛl| *noun* դռան զանգ

doorkeeper |ˈdɔːkiːpə| *noun* դռնապան; բակապան; մուծիկ

doorman |ˈdɔːmən| *noun* (հոգն. **-men**) դռնապան; դռապահ; բարապան

doormat |ˈdɔːmæt| *noun* 1) ուղեխալիչ; ուղեգորգ 2) *փոխաբերական* փալաս; կամազուրկ մարդ; ուրիշների ձեռքին խաղալիք; խղճուկ մարդ

doorplate *noun* դռան տախտակ *(որի վրա գրված է տիրոջ ազգանունը)*

doorpost *noun* դռան կողափայտ

doorstep |ˈdɔːstɛp| *noun* դռան աստիճան; շեմք

on the doorstep (**on one's doorstep**) տանը շատ մոտիկ; երկու քայլի վրա; կպած

doorway |ˈdɔːweɪ| *noun* 1) դռնատեղ; դռան անցք; դուռ; մուտք; շեմք; դռնախորշ; դռնամուտք 2) *փոխաբերական* ուղի; ճանապարհ; հնարավորություն

dope |dəʊp| **1** *noun* 1) *ծածկալեզու* թմրադեղ; թմրաբեր միջոց 2) դոպինգ; խթան *(հակաօրինական միջոց, որը տալիս են մարզիկներին, արշավաձիերին և այլն՝ ավելի լավ արդյունք ցուցաբերելու համար)* 3) հիմար մարդ; անխելք մարդ 4) *ամերիկյան ծածկալեզու* տեղեկություններ; մանրամասներ; տվյալներ *(որը հայտնի է միայն նեղ շրջանակներում)* 5) քսուք; թանձր յուղ 6) *տեխնիկական* օդանավի լաք **2** *verb* 1) դոպինգ տրամադրել; խթան տալ *(մարզիկներին, արշավաձիերին և այլն)* 2) (**be doped up**) թմրադեղ գործածել; թմրադեղերի ազդեցության տակ լինել 3) *հնացած խոսակցական* պարբերաբար թմրադեղեր ընդունել 4) թմրադեղեր ավելացնել *(սննդին, խմիչքին և այլն)* 5) քսել; պատել; ծածկել *(լաքով, քսուքով և այլն)* 6) *տեխնիկական* լեգիրել *(մետաղը)* • **dope something out** կառուցել; կազմել; որոշել; պարզել **3** *adjective* *սևամորթների ծածկալեզու* հիանալի; այն, ինչ պետք է; անզուգական

dopey |ˈdəʊpi| (նաև **dopy**) *adjective* (**dopier**, **dopiest**) *ծածկալեզու խոսակցական* 1) թմրած; արբեցած; բժժած 2) բութ; տափակ; անհամ

Doric |ˈdɒrɪk| **1** *adjective* *ճարտարապետություն* պատմական դորիական **2** *noun* 1) *ճարտարապետություն* դորիական օրդեր; դորիական սյունակարգ 2) *լեզվաբանություն* անգլերենի մի բարբառ

dormancy *noun* 1) նիրհ; ննջ; կիսաքուն վիճակ 2) ձմեռվա քուն *(կենդանիների)*

dormant |ˈdɔːm(ə)nt| *adjective* 1) ննջող; քնած; հանդարտ; գաղտնի; պոտենցիալ; ներուժական 2) ձմեռվա քուն ընկած *(կենդանիների մասին)* 3) հանգստացող *(բողբոջի մասին)* 4) քնած *(հրաբխի մասին)* 5) ննջող *(զինանշանի վրա պատկերված կենդանու մասին)*

dormer |ˈdɔːmə| (նաև **dormer window**) *noun* 1) *շինարարություն, ճարտարապետություն* ձեղնահարկի լուսամուտ/ձեղնահարկի պատուհան 2) *շինարարություն ճարտարապետություն* ձեղնահարկի լուսամուտի շրջանակ

dormitory |ˈdɔːmɪt(ə)ri| *noun* (հոգն. **-ries**) 1) ընդհանուր ննջարան; ննջասրահ *(փակ գիշերօթիկ դպրոցներում)* 2) *ամերիկյան* ուսանողական հանրակացարան 3) արվարձան; քաղաքամերձ ավան; ննջարանային թաղամաս

dormouse |ˈdɔːmaʊs| *noun* (հոգն. **-mice**) *կենդանաբանություն* ննջամուկ; ծառամուկ *(ընտանիք Gliridae)*

dorp |dɔːp| *noun հարավաֆրիկյան* գյուղակ; շենիկ

dorsal |ˈdɔːs(ə)l| *adjective կազմախոսություն կենդանաբանություն բուսաբանություն* 1) թիկնային; մեջքային; մեջքի; թևնակի 2) *լեզվաբանություն* լեզվամեջքային

dosage |ˈdəʊsɪdʒ| *noun* 1) դեղաքանակ; դեղաչափ; դեղաբաժին; դեղաքանակի որոշում 2) *տեխնիկական* բաղադրաչափ *(հոսացնող ճառագայթման)*

dose |dəʊs| **1** *noun* 1) դեղաքանակ; դոզա; դեղի ընդունում; դեղաբաժին; դեղաչափ 2) բաժնաչափ *(հոսացնող ճառագայթման)* 3) *բժշկություն խոսակցական* գոնոռեա; սուսանակ; տրիպեր; ջերմամիզություն 4) *փոխաբերական* «դառը հաբ»; տհաճ փորձառություն **2** *verb* 1) դեղ տալ; դոզավորել; դոզան որոշել 2) կշռավել; կեղծել; խառնել; խարդախել *(գինու և այլնի մեջ այլ նյութ ավելացնելով)*

in small doses *խոսակցական* փոքր դոզաներով; քիչ-քիչ; մանր-մանր

doss |dɒs| *խոսակցական* **1** *verb ծածկալեզու* գիշերել; գիշերօթել *(ոչ հարմարավետ պայմաններում)* **2** *noun ծածկալեզու* 1) հնացած մահճակալ *(գիշերօթևանում)* 2) գիշերօթում; գիշերելը *(ոչ հարմարավետ պայմաններում)*

dosshouse *noun խոսակցական* գիշերօթևան *(էժանագին)*

dossier |ˈdɒsɪə|, |-ɪeɪ|, |-jeɪ| *noun* դոսյե; գործ *(որևէ գործի կամ անձի վերաբերող փաստաթղթերի ամբողջություն)*

dot[1] |dɒt| **1** *noun* 1) կետ; կետիկ; բիծ 2) վերջակետ *(անգլերենում)* 3) կետիկ *(i, j տառերի վրա դրվող)* 4) *երաժշտություն* կետ *(որը, դրվելով նոտայի կամ դադարի վրա, ցույց է տալիս, որ այն կիսով չափ ավելի երկար պիտի հնչի)* 5) կետ *(Մորզեի այբուբենում)* 6) շատ փոքր, մանր բան ◇ **a dot of a child** փոքրիկ երեխա; մանկիկ 7) կետ *(Համացանցի կամ էլեկտրոնային հասցեների մեջ)* **2** *verb* (**dotted**, **dotting**) 1) կետ դնել; կետիկներ թողնել; կետիկավորել 2) այստեղ-այնտեղ ցրված լինել; սփռված լինել; հատուկենտ երևալ; կետկիտել 3) կետանշել; i կամ j տառի վրա կետիկ դնել 4) կետ դնել *(նոտայի կամ դադարի վրա՝ այն կիսով չափ երկարացնելու համար)*

dot the i's and cross the t's 1) ամենայն մանրամասնությամբ անել գործը; ոչ մի վրիպում թույլ չտալ; աներևի աշխատանք անել; բոլոր մանրուքները հաշվի առնել 2) *խոսակցական* ճշգրտել; վերջնականապես հստակեցնել; պարզաբանել

on the dot *խոսակցական* ժամը ժամին; նշանակված ժամին; ճիշտ ժամանակին; վայրկյանը վայրկյանին; ճշտապահորեն

dot[2] |dɒt| *noun հնավանդ* օժիտ; հարսնօժիտ; պաշտատական

dotage |ˈdəʊtɪdʒ| *noun* 1) զառամություն; ծերություն 2) *բժշկություն* ծերունական/զառամական թուլամտություն; ծերունական հյուծանք

dotard |ˈdəʊtəd| *noun* խելքը թռցրած ծերուկ; զառամյալ մարդ; զառամի; պառավ; տարիքն առած

dote |dəʊt| *verb* 1) (**dote on/upon**) խենթի պես սիրել; սիրուց խենթանալ; խենթանալ մեկի համար; ինքնամոռաց սիրել; պաշտել; աստվածացնել 2) մանկամտել; մանկանալ; երեխա դառնալ *(ծերությունից)*

dotted line *noun* կետագծերով տող *(փաստաթղթերում՝ ստորագրելու համար)*

dotty |ˈdɒti| *adjective* (**dottier**, **dottiest**) *խոսակցական* խելքը թռցրած; ցնդած; խելապակաս; տարօրինակ

double |ˈdʌb(ə)l| **1** *adjective* 1) կրկնակի; երկտակ; երկուտակ; զույգ; երկու մասից բաղկացած; երկու անգամ ավել; երկու հոգու համար նախատեսված; երկուսի համար նախատեսված 2) երկերեսանի; երկդիմի; երկիմաստ; երկակի; ծածուկ *(մարդու, գործողությունների և այլնի մասին)* 3) *բուսաբանություն* բազմապսակաթերթ; բազմաթերթ; լիածաղիկ *(ծաղկի մասին)* 4) *լեզվաբանություն* կրկնակ; կրկնավոր *(տառի մասին)* 5) *երաժշտություն* մի օկտավա ներքև **2** *predeterminer* երկապատիկ; կրկնապատիկ; կրկնակի **3** *adverb* 1) կրկնակի; երկու անգամ; կրկնապատիկ; երկուսով; երկկերպ ◇ **see double** աչքին զույգ երևալ *(հարբածի մասին)*. **play double** երկերեսանիություն անել; կեղծավորել 2) կրկնակի անգամ; առավել ևս; է՛լ ավելի **4** *noun* 1) կրկնակի քանակություն; կրկնակի չափս *(նաև խմիչքի)* 2) երկտեղ համար; երկտեղանի համար 3) երկտեղ մահճակալ; երկտեղանի մահճակալ; երկտեղանոց մահճակալ 4) երկնմանակ; նմանակ 5) *թատրոն, կինո* փոխարինող; կրկնորդիչ; երկրորդիչ; փոխնակ *(դերասան)* 6) (**doubles**) խաղ զույգերի միջև *(օրինակ՝ թենիս)* 7) տեսիլ; ուրվական *(կենդանի մարդու)* **5** *pronoun* երկապատիկը; կրկնակին; կրկնապատիկը **6** *verb* 1) կրկնապատկվել; երկպատկվել; կրկնվել 2) կրկնապատկել; երկապատկել; կրկնել 3) *ռազմական* (**double up**) վազքով գնալ 4) (**double up**) երկուսով կիսել սենյակը; նույն համարում բնակվել 5) *խոսակցական* երկու զույգով գնալ ժամադրության; չորսով ժամադրվել 6) երկուտակել; երկտակել; ծալել 7) կծկվել; կուչ գալ; գունդուկծիկ դառնալ; կռանալ; փորը բռնել; «երկուտակվել» *(ուրախությունից կամ ցավից)* 8) սեղմել *(բռունցքը)* 9) (**double back**) հետ վերադառնալ; վերադառնալ; հետ գնալ; պտույտ գործել; գնալ այնտեղ, որտեղից եկել է *(նաև հետքերը կորցնելու համար)* 10) *ծովային* շրջանցել 11) երկակի գործառույթ ունենալ; ծառայել նաև որպես; գործածվել նաև որպես *(սարքի և այլնի մասին)* 12) *թատրոն* երկու դեր կատարել *(պիեսում)* 13) *երաժշտություն* երկու կամ ավելի գործիք նվագել 14) *երաժշտություն* կրկնել նոտան մեկ այլ օկտավայում

double or nothing մոլախաղ, որում տանուլ տվածը կա՛մ կրկնապատկվում է, կա՛մ չեղյալ համարվում

on the double 1) վազքով; արագ 2) շուտափույթ;

հապճեպ; անհապաղ; իսկույնևեթ

double-barreled *adjective* 1) երկփողանի; երկփող; երկլուլ *(հրացանի մասին)* 2) երկիմաստ; երկդիմի; երկակի

double bass *noun երաժշտություն* կոնտրաբաս; կրկնաբամբ ջութակ

double-breasted *adjective հագուստ* երկեզր; երկլանջեզր; երկկոճակաշար; կրկնակուրծ *(պիջակի, վերարկուի մասին)*

double-check *verb* վերստուգել; վերաքննել; վերազննել; վերանայել; վրայից անցնել

double chin *noun կազմախոսություն* կրկնակզակ; ներքնակզակ; բոխախ; ենթակզակ; խպիպ

double-click *verb համակարգիչներ* 1) կրկնազարկել; կրկնակտտացնել 2) կրկնազարկով/կրկնակտտոցով ընտրել *(նիշը)*

double-cross **1** *verb* ծածկալեզու խաբել; դավաճանել *(գործընկերներին)* **2** *noun* խաբեություն; դավաճանություն *(գործընկերների հանդեպ)*

double-dealing **1** *noun* երկերեսանիություն; կեղծավորություն; ստվերաբանություն **2** *adjective* երկերեսանի; երկդիմի; կեղծավոր

double-decker *noun* 1) *ամերիկյան խոսակցական* երկհարկ տրամվայ/ավտոբուս 2) *ծովային* երկտախտակամած նավ 3) *օդագնացություն խոսակցական* կրկնաթև ինքնաթիռ; բիպլան՛

double Dutch (նաև **double dutch**) *noun խաղ* երկու ցատկապարանով խաղ

double-dyed *adjective* 1) երկու անգամ ներկված; կրկնաներկված *(հագուստի մասին)* 2) *փոխաբերական* անուղղելի; ուղնուծուծով; մոլի

double-edged *adjective* 1) երկսայրի; երկբերան; երկսայր 2) *փոխաբերական* երկսայրի; երկդիմի; հակասական հետևանքներով

a double-edged sword դրական ու բացասական արդյունքներով գործ; լավ ու վատ հետևանքներ ունեցող գործ; երկու կողմ ունեցող մեդալ

double-faced *adjective* 1) երկկողմ; երկերես *(գործվածքի/առարկայի մասին)* 2) երկերեսանի; երկդիմի; կեղծավոր

double figures *plural noun* երկնիշ թվեր

double glazing *noun* կրկնապակի լուսամուտ; ձայնաջերմամեկուսիչ լուսամուտ

double helix *noun կենսաբանություն* կրկնակի պարույր *(ԴՆԹ մոլեկուլի կազմում)*

double-lock **1** *verb* կողպել՝ բանալին երկու անգամ պտտելով; փակել՝ բանալին երկու անգամ պտտելով **2** *noun* (**double lock**) կրկնակի կողպեք

double-quick **1** *adjective խոսակցական* շատ արագ; արագացված տեմպով; կրկնակի արագ **2** *adverb խոսակցական* չափազանց արագ; արագ-արագ; շուտափույթ

doublet |ˈdʌblɪt| *noun* 1) կրկնակ; երկրորդ օրինակ; զույգը 2) *լեզվաբանություն* կրկնակ 3) (**doublets**) նույն միավորները երկու զառի վրա 4) *ֆիզիկա քիմիա* դիպոլ; երկբևեռ 5) *տեխնիկական* երկոսպնյակ խոշորացույց 6) *ռադիո* երկբևեռ ալեհավաք; դուբլետ-ալեհավաք 7) *պատմական* տղամարդու բաճկոնակ *(XIV-XVII դդ)*

doubt |daʊt| **1** *noun* կասկած; կասկածանք; տարակույս; երկբայություն; երկմտություն **2** *verb* 1) կասկածել; թերահավատալ; կասկածի տակ առնել; երկմտել; տարակուսել; կասկածի ենթարկել 2) չվստահել; չհավատալ; հավատ չընծայել 3) *հնացած* երկնչել; վախենալ

beyond doubt անկասկած; աներկբայորեն; անտարակույս; երկու կարծիք չի կարող լինել; կասկածից վեր է

in doubt 1) առկախ; թերորոշ; կասկածի տակ; հարցականի տակ; անստույգ; դեռ չորոշված 2) կասկածներ ունեցող; դեռ որոշում չընդունած; որոշում չկայացրած; երկբայող; տատանվող

no doubt 1) կասկած չկա; անտարակույս; իմ խորին համոզմամբ; լիովին վստահ եմ 2) (**no doubt ... but**) անշուշտ; հարկավ; իհարկե; անկասկած

without doubt (**without a doubt**) անկասկած; անշուշտ; կասկածից վեր; անվիճելիորեն; աներկբայորեն

doubtful |ˈdaʊtfʊl|, |-f(ə)l| *adjective* 1) կասկածանքով լի; կասկածող 2) անպարզ; անորոշ; անհավանական; կասկածելի

doubtless |ˈdaʊtlɪs| *adverb* անկասկած; անշուշտ; անտարակույս; հավանորեն; հավանաբար

douche |duːʃ| **1** *noun* 1) ցնցուղ; ջրցան 2) լվացում; լվանալը 3) *բժշկություն* սրսկիչ; սրսկոց; ցնցիչ; ցնցուղիչ *(որպես հակաբեղմնավորիչ միջոց)* **2** *verb* 1) ջրցողել; ջրցանել; ցնցուղել; ցողել 2) հեշտոցի լվացում անել; ցնցուղել *(որպես հակաբեղմնավորիչ միջոց)*

throw a cold douche upon գլխին սառը ջուր լցնել; գլխին սառը ջուր ածել

dough |dəʊ| *noun* 1) խմոր 2) *ամերիկյան ծածկալեզու* փող

doughnut |ˈdəʊnʌt| (նաև **donut**) *noun* 1) *խոհանոց* փքաբլիթ; պոնչիկ *(կլորավուն կամ օղակաձև)* 2) *ֆիզիկա* օղակաձև վակուումային խցիկ; տորոիդաձև վակուումային խցիկ

doughtily *adverb* արիաբար; խիզախորեն; անվեհեր կերպով

doughty |ˈdaʊti| *adjective* (**-tier**, **-tiest**) *հնացած կատակային* քաջարի; խիզախ

dour |ˈdʊə|, |ˈdaʊə| *adjective* խստաբարո; մռայլ; խոժոռ; անժպիտ; խիստ

douse |daʊs| (նաև **dowse**) *verb* 1) ընկղմել; սուզել; թաթախել; խորասուզել; հեղուկ լցնել վրան 2) ընկղմվել; սուզվել; խորասուզվել 3) մարել; հանգցնել; շիջուցել; ջրցանել 4) *ծովային* առագաստը արագ իջեցնել 5) մարել; թուլացնել; նվազեցնել; պակասեցնել *(զգացմունքը և այլն)*

dove[1] |dʌv| *noun* 1) *կենդանաբանություն* աղավնի; աղունիկ *(ընտանիք Columbidae)* 2) խաղաղասեր/հաշտասեր անձ; խաղաղասիրական քաղաքականության կողմնակից

dove[2] |dəʊv| անցյալ տե՛ս **dive**

dovecote |ˈdʌvkɒt| (նաև **dovecot**) *noun* աղավնատուն; աղավնանոց

flutter the dovecote շփոթ առաջացնել; իրարանցման մեջ գցել; խառնաշփոթություն առաջացնել *(հատկապես հանդարտ ընտանիքում)*

dovelike *adjective* 1) հեզ; մեղմ *(աղավնու նման)* 2) անմեղ

dovetail |ˈdʌvteɪl| **1** *noun* (նաև **dovetail joint**) 1) *տեխնիկական* ծիծեռնակապոչ; ծիծեռնատուտ; ծիծեռնակատուտ; ծիծեռնատուտնք *(միացման ձև)* 2) *տեխնիկական* թաթ; կեռ; սեպ **2** *verb* 1) *տեխնիկական* կապել; ամրացնել իրար հետ *(ծիծեռնակապոչի միջոցով)* 2) հարմարեցնել; ներդաշնակել; համապատասխանեցնել 3) համապատասխանել; համընկնել; հարմար գալ; ներդաշնակել

dowager |ˈdaʊədʒə| *noun* 1) այրի կին *(տիտղոսավոր անձի)* ◇ **the Queen dowager** թագավորի այրին 2) *խոսակցական* վեհապանծ կին

dowdy |ˈdaʊdi| **1** *adjective* (**dowdier**, **dowdiest**) 1) անճաշակ հագնված; գռեհկազգեստ *(կնոջ մասին)* 2) անճաշակ; անոճ; հնաձև; տձև; անշուք *(հագուստի մասին)* **2** *noun* (հոգն. **-dies**) անճաշակ/անշուք հագնված կին; անհրապույր արտաքինով կին; գորշ արտաքինով կին

dower |ˈdaʊə| **1** *noun* 1) այրու օրինական բաժին *(ժառանգություն)* 2) *հնացած* օժիտ; հարսնօժիտ **2** *verb* *հնավանդ* 1) այրի կնոջը ժառանգություն թողնել 2) օժիտ տալ

Dow Jones Industrial Average |daʊ ˈdʒəʊnz| (նաև **Dow Jones Average** կամ **DJIA**) *տնտեսագիտություն* Դաու Ջոունզի արդյունաբերական միջին գործակից

down[1] |daʊn| **1** *adverb* 1) ներքև; ցած; դեպի ցած; վար; վայր; ներքևում; ստորև; տակը; ցածի մասում 2) դեպի ներքևի հարկը; ցած 3) դեպի հարավ; հարավում; հարավային մասում 4) *(ցույց է տալիս ավելի խաղաղ ու անկաշկանդ վիճակ)* ◇ **I'd rather be down at the villa.** Կուզեի առանձնատուն գնալ հանգստանալու: Ավելի լավ է առանձնատուն գնամ՝ մի քիչ շունչ քաշեմ: 5) *բրիտանական* կենտրոնից դեպի ծայրամաս; դեպի արվարձանները 6) *բրիտանական* համալսարանից դուրս; արձակուրդում *(հատկապես Օքսֆորդի և Քեմբրիջի վերաբերյալ)* 7) ստամոքսում; փորում *(սննդի կամ ըմպելիքի մասին)* 8) հարթ; միահարթ; կոկիկ *(փակցնելու և այլնի մասին)* 9) նստե՛լ; պառկե՛լ; նստի՛ր; պառկի՛ր *(որպես հրահանգ՝ կենդանուն կամ մարդուն ուղղված)* 10) *խաղ* ուղղահայաց; ուղղահայացով *(խաչբառի պատասխանների մասին)* 11) քիչ; սակավ; փոքրաքանակ; թույլ; ցածր; աննշան; նվազած *(ձայնի, ուժգնության, հուզմունքի և այլնի մասին)* ◇ **bring down the price** գինը իջեցնել 12) պակաս; ավելի քիչ; ավելի էժան; ավելի մատչելի; ավելի փոքր քանակներով *(արտադրանքի և այլնի մասին)* 13) պարզեցված; մաներած; աղացած; մանրացված; ջրիկացված; որևէ հեղուկով բացված; նոսրացված ◇ **thin down an oil based paint with spirits** յուղաներկը սպիրտով բացել/նոսրացնել 14) ներառյալ; ընդհուպ մինչև; ողջ ընթացքում 15) *(ցույց է տալիս որակի վատացում)* 16) թուլացած; տկար; վատթար վիճակում; հիվանդ; վատառողջ; ընկած *(վիճակի, առողջության, տրամադրության և այլնի վերաբերյալ)* ◇ **be down with fever** ջերմով հիվանդ պառկած լինել 17) *մարզական* հետ ընկած; պակաս միավորներ ունեցող; պարտվող *(խաղահաշվում)* 18) արված; ավարտած; պատրաստ; ավարտին հասցված *(առաջադրանքի և այլնի մասին)* 19) *համակարգիչներ* չաշխատող *(ծրագրերի/համակարգիչների մասին)* 20) գրավոր; գրի առնված ◇ **write down** գրի առնել 21) ցուցակի/ցանկի մեջ; գրանցված 22) *տնտեսագիտություն* (**pay down**) կանխավճար տալ 23) *նավագնացություն* քամու ուժով; քամու հոսքի շնորհիվ *(նավի շարժման մասին)* 24) *ամերիկյան* խաղից դուրս *(գնդակի մասին)* **2** *preposition* 1) վար; դեպի ցած; ներքև 2) ուղղությամբ; ընթացքով; երկարությամբ; երկայնքով; ավելի հեռու; զուգահեռ ◇ **down the river** գետի հոսանքի ուղղությամբ. **down wind** քամու ուղղությամբ 3) *խոսակցական* դեպի *(ցույց է տալիս վայր)* 4) ողջ ընթացքում; շարունակ; ի վեր **3** *adjective* 1) վարընթաց; վայրէջ; ցած իջնող; վար ուղղված; դեպի ներքև ուղղված 2) *ֆիզիկա* ստորին քվարկ 3) ընկճված; վհատ; գլուխը կախ; սրտաբեկ 4) *խոսակցական* ընկճված; անկումային; մռայլ *(ժամանակների, տրամադրության մասին)* 5) *համակարգիչներ* չաշխատող *(ժամանակավորապես)* 6) *ծածկալեզու* մասնակից; նույնպես գնացող *(որևէ միջոցառման, որևէ տեղ գնալու մասին)* 7) նորաձև; նորաձևության վերջին խոսքով հագնվող; գերժամանակակից **4** *verb* *խոսակցական* 1) իջեցնել; գցել; վայր գցել; տապալել; գետնել 2) հնազանդեցնել; ենթարկել; հաղթել 3) կուլ տալ; ներս անել; խմել-վերջացնել; դատարկել *(ըմպելիքի մասին)* **5** *noun* 1) *մարզական* գնդակի՝ խաղից դուրս վիճակ *(ֆուտբոլում)* 2) *խոսակցական* (**downs**) տհաճ իրավիճակներ; անախորժ դեպքեր; անկումներ; վայրէջքներ 3) *խոսակցական* ճնշվածություն; ընկճվածություն; անկումային տրամադրություն 4) *խոսակցական* (նաև **downer**) հանգստացնող թմրադեղ; դեպրեսանտ

be down on *խոսակցական* դեմ լինել; չխրախուսել; թշնամաբար տրամադրված լինել

be down to 1) պայմանավորված լինել մի բանով; մի բանի պատճառով կատարվել; մի բանի հետևանքը լինել; մեկի մեղքով լինել 2) մեկի պարտականությունը լինել; մեկի գործը լինել; մեկի պատասխանատվության տակ լինել 3) մնացած լինել միայն; դրանից բացի ոչինչ չունենալ; միակ ունեցածը դա լինել; մեկի ունեցած-չունեցածը դա լինել

down in the mouth *խոսակցական* քիթը/երեսը/մռութը/սիրտը կախ; ընկճված; տխուր-տրտում; վհատված *(մարդու կամ նրա արտաքինի մասին)*

down on one's luck *խոսակցական* անհաջողության/ձախողության մեջ; փորձանք փորձանքի հետևից; մեկի բախտն իրենից երես է թեքել; մեկի բախտը էլ չի ժպտում

down pat ջուր արած; անգիր արած; ծայրից ծայր սովորած; սերտած; տիրապետած

down to the ground *խոսակցական* ամբողջովին; լրիվ; լիովին; ոտքից գլուխ; սպառիչ կերպով

down with կորչի՛; կորչե՛ն; հեռացի՛ր; հեռացե՛ք; հեռու՛

hand down սերնդից սերունդ փոխանցել

have someone down as... մեկին ... համարել; որոշել, որ մեկը ... է; մեկին որպես ... ընդունել; մեկին դիտել որպես ...

down[2] |daʊn| *noun* 1) *կենդանաբանություն* աղվամազ; աղվափետուր; նրբափետուր; փափկափետուր; բմբուլ *(թռչունի փետուրի տակի նուրբ փետրիկները)* 2) աղվամազ; աղվահեր; փափկամազ; փափկահեր; նրբամազ; մորամազ *(մար-*

դու և կենդանիների) 3) *բուսաբանություն* մազմզուկ; փուփուլիկ; թավ; խավ; խավամազ

down³ |daʊn| *noun* բլուր; բլրավայր; ավազաբլուր

down-and-out **1** *adjective* 1) կոտրված; խեղճացած; անուժ; ուժաթափ; անօգնական/անճարակ վիճակում; տանջահար 2) սնանկ; ունեզուրկ; ընչազուրկ; չքավոր; ձեռքը պակաս; ամեն ինչ կորցրած; տուժած; ծայրահեղ վիճակի հասած; աղքատության հասած; բանը բուրդ **2** *noun* (նաև **down-and-outer**) աղքատ; մուրացկան; կարոտյալ; ընչազուրկ; չքավոր; թշվառական; տնանկ; տունուտեղ չունեցող

downcast |ˈdaʊnkɑːst| **1** *adjective* 1) գետին հառած; խոնարհած; ներքև նայող; ցած ուղղած; հակած; ակնկոր *(հայացքի մասին)* 2) վհատված; ընկճված; ընկուն; թևերը կախ **2** *noun* *տեխնիկական* օդափոխման հորան

downfall |ˈdaʊnfɔːl| *noun* 1) անկում; կործանում; տապալում; թուլացում; խորտակում 2) մեկի կամ մի բանի կործանման պատճառը; մեկի կամ մի բանի անկման նախապատճառը

downgrade |ˈdaʊngreɪd|, |daʊnˈgreɪd| **1** *verb* 1) իջեցնել; նվազեցնել; պակասեցնել *(կարգը, աստիճանը, կարևորությունը և այլն)* 2) *համակարգիչներ* հնացնել; անցնել հին տարբերակի **2** *noun* 1) իջեցում; նվազեցում; պակասեցում *(կարգի, աստիճանի, կարևորության և այլնի)* 2) *երկաթուղային* թեքվածք; դարիվեր; դարիվայր; թեքություն

on the downgrade անկում ապրող; դեպի ցած գլորվող; կործանման ճանապարհին; նվազող

downhearted |daʊnˈhɑːtɪd| *adjective* վհատված; հուսալքված; տրտում; սրտաբեկ; թևերը կախ

downhill |daʊnˈhɪl| **1** *adverb* 1) բլուրնիվար; սարն ի վայր; թեքությամբ դեպի ցած; զառիվայր 2) վատթարացող/վատացող վիճակում; վատից վատթարը գնացող 3) հեշտությամբ; խաղ ու պար; յուղածի պես *(գործադրված մեծ ջանքերից հետո)* **2** *adjective* 1) թեք; զառիվայր; վայրահակ; դիք 2) ցած գլորվող; դեպի անկումը տանող; խորտակման; վնասաբեր 3) գլոր-գլոր; անճիգ; ջանք չպահանջող; ջանք չթափող; իրեն նեղություն չտվող; առանց բարդությունների *(մարդու ընտրած ճանապարհի, վարվելակերպի մասին)* 4) *մարզական* լեռնիվար դահուկելու հետ կապված; սարնիվար հեծանվավազքի **3** *noun* 1) զառիթափ; զառիվայր; թեքություն; դիք 2) *մարզական* զառիվայր դահուկապահք

go downhill վատանալ; վատթարանալ; ընկնել *(առողջության, որակի և այլնի մասին)*

Downing Street |ˈdaʊnɪŋ| *noun* 1) Դաունինգստրիտ *(փողոց Լոնդոնում, որտեղ գտնվում են արտաքին գործերի նախարարությունը և վարչապետի նստավայրը)* 2) փոխաբերական անգլիական կառավարությունը

download |daʊnˈləʊd| *համակարգիչներ* **1** *verb* ներբեռնել; ներլցնել **2** *noun* 1) ներբեռնում; ներլցնում 2) ներբեռնված/ներլցված նիշք

downloadable *adjective* *համակարգիչներ* ներբեռնելի; ներլցնելի

downmarket |daʊnˈmɑːkɪt|, |ˈdaʊn-| (նաև **down-market**) *adjective, adverb* շուկայավարում շուկայի ստորին շերտերը; էժանագին ապրանքների ու ցածր գների շուկա

downpour |ˈdaʊnpɔː| *noun* հեղեղ; տեղատարափ

downright |ˈdaʊnrʌɪt| **1** *adjective* 1) բացարձակ; կատարյալ; բացահայտ; ակներև; իսկական; ոտքից գլուխ; հենց; իսկ և իսկ 2) ուղղակի; շիտակ; անկեղծ; դեմքին ասող; անմիջական; անքաղաքավարի; անբարեկիրթ; կտրական **2** *adverb* միանգամայն; բացարձակապես; որոշակիորեն

downside |ˈdaʊnsʌɪd| *noun* 1) թերություն; որևէ բանի տհաճ/վատ կողմը 2) *տնտեսագիտություն* վարընթաց

downsize |ˈdaʊnsʌɪz| *verb* 1) փոքրացնել; փոքր դարձնել 2) կրճատումներ անել; փոքրացնել աշխատակազմը; կրճատել; նվազեցնել աշխատողների քանակը

downstairs |daʊnˈstɛːz| **1** *adverb* 1) աստիճաններն ի վար; սանդուղքն ի վար; ներքև; ցած 2) ներքևում; ներքևի հարկում **2** *adjective* |ˈdaʊnstɛːz| ներքևի հարկում գտնվող **3** *noun* առաջին հարկը; ներքևի հարկը/հարկերը *(շենքի)*

downstream |daʊnˈstriːm| *adverb, adjective* 1) հոսանքով դեպի ցած; հոսանքն ի վար 2) *կենսաբանություն* դեպի վար; ավելի ներքևում *(ԴՆԹ շղթայի)* 3) արդյունահանումից հետո *(գազի, նավթի)*

downtown |ˈdaʊntaʊn| **1** *adjective* 1) քաղաքի գործարար կենտրոնի/մասի 2) գործարար; ձեռներեցների **2** *adverb* |daʊnˈtaʊn| *ամերիկյան* քաղաքի գործարար մասում; դեպի քաղաքի գործարար մասը **3** *noun* |ˈdaʊntaʊn| քաղաքի գործարար մասը

downtrodden |ˈdaʊntrɒd(ə)n| *adjective* ոտնակոխ արված; ճնշված; հարստահարված; կեղեքված

downturn |ˈdaʊntəːn| **1** *noun* անկում *(շարժում դեպի ցածր գներ, պակաս վաճառք կամ շահույթ)* **2** *verb* |daʊnˈtəːn| ցած թեքել; դեպի վար ուղղել

downward |ˈdaʊnwəd| **1** *adverb* (նաև **downwards**) 1) ներքև; դեպի վար/ցած; ներքևում; ստորև 2) մինչև ամենավերջին աշխատողը; մինչև ամենանկրտսեր պաշտոնյան **2** *adjective* վարընթաց; իջնող; դեպի ներքև

downy |ˈdaʊni| *adjective* (**downier**, **downiest**) 1) աղվամազ; փափկամազ; աղվափետուր; փափկափետուր 2) բմբուլով լցված; նրբափետուրով լցված 3) փափուկ; փափկամազ; փափկամազիկ

dowry |ˈdaʊ(ə)ri| *noun* (հոգն. **-ries**) օժիտ

dowse¹ |daʊz| *verb* 1) ստորերկրյա ջուր կամ հանք փնտրել «կախարդական ձողիկի» օգնությամբ 2) ստորերկրյա ջուր կամ հանք հայտնաբերել «կախարդական ձողիկի» օգնությամբ

dowse² *verb* տե՛ս **douse**

doxy |ˈdɒksi| *noun* (հոգն. **doxies**) *ծածկալեզու հնացած* 1) սիրուհի 2) անառակ կին; պոռնիկ; մարմնավաճառ կին

doze |dəʊz| **1** *verb* 1) ննջել; նիրհել; դանդալ; կիսաքուն վիճակում լինել 2) (**doze off**) թեթև քուն մտնել **2** *noun* կարճատև նիրհ; կարճատև ննջ; կիսաքուն վիճակ

dozen |ˈdʌz(ə)n| (հպվ. **dz.**) *noun* 1) դյուժին *(տասներկու հատ)* 2) *խոսակցական* (**dozens**) մեծ քանակություն 3) (**the dozens**) հայհոյանքների փոխանակություն *(սևամորթ ամերիկացիների կողմից)*

baker's dozen սատանայի դյուժին; 13 թիվ

by the dozen տասնյակներով; դյուժիններով; մեծ քանակությամբ

talk nineteen to the dozen *բրիտանական* անդադար խոսել; շատախոսել; կաչաղակ դառնալ; գլուխը ցավեցնել

dozy |ˈdəʊzi| *adjective* (**dozier**, **doziest**) քնատ; թմրած; քնկոտ; ընդարմացած

drab[1] |dræb| **1** *adjective* (**drabber**, **drabbest**) 1) գորշ; մռայլ; միապաղաղ; անհրապույր; անշուք 2) գորշ; բաց շագանակագույն; թույլ շագանակագույն; բաց դարչնագույն **2** *noun* գորշագույն գործվածք; բաց շագանակագույն գործվածք; թույլ շագանակագույն գործվածք; բաց դարչնագույն կտոր

drab[2] |dræb| *noun հնացած* 1) թափթփված/փնթի կին 2) պոռնիկ; մարմնավաճառ կին

drachma |ˈdrækmə| *noun* (հոգն. **-mas** կամ **-mae** |-miː|) 1) դրախմ *(հունական դրամ)* 2) դրախմ *(հին հունական արծաթե դրամ)*

Draco |ˈdreɪkəʊ| *աստղագիտություն* 1) Վիշապ *(համաստեղություն)* 2) (**Draconis**) Վիշապի համաստեղության *(որից առաջ նշվում է այս համաստեղությանը պատկանող տվյալ աստղի համարը կամ տառը)*

Dracula |ˈdrækjʊlə| Կոմս Դրակուլա *(Բրամ Ստոքերի «Դրակուլա» վեպի հերոսը)*

draff |dræf| *noun բանաստեղծական* մնացորդ; մնացուկ; նստվածք; դիրտ; տիղ; թափոն; թափուկ; տականք

draft |drɑːft| **1** *noun* 1) նախագիծ; սևագրություն; ուրվագիր; սևագիր; նախնական օրինակ 2) ուրվագիծ; գծագիր; ուրվանկար; հատակագիծ; պլան 3) *համակարգիչներ տպագրության* սևագիր օրինակ; նախնական օրինակ; տպելու ռեժիմ, որի դեպքում տեքստը տպվում է ավելի արագ, բայց ավելի ցածր լուծաչափով 4) (**the draft**) պարտադիր զորակոչ/զորահավաք 5) մարզիկների ընտրությունը նախ թույլ թիմերին տրամադրելը *(թիմերին մրցունակ վիճակում պահելու համար)* 6) *հազվադեպ* ընտրված անձ/խումբ; խումբ; ջոկատ; ջոկ *(որոշակի նպատակով)* 7) (*բրիտանական* **draught**) միջանցիկ/միջանցուկ քամի; միջանցահով; օդաքարշություն 8) (*բրիտանական* **draught**) քաշում; քաշելը *(հատկապես մեքենայի կցանքի կամ գյուղատնտեսական սարքավորումների)* 9) չեկ; փոխգիր; փոխանակագիր 10) (*բրիտանական* **draught**) կում; ումպ; ներշնչում; շունչ *(հեղուկի կամ օդի)* 11) *տեխնիկական, նավագնացություն* (*բրիտանական* **draught**) ընկղմվածք; ընկղմում *(նավի լողալու համար անհրաժեշտ ջրի մակարդակը)* 12) *տեխնիկական* օդաքարշություն; օդի հոսանք 13) (*բրիտանական* **draught**) ձկնորսական ցանցը դուրս քաշելը 14) (*բրիտանական* **draught**) մեկ անգամվա ընթացքում որսած ձուկը **2** *verb* (*բրիտանական* **draught**) 1) սևագրություն անել; ուրվագծել; հատակագիծ կազմել; նախնական տարբերակ կազմել *(նախագիծ)* 2) ընտրել; ընտրություն կատարել; ջոկել; առանձնացնել *(մարդկանց՝ որոշակի նպատակով)* 3) զորակոչել; զինակոչել; զինվորագրել; հավաքագրել *(պարտադիր զինվորական ծառայության կանչել)* 4) մարզիկներ հավաքագրել՝ սեփական ընտրությամբ *(ինչի նպատակն է թույլ թիմերին մրցունակ վիճակում պահելը)* 5) քաշել; քաշ տալ **3** *adjective* (*բրիտանական* **draught**) 1) տակառի; գոտի; չանի; չնդուկի; տակառում պահվող և տակառից մատուցվող *(այլ ոչ թե շշալցված. հատկապես գարեջրի մասին)* 2) բեռնակիր; բեռնաքարշ; բարձկան *(անասունների մասին)*

on draft լցնովի; տակառից *(գարեջրի և այլ խմիչքի մասին)*

draftee |drɑːfˈtiː| *noun ամերիկյան* զորակոչիկ

draft horse (*բրիտանական* **draught horse**) *noun* բեռնաքարշ/բեռնակիր/բարձկան ձի; գրաստ

draftsman |ˈdrɑːf(t)smən| (*բրիտանական* **draughtsman**) *noun* (հոգն. **-men**) 1) ուրվագծորդ; գծագրիչ *(տղամարդ)* 2) *արվեստ* գծանկարիչ; գրաֆիկ; գծանկարչությամբ զբաղվող արվեստագետ 3) օրենքների նախագիծ կազմող

drafty (*բրիտանական* **draughty**) *adjective* (**draftier**, **draftiest**) 1) քամոտ; քամաշատ; քամառատ *(շինության/սենյակի մասին)* 2) փչող; ոչ համափակ/հերմետիկ *(լուսամուտի կամ դռան մասին)*

drag |dræg| **1** *verb* (**dragged**, **dragging**) 1) քաշել; քարշել; քարշ տալ; քաշկռտել; ձգել; ձիգ տալ 2) ուժով տանել; բռնի տանել; ստիպելով տանել *(որևէ մեկին որևէ տեղ)* 3) (**drag oneself**) դժկամությամբ/զոռով գնալ; իրեն քարշ տալ 4) *համակարգիչներ* քարշել *(պատկերը և այլն)* 5) ետևից քարշ գալ; գետնին քսվել *(փեշի կամ կենդանու պոչի մասին)* 6) մրցել արագությամբ; մրցավազք անել *(փողոցով ընթացող այլ մեքենաների հետ)* 7) *նավագնացություն* քարշ գալ *(նավի մասին, որի խարիսխը կառչած չէ ջրի հատակից)* 8) *նավագնացություն* քարշ գալ; չկառչել *(խարսխի մասին)* 9) *տեխնիկական* հետազոտել ջրի հատակը *(ճանկիչների, կեռիկների կամ ցանցերի օգնությամբ)* 10) ձգվել; չվերջանալ; ձգձգվել; երկարել; ձանձրալիորեն երկարել; տևել *(ժամանակի, որևէ իրադարձության մասին)* • **drag at** կառչել; կպչել; ամուր բռնել **drag on** ներշնչել ծխախոտի ծուխը **drag out** i) երկարաձգել; երկարեցնել; ձգել; հապաղել; մզմզալ ii) դուրս քաշել; հարկադրաբար խոսեցնել; ասել տալ **drag someone/something down** վատացնել; գցել; անկման տանել *(որակը)* **drag someone/something into** ներքաշել; ներգրավել; մասնակից դարձնել **drag something in/into** շոշափել; անդրադառնալ *(զրույցի ընթացքում)* **drag something up** շոշափել; արծարծել; վեր հանել *(տհաճ փաստեր)* **drag up** *խոսակցական* վատ դաստիարակել **2** *noun* 1) քարշում; քարշելը; ձգելը; քշելը; քշելտանելը 2) *ֆիզիկա* գազի կամ հեղուկի դիմադրությունը մարմնի շարժմանը 3) բեռ; հոգս; գլխացավանք; խոչընդոտ; խանգարող հանգամանք; ծանր պարտականություն 4) *խոսակցական* ձանձրալի մարդ; անհամի մեկը 5) *խոսակցական* ձանձրալի գործ 6) ծխի ներշնչում *(ծխախոտի)* 7) հականակ սեռին հատուկ հագուստ 8) (նաև **drag race**) ավտոմեքենաների՝ արագացման մրցավազք 9) *խոսակցական* փողոց; ճանապարհ 10) ցածր ցաքան 11) գետի հունը խորացնելու կամ հատակը հետազոտելու սարք 12) տե՛ս **dragnet** 13) հեղինակություն; ազդեցություն; կշիռ; վարկ 14) *որսորդություն* որսակենդանու հոտով խայծ *(որսաշների համար)* 15) *որսորդություն* որս՝ խայծի օգտագործմամբ 16) դրեգ *(թմբկահարման հիմնական տարբերակներից մեկը)* 17) *հնացած* արգելակ

drag one's feet ոտները քարշ տալ; հազիվ քայլել; դժվարությամբ շարժվել

drag one's heels ձգձգել; երկարաձգել; ուշացնել; հետ գցել; հապաղել *(խոստումներով կերակրել)*

drag someone/something through the mud անպատվել; վարկաբեկել; պախարակել; փնովել; թուքումուր տալ; արատավորել անունը; ցեխի հետ հավասարեցնել

in drag հակառակ սեռին հատուկ հագուստով

drag-and-drop *համակարգիչներ* **1** *verb* քարշել և թողնել *(քաշել տեքստի մի մասը, պատկերակը կամ առարկան դեպի մեկ ուրիշ ծրագրի պատկերակը, ինչն աշխատեցնում է այդ ծրագիրը և տվյալները մտցնում նրա մեջ)* **2** *adjective* համակարգիչներ քարշելու և թողնելու միջոցով կատարվող

draggle |ˈdræg(ə)l| *verb* 1) ցեխոտել; թրջել; ցեխի կամ ջրի միջով քարշ տալով թացացնել 2) փնթի/անփույթ կախված լինել 3) քաշ գալ; քարշ գալ; ետ մնալ; սողալով առաջ շարժվել

dragnet |ˈdrægnɛt| *noun* 1) փոքրիկ ուռկան 2) թռչուն բռնելու ցանց 3) փնտրուք; փնտրտուք; հետախուզություն *(հանցագործի)*

dragoman |ˈdrægə(ʊ)mən| *noun* (հոգն. **-mans** կամ **-men**) թարգման; դրագոման *(որոշ արևելյան երկրներում)*

dragon |ˈdræg(ə)n| *noun* 1) վիշապ; դրակոն; հուշապ; հրեշ *(առասպելական թևավոր վիշապ)* 2) ջադու; վհուկ; օձ *(կատաղի ու սարսափազդու կին)* 3) *կենդանաբանություն* տե՛ս **flying dragon** 4) *պատմական ռազմական* կարաբին; կարճափող/կարճփող հրացան 5) *պատմական ռազմական* կարաբինակիր; հրացանակիր

dragonfly |ˈdræg(ə)nflʌɪ| *noun* (հոգն. **-flies**) *կենդանաբանություն* ճպուռ; վիշապաճանճ *(ենթակարգ Anisoptera, կարգ Odonata)*

dragoon |drəˈguːn| **1** *noun ռազմական պատմական* դրագուն; վիշապազոր *(զինվոր, որ կռվում էր և՛ որպես հեծյալ, և՛ որպես հետևակ)* **2** *verb* ստիպել; հարկադրել; դրդել

drain |dreɪn| **1** *verb* 1) ցամաքեցնել; չորացնել; հեռացնել հեղուկը; ջրքամել 2) դրենաժ/չորացում անել *(հողի)* 3) հեռացնել ավելորդ ջուրը; որպես ջրահեռացման ուղի ծառայել *(գետի և այլնի մասին)* 4) հոսել-լցվել; առհոսել; թափվել *(գետի, ծովի և այլնի մեջ)* 5) հետ քաշվել; դատարկվել; արյան մասին ◊ **He felt the blood drain from his face.** Նա զգաց, որ գունատվել է: Նա զգաց, որ գույնը գցել է: 6) ցամաքել; չորանալ; ջրքամվել; քամվել 7) դատարկվել; պարպել; մինչև տակը խմել 8) հանդարտվել; մեղմանալ; թուլանալ; նվազել *(զգացումի մասին)* 9) հյուծել; մաշել; տկարեցնել; սպառել; զրկել *(ուժից)* 10) սպառել; վերջացնել; վատնել; կորցնել; ծախսել *(միջոցներ, եռանդ և այլն)* 11) սպառվել; ծախսվել; վերջանալ; կորչել-գնալ *(միջոցների, եռանդի և այլնի մասին)* **2** *noun* 1) *տեխնիկական* ցամաքուրդային/դրենաժային խողովակ; ջրատար առու; կոյուղու խողովակ 2) *բժշկություն* դրեն; դրենաժի խողովակ 3) *էլեկտրականություն* տրանզիստորի հոսարան 4) ծախսատար գործ; միջոցներ պահանջող գործ 5) սպառում; վատնում; ծախսում; կորուստ

go down the drain *խոսակցական* վատնվել; կորչել-գնալ; անիմաստ ծախսվել

drainage |ˈdreɪnɪdʒ| *noun* 1) ցամաքեցում; չորացում; ցամաքուրդ; դրենաժ 2) կոյուղի

drainpipe |ˈdreɪnpʌɪp| *noun* 1) ջրհոս; ջրթող խողովակ 2) կոյուղու խողովակ

drake¹ |dreɪk| *noun կենդանաբանություն* որձ/արու բադ

drake² *noun որսորդություն* ձկնորսական խայծ; ձկնախայծ; խանձ

dram¹ |dræm| *noun* 1) ոգելից խմիչքի մի ումպ 2) (նաև **drachm**) դրախմ *(դեղատնային կշռաչափ)*

dram² |drɑːm| *noun տնտեսագիտություն* դրամ *(Հայաստանի Հանրապետության արժույթը)*

drama |ˈdrɑːmə| *noun* 1) պիես; թատերախաղ; հեռուստաթատրոն; ռադիոթատրոն 2) *գրքային* դրամա; թատերգություն *(գրական ժանր)* 3) բուռն իրադարձություններ; հուզումնալից դեպքեր

dramatic |drəˈmætɪk| *adjective* 1) դրամատիկական; դրամատիկ; թատերական; բեմական; թատերագիտական 2) շեշտակի; կտրուկ; բուռն 3) տպավորիչ; հուզիչ; սրտառուչ; դրամատիզմով/ապրումներով լի 4) արհեստական; շինծու; փքուն; թատերական

dramatics |drəˈmætɪks| *plural noun* 1) բեմական/թատերական/դրամատիկական արվեստ 2) արհեստական վարք; շինծու վարք; «տեսարան»

dramatist |ˈdræmətɪst| *noun* թատերագիր; դրամատուրգ

dramatize |ˈdræmətʌɪz| *verb* 1) բեմականացնել; բեմարկել; պիեսի/ֆիլմի վերածել *(գրական երկը)* 2) վառ գույներով ներկայացնել; ընդգծել; շեշտել; ակնառու դարձնել 3) լրջացնել; մռայլ գույներով նկարագրել; չափազանցել; լուռ ուղտ շինել

dramaturge |ˈdræmətəːdʒ| (նաև **dramaturg**) *noun* 1) թատերագիր; թատերգու; թատերգակ; դրամատուրգ 2) գրական խմբագիր *(որոշակի թատրոնում կամ կինոընկերությունում աշխատող)*

dramaturgy |ˈdræməˌtəːdʒi| *noun* թատերագրություն; թատերագիտություն; դրամատուրգիա

drape |dreɪp| **1** *verb* 1) փռել; վերարկել; ծալազարդել; զարդարել; վարագուրել; քողարկել; պարուրել; գցել վրան; անցկացնել շուրջը *(կտորի կամ հագուստի մասին)* 2) գցել; դնել; հենել; հենվել ◊ **He draped an arm around her shoulders.** Նա մի թևը դրել էր կնոջ ուսերին: Նա մի թևը գցել էր կնոջ ուսերին: 3) գեղեցիկ ծալքեր գոյացնել; ծալ-ծալ կախվել; ծալվելիս գեղեցիկ տեսք ունենալ *(գործվածքի մասին)* **2** *noun* 1) (**drapes**) երկար ու ծանր վարագույրներ 2) *խոսակցական* տղամարդու կոստյում երկար պիջակով ու նեղ տաբատով *(20-րդ դարի 50-ականների պճնամոլ երիտասարդների հագուստը)* 3) *բժշկություն* վիրահատական անձեռոցիկ *(դրանք դրվում են մարմնի վիրահատվող մասի շուրջը)* 4) կախ ընկնելը; ծալ-ծալ կախվելը; ծալքերով իջնելը; ծալքեր կազմելը *(գործվածքի մասին)*

draper |ˈdreɪpə| *noun* *հնացած* կտորեղեն/գործվածքեղեն վաճառող

drapery |ˈdreɪp(ə)ri| *noun* (հոգն. **-peries**) 1) ծալազարդարանք; զարդածալ *(կտորեղենով, վարագույրներով և այլն, հատկապես նկարչության ու քանդակագործության մեջ)* 2) (**draperies**) երկար ու ծանր վարագույրներ

drastic |ˈdræstɪk|, |ˈdrɑː-| *adjective* կտրուկ; արմատական; լուրջ; վճռական; ուժգին; բուռն; բախտորոշ *(միջոցների, փոփոխությունների և այլնի մասին)*

draw |drɔː| **1** *verb* (անցյալ **drew** |druː|; անցյալ դերբայ **drawn** |drɔːn|) 1) գծանկարել; գծապատկերել; գծագրել; նկարել; գծել; գիծ քաշել 2) քաշել; ձգել; քաշ տալ; տանել; առաջ շարժել 3) դանդաղ առաջ շարժվել; անշտապ առաջ գնալ 4) մոտենալ; վրա հասնել; գալ *(հատկապես ժամանակի մասին)* 5) քաշելով ծածկել/փակել; քաշելով բացել *(վարագույրը)* 6) *տեխնիկական* կոռզանում *(մետաղալարի)* 7) դուրս հանել; հանել; դուրս քաշել *(զենքը և այլն)* 8) լցնել *(հեղուկը մի ամանից մյուսը)* 9) *տնտեսագիտություն* հանել; փող վերցնել *(հաշվից)* 10) *որսորդություն* հետապնդել *(որսին)* 11) օդաքարշություն ունենալ *(ծխնելույզի մասին)* 12) ներշնչել; ներծծել; կլանել *(ծխախոտի ծուխը)* 13) թրմվել; դուրս տալ *(թեյի մասին)* 14) փորոտիքը հանել/թափել 15) առաջ բերել; առաջացնել; հարուցել; պատճառ դառնալ; ծնունդ տալ 16) գրավել; հրապուրել; ձգել; ուղղորդել *(հետաքրքրությունը և այլն)* 17) ներքաշել; ներգրավել; ընդգրկել; մասնակից դարձնել 18) հետևեցնել; եզրակացնել; բխեցնել; դուրս բերել 19) դնել; անցկացնել; մտցնել; ձևակերպել *(տարբերություն, զուգահեռ)* 20) *ծովային* նստվածք ունենալ; էջք ունենալ *(նավի՝ ջրի մեջ սուզվելու խորության մասին)* 21) լցվել *(քամիով. առագաստների մասին)* 22) *բրիտանական* ոչ-ոքի վերջացնել *(խաղը)* • **draw aside** մի կողմ տանել; մի կողմ քաշել **draw back** նահանջել; ետ գնալ; ետ քաշվել; հրաժարվել մտադրությունից; հետ կանգնել **draw in** i) ներս քաշել ii) ներգրավել; ներքաշել iii) կարճանալ *(օրերի մասին)* iv) կրճատել *(ծախսերը)* **draw on** մոտենալ; վրա հասնել; գալ *(ժամանակի մասին)* **draw oneself up** ձգվել; զգաստանալ; ուղղվել **draw on something** գործածել; հիմնվել մի բանի վրա; հենվել; օգուտ քաղել; գործի դնել, կիրառել *(փորձառությունը, հմտությունները և այլն)* **draw out** i) ձգձգել; երկարեցնել; երկարաձգել ii) երկարել *(օրերի մասին)* iii) հանել; դուրս քաշել **draw someone out** խոսել տալ; խոսք բացել; խոսակցություն սկսել; մանրամասներ դուրս կորզել; տեղեկություններ դուրս քաշել; մեկի մտքերը իմանալ **draw something from** ստանալ; վերցնել; քաղել; գտնել; ձեռք բերել; ձևավորել *(ներշնչանք, որևէ ստեղծագործություն)* **draw something on** հագնել; վրան քաշել *(ձեռնոցները և այլն)* **draw something up** նախապատրաստել; կազմել; պատրաստել **draw up** կանգ առնել *(ավտոմեքենայի և այլնի մասին)* **2** *noun* 1) վիճակահան; վիճակահանություն; խաղարկություն 2) ոչ-ոքի *(խաղի մասին)* 3) խայծ; հրապույր; հրապուրիչ իր/անձ 4) քաշում; կլանում; ներծծում *(ծխախոտի ծխի)* 5) քաշում; ձգում; լարում *(զենքի և այլնի)*

draw a bead տե՛ս **bead**

draw a blank տե՛ս **blank**

draw a breath շունչ քաշել; շնչել

draw blood 1) արյուն բերել; արյունահոսություն առաջացնել; վիրավորել 2) վիրավորել; նեղացնել; սրտին դիպչել; մեկի զգայուն թելերին դիպչել

draw fire կրակն իր վրա վերցնել; քննադատության առիթ տալ; կշտամբանք առաջ բերել; թիրախ դառնալ; նախատինքի առարկա դառնալ

draw lots տե՛ս **lot**

draw the line at անթույլատրելի համարել; չհանդուրժել; վերջ դնել; չափը ճանաչել; չափը չանցնել

draw the short straw տե՛ս **straw**

quick on the draw 1) ատրճանակը պատյանից արագ հանող; ատրճանակն արագ դուրս քաշող 2) արագաշարժ; աշխույժ; չհապաղող

drawback |ˈdrɔːbæk| *noun* 1) թերություն; պակասություն; բացասական կողմ; բաց; անկատարություն; թերի կողմ; աննպաստ հատկանիշ; խոչընդոտ 2) *տնտեսագիտություն* մաքսի վերադարձում *(մաքսի հետվճարում, երբ ներմուծված ապրանքն այնուհետև արտահանվում է)*

drawbridge |ˈdrɔːbrɪdʒ| *noun* *պատմական* բացվող կամուրջ; բարձրացվող կամուրջ; շարժական կամուրջ

drawer *noun* 1) գզրոց; դարակ; արկղիկ *(սեղանի հանվող արկղ)* 2) *հնացած կատակային* (**drawers**) վարտիք 3) *տնտեսագիտություն* վճարագրատեր 4) գծագրիչ; նկարիչ-գծագրիչ 5) *հնացած* տե՛ս **tapster**

drawing |ˈdrɔː(r)ɪŋ| *noun* 1) նկար; գծագիր; գծապատկեր 2) նկարչություն; գծագրություն 3) վիճակահանություն; խաղարկություն

drawing board *noun* գծագրական տախտակ

back to the drawing board զրոյից սկսելը; սկզբից մտածելը

on the drawing board մշակման մեջ; դեռ չկիրառվող; քննարկվող; անավարտ

drawing pin *noun* կոճգամ *(գրասենյակային)*

drawing room **1** *noun* 1) հյուրասենյակ; հյուրասրահ 2) գնացքի ճամփախցիկ; ճամփորդախցիկ *(երկուսից երեք հոգու համար նախատեսված)* **2** *adjective* 1) նրբանճ; նրբագեղ; բարձրաշխարհիկ; թեթև; բարեկիրթ 2) պատշաճ; վայելուչ; բարձրաշխարհիկ *(պիեսի և այլնի մասին)*

drawl |drɔːl| **1** *verb* դանդաղորեն խոսել; ծոր տալով արտասանել; ծամծմել; կմկմալ **2** *noun* ծորուն արտասանություն; դանդաղախոսություն; ծամծմելը; կմկմանք

drawn |drɔːn| **1** *verb* անցյալ դերբայ տե՛ս **draw** **2** *adjective* ձգված; այլայլված; լարված; տանջահար *(դեմքի մասին)*

drawn-out *adjective* երկարաձգված; չափազանց երկար

drawstring |ˈdrɔːstrɪŋ| *noun* քուղ; թել; ժապավեն *(տոպրակը փակելու կամ հագուստը ձգելու)*

dray |dreɪ| *noun* բեռնասայլ; ձիասայլ

dray horse *noun* բեռնաքարշ ձի; սայլաձի *(ծանր բեռներ քաշելու)*

drayman |ˈdreɪmən| *noun* (հոգն. **-men**) բեռնակիր սայլորդ; սայլապան

dread |drɛd| **1** *verb* 1) սոսկալ; սարսափել; զարհուրել 2) *հնացած* երկյուղել; ակնածել **2** *noun* 1) սոսկում; ահ; սարսափ; երկյուղ 2) մազերը ման-ման հյուսած մարդ 3) (**dreads**) ման-ման հյուսքեր **3** *adjective բանաստեղծական* 1) ահավոր; սարսափելի 2) *հնացած* երկնչելի; երկյուղելի; ահավոր

dreaded |ˈdrɛdɪd| *adjective* 1) ահավոր; սարսափելի; ահեղ 2) *կատակային* ահարկու; սարսափազդու

dreadful |ˈdrɛdfʊl|, |-f(ə)l| *adjective* 1) ահավոր; ահեղ; սոսկալի; սարսափելի; զարհուրելի 2) *խոսակցական* զզվելի; անդուրեկան; տաղտկալի 3) *արհամարհական* ուղղնուծուծով; ոտքից գլուխ; անուղղելի; անպիտան 4) հուզումնալի; խռովահույզ; տագնապալի *(տրամադրության մասին)* 5) վատառողջ; անառողջ; հիվանդ *(մարդու արտաքինի/զգացողության մասին)*

dreadfully *adverb* 1) չափազանց; չափից դուրս; սաստիկ 2) խիստ վատ; անհաջող

dreadlocks |ˈdrɛdlɒks| *plural noun* մանրահյուսքեր *(բազմաթիվ մանր հյուսքերից կազմված սանրվածք)*

dreadnought |ˈdrɛdnɔːt| (նաև **dreadnaught**) *noun* 1) *հնացած* հսկա զրահանավ; դրեդնոուտ 2) *հնացած* հաստ վերարկու

dream |driːm| **1** *noun* 1) երազ; տեսիլ 2) ցնորք; պատրանք; խաբկանք 3) երազանք; անուրջ; տենչ; փափագ; իղձ *(նաև անիրականանալի)* 4) կատարելություն; կատարելության մարմնացում; անթերի էակ **2** *verb* (անցյալ և անցյալ դերբայ **dreamed** |drɛmt|, |driːmd| կամ **dreamt** |drɛmt|) 1) երազ տեսնել; երազում տեսնել 2) երազել; երևակայել; անրջել; փափագել; բաղձալ 3) մտածել; մտքով անցնել *(սովորաբար ժխտական նախադասություններում)* ◇ **dream up** հնարել; հորինել 4) հնարավոր համարել; մտքով անցնել; երևակայել; պատկերացնել • **dream on** շարունակե՛ք երազել; երազելուց վնաս չկա; երազե՛ք որքան կուզեք *(անհավանական կամ անիրականանալի ծրագրերի մասին)* **dream up** հնարել; հորինել; ստեղծել

beyond one's wildest dreams ամենավառ երազանքներից էլ այնկողմ; աներևակայելի

dream time away կյանքը երազանքների մեջ անցկացնել; ոչինչ չանել; ժամանակը վատնել; ժամանակը մտային թափառումներով անցկացնել

in one's wildest dreams ամենավառ երազանքներում իսկ; նույնիսկ ամենահամարձակ երազանքներում

in your dreams երազներում՝ միգուցե; կիրականանա, միայն թե երազում; կկատարվի, ինչպե՞ս չէ *(անհավանական բաների մասին)*

like a dream զարմանալիորեն լավ; ինչպես հարկն է

dreamer |ˈdriːmə| *noun* 1) երազող; երազներ տեսնող 2) ցնորամոլ; երևակայող; ցնորքներին անձնատուր մարդ; այս աշխարհից չէ; ոչ գործնական մարդ

dreamlike *adjective* հեքիաթային; երևակայական

dreamy |ˈdriːmi| *adjective* (**dreamier**, **dreamiest**) 1) երազկոտ; երազուն; ամպերում սավառնող; այս աշխարհից վերացած; մտածկոտ; երազների տունն ընկած 2) ոչ գործնական; երազող 3) երազական; երևակայական; կախարդական; դյութիչ; չնաշխարհիկ; հեքիաթային

dreary |ˈdrɪəri| *adjective* (**drearier**, **dreariest**) մռայլ; տաղտկալի; տրտում; տխուր; անհրապույր; գորշ; անհետաքրքիր; ձանձրալի

dredge[1] |drɛdʒ| **1** *verb* 1) *տեխնիկական* հողահան աշխատանքներ կատարել; հողահանել *(գետի/լճի/ջրանցքի և այլնի հատակից)* 2) (**dredge something up**) հիշեցնել; դարդերը իրար տալ; փորփրել անցյալը **2** *noun տեխնիկական* հողահան մեքենա; դրեջ

dredge[2] |drɛdʒ| *verb խոհանոց* շաղ տալ; ցանել *(ալյուր, շաքարավազ և այլն)*

dredger |ˈdrɛdʒə| *noun* հողահան մեքենա; դրեջ

dregs |drɛgz| *noun* 1) նստվածք; դիրտ; մրուր; տակնուցք; տականք 2) տականք; թափթփուկ *(հասարակության և այլնի)*

drench |drɛn(t)ʃ| **1** *verb* 1) թրջել; թացացնել; ողողել; ամբողջությամբ թրջել 2) ողողել; լցնել; ծածկել; պատել ◇ **patios drenched in flowers** ծաղիկներով ողողված ներքին բակեր 3) տալ; խմեցնել *(հեղուկ դեղը ձիուն/կովին և այլն)* **2** *noun* 1) ղեղաքանակ; ղեղաբաժին *(կենդանու համար)* 2) *հնացած* կում; ումպ *(դեղի կամ թույնի)*

Dresden[1] |ˌdrɛzdən|, |ˌdreːsdn| Դրեզդեն *(քաղաք Գերմանիայում)*

Dresden |ˌdrɛzd(ə)n| (նաև **Dresden china**) *noun արվեստ* դրեզդենյան ճենապակի

dress |drɛs| **1** *verb* 1) հագնվել; զգեստավորվել; հանդերձավորվել; կրել *(հագուստը)* 2) հագցնել; զգեստավորել; հանդերձավորել 3) զուգվել; զարդարվել; բարեզարդվել; պճնվել *(որոշակի առիթով)* 4) հագուստով ապահովել; հագուստ տրամադրել; հագուստ կարել *(մեկի, մի ընտանիքի համար)* 5) զարդարել; պճնել; գեղազարդել; շքեղ տեսք տալ; տոնական տեսք հաղորդել 6) կապել; վիրակապել; բինտել *(վերքը)* 7) եփել; պատրաստել *(թռչնեղեն, ծովային սնունդ և այլն)* 8) համեմել; ամոքել; ձեթ, քացախ և համեմունքներ ավելացնել *(աղցանին և այլն)* 9) պարարտանյութ տալ; պարարտացուցիչ տալ *(բույսերին)* 10) մշակել; վերջնամշակել *(կաշին, գործվածքը)* 11) ողորկել; հղկել; հարթել *(քարը)* 12) սանրվածք տալ; հարդարել *(սեփական կամ ուրիշի մազերը)* 13) *ռազմական* հավասարվել 14) պատրաստել *(արհեստական խայծ՝ ձկնորսության համար)* • **dress down** առօրյա/ամենօրյա հագուստ կրել **dress someone down** *խոսակցական* խիստ հանդիմանել; նախատինք տալ **dress something up** ապրանքը միայն երեսից ցույց տալ; պայծառ գույներով ներկայացնել; լավը ցույց տալ **dress up** i) շքեղ հագնվել; պաշտոնական հագնվել ii) դիմակահանդեսի զգեստ հագնել **2** *noun* 1) զգեստ; հագուստ; շոր; շրջազգեստ 2) տարազ; զգեստ; զգեստաձև *(ժողովրդական)* 3) համազգեստ; պաշտոնազգեստ *(պաշտոնական համազգեստ)*

dressed to kill շշմեցուցիչ հագնվել; շքեղ հագուստ կրել

dressed to the nines զուգված-զարդարված; պճնված; հագած-կապած; բծախնդիր հագնված

dress ship նավը զարդարել դրոշակներով

evening dress ֆրակ; պոչազգեստ; երեկոյան զգեստ; պարահանդեսի զգեստ

fancy dress դիմակահանդեսի հագուստ

full dress տոնական զգեստ; շքազգեստ

low dress խորը լանջաբացվածքով զգեստ

morning dress այցազգեստ; պաշտոնական հագուստ *(առավոտյան և ցերեկային ընդունելությունների համար)*

dress circle *noun* դստիկոն; օթյակ *(թատրոնի և այլ դահլիճներում)*

dresser[1] |ˈdrɛsə| *noun* 1) դարակներով հագուստի պահարան *(որի վրա սովորաբար մեծ հայելի է դրվում)* 2) շքապահարան *(ամանեղենի համար)*

dresser[2] |ˈdrɛsə| *noun* 1) հագնվող; հագնող *(որոշակի ոճի հագուստ)* 2) ճաշակով հագնվող անձ 3) հանդերձապահ; զգեստապահ *(թատրոնի դերասանների)* 4) մշակող; պատրաստող

dressing |ˈdrɛsɪŋ| *noun* 1) համեմունք; թացան; ձեթ, քացախ և համեմունքներ *(աղցանի համար)* 2) մշակում; պատրաստում; մաքրում; հղկում; զարդարում 3) *խոհանոց* խճողակ; լցոն; ֆարշ 4) վիրակապության նյութեր 5) սոսնձանյութ *(գործվածքների մշակման համար)* 6) պարարտացում; պարարտանյութ *(հողի)*

dressing gown *noun* խալաթ; տան/տնային զգեստ

dressing room *noun* 1) զգեստասենյակ; հագնվելու սենյակ 2) հանդերձարան *(հագուստի խանութներում)*

dressing table *noun* հայելիով զարդասեղան

dressmaker |ˈdrɛsmeɪkə| *noun* դերձակ; հանդերձագործ *(հատկապես կանացի)*

dress shield *noun* քրտնապանակ; քրտնակալ *(հագուստի թևատակին ամրացվող)*

dressy |ˈdrɛsi| *adjective* (**dressier**, **dressiest**) 1) ներկայանալիք; շքեղ; տոնական; պաշտոնական *(զգեստի մասին)* 2) պաշտոնական հանդերձանք պարտադրող *(վայրի մասին)*

dribble |ˈdrɪb(ə)l| **1** *verb* 1) կաթել; կաթկթել; ծորալ; կաթիլ-կաթիլ թափվել 2) կաթեցնել; ծորեցնել; կաթիլ-կաթիլ լցնել 3) թուքը վազել; թուքը դուրս հոսել 4) գնդակը կարճ հարվածներով տանել դեպի դարպասը *(ֆուտբոլում)* 5) գնդակը պարկը գցել *(բիլիարդում)* **2** *noun* 1) կաթկթում; ծորում; բարակ շիթ; ծոր 2) բարակ անձրև 3) թուք; լորձունք *(բերանից հոսող)* 4) բլբլոց; հիմարություն; անմիտ խոսքեր 5) *մարզական* գնդակը կարճ հարվածներով դեպի դարպասը տանելը *(ֆուտբոլում)*

driblet |ˈdrɪblɪt| *noun* 1) կաթիլ; կաթ; պուտ; բարակ շիթ 2) չնչին/աննշան քանակություն

drift |drɪft| **1** *verb* 1) քշվել; տարվել; դանդաղ շարժվել; ընթանալ; սահել *(քամուց կամ հոսանքից)* 2) գալ; հասնել; լսվել *(հնչյունների և այլնի մասին)* 3) գնալ/քայլել դեպի; զբոսնելով գնալ դեպի; շարժվել դեպի *(աննպատակ)* 4) սահուն/աննկատ անցնել; փոխակերպվել; փոխվել; վերածվել; ինքնահոսի թողնվել; գլորվել *(մի վիճակից մյուսին)* 5) շեղվել; ցրվել *(ուշադրությունը և այլն)* 6) հեռանալ; անցնել մեկ ուրիշ թեմայի 7) շեղվել բռնած կուրսից; թեքվել ուղղուց; խոտորվել *(նավի/արկի և այլնի մասին. հողմի կամ հոսանքի ազդեցությամբ)* 8) բերվել; կիտվել; գալ-հավաքվել; կուտակվել *(ձյան/ավազի/տերևների մասին՝ քամու, ջրի հոսանքով)* • **drift apart** բաժանվել; հեռանալ իրարից **2** *noun* 1) ընթացք; հոսք; շարժում; տեղափոխություն; հոսանքով տանելը *(որոշակի ուղղությամբ, հատկապես դանդաղ)* 2) *ծովային* նավաշեղում; նավախոտորում; դրեյֆ; հոսանքով տարվող սառույցների շարժում 3) *ռազմական* շեղում; խոտորում *(արկերի և գնդակների)* 4) անցում; փոփոխություն; փոփոխում; զարգացում *(հատկապես տհաճ)* 5) անգործունեություն; ինքնահոսի թողնելը; պասիվություն; կրավորականություն 6) դիտավորություն; մտադրություն; տրամադրվածություն; հիմնական միտք; իմաստ; մեկի մտքինը; հակվածություն; ձգտում ◇ **the drift of a speech** խոսքի իմաստը 7) ձյունակույտ; ավազակույտ; ջրաբերուկ; հողմնաբերուկ 8) *երկրաբանություն* կուտակ; հանքակուտակ *(հորիզոնական անցք հանքարաններում)* 9) ծաղկաստան; ծաղկաշխարհ; բուրաստան; ծաղկալից վայր 10) *հանքաբանություն* խավանցք; հանքահորան

drift ice *noun* դրեյֆող սառույց; սառցաբերվածք

driftwood |ˈdrɪftwʊd| *noun* 1) լողարկափայտ 2) դեպի ափ քշած-բերած փայտ *(հոսանքով)*

drill[1] |drɪl| **1** *noun* 1) *տեխնիկական* գայլիկոնիչ *(սարք՝ մետաղի, փայտի և այլ նյութերի մեջ անցքեր գայլիկոնելու համար)* 2) *բժշկություն* ատամնաբույժի գայլիկոնիչ 3) *ռազմական* վարժություն *(շարային)* 4) վարժեցում; մարզում; կրկնավարժեցում; կրկնամարզում; խստավարժեցում; խստավարժություն *(հատկապես հաճախակի կրկնելու միջոցով)* 5) *խոսակցական* (**the drill**) կանոն; կարգ; ընդունված տարբերակ; հաստատված ձև **2** *verb* 1) *տեխնիկական* գայլիկոնել; շաղափել; ծակել *(գայլիկոնիչով անցքեր բացել)* 2) խորաթափանց հայացքով նայել; թափանցել/ներթափանցել հոգու խորքը *(աչքերի մասին)* 3) հորատել; գայլիկոնել *(գետնի մեջ անցք բացել)* 4) *բժշկություն* փորել *(ատամը)* 5) սովորեցնել; մարզել; վարժեցնել 6) շարային ուսուցում անցկացնել; մարզել; վարժեցնել 7) շարային ուսուցում անցնել; մարզվել; վարժվել; հմտանալ 8) վարժեցնել; հմտացնել; կրկնամարզել • **drill down** i) *համակարգիչներ* մատչել ավելի ցածր մակարդակի նիշքերին ii) խորամուխ լինել **drill something into** վարժեցնել; գլուխը մտցնել; ստիպել, որ ուղեղում նստվածք տա *(հաճախակի կրկնելով)*

drill[2] |drɪl| **1** *noun* *գյուղատնտեսություն* 1) տեխնիկական շարքացան; շարացան *(գործիք)* 2) ակոս 3) մարգ; հողաթումբ *(ակոսների միջև)* **2** *verb* *գյուղատնտեսություն* 1) շարքով ցանել; շարքացան անել *(ձեռքով կամ շարքացանով)* 2) մարգ-մարգ ցանել; մարգերով տնկել

drill[3] |drɪl| *noun* կենդանաբանություն շնակապիկ; մանդրիլ *(Mandrillus leucophaeus, ընտանիք Cercopithecidae)*

drill[4] |drɪl| *noun* խտակտավ; տիկ *(կոշտ բամբակյա կամ վուշյա գործվածք)*

driller *noun* տեխնիկական շաղափահաստոց

drink |drɪŋk| **1** *verb* (անցյալ **drank** |dræŋk|; անցյալ դերբայ **drunk** |drʌŋk|) 1) խմել; ըմպել; կուլ տալ 2) խմել; հարբել 3) ներծծել; ծծել *(խոնավություն. բույսերի մասին)* 4) խմվել; խմվելիս որոշակի համ ունենալ *(գինու և այլնի մասին)* • **drink down** մի շնչով խմել **drink off** տե՛ս **drink down drink something in** կլանել; ոգևորությամբ ընկալել; վայելել; համակ ուշադրությամբ լսել; վերցնել **drink to** կենացը խմել; բաժակ բարձրացնել **drink up** մի շնչով խմել **2** *noun* 1) խմելիք; ըմպելիք; խմիչք 2) կում; ումպ; մի բաժակ *(գինի, ջուր և այլն)* 3) ոգելից/ալկոհոլային/սպիրտային խմիչք 4) մի գավաթ խմիչք *(հատկապես ալկոհոլային)* 5) *խոսակցական* (**the drink**) ծովը; լիճը; ջրային տարածություն

drink and drive մեքենա վարել ալկոհոլի ազդեցության տակ; անսթափ/հարբած վիճակում մեքենա վարել

drink deep մեծ կումերով խմել; կում-կում խմել

drink someone's health մեկի կենացը խմել

drink someone under the table *խոսակցական* իր բաժակակցի չափ խմել՝ սթափ մնալով; իր բաժակակցին գերազանցել

I'll drink to that ողջունում եմ; երկու ձեռքով կողմ եմ; այդ առիթով արժե բաժակ բարձրացնել

in drink հարբած; խմած; գինով

soft drinks ոչ ալկոհոլային ըմպելիքներ

strong drinks ալկոհոլային խմիչքներ

drinkable *adjective* խմելի; ըմպելի

drinker |ˈdrɪŋkə| *noun* 1) խմող; սիրող *(որոշակի ըմպելիք, օրինակ՝ սուրճ, թեյ)* 2) հարբեցող; գինեսեր; գինեմոլ

drinking song *noun* սեղանի/խնջույքի երգ; գոեհիկ երգ

drip |drɪp| **1** *verb* 1) կաթել; կաթկթել; ծորալ ◊ **drip with wet** ամբողջովին թրջվել 2) կաթեցնել; ծորացնել; կաթկթեցնել 3) լեցուն/ծածկված լինել; ներծծված լինել *(որևէ բանով, հատկությամբ)* ◊ **His voice dripped with sarcasm.** Նրա ձայնն ամբողջությամբ հեգնանք էր արտահայտում: Նրա ձայնը կարծես ներծծված լիներ ծաղրանքով: **2** *noun* 1) կաթում; կաթկթում; կաթիլ; պուտ 2) ընկնող կաթիլների ձայնը 3) *խոսակցական* թույլ մարդ; անհետաքրքիր մարդ; անհամի մեկը 4) *ճարտարապետություն* ջրվան; կաթլաթափ

dripping |ˈdrɪpɪŋ| **1** *noun* 1) հալվելուց կաթկթող հեղուկ; կաթկթում *(մոմի, ճարպի և այլնի)* 2) *խոհանոց* (**drippings**) տապակած մսից կաթող յուղ; դավուրմայի յուղ; տհալ *(հատկապես սառած վիճակում՝ որպես սնունդ)* **2** *adjective* թաց; թրջված ◊ **dripping wet** ամբողջովին թրջված

drive |drʌɪv| **1** *verb* (անցյալ **drove** |drəʊv|; անցյալ դերբայ **driven** |ˈdrɪv(ə)n|) 1) վարել; քշել *(մեքենա)* 2) մեքենա վարել իմանալ; մեքենա վարելու արտոնագիր ունենալ 3) հասցնել; տանել; փոխադրել; տեղափոխել *(որևէ մեկին՝ փոխադրամիջոցով)* 4) քշել; հետապնդել *(թշնամուն)* 5) մղել; քշել; տանել *(քամու և այլնի մասին)* 6) ուժգին փչել; գալ; թափվել; հորդել *(քամու/անձրևի/ձյան մասին)* 7) տեխնիկական շարժել; շարժման մեջ դնել; գործի գցել *(մեքենան)* 8) *համակարգիչներ* սարքավարել *(աշխատեցնել երիզը/սկավը)* 9) խփելով ներս մտցնել; մխել; վարսել ◊ **drive home** *փոխաբերական* համոզել; գիտակցել տալ; հասկացնել 10) հորատել; գայլիկոնել 11) քշել; մղել; առաջ շարժել; վազեցնել; տանել; քայլեցնել; հետապնդել *(մարդկանց կամ անասունների՝ որոշակի ուղղությամբ)* 12) հեռացնել; հետ մղել; վանել; ցրել *(ամբոխը և այլն)* 13) հրահրել; թելադրել; գործողության մղել; դրդել; դրդապատճառը լինել 14) հասցնել; գցել *(տհաճ հոգեվիճակի)* ◊ **drive mad** խելագարության հասցնել; գժվեցնել. **drive to despair** հուսահատության հասցնել 15) ծանրաբեռնել; գերհոգնեցնել *(աշխատանքով)* • **drive at** խոսքը որոշ նպատակի ուղղել; հետամուտ լինել (մի բանի); ի նկատի ունենալ; ակնարկել **drive away** դուրս քշել; վռնդել; ցրել *(ամպերը և այլն)* **drive in** ներս քշել; մտնել *(փոխադրամիջոցով)* **drive into** i) խփելով մտցնել *(մեխ)* ii) մխել; հասկացնել; գլուխը մտցնել **drive out** դուրս մղել; քշել; վանել; տեղից հանել **drive up** սրընթաց մոտենալ *(փոխադրամիջոցով)* **2** *noun* 1) ուղևորություն; ճանապարհորդություն; պտույտ; զբոսանք *(մեքենայով)* 2) ճանապարհ; մերձատար ծառուղի *(մայրուղուց դեպի տուն տանող)* 3) *հոգեբանություն* մղում; շարժառիթ; հարկադրանք; հակում; դրդապատճառ 4) մեծ եռանդ; նպատակալացություն; նպատակաուղղվածություն; ձգտում 5) *ամերիկյան* կամպանիա; արշավ *(հասարակական)* 6) հետապնդում; քշելը; վարելը 7) *մարզական* հարված 8) *տեխնիկական* շարժակ; շարժաբեր 9) *համակարգիչներ* սարքավար

drive something home տեղ հասցնել; հասկացնել; գիտակցնել; համոզել

drive-by **1** *adjective* 1) ընթացող մեքենայից կատարվող *(կրակոցի և այլնի մասին)* 2) *խոսակցական* մակերեսային; սիրողական; հպանցիկ; հարևանցի 3) *բժշկություն* կարճատև *(բուժսպասարկման մասին)* 4) կարճատև բուժսպասարկում տրամադրող *(հիվանդանոցի մասին)* **2** *noun* ընթացող մեքենայից արված կրակոց

drive-in **1** *adjective* մեքենայով մտնելի *(ճաշարանի/կինոթատրոնի մասին, ուր կարելի է մտնել մեքենան ու սպասարկվել հենց մեքենայում)* **2** *noun* մեքենայով մտնելի ճաշարան; մեքենայով մտնելի կինոթատրոն *(բացօթյա)*

drivel |ˈdrɪv(ə)l| **1** *noun* դատարկաբանություն; անմիտ դուրս տալը; հիմարություն **2** *verb* (**driveled**, **driveling**; բրիտ. **drivelled**, **drivelling**) 1) դատարկաբանել; անմիտ դուրս տալ; հիմար-հիմար բաներ խոսել 2) *հնացած* փսլինքը թափել; լորձունքը վազել

driven *adjective* 1) տե՛ս **drive** 2) վարվող; քշվող; կառավարվող *(մեքենայի մասին)* 3) մղվող; մղված; թելադրված; պայմանավորված; եկող *(ցույց է տալիս գործողության դրդապատճառը)* 4) քամուց քշվող *(ձյան մասին)*

driver |ˈdrʌɪvə| *noun* 1) վարորդ; կառապան; մեքենավար; ւագոնավար 2) հոտարած; նախրապան 3) *տեխնիկական* շարժանիվ 4) *համակարգիչներ* սարքավարիչ 5) *մարզական* մականի *(գոլֆ խաղում)*

in the driver's seat գերիշխող դիրքում; գործի գլուխ; իշխանության սանձերը ձեռքում

drive-through (նաև **drive-thru**) **1** *adjective* մեքենայով մտնելի; ինքնասպասարկման *(ճաշարանի/կինոթատրոնի մասին, ուր կարելի է մտցնել մեքենան ու սպասարկվել հենց մեքենայում)* **2** *noun* մեքենայով մտնելի ճաշարան; ինքնասպասարկման ճաշարան/կինոթատրոն

driving |ˈdraɪvɪŋ| **1** *adjective* 1) տեղատարափ; հորդ; առատ; ուժգին քամիով ուղեկցվող 2) շարժիչ; մղիչ; խթանող; ազդեցիկ 3) աշխույժ; բոցաշունչ; ոգևորիչ; «բացող» **2** *noun* մեքենավարում

driving wheel *noun* 1) *տեխնիկական* շարժանիվ; ատամնանիվ 2) *տեխնիկական* շարժաբեր փոկանիվ

drizzle |ˈdrɪz(ə)l| **1** *noun* 1) բարակ անձրև; մանրամաղ անձրև 2) *խոհանոց* ցողում; ցողվածք *(ցողված հեղուկ)* **2** *verb* 1) մաղել *(անձրևի մասին)* 2) *խոհանոց* ցողել; բարակ շիթով լցնել

drogue |drəʊg| *noun* 1) *նավագնացություն տեխնիկական* լողուն խարիսխ 2) *օդագնացություն* կապովի օդապարիկ *(որն ամրացվում է տիեզերանավին՝ արգելակման համար)* 3) *տեխնիկական* կցման բնիկ

droll |drəʊl| **1** *adjective* զվարճալի; ծիծաղելի; ծիծաղաշարժ; զավեշտական; կատակային **2** *noun հնացած* ծաղրածու; խեղկատակ

drollery *noun* հումոր; երգիծանք

dromedary |ˈdrɒmɪd(ə)ri|, |ˈdrʌm-| *noun* (հոգն. **-daries**) միասապատ/մեկսապատանի ուղտ; դրոմադեր

drone |drəʊn| **1** *verb* 1) բզզալ; տզզալ; դզզալ; դժժալ; վնգալ *(նաև տրանսպորտի մասին)* 2) միապաղաղ ձայնով խոսել; միալար կերպով կարդալ **2** *noun* 1) բզզոց; տզզոց; դզզոց; դժժոց; վնգոց 2) *խոսակցական* միալար/միապաղաղ խոսք 3) տևական բամբ ձայն; անընդհատ թավ հնչյուն; դամ 4) թավ հնչողություն ունեցող լար/սրինգ *(կիթառի, երգեհոնիկի կամ պարկապզուկի)* 5) *կենդանաբանություն* բոռ; արու մեղու 6) ձրիակեր; պորտաբույծ; մակաբույծ; ուրիշի հաշվին ապրող մարդ 7) *ռազմական* հեռակառավարվող արկ 8) *ռազմական* անօդաչու օդանավ

droop |druːp| **1** *verb* 1) կախ ընկնել; կախվել; խոնարհվել; հակվել; թեքվել 2) փակվել; ծանրանալ *(կոպերի մասին)* 3) կախել; խոնարհել; խոնարհեցնել; հակել *(հատկապես գլուխը)* **2** *noun* 1) կախում; հակում; իջեցում; թեք դիրք; խոնարհվելը 2) թուլացում; թուլանալը; անկում

drop |drɒp| **1** *verb* (**dropped**, **dropping**) 1) նետել; գցել; արձակել; դեպի ցած ուղարկել; բաց թողնել; կաթեցնել 2) գցել; մատակարարել; իջեցնել *(զորքեր, սնունդ և այլն՝ օդանավից)* 3) ծնել; ցնկել; ձագ հանել *(հատկապես կովի/ոչխարի/ձիու մասին)* 4) զգայապատրանքներ առաջացնող թմրադեղ ընդունել *(հատկապես խմելով)* 5) ընկնել; վայր/ցած ընկնել; կաթել 6) ցած նետվել; իրեն ցած գցել 7) տանել-հասցնել; վայր բերել; իջեցնել; բեռնաթափել; դատարկել; հասցնել; տանել *(մարդուն կամ բեռը՝ փոխադրամիջոցով. մեկ այլ տեղ գնալու ճանապարհին)* 8) իջնել; խրվել; թաղվել *(ցեխի և այլնի մեջ)* 9) *խոսակցական* ընկնել; վերջանալ; սպառվել; ուժասպառ լինել *(հոգնածությունից)* 10) զառիվայր/ուղղաձիգ իջնել *(լանջի մասին)* 11) ընկնել; իջնել; պակասել; նվազել *(առևտրի/շարժի մասին)* 12) իջեցնել; խոնարհել; հակել *(ձայնը, հայացքը)* 13) դուրս թողնել; հանել; հեռացնել; արձակել; ազատել *(աշխատանքից, թիմի կազմից)* 14) թողնել; հրաժարվել; վերջ տալ; հետ կանգնել; դադարեցնել; չշարունակել; վերջ դնել 15) *խոսակցական* լքել; թողնել; չշփվել; հեռանալ; այլևս չհանդիպել; երես դարձնել *(որևէ մեկից)* 16) բաց թողնել; չարտասանել *(հատկապես անգլերենի h հնչյունը)* 17) հարևանցի ասել; կես բառով նշել 18) կորցնել; տարվել; տանուլ տալ *(փող, խաղի միավոր)*

• **drop away** ցրվել; մեկը մյուսի հետևից հեռանալ; հեռանալ; նվազել **drop behind** (**drop back**) ետ մնալ; չհասնել; հետ ընկնել **drop in/by** *խոսակցական* անցնել; մտնել; հանդիպել; այցելել *(կարճ ժամանակով)* **drop into** i) (**drop by**) *խոսակցական* անցնել; մտնել; այցելել *(կարճ ժամանակով)* ii) հակվել; միտել; ազդեցությունը կրել **She couldn't help dropping into a Brooklyn accent.** Նա անկախ իրենից խոսում էր Բրուքլինյան առոգանությամբ: Նա Բրուքլինյան առոգանությամբ խոսելու հակում ուներ: **drop off** քնով անցնել; քնով ընկնել; աչքերը փակվել *(իր կամքին հակառակ)* **drop out** i) դուրս ընկնել; դուրս մնալ; հաջողության չհասնել ii) թողնել; դուրս գալ; չշարունակել *(ուսումը որևէ հաստատությունում)* iii) հրաժարվել սովորույթներից; չընդունել հասարակության պահանջները **2** *noun* 1) կաթիլ; կաթ; պուտ ◇ **drop by drop** կաթիլ առ կաթիլ. **a drop in the bucket/ocean** մի կաթիլ ծովում; չնչին քանակություն 2) կում; ումպ 3) *բժշկություն* (**drops**) կաթիլներ *(դեղ)* 4) իջնելը; իջեցում *(բեմի վարագույրի, թատերական դեկորացիաների, կախաղանի օդակի)* 5) իջեցում; մատակարարում *(զորքերի, սննդի և այլնի՝ օդանավից)* 6) անկում; իջնելը; իջեցում; նվազում *(գների, ջերմաստիճանի, որակի, ակտիվության)* 7) զառիվայր; զառիթափ; վայրէջք *(ցեցստակի իջնող թեքություն)* 8) (**the drop**) կախաղան հանելը 9) դրաժե; սառնաշաքար *(մանր կլոր կոնֆետ)* 10) կախազարդով/կախոցիկով ականջօղ 11) *խոսակցական* հանձնում; փոխանցում; առաքում 12) փոստարկղ 13) թաքստոց; գաղտնարան *(զանազան իրեր թաքցնելու համար)*

at the drop of a hat *խոսակցական* անհապաղ; վայրկենապես; ամենաչնչին առիթի դեպքում; չեղած բանից

drop a/the dime on *խոսակցական* մատնել մեկին; ծախել մեկին; «վառել» մեկին *(մեկի մասին տեղեկություններ հայտնել ոստիկանությանը)*

drop a hint ակնարկ անել; կես բառով նշել; խոսք գցել; հպանցիկ շոշափել

drop a stitch հատը փախցնել/գցել *(շյուղերով գործելիս)*

drop a word in favour of մեկի համար բարեխոսել

drop dead 1) հանկարծամահ լինել; տեղնուտեղը մահանալ 2) կորի՛ր աչքիցս; ոտքի տակ մի՛ ընկնիր; հեռացի՛ր; մի՛ ձանձրացրու

drop in the bucket/ocean մի կաթիլ ջուր՝ ծովում; չնչին քանակություն; չափազանց քիչ քանակություն
drop it! թողե՛ք; վե՛րջ տվեք; հոգ չէ; կարևոր չէ; իմաստ չունի շարունակելը
drop one's guard դուրս գալ պաշտպանիչ շերտի միջից; դադարել պաշտպանվելուց
drop one's trousers տաբատը հրապարակավ իջեցնել; մարդկանց առաջ շալվարը իջեցնել
drop someone a line մեկին երկտող գրել; մեկ-երկու տողանի նամակ ուղարկել
drop the ball *խոսակցական* սխալվել; վրիպել; սխալ թույլ տալ; սայթաքել; պլստալ; անշնորհք վարվել
have a drop too much *խոսակցական* (**have a drop in one's eye**) հարբել; գինովնալ; կատարը տաք լինել; քեֆը տեղը լինել
have the drop of *խոսակցական* առավելություն ունենալ; նպաստավոր վիճակում լինել

drop curtain *noun* բեմի վարագույրը *(իջնող)*

drop-dead *adjective* *խոսակցական* չնաշխարհիկ; հրապուրիչ; առինքնող; անդիմադրելի; «մահացու»

droplet |ˈdrɒplɪt| *noun* փոքրիկ կաթիլ; կաթիլիկ; պուտ

drop-off **1** *noun* 1) անկում; թուլացում; նվազում; պակասում 2) քարափ; քարաժայռ; զառիվայր; զառիթափ *(շեշտակիորեն իջնող թեքություն)* **2** *adjective* բեռնաթափման; դատարկման; հանձնման; առաքման

dropout *noun* 1) այլախոհ; այլակարծիք *(մարդ, ով թողել է ուսումը կամ աշխատանքը կամ դեմ է գնում հասարակական նորմերին)* 2) ուսդիոազդանշանի կարճատև կորուստ 3) ժապավենի վրա ձայնագրության ջնջված հատված *(տեխնիկական թերության պատճառով)* 4) տեխնիկական հեծանիվի հենքի U-աձև հատված *(որի վրա ամրացվում է անիվի առանցքը)*

dropper |ˈdrɒpə| *noun* 1) *բժշկություն* կաթոցիկ *(հեղուկ դեղ կաթեցնելու համար)* 2) *ծկնորսություն* լրացուցիչ կարթաթել

droppings |ˈdrɒpɪŋz| *plural noun* կղկղանք; թրիք; փթիր; գոմաղբ; թռչնաղբ; ծերտ *(կենդանիների)*

drop scene *noun* 1) վարագույր; կախանկար *(բեմի)* 2) *փոխաբերական* վերջին տեսարան; վերջ; ֆինալ

dropsical |ˈdrɒpsɪk(ə)l| *adjective* *բժշկություն* 1) ջրգողությամբ տառապող 2) ջրգողության 3) ուռած; այտուցված

dropsy |ˈdrɒpsi| *noun* (հոգն. **-sies**) *հնացած բժշկություն* ջրգողություն

dross |drɒs| *noun* 1) թափթփուկ; մնացորդներ; աղբ; թափելիք 2) նստվածք; մրուր; դիրտ; տականք 3) *տեխնիկական* կոփափշրանք; մետաղախարամ; ածխափոշի

drought |draʊt| *noun* 1) երաշտ; չորություն; չորայնություն 2) պակաս; անբավարարություն; բացակայություն; պակասություն; պահանջ; կարիք 3) *հնացած* ծարավ

drove² |drəʊv| *noun* 1) հոտ; նախիր; երամակ 2) ամբոխ; բազմություն 3) լայն հատիչ; լայն դուր *(քարամշակման համար)*

drover *noun* 1) հոտարած; նախրապան; տավարած 2) անասնավաճառ

drown |draʊn| *verb* 1) խեղդվել; ջրահեղձ լինել 2) խեղդել; ջրահեղձ անել 3) ողողել; հեղեղել; ջրով ծածկել; ջրասույզ անել 4) խեղդել; ձայնախեղդ անել 5) խլացնել *(ձայնը)* • **drowned in** i) խորասուզված; կլանված ii) ծածկված; թաթախված *(սննդի մասին, օրինակ՝ թթվասերի և այլնի մեջ)*
drown one's sorrows վիշտը խեղդել գինու մեջ; վիշտը խեղդել օղու բաժակում
like a drowned rat թաց-թաց; թրջված մկան պես; թրջված հավի պես; ցեխի մեջ կորած

drowse |draʊz| **1** *verb* 1) նիրհել; ննջել; կիսաքուն վիճակում լինել 2) *հնացած* քնեցնել; թմրեցնել; քունը բերել 3) *հնացած* ժամանակը պարապությամբ անցկացնել **2** *noun* նիրհ; ննջ; կիսաքուն վիճակ

drowsy |ˈdraʊzi| *adjective* (**-sier**, **-siest**) 1) քնած; թմրած; նիրհող; քնկոտ 2) քնաբեր; քնեցնող 3) անդորր; անաշխույժ; հանդարտ *(վայրի մասին)*

drub |drʌb| *verb* (**drubbed**, **drubbing**) 1) ծեծել; թակել; դնգստել 2) *խոսակցական* ջախջախել; տապալել; գետին փռել; ծեփ անել

drubbing *noun* 1) ծեծ; քոթակ; դնգստոց 2) *խոսակցական* ջախջախիչ պարտություն

drudge |drʌdʒ| **1** *noun* ծանր աշխատանք կատարող; գործի ձանձրալի մասը կատարող **2** *verb* *հնավանդ* ծանր աշխատանք կատարել *(ձանձրալի աշխատանք կատարել)*

drudgery |ˈdrʌdʒəri| *noun* ծանր աշխատանք; անախորժ աշխատանք

drug |drʌg| **1** *noun* 1) դեղ; դեղամիջոց; բուժամիջոց; բուժանյութ; դեղորայք; դեղանյութ 2) թմրադեղ; թմրեցնող միջոց; թմրանյութ **2** *verb* (**drugged**, **drugging**) 1) դեղ տալ; թմրեցնող միջոց գործածել; թմրեցնել 2) թույն խառնել; դեղել *(կերակուրը)* 3) *խոսակցական* անօրինաբար թմրադեղեր ընդունել
be on drugs 1) պարբերաբար դեղեր ընդունել 2) թմրամոլ լինել
do drugs *խոսակցական* անօրինաբար թմրադեղեր ընդունել

druggist |ˈdrʌgɪst| *noun* դեղագործ; դեղավաճառ

drugstore |ˈdrʌgstɔː| *noun* *ամերիկյան* դեղատուն; դեղախանութ; ընդհանուր դեղատուն *(որտեղ վաճառվում են նաև դիմահարդարման և այլ պարագաներ)*

drum¹ |drʌm| **1** *noun* 1) *երաժշտություն* թմբուկ; դհոլ 2) (**drums**) հարվածային գործիքների ամբողջություն; հարվածային գործիքները *(նաև նվագախմբի կազմում)* 3) թմբկահարություն; թմբկազարկ 4) թխկթխկոց; դմբդմբոց; տխկտխկոց; համաչափ հնչյուններ 5) *պատմական* թմբկահար *(հատկապես պատերազմական)* 6) *տեխնիկական* թմբկազլան *(տարբեր մեքենաների և մեխանիզմների, այդ թվում՝ լվացքի մեքենայի մաս)* 7) *ճարտարապետություն* թմբուկ 8) *ճարտարապետություն* սյունաբուն 9) *պատմական* թեյախմություն *(որը* *հատուկ էր 18-19-րդ դարերին)* 10) տակառ **2** *verb* (**drummed**, **drumming**) 1) թմբկահարել; թմբուկ զարկել 2) թխկթխկացնել; տկտկացնել; դմբդմբացնել; համաչափ հնչյուններ արձակել *(նաև անհամբերությունից)* 3) թխկթխկացնել; թակել *(փայտփորիկի մասին)* 4) թևերը թափահարել *(թռչունի մասին)* • **drum someone out** հեռացնել; վտարել, ազատել; վռնդել *(խայտառակելով)* **drum something into** ասելով գլուխը մտցնել; կրկնելով սովորեցնել **drum something up** հայթայթել; գտնել; ստեղծել; առաջացնել; հավաքել *(հաճախորդներ, դրամական միջոցներ և այլն)*

beat/bang the drum against սևացնել; մրոտել; վարկաբեկել; ցեխ քսել; անուն դնել

beat/bang the drum for աշխարհը դղրդացնել; անունն աշխարհով մեկ անել; հռչակել; փողել; գովերգել; ջատագովել; հրապարակավ հավանություն տալ

drum² |drʌm| *noun* լեռ *(հատկապես երկու դաշտավայրերի միջև)*

drum³ |drʌm| (նաև **drumfish**) *noun* (հոգն. նույնը կամ **drums**) *կենդանաբանություն* թմբկաձուկ; թմբկահար *(ձուկ, որը թմբուկ հիշեցնող ձայն է արձակում. ընտանիք Sciaenidae)*

drumfire |ˈdrʌmfʌɪə| *noun* ռազմական փոթորկային կրակ *(ծանր հրետանային շարունակական կրակ)*

drumhead |ˈdrʌmhɛd| **1** *noun* 1) *կազմախոսություն* թմբկաթաղանթ; ականջաթաղանթ 2) թմբուկի կաշին 3) *ծովային* դրոմհեդ; սայրաղլորակի գլուխ **2** *adjective* 1) մարտադաշտի; դաշտային ◇ **drumhead court-martial** մարտադաշտում հապճեպ ռազմական դատարան *(երբ թմբուկը որպես սեղան է գործածվում)* 2) կտրուկ; հակիրճ; ամփոփ; տեղում; հապճեպ; ոտքի վրա

drumlin |ˈdrʌmlɪn| *noun* *երկրաբանություն* դրումլին; գլաքարային կավից բլուր/բլրակ

drummer |ˈdrʌmə| *noun* 1) թմբկահար 2) *ամերիկյան խոսակցական* շրջիկ գործակատար/վաճառորդ; հաճախորդ փնտրող

drumstick |ˈdrʌmstɪk| *noun* 1) թմբկափայտ; թմբկաձող; թմբիչ 2) եփած թռչնի բուդ *(հավի, հնդկահավի և այլնի)*

drunk |drʌŋk| **1** *verb* անցյալ դերբայ տե՛ս **drink** **2** *adjective* 1) հարբած; գինով 2) (**drunk with**) հարբած; արբեցած; տարված; գերված; հմայված **3** *noun* 1) հարբած; խմած; գինովցած 2) հարբեցող; ալկոհոլասեր; գինեսեր 3) *խոսակցական* գինարբուք; կռնծաբանություն; հարբեցողություն

dead drunk սաստիկ հարբած

drunk and disorderly ալկոհոլի ազդեցության տակ անկարգություններ անող

drunk as a fiddler/lord թունդ հարբած

get drunk հարբել

drunkard |ˈdrʌŋkəd| *noun* հարբեցող; գինեմոլ; ալկոհոլասեր

drunk driving (նաև **drunken driving**) *noun* անսթափ վիճակում մեքենա վարելը

drunken |ˈdrʌŋk(ə)n| *adjective* 1) հարբած; խմած; արբեցած 2) անսթափ; ոգևորված 3) հարբեցող; գինեմոլ

dry |drʌɪ| **1** *adjective* (**drier**, **driest**) 1) չոր; ցամաք; անթաց; անտամուկ; խոնավազուրկ 2) ցամաքած; չորացած; ջրազրկված *(ջրհորի/նավթահորի/գետի/ներկի և այլնի մասին)* 3) չոր; հեղուկ չպահանջող; առանց հեղուկի կատարվող; հեղուկից զերծ 4) չորային; չոր; անանձրև; երաշտային 5) ծարավ; պապակ 6) ծարավեցնող 7) *կենսաբանություն* կաթ չտվող; կաթից կտրած *(կովի մասին)* 8) չոր *(մաշկի մասին)* 9) ցամաք; չորուցամաք *(առանց կարագի և այլնի. հացի մասին)* 10) մերկ; զուտ; լոկ; սոսկ; առանց այլևայլությունների; անպաճույճ; անզարդ *(փաստերի մասին)* 11) չոր; անհետաքրքրական; տաղտկալի; ոգևորություն չառաջացնող; անհամ *(խոսքի/տեքստի մասին)* 12) սառը; անսիրալիր; անբարեհամբույր; անընկերական *(մարդու մասին)* 13) *ամերիկյան* ցամաք; չոր; անալկոհոլ; անսպիրտ *(ոգելից խմիչքների վաճառքն ու գործածությունն արգելող)* 14) զուսպ; չափավոր; անկիրք; անվրդով; անխռով; անհույզ; անհուզելի; զսպված ◇ **dry humor** զսպված հումոր; անխռով տեսքով ասվող հումոր; առանց ժպտալու ասված կատակ; նուրբ հումոր; ոչ անմիջապես ընկալվող կատակ 15) այլևս չխմող; հարբեցողությունը թողած; խմիչք չգործածող 16) դառը; անխառն; անապակ *(գինու մասին)* **2** *verb* (**dries**, **dried**) 1) չորանալ; ցամաքել; թացությունն անցնել; խոնավությունն անցնել 2) չորացնել; ցամաքեցնել; խոնավությունից զրկել *(նաև միրգ, բանջարեղեն, ծաղիկներ և այլն՝ պահելու նպատակով)* 3) սրբել; չորացնել *(արտասուքը, ամանեղենը)* 4) *թատրոն* մոռանալ իր խոսքերը; մոռանալ իր տողերը *(դերասանի մասին)* • **dry out** հրաժարվել խմիչքից; թողնել ալկոհոլը; ալկոհոլից զերծ մնալ **dry up** i) *խոսակցական* ասելիքը վերջացնել; այլևս ասելիք չունենալ; այլևս խոսելու ցանկություն չունենալ; լռել ii) չորանալ; վերջանալ; ցամաքել; սպառվել; կտրվել *(եկամտի և այլնի հոսքի մասին)* **3** *noun* (հոգն. **dries** կամ **drys**) ալկոհոլատյաց; սպիրտատյաց; ալկոհոլն արգելելու կողմնակից

come up dry ձախողվել; չհաջողվել; արդյունքի չբերել; անարդյունավետ լինել

dry as a bone (**as dry as a bone**) բացարձակ չոր; ջրի նշույլ էլ չկա

dry as dust 1) (**as dry as dust**) բացարձակ չոր; ջրի նշույլ էլ չկա 2) անհետաքրքիր; տաղտկալի; գորշ; անարտահայտիչ; առանց հույզերի

there wasn't a dry eye (**there wasn't a dry eye in the house**) բոլորը հուզվել էին; բոլորն արտասվում էին; ոչ ոք անտարբեր չմնաց *(թատրոնի, կինոյի և այլնի դահլիճում)*

dryad |ˈdrʌɪəd|, |-æd| *noun* *կրոն* դրիադա; անտառային հավերժահարս; ծառոգի; ծառանույշ

dryasdust **1** *noun* մանրախնդիր/շյուղադետ/տառակեր/ձևապաշտ մարդ **2** *adjective* (նաև **dry-as-dust**) չոր; ձանձրալի; տաղտկալի

dry cell *noun* *տեխնիկական* չոր մարտկոց

dry-clean *verb* չոր քիմմաքրում անել *(հագուստը)*

dry goods *plural noun* *ամերիկյան* գործվածքներ; գործվածքեղեն; կտորեղեն; հագուստեղեն; տեքստիլ/մանածագործական ապրանքներ

dryish *adjective* չորավուն; մի քիչ չոր

dry land *noun* ցամաք; ցամաքահող

dry nurse *noun* հնավանդ դայակ; դաստիարակչուհի; անկաթ դայակ *(որը խնամում է երեխային, բայց կրծքով չի կերակրում)*

dry rot *noun* 1) փթռակ; չոր փտում *(փայտի՝ չօդափոխվող սենյակներում)* 2) ((**Corticiaceae**)) փթռակ առաջացնող սունկը; չոր փտում առաջացնող սունկը

dry-shod *adjective, adverb* առանց կոշիկները թրջելու; չոր-չոր

DSP 1) (**decessit sine prole**) մահացել է առանց ժառանգներ թողնելու *(սերնդաբանության մեջ)* 2) *համակարգիչներ* (**digital signal processing**) թվային ազդանշանի մշակում 3) *համակարգիչներ* (**digital signal processor**) թվային ազդանշանի մշակիչ

dual |ˈdjuːəl| **1** *adjective* 1) երկակի; կրկնակի 2) *լեզվաբանություն* երկակի *(թիվ)* 3) *մաթեմատիկա* (**dual to**) երկակի **2** *noun* 1) *լեզվաբանություն* երկակի թիվ 2) *մաթեմատիկա* երկակի բան *(թեորեմ, արտահայտություն)*

dualism |ˈdjuːəlɪz(ə)m| *noun* 1) *փիլիսոփայություն* դուալիզմ; երկվապաշտություն 2) *կրոն* երկատվածություն 3) *կրոն* երկու անձերի տեսություն *(աղանդ, ըստ որի Քրիստոսի մեջ առկա էին երկու անձ. մեկը՝ աստվածային, իսկ մյուսը՝ մարդկային)* 4) երկվություն; երկակիություն; կրկնակիություն

duality |djuːˈælɪti| *noun* (հոգն. **-ties**) 1) երկակիություն; երկվություն 2) *մաթեմատիկա* երկակիություն 3) *ֆիզիկա* երկակիություն 4) հակադրություն; ծայրաբևեռ

dub¹ |dʌb| *verb* (**dubbed**, **dubbing**) 1) *կատակային* մականուն տալ; անուն դնել 2) ասպետի կոչում տալ 3) *որսորդություն* բուրդ փաթաթել *(արհեստական ձկնորսական խայծի վրա)* 4) ձիթել; յուղել *(կաշին)* 5) *տեխնիկական* հարթել; հղկել; ռանդել; տաշել *(փայտը)*

dub² |dʌb| **1** *verb* (**dubbed**, **dubbing**) 1) կրկնօրինակել ֆիլմը 2) մշակել *(ֆիլմի երաժշտությունը, ձայնային էֆեկտները)* 3) կրկնապատկել; բազմացնել; պատճենել *(ձայնագրությունը կամ տեսագրությունը)* 4) փոխակերպել *(ձայնագրությունը/տեսագրությունը մի միջավայրից կամ ձևաչափից մեկ ուրիշի)* 5) միավորել; միադրել *(երկու կամ ավելի ձայնագրություն վերածել մեկի)* **2** *noun* 1) մշակում *(երաժշտության և ձայնային էֆեկտների)* 2) դաբ *(փոփ երաժշտության ոճ, որը ստացվում է ձայնագրված երաժշտության վերամշակումից)*

dub³ |dʌb| *խոսակցական* **1** *noun* անշնորհք մարդ; ապաշնորհ մարդ; անհմուտ մարդ **2** *verb* (**dubbed**, **dubbing**) *գոլֆ* սխալ հարված

Dubai |d(j)uːˈbʌɪ| Դուբայ *(Միացյալ Արաբական Էմիրությունների մայրաքաղաքը)*

dubiety |djuːˈbʌɪɪti| *noun գրական անգլերեն* տարակուսանք; երկմտություն; վարանում

dubious |ˈdjuːbɪəs| *adjective* 1) կասկածող; տարակուսող; վարանող 2) կասկածելի; երկմտելի; երկբայելի; անվստահելի; հարցական; տարակուսելի

dubitative |ˈdjuːbɪtətɪv| *adjective գրական անգլերեն* կասկածող; անվճռական; անվստահ

Dublin |ˈdʌblɪn| Դուբլին *(Իռլանդիայի մայրաքաղաքը)*

ducat |ˈdʌkət| *noun* 1) *պատմական* դուկատ *(հին ոսկեդրամ)* 2) (**ducats**) փող 3) *խոսակցական* մուտքի տոմս

duchess |ˈdʌtʃɪs|, |-ɛs| *noun* 1) դքսուհի; հերցոգուհի *(նաև դուքսի կին)* 2) *բրիտանական խոսակցական* ջանի'կս; հոգյա'կս; թագուհի'ս *(տղամարդկանց կողմից՝ մտերիմ կանանց դիմելու ձև)*

duchy |ˈdʌtʃi| *noun* (հոգն. **duchies**) դքսություն; հերցոգություն

duck¹ |dʌk| *noun* (հոգն. նույնը կամ **ducks**) 1) բադ; *կենդանաբանություն (ընտանիք Anatidae)* ◊ **lame duck** հաշմանդամ; անհաջողակ; ձախողակ; սնանկ 2) բադի միս 3) (նաև **DUKW**) ջրի վրա ընթացող տանկ

get/have one's ducks in a row գործերը կարգավորել; իրերը դասավորել; պատրաստություն տեսնել

like water off a duck's back անարդյունք; անհետևանք; վրիպած; տեղ չհասած; սրտին չառած; սրտին չդիպած *(վիրավորանքի և այլնի մասին)*

take to something like a duck to water հավանել; սրտով լինել; պատրաստակամությամբ ընդունել; հրապուրվել; տարվել; խելքը տալ

duck² |dʌk| **1** *verb* 1) արագ հակել; արագ ծռել; արագ իջեցնել; կռանալ; կքվել *(գլուխ և այլն)* 2) կռանալով/թեքվելով խուսափել; խույս տալ *(հարվածից)* 3) *խոսակցական* խուսափել; գլուխ պահել; գլուխն ազատել; իր վրա չվերցնել *(պարտականությունը և այլն)* 4) սուզվել; արագ ջրի մեջ սուզվել և դուրս գալ; գլուխն արագ մտցնել ջրի մեջ 5) *խոսակցական* ծունկը ծալելով բարևել; ռևերանս անել • **duck out** ծլկել; արագ հեռանալ **2** *noun* արագ թեքում/ծռում *(գլխի)*

duck³ |dʌk| (նաև **ducks**) *noun փաղաքշական* աղավնյակս; անուշիկս; հոգյակս; սիրելիս

duck⁴ |dʌk| *noun* 1) կոշտ կտավ; պարուսին 2) (**ducks**) պարուսինե շալվար/տաբատ

duckling |ˈdʌklɪŋ| *noun* 1) բադի ձագ; բադիկ; բադաճուտ 2) բադաճտի միս

duckweed |ˈdʌkwiːd| *noun բուսաբանություն* ((**Lemnaceae**)) ջրոսպ; ջրային ոսպ; գորտնբուրդ; գորտնգորգ

duct |dʌkt| **1** *noun* 1) *տեխնիկական* անցք; խողովակ; պուրք; խուղակ; անցքամաս 2) *կենսաբանություն* ծորան 3) *բուսաբանություն* երակ 4) ջրանցք **2** *verb* անցկացնել *(խողովակով և այլն)*

ductile |ˈdʌktʌɪl| *adjective* 1) *տեխնիկական* կորզանելի *(մետաղ, որից կարելի է մետաղալար ստանալ)* 2) կռելի; դյուրակռելի; դյուրաթեք; ճկուն; առաձգական 3) հնազանդ; հլու; լուռ; զիջող; դյուրահավատ; միամիտ

ductility *noun* 1) առաձգականություն; ճկունություն; կռելիություն 2) հնազանդություն; զիջողականություն

dud |dʌd| *խոսակցական* **1** *noun* 1) *ծածկալեզու* չպայթած ռումբ; չաշխատող գործիք; անպետք իր; թափելիք; անհաջող իր 2) ձախողակ; ձախորդ/թույլ/անզոր մարդ 3) (**duds**) հագուստ; շորեղեն; հագուստեղեն; շոր-մոր **2** *adjective* 1) չգործող; չաշխատող; շարքից դուրս եկած;

անարդյունավետ 2) կեղծ; խարդախած; կեղծած; անվավեր *(դրամ, վճարագիր)*

dude |d(j)u:d| *խոսակցական* **1** *noun* 1) *ամերիկյան ծածկալեզու* երիտասարդ; տղամարդ 2) պճնամոլ; ցուցամոլ 3) ագարակում արձակուրդն անցկացնող քաղաքաբնակ՝ ԱՄՆ-ի արևմտյան մասից **2** *verb* պճնվել; զուգվել; պճնազարդվել

dudgeon |ˈdʌdʒ(ə)n| *noun* զայրույթ; վիրավորվածություն; վրդովմունք

due |dju:| **1** *adjective* 1) սպասվող; ակնկալվող; նախատեսված; սահմանված; որոշված; նախասահմանված; պարտավոր; ժամանելի; պարտավոր *(որոշ ժամանակ անց)* 2) *տնտեսագիտություն* վճարելի 3) պատկանող; պատկանելի; պատկանած; հասանելի 4) պատշաճ; արժանի; վայել; համապատասխան; հարկ եղած; հարկուպատշաճ; հարմարավոր 5) պայմանավորված; պատճառ հանդիսացած **2** *noun* 1) (**one's due**) արժանին; վաստակածը; այն, ինչին արժանի է; հասանելիքը; պատշաճը; հարկ եղածը 2) պատշաճը; հարկ եղածը; այն, ինչ պետք է; հասանելիքը 3) *տնտեսագիտություն* (**dues**) տուրք; մաքս; հարկ; պարտադիր վճարումներ **3** *adverb* ուղղակի; ճշտորեն; ուղիղ *(առանց շեղվելու)*

due to պատճառով; պայմանավորված; հետևանքով; եղնելով

give someone their due պատշաճը հատուցել; լիովին գնահատել; մեկի մասին ճշմարտությունն ասել

in due course իր ժամանակին; երբ որ հարկն է; պատշաճ ժամանակին; հարմար պահին

pay one's dues 1) իր պարտքը կատարել; իր պարտականությունները կատարել 2) քրտնաջան աշխատել; հաղթահարել խոչընդոտները/դժվարությունները; մի լավ ջանք թափել

duel |ˈdju:əl| **1** *noun* 1) *պատմական* մենամարտ; մենակռիվ 2) մրցություն; մրցապայքար; մենամարտ **2** *verb* (**dueled**, **dueling**; բրիտ. **duelled**, **duelling**) մենամարտել; մենամարտի ելնել

duet |dju:ˈɛt| **1** *noun* զուգերգ; զուգանվագ; երկերգ; երկանվագ **2** *verb* (**duetted**, **duetting**) զուգերգել; զուգանվագել; երկերգ կատարել; երկանվագ կատարել

duffel coat *noun* բոբրիկից վերարկու; գլխանոցով մահուդից վերարկու *(սովորաբար՝ ծնկից, կնգուղով ու երկարավուն փայտե կոճակներով)*

duffer |ˈdʌfə| *noun* *խոսակցական* 1) ապուշ/անճարակ մարդ; անկարող մարդ *(հատկապես՝ տարիքով)* 2) անփորձ; խակ; անճարտար; տգետ *(հատկապես՝ գոլֆ խաղալ չիմացող)*

dug² |dʌg| *noun* 1) կուրծ; սալք; պտուկ; ծծապտուկ *(կաթնասուն էգ կենդանիների կաթնագեղձը)* 2) *հնացած* կուրծք; ծիծ *(կնոջ)*

dugout |ˈdʌgaʊt| *noun* 1) *ռազմական* խրամատ; ծածկախրամատ 2) մարզիչների ու պահեստային մարզիկների նստելու տեղը *(բեյսբոլի դաշտում)* 3) մակույկ; նավակ; կուր *(խոշոր կոճղից փորված)*

DUI *abbreviation* driving under the influence անթափ վիճակում մեքենա վարելը *(ալկոհոլի կամ թմրադեղերի ազդեցության տակ)*

duke |dju:k| *noun* 1) դուքս 2) *ծածկալեզու* (**dukes**) ձեռք; բռունցք

duke it out *խոսակցական* կռվել; կռվելով հարաբերությունները պարզել

dukedom |ˈdju:kdəm| *noun* դքսություն; հերցոգություն *(դուքսի տիրապետությունը)*

dulcify |ˈdʌlsɪfʌɪ| *verb* (**-fies**, **-fied**) *բանաստեղծական* քաղցրացնել; անուշացնել

dulcimer |ˈdʌlsɪmə| *noun* (նաև **hammered dulcimer**) *երաժշտություն* ծնծղա; արուրաքնար

dull |dʌl| **1** *adjective* 1) տաղտկալի; ձանձրալի; միապաղաղ; անհետաքրքիր; տափակ 2) *հնացած* վհատ; ընկճված; հուսաբեկ 3) անփայլ; դժգույն; անպայծառ; փայլատ; փայլազուրկ *(տեսքի, տեսարանի մասին)* 4) մառախլապատ; ամպամած; թխպոտ; անարեգ *(եղանակի մասին)* 5) աղոտ; խուլ; խլացած *(ձայնի մասին)* 6) աղոտ; բութ; թույլ *(ցավի մասին)* 7) բութ; գոլ; կույր; ոչ սուր; բթացած *(շեղբի/ծայրի մասին)* 8) բութ; հիմար; բթամիտ; ապուշ; ծանրամիտ 9) բթացած; անզգա; զգայազուրկ; ոչ սուր *(զգայությունների մասին)* 10) անաշխույժ; դանդաղ; դանդաղընթաց; դանդաղկոտ; կամկար *(առևտրի/գործունեության մասին)* **2** *verb* 1) բթանալ; աղոտանալ; տաղտկանալ; թուլանալ; դանդաղել 2) բթացնել; աղոտացնել; տաղտկացնել; թուլացնել; դանդաղեցնել; մթնեցնել

dull as dishwater (**as dull as dishwater**) չափազանց ձանձրալի; հորանջաբեր; վերին աստիճանի տաղտկալի; քնեցնող

dull the edge of 1) թուլացնել; պակասեցնել; նվազեցնել; մեղմել *(ցավը)* 2) փչացնել *(ախորժակը)*

dullard |ˈdʌləd| *noun* բթամիտ; հաստագլուխ; ապուշ; դդմագլուխ; անհասկացող

dullish *adjective* 1) բթավուն; մի փոքր բութ 2) տաղտկավուն; մի փոքր տաղտկալի; մի քիչ ձանձրալի

duly |ˈdju:li| *adverb* 1) պատշաճ կերպով; ըստ պատշաճի; բավարար չափով; բավականաչափ; ճիշտ ժամանակին 2) ինչը և կարելի էր ակնկալել; ինչպես և ենթադրվում էր; սպասվածի պես

dumb |dʌm| **1** *adjective* 1) *վիրավորական* մունջ; համր; անլեզու *(հատկապես՝ բնածին)* ◇ **deaf and dumb** խուլուհամր 2) անբան; անխոս; անասուն; անխոսուն; անլեզու *(կենդանիների մասին)* 3) լուռումունջ; անձայն; անխոս; անմռունչ; լռակյաց; սակավախոս ◇ **strike one dumb** շշմեցնել; խոսելու ընդունակությունից զրկել; ապշեցնել 4) պապանձված; համրացած; լեզուն կապ ընկած; ափիբերան *(զարմանքից և այլն)* 5) *ամերիկյան խոսակցական* հիմար; ապուշ 6) *համակարգիչներ* լուռ *(արտաքին սարք, որը կարող է միայն հաղորդել և ընդունել տվյալները, բայց չի կարող մշակել դրանք)* ◇ **dumb terminal** լուռ վերջնասարք **2** *verb* • **dumb down** i) պարզանալ; հասարականալ; իջնել *(ավելի լայն խավերին հասանելի դառնալու համար)* ii) *գրքային* լռեցնել; պապանձեցնել; խլացնել; խեղդել **dumb something down** պարզեցնել; հարմարեցնել լայն հասարակության մտածողության մակարդակին; «դյուրամարս» դարձնել

dumbbell *noun* 1) (**dumbbells**) մարզաքարեր;

մարզագունդ; ծանրաձող; հանտել *(մարմնամարզական վարժությունների համար)* 2) *քիմիա* հանտելանման 3) *ծածկալեզու* ապուշ; հիմարի գլուխ; տխմար

dumbfound |dʌmˈfaʊnd| (նաև **dumfound**) *verb* ապշեցնել; շշմեցնել; պապանձեցնել; լեզուն կապ գցել

dumb waiter *noun* 1) *ամերիկյան* փոքր վերելակ *(որով հարկերի միջև տեղափոխում են տարբեր իրեր, սովորաբար՝ ուտելիք)* 2) *բրիտանական* պտտվող դարակներով սեղան *(ճաշասենյակում զանազան ճաշատեսակներ ու խմիչքներ մատուցելու համար)*

dumdum |ˈdʌmdʌm| (նաև **dumdum bullet**) *noun* *ռազմական* դում-դում գնդակ; բաժանվող գնդակ *(հրազենային գնդակ, որը մարմնին դիպչելով բաժանվում է մասերի՝ վնասելով ներքին օրգանները. ներկայումս արգելված է)*

dummy |ˈdʌmi| **1** *noun* (հոգն. **-mies**) 1) մանեկեն; խրտվիլակ; պուպրիկ *(մարդու հասակով տիկնիկ)* ◇ **a tailor's dummy** դերձակի մանեկեն 2) խամաճիկ; խաղատիկնիկ; հաճկատար; մարիոնետ; կամակատար; ձևական/անվանական պաշտոնյա 3) մակետ; նմուշ; նմուշահատ; նմուշօրինակ; փոխարինիչ; փորձնական օրինակ 4) *տնտեսագիտություն* կեղծ/ձևական ձեռնարկություն *(որը գոյություն ունի միայն թղթի վրա)* 5) *տպագրություն* կեղծանմուշ *(գրքի)* 6) *խոսակցական* հիմարի գլուխ; ապուշ; պարզամիտ; տգետ; անտեղյակ ◇ **Photography for Dummies** Լուսանկարչությունն անտեղյակների համար *(ուսումնական ձեռնարկների անվանումներում)* 7) որովայնախոսի/փորախոսի տիկնիկ **2** *verb* (**-mies**, **-mied**) *տպագրություն* կեղծանմուշ ստեղծել; նախանմուշ ստեղծել; նախօրինակ պատրաստել *(գրքի)* • **dummy up** լռել; ձայն-ծպտուն չհանել; լեզուն իրեն քաշել; չխայտնել **3** *adjective* կեղծ; շինծու; վարժական; վարժանքային

dump |dʌmp| **1** *noun* 1) աղբանոց; աղբատեղի; աղբավայր *(նաև վնասակար թափոնների)* 2) *ամերիկյան* աղբակույտ; աղբյուս 3) *ռազմական* դաշտային պահեստ 4) կիտվածք; կուտակ *(ածխի, հանքի, մոխրի և այլնի)* 5) *խոսակցական* ծայրաթաղ; ձանձրալի/տհաճ վայր; ոջլանոց; ճանճանոց; կոռած-մոլորած տեղ 6) *խոսակցական* արտաթորելը; կղկղելը 7) *համակարգիչներ* դատարկում; պահեստավորում 8) *համակարգիչներ* արտատպում **2** *verb* 1) բեռնաթափել; դատարկել; նետել; թափել *(աղբը, թափոնները)* 2) *խոսակցական* լքել; արագ հեռանալ; ազատվել; թողնել-հեռանալ; գլուխն ազատել *(որևէ մեկից կամ որևէ բանից)* 3) գցել; վայր դնել *(որևէ իր)* 4) *տնտեսագիտություն* գնագցել; դեմպինգ կազմակերպել *(մրցակիցներին շուկայից դուրս մղելու նպատակով՝ ապրանքները ինքնարժեքից ցածր գնով վաճառել)* 5) *համակարգիչներ* դատարկում; պահեստավորում 6) *համակարգիչներ* արտատպել • **dump on** նեղացնել; վիրավորել; վշտացնել; անպատվել

dumpling |ˈdʌmplɪŋ| *noun* 1) խմորագնդիկ *(ապուրի մեջ եփած)* 2) խնձորի կամ այլ մրգի միջուկով պուդինգ 3) *խոսակցական* կարճահասակ մարդ; կարճլիկ; «պոնչիկ»

dumps |dʌm(p)s| *plural noun* *խոսակցական* ընկճված տրամադրություն; վհատություն ◇ **down in the dumps** ընկճված; սիրտը կախ; տխուր-տրտում

dump truck *noun* ինքնաթափ բեռնատար

dumpy |ˈdʌmpi| *adjective* (**dumpier**, **dumpiest**) 1) կարճահասակ ու գեր; կլորիկ; թմբլիկ *(մարդու մասին)* 2) խարխուլ; խղճուկ; անշուք; գորշ; ողորմելի *(բնակարանի/սենյակի մասին)*

dun[1] |dʌn| **1** *adjective* 1) գորշ դարչնավուն; գորշավուն; մոխրաշագանակավուն 2) *գրքային* խավար; մթին **2** *noun* 1) գորշ դարչնագույն; մոխրաշագանակագույն 2) մողոշիկ *(մոխրագույն մարմնով և սև ոտքերով, բաշով ու պոչով ձի)* 3) թուխ ճանճ հիշեցնող ձկնախայծ

dun[2] |dʌn| **1** *verb* (**dunned**, **dunning**) պարտքը պահանջել; նեղել; ձանձրացնել *(պարտապանին)* **2** *noun* *հնացած* 1) պահանջկոտ պարտատեր; պահանջկոտ վարկատու 2) պարտքը վճարելու համառ պահանջ

dunce |dʌns| *noun* բթամիտ; ապուշ; դժվար ըմբռնող

dunderhead |ˈdʌndəhɛd| *noun* *խոսակցական* հիմարի գլուխ; ապուշ

dune |djuːn| *noun* ավազաթումբ; ավազաբլուր *(ծովափին)*

dung |dʌŋ| **1** *noun* թրիք; քակոր; գոմաղբ; պարարտանյութ **2** *verb* գոմաղբով պարարտացնել

dungarees |ˌdʌŋgəˈriː| *plural noun* 1) կապույտ ջինսից հագուստ 2) (**dungaree**) կապույտ ջինս *(գործվածք)*

dung beetle *noun* *կենդանաբանություն* կոյաբզեզ; կոյաբզեզ *(ընտանիքներ Scarabaeidae, Geotrupidae)*

dungeon |ˈdʌn(d)ʒ(ə)n| **1** *noun* 1) զնդան; բանտ *(ստորերկրյա)* 2) *հնացած* (նաև **donjon**) միջնաբերդ, վերնաբերդ **2** *verb* *բանաստեղծական* *գրքային* զնդանել; բանտարկել

dunghill |ˈdʌŋhɪl| (նաև **dungheap**) *noun* գոմաղբի կույտ; աղբակույտ

duo |ˈdjuːəʊ| *noun* (հոգն. **duos**) 1) զույգ; երկյակ; զուգընկերներ *(դերասանների, հաղորդավարների մասին)* 2) *երաժշտություն* երկերգ; երկանվագ; զուգերգ; զուգանվագ

duodenum |ˌdjuːəˈdiːnəm| *noun* (հոգն. **-nums** կամ **-na** |-ˈdiːnə|) *կազմախոսություն* տասներկումատնյա աղիք; տասներկումատնի

dupe[1] |djuːp| **1** *verb* խաբել; հիմար դրության մեջ դնել *(խաբելով)* **2** *noun* 1) խաբված/միամիտ/դյուրահավատ մարդ 2) խաբեության զոհ

dupe[2] |djuːp| *verb, noun* *լուսանկարչություն* տե՛ս **duplicate**

dupeable *adjective* հեշտ խաբվող

duplex |ˈdjuːplɛks| **1** *noun* 1) երկբնակարան տուն *(յուրաքանչյուրը՝ առանձին մուտքով)* 2) երկհարկ/երկհարկանի բնակարան 3) *կենսաբանություն* դուպլեքս **2** *adjective* 1) երկակի; երկկողմ; կրկնակի; երկտակ; երկու մասից բաղկացած 2) երկբնակարան *(տան մասին)* 3) երկհարկանի; երկու հարկ զբաղեցնող *(բնակարանի մասին)* 4) երկգույն; երկերանգ *(թղթի/տախտակի երկու երեսների մասին)* 5) երկկողմանի տպող *(թղթի երկու կողմը տպող տպիչի մասին)* 6) երկհաղորդ *(համակարգչի/շրջույթի մասին, որը միաժամա-

նակ մեկ գծով երկու ուղղությամբ ազդանշան է հաղորդում)

duplicate 1 *adjective* |ˈdju:plıkət| 1) կրկնօրինակ; պատճեն 2) կրկնակի; երկու օրինակով 3) կրկնակի; կրկնապատիկ; երկապատիկ **2** *noun* |ˈdju:plıkət| 1) կրկնակ; պատճեն; կրկնօրինակ; նույնական օրինակ; երկրորդ օրինակ; կրկնատիպ *(նաև փաստաթղթի)* 2) *թղթախաղ* (նաև **duplicate bridge**) կրկնակի բրիջ **3** *verb* |ˈdju:plıkeıt| 1) կրկնապատկել; կրկնել; կրկնակել 2) պատճենահանել; ընդօրինակել; պատճեն հանել 3) կրկնել *(որևէ աշխատանքը՝ առանց անհրաժեշտության)*

in duplicate երկու օրինակով; պատճենով

duplication *noun* 1) կրկնապատկում; կրկնում 2) ընդօրինակում; պատճեն հանելը; բազմացնելը 3) *կենսաբանություն* պատճեն *(ԴՆԹ-ի հատված, որը պատճենն է ԴՆԹ-ի մեկ այլ հատվածի)*

duplicity |dju:ˈplısıti|, |djʊ-| *noun* 1) երկերեսանիություն; երկդիմություն; երեսպաշտություն; կեղծավորություն 2) *հնացած* կրկնակիություն

durability |-ˈbılıti| *noun* 1) ամրություն; պնդություն; դիմացկունություն; տոկունություն 2) տևականություն; տևողություն; աշխատանքի երկարատևություն 3) երկարակեցություն; հարատևություն

durable |ˈdʊərəb(ə)l| **1** *adjective* 1) դիմացկուն; ամուր; պինդ; չմաշվող; մնայուն; երկարատև; տևական 2) *խոսակցական* տոկուն; աննկուն; անընկճելի *(մարդու մասին)* **2** *noun* (նաև **durable goods**) տևական գործածության առարկաներ

duralumin |djʊˈræljʊmın| *noun քիմիա, տեխնիկական* դյուրալյումին

duration |djʊˈreıʃ(ə)n| *noun* տևողություն; ժամանակ; ընթացք

for the duration 1) ընթացքում; տարիներին; ժամանակ *(հատկապես պատերազմի)* 2) *խոսակցական* ընդմիշտ; առմիշտ

duress |djʊ(ə)ˈrεs|, |ˈdjʊərεs| *noun* 1) *իրավունք* ճնշում; հարկադրանք; բռնադատություն ◊ **do something under duress** որևէ բան ճնշման տակ անել 2) *հնացած* ազատազրկում; բանտարկություն

during |ˈdjʊərıŋ| *preposition* ընթացքում; ժամանակ; մինչ

Dushanbe |du:ˈʃænbeı| Դուշանբե *(Տաջիկստանի մայրաքաղաքը)*

dusk |dʌsk| **1** *noun* 1) աղջամուղջ; մթնշաղ; վերջալույս 2) կիսամութ; կիսախավար; աղոտ լույս **2** *verb բանաստեղծական* մթնել; մութն ընկնել; իրիկնանալ; մթնաշաղել **3** *adjective բանաստեղծական* մթնշաղի; մթնշաղային; աղջամղջային; աղոտ; անորոշ; ատվերոտ; մթամած; խավարասույզ

dusky |ˈdʌski| *adjective* (**duskier**, **duskiest**) 1) թուխ; սևորակ; մուգ; թխագույն 2) մթնշաղային; աղջամղջային 3) մռայլ; մթին 4) *հնացած* խափշիկ; սևուկ *(սևամորթների մասին)* 5) մուգ; գորշ; թուխ *(կենդանիների անվանումներում)*

dust |dʌst| **1** *noun* 1) փոշի; թոզ; հողամաղ 2) ածխափոշի, մոծիր; մնիր; մնձուր 3) հարդափոշի; մղեղ; մաղուք; տակուք 4) փոշու ամպ 5) *բուսաբանություն* ծաղկափոշի; բեղմնափոշի; սերմնափոշի 6) *գրքային* աճյուն; մոխիր; փոշի; հող 7) *գրքային* մարմին; մահկանացու մարմին 8) փոշի սրբելը; սրբում; մաքրություն; փոշին թափ տալը **2** *verb* 1) փոշին մաքրել/սրբել; թափ տալ 2) փոշոտել; փոշով ծածկել 3) խաբել; աչքերին թոզ փչել 4) ցանել; սփռել; շաղ տալ *(ալյուր և այլն որևէ բանի վրա)* 5) քոթակել; ծեծել; վերջը տալ; թակել •

dust something off պահեստից հանել; վրայի փոշին մաքրել; վերականգնել գործածության համար; վերսկսել գործածելը

bite the dust կիսամեռ ընկնել

dust and ashes 1) փոշիացած հույսեր; հուսախաբություն; հիասթափություն; պատրանախաբություն 2) հող ու մոխիր; փոշի *(մեռած մարմնի մասին)*

dust settles կրքերը հանդարտվում են; բորբոքվածությունն անցնում է; փոքսն իջնում է; լարվածությունն անցնում է

eat someone's dust *խոսակցական* հետ ընկնել; հետ մնալ; ետ ընկնել; սար ու ձորի տարբերություն լինել; մրցակից չլինել; պոչից քարշ գալ; թույլ տալ, որ իրեն գերազանցեն

gather/collect dust փոշի հավաքել; փոշոտվել; փոշեպատվել; անգործության մատնվել; չօգտագործվել

kick up a dust, make a dust, raise a dust իրարանցում առաջացնել; աղմուկ բարձրացնել

kiss the dust քծնել; ստորաքարշություն անել; պարտություն կրել

leave someone/something in the dust գերազանցել; առաջ անցնել; մի գլխով բարձր լինել; ետևում թողնել *(մրցակիցներին)*

shake off the dust from one's feet ոտքերի փոշին թոթափել; հարաբերությունները խզել; ձեռք քաշել

throw dust into someone's eyes աչքերին թոզ փչել; մոլորեցնել; քթից բռնած ման ածել

dustbin |ˈdʌs(t)bın| *noun* աղբարկղ; աղբաման

dust bowl *noun* չորային քամոտ տարածք

dust cover *noun* 1) *տպագրություն* գրքի կազմի շապիկ; կազմաշապիկ 2) ծածկոց *(փոշուց պաշտպանող)*

duster |ˈdʌstə| *noun* 1) փոշու շոր; թզաշոր; փոշելաթ 2) *ամերիկյան* փոշեթիկնոց *(թեթև կանացի վերարկու, որ 1920-ականներին մեքենա վարելիս էին կրում)* 3) կարճ կանացի խալաթ 4) *խոսակցական* փոշեփոթորիկ; պտտահողմ; փոշեմրրիկ

dustman |ˈdʌs(t)mən| *noun* (հոգն. **-men**) աղբահան; աղբահավաք *(տղամարդ)*

dustpan |ˈdʌs(t)pæn| *noun* գոգաթիակ *(ավլած աղբը թափելու համար)*

dusty |ˈdʌsti| *adjective* (**dustier**, **dustiest**) 1) փոշոտ; փոշեծածկ; փոշելից; փոշեպատ; փոշեկուտակ; փոշու մեջ կորած; հողածածկ 2) գորշավուն; աղոտ; դժգույն; մոխրավուն; խամրած; խունացած; հանգած *(գույնի մասին)* 3) հանդարտ; դիպչ; ձանձրալի; անհետաքրքիր

not so dusty *խոսակցական* վատ չէ; բավական լավ է

Dutch |dʌtʃ| **1** *adjective* հոլանդական; նիդերլանդական **2** *noun* 1) հոլանդերեն; հոլանդական լեզու 2) (**the Dutch**) հոլանդացիներ

double Dutch բլբլոց; դատարկախոսություն; խժդժաբանություն

go dutch հավասարապես վճարել; կիսվել; մուծվել; հաշիվը բաժանել *(հատկապես ռեստորանում)*

in dutch *խոսակցական հնացած* փորձանքի մեջ; դժվարին կացության մեջ; անելանելի վիճակում

Dutch courage *noun* խմելուց առաջացած քաջություն; սրտապնդություն ալկոհոլից; գինովության քաջասրտություն

Dutchman |ˈdʌtʃmən| *noun* (հոգն. **-men**) 1) հոլանդացի 2) հոլանդական նավ 3) *տեխնիկական* դեկորատիվ մակադրակ *(թերությունը ծածկելու համար)* 4) *ամերիկյան խոսակցական հնացած* գերմանացի

I'm a Dutchman *բրիտանական* չի կարող պատահել; այդ դեպքում ես էլ պարուհի եմ; այդ դեպքում ես էլ Նապոլեոնն եմ; անհնար է; հավատս չի գալիս; ես ես չեմ լինի, եթե...

Dutch Reformed Church Հոլանդական Բարեփոխված Եկեղեցի

Dutchwoman *noun* (հոգն. **-women**) հոլանդուհի

duteous |ˈdjuːtɪəs| *adjective հնավանդ* պարտաճանաչ; երախտապարտ; երախտագետ; հնազանդ

dutiable |ˈdjuːtɪəb(ə)l| *adjective տնտեսագիտություն* մաքսելի; մաքսման ենթակա

dutiful |ˈdjuːtɪfʊl|, |-f(ə)l| *adjective* 1) պարտաճանաչ; բարեխիղճ; երախտագետ; հնազանդ 2) ստիպված; հարկադրված

duty |ˈdjuːti| *noun* (հոգն. **-ties**) 1) պարտք; պարտականություն; պարտավորություն; հանձնառություն; պարտքի զգացում 2) ծառայություն *(զինվորական)* 3) աշխատանք; հերթապահություն; ծառայողական պարտականություն; պաշտոն 4) *եկեղեցական* արարողություն; ժամերգություն; պաշտոներգություն 5) մաքս; հարկ; տուրք ◊ **customs duty** մաքսատուրք. **excess profits duty** գերշահույթի հարկ 6) հարգանք; մեծարանք; պատիվ 7) *տեխնիկական* կարողություն; ուժ *(շարժիչի)*

do duty as/for ծառայել/օգտագործվել որպես; կիրառվել որպես; փոխարինել

on duty հերթապահության մեջ; ծառայողական պարտականությունը կատարող

duty-free *adjective, adverb* անմաքս; մաքսից ազատ; առանց մաքսի; տուրքազերծ; մաքսազերծ

duty officer *noun* 1) հերթապահ սպա 2) հերթապահ ոստիկան; ժամապահ

duvet |ˈd(j)uːveɪ| *noun* փետրե վերմակ; սինթետիկ բրդից վերմակ

DVD *noun համակարգիչներ* (**digital videodisc**) թվային մեծածավալ պնակ

dwarf |dwɔːf| **1** *noun* (հոգն. **dwarfs** կամ **dwarves** |dwɔːvz|) 1) *դիցաբանություն* թզուկ; լիլիպուտ 2) թզուկ; գաճաճ; կարճլիկ; կարճահասակ մարդ 3) գաճաճային բույս/կենդանի; թզուկակերպ/ցածրահասակ բույս 4) *ֆիզիկա* թզուկ *(աստղ)* **2** *verb* 1) ճնշել; գերիշխել; տիրապետել; փոքր ցույց տալ *(բարձր շինության և այլնի մասին)* 2) աճը դադարեցնել/կասեցնել; աճը կանգնեցնել; խոչընդոտել զարգացումը **3** *adjective* թզուկ; գաճաճ; թզուկային; թզուկի; կարճահասակ; ցածրահասակ

dwarfish *adjective* 1) թզուկային; գաճաճային; գաճաճ; թզուկ 2) թերզարգացած; թերաճ

dwell |dwel| **1** *verb* (անցյալ և անցյալ դերբայ **dwelled** կամ **dwelt**) բնակվել; ապրել; մնալ; կենալ *(որոշակի տեղում)* • **dwell on** i) (**dwell upon**) կենտրոնանալ; ուշադրությունը բևեռել; ժամանակ հատկացնել; մանրամասն քննել/քննարկել; զբաղվել; մանրամասն կանգ առնել; հանգամանորեն խոսել *(երկար մտածել, խոսել կամ գրել տվյալ թեմայով)* ii) սևեռվել; կենտրոնանալ; հանգչել; մնալ *(աչքերը կամ ուշադրությունը՝ մի թեմայի կամ մի առարկայի վրա)* **2** *noun տեխնիկական* կանգառք; միջընդհատ; կարճատև դադար *(մեքենայի աշխատանքում)*

dweller *noun* բնակիչ; բնակվող; կենող

dwelling |ˈdwelɪŋ| (նաև **dwelling place**) *noun գրական անգլերեն* բնակարան; կացարան; տուն

dwelling house *noun իրավունք* բնակելի շենք/շինություն

DWI *abbreviation* driving while intoxicated անսթափ վիճակում մեքենա վարելը

dwindle |ˈdwɪnd(ə)l| *verb* 1) նվազել; պակասել; սպառվել; մարել; հալվել-գնալ; կրճատվել; քչանալ; փոքրանալ; սակավանալ 2) նշանակությունը կորցնել; արժեզրկվել; անկարևոր դառնալ

dye |daɪ| **1** *noun* ներկ; ներկանյութ; գունակ; գունանյութ **2** *verb* (**dyed**, **dyeing**) 1) ներկել; գույն տալ; ներկ տալ; գունակել; գունավորել 2) ներկվել; գույն ստանալ; ներկը վերցնել

dyed in the wool երդվյալ; ուխտյալ; արմատացած; ուղնուծուծով; ամբողջ հոգով; նվիրված; անուղղելի; անշտկելի

dyer |ˈdaɪə| *noun* ներկարար; ներկագործ; ներկիչ

dyestuff |ˈdaɪstʌf| *noun* ներկատու նյութ; գունատու

dying |ˈdaɪɪŋ| **1** *adjective* 1) մեռնող; մահացող; մարող; հանգչող; վախճանվող; մահվան մահճում 2) մահվան; մեռնելու 3) մեռնող; վերացող; անհետացող; մոռացության մատնվող; կորսվող **2** *noun* մահացում; մահ; մարում; հանգչում

to one's dying day մինչև մահ; ողջ կյանքում; քանի դեռ ողջ է; մինչև վերջ

dyke² |daɪk| *noun վիրավորական* լեսբուհի; միասեռական կին

dynamic |daɪˈnæmɪk| **1** *adjective* 1) դինամիկ; արագափոփոխ; հարափոփոխ; փոփոխվող; հարաշարժ; ակտիվ; շարժընթացիկ; հարաճուն; շարժողական *(շարժումով և գործողությամբ հարուստ)* 2) եռանդուն; եռուն; ակտիվ; գործունյա; գործուն; աշխույժ; խանդավառ; շարժուն; վառվռուն *(մարդու մասին)* 3) խթանիչ; խթանող; շարժող; առաջ մղող *(ուժ)* 4) *ֆիզիկա* դինամիկ; դինամիկական; ուժաբանական 5) *լեզվաբանություն* գործողություն ցույց տվող *(բայ)* 6) *համակարգիչներ* շարժուն; դինամիկական; փոփոխվող *(հիշողության/պահեստավորման և այլնի մասին)* 7) *երաժշտություն* ուժ *(հնչման)* 8) *բժշկություն* ֆունկցիոնալ **2** *noun* 1) խթանող/շարժող ուժ; առաջ մղող ուժ 2) *երաժշտություն* տե՛ս **dynamics**

dynamics |dʌɪˈnæmɪks| *plural noun* 1) *ֆիզիկա* դինամիկա; ուժաբանություն *(նաև այլ գիտություններում)* 2) շարժիչ/խթանիչ ուժեր 3) *երաժշտություն* հնչման ուժերի սահմանը *(երժշտական գործում)*

dynamism |ˈdʌɪnəmɪz(ə)m| *noun* 1) շարժունություն; հարաշարժություն; ակտիվություն; հարաշարժություն; շարժընթացություն; դինամիկա 2) եռանդունություն; աշխուժություն; խանդավառություն; ժրություն; կայտառություն 3) *փիլիսոփայություն պատմական* ուժականություն; դինամիզմ

dynamite |ˈdʌɪnəmʌɪt| **1** *noun* 1) ուժանակ; ուժակ; դինամիտ 2) աղետալի երևույթ; աղետաբեր երևույթ; վտանգավոր նախաձեռնություն 3) *խոսակցական* աղմկահարույց երևույթ; ցնցող իրադարձություն; տպավորիչ մարդ; աղմկալից հաջողություն ունեցող մարդ/երևույթ 4) *խոսակցական հնացած* թմրադեղ *(հատկապես հերոին)* **2** *verb* դինամիտով պայթեցնել

dynamo |ˈdʌɪnəməʊ| *noun* (հոգն. **-mos**) *տեխնիկական* 1) դինամոմեքենա; հաստատուն հոսանքի գեներատոր 2) *խոսակցական* «կրակ»; «հրաբուխ»; եռանդուն մարդ

dynasty |ˈdɪnəsti| *noun* (հոգն. **-ties**) 1) գահատոհմ; հարստություն; դինաստիա; թագավորող տուն; արքայական ցեղ 2) տոհմ; ընտանիք *(հասարակական գործիչների)*

dysentery |ˈdɪs(ə)nt(ə)ri| *noun բժշկություն* դիզենտերիա; արնալուծ; թանչ

dyslexia |dɪsˈlɛksɪə| *noun* դժվարընթերցողություն

dyspepsia |dɪsˈpɛpsɪə| *noun բժշկություն* դիսպեպսիա; դժվարամարսություն

dyspeptic |dɪsˈpɛptɪk| **1** *adjective* 1) *բժշկություն* դժվարամարսական; դիսպեպտիկ; վատ մարսողություն ունեցող 2) ընկճված; դյուրագրգիռ **2** *noun* 1) *բժշկություն* դժվարամարսական; դիսպեպտիկ 2) ընկճված/դյուրագրգիռ մարդ

dysprosium |dɪsˈprəʊzɪəm| *noun քիմիա* (**Dy**) դիսպրոզիում *(տարր)*

Ee

E[1] |iː| (նաև **e**) *noun* (հոգն. **Es** կամ **E's**) 1) անգլերենի այբուբենի հինգերորդ տառը 2) *երաժշտություն* (**E**) մի *(մի հնչյունի տառային նշանակումը)* 3) նշում է ամենացածր եկամուտ ունեցող սոցիալական խումբը

E[2] **1** *abbreviation* 1) Earth Երկիր 2) East արևելք 3) Eastern արևելյան 4) English անգլերեն **2** *symbol ֆիզիկա* 1) էլեկտրական դաշտի լարվածություն 2) էլեկտրաշարժ ուժ 3) (**E=mc2**) էներգիա

e *symbol* 1) էլեկտրոն 2) բնական լոգարիթմների հիմքը *(հավասար է մոտ 2,71828)*

ea. *abbreviation* each յուրաքանչյուր *(օգտագործվում է հատավաճառի գները նշելիս)*

each |iːtʃ| **1** *adjective, pronoun* յուրաքանչյուր; ամեն մի **2** *adverb* յուրաքանչյուրը; ամեն մեկը

each and every յուրաքանչյուր; ամեն մեկը; հատիկ առ հատիկ

each other *pronoun* մեկը մյուսին; մեկը մյուսի հետ

eager |ˈiːɡə| *adjective* 1) (**eager for/after/about**) խիստ փափագող; մեծ ցանկություն ունեցող; ձգտող; անձկալից; նախանձախնդիր 2) եռանդուն 3) անհամբեր

eagerly *adverb* ջերմորեն; անհամբերությամբ; անձկագին; անձկորեն

eagerness *noun* 1) եռանդ; ջանք 2) բուռն ցանկություն

eagle |ˈiːɡ(ə)l| *noun* 1) արծիվ 2) արծվի նշանով մետաղադրամ 3) հին ամերիկյան ոսկեդրամ՝ 10 դոլար արժողությամբ

eagle owl *noun կենդանաբանություն* բվեճ; արծվաբու *(Genus Bubo, ընտանիք Strigidae)*

eaglet |ˈiːɡlɪt| *noun* արծվի ձագ; արծվիկ

ear[1] |ɪə| *noun* 1) *կազմախոսություն* ականջ 2) լսողություն 3) ուշադրություն; լսելու ընդունակություն 4) ասեղի ծակ; ասղածակ 5) ունկ; կանթ

be all ears համակ լսողություն լինել
bring something (down) about one's ears իր վրա որևէ բան հրավիրել *(սովորաբար փորձանք)*
grin from ear to ear բերանը մինչև ականջները բաց ծիծաղել
have/keep an ear to the ground ամեն ինչից տեղեկություն ունենալ
have someone's ear ինչ-որ մեկին մոտ լինել
have something coming out of one's ears *խոսակցական* ինչ-որ բան ականջներից թափվել *(առատությունից)*
in one ear and out the other մի ականջից մտնել, մյուսից դուրս գալ *(լսել, բայց ուշադրություն չդարձնել)*
listen with half an ear կես ականջով լսել; ուշադիր չլինել
one's ears are burning ականջը կարմրել; ականջը տաքանալ *(ենթագիտակցաբար իմանալ, որ իր մասին են խոսում)*
up to one's ears in *խոսակցական* մինչև ականջները խրված լինել

ear[2] |ɪə| *noun* հասկ

earache |ˈɪəreɪk| *noun* ականջի ցավ

eardrum |ˈɪədrʌm| *noun կազմախոսություն* թմբկաթաղանթ

earl |əːl| *noun* կոմս *(անգլիական ազնվական տիտղոս)*

earliness *noun* 1) վաղ լինելը 2) վաղահասություն 3) վաղ ծլունակություն

earlobe *noun* ականջաբլթակ

early |ˈəːli| **1** *adjective* (**earlier**, **earliest**) 1) վաղ; վաղաժամ 2) վաղահաս 3) առաջին **2** *adverb* 1) վաղ 2) սկզբում

an early grave անժամանակ մահ
at the earliest ամենաշուտը
early bird շուտ արթնացող մարդ
the early hours վաղ առավոտ

earmark |ˈɪəmɑːk| **1** *noun* 1) ականջադրոշմ *(կենդանու)* 2) *փոխաբերական* տարբերիչ նշան; բնորոշ նշան **2** *verb* 1) դրոշմել; խարանել; խարանադրոշմել *(անասունը)* 2) հատկացնել; առանձնացնել

earn |əːn| *verb* 1) վաստակել 2) եկամուտ բերել 3) արժանանալ

earn one's keep վաստակել օրվա ծախսը *(աշխատել ուտելիքի և կացավայրի դիմաց)*

earnest[1] |ˈəːnɪst| *adjective* 1) լուրջ; ծանրախոհ; ծանրակշիռ; լրջախոհ 2) անկեղծ; նախանձախնդիր 3) անկեղծորեն

in earnest լրջորեն; ուժգնորեն; նպատակասլացորեն

earnest[2] |ˈəːnɪst| *noun* կանխավճար; գրավ

earnestly *adverb* թախանձագին; համառորեն

earnings |ˈəːnɪŋz| *plural noun* 1) վաստակ; վաստակած փող 2) շահույթ; օգուտ

earphone |ˈɪəfəʊn| *noun* ականջակալ; ականջանոց *(ռադիոյի, լսափողի)*

earring |ˈɪərɪŋ| *noun* ականջօղ; ականջի օղ; կախազարդ

earshot |ˈɪəʃɒt| *noun* լսելիության հեռավորություն ◇ **within earshot** լսելիության սահմաններում. **out of earshot** լսելիության սահմանից դուրս

earth |əːθ| **1** *noun* 1) երկիր; երկրագունդ 2) աշխարհ; հող; գետին; ցամաք 3) որջ; բույն 4) *էլեկտրականություն ռադիո* հողակցում; հողանցում **2** *verb* 1) հողում թաղել/պահել 2) (**earth something up**) հողով ծածկել; բուկլից անել *(բույսի արմատները)* 3) որջը մտնել *(որսվող կենդանու մասին)* 4) *էլեկտրականություն ռադիո* հողակցել; հողանցել

bring back to earth երկիր իջեցնել; վերադարձնել իրականությանը
burn the earth ամբողջ ուժով սլանալ
come (or bring) back to earth երկիր իջնել; վերադառնալ իրականությանը

go to earth մտնել որջը *(որսի կենդանու մասին)*
like nothing on eath *խոսակցական շատ տարօրինակ*
on earth *(օգտագործվում է շեշտելու համար)*

earthen |ˈɜ:θ(ə)n| *adjective* 1) հողե 2) կավե *(ամանեղեն)* 3) բանաստեղծական երկրային; նյութական

earthenware |ˈɜ:θ(ə)nwɛ:| *noun* 1) կավե ամանեղեն; հախճապակյա իրեր 2) խեցեղեն

earthly |ˈɜ:θli| *adjective* 1) երկրային; աշխարհային; ունայն; նյութական 2) հնարավոր; նկազագույն *(օգտագործվում է շեշտելու համար)* ◊ There was no earthly reason why it couldn't be made earlier. Ոչինչ պատճառ անգամ չկար, թե ինչու դա չէր կարելի անել ավելի վաղ:

earthquake |ˈɜ:θkweɪk| *noun* 1) երկրաշարժ 2) *փոխաբերական* ցնցում

earthwork |ˈɜ:θwə:k| *noun* 1) հողապատնեշ; հողե ամրություն; հողապատվար; հողաթումբ 2) (**earthworks**) հողային աշխատանքներ

earthworm |ˈɜ:θwə:m| *noun* 1) *կենդանաբանություն* անձրևորդ *(ընտանիք Lumbricidae, դաս Oligochaeta: Lumbricus, Allolobophora)* 2) *փոխաբերական* ստորաքարշ մարդ; պնակալեզ

earthy |ˈɜ:θi| *adjective* (**earthier**, **earthiest**) 1) հողոտ; հողախառն 2) կենցաղային 3) կոպիտ; բիրտ

ear trumpet *noun* լսափող *(խուլերի համար)*

earwax |ˈɪəwæks| *noun* ականջակեղտ

earwig |ˈɪəwɪg| **1** *noun կենդանաբանություն* ականջամտուկ **2** *verb* (**-wigged**, **-wigging**) *խոսակցական* ականջին փսփսալ; բամբասել; չարախոսել

ease |i:z| **1** *noun* 1) հանգիստ; ազատվելը 2) անկաշկանդություն; անբռնազբոսություն; բնականություն 3) թեթևացում 4) հեշտություն 5) անհոգություն; ազատություն **2** *verb* 1) թեթևացնել *(տանջանքը, բեռը)* 2) հանգստացնել *(ցավը և այլն)* 3) թուլացնել; արձակել 4) *կատակային* գողանալ 5) իջնել *(տոկոսադրույքների/արժեքի մասին)* 6) հեշտացնել • **at ease** i) (**at one's ease**) հանգիստ; անվրդով ii) *ռազմական* հանգիստ **ease oneself** բնական պահանջները հոգալ; թեթևանալ

easel |ˈi:z(ə)l| *noun* 1) պատկերակալ; նկարակալ 2) հենարան; նեցուկ *(ցուցադրական նյութերի համար)*

easily |ˈi:zɪli| *adverb* 1) հեշտությամբ 2) անկասկած; անտարակույս 3) հավանաբար; ամենայն հավանականությամբ

easiness *noun* 1) հեշտություն; պարզություն 2) թեթևություն; անկաշկանդություն 3) ծուլություն; պլարկոտություն

east |i:st| **1** *noun* 1) արևելք 2) արևելյան քամի 3) (**the East**) արևելյան երկրներ; Արևելք 4) արևելյան ուղղություն **2** *adjective* արևելյան **3** *adverb* դեպի արևելք

East Ender *noun* Իստ Էնդի բնակիչ *(Լոնդոնի թաղամասի վերաբերյալ)*

eastbound |ˈi:stbaʊnd| *adjective* արևելք շարժվող

East China Sea Արևելաչինական ծով *(ծով Արևելյան Ասիայի և Մայրցամաքի միջև)*

East End Իստ Էնդ *(Լոնդոնի թաղամասերից մեկը)*

Easter |ˈi:stə| *noun* կրոն Զատիկ; Հարություն

Easter egg *noun* զատկի ձու

Easter Island Զատկի կղզի *(Չիլիի մոտ)*

easterly |ˈi:stəli| **1** *adjective, adverb* 1) արևելյան 2) դեպի արևելք; արևելքից **2** *noun* արևելյան քամի

eastern |ˈi:st(ə)n| *adjective* արևելյան; դեպի արևելք ուղղված

Eastern bloc Արևելյան դաշինք *(այժմ լուծարված ռազմաքաղաքական դաշինք, որն իր մեջ ներառում էր նախկին ԽՍՀՄ-ը և Արևելյան ու Կենտրոնական Եվրոպայի մի շարք երկրներ՝ Լեհաստանը, Արևելյան Գերմանիան, Չեխոսլովակիան, Հունգարիան, Ռումինիան, Բուլղարիան և Հարավսլավիան)*

Eastern Church (նաև **Eastern Orthodox Church**) Արևելյան Եկեղեցի *(քրիստոնեական որևէ եկեղեցի, որը ծագել է Արևելյան Եվրոպայում կամ Միջին Արևելքում և Արևելյան Ասիայում)*

Eastern Desert Արևելյան անապատ; Արաբական անապատ

Eastern Empire Արևելյան կայսրություն; Բյուզանդական կայսրություն

Easterner |ˈi:stənə| (նաև **easterner**) *noun* 1) արևելցի; արևելքի բնակիչ 2) ԱՄՆ-ի արևելյան շրջանների բնակիչ

Eastern Europe Արևելյան Եվրոպա *(Գերմանիայից և Ալպերից դեպի արևելք և Ուրալից դեպի արևմուտք ընկած տարածքը)*

easternmost *adjective* ամենաարևելյան

East Germany Արևելյան Գերմանիա; Գերմանիայի Դեմոկրատական հանրապետություն *(պետություն, որը գոյություն է ունեցել 1949-1990 թթ.)*

East India Company Արևելահնդկական Ընկերություն; Օստ Ինդյան Ընկերություն *(առևտրական ընկերություն, որը կազմակերպվել է 1600 թ., նպաստել է Հնդկաստանի արևելյան և հարավարևելյան շրջանների գաղութացմանը, ռազմական և քաղաքական միջոցներով տիրացել է այդ շրջանների առևտրական կապիտալին, որը գտնվում էր հիմնականում Հնդկաստանի հայերի ձեռքում)*

East Siberian Sea Արևելասիբիրական ծով *(գտնվում է Հյուսիսային սառուցյալ օվկիանոսում)*

East Timor Արևելյան Թիմոր *(պետություն Թիմոր կղզու արևելյան մասում)*

eastward |ˈi:stwəd| **1** *adjective* դեպի արևելք ուղղված; դեպի արևելք շարժվող **2** *adverb* (նաև **eastwards**) դեպի արևելք **3** *noun* արևելյան ուղղություն

easy |ˈi:zi| **1** *adjective* (**easier**, **easiest**) 1) հեշտ; թեթև; դյուրին 2) հանգիստ; հարմար 3) զիջող; հարմարվող; համակերպվող 4) անհոգ; անփույթ 5) անկաշկանդ; անբռնազբոսիկ; բնական 6) հեշտությամբ ձեռք բերվող *(ապրանք)* 7) *արհամարհական* մատչելի *(կնոջ մասին՝ սեռական տեսանկյունից)* 8) ազատ; ոչ կիպ **2** *adverb խոսակցական* հեշտ; հանգիստ; հարմար; հեշտությամբ **3**

exclamation զգու՜յշ; կամա՜ց

be easier said than done ավելի հեշտ է ասելը, քան անելը

easy come, easy go քամու բերած, քամու տարած

easy does it *խոսակցական* այս գործը համբերություն է սիրում

easy on the eye/ear աչքի/ականջի համար հաճելի

go easy on something ինչ-որ բանի նկատմամբ զգույշ լինել

have it easy խնդիրներ չունենալ; բախտավոր լինել

I'm easy նախընտրություն չունեմ *(ընտրության առաջ լինելիս)*

rest/sleep easy հանգիստ քնել; վախ չունենալ

take it easy ուշադրություն չդարձնել; սրտին մոտ չընդունել

take the easy way out հեշտ ուղին ընտրել

easy chair *noun* հարմարավետ աթոռ; բազկաթոռ

easygoing |iːzɪˈɡəʊɪŋ| (նաև **easy-going**) *adjective* 1) անհոգ; հանգիստ բնավորությամբ 2) հանգիստ *(ձիու մասին)*

eat |iːt| **1** *verb* (անցյալ **ate** |ɛt|, |eɪt|; անցյալ դերբայ **eaten** |ˈiːt(ə)n|) 1) ուտել; ճաշակել; սնվել 2) ճաշել 3) խժռել; սպառել; կլանել • **eat away** i) ուտել; խժռել; լափել ii) ուտել; մաշեցնել *(թթվուտի մասին)* iii) քանդել; քայքայել; ավերել **eat in** տանը սնվել **eat off** մաշեցնել; ուտել *(թթվուտի մասին)* **eat out** սնվել դրսում **eat up** ուտել-վերջացնել; սպառել; կլանել **2** *noun խոսակցական* (**eats**) կերակուր; սնունդ

eat alive, be eaten alive 1) կծոտվել *(միջատների կողմից)* 2) շահագործել; տիրել

eat like a bird քիչ ուտել

eat one's heart out տառապել ինչ-որ բանից

eat one's words խոսքը ետ վերցնել

eat someone out of house and home *խոսակցական* ուտել ուրիշի հացը *(մեծ քանակությամբ)*

have someone eating out of one's hand լիովին կառավարել ինչ-որ մեկին

I'll eat my hat *խոսակցական* վիզս կկտրեմ; քիթս կկտրեմ *(եթե տվյալ բանը տեղի ունենա)*

eatable |ˈiːtəb(ə)l| **1** *adjective* ուտելի; ուտվող **2** *noun խոսակցական* ուտելիք; ուտելեղեն; կերակուր

eater |ˈiːtə| *noun* 1) ուտող; բերան; շունչ 2) միրգ; պտուղ *(որը հում վիճակում են ուտում)*

eating house *noun* ճաշարան; խորտկարան; ռեստորան

eau de cologne |ˌəʊ də kəˈləʊn| *noun* օդեկոլոն

eaves |iːvz| *plural noun* 1) քիվ 2) *բանաստեղծական* կոպեր; արտևանունք; թարթիչներ

eavesdrop |ˈiːvzdrɒp| *verb* (**-dropped**, **-dropping**) 1) ականջ կախել; ականջ դնել; թաքուն լսել 2) գաղտնալսել

ebb |ɛb| **1** *noun* 1) տեղատվություն 2) *փոխաբերական* անկում **2** *verb* 1) տեղի տալ; քաշվել; ետ հոսել 2) *փոխաբերական* նվազել; մարել; պակասել; թուլանալ

at a low ebb խղճուկ վիճակում

ebb and flow գալն ու գնալը; աճելն ու նվազելը

ebony |ˈɛb(ə)ni| *noun* 1) էբենոսափայտ; սև փայտ 2) *բուսաբանություն* էբենոսազգիներ *(Diospyros and Euclea, ընտանիք Ebenaceae)*

ebullient |ɪˈbʌljənt|, |-ˈbʊl-| *adjective* 1) եռացող 2) *փոխաբերական* եռուն; բուռն; բորբոքուն; հուզավառ 3) խանդավառ; ոգևորված

eccentric |ɪkˈsɛntrɪk|, |ɛk-| **1** *adjective* 1) տարօրինակ; օտարոտի; էքսցենտրիկ 2) *տեխնիկական* արտակենտրոն **2** *noun* 1) տարօրինակ մարդ; արտառոց մարդ 2) *տեխնիկական* արտակենտրոն սկավառակ կամ անիվ; արտակենտրոնակ

eccentricity |ˌɛksɛnˈtrɪsɪti| *noun* (հոգն. **-ties**) 1) տարօրինակություն; արտասովորություն; արտառոցություն 2) *տեխնիկական* արտակենտրոնություն

Ecclesiastes |ɪˌkliːzɪˈæstiːz| *աստվածաշնչային* Ժողովող *(Հին Կտակարանի գրքերից մեկը)*

ecclesiastic |ɪˌkliːzɪˈæstɪk| *գրական անգլերեն* **1** *noun* հոգևորական; քահանա **2** *adjective* տե՛ս **ecclesiastical**

ecclesiastical |ɪˌkliːzɪˈæstɪk(ə)l| *adjective* եկեղեցական

Ecclesiasticus |ɪˌkliːzɪˈæstɪkəs| Իմաստություն Հիսուսի՝ Սիրաքի որդու *(երկրորդականոն գրքերից, որը ենթադրվում է, որ գրվել է Ք.Ա. 180 թթ.)*

echelon |ˈɛʃəlɒn|, |ˈeɪʃ-| **1** *noun* 1) *ռազմական* էշելոն; շարազոր; զորաշար 2) աստիճանաշար; սանդղական **2** *verb* 1) *ռազմական* էշելոնել; շարանել; շարան կազմել 2) դասավորել աստիճանաձև

Echmiadzin Էջմիածին *(վանք և միաբանություն Հայաստանում, Հայ Առաքելական Եկեղեցու կենտրոնը)*

echo |ˈɛkəʊ| **1** *noun* (հոգն. **echoes**) 1) արձագանք 2) ընդօրինակում; կրկնօրինակում 3) ընդօրինակող *(մարդ)* 4) անդրադարձ 5) մանրամասն; հիշեցնող հատկանիշ **2** *verb* (**echoes**, **echoed**) 1) արձագանքել 2) կրկնել; անդրադարձնել 3) ընդօրինակել 4) հետևանքներ ունենալ

echo sounding *noun* խորաչափում արձագանքով

eclectic |ɪˈklɛktɪk| **1** *adjective* բազմընտրական; հավաքական **2** *noun* բազմընտրական անձ; բազմընտրականության հետևորդ

eclipse |ɪˈklɪps| **1** *noun* 1) *աստղագիտություն* խավարում 2) խավարում; նսեմացում **2** *verb* խավարեցնել; ծածկել; ստվերի մեջ թողնել

in eclipse կարևորությունը կորցրած

eco-friendly |iːkəʊˈfrɛn(d)li| *adjective* շրջակա միջավայրին չվնասող

ecological |iːkəˈlɒdʒɪk(ə)l|, |ɛk-| *adjective* բնապահպանական; գոյապահպանական

ecology |ɪˈkɒlədʒi|, |ɛ-| *noun* 1) բնապահպանություն; գոյապահպանություն 2) (**Ecology**) Գոյապահպանություն *(քաղաքական շարժում, որի նպատակը շրջակա միջավայրի պահպանումն է, հատկապես աղտոտումից)*

economic |ˌiːkəˈnɒmɪk|, |ɛk-| *adjective* 1) տնտեսական 2) *խոսակցական* խնայող; տնտեսող; խնայողական; տնտեսվար 3) շահութաբեր; շահավետ 4) գործնական; կիրառական

economical |iːkəˈnɒmɪk(ə)l|, |ɛk-| *adjective* 1) տնտեսող; խնայող 2) խնայողական; ձեռնտու 3) տնտեսագիտական 4) *մեղմասություն* ճշմարտությունը թաքցնող

economically *adverb* 1) տնտեսվար կերպով; խնայողաբար; տնտեսվարորեն 2) տնտեսապես; տնտեսական տեսանկյունից

economics |iːkəˈnɒmɪks|, |ɛk-| *plural noun* 1) տնտեսագիտություն 2) տնտեսություն; տնտեսական իրավիճակ

economist |ɪˈkɒnəmɪst| *noun* 1) տնտեսագետ 2) տնտեսող մարդ

economize |ɪˈkɒnəmʌɪz| *verb* տնտեսել; խնայել

economy |ɪˈkɒnəmi| **1** *noun* (հոգն. **-mies**) 1) տնտեսություն 2) տնտեսում; խնայողություն 3) (**economies**) խնայողություններ 4) *աստվածաշնչային* նախախնամություն; տնօրինություն **2** *adjective* խնայողական; մատչելի; էժան

ecosystem |ˈiːkəʊsɪstəm| *noun* *բնապահպանություն* գոյահամակարգ *(փոխազդող կենդանի օրգանիզմներ և նրանց ֆիզիկական շրջապատը)*

ecotourism |ˌiːkəʊˈtʊərɪz(ə)m| *noun* գոյապահպանական զբոսաշրջություն

ecstasy |ˈɛkstəsi| *noun* (հոգն. **-sies**) զմայլանք; հափշտակություն; սքանչացում; էքստազ

ecstatic |ɪkˈstætɪk|, |ɛk-| **1** *adjective* սքանչական; զմայլական; խանդավառ **2** *noun* զմայլանքի մեջ ընկած մարդ

Ecuador |ˈɛkwədɔː|, |ekwæˈðor| Էկվադոր *(պետություն Հարավային Ամերիկայում)*

ecumenical |ˌiːkjʊˈmɛnɪk(ə)l|, |ɛk-| *adjective* էկումենիկ; միջկրոնական; միջեկեղեցական

eczema |ˈɛksɪmə|, |ˈɛkzɪmə| *noun* *բժշկություն* թրմոր; որքին

ed. *abbreviation* 1) edited by խմբագրությամբ; խմբագիր 2) edition խմբագրություն; հրատարակություն 3) editor խմբագիր 4) education կրթություն

eddy |ˈɛdi| **1** *noun* (հոգն. **-dies**) 1) ջրապտույտ; հորձանուտ 2) պտտահողմ; մրրիկ **2** *verb* (**-dies**, **-died**) պտույտներ գործել; հորձանուտում պտտվել

edema |ɪˈdiːmə| (*բրիտանական* **oedema**) *noun* այտուց

Eden |ˈiːd(ə)n| (*նաև* **Garden of Eden**) *աստվածաշնչային* Եդեմ; Եդեմի այգի

edge |ɛdʒ| **1** *noun* 1) եզր; ծայր; պռունկ 2) սայր; շեղբ 3) սրություն; լարվածություն; գրգռվածություն 4) *ամերիկյան* առավելություն **2** *verb* 1) եզրել; եզերք քաշել 2) զգուշորեն/դանդաղ շարժվել 3) եզրերը կտրել 4) սրություն հաղորդել; լարվածություն հաղորդել • **edge away/off** կողքանց գնալ; մի կողմ քաշվել **edge into** խցկել; խցկվել; խառնվել; մեջ ընկնել **edge on** գրգռել **edge out** դուրս մղել; դուրս պրծնել

on edge անհամբեր; գրգռված; լարված

on the edge of one's seat խիստ լարված; փշերի վրա

set someone's teeth on edge գրգռել; ջղայնացնել; բարկացնել

take the edge off թուլացնել *(ուժը, լարվածությունը)*

edge tool *noun* կտրող գործիք

edgewise |ˈɛdʒweɪz| (*նաև* **edgeways**) *adverb, adjective* 1) սուր ծայրով/եզրով *(դեպի առաջ)* 2) ծայրը ծայրին; եզրը եզրին

get a word in edgewise խոսք մեջ գցել; մի կերպ խոսակցության մեջ մտնել

edging |ˈɛdʒɪŋ| *noun* 1) եզր 2) երիզ; զարդերիզ; բոլորք 3) եզրավորում

edgy |ˈɛdʒi| *adjective* (**edgier**, **edgiest**) 1) սուր; սրածայր 2) գրգռված; դյուրաբորբոք 3) *գեղանկարչություն* սուր եզրագծերով

edible |ˈɛdɪb(ə)l| **1** *adjective* ուտելի **2** *noun* (**edibles**) ուտելիք; ուտեստներ; կերակուր

edict |ˈiːdɪkt| *noun* *պատմական* հրովարտակ; հրամանագիր

edification |ˌɛdɪfɪˈkeɪʃ(ə)n| *noun* *գրական անգլերեն* խրատ; բարոյախոսություն; հորդոր

edifice |ˈɛdɪfɪs| *noun* *գրական անգլերեն* 1) շենք; կառուցվածք; շինություն; կառույց 2) համակարգ; կառույց

edify |ˈɛdɪfʌɪ| *verb* (**-fies**, **-fied**) *գրական անգլերեն* խրատել; հորդորել

Edinburgh |ˈɛdɪnbərə| Էդինբուրգ *(Շոտլանդիայի մայրաքաղաքը)*

edit |ˈɛdɪt| **1** *verb* (**edited**, **editing**) 1) խմբագրել; տպագրության պատրաստել 2) մոնտաժել; մոնտաժ անել *(ֆիլմը)* **2** *noun* խմբագրում; ուղղում

edition |ɪˈdɪʃ(ə)n| *noun* 1) հրատարակություն 2) տպաքանակ 3) տարբերակ

editor |ˈɛdɪtə| *noun* 1) խմբագիր 2) *համակարգչներ* խմբագրիչ *(ծրագիր)*

editorial |ɛdɪˈtɔːrɪəl| **1** *adjective* խմբագրական; խմբագրի **2** *noun* 1) առաջնորդող *(հոդված)* 2) ոչ գովազդային մաս *(թերթի)*

editorialist *noun* առաջնորդող հոդվածների հեղինակ

educate |ˈɛdjʊkeɪt| *verb* 1) դաստիարակել; կրթել 2) մարզել; վարժեցնել

educated |ˈɛdjʊkeɪtɪd| *adjective* 1) կրթված 2) զարգացած *(ընդունակության մասին)*

education |ɛdjʊˈkeɪʃ(ə)n| *noun* 1) դաստիարակություն; կրթություն; ուսուցում ◇ **compulsory education** պարտադիր ուսուցում. **trade education** մասնագիտական կրթություն. **higher education** բարձրագույն կրթություն. **secondary education** միջնակարգ կրթություն 2) դաստիարակում; զարգացում *(ընդունակությունների)* 3) վարժեցում *(կենդանիների)*

educational |ɛdjʊˈkeɪʃ(ə)n(ə)l| *adjective* դաստիարակչական; կրթական; ուսումնական; մանկավարժական

educe |ɪˈdjuːs| *verb* *գրական անգլերեն* 1) զարգացնել; երևան բերել *(ընդունակությունները)* 2) (**educe from**) դուրս բերել; եզրակացնել; բխեցնել 3) *քիմիա* առանձնացնել; անջատել

eel |iːl| *noun* *կենդանաբանություն* օձաձուկ *(կարգ Anguilliformes)*

eerie |ˈɪəri| *adjective* (**eerier**, **eeriest**) 1) ահարկու; ահազդող; մռայլ 2) տարօրինակ

efface |ɪˈfeɪs| *verb* 1) ջնջել; մաքրել 2) *փոխաբերական* մտքից հանել; ջնջել ◇ **efface oneself** չքվել; անհայտանալ; աննկատելիորեն հեռանալ; աննկատելի դառնալ

effect |ɪˈfɛkt| **1** *noun* 1) արդյունք; հետևանք 2) ազդեցություն; ուժ 3) ազդակ; տպավորություն; ներգործություն 4) (**effects**) ներգործության միջոցներ; էֆեկտներ 5) (**effects**) ունեցած-չունեցածը; անձնական իրեր **2** *verb* պատճառել; կատարել; իրականացնել; ներգործել

for effect տպավորություն գործելու համար

in effect ուժի մեջ; գործող

of no effect ապարդյուն; անօգուտ

take effect ուժի մեջ մտնել

to that effect այդ նպատակով; այդ իմաստով

to the effect that վերաբերյալ; վերաբերող

effective |ɪˈfɛktɪv| **1** *adjective* 1) գործող; ուժ ունեցող *(օրենք, կանոն և այլն)* 2) արդյունավետ; գործուն; ներգործող 3) իրական 4) ազդու; տպավորիչ 5) *ռազմական* հանդերձավորված 6) *ֆիզիկա* արդյունարար **2** *noun ռազմական* 1) ծառայության համար պիտանի զինվոր 2) (**effectives**) բանակի թվական կազմը

effectively |ɪˈfɛktɪvli| *adverb* 1) արդյունավետորեն; արդյունավետ կերպով 2) գործնականում; փաստորեն

effectiveness *noun* արդյունավետություն

effector |ɪˈfɛktə| *noun կենսաբանություն* պատասխանիչ *(օրգան կամ բջիջ)*

effectual |ɪˈfɛktʃʊəl|, |-tjʊəl| *adjective* 1) արդյունավետ; ազդեցիկ; գործուն 2) *իրավունք* վավերական; իրավական ուժ ունեցող

effectuate |ɪˈfɛktʃʊeɪt|, |-tjʊ-| *verb գրական անգլերեն* իրագործել; կատարել; անել; ի կատար ածել

effeminacy *noun* կանացիություն; իգություն; իգականություն

effeminate |ɪˈfɛmɪnət| *adjective* 1) կանացի; թույլ; կնանման; իգանման 2) երես առած

effervescence *noun* 1) փրփրում; պղպջակներ արձակելը 2) հուզում; ոգևորություն; վերելք

effervescent |ɛfəˈvɛsənt| *adjective* 1) փրփրուն; թշշան; պղպջուն 2) *փոխաբերական* կենսուրախ; բուռն; եռուն

efficacy |ˈɛfɪkəsi| *noun* արդյունավետություն; գործունություն

efficiency |ɪˈfɪʃ(ə)nsi| *noun* (հոգն. **-cies**) 1) արդյունավետություն 2) արտադրողականություն; արտադրելիություն 3) կարողություն; աշխատունակություն 4) *տեխնիկական* օգտակար գործողության գործակից; ՕԳԳ

efficient |ɪˈfɪʃ(ə)nt| *adjective* 1) արդյունավետ; ազդող; ներգործող; աշխատունակ 2) կարող; ունակ; որակյալ 3) խելամիտ; նպատակահարմար

efficiently *adverb* խելամտորեն; բանականորեն

effigy |ˈɛfɪdʒi| *noun* (հոգն. **-gies**) 1) քանդակ; արձան 2) խամաճիկ *(որևէ մարդու կոպիտ պատկերումը, որը նախատեսված է որպես բողոքի նշան այրելու համար)*

effloresce |ˌɛfləˈrɛs| *verb* 1) ծաղկել; փթթել 2) *քիմիա* ժանգոտվել; ժանգով պատվել; քայքայվել 3) փոշիանալ *(ջրազրկվելու պատճառով)*

efflorescence *noun* 1) ծաղկման շրջան 2) գագաթնակետ; բարձրակետ 3) *երկրաբանություն* հողմահարություն

effluence |ˈɛflʊəns| *noun* 1) արտահոսում 2) արտահոսող նյութ

effluent |ˈɛflʊənt| *noun* 1) կոյուղու կեղտաջրեր 2) արտահոսում

efflux |ˈɛflʌks| *noun տեխնիկական* արտահոսք; արտահոսող նյութ

effort |ˈɛfət| *noun* 1) ջանք; ճիգ; լարում 2) *խոսակցական* նվաճում 3) *ֆիզիկա* ուժ; կիրառված ուժ

effortless |ˈɛfətlɪs| *adjective* 1) անջանք; դյուրին 2) *հնացած* ջանք չանող

effortlessly *adverb* առանց ջանքերի

effrontery |ɪˈfrʌnt(ə)ri| *noun* լկտիություն; անամոթություն; անպատկառություն

effulgent |ɪˈfʌldʒ(ə)nt| *adjective բանաստեղծական* լուսաճաճանչ; ճաճանչափայլ; պայծառ; լուսափայլ; շքեղ

effuse |ɪˈfjuːz| *verb* 1) թափել; հեղել; զեղել 2) արձակել; սփռել; տարածել

effusion |ɪˈfjuːʒ(ə)n| *noun* 1) հեղում; զեղում; թափելը 2) հոսանք; զեղում *(բառերի և այլնի)* 3) *բժշկություն* զեղում *(արյան լցվելը մարմնի խոռոչների մեջ)*

effusive |ɪˈfjuːsɪv| *adjective* 1) բուռն; անզուսպ 2) *երկրաբանություն* հրաբխային

EFL *abbreviation* English as a foreign language անգլերենը որպես օտար լեզու

e.g. *abbreviation* exempli gratia օրինակ; օրինակի համար

egad |ɪˈgæd| (նաև **egads**) *exclamation հնավանդ* Աստված վկա; Աստված իմ *(զարմանքի կամ մեղմ երդումի արտահայտություն)*

egalitarian |ɪˌgælɪˈtɛːrɪən| **1** *adjective* հավասարարական **2** *noun* հավասարարության կողմնակից

egg[1] |ɛg| *noun* ձու; հավկիթ ◇ **soft-boiled egg** թերխաշ ձու. **hard-boiled egg** պինդ խաշած ձու. **a shady egg** հոտած ձու. **scrambled egg** հարած ձվածեղ. **ham, bacon and eggs** ապուխտով ձվածեղ. **in the egg** սաղմնային վիճակում

don't put all your eggs in one basket բոլոր ձվերը մեկ զամբյուղի մեջ մի՛ դիր; ամեն ինչ մի գործի հաջողության հետ մի՛ կապիր; ամեն ինչ մեկ գործի մեջ մի՛ վտանգիր

kill the goose that lays the golden egg կտրել եկամտի արժեքավոր աղբյուրը

with egg on one's face *խոսակցական* հիմար վիճակում

egg[2] |ɛg| *verb* ◇ **egg someone on** գրգռել; դրդել; հրահրել *(մի բան անելու)*

eggcup *noun* ձվի բռնիչ/գավաթ

eggplant |ˈɛgplɑːnt| *noun բուսաբանություն* բադրիջան; սմբուկ *(Solanum melongena, ընտանիք Solanaceae)*

eggshell |ˈɛgʃɛl| *noun* 1) ձվի կճեպ 2) բաց դեղին գույն 3) *բրիտանական փայլատ ծածկույթ*

eglantine |ˌɛglǝntʌɪn| *noun* *բուսաբանություն* (նաև **sweetbrier**) վայրի վարդ; մասրենի

ego |ˈiːgǝʊ|, |ˈɛ-| *noun* (հոգն. **egos**) 1) ես; մարդու եսը; մտածող անձ 2) եսասիրություն; բարձր կարծիք իր մասին

egocentric |ˌɛgǝ(ʊ)ˈsɛntrɪk|, |iː-| **1** *adjective* եսակենտրոն; անձնակենտրոն; ինքնակենտրոն **2** *noun* եսակենտրոն անձ

egoism |ˈɛgǝʊɪz(ǝ)m|, |ˈiː-| *noun* *բարոյագիտություն* եսասիրություն; եսապաշտություն; անձնապաշտություն

egoist *noun* եսասեր; անձնասեր; եսապաշտ

egregious |ɪˈgriːdʒǝs| *adjective* 1) անուղղելի; տխրահռչակ 2) աղաղակող; ճչացող 3) *հնացած* հայտնի; հանրահայտ

egress |ˈiːgrɛs| **1** *noun* 1) ելք 2) դուրս գալու իրավունք **2** *verb* դուրս գալ

egret |ˈiːgrǝt|, |ˈɛ-| *noun* 1) *կենդանաբանություն* սպիտակ ձկնկուլ *(Egretta (և Bubulcus), ընտանիք Ardeidae)* 2) փետրափունջ

Egypt |ˈiːdʒɪpt| Եգիպտոս *(պետություն Աֆրիկայի հյուսիսում)*

Egyptian |ɪˈdʒɪpʃ(ǝ)n| **1** *adjective* եգիպտական **2** *noun* 1) եգիպտացի; եգիպտուհի 2) եգիպտական գլանակ 3) հին Եգիպտոսի լեզուն

eh |eɪ| *exclamation* հը՞; ինչ՞; ինչ ասացի՞ք; այնպես չէ՞; հա՛; ահա թե ինչ

eider |ˈʌɪdǝ| *noun* (նաև **eider duck**) (հոգն. նույնը կամ **eiders**) *կենդանաբանություն* այդերուկ; փափկափետուր բադ *(Somateria և Polysticta, ընտանիք Anatidae)*

eiderdown |ˈʌɪdǝdaʊn| *noun* 1) այդերուկի աղվափետուր 2) փետուրե/փետրալից վերմակ

eight |eɪt| *cardinal number* 1) ութ 2) ութ թիավարներով թիավարության մրցում

eighteen |eɪˈtiːn|, |ˈeɪtiːn| *cardinal number* տասնութ

eighteenth **1** *ordinal number* տասնութերորդ **2** *noun* մեկ տասնութերորդ մասը

eighth |eɪtθ| *ordinal number* 1) ութերորդ; մեկ ութերորդ 2) *երաժշտություն* մեկ ութերորդ ձայնանիշ

eightieth *ordinal number* ութսուներորդ

eighty |ˈeɪti| *cardinal number* (հոգն. **eighties**) ութսուն

einsteinium |ʌɪnˈstʌɪnɪǝm| *noun* *քիմիա* էյնշտեյնիում *(քիմիական տարր)*

Eire |ˈɛːrǝ| Էյրե *(Իռլանդիայի հանրապետության պաշտոնական անվանումը 1937-1949 թթ.)*

either |ˈʌɪðǝ|, |ˈiː-| **1** *conjunction, adverb* 1) կամ ◇ **either ... or** կամ ... կամ 2) նույնպես; նմանապես *(ժխտման ժամանակ)* **2** *adjective, pronoun* 1) յուրաքանչյուրը *(երկուսից)* 2) երկուսն էլ; և՛ այս և՛ այն 3) այս կամ այն; երկուսից մեկը; որևէ մեկը

either way ինչ էլ որ լինի; բոլոր դեպքերում

ejaculate **1** *verb* |ɪˈdʒækjʊleɪt| 1) բացականչել 2) ժայթքել; դուրս նետել 3) *բնախոսություն* սերմը դուրս ժայթքել **2** *noun* |ɪˈdʒækjʊlǝt| սերմնահեղուկ

ejaculation |-ˈleɪʃ(ǝ)n| *noun* 1) *բնախոսություն* սերմնաժայթքում 2) ժայթքում 3) բացականչություն *(անսպասելի)*

eject |ɪˈdʒɛkt| *verb* 1) ժայթքել; դուրս նետել 2) վտարել; վռնդել 3) արձակել

ejection *noun* 1) ժայթքում; արտանետում 2) վտարում; արձակում

Ekaterinburg Եկատերինբուրգ *(քաղաք Ռուսաստանի կենտրոնական մասում. նախկին անվանումը (1924-1991 թթ.)՝ Սվերդլովսկ)*

eke[1] |iːk| *verb* 1) (**eke something out**) մի կերպ ձեռք բերել 2) բավականացնել; հերիքացնել

eke[2] |iːk| *adverb* *հնացած* տե՛ս **also**

el |ɛl| *noun* 1) *ամերիկյան խոսակցական* վերերկրյա երկաթուղի 2) վերերկրյա երկաթուղու գնացք

elaborate **1** *adjective* |ɪˈlæb(ǝ)rǝt| 1) խնամքով/մանրամասն մշակված; վարպետորեն կատարված; բարդ 2) չափազանցված; ձգձգված **2** *verb* |ɪˈlæbǝreɪt| 1) մանրամասն մշակել; խնամքով կատարել 2) արտադրել; տալ; պատրաստել *(հատկապես կենսաբանական օրգանիզմների կողմից)*

Elam |ˈiːlæm| Էլամ *(հնագույն պետություն այժմյան Իրանի հարավ-արևմուտքում)*

elapse |ɪˈlæps| *verb* անցնել; սահել; թռչել; սպառվել *(ժամանակի մասին)*

elastic |ɪˈlæstɪk| **1** *adjective* 1) առաձգական 2) *փոխաբերական* ճկուն; հարմարվող; դյուրաթեք **2** *noun* ռետին; ռետինե իր *(ռետինած երիզ)*

elastic band *noun* ռետինե երիզ; ռետինե ժապավեն

elate |ɪˈleɪt| **1** *verb* 1) տրամադրությունը բարձրացնել; քաջալերել; խրախուսել 2) խանդավառել **2** *adjective* *հնավանդ* բարձր տրամադրության մեջ; խանդավառ; ոգևորված

elation |ɪˈleɪʃ(ǝ)n| *noun* բարձր տրամադրություն; խանդավառություն; հրճվանք; հիացմունք

Elbe |ɛlb|, |ˈɛlbǝ| Էլբա; Լաբա *(գետ Կենտրոնական Եվրոպայում)*

elbow |ˈɛlbǝʊ| **1** *noun* 1) *կազմախոսություն* արմունկ ◇ **at one's elbow** ձեռքի տակ; կողքին. **out at elbows** i) արմունկները մաշված/տրորված *(հագուստի մասին)* ii) աղքատ; խեղճ *(մարդ)*. **rub elbows with** *խոսակցական* բարեկամանալ մեկի հետ; բարեկամություն անել 2) *տեխնիկական* ծունկ; անկյունավոր ծռվածք **2** *verb* 1) արմունկով հրել/հարվածել; հրմշտելով առաջ գնալ ◇ **elbow oneself, elbow one's way** հրելով անցնել; ճանապարհ բացել իր համար 2) *փոխաբերական* ազատվել; հեռու վանել; ճանապարհից հեռացնել

at one's elbow ձեռքի տակ; մոտիկ

elbow-to-elbow իրար շատ մոտիկ

up to one's elbows in 1) *խոսակցական* մինչև կոկորդը խրված *(ինչ-որ գործի մեջ)* 2) մինչև արմունկները թաթախված

elbow room *noun* *խոսակցական* բավականաչափ տարածություն; ազատ տարածություն

Elbrus |ɛlˈbruːs| Էլբրուս *(լեռ Կովկասյան լեռնաշղթայում)*

elder¹ |ˈɛldə| **1** *adjective* 1) ավագ; մեծահասակ 2) (**the Elder**) ավագը *(ընտանիքի ավագ անդամին նշելու համար)* ◇ **Bush the Elder** Բուշ Ավագը **2** *noun* 1) ծերունի 2) ծերերը; մեծերը; ավագները 3) *եկեղեցական* երեց

elder² |ˈɛldə| *noun* (նաև **elderberry**) *բուսաբանություն* թանթրվենի; շամբուկ *(Sambucus, ընտանիք Caprifoliaceae)*

elderly |ˈɛldəli| *adjective* 1) հասակավոր; հասակն առած; տարեց; ծեր 2) հին *(սարքավորումների մասին)*

eldest |ˈɛldɪst| *adjective* ամենամեծ; ամենաավագ *(ընտանիքում)*

elect |ɪˈlɛkt| **1** *verb* ընտրել **2** *noun* *եկեղեցական* ընտրյալ անձ; փրկված անձ **3** *adjective* 1) ընտրված; ընտրյալ 2) *եկեղեցական* ընտյալ; փրկված

election |ɪˈlɛkʃ(ə)n| *noun* 1) ընտրություն; ընտրություններ ◇ **general election** ընդհանուր ընտրություններ. **special election** լրացուցիչ ընտրություններ 2) ընտրություն; ընտրելը

electioneer |ɪˌlɛkʃəˈnɪə| **1** *verb* նախընտրական քարոզարշավ անցկացնել **2** *noun* նախընտրական քարոզարշավի մասնակից

elective |ɪˈlɛktɪv| **1** *adjective* 1) ընտրական 2) ընտրովի 3) ընտրական իրավունքներ ունեցող 4) կամավոր; ոչ պարտադիր **2** *noun* ընտրովի դասընթաց

elector |ɪˈlɛktə| *noun* 1) ընտրող 2) *ամերիկյան* ընտրող պատվիրակ 3) *պատմական* կայսերընտիր *(Գերմանիայի իշխանը, ով իրավունք ուներ Հռոմի կայսրի ընտրությանը քվեարկելու)*

electoral |ɪˈlɛkt(ə)r(ə)l| *adjective* ընտրական

electorate |ɪˈlɛkt(ə)rət| *noun* ընտրազանգված; ընտրախումբ

electric |ɪˈlɛktrɪk| **1** *adjective* 1) էլեկտրական 2) պայծառ *(գույնի մասին)* 3) գրգռիչ; հուզիչ **2** *noun* էլեկտրամոբիլ; էլեկտրաշարժ գնացք

electric chair *noun* էլեկտրական աթոռ *(մահապատժի եղանակ ԱՄՆ-ում)*

electrician |ˌɪlɛkˈtrɪʃ(ə)n|, |ˌɛl-|, |ˌiːl-| *noun* 1) էլեկտրատեխնիկ; էլեկտրականության ճարտարագետ 2) էլեկտրասարքող; էլեկտրամոնտյոր

electricity |ˌɪlɛkˈtrɪsɪti|, |ˌɛl-|, |ˌiːl-| *noun* *ֆիզիկա* էլեկտրականություն; էլեկտրական հոսանք

electric shock *noun* էլեկտրական հարված

electrification |-fɪˈkeɪʃ(ə)n| *noun* էլեկտրականացում

electrify |ɪˈlɛktrɪfʌɪ| *verb* (**-fies**, **-fied**) 1) էլեկտրականություն մատակարարել 2) էլեկտրականացնել 3) գրգռել; լարվածության մեջ պահել

electro |ɪˈlɛktrəʊ| *noun* (հոգն. **-tros**) 1) տե՛ս **electroplate** 2) (նաև **electrotype**) գալվանատպություն կատարել 3) *երաժշտություն* էլեկտրո *(պարային երաժշտության տեսակ, որն առանձնանում է արագ ռիթմով)*

electrocute |ɪˈlɛktrəkjuːt| *verb* 1) էլեկտրահար անել; էլեկտրական հոսանքով սպանել 2) *ամերիկյան* մահապատժի ենթարկել էլեկտրական աթոռի վրա

electrocution |-ˈkjuːʃ(ə)n| *noun* 1) էլեկտրահարում 2) *ամերիկյան* մահապատիժ էլեկտրական աթոռի վրա

electrode |ɪˈlɛktrəʊd| *noun* էլեկտրոդ

electrolysis |ˌɪlɛkˈtrɒlɪsɪs|, |ˌɛl-| *noun* էլեկտրալիզ; էլեկտրալուծություն

electrolyte |ɪˈlɛktrəlʌɪt| *noun* էլեկտրալիտ *(էլեկտրական հոսանք հաղորդող լուծույթ)*

electrolytic cell *noun* էլեկտրալիզային բջիջ; էլեկտրալուծման բջիջ

electromagnet |ɪˌlɛktrə(ʊ)ˈmægnɪt| *noun* *ֆիզիկա* էլեկտրամագնիս

electromagnetic |ɪˌlɛktrə(ʊ)mægˈnɛtɪk| *adjective* էլեկտրամագնիսական

electromagnetism |ɪˌlɛktrəʊˈmægnɪtɪz(ə)m| *noun* էլեկտրամագնիսականություն *(էլեկտրական դաշտերի կամ հոսանքների և մագնիսական դաշտերի փոխազդեցության ուսումնասիրություն)*

electron |ɪˈlɛktrɒn| *noun* *ֆիզիկա* էլեկտրոն

electronic |ɪlɛkˈtrɒnɪk|, |ɛl-| *adjective* 1) էլեկտրոնային 2) էլեկտրոնների

electronically *adverb* էլեկտրոնային եղանակով

electronics |ɪlɛkˈtrɒnɪks|, |ɛl-| *plural noun* 1) էլեկտրոնիկա *(գիտաճյուղ)* 2) էլեկտրոնիկա; էլեկտրոնային սարքեր

electroplate |ɪˈlɛktrə(ʊ)pleɪt|, |ɪˌlɛktrə(ʊ)ˈpleɪt| **1** *verb* մետաղապատել **2** *noun* մետաղապատ իրեր

electrostatic |ɪˌlɛktrə(ʊ)ˈstætɪk| *adjective* *ֆիզիկա* էլեկտրաստատիկ

elegance *noun* 1) բարեկազմություն; գեղակազմություն; նրբագեղություն 2) բարեկազմ բան

elegant |ˈɛlɪg(ə)nt| *adjective* 1) նրբագեղ; պերճաշուք 2) *խոսակցական* առաջնակարգ; ընտիր 3) հնարամիտ; բարձրարվեստ; պարզ ու գեղեցիկ *(լուծումների և այլնի մասին)*

elegiac |ˌɛlɪˈdʒʌɪək| **1** *adjective* 1) եղերերգական; եղերերգության; վշտագին 2) թախծոտ; տխուր **2** *plural noun* եղերերգություն; եղերերգ

elegy |ˈɛlɪdʒi| *noun* (հոգն. **-gies**) եղերերգ; եղերերգություն; էլեգիա

element |ˈɛlɪm(ə)nt| *noun* 1) տարր; էլեմենտ 2) (**elements**) հիմունքներ *(գիտության և այլնի)* 3) (**elements**) տարերքներ 4) *ռազմական* ստորաբաժանում 5) *եկեղեցական* հաղորդություն

elemental |ˌɛlɪˈmɛnt(ə)l| **1** *adjective* 1) սկզբնական; հիմնական; տարրական 2) *քիմիա* անտարրալուծելի 3) տարերային 4) բնազդային; բնական **2** *noun* գերբնական զորություն *(որն իբր ի հայտ է գալիս կախարդությունների ժամանակ)*

elementary |ɛlɪˈmɛnt(ə)ri| *adjective* 1) տարրական; սկզբնական 2) հեշտ; հասարակ; պարզ 3) անտրոհելի

elementary particle *noun* *ֆիզիկա* տարրական մասնիկ

elementary school *noun* տարրական դպրոց

elephant |ˈɛlɪf(ə)nt| *noun* (հոգն. նույնը կամ **-phants**) 1) *կենդանաբանություն* փիղ *(ընտանիք Elephantidae, կարգ Proboscidea)* 2) Փիղ *(ԱՄՆ-ի հան-*

րապետական կուսակցության նշանը)

elephantine |ɛlɪˈfæntʌɪn| *adjective* 1) փղի; փղային 2) *փոխաբերական* անշնորհք; անճոռնի; ահագին

elevate |ˈɛlɪveɪt| *verb* 1) բարձրացնել 2) վսեմացնել; ազնվացնել 3) բարձրացնել պաշտոնը

elevated |ˈɛlɪveɪtɪd| **1** *adjective* 1) բարձր; բարձրադիր 2) վերգետնյա *(ճանապարհ)* 3) նորմայից բարձր 4) վեհ; բարձր **2** *noun ամերիկյան խոսակցական* վերգետնյա երկաթուղի

elevation |ˌɛlɪˈveɪʃ(ə)n| *noun* 1) բարձրացում; ավելացում 2) բարձրություն; բարձունք; բարձրավանդակ 3) բարձրություն *(ծովի մակերևույթից)* 4) վեհություն 5) *տեխնիկական* պրոֆիլ; տրամատ 6) հաղորդության տարրերի բարձրացում *(կաթոլիկական պատարագի ժամանակ՝ փառաբանության համար)*

elevator |ˈɛlɪveɪtə| *noun* 1) *ամերիկյան* վերելակ 2) ամբարձիչ 3) էլեվատոր; վերատար *(ցորենի պահեստարան)* 4) *օդագնացություն* բարձրության ղեկ 5) *կազմախոսություն* բարձրացնող մկան

eleven |ɪˈlɛv(ə)n| *cardinal number* 1) տասնմեկ 2) տասնմեկ հոգուց բաղկացած թիմ

eleventh ɪˈlɛv(ə)nθ| *ordinal number* տասնմեկերորդ

the eleventh hour ամենավերջին հնարավորություն

elf |ɛlf| *noun* (հոգն. **elves** |ɛlvz|) 1) *դիցաբանություն* էլֆ 2) թզուկ 3) չարաճճի

elfin |ˈɛlfɪn| **1** *adjective* կախարդական **2** *noun* թզուկ; փոքրիկ; չարաճճի

elfish *adjective* 1) թզուկների 2) անիրական; հնարովի 3) չարաճճի

elicit |ɪˈlɪsɪt| *verb* (**-ited, -iting**) 1) դուրս հանել; դուրս քաշել; երևան բերել; առաջացնել; բացահայտել 2) հարցուփորձ անելով իմանալ

elide |ɪˈlʌɪd| *verb* 1) բաց թողնել; հապավել; սղել *(վանկը կամ ձայնավոր հնչյունը՝ արտասանության ժամանակ)* 2) լռության մատնել

eligibility |-ˈbɪlɪti| *noun* 1) ընտրելիություն; նախընտրելիություն; մասնակցունակություն 2) պիտանիություն; ընդունելիություն 3) իրավունք

eligible |ˈɛlɪdʒɪb(ə)l| *adjective* 1) ընտրվելու իրավունք ունեցող; ընտրելի; մասնակցունակ 2) հարմար; ցանկալի; նախընտրելի

Elijah |ɪˈlʌɪdʒə| Եղիա *(հինկտակարանային մարգարե)*

eliminate |ɪˈlɪmɪneɪt| *verb* 1) ոչնչացնել; վերացնել 2) դուրս թողնել; բաց թողնել; բացառել 3) հեռացնել 4) *մաթեմատիկա* մի անհայտի բերել

elimination *noun* 1) հեռացում 2) վերացում; ոչնչացում ◊ **elimination of discrimination** խտրականության վերացում 3) *մաթեմատիկա* արտաքսում

Elisha |ɪˈlʌɪʃə| *աստվածաշնչային* Եղիսե *(հինկտակարանային մարգարե)*

elision |ɪˈlɪʒ(ə)n| *noun լեզվաբանություն* հորանջ; վերջնաձայնավորի հապավում

elite |eɪˈliːt|, |ɪ-| *noun* ընտրախավ; վերնախավ; ընտիր հասարակություն

elitism |eɪˈliːtɪz(ə)m|, |ɪ-| *noun* 1) ընտրախավի տեսություն 2) ընտրախավային մեծամտություն

elk |ɛlk| *noun կենդանաբանություն* որմզդեղն; հյուսիսային եղջերու *(Cervus canadensis, ընտանիք Cervidae)*

ell[1] |ɛl| *noun* պատմական կանգուն *(երկարության չափ, որն Անգլիայում հավասար էր 114 սմ-ի, իսկ Շոտլանդիայում՝ 94 սմ-ի)*

give him an inch and he'll take an ell դրան երես տուր, աստառն էլ հետը կուզի

ell[2] |ɛl| *noun* 1) շենքի թև 2) *ամերիկյան* կցակառույց; կողաշենք

ellipse |ɪˈlɪps| *noun* 1) *մաթեմատիկա* ձվածիր; թեքատ; էլիպս 2) տե՛ս **ellipsis**

ellipsis |ɪˈlɪpsɪs| *noun* (հոգն. **-ses** |-siːz|) *լեզվաբանություն* զեղչում; բացթողում

elm |ɛlm| (նաև **elm tree**) *noun բուսաբանություն* ծփի; կնձնի; թեղի *(Ulmus, ընտանիք Ulmaceae)*

elocution |ˌɛləˈkjuːʃ(ə)n| *noun* 1) ճարտասանություն; հռետորական արվեստ 2) առոգանություն; խոսելակերպ

elongate |ˈiːlɒŋgeɪt| **1** *verb* 1) երկարել; ձգվել 2) երկարացնել; ձգել 3) ժամանակը երկարացնել **2** *adjective կենսաբանություն* ձգված *(որի երկարությունն ավելի է, քան լայնությունը)*

elongated |ˈiːlɒŋgeɪtɪd| *adjective* ձգված; երկարացած

elongation |iːlɒŋˈgeɪʃ(ə)n| *noun* 1) երկարացում; ձգում 2) երկարաձգում

elope |ɪˈləʊp| *verb* 1) փախչել *(սիրածի հետ)* 2) թաքնվել; հեռանալ

eloquence |ˈɛləkwəns| *noun* պերճախոսություն; ճարտասանություն; վայելչախոսություն

eloquent |ˈɛləkwənt| *adjective* պերճախոս; վայելչախոս

eloquently *adverb* պերճախոսաբար

El Salvador |ɛl ˈsælvədɔː| Սալվադոր; Էլ Սալվադոր *(պետություն Կենտրոնական Ամերիկայում)*

else |ɛls| *adverb* 1) էլի; էլ; բացի; ի լրումն; ուրիշ 2) այլապես; եթե ոչ; հակառակ դեպքում; այլ կերպ

or else 1) կամ էլ; կամ 2) եթե ոչ

elsewhere |ɛlsˈwɛː|, |ˈɛlswɛː| **1** *adverb* 1) որևէ այլ տեղում; այլուր 2) այլ տեղ **2** *pronoun* այլ տեղ

elucidate |ɪˈl(j)uːsɪdeɪt| *verb* լուսաբանել; պարզաբանել; բացատրել; մեկնել

elucidation |-ˈdeɪʃ(ə)n| *noun* պարզաբանում; լուսաբանում; մեկնաբանություն

elude |ɪˈl(j)uːd| *verb* խուսափել; խույս տալ; փախուստ տալ; դուրս պրծնել

elusion |-ʒ(ə)n| *noun* խուսափում; խորամանկություն; խույս տալը; խուսափանք

elusive |ɪˈl(j)uːsɪv| (նաև **elusory**) *adjective* 1) անորսալի 2) խուսափողական; խույս տվող 3) առանձնակյաց

emaciate |ɪˈmeɪsɪeɪt|, |ɪˈmeɪʃ-| *verb* հյուծել; մաշել

emaciation |-ˈeɪʃ(ə)n| *noun* հյուծում; մաշում

e-mail |ˈiːmeɪl| (նաև **email**) **1** *noun* 1) էլեկտրոնային փոստ; էլ. փոստ 2) էլեկտրոնային նամակ;

էլ. նամակ 3) էլեկտրոնային հաղորդակցություն **2** *verb* ուղարկել էլեկտրոնային փոստով; ուղարկել էլ. փոստով

emanate |ˈɛməneɪt| *verb* 1) արձակվել; տարածվել 2) սկիզբ առնել; սկզբնավորվել 3) արձակել; սփռել

emanation |ɛməˈneɪʃ(ə)n| *noun* բխում; ճառագայթում; արտահոսում; արձակում

emancipate |ɪˈmænsɪpeɪt| *verb* ազատել; ազատագրել; ազատ արձակել; զերծել

emancipation *noun* 1) ազատում; ազատագրում; զերծում 2) *իրավունք* չափահասություն; ծնողների հովանավորությունից դուրս գալը

Emancipation Proclamation Ազատագրման Հռչակագիր *(նախագահ Լինկոլնի կողմից հրապարակված 1862 թ., որը ազատություն էր տալիս սևամորթներին)*

emasculate |ɪˈmæskjʊleɪt| *verb* 1) ամորձատել; ներքինացնել 2) *փոխաբերական* աղքատացնել *(լեզուն)* 3) ամլացնել *(գաղափարը)* 4) թուլացնել; քնքշացնել; քնքշության սովորեցնել 5) *բուսաբանություն* ծաղկի առէջները հեռացնել

embalm |ɪmˈbɑːm|, |ɛm-| *verb* 1) զմռսել; բալզամել *(դիակը)* 2) *փոխաբերական* պահպանել; հավերժացնել 3) անուշահոտությամբ լցնել

embank |ɪmˈbæŋk|, |ɛm-| *verb* 1) թումբ քաշել; պատվար կապել; պատվար կանգնեցնելով ջուրը կտրել; պատվարել; պատնեշել; ամբարտակել 2) առափ կառուցել

embankment |ɪmˈbæŋkm(ə)nt|, |ɛm-| *noun* 1) թումբ; պատվար; ամբարտակ; պատնեշ 2) առափնյա փողոց; առափ

embargo |ɛmˈbɑːgəʊ|, |ɪm-| **1** *noun* (հոգն. **-goes**) բեռնարգելք; բեռնագրավում; նավարգել **2** *verb* (**-goes**, **-goed**) 1) բեռնարգելք դնել *(նավի/առևտրի վրա)* 2) բռնագրավել; առգրավել *(նավը)*

embark |ɪmˈbɑːk|, |ɛm-| *verb* 1) բեռնել; բարձել 2) նավ նստել 3) *փոխաբերական* (**embark on/upon**) ձեռնարկել; սկսել; ձեռնամուխ լինել

embarkation *noun* նստեցում; բեռնում *(նավի/ինքնաթիռի վրա)*

embarrass |ɪmˌbærəs|, |ɛm-| *verb* 1) շփոթության մեջ գցել; շփոթեցնել; շվարեցնել; շշմեցնել 2) դժվարացնել; նեղել 3) ծանրաբեռնել *(պարտքերով)*

embarrassed |ɪmˈbærəst, ɛm-| *adjective* 1) շփոթված; շվարած; գլուխը կորցրած 2) նեղված; նեղության մեջ *(նյութական առումով)*

embarrassing |ɪmˈbærəsɪŋ, ɛm-| *adjective* 1) շփոթեցնող; ամաչեցնող; անհարմար 2) դժվարություններ առաջացնող; դժվարին

embarrassingly *adverb* ամաչելով; շփոթվածորեն

embarrassment |ɪmˈbærəsmənt, ɛm-| *noun* 1) շփոթություն; շվարում; ամաչկոտություն 2) դժվարություն; դժվար կացություն; ծանր դրություն 3) շփոթեցնող հանգամանք; շփոթեցնող մարդ 4) խճճված լինելը *(գործերի, պարտքերի մեջ)*

embarrassement of riches (նաև **embarras de richesses**) չափազանց շատ ընտրություն

embassy |ˈɛmbəsi| *noun* (հոգն. **-sies**) 1) դեսպանություն; դեսպանատուն 2) *հնացած* պատգամավորություն

embed |ɪmˈbɛd|, |ɛm-| (նաև **imbed**) **1** *verb* (**-bedded**, **-bedding**) 1) տնկել; ամրացնել; թաղել; ներագուցել 2) մտցնել; խրել 3) տեղավորել; զետեղել; ներդնել **2** *noun* ներդրված լրագրող *(որը կցված է զորամասին)*

embellish |ɪmˈbɛlɪʃ|, |ɛm-| *verb* 1) զարդարել; գեղազարդել 2) չափազանցել; մոգոնել; հորինել; գեղեցկացնել *(պատմվածքը հնարովի մանրամասներով)*

ember |ˈɛmbə| *noun* մարմրող ածուխներ; անթեղ; տաք մոխիր; կայծեր

embezzle |ɪmˈbɛz(ə)l|, |ɛm-| *verb* 1) յուրացնել *(ուրիշի փողերը, ունեցվածքը)* 2) մսխել; շռայլել; վատնել

embezzlement *noun* 1) յուրացում 2) վատնում; մսխում

embitter |ɪmˈbɪtə|, |ɛm-| *verb* 1) դառնացնել; թունավորել; փչացնել *(ուրախությունը և այլն)* 2) ծանրացնել; անտանելի դարձնել 3) դառնահամ դարձնել

emblazon |ɪmˈbleɪz(ə)n|, |ɛm-| *verb* 1) գեղազարդել; պատկերել 2) զինանշանով զարդարել

emblem |ˈɛmbləm| *noun* 1) խորհրդապատկեր; խորհրդանշան; խորհրդանիշ ◊ **National Emblem** պետական զինանշան 2) նշան; պատկեր

emblematic *adjective* խորհրդապատկերային

emblematize |ɛmˈblɛmətʌɪz| *verb* գրական *անգլերեն* խորհրդապատկեր լինել; խորհրդանշել

embodiment *noun* 1) մարմնավորում; մարմնացում; անձնավորում 2) միավորում; ներառում

embody |ɪmˈbɒdi|, |ɛm-| *verb* (**-bodies**, **-bodied**) 1) մարմնավորել; մարմնացնել; անձնավորել 2) իրականացնել; ձևակերպել; արտահայտել; իրագործել *(մտքերը և այլն)* 3) ներառել; պարունակել *(իր մեջ)* 4) *ռազմական* կազմել 5) միավորել

embolden |ɪmˈbəʊld(ə)n|, |ɛm-| *verb* 1) խրախուսել; քաջալերել; ոգևորել 2) թավացնել *(տառատեսակը)*

embosom |ɪmˈbʊz(ə)m|, |ɛm-| *verb* *բանաստեղծական* 1) գրկել; կրծքին սեղմել; փայփայել 2) փայփայել 3) ծածկել; փաթաթել; ներփակել *(պաշտպանության համար)*

emboss |ɪmˈbɒs|, |ɛm-| *verb* 1) քանդակադրոշմել; դրվագատիպել 2) բարձրաքանդակել

embowel |ɪmˈbaʊ(ə)l|, |ɛm-| *verb* (**-boweled**, **-boweling**; բրիտ. **-bowelled**, **-bowelling**) փորոտիքը հանել; փորը մաքրել

embrace |ɪmˈbreɪs|, |ɛm-| **1** *verb* 1) գրկել; գրկախառնվել 2) օգտվել առիթից 3) ընդգրկել; ներառնել 4) ընդունել *(գաղափար)* 5) հարել *(կրոնի և այլնի)* 6) ընտրել *(մասնագիտություն)* **2** *noun* 1) գրկում; գրկախառնություն 2) ընդունելը

embrasure |ɪmˈbreɪʒə|, |ɛm-| *noun* 1) *ճարտարապետություն* որմնանցք; լուսամուտատեղ; դռնատեղ 2) *ռազմական* հրակնատ

embroider |ɪm'brɔɪdə|, |ɛm-| *verb* 1) ասեղնագործել 2) նկարազարդել 3) *փոխաբերական* ծաղկացնել; մոգոնել; զարդարել պատմվածքը հորինվածքներով

embroidery |ɪm'brɔɪd(ə)ri|, |ɛm-| *noun* (հոգն. **-deries**) 1) ձեռագործ; ասեղնագործ 2) ասեղնագործում; ասեղնագործություն 3) զարդարանք; գեղազարդում; նկարազարդում 4) *փոխաբերական* չափազանցելը; գունազարդում; ծաղկացնելը

embroil |ɪm'brɔɪl|, |ɛm-| *verb* 1) խառնել; շփոթել *(գործերը, պատմածը և այլն)* 2) ներքաշել *(տհաճությունների մեջ)*

embryo |'ɛmbrɪəʊ| *noun* (հոգն. **-os**) 1) սաղմ 2) ծիլ

in embryo սաղմնային վիճակում; սաղմի մեջ

embryonic |ˌɛmbrɪ'ɒnɪk| *adjective* (նաև **embryonal**) 1) սաղմնային 2) *փոխաբերական* նախնական

emcee |ɛm'siː| *խոսակցական* **1** *noun* հանդիսավար; արարողավար **2** *verb* (**emcees**, **emceed**, **emceeing**) հանդիսավար լինել

emend |ɪ'mɛnd| *verb* 1) ուղղել; շտկել *(տեքստը)* 2) ուղղում մտցնել

emerald |'ɛm(ə)r(ə)ld| **1** *noun* 1) զմրուխտ 2) զմրուխտի գույն; վառ կանաչ գույն **2** *adjective* զմրուխտյա; զմրուխտագույն; վառ կանաչագույն

emerge |ɪ'məːdʒ| *verb* 1) երևան գալ; հայտնվել; առաջանալ 2) պարզվել; հայտնի դառնալ 3) ջրի երես դուրս գալ 4) դուրս գալ ծանր վիճակից

emergence |ɪ'məːdʒ(ə)ns| *noun* 1) հայտնվելը; երևան գալը 2) ձվից դուրս գալը *(միջատների)*

emergency |ɪ'məːdʒ(ə)nsi| *noun* (հոգն. **-cies**) 1) արտակարգ պատահար/իրավիճակ; վթար 2) ծայրահեղ անհրաժեշտություն

emergency room *noun* վերակենդանացման բաժին

emergent |ɪ'məːdʒ(ə)nt| **1** *adjective* հայտնվող; ի հայտ եկող **2** *noun* 1) *փիլիսոփայություն* ի հայտ եկող հատկություն 2) *բուսաբանություն* ծլող բույս

emersion |ɪ'məːʃ(ə)n|, |iː-| *noun* 1) հայտնվելը; երևան գալը 2) ջրից դուրս գալը 3) *աստղագիտություն* լուսնի/աստղի հայտնվելը

emery |'ɛm(ə)ri| *noun* հղկաքար; զմռնիթ

emigrant |'ɛmɪgr(ə)nt| **1** *noun* 1) վերաբնակիչ; գաղթական 2) վտարանդի **2** *adjective* 1) գաղթող; գաղթականական 2) չվող *(թռչունների մասին)*

emigrate |'ɛmɪgreɪt| *verb* 1) արտագաղթել; գաղթեցնել 2) վտարանդել 3) *խոսակցական* տեղափոխել

emigration *noun* 1) արտագաղթ; գաղթ 2) արտագաղթածներ

eminence |'ɛmɪnəns| *noun* 1) հռչակ; համբավ; դիրք 2) *բանաստեղծական* բարձրություն; բարձրունք 3) գերազանցություն *(կարդինալի տիտղոս)* ◇ **His Eminence** Նորին գերազանցություն. **Your Eminence** Ձերդ գերազանցություն

eminent |'ɛmɪnənt| *adjective* 1) նշանավոր; ականավոր 2) բարձր; վսեմ; վեհ 3) զարմանալի; աքանչելի

eminently *adverb* 1) չափազանց; վերին աստիճանի; նշանակալիորեն 2) *փիլիսոփայություն* հիրավի; փաստորեն; իրականում 3) *խոսակցական* վերնում

emir |ɛ'mɪə| (նաև **amir**) *noun* էմիր; ամիրա; տիրակալ *(մահմեդական երկրներում)*

emirate |'ɛmɪrət| *noun* էմիրություն; էմիրաթ

emissary |'ɛmɪs(ə)ri| *noun* (հոգն. **-saries**) 1) գործակալ; պատվիրակ 2) գաղտնի գործակալ; լրտես

emission |ɪ'mɪʃ(ə)n| *noun* 1) արձակում; ճառագայթում; տարածում *(ջերմության, լույսի, հոտի)* 2) արտանետում 3) *ֆինանսներ* թողարկում *(արժեթղթերի, թղթադրամի և այլնի)* 4) *ֆիզիկա* բխում; ճառագայթում; արտահոսում 5) *բնախոսություն* սերմի արտահոսում

emissive |ɪ'mɪsɪv| *adjective* *տեխնիկական* արձակող; ճառագայթող; արտահոսող

emit |ɪ'mɪt| *verb* (**emitted**, **emitting**) 1) արձակել *(ձայն)* 2) տարածել; ճառագայթել *(ջերմություն, հոտ, գազեր և այլն)* 3) թողարկել *(դրամ, արժեթղթեր)*

Emmanuel |ɪ'mænjʊəl| (նաև **Immanuel**) Էմմանուել *(Քրիստոսին տրված անունը՝ որպես հրեաների փրկիչ)*

emolument |ɪ'mɒljʊm(ə)nt|, |ɛ-| *noun* *գրական անգլերեն* 1) եկամուտ; վարձ; վաստակ; վարձատրություն 2) շահ; օգուտ

emoticon |ɪ'məʊtɪkɒn|, |-'mɒtɪ-| *noun* հուզապատկեր *(էլեկտրոնային հաղորդագրություններում օգտագործվող կետադրական նշաններ, որոնք արտահայտում են գրողի հույզերը, օրինակ՝ :-))*

emotion |ɪ'məʊʃ(ə)n| *noun* 1) հույզ; ապրում; զգացմունք 2) հուզմունք; հուզվածություն

emotional |ɪ'məʊʃ(ə)n(ə)l| *adjective* 1) հուզական 2) հուզիչ; սրտառուչ 3) զգացմունքային

emotive |ɪ'məʊtɪv| *adjective* 1) հուզիչ; հուզմունք առաջացնող 2) *լեզվաբանություն* հուզական; հուզմունք արտահայտող; հուզարտահայտչական

empathize |'ɛmpəθʌɪz| *verb* կարեկցել

empathy |'ɛmpəθi| *noun* կարեկցանք; կարեկցություն

emperor |'ɛmp(ə)rə| *noun* 1) կայսր 2) *կենդանաբանություն* կայսերաթիթեռ *(Asterocampa, ենթաբնտանիք Apaturinae, ընտանիք Nymphalidae)*

emphasis |'ɛmfəsɪs| *noun* (հոգն. **-ses** |-siːz|) 1) *նաև լեզվաբանություն* շեշտում; ընդգծում; շեշտ; շեշտադրություն ◇ **lay special emphasis** հատկապես շեշտել; տալ հատուկ նշանակություն/արտահայտչականություն 2) հուզական արտահայտչականություն; ազդուաբանություն 3) *գեղանկարչություն* ուրվագծերի ցայտունություն

emphasize |'ɛmfəsʌɪz| *verb* շեշտել; ընդգծել; կարևորել; առանձնացնել

emphatic |ɪm'fætɪk|, |ɛm-| **1** *adjective* արտահայտիչ; շեշտված; զորավոր **2** *noun* *լեզվաբանություն* շեշտված բաղաձայն

emphatically *adverb* 1) վճռականորեն; վերջնականորեն 2) արտահայտչականորեն; ընդգծված կերպով

emphysema |ˌɛmfɪ'siːmə| *noun* *բժշկություն* 1)

փքուռույց 2) թոքային փքուռույց

empire |ˈɛmpʌɪə| **1** *noun* կայսրություն **2** *adjective* (սվրբ **Empire**) կայսրության; կայսերական

Empire State Կայսերական նահանգ *(ԱՄՆ-ի Նյու Յորք նահանգի մականունը)*

Empire State of the South Հարավի Կայսերական նահանգ *(ԱՄՆ-ի Ջորջիա նահանգի մականունը)*

empiric |ɛmˈpɪrɪk|, |ɪm-| **1** *adjective* 1) փորձնական; փորձառական 2) փորձային; փորձով հաստատված **2** *noun հնացած* 1) փորձապաշտ անձ 2) սուտ հեքիմ; խաբեբա բժիշկ

empiricism |ɛmˈpɪrɪsɪz(ə)m| *noun փիլիսոփայություն* փորձապաշտություն *(տեսություն, ըստ որի բոլոր գիտելիքները ստացվում են փորձի և զգայությունների միջոցով, և միտքը փորձից առաջ չունի դրույթներ)*

empiricist *noun* փորձապաշտ

emplacement |ɪmˈpleɪsm(ə)nt|, |ɛm-| *noun* 1) տեղադրություն; դիրք; զետեղում 2) *ռազմական* թնդանոթատեղ; հրակետ

employ |ɪmˈplɔɪ|, |ɛm-| **1** *verb* 1) ծառայության մեջ պահել; աշխատանք տալ; զբաղվածություն ապահովել 2) գործածել; օգտագործել; կիրառել ◊ **employ oneself, employ oneself in** զբաղվել **2** *noun* ծառայություն; զբաղմունք; աշխատանք ◊ **be in the employ of** ծառայել մեկի մոտ

employee |ɛmplɔɪˈiː|, |ɛmˈplɔɪiː|, |ɪm-| *noun* ծառայող

employer |ɪmˈplɔɪə|, |ɛm-| *noun* 1) գործատու; վարձող; աշխատանք տվող *(անձ կամ կազմակերպություն)* 2) ձեռնարկատեր

employment |ɪmˈplɔɪm(ə)nt|, |ɛm-| *noun* 1) զբաղվածություն; ծառայություն 2) աշխատանք 3) աշխատանքով ապահովելը 4) կիրառում; գործածություն

employment agency *noun* աշխատանքի ապահովման գործակալություն

emporium |ɛmˈpɔːrɪəm|, |ɪm-| *noun* (հոգն. **-poriums** կամ **-poria** |-rɪə|) 1) առևտրական կենտրոն; հանրախանութ 2) *խոսակցական* մեծ վաճառատեղի; մեծ խանութ

empower |ɪmˈpaʊə|, |ɛm-| *verb* 1) արտոնել; լիազորել; իրավազորել; լիազորություն տալ 2) հնարավորություն տալ 3) աջակցել; զորակցել; ուժեղացնել

empowerment *noun* 1) լիազորում; արտոնում 2) լիազորություն

empress |ˈɛmprɪs| *noun* 1) կայսրուհի 2) կայսեր կին

empty |ˈɛm(p)ti| **1** *adjective* (**-tier**, **-tiest**) 1) դատարկ; սնամեջ; փուչ 2) անբովանդակ; սին; անիմաստ 3) *խոսակցական* սոված 4) *փոխաբերական* լքված; բարոյալքված 5) թափուր; անբնակ; անմարդաբնակ **2** *verb* (**-ties**, **-tied**) 1) դատարկել; դուրս թափել 2) դատարկվել; ամայանալ 3) (**empty into**) թափվել *(գետի մասին)* 4) (**empty oneself of**) ազատվել *(բանից)* **3** *noun* (հոգն. **-ties**) *խոսակցական* դատարկ աման

be running on empty առանց պահուստի միջոցների մնալ

empty vessels make the most noise *առած* դատարկ ամանն ամենից շատ է զնգում; հիմարն ավելի շատ է խոսում

empty-handed *adjective* դատարկաձեռն

empty-headed *adjective* դատարկագլուխ; տգետ

EMU *abbreviation* European Monetary Union Եվրոպական արժութային միություն

emulate |ˈɛmjʊleɪt| *verb* 1) մրցել; մրցակից/ախոյան հանդիսանալ 2) նմանակել; նմանակերպել 3) *համակարգիչներ* նմանակել

emulation |-ˈleɪʃ(ə)n| *noun* 1) մրցակցում; մրցություն 2) նմանակում; նմանակերպում; նմանություն *(տիպարին)* 3) *համակարգիչներ* նմանակում

emulous |ˈɛmjʊləs| *adjective գրական անգլերեն* 1) մրցող; մրցակից 2) նմանակել տենչացող 3) (**emulous of**) տենչացող; փափագող; ծարավի

emulsifier |ɪˈmʌlsɪfʌɪə| *noun* կախույթարար նյութ

emulsify |ɪˈmʌlsɪfʌɪ| *verb* (**-fies**, **-fied**) կախույթացնել

emulsion |ɪˈmʌlʃ(ə)n| *noun* կախույթ

en-[1] |ɪn|, |ɛn| (նաև **em-**) *prefix* 1) մեջը/ներսը դնել ◊ **encage** վանդակի մեջ դնել. **entruck** բեռնատար ավտոմեքենա նստեցնել 2) որևէ վիճակի մեջ դնել ◊ **enslave** ստրկացնել; ստրկական վիճակի մեջ դնել. **encourage** խրախուսել

enable |ɪnˈeɪb(ə)l|, |ɛn-| *verb* 1) հնարավորություն տալ; թույլ տալ; իրավունք տալ *(մի բան անելու)* 2) *համակարգիչներ* թողարկել; միացնել; աշխատեցնել

enact |ɪˈnækt|, |ɛ-| *verb* 1) սահմանել; հաստատել *(օրենք)* 2) իրագործել; գործածության մեջ դնել 3) ներկայացնել; խաղալ *(դեր)*

enactment |ɪˈnæktm(ə)nt|, |ɛ-| *noun* 1) վավերացում; ուժի մեջ դնելը *(օրենքի)* 2) օրենք *(որը հաստատվել է)*

enamel |ɪˈnæm(ə)l| **1** *noun* 1) արծն; արծնապակի; էմալ 2) *խոսակցական* ջնարակ; փայլաներկ 3) եղունգի լաք **2** *verb* (**-eled**, **-eling**; բրիտ. **-elled**, **-elling**) 1) ջնարակել *(ամանեղենը)* 2) պատել; զարդարել; ծածկել 3) էմալապատել

enc. *abbreviation* 1) enclosed ներառված 2) enclosure ներառնիկ

encage |ɪnˈkeɪdʒ|, |ɛn-| *verb բանաստեղծական* վանդակել; վանդակի մեջ դնել

encamp |ɪnˈkæmp|, |ɛn-| *verb* ճամբար դնել; բանակ դնել; ճամբարում տեղավորվել

encampment |ɪnˈkæmpm(ə)nt|, |ɛn-| *noun* 1) ճամբար; բանակատեղ 2) ճամբար դնելը; բանակում

encase |ɪnˈkeɪs|, |ɛn-| (նաև **incase**) *verb* 1) փաթեթավորել; արկղի մեջ դնել 2) պատել; շրջապատել ◊ **encased in armour** զրահապատված

encephalitis |ɛnˌsɛfəˈlʌɪtɪs|, |-ˌkɛfə-| *noun բժշկություն* ուղեղատապ

encephalopathy |ɛnˌsɛfəˈlɒpəθi|, |-ˌkɛf-| *noun* (հոգն. **-thies**) *բժշկություն* ուղեղախտ *(որը կապված է թունավորման կամ վիրուսային վարակի հետ)*

enchain |ɪnˈtʃeɪn|, |ɛn-| *verb բանաստեղծական*

1) շղթայել; կապել 2) կպցնել; միացնել 3) *փոխաբերական* գրավել/բևեռել ուշադրությունը; կաշկանդել *(զգացմունքները)*

enchant |ɪnˈtʃɑːnt|, |ɛn-| *verb* դյութել; հմայել; կախարդել

enchanting *adjective* հրապուրիչ; հմայիչ; գրավիչ

enchantress *noun* 1) կախարդ կին; կախարդուհի 2) հմայիչ/թովիչ/հրապուրիչ կին

encircle |ɪnˈsəːk(ə)l|, |ɛn-| *verb* շրջապատել; շրջափակել; շրջանակի մեջ դնել; օղակել

encirclement *noun* շրջապատում; շրջափակում

encl. (նաև **enc.**) *abbreviation* 1) enclosed ներառված 2) enclosure ներառում; ներդիր

enclasp |ɪnˈklɑːsp|, |ɛn-| *verb գրական անգլերեն* գրկել; փաթաթվել; գրկախառնվել

enclose |ɪnˈkləʊz|, |ɛn-| (նաև **inclose**) *verb* 1) ներփակել; կցել; մեջը դնել 2) շրջապատել; ցանկապատել; շրջանակել

enclosure |ɪnˈkləʊʒə|, |ɛn-| (նաև **inclosure**) *noun* 1) ներդիր; ներդրանք *(ծրարի մեջ դրածը)* 2) ներփակում; ներկալում; ներփակ լինելը; ներփակություն 3) ցանկապատված վայր 4) պարիսպ; ցանկապատ

encode |ɪnˈkəʊd|, |ɛn-| *verb* կոդավորել

encompass |ɪnˈkʌmpəs|, |ɛn-| *verb* 1) շրջապատել 2) պարունակել; պարփակել 3) իրագործել; գործադրել

encore |ˈɒŋkɔː| **1** *noun* կրկնականչ **2** *exclamation* |-ˈkɔː| բիս **3** *verb* կրկնականչել

encounter |ɪnˈkaʊntə|, |ɛn-| **1** *verb* 1) ընդհարվել; բախվել 2) անսպասելի կերպով հանդիպել; դեմ առնել **2** *noun* 1) անսպասելի հանդիպում 2) բախում; ընդհարում

encourage |ɪnˈkʌrɪdʒ|, |ɛn-| *verb* 1) քաջալերել; խրախուսել 2) աջակցել; սատարել; օգնել; պաշտպանել 3) դրդել; հրահրել

encouragement *noun* 1) խրախուսում; քաջալերում 2) աջակցում; աջակցություն

encroach |ɪnˈkrəʊtʃ|, |ɛn-| *verb* 1) ներխուժել *(սովորաբար աստիճանաբար, գաղտնի)* 2) (**encroach on**) ոտնձգություն անել *(ուրիշի իրավունքի/ունեցվածքի վրա)*

encroachment *noun* ներխուժում

encrypt |ɛnˈkrɪpt| *verb* ծածկագրել; գաղտնագրել

encryption *noun* գաղտնագրում; ծածկագրում

encumber |ɪnˈkʌmbə|, |ɛn-| *verb* 1) ծանրաբեռնել 2) դժվարացնել; արգելակել; խանգարել; նեղել 3) լցնել; խճողել

encumbrance |ɪnˈkʌmbr(ə)ns|, |ɛn-| *noun* 1) արգելք; խոչընդոտ 2) բեռ; ծանրություն 3) *իրավունք* գրավագիր; կալվածագրավ 4) խնամարկյալ *(հատկապես երեխայի մասին)*

encyclopedia |ɛnˌsʌɪklə(ʊ)ˈpiːdɪə|, |ɪn-| (նաև **encyclopaedia**) *noun* հանրագիտարան; հանրագիտակ

encyclopedic |ɛnˌsʌɪklə(ʊ)ˈpiːdɪk|, |ɪn-| (նաև **encyclopaedic**) *adjective* 1) հանրագիտական 2) հանրագիտարանային

end |ɛnd| **1** *noun* 1) վերջ; վախճան; ծայր 2) մնացորդ; կտոր 3) արդյունք; հետևանք; վերջ ◇ **in the end** վերջին հաշվով; ի վերջո; վերջապես 4) նպատակ ◇ **to what end?** ի՞նչ նպատակով. **gain one's end** հասնել նպատակին. **at a loose end** պարապ; անգործ. **at one's wits' end** շփոթված; շվարած 5) *մարզական* եզրային խաղացող *(ֆուտբոլում)* **2** *verb* 1) վերջանալ; ավարտվել 2) վերջացնել; ավարտել 3) հասնել նպատակին • **end in** որևէ բանով վերջանալ **end in smoke** ապարդյուն լինել **end off/up** վերջանալ; դադարել; ընդհատվել

at the end of the day *խոսակցական* երբ ամեն ինչ հաշվի է առնված

be at an end, have come to an end 1) ավարտվել; վերջանալ 2) սպառվել *(պաշարների մասին)*

be at the end of լինել եզրին; մոտ լինել սպառվելուն

be the end *խոսակցական* լինել համբերության սահմանը

come to a bad end, meet a bad end վատ վախճան ունենալ

end in tears վատ ելք ունենալ

end it all ինքնասպան լինել

end to end ծայրը ծայրին

keep/hold one's end up *խոսակցական* պատվով դուրս գալ *(դժվարին իրավիճակից)*

make both ends meet, make ends meet ծայրը ծայրին հասցնել; մի կերպ գոյատևել

no end *խոսակցական* մեծապես; մեծ չափով

no end of *խոսակցական* մեծ քանակություն

on end 1) առանց դադարի 2) ուղղաձիգ դիրքում

the end of one's rope/tether համբերության վերջը

the end of the road/line ինչ-որ բանի ավարտը

endanger |ɪnˈdeɪn(d)ʒə|, |ɛn-| *verb* վտանգի ենթարկել

endangered *adjective* սպառնալիքի տակ; վտանգված

endear |ɪnˈdɪə|, |ɛn-| *verb* սեր ներշնչել; սիրել տալ

endearing |ɪnˈdɪərɪŋ|, |ɛn-| *adjective* սիրել տալը; սեր ներշնչելը

endearingly *adverb* հմայիչ կերպով

endearment |ɪnˈdɪəm(ə)nt|, |ɛn-| *noun* սեր; փաղաքշանք; գուրգուրանք

endeavor |ɪnˈdɛvə|, |ɛn-| (բրիտանական **endeavour**) **1** *verb* (**endeavor after**) ջանք թափել; ջանալ; ձգտել **2** *noun* ջանք; ճիգ; ձգտում

endemic |ɛnˈdɛmɪk| **1** *adjective* տեղանքին հատուկ; տեղական; բնիկ **2** *noun* 1) բնիկ բույս/կենդանի 2) բնիկ հիվանդություն

ending |ˈɛndɪŋ| *noun* 1) *քերականություն* վերջավորություն 2) վերջնամաս; վերջավորություն; ավարտ

endive |ˈɛndʌɪv|, |-dɪv| *noun բուսաբանություն* աղցան; հինդը *(Cichorium endivia, ընտանիք Compositae)*

endless |ˈɛndlɪs| *adjective* 1) անվերջ; անսահման 2) անթիվ; անհամար 3) *տեխնիկական* անվերջ; անընդհատ

endlessly *adverb* անվերջորեն; մշտապես; հավիտենապես

endlong *adverb* *հնավանդ* 1) երկարությամբ 2) կանգնած; ուղղաձիգ

endmost |ˈen(d)məʊst| *adjective* ամենահեռավոր

endorse |ɪnˈdɔːs|, |en-| (նաև **indorse**) *verb* 1) հաստատել; հավանություն տալ; աջակցել 2) մակագրություն անել *(փոխանցելու համար)* 3) ստորագրել *(փաստաթղթի մյուս երեսին)*

endorsement |ɪnˈdɔːsm(ə)nt|, |en-| (նաև **indorsement**) *noun* 1) աջակցություն; սատարում; հավանություն 2) մակագրություն փոխանցման համար; փոխանցագիր

endoscope |ˈendəskəʊp| *noun* *բժշկություն* ներդիտակ; ներզննակ

endoskeleton |ˈendəʊˌskelɪt(ə)n| *noun* *կենդանաբանություն* ներքնակմախք

endosperm |ˈendə(ʊ)spəːm| *noun* *բուսաբանություն* ներքնասերմ

endothermic |ˌendəʊˈθəːmɪk| *adjective* 1) *կենդանաբանություն* ջերմարյուն; ներջերմածին 2) *քիմիա* ջերմակլանիչ

endow |ɪnˈdaʊ|, |en-| *verb* 1) մշտական եկամուտով ապահովել; հաստույթավորել 2) պարգևել; օժտել ◊ **endowed with** օժտված *(ընդունակություններով և այլն)* 3) տալ; շնորհել *(արտոնություն, իրավունք)*

endowment |ɪnˈdaʊm(ə)nt|, |en-| *noun* 1) նվեր; ներդրում; նվիրաբերություն; հանգանակություն 2) հաստույթավորում 3) (**endowments**) ձիրք; շնորհք; ընդունակություն

end product *noun* վերջնական արդյունք; վերջնական արտադրանք

endue |ɪnˈdjuː|, |en-| *verb* (**-dues**, **-dued**, **-duing**) *բանաստեղծական* պարգևել; օժտել; շնորհել

endurance |ɪnˈdjʊər(ə)ns|, |en-| *noun* 1) համբերատարություն; տոկունություն 2) դիմացկունություն 3) տևականություն

endure |ɪnˈdjʊə|, |en-| *verb* 1) համբերությամբ տանել; տոկալ; դիմանալ 2) հանդուրժել 3) տևել

end user (նաև **end-user**) *noun* վերջնական գործածող

endways |ˈendweɪz| (նաև **endwise**) *adverb* 1) ծայրը դեպի առաջ 2) ծայրը ծայրին

ENE *abbreviation* east-northeast արևելք հյուսիսարևելք

enemy |ˈenəmi| *noun* (հոգն. **-mies**) թշնամի; հակառակորդ; ախոյան; ոսոխ

energetic |ˌenəˈdʒetɪk| *adjective* 1) եռանդուն; կորովի 2) ազդու

energetics |enəˈdʒetɪks| *plural noun* 1) էներգետիկա 2) էներգիաբանություն *(ինչ-որ բանի էներգիական հատկությունները)*

energy |ˈenədʒi| *noun* (հոգն. **-gies**) 1) էներգիա; եռանդ; ուժ; կորով 2) (**energies**) ջանք

enervation |enəˈveɪʃ(ə)n| *noun* թուլություն; անզորություն; անկարողություն

enfeeble |ɪnˈfiːb(ə)l|, |en-| *verb* թուլացնել; տկարացնել

enfold |ɪnˈfəʊld|, |en-| (նաև **infold**) *verb* 1) (**enfold in/from**) պարուրել; շրջապատել; փաթաթել; ծրարել 2) ծալքեր առաջացնել

enforce |ɪnˈfɔːs|, |en-| *verb* 1) հարկադրել; ստիպել; բռնադատել 2) կիրառել *(օրենքը)* 3) ուժեղացնել; շեշտել; ամրացնել

enforcement *noun* հարկադրանք

enfranchise |ɪnˈfræn(t)ʃʌɪz|, |en-| *verb* 1) ընտրական իրավունք տալ; քվեի իրավունք տալ 2) ազատել; ազատ արձակել; ազատագրել

engage |ɪnˈgeɪdʒ|, |en-| *verb* 1) զբաղեցնել; հետաքրքրել; գրավել 2) (**engage someone in**) ներգրավել; ընդգրկել 3) վարձել; նախօրոք պատվիրել; վարձակալել *(տեղ և այլն)* 4) գործի գցել; աշխատեցնել *(շարժիչը կամ մեքենան)* 5) *տեխնիկական* միացնել 6) *տեխնիկական* միանալ 7) պարտավորվել; խոսք տալ; նշանել 8) զբաղվել; զբաղված լինել 9) *ռազմական* կռվի մեջ մտնել 10) *ռազմական* կռվի մեջ մտցնել; կրակ բանալ

engaged |ɪnˈgeɪdʒd|, |en-| *adjective* 1) զբաղված 2) նշանված 3) *ճարտարապետություն* պատին հենված; պատի մեջ

engagement |ɪnˈgeɪdʒm(ə)nt|, |en-| *noun* 1) նշանադրություն 2) հրավեր; տեսակցություն; հանդիպում 3) գործ; զբաղմունք 4) պարտավորություն; պարտականություն ◊ **meet one's engagements** կատարել պարտականությունները; վճարել պարտքերը 5) *ռազմական* մարտ; կռիվ; ընդհարում; բախում

engagement ring *noun* նշանի մատանի

engaging |ɪnˈgeɪdʒɪŋ|, |en-| *adjective* գրավիչ; հրապուրիչ; դյութիչ; ուշագրավ; դուրեկան

engender |ɪnˈdʒendə|, |en-| *verb* 1) առաջացնել; հարուցել 2) ծնել 3) ծնվել

engine |ˈendʒɪn| *noun* 1) շարժիչ; մեքենա 2) շոգեքարշ; լոկոմոտիվ 3) գործիք; միջոց

engine driver *noun* մեքենավար

engineer |endʒɪˈnɪə| **1** *noun* 1) ճարտարագետ; ինժեներ 2) մեխանիկ 3) *ամերիկյան* մեքենավար 4) *ռազմական* սակրավոր զորամասեր **2** *verb* 1) նախագծել; կառուցել 2) որպես ճարտարագետ աշխատել 3) *խոսակցական* նախաձեռնել; կազմակերպել; ծրագրել

engineering |endʒɪˈnɪərɪŋ| *noun* 1) ճարտարագիտություն; տեխնիկա 2) *խոսակցական* խարդախություն; մեքենայություն

industrial engineering արտադրության կազմակերպում

radio engineering ռադիոտեխնիկա

engine room *noun* մեքենաների բաժանմունք

engirdle |ɪnˈgəːd(ə)l|, |en-| (նաև **engird**) *verb* *բանաստեղծական* շրջապատել; գոտևորել; բոլորել

England |ˈɪŋglənd| Անգլիա *(Միացյալ Թագավորության մաս կազմող ամենամեծ երկիրը)*

English |ˈɪŋglɪʃ| **1** *adjective* անգլիական **2** *noun* 1) ◊ **the English** անգլիացիներ 2) անգլերեն

English breakfast *noun* *խոհանոց* անգլիական նախաճաշ *(բաղկացած է եփած ձվից և խոզի մսից պատրաստված ուտեստից)*

English Channel Անգլիական նեղուց *(Լա-Մանշ նեղուցի այլ անվանումը)*

Englishman *noun* անգլիացի

engrain *verb* 1) տոգորել; հագեցնել *(ներկով)* 2) մանվածքը ներկել 3) *փոխաբերական* արմատացնել

engrained *adjective* (նաև **ingrained**) արմատացած

engrave |ɪnˈgreɪv|, |ɛn-| *verb* 1) փորագրել; քանդակել; դրոշմել *(ծառի/քարի/մետաղի վրա)* 2) *փոխաբերական* տպավորել

engraving |ɪnˈgreɪvɪŋ|, |ɛn-| *noun* 1) փորագրություն; փորագրանկար 2) քանդակում; փորագրում

engross |ɪnˈgrəʊs|, |ɛn-| *verb* 1) գրավել *(ուշադրությունը)* 2) կլանել *(ժամանակը)* 3) *իրավունք* գեղեցիկ տեսք տալ *(փաստաթղթին)*

engrossed *adjective* 1) կլանված; տարված 2) անհանգիստ

engrossing *adjective* կլանող; ամենակուլ; գրավիչ

engulf |ɪnˈgʌlf|, |ɛn-| *verb* կլանել; կուլ տալ; լափել

enhance |ɪnˈhɑːns|, |-hæns|, |ɛn-| *verb* 1) մեծացնել; բարձրացնել; ուժեղացնել; բարելավել 2) թանկացնել 3) թանկանալ

enigma |ɪˈnɪgmə| *noun* (հոգն. **-mas** կամ **-mata**) առեղծված; հանելուկ

enigmatic |ˌɛnɪgˈmætɪk| (նաև **enigmatical**) *adjective* առեղծվածային; հանելուկային; խորհրդավոր

enjoy |ɪnˈdʒɔɪ|, |ɛn-| *verb* 1) (նաև **enjoy oneself**) բավականություն ստանալ; վայելել; հաճույք զգալ; զվարճանալ 2) օգտվել *(իրավունքներից և այլն)* 3) տիրել; ունենալ; առանձնանալ *(որևէ բանով)*

enjoyable |ɪnˈdʒɔɪəb(ə)l|, |ɛn-| *adjective* դուրեկան; հաճելի; ախորժելի

enjoyment *noun* 1) հաճույք 2) ունենալը; օգտագործելը

enkindle |ɪnˈkɪnd(ə)l|, |ɛn-| *verb բանաստեղծական* 1) վառել; բոցավառվել; բորբոքել; բնկեցնել 2) ոգևորել

enlace |ɪnˈleɪs|, |ɛn-| *verb բանաստեղծական* 1) փաթաթել; պատել; խճճել 2) շրջապատել; ամուր գրկել

enlarge |ɪnˈlɑːdʒ|, |ɛn-| *verb* 1) մեծացնել; լայնացնել; ընդարձակել 2) մեծանալ; լայնանալ; ընդարձակվել

enlarge on/upon տարածվել; ծավալվել *(թեմայի շուրջ)*

enlargement |ɪnˈlɑːdʒm(ə)nt|, |ɛn-| *noun* 1) լայնացում; մեծացում; տարածում 2) մեծացված լուսանկար

enlighten |ɪnˈlʌɪt(ə)n|, |ɛn-| *verb* 1) լուսավորել; սովորեցնել; լուսավորություն տարածել 2) լուսաբանել 3) տեղեկացնել 4) *բանաստեղծական* լույս սփռել

enlightened |ɪnˈlʌɪt(ə)nd| *adjective* 1) լուսավորված; կրթված; ժամանակակից 2) տեղյակ

enlightenment |ɪnˈlʌɪt(ə)nm(ə)nt|, |ɛn-| *noun* 1) լուսավորություն; կրթություն 2) լուսավորվածություն; կրթվածություն

enlist |ɪnˈlɪst|, |ɛn-| *verb* 1) կամավոր զինվորական ծառայության մտնել 2) հավաքել; հավաքագրել *(զինվորական ծառայության)* 3) նախապես ձեռք բերել; նախապես ստանալ; գործածել *(աջակցություն)*

enliven |ɪnˈlʌɪv(ə)n|, |ɛn-| *verb* 1) կենդանացնել; կյանք տալ; աշխուժացնել; ոգևորել 2) ուրախացնել; պայծառացնել

enmity |ˈɛnmɪti| *noun* (հոգն. **-ties**) թշնամություն; թշնամանք; ոխ; ներհակություն

Enoch |ˈiːnɒk| *աստվածաշնչային* Ենովք

enormity |ɪˈnɔːmɪti| *noun* (հոգն. **-ties**) 1) հրեշավոր հանցագործություն 2) ոճրագործություն; հրեշավորություն 3) մեծ չափեր; հսկայական չափեր

enormous |ɪˈnɔːməs| *adjective* 1) ահագին; հսկայական; վիթխարի 2) սարսափելի; այլանդակ

enough |ɪˈnʌf| **1** *adjective, pronoun* բավական; բավականաչափ **2** *adverb* բավականաչափ; բավական **3** *exclamation* բավակա՛ն է

enough is enough բավական եղավ; հերի՛ք է

enough said ամեն ինչ հասկանալի է; ավելին ասելու կարիք չկա

enquirer *noun* հարցում կատարող; հարցնող

enrage |ɪnˈreɪdʒ|, |ɛn-| *verb* կատաղեցնել; զայրացնել; գազազեցնել

enrapture |ɪnˈræptʃə|, |ɛn-| *verb* հիացնել; զարմանք պատճառել; հմայել; սքանչացնել

enrich |ɪnˈrɪtʃ|, |ɛn-| *verb* 1) հարստացնել; բարելավել 2) պարարտացնել 3) զարդարել

enrichment *noun* 1) հարստացում; բարելավում 2) պարարտացում

enroll |ɪnˈrəʊl|, |ɛn-| (*բրիտանական* **enrol**) *verb* (**-rolled**, **-rolling**) 1) ցուցակի մեջ մտցնել; ցուցակագրել; գրանցել 2) անդամագրել *(որևէ կազմակերպության)* 3) զինվորագրել

enrollee |-ˈliː| *noun* ցուցակագրված անձ

enrollment |ɪnˈrəʊlm(ə)nt| (*բրիտանական* **enrolment**) *noun* 1) ցուցակի մեջ մտցնելը; ցուցակագրելը; ցուցակագրում 2) նոր անդամներ ընդունելը 3) ցուցակագրվածների քանակ

en route |ɒn ˈruːt| *adverb* ճանապարհին; ընթացքի ժամանակ; հընթացս

ensconce |ɪnˈskɒns|, |ɛn-| *verb* 1) ծածկել; թաքցնել 2) տեղավորել *(ինչ-որ մեկին հարմարավետ կերպով)*

ensemble |ɒnˈsɒmb(ə)l| *noun* 1) նվագախումբ; երգչախումբ; համույթ 2) ամբողջություն; համակազմ

enshrine |ɪnˈʃrʌɪn|, |ɛn-| *verb* 1) պահել; պահպանել; փայփայել *(մեկի հիշատակը)* 2) իբրև սրբություն պահել; սափորել

enshroud |ɪnˈʃraʊd|, |ɛn-| *verb բանաստեղծական* 1) ծածկել; փաթաթել; պատանել 2) պատել

ensign *noun* 1) նշան; խորհրդանշան; գլխարկանշան 2) դրոշ; դրոշակ 3) *ամերիկյան ծովային* կրտսեր լեյտենանտ 4) *պատմական* դրոշակակիր

ensilage |ˈɛnsɪlɪdʒ|, |ɛnˈsʌɪlɪdʒ| **1** *noun գյուղատնտեսություն* 1) սիլոս 2) սիլոսացում **2** *verb* սիլոսացնել

ensile |ɛnˈsʌɪl| *verb գյուղատնտեսություն* սիլոսացնել

enslave |ɪnˈsleɪv|, |ɛn-| *verb* 1) ստրկացնել; տիրել 2) *փոխաբերական* գերի դարձնել *(սովորույթի, նախապաշարմունքի և այլնի)*

enslavement *noun* 1) ստրկացում; գերում; նվաճում 2) ստրկություն; գերություն; ճորտություն

ensue |ɪnˈsjuː|, |ɛn-| *verb* (**ensues**, **ensued**, **ensuing**) հետևել; հաջորդել; բխել

en suite |ɒn ˈswiːt| *adjective, adverb* հարակից; հարևան *(սովորաբար լոգասենյակի և ննջասենյակի մասին)*

ensure |ɪnˈʃʊə|, |ɛn-| *verb* 1) ապահովել; երաշխավորել 2) անվտանգ դարձնել

entail **1** *verb* |ɪnˈteɪl| |ɛn-| 1) հետևանք ունենալ; հանգեցնել 2) հղի լինել հետևանքներով 3) *իրավունք* հաստատել ժառանգման իրավունք **2** *noun* 1) *իրավունք* տոհմական կալվածք; մայորատ 2) *իրավունք* ժառանգման իրավունքի հաստատում

entangle |ɪnˈtæŋg(ə)l|, |ɛn-| *verb* 1) խառնել; խճճել 2) ներքաշել *(դժվար իրադրության մեջ)* 3) բարդացնել; դժվարացնել

entanglement |ɪnˈtæŋg(ə)lm(ə)nt|, |ɛn-| *noun* 1) դժվարություն; դժվար կացություն; խճճվածություն; շփոթություն; խառը իրավիճակ 2) դժվարացնող հանգամանքներ 3) *ռազմական* լարափակոց

entente |ɒnˈtɒnt|, |ɒ̃ˈtɒ̃t| *noun* (նաև **entente cordiale**) 1) համագործակցություն; համաձայնություն *(պետությունների միջև)* 2) *պատմական* Անտանտ

enter |ˈɛntə| **1** *verb* 1) մտնել; ներս գալ 2) թափանցել; ներթափանցել 3) (**enter upon**) պաշտոնի մտնել; պաշտոնն ստանձնել 4) գնալ; մտնել *(բանակ)* 5) ընդունվել *(ուսումնական հաստատություն)* 6) գրանցել; ցուցակագրել 7) *իրավունք* հայց գրել; դիմել • **enter into** i) ներգրավվել ii) մաս կազմել **enter on/upon** i) պաշտոնն ստանձնել ii) ձեռնամուխ լինել **2** *noun* (նաև **enter key**) *համակարգիչներ* մուտք ստեղն

enteric |ɛnˈtɛrɪk| *adjective կազմախոսություն* որովայնային; աղիքային

enterprise |ˈɛntəprʌɪz| *noun* 1) ձեռնարկություն 2) նախաձեռնություն; նախագիծ; ձեռնարկ 3) նախաձեռնողականություն; համարձակություն; գործունյա լինելը 4) գործարարություն

enterprising |ˈɛntəprʌɪzɪŋ| *adjective* նախաձեռնող; ձեռներեց; գործունյա

entertain |ɛntəˈteɪn| *verb* 1) հյուր ընդունել; հյուրընկալել; հյուրասիրել; զբաղեցնել; զվարճացնել 2) տածել *(հույս, զգացմունքներ)* 3) հաշվի առնել; ի նկատի ունենալ

entertainer |ɛntəˈteɪnə| *noun* համերգավար; էստրադային դերասան

entertaining |ɛntəˈteɪnɪŋ| *adjective* զվարճալի; հետաքրքրաշարժ; հետաքրքիր

entertainment |ɛntəˈteɪnm(ə)nt| *noun* 1) զվարճություն 2) զվարճացնող միջոցառում 3) ընդունելություն *(հյուրերի)* 4) հյուրասիրություն

enthrall |ɪnˈθrɔːl|, |ɛn-| (*բրիտանական* **enthral**) *verb* (**-thralled**, **-thralling**) 1) գերել; ստրկացնել 2) դյութել

enthrone |ɪnˈθrəʊn|, |ɛn-| *verb* 1) գահ բարձրացնել 2) *փոխաբերական* հռչակվել; հաստատվել

enthusiasm |ɪnˈθjuːzɪæz(ə)m|, |ɛn-| *noun* 1) խանդավառություն; ոգեշնչություն; ոգևորվածություն 2) *հնացած* հափշտակվածություն; զմայլանք; հոգեզմայլություն *(սովորաբար կրոնական)*

enthusiast |ɪnˈθjuːzɪæst|, |ɛn-| *noun* 1) խանդավառ մարդ; ոգեշնչված մարդ 2) *հնացած* զմայլանքի մեջ գտնվող կրոնական

enthusiastic |ɪnˌθjuːzɪˈæstɪk|, |ɛn-| *adjective* 1) խանդավառ; եռանդուն; ոգեշունչ 2) տարված; հափշտակված; ոգեշնչված

enthusiastically *adverb* խանդավառորեն; ոգեշնչվածորեն

entice |ɪnˈtʌɪs|, |ɛn-| *verb* գայթակղել; գայթակղեցնել; հրապուրել

enticement *noun* 1) հրապուրում; գայթակղում 2) խայծ; հրապուրակ

entire |ɪnˈtʌɪə|, |ɛn-| **1** *adjective* 1) ամբողջ; կատարյալ 2) ողջ; ամբողջական 3) մաքուր; անխառն; անարատ 4) չկոտած **2** *noun* 1) ◊ **the entire** ամբողջություն 2) ◊ **the entire** չկոտած անասուն *(հատկապես հովատակ)*

entirely |ɪnˈtʌɪəli|, |ɛn-| *adverb* 1) ամբողջովին; ամբողջապես; բոլորովին; լիովին 2) բացառապես; միմիայն

entirety |ɪnˈtʌɪərəti|, |-ˈtʌɪəti|, |ɛn-| *noun* 1) լրիվություն; լրություն; ամբողջականություն; ամբողջություն 2) ընդհանուր քանակ 3) *իրավունք* համատեղ տիրելը

in its entirety ամբողջովին; լրիվ

entitle |ɪnˈtʌɪt(ə)l|, |ɛn-| *verb* 1) իրավունք տալ; լիազորել 2) վերնագրել 3) տիտղոս տալ; տիտղոս շնորհել

entitlement |ɪnˈtʌɪt(ə)lmənt| *noun* 1) իրավունք 2) գումար *(որի նկատմամբ անձն իրավունք ունի)*

entity |ˈɛntɪti| *noun* (հոգն. **-ties**) 1) էություն; գոյացություն; գոյ 2) միավոր; ամբողջություն; իրականում գոյություն ունեցող բան 3) գոյություն

entomb |ɪnˈtuːm|, |ɛn-| *verb* 1) թաղել; դամբանել 2) որպես գերեզման ծառայել

entombment *noun* 1) թաղում 2) դամբարան; գերեզման

entomology |ˌɛntəˈmɒlədʒi| *noun* միջատաբանություն

entr'acte |ˈɒntrækt|, |ˈɒ̃-| *noun* ընդմիջում; միջադադար

entrails |ˈɛntreɪlz| *plural noun* 1) *կազմախոսություն* փորոտիք; աղիքներ 2) *փոխաբերական* ընդերք; խորք

entrance[1] |ˈɛntr(ə)ns| *noun* 1) մուտք; դուռ 2) դերասանի բեմ դուրս գալը 3) սկիզբ *(երաժշտական ստեղծագործության)* 4) մուտք; ընդունելություն; մուտքի թույլտվություն

entrance[2] |ɪnˈtrɑːns|, |ɛn-| *verb* 1) հափշտակության մեջ գցել; զմայլել 2) հիպնոսացնել

entrant |ˈɛntr(ə)nt| *noun* 1) մտնող անձ 2) ժամանող անձ 3) դիմորդ 4) պաշտոնստանձնող անձ

entrap |ɪnˈtræp|, |ɛn-| *verb* (**-trapped**, **-trapping**) (**entrap with**) թակարդել; որսալ; ծուղակը գցել; խաբել; մոլորեցնել

entreat |ɪnˈtriːt|, |ɛn-| *verb* 1) աղերսել; աղաչել 2) *հնացած* վերաբերվել

entreaty |ɪnˈtriːti|, |ɛn-| *noun* (հոգն. **-treaties**) աղերսանք; խնդրանք; աղաչանք

entrée |ˈɒntreɪ| (նաև **entree**) *noun* 1) մուտքի իրավունք 2) *բրիտանական խոհանոց* ձկան և տապակածի միջև մատուցվող կերակուր 3) *խոհանոց* հիմնական կերակրատեսակ *(ճաշի)*

entremets |ˌɒ̃trəˈmeɪ| *noun* միջնախորտիկ *(հիմնական կերակրատեսակների միջև մատուցվող խորտիկ)*

entrench ɪnˈtrɛn(t)ʃ|, |ɛn-| (նաև **intrench**) *verb* 1) *ռազմական* խրամապատել 2) ամուր հաստատվել 3) ապահովվել 4) (**entrench on/upon**) խախտել; ոտնձգել

entrenchment *noun* 1) խրամատ 2) ամրություն; դիրք 3) *հնացած* խախտում; ոտնձգություն

entrepreneur |ˌɒntrəprəˈnəː| *noun* 1) ձեռնարկատեր; գործարար; նախաձեռնող անձ 2) զվարճատեր *(զվարճանքի ձեռնարկության տեր)*

entrepreneurial |-ˈn(j)əːrɪəl|, |-ˈnjʊərɪəl| *adjective* ձեռնարկատիրական

entrust |ɪnˈtrʌst|, |ɛn-| *verb* հանձնարարել; վստահել; պատվիրել

entry |ˈɛntri| *noun* (հոգն. **-tries**) 1) մուտք; շքամուտք; դուռ 2) մտնելը 3) գրառում; միավոր *(գրանցված)* 4) բառահոդված *(բառարանի)* 5) նախասրահ; նախասենյակ 6) գետաբերան 7) *ամերիկյան* սկիզբ *(ամսվա, տարվա և այլն)* 8) *իրավունք* տեր դառնալը

entwine |ɪnˈtwʌɪn|, |ɛn-| *verb* 1) հյուսել; միահյուսել 2) (**entwine with/about/round**) փաթաթել 3) գրկել; փաթաթվել

enumerate |ɪˈnjuːməreɪt| *verb* 1) համրել; հաշվել 2) թվել; թվարկել

enumeration |-ˈreɪʃ(ə)n| *noun* 1) հաշվում; համրելը 2) թվարկում; մարդահամար

enunciate |ɪˈnʌnsɪeɪt| *verb* 1) արտասանել; արտաբերել *(բառը)* 2) ազդարարել; հայտարարել 3) ձևակերպել՝ շարադրել *(տեսություն և այլն)*

envelop |ɪnˈvɛləp|, |ɛn-| *verb* (**-veloped**, **-veloping**) 1) փաթաթել; ծրարել 2) պատել; ծածկել; թաքցնել 3) *ռազմական* շրջապատել; պաշարել; շրջանցել 4) *փոխաբերական* թաքցնել; մշուշապատել

envelope |ˈɛnvələʊp|, |ˈɒn-| *noun* 1) ծրար; նամակածրար, կապոց 2) կեղև; պատյան 3) շապիկ; փաթեթավորում 4) *էլեկտրոնիկա* պարուրիչ կոր 5) *մաթեմատիկա* շոշափող կոր

envenom |ɪnˈvɛnəm|, |ɛn-| *verb* *հնավանդ* թունավորել

enviable |ˈɛnvɪəb(ə)l| *adjective* նախանձելի; նախանձ շարժող

envious |ˈɛnvɪəs| *adjective* նախանձ; նախանձոտ

enviously *adverb* նախանձաբար; նախանձորեն

environ |ɪnˈvʌɪrən|, |ɛn-| *verb* *գրական անգլերեն* շրջապատել; պարփակել

environment |ɪnˈvʌɪrənm(ə)nt|, |ɛn-| *noun* 1) շրջապատ; միջավայր; շրջապատող պարագաներ; շրջան 2) (**the environment**) շրջակա միջավայր

environmental |ɪnvʌɪrənˈmɛnt(ə)l, ɛn-| *adjective* 1) գոյապահպանական; շրջակա միջավայրին վերաբերող 2) շրջապատող

environmentalism *noun* միջավայրապաշտություն *(տեսություն, ըստ որի մարդու վարքը պայմանավորված է հիմնականում նրա շրջապատով)*

environmentalist |ɪnˌvʌɪrənˈmɛnt(ə)lɪst|, |ɛn-| *noun* 1) միջավայրապաշտ *(անձ, որը կարծում է, որ մարդու վարքը հիմնականում պայմանավորված է նրա միջավայրով)* 2) շրջակա միջավայրի պաշտպան

envisage |ɪnˈvɪzɪdʒ|, |ɛn-| *verb* 1) խորհել; մտորել; խորհրդածել 2) *փիլիսոփայություն* նախատեսել; կանխատեսել 3) պատկերացնել; երևակայել

envoy |ˈɛnvɔɪ| *noun* 1) պատվիրակ; դեսպանորդ 2) գործակալ 3) (**envoy extraordinary**) լիազոր նախարար

envy |ˈɛnvi| **1** *noun* (հոգն. **-vies**) 1) նախանձ 2) նախանձի առարկա 3) բաղձանք; ցանկություն **2** *verb* (**-vies**, **-vied**) 1) նախանձել 2) բաղձալ; խիստ ցանկանալ

enwrap |ɪnˈræp|, |ɛn-| *verb* (**-wrapped**, **-wrapping**) փաթաթել; ծրարել; պատել

enzyme |ˈɛnzʌɪm| *noun* *կենսաքիմիա* խմորիչ

eolian *adjective* (նաև **aeolian**) *երկրաբանություն* հողմակազմ

eon |ˈiːən| (*բրիտանական* **aeon**) *noun* հսկայական ժամանակամիջոց; անվերջ ժամանակամիջոց

ephemeral |ɪˈfɛm(ə)r(ə)l|, |-ˈfiːm-| **1** *adjective* 1) մեկօրյա 2) անցողիկ **2** *noun* մեկօրյա բույս

Ephesians |ɪˈfiːʒ(ə)nz| *աստվածաշնչային* Եփեսացիներ; Թուղթ եփեսացիներին *(Նոր Կտակարանի գրքերից մեկը)*

Ephesus |ˈɛfɪsəs| Եփեսոս *(հին քաղաք Փոքր Ասիայի տարածքում)*

epic |ˈɛpɪk| **1** *noun* 1) դյուցազներգություն; դյուցազներգ 2) ծավալուն ստեղծագործություն **2** *adjective* 1) դյուցազներգական; վիպերգական 2) հսկայական; մեծ; հերոսական

epical *adjective* դյուցազներգական

epicenter |ˈɛpɪsɛntə| (*բրիտանական* **epicentre**) *noun* վերնակենտրոն; էպիկենտրոն *(երկրաշարժի)*

Epicurean |ˌɛpɪkjʊ(ə)ˈriːən| **1** *noun* Էպիկուրյան **2** *adjective* Էպիկուրական; Էպիկուրյան

epidemic |ɛpɪˈdɛmɪk| **1** *noun* 1) համաճարակ; տարափոխ 2) համաճարակային հիվանդություն **2** *adjective* համաճարակային

epidemiological |-mɪəˈlɒdʒɪk(ə)l| *adjective* համաճարակաբանական

epidemiology |ˌɛpɪdiːmɪˈɒlədʒi| *noun* համանրակրթանություն

epidermal *adjective* վերնամաշկային

epidermis |ˌɛpɪˈdəːmɪs| *noun* 1) *կենդանաբանություն* վերնամաշկ 2) *բուսաբանություն* վերնաթաղանթ

epidural |ˌɛpɪˈdjʊər(ə)l| **1** *adjective կազմախոսություն, բժշկություն* վերուղեղաթաղանթային **2** *noun* վերուղեղաթաղանթային անզգայացնող միջոց

epiglottis |ˌɛpɪˈglɒtɪs| *noun* մակալեզվակ

epigram |ˈɛpɪgræm| *noun* 1) մակագիր; էպիգրամ 2) ծաղրասություն

epigraph |ˈɛpɪgrɑːf| *noun* բնաբան

epilepsy |ˈɛpɪlɛpsi| *noun* ընկնավորություն; լուսնոտություն *(հիվանդություն)*

epileptic |ˌɛpɪˈlɛptɪk| **1** *adjective* ընկնավորական **2** *noun* ընկնավոր; լուսնոտ

epilogue |ˈɛpɪlɒg| (նաև **epilog**) *noun* վերջաբան; ամփոփում

episcopal |ɪˈpɪskəp(ə)l|, |ɛ-| *adjective* եպիսկոպոսի; եպիսկոպոսական

Episcopal Church Եպիսկոպոսական Եկեղեցի *(Անգլիկան Եկեղեցին ԱՄՆ-ում և Շոտլանդիայում)*

episcopate |ɪˈpɪskəpət|, |ɛ-| *noun* 1) եպիսկոպոսի աստիճան 2) թեմ; վիճակ

episode |ˈɛpɪsəʊd| *noun* 1) միջադեպ 2) հատված; մաս 3) շեղում *(թեմայից)*

episodic |ˌɛpɪˈsɒdɪk| *adjective* 1) միջադեպի; միջադեպային; դիպվածային 2) պատահական; կողմնակի 3) միջադեպերով հեռարձակվող; միջադեպերով հրապարակվող *(հեռուստատեսային կամ գրական ստեղծագործության մասին)*

epistle |ɪˈpɪs(ə)l| *noun գրական անգլերեն* 1) գիր; նամակ 2) *աստվածաշնչային* թուղթ; ուղերձ 3) *եկեղեցական* հատված առաքելական թղթից *(որը կարդացվում է պատարագի կամ ժամերգության ժամանակ)*

epistolary |ɪˈpɪst(ə)ˌləri| *adjective* նամակային; նամակաձև

epitaph |ˈɛpɪtɑːf|, |-tæf| *noun* տապանագիր; դամբանագիր

epithet |ˈɛpɪθɛt| *noun* 1) մակդիր 2) *ամերիկյան* վիրավորանք; անարգանք 3) մականուն

epitome |ɪˈpɪtəmi|, |ɛ-| *noun* 1) ամփոփում 2) մարմնացում; մարմնավորում

epitomize |ɪˈpɪtəmʌɪz|, |ɛ-| *verb* 1) համառոտել; ամփոփել; հանրագումարի բերել 2) բնորոշել; մարմնավորել

epoch |ˈiːpɒk|, |ˈɛpɒk| *noun* դարաշրջան; շրջան; ժամանակաշրջան

epoch-making *adjective* դարակազմիկ; դարաշրջան կազմող; կարևոր; նշանավոր

EPOS |ˈiːpɒz|, |ˈiːpɒs| *abbreviation* electronic point of sale վաճառքի էլեկտրոնային կետ

equability |-ˈbɪlɪti| *noun* 1) հավասարակշռվածություն 2) համասեռություն; հավասարաչափություն

equable |ˈɛkwəb(ə)l| *adjective* 1) հավասար; համաչափ; հավասարակշռված 2) հավասարակշիռ; սառնարյուն

equal |ˈiːkw(ə)l| **1** *adjective* 1) հավասար; միանման; հավասար ուժ ունեցող; հավասարազոր 2) պիտանի; ընդունակ; համապատասխան 3) իրավահավասար **2** *noun* հավասարակից; հավասարը; նմանը ◇ **without equal** հավասարը չունեցող **3** *verb* (**equaled**, **equaling**; նաև հմմն. բրիտ. **equalled**, **equalling**) 1) հավասարվել; հավասարեցնել 2) համարժեք լինել

first among equals տվյալ խմբի մեջ ամենաբարձր դիրք ունեցողը

other (or all) things being equal մնացած հավասար պայմաններում

equality |ɪˈkwɒlɪti|, |iː-| *noun* 1) հավասարություն; իրավահավասարություն ◇ **on an equality with** հավասար պայմաններում 2) *մաթեմատիկա* հավասարություն 3) *մաթեմատիկա* հավասարում

Equality State Հավասարության նահանգ *(ԱՄՆ-ի Վայոմինգ նահանգի մականունը)*

equalization |-ˈzeɪʃ(ə)n| *noun* հավասարեցում

equalize |ˈiːkwəlʌɪz| *verb* 1) հավասարեցնել 2) հավասարակշռել 3) շտկել

equally |ˈiːkw(ə)li| *adverb* 1) հավասարապես; հավասար չափով 2) արդարորեն; անաչառորեն

equals sign (նաև **equal sign**) *noun* հավասարության նշան *(=)*

equanimity |ˌɛkwəˈnɪmɪti|, |iː-| *noun* սառնարյունություն; ինքնազսպում; ինքնատիրապետում; հանդարտություն; անխռովություն

equate |ɪˈkweɪt| *verb* 1) (**equate with/to**) հավասարեցնել; հավասար համարել; զուգամանել 2) *մաթեմատիկա* հավասարում կազմել; հավասարեցնել

equation |ɪˈkweɪʒ(ə)n| *noun* 1) հավասարեցում 2) *մաթեմատիկա* հավասարում 3) հավասար լինելը

equator |ɪˈkweɪtə| *noun* հասարակած

equatorial |ˌɛkwəˈtɔːrɪəl| *adjective* հասարակածի; հասարակածային

Equatorial Guinea Հասարակածային Գվինեա *(պետություն Աֆրիկայի արևմուտքում)*

equestrian |ɪˈkwɛstrɪən|, |ɛ-| **1** *adjective* ձիավոր; հեծյալ **2** *noun* (իգ. **equestrienne**) հեծյալ; ձիավոր; ձիավար

equi- |ˈiːkwi|, |ˈɛkwi-| *combining form* հավասարա-; հավ(ա)- ◇ **equidistant** հավասարահեռ

equiangular |ˌiːkwɪˈæŋgjʊlə|, |ɛ-| *adjective մաթեմատիկա* հավասարանկյուն

equidistant |ˌiːkwɪˈdɪst(ə)nt|, |ɛ-| *adjective* հավասարահեռ

equilateral |ˌiːkwɪˈlæt(ə)r(ə)l|, |ˌɛkwɪ-| *adjective մաթեմատիկա* հավասարակողմ; զուգակողմ

equilibrate |ˌiːkwɪˈlʌɪbreɪt|, |ɪˈkwɪlɪ-|, |iːˈkwɪlɪ-| *verb տեխնիկական* 1) հավասարակշռել 2) հավասարակշռվել

equilibration |-ˈbreɪʃ(ə)n| *noun* 1) հավասարակշռում 2) հավասարակշռություն

equilibrist |ɪˈkwɪlɪˌbrɪst|, |iːˈkwɪlɪ-|, |ˌiːkwɪˈlɪb-|, |ˌɛkwɪ-| *noun հնացած* լարախաղաց

equilibrium |ˌiːkwɪˈlɪbrɪəm|, |ˌɛkwɪ-| *noun*

(հոգն. **-libria** |-rɪə|) 1) հավասարակշռություն 2) հանդարտություն; անվրդովություն

equine |ˈiːkwʌɪn|, |ˈɛ-| **1** *adjective* ձիու; ձիական **2** *noun* ձի; ձիազգի

equinoctial |ˌiːkwɪˈnɒkʃ(ə)l|, |ˌɛkwɪ-| **1** *adjective* 1) գիշերահավասարի 2) հասարակածային **2** *noun* (նաև **equinoctial line** կամ **equinoctial circle**) *աստղագիտություն* գիշերահավասարի գիծ; երկնային հասարակած

equinox |ˈiːkwɪnɒks|, |ˌɛkwɪ-| *noun* գիշերահավասար; օրուգիշերահավասար; հասարակածիր

equip |ɪˈkwɪp| *verb* (**equipped**, **equipping**) 1) *ռազմական* հանդերձել; սարքավորել; հագցնել; սպառազինել 2) (**equip with**) գիտելիքներ տալ; կրթել; զինել

equipage |ˈɛkwɪpɪdʒ| *noun* 1) *հնացած* հանդերձանք; սարք; անհրաժեշտ պիտույքներ; սպառազինություն 2) շքախումբ

equipment |ɪˈkwɪpm(ə)nt| *noun* 1) սարքավորում; սարքավորանք 2) *ռազմական* սպառազինություն; հանդերձանք; նյութական մաս 3) *երկաթուղային* շարժական կազմ 4) մտավոր կարողություններ

equitable |ˈɛkwɪtəb(ə)l| *adjective* արդարադատ; անաչառ; անկողմնակալ

equity |ˈɛkwɪti| *noun* (հոգն. **-ties**) 1) արդարադատություն; անաչառություն 2) *իրավունք* արդարության իրավունք *(իրավական ակտերի համակարգ, որը գոյություն ունի սովորական իրավական ակտերի կողքին և փոխարինում է դրանց, երբ չեն համապատասխանում իրար)* 3) (**Equity**) դերասանների արհմիություն 4) բաժնետոմսերի արժեք 5) սովորական բաժնետոմսեր *(առանց հաստատուն շահի)* 6) *հաշվապահություն* (**equities**) սեփական միջոցներ

equivalence *noun* (նաև **equivalency**) համարժեքություն; հավասարարժեքություն

equivalent |ɪˈkwɪv(ə)l(ə)nt| **1** *adjective* համարժեք; համազոր **2** *noun* համարժեք; համարժեք մեծություն

equivocal |ɪˈkwɪvək(ə)l| *adjective* 1) երկիմաստ; երևդիմի; երկբայական 2) կասկածելի; աններոշ; տարակուսելի

equivoque |ˈiːkwɪvəʊk|, |ˈɛkwɪ-| (նաև **equivoke**) *noun* 1) երկդիմություն; երկդիմաբանություն 2) բառախաղ 3) երկիմաստություն

era |ˈɪərə| *noun* 1) դարագլուխ; դարաշրջան; ժամանակաշրջան 2) թվարկություն ◇ **Christian era**. քրիստոնեական թվարկություն

eradicate |ɪˈrædɪkeɪt| *verb* 1) արմատախիլ անել; ոչնչացնել; վերացնել 2) արմատով հանել

erase |ɪˈreɪz| *verb* 1) ջնջել; մաքրել; սրբել 2) *փոխաբերական* ջնջել *(հիշողությունից)*

eraser |ɪˈreɪzə| *noun* 1) ռետին *(ջնջելու համար)* 2) *համակարգիչներ* ջնջող հարմարանք

erbium |ˈəːbɪəm| *noun* *քիմիա* էրբիում

ere |ɛː| *preposition, conjunction* *հնացած բանաստեղծական* մինչ; մինչև; նախքան; առաջ ◇ **ere long** շատ չանցած; շուտով. **ere then** մինչ այդ պահը

erect |ɪˈrɛkt| **1** *adjective* 1) ուղիղ; ուղղահայաց 2) կանգուն; կանգնած 3) *փոխաբերական* աչալուրջ; արթուն **2** *verb* 1) կառուցել; հիմնել; կանգնեցնել; բարձրացնել 2) ստեղծել

erection |ɪˈrɛkʃ(ə)n| *noun* 1) ուղղում; ուղիղ կանգնեցնելը 2) կառույց; շենք 3) *տեխնիկական* սարքում; հավաքում 4) *բնախոսություն* կանգնում

erelong *adverb* *հնացած* շուտով; շատ չանցած

eremite |ˈɛrɪmʌɪt| *noun* ճգնավոր; անապատական; մենակյաց *(քրիստոնյա)*

erewhile |ɛːˈwʌɪl| *adverb* *հնացած* ոչ վաղուց; քիչ առաջ

ergonomic *adjective* դյուրագիտական

ergonomics |ˌəːgəˈnɒmɪks| *plural noun* դյուրագիտություն *(աշխատանքը դյուրին և արդյունավետ դարձնելու գիտություն)*

Erie, Lake |ˈɪəri| Էրի լիճ *(Հյուսիսային Ամերիկայի հինգ մեծ լճերից մեկը)*

Erin |ˈɛrɪn|, |ˈɪərɪn| *noun* *բանաստեղծական* Իռլանդիա

Eritrea |ˌɛrɪˈtreɪə| Էրիթրեա *(պետություն Աֆրիկայի հյուսիս-արևելքում, Կարմիր ծովի ափին)*

ermine |ˈəːmɪn| *noun* (հոգն. նույնը կամ **ermines**) 1) *կենդանաբանություն* կնգում; սպիտակ կզաքիս; հայկական մուկ *(ընտանիք Arctiidae)* 2) կզաքիսենի *(սպիտակ գույնի՝ սև բծերով)*

erode |ɪˈrəʊd| *verb* 1) *բժշկություն* մաշել; քայքայել *(հյուսվածքը)* 2) *երկրաբանություն* քայքայել; ողողամաշել 3) քայքայել; կազմալուծել 4) սպառել; վատնել

erosion |ɪˈrəʊʒ(ə)n| *noun* 1) քայքայում; ողողամաշում; ողողահանում 2) *բժշկություն* կրծանք; մաշում

erotic |ɪˈrɒtɪk| *adjective* տարփային; տռփական

err |əː| *verb* *գրական անգլերեն* 1) սխալվել; մոլորվել; վրիպել 2) մեղանչել; մեղք գործել

errand |ˈɛr(ə)nd| *noun* հանձնարարություն; առաջադրանք; գործուղում

errand of mercy օգնության ձեռք մեկնելը

errand boy *noun* *հնացած* հանձնարարություններ կատարող տղա; ցրիչ

errant |ˈɛr(ə)nt| *adjective* 1) թափառող; շրջմոլիկ 2) թափառաշրջիկ 3) մոլորված

erratic |ɪˈrætɪk| *adjective* 1) անկանխատեսելի; անհաստատ; անկայուն; անկառավարելի 2) խենթ; խելառ 3) տարօրինակ; արտառոց

erratum |ɛˈrɑːtəm|, |-reɪt-| *noun* (հոգն. **-ta** |-tə|) 1) վրիպակ; գրասխալ 2) (**errata**) վրիպակների ցուցակ

erroneous |ɪˈrəʊnɪəs|, |ɛ-| *adjective* սխալ; անճիշտ; սխալական

erroneously *adverb* սխալաբար; անճշտորեն

error |ˈɛrə| *noun* 1) սխալ; մոլորություն 2) խուսափելը; շեղվելը; մեղանչում 3) *տեխնիկական* սխալանք

see the error of one's ways ճանաչել սեփական սխալները

erudite |ˈɛrʊdʌɪt| *adjective* բազմագիտակ; խորագիտակ; կարդացած; ուսյալ

erupt |ɪˈrʌpt| *verb* 1) ժայթքել *(հրաբխի մասին)* 2) դուրս գալ; պայթել 3) դուրս գալ; ծկթել *(ատամ-*

ների մասին)

eruption |ɪˈrʌpʃ(ə)n| *noun* 1) ժայթքում *(հրաբխի)* 2) պոռթկում *(ծիծաղի, ցասման)* 3) *բժշկություն* դուրս տալը *(ցանի)* 4) դուրս գալը; ծկթում *(ատամների)*

eruptive |ɪˈrʌptɪv| *adjective* 1) *երկրաբանություն* հրաբխային; ժայթքող 2) *բժշկություն* ցանի; ցանավոր

erythrocyte |ɪˈrɪθrə(ʊ)sʌɪt| *noun* կարմրաբջիջ

Erzurum |ˈɛːzʊrʊm| Էրզրում *(պատմական Հայաստանի Կարին քաղաքը, ներկայումս՝ Թուրքիայում)*

escalate |ˈɛskəleɪt| *verb* 1) արագ բարձրանալ; վեր սլանալ 2) լրջանալ; սրվել; լարվել

escalation |-ˈleɪʃ(ə)n| *noun* 1) ընդարձակում; տարածում 2) սրում

escalator |ˈɛskəleɪtə| *noun* շարժասանդուղք

escapade |ˈɛskəpeɪd| *noun* 1) ուրախ խաղ; համարձակ արարք 2) փախուստ *(բանտարկությունից)*

escape |ɪˈskeɪp|, |ɛ-| **1** *verb* 1) փախչել *(կալանքից, բանտարկությունից)* 2) ազատվել; խուսափել *(վտանգից)* 3) գլուխն ազատել 4) աննկատ մնալ 5) վրիպել; սպրդել 6) մտքից թռչել 7) դուրս թռչել *(բառերի, ճիչի, հոգոցի մասին)* 8) հոսակորուստ տալ **2** *noun* 1) փախուստ 2) ազատում; փրկություն; խուսափում 3) կորուստ; հոսակորուստ; արտահոսք *(ջրի, գազի, էլեկտրականության)* 4) *համակարգիչներ* խուսափման ստեղն

escapism |ɪˈskeɪpɪz(ə)m|, |ɛ-| *noun* փախուստ իրականությունից

escarpment |ɪˈskɑːpm(ə)nt|, |ɛ-| *noun* զառիվերակ

eschew |ɪsˈtʃuː|, |ɛs-| *verb* խուսափել; խույս տալ; չօգտագործել; զգուշանալ

escort **1** *noun* |ˈɛskɔːt| 1) ուղեկցորդ; պահակախումբ 2) շքախումբ **2** *verb* |ɪˈskɔːt| |ɛ-| ուղեկցորդել; ուղեկցել *(որպես պահակ)*

escutcheon |ɪˈskʌtʃ(ə)n|, |ɛ-| *noun* զինանշանի վահանակ

a blot on one's escutcheon բիծ մեկի անվան վրա

Esdras |ˈɛzdrəs| *աստվածաշնչային* Եզրաս *(Հին Կտակարանի պարականոն գրքերից երկուսի անվանումը)*

ESE *abbreviation* east-southeast արևելք-հարավարևելք

Eskimo |ˈɛskɪməʊ| **1** *noun* (հոգն. նույնը կամ **-mos**) 1) էսկիմոս 2) էսկիմոսներեն **2** *adjective* էսկիմոսական; էսկիմոսների

ESL *abbreviation* English as a second language անգլերենը որպես երկրորդ լեզու

esophagus |ɪˈsɒfəgəs| (բրիտանական **oesophagus**) *noun* (հոգն. **-gi** |-dʒʌɪ| կամ **-guses**) *կազմախոսություն* կերակրափող

esp. *abbreviation* especially հատկապես

España |esˈpæɲæ| Իսպանիա *(իսպաներեն անվանումը)*

especial |ɪˈspɛʃ(ə)l|, |ɛ-| *adjective* հատուկ; մասնավոր; բացառիկ

especially |ɪˈspɛʃ(ə)li|, |ɛ-| *adverb* 1) հատկապես; մասնավորապես; գլխավորապես 2) առանձնապես

espionage |ˈɛspɪənɑːʒ|, |-ɪdʒ| *noun* լրտեսություն; հետախուզություն

esplanade |ˌɛspləˈneɪd|, |-ˈnɑːd| *noun* 1) ծովափնյա զբոսավայր; զբոսավայր 2) ամրոցը քաղաքից բաժանող տարածություն

espouse |ɪˈspaʊz|, |ɛ-| *verb* 1) կին առնել; ամուսնանալ 2) (**be esposed to**) մարդու տալ 3) ընդունել; պաշտպանել

espy |ɪˈspʌɪ|, |ɛ-| *verb* (**-pies**, **-pied**) *բանաստեղծական* 1) նշմարել; տեսնել հեռվից 2) հայտնաբերել; հանկարծակի բացահայտել

Esq. *abbreviation* Esquire պարոն *(օգտագործվում է նամակներում հասցեատիրոջ անունից հետո)*

esquire |ɪˈskwʌɪə|, |ɛ-| *noun* 1) պարոն *(քաղաքավարի դիմում, որ դրվում է ազգանվան կողքին)* 2) ասպետ *(կնոջը ուղեկցող)*

essay **1** *noun* |ˈɛseɪ| 1) ակնարկ; ուրվագիծ 2) փորձ; ջանք 3) նախափորձ **2** *verb* |ɛˈseɪ| *գրական անգլերեն* 1) փորձ անել; փորձել 2) ջանալ; փորձել

essayist *noun* ակնարկագիր

essence |ˈɛs(ə)ns| *noun* 1) էություն 2) գոյություն 3) բնահյութ; էսենցիա

essential |ɪˈsɛnʃ(ə)l| **1** *adjective* 1) էական; հիմնական; կարևորագույն 2) եթերային; զնդող 3) ներհատուկ 4) *բժշկություն* անհասկանալի ծագման *(հիվանդության մասին)* **2** *noun* (**essentials**) կարևորագույն առարկաներ; առաջին անհրաժեշտության իրեր

essentiality |-ʃɪˈælɪti| *noun* էություն; իսկություն

essentially |ɪˈsɛnʃ(ə)li| *adverb* 1) էապես; իրապես; էականորեն 2) ըստ էության; հիմնականում 3) ծայրահեղորեն; չափազանց

establish |ɪˈstæblɪʃ|, |ɛ-| *verb* 1) հաստատել; հիմնել; հիմնադրել 2) ամրապնդել; արմատավորել 3) սահմանել; ապացուցել; հաստատել *(փաստերը և այլն)* ◇ **be established** i) տեղավորվել *(աշխատանքի և այլնի)* ii) արմատավորվել; սովորության մասին 4) կայացնել

established *adjective* 1) հաստատված 2) ամրացած; արմատացած; տեղանքին վարժված 3) պաշտոնական; պետական *(եկեղեցու մասին)* 4) կայացած

the Established Church Անգլիայի եկեղեցին կամ Շոտլանդիայի եկեղեցին

establishment |ɪˈstæblɪʃm(ə)nt|, |ɛ-| *noun* 1) հաստատում; հիմնում; հիմնադրում 2) (**the Establishment**) կառավարող շրջաններ 3) գործադրության մեջ մտցնելը 4) հաստատություն; հիմնարկ 5) տնային տնտեսություն; ընտանիք

estate |ɪˈsteɪt|, |ɛ-| *noun* 1) կալվածք 2) ունեցվածք 3) դաս; խավ 4) *հնացած* հասարակական դիրք 5) թաղամաս

estate agent *noun* անշարժ գույքի գործակալ

estate car *noun* ունիվերսալ տիպի ավտոմեքենա

esteem |ɪ'stiːm|, |ɛ-| **1** *noun* հարգանք; ակնածանք; պատկառանք **2** *verb* 1) հարգել; մեծարել; ակնածել; պատկառել 2) գնահատել; համարել 3) դիտարկել; քննարկել

ester |'ɛstə| *noun քիմիա* բարդ եթեր

Esther |'ɛstə| *աստվածաշնչային* Եսթեր *(Հին Կտակարանի գրքերից մեկը)*

estimable |'ɛstɪməb(ə)l| *adjective* 1) հարգարժան; պատվարժան; մեծարգո 2) *հնացած* արժեքավոր; կարևոր

estimate **1** *verb* |'ɛstɪmeɪt| 1) գնահատել; գինը որոշել 2) մոտավոր հաշիվ կատարել **2** *noun* |'ɛstɪmət| 1) գնահատում 2) նախահաշիվ 3) (**the Estimates**) պետ բյուջեի նախագիծ *(Մեծ Բրիտանիայում)*

estimation |ɛstɪ'meɪʃ(ə)n| *noun* 1) հաշիվ; մոտավոր հաշիվ; հաշիվ անելը 2) գնահատում; ենթադրություն; կարծիք 3) հարգանք; պատկառանք

estimator *noun* գնահատող

Estonia |ɪ'stəʊnɪə| Էստոնիա *(պետություն Բալթիկ ծովի ափին)*

estrange |ɪ'streɪn(d)ʒ|, |ɛ-| *verb* հեռացնել; օտարել; օտարացնել; խորթացնել

estrangement *noun* 1) խորթություն; օտարացում 2) բաժանում; հեռացում

estrogen |'iːstrədʒ(ə)n|, |'ɛstrə-| (բրիտանական **oestrogen**) *noun* էստրոգեն *(ձվարաններում արտադրվող հորմոն)*

estuary |'ɛstjʊ(ə)ri| *noun* (հոգն. **-aries**) գետաբերան; գետախորշ

ETA[1] |ˌiːtiː'eɪ| *abbreviation* estimated time of arrival ժամանման հաշվարկային ժամանակ

ETA[2] |'ɛtə| բասկերի անջատողական շարժում *(հիմնվել է 1959 թ.)*

et al. |ɛt 'æl| *abbreviation* et alii և ուրիշներ *(օգտագործվում է գրքերում՝ հեղինակներին նշելու համար)*

etc. *abbreviation* et cetera ևն; և այլն

et cetera |ɛt'sɛt(ə)rə|, |ɪt-| (նաև **etcetera**) *adverb* և այլն

etch |ɛtʃ| **1** *verb* փորագրել; կերագծել; խածատել *(ուտիչ նյութերով)* **2** *noun* փորագրում; խածատում; կերագծում

etcher *noun* փորագրիչ

etching |'ɛtʃɪŋ| *noun* 1) փորագրելը; կերագծելը; խածատում *(ժանտաջրով)* 2) փորագրանկար

eternal |ɪ'təːn(ə)l|, |iː-| *adjective* 1) հավերժական; անանց 2) *խոսակցական* մշտական; սովորական 3) անփոփոխ

Eternal City Հռոմ; հավերժական քաղաք

eternity |ɪ'təːnɪti|, |iː-| *noun* (հոգն. **-ties**) 1) հավիտենություն 2) անմահություն 3) հավերժություն

ethane |'iːθeɪn|, |'ɛθ-| *noun քիմիա* էթան

ethanol |'ɛθənɒl| *noun* էթանոլ; էթիլ սպիրտ

ether |'iːθə| *noun* 1) *քիմիա* եթեր 2) *խոսակցական* ռադիո 3) *բանաստեղծական* երկինքը; եթեր 4) *ֆիզիկա* եթեր *(ենթադրական միջավայր, որը հաղորդում է լուսային ալիքները)*

ethereal |ɪ'θɪərɪəl| *adjective* 1) եթերային; թեթև; աննյութական; նրբագեղ 2) երկնային; աստվածային 3) անմարմին; անշոշափելի

ethereality |-'ælɪti| *noun* եթերայնություն; աննյութականություն; թեթևություն

Ethernet |'iːθənɛt| *noun համակարգիչներ* առևտրանշան էդերնետ *(տարածված տեղական ցանցի տեսակ)*

ethic |'ɛθɪk| **1** *noun* բարոյականություն; բարոյագիտություն **2** *adjective հազվադեպ* բարոյական; բարոյագիտական

ethics |'ɛθɪks| *plural noun* բարոյագիտություն; բարոյականություն

Ethiopia |ˌiːθɪ'əʊpɪə| Եթովպիա *(պետություն Աֆրիկայի հյուսիս-արևելքում, Կարմիր ծովի ափին. նախկին անվանումը՝ Հաբեշստան)*

Ethiopian |iːθɪ'əʊpɪən| **1** *noun* եթովպացի; հաբեշ **2** *adjective* եթովպական; հաբեշական

ethnic |'ɛθnɪk| **1** *adjective* 1) ազգային; ժողովրդային; էթնիկական ◊ **ethnic minority** ազգային փոքրամասնություն. **ethnic cleansing** էթնիկական զտում. **ethnic conflict** էթնիկական հակամարտություն 2) հեթանոսական **2** *noun* 1) ազգային փոքրամասնության ներկայացուցիչ 2) *հնացած* հեթանոս

ethnic cleansing *noun* էթնիկական զտում

ethnic minority *noun* ազգային փոքրամասնություն

ethnography |ɛθ'nɒɡrəfi| *noun* ազգագրություն

ethnologic |-nə'lɒdʒɪk| *adjective* ազգաբանական; ազգախոսական

ethnology |ɛθ'nɒlədʒi| *noun* ազգախոսություն; ազգաբանություն

ethyl alcohol *noun* էթիլ սպիրտ

etiology |ˌiːtɪ'ɒlədʒi| (բրիտանական **aetiology**) *noun* (հոգն. **-gies**) պատճառագիտություն

etiquette |'ɛtɪkɛt|, |ɛtɪ'kɛt| *noun* վարվելակարգ; նիստ ու կաց

Etna, Mount |'ɛtnə| Էթնա *(գործող հրաբուխ Սիցիլիա կղզու վրա)*

Etruria |ɪ'trʊərɪə| Էտրուրիա *(հինավուրց տարածք Իտալիայի արևմուտքում)*

etymological |-mə'lɒdʒɪk(ə)l| *adjective* ստուգաբանական

etymology |ˌɛtɪ'mɒlədʒi| *noun* (հոգն. **-gies**) ստուգաբանություն

EU *abbreviation* European Union Եվրամիություն

eucalyptus |ˌjuːkə'lɪptəs| (նաև **eucalypt**) *noun* (հոգն. **-tuses** կամ **-ti** |-tʌɪ|) *բուսաբանություն* նվենի; նիվենի *(Eucalyptus, ընտանիք Myrtaceae)*

Euler's formula Էյլերի բանաձև *(ուռուցիկ բազմանիստի նիստերի, կողմերի և գագաթների քանակների միջև փոխհարաբերության մասին)*

eulogy |'juːlədʒi| *noun* (հոգն. **-gies**) գովասանական ճառ; ներբող; ձոն

eunuch |'juːnək| *noun* 1) ներքինի 2) *խոսակցա-*

կամ անարդյունավետ մարդ

euphemism |ˈjuːfɪmɪz(ə)m| *noun լեզվաբանություն* մեղմասություն; մեղմաբանություն; մեղմախոսություն

euphemistic |juːfɪˈmɪstɪk| *adjective* մեղմախոսական; մեղմասական

euphemistically |juːfɪˈmɪstɪk(ə)li| *adverb* մեղմաբանորեն; մեղմասացորեն

euphony |ˈjuːf(ə)ni| *noun* (հոգն. **-nies**) բարեհնչունություն

euphoric *adjective* բերկրալիր

Euphrates |juːˈfreɪtiːz| Եփրատ գետ *(գետ Ասիայում, որը սկիզբ է առնում Հայկական լեռնաշխարհում)*

euphuism |ˈjuːfjʊɪz(ə)m| *noun* գրական անգլերեն փքուն ոճ; փքունություն; ճոռոմություն *(ոճի)*

Eurasia |jʊ(ə)ˈreɪʒ(ə)|, |-ʃ(ə)| Եվրասիա *(Եվրոպայի և Ասիայի համաքական անվանումը)*

Eurasian |jʊ(ə)ˈreɪʃ(ə)n|, |-ʒ(ə)n| **1** *adjective* եվրասիական **2** *noun* եվրասիացի

euro¹ |ˈjʊərəʊ| **1** *noun* (նաև **Euro**) (հոգն. **euros** կամ **euro**) եվրո *(Եվրամիության միասնական արժույթը)* **2** *adjective* (սկզբ **Euro**) *խոսակցական* եվրոպական

euro² |ˈjʊərəʊ| *noun* (հոգն. **-ros**) *կենդանաբանություն* (նաև **wallaroo**) լեռնային կենգուրու

Euroland եվրոյի գոտու երկրներ

Europa |jʊ(ə)ˈrəʊpə| 1) *դիցաբանություն* Եվրոպա 2) Եվրոպա *(Յուպիտերի՝ Լուսնթագի արբանյակներից մեկը)*

Europe |ˈjʊərəp| Եվրոպա *(մայրցամաք)*

European |jʊərəˈpiːən| **1** *adjective* եվրոպական **2** *noun* եվրոպացի

European Commission Եվրոհանձնաժողով

European Commission for Human Rights Մարդու իրավունքների եվրոպական հանձնաժողով

European Community (հապվ. **EC**) Եվրոմիություն

European Court of Justice Եվրոպական դատարան

European Economic Community (հապվ. **EEC**) Եվրոպական տնտեսական համագործակցություն

European Free Trade Association (հապվ. **EFTA**) Ազատ առևտրի եվրոպական միություն

European Monetary System (հապվ. **EMS**) Եվրոպական դրամական համակարգ

European Monetary Union (հապվ. **EMU**) Եվրոպական դրամական միություն

European Parliament Եվրախորհրդարան

European Recovery Program (նաև **Marshall plan**) Եվրոպական վերականգնման ծրագիր *(Մարշալի ծրագրի պաշտոնական անունը)*

European Space Agency (հապվ. **ESA**) Եվրոպական տիեզերական գործակալություն

European Union (հապվ. **EU**) Եվրոմիություն; Եվրոպական Միություն

europium |jʊ(ə)ˈrəʊpɪəm| *noun քիմիա* եվրոպիում

Eustachian tube |juːˈsteɪʃ(ə)n| *noun կազմախոսություն* եվստախյան խողովակ

euthanasia |juːθəˈneɪzɪə| *noun* հեշտամահ

eutrophication |juːtrəfɪˈkeɪʃ(ə)n| *noun* ջրհմուտապատում

evacuate |ɪˈvækjʊeɪt| *verb* 1) տարհանել 2) մաքրել; դատարկել *(ստամոքսը)* 3) *տեխնիկական* հանօցել; դուրս քաշել

evacuation |ɪˈvækjʊˈeɪʃ(ə)n| *noun* 1) տարհանում 2) դատարկում; մաքրում *(ստամոքսի)* 3) դատարկում *(պահեստների)*

evacuee |ɪˌvækjuːˈiː| *noun* 1) տարհանված անձ 2) տարհանվող անձ

evade |ɪˈveɪd| *verb* 1) փախչել; խույս տալ *(պատասխանից, պարտականություններից)* 2) չենթարկվել; խուսափել 3) անտեսել; շրջանցել *(օրենքը, հարցը)*

evaluate |ɪˈvæljʊeɪt| *verb* 1) գնահատել 2) *մաթեմատիկա* թվային համարժեքը գտնել; գնահատել թվապես

evaluation |-ˈeɪʃ(ə)n| *noun* 1) գնահատում 2) գնորոշում

evanescent |iːvəˈnɛs(ə)nt|, |ɛv-| *adjective բանաստեղծական* 1) վաղանցուկ; անցողիկ; անհետացող 2) աննշան; չնչին 3) *մաթեմատիկա* անսահման փոքր 4) *ֆիզիկա* նվազող

evangelical |iːvænˈdʒɛlɪk(ə)l|, |ɛv-| **1** *adjective կրոն* ավետարանի; ավետարանական **2** *noun կրոն* ավետարանչական եկեղեցու անդամ

evangelist |ɪˈvæn(d)ʒ(ə)lɪst| *noun* 1) (**Evangelist**) ավետարանիչ; Ավետարանի հեղինակ 2) ավետարանական համայնքի անդամ 3) քարոզիչ; Ավետարանի քարոզիչ 4) ջերմեռանդ հետևորդ; կողմնակից; քարոզիչ *(ինչ-որ գաղափարի)*

evaporate |ɪˈvæpəreɪt| *verb* 1) գոլորշիանալ; շոգիանալ; ցնդել 2) գոլորշիացնել; շոգիացնել 3) *փոխաբերական խոսակցական* չքանալ; մեռնել 4) չորացնել; խտացնել *(գոլորշիացնելով)*

evasion |ɪˈveɪʒ(ə)n| *noun* 1) խուսափում; խուսափանք; խույս տալը 2) խորամանկություն; հնարք 3) անուղղակի պատասխան 4) *հազվադեպ* փախուստ

evasive |ɪˈveɪsɪv| *adjective* 1) խուսափողական 2) անորսալի 3) խորամանկ

eve |iːv| *noun* 1) նախօրյակ ◊ **on the eve** նախօրյակին. **Passover eve** Զատկի ճրագալույց 2) *բանաստեղծական* երեկո

even¹ |ˈiːv(ə)n| **1** *adjective* (**evener**, **evenest**) 1) հավասար; հարթ 2) (**with**) համահավասար; հավասար 3) միանման; հավասար *(քանակությամբ)* 4) նման; նույն 5) հավասարակշռված; հանդարտ *(բնավորության մասին)* 6) զույգ 7) արդար; ազնիվ **2** *verb* 1) հավասարեցնել; հավասար դարձնել 2) հավասարվել 3) հավասարակշռել **3** *adverb* 1) նույնիսկ; մինչև իսկ; անգամ 2) *հնացած* իսկ և իսկ; ճիշտ

even if 1) նույնիսկ եթե 2) հակառակ այն բանի

even so անգամ այդ պայմաններում

get (or be) even *խոսակցական* հավասարվել; հաշիվները մաքրել
of even date *իրավունք* նույն օրը; այսօրվա օրը
on an even keel հանգիստ; հանդարտ *(բնավորության, կյանքի ընթացքի մասին)*

even² |ˈiːv(ə)n| *noun* *հնացած բանաստեղծական* երեկո

evenhanded *adjective* արդարադատ; անաչառ; անկողմնակալ

evening |ˈiːv(ə)nɪŋ| **1** *noun* 1) երեկո 2) *փոխաբերական* կյանքի մայրամուտ 3) երեկույթ **2** *adverb* *խոսակցական* երեկոները; երեկոյան; ամեն երեկո **3** *exclamation* *խոսակցական* (նաև **good evening**) բարի երեկո

evenly *adverb* 1) հարթ կերպով; հարթաբար 2) հավասար; հավասարապես; հավասարաչափորեն; հավասար չափով; կանոնավորապես 3) հանգստորեն; հանդարտ 4) անաչառորեն; անկողմնակալորեն

event |ɪˈvent| *noun* 1) դեպք; իրադարձություն; եղելություն 2) ելք; վերջ; վախճան; ավարտ 3) միջոցառում
in any event բոլոր դեպքերում; այսպես թե այնպես
in the event այն պարագայում; այն դեպքում

eventful |ɪˈventfʊl|, |-f(ə)l| *adjective* իրադարձություններով հարուստ

eventless *adjective* միօրինակ; սովորական

eventual |ɪˈvɛn(t)ʃʊəl| *adjective* 1) վերջնական 2) հնարավոր

eventuality |ɪˌvɛn(t)ʃʊˈælɪti| *noun* (հոգն. **-ties**) հնարավոր դեպք; հնարավորություն

eventually *adverb* վերջիվերջո; վերջին հաշվով

eventuate |ɪˈvɛn(t)ʃʊeɪt|, |-tjʊ-| *verb* *գրական անգլերեն* 1) վերջանալ; արդյունք ունենալ 2) (**eventuate in**) արդյունքում լինել

ever |ˈɛvə| *adverb* 1) երբևէ; երբևիցե 2) միշտ; ցանկացած ժամանակ; մշտապես
ever and anon *հնացած* երբեմն
ever more 1) ինչպես երբեք 2) երբևէ 3) ավելի ու ավելի
ever since այն ժամանակից ի վեր
ever so շատ; չափազանց
ever such *խոսակցական* խիստ; շատ; չափազանց
for ever ընդմիշտ

Everest, Mount |ˈɛvərɪst| Էվերեստ *(աշխարհի ամենաբարձր լեռնագագաթը)*

everglade *noun* *ամերիկյան* ճահճոտ վայր

evergreen |ˈɛvəgriːn| **1** *adjective* 1) մշտադալար 2) չթառամող **2** *noun* *բուսաբանություն* մշտադալար բույս

Evergreen State Մշտադալար նահանգ *(Վաշինգտոն նահանգի մականունը)*

everlasting |ɛvəˈlɑːstɪŋ| **1** *adjective* 1) հավիտենական; մշտնջենական; հավերժական; անմահ 2) մշտական; տևական; անընդհատ 3) ձանձրացնող; հոգնեցնող **2** *noun* 1) հավիտենականություն; հավերժություն 2) *բուսաբանություն* (նաև **immortelle**) անմեռուկ; անթառամ 3) դիմացկուն բրդյա գործվածք

evermore |ɛvəˈmɔː| *adverb* միշտ; ընդմիշտ; հավիտյան

every |ˈɛvri| *adjective* 1) յուրաքանչյուր; ամեն մի 2) բոլոր; ամեն
every bit as հավասարապես
every last յուրաքանչյուրը; ցանկացածը
every man has his price յուրաքանչյուրն իր գինն ունի *(որպես կաշառք)*
every now and then ժամանակ առ ժամանակ
every other մեկընդմեջ; մեկումեջ
every so often ժամանակ առ ժամանակ
every time առանց բացառության; ամեն անգամ
every which way 1) *խոսակցական* բոլոր ուղղություններով 2) բոլոր հնարավոր եղանակներով

everybody |ˈɛvrɪbɒdi| *pronoun* ամեն մարդ; ամեն ոք; բոլորը; ամենքը; յուրաքանչյուրը

everyday |ˈɛvrɪdeɪ|, |-ˈdeɪ| *adjective* ամենօրյա; սովորական; առօրյա

everyone |ˈɛvrɪwʌn| *pronoun* ամեն մեկը; յուրաքանչյուր մեկը

everyplace |ˈɛvrɪpleɪs| *adverb* ամենուր; ամենուրեք; բոլոր տեղերում

everything |ˈɛvrɪθɪŋ| *pronoun* ամեն ինչ; ամեն բան

everywhere |ˈɛvrɪwɛː| *adverb* ամենուրեք; ամեն տեղ

evict |ɪˈvɪkt| *verb* 1) վտարել; դուրս անել *(սեփական տնից, հողամասից և այլն)* 2) *իրավունք* դատը շահելով առնել; դատարանով խլել

eviction *noun* 1) ունեցվածքի վերադարձ դատարանով 2) ունեցվածքի օտարում դատարանով 3) վտարում; դուրս անելը

evidence |ˈɛvɪd(ə)ns| **1** *noun* 1) վկայություն; փաստ; ապացույց; փաստարկ 2) *իրավունք* վկայություն; ցուցմունք; հանցանշան 3) ակներևություն; ակնհայտ լինելը; ակնհայտություն 4) նշան **2** *verb* 1) ապացույց հանդիսանալ; վկայել; վկայություն տալ 2) հավաստել; հաստատել
circumstantial evidence կողմնակի ապացույց
cumulative evidence վկայությունների ամբողջություն
give evidence վկայություն տալ; վկայել
prima facie evidence ապացուցման կանխավարկած; ապացույց, որը բավարար է ժխտման բացակայության դեպքում
turn King's (or Queen's) evidence *բրիտանական* վկայություն տալ հանցակիցների մասին
turn state's evidence *ամերիկյան* վկայություն տալ հանցակիցների մասին

evident |ˈɛvɪd(ə)nt| *adjective* հայտնի; ակնհայտ; ակներև; պարզ; անվիճելի

evidential |ˌɛvɪˈdɛnʃ(ə)l| *adjective* *գրական անգլերեն* 1) ակնհայտ; բացահայտ; հայտնի; ապացուցիչ 2) համոզիչ; ծանրակշիռ

evidently |ˈɛvɪd(ə)ntli| *adverb* ակնհայտորեն; ակներևորեն; բացահայտորեն; անկասկած կերպով; ըստ երևույթին

evil |ˈiːv(ə)l|, |-vɪl| **1** *adjective* 1) չար; չարանենգ; չարամիտ 2) վնասակար; կործանարար; վնասաբեր 3) վատ; չարագուշակ; անբարենպաստ

2 *noun* 1) չարություն; չարիք; չարամտություն 2) աղետ; դժբախտություն; չարիք; արհավիրք 3) վատություն; վնաս 4) մեղք; հանցանք

evildoer *noun* 1) հանցագործ; չարագործ; ոճրագործ 2) մեղավոր; մեղք գործող; մեղսագործ

evil-minded *adjective* 1) չար; չարակամ 2) չարամիտ; չարախորհուրդ

evince |ɪ'vɪns| *verb գրական անգլերեն* 1) ցուցաբերել; դրսևորել; արտահայտել 2) վկայել; նշել

evocative |ɪ'vɒkətɪv| *adjective* մտապատկերներ ծնող; զգացմունքներ առաջացնող; հիշողություններ արթնացնող

evoke |ɪ'vəʊk| *verb* 1) առաջացնել; զարթեցնել; հարուցել; կանչել 2) հոգիներ կանչել *(կախարդությամբ)*

evolution |ˌiːvə'luːʃ(ə)n|, |'ɛv-| *noun* 1) զարգացում; բարեշրջում; էվոլյուցիա; բարեշրջություն; շրջափոխում 2) արձակում *(գազի, ջերմության և այլն)* 3) *մաթեմատիկա* արմատ հանելը 4) իրադարձությունների շարք 5) ծավալում

evolutional *adjective* բնաշրջական; բարեշրջական; էվոլյուցիոն

evolutionism *noun* բարեշրջման տեսություն; շրջափոխման տեսություն

evolve |ɪ'vɒlv| *verb* 1) զարգանալ; ծավալվել; զարգացնել 2) հանգեցնել; զարգացնել 3) արտադրել *(ջերմություն, գազ)* 4) արձակել *(հոտ)*

ewe |juː| *noun* մաքի

ewer |'juːə| *noun* լայնաբերան սափոր *(լվացվելիս ջուր լցնելու համար)*

ex¹ |ɛks| *preposition* 1) ուղղակի վաճառվող 2) առանց; բացառությամբ 3) ուղղակի *(որևէ տեղից)*

ex² |ɛks| *noun խոսակցական* նախկին կին; նախկին ամուսին; նախկին ընկեր

exacerbate |ɪg'zæsəbeɪt|, |ɛk'sæs-| *verb* 1) սրել; սաստկացնել; բարդացնել; դժվարացնել 2) գրգռել; զայրացնել

exacerbation |-'beɪʃ(ə)n| *noun* 1) սրում; բարդացում; խորացում 2) զայրույթ; գրգռություն

exact |ɪg'zækt|, |ɛg-| **1** *adjective* 1) ճիշտ; ճշգրիտ; ստույգ 2) մանրակրկիտ; ճշտապահ **2** *verb* 1) պնդել; պահանջել; ստանալ 2) (**exact from/of**) գանձել; բռնագանձել

exacting |ɪg'zæktɪŋ|, |ɛg-| *adjective* 1) խիստ; խստապահանջ; պահանջկոտ 2) լարված; դժվար; ծանր

exaction |ɪg'zækʃ(ə)n|, |ɛg-| *noun գրական անգլերեն* 1) համառ պահանջ; հարկադրանք 2) հարստահարում; կեղեքում; կորզում 3) գանձում

exactly |ɪg'zæk(t)li|, |ɛg-| *adverb* 1) ճիշտ; ճշտորեն; իսկ և իսկ 2) հստակորեն; որոշակիորեն 3) այո՛; ճիշտ այդպես; հենց այդպես *(որպես պատասխան)*

not exactly *խոսակցական* 1) ամենևին; բոլորովին ոչ 2) ոչ այնքան

exaggerate |ɪg'zædʒəreɪt|, |ɛg-| *verb* 1) չափազանցել; ծայրահեղացնել; բարդացնել 2) խիստ ընդգծել; ուժեղ շեշտել

exalt |ɪg'zɔːlt|, |ɛg-| *verb* 1) բարձրացնել; մեծացնել; ազնվացնել 2) գովաբանել; փառաբանել 3) ուժեղացնել; ուժգնացնել; խթանել

exaltation |ɛgzɔːl'teɪʃ(ə)n|, |ɛks-| *noun* 1) հրճվանք; խանդավառություն 2) բարձրացում; հռչակում 3) մեծարում; գովաբանում; փառաբանում

exam |ɪg'zæm|, |ɛg-| *noun* 1) *խոսակցական* տե՛ս **examination** 2) բժշկական անալիզ/զննություն

examination |ɪgˌzæmɪ'neɪʃ(ə)n|, |ɛg-| *noun* 1) քննում; զննում; քննություն 2) քննություն; քննում 3) *իրավունք* հարցաքննություն *(վկայի, մեղադրյալի)* 4) բժշկական անալիզ/զննություն

examine |ɪg'zæmɪn|, |ɛg-| *verb* 1) զննել; քննել; քննության ենթարկել 2) քննել; քննություն ընդունել 3) հարցնել; հարցաքննել

examiner *noun* 1) քննող անձ 2) դիտորդ

example |ɪg'zɑːmp(ə)l|, |ɛg-| **1** *noun* օրինակ; նմուշ **2** *verb* օրինակ բերել; որպես օրինակ ներկայացնել

follow smb's example հետևել մեկի օրինակին
for example օրինակի համար; օրինակ
make an example of պատժել մեկին ի խրատ մյուսների

exasperate |ɪg'zæsp(ə)reɪt|, |ɛg-| *verb* 1) զայրացնել; համբերությունից հանել; կատաղեցնել 2) սաստկացնել *(ցավը և այլն)*

exasperation *noun* 1) սրտնեղություն 2) սաստկացում *(ցավի)*

excavate |'ɛkskəveɪt| *verb* 1) փորել; փորել-հանել 2) *հնագիտություն* պեղել; պեղումներ կատարել

excavation |ɛkskə'veɪʃ(ə)n| *noun* 1) փորելը 2) *հնագիտություն* պեղումներ 3) պեղումնավայր; պեղավայր 4) փորում; փոսացում 5) փորված փոս

excavator |'ɛkskəveɪtə| *noun* 1) էքսկավատոր; արտափորիչ *(մեքենա)* 2) հողափոր; հող փորող

exceed |ɪk'siːd|, |ɛk-| *verb* 1) անցնել *(չափից, սահմանից, գումարից)* 2) գերազանցել 3) գերակշռել

exceeding |ɪk'siːdɪŋ|, |ɛk-| *բանաստեղծական* **1** *adjective* խիստ մեծ; չափն անցնող; անչափ; հսկայական **2** *adverb* չափազանց; չափից դուրս

exceedingly |ɪk'siːdɪŋli|, |ɛk-| *adverb* չափազանց; անսահմանորեն; ուժգնորեն; ծայրահեղորեն

excel |ɪk'sɛl|, |ɛk-| *verb* (**excelled**, **excelling**) 1) գերազանցել 2) աչքի ընկնել

excellence |'ɛks(ə)l(ə)ns| *noun* 1) գերազանցություն; գերազանցում 2) բարձր որակ; վարպետություն; հմտություն; կատարելություն

excellency |'ɛks(ə)l(ə)nsi| *noun* (հոգն. **-cies**) 1) (**Excellnecy**) Գերազանցություն *(ժամանակակից Անգլիայում այս տիտղոսը տրվում է դեսպաններին, մինիստրներին, նրանց կանանց և այլ պաշտոնյաների)* 2) գերազանցություն; վարպետություն

excellent |'ɛks(ə)l(ə)nt| **1** *adjective* գերազանց; հրաշալի; բարձրագույն; ընտիր **2** *exclamation* հրաշալի՜ է

except |ɪk'sɛpt|, |ɛk-| **1** *preposition* բացի; բացառությամբ ◇ **except for** եթե հաշվի չառնենք **2** *conjunction* բացառությամբ այն բանի **3** *verb* *գրական անգլերեն* 1) բացառել; դուրս հանել; դուրս թողնել 2) առարկել 3) *իրավունք* բացարկ հայտարարել *(վկայի)*

excepting |ɪkˈseptɪŋ|, |ek-| *preposition գրական անգլերեն* բացառությամբ; բացառելով; բացի

exception |ɪkˈsepʃ(ə)n|, |ek-| *noun* 1) բացառություն 2) շեղում նորմայից; անկանոնություն 3) *հնացած* առարկություն; բողոք

take exception դեմ լինել ինչ-որ բանի

the exception proves the rule բացառությունը հաստատում է կանոնը

without exception առանց բացառության

with the exception բացի; բացառությամբ

exceptionable |ɪkˈsepʃ(ə)nəb(ə)l|, |ek-| *adjective գրական անգլերեն* բացառելի; առարկելի; վիրավորական

exceptional |ɪkˈsepʃ(ə)n(ə)l|, |ek-| *adjective* բացառիկ; արտակարգ

excerpt 1 *noun* |ˈeksə:pt| հատված; քաղվածք **2** *verb* |ɪkˈsə:pt| |ek-| քաղվածքներ անել; մեջ բերել

excess |ɪkˈses|, |ek-|, |ˈekses| **1** *noun* 1) չափազանցություն; ծայրահեղություն ◇ **in excess of** ավելի քան 2) անզսպություն; շվայտություն; անժուժկալություն ◇ **to/in excess** չափից ավելի 3) (**excesses**) անկարգություն 4) ավելցուկ; հավելորդ **2** *adjective* |ˈekses| հավելյալ; լրացուցիչ

in (or to) excess չափից ավելի

in excess of ավելի քան

excess baggage *noun* հավելյալ ուղեբեռ

excessive |ɪkˈsesɪv|, |ek-| *adjective* 1) չափազանց մեծ 2) ավելորդ

excessively *adverb* չափազանց; չափից դուրս

exchange |ɪksˈtʃeɪndʒ|, |eks-| **1** *noun* 1) փոխանակում 2) մանրելը *(դրամի)* 3) փոխարկում *(արժույթի)* 4) մուրհակներով վճարելը 5) բորսա 6) կենտրոնական հեռախոսակայան 7) կարճ խոսակցություն **2** *verb* 1) փախանակել 2) փոխարկել *(արժույթը)*

exchange rate փոխարժեք

in exchange փոխարեն; փոխանակ

exchange rate mechanism (հպվ. **ERM**) արտարժույթի փոխարժեքի կարգավորման մեխանիզմ

exchequer |ɪksˈtʃekə|, |eks-| *noun* 1) պետական գանձարան 2) (**Exchequer**) ֆինանսների նախարարություն 3) *խոսակցական* միջոցներ; ֆինանսներ

excise[1] **1** *noun* |ˈeksʌɪz| ակցիզ **2** *verb* ակցիզային հարկ գանձել կամ դնել

excise[2] |ɪkˈsʌɪz|, |ek-| *verb* 1) հեռացնել; կտրել *(վիրաբուժական եղանակով)* 2) կտրել-հանել *(տեքստը)*

excitable |ɪkˈsʌɪtəb(ə)l|, |ek-| *adjective* գրգռական; գրգռելի; դյուրագրգիռ

excitant |ˈeksɪt(ə)nt|, |ɪkˈsʌɪt(ə)nt|, |ek-| *noun կենսաբանություն* գրգռիչ նյութ; խթանիչ նյութ

excitation |ˌeksɪˈteɪʃ(ə)n| *noun* գրգռում; գրգռվածություն

excitative |ɪkˈsʌɪtətɪv| *adjective հազվադեպ* գրգռող; գրգռիչ; խթանիչ

excite |ɪkˈsʌɪt|, |ek-| *verb* 1) գրգռել; արթնացնել; հուզել 2) *էլեկտրականություն* առաջացնել; հարուցել; գրգռել 3) հուզել; բորբոքել *(սեռապես)*

excited *adjective* 1) գրգռված; հուզված; հուզվառ 2) լարված; պրկված

excitedly *adverb* 1) գրգռված կերպով; հուզված 2) աշխուժորեն; կայտառորեն

excitement *noun* 1) հուզում; հուզմունք; ալեկոծություն 2) գրգռվածություն

exciting |ɪkˈsʌɪtɪŋ|, |ek-| *adjective* հուզիչ; գրգռիչ; ոգևորիչ

exclaim |ɪkˈskleɪm|, |ek-| *verb* բացականչել; գոչել

exclamation |ˌekskləˈmeɪʃ(ə)n| *noun* բացականչություն

exclamatory |ɪkˈsklæmət(ə)ri|, |ek-| *adjective* 1) բացականչական 2) աղմկոտ

exclude |ɪkˈsklu:d|, |ek-| *verb* 1) բացառել 2) չընդունել; թույլ չտալ 3) վտարել; արտաքսել

law (or principle) of the excluded middle միջինի բացառման սկզբունք *(տրամաբանական սկզբունք, ըստ որի իրար բացառող երկու սկզբունքներից միայն մեկն է ճիշտ)*

excluding |ɪkˈsklu:dɪŋ| *preposition* բացի; բացառությամբ; չհաշված

exclusion |ɪkˈsklu:ʒ(ə)n|, |ek-| *noun* 1) բացառում; չթույլատրելը 2) մերժում 3) վտարում; արտաքսում; հեռացում 4) բացառություն; առանձին դեպք

to the exclusion of բացառությամբ

exclusive |ɪkˈsklu:sɪv|, |ek-| **1** *adjective* 1) բացառիկ; արտակարգ 2) անմատչելի 3) փակ; սահմանափակ մուտքի իրավունքով *(ակումբների մասին)* 4) *ամերիկյան* առաջնակարգ 5) բացառող 6) միակ; եզակի **2** *noun* բացառիկ հոդված; բացառիկ նյութ

exclusively *adverb* բացառապես; միայն; միմիայն

excrement |ˈekskrɪm(ə)nt| *noun* կղանք; կղկղանք

excrescence |ɪkˈskres(ə)ns|, |eks-| *noun* 1) մակաճ; մակաճուկ; հավելամաս 2) տգեղ ավելորդություն

excrete |ɪkˈskri:t|, |ek-| *verb* արտաթորել; արտազատել

excretion |ɪkˈskri:ʃ(ə)n|, |ek-| *noun բժշկություն* արտաթորում; արտազատում

exculpate |ˈekskʌlpeɪt| *verb գրական անգլերեն* արդարացնել; վերականգնել *(անունը, պատիվը)*

excursion |ɪkˈskə:ʃ(ə)n|, |ek-| *noun* 1) էքսկուրսիա; զբոսանք; ուղևորություն 2) շեղում; խոտորում 3) *տեխնիկական* հետադարձ-առաջընթաց շարժում

excursionist *noun* զբոսաշրջիկ

excursive |ɪkˈskə:sɪv|, |ek-| *adjective գրական անգլերեն* 1) խոտորվող; թափառող 2) անկանոն; պատահական

excursus |ɪkˈskə:səs|, |ek-| *noun* (հոգն. նույնը

կամ **-suses**) 1) շեղում; ինտացում *(թեմայից)* 2) ինտազոտություն; քննախոսություն; ուսումնասիրություն

excusable |-ˈskjuːzəb(ə)l| *adjective* ներելի

excuse 1 *verb* |ɪkˈskjuːz| |ɛk-| 1) ներել; ներողամիտ լինել 2) արդարացնել; ներողություն խնդրել; ներում խնդրել 3) ազատել; արձակել *(աշխատանքից, պարտականություններից, հարկերից և այլն)* 4) թույլ տալ; թույլատրել 5) (**be excused**) հեռանալու թույլտվություն ստանալ *(հատկապես դասերից)* **2** *noun* |ɪkˈskjuːs| |ɛk-| 1) արդարացում; չքմեղանք 2) պատճառանք; պատրվակ 3) (**an excuse for**) անհաջող օրինակ

excuse me 1) ներեցեք ինձ; կներեք *(քաղաքավարի դիմելաձև՝ ուշադրություն գրավելու համար)* 2) կրկնեք, խնդրեմ

execrable |ˈɛksɪkrəb(ə)l| *adjective* զզվելի; գարշելի; նողկալի

execrate |ˈɛksɪkreɪt| *verb* 1) զզվել; գարշել 2) նզովել; անիծել

executant |ɪɡˈzɛkjʊt(ə)nt|, |ɛɡ-| *գրական անգլերեն* **1** *noun* կատարող *(հատկապես երաժշտական գործի)* **2** *adjective* կատարողական

execute |ˈɛksɪkjuːt| *verb* 1) կատարել; իրագործել 2) մահապատժի ենթարկել 3) *իրավունք* ձևակերպել *(փաստաթղթերը)*

execution |ˌɛksɪˈkjuːʃ(ə)n| *noun* 1) կատարում; կատարելը 2) *երաժշտություն* կատարման վարպետություն 3) *իրավունք* կալանք *(ունեցվածքի)* 4) մահապատիժ 5) *իրավունք* ձևականությունների կատարում; ձևակերպում *(փաստաթղթերի)*

executioner |ɛksɪˈkjuːʃ(ə)nə| *noun* դահիճ

executive |ɪɡˈzɛkjʊtɪv|, |ɛɡ-| **1** *adjective* 1) գործադիր 2) կազմակերպչական; վարչական 3) ճոխ **2** *noun* 1) գործադիր իշխանություն; գործադիր մարմին 2) (**the executive**) ղեկավար; ադմինիստրատոր

executor *noun* 1) կտակակատար 2) դատական կատարածու 3) իրագործող; կատարող 4) *հնացած* դահիճ

exemplar |ɪɡˈzɛmplə|, |ɛɡ-| *noun* 1) օրինակ; նմուշ 2) տիպ; տիպար

exemplary |ɪɡˈzɛmpləri|, |ɛɡ-| *adjective* 1) օրինակելի; անթերի 2) տիպային; տիպական 3) խրատական

exemplify |ɪɡˈzɛmplɪfʌɪ|, |ɛɡ-| *verb* (**-fies, -fied**) 1) օրինակ ծառայել 2) օրինակ բերել 3) վավերացված պատճեն պատրաստել

exempt |ɪɡˈzɛm(p)t|, |ɛɡ-| **1** *adjective* ազատ; ազատված *(հարկերից և այլն)* **2** *verb* ազատել *(հարկերից, պարտականություններից)* **3** *noun* ազատված մարդ *(հարկերից և այլն)*

exemption *noun* ազատում; ազատելը *(հարկերից և այլն)*

exercise |ˈɛksəsʌɪz| **1** *noun* 1) վարժություն 2) մարզանք; մարմնամարզություն 3) գործադրում; օգտագործում *(իրավունքի, հնարավորության)* 4) փորձ 5) (**exercise**) հանդիսություններ; արարողություններ 6) (**exercises**) զինավարժություններ **2** *verb* 1) գործադրել; օգտագործել *(իրավունքը)* 2) մարզել; վարժեցնել 3) վարժություններ անել; վարժվել; մարզվել 4) անհանգստացնել; զբաղեցնել 5) զինավարժություններ անել

exercise book *noun* 1) վարժությունների գիրք; խնդրագիրք 2) տետր

exert |ɪɡˈzəːt|, |ɛɡ-| *verb* 1) գործադրել; կիրառել; կիրարկել 2) (**exert oneself**) ջանք գործադրել; ճիգ գործադրել

exertion *noun* 1) ջանք; ճիգ; լարում 2) գործադրում

exfoliate |ɪksˈfəʊlɪeɪt|, |ɛks-| *verb* 1) շերտավորվել; շերտատվել; շերտազատվել 2) շերտազատել; շերտահանել 3) թաղանթահանել *(դիմահարդարման միջոցներով հեռացնել մաշկի մեռած բջիջները)*

ex gratia |ɛks ˈɡreɪʃə| *adverb, adjective* կամավոր; ինքնակամ

exhalation |ɛksəˈleɪʃ(ə)n| *noun* 1) արտաշնչում 2) գոլորշիացում; ցնդում; գոլորշի; շոգի; մառախուղ

exhale |ɪksˈheɪl|, |ɛks-| *verb* 1) արտաշնչել 2) արձակել; գոլորշիանալ *(գոլորշի)* 3) շոգիանալ; ցնդել

exhaust |ɪɡˈzɔːst|, |ɛɡ-| **1** *verb* 1) սպառել; վատնել *(ուժերը)* 2) ծծել; վեր քաշել; դուրս քաշել *(մեքենայով՝ օդը, ջուրը)* 3) արձակել *(գոլորշի)* 4) ուժասպառ անել; հոգնեցնել **2** *noun* *տեխնիկական* 1) արտափքում; արտաժայթքում *(գազերի և այլնի)* 2) արտափքման խողովակ 3) բանեցված գազեր

exhausted *adjective* 1) ուժասպառ; մաշված; տանջված 2) սպառված

exhaustion |ɪɡˈzɔːstʃ(ə)n|, |ɛɡ-| *noun* 1) ուժասպառություն; սաստիկ հոգնածություն; հյուծում 2) սպառում; վատնում 3) դուրս քաշելը; դուրս ծծելը 4) նոսրացում *(օդի)* 5) *մաթեմատիկա, տրամաբանություն* բացառման եղանակ *(երբ եզրակացությունը արվում է բոլոր այլընտրանքները բացառելուց հետո)*

exhaustive |ɪɡˈzɔːstɪv|, |ɛɡ-| *adjective* 1) ուժասպառ անող; հյուծիչ 2) սպառիչ; լիակատար; համակողմանի

exhibit |ɪɡˈzɪbɪt|, |ɛɡ-| **1** *verb* ցուցաբերել; արտահայտել; ցույց տալ **2** *noun* 1) ցուցանմուշ 2) *իրավունք* իրեղեն ապացույց 3) ցուցահանդես

exhibition |ɛksɪˈbɪʃ(ə)n| *noun* 1) *արվեստ* ցուցահանդես 2) ցուցադրում; ցուցաբերում 3) կրթաթոշակ; անվանական կրթաթոշակ 4) ցույց; ցուցանք; խաղք

make an exhibition of oneself ցուցանք դառնալ; խայտառակել իրեն

exhibitioner |ɛksɪˈbɪʃ(ə)nə| *noun* թոշակառու; թոշակ ստացող

exhibitor |ɪɡˈzɪbɪtə|, |ɛɡ-| *noun* ցուցադրող

exhilarate |ɪɡˈzɪləreɪt|, |ɛɡ-| *verb* աշխուժացնել; զվարթացնել; ուրախացնել

exhort |ɪɡˈzɔːt|, |ɛɡ-| *verb* 1) (**exhort to**) հորդորել; համոզել; դիմել; կոչ անել 2) առաջարկել; հանձնարարել; երաշխավորել; խորհուրդ տալ

exhortation |ɛɡzɔːˈteɪʃ(ə)n| *noun* 1) հորդոր; հորդորանք; հորդորակ; կոչ 2) քարոզ

exhumation |-ˈmeɪʃ(ə)n| *noun* արտաշիրմում; արտագերեզմանում *(դիակի)*

exhume |ɛksˈ(h)juːm|, |ɪgˈzjuːm| *verb* 1) արտաշիրմել; արտագերեզմանել 2) պեղել; գետնից հանել; դուրս հանել

exigence |ˈɛksɪdʒ(ə)ns|, |ˈɛgzɪ-| *noun* (նաև **exigency**) խիստ անհրաժեշտություն; ծայրահեղություն

exigent |ˈɛksɪdʒ(ə)nt|, |ˈɛgzɪ-| *adjective գրական անգլերեն* 1) շտապ; շտապողական; հրատապ; անհետաձգելի 2) պահանջկոտ; խստապահանջ 3) ծայրահեղություն

exigible |ˈɛksɪdʒɪb(ə)l|, |ˈɛgzɪ-| *adjective* գանձման ենթակա; պահանջման ենթակա

exile |ˈɛksʌɪl|, |ˈɛgz-| **1** *noun* 1) աքսոր; արտաքսում 2) աքսորական; աքսորյալ; տարագիր 3) (**the Exile**) տե՛ս **Babylonian Captivity** **2** *verb* աքսորել; արտաքսել; տարագրել

exist |ɪgˈzɪst|, |ɛg-| *verb* 1) լինել; գոյություն ունենալ; ապրել; կենցաղավարել 2) գոյատևել 3) գտնվել; հանդիպել; առկա լինել

existence |ɪgˈzɪst(ə)ns|, |ɛg-| *noun* 1) գոյություն; կյանք 2) առկայություն 3) գոյատևում 4) ապրելակերպ; կենսակերպ; կենցաղակերպ 5) *փիլիսոփայություն* կեցություն; գոյ 6) *գրքային* արարած; էակ

existent |ɪgˈzɪst(ə)nt|, |ɛg-| *adjective գրական անգլերեն* 1) գոյություն ունեցող; հարատևող; հարակայող 2) առկա; ներկա

existing *adjective* գոյություն ունեցող; ընթացիկ

exit |ˈɛksɪt|, |ˈɛgzɪt| **1** *noun* 1) ելք 2) *փոխաբերական* մահ 3) ելուղի *(ելք ավտոմայրուղուց)* 4) հեռացում *(բեմից դերասանի դուրս գալը)* **2** *verb* (**exited**, **exiting**) 1) *թատրոն* հեռանալ; դուրս գալ *(դերասանի դուրս գալը բեմից)* 2) դուրս գալ; լքել 3) մեռնել; հեռանալ կյանքից 4) *համակարգիչներ* ելնել *(կանգնեցնել ծրագրի կատարումը)*

Exodus |ˈɛksədəs| *աստվածաշնչային* Ելք; Ելից գիրք *(Հին Կտակարանի գրքերից մեկը)*

exodus |ˈɛksədəs| *noun* մեկնում; գաղթ *(հատկապես զանգվածային)*

exonerate |ɪgˈzɒnəreɪt|, |ɛg-| *verb* 1) ազատել *(բեռից, պատասխանատվությունից, մեղքից)* 2) արդարացնել; վերականգնել իրավունքները

exorbitant |ɪgˈzɔːbɪt(ə)nt| *adjective* անչափ; չափից դուրս; չափազանց

exoskeleton |ˈɛksəʊˌskɛlɪt(ə)n| *noun կենդանաբանություն* արտակմախք

exosphere |ˈɛksə(ʊ)sfɪə| *noun աստղագիտություն* արտոլորտ *(Երկրի մթնոլորտի ամենավերին շերտը)*

exoteric |ˌɛksə(ʊ)ˈtɛrɪk| *adjective գրական անգլերեն* 1) հանրամատչելի; մատչելի; հասկանալի 2) արտաքին

exothermic |ˌɛksə(ʊ)ˈθəːmɪk| *adjective քիմիա* (նաև **exothermal**) ջերմածին; ջերմարտադրող *(փոխազդեցության մասին)*

exotic |ɪgˈzɒtɪk|, |ɛg-| **1** *adjective* տարերկրյա; տարաշխարհիկ; օտարերկրյա; օտար **2** *noun* տարերկրյա բույս; տարաշխարհիկ կենդանի

expand |ɪkˈspænd|, |ɛk-| *verb* 1) ընդարձակվել; ծավալվել; ընդլայնվել 2) ընդլայնել; ծավալել; տարածել 3) զարգացնել *(միտքը)* 4) *մաթեմատիկա* բաց անել *(բանաձևը)* 5) բացվել; սիրտը բացել 6) բացվել *(բողբոջների և այլնի մասին)*

expanse |ɪkˈspæns|, |ɛk-| *noun* 1) լայն տարածություն; տարածք 2) ընդարձակում; տարածում 3) բացվածք 4) երկնակամար 5) *աստվածաշնչային* հաստատություն

the expanse of the sky երկնակամար

expansion |ɪkˈspænʃ(ə)n|, |ɛk-| *noun* 1) ընդարձակում; ծավալում; սփռում 2) ընդարձակում; տարածում; ընդլայնում 3) տարածություն 4) *մաթեմատիկա* բանաձևը բացելը

expansionism *noun* ծավալապաշտություն

expansionist *noun* ծավալապաշտ

expansive |ɪkˈspænsɪv|, |ɛk-| *adjective* 1) ընդարձակվող; տարածվող 2) լայնածավալ; լայնարձակ 3) սրտաբաց; բուռն; հախուռն

expatiate |ɪkˈspeɪʃɪeɪt|, |ɛk-| *verb* ծավալվել; երկարաբանել

expatriate **1** *noun* |ɪksˈpætrɪət| |-ˈpeɪtrɪət| |ɛks-| վտարանդի; փախստական; գաղթական **2** *adjective* |ɪksˈpætrɪət| |-ˈpeɪtrɪət| |ɛks-| 1) հայրենիքից դուրս ապրող 2) *հնացած* վտարված **3** *verb* |ɪksˈpætrɪeɪt| |-ˈpeɪtrɪeɪt| |ɛks-| 1) հայրենիքից հեռացած; հայրենիքից տեղափոխվել; քաղաքացիությունից հրաժարվել 2) արտաքսել

expect |ɪkˈspɛkt|, |ɛk-| *verb* 1) սպասել 2) ակնկալել; հուսալ; հույս ունենալ 3) *խոսակցական* ենթադրել; կարծել; համարել

be expected միանգամայն նորմալ; լինվին ընդունելի

be expecting (a baby) *խոսակցական* հղի լինել; երեխայի սպասել

expectancy |ɪkˈspɛkt(ə)nsi|, |ɛk-| *noun* (հոգն. **-cies**) (նաև **expectance**) սպասում; ակնկալություն; հույս

expectant |ɪkˈspɛkt(ə)nt|, |ɛk-| **1** *adjective* 1) սպասող; հուսացող; ակնկալող 2) սպասողական 3) հղի **2** *noun հնավաճ* թեկնածու

expectantly *adverb* սպասողաբար

expectation |ɛkspɛkˈteɪʃ(ə)n| *noun* 1) սպասում; հույս; ակնկալություն 2) (**expectations**) ապագայի հեռանկարներ 3) *մաթեմատիկա* մաթեմատիկական սպասում

expectorant |ɪkˈspɛkt(ə)r(ə)nt|, |ɛk-| *noun բժշկություն* խորխաբեր միջոց

expectorate |ɪkˈspɛktəreɪt|, |ɛk-| *verb* խխել; հազալով կոկորդը մաքրել

expedience *noun* նպատակահարմարություն; արդյունավետություն; ձեռնտվություն

expedient |ɪkˈspiːdɪənt|, |ɛk-| **1** *adjective* 1) նպատակահարմար; արդյունավետ 2) հարմար; ձեռնտու **2** *noun* միջոց; հնարք; հնարանք

expedition |ɛkspɪˈdɪʃ(ə)n| *noun* 1) արշավ 2) արշավախումբ 3) արագություն; արագաշարժություն; շտապողականություն 4) ռազմարշավ; ռազմերթ

expeditionary |ɛkspɪˈdɪʃ(ə)n(ə)ri| *adjective* 1)

արշավային; արշավախմբային 2) ռազմերթային

expeditious |ˌɛkspɪˈdɪʃəs| *adjective* արագ; արագընթաց; շտապ

expel |ɪkˈspɛl|, |ɛk-| *verb* (**expelled**, **expelling**) 1) վտարել; հեռացնել; վռնդել 2) դուրս մղել; դուրս գցել

expend |ɪkˈspɛnd|, |ɛk-| *verb* ծախսել; վատնել; սպառել

expendable |ɪkˈspɛndəb(ə)l|, |ɛk-| *adjective* 1) մեկանգամյա; մեկանգամյա օգտագործման 2) չնչին 3) չվերականգնվող; անվերականգնելի

expenditure |ɪkˈspɛndɪtʃə|, |ɛk-| *noun* 1) ծախս; ծախսում; վատնում 2) ծախսեր

expense |ɪkˈspɛns|, |ɛk-| **1** *noun* 1) գին; արժեք 2) ծախս; ծախսում 3) (**expneses**) ծախսեր **2** *verb* *հաշվապահություն* ծախս

at someone's expense ինչ-որ մեկի հաշվին
at the expense of ինչ-որ բանի գնով
run an expense ծախս կատարել

expensive |ɪkˈspɛnsɪv|, |ɛk-| *adjective* թանկ; թանկարժեք; մեծագին

experience |ɪkˈspɪərɪəns|, |ɛk-| **1** *noun* 1) փորձառություն; կյանքի փորձ; բազմափորձություն 2) դեպք; իրադարձություն; պատահար **2** *verb* կրել; տանել; ճաշակել; զգալ; ապրել

experienced |ɪkˈspɪərɪənst|, |ɛk-| *adjective* փորձված; փորձառու; բազմափորձ

experiment **1** *noun* |ɪkˈspɛrɪm(ə)nt| |ɛk-| փորձ; գիտափորձ **2** *verb* |-mɛnt| 1) փորձեր անել; փորձարկել 2) գիտափորձ անցկացնել

experimental |ɪkˌspɛrɪˈmɛnt(ə)l|, |ɛk-| *adjective* 1) փորձնական; փորձառական; փորձի ենթակա; ենթափորձային 2) ստուգողական

experimentation |-mɛnˈteɪʃ(ə)n| *noun* փորձարարություն; փորձարկություն

expert |ˈɛkspəːt| **1** *noun* գիտակ; մասնագետ; փորձագետ **2** *adjective* փորձված; փորձառու; բազմափորձ; մեծահմուտ

expertly *adverb* 1) փորձագիտորեն 2) հմտորեն

expert system *noun* *համակարգիչներ* փորձագիտական համակարգ *(համակարգչային ծրագիր, որը ստեղծված է տալու փորձագիտական խորհուրդներ այս կամ այն ասպարեզում)*

expiate |ˈɛkspɪeɪt| *verb* քավել *(հանցանքը, մեղքը)*

expiration |ˌɛkspɪˈreɪʃ(ə)n| *noun* 1) արտաշնչում 2) ավարտ; վերջ *(ժամկետի)* 3) լրաժամկետ

expiratory |ɛksˈpʌɪrət(ə)ri| *adjective* արտաշնչական; արտաշնչման

expire |ɪkˈspʌɪə|, |ɛk-| *verb* 1) արտաշնչել 2) մարել; հոգին ավանդել; շունչը փչել 3) վերջանալ; լրանալ *(ժամկետի մասին)*

expiry |ɪkˈspʌɪri|, |ɛk-| *noun* 1) լրաժամկետ 2) *հնացած* մահ

explain |ɪkˈspleɪn|, |ɛk-| *verb* 1) բացատրել; մեկնաբանել; պարզել; լուսաբանել *(իմաստը)* 2) բացատրություն տալ

explain oneself բացատրվել; միտքը բացահայտել

explanation |ɛkspləˈneɪʃ(ə)n| *noun* 1) բացատրություն; պարզաբանություն; լուսաբանում 2) մեկնաբանություն; մեկնություն 3) արդարացում

explanatory |ɪkˈsplænəˌt(ə)ri|, |ɛk-| *adjective* բացատրական; մեկնողական; պարզաբանական

expletive |ɪkˈspliːtɪv|, |ɛk-| **1** *noun* 1) ընդմիջարկված բառ 2) հայհոյանք; լուտանք; հիշոց **2** *adjective* *քերականություն* ընդմիջարկված; հավելադիր

explicable |ɪkˈsplɪkəb(ə)l|, |ɛk-|, |ˈɛksplɪˌkəb(ə)l| *adjective* բացատրելի; մեկնաբանելի; արդարացնելի

explicate |ˈɛksplɪkeɪt| *verb* 1) զարգացնել; վերլուծել *(միտքը)* 2) մեկնաբանել; պարզաբանել

explicit |ɪkˈsplɪsɪt|, |ɛk-| **1** *adjective* 1) պարզ; որոշակի; անվիճելի; ճշգրիտ 2) պարզ; անկեղծ; ուղղամիտ *(մարդու մասին)* 3) բացահայտ; անթաքույց *(սեռական մանրամասնությունների ցուցադրման մասին)* **2** *noun* եզրակացություն; փակման խոսք; ամփոփում

explicitly *adverb* 1) բացահայտորեն; անթաքույց կերպով 2) պարզորեն; աներկբայորեն 3) մանրամասնորեն; մանրամասնաբար

explode |ɪkˈspləʊd|, |ɛk-| *verb* 1) պայթել 2) պայթեցնել 3) *փոխաբերական* պոռթկալ; պայթել; ժայթքել 4) բուռն աճել 5) հերքել; ջախջախել *(տեսությունը)*

exploit **1** *verb* |ɪkˈsplɔɪt| |ɛk-| 1) շահագործել; օգտագործել 2) չարաշահել **2** *noun* |ˈɛksplɔɪt| սխրագործություն; սխրանք; քաջագործություն

exploration |ɛkspləˈreɪʃ(ə)n| *noun* 1) ուսումնասիրություն; հետազոտություն 2) հետախուզություն 3) *բժշկություն* զննություն

exploratory |ɪkˈsplɒrət(ə)ri|, |ɛk-| *adjective* հետազոտական

explore |ɪkˈsplɔː|, |ɛk-| *verb* 1) հետազոտել; ուսումնասիրել; վերլուծել 2) պարզել; բացահայտել 3) *երկրաբանություն* հետախուզել 4) *բժշկություն* զննել

explosion |ɪkˈspləʊʒ(ə)n|, |ɛk-| *noun* 1) պայթյուն 2) *փոխաբերական* պոռթկում; բռնկում 3) բուռն աճ

explosive |ɪkˈspləʊsɪv|, |ɛk-| **1** *adjective* 1) պայթուցիկ 2) *հնչյունաբանություն* արտապայթական 3) *փոխաբերական* բռնկվող; դյուրաբորբոք; տաքարյուն 4) կտրուկ 5) հզոր **2** *noun* 1) պայթուցիկ նյութ 2) *հնչյունաբանություն* պայթական բաղաձայն

exponent |ɪkˈspəʊnənt|, |ɛk-| *noun* 1) պաշտպան; կողմնակից *(գաղափարի)* 2) մեկնաբան; մեկնաբանիչ; մեկնիչ 3) մասնագետ; վարպետ; կատարող 4) ներկայացուցիչ; նմուշ; օրինակ 5) *մաթեմատիկա* աստիճանացույց

exponential |ˌɛkspəˈnɛnʃ(ə)l| *adjective* *մաթեմատիկա* 1) ցուցչային; աստիճանացուցային 2) արագ աճող

exponentially *adverb* ցուցչային կերպով

export **1** *verb* |ɪkˈspɔːt| |ɛk-| |ˈɛk-| 1) արտահանել 2) տարածել **2** *noun* |ˈɛkspɔːt| 1) արտահանում; արտահանություն 2) արտահանվող ապրանքներ

expose |ɪkˈspəʊz|, |ɛk-| *verb* 1) լուսարկել;

ծածկազերծել; ազդեցության ենթարկել *(արևի, լույսի և այլն)* 2) (**expose oneself**) մերկանալ *(հասարակական վայրում)* 3) (**exposed**) բախտի քմահաճույքին թողնված; լքված 4) ենթարկել *(վտանգի, պատահականության)* 5) ցուցադրել; ցուցահանել 6) բաց անել; բացահայտել *(գաղտնիքը)* 7) *լուսանկարչություն* լուսարկել *(նկարելիս)* 8) *տեխնիկական* բացարկել

be exposed to rain ենթարկվել անձրևի ազդեցությանը

exposition |ɛkspəˈzɪʃ(ə)n| *noun* 1) նկարագրություն; բացատրություն; մեկնաբանում 2) *արվեստ* ցուցահանդես 3) *լուսանկարչություն* լուսակայում; պահաժամ *(լուսանկարչական ապարատի օբյեկտիվի բաց պահելու ժամանակը)*

expository *adjective* բացատրական; պարզաբանող

expostulate |ɪkˈspɒstjʊleɪt|, |ɛk-| *verb* 1) վիճել; բողոքել; վիճաբանել 2) հորդորել; խրատել; համոզել

exposure |ɪkˈspəʊʒə|, |ɛk-| *noun* 1) ծածկազերծ լինելը; չպաշտպանված լինելը; ենթարկում *(վտանգի, լույսի, արևի ազդեցության)* 2) բախտի քմահաճույքին թողնելը 3) բացահայտում; ցուցահանություն 4) տեղադրություն; դիրք ◊ **the house has a southern exposure** տունը հարավ է նայում 5) ենթարկելը 6) փորձառություն 7) *լուսանկարչություն* լուսակայում 8) տեսարան

expound |ɪkˈspaʊnd|, |ɛk-| *verb* 1) շարադրել; շարահարել; թվարկել 2) բացատրել; մեկնաբանել; պարզաբանել

express¹ ɪkˈsprɛs|, |ɛk-| *verb* 1) արտահայտել 2) (**express oneself**) արտահայտվել; խոսել 3) քամել; մզել

express² |ɪkˈsprɛs|, |ɛk-| **1** *adjective* 1) շտապ; արագ; հատուկ 2) *երկաթուղային* ճեպընթաց 3) արագընթաց **2** *adverb* 1) շտապ 2) սուրհանդակի միջոցով 3) ճեպընթացով 4) արագընթաց եղանակով **3** *noun* 1) *երկաթուղային* ճեպընթաց գնացք; ճեպընթաց 2) սուրհանդակ 3) փոստային շտապ առաքում **4** *verb* շտապ ուղարկել

express³ ɪkˈsprɛs|, |ɛk-|, |ˈɛksprɛs| *adjective* 1) որոշակի; պարզ; ուղղակի 2) *հնացած* ճշգրիտ

expression |ɪkˈsprɛʃ(ə)n|, |ɛk-| *noun* 1) արտահայտություն 2) արտահայտչականություն 3) արտահայտվելը; դրսևորվելը 4) դարձված 5) քամելը; մզելը; կթելը

expressionism |ɪkˈsprɛʃ(ə)nɪz(ə)m|, |ɛk-| *noun արվեստ* էքսպրեսիոնիզմ *(գեղարվեստական ուղղություն, որում հեղինակի համար առաջնային է իր զգացմունքային վիճակն արտահայտելը, այլ ոչ թե արտաքին աշխարհի տպավորությունները գրանցելը)*

expressive |ɪkˈsprɛsɪv|, |ɛk-| *adjective* 1) արտահայտիչ 2) զգացմունքային 3) բազմանշանակ

expressly *adverb* 1) որոշակիորեն; հստակորեն; պարզորեն 2) դիտավորյալ կերպով; միտումով

expressway |ɪkˈsprɛsweɪ|, |ɛk-| *noun ամերիկյան* արագընթաց մայրուղի

expropriate |ɪksˈprəʊprɪeɪt|, |ɛks-| *verb* 1) սեփականազրկել 2) բռնագրավել; օտարել

expropriation |-ˈeɪʃ(ə)n| *noun* 1) սեփականազրկում 2) բռնագրավում; օտարում

expulsion |ɪkˈspʌlʃ(ə)n|, |ɛk-| *noun* 1) արտաքսում; վտարում; հեռացում *(դպրոցից և այլն)* 2) աքսորում; վտարում; արտաքսում 3) դուրսբերում; դատարկում *(մարմնից)*

exquisite |ˈɛkskwɪzɪt|, |ɪkˈskwɪzɪt|, |ɛk-| **1** *adjective* 1) նուրբ; նրբին; նրբագեղ; սքանչելի 2) սուր; ուժգին *(զգացողության մասին)* 3) բծախնդիր; նրբազգաց; զգայուն **2** *noun* պճնասեր; զարդասեր

ex-serviceman *noun* (հոգն. **-men**) զորացրված զինվորական; պաշտոնաթող զինվորական

ext. *abbreviation* 1) extension ընդլայնում 2) exterior դրսույթ 3) external արտաքին 4) extra լրացուցիչ

extant |ɪkˈstænt|, |ɛk-|, |ˈɛkst(ə)nt| *adjective* պահպանված; մեր օրերը հասած

extempore |ɪkˈstɛmp(ə)ri|, |ɛk-| *adjective, adverb* 1) հանպատրաստից 2) հանպատրաստից արված 3) նախօրոք չպատրաստված

extemporize |ɪkˈstɛmpərʌɪz|, |ɛk-| *verb* հանպատրաստից ստեղծել; հանկարծահորինել

extend |ɪkˈstɛnd|, |ɛk-| *verb* 1) երկարացնել; տարածել 2) ընդլայնել; ընդարձակել 3) երկարաձգել 4) ձգել; մեկնել *(մարմինը կամ անդամներից մեկը)* 5) երկարացնել *(ժամկետը)* 6) *մարզական խուսակցական* ուժերը լարել 7) տրամադրել; տալ; առաջարկել 8) ցույց տալ; ցուցաբերել *(կարեկցություն և այլն)*

extended family *noun* ընդլայնված ընտանիք *(որը կազմված է երկու կամ ավելի սերունդներից և իրենց ընտանիքներից, որոնք ապրում են մի տարածքում և կազմում են մի տնային տնտեսություն)*

extension |ɪkˈstɛnʃ(ə)n|, |ɛk-| *noun* 1) շարունակություն 2) կցակառույց 3) ընդլայնում 4) (**extension cord**) հեռատար *(էլեկտրական լար)* 5) լրացուցիչ հեռախոսահամար 6) զուգահեռ հեռախոս 7) տարկետում 8) երկարացնելը *(ժամկետի)* 9) ձգվելը; մեկնելը *(մարմնի կամ անդամներից մեկի)* 10) ընդարձակվելը 11) տարածվելը *(ազդեցության և այլնի)* 12) *բժշկություն* ուղղում *(կոտրվածքներից հետո)* 13) *փիլիսոփայություն* տարածականություն

by extension այդ թվում նաև

extensive |ɪkˈstɛnsɪv|, |ɛk-| *adjective* 1) ընդարձակ; լայնատարած 2) խոշոր; մեծ; մեծածավալ 3) *գյուղատնտեսություն* տարածուն; էքստենսիվ

extensively *adverb* 1) նշանակալիորեն; մեծապես 2) *գյուղատնտեսություն* տարածուն կերպով

extent |ɪkˈstɛnt|, |ɛk-| *noun* 1) ձգվածություն; տարածություն; տարածք 2) աստիճան; սահմաններ 3) չափ

extenuate |ɪkˈstɛnjʊeɪt|, |ɛk-| *verb* 1) մեղմացնել; թուլացնել; նվազեցնել 2) թեթևացնել; մեղմացնել; արդարացում հանդիսանալ 3) նոսրացնել 4) աղոտացնել

extenuation |-ˈeɪʃ(ə)n| *noun* 1) թուլացում; հյուծում 2) արդարացում; չքմեղացում 3) *ամերիկյան* (**extenuations**) բարակ հագուստներ

exterior |ɪkˈstɪərɪə|, |ɛk-| **1** *adjective* 1) արտաքին; դրսի 2) օտար **2** *noun* 1) արտաքինը; արտաքին տեսքը; դրսի կողմը 2) դրսույթ *(շենքի, բնակարանի)* 3) դրսի տեսարան *(ֆիլմում)*

exterior angle *noun* երկրաչափություն արտաքին անկյուն

exterminate |ɪkˈstəːmɪneɪt|, |ɛk-| *verb* բնաջնջել; ոչնչացնել; վերացնել

extermination |-ˈneɪʃ(ə)n| *noun* վերացում; ոչնչացում; բնաջնջում

external |ɪkˈstəːn(ə)l|, |ɛk-| **1** *adjective* արտաքին; դրսի **2** *noun* 1) (**externals**) արտաքին տեսք 2) (**externals**) արտաքին հանգամանքներ 3) (**externals**) անէական բաներ; մակերեսային բաներ

externalize |ɪkˌstəːn(ə)lʌɪz|, |ɛk-| *verb* 1) մարմնավորել; արտաքին տեսք տալ 2) ձևակերպել 3) վերագրել արտաքին պատճառների

externally *adverb* արտաքնապես; արտաքուստ

extinct |ɪkˈstɪŋkt|, |ɛk-| *adjective* 1) հանգած; մարած 2) բնաջինջ եղած; մահացած; մեռած *(ժողովրդի/ցեղի/տոհմի/կենդանու մասին)* 3) *կատակային* վերացած 4) հնացած; չգործածվող

extinction |ɪkˈstɪŋ(k)ʃ(ə)n|, |ɛk-| *noun* 1) բնաջինջ լինելը; ոչնչանալը; վերանալը; մահաջնջվելը *(տոհմի)* 2) մարում; մարելը; հանգչում; հանգցնելը 3) պարտքը մարելը; պարտքի մարում 4) դադարում 5) *ֆիզիկա* թուլացում *(լույսի)*

extinguish |ɪkˈstɪŋgwɪʃ|, |ɛk-| *verb* 1) հանգցնել; մարել 2) (**be extinguised**) մարել; անհետանալ; վերանալ 3) պարտքը մարել 4) ստվերի մեջ թողնել

extinguisher |ɪkˈstɪŋgwɪʃə|, |ɛk-| *noun* (նաև **fire extinguisher**) կրակամարիչ; մարող

extirpate |ˈɛkstəːpeɪt| *verb* 1) արմատով հանել; արմատախիլ անել 2) ոչնչացնել; կործանել; բնաջնջել 3) *բժշկություն* հեռացնել

extol |ɪkˈstəʊl|, |ɛk-| *verb* (**extolled**, **extolling**) փառաբանել; գովաբանել; մեծարել

extort |ɪkˈstɔːt|, |ɛk-| *verb* 1) շորթել; կորզել *(փողը)* 2) դուրս քաշել; կորզել

extortion |ɪkˈstɔːʃ(ə)n|, |ɛk-| *noun* կորզում; շորթում

extortionate |ɪkˈstɔːʃ(ə)nət|, |ɛk-| *adjective* 1) թալանչիական; գռփողական 2) կորզողական; շորթողական

extra |ˈɛkstrə| **1** *adjective* 1) լրացուցիչ; ավելադիր; հավելյալ 2) լրացուցիչ վճարմամբ 3) ամենաբարձր որակի **2** *adverb* լրացուցիչ կերպով; առանձին; ի լրումն **3** *noun* 1) հավելավճար; լրացուցիչ վճար 2) լրացուցիչ վճարով առարկա 3) բարձրագույն տեսակ 4) արտակարգ համար *(լրագրի)*

extra- |ˈɛkstrə| *prefix* արտակարգ; արտա-

extract |ˈɛkstrækt| **1** *noun* 1) *քիմիա* հյութ; մզված; քամվածք 2) քաղվածք *(գրքից)* **2** *verb* 1) քամել 2) քաղվածք անել 3) կորզել; դուրս քաշել

extract a confession խոստովանություն դուրս քաշել

extraction |ɪkˈstrækʃ(ə)n|, |ɛk-| *noun* 1) դուրս հանելը; հեռացնելը 2) ծագում; ազգային ծագում 3) *մաթեմատիկա* արմատ հանելը 4) քաղվածք կատարելը

extractive |ɪkˈstræktɪv|, |ɛk-| *adjective* 1) հանվող; արտահանվող 2) արդյունահանող *(արդյունաբերության մասին)*

extracurricular |ɛkstrəkəˈrɪkjʊlə| *adjective* ծրագրից դուրս; կամընտրական; անպարտադիր

extradite |ˈɛkstrədʌɪt| *verb* հանձնել; արտահանձնել; վերադարձնել *(ոճրագործին՝ այլ պետության)*

extradition |ɛkstrəˈdɪʃ(ə)n| *noun* հանձնում; արտահանձնում; հանձնելը *(ոճրագործին՝ այլ պետության)*

extraneous |ɪkˈstreɪnɪəs|, |ɛk-| *adjective* օտար; կողմնակի

extraordinary |ɪkˈstrɔːd(ə)n(ə)ri|, |ɛk-|, |ˌɛkstrəˈɔːdɪn(ə)ri| **1** *adjective* 1) արտասովոր; բացառիկ; արտակարգ; անսովոր 2) զարմանալի; տարօրինակ **2** *noun* անսովոր միավորներ *(ընկերության հաշվապահության մեջ)*

extraterrestrial |ˌɛkstrətəˈrɛstrɪəl| **1** *adjective* արտաերկրային; այլմոլորակային **2** *noun* այլմոլորակային էակ

extravagance |ɪkˈstrævəg(ə)ns|, |ɛk-| *noun* 1) շռայլություն; շվայտություն 2) շռայլում 3) խենթություն; տարօրինակություն; անհեթեթություն; անմտություն

extravagant |ɪkˈstrævəg(ə)nt|, |ɛk-| *adjective* 1) շվայտ; շռայլ 2) անչափ; չափից դուրս 3) թանկ 4) տարօրինակ; անմիտ; անհեթեթ

extravagantly *adverb* տարօրինակորեն; անհեթեթորեն

extreme |ɪkˈstriːm|, |ɛk-| **1** *adjective* 1) մեծագույն; բարձրագույն; չափազանց մեծ; արտակարգ; բացառիկ 2) ծայրահեղ; լրջագույն 3) ծայրահեղական 4) ամենահեռավոր; ծայրագույն; վերջին; հակադիր; հեռավոր **2** *noun* 1) ծայրահեղություն; ծայրահեղ աստիճան ◊ **run to an extreme** ծայրահեղության մեջ ընկնել. **go to extremes** ծայրահեղ միջոցների դիմել. **in the extreme** չափազանց; ծայրաստիճան; վերին աստիճանի 2) հակադրություն ◊ **extremes meet** ծայրահեղությունները միանում են 3) *մաթեմատիկա* (**extremes**) համեմատության ծայրանդամներ

extremely *adverb* չափազանց; ծայրահեղորեն

extremism *noun* ծայրահեղականություն

extremist |ɪkˈstriːmɪst|, |ɛk-| *noun* ծայրահեղական *(ծայրահեղ հայացքների հետևորդ)*

extremity |ɪkˈstrɛmɪti|, |ɛk-| *noun* (հոգն. **-ties**) 1) ծայր; վերջավորություն; ծայրագույն կետ; ամենահեռավոր կետ 2) *կազմախոսություն* (**extremities**) վերջույթներ 3) ծայրահեղություն; ծայրահեղ աստիճան

extricate |ˈɛkstrɪkeɪt| *verb* 1) ազատել; ճեղ վիճակից դուրս բերել; արձակել 2) *քիմիա* անջատել; ազատել

extrinsic |ɪkˈstrɪnsɪk|, |ɛk-| *adjective* արտաքին; ոչ էական; օտար; կողմնակի

extrude |ɪkˈstruːd|, |ɛk-| *verb* արտամղել; դուրս մղել; հանել

extrusive *adjective* 1) *երկրաբանություն* արտամղական; հրաբխային 2) արտամղող

exuberance *noun* հարստություն; առատություն; լիություն; ճոխություն

exuberant |ɪg'zju:b(ə)r(ə)nt|, |ɛg-| *adjective* 1) առույգ; կայտառ; բուռն; անզուսպ 2) առատ; լիառատ; հորդ; հորդառատ; հարուստ 3) ճոխ; փարթամ *(բուսականության մասին)*

exudation |-'deɪʃ(ə)n| *noun* 1) արտածորում 2) արտադրություն

exude |ɪg'zju:d|, |ɛg-| *verb* 1) արտադրվել; արտաթորվել; ծորել; հոսել 2) դուրս գալ; բխել

exult |ɪg'zʌlt|, |ɛg-| *verb* ցնծալ; հրճվել; բերկրել; խայտալ

exultant *adjective* ցնծացող; բերկրալից; հրճվագին; ցնծալից

exultation |-'teɪʃ(ə)n| *noun* ցնծություն; բերկրություն; հրճվանք

eye |ʌɪ| **1** *noun* 1) աչք; ակն 2) տեսողություն; տեսանելիք 3) հայացք; նայվածք 4) տեսակետ 5) ասեղի ծակ 6) հանգույց; կապ; անցք; դիտանցք 7) աչք; աչքաձևան նախշ *(թռչունների, թիթեռների վրա)* 8) բուսաբանություն աչք *(ծաղկի կենտրոնական մասը, որը սովորաբար գունավոր է)* 9) աչք; բողբոջ *(կարտոֆիլի վրա)* 10) կենտրոն; կիզակետ *(գիտելիքների, գիտության)* 11) փոթորկի կենտրոն **2** *verb* (**eyeing** կամ **eying**) 1) ակնդետ նայել 2) դիտել; հետևել

all eyes ուշադրության կենտրոնում

an eye for an eye and a tooth for a tooth *աստվածաշնչային* ակն ընդական, ատամն ընդ ատաման; խոտորնակի՝ խոտորնակ

be all eyes ամբողջովին տեսողություն դառնալ; ուշադրությամբ նայել

before one's eyes ուղիղ մեկի դիմացը

cast/make sheep's eyes at սիրահարված հայացք նետել

close/shut one's eyes աչք փակել; չուզենալ ընդունել տհաճ բանը

eyes front (left, right) *ռազմական* հավասար

give someone the eye մեկին աչքով անել *(սեռական հետաքրքրություն ցուցաբերել)*

green eyes նախանձ

half an eye մի աչքով նայել

have/keep one's eye on աչքը վրան պահել; հսկողության տակ պահել

have an eye for ի վիճակի լինել ճկատելու

hit someone between the eyes *խոսակցական* դեմուդեմը լինել; ակնհայտ լինել

keep an eye, keep a sharp eye աչքը վրան պահել; ուշադրությամբ հետևել

keep one's eyes open զգաստ լինել; ուշադիր լինել

lay/set/clap eyes on *խոսակցական* տեսնել

make eyes at someone աչքը վրան հառել *(ճկրտումներով)*

one's eyes are bigger than one's stomach աչքը ստամոքսից ագահ լինել *(ցանկանալ ունել ավելին, քան ի վիճակի է)*

see eye to eye համաձայն լինել; համերաշխ լինել; նույն հայացքներն ունենալ

the eye of the storm 1) փոթորկի ամենակենտրոնական մասը 2) *փոխաբերական* բուռն իրադարձությունների կիզակետը

turn a blind eye to մի բանի վրա աչք փակել; մի բան չնկատելու տալ

up to the eyes in մինչև ականջները խրված

what the eye doesn't see, the heart doesn't grieve over *առած* ինչ աչքը չի տեսնում, սիրտը չի անհանգստացնում

with one's eyes open դժվարություններին տեղյակ

eyeball |'ʌɪbɔ:l| **1** *noun* ակնախնձոր; ակնագունդ **2** *verb* *խոսակցական* ակնդետ նայել

eyeball to eyeball երես առ երես

eyebrow |'ʌɪbraʊ| *noun* *կազմախոսություն* հոնք

eye-catching *adjective* գրավիչ/ակնահաճո/նկատելի բան

eyeglass |'ʌɪglɑ:s| *noun* 1) (**eyeglasses**) ակնոց; պենսնե; լոռնետ; կոթակնոց 2) աչոց 3) տեսապակի; ոսպնյակ

eyehole |'ʌɪhəʊl| *noun* 1) *կազմախոսություն* ակնափոս; աչքի խոռոչ; ակնակապիճ; ակնաբույն 2) դիտանցք; անցք

eyelash |'ʌɪlæʃ| *noun* *կազմախոսություն* արտևանունք; թարթիչ

eyelet |'ʌɪlɪt| **1** *noun* 1) անցք; ծակ 2) դիտանցք 3) *կենդանաբանություն* աչք *(թիթեռի թևերի նախշեր)* **2** *verb* (**eyeleted**, **eyeleting**) անցքեր անել; օղակներ անել *(գործվածքի վրա)*

eye level *noun* աչքի մակարդակի *(կանգնած մարդու աչքերի մակարդակի)*

eyelid |'ʌɪlɪd| *noun* *կազմախոսություն* կոպ

to hang on by the eyelids մազից կախված լինել

eyeliner |'ʌɪlʌɪnə| *noun* գեղադեղ աչքերի համար

eye-opener *noun* *խոսակցական* 1) ցնցող մերկացում; հայտնություն 2) *ամերիկյան* առավոտյան ընդունած ալկոհոլային խմիչք

eyepiece |'ʌɪpi:s| *noun* ակնապակի; դիտապակի

eyeshadow |'ʌɪʃædəʊ| *noun* ակնաստվեր *(դիմափոշու տեսակ)*

eyeshot |'ʌɪʃɒt| *noun* տեսադաշտ; տեսողության դաշտ; տեսածիր

eyesight |'ʌɪsʌɪt| *noun* տեսողություն; տեսնելու ընդունակություն

eyesore |'ʌɪsɔ:| *noun* 1) *փոխաբերական* աչքի փուշ; աչքի գրող 2) տգեղ բան; անճոռնի բան

eyetooth *noun* վերին ժանիք; շնատամ

cut one's eyeteeth խոհեմություն ձեռք բերել

give one's eyeteeth for ինչ-որ բան անել նպատակին հասնելու համար

eyewitness |'ʌɪwɪtnɪs| *noun* ականատես; վկա; դիտորդ

Ezekiel |ɪ'zi:kɪəl| *աստվածաշնչային* Եզեկիել *(Հին Կտակարանի գրքերից մեկը)*

e-zine |'i:zi:n| *noun* էլեկտրոնային ամսագիր

Ezra |'ɛzrə| *աստվածաշնչային* Եզրաս *(Հին Կտակարանի գրքերից մեկը)*

Ff

F[1] |ɛf| (նաև **f**) *noun* (հոգն. **Fs** կամ **F's**) 1) անգլերեն այբուբենի վեցերորդ տառը 2) անբավարար; վատ; երկու *(հինգ կամ վեց բալանոց գնահատման համակարգի ամենացածր միավորը)* 3) գերազանց; հինգ *(հինգ կամ վեց բալանոց գնահատման համակարգի ամենաբարձր միավորը)* 4) *երաժշտություն* (**F**) ֆա *(ֆա հնչյունի տառային նշանակումը)* 5) *երաժշտություն* «ֆա»-ի բանալի

F[2] **1** *abbreviation* 1) Fahrenheit ֆարենհայտ 2) *տեխնիկական* failure խափանում; խախտում; վնասվածք 3) false սուտ; կեղծ; պանիշտ 4) *ֆիզիկա* farad, farads ֆարադ *(էլեկտրական ունակության միավոր)* 5) *ֆիզիկա հնացած* faraday, faradays ֆարադեյ *(էլեկտրական լիցքի արտահամակարգային միավոր)* 6) favorite հանդիսատեսի սիրելի; համակրելի մրցող; ֆավորիտ; սիրեցյալը; նախընտրելին *(ձիարշավում)* 7) February փետրվար 8) Fellow անդամ; անդամակից *(որևէ ակումբի, կազմակերպության)* 9) female էգ 10) *ռազմական* fighter կործանիչ *(ինքնաթիռ)* 11) forint ֆորինտ *(Հունգարիայի արժույթը մինչև Եվրամիությանը անդամակցելը)* 12) Franc, Francs ֆրանկ *(Ֆրանսիայի, Բելգիայի, Լյուքսեմբուրգի, Շվեյցարիայի և մի շարք այլ երկրների արժույթը եվրոյի ներմուծումից առաջ)* 13) France Ֆրանսիա 14) French ֆրանսերեն; ֆրանսիական **2** *symbol* 1) *քիմիա* (**fluorine**) ֆտոր 2) *ֆիզիկա* (**Force**) ուժ

f **1** *abbreviation* 1) *ֆիզիկա* farad ֆարադ; էլեկտրական ունակության միավոր 2) farthing ֆարտինգ *(1/4 պենս)* 3) father հայր 4) fathom ֆատոմ *(երկարության բրիտանական միավոր, 1,8288 մ)* 5) foot, feet ոտնաչափ; ֆուտ *(երկարության չափ, 30,48 սմ)* 6) *լեզվաբանություն* feminine իգական *(սեռ)* 7) female էգ 8) femto- ֆեմտո- *(10-15)* 9) *մարզական* նժույգ; գերանանժույգ 10) fine տուգանք; բարակ 11) folio թերթ; էջաթիվ 12) following հաջորդ; հետևյալ 13) from 14) *երաժշտություն* forte 15) furlong, furlongs *(մրցավազքում)* **2** *symbol* 1) (**focal length**) կիզակետային հեռավորություն 2) *մաթեմատիկա* (**function**) առույթ; գործառույթ 3) *էլեկտրականություն* (**frequency**) հաճախություն

fable |ˈfeɪb(ə)l| **1** *noun* 1) առակ 2) առասպել; ավանդավեպ; դիցավեպ 3) սուտ; հերյուրանք; կեղծիք; թյուր կարծիք; ստահոդ պատմություն **2** *verb* *հնավանդ* հեքիաթներ պատմել; չեղած բաներ պատմել; փչել; ստեր հորինել; հնարել

fabric |ˈfæbrɪk| *noun* 1) գործվածք; հյուսվածք; կտոր; բանվածք 2) *տեխնիկական* կմախք; հիմնամաս; հիմնակմախք *(շենքի, ավտոմեքենայի թափքի, ինքնաթիռի)* 3) հենք; հիմք; կառուցվածք; կերտվածք *(հասարակության, մշակույթի)*

fabricate |ˈfæbrɪkeɪt| *verb* 1) հորինել; սարքել; հերյուրել; կեղծել; խարդախել; մոգոնել 2) *տեխնիկական* պատրաստ մասերից հավաքել; արտադրել; կառուցել; հարմարակազմել

fabrication |-ˈkeɪʃ(ə)n| *noun* սուտ; կեղծում; կեղծիք; կեղծարարություն

fabulous |ˈfæbjʊləs| *adjective* 1) առասպելական; առասպելային; դիցաբանական; վիթխարի; հսկայական; անհավատալի; հեքիաթային 2) *խոսակցական* անգերազանց; չնաշխարհիկ; անզուգական; հոյակապ; հզոր 3) առասպելական; անհավատալի; անհավանական; անճշմարտանման; հավատ չներշնչող; իրականության վրա չհիմնված

facade |fəˈsɑːd| (նաև **façade**) *noun* 1) *ճարտարապետություն* ճակատ *(շենքի)* 2) արտաքին տեսք; դրսային կողմը; ցուցադրական մասը; շինծու վարք

face |feɪs| **1** *noun* 1) դեմք; երես 2) դունչ; մռութ *(կենդանու)* 3) դեմքի արտահայտություն; տեսք; կերպարանք 4) ծամածռություն; դիմածռություն 5) անպատկառություն; համարձակություն; պնդերեսություն; աներեսություն 6) արտաքին տեսք; դրսևորում; արտաքին կողմ 7) մարդ; անձնավորություն; «դեմք» 8) մակերես 9) *երկրաչափություն* նիստ; երեսակ *(խորանարդի)* 10) թեք կողմը; թեքությունը *(լեռան, ժայռի)* 11) երես; կողմ *(լուսնի, դիտարկվող մոլորակի)* 12) արտաքին տեսք; ճակատ *(շենքի)* 13) թվատախտակ; թվացույց; նշատախտակ *(ժամացույցի)* 14) երեսակողմ *(խաղաքարտի՝ նկարներով կողմը)* 15) երեսի կողմը; գործվածքի երեսը 16) տե՛ս **typeface** 17) գիր; երեսակողմ *(մանրադրամի գլխավոր կողմը՝ ի տարբերություն արծվի)* 18) հեղինակություն; վարկ; համարում; կշիռ; հարգ **2** *verb* 1) դեմքով դառնալ; երես առ երես կանգնել; դեմ առ դեմ կանգնել *(մարդու մասին)* 2) նայել; ուղղված լինել *(շենքի, լուսամուտի մասին)* 3) *ռազմական* շրջվել; դառնալ; դարձ անել 4) համարձակորեն դիմավորել; աչքերի մեջ նայել; անկեղծորեն գնահատել; համարձակություն ունենալ; զբաղվել; ստանձնել *(փաստերը և այլն)* 5) (**face someone/something down**) խեղճացնել; լռեցնել; ճնշել; տեղը դնել; վախեցնել; ետ մղել; բերանը փակել 6) սպառնալ; սպասվել; հավանական լինել *(դժվար գործի/իրավիճակի մասին)* 7) ծառանալ; առաջանալ; ծագել *(խնդրի, բարդ իրավիճակի մասին)* 8) երեսապատել; երեսպատել *(քարով և այլն)* 9) զարդարել; զարդավորել *(զգեստը և այլն)* 10) բախվել; դեմառդեմ կանգնել *(խնդրի առջև)*

a long face տխուր դեմք; մռայլ դեմք; դժգոհ դեմք; դեմքի զարմացած արտահայտություն

face down 1) բերանքսիվայր; երեսնիվայր; դեմքի վրա; փորի վրա 2) թարս կողմով *(խաղաքարտի և այլնի մասին)*

face of the earth երկրի երեսը; աշխարհ

face out 1) տանել; դիմանալ; տոկալ; քաջությամբ ընդունել 2) տե՛ս **face down**

face to face երես առ երես; դեմառդեմ

face up 1) մեջքի վրա; դեմքը դեպի վեր 2) երեսի կողմով; շիտակ

get out of someone's face (**Get ouf of my face!**) Վե՛րջ տուր: Կորի՛ր աչքիցս: Բավական է ձանձրացնես:

have the face to do something անպատկառու-

թյուն ունենալ ասելու; բավականաչափ պնդերես լինել՝ որևէ բան ասելու համար
in somebody's face երեսին; դեմքին; աչքի առջև; դիմաց; բացահայտ; ներկայությամբ
in the face of 1) դեմ հանդիմանն; դեմ դիմաց 2) չնայած; ի հակառակ
lose face հեղինակությունը կորցնել; վարկը կորցնել; նվաստացման ենթարկվել; ստորանալ
make a face (make faces) ծամածռվել; դեմքն աղավաղել; ծամածռություններ անել
on the face of it ըստ երևույթին; առաջին հայացքից; առաջին տպավորությամբ; ամենայն հավանականությամբ
save face պատիվը փրկել; խուսափել խայտառակությունից; անունը փրկել
set/put one's face against երեսը դեմ տալ; վճռականորեն դիմադրել
throw something back in somebody's face մերժել; քթին տալ; վանել; անշնորհակալ լինել
to one's face բացեիբաց; ներկայությամբ

facecloth |ˈfeɪsklɒθ| *noun* դեմքի ճիլոպիկ; դեմքը լվանալու կտոր

faceless |ˈfeɪslɪs| *adjective* 1) անդեմ; սառը; անմարդկային *(մարդու մասին)* 2) անդեմ; անկերպարան; տաղտկալի; գորշ; անշուք *(վայրի, շենքի մասին)*

face-lift |ˈfeɪslɪft| (նաև **facelift**) *noun* 1) *բժշկություն* դեմքի մաշկի ձգում; կնճիռների հեռացում *(կոսմետիկ վիրահատության միջոցով)* 2) արտաքին տեսքի բարեկարգում; մաքրման վերանորոգում; կոսմետիկ վերանորոգում

face-off *noun* 1) պայքար; կռիվ; մրցապայքար 2) խաղի վերսկսում՝ տափօղակի գցումով *(հոկեյում)*

facer |ˈfeɪsə| *noun խոսակցական* 1) ապտակ; հարված դեմքին 2) անսպասելի դժվարություն; անակնկալ խոչընդոտ; սառը ջուր՝ գլխին

face-saving *adjective* պատիվը փրկող; պարզերես անող

facet |ˈfæsɪt|, |-ɛt| *noun* 1) *երկրաչափություն* նիստ; երեսակ 2) կողմ; հայեցակետ; առում 3) *կենդանաբանություն* աչքահատած *(միջատների և խեցգետնակերպերի բարդ կազմություն ունեցող աչքերի մի մասը)*

face time *noun* 1) *խոսակցական* անմիջական շփման տևողություն; առերես շփման տևողություն *(ի տարբերություն հեռահաղորդակցական միջոցներով շփվելուն)* 2) ճնկարահանվելու տևողություն; լուսանկարվելու տևողություն

facetious |fəˈsiːʃəs| *adjective* 1) անլուրջ; թեթևսոլիկ; կատակասեր; զվարճախոս; զավեշտաբան; սրախ; սրամիտ 2) զվարճալի; զավեշտալի; ծիծաղաշարժ; ծիծաղելի

face value *noun* 1) անվանական արժեք *(մետաղադրամի/թղթադրամի/բաժնետոմսի հավաստագրի վրա գրված արժեքը)* 2) (**at face value**) բառացիորեն; տառացիորեն; հավատալով արտաքինին; հավատալով խոսքերին; ընդունելով արտաքինը՝ որպես էություն

facial |ˈfeɪʃ(ə)l| **1** *adjective* դիմային; երեսի; դեմքի ◊ **facial muscle** *կենսաբանություն* դեմքի մկան **2** *noun ամերիկյան* դեմքի խնամք *(որը ներառում է մաքրում, մերսում և դիմակ)*

facile |ˈfæsʌɪl|, |-sɪl| *adjective* 1) մակերեսային; պարզունակ; ոչ խորը *(բացատրության, տեսության, նաև մարդու մտածողության կամ մոտեցման մասին)* 2) թեթև; հեշտ; անճիգ; անջանք *(հատկապես մարզական հաղթանակի մասին)* 3) ճարտար; վարժ; սահուն; անսայթաք; մի շնչով *(մարդու կամ նրա գործողությունների վերաբերյալ)* 4) զիջող; հեզ; դյուրահավան; քաղցրաբարո

facilitate |fəˈsɪlɪteɪt| *verb* հեշտացնել; թեթևացնել; օգնել; աջակցել; դյուրինացնել; օժանդակել; նպաստել

facility |fəˈsɪlɪti| *noun* (հոգն. **-ties**) 1) (**facilities**) հարմարություններ; հարմարանք; սարք; տարածք; պարագաներ; սարքավորումներ; միջոցներ; հանդերձանք *(հատուկ նպատակներով նախատեսված)* 2) (**facilities**) հնարավորություններ; հարմարություններ; առավելություններ; լրացուցիչ ծառայություններ *(հանգստի, առողջական, ուսումնական)* 3) (**the facilities**) հանրային զուգարան 4) կառուցվածք; շինություն *(գործարանի, հիվանդանոցի և այլնի)* 5) շնորհք; ձիրք; ընդունակություն; ճարպկություն 6) թեթևություն; հեշտություն; դյուրություն 7) զիջողություն; հեզություն; խոնարհություն 8) սահունություն; թեթևություն; վարժություն *(խոսքի)*

facing |ˈfeɪsɪŋ| **1** *noun* 1) երեսապատում; երեսապատելը; երեսվածք; հղկում; տաշում 2) եզրաշերտ; եզրաշրջանակ; կանտ; լանջափեշատակ *(գործվածք, որը կարվում է հագուստի վրա՝ գեղեցկության կամ ամրության համար)* 3) զինվորական համազգեստի զարդարանք *(այլ գույնի կտորով՝ թեքածալի, օձիքի և այլնի վրա)* 4) արտաքին հարդարանք; երեսպատում; արտածածկ *(շենքի)* **2** *adjective* 1) հանդիպակաց; հակառակ կողմերում; հակադիր; դիմացի 2) ուղղված; նայող *(որոշակի ուղղությամբ)*

facsimile |fækˈsɪmɪli| **1** *noun* 1) ֆաքսիմիլե; ճշգրիտ պատճեն; նմանահանություն; պատճենահանություն; պատճենում *(լուսանկարչությամբ կամ տպագրությամբ վերարտադրված ստորագրություն, ձեռագիր, փաստաթուղթ և այլն)* 2) տե՛ս **fax 2** *verb* (**-led, -leing**) պատճենել; նմանահանել; ֆաքսիմիլե պատրաստել *(ձեռագրի, ստորագրության, փաստաթղթի)*
in facsimile ճշտությամբ; իսկությամբ

fact |fækt| *noun* 1) փաստ; իրողություն; եղելություն; իրականություն; ճշմարտություն 2) (**the fact that**) էությունը; խնդիրը; հարցը 3) (**facts**) տվյալներ; փաստարկներ 4) *իրավունք* փաստ; իրողություն
accomplished fact փաստ; կատարված իրողություն
before the fact իրավախախտումից առաջ; հանցագործությունից առաջ
dry facts մերկ փաստեր
fixed facts հաստատված փաստեր; ապացուցված փաստեր
in fact, in point of fact իրականում; փաստորեն
slur over a fact փաստի կողքով անցնել; անուշադրության մատնել փաստը
the fact of the matter իրականությունը; ճշմարտությունը

the facts of life *խոսակցական* թե ինչպես են առաջանում երեխաները; գիտելիքներ սեռական կյանքի մասին *(երեխաներին սովորեցնելիս)*

faction[1] |ˈfækʃ(ə)n| *noun* 1) կուսակցախումբ; քաղաքական խմբակցություն; ֆրակցիա 2) տարաձայնություն; երկպառակություն; անհամերաշխություն; անհաշտություն; գժտություն; պառակտում 3) խառնակչախումբ; հանցախումբ; դավադրախումբ; կլիկ; փակ ընկերակցություն

faction[2] |ˈfækʃ(ə)n| *noun* իրականության վրա հիմնված պատմվածք/վեպ/ֆիլմ

factious |ˈfækʃəs| *adjective* 1) կուսակցախմբային; խմբակցային 2) պառակտված; երկպառակ; անմիաբան

factitious |fækˈtɪʃəs| *adjective* 1) շինծու; անբնական; կեղծված; հնարովի; ինքնահնար; ինքնաստեղծ 2) աներական; արհեստական; բռնազբոսիկ

factitive |ˈfæktɪtɪv| *adjective լեզվաբանություն* պատճառական *(բայի մասին)*

factor |ˈfæktə| **1** *noun* 1) գործոն; բաղադրատարր; ազդակ; խթան; դրդապատճառ; շարժառիթ 2) *տեխնիկական* գործակից 3) *կենսաբանություն* ժառանգակ; ժառանգակիր; գեն 4) *մաթեմատիկա* արտադրիչ ◇ **by a factor of five** հինգ անգամ 5) *մաթեմատիկա* ֆակտոր; համաբազմապատկիչ; բազմապատկիչ; բազմապատիկ; բազմապատկարար; արտադրիչ 6) մանր միջնորդ; կոմիսիոներ; մակլեր; գործոն 7) *տնտեսագիտություն* գործոն; միջնորդ *(անձ կամ ընկերություն, որն ուրիշի փոխարեն գանձում է ստանալի պարտքերը՝ իրենց անվանական արժեքից զեղչով գնելով)* 8) *հնացած* բանագնաց; միջնորդ; պատգամավոր; ներկայացուցիչ **2** *verb* 1) տե՛ս **factorize** 2) *տնտեսագիտություն* գործոնել *(վաճառել ստանալիք պարտքը գործոնին՝ միջնորդին)* • **factor something in** հաշվի առնել; հաշվարկներում ընդգրկել

the ... factor գրավականը; երաշխիքը; նպաստող գործոն

factorize |ˈfæktərʌɪz| *verb մաթեմատիկա* 1) վերածել արտադրիչների 2) արտադրիչների վերածվող լինել

factory |ˈfækt(ə)ri| *noun* (հոգն. **-ries**) 1) գործարան; ֆաբրիկա; ձեռնարկություն 2) «գործարան»; աղբյուր; հեղինակ; «արտադրող» 3) ֆակտորիա; առևտրավան

factotum |fækˈtəʊtəm| *noun* (հոգն. **-tums**) 1) համակատար; վստահելի անձ; ֆակտոտում 2) ամեն բանում վարպետ; բազմաշնորհ անձ

factual |ˈfæktʃʊəl|, |-tjʊəl| *adjective* 1) փաստական; փաստացի; փաստային; փաստերի վրա հիմնված 2) փաստորեն գոյություն ունեցող; իրական; հավաստի; փաստական

faculty |ˈfæk(ə)lti| *noun* (հոգն. **-ties**) 1) ձիրք; ընդունակություն; ունակություն; շնորհ; ճարտարություն; տաղանդ 2) *ամերիկյան* համալսարանի դասախոսական կազմ 3) կրթաճյուղ; բաժանմունք; ֆակուլտետ 4) *հնացած* տվյալ ոլորտի մասնագետները *(հատկապես բժիշկները)* 5) թույլտվություն; արտոնություն; լիազորություն *(հատկապես եկեղեցական)*

fad |fæd| *noun* քմայք; տարօրինակություն; քմահաճույք; կարճատև հայտնիություն; անցողիկ հրապուրանք

fade |feɪd| **1** *verb* 1) (նաև **fade away**) մարել; նվազել; թուլանալ; աստիճանաբար անհետանալ; կորչել; դադարել; լռել; թուլանալ *(ձայնի, հնչյունների, ռադիո և այլ ազդանշանների մասին)* 2) փոշիանալ; ցնդել; չքանալ *(հույսերի և այլնի մասին)* 3) գունաթափվել; խունանալ; թարմությունը կորցնել; աղոտանալ; դժգունանալ 4) գունազրկել; անգունացնել ◇ **faded jeans** գունազրկված ջինս 5) թառամել; թոշնել; խամրել; ճլորել *(ծաղկի մասին)* 6) նիհարել; հյուծվել; ամքել; վտիտանալ; մաշվել; հալից ընկնել 7) թափը կորցնել; հետ ընկնել *(արշավաձիու մասին)* 8) *տեխնիկական* վատ աշխատել; արդյունավետությունը նվազել *(արգելակների մասին՝ չափազանց տաքացման պատճառով)* 9) *ֆիլմ* աստիճանաբար հայտնվել *(պատկերը՝ ֆիլմերում և հեռուստատեսությամբ)* 10) *երաժշտություն* (**fade in/out/down**) սահել *(ձայնագրության հնչողության ուժգնանալու, թուլանալու կամ մեկ այլ ձայնագրության անցնելու մասին)* 11) (**fade away/out**) հետզհետե անհետանալ; աղոտանալ; մոռացվել; ջնջվել; հալվելգնալ; ցնդել; հեռանալ *(հիշողությունից)* **2** *noun* 1) աղոտացում; խունացում; գունաթափվելը; դժգունանալը 2) սահեցում *(հեռուստատեսային պատկերի՝ աստիճանաբար անհետանալը)* 3) *տեխնիկական* թուլացում; դադարում *(ազդանշանի)* 4) *տեխնիկական* արգելակների վատ աշխատանք *(տաքացման պատճառով)*

do a fade ծլկել; փախչել; ճողոպրել; փախուստի դիմել

fag[1] |fæg| **1** *noun խոսակցական* 1) ծանր աշխատանք; տաղտկալի աշխատանք; տանջանք; տաժանություն; հյուծող աշխատանք; ուժասպառ անող գործ 2) բարձր դասարանի աշակերտների համար ծառայություն կատարող կրտսեր աշակերտ *(անգլիական դպրոցներում)* 3) չարքաշ աշխատող; հոգնաջան աշխատող; բանող **2** *verb* (**fagged**, **fagging**) *խոսակցական* 1) տքնել; չարչարվել; ճգնել; ջանք թափել; բանել 2) ծառայություն մատուցել ավագ ընկերներին; աշխատել ավագ ընկերների փոխարեն *(անգլիական դպրոցներում)* 3) շահագործել կրտսեր ընկերներին *(անգլիական դպրոցներում)* 4) հոգնել; հոգնեցնել; ուժասպառ անել; ուժերը քամել

fag[2] *noun խոսակցական* գլանակ; ծխագլանիկ; ծխախոտ

fag end *noun խոսակցական* 1) ծխուկ; քնթուկ; ծխածի մնացորդ 2) անպետք մնացորդ; մնացորդ; մնացուկ *(որևէ բանի մնացորդ)* 3) վախճան; վերջամաս

fagot |ˈfægət| (բրիտանական **faggot**) *noun* 1) ցախի կապոց; ջախի կապուկ; ճեղան 2) *տեխնիկական* երկաթե ձողերի կապոց

Fahrenheit |ˈfær(ə)nhʌɪt|, |ˈfɑː-| (հապվ. **F**) **1** *adjective* ֆարենհայտ *(սանդղակ, ըստ որի ջուրը սառչում է 32 աստիճանում և եռում է 212 աստիճանում)* **2** *noun* (նաև **Fahrenheit scale**) ֆարենհայտի սանդղակ

faience |fʌɪˈɒ̃s|, |feɪ-|, |-ˈɑːns| *noun* հախճապակի; ճենապակի; բակրապակի

fail |feɪl| **1** *verb* 1) անհաջողություն ունենալ;

ձախողվել; անհաջողություն կրել; չկարողանալ; ի վիճակի չլինել; ձախողվել; տապալվել; տանուլ տալ 2) «կտրվել»; ձախողել; տապալել; չհանձնել; չանցնել *(քննությունը, հարցազրույցը)* 3) չհամապատասխանել; չբավարարել; չգոհացնել *(չափանիշներին, փորձաքննությանը)* 4) «կտրել»; թույլ չտալ; չվերցնել; չընդունել 5) զլանալ; մոռանալ; թերանալ; չկատարել; աչքաթող անել; անտեսել 6) սպասելիքները չարդարացնել; հուսախաբ անել; չկատարել; չիրականացնել; տապալել 7) չկատարվել; տեղի չունենալ; չիրականանալ; սպասելիքները 8) (**cannot fail to do something, cannot fail to be**) անկասկած; անտարակույս; չի կարող պատահել, որ չ...; կասկածից վեր է, որ 9) (**never fail to do something**) միշտ կատարվել; մշտապես կատարվել; ամեն անգամ տեղի ունենալ 10) լքել; չդիմանալ; դավաճանել 11) շարքից դուրս գալ; փչանալ; չաշխատել; վնասվել 12) նվազել; թուլանալ; մարել; սպառվել; հանգել 13) ուժերը կորցնել; քայքայվել; խաթարվել; նվաղել *(առողջության, հատկապես սրտի մասին)* 14) վատանալ; վատթարանալ; ընկնել *(որակի վերաբերյալ)* 15) բացակայել; պակասել; չհերիքել; չբավել; չբավարարել; անբավարար լինել *(անձրևի, բերքի, պաշարների մասին)* 16) սնանկանալ; ձախողվել 17) պակասություն ունենալ *(որևէ բանի)* **2** *noun* 1) անբավարար; վատ; երկու; թույլ *(գնահատականի մասին)* 2) տե՛ս **failure**

without fail անպայման; անկասկած; անշուշտ; անվերապահորեն; առանց բացառության

failing |ˈfeɪlɪŋ| **1** *noun preposition* 1) չբավարարող; բացակայող; պակասող 2) թուլացող; մարող **2** *noun* 1) թերություն; թուլություն; սխալ; պակասություն; թույլ կողմ; վատ հատկանիշ 2) ձախողում; անհաջողություն; ձախողություն **3** *preposition* չունենալու դեպքում; չլինելու դեպքում; բացակայության դեպքում

failure |ˈfeɪljə| *noun* 1) անհաջողություն; տապալում; ձախողում; ձախողություն 2) ձախողակ մարդ; ձախողված գործ; անհաջողակ 3) պակասություն; բացակայություն; չլինելը *(բերքի և այլնի)* 4) անբավարար; վատ; թույլ; երկու *(գնահատական)* 5) չանելը; զլանալը; չկատարելը; անտեսում 6) անբավարարություն; սակավություն; պակասություն; քչություն 7) վթար; անսարքություն; շարքից դուրս գալը; չգործելը *(սարքի)* 8) անբավարարություն; նվաղում ◊ **heart failure** սրտի կաթված 9) հոսանքի անջատում *(հանկարծակի)* 10) անվճարունակություն; սնանկություն

fain |feɪn| *հնավանդ* **1** *adjective* 1) գոհ; բավարարված; հակված; հավան; տրամադրված *(որևէ բան անելու)* 2) հարկադրված; ստիպված; ճարահատյալ ◊ **she was fain to keep silence** նա հարկադրված էր լռություն պահպանել. որևէ բան անելու պատրաստ **2** *adverb* սիրով; հոժարությամբ; ուրախությամբ; հաճույքով

faint |feɪnt| **1** *adjective* 1) թույլ; անզգալի; աննկատելի; հազիվ նշմարվող; տարտամ; աղոտ; աննշմար *(հոտի, ձայնի կամ առարկայի մասին)* 2) թույլ; փոքր; չնչին; աննշան *(հույսի, հնարավորության մասին)* 3) նվաղած; թույլ; թուլացած; տկար; գլխապտույտ ունեցող; անառողջ 4) երկչոտ; անհամարձակ; անվճռական **2** *noun* ուշաթափություն; ուշագնացություն ◊ **dead faint** խոր ուշագնացություն; գիտակցության լիակատար կորուստ **3** *verb* 1) (նաև **faint away**) ուշաթափվել; գիտակցությունը կորցնել; ուշագնաց լինել 2) *գրքային* արիությունը կորցնել; թուլանալ

not have the faintest *խոսակցական* գաղափար անգամ չունենալ; չպատկերացնել; չիմանալ

faint heart *noun* վախկոտ; թուլամորթ; փոքրոգի; անարի մարդ; վեհերոտ անձ

faint heart never won fair lady վախկոտությամբ հաջողության չես հասնի; անհամարձակությամբ գործն առաջ չես տանի

faint-hearted *adjective* վախեցած; ահաբեկ; անարի; թուլամորթ; վախկոտ; անսիրտ; վեհերոտ; անհամարձակ

faintly *adverb* հազիվ; թույլ կերպով

fair[1] |fɛː| **1** *adjective* 1) բավարար; օրենքով նախատեսված 2) արդար; անաչառ; անկողմնակալ; արդարացի; ուղղադատ; համապատասխան; համարժեք 3) *հնացած* մեղմ; չափավոր; հանդարտ *(միջոցի մասին)* 4) շիկահեր; խարտյաշ; ոսկեհեր; շեկլիկ 5) բաց գույնի; սպիտակ; ճերմակ *(մաշկի մասին)* 6) բաց գույնի մաշկով; սպիտակամաշկ; ճերմակամաշկ; ճերմակամորթ 7) բավական մեծ; զգալի; որոշակի; բավականաչափ; շոշափելի 8) ոչ վատ; միջին; այնպես ոչինչ; տանելի; չափավոր; բավարար 9) պարզ; պայծառ; ջինջ; անմեգ; անամպ; բարենպաստ *(եղանակի մասին)* 10) համընթաց; նույնընթաց; նպաստավոր *(քամու մասին)* 11) *հնացած* չքնաղ; անզուգական; չնաշխարհիկ; չքնաղակերպ *(կնոջ մասին)* 12) դատարկ; պաճուճաբանական; ճոռոմ; ամպագոռգոռ; սիրուն; փուչ; սին *(խոսքերի, խոստումների մասին)* 13) մաքուր; անբիծ 14) ընթեռնելի; դյուրընթեռնելի; դյուրընթեռ *(ձեռագրի մասին)* **2** *adverb* 1) ազնվորեն; ազնվաբար; անկեղծորեն 2) *ամերիկյան բարբառային* բավական 3) *հնացած* քաղաքավարի կերպով; սիրալիր կերպով ◊ **fair and softly!** կամաց; զգույշ. **for fair** իսկապես; անկասկած 4) պարզ կերպով; ուղղակի; բացահայտ կերպով 5) հաճելիորեն; գեղեցկաբար; վայելչորեն; չքնաղապես **3** *noun* *հնավանդ* 1) գեղեցկուհի; գեղուհի 2) քաղաքավարի արարք **4** *verb* *ամերիկյան բարբառային* լավանալ; պայծառանալ *(եղանակի մասին)*

a fair deal արդար գործարք

all's fair in love and war *առած* սիրո և պատերազմի հարցում բոլոր միջոցներն էլ լավ են; որոշ դեպքերի համար վատ միջոցներ չկան

by fair means or foul բոլոր հնարավոր միջոցներով; եղանակների միջև խտրություն չդնող

fair's fair *խոսակցական* ծուռ նստենք, շիտակ խոսենք; ճիշտը որ ասելու լինենք; անկեղծ ասած

fair and square ազնիվ; առանց խարդախելու; անխարդախ

fair enough *խոսակցական* տրամաբանական է; հասկանալի է

fair name բարի անուն; բարի համբավ; վարկ

fair-to-middling միջակ; միջին; ոչ շատ լավ; տանելի

for fair *խոսակցական հնացած* ընդմիշտ; առմիշտ; հիմնավորապես

it's a fair cop *բրիտանական* ընդունել մեղքը; չհերքել, որ ինքն է կատարել հանցագործությունը *(որովհետև դա արդեն հայտնի է դարձել)*

no fair *խոսակցական* արդար չէ; ազնիվ չէ; անարդար է

the fair/fairer sex *խոսակցական կատակային* կանայք; կինարմատները; գեղեցիկ սեռը

fair² |fɛː| *noun* 1) տոնավաճառ; ցուցահանդեսվաճառք; վաճառահանդես; ցուցադրություն; տարեվաճառ 2) բարեգործական վաճառք

a day after the fair չափազանց ուշ; «գնացքից ուշացած»

Vanity Fair Սնափառության տոնավաճառ; կենցաղային ունայնության ցուցադրում

fair³ *verb տեխնիկական* շրջահոսելի դարձնել; շրջահոսուն դարձնել; շրջահոսունակ դարձնել

fairground |ˈfɛːgraʊnd| (հաճախ **fairgrounds**) *noun* տոնավաճառի հրապարակ; ցուցահանդեսվաճառքի հրապարակ

fair-haired *adjective* 1) խարտիշահեր; շիկահեր; դեղձանամազ 2) սիրելի; սիրասուն; արտոնյալ; աչքի լույսը *(մարդու մասին)*

fairly |ˈfɛːli| *adverb* 1) արդարացիորեն; իրավամբ; անաչառորեն; արդարաբար; իրավացիորեն 2) միանգամայն; բոլորովին; լիովին 3) տանելի կերպով; բավական; բավականաչափ 4) իսկապես; իրոք; բացահայտ կերպով; անթաքույց

fair trade *noun* արդար առևտուր; առևտուր արդար գներով; փոխադարձաբար շահավետ առևտուր; արդար գործարարություն

fairway |ˈfɛːweɪ| *noun նավագնացություն տեխնիկական* նավուղի; նավարկուղի; նավարկելու ուղի; նավարկելի ջրանցք

fairy |ˈfɛːri| **1** *noun* (հոգն. **fairies**) 1) փերի; հավերժահարս; ըղձանույշ; բարի ոգի 2) *խոսակցական, վիրավորական* համասեռական տղամարդ **2** *adjective* կախարդական; հեքիաթական; փերիների; փերու

fairyland |ˈfɛːrɪlænd| *noun* 1) հեքիաթային աշխարհ; կախարդական աշխարհ; պատրանքային աշխարհ 2) գողտրիկ վայր; կախարդական վայր; հիասքանչ տեղանք 3) ցնորավայր; կատարյալ վայր

fairy tale (նաև **fairy story**) *noun* 1) հեքիաթ 2) հորինվածք; սուտ; մտացածին պատմություն; ցնորական պատմություն

faith |feɪθ| *noun* 1) հավատ; վստահություն 2) *կրոն* հավատ 3) հավատ; դավանանք; հավատք; հավատալիք; կրոն 4) համոզմունք; կարծիք; հայացք; տեսանկյուն; տեսակետ 5) հավատարմություն; ազնվություն 6) խոստում; ուխտ

bad faith 1) դավաճանություն; ուխտադրժություն 2) անբարեխղճություն; անազնվություն

break one's faith խոսքը դրժել; ուխտը դրժել

good faith 1) ազնվություն; հավատարմություն 2) բարեխղճություն; ճշտակատարություն 3) (**good faith! in faith! upon my faith!**) ազնիվ խոսք; երդվում եմ; ազնվությամբ

keep one's faith խոստումը պահել; խոստումը կատարել

pin ones faith on somebody/something կուրորեն հավատալ; լիովին վստահել

faithful |ˈfeɪθfʊl|, |-f(ə)l| *adjective* 1) հավատարիմ; նվիրված; անձնվեր; վստահելի; հավատարժան *(նաև ամուսինների մասին)* 2) ստույգ; ճշգրիտ; վստահության արժանի; հավաստի; արժանահավատ 3) հավատացյալ *(հատկապես մահմեդականների մասին)* 4) համապատասխան; նույնական; նույնանման 5) բարեխիղճ

faithfully |ˈfeɪθfʊli|, |-f(ə)li| *adverb* 1) հավատարմորեն; ազնվորեն; հավատարմաբար; անձնվիրաբար 2) ճշգրտորեն; հավաստիորեն; բնօրինակին մոտ *(թարգմանության և այլնի վերաբերյալ)*

yours faithfully *հիմնականում բրիտանական* անկեղծորեն՝ Ձեր; հարգանքներով՝ Ձեր *(նամակի վերջում)*

faithfulness *noun* 1) հավատարմություն; նվիրվածություն 2) ստուգություն; ճշգրտություն; հավաստիություն 3) ազնվություն; բարեխղճություն

faithless |ˈfeɪθlɪs| *adjective* 1) անհավատարիմ; ուխտադրուժ; անվստահելի; անբարեհույս; անհուսալի *(ամուսինների, ընկերների մասին)* 2) անհավատ; անաստված; անկրոն

fake¹ |feɪk| **1** *noun* 1) կեղծիք; կեղծում; խարդախում; կեղծ փաստաթուղթ 2) ինքնակոչ; խաբեբա; զեղծարար 3) հնարք; խորամանկություն; խաբեություն; պատրվակ **2** *adjective* 1) շինծու; կեղծ; արհեստական 2) ինքնակոչ; խաբեբա; խարդախ **3** *verb* 1) (նաև **fake up**) կեղծել; հորինել; նենգել; խարդախել; զեղծել; սարքել 2) ձևացնել; ցույց տալ, իբր; ձևանալ *(հիվանդ և այլն)* 3) հիմարացնել; խաբել; հավատացնել; համոզել 4) հանկարծաստեղծել; հանպատրաստից ստեղծագործել; հանպատրաստից հորինել *(հատկապես երաժշտության մասին)*

fake² *noun, verb* տե՛ս **flake4**

faker *noun* 1) խաբեբա; խարդախ մարդ; զեղծարար 2) չարչի; փերեզակ

fakir |ˈfeɪkɪə|, |ˈfæ-| (նաև **fakeer** կամ **faqir**) *noun* ֆակիր; դերվիշ; թափառիկ կրոնավոր; մուրացիկ կրոնավոր

falcon |ˈfɔː(l)k(ə)n|, |ˈfɒlk(ə)n| *noun* 1) *կենդանաբանություն* բազե; ճուռակ *(Falco, ընտանիք Falconidae)* 2) որսաբազե *(որսի համար վարժեցված)* 3) *կենդանաբանություն* մարի բազե; էգ բազե

falconer |ˈfɔː(l)k(ə)nə|, |ˈfɒlk(ə)nə| *noun* բազեապան; բազեատեր

falconry |ˈfɔː(l)k(ə)nri|, |ˈfɒlk(ə)nri| *noun* բազեներով որս

fall |fɔːl| **1** *verb* (անցյալ **fell** |fel|; անցյալ դերբայ **fallen** |ˈfɔːl(ə)n|) 1) (նաև **fall down/over/off**) ընկնել; վայր ընկնել; իջնել; թափվել 2) (**fall out**) թափվել *(մազերի մասին, նաև պակասելու իմաստով)* 3) (**fall into**) թափվել; հոսել *(գետի մասին)* 4) իջնել; դեպի վար նայել; հակվել *(աչքերի, հայացքի մասին)* 5) ձգվել; երկարել; լարվել; մռայլվել *(դեմքը՝ անհանգստությունից)* 6) ընկնել; վրա հասնել; պատել; պարուրել; համակել *(մթի, խավարի, գիշերվա, զգացումի մասին)* 7) ընկնել; տապալվել *(ծառի մասին)* 8) փուլ գալ; փլվել; քանդվել *(շենքի մասին)* 9) նվաճվել; ընկնել; թշնամու ձեռքն անցնել; հանձնվել *(քաղաքի և այլնի մասին)* 10) ընկնել; սպանվել; զոհվել *(մարտում)*

11) *հնացած* ընկնել; մեղանչել; մեղք գործել; բարոյազրկվել; հեղինակազրկվել 12) պաշտոնանկ արվել; ընկնել; զրկվել իշխանությունից *(պաշտոնյայի, կառավարության մասին)* 13) *մարզական* պարտվել; պարտություն կրել 14) անկում ապրել; պակասել; նվազել; իջնել; ընկնել *(գնի, որակի, չափանիշների մասին)* 15) իջնել; նվազել *(ջրի մակարդակի մասին)* 16) ավելի ցածր աստիճան ցույց տալ *(չափիչ սարքի մասին)* 17) դառնալ; վերածվել; մատնվել; փոխվել; մի վիճակից մյուսին անցնել 18) (**fall to/into doing something**) սկսել որևէ բան անել; սովորություն դարձնել որևէ բան անելը; ձեռնամուխ լինել 19) (**fall into**) գործել; կատարել *(սխալ)* 20) ընկնել; պատահել; լինել; զուգադիպել; համընկնել; տեղի ունենալ *(որոշակի ժամանակ)* 21) վերաբերել; բաժին ընկնել; մեկի պարտականությունների մեջ լինել; վիճակվել 22) հղիանալ; հղանալ; կուսությունը կորցնել 23) գալ; տեղալ; թափվել; մաղել *(անձրևի և այլնի մասին)* 24) ծնվել *(գառան մասին)* 25) թուլանալ; մեղմանալ; նվազել; պակասել *(քամու մասին)* 26) բաժանվել; խմբավորվել 27) կտրել; վայր գցել *(ծառը)* • **fall across** պատահմամբ հանդիպել **fall among** պատահմամբ հայտնվել; անդամ դառնալ; ընկնել *(որոշակի շրջապատ)* **fall apart** i) (**fall to pieces**) քայքայվել; բաժան-բաժան լինել; տրոհվել; ձախողվել; փլվել; քանդվել; ջարդուփշուր լինել ii) տապալվել; ձախողվել iii) (**fall to pieces**) վերահսկողությունը կորցնել; իրեն կորցնել; հուսահատվել; թևաթափ լինել; վհատվել **fall away** i) թողնել; լքել; հրաժարվել; դավաճանել ii) հեռանալ; անջատվել; պակասել iii) հյուծվել; նվազել iv) անհետանալ; կորչել; չքանալ; չքվել **fall back** i) նահանջել; ետ քաշվել; ընկրկել; ետ-ետ գնալ ii) ետ մնալ; չհասնել; չհասցնել; ուշանալ **fall back upon/on** դիմել օգնությանը; օգնություն խնդրել; օգնություն հայցել **fall behind** i) ետ մնալ; ետ ընկնել; չդիմանալ մրցակցությանը ii) չհասցնել վճարել; վճարումները ժամանակին չկատարել iii) թերանալ; զլանալ; վատ աշխատել **fall down** i) *ամերիկյան* չհաջողվել; ձախողվել; անհաջողություն կրել; ձախորդության հանդիպել ii) ընկնել; վայր ընկնել; ծնկի գալ **fall for** i) սիրահարվել; սիրտը կպչել; հափշտակվել ii) խաբվել; մոլորության մեջ ընկնել; մոլորեցվել; կուլ գնալ խաբեությանը; հիմար իրավիճակի մեջ ընկնել; հավատ ընծայել խաբեությանը **fall foul of** i) վեճի բռնվել; ընդհարվել; հարձակվել ii) *տեխնիկական* ընդհարվել *(նավի մասին)* **fall in** i) *ռազմական* շարք կանգնել; շարվել *(նաև զինվորների մասին)* ii) *ռազմական* շարք կանգնեցնել; շարել iii) փլվել; փլչել; փուլ գալ; կործանվել; խորտակվել *(հույսերի, պատկերացումների մասին)* iv) անցնել; լրանալ *(ժամկետի մասին)* v) ներս ընկնել; փոս ընկնել **fall off** i) ընկնել; պակասել; նվազել ii) *ծովային* ղեկին չենթարկվել *(նավի մասին)* iii) վատանալ; վատթարանալ; ընկնել *(որակի մասին)* iv) անջատվել; պոկվել; վերանալ; կորչել **fall on** i) (**fall upon**) հարձակվել; գրոհի դիմել; նետվել; խոյանալ ii) հարձակվել; նետվել; վրա տալ *(ուտելիքի վրա)* iii) ուղղված լինել; սևեռված լինել *(աչքերի/հայացքի մասին)* iv) ուսերին ընկնել; ուսերին ծանրանալ; բաժին ընկնել *(բեռի/պարտականության մասին)* **fall out** i) ընկնել; թափվել *(ատամների, մազերի մասին)* ii) գժտվել; կապերը խզել; ընդհարվել iii) *ռազմական* շարքից դուրս գալը iv) պատահել; կատարվել; տեղի ունենալ **fall out of** i) հրաժարվել *(սովորությունից)* ii) գժտվել; ընդհարվել **fall over** i) *ամերիկյան* սայթաքել; գայթել; ոտքը մի բանի դիպցնել ii) *փոխաբերական* մի բանով տարվել **fall through** անհաջողություն կրել; ձախողվել; տապալվել; արդյունք չունենալ **fall to** i) վրա պրծնել; մի բանի վրա հարձակվել; սկսել; մի բանի անցնել ii) բաժին ընկնել; գործը լինել; պարտականությունը լինել *(մեկի)* iii) վերադառնալ *(նախկին տիրոջը)* **fall under** ենթարկվել; տակ ընկնել; պատկանել; բաժին ընկնել *(մեկի պատասխանատվության կամ ազդեցության տակ)* **fall upon** տե՛ս **fall on** **2** *noun* 1) անկում; ընկնելը 2) կախվելը; իջնելը *(մազերի, գործվածքի և այլնի)* 3) զառիվայր; լանջ 4) գալը; իջնելը; վրա հասնելը 5) տեղալը; տեղումներ; տարափ 6) *ամերիկյան* (նաև **the Fall**) 7) (**falls**) ջրվեժ 8) *գրքային* իջնելը *(մեղեդու)* 9) *բուսաբանություն* (**falls**) իջնող ծաղկապատ; իջնող թերթիկներ 10) նվազում; անկում; պակասում; կրճատում 11) կործանում; տապալվելը; իշխանությունից զրկվելը; անկում 12) նվաճվելը; անկում; գրավվելը; հանձնվելը; թշնամու ձեռքն անցնելը *(քաղաքի և այլնի)* 13) անկում; բարոյազրկվելը; մեղանչելը; մեղք գործելը 14) (**the Fall, the Fall of Man**) Անկում; Մարդու անկում *(Ադամի և Եվայի մեղքի մասին)* 15) *ամերիկյան* աշուն 16) թափվելը; ընկնելը *(մազերի, ատամների)* 17) ծնվելը *(գառան)* 18) տեղատվություն; նվազում; իջեցում *(ջրի մակարդակի)* 19) ավարտ; վերջամաս; վերջնամաս; մայրամուտ *(օրվա, տարվա, կյանքի)* 20) մահ; մեռնելը 21) *տեխնիկական* ջրի անկման բարձրությունը

fall in line (**fall into line, come into line**) համարվել; համակերպվել; հաշտվել; հոժարել; յոլա գնալ; տեղավորվել *(վարքի ընդունված կանոնների մեջ)*

fall in love սիրահարվել

fall into a rage կատաղել; գազազել

fall into error մոլորության մեջ ընկնել

fall into place իր տեղն ընկնել; հասկանալի դառնալ; պարզ դառնալ; իմաստ ձեռք բերել; կարգավորվել

fall into talk խոսքի բռնվել; զրույցի մեջ մտնել

fall on one's feet դժվար կացությունից դուրս գալ; էժան պրծնել; բախտը բերել

fall on stony ground վատ ընդունելության արժանանալ

fall over oneself to do something *խոսակցական* ձեռք ու ոտք ընկնել; կաշվից դուրս գալ; իրենից դուրս գալ; ամեն գնով փորձել անել

fall short of 1) չհասնել նշանակետին; վրիպել; թերաթռիչք տալ *(հրթիռի մասին)* 2) չբավարարել; չհասնել; չհաջողվել; ձախողվել; տապալվել; տեղ չհասնել; պակաս լինել; չհերիքել *(միջոցների/ջանքերի/նախաձեռնությունների մասին)*

fall to one's lot մեկին բաժին ընկնել; մեկին հասնել

take the fall *խոսակցական* հարվածն իր վրա վերցնել; կրակն իր վրա ընդունել; մեկի փոխարեն ամոթանք ստանալ

fallacious |fə'leɪʃəs| *adjective* 1) սխալ; մոլոր; թյուր; անճիշտ 2) խաբուսիկ; խաբեպատիր; երևութական; կեղծ

fallacy |ˈfæləsi| *noun* (հոգն. **-cies**) 1) սխալ; մոլորություն; սխալմունք; թյուր կարծիք; խաբուսիկություն 2) սխալ հետևություն; սոփեստություն; իմաստակություն 3) խաբեություն; սուտ

fallen |ˈfɔːl(ə)n| **1** *adjective* անցյալ դերբայ տե՛ս **fall 2** *adjective* 1) *կրոն* ընկած; մեղավոր; մեղսալի 2) *հնացած* ընկած; պատվազուրկ; վատահամբավ *(կնոջ մասին)* 3) զոհված; ընկած; սպանված *(զինվորի մասին)*

fallible |ˈfælɪb(ə)l| *adjective* սխալական; վրիպական; սխալավոր

fallopian tube |fəˈləʊpɪən| (նաև **Fallopian**) *noun կազմախոսություն կենսաբանություն* ֆալոպյան խողովակ; ձվատար խողովակ

fallout |ˈfɔːlaʊt| *noun* 1) ռադիոակտիվ տեղումներ 2) վնասակար հետևանքներ 3) թունավոր տեղումներ *(թթվային և այլն)*

fallow[1] |ˈfæləʊ| **1** *adjective* 1) հարոս թողած; ցել *(մեկ տարով չցանվող հողահանդակ)* 2) անմշակ հող; խոպան 3) անգործ; պարապ *(ժամանակի և այլնի մասին)* 4) ոչ հղի *(էգ խոզի մասին)* **2** *noun գյուղատնտեսություն* 1) ցել; հարոս 2) անմշակ հող; խոպան **3** *verb* ցելել; հերկել *(հողը՝ ցել թողնելու համար)*

fallow[2] |ˈfæləʊ| *noun* դեղնադարչնագույն; դեղնադարչնավուն; կարմրադեղին; դեղնակարմիր

fallow deer *noun կենդանաբանություն* եղնիկ; վիթ *(Cervus dama, ընտանիք Cervidae)*

false |fɔːls|, |fɒls| *adjective* 1) սուտ; կեղծ; մոլոր; խաբուսիկ; սխալ 2) անօրինական; ապօրինի; հակաօրինական; անհիմն 3) կեղծ; արհեստական; անիսկական; կեղծած; խարդախ 4) անբնական; շինծու; բռնազբոսիկ 5) խաբուսիկ; երևութական; խաբեպատիր 6) անհավատարիմ; ուխտադրուժ

false front 1) կեղծ ճակատ *(շենքի)* 2) խաբուսիկ արտաքին; ցուցադրական վարք

false position անհարմար դրություն; տհաճ իրավիճակ *(երբ մարդ ստիպված է իր սկզբունքներին դեմ գնալ)*

play someone false խաբել; մատների վրա խաղացնել; մոլորության մեջ գցել; ծուղակը գցել

falsehood |ˈfɔːlshʊd|, |ˈfɒls-| *noun* 1) ստություն; անճշմարտություն; կեղծություն; սուտ լինելը 2) սուտ; փչոց; առասպել; ստախոսություն 3) սուտ խոսելը; ստելը

falsely *adverb* 1) կեղծորեն; կեղծաբար; ստաբար; ստորեն 2) սխալմամբ

falsify |ˈfɔːlsɪfʌɪ|, |ˈfɒls-| *verb* (**-fies**, **-fied**) 1) աղավաղել; կեղծել; կեղծարարել; խարդախել *(փաստը և այլն)* 2) հերքել; բացասել; ժխտել 3) չարդարանալ; անհիմն լինել

falter |ˈfɔːltə|, |ˈfɒl-| *verb* 1) սասանվել; խարխլվել; քայքայվել; խախուտանալ 2) թուլանալ; պակասել 3) կմկմալ; կակազելով խոսել; մրմնջալ ◊ **falter out** մրմնջալ; քթի տակ խոսել 4) երերալով քայլել; երերալ; օրորվել; ճոճվելով քայլել 5) վարանել; տատանվել; սկսել նահանջել; շփոթվել

fame |feɪm| **1** *noun* 1) հռչակել; համբավել 2) չարախոսել; զրպարտել; վատաբանել **2** *noun* 1) համբավ; հռչակ; անուն 2) *հնացած* հեղինակություն; վարկ; կշիռ; հարգ; պատիվ 3) *հնացած* ասեկոսե; լուրեր; խոսքուզրույց

fifteen minutes of fame տե՛ս **fifteen**

of ... fame որոշակի բանով հայտնի; որոշակի բանի համար հանրահայտ դարձած

famed |feɪmd| *adjective* 1) հռչակավոր; համբավավոր; անվանի 2) լայնորեն ընդունվող

familial |fəˈmɪljəl| *adjective* 1) ընտանեկան; ընտանիքի 2) ընտանի; առտնին; տնական 3) ժառանգական; բնածին

familiar |fəˈmɪlɪə| **1** *adjective* 1) ծանոթ; քաջածանոթ; սովորական 2) (**familiar with**) տեղյակ; իրազեկ; ծանոթ; լավատեղյակ; գիտակ 3) մտերիմ; մոտիկ; հարազատ 4) *խոսակցական* ազատավարի; մտերմավարի; ընտանեվարի; սանձարձակ; անպարկեշտ 5) ընտանեկան; ընտանիքի 6) ազատ; անկաշկանդ; ոչ պաշտոնական **2** *noun* 1) (**familiar spirit**) թալիսման; գործակից ոգի *(չար կամ բարի)* 2) օգնական; մերձավոր *(որևէ պաշտոնյայի)* 3) մտերիմ; ընկեր; բարեկամ; սրտակից; համախոհ

familiarity |fəmɪlɪˈærɪti| *noun* (հոգն. **-ties**) 1) (**familiarity with**) բանիմացություն; գործիմացություն; քաջիմացություն; լավատեղյակություն; քաջատեղյակ լինելը; լավատեղյակ լինելը 2) ծանոթություն; հարազատություն; ծանոթ լինելը 3) մտերմություն; մոտիկություն; հարազատություն 4) ազատավարություն; մտերմավարություն; չափազանց ազատ վերաբերմունք; սանձարձակություն; անպարկեշտություն

familiarity breeds contempt ծանոթությունը արհամարհանք է ծնում; ինչքան ավելի ես ճանաչում, այնքան ավելի ես արհամարհում

familiarization |-ˈzeɪʃ(ə)n| *noun* ծանոթացում

familiarize |fəˈmɪlɪərʌɪz| *verb* 1) ծանոթացնել; վարժեցնել; սովորեցնել 2) յուրացնել; սովորել

family |ˈfæmɪli|, |-m(ə)l-| **1** *noun* (հոգն. **-lies**) 1) ընտանիք; օջախ; տուն 2) զավակներ; երեխաներ 3) մտերիմ մարդ; մերձավոր; հարազատ մարդ 4) խմբավորում; ընկերակցություն *(հատկապես հանցագործ)* 5) *կենսաբանություն* ընտանիք 6) խումբ; բազմություն *(նման առարկաների)* 7) *մաթեմատիկա* ընտանիք 8) ընտանիք; գերդաստան; տոհմ; ցեղ; ազգ 9) *լեզվաբանություն* ընտանիք; խումբ *(լեզուների)* **2** *adjective* 1) ընտանեկան; ընտանիքի; ընտանիքին պատկանող; ողջ ընտանիքի համար) 2) ընտանեկան; տոհմական; տոհմի; ժառանգական

in the family way *խոսակցական* հղի; երեխով

the family jewels (**one's family jewels**) *խոսակցական* տղամարդու սեռական օրգաններ

family name *noun* 1) ազգանուն 2) ոչ պաշտոնական անուն; ընտանիքում գործածվող անուն; ընտանեկան մականուն 3) ընտանիքի անունը; ընտանիքի պատիվ

family tree *noun* 1) տոհմածառ; ծառ 2) գերդաստան; ընտանիք; ազգատոհմ

famine |ˈfæmɪn| *noun* 1) սով; քաղց 2) պակասություն; բացակայություն; սով; սակավություն 3) *հնացած* քաղցածություն; սովածություն

famished |ˈfæmɪʃd| *adjective խոսակցական* սովալլուկ; սովատանջ; սովահար; սովաբեկ

famous |ˈfeɪməs| *adjective* 1) հայտնի; հռչակավոր; անվանի; հանրածանոթ; համբավավոր; մեծահամբավ 2) *խոսակցական* գերազանց; հրաշալի; հոյակապ

famous for being famous հայտնի, բայց անվաստակ; չեղած տեղից՝ հայտնի; անունը ելած

famous last words ինքնավստահ խոսքեր; համարձակ խոսքեր; հնարավոր ձախողումից առաջ ասված խոսքեր

famously |ˈfeɪməsli| *adverb* 1) հրաշալիորեն; հիանալիորեն; սքանչելիորեն 2) հանրահայտ; հանրահռչակ; բոլորին հայտնի

fan¹ |fæn| **1** *noun* 1) օդափոխիչ; հովհարիչ; հովահար; օդափոխիչ 2) հովհար; հովահար 3) հովհար հիշեցնող առարկա; հովհարանման առարկա 4) *երկրաբանություն* ջրաբերուկի կոն 5) հողմաղացի թև 6) *գյուղատնտեսություն* քամհար 7) թև *(ինքնաթիռի կամ նավի պտուտակի)* **2** *verb* (**fanned**, **fanning**) 1) հովհարել; հով անել; հովացնել; զովացնել 2) *բանաստեղծական* մեղմ փչել *(քամու մասին)* 3) հով անելով հեռացնել; վանել *(ծուխը և այլն)* 4) արծարծել; բորբոքել; թեժացնել; բոցավառել *(կրակը)* 5) գրգռել; բորբոքել; թեժացնել; հուզել; խռովել; տարածել *(կրքերը, տագնապը և այլն)* 6) տարածվել; ցրվել; սփռվել *(մարդկանց մասին)* 7) հովհարի տեսք ստանալ; ուռչել; տարածվել 8) *գյուղատնտեսություն* էրնել; քամհարել

fan² |fæn| *noun* 1) երկրպագու; կողմնակից 2) հավանող; սատարող; տարված; սիրող; էնտուզիաստ

fanatic |fəˈnætɪk| **1** *noun* 1) կրոնամոլ; դավանամոլ; հավատամոլ; մոլեռանդ հավատացյալ; ֆանատիկոս 2) մոլի կողմնակից; սևեռամիտ; երկրպագու; ինքնամոռաց հետևորդ **2** *adjective* 1) մոլեռանդ; ծայրահեղ 2) հավատամոլ; դավանամոլ; կրոնամոլ

fanatical |fəˈnætɪkəl| *adjective* 1) մոլեռանդ; սևեռված; մտասևեռ 2) սաստիկ մտահոգված

fanatically *adverb* մոլեռանդորեն; մոլեռանդաբար

fanaticism |-tɪsɪz(ə)m| *noun* 1) մոլեռանդություն; ֆանատիզմ 2) կրոնամոլություն; դավանամոլություն

fan belt *noun* *տեխնիկական* օդափոխիչի փոկ

fancier |ˈfænsɪə| *noun* 1) գիտակ; իրազեկ; սիրող 2) բուծող; բազմացնող *(որոշակի կենդանիների)*

fancy |ˈfænsi| **1** *adjective* (**-cier**, **-ciest**) 1) զարդարուն; արտասովոր; խուճուճ; պաճուճավոր; պաճուճազարդ 2) տպավորիչ; արտահայտիչ; ցայտուն; հիշվող 3) բարձրակարգ; առաջնակարգ; ընտիր *(սննդի մասին)* 4) գույնզգույն; երփներանգ; երանգածուփ; չալպտուրիկ *(ծաղիկների մասին)* 5) *կենսաբանություն* ցեղական; ընտրասերական *(որոշակի ընդգծված հատկանիշով կենդանի)* 6) երևակայական; ցնորական; անիրական; քմահաճ; տարօրինակ 7) նորաձևության; նորաձև 8) դիմակահանդեսի; դիմակահանդեսային **2** *verb* (**-cies**, **-cied**) 1) ցանկանալ; ուզել; սիրտը ուզել 2) հավանել; սրտովը լինել; սիրել 3) (**fancy oneself**) իրեն երևակայել; իրեն պատկերացնել; իրեն մեկի տեղը դնել 4) *խոսակցական* մեծ կարծիք ունենալ *(մի բանի մասին)* 5) պատկերացնել; ենթադրել **3** *noun* (հոգն. **-cies**) 1) քմայք; քմահաճույք; հրապուրանք 2) երևակայություն; ստեղծագործ միտք 3) ենթադրություն; կարծիք; վարկած 4) երևակայական պատկեր; մտապատկեր; ցնորք 5) ճաշակ; հակում; մղում 6) *երաժշտություն* իմպրովիզացիա; հանկարծաստեղծում *(16-17-րդ դարերի երաժշտական ժանր)*

as/when the fancy takes one ինչպես որ խելքին փչի; երբ որ մտքով անցնի; ուր որ աչքը կտրի

take/catch someone's fancy դուր գալ; աչքը մտնել; մեկի սրտովը լինել; մեկի ուզածը լինել

take a fancy հրապուրվել; տարվել; գերվել; կլանվել; հափշտակվել

fancy dress *noun* դիմակահանդեսի հագուստ; դիմակահանդեսի հագուկապ

fancywork (նաև **fancy-work**) *noun* ասեղնագործում; ասեղնագործություն; ասեղնագործ

fanfare |ˈfænfɛː| *noun* 1) շեփորանվագ; շեփորազդ; շեփորանշան 2) հանդիսավոր արարողություն; մեծաշուք ցուցադրություն

fang |fæŋ| *noun* 1) ժանիք *(գազանի)* 2) թունավոր ատամ *(օձի)* 3) *կենսաբանություն* սարդի ատամ 4) ատամի արմատը 5) *տեխնիկական* ատամ; բռնիչ; կալիչ *(գործիքի և այլնի)*

fanlight |ˈfænlʌɪt| *noun* վերնափեղկ; վերնալուսամուտ; վերնապատուհան *(դռան վերևում գտնվող, հաճախ՝ հովհարաձև)*

fantasize |ˈfæntəsʌɪz| *verb* 1) երազել; անրջել; երազով ընկնել; եթերում սավառնել 2) պատկերացնել; երևակայել; մտքում կառուցել; երևակայության մեջ ստեղծել 3) (**fantasize oneself**) իրեն երևակայել; իրեն պատկերացնել; իրեն մեկի տեղը դնել

fantastic |fænˈtæstɪk| *adjective* 1) երևակայական; անիրական; մտացածին; տարօրինակ; արտասովոր; արտառոց; կախարդական; հեքիաթային; առասպելական; անհավատալի 2) հսկայական; վիթխարի; ահռելի; ուժգին; սաստիկ 3) *խոսակցական* հրաշալի; փառահեղ; հիանալի; գերազանց

fantasy |ˈfæntəsi|, |-zi| **1** *noun* (հոգն. **-sies**) 1) երևակայություն; ֆանտազիա; ստեղծագործ միտք 2) ցնորք; պատրանք; մտապատրանք 3) երազանք; տենչ; իղձ; փափագ; նկրտում 4) մոլորություն; սխալ; անհիմն կարծիք 5) *գրքային* ֆանտազիա; ֆանտաստիկ ժանր 6) *երաժշտություն* ֆանտազիա *(երաժշտական երկ)* 7) քմահաճույք; քմայք **2** *verb* (**-sies**, **-sied**) *բանաստեղծական* երևակայել; պատկերացնել; մտքում պատկերել; երազել; անրջել *(որևէ բանի մասին)*

fanzine |ˈfænziːn| *noun* ամսագիր հավանողների համար; ամսագիր սատարողների համար *(երգչի, դերասանի, թիմի և այլնի)*

FAQ *noun* *համակարգիչներ* (**Frequently Asked Questions**) հաճախակի հարցեր *(ցանցէջի կամ հուշարարի նիշք, որը պարունակում է տվյալ նյութի հետ կապված հաճախակի հարցերը և նրանց պատասխանները)*

far |fɑː| **1** *adverb* (**farther**, **farthest** կամ **further**, **furthest**) 1) հեռու; հեռվում; հեռուն; դեպի հեռուն 2) *փոխաբերական* երկար ճանապարհ; նշանակալի աշխատանք *(անցած, կատարած և այլն)* 3) շատ ավելի; անհամեմատ 4) ուշ; վերջին մոտ; վերջում *(օրվա և այլն)* **2** *adjective* 1) (**far off**) հեռավոր; հեռու; հեռվի; տարակա; հեռանիստ 2) առավել հեռավոր; ավելի հեռվում գտնվող; ծայրի 3) ծայրամասային; ծայրագավառային; հեռու-հեռավոր 4) ծայրահեղ; արմատական; վճռական *(հատկապես կուսակցությունների մասին)*

as far as 1) մինչև; ընդհուպ մինչև 2) մինչև հասնելը; մինչև որոշակի վայրը 3) այնքանով, որքանով; այն աստիճան, որքան

be a far cry from 1) սար ու ձորի տարբերություն; անհամեմատելի տարբերություն; միանգամայն ուրիշ բան 2) երկար ժամանակահատված; երկար տարիներ; անցած-գնացած ժամանակներ

by far 1) շատ ավելի; անհամեմատ ավելի 2) բոլորովին; ամբողջովին; իրոք; իսկապես

far and away 1) շատ ավելի; անհամեմատ ավելի 2) բոլորովին; ամբողջովին; իրոք; իսկապես

far and near (**near and far**) ամենուր; ամենուրեք; աշխարհով մեկ; աշխարհի չորս ծագը; չորսբոլորը; որքան աչքը կկտրի; հեռու-հեռուն; դեպի հեռուները

far and wide ամենուր; ամենուրեք; չորսբոլորը; որքան աչքը կկտրի; հեռու-հեռուն; դեպի հեռուները

far be it from me to մտադրություն չունեմ; բոլորովին էլ չեմ պատրաստվում; ես հեռու եմ դրանից; փոքրագույն ցանկություն էլ չունեմ; Աստված մի՛ արասցե; քավ լիցի

far from բոլորովին ոչ; բնավ ոչ

far gone 1) առաջացած; խորացած; անդառնալի; անվերադարձ; անուղղելի 2) շատ անցած; գնացած *(ժամանակի մասին)*

go as far as to do something մինչև անգամ ... անել; հասնել ... անելու աստիճանին; դիմել տվյալ գործողությանը

go far 1) առաջ գնալ; հաջողությունների հասնել; հեռուն գնալ; ձեռքբերումներ ունենալ 2) (**go far to/towards**) մեծ ներդրում ունենալ; մեծապես նպաստել; խիստ օգտակար լինել 3) բավականացնել; բավարարել; հերիքել; բավել *(սննդի, գումարի մասին)*

go too far չափն անցնել; անհեթեթության աստիճանի հասնել; անմտության աստիճանի հասնել; սահմաններից անցնել

how far 1) մինչև ուր; որքան հեռու 2) որքանով; ինչ չափով; ինչ աստիճանի

so far 1) մինչև այդտեղ; մինչև այդքանը; դրանից ոչ ավել 2) մինչև հիմա; մինչ օրս; այսքան ժամանակ; դեռևս

so far so good առայժմ ամեն ինչ լավ է; մինչև այստեղ ամեն ինչ լավ է

faraway |ˈfɑːrəweɪ|, |fɑːrəˈweɪ| *adjective* 1) հեռու; հեռավոր; հեռանիստ; հեռակա 2) երազկոտ; երազուն; անրջուն; ցրված *(հայացքի մասին)* 3) հեռավոր; հազիվ լսելի

farce |fɑːs| **1** *noun* 1) *թատրոն, գրականություն* ֆարս; զավեշտախաղ 2) զավեշտ; անհեթեթ բան; անմիտ բան; արտառոց դիպված 3) *խոհանոց* լցոն; խճողակ; ֆարշ **2** *verb* 1) *խոհանոց* լցոնել 2) համեմել; զարդարել; պաճուճել *(խոսքը և այլն)*

fare |fɛː| **1** *noun* 1) տոմսի արժեք; ճանապարհածախս; ուղեծախս; ուղեծախք; ուղեդրամ 2) ուղևոր *(հատկապես տաքսու)* 3) սնունդ; ուտելիք; ուտելեղեն; ուտեստեղեն *(որոշ տեսակի)* 4) *հնացած* ներկայացում; թատերախաղ; բեմադրություն; ժամանց *(որոշ տեսակի)* **2** *verb* 1) դրսևորվել; ներկայանալ; հանդես գալ; իրեն պահել; գործել *(որոշակի ձևով՝ լավ, վատ և այլն)* 2) լինել; պատահել; մեկի գլխով անցնել; կատարվել 3) *բանաստեղծական* ճանապարհորդել 4) սնվել; կերակրվել

Far East Հեռավոր Արևելք

farewell |fɛːˈwɛl| **1** *exclamation* մնաս բարով; մնաք բարով; բարի ճանապարհ **2** *noun* հրաժեշտ; բաժանում; «մնաս բարով»; «բարի ճանապարհ»

far-fetched *adjective* 1) չափազանցված; բռնազբոսիկ; անբնական; անհամոզիչ; անճշմարտանման; անհավանական; անհավատալի; անհեթեթ; անիմաստ *(բացատրության, համեմատության, տեսության, պատմության և այլնի մասին)* 2) *հնացած* հեռու տեղից բերված 3) *հնացած* հինավուրց; հին ժամանակներից հասած

farinaceous |ˌfærɪˈneɪʃəs| *adjective* 1) ալյուրով առատ; ալրալից; ալրաշատ; ալրային; ալյուրի 2) օսլա պարունակող

farm |fɑːm| **1** *noun* 1) գյուղացիական տնտեսություն; դաստակերտ; կալվածատուն; ագարակ; ֆերմա *(նաև մասնագիտացված՝ որոշակի ապրանք արտադրող)* ◇ **collective farm** կոլտնտեսություն. **state farm** սովխոզ. **individual farm** մենատնտեսություն 2) տուն՝ գյուղացիական տնտեսությունում; տուն՝ ագարակում; բնակելի շենք՝ ֆերմայում 3) տնկարան *(բույսերի)* 4) բուծարան *(կենդանիների)* 5) արգելանոտառ ◇ **silver fox farm** արծաթափայլ աղվեսների բուծարան 6) գործարան; արտադրամաս **2** *verb* 1) գյուղատնտեսությամբ զբաղվել; հող մշակել; անասնաբուծությամբ զբաղվել 2) մշակել *(հողը)* 3) բուծել; բազմացնել 4) (**farm someone out**) հանձնարարել; փոխանցել *(աշխատանքի մի մասը մեկ ուրիշի)* 5) (**farm someone out**) վարձել *(աշխատողի)* 6) խնամող վարձել *(օրինակ՝ երեխայի համար)* 7) *մարզական* ուղարկել ավելի ցածր թիմ *(մարզիկին)* 8) *պատմական* հարկահավաքությունը հանձնարարել *(ինչ-որ մեկին թողնելով նաև հարկերից ստացվող շահույթը)* 9) հողը վարձակալության տալ

buy the farm տե՛ս **buy**

Farm Belt Գյուղատնտեսական գոտի *(ԱՄՆ-ի կենտրոնական ու արևելյան նահանգները)*

farmer |ˈfɑːmə| *noun* 1) ֆերմեր; ագարակատեր; ագարակապան 2) գյուղացի ◇ **collective farmer** կոլտնտեսական; կոլխոզնիկ. **individual farmer** մենատնտես *(գյուղացի)* 3) *պատմական* վարձակալ; կապալառու

farmhand |ˈfɑːmhænd| *noun* աշխատավոր; մշակ; բանվոր *(գյուղացիական տնտեսության մեջ, ֆերմայում)*

farmhouse |ˈfɑːmhaʊs| *noun* բնակելի շենք ֆերմայում; ագարակատուն

farming |ˈfɑːmɪŋ| *noun* գյուղատնտեսություն; երկրագործություն; հողագործություն; հողագործությամբ զբաղվելը; անասնաբուծություն; կենդանաբուծություն

farmland *noun* 1) (**farmlands**) մշակովի հող 2) գյուղատնտեսական շրջան; գյուղատնտեսությամբ զբաղվող համայնք

farmstead |ˈfɑːmstɛd| *noun* ագարակն իր բոլոր շինություններով; դաստակերտ; ֆերմա

farmyard |ˈfɑːmjɑːd| *noun* ֆերմայի բակ; ագարակի բակ

far-reaching *adjective* հեռու տանող; մեծ հետևանքների հանգեցնող; հետևանքներով հղի; ազդեցիկ

farrier |ˈfærɪə| *noun* 1) պայտար; պայտահար; պայտող դարբին; նալբանդ 2) *հնացած* հեքիմ-ձիաբույժ

farriery *noun* 1) ձիերի պայտում 2) պայտարարություն 3) պայտարան 4) դարբնոց 5) *հնացած* ձիաբուժություն; ձիադարմանություն

farrow |ˈfærəʊ| **1** *noun* 1) խոզի ծինը; խոճկորներ ծնելը 2) խոճկոր; գոճի **2** *verb* գոճիներ ծնել

far-seeing *adjective* տե՛ս **farsighted** շրջահայաց; հեռատես; երկայնամիտ; լայնախոհ; երկարախորհուրդ

farsighted *adjective* 1) հեռատես; սրատես; քաջատես *(հեռուն լավ տեսնող)* 2) շրջահայաց; խոհեմ; երկայնամիտ; խոհեմամիտ

fart |fɑːt| *խոսակցական* **1** *verb* 1) գազեր արձակել *(աղիքային, հատկապես լսելի)* 2) (**fart about/around**) պարապություն անել; ժամանակ վատնել; անկարևոր բաներով զբաղվել **2** *noun* 1) գազեր արձակելը *(աղիքային, հատկապես լսելի)* 2) ձանձրալի մարդ; անհետաքրքիր մարդ; զզվելի մարդ

farther |ˈfɑːðə| **1** *adverb* (նաև **further**) 1) ավելի հեռու; ավելի հեռուն; ավելի հեռվում 2) դրանից այն կողմ; դրանից անդին; ավելի խորությամբ; ավելին **2** *adjective* 1) առավել հեռավոր; ավելի հեռու; առավել հեռանիստ 2) հեռավոր; հեռանիստ; ծայրամասային

farthermost (նաև **furthermost**) *adjective* ամենահեռու; ամենահեռավոր; հեռադիր

farthest |fəːðɪst| (նաև **furthest**) **1** *adjective adverb* տե՛ս **far** **2** *adjective* 1) ամենից հեռավոր; ամենահեռու; ամենահեռադիր; առավել հեռադիր ◊ **at the farthest** ամենաուշը 2) ամենաերկար; ամենից ծավալուն; ամենալայն 3) հեռու-հեռավոր; աշխարհից կտրված **3** *adverb* 1) ամենահեռու; ամենից հեռավոր 2) բոլորովին առնչություն չունեցող; չառնչվող; կապ չունեցող *(մարդու՝ որևէ հարցով հետաքրքրվելու մասին)* 3) ամենից հեռուն; ամենից երկար ճանապարհը; ամենից մեծ հեռավորությունը 4) ամենաշատը; բոլորից շատ; ամենից շատ 5) ամենահեռու կետը; ամենահեռու վայրը *(տվյալ ուղղությամբ)* 6) զարգացման ամենաբարձր աստիճանին; առավել ցայտուն; առավելագույն ջանքեր գործադրելով

at the farthest առավելագույնը; ամենահեռուն

farthing |ˈfɑːðɪŋ| *noun* 1) ֆարթինգ *(բրոնզե մանր դրամ Անգլիայում, հավասար է 1/4 պենսի)* 2) գրոշի չափ; մի չնչին անգամ; բոլորովին չ...

fascinate |ˈfæsɪneɪt| *verb* 1) հրապուրել; դյութել; հմայել; կախարդել; թովել; առինքնել; հափշտակել 2) *հնացած* հիպնոսացնել; հիպնոսել; հիպնոսահարել *(օձի մասին)*

fascinating *adjective* գրավիչ; դյութիչ; թովիչ; հրապուրիչ

fascination *noun* հմայք; թովչություն; կախարդանք; գրավչություն

fascism |ˈfæʃɪz(ə)m|, |-sɪz(ə)m| (նաև **Fascism**) *noun* 1) ֆաշիզմ; ֆաշականություն 2) ռասիզմ; անհանդուրժողականություն

fascist **1** *noun* ֆաշիստ; սևշապիկավոր **2** *adjective* 1) ֆաշիստական 2) անհանդուրժողական

fashion |ˈfæʃ(ə)n| **1** *noun* 1) նորաձևություն; ոճ; նորատարազ; միտում ◊ **be the/in fashion** նորաձև/մոդայիկ լինել. **follow/be in the fashion** նորաձևությանը հետևել; մոդային հետևել. **out of fashion** հնաձև; մոդայից դուրս եկած 2) նորաձև ապրանքների արտադրություն և վաճառք 3) ձև; կերպ; եղանակ 4) ձևվածք; ձև *(հագուստի)* 5) *հնացած* տեսակ; տարատեսակ **2** *verb* 1) (**fashion something into**) պատրաստել; ստեղծել; սարքել; արտադրել; ձևել; կարել 2) *տեխնիկական* ձև տալ; կաղապարել 3) փոփոխվել; վերածվել 4) *հազվադեպ* հարմարեցնել; համապատասխանեցնել 5) *հազվադեպ* հարմար գալ; սազել; համապատասխանել

after a fashion մի կերպ; տանելի; միջակ; այնպես ոչինչ

after the fashion of (**in the fashion of**) նման; նմանապես; նույն կերպ, ինչ

fashionable |ˈfæʃ(ə)nəb(ə)l| **1** *adjective* 1) նորաձև; շքեղ; նորաձևային; նորատիպ; նորակերպ 2) նորասեր; նորաձև; ժամանակի պահանջներին համապատասխան; վայելուչ; արդիասեր *(մարդու, նրա հագուստի կամ վարքի մասին)* **2** *noun* բարձրաշխարհիկ մարդ; բարձրաճաշակ մարդ

fast[1] |fɑːst| **1** *adjective* 1) արագ; սրընթաց; արագընթաց; արագաշարժ; սրաշարժ; արագագնաց; ճեպընթաց *(նաև ճանապարհների մասին)* 2) կարճատև; կարճաժամանակ 3) արագագործ; արագաձեռն; արագ անող 4) *մարզական* արագ խաղին նպաստող; արագ վազքին նպաստող *(խաղահրապարակի, վազքուղու մասին)* 5) բուռն; հախուռն; լիահորդ; եռուն *(կենսակերպի մասին)* 6) թեթևամիտ; ցոփ; անառակ; անպարկեշտ; շվայտ; ուտող-խմող 7) առաջ ընկած; անճշգրիտ; առաջ *(ժամացույցի մասին)* 8) ամուր; պինդ; կայուն; հաստատուն; ամրացված ◊ **make fast** ամրացնել; փակել *(դուռը)*. **play fast and loose** պարտականությունը չկատարել; անվստահելի լինել. **stand fast** ամուր կանգնել; կայուն լինել 9) հավատարիմ; նվիրված; անդավաճան *(ընկերների մասին)* 10) չխամրող; դիմացկուն; մնայուն *(ներկի մասին)* 11) *լուսանկարչություն* գերզգայուն *(ժապավենի մասին)* 12) *լուսանկարչություն* մեծ բացվածքով; մեծ ապերտուրով *(լուսանկարչական սարքի մասին)* **2** *adverb* 1) արագորեն; արագությամբ; արագ; արագորեն ◊ **live fast** կյանքը վատնել *(անօգուտ և աննպատակ)* 2) շուտափույթ; հապշտապ; արագ-արագ 3) ամուր; պինդ կերպով; հաստատապես; անխախտ; անսասան 4) խորը *(քնի մասին)* 5) մոտ; կից; կողքին 6) թեթևամտորեն; շվայտորեն; զեխաբար

pull a fast one *խոսակցական* խաբել; խորամանկություն անել; մոլորեցնել; հիմարացնել

fast[2] |fɑːst| **1** *verb* ծոմապահել; ծոմ պահել; պաս պահել **2** *noun* ծոմ; ծոմապահություն; պաս; պահեցողություն; պահք

fasten |ˈfɑːs(ə)n| *verb* 1) (**fasten up**) ամրացնել; կապել; պնդացնել; ամրակցել; կոճկել 2) (**fasten up**) ամրացվել; կապվել; ամրակցվել; կոճկվել 3) (**fasten something on/upon**) ուղղել; սևեռել; կենտրոնացնել 4) փակել; փակվել 5) (**fasten something on/upon**) վրան գցել; վերագրել; բարդել *(պատասխանատվությունը)* ◇ **fasten off** ամրացնել թելը՝ ծայրը կապ գցելով. **fasten up** փակել; կապել; մեխել. **fasten upon** բռնել; կառչել; հարձակվել; վրա տալ 6) (**fasten on/upon something**) չափազանց շատ ուշադրություն դարձնել; կառչել; կպչել *(որոշակի հարցի)* 7) պտուտակել; սեղմել; կողպել; փակել 8) խրվել; խրվել-մնալ; թաղվել *(ցեխի և այլնի մեջ)*

fastener *noun* 1) փակ; փական; սողնակ 2) կպչուն ճարմանդ; օղակեռ 3) պնդիչ *(թղթերը միացնելու մետաղե հարմարանք)* 4) *տեխնիկական* սեղմիչ; մամլակ

fast food *noun* պատրաստի էժան սնունդ

fast forward **1** *noun* 1) արագ առաջանցում *(ձայներիզի կամ տեսաերիզի)* 2) արագ առաջանցման կոճակ *(սարքի վրա)* **2** *verb* (**fast-forward**) 1) արագ առաջանցնել *(ձայներիզը և այլն)* 2) արագորեն անցնել; թռիչք գործել մինչև *(տվյալ ժամանակահատվածը)*

fastidious |fæˈstɪdɪəs| *adjective* 1) խստապահանջ; պահանջկոտ; բծախնդիր; տառակեր; դժվարահաճ; չմահավան; քննախնդիր 2) մաքրասեր; մաքրակենցաղ; մաքրամոլ; մաքրակյաց 3) նուրբ; նրբին 4) *հնացած* արհամարհական; արհամարհալից; քամահրական

fat |fæt| **1** *noun* 1) ճարպ; ճրագու; յուղ 2) ձեթ; բուսայուղ 3) գիրություն; ճարպոտություն; պարարտություն; յուղոտություն *(մարդու մասին)* 4) *քիմիա* ճարպ 5) ավելորդություն; ավելցուկ; անկարևոր հատկանիշ 6) *տեխնիկական* քսուք; քսանճարպ; քսուքաճարպ 7) *հնացած* լավագույնը; «սերուցքը»; լավագույն մասը 8) *թատրոն* ամենաարտահայտիչ մասը; շահեկան մասը *(դերի)* **2** *adjective* (**fatter**, **fattest**) 1) չաղ; գեր; պարարտ; գիրուկ; չաղլիկ; թմբլիկ *(մարդու մասին)* 2) գիրացրած; չաղացրած; պարարտ; մսեղ *(անասունի մասին)* 3) յուղալի; ճարպոտ; յուղալից; յուղոտ; յուղաթաթախ 4) հաստ; հաստոտ; մեծ; խոշոր 5) *խոսակցական* օգտավետ; շահավետ; ձեռնտու; ցանկալի *(գործարքի, հնարավորության և այլնի մասին)* 6) *խոսակցական* «շա՜տ մեծ»; «հսկայակա՜ն»; աննշան; չնչին 7) խեժոտ; խեժառատ *(ածխի, փայտի մասին)* 8) արգավանդ; պտղաբեր; բերրի; պարարտ *(հողի մասին)* 9) հարուստ; առատ; լիառատ 10) բութ; բթամիտ; պնդագլուխ ◇ **cut it fat** գլուխը գովել; ի ցույց դնել. **cut up fat** մեկին մեծ ժառանգություն բաժին թողնել **3** *verb* (**fatted**, **fatting**) *հնացած* 1) գիրացնել; չաղացնել; պարարտացնել; բտել *(մորթելու համար)* 2) չաղանալ; ճարպակալել; գիրանալ 3) պարարտացնել *(հողը)*

kill the fatted calf 1) *աստվածաշնչային* մորթել պարարտ եզը; մորթել պարարտ զվարակը *(անառակ որդու վերադարձին)* 2) լավագույն սնունդը սեղանին դնել; ճոխ սեղան գցել; մեծ շուքով տոնել

live off/on the fat of the land *աստվածաշնչային* ճոխության մեջ ապրել; յուղ ու մեղրի մեջ ապրել; շքեղություն վայելել

live on one's own fat սեփական միջոցներով ապրել; կուտակած միջոցների հաշվին ապրել; խնայած միջոցների հաշվին ապրել

the fat is in the fire բանը բուրդ է; գործն արված է; կրակի մեջ յուղ է լցված

fatal |ˈfeɪt(ə)l| *adjective* 1) մահացու; մահաբեր; կործանարար; մահառիթ; կործանարար 2) ճակատագրական; օրհասական; անխուսափելի; բախտորոշ

fatalism |ˈfeɪt(ə)lɪz(ə)m| *noun* 1) ճակատագրապաշտություն; ճակատագրականություն; բախտապաշտություն *(ճակատագրի անխուսափելիության հավատ)* 2) ճակատագրապաշտություն; կրավորականություն; անգործություն

fatalist *noun* 1) ճակատագրապաշտ 2) կրավորական անձ

fatality |fəˈtælɪti|, |feɪ-| *noun* (հոգն. **-ties**) 1) մահ; աղետ; դժբախտություն; մահացու դեպք *(պատերազմում, դժբախտ պատահարի հետևանքով)* 2) զոհ *(դժբախտ պատահարի, պատերազմի)* 3) ճակատագրականություն; դատապարտվածություն; ճակատագիր

fatally *adverb* 1) աղետալիորեն; ճակատագրականորեն 2) կործանարար կերպով; փորձանքաբեր ձևով 3) մահվամբ; մահով *(որևէ բանի ավարտվելու մասին)*

fat cat *noun արհամարհական* մեծահարուստ; միլիարդատեր

fate |feɪt| **1** *noun* 1) բախտ; ճակատագիր; վիճակ; նախասահմանություն; նախասահմանվածություն; կանխորոշվածություն; կյանքի ընթացք ◇ **share the same fate** բախտակից լինել 2) մահ; կործանում; աղետալի մահ; վախճան 3) *դիցաբանություն* (**the Fates**) պարկաներ; ճակատագիրներ *(ճակատագրի աստվածուհիները)* 4) աղետ; պատուհաս; դժբախտություն; արհավիրք; փորձանք; օրհաս **2** *verb* նախորոշել; կանխորոշել; նախասահմանել; դատապարտել ◇ **be fated** նախասահմանված լինել; վիճակված լինել; կանխասահմանված լինել

seal someone's fate բախտը վճռել; բախտորոշ լինել; ճակատագիրը սահմանել

fateful |ˈfeɪtfʊl|, |-f(ə)l| *adjective* 1) ճակատագրական; բախտորոշ; բախտորոշիչ; օրհասական; ճակատագրական; վճռական 2) դատապարտված; մահացու; անխուսափելի 3) մարգարեական; կանխասացական

fathead *noun խոսակցական* հիմարի գլուխ; դմբո; տխմար; ապուշ մարդ

father |ˈfɑːðə| **1** *noun* 1) հայր 2) խորթ հայր; հայրացու; հայրագիր; հոգեհայր 3) աներ; կնահայր; հարսնահայր 4) սկեսրայր; կեսրար 5) ծնող; հայր *(կենդանու)* 6) (**fathers**) նախահայր; նախորդ; նախնի ◇ **be gathered to one's fathers** մեռնել; պապերի մոտ գնալ 7) (**founding father**) ստեղծող; հիմնադիր 8) հայր; հոգատար ծնող; խնամակալ; խնամածու; պաշտպան; պահապան *(ժողովրդի և այլնի)* 9) ավագագույն անդամ 10) *աստվածաշնչային* (**the Father**) Հայր 11) *բանաստեղծական* (**Father**) հայր; մայր; ծերունի *(գետի և այլնի անունների հետ գործածվելիս)* 12) տե՛ր հայր *(քահանաներին* *դիմելիս)* 13) *կրոն* **(the Fathers, the Church Fathers)** Եկեղեցու հայրեր *(քրիստոնեական աստվածաբանները, հատկապես՝ առաջին հինգ դարերի)* 14) աղբյուր; սկզբնաղբյուր **2** *verb* 1) հայրը լինել; ծնել; սերել; առաջացնել 2) որդեգրել; հայրություն անել; հոգ տանել; հոգածությամբ վերաբերվել; զավակագրել; որդիացնել; հայրական հոգատարություն ցուցաբերել 3) հայրը լինել; հեղինակը լինել; ստեղծողը լինել; հիմնադիրը լինել 4) որդեգրել; իր վրա վերցնել; իրենը հայտարարել; իրեն վերագրել *(ստեղծագործության, գործի մասին)* 5) **(father on/upon sb)** հայրություն վերագրել; հեղինակություն վերագրել; պատասխանատվություն դնել *(երեխայի, գրքի, ստեղծագործության, գործի և այլնի հանդեպ)*

like father like son պտուղը ծառից հեռու չի ընկնում; ինչպիսի հայր, այնպիսի որդի

Most Reverend Father in God (Right Reverend Father in God) *կրոն* Սրբազան հայր *(եպիսկոպոսին դիմելիս)*

fatherhood *noun* հայրություն

father-in-law *noun* (հոգն. **fathers-in-law**) 1) աներ; կնահայր; հարսնահայր 2) սկեսրայր; կեսրար

fatherland |ˈfɑːðəlænd| *noun* 1) հայրենիք; բնօրրան; հայրենի աշխարհ 2) *պատմական* Գերմանիա *(Հիտլերի իշխանության օրոք)*

fatherly |ˈfɑːðəli| **1** *adjective* հայրական; հորը հատուկ; հոգատար; հոգածու; հոր **2** *adverb* հայրաբար

fathom |ˈfæð(ə)m| **1** *noun* ֆատոմ; ծովային սաժեն *(երկարության բրիտանական միավոր, 1,8 մետր)* **2** *verb* 1) խորամուխ լինել; հասկանալ; խոր թափանցել; խելքը կտրել; վեր հանել; բացահայտել *(հատկապես երկար մտածելու արդյունքում)* 2) խորությունը չափել *(ջրի՝ խորաչափով)*

fatigue |fəˈtiːg| **1** *noun* 1) հոգնություն; հոգնածություն; ուժասպառություն; խոնջություն; հյուծվածություն; ուժաբեկություն *(նաև առանձին օրգանի կամ մկանի)* 2) *տեխնիկական* հոգնածություն *(մետաղի)* 3) անտարբերություն; անուշադրություն; հետաքրքրվելը; չմասնակցելը; մի կողմ քաշվելը *(որևէ բանից հոգնելու/ձանձրանալու պատճառով)* 4) հոգնեցնող աշխատանք 5) *ռազմական* շարային վերակարգի ենթարկված զինվորներ *(որոնք պետք է ոչ ռազմական, հոգնեցուցիչ աշխատանք կատարեն՝ որպես պատիժ)* 6) *ռազմական* **(fatigues)** զինվորական հագուստ *(պաշտպանական գույների)* **2** *verb* (**-tigues, -tigued, -tiguing**) 1) հոգնեցնել; ուժասպառ անել *(մարդուն, առանձին օրգանը կամ մկանը)* 2) *տեխնիկական* հոգնեցնել *(մետաղը)*

fatling |ˈfætlıŋ| *noun* մսացու; գիրացրած անասուն

fatten |ˈfæt(ə)n| *verb* 1) **(fatten up)** չաղացնել; բտել; պարարտացնել *(անասունին՝ մորթելու համար)* 2) չաղացնել; գիրացնել *(մարդուն)* 3) ավելացնել; ընդարձակել; շատացնել; մեծացնել *(եկամուտը և այլն)* 4) **(fatten out)** չաղանալ; գիրանալ 5) **(fatten on)** ապրել մեկի հաշվին; շահագործել; ծծել 6) ավելի սննդարար դարձնել; ավելի հագեցնող դարձնել; յուղայնացնել *(սնունդը)* 7) պարարտացնել *(հողը)*

fattening |ˈfæt(ə)nıŋ| *adjective* գիրացնող; չաղացնող; յուղային *(սննդի մասին)*

fatty |ˈfæti| **1** *adjective* (**-tier, -tiest**) 1) յուղալի; յուղոտ; յուղալեցուն; ճարպոտ 2) *բժշկություն* ճարպային *(հիվանդության մասին)* **2** *noun* (հոգն. **-ties**) *խոսակցական* չաղլիկ; գիրուկ; հաստլիկ

fatty acid *noun քիմիա* ճարպաթթու

fatuity |fəˈtjuːıti| *noun* 1) հիմարություն; տխմարություն; անմտություն 2) *հնացած* թուլամտություն; պակասամտություն

fatuous |ˈfætjʊəs| *adjective* 1) հիմար; տխմար; անմիտ; անիմաստ; տափակ 2) *հնացած* թուլամիտ; պակասամիտ

faucet |ˈfɔːsıt| *noun* 1) *հյուսիսամերիկյան* ծորակ; ծորան *(ջրի, գազի)* 2) *տեխնիկական* կափույր; փական; կափարիչ *(խողովակի)*

faugh |fɔː| *exclamation հնացած* թու՜; թու՜հ *(զզվանքի արտահայտություն)*

fault |fɔːlt|, |fɒlt| **1** *noun* 1) պակասություն; արատ; թերություն; բաց 2) *տեխնիկական* վթար; վնասվածք; անսարքություն; վթարանք ◇ **be at fault** *փոխաբերական* հետքը կորցնել; դժվար/ծանր կացության մեջ լինել 3) սխալ; վրիպում; զանցանք; մոլորություն; սխալմունք ◇ **in fault** մեղավոր 4) *մարզական* վրիպում; սխալ նետված գնդակ *(թենիսում և այլն)* 5) *մարզական* **(faults)** տուգանային *(թույլ տրված սխալի համար)* 6) մեղք; մեղավորություն *(որևէ պատահարի, դժբախտության համար)* 7) *երկրաբանություն* խզվածք; հանքերակի խախտում **2** *verb* 1) քննադատել; թերություն գտնել; արատ գտնել 2) *հնացած* սխալվել; սխալ գործել; մոլորության մեջ ընկնել 3) *երկրաբանություն* խզվածք առաջացնել; խզվել

at fault 1) մեղավոր; պատասխանատու *(պատահարի, դժբախտության համար)* 2) անսարք; անսարքին; չաշխատող; շարքից դուրս եկած

find fault (find fault with sb) անտեղի քննադատել; մանրախնդրություն անել; բծախնդրություն ցուցաբերել; թերություն փնտրել

to a fault չափից դուրս; անչափ շատ; չափազանց

fault-finder *noun* 1) մանրախնդիր մարդ; կռվի առիթ որոնող մարդ; «թթի մազ»; բծախնդիր մարդ; չմահավան մարդ; արատ փնտրող մարդ 2) *տեխնիկական* արատացույց *(գործիք)*

fault-finding **1** *noun* 1) բծախնդրականություն; մանրախնդրություն; չմահավանություն; արատ փնտրելը 2) *տեխնիկական* վթարի հայտնաբերում **2** *adjective* չմահավան; մանրախնդիր; դժվարահաճ

faultless |ˈfɔːltlıs|, |ˈfɒlt-| *adjective* 1) անբասիր; անպարսավելի; անբիծ; անքննադատելի; անթերի 2) ճշգրիտ; հավաստի; ստույգ 3) *հնացած* անմեղ; անհանցավոր; արդար

faulty |ˈfɔːlti|, |ˈfɒlti| *adjective* (**faultier, faultiest**) 1) վնասված; անսարքին; փչացած; շարքից դուրս եկած 2) սխալ; սխալական; թյուր; վրիպական *(մտածողության և այլնի մասին)* 3) անկատար; թերություններով *(բնավորության և այլնի մասին)* 4) *հնացած* մեղավոր; հանցավոր; պատժի արժանի

faun |fɔːn| *noun* *հռոմեական դիցաբանություն* այծամարդ; ֆավն; պան; սատիր

fauna |ˈfɔːnə| *noun* (հոգն. **-nas** կամ **-nae** |-niː|) 1) ֆաունա; կենդանական աշխարհ 2) կենդանական աշխարհը նկարագրող գիրք; գործ՝ ֆաունայի վերաբերյալ *(հատկապես որոշակի տեղանքի)*

faux pas |fəʊ ˈpɑː|, |fo pæ| *noun* (հոգն. նույնը) սխալ; անքաղաքավարություն; կոպտություն; անտաշություն; անկրթություն *(անքաղաքավարի արարք)*

favor |ˈfeɪvə| (բրիտանական **favour**) **1** *noun* 1) բարեհաճություն; հակվածություն; համակրանք; շնորհ; բարյացակամություն 2) օժանդակություն; աջակցություն; օգնություն; հովանավորություն; պաշտպանություն; ընդառաջում 3) սիրալիրություն; շնորհ 4) հովանավորչություն; աչառություն; կողմնակալություն 5) հուշանվեր; փոքրիկ նվեր; խաղալիք *(հատկապես հյուրերին տրվող)* 6) *հնացած* (**favors**) կրծքանշան; նշան; վարդակապ; շքանշանային ժապավեն *(որևէ խմբի պատկանելու և այլնի խորհրդանիշ)* 7) *հնացած* (**one's favors**) սեռական հարաբերություններ ունենալու համաձայնություն *(որևէ մեկի հետ)* 8) հմայք; գրավչություն; հետաքրքրություն 9) *հնացած բրիտանական* նամակ; գրություն 10) *հնացած* դեմք; արտաքին; դիմագծեր; տեսք; կերպարանք **2** *verb* 1) հավանություն տալ; նախընտրել; նախապատվություն տալ; գերադասություն տալ 2) աչառու լինել; կողմնապահ լինել 3) նպաստավոր լինել; բարենպաստ լինել; հովանավորել; օգնել; աջակցել 4) (**favor someone with**) բարեհաճ լինել; սիրալիր լինել; բարեհաճել; շնորհ անել; ծառայություն մատուցել *(հատկապես գործածվում է խնդրանքներում)* 5) *խոսակցական* նման լինել; նմանել; նմանվել; քաշել *(հարազատին՝ արտաքինով)* 6) խնայել; նուրբ վարվել *(վիրավոր վերջույթը՝ քայլելիս չցավեցնելու համար)*

do someone a favor լավություն անել; շնորհ անել; ընդառաջել

find favor in sb's eyes բարեհաճությանը արժանանալ; դուր գալ; աչքի լույսը դառնալ

in favor հավանություն վայելող; աջակցությունն ունեցող; օժանդակությունն ունեցող; բարեհաճությունը վայելող; սատարողներ/գնահատողներ ունեցող

in favor of 1) փոխարեն; փոխանակ 2) հօգուտ; ի օգուտ; ի պաշտպանություն *(մեկի)*

in one's favor մեկի օգտին; ի նպաստ մեկի

look with favor on բարյացկամորեն վերաբերվել; բարի աչքով նայել

out of favor հավանություն չվայելող; աջակցություն/օժանդակություն չունեցող; բարեհաճությունը չվայելող; սատարողներից զուրկ

under the favor of the night մթության քողի տակ; գիշերվա հովանու ներքո

favorable |ˈfeɪv(ə)rəb(ə)l| (բրիտանական **favourable**) *adjective* 1) խրախուսական; քաջալերական; հորդորիչ; հավանություն արտահայտող; դրական; համաձայնության; բարեհաճ; բարյացակամ *(գնահատականի/վերաբերմունքի մասին)* 2) բարենպաստ; նպաստավոր; հօգուտ; ի օգուտ 3) համընթաց *(քամու մասին)* 4) լավ; հարմար; բարենպաստ; հիանալի *(եղանակի մասին)* 5) հաջող; լավատեսական

favorite |ˈfeɪv(ə)rɪt| **favourite**) **1** *adjective* սիրելի; սիրած; նախընտրելի; գերադասելի; նախապատվելի **2** *noun* 1) սիրեցյալ; սիրելի; թանկագին; անգին; աչքի լույսը *(մարդ կամ առարկա)* 2) հանդիսատեսի սիրելի; համակրելի մրցող; ֆավորիտ; հովանավորյալ

favoritism |ˈfeɪv(ə)rɪtɪz(ə)m| *noun* կողմնակալություն; աչառություն; խտրություն; խտրողություն; ջոկողություն; ֆավորիտիզմ

fawn[1] |fɔːn| **1** *noun* 1) եղջերվաձագ; եղնիկի ձագ 2) դեղնադարչնագույն; դեղնաշագանակագույն; դեղնավուն ◇ **in fawn** հղի; ծանրացած *(եղնիկի մասին)* **2** *verb* ծնել; հորթ բերել *(եղնիկի մասին)* **3** *adjective* դեղնադարչնագույն; դեղնաշագանակագույն; դեղնավուն

fawn[2] |fɔːn| *verb* 1) (**fawn on/upon/over**) քծնել; շողոքորթել; մարդահաճել; քսմսվել; հաճոյանալ *(մարդու մասին)* 2) պոչն այս ու այն կողմ շարժել; պոչը խաղացնել; քսմսվել; ոտքերին քսվել *(կենդանու, հատկապես շան մասին)*

fax |fæks| **1** *noun* 1) հեռապատճեն; ֆաքս 2) հեռապատճեն ուղարկելը; ֆաքս 3) (**fax machine**) հեռապատճենի սարք; ֆաքս **2** *verb* 1) հեռապատճենել; հեռապատճեն ուղարկել; ֆաքսով ուղարկել 2) հեռապատճենով կապ հաստատել; հեռապատճենով հաղորդակցվել

faze |feɪz| *verb ամերիկյան խոսակցական* վրդովել; այլայլել; խռովել; նեղացնել; անախորժություն պատճառել; հուզել

FBI *abbreviation* Federal Bureau of Investigation ՀԴՎ; Հետաքննությունների դաշնային վարչություն *(ԱՄՆ-ում)*

fear |fɪə| **1** *noun* 1) ահ; վախ; երկյուղ; սարսափ 2) *հնացած կրոն* երկյուղ; ակնածանք; երկյուղածություն; ակնածություն 3) (**fear for**) տագնապ; անհանգստություն; խռովք 4) հավանականություն; հավանական լինելը **2** *verb* 1) վախենալ; երկյուղել; երկնչել; վախ զգալ; վախ ունենալ; երկյուղ կրել 2) (**fear for**) մտահոգվել; անհանգստանալ; տագնապել 3) չհամարձակվել; ետ կանգնել; հրաժարվել *(մի բան անելուց)* 4) ափսոսալ; ցավել 5) *հնացած կրոն* երկյուղել; երկյուղածությամբ վերաբերվել

for fear of/that ահից; վախից; վախենալով, թե; չլինի թե; զգուշանալով

never fear մի՛ անհանգստացիր; վստա՛հ եղիր; համոզվա՛ծ եղեք

put the fear of God in/into someone Աստծով վախեցնել; ահուդողի մեջ պահել; աչքը վախեցնել; հաշվեհարդար տեսնել

without fear or favor անաչառորեն; անկողմնակալորեն; արդարադատորեն

fearful |ˈfɪəfʊl|, |-f(ə)l| *adjective* 1) վախեցած; վախով լի; սարսափահար; ահաբեկ; անհանգիստ 2) վախկոտ; երկչոտ; անվճռական; տատանվող 3) սարսափելի; զարհուրելի; ահավոր; ահազդու; սարսափազդու 4) *խոսակցական* հսկայական; վիթխարի; ահագին

fearfully *adverb* 1) սարսափահար; լեղապատառ; գլխապատառ 2) չափազանց; վերին աստիճանի

fearless |ˈfɪəlɪs| *adjective* անվախ; աներկյուղ;

անվեհեր; արիասիրտ

fearsome |ˈfɪəs(ə)m| *adjective* սարսափելի; զարհուրելի; ահազդու; սարսափազդու; դաժանտեսիլ

feasible |ˈfiːzɪb(ə)l| *adjective* 1) կատարելի; իրագործելի; իրականացնելի 2) հնարավոր; հավանական; ճշմարտանման; ճշմարտամոտ 3) պիտանի; պետքական

feast |fiːst| **1** *noun* 1) խնջույք; քեֆ; ճաշկերույթ; կերուխում; խրախճանք *(պաշտոնական)* 2) լիություն; առատություն; շատություն; վայելք; հաճույք 3) տոն; տոնակատարություն; տոնախմբություն *(հատկապես կրոնական)* 4) տոն *(որևէ սրբի)* 5) նրբախորտիկ; նրբահամ կերակուր **2** *verb* 1) քեֆ անել; կերուխում անել; զվարճանալ; հյուր ընդունել; հյուրասիրել 2) (**feast on**) վայելել; ճաշակել; ըմբոշխնել; ուտել մեծ քանակով 3) տոնել 4) հաճույք ստանալ; բավականություն ստանալ

feast one's eyes on զմայլվել; սքանչանալ; հափշտակվել; հիանալ տեսարանով

feast or famine կա՛մ ամեն ինչ, կա՛մ ոչինչ; փառահեղ հաջողություն կամ խայտառակ պարտություն

skeleton at the feast ուրիշների ուրախությունը հարամ անող; մռայլ/անուրախ/նրթոտ/խոժոռ մարդ

feat |fiːt| *noun* 1) սխրագործություն 2) ճարպկություն; հմտություն

feat of arms ռազմական սխրագործություն

feather |ˈfɛðə| **1** *noun* 1) փետուր 2) փետրափունջ; փետրազարդ; փետրացցունք *(որպես զարդ)* 3) *տեխնիկական* ուղղյակ *(նետի/դարթի փետուրներ և այլն)* 4) *կենդանաբանություն* (**feathers**) մազափունջ *(ձիու, շան և այլ կենդանիների ոտքերի վրա)* 5) թռչուն; որսաթռչուն 6) շիվ; ուռ 7) թեթև բան; նրբակշիռ բան; փետուր **2** *verb* 1) *տեխնիկական* կարգավորել պտուտակի գոհի անկյունը 2) փետուրների նման շարժվել; սահել 3) թեթև դիպչել; հպվել; քսվել *(որևէ մեկի)* 4) փետուրներ ամրացնել *(նետին)* 5) փետուրներով զարդարել 6) բույնը պատել փետուրներով 7) փետրավորվել 8) կարճացնել; թեթևացնել; պակասեցնել *(մազերը՝ կտրելով)*

a feather in one's cap պարծանքի առարկա

as light as a feather (**light as a feather**) փետուրի նման թեթև; անկշռան

crop sb's feathers մեկի թևերը կտրել; ստորացնել մեկին; տեղը դնել մեկին

feather one's own nest (**feather one's nest**) ուրիշի հաշվին ապրել; իր համար փող դիզել; սեփական շահը իմանալ

in high feather, in full feather բարձր տրամադրության մեջ

show the white feather վախկոտություն ցուցաբերել; վախի նշաններ ցույց տալ

singe one's feathers թևերը խանձել; անհաջողություն կրել

smooth one's rumpled feathers (**smooth one's ruffled feathers**) իրեն կարգի բերել; ուշքի գալ; հանգստանալ; իրեն հավաքել; վերագտնել սառնասրտությունը

featherbrained *adjective* հիմար; դատարկ; թեթևամիտ

feathered |ˈfɛðəd| *adjective* 1) փետուրներով ծածկված; փետուրներով զարդարած; փետրավոր 2) թևավոր; արընթաց 3) փետրաձև; փետրանման

feathering |ˈfɛð(ə)rɪŋ| *noun* 1) փետրավորում; փետուրները 2) ուղղյակ *(նետի)* 3) *կենդանաբանություն* մազափունջ *(շան և այլն)* 4) *ճարտարապետություն* ժանեզարդ; ֆեստոն; ժանյակազարդ

feature |ˈfiːtʃə| **1** *noun* 1) առանձնահատկություն; բնորոշ գիծ; հատկություն; կողմ 2) (**features**) դիմագծեր 3) *լեզվաբանություն* տարբերիչ հատկություն 4) հանգամանալից հոդված *(լրագրային)* 5) հանգամանալից հաղորդում *(հեռուստատեսային)* 6) *ամերիկյան* (**feature film**) լիամետրաժ ֆիլմ; գեղարվեստական ֆիլմ **2** *verb* 1) ունենալ; ներառել; առանձնանալ; առավել գրավիչ լինել; նշանակալի լինել; ուշագրավ լինել *(որոշակի հատկության շնորհիվ. ապրանքը, հյուրանոցը և այլն)* 2) *ամերիկյան* ցուցադրել *(կինոյում)* 3) նկարագրել; պատկերել; ներկայացնել 4) բնորոշ գիծը լինել; կարևոր տեղ գրավել; իր տեղն ունենալ 5) երևալ; տեսանելի լինել; ներկայանալ; ի հայտ գալ 6) գլխավոր դերում խաղալ 7) հիշեցնել մեկի; նմանվել; նման լինել

febrile |ˈfiːbrʌɪl| *adjective* 1) *բժշկություն* տենդային; տենդի; տենդոտ 2) տենդագին; բուռն; հուզմունքալից; հորդահույզ

February |ˈfɛbrʊəri|, |ˈfɛbjʊəri| *noun* (հոգն. **-aries**) փետրվար

February Revolution Փետրվարյան հեղափոխություն

feces |ˈfiːsiːz| (բրիտանական **faeces**) *plural noun* 1) կղանք; կեղտ; կղկղանք; արտաթորություն 2) դիրտ; նստվածք

feckless |ˈfɛklɪs| *adjective* 1) խեղճուկրակ; անճարակ; թույլ; անօգնական 2) անմիտ; անխոհեմ; անօգուտ; զուր; ապարդյուն

feculent |ˈfɛkjʊl(ə)nt| *adjective* պղտոր; կեղտոտ; աղտոտ; կեղտալի; կեղտակոլոլ

fecund |ˈfɛk(ə)nd|, |ˈfiːk-| *adjective* 1) պտղաբեր; պտղատու; բերքատու; բարեբեր; բերքառատ; արգավանդ 2) *կենսաբանություն* բազմածին; բեղուն

fecundity |fɪˈkʌndɪti| *noun* 1) պտղաբերություն; պտղավետություն; բերրիություն; բեղունություն 2) արգասավորություն; բեղունություն; արդյունավետություն

federal |ˈfɛd(ə)r(ə)l| *adjective* 1) դաշնային; ֆեդերալ 2) դաշնապետական; դաշնավարական; ֆեդերատիվ; դաշնության 3) *պատմական* հյուսիսային նահանգների; հյուսիսային *(ԱՄՆ-ի Քաղաքացիական պատերազմի ընթացքում)*

Federal Bureau of Investigation (հպվ. **FBI**) Հետաքննության դաշնային վարչություն; ՀԴՎ *(ԱՄՆ-ի ներքին անվտանգության մարմին)*

federalism |ˈfɛdərəlɪz(ə)m| *noun* դաշնայնություն; դաշնային համակարգ

federalist **1** *noun* դաշնայնության կողմնակից; ֆեդերալիստ; դաշնապետապաշտ անձ **2** *adjective* դաշնայնության կողմնակից; ֆեդերալիստ; դաշնապետապաշտ

Federalist Papers (նաև **The Federalist**) *ամերիկյան* Դաշնայնական փաստաթղթեր *(հոդվածների շարք)*

Federal Republic of Germany *պատմական* Գերմանիայի Դաշնային հանրապետություն

Federal Reserve Դաշնային պահուստ; Համերկրային պահուստ *(ԱՄՆ-ի)*

federate 1 *verb* |ˈfɛdəreɪt| 1) ֆեդերատիվ/դաշնային սկզբունքներով համախմբել 2) ֆեդերատիվ/դաշնային սկզբունքներով համախմբվել **2** *adjective* |ˈfɛd(ə)rət| դաշնային; ֆեդերատիվ; դաշնապետական

federation |fɛdəˈreɪʃ(ə)n| *noun* 1) դաշնություն; դաշնապետություն; ֆեդերացիա 2) միություն; կազմակերպություն *(որի ստորաբաժանումները համեմատաբար անկախ են)* 3) դաշնության ստեղծում; դաշնայնացում; միավորում; ինտեգրում

federative |ˈfɛd(ə)rətɪv| *adjective* դաշնային; դաշնապետական; ֆեդերատիվ

fed up *adjective* կուշտ; մինչև կոկորդը կշտացած; ձանձրացած; զայրացած; զզված

fee |fiː| **1** *noun* 1) վարձատրություն; հոնորար; հատուցում; վճարում 2) (**fees**) վարձ; վճար; անդամավճար ◇ **admission fee** մուտքի վճար 3) թեյադրամ; մանր դրամական նվեր 4) *պատմական* ֆեոդալական կալվածք; ավատ **2** *verb* (**fees**, **fee'd** կամ **feed**, **feeing**) *հազվադեպ* 1) վարձատրել; թեյանվեր տալ; վճարել; վարձ տալ 2) վարձել *(մեկին)*

hold sth in fee *պատմական իրավունք* կալվածքի սեփականատեր լինել՝ ծառայության դիմաց *(հողի)*

feeble |ˈfiːb(ə)l| *adjective* (**-bler**, **-blest**) 1) թույլ; տկար; անզոր; վատառողջ *(հատկապես ծերանալու պատճառով)* 2) թույլ; ցածր; անզգալի; հազիվ լսելի *(ձայնի մասին)* 3) թուլակամ; անողնաշար; թուլամորթ; անվճռական 4) անհամոզիչ; ոչ տպավորիչ

feed |fiːd| **1** *verb* (անցյալ **fed** |fɛd|) 1) կերակրել; սնել; սնուցել 2) կեր տալ; արածեցնել *(կենդանու)* 3) ուտել; կերակրվել; սնվել; սնունդ առնել *(նաև նորածինների/կենդանիների մասին)* 4) սնունդով ապահովել; սնել; կերակրել 5) *նաև փոխաբերական* (**feed on/feed off**) սնվել; կերակրվել; սնունդ հայթայթել 6) սնել; սաստկացնել; ուժգնացնել 7) պարարտանյութ տալ *(բույսին)* 8) մատակարարել; սնել *(ջուր, վառելիք, հումք)* 9) *տեխնիկական* մատակարարել; սնել 10) ապահովել; տալ; տրամադրել 11) մետաղադրամ գցել *(չափող սարքի մեջ)* 12) հուշել *(դերասանին՝ թատրոնում)* 13) հեռարձակել; հեռահաղորդել 14) մատուցել; անցկացնել; տանել *(անցքի և այլնի միջով)* • **feed back** i) ազդել; ներգործել; հետևանք թողնել; ազդեցություն գործել ii) *տեխնիկական* հետադարձ կապ ապահովել **feed up** ուժեղ սնել; բտել; գիրացնել; չաղացնել **2** *noun* 1) կերակրում; կեր տալը; ուտեցնելը *(երեխային, կենդանուն)* 2) սնվելը; ուտելը *(երեխայի/կենդանու մասին)* 3) *խոսակցական* ճաշ; ճաշկերույթ 4) կեր սնունդ; անասնակեր 5) *տեխնիկական* մատուցում 6) *տեխնիկական* սնում 7) հեռարձակում; հեռահաղորդում 8) արոտ; արոտատեղ; արոտավայր 9) *թատրոն* հուշարարություն; հուշողություն 10) *թատրոն* հուշարար; հուշող; թելադրիչ

off one's feed *խոսակցական* ախորժակ չունեցող; անախորժակ; անհավես

feedback |ˈfiːdbæk| *noun* 1) հետադարձ կապ; արձագանք 2) *ֆիզիկա* հետադարձ կապ 3) տեղեկություն; հետադարձ տեղեկություն *(ապրանքի մասին)*

feeder |ˈfiːdə| *noun* 1) սնվող *(որոշակի սնունդ օգտագործող. մարդու/կենդանու մասին)* 2) կերամ
ան; կերակրաման *(կենդանիների համար)* 3) *տեխնիկական* սնուցող մեխանիզմ 4) վտակ; ջրանցք; առու 5) *երկաթուղային* երկաթուղու ճյուղ 6) *տեխնիկական* ֆիդեր; սնող գիծ 7) *նաև փոխաբերական* դպրոց; վարժարան; կրթարան 8) ուտող; խնամառու *(մեկի խնամքի տակ ապրող)* 9) երեխային կերակրելու ծծակ 10) երեխայի կրծկալ; դոշկապ

feedstock |ˈfiːdstɒk| *noun* հումք; վառելիք

feel |fiːl| **1** *verb* (անցյալ **felt** |fɛlt|) 1) զգալ; զգայել; «տեսնել» 2) շոշափել; շոշափելով զգալ; խարխափել; շոշափելով փնտրել 3) զգացում առաջացնել; տպավորություն թողնել 4) (**feel one's way**) խարխափելով կողմնորոշվել; խարխափելով ճանապարհը գտնել 5) (**feel one's way**) զգուշությամբ վարվել; շրջահայաց լինել; զգուշավոր լինել *(անծանոթ իրավիճակում)* 6) *խոսակցական* (**feel something out**) ուսումնասիրել; հետազոտել 7) *խոսակցական* (**feel someone up**) ձեռք տալ; քսմսվել 8) գիտակցել; համարել; ընդունել 9) (**feel up to**) ի վիճակի լինել; տրամադիր լինել; իր մեջ ուժ գտնել 10) (**feel oneself**) իրեն լավ զգալ; առողջ լինել; իրեն առույգ զգալ 11) ապրումներ ունենալ; ծանր տանել; սրտին մոտ ընդունել 12) հետաքրքրվել; ընդգծված վերաբերմունք ունենալ *(մի բանի հանդեպ)* 13) կարծել; մտածել; զգալ, որ ... • **feel for** i) համակրել; կարեկցել; վշտակից լինել *(մեկին)* ii) շոշափել; շոշափելով փնտրել *(որևէ բան)* **feel with** կարեկցել **2** *noun* 1) շոշափում; զգալը; շոշափելիք ◇ **it has a soapy, greasy feel** շոշափելիս օճառոտ և ճարպոտ է. **it is cold to the feel** շոշափելիս սառն է 2) զգացում; զգացողություն; տպավորություն 3) ունակություն; հմտություն; հոտառություն; ճաշակ; կողմնորոշում

feel free (**feel free to do sth**) առանց քաշվելու անել; ազատ զգալ; չամաչել

feel like (**feel like doing sth**) ցանկություն ունենալ; հակված լինել; ուզենալ

feel one's age իր տարիքը զգալ; զգալ, որ էլ առաջվանը չի

feel one's oats տե՛ս **oat**

feel small տե՛ս **small**

feel strange տե՛ս **strange**

feel the pinch տե՛ս **pinch**

feel the pulse of տե՛ս **pulse**

have a feel for (**have the feel of, get the feel for**) ծանոթանալ; վարժվել; ընտելանալ; հարմարվել

have a feel for հասկանալ մի բանից; հոտառություն ունենալ

make oneself felt (**make one's presence felt**) իրեն զգացնել տալ; ակնհայտ լինել

feeler |ˈfiːlə| *noun* 1) *կենդանաբանություն* շոշափուկ; բողկուկ; բեղիկ; մտրակ *(միջատների, որդե-*

րի) 2) փորձաքայլ; փորձ; փորձնական գործողություն 3) *ռազմական հետախույզ*

feeling |ˈfiːlɪŋ| **1** *noun* 1) զգացմունք 2) (**feelings, one's better feelings**) զգացմունքներ; նուրբ լարեր; սրտի լարեր 3) զգացողություն; տպավորություն 4) կարծիք; տեսակետ; հայացք 5) զգացում; զգալու ունակություն 6) (**feeling of**) զգացում; գիտակցում *(մի բանի)* 7) (**feeling for**) ճաշակ; հոտառություն; իմացություն; գիտակություն *(որոշակի ասպարեզում)* 8) հուզմունք; հուզում; վրդովմունք; հետաքրքրություն **2** *adjective* 1) զգայուն; դյուրազգաց 2) կարեկցող; համակրող

feign |feɪn| *verb* 1) ձևացնել; ձևանալ; կեղծել; խաղալ; թվացնել; ցուցադրել; ցույց տալ, իբր... 2) *հնացած* հնարել; հորինել; մոգոնել 3) ձևեր թափել; իրեն երևակայել 4) կեղծել; նենգել *(փաստաթուղթը)*

feint¹ |feɪnt| **1** *noun* 1) *մարզական* կեղծ հարված *(բռնցքամարտում և այլն)* 2) *ռազմական* սուտ գրոհ; կեղծ հարձակում; տարաշարժ 3) կեղծում; կեղծելը; ձևացում; ձևանալը **2** *verb* 1) *ռազմական* սուտ գրոհել; կեղծ հարձակման դիմել; տարաշարժի դիմել 2) *մարզական* կեղծ հարվածել; խաբս տալ *(բռնցքամարտում և այլն)* **3** *adjective* 1) կեղծ; բռնազբոսիկ; ձևացրած 2) աղոտ; անպայծառ

feint² |feɪnt| *adjective* նուրբ տողավոր *(թղթի մասին, որը նախատեսված է գրելու համար)*

feisty |ˈfʌɪsti| *adjective* (**feistier, feistiest**) 1) *խոսակցական* առույգ; եռանդուն; աշխույժ; գործունյա; նպատակասլաց 2) դյուրագրգիռ; թուլանյարդ; գրգռվող; վիրավորվող

feldspar |ˈfɛldspɑː| *noun հանքաբանություն* դաշտային սպաթ; պնդաքար

felicitate |fɪˈlɪsɪteɪt| *verb* շնորհավորել; բարեմաղթել

felicitous |fɪˈlɪsɪtəs| *adjective* 1) տեղին; դիպուկ; հարմար; հաջող; պատեհ 2) նպաստավոր; բարեհաջող

felicity |fɪˈlɪsɪti| *noun* (հոգն. **-ties**) 1) երանություն; երջանկություն; բախտավորություն; բախտ 2) պատշաճ ոճ 3) հաջող արտահայտություն; դիպուկ արտահայտություն 4) հաջողություն; դիպուկություն *(արտահայտության)* 5) առավելություն; արժանիք *(գրական ստեղծագործության)* 6) շնորհ; ձիրք; ընդունակություն

feline |ˈfiːlʌɪn| **1** *adjective* 1) կատվազգի 2) կատվի; կատվային **2** *noun* 1) կատու 2) կատվազգի կենդանի

fell² |fɛl| **1** *verb* 1) կտրել-գցել; վայր գցել *(ծառը)* 2) գցել; տապալել; փլուզել 3) հարված հասցնել; խփել; սպանել *(բռունցքով, զենքով)* 4) (**flat-fell**) վրակարել; մակակարել; խծկել *(գործվածքը)* **2** *noun* փայտանյութ; անտառանյութ; կտրված ծառեր

fell³ |fɛl| *noun* 1) սար *(տեղանունների մեջ)* 2) ճահճոտ հարթավայր *(հյուսիսային Անգլիայում)*

fell⁴ |fɛl| *adjective բանաստեղծական* դաժան; անգութ; ժանտ

in one fell swoop (**at one fell swoop**) միանգամից; միաժամանակ; մի թափից

fell⁵ |fɛl| *noun հնավանդ* 1) մորթի; մորթ; մուշտակ 2) մազածածկույթ; մազածածկ

fellah |ˈfɛlə| *noun* (հոգն. **fellahin** |-ˈhiːn|) ֆելլահ *(արաբական երկրների նստակյաց հողագործ բնակիչ)*

feller² *noun* փայտահատ; անտառահատ; ծառահատ

felloes |ˈfɛləʊz| (նաև **fellies**) *plural noun տեխնիկական* շրջանակ *(անիվի)*

fellow |ˈfɛləʊ| **1** *noun* 1) երիտասարդ; ջահել տղա; մարդ ◊ **poor fellow** խեղճ մարդ. **my dear/my good fellow** սիրելիս. **a good fellow** լավ մարդ; լավ տղա. **old fellow** ծերուկ; բարեկամս 2) սիրելի; սիրեցյալ; սիրընկեր 3) ընկեր; եղբայր; եղբայրակից ◊ **fellow soldier** մարտակից; զինակից 4) զույգը; զույգ առարկաներից մեկը; համասարակից ◊ **I shall never find his fellow** ես նրան համասարը երբեք չեմ գտնի 5) գիտական ընկերության անդամ 6) *բրիտանական* քոլեջի խորհրդի անդամ 7) (**research fellow**) կրթաթոշակառու ուսանող; կրթաթոշակառու ասպիրանտ; հոգառու ուսանող; հոգառու ասպիրանտ *(որոշակի ուղղությամբ գիտական աշխատանք տանող)* 8) *ամերիկյան* հոգաբարձու *(համալսարանի)* **2** *adjective* 1) եղբայրակից; ազգակից; նույն խմբի անդամ; խմբակից 2) բախտակից; բախտընկեր; վիճակակից 3) նման

fellow feeling *noun* համակրություն; համակրանք; եղբայրություն; միաբանություն; հայացքների ընդհանրություն; կարծիքների ընդհանրություն; կարեկցություն

fellowship |ˈfɛlə(ʊ)ʃɪp| *noun* 1) (**good fellowship**) ընկերություն; մտերմություն; ընկերականության զգացմունք; ընկերական ոգի 2) ընկերակցություն; ընկերություն; խմբակցություն; խումբ *(համամիտ մարդկանց)* 3) համքարություն; արհեստակցություն; միավորում; կազմակերպություն 4) անդամություն; անդամ լինելը *(քոլեջի խորհրդի)* 5) կրթաթոշակ *(ուսանողի, ասպիրանտի՝ որոշակի ուղղությամբ գիտական աշխատանք տանելու համար)* 6) կրթաթոշակառու լինելը; հոգառու լինելը *(ուսանողի/ասպիրանտի մասին)*

fellow traveler *noun* 1) ուղեկից; ճամփորդակից; ճանապարհակից 2) կուսակցության համակիր; կուսակցության համակրող *(բայց ոչ՝ անդամ)*

felon¹ |ˌfɛlən| **1** *noun* քրեական հանցագործ; ոճրագործ; չարագործ **2** *adjective հնավանդ* չարամիտ; քրեական; ոճրական; հանցական; դաժան

felon² |ˌfɛlən| *noun հնացած, բժշկություն* (նաև **whitlow**) մատնաշունչ

felonious |fɛˈləʊnɪəs|, |fɪ-| *adjective* 1) հանցավոր; ոճրական; չարամիտ 2) *իրավունք* քրեական; չարամիտ; կանխամտածված; դիտավորյալ

felony |ˈfɛləni| *noun* (հոգն. **-nies**) քրեական հանցագործություն/հանցանք; ծանր հանցագործություն; ոճրագործություն

felt¹ |fɛlt| **1** *noun* 1) նրբաթաղիք; թաղիք; ֆետր 2) նրբաթաղիքե իր; թաղիքե իր; ֆետրե իր 3) *խոսակցական* նրբաթաղիքե գլխարկ; ֆետրե գլխարկ **2** *verb* 1) թաղիք լմել; թաղիք պատրաստել; թաղեգործել 2) թաղիքով ծածկել; թաղիքով պատել 3) թաղիքից պատրաստել; նրբաթաղիքից պատրաստել 4) խճճվել; թնջկվել; իրար խառնվել *(բրդի մասին)*

felt[2] *noun verb* անցյալ և անցյալ դերբայ տե՛ս **feel**

felt-tip pen (նաև **felt-tipped pen** կամ **felt tip**) *noun* թելքածայրով գրիչ *(սովորաբար վառ գույնի թանաքով)*

felucca |fɛˈlʌkə| *noun ծովային* ֆելյուգա *(փոքր առագաստանավ)*

female |ˈfiːmeɪl| **1** *adjective* 1) իգական; իգական սեռի; իգական սեռին պատկանող 2) կանացի; կնոջ; կնոջը հատուկ 3) *բուսաբանություն* իգական ծաղիկ 4) *տեխնիկական համակարգիչներ* իգական *(միացքի, վարդակի մասին)* **2** *noun* 1) *նաև արհամարհական* կինարմատ; կնամարդ; կին; աղջիկ 2) *կենդանաբանություն* էգ; մատակ; մարի 3) *բուսաբանություն* իգական *(բույսի մասին)*

femineity |ˌfɛmɪˈniːɪti|, |-ˈneɪɪti| *noun հնավանդ* 1) կանացիություն; կնաբարոյություն 2) կնակերպություն; կնանմանություն

feminine |ˈfɛmɪnɪn| **1** *adjective* 1) մեղմ; նազանի; քնքուշ; նուրբ 2) կանացի; կանացիական; իգական 3) կնակերպ; կնանման 4) *քերականություն* իգական սեռի 5) *գրքային* իգական *(հանգի մասին՝ շեշտը նախավերջին վանկի վրա)* **2** *noun* 1) *քերականություն* իգական սեռ 2) *քերականություն* իգական սեռի բառ; իգական սեռի բառաձև

feminism |ˈfɛmɪnɪz(ə)m| *noun* ֆեմինիզմ; իգապաշտություն

femur |ˈfiːmə| *noun* (հոգն. **femurs** կամ **femora** |ˈfɛm(ə)rə|) 1) *կազմախոսություն* ազդր; ազդրոսկր; զստոսկր 2) *կենդանաբանություն* ազդր *(միջատների և այլնի)*

fen[1] |fɛn| *noun* 1) ճահիճ; ճահճուտ; խրուտ; ճահճավայր 2) (**the Fens**) ցածր ճահճոտ տեղեր Քեմբրիջշիրում և Լինկոլնշիրում

fen[2] |fʌn| *noun* (հոգն. նույնը) *տնտեսագիտություն* ֆեն *(չինական դրամական միավոր. կազմում է 1/100-րդ յուան)*

fence |fɛns| **1** *noun* 1) ցանկապա՛տ; պատնեշ; շրջափակ; շրջապարիսպ; պարիսպ 2) *մարզական* արգելափակոց; արգելապատ 3) *տեխնիկական* ուղղորդիչ անկյունաքանոն 4) *խոսակցական* գողացվածի պարտակիչ; գողացված իրերի հավաքագնորդ 5) *խոսակցական* գողացված իրերի թաքստոց 6) սրամարտ; սուսերամարտ **2** *verb* 1) (**about/in/around/up**) ցանկապատել; պարսպապատել; պատնեշել; պատնեշ կանգնեցնել; շրջապատնեշել; պարսպել 2) (**fence sth in/off**) պարսպապատել; շրջափակել; արգելափակել; պաշտպանել 3) (**fence sb/sth out**) հեռացնել; վտարել; վանել; մեկուսացնել; հեռու պահել 4) *խոսակցական* գողացվածը պարտակել; գողացած իրերի առևտուր անել 5) *մարզական* սուսերամարտել; սրամարտել 6) արգելապատի վրայով թռչել *(ձիու մասին)* 7) խուսափել; շրջանցել *(որոշակի թեմա՝ խոսակցության ընթացքում, հարցին պատասխանելիս և այլն)*

fence with a question հարցը հարցով կասեցնել; խուսափել ուղիղ պատասխանից

mend fences տե՛ս **mend** (**mend one's fences**)

picket fence ցցապատ; ցանկապատնեշ; ձողապատ; ցցորմ

side of the fence հակամարտող կողմ; ընդդիմադիր

sit on the fence/hedge/rail 1) խուսափել ընտրությունից; որոշում չընդունել; սպասողական դիրք գրավել; ոտքը կախ գցել 2) չեզոքություն պահպանել; չխառնվել ուրիշի գործերին

fencing *noun* 1) *մարզական* սուսերամարտ; սրամարտում; սուսերամարտում 2) խուսափում; խուսանավում; շրջանցում *(որևէ թեմա՝ քննարկման ընթացքում)* 3) ցանկապատի հումք 4) ցանկապատում; ցանկապատնեշ 5) ցանկապատված տարածք 6) ցանկապատ կանգնեցնելը 7) գողացածի պարտակում; գողացածը թաքցնելը 8) արգելապատի վրայով թռչելը *(ձիու)*

fend |fɛnd| *verb* 1) (**fend for oneself**) իր մասին հոգալ; իր համար հոգ տանել 2) (**fend sb/sth off**) ետ մղել; կասեցնել; պաշտպանվել *(հարվածից)* 3) մոտ չթողնել; քշել; խուսափել; շրջանցել

fender |ˈfɛndə| *noun* 1) *տեխնիկական* ցայտապաշտպան; ցեխավահանակ *(կառքի, ավտոմեքենայի, հեծանիվի)* 2) *տեխնիկական* պաշտպանական ցանց *(շոգեկառքի, տրամվայի և այլնի)* 3) *տեխնիկական* պաշտպանական վահանակ; պաշտպանական չորսու *(նավակողերի)* 4) բուխարու ցանց

feng shui |ˌfɛŋ ˈʃuːi|, |ˌfʌŋ ˈʃweɪ| *noun* ֆեն շուի *(շինության ներսի ու դրսի տարածքի կազմակերպման չինական օրենքների ամբողջություն)*

fennel |ˈfɛn(ə)l| *noun* 1) *բուսաբանություն* սամիթ; աներթում; բաղբակ *(Foeniculum vulgare, ընտանիք Umbelliferae)* 2) *բուսաբանություն* ռազիան; հոռոմ սամիթ; շումրա *(Foeniculum vulgare, ընտանիք Umbelliferae)*

fenny *adjective* ճահճային; ճահճոտ

feoffee |fɛˈfiː|, |fiː-| *noun* 1) *պատմական* ավատառու; լեռնորդ 2) *տնտեսագիտություն* ավատընկալ

feral |ˈfɛr(ə)l|, |ˈfɪə-| *adjective* 1) վայրենացած; վայրիացած *(հատկապես ընտանի կենդանու մասին)* 2) վայրի; վայրենական; գազանական 3) բիրտ; կոպիտ; անտաշ 4) դաժան; վայրագ; գազանային; բարբարոսական

ferment **1** *verb* |fəˈmɛnt| 1) *քիմիա* խմորվել; թթվել 2) *քիմիա* խմորում առաջացնել 3) հուզել; խռովել; խռովություն առաջացնել 4) բորբոքվել; բռնկվել; թեժանալ; գրգռվել; զարգանալ; հանգիստ չտալ *(տհաճ զգացողության կամ վերհուշի մասին)* 5) խորացնել; բարդացնել; ծանրացնել **2** *noun* |ˈfəːmɛnt| 1) ֆերմենտ; խմորիչ; մակարդ 2) *քիմիա* խմորում; թթվելը 3) խմորում; հուզում; խռովք; խռովություն 4) բուռն զարգացում

fermentation |fəːmɛnˈteɪʃ(ə)n| *noun* 1) *քիմիա* խմորում; ֆերմենտացիա *(նաև խմիչքի)* 2) *հնացած* հուզմունք; խմորում; խռովություն

fermium |ˈfəːmɪəm| *noun քիմիա* (**Fm**) ֆերմիում

fern |fəːn| *noun* (հոգն. նույնը կամ **ferns**) *բուսաբանություն* ձարխոտ; պտեր *(դաս Filicopsida, ենթադաս Pteridophyta)*

ferocious |fəˈrəʊʃəs| *adjective* 1) վայրենի; կատաղի; դաժան; վայրագ; մոլեգին; անգութ *(մարդու, կենդանիների, բնավորության ու վարքի մասին)* 2) *խոսակցական* անտանելի; սարսափելի; ծանր *(ցավի և այլնի մասին)*

ferociously *adverb* 1) վայրագորեն; դաժանաբար 2) անտանելիորեն; ծանր

ferocity |fəˈrɒsɪti| *noun* (հոգն. **-ties**) վայրենություն; դաժանություն; վայրագություն; բարբարոսություն

ferret |ˈfɛrɪt| **1** *noun* 1) *կենդանաբանություն* ժանտաքիս; կզաքիս *(Mustela putorius furo, ընտանիք Mustelidae)* 2) *խոսակցական* խուզարկու; ոստիկանական հետախույզ **2** *verb* (**-reted**, **-reting**) 1) ժանտաքիսի օգնությամբ որսալ *(հատկապես ճագար)* 2) (**ferret about/away/out**) դուրս քշել բնից; դուրս քշել որջից 3) պրպտել; փնտրել; քրքրել; զննել; խուզարկել 4) (**ferret sth out**) պեղել; փնտրել-գտնել; քարուքանդ անել, բայց գտնել

ferroconcrete |fɛrəʊˈkɒŋkriːt| *noun տեխնիկական* երկաթբետոն

ferrous |ˈfɛrəs| *adjective* 1) *քիմիա* երկաթ պարունակող; երկաթային 2) *քիմիա* երկվալենտ երկաթ պարունակող

ferrule |ˈfɛruːl|, |ˈfɛr(ə)l| *noun* 1) մետաղյա շրջանակ; օղագոտիկ; մետաղյա ծայրոց; մետաղյա ծայրապապանակ 2) *տեխնիկական* օղագոտի; օղակապ

ferry |ˈfɛri| **1** *noun* (նաև **ferryboat**) (հոգն. **-ries**) 1) լաստանավ; գետանավ; լաստ; լաստափայտ 2) գետանավում; լաստափայտով փոխադրում; լաստանավում 3) անցարան; գետանցք; գետանցում *(գետի մի ափից մյուսն անցնելու տեղ)* 4) փոխադրում; տեղափոխում *(օդանավով և այլն)* **2** *verb* (**-ries**, **-ried**) 1) լաստանավով փոխադրել; մի ափից մյուսն անցկացնել 2) փոխադրել *(օդով, ցամաքով)*

cross the Stygian ferry (**take the ferry**) Ստիքս գետն անցնել; մեռնել; այն աշխարհը գնալ; անցավորաց բարև տանել

ferryman *noun* լաստավար; նավակավար

fertile |ˈfəːtʌɪl| *adjective* 1) բարեբեր; բերրի; արգավանդ *(հողի մասին)* 2) արգասավոր; բեղուն; արդյունավետ; օգտավետ 3) *կենսաբանություն* ծնունակ; ծնուն; սերուն *(սերմի/ձվի մասին)* 4) բեղուն; բեղմնավոր; ծնող; առատաբեր *(մարդու/կենդանիների մասին)* 5) պտղաբեր; պտղավետ; բերքառատ *(բույսերի մասին)* 6) հնարամիտ; հնարագետ; ճարտար; աչքաբաց 7) *ֆիզիկա* բաժանելի; տրոհվող *(միջուկային նյութի մասին)*

fertility |-ˈtɪlɪti| *noun* 1) պտղաբերություն; բերրիություն; առատաբերություն 2) հարստություն; աշխուժություն; բեղունություն *(երևակայության և այլն)*

fertilization |ˌfəːtɪlʌɪˈzeɪʃ(ə)n| *noun* 1) *կենսաբանություն* բեղմնավորում; զուգավորում; բեղմնավորություն 2) պարարտացում *(հողի)*

fertilize |ˈfəːtɪlʌɪz| *verb* 1) *կենսաբանություն* բեղմնավորել; զուգավորել; սերմնավորել 2) պարարտացնել *(հողը)*

fertilizer |ˈfəːtɪlʌɪzə| *noun* 1) *գյուղատնտեսություն* պարարտանյութ; պարարտամիջոց; պարարտացուցիչ *(հողի)* 2) պարարտացնելը; բերրիացնելը *(հողի)*

ferule |ˈfɛruːl| *noun պատմական* 1) պատժաքանոն *(դպրոցական երեխաներին պատժելու համար)* 2) *բուսաբանություն* նարդետուկ; բեզա; փիրվազ *(ընտանիք Umbelliferae)*

under the ferule խիստ հսկողության տակ

fervency *noun* եռանդ; խանդավառություն; ոգեշնչվածություն

fervent |ˈfəːv(ə)nt| *adjective* 1) ջերմ; բուռն; վառ; կրակոտ; եռանդուն; ջերմեռանդ 2) *հնացած* տաք; եռման; եռացող

fervid |ˈfəːvɪd| *adjective* 1) ջերմ; բուռն; հախուռն; վառ; կրակոտ 2) *գրքային* տաք; այրող; եռման; եռեփ

fervor |ˈfəːvə| (*բրիտանական* **fervour**) *noun* 1) (**fervour**) ավյուն; խանդավառություն; եռանդ; ջանք; կիրք; տենչ 2) *հնացած* տոթ; շոգ; տապ

festal |ˈfɛst(ə)l| *adjective* տոնական; ուրախ; ուրախալի

fester |ˈfɛstə| *verb* 1) թարախակալել; բորբոքվել *(վերքի մասին)* 2) թարախոտում առաջացնել 3) նեխել; հոտել *(սննդի/աղբի մասին)* 4) խորանալ; բորբոքվել; բարդանալ; ծանրանալ; հասունանալ *(խնդրի/տհաճ զգացումի մասին)* 5) փտել; կործել; կործանվել *(բանտում և այլն)* 6) տանջել; չարչարել; հանգիստ չտալ; մաշել *(խանդի/նախանձի/ոխի մասին)*

festival |ˈfɛstɪv(ə)l| *noun* 1) տոնակատարություն; տոն; հիշատակի օր *(նաև կրոնական)* 2) փառատոն *(ամենամյա)* 3) ցուցահանդես; ցուցադրություն

festive |ˈfɛstɪv| *adjective* հանդիսավոր; տոնական; ուրախ; տոնի

festivity |fɛˈstɪvɪti| *noun* (հոգն. **-ties**) 1) տոնում; ցնծություն; տոնակատարում; ուրախություն 2) (**festivities**) տոնակատարություն; հանդես

festoon |fɛˈstuːn| **1** *noun* 1) ծաղկաշղթա; դրասանգ 2) *ճարտարապետություն* ժանեզարդ; ֆեստոն **2** *verb* զարդարել դրասանգներով/ծաղկեշղթաներով

fetal |ˈfiːt(ə)l| *adjective* 1) սաղմի; սաղմական; սաղմնային 2) սաղմի; սաղմի դիրքով կծկված *(մեծահասակի պառկելու դիրքի մասին)*

fetch[1] |fɛtʃ| **1** *verb* 1) գնալ և բերել; գնալ մի բանի հետևից; կանչել 2) *հնացած* առաջացնել; պատճառ հանդիսանալ; բերել *(արյուն, արցունք)* 3) *հնացած* քաշել *(շունչ)* 4) *հնացած* վաճառվել; գնալ; ծախվել *(որոշակի գնով. ապրանքի մասին)* 5) *խոսակցական* հասցնել; տալ *(հարված)* 6) *խոսակցական հնացած* հմայել; գրավել; գերել; հիացնել • **fetch out** i) հանել; դուրս հանել ii) դուրս բերել; բացահայտել; երևան բերել iii) աշխուժացնել; ոգևորել; թե տալ **fetch up** i) հայտնվել; հասնել; ընկնել *(մի տեղ՝ պատահմամբ)* ii) *խոսակցական* ի վերջո հասնել; ի վերջո դառնալ; վերածվել *(մի բանի)* iii) *խոսակցական* ետ տալ; փսխել **2** *noun* 1) գնալ-բերելը; հետևից գնալը; կանչելը 2) ճանապարհ՝ ջրի վրայով *(որը կտրում-անցնում են ալիքները/քամին/նավը)* 3) խորամանկություն; խարդախություն

fetch and carry վազվզել; չարչարվել; կաշվից դուրս գալ; շնչակտուր լինել; հանձնակատարը լինել; մանր ծառայություններ անել; իրեն կոտրել *(մեկին հաճոյանալու համար)*

fetch[2] |fɛtʃ| *noun հնացած* ուրվական; երկնմանակ *(որն իբրև հայտնվում է մարդու մահից քիչ *առաջ)*

fetching |ˈfɛtʃɪŋ| *adjective* գրավիչ; հրապուրիչ

fête |feɪt| (նաև **fete**) **1** *noun* 1) տոն; տոնախմբություն *(նաև հատուկ սրբի)* 2) անվանակոչության տոն **2** *verb* 1) փառաբանել; գովերգել; հանդիսավորապես շնորհավորել 2) նշել; նշանավորել; տոնել; հիշատակել

fetid |ˈfɛtɪd|, |ˈfiːt-| (բրիտանական **foetid**) *adjective* գարշահոտ; ժանտահոտ

fetish |ˈfɛtɪʃ| *noun* 1) ֆետիշ; կուռք; պաշտամիր; պաշտամկենդանի 2) կիրք; մոլուցք 3) սևեռում; սևեռվածություն; շեղում; համակվածություն *(հագուստի տեսակով, մարմնի որևէ մասով և այլն)*

fetter |ˈfɛtə| **1** *noun* 1) ոտնակապանք; ոտքի շղթաներ 2) *նաև փոխաբերական* շղթաներ; կապանք; ստրկություն; սահմանափակում 3) կապ; կապանք *(կենդանիների)* **2** *verb* 1) շղթայել; կապել; կապանք դնել *(հատկապես ոտքերը՝ ոտքի շղթաներով)* 2) *նաև փոխաբերական* կաշկանդել; շղթայել; շղթայակապել; շղթայակապ անել; ճնշել 3) ոտքին կապ դնել *(ձիու)*

fettle |ˈfɛt(ə)l| **1** *noun* դրություն; վիճակ; կացություն **2** *verb* 1) հղկել *(ձուլվածքը կամ կավե իրը՝ թրծելուց առաջ)* 2) նորոգել; վերանորոգել; պատրաստել

fetus |ˈfiːtəs| (բրիտանական **foetus**) *noun* (հոգն. **-tuses**) *կենսաբանություն* (**foetus**) պտուղ; սաղմ

feud |fjuːd| **1** *noun* 1) թշնամություն; թշնամանք; ցեղակռիվ; ցեղավրեժ; տևական թշնամանք *(տոհմական, սերնդեսերունդ անցնող)* ◇ **blood feud** արյան/տոհմական վրեժխնդրություն. **deadly feud** անհաշտ թշնամություն 2) վիճաբանություն; բանավեճ *(հատկապես՝ երկար ու անզիջում)* **2** *verb* վիճաբանության մեջ մտնել; բանավեճի մեջ մտնել

feud. *abbreviation* 1) *պատմական* feudal ֆեոդ; ավատ 2) feudalism ավատատիրություն; ֆեոդալիզմ

feudal |ˈfjuːd(ə)l| *adjective* 1) ավատատիրական; ավատական; ֆեոդալական 2) հնադարյան; նախնադարյան; հետամնաց; անցած-գնացած

feudalism |ˈfjuːdəlɪz(ə)m| *noun* *պատմական* ավատականություն; ֆեոդալիզմ; ճորտատիրություն

feudality |fjuːˈdælɪti| *noun* *հնացած* ավատատիրություն; ֆեոդալիզմ; ավատականություն; ավատապետություն

feuilleton |ˈfəːɪtɒ̃| *noun* 1) թերթոն; ստորաբաժին; ծաղրաթերթոն *(թերթի/լրագրի՝ թեթև ժանրի գրականությանը կամ քննադատությանը նվիրված)* 2) թերթոնային/ծաղրական հոդված *(թերթի/լրագրի՝ թեթև ժանրի գրականությանը կամ քննադատությանը նվիրված ստորաբաժանման մեջ տպված)*

fever |ˈfiːvə| **1** *noun* 1) *բժշկություն* տենդ; ջերմ; դողէրոցք ◇ **brain fever** ուղեղի բորբոքում. **scarlet fever** քութեշ. **intermitting fever** ընդմիջվող/ընդհատվող տենդ. **spotted fever** բծավոր տիֆ. **typhoid fever** որովայնային տիֆ. **yellow/jungle fever** դեղնատենդ 2) խլրտում; իրարանցում; խառնաշփոթ; տենդագին վիճակ; շփոթություն; թոհուբոհ; մոլեգնում **2** *verb* 1) ջերմ/տենդ առաջացնել 2) *փոխաբերական* այլայլել; հուզել; խռովել; ալեկոծել

feverish |ˈfiːv(ə)rɪʃ| *adjective* 1) տենդային; տենդի; ջերմի 2) եռանդագին; բուռն; խլրտուն; աշխույժ; մոլեգին

feverishly *adverb* եռանդագին; բուռն; հուզաթրթիռ; մոլեգնորեն

few |fjuː| **1** *adjective, pronoun* (**a few**) սակավ; մի քանի; քիչ **2** *noun* (**the few**) աննշան թիվը; քչերը; փոքրամասնությունը; ընտրյալները; այն մի քանիսը ◇ **not a few** շատ. **a good few of** բավական մեծ թիվ. **a few** *ծածկալեզու* շատ-շատ

a good few *բրիտանական* բավական շատ; ոչ քիչ; զգալի քանակությամբ

every few յուրաքանչյուր ...; ... մեջ մեկ անգամ; ...-ը մեկ; ամեն ... *(օրը, շաբաթը, ամիսը և այլն)*

few and far between հազվադեպ; հազարից մեկ; սակավադեպ; հազվագյուտ

have a few *խոսակցական* կատարը տաք լինել; մի քիչ գցել

in few (**in a few words**) կարճ ասած; մի խոսքով; հակիրճ

no fewer than առնվազն; ամենաքիչը; նվազագույնը; ոչ պակաս

not a few ոչ քիչ; բազում; բազմաթիվ; շատ

quite a few բավական շատ; ոչ քիչ; զգալի քանակությամբ

some few քչերը; ոչ բոլորը; չնչին քանակը

fez |fɛz| *noun* (հոգն. **fezzes**) ֆես *(գլխարկ)*

fiancé |fɪˈɒnseɪ|, |-ˈɑːns-|, |-ˈɒ̃s-| *noun* փեսացու; փեսա; նշանած

fiancée |fɪˈɒnseɪ|, |-ˈɑːns-|, |-ˈɒ̃s-| *noun* հարսնացու; նշանած

fiasco |fɪˈæskəʊ| *noun* (հոգն. **-cos**) ֆիասկո; անհաջողություն; ձախողում; ծիծաղաշարժ անհաջողություն; խորտակում; տապալում

fib |fɪb| **1** *noun* սուտ; ստախոսություն; փչոց **2** *verb* (**fibbed**, **fibbing**) ստել; սուտ խոսել; փչել

fiber |ˈfʌɪbə| (բրիտանական **fibre**) *noun* 1) մանրաթել; թելիկ; թելք *(բույսի, հանքանյութի, գործվածքի և այլնի)* 2) թելքավոր գործվածք; մանրաթելավոր գործվածք 3) *կազմախոսություն* ջիղ; ջիլ *(մարդու, կենդանու)* 4) կամք; համառություն 5) թաղանթանյութ; ցանցանյութ *(ինչն ամբողջովին չի մարսվում)*

fibered *adjective* մանրաթելավոր; թելքավոր

fiberglass |ˈfʌɪbəglɑːs| (բրիտանական **fibreglass**) (նաև **Fiberglas**) *noun* *տեխնիկական* 1) ապակեթելք 2) ապակեթելքավոր լցանյութ 3) ապակեթելքավոր գործվածք

fiber optics *plural noun* *տեխնիկական համակարգիչներ* մանրաթելային օպտիկա

fibrin |ˈfʌɪbrɪn|, |ˈfɪb-| *noun* *կենսաքիմիա* ֆիբրին; թելասպիտակուց *(արյան)*

fibrinogen |fʌɪˈbrɪnədʒ(ə)n|, |fɪ-| *noun* *կենսաքիմիա* ֆիբրինածին; թելքածին

fibrous |ˈfʌɪbrəs| *adjective* թելքային; թելքավոր; ֆիբրոզային

fibula |ˈfɪbjʊlə| *noun* (հոգն. **-lae** |-liː| կամ **-las**)

1) կազմախոսություն նրբոլորքային ոսկր 2) հնագիտություն ճարմանդ

fickle |ˈfɪk(ə)l| *adjective* անհաստատ; փոփոխական; անկայուն; անհաստատուն; փոփոխամիտ; հեղհեղուկ

fiction |ˈfɪkʃ(ə)n| *noun* 1) *գրականություն* արձակագրություն; վիպագրություն; գեղարվեստական արձակ գրականություն 2) գրական ստեղծագործություն/գործ; վեպ; պատմվածք 3) հնարովի բան; հերյուրանք; զրպարտություն; բանսարկություն; կեղծիք; հորինվածք 4) ընդունված սուտ; կեղծիք

fictional *adjective* 1) արձակագրության; արձակ 2) հորինված; հնարովի

fictitious |fɪkˈtɪʃəs| *adjective* 1) կեղծ; շինծու; մտացածին; ոչ իրական 2) անիրական; երևակայական; գրական

fiddle |ˈfɪd(ə)l| **1** *noun* 1) *խոսակցական* ջութակ *(հատկապես ազգային երաժշտություն նվագելիս)* 2) *բրիտանական խոսակցական* խաբեություն; խաբեբայություն; խարդախություն; ձեռնածություն 3) *նավագնացություն* եզր; ցանց *(դարակի/սեղանի վրա, ինչի շնորհիվ առարկաները ցած չեն ընկնում ալեկոծության ժամանակ)* **2** *verb* *խոսակցական* 1) ջութակ նվագել 2) ջութակով նվագել *(մեղեդի)* 3) շուռումուռ տալ; տրորել; ծալծլել; խաղալ *(թաշկինակի և այլնի հետ)* 4) դզմզել; փորձել կարգի բերել 5) *իրենականում բրիտանական* կեղծել; նենգել; խարդախել *(գումար վաստակելու նպատակով)*

• **fiddle about/around** պարապություն անել; անգործություն անել; պարապ-սարապ ման գալ; թրև գալ

fiddle while Rome burns նվագել՝ մինչ Հռոմն այրվում է; մեծ գործերը թողած՝ աննշաններով զբաղվել; մատը մատին չխփել; օգնելու փոխարեն մի նոր կողմ քաշվել

fit as a fiddle (as fit as a fiddle) առողջ; պինդ; քաջառողջ; ողջ և առողջ; հիանալի տրամադրության մեջ

long as a fiddle (as long as a fiddle) ձգված; մռայլ *(դեմքի մասին)*

on the fiddle *բրիտանական խոսակցական* խաբեությամբ զբաղվող; զեղծարար; նենգարար

play first fiddle առաջին ջութակը նվագել; ղեկավար դիրքում լինել; ղեկավարել

play second fiddle երկրորդ ջութակը նվագել; երկրորդական դեր կատարել; ենթակա դիրք ունենալ; կախյալ լինել

fiddle-de-dee |fɪd(ə)lɪdɪˈdiː| *noun* *հնացած* դատարկ բան; անհեթեթություն

fiddler |ˈfɪdlə| *noun* 1) *խոսակցական* ջութակահար *(հատկապես ազգային երաժշտություն կատարող)* 2) *խոսակցական բրիտանական* խաբեբա; գող

Fiddler's Green նավաստիների դրախտ *(որտեղ շատ են գինին, կանայք ու երգերը)*

fiddlestick |ˈfɪd(ə)lstɪk| **1** *exclamation* անհեթեթություն; հիմարություն **2** *noun* *խոսակցական* աղեղ; կտնտոց; կնտնտոց *(ջութակի)*

fiddly |ˈfɪdli| *adjective* (**-dlier**, **-dliest**) *խոսակցական* բարդ; հոգնեցուցիչ; քրտնաջան *(գործի մասին)*

fidelity |fɪˈdɛlɪti| *noun* 1) հավատարմություն; նվիրվածություն *(նաև ամուսնական)* 2) ճշտություն; խկություն; ստույգություն; համապատասխանություն *(բնագրին)*

fidget |ˈfɪdʒɪt| **1** *verb* (**fidgeted**, **fidgeting**) 1) (*հաճախ* **fiddle about**) տեղում հանգիստ չնստել; դեսուդեն ընկնել; անհանգիստ լինել 2) հուզել; գրգռել; ջղայնացնել; նյարդայնացնել 3) իրար անցնել; հուզվել **2** *noun* 1) ցնցում; ջղակծկում; ջղաձգում *(հուզմունքից կամ անհամբերությունից)* 2) անդադրում/անհանգիստ մարդ 3) (**fidgets**) անհանգիստ վիճակ; անհանգիստ/ջղային շարժումներ; իրարանցողություն

fie |fʌɪ| *exclamation* *հնավանդ* կատակային թու՜հ

fie upon you ամո՛թ քեզ

fief |fiːf| *noun* 1) *պատմական* պարգևահող 2) գործունեության/վերահսկողության ոլորտ

field |fiːld| **1** *noun* 1) դաշտ; մեծ տարածություն; հանք; արոտավայր; մարգագետին ◊ **field of vision, visual field** տեսադաշտ 2) սպորտային դաշտ; մարզադաշտ; մրցադաշտ; մարզական հրապարակ 3) հարթություն; տափարակ *(ձյունով և այլնով ծածկված)* 4) *հանքաբանություն* (**fields, coal-fields, gold-fields, oil-fields**) հանքատեղ; հանքավայր 5) (*նաև* **field of death**) պատերազմի դաշտ 6) հիմնագույն *(դրոշի/զինանշանի վահանի)* 7) *հնացած* մարտ; ճակատամարտ 8) տեղ; տեղանք; իրական պայմաններ *(որտեղ գիտական կամ գեղարվեստական առարկաները կարելի է ուսումնասիրել՝ իրենց բնական համատեքստում)* 9) բնագավառ; ասպարեզ; ոլորտ *(ուսումնասիրության)* 10) *համակարգիչներ* դաշտ 11) *լեզվաբանություն հոգեբանություն* իմաստային խումբ; ոլորտ; դաշտ *(որի ներսում բառերն ունենում են իրենց տարբերությունները)* 12) *մարզական* խաղացողներ; մրցման մասնակիցներ 13) *ֆիզիկա* դաշտ 14) *ֆիզիկա* դաշտի լարվածություն 15) *ֆիզիկա* մարմին; դաշտ 16) գործունեության/ազդեցության ոլորտ **2** *verb* 1) *մարզական* բեյսբոլ գնդակը ետ ուղարկել 2) դաշտ ուղարկել *(մարզիկին, թիմին՝ խաղին մասնակցելու համար)* 3) առաջադրել *(թեկնածու՝ ընտրություններում)* 4) *ռազմական* տեղաբաշխել; դասավորել *(ուժերը)* 5) զբաղվել; հանձն առնել; հոգալ; պատասխանել; արձագանքել; անդրադառնալ *(հեռախոսազանգին, բարդ խնդրի և այլնի)* **3** *adjective* 1) դաշտային; իրական պայմանների 2) հեռակա *(աշխատողի մասին)* 3) *մարզական* դաշտային; դրսի; բացօթյա *(խաղի/մարզաձևի մասին)*

in the field 1) պատերազմում; դաշտային պայմաններում 2) իրական պայմաններում; տեղում; լաբորատորիայից դուրս 3) հեռակա; դաշտային պայմաններում գործող *(աշխատողի մասին)*

keep the field *հնացած* շարունակել մարտական գործողությունները

lead the field 1) առաջատարը լինել *(մրցամարտում)* 2) ամենահայտնին/առաջատարը/կավագույնը լինել; աչքի ընկնել; չգերազանցված լինել

play the field *խոսակցական* բազմաթիվ սիրեցյալներ ունենալ; չկենտրոնանալ մեկի վրա; կյանքը վայելել

take the field 1) *մարզական* մարզահրապարակ/խաղահրապարակ դուրս գալ *(թիմի մասին)* 2) ռազմական գործողություններ ծավալել

field day *noun* 1) *ռազմական* մարտավարական վարժանքներ տեղանքում; զորատես 2) մարզական օր; մրցումների օր *(դպրոցում)* 3) օգուտ քաղելու հնարավորություն; հարմար առիթ 4) գյուղատնտեսական ցուցահանդեսի օր

field events *plural noun մարզական* թեթևատլետիկական մրցություններ *(բացառությամբ վազքի)*

field glasses *plural noun* դաշտային երկդիտակ

field marshal *noun ռազմական* ֆելդմարշալ

field sports *plural noun մարզական* բացօթյա մարզաձևեր *(հատկապես՝ որսը, հրաձգությունը, ձկնորսությունը)*

field trip *noun* փորձուսում; պրակտիկա *(ուսանողների տեսական գիտելիքները գործնականում կիրառելը)*

fieldwork |ˈfiːldwəːk| *noun* 1) փորձուսում; պրակտիկա *(ուսանողների տեսական գիտելիքների գործնականում կիրառելը)* 2) *ռազմական հնացած* դաշտային ամրություն *(ժամանակավոր)*

fiend |fiːnd| *noun* 1) չար ոգի; դև 2) (**the Fiend**) սատանա 3) չարագործ; բարբարոս; դաժան մարդ; վնասարար 4) չարաճճի; անպիտան 5) տարված; մոլի սիրահար; էնտուզիաստ; շեղված/կլանված անձ *(որևէ առարկայով/թեմայով)* 6) կախվածության մեջ գտնվող անձ *(մասնավորապես՝ թմրամոլ, ալկոհոլամոլ)*

fiendish |ˈfiːndɪʃ| *adjective* 1) սատանայական; սատանայի; դիվային; դժոխային 2) անգութ; վայրագ; գազանասիրտ 3) խրթին; խճճված; դժվարին

fierce |fɪəs| *adjective* (**fiercer**, **fiercest**) 1) կատաղի; վայրագ; դաժան; գազազած; մոլեգին 2) ուժգին; սաստիկ; բուռն; ուժեղ *(զգացմունքների/գործողությունների/եղանակի մասին)*

something fierce *խոսակցական* սաստիկ; ուժգին; չափազանց; անտանելիորեն

fiercely *adverb* 1) կատաղորեն; վայրագորեն 2) ուժգնաբար; սաստկապես 3) եռանդագին; առույգորեն

fiery |ˈfʌɪəri| *adjective* (**fierier**, **fieriest**) 1) հրեղեն; հրավառ; կրակոտ; բոցավառ; այրող 2) ատրաշեկ; հրաշեկ; հրագույն; բոցագույն 3) տաքարյուն; դյուրագրգիռ; կրակոտ; ցասկոտ 4) բոցաշունչ; ոգեշունչ; կրակոտ; կրքոտ; սրտանց *(խոսքերի/վարքի մասին)* 5) բոցավառվող; դյուրավառ 6) կծու; վառող *(համի մասին)*

FIFA |ˈfiːfə| *abbreviation մարզական* Fédération internationale de football association ՖԻՖԱ; Ֆուտբոլի միջազգային ֆեդերացիա

fifteen |fɪfˈtiːn|, |ˈfɪftiːn| *cardinal number* 1) (**15, xv, XV**) տասնհինգ 2) տասնհինգ տարեկան

fifteen minutes of fame անցողիկ/վաղանցուկ փառք

fifteenth *ordinal number* 1) (**15th**) տասնհինգերորդ 2) (**a fifteenth/one fifteenth**) մեկ-տասնհինգերորդ; տասնհինգերորդականը 3) *երաժշտություն* երկու օկտավայի չափով ինտերվալ; երկու ութնյակ կազմող ինտերվալ

fifth |fɪfθ| *ordinal number* 1) (**5th**) հինգերորդ 2) (**a fifth/one fifth**) մեկ հինգերորդ; հինգերորդական 3) հինգերորդ տեղը *(մրցության մեջ, հատկապես՝ վազքում)* 4) *տեխնիկական* հինգերորդ փոխանցում *(որոշ ավտոմեքենաներում. ամենամեծ արագության փոխանցումը)* 5) հինգերորդ՝ ...; և հինգերորդը; հինգերորդ կետը *(թվարկելիս)* 6) *երաժշտություն* կվինտա *(ինտերվալ)* 7) *երաժշտություն* դոմինանտ *(հինգերորդ տոնան՝ տոնայնության մեջ)* 8) (**a fifth of**) 1/5 գալլոն *(հեղուկաչափ)* 9) հինգերորդ դասարան

Fifth Republic Հինգերորդ հանրապետություն *(Ֆրանսիայի, որը գոյություն ունի 1958 թվականից մինչ այժմ)*

fiftieth *ordinal number* (**50th**) հիսուներորդ

fifty |ˈfɪfti| *cardinal number* (հոգն. **-ties**) 1) (**50**) հիսուն 2) (**fifties**) հիսունականները *(50-59 թվերը, հատկապես՝ որպես տարեթվեր)* 3) հիսուն տարեկան 4) հիսուն մղոն/ժամ; հիսուն կիլոմետր/ժամ 5) հիսուն դոլարանոց

fifty-fifty 1 *adjective* 1) հավասար 2) հիսուն-հիսուն *(հավանականության մասին)* **2** *adverb* հավասար կերպով; հավասար

fig¹ |fɪɡ| *noun* 1) *բուսաբանություն* (նաև **fig-tree**) թզենի *(Ficus carica, ընտանիք Moraceae)* 2) թուզ

not give a fig (**not care a fig**) բոլորովին չհուզել/չհետաքրքրվել; պետքը չլինել

fig² |fɪɡ| *խոսակցական* **1** *noun* 1) շքեղ հագուստ; տոնական հանդերձանք 2) տրամադրություն **2** *verb* (**figged**, **figging**) *հնավանդ* 1) (**fig out**) զուգել-զարդարել; զգեստավորել; տոնական հագուստ հագցնել 2) (**fig out**) զուգվել-զարդարվել; զգեստավորվել; տոնական հագուստ հագնել

in full fig ամբողջ արդուզարդով; լիաշուք; զուգված-զարդարված; տոնական հագնված

fight |fʌɪt| **1** *verb* (անցյալ և անցյալ դերբայ **fought** |fɔːt|) 1) կռվել; պատերազմել; մարտնչել; պայքարել *(նաև մրցություններում հաղթանակելու համար)* 2) քարոզարշավ անցկացնել *(որևէ բանի համար/դեմ)* 3) վիճել; վիճաբանել; հակաճառել 4) փորձել մարել/շիջել/հանգցնել *(մեծ հրդեհ)* 5) ճնշել; զսպել; խեղդել *(զգացումը կամ դրա երևալը)* 6) *մարզական* պայքարի դուրս գալ *(բռնցքամարտում)* 7) *նաև փոխաբերական* (**fight one's way**) իր համար ճանապարհ հարթել; ճանապարհ բացել; մեծ ջանքով առաջ շարժվել 8) *հնացած* ղեկավարել զորքը • **fight back** դիմադրել; հակադարձել; պայքարել **fight it out** պայքարով հասնել ուզածին **fight sb/sth off** դիմադրել; հետ մղել; պայքարել *(մի բանի, մեկի դեմ)* **2** *noun* 1) կռիվ; ծեծկռտուք; տուրուդմփոց 2) բռնցքամարտ 3) մարտ; ճակատամարտ 4) քարոզարշավ 5) վեճ; վիճաբանություն; կռիվ 6) կռվարարություն; տաքարյունություն

fight a losing battle անհույս պայքար մղել; ապարդյուն պայքարել; պայքարել անհաջողության մատնված գործի համար

fight fire with fire թշնամու դեմ նրա իսկ զենքով կռվել; հակառակորդի դեմ նրա իսկ զենքը գործածել; դիմանալ հարվածին; սեպը սեպով դուրս գցել; չհանձնվել

fight or flight պայքարելու կամ փախչելու ռեակցիա *(սթրեսի դեպքում)*

fight shy of ընդդիմանալ; դիմակայել; հրաժար-

վել անելուց
make a fight of it քաջաբար մարտնչել; խիզախորեն կռվել
put up a fight հակադարձել; դիմադրել; պայքար ծավալել
sham fight վարժական մարտ; ռազմական խաղ
spoil for a fight կռվի առիթ փնտրել; կռվի ձգտել
stand-up fight բացահայտ պայքար

fighter |ˈfʌɪtə| *noun* 1) մարտիկ *(հատկապես՝ զինվոր կամ բռնցքամարտիկ)* 2) պայքարող/չհանձնվող մարդ; ուժեղ կամքի տեր 3) *օդագնացության* կործանիչ

figment |ˈfɪgm(ə)nt| *noun* հնարովի բան; երևակայության արգասիք

figurative |ˈfɪg(ə)rətɪv|, |-gjʊ-| *adjective* 1) փոխաբերական; պատկերավոր; այլաբանական 2) *արվեստ* պատկերային *(նկարներում հանրածանոթ պատկերներ գործածող)* 3) պատկերման; պատկերավորման 4) խորհրդանշական

figuratively *adverb* գրքային փոխաբերաբար; այլաբանորեն

figure |ˈfɪgə| **1** *noun* 1) թիվ; թվանշան ◇ **five figures** հնգանիշ թվեր 2) գումար; դրամաքանակ 3) *խոսակցական* գին 4) (**figures**) թվաբանություն 5) կազմվածք; մարմնակազմ; իրան; մարմին *(հատկապես կնոջ)* 6) կերպարանք *(հատկապես հեռվում՝ աղոտ երևացող)* 7) անձնավորություն; մարդ; անձ; դեմք *(ականավոր, կարևոր)* 8) *արվեստ* պատկեր; քանդակ; պատկերաքանդակ *(մարդկանց, կենդանիների)* 9) *մաթեմատիկա* պատկեր; մարմին 10) գծագիր; գծագրական պատկեր; դիագրամ; զարդապատկեր 11) ձև; պարաձև; շարժվելաձև; սահաձև; թռիչքաձև *(անձի կամ խմբի՝ պարի, սահավազքի և այլնի մեջ)* 12) *հնացած* արտաքին տեսք; տպավորություն 13) *երաժշտություն* ռիթմիկ-մեղեդային տարր; դարձվածք 14) *գրքային* պատկերավոր արտահայտություն; խոսքի հնար/հնարք; բանադարձում 15) նշան; խորհրդանիշ **2** *verb* 1) կարևոր/նշանակալի լինել; կարևոր դեր խաղալ; կարևոր դիրք գրավել *(երևույթի/մարդու մասին)* 2) դեր կատարել; հանդես գալ *(գրական գործում, ֆիլմում և այլն)* 3) հաշիվ անել; հաշվել; հաշվարկել 4) *խոսակցական* համարել; կարծել; սպասել; ենթադրել 5) հասկանալի/պարզ լինել; սպասված լինել; համապատասխանել սպասումներին 6) գծել; պատկերել; գծագրել; գծանկարել 7) նախշել; նախշազարդել; զարդանկարել 8) նախատիպ ծառայել; խորհրդանշել 9) թվերով նշել • **figure on** հույս դնել; հույս ունենալ; հաշիվ կատարել; կարծել, որ տեղի կունենա **figure sth out** i) հաշվել; հաշվարկել ii) *խոսակցական* հասկանալ; ըմբռնել; պատճառը գտնել; գլուխ հանել; հասու լինել iii) պատկերացնել; երևակայել **figure up** հաշվելով գումարը գտնել; հաշվարկել; հաշիվ անել
cut/make a figure 1) տպավորություն թողնել; տպավորել 2) դեր խաղալ
figure of fun ծիծաղի առարկա; ծիծաղաշարժ մարդ
figure of speech պատկերավոր արտահայտություն; խոսքի հնար/հնարք; բանադարձում
lose one's figure կորցնել գեղեցիկ կառուցվածքը

figure eight (բրիտանական **figure of eight**) *noun* ութաձև պատկեր/շարժում

figurehead |ˈfɪgəhɛd| *noun* 1) անվանական/ձևական ղեկավար 2) ղեկավար; գլխավոր *(ընկերության տնօրենի կատարած դերերից մեկը)* 3) *պատմական* նավացռուկի մաս/արձան 4) *կատակային* անձ; դեմք

filament |ˈfɪləm(ə)nt| *noun* 1) թելիկ; մանրաթել; մազմզուկ; նրբաթել *(բուսական կամ կենդանական)* 2) *էլեկտրականություն* շիկացման թել; կաթոդ *(ուղղակի շիկացումով)*

filch |fɪltʃ| *verb* *խոսակցական* գողանալ; թռցնել

file¹ |fʌɪl| **1** *noun* 1) թղթապանակ; թղթապան *(թղթերն ամրացնելու կամ կարելու հարմարանքով)* 2) *համակարգիչներ* նիշք 3) լրագրերի/փաստաթղթերի համալիր 4) քարտարան; քարտարկղ 5) գործ; գործաշապիկ; գործի շապիկ *(փաստաթղթերը պահելու համար)* **2** *verb* 1) կարել և պահել; հանձնել արխիվ *(թղթերը, գրությունները)* 2) *ամերիկյան* փաստաթուղթ հանձնել; փաստաթուղթ ներկայացնել 3) ուղարկել թերթին; ուղարկել լրատվական ծառայությանը *(ռեպորտաժը)*
on file քարտարանում դասավորված

file² |fʌɪl| **1** *noun* 1) հերթ; շարան; հերթ կանգնած մարդկանց շարան 2) շարք; տողան ◇ **in single file, in Indian file** մեկը մյուսի ետևից; իծաշարուկ 3) *շախմատ* ուղղահայաց գծեր **2** *verb* մեկը մյուսի ետևից գնալ; իծաշարուկ գնալ

file³ |fʌɪl| **1** *noun* 1) խարտոց; խարտիչ; քերոց 2) եղունգների խարտոցիկ 3) խարտելը 4) *խոսակցական* (**old/deep file**) խաբեբա մարդ; խարդախ մարդ **2** *verb* 1) խարտոցել; խարտոցով հարթել 2) հղկել; մշակել *(ոճը և այլն)* 3) (**file sth away/off**) քերել-հանել; ջնջել; հեռացնել

filer *noun noun* թղթակալ; թղթապանակ

filet |ˈfiːleɪ|, |ˈfɪlɪt| *noun* 1) *խոհանոց* (**fillet**) սուկի; ֆիլե 2) ասեղնագործվածք; ֆիլե *(թելացանցի վրա)*

File Transfer Protocol *համակարգիչներ* (**FTP**) նիշքերի փոխանցման կանխագիր *(համակարգիչների միջև նիշքերը փոխանցելու չափորոշիչ)*

filial |ˈfɪlɪəl| *adjective* 1) որդիական; զավակային; զավակի 2) *կենսաբանություն* որդիական

filibuster |ˈfɪlɪbʌstə| **1** *noun* 1) *քաղաքականություն* *ամերիկյան* ընդդիմագործություն; օբստրուկցիոնիզմ *(խորհրդարանի աշխատանքը խանգարելու գործողություն՝ քննարկումները ձգձգելու միջոցով)* 2) *ամերիկյան քաղաքականություն* ընդդիմագործ; օբստրուկցիոնիստ 3) զինվորական արկածախնդիր 4) *պատմական* ծովահեն; ֆլիբուստյեր *(17-րդ դարում)* **2** *verb* *ամերիկյան քաղաքականություն* ընդդիմագործել; ընդդիմագործություն անել *(խորհրդարանի աշխատանքը խանգարել՝ քննարկումները ձգձգելու միջոցով)*

filigree |ˈfɪlɪgriː| (նաև **filagree**) *noun* 1) *ոսկերչություն* ցանցահյուսազարդ; ֆիլիգրան; ցանցազարդ *(ոսկու և այլ մետաղալարից)* 2) ցանցազարդ *(այլ նյութերից պատրաստված)*

filing |ˈfʌɪlɪŋ| *noun* խարտուք; խարտոցվածք; խարտվածք *(մետաղի և այլնի)*

Filioque |ˌfiːlɪˈəʊkwiː| և Որդվոյ *(հավելում Կաթոլիկ Եկեղեցու հավատո հանգանակի մեջ, որում* *ավում է, որ Սուրբ Հոգին բխում է Հորից և Որդուց, մինչդեռ մնացած ավանդական եկեղեցիները, ներառյալ Հայ Առաքելական Եկեղեցին պնդում են, որ Սուրբ Հոգին բխում է միայն Հորից)*

Filipino |ˌfɪlɪˈpiːnəʊ| (նաև **Pilipino**) **1** *adjective* ֆիլիպինյան; ֆիլիպինական; Ֆիլիպինների **2** *noun* (հոգն. **-nos**) 1) *ամերիկյան* Ֆիլիպինյան կղզիների բնակիչ 2) ֆիլիպիներեն

fill |fɪl| **1** *verb* 1) (**fill with**) լցնել; լրացնել; խցել 2) *նաև փոխաբերական* համակել; պատել 3) գրավել; զբաղեցնել; տեղ գրավել *(դիրք)* 4) կատարել *(պարտականություն, հանձնարարություն)* 5) գնել; ձեռք բերել *(դեղատոմսում նշվածը և այլն)* 6) ատամը լցնել/պլոմբել 7) ուռչել; փքվել *(առագաստի մասին)* 8) փակել; խցել *(բացվածքը, ծակը, անցքը)* 9) բավարար լինել; բավարարել; գոհացնել 10) հագեցնել 11) ուռեցնել; փքել *(քամին՝ առագաստը)* • **fill in** փոխարինել; տեղակալել; փոխանորդել **fill out** լայնանալ; լցվել *(մարդու մասին)* **fill sb in** i) *խոսակցական* մանրամասն տեղեկություններ տալ; տեղեկացնել; մեկնաբանել ii) *բրիտանական խոսակցական* հարվածել; ապտակել **fill sth in** i) լցնել; ծածկել; փակել *(անցքը, ճեղքը և այլն)* ii) *համակարգիչներ* լցնել *(գույնով, երանգով՝ պատկերը)* iii) լրացնել; գրել; լցնել *(հարցաթերթիկը)* **fill sth out** i) *ամերիկյան* լրացնել; լցնել; գրել ii) ընդարձակել; ընդլայնել **fill up** i) բերնեբերան/լցվել ii) լիցքավորել *(մեքենան վառելիքով)* iii) լրացնել; հատուցել *(պակասորդը)* iv) խծուծել; ծեփել v) բերնեբերան/ամբողջությամբ լցնել **2** *noun* 1) կշտություն; կշտացած լինելը 2) բավարար քանակություն 3) *ամերիկյան երկաթուղային տեխնիկական* լիր; հողաթումբ; լիցք 4) *համակարգիչներ* լցնում *(գույնով, երանգով՝ պատկերի)*

drink one's fill սրտի ուզածի չափ խմել; կուշտ խմել; ուզածի չափ խմել

eat one's fill սրտի ուզածի չափ ուտել; կուշտ ուտել; ուզածի չափ ուտել

fill sb's shoes *խոսակցական* մեկի դերը ստանձնել; կատարել մեկի պարտականությունները *(հաջողությամբ)*

fill the bill տե՛ս **bill**

weep one's fill մի կուշտ լաց լինել; լալ-հանգստանալ; դատարկվել

fillet |ˈfɪlɪt| **1** *noun* 1) *խոհանոց* սուկի; ֆիլե *(մսի, ձկան)* 2) վարսակապ; ժապավեն; վարսակալ; ծամթել 3) *ճարտարապետություն* գոտի *(ճարտարապետական բեկվածք)* 4) *տպագրություն* զարդագիծ *(գրքի կազմի վրա տպված)* **2** *verb* (**-leted**, **-leting**) 1) հեռացնել փշերը *(ձկան)* 2) կտրատել անոսկոր կտորների; կտրատել անփուշ կտորների *(ձուկը կամ միսը)*

filling |ˈfɪlɪŋ| **1** *noun* 1) լցանյութ; լիցք; միջուկ 2) ատամնալիցք; պլոմբ 3) լցոն; խճողակ; խորիզ 4) լցավորում *(վառելիքով)* 5) տե՛ս **weft** **2** *adjective* հագեցնող; սննդարար *(ճաշատեսակի մասին)*

fillip |ˈfɪlɪp| **1** *noun* 1) խթան; ազդակ 2) *հնացած* մատնազարկ; մատնահարված; մատի հարված 3) թեթև հարված **2** *verb* (**-liped**, **-liping**) *հնավանդ* 1) մատով խփել; զարկել; մատով հրել 2) հիշեցնել 3) թեթևակի հարվածել 4) զարկ տալ; նպաստել; խթանել

filly |ˈfɪli| *noun* (հոգն. **-lies**) 1) զամբիկ; մտրուկ 2) *հնացած* զվարթ աղջիկ

film |fɪlm| **1** *noun* 1) ֆոտոժապավեն; կինոժապավեն 2) թաղանթ; թափանցիկ շերտ 3) նրբամաշկ; փառ; բարակ շերտ; թաղանթ 4) բարակ թել; շղարշ 5) ֆիլմ; կինոնկար; կինոֆիլմ; շարժանկար 6) կինոարտադրանք; կինոարտադրություն; կինոարվեստ 7) մեգ; մշուշ; մառախուղ *(նսեր)* **2** *verb* 1) կինո նկարահանել; էկրանացնել; նկարահանել 2) (**film well**) նկարվողունակ լինել; լուսանկարվողունակ լինել *(լուսանկարվելիս կամ նկարահանվելիս լավ երևալ)* 3) ծածկվել թաղանթով; փառակալել 4) մշուշով ծածկվել; մշուշապատվել

filter |ˈfɪltə| **1** *noun* 1) *նաև տեխնիկական* զտիչ; քամոց; քամիչ; ֆիլտր; մզիչ 2) (նաև **filter tip**) զտիչ *(ծխախոտի վրա)* 3) *համակարգիչներ* զտիչ **2** *verb* 1) *տեխնիկական* զտել; քամել; քամելով զտել; թորել; մզել *(հեղուկը, գազը, լույսը կամ ձայնը)* 2) մաղել; ընտրել; առանձնացնել 3) ընթանալ; շարժվել; առաջ խաղալ; գնալ *(մարդկանց խմբի մասին՝ հատկապես դանդաղ)* 4) անցնել; թափանցել; հայտնի դառնալ *(լուրերի մասին)* 5) *համակարգիչներ* զտել

filth |fɪlθ| *noun* 1) կեղտ; կեղտոտություն; աղտեղություն 2) լկտիություն; անպարկեշտություն; գարշելիություն; զազրախոսություն *(բանավոր/գրավոր խոսքի, վարքի մասին)* 3) տականք; սրիկա 4) *բրիտանական խոսակցական* (**the filth**) ոստիկանություն

filthy |ˈfɪlθi| **1** *adjective* (**filthier**, **filthiest**) 1) կեղտոտ; աղտոտ; ցեխոտ; կեղտակորույս; կեղտակոլոլ 2) անարգ; ստոր; լկտի; գարշելի 3) *խոսակցական* կեղտոտ; անպետք *(զայրույթը/զզվանքն արտահայտելու համար)* 4) վատ; մռայլ; խոժոռ; ժանգոտ; գրգռված; դյուրագրգիռ *(տրամադրության մասին)* 5) *բրիտանական խոսակցական* անդուր; տհաճ; անպետք *(եղանակի մասին)* **2** *adverb* *խոսակցական* չափազանց; չափից դուրս; շատ

filtrate |ˈfɪltreɪt| **1** *noun* քամոկ; զտվածք; զտահեղուկ; թորվածք **2** *verb* զտել; քամել; մզել

filtration *noun* քամում; քամելը; ֆիլտրում; ֆիլտրելը; մզում; մզելը

fin |fɪn| **1** *noun* 1) *կենսաբանություն* լողակ; լողաթև *(ձկան)* 2) լաստ; լողակ *(սուզորդի)* 3) *օդագնացություն* ստաբիլիզատոր 4) *ծածկալեզու* ձեռք; թև **2** *verb* (**finned**, **finning**) լաստերով/լողակներով սուզալող տալ

Tip up your fin! *ծածկալեզու* Ձեր թաթը մեկնե՛ք: Ձեր ձեռքը տվե՛ք:

final |ˈfʌɪn(ə)l| **1** *adjective* 1) վերջին; վերջնական; եզրափակիչ 2) վճռական; հաստատամիտ **2** *noun* 1) *մարզական* ավարտախաղ; վերջնախաղ; վերջնամրցում *(մրցման մեջ)* 2) (**finals**) վերջնական խաղեր; եզրափակիչ փուլ 3) (**final**) ավարտական քննություն 4) (**finals**) ավարտական քննություններ 5) *երաժշտություն* հիմնական նոտա 6) *բրիտանական* (**finals**) վայրէջք

the final straw տե՛ս **straw**

finale |fɪˈnɑːli|, |-leɪ| *noun* *գրականություն երաժշտություն* ֆինալ; ավարտ; կատար

the grand finale փայլուն ավարտ *(արտահայտու-*

թյունը վերցված է համերգային ծրագրերից)

finalist |ˈfʌɪn(ə)lɪst| *noun մարզական* եզրափակիչ փուլի մասնակից *(մարզիկ կամ թիմ)*

finality |fʌɪˈnælɪti| *noun* (հոգն. **-ties**) 1) ավարտվածություն; վերջնականություն; անշրջելիություն 2) վճռականություն; հաստատակամություն; որոշակիություն 3) եզրափակում; վերջ; վախճան *(անշրջելի)*

finalize |ˈfʌɪn(ə)lʌɪz| *verb* 1) ավարտել; վերջնական տեսք տալ *(ծրագրին)* 2) համաձայնեցնել վերջին մանրամասները *(պայմանագրի, համաձայնագրի)*

finally |ˈfʌɪnəli| *adverb* 1) վերջիվերջո; վերջապես; ի վերջո; արդյունքում; վերջում 2) վերջապես; ի վերջո; վերջին հաշվով *(որպես եզրակացություն)* 3) վերջնականապես; վերջնականորեն; վճռականապես; մեկընդմիշտ

finance |fʌɪˈnæns|, |fɪ-|, |ˈfʌɪnæns| **1** *noun* 1) *տնտեսագիտություն* դրամամիջոցների կառավարում; ֆինանսական գործերի վարում 2) *տնտեսագիտություն* (**finances**) դրամամիջոցներ; ֆինանսներ 3) *տնտեսագիտություն* ֆինանսավորում; դրամավորում 4) ֆինանսական գիտություն **2** *verb* 1) ֆինանսավորել; դրամավորել; փողավորել 2) *տնտեսագիտություն* զբաղվել ֆինանսական գործառնություններով

financial |fʌɪˈnænʃ(ə)l|, |fɪ-| *adjective* ֆինանսական; ֆինանսների; դրամական; դրամային; փողային; փողի

financially *adverb* ֆինանսական առումով; դրամային առումով; ֆինանսական տեսակետից

financier |fʌɪˈnænsɪə|, |fɪ-| *noun* փողագետ; ֆինանսագետ; ֆինանսիստ

finch |fɪn(t)ʃ| *noun կենդանաբանություն* սերինոս; սարյակ; սարեկիկ; դրանիկ *(անտառային երգող թռչուն. ընտանիք Fringillidae)*

find |fʌɪnd **1** *verb* (անցյալ **found** |faʊnd|) 1) գտնել; հայտնաբերել; պարզել 2) հայթայթել; ձեռք գցել; «պեղել»; ճարել; մատակարարել 3) (**find oneself**) ինքն իրեն գտնել; հայտնվել; զգալ, որ ինքը հայտնվել է *(որոշակի անծանոթ տեղում)* 4) գտնել իր մեջ; ունենալ; հավաքել *(քաջություն և այլն)* 5) վերագտնել; վերականգնել *(ուժերը, ունակությունը)* 6) որս հայտնաբերել; որսի հետքի վրա ընկնել 7) (**be found**) գտնվել; լինել; պարունակվել *(նյութի մասին)* 8) համարել; կարծել; գտնել; եզրակացնել; եզրակացության գալ; համոզվել; գտնել 9) (**find oneself**) ճանաչել ինքն իրեն; բացահայտել ինքն իրեն; իր կոչումը գտնել 10) *իրավունք* որոշել; վճիռ կայացնել 11) *հոգեբանություն* հասնել; գալ *(ինքն իրեն, առանց մարդկանց միջամտության)* 12) (**find one's way**) գտնել ճանապարհը; տեղ հասնել; կողմնորոշվել 13) (**find one's way**) կողմնորոշվել; իր գործունեությունը որոշել; գլուխ հանել 14) ձեռքը հասնել; հանձնվել *(հասցեատիրոջը՝ նամակի մասին)* 15) *հնացած* ըմբռնել; հասկանալ • **find against** մեկի դեմ վճիռ կայացնել; մեղավոր ճանաչել **find for** (**find in favor of**) մեկին ի նպաստ վճիռ կայացնել; անմեղ ճանաչել **find sb out** ճանաչել; կռահել; բացահայտել *(մեկի իրական էությունը, մեկի ասած սուտը և այլն)* **find sth out** (**find out about sth**) իմանալ; տեղեկանալ; պարզել; հասկանալ; հայտնաբերել; երևան հանել **2** *noun* 1) գտածո; պեղածո *(հնագիտական արժեք ունեցող իր)* 2) գյուտ; հայտնագործություն *(օգտակար մարդու մասին)* 3) որս գտնելը *(հատկապես՝ աղվես)*

all found *բրիտանական հնացած* ամեն ինչով ապահովված; ամեն բան պատրաստի; ամեն բան ներառյալ *(աշխատավարձի, վճարի մեջ)*

a sure find *որսորդություն* գազանի գտնվելու տեղը

find fault տե՛ս **fault**

find favor հավանության արժանանալ; ընդունելություն գտնել; ընդունված լինել; բարեհաճությունը վայելել; հեղինակավոր լինել

find God ճանաչել Աստծուն; դարձի գալ

find in favor of տե՛ս **find for**

find it in one's heart to do sth ինքն իրեն թույլ տալ անել; ինքն իրեն ստիպել անել; ջանք անել; ջանալ անել; ճիգ գործադրել

find one's tongue (**find one's voice**) նորից խոսելու շնորհք ձեռք բերել; վերստին խոսել կարողանալ

find one's feet 1) ոտքի կանգնել ու քայլել; վերագտնել քայլելու ունակությունը 2) ամրանալ; գիտակցել իր ուժերը; ոտքի կանգնել; ոտքը պնդացնել; ոտը պնդել; հաստատվել; ամրանալ *(որոշակի ոլորտում, աշխատատեղում)*

How do you find yourself? *խոսակցական* Ինչպե՞ս եք ապրում: Ինչպե՞ս եք զգում:

finder |ˈfʌɪndə| *noun* 1) գտնող; մարդ, որը գտել է *(որևէ մեկին կամ մի բան)* 2) *լուսանկարչություն* դիտան; տեսադաշտ որոնող հարմարանք 3) *տեխնիկական* որոնիչ; փնտրիչ; գտնող հարմարանք

finders keepers (**finders keepers losers weepers**) *խոսակցական հնացած* ով գտնի, իրենն է; կորածը գտնողինն է

finding |ˈfʌɪndɪŋ| *noun* 1) գտնելը; հայտնաբերելը *(մարդուն, իրը)* 2) (**findings**) ստացված տվյալները 3) դատավճիռ 4) եզրակացություն; եզրահանգում *(հանձնաժողովի)* 5) գյուտ; գտնված իր; հայտնագործում 6) գտնված տեղը որոշելը; կողմնորոշում

fine[1] |fʌɪn| **1** *adjective* 1) բարձրակարգ; առաջնակարգ; բարձրորակ; գերազանց 2) հիանալի; սքանչելի; արժանավոր *(մարդու մասին)* 3) հոյակապ; ընտիր; գոհացուցիչ 4) ընդունելի; հարմար 5) քաջառողջ; հոյակապ; փայլուն *(մարդու ինքնազգացողության մասին)* 6) պայծառ; արևոտ; հիանալի *(եղանակի մասին)* 7) շքեղ; տպավորիչ; ազդեցիկ 8) պերճ; ճոխ-ճոխ; ճոռոմ; փքուն; զարդարուն *(խոսքերի մասին)* 9) բավարար; գոհացնող *(գրքերի և այլնի պահպանվածության մասին)* 10) բարձրորակ *(ոսկու/արծաթի մասին)* 11) բարակ; նուրբ *(թելի և այլնի մասին)* 12) մանր; մանր մասնիկներից բաղկացած 13) մաքուր; մաքրած; զտած; ընտիր; բարձրորակ 14) նուրբ; մանրակրկիտ *(աշխատանքի և այլնի մասին)* 15) դժվարընկալ; նուրբ; ոչ բացահայտ *(տարբերությունների մասին)* 16) նուրբ; քնքուշ; նրբագեղ; նրբազգաց 17) ճշգրիտ **2** *noun* (**fines**) մանրուք; հանքամանրուք; քարի մանրուք **3** *adverb խոսակցական* նրբորեն; հիանալի կերպով; հոյակապ **4** *verb* 1) մաքրել; զտել *(գինին, գարեջուրը)* 2) պարզվել; զտվել; մաքրվել *(հեղուկի մասին)* ◇ **fine away/down/off** i) բարակել; բարականալ; նրբանալ; փոքրանալ; սրվել ii) բարակացնել; նրբացնել; փոքրացնել; սրել 3) բարակել; բարականալ; նրբանալ 4) բարակեցնել; նրբացնել

do fine 1) տեղին լինել; լրիվ բավարարել; գոհացնել 2) քաջառողջ լինել; իրեն լավ զգալ 3) լավ աշխատել; գործը լավ անել; լավ աշխատանք կատարել

do sb fine մեկի համար բավարար լինել; մեկի համար գոհացուցիչ լինել; մեկին բավարարել

fine as silk 1) (**as fine as silk**) մետաքսի պես փափուկ 2) (**as fine as silk**) իրեն հրաշալի զգացող

fine feathers make fine birds հագուստն է զարդարում մարդկանց; մարդկանց ըստ հագուստի են դիմավորում; լավ հագուստը գեղեցկացնում է մարդուն

fine words butter no parsnips դատարկ փորին ճառ չեն ասում; դատարկ փորը երգով չես խաբի; սոխակին առակով չեն կերակրում

in fine վերջապես; արդյունքում; վերջնականապես; ընդհանրապես; կարճ; մի խոսքով; կարճ ասած; եզրակացնելով

not to put too fine a point on it կոպիտ ասած; անկեղծ ասած; ճիշտը որ ասենք

one's finest hour փառքի ժամ; փառքի րոպեներ; մարդու կյանքի ամենահաջողակ ժամանակը

one fine day մի գեղեցիկ օր; ապագայում; մի օր

talk fine սրամտել; սրամիտ խոսել

the finest points of մանրամասները; մանրամասնությունները

fine² |fʌɪn| **1** *noun* տուգանք; տույժ **2** *verb* տուգանել; տուգանադրել; տույժի ենթարկել

in fine 1) մի խոսքով; կարճ ասած 2) արդյունքում; ի վերջո

fine³ |fiːn| *noun* (**fine champagne**) բարձրորակ ֆրանսիական կոնյակ

fine⁴ |ˈfiːneɪ| *noun երաժշտություն* կրկնվող հատվածի ավարտը

fine art *noun* 1) (**fine arts**) գեղարվեստ; կերպարվեստ 2) նուրբ գործ; իսկական արվեստ; հմտություն պահանջող գործ

have/get sth down to a fine art լիովին յուրացնել; հմտանալ; վարպետանալ; հմտություն ձեռք բերել *(տվյալ գործում)*

fine-grained *adjective* 1) մանրահատիկ; մանրահատիկային *(փայտանյութի/քարի մասին)* 2) մանրակրկիտ; մանրազնին; մանրամասն; հանգամանալից

finely *adverb* 1) նրբորեն; մանրամասնորեն; հանգամանորեն 2) հիանալիորեն; սքանչելիորեն

finery¹ |ˈfʌɪn(ə)ri| *noun* ճոխ հագուստ; զարդարանք; շքեղ արդուզարդ; փառահեղ հագուկապ

finery² |ˈfʌɪnəri| *noun* (հոգն. **-eries**) *պատմական տեխնիկական* երկաթակռեղի/թուջերկաթի հնոց

fine-spun *adjective* 1) նուրբ; նրբագործ; նրբահյուս *(գործվածքի մասին)* 2) ծայրաստիճան մշակված; չափազանց նուրբ/մանրակրկիտ 3) *փոխաբերական* շինծու; ձենգահյուս; խճճված

finesse |fɪˈnɛs| **1** *noun* 1) նրբություն; նրբագեղություն; մշակվածություն 2) նրբանկատություն; խորաթափանցությունը; խորազգացություն 3) ճարպկություն; շնորհք; կարողություն 4) խորամանկություն; հնարամտություն; հնարք **2** *verb* 1) նրբորեն կատարել; ճշգրտորեն կատարել 2) խույս տալ; խուսափել; գլուխը փախցնել *(պատասխանատվությունից, քննադատությունից)*

finger |ˈfɪŋgə| **1** *noun* 1) *կազմախոսություն* մատ; ձեռնամատ 2) մատ *(ձեռնոցի)* 3) մատնաչափ; մատ *(ցույց է տալիս խմիչքի քանակությունը գավաթում)* 4) սլաք; ցուցիչ **2** *verb* 1) մատով դիպչել; մատով շոշափել; մատների մեջ խաղացնել 2) (**finger over**) նվագել; ճնգացնել; ծնգծնգացնել *(երաժշտական գործիք, հատկապես՝ անլուրջ կերպով, հենց այնպես)* 3) *խոսակցական* մատնել; «ծախել» *(տեղեկություններ հայտնել մեկի մասին ոստիկանությանը)* 4) կաշառք վերցնել; գողանալ 5) (**finger sb for**) համապատասխան համարել; գտնել, որ համապատասխանում է *(նկարագրությանը կամ տվյալ դերը կատարելուն)* 6) *երաժշտություն* նվագել մատների որոշակի հերթականությամբ 7) *երաժշտություն* նշել մատները; նշել մատների հերթականությունը *(տվյալ գործը նվագելիս)*

a/one's finger in the pie մասնակցություն ինչ-որ գործում

burn one's fingers (**get one's fingers burned**) ինչ-որ բանից վառվել

dip/put one's finger in sth (**dip/put one's fingers in sth**) ուրիշի գործերին խառնվել; մատը խառը լինել մի գործում; քիթը խոթել

give sb the finger *խոսակցական* մատ ցույց տալ; երրորդ մատը ցույց տալ *(որպես արհամարհանքի նշան)*

have/keep one's finger on the pulse մշտապես տեղյակ լինել նորություններին; իմանալ նորագույն զարգացումները; ուշադիր հետևել նորություններին *(հատկապես մի որոշակի ոլորտի)*

have a fine finger *հնացած* ճարպկորեն կաշառք վերցնել

have a finger in every pie շատ գործերում մատը խառը լինել; բազմակողմանի գործունեություն ծավալել; հազար ու մի գործով զբաղվել

index finger ցուցամատ

in sb's fingers մեկի ձեռքերում; մեկի իշխանության տակ

keep one's fingers crossed տե՛ս **cross**

lay/put a finger on sb/sth 1) մատով դիպչել; վնասել; ձեռք բարձրացնել; հարվածել 2) ճիշտ հասկանալ; ճշգրիտ որոշել; գործի էությունն ըմբռնել

let sb/sth slip through the fingers ձեռքից բաց թողնել

little finger *կազմախոսություն* ճկույթ; ճկութիկ

look through one's/the fingers մատների արանքով նայել

middle/medical finger *կազմախոսություն* միջնամատ *(ըստ հնագույն ավանդության՝ այդ մատով անցնում է մատը սրտի հետ միացնող նյարդը, այդ պատճառով էլ այդ մատով դեղորայքը տրորող, փշրող մարդն անմիջապես կարող է զգալ դեղն առողջության համար վտանգավո՞ր է, թե՞ ոչ)*

one's fingers are all thumbs (**one is all fingers and thumbs**) անշնորհք/անճարակ մարդ է; ապիկար է; ձեռքից ամեն ինչ թափվում է; ձեռքից ոչ մի գործ չի գալիս

put one's finger into sb else's pie խառնվել ու-

րիշի գործերին; քիթը խոթել ուրիշի գործերի մեջ
snap one's fingers at sb/sth բացահայտ արտահայտել արհամարհանք մեկի հանդեպ; թքել մեկի վրա; թքել ինչ-որ բանի վրա
stick to sb's fingers (stick to the fingers of sb) յուրացնել մեկի փողերը
the ring finger *կազմախոսություն* մատնեմատ
turn/wind/wrap/twist sb round one's little finger մատի վրա խաղացնել; տանջել; չարչարել
twist one's finger մատները կոտրատել *(հուզմունքի/վշտի մեջ)*
with a wet finger հեշտությամբ; առանց դժվարության
with one's finger in one's mouth 1) ոչինչ չանելով; անօգնական և չեզոք 2) հիմար տեսքով
work one's fingers to the bone անդադար/ջանասիրաբար/ծրաջան կերպով աշխատել; ձեռքերը չծալել-նստել

fingering |ˈfɪŋg(ə)rɪŋ| *noun* *երաժշտություն* 1) նվագելը *(մատներով՝ երաժշտական գործիքը)* 2) մատների հերթականությունը *(տվյալ երաժշտական գործը նվագելիս)*

fingermark |ˈfɪŋgəmɑːk| *noun* 1) մատնահետք; մատի հետք *(յուղոտ, կեղտոտ)* 2) տե՛ս **fingerprint**

fingernail |ˈfɪŋgəneɪl| *noun* եղունգ

fingerpost *noun* ճանապարհների նշանաձող

finger-print |ˈfɪŋgəprɪnt| **1** *noun* 1) մատի դրոշմ; մատնադրոշմ 2) ձեռագիր; բնորոշ հատկանիշ **2** *verb* մատնահետքերը վերցնել

fingertip |ˈfɪŋgətɪp| **1** *noun* մատի ծայր **2** *adjective* 1) մատնային; մատների; մատներով կառավարվող 2) մինչև մատների ծայրերը
at one's fingertips ձեռքի տակ; տրամադրության տակ; առկա *(հատկապես տեղեկությունների մասին)*
by one's fingertips եղունգներով; մեծ ջանք գործադրելով; մեծ ճիգերի գնով
to one's fingertips մինչև մատների ծայրը; ողնուծուծով; ամբողջությամբ; ոտքից գլուխ

finicky |ˈfɪnɪki| *adjective* 1) բծախնդիր; պահանջկոտ; դժվարահաճ; քմահաճ 2) նրբաճաշակ; բարձրաճաշակ

finis |ˈfiːnɪs|, |ˈfɪnɪs|, |ˈfʌɪnɪs| *noun* վերջ; ֆիլմի վերջը; գրքի ավարտը

finish |ˈfɪnɪʃ| **1** *verb* 1) վերջացնել; ավարտել; ավարտին հասցնել 2) ուտել-վերջացնել; ամբողջությամբ ուտել; վերջին հասնել *(ապուրի և այլն)* 3) վերջանալ; ավարտվել; ավարտին հասնել 4) **(finish with)** այլևս ասելիք չունենալ; այլևս անելիք չունենալ *(որևէ մեկի հետ)* 5) *մարզական* ավարտակետին հասնել; վերջնակետին հասնել; ֆինիշել 6) հղկել; կատարելագործել; կատարյալ դարձնել; մշակել 7) բտել-վերջացնել; ավարտին հասցնել պարարտացումը *(անասուններին մորթելուց առաջ)* 8) *հնացած* պատրաստել բարձրաշխարհիկ հասարակություն մտնելուն *(աղջկան)* • **fininsh sb off** մեկի վերջը տալ; վերացնել/ոչնչացնել/տապալել մեկին **finish up** i) ավարտել; վերջացնել; ավարտին հասցնել ii) արդյունք ունենալ; ի վերջո հասնել ինչ-որ բանի; ի վերջո դառնալ **2** *noun* 1) վերջ; վախճան; ավարտ; ավարտում 2) *մարզական* ավարտակետ; վերջնակետ; ֆինիշ 3) հղկվածություն; կատարելություն; ավարտվածություն 4) մակերես; երես; մակերևույթ; հարթերես
a fight to the finish պայքար մինչև վերջ/հաղթանակ; մինչև մասնակիցներից մեկի պարտվելը տևող մրցապայքար
fight to a finish մինչև վերջ մարտնչել/պայքարել
the finishing stroke (give/put the finishing stroke) վերջին նրբագծեր; եզրափակիչ ակորդ

finished |ˈfɪnɪʃd| *adjective* 1) վերջացած; վերջացրած; ավարտված; հղկված; կատարյալ 2) գործերը ավարտած/վերջացրած; անելիքն ավարտին հասցրած *(մարդու մասին)* 3) հեղինակազուրկ; վարկաբեկված; ուժը կորցրած 4) լիովին նորոգված; վերջնական տեսքի բերված *(առարկայի/սենյակի մասին)* 5) բտված; պարարտացված *(անասունների մասին)*

finite |ˈfʌɪnʌɪt| *adjective* 1) սահմանափակ; վերջավոր 2) նկատելի; տեսանելի; շոշափելի; ոչ չնչին 3) *քերականություն* դիմավոր *(բայաձև)*

fink |fɪŋk| *խոսակցական* **1** *noun* *ամերիկյան* 1) իրազեկիչ; գործակալ; լրտես 2) *հնացած* գործադուլաբեկ; շտրեյկբրեխեր **2** *verb* 1) **(fink on)** լրտեսել; մատնել; «ծախել»; նյութ գրել *(մեկի վերաբերյալ)* 2) **(fink out)** նահանջել; ետ կանգնել; քաջություն չունենալ *(մի բան անելու)* 3) **(fink out)** չգործել; արդյունավետությունը ընկնել

Finland |ˈfɪnlənd| Ֆինլանդիա *(պետություն Բալթիկ ծովի ափին)*

Finn |fɪn| *noun* ֆինն; Ֆինլանդիայի բնակիչ կամ ֆիններենով խոսող

Finnish |ˈfɪnɪʃ| **1** *adjective* ֆիննական; ֆինների **2** *noun* ֆիններեն

fir |fəː| *noun* (նաև **fir tree**) *բուսաբանություն* եղևնի *(Pinaceae)*

fire |ˈfʌɪə| **1** *noun* 1) կրակ; բոց 2) հուր *(նաև որպես չորս հիմնական տարրերից մեկը)* 3) հրդեհ 4) վառարան; օջախ; կրակարան; խարույկ 5) տաքություն; տենդ; ջերմ 6) խանդավառություն; ոգևորություն; ջերմեռանդություն 7) *բանաստեղծական* լույս; կայծկլտում 8) կրակոց; հրանոթային կրակ; հրաձգություն 9) քննադատություն; ընդդիմախոսություն; պարսավանք; առարկությունների կարկուտ **2** *verb* 1) **(fire at)** կրակել; կրակ վարել; գնդակոծել; կրակ բանալ 2) կրակել; դատարկվել *(ատրճանակի և այլնի մասին)* 3) իրար հետևից ուղղել; արագ-արագ տալ; տարափ բացել *(հարցերի)* 4) **(fire off)** հղել; ուղղել; հասցեագրել *(հերթական նամակը և այլն)* 5) *խոսակցական* դուրս անել; աշխատանքից հանել/ազատել; արձակել 6) միացնել; աշխատեցնել; գործի գցել *(շարժիչը և այլն)* 7) աշխատել; միանալ *(շարժիչի մասին)* 8) *հնացած* կրակ տալ; վառել 9) ոգևորել; խանդավառել; բորբոքել երևակայությունը 10) **(fire up)** բարկանալ; բորբոքվել; կատաղել; բոցավառվել; տաքանալ 11) թրծել; այրել *(կավե ամանեղեն, աղյուս)* 12) վառել *(վառարանը)* 13) այրել; դաղել
add fuel to the fire կրակին յուղ լցնել
between two fires երկու կրակի արանքում; անելանելի վիճակում; անելանելի դրության մեջ
breathe/flash/shoot fire շանթ ու կայծակ արձա-

կել; բարկությամբ լցված լինել; աչքերից կայծ ու կրակ թափվել; փայլատակել
carry fire in one hand and water in the other երկերեսանի լինել; արտաքուստ մի բան ցույց տալ, բայց անել հակառակը
catch/take fire բռնկվել; բոցավառվել; այրվել; կպչել
draw the fire of *ռազմական* 1) կրակն իր վրա վերցնել; թիրախ դառնալ 2) ծիծաղի/ծաղրի առարկա լինել
fire and brimstone 1) դժոխային տանջանքներ 2) Գրո՛ղը տանի: Սատանա՛ն տանի: *(բացականչություն)*
fire away *խոսակցական* տու՛ր հարցերդ; դե, ասա՛; խնդրեմ; սե՛ք; համեցե՛ք; սկսի՛ր
fire in one's belly (fire in the belly) խանդավառություն; ոգևորություն; նպատակասլացություն; տրամադրվածություն
firing on all/four cylinders ամբողջ հզորությամբ աշխատող
go through fire (go through fire and water) կրակի միջով անցնել; փորձությունների ենթարկվել
Jump out of the frying pan into the fire. *առած* Կրակից ազատվել՝ բոցն ընկնել: Ջրից՝ ջրհեղեղ: Մրից դուրս գալ՝ մրջուրն ընկնել:
light a fire under someone ոգևորել; խթանել; մղել; հորդորել; թև տալ մեկին
liquid fire *խոսակցական* թունդ ոգելից խմիչք
make up the fire կրակ անել; վառարանը վառել
mend the fire կրակը նորոգել; վառելիք ավելացնել
miss fire 1) *ռազմական* վրիպել 2) աննշմար/աննկատ անցնել; ցանկալի արդյունքը չտալ
on fire 1) այրվող; վառվող; բոցերի մեջ 2) ոգևորված; խանդավառ; բոցաշունչ
open fire 1) տե՛ս **open** *ռազմական* կրակել; կրակ բաց անել 2) *փոխաբերական* մեկի դեմ ելույթ ունենալ
poke the fire կրակը խառնել
put to fire and sword հրի և սրի մատնել
set fire to 1) **(set something on fire)** հրդեհել; հրկիզել; կրակ տալ; կրակի բաժին դարձնել 2) գրգռել; հրահրել
set the world on fire (set the Thames on fire) աշխարհը շուռ տալ; ցնցող մի բան անել; նշանակալի գործ անել
snatch/pull sb out of fire փրկել; փորձանքից ազատել մեկին
St. Anthony's fire *բժշկություն* կարմիր քամի
stand fire 1) դիմանալ թշնամու կրակին 2) քննադատությանը/փորձությանը դիմանալ
under fire 1) կրակահերթի/կրակոցների տակ; հրաձգության ենթարկվող; կրակի տակ 2) քննադատության տակ
where's the fire? *խոսակցական* հրդե՞հ կա; ի՞նչ է պատահել; ու՞ր եք շտապում; ինչու՞ եք կորցրել Ձեզ

fire alarm *noun* 1) հրդեհի ազդանշան տվող սարք 2) հրդեհի տագնապ; հրդեհի ազդանշան

firearm |ˈfʌɪərɑːm| *noun* հրազեն

fireball |ˈfʌɪəbɔːl| *noun* 1) հրե գունդ; բոցավառվող գունդ 2) ասուպ; երկնաքար 3) *ռազմական պատմական* հրձիգ ռմբագունդ 4) կրակի կտոր; կայծ ու կրակ; եռանդուն մարդ 5) գնդաձև կայծակ

firebrand |ˈfʌɪəbrænd| *noun* 1) խռովարար; դրդիչ; գրգռիչ; աղմկարար 2) խանձող; մխափայտ *(կիսայրված փայտի կտոր)*

firebrick |ˈfʌɪəbrɪk| *noun* հրակայուն աղյուս

fire brigade *noun* հրշեջ խումբ

firebug |ˈfʌɪəbʌg| *noun* 1) *ամերիկյան խոսակցական* հրձիգ; գրգռիչ; հրահրիչ; սադրիչ 2) *կենդանաբանություն* լուսատտիկ; կայծոռիկ *(ընտանիք Lampyridae)*

fire control *noun* 1) *ռազմական* կրակի ղեկավարում 2) պայքար անտառահրդեհների դեմ 3) *տեխնիկական* այրումը կարգավորելը; այրման կարգավորում

firecracker |ˈfʌɪəkrækə| *noun* հրթիռ; հրավառելիք

firedamp |ˈfʌɪədæmp| *noun* հանքագազ; շաղաչնուն գազ

fire engine *noun* հրշեջ մեքենա

fire escape *noun* հրշեջ սանդուղք

fire extinguisher *noun* հրամարիչ; կրակմարիչ

firefight |ˈfʌɪəfʌɪt| *noun* *ռազմական* հրաձգություն

firefighter |ˈfʌɪəfʌɪtə| *noun* *ամերիկյան* հրդեհաշեջ; հրշեջ խմբի աշխատող; անտառահրդեհների դեմ պայքարող հրդեհաշեջ

firefly |ˈfʌɪəflʌɪ| *noun* (հոգն. **-flies**) *կենդանաբանություն* լուսատտիկ; կայծոռիկ *(ընտանիք Lampyridae)*

fire hose *noun* հրդեհաշեջ փողրակ

firelight |ˈfʌɪəlʌɪt| *noun* բուխարու/խարույկի լույս

fireman |ˈfʌɪəmən| *noun* (հոգն. **-men**) 1) հրշեջ 2) հնոցապան

fireplace |ˈfʌɪəpleɪs| *noun* 1) բուխարի; կրակարան; օջախ 2) *տեխնիկական* հնոց; հալոց

fireplug |ˈfʌɪəplʌg| *noun* 1) հրշեջ ծորակ 2) *խոսակցական* կարճահասակ պնդակազմ մարդ; քոթուկ *(հաստկապետ՝ մարդիկ)*

fireproof |ˈfʌɪəpruːf| **1** *adjective* հրակայուն **2** *verb* հրակայուն դարձնել; հրակայուն նյութով պատել

fireside |ˈfʌɪəsʌɪd| **1** *noun* 1) բուխարու մոտ նստելու տեղ 2) ընտանեկան օջախ; տուն; գերդաստան **2** *adjective* անկաշկանդ; սրտաբաց; անբռնազբոսիկ; անմիջական *(զրույցի և այլնի մասին)*

firewall |ˈfʌɪəwoːl| *noun* 1) հակահրդեհային պատ; անկիզապատ 2) պաշտպանիչ/պաշտպանական միջոց; արգելապատնեշ 3) *համակարգիչներ* արգելապատնեշ; հրապատ *(սարքակազմի/ծրագրակազմի անվտանգության համակարգ սպասարկիչի կամ ներքին ցանցի ու Համացանցի միջև)* 4) (նաև **Chinese wall**) «չինական պարիսպ»; անհաղթահարելի խոչընդոտ

fire warden *noun* անտառահրդեհների դեմ պայքարող պահպանության պետ

firewood |ˈfʌɪəwʊd| *noun* վառելափայտ

firework |ˈfʌɪəwəːk| *noun* 1) **(fireworks)** հրավառություն 2) (**fireworks**) փայլատակում; բուռն դրսևորում *(սրամտության, եռանդի, որևէ զգացումի, հատկապես՝ զայրույթի)*

firing |ˈfʌɪərɪŋ| *noun* 1) կրակ տալը; հրկիզելը; բռնկեցնելը; հրդեհելը 2) այրում; դաղում; խարում 3) *ռազմական* հրաձգություն; հրետանաձգություն 4) աշխատանքից ազատելը; արձակելը 5) թրծում; այրում

firing line *noun* 1) *ռազմական* մարտագիծ; կրակագիծ 2) նախատինքի առարկա; կշտամբանքի առարկա; հարձակումների առարկա; քննադատության ենթարկվող մարդ

firing squad *noun* 1) *ռազմական* կրակային/մարտական/գնդակահարող խումբ 2) մարտական ողջույն տվող խումբ *(զինվորականի թաղմանը)*

firm[1] |fəːm| **1** *adjective* 1) ամուր; պինդ 2) *նաև փոխաբերական* հաստատուն; անխախտ; անսասան; կայուն; աներեր 3) վճռական; հաստատակամ 4) ամուր; անսասան; կայուն *(մարդու/գործողությունների/հավատի/զգացմունքի մասին)* 5) որոշված; որոշակի; հաստատված *(ծրագրերի և այլնի մասին)* 6) *տնտեսագիտություն* կայուն *(որի գինը չի իջնում և հնարավոր է, որ բարձրանա)* **2** *verb* 1) պնդացնել; ամրացնել; ամրապնդել 2) տոփանել հողը *(բույսը տնկելուց հետո)* 3) *տնտեսագիտություն* մնալ կայուն *(բաժնետոմսի/արժույթի մասին)* 4) հաստատել; հավաստել; ընդունել 5) ամրանալ; պնդանալ **3** *adverb* հաստատուն/կայուն կերպով; ամուր; վճռականորեն; վճռաբար

a firm hand խիստ կարգուկանոն; երկաթյա ձեռք
be on firm ground ամուր հիմքեր ունենալ; վստահ լինել իր ունեցած փաստերի վրա

firm[2] |fəːm| *noun* ձեռնարկություն; մասնագիտացված ձեռնարկություն *(առևտրական կամ արդյունաբերական)*

firmament |ˈfəːməm(ə)nt| *noun բանաստեղծական* 1) երկնակամար; երկնագմբեթ 2) ասպարեզ; միջավայր; հանրություն; երկնակամար *(ականավոր մարդկանց, կինոաստղերի)*

firmly *adverb նաև փոխաբերական* ամուր կերպով; անսասանորեն; անտատանորեն; անխախտորեն; աներկդդորդ

first |fəːst| *ordinal number* 1) (**1st**) առաջին 2) առաջին անգամ տեղի ունեցող; առաջին անգամ կատարվող 3) առաջին անգամ; սկզբում 4) (*նաև* **first of all, first and foremost**) նախ; սկզբից; նախ և առաջ 5) նախ; առաջին հերթին *(թվարկելիս)* 6) *տեխնիկական* առաջին *(մեքենայի փոխանցման տուփի)* 7) առաջին հրատարակություն *(գրքի)* 8) առաջնային; առաջին տեղում; ամենակարևոր; գլխավոր 9) ամենահավանական; անհետաձգելի; ամենահարմար; ավելի շուտ; ավելի լավ; նախապատվություն տալով 10) առաջին տեղը զբաղեցրած մարզիկը 11) *երաժշտություն* առաջին *(ջութակ և այլն նվագախմբում)* 12) (**firsts**) առաջին տեսակի ապրանքներ; առաջնակարգ ապրանքներ 13) *բրիտանական* ամենաբարձր միավորները *(քննության արդյունքում)* 14) *բրիտանական* ամենաբարձր միավորները վաստակած մարդը *(քննության արդյունքում)* 15) ◊ **the first** i) մեկը *(ամսվա առաջին օրը)* ii) առաջինը *(վերը հիշված մարդը/առարկան)*. **from the first** հենց սկզբից

at first նախ; սկզբից; սկզբում
at first sight առաջին հայացքից
first and foremost (**first of all**) նախ և առաջ; ամենից առաջ
first and last 1) հիմնականում; փաստորեն; իրականում 2) ծայրից ծայր
first blood տե՛ս **blood**
first come, first served ըստ մարդկանց գալու հերթականության; առաջին եկողն առաջինն է սպասարկվում
first of all 1) նախևառաջ; նախ; առաջին հերթին 2) գլխավորապես; հիմնականում
first off *խոսակցական* նախ; նախևառաջ
first or last վաղ թե ուշ
first past the post 1) *մարզական* առաջինը վերջնակետին հասած; առաջինն ավարտակետին հասած *(հատկապես ձիու մասին)* 2) *քաղաքականություն բրիտանական* առաջինը ստանում է պաշտոնը *(ընտրական համակարգում)*
first thing առավոտյան առաջին գործը
first things first նախ՝ կարևոր գործերը/հարցերը
from first to last սկզբից մինչև վերջ; ամբողջությամբ
from the first (*նաև* **from the very first**) ամենասկզբից; հենց սկզբից
in the first place 1) նախ; առաջին հերթին *(թվարկելիս)* 2) սկզբում; ամենասկզբում
of the first order/magnitude առաջնակարգ; բարձրակարգ; գերազանց

first aid *noun* առաջին օգնություն/բուժօգնություն

firstborn **1** *adjective* անդրանիկ; առաջնեկ; առաջնածին **2** *noun* անդրանիկ; առաջնեկ *(զավակ)*

first class **1** *noun* 1) առաջին կարգ; ընտրանի; սերուցք *(մարդկանց)* 2) առաջին կարգ *(օդանավում, գնացքում և այլն)* 3) *բրիտանական* առաջին աստիճան *(քննության արդյունքում ստացվող միավորների)* 4) *բրիտանական* առաջին աստիճան *(քննության մասնակիցների՝ ըստ բարդության)* **2** *adjective, adverb* 1) առաջնակարգ; գերազանց; բարձրակարգ; ընտիր 2) առաջին կարգի *(օդանավի/գնացքի և այլնի տեղերի մասին)* 3) գերազանց, հիանալի կերպով 4) առաջին աստիճանի կարևորության *(նամակների և այլնի մասին)*

first-degree *adjective* 1) առաջին կարգի *(այրվածքների մասին՝ թեթև)* 2) *իրավունք* հանցագործություն՝ ծանրացուցիչ հանգամանքներում

first-degree relative մերձավորագույն բարեկամ; հարազատ *(ծնողը, զավակը, քույրը կամ եղբայրը)*

first floor *noun* 1) *ամերիկյան* առաջին հարկ 2) *բրիտանական* երկրորդ հարկ

first-generation *adjective* 1) առաջին սերնդի *(քաղաքացի)* 2) առաջին սերնդի *(սարքի/գործիքի առաջին տարբերակի մասին)*

firsthand *adjective, adverb* սկզբնաղբյուրից; առաջին ձեռքերից; առանց միջնորդի; անմիջականորեն; ուղղակիորեն
at first hand ուղղակիորեն; սեփական փորձով

first lady *noun* (**First Lady**) 1) առաջին տիկին *(երկրի ղեկավարի կինը)* 2) առաջատար կին; բարձրակարգ կին մասնագետ *(որոշակի ոլորտում)*

firstling |ˈfə:s(t)lɪŋ| *noun* *հնացած* 1) (**firstlings**) առաջին ծնունդ *(կենդանու՝ տվյալ տարում)* 2) (**firstlings**) առաջնապտուղ; երախայրի; առաջին արդյունքներ *(տվյալ տարվա)*

firstly |ˈfə:s(t)li| *adverb* նախ և առաջ; նախ

first name *noun* անուն; անձնանուն

on a first-name basis մտերիմ; ընկերական հարաբերություններում

first night *noun* *թատրոն* պրեմիերա; առաջին ներկայացում; առաջնախաղ

first-rate *adjective* 1) առաջնակարգ; գերազանց 2) քաջառողջ; առույգ

First World *noun* զարգացած երկրները

firth |fə:θ| *noun* 1) ծովածոց; ծովախորշ; ծովաբազուկ 2) գետաբերան

fir tree *noun* *բուսաբանություն* եղևնի

fiscal |ˈfɪsk(ə)l| **1** *adjective* 1) հարկային; գանձարանային; գանձարանի *(պետական)* 2) դրամական; դրամային; փողային; ֆինանսական; դրամամիջոցների 3) հարկման *(տարվա մասին)* **2** *noun* *հնացած* գանձապետ

fiscal year *noun* հարկման/գանձարանի տարի

fish[1] |fɪʃ| **1** *noun* (հոգն. նույնը կամ **fishes**) 1) *կենդանաբանություն* ձուկ 2) ձկան միս; ձկնամիս *(որպես սնունդ)* 3) (**the Fish, Fishes**) Ձկներ *(համաստեղություն)* 4) տարօրինակ/արտասովոր մարդ; կերպար; տիպ 5) *ռազմական խոսակցական* ինքնաշարժ ջրական; տորպեդ **2** *verb* 1) ձուկ բռնել/որսալ; ձկնորսությամբ զբաղվել 2) խարխափելով/շոշափելով փնտրել 3) կորզել; դուրս քաշել; ձգտել ստանալ *(հատկապես անուղղակի ճանապարհով)* 4) (**fish sth out**) հանել ջրից; դուրս բերել ջրից • **fish for** i) ջրում մի բան փնտրել ii) դուրս քաշել *(գաղտնիք, տեղեկություն և այլն)* **fish out** ամբողջ ձուկը որսալ; ձկան ամբողջ պաշարը սպառել *(գետի, լճի)* **fish out of** խորամանկությամբ դուրս քաշել

a big fish կարևոր անձ; նշանակալի մարդ

a big fish in a small pond (**a big fish in a little pond**) իր շրջապատում կարևոր մարդ; ծանոթների նեղ շրջանակի համար կարևոր մարդ; իր աշխատատեղում կարևոր մարդ

A fine/nice/pretty kettle of fish. *խոսակցական* Լա՜վ գործ է: Ուրախ պատմություն է: Ա՜յ քեզ բան: Զվարճալի պատմություն է:

a fish out of water ջրից դուրս հանված ձուկ; անհարմար/անսովոր/անբնական վիճակում հայտնված մարդ

All is fish that comes to his net. *առած* Ամեն ինչ ձուկ է դառնում նրա ցանցին մոտենալիս: Ամեն ինչից օգուտ է քաղում:

April fish *կատակային* ապրիլմեկյան կատակ; խաբելու օրն արված կատակ

drink like a fish խմել; գլուխը քաշել *(չափազանց շատ ալկոհոլ)*

dumb/mute as a fish ձկան պես համր

feed the fishes 1) խեղդվել 2) տառապել ծովային հիվանդությամբ

Fish begins to stink at the head. *լատինական ասացվածք* Ձուկը գլխից է հոտում:

fish in troubled waters պղտոր ջրում ձուկ որսալ

fish or cut bail *ամերիկյան* ընդունել այս կամ այն որոշումը; երկուսից մեկը

fresh fish *ամերիկյան ծածկալեզու* նոր կալանավոր; առաջին անգամ բանտարկված

have other/bigger fish to fry *կատակային* ուրիշ գործեր ունենալ; ավելի կարևոր գործեր ունենալ

He who would catch fish must not mind getting wet. *առած* Ձուկ բռնողը կթրջվի: Առանց չարչարանքի արդյունքի չես հասնի:

like shooting fish in a barrel պարզից էլ պարզ; չափազանց հեշտ; խաղուպար

neither fish nor flesh ո՛չ ձուկ, ո՛չ միս; ո՛չ այս, ո՛չ այն

neither fish nor fowl (**neither fish nor good red herring**) ո՛չ այս կողմ, ո՛չ այն; ո՛չ ձուկ, ո՛չ միս; անհասկանալի; անմարսելի; չհասկացվող

Never fry a fish till it's caught. *առած* Ճտերն աշնանն են հաշվում: Ժամանակից շուտ մի՛ ուրախացիր:

odd/queer/strange fish տարօրինակ/խենթավուն մարդ; տարօրինակություններ ունեցող մարդ

poor fish անպետք/անճարակ մարդ

shy fish ամաչկոտ մարդ

The best fish swim near the bottom. *ֆրանսիական ասացվածք* Լավ ձուկը հատակին մոտ է լողում: Լավը հեշտ չի ձեռք բերվում:

fish[2] |fɪʃ| **1** *noun* *տեխնիկական* մակադրակ **2** *verb* *տեխնիկական երկաթուղային* մակադրակով միացնել

fish cake *noun* ձկան ու կարտոֆիլի կոտլետ

fisher |ˈfɪʃə| *noun* *բանաստեղծական* 1) ձկնորս 2) ձկնորսի նավակ 3) *կենդանաբանություն* ամերիկյան աքիս *(որը թանկարժեք մորթի ունի. ընտանիք Mustelidae)*

fisherman |ˈfɪʃəmən| *noun* (հոգն. **-men**) 1) ձկնորս; ձուկ բռնող 2) ձկնորսանավակ; ձկնորսական մակույկ

fishery |ˈfɪʃ(ə)ri| *noun* (հոգն. **-eries**) 1) ձկնաբուծարան; ձկնարան; ձկնավազան 2) ձուկ որսալու տեղ; ձկնորսարան; ձկնավետ տեղ 3) ձկան որս; ձուկ որսալը; ձկնորսություն

fishhook *noun* կարթ; ձկնորսական

fishing |ˈfɪʃɪŋ| *noun* ձուկ որսալը; ձկնորսություն

fishing expedition տեղեկություններ գտնելու փորձ; նյութեր հայթայթելու փորձ

fishing line *noun* կարթաթել

fishing rod *noun* կարթաձող *(սովորաբար՝ կոճով)*

fish meal |ˈfɪʃmi:l| (նաև **fishmeal**) *noun* ձկնալյուր *(չորացրած ու մանրած ձուկ՝ որպես անասնակեր կամ պարարտանյութ)*

fishmonger |ˈfɪʃmʌŋgə| *noun* ձկնավաճառ *(մարդ կամ խանութ)*

fishpond *noun* 1) ձկնաբուծարան *(լճակ)* 2) խաղ-ձկնորսություն *(որի ժամանակ խաղացողները արկղից փորձում են որսալ արհեստական ձկներ)* 3) *կատակային* ծով

fishwife |ˈfɪʃwʌɪf| *noun* (հոգն. **-wives**) 1) բոհ/կոպիտ/աղմկարար կին 2) *հնացած* ձկնավաճառ կին

fishy |ˈfɪʃi| *adjective* (**fishier**, **fishiest**) 1) ձկնային; ձկան; ձկնանման 2) *խոսակցական* կասկածելի; անհավատալի; վտանգավոր; անվստահելի 3) ձկնահամ

fission |ˈfɪʃ(ə)n| **1** *noun* 1) պառակտում; բաժանում; մասնատում; տրոհում 2) տե՛ս **nuclear fission** 3) բազմացում՝ բջիջների տրոհման միջոցով **2** *verb* *ֆիզիկա* ճեղքվել; մասնատվել; տրոհվել *(ատոմների մասին)*

fissure |ˈfɪʃə| **1** *noun* 1) ճեղք; ճեղքվածք; ծերպ 2) *բժշկություն* կոտրվածք; պատռվածք 3) ճեղք; ակոս *(գլխուղեղի կիսագնդերի միջև)* 4) անհամաձայնություն; աններդաշնակություն; տարակարծություն **2** *verb* ճեղքվել; ճաքել; ճեղք տալ

fist |fɪst| **1** *noun* 1) բռունցք; կռուփ 2) *խոսակցական* ձեռք 3) *կատակային* ձեռագիր **2** *verb* բռունցքով խփել

make a ... fist of/at *խոսակցական* գործ կատարել; աշխատել *(լավ, վատ և այլն)*

fisticuffs |ˈfɪstɪkʌfs| *plural noun* բռնցքակռիվ; բռնցամարտ

fistula |ˈfɪstjʊlə| *noun* (հոգն. **-las** կամ **-lae** |-liː|) *բժշկություն* խուղակ; խլվակ; ֆիստուլ *(մաշկի կամ լորձապատյանի վրա բացված անցք, որի միջով դուրս է գալիս խորքում գոյացող արտադրուկը)*

fit[1] |fɪt| **1** *adjective* (**fitter**, **fittest**) 1) պիտանի; հարմար; համապատասխան 2) կարող; ունակ; ընդունակ; պատրաստված *(մարդու մասին՝ որևէ բան անելու)* 3) *կենսաբանություն* հարմարված; կենսունակ 4) պատշաճ; վայել; վայելուչ; պատեհ ◊ **it is not fit** վայել չէ 5) *խոսակցական* պատրաստ; կազմ և պատրաստ ◊ **I am not fit** ես չեմ կարող; ի վիճակի չեմ 6) *խոսակցական* հասցված; պատրաստ *(որևէ բան անելու՝ չափազանց մեծ զայրույթի, տհաճության և այլնի պատճառով)* 7) լավ մարզավիճակում; քաջառողջ 8) առողջ *(մթնոլորտի/հարաբերությունների մասին)* 9) *բրիտանական* հրապուրիչ՝ առինքնող; սիրունատես **2** *verb* (**fitted** կամ **fit**, **fitting**) 1) իսկը չափին լինել; վրայով լինել; լավ/հարմար լինել *(հագուստի, կոշիկների մասին)* 2) (**be fitted for**) չափսափորձել; չափսատուգել *(հագուստը և այլն՝ մինչև վերջնական կարելը)* 3) տեղավորվել; տեղ անել *(մեքենայում, սենյակում և այլն)* 4) տեղավորել; դնել; մոնտաժել; մոնտաժ անել; տեղադրել 5) (**fit with**) ամրացնել; ավելացնել; մատակարարել *(լրացուցիչ սարք, մաս և այլն)* 6) հարմարեցնել; զուգահարմարել; սազեցնել; միացնել 7) համապատասխանել; համապատասխան լինել; զուգապատշաճ լինել; պատշաճել ◊ **the cap fits** i) «գլխարկը լավ է նստում» ii) *փոխաբերական* շեշտակի; բուն նպատակին 8) *ամերիկյան* պատրաստել; նախապատրաստել *(որոշակի գործ անելու)* • **fit in** i) հարմարվել; մերվել *(հասարակությանը, կենսակերպին)* ii) հարմար/հարիր լինել; համապատասխանել iii) (**fit into**) մաս կազմել; մասնիկը լինել; բաղադրատարրը լինել **fit in/into** i) դնել; հարմարեցնել ii) հարմար լինել; լավ նստել **fit sb/sth in** i) տեղավորել; տեղ գտնել ii) ժամանակ/ռոպե գտնել; կարողանալ ժամանակ հատկացնել **fit sb/sth out** i) հանդերձել; մատակարարել; հանդերձավորել ii) կահավորել; սարքավորել; սարքավորումներով ապահովել **fit sb up** մեղադրել մեկին՝ կեղծ վկայություն տալով **fit sth on** փորձել; չափել; չափսափորձել *(հագուստը)* **3** *noun* 1) հարմար չափի լինելը; նստելը ◊ **be an excellent fit** հիանալի նստել *(հագուստի մասին)* 2) համապատասխանություն; համանմանություն 3) *վիճակագրություն* համապատասխանելը *(փաստերի՝ իրականությանը)*

feel/keep fit առույգ/կայտառ լինել; ֆիզիկապես լավ վիճակում լինել

fit to be tied *խոսակցական* կապկպելու արժանի; ափերից դուրս եկած; զայրույթից իրեն կորցրած

fit to bust *խոսակցական* ամբողջ ուժով; լիաթոք

think/see fit *աստվածաշնչային* անհրաժեշտ համարել; նպատակահարմար ընդունել/դիտարկել

When the fit is on him... Երբ նա բարձր տրամադրության մեջ է....

fit[2] |fɪt| *noun* 1) բռնկում; մոլուցք; նոպա; պարոքսիզմ ◊ **fit of epilepsy** ընկնավորության նոպա 2) պոռթկում; թափ ◊ **a fit of energy** եռանդի պոռթկում 3) տրամադրություն; ցանկություն ◊ **a fit of indifference** անտարբերություն. **a scolding fit** խմելու ցանկություն

beat sb into fits (**give sb fits**) հեշտությամբ հաղթել մեկին

by/in fits and starts անկանոն կերպով; ընդհատումներով; ժամանակ առ ժամանակ; մերթ ընդ մերթ

give one a fit մեկին ապշեցնել; վրդովվել; վիրավորել

give sb fits 1) ստորացուցիչ պարտության մատնել; նվաստացուցիչ պարտության մատնել 2) շշմեցնել; ցնցել 3) *ամերիկյան* մի լավ անպատվել

in fits (**in fits of laughter**) ծիծաղից փորը բռնած; ծիծաղից թավալվող

scream oneself into fits հուսահատ ողբալ; սուգ/վայնասուն բարձրացնել; լաց ու կոծ անել; նոպայի մեջ ընկնել

throw/give a fit *ամերիկյան* կատաղել; զայրանալ; ջղաձգության մեջ լինել

fit[3] |fɪt| (նաև **fytte**) *noun* *հնավանդ* բանաստեղծության հատված

fitful |ˈfɪtfʊl|, |-f(ə)l| *adjective* ջղաձգական; ընդհատվող; թափընդհատ

fitness *noun* 1) լավ մարզավիճակ; քաջառողջություն; առույգություն 2) համապատասխանություն; տեղին լինելը; պիտանիություն 3) *կենսաբանություն* հարմարվածություն *(օրգանիզմի)*

fit-out *noun* 1) կահավորանք; կահավորություն; կահավորում *(տան, բնակարանի)* 2) *խոսակցական* համազգեստ հագցնելը; հանդերձում; հանդերձանք

fitted |ˈfɪtɪd| *adjective* 1) կիպ; ճիշտ չափով 2) *բրիտանական* հավաքովի կահույքով *(սենյակի մասին)* 3) ամրացված; ավելացված *(գործիքի և այլնի մասին)* 4) համապատասխան; պատրաստված; ունակ *(որևէ գործ անելու)*

fitter |ˈfɪtə| *noun* 1) փականագործ; սարիչ; մեխանիկ; մոնտաժող 2) չափսափորձիչ *(դերձակ)*

fitting |ˈfɪtɪŋ| **1** *noun* 1) (**fittings**) մասեր; լրամասեր *(կահույքի)* 2) *տեխնիկական* (**fittings**) արմատուրա; պիտույքակազմ 3) սարքավորում; հավաքում; սարում *(մեքենայի մասերի)* 4) հարմարեցում; հարմարեցնելը; տեղը գցելը; հարդարելը 5) չափսափորձում; չափսաստուգում *(հագուստի՝ վերջնական կարելուց առաջ)* **2** *adjective* 1) հարմար; պիտանի; համապատասխան 2) տեղին; պատեհ; պատշաճ 3) նստող; կարված; պատրաստված *(կիպ, լայն՝ հագուստի և այլնի մասին)*

fitting room *noun* հանդերձարան *(հագուստի խանութում)*

five |fʌɪv| *cardinal number* 1) (**5, v, V**) հինգ 2) հինգ թվանշանը 3) (նաև **bunch of five**) հնգյակ; հինգ 4) հինգ տարեկան 5) ժամը հինգը 6) հինգ համարի; հինգերորդ չափսի *(հագուստի և այլնի մասին)* 7) հնգանոց; հինգանոց *(խաղաքարտ և այլն)* 8) հնգանոց *(5 փունտ ստեռլինգ կամ 5 դոլար արժողությամբ թղթադրամ)*

Five Pillars of Islam Իսլամի հինգ սյուները

fiver |ˈfʌɪvə| *noun խոսակցական* 1) հինգ դոլարանոց; հնգանոց 2) հինգ փունտ ստեռլինգ; հնգանոց

five-star *adjective* 1) հինգաստղանի 2) *ռազմական* հինգ աստղանի *(զինվորական բարձրագույն կոչում ԱՄՆ-ում, որը տրվում է միայն պատերազմական վիճակում)*

five-year plan *noun* հնգամյա պլան *(նախկին ԽՍՀՄ-ում և այլն)*

fix |fɪks| **1** *verb* 1) ամրացնել; պնդացնել 2) արմատավորել; ներդնել; պահպանել; տպել; դրոշմել *(գաղափարը, պատկերը՝ հիշողության մեջ)* 3) (**fix sth on/upon**) սևեռել; ուղղել; կենտրոնացնել *(հայացքը, միտքը և այլն)* 4) (**fix on/upon**) կենտրոնանալ; ուղղվել *(մի բանի վրա՝ աչքերի/մտքի մասին)* 5) գրավել *(ուշադրությունը և այլն)* 6) (**fix sb with**) անթարթ/ակնապիշ նայել *(մեկին)* 7) նորոգել; վերանորոգել 8) *խոսակցական* (**fix sth up**) կարգի բերել; վերակառուցել; վերանորոգել *(տունը և այլն)* 9) պայմանավորվել; կազմակերպել 10) *խոսակցական* հարդարել; կարգավորել; կարգի բերել *(սանրվածքը, հագուստը)* 11) *խոսակցական* (**fix sb up**) դասավորել մեկի համար; ապահովել մեկին; տրամադրել մեկին *(անհրաժեշտ իրերով և այլն)* 12) *խոսակցական* (**fix sb up**) ժամադրություն կազմակերպել; ընկեր/ընկերուհի գտնել *(մեկի համար)* 13) *խոսակցական* (**be fixing to do something**) մտադրվել; հետամուտ լինել 14) սահմանել; որոշել; նշանակել *(ժամկետ, գին)* 15) որոշել; գտնել *(ճշգրիտ տեղը, դիրքը՝ սարքերի օգնությամբ)* 16) հաստատել *(լեզվի տարբերակը)* 17) սահմանել *(որևէ մեկի պատասխանատվությունը և այլն)* 18) *տնտեսագիտություն* հաստատագրել *(ունեցվածքը, արտադրամիջոցները, ծախքը և այլն)* 19) սևեռել; սևեռակել *(ներկը, լուսանկարը)* 20) *կենսաբանություն* մշակել *(ֆորմալինով և այլն՝ նախքան մանրադիտակով զննելը)* 21) *կենսաբանություն* օդից կլանել ազոտը կամ ածխաթթու գազը՝ ոչ գազային միացություններ ստեղծելով *(բույսի կամ միկրոօրգանիզմի մասին)* 22) *խոսակցական* խարդախել; կեղծել *(մրցապայքարի/ընտրությունների արդյունքները)* 23) դասավորել 24) հաշիվները մաքրել; սպանել; վերացնել *(մրցակցին, թշնամուն)* 25) նշել; հաստատել *(որևէ երևույթ)* 26) *խոսակցական* թմրադեղ սրսկվել 27) կոտել; կրտել; ամորձատել *(կենդանուն)* 28) խտանալ; պնդանալ; կոշտանալ; կարծրանալ 29) խտացնել; պնդացնել; կոշտացնել; կարծրացնել **2** *noun* 1) երկընտրանք; դժվարին կացություն; անհարմար դրություն 2) *խոսակցական* թմրադեղի քանակություն/դոզա *(որից մարդը կախվածության մեջ է)* 3) կիրք; սեր; հետաքրքրություն; մոլուցք 4) ելք; արագ լուծում; ճար; հնարք *(դժվար կացությունից դուրս գալու, հաճախ՝ ժամանակավոր)* 5) տեղի որոշումը *(ինքնաթիռի, նավի)* 6) *խոսակցական* խարդախություն; կեղծում; դասավորելը

fix breakfast նախաճաշ պատրաստել *(արագ-արագ)*

fix up for the night տեղավորել; օթևան տալ գիշերը; գիշերելու տեղ տրամադրել

get a fix on 1) *ռազմական* տեղորոշել; տեղը որոշել; հավաստանշել *(ինքնաթիռը և այլն)* 2) գլուխ հանել; հասկանալ; հասու լինել մի բանից; կողմնորոշվել

in a fix *ամերիկյան* դժվարին/ծանր դրության/կացության մեջ

out of fix *ամերիկյան* անկանոն/վատ վիճակում; նորոգման/վերանորոգման/կարկատման կարիք ունեցող

fixation |fɪkˈseɪʃ(ə)n| *noun* 1) սևեռվելը; շեղվելը; համակվելը; մոլուցք 2) *հոգեբանություն* հոգեվերլուծության կանգնեցում *(զարգացման)* 3) ամրանալը; կարծրացում; պնդացում; կայունացում 4) *կենսաբանություն* օդից ազոտը կամ ածխաթթու գազը կլանելը *(ոչ գազային միացություններ ստեղծելով. բույսի կամ միկրոօրգանիզմի մասին)* 5) *կենսաբանություն* մշակելը *(ֆորմալինով և այլն՝ նախքան մանրադիտակով զննելը)* 6) կենտրոնացնելը; կենտրոնացում *(հայացքի)* 7) խտացում; թանձրացում 8) *լուսանկարչություն* ֆիքսում; սևեռակում

fixative |ˈfɪksətɪv| **1** *noun* 1) *կենսաբանություն* սևեռիչ նյութ 2) սևեռակող նյութ *(օծանելիքի)* 3) սևեռակող նյութ *(պաստելային/կավճային նկարները պահպանելու համար)* 4) սոսնձանյութ; սոսնձող նյութ **2** *adjective* սևեռակող; ամրացնող; սոսնձող

fixed |fɪkst| *adjective* 1) հաստատուն; կայուն; անշարժ *(նաև արբանյակի մասին)* 2) հաստատագրված; որոշված *(գնի/ժամկետի մասին)* 3) սևեռուն; քարացած; սառած; անարտահայտիչ *(դեմքի արտահայտության մասին)* 4) քարացած; կարծրացած *(հայացքների մասին)* 5) *խոսակցական* (**fixed for**) ապահովված մի բանով; ունեցող; տրամադրության տակ ունեցող *(գումար և այլն)* 6) *քիմիա* կապված; չցնդող 7) կեղծված; խարդախված *(մրցության մասին)*

well fixed *ամերիկյան* ապահովված; հարուստ; ունևոր

fixed assets *plural noun տնտեսագիտություն* հաստատագրված ունեցվածք

fixed costs *plural noun տնտեսագիտություն* հաստատագրված ծախք

fixedly |ˈfɪksɪdli| *adverb* 1) աչքերը հառած/սևեռած 2) ամուր; անսասան/անփոփոխ կերպով

fixing |ˈfɪksɪŋ| *noun* 1) դասավորելը; հարմարեցնելը; խարդախելը 2) (**fixings**) սարքավորում; սարքավորանք; սարքուկարգ; հարմարանքներ *(հատուկ նպատակի համար)* 3) բաղադրամասեր *(որոշակի ճաշատեսակ պատրաստելու)* 4) *բրիտանական* ամրակման երկաթյա մասեր 5) հանդերձանք; պիտույքներ 6) զարդ; զարդարանք; դրվագ *(հագուստի)*

fixture |ˈfɪkstʃə|, |-tjə| *noun* 1) սարած; սարք; սարքավորում; կայանք 2) *իրավունք* (**fixtures**) տան անբաժանելի մասը կազմող հարմարանքները,որոնք վաճառվում են տան հետ միասին *(ջրի ծորակ, գազօջախ և այլն)* 3) *խոսակցական* մշտական այցելու/հաճախորդ; միևնույն տեղում երկար ժամանակ մնացող անձ; միևնույն պաշտոնում երկար ժամանակ մնացող անձ 4) նշանակված օր *(մրցման, հանդիպման և այլն)*

become a fixture չափից ավելի երկար հյուրընկալվել

fizz |fɪz| **1** *verb* 1) ֆշշալ; փրփրել *(հեղուկի/գինու մասին)* 2) *փոխաբերական* բլթբլթալ; եռալ; թրթռալ *(զգացումի մասին)* **2** *noun* 1) թշշոց; ֆշշոց; ֆշշալը; թշշալը 2) *խոսակցական* գազավորված/փրփրուն ըմպելիք 3) աշխուժություն; խլրտում; իրարանցում

fizzle |ˈfɪz(ə)l| **1** *verb* 1) (**fizzle out**) անհաջողությամբ վերջանալ; ձախողվել 2) թեթև ֆշշալ/թշշալ **2** *noun* 1) կատարյալ անհաջողություն; ձախողում 2) թեթև ֆշշոց; թեթև թշշոց

fizzy |ˈfɪzi| *adjective* (**fizzier**, **fizziest**) գազավորված; փրփրուն *(ըմպելիքի մասին)*

fjord |fjɔːd| (նաև **fiord**) *noun* ֆիորդ; խութածոց; խութախորշ

flabbergast |ˈflæbəgɑːst| *verb* *խոսակցական* շշմեցնել; ապշեցնել

flabby |ˈflæbi| *adjective* (**-bier**, **-biest**) 1) կախ ընկած; թուլացած 2) փափկամարմին; թուլամորթ *(մարդու մասին)* 3) հենց այնպես; անարդյունավետ

flaccid |ˈflæsɪd|, |ˈflæksɪd| *adjective* 1) կախ ընկած; կախ; թույլ; թորշոմած; թառամած 2) թոշնած; թառամած *(բույսի մասին)* 3) թույլ; թուլամորթ; անարդյունավետ; անարտադրողական

flag¹ |flæg| **1** *noun* 1) դրոշ; դրոշակ 2) *համակարգիչներ* դրոշակ 3) դրոշակիկ 4) *երաժշտություն* դրոշակ; ծայր *(նոտայի. գույց է տալիս տևողությունը)* **2** *verb* (**flagged**, **flagging**) 1) նշանակել; սահմանել 2) ցույց տալ; ուշադրություն հրավիրել *(մի բանի վրա)* 3) դրոշակով ազդանշանել; ձեռքերը թափահարելով ազդանշանել *(ուղղությունը)* 4) (**flag someone/something down**) կանգնեցնել *(մեքենա՝ ձեռքը թափահարելով)* 5) դրոշակ բարձրացնել; դրոշակներով զարդարել 6) գրանցել *(նավը՝ որոշակի պետության դրոշի ներքո նավարկելու)*

black flag 1) *պատմական* ծովահենի սև դրոշ 2) սև դրոշ, որը բարձրացվում է բանտի վրա՝ ի նշան մահապատիժն ի կատար ածելու

drop the flag *մարզական* մրցությունը սկսելու ազդանշան տալ

flag of truce, white flag սպիտակ/պառլամենտական դրոշակ

fly the flag 1) նավարկել դրոշի ներքո *(որոշակի պետության)* 2) (նաև **show/carry/wave the flag**) հայրենասիրություն ցուցաբերել; ըստ իր պետության շահերի գործել

hoist one's flag ընդունել հրամանատարությունը

keep the flag flying արիությամբ պահպանել պատգամները; իրագործել ինչ-որ բարձր գաղափարներ; չհանձնվել; դրոշը բարձր պահել; որևէ բան արժանի կերպով շարունակել ու զարգացնել

lower one's flag 1) դրոշը իջեցնել *(ողջույնի համար)* 2) հանձնվել; անձնատուր լինել

show the flag դրոշ բարձրացնել; նավարկել *(իր իշխանությունը տվյալ տարածքում հաստատելու համար)*

wrap oneself in the flag ի ցույց դնել իր հայրենասիրությունը; ձևացնել, թե ինքը շատ հայրենասեր է *(հատկապես քաղաքական գործիչների մասին)*

yellow flag դեղին/կարանտինի դրոշակ

flag² |flæg| *noun* սալ; սալաքար

flag³ |flæg| *noun* *բուսաբանություն* 1) հիրիկ; թրաշուշան; իրիս *(ծաղիկ)* 2) թրաշուշանի տերև; հիրիկի տերև 3) (նաև **sweet flag**) խնկեղեգ *(Acorus calamus, ընտանիք Araceae)*

flag⁴ *verb* (**flagged**, **flagging**) 1) թուլանալ; հոգնել; թմրել; կորցնել աշխուժությունը *(մարդու, գործի մասին)* 2) խոնարհվել; կախվել; թոշնել

flagellation *noun* մտրակում; խարազանում; գանահարում

flagitious |fləˈdʒɪʃəs| *adjective* չար; ստոր; անառակ; հանցավոր; ոճրագործ

flagman |ˈflægmən| *noun* (հոգն. **-men**) ազդանշանող *(երկաթուղում և այլն)*

flagon |ˈflæg(ə)n| *noun* 1) սափոր 2) մեծ, տափակ շիշ *(գինու)*

flagpole |ˈflægpəʊl| *noun* դրոշակաձող; դրոշակափայտ

flagrant |ˈfleɪgr(ə)nt| *adjective* 1) վրդովիչ; վրդովեցուցիչ; աղաղակող; անթաքույց; բացահայտ 2) խայտառակ; աղաղակող; գույնզգույն

flagship |ˈflægʃɪp| *noun* 1) հրամանատարի նավ; ֆլագմանի նավ 2) հիմնական արտադրանք; ամենառաջակով արտադրանքը *(տվյալ ընկերության)*

flagstaff |ˈflægstɑːf| *noun* դրոշակաձող; դրոշակափայտ

flag station (նաև **flag stop**) *noun* *պատմական* 1) կանգառներ, ուր գնացքը կանգնում է միայն պահանջով 2) կորած-մոլորած վայր; աշխարհից կտրված տեղ

flagstone |ˈflægstəʊn| *noun* սալաքար

flail |fleɪl| **1** *noun* 1) կալսաշղթա; կալսափայտ 2) իրար ամրացված երկու շարժուն փայտ *(ծեծելու համար)* **2** *verb* 1) կալսել; ծեծել *(կալը)* 2) տարուբերվել; ճոճվել *(ուժգին)* 3) թպրտալ *(ջանալով ջրի երեսին մնալ)* 4) ծեծել; գանակոծել

flair |flɛː| *noun* 1) հակում; մղում; սեր; ջիղ 2) ուրույն/յուրահատուկ ոճ; ճաշակ; նրբաճաշակություն; բարձրաճաշակություն 3) *նաև փոխաբերական* հոտառություն

flak |flæk| (նաև **flack**) *noun* 1) զենիթային հրետանի 2) զենիթային հրետանու կրակ 3) սուր քննադատություն; պախարակություն; նախատինք

flake¹ |fleɪk| **1** *noun* 1) փաթիլ; թեփիկ; նրբաշերտ *(նաև ձյան)* ◇ **flake of snow** ձյան փաթիլ 2) նախամարդու քարե գործիք 3) ձյան սունկ/խայծ *(տափակ չորացրած շերտիկների տեսքով)* 4) *խոսակցական* ցնորված/խելագար/խելառ/

ցնդած մարդ **2** *verb* 1) փաթիլներով թափվել; փաթիլ-փաթիլ թափվել 2) (**flake away/off**) շերտավորվել; թեփոտվել *(նաև եղունգների մասին)* 3) մանրել; մանրացնել; կտրատել *(սնունդը)* 4) փխրվել; փխրունանալ; մաս-մաս լինել *(սննդի մասին՝ շատ եփվելուց)*

flake² |fleɪk| *noun* չորանոց; չորարան

flake³ |fleɪk| *verb խոսակցական* քնով անցնել/ընկնել; ուժասպառ ընկնել

flake⁴ |fleɪk| (նաև **fake**) *ծովային* **1** *noun* կարժ; կառանակարժ *(պարանի)* **2** *verb* 1) փաթաթել; ոլորել *(պարանը, որպեսզի չխճճվի)* 2) ծալել; փաթաթել *(առագաստը)*

flaky |ˈfleɪki| (նաև **flakey**) *adjective* (**flakier**, **flakiest**) 1) փաթիլանման; փաթիլաձև 2) շերտավոր; թերթավոր; թեփուկավոր; թեփավոր 3) *խոսակցական* խելառ; ցնորված; ցնդած 4) *խոսակցական* անպետք; թքած-կպցրած; անհուսալի; արագ շարքից դուրս եկող *(սարքի, համակարգչային ծրագրի մասին)*

flam |flæm| *noun* 1) մտացածին/հնարած բան; սուտ 2) *երաժշտություն* ծաղկանվագին հաջորդող հարված *(թմբկահարման հիմնական տարբերակներից մեկը)*

flamboyant¹ |flæmˌbɔɪənt| *adjective* 1) ճոխ; շքեղ; պերճաշուք; ինքնավստահ; համարձակ *(մարդու, նրա վարքի մասին)* 2) աչքի զարնող/ընկնող; վառ գույներով; արտասովոր; արտառոց; գույնզգույն *(հագուստի մասին)* 3) *ճարտարապետություն* կրակոտ *(ֆրանսիական գոթիկայի ուշ շրջանի անվանումը)*

flame |fleɪm| **1** *noun* 1) բոց; հուր; կրակ; կրակի լեզուներ 2) *փոխաբերական* խանդ; եռանդ; կիրք; բոց 3) բոցագույնը; կրակի գույնը; հրագույնը; հրաբորբ գույնը 4) հուզում; հուզմունք; ապրում; հույզ; ալեկոծություն 5) *համակարգիչներ* այրիչ *(Համացանցով ուղարկված կոպիտ կամ բարկացած հաղորդագրություն)* **2** *verb* 1) բոցավառվել; հուրհրատել; բոցկլտալ 2) այրել; կրակի տալ; կիզել 3) փայլել; ցոլալ; շողալ 4) բռնկվել; բորբոքվել *(կրքի/հույսի մասին)* 5) (**flame up**) շիկնել; կարմրել; կարմրատակել *(դեմքի մասին)* 6) կրակի ազդեցությանը ենթարկել մանրէազերծման նպատակով 7) *համակարգիչներ* այրել *(Համացանցով կոպիտ կամ բարկացած հաղորդագրություն ուղարկել)* • **flame out** i) *տեխնիկական* բոցը հանգչել *(ռեակտիվ շարժիչում)* ii) *խոսակցական* ակնհայտ ձախողվել; խայտառակ լինել; իրեն շատ վատ դրսևորել iii) զայրանալ; բռնկվել; իրեն կորցնել

burst into flame/flames բոցավառվել; բռնկվել

fan the flame կրքեր բորբոքել

go up in flames կրակի ճարակ դառնալ/լինել; վառվել; այրվել

in flames բոցերի մեջ; ուժգին այրվող

old flame *խոսակցական* նախկին սիրեցյալ; նախկին սեր; նախկին սիրո առարկա

flamenco |fləˈmɛŋkəʊ| *noun* 1) ֆլամենկո *(իսպանական երաժշտության ոճ)* 2) ֆլամենկո *(պար)*

flaming |ˈfleɪmɪŋ| *adjective* 1) այրվող; բոցավառ; հրավառ 2) շոգ; կիզիչ 3) վառ; բոցափայլ; բոցագույն; հրաշեկ 4) բորբոքված; նախանձահույզ; կրքոտ; կրակոտ; եռանդուն; վառվռուն 5) *խոսակցական* տհաճ; անդուր

flamingo |fləˈmɪŋgəʊ| *noun* (հոգն. **-gos** կամ **-goes**) *կենդանաբանություն* ֆլամինգո; կարմրաթևիկ; բոցաթևիկ *(ընտանիք Phoenicopteridae)*

flammable |ˈflæməb(ə)l| *adjective* բոցավառվող; հրավտանգ; կրակավտանգ; հրդեհավտանգ

flan |flæn| *noun* 1) *խոհանոց* բաց խմորեղեն *(որի վրա քսված է քաղցր, պանրով, մսով կամ այլ լցոն)* 2) կաղապար *(մետաղադրամի, մեդալի)*

flange |flæn(d)ʒ| *noun* 1) *տեխնիկական* եզր; կցապռունկ; կցաշուրթ 2) *երկաթուղային* անվապռունկ; երկաթուղու անիվի պռունկ

flank |flæŋk| **1** *noun* 1) կող; կողմ; կողք 2) կողամիս 3) լանջ *(սարի)* 4) թև; շենքի կողային մասը 5) *ռազմական* թև; կողմ ◇ **turn the flank** *փոխաբերական* թևանցել; շրջանցել; խորամանկությամբ խաբել մեկին; հերքել; ջախջախել *(փաստարկները)* 6) թև *(շախմատի տախտակի)* **2** *verb* 1) (**be flanked**) կողքերից տեղավորված լինել; սահմանակից լինել; կողաշարված լինել 2) *ռազմական* ծածկապաշտպանել թևը 3) *ռազմական* կողագնդակոծել; թևահրակոծել; կողահար/թևահար գնդակոծել

flannel |ˈflæn(ə)l| *noun* 1) ֆլանել *(բամբակե/բրդյա փափուկ խավոտ գործվածք)* 2) (**flannels**) ֆլանելե հագուստ/սպիտակեղեն 3) *բրիտանական* դեմքի ճիլոպ; դեմքը լվանալու փափուկ ճիլոպ 4) *բրիտանական խոսակցական* գեղեցիկ/դատարկ խոսքեր *(որոնք ասվում են դժվար խնդրով զբաղվելու փոխարեն)*

flap |flæp| **1** *verb* (**flapped**, **flapping**) 1) թափահարել; շարժել; թափ տալ *(թևերը՝ թռչունի մասին)* 2) տատանվել; տարուբերվել; ճոճվել; ծփալ 3) թափահարել; ետուառաջ տանել; վերուվար անել *(թևերը, ձեռքերը՝ տաքանալու և այլնի համար)* 4) թեթև հարվածել/զարկել 5) թափ տալ; թափահարել *(կտորը և այլն)* 6) կախ ընկնել 7) (**flap away/off**) ետ քշել **2** *noun* 1) միայն մի կողմից ամրացված բան; փական; դռնակ; փեղկ; ետ գցվող տախտակ *(սեղանի, արկղի)* 2) ականջակալ; եզր; պռունկ *(գլխարկի)* 3) գրպանի կափույր 4) վարագույր; շեմաքող 5) *տեխնիկական* թևիկ *(ինքնաթիռի)* 6) *տպագրություն* կազմաշապիկի ներսածալ 7) խոշոր սունկ 8) *հնչյունաբանություն* ատամնահիմքային/ալվեոլային պայթական բաղաձայն 9) *հնացած* ճանճաքշիկ; ճանճասպան 10) թափահարում *(թևերի, դրոշակի. դրանից առաջացած ձայնը)* 11) թեթև զարկ/հարված 12) *խոսակցական* իրարանցում; խառնաշփոթ; աղմուկ-աղաղակ; տագնապ

flap sb in the mouth, flap sb with a lie *հնացած* նենգորեն/չարամտորեն ստել

flapdoodle |ˈflæpduːd(ə)l| *noun խոսակցական* 1) հիմարություն; դատարկ բան; անհեթեթություն 2) հիմար; անմիտ մարդ

flapjack |ˈflæpdʒæk| *noun խոհանոց* բլիթ; յուղաբլիթ; տափակաբլիթ

flapper |ˈflæpə| *noun* 1) *խոսակցական հնացած* թեթևաբարո երիտասարդ կին; դեռահաս աղջիկ; ազատաբարո կին *(1920-ականների)* 2) վայրի բադիկ; կաքավի ձագ 3) *ծածկալեզու* ձեռք

flare |flɛː| **1** *noun* 1) փայլատակում; վառ անհավասար լույս; շողում; շողշողուն լույս; բոցի բռնկում 2) լուսազդանշան; լուսազդանիշ *(ազդանշանող սարքը և դրա ազդանշանը)* 3) լուսավորման հրթիռ 4) բռնկում; փայլատակում *(զայրույթի)* 5) *աստղագիտություն* բռնկում *(արեգակնային)* 6) *լուսանկարչություն* լուսահարված հատված; պղտոր կետ 7) աստիճանական լայնացում; զանգաձևություն *(տաբատի, կիսաշրջազգեստի)* 8) *տեխնիկական* բացք *(նավի)* **2** *verb* 1) բռնկվել վառ բոցով; բոցավառվել; բոց արձակել; փայլատակել 2) փայլատակել; պսպղալ *(լույսի/աչքերի մասին)* 3) բորբոքվել; ուժգնանալ; թեժանալ *(զգացմունքների մասին)* 4) (**flare up**) բարկանալ; տաքանալ; զայրանալ *(մարդու մասին)* 5) (**flare up**) կրկնվել; հանկարծակի ուժգնանալ; խորանալ *(հիվանդության մասին)* 6) բռնկվել; պոռթկալ; թեժանալ; ծանրանալ; սրվել; խորանալ *(հակամարտության և այլնի մասին)* 7) (**flared**) լայնացող; զանգաձև 8) ուռչել; լայնանալ *(ռունգերի մասին)* 9) ուռեցնել; լայնացնել *(ռունգերը)*

flare-up *noun* 1) բռնկում *(բոցի, զայրույթի)* 2) նոպա; ախտաժամ; հանկարծակի սրում *(հիվանդության)*

flash |flæʃ| **1** *verb* 1) փայլատակել; բոցավառվել; բոցկլտալ 2) լույս արձակել 3) լուսազդանշան տալ *(մեքենայի/լուսակրի մասին)* 4) գցել; նետել *(հայացք՝ որոշակի ուղղությամբ)* 5) փայլատակել; շողալ; պսպղալ *(աչքերը՝ զայրույթից և այլն)* 6) *համակարգիչներ* թարթել *(հանկարծակի ու կարճատև ցուցադրել գրանշան, պատկեր)* 7) թարթել *(հանկարծակի ու կարճատև երևալ՝ գրանշանի, պատկերի մասին)* 8) *խոսակցական* արագ ցույց տալ *(անձը հաստատող քարտը, տոմսը)* 9) ցուցադրել; ի ցույց դնել; հանդիսադրել 10) *խոսակցական* մերկացնել սեռական օրգանները *(հանրային վայրում)* 11) արագ շարժվել; արագ անցնել; սահել-անցնել; սլանալ 12) առկայծել; ցոլալ; ծագել *(մտքի/գաղափարի մասին)* 13) հաղորդել; հեռարձակել; հեռահաղորդել *(լուրերը)* • **flash back** վերադառնալ; վերհիշել; գիրկը գնալ *(հիշողությունների)* **flash over** ակնթարթորեն/կայծակնաբար տարածվել *(հրդեհի մասին)* **2** *noun* 1) բռնկում; փայլ; ցոլք; առկայծում 2) պայծառ կետ; վառ գույն 3) փայլատակում; առկայծում; հանկարծակի հայտնվելը; առկայծում; նշույլ; պոռթկում 4) ակնթարթային պատկեր; վայրկենական պատկեր 5) պահ; ակնթարթ; վայրկյան 6) *ամերիկյան* համառոտ հաղորդագրություն *(լուրերի)* 7) *լուսանկարչություն* լուսարկիչ *(լուսանկարչական ապարատի)* 8) *տեխնիկական* ձուլածլեպ; դրոշմածլեպ; ձուլաթեփուկ 9) ցուցական փայլ; ինքնագովություն; պարծենկոտություն **3** *adjective* *խոսակցական բրիտանական* 1) գերժամանակակից; թանկանոց; թանկարժեք; տեխնիկայի վերջին խոսք; նորաձևության վերջին ճիչ; ցուցամոլական; աղաղակող; նոփ-նոր 2) ցուցամոլ; ցուցասեր; գերնորաձև; ինքնահավան 3) *հնացած* գողերին հատուկ; գողերի; ցածր խավերի 4) կեղծ; կեղծած; խարդախ

as quick as a flash (**quick as a flash**) վայրկյան չանցած; մի ակնթարթում; աչքը չթարթած; հաջորդ վայրկյանին

flash in the pan վրիպում; անհաջողություն; անհաջող փորձ; ձախողում; վաղանցուկ հաջողություն

in/like a flash մի ակնթարթում; ակնթարթորեն; վայրկենաբար

flashback |ˈflæʃbæk| *noun* 1) հետահայաց կադր/հետահայաց տեսարան *(ֆիլմում և այլն)* 2) հանկարծակի վերհուշ *(տհաճ իրավիճակի. հոգեմետ դեղերի և այլնի ազդեցության տակ)*

flashlight |ˈflæʃlʌɪt| *noun* 1) գրպանի էլեկտրական լապտեր 2) առկայծող լույս *(փարոսի, լուսազդանշանի)* 3) *լուսանկարչություն* բռնկում; առկայծում

flash memory *noun* *համակարգիչներ* արագ հիշողություն *(չջնջող հիշողություն, որը նման է EEPROM սարքին, սակայն աշխատում է տվյալների բլոկների, այլ ոչ թե առանձին բայթերի հետ. ամենից հաճախ օգտագործվում է որպես այլընտրական պնակավար)*

flashy |ˈflæʃi| *adjective* (**flashier**, **flashiest**) ցուցական; աչքի զարնող; աղաղակող; տպավորիչ

flask |flɑːsk| *noun* 1) թորանոթ; թորաման; կոլբա ◇ **vacuum flask** թերմոս; ջերմապահ 2) տափաշիշ *(խմիչքի)* 3) հյուսվածապատ ապակե շիշ *(գինու, բուսայուղի և այլնի համար)* 4) սրվակիկ; շշիկ *(օծանելիքի)* 5) ջերմապահ; ջերմակալ; թերմոս 6) *պատմական* վառոդաման

flat¹ |flæt| **1** *adjective* (**flatter**, **flattest**) 1) հարթ; տափակ; միահարթ; ողորկ 2) հարթ; տափարակ *(տեղանքի մասին)* 3) ողորկ; առանց ալիքների *(ջրի մակերևույթի մասին)* 4) հորիզոնական; ուղիղ *(տանիքի մասին)* 5) ծանծաղ; անխոր; ցածր և լայն 6) ցածր; անկրունկ; ցածրակրունկ *(կոշիկների մասին)* 7) տափակակուրծք; փոքր կուրծք ունեցող *(կնոջ մասին)* 8) ամբողջ երկարությամբ մեկնված/ձգված; գետնատարած 9) ուղղակի; պարզ; կտրուկ; կատարյալ; ակնհայտ 10) անհամ; անհետաքրքիր; տաղտկալի; միապաղաղ; միօրինակ; անճաշակ 11) անկենդան; անաշխույժ; անկյանք 12) գազը գնացած *(խմիչքի մասին)* 13) օդը բաց թողած *(անվադողի մասին)* 14) միագույն; միերանգ 15) *լուսանկարչություն* անցայտուն *(լուսանկարի մասին)* 16) հաստատուն *(գնի/դրույքի մասին)* 17) վճռական; վերջնական; բացարձակ; կտրական *(մերժման/ժխտման մասին)* 18) *երաժշտություն* բեմոլ; կիսված 19) *երաժշտություն* բեմոլային 20) *մարզական* (**Flat**) առանց արգելքների *(մրցավազքի մասին)* 21) շերտավոր *(երկաթ)* **2** *adverb* 1) բերանքսիվայր; երեսնիվայր; փորի վրա 2) տափակողմով; տափակ երեսով; հարթ կողմով 3) տափակ/հարթ կերպով; տափակորեն; տափակաբար ◇ **stamp flat** տրորել; կոխրճել 4) *խոսակցական* լրիվ; բացարձակապես; բացահայտորեն; կտրուկ ձևով 5) ընդամենը; եղած-չեղածը *(կարճ ժամանակահատված նշելիս)* 6) *երաժշտություն* փալշ **3** *noun* 1) հարթություն; հարթ մակերես; տափակ կողմ/երես ◇ **the flat of the hand** ձեռքի ափ 2) *թատրոն* (**flats**) կանգնեցված բեմանկար 3) *խոսակցական* օդը բաց թողած անվադող 4) սածիլներ աճեցնելու տափակ աման 5) (**flats**) ցածր կոշիկ; անկրունկ կոշիկ; ցածրակրունկ կոշիկ 6) բաց վագոն 7) (**flats**) հարթավայր; ցածրավայր *(ծովափին, լճափին)* 8) *երաժշտություն* բեմոլ; կիսվար 9) *երաժշտություն* բեմոլի նշանը 10) հարթահատակ նավակ 11) *խոսակցական* պարզամիտ/ցանցառ/անխելք մարդ **4** *verb* (**flatted**, **flatting**) 1) *երաժշտություն* մեկ կիսատոն իջեցնել *(նոտան)* 2) *հնացած* հարթեցնել; հարթել; տափակեցնել

B flat *կատակային* փայտոջիլ

fall flat ձախողվել; ապարդյուն անցնել; արձագանք չունենալ; ուշադրության չարժանանալ

fall flat on one's face 1) բերանքսիվայր ընկնել; երեսնիվայր ընկնել; երեսի վրա փռվել 2) խայտառակվել; ծաղրուծանակի առարկա դառնալ

flat out 1) ամբողջ թափով/ուժով; ուժերի լարումով 2) *խոսակցական* առանց երկար-բարակ մտածելու; առանց վարանելու 3) ձեռքերն ու ոտքերը տարածած; փռված *(հատկապես հոգնածությունից)*

join the flats կազմել; կցակազմել *(գրական ստեղծագործությունը)*

railroad flat *ամերիկյան* էժանագին բնակարան *(նեղ երկար սենյակներով ու միայն մի կողմ նայող լուսամուտներով)*

flat² |flæt| *noun* *բրիտանական* բնակարան *(նույն հարկում տեղադրված սենյակներով)*

flatboat *noun* հարթահատակ նավակ

flatcar |ˈflætkɑː| *noun* բաց վագոն

flatfish |ˈflætfɪʃ| *noun* (հոգն. նույնը կամ **-fishes**) *կենդանաբանություն* տափակաձուկ; խարտոցաձուկ; տափաձուկ; կամբալա *(ընտանիք Bothidae, Pleuronectidae, Soleidae)*

flat-footed |flætˈfʊtɪd| *adjective* 1) հարթաթաթ; տափակաթաթ; տափակոտն; հարթաներբան 2) ոտքերն ամբողջ թաթով դրած; ոտքերով թփթփացնելով քայլող 3) *խոսակցական* ծանրաշարժ; անդյուրաշարժ; անշնորհք 4) անհետաքրքիր; ձանձրալի; տաղտկալի *(հատկապես գրելաոճի մասին)* 5) *ամերիկյան* վճռական; կտրուկ

catch someone flat-footed *խոսակցական* հանկարծակիի բերել; անակնկալ անել

flatiron *noun* *պատմական* 1) արդուկ 2) շերտավոր երկաթ

flatly *adverb* 1) անտարբեր; անվրդով տեսքով; սառնորեն 2) կտրուկ կերպով; վճռականորեն 3) տափակորեն; հարթ ձևով; ողորկ ձևով 4) *լուսանկարչություն* անցայտուն կերպով

flatten |ˈflæt(ə)n| *verb* 1) տափակեցնել; հարթեցնել; ուղղել; շտկել; միահարթել; տափարակել 2) տափակել; հարթվել; միահարթվել 3) սեղմվել; կպչել; հպվել *(պատին և այլն՝ որևէ բանից խուսափելու, ճանապարհ տալու և այլնի համար)* 4) *երաժշտություն* մեկ կիսատոն իջեցնել; կիսվար իջեցնել *(նոտան)* 5) հավասարեցնել; հարթել *(գետնին՝ շինությունը)* 6) *խոսակցական* գետնին փռել; վերջը տալ; ջախջախել *(հակառակորդին)* • **flatten out** i) դանդաղել; նվազել *(աճի մասին)* ii) հարթեցնել ընթացքը *(ինքնաթիռի)*

flatter |ˈflætə| *verb* 1) քծնել; շողոքորթել; փաղաքշանել; գովաբանել 2) չափազանցել արժանիքները; իրականից ավելի գեղեցիկ ցույց տալ 3) (**be flattered**) շոյված լինել; ուրախ/գոհ լինել 4) (**flatter oneself**) ինքն իրեն ներշնչել; ինքն իրեն հույս տալ; հավատացած լինել 5) գեղեցկացնել; փայլ/հմայք հաղորդել; ընդգծել գեղեցկությունը *(հագուստի, գույնի մասին)* 6) *հնացած* շոյել *(լսողությունը, տեսողությունը)*

flatterer *noun* շողոքորթ; քծնող մարդ

flattering |ˈflætərɪŋ| *adjective* 1) հաճոյախոս; շողոքորթ; քծնող 2) հաճելի; դուրեկան 3) գեղեցկացնող; հմայք հաղորդող; գեղեցկությունն ընդգծող *(հագուստի/գույնի մասին)* 4) գեղեցիկ ցույց տվող; եղածից գեղեցիկ պատկերող; արժանիքները չափազանցող

flattery |ˈflæt(ə)ri| *noun* (հոգն. **-teries**) շողոքորթություն; քծնախոսություն

flattop *noun* 1) *խոսակցական* ավիակիր; սավառնակակիր նավ; օդանավակիր նավ 2) ցցահերք; ցցամազեր *(տղամարդու կարճ ցցված սանրվածք)*

flatulent |ˈflætjʊl(ə)nt| *adjective* 1) *բժշկություն* փքված; փքանքով/մետեորիզմով տառապող; գազեր ունեցող 2) *բժշկություն* փքանք առաջացնող; գազեր առաջացնող 3) *փոխաբերական* փքուն; ճոռոմ

flatworm |ˈflætwəːm| *noun* *կենդանաբանություն* տափակ որդ *(տիպ Platyhelminthes)*

flaunt |flɔːnt| *verb* 1) ցուցամոլություն անել; իրեն ցույց տալ; իրեն երևակայել 2) (**flaunt oneself**) ճչացող հագուստ կրել; աչք ծակող տեսք ունենալ 3) ծածանվել; փողփողալ *(դրոշակների մասին)*

if you've got it, flaunt it *խոսակցական* արժանիքներդ մի՛ թաքցրու; պետք չէ համեստություն անել

flautist |ˈflɔːtɪst| *noun* ֆլեյտահար; ֆլեյտիստ; սրնգահար

flavor |ˈfleɪvə| (բրիտանական **flavour**) **1** *noun* 1) համ ու հոտ; բուրմունք; բույր; համ 2) համ *(ճաշատեսակի)* 3) համեմունք; համեմեղեն; ամոքանք *(սննդի)* 4) *փոխաբերական* երանգ; հատկություն; տարր 5) *փոխաբերական* համուհոտ; զգացողություն; տպավորություն; պատկերացում; ընդհանուր գաղափար 6) *ֆիզիկա* բույր; բուրմունք *(քվարկի)* 7) *համակարգիչներ* մշակվածություն *(համակարգի, ծրագրի)* **2** *verb* 1) համեմել; համ տալ; ամոքել; բուրավետ դարձնել 2) զգացվել; նշմարվել; նկատվել; երևալ *(որոշակի հատկանիշի մասին)*

flavor of the month խոսակցությունների առարկա; ժամանակավոր/կարճատև հետաքրքրություն; օրվա թեման

flavoring |ˈfleɪv(ə)rɪŋ| (բրիտանական **flavouring**) *noun* հոտավորիչ; համեմունք *(սննդի, ըմպելիքի)*

flaw¹ |flɔː| **1** *noun* 1) պակասություն; արատ; թերություն; բիծ; խոտան; ճաք; ճեղք 2) թույլ կողմ; թուլություն; թերություն; արատ *(բնավորության)* 3) անճշտություն; սխալ *(փաստաթղթերում)* **2** *verb* 1) արատավորել; վնասել; փչացնել; ապականել; ճաք առաջացնել 2) վնասվել; ճաքել; փչանալ 3) *իրավունք* անվավեր ճանաչել; վարկաբեկել; օրինական ուժից զրկել

flaw² |flɔː| *noun* *բանաստեղծական* 1) քամու հանկարծական պոռթկում 2) *ծովային* փոթորիկ

flawless *adjective* 1) անթերի; կատարյալ; անբիծ *(նաև բնավորության մասին)* 2) անսխալ; ճիշտ; անվրիպակ

flax |flæks| *noun* 1) *բուսաբանություն* վուշ; կտավատ *(ընտանիք Linaceae)* 2) կտավ; քաթան

quench the smoking flax *աստվածաշնչային* չթողնել, որ տաղանդը զարգանա

flaxen |ˈflæks(ə)n| *adjective* 1) վուշե; վուշի; վուշյա 2) վուշանման; բաց դեղին *(մազերի մասին)*

flaxseed |ˈflækssiːd| *noun* կտավատի սերմ

flay |fleɪ| *verb* 1) կաշին մաշկել; քերթել 2) մտրակահարել; ձաղկել; կաշին քերել; կաշվեհան անել 3) խիստ քննադատել; խարազանել 4) կորզել; շորթել; պոկել; թալանել; կողոպտել *(գնորդին)* 5) կեղևահան անել; կեղևը հանել

flea |fliː| *noun* 1) կենդանաբանություն լու *(կարգ Siphonaptera)* 2) (նաև **flea beetle**) տերևալու *(ընտանիք Chrysomelidae)* 3) (նաև **daphnia**) դափնախեցի *(Daphnia, կարգ Cladocera)*

a flea in the ear (**a flea in one's ear**) սուր/խիստ պատասխան; նախատինք; հանդիմանություն

go away with a flea in one's ear *ֆրանսերեն* սուր հակահարված ստանալ; զայրացնող պատասխան ստանալ

fleabite *noun* 1) լվի կծելը 2) *փոխաբերական* չնչին անախորժություն; չնչին գին

flea market *noun* օգտագործված իրերի շուկա; քրջի/հնոտիների շուկա

fleck |flɛk| **1** *noun* 1) պուտիկ; բծիկ; բիծ; պիսակ; պեպեն 2) մասնիկ; հատիկ; փաթիլիկ; փշուր; փշրանք **2** *verb* ծածկել բծերով; բծավորել; պիսակավորել; խայտավորել; մանր-մանր հատվածներով գունավորել

fledge |flɛdʒ| *verb* 1) փետրավորվել; փետրակալվել; փետրապատվել 2) ճուտեր/ձագեր մեծացնել 3) բունը աղվամազով և փետուրներով պատել 4) պոչաթևեր ավելացնել; ուղղյակներ ավելացնել *(նետի վրա)*

fledgling |ˈflɛdʒlɪŋ| (նաև **fledgeling**) *noun* 1) նորափետուր թռչնակ 2) անփորձ; նորաթուխ; նորելուկ; զարգացող

flee |fliː| *verb* (**flees**, **fleeing**; անցյալ և անցյալ դերբայ **fled** |flɛd|) 1) փախչել; փախուստի դիմել; ճողոպրել; խույս տալ; խուսափել 2) արագ անցնել; սլանալ; սուրալ

fleece |fliːs| **1** *noun* 1) բուրդ; գեղմ *(ոչխարի, այծի)* 2) խուզվածք; կտրտք *(ոչխարին մեկ անգամ խուզելուց ստացված բուրդը)* 3) ֆլիս; բրդանման գործվածք 4) *մանածագործություն* խավ; մազախավ; թելախավ 5) *զինանշաններ* գեղմ 6) ֆլիսե բաճկոն; բրդանման գործվածքից բաճկոն **2** *verb* 1) *փոխաբերական* պլոկել; կողոպտել; կորզել; շորթել *(դրամ)* 2) խիտ շերտով պատել; բրդանման շերտով ծածկել 3) ոչխարը խուզել

fleecy |ˈfliːsi| *adjective* (**fleecier**, **fleeciest**) 1) բրդոտ; մազոտ; խավոտ; փետրաթեթև *(գործվածքի/հագուստի մասին)* 2) բուլա-բուլա; փետրաթեթև *(ամպի մասին)* 3) գանգուր

fleet¹ |fliːt| *noun* 1) նավատորմ; նավատորմիղ; նավախումբ 2) շարժակազմ; պարկ *(ռազմական/տրանսպորտային տնտեսության որևէ ճյուղի շարժակազմի ամբողջությունը)* 3) (**the fleet**) տվյալ երկրի նավատորմը

fleet² |fliːt| *adjective* 1) արագաշարժ; սրընթաց 2) *բանաստեղծական* արագասահ; վաղանցուկ

fleet as a deer (**as fleet as a deer**) եղնիկի պես արագավազ

fleet³ |fliːt| *noun* գետակ; առվակ; առու

fleet⁴ |fliːt| *verb* *բանաստեղծական* անցնել; գնալ; թռչել; սլանալ; անցնել-գնալ; կորչել

Fleet Street Ֆլիտստրիտ; անգլիական մամուլը *(Լոնդոնի այն փողոցի անունով, որտեղ կենտրոնացած են անգլիական պարբերական մամուլի խմբագրությունները)*

Fleming's left-hand rule *ֆիզիկա* ձախ ձեռքի կանոն

Flemish |ˈflɛmɪʃ| **1** *adjective* 1) ֆլամանդական 2) ֆլամանդերեն **2** *noun* 1) ֆլամանդերեն 2) (**the Flemish**) ֆլամանդացիներ

flesh |flɛʃ| **1** *noun* 1) միս; մարմին; մկանահյուսվածք 2) միս; մսան; մսեղիք *(մորթած անասունինը՝ որպես սնունդ)* 3) միջուկ; միս; պտղամիս; պտղապատ *(մրգի/բանջարեղենի ուտվող մասը)* 4) ճարպ *(մարդու)* 5) (**the flesh**) մարմին; նյութական կազմ *(ի հակադրություն հոգու)* 6) մարմնագույն երանգը; մարմնի գույնը 7) մարդկային ցեղ; մարդկային բնություն **2** *verb* 1) (**flesh out**) գիրանալ; չաղանալ; մսոտել; քաշ ավելացնել 2) (**flesh something out**) զարգացնել; ծավալել; ընդարձակել; մանրամասներ հաղորդել/ավելացնել *(նախագծին, գաղափարին)* 3) միս տալ *(որսաշանը, բազեին՝ նրան առավել գրգռելու համար)* 4) *բանաստեղծական* կոփել մարտերում; արյան համը զգալ տալ; արյուն հեղել սովորեցնել *(զինվորներին)* 5) արյունով ներկել *(սուրը)* 6) գիրացնել; չաղացնել 7) փառազերծել; մորթազերծել; միսը անջատել *(կաշվից)*

all flesh բոլոր մահկանացուները; մարդիկ և կենդանիները

flesh and blood մարմին և արյուն; մարդկային էակ; մարդկային ցեղ; մարդ Աստծո; կենդանի արարած; կյանքով լեցուն; լիարյուն

go the way of all flesh 1) մահանալ; վախճանվել 2) վերջին հանգել; սպառվել

in flesh գեր; պարարտ; չաղ

in the flesh անձամբ; անձնապես *(հաղորդակցման մասին՝ ի տարբերություն՝ հեռախոսով, նամակով և այլն հաղորդակցման)*

lose flesh նիհարել; քաշ գցել

one flesh մեկ մարմին; ամուսիններ

proud flesh *բժշկություն* ավելորդ միս; մսի մակաճ

put/make/gain flesh on sth զարգացնել; ծավալել; մանրամասնել

put on flesh (**gain flesh, make flesh**) գիրանալ; չաղանալ

sins of the flesh *հնացած կատակային* մարմնական մեղքեր; ցանկության մեղքեր; ցանկասիրություն

fleshings |ˈflɛʃɪŋz| *plural noun* մարմնագույն զուգագուլպաներ *(սպորտային կամ թատերական)*

fleshly |ˈflɛʃli| *adjective* (**-lier**, **-liest**) 1) մարմնական; զգայական; սեռական; ցանկական 2) աշխարհիկ; նյութական; նյութեղեն; թանձրացական; երկրավոր; հողեղեն

flesh wound *noun* մակերեսային վերք

fleshy |ˈflɛʃi| *adjective* (**fleshier**, **fleshiest**) 1) մսոտ; մսեղ; գեր; պարարտ 2) հյութեղ; հյութալի *(բույսի կամ դրա պտուղների մասին)* 3) թունդ գինի; հարուստ համով գինի *(քաղցր գինիների մասին)* 4) մսանման; մսատեսք; մսագույն

flex |flɛks| **1** *verb* 1) ծռել; կորացնել; ճկել; խոնարհել; թեքել; հակել 2) ծռվել; ճկվել; թեքվել; կորանալ 3) ձգել; լարել; պրկել; կծկել *(մկաններ)* 4) առաձգականը լինել 5) *հնագիտություն* (**flexed**) կծկված **2** *noun* 1) *էլեկտրականություն* դյուրաթեք/ճկուն էլեկտրալար 2) ճկունություն; դյուրաթեքություն; առաձգականություն

flex one's muscles տե՛ս **muscle**

flexibility *noun* 1) ճկունություն; դյուրաթեքություն 2) հարմարունակություն; ճկունություն; զիջողություն; զիջողականություն; հարմարվողություն

flexible |ˈflɛksɪb(ə)l| *adjective* 1) ճկուն; դյուրաթեք; դյուրահակ; դյուրակոր; առաձգական 2) ճկուն; համապատասխանեցվող 3) հարմարվող; հարմարվողական; զիջող; տեղի տվող

flexion |ˈflɛkʃ(ə)n| (նաև **flection**) *noun* 1) ծալում; կորացում 2) կորվածք; կեռվածք 3) *քերականություն* թեքում 4) *մաթեմատիկա* կորություն; կորույթ

flexuosity |-ˈɒsɪti| *noun* 1) պտույտ; գալար; ոլորք 2) գալարունություն

flexuous |ˈflɛksjʊəs| *adjective* 1) ոլորապտույտ; գալարուն; գալարաձև; օձապտույտ 2) տատանվող; հեղհեղուկ

flexure |ˈflɛkʃə| *noun* 1) *երկրաբանություն* կրկնակորություն; ֆլեքսուրա 2) ծալ; կորություն; ծռվածք

flibbertigibbet |ˌflɪbətɪˈdʒɪbɪt| *noun* չաչանակ; բամբասանն/թեթևամիտ/թեթևսոլիկ մարդ

flick |flɪk| **1** *noun* 1) կտրուկ շարժում; ցնցում 2) մատնազարկ; թեթև զարկ; թեթև հարված; ճլթոց; կտտոց *(զարկը և դրա առաջացրած ձայնը)* 3) մտրակի զարկ/հարված 4) *ամերիկյան խոսակցական* կինոնկար 5) *բրիտանական* (**the flicks**) ֆիլմերը **2** *verb* 1) (**flick away/off**) մատնահարվածով փոշին թափ տալ; մատով հարվածել 2) (**flick something on/off**) սեղմել; շխկացնել *(կոճակը՝ որևէ բան միացնելու կամ անջատելու)* 3) շխկացնել; մտրակել 4) կտրուկ շարժվել; կտրուկ շարժում կատարել; ցնցվել • **flick through** տե՛ս **flip through**

flicker[1] |ˈflɪkə| **1** *verb* 1) առկայծել; կայծկլտալ; ցոլցլալ; շողշողալ; թևերը թափահարել 2) երերալ; տատանվել; դողալ; դողդողալ *(բոցի մասին)* 3) բռնկվել և մարել; անցնել; ծագել *(հույսի/մտքի/զգացումի մասին)* 4) թարթել; ճպճպացնել *(կոպերը)* 5) հածել; անընդհատ շարժվել; այսուայնկողմ գնալ *(աչքերի մասին)* 6) սահել; անցնել *(վախը և այլն՝ դեմքի վրայով)* **2** *noun* 1) առկայծում; փայլփլում; ցոլցլանք; երերում *(լույսի, բոցի)* 2) *տեխնիկական* թրթռում *(պատկերի)* 3) թեթև շարժում 4) նշույլ; առկայծում; սահելը դեմքի վրայով *(հույսի, զգացումի)* 5) առկայծող լույս

flicker out 1) թրթռալ/երերալ ու մարել *(լույսի/բոցի մասին)* 2) մարել; սպառվել *(հետաքրքրասիրության/զգացումի մասին)*

flicker[2] |ˈflɪkə| *noun* կենդանաբանություն ամերիկյան փայտփորիկ *(Genus Colaptes, ընտանիք Picidae)*

flier |ˈflʌɪə| (նաև **flyer**) *noun* 1) օդաչու; օդանավորդ 2) օդաճամփորդ; օդանավով ճամփորդող մարդ 3) *ամերիկյան* ճեպընթաց *(գնացք)* 4) արագաշարժ մարդ 5) գովազդաթերթիկ 6) *խոսակցական ամերիկյան* արկածախնդիր ձեռնարկում 7) աստիճան; սանդղամատ; սանդղոտն *(սանդուղքի ամեն ոտքը)* 8) սրընթաց շոգենավ/գնացք/մեքենա 9) թռչող կենդանի *(չղջիկ, թռչուն, թռչող միջատ)* 10) վարգաձի; վարգուն ձի

take a flier 1) գլխիվայր ընկնել 2) ռիսկի դիմել

flight |flʌɪt| **1** *noun* 1) թռիչք; թևածում; թռի 2) թռիչք; չվերթ *(ինքնաթիռով)* ◊ **continuous flight, non-stop flight** *օդագնացություն* անվայրէջք թռիչք. **home flight** ետադարձ, վերադարձի թռիչք 3) թռիչք; թռչելը; հետագիծ; ծիր *(գնդակի)* 4) տարափ *(գնդակների, նետերի)* 5) հեռահար/հեռախոց/հեռաձիգ նետ 6) *բանաստեղծական* վազք; ընթացք; սլանալը *(ժամանակի)* 7) չու; երամ *(թռչունների)* 8) *ռազմական* օղակ *(ինքնաթիռների)* 9) փախուստ; գաղթ 10) սանդղաբազուկ; սանդղաբաժին *(երկու հարթակների միջև ընկած)* 11) *մարզական* արգելքների շարք 12) ջրարգելակների շարք *(ջրանցքում)* 13) թռիչք; խոյանք; հղացում *(մտքի)* 14) պոչաթև *(տեգի)* **2** *verb* 1) թռչունը թռչելիս կրակել 2) *բրիտանական մարզական* ճշգրիտ փոխանցում կատարել

a flight of ambition փառասիրական իղձեր/ձգտումներ

a flight of fancy/imagination երևակայության թռիչք/արդյունքը/պտուղ

be in flight from փախչել *(մի բանից/մեկից)*

flight of stairs աստիճանաշար; սանդղաբազուկ

in full flight 1) հապճեպ փախչելիս; ամբողջ ուժով փախչող 2) թափ հավաքած; որոշակի վիճակի հասած

in the first flight *խոսակցական* առաջին շարքերում; ավանգարդում; առաջնորդող տեղում/դիրքում

maiden flight ինքնաթիռի առաջին թռիչքը

make/take/wing a flight չվել

put someone/something to flight փախուստի մատնել; ստիպել փախչել

take flight 1) թևաբախել; թևին տալ; թևերը թափ տալ ու թռչել 2) թափ առնել; հզորանալ 3) փախչել; փախուստի դիմել

flight attendant *noun* ուղեկցորդ; ուղեկցորդուհի

flight crew *noun* թռիչքային անձնակազմ

flight deck *noun* 1) օդաչուի խցիկ 2) թռիչքային տախտակամած *(ավիակրի վրա)*

flightless |ˈflʌɪtlɪs| *adjective* անթև; չթռչող *(միջատի/թռչնի մասին)*

flight path *noun* թռիչքի երթուղի

flighty |ˈflʌɪti| *adjective* (**flightier**, **flightiest**) 1) քմահաճ; թեթևամիտ; անհաստատուն; փոփոխամիտ 2) խրտնող *(ձիու մասին)*

flimsy |ˈflɪmzi| **1** *adjective* (**-sier**, **-siest**) 1) փխրուն; անկայուն; խախուտ 2) բարակ; թեթև *(հագուստի մասին)* 3) անհամոզիչ; անհիմն; մակերեսային *(պատրվակի/նկարագրության մասին)* **2** *noun* (հոգն. **-sies**) 1) *բրիտանական* բարակ թղթի վրա տպված պատճեն 2) բարակ թուղթ

flinch |ˌflɪn(t)ʃ| **1** *verb* 1) ցնցվել; վեր թռչել *(վախից, զարմանքից)* 2) (**flinch from**) նահանջել; խույս տալ; ետ քաշվել *(պարտավորությունից և այլն)* **2** *noun* 1) ցնցվելը; վեր թռչելը 2) խույս տալը; ետ քաշվելը; խուսափելը

fling |flɪŋ| **1** *verb* (անցյալ **flung** |flʌŋ|) 1) նետել; շպրտել; գցել 2) (**fling oneself**) նետվել; իրեն նետել 3) (**fling oneself into**) նվիրվել; կլանվել; տրվել; գրավվել *(որևէ գործով)* 4) (**fling something on**) արագ վրան գցել; արագ հագնել *(զգեստը և այլն)* 5) նետել; զայրացած արտասանել *(խոսքերը)* 6) սլանալ; նետվել; զայրացած գնալ 7) (**fling about/around**) արագ, կտրուկ շարժում կատարել *(ձեռքերով, գլխով և այլն)* 8) արձակել; տարածել; սփռել *(հոտ, լույս, ստվեր և այլն)* • **fling about** այս ու այն կողմը ցրել **fling aside** մերժել; արհամարհել **fling away** դեն գցել; դուրս նետվել **fling down** i) վայր գցել; ցած նետել ii) քայքայել; կործանել **fling off** i) թափ տալ; ազատվել; ձեռքից պրծնել ii) դուրս նետվել; դուրս փախչել iii) նկատողությունն/դիտողությունն անել **fling on/upon fling oneself on somebody's mercy** մեկի ողորմածությանը հանձնել. **fling open** լայն բաց անել; նրանկի վրա բանալ *(դուռը և այլն)* **fling out** i) դուրս նետվել ii) տեղալ; թափել *(հայհոյանք, նախատինք)* iii) մեկի երեսին շպրտել *(ծաղրանք)* iv) աքացել; քացի տալ **fling to** ուժգին փակել; արագ ծածկել **fling up** թողնել; լքել **fling up one's heels** կրունկները ցույց տալ; ծլկել; փախուստ տալ **2** *noun* 1) զվարճություն; վայելք; իրեն ազատություն տալը 2) կարճատև սիրային կապ; սիրային արկած 3) (նաև **Highland fling**) շոտլանդական լեռնականների արագ պար 4) նետում; նետելը 5) կտրուկ շարժում 6) անակնկալ սուր/ծաղրական նկատողություն 7) սլացիկ/արընթաց պար 8) պոռթկում *(ուրախության, բարկության և այլնի)*

at one fling մի հարվածով; մի պահ; անմիջապես

full fling շտապով; հապճեպ; աճապարանքով; ողջ ուժով/եռանդով

have a fling at sth փորձ կատարել; փորձարկել

have one's fling *խոսակցական* ապրել իր հաճույքի համար

flint |flɪnt| *noun* 1) կայծքար; գայլախազ 2) կայծքարե գործիք/զենք; գայլախազե զենք *(հին ժամանակներում)* 3) կայծահան; կայծհան; հրահան; կայծվառ *(երկաթ կամ պողպատ, որը կայծքարին զարկելիս կայծ է առաջացնում)*

fix sb's flint for him *ամերիկյան* որևէ մեկին պատժել; մեկի հետ հաշիվ մաքրել

flay/skin a flint շատ ժլատ լինել; ագահ լինել; օձ խուզող լինել

get one's flints fixed *ամերիկյան* պատժված լինել

flinty *adjective* (**flintier**, **flintiest**) 1) կայծքարային; կայծքարի 2) *փոխաբերական* դաժան; անգութ; խիստ

flip¹ |flɪp| **1** *verb* (**flipped**, **flipping**) 1) մատով խփել; թեթև հարվածել 2) շրջել; շուռ տալ *(կտրուկ)* 3) շրջվել; շուռ գալ *(կտրուկ)* 4) նետել; դեն գցել; մի կողմ հրել; շպրտել 5) շխկացնել; չխկացնել *(անջատիչը)* 6) մետաղադրամ նետել *(որևէ բան որոշելու համար)* 7) գնել ու անմիջապես վաճառել բարձր գնով 8) *համակարգիչներ* մատչել ոչ հանրային մասերը *(կայքի)* 9) *խոսակցական* իրեն կորցնել; ափերից դուրս գալ **2** *noun* 1) մատնազարկ; մտրակի թեթև հարված 2) պտույտ օդում; ոստյուն 3) (**a flip through**) աչք անցկացնելը 4) *բրիտանական խոսակցական* զբոսանք; պտույտ; զբոսապտույտ 5) գլուխկոնծի տալը 6) *համակարգիչներ* շրջում **3** *adjective* անլուրջ; թեթևսոլիկ **4** *exclamation* է՜հ; ա՛յ քեզ անդուր բան *(տհաճություն արտահայտող բացականչություն)* • **flip through** աչքի անցկացնել; թերթել

flip one's lid/wig իրեն կորցնել; ափերից դուրս գալ

flip² |flɪp| *noun* քաղցրացրած տաք գարեջրօղի *(խմիչք)*

flip chart *noun* լսարանային պաստառներ *(որոնք վերևից ամրացված են գրատախտակին ու գործածվում են դասը բացատրելու և այլնի համար)*

flip-flop |ˈflɪpflɒp| **1** *noun* 1) «մատով» սանդալ 2) դեպի հետ թռիչք; դեպի հետ գլուխկոնծի 3) *խոսակցական* կտրուկ փոփոխում/շրջադարձ *(քաղաքականության մեջ)* 4) *էլեկտրականություն* բազմատատանակ; տրիգեր **2** *verb* 1) քստքստացնելով քայլել; քստքստացնել 2) դեպի հետ թռիչք անել; դեպի հետ գլուխկոնծի տալ 3) *խոսակցական* կտրուկ փոխել; շուռ տալ *(քաղաքական կուրսը)*

flippancy *noun* 1) թեթևամտություն 2) չհարգելը; չպատկառելը; անհարգալիցություն; հանդգնություն

flippant |ˈflɪp(ə)nt| *adjective* չհարգող; անհարգալից; հանդուգն

flipper |ˈflɪpə| *noun* 1) *կենսաբանություն* լողաթև; լողաթաղանթ; մաշկաթաթ *(ջրային կենդանիների)* 2) լաստ; լողակ *(լողորդների)* 3) *խոսակցական* ձեռք

flipping |ˈflɪpɪŋ| *adjective* *խոսակցական* հիմար; անիծյալ *(տհաճության արտահայտություն)*

flirt |flɜːt| **1** *verb* 1) սիրախաղ անել; կոտրատվել 2) (**flirt with**) հրապուրվել; զբաղվել-թողնել; կարճատև հետաքրքրություն ունենալ *(գործի հանդեպ)* 3) (**flirt with**) անլուրջ վերաբերվել; խաղ անել *(մահվան և այլն հետ)* 4) թափ տալ; բացել-փակել *(թռչունը՝ թևերը, պոչը)* 5) արագ ու թեթև շարժվել; այսուայնկողմ գնալ; գնալ-գալ **2** *noun* 1) սիրախաղ անող; սեթևեթող 2) թեթև/արագ շարժում

flirtation |-ˈteɪʃ(ə)n| *noun* սիրախաղ; սիրակատակ

flit |flɪt| **1** *verb* (**flitted**, **flitting**) 1) ճախրել; թռչել 2) *բրիտանական* գաղտնի տեղափոխվել; «չվել» *(պարտքերից/պարտականություններից խուսափելու համար)* 3) (**flit about**) թռչել-անցնել *(ժամանակի և այլնի մասին)* **2** *noun* *խոսակցական* փախուստ; ծլկելը *(տանից՝ պարտքերից/պարտականություններից խուսափելու համար)*

flitter |ˈflɪtə| **1** *verb* ճախրել; այս ու այն կողմ թռչել **2** *noun* 1) թրթռում; թափահարում 2) *գիտաֆանտաստիկ գրականություն* փոքրիկ անձնական օդանավ

moonlight flitter *խոսակցական* գիշերով/գաղտնի բնակարանից փախչող մարդ, որը չի ուզում վճարել բնակարանի վարձը

float |fləʊt| **1** *verb* 1) լողալ; ջրի կամ այլ հեղուկի մակերեսին լինել 2) լողարկել *(փայտեղենը)* 3) լողալ; սահել; շարժվել *(հոսանքով, օդում)* 4) (**float about/around**) տարածվել; պտտվել *(լուրերի/*

անեկոսեների մասին) 5) *փոխաբերական* մտքովն անցնել; գլխով անցնել *(միտք, հույզ)* 6) *փոխաբերական* տարածել; արտահայտել *(լուր, գաղափար)* 7) լողալ; տատանվել *(արժույթի փոխարժեքի մասին)* 8) ողողել; հեղեղել; ջրարկել *(բնական կամ արհեստական ճանապարհով)* 9) ծանծաղուտից հանել *(նավը)* **2** *noun* 1) լողան; կարթաձող 2) *ծովային* խարսխավոր լողան; բույ 3) լողափամփուշտ *(ձկան)* 4) լողան *(ջրաինքնաթիռի)* 5) լողան *(ավտոմատ ջրափականի)* 6) տոնական հարթակ *(դեկորացիաներով, արձաններով և այլն՝ բեռնատարի վրա դրված)* 7) *շինարարություն* հարթիչ; քերոց *(ծեփագործի)* 8) լողացող պաղպաղակով հյութ 9) լաստ; լաստանավ 10) լողացող կույտ *(սառույցի և այլնի)* 11) փայտալուղարկ; փայտեղենի լուղարկում 12) լողագոտի

flaot sb's boat դուր գալ մեկին; զգացմունքներ առաջացնել մեկի սրտում; գրավիչ լինել մեկի համար

on the float ջրի վրա լողացող; նավարկության մեջ

floatable *adjective* 1) լողացող; լողուն 2) լուղարկային; բավականաչափ խորը *(ջրի մասին)*

floating |ˈfləʊtɪŋ| *adjective* 1) լողացող; լողուն 2) փոփոխական; հոսուն 3) ծովով տեղափոխելի; ծովային ◊ **floating cargo** ծովով փոխադրվող նավաբեռ; ծովով փոխադրելի նավաբեռ

floating capital *ֆինանսներ* շրջանառու կապիտալ

floaty |ˈfləʊti| *adjective* 1) թեթև; ասես օդում լողացող 2) բարակ; թեթև *(կանացի հագուստի մասին)* 3) լողուն

flock[1] |flɒk| **1** *noun* 1) երամ *(թռչունների)* 2) հոտ *(մանր եղջերավոր անասունների)* 3) (**flocks**) խումբ; ամբոխ 4) սաներ; աշակերտներ *(դաստիարակ, խնամողի)* 5) երեխաներ *(ընտանիքում)* 6) *եկեղեցական* հոտ; համայնք **2** *verb* հավաքել; խռնվել; ամբոխվել

flocks and herds ոչխարներ և խոշոր եղջերավոր անասուններ

the flower of the flock ընտանիքի զարդ/պարծանք/հպարտություն

flock[2] |flɒk| (նաև **flocking**) *noun* 1) խծուծ; քուլք; խծուծանք; սանտրուք *(գզելու ժամանակ թելերի թափթփված մանրուք, լաթեր՝ բարձերի և այլնի մեջ լցնելու համար)* 2) փունջ; փնջիկ *(բրդի, մազի և այլնի)* 3) բուրդ; կտոր *(որով ձևավորում են գործվածքը, մետաղը կամ պաստառը)* 4) *քիմիա* (**flocks**) փաթիլանման նստվածք

floe |fləʊ| (նաև **ice floe**) *noun* լողացող սառցադաշտ

flog |flɒg| *verb* (**flogged**, **flogging**) 1) խարազանել; ծեծել; մտրակել 2) շարունակ ասել; անվերջ կրկնել; ասելով գլուխը մտցնել 3) *բրիտանական խոսակցական* ծախել; վաճառել; առևտուր անել

flood |flʌd| **1** *noun* 1) հեղեղ; ջրհեղեղ; վարարում; հորդացում *(գետի)* 2) (**the Flood**) Ջրհեղեղ *(աստվածաշնչային)* 3) մակընթացություն 4) *բանաստեղծական* ծով; գետ; լիճ ◊ **flood and field** ծով ու ցամաք 5) առվակ; հեղեղ; տարափ; պոռթկում; ծով *(արցունքի, որևէ զգացմունքի)* 6) հեղեղ; տարափ; հոսք *(այցելուների և այլնի)* 7) տե՛ս **floodlight 2** *verb* 1) ողողել; հեղեղել; ջրով ծածկել 2) հեղեղվել; ծածկվել ջրով; ջրի տակ մնալ; ջրի տակն անցնել 3) (**be flooded out**) հեղեղի հետևանքով կորցնել բնակարանը 4) հորդանալ; վարարել; հորդահոսել 5) *տեխնիկական* վերալցում; գերլցում 6) անդադար գալ; անընդհատ ժամանել *(մարդկանց մասին)* 7) *նաև փոխաբերական* հեղեղել; լցնել 8) ջրել; ոռոգել 9) ողողել *(լույսով)*

at the flood հարմար/բարեհաջող պահին

be in full flood 1) (**be in flood**) վարարել; ափերից դուրս գալ 2) հզորության գագաթնակետին հասնել

take at the flood հնարավորությունն օգտագործել; հարմար պահը բաց չթողնել

floodgate |ˈflʌdgeɪt| *noun* 1) սահանադուռ; սահանափակ; ջրարգելակ 2) (**the floodgates**) պատնեշ; անջրպետ; պատվար

floodlight |ˈflʌdlʌɪt| **1** *noun* 1) լուսարձակ 2) լուսարձակի լույս; ուժեղ լույս **2** *verb* (անցյալ և անցյալ դերբայ **-lit**) լուսարձակով լուսավորել

flood tide *noun* 1) մակընթացություն 2) պոռթկում; հորդում

floor |flɔː| **1** *noun* 1) հատակ ◊ **corn floor** կալ; կալատեղ. **dirt floor** հողե հատակ. **parqueted floor** մանրատախտակե հատակ. **pace the floor** սենյակով գնալ ու գալ 2) հարկ; շարահարկ ◊ **ground floor** առաջին հարկ; գետնահարկ. **first floor** *ամերիկյան* երկրորդ/առաջին հարկ 3) հարթակ; հրապարակ; տեղ *(որևէ գործունեության համար նախատեսված)* 4) *տնտեսագիտություն* հատակագին; հատակավարձ *(ամենացածր գինը, որն այլևս չի իջեցվելու, կամ նվազագույն վարձը)* 5) *խոսակցական* գետին 6) հատակ; հուն; խորք *(ծովի, գետի)* 7) (**the floor**) սահմանադիր ժողովի տեղը նիստերի դահլիճում; պառլամենտի անդամների տեղը նիստերի դահլիճում 8) *տնտեսագիտություն* գործարքատեղ *(արժեթղթերի բորսաների և հումքի շուկաների սրահը, որտեղ կատարվում են գործարքները)* 9) ելույթ ունենալու իրավունք; խոսքի իրավունք *(որևէ ժողովում)* **2** *verb* 1) հատակել; հատակ շինել 2) *խոսակցական* գետնով տալ; գետին գցել; հաղթել 3) պապանձեցնել; շփոթեցնել; լռեցնել; տեղը դնել

cross the floor of the house *քաղաքականություն* մի կուսակցությունից մյուսն անցնել

get the floor ձայնի իրավունք ստանալ; խոսքի իրավունք ստանալ

take the floor 1) (**have the floor**) ելույթ ունենալ; ճառ ասել; խոսք վերցնել *(որևէ ժողովում)* 2) սկսել պարելը; անցնել պարելուն; գնալ պարելու *(պարահրապարակում)*

the floor of the house խորհրդարանի անդամների տեղերը նիստերի դահլիճում

wipe/mop the floor with sb *խոսակցական* մեկին փալաս դարձնել; մեկին ոչնչացնել/ստորացնել; մեկին ամբողջությամբ իրեն ենթարկել; մեկին մի լավ դաս տալ

floorboard |ˈflɔːbɔːd| *noun* 1) *շինարարություն* հատակատախտակ 2) *տեխնիկական* ավտոմեքենայի հատակ

floorcloth |ˈflɔːklɒθ| *noun* լինոլեում *(գորգի փոխարինիչ)*

flooring |ˈflɔːrɪŋ| *noun* 1) հատակ; հատակի տախտակներ 2) հատակի վրաքաշ

floor plan *noun* հարկի գծագիր/նախագիծ *(շինության մեջ)*

floor show *noun* ներկայացում/ցուցադրություն այցելուների համար *(գիշերային ակումբում, ռեստորանում և այլն)*

flop |flɒp| **1** *verb* (**flopped**, **flopping**) 1) (**flop down**) թրմփալ; շրմփալ; վայր ընկնել; շլմփալ; շրմփոցով վայր ընկնել; խփվել 2) կախ ընկնել; կախվել; քաշ ընկնել 3) անշնորհք շարժվել; արջի պես շարժվել 4) ընկնել; իրեն գցել/նետել; ուժասպառ ընկնել/պառկել *(բազմոցի/անկողնու վրա՝ հոգնածությունից)* 5) *խոսակցական* մնալ; գիշերել; գիշերն անցկացնել *(որոշակի տեղում)* 6) անհաջողություն կրել; ձախողվել; հաջողություն չունենալ *(դերասանի/ներկայացման մասին)* 7) *լուսանկարչություն* հորիզոնական շուռ տալ *(նեգատիվը՝ ժխտանկարը)* 8) խփել; զարկել; շպպացնել; շրմփացնել; շրխկացնել; ապտակ հասցնել 9) (**flop over**) մի կուսակցությունից մյուսի կողմն անցնել **2** *noun* 1) շրխկոց; շրմփոց; շպպոց; դխկոց 2) անշնորհք շարժում 3) *խոսակցական* էժանագին օթևան; էժանագին գիշերելու վայր 4) *խոսակցական* խայտառակ անհաջողություն; ձախողում

flophouse |ˈflɒphaʊs| *noun* *խոսակցական ամերիկյան* էժանագին գիշերօթևան

floppy |ˈflɒpi| **1** *adjective* (**floppier**, **floppiest**) 1) կախ ընկած; ճոճվող 2) դանդաղկոտ; պասիվ; անգործունյա *(մտավոր ունակությունների մասին)* 3) անփույթ *(ոճի մասին)* 4) ճկուն **2** *noun* (նաև **floppy disk**) (հոգն. **-pies**) *համակարգիչներ* տե՛ս **floppy disk**

floppy disk *noun* *համակարգիչներ* ճկապնակ; ճկուն պնակ *(երկրորդային պահպանման սարք՝ հարթ, շրջանաձև ճկուն պնակի տեսքով, որի վրա տվյալները կարող են գրանցվել մագնիսական տեսքով. ճկապնակը չի կարող այնքան տվյալներ պահպանել, որքան կարծրապնակը, սակայն կարող է հեշտությամբ հանվել և դրվել)*

Flora |ˈflɔːrə| *հռոմեական դիցաբանություն* Ֆլորա *(ծաղիկների և գարնան աստվածուհի)*

flora |ˈflɔːrə| *noun* (հոգն. **floras** կամ **florae** |-riː|) բուսական աշխարհ; ֆլորա; բուսաշխարհ *(որոշակի աշխարհագրական տարածքի բուսատեսակների ամբողջությունը)*

floral |ˈflɔːr(ə)l|, |ˈflɒ-| **1** *adjective* 1) ծաղկի; ծաղկավոր; ծաղկային 2) ծաղկավոր; ծաղկանկար; ծաղկապատկեր; ծաղկապատ 3) *բուսաբանություն* բուսական աշխարհին վերաբերող; բուսական աշխարհի **2** *noun* ծաղկավոր/ծաղկանկար գործվածք

Florence |ˈflɒrəns| Ֆլորենցիա *(քաղաք Իտալիայում)*

florescence |flɔːˈrɛs(ə)ns|, |flə-| *noun* 1) ծաղկում; ծաղկելը; փթթում; փթիթ 2) *փոխաբերական* ծաղկում; ծաղկման շրջան; բարգավաճում

floriculture |ˈflɒrɪˌkʌltʃə|, |ˈflɔː-| *noun* ծաղկաբուծություն; ծաղկագործություն; ծաղկամշակություն

florid |ˈflɒrɪd| *adjective* 1) կարմրաթուշ; կարմրաթշիկ; կարմրայտ; ծաղկափթիթ *(դեմքի մասին)* 2) կարմրատակած; շիկնած; կարմրած *(դեմքի մասին)* 3) զունազեղ; զարդարուն; պատկերավոր; ճոխ; պերճ *(լեզվի/ոճի մասին)* 4) *բժշկություն* ծաղկուն; արընթաց *(հիվանդության մասին)* 5) աչք ծակող; ցուցական

Florida |ˈflɒrɪdə| Ֆլորիդա *(ԱՄՆ-ի նահանգ)*

florist |ˈflɒrɪst| *noun* ծաղկավաճառ; ծաղկահարդար

floss |flɒs| **1** *noun* 1) բոժոժի վրայի մետաքսաթելը *(դեռևս չմշակված)* 2) (**floss silk**) հում մետաքս *(ասեղնագործության մեջ գործածվող)* 3) մազմզուկ; խավամազ; խավարտ; մանրաթել *(բույսերի)* 4) տե՛ս **dental floss** **2** *verb* ատամնաթելով մաքրել ատամների արանքը

flotation |fləʊˈteɪʃ(ə)n| (նաև **floatation**) *noun* 1) լողալը *(հեղուկում կամ գազում)* 2) *տնտեսագիտություն* շրջանառում; հիմնում *(ընկերության բաժնետոմսերը վաճառելը)* 3) *տեխնիկական* հարստացում; հանքահարստացում; ֆլոտացում 4) լողունություն

flotilla |fləˈtɪlə| *noun* նավատորմիկ; ֆլոտիլիա

flounce¹ |flaʊns| **1** *verb* 1) նետվել; սլանալ; թռչել *(անհամբեր կամ զայրացած)* 2) անհանգիստ շարժումներ անել; դես ու դեն նետվել; այս ու այն կողմ շարժվել **2** *noun* անհամբեր/կտրուկ/ցուցադրական շարժում *(զայրույթ կամ անհամբերություն արտահայտող)*

flounce² |flaʊns| **1** *noun* ծալքաբոլորք; բոլորածալ; բոլորածալք *(զգեստի շուրջը կարված ծալքավոր եզրաշերտ)* **2** *verb* բոլորածալերով զարդարել

flounder¹ |ˈflaʊndə| *verb* 1) թպրտալ *(ջրում, ցեխում)* 2) գայթել; սայթաքել; դժվարությամբ քայլել 3) իրար խառնվել; շփոթվել; շփոթ խոսել; մտքերը խառնել; սխալներով խոսել 4) մեծ դժվարություններ ունենալ; մեծ դժվարությունների առաջ կանգնած լինել; դժվարություններ կրել

flounder² |ˈflaʊndə| *noun* 1) *կենդանաբանություն* մանր տափակաձուկ; տափակ ձուկ; ապարաձուկ *(ընտանիք Pleuronectidae, Bothidae)* 2) (**flounders**) տափակաձկներ

flour |ˈflaʊə| **1** *noun* 1) ալյուր; ցորենալյուր *(ցորենի)* 2) փոշի; նրբալյուր *(փոշիացրած նյութ)* **2** *verb* 1) ալյուր ցանել/ավելացնել; ալյուր շաղ տալ; ալրոտել 2) *ամերիկյան* աղալ *(հատիկը)*

flourish |ˈflʌrɪʃ| **1** *verb* 1) փարթամ աճել; ծաղկել; բարգավաճել; փթթել *(մարդու կամ այլ օրգանիզմի մասին)* 2) բարգավաճել; բուռն զարգացում ապրել *(կազմակերպության և այլնի մասին)* 3) բեղուն շրջան ապրել; բուռն գործունեություն ծավալել *(գործիչի մասին)* 4) թափահարել; տարուբերել *(զենքը, ձեռքը և այլն՝ ուշադրություն գրավելու համար)* 5) ստորագրության մեջ վերջազարդ անել; վերջազարդով ստորագրել 6) ի ցույց դնել; պարծենալ; իրեն երևակայել **2** *noun* 1) արտահայտիչ ժեստ անելը; թափահարում; թափահարելը; տարուբերում; տարուբերելը *(զենքի, ձեռքի)* 2) բուռն զարգացում; մեծ հաջողություններ *(հատկապես անսպասելի)* 3) ճոռոմ/ծաղկավոր դարձվածք 4) *երաժշտություն* տուշ; հանդիսանվագ; շեփորանվագ 5) հանկարծահնչար հատված *(երաժշտական գործի սկզբում կամ վերջում կատարվող)* 6) ոլորագիծ; գալար; պարուրագիծ; պարուրազարդ *(ձեռագրի մեջ)* 7) ստորագրության վերջազարդ 8) *փոխաբերական* պարծենկոտություն; ինքնագովություն

flourish of trumpets տուշ; կենաց նվագ; աղմկոտ ծանույց; հայտարարություն; ազդարք; հանդիսավոր արարողություն *(օրինակ՝ ինչ-որ հանդեսի բացման ժամանակ)*

in full flourish բուռն ծաղկման շրջանում; ծաղկունքի մեջ

It's one thing to flourish and another to fight. Մի բան է խոսքով քաջ լինելը, այլ բան՝ գործով:

flout |flaʊt| **1** *verb* 1) խախտել; չենթարկվել *(կանոններին, ավանդույթներին)* 2) *հնացած* ծաղրել; ծաղր ու ծանակի ենթարկել; արհամարհել **2** *noun* ծաղր

flow |fləʊ| **1** *verb* 1) հոսել; թափվել 2) շատանալ; վարարել *(ջրի մասին)* 3) ցած ընկնել; իջնել *(զգեստի, ծալքերի, մազերի մասին)* 4) շրջանառվել; շրջապտույտի մեջ լինել *(շինության մեջ օդի և այլնի մասին)* 5) հավաքվել; ամբոխվել; շարժվել դեպի 6) սահուն ընթանալ; թեթև լինել; հեշտությամբ հաջողվել; դյուրին անցնել 7) (**flow from**) ծագել; առաջ գալ; սկիզբ առնել; սերվել *(որևէ բանից)* 8) հոսել; առատ/անսպառ լինել *(խմիչքի մասին)* 9) *տեխնիկական* ձևափոխվել; ձևախախտվել *(պինդ մարմնի մասին)* • **flow down** ցած հոսել; թափվել **flow in** ներս հոսել; ներհոսել; հավաքվել **flow out** դուրս հոսել; արտահոսել; բխել; առաջանալ **flow with** առատ լինել **2** *noun* 1) հոսք; հոսանք; շիթ; հոս ◊ **steady flow** անընդհատ հոսանք 2) հորդում; վարարում *(գետի և այլնի)* 3) զեղում; հեղեղ; հոսանք; առատություն 4) *կենսաբանություն, բժշկություն* դաշտան; ամսական 5) սահունություն *(խոսքի, գծերի)* 6) *տեխնիկական* ձևափոխում; ձևախախտում *(պինդ մարմնի)*

a flow of spirits կենսուրախություն; խնդություն; զվարճություն; բարձր տրամադրություն

flow of conversation զրույցի սահուն հոսք/ընթացք

flow of words խոսքի/խոսակցության սահուն ընթացք; սահուն խոսք

go with the flow կյանքը ինքնահոսի թողնել; հոսանքի ուղղությամբ ընթանալ; թողնել, որ լինի, ինչ լինում է; շատ չդիմադրել

in full flow 1) գծի ընկած; դադարելու չտրամադրված; անդադար խոսող 2) բուռն գործունեության մեջ; եռուն շրջանում

the flow of time ժամանակի ընթացք

flow chart (նաև **flowchart** կամ **flow diagram**) *noun* նաև *համակարգիչներ* ընթացացանկ

flower |ˈflaʊə| **1** *noun բուսաբանություն* 1) ծաղիկ 2) «ծաղիկ»; գեղեցկություն; զարդ; զարդարանք *(հատկապես խոսքային)* 3) ծաղկում; փթթում 4) ծաղկավոր բույս 5) *նաև փոխաբերական* բարգավաճում; զարգացում; ծաղկում; փթթում; ծաղկունք **2** *verb* 1) ծաղկել; փթթել; ծաղկափթթել 2) բարգավաճել; ծաղկել; ծաղկուն շրջան ապրել; առաջադիմել; զարգանալ; բարձր մակարդակի հասնել 3) ծաղկեցնել *(բույսը)* 4) ծաղիկներով զարդարել; ծաղկազարդել *(գործվածքը)*

in the flower of life, in the flower of one's age ծաղիկ հասակում; ուժերի ծաղկման շրջանում

no flowers 1) ծաղիկներ չբերել *(թաղման հայտարարության մեջ)* 2) *փոխաբերական* ափսոսանքի/ցավակցության/վշտի ոչ մի նշան *(զգացմունքները շատ չարտահայտելու խնդրանք)*

printer's flower վերջաքան; գրքի գլխազարդ; դրվագազարդ; ողկուզավոր խմբանկար

the flower of 1) սերուցք; ընտրանի *(ընտիր մարդիկ)* 2) ծաղկուն շրջան; բարգավաճում; զարգացման գագաթնակետ; ծաղկունք

flower bed *noun* ծաղկաթումբ; ծաղկամարգ; ծաղկանոց

floweret |ˈflaʊərɪt| *noun բանաստեղծական* ծաղկիկ *(ծաղկակաղամբի և այլնի)*

flowery |ˈflaʊəri| *adjective* 1) ծաղկավետ; ծաղկաշատ; ծաղկալի 2) գունագեղ; ծաղկազարդ; պատկերավոր; պերճ *(ոճի մասին)*

flowing |ˈfləʊɪŋ| *adjective* 1) սահուն իջնող; վար թափվող; ալիք-ալիք; ալիքվող *(երկար մազերի, հագուստի մասին)* 2) սահուն *(գծի/ուրվագծի մասին)* 3) ներդաշնակ; սահուն; կոկիկ; հարթ *(խոսքի/շարժումների/ոճի մասին)* 4) հոսող

flu |fluː| *noun խոսակցական* (**influenza**) հարբուխ; գրիպ

fluctuant *adjective բանաստեղծական* դյուրափոփոխ; հեղհեղուկ; անկայուն; դարձդարձիկ

fluctuate |ˈflʌktʃʊeɪt|, |-tjʊ-| *verb* 1) ծփալ; ճոճվել; տատանվել *(ալիքների և այլնի մասին)* 2) տատանվել; անկայուն լինել; փոփոխվել

fluctuation |-ˈeɪʃ(ə)n| *noun* տատանում; տատանվելը; անկայունություն

flue |fluː| *noun* 1) ծխնելույզ; ծխանցք 2) *տեխնիկական* արտածծող խողովակ 3) *օդագնացություն* հրախողովակ

fluency |ˈfluːənsi| *noun* 1) սահունություն; հմտություն; արագախոսություն; վարպետություն; ճարտարություն; անսայթաքություն *(խոսքի՝ նաև օտար լեզվով)* 2) ներբագեղություն; դյուրաշարժություն; հեզաճկունություն

fluent |ˈfluːənt| *adjective* 1) ճարտար; վարժ; հեշտախոս; քաղցրալեզու; անսայթաք *(մարդու մասին, նաև օտար լեզվի դեպքում)* 2) սահուն *(խոսքի մասին, նաև օտար լեզվով)* 3) ներբագեղ; հեզաճկուն; գեղաճկուն; դյուրաշարժ 4) հոսուն; հոսական; հոսանուտ

fluently *adverb* նաև *փոխաբերական* սահուն կերպով; վարժ; անսայթաք

fluff |flʌf| **1** *noun* 1) աղվամազ; աղվափետուր; բմբուլ; մազախավ; խավ 2) փափկամազ; մորթի; աղվափետուր 3) միջակություն; անհետաքրքիր ստեղծագործություն; ձանձրալի ստեղծագործություն 4) *թատրոն ծածկալեզու* վատ սովորած դեր; բառասխալ **2** *verb* 1) (**fluff up/out**) փափկեցնել; թափ տալով փոմփոշացնել; փափկեցնել *(բարձը և այլն)* 2) *թատրոն ծածկալեզու* դերը վատ իմանալ; բառասխալ թույլ տալ

fluffy |ˈflʌfi| *adjective* (**fluffier**, **fluffiest**) 1) աղվամազ; փափկամազ; խավոտ; խավավոր; փափուկ 2) օդային; թեթև; եթերային *(սննդի մասին)* 3) *խոսակցական* մակերեսային; միջակ; անհետաքրքիր; առանց խորության *(ստեղծագործության մասին)* 4) անլուրջ; թեթևսոլիկ; թեթևաբարո; հիմարավուն *(մարդու մասին, հատկապես՝ կնոջ)*

fluid |ˈfluːɪd| **1** *noun* 1) հեղուկ 2) գազ 3) հեղուկ կամ գազային միջավայր **2** *adjective* 1) հեղուկ; հոսուն; գազային 2) փոփոխական; չհաստատված; չորոշված; անկայուն; հեղհեղուկ *(ծրագրերի և այլնի մասին)* 3) նրգագեղ; սահուն; ճկուն; հեզաճկուն *(շարժումի մասին)* 4) *տեխնիկական* հեղուկաբաշխական; հիդրավլիկ; հիդրավլիկական *(կցորդման մասին)*

fluidize |ˈfluːɪdʌɪz| *verb տեխնիկական* հեղուկացնել

fluid ounce (հպվ. **fl. oz.**) *noun* 1) *ամերիկյան հնացած* հեղուկային ունկի/ունցիա *(հեղուկի չափման միավոր, մոտ 0,3 լիտր)* 2) անգլիական ունկի/ունցիա *(հեղուկի չափման միավոր, մոտ 0.28 լիտր)*

fluke[1] |fluːk| *noun* երջանիկ պատահականություն; հաջողություն; բարեբախտություն; բարեդիպություն

by a fluke բախտի բերմամբ; բարեբախտաբար; երջանիկ պատահականությամբ

fluke[2] |fluːk| *noun* 1) *կենդանաբանություն* ծծանհնու *(տիպ Platyhelminthes, դաս Trematoda և Monogenea)* 2) *կենդանաբանություն* մանր տափակաձուկ; տափակ ձուկ; ասպարաձուկ *(ընտանիք Pleuronectidae, Bothidae)*

fluke[3] |fluːk| *noun* 1) *տեխնիկական* ճանկ *(խարսխի)* 2) *կենսաբանություն* պոչի լողաթև *(կետի)*

fluky |ˈfluːki| (նաև **flukey**) *adjective* (**flukier**, **flukiest**) 1) բարեբախտ; երջանիկ պատահականությամբ եղած; բախտի բերմամբ 2) անկանխատեսելի; փոփոխական; անկայուն

flummery |ˈflʌm(ə)ri| *noun* (հոգն. **-meries**) 1) դատարկ/հիմար բան; դատարկ հաճոյախոսություններ 2) *խոհանոց* քաղցր կերակրի տեսակ *(կաթով, ալյուրով, հարած ձվով ու համեմունքներով)*

flunk |flʌŋk| *խոսակցական* **1** *verb ամերիկյան* 1) քննությունից «կտրվել» 2) «կտրել»; չնշանակել *(բավարար գնահատական՝ քննությանը)* 3) (**flunk out**) վատ առաջադիմության համար հեռացվել **2** *noun* քննությունից «կտրվելը»

flunky |ˈflʌŋki| (նաև **flunkey**) *noun* (հոգն. **-kies** կամ **-keys**) 1) *արհամարհական* սպասավոր; դրանիկ *(լիվրեավոր՝ համազգեստավոր)* 2) *փոխաբերական* ստորաքարշ/ծառայամիտ մարդ

fluorescence |flʊəˈrɛs(ə)ns|, |flɔː-| *noun* ֆլուորեսցենտում; լուսածորում; լուսածորելը; լուսարձակում

fluorescent |flʊəˈrɛs(ə)nt|, |flɔː-| **1** *adjective* 1) ֆլուորեսցենտող; լուսարձակող; լուսածորող 2) ցերեկային լույսի *(լամպի մասին)* 3) գույնզգույն; երանգավոր; երփներանգ; բազմերանգ **2** *noun* ցերեկային լույսի լամպ

fluoride |ˈflʊərʌɪd|, |flɔː-| *noun քիմիա* 1) ֆտորիդ 2) նատրիումի ֆտորիդ *(խմելու ջրի կամ ատամի մածուկի մեջ ավելացվող)*

fluorine |ˈflʊəriːn|, |ˈflɔː-| *noun քիմիա* (**F**) ֆտոր *(քիմիական տարր)*

fluorocarbon |ˌflʊərə(ʊ)ˈkɑːb(ə)n|, |flɔː-| *noun քիմիա* ֆտորածխածին

flurry |ˈflʌri| **1** *noun* (հոգն. **-ries**) 1) փոքրիկ պտտահողմ *(հատկապես՝ ձյուն, տերևներ և այլն թավալող)* 2) հողմնահուզանք; հանկարծական փոթորիկ; տեղատարափ անձրև; ձյուն; քամու պոռթկում 3) հուզմունք; իրարանցում; խառնաշփոթություն; եռուզեռ 4) տարափ; առատություն *(միաժամանակ կատարվող երևույթների)* **2** *verb* (**-ries**, **-ried**) 1) պտտվել; թավալվել *(ձյան/տերևների մասին, որոնք պտտահողմի մեջ են ընկել)* 2) արագ-արագ շարժվել; սլանալ; շտապ գնալ-գալ *(զբաղված/հուզված մարդու մասին)* 3) հուզել; վրդովել; իրարանցում/խառնաշփոթություն առաջացնել *(հատկապես շտապողականությունից)*

flush[1] |flʌʃ| **1** *verb* 1) շիկնել; կարմրատակել; կարմրել; շառագունել 2) կարմրեցնել; շիկնեցնել *(դեմքը, մաշկը)* 3) բոցավառվել; շառագունել; հրագունել; կարմրին տալ *(բոցի/երկնքի և այլնի մասին)* 4) (**be flushed with**) ուրախությամբ/հպարտությամբ լցվել; ոգևորվել; խանդավառվել; արբենալ *(մի բանով)* 5) ողողել; առատ ջրով լվանալ *(հատկապես զուգարանը)* 6) ողողվել; առատ ջրով լվացվել *(հատկապես զուգարանի մասին)* 7) մաքրել; հեռացնել *(կեղտը և այլն՝ առատ ջրով լվանալով)* 8) լցնել; անցկացնել *(հեղուկը՝ խողովակի միջով)* 9) խրտնեցնել; վախեցնել; փախցնել *(թռչուններին)* 10) վախեցնել; ստիպել, որ դարանից դուրս գա; ստիպել, որ բացահայտվի *(մարդը)* 11) ծլարձակել; ծլարկել; կանաչել *(բույսի մասին)* 12) հորդել; հեղեղել *(ջրի մասին)* 13) վեր թռչել; ճախրել **2** *noun* 1) շիկնում; շիկնելը; կարմրատակում; կարմրատակելը 2) վառ գույնի բիծ/հատված; վառվռուն կետ; լուսավոր հատված 3) զգացմունքների հորդում/պոռթկում 4) *փոխաբերական* անսպասելի առատություն; լիություն 5) *նաև փոխաբերական* ծաղկում; թարմություն; մատղաշություն; եռանդ; ավյուն 6) ծլարձակում; կանաչում; կանաչություն; տերևակալում 7) ողողում; առատ ջրով լվացում *(հատկապես զուգարանի)* 8) հոսարան *(զուգարանի)* 9) հոսարանով զուգարան 10) ջրի հանկարծական հորդում 11) թռչուններին խրտնեցնելը; թռչուններին վախեցնելը 12) նոպա; ախտաժամ *(ջերմախտի)*

flush[2] |flʌʃ| **1** *adjective* բերնեբերան; լիքը **2** *adverb* համահավասար; ուղիղ **3** *verb* համահավասար լցնել

flush[3] |flʌʃ| *noun* համագույն խաղաթղթեր *(մեկի ձեռքին)*

fluster |ˈflʌstə| **1** *verb* 1) հուզվել; շփոթվել; իրար անցնել 2) հուզել; շփոթեցնել 3) խմեցնել; խմեցնելով հարբեցնել; մի քիչ խմել; մի փոքր հարբել **2** *noun* իրարանցում; խառնաշփոթություն

flute |fluːt| **1** *noun երաժշտություն* ֆլեյտա; սրինգ **2** *verb* քաղցրաձայնել; քաղցրաձայն խոսել

flutist (նաև **flautist**) *noun* ֆլեյտահար; ֆլեյտիստ

flutter |ˈflʌtə| **1** *verb* 1) ճախրել; ճախրելով թռչել 2) թափահարել *(թևերը)* 3) դողդողալ; թրթռալ; դողդողալով ընկնել 4) հուզված/շփոթված շարժվել *(որոշակի ուղղությամբ)* 5) անհավասար/անհամաչափ զարկել *(զարկերակի մասին)* 6) ծածանվել; փողփողալ; ծփալ **2** *noun* 1) ճախրում; ճախրելը; թևաբախում 2) հուզմունք; ապշանք; ալեկոծություն 3) *բրիտանական* գրազ; գրազախաղ 4) դողդոջյուն; դողդողում; դողդողալը; թրթռում; թրթիռ 5) թեթև դող

fluvial |ˈfluːvɪəl| *adjective երկրաբանություն* գետի; գետային

flux |flʌks| **1** *noun* 1) հոսանք; հեղեղ; հոսք; շարժում 2) փոփոխություն; փոփոխականություն ◇ **in a state of flux** փոփոխական վիճակում; փոփոխման մեջ 3) մակընթացություն 4) *ֆիզիկա* հոսք **2** *verb* 1) հոսել; դուրս հոսել; արտահոսել 2) հալել; ձուլել

fly¹ |flʌɪ| **1** *verb* (**flies**; անցյալ **flew** |fluː|; անցյալ դերբայ **flown** |fləʊn|) 1) թռչել; թևածել 2) *օդագնացություն* ղեկավարել *(ինքնաթիռը)* 3) ինքնաթիռով տեղափոխել 4) թռցնել *(թռչունին)* 5) (նաև **fly away/off**) սլանալ; շտապել; արագ անցնել; թռչել-անցնել ◇ **fly high** փառասեր/փառամոլ լինել 6) ծածանվել • **fly at** i) *նաև փոխաբերական* հարձակվել; վրա պրծնել ii) հարձակվել *(բազեն՝ որսի վրա)* **2** *noun* (հոգն. **flies**) 1) վրանի բացվող թև 2) միաձի կառք 3) թռիչք; թռչելը

fly into a passion/range/rage/temper զայրույթով լցվել; սաստիկ բարկանալ; կատաղել; փրփրել

fly low աննկատ մնալ; խուսափել հայտնի դառնալուց; աշխատել իր վրա ուշադրություն չհրավիրել; ստվերում մնալ

fly off the handle *խոսակցական* զայրույթով լցվել; սաստիկ բարկանալ; կատաղել; փրփրել

fly short of պատշաճ բարձրության վրա չլինել; չհասնել պատշաճ մակարդակի

fly the coop *խոսակցական* փախուստի դիմել

fly the nest 1) թողնել բույնը; թռչել-հեռանալ բնից *(հասունացած թռչունի մասին)* 2) *խոսակցական* թողնել հարազատ օջախը; հեռանալ տանից

on the fly 1) թռչելիս; թռիչքի ժամանակ; քայլելիս; գնալիս; թռիչքի ընթացքում; թռիչքի պահին 2) *համակարգիչներ* աշխատանքի ընթացքում *(ծրագրի)*

fly² |flʌɪ| *noun* (հոգն. **flies**) *միջատաբանություն* ճանճ *(կարգ Diptera)*

a fly in amber *փոխաբերական* թանգարանային հազվագյուտ նմուշ; հազվագյուտ պատահող իր/առարկա

a fly in the ointment *աստվածաշնչային* ճանճը՝ մեղրի պղնձի մեջ

a fly on the wheel/coach-wheel ճանճը՝ եզան պոզին; մարդ, որը գերագնահատում է իր նշանակությունը; Պուճուր մարդիկ մեծ երազներ են տեսնում:

drop/die like flies հազարներով մեռնել; աջուձախ մեռնել; կոտորվել

fly on the wall աննկատ դիտորդ

wouldn't hurt a fly (**wouldn't harm a fly**) մրջյուն իսկ չի տրորի

fly³ |flʌɪ| *adjective* (**flyer**, **flyest**) *խոսակցական* 1) *բրիտանական* հասկացող; բանիմաց; զգույշ; խորամանկ 2) նորաձև; նրբաճաշակ

flyaway |ˈflʌɪəweɪ| *adjective* 1) ծփացող *(մազերի մասին)* 2) լայն; ազատ *(հագուստի մասին)* 3) թեթևամիտ; փոփոխամիտ

flyby (նաև **fly-by**) *noun* (հոգն. **-bys**) մոտեցում *(տիեզերանավի՝ մոլորակին)*

flying |ˈflʌɪɪŋ| **1** *adjective* 1) թռչող; թռչելու 2) *օդագնացություն* թռիչքային 3) թռչելիս կատարվող; ցատկելիս արված 4) կարճատև; թռուցիկ; արագ; հարևանցի 5) ծածանվող **2** *noun* 1) թռիչք ◇ **high flying** բարձր թռիչք 2) օդագնացություն; թռիչք ինքնաթիռով

with flying colors նշանակալիորեն; առանձնահատուկ հաջողություններով

Flying Dutchman 1) Թռչող Հոլանդացի *(առասպելական նավ-ուրվական)* 2) Թռչող հոլանդացի *(առասպելական նավ-ուրվականի նավապետը)*

flying saucer *noun* թռչող ափսե

flyleaf |ˈflʌɪliːf| *noun* (հոգն. **-leaves**) *տպագրություն* պահպանակի չկպցվող թերթ; ֆորզաց

flyover |ˈflʌɪəʊvə| *noun* թռիչք *(որոշակի տեղանքի վրայով՝ ինքնաթիռով)*

flysheet |ˈflʌɪʃiːt| *noun* 1) թռուցիկ 2) *բրիտանական* վրանի բացվող թև

flywheel |ˈflʌɪwiːl| *noun տեխնիկական* թափանիվ

foal |fəʊl| **1** *noun* քուռակ *(ձիու, էշի)* **2** *verb* քուռակ բերել; քուռակ ծնել

in/with foal հղի; ծանրացած *(էգ ձիու/էշի մասին)*

foam |fəʊm| **1** *noun* 1) փրփուր 2) ճերմակ քրտինք 3) փրփուր *(ձիու)* 4) *տեխնիկական* փրփրանյութ 5) *բանաստեղծական* (**the foam**) ծով **2** *verb* 1) փրփրել; փրփրապատվել 2) փրփրակալել; քափ ու քրտինք կտրել; զայրանալ

fob¹ |fɒb| *noun* (նաև **fob chain**) ժամացույցի գրպանիկ *(հագուստի վրա)*

fob² |fɒb| *verb* (**fobbed**, **fobbing**) 1) *հնացած* (**fob someone off**) խաբել; հիմարացնել 2) (**fob something off on**) սխալ բան տալ; խաբել՝ ուրիշ բան տալ *(քան դիմացինն ուզում է)*

focal |ˈfəʊk(ə)l| *adjective* 1) *ֆիզիկա* կիզակետային; կիզակետի 2) *բժշկություն* տեղային

focus |ˈfəʊkəs| **1** *noun* (հոգն. **focuses** կամ **foci** |ˈfəʊsʌɪ|) 1) կենտրոնացում; սևեռում *(որևէ փաստի և այլնի վրա)* 2) կիզակետ; կիզակենտրոն; կենտրոն; օջախ 3) *ֆիզիկա լուսանկարչություն* ֆոկուս; կիզակետ 4) *բժշկություն* օջախ; բույն; բորբբույն **2** *verb* (**focused**, **focusing** կամ **focussed**, **focussing**) 1) կիզակետում կենտրոնանալ; ֆոկուսի մեջ դնել; ֆոկուսի բերել; կենտրոնացնել 2) *փոխաբերական* (**focus on**) կենտրոնանալ

fodder |ˈfɒdə| **1** *noun* 1) խար; անասնակեր; կեր *(անասունների)* 2) ապրանք; գործիք *(մարդու մասին, ով միայն մի որոշակի գործ կարող է անել, ոչ ավելին)* **2** *verb* կեր տալ *(անասունին)*

cannon fodder թնդանոթի միս

foe |fəʊ| *noun բանաստեղծական* թշնամի; ոսոխ

foetal *adjective* սաղմնային; սաղմնական

foetus *noun բրիտանական* (**fetus**) պտուղ; սաղմ

fog¹ |fɒg| **1** *noun* 1) մեգ; մառախուղ; մշուշ 2) *լուսանկարչություն* փառ *(նեգատիվի վրա)* **2** *verb* (**fogged**, **fogging**) 1) մշուշապատել; միգապատվել; մառախուղով ծածկվել 2) *փոխաբերական* շվարեցնել; տարակուսանքի մեջ թողնել

in a fog ինչպես մշուշում; դժվարության/իրարանցման/խառնաշփոթության/տուրուդմփոցի մեջ

fog² |fɒg| *noun* 1) հնձելուց հետո նորից բուսած

խոտ; աշնանախոտ 2) չհնձած խոտ

fogey |ˈfəʊgi| (նաև **fogy**) *noun* (հոգն. **-geys** կամ **-gies**) չափազանց պահպանողական մարդ

old fogey հնաոճ մարդ; հետամնաց մարդ; տարօրինակ մարդ

foggy |ˈfɒgi| *adjective* (**foggier**, **foggiest**) 1) մառախլապատ; մշուշոտ 2) շփոթված; մոլորված; շփոթահար 3) անորոշ; տարտամ; աղոտ; մութ

not have the foggiest notion/idea *խոսակցական* գաղափար/պատկերացում չունենալ

foible |ˈfɔɪb(ə)l| *noun* 1) բնավորության թուլություն 2) թույլ կողմ; թուլություն

foil¹ |fɔɪl| **1** *verb* 1) խափանել; կասեցնել; առաջն առնել *(անցանկալի երևույթի)* 2) խանգարել ծրագրերի իրագործմանը; իրար խառնել ծրագրերը *(որևէ մարդու/խմբի)* 3) հետքը կորցնել *(հետապնդվող կենդանու մասին)* 4) *փոխաբերական* հիմարացնել; շվարեցնել **2** *noun* վայրի կենդանու հետք

be foiled at all points բոլոր կողմերից անհաջողություն կրել

trim one's foils պատրաստվել մարտի

foil² |fɔɪl| **1** *noun* 1) նրբաթիթեղ; փայլաթիթեղ; անագաթերթ 2) հակադրություն; հակապատկեր 3) *ճարտարապետություն* տերևաձև զարդաքանդակ *(գոթական ոճի մեջ)* **2** *noun* 1) նրբաթիթեղով պատել 2) հակադրությամբ ընդգծել

foil³ |fɔɪl| *noun* վարժասուսեր; մարզասուսեր; սուսեր

foist |fɔɪst| *verb* 1) (**foist someone/something on/upon**) գողով ստիպել վերցնելու; խաբեությամբ ստիպել վերցնելու; վզին փաթաթել 2) (**foist someone/something into/in**) գաղտնի դնել/գաղտնի մտցնել

fold¹ |fəʊld| **1** *verb* 1) ծալել; ծռել; կորացնել; եզրածալել; ծալակցել 2) ծալվել; ծալովի լինել *(կահույքի մասին)* 3) փաթաթել; փաթեթավորել 4) գրկել ◇ **fold in arms** գրկում սեղմել. **fold to one's breast** կրծքին սեղմել. **fold one's arms** ձեռքերը խաչել **2** *noun* 1) (**folds**) ծալք; ծալվածք; կորացման տեղ 2) ծալում; ծալելը 3) *տեխնիկական* կցածալվածք; կցակար

fold² |fəʊld| **1** *noun* 1) փարախ; ոչխարանոց *(սովորաբար sheep fold)* 2) *փոխաբերական* (**the fold**) հոտ; համայնք **2** *verb* ոչխարներին փարախ քշել

folder |ˈfəʊldə| *noun* 1) *տպագրություն* ծալամեքենա 2) ծալիչ; ծալորդ *(բանվոր)* 3) թղթապանակ 4) ծանուցատետր *(չկարած գրքույկի ձևով)* 5) *համակարգիչներ* ծրար; պանակ

foliage |ˈfəʊlɪɪdʒ| *noun* 1) սաղարթ; տերևներ 2) տերևաձև զարդ

folic acid |ˈfəʊlɪk|, |ˈfɒl-| *noun կենսաքիմիա* տերևաթթու; ֆոլիաթթու; վիտամին B6

folio |ˈfəʊlɪəʊ| *noun* (հոգն. **-os**) 1) *տպագրություն* էջաթիվ 2) միածալ *(մեծ ձևաչափի գիրք, որի էջերը մեկ անգամ ծալված թերթեր են)* 3) թերթ *(մագաղաթի, գրքի)*

folk |fəʊk| (նաև **folks**) **1** *plural noun* 1) *հնացած* ժողովուրդ; ազգ 2) (**one's folks**) ծնողներ; ազգականներ; ազգուտակ; մարդիկ ◇ **the old folks at home** ծնողներ 3) (**folks**) ժողովո՛ւրդ; երեխե՛ք *(ընկերական դիմելաձև)* 4) (**folk music**) ժողովրդական/ֆոլք երաժշտություն **2** *adjective* 1) ժողովրդական 2) ժողովրդական/ֆոլք *(երաժշտության մասին)*

just folks հասարակ ժողովուրդ

folk dance *noun* ժողովրդական պար

folklore |ˈfəʊklɔː| *noun* 1) ժողովրդական բանահյուսություն; ֆոլկլոր 2) բանագիտություն; բանահյուսագիտություն 3) առասպել; սուտ; հորինվածք *(որոշակի թեմայով)*

follow |ˈfɒləʊ| *verb* 1) հետևել; ետևից գնալ; հաջորդել 2) հետապնդել; հետամտել 3) *հնացած* հետամուտ լինել; նպատակադրվել 4) հետևել; դիտել *(աչքերով)* 5) ուշադիր լսել; ուշադրությամբ դիտել; կենտրոնանալ ◇ **I follow you** ես ձեզ հասկանում եմ; ես ձեզ լսում եմ 6) զբաղվել *(մի բանով)* 7) արհեստ/մասնագիտություն ընտրել ◇ **follow the sea** նավաստի դառնալ/լինել • **as follows** հետևյալը **follow on** շարունակել հետևել/հետապնդել **follow out** i) մինչև վերջը հետապնդել/հետևել ii) իրագործել; կատարել **follow sth through** մինչև վերջ հասցնել **follow up** համառորեն հետապնդել

follow in someone's footsteps/steps նույն ուղիով գնալ *(հատկապես մասնագիտության հարցում)*

follow like sheep կուրորեն հետևել

follow one's nose 1) սեփական բնազդներով շարժվել; վստահել իր բնազդներին 2) հոտի ուղղությամբ շարժվել 3) ուղիղ առաջ գնալ

follow sb like/as a shadow կրնկակոխ գնալ; ստվերի նման հետևել

follow the law իրավաբան դառնալ/լինել

follow the scent/trail հետքով գնալ

follower |ˈfɒləʊə| *noun* 1) հետևորդ; կողմնակից; համախոհ 2) հետևող; հետապնդող *(մեկին)* 3) *արհամարհական* կանանց ետևից քարշ եկող տղամարդ

following |ˈfɒləʊɪŋ| **1** *preposition* հետո; հետևանքով *(որևէ բանի)* **2** *noun* 1) հետևորդներ; կողմնակիցներ; համախոհներ; համախոհների բանակ 2) շքախումբ 3) (**the following**) հետևյալը; հաջորդը; ներքոհիշյալը **3** *adjective* 1) հետևյալ; հաջորդ; հաջորդող 2) հետևյալ; ներքոհիշյալ 3) համընթաց *(քամի, հոսանք)*

follow-up *noun* 1) ամրապնդում *(գիտելիքի և այլն)* 2) հետագա բուժում 3) աշխատանքի շարունակություն; հաջողության ամրապնդում

folly |ˈfɒli| *noun* (հոգն. **-lies**) 1) հիմարություն; անմտություն 2) խենթություն; քմահաճույք

foment |fə(ʊ)ˈment| *verb* 1) դրդել; գրգռել; հրահրել; բորբոքել *(թշնամությունը)* 2) *հնացած* տաք թրջոցալաթ դնել; տաքացնել

fond *adjective* 1) սեր տածող; սիրով լցված *(մեկի հանդեպ)* ◇ **be fond of** սիրել 2) քնքուշ; սիրող; ջերմ; սրտանց 3) միամիտ; չափազանց դյուրահավատ; անխոհեմ ◇ **a fond hope** զուր հույս

fondle |ˈfɒnd(ə)l| **1** *verb* շոյել; փաղաքշել; գուրգուրել; շոշափել **2** *noun* շոյում; գուրգուրանք; շոշափում

fondly *adverb* 1) քնքշորեն; քնքշաբար; գորովաբար; սիրով 2) միամտորեն; միամտաբար

font[1] |fɒnt| *noun* 1) *եկեղեցական մկրտության ավազան* 2) ակունք

font[2] |fɒnt| (*բրիտանական* **fount**) *noun տպագրություն տառատեսակ*

food |fu:d| *noun* 1) կերակուր; սնունդ; ուտելիք 2) պարեն; սննդամթերք; կեր

food for meditation/reflection/thought սնունդ՝ խորհրդածության համար; մտածելու/խորհրդածելու նյութ

Food and Agriculture Organization (հպվ. **FAO**) ՄԱԿ-ի պարենի և գյուղատնտեսության կազմակերպություն

food chain *noun կենսաբանություն* սննդաշղթա

foodie |ˈfu:di| *noun խոսակցական* համադամասեր մարդ; ուտել սիրող մարդ

food poisoning *noun բժշկություն* սննդաթունավորում

food processor *noun* խոհանոցային սննդասարք *(սնունդը կտրատելու, հարելու և այլնի համար)*

foodstuff |ˈfu:dstʌf| *noun* սննդամթերք

food web *noun բնապահպանություն* սննդացանց *(սննդաշղթաների համակարգ)*

fool[1] |fu:l| **1** *noun* 1) գիժ; խենթ; մոլի; սիրահար *(մի բան անելու)* 2) հիմար; տխմար; անուղեղ ◇ **arrant fool** հիմարների հիմար. **be a fool to** մեկի համեմատությամբ ոչնչություն լինել; մեկի եղունգը չարժենալ. **make a fool** հիմարացնել; խաբել մեկին 3) *պատմական* ծաղրածու; խեղկատակ ◇ **play the fool** հիմար ձևանալ; հիմարություն անել **2** *verb* 1) հիմարացնել; խաբել; մոլորեցնել; հիմար դրության մեջ գցել 2) հիմարություն անել; հիմար ձևանալ; հիմար-հիմար արարքներ անել • **fool around** i) (**fool about/away**) հիմարաբար վատնել *(փող, ժամանակ)* ii) առիթը բաց թողնել **3** *adjective խոսակցական ամերիկյան* հիմար; անմիտ; անխելք

A fool always rushes to the fore. *առած* Հիմարը միշտ առաջ է վազում:

A fool and his money are soon parted. *առած* Հիմարի մոտ փողը երկար չի մնում:

April fool ապրիլի մեկին խաբված մարդ

Fools rush in where angels fear to tread: *առած* Հիմարի համար օրենք չկա:

Fools will be fools: *առած* Հիմարը մնում է հիմար:

make a fool of դնել ծիծաղելի դրության մեջ; դնել հիմար դրության մեջ; դնել անհեթեթ դրության մեջ *(իրեն, մեկին)*

natural fool բնածին տկարամիտ/թուլամիտ/հիմար

Nobody's fool. (**No fool.**) Հիմար չէ: Չես կարող խաբել:

One fool makes many. *լատինական ասացվածք* Հիմարները բազմանում են: Հիմարությունը/խենթությունը վարակիչ է:

play the fool with փչացնել ինչ-որ բան; խաբել մեկին

There is no fool like an old fool. *առած* Ծեր հիմարն անուղղելի հիմար է:

foolery |ˈfu:ləri| *noun* հիմարություն; տխմարություն; գժություն

foolhardy |ˈfu:lhɑ:di| *adjective* (**-dier**, **-diest**) անխոհեմորեն քաջ; հանդուգն; գլխից ձեռք քաշած *(մարդու մասին)*

foolish |ˈfu:lɪʃ| *adjective* 1) հիմար; տխմար; խենթ; խելառ 2) հիմարացած

foolishly *adverb* համարձակորեն

foolproof |ˈfu:lpru:f| *adjective* 1) *տեխնիկական* անվտանգ; միանգամայն ապահով; չփչացող 2) պարզ; հասարակ

foot |fʊt| **1** *noun* (հոգն. **feet** |fi:t|) 1) ոտնաթաթ; թաթ; ոտք ◇ **set foot on** *փոխաբերական* ոտք դնել; հաստատվել. **set on foot** գործի գցել; աշխատեցնել. **light feet** թեթև քայլեր. **put one's best foot forward** քայլն արագացնել; շտապել. **keep one's feet** ոտքի վրա կանգնած մնալ; կանգնել կարողանալ. **find one's feet** *նաև փոխաբերական* քայլել կարողանալ; ոտքի կանգնել. **heavy feet** ծանր քայլվածք 2) *բրիտանական, պատմական* հետևազոր; հետևակ ◇ **foot and horse** հետևազոր և հեծելազոր 3) հիմք; ստորոտ; ներքևի մասը; ոտքի կողմը ◇ **at the foot of the bed** մահճակալի ոտքի կողմում; մահճակալի ներքևի մասում 4) ոտնաչափ; ֆուտ *(մոտ 30,5սմ)* 5) գրքային ոտք *(տաղաչափական)* 6) թաթ *(գուլպայի)* 7) (**foots**) նստվածք **2** *verb* 1) *խոսակցական* (**foot up**) ըստ հաշվի վճարել *(հատկապես մեծ գումար)* 2) ոտքով գնալ 3) (**foot it**) պարել 4) հանրագումարի բերել; հաշվել 5) գուլպայի թաթ գործել

at sb's feet մեկի ոտքերի մոտ; մեկին աշակերտ; մեկին ենթակա

be light on one's feet թեթև քայլվածք ունենալ

find the length of sb's foot իմանալ մեկի թույլ կողմը; ճանաչել մարդուն

get one's foot on the ladder կատարել հաջողության առաջին քայլը

get on one's feet 1) (**be on one's feet**) տեղից վեր կենալ; խոսք վերցնել 2) ոտքի կանգնել; լավանալ *(հիվանդությունից հետո)* 3) նյութապես ապահովված լինել; ինքնուրույն լինել; անկախ լինել

get up with one's wrong foot on the floor ձախ ոտքով վեր կենալ; մռայլ տրամադրության մեջ լինել; քեֆը տեղը չլինել; վատ տրամադրության մեջ լինել

on foot ոտքով գնալիս; քայլելիս; շարժման մեջ

put one's feet in/into 1) խառնվել; քիթը խոթել *(մի բանի մեջ)* 2) անփութություն ցուցաբերել; հիմար դրության մեջ ընկնել

with one foot in the grave մի ոտքը գերեզմանում

footage |ˈfʊtɪdʒ| *noun* 1) կինոժապավենի երկարություն 2) նկարահանված նյութ

foot-and-mouth disease *noun անասնաբուժություն* դաբաղ; պենղախտ

football |ˈfʊtbɔ:l| *noun* 1) ֆուտբոլ 2) ֆուտբոլի գնդակ

footballer *noun* ֆուտբոլիստ

football pool *noun* ֆուտբոլային գրազ

footboard |ˈfʊtbɔ:d| *noun* 1) ոտնատեղ 2) ոտնակ *(մեքենայի, գնացքի)*

footboy *noun պատմական* ծառա; սպասավոր

footbridge |ˈfʊtbrɪdʒ| *noun* ոտքի կամուրջ; հետիոտն կամուրջ

footer |ˈfʊtə| *noun համակարգիչներ* էջատակ *(գրություն տպագրված փաստաթղթի բոլոր էջերի ներքևի մասում)*

footfall |ˈfʊtfɔːl| *noun* 1) ոտնաձայն 2) *բրիտանական* այցելուներ *(խանութի)*

footgear *noun խոսակցական* կոշկեղեն; գուլպեղեն

foothill |ˈfʊthɪl| *noun* նախալեռներ; նախալեռնաստան

foothold |ˈfʊthəʊld| *noun* 1) *ռազմական* հենակայան; հենակետ 2) *նաև փոխաբերական* հենակետ

footing |ˈfʊtɪŋ| *noun* 1) *նաև փոխաբերական* (**one's footing**) հենակետ; հենարան; նեցուկ; հիմք ◊ **lose one's footing** սայթաքել; հավասարակշռությունը կորցնել. **gain a footing** հենակետ/հենարան գտնել; հասարակության մեջ դիրքի հասնել; հասարակական դիրք գրավել 2) փոխհարաբերություն; դրություն; վիճակ ◊ **be on a friendly footing, be on a friendly footing with** ընկերական հարաբերությունների մեջ լինել *(with)* 3) ամփոփում; հանրագումար *(թվերի սյունակի տակ)* 4) (**footings**) հիմք *(պատի)*

lose one's footing սահել-ընկնել; սղալ; հենման կետը կորցնել

footlights |ˈfʊtlʌɪts| *plural noun թատրոն* բեմեզրի լույսերը

appear before the footlights 1) խաղալ բեմում 2) մտնել թատերական գործունեության մեջ; մտնել թատերական ասպարեզ

smell of the footlights լինել անբնական/թատերական

footman |ˈfʊtmən| *noun* (հոգն. **-men**) 1) սպասավոր; դրանիկ *(համազգեստավոր)* 2) *հնացած* հետևակ զինվոր

footmark |ˈfʊtmɑːk| *noun* ոտքի հետք; ոտնահետք

footnote |ˈfʊtnəʊt| **1** *noun* 1) տողատակ; տողատակի ծանոթագրություն 2) երկրորդական երևույթ; անկարևոր երևույթ **2** *verb* ծանոթագրություն ավելացնել *(տողատակի)*

footpath |ˈfʊtpɑːθ| *noun* շավիղ; արահետ; ոտքի ճանապարհ

footprint |ˈfʊtprɪnt| *noun* ոտքի հետք; ոտնահետք

foot soldier *noun* 1) հետևակ զինվոր 2) շարքային աշխատող

footsore |ˈfʊtsɔː| *adjective* ոտքերը հարած *(շատ քայլելուց)*

footstep |ˈfʊtstɛp| *noun* 1) քայլ 2) ոտնաձայն 3) հետք; ոտնահետք ◊ **follow in one's footsteps** մեկի հետքով գնալ; մեկի օրինակին հետևել

dog the footsteps of sb 1) աննահանջ/կրնկակոխ հետևել 2) հետևել մեկի օրինակին

footstool |ˈfʊtstuːl| *noun* ոտնաթոռակ; ոտնաթոռիկ *(ոտքերի տակ դրվող փոքր աթոռ)*

footwear |ˈfʊtwɛː| *noun* կոշիկ; կոշկեղեն; ոտնաման

fop |fɒp| *noun* պճնամոլ; պճնասեր *(մարդ)*

foppery *noun* պճնամոլություն; պճնասիրություն; ցուցամոլություն

for |fɔː|, |fə| **1** *preposition* 1) համար; հանուն; հօգուտ *(մեկի, մի բանի)* ◊ **fight for** պայքարել ինչ-որ բանի համար; պայքարել հանուն 2) անունից; փոխարեն *(մեկի)* 3) պատճառով; համար; մի բանից *(ցույց է տալիս պատճառ/առիթ)* ◊ **for joy** ուրախությունից 4) դեպի *(ցույց է տալիս շարժման նպատակակետը)* ◊ **They are leaving for Los Angeles tomorrow.** Վաղը նրանք մեկնում են Լոս Անջելես: 5) փոխարեն; խորհրդանշող; նշանակող; ծառայող *(ցույց է տալիս փոխարինում)* 6) համեմատ; համեմատած; հարաբերությամբ 7) հեռավորություն *(ցույց է տալիս անցած ճանապարհի երկարությունը)* 8) տևողություն *(ցույց է տալիս գործողության կատարման ժամկետ կամ որոշակի ժամանակակետ)* 9) հանդեպ; նկատմամբ *(ցույց է տալիս վերաբերմունքը որևէ բանի նկատմամբ)* **2** *conjunction բանաստեղծական* քանի որ; որովհետև; քանզի

as for one... (**for one...**) ինչ վերաբերում է...

for all that չնայած այդ ամենին

for all you know ինչքան գիտեմ; որքանով հայտնի է ինձ

for good and all (**for keeps**) ընդմիշտ; վերջնականապես; ողջ կյանքի համար

for sb's sake հանուն; ի սեր

forage |ˈfɒrɪdʒ| **1** *verb* 1) *ռազմական* խար հայթայթել; կեր հայթայթել 2) որոնել; փնտրել; փնտրտել *(մթերք, մի որևէ կարևոր բան)* **2** *noun* 1) անասնակեր; խար 2) խարահայթայթում; սնունդ հայթայթելը/փնտրելը

forasmuch as |ˌfərəzˈmʌtʃ| *conjunction հնացած* քանի որ; նկատի ունենալով, որ

foray |ˈfɒreɪ| **1** *noun* 1) ասպատակություն; արշավանք; ավերում 2) մտնելու փորձ; զբաղվել սկսելու փորձ *(որևէ գործունեությամբ)* **2** *verb* ասպատակել; արշավել; ավերել

forbear[1] |fɔːˌbɛː| *verb* (անցյալ **-bore** |-ˌbɔː|; անցյալ դերբայ **-borne** |-ˌbɔːn|) *բանաստեղծական գրական անգլերեն* 1) (**forbear sth/from sth**) իրեն զսպել; հրաժարվել; զգուշանալ; խուսափել 2) համբերատարություն ցուցաբերել; համբերել

forbear[2] |ˌfɔːbɛː| *noun* տե՛ս **forebear**

forbearance |fɔːˈbɛːr(ə)ns| *noun գրական անգլերեն* համբերություն; ինքնազսպություն; համբերատարություն; ժուժկալություն; զսպվածություն

forbid |fəˈbɪd| *verb* (**-bidding**; անցյալ **-bade** |-ˈbæd|, |-ˈbeɪd| կամ **forbad** |-ˈbæd|; անցյալ դերբայ **-bidden** |-ˈbɪd(ə)n|) 1) արգելել; թույլ չտալ; մերժել 2) խափանել; խոչընդոտել

God forbid. *խոսակցական* Աստված չանի: Աստված փրկի: Աստված պահի:

forbidden |fəˈbɪd(ə)n| *adjective* արգելված; արգելքի ենթարկված

forbidden fruit արգելված պտուղ; արգելքի պատճառով էլ ավելի ցանկալի բան

the forbidden degrees ազգակցության այն աստիճանները, որոնք թույլ չեն տալիս ամուսնանալ

Forbidden City Արգելված քաղաք *(Պեկինի որոշակի հատվածը)*

forbidding |fəˈbɪdɪŋ| *adjective* վանող; զզվանք ներշնչող; վախ ներշնչող

force |fɔːs| **1** *noun* 1) ուժ; զորություն; եռանդ 2) *ֆիզիկա* ուժ 3) բռնություն; հարկադրանք 4) (**Forces**) զինված ուժեր **2** *verb* 1) բռնություն գործադրել; ստիպել; հարկադրել; բռնադատել; բռնանալ 2) ջանք գործադրել; իրեն ստիպել; ճիգ գործադրել; զոռով անել 3) ուժ գործադրել; ներխուժել; բռնությամբ/կոտրումով ներս մտնել; դռները ջարդելով ներս մտնել; ճանապարհ բանալով դուրս գալ; ճեղքել-անցնել 4) *ռազմական* բռնանցել *(գետը և այլն)* 5) արհեստականորեն արագացնել *(աճը, զարգացումը և այլն)* • **force sth down** մի կերպ կուլ տալ; զոռով կուլ տալ

be in force ուժի մեջ լինել; գործել *(օրենքի/որոշման մասին)*
by force ուժով; ուժի գործադրությամբ
by force of հետևանքով; պատճառով; շնորհիվ; միջոցով; ճանապարհով
come into force ուժի մեջ մտնել *(օրենքի/որոշման մասին)*
force in խցկվել; զոռով ներս մտնել; ներս սեղմվել
in force 1) *ռազմական* բավականաչափ; ամբողջ ուժով 2) մեծ թվով; ողջ կազմով
put in force իրագործել *(օրենք, որոշում)*
the relation of forces ուժերի հարաբերություն
with all one's force ողջ ուժով/հզորությամբ

forced |fɔːst| *adjective* 1) հարկադիր; հարկադրական; ստիպողական; հարկադրված 2) բռնազբոսիկ; անբնական; ձգված; լարված 3) արագացված; արագացրած

forceful |ˈfɔːsfʊl|, |-f(ə)l| *adjective* ուժեղ; համոզիչ; զորեղ

forceps |ˈfɔːsɛps|, |-sɪps| (նաև **a pair of forceps**) *plural noun* պինցետ; ունելի; ատամնաբուժական աքցան

forcible |ˈfɔːsɪb(ə)l| *adjective* 1) բռնի; հարկադրական; հարկադիր; ստիպողական; զենքի ուժով 2) համոզիչ; ծանրակշիռ; ուժեղ

forcibly *adverb* 1) բռնի; ստիպողաբար; հարկադրաբար; պարտադրաբար 2) վճռականորեն; անառարկելիորեն

ford |fɔːd| **1** *noun* ծանծաղուտ; ծանծաղամաս; անցարան **2** *verb* ծանծաղուտով անցնել

fore |fɔː| **1** *adjective* 1) առջևի; առաջի; դիմացի 2) *ծովային* նավաքթի **2** *noun* *ծովային* նավաքիթ; նավացռուկ **3** *exclamation* զգու՛յշ *(ասվում է գոլֆի ժամանակ՝ գնդակի ճանապարհին գտնվելու ժամանակ)* **4** *preposition* (նաև **'fore**) տե՛ս **before**

to the fore 1) առջևում; առաջին մասում; տեսանելի տեղում 2) մոտերքում; ինչ-որ մեկի ներկայությամբ 3) կանխիկ; ձեռքի տակ *(փողի մասին)*

forearm¹ |ˈfɔːrɑːm| *noun կազմախոսություն* ձեռք; թև; նախաբազուկ; ծղի *(մարդու թաթից մինչև արմունկի մասը)*

forearm² |fɔːrˈɑːm| *verb* 1) պատրաստել; նախազգուշացնել *(որևէ մեկին՝ վտանգից առաջ)* 2) պատրաստվել; նախապատրաստվել; միջոցներ ձեռնարկել *(վտանգից առաջ)*

forebear |ˈfɔːbɛː| (նաև **forbear**) *noun* նախնի; նախահայր

forebode |fɔːˈbəʊd| *verb հնացած բանաստեղծական* 1) չար բան նախագուշակել; վատ նշան լինել 2) նախազգալ; կանխազգալ *(դժբախտություն, փորձանք)*

foreboding |fɔːˈbəʊdɪŋ| **1** *noun* 1) վատ նախանշան; չարագուշակություն 2) վատ նախազգացում; կանխազգացում **2** *adjective* չարագուշակ; վատ նախազգացումով լի

forecast |ˈfɔːkɑːst| **1** *verb* (անցյալ **-cast** կամ **-casted**) նախագուշակել; կանխատեսել; կանխորոշել **2** *noun* կանխագուշակություն; գուշակություն; կանխորոշում; կանխատեսում ◇ **weather forecast** եղանակի տեսություն

forecastle |ˈfəʊks(ə)l| (նաև **fo'c's'le**) *noun ծովային* կիսաքաք *(նավացռուկի վերևի մասը)*

foreclose |fɔːˈkləʊz| *verb* 1) նախորոշել; կանխորոշել; նախօրոք որոշել/վճռել *(հարցը և այլն)* 2) *իրավունք* արգելել; իրավունքից զրկել *(գրավ դրած սեփականության նկատմամբ)*

foredeck |ˈfɔːdɛk| *noun ծովային* քաք *(նավի վերևի տախտակամածի առջևի մասը)*

foredoom |fɔːˈduːm| *verb* (**be foredoomed**) դատապարտված լինել/մատնված լինել; կանխորոշված լինել *(ճակատագիրը)* ◇ **this undertaking was foredoomed to failure** այս նախաձեռնությունը հենց սկզբից անհաջողության էր դատապարտված

forefather |ˈfɔːfɑːðə| *noun* 1) նախահայր; նախնի 2) հիմնադիր; սկզբնահայր

forefinger |ˈfɔːfɪŋgə| *noun* ցուցամատ

forefront |ˈfɔːfrʌnt| *noun* 1) առջևի մաս 2) *ռազմական* առաջավոր գիծ *(ռազմաճակատի)* 3) գործունեության/հետաքրքրության կենտրոն

foregather *verb* 1) հավաքվել; հանդիպել 2) շփվել; շփում ունենալ

forego² |fɔːˈgəʊ| *verb* (**foregoes**; անցյալ **forewent** |-ˈwɛnt|; անցյալ դերբայ **foregone** |-ˈgɒn|) *հնացած* 1) նախորդել 2) հրաժարվել *(որևէ բանից)*

foregoing |ˈfɔːgəʊɪŋ| *գրական անգլերեն* **1** *adjective* վերոհիշյալ; նախորդող; նախորդ; նախընթաց **2** *noun* վերոհիշյալը

foregone |fɔːˈgɒn| **1** *adjective* |ˈfɔːgɒn| *հնացած* 1) անցյալ դերբայ տե՛ս **forego** 2) անցած-գնացած **2** *adjective* |ˈfɔːgɒn| *հնացած* նախորոշված; կանխորոշված; նախօրոք վճռված; անխուսափելի; կանխակալ

foreground |ˈfɔːgraʊnd| **1** *noun* 1) առաջակողմ; առաջին պլան; դիմացը 2) ամենաակնհայտ մասը/կողմը 3) ամենակարևոր դիրք **2** *verb* առաջին պլան մղել; մեծ կարևորություն վերագրել

forehand |ˈfɔːhænd| *noun մարզական* աջակողմյան; դեպի աջ *(հարված թենիսում)*

forehanded **1** *adjective* 1) նախօրոք/վաղօրոք կատարված; ժամանակին արված 2) երկայնամիտ; հեռատես; կանխատես 3) *ամերիկյան* հաջողակ; բարգավաճող **2** *adverb թենիս* աջակողմյան հարվածով

forehead |ˈfɒrɪd|, |ˈfɔːhɛd| *noun կազմախոսություն* ճակատ

foreign |ˈfɒrɪn| *adjective* 1) օտարերկրյա; օտար;

արտասահմանյան; արտասահմանցի 2) արտաքին; դրսի *(ևս քաղաքականության, առևտրի մասին)* 3) **(foreign to)** խորթ; անհարազատ

Foreign and Commonwealth Office *noun* Արտաքին գործերի և համագործության նախարարություն *(Մեծ Բրիտանիայում-ում 1968 թվականից)*

foreigner |ˈfɒrɪnə| *noun* 1) օտարերկրացի; օտարական; արտասահմանցի 2) կողմնակի անձ

foreign exchange *noun* *տնտեսագիտություն* արտարժույթ

foreign minister *noun* արտգործ նախարար; արտաքին գործերի նախարար

foreign secretary *noun* արտգործնախարար; արտաքին գործերի նախարար *(Մեծ Բրիտանիայում)*

foreknow |fɔːˈnəʊ| *verb* (անցյալ **-knew** |-ˈnjuː|; անցյալ դերբայ **-known** |-ˈnəʊn|) *բանաստեղծական* Նախօրոք/նախապես իմանալ; կանխագուշակել; կռահել

foreknowledge |fɔːˈnɒlɪdʒ| *noun* նախատեսություն; կանխատեսություն

foreland |ˈfɔːlənd| *noun* 1) հրվանդան 2) առափնյա շերտ

foreleg |ˈfɔːlɛg| *noun* *կենդանաբանություն* առջևի ոտք/թաթ

forelock |ˈfɔːlɒk| *noun* մազափունջ *(ճակատին թափվող)*

take time by the forelock (take occasion by the forelock) օգտվել հանգամանքից; առիթը ձեռքից բաց չթողնել; ժամանակ չկորցնել

foreman ˈfɔːmən| *noun* (հոգն. **-men**) 1) վարպետ; ավագ; վերակացու; աշխատեղ *(բանվորների)* 2) *իրավունք* երդվյալների ավագ անդամը

foremast |ˈfɔːmɑːst| *noun* *ծովային* առաջակայմ

foremost |ˈfɔːməʊst| **1** *adjective* 1) առաջնահերթ; հիմնական; գլխավոր 2) առջևի; առաջավոր; առաջին **2** *adverb* նախ և առաջ; նախ; ամենից առաջ

first and foremost տե՛ս **first**

forenoon |ˈfɔːnuːn| *noun* մինչկեսօրյա ժամանակը; առավոտ

forensic fəˈrɛnsɪk| **1** *adjective* 1) դատա-փորձագիտական 2) դատարանի **2** *noun* դատափորձագիտական հետազոտություն

foreordain |ˌfɔːrɔːˈdeɪn| *verb* նախասահմանել; կանխորոշել; նախորոշել *(Աստծո/ճակատագրի մասին)*

forepaw ˈfɔːpɔː| *noun* առջևի թաթ *(կենդանու)*

forerun |fɔːˈrʌn| *verb* (**-running**; անցյալ **-ran** |-ˈræn|; անցյալ դերբայ **-run**) *բանաստեղծական* 1) նախորդել 2) նախագուշակել; նախանշան լինել

forerunner |ˈfɔːrʌnə| *noun* 1) նախնի; նախակարապետ 2) նախագուշակ 3) նախանշան

foresail |ˈfɔːseɪl|, |-s(ə)l| *noun* *ծովային* առաջնակայմի ներքևի առագաստ

foresee fɔːˈsiː| *verb* (**-sees, -seeing**; անցյալ **-saw** |-ˈsɔ |; անցյալ դերբայ **-seen** |-ˈsiːn|) նախատեսել; կանխատեսել; կռահել

foreseeable *adjective* կանխատեսելի; կանխագուշակելի

foreshadow |fɔːˈʃædəʊ| *verb* նախանշան լինել; նախանշել

foreshore |ˈfɔːʃɔː| *noun* ափամերձ տարածք

foresight |ˈfɔːsʌɪt| *noun* 1) նախատեսում; կանխատեսում 2) կանխատեսություն; հեռատեսություն 3) *ռազմական* նշանառության հատիկ; նշանահատիկ

forest |ˈfɒrɪst| **1** *noun* *նաև փոխաբերական* անտառ; անտառուտ **2** *verb* անտառապատել; անտառ գցել

cannot see the forest for the trees ամբողջ պատկերը չտեսնել; չկարողանալ ամբողջականորեն պատկերացնել

forestall |fɔːˈstɔːl| *verb* 1) կանխել; առաջն առնել; արգելակել *(մեկին, մի բան)* 2) ավելի առաջ/վաղ անել; կանխագործել

forester |ˈfɒrɪstə| *noun* 1) անտառապետ; անտառապահ 2) *հնացած* անտառի բնակիչ; անտառաբնակ

forestry |ˈfɒrɪstri| *noun* 1) անտառագիտություն; անտառաբուծություն 2) անտառատնտեսություն

foretaste |ˈfɔːteɪst| *noun* կանխավայելում; կանխաճաշակում ◇ **get a foretaste of** պատկերացում կազմել *(որևէ բանի մասին)*

foretell |fɔːˈtɛl| *verb* (անցյալ և անցյալ դերբայ **-told** |-ˈtəʊld|) նախագուշակել; գուշակել

forethought |ˈfɔːθɔːt| *noun* ծանրութեթև անելը; կանխատեսություն; հեռատեսություն; հոգածություն

forever |fəˈrɛvə| *adverb* 1) ընդմիշտ; հավիտյան; առհավետ 2) մի ամբողջ հավիտենություն/կյանք; չափազանց երկար 3) անընդհատ; շարունակ

forewarn |fɔːˈwɔːn| *verb* նախազգուշացնել; զգուշացնել

forewarned is forearmed *առած* նախապես իմանալը նշանակում է նախապես զինվել

foreword |ˈfɔːwəːd| *noun* նախաբան; առաջաբան; ներածություն *(գրքի)*

forfeit |ˈfɔːfɪt| **1** *verb* (**-feited, -feiting**) 1) կորցնել; զրկվել *(որևէ բանից)* 2) տուժել; հատուցում կրել; իրավունքից զրկվել *(հանուն ինչ-որ բանի)* 3) հրաժարվել մի բանից; հետ կանգնել *(հանուն մի ուրիշ բանի)* **2** *noun* 1) տուգանք; տույժ 2) **(forfeits)** գրավախաղ 3) բռնագրավված իր; կորուստ; հատուցում 4) բռնագրավում; տուգանք դնելը **3** *adjective* բռնագրավված; վերցված

forge¹ |fɔːdʒ| **1** *verb* 1) կռել; դարբնել 2) ստեղծել; հիմնել *(հարաբերություն և այլն)* 3) կեղծել; կեղծիք կատարել 4) հորինել; սարքել **2** *noun* 1) դարբնի հնոց 2) դարբնոց

forge² |fɔːdʒ| *verb* դժվարությամբ առաջ գնալ

forge ahead *նաև փոխաբերական* առաջ շարժվել; առաջ անցնել *(մրցարշավում)*

forgery |ˈfɔːdʒ(ə)ri| *noun* (հոգն. **-geries**) 1) կեղծիք; խարդախում; կեղծարարություն 2) կեղծ փաստաթուղթ; կեղծ ստորագրություն

forget |fəˈgɛt| *verb* (**-getting**; անցյալ **-got** |-ˈgɒt|; անցյալ դերբայ **-gotten** |-ˈgɒt(ə)n| կամ

-got) 1) մոռանալ; չհիշել 2) մոռացության մատնել; մտքից հանել; այլևս չմտածել *(որևէ բանի մասին)* 3) (**forget it**) չնչին բան է; կարիք չկա *(շնորհակալություն հայտնելու)* 4) (**forget it**) մտքիցդ հանի՛ր; անմտություն է; լավ միտք չէ 5) (**forget oneself**) մոռանալ անձնական խնդիրները 6) (**forget oneself**) անմիտ արարքներ թույլ տալ; իրեն կորցնել

forgetful |fəˈgɛtfʊl|, |-f(ə)l| *adjective* մոռացկոտ

forget-me-not *noun բուսաբանություն* անմոռուկ *(Myosotis, ընտանիք Boraginaceae)*

forgivable *adjective* ներելի; հանդուրժելի

forgive |fəˈgɪv| *verb* (անցյալ **-gave**; անցյալ դերբայ **-given**) 1) ներել; ներողամիտ լինել; ոխ չպահել; թողություն տալ/շնորհել 2) ներում շնորհել 3) զիջել *(պարտքը)*

forgive and forget ներել և վիրավորանքը մոռանալ

forgiveness |fəˈgɪvnɪs| *noun* 1) ներում; ներելը 2) անոխապահություն; անքինախնդրություն; ներողամտություն; անհիշաչարություն; անոխակալություն

forgiving |fəˈgɪvɪŋ| *adjective* ներողամիտ; անհիշաչար; անոխակալ; անքեն; զիջող

forgo |fɔːˈgəʊ|, |fə-| (նաև **forego**) *verb* (**forgoes** |-ˈgəʊz|; անցյալ **forwent** |-ˈwɛnt|; անցյալ դերբայ **forgone** |-ˈgɒn|) 1) հրաժարվել; բաց թողնել; հետ կանգնել; իրեն թույլ չտալ *(մի բան անել)* 2) խուսափել; զգուշանալ *(մի բան անելուց)*

fork |fɔːk| **1** *noun* 1) պատառաքաղ 2) եղան; երկժանի 3) ճամփաբաժան; ճյուղավորում; բազուկ *(գետի)* **2** *verb* 1) եղանել; եղանով աշխատել 2) (**fork out**) ճյուղավորվել 3) հարձակվել երկու քարի վրա *(շախմատում)*

fork over/out *խոսակցական* քսակը բանալ; առատաձեռն դառնալ; առատ ծախսել

forked |fɔːkt| *adjective* ճեղքված; երկճեղքված; ճյուղավորված

forked lightning *noun* ճյուղավորված կայծակ

forlorn |fəˈlɔːn| *adjective* 1) լքյալ; լքված; ամայի; մոռացված; ետ ընկած; դժբախտ; անմխիթար 2) անհույս; հուսահատական

form |fɔːm| **1** *noun* 1) ձև; տեսք; կերպարանք; արտաքին 2) կերպարանք; կազմվածք; մարմին 3) դարձվածք; ոճ 4) *փիլիսոփայություն* ձև 5) *լեզվաբանություն* բառաձև; կառուցվածք 6) տարատեսակ; սեռ; տեսակ 7) ձևականություն; ձևամոլություն; ձև; ծես; հանդես; հանդիսակարգ; ընդունված կարգ; կարգ 8) *բրիտանական* դասարան *(դպրոցում)* 9) մարզավիճակ *(մարզիկի)* 10) բլանկ; անկետա; հարցաթերթ 11) նստարան **2** *verb* 1) կազմել; ձևավորել; ձև տալ 2) (**form into**) կազմակերպել; խմբել; խմբերի բաժանել *(մարդկանց, իրերը)* 3) կազմել; ձևավորել; մաս կազմել; մասնիկը լինել 4) կազմավորվել; ձևավորվել; առաջանալ; դառնալ 5) ունենալ; հղանալ *(գաղափար)* 6) արտաբերել; արտասանել *(բառը և այլն)* 7) կազմակերպվել; կազմվել; ձև ընդունել 8) զարգացնել; կոփել; մարզել 9) *ռազմական* շարվել

in form 1) ձևական 2) լավ վիճակում 3) պահանջվող ձևով; վարվելակերպի բոլոր կանոններով

out of form (**off form**) վատ վիճակում; շարքից դուրս եկած

take form անհրաժեշտ ձևն ընդունել; դառնալ հստակ/պարզ

formal |ˈfɔːm(ə)l| **1** *adjective* 1) ձևական; պաշտոնական; ձևապատշաճ 2) պաշտոնական; սառը *(մարդու վարքի մասին)* 3) արտաքին 4) կանոնավոր; համաչափ 5) *լեզվաբանություն տրամաբանություն* ձևական; ձևի *(ի հակադրություն իմաստի ու նշանակության)* **2** *noun* երեկոյան զգեստ

formaldehyde |fɔːˈmældɪhʌɪd| *noun քիմիա* ֆորմալդեհիդ

formalism |ˈfɔːm(ə)lɪz(ə)m| *noun* 1) ձևամոլություն; ձևապաշտություն 2) ֆորմալիզմ

formality |fɔːˈmælɪti| *noun* (հոգն. **-ties**) 1) ձևականությունների պահպանելը; պաշտոնականություն 2) (**a formality**) ձևականություն; ծիսակատարություն 3) չորություն; ձևականություն

format |ˈfɔːmæt| **1** *noun* 1) ձևաչափ 2) *տպագրություն* չափս 3) *համակարգիչներ* ձևաչափ **2** *verb* (**-matted**, **-matting**) *համակարգիչներ* ձևաչափել

formation |fɔːˈmeɪʃ(ə)n| *noun* 1) կազմավորում; կազմություն; ձևավորում; ձևավորվելը; կազմվելը; կազմավորվելը; կազմվելը 2) ձևավորում; ձևավորելը; կազմելը; կազմավորելը; կազմելը 3) *ռազմական* զորաշարվածք 4) *երկրաբանություն* գոյացում; կազմավորում

formative |ˈfɔːmətɪv| **1** *adjective* 1) կազմավորման; ձևավորման; ձևավորող; զարգացման *(մարդու)* 2) *լեզվաբանություն* բառակազմական **2** *noun լեզվաբանություն* բառակազմական մասնիկ

former[1] |ˈfɔːmə| *adjective* 1) նախկին; առաջվա; անցած; վաղուցվա 2) (**the former**) առաջինը *(երկուսից)*

former[2] |ˈfɔːmə| *noun* 1) ձևավորող; ստեղծող մարդ 2) *բրիտանական* դասարանցի ◊ **fifth-former** հինգերորդ դասարանցի

formerly |ˈfɔːməli| *adverb* նախկինում; առաջ; առաջներում; մի ժամանակ

formidable |ˈfɔːmɪdəb(ə)l|, |fɔːˈmɪd-| *adjective* ահագին; հսկայական; նշանակալի; ահեղ; ահռելի; ահարկու; դժվարին

formless |ˈfɔːmlɪs| *adjective* անձև; անկերպարանք; անտեսք; տձև

formula |ˈfɔːmjʊlə| *noun* 1) բանաձև *(նաև քիմիական)* 2) կանոն; օրենք; կարգ 3) դրույթ; դոգմա *(բոլոր ժամանակների և պայմանների համար որպես անառարկելի ընդունվող ճշմարտություն)* 4) բաղադրատոմս *(որևէ կերակուր պատրաստելու)* 5) քարացած բանաձև; պատրաստի և անփոփոխ արտահայտություն 6) ձևակերպում

formulate |ˈfɔːmjʊleɪt| *verb* ձևակերպել; արտահայտել բանաձևով *(գաղափարը, նախագիծը և այլն)*

formulation *noun* ձևակերպում

fornication *noun* ապօրինի կենակցություն; շնություն; ամուսնական անհավատարմություն

forsake |fəˈseɪk| *verb* (անցյալ **-sook** |-ˈsʊk|; անցյալ դերբայ **-saken** |-ˈseɪk(ə)n|) *բանաստեղծական* 1) լքել; թողնել *(մեկին)* 2) հրաժարվել; հեռանալ *(սովորություններից, սկզբունքներից)*

forsooth |fəˈsuːθ| *adverb հնավանդ կատակային հեգնական* իսկապես; ճիրավի; անկասկած

forswear |fɔːˈswɛː|, |fə-| *verb* (անցյալ **-swore** |-ˈswɔː|; անցյալ դերբայ **-sworn** |-ˈswɔːn|) *գրական անգլերեն* 1) ուրանալ; երդմամբ ժխտել; հրաժարվել 2) (**forswear oneself, be forsworn**) սուտ երդում տալ

fort |fɔːt| *noun ռազմական* ամրոց; բերդամաս

forth |fɔːθ| *adverb հիմնականում հնավանդ* 1) դեպի առաջ; ճառաջ; առաջ; դեպի դուրս ◇ **back and forth** ետ և առաջ. **come forth** առաջ գալ; լողալով ճանապարհ ընկնել; մեկնել *(նավի մասին)* 2) այսուհետ; հետագայում; այդուհետ ◇ **from that day forth** այն օրվանից սկսած

and so forth and so on և այլն, և այլն; և այդպես շարունակ

so far forth as որքան որ; որչափ որ; քանի որ; այնքանով, որքանով

forthcoming |fɔːθˈkʌmɪŋ| *adjective* 1) առաջիկա; մոտալուտ; սպասվող; գալիք 2) կիսվող; արտաճայտվող *(մարդու մասին՝ մի բանի վերաբերյալ խոսող)*

forthright |ˈfɔːθrʌɪt|, |fɔːθˈrʌɪt| **1** *adjective* անկեղծ; շիտակ; վճռական **2** *adverb հնավանդ* 1) ուղիղ դեպի առաջ 2) անմիջապես; իսկույն

forthwith |fɔːθˈwɪθ|, |-ð| *adverb* անմիջապես; իսկույն; անճապաղ

fortieth *ordinal number* քառասուներորդ

fortification |ˌfɔːtɪfɪˈkeɪʃ(ə)n| *noun* 1) *ռազմական* ամրաշինություն; ամրաշինության գիտություն; ամրություն 2) (**fortifications**) ամրություններ 3) ամրացում

fortify |ˈfɔːːɪfʌɪ| *verb* (**-fies**, **-fied**) 1) ամրացնել *(բնակավայրը և այլն)* 2) կոփել; ամրապնդել 3) ուժեղացնել; ուժ տալ *(հոգեպես)*

fortitude |ˈfɔːtɪtjuːd| *noun* կայունություն; տոկունություն

fortnight |ˈfɔːtnʌɪt| *noun* երկու շաբաթ; տասնչորս օր ◇ **today fortnight, this fortnight** երկու շաբաթ հետո *(այսօրվանից սկսած)*

fortnightly |ˈfɔːtnʌɪtli| **1** *adjective* երկշաբաթյա; երկու շաբաթը մեկ տեղի ունեցող **2** *adverb* երկու շաբաթը մեկ անգամ **3** *noun* (հոգն. **-lies**) երկշաբաթյա պարբերական

fortress |fɔːtrɪs| *noun* 1) ամրոց; բերդ ◇ **Flying Fortress** *օդագնացություն* «թռչող ամրոց» 2) ամրություն *(պաշտպանված շինություն)* 3) մարդ-ամրոց; երկաթե կամքի տեր մարդ

fortuitous |fɔːˈtjuːɪtəs| *adjective* 1) պատահական; ճանկարծակի; անսպասելի 2) *խոսակցական* բարեբախտ; բարեհաջող

fortuity |fɔːˈtjuːɪti| *noun* (հոգն. **-ties**) 1) պատահականություն; դեպք; դիպված 2) դիպվածայնություն

fortunate |ˈfɔːtʃ(ə)nət| *adjective* 1) երջանիկ; հաջող; բարեհաջող; բարենպաստ 2) բարգավաճ; բարեկեցիկ; ապահովված; բախտավոր

fortunately |ˈfɔːtʃ(ə)nətli| *adverb* 1) բարեբախտաբար 2) հաջող կերպով

fortune |ˈfɔːtʃuːn|, |-tʃ(ə)n| *noun* 1) բախտ; երջանկություն; հաջողություն; բախտի բերմունք 2) բախտ; ճակատագիր; ապագա 3) հարստություն

a small fortune *կատակային* մեծ գումար; մի ողջ կարողություն

bad/ill fortune դժբախտություն; անհաջողություն

by good fortune երջանիկ պատահականությամբ

come into a fortune ժառանգություն ստանալ

make a fortune հարստանալ; հարստություն ձեռք բերել; ունեցվածք դիզել

seek one's fortune բախտ փնտրել; բախտը փորձել

tell sb his fortune բախտ բացել; գուշակել; գուշակություն անել

the fortunes of the war պատերազմի անկանխատեսելի դեպքերը

try one's fortune բախտը փորձել

fortune-teller *noun* բախտագուշակ; գուշակ

forty |ˈfɔːti| *cardinal number* (հոգն. **-ties**) 1) քառասուն 2) (**forties**) քառասունականներ 3) քառասուն տարեկան

like forty *ամերիկյան խոսակցական* ամբողջ ուժով; վճռականորեն; արընթաց; թափով

forum |ˈfɔːrəm| *noun* (հոգն. **forums**) 1) համաժողով; լայն ներկայացուցչական ժողով 2) հավաքավայր; կենտրոնավայր *(բանավեճերի, գիտական ելույթների)* 3) *պատմական* հրապարակ; ֆորում *(Հին Հռոմում)* 4) դատ; դատարան

forward |ˈfɔːwəd| **1** *adverb* (նաև **forwards**) 1) առաջ; դեպի առաջ 2) այսուհետ; այսուհետև; հետագայում **2** *adjective* 1) առջևի; առջևի գծի 2) առաջավոր; առաջադեմ; առաջադիմական 3) *տնտեսագիտություն* նախօրոք կատարված; ժամանակին արված *(գնումներ, պայմանագիր և այլն)* 4) վաղ; վաղաժամ; շուտաճաս; վաղաճաս 5) վաղաժամ զարգացած 6) պատրաստ *(որևէ բան անելու)* 7) ճանդուգն; ճամարձակ **3** *noun մարզական* հարձակվող *(ֆուտբոլում)* **4** *verb* 1) համակարգիչներ փոխանցել *(նամակը, էլեկտրոնային նամակը)* 2) օգնել; օժանդակել; աջակցել 3) ուղարկել; փոխանցել *(ապրանք)*

forward-looking *adjective* առաջադեմ; առաջավոր; առաջադիմական

forwards *adverb* (**forward**) դեպի առաջ; ճառաջ; առաջ

fossil |ˈfɒs(ə)l|, |-sɪl| *noun* 1) *հնէաբանություն* բրածո *(կենդանի կամ բույս)* 2) բրածո; կաղապարված մարդ; հնացած գաղափարների տեր մարդ; հնացած մտքերի տեր մարդ

fossilize *verb* 1) քարանալ; բրածոյի վերածվել 2) լճանալ; քարանալ

foster |ˈfɒstə| **1** *verb* 1) խնամել; մեծացնել *(մեկին)* 2) փայփայել; տածել *(զգացմունք, ձգտում և այլն)* 3) նպաստել; խթանել; զարգացնել; խրախուսել; քաջալերել 4) մեծացնել; խնամել; դաստիարակել *(որդեգրած երեխային)* **2** *adjective* խորթ ◇ **foster brother** կաթնեղբայր. **foster sister** կաթնաքույր. **foster father** հոգեհայր. **foster mother** ծծմայր; դայակ; հոգեմայր. **foster son** հոգեզավակ; հոգեորդի

foul |faʊl| **1** *adjective* 1) *նաև փոխաբերական* կեղտոտ; աղտոտ; գարշելի; կեղտոտված; ապականված; աղտոտված 2) *խոսակցական* շատ վատ; անդուր; անախորժ; տհաճ; անհաջող 3) *ծովային* հանդիպական; հակառակ *(քամու մասին)* 4) անազնիվ; դավաճանական; ստոր; անբարոյական 5) պիղծ; լկտի; անպարկեշտ; անվայել *(լեզվի/խոսքի մասին)* 6) մամռակալած; մամռապատ *(նավի ստորջրյա մասի վերաբերյալ)* 7) խոնավ; ճեխած *(օդի մասին և այլն)* 8) *բժշկություն* թարախոտ; թարախակալված; վարակիչ; փառակալված *(լեզվի մասին)* **2** *noun* 1) կանոնների խախտում *(խաղի, մրցման)* 2) բախում; ընդհարում **3** *verb* 1) *նաև փոխաբերական* կեղտոտել; աղտոտել; ապականել 2) աղտոտվել; կեղտոտվել; ապականվել 3) *մարզական* անազնվորեն խաղալ; խաղի կանոնները խախտել 4) բախվել; ընդհարվել; կանգնեցնել/կասեցնել շարժումը *(նավի մասին)* 5) խռնվածք առաջացնել **4** *adverb* անազնվորեն; դավաճանաբար

fall foul of *փոխաբերական* բախվել; ընդհարվել; ընդհարվել; կռվել *(մեկի հետ)*

foulard |ˈfuːlɑː(d)| *noun* 1) *մանածագործություն* ֆուլյար *(մետաքսե թեթև գործվածք)* 2) մետաքսե թեթև գլխաշոր

foul play *noun* անազնվություն; խարդախություն *(խաղում)*

found¹ **1** *adjective verb verb* անցյալ և անցյալ դերբայ տե՛ս **find** **2** *adjective* գտնված; հայտնաբերված *(պատահաբար)*

found² |faʊnd| *verb* 1) հիմնադրել; հիմքը դնել; հիմք գցել 2) հիմնել; ստեղծել 3) (**be founded on/ upon**) հիմնվել; հիմնված լինել

ill founded անհիմն; անհաստատ

well founded հիմնավոր; հաստատուն

found³ |faʊnd| *verb տեխնիկական* հալել; ձուլել; թափել; կաղապարել

foundation |faʊnˈdeɪʃ(ə)n| *noun* 1) հիմք; հիմունք ◇ **lay foundation** հիմք դնել; սկիզբ դնել; սկզբնավորել 2) հիմնադրում; հաստատում 3) հիմնադրամ; ֆոնդ; որևէ նպատակով նվիրաբերված դրամական միջոցներ 4) նվիրաբերված դրամական միջոցներով հիմնադրված հաստատություն; հիմնադրամով կառուցված հաստատություն 5) հիմնավորում; արդարացում

lay the foundation for ինչ-որ բանի հիմքը դնել; ինչ-որ բանի անկյունաքարը դնել

foundation stone *noun նաև փոխաբերական* հիմնաքար; անկյունաքար

founder¹ *noun* 1) ձուլորդ; ձուլող բանվոր 2) հիմնադիր; կազմակերպիչ; հիմնադրող

founder² |ˈfaʊndə| **1** *verb* 1) սուզվել; խորտակվել 2) խորտակվել; կործանվել; տապալվել; չհաջողվել *(ծրագրի/ձեռնարկության մասին)* 3) փլվել; քանդվել; նստել 4) *երկրաբանություն* իջնել; սողվածք տալ **2** *noun անասնաբուժություն* սմբակի բորբոքում

foundling |ˈfaʊndlɪŋ| *noun* ընկեցիկ; գտնված երեխա

foundry |ˈfaʊndri| *noun* (*հոգն.* **-ries**) 1) ձուլարան; ձուլման ցեխ; ձուլագործարան 2) ձուլում 3) ձուլվածք

fount¹ |faʊnt| *noun* 1) *փոխաբերական* աղբյուր; շտեմարան; ակունք *(բարիքների, գիտելիքի և այլն)* 2) *բանաստեղծական* շատրվան; աղբյուր

fount² *noun* տե՛ս **font**

fountain |ˈfaʊntɪn| **1** *noun* 1) շատրվան; ջրցայտ 2) *փոխաբերական* աղբյուր; ակունք **2** *verb* շատրվանել; բխել; ցայտել

poison the fountains of trust վստահությունը կորցնել

fountainhead |ˈfaʊntɪnhɛd| *noun* սկզբնաղբյուր; սկզբնապատճառ

fountain pen *noun* ինքնահոս գրիչ; ինքնագրիչ

four |fɔː| *cardinal number* 1) (**4, iv , IV**) չորս 2) չորս տարեկան

fourfold |ˈfɔːfəʊld| **1** *adjective* 1) քառապատիկ; չորս անգամ կրկնվող 2) քառամաս; չորս մասից բաղկացած **2** *adverb* քառապատիկ; չորս անգամ; չորս տակ

four-letter word *noun* վիրավորական բառ; անպարկեշտ բառ

four-square **1** *adjective* 1) քառակուսի; ամբողջական *(շենքի մասին)* 2) հաստատուն; վճռական *(բնավորության մասին)* **2** *adverb* վճռականորեն

four-star *adjective* չորսաստղանի

fourteen |fɔːˈtiːn|, |ˈfɔːtiːn| *cardinal number* 1) տասնչորս 2) տասնչորս տարեկան

fourteenth *ordinal number* տասնչորսերորդ

fourth |fɔːθ| *ordinal number* 1) չորրորդ 2) (**a/one fourth**) մեկ քառորդ; քառորդ

fourthly *adverb* չորրորդ; և չորրորդը *(թվարկելիս)*

fowl |faʊl| *noun* (*նաև* **domestic fowl**) (*հոգն.* նույնը կամ **fowls**) 1) *նաև հավաքական* թռչուն *(ընտանի)* 2) աքաղաղ; հավ ◇ **draw a fowl** հավի փորոտիքը մաքրել; փորոտիքը հանել 3) հավի միս; ճուտի միս

fox |fɒks| **1** *noun* 1) *կենդանաբանություն* աղվես; աղվեսի մորթի *(Vulpes, ընտանիք Canidae)* ◇ **arctic fox** բևեռաղվես. **silver fox** արծաթափայլ աղվես 2) աղվեսի մորթի 3) (**a sly fox**) խորամանկ մարդ **2** *verb խոսակցական* խաբել; մոլորեցնել

old fox ծեր աղվես; խորամանկ

fox terrier *noun կենդանաբանություն* ֆոքստերյեր *(փոքր արագաշարժ շուն)*

foxy |ˈfɒksi| *adjective* (**foxier**, **foxiest**) 1) աղվեսի; աղվեսանման 2) *խոսակցական* խորամանկ; դարմանի տակի ջուր 3) շիկակարմիր

foyer |ˈfɔɪeɪ| *noun* 1) *թատրոն* ճեմասրահ; զբոսասրահ; ճեմադահլիճ 2) նախամուտք *(տան)*

fracas |ˈfrækɑː| *noun* (*հոգն.* **-cases**) աղմուկ; ժխոր; աղմկալի վեճ; աղմկալի կռիվ

fraction |ˈfrækʃ(ə)n| *noun* 1) *մաթեմատիկա* կոտորակ ◇ **common fraction, vulgar fraction** հասարակ կոտորակ. **proper fraction** կանոնավոր կոտորակ. **decimal fraction** տասնորդական կոտորակ. **improper fraction** անկանոն կոտորակ 2) մաս; բաժին; մասնիկ; բեկոր 3) անջատախումբ; տարբերախումբ *(կուսակցության ներսում)*

not by a fraction ոչ մի չափով; բնավ; ամենևին; երբեք

fractional |ˈfrækʃ(ə)n(ə)l| *adjective* կոտորակային

fractionally *adverb* մասնակիորեն; մասամբ

fractious |ˈfrækʃəs| *adjective* 1) դյուրագրգիռ; քմահաճ; կամակոր 2) հեղհեղուկ; անկառավարելի

fracture |ˈfræktʃə| **1** *noun* 1) *բժշկություն* կոտրվածք 2) ճեղք; ճաք; ճեղքվածք; պատռվածք **2** *verb* 1) կոտրվել; ջարդվել; փշրվել 2) կոտրել; ջարդել; փշրել; մանրել 3) պառակտել; ջլատել

fragile |ˈfrædʒʌɪl| *adjective* 1) փխրուն; դյուրաբեկ; նուրբ 2) թույլ; թուլակազմ; քնքուշ 3) անցողիկ; վաղանցիկ; կարճատև

fragment **1** *noun* |ˈfrægm(ə)nt| 1) բեկոր; կտոր 2) հատված; կտոր; մաս **2** *verb* |frægˈmɛnt| 1) կոտրվել; մասնատվել; բեկորների բաժանվել 2) կոտրել; մասնատել

fragmentary |ˈfrægm(ə)nt(ə)ri| *adjective* 1) հատվածական; ընդհատումներով 2) *փոխաբերական* կցկտուր 3) *երկրաբանություն* բեկորային

fragrance |ˈfreɪgr(ə)ns| *noun* 1) բույր; բուրմունք; անուշահոտություն 2) օծանելիք

fragrant |ˈfreɪgr(ə)nt| *adjective* բուրավետ; անուշահոտ

frail |freɪl| *adjective* 1) դյուրաբեկ; փխրուն; թույլ; թուլակազմ 2) անկայուն; թուլամորթ 3) անցողիկ; ունայն

frailty |ˈfreɪlti| *noun* (հոգն. **-ties**) փխրունություն; թուլություն

frame |freɪm| **1** *noun* 1) շրջանակ; փեղկ 2) կմախք; հիմնամաս; հենք 3) կառուցվածք; կազմվածք; սիստեմ ◊ **frame of life** ապրելակերպ. **frame of mind** մտածելակերպ; տրամադրություն. **be out of frame** անտրամադիր լինել 4) մարմնի կազմվածք; մարմնակազմ 5) կինոկադր 6) *տեխնիկական* ձողակառույց; պատվանդան *(հաստոցի)* 7) *համակարգիչներ* շրջանակ **2** *verb* 1) շրջանակել; շրջանակի մեջ դնել; շրջապատել; շրջանակել 2) կառուցել; ստեղծել; կազմել; մշակել 3) բառերով արտահայտել; արտասանել; ասել; ձևակերպել *(միտքը)* 4) *ամերիկյան խոսակցական* (**frame up**) զրպարտել; հորինել; բարդել մեկի վրա *(մեղադրանք)* 5) հարմարեցնել; նախորոշել 6) երևակայել; պատկերացնել

frame of mind տրամադրություն; հոգեվիճակ

frame-up *noun ամերիկյան խոսակցական* զրպարտություն; կեղծ մեղադրանք; գաղտնի համաձայնություն *(դատական)*

framework |ˈfreɪmwəːk| *noun* 1) կմախք; հենք; փայտակերտվածք; շրջանակ 2) *փոխաբերական* կառուցվածք; հիմնակառույց

within the framework of sth ինչ-որ բանի սահմաններում/ներսում/շրջանակներում

framing |ˈfreɪmɪŋ| *noun* 1) շրջանակելը; շրջանակի մեջ դնելը 2) կառուցվածք

franc |fræŋk| *noun հնացած* ֆրանկ *(դրամական միավոր)*

franchise |ˈfræn(t)ʃʌɪz| **1** *noun* 1) վստահագիր; արտոնություն; լիազորագիր 2) ընտրությունների մասնակցելու իրավունքը; ընտրելու իրավունքը **2** *verb* արտոնություն տրամադրել; լիազորագիր տալ

francium |ˈfrænsɪəm| *noun քիմիա* (**Fr**) ֆրանցիում

frangipane |ˈfræn(d)ʒɪpeɪn| 1) *խոհանոց* նուշով կրեմ 2) նշաբլիթ

frank[1] |fræŋk| *adjective* անկեղծ; պարզասիրտ; անմիջական

frank[2] **1** *verb* նախավճարված նամակով ուղարկել **2** *noun* վճարման նշան *(նամակի վրա առ այն, որ փոխադրավարձը վճարված է)*

Frankfurt |ˈfræŋkfəːt|, |ˈfræŋkfʊrt| (լրիվ անվանումը **Frankfurt am Main**) Ֆրանկֆուրտ; Մայնի Ֆրանկֆուրտ *(քաղաք Գերմանիայում)*

frankfurter |ˈfræŋkfəːtə| *noun խոհանոց* համեմված նրբերշիկ

frankly |ˈfræŋkli| *adverb* անկեղծորեն; շիտակորեն; ազնվորեն

frankness *noun* անկեղծություն; շիտակություն

frantic |ˈfræntɪk| *adjective* բուռն; խելահեղ; հախուռն; կատաղի; մոլեգին; ուժգին

fraternal |frəˈtəːn(ə)l| *adjective* եղբայրական

fraternity |frəˈtəːnɪti| *noun* (հոգն. **-ties**) 1) եղբայրություն; համայնք 2) մտերմություն; հարազատություն; եղբայրություն

fraternize |ˈfrætənʌɪz| *verb* եղբայրանալ; մտերմանալ; ընկերանալ

fratricide |ˈfrætrɪsʌɪd| *noun* 1) եղբայրասպանություն 2) եղբայրասպան

fraud |frɔːd| *noun* 1) խաբեբայություն; խարդախություն; նենգություն; դրամաշորթություն 2) խաբեբա; սրիկա; խարդախ մարդ

fraudulent |ˈfrɔːdjʊl(ə)nt| *adjective* խարդախ; նենգ; նենգավոր

fraught |frɔːt| *adjective* 1) (**fraught with**) լի; հղի; լցված; տոգորված; համակված ◊ **a situation fraught with danger** վտանգներով լի իրավիճակ; վտանգներով հղի իրավիճակ 2) լարված; դժվարին

fray[1] |freɪ| *verb* 1) մաշվել; քրքրվել 2) գրգռվել; լարվել; պրկվել *(նյարդերի մասին՝ հոգնությունից)*

fray[2] |freɪ| *noun* աղմկալի վեճ; կռիվ

frazzle |ˈfræz(ə)l| *խոսակցական* **1** *verb* 1) *խոսակցական* ուժասպառ; ուժաբեկ 2) մաշվել **2** *noun ամերիկյան* մաշվածություն; հնացածություն

freak |friːk| **1** *noun* 1) արտառոց վարմունք; տարօրինակություն; արտառոց դեպք; տարօրինակ իրավիճակ; ծայրահեղ արարք 2) *կենսաբանություն* (**freak of nature**) հրեշ; այլանդակություն 3) հանկարծակի ընդհատում/վերականգնում *(պադիոընդունման)* 4) *հնացած* քմահաճույք; քմայք 5) տարօրինակ մարդ **2** *verb* արտառոց արարքներ անել; իրեն կորցնել; վայրենանալ

freakish |ˈfriːkɪʃ| *adjective* 1) քմահաճ; քմաբարո; տարօրինակ 2) արտառոց; տարօրինակ

freckle |ˈfrɛk(ə)l| **1** *noun* պեպեն; պուտ *(դեմքի/մարմնի վրա)* **2** *verb* 1) պեպենոտվել; պեպեններով ծածկվել 2) պեպենոտել; պեպեններով ծածկել

free |friː| **1** *adjective* (**freer** |ˈfriːə| , **freest** |ˈfriːɪst|) 1) ազատ; անկախ; ինքնիշխան; անկաշկանդ; ինքնավար 2) ազատված; ազատագրված 3) (**free of/from**) զերծ; չներառող; չպարտադրող 4) ձրի; անվարձ; անվճար; ազատ 5) կամավոր; հոժարակամ 6) սանձարձակ; անզուսպ *(վարքի մասին)* 7) չզբաղված; չօգտագործվող *(առարկայի և այլնի մասին)* **2** *adverb* 1) ազատորեն 2) ձրիաբար; անվճար **3** *verb* (**frees**, **freed**, **freeing**) ազատել; ազատություն տալ

for free *խոսակցական* ձրի; անվարձ

make/set free ազատել; ազատ արձակել; ազատություն տալ

freebie |ˈfriːbi| (նաև **freebee**) *noun խոսակցական* ձրի ապրանք; նվեր

freebooter |ˈfriːbuːtə| *noun* ավազակ; ծովահեն

freedman |ˈfriːdmən| *noun* (հոգն. **-men**) *պատմական* ազատ արձակված ստրուկ

freedom |ˈfriːdəm| *noun* 1) ազատություն; անկախություն; ինքնիշխանություն; ինքնավարություն ◊ **freedom of speech** խոսքի ազատություն. **freedom of the press** մամուլի ազատություն 2) (**freedom from**) զերծ լինելը; չներառելը 3) ազատ մուտք; ազատ օգտագործում ◊ **he has the freedom of the lybrary** նա գրադարանից օգտվելու իրավունք ունի; նա ազատ մուտք ունի գրադարան 4) ազատ վարմունք; համարձակություն; անպարկեշտություն

take/use freedoms with sb մեկի հետ չափից ավելի ազատ լինել/վարվել

freehand |ˈfriːhænd| *adjective, adverb* ձեռքով կատարված; ձեռքի; ձեռքի աշխատանք *(հատկապես նկարի մասին)*

free-handed *adjective* առատաձեռն; ձեռնբաց

freelance |ˈfriːlɑːns| (նաև **free-lance**) **1** *adjective* արտահաստիքային **2** *adverb* **3** *noun* արտահաստիքային աշխատող **4** *verb* արտահաստիքային աշխատանք կատարել

freely *adverb* 1) ազատորեն; ազատ; անկաշկանդորեն 2) առատորեն; առատ 3) ինքնակամ; հոժարակամ

freeman |ˈfriːmən| *noun* (հոգն. **-men**) 1) ազատ քաղաքացի 2) *պատմական* ազատ *(ոչ ճորտ)*

free market *noun* ազատ շուկա

Freemason |ˈfriːmeɪs(ə)n| *noun* մասոն; ֆրանկմասոն *(ֆրանկմասոնական կազմակերպության անդամ)*

free port *noun* անմաքս նավահանգիստ

free-range *adjective* բնական պայմաններում պահվող *(հատկապես թռչունների մասին)*

free-spoken *adjective հնացած* անկեղծ; ազատ ասված

freestanding (նաև **free-standing**) *adjective* 1) առանձին; անջատ 2) անկախ; ինքնուրույն

freethinker |friːˈθɪŋkə| *noun* ազատախոհ; ազատ մտածող; կասկածապաշտ; աթեիստ

free trade *noun* ազատ առևտուր

free verse *noun* արձակ/անհանգ բանաստեղծություն

freeware *noun համակարգիչներ* ձրի ծրագիր

freeway |ˈfriːweɪ| *noun* արագընթաց ավտոճանապարհ

free will **1** *noun* ազատ կամք; կամքի ազատություն **2** *adjective* կամավոր; հոժարակամ *(հատկապես նվիրաբերության մասին)*

freeze |friːz| **1** *verb* (անցյալ **froze** |frəʊz|; անցյալ դերբայ **frozen** |ˈfrəʊz(ə)n|) 1) սառչել; սառցակալել; փայտանալ; սառցապատվել *(ցրտից)* 2) սառեցնել; սառույց դարձնել; սառույցի վերածել 3) ցրտահարվել; մրսել; պաղել 4) սառեցնել; ցրտահար անել 5) *փոխաբերական* սառեցնել; քարացնել; անշարժացնել *(հայացքով և այլն)* 6) *տնտեսագիտություն* սառեցնել 7) քարանալ; քար կտրել *(վախից և այլն)* 8) (**freeze to/together**) սառչելով իրար կպչել • **freeze down/over** սառչել; սառույցով ծածկվել; սառցապատվել **freeze out** i) *խոսակցական* սառը վերաբերմունքով վանել; հեռու պահել; դուրս մղել *(դիրքից, աշխատանքից, միջավայրից, ընկերակցությունից)* ii) ազատվել; դուրս թողնել; հեռացնել *(որևէ մեկին)* **freeze up** be frozen up փայտանալ *(ցրտից)* **2** *noun* 1) *խոսակցական* սառնամանիք; ցուրտ 2) սահմանափակում *(աշխատավարձի, գնի և այլնի)*

freezer |ˈfriːzə| *noun* սառցարան

freezing |ˈfriːzɪŋ| **1** *adjective* 1) շատ սառը; սառցասառն; սառչող 2) սառեցնող; պաղեցնող; սառցե **2** *noun* 1) սառչում; սառչելը; սառելը; սառուցում 2) սառեցում; պաղեցում; սառեցնելը; պաղեցնելը 3) կարծրանալը; փայտանալը *(ցրտից)*

freezing point *noun* սառուցման կետ

freight |freɪt| **1** *noun* 1) բեռ; փոխադրաբեռ 2) փոխադրավճար; փոխադրավարձ; փոխադրման արժեք 3) բեռի փոխադրում *(ջրով, ամերիկյան՝ նաև ցամաքով)* **2** *verb* 1) փոխադրել *(բեռը)* 2) բեռնել; բարձել *(նավը)* 3) վարձել *(նավը՝ բեռ փոխադրելու համար)*

freighter |ˈfreɪtə| *noun* 1) նավավարձատու; նավը վարձով տվող անձ կամ հիմնարկ 2) փոխադրանավ վարձող անձ; նավաբեռ ստացող կամ առաքող անձ 3) բեռնատար նավ

French |frɛn(t)ʃ| **1** *adjective* ֆրանսերեն; ֆրանսիական **2** *noun* 1) ֆրանսերեն 2) (**the French**) ֆրանսիացիներ

French Guiana Ֆրանսիական Գվիանա *(Ֆրանսիային պատկանող տարածք Հարավային Ամերիկայում)*

Frenchman |ˈfrɛn(t)ʃmən| *noun* (հոգն. **-men**) ֆրանսիացի

French Polynesia Ֆրանսիական Պոլինեզիա *(Ֆրանսիային պատկանող տարածք Խաղաղ օվկիանոսի հարավում)*

French window *noun* մինչև հատակ հասնող երկփեղկ պատուհան *(որը նաև որպես դուռ է ծառայում)*

Frenchwoman |ˈfrɛn(t)ʃwʊmən| *noun* (հոգն. **-women**) ֆրանսուհի

frenetic |frəˈnɛtɪk| *adjective* բուռն; անզուսպ; մոլի

frenetically *adverb* մոլեգնաբար; խելահեղորեն

frenzied *adjective* կատաղած; մոլեգնած

frenzy |ˈfrenzi| *noun* (հոգն. **-zies**) կատաղություն; մոլեգնություն; խելագարություն

frequency |ˈfriːkw(ə)nsi| *noun* (հոգն. **-cies**) հաճախություն; հաճախակիություն; հաճախականություն

frequent **1** *adjective* |ˈfriːkw(ə)nt| 1) հաճախակի; հաճախական; հաճախ կրկնվող; հաճախադեպ 2) սովորական; մշտական **2** *verb* |frɪˈkwent| հաճախ այցելել; հաճախել; սովորաբար այցելել; հաճախ լինել *(որոշակի վայրում)*

frequentative |frɪˈkwentətɪv| **1** *adjective* *քերականություն* բազմապատիկ; բազմապատկական **2** *noun* բազմապատկական բայ; բազմապատկական բայաձև

frequently *adverb* հաճախակի; հաճախակիորեն

fresco |ˈfreskəʊ| **1** *noun* (հոգն. **-coes** կամ **-cos**) 1) որմնանկար; որմնագիր 2) որմնանկարչություն; որմնագրություն **2** *verb* որմնանկարել

fresh |freʃ| **1** *adjective* 1) թարմ; նոր; նորահայտ; նորագյուտ; նորահնար 2) թարմ; նոր եփած; նոր թխած; նոր պատրաստած 3) զվարթ; կայտառ; առույգ *(նաև արտաքինի մասին)* 4) անփորձ; մաքուր 5) անալի; աղ չարած; քաղցրահամ *(ջրի մասին)* 6) ամերիկյան հանդուգն; ինքնավստահ 7) դալար **2** *adverb* հենց նոր; վերջերս

fresh as a daisy (as fresh as a rose, as fresh as flowers in May) ծաղկուն; փթթուն; բարգավաճ; առույգ; թարմ

freshen |ˈfreʃ(ə)n| *verb* 1) թարմացնել; նորացնել; ավելացնել 2) թարմանալ • **freshen up** թարմանալ *(լվացվելով, հագուստը փոխելով)*

freshet |ˈfreʃɪt| *noun* 1) հորդացում; վարարում *(գետի)* 2) ծովը թափվող քաղցրահամ ջրի հոսանք

freshly *adverb* հենց նոր; վերջերս

freshman |ˈfreʃmən| *noun* (հոգն. **-men**) առաջին կուրսեցի առաջին կուրսի ուսանող *(համալսարանի)*

freshwater |ˈfreʃwɔːtə| *adjective* քաղցրահամ ջրերի

fret¹ |fret| **1** *verb* (**fretted**, **fretting**) 1) տանջվել; անհանգստանալ; վշտանալ; մաշվել; հուզվել *(մշտապես)* 2) տանջել; զայրացնել; անհանգստացնել; վշտացնել; հուզել 3) մաշել; հնացնել; «ուտել» 4) ծածանքով ծածկվել; մեղմ ծփալ *(ջրի մասին)* 5) թեթև ալեկոծել *(ջուրը)* **2** *noun* ջղայնություն; գրգռվածություն; զայրույթ

fret² |fret| **1** *noun* զարդ; հյուսազարդ; զարդաքանդակ *(սովորաբար ուղղանկյան ձևով)* **2** *verb* (**fretted**, **fretting**) 1) զարդաքանդակել; քանդակազարդել 2) մատնատեղերով նվագել

fret³ |fret| **1** *noun* մատնատեղ *(լարավոր գործիքների)* **2** *verb* (**fretted**, **fretting**) մատնատեղեր անել

fretful |ˈfretfʊl|, |-f(ə)l| *adjective* դյուրագրգիռ; լարված; դժգոհ; նեղսիրտ

fretsaw |ˈfretsɔː| *noun* նրբասղոց

fretwork |ˈfretwəːk| *noun* նրբաքանդակ

friable |ˈfraɪəb(ə)l| *adjective* փշրվող; փխրուն *(հողի մասին)*

friar |ˈfraɪə| *noun* *հնացած* կուսակրոն; վանական; միաբան

friary |ˈfraɪəri| *noun* (հոգն. **-aries**) վանք; միաբանություն *(տղամարդկանց)*

fricative |ˈfrɪkətɪv| *հնչյունաբանություն* **1** *adjective* շփական **2** *noun* շփական բաղաձայն

friction |ˈfrɪkʃ(ə)n| *noun* 1) շփում 2) *փոխաբերական* բախում; տարաձայնություն; վեճ 3) *բժշկություն* շփում; ներշփում 4) *տեխնիկական* շփումային կցորդում

Friday |ˈfraɪdeɪ|, |-di| **1** *noun* ուրբաթ **2** *adverb* ուրբաթ օրը

fridge |frɪdʒ| *noun* *խոսակցական* սառնարան

fried *adjective* 1) տապակած 2) *խոսակցական* ուժասպառ; քամված; հյուծված 3) հարբած

friend |frend| **1** *noun* 1) ընկեր; բարեկամ; մտերիմ 2) ծանոթ 3) ընկեր պաշտոնակից 4) կողմնակից; բարեկամ **2** *verb* *հնավանդ բանաստեղծական* ընկերանալ

Between friends all is common. *առած* Բարեկամների համար ամեն ինչ ընդհանուր է: Ընկերների համար ամեն ինչ ընդհանուր է:

friend at court ազդեցիկ ընկեր

make friends with ընկերանալ; բարեկամանալ

Old friends and old wine are best. *առած* Հին ընկերոջից ու հին գինուց լավ բան չկա: Ընկերոջ հինը՝ հագուստի նորը:

friendless *adjective* ընկեր չունեցող; անընկեր

friendliness *noun* բարյացակամություն; բարեկամական զգացմունք; սիրալիրություն

friendly |ˈfren(d)li| **1** *adjective* (**-lier**, **-liest**) 1) ընկերական; բարեկամական 2) բարյացակամ; բարեկամական; բարեհաճ; սիրալիր; կարեկցական; կարեկից; քաջալերող; քաջալերական 3) բարենպաստ **2** *adverb* (նաև **friendlily**) ընկերաբար

friendship |ˈfren(d)ʃɪp| *noun* 1) ընկերություն; բարեկամություն; մտերմություն; բարեկամականություն 2) բարյացակամություն

frieze¹ |friːz| *noun* 1) *ճարտարապետություն* ծոփոր; ֆրիզ 2) պատի եզրազարդ

frieze² |friːz| *noun* *մանածագործություն* կոպիտ բրդյա գործվածք; ցից խավով մահուդե գործվածք

frigate |ˈfrɪgət| *noun* 1) *ծովային* կացանավ; պահականավ; եռակայմ հետախուզանավ 2) *խոսակցական* արագընթաց հածանավ

fright |fraɪt| **1** *noun* 1) վախ; երկյուղ; ահ; սարսափ 2) *խոսակցական* խրտվիլակ; այլանդակ/տգեղ առարկա; տարօրինակ տեսք ունեցող բան **2** *verb* *հնավանդ բանաստեղծական* վախեցնել; սարսափեցնել

take fright վախենալ

frighten |ˈfraɪt(ə)n| *verb* վախեցնել; ահաբեկել; սարսափեցնել

frighten into վախեցնելով ստիպել մի բան անել; վախեցնելով մի բան անել տալ

frighten sb/sth off (**frighten out of, frighten away**) վախեցնելով ստիպել մի բանից հրաժարվել; վախեցնելով հեռու պահել; խրտնեցնել; փախցնել

frightened *adjective* վախեցած; ահաբեկված

frightful |ˈfrʌɪtfʊl|, |-f(ə)l| *adjective* 1) սարսափելի; ահավոր; սոսկալի 2) *խոսակցական* այլանդակ; անճոռնի; ահավոր

frightfully *adverb հնացած* սոսկալիորեն; ահռելիորեն; չափազանց

frigid |ˈfrɪdʒɪd| *adjective* 1) ցուրտ; սառը; պաղ 2) սառը; անտարբեր; չարձագանքող *(հատկապես կնոջ մասին)*

frigidity |-ˈdʒɪdɪti| *noun նաև փոխաբերական* սառնություն; պաղություն; սառածություն

frill |frɪl| *noun* 1) ծալաբոլորք; բոլորածալ; ժանեկազարդ 2) (**frills**) գոռոզանալը; ամբարտավանություն; գոռոզություն

put on frills իրեն երևակայել; փքվել; իրեն ամբարտավան պահել

fringe |frɪn(d)ʒ| **1** *noun* 1) ծոպեր; ծոպավոր ժապավեն 2) եզր; ծայր; եզրազարդ 3) մազափունջ *(ճակատի)* 4) (**the fringe**) ծայրահեղական թևը *(խմբի, կուսակցության և այլնի)* **2** *adjective* **3** *verb* 1) ծոպավորել; ծոպավոր ժապավենով զարդարել 2) եզրապատել; բոլորապատել

fringe benefit *noun տնտեսագիտություն* լրավճար օգուտներ

frippery |ˈfrɪp(ə)ri| *noun* (հոգն. **-peries**) 1) էժանագին/անճաշակ զարդարանք; ցուցադրական իր 2) չափից դուրս պերճաշուք շինություն

Frisbee |ˈfrɪzbi| (նաև **frisbee**) *noun առևտրանշան* թռչող ափսե *(խաղ)*

frisk |frɪsk| **1** *verb* 1) խուզարկել; զննել *(ոստիկանը՝ կասկածյալին)* 2) թռչկոտել; ցատկոտել; թռվռալ **2** *noun* 1) խուզարկում; զննում 2) թռիչք; ցատկում; ոստյուն

frisky |ˈfrɪski| *adjective* (**friskier**, **friskiest**) ուրախ; կայտառ; զվարթ

fritter[1] |ˈfrɪtə| *verb* 1) (**fritter away**) վատնել; քամուն տալ; մանր-մունր բաների վրա ծախսել; անիմաստ բաների վրա ծախսել; դատարկ բաների վրա ծախսել *(փողը, ուժերը, ժամանակը)* 2) *հնացած* փշրել; մանրել

fritter[2] |ˈfrɪtə| *noun* *խոհանոց* տապակած կարկանդակ *(մրգով, բանջարեղենով, մսով)*

frivolity |-ˈvɒlɪti| *noun* թեթևամտություն; թեթևամիտ արարք/արտահայտություն

frivolous |ˈfrɪv(ə)ləs| *adjective* թեթևամիտ; դատարկ; մակերեսային; անլուրջ

frizz |frɪz| **1** *verb* 1) գանգրացնել; խուճուճացնել; խոպոպել 2) գանգուր դառնալ; գանգրանալ; խուճուճանալ; գանգուր լինել **2** *noun* գանգրացում

frizzle[1] |ˈfrɪz(ə)l| **1** *verb* 1) թշշոցով տապակվել; տժժոցով տապակվել 2) լավ տապակել; երկար տապակել 3) շոգից տապակվել **2** *noun* թշշոց; տժժոց

frizzle[2] |ˈfrɪz(ə)l| **1** *verb* գանգրացնել **2** *noun* խոպոպ

fro |frəʊ| *adverb* (**to and fro**) դեսուդեն; ետ ու առաջ

frock |frɒk| **1** *noun* 1) զգեստ; շոր; շրջազգեստ 2) փարաջա; պարեգոտ; սքեմ 3) տե՛ս **frock-coat** **2** *verb* զգեստավորել; հագցնել

frock-coat *noun* սերթուկ *(19-րդ դարի տղամարդու պիջակ)*

frog[1] |frɒg| **1** *noun* 1) կենդանաբանություն գորտ *(ընտանիք Ranidae)* 2) *խոսակցական* տհաճ մարդ; դողդոջ **2** *verb* գորտ որսալ

frog[2] |frɒg| *noun* ամրակ

frogman |ˈfrɒgmən| *noun* (հոգն. **-men**) աքվալանգով/ջրադիմակով ջրասուզորդ

frogspawn |ˈfrɒgspɔːn| *noun* գորտնկիթ; գորտնաձնուդ; գորտաձու

frolic |ˈfrɒlɪk| **1** *verb* (**frolicked**, **frolicking**) 1) զվարճանալ; ուրախանալ; չարաճճիություն անել 2) սիրաբանել; սիրակատակել **2** *noun* 1) (**frolics**) ուրախություն; զվարճություն; չարաճճիություն 2) սիրախաղ; սիրակատակ; սիրաբանում **3** *adjective հնավանդ* ուրախ; զվարթ; զվարճալի

frolicsome |ˈfrɒlɪks(ə)m| *adjective* կայտառ; զվարթ; աշխույժ; չարաճճի

from |frɒm|, |frəm| *preposition* 1) *(ցույց է տալիս ելման կետ, անցյալում առարկայից)* 2) *(ցույց է տալիս հեռավորություն առարկայից)* 3) *(ցույց է տալիս ելակետ, հիմունք)* 4) սկսած *(ցույց է տալիս հետացումը տվյալ ժամանակակետից սկսած)* 5) *(ցույց է տալիս որոշ քանակ/ժամանակամիջոց)* 6) պատճառով *(ցույց է տալիս գործողության պատճառ/աղբյուր)* 7) *(նշում է մի առարկայի որակի տարբերակումը մյուսից)*

from day to day օրեցօր

from end to end ծայրից ծայր

from the very first (**from the outset**) հենց սկզբից

from time to time ժամանակ առ ժամանակ

judge from appearance արտաքինից ելնելով դատել

frond |frɒnd| *noun* վայա *(արմավենու տերև)*

front |frʌnt| **1** *noun* 1) առջևի մաս/կողմ; առաջամաս; դիմամաս; երեսակողմ 2) դիմացը; առջևը 3) ռազմաճակատ; ճակատ 4) *ճարտարապետություն* շենքի ճակատ 5) *բանաստեղծական հնացած* ճակատ; դեմք **2** *adjective* 1) առջևի; առաջի; դիմացի; երեսակողմի 2) *հնչյունաբանություն* առաջնալեզվային; առջևի շարքի *(ձայնավոր)* 3) *ռազմական* ռազմաճակատի; ճակատային **3** *verb* 1) դիմացը լինել; դարձած լինել դեպի; նայել; դեմ հանդիման կանգնել 2) *ռազմական* երեսադեմ կանգնել 3) զգաստ կանգնել; ճակատաշարք կազմել; ձիգ կանգնել **4** *exclamation* առաջ

come to the front առաջնային դիրք գրավել; ուշադրության արժանանալ

come to the front առաջ գնալ; ուշադրություն գրավել

have the front հանդգնություն ունենալ *(մի բան անելու)*

in front of առջևում; առջևից; դիմացը; առաջը

frontage |ˈfrʌntɪdʒ| *noun* 1) շենքի երես/ճակատամաս 2) *ռազմական* ճակատի լայնություն/երկայնություն 3) նախապարտեզ 4) հողամասի սահմանը *(ճանապարհի կամ գետի երկայնությամբ անցնող)*

frontal[1] |ˈfrʌnt(ə)l| *adjective* 1) կազմախոսություն

ճակատի; ճակատային 2) *ռազմական* ճակատա-
ծիր; ամբողջ ճակատով կատարվող *(ճակատա-
յին)*

frontal² |ˈfrʌnt(ə)l| *noun* եկեղեցական խորանա-
զարդ *(բեմի սեղանի վրա գցվող զարդարված
գործվածք)*

frontbencher |frʌntˈbentʃə| *noun* *քաղաքա-
կանություն* կառավարության անդամ; նախկին նա-
խարար; քաղաքական կուսակցության կամ ընդ-
դիմության ղեկավար *(խորհրդարանում առաջին
շարքերը զբաղեցնող)*

frontier |ˈfrʌntɪə|, |frʌnˈtɪə| *noun* 1) սահման;
բնագիծ; սահմանագիծ 2) առաջավոր գիծ *(գի-
տելիքների)*

frontiersman |ˈfrʌntɪəzmən|, |-ˈtɪəzmən| *noun*
(հոգն. **-men**) սահմանամերձ շրջանի բնակիչ/
աշխատող

frontispiece |ˈfrʌntɪspiːs| *noun* 1) *ճարտարապետ-
տություն* գլխավոր ճակատ *(շենքի)* 2) *տպագրություն*
ճակատանկար

frontlet |ˈfrʌntlɪt| *noun* 1) ճակատի ժապավեն;
ապարոշ; փաթթոց 2) կենդանու ճակատ; կեն-
դանու ճակատի բիծ; պուտ; պիսակ

front line (նաև **frontline**) *noun* *ռազմական նաև
փոխաբերական* առաջին գիծ

front-page **1** *adjective* 1) առաջին էջի *(ամ-
սագրի/թերթի հոդվածի մասին)* 2) հետաքրքա-
շարժ; կարևոր *(նորությունների մասին)* **2** *verb*
առաջին էջում տեղադրել *(հոդվածը)*

frost |frɒst| **1** *noun* 1) սառնամանիք; ցուրտ;
ցրտություն; ձյունաձմեռ 2) *փոխաբերական* սառնու-
թյուն; չորություն; կոպտություն; անսիրալիրու-
թյուն 3) *խոսակցական* բրիտանական անհաջողու-
թյուն; տապալում; ձախողում **2** *verb* 1) եղեմնա-
կալել; եղյամով ծածկվել; եղյամապատվել 2) *փո-
խաբերական* սառնություն առաջ բերել; անտարբեր
դարձնել 3) ցրտահար անել; ցրտահարել; սա-
ռեցնել; սառեցման ենթարկել 4) *խոհանոց* շա-
քարահյութով պատել; շաքարափոշի ցանել

ringing frost ճռճռան/ճկճկան սառնամանիք
white frost եղյամ

frostbite |ˈfrɒs(t)bʌɪt| *noun* ցրտահարություն;
ցրտատարություն

frosted *adjective* 1) եղյամով պատած; եղյա-
մապատ; եղյամածածկ; եղյամոտ 2) փայլատ
(ապակու մասին) 3) *փոխաբերական* ալեխառն *(մա-
զերի մասին)* 4) ցրտահարված; ցուրտը տված 5)
շաքարափոշով պատած

frosting |ˈfrɒstɪŋ| *noun* 1) եղյամ; սառույց *(լու-
սամուտների վրա)* 2) փայլատ *(ապակու վրա)* 3)
խոհանոց խիտ շաքարահյութ *(թխվածքը պատելու
համար)*

frosty |ˈfrɒsti| *adjective* (**frostier**, **frostiest**) 1)
սառնամանիքային; շատ ցուրտ; ցրտաշունչ;
սառցաշունչ 2) սառը; անբարյացակամ 3) եղ-
յամածածկ; եղյամոտ; եղյամապատ 4) *փոխաբե-
րական* սպիտակած; ալեխառն

froth |frɒθ| **1** *noun* 1) փրփուր; պղպջակներ
2) շաղակրատանք; դատարկ բան 3) քափ; լեպ
(մուրաբայի/արգանակի երեսին) 4) պղպջակներ
(դատարկ խոսքեր) **2** *verb* 1) փրփրել; փրփրա-
կալել; փրփուրով ծածկվել 2) դատարկաբանել;
դատարկախոսությամբ զբաղվել; շաղակրատել
3) փրփրացնել 4) փրփրակալել; փրփրակոլոլ
լինել; փրփրակոլոլ անել; քրտնակոխ անել *(ձիու
մասին)*

frothy *adjective* (**frothier**, **frothiest**) 1) փրփրա-
լից; փրփրադեզ; փրփրակալած 2) դատարկ; ան-
բովանդակ; բովանդակազուրկ; թեթև

frown |fraʊn| **1** *verb* հոնքերը կիտել; դեմքը
կնճռոտել; խոժոռվել; մռայլվել **2** *noun* խոժոռվա-
ծություն; կնճիռ; հոնքերը կիտելը; խոժոռ հայացք

frowzy |ˈfraʊzi| (նաև **frowsy**) *adjective* (**frow-
zier**, **frowziest**) 1) կեղտոտ; թափթփված 2) հո-
տած; գարշահոտ; հեղձուկ

frozen **1** անցյալ դերբայ տե՛ս **freeze** **2** *adjective*
1) սառած; ցրտահարված; սառեցրած 2) *փոխաբե-
րական* սառը; չոր; զուսպ

fructify |ˈfrʌktɪfʌɪ| *verb* (**-fies**, **-fied**) *գրական անգ-
լերեն* 1) բեղմնավորել; արգասավորել 2) պտուղ
տալ

fructose |ˈfrʌktəʊz|, |-s| *noun* *քիմիա* մրգա-
շաքար; պտղաշաքար; ֆրուկտոզա

frugal |ˈfruːg(ə)l| *adjective* 1) խնայող; տնտեսող;
ժուժկալ; չափավոր 2) զուսպ; համեստ; ոչ թան-
կարժեք

frugality |-ˈgælɪti| *noun* տնտեսողություն; խնա-
յողություն; ժուժկալություն; չափավորություն

fruit |fruːt| **1** *noun* 1) պտուղ; միրգ 2) (**fruits**)
պտուղներ; արդյունք **2** *verb* պտղաբերել; պտուղ
տալ

Forbidden fruit is sweet. Արգելված պտուղը
քաղցր է:
He that would eat the fruit must climb the tree:
առած Միրգ ուտել ուզողը պիտի ծառ մագլցի: Ով
աշխատի՝ նա կուտի: Աշխատանքի շնորհիվ է
մարդ հաջողության հասնում:

fruitage *noun* *հնավանդ բանաստեղծական* 1) մրգեր;
պտուղներ 2) բերք *(պտուղների, մրգերի)* 3)
պտուղ տալը; պտղաբերություն

fruit fly *noun* *կենդանաբանություն* մրգաճանճ;
պտղաճանճ *(ընտանիք Drosophilidae and Tephriti-
dae)*

fruitful |ˈfruːtfʊl|, |-f(ə)l| *adjective* 1) պտղաբեր;
պտղատու; պտղավետ; բերքատու; բերրի *(բույ-
սի/հողի մասին)* 2) բեղմնավոր; արդյունավետ;
շահավետ; օգտավետ 3) բազմազավակ

fruition |frʊˈɪʃ(ə)n| *noun* իրականացում *(ձգտում-
ների, հույսերի և այլն)*

fruitless |ˈfruːtlɪs| *adjective* անպտուղ; ապարդ-
յուն; անարդյունք; անօգուտ

fruit sugar *noun* (**fructose**) պտղաշաքար;
մրգաշաքար; ֆրուկտոզա

fruity |ˈfruːti| *adjective* (**fruitier**, **fruitiest**) 1)
մրգահամ; մրգահոտ; մրգի *(ճաշատեսակի, ըմ-
պելիքի մասին)* 2) քաղցրալուր; հարուստ; հնչեղ
(ձայնի մասին) 3) *խոսակցական* հետաքրքրական;
հյութեղ; համով-հոտով *(պատմություն)*

Frunze |ˈfruːnzi| Ֆրունզե *(Բիշկեկ քաղաքի
նախկին (1926-1991 թթ.) անվանումը)*

frustrate |frʌˈstreɪt|, |ˈfrʌs-| **1** *verb* 1) խա-
փանել; խանգարել *(պլանները)* 2) խորտակել

հույսերը; հուսախաբ անել; թևաթափ անել; վհատեցնել 3) ջախջախել *(հակառակորդին)* **2** *adjective* |ˈfrʌstreɪt| *հնավանդ* թևաթափ; չբավարարված

frustration *noun* 1) խափանում *(պլանների)* 2) հուսավրիպում; հուսախաբություն; թևաթափություն; վհատություն 3) ջախջախում *(հակառակորդի)*

fry¹ |frʌɪ| **1** *verb* (**fries**, **fried**) 1) տապակել 2) *նաև փոխաբերական* տապակվել **2** *noun* (հոգն. **fries**) *խոհանոց* տապակած; տապակած միս

fry² |frʌɪ| *plural noun* նորելուկ ձկնիկ; մանրաձկնիկ ◊ **small fry** *արհամարհական, կատակային* չնչին/աննշան մարդ; մանր ժողովուրդ *(երեխաների մասին)*

frying pan |ˈfrʌɪpæn| (նաև **frypan**) *noun* թավա; տապակ

out of the frying pan into the fire կրակից դուրս գալ՝ բոցն ընկնել; անձրևից փախչել՝ ջուրն ընկնել

FTP *համակարգիչներ* **1** *abbreviation* file transfer protocol նիշքերի փոխանցման հաղորդագիր *(համակարգիչների միջև նիշքերը փոխանցելու չափորինակ, որը պատկանում է TCP-IP-ին. սա նիշքերի համօգտագործման կանխագիր է, որը գործում է OSI նմուշային ցանցի 5,6 կամ 7 մակարդակներում)* **2** *verb* (**FTP'd** կամ **FTPed**, **FTPing**) *խոսակցական* փոխանցել; ներլցնել *(նիշքը մեկ համակարգչից կամ համակարգից մյուսը, հատկապես Համացանցով)*

FTSE index արժեթղթերի գների ցուցիչ Մեծ Բրիտանիայում

fuddle |ˈfʌd(ə)l| **1** *verb* 1) խմեցնել; հարբեցնել; շշմեցնել; թմրեցնել 2) խմել; կոնծել; հարբել **2** *noun* գինարբուք; կոնծաբանություն

fudge |fʌdʒ| **1** *noun* 1) սերուցքակոնֆետ 2) մտացածին բան; հերյուրանք; սուտ 3) մանր լուրեր *(վերջին րոպեին լրագրի մեջ մտցված)* **2** *verb* սարքել; մի կերպ անել; «թխել»; հարմարեցնել **3** *exclamation* *հնացած* հիմարություն; չի՛ կարող պատահել

fuel |fjʊəl| **1** *noun* վառելիք; վառելանյութ **2** *verb* (**fueled**, **fueling**; բրիտ. **fuelled**, **fuelling**) 1) վառելիք լցնել; վառելիքով ապահովել; վառելիք մատակարարել; վառելիքով լցավորել *(մեքենան)* **2)** **բորբոքել**

add fuel to the fire կրակին յուղ ածել; կրքերը բորբոքել

fugacious |fjʊˈgeɪʃəs| *adjective բանաստեղծական* վաղանցիկ; անցողիկ; կարճատև; դյուրասահ

fugitive |ˈfjuːdʒɪtɪv| **1** *noun* 1) փախստական; բռնագաղթյալ; գաղթական *(աղետից/հալածանքից փախած)* 2) դասալիք **2** *adjective* փախուստի մեջ

fugue |fjuːg| *noun երաժշտություն* ֆուգա

Fujiyama Ֆուձիյամա *(լեռնագագաթ Ճապոնիայում)*

fulcrum |ˈfʊlkrəm|, |ˈfʌl-| *noun* (հոգն. **-cra** |-rə| կամ **-crums**) 1) *ֆիզիկա* հենման կետ 2) *փոխաբերական* նպատակին հասնելու միջոց

fulfill |fʊlˈfɪl| (բրիտանական **fulfil**) *verb* 1) կատարել; իրականացնել; իրագործել 2) (**fulfill oneself**) կայանալ; իրագործել իր հնարավորությունները; կայացած մարդ դառնալ 3) ավարտել; ավարտին հասցնել 4) բավարարել *(պայմանները)* 5) համապատասխանել

fulfilled *adjective* բավարարված; երջանիկ

fulfilling *adjective* բավարարվածություն տվող; լիացնող; հարստացնող *(աշխատանքի և այլնի մասին)*

fulfillment (բրիտանական **fulfilment**) *noun* 1) կատարում; իրականացում; իրագործում 2) ավարտում 3) կայացում; կայացած մարդ դառնալը 4) բավարարում

full¹ |fʊl| **1** *adjective* 1) (**full of**) լի; լիքը; լցված; լրիվ; լիակատար; ամբողջ 2) առատ; բավարար քանակությամբ 3) բարձրագույն կետին հասած ◊ **a full moon** լիալուսին 4) գեր; լիքը; մարմնեղ 5) լայն; ազատ *(զգեստի մասին)* 6) հարուստ; հյութեղ; հագեցած *(ձայնի/գույնի/բուրմունքի մասին)* **2** *adverb* 1) ուղիղ; ուղղակի; ճիշտ; հենց ճիշտ 2) լրիվ; ամբողջությամբ; միանգամայն 3) բավական; բավականաչափ **3** *noun* *հնավանդ* 1) ամեն ինչ; բոլորը; ամբողջը 2) գագաթնակետ; բարձրագույն կետ; ծայրակետ **4** *verb* 1) լցնել 2) լցվել; լրանալ *(լուսնի մասին)*

full up լի; լիքը; լցված

He that is full of himself is very empty. *առած* Շատ դատարկ է նա, ով միայն իրենով է լցված:

in full blast/play/swing եռուն շրջանում; թեժ պահին

full² |fʊl| *verb* թաղիք գործել

fullback *noun* պաշտպան *(ֆուտբոլում)*

full-blooded *adjective* 1) *նաև փոխաբերական* զտարյուն; ազնվարյուն; մաքրարյուն; լիարյուն 2) *փոխաբերական* համոզիչ; հիմնավոր; տրամաբանական *(փաստարկի և այլնի մասին)*

full-blown *adjective* լրիվ բացված *(ծաղկի մասին)*

fuller *noun* թաղիքագործ

fuller¹ |ˈfʊlə| *noun* թաղիքագործ

fuller² |ˈfʊlə| **1** *noun* երկաթին ձև տալու գործիք **2** *verb* ձև տալ երկաթին

full-fledged *adjective* 1) կազմավորված; լիովին զարգացած; հասունացած 2) փետրավորված

full-length **1** *adjective* 1) ամբողջ հասակով *(նկարի, հայելու մասին)* 2) լիածավալ; չկրճատված **2** *adverb* ամբողջ հասակով մեկ; ամբողջ երկայնքով

full moon *noun* լիալուսին

full-scale *adjective* իրական չափերով

full-time **1** *adjective* լրիվ դրույքով; լիաժամանակ; լրիվ աշխատանքային օրով **2** *adverb* լրիվ դրույքով; լիաժամանակ; լրիվ աշխատանքային օրով

full-timer *noun* 1) լրիվ աշխատանքային օրով աշխատող բանվոր 2) բոլոր դասերին հաճախող աշակերտ

fully |ˈfʊli| *adverb* միանգամայն; բոլորովին; ամբողջովին; ամբողջապես; ամբողջությամբ; լիովին; լրիվ

fulminant |ˈfʊlmɪnənt|, |ˈfʌl-| *adjective* 1) կայծակնային; կայծակնաչափ 2) *բժշկություն* սրընթաց; կայծակնարագ; կայծակնային; կայծակնաչափ *(հիվանդության մասին)*

fulminate |ˈfʊlmɪneɪt|, |ˈfʌl-| **1** *verb* 1) փայլատակել *(կայծակի նման)* 2) *փոխաբերական* (**fulminate against**) շանթ ու կայծակ արձակել; թնդալ; քննադատել; մերկացնել **2** *noun* *քիմիա* շառաչող թթվի աղ

fulsome |ˈfʊls(ə)m| *adjective* 1) չափազանց կեղծ; զզվելի; գարշելի; անտանելի 2) խոշոր; առատ

fumble |ˈfʌmb(ə)l| **1** *verb* 1) շոշափել; շոշափելով գտնել; խարխափել 2) (**fumble around/about**) անշնորհք կերպով մի բան անել; անհմուտ կերպով մի բան անել; նյարդայնացած մի բան անել 3) դանդաղորեն գործ անել; թոթովել; քրքրել 4) ձեռքի մեջ ճմռել *(թաշկինակը և այլն)* **2** *noun* փնթիություն; անշնորհքություն

fume |fjuːm| **1** *noun* 1) (**fumes**) թանձր ծուխ; մուխ; ծխագազ 2) (**fumes**) ուժեղ հոտ 3) *գրքային* (**fumes**) գոլորշի ◇ **send off fumes** գոլորշի արձակել 4) գրգռված վիճակ; հուզված վիճակ **2** *verb* 1) ծխալ; ծուխ արձակել 2) ծխահոտել; ծուխ տալ; ծխով մշակել *(փայտանյութը)* 3) *բանաստեղծական* խունկ ծխել; խնկարկել; բուրել 4) (**fume at**) զայրանալ; բորբոքվել • **fume away** գոլորշիանալ; ցնդել

put sb in a fume որևէ մեկին սաստիկ զայրացնել/կատաղեցնել/բարկացնել

fumigate |ˈfjuːmɪgeɪt| *verb* 1) ծխահարել; ծուխ տալ *(ախտահանման նպատակով)* 2) խունկ ծխել; խնկարկել

fun |fʌn| **1** *noun* 1) ուրախություն; զվարճություն; զվարճանք 2) կատակ; խաղ **2** *adjective* (**funner funnest**) *խոսակցական* զվարճալի; ուրախ; հաճելի **3** *verb* *խոսակցական* կատակել; ձեռք առնել

for the fun of it (**for/in fun**) կատակով; կատակի համար; ի սեր զվարճության

It is good fun. (**It is great fun.**) Շատ ուրախ է: Շատ զվարճալի է:

poke fun at sb (**make fun of sb**) ծաղրել; ձեռ առնել; տնազ անել; հանաք անել; ծաղրուծանակի ենթարկել; խաղ խաղալ *(մեկի գլխին)*

someone's idea of fun *արհամարհական* մեկի զվարճանալու ձևը; զվարճանալու մասին մեկի պատկերացումը

what fun! ի՜նչ ուրախ է

function |ˈfʌŋ(k)ʃ(ə)n| **1** *noun* 1) գործառույթ; գործունեություն; գործառնություն 2) (**functions**) պաշտոնական պարտականություններ; գործողություններ՝ շրջան 3) *մաթեմատիկա* առույթ; գործառույթ; ֆունկցիա 4) դեր; նշանակություն 5) *քերականություն* պաշտոն; գործառույթ 6) հանդիսակատարություն; ծիսակատարություն; պաշտոնական ընդունելություն **2** *verb* 1) գործել; աշխատել 2) (**function as**) պաշտոն/դեր կատարել

public/social function երեկույթ; ընդունելություն

functional |ˈfʌŋ(k)ʃ(ə)n(ə)l| *adjective* 1) գործառական; գործառույթային; ֆունկցիոնալ 2) կիրառական; գործնական; կիրառվող 3) աշխատող

functionality *noun* 1) գործառականություն; գործնականություն 2) նպատակ 3) հնարավորություն

functionary |ˈfʌn(k)ʃ(ə)n(ə)ri| *noun* (հոգն. **-aries**) պաշտոնական անձ; պետական պաշտոնյա

function key *noun* *համակարգիչներ* առույթային ստեղն *(ստեղն կամ անջատիչ, որը հատկացված է որոշակի խնդրի կամ հրահանգների հաջորդականության համար)*

fund |fʌnd| **1** *noun* 1) դրամագլուխ; հիմնադրամ; ֆոնդ 2) (**funds**) դրամական միջոցներ 3) հիմնապաշար; պաշար **2** *verb* 1) *ֆինանսներ տնտեսագիտություն* դրամն արժեթղթերի մեջ ներդնել; արժեթղթերի վերածել; դրամավորել 2) պաշար անել

basic word fund *լեզվաբանություն* հիմնական բառապաշար

in funds *բրիտանական* հարուստ; փողով

sinking fund մարման կապիտալ

yellow-dog fund *ամերիկյան խոսակցական* կաշառքի համար հատկացված գումարներ

fundamental |fʌndəˈmɛnt(ə)l| **1** *adjective* հիմնական; էական; հիմնակազմ; հիմքային; հիմնային **2** *noun* 1) սկզբունք; հիմնական կանոն 2) (**fundamentals**) հիմունքներ

fundamentally *adverb* հիմնականում; էականորեն; զգալիորեն

funding *noun* միջոցավորում; ֆինանսավորում; դրամավորում

fund-raiser *noun* 1) գումար հավաքող *(բարեգործական կազմակերպության, որևէ հաստատության և այլնի համար)* 2) ակցիա դրամ հավաքելու համար

funeral |ˈfjuːn(ə)r(ə)l| *noun* թաղում; հուղարկավորություն

It is not his funeral. *ամերիկյան* Դա նրա գործը չէ: Դա նրան չի վերաբերում: Նա՛ չի պատասխանատու դրա համար:

that's your funeral *խոսակցական* ձեր գործն է; ձեզ է վերաբերում; դու ես պատասխանատու

funeral director *noun* թաղման բյուրոյի աշխատակից

funereal |fjuːˈnɪərɪəl| *adjective* տխուր; վշտալի; սգալի; սգո; թաղման

funfair |ˈfʌnfɛː| *noun* զվարճալիքներով զբոսայգի/տոնավաճառ

fungicide |ˈfʌn(d)ʒɪsʌɪd|, |ˈfʌŋgɪ-| *noun* սնկասպան միջոց

fungous |ˈfʌŋgəs| *adjective* 1) սպունգանման; ծակոտկեն 2) սնկահարույց *(հիվանդության մասին)*

fungus |ˈfʌŋgəs| *noun* (հոգն. **-gi** |-gʌɪ|, |-(d)ʒʌɪ| կամ **-guses**) 1) *կենսաբանություն* սունկ *(Fungi)* 2) սնկիկ; սունկ; բորբոս

funk[1] |fʌŋk| **1** *noun* 1) *խոսակցական* ընկճվածություն; վհատություն; հուսալքություն 2) *բրիտանական* վախ; խուճապ ◇ **blue funk** սարսափ **2** *verb* 1) վախենալ; վախ զգալ 2) խուսափել; խույս տալ

be in a funk վախենալ; ահաբեկվել; վախվխել

funk[2] |fʌŋk| *noun* ֆանկ *(պարային երաժշտու-*

թյան ոճ)

funnel |ˈfʌn(ə)l| **1** *noun* 1) ձագար 2) ծխնելույզ **2** *verb* (**funneled**, **funneling**; բրիտ. **funnelled**, **funnelling**) 1) ուղղորդել; փոխանցել 2) ձագարի տեսք ստանալ

funny |ˈfʌni| **1** *adjective* (**-nier**, **-niest**) 1) զվարճալի; ծիծաղաշարժ; զավեշտալի 2) տարօրինակ; արտասովոր; անբացատրելի **2** *noun* (հոգն. **-nies**) *խոսակցական* ծաղրանկար

As funny as a crutch. *ամերիկյան* Ծիծաղելի ոչինչ չկա: Ի՞նչ կա ծիծաղելու:
very funny! *ամերիկյան* (**oh very funny!**) Ի՞նչ կա ծիծաղելու: Ծիծաղելի ոչինչ չկա:

funster |ˈfʌnstə| *noun ամերիկյան խոսակցական* կատակասեր

fur |fɜː| **1** *noun* 1) մորթի; բուրդ; կաշի 2) (**furs**) մորթեղեն; մուշտակեղեն 3) *հավաքական* մուշտակամորթ գազան 4) փառ *(հիվանդի լեզվի վրա)* 5) նստվածք *(կաթսայի պատերին)* 6) դիրտ *(գինու)* **2** *verb* (**furred**, **furring**) 1) մորթի դնել/կարել; մորթուց աստառ դնել 2) նստվածք կապել; դիրտ կապել 3) նստվածքը/դիրտը մաքրել 4) փառակալել *(լեզվի մասին)*

fur and feather մուշտակամորթ կենդանիներ; որսահարմար վայրի թռչուններ

furbelow |ˈfɜːbɪləʊ| **1** *noun* 1) ծալաքոլորք; բոլորածալ 2) *արհամարհական* (**furbelows**) ավելորդ զարդարանք; անճաշակ զարդարանք **2** *verb բանաստեղծական* զարդարել ծալաքոլորքներով

furbish |ˈfɜːbɪʃ| *verb* (**furbish up**) մաքրել; հղկել; փայլեցնել; վերանորոգել; վերականգնել

furious |ˈfjʊərɪəs| *adjective* կատաղի; գազազած; բուռն; անսանձ; անզուսպ; մոլեգին; ուժեղ

furl |fɜːl| *verb* 1) ծալել; փաթաթել 2) *ծովային* ծալել; հավաքել *(առագաստը)*

furlong |ˈfɜːlɒŋ| *noun* ֆուրլոնգ *(երկարության չափ, =1/8 մղոնի =201 մետրի)*

furlough |ˈfɜːləʊ| **1** *noun* արձակուրդ **2** *verb* արձակուրդ տալ *(հատկապես զինվորներին)*

furnace |ˈfɜːnɪs| *noun* 1) հնոց; հալոց; քուրա 2) *փոխաբերական* բով; փորձություն

furnish |ˈfɜːnɪʃ| *verb* 1) կահավորել 2) (**furnish sb with**) մատակարարել; ապահովել; տալ; հայթայթել; տրամադրության տակ դնել; ներկայացնել

furnished |ˈfɜːnɪʃt| *adjective* կահավորված; կահույքով *(վարձով տրվող բնակարանի մասին)*

furnishing **1** *noun* 1) տան կահ-կարասի; կահավորանք 2) սարքավորում; սարք **2** *adjective* դեկորատիվ; պաստառապատման և վարագույրների

furniture |ˈfɜːnɪtʃə| *noun* 1) կահ-կարասի; կահավորանք; կահույք 2) պարունակություն 3) հարմարանքներ

furniture of one's pockets դրամ; գրպանի պարունակություն
furniture of one's mind գիտելիք; ուղեղի պարունակություն

furrier |ˈfʌrɪə| *noun* 1) մորթեգործ; մուշտակագործ 2) մորթեվաճառ; մուշտակավաճառ

furrow |ˈfʌrəʊ| **1** *noun* 1) ակոս 2) խոր կնճիռ; սպի **2** *verb* 1) վարել; ակոսներ անել 2) կնճիռներով ծածկվել; կնճռոտվել 3) *բանաստեղծական* ակոսել; կտրել-անցնել ծայրից ծայր

plough a lonely furrow միայնակ գործել; սեփական ճանապարհով գնալ

furrowy *adjective* կնճռոտ

furry |ˈfɜːri| *adjective* (**-rier**, **-riest**) 1) մորթե; մորթյա; մուշտակավոր; մուշտականման 2) մորթի դրած; մորթով ծածկված

fur seal *noun կենդանաբանություն* ծովարջ; ծովաշուն *(Arctocephalus, ընտանիք Otariidae)*

further |ˈfɜːðə| **1** *adverb adjective verb* համեմատական տե՛ս **far** **2** *adverb* 1) ավելի հեռու 2) այնուհետև; ապա 3) բացի այդ **3** *adjective* 1) հետագա 2) լրացուցիչ 3) ավելի հեռու; հեռավոր **4** *verb* առաջ մղել/քաշել; աջակցել; օժանդակել; նպաստել

untill further notice մինչև հետագա ծանուցում

furtherance |ˈfɜːð(ə)r(ə)ns| *noun* 1) առաջխաղացում 2) աջակցություն

furthermore |fɜːðəˈmɔː| *adverb* բացի այդ; ավելին; այնուհետև

furtive |ˈfɜːtɪv| *adjective* գաղտագողի; թաքուն; ծածուկ; գողունի

furtively *adverb* թաքուն; գաղտագողի; գողեգող

fury |ˈfjʊəri| *noun* (հոգն. **-ries**) 1) կատաղություն; գազազածություն; մոլեգնություն 2) *դիցաբանություն* (**Fury**) Ֆուրիա; վրեժի չար աստվածուհին 3) *փոխաբերական* չար/կռվարար կին 4) ոռնոց *(քամու)*

goad sb into fury որևէ մեկին սաստիկ զայրացնել/կատաղեցնել
in a fury կատաղած; գազազած
like fury *խոսակցական* չափազանց կատաղած; սաստիկ կատաղած; դիվայնորեն կատաղած

furze |fɜːz| *noun բուսաբանություն* (**gorse**) ոռոճ; խոպանուկ *(Ulex, ընտանիք Europaeus)*

fuse¹ |fjuːz| **1** *noun* հալում; հալելը **2** *verb* 1) հալել; ձուլել ◇ **fuse together** i) միաձուլել ii) միաձուլվել iii) *փոխաբերական* միաձուլվել; համընկնել 2) բոցավառվել 3) հալվել; ձուլվել; հալչել

fuse² |fjuːz| (նաև **fuze**) **1** *noun* 1) բռնկիչ; հրանցք; բիկֆորդյան քուղ; պայթաքուղ 2) *ռազմական* պայթուցիչ; լիցքի խողովակ 3) *էլեկտրականություն* դյուրահալ ապահովիչ; հալուն ապահովիչ **2** *verb* պայթաքուղ դնել *(ռումբի մեջ)*

fuselage |ˈfjuːzəlɑːʒ|, |-lɪdʒ| *noun օդագնացություն* ինքնաթիռի կմախք/իրան

fusibility |-ˈbɪlɪti| *noun* հալունություն; դյուրահալություն

fusible |ˈfjuːzɪb(ə)l| *adjective* հալուն; դյուրահալ

fusillade |ˌfjuːzɪˈleɪd|, |-ˈlɑːd| **1** *noun* 1) հրաձգություն 2) գնդակահարություն **2** *verb հնացած* 1) գնդակոծել 2) գնդակահարել

fusion |ˈfjuːʒ(ə)n| **1** *noun* 1) հալում; հալելը 2) հալած զանգված 3) համաձուլվածք; միաձուլվածք 4) *ֆիզիկա* միջուկների ձուլում 5) միաձուլում; միաձուլվելը 6) *քաղաքականություն* դաշինք; կոալիցիա **2** *adjective* տարբեր խոհանոցնէրի *(անձի մասին)*

fuss |fʌs| **1** *noun* իրարանցում; վազվզուք; դեսուդեն ընկնելը; սին հոգսերով տարվելը; նյարդային վիճակ; հուզմունք ◇ **make a fuss** i) աղմուկ բարձրացնել; աղմուկով իրար անցնել ii) դեսուդեն վազել. **kick up a fuss** իրարանցում առաջացնել **2** *verb* 1) իրար անցնել; դատարկ բաներով զբաղվել; չնչին բանի համար հուզվել 2) ձանձրացնել; անհանգստացնել *(դատարկ բաներով)*

fussed up *ամերիկյան* պճնված; զուգված-զարդարված

make a fuss of sb ավելորդ փութկոտություն ցուցաբերել մեկի հանդեպ; չափազանց շատ հոգ տանել մեկի մասին

fussy |ˈfʌsi| *adjective* (**fussier**, **fussiest**) իրար անցնող; դես ու դեն ընկնող; անհանգիստ

as fussy as a hen with one chicken չափազանց փութաջան; դեսուդեն ընկնող; անտեղի իրար անցնող մարդ

fustian |ˈfʌstiən| *noun* 1) բումազե *(գործվածք)* 2) փքուն/ճոռոմ ոճ

fusty |ˈfʌsti| *adjective* (**fustier**, **fustiest**) 1) մգլած; մգլահոտ; բորբոսահոտ; բորբոսնած; բորբոսակալած 2) լճացած հայացքների տեր; հին հայացքների տեր

futile |ˈfju:taɪl| *adjective* 1) անօգուտ; ապարդյուն 2) անկարևոր; դատարկ; փուչ

futon |ˈfu:tɒn| *noun* 1) ճապոնական ներքնակ 2) ճապոնական ներքնակով ցածր մահճակալ

future |ˈfju:tʃə| **1** *noun* 1) ապագա; գալիք; լինելիք ◇ **for the future, in future** այսուհետև; հետագայում 2) *քերականություն* ապառնի ժամանակ **2** *adjective* ապագա

future tense ապառնի ժամանակ

have a great future փայլուն ապագա ունենալ

have no future ապագա չունենալ

future perfect *noun* *քերականություն* ապառնի կատարյալ ժամանակ

futurism |ˈfju:tʃərɪz(ə)m| *noun* ֆուտուրիզմ; ապագայապաշտություն

futurist |ˈfju:tʃərɪst| **1** *noun* ֆուտուրիստ; ապագայապաշտ **2** *adjective* ֆուտուրիստական; ապագայապաշտական

futurity |fju:ˈtjʊərɪti|, |-tʃ-| *noun* (հոգն. **-ties**) 1) ապագա; գալիք 2) *կրոն* հանդերձյալ կյանք

Fuzhou |fu:ˈdʒəʊ| (նաև **Foochow**) Ֆուչոու *(Ճավահանգստային քաղաք Չինաստանի հարավարևելքում)*

fuzz[1] |fʌz| **1** *noun* 1) աղվամազ; խավ 2) ճոխ մազեր; փարթամ մազեր **2** *verb* 1) այս ու այն կողմ թռչել *(բմբուլի մասին)* 2) աղվամազով ծածկվել

fuzz[2] |fʌz| *noun* *խոսակցական* ոստիկանություն

fuzzily *adverb* անորոշ; աղոտ

fuzzy |ˈfʌzi| *adjective* (**fuzzier**, **fuzziest**) 1) խավոտ; աղվամազով ծածկված 2) անորոշ; աղոտ; պղտոր 3) գանգուր; խուճուճ

FYI *abbreviation* *համակարգիչներ* for your information Պարզապես տեղեկություն *(Նշվում է էլեկտրոնային հաղորդագրությունում, երբ նյութը հրատապ չէ ու պատասխան չի պահանջում)*

Gg

G[1] |dʒiː| (նաև **g**) *noun* (հոգն. **Gs** կամ **G's**) 1) անգլերեն այբուբենի յոթերորդ տառը 2) *երաժշտություն* (**G**) սոլ *(սոլ հնչյունի տառային նշանակումը)*

G[2] **1** *abbreviation* 1) *ֆիզիկա* գաուս 2) գերմաներեն 3) գիգա- **2** *symbol* 1) Գիբսի ազատ էներգիա 2) *ֆիզիկա* ձգողական հաստատուն 3) *ֆիզիկա* հաղորդականություն

gab |gæb| *խոսակցական* **1** *verb* (**gabbed**, **gabbing**) **2** *noun* շատախոսություն; շաղակրատանք ◊ **stop your gab!** վերջ տուր շատախոսությանդ

gabardine |ˌgæbəˈdiːn|, |ˈgæbədiːn| (բրիտանական **gaberdine**) *noun* *մանածագործություն* գաբարդին *(գործվածք)*

gabble |ˈgæb(ə)l| **1** *verb* փնթփնթալ; մրթմրթալ; արագ/անհասկանալի/անկապ խոսել; բլբլացնել **2** *noun* 1) անդադար շատախոսություն 2) փնթփնթոց; մրթմրթոց; անհասկանալի/անկապ խոսք

gabbler *noun* շատախոս; շաղակրատ

gable |ˈgeɪb(ə)l| *noun* 1) *ճարտարապետություն* ֆրոնտոն *(շենքի եռանկյունաձև վերնաճակատ)* 2) եռանկյունաձև տանիքի կատար

gabled *adjective* սրածայր *(տանիքի մասին)*

Gabon |gəˈbɒn| Գաբոն *(պետություն Աֆրիկայի արևմուտքում)*

Gad[1] |gæd| *interjection* *աստվածաշնչային* Գադ *(Հակոբի որդիներից մեկը)*

Gad[2] *interjection* արտահայտում է զարմանք ◊ **by Gad!** Աստված վկա

gad |gæd| *verb* (**gadded**, **gadding**) *խոսակցական* 1) (**gad about/abroad/out**) թափառել; թրև գալ; դատարկաշրջել 2) սողալով/գետնատարած աճել *(բույսերի մասին)*

gadabout |ˈgædəbaʊt| *noun* դատարկաշրջիկ; դատարկապորտ; ավարա; պարապ-սարապ մարդ; թրև եկող մարդ

gadfly |ˈgædflʌɪ| *noun* (հոգն. **-flies**) 1) բոռ 2) *փոխաբերական* ձանձրալի/տաղտկալի մարդ

gadget |ˈgædʒɪt| *noun* *խոսակցական* 1) հարմարանք; լրասարք *(սարք, գործիք)* 2) եղանակ; միջոց 3) սպասք 4) տեխնիկական նորություն

Gael |geɪl| *noun* 1) շոտլանդացի լեռնական 2) իռլանդացի *(կելտասերունդ)*

Gaelic |ˈgeɪlɪk|, |ˈgælɪk| **1** *adjective* գելական **2** *noun* (նաև **Scottish Gaelic**) գելական լեզու; գաելերեն

gaff[1] |gæf| **1** *noun* ձկնորսական եռաժանի; կարթաձող *(մեծ ձկներ որսալու համար)* **2** *verb* որսալ եռաժանիով; խոցել եռաժանիով

gaff[2] |gæf| *noun* քննադատություն; կոպիտ վերաբերմունք

gaff[3] *noun* *բրիտանական խոսակցական* տուն; առանձնատուն; շինություն

gaffer |ˈgæfə| *noun* 1) ծերուկ; գեղջուկ 2) տանապետ

gag[1] |gæg| **1** *noun* 1) բերանակապ; խցոց 2) *փոխաբերական* մտքերի փոխանակության սահմանափակում 3) *ծածկալեզու* խաբեություն; խաբեբայություն; խորամանկություն **2** *verb* (**gagged**, **gagging**) 1) բերանը խցոց կոխել 2) լռեցնել; բերանը փակել 3) խաբել

gag[2] |gæg| **1** *noun* *թատրոն* դերասացության մեջ ծիծաղաշարժ ինքնահավելում; սրախոսություն **2** *verb* կատակել; ծիծաղելի պատմություններ պատմել

gaga |ˈgɑːgɑː|, |ˈgægə| *adjective* *խոսակցական* 1) անիմաստ; անհեթեթ 2) խելքը թռցրած; ցնդած

gage[1] |geɪdʒ| *հնացած* **1** *noun* 1) գրավ; երաշխիք 2) մենամարտի հրավեր ◊ **throw down a gage** մարտահրավեր անել **2** *verb* 1) երաշխավորել *(երաշխավոր լինել)* 2) գրավ տալ 3) գրազ գալ

gage[2] *noun, verb* տե՛ս **gauge**

gage[3] |geɪdʒ| *noun* տե՛ս **greengage**

gaggle |ˈgæg(ə)l| *noun* կռնչել *(սագերի մասին)*

gaiety |ˈgeɪəti| (նաև **gayety**) *noun* (հոգն. **-ties**) 1) ուրախություն; զվարթություն; ուրախ տրամադրություն 2) (**gaieties**) զվարճություն; զվարճալիք 3) ուրախ-զվարթ տեսք

gaily |ˈgeɪli| *adverb* 1) ուրախ; խնդագին; անհոգ 2) պայծառորեն; վառ կերպով

gain |geɪn| **1** *verb* 1) աշխատել; վաստակել 2) ձեռք բերել; ստանալ 3) շահել; տանել *(խաղը, գործը, հաղթանակը)* 4) օգուտ ստանալ 5) բարելավվել; լավանալ 6) առաջ ընկնել *(ժամացույցի մասին)* 7) հասնել; տեղ հասնել ◊ **gain on, gain upon** հասնել; ետևից հասնել; մեկի համակրանքը շահել; աստիճանաբար ցամաքի մի մասը կլանել; ողողել *(ծովի մասին)* **2** *noun* 1) աճ; ավելացում 2) շահ; շահում; շահույթ; օգուտ 3) վաստակ; աշխատավարձ 4) (**gains**) եկամուտ

gainful |ˈgeɪnfʊl|, |-f(ə)l| *adjective* շահավետ; օգտավետ; արդյունավետ

gainsayer *noun* 1) ուրացող/ժխտող անձ 2) ընդդիմախոս

gait |geɪt| **1** *noun* 1) քայլվածք 2) քայլք *(ձիու)* 3) *ամերիկյան* արագություն **2** *verb* քայլքով ընթանալ *(ձիու մասին)*

gaiter |ˈgeɪtə| *noun* զանգապաններ; սռնապաններ

gala |ˈgɑːlə|, |ˈgeɪlə| *noun* հանդես; տոնախմբություն

galantine |ˈgæl(ə)ntiːn| *noun* դոնդող; դոնդողակ; դոնդողավոր ուտելիք

Galatians |gəˈleɪʃ(ə)nz| *աստվածաշնչային* Գաղատացիներ; թուղթ Գաղատացիներին *(Նոր Կտակարանի գրքերից մեկը)*

galaxy |ˈgæləksi| *noun* (հոգն. **-axies**) 1) *աստղագիտություն* գալակտիկա 2) *աստղագիտություն* Ծիր Կաթին; Հարդագողի ճանապարհ 3) *փոխաբերական* կաճառ

gale |geɪl| *noun* 1) հողմ; բուք; փոթորիկ 2) *բանաստեղծական* հովիկ; այուք; զեփյուռ 3) **(gale of laughter)** ծիծաղի պոռթկում 4) *խոսակցական* ուրախություն

Galilee |ˈgælɪliː| Գալիլիա *(հինավուրց շրջան Պաղեստինում, ներկայումս՝ Իսրայելի տարածքում)*

gall¹ |gɔːl| *noun* 1) մաղձ; լեղի 2) լեղապարկ 3) մաղձոտություն; ատելություն; դառնություն; քեն ◇ **gall and wormwood** զզվելի/ատելի բան 4) *ամերիկյան* լկտիություն; անպատկառություն; հանդգնություն

gall² |gɔːl| **1** *noun* 1) քերծվածք; ճանկռվածք; վզակոթի հարում *(ձիու)* 2) գրգռում *(մաշկի)* **2** *verb* 1) քերծել; հարել *(մաշկը)* 2) գրգռել; բորբոքել; ցավ առաջացնել 3) *փոխաբերական* բարկացնել; զայրացնել

gallant **1** *adjective* 1) քաջ; կտրիճ; խիզախ; քաջարի 2) *բանաստեղծական* սրընթաց; արագավազ *(ձիու մասին)* 3) շքեղ; հոյակապ *(նավի մասին)* 4) կնահաճ; կանանեծար; ռրբակիրթ 5) քաղաքավարի; բարեկիրթ 6) սիրային **2** *noun* |ˈgæl(ə)nt| |gəˈlænt| *հնացած գրքային* 1) նրբակիրթ/կավալեր 2) երկրպագու; սիրահար; սիրական **3** *verb* |gəˈlænt| |ˈgæl(ə)nt| *հնավանդ* 1) **(gallant with)** սիրահետել; կանանց հետևել 2) ուղեկցել *(տիկնոջը)*

gallantry |ˈgæləntri| *noun* (հոգն. **-ries**) 1) քաջություն; համարձակություն; խիզախություն 2) քաղաքավարություն; բարեկրթություն 3) կնամեծարություն

gallbladder (նաև **gall bladder**) *noun կազմախոսություն* լեղապարկ

gallery |ˈgæl(ə)ri| *noun* (հոգն. **-leries**) 1) սրահ; պատկերասրահ 2) *թատրոն* վերնասրահ; գալյորկա; գալյորկայում նստած հասարակություն 3) միջանցք 4) պատշգամբ 5) *հանքաբանություն* հանքում իջանցք; խավանցք

galley |ˈgæli| *noun* (հոգն. **-leys**) 1) մակույկ 2) *ծովային* կամբուզ; նավախոհանոց 3) *պատմական* գալերա; թիանավ; տաժանակիր աշխատանք նավերի վրա 4) **(the galleys)** թիապարտություն 5) *տպագրություն պատմական* տառակալ; շարոց; շարվածքատախտակ

Gallic |ˈgælɪk| *adjective* գալլական; ֆրանսիական

Gallicism |ˈgælɪˌsɪz(ə)m| *noun* գալլիցիզմ; ֆրանսաբանություն

galligaskins |ˌgælɪˈgæskɪnz| *plural noun պատմական կատակային* լայն շալվար

gallipot |ˈgælɪpɒt| *noun պատմական* դեղագործական անոթ

gallivant |ˈgælɪvænt|, |ˌgælɪˈvænt| *verb խոսակցական* թափառել; թրև գալ

gallon |ˈgælən| *noun* գալոն *(հեղուկաչափ = Անգլիայում 4,54 լ, ԱՄՆ-ում 3,78 լ)* ◇ **imperial gallon** անգլիական գալոն

galloon |gəˈluːn| *noun* զարդաերիզ; զարդաժապավեն; տրեզ

gallop |ˈgæləp| **1** *noun* քառատրոփ արշավ; քառասմբակ վազք *(ձիու)* ◇ **at full gallop** սրարշավ; շատ արագ; բուռն թափով **2** *verb* (**galloped**, **galloping**) 1) **(gallop over/through)** քառատրոփ արշավել 2) քառարշավ քշել 3) արագ կարդալ/խոսել 4) սուր ընթացք ստանալ/ունենալ *(հիվանդության մասին)*

Galloway |ˈgæləweɪ| *noun* շոտլանդական կարճահասակ ցեղի ձի

gallows |ˈgæləʊz| *plural noun* կախաղան; կախաղան հանելը

gallows tree *noun* կախաղան

gallstone |ˈgɔːlstəʊn| *noun բժշկություն* լեղապարկի քար

galop |ˈgæləp|, |gəˈlɒp| *noun երաժշտություն* գալոպ *(հին պար և նրա եղանակը)*

galore |gəˈlɔː| *adjective* առատ; շատ

galosh |gəˈlɒʃ| *noun* կրկնակոշիկ

galumph |gəˈlʌmf| *verb խոսակցական* ուրախությունից ցատկոտել/թռչկոտել

galvanic |gælˈvænɪk| *adjective* 1) *էլեկտրականություն* գալվանական 2) *փոխաբերական* անակնկալ; աներական *(ծիծաղի, ժպիտի մասին)*

galvanization |-ˈzeɪʃ(ə)n| *noun տեխնիկական բժշկություն* գալվանացում

galvanize |ˈgælvənʌɪz| *verb տեխնիկական բժշկություն* գալվանացնել

gambado¹ |gæmˈbeɪdəʊ|, |-ˈbɑːdəʊ| (նաև **gambade**) *noun* (հոգն. **-dos** կամ **-does**) 1) ոստյուն; ցատկում *(ձիու)* 2) անսպասելի արարք

gambado² |gæmˈbeɪdəʊ| *noun* (հոգն. **-dos** կամ **-does**) ոտնապան; զանկապան *(հատկապես թամբի վրա դրվող)*

gamble |ˈgæmb(ə)l| **1** *verb* 1) մոլեխաղ խաղալ 2) մեծ գումար վտանգի ենթարկել; բախտախաղի դնել 3) բորսայում խաղալ; բորսախաղով զբաղվել ◇ **gamble away** խաղի մեջ տանուլ տալ **2** *noun* 1) մոլեխաղ 2) վտանգավոր գործ

gambler *noun* 1) թղթամոլ; խաղամոլ 2) խարդախ; շահախարդախ

gambol |ˈgæmb(ə)l| **1** *verb* (**-boled**, **-boling**; բրիտ. **-bolled**, **-bolling**) ցատկել; ցատկոտել; ոստոստել **2** *noun* ոստյուն; ցատկում

game¹ |geɪm| **1** *noun* 1) խաղ ◇ **games of chance** մոլեխաղեր; բախտախաղեր. **the game is not worth the candle** չարչարանքը չարժե; քաշած նեղությունը չարժե. **play a good game** լավ խաղացող լինել. **play the game** *փոխաբերական* խաղի կանոնները պահպանել; ազնիվ վարվել; ազնվություն ցուցաբերել 2) զվարճություն; զվարճանք; խաղ 3) հետաքրքրական դեպք/անցք 4) կատակ; հանաք; խաղ ◇ **make game of** ծաղրել; վրան ծիծաղել. **speak in game** հանաք անել; կատակել 5) դիտավորություն; մտադրություն; ծրագիր ◇ **the game is up** գործը տանուլ է տրված 6) ճարպկություն; խորամանկություն 7) *մարզական* պարտիա; մի ավարտուն խաղ 8) **(games)** մրցախաղեր 9) որսի միս 10) որս; որսահարմար թռչուններ և մանր կենդանիներ ◇ **fair game** i) վայրի թռչուններ և կենդանիներ, որոնց որսալը թույլատրված է ii) *փոխաբերական* հետապնդման առարկա. **big game** որսի խոշոր կենդանի **2** *adjective* 1) տաքարյուն; քաջ; խիզախ ◇ **die game**

կովել մինչև վերջին շունչը; հերոսաբար մեռնել 2) պատրաստ; պատրաստակամ ◊ **be game for a walk** սիրով գնալ զբոսնելու **3** *verb* մոլեխաղ խաղալ ◊ **game away** խաղը կորցնել; տանուլ տալ

gamecock |ˈgeɪmkɒk| *noun* մարտաքլոր *(աքլորակռվի վարժեցրած)*

gamely *adverb* աննկուն կերպով; խիզախորեն

gamesome |ˈgeɪms(ə)m| *adjective* զվարթ; ուրախ

gamma |ˈgæmə| *noun* 1) (Γ, γ) գամմա; հունական այբուբենի երրորդ տառը 2) *կենդանաբանություն* գիշերաթիթեռ 3) *ֆիզիկա* ◊ **gamma rays** գամմա ճառագայթներ

gammer |ˈgæmə| *noun հնացած* պառավ

gammon¹ |ˈgæmən| *noun* խոզապուխտ; ապխտած ազդր

gammon² |ˈgæmən| **1** *noun* հաղթանակ նարդի խաղալիս **2** *verb* հաղթել նարդի խաղալիս

gammon³ |ˈgæmən| *խոսակցական հնացած* **1** *noun* 1) խաբեություն; խաբեբայություն 2) անհեթեթություն; հիմարություն **2** *verb* 1) խաբել 2) ձևանալ; կեղծել

gamp |gæmp| *noun հնացած* մեծ հովանոց

gamut |ˈgæmət| *noun* 1) *երաժշտություն* գամմա 2) դիապազոն; ձայնածավալ 3) տիրույթ

gamy |ˈgeɪmi| (նաև **gamey**) *adjective* (**gamier**, **gamiest**) 1) որսի մսի համ ունեցող; որսահամ 2) հոտ ունեցող; հոտած *(որսի մսի մասին)* 3) որսառատ; որսաշատ

gander |ˈgændə| *noun* 1) արու սագ 2) հիմար/ապուշ/միամիտ մարդ

gang¹ |gæŋ| **1** *noun* 1) բանդա; հրոսակախումբ; ավազակախումբ 2) խումբ; բրիգադ; հերթափոխ *(բանվորների)* ◊ **section gang** երկաթուղային բանվորների խումբ *(տվյալ գծամասում աշխատող)* 3) գործիքների կոմպլեկտ **2** *verb* 1) (**gang together**) խումբ կազմել 2) (**gang up**) հավաքվել; կուտակվել *(սովորաբար ինչ-որ մեկի վրա հարձակվելու համար)*

gang² |gæŋ| *verb շոտլանդական* գնալ

Ganga |ˈgʌŋgə| Գանգես *(անվանումը հինդի լեզվով)*

ganger |ˈgæŋə| *noun* վերակացու; տասնապետ

Ganges |ˈgændʒi:z| Գանգես *(գետ Հնդկաստանի հյուսիսում)*

gangling |ˈgæŋglɪŋ| *adjective խոսակցական* երկարահասակ; նիհար ու անշնորհք; լողլող

ganglion |ˈgæŋglɪən| *noun* (հոգն. **-glia** |-lɪə| կամ **-glions**) 1) *կազմախոսություն* նյարդակծիկ; նյարդահանգույց 2) *փոխաբերական* կենտրոն *(գործունեության, հետաքրքրության)*

gangplank |ˈgæŋplæŋk| *noun* 1) կամրջակ *(նավից ափ իջնելու)* 2) ելարան

gangrene |ˈgæŋgri:n| **1** *noun բժշկություն* 1) գանգրենա; փտախտ 2) *բուսաբանություն* խիրդ; բույսերի քաղցկեղ **2** *verb* փտախտով հիվանդանալ

gangrenous |ˈgæŋgrɪnəs| *adjective* գանգրենային; փտախտային

gangster |ˈgæŋstə| *noun ամերիկյան* գանգստեր; հանցագործ

gangway **1** *noun* |ˈgæŋweɪ| 1) անց; անցատեղ; անցարան *(աթոռների շարքերի միջև)* 2) կամրջակ *(նավից ափ իջնելու)* 3) *շինարարություն* լաստակ; լաստարկ **2** *exclamation* ճանապա՛րհ տվե՛ք; ճանապա՛րհ; ճանապարհից հեռու՛

ganoid |ˈgænɔɪd| *կենդանաբանություն* **1** *adjective* հարթ/ողորկ և փայլուն; պսպղուն *(թեփուկի մասին)* **2** *noun կենդանաբանություն* փայլաձուկ

gantry |ˈgæntri| *noun* (հոգն. **-tries**) 1) *տեխնիկական* պորտալ *(վերամբարձ կռունկի տակի սայլակը)* 2) *երկաթուղային* ազդանշանի կամրջակ 3) տակառների դրոց/տակդիր

gaol *noun* 1) զնդան; բանտ 2) բանտարկություն

gaoler *noun* բանտապահ

gap |gæp| *noun* 1) ճեղք; բացվածք; ծակ *(պատի/ցանկապատի մեջ)* 2) «պատուհան» *(դասերի միջև)* 3) բաց; պակասություն; թերություն ◊ **fill up the gap, stop the gap** թերին/պակասը լրացնել 4) տարակարծություն 5) խորունկ կիրճ 6) *ամերիկյան* լեռնանցք 7) *ռազմական* ճեղքում; ճեղքվածք *(ճակատի գծում)* 8) *տեխնիկական* բացակ

gape |geɪp| **1** *verb* 1) հորանջել; բերանը բաց անել *(զարմանքից)* 2) բերանբաց նայել • **gape after/for** բուռն կերպով ցանկանալ **gape on/upon** զարմանքից բերանը բաց արած նայել **2** *noun* 1) հորանջ; հորանջոց 2) (**gapes**) հորանջման նոպա 3) զարմանք արտահայտող հայացք 4) անցք; ծակ; բացվածք

garage |ˈgærɑ:(d)ʒ|, |-ɪdʒ|, |gəˈrɑ:ʒ| **1** *noun* 1) ավտոտնակ; գարաժ 2) ավտոնորոգման կետ 3) բենզալցակայան **2** *verb* մեքենան գարաժ դնել; մեքենան ավտոտնակը դնել/մտցնել

garb¹ |gɑ:b| **1** *noun* հագուստ; տարազ; համազգեստ **2** *verb* հագցնել; զգեստավորել *(սովորաբար passive)*

garb² |gɑ:b| *noun զինանշաններ* ցորենի խուրձ

garbage |ˈgɑ:bɪdʒ| *noun* 1) աղբ 2) փորոտիք 3) ցածրորակ գրականություն 4) հիմարություն

garble |ˈgɑ:b(ə)l| **1** *verb* աղավաղել; աղճատել; խեղաթյուրել *(ազդանշանը, ձայնը, հաղորդագրությունը)* **2** *noun* աղավաղված հաղորդագրություն

garçon |ˈgɑ:sɒn| *noun ֆրանսերեն* գարսոն; մատուցող

garden |ˈgɑ:d(ə)n| **1** *noun* 1) պարտեզ; այգի ◊ **the garden of England** *փոխաբերական* Անգլիայի հարավային շրջանները 2) բուսաբանական այգի 3) (**gardens**) զբոսայգի 4) (նաև **kitchen garden**) բանջարանոց **2** *verb* պարտեզ մշակել; պարտիզպանությամբ զբաղվել

gardener |ˈgɑ:dnə| *noun* 1) պարտիզպան; այգեպան 2) այգեգործ

gardening *noun* պարտիզպանություն; այգեգործություն

Garden of Gethsemane *աստվածաշնչային* Գեթսեմանի պարտեզ

gargle |ˈgɑ:g(ə)l| **1** *verb* ողողել *(կոկորդը)* **2** *noun* ողողելու հեղուկ դեղ *(կոկորդի համար)*

garish |ˈgɛ:rɪʃ| *adjective* 1) վառ; փայլուն; պայծառ; շլացուցիչ 2) աչք ծակող; աղաղակող

garland |'gɑːlənd| **1** *noun* 1) ծաղկեպսակ; դրասանգ; ծաղկաշղթա 2) մրցանակ; առաջնության դափնի 3) *հնացած* ծաղկաքաղ; հատընտիր **2** *verb* ծաղկաշղթայով/ծաղկեպսակով զարդարել

garlic |'gɑːlɪk| *noun բուսաբանություն* սխտոր *(Allium sativum, ընտանիք Liliaceae)*

garment |'gɑːm(ə)nt| *noun* 1) հագուստ; զգեստ; շոր 2) ծածկույթ

nether garments *կատակային* շալվար; տաբատ

garner |'gɑːnə| **1** *verb* ցորեն ամբարել; պաշար տեսնել **2** *noun հնավանդ* շտեմարան *(նաև փոխաբերական)*

garnet |'gɑːnɪt| *noun հանքաբանություն* նռնաքար

garnish |'gɑːnɪʃ| **1** *verb* 1) զարդարել; զուգել; նախշել 2) զարնիրել; խավարտել *(ճաշը)* **2** *noun* 1) զարդարանք; զարդ 2) գարնիր; խավարտ

garniture |'gɑːnɪtʃə| *noun* 1) զարդարանք; զարդ 2) հագուստ 3) գարնիր; խավարտ

garret |'gærət|, |-ɪt| *noun* 1) ձեղնահարկ 2) *ծածկալեզու* գլուխ; «վերնատուն»

garrison |'gærɪs(ə)n| **1** *noun ռազմական* կայազոր **2** *verb* կայազոր նշանակել; զորանոց հաստատել; կայազորային ծառայություն նշանակել

garrulity |gæ'ruːlɪti| *noun* շատախոսություն; շաղակրատություն

garrulous |'gær(j)ʊləs| *adjective* 1) շատախոս; շաղակրատ 2) կարկաչահոս *(առվի, վտակի մասին)*

garter |'gɑːtə| *noun* ծնկակապ; կապիչ *(գուլպայի համար)* ◇ **the Garter** Ծնկակապի շքանշան *(բարձրագույն շքանշանը Անգլիայում)*

gas |gæs| **1** *noun* (հոգն. **gases** կամ **gasses**) 1) *քիմիա ֆիզիկա* գազ ◇ **natural gas** բնական գազ. **detonating gas** շառաչող գազ. **noble gas** իներտ գազ. **air gas** *տեխնիկական* կարբյուրացված գազ; կիզանոտ խառնուրդ. **producer gas** *տեխնիկական* գեներատորային գազ. **deceptive gas** *ռազմական* քողարկող գազ 2) լուսավորող գազ 3) *ամերիկյան* բենզին; վառելիք ◇ **step on the gas!** գազ տու՛ր 4) *ռազմական* թունավորող նյութ 5) *հանքաբանություն* շառաչող գազ; հանքագազ 6) դատարկ/փուչ խոսակցություն; պարծենկոտություն **2** *verb* (**gases**, **gassed**, **gassing**) 1) թունավոր նյութեր բաց թողնել 2) գազով լցնել 3) *ամերիկյան* ավտոմեքենան բենզին լցնել 4) շատախոսել; շաղակրատել; դուրս տալ; պարծենալ; իրեն գովել

gas burner *noun* գազայրիչ

gaseous |'gæsɪəs|, |'geɪsɪəs| *adjective* գազանման; գազային

gas fitter *noun* գազամուղի մասնագետ; գազամուղագործ

gash |gæʃ| **1** *noun* խորը վերք; պատռվածք **2** *verb* խորը վերք բանալ; խորը կտրել

gasification |-fɪ'keɪʃ(ə)n| *noun* գազացում; գազ դարձնելը

gasify |'gæsɪfʌɪ| *verb* (**-fies**, **-fied**) 1) գազի վերածել 2) գազի վերածվել

gas jet *noun* գազայրիչ

gasket |'gæskɪt| *noun տեխնիկական* միջադիր; խցուկ

blow the gasket 1) համբերությունը կորցնել 2) շարժիչի միջադիրը ծակվել

gaslight |'gæslʌɪt| *noun* 1) գազային լուսավորում 2) գազալամպ

gas mantle *noun* շիկացման ցանց

gas mask *noun* հակագազի դիմակ

gasoline |'gæsəliːn| (**gasolene**) *noun* 1) գազոլին 2) *ամերիկյան* բենզին

gasometer |gæ'sɒmɪtə| *noun* 1) *տեխնիկական* գազաչափ 2) գազաման

gasp |gɑːsp| **1** *verb* 1) ծանր շնչել; շնչասպառ լինել; հևալ 2) բերանբաց մնալ; ապշել *(զարմանքից)* ◇ **gasp for** *փոխաբերական* բուռն կերպով ցանկանալ. **gasp out** շնչասպառ/հևալով արտասանել *(բառերը)* **2** *noun* ծանր շնչառություն; շնչարգելություն; շնչահեղձություն; հևք; հևոց ◇ **at one's last gasp** վերջին շունչը փչելիս

gas station *noun* բենզալցակայան

gassy |'gæsi| *adjective* (**-sier**, **-siest**) 1) գազով լցված 2) գազանման 3) պարծենկոտ; մեծաբան; շատախոս

gastric |'gæstrɪk| *adjective* ստամոքսային

gastritis |gæ'strʌɪtɪs| *noun բժշկություն* ստամոքսի պատերի բորբոքում

gastroenterology |ˌgæstrəʊɛntə'rɒlədʒi| *noun բժշկություն* աղեստամոքսաբանություն

Gastropoda |ˌgæstrə'pəʊdə|, |gæs'trɒpədə| *կենդանաբանություն* փորոտանիներ *(փափկամարմինների դաս)*

gasworks |'gæswəːks| *plural noun* գազի գործարան

gate |geɪt| **1** *noun* 1) դարպաս; դուռ 2) մուտք; ելք 3) ուղեփակոց; ուղեկալ 4) սահմանադուռ; սահմանափակ; ջրարգելակ 5) մուտքի վճար 6) լեռնանցք ◇ **get the gate** պաշտոնից արձակվել; հեռացվել; պաշտոնաթող լինել. **give the gate** պաշտոնից արձակել; հեռացնել; պաշտոնաթող անել 7) *տեխնիկական* դարպաս **2** *verb* պահել դպրոցում *(աշակերտին)*

gate-crasher *noun* 1) անտոմս հանդիսատես 2) անկոչ հյուր

gatehouse |'geɪthaʊs| *noun* պահակատնակ՝ դարպասի մոտ

gatekeeper |'geɪtkiːpə| *noun* դռնապան

gateway |'geɪtweɪ| *noun* 1) բակամուտք; դարպասաշեմք 2) որմնանցք; դռնատեղ 3) *համակարգիչներ* ուղեմուտ

gather |'gæðə| **1** *verb* 1) հավաքել; ժողովել 2) հավաքվել; ժողովվել 3) կուտակել; ձեռք բերել 4) բարձրացնել *(գետնից, հատակից)* 5) քաղել *(ծաղիկներ)* 6) հավաքել *(հատապտուղներ)* 7) կնճռել; կնճռոտել *(ճակատը)* 8) ծալ/փոթ շինել *(հագուստի վրա)* 9) կծկվել; կուչ գալ 10) թարախակալել 11) հետևություն անել; եզրակացնել; հասկանալ ◇ **gather up** մի տեղ հավաքել; ժողովել; ամփոփել. **gather oneself up** զգաստանալ; իրեն հավաքել; ուժերը հավաքել 12) հասնել ավելի բարձր մակարդակի **2** *noun* փոթեր; ծալքեր *(հագուստի վրա)*

gathering |ˈgæð(ə)rɪŋ| *noun* 1) ժողով; հավաքույթ; կուտակում 2) հավաքում; ժողովում 3) թարախակալում; թարախապալար

gaud |gɔːd| *noun հնավանդ* 1) անարժեք/անճաշակ զարդ 2) (**gauds**) ճոխ խնջույք/տոնակատարություն

gaudy¹ |ˈgɔːdi| *adjective* (**gaudier**, **gaudiest**) 1) անճաշակ; պճնոտ; աչք ծակող 2) ճոռոմ; վերամբարձ

gaudy² |ˈgɔːdi| *noun* (հոգն. **gaudies**) 1) շքեղ տոնակատարություն 2) հոբելյանական հացկերույթ *(անգլիական համալսարաններում՝ ի պատիվ նախկին ուսանողների)*

gauge |geɪdʒ| (**gage**) **1** *noun* 1) չափ; մեծություն ◇ **take the gauge of** չափել; գնահատել 2) տրամաչափ; չափանմուշ 3) երկաթուղագծերի լայնք ◇ **broad gauge** լայն երկաթուղագիծ. **narrow gauge** նեղ երկաթուղագիծ 4) չափող գործիք 5) չափանիշ **2** *verb* 1) չափել; չափը ճշտել 2) ատիճանանշել 3) գնահատական տալ; գնահատել *(մարդու վարքագծին, բնավորությանը)* 4) դատողություն անել

Gaul |gɔːl| *noun* 1) *պատմական* գալլ 2) *կատակային* ֆրանսիացի

gaunt |gɔːnt| *adjective* 1) նիհար; վտիտ; նվազ; հյուծված; ուժից ընկած 2) մռայլ

gauntlet¹ |ˌgɔːntlɪt| *noun* 1) ձեռնոց; թաթպան *(վարորդի, օդաչուի և այլնի)* 2) *պատմական* լայնաբերան բազկապանով ձեռնոց ◇ **throw down the gauntlet** մարտահրավեր նետել. **take up the gauntlet** մարտահրավերն ընդունել

gauntlet² |ˌgɔːntlɪt| (նաև **gantlet**) *noun* ◇ **run the gauntlet** i) *պատմական ռազմական* զորաշարքի միջով վազել; զորաշարքի կողմից գանահարման ենթարկվել ii) *փոխաբերական* խիստ քննադատության ենթարկվել

gauze |gɔːz| *noun* 1) շղարշ *(գործվածք)* 2) մառախ 3) միգաշղարշ; մշուշաքող 4) *տեխնիկական* մետաղյա ցանց

gavel |ˈgæv(ə)l| **1** *noun ամերիկյան* մուրճ *(աճուրդախոսի կամ ժողովի նախագահի)* **2** *verb* (**gaveled**, **gaveling**; բրիտ. **gavelled**, **gavelling**) մուրճի հարվածով լռություն հաստատել

gavelkind |ˈgæv(ə)lkʌɪnd| *noun պատմական իրավունքը* հողային սեփականության հավասար բաժանումը զավակների միջև

gawk |gɔːk| **1** *verb* հիմար/անկիրթ ձևով նայել մեկին **2** *noun* տխմար; ապուշ; հիմար

gawky |ˈgɔːki| *adjective* (**gawkier**, **gawkiest**) անճոռնի; անշնորհք; ապուշ; հիմար

gay |geɪ| **1** *adjective* (**gayer**, **gayest**) 1) ուրախ; զվարթ 2) վառ; պայծառ; փայլուն; երփներանգ *(գույների մասին)* 3) թեթևաբարո; թեթևամիտ; անառակ; զեխ **2** *noun* համասեռական *(հատկապես տղամարդ)*

gaze |geɪz| **1** *verb* (**gaze at/on/upon**) լարված/ակնապիշ նայել; աչքերը հառած նայել **2** *noun* սևեռուն հայացք

gazebo |gəˈziːbəʊ| *noun* (հոգն. **-bos** կամ **-boes**) 1) ամառանոց; ամառանոցատուն *(դեպի հեռուն բացվող տեսարանով)* 2) բելվեդեր

gazelle |gəˈzɛl| *noun* (հոգն. նույնը կամ **-zelles**) *կենդանաբանություն* վիթ *(Gazella, ընտանիք Bovidae)*

gazette |gəˈzɛt| **1** *noun* 1) պաշտոնական հաղորդաթերթ/տեղեկագիր 2) *հնացած* թերթ; լրագիր **2** *verb* պաշտոնական տեղեկագրում հրապարակել

gazetteer |ˌgæzəˈtɪə| *noun* աշխարհագրական տեղեկագիրք/տեղեկատու

GDP *abbreviation* համախառն ներքին արդյունք; ՀՆԱ

gear |gɪə| **1** *noun* 1) մեխանիզմ; սարք ◇ **landing gear** i) *օդագնացություն* ինքնաթիռի շասսի ii) *ծածկալեզու* ոտքեր 2) հարմարանք; պիտույքներ; պարագաներ; սպասք 3) *տեխնիկական* ատամնավոր շարժանիվ ◇ **in gear** միացված; կցված. **out of gear** i) անջատված ii) *փոխաբերական* կազմալուծված; քայքայված; անսարք. **high gear** մեծ արագության հաղորդում. **low gear** փոքր արագության հաղորդում 4) *ծովային* նավասարք; հանդերձանք; նավահանդերձանք 5) լծասարք 6) սպասք; կահ-կարասի; իրեղեն 7) (**gears**) ատամնանիվ *(մեխանիզմի)* **2** *verb* 1) (հաճախ **gear up**) լծել; լծասարք հագցնել 2) հաղորդակով/ շարժանիվով միացնել 3) շարժման մեջ դնել ◇ **gear down** արագությունը նվազեցնել; շարժումը դանդաղեցնել. **gear up** արագությունը մեծացնել; շարժումը արագացնել *(մեքենայի)* • **gear up** պատրաստվել

gearbox |ˈgɪəbɒks| *noun* *տեխնիկական* փոխանցումների/արագությունների տուփ *(ավտոմեքենայի)*

gearing |ˈgɪərɪŋ| *noun* *տեխնիկական* ատամնավոր փոխանցում

gearwheel |ˈgɪəwiːl| *noun* *տեխնիկական* ատամնավոր անիվ

gee¹ |dʒiː| (նաև **gee-whiz**) *exclamation խոսակցական* 1) դե՛հ 2) *ամերիկյան ծածկալեզու* ա՜յ քեզ բան

gee² |dʒiː| **1** *exclamation* դե հա՛ *(ձին քշելիս)* **2** *verb* (**gees**, **geed**, **geeing**) 1) արագացնել *(ձիու ընթացքը)* 2) արագացնել; խրախուսել *(մեկին)*

gee³ |dʒiː| *noun խոսակցական* հազար դոլար

geezer |ˈgiːzə| *noun խոսակցական ծածկալեզու* ծերուկ

gelatin |ˈdʒɛlətɪn| (նաև **gelatine**) *noun* ժելատին; դոնդող

gelatinous |dʒɪˈlætɪnəs| *adjective* ժելատինե; ժելատին պարունակող; դոնդողանման; կպչուն; մածուցիկ

gelid |ˈdʒɛlɪd| *adjective* 1) սառցե; սառցային 2) շատ սառն; սառցի նման սառը 3) *փոխաբերական* սառը; պաղ

gem |dʒɛm| **1** *noun* 1) թանկարժեք/թանկագին քար; գոհար; ակն 2) թանկարժեք զարդ/իր 3) *փոխաբերական* մարգարիտ; գանձ **2** *verb* (**gemmed**, **gemming**) *հազվադեպ* գոհարազարդել

gemination |-ˈneɪʃ(ə)n| *noun* կրկնում; կրկնապատկում

Gemini |ˈdʒɛmɪnʌɪ|, |-ni| *աստղագիտություն* Երկվորյակներ *(համաստեղություն)*

gemma |ˈdʒɛmə| *noun* (հոգն. **gemmae** |-miː|) *կենսաբանություն, բուսաբանություն* բողբոջ; պտուկ

gemmation |dʒɛ'meɪʃ(ə)n| *noun կենսաբանություն* 1) բողբոջում; բողբոջելը; պտկում; պտկելը 2) բողբոջներով բազմանալը

Gem State Շողակնի նահանգ *(ԱՄՆ-ի Այդահո նահանգի մականունը)*

gendarme |'ʒɒndɑ:m|, |ʒɑ̃'dæʀm| *noun* ժանդարմ

gendarmerie |ʒɒn'dɑ:məri|, |zɑ̃dæʀm(ə)ʀi| *noun* ժանդարմերիա

gender |'dʒɛndə| *noun* 1) *քերականություն* սեռ ◇ **masculine gender** արական սեռ. **feminine gender** իգական սեռ. **neuter gender** չեզոք սեռ 2) սեռ *(բնական)*

gene |dʒi:n| *noun կենսաբանություն* ժառանգամասնիկ; ծնակ; գեն

genealogical |ˌdʒi:nɪə'lɒdʒɪk(ə)l|, |ˌdʒɛn-| *adjective* ծննդաբանական; ծագումնաբանական; տոհմաբանական

genealogy |dʒi:nɪ'ælədʒi|, |dʒɛn-| *noun* (հոգն. **-gies**) ծննդաբանություն; ծագումնաբանություն; տոհմաբանություն; սերնդաբանություն; գենեալոգիա

general |'dʒɛn(ə)r(ə)l| **1** *adjective* 1) ընդհանուր; համընդհանուր 2) սովորական 3) գլխավոր ◇ **in general** ընդհանրապես; ընդհանուր առմամբ **2** *noun ռազմական* գեներալ; զորավար ◇ **major general** գեներալ-մայոր. **governor general** նահանգապետ *(նախկին կամ պատմական գաղութներում)*

generalissimo |ˌdʒɛn(ə)rə'lɪsɪməʊ| *noun* (հոգն. **-mos**) գեներալիսիմուս

generality |dʒɛnə'rælɪti| *noun* (հոգն. **-ties**) 1) ընդհանրություն 2) անորոշություն 3) (**generalities**) ծեծված ճշմարտություններ; ընդհանուր դատողություններ 4) մեծամասնություն

generalization |dʒɛn(ə)rəlʌɪ'zeɪʃ(ə)n| *noun* ընդհանրացում

generalize |'dʒɛn(ə)rəlʌɪz| *verb* 1) ընդհանրացնել; ընդհանուր եզրակացություն անել; ընդհանրացում անել 2) ընդհանուր գործածության մեջ մտցնել

generally |'dʒɛn(ə)rəli| *adverb* 1) ընդհանրապես; ընդհանուր առմամբ; ընդհանուր գծերով 2) մեծ մասամբ 3) լայնորեն 4) սովորաբար

generalship |'dʒɛn(ə)rəlʃɪp| *noun* 1) գեներալական կոչում 2) ռազմական հմտություն 3) հմուտ ղեկավարություն

generate |'dʒɛnəreɪt| *verb* 1) ծնունդ տալ; ծնել; առաջացնել; զարթեցնել *(զգացմունք)* 2) արտադրել 3) *քերականություն* կազմել *(նախադասություն և այլն)*

generation |dʒɛnə'reɪʃ(ə)n| *noun* 1) ծնունդ; պտուղ; արտադրություն; արտադրելը ◇ **spontaneous generation** ինքնածնում; ինքնածնություն; ինքնագոյացում 2) սերունդ ◇ **the rising generation** աճող սերունդը. **the younger generation** կրտսեր սերունդը 3) տոհմ; ցեղ 4) *տեխնիկական* գոյացում; առաջացում; գոլորշու *(գազի)* 5) գեներացիա

generative |'dʒɛn(ə)rətɪv| *adjective* 1) ծնող; առաջացնող; պատճառող; արտադրող 2) *լեզվաբանություն* սերող *(սերող փոխակերպական քերականություն)*

generator |'dʒɛnəreɪtə| *noun* 1) ծնիչ; արտադրիչ 2) *տեխնիկական* գեներատոր

generic |dʒɪ'nɛrɪk| **1** *adjective* 1) սեռային; սեռի; կենդանիների/բույսերի որոշ տեսակներին բնորոշ 2) ընդհանուր 3) *լեզվաբանություն* սեռանիշ; սեռիմաստ **2** *noun* անհայտ ծագման; մակնիշ չունեցող *(ապրանքի մասին)*

generosity *noun* 1) մեծահոգություն; վեհանձնություն 2) առատաձեռնություն

generous |'dʒɛn(ə)rəs| *adjective* 1) մեծահոգի; վեհանձն 2) առատաձեռն; ձեռնբաց 3) առատ; լի 4) պտղաբեր; պտղավետ; արգավանդ; բերրի *(հողի մասին)* 5) թանձր; հագեցած; խիտ *(գույնի մասին)* 6) թունդ *(գինու մասին)*

Genesis |'dʒɛnɪsɪs| *աստվածաշնչային* Ծննդոց գիրք *(Հին Կտակարանի առաջին գիրքը)*

genesis |'dʒɛnɪsɪs| *noun* ծագում; առաջացում; ծնունդ

genet[1] |ˌdʒɛnɪt| *noun* 1) *կենդանաբանություն* մշկակատու *(Genus Genetta, ընտանիք Viverridae)* 2) մշկակատվի մորթի

genet[2] *noun* տե՛ս **jennet**

genetic |dʒɪ'nɛtɪk| *adjective* 1) ժառանգաբանական 2) ժառանգաբանության; գենետիկայի 3) ծագումնաբանական

genetics |dʒɪ'nɛtɪks| *plural noun* գենետիկա; ծագումնաբանություն

genial[1] |'dʒi:nɪəl| *adjective* 1) ջերմ; սրտագին; բարի; բարեհիրտ 2) ուրախ; զվարթ; խնդուն; կենսուրախ 3) մեղմ; տաք *(կլիմայի մասին)*

genial[2] |dʒɪ'ni:əl| *adjective կազմախոսություն հազվադեպ* կզակային

geniality |-'ælɪti| *noun* 1) մտերմություն; սրտաբացություն; սիրալիրություն; բարություն; բարեսրտություն 2) կենսուրախություն; զվարթություն 3) մեղմություն; ջերմություն

genie |'dʒi:ni| *noun* (հոգն. **-nies** կամ **-nii** |'dʒi:nɪʌɪ|) ջին *(ոգի արաբական հեքիաթներում)*

genital |'dʒɛnɪt(ə)l| **1** *adjective* որդեծնական; սեռական **2** *noun* սեռական/որդեծնական օրգաններ; սեռականք

genitive |'dʒɛnɪtɪv| *քերականություն* **1** *adjective* սեռական *(հոլովի մասին)* **2** *noun* ◇ **genitive case** *քերականություն* սեռական հոլով

genius |'dʒi:nɪəs| *noun* (հոգն. **geniuses**) 1) շնորհալիություն; օժտվածություն; հանճարեղություն 2) տաղանդավոր մարդ; հանճար 3) ոգի *(լեզվի, ազգի)* 4) (**genii**) չար ոգի; դև

genocide |'dʒɛnəsʌɪd| *noun* ցեղասպանություն

genre |'ʒɒ̃rə|, |'(d)ʒɒnrə| *noun* ժանր; ոճ

genteel |dʒɛn'ti:l| *adjective* 1) նուրբ; քաղաքավարի *(շարժումների մասին)* 2) բարեկիրթ; նրբակիրթ 3) մոդայական; նորաձև; նրբագեղ ◇ **genteel poverty** աղքատություն՝ ազնվական հավակնություններով

gentile |'dʒɛntʌɪl| **1** *adjective* հեթանոսական **2** *noun* (**Gentile**) հեթանոս

gentility |dʒɛn'tɪlɪti| *noun* 1) *հեգնական* արիստոկրատական հակումներ 2) *հնացած* ազնվազարմություն; ազնվատոհմություն

gentle |ˈdʒent(ə)l| **1** *adjective* (**gentler**, **gentlest**) 1) ազնվազարմ; ազնվատոհմ 2) հեզ; հեզաբարո; հեզահամբույր; մեղմ; մեղմաբարո *(բնավորության մասին)* 3) քնքուշ; նուրբ 4) թեթև; թույլ *(քամու մասին)* 5) լուռ; հնազանդ *(կենդանիների մասին)* 6) թեքավուն; թեթևակի զառիվայր *(լանջի մասին)* **2** *verb* մեղմացնել; հանգստացնել; խաղաղեցնել

gentlefolk |ˈdʒent(ə)lfəʊk| *plural noun հնավանդ* ազնվականներ

gentleman |ˈdʒent(ə)lmən| *noun* (հոգն. **-men**) 1) ջենտլմեն; պարոն *(տղամարդուն դիմելիս)* 2) բարեկիրթ/քաղաքավարի մարդ ◇ **fine gentleman** նրբակիրթ մարդ 3) *պատմական* ազնվական ◇ **gentleman in waiting** սենեկապետ 4) (նաև **gentlemen**) տղամարդկանց զուգարան

gentleman of fortune ծովահեն; բախտախնդիր

gentleman of large անորոշ զբաղմունքի տեր մարդ

gentleman of the cloth կղերականություն; հոգևորականություն

gentleman of the long robe դատավորներ; իրավագետներ

the old gentleman սատանա

gentleman-at-arms *noun* (հոգն. **gentlemen-at-arms**) արքունի թիկնապահ

gentlemanly |ˈdʒent(ə)lmənli| *adjective* 1) քաղաքավարի; բարեկիրթ 2) ջենտլմենաբար վարվող

gentleness *noun* 1) մեղմություն; հեզություն 2) թեքավունություն; թեթև թեքություն

gentlewoman |ˈdʒent(ə)lwʊmən| *noun* (հոգն. **-women**) *հնավանդ* 1) տիկին; լեդի 2) ազնվական կին

gentry |ˈdʒentri| *noun* անտիտղոս մանրակալվածք ազնվականություն; ջենտրի

genuflect |ˈdʒenjʊflekt| *verb* ծունկ չոքել; ծնկի գալ

genuflection |-ˈflekʃ(ə)n| *noun* ծնրադրություն

genuine |ˈdʒenjʊɪn| *adjective* իսկական; անխարդախ; անկեղծ; բուն

genus |ˈdʒiːnəs|, |ˈdʒenəs| *noun* (հոգն. **genera** |ˈdʒen(ə)rə| կամ **genuses**) *կենսաբանություն* 1) սեռ; դաս 2) տեսակ

geodesy |dʒɪˈɒdɪsi| *noun* գեոդեզիա *(երկրաբաշխություն)*

geographer *noun* աշխարհագրագետ

geographical |dʒɪəˈgræfɪk(ə)l|, |-ˈgræfɪk| *adjective* աշխարհագրական

geography |dʒɪˈɒgrəfi| *noun* աշխարհագրություն

geologic |dʒiːəˈlɒdʒɪk| *adjective* երկրաբանական

geology |dʒɪˈɒlədʒi| *noun* երկրաբանություն

geometric |ˌdʒɪəˈmetrɪk| *adjective* երկրաչափական

geometry |dʒɪˈɒmɪtri| *noun* երկրաչափություն ◇ **descriptive geometry** գծագրական երկրաչափություն. **plane geometry** հարթաչափություն. **solid geometry** տարածաչափություն

geopolitics |ˌdʒiːə(ʊ)ˈpɒlɪtɪks| *plural noun* աշխարհաքաղաքականություն

Georgia |ˈdʒɔːdʒə| 1) Վրաստան *(պետություն Սև ծովի ափին)* 2) Ջորջիա *(ԱՄՆ-ի նահանգ)*

Georgian[1] |ˈdʒɔːdʒ(ə)n| *adjective* անգլիական Գեորգ թագավորներից մեկի թագավորության ժամանակաշրջանին վերաբերող

Georgian[2] |ˈdʒɔːdʒ(ə)n| **1** *adjective* վրացական **2** *noun* 1) վրացի; վրացուհի 2) վրացերեն

Georgian[3] |ˈdʒɔːdʒ(ə)n| **1** *adjective* Ջորջիա նահանգին վերաբերող **2** *noun* Ջորջիա նահանգի բնիկ *(Միացյալ Նահանգներում)*

geranium |dʒɪˈreɪnɪəm| *noun բուսաբանություն* խորդենի; արագիլախոտ; երեմ *(Genus Geranium, ընտանիք Geraniaceae)*

germ |dʒəːm| *noun* 1) *կենսաբանություն* սաղմ; նախասաղմ 2) *բուսաբանություն* սերմնարան; սերմ; ծիլ ◇ **in germ** սաղմնային վիճակում 3) մանրէ

German |ˈdʒəːmən| **1** *noun* 1) գերմանացի; գերմանուհի 2) գերմաներեն **2** *adjective* գերմաներեն; գերմանական

german |ˈdʒəːmən| *adjective հնավանդ* հարազատ *(եղբոր/քրոջ մասին)* ◇ **cousin german** հորաքրոջ/մորաքրոջ/հորեղբոր/քեռու տղա կամ աղջիկ

germane |dʒəːˈmeɪn| *adjective* 1) տեղին; հարմար; պատշաճ 2) մոտ; ազգակից

Germany |ˈdʒəːməni| Գերմանիա *(պետություն Եվրոպայի արևմուտքում)*

germinal |ˈdʒəːmɪn(ə)l| *adjective* սաղմնային; թերաճ; ընձյուղային; սերմնային

germinate |ˈdʒəːmɪneɪt| *verb* 1) ծլել; ծիլ արձակել; ընձյուղել; բողբոջել 2) ծնունդ տալ 3) սաղմնավորվել; գոյանալ

germination *noun* ծլարձակում; բողբոջում

gerrymander |ˈdʒerɪˌmændə| **1** *verb* 1) նենգափոխել *(ընտրությունների արդյունքները)* 2) *ամերիկյան* աղավաղել/խեղաթյուրել փաստերը **2** *noun* նախընտրական մեքենայություններ

gerund |ˈdʒerʌnd| *noun քերականություն* գերունդիում

gerundive |dʒəˈrʌndɪv| *noun քերականություն* գերունդիվ; մակբայական դերբայ

gesso |ˈdʒesəʊ| *noun* (հոգն. **-soes**) գիպս *(արձանագործական աշխատանքների համար)*

gestation |dʒeˈsteɪʃ(ə)n| *noun* 1) հղիություն; հղիության շրջան 2) *փոխաբերական* հասունացում

gesticulate |dʒeˈstɪkjʊleɪt| *verb* ժեստեր անել; խոսելիս ձեռքերով զանազան շարժումներ անել

gesticulation *noun* ժեստիկուլյացիա; ժեստերով/ձեռքի շարժումներով խոսելը; շարժանշաններով խոսել

gesture |ˈdʒestʃə| **1** *noun* ժեստ; շարժանշան; ձեռքի շարժումը; իմաստակիր շարժում ◇ **facial gesture** դիմաշարժություն; դեմքի միմիկա. **fine gesture** ազնիվ ժեստ/վարմունք **2** *verb* ժեստեր անել; շարժանշաններով խոսել; ձեռքի շարժումներով խոսել

get |get| **1** *verb* (**getting**; անցյալ **got** |gɒt|; անցյալ դերբայ **got** կամ **gotten** |ˈgɒt(ə)n|) 1) ստանալ 2) ձեռք բերել; ճարել; հայթայթել ◊ **get a living** ապրուստ ճարել; փող աշխատել 3) բերել; գտնել-բերել 4) ձգտել; հասնել ◊ **get one's own way** իր նպատակին հասնել; իր ասածն անել 5) համոզել; ստիպել *(մի բան անելու)* 6) վարակվել *(հիվանդությամբ)* ◊ **get measles** կարմրուկով հիվանդանալ 7) տեղ հասնել ◊ **get home** i) տուն հասնել ii) *փոխաբերական* նշանին խփել; նպատակակետին դիպչել 8) *խոսակցական* ունենալ; տեր լինել ◊ **I've got a pencil** ես մատիտ ունեմ 9) (**have got to**) պարտավոր/ստիպված լինել ◊ **you've got to do it** դուք պարտավոր եք անել այդ. **I've got to pass the examination** ես պարտավոր եմ քննությունը հանձնել 10) *(հիմնական բայի Infinitive-ի հետ ցույց է տալիս միանգամյա գործողություն)* ◊ **get to know** իմանալ; տեղեկանալ 11) պատվիրել; հանձնարարել; անել տալ ◊ **I got a coat made** ես վերարկու պատվիրեցի. **I got my hair cut** ես մազերս կտրել տվեցի 12) *(ածականի և past participle-ի հետ)* ◊ **get angry** զայրանալ. **get married** ամուսնանալ. **it is getting dark** մթնում է; մութն ընկնում է 13) հասկանալ; ըմբռնել 14) մի վիճակից մյուսին անցնել • **get about** i) տարածվել *(լուրերի մասին)* ii) ի վիճակի լինել քայլելու; ի վիճակի լինել տանից դուրս գալու *(հիվանդությունից հետո)* **get abroad** տարածվել; հանրահայտ դառնալ *(լուրերի մասին)* **get across** i) որևէ բանի վրայով անցնել *(գետի, կամուրջի և այլն)* ii) կռվել; գժտվել **get along** i) ապրել; կյանք վարել; հաշտ ապրել; յոլա գնալ ii) առաջադիմել; հաջողություն ունենալ **get along with you!** կորի՛ր **get at** i) հասնել *(որևէ տեղ)* ii) կապվել *(հեռախոսով)* iii) հասկանալ; ըմբռնել *(իմաստը)* iv) *ծածկալեզու* կաշառել v) *ծածկալեզու* ծաղրել; վրան ծիծաղել **get away** i) հեռանալ; փախչել; մեկնել ii) *ամերիկյան* ճանապարհ ընկնել *(ավտոմեքենայով)* iii) *օդագնացություն* թռչել; վեր ալանալ **get away with you!** վե՛րջ տուր; մի՛ շաղակրատիր. **get away with something** անվնաս դուրս պրծնել; ջրից չոր դուրս գալ **get back, get back some of one's own** i) հատուցել *(վնասը)* ii) վերադառնալ; ետ դառնալ **get back (some of) one's own** վրեժ լուծել; վրեժխնդիր լինել; ոխը հանել **get down** i) իջնել; ցած իջնել ii) վերցնել; իջեցնել *(դարակից)* iii) կուլ տալ **get down to** հիմնովին կպչել; լծվել; նստել *(որևէ գործի)* **get in** i) ընտրությունների ժամանակ անցնել; ընտրվել *(թեկնածուի մասին)* ii) վերադարձնել; ետ դարձնել *(պարտք և այլն)* iii) հավաքել; հնձել *(խոտ, ցորեն)* iv) ներս մտնել; սողոսկել; խցկվել v) հարված հասցնել **get into** i) *խոսակցական* զոռով վրան քաշել; դժվարությամբ հագնել *(նեղ կոշիկ/հագուստ/գլխարկ)* **get into one's head** գլուխն ընկնել; հարբեցնել *(ոգելից խմիչքների մասին)* ii) գլուխը մտցնել **get off** i) իջնել; ցած իջնել *(ձիուց, տրամվայից, գնացքից)* ii) փախչել; ծլկել iii) փրկվել; ազատվել *(պատժից)* **get off with a whole skin** կաշին փրկել; ջրից չոր դուրս գալ **get on** i) ձի նստել ii) հագնել iii) մոտենալ *(ժամանակի մասին)* iv) հաջողություն ձեռք բերել; հաջողության հասնել; բարգավաճել **get on well/ill** լավ/վատ ապրել. **she is getting on nicely** նա առողջանում է. **get on together/with** հաշտ/համերաշխ ապրել; մեկի հետ լեզու գտնել v) ծերանալ **he is getting on in years** նա ծերանում է **get out** i) (**get out of**) դուրս գալ; ելնել ii) հանել; դուրս քաշել; վերցնել iii) հայտնի դառնալ/լինել *(գաղտնիքի մասին)* iv) իմանալ; տեղեկանալ *(հարց ու փորձ անելով)* v) թողնել; ձեռք քաշել; հրաժարվել *(սովորության մասին)* vi) խուսափել; խույս տալ *(մի բան անելուց)* **get out of bed on the wrong side** ձախ ոտից վեր կենալ **get over** i) հաղթահարել *(դժվարությունները, ահը)* ii) առողջանալ; ապաքինվել iii) ազատվել; վերջացնել **get round** շրջանցել; խաբել **get through** գլուխ բերել; հաղթահարել; քննություն հանձնել; օրինագիծ անցկացնել; անցնել *(օրինագծի մասին)* **get through with** հաջողություն ունենալ *(որևէ բանում)* **get to** ձեռնարկել; սկսել *(որևէ բան)* **get together** հավաքել; հավաքվել **get under** հանգցնել *(հրդեհը)* **get up** i) անկողնուց վեր կենալ; ոտքի ելնել; բարձրանալ ii) նստել *(կառք, ձի)* iii) կազմակերպել; իրագործել; բեմադրել; ձևավորել *(գիրքը և այլն)* iv) հարդարել *(մազերը)* v) զուգել; պճնել vi) ուժեղանալ; սաստկանալ *(քամու, հրդեհի մասին)* vii) ալեկոծվել *(ծովի մասին)* **2** *noun* 1) *թենիս* դժվար հարվածի ետմղում 2) *հնացած* կենդանու սերունդ

get by heart անգիր/բերանացի սովորել
get the best of it հանգամանքից օգտվել; առավելություն ձեռք բերել

getaway |ˈgɛtəweɪ| *noun* *խոսակցական* փախուստ ◊ **make one's getaway** փախչել; փախուստ տալ

Gethsemane, Garden of |gɛθˈsɛməni| *աստվածաշնչային* Գեթսեմանիի պարտեզ *(վայր Երուսաղեմի և Ձիթենյաց լեռան միջև, որտեղ Հիսուս մատնվեց՝ վերջին ընթրիքից հետո)*

getter |ˈgɛtə| *noun* 1) ստացող; շահող; ձեռք բերող 2) *հանքաբանություն* հանքահատ; հանքափոր

get-together *noun* հանդիպում; հավաք; խորհրդակցություն; հավաքույթ

getup (նաև **get-up**) *noun* *խոսակցական* 1) հագնվելու ոճ 2) հագուստ; հանդերձանք 3) ձևավորում *(գրքի)* 4) բեմադրություն *(պիեսի)* 5) *ամերիկյան* ձեռներեցություն

gewgaw |ˈgjuːgɔː| *noun* փուչ/չնչին բան

geyser |ˈgiːzə|, |ˈgʌɪ-| **1** *noun* 1) գեյզեր; ցայտող ջերմուկ 2) գազաջեռուցիչ **2** *verb* ուժգին ցայտել

Ghana |ˈgɑːnə| Գանա *(պետություն Աֆրիկայի արևմուտքում)*

ghastly |gɑːs(t)li| *adjective* (**-lier**, **-liest**) 1) սոսկալի; զարհուրելի; ահավոր 2) *խոսակցական* գարշելի; գեշ 3) մեռելատիպ; մեռելի պես գունատ 4) բռնազբոսիկ; հեգնական *(ժպիտ)*

ghat |gɑːt| (նաև **ghaut**) *noun* 1) լեռնաշղթա 2) լեռնանցք 3) նավակայան; նավամատույց *(գետի ափին)*

gherkin |ˈgəːkɪn| *noun* *բուսաբանություն* մանր վարունգ *(Cucumis anguria, ընտանիք Cucurbitaceae)*

ghetto |ˈgɛtəʊ| **1** *noun* (հոգն. **-tos** կամ **-toes**) գետտո; առանձնաթաղ; հրեական թաղ **2** *verb* (**-toes**, **-toed**) սահմանափակել գետտոյում/առանձնաթաղում

ghost |gəʊst| **1** *noun* 1) ուրվական; տեսիլ; ստվեր 2) հոգի; շունչ ◊ **give up the ghost** շունչը փչել; հոգին տալ. **raise the ghost** տեսիլք հրավիրել; ուրվական/հոգի կանչել. **ghosts of the past** անցյալի ստվերները 3) թեթև հետք; նշույլ 4) ուրիշի համար գրվող որևէ գործի փաստական հեղինակը *(ճառի, ելույթի, հոդվածի)* **2** *verb* 1) ուրիշի համար գրել *(գրական/գիտական գործ և այլն)* 2) աննկատ անցնել/սահել

the ghost walks *թատրոն խոսակցական* աշխատավարձ են տալիս

ghostly |ˈgəʊs(t)li| *adjective* (**-lier**, **-liest**) 1) հոգեղեն; անմարմին; հոգևոր 2) ցնորական; խաբուսիկ

ghoul |gu:l| *noun* հոգեգեշ; սատակ; գերեզմանապահ ոգի

GI *noun* (հոգն. **GIs**) *ամերիկյան* (**government issue**) զինվոր *(ամերիկյան բանակի)*

giant |ˈdʒʌɪənt| **1** *noun* հսկա/վիթխարի մարդ; աժդահա **2** *adjective* վիթխարի; հսկա; աժդահա

giantess *noun* հսկա/վիթխարի կին

giantlike *adjective* հսկայական; ահագին; վիթխարի

giaour |ˈdʒaʊə| *noun հնացած արհամարհական* գյավուր; անհավատ; ոչ-մահմեդական

gibber |ˈdʒɪbə|, |ˈgɪbə| *verb* փնթփնթալ; մրթմրթալ; արագ և անկապ խոսել; վրա տալ

gibberish |ˈdʒɪb(ə)rɪʃ|, |ˈgɪb-| *noun* անհասկանալի/անկապ խոսք

gibbet |ˈdʒɪbɪt| *պատմական* **1** *noun* 1) կախաղան 2) կախաղան հանելը **2** *verb* (**-beted**, **-beting**) 1) կախել; կախաղան բարձրացնել 2) անարգել; խայտառակել; նշավակել

gibbon |ˈgɪb(ə)n| *noun կենդանաբանություն* գիբոն *(կապիկի տեսակ. ընտանիք Hylobatidae)*

gibbosity |-ˈbɒsɪti| *noun* 1) սապատավորություն; կուզիկություն; կուզություն 2) ուռուցիկություն; կորնթարդություն

gibbous |ˈgɪbəs| *adjective* 1) կուզիկ; սապատավոր 2) ուռուցիկ; կորնթարդ

gibe |dʒʌɪb| (նաև **jibe**) **1** *noun* հեգնանք; ծաղր **2** *verb* ծաղրել

giblets |ˈdʒɪblɪts| *plural noun* սագի փորոտիք

Gibraltar |dʒɪˈbrɔ:ltə| Ջիբրալթար *(քաղաք և նավահանգիստ Պիրենեյան թերակղզու հարավում. պատկանում է Բրիտանիային)*

Gibraltar, Strait of Ջիբրալթարի նեղուց *(նեղուց որը միացնում է Միջերկրական ծովը Ատլանտյան օվկիանոսին)*

giddy |ˈgɪdi| **1** *adjective* (**-dier**, **-diest**) 1) գլխապտույտ պատճառող; գլխապտույտ ◊ **feel giddy** գլխապտույտ զգալ 2) թեթևամիտ; փոփոխամիտ; անկայուն **2** *verb* (**-dies**, **-died**) գլխապտույտ առաջացնել

gift |gɪft| **1** *noun* 1) նվեր; ընծա ◊ **I would not have it at a gift** ձրի էլ տան, չեմ վերցնի 2) ընդունակություն; ձիրք; շնորք ◊ **the gift of the gab** խոսելու ձիրք; պերճախոսություն **2** *verb* 1) նվիրել; ընծայել 2) օժտել; շնորհել; պարգևել

gifted |ˈgɪftɪd| *adjective* տաղանդավոր; շնորհալի; ձիրքով օժտված

gig¹ |gɪg| **1** *noun* 1) նեղլիկ/արագաշարժ նավակ 2) երկանիվ միաձի կառք 3) ձկնորսական եռաժանի **2** *verb* 1) ճամփորդել նավակով 2) ճամփորդել երկանիվ կառքով

gig² |gɪg| *խոսակցական* **1** *noun* կենդանի կատարում *(երաժշտական փոփ կամ ջազ գործի)* **2** *verb* (**gigged**, **gigging**) կենդանի կատարել; կենդանի երաժշտական կատարում ցուցադրել

gigantic |dʒʌɪˈgæntɪk| *adjective* հսկայական; վիթխարի; ահագին

giggle |ˈgɪg(ə)l| **1** *verb* հռհռալ **2** *noun* հռհռոց

gigolo |ˈ(d)ʒɪgələʊ| *noun* (հոգն. **-los**) *արհամարհական* 1) վարձու պարընկեր *(տղամարդ)* 2) պոռնկամիջնորդ; անառակուհու հաշվին ապրող մարդ

gild¹ |gɪld| *verb* 1) ոսկեզօծել; ոսկեջրել 2) գեղեցկացնել; փայլ տալ

gild² *noun* տե՛ս **guild**

gilded |ˈgɪldɪd| *adjective* ոսկեզօծ; ոսկեջրած

gill¹ |gɪl| **1** *noun* 1) խռիկ; քիմուխտ 2) կրկնակզակ 3) կլդիկ; մորուք *(թռչունների)* **2** *verb* 1) մաքրել ձուկը 2) ձուկ որսալ ցանցով

be/look rosy about the gills առողջ տեսք ունենալ

gill² |dʒɪl| *noun* հեղուկ նյութերի չափ *(անգլիական=0,142լ, ամերիկյան=0,118լ)*

gillyflower |ˈdʒɪlɪˌflaʊə| (նաև **gilliflower**) *noun* 1) *բուսաբանություն* շահպրակ *(ընտանիք Cruciferae)* 2) *բուսաբանություն* մեխակ *(ընտանիք Caryophyllaceae)*

gilt¹ |gɪlt| **1** *adjective* ոսկեզօծ; ոսկեջրած **2** *noun* ոսկեջուր; ոսկու նուրբ շերտ

take the gilt off the gingerbread որևէ բան ներկայացնել առանց զունազարդման; հրապույրից/գրավչությունից զրկել; արժեզրկել *(որևէ բան)*

gilt² |gɪlt| *noun* երիտասարդ էգ խոզ

gilt-edged *adjective* ոսկեզօծ եզերքով *(գրքի մասին)*

gimcrack |ˈdʒɪmkræk| **1** *adjective* հապճեպ/անփույթ արված; մի կերպ արված **2** *noun* չնչին բան; խաղալիք

gimlet |ˈgɪmlɪt| *noun* փոքր գայլիկոն; գչիր

gin¹ |dʒɪn| *noun* օղի; ջին

gin² |dʒɪn| **1** *noun* 1) բամբակազտիչ մեքենա 2) վերհան մեքենա 3) որոգայթ; ծուղակ **2** *verb* (**ginned**, **ginning**) 1) զտել *(բամբակը)* 2) թակարդով բռնել/որսալ

ginger |ˈdʒɪndʒə| **1** *noun* 1) կոճապղպեղ; տաք կոճ ◊ **eat the ginger** *ամերիկյան ծածկալեզու* ամենալավը/ամենաընտիրը վերցնել 2) *խոսակցական* «կայծ»; ոգևորություն; գրավչություն; հրապույր ◊ **he wants some ginger** *ծածկալեզու* նրա մեջ կյանք չկա; նրա մեջ գրավչություն չկա **2** *adjective* շիկակարմիր գույն **3** *verb* 1) կոճապղպեղով համեմել 2) *խոսակցական* կյանք տալ; աշխուժացնել

ginger beer *noun* կոճապղպեղի լիմոնադ

gingerbread |ˈdʒɪndʒəbrɛd| *noun* կոճապղպեղաբլիթ; մեղրաբլիթ

gingerly |ˈdʒɪndʒəli| **1** *adverb* զգուշավոր; շրջահայաց; քաշվող; ամաչկոտ **2** *adjective* զգուշորեն; զգուշությամբ

gingham |ˈgɪŋəm| *noun* 1) զոլավոր կամ վանդակավոր բամբակե գործվածք 2) *խոսակցական* անձրևանոց; հովանոց

gipsy *noun* 1) գնչու; գնչուհի 2) գնչուական լեզու

giraffe |dʒɪ'rɑ:f|, |-'ræf| *noun* (հոգն. նույնը կամ **-raffes**) *կենդանաբանություն* ընձուղտ *(Giraffa camelopardalis, ընտանիք Giraffidae)*

gird¹ |gə:d| *verb* (անցյալ և անցյալ դերբայ **girded** կամ **girt**) *բանաստեղծական* 1) գոտի կապել; գոտևորել ◊ **gird oneself up for** պատրաստվել 2) (**gird with**) իշխանություն տալ; շնորհել 3) թուրը/սուրը կապել 4) շրջապատել; պաշարել; օղակել

gird² |gə:d| *հնացած* **1** *verb* (**gird at**) մեկի վրա ծիծաղել; ծաղրել **2** *noun* ծաղր; ծաղրուծանակ

girder |'gə:də| *noun* 1) գերան 2) ֆերմա; ձողակառույց *(կամրջի)* 3) ռադիոկայմ

girdle |'gə:d(ə)l| **1** *noun* 1) գոտի; քամար ◊ **be under one's girdle** մեկին ենթարկվել; իր սանձը մեկի ձեռքը տալ 2) *կազմախոսություն* գոտի ◊ **shoulder girdle** ուսագոտի 3) օղակաշերտ *(ծառի)* **2** *verb* 1) գոտի կապել 2) պտղատու ծառերի կեղևը օղակաձև կտրել *(պտղատվությունը բարձրացնելու նպատակով)* 3) շրջապատել; պատել

girl |gə:l| *noun* 1) աղջիկ; օրիորդ; երիտասարդ կին 2) աղջնակ ◊ **old girl** *փաղաքշական* սիրելի՛ս; պառավս *(կնոջը դիմելիս)*. **my dear girl** սիրելիս; աղջիկս; կնիկ ջան. **the girls** աղջիկներ; դուստրեր *(նույն ընտանիքում)* 3) սպասուհի; աղախին 4) *խոսակցական* հարսնացու; նշանած *(նաև best girl)*

hello girl *ամերիկյան խոսակցական* հեռախոսավարուհի

girlfriend |'gə:lfrend| *noun* սիրեցյալ; կենակից *(իգական սեռի)*

girlhood |'gə:lhʊd| *noun* օրիորդություն; օրիորդ լինելը; օրիորդական տարիներ ◊ **in one's girlhood** մինչև ամուսնանալը; աղջիկ ժամանակ

girlie |'gə:li| **1** *noun* (նաև **girly**) (հոգն. **-ies**) *վիրավորական փաղաքշական* աղջնակ; աչիկ **2** *adjective* *վիրավորական* աղջկական; աղջիկների; աղջկա

girlish |'gə:lɪʃ| *adjective* 1) աղջկական; կուսական 2) աղջկա նման *(շարժումներով)*

girth |gə:θ| **1** *noun* 1) փորքաշ; թամբակալ 2) գիրկ; գրկաչափ; գրկաչափ հաստություն; գոտկաչափ; մեջքի չափս **2** *verb* *հնացած* 1) փորքաշը ձգել 2) հաստությունը չափել; գրկաչափել 3) շրջապատել; օղակել

gist |dʒɪst| *noun* էություն

give |gɪv| **1** *verb* (անցյալ **gave** |geɪv|; անցյալ դերբայ **given** |'gɪv(ə)n|) 1) տալ; շնորհել *(պարգև, շքանշան, պատվոգիր)* 2) վճարել 3) *(գոյական կապակցություններում մեջ կազմում է միապատիկ գործողություն արտահայտող հարադիր բայ)* ◊ **give a cry** ճիչ արձակել. **give a look** նայել; հայացք գցել. **give a sigh** հառաչել; հառաչանք արձակել 4) հանձնել *(նամակ, գրություն և այլն)* 5) հաղորդել *(ողջույն)* 6) տալ; նվիրել *(կյանք, ժամանակ, աշխատանք)* 7) տալ; կազմակերպել *(ճաշ, հացկերույթ)* 8) արտահայտել; ասել *(իր կարծիքը)* 9) պատճառել *(անախորժություն)* 10) դատավճիռ կայացնել; պատիժ տալ 11) նստել *(հիմքի/շենքի մասին)* 12) կորանալ; թեքվել; ծովել *(ծառի/մետաղի մասին)* 13) (**give upon**) նայել; բացվել *(լուսամուտի, դռան մասին)* 14) (**give into**) տանել *(ճանապարհի մասին)* • **give away** i) մատնել; մերկացնել ii) մարդու տալ; կնության տալ; ամուսնացնել **give back** i) վերադարձնել; ետ տալ ii) հատուցել; փոխհատուցել; վրեժ լուծել **give forth** i) դուրս թողնել; բաց թողնել; արձակել; հրատարակել ii) հայտարարել; հայտնել; հրապարակել iii) տարածել *(լուր)* **give in** i) տալ *(դիմում, հաշիվ և այլն)* ii) հանձնել iii) զիջել; տեղի տալ; անձնատուր լինել **give off** արձակել; տարածել **give out** i) հայտարարել ii) հրատարակել iii) մաշվել; սպառվել *(պաշարի/ուժի մասին)* iv) բաժանել **give over** i) տալ; հանձնել ii) դադարել *(որևէ բան անելուց)* iii) վերջ տալ; ձեռք քաշել; հրաժարվել *(սովորությունից)* **give up** i) հրաժարվել; ձեռք քաշել *(աշխատանքից, առաջարկից)* **give somebody up as dead** մեկին մեռած համարել ii) մատնել; հանձնել *(փախստականին)* iii) անհույս համարել *(հիվանդին)* **give oneself up** անձնատուր լինել **give way** i) զիջել; տեղի տալ; զիջում անել ii) փչանալ; վնասվել; մաշվել *(մեխանիզմի մասին)* iii) քայքայվել *(առողջության մասին)* iv) անձնատուր լինել *(վշտին, հուսահատությանը)* v) արժեզրկել; արժեքից զրկել vi) կոտրվել; ջարդվել *(ծանրությունից, ծանրության տակ)* vii) թանձվել; չդիմանալ *(ուժին, հարվածին)* **2** *noun* առաձգականություն

give and take 1) փոխադարձ զիջում; կոմպրոմիս 2) փոխանակում *(կարծիքների)*

give as good as one gets պարտքի տակ չմնալ; նույնությամբ հատուցել

give it hot to sb մեկին շշպռել; խիստ հանդիմանել

giveaway *խոսակցական* **1** *noun* ծածկալեզու ակամա դավաճանություն; գաղտնիքը դուրս տալը **2** *adjective* 1) ձրի; էժան 2) բացահայտող

given |'gɪv(ə)n| **1** անցյալ դերբայ տե՛ս **give** **2** *adjective* 1) տվյալ; պայմանավորված 2) նվիրված 3) հակված *(որևէ բանի)* 4) տարված *(որևէ բանով)* **3** *preposition* հաշվի առնելով **4** *noun* հայտնի փաստ/իրողություն

Giza |'gi:zə| Գիզա *(քաղաք Եգիպտոսում, Կահիրեից հարավ-արևմուտք, ուր գտնվում են եգիպտական բուրգերը և սֆինքսը)*

gizzard |'gɪzəd| *noun* *խոսակցական* կոկորդ; բուկ ◊ **fret one's gizzard** *ծածկալեզու* հուզվել; վրդովվել; ալեկոծվել *(անհանգստությունից)*. **stick in one's gizzard** բկին դեմ առնել; բկին կանգնել

glabrous |'gleɪbrəs| *adjective* *տեխնիկական կազմախոսություն* հարթ; մազերով չծածկված *(մաշկի մասին)*

glacé |'glæseɪ| **1** *adjective* 1) փայլ տված; սատինած *(գործվածքի մասին)* 2) շաքարված; շաքարած **2** *verb* (**-cés**, **-céed** կամ **-céd**, **-céing**)

glacial |'gleɪʃ(ə)l|, |-sɪəl| **1** *adjective* 1) սառցադաշտային 2) սառցե; սառցային; սառը; պաղ *(նաև փոխաբերական)* 3) բյուրեղացված; բյուրեղացրած **2** *noun* *երկրաբանություն* սառցադաշտային դարաշրջան

glaciation |ˌgleɪsɪ'eɪʃ(ə)n| *noun* *երկրաբանություն* 1) սառույց դարձնելը; սառցի վերածելը 2) սառցակալում 3) սառցադաշտի ներգործություն

glacier |'glæsɪə|, |'gleɪs-| *noun* սառցադաշտ

glad¹ |glæd| **1** *adjective* (**gladder**, **gladdest**) 1) գոհ; ուրախ 2) ուրախալի; խնդալից; խնդուն; բերկրալի; բերկրալից 3) վառ; պայծառ **2** *verb* (**gladded**, **gladding**) *բանաստեղծական* ուրախություն/հաճույք պատճառել

glad² |glæd| *noun* *խոսակցական* տե՛ս **gladiolus**

gladden |ˈglæd(ə)n| *verb* ուրախացնել; խնդացնել; զվարճացնել

glade |gleɪd| *noun* 1) բացատ; կածան *(անտառուղի)* 2) *ամերիկյան* բաց տեղ; սառույցից ազատ տեղ *(սառած ծովի/լճի/գետի վրա)*

gladiator |ˈglædɪeɪtə| *noun* գլադիատոր; կրկեսամարտիկ *(Հին Հռոմում)*

gladiolus |ˌglædɪˈəʊləs| *noun* (հոգն. **-li** |-lʌɪ| կամ **-luses**) *բուսաբանություն* թրաշուշան *(Gladiolus)*

gladly *adverb* ուրախությամբ; հաճույքով

gladsome *adjective* *բանաստեղծական* ուրախալի; բերկրալի

Gladstone bag |ˈglædst(ə)n| *noun* կաշվե ուղեպայուսակ

glair |ˈglɛː| *noun* ձվի սպիտակուց

glaive |gleɪv| *noun* *բանաստեղծական* սուր; սուսեր; թուր

glamorous |ˈglæmərəs| *adjective* հմայիչ; հրապուրիչ; թովիչ; կախարդիչ; դյութիչ

glamour |ˈglæmə| (նաև **glamor**) *noun* 1) հմայք; հրապույր 2) թովչություն; թովչանք

glance¹ |glɑːns| **1** *verb* արագ հայացք; նայվածք ◇ **stealthy glance** գաղտագողի հայացք. **at a glance** մի ակնարկով. **cast a glance at** մի ակնարկ նետել. **give a glance at** նայել; հայացք ձգել. **steal a glance at** թաքուն նայել; գաղտագողի հայացք ձգել **2** *noun* 1) հայացք; արագ հայացք 2) *բանաստեղծական* լույսի բռնկում/շողք 3) փայլ; ցոլք

glance² |glɑːns| *noun* *հանքաբանություն* սուլֆիդային հանքաքար *(արճճի, պղնձի կամ այլ մետաղի)*

gland¹ |glænd| *noun* 1) գեղձ ◇ **lachrymal gland** արցունքագեղձ 2) (**glands**) նշագեղձեր

gland² |glænd| *noun* *տեխնիկական* խծծոց; խցուկ

glanders |ˈglændəz| *plural noun* խլնախտ *(ձիերի հիվանդություն)*

glare |glɛː| **1** *verb* 1) փայլել; շողալ; փայլատակել; փողփողել 2) լարված/կատաղի նայել **2** *noun* 1) պայծառ լույս; շլացուցիչ փայլ; ցոլք 2) շլացում 3) լարված/կատաղի նայվածք

glaring |ˈglɛːrɪŋ| *adjective* 1) շլացուցիչ 2) կոպիտ *(սխալի մասին)*

Glasgow |ˈglɑːzgəʊ| Գլազգո *(քաղաք Շոտլանդիայում)*

glass |glɑːs| **1** *noun* 1) ապակի 2) ապակյա ամաններ ◇ **medicine glass** հեղուկաչափ; չափանոթ 3) բաժակ; ըմպանակ 4) *խոսակցական* խմիչք ◇ **I have had a glass too much** *խոսակցական* չափից մի քիչ ավելի եմ խմել. **clink glasses** բաժակները իրար զարկել *(գինի խմելիս)*. **raise one's glass** բաժակ բարձրացնել; կենաց խմել 5) ջերմոցային շրջանակ 6) ոսպնապակի; տեսապակի; հեռադիտակ; երկդիտակ; մանրադիտակ; ծանրաչափ 7) հայելի 8) (**glasses**) ակնոց **2** *verb* 1) արտացոլել; անդրադարձնել 2) ապակի գցել; ապակեպատել 3) ջերմոցում տեղավորել

glassblower *noun* ապակի փչող բանվոր; ապակի փչելու գործիք

glass cutter *noun* 1) ապակի կտրող 2) ալմաստ *(ապակի կտրելու համար)*

glassful *noun* 1) բաժակ *(որպես չափ)* 2) մի լիքը բաժակ

glasshouse |ˈglɑːshaʊs| *noun* 1) ջերմոց; ջերմանոց 2) ապակու գործարան; ապակեգործարան

glasswork *noun* 1) ապակեգործություն 2) (**glassworks**) ապակու գործարան; ապակեգործարան

glassy |ˈglɑːsi| *adjective* (**glassier**, **glassiest**) 1) հարթ; հայելանման 2) ապակե; ապակյա 3) սառած; անկենդան *(հայացքի մասին)*

glaze |gleɪz| **1** *verb* 1) ապակի գցել; ապակեպատել 2) վերնիշել; ջնարակել; 3) հղկել; ողորկել; փայլ տալ 4) շաքարահյութով պատել; շաքարել 5) ապակիանալ; փայլը կորցնել; մշուշապատվել *(աչքերի մասին)* **2** *noun* 1) վերնիշ; ջնարակ; փայլ; փայլունություն 2) ջնարակած ամաններ

glazier |ˈgleɪzɪə| *noun* 1) ապակի գցող 2) ջնարակող վարպետ

gleam |gliːm| **1** *verb* 1) արտացոլվել; անդրադառնալ 2) առկայծել; ճառագայթել **2** *noun* 1) ցոլացում; շողք *(մայր մտնող արևի ճառագայթների)* 2) փայլ; կայծ; առկայծում; նշույլ; շող

glean |gliːn| *verb* 1) հասկ հավաքել *(հունձից հետո)* 2) տարբեր աղբյուրներից մանրուքներ հավաքել

gleanings |ˈgliːnɪŋz| *plural noun* 1) հավաքած հասկ *(հունձից հետո)* 2) հավաքած փաստեր; գիտելիքների պաշար

glee |gliː| *noun* 1) ուրախություն; խնդություն; հրճվանք; ցնծություն 2) բազմաձայն երգ

gleeful |ˈgliːfʊl|, |-f(ə)l| *adjective* ուրախ; զվարթ; խնդուն; ուրախալի; բերկրալի

glen |glɛn| *noun* հովիտ; լեռնանցք

Glendale 1) Գլենդել *(քաղաք ԱՄՆ-ի Կալիֆորնիա նահանգում)* 2) Գլենդել *(քաղաք ԱՄՆ-ի Արիզոնա նահանգում)*

glengarry |glɛnˈgæri| *noun* (հոգն. **-ries**) շոտլանդական գլխարկ

glib |glɪb| *adjective* (**glibber**, **glibbest**) ճարտարախոս; ճարտար; շատախոս

glide |glʌɪd| **1** *verb* 1) սահել; սահուն կերպով շարժվել 2) թռչել; աննկատելի անցնել *(ժամանակի մասին)* 3) *օդագնացություն* ճախրասավառնել; սահասավառնել; սավառնելով ցածրանալ **2** *noun* 1) սահում 2) *օդագնացություն* ճախրասավառնում; սահասավառնում 3) *երաժշտություն* քրոմատիկ գամմա 4) *հնչյունաբանություն* միջանկյալ/անցումային հնչյուն; սահում

glider |ˈglʌɪdə| *noun* *օդագնացություն* սահասավառնակ; ճախրասավառնակ

glim |glɪm| *noun* *հնացած խոսակցական* 1) լույս 2) աչք

glimmer |ˈglɪmə| **1** *verb* առկայծել; պլպլալ; աղոտ լույս արձակել **2** *noun* առկայծում; պլպլում;

աղոտ լույս

glimpse |glɪm(p)s| **1** *noun* 1) վայրկենական տեսողական ընկալում; ակնարկ ◇ **at a glimpse** առաջին հայացքից. **catch a glimpse of** վայրկենապես տեսնել; անցողակի կերպով տեսնել 2) առկայծում; նշույլ; շող **2** *verb* 1) նշմարել; աչքովն ընկնել *(մի բան)* 2) երևալ ու չքանալ; առկայծել; փայլկտալ

glint |glɪnt| **1** *verb* 1) բռնկել; բորբոքվել; փայլատակել 2) արտացոլվել; անդրադարձնել *(լույսը)* **2** *noun* փայլ; գոլք

glissade |glɪ'sɑːd|, |-'seɪd| **1** *noun* 1) սահում 2) դյուրասահ շարժում *(պարերում)* **2** *verb* 1) սահել 2) դյուրասահ շարժումներով պարել

glisten |'glɪs(ə)n| **1** *verb* շողալ; առկայծել; փայլատակել **2** *noun* շողք; արտացոլանք

glister |'glɪstə| *բանաստեղծական* **1** *noun* փայլ; գոլք; շող **2** *verb բանաստեղծական* փայլել; շողալ **all that glisters is not gold** ամեն փայլուն ոսկի չէ

glitter |'glɪtə| **1** *verb* փայլել; պսպղալ; շողալ **2** *noun* 1) փայլ; գոլք; շող 2) փարթամություն; շքեղություն; պերճություն

gloaming |'gləʊmɪŋ| *noun բանաստեղծական* վերջալույս; աղջամուղջ; մթնշաղ

gloat |gləʊt| **1** *verb* 1) (**gloat over/upon**) ագահությամբ նայել; աչքերով ուտել 2) թաքուն չարախնդալ 3) ուրախանալ *(ուրիշի դժբախտության վրա)* **2** *noun խոսակցական* չարախնդություն

global |'gləʊb(ə)l| *adjective* համաշխարհային ◇ **global disorder** համաշխարհային կարգի փլուզում. **global order** համաշխարհային կարգ

globalization *noun* համաշխարհայնացում; գլոբալացում

globally *adverb* համաշխարհային կերպով; համընդհանուր կերպով

global warming *noun* համաշխարհային տաքացում/ջերմացում

globe |gləʊb| **1** *noun* 1) գունդ; գնդակ ◇ **the globe of the eye** ակնագունդ. **the globe** երկրագունդ 2) երկնային մարմին 3) գլոբուս ◇ **terrestrial globe** գլոբուս; երկրագունդ. **celestial globe** աստղային համաստեղությունների գլոբուս/մոդել 4) ոսկեխաչակիր աշխարհագունդ *(միապետի իշխանության խորհրդանշան)* 5) ապակյա կլոր լուսամփոփ **2** *verb բանաստեղծական* գնդի վերածել

globule |'glɒbjuːl| *noun* 1) գնդակ; գնդիկ 2) *կենսաբանություն* արյան կարմիր գնդիկ 3) հաբ; դեղահատ

gloom |gluːm| **1** *noun* 1) խավար; մթություն 2) մռայլություն; խոժոռվածություն; վհատ/ընկճված տրամադրություն **2** *verb* 1) մռայլ տրամադրության մեջ լինել; վհատության մեջ ընկնել; վհատության անձնատուր լինել; մռայլ/խոժոռ տեսք ունենալ 2) ամպերով ծածկվել; մթնել; մռայլվել *(երկնքի մասին)* 3) խավարեցնել; մթնեցնել; տխրեցնել; տրտմեցնել

gloomy |'gluːmi| *adjective* (**gloomier**, **gloomiest**) 1) նսեմ; աղոտ; մթին 2) մռայլ; տրտում 3) անհույս; թախծալից

glorification |-fɪ'keɪʃ(ə)n| *noun* 1) փառաբանում; փառաբանություն 2) փառքի լուսապսակ

glorify |'glɔːrɪfʌɪ| *verb* (**-fies**, **-fied**) 1) փառաբանել 2) փառքի լուսապսակով պատել; գովաբանել; բարձրացնել; մեծարել 3) *խոսակցական* զարդարել; պճնել

glorious |'glɔːrɪəs| *adjective* 1) փառավոր; փառապանծ; հռչակավոր 2) հիանալի; գեղեցիկ; սքանչելի; չքնաղ *(նաև հեգնական)* 3) *խոսակցական* կոնծած; կատարը տաք

glory |'glɔːri| **1** *noun* (հոգն. **-ries**) 1) փառք 2) փառաբանում; հաղթանակ; փայլուն հաջողություն 3) շքեղություն; գեղեցկություն 4) փառապսակ; լուսապսակ ◇ **morning glory** *բուսաբանություն* պատատուկ. **old Glory** *ամերիկյան* ԱՄՆ-ի պետական դրոշակը. **go to glory** մեռնել **2** *verb* (**glory in**) հպարտանալ

gloss¹ |glɒs| **1** *noun* 1) փայլ; արտաքին գոլք 2) խաբուսիկ տեսք **2** *verb* 1) փայլ տալ; փայլեցնել 2) (նաև **gloss over**) լավ գույներով ներկայացնել; սվաղել; կոծկել *(թերությունները և այլն)*

gloss² |glɒs| **1** *noun* 1) գլոսա *(անհասկանալի բառի կամ արտահայտության մեկնությունները լուսանցքում/բնագրում)* 2) մեկնաբանություն; բացատրություն; ծանոթագրություն 3) հին տեքստերի բացատրական բառարան 4) *իրավունք* գլոսարիում *(օրենքների և ակտերի մեկնությունների ժողովածու)* **2** *verb* 1) լուսանցքում մեկնություններ տալ; ծանոթագրություններ անել; ծանոթագրել 2) անհիմն կերպով քննադատել 3) սխալ մեկնաբանել; աննպաստ կերպով բացատրել

glossary |'glɒs(ə)ri| *noun* (հոգն. **-ries**) 1) բառարան; բառացանկ *(գրքի վերջում կցված)* 2) մասնագիտական եզրերի բառարան

glossy |'glɒsi| **1** *adjective* (**glossier**, **glossiest**) փայլուն; պսպղուն; շողշողուն **2** *noun* (հոգն. **glossies**) *խոսակցական* 1) փայլուն թղթի վրա տպված ամսագիր 2) փայլուն թղթի վրա տպված լուսանկար

glottis |'glɒtɪs| *noun կազմախոսություն* ձայնանեղք

glove |glʌv| **1** *noun* ձեռնոց ◇ **throw down the glove** «ձեռնոց նետել»; մենամարտի հրավիրել. **fit like a glove** խկը չափին լինել. **take off the gloves** մարտի պատրաստվել **2** *verb խոսակցական* ձեռնոցը հագնել

glover *noun* ձեռնոցավաճառ; ձեռնոցագործ

glow |gləʊ| **1** *verb* 1) լուսավորել; պայծառ լույս արձակել 2) շիկանալ; կարմրել 3) անբոց վառվել; մլմլալ 4) տոչորվել; այրվել *(սիրուց, կրքից)* 5) վառվել; այրվել; բորբոքվել 6) կարմրատակել; շիկնել *(այտերի մասին)* 7) փայլել *(աչքերի մասին)* **2** *noun* 1) կրակ; հուր; տապ; տոթ; սաստիկ շոգ ◇ **scorching glow** կիզիչ տոթ 2) հրացոլք; կարմրացոլք; շողք; փայլ 3) շառագունություն; կարմրություն *(այտերի)* 4) պայծառություն *(գույների)* 5) կենդանություն; աշխուժություն; կրակոտություն 6) *էլեկտրականություն* լուսարձակում

glower |'glaʊə| **1** *verb* (**glower at**) բարկացած նայել **2** *noun* շիկացման լար

glowing *adjective* 1) վառ կերպով փայլող 2) հրաշեկ; հրաբորբոք; շիկափայլ 3) տաք; ջերմ; վառվռուն 4) վառ; փայլուն *(գույն)* 5) կարմրագույն; շիկնած *(այտերի մասին)*

glowworm *noun* կենդանաբանություն կայծոռիկ;

լուսատտիկ *(Lampyridae)*

glucose |ˈgluːkəʊs|, |-z| *noun կենսաքիմիա* գլյուկոզա; խաղողաշաքար

glue |gluː| **1** *noun* սոսինձ **2** *verb* (**glues**, **glued**, **gluing** կամ **glueing**) 1) սոսնձով փակցնել/կպցնել 2) կպչել; սոսնձվել

glum |glʌm| *adjective* (**glummer**, **glummest**) մռայլ; տխրամած; խոժոռ; մթին; նոթոտ; ժանգոտ

glut |glʌt| **1** *noun* 1) հագուրդ; գերհագեցում 2) առատություն; լիություն *(ապրանքի)* 3) անժուժկալություն; անչափավորություն *(սննդի/ըմպելիքի նկատմամբ)* **2** *verb* (**glutted**, **glutting**) 1) հագեցնել; կշտացնել; բավարարել *(կարիքները, ցանկությունները և այլն)* 2) *փոխաբերական* գերհագեցնել 3) մինչև վերջը լցնել; բերնեբերան լցնել 4) լցնել; լիքը լցնել; հեղեղել *(ապրանքներով)*

gluten |ˈgluːt(ə)n| *noun* սնձան *(խմորին կպչունություն տվող սպիտակուցային նյութ)*

glutinous |ˈgluːtɪnəs| *adjective* մածուցիկ; կպչուն

glutton |ˈglʌt(ə)n| *noun* 1) որկրամոլ; շատակեր/ անհագ մարդ ◊ **glutton for work** աշխատասեր; աշխատանքից չհոգնող մարդ 2) *կենդանաբանություն* (**wolverine**) կուղիխ; շատակերիկ *(Gulo gulo)*

gluttony |ˈglʌt(ə)ni| *noun* որկրամոլություն; շատակերություն

glycerin |ˈglɪs(ə)riːn|, |-ɪn| (նաև **glycerine**) *noun* գլիցերին

GM *abbreviation* 1) genetically modified գենետիկորեն փոփոխված 2) general manager գլխավոր տնօրեն

G-man *noun* (հոգն. **G-men**) *ամերիկյան խոսակցական* հետաքննության ֆեդերալ բյուրոյի գործակալ *(ԱՄՆ-ում)*

gnarled |nɑːld| *adjective* 1) հանգուցավոր; խիլավոր; կոշտոտ; խիլաշատ; խիլավոր; շեղաշերտավոր *(փայտանյութի մասին)* 2) ծուռումուռ; ծուռտիկ-մուռտիկ; կոշտուկավոր 3) անհողդողդ; կոշտ ու կոպիտ *(շարժումների/արտաքինի մասին)* 4) կամակոր; համառ

gnash |næʃ| *verb* ատամները կրճտացնել

gnat |næt| *noun կենդանաբանություն* մոծակ

strain at a gnat կոպեկի համար հոգի տալ; մանրախնդիր լինել

gnaw |nɔː| *verb* 1) կրծել; կրծոտել 2) մաշել; ուտել *(թթվուտի մասին)* 3) *փոխաբերական* քայքայել *(առողջությունը)* 4) տանջել; չարչարել

gneiss |nʌɪs| *noun երկրաբանություն* գղձաքար; գնեյս

gnome[1] |nəʊm| *noun* 1) թզուկ; գնոմ 2) *խոսակցական* փոքրամարմին տգեղ մարդ; գաճաճ 3) *խոսակցական* գաղտնի ազդեցություն ունեցող մարդ

gnome[2] |nəʊm|, |ˈnəʊmi| *noun* աֆորիզմ *(կարճ ու իմաստալից խոսք)*

gnomic |ˈnəʊmɪk| *adjective* թզուկ; գաճաճ; գնոմ

go[1] |gəʊ| **1** *verb* (**goes** |gəʊz| , **going** |ˈgəʊɪŋ|; անցյալ **went** |wɛnt|; անցյալ դերբայ **gone** |gɒn|) 1) ◊ **who goes there?** ո՞վ է *(ժամապահի կանչը)* 2) հեռանալ; մեկնել; ուղևորվել; ուղղվել; շարժվել; ման գալ; զբոսնել ◊ **go for a ride** զբոսանքի գնալ *(հատկապես ձիով, հեծանիվով, ավտոմեքենայով)*. **go for a walk** զբոսանքի գնալ; զբոսնել. **let me go** թող ինձ; բաց թող 3) մի բան անելու գնալ ◊ **go shopping** գնումներ անելու գնալ 4) տանել; ձգվել *(ճանապարհի մասին)* 5) լինել որևէ վիճակում ◊ **go hungry** մշտապես քաղցած լինել 6) շրջանառություն ունենալ; գործածության մեջ դնել 7) աշխատել; գործել *(մեքենայի/մեխանիզմի/ժամացույցի մասին)* 8) բաբախել *(սրտի/զարկերակի մասին)* 9) խփել; զարկել *(ժամացույցի մասին)* 10) հնչել *(զանգի մասին)* 11) անցնել; ընդունվել *(պլանի/նախագծի մասին)* 12) ասել *(հոդվածի/տեքստի մասին)* 13) սկսել ձայն արձակել *(մեքենայի մասին)* 14) ճռնչալ; շրխկալ *(դռան մասին)* 15) անցնել; անց կենալ *(ժամանակի մասին)* 16) ցրվել; կորչել; չքանալ *(հույսի մասին)* 17) ծախսվել *(փողի մասին)* 18) մեռնել; վախճանվել; կործանվել; կորչել 19) փլվել; սնանկանալ *(բանկի մասին)* 20) ծախվել; վաճառվել 21) կորցնել *(գիտակցությունը, տեսողությունը, լսողությունը)* 22) թույլանալ; տկարանալ *(մտավոր ընդունակությունների մասին)* 23) պոկվել; անջատվել; բաժանվել 24) տեղավորել 25) տեղավորվել; մեջը մտնել; տեղ անել *(իրերի մասին)* 26) մշտապես դրված լինել; տեղավորված լինել 27) գործողության որոշակի ընթացքի հետևել; ղեկավարվել *(որևէ բանով)* 28) հետևել *(որևէ բանի)* 29) ընթանալ; ընթացք ունենալ 30) տեղ հասնել *(փաստային ապացույցի մասին)* 31) դառնալ; վերածվել ◊ **go sick** հիվանդանալ 32) ուղարկվել; հաղորդվել *(հեռագրով, փոստով)* 33) նպաստել; օգնել *(սովորաբար հաջորդող Infinitive-ի հետ)* 34) սազել; համապատասխանել; համապատասխան լինել *(որևէ բանի հետ)* 35) *(be going + Infinitive կապակցության մեջ արտահայտում է մտադրություն)* ◊ **I am going to write a book** ես մտադիր եմ գիրք գրել • **go about** i) շրջել; անց ու դարձ անել; այս ու այն կողմ գնալ ii) պտտվել; տարածվել *(լուրերի մասին)* iii) շրջանառության մեջ լինել *(դրամի մասին)* iv) զբաղվել *(որևէ բանով)* v) ձեռնարկել; սկսել *(որևէ բան)* **go adrift** շեղվել բռնած կուրսից; թեքվել ուղղուց **go along** շարունակել; առաջ գնալ; առաջ շարժվել **go along with** i) ուղեկցել *(որևէ մեկին)* ii) ճանապարհորդել *(որևէ մեկի հետ)* **go along with you!** դե կորի՛; վերջ տուր; հիմարություններ դուրս մի՛ տա **go at** i) նետվել; վրա պրծնել ii) ձեռնարկել; սկսել *(որևէ բան)* **go back on** i) վերադառնալ ii) *խոսակցական* թողնել; հրաժարվել iii) ետ կանգնել; դրժել *(խոսքը)* **go behind** i) վերանայել; վերաքննել *(տվյալները, որոշումները)* ii) ուսումնասիրել *(փաստերը)* **go between** միջնորդ հանդիսանալ **go beyond** չափն անցնել **go big** *ամերիկյան խոսակցական* հաջողություն ունենալ **go by** i) մոտով անցնել; կողքից անցնել ii) կախում ունենալ iii) ղեկավարվել **go by the name of** այսինչ անունով հայտնի լինել **go down** i) մայր մտնել *(լուսնի, արևի մասին)* ii) ընկղմվել; սուզվել *(նավի մասին)* iii) անկում ապրել; տեղի տալ; չդիմանալ iv) ընկնել; իջնել *(գնի մասին)* v) հանդարտվել; խաղաղվել *(փոթորիկի մասին)* **go for** i) համարվել ii) որևէ բանի գնալ; որևէ մեկի ետևից գնալ; նպատակ դնել iii) հարձակում գործել; քննադատության ենթարկվել iv) *ծածկալեզու* նետվել; հարձակվել; վրա պրծնել **go for nothing** ոչինչ չարժենալ **go in** i) ներս գնալ; ներս մտնել ii) մասնակցել *(մրցությանը)* iii) ամպերի տակ մտնել; ամպով ծածկվել *(արևի/լուսնի մասին)* **go in for** i) նպատակ դնել; ձգտել ii) զբաղվել; տարվել; հետաքրքրվել **go into** i) ներս գնալ; ներս մտնել; զբաղվել; պարապել ii) հաճախ այցելել iii) մեջ ընկնել iv) հետաքննել; զննել **go in with** միավորվել; համախմբվել; միասին գործել **go off** i) գնալ; հեռանալ; մեկնել; ծլկել ii) պայթել; կրակել iii) շչալ; հնչել iv) հանկարծակի ասել; վրա տալ v) կատաղությունից պայթել vi) գիտակցությունը կորցնել; մահանալ; հանգստանալ; մեղմանալ *(ցավի/վշտի մասին)* vii) ծախել; վաճառել **go on** i) շարունակել ii) մոտենալ iii) շատախոսել iv) (**go on with**) համառություն հանդես բերել **go out** i) դուրս գալ/գնալ ii) դուրս գալ *(կառավարության կազմից)* iii) գործադուլ անել iv) արշավի դուրս գալ v) հանգչել; մարել *(կրակի/լույսի մասին)* vi) վերջանալ *(ամսվա/տարվա մասին)* vii) աշխատանք որոնելու մեկնել viii) վերջացնել; ավարտել *(համալսարան Անգիայում)* **go over** i) անցնել; կտրել-անցնել *(մյուս կողմը)* ii) նորից կարդալ; վերանայել; կրկնել iii) մանրազնին ուսումնասիրել iv) գերազանցել v) մեկի կողմն անցնել; հավատը փոխել vi) հաստատումը հետաձգել *(օրենքի/նախագծի մասին)* vii) *քիմիա* դառնալ; վերածվել **go round** i) այցելել; հյուր գնալ; անցնել *(մեկի մոտ)* ii) շրջանցել iii) բավարար քանակությամբ լինել; բոլորին բաժին հասնել **go through** i) զննել; ստուգել *(ուղեբեռը)* ii) քննություն առնել; քննարկել *(հարցը, խնդիրը)* iii) ենթարկվել *(վիրահատության)* iv) կրել *(զրկանք, դժվարություն)* v) բնագրով ստուգել; համեմատել vi) ծախսել; վատնել; մսխել vii) վաճառվել; սպառվել *(հրատարակվածի ամբողջության մասին)* **the book went through ten editions** գրքի բոլոր տասս հրատարակություններն էլ սպառվեցին viii) անցնել; ընդունվել *(օրինագծի/առաջարկի մասին)* ix) (**go through with**) մինչև վերջը հասցնել; ավարտել *(գործը, առաջադրանքը)* x) համառորեն աշխատել որևէ բանի վրա **go to, go to!** դե՜հ; է՜հ; ա՜պա *(արտահայտում է կոչ, բողոք, ծաղր)* **go together** սազել; համապատասխանել **go under** i) մայր մտնել *(արեգակի մասին)* ii) ընկղմվել; սուզվել iii) կործանվել; խորտակվել; մեռնել iv) չդիմանալ *(փորձության, տառապանքի)* **go up** i) բարձրանալ *(լեռան վրա)* ii) աճել; ավելանալ *(թվով)* iii) բարձրանալ *(գնի մասին)* iv) պայթել v) *ամերիկյան* սնանկանալ **go with** i) համապատասխանել; սազել ii) համախոհ լինել; խոսքը մեկ արած լինել **it goes without saying** ինքնին հասկանալի է; անկասկած է. **it goes like this** հարցն այսպես է դրված **2** *noun* (հոգն. **goes**) 1) շարժում; ընթացք; գնալը 2) եռանդ; կրակ; կիրք; խանդ; աշխուժություն 3) *խոսակցական* նորաձևություն; մոդա ◇ **all the go** շատ նորաձև/մոդայական 4) *խոսակցական* գործի անսպասելի շրջադարձ ◇ **a pretty go!** ա՜յ քեզ դրություն. **a near go** վտանգավոր դրություն 5) հաջողություն ◇ **it's no go!** *խոսակցական* դա լիակատար ձախողում է; ոչինչ դուրս չի գա 6) համաձայնություն; գործարք ◇ **is it a go?** համաձա՞յն ես 7) *խոսակցական* փորձ; փորձելը 8) բաժին *(կերակրի, գինու)* **3** *adjective* *խոսակցական* աշխատող; աշխատանքային վիճակում գտնվող

have a go at 1) փորձել 2) *բրիտանական* հարձակվել մեկի վրա; քննադատել մեկին

make a go of *խոսակցական* հաջողություն ունենալ *(ինչ-որ բանում)*

on the go 1) *խոսակցական* շատ գործունյա; զբաղված 2) շարժման/ընթացքի մեջ

go² |gəʊ| *noun* ճապոնական խաղի տեսակ

goad |gəʊd| **1** *noun* խթան; դրդապատճառ; շարժառիթ **2** *verb* 1) խթանել; քշել *(հոտը, նախիրը)* 2) խթանել; դրդել; ստիպել 3) ջղայնացնել; գրգռել

go-ahead *խոսակցական* **1** *noun* 1) ձեռներեց/նախաձեռնող մարդ 2) *խոսակցական* առաջադիմություն; առաջխաղացում **2** *adjective* ձեռներեց; նախաձեռնող

goal |gəʊl| *noun* 1) նպատակ; նպատակակետ 2) *մարզական* դարպաս ◇ **keep goal** դարպասը պահել

goalkeeper |ˈgəʊlki:pə| *noun* *մարզական* դարպասապահ

goat |gəʊt| *noun* 1) *կենդանաբանություն* այծ *(արու և էգ)* *(Capra)* 2) *աստղագիտություն* (**Goat**) Այծեղջյուրի համաստեղություն

get one's goat *ծածկալեզու* բարկացնել; զայրացնել

play the giddy goat հիմար ձևանալ; իրեն հիմարության տալ; հիմարություն անել

goatee |gəʊˈti:| (նաև **goatee beard**) *noun* այծամորուք

goatish *adjective* 1) այծի; այծային 2) վավաշոտ; ցանկասեր; տռփոտ

goatskin |ˈgəʊtskɪn| *noun* 1) այծի կաշի; սաֆյան 2) տիկ; տկճոր

goatsucker |ˈgəʊtsʌkə| *noun* *կենդանաբանություն* (**nigthjar**) այծկիթ *(թռչուն)* *(ընտանիք Caprimulgiformes)*

gobble¹ |ˈgɒb(ə)l| *verb* լափել; խժռել

gobble² |ˈgɒb(ə)l| **1** *verb* 1) կչկչալ *(հնդկահավի մասին)* 2) փնթփնթալ; մռթմռթալ; քրթմնջալ **2** *noun* հնդկահավի կչկչոց

Gobelin |ˈgɒb(ə)lã|, |ˈgəʊb-|, |-lɪn| (նաև **Gobelin tapestry**) *noun* գոբելեն; պատկերանկար գորգ

Gobi Desert |ˈgəʊbi| Գոբի անապատ *(գտնվում է Մոնղոլիայի և Չինաստանի տարածքում)*

goblet |ˈgɒblɪt| *noun* գավաթ; սկահակ

goblin |ˈgɒblɪn| *noun* տան ոգի; չար ոգի; տնապայ

go-cart *noun* 1) մանկասայլակ 2) անվավոր շրջանակ/թռնիր *(փոքր երեխաներին քայլել սովորեցնելու համար)*

God |gɒd| **1** *noun* 1) Աստված; Աստվածություն ◇ **God damn you!** անիծվե՜ս դու; անիծյա՜լ լինես. **God forbid** Աստված մի արասցե; Աստված չանի; Աստված ազատի/փրկի. **household gods** *դիցաբանություն* տնային աստվածներ; լարեր և պենատներ *(հին հռոմեական դիցաբանության մեջ՝ հայրենիքի և ընտանեկան օջախի հովանավորներ)* 2) կուռք 3) *թատրոն* (**gods**) վերնահարկի հանդիսատեսներ **2** *exclamation* *(արտահայտում է զարմանք/բարկություն)* ◇ **God bless me, God bless my life/soul** *(զարմանքի բացականչություն)*. **my God! What a beautiful picture!** Աստվա՜ծ իմ: Ի՜նչ հրաշալի նկար է:

God the Father Հայր Աստված

godchild |ˈgɒdtʃʌıld| *noun* (հոգն. **-children**) սան; սանիկ

goddaughter *noun* սանուհի

goddess |ˈgɒdıs| *noun* աստվածուհի; դիցուհի

godfather |ˈgɒdfɑːθə| *noun* կնքահայր

God-fearing *adjective* աստվածավախ

godforsaken |ˈgɒdfəseık(ə)n| *adjective* լքված; լքյալ; խուլ; մոռացված

godless |ˈgɒdlıs| *adjective* անաստված

godlike |ˈgɒdlʌık| *adjective* աստվածանման; աստվածային

godly |ˈgɒdli| *adjective* (**-lier**, **-liest**) բարեպաշտ

godmother |ˈgɒdmʌθə| *noun* կնքամայր

godparent |ˈgɒdpɛːr(ə)nt| *noun* կնքահայր; կնքամայր

godsend |ˈgɒdsend| *noun* անսպասելի հաջողություն; գյուտ; Աստծո շնորհ

godson |ˈgɒdsʌn| *noun* սան; սանորդի

goer |ˈgəʊə| *noun* քայլընթացիկ; քայլող ◊ **a slow goer** դանդաղ քայլող. **comers and goers** գնացողեկողներ

goffer |ˈgɒfə| (նաև **gauffer**) **1** *verb* ծալքավորել; ծալազարդել **2** *noun* 1) ծալքավորում 2) ծալքավորող գործիք

go-getter *noun խոսակցական* 1) հաջողակ/բարեբախտ մարդ 2) ձեռներեց; գործարար մարդ

goggle |ˈgɒg(ə)l| **1** *verb* 1) աչքերը չռել; աչքերը լայն բաց անել; աչքերը պտտացնել 2) լայն բաց արած աչքերով նայել **2** *adjective* դուրս պրծած *(աչքերի մասին)* **3** *noun* 1) (**goggles**) պաշտպանական ակնոց *(նաև տեխնիկական)* 2) *ծածկալեզու* ակնոց 3) *ծածկալեզու* (**goggles**) դուրս պրծած աչքեր 4) (**goggles**) պտուտախտ; գեժոց *(ոչխարի հիվանդություն)*

going |ˈgəʊıŋ| **1** *noun* հեռացում; մեկնում **2** *adjective* 1) գոյություն ունեցող; առկա 2) գործող; աշխատող 3) ընթացիկ

goings-on *plural noun* 1) վարք; վարքագիծ 2) *հեգնական* սովորություն; բարք; հակում; ապրելակերպ

gold |gəʊld| *noun* 1) ոսկի; ոսկեդրամ 2) հարստություն; գանձ 3) արժեքավոր իր 4) ոսկեփայլ գույն 5) թիրախի կենտրոնը *(նետաձգության մեջ)*

gold digger *noun խոսակցական* 1) ոսկի փորող; ոսկեհան 2) *ամերիկյան ծածկալեզու* արկածախնդիր/կորզիչ/շորթիչ կին

gold dust *noun* ոսկեբեր ավազ

golden |ˈgəʊld(ə)n| *adjective* 1) ոսկեգույն 2) թանկարժեք; թանկագին 3) *հիմնականում փոխաբերական* ոսկի; ոսկե

Golden State Ոսկե նահանգ *(ԱՄՆ-ի Կալիֆորնիա նահանգի մականունը)*

goldfield |ˈgəʊl(d)fiːld| *noun* 1) ոսկեբեր շրջան/վայր 2) ոսկու հանք

goldfinch |ˈgəʊl(d)fın(t)ʃ| *noun* 1) *կենդանաբանություն* կարմրակատար; կարմրակատարիկ *(թռչնի տեսակ. Genus Carduelis, ընտանիք Fringillidae)* 2) *ծածկալեզու* ոսկեդրամ

goldfish |ˈgəʊl(d)fıʃ| *noun* (հոգն. նույնը կամ **-fishes**) ոսկե ձկնիկ

goldilocks |ˈgəʊldılɒks| *noun խոսակցական բուսաբանություն* ոսկեգույն հրանունկ

gold mine *noun* 1) ոսկու հանք 2) *փոխաբերական* եկամտաբեր վայր; եկամտի աղբյուրներով հարուստ վայր

gold rush *noun* ոսկու տենդ; ոսկեխուզության տենդ

goldsmith |ˈgəʊl(d)smıθ| *noun* ոսկերիչ

golf |gɒlf| **1** *noun մարզական* գոլֆ **2** *verb* գոլֆ խաղալ

golfer *noun* գոլֆ խաղացող

Golgotha |ˈgɒlgəθə| (նաև **Calvary**) Գողգոթա *(Հիսուս Քրիստոսի խաչելության վայրը)*

gondola |ˈgɒndələ| *noun* 1) գոնդոլ; մակույկ *(վենետիկյան)* 2) զամբյուղ *(օդապարիկի)* 3) *ամերիկյան* երկաթուղային բաց վագոն

gondolier |ˌgɒndəˈlıə| *noun* գոնդոլավար; մակույկավար

gone |gɒn| **1** անցյալ դերբայ տե՛ս **go** **2** *adjective* 1) կորած; անհետացած; հեռացած; կործանված 2) կորած; ձեռքից գնացած *(մարդու մասին)* 3) անցած; անցյալ 4) մեռնող; մեռած 5) (**gone on/upon**) սիրահարված; սիրուց խելակորույս 6) անմատչելի **3** *preposition* 1) անցած *(ժամանակի մասին)* 2) ավելի քան *(տարիքի մասին)*

goner |ˈgɒnə| *noun խոսակցական ծածկալեզու* կորած; ձեռքից գնացած մարդ

gonfalon |ˈgɒnf(ə)lən| *noun* պատմական զորադրոշ; խաչադրոշ

gong |gɒŋ| **1** *noun* գոնգ; կոչնազանգ **2** *verb* գոնգը/կոչնազանգը խփել

good |gʊd| **1** *adjective* (**better**, **best**) 1) լավ 2) լավորակ; թարմ *(ուտելիքի մասին)* 3) բարի; բարեհիրտ; բարյացակամ 4) սիրալիր ◊ **be enough good** բարի եղեք. **how good of you!** ինչ սիրալիր է ձեր կողմից 5) պիտանի; պետքական; օգտավետ; օգտակար 6) հմուտ; ձեռնհաս; վարպետ; ընդունակ *(որևէ բան սովորելու մեջ)* ◊ **good at languages** լեզուներ սովորելու մեջ ընդունակ 7) պտղաբեր; արգավանդ *(հողի մասին)* 8) պատշաճ; համապատասխան; նպատակահարմար 9) հուսալի; վստահելի ◊ **be as good as one's word** իր խոսքի տերը լինել 10) մեծ; ուժեղ; առողջ 11) *խոսակցական* սաստիկ; խիստ *(պատժի/հանդիմանության մասին)* ◊ **a good deal** բավականաչափ. **make good** i) հաջողություն ունենալ; հաջողության հասնել ii) կատարել *(խոստումը)* iii) հատուցել; փոխհատուցել *(կորուստը)*. **stand good** ուժի մեջ լինել. **nailing good** հիանալի; առաջնակարգ **2** *noun* 1) բարիք; օգուտ; շահ ◊ **it's no good talking** խոսելն անօգուտ է. **what good will it do?** դրանից ի՞նչ օգուտ. **he is up to no good** նա սիսալ ճանապարհի վրա է կանգնած; նա չար բան է ծրագրում. **for good, for good and all** ընդմիշտ; վերջնականապես 2) (**goods**) ապրանք ◊ **industrial goods** արդյունաբերական ապրանքներ. **consumer goods** լայն սպառման ապրանքներ. **fancy good** գալանտերեա. **a piece of good** *կատակային* մարդ; անձ 3) (**goods**) իրեր; գույք; ունեցած-չունեցածը ◊ **good and chattels** *խոսակցական* անձնական իրեր; եղած- չեղածը 4) (**goods**) ուղեբեռ; բեռ **3** *adverb* խոսակցական լավ; բավարար կերպով

goodbye |gʊd'baɪ| (նաև **good-bye** կամ **goodby**) **1** *exclamation* ցտեսություն; մնաս բարով **2** *noun* (հոգն. **-byes** կամ **-bys**) հրաժեշտ ◊ **bid goodbye** հրաժեշտ տալ; մնաս բարով ասել

good-for-nothing **1** *adjective* անպետք; անպիտան **2** *noun* անպետք արարած

good-humored *adjective* բարեհիրտ; բարեմիտ; տրամադրությունը բարձր

good-looking *adjective* գեղեցիկ; հետաքրքիր; սիրունատես; բարետես

goodly |'gʊdli| *adjective* (**-lier**, **-liest**) 1) գեղեցիկ; հետաքրքիր; հաճելի; սիրունատես 2) մեծ; զգալի; նշանակալի

goodman |'gʊdmən| *noun* (հոգն. **-men**) *հնացած* տան տեր; ընտանիքի գլխավոր; ամուսին

goodness |'gʊdnɪs| **1** *noun* 1) բարություն; մեծահոգություն; սիրալիրություն 2) առաքինություն 3) արժեքավոր հատկանիշ; որևէ բանի լավագույն մասը **2** *exclamation (արտահայտում է զարմանք, բարկություն և այլն)* ◊ **goodness gracious!** Տե՛ր Աստված; Աստվա՛ծ իմ. **for goodness's sake** Աստծու սիրուն. **goodness knows** Աստված գիտի. **thank goodness!** փառք աստծու

good-tempered *adjective* լավ բնավորության տեր; հավասարակշռված

goodwife |'gʊdwaɪf| *noun* (հոգն. **-wives**) *հնացած* տանտիկին

goodwill |gʊd'wɪl| (նաև **good will**) *noun* 1) (**to, towards**) բարյացակամություն; բարյացակամ վերաբերմունք; համակրանք; բարի կամք 2) պատրաստակամություն

goody[1] |'gʊdi| **1** *noun* (նաև **goodie**) (հոգն. **goodies**) *խոսակցական* քաղցրեղեն **2** *exclamation* ի՜նչ լավ է *(արտահայտում է մանկական հրճվանք)*

goody[2] |'gʊdi| *noun* (հոգն. **goodies**) *հնացած* տանտիկին; ծեր կին

goofy |'gu:fi| *adjective* (**goofier**, **goofiest**) *խոսակցական, ծածկալեզու* հիմար; անխելք; բթամիտ

goose |gu:s| **1** *noun* (հոգն. **geese** |gi:s|) 1) *կենդանաբանություն* սագ *(ընտանիք Anser)* 2) միամիտ/դյուրահավատ/անխելք մարդ ◊ **give the goose** սուլել *(դերասանին)* 3) (**gooses**) դեռձակի ասեղ **2** *verb խոսակցական* 1) ճմկոտել հետույքը 2) ավելացնել; բարձրացնել

all his geese are swans նա միշտ ամեն ինչ չափազանցնում է; վառ գույներով է ներկայացնում

kill the goose that lays on the golden eggs սեփական ձեռքով իր տունը քանդել; եկամուտի աղբյուրը կտրել

the goose hangs high ամեն ինչ կարգին է; գործն առաջ է գնում; գործը հաջող է

gooseberry |'gʊzb(ə)ri|, |'gu:s-| *noun* (հոգն. **-ries**) 1) *բուսաբանություն* փշահաղարջ *(Ribes grossularia, ընտանիք Crossulariaceae)* 2) փշահաղարջի թրմօղի 3) երրորդ/կողմնակի անձ ◊ **play gooseberry** սիրահար զույգին ուղեկցել

old gooseberry սատանա

play old gooseberry իրարանցում/խառնաշփոթություն առաջացնել

goose egg *խոսակցական noun* 1) սագի ձու 2) զրո *(խաղի մեջ)*

gooseflesh *noun* սագամաշկ; փշաքաղված մաշկ

goosey |'gu:si| (նաև **goosy**) *adjective* (**goosier**, **goosiest**) բթամիտ; հիմար

gopher[1] |,gəʊfə| *noun* 1) *կենդանաբանություն* պարկավոր առնետ *(ընտանիք Geomyidae)* 2) *կենդանաբանություն* գիշերային կրիայի տեսակ *(Gopherus polyphemus, ընտանիք Testudinidae)* 3) *համակարգիչներ* գոֆեր համակարգ *(որը թույլ է տալիս համացանց գործածողներին փնտրել և գտնել իրենց հետաքրքրող տվյալները)*

gopher[2] *noun* (նաև **gofer**) մանր հանձնարարություններ կատարող մարդ

Gopher State Գետնասկյուռների նահանգ *(ԱՄՆ-ի Մինեսոտա նահանգի մականունը)*

gore[1] |gɔ:| *noun* 1) չորացած արյուն 2) *բանաստեղծական* արյուն

gore[2] |gɔ:| *verb* 1) պտղահարել; հարու տալ 2) ծակել; խոցել

gore[3] |gɔ:| **1** *noun* ճուտ *(զգեստի ներդիր)* **2** *verb* ճուտ գցել; սեպաձիր կարել *(զգեստի մեջ)*

gorge |gɔ:dʒ| **1** *noun* 1) կիրճ 2) կոկորդ; որկոր 3) կերածը ◊ **my gorge rises at this** սիրտս խառնում է; զզվանք եմ զգում 4) կուտակ; կուտակվածք; խցան **2** *verb* ագահաբար ուտել; ագահությամբ կուլ տալ; չափազանց շատ ուտել; փորը լցնել

gorgeous |'gɔ:dʒəs| *adjective* 1) վառ; պայծառ *(գույնի մասին)* 2) շքեղ; հոյակապ; ճոխ 3) վերամբարձ; ճոռոմ *(ոճի մասին)*

gorget |'gɔ:dʒɪt| *noun* 1) վզնոց; մանյակ 2) գունավոր նշան/բիծ *(թռչունների վզի շուրջ)* 3) *պատմական* զրահավոր լանջապանակ

Gorgon |'gɔ:g(ə)n| (նաև **gorgon**) *noun հունական դիցաբանություն* 1) դիցաբանություն մեգերա; գորգոն *(հունական դիցաբանության մեջ վրեժխնդրության աստվածուհիներից մեկը)* 2) ջադու կին; չար/կովարար կին

gorilla |gə'rɪlə| *noun կենդանաբանություն* գորիլա *(Gorilla gorilla, ընտանիք Pongidae)*

Gorky |,gɔ:ki| Գորկի *(Նիժնի Նովգորոդ քաղաքի անունը (1932-1991 թթ.) անվանումը)*

gormandize |'gɔ:m(ə)ndaɪz| *verb* լափել; խժռել; շատ ուտել

gorse |gɔ:s| *noun բուսաբանություն* որոճ *(Genus Ulex, ընտանիք Leguminosae)*

gory |'gɔ:ri| *adjective* (**gorier**, **goriest**) 1) արյունոտ; արյունով ներկված 2) արյունահեղ 3) *բանաստեղծական* ալ; վառ կարմիր

gosling |'gɒzlɪŋ| *noun* սագիկ; սագի ճուտ

gospel |'gɒsp(ə)l| *noun* 1) ավետարան 2) քարոզ 3) կրոնական հիմնադրույթ ◊ **take something for gospel** կուրորեն հավատալ որևէ բանի; ընդունել որպես անառարկելի ճշմարտություն; հալած յուղի տեղ ընդունել

gospeler |'gɒsp(ə)lə| (*բրիտանական* **gospeller**) *noun* ավետարանիչ ◊ **hot gospeler** *փոխաբերական* ջերմ պաշտպան

gossamer |ˈgɒsəmə| **1** *noun* 1) օդի մեջ թռչող սարդոստայնի թելեր 2) շղարշ 3) թեթև; անջրանցիկ գործվածք **2** *adjective* շղարշանման

gossip |ˈgɒsɪp| **1** *noun* 1) շատախոսություն; շաղակրատանք; զրույց 2) բամբասանք; ասեկոսե; չարախոսություն 3) բամբասանք կին/տղամարդ **2** *verb* (**-siped**, **-siping**) 1) շատախոսել; շաղակրատել; զրուցել 2) բամբասել; բամբասանք անել; ասեկոսեներով զբաղվել

Goth |gɒθ| *noun* 1) *պատմական* գոթ 2) բարբարոս; վայրագ

gourd |gʊəd|, |gɔːd| *noun բուսաբանություն* դդում *(ընտանիք Cucurbitaceae)*

gourmand |ˈgʊəmənd|, |ˈgɔː-| *noun* համեղ կերակուրներ սիրող, համադամասեր մարդ; շատակեր; որկրամոլ

gout |gaʊt| *noun* 1) հոդատապ 2) կաթիլ 3) արյունալերդ; լերդացած արյուն

govern |ˈgʌv(ə)n| *verb* 1) կառավարել; տիրել; իշխել 2) կարգավորել; ղեկավարել 3) տիրապետել; իշխել *(իրեն)* 4) հաղթահարել *(զգացմունքները)* 5) ազդել; ազդեցություն ունենալ *(մեկի վրա)* 6) որոշել *(իրադարձությունների ընթացքը)* 7) ուղղություն տալ 8) *քերականություն* պահանջել *(խնդիր, հոլով)*

governance |ˈgʌv(ə)nəns| *noun* կառավարում; ղեկավարում

governess |ˈgʌv(ə)nɪs| *noun* տնային դաստիարակչուհի

government |ˈgʌv(ə)nˌm(ə)nt|, |ˈgʌvəm(ə)nt| *noun* 1) կառավարություն; կառավարում ◇ **organs of government** պետական կառավարման օրգաններ. **carpetbag government** *ամերիկյան ծածկալեզու* քաղաքական արկածախնդիրների կառավարություն 2) կառավարման համակարգ 3) վարում; ղեկավարում; ղեկավարություն ◇ **local government** տեղական ինքնավարություն; իշխանության կառավարման տեղական օրգաններ 4) նահանգապետի կողմից ղեկավարվող երկիր 5) *հնացած* նահանգ 6) *քերականություն* խնդրառություն

governmental |-ˈmɛnt(ə)l| *adjective* կառավարական; պետական

governor |ˈgʌv(ə)nə| *noun* 1) կառավարիչ; տիրակալ *(երկրի, պետության)* 2) նահանգապետ 3) *ռազմական* ամրոցի/բերդի պարետ; բերդակալ 4) վերակացու; բանտապետ 5) *խոսակցական* հայր 6) *ծածկալեզու* տեր; գործատեր 7) *տեխնիկական* կարգավորիչ

gowk |gaʊk| *noun բարբառային* 1) կկու 2) հիմար մարդ

gown |gaʊn| **1** *noun* 1) զգեստ *(կանացի)* ◇ **morning gown** խալաթ *(տնային զգեստ)* 2) թիկնոց; պատմուճան; փարաջա 3) հռոմեական պարեգոտ **2** *verb* խալաթ/թիկնոց հագնել

grab |græb| **1** *verb* (**grabbed**, **grabbing**) 1) խլել; ճանկել; հափշտակել 2) գրավել; զավթել 3) կողոպտել; գոփել 4) արագությամբ բռնել **2** *noun* 1) խլում; ճանկում; հափշտակում 2) գրավում; զավթում; յուրացում 3) կողոպտում; գոփում 4) *տեխնիկական* ավտոմատ շերեփաթիակ; էքսկավատոր

get/have the grab on *ծածկալեզու* որևէ մեկի նկատմամբ առավելություն ունենալ

grabble |ˈgræb(ə)l| *verb հնացած* 1) խարխափել; շոշափելով փնտրել 2) (**grabble for**) չորեքթաթ սողալով մի բան փնտրել

grace |greɪs| **1** *noun* 1) գրավչություն; նազելիություն; նրբագեղություն; գեղանիություն; շարժումների նրբություն ◇ **the Graces** *դիցաբանություն* գեղուհիներ *(հին հունական դիցաբանության մեջ երեք աստվածուհի քույրերը)* 2) տակտ; նրբազգացություն; քաղաքավարություն; սիրալիրություն ◇ **with a good grace** սիրալիր կերպով; սիրով; հաճույքով. **with a bad grace, with an ill grace** դժկամությամբ; անտակտ/աննրբանկատ կերպով 3) բարեհաճություն; բարյացակամություն ◇ **be in sb's good graces** վայելել մեկի բարեհաճությունը 4) հրապուրիչ հատկություններ 5) ողորմածություն; գթասրտություն; շնորհ; ներում; թողություն 6) ողորմածություն; պայծառափայլություն ◇ **your grace** ձերդ պայծառափայլություն *(արքեպիսկոպոսին/դուքսին դիմելիս)* 7) գիտական աստիճան ստանալու թույլտվություն *(անգլիական համալսարաններում)* 8) տարկետում; ժամկետի երկարաձգում 9) աղոթք *(ուտելուց առաջ և հետո)* 10) *երաժշտություն* գեղգեղանք; դայլայլ *(մեղեդու նախշ)* 11) (**graces**) սերսո; շրջանակախաղ **2** *verb* 1) (**grace with**) զարդարել; գեղազարդել 2) շնորհել; օժտել; պարգևել; արժանացնել; շնորհ տալ

graceful |ˈgreɪsfʊl|, |-f(ə)l| *adjective* 1) նազանի; նազելի; վայելչակազմ 2) նրբագեղ

graceless |ˈgreɪslɪs| *adjective* 1) լպիրշ; անպատշաճ; անվայել 2) փչացած; այլասերված

gracious |ˈgreɪʃəs| **1** *adjective* 1) ողորմած; գթասիրտ; գթառատ 2) բարի; հաճելի; դուրեկան 3) ներողամիտ; զիջողամիտ **2** *exclamation* ա՜յ քեզ բան *(արտահայտում է քաղաքավարի զարմանք)*

gradate |grəˈdeɪt| *verb* 1) աստիճանավորել; աստիճանաբար մի վիճակից մյուսին անցնել; աստիճանաբար փոփոխվել 2) *գեղանկարչություն* մի երանգից մյուսին անցնել

gradation |grəˈdeɪʃ(ə)n| *noun* 1) աստիճանավորում; աստիճանավորություն; հաջորդականություն 2) (*սովորաբար* **gradations**) զարգացման աստիճան 3) (**gradations**) անցման աստիճաններ 4) *գեղանկարչություն* մի երանգից մյուսին անցնելը; երանգ 5) *լեզվաբանություն* ձայնավորների հերթագայություն; աբլաուտ

grade |greɪd| **1** *noun* 1) աստիճան; կոչում; կարգ; դաս 2) դասարան 3) (**grades**) տարրական դպրոց 4) թվանշան; գնահատական 5) աստիճան; աստիճանագիծ 6) որակ; տեսակ 7) *գյուղատնտեսություն* ընտիր ցեղ *(խաչավորմամբ ստացված)* 8) *ամերիկյան երկաթուղային* թեքվածք; դարիվեր; դարիվայր ◇ **down grade** զառիվայր. **on the down grade** դարիվայր; թեքությամբ դեպի ցած. **up grade** վերելք. **on the up grade** դարիվեր; թեքությամբ դեպի վեր **2** *verb* 1) աստիճանավորել; դասակարգել 2) տեսակավորել; ըստ տեսակների ընտրել 3) ըստ երանգի դասավորել *(գույները)* 4) *գյուղատնտեսություն* խաչասերման միջոցով ցեղը լավացնել 5) *երկաթուղային* հարթեցնել *(գետինը՝ ճանապարհ գցելու համար)*

make the grade իր նպատակին հասնել

gradient |ˈgreɪdɪənt| *noun* 1) թեքվածք; թեքություն *(ճանապարհի)* 2) *ֆիզիկա* գրադիենտ 3) թեքում *(ծանրաչափի սլաքի)*

gradual |ˈgrædʒʊəl| **1** *adjective* աստիճանական; աստիճանաբար կատարվող; հաջորդական **2** *noun* եկեղեցական փոխ *(Արևմտյան Եկեղեցու պատարագի երգեցողության մեջ)*

gradually *adverb* աստիճանաբար; հետզհետե

graduate **1** *noun* |ˈgrædʒʊət| |-djʊət| 1) գիտական աստիճան ունեցող մարդ 2) շրջանավարտ; բարձրագույն կրթություն ունեցող մարդ 3) հեղուկաչափ; չափանոթ **2** *verb* |ˈgrædʒʊeɪt| |-djʊeɪt| 1) ավարտել *(ուսումնական հաստատություն)* 2) աստիճանել; աստիճանանշել; աստիճանային բաժանումներ նշել 3) հաջորդական կարգով դասավորել 4) բաշխել *(հարկերը)* 5) հարկի չափը սահմանել 6) *քիմիա* խտացնել լուծույթը *(գոլորշիացման միջոցով)* **3** *adjective* |ˈgrædʒʊət| |-djʊət| 1) ավարտական 2) շրջանավարտի; շրջանավարտին վերաբերող

graduation |grædʒʊˈeɪʃ(ə)n|, |-djʊ-| *noun* 1) ուսումնական հաստատության դասընթացը ավարտելը 2) գիտական կոչում ստանալը կամ շնորհելը 3) աստիճանավորում; աստիճանավորություն 4) աստիճանանշում; աստիճանային բաժանումներ նշելը *(անոթի վրա)* 5) գոլորշիացում *(հեղուկի)*

graft¹ |grɑːft| **1** *noun* 1) պատվաստերիթ; տնկաշիվ 2) պատվաստում *(բույսի)* 3) *բժշկություն* փոխպատվաստված կենդանի հյուսվածք 4) *բժշկություն* հյուսվածքների փոխպատվաստ **2** *verb* 1) պատվաստել 2) *բժշկություն* փոխպատվաստել հյուսվածքները

graft² |grɑːft| **1** *noun ամերիկյան խոսակցական* 1) կաշառակերություն; կաշառում 2) կաշառք 3) ծանր/տքնաջան աշխատանք **2** *verb* 1) կաշառք տալ; կաշառել 2) կաշառք վերցնել 3) տքնաջան աշխատել

grafter *noun noun* 1) գյուղտնտ; պատվաստացու 2) դանակ *(պատվաստի)* 3) *ամերիկյան* կաշառակեր; խարդախ մարդ

grain |greɪn| **1** *noun* 1) հատիկ; սերմնահատիկ; հացահատիկ 2) հացահատիկային բույսեր; հացաբույսեր 3) հատիկ; մանրահատիկ; փշուր *(շաքարի, աղի, ոսկու և այլն)* 4) ավազահատիկ 5) *փոխաբերական* հատիկ; փշուր; նշույլ; հյուլե; որևէ բանի ամենափոքր մասնիկ 6) գրան *(կշռի չափ = 0,648գր)* 7) հատիկավորություն 8) մանրաթել; թելիկ; թելք; երակ ◇ **against the grain** i) թելքի հակառակ ուղղությամբ ii) *փոխաբերական* մեկի կամքին հակառակ. **go against the grain** հակասել *(որևէ բանի)* 9) կառուցվածք *(ծառի, մետաղի, քարի)* 10) բնավորություն; հակում 11) ◇ **die in grain** դիմացկուն ներկով ներկել **2** *verb* 1) հատիկավորել; մանրել; հատավորել; մանրատել; մանրահատել 2) հատիկավորություն տալ *(մակերեսին)* 3) հատիկավորել 4) կայուն ներկով ներկել 5) կաշին մաքրել մազերից/բրդից; մշակված կաշվի վրա նախշեր անել 6) փայտի կամ մարմարի նմանությամբ ներկել

a fool in grain կատարյալ հիմար

grainy |ˈgreɪnɪ| *adjective* (**grainier**, **grainiest**) 1) հատիկավոր 2) անհարթ

gram¹ |græm| (*բրիտանական* **gramme**) (հպվ. **g**) *noun* գրամ

gram² |græm| *noun* մանր սիսեռ

grammar |ˈgræmə| *noun* 1) քերականություն 2) գիտության ներածություն; գիտության հիմունքներ 3) *փոխաբերական* հիմնական կանոններ; քերականություն

grammar school *noun* 1) միջնակարգ դասական դպրոց 2) *ամերիկյան* միջնակարգ դպրոցի բարձր դասարանները

grammatical |grəˈmætɪk(ə)l| *adjective* քերականական; քերականորեն ճիշտ

gramme *noun* գրամ

gramophone |ˈgræməfəʊn| *noun* գրամոֆոն; պատեֆոն

grampus |ˈgræmpəs| *noun* (հոգն. **-puses**) 1) *կենդանաբանություն* կետաղելֆին *(ծովային գիշատիչ կաթնասուն. Orcinus orca)* 2) ծանր շնչառություն ունեցող, հևացող մարդ

granary |ˈgræn(ə)ri| *noun* (հոգն. **-ries**) 1) շտեմարան; ամբար 2) շտեմարան; հացառատ մարզ

grand |grænd| **1** *adjective* 1) վեհապանծ; փառահեղ; վեհասքանչ 2) մեծ *(նաև տիտղոսների հետ)* 3) կարևոր; գլխավոր; հիմնական 4) հոյակապ; շքեղ; ճոխ 5) տպավորիչ; մեծազդու; պատկառազդու 6) բարձր; վեհ; վսեմ; ազնիվ; ազնվաբարո 7) կարևոր; նշանավոր; հայտնի 8) գոռոզ; ինքնահավան ◇ **do the grand** *խոսակցական* իրեն երևակայել; գոռոզանալ; փքվել 9) *խոսակցական* հիանալի; սքանչելի 10) *երաժշտություն* մեծ; ամբողջ կազմով *(նվագախմբի մասին)* **2** *noun* 1) դաշնամուր 2) *ամերիկյան ծածկալեզու* հազար դոլար

grandad *noun խոսակցական* պապիկ

Grand Canyon State Մեծ Կիրճի նահանգ *(ԱՄՆ-ի Արիզոնա նահանգի մականունը)*

grandchild |ˈgræn(d)tʃʌɪld| *noun* (հոգն. **-children**) թոռ; թոռնիկ

granddaughter |ˈgrændɔːtə| *noun* թոռնուհի

grandee |grænˈdiː| *noun* մեծատոհմիկ/ազնվազարմ անձ; կարևոր անձ

grandeur |ˈgrændjə|, |-(d)ʒə| *noun* 1) հոյակապություն; շքեղություն; պերճություն 2) ազնվություն; ազնվաբարոյություն; ազնվատոհմություն; տոհմիկություն 3) մեծություն; վեհություն; վսեմություն

grandfather |ˈgræn(d)fɑːðə| **1** *noun* պապ; պապիկ **2** *verb խոսակցական* ազատված համարել նոր օրենքով

grandiloquence *noun* վերամբարձություն; ճոռոմություն; փքունություն

grandiloquent |grænˈdɪləkwənt| *adjective* վերամբարձ; ճոռոմ; փքուն

grandiose |ˈgrændɪəʊs| *adjective* 1) վիթխարի; հսկայական; հոյակապ; շքեղ 2) տպավորիչ; մեծազդու 3) պաճուճական; սեթևեթ

grandmama |ˈgræn(d)məmɑː| (նաև **grandmamma**) *noun խոսակցական* տատիկ

grandmother |ˈgræn(d)mʌðə| *noun* տատ;

տատիկ

grandpapa |ˈgræn(d)pəpɑː| *noun խոսակցական* պապիկ

grandparent |ˈgræn(d)pɛːr(ə)nt| *noun* (**grandparents**) տատը և պապը

grandsire |ˈgræn(d)sʌɪə| *noun հնացած* 1) պապ; ծեր մարդ 2) (**grandsires**) նախնիք

grandson |ˈgræn(d)sʌn| *noun* թոռ *(տղա)*

grandstand |ˈgræn(d)stænd| **1** *noun* տրիբունա; հանդիսատեսների համար տեղ *(ստադիոնում)* **2** *verb* արհամարհական ծափեր կորզել

grange |greɪn(d)ʒ| *noun* դաստակերտ; ագարակ՝ օժանդակ շենքերով

granite |ˈgrænɪt| *noun* գրանիտ

granitic |grəˈnɪtɪk| *adjective* գրանիտե; գրանիտյա

granny |ˈgræni| (նաև **grannie**) *noun* (հոգն. **-nies**) 1) *խոսակցական* տատիկ; տատի 2) *ռազմական ծածկալեզու* ծանր հրանոթ

grant |grɑːnt| **1** *verb* 1) համաձայնվել; համաձայնություն տալ 2) թույլ տալ; թույլատրել 3) պարգևել; շնորհել; նվիրել 4) դոտացիա վճարել 5) ընդունել; հնարավոր համարել ◊ **take for granted** i) որպես ճշմարտություն ընդունել; անառարկելի համարել ii) համարել, որ այդպես էլ պիտի լինի; չգնահատել ըստ արժանվույն **2** *noun* 1) նվեր; ընծա; պարգև 2) դրամական նպաստ; դոտացիա; լրավճար 3) նվիրագիր; ընծայագիր 4) թույլտվություն; համաձայնություն

grantee *noun իրավունք* պարգև/նվեր ստացող

grant-in-aid *noun* (հոգն. **grants-in-aid**) դրամական նպաստ; դոտացիա; լրավճար

granular |ˈgrænjʊlə| *adjective* հատիկավոր; հատավորված

granulate |ˈgrænjʊleɪt| *verb* 1) հատիկավորվել 2) մանրատել; մանրահատել 3) հատավորել; հատիկավորել

granulation *noun* 1) հատավորում; հատիկավորում 2) մասնատում; մանրատում; մանրում

granule |ˈgrænjuːl| *noun* հատիկ

grape |greɪp| *noun* 1) խաղող 2) *խոսակցական* (**the grape**) գինի 3) *անասնաբուժություն* ամբակախոտ 4) տե՛ս **grapeshot**

grapefruit |ˈgreɪpfruːt| *noun* (հոգն. նույնը) թուրինջ; գրեյպֆրուտ *(արևադարձային ծառ և նրա նարնջանման պտուղը)*

grapeshot |ˈgreɪpʃɒt| *noun պատմական, ռազմական* մանրագնդակ

grape sugar *noun* խաղողաշաքար; գլյուկոզա

grapevine |ˈgreɪpvʌɪn| *noun* խաղողի որթ; վազ *(Genus Vitis, ընտանիք Vitaceae)*

graph¹ |grɑːf|, |græf| **1** *noun* գծագիր; գծան; դիագրամ **2** *verb* գծագիր գծել

graph² |grɑːf|, |græf| *noun լեզվաբանություն* գծան

graphic |ˈgræfɪk| **1** *adjective* 1) գծագրական; գծանկարչական ◊ **graphic arts** կերպարվեստ 2) կենդանի; պատկերավոր *(նկարագրության մասին)* **2** *noun համակարգիչներ* նկար; պատկեր

graphics |ˈgræfɪks| *plural noun* 1) պատկեր; պատկերույթ 2) *համակարգիչներ* պատկերարկում; պատկերում

graphite |ˈgræfʌɪt| *noun հանքաբանություն* գրաֆիտ; գրաքար

grapnel |ˈgræpn(ə)l| *noun* 1) նավահանկման կեռ; ճանկ 2) փոքր խարիսխ

grapple |ˌgræp(ə)l| **1** *verb* ըմբշամարտի բռնվել ◊ **grapple with** պայքարել *(որևէ բանի դեմ)*. i) աշխատել հաղթահարել *(դժվարությունները)* ii) լուծել *(խնդիրը)* **2** *noun* 1) ճանկ; կեռ 2) ըմբշամարտ

grappling hook (նաև **grappling iron**) *noun* ճանկ; կեռ

grasp |grɑːsp| **1** *verb* 1) ամուր բռնել; սեղմել *(ձեռքի մեջ)* 2) խլել; վերցնել 3) բռնել; կառչել 4) հասկանալ; ըմբռնել; յուրացնել **2** *noun* գրկում; սեղմում

grasping |ˈgrɑːspɪŋ| *adjective* ագահ; ժլատ

grass |grɑːs| **1** *noun* 1) խոտ; կանաչ խոտ 2) արոտ; արոտավայր ◊ **be at grass** արոտատեղում լինել; արածել. *փոխաբերական* անգործ լինել; արձակուրդի մեջ լինել. **send to grass** արոտ քշել *(անասուններին)* 3) *հանքաբանություն* հանքաբերան **2** *verb* 1) խոտով ծածկվել; խոտակալել 2) խոտ ցանել; ճիմով ծածկել 3) *խոսակցական* խփելով գետին տապալել; գետնաթավալ անել 4) արոտ քշել *(անասուններին)*

not to let grass grow under one's feet եռանդուն գործել; ժամանակ չկորցնել

grasshopper |ˈgrɑːshɒpə| *noun կենդանաբանություն* մորեխ *(ընտանիք Acrididae, կարգ Orthoptera)*

grass snake *noun կենդանաբանություն* լորտու; լորտուկ *(Natrix natrix, ընտանիք Colubridae)*

grassy |ˈgrɑːsi| *adjective* (**grassier**, **grassiest**) 1) խոտով ծածկված 2) խոտի; խոտային; խոտառատ; խոտավետ 3) խոտանման; խոտագույն; կանաչ

grate¹ |greɪt| *verb* 1) քերիչի վրա տրորել; քերիչով քերել 2) ճռալ; ճռճռացնել 3) կրճտացնել *(ատամները)* 4) (**grate upon**) գրգռել; ջղայնացնել; ջղերի վրա ազդել

grate² |greɪt| *noun* 1) երկաթե վանդակ/ցանց 2) բուխարու վանդակ

grateful |ˈgreɪtfʊl|, |-f(ə)l| *adjective* 1) երախտապարտ; շնորհապարտ; շնորհակալ 2) դուրեկան; հաճելի

gratification *noun* 1) գոհություն; գոհունակություն; բավականություն; հաճույք 2) վարձատրություն; հատուցում

gratify |ˈgrætɪfʌɪ| *verb* (**-fies**, **-fied**) 1) բավարարել; գոհացնել; աչքին հաճելի լինել; հաճույքը շոյել; բավականություն պատճառել 2) ներողամիտ լինել 3) *հնացած* վարձատրել; հատուցել

grating¹ |ˈgreɪtɪŋ| *adjective* 1) տհաճ; սղոցող *(ձայնի մասին)* 2) ջղայնացնող; գրգռող

grating² |ˈgreɪtɪŋ| *noun* վանդակ; ցանց

gratis |ˈgrætɪs|, |ˈgrɑː-|, |ˈgreɪ-| **1** *adverb* ձրիաբար; անվճար կերպով **2** *adjective* ձրի; անվճար

gratitude |ˈgrætɪtjuːd| *noun* երախտագիտություն

gratuitous |grəˈtjuːɪtəs| *adjective* 1) ձրի; անվճար 2) առանց պատճառի; անտիրթ

gratuity |grəˈtjuːɪti| *noun* (հոգն. **-ties**) 1) դրամական նվեր 2) թեյավճեր; մանր դրամական նվեր 3) *ռազմական* պարգևադրամ

grave¹ |greɪv| *noun* 1) գերեզման 2) *փոխաբերական* մահ ◊ **sink into the grave** գերեզման իջնել; մեռնել

grave² |greɪv| **1** *adjective* 1) կարևոր; լուրջ; ծանրակշիռ 2) ազդեցիկ; հեղինակավոր; հանդիսավոր 3) լրջմիտ; ծանրաբարո 4) մռայլ; մուգ *(գույների մասին)* 5) թավ *(ձայնի մասին)* 6) *հնյունաբանություն* բութ *(շեշտի մասին)* 7) *երաժշտություն* վեհաշուք **2** *noun* *հնյունաբանություն* բութ շեշտ

grave³ |greɪv| *verb* (անցյալ դերբայ **graven** |ˈgreɪv(ə)n| կամ **graved**) *հնացած* 1) փորագրել; քանդակել 2) դրոշմել

gravel |ˈgræv(ə)l| **1** *noun* 1) մանրախիճ; խոշոր ավազ 2) ոսկեբեր ավազ 3) *բժշկություն* քարեր *(միզապարկում)* **2** *verb* (**graveled**, **graveling**; բրիտ. **gravelled**, **gravelling**) 1) մանրախիճով ծածկել 2) ապշեցնել; շփոթեցնել

graver |ˈgreɪvə| *noun* փորագրիչ; փորագրող

gravestone |ˈgreɪvstəʊn| *noun* գերեզմանաքար; տապանաքար

graveyard |ˈgreɪvjɑːd| *noun* գերեզմանատուն; գերեզմանոց

gravid |ˈgrævɪd| *adjective* *տեխնիկական* հղի

gravitate |ˈgrævɪteɪt| *verb* 1) *ֆիզիկա* ձգել; ձգվել 2) *փոխաբերական* ձգտել *(որևէ բանի)*

gravitation |grævɪˈteɪʃ(ə)n| *noun* *ֆիզիկա* ձգողություն; ձգողականություն

gravitational *adjective* ձգողական

gravity |ˈgrævɪti| *noun* 1) հանդիսավորություն 2) լրջություն; կարևորություն 3) ծանրաբարոյություն; լրջամտություն; հավասարակշռություն 4) *ֆիզիկա* ծանրության ուժ; ձգողականություն ◊ **specific gravity** տեսակարար կշիռ 5) ձգողություն; ձգողականություն

gravy |ˈgreɪvi| *noun* (հոգն. **-vies**) թացան; սոուս; թանձր կերակրանյութ

gray¹ |greɪ| (բրիտանական **grey**) **1** *adjective* 1) գորշ; գորշագույն; մոխրագույն 2) մառախլապատ; ամպամած 3) *փոխաբերական* մռայլ; տխուր 4) ալեհեր; ճերմակահեր; սպիտակահեր ◊ **turn gray** սպիտակել; ճերմակել; ալևորվել 5) հասակավոր; հասակն առած; փորձառու; փորձված **2** *noun* 1) գորշ գույն 2) գորշագույն կոստյում 3) աղոտ լույս 4) մոխրագույն, գորշագույն ձի **3** *verb* 1) գորշանալ; սպիտակել; ճերմակել *(մազերի մասին)* 2) գորշ գույնով ներկել; մոխրագույն ներկել

gray² |greɪ| (կրճ. **Gy**) *noun* *ֆիզիկա* գրեյ *(կլանված ճառագայթման քանակի միավոր. հավասար է 1ջոուլ/1կիլոգրամ)*

Graz |grɑːts| Գրաց *(քաղաք Ավստրիայում)*

graze¹ |greɪz| *verb* 1) արածեցնել 2) անասուններին արոտ քշել 3) խոտ ուտել; արածել

graze² |greɪz| **1** *verb* 1) (**graze against/along**) թեթև կպչել; դիպչել 2) հարել; տրորել *(մաշկը)* 3) քերծել **2** *noun* քերծվածք; թեթև վերք

grazer *noun* արածող անասուն

grazier |ˈgreɪzɪə| *noun* 1) անասնաբույծ 2) անասնապահ

grease 1 *noun* |griːs| 1) ճարպ ◊ **in grease, in pride of grease, in prime of grease** բտած *(անասուն)* 2) հալած ճարպ; ճրագու 3) քսուք; քսանյութ; յուղաքսուք 4) *անասնաբուժություն* խոնավաքոս *(ձիու)* **2** *verb* |griːs| |griːz| 1) ճարպ քսել; ձիթել; յուղել; յուղոտել; ճարպոտել; ձիթոտել 2) կաշառել

greaser |ˈgriːsə|, |-z-| *noun* 1) յուղիչ; քսիչ *(բանվոր)* 2) հնոցապան *(շոգենավի)* 3) *ամերիկյան ծածկալեզու* արհամարհական մեքսիկացի

greasy |ˈgriːsi|, |-zi| *adjective* (**greasier**, **greasiest**) 1) ճարպոտ; յուղոտ; ճենճոտ 2) սայթաքուն; սոթլիկ; լպրծուն 3) քաղցր-մեղցր; չափազանց սիրալիր 4) խոնավաքոսով հիվանդ *(ձիու մասին)*

great |greɪt| **1** *adjective* 1) մեծ 2) մեծ; խոշոր; ահագին; հսկայական 3) բարձր; վեհ; վսեմ *(նպատակ, միտք և այլն)* 4) հոյակապ; հիանալի *(երգչի, նկարչի և այլնի մասին)* 5) ուժեղ; սաստիկ 6) երկարատև; տևական 7) փորձառու; հմուտ 8) (**great on**) հետաքրքրվող; հասկացող 9) *խոսակցական* հիանալի; հրաշալի ◊ **that's great!** հիանա՜լի է 10) նախա- *(ազգակցություն ցույց տվող բառերի հետ)* ◊ **great -grandfather** նախապապ; մեծ պապ **2** *noun* 1) մեծ/նշանավոր անձ 2) (**the great**) մեծեր; նշանավոր մարդիկ **3** *adverb* *խոսակցական* հրաշալիորեն; գերազանց կերպով

Great Bear *աստղագիտություն* Մեծ արջ *(համաստեղություն)*

Great Britain Մեծ Բրիտանիա *(Անգլիան, Ուելսը և Շոտլանդիան՝ որպես մի հավաքականություն)*

greatcoat |ˈgreɪtkəʊt| *noun* շինել *(զինվորական վերարկու)*

Greater Antilles Մեծ Անտիլյան կղզիներ *(կղզիների խումբ Կարիբյան ծովում)*

great-hearted *adjective* *հնացած* մեծահոգի; վեհանձն

Great Lakes Մեծ Լճեր *(հինգ մեծ լճեր Հյուսիսային Ամերիկայում՝ Վերին, Միչիգան, Հուրոն և Էրի)*

Great Lake State Մեծ Լճի նահանգ *(ԱՄՆ-ի Միչիգան նահանգի մականունը)*

Great Land Մեծ Երկիր *(ԱՄՆ-ի Ալյասկա նահանգի մականունը)*

greatly |ˈgreɪtli| *adverb* 1) շատ; սաստիկ; խիստ; չափազանց; մեծապես 2) նշանակալի կերպով; զգալի չափով 3) ազնվորեն; ազնվաբար

Great Nebula *աստղագիտություն* Անդրոմեդայի միգամածություն

greatness |ˈgreɪtnɪs| *noun* 1) մեծություն 2) վեհություն; փառահեղություն; մեծություն

Great Salt Lake Մեծ Աղի լիճ *(լիճ ԱՄՆ-ի Յուտա նահանգում)*

Great Wall of China Չինական պարիսպ

Greece |griːs| Հունաստան *(պետություն Եվրոպայի հարավ-արևելքում)*

greed |griːd| *noun* ագահություն; ընչաքաղցություն

greedy |ˈgriːdi| *adjective* (**greedier**, **greediest**)

1) (**greedy of/for**) ագահ; ընչաքաղց 2) ժլատ 3) որկրամոլ; շատակեր; անկշտում; անհագ

Greek |gri:k| **1** *adjective* հունական **2** *noun* 1) հույն 2) հունարեն

it is Greek to me դա ինձ համար անհասկանալի է

Greek Orthodox Church (նաև **Greek Church**) Հույն Ուղղափառ Եկեղեցի

green |gri:n| **1** *adjective* 1) կանաչ ◊ **be green with** *փոխաբերական* գունատվել; կանաչ կտրել. **green with envy** չարությունից/նախանձից կանաչ կտրած 2) կանաչապատ; կանաչազարդ ◊ **green winter** անձյուն/մեղմ ձմեռ 3) գունատ; հիվանդոտ 4) բուսեղեն *(կերակրի մասին)* 5) չհասած; խակ 6) երիտասարդ 7) *փոխաբերական* անփորձ; դյուրահավատ; խակ 8) թարմ; չսպիացած *(վերքի մասին)* 9) ուժերով լի; ծաղկափթիթ **2** *noun* 1) կանաչ գույն 2) կանաչ ներկ 3) երիտասարդություն; պատանեկություն; ուժ; զորություն ◊ **in the green** ուժերի ծաղկման շրջանում 4) բուսականություն 5) (**greens**) բանջարեղեն; կանաչեղեն; կանաչի 6) կանաչ դաշտ *(խաղերի համար)* 7) արոտավայր; արոտ **3** *verb* 1) կանաչել; կանաչով ծածկվել 2) կանաչ ներկել 3) *ծածկալեզու* խաբել ◊ **green out** ծիլ տալ; ծլել

greenback |ˈgri:nbæk| *noun* *ամերիկյան* (**greenbacks**) թղթադրամ

greenery |ˈgri:n(ə)ri| *noun* բուսականություն

greengage |ˈgri:ngeɪdʒ| *noun* ռենկլոդ *(սալորի ընտիր տեսակ)*

greengrocer |ˈgri:ngrəʊsə| *noun* մրգավաճառ; բանջարեղեն/կանաչի վաճառող

greengrocery *noun* 1) մրգի և բանջարեղենի խանութ 2) մրգեր; բանջարեղեն

greenhorn |ˈgri:nhɔ:n| *noun* *խոսակցական* միամիտ/անփորձ մարդ

greenhouse |ˈgri:nhaʊs| *noun* ջերմոց; ջերմանոց

greenish *adjective* կանաչավուն

Greenland |ˈgri:nlənd| Գրենլանդիա *(խոշոր կղզի Հյուսիսային Ամերիկայի հյուսիս-արևելքում)*

Green Mountain State Կանաչ Լեռների նահանգ *(ԱՄՆ-ի Վերմոնտ նահանգի մականունը)*

green room *noun* հանգստասենյակ *(դերասանների)*

greensward |ˈgri:nˌswɔ:d| *noun* *հնացած*, *բանաստեղծական* գազոն; մարգագետ; ճիմ

Greenwich Mean Time (հպվ. **GMT**) (նաև **Greenwich time**) Գրինվիչյան ժամանակ

greet¹ |gri:t| *verb* 1) ողջունել; բարևել 2) դիմավորել; ընդունել *(ծափահարություններով, բացականչություններով)* 3) հասնել; լսվել *(ձայնի մասին)* 4) աչքերի առաջ բացվել

greet² |gri:t| *verb* լաց լինել; արտասվել

greeting |ˈgri:tɪŋ| *noun* 1) ողջույն; ողջունում; բարև 2) դիմավորում *(ծափահարություններով, բացականչություններով և այլն)*

gregarious |grɪˈgɛ:rɪəs| *adjective* 1) հոտային; հոտակյաց; հոտերով/երամներով ապրող 2) մարդամոտ; շփվող; սրտաբաց

Grenada |grəˈneɪdə| Գրենադա *(պետություն Կարիբյան ծովի համանուն կղզու վրա)*

grenade |grəˈneɪd| *noun* 1) *ռազմական* նռնակ 2) հրամարիչ; կրակմարիչ

grenadier |ˌgrɛnəˈdɪə| *noun* 1) գրենադեր *(նռնականետ զինվոր)* 2) նռնակաձիգ

greybeard *noun* 1) հասակավոր/տարեց մարդ 2) կավե աման *(ոգելից խմիչքների համար)*

greyhound |ˈgreɪhaʊnd| *noun* 1) բարակ *(որսկան շուն)* 2) (**ocean greyhound**) օվկիանոսային արագաշարժ շոգենավ

grid |grɪd| **1** *noun* 1) վանդակ; ցանց 2) էլեկտրացանց **2** *verb*

gridiron |ˈgrɪdʌɪən| *noun* 1) մետաղյա կոթավոր ցանց՝ կրակի վրա միս կամ ձուկ խորովելու համար 2) *թատրոն* կախանաձողեր; դեկորակալներ *(բեմի վրա)* 3) *ամերիկյան* *խոսակցական* ֆուտբոլի դաշտ

grief |gri:f| *noun* վիշտ; կսկիծ; թախիծ ◊ **crushing grief** ծանր վիշտ; դժբախտություն. **come to grief** փորձանքի գալ; անհաջողություն կրել. **bring to grief** փորձանք բերել; փորձանքի հասցնել

grievance |ˈgri:v(ə)ns| *noun* 1) վիրավորանք; դժգոհության առիթ 2) դժգոհություն; բողոք

grieve |gri:v| *verb* 1) վշտանալ; վիշտ ապրել; կսկիծ ապրել; մորմոքվել; դարդ անել 2) վշտացնել

grievous |ˈgri:vəs| *adjective* *գրական* *անգլերեն* 1) դառնաղետ; դառը; ցավալի; վշտալի; տխրալի 2) տանջող; տանջալից; ճնշող; ծանր 3) աղաղակող

griffin |ˈgrɪfɪn| (նաև **gryphon** կամ **griffon**) *noun* 1) *առասպելական* արծվառյուծ 2) *փոխաբերական* արթուն պահակ; պահապան շուն 3) գրիֆոն *(որսաշան տեսակ)*

grig |grɪg| *noun* *բարբառային* *բրիտանական* 1) օձաձուկ 2) ճռիկ; ծղրիդ ◊ **as lively/merry as a grig** չափազանց ուրախ/աշխույժ

grill¹ |grɪl| **1** *noun* 1) մետաղյա կոթավոր ցանց; մանղալ *(կրակի վրա միս կամ ձուկ խորովելու համար)* 2) խորոված միս/ձուկ 3) կնիք; դրոշմակ *(փոստային)* **2** *verb* 1) խորովել *(ցանցի վրա)* 2) վառել; այրել *(արևի մասին)* 3) արևի տակ պառկել/խորովվել 4) *ամերիկյան* տանջել; տանջելով հարցաքննել

grill² *noun* տե՛ս **grille**

grille |grɪl| (նաև **grill**) *noun* ցանց; վանդակ *(պաշտպանիչ նպատակների, օդափոխության համար)*

grim |grɪm| *adjective* (**grimmer**, **grimmest**) 1) դաժան; կատաղի; վայրագ 2) սարսափելի; ահեղ; զարհուրելի; խիստ; մռայլ; խոժոռ 3) անողոք; անգութ; անդրդվելի

grimace |grɪˈmeɪs|, |ˈgrɪməs| **1** *noun* ծամածռություն; ծամածռանք **2** *verb* ծամածռություն անել; դեմքը ծամածռել

grime |grʌɪm| **1** *noun* մաշկի մեջ ներծծված կեղտ **2** *verb* կեղտոտել; աղտոտել

grimy |ˈgrʌɪmi| *adjective* (**grimier**, **grimiest**) 1) կեղտոտ; մրոտ 2) թուխ; սևուկ

grin |grɪn| **1** *verb* (**grinned**, **grinning**) 1) ատամները բաց անել; ատամները ցույց տալ 2) (**grin at**) քթի տակ ծիծաղել; քմծիծաղ տալ ◇ **grin and bear it** տոկունությամբ ցավին դիմանալ; արիաբար տանել վիշտը **2** *noun* լայն ժպիտ

grind |graɪnd| **1** *verb* (անցյալ **ground** |graʊnd|) 1) աղալ; աղացվել; այլուր/փոշի դարձնել 2) մանրել; ծեծել 3) ծամել 4) ճնշել; տանջել 5) սրել 6) հղկել; ողորկել 7) կոթը/բռնակը պտտեցնել *(աղացի, երգեհոնիկի)* 8) երգեհոնիկ նվագել 9) սերտել; անգիր անել 10) (**grind at**) տքնաջան աշխատել 11) գլուխը մտցնել; հասկացնել *(աշակերտին)* 12) ատամները կրճտացնել 13) ճռռալ; ճռռոցով քսվել *(որևէ բանի)* **2** *noun* 1) աղալը; մանրելը; փշրելը 2) ծանծրալի աշխատանք ◇ **what a grind!** ո՜նչպիսի ձանձրույթ; ի՜նչ տաղտկալի է 3) զբոսանք *(առողջությանն ամրացնելու համար)* 4) արգելքներով ձիարշավ

grinder |ˈgraɪndə| *noun* 1) սրող; սրորդ; հղկող; հղկիչ 2) աղացող անձ 3) աղաց 4) *ծածկալեզու* անգիր սովորող; սերտող 5) *ծածկալեզու* դասուսույց; սերտողության դասատու 6) *կազմախոսություն* սեղանատամ 7) *խոսակցական* (**grinders**) ատամներ

grindstone |ˈgraɪn(d)stəʊn| *noun* 1) աղացաքար; երկանաքար ◇ **keep a person's nose to the grindstone** ստիպել մեկին անընդհատ աշխատել 2) սրոցաքար; սրաքար

grip |grɪp| **1** *verb* (**gripped**, **gripping**) 1) բռնել; պահել 2) սեղմել 3) ըմբռնել; հասկանալ 4) ուշադրությունը գրավել; հետաքրքրություն առաջացնել 5) հափշտակել; հրապուրել; կլանել **2** *noun* 1) բռնում; բռնելը; բռնելու ձև; բռնելու կարողություն; սեղմում; սեղմելը 2) *տեխնիկական* մամլակ 3) հասկանալու ընդունակություն; ունկնդիրների ուշադրությունը գրավելու կարողություն 4) կոթ; բռնակ 5) *ամերիկյան* ճամպրուկ

get a grip ինքն իրեն տիրապետել

get a grip on տիրապետել; տիրել

lose one's grip 1) դադարել հասկանալ 2) կորցնել իրավիճակի տիրապետումը; դադարել իրավիճակին տիրապետելուց

gripe |graɪp| **1** *verb* 1) բռնել; ճանկել; սեղմել 2) ճնշել 3) ծակծկոց/աղեխիթ առաջացնել **2** *noun* 1) բռնում; սեղմում 2) սեղմիչ; մամլակ 3) բռնակ; կոթ 4) (**gripes**) ծակծկոց; աղեխիթ

grippe |grɪp| *noun* գրիպ

grisly |ˈgrɪzli| *adjective* (**-lier**, **-liest**) սարսափելի; ահարկու

grist |grɪst| *noun* 1) աղուն; աղալու հատիկ 2) շահ; օգուտ ◇ **bring grist to the mill** եկամուտ/շահ բերել 3) ածիկ

grit |grɪt| **1** *noun* 1) ավազահատիկներ; մանր ավազ; մանրախիճ 2) խոշորահատիկ ավազաքար 3) *խոսակցական* հաստատակամություն; տոկունություն 4) քաջություն; արիություն **2** *verb* (**gritted**, **gritting**) 1) ճռռալ; ճռճռալ 2) կրճտացնել *(ատամները)*

put grit in the machine առաջը քար գցել; քարը դեմը գցել; խոչընդոտներ ստեղծել

grits |grɪts| *plural noun* *խոհանոց* վարսակաձավար

gritty |grɪti| *adjective* (**grittier**, **grittiest**) 1) *խոսակցական* վճռական; հաստատակամ; քաջ; արի 2) ավազոտ; ավազածածկ

grizzle¹ |ˈgrɪz(ə)l| **1** *adjective* **2** *noun* 1) ալեհեր մարդ 2) ալեհեր կեղծամ 3) գորշ գույն 4) գորշագույն/մոխրագույն ձի

grizzle² |ˈgrɪz(ə)l| *verb* *խոսակցական* 1) տրտնջալ; սրտնեղել 2) տզտզալ; նվնվալ *(երեխայի մասին)*

grizzly |ˈgrɪzli| **1** *noun* (նաև **grizzly bear**) (հոգն. **-zlies**) հյուսիսամերիկյան գորշ արջ **2** *adjective* (**-zlier**, **-zliest**) գորշ; գորշախառն

groan |grəʊn| **1** *verb* 1) ծանր հառաչել; հոգոց հանել; տնքալ; ախ քաշել ◇ **groan inwardly** վատ տրամադրություն ունենալ; վշտանալ 2) (հաճախ **groan out**) ախուվախով պատմել/խոսել • **groan under/beneath** ճնշված լինել **groan under/with** որևէ ծանրության տակ տնքալ **2** *noun* տնքոց; հառաչ; հառաչանք; թառաչանք; ծանր հոգոց/հառաչանք

groat |grəʊt| *noun* 1) պատմական չորս պենսանոց արծաթադրամ 2) չնչին գումար ◇ **I don't care a groat** թքած; ինձ համար միևնույն է

groats |grəʊts| *plural noun* ձավար *(հատկապես վարսակի)*

grocer |ˈgrəʊsə| *noun* նպարավաճառ

grocery |ˈgrəʊs(ə)ri| *noun* (նաև **grocery store**) (հոգն. **-ceries**) 1) նպարեղենի խանութ 2) (**groceries**) նպարեղեն

grog |grɒg| *noun* գրոգ; փունջ; ջերմօղի

groggy |ˈgrɒgi| *adjective* (**-gier**, **-giest**) 1) թույլ; երերուն 2) հարբած; խմած

groin¹ |grɔɪn| *noun* 1) *կազմախոսություն* աճուկ 2) *ճարտարապետություն* խաչաձև կամար

groin² |grɔɪn| (նաև **groyne**) *noun* պատնեշ; հողապատնեշ *(ափերի ողողումները կանխելու համար)*

groom |gru:m| **1** *verb* 1) մաքրել/խնամել *(ձիուն կամ այլ կենդանու)* ◇ **well groomed** լավ պահված 2) պատրաստել որոշակի նպատակի համար **2** *noun* 1) ձիապան; ձիավոր ծառա 2) սպա *(անգլիական արքունիքի)* 3) *հազվադեպ* (**bridegroom**) փեսացու

groomsman *noun* (հոգն. **-men**) փեսաեղբայր; խաչեղբայր

groove |gru:v| **1** *noun* 1) փորակ; փորաս; ակոս; կտրվածք; բացվածք; մատներ; փոսապարույր 2) սովորություն; սովորական ընթացք *(կյանքի)* **2** *verb* 1) փորակ/ակոս և այլն բանալ 2) ճեղքել; ուղի բանալ *(գետի մասին)*

grope |grəʊp| **1** *verb* 1) շոշափել; շոշափելով փնտրել 2) խարխափել; խարխափելով գնալ 3) *փոխաբերական* շոշափել; որոնել; գտնել 4) շոյել; հետապնդել *(սեռական նկրտումներով)* **2** *noun* շոյում

gropingly *adverb* շոշափելով; խարխափելով

gross |grəʊs| **1** *adjective* 1) մեծ; մեծածավալ; ծավալուն 2) գեր; չաղ 3) ճոխ; փարթամ *(բուսականության մասին)* 4) կոպիտ; կոշտ; յուղոտ *(կերակուր)* 5) խոշոր աղացած 6) թանձր; խիտ *(օդի մասին)* 7) գռեհիկ; կեղտոտ; անպարկեշտ; անվայելուչ; լպիրշ 8) համախառն; մեծաքանակ **2** *adverb* առանց նվազեցումների *(հարկային և* *այլն)* **3** *verb* կազմել գումար առանց նվազեցումների **4** *noun* 1) 144 կտոր; գրոս; տասներկու դյուժին 2) մեծ քանակություն ◊ **by the gross** մեծաքանակ; բոլորը միանգամից *(վաճառք)* 3) համախառն եկամուտ *(առանց նվազեցումների)*

gross domestic product (հպվ. GDP) *noun* *տնտեսագիտություն* համախառն ներքին արդյունք

gross national product (հպվ. GNP) *noun* *տնտեսագիտություն* համախառն ազգային արդյունք

grotesque |grə(ʊ)'tɛsk| **1** *adjective* 1) զավեշտական; ծիծաղաշարժ; անճոռնի; գրոտեսկային 2) անհեթեթ; անմիտ **2** *noun* գրոտեսկ; անճոռնի; զավեշտական էակ/առարկա

grotto |'grɒtəʊ| *noun* (հոգն. **-toes** կամ **-tos**) այր; քարայր; քարանձավ *(բնական և արհեստական)*

grouch |graʊtʃ| **1** *noun* *ամերիկյան խոսակցական* 1) վատ տրամադրություն 2) փնթփնթան մարդ **2** *verb* *ամերիկյան խոսակցական* փնթփնթալ; անդադար դժգոհել

ground[1] |graʊnd| **1** *noun* 1) գետին; հող; գրունտ ◊ **firm ground** ցամաք; ցամաքահող. **till the ground** հողը մշակել. **fall to the ground** վայր ընկնել; խորտակվել *(հույսերի/պլանների մասին)*. **take ground** վայրէջք կատարել. **kiss the ground** i) գետին տապալվել; պարտություն կրել ii) *փոխաբերական* քծնել; սողալ 2) տերիտորիա; երկիր ◊ **debatable ground** i) վիճարկելի տարածք ii) *փոխաբերական* վեճի առարկա. **cover much ground** *փոխաբերական* մեծ տարածություն անցնել; լայն կերպով ընդգրկել 3) հրապարակ ◊ **pleasure ground** խաղահրապարակ 4) *ռազմական* հրապարակ; տերրոդրոմ ◊ **drill ground** վարժահրապարակ. **firing ground** հրետանային հրաձգարան. **practice ground** վարժահրապարակ; սպորտային հրապարակ *(դպրոցի)* 5) (**grounds**) տնամերձ հողամաս; այգի 6) *թատրոն* պարտեր 7) հիմք; հիմունք; շարժառիթ; պատճառ; տեսակետ ◊ **solid ground** լուրջ հիմքեր; ծանրակշիռ պատճառներ. **shift one's ground** տեսակետը փոխել 8) ծովի հատակ ◊ **take the ground** *ծովային* ծանծաղուտի մեջ խրվել. **strike the ground** ծանծաղուտի հանդիպել. **touch the ground** i) հատակին դիպչել *(ծովի, գետի)* ii) *փոխաբերական* թափանցել գործի բուն էության մեջ 9) (**grounds**) նստվածք; մրուր; դիրտ 10) *գեղանկարչություն* նախաներկ; ենթաներկ; գրունտ *(նկարի)* 11) *երաժշտություն* թեմա; հիմնական մեղեդի 12) *էլեկտրականություն* հողանցում **2** *verb* 1) հիմնավորել *(դրույթը, սկզբունքը)* 2) (**ground in**) առարկայի հիմունքները ուսուցանել 3) նախաներկել; աստառաներկել *(նկարը)* 4) գետին դնել; իջեցնել 5) *ծովային* ծանծաղուտի մեջ խրվել 6) *էլեկտրականություն* հողանցում կատարել *(գետնի հետ միացնել)*

above ground կենդանի; ապրող

break ground, break fresh ground 1) խոպանը հերկել; խամ հողը վարել 2) *փոխաբերական* նոր ուղի հարթել

down to the ground *խոսակցական* բացարձակապես; միանգամայն; բոլոր տեսակետներից

forbidden ground արգելված նյութ

gain ground *փոխաբերական* առաջ շարժվել; հաջողություններ ձեռք բերել; մեծ առաջադիմություն ցուցաբերել; համակել; տոգորել; տիրել

give/lose ground 1) նահանջել 2) *փոխաբերական* ետադիմել; դիրքը/ազդեցությունը կորցնել

hold/stand one's ground իր տեսակետը պաշտպանել; իր դիրքերում ամուր կանգնած մնալ

prepare the ground հող նախապատրաստել; պատրաստվել *(ինչ-որ բանի)*

ground[2] |graʊnd| **1** անցյալ և անցյալ դերբայ տե՛ս **grind** **2** *adjective* 1) աղացած; մանրած 2) հղկած

ground floor *noun* ստորին հարկ

get in on the ground floor շահեկան դիրք ստանալ

grounding |'graʊndɪŋ| *noun* 1) առարկայի հիմունքների ուսուցում 2) հիմքը դնելը; հիմքը գցելը 3) նախաներկում; նախաներկելը

groundless |'graʊn(d)lɪs| *adjective* անհիմն; հիմնազուրկ

groundwork |'graʊn(d)wəːk| *noun* հիմք

group |gruːp| **1** *noun* 1) խումբ 2) խմբավորում; ֆրակցիա 3) *ռազմական* ավիամիավորում *(2-4 գունդ)* 4) *ամերիկյան* ավիագունդ **2** *verb* 1) խմբվել; խումբ կազմել; խմբավորվել 2) խմբավորել 3) ներդաշնակ գույներ ընտրել 4) դասակարգել

grouse[1] |graʊs| *noun* (հոգն. նույնը) *կենդանաբանություն* շոտլանդական կաքավ *(Lagopus scoticus)* ◊ **black grouse** ցախաքլոր; անտառաքլոր *(Lyrurus tetrix)*. **greatgrouse, wood grouse** խլահավ; մայրեաքլոր *(Tetrao urogallus)*. **white grouse** սպիտակ կաքավ *(Lagopus lagopus)*. **hazel grouse** անտառակաքավ; աքար *(Tetrastes bonasia)*

grouse[2] |graʊs| **1** *verb* փնթփնթալ **2** *noun* փնթփնթան մարդ

grove |grəʊv| *noun* 1) պուրակ; անտառակ 2) *հանքաբանություն* հանքահոր

grovel |'grɒv(ə)l|, |'grʌv-| *verb* (**groveled**, **groveling**; բրիտ. **grovelled**, **grovelling**) սողալ; քծնել

lie in the dust and grovel մեկի ոտի տակի հողը լիզել; մեկի առաջ սողալ; ստորաքարշություն անել

grow |grəʊ| *verb* (անցյալ **grew** |gruː|; անցյալ դերբայ **grown** |grəʊn|) 1) աճել; մեծանալ; բուսնել 2) ծիլ տալ; ծլել; ընձյուղել; շիվ տալ 3) ուժեղանալ; սաստկանալ *(ցավի մասին)* ◊ **grow in experience** փորձառությամբ հարստանալ; փորձ ձեռք բերել 4) դառնալ; նոր վիճակի անցնել ◊ **she grew pale** նա գունատվեց 5) աճեցնել; երկարացնել *(մորուք, բուրդ)* • **grow down** նվազել; պակասել; կարճանալ **grow into** i) ներաճել ii) դառնալ; փոխվել; վերածվել; հարմարվել **grow on/upon** գնալով ավելի ու ավելի դուր գալ; համակրանքը շահել; հիացմունք առաջացնել **grow out of** գերաճել; սահմաններից դուրս գալ **grow out of use** գործածությունից դուրս գալ **grow over** վրան աճել; խիտ ծածկել *(բուսականության/մազի մասին)* **grow up** i) աճել; մեծանալ; հասունանալ ii) ծագել; զարգանալ; առաջ գալ

grow on trees «ծառերի վրա աճել»; փողոցում թափված լինել

grower |'grəʊə| *noun* այգեգործ; պտղաբույծ

growl |graʊl| **1** *verb* 1) գոռալ; գոռգոռալ; մռնչալ

2) մռմռալ; գռմռալ 3) փնթփնթալ; քրթմնջալ 4) որոտալ **2** *noun* 1) գռռոց; մռնչյուն; մռնչոց; մռմռոց 2) փնթփնթոց; քրթմնջոց 3) թնդյուն; դղրդյուն; որոտ

growler |ˈgraʊlə| *noun* 1) փնթփնթան մարդ 2) փոքր սառցալեռ 3) *ամերիկյան ծածկալեզու* գարեջրի սափոր 4) հնաձև քառանիվ կառք

grown-up **1** *adjective* չափահաս; հասունացած; մեծացած; մեծահասակ **2** *noun* չափահաս/հասունացած/մեծացած/մեծահասակ անձ

growth |grəʊθ| *noun* 1) աճ; զարգացում 2) ծագում; առաջացում 3) ավելացում; աճ 4) թփուտ; մացառուտ ◊ **second growth** մատղաշ անտառ *(կտրելուց հետո աճած)* 5) *բժշկություն* նորագոյացում; ուռուցք

groyne *noun* ալեհատ; ալեկերծ *(պատնեշ)*

Grozny |ˈgrɒzni| Գրոզնի *(Չեչենական Հանրապետության մայրաքաղաքը)*

grub |grʌb| **1** *noun* 1) թրթուր 2) ծանր/սև աշխատանք կատարող մարդ 3) *ծածկալեզու* կերակուր; ուտելիք **2** *verb* (**grubbed**, **grubbing**) 1) փորել; բրել; փխրեցնել 2) հողը մաքրել արմատներից; արմատահան անել; արմատներով հանել 3) փորելով հանել/գտնել 4) *փոխաբերական* հայտնաբերել 5) փորփրել; պրպտել; քրքրել; որոնել *(գրքերում, արխիվներում)*

grubby |ˈgrʌbi| *adjective* (**-bier**, **-biest**) կեղտոտ; փնթի; թափթփված

grudge |grʌdʒ| **1** *noun* անբարյացակամություն; չարակամություն; չկամություն; նախանձ **2** *verb* 1) նախանձել; չկամություն անել; ոխ պահել 2) ափսոսալ; դժկամությամբ տալ ◊ **do you grudge me it?** ափսոսո՞ւմ ես ինձ տալ այդ

bear/have/owe grudge against someone մեկի դեմատելություն ունենալ; մեկի դեմ ոխ ունենալ

grudgingly *adverb* դժկամությամբ; չուզենալով

gruel |ˈgrʊəl| *noun* *խոհանոց* վարսակի շիլա

get/have/take one's gruel խիստ նկատողություն/հանդիմանություն ստանալ; խիստ պատիժ ստանալ; պատժվել; քոթակ ուտել

give sb his gruel խիստ հանդիմանել; շշպռել; խիստ պատժել; քոթակ տալ

gruesome |ˈgruːs(ə)m| *adjective* սարսափելի; սոսկալի; զզվելի; ահավոր

gruff |grʌf| *adjective* 1) կոշտ; կոպիտ 2) կտրուկ; խիստ 3) կոպիտ; խռպոտ *(ձայնի մասին)*

grumble |ˈgrʌmb(ə)l| **1** *verb* 1) քրթմնջալ; փնթփնթալ 2) թնդալ; դղրդալ; որոտալ **2** *noun* 1) փնթփնթոց; քրթմնջյուն 2) տրտունջ; դժգոհություն 3) (**grumbles**) վատ տրամադրություն 4) թնդյուն; դղրդյուն; որոտ

grumbler *noun* փնթփնթան մարդ

grumpy |ˈgrʌmpi| *adjective* (**grumpier**, **grumpiest**) *խոսակցական* մռայլ; դժկամ; ժանգոտ; նթոտ

grunt |grʌnt| **1** *verb* 1) խանչել; խռնչալ; խռթխռթացնել *(խոզի մասին)* 2) փնթփնթալ; քրթմնջալ; մրթմրթալ **2** *noun* 1) խանչյուն; խռնչյուն *(խոզի)* 2) փնթփնթոց; մրթմրթոց 3) շարքային/անհմուտ աշխատող

Guangzhou |gwæŋˈdʒəʊ| (նաև **Kwangchow**) Գուանչժոու *(քաղաք Չինաստանի հարավում)*

guano |ˈgwɑːnəʊ| *noun* (հոգն. **-nos**) թռչնաղբ; գուանո *(պարարտանյութ)*

guarantee |gær(ə)nˈtiː| **1** *noun* 1) երաշխավորություն 2) գրավական; երաշխիք 3) երաշխավոր անձ 4) գրավառու անձ **2** *verb* (**-tees**, **-teed**, **-teeing**) 1) երաշխավորել; վստահեցնել 2) (**guarantee against**) ապահովել; ապահովագրել 3) հաստատել

guarantor |ˌgær(ə)nˈtɔː| *noun* երաշխավորող անձ

guaranty |ˈgær(ə)nti| (նաև **guarantee**) *noun* (հոգն. **-ties**) 1) երաշխավորություն; պարտավորություն 2) գրավ; գրավական; երաշխիք

guard |gɑːd| **1** *verb* 1) (**guarantee from/against**) պահպանել; պաշտպանել 2) պահել; պահպանել; պաշտպանել 3) հսկել; պահպանել; պահպանություն անել 4) արտահայտություններ մեջ զգույշ լինել; չափել-ձևել *(խոսքը, մտքերը)* 5) զսպել; սանձել *(զգացմունքները)* 6) նախազգուշական միջոցներ ձեռք առնել; զգուշանալ **2** *noun* 1) պահակ; պահապան 2) պահակախումբ; թիկնազոր 3) (**Guards**) գվարդիա; բրիտանական բանակի ներքին զորքեր 4) պաշտպանիչ սարք 5) *մարզական* պաշտպանական դիրք *(մարտարվեստներում)* 6) զգոնություն

guardhouse |ˈgɑːdhaʊs| *noun* *ռազմական* 1) պահականոց 2) հաուպտվախտա; զինվորական կալանատուն

guardian |ˈgɑːdɪən| *noun* 1) *իրավունք* խնամակալ 2) վերակացու; պահապան

guardianship *noun* 1) խնամակալություն 2) խնամակալի պաշտոն

guardsman |ˈgɑːdzmən| *noun* (հոգն. **-men**) 1) գվարդիական; ազգային գվարդիայի անդամ 2) *ամերիկյան* պահակ; ժամապահ

Guatemala |ˌgwɑːtəˈmɑːlə| Գվատեմալա *(պետություն Կենտրոնական Ամերիկայում)*

Guatemala City Գվատեմալա *(Գվատեմալա պետության մայրաքաղաքը)*

gudgeon[1] |ˈgʌdʒ(ə)n| *noun* 1) *կենդանաբանություն* ճերմակ խարականիկ *(Gobio gobio, ընտանիք Cyprinidae)* 2) պարզամիտ, միամիտ մարդ 3) կեր; խայծ

gudgeon[2] |ˈgʌdʒ(ə)n| *noun* հեղույս; բույթ; ցցաձող

guerrilla |gəˈrɪlə| (նաև **guerilla**) *noun* 1) պարտիզան 2) պարտիզանական ջոկատ 3) (նաև **war guerrilla**) պարտիզանական կռիվ

guess |gɛs| **1** *verb* 1) կռահել; գուշակել; գլխի ընկնել 2) ենթադրել ◊ **keep somebody guessing** *խոսակցական* տարակուսանքի մեջ գցել; շվարեցնել; շփոթեցնել 3) *ամերիկյան* կարծել; համարել ◊ **I guess** ենթադրում եմ; կարծում եմ **2** *noun* ենթադրություն; կարծիք; կռահում ◊ **by guess** ենթադրաբար; կռահելով

guesswork |ˈgɛswəːk| *noun* ենթադրություններ; սուրճի մրուրի վրա գուշակություններ անելը

guest |gɛst| **1** *noun* 1) հյուր ◊ **paying guest** պանսիոներ 2) հյուրանոցում ապրող մարդ 3) մակաբույծ; պարազիտ *(բույս, կենդանի)* **2** *verb* *խոսակցական* հյուր լինել; հյուրընկալվել

be my guest արեք, ինչպես ուզում եք
guest of honor պատվավոր հյուր

guffaw |gəˈfɔː| **1** *noun* քրքիջ; հռհռոց; քահ-քահ ծիծաղ **2** *verb* քրքջալ; հռհռալ; քահ-քահ ծիծաղել

GUI *համակարգիչներ abbreviation* graphical user interface գործածողի գրաֆիկական միջերես

guidance |ˈgʌɪd(ə)ns| *noun* 1) ղեկավարություն; առաջնորդություն 2) ցուցում 3) խորհուրդ

guide |gʌɪd| **1** *noun* 1) զբոսավար; ուղեկցող; ուղեկցորդ; գիդ; էքսկուրսավար 2) *ռազմական* հետախույզ 3) առաջնորդ; ղեկավար; խորհրդատու 4) ղեկավար սկզբունք 5) ձեռնարկ; դասագիրք; ուղեցույց գիրք; տեղեկագիրք 6) *տեխնիկական* ուղղություն տվող; ուղղորդ սարք **2** *verb* 1) տանել; վարել; ուղեկցել 2) ղեկավարել; առաջնորդել

guidebook |ˈgʌɪdbʊk| *noun* ուղեցույց գիրք; տեղեկագիրք *(զբոսաշրջիկների)*

guidepost |ˈgʌɪdpəʊst| *noun* ցուցանակ

guild |gɪld| (նաև **gild**) *noun* 1) *պատմական* գիլդիա *(վաճառականների միություն)* 2) համքարություն; արհեստակցություն; արհեստակցական համայնք

guildhall |gɪldˈhɔːl|, |ˈgɪld-| *noun* 1) ռատուշա; քաղաքապետարան *(որոշ քաղաքներում)* 2) *պատմական* գիլդիայի/համքարության ժողովասրահ

guile |gʌɪl| *noun* խորամանկություն; նենգություն

guileful *adjective* խորամանկ; նենգ

guileless |ˈgʌɪllɪs| *adjective* պարզամիտ; միամիտ; անկեղծ

guillotine |ˈgɪlətiːn|, |ˌgɪləˈtiːn| **1** *noun* 1) գիլյոտին *(գլխատման մեքենա)* 2) *տեխնիկական* կտրող մեքենա **2** *verb* գիլյոտինով գլխատել

guilt |gɪlt| **1** *noun* հանցանք; մեղք **2** *verb* *խոսակցական* մեղադրել; մեղավոր համարել

guiltless |gɪltlɪs| *adjective* անմեղ; արդար

guilty |gɪlti| *adjective* (**guiltier**, **guiltiest**) 1) հանցավոր; մեղավոր ◊ **guilty** մեղավոր է *(դատավճիռ)*. **plead guilty** իրեն մեղավոր ճանաչել 2) մեղավոր; մեղսագիտակ *(հայացքի մասին)* 3) հանցագործ; ոճրագործ

Guinea |ˈgɪni| Գվինեա *(պետություն Աֆրիկայի արևմուտքում)*

guinea |ˈgɪni| (*հպվ.* **gn.**) *noun* գինեա *(հին անգլիական ոսկեդրամ = 21 շիլինգի)*

Guinea-Bissau |ˌgɪnibɪˈsaʊ| Գվինեա-Բիսաու *(պետություն Աֆրիկայի արևմուտքում)*

guinea fowl *noun* (հոգն. նույնը) 1) *կենդանաբանություն* խայտահավ; նումիդահավ *(ընտանիք Numididae)* 2) *փոխաբերական* եթափորձային ճագար

guinea pig *noun* 1) *կենդանաբանություն* ծովախոզուկ *(Cavia porcellus, ընտանիք Caviidae)* 2) *խոսակցական* *ծովային* միջնամն

guise |gʌɪz| *noun* 1) արտաքին տեսք; կերպարանք 2) դիմակ; պատրվակ ◊ **under the guise of smth** որևէ բանի դիմակի տակ 3) *հնացած* սովորություն; շարժուձև; վարվելակերպ

guitar |gɪˈtɑː| *noun* *երաժշտություն* կիթառ

gulch |gʌltʃ| *noun* *ամերիկյան* ձորակ; հեղեղատ; կիրճ

gulden |ˈgʊld(ə)n| *noun* (հոգն. նույնը կամ **-dens**) գուլդեն *(հոլանդական արծաթադրամ)*

gulf |gʌlf| *noun* 1) ծովածոց; ծովախորշ 2) անդունդ; վիհ; խորխորատ 3) ջրապտույտ; հորձանուտ 4) *ծածկալեզու* առանց գերազանցության դիպլոմ

Gulf States Ծոցի երկրներ *(Պարսից ծոցի ափին տեղադրված երկրներ՝ Իրան, Իրաք, Քուվեյթ, Սաուդյան Արաբիա, Բահրեյն, Կատար և Միավորված Արաբական Էմիրություններ)*

gull¹ |gʌl| *noun* *կենդանաբանություն* որոր; ճայ *(ընտանիք Laridae)*

gull² |gʌl| **1** *verb* խաբել; հիմարացնել **2** *noun* միամիտ/անխելք մարդ

gullet |ˈgʌlɪt| *noun* 1) *կազմախոսություն* կոկորդ; բուկ 2) կերակրափող; որկոր

gullibility |-ˈbɪlɪti| *noun* դյուրահավատություն; դյուրախաբություն

gullible |ˈgʌlɪb(ə)l| *adjective* դյուրահավատ; դյուրախաբ

gully |ˈgʌli| (նաև **gulley**) **1** *noun* (հոգն. **-lies**) 1) լեռնացոգ; հովիտ; հեղեղատ 2) ջրատար առու **2** *verb* հեղեղատներ առաջացնել

gulp |gʌlp| **1** *verb* 1) կուլ տալ; ագահորեն կլանել 2) զսպել *(հուզմունքը, զայրույթը)* 3) արցունքները կուլ տալ 4) շնչասպառ լինել; խեղդվել **2** *noun* 1) մեծ կում; ումպ ◊ **at one gulp** մի շնչով; միանգամից 2) կլանելը; կուլ տալը

gum¹ |gʌm| **1** *noun* 1) խեժ ◊ **gum arabic** արաբախեժ. **gum elastic** ռետին; կաուչուկ 2) *ամերիկյան ծածկալեզու* ռետին; ջնջոց 3) (**gums**) կրկնակոշիկ ◊ **chewing gum** ծամոն 4) խիժաբեր ծառ 5) սոսինձ **2** *verb* (**gummed**, **gumming**) 1) կպցնել; սոսնձել; փակցնել 2) (**gum something up**) խցանել 3) խեժ արտաթորել; խեժ դուրս տալ

gum² |gʌm| **1** *noun* *կազմախոսություն* (**gums**) լինդ **2** *verb* (**gummed**, **gumming**) անատամ լինդերով ծամել

gumboil |ˈgʌmbɔɪl| *noun* *բժշկություն* լնդաբորբ; ֆլյուս

gumboot |ˈgʌmbuːt| *noun* (**gumboots**) ռետինե ճտքակոշիկ

gummy¹ |ˈgʌmi| *adjective* (**-mier**, **-miest**) 1) կպչուն; մածուցիկ; դյուրամած 2) խեժոտ; խեժառատ; խեժավոր; խեժատու 3) բորբոքված; ուռած

gummy² |ˈgʌmi| **1** *adjective* (**-mier**, **-miest**) անատամ **2** *noun* (նաև **gummy shark**) (հոգն. **-mies**) ուտելի շնաձկան տեսակ *(Mustelus antarcticus, ընտանիք Triakidae)*

gumption |ˈgʌm(p)ʃ(ə)n| *noun* *խոսակցական* հնարագիտություն; հնարամտություն; հասկացողություն; խելամտություն; ձեռներեցություն

gumshoe |ˈgʌmʃuː| *noun* 1) *խոսակցական* կրկնակոշիկ 2) *ծածկալեզու* ոստիկան; խուզարկու

gum tree *noun* խիժաբեր/խեժատու ծառ

up a gum tree անելանելի դրության մեջ; փակուղու առաջ

gun |gʌn| **1** *noun* 1) *ռազմական* հրանոթ; թնդանոթ 2) գնդացիր 3) հրացան *(որսորդական)* 4) կարաբին ◇ **air gun** օդաձիգ հրացան. **double barelled gun** երկփողանի հրացան. **smooth-bore gun** հարթափող հրացան. **sporting gun** որսորդական հրացան. **tommy gun, sub-machine gun** ավտոմատ հրացան 5) *ամերիկյան ծածկալեզու* ատրճանակ 6) հրետանային համազարկ; սալյուտ 7) հրաձիգ; նշանաձիգ; որսորդ 8) *ծածկալեզու* գող **2** *verb* (**gunned**, **gunning**) 1) որսորդությամբ զբաղվել; որսորդություն անել 2) *խոսակցական* կրակել 3) հրանոթային կրակով գնդակոծել

stand/stick to one's guns իր դիրքերը չզիջել; իր համոզմունքներին մինչև վերջ հավատարիմ մնալ

gunboat |ˈgʌnbəʊt| *noun ծովային* հրետանանավակ

gun carriage *noun ռազմական* հրետասայլ

gunman |ˈgʌnmən| *noun* (հոգն. **-men**) 1) ատրճանակով զինված մարդ 2) *ամերիկյան ծածկալեզու* բանդիտ; մարդասպան

gunner |ˈgʌnə| *noun* 1) *ռազմական* հրետաձիգ; թնդանոթաձիգ; գնդացրորդ 2) որսորդ

gunnery |ˈgʌnəri| *noun* 1) հրետանագիտություն 2) հրետանային հրաձգություն

gunny |ˈgʌni| *noun* խսիր

gunpowder |ˈgʌnpaʊdə| *noun* վառոդ *(հատկապես սև)* ◇ **white gunpowder** անծուխ վառոդ

gunroom |ˈgʌnru:m|, |-rʊm| *noun* կրտսեր սպաների ընդհանուր նավասենյակ

gunrunning *noun* զենքի ապօրինի ներմուծում

gunshot |ˈgʌnʃɒt| *noun* 1) գնդակի հասողություն ◇ **within gunshot** *փոխաբերական* հրանոթային կրակի հասողության սահմաններում; գնդակի հասողությամբ. **out of gunshot** հրանոթային կրակի հասողության սահմաններից դուրս 2) *պատմական* թնդանոթի ռումբ

gun-shy *adjective* կրակոցից խրտնող/վախեցող

gunsmith |ˈgʌnsmɪθ| *noun* հրացանագործ; զինագործ

gurgle |ˈgə:g(ə)l| **1** *verb* կլկլալ; բլթբլթալ; պճպճալ; կարկաչել **2** *noun* կլկլում; բլթբլթում; կարկաչում; կլկլոց; բլթբլթոց; կարկաչելը

gush |gʌʃ| **1** *verb* 1) տեղալ; թափվել; դուրս ցայտել; հորդել 2) զեղել *(զգացմունքները)* 3) թափվել; դրսևորվել; արտահայտվել *(զգացմունքների մասին)* ◇ **gush into tears** արցունքներով լցնել; ողողել; արցունքների հեղեղ թափել **2** *noun* 1) տարափ; հեղեղ; սրընթաց հորձանք; քամու պոռթկում 2) զեղում *(զգացմունքների)* 3) բառերի հեղեղ

gusher |ˈgʌʃə| *noun* 1) զրուցասեր; իր զգացմունքները ջերմորեն արտահայտող մարդ 2) նավթային շատրվան

gust |gʌst| **1** *noun* 1) ուժեղ պոռթկում *(քամու)* 2) հողմակոծություն 3) հորդ անձրև 4) բռնկում; պոռթկում *(զայրույթի)* **2** *verb* փչել պոռթկումներով

gustation |gʌˈsteɪʃ(ə)n| *noun գրական անգլերեն* համ; ճաշակ

gusto |ˈgʌstəʊ| *noun* (հոգն. **-tos** կամ **-toes**) ճաշակ; համ; բավականություն; հաճույք; հետաքրքրություն; սեր *(որևէ բանի նկատմամբ)*

gusty |ˈgʌsti| *adjective* (**gustier**, **gustiest**) 1) թափընդհատ *(քամու մասին)* 2) մրրկալից; քամոտ *(եղանակի մասին)*

gut |gʌt| **1** *noun* 1) *կազմախոսություն* աղիք ◇ **blind gut** կույր աղիք 2) (**guts**) փորոտիք 3) *փոխաբերական* բովանդակություն ◇ **this has no guts in it** դա ոչ մի արժեք չունի 4) *բժշկություն* կետգուտ; աղելար 5) *խոսակցական* կամքի ուժ; վճռականություն; հոգեկան կորով; արիություն ◇ **a man with plenty of guts** ուժեղ կամքի տեր մարդ 6) լար; նվագալար *(աղիքից)* 7) խոր ձորակ; հեղեղատ **2** *verb* (**gutted**, **gutting**) 1) փորոտիքը հանել 2) դուրս թափել; դատարկել իրերը; խսպառ այրվել; այրվելով ոչնչանալ *(հրդեհի ժամանակ)* 3) կողոպտել; թալանել

bust a gut *խոսակցական* կաշվից դուրս գալ

gutta-percha |ˌgʌtəˈpə:tʃə| *noun* գուտապերչ

gutter |ˈgʌtə| **1** *noun* 1) ջրհորդան; ջրորդան 2) փողոցի առու 3) տականք *(հասարակության)* ◇ **gutter child** անխնամ թողնված կամ անապաստան երեխա. **gutter man** շրջիկ առևտրական; փերեզակ. **gutter press** բուլվարային մամուլ 4) *տպագրություն* լուսանցք *(սյունակների միջև)* **2** *verb* 1) ջրհորդան շինել; առու բացել 2) հոսել; թափվել *(ջրհորդանի միջով, առվով)* 3) հալվել; հալվածքներով ծածկվել *(մոմի մասին)* 4) թրթռալ *(կրակի մասին)*

guttersnipe |ˈgʌtəsnaɪp| *noun արհամարհական* փողոցային/անապաստան երեխա

guttural |ˈgʌt(ə)r(ə)l| **1** *adjective* 1) *կազմախոսություն* կոկորդային 2) ետնաքմային **2** *noun հնչյունաբանություն* ետնաքմային բաղաձայն

guy¹ |gaɪ| **1** *noun* 1) *ամերիկյան ծածկալեզու* տղա; տղամարդ; մարդ ◇ **a regular guy** հիանալի մարդ. **a wise guy** խելոք մարդ 2) խրտվիլակ 3) տարօրինակ հագնված մարդ **2** *verb* 1) ծաղրի առարկա դարձնել 2) ծաղրել; վրան ծիծաղել; ձեռ առնել

guy² |gaɪ| **1** *noun ծովային* 1) պարան; ճոպան; թոկ 2) կայմապարան **2** *verb ծովային* պարաններով ամրացնել; պահճոպաններ դնել; տարաձգել

Guyana |gaɪˈænə| Գայանա *(պետություն Հարավային Ամերիկայի հյուսիսում)*

guzzle |ˈgʌz(ə)l| *verb* 1) ագահությամբ ուտել/խմել; լափել; լակել 2) հարբեցողությամբ վատնել *(փող և այլն)*

guzzler *noun* հարբեցող; անհագ ուտող

Gyandzhe |ˈg j ændʒə| Գանձակ *(քաղաք պատմական Հայաստանի Ուտիք նահանգում, ներկայումս՝ Ադրբեջանում)*

gym |dʒɪm| *noun խոսակցական* 1) տե՛ս **gymnasium** 2) մարմնամարզական ընկերություն 3) մարմնամարզություն; ֆիզիկական դաստիարակություն 4) մարզասրահ

gymnasium |dʒɪmˈneɪzɪəm| *noun* (հոգն. **-siums** կամ **-sia** |-zɪə|) 1) մարմնամարզասրահ; մարմնամարզական դահլիճ 2) գիմնազիա

gymnast |ˈdʒɪmnæst| *noun* մարմնամարզիկ; մարզիկ; գիմնաստ

gymnastic |dʒɪmˈnæstɪk| *adjective* մարմնամարզական

gymnastics |dʒɪmˈnæstɪks| *plural noun* մարմնամարզություն

gynecology |ˌɡʌɪnɪˈkɒlədʒi|, |dʒ-| (բրիտանական **gynaecology**) *noun* գինեկոլոգիա

gyp[1] |dʒɪp| **1** *verb* (**gypped**, **gypping**) *ամերիկյան խոսակցական* խաբեբա; խարդախ **2** *noun* (նաև **gip**) 1) *ամերիկյան ծածկալեզու* շորթել; գողանալ 2) խարդախություն անել; խաբել

gyp[2] |dʒɪp| *noun խոսակցական* ծառա; սպասավոր *(Քեմբրիջի համալսարանում)*

gypsum |ˈdʒɪpsəm| *noun* գիպս

gypsy |ˈdʒɪpsi| (նաև **gipsy**) **1** *noun* (հոգն. **-sies**) տե՛ս **gipsy** **2** *adjective* 1) ոչ արհեստակցական; արհեստակցական միության անդամ չհանդիսացող 2) չարտոնված; չթույլատրված; անօրինական *(գործունեության մասին)*

gyrate |dʒʌɪˈreɪt| *verb* 1) պտտվել; դառնալ *(մի բանի շուրջ)* 2) շուրջանակի շարժվել; պարուրաձև շարժվել

gyration |-ˈreɪʃ(ə)n| *noun* պտույտ; պտտական շարժում

gyratory |dʒʌɪˈreɪt(ə)ri|, |ˈdʒʌɪrət-| *adjective* պտտական

gyre |ˈdʒʌɪə|, |ˈɡʌɪə| **1** *verb բանաստեղծական* պտտվել; պտույտ գալ **2** *noun* 1) պտույտ; շրջապտույտ 2) օղակ; շրջանակ 3) պարույր; գալար

gyroplane |ˈdʒʌɪrə(ʊ)pleɪn| *noun* ուղղաթիռ

gyroscope |ˈdʒʌɪrəskəʊp| *noun տեխնիկական* հոլակ; գիրոսկոպ

Gyumri |ˈɡjʊmri| Գյումրի *(քաղաք Հայաստանի Հանրապետության հյուսիսում)*

gyve |dʒʌɪv|, |ɡʌɪv| *noun հնավանդ բանաստեղծական* (**gyves**) շղթաներ; կապանքներ

Hh

H¹ |eɪtʃ| (նաև **h**) *noun* (հոգն. **Hs** կամ **H's**) 1) անգլերեն այբուբենի ութերորդ տառը ◊ **drop one's H's** «h» չարտասանել այնտեղ, ուր անհրաժեշտ է 2) H տառի ձևը 3) *երաժշտություն* (H) սի *(սի հնչյունի տառային նշանակումը)*

H² 1 *abbreviation* 1) hard կոշտ *(մատիտի մասին)* 2) height բարձրություն 3) henry 4) *խոսակցական* heroin **2** *symbol* 1) enthalpy ջերմապարունակություն 2) hydrogen ջրածին

h 1 *abbreviation* 1) hand ձեռք 2) horse ձի 3) hot տաք *(ջրի մասին)* 4) hour ժամ **2** *symbol ֆիզիկա* Պլանկի հաստատունը

ha¹ |hɑː| (նաև **hah**) *exclamation* պա՜հ; վա՜հ; ի՜նչ ես ասում *(արտահայտում է զարմանք, ուրախություն և այլն)*

ha² *abbreviation* hectare

Habakkuk |ˈhæbəkək|, |həˈbæk-| *աստվածաշնչային* Ամբակում *(Հին Կտակարանի մարգարեական գրքերից մեկը)*

haberdasher |ˈhæbəˌdæʃə| *noun* 1) անձնական առարկաների առևտուր անող; արդուզարդի/գալանտերեայի առևտուր անող 2) *ամերիկյան* տղամարդու սպիտակեղեն վաճառող

haberdashery |ˈhæbədæʃəri| *noun* (հոգն. **-eries**) 1) արդուզարդի առարկաների խանութ; անձնական առարկաների խանութ 2) անձնական/արդուզարդի առարկաներ; գալանտերեա 3) *ամերիկյան* տղամարդու սպիտակեղեն

habit |ˈhæbɪt| **1** *noun* 1) սովորություն; սովորույթ ◊ **from force of habit** ըստ սովորության; սովորությունից դրդված. **fall into a habit of, form a habit** սովորություն ձեռք բերել; սովորություն դառնալ. **break the habit** թողնել սովորությունը; հրաժարվել սովորությունից. **be in the habit of** սովոր լինել; սովորություն ունենալ. **habit is a second nature** սովորությունը երկրորդ բնավորություն է 2) *խոսակցական* կախվածություն *(թմրադեղից)* 3) հատկություն; առանձնահատկություն *(բույսի, կենդանու)* 4) ամազոնկա *(զգեստ)* 5) *հնացած* մարմնի կազմվածք; մարմնակազմություն 6) խեցու կերտվածք 7) *հնացած* հագուստ; զգեստ; շոր **2** *verb հնավանդ* 1) հագցնել 2) հագնել

Habit cures habit. *առած* Սովորույթով սովորույթ են փոխում: Սովորույթով բնավորություն են փոխում:

kick the habit *ամերիկյան* 1) թմրադեղ օգտագործելու սովորությանը վերջ տալ 2) սովորությունից ազատվել; սովորությունից գլուխը պրծացնել

habitable |ˈhæbɪtəb(ə)l| *adjective* 1) բնակելի 2) մարդաբնակ

habitant *noun հնացած* բնակիչ

habitat |ˈhæbɪtæt| *noun* 1) հայրենիք *(կենդանիների/բույսերի առաջացման, ծագման վայր)* 2) բնական միջավայր 3) *խոսակցական* հարազատ վայր; բնակարան; կացարան *(տվյալ մարդու)*

habitation |hæbɪˈteɪʃ(ə)n| *noun* 1) բնակություն; բնակվելը; կենալը; ապրելը *(որոշակի վայրում)* 2) *գրական անգլերեն* բնակարան; կացարան

habitual |həˈbɪtʃʊəl|, |-tjʊəl| *adjective* 1) սովորական; սովորույթի 2) ըստ սովորույթի; թունդ; մոլի *(հարբեցող, ծխող)* 3) մշտական

habitually *adverb* սովորաբար; ըստ սովորույթի

habituate |həˈbɪtʃʊeɪt|, |-tjʊ-| *verb* 1) սովորեցնել; վարժեցնել; ընտելացնել ◊ **be habituated** սովորել; ընտելանալ; վարժվել *(որևէ բանի)* 2) սովորել; վարժվել; ընտելանալ 3) *ամերիկյան խոսակցական* հաճախ այցելել; հաճախել

habitude |ˈhæbɪtjuːd| *noun հազվադեպ* 1) սովորություն; հակում 2) հատկություն; կերտվածք *(մարմնական, հոգեկան)*

habitué |(h)əˈbɪtjʊeɪ| *noun* մշտական հաճախորդ; սովորական այցելու; բնակիչ

hack¹ |hæk| **1** *verb* 1) կտրել; կտրատել; կտոր-կտոր անել 2) *համակարգիչներ* ներխուժել *(համակարգչային համակարգի մեջ)* 3) *խոսակցական* (**hack it**) հաջողացնել 4) քարթել; քարթ-քարթ անել; տաշել *(քարը)* 5) հարվածել սրունքին *(ֆուտբոլի մեջ)* 6) (**hack at**) հարված հասցնել 7) փխրունացնել *(բրիչով)* 8) փշրել ջարդել *(բլունգով)* 9) հազալ չոր հազով **2** *noun* 1) վերք; կտրվածք 2) *մարզական* սրունքի վնասվածք *(հարվածից)* 3) *համակարգիչներ խոսակցական* ներխուժում 4) նշան; քարթ; խազ; կտրվածք 5) բրիչ; բլունգ

political hack կամակատար; ծախու քաղաքական գործիչ

hack² |hæk| **1** *noun* 1) միջակ գրող/լրագրող; բանաքաղ; գրագող 2) ծանր աշխատանքով հաց վաստակող մարդ; օրը օրին հաց վաստակող մարդ; ծանր աշխատանքից հյուծված մարդ 3) հեծնելու ձի 4) վարձու ձի 5) *ամերիկյան* վարձու կառք/փոխադրամիջոց 6) յաբու; քննոտ ձի **2** *verb* 1) ժամանակավոր օգտագործման հանձնել; վարձու տալ *(ձին, ավտոմեքենան և այլն)* 2) ձիով գնալ; ձիավարել 3) ծանր աշխատանքի համար վարձել 4) գռեհկացնել; տափակացնել

hacker |ˈhækə| *noun* 1) *խոսակցական* համակարգչի գիտակ; հմուտ ծրագրավորող; համակարգչամոլ անձ 2) *համակարգիչներ* ճեղքող; խուժորդ; հեն 3) սիրողական/անհմուտ մարզիկ

hackle |ˈhæk(ə)l| **1** *noun* 1) (**hackles**) աքաղաղի վզի փետուրներ ◊ **with his hackles up** կատաղած; մոլեգնած; գազազած; կռվի պատրաստ 2) սանդերք *(վուշ գզելու)* **2** *verb* վուշ գզել

hackney |ˈhækni| *noun* (հոգն. **-neys**) *պատմական* 1) հեծնելու ձի *(ամենօրյա զբոսանքի համար)* 2) *հնացած* վարձու կառք

hackneyed |ˈhæknɪd| *adjective* ծեծված; տափակ *(արտահայտության/գաղափարի մասին)*

hacksaw |ˈhæksɔː| **1** *noun տեխնիկական* մետաղասղոց **2** *verb* (անցյալ դերբայ **-sawn** կամ **-sawed**) մետաղասղոցով կտրել

haddock |ˈhædək| *noun* (հոգն. նույնը) *կենդանաբանություն* իշաձուկ *(ձողաձկան տեսակ. Melanogrammus aeglefinus, ընտանիք Gadidae)*

hafnium |ˈhæfnɪəm| *noun քիմիա* հաֆնիում

haft |hɑ:ft| **1** *noun* կոթ; երախակալ; դաստապան *(դանակի, կացնի, նիզակի)* **2** *verb* կոթ կպցնել *(դանակին, կացնին և այլն)*

hag¹ |hæg| *noun* ջադու; պառավ; վհուկ; կախարդ

hag² |hæg| *noun* 1) տորֆի շերտ 2) ամուր տեղամաս ճահճում

Haggai |ˈhægeɪˌʌɪ| *աստվածաշնչային* Անգե *(Հին Կտակարանի մարգարեական գրքերից մեկը)*

haggard |ˈhægəd| **1** *adjective* 1) տանջահար; հյուծված; հոգնատանջ; հոգնած 2) վայրի; չընտելացված *(բազեի մասին)* **2** *noun* վայրի/չընտելացված բազե

haggle |ˈhæg(ə)l| **1** *verb* սակարկել; վիճել *(գնի մասին)* **2** *noun* սակարկություն

hagridden *adjective* մղձավանջներից տանջահար

Hague |heɪg| Հաագա *(քաղաք Նիդեռլանդներում)*

Haifa |ˈhʌɪfə| Հայֆա *(նավահանգստային քաղաք Իսրայելում)*

hail¹ |heɪl| **1** *noun* կարկուտ **2** *verb* 1) կարկուտի պես թափվել/տեղալ 2) կարկուտի պես թափել/տեղալ

a hail of bullets գնդակների տարափ

hail² |heɪl| **1** *verb* 1) կանչել; ձայն տալ 2) ողջունել; ողջույնի խոսք ասել 3) կանգնեցնել *(տաքսի)* 4) հռչակել; հայտարարել; համբավը տարածել 5) *խոսակցական* ծագել; սերել; սերվել; ծագումով լինել ◊ **where do you hail from** ո՞րտեղացի եք *(ծագումով)* **2** *exclamation հնացած* ողջու՜յն; բարև՜ **3** *noun* ողջույն; ողջույնի խոսք; ձայն տալը; կանչ ◊ **within hail** մարդկային ձայնի լսելիության սահմաններում

be hail fellow well met բոլորի հետ մտերմական հարաբերության մեջ լինել; բոլորի հետ ընկերաբար վարվել

out of hail *ծովային* լսողության սահմանից դուրս

Where do you hail from? *խոսակցական ամերիկյան* Որտեղի՞ց եք ծնունդով:

within hail *ծովային* լսողության սահմանում

hailstone |ˈheɪlstəʊn| *noun* կարկտահատ; կարկտահատիկ

hailstorm |ˈheɪlstɔ:m| *noun* կարկտախառն անձրև; կարկուտի տարափ/տեղատարափ

hair |hɛ:| *noun* 1) *կազմախոսություն* մազ; մազեր; հեր; վարս ◊ **do one's hair** սանրվել 2) կոշտ; բուրդ; ստև; մազ; ցցամազ 3) խավ; մազախավ *(գործվածքների երեսի վրա)* 4) **(a hair)** չնչին քանակություն 5) վարսահարդարում

against the hair կամքին հակառակ; հակառակ ցանկության

both of a hair մի սանրի կտավ; նույն կտավից կարված; նույն խմորից հունցված

bring sb's gray hair to the grave մեկին գերեզման հասցնել

bush/shock/head of hair խիտ/նոխ մազեր; առատ մազեր

comb sb's hair for them մեկի գլուխը լվալ; խիստ հանդիմանել

get/take/have sb by the short hairs իշխել; իրեն ենթարկել; կրնկի տակ պահել

grey hair ծերություն

in one's hair առանց կեղծամի; բնական մազերով

Judas hair կարմիր մազեր

keep your hair on! *ծածկալեզու* հանդա՜րտ; մի՛ տաքացեք; մի՛ բորբոքվեք

lose one's hair 1) մազերը թափվել; ճաղատանալ 2) բարկանալ; ջղայնանալ; իրենից դուրս գալ; տաքանալ

not turn a hair աչքը չթարթել; հոնքն էլ չշարժել; չվախենալ; չհուզվել; անտարբեր մնալ

one's hair stands on end մազերը բիզ-բիզ կանգնել

split hairs մանրուքներով զբաղվել; բծախնդրություն անել

tear one's hair մազերը պոկել գլխից

to a hair իսկ և իսկ; ճիշտ ու ճիշտ; մազ-մազ; առանց մի մազի տարբերության

hairbreadth |ˈhɛ:brɛdθ| *noun* նվազագույն տարածություն ◊ **within a hairbreadth** մազ մնացած. **be within a hairbreadth of death** մազ մնաց, որ մեռներ

hairbrush |ˈhɛ:brʌʃ| *noun* մազերի խոզանակ

haircut |ˈhɛ:kʌt| *noun* մազերի կտրվածք/սանրվածք

hairdo |ˈhɛ:du:| *noun* (հոգն. **-dos**) *խոսակցական* 1) սանրվածք; հարդարվածք 2) մազերը հարդարելը

hairdresser |ˈhɛ:drɛsə| *noun* վարսավիր; վարսահարդար

hair dryer |ˈhɛ:drʌɪə| (նաև **hair drier**) *noun* վարսահարդարիչ; ֆեն

hairline |ˈhɛ:lʌɪn| *noun* 1) բարակ/նուրբ գիծ 2) մազագիծ; մազերի գիծ *(ճակատի վրա)* 3) բարակ պարան; կարթաթել *(մազից գործած)*

hairpin |ˈhɛ:pɪn| **1** *noun* մազակալ; հերակալ; ծամկալ *(U տառի տեսքն ունեցող՝ մազերի սանրվածքը ամրացնող քորոց)* **2** *adjective* U տառի տեսքն ունեցող

hairsplitting **1** *adjective* բծախնդիր; մանրախնդիր **2** *noun* մանրախնդրություն; բծախնդրություն

hair spray |ˈhɛ:spreɪ| (նաև **hairspray**) *noun* մազերի լաք

hairstyle |ˈhɛ:stʌɪl| *noun* սանրվածք

hairstylist |ˈhɛ:stʌɪlɪst| (նաև **hair stylist**) *noun* հմուտ վարսահարդար

hairy |ˈhɛ:ri| *adjective* (**hairier**, **hairiest**) 1) մազոտ; մազաշատ; թավամազ 2) խավոտ; խավավոր; կոշտ *(գործվածք)* 3) մազանման 4) *խոսակցական* դժվար; ծանր; վտանգավոր

hairy about the heel *ծածկալեզու* անքաղաքավարի; անբարեկիրթ; բիրտ; իրեն պահել չիմացող; կոպիտ; վայրենի արջ; անտաշ; կոշտ ու կոպիտ

Haiti |ˈheɪti| Հայիթի *(պետություն Կարիբյան ծովի Հիսպանիոլա կղզու արևմտյան մասում)*

hajj |hædʒ| (նաև **haj** կամ **hadj**) *noun* հաջ; մահմեդական ուխտագնացություն դեպի Մեքքա

halberd |ˈhælbəːd| (նաև **halbert**) *noun* պատմական սակրատեգ; տապարատեգ

halcyon |ˈhælsɪən|, |-ʃ(ə)n| **1** *adjective* երանելի; երանավետ; անդորր; խաղաղ *(անցյալ ժամանակահատվածի մասին)* **2** *noun* կենդանաբանություն ալկիոն; ծղնի *(թռչուն, Genus Halcyon, ընտանիք Alcedinidae)*

hale¹ |heɪl| *adjective* առողջ; առույգ; կորովի ◇ **hale and hearty** i) կենսուրախ; առույգ ու պինդ *(ծերերի մասին)* ii) պինդ; ամրակազմ; առույգ; պնդակազմ; պինդ-պինդ

hale² |heɪl| *verb* հնացած քաշել; ձգել

half |hɑːf| *noun* (հոգն. **halves** |hɑːvz|) 1) կես; մաս ◇ **by halves** կիսատ-պռատ; թերի; թերավարտ. **the larger half** ավելի մեծ մասը 2) խաղակես; խաղափուլ 3) կիսամյակ 4) տե՛ս **halfback** **2** *predeterminer, pronoun, adjective* կես; մասնակի; կեսը կազմող **3** *adverb* կիսով չափ; մասամբ; մասնակիորեն; որոշ չափով

cry halves հավասար բաժին պահանջել; իր բաժինը պահանջել

do sth by halves կիսատ/անփնամ անել; ի միջի այլոց անել; կիսատ-պռատ անել; թերի անել; ավարտին չհասցնել; կանգնել կես ճանապարհին

go halves կեսն ունենալ; կես անել; հավասար բաժանել

half and half կես առ կես; երկու հավասար մասերի; և՛ այո, և՛ ոչ; ո՛չ այս, ո՛չ այն; ո՛չ մեկը, ո՛չ մյուսը

half as much կրկնակի անգամ քիչ

half as much again մեկուկես անգամ ավելի շատ

half the battle գործի կեսը; հաջողության/հաղթանակի գրավական

Never do things by halves. Գործը կես-կես մի՛ արա: Գործը կիսատ-պռատ մի՛ արա:

not half բավարար; տանելի

not half bad շատ լավ; վատ չէ

one's better half մեկի «լավագույն» կեսը; թանկագին կեսը *(ամուսիններից մեկի մասին, առավելապես՝ կնոջ)*

one's worse half կատակային ամուսին; մեկի «վատ» կեսը

The first blow is half the battle., A good beginning is half the battle. *առած* Լավ սկիզբը գործի կեսն է: Առաջին պայքարը մարտի կեսն է:

The half is more than the whole. *լատիներեն* Լավ կեսը վատ ամբողջից շատ է: Լավ է քիչ, բայց որակով:

half-and-half **1** *adverb, adjective* 1) հավասար քանակով խառնված 2) կիսատ; կիսակատար; կիսատ-պռատ; անորոշ; տատանվող; ո՛չ այս, ո՛չ այն **2** *noun* 1) կաթի և սերի խառնուրդ 2) բաց և մուգ գարեջրի խառնուրդ

halfback *noun* *ֆուտբոլ* կիսապաշտպան

half-baked *adjective* 1) *փոխաբերական* կիսավարտ; չմտածված; խակ; անփորձ *(գաղափարի/տեսության մասին)* 2) կիսաեփ; կիսահում 3) հիմար

half-bred **1** *adjective* խառնածին; կես ազնվացեղ **2** *noun* խառնածին կենդանի; կիսով չափ ազնվացեղ կենդանի

half-breed **1** *noun* *վիրավորական* 1) մետիս; խառնածին 2) *բուսաբանություն* հիբրիդ **2** *adjective* խառնածին կենդանի

half-brother (նաև **half brother**) *noun* 1) արյունակից եղբայր *(մեկ հորից, բայց տարբեր մայրերից և ընդհակառակը)* 2) արգանդակից եղբայր

half crown (նաև **half-crown** կամ **half a crown**) *noun* *պատմական* կես կրոնանոց դրամ *(=1/2 շիլինգի)*

halfhearted *adjective* 1) անտարբեր; անվճռական; առանց ոգևորության/խանդավառության 2) անվճռական; վախկոտ; թուլամորթ

half-length **1** *adjective* կիսով չափ երկար **2** *noun* *արվեստ* կիսանկար *(մինչև գոտկատեղը)*

half note (բրիտանական **minim**) *noun* *երաժշտություն* կես ձայնանիշ

halfpenny |ˈheɪpnɪ| (նաև **ha'penny**) *noun* (հոգն. տարբեր մետաղադրամների համար **-pennies**, գումարի համար **-pence** |ˈheɪp(ə)ns|) կես պենի *(դրամ)*

half-sister (նաև **half sister**) *noun* արյունակից քույր; արգանդակից քույր *(մեկ հորից, բայց տարբեր մայրերից և ընդհակառակը)*

halftime *noun* 1) *մարզական* խաղակես 2) կրճատված/կես աշխատանքային օր

halfway |hɑːfˈweɪ|, |ˈhɑːfweɪ| *adverb, adjective* 1) կես ճանապարհին գտնվող 2) *որպես մակբայ* կես ճանապարհին ◇ **meet sb halfway** *փոխաբերական* փոխզիջման գնալ; փոխզիջում անել 3) *ամերիկյան* կիսավարտ; կիսատ; կիսակատար 4) *ամերիկյան* կիսով չափ; մասամբ; մասնակիորեն

halfwitted |-ˈwɪtɪd| *adjective* թուլամիտ; հիմար; տխմար

half-yearly *adjective, adverb* 1) կիսամյա; կես տարվա; կիսամյակային 2) կես տարին մեկ

hall |hɔːl| *noun* 1) նախասենյակ; ընդունարան 2) *ամերիկյան* միջանցք 3) սրահ; դահլիճ; ընդհանուր ճաշասրահ *(անգլիական քոլեջներում)* 4) հանրային շենք ◇ **Town Hall** քաղաքապետարան. **drill hall** ձիամարզարան 5) կալվածատիրոջ տուն *(Անգլիայում)* 6) *ամերիկյան* դպրոցի/քոլեջի շենք

hallmark |ˈhɔːlmɑːk| **1** *noun* 1) հարգադրոշմ; փորձադրոշմ; հարգ *(թանկագին մետաղների վրա դրված դրոշմ, որ ցույց է տալիս դրանց մեջ զուտ ոսկու, արծաթի և այլնի քանակը)* 2) *փոխաբերական* բնորոշ գիծ; առանձնահատկություն; հատկանիշ; յուրահատկություն *(որակով ապրանքի և այլնի)* **2** *verb* 1) հարգադրոշմ դնել 2) *փոխաբերական* որևէ բանի կնիք դնել; դրոշմել

hallo *exclamation, noun, verb* 1) բարև՛; ողջո՛ւյն 2) տե՛ս **halloo**

halloo |həˈluː|, |hæ-| **1** *exclamation* 1) հե՜յ; էհե՜յ; է՜յ 2) հո՛ւ; քը՛ս; քըս-քը՛ս *(ձայնարկություն, որով շանը գրգռում են որսի ժամանակ)* **2** *noun* բարև՛; ողջո՛ւյն **3** *verb* (**-loos**, **-looed**) 1) քըսքըս անել; շանը քսի տալ 2) *փոխաբերական* դրդել; գրգռել 3) գոռալ; հե՜յ կանչել

hallow |ˈhæləʊ| **1** *verb* 1) որպես սրբություն պաշտել; համարել; ներբողել 2) *գրական անգլերեն* օրհնել; նվիրագործել; սրբագործել 3) (**hallowed**) հարգված; մեծարգո **2** *noun* *հնավանդ* սուրբ

hallucination |həˌluːsɪˈneɪʃ(ə)n| *noun* զգայախաբություն; պատրանք; հալյուցինացիա

hallucinogenic |-ˈdʒenɪk| *adjective* պատրածին

hallway |ˈhɔːlweɪ| *noun* *ամերիկյան* միջանցք; նախասենյակ

halo |ˈheɪləʊ| **1** *noun* (հոգն. **-loes** կամ **-los**) 1) լուսապսակ; ճաճանչապսակ; փառապսակ 2) *փոխաբերական* փառք; հռչակ; համբավ 3) ճաճանչներ; շողեր; օղակ *(որևէ մեկի մազերի և այլնի մասին)* **2** *verb* (**-loes**, **-loed**) լուսապսակել; ճաճանչապսակով շրջապատել

halogen |ˈhælədʒ(ə)n|, |ˈheɪl-| *noun* *քիմիա* 1) հալոգեն; աղածին 2) *որպես ածական* հալոգենային *(լամպի մասին)*

halt¹ |hɔːlt| **1** *verb* 1) կտրուկ կանգնեցնել; դադարեցնել ◇ **halt!** կա՛նգ առ 2) կտրուկ կանգ առնել; դադարել **2** *noun* 1) կանգառ; դադար; երթադադար ◇ **call a halt** i) *փոխաբերական* ընդհատել; դադարեցնել; կանգ առնել; վերջ տալ ii) *ռազմական* դադար նշանակել; դադարեցնել հարձակումը. **come to a halt** կանգ առնել 2) *երկաթուղային* կիսակայարան

cry halt դադարեցնել; վերջ դնել/տալ; վերջակետ դնել

halt² |hɔːlt| *հնացած* **1** *adjective* կաղ **2** *verb* 1) տատանվել; վարանել 2) կմկմալ; կմկմալով խոսել 3) կաղալ 4) տատանվել; վարանել

halter¹ |ˈhɔːltə| **1** *noun* 1) ձիու կապ; պախուրց; երասանակ; առասան 2) *հնացած* կախաղանի պարան/թոկ ◇ **come to the halter** կախաղանի արժանանալ; կախաղան հանվել; կանգ առնել; վերջ տալ **2** *verb* 1) ձին կապել; պախուրցել; երասանակ դնել 2) կախել; կախաղան բարձրացել

put a halter round one's neck *փոխաբերական* իրեն իր պարանոցին օղակ հագցնել; իրեն իր պարանոցին օղակ գցել

halter² |hælˈtɪə| (նաև **haltere**) *noun* *միջատաբանություն* մակաթևիկներ; հետնաթևիկներ

halve |hɑːv| *verb* 1) կիսել; կես առ կես բաժանել 2) կիսով չափ կրճատել 3) կիսվել; կես լինել; երկատվել; բաժանվել

ham¹ |hæm| *noun* 1) ազդրամիս; ազդր *(կենդանու)* 2) ապխտած ազդր; խոզապուխտ 3) (**hams**) հետույք; ազդրեր

ham² |hæm| **1** *noun* 1) խիստ թատերական դերասան 2) խիստ թատերական կատարում 3) *ամերիկյան* ռադիոսիրող **2** *verb* (**hammed**, **hamming**) *խոսակցական* խիստ թատերականացնել

Hamburg |ˈhæmbəːg|, |ˈhæmbʊrk| Համբուրգ *(նավահանգստային քաղաք Գերմանիայում)*

hamburger |ˈhæmbəːgə| *noun* համբուրգեր

hamlet |ˈhæmlɪt| *noun* գյուղակ; շեն

hammer |ˈhæmə| **1** *noun* 1) մուրճ; կռան 2) մուրճիկ; մուրճ *(անուրղի)* 3) *մարզական* մուրճ 4) *մարզական* (**the hammer**) մուրճի նետում 5) *ռազմական* հրահան; շնիկ **2** *verb* 1) մուրճով խփել; մեխել; խփելով ներս մտցնել 2) դարբնել; կռել; կոփել; դրոշմել; դրվագել 3) պարտապանին սնանկ հայտարարել 4) *խոսակցական* (**hammer sb for sth**) խիստ քննադատել *(դատափետել)* • **hammer at** i) համառ կերպով աշխատել որևէ բանի վրա; եռանդով աշխատել որևէ բանի վրա ii) կպչել; ետևից ընկնել; պնդերեսություն անել; օձիքից կպչել; ձանձրացնել **hammer in/into** մեխել; խփել; խփելով ներս մտցնել **hammer out** i) կոփել; կռել; դարբնել ii) *փոխաբերական* հնարել; գտնել **hammer together** իրար մեխել; խփելով միացնել

be hammer and tongs հաշտ ու համերաշխ չլինել; շարունակ գժտվել; շուն ու կատու լինել

between hammer and anvil մուրճի և զնդանի արանքում

fall upon sth/sb hammer and tongs ողջ եռանդով գործի անցնել; վճռականությամբ գործի անցնել; ոգևորված գործի կպչել; թևքերը քշտելով գործի կպչել

up to the hammer *խոսակցական* առաջնակարգ; գերազանց

hammering |ˈhæmərɪŋ| *noun* 1) մեխում; մեխելը; խփելով ներս մտցնելը 2) կռում; կոփում; դարբնում 3) թխկոց; չխկոց; շխկոց; հարված 4) *խոսակցական* հարված; ծեծ; ջախջախիչ պարտություն

hammock |ˈhæmək| *noun* ցանցաճոճ; կախովի մահիճ; ցամակ; մահիճ *(նավում, արևադարձային երկրներում)*

hamper¹ |ˈhæmpə| *noun* 1) զամբյուղ; կողով *(կափարիչով՝ սպիտակեղենի համար)* 2) զամբյուղ; կողով *(կափարիչով՝ զբոսախնջույքի համար ուտելիքով ու ամանեղենով)* 3) քաղցրեղենով և ուտելիքով լի զամբյուղ; քաղցրեղենով և ուտելիքով լի թղթե տոպրակ *(որպես նվեր)*

hamper² |ˈhæmpə| **1** *verb* խանգարել; արգելք/խոչընդոտ հանդիսանալ; դժվարացնել **2** *noun* *ծովային* անհրաժեշտ, բայց խոշոր իր

hamstring |ˈhæmstrɪŋ| **1** *noun* *կազմախոսություն* ծնկատակի ջիլ **2** *verb* (անցյալ և անցյալ դերբայ **-strung**) ծնկատակի ջիլը կտրելով հաշմել

hand |hænd| **1** *noun* 1) ձեռք; դաստակ ◇ **shake hands** բարևել; ողջունել; ձեռք սեղմել. **clasp hands** ձեռքը սեղմել. **join hands** i) միմյանց ձեռքը սեղմել ii) *փոխաբերական* ջանքերը միացնել; ձեռք ձեռքի տված գործել; միասին գործել. **hands off!** ձեռքերդ հեռո՛ւ. **hands up!** ձեռքերդ վե՛ր. **at hand** ձեռքի տակ; հենց այստեղ; մոտիկ; մոտ; մոտակայքում; հարևանությամբ; քթի տակ *(նաև ժամանակի մասին)*. **at the hands of** որևէ մեկի կողմից/ձեռքով. **at first hand** սկզբնաղբյուրից; անմիջականորեն. **at second hand** լսածով; ոչ սկզբնաղբյուրից; լսածի հիման վրա; ոչ անմիջականորեն. **by hand** ձեռքով; ձեռքով կատարվող/արվող. **by the hand** ձեռքից. **on hand** i) պատրաստ; առձեռն; տրամադրության տակ ii) *ամերիկյան* մոտիկ; առկա. **come to hand** ձեռքն ընկնել 2) առջևի թաթ 3) *որպես ածական* ձեռքի 4) ծափահարություն; ծափողջույններ 5) ժամացույցի սլաք 6) ճութ; ողկույզ *(բանանի)* 7) (**hands**) տիրապետություն; տնօրինություն; իշխանություն ◇ **in hand** ձեռքի տակ; իշխանության/տնօրինության տակ; ձեռքին; կատարման ընթացքի մեջ. **keep in hand** ձեռքում պահել; վերահսկողության տակ պահել; ենթարկել; կախյալ վիճակում պահել. **get out of hand** չլսել; անհնազանդ դառնալ; ձեռքից դուրս գալ 8) (**a hand**) ղեկավարություն; դեր; ազղեցություն *(որևէ գործում)* 9) (**a hand**) օգնական; օգնող ձեռք 10) ճարպկություն; ճարտարություն; շնորհք; վարպետություն 11) ձեռագիր; ստորագրություն *(որևէ մեկի)* 12) վարձու աշխատավոր; աշխատող ձեռք; բանվոր 13) (**hands**) բանվորական ուժ; աշխատավոր ձեռքեր ◇ **factory hand** գործարանային բանվոր. **farm hand** գյուղատնտեսական բանվոր 14) *թղթախաղ* խաղացող; խաղացողի ձեռքում եղած խաղաթղթերը ◇ **show one's hand** *փոխաբերական* խաղաթղթերը բաց անել; հետին մտադրությունը երևան բերել 15) առաջացրած զգացողություն *(հատկապես գործվածքի)* 16) կատարող; անող ◇ **a good hand at** ճարպիկ; վարպետ. **an old hand at** փորձված; փորձառու 17) կողմ ◇ **on the one hand ... on the other hand** մի կողմից ... մյուս կողմից 18) (**hands**) անձնակազմ *(նավի)* 19) թիզ; թզաչափ **2** *verb* 1) տալ; հանձնել; ձեռքը տալ; մեկնել մեկին 2) օգնել *(վագոն/կառք մտնելիս)* 3) մեկի հասցեին ասել/անել; մեկի վերաբերյալ ասել *(վիրավորական խոսքեր և այլն)* • **hand down** i) իջնելիս օգնել; ձեռքը բռնել ii) կտակել; ավանդ թողնել **hand in** հանձնել; ձեռքը տալ; տալ *(դիմում)* **hand out** i) բաժանել; բաշխել ii) իջեցնել; օգնել իջնելու *(գնացքից, տրամվայից)* **hand over** հանձնել; տալ *(մեկի միջոցով)* **hand up** մոտ բերել; մոտեցնել; բարձրացնել

a cold hand, a warm heart սառը ձեռք, տաք սիրտ

a free hand անկաշկանդ ձեռքեր; գործունեության լրիվ ազատություն

all hands *ծովային* անձնակազմ; նավի հրամանատարություն

an open hand շռայլ; առատաձեռն/ձեռնբաց

a numb hand անճոռնի/անճարակ մարդ; ապիկար/անշնորհք մարդ

ask for a lady's hand մեկի ձեռքը խնդրել; ամուսնության առաջարկ անել

at any hand ամեն դեպքում; ինչ էլ որ լինի; համենայն դեպս

at no hand *հնացած* ոչ մի դեպքում; ոչ մի ձևով; ոչ մի կերպ

at single hand *հնացած* առանց կողմնակի օգնության

bear/have a hand in մասը խառը լինել; մասնակից լինել; մի բանի մեջ մասնակցություն ունենալ

be out of sb's hands անկախ/անձեռնմխելի լինել *(որևէ մեկից)*

bind hand and foot 1) ձեռք ու ոտք կապել 2) արգելել; արգելք հանդիսանալ

bite the hand that feeds you հաց տվող ձեռքը կծել; սև ապերախտությամբ հատուցել

by the left hand ապօրինի ծնունդ; ընկեցիկ; ապօրինածին; անօրինածին

By this hand., For my hand. *հնացած* Աստծով եմ երդվում: Աստվա՛ծ վկա:

change hands ձեռքից-ձեռք անցնել; ուրիշի ձեռքն ընկնել

chuck one's hand in հանձնվել; հաղթվել; զենքը ցած դնել; պարտվել

come out with clean hands, have clean hands *աստվածաշնչային* «մաքուր ձեռքեր» ունենալ; ձեռքից մաքուր լինել; ձեռնաքաշություն չունենալ; անմեղ լինել; ազնիվ լինել

eat out of sb's hand *առած* մեկի դուդուկի տակ պարել; կամակատար լինել; հնազանդվել; առանց առարկության ենթարկվել

fall into sb's hands ձեռքը/թաթն ընկնել *(ինչ-որ մեկի)*

fold one's hands ձեռքերը ծալել-նստել; գործ չանել; մատը մատին չտալ

foul one's hands with sb/sth ձեռքերը կեղտոտել մեկի վրա; իրեն ստորացնել/ցածրացնել

fresh/green hand անփորձ մարդ; փորձ չունեցող աշխատող; սկսնակ

gain/have/get the upper hand հաղթել; գերազանցել; մեկի հանդեպ գերազանցություն ունենալ; մեկին պահել ձեռքի մեջ

get one's hand in ձեռքը վարժեցնել; ընտելանալ

get oneself in hand արագորեն տիրապետել իրեն; հավաքել իրեն; ուշքի գալ

get the better hand առավելություն ձեռք բերել

give a free hand ձեռքերի կապանքները արձակել; գործողությունների ազատություն տալ; իր հայեցողությամբ ազատ գործելու հնարավորություն տալ; իր կամքին թողնել

give a helping hand to sb մեկին օգնության ձեռք մեկնել

give sb one's hand and heart տալ մեկին իր ձեռքն ու սիրտը; սիրո առաջարկություն անել

go hand in hand with 1) ձեռք-ձեռքի տալ; ձենձենի տալ; իրար բռնել; իրարից անբաժան գործել 2) ներդաշնակված լինել; զուգորդվել

hand in glove with, hand and glove with մոտ; բարեկամական հարաբերությունների մեջ

hand in one's accounts/checks *ամերիկյան* հաշիվները մաքրել կյանքի հետ; մեռնել; ոտքերը տնկել/ձգել

hand it to somebody պատշաճը մատուցել; ընդունել մեկի գերազանցությունը

hand of writ *շոտլանդական* ձեռագիր

hand over fist/hand *փոխաբերական* արագորեն և թեթևորեն; առանց դժվարության; չմտածված; թեթևամտորեն

hands down հեշտությամբ; դյուրությամբ; առանց դժվարության/ջանքի; առանց ճիգի

have a free hand գործողությունների ազատություն ունենալ

have a heavy hand աչքի ընկնել դաժանությամբ; դաժանորեն պատժել

have long hands ազդեցիկ/հզոր մարդ լինել

have one's hands full չունենալ ոչ մի ազատ րոպե; ազատ վայրկյան չունենալ; չափազանց զբաղված լինել; մինչև կոկորդը գործի մեջ խրված լինել; քիթ սրբելու ժամանակ չունենալ

have sb's fate in one's hands, have sb's life in one's hands մեկի կյանքն իր ձեռքում ունենալ; մեկի ճակատագիրն իր ձեռքում պահել

hold up one's hands ձեռքերը վեր բարձրացնել; հանձնվել

in huckster's hands *հնացած* դժվար/անհույս վիճակում հայտնվել; Մոռացի՛ր այդ մասին:

in the turn of a hand մի ակնթարթում; աչքը թարթելու պահին

keep hands in pockets պարապ-սարապման գալ; անգործ նստել

kiss one's hand to օդային համբույր տալ/հղել

lay violent hands on բռնի գրավել; զավթել; հափշտակել
light hand 1) ճարպկություն; հմտություն; վարժվածք 2) պատշաճ վարք; քաղաքավարություն/վարվեցողություն; նրբանկատություն
live by one's hands ֆիզիկական աշխատանքով ապրել; ապրուստի միջոց վաստակել/հայթայթել
live from hand to mouth 1) ապրել այսօրվա օրով; վաստակածը ծախսել; օրվա վաստակն օրն ուտել; չկարողանալ խնայել; ծայրը ծայրին հասցնել 2) կիսաքաղց ապրել; մի կերպ քարշ տալ գոյությունը
make no hand of sth ի վիճակի չլինել բացատրելու ինչ-որ բան
Nothing is stolen without hands. *առած* Առանց կրակի ծուխ չի լինում: Գողն առանց ձեռքերի չի լինի:
Not to let one's left hand know what one's right hand does. *աստվածաշնչային* Թող ձախ ձեռքը չիմանա, թե աջն ինչ է անում:
off hand 1) հանպատրաստից 2) անքաղաքավարի կերպով; անփույթ; անփութորեն
One hand washes another. *առած* Ձեռքը ձեռք է լվանում, երկուսը՝ երես: Մերձավորներն իրար նեցուկ են:
on one's hands մեկի ձեռքի տակ; մեկի պատասխանատվության տակ
out of hand 1) անմիջապես; նույն ժամին; իսկույն; իսկույնևեթ 2) չհնազանդվող; մոլեգին; հախուռն
play a lone hand, play one's hand alone խաղը մեն-մենակ վարել; միայնակ գործել
play one's hand for all it is worth ամբողջությամբ օգտագործել հանգամանքները/հնարավորությունները; բոլոր հնարավորություններն օգտագործել; բոլոր միջոցները գործի դնել նպատակին հասնելու համար
pump sb's hand *ամերիկյան* մեկի ձեռքը թափահարել; մեկի ձեռքը ցնցել
read sb'd hand ձեռքը կարդալ; ձեռնագուշակություն անել
turn one's hand to ձեռնարկել; սկսել
win hands down հեշտությամբ ձեռք բերել
win sb's hand առաջարկել իր ձեռքն ու սիրտը և ստանալ համաձայնություն; տիրել մեկի սրտին; նվաճել մեկի սիրտը; ամուսնանալ; պսակվել
with both hands ամբողջ ուժով; ողջ կարողությամբ; հնարավորին չափ
write a hand like a foot *հնացած* ծուռտիկ-մուռտիկ գրել; տգեղ/անհավասար գրել; ագռավի չանչերի նման գրել

handbag |ˈhæn(d)bæg| *noun* 1) կանացի ձեռնապայուսակ 2) ձեռքի ճամպրուկ

handball *noun* *մարզական* ձեռքի գնդակ; ձեռնագնդակ

handbarrow *noun* 1) պատգարակ 2) ձեռնասայլակ

handbill |ˈhæn(d)bɪl| *noun* գովազդաթռուցիկ

handbook |ˈhæn(d)bʊk| *noun* ձեռնարկ; տեղեկագիրք; ուղեցույց

handcart |ˈhæn(d)kɑ:t| *noun* ձեռնասայլակ

handcuff |ˈhæn(d)kʌf| **1** *noun* ձեռնաշղթաներ; ձեռնակապանքներ **2** *verb* ձեռնաշղթաներ/ձեռնակապանքներ հագցնել

handful |ˈhæn(d)fʊl|, |-f(ə)l| *noun* (հոգն. **-fuls**) 1) մի բուռ; բռաչափ; ափաչափ 2) *փոխաբերական* փոքր քանակություն; մի բուռ *(մարդկանց)* 3) *խոսակցական* պատուհաս; կրակի կտոր; անախորժություն
be a handful անկառավարելի լինել
become a handful անկառավարելի դառնալ

hand grenade *noun* *ռազմական* ձեռքի նռնակ

handgrip |ˈhæn(d)grɪp| *noun* 1) բռնակ; բռնելատեղ 2) ձեռքի սեղմում 3) ձեռնամարտ; ձեռնակռիվ

handhold |ˈhændhəʊld| *noun* կոթ; բռնակ; բռնելատեղ

handicap |ˈhændɪkæp| **1** *noun* 1) թերություն; արատ; հաշմանդամություն; անաշխատունակություն 2) արգելք; խոչընդոտ 3) *մարզական* հանդիկապ *(թույլերի հավասարեցում ուժեղներին՝ որևէ առավելություն տալու միջոցով)* 4) ձիարշավ *(որին մասնակցում են տարբեր տարիքի և տարբեր արժանիքների ձիեր)* **2** *verb* (**-capped**, **-capping**) 1) *մարզական* հակառակորդների ուժերը հավասարեցնել 2) աննպաստ դրության մեջ դնել 3) արգելք հանդիսանալ; դժվարացնել

handicapped |ˈhændɪkæpt| *adjective* 1) ֆիզիկապես/մտավորապես անլիարժեք; արատավոր; ֆիզիկական թերություն ունեցող; մտավոր արատ ունեցող 2) հաշմանդամ

handicraft |ˈhændɪkrɑ:ft| *noun* 1) արհեստ; ձեռարվեստ; ձեռքի աշխատանք 2) ճարպկություն; ճարտարություն; շնորհք; հմտություն; վարպետություն

handily *adverb* ճարպկորեն; վարպետորեն

handiwork |ˈhændɪwə:k| *noun* 1) (**one's handiwork**) մեկի ձեռքի գործը; մեկի արածը 2) աշխատանքի ուսուցում; ձեռքի աշխատանք 3) ձեռագործ; բանվածք; ձեռքով շինած բան

handkerchief |ˈhæŋkətʃɪf| *noun* 1) թաշկինակ 2) պարանոցի թաշկինակ; գլխաշոր; վզկապ
with handkerchief in one hand and sword in the other մի ձեռքին թաշկինակ, մյուսին՝ սուր; կոկորդիլոսի արցունք թափող; սուտ ողբացող; վայնասուն գցող

handle |ˈhænd(ə)l| **1** *verb* 1) ձեռք տալ; դիպչել; ձեռքում պահել 2) գործածել 3) վարել; գործածել *(նաև մեքենա)* 4) *խոսակցական* վերաբերմունք ցույց տալ; վարվել *(մեկի, մի բանի հետ)* 5) մեկնաբանել; որոշակի մոտեցում ցուցաբերել *(հարցին, խնդրին)* 6) ի վիճակի լինել զբաղվելու; ի զորու լինել զբաղվելու; հնարավորություն ունենալ զբաղվելու; գործ ունենալ; լուծել; տակից դուրս գալ *(դժվար դրության)* 7) առևտուր անել; վաճառել 8) (**handle oneself**) իրեն պահել; վարվել; որոշակի վարք ցուցաբերել **2** *noun* 1) կոթ; բռնակ 2) *փոխաբերական* (**a handle on**) մոտենալու միջոց; հասկանալու միջոց; կառավարելու միջոց; առիթ 3) *խոսակցական* անուն
fly/go/slip off the handle հավասարակշռությունը կորցնել; ինքն իրենից դուրս գալ; բռնկվել; գազազել
give a handle առիթ տալ; հնարավորություն ներ-

կայացնել
handle of the face *կատակային* «դեմքի զարդ»; քիթ
handle to one's name *կատակային* «ազգանվանը կից» տիտղոս; «ազգանվանը կից» կոչում
handle without gloves/mittens դաժանորեն/կոպիտ վարվել; անխղճորեն վերաբերվել; ձևականությունների հետևից չընկնել
take by the best handle 1) ինչ-որ բան հասկանալու լավագույն ձևը գտնել 2) լավագույնս օգտվել իրավիճակից

handlebar |ˈhænd(ə)lbɑːz| *noun* ղեկ *(հեծանիվի, մոտոցիկլետի)*

handmade |hæn(d)ˈmeɪd| *adjective* ձեռքի; ձեռքով արված; ձեռքով պատրաստված; «ձեռքի աշխատանք»

hand-me-down **1** *noun* 1) գործածված; բանեցրած; ոչ նոր 2) ժառանգված իր/հագուստ **2** *adjective* ժառանգված *(հագուստի և այլնի մասին)*

handout |ˈhændaʊt| *noun* 1) *ամերիկյան* ողորմություն *(աղքատին տրվող)* 2) բաժանելիք; ազդաթուղթ *(տպված նյութ, որն անվճար բաժանում են դասախոսության մասնակիցներին կամ որպես գովազդ)*

handpick (նաև **hand-pick**) *verb* հատ-հատ ընտրել

handrail |ˈhændreɪl| *noun* ճաղաշարք; բազրիք

handshake |ˈhæn(d)ʃeɪk| *noun* 1) իրար ձեռք սեղմելը; ձեռքսեղմում *(բարևելիս, համաձայնության գալիս)* 2) *համակարգիչներ* ձեռքսեղմում

handsome |ˈhæns(ə)m| *adjective* (**-somer**, **-somest**) 1) գեղեցիկ; վայելչակազմ; գեղահասակ *(տղամարդու մասին)* 2) ներկայանալի; պատկառելի *(կնոջ մասին)* 3) որակյալ; բարձրորակ; ընտիր 4) զգալի; բավական մեծ *(գումարի և այլնի մասին)* 5) մեծարժեք; շռայլ 6) լավ *(վերաբերմունքի մասին)*
Handsome is as handsome does., Handsome is that handsome does. Մարդու մասին դատում են ոչ թե խոսքով, այլ գործով: Մարդուն գործով են ճանաչում, ոչ թե խոսքով: Իսկապես գեղեցիկ է նա, ով գեղեցիկ արարքներ է գործում:

handwork |ˈhændwəːk| *noun* ձեռքի աշխատանք

handwriting |ˈhændrʌɪtɪŋ| *noun* ձեռագիր; ձեռագրագիր

handwritten *adjective* ձեռագիր; ձեռքով գրված

handy |ˈhændi| *adjective* (**handier**, **handiest**) 1) հարմար; կոկիկ *(գործածության համար)* 2) առձեռն; ձեռքի տակ գտնվող 3) վարպետ; հմուտ
as handy as a pocket in a shirt *ամերիկյան խոսակցական* շատ հարմար; համապատասխան; պիտանի; հարմարավետ

handyman |ˈhændɪmæn| *noun* (հոգն. **-men**) 1) բոլոր գործերի մեջ ճարտար/վարպետ *(մարդ)* 2) օգնական; օժանդակ բանվոր

hang |hæŋ| **1** *verb* (անցյալ **hung** |hʌŋ| բացի 7-րդ իմաստից) 1) կախել; կախ տալ 2) (**be hung with**) զարդարված լինել *(նկարներով և այլն. պատերի մասին)* 3) կախվել; կախված լինել; կախ ընկնել 4) տեղադրել *(դռան և այլնի մասին)* 5) կախ ընկնել 6) փակցնել *(պաստառ)* 7) (անցյալ **hanged**) կախաղան հանել; մահապատժի ենթարկել 8) օդում կախված լինել *(ծխի և այլնի մասին)* 9) *համակարգիչներ* կախվել • **hang about** i) անգործ շրջել; պարապ-սարապման գալ; թրև գալ; թափառել ii) շրջապատել; խմբվել *(մեկի շուրջը)* **hang back** i) տատանվել; վարանել ii) ետ-ետ գնալ; ընկրկել **hang down** i) կախ ընկնել; կախվել ii) կախ գցել; կախել **hang on** i) ամուր բռնել; ամուր կառչել; համառել ii) հույս դնել; ապավինել **hang out** i) կախ տալ; դուրս կախել *(դրոշակները)* ii) դուրս կախվել *(լուսամուտից)* **hang over** i) վրան կախվել; կռանալ; կախ ընկնել; կախվել ii) գլխին կախված լինել; սպառնալ *(վտանգի մասին)* iii) իջնել; թափվել *(մազերի մասին)* iv) դիզվել; կախվել *(ամպերի մասին)* **hang together** i) համախմբվել; միասնական լինել; միասնաբար գործել ii) *խոսակցական* տրամաբանական/կապակցված լինել; իրար համապատասխանել; միմյանց հետ համընկնել **hang up/upon** i) ձգձգել; ուշացնել ii) *խոսակցական* հեռախոսի լսափողը կախել; խոսակցությունը դադարեցնել iii) կախկխել; կախոտել *(նկարները)* iv) փռել *(սպիտակեղենը)* **hang upon somebody's lips/words** հրճվանքով/հիացմունքով լսել; ուշադրությամբ կլանել յուրաքանչյուր բառը. **hang it!/hang you!** կորի՛ր; գրողի ծո՛ցը գնա. **hang heavy on one's hands** դանդաղ առաջ գնալ; դանդաղ անցնել *(ժամանակի մասին)* **2** *noun* 1) թեքություն; թեքվածք; շեղություն 2) հագուստը մեկի վրա նստելու ձևը; կախվելու ձևը 3) նշանակություն; իմաստ 4) գործելակերպ *(մեքենայի և այլնի)* ◇ **not a hang** ամենևին
get the hang of sb հասկանալ/փորձել մեկին
get the hang of sth հմտություն վաստակել; որևէ բան անելու կարողություն ձեռք բերել; յուրացնել ինչ-որ բան; հարմարվել մի բանի; մի բանի էությունը հասկանալ
hang by a hair մազից կախված լինել; գտնվել ճգնաժամային վիճակում
I'll be hanged if... *խոսակցական* Գլուխս կկտրեմ, եթե *(արտահայտում է կտրուկ հրաժարում/մերժում/հաստատում)*
Never hang a man twice for one offence. Մի հանցանքի համար երկու անգամ չեն պատժում:

hangar |ˈhæŋə| **1** *noun* հանգար; օդանավաշենք; օդանավարան; ծածկ; սրահ; կառատուն **2** *verb* հանգարում տեղավորել

hangdog |ˈhæŋdɒg| *adjective* 1) մեղավոր; իր արածից ամաչող *(դեմքի արտահայտության մասին)* 2) խաբեբա; սրիկա; ավազակ; կախաղանի արժանի մարդ

hanger |ˈhæŋə| *noun* 1) կախող; կախ տվող *(մարդու մասին)* 2) կեռիկ; կեռ 3) կախիչ; կախարան *(հագուստի)* 4) *տեխնիկական* կախոց

hanger-on *noun* (հոգն. **hangers-on**) 1) ձրիակեր; պնակալեզ; հացկատակ 2) *արհամարհական* արբանյակ; կամակատար; մանկլավիկ 3) խորամանկ/ճարպիկ մարդ

hanging |ˈhæŋɪŋ| **1** *noun* 1) կախաղան հանելը 2) կախում; կախելը 3) վարագույր; գոբելեն; գորգ *(պատին կամ մահճակալի շուրջը կախված)* **2** *adjective* 1) օդում կախված 2) կախովի

hangman |ˈhæŋmən| *noun* (հոգն. **-men**) դահիճ; կախող

hangnail |ˈhæŋneɪl| *noun* ծլեպ; ծղունգ *(եղունգի մոտի պոկված կաշի)*

hangover |ˈhæŋəʊvə| *noun ամերիկյան* 1) խումար; զարթխում; մախմուր *(հարբելուց հետո առաջացած գլխացավ և այլն)* 2) վերապրուկ; անցյալի ժառանգություն

hang-up *noun խոսակցական* խնդիր; հուզող հարց

hank |hæŋk| *noun* կծիկ; կաժ

hanker |ˈhæŋkə| *verb* (**hanker after**) տենչալ; ձգտել; երազել; ըղձալ; ծարավի լինել

hanky-panky |hæŋkɪˈpæŋki| *noun խոսակցական կատակային* 1) աչքակապություն; անպարկեշտություն; ձեռնածություն; խորամանկություն; խաբեբայություն; սրիկայություն 2) գաղտնի սեռական կապեր

Hanoi |hæˈnɔɪ| Հանոյ *(Վիետնամի մայրաքաղաքը)*

hansel |ˈhæns(ə)l| (նաև **handsel**) **1** *noun* 1) Նոր տարվա նվեր; ամանորյա ընծա 2) առաջին մուծում; վճար; կանխավճար; գրավական 3) *փոխաբերական* կանխավայելում **2** *verb* (**-seled**, **-seling**; բրիտ. **-selled**, **-selling**) 1) նվեր/ընծա տալ 2) շնորհանդես անել

hansom |ˈhæns(ə)m| (նաև **hansom cab**) *noun պատմական* երկանիվ կառք *(կառապանի համար նստատեղով ետևում)*

Hanukkah |ˈhænʊkə|, |x-| (նաև **Chanukah**) *noun* Հանուկա *(հրեական տոն)*

hap |hæp| *հնացման* **1** *noun* 1) բախտ 2) դիպված; բախտավոր/հաջող դիպված **2** *verb* (**happed**, **happing**) պատահել; լինել; կատարվել

by/in/on/through hap պատահաբար

haphazard |hæpˈhæzəd| *adjective* պատահական; անկազմակերպ; անկարգ; խառնիխուռն

at/by haphazard պատահաբար; բախտի բերմամբ

hapless |ˈhæplɪs| *adjective* դժբախտ; չարաբաստիկ

haploid |ˈhæplɔɪd| *ժառանգաբանություն* **1** *adjective* միահավաքածու **2** *noun մանրակենսաբանություն* միահավաքածու բջիջ/օրգանիզմ

happen |ˈhæp(ə)n| *verb* 1) պատահել; տեղի ունենալ; կատարվել 2) պատահել; վիճակվել; բաժին ընկնել; կատարվել մեկի հետ 3) բարեբախտություն ունենալ; բախտ ունենալ

happen to do պատահաբար լինել; պատահաբար տեղի ունենալ

happening |ˈhæp(ə)nɪŋ| **1** *noun* 1) դեպք; պատահմունք; դիպված 2) իրադարձություն; նշանակալի դեպք 3) հանդիսատեսների մասնակցությամբ ներկայացում **2** *adjective խոսակցական* նորաձև

happily *adverb* 1) հաջող կերպով; հաջողությամբ 2) բարեբախտաբար 3) հաճույքով

happiness *noun* երջանկություն; բախտավորություն

Happiness takes no account of time. *առած* Երջանիկները ժամերը չեն հաշվում: Երջանիկները ժամանակը չեն հարցնում: Երջանիկները ժամացույցին չեն նայում:

happy |ˈhæpi| *adjective* (**-pier**, **-piest**) 1) բախտավոր; երջանիկ; հաջողակ 2) հաջող; համապատասխան; հարմար 3) (**happy with**) գոհ; բավարարված; ուրախ 4) պատրաստակամ; հոժար; բարյացակամ

happy-go-lucky *adjective* անհոգ; լավատես; թեթև; զվարթ

harangue |həˈræŋ| **1** *noun* 1) հանդիսավոր ճառ; դիմում *(հասարակությանը)* 2) ճամարտակություն; մեծախոսություն; շաղակրատանք **2** *verb* 1) ճառ արտասանել; ճառով դիմել 2) ճամարտակել; մեծ-մեծ խոսել

Harare |həˈrɑːri| Հարարե *(Զիմբաբվեի մայրաքաղաքը)*

harass |ˈhærəs|, |həˈræs| *verb* 1) անհանգստացնել; նեղել; ձանձրացնել; սաստիկ հոգնեցնել 2) հաճախակի հարձակումներ գործել; ուժասպառ անել *(թշնամուն)*

harassment *noun* 1) ագրեսիա; անհանգստացում 2) ներտում; հետապնդում; հետամտում; անհանգստացնելը; համառ ձգտում *(սեռական բնույթի)*

harbinger |ˈhɑːbɪn(d)ʒə| *noun* նախագուշակ; նախակարապետ; լրաբեր

harbor |ˈhɑːbə| (բրիտանական **harbour**) **1** *noun* 1) նավահանգիստ; նավակայան 2) ապաստարան; օթևան 3) *փոխաբերական* պաշտպանություն; ապաստան **2** *verb* 1) տածել *(բացասական զգացմունքը)* 2) թաքցնել; ծածկել *(վատ միտքը, մտադրությունը)* 3) ապաստան տալ; թաքցնել; պահել *(հանցագործին)* 4) *հնացած* նավահանգստում խարիսխ գցել; խարիսխ գցած կանգնել

hard |hɑːd| **1** *adjective* 1) պինդ; կարծր; ամուր ◇ **hard and fast** i) խստորեն սահմանված; կայուն; խիստ *(կանոն)* ii) ծանծաղուտի մեջ խրված; ափ նետված *(նավի մասին)* 2) *փոխաբերական* ամուր; ուժեղ 3) հիմնավոր; հավաստի; արժանահավատ *(տեղեկության մասին)* 4) ճշգրիտ; չափելի *(գիտության բնագավառի մասին)* 5) կոշտ *(ջրի մասին)* 6) կայուն *(արժույթի և այլնի մասին)* 7) *հնչյունաբանություն* խուլ; կոշտ *(բաղաձայնի մասին)* 8) ջանասեր; եռանդոտ 9) դժվար; ծանր *(աշխատանք, ժամանակներ)* 10) խստասիրտ; անխիղճ; անողորմ 11) դաժան; խիստ *(ձմեռվա մասին)* 12) տհաճ; սուր 13) ուժեղ; սաստիկ *(սառնամանիքի մասին)* 14) ուժգին; շեշտակի 15) թունդ *(հատկապես օղու մասին)* 16) ծայրահեղական; արմատական *(կուսակցության մեջ խմբավորման վերաբերյալ)* 17) կիպ; ձիգ 18) հորդ *(անձրևի մասին)* 19) չոր; կոշտ 20) խիստ գոհհիկ; խիստ բաց *(պոռնկագրության մասին)* 21) ծանր **2** *adverb* 1) եռանդով; եռանդագին; ջանադրաբար; հաստատակամորեն 2) ուժգին; թափով 3) հաստատապես; ամուր կերպով 4) դժվարությամբ 5) ծանր; վատ ◇ **go hard with sb** մեկին ցավ պատճառել; մեկի համար վատ լինել; շատ դժվարություններ առաջացնել 6) մոտ; մոտիկ ◇ **hard by, hard at hand** շատ մոտ; կրնկակոխ

as hard as a bone քարի պես պինդ; քարի պես ամուր; քարի պես չոր

as hard as iron խիստ; դաժան; կապարի պես

ծանր
hard and fast որոշված; անփոփոխ *(կանոնի մասին)*
hard copy *համակարգիչներ* թղթագիր պատճեն
hard going դժվարըմբռնելի; անդուր
hard of hearing ականջից ծանր; ծանր լսողությամբ
hard up *խոսակցական* փողի նեղության մեջ
when hard comes to hard *հնացած* ծայրահեղ/վատթարագույն դեպքում; ճարահատյալ

hardback |ˈhɑ:dkʌvə| *adjective, noun* կոշտ կազմ; կոշտ կազմով

hard-bitten |hɑ:dˈbɪt(ə)n| (նաև **hardbitten**) *adjective* դիմացկուն; տոկուն; կայուն; համառ; ցինիկական

hard-boiled *adjective* 1) պինդ խաշած *(ձու)* 2) խիստ; չոր *(բնավորության մասին)* 3) կարծրասիրտ; խստասիրտ; սառնասիրտ; զուսպ *(մարդու մասին)* 4) *ամերիկյան* փորձված; կյանքը տեսած; կոփված

hard cash *noun* կանխիկ դրամ *(ի տարբերություն մուրհակների կամ այլ վճարատեսակների)*

hard copy *noun* *համակարգիչներ* թղթային պատճեն

hard core *noun* 1) միջուկ; ակտիվիստներ 2) հարդքոր *(փոփ և փանք երաժշտության ոճ)* 3) բաց/անպատկառ պոռնկագրություն

hard disk *noun* *համակարգիչներ* կարծրապնակ

harden |ˈhɑ:d(ə)n| *verb* 1) պնդանալ; կարծրանալ; ամրանալ 2) պնդացնել; կարծրացնել; ամրացնել 3) որոշակիանալ; ձևավորվել; վերածվել մի բանի 4) դաժանանալ; անողոքանալ; անզգայանալ 5) քարացնել; դաժան/անողոք դարձնել 6) *փոխաբերական* թրծվել; կոփվել; ամրապնդվել 7) *փոխաբերական* թրծել; կոփել; ամրապնդել 8) *տեխնիկական* մխել *(մետաղը)* 9) ցեմենտացնել; ածխահագեցնել *(պողպատը)*

hardheaded *adjective* գործնական; պրակտիկ; լուրջ; լրջմիտ; զգաստամիտ; չոր; սառը

hard-hearted *adjective* քարսիրտ; քարասիրտ; խստասիրտ; անխիղճ; անգութ; անողորմ; դաժան

hardihood |ˈhɑ:dɪhʊd| *noun* *հնացած* 1) քաջություն; համարձակություն 2) հանդգնություն

hardily *adverb* քաջաբար; արիաբար

hardly |ˈhɑ:dli| *adverb* 1) հազիվ; հազիվհազ; հազիվ թե; դժվար թե 2) հազիվ; դեռ նոր *(գործողության սկսվելու վերաբերյալ)* 3) դժվարությամբ; մի կերպ 4) *հնացած* խստիվ; խիստ կերպով

hard-shell *adjective* 1) ամուր խեցի ունեցող; ամուր պատյան ունեցող *(կակղամորթների/ընկուզեղենի վերաբերյալ)* 2) անսասան; անդրդվելի; անճողողող; աներեր; աննկուն

hardship |ˈhɑ:dʃɪp| *noun* 1) զրկանք; կարիք; նեղություն; դժվարություն 2) փորձություն

hardware |ˈhɑ:dwɛ:| *noun* 1) երկաթեղեն; երկաթեղեն իրեր 2) *համակարգիչներ* սարքակազմ 3) գործիքներ *(հողագործական և այլն)* 4) *ռազմական* զենք; զինամթերք

hardwood |ˈhɑ:dwʊd| *noun* կարծր փայտանյութ

hard-working (նաև **hardworking**) *adjective* ջանադիր; աշխատասեր; եռանդուն

hardy |ˈhɑ:di| *adjective* (**-dier**, **-diest**) 1) դիմացկուն; տոկուն; կայուն 2) համարձակ; խիզախ; աներկյուղ; անվախ 3) պինդ; կարծր 4) ցրտակայուն; ցրտադիմացկուն *(բույսի մասին)*
half hardy ձմռանը դրսում չդիմացող *(բույսի մասին)*

hare |hɛ:| **1** *noun* *կենդանաբանություն* նապաստակ *(ընտանիք Leporidae)* ◇ **hare and hounds** *մարզական* նապաստակ և շուն *(խաղ)* **2** *verb* *բրիտանական* արագ վազել
cook a hare before catching him *առած* նապաստակ չբռնած՝ տապակել; արջը չսպանած՝ մորթին վաճառել; ձուկը ջրում՝ առևտուր անել
First catch your hare. *առած* Ճտերն աշնանն են հաշվում: Արջը չսպանած՝ մորթին մի՛ վաճառիր: Առուն թռի՛ր, հետո ասա՝ հո՛պ:
Hares may pull dead lions by the beard. *առած* Նապաստակն էլ կարող է սատկած առյուծի մորուքը քաշել: Թույլերի մեջ՝ ուժեղ:
hunt/run the wrong hare հաշվարկներում սխալվել; սխալ հետքերով գնալ; սխալ մարդու մեղադրել
If you run after two hares, you will catch neither. *լատինական ասացվածք* Երկու նապաստակի հետևից ընկնողը ոչ մեկին չի հասնի: Մի ձեռքով երկու ձմերուկ չես բռնի: Ծառի հետևից ընկնողը քչին էլ չի հասնի:
run with the hare and hunt with the hounds և՛ նալին խփել, և՛ մեխին; փորձել բավարարել երկու հակամարտող կողմերին
seek a hare in a hen's nest *հնացած* հավի բնում նապաստակ փնտրել; էշը վերցնել՝ տակը ձի ման գալ; զուր ջանքեր թափել

harebrained |ˈhɛ:breɪnd| *adjective* չմտածված; անխոհեմ; թեթևամիտ; անխելամիտ

harelip |hɛ:ˈlɪp| *noun* *վիրավորական բժշկություն* պառատ շրթունք; շրթաճողթուկ

harem |ˈhɑ:ri:m|, |hɑ:ˈri:m|, |ˈhɛ:rəm| *noun* հարեմ; կանանոց

haricot |ˈhærɪkəʊ| (նաև **haricot bean**) *noun* 1) *խոհանոց* (**haricot bean**) կանաչ լոբի 2) *խոհանոց* *(հատիկ լոբի)* 3) *խոհանոց* ռագու *(մսով և բանջարեղենով կերակուր)*

hark |hɑ:k| *verb* *բանաստեղծական* լսել; ականջ դնել ◇ **hark!** լսի՛ր; սո՛ւս; ակա՛նջ արա
hark back անցյալին վերադառնալ

harlequin |ˈhɑ:lɪkwɪn| **1** *noun* 1) *թատրոն* արլեքին; արլեկին 2) խեղկատակ; ծաղրածու **2** *adjective* խայտաբղետ; գույնզգույն

harlot |ˈhɑ:lət| *noun* *հնավանդ* պոռնիկ; բոզ; ծախու/անբարո կին

harm |hɑ:m| **1** *noun* վնաս; կորուստ; չարիք; վիրավորանք ◇ **it will do no harm** վնաս չի տա. **do harm** վնասել. **get/come to harm** դժբախտության/փորձանքի մեջ ընկնել. **keep out of harm's way** չարիքից/փորձանքից խուսափել **2** *verb* 1) վնասել; վնաս տալ; վնաս հասցնել 2) վատ անդրադառնալ; վատ ազդեցություն թողնել
come to harm վնասվածք ստանալ; տուժել; հաշ-

մանդամ դառնալ; խեղանդամվել
mean/think no harm վատ մտադրություն/վատ դիտավորություն չունենալ
No harm done. Վնաս չկա: Ոչ ոք չի վնասվել: Ամեն ինչ բարեհաջող է: Կորուստ չկա:

harmful |ˈhɑːmfʊl|, |-f(ə)l| *adjective* վնասակար; վտանգավոր; կորստաբեր; կործանարար

harmless |ˈhɑːmlɪs| *adjective* անվնաս; անվնասակար; անվտանգ; անշառ
as hamless as a dove աղավնու պես անմեղ; աղավնու պես հեզահամբույր; աղավնու պես մեղմաբարո; գառան պես հեզ

harmonic |hɑːˈmɒnɪk| **1** *adjective* 1) *երաժշտություն* հարմոնիկ; ներդաշնակ *(հարմոնիայի սկզբունքների վրա հիմնված)* 2) ներդաշնակ; բարեհնչյուն **2** *noun* *երաժշտություն* *ֆիզիկա* հարմոնիկ *(հիմնական ալիքի կամ տատանման հաճախության ամբողջ թվով բազմապատիկ հաճախությամբ տատանում)*

harmonica |hɑːˈmɒnɪkə| *noun* շրթհարմոն

harmonious |hɑːˈməʊnɪəs| *adjective* 1) ներդաշնակ; համաչափ; գեղակազմ 2) համաձայն; համերաշխ 3) ներդաշնակ; բարեհնչյուն

harmonium |hɑːˈməʊnɪəm| *noun* ֆիսհարմոն *(երաժշտական գործիք)*

harmonize |ˈhɑːmənʌɪz| *verb* 1) ներդաշնակ/համապատասխան լինել; ներդաշնակել; համապատասխանել 2) ներդաշնակ դարձնել; համաձայնեցնել 3) *երաժշտություն* վերադաշնակել *(հարմարեցնել երաժշտական երկը մի այլ ձայնով կամ նվագարանով կատարելու համար)* 4) ներդաշնակորեն երգել

harmony |ˈhɑːməni| *noun* (հոգն. **-nies**) 1) ներդաշնակություն; բարեհնչյունություն 2) *երաժշտություն* հարմոնիա; ներդաշնակագիտություն *(ուսմունք երաժշտական ստեղծագործության մեջ ներդաշնակության ճիշտ կառուցման մասին)* 3) համաձայնություն; համերաշխություն ◇ **be in harmony with sb** որևէ մեկի հետ համերաշխ լինել; լեզու գտնել որևէ մեկի հետ. **be out of harmony with sb** մեկի հետ անհամերաշխ լինել; լեզու չգտնել որևէ մեկի հետ

harness |ˈhɑːnɪs| **1** *noun* 1) լծասարք; հեծելասարք 2) *պատմական* զենք ու զրահ; սպազենք; հեծյալի սպառազինություն ◇ **in harness** i) աշխատանքի մեջ; պարտականությունները կատարելիս ii) առօրյա աշխատանքի մեջ; ամենօրյա լուծը վզին. **die in harness** պաշտոնը կատարելիս մեռնել 3) թոկ; պարաններ *(օդապարիկն ամրացնելու կամ փոքր երեխային մոտակայքում պահելու համար)* **2** *verb* լծել; սանձահարել; կառավարել
double harness ամուսնություն; ամուսնական կյանք
run in double harness ամուսնացած լինել; ամուսնական կյանքով ապրել

harp |hɑːp| **1** *noun* 1) *երաժշտություն* տավիղ 2) տե՛ս **harmonica** **2** *verb* *հնացած* տավիղ նվագել ◇ **harp on** անընդհատ նույն բանը կրկնել; միշտ նույն երգը երգել; շարունակ գրել նույն թեմայով; շարունակ խոսել միևնույն բանի մասին
Hang one's harp on the willows. *ասացվածք* *անգլիական* Ուրախությունից հետո՝ տխրություն: Ծատ խնդալու վերջը լացն է:

harper |ˈhɑːpə| *noun* տավղահար; տավիղ նվագող

harpist |ˈhɑːpɪst| *noun* տավղահար

harpoon |hɑːˈpuːn| **1** *noun* *ծովային* հարպուն; որսատեգ; ձկնորսական եռաժանի **2** *verb* եռաժանիով խփել/որսալ

harpsichord |ˈhɑːpsɪkɔːd| *noun* *երաժշտություն* կլավիկորդ *(հնատեսակ դաշնամուր)*

harpy |ˈhɑːpi| *noun* (հոգն. **-pies**) 1) *հունական դիցաբանություն* հարպիա *(կնոջ գլխով գիշատիչ թռչուն)* 2) շահասեր/ընչաքաղց անձ

harridan |ˈhærɪd(ə)n| *noun* ջադու; վհուկ; պառավ կին; կովարար պառավ

harrier¹ |ˈhærɪə| *noun* կողոպտիչ; թալանչի

harrier² |ˈhærɪə| *noun* *կենդանաբանություն* բարակ; որսկան շուն *(նապաստակ որսացող)*

harrier³ |ˈhærɪə| *noun* *կենդանաբանություն* մկնաբազե; մկնաճուռակ; ճերմակաբազե *(Circus, ընտանիք Accipitridae)*

harrow |ˈhærəʊ| **1** *noun* տափան; ցաքան **2** *verb* 1) տափանել; ցաքանել 2) ցավ/վիշտ պատճառել; վիրավորել; վերք հասցնել
under the harrow դժբախտության/ձախորդության/նեղության/փորձանքի մեջ

harry |ˈhæri| *verb* (**-ries**, **-ried**) 1) ավերել; ամայացնել; քանդել; կողոպտել; թալանել 2) տանջել; հոգին հանել; չարչարել

harsh |hɑːʃ| *adjective* 1) անհոլոր; ծակող *(ձայնի մասին)* 2) կոպիտ; անտաշ; բիրտ 3) դաժան; խստասիրտ; անգութ; անողորմ 4) տհաճ; ցավալի *(փաստերի, իրականության մասին)*

hart |hɑːt| *noun* արու եղջերու *(հինգ տարեկանից մեծ)*

hartshorn |ˈhɑːtsˌhɔːn| (նաև **spirit of hartshorn**) *noun* *հնացած* 1) անուշադրի սպիրտ 2) եղջյուր; կոտոշ *(եղջերուի)*

harum-scarum |ˌhɛːrəmˈskɛːrəm| **1** *adjective* անհանգիստ; անխոհեմ; խենթ; խելառ; թեթևամիտ **2** *noun* անհանգիստ/խենթ/խելառ/անխոհեմ մարդ **3** *adverb* խենթորեն; անխոհեմաբար

harvest |ˈhɑːvɪst| **1** *noun* 1) հունձ; բերքահավաք; բերք; հավաքում *(պտուղների)* 2) որս; որսված կենդանիներ 3) *փոխաբերական* արդյունք; պտուղ; արգասիք **2** *verb* 1) բերքը հավաքել; հնձել; քաղել 2) որսալ; որս անել 3) վերցնել *(բջիջներ, հյուսվածք, օրգան՝ հետազոտության կամ փոխպատվաստման համար)* 4) *փոխաբերական* իր արած գործի արդյունքը տեսնել; աշխատանքի պտուղը քաղել
make a long harvest about/for a little corn *առած* ոչնչից մեծ աղմուկ; մի կաթիլ մեղր; լուն ուղտ դարձնել

has-been *noun* *խոսակցական* *արհամարհական* 1) նախկին գործիչ; երբեմնի աշխատող 2) *որպես ածական* նախկին; երբեմնի *(մարդու մասին)* 3) գործածությունից դուրս եկած բան

hash¹ |hæʃ| **1** *noun* 1) մանր կտրտված միս կերակուր 2) խառնուրդ; խառնակ; շիլափլավ;

խճճվածություն; խճճանք; խառնաշփոթություն; խառնափնթորություն ◊ **make a hash of** խճճել; խառնաշփոթել; խառնափնթորել **2** *verb* 1) կտրտել; կոտորել; մանրել *(միսը)* 2) *խոսակցական* խճճել; խառնաշփոթել 3) (**hash something out**) ի վերջո համաձայնության գալ

settle sb's hash *խոսակցական* հաշիվները մաքրել; դատապատժել տեսնել; գլուխն ազատել մեկից; մեկի բերանը փակել; թույլ չտալ, որ խոսի

hash² |hæʃ| *noun խոսակցական* տե՛ս **hashish**

hash³ |hæʃ| (նաև **hash sign**) *noun* վանդականիշ

hashish |ˈhæʃiːʃ|, |-ʃɪʃ|, |hæˈʃiːʃ| *noun* հաշիշ

haslet |ˈhæzlɪt|, |ˈheɪzlɪt| (նաև **harslet**) *noun խոհանոց* խորոված/տապակած փորոտիք *(խոզի)*

hasp |hɑːsp| **1** *noun* 1) ճիգ; սողնակ; փականք 2) ճարմանդ; օղյակ 3) կծիկ; կաժ **2** *verb* հնավանդ ճիգով փակել; սողնակել

hassle |ˈhæs(ə)l| *խոսակցական* **1** *noun* վեճ; անհանգստություն **2** *verb* անհանգստացնել

hassock |ˈhæsək| *noun* 1) բարձիկ *(վրան նստելու, ծնկելու կամ ոտքերը դնելու համար)* 2) խոտի թմբիկ; խոտի տունկ *(ճահճուտում)*

haste |heɪst| **1** *noun* շտապողականություն; անճապարանք; շտապողություն; փութկոտություն; հապճեպություն ◊ **make haste** շտապել; աճապարել **2** *verb* տե՛ս **hasten**

Fool's haste is no speed. Հիմարի շտապելը արագություն չէ: Շտապողը չի շահում:

in haste շտապով; ճեպով; շտապ; շտապելով; հապճեպ; հապշտապ; ձեռաց; աճապարանքով

Make haste slowly. *լատիներեն* Դանդաղ գնացողը շուտ է հասնում: Կշտապես՝ մարդկանց կծիծաղեցնես:

Marry in haste and repent at leisure. *ֆրանսերեն* Անճապարանքը ամուսնությունը լավ վախճան չի ունենում:

More haste, less speed. Ինչքան շտապես՝ այնքան կդանդաղես: Շտապողը տղա չի բերում:

hasten |ˈheɪs(ə)n| *verb* 1) շտապել; փութալ; աճապարել 2) արագ ճանապարհորդել; արագ ընթանալ 3) շտապեցնել; արագացնել; փութացնել

hastily *adverb* 1) շտապով; արագ/շտապ կերպով; շտապողականությամբ 2) չմտածված/չկշռադատված կերպով 3) դյուրաբորբոք; դյուրագրգիռ; տաքարյուն

hasty |ˈheɪsti| *adjective* (**hastier**, **hastiest**) հապճեպ; չմտածված

hat |hæt| *noun* 1) գլխարկ; գդակ; գլխանոց 2) պաշտոն; ծառայություն

at the drop af a hat, at the drop af the hat *ամերիկյան* անմիջապես; իսկույն; իսկույնեթ; նույն պահին; անհապաղ; առաջին իսկ պատեհ առիթով; առաջին իսկ հարմար առիթով

black hat *ավստրալական* վերջերս եկած վտարանդի; ներգաղթյալ

brass hat *ռազմական* շտաբի սպա

By this hat!, By my hat to a halfpenny! *խոսակցական* Գրազ կգամ: Երդվում եմ պատվովս: Կարող եք չկասկածել: Աստվա՛ծ վկա: Գլուխս կկտրեմ:

cocked hat 1) եռակողմ/եռեզր/եռանկյուն գլխարկ 2) եռանկյունաձև ծալված նամակ

crush hat ծալովի գլխարկ

gipsy hat լայնեզր ծղոտե գլխարկ

go around with the hat փող հավաքել՝ գդակը պահած; մուրացկանություն/ժողովկանություն անել

hang one's hat on sb *ամերիկյան* մեկից կախված լինել; հույսը մեկի վրա դնել

hang up one's hat in sb's house 1) երկար ժամանակով մեկին հյուրընկալվել; երկար մնալ/նստել *(մեկի տանը)* 2) ամուսնանալ և ապրել կնոջ տանը; տնփեսա գնալ/դառնալ

hat in hand նվաստորեն; ստրկորեն; ծառայամտորեն; ստորաքարշությամբ

hats off to sb փառք ու պատիվ մեկին; գլխարկը հանել; խոնարհվել/ծնրադրել մեկի առջև

high/silk/top hat ցիլինդր *(գլանաձև գլխարկ)*

keep on one's hat գլխարկը չհանել

keep sth under one's hat ինչ-որ բան գաղտնի պահել; ինչ-որ բանի մասին լռել; ինչ-որ բան չտարածել; ջրի երես չհանել; խորը թաղել

lame under the hat ուսերի վրա գլուխ չունեցող

pick something out of a hat վիճակ հանել

Put that under your hat., Put this in your hat. *ամերիկյան խոսակցական* Ի նկատի՛ ունեցեք: Մի՛ մոռացեք: Ականջիդ օ՛ղ արա:

red/scarlet hat կարդինալի գլխարկ; կարդինալի կոչում

send/pass round the hat բարեգործության նպատակով հանգանակություն կատարել

shovel hat լայնեզր գլխարկ *(անգլիական հոգևորականության)*

throw one's hat into the ring մարտակոչն ընդունել

touch one's hat to somebody ողջունել; բարևել՝ գլխարկը հանելով

under one's hat գաղտնի; թաքուն; ծածուկ; գողունի

hatch¹ |hætʃ| *noun* 1) դռնակով անցք *(հատակի, առաստաղի, նավի տախտակամածի վրա)* 2) մուղ; մուղի դռնակ ◊ **under hatches** i) տախտակամածի տակ ii) *փոխաբերական* բանտում կալանքի տակ; դժբախտության/փորձանքի մեջ iii) *փոխաբերական* մեռած; թաղված; գերեզմանում 3) պատվար; ամբարտակ; սահանադուռ 4) տե՛ս **hatchback**

down the hatch *ամերիկյան* մինչև տակը/հատակը; ցմրուր *(խմողների հացեին ասված խոսք)*

hatch² |hætʃ| **1** *verb* 1) ձվից դուրս գալ 2) ինկուբատորի միջոցով ճտեր բազմացնել 3) թուխս նստել; ճտեր հանել 4) մտքին դնել; ծրագրել; մտադրվել **2** *noun* 1) ճուտ/ձագ հանելը 2) ճտեր; ձագեր *(մի մորից)*

hatches, catches, matches and dispatches լրագրայնական, ուր հայտարարություններ են տպագրվում ծննդյան/նշանադրության/ամուսնության/մահվան մասին

hatch³ |hætʃ| *verb* նրբագծել; ստվերագծել

hatchback |ˈhætʃbæk| *noun* հետևի բացվող դռնով ավտոմեքենա

hatchet |ˈhætʃɪt| *noun* փոքր կացին; տապարիկ

bury the hatchet հաշտություն կնքել

dig up the hatchet պատերազմի պատրաստվել
take up the hatchet պատերազմ սկսել
throw the hatchet չափազանցել; խիստ մեծացնել

hatchway |ˈhætʃweɪ| *noun* անցք; մտոց *(հատակի, նավի տախտակամածի վրա)*

hate |heɪt| **1** *verb* 1) ատել; հակակրել; հակակրանք ունենալ; տանել չկարողանալ; գարշել; զզվել; խորշել 2) *խոսակցական* չսիրել; չհանդուրժել 3) ափսոսալ; վատ զգալ *(մեկին անհանգստացնելու և այլնի համար)* **2** *noun* ատելություն; զզվանք; գարշանք

hate like poison ատելով ատել մեկին; մահվան չափ ատել մեկին; ամբողջ հոգով խորշել մեկից; աչքով աչք չունենալ

hateful |ˈheɪtfʊl|, |-f(ə)l| *adjective* ատելի; ատելությամբ լի; զզվելի; գարշելի

hatrack *noun* գլխարկի կախարան/կախիչ

hatred |ˈheɪtrɪd| *noun* ատելություն; թշնամություն

hatter |ˈhætə| *noun* 1) գլխարկագործ; գլխարկ կարող վարպետ 2) գլխարկավաճառ

haughty |ˈhɔːti| *adjective* (**haughtier**, **haughtiest**) գոռոզ; մեծամիտ; ինքնահավան; ամբարտավան

haul |hɔːl| **1** *verb* 1) քաշել; քարշ տալ; ձգել; դժվարությամբ շարժել 2) (**haul oneself**) մի կերպ շարժվել; դժվարությամբ ընթանալ 3) ձիգ տալ; ուժգին քաշել 4) փոխադրել 5) *հանքաբանություն* դուրս հանել *(հանքանյութը)* 6) ուղղությունը կտրուկ փոխել *(քամու/նավի մասին)* ◊ **haul over** ստուգել; ճշտել **2** *noun* 1) վաստակած/աշխատած գումար 2) ավար; թալան 3) ձգում; ձգելը; քարշելը; քարշ 4) դուրս քաշում; դուրս բերում 5) փոխադրություն; փոխադրում 6) *հանքաբանություն* դուրսհանում *(հանքանյութի)* 7) ձկան որս; որսաքանակ 8) *երկաթուղային* վազքատարածություն; վազուրդ *(գնացքի)*

a big haul *փոխաբերական* մեծ որս; հարուստ ավար

haulage |ˈhɔːlɪdʒ| *noun* 1) ձգում; քարշում; քաշելով տանելը 2) փոխադրում 3) *հանքաբանություն* դուրսհանում *(հանքանյութի)* 4) փոխադրավճար

haulm |hɔːm| *noun* 1) ցողուն 2) ծղնոտ; ծղոտ *(տանիքը ծածկելու համար)*

haunch |hɔːn(t)ʃ| *noun* 1) ազդր; զիստ; բարձ 2) ետևի ոտք; բուդ

haunt |hɔːnt| **1** *verb* 1) երևալ; գալ; ներկայանալ; հայտնվել *(ուրվականի/տեսիլքի/ոգու մասին)* 2) հաճախ/պարբերաբար այցելել; հաճախել 3) հետապնդել; հալածել; տանջահար անել *(մտքերի/համաճարակի և այլնի մասին)* 4) համառորեն անդրադառնալ *(որևէ բանի)* 5) աչքի առաջ լինել; մտքում լինել; հիշողության մեջ վառ մնալ *(որևէ մեկի)* **2** *noun* 1) մշտական հաճախավայր; սիրելի հաճախավայր 2) մշտական ապաստարան; ապաստարանատեղ 3) որջ; բույն *(գողերի և այլնի)*

haunted *adjective* 1) ուրվականով; ոգիներով; կախարդված *(տան և այլնի մասին)* 2) տանջահար; տառապյալ; վշտալլուկ

haunter *noun* մշտական հաճախորդ/այցելու

hautboy |ˈ(h)əʊbɔɪ| (նաև **hautbois**) *noun հնացած* (**oboe**) հոբոյ *(փողային երաժշտական գործիք)*

Havana[1] |həˌvænə| Հավանա *(Կուբայի մայրաքաղաքը)*

have |hæv| **1** *verb* (**has** |hæz|, |hæs|; անցյալ **had** |hæd|) 1) (**have got**) ունենալ 2) *խոսակցական* (**have oneself**) ինքն իրեն թույլ տալ; վայելել; օգտվել մի բանից 3) բաղկացած լինել; պարունակել; ունենալ; բաղկանալ *(որոշակի թվով անդամներից)* 4) գիտենալ; իմանալ; հասկանալ *(լեզու, որևէ առարկա)* 5) կրել; ենթարկվել; ունենալ *(դժվարություններ և այլն)* 6) (**have got**) տառապել; հիվանդ լինել *(որևէ հիվանդությամբ)* 7) անել տալ; այնպես անել, որ; տալ; կարգադրել, որ ◊ **have one's hair cut** մազերը կտրել տալ 8) *խոսակցական* (**have got**) նեղը գցել; նեղել 9) *ժաժկալեզու* (**be had**) խաբվել; քաշվել 10) *գռեհկաբանություն* կենակցել; քնել հետը 11) (**have to do someting, have got to do something**) պարտավոր լինել; հարկադրված լինել; ստիպված լինել *(մի բան անելու)* 12) կարիք ունենալ; պետք ունենալ *(մի բան անելու)* 13) կազմակերպել; անցկացնել; անել *(միջոցառում, հավաքույթ և այլն)* 14) ուտել; խմել 15) ծննդաբերել; ունենալ *(երեխա)* 16) ցուցաբերել; դրսևորել; ի հայտ բերել; ունենալ *(գթասրտություն, համբերություն և այլն)* 17) թույլ տալ; հանդուրժել; տանել; դիմանալ *(որևէ մեկի արարքներին. սովորաբար ժխտականով)* 18) բռնել; ճանկել; որսալ 19) ստանալ *(նամակ և այլն)* 20) հյուրընկալել 21) ասել; գրել *(հատկապես հայտնի հեղինակների մասին)* **2** *auxiliary verb (գործ է ածվում պերֆեկտի կազմության ժամանակ որպես օժանդակ բայ)* ◊ **I have finished** ես վերջացրել եմ. **I shall have finished** ես վերջացրած կլինեմ • **have on** կրել; հագած լինել **have out with** որևէ բան պարզել մեկի հետ; որևէ բան քննարկել մեկի հետ **3** *noun խոսակցական* (**the haves**) ունևորները; հարուստները ◊ **haves and have nots** *խոսակցական* ունևորները և չունևորները; հարուստներն ու աղքատները

had rather, had better ավելի լավ կլիներ, որ; ավելի ճիշտ կլիներ; նախընտրելի է

have it in for sb *ամերիկյան* մեկի վրա ատամ ունենալ; մուռ պահել; մեկի համար տհաճություն պատրաստել; ոխակալ լինել; քեն քշել; չսիրել

have it on sb *ամերիկյան* մեկի հանդեպ առավելություն ունենալ; լինել ավելի շահեկան վիճակում, քան մեկ ուրիշը

have it out with sb մեկի հետ բացատրվել; մեկի հետ պարզել ամեն ինչ

have the time of one's life հիանալի ժամանակ անցկացնել; կյանքի լավագույն ժամանակն անցկացնել; բուռն կյանքով ապրել

let sb have it մեկին դաժանորեն վիրավորել/պատժել

haven |ˈheɪv(ə)n| *noun* 1) ապաստարան; պատսպարան; օթևան 2) նավահանգիստ

haversack |ˈhævəsæk| *noun* զինվորական տոպրակ; մեջքին կրելու պարկ/պայուսակ

havoc |ˈhævək| **1** *noun* 1) կործանում; քայքայում; ավերում; ավերածություն *(լայնամասշտաբ)* 2) խառնաշփոթ; իրարանցում; ժխոր **2** *verb* (**havocked**, **havocking**) *հնացած* ավերել; կործանել

cry havoc 1) կոտորածի ազդանշան տալ 2) ավերել; քարը քարին չթողնել; փոշի դարձնել

haw[1] |hɔː| *noun* ալոճ; սիզ

haw[2] |hɔː| *noun* կենդանաբանություն երրորդ կոպ *(սողունների, թռչունների և որոշ կաթնասունների)*

haw[3] |hɔː| *verb* տատանվել; վարանել

Hawaii |həˈwʌɪi| 1) Հավայներ *(ԱՄՆ-ի նահանգ)* 2) Հավայան կղզիներ

hawk[1] |hɔːk| **1** *noun* 1) կենդանաբանություն բազե; շահեն; սակռ; ճուռակ *(ընտանիք Accipitridae)* 2) *փոխաբերական* գիշատիչ; հափշտակիչ; կողոպտիչ; գռփող 3) ռազմատենչ գործիչ; հարձակողական քաղաքականության կողմնակից **2** *verb* 1) բազեով/ճուռակով որս անել 2) (**hawk at**) հարձակվել; վրա տալ

between hawk and buzzard ո՛չ ընտանիքի անդամ, ո՛չ ծառա; միջանկյալ դիրք գրավող մարդ *(սովորաբար ասվում է աղքատ ազգականների մասին)*

Hawks will not pick hawks' eyes out. *առած* Ագռավն ագռավի աչք չի հանի: Շունը շան թաթ չի կծի: Շունը շան միս չի ծամի:

hawk[2] |hɔːk| *verb* շրջածախ առևտուր անել; չարչիություն անել

hawk[3] |hɔːk| *verb* 1) հազալով կոկորդը մաքրել 2) (**hawk something up**) հազալով դուրս թքել; հազալով խխել

hawker[1] |ˈhɔːkə| *noun* շրջիկ փերեզակ; մանրավաճառ; չարչի

hawker[2] |ˈhɔːkə| *noun* բազեով որս անող

hawk-eyed *adjective* 1) սրատես; արծվատես; աչքը սուր 2) *փոխաբերական* զգոն; աչալուրջ; զգաստ; արթուն

hawser |ˈhɔːzə| *noun* պարան; ճոպան

hawthorn |ˈhɔːθɔːn| *noun* *բուսաբանություն* ալոճենի; սզենի *(Crataegus ընտանիք Rosaceae)*

hay[1] |heɪ| *noun* 1) չոր խոտ ◊ **make hay** հնձած խոտը շուռումուռ տալ; չորացնել. **make hay of** խճճել; խառնաշփոթել; խառնել 2) պարգև

hit the hay *կատակային* գնալ քնելու

Make hay while the sun shines. 1) Երկաթը տաք-տաք կծեծեն: 2) հարմար առիթն օգտագործել; առիթը ձեռքից բաց չթողնել; օգտվել առիթից

hay[2] |heɪ| *noun* ժողովրդական պարի տեսակ

haycock |ˈheɪkɒk| *noun* խոտի դեզ

hayfork *noun* եղան

haying *noun* *ամերիկյան* խոտհունձ; խոտհարք

hayloft |ˈheɪlɒft| *noun* խոտանոց; մարագ; խոտամբար

haymaker |ˈheɪmeɪkə| *noun* 1) խոտհար; հնձվոր; խոտհնձվոր; խոտքաղ *(մարդ)* 2) խոտհար մեքենա; խոտհնձիչ; խոտհարիչ 3) *ծածկալեզու* ուժեղ/շշմեցնող հարված

haymaking *noun* խոտհունձ; խոտհարք

hayrick |ˈheɪrɪk| *noun* խոտի դեզ; բարդոց; բարդ

hayseed |ˈheɪsiːd| *noun* *ամերիկյան խոսակցական* ռամիկ; անտաշ մարդ; գեղացի մարդ

get the hayseed out of one's hair *ամերիկյան* հետ վարժվել գյուղական սովորույթներից

haystack |ˈheɪstæk| *noun* խոտի դեզ; բարդոց; բարդ

hazard |ˈhæzəd| **1** *noun* 1) վտանգ; վնաս; չարիք; սպառնալիք; ռիսկ ◊ **stand/run the hazard of** վտանգի ենթարկել; ռիսկ անել; բախտախաղի դնել *(որևէ բան)* 2) մարզական խոչընդոտ; արգելք *(գոլֆ խաղալիս)* 3) բանաստեղծական հաջողություն; հավանականություն; շանս 4) բախտախաղ; մոլեխաղ; զառ **2** *verb* 1) համարձակվել; համարձակություն ունենալ *(ասելու)* 2) վտանգի ենթարկել; բախտախաղի դնել; վտանգել

at all hazards ինչ էլ որ լինի; ամեն գնով; ամեն կերպ; կյանքը վտանգի ենթարկելով

be on the hazard վտանգի տակ գտնվել; սպառնալիքի տակ գտնվել

make a hazard *հնացած* գուշակել; ենթադրել; գլխի ընկնել

hazardous |ˈhæzədəs| *adjective* վտանգավոր; անապահով

haze[1] |heɪz| *noun* 1) մեգ; մշուշ; թեթև մառախուղ 2) *փոխաբերական* մտքի մշուշապատում; շփոթություն

haze[2] |heɪz| *verb* 1) ստիպել ծանր ու անօգուտ աշխատանք կատարել; հարկադրել ծանր ու անօգուտ աշխատանք կատարելու *(նորակոչիկին, նոր անդամին)* 2) չար կատակներ անել; կոպիտ կատակներով ստորացնել

hazel |ˈheɪz(ə)l| *noun* 1) *բուսաբանություն* պնդուկենի; թխկաղնի *(Genus Corylus, ընտանիք Betulaceae)* 2) բաց շագանակագույն; կարմրաշագանակագույն; կանաչաշագանակագույն *(աչքերի մասին)*

hazelnut |ˈheɪz(ə)lnʌt| *noun* պնդուկ; կաղին; տկողին

hazy |ˈheɪzi| *adjective* (**hazier**, **haziest**) 1) միգամած; միգապատ; մշուշապատ 2) մշուշոտ; աղոտ; անորոշ

H-bomb *noun* (**hydrogen bomb**) ջրածնային ռումբ

he |hiː| **1** *pronoun* 1) նա *(փոխարինում է արական սեռի գոյականներին)* 2) նա *(նախկինում գործածվում էր իգական ու արական սեռի մարդկանց ու կենդանիների վերաբերյալ. այժմ այս իմաստով գործածվում են he or she, they)* 3) նա, ով; յուրաքանչյուրը, ով *(նախկինում գործածվում էր իգական ու արական սեռի մարդկանց ու կենդանիների վերաբերյալ. այժմ այս իմաստով գործածվում են anyone, the person արտահայտությունները)* **2** *noun* մարդ; տղամարդ

head |hɛd| **1** *noun* 1) գլուխ 2) միտք; մտածողություն; գլուխ 3) (**head for**) ջիղ; շնորհ; ձիրք; ընդունակություն *(որևէ բան անելու)* 4) *խոսակցական* գլխացավ *(հատկապես հարբածությունից)* 5) մի գլուխ *(բարձրությունը ցույց տալու համար)* 6) (**heads**) մետաղադրամի երեսի կողմը 7) գործիքի հարվածող մասը; գործիքի կտրող մասը 8) գլուխ; գլխիկ *(պտուտակի, մեխի, սյան, սնկի և այլնի)* 9) կաղամբի գլուխ 10) *բուսաբանություն* գլխիկ 11) սնար; գլխավերև *(անկողնու, մահճակալի)* 12) գլխամաս; առաջին շարքերը *(խմբի,* *ցույցի, զորամասի և այլն)* ◊ **at the head of** գլուխն անցած 13) գագաթ; կատար; վերնամաս; կափարիչ; խուփ 14) վերնագիր; խորագիր; սյունակ; բաժին; ենթավերնագիր; հատված *(տեքստի)* 15) գետի ակունք; վտակի սկիզբ 16) հրվանդան 17) նավացռուկ; նավաքիթ 18) *բժշկություն* թարախապալարի գլուխ ◊ **gather head** հասնել; հասունանալ *(թարախապալարի մասին)* 19) գլխավոր; պետ; ղեկավար; կառավարիչ 20) *բրիտանական* տե՛ս **headmaster** 21) *բրիտանական* տե՛ս **headmistress** 22) հոգի; մարդ *(թվաքանակի առումով)* 23) գլուխ տավար *(թվաքանակի առումով. հոգնակին՝ head)* ◊ **sixty head of cattle** վաթսուն գլուխ տավար 24) գլխիկ *(նվագարկիչի և այլնի)* 25) *համակարգիչներ* (նաև **printhead**) տպող գլխիկ 26) *տպագրություն* էջագլուխ 27) *տեխնիկական* ճնշում; սեղմում 28) գագաթնակետ **2** *adjective* 1) գլխավոր; առաջատար; հիմնական 2) առաջավոր 3) գլխի; գլխամասի; առջևի **3** *verb* 1) գլխավորել; առջևից գնալ; գլուխ կանգնել 2) ղեկավարել; կառավարել; վարել; տնօրինել 3) (**be headed**) վերնագրված; խորագրված; տվյալ վերնագրով/խորագրով 4) (**head for**) ուղղվել; ուղևորվել 5) սկիզբ առնել *(գետի մասին)* ◊ **head back/off** i) փակել; կտրել *(ճանապարհը)* ii) խանգարել

a long head խորաթափանցություն; հեռատեսություն; կռահողություն; կանխատեսություն; շրջահայացություն; զգուշավորություն

be able to do it on one's head *խոսակցական* հեշտությամբ որևէ գործ անել; առանց որևէ դժվարության որևէ գործ անել

be not right in one's head խելքը գլխին չլինել; խելքը թռցրած վիճակում լինել; խելակորույս վիճակում լինել

Better be the head of a dog than the tail of a lion. *առած* Ավելի լավ է շան գլուխ, քան առյուծի պոչ լինել: Ավելի լավ է լինել առաջինը հասարակ մարդկանց մեջ, քան վերջինը՝ հայտնիների մեջ:

break one's head over sth ինչ-որ բանի վրա գլուխ կոտրել; ինչ-որ բանի վրա շատ մտածել; գլուխ չհանել

bring to a head 1) սրել; լարել 2) ավարտել; վերջացնել; գործը գլուխ բերել

bury one's head in one's hands գլուխն առնել ձեռքերի մեջ; գլուխը երկու ձեռքով բռնել

bury one's head in the sand ջայլամի քաղաքականություն վարել; համառորեն հրաժարվել փաստերն ընդունելուց/խոստովանելուց

by the head and ears բռնությամբ; բռնի կերպով; զոռով

cannot make head or tail of it բան չհասկանալ

come/draw to a head հասունանալ; վախճանին մոտենալ; վճռական կետին հասնել

cut/make shorter by the head 1) գլխատել; գլուխը կտրել 2) *փոխաբերական* ղեկավարությունից զրկել; անգլուխ թողնել

dead head *ամերիկյան խոսակցական* առանց տոմսի թատրոն գնացող; անտոմս ուղևոր

eat one's head off իր աշխատանքով կերածի գինը չհանել

enter one's head, come into one's head գլխում միտք ծագել; գլխում միտք առաջանալ

get/have the swelled head 1) մեծ գլուխ ունենալ 2) իրեն երևակայել; մեծամտանալ; փքվել; իրեն ամբարտավան պահել; քիթը տնկել

get/take it into one's head գլուխը մտցնել; գլուխը գցել; երևակայել; ցանկություն ունենալ

get head ուժեղանալ; ավելի լարվել; տաքանալ

get sb/sth out of one's head, put sb/sth out of one's head գլխից դուրս նետել; փորձել/ջանալ մոռանալ; գլխից դուրս հանել *(մեկին/մի բան)*

give one's head for washing խոնարհ կերպով գլխին թափած լուտանքը կուլ տալ; թողնել, որ գլխին շան լափ լցնեն

go about with one's head in the air քիթը ցցել; երևակայել; մեծամտանալ

go off one's head գլուխը կորցնել; խելակորույս/խելացնոր դառնալ

go to the fountain head 1) դիմել սկզբնաղբյուրին 2) դիմել ամենից գլխավոր վերադասին

hang down one's head գլուխը կախել; վհատվել; հուսահատվել; ընկճվել

have/keep a level head գլուխը չկորցնել; հանգիստ լինել; տիրապետել իրեն; սառնարյուն/աչալուրջ լինել

have a head *խոսակցական* զարթխումից գլուխը ցավել; գինարբուքից գլուխը ցավել

have a head like a sieve «ծակ գլուխ» լինել; հիշողությունից զուրկ մարդ; ցրված մարդ լինել; հավի հիշողություն ունենալ

have a head on one's shoulder ուսերին գլուխ ունենալ; հասկացող/ըմբռնող/խելամիտ/դատող լինել

have one's head in a tar barrel *ամերիկյան* ծանր կացության մեջ ընկնել; վրիպել; կոպիտ կերպով սխալվել; դժվարին կացության մեջ ընկնել

have one's head screwed on right խելացի/շրջահայաց լինել; չտարվել ինչ-որ մեկի հմայքով; չգայթակղվել

head first/foremost 1) գլուխը դեպի առաջ 2) *փոխաբերական* առանց մտածելու; գլխապատառ

head over ears մինչև ականջները

head over heels 1) թավալգլոր; գլխիվայր; գլխիկոնծի 2) մինչև ականջները

heads or tails, head or tail արծի՞վ, թե՞ գիր; գի՞ր, թե՞ ղուշ

hide one's head գլուխը թաքցնել; թաքցնել իր ստորացումը; թաքնվել; ամաչել; մարդկանց աչքին չերևալ *(ամոթից)*

hold one's head above water պայքարել խոչընդոտների դեմ; գլուխը պահել; դժվարությամբ ծայրը ծայրին հասցնել; մի կերպ ծայրը ծայրին հասցնել

keep one's head գլուխը չկորցնել; սառնասրտություն պահպանել

keep one's head above ground ապրել; գոյություն ունենալ; գոյությունը քարշ տալ

keep sth in one's head գլխում/մտքում պահել; հիշողության մեջ պահել

king's head *խոսակցական* թագավորի նկարով փոստային դրոշմանիշ

knock sth on the head վերջը տալ; տապալել; մահացու հարված հասցնել

knock their heads together վճռական միջոցներով գժտվածներին հաշտեցնել; գժտվածներին խելքի բերել

lay heads together, lay heads out together խորհրդակցել; գլուխ գլխի տալ

make head against հաջողությամբ դիմադրել; ընդդիմանալ; պայքարել; ապստամբել
off one's head, out of one's head խելագարված; ցնորված; խելքը թռած/գցած
open one's head *ամերիկյան ծաղրական* խոսել; զրուցել; անկեղծանալ
out of one's own head սեփական խելքով; ինքնուրույն; իր գլխով
over one's head 1) մեկի խելքից վեր; մեկի հասկացողությունից վեր 2) մեկի գլխի վրայով
queen's head թագուհու նկարով փոստային դրոշմանիշ
scare head *ամերիկյան* մեծ աղմուկ հանող խորագիր/վերնագիր *(թերթերում)*
shake one's head գլուխն օրորել/տարուբերել/թափահարել *(ի նշան վշտի/կասկածի/անհամաձայնության)*
soft in the head հիմար; թուլամիտ; խենթավուն; գիժ; ցնցնամիտ
touched/weak in the head ցնդած; գժված; խելագար; ծալը/տախտակը պակաս
turn somebody's head խելքահան/գլխահան անել; գլուխը պտտեցնել
work one's head off ջանասիրությամբ/տքնաջան աշխատել; առանց ձեռքերը ծալելու աշխատել

headache |ˈhɛdeɪk| *noun* 1) գլխացավ ◇ **splitting/violent headache** ուժեղ գլխացավ 2) *խոսակցական* գլխացավանք; անհանգստություն; ավելորդ մտահոգություն
cause/give a headache *ամերիկյան* ստիպել մտորել/խորհրդածել; դժվարություն հարուցել; մեծ ջանքեր պահանջել; գլխացավանք պատճառել

headband |ˈhɛdbænd| *noun* 1) գլխակապ; գլխի ժապավեն 2) գլխազարդ *(գրքի)*

headdress |ˈhɛddrɛs| *noun* 1) գլխի զարդարանք; գլխազարդ 2) սանրվածք

header |ˈhɛdə| *noun* 1) *խոսակցական* գլխիվայր ցատկ *(ջրի մեջ)* 2) *գյուղատնտեսություն* կոմբայնի հնձիչ 3) գլխով հարվածելը *(ֆուտբոլում)*

headgear |ˈhɛdɡɪə| *noun* գլխի զարդարանք; գլխարկ

heading |ˈhɛdɪŋ| *noun* 1) *տպագրություն* էջագլուխ 2) վերնագիր; խորագիր; մակագիր ◇ **cross heading** ենթախորագիր; ենթավերնագիր. **come/fall under two headings** երկու խմբի բաժանվել 3) ընթացք; ուղղություն; կուրս *(նավի, ինքնաթիռի)* 4) *հանքաբանություն* բովանցք *(հանքարանի)*

headland |ˈhɛdlənd|, |-lænd| *noun* 1) *աշխարհագրություն* հրվանդան 2) դաշտի չվարած ծայրը

headlight |ˈhɛdlʌɪt| (նաև **headlamp**) *noun* գրլարձակ/լուսարձակ լապտեր *(ավտոմեքենայի, շոգեքարշի)*

headline |ˈhɛdlʌɪn| **1** *noun* 1) վերնագիր; խորագիր 2) *տպագրություն* գլխատող 3) (**the headlines**) վերջին լուրերի համառոտ շարադրանք *(ռադիոյով հաղորդվող)* **2** *verb* վերնագիր տալ/դնել

headlong |ˈhɛdlɒŋ| *adverb, adjective* 1) գլուխը դեպի առաջ 2) շեշտակի; սրընթաց; թափով 3) *փոխաբերական* անխոհեմ; չմտածված; հապճեպ; գլխապատառ; առանց մտածելու 4) *բանաստեղծական* զառիթափ; զահավեժ; գլխիվայր; ուղղաձիգ

headman |ˈhɛdmən| *noun* (հոգն. **-men**) 1) առաջնորդ 2) վարպետ; տասնապետ; ջոկատապետ

headmaster |hɛdˈmɑːstə| *noun* տնօրեն *(դպրոցի)*

headmistress *noun* կին տնօրեն *(դպրոցի)*

headpiece |ˈhɛdpiːs| *noun* 1) սաղավարտ 2) սկզբնազարդ; գլխազարդ; գլխադրվագ *(գրքի)* 3) *խոսակցական* «գլուխ»; «խելք»; խելոք մարդ

headquarters |hɛdˈkwɔːtəz| *noun* 1) *ռազմական* շտաբ; ընդհանուր սպայակույտ; զորամարմին ◇ **general headquarters** գլխավոր հրամանատարություն 2) կենտրոնական գրասենյակ 3) շտաբակայան; գլխավոր վարչություն

headsman |ˈhɛdzmən| *noun* (հոգն. **-men**) *պատմական* դահիճ; գլխատիչ

headstall |ˈhɛdstɔːl| *noun* 1) գլխանոց *(սանձի)* 2) պախուրց; երասանակ; առասան

headstrong |ˈhɛdstrɒŋ| *adjective* ինքնագլուխ; համառ; կամայական; քմահաճ; պնդաճակատ

head teacher *noun բրիտանական* դպրոցի տնօրեն

headwater |ˈhɛdwɔːtə| *noun* 1) ակունք; ակիզբ *(գետի)* 2) ջրի մակերևույթ

headway |ˈhɛdweɪ| *noun* 1) առաջընթաց շարժում; առաջխաղացում 2) *փոխաբերական* առաջադիմություն

headword |ˈhɛdwəːd| *noun* գլխաբառ *(բառարանային հոդվածի հիմնական բառը)*

headwork |ˈhɛdwəːk| *noun* մտավոր աշխատանք

heady |ˈhɛdi| *adjective* (**headier, headiest**) 1) թունդ; հարբեցնող *(խմիչքի մասին)* 2) ոգեշնչված; հուզմունքից; հուզառատ 3) շեշտակի; սրընթաց; թափով; չմտածված; հապճեպ 4) համառ; հանդուգն; անսանձ

heal |hiːl| *verb* 1) բժշկել; բուժել; առողջացնել 2) սպիանալ *(վերքի մասին)* 3) բուժվել; առողջանալ; ապաքինվել 4) սփոփել; փարատել; մեղմել 5) շտկել; հարթել; կարգավորել *(անցանկալի իրավիճակը)*

heal-all *noun բժշկություն* համադարման; ամենաբույժ միջոց

health |hɛlθ| *noun* 1) *նաև փոխաբերական* առողջություն 2) կենա՛ց
be in poor health վատառողջ լինել
drink sb's health մեկի կենացը խմել; մեկի առողջության համար խմել
Good health is above wealth., Health is better than wealth. *առած* Եթե առողջություն ունես՝ ամեն ինչ ունես: Առողջությունը կյանքի առաջին գրավականն է: Առողջությունը վեր է հարստությունից: Առողջությունը թանկ է ամեն ինչից:
health resort առողջարան
propose the health of sb առաջարկել խմել մեկի կենացը; բաժակ բարձրացնել մեկի առողջության համար
recover/resume one's health լավանալ; վերականգնել առողջությունը; ապաքինվել

To your health., Your health. Ձեր կենացը:

healthcare (նաև **health care**) *noun* առողջապահություն

health food *noun* առողջարար սնունդ

healthful |ˈhɛlθfʊl|, |-f(ə)l| *adjective* առողջարար; առողջության համար օգտակար; բուժարար; բուժիչ

healthy |ˈhɛlθi| *adjective* (**healthier**, **healthiest**) 1) քաջառողջ; առողջ 2) առողջարար; բուժիչ; կազդուրիչ; առողջության համար օգտակար 3) առողջ; ողջամիտ; խելամիտ; հավասարակշռված *(մոտեցման վերաբերյալ)* 4) դրական; օգտակար; նպաստավոր

heap |hiːp| **1** *noun* 1) կույտ; շեղջ; դեզ; կիտուկ 2) *խոսակցական* (**a heap of, heaps of**) մեծ քանակություն; զանգված ◊ **a heap of people** հոծ բազմություն; շատ ժողովուրդ. **heaps of times** շատ անգամ **2** *adverb* *խոսակցական* մեծ քանակություն **3** *verb* 1) (**heap up**) դիզել; կուտակել; խճողել; կիտել 2) (**heap with**) բեռնել; բարձել 3) (**heap on/upon**) առատորեն թափել; վրան տեղալ; շնորհել *(պարգևներ, վիրավորանք)*

heaps of time անսահմանափակ ժամանակ

knock/strike sb all of a heap *խոսակցական* ապշեցնել; շշմեցնել; հիմարացնել; խելքն ուտել

hear |hɪə| *verb* (անցյալ **heard** |həːd|) 1) լսել; ականջ անել; ունկնդրել; ականջ դնել 2) լսել; լսելու կարողություն ունենալ 3) իմանալ; տեղեկանալ; լսել ◊ **get to hear** լսել; իմանալ. **hear out** մինչև վերջ լսել; ուշադրությամբ լսել; ականջ դնել 4) (**hear from sb**) նորություն ունենալ; լուր ունենալ *(որևէ մեկից)* 5) լսել; ուշադրություն դարձնել

have heard of տեղյակ լինել

Hear! Hear! Ճի՛շտ է, ճի՛շտ: *(ելույթ ունեցողի հետ համաձայնության բացականչություն)*

Hear much, speak little. *առած* Շա՛տ լսիր՝ քի՛չ խոսիր: Լեզուդ քե՛զ քաշիր: Շատ գիտես՝ քի՛չ խոսիր:

hearing |ˈhɪərɪŋ| *noun* 1) լսողություն; լսելիք 2) ունկնդրում; լսելը 3) *իրավունք* հրապարակային դատաքննություն; դատավարական ունկնդրություն

give sb a hearing մեկին լսել *(անաչառորեն, անկողմնապահորեն)*

hard of hearing ականջները ծանր/խլավուն

in sb's hearing ինչ-որ մեկի ներկայությամբ; ինչ-որ մեկին լսելի

out of hearing շատ հեռու; լսողությունից դուրս; լսելիությունից դուրս

That's a good hearing. *խոսակցական* Այդ բանը լսելը հաճելի է:

within hearing մոտ; լսելի

hearing aid *noun* լսողական սարք

hearken |ˈhaːk(ə)n| (նաև **harken**) *verb* *հնացած* լսել; ականջ անել; ուշադիր լսել

hearsay |ˈhɪəseɪ| *noun* լուրեր; խոսքուզրույց; ասեկոսե; բամբասանքի խոսք

hearse |həːs| *noun* դիակառք; սգակառք

heart |haːt| *noun* 1) *կազմախոսություն* սիրտ 2) *փոխաբերական* հոգի; սիրտ ◊ **single heart** պարզամտություն; միամտություն; անկեղծություն. **after one's heart, after one's own heart** սեփական ցանկությամբ; սրտով. **from one's heart** սրտանց; անկեղծորեն. **have no heart** անսիրտ/անգութ լինել. **have a heart** գթասիրտ լինել. **out of heart** հուսահատ; վատ վիճակում. **take to heart** սրտին մոտ ընդունել. **with all one's heart, with one's whole heart** ամբողջ հոգով; սրտանց. **with half a heart** դժկամորեն; դժկամությամբ 3) տրամադրություն; հոգեվիճակ 4) քաջություն; արիություն; սրտոտություն ◊ **pluck heart up, take heart** սիրտ անել; սրտապնդվել; ուժերը հավաքել; հանդգնել. **lose heart** վհատվել; հուսահատվել 5) էություն; ողն ու ծուծը 6) միջուկ 7) սրտիկ; սրտաձև պատկեր 8) *թղթախաղ* (**hearts**) փոսիկ 9) *փաղաքշական* ◊ **dear/sweet heart** թանկագինս; սիրելիս; հոգյակս

a big heart 1) մեծահոգի/բարեկիրթ մարդ 2) մեծություն; ազնվաբարո/ազնվազարմ մարդ; ընտիր մարդ

abundance of the heart զգացմունքների հորդում/պոռթկում

a false heart ուխտադրժություն; երդմնազանցություն; դավաճանություն

a hard heart դաժան/անզգացմունք սիրտ; դաժանություն; անսրտություն; անտարբերություն

a heart of flint քար սիրտ; դաժան/անզգա հոգի; անտարբեր հոգի

a kind heart բարի սիրտ; գթասիրտ; կարեկից; ցավակից; արձագանքող; օգնելու պատրաստ

a light heart զվարթ/անհոգ/ուրախ հոգի

a stout heart քաջ/անվախ սիրտ; արիություն; վճռականություն

at/in heart, in one's heart of hearts, in one's heart 1) հոգում; սրտի/հոգու խորքում 2) ըստ էության; գործի էությունից բխած

at the heart of sth հիմքում; խորքում; սրտում *(ինչ-որ բանի)*

be enthroned in the heart սրտում անկյուն ունենալ; հոգում իշխել; հոգում տեղ ունենալ

be sick at heart թախծել; կարոտել; սիրտը ճմլվել; անհանգիստ լինել

be the heart and soul of sth սիրտն ու հոգին լինել; կենտրոնական դեմքը լինել *(քեֆի/ուրախության/հասարակության)*

break one's heart վշտանալ; իրեն տանջել/մաշել

break sb's heart 1) սիրտը կոտրել/կործանել *(մեկի)* 2) խորապես վշտացնել մեկին; տրամադրությունը գցել

bring sb's heart into his mouth *առած* 1) սիրտը կանգնեցնել; ծնկները թուլացնել; լեղաճաք անել; հոգին կոկորդի հատ դարձնել; սաստիկ վախեցնել 2) սիրտը կանգնել; ծնկները թուլանալ; լեղաճաք լինել; հոգին կոկորդի հատ դառնալ; սաստիկ վախենալ; լեղին պատռվել; լեղին ջուր դառնալ

come home to sb's heart հուզվել մինչև հոգու խորքը

cry/weep one's heart out դառնորեն ողբալ; լալով ամոքել վիշտը; երկար լաց լինել; աղիողորմ արցունք թափել; աչքերը կուրացնել

Every heart knows its own bitterness. *առած* Ամեն մարդ իր դարդն ու ցավն ունի: Ամեն մարդու դարդն իր համար մեծ է: Ամեն մարդու դարդն իրեն է ցավ տալիս:

Faint heart never wins a fair lady. *առած* Կանայք

ումեղներին են սիրում: Երկչոտությունը հաջողության չի հասցնում: Խիզախությունը քաղաքներ է նվաճում:
For my heart. *հնացած խոսակցական* Թեկուզ սպանեն: Ոչ մի դեպքում: Երբեք:
get to the heart of the matter 1) փորփրելով իմանալ հարցի էությունը; հասնել բուն էությանը; թափանցել խնդրի խորքը; իմանալ իսկությունը 2) բչփորել սիրտը; փորփրել հոգին
have one's heart in one's work նվիրվել աշխատանքին; գլխովին տրվել աշխատանքին; հոգովսրտով աշխատել; սուզվել աշխատանքի մեջ
have sth at heart սրտին մոտ ընդունել
heart failure սրտի կաթված; անդամալուծություն
in good heart, in strong heart բերրի; արգավանդ *(հող)*
in the pride of one's heart հպարտ/հիացած *(ինչոր բանով)*
It's a poor heart that never rejoices. *առած* Թշվառ է նա, ով չգիտե, թե ինչ է ուրախությունը: Ողորմելի սիրտն է, որ երբեք չի խնդում:
It makes the heart bleed. Սրտից արյուն է կաթում:
keep a good heart կորովը չկորցնել; հոգով չընկճվել; լավատես լինել
lay one's heart bare սիրտը բաց անել; անկեղծանալ; դատարկվել *(մեկի առաջ)*
lie near one's heart մեկի սրտին մոտ լինել; մեկի հոգուն հարազատ լինել
Nothing is impossible to a willing heart. *առած* Ոչինչ անհնարին չէ կամեցող սրտի համար: Ցանկություն լինի, հնարավորություն կստեղծվի: Մտքումդ տեղ լինի, պտուկումդ եղ կլինի:
not to have the heart վճռականություն/քաջություն չունենալ
one's heart warms towards sb ամբողջ հոգով ցավակցել նրան
pour out one's heart սիրտը դատարկել; հոգում կուտակվածն ասել
pull at sb's heart strings խորապես հուզել; մինչև հոգու խորքը հուզել
search one's heart, search the heart *պատրվածաշնչային* նայել ինքն իր ներսը; նայել իր սրտի խորքը
set one's heart at rest հանգստանալ; չհուզվել; խաղաղություն պահպանել
set one's heart on ձգտել; սրտանց ցանկանալ
shut one's heart to fear աշխատել վախ ցույց չտալ
smoker's heart չափից դուրս ծխելուց առաջացած սրտի հիվանդություն
The heart that once truly loves never forgets. *առած* Առաջին սերը չի մոռացվում: Հին սերը մնայուն է:
What the heart thinks the tongue speaks. *առած* Մարդու հոգում եղածը լեզվին է: Մարդու մտքում եղածը լեզվին է: Ամեն մարդ իր ցավի մասին է խոսում:
with a heavy heart ծանր սրտով; անհանգիստ խղճով
with a light heart հանգիստ սրտով; խիղճը հանգիստ
with heart and hand, heart and hand ոգևորությամբ; եռանդով; հաճույքով; սիրով; պատրաստակամությամբ

heartache |ˈhɑːteɪk| *noun* խոր վիշտ; կսկիծ
heart attack *noun* սրտի կաթված
heartbeat |ˈhɑːtbiːt| *noun* 1) սրտի բաբախում/զարկ 2) *փոխաբերական* էությունը; հոգին 3) *փոխաբերական* հուզմունք
heartbreak |ˈhɑːtbreɪk| *noun* վիշտ; կսկիծ
heartbreaking *adjective* սրտաճմլիկ; աղեկտուր; աղիողորմ
heartbroken *adjective* վշտաբեկ; սրտաբեկ
heartburn |ˈhɑːtbəːn| *noun* այրոց; այրուցք
hearten |ˈhɑːt(ə)n| *verb* քաջալերել; ոգևորել; սիրտ տալ
heartfelt |ˈhɑːtfɛlt| *adjective* անկեղծ; սրտառուչ; զգացմունքով լի
hearth |hɑːθ| *noun* 1) օջախ; բուխարի 2) *փոխաբերական* ընտանեկան օջախ; ընտանիք; տուն 3) վառարանի/հնոցի հատակ
hearthrug |ˈhɑːθrʌg| *noun* կրակարանի առջև գցված կարպետ; բուխարու առջև գցված թաղիք
heartily |ˈhɑːtɪli| *adverb* 1) անկեղծորեն; սրտանց; ջերմորեն 2) հոժարությամբ; հաճույքով 3) շատ; սաստիկ; չափազանց
heartiness *noun* 1) անկեղծություն 2) առողջություն; ուժեղություն
heartless |ˈhɑːtlɪs| *adjective* անսիրտ; անգութ; անխնա; անխիղճ
Heart of Dixie Հարավի Սիրտը *(ԱՄՆ-ի Ալաբամա նահանգի մականունը)*
heart-rending *adjective* դառն; վշտալի; ցավալի
heartsease |ˈhɑːtsiːz| (նաև **heart's-ease**) *noun* *բուսաբանություն* զատմանուշակ *(Viola tricolor, ընտանիք Violaceae)*
heartsick |ˈhɑːtsɪk| *adjective* վշտահար; վհատ; ընկճված
heart-to-heart **1** *adjective* մտերմական; սրտաբաց ◇ **heart-to-heart talk** մտերմական/սրտաբաց խոսակցություն **2** *noun* մտերմական զրույց
hearty |ˈhɑːti| **1** *adjective* (**heartier**, **heartiest**) 1) առույգ; կայտառ; զվարթ 2) անկեղծ; սրտանց; սրտագին; ջերմ; բարեկամական 3) քաջառողջ; առողջ 4) առատ; շատ; սննդարար *(ուտելիքի մասին)* **2** *noun* *խոսակցական* *բրիտանական* առույգ/ամրակազմ մարդ
heat |hiːt| **1** *noun* 1) տաքություն; ջերմություն; շոգ 2) կրակ; օջախ *(կերակուր պատրաստելու համար)* 3) կծվություն; կծվահամություն; բարկահամություն 4) *տեխնիկական* շիկացում; կարմրացում *(կրակի մեջ)* ◇ **latent heat** ծածուկ ջերմություն. **red heat** կարմիր շիկացում. **white heat** . **blazing heat, parching heat** կիզիչ/այրող շոգ 5) ավյուն; խանդավառություն; բորբոքվածություն; թունդ բռնկում ◇ **fever heat** տենդ; տենդային վիճակ. **in the heat of the fight** կռվի թեժ պահին. **at white heat** i) եռուն պահին; բուռն շրջանում ii) կատաղած; գազազած; փրփրած 6) ◇ **at a heat** միանգամից; միանվագ; մի թափով **2** *verb* 1) տաքանալ; շիկանալ 2) տաքացնել; շիկացնել 3)

վառել; կրակ անել; վառելով տաքանալ; ջեռուցել 4) տաքանալ; բորբոքվել; գրգռվել; հուզվել ◇ **heat up** տաքացնել 5) *փոխաբերական* տաքացնել; բորբոքել; գրգռել; հուզել

a dead heat *մարզական* մրցույթ, որի ժամանակ երկու և ավելի մասնակիցներ միաժամանակ վերջնագծին են հասնում

heated |ˈhiːtɪd| *adjective* 1) տաք; թեժ 2) թունդ; բորբոքված

heat engine *noun* ջերմաշարժիչ

heater |ˈhiːtə| *noun* 1) վառարան; տաքացուցիչ; ջեռուցիչ; ջեռակ 2) եռուցիչ *(ջուր տաքացնելու համար)*

heath |hiːθ| *noun* 1) տափաստան; հավամրգու թփերով խիտ ծածկված հարթավայր 2) *բուսաբանություն* հավամրգի; ցախի *(Erica և այլ տեսակներ, ընտանիք Ericaceae)*

heathen |ˈhiːð(ə)n| **1** *noun արհամարհական* 1) հեթանոս 2) (**the heathen**) հեթանոսները **2** *adjective* հեթանոսական

heather |ˈheðə| *noun բուսաբանություն* հավամրգի; ցախի *(Calluna vulgaris, ընտանիք Ericaceae)*

set the heather on the fire խառնաշփոթ/իրարանցում առաջացնել; շիլաշփոթ սարքել; տհաճ գործ բռնել

take to the heather անօրենն ճանաչվել; օրենքից դուրս հայտարարվել; դաչաղ/ավազակ դառնալ

heating |ˈhiːtɪŋ| *noun* 1) տաքացում; տաքանալը; տաքացնելը 2) ջեռուցում ◇ **central heating** կենտրոնական ջեռուցում 3) տաքություն; տաքության աստիճան 4) շիկացում; շիկանալը

heat lightning *noun* փայլատակում; փայլակ

heave |hiːv| **1** *verb* (անցյալ **heaved** կամ **hove** |həʊv|) 1) բարձրացնել; վեր քաշել; ձգել *(խարիսխը, պարանը)* 2) *ծովային* շրջել; շուռ տալ; ուղղությունը փոխել *(նավի մասին)* 3) *խոսակցական* նետել; գցել; շպրտել *(հատկապես ծանր առարկա)* ◇ **heave to** կանգնեցնել; պահել *(նավը)*. **heave ho!** հո՛պ; հը՛ը *(միասին աշխատելիս իրար խրախուսելու բացականչություն)*. **heave in sight** հորիզոնի վրա երևալ 4) տեղափոխել *(ծանրություն)* 5) ործկալ 6) դիզվել; բարձրանալ; լեռնանալ *(ալիքների մասին)* 7) ծանր շնչել; հևալ **2** *noun* 1) բարձրացում; վեր բարձրացնելը, բարձրանալը ◇ **heave of the sea** ծովի ալեկոծություն; ծփանք 2) *խոսակցական* (**the heaves**) փսխում; ործկում; հետ տալը 3) (**heaves**) շնչարգելություն; քափանակ *(ձիու և այլ կենդանիների հիվանդություն)*

heaven |ˈhev(ə)n| *noun* 1) երկնային արքայություն; դրախտ; գերագույն երջանկություն ◇ **in the seventh heaven** յոթերորդ երկնքում 2) Աստված; նախախնամություն ◇ **by heaven!** Աստվա՛ծ վկա. **thank heaven!** փա՛ռք Աստծո. **good heavens!** տե՛ր Աստված; Աստվա՛ծ իմ. **heaven forbid** Աստված ոչ անի; Աստված մի արասցե. **it is Heaven's will** Աստծո կամքն է; նախախնամության կամքն է 3) *աստվածաբանություն* երանություն; արքայություն 4) *բանաստեղծական* (**heavens**) երկինքը; եթեր

Heaven and earth. *խոսակցական* 1) Աստվա՛ծ իմ: Տե՛ր իմ: 2) Ահա՛ թե ինչ: Ա՛յ քեզ բան:

heaven on earth երկրային դրախտ; ապրելու հիասքանչ տեղ

move heaven and earth *ֆրանսիական* ամեն միջոցի դիմել; ոչ մի բանի առաջ կանգ չառնել; ամեն ինչ գործի դնել; ամեն ջանք գործադրել; երկինքն ու երկիր իրար խառնել

nigger heaven *ամերիկյան ծածկալեզու* 1) թատրոնի վերնասրահ 2) վերնասրահի հանդիսատես

heavenly |ˈhev(ə)nli| *adjective* 1) երկնային 2) *փոխաբերական* երկնավոր; աստվածային 3) *խոսակցական* հիանալի; զմայլելի; չքնաղ; հոյակապ

heavily *adverb* 1) ծանր կերպով; ծանրորեն; ծանր 2) դժվարությամբ; ծանր; դանդաղ 3) խիստ; սաստիկ

heavy |ˈhevi| **1** *adjective* (**heavier**, **heaviest**) 1) ծանր; ծանրաքաշ 2) ծանրացած; կռացած; կքած; լիքը *(ճյուղերի և այլնի մասին)* 3) հոգնած *(գլխի/աչքերի մասին)* 4) խիտ; հաստ; թանձր *(գործվածքի և այլնի մասին)* 5) դժվարամարս; ծանրամարս 6) դժվարանցանելի; դժվարանց; ցեխոտ; տղմոտ; կավոտ *(ճանապարհի մասին)* 7) կոպիտ 8) ամպամած; թխպոտ; մռայլ 9) մոլի *(ծխողի և այլնի մասին)* 10) ուժգին; հուժկու; ծանր *(հարվածի մասին)* 11) լուրջ; կարևոր; նշանակալի 12) ուժեղ; սաստիկ; հորդ *(անձրևի մասին)* 13) ալեկոծ; կատաղի *(ծովի մասին)* 14) առատ; հարուստ *(բերքի մասին)* 15) մռայլ; տխուր 16) ձանձրալի; ծանր *(ստեղծագործության մասին)* 17) ծանրաշարժ; դանդաղամիտ; բութ **2** *noun* (հոգն. **heavies**) **3** *adverb* ծանրորեն; ուժեղ; սաստիկ ◇ **time hangs heavy** ժամանակը դանդաղ է անցնում; ձանձրալի է. **sit heavy on** բեռ լինել; ճնշել; նեղել

come the heavy over sb մեկին վերևից նայել; ամբարտավան դիրք բռնել մեկի հանդեպ; իրեն բարձր դասել

heavy-duty *adjective* 1) *տեխնիկական* դիմացկուն; ամուր 2) *խոսակցական* ուժգին; հիմնավոր; լուրջ

heavy-hearted *adjective* տխուր; տրտում; թախծոտ; վշտալի; սիրտը կախ

heavy industry *noun* ծանր արդյունաբերություն

heavy metal *noun* 1) հեվի մետալ *(երաժշտական ոճ)* 2) ծանր մետաղ

heavyweight |ˈheviweɪt| **1** *noun* 1) *մարզական* ծանրաքաշ մարզիկ; ծանր քաշի/քաշային մարզիկ 2) *փոխաբերական* ծանրաքաշ; ծանրակշիռ մարդ; ազդեցիկ մարդ; հեղինակավոր մարդ **2** *adjective* 1) ծանր քաշի; ծանրաքաշ 2) ծանրակշիռ; կարևոր; նշանակալից

Hebrew |ˈhiːbruː| **1** *noun* 1) եբրայեցի; հրեա 2) *լեզվաբանություն* եբրայերեն **2** *adjective* եբրայական; հրեական

Hebrew Bible եբրայերեն Աստվածաշունչ *(Հին Կտակարանի եբրայերեն տեքստը)*

Hebrews *աստվածաշնչային* Եբրայեցիներ; թուղթ Եբրայեցիներին *(Նոր Կտակարանի գրքերից մեկը)*

heckle |ˈhek(ə)l| **1** *verb* հռետորին հարցերով ընդհատել; հռետորին դիտողություններով ընդհատել **2** *noun* ընդհատող դիտողություն

hectare |ˈhekteː|, |-ɑː| (հապվ. **ha**) *noun* հեկտար *(10000 քառ մ)*

hectic |ˈhektɪk| **1** *adjective* 1) թոքախտավոր;

թոքախտավորի 2) *բժշկություն* տենդային; տենդի; ջերմի 3) *փոխաբերական* տենդագին; հուզված; կարմրատակած **2** *noun* *հնավանդ բժշկություն* 1) թոքախտավոր; հյուծախտով հիվանդ 2) թոքախտավորի կարմրայտություն

hector |ˈhɛktə| *verb* գրգռել; զայրացնել; կռվելու առիթ տալ; սա առնալ

hedge |hɛdʒ| **1** *noun* 1) ցանկապատ բույսերից; կանաչ/դալար ցանկապատ 2) խոչընդոտ; արգելք **2** *verb* 1) ցանկապատել; կանաչ ցանկապատով անջատել; դալար ցանկապատով անջատել 2) հնարավոր կորուստը կանխել *(երկու կողմի վրա էլ դրամ բռնելով և այլն)* 3) ուղղակի պատասխանից խուսափել ◇ **hedge in** ամեն կողմից շրջապատել; պաշարել; օղակել. **hedge off** ցանկապատով անջատել/բաժանել

A hedge between keeps friendship green. *առած* Որոշակի սահմանն ամրապնդում է իսկական ընկերությունը: Որոշակի սահմանը հաստատուն է դարձնում իսկական ընկերությունը:

be on the right side of the hedge ճիշտ վարվել; ճիշտ դիրք գրավել; ճիշտ ուղու վրա լինել

be on the wrong side of the hedge սխալ վարվել; սխալ դիրք գրավել; սխալ ուղու վրա լինել; ոչ ճիշտ ուղու վրա լինել

hedgehog |ˈhɛdʒ(h)ɒg| *noun* 1) *կենդանաբանություն* ոզնի *(ընտանիք Erinaceidae)* 2) *ամերիկյան* խոզուկ 3) *փոխաբերական* անհաշտ/կռվարար մարդ

hedgerow |ˈhɛdʒrəʊ| *noun* թփերի/մացառների շարք; կանաչ/դալար ցանկապատ *(հատկապես ճանապարհի երկայնքով)*

heed |hi:d| **1** *verb* ուշադրություն դարձնել; ուշադիր լսել; հետևել *(մեկի խորհրդին)* **2** *noun* ուշադրություն; ուշադիր վերաբերմունք ◇ **give heed to, pay heed to, take heed to** ուշադրություն դարձնել; ուշադրություն նվիրել. **take no heed of** ուշադրություն չդարձնել; արհամարհել

give/put/pay heed to sb/sth ուշադրություն դարձնել; ուշադրության արժանացնել

take heed ուշադիր/զգույշ/զգոն/ուշիմ լինել

heedful |ˈhi:dfʊl| *adjective* 1) տեղյակ; իրազեկ 2) ուշադիր; հոգատար

heedless |ˈhi:dlɪs| *adjective* 1) անուշադիր 2) անփույթ; անհոգ; անխոհեմ; անզգույշ

heel¹ |hi:l| **1** *noun* 1) կրունկ; գարշապար 2) կրունկ *(կոշիկի, գուլպայի)* 3) (**heels**) բարձրակրունկ կոշիկներ 4) *տեխնիկական* կրունկ; հենարան; հենահիմ 5) *ամերիկյան ծածկալեզու* բոռի/բիրտ/անտաշ/գռեհիկ մարդ **2** *verb* 1) կրունկ խփել; կրունկները վերանորոգել *(կոշիկի)* 2) կրնկակոխ հետևել *(շան մասին)* 3) կրունկները թեթևակի գետնին թրխկացնել *(պարելիս)*

at/on/upon one's heels կրնկակոխ; թարմ հետքերով

bring sb to heel մեկին իր իշխանության տակ գցել

click one's heels կրունկներով միմյանց խփել; կրունկները թեթևակի գետնին թրխկացնել

cool/kick one's heels իզուր/անհամբեր սպասել

dig in one's heels 1) ամրանալ; պնդանալ; վիճակը հաստատուն դարձնել 2) դիրք գրավել

down at heel 1) կրունկները մաշված/ծռված *(կոշիկի մասին)* 2) փնթի հագնված; շատ վատ հագնված

heel of Achilles աքիլեսյան գարշապար; խոցելի տեղ

kick up one's heels 1) ոտքերը տնկել/մեկնել; մեռնել 2) *ծածկալեզու* պարել; վազվզել; թռչկոտել; ուրախ ժամանակ անցկացնել

out of heels մաշված կրունկներով; կարիքի մեջ; կարիքավոր; չքավոր; աղքատ; խեղճ ու կրակ

show a clean pair of heels, take to one's heels փախչել; ծլկել

with the heels foremost/forward ոտքերով առաջ *(հանգուցյալի մասին, որին տանում են դագաղով)*

heel² |hi:l| **1** *verb* 1) կողքի պառկել; կողաթեքվել; կողի վրա թեքվել; ծովել *(նավի մասին)* 2) կողաթեքել; կողի վրա թեքել; ծռել *(նավը)* **2** *noun* թեքվածք; կողաթեքվածք *(նավի)*

heeltap |ˈhi:ltæp| *noun* 1) կրնկատակ; կրնկակաշի 2) *հնացած* բաժակի մեջ թողած մնացորդ *(ըմպելիքի)*

heft |hɛft| **1** *verb* 1) բարձրացնել; վեր հանել *(որևէ ծանր առարկա)* 2) մի բանի քաշը որոշել *(ձեռքի վրա վերցնելով)* **2** *noun* 1) կշիռ; քաշ; ծանրություն 2) *փոխաբերական* կշիռ; հեղինակություն; ջիղ

hefty |ˈhɛfti| *adjective* (**heftier**, **heftiest**) 1) պնդակազմ; ամրակազմ 2) տպավորիչ *(թվի վերաբերյալ)*

hegemonic |ˌhɛdʒɪˈmɒnɪk|, |ˌhɛgɪ-| *adjective* ղեկավար; առաջատար; հեգեմոն

hegemony |hɪˈdʒɛməni|, |-ˈgɛ-| *noun* գերիշխանություն; հեգեմոնիա

heifer |ˈhɛfə| *noun* երինջ

heigh |heɪ| *exclamation* *հնավանդ* հե՜յ; դե՜հ; մի՞թե

heigh-ho |heɪˈhəʊ| *exclamation* *խոսակցական* ա՜խ; վա՜խ; ա՜հ; ո՜հ

height |hʌɪt| *noun* 1) բարձրություն; հասակ ◇ **average height** միջին հասակ. **giddy height** գլխապտույտ բարձրություն 2) բարձրություն *(ծովի մակարդակից)* 3) բարձրահասակություն; երկայնահասակություն; բարձրահասակ լինելը 4) բարձունք; բլուր 5) գագաթ; կատար; ամենաբարձր կետը/աստիճանը 6) *փոխաբերական* գագաթնակետ

at its height թեժ պահին; գագաթնակետին; կիզակետին

on height 1) բարձր; բարձրագույն 2) բարձրաձայն

to the height բարձր աստիճանի; առավելագույն չափով

heighten |ˈhʌɪt(ə)n| *verb* 1) բարձրացնել; մեծացնել; ուժեղացնել; ուժգնացնել; սաստկացնել 2) մեծանալ; ուժեղանալ; ուժգնանալ; սաստկանալ

heinous |ˈheɪnəs|, |ˈhi:nəs| *adjective* զզվելի; նողկալի; գարշելի; շատ վատ; անպետք; սարսափելի; զարհուրելի

heir |ɛ:| *noun* նաև *փոխաբերական* ժառանգ; ժառանգորդ

heirdom *noun* ժառանգություն

heiress |ˈɛ:rɪs|, |ɛ:ˈrɛs| *noun* ժառանգուհի

heirloom |ˈɛːluːm| *noun* 1) ժառանգական իրեր; ժառանգություն 2) ժառանգական գիծ/հատկանիշ

helical |ˈhɛlɪk(ə)l|, |ˈhiː-| *adjective* պարուրաձև; գալարաձև; պտուտակաձև

helicopter |ˈhɛlɪkɒptə| **1** *noun օդագնացություն* ուղղաթիռ **2** *verb* ուղղաթիռով թռչել; ուղղաթիռով ճանապարհորդել

heliocentric |ˌhiːlɪə(ʊ)ˈsɛntrɪk| *adjective* արեգակնակենտրոն; արևակենտրոն

heliotrope |ˈhiːlɪətrəʊp|, |ˈhɛl-| *noun բուսաբանություն* խամբար; արևադարձ; հելիոտրոպ *(Genus Heliotropium, ընտանիք Boraginaceae)*

helium |ˈhiːlɪəm| *noun քիմիա* (**He**) հելիում

helix |ˈhiːlɪks| *noun* (հոգն. **-lices** |ˈhiːlɪsiːz|, |ˈhɛl-|) 1) պարույր; պարուրագիծ 2) *ճարտարապետություն* ոլորազարդ; պարուրազարդ 3) *կազմախոսություն* պարույկ *(ականջի)* 4) *կենդանաբանություն* խխունջ *(Helix)*

hell |hɛl| **1** *noun նաև փոխաբերական* դժոխք **2** *exclamation* գրողը տանի՛ *(արտահայտում է բարկություն, զարմանք)*

as hell *խոսակցական* 1) սարսափելի; դժոխային; դիվային 2) չափից դուրս

come hell or high water

suffer hell դժոխային տանջանք քաշել; դժոխքի ողջ տանջանքը կրել/տանել

hellcat *noun* չար կին; չար/կովարար կին

Hellene |ˈhɛliːn| *noun պատմական* հելլեն; հույն

Hellenic |hɛˈlɛnɪk|, |-ˈliːnɪk| **1** *adjective* հելլենական; հունական **2** *noun* հունարեն

hellish |ˈhɛlɪʃ| **1** *adjective նաև փոխաբերական* դժոխային; դիվային **2** *adverb բրիտանական խոսակցական* չափազանց; խիստ

hello |həˈləʊ|, |hɛ-| (նաև **hallo** կամ **hullo**) **1** *exclamation* 1) ողջո՛ւյն 2) ալո՛; լսում եմ *(լսափողը վերցնելիս)* 3) հե՜յ; էհե՜յ **2** *noun* (հոգն. **-los**) ողջույն **3** *verb* (**-loes**, **-loed**) ողջունել

helm[1] |hɛlm| **1** *noun* 1) ղեկ; ուղղակ *(մեքենայի, նավի և այլն)* 2) *փոխաբերական* ղեկավարություն; իշխանություն ◇ **answer the helm** ղեկին ենթարկվել. **the helm of state** կառավարման ղեկը **2** *verb* ուղղորդել; ղեկավարել *(նավը)*

helm[2] |hɛlm| *noun հնացած* սաղավարտ

helmet |ˈhɛlmɪt| *noun* 1) սաղավարտ 2) *տեխնիկական* կափարիչ; խուփ *(եռացման կամ թորման կաթսայի վերևի կլոր մասը)*

helmsman |ˈhɛlmzmən| *noun* (հոգն. **-men**) ղեկակալ; ղեկավար *(նավի)*

helot |ˈhɛlət| *noun* 1) *պատմական* հելոտ *(ստրուկ երկրագործ Հին Սպարտայում)* 2) *փոխաբերական* իրավազուրկ մարդ; ստրուկ

help |hɛlp| **1** *verb* 1) օգնել; օգնություն ցույց տալ; աջակցել; սատարել; ձեռք մեկնել 2) նպաստավոր/բարենպաստ լինել; դրական ազդեցություն ունենալ 3) (**help oneself**) հյուրասիրվել; վերցնել 4) (**cannot help**) խուսափել մի բան անելուց; իրեն զսպել • **help down** օգնել իջնելու **help forward** i) առաջ տանել *(գործը)* ii) օգնել առաջ շարժվելու **help in/into** օգնել ներս մտնելու **help off** i) օգնել ազատվելու ii) (**help off with**) օգնել հանելու *(վերարկուն և այլն)* **help on with** օգնել հագնելու **help out** նեղ դրությունից հանել/ազատել **help through** աջակցել/օգնել *(մի բան մինչև վերջ անելու)* **help up** օգնել վեր կենալու **2** *noun* 1) օգնություն; աջակցություն; օժանդակություն 2) օգնական; օգնող; աջակից; սատար 3) միջոց; ճար; փրկություն 4) *ամերիկյան* սպասավոր; ծառա; սպասուհի; աղախին **3** *exclamation* օգնությու՜ն

Help yourself. *խոսակցական* Վերցրե՛ք, խնդրեմ: Հյուրասիրվե՛ք:

I can't help it. Ոչինչ անել չեմ կարող: *(որևէ բանի դեմ)*

There is no help for it. *խոսակցական* Այստեղ արդեն ոչինչ չես անի: Անօգուտ է: Բանը բանից անցել է:

helper *noun* օգնող անձ; օգնական

helpful |ˈhɛlpfʊl|, |-f(ə)l| *adjective* 1) օգնող; պատրաստակամ 2) օգտակար; նպաստավոր; շահավետ

helping |ˈhɛlpɪŋ| *noun* 1) օգնություն 2) բաժին; կերակրաբաժին; ճաշաբաժին *(կերակրի որոշակի քանակություն՝ մեկ անձի համար)*

helpless |ˈhɛlplɪs| *adjective* 1) անօգնական; անճար; անկարող; խեղճուկրակ 2) անկառավարելի

helpmate |ˈhɛlpmeɪt| (նաև **helpmeet**) *noun* 1) օգնական; ընկեր; աջակից; թևութիկունք 2) կյանքի ընկեր; կողակից; ամուսին; կին

Helsinki |ˈhɛlsɪŋki|, |hɛlˈsɪŋki| Հելսինկի *(Ֆինլանդիայի մայրաքաղաքը)*

helter-skelter |ˌhɛltəˈskɛltə| **1** *adjective, adverb* խառնիխուռն; տակնուվրա **2** *noun* խառնաշփոթություն; խառնակություն

helve |hɛlv| *noun* կոթ; բռնակ

Helvetia |hɛlˈviːʃə| Հելվեցիա *(Շվեյցարիայի լատիներեն անվանումը)*

hem[1] |hɛm| **1** *noun* 1) եզր; եզրաշերտ *(գործվածքեղենի)* 2) ծալած և կարած եզր **2** *verb* (**hemmed**, **hemming**) վրակար անել

hem[2] |həm|, |hɛm| **1** *exclamation* հը՜մ; ըհը՜մ-ըհը՜մ **2** *noun* **3** *verb* (**hemmed**, **hemming**) *հնավանդ* «հըմ-հըմ» անել; հազալով կոկորդը մաքրել

hemisphere |ˈhɛmɪsfɪə| *noun* կիսագունդ ◇ **celebral hemispheres** ուղեղի կիսագնդեր

hemistich |ˈhɛmɪstɪk| *noun* ոտանավորի կես տող; կիսատող

hemlock |ˈhɛmlɒk| *noun* 1) *բուսաբանություն* մոլեխինդ *(Conium maculatum, ընտանիք Umbelliferae)* 2) *ամերիկյան* հեմլոկ *(փշատերև ծառ)*

hemoglobin |ˌhiːməˈgləʊbɪn| (բրիտանական **haemoglobin**) *noun կենսաքիմիա* հեմոգլոբին

hemophilia |ˌhiːməˈfɪlɪə| (բրիտանական **haemophilia**) *noun* հեմոֆիլիա; արյունահոսականություն

hemorrhage |ˈhɛmərɪdʒ| (բրիտանական **haemorrhage**) **1** *noun* 1) *բժշկություն* արյունահոսություն; արյունազեղում ◇ **celebral hemorrhage** արյունազեղում ուղեղում 2) կորուստ *(որակյալ աշխատողների, միջոցների)* **2** *verb* արյունազեղում ուենալ

hemp |hɛmp| *noun* (նաև **Indian hemp**) 1) *բուսաբանություն* կանեփ *(Cannabis)* 2) կանեփաթել 3) *փոխաբերական* կատակային պարան; կախաղան 4) հաշիշ

stretch hemp *ծածկալեզու* կախաղան բարձրացած լինել; կախված լինել

hempen |ˈhɛmpən| *adjective* կանեփի; կանեփից պատրաստված

hemstitch |ˈhɛmstɪtʃ| **1** *noun* մերեժկա; ցանցակար **2** *verb* ցանցակար անել

hen |hɛn| *noun* 1) *կենդանաբանություն* հավ ◇ **like a hen with one chicken** անտեղի դես ու դեն ընկնելով; ձեռ ու ոտ ընկած 2) (**hens**) ընտանի թռչուններ 3) էգ *(որոշ կենդանիների)*

henbane |ˈhɛnbeɪn| *noun* *բուսաբանություն* մոլեխինդ; բանգ *(թունավոր բույս Hyoscyamus niger, ընտանիք Solanaceae)*

hence |hɛns| *adverb* 1) ուստի; հետևաբար; այդ պատճառով ◇ **hence!** դո՛ւրս; կորի՛ր 2) այդ ժամանակից ի վեր ◇ **many years hence** շատ տարիներ հետո 3) *հնացած* այդտեղից; այստեղից

henceforth |hɛnsˈfɔːθ|, |ˈhɛnsfɔːθ| (նաև **henceforward**) *adverb* այսուհետև; սրանից հետո

henchman |ˈhen(t)ʃmən| *noun* (հոգն. **-men**) *արհամարհական* 1) կողմնակից; պաշտպան 2) կամակատար; արբանյակ; դրածո 3) *պատմական* զինակիր

hencoop *noun* հավաբուն

henna |ˈhɛnə| **1** *noun* 1) հինա 2) դեղնակարմիր գույն; հինայագույն **2** *verb* (**hennas**, **hennaed**, **hennaing**) հինայով ներկել; հինա դնել **3** *adjective* դեղնակարմիր; հինայագույն

henpeck |ˈhɛnpɛk| *verb* նեղել; ճնշել *(կինը՝ ամուսնուն)*

hepatic |hɪˈpætɪk| **1** *adjective* 1) լյարդի; լյարդային 2) լյարդագույն **2** *noun* *բուսաբանություն* (նաև **liverwort**) լյարդամամուռ; մարշանտենի *(կարգ Hepaticae, բաժին Bryophita)*

hepatitis |ˌhɛpəˈtʌɪtɪs| *noun* *բժշկություն* լյարդի բորբոքում; լյարդաբորբ; հեպատիտ

heptagon |ˈhɛptəg(ə)n| *noun* յոթանկյուն; յոթանկյունի

her |həː|, |hə| **1** *pronoun* 1) նրա; նրան *(she դերանվան օբյեկտային հոլովը)* ◇ **with her** նրա հետ 2) *խոսակցական* նա *(իգական)* 3) *հնացած բարբառային* տե՛ս **herself** **2** *possessive adjective* 1) նրա; իր *(իգական սեռի անձի, ինչպես նաև երկրի, նավի և այլնի մասին)* 2) (**Her**) Նորին

herald |ˈhɛr(ə)ld| **1** *noun* 1) մունետիկ; սուրհանդակ 2) համբավաբեր; լրաբեր; բանբեր 3) *պատմական* հերոլդ *(ասպետական զինախաղերի կամ տոնակատարությունների կարգադրիչ)* 4) *փոխաբերական* նախանշան; նախակարապետ; կարապետ **2** *verb* 1) ազդարարել; հայտարարել; հաղորդել 2) մեկի գալուստը ազդարարել; ներկայացնել; ներս հրավիրել; ավետել

heraldic |hɛˈrældɪk| *adjective* զինանիշագիտական; հերալդիկ; հերալդիկայի; հերալդիկական

heraldry |ˈhɛr(ə)ldri| *noun* 1) զինանշանագիտություն; հերալդիկա 2) գերբ; զինանիշ; զինանշան 3) գունագեղ հրադարձություն

herb |həːb| *noun* 1) խոտ; դալար; բույս *(հատկապես հոտավետ կամ ուտվող)* 2) դեղաբույս; բուժախոտ

herbaceous |həːˈbeɪʃəs| *adjective* խոտի; խոտային

herbage |ˈhəːbɪdʒ| *noun* *հավաքական* խոտեղեն; խոտաբույսեր; խոտե ծածկոց; արոտ

herbarium |həːˈbɛːrɪəm| *noun* (հոգն. **-bariums** կամ **-baria** |-rɪə|) բուսարան; հերբարիում *(չորացրած բույսերի հավաքածու)*

herbivore |ˈhəːbɪvɔː| *noun* խոտակեր կենդանի

herbivorous |-ˈbɪv(ə)rəs| *adjective* խոտակեր

Herculean |ˌhəːkjʊˈliːən|, |həːˈkjuːlɪən| *adjective* 1) հերկուլեսյան; տքնաջան; շատ դժվար 2) հերկուլեսյան; մկանուտ; շատ ուժեղ; հզոր

herd |həːd| **1** *noun* 1) հոտ; երամակ; նախիր ◇ **herd behaviour** հոտային վարքագիծ 2) *փոխաբերական* *արհամարհական* ամբոխ 3) հովիվ; նախրապան **2** *verb* 1) առաջնորդել; ուղղորդել 2) արածեցնել *(հոտը)* 3) ժողովել; խմբել

herdsman |ˈhəːdzmən| *noun* (հոգն. **-men**) հովիվ; նախրապան; տավարած; խաշնարած

here |hɪə| **1** *adverb* 1) այստեղ 2) դեպի այս կողմ; այստեղ 3) (**here is/are**) ահավասիկ; ահա **2** *exclamation* 1) լսե՛ք 2) այստե՛ղ; ներկա՛

here and there 1) այստեղ և այնտեղ; ինչ-որ տեղ 2) ցրված; ցիրուցան; խառնիխուռն; ցաքուցրիվ 3) ժամանակ առ ժամանակ; մերթ ընդ մերթ; երբեմն

here today and gone tomorrow «չվող թռչուն»; հյուրախաղող, գաստրոլյոր

Look here! *խոսակցական* Լսե՛ք:

neither here nor there գործին չառընչվող; ոչ տեղին

Same here. *խոսակցական* Ես նույնպես: Ես էլ: Նույնն էլ կարող եմ ասել իմ մասին:

hereabouts |ˌhɪərəˈbaʊts| (նաև **hereabout**) *adverb* այս կողմերում; մոտակայքում

hereafter |hɪərˈɑːftə| **1** *adverb* *գրական անգլերեն* 1) այսուհետ 2) ապագայում 3) այն աշխարհում; անդրաշխարհում; անդրշիրիմյան կյանքում **2** *noun* 1) ապագա 2) անդրշիրիմյան կյանք; անդրաշխարհ

hereat |hɪərˈæt| *adverb* *հնացած* այս պատճառով; արդյունքում; այդ ժամանակ

hereby |hɪəˈbʌɪ| *adverb* *գրական անգլերեն* 1) սրանով; սույնով 2) այսպիսով

hereditary |hɪˈrɛdɪt(ə)ri| *adjective* 1) ժառանգական *(ոպես ժառանգություն փոխանցվող)* 2) ժառանգական; բնածին; գենային; գենետիկական 3) ժառանգության 4) ավանդական *(տվյալ ընտանիքում)*

heredity |hɪˈrɛdɪti| *noun* 1) ժառանգականություն 2) ժառանգելը; ժառանգաբար ստանալը *(տիտղոս և այլն)*

herein |hɪərˈɪn| *adverb* *գրական անգլերեն* սրանով; այստեղ; սրանում; սրանով

hereinafter |hɪərɪnˈɑːftə| *adverb* *գրական անգլե-*

րեն ատորև

hereof |hɪər'ɒv| *adverb գրական անգլերեն հնացած* 1) այս մասին 2) այստեղից; սրանից

heresy |'hɛrɪsi| *noun* (հոգն. **-sies**) *եկեղեցական նաև փոխաբերական* հերձվածողություն; հերետիկոսություն

heretic |'hɛrɪtɪk| *noun եկեղեցական նաև փոխաբերական* հերձվածող; հերետիկոս

heretical |hɪ'rɛtɪk(ə)l| *adjective եկեղեցական նաև փոխաբերական* հերետիկոսական; հերձվածողական

hereto |hɪə'tu:| *adverb գրական անգլերեն հնացած* առ այս; մինչև հիմա

heretofore |hɪətʊ'fɔ:| *adverb գրական անգլերեն* մինչև այժմ; մինչև այս

hereupon |hɪərə'pɒn| *adverb* 1) սրանից հետո 2) սրա հետևանքով; այս պատճառով

herewith |hɪə'wɪð|, |-'wɪθ| *adverb գրական անգլերեն* 1) ընդսմին կցվում է; կից *(ուղարկվում է)* 2) սրանով; սույնով *(հայտնվում է և այլն)*

heritable |'hɛrɪtəb(ə)l| *adjective* 1) ժառանգական; ժառանգվող 2) ժառանգելի

heritage |'hɛrɪtɪdʒ| *noun* ժառանգություն *(նաև մշակութային)*

hermaphrodite |hə:'mæfrədʌɪt| **1** *noun* արուէգ; հերմաֆրոդիտ; որձէգ **2** *adjective* արուէգ; որձէգ

hermetic |hə:'mɛtɪk| *adjective* 1) համափակ; հերմետիկ; անթափանցելի *(հեղուկների և գազերի համար)* 2) փակ; մեկուսացած *(հասարակության և այլնի մասին)*

hermit |'hə:mɪt| *noun* 1) ճգնավոր; մենակյաց; անապատական 2) մենասեր; միայնասեր; առանձնասեր; մեկուսասեր

hermitage |'hə:mɪtɪdʒ| *noun* 1) ճգնարան; ճգնավորի կացարան 2) մեկուսի տուն; բնակավայրից կտրված տուն

hernia |'hə:nɪə| *noun* (հոգն. **-nias** կամ **-niae** |-nɪi:|) *բժշկություն* ճողվածք; աղեթափություն

hero |'hɪərəʊ| *noun* (հոգն. **-roes**) 1) հերոս; դյուցազն; քաջազն 2) հերոս; գործող անձ; գլխավոր անձ *(գրական երկի մեջ հանդես եկող)*

heroic |hɪ'rəʊɪk| **1** *adjective* 1) դյուցազնական; հերոսական 2) վերամբարձ; ճոռոմ *(ոճի մասին)* **2** *noun* 1) *տաղաչափություն* (**heroic verse**) հնգոտնյա յամբ 2) վերամբարձ ոճ/լեզու

heroin |'hɛrəʊɪn| *noun* հերոին *(թմրանյութ)*

heroine |'hɛrəʊɪn| *noun* հերոսուհի; դյուցազնուհի; քաջազնուհի

heroism |'hɛrəʊɪz(ə)m| *noun* հերոսություն; սխրանք; քաջագործություն

heron |'hɛr(ə)n| *noun կենդանաբանություն* ձկնկուլ *(թռչուն. ընտանիք Ardeidae)*

herpes |'hə:pi:z| *noun բժշկություն* մկնատամ; մրմնջակ; որքին; հերպես *(մաշկի սնկային հիվանդություն)*

herring |'hɛrɪŋ| *noun կենդանաբանություն* ծովատառեխ; հարինգ *(ընտանիք Clupeidae)* ◇ **red herring** i) ապխտած հարինգ ii) շեղիչ հնարք; ուշադրությունը շեղելու հնարք

draw a red herring across the path դիտավորյալ/մտադրված մոլորեցնել; ուշադրությունը շեղել քննարկվող հարցից

herringbone |'hɛrɪŋbəʊn| **1** *noun* 1) եղևնաձև կար, ասեղնագործ 2) եղևնաձև վերելք *(դահուկներով)* 3) աղյուսի եղևնաձև շարվածք **2** *verb* 1) նախշել/կարել եղևնաձև նախշով 2) *մարզական* վերելքը բարձրանալ եղևնաձև քայլվածքով

hers |hə:z| *possessive pronoun* նրանը *(իգական)*

herself |hə:'sɛlf| *pronoun* 1) իրեն; ինքն իրեն *(իգական)* 2) ինքը ◇ **she told me herself** նա ինքն ինձ ասաց; նա անձամբ ինձ ասաց

hertz |hə:ts| (հպվ. **Hz**) *noun* (հոգն. նույնը) *ֆիզիկա* հերց *(տատանումների չափման միավոր)*

Herzegovina |ˌhɛ:tsə'gɒvɪnə|, |-gə'vi:nə| (նաև **Hercegovina**) Հերցոգովինա *(տարածք Բալկաններում, որը կազմում է Բոսնիա-Հերցոգովինայի մի մասը)*

hesitant |'hɛzɪt(ə)nt| *adjective* անվճռական; տատանվող; վարանոտ; դանդաղկոտ

hesitate |'hɛzɪteɪt| *verb* 1) երկմտել; վարանել; տատանվել; տարակուսել 2) կակազել; կմկմալ

hesitation *noun* 1) տատանում; վարանում; անվճռականություն; տարակուսանք 2) չկամենալը; դժկամություն 3) կակազում; կմկմալը

Hesse[1] |ˌhɛs| Հեսսեն *(Գերմանիայի հողերից մեկը)*

heterodox |'hɛt(ə)rə(ʊ)dɒks| *adjective* այլադավան; ոչ ուղղափառ

heterogeneous |ˌhɛt(ə)rə(ʊ)'dʒi:nɪəs|, |-'dʒɛn-| *adjective* տարասեռ; այլասեռ

hew |hju:| *verb* (անցյալ դերբայ **hewn** |hju:n| կամ **hewed**) 1) կացնով կտրել; տաշել 2) (**hew to**) մոտ լինել; հարել; հոգեհարազատ լինել • **hew down** կտրել-գետին տապալել; կտրել-գցել; հատել **hew off** i) կտրել; հատել; թոցնել ii) *հանքաբանություն* հատել; պոկել **hew out** կտրել-հանել; փորել; տաշել

hewer |'hju:ə| *noun հնացած* 1) քարտաշ 2) փայտահատ 3) *հանքաբանություն* հորատող; հանքափոր

hexagon |'hɛksəg(ə)n| *noun մաթեմատիկա* վեցանկյուն; վեցանկյունի

hexameter |hɛk'sæmɪtə| *noun տաղաչափություն* վեցաչափ; հեկզամետր *(ոտանավորի տեսակ)*

hey |heɪ| *exclamation* 1) հե՜յ; էհե՜յ 2) հը՞; ի՞նչ 3) ողջու՜յն

heyday |'heɪdeɪ| *noun փոխաբերական* ծաղկում; փթթում; գագաթնակետ; եռուն շրջան

hi |hʌɪ| *exclamation խոսակցական* ողջու՜յն; բարև՛

hiatus |hʌɪ'eɪtəs| *noun* (հոգն. **-tuses**) 1) դադար; ընդմիջում 2) բաց/ազատ տեղ *(բնագրում)* 3) բացթողում 4) *լեզվաբանություն* հորանջ

hibernate |'hʌɪbəneɪt| *verb* 1) ձմեռել; ձմեռն անցկացնել 2) ձմռան քուն մտնել *(կենդանիների մասին)* 3) *փոխաբերական* անգործության մեջ ապրել; տանն անցկացնել ժամանակը

hibernation *noun* 1) ձմեռում; ձմեռելը 2) ձմեռաքուն; ձմռան քուն

Hibernian |hʌɪˈbəːnɪən| *բանաստեղծական* **1** *adjective* իռլանդական **2** *noun* իռլանդացի

hiccup |ˈhɪkʌp| (նաև **hiccough**) **1** *noun* 1) զկռտոց; ձգռտոց; բխկոց 2) փոքրիկ թերություն; ժամանակավոր խոչընդոտ **2** *verb* (**-cuped**, **-cuping**) զկռտալ; ձգռտալ; բխկալ

hick |hɪk| *noun ամերիկյան խոսակցական* ռամիկ; գեղջուկ; գեղացի; անտաշ

hidden **1** անցյալ դերբայ տե՛ս **hide 1** **2** *adjective* թաքուն; ծածուկ; գաղտնի

hide[1] |hʌɪd| **1** *verb* (անցյալ **hid**; անցյալ դերբայ **hidden** |ˈhɪd(ə)n|) 1) թաքցնել; ծածկել; պարտակել; աչքից հեռու պահել; գաղել 2) չարտահայտել; չհայտնել; ցույց չտալ 3) թաքնվել; ծածկվել; պահվել; պահ մտնել **2** *noun* թաքստոց *(վայրի կենդանիներին դիտելու համար)*

hide[2] |hʌɪd| *noun* մորթ; մաշկ; կաշի ◇ **raw hide** հում կաշի. **hide and hair** ամբողջությամբ; լրիվ

hide-and-seek *noun* պահմտոցի; տափկնոցի *(մանկական խաղ)*

hidebound |ˈhʌɪdbaʊnd| *adjective* 1) սահմանափակ; նեղ հայացքների տեր; կաղապարված 2) շատ նիհար; վտիտ *(տավարի մասին)*

hideous |ˈhɪdɪəs| *adjective* 1) սարսափելի; սոսկալի 2) տգեղ; ժանտատեսիլ; նողկալի

hiding[1] |ˈhʌɪdɪŋ| *noun խոսակցական* 1) ծեծ ◇ **give a good hiding** մի լավ ծեծել; քոթակել 2) ջախջախիչ պարտություն

hiding[2] |ˈhʌɪdɪŋ| *noun* 1) պահելը; թաքցնելը 2) գաղտնի թաքստոց; թաքստարան ◇ **in hiding** փախուստի մեջ; փախստական

hierarchy |hʌɪərɑːki| *noun* (հոգն. **-chies**) 1) ստորակարգություն; աստիճանակարգություն; հիերարխիա 2) (**the hierarchy**) իշխանություններ; վերին դասեր 3) *եկեղեցական* (**the hierarchy**) հիերարխիա; ավիրապետություն

hieroglyph |ˈhʌɪrəglɪf| *noun* գաղափարագիր; հիերոգլիֆ

hieroglyphic |hʌɪrəˈglɪfɪk| **1** *noun* 1) գաղափարագրեր; հիերոգլիֆներ 2) անընթեռնելի ձեռագիր 3) անընթեռնելի նշաններ **2** *adjective* 1) գաղափարագրային; հիերոգլիֆային 2) խորհրդանշական; հանելուկային

hi-fi |ˈhʌɪfʌɪ| *խոսակցական* **1** *adjective* (**high fidelity**) ձայնի բարձրորակ վերարտադրությամբ **2** *noun* (հոգն. **-fis**) ձայնի բարձրորակ վերարտադրությամբ սարք

higgle |ˈhɪg(ə)l| *verb* 1) երկար սակարկել 2) փեռեզակություն/չարչիություն անել

higgledy-piggledy |ˌhɪg(ə)ldɪˈpɪg(ə)ldi| *adverb, adjective* 1) խառնաշփոթ; անկարգ; խառնիճաղանջ 2) խառնաշփոթ վիճակում

higgler *noun* տերեզակ; չարչի

high |hʌɪ| **1** *adjective* 1) *նաև փոխաբերական* բարձր; վեհ; վսեմ 2) բարձր *(ծովի մակերևույթից)* 3) ծայրահեղական; առավելամոլական 4) ծայրահեղ; զարգացման; բարձրակետին հասած ◇ **it is high time** արդեն ժամանակն է 5) բարձր; զիլ *(հնչյունի մասին)* 6) բարձրագույն; գլխավոր; գերագույն 7) *խոսակցական* հուզված; ոգևորված 8) հարբած; թմրադեղերի ազդեցության տակ 9) մի քիչ փչացած; հոտած *(միս/որսի մասին)* 10) ուժեղ 11) *հնչյունաբանություն* վերին բարձրացման 12) թանկ *(գին)* 13) փարթամ; շքեղ; ճոխ **2** *noun* 1) բարձրակետ; գագաթնակետ 2) *խոսակցական* ոգևորություն 3) *խոսակցական* (նաև **high school**) ավագ դպրոց **3** *adverb* 1) բարձր 2) ուժեղ կերպով; սաստիկ; ծայրահեղորեն 3) թանկ գնով 4) սուր; զիլ *(հնչյունի մասին)*

from high վերևից; երկնքից

high and low ամենուրեք; ամեն տեղ

high and mighty 1) հզոր; իշխանություն ունեցող 2) ամբարտավան; գոռոզ; մեծամիտ; ինքնավստահ; անբարեհաճ

on high բարձրում; վերևում; երկնքում

play high մեծ գումարով խաղալ

run high 1) բարձրանալ; ալեկոծվել *(ծովի մասին)* 2) գրգռվել; զայրանալ; հուզվել

stand high հարգված լինել; մեծ պատիվ ունենալ

highball |ˈhʌɪbɔːl| **1** *noun ամերիկյան խոսակցական* սոդայաջրով վիսկի **2** *verb խոսակցական* արագ ճամփորդել

highborn *adjective* ազնվատոհմ; ազնվազարմ

highbred *adjective* 1) ազնվացեղ 2) բարեկիրթ; լավ դաստիարակված

highbrow |ˈhʌɪbraʊ| **1** *adjective արհամարհական* բարձրաճաշակ; իր գիտունությամբ պարծեցող; իրեն երևակայող **2** *noun* բարձրաճաշակ մարդ; իր գիտունությամբ պարծեցող մարդ; իրեն երևակայող մարդ

high court *noun* գերագույն դատարան

higher-up *noun ամերիկյան խոսակցական* մեծամարդ; ջոջ; կարևոր անձ

highest common factor (հպվ. **HCF**) *noun մաթեմատիկա* ամենամեծ ընդհանուր բաժանարար

highflier (նաև **high-flier**) *noun* խոստումնալից անձ; շնորհալի մարդ

high-flown *adjective* վերամբարձ; ճոռոմ

high frequency *noun ֆիզիկա* բարձր հաճախություն; կարճ ալիք

high-grade *adjective* բարձրորակ; ազնվատեսակ

high-handed *adjective* տիրական; տիրատենչ; ինքնահաճ; քմահաճ; կամայական

highland |ˈhʌɪlənd| *noun* սարահարթ; լեռնահարթ; բարձրավանդակ; լեռնային երկիր ◇ **the Highlands** Շոտլանդիայի հյուսիսային մասը

highlander *noun* 1) լեռնաբնակ 2) շոտլանդացի լեռնական

highlight |ˈhʌɪlʌɪt| **1** *noun* 1) հիմնական հարց; կետ; փաստ; «մեխը» *(ելույթի և այլնի մեջ)* ◇ **be in the highlight** ուշադրության կենտրոնում լինել 2) պայծառ կետ; լուսավոր հատված *(նկարի և այլնի մեջ)* 3) (**highlights**) մազերի վառ գույն *(ներկելու/գունաթափելու շնորհիվ)* **2** *verb* 1) առաջ քաշել; մեծ նշանակություն տալ 2) ընդգծել; վառ դարձնել; աչքի ընկնող դարձնել; շեշտել

highly |ˈhʌɪli| *adverb* 1) խիստ; սաստիկ; հույժ; չափազանց; շատ 2) բարենպաստ կերպով; բարեհաճորեն 3) աստիճանով բարձր

high-minded *adjective* վեհանձն; մեծահոգի;

ազնիվ; բարձրասիրտ

highness |ˈhʌɪnɪs| *noun* 1) բարձրություն; բարձունք 2) մի բանի բարձր աստիճանը 3) ◊ **Highness** բարձրություն *(տիտղոս)*. **Your Highness** Ձերդ բարձրություն

high-pitched *adjective* 1) բարձր; զիլ; սուր *(ձայնի մասին)* 2) բարձր; զառիթափ *(տանիքի մասին)* 3) վեհ 4) թեժ; կատաղի; եռուն *(ճակատամարտի և այլնի մասին)*

high-sounding *adjective* ճոռոմ; փքուն; ճոճոուն; մեծաղորդ

high-speed *adjective* արընթաց; արագասլաց; արագագործական

high-strung *adjective* 1) զգայուն; դյուրազգաց 2) լարված; գրգռված

high-tech (նաև **hi-tech**) **1** *adjective* բարձր տեխնոլոգիական **2** *noun* (**high tech**) բարձր տեխնոլոգիա

highway |ˈhʌɪweɪ| *noun* 1) մեծ/բանուկ ճանապարհ 2) գլխավոր ճանապարհ; մայրուղի 3) *փոխաբերական* ուղիղ ճանապարհ *(որևէ բանի հասնելու)* 4) *համակարգիչներ* դող

highwayman |ˈhʌɪweɪmən| *noun* (հոգն. **-men**) *պատմական* մեծ ճանապարհի ավազակ

hijack |ˈhʌɪdʒæk| (նաև **highjack**) **1** *verb* օդահենություն անել **2** *noun* օդահենություն

hike |hʌɪk| **1** *noun* 1) *խոսակցական* զբոսանք; հետիոտն ուղևորություն; էքսկուրսիա 2) կտրուկ բարձրացում/աճ 3) *ռազմական* ռազմերթ 4) արշավ; քայլարշավ **2** *verb* 1) ոտքով գնալ; զբոսնել; թափառել 2) *ռազմական* ռազմերթով գնալ; քայլել; արշավել 3) վրայից հանել *(հագուստը)* 4) կտրուկ բարձրացնել *(գները և այլն)* 5) կտրուկ աճ ունենալ

hilarious |hɪˈlɛːrɪəs| *adjective* 1) զվարճալի; ծիծաղաշարժ 2) ուրախ; զվարթ; կենսուրախ

hilarity |hɪˈlærɪtɪ| *noun* 1) ծիծաղ; զվարճություն 2) ուրախություն; զվարթություն

hill |hɪl| **1** *noun* 1) բլուր; բարձունք; սարավանդ 2) կույտ; շեղջ **2** *verb* 1) կույտ անել; կիտել 2) *գյուղատնտեսություն* բուկը տալ/լցնել

go over the hill *ռազմական ծածկալեզու* դասալքել; դասալիք դառնալ

up to the hill լրիվ; ամբողջությամբ; առավելագույն չափով; գլխովին

hillock |ˈhɪlək| *noun* բլրակ; հողաբլուր; հողաթումբ

hillside |ˈhɪlsʌɪd| *noun* բլրի լանջ/կող; սարալանջ

hilltop |ˈhɪltɒp| *noun* բլրի գագաթ/կատար

hilly |ˈhɪlɪ| *adjective* (**hillier**, **hilliest**) լեռնոտ; բազմաբլուր; բլրածածկ

hilt |hɪlt| *noun* կոթ; երախակալ; բռնակ *(դաշույնի, սուսերի և այլնի)* ◊ **up to the hilt** i) մինչև կոթը ii) *փոխաբերական* ամբողջությամբ; մինչև վերջը; ամբողջովին

him |hɪm| *pronoun* 1) նրա; նրան *(արական he դերանվան օբյեկտային հոլովը)* 2) *խոսակցական* նա ◊ **that's him** նա է 3) տե՛ս **himself**

Himalayas |ˌhɪməˈleɪəz|, |hɪˈmɑːljəz| Հիմալայներ *(լեռնաշղթա Ասիայի հարավում)*

himself |hɪmˈsɛlf| *pronoun* 1) իրեն; ինքն իրեն *(արական)* 2) ինքը ◊ **he told himself** նա ինքն ասաց

hind¹ |hʌɪnd| *adjective* հետևի; ետևի; ետին

hind² |hʌɪnd| *noun* *կենդանաբանություն* եղնիկ

hind³ |hʌɪnd| *noun* *հնացած* 1) բատրակ; ֆերմայում աշխատող 2) *արհամարհական* գեղջուկ; գեղացի

hinder¹ |ˈhɪndə| *verb* խանգարել; արգելք հանդիսանալ; խոչընդոտ հանդիսանալ

hinder² |ˈhʌɪndə| *adjective* ետևի; ետին

Hindi |ˈhɪndi| **1** *noun* *լեզվաբանություն* հինդի *(Հյուսիսային Հնդկաստանի լեզուներից մեկը)* **2** *adjective* հինդիական

hindmost |ˈhʌɪn(d)məʊst| *adjective* 1) ամենաետևի 2) հեռավոր

hindrance |ˈhɪndr(ə)ns| *noun* արգելք; խոչընդոտ

without let or hindrance անարգելք; անպատիժ

hindsight |ˈhʌɪn(d)sʌɪt| *noun* 1) անհեռատեսություն 2) նշան; նշանոց 3) ետադարձ հայացք

Hindu |ˈhɪnduː|, |hɪnˈduː| **1** *noun* (հոգն. **-dus**) 1) հնդիկ 2) հինդուիզմի հետևորդ **2** *adjective* հինդուիստական

Hinduism |ˈhɪndʊɪz(ə)m| *noun* *կրոն* հինդուիզմ

Hindustani |ˌhɪndʊˈstɑːni| **1** *noun* *լեզվաբանություն* հինդուստանի; ուրդու *(ժամանակակից Հնդկաստանի գրական լեզուներից մեկը)* **2** *adjective* հինդուստանական

hinge |hɪn(d)ʒ| **1** *noun* 1) հոդակապ; ծխնի; ծղխնի; կրունկ 2) *փոխաբերական* առանցք; կենտրոն ◊ **off the hinges** անկարգ/խառնիխուռն վիճակում; քայքայված 3) շրջադարձային պահ **2** *verb* (**hinging**) 1) ծխնիներով ամրացնել; ծղխնիների վրա կախել 2) ծղխնիների վրա դառնալ/պտտվել 3) *փոխաբերական* (**hinge on**) որևէ բանից կախում ունենալ

hint |hɪnt| **1** *noun* 1) ակնարկ; ակնարկություն 2) օգտակար/փոքրիկ խորհուրդ 3) նշույլ; աննշան քանակություն **2** *verb* (**hint at**) ակնարկել; ակնարկ անել; նշանը լինել

drop/give a hint ակնարկել; խոսք գցել; ակնարկ անել

take a hint ակնարկը որսալ/հասկանալ; կես բանից հասկանալ

hinterland |ˈhɪntəlænd| (նաև **hinterlands**) *noun* 1) ծովեզերքից/սահմանից դեպի ներս գտնվող շրջանները; երկրի խորքը 2) *ռազմական* խոր թիկունք 3) որևէ արդյունաբերական կենտրոնի հարող շրջան 4) *փոխաբերական* խորքեր; չհետազոտված տարածքներ; ծածուկ անկյուններ

hip¹ |hɪp| *noun* 1) *կազմախոսություն* ազդր; զիստ; գոտկատեղ; մեջք 2) տանիքի եզր/կող

have somebody on the hip մեկի նկատմամբ առավելություն ունենալ

smite hip and thigh գլխովին ջախջախել

hip² |hɪp| (նաև **rose hip**) *noun* *բուսաբանություն* մասուր

hip³ |hɪp| *adjective* (**hipper**, **hippest**) *խոսակցա-*

կամ 1) նորաձև 2) տեղյակ

hippie |ˈhɪpi| (նաև **hippy**) **1** *noun* հիփի; հիպի **2** *adjective* հիպիական

hippodrome |ˈhɪpədrəʊm| *noun* 1) ձիարշավարան 2) *պատմական* կրկես; կրկեսի հրապարակ

hippopotamus |ˌhɪpəˈpɒtəməs| *noun* (հոգն. **-muses** կամ **-mi** |-mʌɪ|) *կենդանաբանություն* գետաձի *(ընտանիք Hippopotamidae)*

hire |ˈhʌɪə| **1** *verb* վարձել; վարձակալել ◊ **hire out** վարձով/վարձույթով տալ **2** *noun* 1) վարձում; վարձելը; վարձույթով վերցնելը ◊ **let out on hire** վարձով/վարձույթով տալ 2) վճար; վարձութավճար 3) նոր աշխատակից

hireling |ˈhʌɪəlɪŋ| *noun* *արհամարհական* վարձկան; վարձվոր

hire purchase *noun* *բրիտանական* մաս-մաս վճարումով վաճառք; տարաժամկետ վճարումով վաճառք; վարձագնում

Hiroshima |hɪˈrɒʃɪmə|, |ˌhɪrəˈʃiːmə| Հիրոսիմա *(քաղաք Ճապոնիայում)*

hirsute |ˈhəːsjuːt| *adjective* մազոտ; բրդոտ

his |hɪz| **1** *possessive adjective* 1) նրա; նրանը *(արական)* 2) (**His**) Նորին **2** *possessive pronoun* նրա; նրանը *(արական)*

Hispaniola |ˌhɪspænˈjəʊlə| Հիսպանյոլա *(կղզի Կարիբյան ծովում. Հայիթի կղզու ժամանակակից անվանումը)*

hiss |hɪs| **1** *verb* 1) ֆշշալ; թշշալ; սուլել 2) շվացնել; սուլելով խայտառակել ◊ **hiss away/down/off** սուլելով/շվացնելով հեռացնել *(բեմից և այլն)* 3) ֆշշացնել; ֆշշացնելով ասել; սպառնալից շշնջալ **2** *noun* ֆշշոց; թշշոց; ֆշշալը; թշշալը

hist |hɪst| *exclamation* *հնացած* սսս՛; շշշ՛; սու՛ս կացեք

historian |hɪˈstɔːrɪən| *noun* 1) պատմագիր; պատմիչ 2) պատմաբան

historic |hɪˈstɒrɪk| *adjective* պատմական; կարևոր; պատմական նշանակություն ունեցող

historical |hɪˈstɒrɪk(ə)l| *adjective* 1) պատմական; պատմությամբ վկայված *(փաստ և այլն)* 2) անցյալի; պատմական

historically *adverb* պատմականորեն

historiography |hɪˌstɔːrɪˈɒgrəfi|, |-ˌstɒrɪ-| *noun* 1) պատմագրություն 2) պատմագիտություն

history |ˈhɪst(ə)ri| *noun* (հոգն. **-ries**) 1) պատմություն; պատմագրություն 2) պատմություն; անցյալ; անցած ուղի 3) բուռն անցյալ; իրադարձություններով լի անցյալ 4) պատմական ներկայացում/պիեսս

ancient history 1) հին պատմություն 2) անցած գործ

History repeats itself. Պատմությունը կրկնվում է:

make history պատմություն ստեղծել/գրել

histrionic |ˌhɪstrɪˈɒnɪk| **1** *adjective* 1) թատերական; ցուցական 2) *գրական անգլերեն* դերասանական; բեմական 3) երկերեսանի; երեսպաշտ; կեղծավոր 4) մակերեսային ու ցուցամոլ *(մարդու մասին)* **2** *noun* 1) *փոխաբերական* (**histrioincs**) արհեստականություն; շինծություն; անբնականություն 2) թատերական ներկայացում 3) թատերական արվեստ 4) թատերականություն; թատերայնություն

hit |hɪt| **1** *verb* (**hitting**; անցյալ **hit**) 1) խփել; հարվածել 2) բախվել; դիպչել 3) *խոսակցական* սեղմել *(կոճակ և այլն)* 4) վնասել; վնաս պատճառել 5) (**hit out**) խիստ քննադատել; սուր քննադատել 6) *խոսակցական* հարձակվել մեկի վրա; հարձակում գործել մեկի վրա 7) նշանին խփել; նպատակակետին դիպցնել 8) *խոսակցական* հասնել; գալ *(որևէ տեղ, որոշակի վիճակի, մակարդակի)* 9) հաջողվել; սիրվել; հաջողություն ունենալ; լավ ընդունելություն գտնել *(ֆիլմի և այլնի մասին)* 10) ազդել; ներգործել; ազդեցություն ունենալ 11) *խոսակցական* վաճառքի հանվել; առկա լինել *(ապրանքի մասին)* 12) հետաքրքրվել; լրջորեն զբաղվել *(մի բանով)* 13) *փոխաբերական* մեկի ամենազգայուն տեղին դիպչել ◊ **hit it** գլխի ընկնել; հասկանալ; ճիշտ գուշակել; իսկն ասել 14) (**hit upon**) պատահաբար հանդիպել/գտնել 15) նկատել; նշմարել *(նմանություն)* • **hit off** i) ընդօրինակել; նմանակել ii) մի քանի գծերով ճշգրիտ նկարագիրը տալ *(որևէ բանի)* **hit out** ուժեղ հարվածներ հասցնել; մեկի վրա հարձակվել **2** *noun* 1) հարված; զարկ; բախվելը 2) (**hit at**) թունոտ-ծաղրական հարձակում; կշտամբանք; մեղադրանք 3) հաջողված երգ/ձայնագրություն; հաջող երևույթ 4) *համակարգիչներ* արդյունք 5) *խոսակցական* հաջող փորձ; հաջողություն 6) *համակարգիչներ* այցելում *(տվյալ կայք)* 7) նշանին խփելը

hit-and-miss, hit-or-miss ինչպես ստացվի; իմիջիայլոց; անկանոն; բախտին ապավինելով; բախտաբերի; բախտապավեն

hit it off with հաշտ ու համերաշխ լինել; ընդհանուր լեզու գտնել

hit sb where it hurts խորը խոցել; զգայուն թելերին դիպչել; ցավոտ տեղին դիպչել; վիրավորել

make a hit հաջողություն ունենալ; ցնցող տպավորություն գործել

hitch |hɪtʃ| **1** *verb* 1) հրել; ցնցել; քաշել; ձգել 2) տե՛ս **hitchhike** 3) կարթել; ճանկել; կեռով բռնել; դիպչել; կառչել 4) կպչել 5) կապակցել; միացնել; կապել *(ձին)* 6) կաղալ; կաղալով գնալ 7) ճամփորդել ուղեկից մեքենաներով 8) *ամերիկյան ծածկալեզու* (**get hitched up**) ամուսնանալ **2** *noun* 1) ցնցում; հրում 2) արգելք; խոչընդոտ *(ժամանակավոր)* 3) ուշացում 4) *ծովային* կապ; հանգույց 5) ճանկ; կարթ; կեռ; կառչան

hitchhike **1** *verb* *ամերիկյան* ուղեկցող մեքենայով անվճար ճանապարհորդել; ուղեկցող մեքենայով անվճար տեղից տեղ գնալ **2** *noun* ուղեկցող մեքենայով ճամփորդություն

hither |ˈhɪðə| **1** *adverb* *հնացած* *բանաստեղծական* այստեղ; այս կողմ ◊ **hither and thither** և՛ այստեղ, և՛ այնտեղ **2** *adjective* *հնացած* այս կողմի; այս կողմում գտնվող

hitherto |hɪðəˈtuː|, |ˈhɪðətuː| *adverb* մինչև հիմա; մինչ այժմ

HIV *abbreviation* *բժշկություն* human immunodeficiency virus ՄԻԱՎ; մարդու իմունային անբավարարության վիրուս

hive |hʌɪv| **1** *noun* 1) փեթակ 2) մեղուների պարս 3) *փոխաբերական* մեղվանոց; մրջնանոց *(շարժուն ամբոխի, բազմության մասին)* **2** *verb* 1) փեթակի մեջ դնել *(մեղուներին)* 2) *փոխաբերական* ապաստան/պատսպարան տալ 3) ձագ տալ; պարս տալ; պարսավորվել 4) մեղր պաշարել *(մեղուների մասին)* 5) խմբվել; խմբով ապրել

hives |hʌɪvz| *plural noun* 1) բիծ; ցան; մոլաքոր; եղնջատենդ 2) բորբոքում *(կոկորդի և այլնի)*

hiya |ˈhʌɪjə| *exclamation* բարև, ո՞նց ես

ho¹ (նաև **hoe**) *noun* (հոգն. **hos** կամ **hoes**) 1) *գռեհկաբանություն* պոռնիկ; բոզ 2) *արհամարհական* կին; կնիկ

ho² |həʊ| *exclamation* է՜յ; հե՜յ

hoar |hɔː| *հնացած բանաստեղծական* **1** *adjective* 1) սպիտակ; ճերմակ; ալեհեր 2) եղյամապատ; եղյամով ծածկված **2** *noun* 1) եղյամ 2) թանձր մառախուղ 3) ծերություն; հնություն

hoard |hɔːd| **1** *noun* 1) մթերք; պաշար 2) պահուստ; գանձ 3) գաղտնի տվյալներ; օգտակար տեղեկություն **2** *verb* մթերել; պաշարել; պաշար անել; կիտել; դիզել *(փող և այլն)*

hoarding |ˈhɔːdɪŋ| *noun* 1) հայտարարությունների տախտակ 2) ժամանակավոր ցանկապատ *(շինարարության շուրջը)*

hoarfrost *noun* եղյամ

hoarse |hɔːs| *adjective* խռպոտ; խզված ◇ **cry oneself hoarse** բղավել մինչև խռպոտելը

as hoarse as a raven խռպոտ; խոխոան; կոկռան; կերկերուն *(ձայն)*

hoary |ˈhɔːri| *adjective* (**hoarier**, **hoariest**) 1) սպիտակ; ճերմակ; ալեհեր 2) ծեր; հին

hoax |həʊks| **1** *noun* խաբեություն; խորամանկություն; ճարպիկ արարք; խաղ **2** *verb* կատակով խաբել

hob¹ |hɒb| *noun* 1) կրակարանի երկաթե դարակ; ջեռոց *(կերակուրը տաք պահելու համար)* 2) նշանառեպ; ցից *(խաղի ժամանակ օղակները վրան գցելու համար)* 3) անիվի սռնակալ 4) *տեխնիկական* որդնակ; որդնաձև պտուտակ

hob² |hɒb| *noun* 1) արու կզաքիս 2) տնային ոգի

hobble |ˈhɒb(ə)l| **1** *verb* 1) կաղալ; կաղալով քայլել 2) կմկմալ 3) ոտնակապ դնել; ձիու ոտքերն իրար կապել **2** *noun* 1) կաղություն; կաղալը 2) դժվարություն; շփոթություն 3) ոտնակապ *(ձիու)*

hobbledehoy |ˈhɒb(ə)ldɪˌhɔɪ| *խոսակցական հնացած* **1** *noun* անշնորհք/անճոռնի շարժուձևերով պատանի **2** *adjective* անշնորհք

hobby¹ |ˈhɒbi| *noun* (հոգն. **-bies**) 1) սիրած զբաղմունք; հետաքրքրություն; հոբբի ◇ **ride/mount a hobby** իր հաղթաձին նստել; իր սիրած նյութի շուրջը խոսել 2) հետաքրքրության առարկա; սիրած թեմա 3) *հնացած* փոքր ձի; պոնի

hobby² |ˈhɒbi| *noun* (հոգն. **-bies**) *կենդանաբանություն* մանրաբազե; չվող բազե *(Genus Falco, ընտանիք Falconidae)*

hobbyhorse *noun* 1) փայտե ձի 2) փայտե ձիու գլուխ 3) սիրած թեմա; հետաքրքրություն

hobgoblin |ˈhɒbgɒblɪn| *noun* 1) փոքրիկ սատանա; սատանայի ճուտ; տան ոգի 2) ճիվաղ; չար ոգի

hobnail |ˈhɒbneɪl| *noun* 1) մեծ գլխով մեխ; գամ *(կոշիկի ներբանները պաշտպանելու համար)* 2) ելուստ

hobnob |ˈhɒbnɒb| *verb* (**-nobbed**, **-nobbing**) *խոսակցական* 1) ընկերանալ; մտերմանալ; շփվել *(հատկապես հայտնի մարդկանց հետ)* 2) միասին խմել; իրար հետ բաժակ բռնել/բարձրացնել

hobo |ˈhəʊbəʊ| *noun* (հոգն. **-boes** կամ **-bos**) *ամերիկյան* թափառաշրջիկ

Ho Chi Minh City Հո Շի Մին *(քաղաք Վիետնամում. նախկին անվանումը՝ Սայգոն)*

hock¹ |hɒk| *noun* ծնկատակի ջլեր *(կենդանու)*

hock² |hɒk| *verb* գրավ դնել

hock³ |hɒk| *noun* հռենոսյան գինի; ռայնվայն

hockey |ˈhɒki| *noun* *մարզական* (**ice hockey**) մականախաղ; հոկեյ

hocus |ˈhəʊkəs| *verb* (**-cused**, **-cusing** կամ բրիտ. **-cussed**, **-cussing**) *հնացած* 1) հիմարացնել; խաբելով հիմար դրության մեջ գցել 2) թմրադեղով շշմեցնել

hocus-pocus |həʊkəsˈpəʊkəs| **1** *noun* 1) աչքակապություն; խաբեություն; շեղիչ հանգամանք; շեղիչ խոսքեր 2) անպարկեշտություն; ֆոկուս **2** *verb* (**-pocused**, **-pocusing** կամ բրիտ. **-pocussed**, **-pocussing**) 1) խաբել; հիմարացնել 2) անպարկեշտություն անել

play hocus-pocus 1) բառերով անպարկեշտություն անել 2) խաբել

hodgepodge |ˈhɒtʃpɒtʃ| (բրիտանական **hotchpotch**) *noun* 1) *փոխաբերական* ամեն տեսակ բան; խառնիխուռն բաներ; աջաբսանդալ 2) *խոհանոց* մսով և բանջարեղեններով կերակուր; աջաբսանդալ

hoe¹ |həʊ| **1** *noun* *գյուղատնտեսություն* թոխր; բրիչ *(հողը փորելու/փափկեցնելու գործիք)* **2** *verb* (**hoes**, **hoed**, **hoeing**) թոխրով հողը փխրեցնել; թոխրով քաղհանել

hoe² *noun* տե՛ս **ho1**

hog |hɒg| **1** *noun* 1) խոզ; կոտած/ամորձատված խոզ 2) *փոխաբերական* խոզ; ագահ մարդ 3) մի տարեկան գառ 4) ծռում; ճկում 5) խոզանակ; քերիչ **2** *verb* (**hogged**, **hogging**) 1) խոզություն անել; ամբողջն իրեն վերցնել; յուրացնել; խլել 2) ծռվել; ճկվել; կորանալ *(նավի մասին)* 3) քերել; մաքրել *(խոզանակով, քերիչով)*

A hog in armour. *առած* Սազում է, ինչպես թամբը կովին: Մարդ, որն իր շորերի մեջ իրեն լավ չի զգում:

play the hog եսասիրություն ցուցաբերել; խոզություն անել

hogshead |ˈhɒgzˌhɛd| (հապ. **hhd**) *noun* 1) մեծ տակառ 2) հեղուկի չափ *(= մոտ 238 լ)*

hoist |hɔɪst| **1** *verb* բարձրացնել *(դրոշակ, առագաստ, բեռ և այլն)* **2** *noun* 1) բարձրացում; բարձրացնելը 2) *փոխաբերական* սաստկացում; ուժեղացում; ծանրացում; բարձրացում 3) վերելակ; ամբարձիչ 4) վերհան մեքենա

hoity-toity |hɔɪtɪˈtɔɪti| *adjective* 1) գոռոզ; մեծամիտ; փքված; ամբարտավան 2) նեղացկոտ; շուտ վիրավորվող 3) *հնացած* կայտառ; աշխույժ; չարաճճի; ժիր

Hokkaido |hɒˈkʌɪdəʊ| Հոկայդո *(կղզի, որը մտնում է ճապոնական կղզեխմբի կազմի մեջ)*

hold[1] |həʊld| **1** *verb* (անցյալ **held** |hɛld|) 1) բռնել; պահել; կառչել 2) դիմանալ; պահել *(ծանրություն)* 3) գրկել; փարվել 4) ընթանալ; շարժվել *(որոշակի ուղղությամբ)* 5) դիմանալ; տեղում մնալ 6) շարունակվել; չփոփոխվել 7) ուժ ունենալ; ուժի մեջ լինել *(օրենքի և այլնի մասին)* 8) համոզիչ/հետևողական լինել 9) բովանդակել; պարունակել; տեղավորել; տանել; վերցնել; տարողություն ունենալ 10) բնորոշվել մի բանով; որոշակի հատկանիշ ունենալ 11) ունենալ; տիրել; տեր լինել 12) զբաղեցնել *(պաշտոն)* 13) ունենալ *(կարծիք և այլն)* 14) պատասխանատու համարել *(որևէ բանի համար)* 15) կարծել; գտնել; համարել 16) պատվիրել 17) զսպել; ետ պահել 18) վարել *(զրույց, ժողով)* 19) անցկացնել *(պարապմունք, մրցություն, քննություն և այլն)* 20) ղեկավարել • **hold back** i) (**hold back from**) ետ պահել; զսպել ii) (**hold back from**) մի բանից ետ կանգնել; մի բանից հեռու կենալ; իրեն զսպել; ձեռնպահ մնալ iii) թաքցնել; ծածկել **hold by** հետևել; կողմնակից լինել; հավատարիմ մնալ *(որոշման, խորհրդի և այլնի)* **hold down** ենթարկել; ստորադրության մեջ պահել **hold forth** շաղակրատել **hold in** իրեն զսպել; պահել; թաքցնել **hold off** i) մոտ չթողնել; հեռու պահել ii) ուշացնել; հետաձգել **hold on** i) մի բան ամուր բռնել; կառչել ii) շարունակել *(մի բան անել)* iii) համառել; դիմանալ **hold out** i) մեկնել; պարզել *(ձեռքը և այլն)* ii) տալ *(հույս)* iii) դիմանալ; տանել; հաստատուն մնալ; տեղի չտալ **hold over** i) հետաձգել ii) պահել; մի կողմ դնել; ետ գցել iii) պաշտոնի մեջ թողնել **hold to** կառչել **hold together** միավորվել; միանալ **hold up** i) ցուցադրել; ի ցույց դնել ii) պահել; բռնել iii) ուշացնել; կանգնեցնել iv) *ամերիկյան* կանգնեցնել թալանի նպատակով **hold with** համաձայնել; հավանություն տալ **2** *noun* 1) գրավում; զավթում; հափշտակում; բռնում; բռնելը; իշխում; իշխելը; տիրելը ◊ **catch/take hold of** բռնել; կպչել; կառչել; տիրել. **leave hold of** ձեռքից բաց թողնել. **relinquish one's hold** ձեռքից բաց թողնել; թող տալ 2) ունկ; կանթ; բռնակ 3) իշխանություն; ազդեցություն 4) ըմբռնում; ըմբռնելը

have a hold over sb մեկի վրա ազդեցություն ունենալ

hold cheap չափսոսալ; չխնայել; բանի տեղ չդնել; չդողալ

Hold your breath. Մի՛ խառնվիր, քեզ հարցնող չկա:

hold[2] |həʊld| *noun* նավամբար

holdall |ˈhəʊldɔːl| *noun* 1) ուղեպայուսակ; իրերի տոպրակ; ճանապարհորդության պայուսակ 2) արկղ *(գործիքների համար)*

holdback |ˈhəʊl(d)bæk| *noun* 1) արգելք; խոչընդոտ 2) ամրացուցիչ; ամրացնելու հարմարանք

holder |ˈhəʊldə| *noun* 1) բռնիչ; բռնելու հարմարանք 2) որևէ բան ունեցող անձ; տեր; վարձակալ

holdfast |ˈhəʊl(d)fɑːst| *noun* 1) բռնում; ամուր բռնելը ◊ **in one's holdfast** մեկի ձեռքի մեջ; մեկի ձեռքին 2) *տեխնիկական* բռնիչ; ճանկ; կեռ 3) *տեխնիկական* մամլակ

lose one's holdfast ձեռքից բաց թողնել; կորցնել

holding |ˈhəʊldɪŋ| *noun* 1) հողամաս *(հատկապես վարձակալված)* 2) (**holdings**) ունեցվածք 3) արժեթղթեր ունենալը 4) արժեթղթերի փաթեթ 5) բռնում; ամրացում

holding company *noun* ձեռնարկակալ ընկերություն; մայր ընկերություն

hole |həʊl| **1** *noun* 1) անցք; ծակ; ճեղք 2) որջ; բույն; քարանձավ; այր 3) փոսիկ; գնդափոս 4) (**Hole**) հովիտ; հարթավայր 5) փոս; հոր; հորանցք 6) խուլ անկյուն; ետ ընկած վայր 7) *ծածկալեզու* դժվարին կացություն ◊ **in a hole** դժվարին կացության մեջ **2** *verb* 1) անցք/ծակ բաց անել; ծակել 2) գնդակը փոսիկի մեջ գցել 3) որջ մտնել 4) որջ քշել

a poky hole ծայրագավառ; խուլ անկյուն

burn a hole in one's pocket գրպանը ծակ լինել; դրամը երկար չմնալ գրպանում

every hole and corner ծակուծուկ; քունջուպուճախ

find a hole to creep out փրկության ելք գտնել; դժվարին կացությունից դուրս գալու ելք փնտրել; դժվարին կացությունից դուրս գալու ուղի փնտրել; մի ճար անել

make a hole in the water խեղդվել

hole-and-corner *adjective* ծածուկ; գաղտնի; թաքուն

holey *adjective* ծակ; ծակված

holiday |ˈhɒlɪdeɪ|, |-di| **1** *noun* 1) տոն; հանգստյան օր; ոչ աշխատանքային օր ◊ **make a holiday** աշխատանքը դադարեցնել; բանթող անել 2) *որպես ածական* տոնական; հանդիսավոր 3) *հիմնականում բրիտանական* (**holidays**) արձակուրդ *(սովորողների)* 4) արձակուրդ *(աշխատողների)* **2** *verb* հանգիստն անցկացնել; արձակուրդն անցկացնել *(որոշակի վայրում)*

Bank holiday ոչ աշխատանքային օր *(Անգլիայի ծառայողների համար)*

package holiday ճամփորդական գործակալության կողմից մանրամասնորեն կազմակերպված և նախօրոք վճարված արձակուրդ; ուղեգիր

Roman holiday հռոմեական տոն; հաճույք ուրիշի տառապանքների հաշվին *(Հին Հռոմում տոն օրերին գլադիատորների մարտ էր կազմակերպվում)*

holidaymaker |ˈhɒlɪdeɪˌmeɪkə|, |-dɪ-| *noun* հանգստացող *(տոն օրերին իր հանգիստը դրսում անցկացնող մարդ)*

holistic |həʊˈlɪstɪk|, |hɒ-| *adjective* *փիլիսոփայություն* ամբողջական

Holland |ˈhɒlənd| Հոլանդիա *(պետություն Եվրոպայի արևմուտքում. պաշտոնական անվանումը՝ Նիդեռլանդներ)*

Hollander |ˈhɒləndə| *noun* *հնացած* հոլանդացի

holler |ˈhɒlə| *խոսակցական* **1** *verb* *ծածկալեզու* բղավել; կանչել **2** *noun* ճիչ; բղավոց; գոռոց

hollow |ˈhɒləʊ| **1** *adjective* 1) դատարկ; սնամեջ; մեջը դատարկ 2) փոս ընկած; ներս ընկած 3) խուլ *(ձայնի մասին)* 4) անհիմն; աննշանակալի; ապարդյուն 5) դատարկ; թեթևամիտ; ոչ լուրջ; կեղծավոր; կեղծ 6) խոր *(ամանի մասին)* 7) քաղգած; անոթի 8) սուտ; ստահոդ **2** *noun* 1) խոռոչ; փոս ընկած տեղ; փոս 2) դատարկ տեղ 3) գոգ; հովիտ 4) փչակ **3** *verb* (**hollow out**) փորել; փոսացնել; խոռոչել

hollow-eyed *adjective* փոս ընկած աչքերով; խոր ընկած աչքերով *(հատկապես հիվանդության կամ հոգնության արդյունքում)*

hollow-hearted *adjective հնացած* կեղծ; կեղծավոր

holly |ˈhɒli| *noun բուսաբանություն* սրատերև; սղոցի *(Genus Ilex, ընտանիք Aquifoliaceae)*

hollyhock |ˈhɒlihɒk| *noun բուսաբանություն* մոլոշավարդ; վայրի մոլոշ *(Alcea rosea, ընտանիք Malvaceae)*

Hollywood |ˈhɒliwʊd| 1) Հոլիվուդ *(Լոս Անջելեսի արվարձաններից մեկը)* 2) Հոլիվուդ *(ամերիկյան կինոարտադրությունը)*

holm |həʊm| (նաև **holme**) *noun* 1) կղզյակ; փոքր կղզի *(գետի/լճի մեջ)* 2) ողողվող մարգագետին/գետափ

holmium |ˈhəʊlmiəm| *noun քիմիա* հոլմիում

holocaust |ˈhɒləkɔːst| *noun* 1) ավերում; կործանում *(հատկապես հրդեհի, միջուկային պատերազմի արդյունքում)* ◊ **world holocaust** համաշխարհային սպանդ *(առաջին համաշխարհային պատերազմի մասին)* 2) *պատմական* (**the Holocaust**) ողջակիզում; հոլոքոստ *(հրեաների զանգվածային սպանդը նացիստական Գերմանիայում)* 3) *աստվածաշնչային* ողջակեզ

hologram |ˈhɒləgræm| *noun* հոլոգրամ; եռաչափ պատկեր

holster |ˈhəʊlstə|, |ˈhɒl-| **1** *noun* ատրճանակի պատյան **2** *verb* պատյանի մեջ դնել *(ատրճանակը)*

holt[1] |həʊlt| *noun* որջ; բույն *(հատկապես ջրասամույրի)*

holt[2] |həʊlt| *noun հնացած, բարբառային, բանաստեղծական* 1) պուրակ; անտառակ 2) անտառապատ բլրակ

holy |ˈhəʊli| *adjective* (**holier**, **holiest**) 1) սուրբ; սրբազան; նվիրական 2) անարատ; անբիծ; մաքրամաքուր 3) *խոսակցական* շատ; չափազանց

the holy of holies *աստվածաշնչային* սրբություն սրբոց

Holy Land Սուրբ երկիր *(Ներկայիս Իսրայելի և Պաղեստինի տարածքը, որտեղ ծնվել և գործել է Հիսուս Քրիստոս)*

Holy See *եկեղեցական* Մայր աթոռ

homage |ˈhɒmɪdʒ| *noun* հարգանք; մեծարանք; պատիվ ◊ **do/pay homage** ուշադրություն ցույց տալ; հարգանք հավաստել *(մեկին)*

home |həʊm| **1** *noun* 1) տուն; բնակարան; կացարան; բնակավայր ◊ **at home** տանը. **feel at home** ազատ զգալ; զգալ ինչպես իր տանը. **make yourself at home** զգացե՛ք ինչպես ձեր տանը; եղե՛ք ինչպես ձեր տանը. **be at home at/in/on/with** լավ իմանալ 2) ընտանեկան օջախ; ընտանիք; ընտանեկան հարկ; գերդաստան 3) հայրենիք; բնօրրան 4) ապաստարան; օթևան ◊ **orphan's home** որբանոց; մանկատուն 5) մետրոպոլիա; մայր երկիր **2** *adjective* 1) տնային; տան; ընտանեկան ◊ **home economies** տնարարություն; տնավարություն 2) ներքին *(առևտուր և այլն)* 3) հայրենական *(ապրանք, արտադրանք և այլն)* 4) հետադարձ *(ուղևորության մասին)* **3** *adverb* 1) տանը; տուն *(դեպի տուն)* 2) հայրենիք ◊ **nothing to write home about** *խոսակցական* ոչ մի հետաքրքիր բան; ոչ մի արտառոց բան 3) նպատակին 4) մինչև վերջը **4** *verb* 1) տուն վերադառնալ 2) տուն-տեղ ունենալ 3) տուն/ապաստան տալ 4) կենտրոնանալ; ուշադրությունը սևեռել *(մի բանի վրա)*

be at home to sb տանը լինել մեկին ընդունելու համար; պատրաստվել հյուր ընդունելու

bring home to sb ստիպել մեկին հասկանալու

bring sth home to someone պատկերացում տալ իրավիճակի մասին

come/get/go/hit/strike home 1) նպատակին հասնել; իր գործն անել; նշանակետին խփել; ճիշտ տեղին խփել 2) ցավ պատճառել; խոր խոցել; վիրավորել; խիստ վիրավորվել; ամենանուրբ թելերին կպչել

come home to someone հասկանալի լինել/դառնալ

drive/hammer/press/ram someting home համոզել; հասկացնել; գլուխը մտցնել

home and dry ողջ-առողջ; անվնաս; ապահով

home-bred *adjective* 1) տնաբույծ; տանը աճեցրած 2) *փոխաբերական* տնաբույս; անփորձ; տանը սովորեցրած; հասարակ; պարզ; կոպիտ

homecoming |ˈhəʊmkʌmɪŋ| *noun* վերադարձ; տուն/հայրենիք վերադառնալը; տունդարձ

homeland |ˈhəʊmlænd| *noun* 1) հայրենիք; բնօրրան 2) ինքնավար շրջան

homeless |ˈhəʊmlɪs| *adjective* անտուն; անապաստան; տնանկ

homelike *adjective* տան պես; սովորական; ընտելական; հարմարավետ; հանգստավետ

homeliness *noun* 1) տնային հարմարավետություն; սովորական/ընտելական իրադրություն 2) պարզություն; անպաճուճություն 3) անբարետեսություն; տգեղություն

homely |ˈhəʊmli| *adjective* (**homelier**, **homeliest**) 1) անբարետես; տգեղ *(մարդու մասին)* 2) ընտանեկան; հարմարավետ; հանգստավետ 3) պարզ; անպաճույճ; սովորական; առօրյա; հասարակ

homemade *adjective* 1) տնական; տանը պատրաստված 2) տեղական/հայրենական արտադրության

homeopathy |ˌhəʊmɪˈɒpəθi|, |hɒm-| (*բրիտանական* **homoeopathy**) *noun* հոմեոպաթիա; բուժում փոքր դեղաքանակներով

home page (նաև **homepage**) *noun համակարգիչներ* սկզբնէջ; սկզբնական ցանցէջ

homesick |ˈhəʊmsɪk| *adjective* հայրենաբաղձ; հայրենակարոտ; տան կարոտը քաշող; տունը կարոտող

homesickness *noun* հայրենաբաղձություն; հայրենիքի կարոտ; տան կարոտ; տունը կարոտելը

homespun |ˈhəʊmspʌn| **1** *adjective* 1) *փոխաբե-*

րական տնաբույս; հասարակ; կոպիտ; անպաճույճ 2) տնահյուս *(գործվածքի մասին)* **2** *noun* տնահյուս գործվածք

homestead |ˈhəʊmstɛd| *noun* 1) կալվածատուն; դաստակերտ; ագարակ; ֆերմա; տունը իր օժանդակ շինություններով և հողամասով 2) *ամերիկյան պատմական* նորաբնակին հատկացվող հողամաս

homeward |ˈhəʊmwəd| **1** *adverb* (նաև **homewards**) դեպի տուն **2** *adjective* դեպի տուն տանող

homework |ˈhəʊmwəːk| *noun* 1) տնային աշխատանք/հանձնարարություն *(դպրոցականների և այլն)* 2) նախապատրաստական աշխատանք 3) տանը կատարվող աշխատանք *(հատկապես ցածր վարձատրվող)*

homicidal |hɒmɪˈsʌɪd(ə)l| *adjective* 1) մարդասպանի; ոճրագործական 2) մահացու; մահաբեր

homicide |ˈhɒmɪsʌɪd| *noun* 1) սպանություն; մարդուն կյանքից զրկելը 2) *հնացած* մարդասպան 3) (**Homicide**) սպանությունների բաժին *(ոստիկանությունում)*

homily |ˈhɒmɪli| *noun* (հոգն. **-lies**) 1) *նաև փոխաբերական* քարոզ; խրատ 2) քարոզախոսություն

homing |ˈhəʊmɪŋ| *adjective* 1) տուն վերադարձող; փոստատար *(աղավնու մասին)* 2) ինքնուղղորդվող *(զենքի/սարքի մասին)*

hominy |ˈhɒmɪni| *noun* *խոհանոց* եգիպտացորենի շիլա

homogeneous |ˌhɒmə(ʊ)ˈdʒiːnɪəs|, |-ˈdʒɛn-|, |ˌhəʊm-| *adjective* 1) համասեռ; նույնասեռ; միատարր 2) *քերականություն* բազմակի *(անդամ)*

homologous |hɒˈmɒləgəs| *adjective* համապատասխան; համանման

homonym |ˈhɒmənɪm| *noun* 1) *լեզվաբանություն* համանուն/նույնանուն բառ *(հնչյունական նույն կազմն ունեցող տարբեր բառեր և քերականական ձևեր)* 2) անվանակից

Homo sapiens |ˌhəʊməʊ ˈsæpɪɛnz|, |ˌhɒməʊ| *noun* մարդ բանական; հոմո սապիենս

homosexual |ˌhɒmə(ʊ)ˈsɛksjʊəl|, |ˌhəʊm-|, |-ʃʊəl| **1** *adjective* համասեռական **2** *noun* համասեռական անձ

homosexuality |-ˈælɪti| *noun* համասեռամոլություն

Honduras |hɒnˈdjʊərəs| Հոնդուրաս *(պետություն Կենտրոնական Ամերիկայում)*

hone |həʊn| **1** *verb* 1) սրել; հեսանել; սրացնել *(կտրող գործիքի բերանը կամ ատամները սուր դարձնել)* 2) *փոխաբերական* սրել; լարել; սաստկացնել **2** *noun* սրաքար; սրոցաքար; սրոց; հեսան

honest |ˈɒnɪst| **1** *adjective* 1) ազնիվ; անկեղծ; անենգ; շիտակ; ուղղամիտ; ճշմարտախոս 2) իսկական; չկեղծված **2** *adverb* *խոսակցական* իրոք

honesty |ˈɒnɪsti| *noun* 1) ազնվություն 2) անկեղծություն; ճշմարտախոսություն

Honesty is the best policy. *առած* Ազնվությունը լավագույն քաղաքականությունն է:

honey |ˈhʌni| *noun* (հոգն. **-eys**) 1) մեղր 2) մեղրագույն; դեղնաշագանակագույն; դեղնադարչնագույն 3) քաղցր բան; քաղցրիկս; անուշիկս 4) *խոսակցական* անուշիկս; սիրելիս *(որպես դիմելաձև)*

Honey is not for the ass's mouth. *առած* Մեղրը էշի բերանի բանը չէ: Էշն ինչ գիտե՝ նուշն ինչ է: Շաքարը՝ շան բերանում: Մեկի խելքի բանը չլինել:

honeybee *noun* (նաև **hive bee**) *կենդանաբանություն* մեղու *(Genus Apis, ընտանիք Apidae)*

honeycomb |ˈhʌnɪkəʊm| **1** *noun* 1) փեթակ; մեղվաբույն 2) մեղրախորիսխ; մեղվաբջիջ; մեղրաբջիջ; բջիջ 3) *տեխնիկական* փոսիկ; չեչ; փչուկ *(մետաղի մեջ)* 4) փոսիկներ *(քայքայումից առաջացած)* **2** *verb* ծակծկել; մաղ դարձնել; քայքայել

honeydew |ˈhʌnɪdjuː| *noun* 1) *բուսաբանություն* մեղրացող; գազպեն; մեղրուկ *(քաղցրահամ կպչուն հյութ, որ ցողի նման պատում է ծառի տերևները)* 2) *բանաստեղծական* նեկտար 3) մեղրահամ ծխախոտ; մեղրով մշակված ծխախոտ

honeyed |ˈhʌnɪd| (նաև **honied**) *adjective* 1) մեղրահամ; մեղրածոր 2) մեղրով պատրաստված; մեղրով պատված 3) մեղրագույն 4) մեղրածոր; քաղցր-մեղցր; շողոքորթ *(խոսքերի մասին)*

honeymoon |ˈhʌnɪmuːn| **1** *noun* մեղրամիս **2** *verb* (**honeymoon in/at**) մեղրամիս անցկացնել

honeysuckle |ˈhʌnɪsʌk(ə)l| *noun* *բուսաբանություն* ցախկեռաս *(Genera Lonicera and Diervilla, ընտանիք Caprifoliaceae)*

Hong Kong |hɒŋ ˈkɒŋ| Հոնգ Կոնգ *(նախկին բրիտանական տարածք. ներկայումս, սկսած 1997 թ. կազմում է Չինաստանի մի մասը)*

honk |ˈhɒŋk| **1** *noun* 1) վայրի սագերի կռնչյուն 2) ավտոմեքենայի շչակի ձայն **2** *verb* 1) կռնչալ *(վայրի սագերի մասին)* 2) ազդանշան տալ *(ավտոմեքենայի)*

Honolulu |ˌhɒnəˈluːluː| Հոնոլուլու *(նավահանգստային քաղաք, ԱՄՆ-ի Հավայան կղզիներ նահանգի մայրաքաղաքը)*

honor |ˈɒnə| (բրիտանական **honour**) **1** *noun* 1) պատիվ; փառք ◇ **in honor** ի պատիվ. **upon/on my word of honor** ազնիվ խոսք; պատվովս եմ երդվում 2) հարգանք ◇ **give/pay honor** հարգանք ցույց տալ; հարգալիր վերաբերմունք ցուցաբերել 3) բարի անուն; լավ համբավ 4) ազնվություն; ազնվաբարոյություն; առաքինություն 5) արտոնություն 6) (**honors**) պատվո աստիճան; գերազանցություն *(որ տրվում է անգլիական համալսարաններում հատուկ քննություն հանձնելուց հետո)* 7) (**honors**) մասնագիտացված դասընթաց; խորացված դասընթաց *(տվյալ առարկայից)* 8) (**honors**) պատիվ; մեծարանք; պարգև; շքանշաններ ◇ **military honors** զինվորական պատիվներ 9) կոչում; տիտղոս ◇ **your Honor** ձերդ արժանապատվություն; ձերդ ողորմածություն. **be an honor to** պատիվ բերել. **do the honors of house** հյուր ընդունել; հյուրերին զբաղեցնել **2** *verb* 1) հարգել; պատիվ տալ; պատվել; մեծարել 2) (**honor with**) արժանացնել 3) ժամանակին վճարել *(ըստ մուրհակի)*

come off with honor պատվով դուրս գալ; հաղթանակի արժանանալ

honors of war հանձնվելու պատվավոր պայմաններ; անձնատուր լինելու պատվավոր պայ-

մանններ
pledge one's honor երաշխավոր լինել; ազնիվ խոսք տալ
There is honor among thieves. *առած* Գողը գողին չի նեղացնի: Գողերի միջև ազնվություն կա:
honorable |ˈɒn(ə)rəb(ə)l| (*բրիտանական* **honourable**) *adjective* 1) պատվարժան; պատվավոր; մեծարգո 2) *գրական անգլերեն կատակային ամուսնանալու մտադրությամբ;* ազնիվ 3) ազնիվ; ազնվաբարո 4) (**Honorable**) Հարգարժան; Պատվելի
honorarium |ˌɒnəˈrɛːrɪəm| *noun* (հոգն. **-rariums** կամ **-raria** |-rɪə|) հոնորար; գրավարձ; ծառայավարձ
honorary |ˈɒn(ə)(rə)ri| *adjective* 1) պատվավոր 2) հասարակական կարգով; անվճար *(որևէ պարտականություն կատարող)* 3) պատվի գործ հանդիսացող
honorific |ɒnəˈrɪfɪk| **1** *adjective* հարգալից; հարգանքով լի; հարգանք արտահայտող **2** *noun* պատվանուն; պատվավոր տիտղոս
Honshu |ˈhɒnʃuː| Հոնսյու *(ճապոնական կղզիներից ամենամեծը)*
hood¹ |hʊd| **1** *noun* 1) կնգուղ; վեղար; գլխարկ 2) ծածկույթ; ծածկոց; շապիկ; կափարիչ 3) ծածկոց; կապոտ *(ավտոմեքենայի)* 4) ծածկ **2** *verb* 1) գլուխը ծածկել; ծածկոց դնել 2) *փոխաբերական* ծածկել; թաքցնել
hood² |hʊd| *noun խոսակցական* ավազակ; կողոպտիչ; բանդիտ
hood³ |hʊd| (նաև **'hood**) *noun խոսակցական* շրջակայք; մոտակայք
hoodie (նաև **hoody**) *noun խոսակցական* կնգուղավոր սվիտեր; կնգուղավոր բաճկոնակ
hoodlum |ˈhuːdləm| *noun ամերիկյան խոսակցական* խուլիգան; օրինազանց
hoodoo |ˈhuːduː| **1** *noun ամերիկյան* 1) կախարդություն; վհուկություն; մոգություն 2) դժբախտություն; ձախորդություն 3) դժբախտություն բերող մարդ/առարկա **2** *verb* (**-doos**, **-dooed**) 1) կախարդել; դյութել 2) դժբախտություն/ձախորդություն բերել; աչքով տալ
hoodwink |ˈhʊdwɪŋk| *verb* աչքը կապել; աչքին թոզ փչել; խաբել
hoof |huːf| **1** *noun* (հոգն. **hoofs** կամ **hooves** |-vz|) *կազմախոսություն* սմբակ ◇ **cloven hoof** երկճեղքված սմբակ; կճղակ. **show the cloven hoof** վատ բնավորություն հանդես բերել **2** *verb խոսակցական* 1) (**hoof it**) ոտքով/հետիոտն գնալ 2) պարել 3) սմբակով խփել *(գետնին)* 4) *ծածկալեզու* (**hoof out**) վռնդել; հեռացնել
hoofed *adjective* սմբակավոր
hook |hʊk| **1** *noun* 1) կեռ; ճարմանդ; ճանկ; կեռիք; ագռավուկ 2) (**fishhook**) կարթ *(ձկնորսական)* 3) վառ/հետաքրքրաշարժ երևույթ; ուշադրություն գրավող երևույթ 4) *երաժշտություն* հեշտ մտապահվող հատված *(հատկապես փոփ կամ ռոք երգի/մեղեդու)* 5) (**reaping-hook**) մանգաղ ◇ **pruning hook** էտելու մկրատ; էտոց 6) կեռման; ոլորան *(ճանապարհի, գետի)* 7) ծուղակ; թակարդ **2** *verb* 1) բռնել; ամրացնել *(կեռով, կարթով)* 2) կախել *(կեռից, կարթից)* 3) կախվել; կախ ընկնել *(կեռից և այլն)* 4) կոճկվել *(ճարմանդի մասին)* 5) ձուկ որսալ 6) *փոխաբերական* խաբել; թակարդը գցել; ճանկել 7) *խոսակցական* գողանալ; թռցնել ◇ **hook in** ձեռք բերել; ճանկը գցել. **hook out** դուրս քաշել; իմանալ
by hook or by crook այսպես թե այնպես; ինչ գնով էլ լինի; ամեն գնով; եթե ոչ այսպես, ապա մի այլ կերպ
go off the hooks 1) *խոսակցական* գնդել; խելքը թռցնել 2) մեռնել; հոգին տալ
hook and eye ճարմանդը և օղակը
hook it *ծածկալեզու* ծլկել; փախչել
off the hooks 1) անտրամադիր; զայրացած; ինքն իրենից դուրս եկած 2) ճանապարհից շեղված; մոլորված
on one's own hook ինքնուրույն; իր սեփական պատասխանատվությամբ
pop/drop off the hooks *ծածկալեզու* մեռնել; հոգին տալ
hookah |ˈhʊkə| *noun* ղալյան; նարգիլե
hook and eye *noun* օղակեռ *(օղակից ու կեռիկից բաղկացած հարմարանք՝ հագուստն ամրացնելու համար)*
hooked |ˈhʊkt| *adjective* 1) կեռ; ծուռ; կեռավոր; կեռավուն 2) ճարմանդավոր; ճարմանդներով 3) *խոսակցական* կլանված; գրավված; զմայլված 4) *ամերիկյան* հելունով գործված 5) թմրամոլ
hooker² |ˈhʊkə| *noun* ձկնորսանավ *(իռլանդական)*
hook-nosed *adjective* արծվաքիթ; կեռավուն քթով
hookup *noun* կցում; միացում *(հոսանքին, ջրին և այլն)*
hookworm |ˈhʊkwəːm| *noun ամերիկյան* որդ; ճիճու *(փորի)*
hooky¹ |ˈhʊki| (նաև **hookey**) *verb խոսակցական ամերիկյան ծածկալեզու* դասից փախչել; թրև գալ; անգործ թափառել ◇ **play hooky** *ամերիկյան ծածկալեզու* դասերին չհաճախել; պարապ-սարապ լինել
hooky² *adjective* հեշտ հիշվող; գրավիչ *(մեղեդու մասին)*
hooligan |ˈhuːlɪg(ə)n| *noun* խուլիգան; փողոցային
hoop |huːp| **1** *noun* 1) օղակապ; օղագոտի; շրջանակ; օղ ◇ **trundle a hoop** օղ գլորել 2) *խոսակցական* (**hoops**) բասկետբոլ 3) օղակ *(ասեղնագործվող կտորն ամրացնելու համար)* 4) *հիմնականում բրիտանական* դարպաս *(կրոկետախաղի մեջ)* **2** *verb* օղակապ դնել; օղակապով ամրացնել
hooper |ˈhuːpə| *noun հնացած* (**cooper**) տակառագործ
hoopoe |ˈhuːpuː|, |-pəʊ| *noun կենդանաբանություն* հոպոպ *(թռչուն. Upupa epops, ընտանիք Upupidae)*
hoot |huːt| **1** *noun* 1) բուի կռինչ 2) աղմուկ; աղաղակ; գոռոց 3) ազդանշան *(ավտոմեքենայի)* 4) քրքիջ; հռհռոց 5) *խոսակցական* զվարճալի մարդ/դեպք **2** *verb* 1) կռնչալ *(բուի մասին)* 2) շչալ; սուլել 3) (**at**) գոռալ; հայ-հույ անել; ծաղր ու ծանակի ենթարկել ◇ **hoot after** մեկին աղմուկով հալածել; հետապնդել. **hoot away/off/out** աղմուկով դուրս քշել; հայ-հույով դուրս քշել; շվոցով

դուրս քշել 4) ազդանշան տալ *(վարորդի մասին)*

hooter |ˈhuːtə| *noun* 1) *խոսակցական* քիթ 2) շչակ

hop¹ |hɒp| **1** *verb* (**hopped**, **hopping**) 1) թռչկոտել; թռվռալ; ոստոստել; ցատկոտել 2) (**hop over**) ցատկելով/թռչելով անցնել 3) *խոսակցական* զբոսնել 4) *խոսակցական* պարել; պար գալ ◊ **hop off** *օդագնացություն* օդ բարձրանալ; գետնից կտրվել **2** *noun* 1) ցատկում; ցատկոտում; ոստյուն 2) *խոսակցական* պար 3) զբոսանք 4) *օդագնացություն* ծածկած հեռավորություն; թռիչք

hop it *բրիտանական խոսակցական* ծլկել; փախչել

hop² |hɒp| **1** *noun բուսաբանություն* գայլուկ; հմուլ *(Humulus lupulus, ընտանիք Cannabaceae (or Cannabidaceae))* **2** *verb* (**hopped**, **hopping**) գայլուկով համեմել

hope |həʊp| **1** *noun* 1) հույս; ապավեն ◊ **be past hope** անհույս լինել; անհուսալի դրության մեջ լինել. **resign all hope** հույսը կտրել. **elevate hopes** հույս արթնացնել. **pin one's hopes on** մեկի վրա հույս դնել; ապավինել 2) *հնացած* վստահություն; վստահելը **2** *verb* 1) հուսալ; հույս ունենալ; հույս տածել ◊ **I hope so** հուսով եմ, որ այդպես է 2) մտադիր լինել; դիտավորություն ունենալ; ջանալ *(հնարավորության դեպքում անել)*

hope against hope *աստվածաշնչային* հույս դնել հրաշքի վրա. հրաշք ակնկալել առանց հիմք ունենալու

hopeful |ˈhəʊpfʊl|, |-f(ə)l| **1** *adjective* 1) հուսատու; հուսաշատ; հույսերով լի; հույս ունեցող 2) մեծ հույսեր ներշնչող; խոստումնալից; հեռանկարային **2** *noun* հույսեր ներշնչող մարդ; խոստումնալից մարդ

hopefully |ˈhəʊpfʊli|, |-f(ə)li| *adverb* հուսով եմ; հուսանք

hopefulness *noun* լավատեսություն

hopeless |ˈhəʊplɪs| *adjective* 1) անհույս; հույսը կորցրած; հուսահատ 2) անհույս; անհուսալի; անվստահելի

hopelessly *adverb* անհուսորեն; անհուսալիորեն

hopper |ˈhɒpə| *noun* 1) *տեխնիկական* լցիչ ձագար 2) *տեխնիկական* ինքնաբեռնաթափվող վագոն 3) ցատկող; ցատկոտող; ոստոստան; թռվռան 4) ցատկոտող միջատ 5) գայլուկ հավաքող

hopple |ˈhɒp(ə)l| *verb ծիավարություն* ոտները կապել; ոտնակապ գցել; ոտնակապանք գցել

hopscotch |ˈhɒpskɒtʃ| **1** *noun* դասարանախաղ; «կլաս» *(մանկական խաղ)* **2** *verb* դասարանախաղ/«կլաս» խաղալ

horde |hɔːd| *noun* 1) հորդա 2) *արհամարհական* խումբ; հրոսակախումբ 3) *ամերիկյան* բազմություն; ամբոխ 4) ոհմակ; պարս; երամ *(միջատների)*

horizon |həˈrʌɪz(ə)n| *noun* 1) հորիզոն; հորիզոնագիծ 2) (**horizons**) մտահորիզոն

horizontal |hɒrɪˈzɒnt(ə)l| **1** *adjective* 1) հորիզոնական 2) հավասար; նույն կարգավիճակի **2** *noun* հորիզոնական

hormone |ˈhɔːməʊn| *noun բնախոսություն* 1) *բնախոսություն* հորմոն 2) (**hormones**) սեռական հորմոններ

Hormuz, Strait of Օրմուզի նեղուց *(նեղուց, որը կապում է Պարսից ծոցը Օմանի ծոցի հետ)*

horn |hɔːn| **1** *noun* 1) *կազմախոսություն* եղջյուր; կոտոշ; պոզ 2) (**horns**) եղջյուրիկներ; բեղիկներ *(խխունջի)* 3) շոշափուկներ; բեղիկներ *(միջատի)* 4) *երաժշտություն* փող; եղջրափողակ; եղջերափող; փողային նվագարան 5) *երաժշտություն խոսակցական* շեփոր *(նվագարան)* 6) *տեխնիկական* դուրս ցցված մասը; ելուստ; լծակ 7) շչակ; որսորդական փող ◊ **wind a horn** փող նվագել 8) խոսափող; ձայնորսիչ **2** *verb* պոզահարել; հարու տալ; եղջյուրահարել

be between/on the horns of dilemma երկընտրանքի առջև կանգնել; ծանր կացության մեջ ընկնել

give horns to sb *հնացած* կոտոշ դնել մեկի գլխին; դավաճանել *(սովորաբար ամուսնուն)*

His horn is exalted. *աստվածաշնչային* Նա հպարտ է ու երջանիկ:

horn in *ամերիկյան* միջամտել; խառնվել

lift/raise up the horn *աստվածաշնչային* մեծամիտ/ինքնահավան լինել; վերևից նայել; քիթը ցցել/տնկել

the horn of abundance/plenty *դիցաբանություն* առատության եղջյուր

hornbeam |ˈhɔːnbiːm| *noun բուսաբանություն* բոխի *(ծառ)*

Horn, Cape Հորն հրվանդան *(Հարավային Ամերիկայի ամենահարավային կետը)*

horned |hɔːnd| *adjective* 1) եղջյուրավոր; կոտոշավոր; պոզավոր 2) մահիկաձև; կիսալուսնաձև

hornet |ˈhɔːnɪt| *noun կենդանաբանություն* ձիաստաց; ձիաբոռ *(խայթող միջատ. ընտանիք Vespidae)*

Horn of Africa Աֆրիկյան Եղջյուր *(Սոմալի թերակղզու անվանումներից մեկը)*

hornpipe |ˈhɔːnpʌɪp| *noun* 1) *երաժշտություն* եղջերափող; պարկապզուկ 2) եղջերափողի նվագակցությամբ ժողովրդական մենապար *(հատկապես նավաստիների)*

horn-rimmed *adjective* եղջերաշրջանակ; եղջերազարդ *(ակնոցի մասին)*

horny |ˈhɔːni| *adjective* (**hornier**, **horniest**) 1) եղջյուրավոր; եղջերային; եղջյուրի; եղջյուրե 2) կարծր; կոշտ; կոշտացած 3) *խոսակցական* գրգռիչ; կրքահարույց

horoscope |ˈhɒrəskəʊp| *noun աստղագուշակություն* բախտացույց; հորոսկոպ

horrible |ˈhɒrɪb(ə)l| *adjective* 1) սոսկալի; ահավոր; զարհուրելի 2) *խոսակցական* զզվելի; նողկալի; գարշելի

horrid |ˈhɒrɪd| *adjective* 1) սոսկալի; ահավոր 2) *խոսակցական* խիստ տհաճ; նողկալի

horrific |hɒˈrɪfɪk| *adjective* ահարկու; ահագին; ահեղ

horrify |ˈhɒrɪfʌɪ| *verb* (**-fies**, **-fied**) զարհուրեցնել; ահուդող ազդել; ահաբեկել; ցնցել; սարսափեցնել

horror |ˈhɒrə| *noun* 1) սոսկում; սարսափ; ահ; գարշանք; ահուդող 2) ահավոր/սարսափելի երևույթ 3) *որպես ածական* սարսափ; սարսափի *(ֆիլմի մասին)* 4) խորը վրդովմունք; խռովք 5) ատելություն; մի բան չսիրելը 6) *խոսակցական* կրակի կտոր; չարաճճի երեխա

horror-struck (նաև **horror-stricken**) *adjective* սարսափահար; ահաբեկված; լեղապատառ

horse |hɔːs| **1** *noun* 1) *կենդանաբանություն* ձի; երիվար; նժույգ *(Equus caballus, ընտանիք Equidae)* ◊ **a halfbred horse** կիսատոհմիկ ձի; կես ազնվացեղ ձի. **riding horse** հեծնելու ձի. **take a horse** ձի նստել; ձիով գնալ. **ride a horse to death** ուժասպառ անել ձին *(երկար քշելով)*. **to horse!** հեծնե՛լ. **iron horse** «երկաթե ձի»; շոգեքարշ; տանկ 2) հեծելազոր ◊ **horse and foot** հեծելազոր և հետևակ. **light horse** թեթև հեծելազոր 3) դրոց; տակդիր; նեցուկ; հիշուկ; հիշտոնուկ 4) *մարզական* ձիագերան; վարժագերան; նժույգ 5) *խոսակցական* հերոին *(թմրանյութ)* 6) *խոսակցական* ձիաուժ **2** *verb* 1) ձիեր տալ/մատակարարել 2) ձի հեծնել/նստել; ձիով գնալ 3) ձիու վրա բարձել; ձի նստեցնել

A good horse cannot be of a bad colour. *առած* Լավ ձին վատ գույն չի ունենա: Փոքր թերություններն արժանիքները չեն նսեմացնում:

a willing horse շատ աշխատել սիրող; ձիու պես բանող

be/mount/ride the high horse մեծամտել; գոռոզանալ; փքվել

dark horse 1) *մարզական* շանսեր չունեցող ձի *(մրցություններին մասնակցող ձի, որը հակառակ մեծամասնության սպասումի մրցանակ է ստանում)* 2) անսպասելի հաղթանակ տանող 3) *ամերիկյան ծածկալեզու քաղաքականություն* նախագահական ընտրություններին ժամանակ առաջադրված քիչ հայտնի թեկնածու

Don't swap horses when crossing a stream. *առած* Գետի մեջտեղում ձիերը չեն փոխի:

flog/mount a dead horse ճիպոտել սատկած ձիուն; անօգուտ գործ անել; զուր աշխատանքով զբաղվել; խոսքերը քամուն տալ; ջուր ծեծել

pay for a dead horse սատկած ձիու համար վճարել; իր գինը կորցրած որևէ բանի համար վճարել

the Trojan horse *լատիներեն* տրոյական ձի; գաղթակղության ծուղակ

white horses փրփրալիքներ *(ծովի վրա)*

horseback |ˈhɔːsbæk| **1** *adjective, adverb* հեծած; ձի նստած **2** *noun* ձիու մեջք

on horseback հեծյալ; ձի հեծած

horse chestnut *noun բուսաբանություն* ձիակասկ; վայրի շագանակ *(Genus Aesculus, ընտանիք Hippocastanaceae)*

horse cloth *noun* սթար; տապճակ; ձիու ծածկոց

horse-drawn *adjective* ձիաքարշ; ձիաշարժ; ձիու ուժով քաշվող

horseflesh |ˈhɔːsflɛʃ| *noun* 1) ձիերը *(որպես ամբողջություն)* 2) ձիու միս *(որպես ուտելիք)*

horsefly |ˈhɔːsflʌɪ| *noun* (հոգն. **-flies**) *կենդանաբանություն* ձիաճանճ *(Tabanus, ընտանիք Tabanidae)*

horsehair |ˈhɔːshɛː| *noun* ձիու մազ

horseless *adjective* ձիազուրկ; անձի; ձի չունեցող

horseman |ˈhɔːsmən| *noun* (հոգն. **-men**) 1) ձիավոր; հեծյալ; հեծելակ; հեծելազորային 2) ձիավարժ; ձի վարժեցնող

horseplay |ˈhɔːspleɪ| *noun* աղմկալի/կոպիտ խաղ

horsepower |ˈhɔːspaʊə| (*հապվ.* **hp**) *noun* (հոգն. նույնը) 1) *տեխնիկական* ձիաուժ *(հզորության միավոր. =745,7 վատտ)* 2) ունակություն; ուժ; կարողություն

horse racing *noun* ձիարշավ

horseradish |ˈhɔːsrædɪʃ| *noun բուսաբանություն* ծովաբողկ *(Armoracia rusticana, ընտանիք Brassicaceae)*

horseshoe |ˈhɔːsʃuː|, |-ʃʃ-| *noun* պայտ; նալ

horsewhip |ˈhɔːswɪp| **1** *noun* մտրակ **2** *verb* (**-whipped**, **-whipping**) մտրակել

horsewoman |ˈhɔːswʊmən| *noun* (հոգն. **-women**) հեծյալ կին

horticultural |-ˈkʌltʃ(ə)r(ə)l| *adjective* այգեգործական

horticulture |ˈhɔːtɪˌkʌltʃə| *noun գյուղատնտեսություն* այգեգործություն; պարտեզագործություն; բուսաբուծություն

hose |həʊz| **1** *noun* 1) փողրակ *(ջրելու համար)* 2) հրդեհաշեջ փողրակ 3) *հավաքական* գուլպաներ; գուլպեղեն 4) *պատմական* զանկապան 5) նեղ վարտիք **2** *verb* փողրակով ջրել

Hosea |həʊˈzɪə| *աստվածաշնչային* Օսէէ; Ովսե *(Հին Կտակարանի գրքերից մեկը)*

hosiery |ˈhəʊzɪəri|, |-ʒəri| *noun* գուլպեղեն; տրիկոտաժեղեն

hospice |ˈhɒspɪs| *noun* 1) ապաստարան; օթևան *(հատկապես մահացու հիվանդների համար)* 2) *հնացած* պանդխտանոց; աղքատանոց; հյուրատուն; վանատուն

hospitable |hɒˈspɪtəb(ə)l|, |ˈhɒspɪt-| *adjective* 1) հյուրասեր; հյուրընկալ 2) հաճելի; դուրեկան

hospital |ˈhɒspɪt(ə)l| *noun* հիվանդանոց ◊ **field hospital** դաշտային հոսպիտալ. **walk the hospitals** բժշկության ուսանող լինել; գործնական պարապմունքներր հիվանդանոցում անցկացնել

hospitality |hɒspɪˈtælɪti| **1** *noun* հյուրընկալություն; հյուրասիրություն **2** *adjective* 1) հյուրասիրության 2) հյուրանոցային

hospitalize |ˈhɒspɪt(ə)lʌɪz| *verb* հոսպիտալացնել; հիվանդանոցում տեղավորել *(բուժելու համար)*

host¹ |həʊst| **1** *noun* 1) հյուր; այցելու 2) հյուրընկալ; տանտեր; կազմակերպիչ; անցկացնող *(որևէ միջոցառման)* 3) բնօրրան; միջավայր *(որոշակի օրգանիզմների)* 4) հաղորդավար; վարող 5) պանդոկապան 6) վարակված մարդ/բջիջ; վարակված կենդանի 7) *համակարգիչներ* (**host computer**) խնամորդ համակարգիչ **2** *verb* 1) կազմակերպել; անցկացնել *(միջոցառումը)* 2) հաղորդավարը լինել; վարել

host² |həʊst| *noun* 1) բազմություն; ամբոխ 2) *հնացած* զորք; հորդա

hosts of relatives ազգականների բազմություն

the hosts of heaven 1) երկնի պահապաններ;

հրեշտակներ; երկնային ուժեր 2) երկնային լուսատուներ

hostage |ˈhɒstɪdʒ| *noun* պատանդ

hostel |ˈhɒst(ə)l| *noun* 1) հանրակացարան 2) *հնացած* իջևան; պանդոկ

hostess |ˈhəʊstɪs|, |-ɛs|, |həʊˈstɛs| **1** *noun* 1) տանտիրուհի 2) հյուրանոցի տիրուհի 3) զվարճացնող/զբաղեցնող կին *(գիշերային/պարային ակումբում)* 4) հաղորդավարուհի; վարող **2** *verb* կազմակերպել; անցկացնել

hostile |ˈhɒstʌɪl| *adjective* 1) թշնամական 2) թշնամու; հակառակորդ բանակի

hostility |hɒˈstɪlɪti| *noun* (հոգն. **-ties**) 1) թշնամություն; թշնամանք 2) պատերազմական դրություն 3) (**hostilities**) պատերազմական գործողություններ ◇ **open hostilities** պատերազմական գործողություններ սկսել

hostler |ˈ(h)ɒslə| (նաև **ostler**) *noun պատմական* ձիապան; ախոռապան *(պանդոկում)*

hot |hɒt| *adjective* (**hotter**, **hottest**) 1) տաք; թեժ; շոգ; տոթ ◇ **be hot** շոգել 2) տաք *(ճաշատեսակի/ըմպելիքի մասին)* 3) *խոսակցական* ռադիոակտիվ 4) կծու 5) տաքացած; հուզված; գրգռված; նյարդայնացած ◇ **get hot** տաքանալ; զայրանալ 6) կրքոտ; սիրային; սիրավառ; սիրաջերմ 7) թեժ; եռուն 8) թարմ; նոր; տաք-տաք *(լուրերի և այլնի մասին)* 9) նորաձև; տարածված; ընդունված 10) դժվար; անընկալելի 11) *խոսակցական* փնտրվող *(ոստիկանության կողմից)* 12) *խոսակցական* բաջատեղյակ; լավատեղյակ; փորձառու 13) խոստումնալից; հեռանկարային 14) *խոսակցական* (**hot on**) ուշադրություն դարձնող; կարևորություն տվող *(որոշակի հարցի)*

hotbed |ˈhɒtbɛd| *noun* 1) ջերմոց; ջերմատուն 2) (**hotbed of**) օջախ; բույն *(հիվանդության, վարակի և այլնի)*

hot-blooded *adjective* կրքոտ; սիրավառ; կրակոտ; տաքարյուն

hotchpotch |ˈhɒdʒpɒdʒ| *noun* 1) մսով և բանջարեղենով կերակուր; աջաբսանդալ 2) *փոխաբերական* ամեն տեսակ բան; խառնիխուռն բաներ; աջաբսանդալ

hot dog **1** *noun* 1) նրբերշիկով հաց 2) ցուցադրվող մարզիկ **2** *exclamation խոսակցական* ջա՜ն *(արտահայտում է ուրախություն, հիացմունք)* **3** *verb* (**hotdog**) (**-dogged**, **-dogging**) *խոսակցական* ցուցադրական ելույթ ունենալ; ցուցադրվել

hotel |həʊˈtɛl|, |əʊ-| *noun* հյուրանոց

hotfoot |ˈhɒtfʊt|, |hɒtˈfʊt| **1** *noun* **2** *verb խոսակցական* շտապել; սլանալ **3** *adverb* արագ; շտապով ◇ **chase hotfoot** կրնկակոխ հետևել

hothead |ˈhɒthɛd| (նաև **hot-head**) *noun* տաքգլուխ/անխոհեմ/դյուրագրգիռ մարդ; զայրացկոտ մարդ *(մարդու մասին)*

hotheaded *adjective* տաքգլուխ; դյուրաբորբոք; զայրացկոտ

hothouse |ˈhɒthaʊs| **1** *noun* 1) ջերմոց; ջերմատուն 2) *փոխաբերական* ջերմոց; ինտենսիվ աճ ապահովող միջավայր **2** *verb* երեխային վաղ հասակից սովորականից բարձր մակարդակի կրթություն տալ

hotline |ˈhɒtlʌɪn| (նաև **hot line**) *noun* թեժ գիծ/հեռախոսագիծ

hot pot |ˈhɒtpɒt| (նաև **hotpot**) *noun խոհանոց* շոգեխաշած միս կարտոֆիլով

hotspur |ˈhɒtspəː|, |-spə| *noun հնավանդ* տաքարյուն/անզուսպ մարդ

Hottentot |ˈhɒt(ə)ntɒt| *noun, adjective* հոտենտոտ *(գրեթե վերացած ժողովուրդ)*

hound |haʊnd| **1** *noun* 1) որսկան շուն; բարակ ◇ **the hounds** բարակներ 2) հետամուտ; որոնող; շատ սիրող *(որևէ բան) (գոյականի հետ միասին)* ◇ **fame hound** փառք որոնող; փառասեր 3) *խոսակցական, հնացած* սրիկա; ստոր/անարգ մարդ; շուն **2** *verb* 1) շներով որս անել; շներով հալածել 2) *փոխաբերական* մեկի դեմ գրգռել; հրահրել ◇ **hound on** հրահրել; գրգռել; սադրել

follow/ride the hounds ձի նստած՝ շներով որս անել

hour |ˈaʊə| *noun* 1) ժամ ◇ **business/office hours** աշխատանքի ժամեր *(հիմնարկի, խանութների և այլնի)*. **consulting hours** ընդունելության ժամեր *(բժշկի)*. **the off hours** ազատ ժամեր. **at a good hour** ճիշտ ժամանակին. **by the hour** ժամով *(վարձել, աշխատել և այլն)*. **in a good hour** բարի ժամի. **in an evil hour** չար/անհարմար/անպատեհ ժամի. **keep early/good hours** կանուխ վեր կենալ; կանուխ պառկել քնելու. **keep late, keep bad hours** ուշ վեր կենալ; ուշ պառկել քնելու. **the small hours** կեսգիշերից մինչև լուսաբաց ընկած ժամերը. **dead hours** գիշերվա խուլ ժամեր. **rush hours** երթևեկության լարվածապահ; երթևեկության ուժեղացման ժամեր 2) մեկ ժամվա ճանապարհ 3) ժամանակակետ; ժամ 4) հարմար պահ; պատեհ ժամանակ 5) *եկեղեցական* (**hours**) ժամերգություն

at the eleventh hour *աստվածաշնչային* վերջին րոպեին

eleventh hour agreement վերջին պահին ստորագրված համաձայնություն

One's hour has come. *աստվածաշնչային* Հասել է մեկի ժամը: Եկել է ժամանակը: Եկել է օրհասական պահը:

The darkest hour is nearest the dawn. *առած* Ամեն գիշեր ունի լուսաբաց: Չկա չարիք առանց բարիքի: Աստված մի դուռը փակում է, մյուսը՝ բացում: Դժբախտությունը հարատև չէ:

the witching hour *բանաստեղծական* կեսգիշեր

trying hour փորձության ժամ

hourglass |ˈaʊəglɑːs| *noun* 1) ավազի ժամացույց 2) *որպես ածական* ավազի ժամացույցի ձև ունեցող *(արտահայտիչ/շքեղ կազմվածքի մասին)*

hour hand *noun* ժամացույցի փոքր սլաքը; ժամ ցույց տվող սլաքը

houri |ˈhʊəri| *noun* (հոգն. **-ris**) հուրի; հուրի-փերի *(մահմեդական հավատալիքներում)*

hourly |ˈaʊəli| **1** *adjective* 1) ամենժամյա; ամեն ժամ կատարվող; շատ հաճախ; անընդհատ; անդադար 2) մի ժամվա; մի ժամ տևող **2** *adverb* 1) ամեն ժամ; ժամը մեկ անգամ; ժամ առ ժամ 2) հաճախ; անընդհատ; շարունակ

house **1** *noun* |haʊs|(հոգն. **houses**) 1) տուն; շենք; բնակարան ◇ **a detached house** առանձնատուն. **apartment house** բազմաբնակարան շենք.

poultry house թռչնանոց. **public house** պանդոկ; գարեջրատուն; գինետուն. **barrel house** *ամերիկյան* գարեջրատուն; գինետուն. **the narrow house** գերեզման; շիրիմ. **like a house on fire** ուժգին; արագությամբ 2) տուն; ընտանիք; տնտեսություն ◇ **house and home** տուն; ընտանեկան հարկ. **keep house** տան գործը անել; տնտեսությունը վարել. **keep the house** տանը նստել; տնից դուրս չգալ. **keep open house** տան դռները միշտ բաց պահել; միշտ պատրաստ լինել հյուրեր ընդունելու 3) (**House**) գերդաստան; տոհմ 4) առևտրական ձեռնարկություն; ընկերություն; հաստատություն; ֆիրմա ◇ **publishing house** հրատարակչություն 5) հյուրանոց; ռեստորան; պանդոկ ◇ **a half-way house** հյուրանոց կես ճանապարհի վրա *(երկու քաղաքների միջև)* 6) սեփականատեր; տանտեր 7) թատրոն ◇ **full house** լրիվ մուտք; ամբողջական հավաք; լեփ-լեցուն դահլիճ *(թատրոնում, երբ բոլոր տոմսերը վաճառված են)*. **bring down the house** բուռն ծափահարություններ առաջացնել 8) հանդիսատես; հասարակություն 9) պալատ *(պառլամենտի)* ◇ **the Upper House** վերին պալատ. **of two houses** երկպալատ. **House of Commons** համայնքների պալատ. **House of Lords** լորդերի պալատ. **House of Representatives** ներկայացուցիչների պալատ *(ԱՄՆ-ում)*. **be in the house** նիստ ունենալ; նիստ գումարել *(պառլամենտի մասին)*. **make a House** քվորում ապահովել *(համայնքների պալատում)* 10) *երաժշտություն* հաուս *(արագ ռիթմով ու կրկնվող վոկալով պարային փոփ երաժշտություն)* 11) ներկայացում; կինոդիտում 12) *փոխաբերական* փոխզիջում **2** *adjective* |haʊs| տան; տնային **3** *verb* |haʊz| 1) բնակարան տալ; բնակարանով ապահովել; օթևան տալ 2) բնակավորել; տեղավորել; բնակարաններում տեղավորել *(զորքը)* 3) բնակություն հաստատել; տեղավորվել; ապրել *(տան մեջ)* 4) տեղադրել; զետեղել

burn one's house to get rid of the mice մկներից ազատվելու համար այրել տունը; մեծ բան զոհել փոքր չարիքից ազատվելու համար

on the house հիմնարկության հաշվին *(սովորաբար խմիչքի մասին)*

thin house կիսադատարկ դահլիճ

house arrest *noun* տնային կալանք

housebreaker *noun* 1) կոտրելով գողություն կատարող; կոտրանք կատարող գող 2) հին շենքեր քանդող բանվոր

houseful *adjective* լեփ-լեցուն տուն

household |ˈhaʊshəʊld| **1** *noun* 1) ընտանիք; տան անդամներ; տնեցիք 2) տնային տնտեսություն; տան գործեր **2** *adjective* տնային; կենցաղային

household appliances կենցաղային սարքեր

householder |ˈhaʊshəʊldə| *noun* 1) բնակարանի վարձակալ 2) ընտանիքի գլխավոր/գլուխ

housekeeper |ˈhaʊskiːpə| *noun* տան կառավարչուհի; տնտեսուհի

housekeeping |ˈhaʊskiːpɪŋ| **1** *noun* 1) տնային տնտեսություն; տնավարություն 2) տնային ծախսերի համար նախատեսված գումար **2** *adjective* բոլոր հարմարություններով

housemaid |ˈhaʊsmeɪd| *noun* սպասուհի

housemaster |ˈhaʊsmɑːstə| *noun* գիշերօթիկ դպրոցին կից հանրակացարանի կառավարիչ

House of Commons Համայնքների պալատ *(ՄԹ-ի խորհրդարանի ստորին պալատը)*

House of Lords Լորդերի պալատ *(ՄԹ-ի խորհրդարանի վերին պալատը)*

House of Representatives Ներկայացուցիչների պալատ *(ԱՄՆ-ի կոնգրեսի ստորին պալատը)*

Houses of Parliament Խորհրդարանների պալատներ *(ՄԹ-ի խորհրդարանը)*

housetop |ˈhaʊstɒp| *noun* ծածկ; կտուր; տանիք ◇ **proclaim from the housetops** ի լուր ամենքի հայտարարել; բարձրաձայն հայտարարել

housewarming *noun* բնակարանամուտի խնջույք

housewife |ˈhaʊswʌɪf| *noun* (հոգն. **-wives**) 1) տանտիկին; տանտիրուհի; տնային տնտեսուհի 2) կարի պարագաների արկղիկ

housework |ˈhaʊswəːk| *noun* տան աշխատանք; տնտեսություն

housing[1] |haʊzɪŋ| *noun* 1) *հավաքական* բնակարանային ֆոնդ 2) բնակարանով ապահովելը; բնակարան հատկացնելը 3) ապաստարան; պատսպարան 4) *տեխնիկական* պատյան; տուփ

housing[2] |haʊzɪŋ| *noun հնավանդ* ձիու ծածկոց

hovel |ˈhɒv(ə)l| *noun* 1) հյուղակ; խրճիթ; խղճուկ կացարան 2) ծածկ; չարդախ

hover |ˈhɒvə| **1** *verb* 1) (**hover over**) սավառնել; ճախրել; թռչել 2) շուրջը պտտվել; դեսուդեն վազել; դեսուդեն ընկնել 3) անորոշ դրության մեջ լինել; վարանել; տատանվել 4) միևնույն մակարդակին մնալ 5) տատանվել *(երկու վիճակների միջև)* **2** *noun* սավառնել; օդում լինել

how[1] |haʊ| *adverb* 1) ինչպե՞ս; ի՞նչ ձևով; ո՞նց ◇ **how so?** ինչպե՞ս թե; ո՞նց թե. **how are you?** ինչպե՞ս եք. **how do you do?** բարև ձեզ 2) որքա՞ն; ինչքա՞ն 3) թե ինչպես; թե ոնց 4) ինչքա՜ն; ի՜նչ *(բացականչության մեջ)* 5) ինչո՞ւ; այդ ինչպե՞ս է, որ

how now? այդ ի՞նչ բան է; դա ի՞նչ է նշանակում

how[2] |haʊ| *exclamation* ողջույն *(վերագրվում է հյուսիսամերիկյան հնդկացիներին)*

howbeit |haʊˈbiːɪt| *adverb հնավանդ* այնուամենայնիվ

how-do-you-do (նաև **how-de-do** կամ **how-d'ye-do**) *noun խոսակցական* դժվարին կացություն; դժվարին կամ անհարմար դրություն ◇ **here's a nice how-do-you-do** ա՜յ քեզ բան/իրավիճակ

however |haʊˈɛvə| *adverb* 1) այնուամենայնիվ; բայցևայնպես; այնուհանդերձ 2) ինչպես էլ որ; ինչքան էլ որ; որքան էլ որ

howitzer |ˈhaʊɪtsə| *noun ռազմական* հոբից; հաուբից

howl |haʊl| **1** *noun* 1) ոռնոց; կաղկանձ 2) տնքոց; ճիչ; լաց 3) *ռադիո* սուլոց; շվշվոց **2** *verb* 1) ոռնալ; կաղկանձել 2) բարձրաձայն տնքալ; ճչալ; բարձրաձայն լալ/ողբալ ◇ **howl sb down** լռեցնել; խեղդել *(ճիչով, գոռգոռոցով)*

howler |ˈhaʊlə| *noun* 1) *ծածկալեզու* կոպիտ սխալ

◊ **come a howler** *ծածկալեզու* փորձանքի մեջ ընկնել 2) ոռնացող; Նաղկանձող 3) ողբացող; ագացող 4) շչակ

howling |ˈhaʊlɪŋ| *adjective* 1) ոռնացող; կաղկանձող 2) մռայլ; վհատ 3) *ծածկալեզու* սարսափելի; սոսկալի; աղաղակող

howsoever |haʊsəʊˈɛvə| *գրական անգլերեն* **1** *adverb* ինչպես էլ որ; ինչքան էլ որ; որքան էլ որ **2** *conjunction* այնուամենայնիվ

hoy¹ |hɔɪ| *exclamation* էՙյ; հեՙյ

hoy² |hɔɪ| *noun պատմական* առափնյա փոքր նավ

hoyden |ˈhɔɪd(ə)n| *noun հնացած* չարաճճի աղջիկ; թոկից փախած աղջիկ

Hrvatska |ˈh(ə)rvæːtskæː| Խորվաթիա *(խորվաթերեն անվանումը)*

HTML *noun համակարգիչներ* (**Hypertext Markup Language**) գերտեքստային նշման լեզու

HTTP *համակարգիչներ abbreviation* Hypertext Transfer Protocol գերտեքստային փոխանցման հաղորդագիր

Huang Ho |hwæŋ ˈhəʊ| (նաև **Huang He**) Հուանհե *(Դեղին գետի չինարեն անվանումը)*

hub |hʌb| *noun* 1) *տեխնիկական* անվակունդ; սռնակալ 2) կենտրոն *(ուշադրության, հետաքրքրության և այլն)* 3) *համակարգիչներ* հյուսակ

a hub of industry արդյունաբերության սիրտը

the hub of the universe *կատակային* 1) երկրագնդի/աշխարհի կենտրոն; տիեզերքի կենտրոնը/պորտը 2) *ամերիկյան* Բոստոն քաղաքը

hubbub |ˈhʌbʌb| *noun* 1) գոռում-գոչում; աղաղակ; ժխոր 2) իրարանցում; եռուզեռ

hubby |ˈhʌbi| *noun* (հոգն. **-bies**) *խոսակցական* ամուսնյակ

huckleberry |ˈhʌk(ə)lb(ə)ri| *noun բուսաբանություն* հավամրգի *(Genus Gaylussacia, ընտանիք Ericaceae)* ◊ **red huckleberry** հապալաս; հապալասի

huckster |ˈhʌkstə| **1** *noun* 1) շրջուն փերեզակ; առնող-ծախող; միջնորդ վաճառող 2) *փոխաբերական* չարչի; շահամոլ մարդ **2** *verb* 1) մանր առևտրով զբաղվել 2) սակարկել; մանր վերավաճառքով զբաղվել

huddle |ˈhʌd(ə)l| **1** *verb* 1) (**huddle together**) խռնվել; խմբվել; իրար գլխի հավաքվել 2) խուռն բազմությամբ գնալ 3) կծկվել; կուչ գալ ◊ **huddle oneself up** կուչ գալ; կծկվել 4) *բրիտանական* խառնիխուռն կիտել; խցկել; ճխտել; խոնել; դիզել 5) վրան գցել **2** *noun* 1) խառնամբոխ; խառնախումբ 2) խառնիխուռն իրեր 3) կույտ 4) խումբ

Hudson River Հուդզոն *(գետ ԱՄՆ-ում, որն անցնում է Նյու Յորքի միջով)*

hue |hjuː| *noun* 1) գույն; երանգ 2) *փոխաբերական* հատկանիշ; հատկություն; առանձնահատկություն; որակ

huff |hʌf| **1** *verb* 1) հևալ; փնչացնել; փնչալ 2) փնչացնել; արտ ածայտել *(զայրույթը և այլն)* 3) բարկացնել; զայրացնել; վիրավորել; նեղացնել 4) վիրավորվել; նեղանալ 5) հարկադրել; ստիպել *(սպառնալիքով)* **2** *noun* բարկության բռնկում

huffy |ˈhʌfi| *adjective* (**huffier**, **huffiest**) 1) նեղացած; վիրավորված 2) շուտ վիրավորվող; դյուրագրգիռ

hug |hʌg| **1** *verb* (**hugged**, **hugging**) 1) գրկել; փարվել; փաթաթվել; ողջագուրվել; սեղմել 2) կիպ նստել *(հագուստի մասին)* 3) մոտենալ; մոտ լինել; մոտով ընթանալ *(ափի և այլն)* 4) կառչել; ամուր բռնել 5) (**hug oneself**) իրենից գոհ լինել; ինքն իրեն շնորհավորել **2** *noun* 1) գրկում; փարվելը; փաթաթվելը; ողջագուրվելը; փարում; սեղմում ◊ **give a hug** գրկել; սեղմել 2) խիստ մոտ լինել; քերել; քսվել

huge |hjuːdʒ| *adjective* (**huger**, **hugest**) վիթխարի;ահագին; հսկայական

hugely |ˈhjuːdʒli| *adverb* շատ; սաստիկ; խիստ; չափազանց; մեծապես

hugger-mugger |ˈhʌgəmʌgə| **1** *adjective* 1) անկարգ; խառնիխուռն; խառնաշփոթ 2) գաղտնի; ծածուկ **2** *noun* 1) անկարգություն; խառնաշփոթություն 2) գաղտնիք

in hugger-mugger գաղտագողի

Huguenot |ˈhjuːgənəʊ| *noun պատմական* հուգենոտ

hulk |hʌlk| **1** *noun* 1) ծովագնացության համար անպետք նավի կմախք; հին նավի կմախք 2) ավերակ 3) ծանրաշարժ/դանդաղաշարժ նավ 4) դանդաղաշարժ/ծանրաշարժ/անշնորհք մարդ 5) դժվարաշարժ/անճոռնի բան; մեծ ու ծանր բան **2** *verb* 1) անշնորհք/անճոռնի լինել 2) անշնորհք ձևով անել *(մի բան)*

hulking |ˈhʌlkɪŋ| *adjective խոսակցական* մեծ ու ծանր; անճոռնի; անշնորհք

hull¹ |hʌl| **1** *noun* մարմին; կմախք *(նավի, տանկի)* **2** *verb* նավի իրանը ռմբահարել; նավի իրանը տորպեդահարել

hull² |hʌl| **1** *noun* կճեպ; կլեպ; կեղև; պատիճ **2** *verb* կեղևել; կլպել; կճպել

hullabaloo |ˌhʌləbəˈluː| *noun խոսակցական* աղմուկ; ժխոր; գոռում-գոչում; իրարանցում; եռուզեռ

hulled *adjective* կճպած; մաքրած; կեղևահան

hullo *exclamation* ողջո՞ւյն; ալո՛

hum¹ |hʌm| **1** *verb* (**hummed**, **humming**) 1) բզզալ; տզզալ; դժժալ; գվվալ; բվվալ 2) կիսաձայն երգել; քթի տակ երգել; մռմռալ 3) կմկմալով խոսել ◊ **hum and haw** ծամծմել; դանդաղ խոսել 4) *խոսակցական* բուռն գործունեություն ծավալել; մեծ ակտիվություն հանդես բերել 5) *բրիտանական խոսակցական* տհաճ հոտ ունենալ/արձակել **2** *noun* բզզոց; տզզոց; դժժոց; խուլ աղմուկ; գվվոց; բվվոց

hum² |hʌm|, |h(ə)m| *exclamation* հը՛մ

hum and haw about doing sth ձգձգել; հապաղել *(որևէ գործում)*

human |ˈhjuːmən| **1** *adjective* 1) մարդկային; մարդու; մարդկանց 2) մարդկային; մարդավայել; բարեսիրտ **2** *noun խոսակցական կատակային* մարդ; մարդ արարած

humane |hjʊˈmeɪn| *adjective* 1) մարդկային; բարի; մարդասեր; մարդասիրական 2) հումանիտար *(գիտություն)*

humanism |ˈhjuːmənɪz(ə)m| *noun* մարդասիրություն; հումանիզմ

humanitarian |hjʊˌmænɪˈtɛːrɪən| **1** *adjective* մարդասիրական ◇ **humanitarian relief** մարդասիրական օգնություն **2** *noun* 1) հումանիստ 2) մարդասեր; մարդասիրության քարոզող

humanity |hjʊˈmænɪti| *noun* (հոգն. **-ties**) 1) մարդկություն; մարդկային ցեղ 2) մարդկային բնություն; մարդ լինելը 3) մարդասիրություն; մարդկայնություն; բարություն 4) ◇ **the humanities** հումանիտար գիտություններ 5) *կրոնական* մարդեղություն

humankind |hjuːmənˈkʌɪnd| *noun* մարդկություն; մարդկային ցեղ

humanly |ˈhjuːmənli| *adverb* 1) մարդկայնորեն; մարդասիրաբար 2) մարդկային կարողության սահմաններում

human nature *noun* մարդկային հատկանիշներ

human resources *plural noun* 1) մարդկային պաշարամիջոց/ռեսուրսներ 2) մարդկային պաշարամիջոցների/ռեսուրսների կառավարման բաժին *(տվյալ հիմնարկում)*

human right *noun* մարդու իրավունք

humble |ˈhʌmb(ə)l| **1** *adjective* (**humbler**, **humblest**) 1) համեստ; անշուք 2) հասարակ; ոչ արտոնյալ դասին պատկանող 3) խոնարհ; հնազանդ; հլու; անփառասեր **2** *verb* 1) նվաստացնել; ստորացնել 2) հնազանդեցնել; ընկճել

humble-bee |ˈhʌmb(ə)lbiː| *noun կենդանաբանություն* իշամեղու *(Genus Bombus, ընտանիք Apidae)*

humbug |ˈhʌmbʌg| **1** *noun* 1) խաբեություն; շինծու բան; կեղծիք 2) խաբեբա; կեղծավոր; երեսպաշտ 3) բարբաջանք; սուտ; անմտություն; հիմար բան 4) *բրիտանական* անանուխով սառնաշաքար/կոնֆետ **2** *verb* (**-bugged**, **-bugging**) խաբել ◇ **humbug into** խաբելով մի բանի մեջ քաշել/ներգրավել. **humbug out of** խաբելով մի բան կորզել

humdrum |ˈhʌmdrʌm| **1** *adjective* 1) միօրինակ; ձանձրալի 2) տափակ; անհամ **2** *noun* 1) միապաղաղություն; միօրինակություն; ձանձրույթ 2) տափակություն; տափակաբանություն 3) ձանձրալի/անհետաքրքիր մարդ

humid |ˈhjuːmɪd| *adjective* խոնավ

humidity |hjʊˈmɪdɪti| *noun* (հոգն. **-ties**) խոնավություն; տամկություն

humiliate |hjʊˈmɪlɪeɪt| *verb* ստորացնել; նվաստացնել; վիրավորել; խայտառակել

humility |hjʊˈmɪlɪti| *noun* 1) համեստություն 2) հնազանդություն; խոնարհություն; հեզություն

hummingbird |ˈhʌmɪŋbəːd| *noun կենդանաբանություն* կոլիբրի *(ամերիկյան չափազանց փոքրիկ թռչուն. ընտանիք Trochilidae)*

hummock |ˈhʌmək| *noun* 1) բլրակ; հողաբլուր 2) սառցակույտ; սառցակարկառ

humor |ˈhjuːmə| (*բրիտանական* **humour**) **1** *noun* 1) հումոր ◇ **dry humor** լուրջ տեսքով ծիծաղաշարժ բաներ ասելու ձև 2) հումորի զգացում; կատակասիրություն; զվարճախոսություն 3) տրամադրություն; բնավորություն; խառնվածք 4) *հնացած* հակում; տրամադրվածություն ◇ **in good humor** լավ տրամադրության մեջ. **out of humor** անտրամադիր; վատ տրամադրության մեջ; բարկացած 5) *պատմական* (նաև **cardinal humor**) մարմնի հիմնական հեղուկ *(այն չորս հեղուկներից մեկը, որոնք, ըստ հին բժշկության, որոշում էին մարդու ֆիզիկական և մտավոր հատկությունները)* **2** *verb* 1) չափազանց ներողամիտ լինել; երես տալ 2) *հնացած* զիջել; զիջողություն ցուցաբերել; հարմարվել

humorist |ˈhjuːm(ə)rɪst| *noun* երգիծաբան; հումորիստ; կատակախոս; զվարճաբան

humorous |ˈhjuːm(ə)rəs| *adjective* 1) զավեշտական; ծիծաղաշարժ 2) երգիծական; երգիծաբանական; հումորիստական

hump |hʌmp| **1** *noun* 1) սապատ; կուզ 2) բլուր; բլրակ 3) վատ տրամադրություն; մելամաղձոտություն ◇ **give sb the hump** մեկին ձանձրույթ պատճառել 4) թումբ **2** *verb* 1) կորանալ; կորացնել; կռանալ; կզվել 2) ծանր-ծանր շարժվել; անշնորհք ձևով շարժվել 3) վատ տրամադրության մեջ ընկնել; մեկի տրամադրությունը փչացնել

live on one's hump ապրել իր սապատի ճարպի հաշվին; ապրել իր քրտինքով; ապրել առանց կողմնակի օգնության; ապրել սեփական միջոցներով

humpback |ˈhʌm(p)bæk| *noun* 1) սապատ; կուզ 2) սապատավոր; կուզիկ *(մարդ)*

humped *adjective* կուզիկ; կուզը դուրս ընկած; սապատավոր

humph |hʌmf|, |h(ə)mf| *exclamation* հը՛մ *(տհաճության/արհամարհանքի արտահայտություն)*

Humpty Dumpty |hʌm(p)tɪˈdʌm(p)ti| (նաև **humpty dumpty**) *noun* (հոգն. **Humpty Dumpties**) *խոսակցական* 1) կարճահասակ/կարճլիկ մարդ; թզուկ; գաճաճ 2) *փոխաբերական* փխրուն մարդ/առարկա

humus |ˈhjuːməs| *noun* բուսահող; հումուս; կենսահումուս

Hun |hʌn| *noun* 1) *պատմական* հոն 2) *փոխաբերական* բարբարոս

hunch |hʌn(t)ʃ| **1** *verb* 1) կռանալ; կքել; կքվել 2) հրել; հրմշտել **2** *noun* 1) *ամերիկյան ծածկալեզու* կասկած; նախազգուշացում ◇ **have a hunch that** կասկածել, որ 2) սապատ; կուզ 3) *բարբառային* մեծ/հաստ կտոր *(հացի և այլնի)*

hunchback |ˈhʌn(t)ʃbæk| *noun* 1) *հաճախ վիրավորական* սապատավոր/կուզիկ մարդ 2) սապատ; սապատավոր մեջք

hundred |ˈhʌndrəd| **1** *cardinal number* (հոգն. **-dreds**կամ (թվականի կամ քանակորոշիչ բառի հետ) **-dred**) 1) (**a/one hundred**) հարյուր 2) (**hundreds**) հարյուրավոր 3) (**hundreds**) հարյուրավոր մարդ/առարկա 4) հարյուր տարեկան 5) հարյուր մղոն-ժամ 6) հարյուր դոլարանոց **2** *noun պատմական* հարյուր հատ; մի հարյուրակ; հարյուր ◇ **by the hundred** հարյուրներով. **in hundreds** հարյուրակներով *(հաշվել և այլն)*

a hundred to one հազարից մեկը; քիչ հավանական

When angry count a hundred. Հենց բարկանաս՝ հաշվի՛ր մինչև հարյուրը: Հենց բարկանաս՝ մի կում ջուր խմի՛ր:

hundredfold *adjective, adverb* հարյուրապատիկ

hundredweight |ˈhʌndrədweɪt| (հպվ. **cwt**) *noun* (հոգն. նույնը կամ **-weights**) 1) *ամերիկյան* (**short hundredweight**) 45,4 կիլոգրամ; ցենտներ 2) (**metric hundredweight**) 50 կիլոգրամ; ցենտներ *(մետրական)* 3) *բրիտանական* (**long hundredweight**) 50,8 կիլոգրամ; ցենտներ

hung **1** անցյալ և անցյալ դերբայ տե՛ս **hang** **2** *adjective* 1) վճիռ կայացնելու անընդունակ *(հանձնաժողովի մասին)* 2) *ամերիկյան կանադական* առանց խորհրդարանական մեծամասնության 3) (**hung up**) շփոթված; շվարած 4) ուշացած

Hungarian |hʌŋˈgɛːrɪən| **1** *adjective* հունգարական **2** *noun* 1) հունգարացի 2) *լեզվաբանություն* հունգարերեն

Hungary |ˈhʌŋgəri| Հունգարիա *(պետություն Եվրոպայի կենտրոնում)*

hunger |ˈhʌŋgə| **1** *noun* 1) քաղց; քաղցածություն 2) սով; սննդի քչություն 3) *փոխաբերական* (**hunger after/for**) ծարավ; տենչ; փափագ; չափազանց ուժեղ ցանկություն ◊ **keen hunger** ուժեղ քաղց; խիստ քաղցածություն. **stay hunger** քաղցը հագեցնել **2** *verb* 1) *փոխաբերական* (**hunger after/for**) տենչալ; փափագել; բաղձալ 2) *հնացած* սովածանալ; սով զգալ 3) (**hunger into/out**) քաղցով ստիպել; սովահար անելով ստիպել

Hunger breaks stone walls. *առած* Քաղցը կքանդի քարե պատը: Կարիքը շատ բան է սովորեցնում:

Hunger is the best relish/sauce. *լատիներեն* Քաղցն ամենից լավ համեմունքն է:

hunger strike *noun* հացադուլ *(բանտում)*

hungrily *adverb* անհագաբար; ագահորեն

hungry |ˈhʌŋgri| *adjective* (**-grier**, **-griest**) 1) քաղցած; սոված; անոթի; սովահար; սովատանջ ◊ **go hungry** սոված մնալ; քաղցած մնան գալ 2) սովածացնող; քաղց առաջացնող 3) (**hungry for**) տենչացող; փափագող; մի բանի կարոտ 4) աղքատ; անբերրի *(հողի մասին)*

hungry as a hawk/hunter/wolf գայլի պես քաղցած; շան պես սոված

hunk |hʌŋk| *noun* 1) մեծ/հաստ կտոր *(հացի և այլնի)* 2) սաստ ատ; կուզ 3) *խոսակցական* առնական տղամարդ; գրավիչ տղամարդ

hunt |hʌnt| **1** *verb* 1) որս անել; որսորդությամբ զբաղվել 2) փնտրել; որոնել 3) հալածել; հետապնդել; հետամուտ լինել • **hunt after** հետապնդել; փնտրել; որոնել **hunt away** քշել **hunt down** հետամուտ լինել; հետքով տեղը գտնել; հալածելով բռնել **hunt out** փնտրելով գտնել **hunt up** փնտրել **2** *noun* 1) որսորդություն; որս 2) որոնում; փնտրելը; որոնելը

rainbow hunt խելացնոր մտահղացում

hunter |ˈhʌntə| *noun* 1) որսորդ 2) փնտրող; որոնող; տենչացող *(որևէ բան)* 3) որսի շուն/ձի 4) գրպանի ժամացույց կափարիչով

hunter-gatherer *noun* որսով ու հավաքչությամբ զբաղվող քոչվոր

hunting |ˈhʌntɪŋ| *noun* որսորդություն; որս

huntsman |ˈhʌntsmən| *noun* (հոգն. **-men**) որսորդ

hurdle |ˈhəːd(ə)l| **1** *noun* 1) *մարզական* արգելապատ; արգելափակոց; բարիեր *(վրայով ցատկելու համար նախատեսված արգելք)* 2) (**hurdles**) արգելապատերով մրցավազք 3) *փոխաբերական* արգելք; խոչընդոտ 4) շարժական ցանկապատ *(ոստերից և ճյուղերից հյուսված)* **2** *verb* 1) արգելափակել; ցանկապատ դնել 2) արգելապատը հաղթահարել *(վրայով թռչել)*

hurdy-gurdy |ˈhəːdɪˌgəːdi| *noun* (հոգն. **-dies**) *երաժշտություն* երգեհոնիկ *(անիվների վրա դրված)*

hurl |həːl| *verb* 1) թափով նետել *(նիզակ և այլն)* 2) շպրտել; նետել ◊ **hurl oneself at** հարձակվել; նետվել; վրա տալ 3) գոռալ 4) *խոսակցական* փսխել; հետ տալ

hurly-burly |ˈhəːlɪbəːli| *noun* իրարանցում; շփոթ; աղմուկ; ժխոր

Huron, Lake Հուրոն *(լիճ ԱՄՆ-ի և Կանադայի սահմանին)*

hurrah |hʊˈrɑː| (նաև **hooray** կամ **hurray**) **1** *exclamation* կեցցե՛; ուռա՛ **2** *noun* «ուռա» կանչելը **3** *verb* ուռա՛ կանչել

hurricane |ˈhʌrɪk(ə)n|, |-keɪn| *noun* փոթորիկ; մրրիկ

hurriedly *adverb* շտապով; արագ կերպով

hurry |ˈhʌri| **1** *verb* (**-ries**, **-ried**) 1) շտապել; անապարել; փութալ ◊ **hurry up** շտապի՛ր 2) շտապեցնել; փութացնել; արագացնել 3) շտապ անել; արագ-արագ անել **2** *noun* 1) շտապում; շտապողություն; անապարանք ◊ **in a hurry, in one's hurry** շտապով; հապճեպ կերպով; շուտ-շուտ; արագ-արագ 2) հրատապություն; անհետաձգելիություն

be in a hurry շտապել; անապարել; փութալ; շտապ-շտապ քայլել

no hurry 1) առանց շտապելու; հանգիստ 2) Շտապելու կարիք չկա:

hurry-scurry *հնացած* **1** *noun* վազվզուք; իրարանցում; խառնաշփոթ **2** *adjective, adverb* 1) իրար անցած; շտապ; խառնված 2) շտապ; անփույթ; մի կերպ

hurst |həːst| *noun* 1) բլրակ 2) ծանծաղուտ 3) անտառապատ բլրակ; պուրակ; անտառակ

hurt |həːt| **1** *verb* (անցյալ և անցյալ դերբայ **hurt**) 1) ցավեցնել; ցավ պատճառել; վնասել; հարել; ջարդվածք առաջացնել 2) վնաս պատճառել; վնաս հասցնել 3) ցավել; ցավ զգալ *(մարմնի մասի վերաբերյալ)* 4) վիրավորվել; նեղանալ; խռովել **2** *noun* 1) վնասվածք; վերք; հարված 2) վնաս 3) վիրավորանք

hurtful |ˈhəːtfʊl|, |-f(ə)l| *adjective* վիրավորական; անարգական; վիրավորիչ

hurtle |ˈhəːt(ə)l| *verb* 1) աղմուկով թռչել; սլանալ 2) (**hurtle against/together**) խփվել; զարկվել; դիպչել; բախվել

husband |ˈhʌzbənd| **1** *noun* ամուսին; կողակից; «մարդ»; էրիկ **2** *verb* 1) վարել; կառավարել 2) խնայել; խնայողաբար ծախսել 3) մշակել *(հողը)*

ship's husband *ծովային* նավի տնօրեն *(լիազորագրով տիրոջ կողմից նշանակված)*

husbandry |ˈhʌzbəndri| *noun* 1) *գյուղատնտեսություն* հողագործություն; գյուղատնտեսություն ◊

animal husbandry անասնաբուծություն 2) տնտեսությունը խնայողաբար վարելը

hush |hʌʃ| **1** *verb* 1) լռել; սսկվել; ձայնը կտրել ◊ **hush up** լռության տալ; կոծկել; թաքցնել. *խոսակցական* գաղտնիացնել; գաղտնի դարձնել 2) լռեցնել; հանդարտեցնել; ձայնը կտրել **2** *noun* լռություն

hushaby |ˈhʌʃəbʌɪ| (նաև **hushabye**) *exclamation հնավանդ* օրո՜ր-օրո՜ր; նանի՜կ-նանի՜կ

hush-hush |hʌʃˈhʌʃ| *adjective խոսակցական* գաղտնի; ծածուկ

hush money *noun խոսակցական* կաշառք *(մեկին լռեցնելու, բերանը փակելու նպատակով)*

husk |hʌsk| **1** *noun* կեղև; կճեպ; թեփ; պատիճ **2** *verb* 1) կեղևել; կճեպել; թեփահան անել 2) խռպոտ ձայնով ասել

separate the husk from the grain *աստվածաշնչային* հատիկը թեփից անջատել; գլխավորը երկրորդականից տարբերել

husky¹ |ˈhʌski| *adjective* (**huskier**, **huskiest**) 1) խռպոտ 2) *ամերիկյան խոսակցական* բարձրահասակ ու ամրակազմ 3) թեփոտ; թեփով ծածկված; կեղևանման 4) չոր

husky² |ˈhʌski| (նաև **huskie**) *noun* (հոգն. **huskies**) 1) *կենդանաբանություն* լայկա *(հյուսիսային որսկան շուն)* 2) (**Husky**) էսկիմոս 3) *լեզվաբանություն* (**Husky**) էսկիմոսերեն

hussar |hʊˈzɑː| *noun պատմական* հուսար *(հեծյալ զինվորական)*

hussy |ˈhʌsi|, |ˈhʌzi| *noun* (հոգն. **-sies**) 1) հանդուգն աղջիկ 2) թեթևաբարո/անառակ կին

hustings |ˈhʌstɪŋz| *noun* (հոգն. նույնը) 1) ընտրարշավ 2) *ամերիկյան* նախընտրական ժողովի ամբիոն

hustle |ˈhʌs(ə)l| **1** *verb* 1) հրել; հրհրել; բոթել 2) հրելով անցնել 3) շտապեցնել; հրմշտել 4) (**hustle into**) ստիպել; հարկադրել; բռնադատել 5) շտապել; իրար անցնել 6) *ամերիկյան* արագ/եռանդուն գործել ◊ **hustle away** ետ վանել/մղել/շպրտել. **hustle through** հրելով անցնել; հրելով ճամփա բացել **2** *noun* 1) հրհրոց; բոթբոթոց; հրմշտոց 2) *ամերիկյան խոսակցական* բուռն գործունեություն

hut |hʌt| **1** *noun* 1) խրճիթ; տնակ; հյուղ; հյուղակ 2) բարաք *(փայտե տուն)* **2** *verb* (**hutted**, **hutting**) 1) բարաքներում տեղավորել 2) բարաքներում ապրել

hutch |hʌtʃ| *noun* 1) ճագարների վանդակ 2) արկղ; սնդուկ 3) *խոսակցական* խրճիթ; հյուղակ 4) պահարան

huzzah |hʊˈzɑː| (նաև **huzza**) *հնավանդ* **1** *exclamation* ուռա՜ **2** *verb* ուռա կանչել

hyacinth |ˈhʌɪəsɪnθ| *noun* 1) *բուսաբանություն* հակինթ; հիացինտ *(Genus Hyacinthus, ընտանիք Liliaceae)* 2) *հանքաբանություն* հակինթ

hybrid |ˈhʌɪbrɪd| **1** *noun* հիբրիդ; խառնածին **2** *adjective* հիբրիդային; խառնածին; խաչասերված

Hyderabad |ˈhʌɪdərəbæd| Հայդարաբադ *(քաղաք Հնդկաստանի կենտրոնական մասում)*

hydrangea |hʌɪˈdreɪn(d)ʒə| *noun բուսաբանություն* հորտենզիա *(Genus Hydrangea, ընտանիք Hydrangeaceae)*

hydrant |ˈhʌɪdr(ə)nt| *noun* ջրաբաշխիչ ծորակ; ջրածորան; հիդրանտ

hydrate |ˈhʌɪdreɪt| **1** *noun քիմիա* հիդրատ; ջրօքսիդ ◊ **hydrate of lime** հանգած կիր **2** *verb* |hʌɪˈdreɪt| հիդրատացնել; ջրավորել

hydraulic |hʌɪˈdrɔːlɪk|, |-ˈdrɒl-| *adjective* ջրաբաշխական; հիդրավլիկ

hydraulics |hʌɪˈdrɔːlɪks|, |-ˈdrɒlɪks| *plural noun* ջրաբաշխություն; հիդրավլիկա

hydro |ˈhʌɪdrəʊ| **1** *noun* (հոգն. **-dros**) 1) հիդրոէլեկտրակայան 2) *խոսակցական բրիտանական* ջրաբուժարան **2** *adjective* հիդրաէլեկտրական

hydrocarbon |ˌhʌɪdrə(ʊ)ˈkɑːb(ə)n| *noun քիմիա* ածխաջրածին

hydrochloric acid |ˌhʌɪdrəˈklɔːrɪk|, |-ˈklɒrɪk| *noun քիմիա* աղաթթու; քլորաջրածնային թթու

hydroelectric |hʌɪdrəʊɪˈlɛktrɪk| *adjective* հիդրոէլեկտրական

hydrogen |ˈhʌɪdrədʒ(ə)n| *noun քիմիա* (**H**) ջրածին

hydropathic |hʌɪdrəˈpæθɪk| *adjective* ջրաբուժական

hydropathy |hʌɪˈdrɒpəθi| *noun* ջրաբուժություն

hydrophobia |ˌhʌɪdrə(ʊ)ˈfəʊbɪə| *noun բժշկություն* ջրավախություն; կատաղախտ

hydroplane |ˈhʌɪdrəpleɪn| **1** *noun* 1) սահանավ; գլիսեր 2) հիդրոփինքնաթիռ; հիդրոպլան **2** *verb* սահել ճանապարհի վրա *(մեքենայի մասին՝ անկառավարելիորեն)*

hydrostatics |hʌɪdrə(ʊ)ˈstætɪks| *plural noun* հիդրոստատիկա; ջրակացագիտություն

hydroxide |hʌɪˈdrɒksʌɪd| *noun քիմիա* հիդրօքսիդ

hyena |hʌɪˈiːnə| *noun կենդանաբանություն* բորենի *(ընտանիք Hyaenidae)*

hygiene |ˈhʌɪdʒiːn| *noun* հիգիենա; առողջաբանություն; առողջապահություն; առողջագիտություն; մաքրության պահպանում

hygienic |hʌɪˈdʒiːnɪk| *adjective* 1) հիգիենիկ; առողջաբանական 2) առողջապահական

hymen |ˈhʌɪmən| *noun կազմախոսություն* կուսաթաղանթ; կուսական թաղանթ

hymeneal |ˌhʌɪmɪˈniːəl| *adjective բանաստեղծական* հարսանեկան; ամուսնության; ամուսնական

Hymenoptera |ˌhʌɪməˈnɒpt(ə)rə| *միջատաբանություն* թաղանթաթևավորներ *(կարգ միջատների դասում)*

hymn |hɪm| **1** *noun* 1) օրհներգ; գովերգ 2) շարական; տաղ 3) ձոն; ներբող **2** *verb* 1) գովերգել; փառաբանել 2) *հազվադեպ* օրհներգ/շարական երգել

hype¹ |hʌɪp| *խոսակցական* **1** *noun* 1) գերգովազդ 2) սուտ գովազդ **2** *verb* գերգովազդել

hype² |hʌɪp| *խոսակցական* **1** *noun* 1) ներթամաշկային ասեղ; ներթամաշկային սրսկում 2) թմրամոլ **2** *verb* խրախուսել

hyperbole |hʌɪˈpəːbəli| *noun* 1) չափազանցություն; հիպերբոլ 2) *մաթեմատիկա* հիպերբոլ;

hyperborean |ˌhʌɪpəbɔːˈriːən|, |-ˈbɔːrɪən| *բա-նաստեղծական* **1** *noun* հյուսիսի բնակիչ; հյուսիսցի **2** *adjective* հյուսիսային

hypercritical |hʌɪpəˈkrɪtɪk(ə)l| *adjective* չա-փազանց խիստ; բծախնդիր

hyperlink |ˈhʌɪpəlɪŋk| **1** *noun* *համակարգիչներ* գերկապ; գերհղում **2** *verb* գերկապի միջոցով կապել

hypertext |ˈhʌɪpətɛkst| *noun* *համակարգիչներ* գերտեքստ

hyphen |ˈhʌɪf(ə)n| **1** *noun* միացման գծիկ; շղ-ղագիծ **2** *verb* գծիկով գրել

hyphenate |ˈhʌɪfəneɪt| **1** *verb* գծիկով գրել; շղ-ղագծով միացնել **2** *noun* մի շարք աշխատանք-ներ կատարող մարդ

hyphenation |-ˈneɪʃ(ə)n| *noun* տողադարձու-թյուն; տողադարձ

hypnosis |hɪpˈnəʊsɪs| *noun* հիպնոս

hypnotic |hɪpˈnɒtɪk| **1** *adjective* 1) հիպնոսային; հիպնոսական; հիպնոսի 2) *բժշկություն* քնաբեր 3) կախարդիչ; դյութիչ **2** *noun* 1) *բժշկություն* քնաբեր դեղ 2) հիպնոսի ենթարկված մարդ

hypnotist *noun* հիպնոսացնող անձ; հիպնո-սարար

hypnotize |ˈhɪpnətʌɪz| *verb* 1) հիպնոսացնել; հիպնոսի ենթարկել; հիպնոսել 2) *փոխաբերական* հիպնոսացնել; հրապուրել; դյութել; ուշադրու-թյունը կլանել

hypochondria |ˌhʌɪpəˈkɒndrɪə| *noun* մելամաղ-ձություն; ևնամտաղձություն

hypocrisy |hɪˈpɒkrɪsi| *noun* (հոգն. **-sies**) կեղ-ծավորություն; կեղծ բարեպաշտություն; երկե-րեսանիություն; փարիսեցիություն

hypocrite |ˈhɪpəkrɪt| *noun* կեղծավոր; փարիսե-ցի; երկերեսանի

hypocritical |-ˈkrɪtɪk(ə)l| *adjective* կեղծավոր; երկերեսանի; երեսպաշտ; կեղծ բարեպաշտա-կան

hypodermic |hʌɪpə(ʊ)ˈdəːmɪk| **1** *adjective* *բժշ-կություն* ենթամաշկային **2** *noun* 1) ենթամաշկա-յին ներարկիչ/սրսկիչ 2) ենթամաշկային ներար-կում

hypotenuse |hʌɪˈpɒtənjuːz|, |-s| *noun* *մաթեմա-տիկա* ներքնաձիգ

hypothecate |hʌɪˈpɒθɪkeɪt| *verb* գրավ դնել *(անշարժ գույքը)*

hypothesis |hʌɪˈpɒθɪsɪs| *noun* (հոգն. **-ses** |-siːz|) վարկած; հիպոթեզ

hypothesize |hʌɪˈpɒθɪsʌɪz| *verb* վարկած ա-ռաջադրել

hypothetical |ˌhʌɪpəˈθɛtɪk(ə)l| **1** *adjective* 1) վարկածային; ենթադրական; հիպոթետիկ 2) են-թադրյալ; ենթադրվող **2** *noun* ենթադրություն; վարկած

hysteria |hɪˈstɪərɪə| *noun* հիստերիա; նյարդա-գարություն; ջղագարություն

hysterical |hɪˈstɛrɪk(ə)l| *adjective* 1) հիստերիկ; հիստերիկական; նյարդագարային; ջղագարա-յին; ջղագնական 2) *խոսակցական* զվարճալի; շատ ծիծաղելի 3) տե՛ս **histrionic**

Ii

I[1] |ʌɪ| (նաև **i**) *noun* (հոգն. **Is** կամ **I's**) անգլերեն այբուբենի 9-րդ տառը

I[2] |ʌɪ| **1** *pronoun* ես **2** *noun* *փիլիսոփայություն* (**the I**) ես; էգո

iambic |ʌɪˈæmbɪk| **1** *adjective* *տաղաչափություն* յամբական; յամբի **2** *noun* յամբական ոտանավոր

iambus |ʌɪˈæmbəs| *noun* (հոգն. **-buses** կամ **-bi** |-bʌɪ|) *տաղաչափություն* մեծավերջ; յամբ

IATA |ʌɪˈɑːtə| *abbreviation* International Air Transport Association Միջազգային օդային տրանսպորտի ասոցիացիա

Iberia |ʌɪˈbɪərɪə| Իբերիա *(Իբերիական թերակղզու հին անվանումը)*

Iberian peninsula Իբերական թերակղզի; Պիրենեյան թերակղզի *(Եվրոպայի ամենաարևմտյան մասը, որի վրա գտնվում են Իսպանիան և Պորտուգալիան)*

ice |ʌɪs| **1** *noun* 1) սառույց ◊ **drifting ice** լողուն/լողացող սառցակույտ. **break the ice** *փոխաբերական* սառույցը կոտրել. **cut no ice** *ծածկալեզու* նպատակին չհասնել; տպավորություն չգործել. **on ice** պահեստային վիճակում 2) *բրիտանական* պաղպաղակ 3) սառեցրած շաքարահյութ; շաքարահյութի շերտ 4) *խոսակցական* ալմաստ; ադամանդ **2** *verb* 1) սառեցնել; սառցապատել ◊ **iced up** սառույցներով շրջապատված; սառույցների մեջ սեղմված 2) սառույցով ծածկել 3) սառույցով ծածկվել 4) շաքարահյութի շերտով պատել *(թխվածքը)* 5) *խոսակցական* սպանել; վերջը տալ • **ice over** սառցապատվել **ice up** սառույցով ծածկվել; սառույցով խցանվել

ice age *noun* սառցային շրջան/դարաշրջան

ice ax (նաև **ice axe**) *noun* սառցատապար; սառցքլունգ *(ալպինիստների)*

iceberg |ˈʌɪsbəːg| *noun* լողացող սառցալեռ; այսբերգ

iceboat *noun* 1) առագաստասահնակ 2) տե՛ս **icebreaker** 3) սառցահատ

icebound *adjective* 1) սառույցներով կաշկանդված; սառցապատ; սառած *(գետի մասին)* 2) սառույցների մեջ սեղմված *(նավի մասին)*

icebox |ˈʌɪsbɒks| *noun* *ամերիկյան* սառցապահարան *(ուտելիքը սառը պահելու համար)*

icebreaker *noun* 1) սառցահատ *(նավ)* 2) կաշկանդվածությունը վերացնող խոսք; ջերմացնող խոսք

ice cap (նաև **icecap**) *noun* *աշխարհագրություն* բևեռային սառցագլխարկ

ice-cold *adjective* շատ ցուրտ/սառը

ice cream *noun* պաղպաղակ

iced |ʌɪst| *adjective* 1) սառցապատ; սառույցով սառեցված 2) շաքարապատ; շաքարաշերտով պատված

ice field *noun* սառցադաշտ; սառցակույտ

ice floe *noun* լողացող սառցակոշտ

ice hockey *noun* *մարզական* մականախաղ; հոկեյ *(սառույցի վրա)*

icehouse (նաև **ice house** կամ **ice-house**) *noun* 1) սառցարան; սառցատուն *(սովորաբար գետնի տակ)* 2) սառույցե տուն *(էսկիմոսների)*

Iceland Իսլանդիա *(պետություն Ատլանտյան օվկիանոսի հյուսիսային մասի համանուն կղզու վրա)*

iceman |ˈʌɪsmən| *noun* (հոգն. **-men**) 1) պաղպաղակ վաճառող; պաղպաղակավաճառ 2) *ամերիկյան* սառցավաճառ 3) բևեռախույզ; բևեռագնաց

ice sheet *noun* սառցադաշտ; սառցածածկ *(հատկապես բևեռներում)*

ice skate **1** *noun* չմուշկ **2** *verb* չմուշկներով սահել; չմշկել

ice skating (նաև **ice-skating**) *noun* չմշկասահք

icicle |ˈʌɪsɪk(ə)l| *noun* սառցալուլա; սառցալեզվակ

icily *adverb* սառնորեն; սառնությամբ; անտարբեր; անբարյացակամորեն

icing |ˈʌɪsɪŋ| *noun* 1) շաքարաշերտ; շաքարաջնարակ 2) սառցակալում

the icing on the cake գրավիչ, բայց անէական հավելում

icon |ˈʌɪkɒn|, |-k(ə)n| *noun* 1) պատկեր; արձան 2) սրբապատկեր 3) *համակարգիչներ* պատկերակ

iconography |ˌʌɪkəˈnɒgrəfi| *noun* 1) պատկերագրություն 2) պատկերաշար 3) դիմապատկերում *(հատկապես մետաղադրամների վրա)*

icy |ˈʌɪsi| *adjective* (**icier**, **iciest**) 1) սառցե; սառույցի; սառցային; սառը; սառնասառույց 2) սառույցով պատած; սառցապատ 3) սայթաքուն *(սառցի նման)* 4) փայլփլուն *(սառցի նման)* 5) *փոխաբերական* անբարյացակամ

ID *abbreviation* 1) Idaho Այդահո նահանգ *(ԱՄՆ-ում)* 2) նույնականացուցիչ *(փաստաթուղթ)*

id |ɪd| *noun* *հոգեվերլուծություն* ենթագիտակցություն

Idaho |ˈʌɪdəhəʊ| Այդահո *(ԱՄՆ-ի նահանգ)*

idea |ʌɪˈdɪə| *noun* 1) միտք; մտահղացում; գաղափար ◊ **bright idea** հիանալի միտք/գաղափար 2) պատկերացում; հասկացություն ◊ **approximate idea** մոտավոր պատկերացում. **give an idea** ընդհանուր պատկերացում տալ 3) կարծիք; դատողություն; տեսակետ 4) նպատակ 5) ծրագիր; մտահղացում

get ideas *խոսակցական* երազել; երևակայել

have no idea of, have got no idea of *խոսակցական* բոլորովին չիմանալ; լրիվ անտեղյակ լինել

That's an idea Այ, դա միտք է: Դա այն է, ինչ պետք է:

ideal |ʌɪˈdɪəl|, |-ˈdiːəl| **1** *adjective* 1) կատարյալ; անթերի; իդեալական; տեսականորեն լավ 2) երևակայական; անիրական **2** *noun* 1) կատարելություն; իդեալ; տիպար 2) սկզբունք

idealism |ʌɪˈdɪəlɪz(ə)m|, |-ˈdiːə-| *noun փիլիսոփայություն* իդեալիզմ; գաղափարապաշտություն

idealist *noun* իդեալիստ; գաղափարապաշտ

idealization |-ˈzeɪʃ(ə)n| *noun* իդեալականացում

idealize |ʌɪˈdɪəlʌɪz|, |-ˈdiːə-| *verb* իդեալականացնել

ideally *adverb* 1) կատարյալ կերպով 2) կատարելապես; ցանկալիորեն ◊ **Ideally, he should complete the task in an hour.** Կատարյալ կլինի, եթե նա առաջադրանքը կատարի մեկ ժամում:

idem |ˈʌɪdɛm|, |ˈɪdɛm| *adverb* նույնը; նույնի *(գրքի հեղինակի)*

identical |ʌɪˈdɛntɪk(ə)l| *adjective* ճիշտ նույն; նույնական; հենց նույն; հենց այն

identically *adverb* նույնականորեն; նույնական կերպով

identifiable *adjective* նույնականացնելի; նույնացնելի; ճանաչելի

identification |ʌɪˌdɛntɪfɪˈkeɪʃ(ə)n| *noun* 1) նույնացում; նույնացնելը; նույնականացում 2) ճանաչում; ճանաչելը; ինքնության հաստատում *(անձի/փաստաթղթի նույնականության հաստատում)* 3) անձը հաստատող փաստաթուղթ 4) տարբերիչ նշան 5) մոտիկություն

identify |ʌɪˈdɛntɪfʌɪ| *verb* (**-fies**, **-fied**) 1) ճանաչել; ինքնությունը հաստատել ◊ **identify oneself** իր անունը տալ; ինքնության հավաստագիր ներկայացնել 2) (**identify with**) նույնությունը հաստատել 3) նույնացնել; նույնանալ; նույնականացնել 4) նմանեցնել; կապակցել; առնչել

identity |ʌɪˈdɛntɪti| *noun* (հոգն. **-ties**) 1) նույնություն; նույնականություն 2) իսկություն; վավերականություն; ստույգություն 3) ինքնություն; անհատականություն; անձնավորություն 4) *մաթեմատիկա* նույնություն

ideogram |ˈɪdɪə(ʊ)ɡræm|, |ˈʌɪd-| *noun* գաղափարագիր

ideological |-əˈlɒdʒɪk(ə)l| *adjective* գաղափարախոսական; գաղափարաբանական

ideology |ˌʌɪdɪˈɒlədʒi|, |ɪd-| *noun* գաղափարախոսություն ◊ **embrace/expouse ideology** աջակցել գաղափարախոսությանը; գաղափարախոսության կողմնակից լինել

idiom |ˈɪdɪəm| *noun* 1) լեզու; բարբառ; խոսվածք ◊ **local idiom** տեղական բարբառ. **legal idiom** իրավաբանական ժարգոն 2) *լեզվաբանություն* հատկաբանություն; իդիոմ; ոճական դարձվածք 3) ոճ; հատկանիշ; խոսվածք *(որ հատուկ է տվյալ անհատին, դպրոցին, ժամանակաշրջանին ևն)*

idiomatic |ɪdɪəˈmætɪk| *adjective* 1) հատկաոճական 2) խոսվածքային

idiosyncrasy |ˌɪdɪə(ʊ)ˈsɪŋkrəsi| *noun* (հոգն. **-sies**) 1) մասնահատկություն *(անհատական կամ խմբային առանձնահատկություն)* 2) *բժշկություն* մասնախտ *(օրգանիզմի ոչ սովորական պատասխան ինչ-որ գրգռիչների)*

idiosyncratic |ˌɪdɪə(ʊ)sɪŋˈkrætɪk| *adjective* մասնահատուկ; յուրօրինակ

idiot |ˈɪdɪət| *noun խոսակցական* 1) ապուշ 2) հիմար

idiotic |-ˈɒtɪk| *adjective* ապուշային; ապուշի

idle |ˈʌɪd(ə)l| **1** *adjective* (**idler**, **idlest**) 1) պարապ; չաշխատող; անգործ 2) ծույլ; դատարկապորտ 3) չզբաղված; անգործ; պարապ; անաշխատ ◊ **lie idle** անգործ ընկած լինել; չգործածվել. **stand idle** չաշխատել; կանգնել; կանգ առնել *(գործարանի մասին)* 4) դատարկ; անբովանդակ; անհիմն 5) անօգուտ; ապարդյուն; զուր 6) *տեխնիկական* պարապ; չօգտագործվող; դատարկ **2** *verb* 1) ծուլություն/դատարկապորտություն անել; պարապ-սարապ ման գալ 2) *տեխնիկական* պարապ շարժընթացով աշխատել ◊ **idle over** դանդաղ տեմպով աշխատել; պարապ/դատարկ աշխատել *(մեքենայի մասին)*

idle away one's time ժամանակը պարապ-սարապ անցկացնել

idleness *noun* 1) պարապություն; անգործություն 2) ծուլություն; դատարկապորտություն 3) անհիմն լինելը; անհիմնություն; անօգտակարություն 4) պարապուրդ; կանգուրդ

idler |ˈʌɪdlə| *noun* 1) ծույլ/դատարկապորտ մարդ 2) *տեխնիկական* ուղղորդ փոկանիվ

idly *adverb* ծուլորեն; պարապ-սարապ

idol |ˈʌɪd(ə)l| *noun* նաև *փոխաբերական* կուռք; պաշտամունքի առարկա; չաստված; կուրձանք

idolater |ʌɪˈdɒlətə| *noun* 1) կռապաշտ 2) երկրպագու

idolatry |ʌɪˈdɒlətri| *noun* 1) կռապաշտություն 2) պաշտում; երկրպագում; երկրպագություն; պաշտամունք

idolize |ˈʌɪd(ə)lʌɪz| *verb* 1) աստվածացնել; կուռք դարձնել 2) կուռք պաշտել

idyll |ˈɪdɪl| (նաև **idyl**) *noun* հովվերգություն; իդիլիա

idyllic |ɪˈdɪlɪk| *adjective* 1) հովվերգական 2) հմայիչ; թովիչ; խաղաղ

i.e. *abbreviation լատիներեն* id est այսինքն

if |ɪf| **1** *conjunction* 1) եթե *(արտահայտում է պայման)* 2) երանի՛ թե; եթե միայն *(արտահայտում է ցանկություն/իղձ)* ◊ **If only I knew!** Եթե՛ միայն իմանայի; Երանի՛ թե իմանայի 3) ամեն անգամ; երբ; հենց որ *(գործողության կրկնություն)* ◊ **If I go out, she gets nasty.** Հենց որ ես դուրս եմ գալիս, նա կատաղում է: 4) թե; արդյոք *(ներմուծում է անուղղակի հարց՝ խնդիր երկրորդական նախադասություն)* ◊ **He asked if we would like some tea.** Նա հարցրեց, թե արդյոք մենք թեյ չէի՞նք ուզենա: 5) անգամ; նույնիսկ ◊ **If it takes me many years, I shall do it.** Եթե անգամ դա ինձանից շատ տարիներ պահանջի, ես կանեմ դա: 6) ախր; չէ՞ որ *(արտահայտում է զարմանք/ափսոսանք)* ◊ **Well, if it is not John!** Չէ՞ որ սա Ջոնն է: **2** *noun* եթե ◊ **There are so many ifs and buts in the policy.** Քաղաքականության մեջ այնքան շատ եթեներ և բայցեր կան:

if and when ապագայում

if I were you եթե քո տեղը լինեի

iffy |ˈɪfi| *adjective* (**iffier**, **iffiest**) *ամերիկյան խոսակցական* անորոշ; կասկածելի; անստույգ; թեական

igloo |ˈɪɡluː| *noun* իգլու *(կանադական էսկիմոսների կացարան, որն ունի գմբեթանման տեսք)*

igneous |ˈɪgnɪəs| *adjective* 1) *երկրաբանություն* հրաբխային 2) կրակե; կրակի; հրե; հրեղեն

ignis fatuus |ˌɪgnɪs ˈfætjʊəs| *noun* (հոգն. **ignes fatui** |ˌɪgni:z ˈfætjʊʌɪ|, |ˌɪgneɪz|, |ˈfætjʊi:|) 1) շրջիկ հուր 2) *փոխաբերական* խաբուսիկ բան

ignite |ɪgˈnʌɪt| *verb* 1) վառել; հրկիզել 2) վառվել; բոցավառվել; բռնկվել 3) *փոխաբերական* խանդավառել; ոգևորել; բորբոքել; դրդել 4) շիկացնել

igniter |ɪgˈnʌɪtə| *noun* 1) բոցավառիչ; բռնկիչ *(սարք)* 2) բոցավառող

ignition |ɪgˈnɪʃ(ə)n| *noun* 1) *տեխնիկական* վառոցք *(շարժիչների)* 2) վառում; բոցավառում; բորբոքում; բռնկում

ignoble |ɪgˈnəʊb(ə)l| *adjective* (**-nobler**, **-noblest**) 1) ստոր; ցած; անարգ; անազնիվ 2) ցածր; ոչ ազնվական *(ծագման մասին)*

ignominious |ˌɪgnəˈmɪnɪəs| *adjective* խայտառակ; ամոթաբեր; անարգ; ամոթալի

ignominiously *adverb* խայտառակ կերպով; ամոթալիորեն

ignominy |ˈɪgnəmɪni| *noun* 1) խայտառակություն; անպատվություն; անազնվություն; անարգություն 2) անարգ գործ; ստոր արարք

ignorance |ˈɪgn(ə)r(ə)ns| *noun* 1) անտեղյակություն; անիրազեկություն 2) տգիտություն

ignorant |ˈɪgn(ə)r(ə)nt| *adjective* 1) անտեղյակ; անիրազեկ 2) տգետ 3) բոհ; կոպիտ

ignore |ɪgˈnɔ:| *verb* 1) անտեսել; հաշվի չառնել; արհամարհել 2) *իրավունք* մերժել; չընդունել *(հայցը, բողոքը)*

ileum |ˈɪlɪəm| *noun* (հոգն. **ilea** |ɪlɪə|) *կազմախոսություն* զալարաղի; զստաղի

Ilium |ˈɪlɪəm| Իլիոն *(պատմական Տրոյայի մեկ այլ անվանումը)*

ill |ɪl| **1** *adjective* 1) հիվանդ; տկար 2) վատ; վնասակար 3) թշնամական 4) անկատար; ոչ կատարյալ 5) ցածրորակ; ցածրակարգ **2** *adverb* 1) վատ; անբարենպաստ 2) հազիվ թե; դժվարությամբ **3** *noun* 1) չարիք; վնաս ◊ **speak ill of** վատաբանել; մեկի հասցեին վատ խոսել 2) (**ills**) դժբախտություններ; փորձություններ 3) *բժշկություն* հիվանդություն

ill at ease տհաճ; անհարմար

ill-humored *adjective* անտրամադիր; վատ տրամադրության մեջ; վատ տրամադրված

ill-natured *adjective* չար; չարաբարո; կոպիտ

ill-tempered *adjective* դյուրագրգիռ; դյուրաբորբոք; կռվարար; չարաբարո

ill-treatment *noun* վատ վերաբերմունք; դաժանություն

ill-advised *adjective* անխոհեմ; անշրջահայաց; անհեռատես

ill-affected *adjective* *հնացված* անբարյացակամ; անբարեհաճ; վատ տրամադրված *(մեկի հանդեպ)*

ill-bred *adjective* վատ դաստիարակված; անկիրթ; անդաստիարակ; բոհ

ill-disposed *adjective* 1) անբարյացակամ; անբարեհաճ 2) վատ տրամադրված *(ինչ-որ մեկի նկատմամբ)*

illegal |ɪˈli:g(ə)l| **1** *adjective* 1) անօրինական; ապօրինի 2) ընդհատակյա; հակաօրինական; արգելված **2** *noun* ապօրինի ներգաղթյալ

illegality |-ˈgælɪti| *noun* 1) անօրինականություն; ապօրինություն; օրինազանցություն 2) ընդհարկվածություն

illegibility |-ˈbɪlɪti| *noun* անընթեռնելիություն; անընթերցելիություն *(ձեռագրի)*

illegible |ɪˈlɛdʒɪb(ə)l| *adjective* անընթեռնելի; դժվարընթեռնելի

illegitimacy *noun* 1) ապօրինություն; ապօրինականություն 2) ապօրինածնություն

illegitimate |ˌɪlɪˈdʒɪtɪmət| **1** *adjective* 1) ապօրինի; անօրինական 2) տրամաբանորեն սխալ *(հետևություն)* 3) ապօրինածին; անօրինածին **2** *noun* ապօրինածին անձ

ill-fated *adjective* չարաբախտ; դժբախտ; տարաբախտ; ձախորդ

ill-favored (բրիտանական **ill-favoured**) *adjective* 1) տգեղ; անվայելուչ 2) անհաճո; անդուր; վանող

ill-gotten *adjective* անազնիվ ճանապարհով ձեռք բերած

illiberal |ɪˈlɪb(ə)r(ə)l| *adjective* 1) հետամնաց; սահմանափակ; նեղմիտ 2) անտաշ; տգեղ 3) ժլատ; կծծի; գծուծ

illicit |ɪˈlɪsɪt| *adjective* ապօրինի; արգելված *(օրենքով կամ սովորույթով)*

illimitable |ɪˈlɪmɪtəb(ə)l| *adjective* անսահմանափակ; անսահման

Illinois |ˌɪlɪˈnɔɪ| Իլինոյս *(ԱՄՆ-ի նահանգ)*

illiteracy *noun* անգրագիտություն; անուսություն

illiterate |ɪˈlɪt(ə)rət| **1** *adjective* 1) անգրագետ 2) անկիրթ; անուսում **2** *noun* 1) անգրագետ մարդ 2) անկիրթ մարդ; տգետ մարդ

functionally illiterate գործնականորեն անգրագետ *(մարդ, որը չունի բավական գրագիտություն՝ առօրյա գործերի և իրավիճակների մեջ կողմնորոշվելու համար)*

ill-judged *adjective* անխոհեմ; անխելացի; անկշռադատ

illness |ɪlnɪs| *noun* հիվանդություն; անառողջություն

illogical |ɪˈlɒdʒɪk(ə)l| *adjective* անտրամաբանական

illogicality |-ˈkælɪti| *noun* անտրամաբանականություն

ill-omened *adjective* չարագուշակ

ill-starred *adjective* չար աստղի տակ ծնված; չարաբախտ; ձախողակ; անհաջողակ

ill-treat *verb* վատ վարվել; վատ վերաբերմունք ցույց տալ

illuminant |ɪˈl(j)u:mɪnənt| **1** *noun* *տեխնիկական* 1) լուսավորման միջոց; լուսավորող նյութ 2) լույսի աղբյուր **2** *adjective* լուսատու; լուսավորող

illuminate |ɪˈl(j)u:mɪneɪt| *verb* 1) լուսավորել 2) հրավառել; լուսազարդել; հրավառություն սարքել 3) ծաղկել; գունազարդել; նկարազարդել *(հին ձեռագրերը)* 4) լուսաբանել; պարզաբանել

illumination |ɪˌl(j)uːmɪˈneɪʃ(ə)n| *noun* 1) լուսավորում; լուսավորություն 2) հրավառություն 3) ոգևորություն; պայծառացում 4) մանրանկարչություն 5) մանրանկար *(հին ձեռագրերում)* 6) պարզաբանում; լուսաբանում

illumine |ɪˈl(j)uːmɪn| *verb բանաստեղծական* 1) լուսավորել; լույս սփռել 2) լուսավորել; լուսավորություն տարածել

ill-use 1 *verb* 1) տե՛ս **ill-treat** 2) սխալ վարվել 3) փչացնել 4) չարաշահել **2** *noun* (նաև **ill use**) չարաշահում; վատ վերաբերմունք

illusion |ɪˈl(j)uːʒ(ə)n| *noun* 1) պատրանք; ցնորք 2) թափանցիկ գործվածք; շղարշ

illusionist |ɪˈl(j)uːʒ(ə)nɪst| *noun* 1) աճպարար; ֆոկուսներ անող; իլյուզիոնիստ 2) երազող/անրջող մարդ 3) *փիլիսոփայություն* պատրանքապաշտ *(պատրանքապաշտության հետևորդ)*

illusive |ɪˈl(j)uːsɪv| *adjective բանաստեղծական* պատրական; պատրանքային; խաբուսիկ; ցնդական

illustrate |ˈɪləstreɪt| *verb* 1) պարզաբանել; լուսաբանել *(զննական օրինակներով)* 2) պատկերազարդել; նկարազարդել *(գիրքը)*

illustration |ɪləˈstreɪʃ(ə)n| *noun* 1) պատկերազարդում; նկարազարդում 2) նկար; պատկեր *(գրքում)* 3) լուսաբանում օրինակներով; օրինակ

illustrative |ˈɪləstrətɪv|, |ɪˈlʌst-| *adjective* դիտողական; լուսաբանական; ցուցադրական

illustrator |ˈɪləstreɪtə| *noun* նկարազարդող

illustrious |ɪˈlʌstrɪəs| *adjective* հռչակավոր; ականավոր; մեծանուն; հանրահայտ

ill will *noun* չարակամություն

ILO *abbreviation* International Labor Organization Աշխատանքի միջազգային կազմակերպություն

image |ˈɪmɪdʒ| **1** *noun* 1) պատկեր; կերպար 2) արտապատկերում; արտացոլում *(գործիքներով)* 3) նմանություն ◊ **He is the very image of his father.** Նա խիստ նման է իր հորը: 4) փոխաբերություն; պատկեր ◊ **speak in images** պատկերավոր խոսել 5) *աստվածաշնչային* կուռք **2** *verb* 1) պատկերել 2) կերպավորել; պատկերել; նկարագրել 3) երևակայել; պատկերացնել 4) արտացոլել 5) խորհրդանշել; մարմնավորել

imagery |ˈɪmɪdʒ(ə)ri| *noun* պատկերաշար; նկարաշար

imaginable |ɪˈmædʒɪnəb(ə)l| *adjective* երևակայելի

imaginary |ɪˈmædʒɪn(ə)ri| *adjective* 1) երևակայական; կարծեցյալ; մտացածին 2) *մաթեմատիկա* կեղծ; կոմպլեքս

imagination |ɪˌmædʒɪˈneɪʃ(ə)n| *noun* 1) երևակայություն 2) հնարամտություն; ճարպկություն 3) մտապատկեր

imaginative |ɪˈmædʒɪnətɪv| *adjective* 1) երևակայական 2) հարուստ/վառ երևակայության տեր 3) պատկերավոր 4) ստեղծագործական

imagine |ɪˈmædʒɪn| *verb* 1) պատկերացնել; երևակայել 2) մտածել; կարծել; ենթադրել

imbalance |ɪmˈbæl(ə)ns| *noun* 1) անհամաչափություն; անհամամասնություն 2) հավասարակշռության խախտում

imbecile |ˈɪmbɪsiːl| **1** *noun խոսակցական* 1) տկարամիտ; թուլամիտ; ապուշ *(անձ)* 2) հիմար մարդ **2** *adjective* 1) տկարամիտ; թուլամիտ 2) հիմար; անխելք 3) ֆիզիկապես թույլ

imbibe |ɪmˈbʌɪb| *verb գրական անգլերեն, կատակային* 1) կոնծել; խմել 2) ներծծել 3) կլանել 4) յուրացնել

imbrue |ɪmˈbruː| (նաև **embrue**) *verb* (**-brues**, **-brued**, **-3bruing**) *հնացած բանաստեղծական* թրջել; թաթախել; արյունով ներկել

imbue |ɪmˈbjuː| *verb* (**-bues**, **-bued**, **-buing**) 1) տոգորել; հագեցնել 2) առլցնել *(զգացմունքով)*

IMF *abbreviation* International Monetary Fund Արժույթի միջազգային հիմնադրամ

imitate |ˈɪmɪteɪt| *verb* 1) նմանվել; ընդօրինակել; նմանակել; տնազ անել; կապկել 2) նմանեցնել; նմանակեղծել

imitation |ɪmɪˈteɪʃ(ə)n| *noun* 1) նմանում; ընդօրինակում 2) նմանակ; ընդօրինակություն; ընդօրինակված բան 3) կեղծ իր; նմանաշինվածք

imitative |ˈɪmɪtətɪv| *adjective* 1) նմանողական; ընդօրինակող 2) կեղծ; արհեստական

immaculacy *noun* 1) մաքրություն; անբծություն 2) անբասիրություն; անթերիություն; կատարելություն

immaculate |ɪˈmækjʊlət| *adjective* 1) մաքուր; անբիծ; կոկիկ 2) անբասիր; անպարսավելի 3) կատարյալ; անթերի 4) միագույն; հավասար գունավորված *(բույսերի/կենդանիների մասին)*

immanence *noun* 1) ներհատկություն; ներհատուկ հատկանիշ 2) *փիլիսոփայություն* ներունակություն; ներակայություն

immanent |ˈɪmənənt| *adjective* 1) ներհատուկ; մշտակա 2) *փիլիսոփայություն* ներունակ; ներակա

immaterial |ɪməˈtɪərɪəl| *adjective* 1) անկարևոր; ոչ էական 2) անմարմին; անմարմնական; աննյութական

immature |ɪməˈtjʊə| *adjective* 1) ոչ հասուն; խակ 2) չհասունացած; դեռահաս; դեռատի 3) *երկրաբանություն* երիտասարդ

immeasurable |ɪˈmɛʒ(ə)rəb(ə)l| *adjective* անչափելի; անհաշիվ; անծայրածիր; անսահման; անընդգրկելի; անթիվ

immediacy |ɪˈmiːdɪəsi| *noun* 1) անմիջականություն; շիտակություն 2) անհետաձգելիություն 3) անհետաձգելի բան

immediate |ɪˈmiːdɪət| *adjective* 1) անմիջական; ուղղակի; ուղիղ 2) անհապաղ; շտապ; անհետաձգելի 3) մերձակա; ամենամերձավոր

immediately |ɪˈmiːdɪətli| **1** *adverb* 1) ուղղակի; անմիջականորեն 2) անհապաղ; իսկույն; անմիջապես 3) մերձակայքում ◊ **He is somewhere immediately in this area.** Նա մերձակայքում է: **2** *conjunction* հենց որ

immemorial |ɪmɪˈmɔːrɪəl| *adjective* անհիշելի; վաղեմի; հնագույն

immense |ɪˈmɛns| *adjective* 1) հսկայական;

վիթխարի; անսահման 2) *խոսակցական* հոյակապ; հիանալի

immensely |ɪ'mɛnsli| *adverb* չափազանց; չափից դուրս; սաստիկ

immensity *noun* անսահմանություն; վիթխարիություն; անընդգրկելիություն

immerse |ɪ'mə:s| *verb* 1) սուզել; ընկղմել 2) *եկեղեցական* ջրի մեջ ընկղմել *(մկրտության ժամանակ)* 3) սուզվել; ընկղմվել; խրվել

immersion |ɪ'mə:ʃ(ə)n| *noun* 1) սուզում; սուզելը; ընկղմում 2) սուզվելը *(մտավոր գործունեության մասին)* 3) *ամերիկյան* ընկղմում լեզվական միջավայրի մեջ *(լեզվի ուսուցման եղանակ, երբ ուսուցման ժամանակ օգտագործվում է միայն օտար լեզուն)* 4) *եկեղեցական* ընկղմում; մկրտություն 5) ընկղմում; թրջում *(յուղի/ջրի կաթիլի տեղադրումը առարկայի և ապակու միջև՝ մանրադիտակով դիտելու համար)*

immigrant |'ɪmɪgr(ə)nt| **1** *noun* 1) ներգաղթյալ; վերաբնակիչ 2) *կենսաբանություն* ներգաղթած *(կենդանի կամ բույս, որն ապրում է նոր տեղանքում)* **2** *adjective* ներգաղթող

immigrate |'ɪmɪgreɪt| *verb* 1) ներգաղթել; վերաբնակվել 2) վերաբնակեցնել

immigration *noun* 1) ներգաղթ 2) ներգաղթի գոտի *(վայր օդակայանում, նավահանգստում, որտեղ իշխանության ներկայացուցիչները ստուգում են երկիր մուտք գործողների փաստաթղթերը)*

imminence *noun* 1) սպառնալիք; վերահասություն; անխուսափելիություն *(վտանգի, աղետի և այլնի)* 2) վերահաս/անխուսափելի բան

imminent |'ɪmɪnənt| *adjective* մոտալուտ; վերահաս; անխուսափելի; մոտեցող *(վտանգի մասին և այլն)*

immiscible |ɪ'mɪsɪb(ə)l| *adjective* անխառնելի; չխառնվող *(հեղուկների մասին)*

immobile |ɪ'məʊbʌɪl| *adjective* 1) անշարժ; անշարժուն 2) անշարժունակ

immobility |-'bɪlɪti| *noun* 1) անշարժություն 2) *իրավունք* անշարժ գույք

immobilize |ɪ'məʊbɪlʌɪz| *verb* 1) անշարժ դարձնել; կաշկանդել 2) *բժշկություն* անշարժունակացնել *(վերջույթը)*

immoderate |ɪ'mɒd(ə)rət| *adjective* չափից դուրս; անզուսպ; չափն անցնող; անչափ; ոչ չափավոր

immodest |ɪ'mɒdɪst| *adjective* 1) անհամեստ; անպարկեշտ 2) լկտի; անամոթ

immolation |-'leɪʃ(ə)n| *noun* զոհաբերություն; զոհ

immoral |ɪ'mɒr(ə)l| *adjective* անբարոյական; անառակ

immorality |ɪmə'rælɪti| *noun* 1) անբարոյականություն; բարոյազրկություն; այլասերվածություն 2) անբարոյական արարք

immortal |ɪ'mɔ:t(ə)l| **1** *adjective* անմահ; հավերժական; անթառամ **2** *noun* անմահ էակ

immortality |ɪmɔ:'tælɪti| *noun* անմահություն; հավերժություն; մշտնջենականություն

immortalize *verb* անմահացնել; հավերժացնել

immortelle |ˌɪmɔ:'tɛl| *noun բուսաբանություն* անթառամ; անմեռուկ *(Genus Erythrina, ընտանիք Leguminosae)*

immovability |-'bɪlɪti| *noun* 1) անշարժություն; անշարժելիություն 2) անսասանություն; կայունություն 3) հանդարտություն; անվրդովություն; անտարբերություն

immovable |ɪ'mu:vəb(ə)l| **1** *adjective* 1) անշարժունակ; չշարժվող; անշարժ 2) հանդարտ; անվրդով; անխռով 3) անսասան; կայուն; հաստատուն; անդրդվելի **2** *noun իրավունք* (**immovables**) անշարժ գույք

immune |ɪ'mju:n| *adjective* 1) անընկալունակ; պաշտպանված 2) *իրավունք* անձեռնմխելի 3) *բժշկություն* վարակամերժ; անընկալունակ

immunity |ɪ'mju:nɪti| *noun* (հոգն. **-ties**) 1) *բժշկություն* վարակամերժություն; անընկալունակություն; անվարակելիություն; անվարակունակություն 2) արտոնություն; ազատում հարկերից 3) *իրավունք* անձեռնմխելիություն

immunization |-'zeɪʃ(ə)n| *noun* վարակազերծում; ապավարակում; ախտազերծում

immunize |'ɪmjʊnʌɪz| *verb* վարակազերծել; ախտազերծել

immure |ɪ'mjʊə| *verb* 1) որմնաշարել; պատի մեջ շարել 2) արգելափակել; մեկուսացնել 3) *հնացած* բանտարկել

immutable |ɪ'mju:təb(ə)l| *adjective* անփոփոխ; անփոփոխելի; կայուն

imp |ɪmp| **1** *noun* 1) սատանայի ճուտ; դևիկ 2) *փոխաբերական* չարաճճի երեխա **2** *verb* 1) պատվաստել 2) փետուրներ դնել *(վնասված թևի վրա. սովորաբար բազեի)*

impact **1** *noun* |'ɪmpækt| 1) հարված; զարկ 2) ընդհարում; բախում 3) ազդեցություն; ներգործություն **2** *verb* |ɪm'pækt| 1) բախվել; ընդհարվել 2) ազդեցություն ունենալ; ներգործել 3) ամուր սեղմել; ճնշել

impair |ɪm'pɛ:| *verb* 1) թուլացնել 2) փչացնել; վնասել *(հատկապես մարդու որևէ կարողություն)*

impairment |ɪm'pɛ:m(ə)nt| *noun* վատացում; վնասում

impale |ɪm'peɪl| *verb* 1) խոցել; ծակել ◊ **impale oneself upon** սուր բանից ծակվել 2) *պատմական* ցցից հանել; ցցի վրա նստեցնել *(որպես պատիժ)* 3) զինանշանները միացնել

impalpable |ɪm'pælpəb(ə)l| *adjective* 1) անշոշափելի 2) անընկալելի; անըմբռնելի

impart |ɪm'pɑ:t| *verb* 1) տալ; հաղորդել; բաժին հանել 2) հաղորդել; փոխանցել *(նորություն, գիտելիք)*

impartial |ɪm'pɑ:ʃ(ə)l| *adjective* անաչառ; անկողմնապահ; անկողմնակալ

impartiality |-ʃɪ'ælɪti| *noun* անաչառություն; անկողմնակալություն; արդարացիություն

impassable |ɪm'pɑ:səb(ə)l| *adjective* անանցանելի

impasse |æm'pɑ:s|, |'æmpɑ:s| *noun* 1) փակուղի 2) *փոխաբերական* անելանելի կացություն

impassibility |-'bɪlɪti| *noun* 1) անզգայություն;

անզգայունություն 2) անչարչարելիություն; անկրքություն

impassible |ɪmˈpæsɪb(ə)l| *adjective* 1) անզգա; անզգայուն; անտարբեր; անկարեկից 2) անկիրք; անվրդով; անխռով; սառնասիրտ 3) *եկեղեցական* անչարչարելի

impassioned |ɪmˈpæʃ(ə)nd| *adjective* կրքոտ; կրակոտ; տոփոտ

impassive |ɪmˈpæsɪv| *adjective* 1) անկիրք; անվրդով; անխռով 2) հանդարտ; անդորր 3) անզգա; անտարբեր; անզիտակից

impatience *noun* անհամբերություն

impatient |ɪmˈpeɪʃ(ə)nt| *adjective* 1) անհամբեր 2) անհանդուրժող; չհանդուրժող 3) բորբոքվող; ջղային

impeach |ɪmˈpiːtʃ| *verb* 1) կասկածի ենթարկել; կասկածի տակ առնել 2) մեղադրել; ամբաստանել 3) պետական հանցանքի մեղադրանք ներկայացնել 4) *իրավունք* պաշտոնանկության գործընթաց հարուցել; պաշտոնանկություն անել

impeachment *noun* պաշտոնանկություն; պաշտոնանկության գործընթաց

impeccable |ɪmˈpɛkəb(ə)l| *adjective* 1) անմեղանչական; անսխալական 2) անբասիր; անթերի

impecunious |ˌɪmpɪˈkjuːnɪəs| *adjective* կարիքավոր; փողազուրկ; փող չունեցող

impede |ɪmˈpiːd| *verb* խանգարել; խոչընդոտել; խափանել; դժվարացնել

impediment |ɪmˈpɛdɪm(ə)nt| *noun* 1) խոչընդոտ; արգելք 2) ֆիզիկական թերություն *(հատկապես խոսքի)* 3) *իրավունք* արգելք պայմանագիր կնքելու համար *(հատկապես ամուսնական)*

impedimental |-ˈmɛnt(ə)l| *adjective* խանգարիչ; արգելակող; խոչընդոտող

impel |ɪmˈpɛl| *verb* (**-pelled**, **-pelling**) 1) ստիպել; հարկադրել; խթանել 2) առաջ մղել; շարժման մեջ դնել

impend |ɪmˈpɛnd| *verb* 1) վրա հասնել; մոտենալ 2) սպառնալ; կախվել

impending *adjective* մոտալուտ; վերահաս

impenetrable |ɪmˈpɛnɪtrəb(ə)l| *adjective* 1) անթափանց; անթափանցելի 2) անանցանելի; անմատչելի 3) անըմբռնելի; անհասկանալի 4) բթամիտ; քարացած

impenitent |ɪmˈpɛnɪt(ə)nt| *adjective* չզղջացող; անապաշխար; անապաշավ; անզիղջ

imperative |ɪmˈpɛrətɪv| **1** *adjective* 1) անհետաձգելի; ստիպողական; հրատապ; հարկադրական 2) հրամայական; հրամայող; տիրական 3) *քերականություն* հրամայական **2** *noun* 1) *քերականություն* հրամայական եղանակ 2) հրաման; կարգադրություն

imperceptible |ˌɪmpəˈsɛptɪb(ə)l| *adjective* աննկատելի; աննշմարելի; աննշան

imperfect |ɪmˈpəːfɪkt| **1** *adjective* 1) թերի; ոչ լրիվ 2) անկատար; պակասավոր **2** *noun* *քերականություն* (**the imperfect**) անցյալ անկատար ժամանակ

imperfection |ˌɪmpəˈfɛkʃ(ə)n| *noun* 1) անկատարություն; թերակատարություն; պակասավորություն 2) թերություն; պակասություն

imperial |ɪmˈpɪərɪəl| *adjective* 1) կայսերական; կայսրության 2) կայսերական; կայսրի 3) խոշոր; ահագին 4) գերագույն 5) վեհապանծ; վսեմ; փառապանծ 6) *տեխնիկական* անգլիական *(Անգլիայում ընդունված չափի ու կշռի միավորների մասին)*

imperialism |ɪmˈpɪərɪəlɪz(ə)m| *noun* կայսերապաշտություն; իմպերիալիզմ

imperialist |ɪmˈpɪərɪəlɪst| **1** *adjective* կայսերապաշտական; իմպերիալիստական **2** *noun* *արհամարհական* կայսերապաշտ; իմպերիալիստ

imperil |ɪmˈpɛrɪl|, |-r(ə)l| *verb* (**-periled**, **-periling**; բրիտ. **-perilled**, **-perilling**) վտանգի ենթարկել

imperious |ɪmˈpɪərɪəs| *adjective* 1) տիրական; հրամայական 2) իշխանատենչ; ամբարտավան 3) հրատապ; ստիպողական

imperishable |ɪmˈpɛrɪʃəb(ə)l| *adjective* 1) անխորտակելի; ամուր 2) անանց; մշտնջենական; անմոռանալի

impermeable |ɪmˈpəːmɪəb(ə)l| *adjective* անթափանցելի; անթափանց; անթափանցիկ

impermissible |ˌɪmpəˈmɪsɪb(ə)l| *adjective* անթույլատրելի; անընդունելի

impersonal |ɪmˈpəːs(ə)n(ə)l| *adjective* 1) *ճակ քերականություն* անդեմ; որևէ կոնկրետ անձի կամ առարկայի չվերաբերող 2) անկողմնակալ; անաչառ 3) սառը; անկարեկից 4) անդեմ; անանձնավոր

impersonality |-ˈnælɪtɪ| *noun* անդիմություն; անանձնականություն

impersonate |ɪmˈpəːs(ə)neɪt| *verb* 1) անձնավորել; մարմնավորել 2) դեր խաղալ 3) ձևանալ; նմանակել

impersonation |-ˈneɪʃ(ə)n| *noun* 1) անձնավորում; մարմնավորում 2) դեր կատարելը

impertinence *noun* 1) հանդգնություն; անպատկառություն; լկտիություն 2) անտեղիություն; անպատեհություն; անդեպություն

impertinent |ɪmˈpəːtɪnənt| *adjective* 1) հանդուգն; անպատկառ; լկտի 2) անտեղի; անպատեհ

imperturbability |-ˈbɪlɪtɪ| *noun* անվրդովություն; հանդարտություն; անխռովություն

imperturbable |ˌɪmpəˈtəːbəb(ə)l| *adjective* անվրդով; հանդարտ; անխռով

impervious |ɪmˈpəːvɪəs| *adjective* 1) (**impervious to sth**) անթափանցելի; անանցանելի 2) որևէ բանի ներգործությանը չենթարկվող ◇ **impervious to argument** համոզման չենթարկվող

impetuous |ɪmˈpɛtjʊəs| *adjective* 1) սրընթաց; բուռն 2) պոռթկուն; մղումնային; հանկարծական մղումով գործող; իմպուլսիվ 3) չափն անցած

impetus |ˈɪmpɪtəs| *noun* շարժիչ ուժ; թափ; խթան; ազդակ; դրդապատճառ ◇ **put fresh impetus** նոր ուժ ներշնչել; նոր թափ հաղորդել

impiety |ɪmˈpʌɪɪtɪ| *noun* (հոգն. **-ties**) 1) անհավատություն; անբարեպաշտություն; ամբարշտություն 2) ակնածանքի բացակայություն;

հանդգնություն

impinge |ɪmˈpɪn(d)ʒ| *verb* (**-pinging**) 1) *ֆիզիկա* (**impinge on/upon**) բախվել; ընդհարվել; դիպչել 2) (**impinge on/upon**) ոտնձգություն անել 3) ազդել; ազդեցություն ունենալ

impish |ˈɪmpɪʃ| *adjective* չարաճճի; ժիր

implacability |-ˈbɪlɪti| *noun* 1) անողոքություն; անգթություն; անդրդվելիություն 2) անհաշտություն

implacable |ɪmˈplækəb(ə)l| *adjective* 1) անողոք; անգութ; անդրդվելի 2) անհաշտ; անհաշտելի

implant **1** *verb* |ɪmˈplɑːnt| 1) *բժշկություն* փոխպատվաստել; պատվաստել 2) *փոխաբերական* ներդնել; արմատավորել; տարածել 3) ներշնչել; հաստատել; արմատավորել **2** *noun* |ˈɪmplɑːnt| փոխպատվաստված հյուսվածք

implantation *noun* 1) տնկում; տնկելը 2) *բժշկություն* փոխպատվաստում; պատվաստում 3) *ֆիզիկա* ներդնում *(իոնների մտցնելը բյուրեղային ցանցի մեջ՝ իոնային փնջով ռմբակոծելով)*

implausible |ɪmˈplɔːzɪb(ə)l| *adjective* անհավանական; անընդունելի

implement **1** *noun* |ˈɪmplɪm(ə)nt| գործիք; պիտույք; սարք; պարագաներ; միջոց **2** *verb* |ˈɪmplɪment| 1) կատարել; իրագործել; իրականացնել; ի կատար ածել 2) գործիքներով ապահովել

implementation |ɪmplɪmɛnˈteɪʃ(ə)n| *noun* իրագործում; կատարում; գործադրում

implicate |ˈɪmplɪkeɪt| **1** *verb* 1) ներգրավել; մասնակից դարձնել ◊ **be implicated in** մասնակից լինել *(որևէ գործի)* 2) ենթադրել; բովանդակել 3) պատասխանատու լինել 4) *հազվադեպ* խճճել; խառնել **2** *noun* |ˈɪmplɪkət| *տրամաբանություն* ենթադրվող բան

implication |ɪmplɪˈkeɪʃ(ə)n| *noun* 1) ենթադրություն; ենթադրելի բան 2) մասնակցություն; առնչություն; մասնակից լինելը 3) եզրակացություն; հետևանք 4) ենթատեքստ; ներիմաստ ◊ **by implication** անուղղակիորեն; կողմնակիորեն

implicit |ɪmˈplɪsɪt| *adjective* 1) ենթադրելի; ներակա; թաքնված; կողմնակի 2) լիակատար; անվերապահ ◊ **implicit faith** կույր հավատ 3) ներհատուկ 4) *մաթեմատիկա* անուղղակի

implicitly *adverb* 1) անուղղակիորեն; կողմնակիորեն 2) անվերապահորեն; լիակատար

implore |ɪmˈplɔː| *verb* աղաչել; աղերսել

imply |ɪmˈplʌɪ| *verb* (**-plies**, **-plied**) 1) ենթադրել; ակնարկել; ներակայել; անուղղակիորեն նշանակել 2) նշանակել; պարունակել; բովանդակել 3) հանգել

silence often implies consent լռությունը հաճախ համաձայնություն է ենթադրում; լռությունը հաճախ համաձայնության նշան է

impolite |ɪmpəˈlʌɪt| *adjective* անքաղաքավարի; անբարեկիրթ; անկիրթ; կոպիտ

imponderable |ɪmˈpɒnd(ə)rəb(ə)l| **1** *noun* գնահատման չենթարկվող գործոն **2** *adjective* 1) անկշռելի; անկշիռ; թեթև 2) հաշվառման չենթարկվող; աննշան; գնահատման չենթարկվող

import **1** *noun* |ˈɪmpɔːt| 1) ներմուծում; ներմուծելը 2) (**imports**) ներմուծվող ապրանքներ 3) նշանակություն; իմաստ 4) կարևորություն **2** *verb* |ɪmˈpɔːt| |ˈɪm-| 1) ներմուծել 2) *փոխաբերական* ներածել; մտցնել *(մտքեր, զգացմունքներ և այլն)* 3) *հնացած* նշանակել; ենթադրել; արտահայտել 4) նշանակություն/կարևորություն ունենալ

importance |ɪmˈpɔːt(ə)ns| *noun* 1) նշանակություն; կարևորություն ◊ **be of importance** կարևոր լինել; նշանակություն ունենալ. **attach importance** մեծ նշանակություն տալ; կարևոր համարել; կարևորել 2) կշիռ; արժեք

full of one's importance իր մասին բարձր կարծիքի; սեփական անձի կարևորությամբ լցված

important |ɪmˈpɔːt(ə)nt| *adjective* կարևոր; նշանակալից

importantly |ɪmˈpɔːt(ə)ntli| *adverb* 1) կարևոր ◊ **more importantly** որ ավելի կարևոր է 2) փքուն տեսքով

importunate |ɪmˈpɔːtjʊnət| *adjective* 1) համառ; հաստատակամ 2) պնդերես; աներես; կպչուն; հանգիստ չտվող 3) *հազվադեպ* անհետաձգելի; առաջնահերթ; հրատապ

importune |ˌɪmpɔːˈtjuːn| *verb* խնդրանքներով ձանձրացնել; գլուխը տանել; թախանձել; համառորեն խնդրել

impose |ɪmˈpəʊz| *verb* 1) հարկադրել; կիրարկել; գործադրել ◊ **impose a tax** մտցնել/կիրարկել հարկ; հարկել 2) վրան դնել *(պարտավորություն)* 3) հսկողություն սահմանել; օգտվել; օգուտ քաղել; շահարկել *(ինչ-որ մեկին կամ ինչ-որ մեկի հատկությունը)* 4) տպաասարել *(էջերը տպագրական թիթեղի վրա դասավորել)* 5) *եկեղեցական* ձեռքը դնել *(ինչ-որ մեկի գլխին՝ արարողության ժամանակ. հոգևորականի մասին)*

imposing |ɪmˈpəʊzɪŋ| *adjective* տպավորիչ; ազդեցիկ; պատկառազդու

imposition |ɪmpəˈzɪʃ(ə)n| *noun* 1) հարկ դնելը; հարկադրում 2) բեռ; հարկ 3) *եկեղեցական* ձեռքերը վրան դնելը *(օրհնության/ձեռնադրության ժամանակ)* 4) խաբեբայություն 5) տուգանային աշխատանք *(պատիժ անգլիական դպրոցներում)* 6) *տպագրություն* տպաասարում *(տպագրական թիթեղի վրա տպվելիք էջերը դասավորելը)*

impossibility |ɪmˌpɒsɪˈbɪlɪti| *noun* (հոգն. **-ties**) 1) անհնարինություն; անկարելիություն 2) անհնարին բան/իրավիճակ

impossible |ɪmˈpɒsɪb(ə)l| *adjective* 1) անհնարին; անիրագործելի; անկարելի 2) *խոսակցական* անհանդուրժելի; անտանելի 3) դժվարագույն 4) անհավանական; անհավատալի

impossibly |ɪmˈpɒsɪbli| *adverb* 1) անհնարին կերպով 2) անհավանականորեն

impostor |ɪmˈpɒstə| (նաև **imposter**) *noun* 1) ինքնակոչ մարդ 2) խաբեբա; խարդախ; սրիկա

imposture |ɪmˈpɒstʃə| *noun* խաբեբայություն; խարդախություն; կեղծիք *(հատկապես որպես այլ մարդ ձևանալով)*

impotence *noun* 1) անզորություն; թուլություն 2) *բժշկություն* սեռական անկարողություն; իմպոտենտություն

impotent |'ɪmpət(ə)nt| *adjective* 1) անզոր; թույլ 2) *բժշկություն* սեռականապես անկարող; իմպոտենտ 3) *բժշկություն* անպտուղ

impound |ɪm'paʊnd| *verb* 1) բռնագրավել; առգրավել; կալանքի տակ դնել 2) փակի տակ դնել; արգելափակել *(կենդանիներին)* 3) ամբարտակել; ջրապատնեշել; ջրի առաջը փակել

impoverish |ɪm'pɒv(ə)rɪʃ| *verb* 1) աղքատացնել; աղքատության հասցնել 2) քայքայել; հյուծել; ուժասպառ անել *(ուժերը, հողը)*

impracticable |ɪm'præktɪkəb(ə)l| *adjective* 1) անիրագործելի; անկարելի 2) անանցանելի *(ճանապարհի մասին)* 3) անօգտակար 4) անզիջող; համառ

impractical |ɪm'præktɪk(ə)l| *adjective ամերիկյան* 1) անգործնական 2) անիրագործելի

imprecate |'ɪmprɪkeɪt| *verb հնացած* նզովել; անեծք կարդալ; չարիք բերել

imprecation |ɪmprɪ'keɪʃ(ə)n| *noun գրական անգլերեն* 1) նզովք; անեծք 2) նզովելը; անիծելը

imprecise |ɪmprɪ'sʌɪs| *adjective* անճիշտ; անորոշ

impregnability |-'bɪlɪti| *noun* 1) անմատչելիություն; անառիկություն 2) *փոխաբերական* անխոցելիություն; անսասանություն

impregnable |ɪm'prɛgnəb(ə)l| *adjective* 1) անառիկ; անմատչելի 2) *փոխաբերական* անխոցելի; անսասան; կայուն

impregnate |'ɪmprɛgneɪt| **1** *verb* 1) բեղմնավորել 2) **(be impregnated with)** տոգորել; հագեցնել; լցնել **2** *adjective* 1) հղի 2) բեղմնավորված

impregnation |ɪmprɛg'neɪʃ(ə)n| *noun* 1) հղիացում; հղիանալը; բեղմնավորում 2) հագեցում; տոգորում; ներծծում

impresario |ˌɪmprɪ'sɑːrɪəʊ| *noun* (հոգն. **-rios**) թատերավար; թատերապետ

impress[1] **1** *verb* |ɪm'prɛs| 1) տպավորություն գործել 2) կնքել; դրոշմել; կնիք խփել 3) ազդել; ներգործել **2** *noun* |'ɪmprɛs| *նաև փոխաբերական* 1) կնիք; դրոշմ 2) կնքում; դրոշմում 3) տպավորություն; հետք

impress[2] |ɪm'prɛs| *verb պատմական* բռնի զինվորագրել

impressible |ɪm'prɛsɪb(ə)l| *adjective* դյուրազգաց; զգայուն; տպավորվող

impression |ɪm'prɛʃ(ə)n| *noun* 1) տպավորություն 2) զգացողություն 3) նմանակում 4) նկարագրություն; պատկերում 5) դրոշմ; հետք 6) կնիք; դրոշմվածք 7) տպագրություն; վերահրատարակություն; տպաքանակ 8) հրատարակություն

impressionable |ɪm'prɛʃ(ə)nəb(ə)l| *adjective* զգայուն; տպավորվող; դյուրազգաց; նրբազգաց

Impressionism |ɪm'prɛʃ(ə)nɪz(ə)m| *noun արվեստ* իմպրեսիոնիզմ; տպավորապաշտություն *(ուղղություն գեղանկարչության, գրականության և երաժշտության մեջ)*

Impressionist |ɪm'prɛʃ(ə)nɪst| **1** *noun* 1) իմպրեսիոնիստ 2) նմանակող **2** *adjective* իմպրեսիոնիստական

impressive |ɪm'prɛsɪv| *adjective* արտահայտիչ; ազդու; տպավորիչ; ազդեցիկ

imprest |'ɪmprɛst| *noun* 1) կանխավճար; կանխավարձ 2) առհաշիվ գումար 3) *հնացած բրիտանական* կանխավճար նավաստու կամ զինվորի աշխատանքի դիմաց

imprint **1** *verb* |ɪm'prɪnt| 1) հետք թողնել; տպավորել 2) կնքել; դրոշմել; դրոշմակնիք դնել **2** *noun* |'ɪmprɪnt| 1) դրոշմ; կնիք; հետք 2) դրոշմահատոց ◇ **publisher's/printer's imprint** *տպագրություն* հրատարակման տեղեկություններ *(գրքի վրա)*

imprison |ɪm'prɪz(ə)n| *verb* բանտարկել

imprisonment *noun* 1) բանտարկություն 2) *իրավունք* ազատազրկում ◇ **imprisonment for life** ցմահ բանտարկություն

improbability |-'bɪlɪti| *noun* անհավանականություն; անհավաստիություն

improbable |ɪm'prɒbəb(ə)l| *adjective* անհավանական; անհավաստալի

improbity |ɪm'prəʊbɪti|, |-'prɒb-| *noun գրական անգլերեն* անազնվություն; խարդախություն

impromptu |ɪm'prɒm(p)tjuː| **1** *adjective, adverb* հանկարծազդուտ; հանպատրաստից ստեղծած; հանպատրաստից **2** *noun* (հոգն. **-tus**) հանկարծաստեղծություն; էքսպրոմտ

improper |ɪm'prɒpə| *adjective* 1) անհարմար; անտեղին; ոչ սազական 2) անվայել; անպատշաճ 3) անկանոն; ոչ ճիշտ

improperly *adverb* 1) անտեղին/անհարմար կերպով 2) անվայել կերպով

impropriety |ˌɪmprə'prʌɪəti| *noun* (հոգն. **-ties**) 1) անտեղիություն; անպատեհություն; անպատշաճություն 2) անտակտություն 3) անպատեհ արարք

improve |ɪm'pruːv| *verb* 1) բարելավել; կատարելագործել; բարվոքել ◇ **improve in health** առողջությունը վերականգնել; առողջանալ; կազդուրվել 2) բարելավվել; կատարելագործվել 3) լավորակ դառնալ; որակը բարձրացնել

improvement |ɪm'pruːvm(ə)nt| *noun* 1) բարելավում; լավացում; կատարելագործում 2) բարվոքում 3) **(improvements)** հարմարություններ *(բնակարանում)* 4) հողաբարելավում; մելիորացիա

improvident |ɪm'prɒvɪd(ə)nt| *adjective* 1) անհեռատես; անկանխատես; անշրջահայաց 2) անախատես; անհոգ 3) վատնող; մսխող

improvisation |-'zeɪʃ(ə)n| *noun* հանկարծաստեղծություն; հանկարծահնարում; իմպրովիզացիա

improvise |'ɪmprəvʌɪz| *verb* 1) հանկարծաստեղծել; հանպատրաստից ստեղծագործել 2) ձեռաց պատրաստել *(ձեռքի տակ եղած առարկաներից, աձեռն առարկաներից)*

imprudence *noun* 1) անխոհեմություն; անշրջահայացություն; անզգուշություն; անկշռադատվածություն 2) անխոհեմ քայլ

imprudent |ɪm'pruːd(ə)nt| *adjective* անխոհեմ; անշրջահայաց; անզգույշ; հախուռն

impudence *noun* հանդգնություն; անպատկառություն; աներեսություն; անամոթություն; լրբություն

impudent |ˈɪmpjʊd(ə)nt| *adjective* հանդուգն; անպատկառ; աներես; անամոթ; լկտի

impulse |ˈɪmpʌls| *noun* 1) մղում; գրգիռ; դրդում; խթան 2) *ֆիզիկա* իմպուլս

impulsion |ɪmˈpʌlʃ(ə)n| *noun* 1) դրդում; մղում; խթան 2) խթանում; մղելը

impulsive |ɪmˈpʌlsɪv| *adjective* 1) հախուռն; բուռն; հանկարծական մղումով գործող 2) ինքնաբեր; ինքնաբուխ 3) ընդհատ; կարճատև *(ուժերի մասին)*

impulsively *adverb* հախուռն կերպով; անկշռադատ

impunity |ɪmˈpjuːnɪti| *noun* անպատժելիություն; անպատիժ մնալը ◇ **with impunity** անպատիժ կերպով

impure |ɪmˈpjʊə| *adjective* 1) պիղծ; անմաքուր; կեղտոտ 2) խարդախված; խառն 3) անսուրբ

impurity |ɪmˈpjʊərɪti| *noun* (հոգն. **-ties**) 1) անմաքրություն; կեղտ 2) պղծություն; ապականություն 3) խառնուրդ; խառնվածք

impute |ɪmˈpjuːt| *verb* 1) վերագրել 2) *իրավունք* մեղադրել; մեղսագրել; հանցանք վերագրել

in |ɪn| **1** *preposition* 1) մեջ; ներսում *(ցույց է տալիս տարածության մեջ մի բանի սահմաններում գտնվելը)* 2) ընթացքում; ժամանակ *(արտահայտում է ժամանակամիջոց, որի ընթացքում տեղի է ունենում ինչ-որ գործողություն)* ◇ **in 1960** 1960 թվականին. **in November** նոյեմբերին 3) անց; հետո *(արտահայտում է այն ժամանակամիջոցը, որն ընկած է մինչև ապագայում կատարվելիք գործողությունը)* ◇ **I'll see you in 20 minutes** Ես քեզ կայցելեմ 20 րոպեից: 4) մեջ; վիճակում *(արտահայտում է առարկայի վիճակը)* ◇ **put affairs in order** գործերը կարգին վիճակի բերել; գործերը կարգի գցել 5) *(արտահայտում է առարկայի արտաքին ձևավորում (հագուստ, նյութ և այլն))* ◇ **in black** սև զգեստով; սև հագած. **in pen** գրչով 6) *(արտահայտում է առարկայի բաժանում/մասնատում)* ◇ **cut in pieces** կտորների բաժանել; կտրատել 7) *(արտահայտում է մի թվի հարաբերությունը մյուսին)* ◇ **one in every hundred** հարյուրից մեկը 8) *(արտահայտում է որակ կամ հարաբերակցություն)* ◇ **discernible difference in color** գույնի նշմարելի տարբերություն 9) *(արտահայտում է մեկի ներգրավվածությունը որևէ մասնագիտության մեջ)* ◇ **He works in publishing.** Նա աշխատում է հրատարակչական գործում: 10) *(ցույց է տալիս նպատակ)* ◇ **in honor of veterans** վետերանների պատվին **2** *adverb* ներսում; ներս ◇ **in and out** ներս ու դուրս **3** *adjective* 1) ներկա; առկա ◇ **There was no one in.** Ներսում ոչ ոք չկար: 2) *խոսակցական* նորաձև; մոդայիկ ◇ **Light colors are in this year.** Բաց գույները նորաձև են այս տարի: **4** *noun* 1) իշխող կուսակցություն ◇ **ins and outs** յուրայիններ և նախկիններ *(իշխող կուսակցության անդամներ և իշխանությունը կորցրած կուսակցության անդամներ)* 2) բարձրաստիճան պաշտոնյա 3) ազդեցություն; ներգործություն ◇ **the same sort of in** նմանատիպ ներգործություն

in. *abbreviation* inch(es) մատնաչափ

in-[1] |ɪn| *prefix* ան *(ժխտական նախածանց. b, p, m տառերից առաջ՝ im-, l տառից առաջ՝ il-, r տառից առաջ՝ ir-)* ◇ **inanimate** անկենդան

in-[2] |ɪn| *prefix* 1) ներ- *(արտահայտում է որևէ բանի ներսում գտնվելու իմաստ. b, p, m տառերից առաջ՝ im-)* ◇ **inland** երկրի ներքին շրջանները 2) *(կազմում է անցողական բայեր)* ◇ **intrust** վստահել *(որևէ բան մեկին)*

inability |ɪnəˈbɪlɪti| *noun* 1) անընդունակություն; անկարողություն 2) անիրագործելիություն

inaccessible *adjective* անմատչելի

inaccuracy *noun* անճշտություն

inaction |ɪnˈækʃ(ə)n| *noun* անգործունեություն; անտարբերություն; անգործություն

inactive *adjective* դանդաղկոտ; ոչ ակտիվ; ծույլ

inadequate *adjective* 1) անհամապատասխան; անբավարար 2) անլիարժեք; անվստահ

inadvertence *noun* 1) անուշադրություն; անփութություն; անհոգություն 2) սխալ; վրիպում 3) անկանխամտածվածություն

inadvertent |ˌɪnədˈvəːt(ə)nt| *adjective* 1) անկանխամտածված; պատահական; առանց դիտավորության 2) անուշադիր; անփույթ; անհոգ

inalienable |ɪnˈeɪlɪənəb(ə)l| *adjective* անկապտելի; անօտարելի

inalterable |ɪnˈɔːlt(ə)rəb(ə)l|, |-ˈɒl-| *adjective* անփոփոխ; անփոփոխելի

inane |ɪˈneɪn| *adjective* 1) դատարկ; անբովանդակ 2) անմիտ; անիմաստ; հիմար

inanely *adverb* հիմար; հիմարաբար

inanimate |ɪnˈænɪmət| **1** *adjective* 1) անշունչ; անկենդան ◇ **inanimate matter** անկենդան նյութ 2) անկյանք; տխուր; ձանձրալի **2** *noun* անշունչ առարկա

inarticulate |ˌɪnɑːˈtɪkjʊlət| *adjective* 1) անհոդաբաշխ; անհասկանալի; անպարզալուր 2) լուռ; անձայն; համր 3) անարտահայտելի 4) *կենսաբանություն* անհոդվածավոր

inasmuch |ɪnəzˈmʌtʃ| *adverb* (**inasmuch as**) քանի որ; նկատի ունենալով, որ

inattentive *adjective* անուշադիր; անփույթ

inaugural |ɪˈnɔːgjʊr(ə)l| **1** *adjective* պաշտոնամուտի; պաշտոնակալության **2** *noun* պաշտոնակալության/պաշտոնամուտի ճառ

inaugurate |ɪˈnɔːgjʊreɪt| *verb* 1) պաշտոնարկել; հանդիսավոր կերպով պաշտոնի մեջ հաստատել 2) հանդիսավոր կերպով բացել *(ցուցահանդես, հուշարձան և այլն)* 3) պաշտոնապես սկսել

inauguration |-ˈreɪʃ(ə)n| *noun* 1) հանդիսավոր բացում 2) պաշտոնամուտ; պաշտոնակալություն; երդմնակալություն; հանդիսավոր կերպով պաշտոն ստանձնելը ◇ **Inauguration Day** ԱՄՆ-ի նոր նախագահի պաշտոնը ստանձնելու օրը *(հունվարի 20-ը)*

inborn |ˈɪnbɔːn|, |ɪnˈbɔːn| *adjective* 1) բնածին; բնական 2) ժառանգական

inbound |ɪnbaʊnd| *adjective, adverb* ժամանող

in-box *noun* մտից փոստարկղ *(էլեկտրոնային*

փուտի համար)

inbreathe |ɪnˈbriːð| *verb բանաստեղծական* 1) նաև *փոխաբերական* ներս շնչել; ներշնչել 2) ոգեշնչել

inbred |ɪnˈbrɛd|, |ˈɪnbrɛd| *adjective* 1) բնածին; բնական 2) ներցեղային խաչասերումով ստացված

Inc. *abbreviation* incorporated բաժնետիրացված *(ԱՄՆ-ում գրանցված ընկերության մասին)*

incalculable |ɪnˈkælkjʊləb(ə)l| *adjective* 1) անհաշվելի; անհաշիվ; անթիվ; անհամար 2) անկանխատեսելի; անվստահելի *(մարդու մասին)*

incandesce |ˌɪnkænˈdɛs| *verb* 1) շիկանալ 2) շիկացնել

incandescence *noun* 1) շիկացում; հրաշեկություն 2) լուսարձակում

incandescent |ɪnkænˈdɛs(ə)nt| *adjective* 1) շիկացած; հրաշեկ; լուսաշեկ; շիկացման ◊ **incandescent lamp** շիկացման լամպ 2) *փոխաբերական* բոցավառ; պայծառ 3) *խոսակցական* կատաղած

incapable *adjective* անընդունակ

incapacitate |ˌɪnkəˈpæsɪteɪt| *verb* 1) անընդունակ դարձնել; անպետք դարձնել; շարքից դուրս բերել 2) *իրավունք* իրավունքից զրկել

incapacity |ɪnkəˈpæsɪti| *noun* (հոգն. **-ties**) 1) անընդունակություն; անկարողություն 2) *իրավունք* անիրավունակություն

incarcerate |ɪnˈkɑːsəreɪt| *verb* բանտարկել; ազատազրկել

incarnation |ɪnkɑːˈneɪʃ(ə)n| *noun* 1) մարմնացում; մարմնավորում 2) *կրոնական* (**the Incarnation**) մարմնանալը; մարմնացում *(Հիսուս Քրիստոսի)* 3) *բժշկություն* վերքի լավացում

incendiary |ɪnˈsɛndɪəri| **1** *adjective* 1) հրձիգ 2) *փոխաբերական* սադրող; հրահրող; գրգռող **2** *noun* (հոգն. **-aries**) 1) հրձիգ; հրդեհ գցող; հրդեհիչ 2) *փոխաբերական* սադրիչ; դրդիչ; գրգռիչ

incense[1] **1** *noun* |ˈɪnsɛns| խունկ **2** *verb* խնկարկել; խունկ ծխել

incense[2] |ɪnˈsɛns| *verb* բարկացնել; զայրացնել

incentive |ɪnˈsɛntɪv| **1** *noun* դրդապատճառ; շարժառիթ **2** *adjective* խթանիչ; դրդիչ

inception |ɪnˈsɛpʃ(ə)n| *noun* 1) սկիզբ; սկզբնակետ 2) գիտական աստիճան ստանալը *(Քեմբրիջի համալսարանում)*

inceptive |ɪnˈsɛptɪv| **1** *adjective* 1) նախնական; սկզբնական; սկսվող; սկիզբ առնող 2) *քերականություն* սկսնական **2** *noun քերականություն* (նաև **inceptive verb**) սկսնական բայ

incertitude |ɪnˈsəːtɪtjuːd| *noun* 1) անվստահություն; անհամոզվածություն; անորոշություն; տատանողական վիճակ 2) ոչ անվտանգ վիճակ

incessant |ɪnˈsɛs(ə)nt| *adjective* անընդհատ; անընդմեջ; անդադար

incest |ˈɪnsɛst| *noun* արյունապղծություն; արյունախառնություն ◊ **commit incest** արյունապղծություն կատարել

incestuous |ɪnˈsɛstjʊəs| *adjective* 1) արյունապիղծ 2) արյունապղծության մեջ մեղավոր

inch[1] |ɪn(t)ʃ| **1** *noun* 1) մատնաչափ *(=2,54սմ)* 2) աննշան քանակ; չնչին հեռավորություն ◊ **inch by inch, by inches** աստիճանաբար; հետզհետե; կամաց-կամաց; քիչ-քիչ 3) (**inches**) հասակ; բարձրություն ◊ **a man of your inches** քո հասակի մարդ **2** *verb* (նաև **inch one's way**) դանդաղ շարժվել; զգուշորեն շարժվել ◊ **inch along** *ամերիկյան ծածկալեզու* դանդաղ, բայց հաստատուն հաջողության հասնել. **inch in/forward** խցկվելով առաջ շարժվել

inch[2] |ɪn(t)ʃ| *noun* կղզյակ; փոքրիկ կղզի

inchoate |ɪnˈkəʊeɪt|, |ˈɪnk-|, |-ət| **1** *adjective* սաղմնային; նախնական **2** *verb* սկսել; ձեռնարկել

inchoative |ɪnˈkəʊətɪv| **1** *adjective քերականություն* սկսնական **2** *noun քերականություն* սկսնական բայ

Inchon |ɪnˈtʃɒn| Ինչհոն *(նավահանգստային քաղաք Հարավային Կորեայում)*

incidence |ˈɪnsɪd(ə)ns| *noun* 1) ընդգրկում; ընդգրկելը; ազդեցության ոլորտ; մակարդակ; բաժին ◊ **high incidence of crime** հանցավորության բարձր մակարդակ 2) *ֆիզիկա* անկում; ընկնելը; թեքություն 3) հաճախակիություն 4) *բժշկություն* հիվանդացություն; հիվանդացում *(հիվանդացողների քանակը տվյալ ժամանակահատվածում)*

incident |ˈɪnsɪd(ə)nt| **1** *noun* 1) միջադեպ; պատահար; դեպք; անցք 2) բնություն; բախում 3) վտանգավոր/արտասովոր դեպք **2** *adjective* 1) (**incident to**) կապված; կախված 2) պատահական; ոչ էական 3) *ֆիզիկա* ընկնող *(ճառագայթների, լույսի և այլնի մասին)*

incidental |ɪnsɪˈdɛnt(ə)l| **1** *adjective* 1) պատահական; կողմնակի; երկրորդական; ոչ էական 2) յուրահատուկ; բնորոշ **2** *noun* պատահական ծախս/հանգամանք/գործողություն; մանր ծախս/հանգամանք/գործողություն

incidentally |ɪnsɪˈdɛnt(ə)li| *adverb* 1) պատահաբար 2) ի միջի այլոց

incinerate |ɪnˈsɪnəreɪt| *verb* այրել; կիզել; մոխրացնել; մոխիր դարձնել

incinerator |ɪnˈsɪnəreɪtə| *noun* աղբակեզ վառարան

incipient |ɪnˈsɪpɪənt| *adjective* սկիզբ առնող; սկսվող; ծագող; նախնական; սաղմնային վիճակում գտնվող; նորածագ

incise |ɪnˈsʌɪz| *verb* 1) փորագրել; դրոշմագրել 2) կտրվածք անել

incision |ɪnˈsɪʒ(ə)n| *noun* 1) կտրում; կտրվածք; կտրված տեղ 2) փորվածք

incisive |ɪnˈsʌɪsɪv| *adjective* 1) *փոխաբերական* սուր; խայթող; կծու 2) կտրող; սուր 3) թափանցող

incisor |ɪnˈsʌɪzə| *noun* կտրիչ ատամ

incite |ɪnˈsʌɪt| *verb* 1) գրգռել; բորբոքել; առաջացնել 2) դրդել; հրահրել; ստիպել; խթանել

incl. *abbreviation* including, inclusive ներառյալ

inclement |ɪnˈklɛm(ə)nt| *adjective* խիստ; դաժան *(կլիմայի/եղանակի մասին)*

inclinable *adjective* 1) հակված; տրամադիր; նախատրամադրված 2) հակելի; թեքելի ◊ **inclinable telescope** թեքելի հեռադիտակ

inclination |ɪnklɪˈneɪʃ(ə)n| *noun* 1) թեքում; խոնարհում; հակում; թեքություն 2) շեղում *(մագնիսական սլաքի և այլն)* 3) հակում; հակվածություն; տրամադրվածություն; ցանկություն; ձիրք 4) թեք հարթություն 5) *մաթեմատիկա* գծի կազմած անկյունն աբսցիսների առանցքի հետ; երկու հարթությունների կազմած անկյունը

incline **1** *verb* |ɪnˈklʌɪn| 1) թեքվել; խոնարհվել 2) թեքել; խոնարհել 3) հակված լինել; հակում ունենալ; տրամադիր լինել; տրամադրվածություն ունենալ **2** *noun* |ˈɪnklʌɪn| թեքություն; թեք հարթություն; թեք մակերես

include |ɪnˈklu:d| *verb* 1) ներառել; բովանդակել; պարունակել; ներգրավել 2) մտցնել; հաշվի առնել

including |ɪnˈklu:dɪŋ| *preposition* ներառյալ; այդ թվում

inclusion |ɪnˈklu:ʒ(ə)n| *noun* 1) ներառում; ներփակում; ներգրավում 2) *կենսաբանություն երկրաբանություն* ներառուկ 3) մասնակից լինելը

inclusive |ɪnˈklu:sɪv| *adjective* 1) ներառյալ; ներփակող; պարունակող ◇ **All prices are inclusive of taxes.** Բոլոր գները ներառում են հարկերը: 2) ամբողջական; առանց բացառության ◇ **an inclusive society** հասարակությունը առանց բացառության 3) երկսեռ *(լեզվի մասին. երբ դիտավորյալ խուսափում են արական դերանուններից՝ որպեսզի ներառեն տղամարդկանց և կանանց)*

incognito |ˌɪnkɒgˈni:təʊ|, |ɪnˈkɒgnɪtəʊ| **1** *adjective, adverb* ծպտյալ; գաղտնի **2** *noun* (հոգն. **-tos**) 1) ծպտանուն; ծպտվածություն 2) ծպտյալ անձ

incoherence *noun* անհետևողականություն; անկապություն; անկապակցություն

incoherent |ɪnkə(ʊ)ˈhɪər(ə)nt| *adjective* 1) անկապ; կցկտուր; անկապակից; անհետևողական 2) անհասկանալի; անտրամաբանական 3) *ֆիզիկա* ոչ կոհերենտ; անփուլակից; փուլով չհամապատասխանող

incombustible |ˌɪnkəmˈbʌstɪb(ə)l| *adjective* 1) անկիզելի; անկեզ; չայրվող; հրակայուն 2) չբոցավառվող

income |ˈɪnkʌm| *noun* եկամուտ; հասույթ

income tax *noun* եկամտահարկ

incoming |ˈɪnkʌmɪŋ| **1** *adjective* 1) մուտքային; մտից ◇ **incoming telephone calls** մտից հեռախոսազանգեր 2) հաջորդող; փոխարինող *(պաշտոնում)* 3) ժամանող; վրա հասնող; վերահաս; եկող 4) ստացվող; ստացվելի *(եկամուտ, վճար)* **2** *noun* 1) ժամանում; մուտք; ներս մտնելը 2) (**incomings**) եկամուտներ

incommensurable |ˌɪnkəˈmɛnʃ(ə)rəb(ə)l|, |-sjə-| **1** *adjective* 1) (**incommensurable with**) անհամաչափելի; անհամապատասխան; անհամադրելի 2) *մաթեմատիկա* իռացիոնալ; ընդհանուր բաժանարար չունեցող; անչափակից **2** *noun* անհամաչափելի քանակություն

incommensurate |ˌɪnkəˈmɛnʃ(ə)rət|, |-sjə-| *adjective* 1) (**incommensurate with**) անհամաչափ; անչափակից 2) անհամաչափելի; անհամապատասխան

incommode |ɪnkəˈməʊd| *verb գրական անգլերեն* անհանգստացնել; խանգարել; նեղություն պատճառել

incommodious |ˌɪnkəˈməʊdɪəs| *adjective գրական անգլերեն հնացած* 1) անհանգստացնող; ձանձրացնող 2) անհարմար; հարմարություններ չունեցող

incommunicable |ɪnkəˈmju:nɪkəb(ə)l| *adjective* 1) անհաղորդելի; անհաղորդակից 2) անպատմելի; անարտահայտելի 3) անմարդամոտ; ինքնամփոփ

incomparable |ɪnˈkɒmp(ə)rəb(ə)l| *adjective* 1) անհամեմատելի; անբաղդատելի 2) աննման; անօրինակ; անզուգական

incompatibility |-ˈbɪlɪti| *noun* անհամատեղելիություն

incompatible |ɪnkəmˈpætɪb(ə)l| *adjective* անհամատեղելի; անհարիր; չզուգորդվող

incompetence *noun* 1) անձեռնհասություն; անիրազեկություն 2) *իրավունք* անիրավունակություն; անիրավասություն 3) *բժշկություն* անբավարարություն

incompetent |ɪnˈkɒmpɪt(ə)nt| **1** *adjective* 1) անձեռնհաս; անբանիմաց; անիրազեկ; անհմուտ 2) *իրավունք* անիրավունակ; անիրավասու 3) *բժշկություն* վնասված; չաշխատող; անբավարար **2** *noun* անձեռնհաս մարդ

incomplete |ɪnkəmˈpli:t| *adjective* 1) ոչ լրիվ; պակասավոր; թերի; անբավարար 2) անավարտ; թերավարտ; կիսավարտ

incomprehension |ˌɪnkɒmprɪˈhɛnʃ(ə)n| *noun* չհասկանալը; չըմբռնելը

incompressible |ɪnkəmˈprɛsɪb(ə)l| *adjective* անսեղմելի

inconceivable |ɪnkənˈsi:vəb(ə)l| *adjective* 1) անըմբռնելի; աներևակայելի 2) *խոսակցական* անհավատալի; աներևակայելի

inconclusive |ɪnkənˈklu:sɪv| *adjective* անհամոզիչ; ոչ վճռական; ոչ վերջնական

incongruity |-ˈgru:ɪti| *noun* 1) անհամապատասխանություն; անհամատեղելիություն; անզուգադրություն 2) անհեթեթություն; անպատեհություն; անպատշաճություն

incongruous |ɪnˈkɒŋgrʊəs| *adjective* 1) անհամապատասխան; անհամատեղելի; անզուգադրելի 2) անպատեհ; անհեթեթ

inconsequence *noun* անհետևողականություն

inconsequent |ɪnˈkɒnsɪkw(ə)nt| *adjective* 1) անհետևողական; անտրամաբանական 2) անպատեհ; անտեղի; գործին չվերաբերող; ոչ էական

inconsiderable |ɪnkənˈsɪd(ə)rəb(ə)l| *adjective* աննշան; չնչին; ոչ էական

inconsiderate |ɪnkənˈsɪd(ə)rət| *adjective* անուշադիր; աննրբազգաց; անշրջահայաց; անխոհեմ

inconsistency |ɪnkənˈsɪst(ə)nsi| *noun* (հոգն. **-cies**) 1) անհետևողականություն; հակասականություն 2) փոփոխականություն; փոփոխամտություն

inconsistent |ɪnkənˈsɪst(ə)nt| *adjective* 1) անհամատեղելի; անհարիր; անհամապատասխան

2) հակասական; անտրամաբանական 3) անհաստատուն; անկայուն

inconsolable |ɪnkənˈsəʊləb(ə)l| *adjective* անմխիթարելի; անփոփելի; անմխիթար; անփոփ

inconspicuous |ɪnkənˈspɪkjʊəs| *adjective* աննկատելի; աննշմարելի; աչքի չընկնող

inconspicuously *adverb* աննկատելիորեն; աննշմար կերպով

inconstant |ɪnˈkɒnst(ə)nt| *adjective* 1) անհաստատ; փոփոխական; անկայուն 2) անկանոն

incontestable |ɪnkənˈtɛstəb(ə)l| *adjective* անվիճելի; անվիճարկելի; անհերքելի; անառարկելի; անուրանալի

incontinence *noun* 1) անզսպություն; չզսպվածություն 2) անժուժկալություն 3) *բժշկություն* անմիզապահություն

incontinent |ɪnˈkɒntɪnənt| *adjective* 1) անժուժկալ 2) անզուսպ; սանձարձակ 3) *բժշկություն* անմիզապահությամբ տառապող

incontrovertible |ˌɪnkɒntrəˈvəːtɪb(ə)l| *adjective* անվիճելի; անվիճարկելի; անհերքելի; անառարկելի ◇ **incontrovertible evidence** անվիճելի ապացույց

inconvenience |ɪnkənˈviːnɪəns| **1** *noun* անհարմարություն; անհանգստություն; նեղություն **2** *verb* անհանգստություն պատճառել; նեղություն տալ

inconvenient |ɪnkənˈviːnɪənt| *adjective* 1) անհարմար; նեղություն պատճառող 2) անպատշաճ

inconveniently *adverb* անհարմար կերպով

incoordination |ˌɪnkəʊɔːdɪˈneɪʃ(ə)n| *noun* *տեխնիկական* անհամաձայնեցվածություն; անհամակարգվածություն

incorporate **1** *verb* |ɪnˈkɔːpəreɪt| 1) միանալ; միավորվել 2) միացնել; միավորել 3) խառնել; խառնվել 4) անդամ ընդունել; կազմի մեջ մտցնել 5) *տնտեսագիտություն* բաժնետիրացնել **2** *adjective* |ɪnˈkɔːp(ə)rət| *հնավանդ* 1) միացյալ; միավորված 2) *հնացած* աննյութական

incorporated |ɪnˈkɔːpəreɪtɪd| *adjective* գրանցված; բաժնետիրացված

incorporation |-ˈreɪʃ(ə)n| *noun* միավորում; միություն; կորպորացիա

incorporeal |ˌɪnkɔːˈpɔːrɪəl| *adjective* աննյութական; անիրեղեն; անմարմին; ոչ մարմնական

incorrect *adjective* 1) անճիշտ; սխալներով 2) անվայել; անվայելուչ 3) *տեխնիկական* ոչ ճշգրիտ

incorrigible |ɪnˈkɒrɪdʒɪb(ə)l| **1** *adjective* 1) անուղղելի; անվստահելի 2) արմատացած; խորացած **2** *noun* անուղղելի մարդ

incorruptible |ɪnkəˈrʌptɪb(ə)l| *adjective* 1) չփչացող 2) անապական; անապականացու; անփուտ; անփտելի; անեղծ 3) անկաշառ; անկաշառելի

increase **1** *verb* |ɪnˈkriːs| 1) աճել; մեծանալ; ավելանալ; շատանալ; բարձրանալ 2) աճեցնել; մեծացնել; ավելացնել **2** *noun* |ˈɪŋkriːs| աճ; մեծացում; ավելացում; աճում

on the increase աճող; հաճախացող; ավելի սովորական դարձող

incredibility *noun* անհավանականություն; անհավատալիություն

incredible |ɪnˈkrɛdɪb(ə)l| *adjective* 1) անհավատալի; անհավանական 2) արտասովոր 3) *խոսակցական* արտակարգ; հրաշալի; սքանչելի

incredibly |ɪnˈkrɛdɪbli| *adverb* 1) անհավատալիորեն; անհավանականորեն 2) չափազանց; սաստիկ

incredulity *noun* անվստահություն; կասկածամտություն; երկմտություն; երկբայություն

incredulous |ɪnˈkrɛdjʊləs| *adjective* 1) կասկածոտ; թերահավատ; հոռետես 2) անհավանական

increment |ˈɪŋkrɪm(ə)nt| *noun* 1) աճ; հավելում; մեծացում; ավելացում 2) աճ; շահ; շահույթ 3) *մաթեմատիկա* անվերջ փոքր փոփոխություն; աճանցյալ 4) *համակարգիչներ* հավելաքայլ; աճանք

incremental |-ˈmɛnt(ə)l| *adjective* աճողական; աստիճանական աճող; հավելաքայլային

incriminate |ɪnˈkrɪmɪneɪt| *verb* 1) մեղադրել; ամբաստանել *(հանցանքի մեջ)* 2) *իրավունք* մեղսագրել

incrustation *noun* 1) (նաև **encrustation**) ներդրվագ; դրվագազարդ 2) ներդրվագում; դրվագազարդում 3) կեղև 4) *տեխնիկական* նստվածք; դիրտ; նստվածքի առաջացում

incubate |ˈɪŋkjʊbeɪt| *verb* 1) թուխս նստել 2) թխսամեքենայով ճտեր բազմացնել 3) աճեցնել; բազմացնել *(բակտերիաներ և այլն)* 4) հասունացնել *(միտքը, գաղափարը)*

incubation |ɪŋkjʊˈbeɪʃ(ə)n| *noun* 1) թուխս նստելը; ճուտ հանելը 2) *բժշկություն* թաքուն շրջան; ինկուբացիոն շրջան 3) բազմացում; աճեցում

incubator |ˈɪŋkjʊbeɪtə| *noun* 1) թխսահան/ճտահան մեքենա; ինկուբատոր 2) թուխս 3) ձեռնարկությունների խթանիչ *(վայր, որտեղ սովորաբար առկա է աջակցող անձնակազմ՝ նոր փոքր ձեռնարկություններին աջակցելու համար)*

inculcate |ˈɪnkʌlkeɪt| *verb* մտքում տպավորել; արմատավորել; պատվաստել; հաղորդել; ներշնչել

inculcation |-ˈkeɪʃ(ə)n| *noun* տպավորում; ներշնչում; արմատավորում

inculpate |ˈɪnkʌlpeɪt| *verb* *հնացած* 1) մեղադրել 2) մերկացնել; մեղսագրել

incumbent |ɪnˈkʌmb(ə)nt| **1** *adjective* 1) պարտադիր; պարտադրական ◇ **It is incumbent on you to attend.** Ձեր պարտքն է այցելել: 2) (**incumbent on/upon**) վրան դրված 3) պաշտոնավարող **2** *noun* պաշտոնավարող անձ *(հատկապես հոգևորական)*

incur |ɪnˈkəː| *verb* (**-curred**, **-curring**) 1) ենթարկվել *(վտանգի և այլնի)* 2) կրել *(վնաս, կորուստ)* ◇ **incur debts** պարտքեր ունենալ; պարտքի տակ ընկնել 3) հետևել; բխել

incurable *adjective* անբուժելի

incuriosity |-ˈɒsɪti| *noun* անհետաքրքրասիրություն

incurious |ɪnˈkjʊərɪəs| *adjective* 1) անհետաքրքրասեր 2) անուշադիր; անտարբեր 3) անհետաքրքիր; անհետաքրքրական

incursion |ɪnˈkɜːʃ(ə)n| *noun* 1) ասպատակություն; հարձակում 2) ներխուժում; արշավանք

incus |ˈɪŋkəs| *noun* (հոգն. **incudes** |ˈɪŋkjʊdiːz|, |ɪnˈkjuːdiːz|) *կազմախոսություն* գնդանիկ; սալիկ *(ներքին ականջում)*

indebted |ɪnˈdɛtɪd| *adjective* 1) (**indebted to**) պարտքերի տակ; պարտք ունեցող 2) պարտական; երախտապարտ

indebtedness *noun* 1) պարտականություն; պարտական լինելը; երախտապարտություն 2) պարտքի ընդհանուր քանակը

indecency *noun* (հոգն. **-cies**) 1) անպատշաճություն; անպարկեշտություն 2) անվայել արարք; անպատշաճ արարք

indecent |ɪnˈdiːs(ə)nt| *adjective* 1) անվայել; անպատշաճ; անպարկեշտ; անվայելուչ 2) անտեղի; անհարկի

indecently *adverb* անվայել կերպով; անպարկեշտորեն

indecision |ɪndɪˈsɪʒ(ə)n| *noun* անվճռականություն; տատանում; անվստահություն

indecisive |ɪndɪˈsʌɪsɪv| *adjective* 1) անվճռական; տատանվող 2) չվճռող; ոչ վճռական; ոչ վերջնական; ոչ վճռորոշ

indeclinable |ˌɪndɪˈklʌɪnəb(ə)l| *adjective քերականություն* չթեքվող; չհոլովվող; հոլովման չենթարկվող

indeed |ɪnˈdiːd| **1** *adverb* 1) իսկապես; իրոք *(օգտագործվում է միտքը շեշտելու համար)* ◊ **I am very glad indeed** ես իսկապես շատ ուրախ եմ. **yes, indeed !** այո՛, անշուշտ; անկասկա՛ծ 2) ավելին **2** *exclamation* մի՞թե; իսկապե՞ս; ի՞նչ եք ասում *(արտահայտում է զարմանք, կասկած, հեգնանք և այլն)*

indefatigable |ˌɪndɪˈfætɪgəb(ə)l| *adjective* 1) անհոգնէ; չհոգնող; անդադրում 2) չթուլացող

indefeasible |ˌɪndɪˈfiːzɪb(ə)l| *adjective իրավունք փիլիսոփայություն* անկապտելի; անխախտելի; անխորտակելի

indefensible |ɪndɪˈfɛnsɪb(ə)l| *adjective* 1) անպաշտպանելի 2) աններելի

indefinite |ɪnˈdɛfɪnɪt| *adjective* 1) անորոշ ◊ **indefinite article** անորոշ հոդ 2) անսահմանափակ; անսահման

indefinite article *noun քերականություն* անորոշ հոդ

indefinitely |ɪnˈdɛfɪnɪtli| *adverb* 1) անորոշաբար; անպարզորեն 2) անսահմանորեն; անվերջորեն

indelible |ɪnˈdɛlɪb(ə)l| *adjective* 1) չլվացվող; չջնջվող; անջնջելի 2) անմոռանալի

indelicacy *noun* աննրբանկատություն; աննրբազգացություն; անհամեստություն; անտակտություն

indelicate |ɪnˈdɛlɪkət| *adjective* աննրբանկատ; աննրբազգաց; անհամեստ; անտակտ

indemnification |-fɪˈkeɪʃ(ə)n| *noun* հատուցում; փոխհատուցում

indemnify |ɪnˈdɛmnɪfʌɪ| *verb* (**-fies**, **-fied**) 1) հատուցել; փոխհատուցել 2) ապահովագրել; անվտանգ դարձնել; վտանգից ապահովել 3) պատժից ազատել *(կատարած հանցանքի համար)*

indemnity |ɪnˈdɛmnɪti| *noun* (հոգն. **-ties**) 1) ռազմատուգանք; փոխհատուցում; հատուցում; փոխհատուցման գումար 2) երաշխիք; երաշխավորություն *(վնասներից, կորուստներից)* 3) ազատում *(տույժերից)*

indent[1] **1** *verb* |ɪnˈdɛnt| 1) *տպագրություն* նոր պարբերություն սկսել; նոր տող սկսել; տողասկզբել 2) ատամնաձև կտրվածքներ անել 3) պահանջագիր ներկայացնել 4) կրկնօրինակ պատրաստել *(պայմանագրի երկու պատճեններն ատամնաձև գծով կտրելով, որպեսզի պատճենի համապատասխանությունը ստուգվի կտրվածքները համատեղելով)* **2** *noun* |ˈɪndɛnt| 1) *տպագրություն* ազատ տեղ; տողագլուխ; տողասկիզբ 2) պահանջագիր; պաշտոնական պատվեր 3) ատամ; ատամիկ; ատամնաձև կտրվածք

indent[2] |ɪnˈdɛnt| *verb* դրոշմել

indentation |ɪndɛnˈteɪʃ(ə)n| *noun* 1) ատամ; ատամիկ; ատամնաձև կտրվածք 2) ոլորք; ծովափի փոս ընկած մաս 3) տողագլուխ; տողասկիզբ

indented |ɪnˈdɛntɪd| *adjective զինանշաններ* 1) ատամնավոր; ատամնաձև կտրված 2) կտրտված; ատամնաձև 3) *տպագրություն* տողագլուխ թողած

indention |ɪnˈdɛnʃ(ə)n| *noun* 1) տե՛ս **indentation** 2) *տպագրություն* ազատ տեղ; տողագլուխ

independence |ɪndɪˈpɛnd(ə)ns| *noun* անկախություն; ինքնիշխանություն

independent |ɪndɪˈpɛnd(ə)nt| **1** *adjective* 1) անկախ; ինքնիշխան; ինքնուրույն 2) ոչ կուսակցական 3) ազատամիտ; առանց նախապաշարմունքների 4) անաչառ **2** *noun* 1) անկախ գործիչ 2) անկախ մարմին

in-depth *adjective* համապարփակ; համակողմանի

indescribable |ɪndɪˈskrʌɪbəb(ə)l| *adjective* աննկարագրելի; անպատմելի

indestructible |ɪndɪˈstrʌktɪb(ə)l| *adjective* անխորտակելի; անխախտելի; անկործանելի

indeterminable |ɪndɪˈtɜːmɪnəb(ə)l| *adjective* 1) անորոշելի 2) անլուծելի *(վեճի մասին)*

indeterminate |ˌɪndɪˈtɜːmɪnət| *adjective* 1) անորոշ; անպարզ; անհայտ 2) չորոշված; չվճռված 3) կասկածելի; տարակուսելի

indetermination |ˌɪndɪtɜːmɪˈneɪʃ(ə)n| *noun* 1) անորոշություն 2) անվճռականություն

index |ˈɪndɛks| **1** *noun* (հոգն. **-dexes** կամ հատկապես տեխնիկական կիրառության մեջ **-dices** |ˈɪndɪsiːz|) 1) ցուցիչ; ցուցանիշ 2) ցանկ; ցուցակ; այբբենացուցակ 3) սլաք 4) (նաև **index finger**) ցուցամատ 5) *մաթեմատիկա* ատիճանացույց 6) *տնտեսագիտություն* համարիչ *(վիճակագրական թիվ, որը ցույց է տալիս, թե որքանով են փոփոխվել գները)* **2** *verb* 1) ցուցակ կազմել; ցուցակել 2) ցանկի/ցուցակի մեջ մտցնել 3) որպես ցուցիչ ծառայել 4) համարթվել *(վճարները կապել համարթվի հետ)*

index finger *noun կազմախոսություն* ցուցամատ

Index Librorum Prohibitorum |ˌɪndɛks lɪˌbrɔːrʊm prəʊˌhɪbɪˈtɔːrʊm| արգելված գրքացանկ *(գրքեր, որոնք արգելված էին կաթոլիկների կարդալու համար՝ որպես հավատքին հակասող. առաջին անգամ կազմվել է 1557 թ., վերացվել է 1966 թ.)*

India |ˈɪndɪə| Հնդկաստան *(պետություն Ասիայի հարավում)*

Indian |ˈɪndɪən| **1** *adjective* 1) հնդկական; Հնդկաստանի 2) հնդկացիական **2** *noun* 1) հնդկաստանցի; հնդիկ; հնդկուհի 2) հնդկացի; կարմրամորթ 3) *խոսակցական* հնդկական ռեստորան

Indian Ocean Հնդկական Օվկիանոս

India rubber *noun* 1) կաուչուկ; ռետին 2) ռետին *(ջնջելու համար)*

indicate |ˈɪndɪkeɪt| *verb* 1) նշել; մատնանշել; ցույց տալ 2) նշանակել 3) *բժշկություն* նշանակել *(բուժում, խնամք)* 4) *տեխնիկական* ցույց տալ *(մեքենայի արագությունը կամ այլ մեծություն)*

indication |ɪndɪˈkeɪʃ(ə)n| *noun* 1) նշում; ցուցում; ցուցմունք *(գործիքների)* 2) նշան; ախտանիշ; սիմպտոմ

indicative |ɪnˈdɪkətɪv| **1** *adjective* 1) հատկանշական; բնորոշ ◊ **be indicative of sth** որևէ բանի հատկանիշ լինել 2) *քերականություն* սահմանական **2** *noun* *քերականություն* սահմանական եղանակ

indicator |ˈɪndɪkeɪtə| *noun* 1) ցուցանիշ; ցուցանշան; ցուցիչ *(որևէ միտում, փաստ և այլն)* 2) ցուցասարք; ինդիկատոր 3) հաշվիչ 4) սլաք *(թվատախտակի)*

indicatory |ɪnˈdɪkət(ə)ri|, |ˌɪndɪˈkeɪt(ə)ri| *adjective* ցուցական; նշող

indict |ɪnˈdʌɪt| *verb* մեղադրանք ներկայացնել

indictable |ɪnˈdʌɪtəb(ə)l| *adjective* դատական հետապնդման ենթակա; հետապնդելի *(անձ կամ արարք)*

indictment |ɪnˈdʌɪtm(ə)nt| *noun* 1) *իրավունք* պաշտոնական մեղադրանք 2) *իրավունք* մեղադրական ակտ ◊ **bill of indictment** մեղադրական ակտ երդվյալների նախնական ներկայացնելու համար 3) ցուցանիշ *(որևէ համակարգի կամ հասարակարգի վատ վիճակի մասին)*

indie |ˈɪndi| *noun* *խոսակցական* անկախ ձայնագրող/ընկարահանող ընկերություն *(այն ձայնագրում/նկարահանում է այլընտրանքային երաժշտություն կամ կինոնկար, որը առևտրական հետաքրքրություն չի ներկայացնում)*

indifference |ɪnˈdɪf(ə)r(ə)ns| *noun* 1) անտարբերություն 2) անկարևորություն; աննշանություն; չնչինություն 3) անորակություն; միջակություն

indifferent |ɪnˈdɪf(ə)r(ə)nt| *adjective* 1) անտարբեր 2) անկարևոր; աննշան 3) անկողմնակալ; անաչառ 4) միջակ; անորակ 5) *քիմիա* *էլեկտրականություն* չեզոք 6) *հնացած* *կենսաբանություն* չտարբերակված *(բջիջների/հյուսվածքների մասին)*

indigence *noun* 1) աղքատություն; չքավորություն 2) կարիք; պակասություն

indigene |ˈɪndɪdʒiːn| *noun* տեղացի; բնիկ; տեղաբնիկ; բնաշխարհիկ

indigenous |ɪnˈdɪdʒɪnəs| *adjective* 1) բնիկ; տեղաբնիկ 2) բնածին; բնական

indigent |ˈɪndɪdʒ(ə)nt| **1** *adjective* կարիքավոր; աղքատ; չքավոր **2** *noun* աղքատ մարդ

indigestible |ɪndɪˈdʒɛstɪb(ə)l|, |-dʌɪ-| *adjective* 1) անդյուրամարս; դժվարամարս; անմարսելի 2) *փոխաբերական* անհասկանալի

indigestion |ɪndɪˈdʒɛstʃ(ə)n|, |-dʌɪ-| *noun* մարսողության խանգարում; անմարսություն

indignant |ɪnˈdɪɡnənt| *adjective* վրդովված; զայրացած; հուզված

indignantly *adverb* զայրացած կերպով

indignation |ɪndɪɡˈneɪʃ(ə)n| *noun* վրդովմունք; զայրույթ; բարկություն

indignity |ɪnˈdɪɡnɪti| *noun* (հոգն. **-ties**) 1) արհամարհանք 2) վիրավորանք; ստորացում

indigo |ˈɪndɪɡəʊ| *noun* (հոգն. **-gos** կամ **-goes**) 1) *բուսաբանություն* լեղակի; լեղակենի; մշկան եղինջ *(Indigofera, ընտանիք Leguminosae)* 2) մուգ կապույտ գունանյութ; լեղակ 3) կապտամանուշակագույն

indirect |ɪndɪˈrɛkt|, |ɪndʌɪ-| *adjective* 1) անուղղակի ◊ **indirect speech** *նաև* *քերականություն* անուղղակի խոսք 2) շեղ; շեղակի; թեք; ոչ ուղիղ 3) զարտուղի *(ճանապարհ)* 4) խուսափողական 5) կողմնակի; երկրորդական

indirectly *adverb* 1) անուղղակիորեն; զարտուղի կերպով 2) *լեզվաբանություն* անուղղակի խոսքի միջոցով

indirect object *noun* *քերականություն* անուղղակի խնդիր

indiscreet |ɪndɪˈskriːt| *adjective* 1) անզգույշ; անխոհեմ; չմտածված 2) անհամեստ

indiscreetly *adverb* 1) անխոհեմաբար; անզգուշորեն 2) անհամեստորեն

indiscrete |ɪndɪˈskriːt| *adjective* *հազվադեպ* չմասնատված; չբաժանված; կուռ; միատարր

indiscretion |ɪndɪˈskrɛʃ(ə)n| *noun* 1) անխոհեմություն; անզգուշություն 2) անհամեստություն 3) անքաղաքավարություն 4) անհամեստ արարք

indiscriminate |ˌɪndɪˈskrɪmɪnət| *adjective* 1) ընտրություն չկատարող; խտրություն չդնող; անխտրական 2) խառնաշփոթ; խառնիխուռն; անկարգ; անկանոն

indiscriminately *adverb* անխտրաբար; անխտիր; անխտիր կերպով

indispensable |ɪndɪˈspɛnsəb(ə)l| *adjective* 1) անհրաժեշտ; կարևոր; էական ◊ **indispensable to life** կենսականորեն անհրաժեշտ; անփոխարինելի 2) պարտադիր *(կանոնի, օրենքի մասին և այլն)*

indispose |ɪndɪˈspəʊz| *verb* *հնավանդ* 1) ոչ պիտանի դարձնել 2) զզվանք առաջացնել 3) տկարություն առաջացնել; խախտել առողջությունը

indisposition *noun* 1) տկարություն; թուլություն; անառողջություն 2) անտրամադիր լինելը; դժկամություն

indissoluble |ˌɪndɪˈsɒljʊb(ə)l| *adjective* 1) անքակտելի; անխախտելի; անխախտ 2) *քիմիա* անլուծելի; անտարրալուծելի

indium |ˈɪndɪəm| *noun քիմիա* ինդիում

individual |ɪndɪˈvɪdjʊ(ə)l| **1** *adjective* 1) առանձին; մասնավոր; մասնակի 2) անհատական; անձնական 3) բնորոշ; առանձնահատուկ; հատկանշական **2** *noun* 1) անհատ 2) անձ; անձնավորություն; մարդ 3) *կենսաբանություն* առանձնյակ; առանձնէակ

individualism |ɪndɪˈvɪdjʊ(ə)lɪz(ə)m| *noun* 1) անհատապաշտություն; եսականություն 2) *փիլիսոփայություն* անհատապաշտություն *(տեսություն, ըստ որի անհատների գործողությունների ազատությունը գերակա է հասարակական կամ պետական հսկողության նկատմամբ)*

individualist *noun* 1) անհատապաշտ 2) անհատապաշտության կողմնակից

individuality |ˌɪndɪvɪdjʊˈælɪti| *noun* 1) անհատականություն; ինքնուրույնություն 2) անհատ; անձնավորություն; դեմք 3) առանձնացվածություն; առանձնագոյություն 4) (**individualities**) անհատական հատկանիշներ

individualization |-ˈzeɪʃ(ə)n| *noun* անհատականացում

individualize |ɪndɪˈvɪdjʊ(ə)lʌɪz| *verb* 1) անհատականացնել 2) մասնավորեցնել 3) անհատին հարմարեցնել

individually |ɪndɪˈvɪdjʊ(ə)li| *adverb* 1) անհատապես; մեկ առ մեկ; առանձին-առանձին 2) անձամբ; անձնապես

indivisible *adjective* անբաժանելի

Indo-Chinese |-tʃʌɪˈniːz| *adjective* հնդկաչինական

indocile |ɪnˈdəʊsʌɪl| *adjective* անհնազանդ; չհնազանդվող; խստապարանոց

indoctrinate |ɪnˈdɒktrɪneɪt| *verb* ուսուցանել; դասավանդել *(որևէ տեսություն և այլն)*

indoctrination *noun* 1) ուսուցում; հրահանգում 2) դաստիարակում 3) ներշնչում

Indo-European **1** *adjective* հնդեվրոպական **2** *noun* 1) հնդեվրոպական մայր լեզու 2) հնդեվրոպացի *(հնդեվրոպական մայր լեզվով խոսող)*

indolence *noun* 1) ծուլություն; ալարկոտություն; պարապություն; անգործություն 2) *բժշկություն* անցավ ընթացք *(հիվանդության մասին)*

indolent |ˈɪnd(ə)l(ə)nt| *adjective* 1) ծույլ; ալարկոտ; պարապ; անգործ 2) *բժշկություն* անցավ; ցավ չպատճառող

indomitable |ɪnˈdɒmɪtəb(ə)l| *adjective* անսանձելի; աննվաճելի; անհաղթելի; անսանձ; անզուսպ

Indonesia |ˌɪndəˈniːzɪə|, |-ˈniːʒə|, |-ˈniːʃə| Ինդոնեզիա *(պետություն Հարավարևելյան Ասիայում, Մալայան կղզեխմբի կղզիների վրա)*

indoor |ˈɪndɔː| *adjective* ներսի; սենյակի; սենյակային; դասարանական; առտնին *(պարապմունքների/ուսուցման մասին)* ◇ **indoor sprots** փակ տարածքների մարզաձևեր

indoors |ɪnˈdɔːz| **1** *adverb* ներսը; շենքի/տան մեջ ◇ **go indoors** ներս մտնել; տուն մտնել **2** *noun* տան/շենքի ներսը

indraft |ˈɪndrɑːft| (բրիտանական **indraught**) *noun* ներհոսք; ներհոսում *(օդի, ջրի և այլնի)*

indubitable |ɪnˈdjuːbɪtəb(ə)l| *adjective* անկասկածելի; անտարակուսելի; աներկբայելի

induce |ɪnˈdjuːs| *verb* 1) դրդել; ստիպել; համոզել 2) առաջացնել; խթանել; ազդել 3) *էլեկտրականություն* մակածել 4) *տրամաբանություն* մակածել; եզրահանգել մակածությամբ 5) *բժշկություն* խթանել; դրդել *(ծնունդը/վիժումը՝ դեղամիջոցներով)*

inducement |ɪnˈdjuːsm(ə)nt| *noun* 1) դրդում; դրդապատճառ; խթան 2) *իրավունք* ներածություն 3) կաշառք

induct |ɪnˈdʌkt| *verb* 1) պաշտոնի մեջ հաստատել; պաշտոնի նշանակել 2) տեղավորել; ուղեկցել 3) ծանոթացնել; հաղորդակից դարձնել; ընծայել; ներածել 4) *էլեկտրականություն* մակածել 5) *ամերիկյան ռազմական* ծառայության ընդունել

inductee |ɪndʌkˈtiː| *noun ամերիկյան* նորակոչիկ; զորակոչիկ

induction |ɪnˈdʌkʃ(ə)n| *noun* 1) պաշտոնի մեջ հաստատելը; պաշտոնի նշանակելը 2) ներածություն 3) *ամերիկյան ռազմական* ծառայության ընդունելը 4) *տեխնիկական* մակածություն; ինդուկցիա 5) արհեստական ծնունդ/վիժում 6) *փիլիսոփայություն* մակածություն; ինդուկցիա; եզրահանգում *(մասնավորից դեպի ընդհանուրը)*

inductive |ɪnˈdʌktɪv| *adjective տրամաբանություն* 1) մակածական 2) *էլեկտրականություն* մակածական 3) ներածական

inductor |ɪnˈdʌktə| *noun ֆիզիկա* մակածիչ; մակածող փաթույթ

indulge |ɪnˈdʌldʒ| *verb* 1) իրեն թույլ տալ *(բավականություն)* ◇ **indulge in new clothes** նոր հագուստներով տարվել 2) երես տալ; շփացնել ◇ **indulge a child** երեխային երես տալ 3) տարվել; անձնատուր լինել; տրվել; հանձնվել *(ցանկությանը)* 4) ներողամիտ լինել 5) բավականություն պատճառել 6) *խոսակցական* իրեն խմիչք թույլ տալ

indulgence |ɪnˈdʌldʒ(ə)ns| *noun* 1) ներողամտություն; հանդուրժողություն 2) բավականություններով տարվելը; ցանկություններին բավարարում տալը 3) երես տալը; զիջողություն 4) արտոնություն; շնորհ 5) *պատմական* թողություն *(մեղքերի)* 6) հետաձգում *(վճարման)*

indulgent |ɪnˈdʌldʒ(ə)nt| *adjective* 1) ներողամիտ; զիջող; հանդուրժող 2) բավականություններին տրվող

indulgently *adverb* ներողամտորեն; զիջողաբար

indurate |ˈɪndjʊreɪt| *verb* 1) պնդանալ; կոշտանալ 2) պնդացնել; կոշտացնել 3) *փոխաբերական* անզգա դառնալ 4) անզգայացնել

induration |-ˈreɪʃ(ə)n| *noun* 1) պնդացում; կոշտացում 2) *փոխաբերական* խստասրտություն; անգթություն

industrial |ɪnˈdʌstrɪəl| **1** *adjective* 1) արդյունաբերական 2) արտադրական 3) զարգացած **2** *noun* (**industrials**) արդյունաբերական ձեռնարկությունների բաժնետոմսեր

industrialist |ɪnˈdʌstrɪəlɪst| *noun* արդյունաբերող; ձեռնարկատեր

industrialization |-ˈzeɪʃ(ə)n| *noun* արդյունաբերականացում

industrialize |ɪnˈdʌstrɪəlʌɪz| *verb* 1) արդյունաբերականացնել 2) արդյունաբերականացվել

industrious |ɪnˈdʌstrɪəs| *adjective* աշխատասեր; ջանասեր; փութաջան; ժրաջան; գործունյա

industry |ˈɪndəstri| *noun* (հոգն. **-tries**) 1) արդյունաբերություն; արտադրություն 2) արդյունաբերության ճյուղ 3) ջանասիրություն; աշխատասիրություն

indwell |ɪnˈdwɛl| *verb* (անցյալ և անցյալ դերբայ **-dwelt**) ապրել; մշտական կենալ; բնակվել *(ներսում)* ◇ **The Holy Spirit indwells God's people.** Սուրբ Հոգին բնակվում է Աստծո ժողովրդի մեջ:

indweller *noun* բնակիչ; բնակվող

inedited |ɪnˈɛdɪtɪd| *adjective* 1) չհրատարակված; լույս չտեսած 2) չխմբագրված

ineffable |ɪnˈɛfəb(ə)l| *adjective* անասելի; անպատմելի; աննառելի

ineffable joy անպատմելի ուրախություն

ineffaceable |ɪnɪˈfeɪsəb(ə)l| *adjective* անջնջելի; անմոռանալի

ineffectual |ɪnɪˈfɛktʃʊəl|, |-tjʊəl| *adjective* 1) ապարդյուն; անհետևանք; անհաջող 2) թույլ; անհաջողակ

inefficiency *noun* 1) անընդունակություն; անկարողություն 2) անարդյունավետություն; անարգասավորություն

inefficient |ɪnɪˈfɪʃ(ə)nt| *adjective* 1) անընդունակ; անկարող 2) անարդյունավետ; անարգասաբեր

inept |ɪˈnɛpt| *adjective* 1) անհարմար; անպատեհ; անտեղի 2) անհմուտ; անճարակ; անհեթեթ; աննորնի

ineptitude *noun* 1) անպատեհություն; անտեղիություն; անհարկիություն 2) անկարողություն; անվարժություն 3) հիմարություն

inequality |ɪnɪˈkwɒlɪti| *noun* (հոգն. **-ties**) 1) անհավասարություն 2) անհարթություն *(մակերեսի)* 3) *մաթեմատիկա* անհավասարություն

inequitable |ɪnˈɛkwɪtəb(ə)l| *adjective* անարդար; անարդարամիտ; աչառու; կողմնակալ

inequity |ɪnˈɛkwɪti| *noun* (հոգն. **-ties**) անարդարություն; անարդարամտություն

ineradicable |ˌɪnɪˈrædɪkəb(ə)l| *adjective* անջնջելի; արմատախիլ չեղող; խորը արմատավորված; մնայուն

inerrancy *noun* անսխալականություն; անթերիություն

inert |ɪˈnəːt| *adjective* 1) պլարկոտ; դանդաղաշարժ; անգործունյա 2) *ֆիզիկա* իներտ; հուլական 3) *քիմիա* իներտ; չփոխազդող

inertia |ɪˈnəːʃə| *noun* 1) *ֆիզիկա* իներցիա; հուլություն 2) անգործունեություն; անշարժություն

inescapable |ɪnɪˈskeɪpəb(ə)l|, |ɪnɛ-| *adjective* անխուսափելի; անկանխելի

inessential |ɪnɪˈsɛnʃ(ə)l| **1** *adjective* անէական; ոչ էական; ոչ նյութական **2** *noun* ոչ էական բան

inestimable |ɪnˈɛstɪməb(ə)l| *adjective* անգնահատելի; անգին

inevitability |-ˈbɪlɪti| *noun* անխուսափելիություն

inevitable |ɪnˈɛvɪtəb(ə)l| **1** *adjective* 1) անխուսափելի; անկանխելի 2) մշտական; անփոփոխ **2** *noun* անխուսափելի բան/իրավիճակ

inexcusable |ɪnɪkˈskjuːzəb(ə)l|, |ɪnɛk-| *adjective* աններելի; անհանդուրժելի

inexhaustible |ɪnɪgˈzɔːstɪb(ə)l|, |ɪnɛg-| *adjective* 1) անսպառ; անսպառելի; անհատնում 2) անխոնջ; տոկուն

inexorable |ɪnˈɛks(ə)rəb(ə)l| *adjective* 1) անգութ; անողոք 2) անկանխելի; անխուսափելի

inexperience |ɪnɪkˈspɪərɪəns|, |ɪnɛk-| *noun* անփորձություն; անվարժություն; անհմտություն

inexperienced *adjective* անփորձ; անփորձառու; անվարժ

inexpert |ɪnˈɛkspəːt| *adjective* անհմուտ; աննարտար; անփորձ

inexpiable |ɪnˈɛkspɪəb(ə)l| *adjective* 1) անքավելի; աններելի *(հանցանքի/մեղքի մասին)* 2) անհաղթահարելի

inexplicable |ˌɪnɪkˈsplɪkəb(ə)l|, |ˌɪnɛk-|, |ɪnˈɛksplɪ-| *adjective* անբացատրելի; անհասկանալի; անմեկնելի

inexpressible |ɪnɪkˈsprɛsɪb(ə)l|, |ɪnɛk-| *adjective* անարտահայտելի; աննկարագրելի; անպատմելի

inexpressive |ɪnɪkˈsprɛsɪv|, |ɪnɛk-| *adjective* 1) անարտահայտիչ 2) *հնացած* անարտահայտելի; անպատմելի; անասելի

inextinguishable |ɪnɪkˈstɪŋgwɪʃəb(ə)l|, |ɪnɛk-| *adjective* անշեջ; անմար; անմարելի

inextricable |ɪnˈɛkstrɪkəb(ə)l|, |ˌɪnɪkˈstrɪk-|, |ˌɪnɛk-| *adjective* 1) անքակտելի; անբաժանելի 2) անխուսափելի

infallibility |ɪnˌfælɪˈbɪlɪti| *noun* անսխալականություն

infallible |ɪnˈfælɪb(ə)l| *adjective* 1) անսխալական 2) վստահելի; անկասկածելի

infamous |ˈɪnfəməs| *adjective* 1) տխրահռչակ 2) խայտառակ; անարգ; անազնիվ; ստոր 3) *հնացած* քաղաքացիական իրավունքներից զրկված *(լուրջ հանցագործության պատճառով)* 4) չար; զարշելի; նողկալի

infancy |ˈɪnf(ə)nsi| *noun* 1) մանկություն; մանկական հասակ 2) *իրավունք* անչափահասություն 3) վաղ շրջան *(զարգացման)*

infant |ˈɪnf(ə)nt| **1** *noun* 1) մանուկ; երեխա 2) *իրավունք* անչափահաս **2** *adjective* 1) մանկական 2) նախնական; սաղմնային

infanticide |ɪnˈfæntɪsʌɪd| *noun* 1) մանկասպանություն 2) մանկասպան

infantile |ˈɪnf(ə)ntʌɪl| *adjective* 1) մանկամիտ; մանկական; երեխայական 2) սկզբնական; նախնական; սաղմնային; չզարգացած

infantry |ˈɪnf(ə)ntri| *noun ռազմական* հետևակ; հետևազոր ◇ **light infantry** թեթև հետևակ. **motorized/mounted infantry** մոտորացված հետևակ

infantryman |ˈɪnf(ə)ntrɪmən| *noun* (հոգն. **-men**) հետևակ; հետևազորային *(զինվոր)*

infatuate |ɪnˈfætʃʊeɪt|, |-tjʊ-| *verb* թովել; գլխահան անել; խելքը/միտքը տանել; հրապուրել

infatuation |-ˈeɪʃ(ə)n| *noun* 1) հրապուրվելը; հափշտակվելը 2) սիրահարվածություն; կույր սեր; խելահեղություն 3) խելահեղ սիրո առարկա

infect |ɪnˈfɛkt| *verb* 1) վարակել; տարափոխել 2) *համակարգիչներ* վարակել

infection |ɪnˈfɛkʃ(ə)n| *noun* 1) վարակում 2) վարակ

infectious |ɪnˈfɛkʃəs| *adjective* 1) վարակիչ; տարափոխիկ 2) *փոխաբերական* վարակիչ; վարակող 3) փոխանցվող

infer |ɪnˈfəː| *verb* (**-ferred**, **-ferring**) 1) եզրակացնել; հետևեցնել; եզրակացության հանգել 2) նկատի ունենալ; ենթադրել 3) նշանակել

inference |ˈɪnf(ə)r(ə)ns| *noun* եզրակացություն; հետևություն; եզրահանգում

inferior |ɪnˈfɪərɪə| **1** *adjective* 1) ստորին; ստորադաս; ստորադրյալ 2) վատ; ցածրորակ; վատորակ 3) ներքևի 4) տողատակի **2** *noun* ստորադրյալ/ստորադաս անձ

inferiority |ɪnˌfɪərɪˈɒrɪti| *noun* 1) ստորադասություն; ստորադաս լինելը 2) ցածրորակություն; վատորակություն

inferiority complex *noun* *հոգեբանություն* անլիարժեքության բարդույթ

infernal |ɪnˈfəːn(ə)l| *adjective* 1) դժոխային; դիվային; սատանայական 2) զզվելի; պժգալի; նողկալի

inferno |ɪnˈfəːnəʊ| *noun* (հոգն. **-nos**) դժոխք; տարտարոս; գեհեն

infertile |ɪnˈfəːtʌɪl| *adjective* անպտուղ; անպտղաբեր; անբերրի

infertility |-ˈtɪlɪti| *noun* անպտղաբերություն; անբերրիություն

infest |ɪnˈfɛst| *verb* վխտալ; լցնել; հեղեղել; զեռալ

infestation |-ˈsteɪʃ(ə)n| *noun* *բժշկություն* վարակում *(մակաբույծներով)*

infidelity |ɪnfɪˈdɛlɪti| *noun* (հոգն. **-ties**) 1) անհավատություն; անաստվածություն *(հատկապես քրիստոնեության հանդեպ)* 2) անհավատարմություն; դավաճանություն ◇ **conjugal infidelity** ամուսնական անհավատարմություն

infiltrate |ˈɪnfɪltreɪt| **1** *verb* 1) ծծվել; ներծծվել; ներթափանցել 2) քամվել 3) *ռազմական* գաղտնի ներթափանցել *(հակառակորդի թիկունքը)* **2** *noun* *բժշկություն* ներթափանցուկ; ներսփռանք

infiltration |-ˈtreɪʃ(ə)n| *noun* 1) ծծվելը; ներծծվելը; ընդմզում; ներթափանցում *(հեղուկի և այլնի)* 2) *բժշկություն* ներթափանցուկ; ներսփռանք

infinite |ˈɪnfɪnɪt| **1** *adjective* 1) անվերջ; անսահման 2) անթիվ; անհամար 3) *քերականություն* անորոշ; ոչ դիմավոր *(բայաձևերի մասին)* **2** *noun* (**the infinite**) անսահմանություն; անսահման տարածություն

infinitely *adverb* 1) անվերջորեն; անսահմանորեն 2) չափազանց; չափից դուրս; սաստիկ

infinitesimal |ˌɪnfɪnɪˈtɛsɪm(ə)l| **1** *adjective* անվերջ փոքր **2** *noun* *մաթեմատիկա* անվերջ փոքր մեծություն

infinitesimally *adverb* անվերջ փոքր կերպով

infinitive |ɪnˈfɪnɪtɪv| **1** *noun* *քերականություն* անորոշ դերբայ **2** *adjective* անորոշ

infinity |ɪnˈfɪnɪti| *noun* (հոգն. **-ties**) 1) անվերջություն; անհունություն; անսահմանություն 2) անվերջ/անսահման բան

infirm |ɪnˈfəːm| *adjective* 1) անուժ; թույլ; հիվանդ; զառամյալ 2) թուլակամ; անվճռական; կամազուրկ 3) անհաստատ; խախուտ

infirmary |ɪnˈfəːm(ə)ri| *noun* (հոգն. **-ries**) 1) հիվանդանոց; հիվանդասենյակ 2) անկելանոց

infirmity *noun* (հոգն. **-ties**) 1) անուժություն; թուլություն; զառամություն 2) հիվանդություն; տկարություն 3) կամազրկություն; անհաստատակամություն

inflame |ɪnˈfleɪm| *verb* 1) վառել; բոցավառել; այրել 2) վառվել; բոցավառվել; բռնկվել 3) *բժշկություն* բորբոքել 4) *բժշկություն* բորբոքվել 5) բորբոքել; հրահրել; ոգևորել

inflammable |ɪnˈflæməb(ə)l| **1** *adjective* 1) դյուրավառ; բոցավառվող 2) դյուրագրգիռ; բռնկվող **2** *noun* դյուրավառ նյութ

inflammation |ɪnfləˈmeɪʃ(ə)n| *noun* 1) *բժշկություն* բորբոքում 2) բոցավառում; բոցավառելը 3) բոցավառվելը

inflammatory |ɪnˈflæmət(ə)ri| *adjective* 1) *բժշկություն* բորբոքային 2) գրգռիչ; գրգռող; սադրիչ

inflatable |ɪnˈfleɪtəb(ə)l| **1** *adjective* փչվող; փչովի **2** *noun* փչովի առարկա

inflate |ɪnˈfleɪt| *verb* 1) փչել; ուռեցնել; օդով/գազով լցնել 2) *փոխաբերական* փքվել; մեծամտանալ 3) մեծացնել; խոշորացնել *(չափերը)* 4) գնաճ առաջացնել; գները բարձրացնել

inflation |ɪnˈfleɪʃ(ə)n| *noun* 1) փչում; օդով/գազով լցնելը 2) *տնտեսագիտություն* գնաճ 3) *աստղագիտություն* ընդարձակում

inflect |ɪnˈflɛkt| *verb* 1) *քերականություն* թեքել; հոլովել; խոնարհել 2) *երաժշտություն* ելևէջել; ձայնափոխել; մի տոնայնությունից մյուսին անցնել 3) թեքել; ծռել 4) *ֆիզիկա* շեղել *(լույսի ճառագայթը)*

inflection |ɪnˈflɛkʃ(ə)n| (բրիտանական **inflexion**) *noun* 1) *քերականություն* թեքում; հոլովում; խոնարհում 2) թեքում; կորացում; ծալում; ծռում 3) *երաժշտություն* ելևէջում; ձայնափոխում 4) թեքություն

inflectional *adjective* 1) *քերականություն* թեքվող 2) *լեզվաբանություն* թեքական

inflective *adjective* *քերականություն* թեքվող *(հոլովվող, խոնարհվող)*

inflexibility |-ˈbɪlɪti| *noun* 1) անճկունություն; կոշտություն; կարծրություն 2) անսասանություն; աներերություն; համառություն

inflexible |ɪnˈflɛksɪb(ə)l| *adjective* 1) անթեքելի; անկորացնելի; անճկուն 2) *փոխաբերական* անհողդողդ; անսասան; անդրդվելի; անզիջող; խստապահանջ

inflict |ɪnˈflɪkt| *verb* 1) հասցնել *(հարված, վնաս*

և այլն) 2) պատճառել *(ցավ, վիշտ և այլն)* 3) ներարկել *(պատժի)* 4) պարտադրել *(որևէ տհաճ բան)*

inflight |ˈɪnflʌɪt| *adjective* թռիչքային; թռիչքի ժամանակ կատարվող

inflow |ˈɪnfləʊ| *noun* 1) ներհոսք 2) ներհոսում

inflowing **1** *noun* ներհոսում *(գետի)* **2** *adjective* առհոսող; ներհոսող

influence |ˈɪnflʊəns| **1** *noun* 1) ազդեցություն; ներգործություն 2) ուժ **2** *verb* ազդել; ներգործել; ազդեցություն ունենալ

under the influence խմած; հարբած; ալկոհոլի ազդեցության տակ

influent |ˈɪnflʊənt| **1** *adjective* ներհոսող; թափվող; առհոսող **2** *noun* 1) վտակ *(գետի)* 2) ներգործուն էակ *(կենսաբանական օրգանիզմ, որը մեծ ազդեցություն ունի բուսական կամ կենդանական աշխարհի հավասարակշռության համար)*

influential |ɪnflʊˈɛnʃ(ə)l| **1** *adjective* ազդեցիկ; ազդեցություն ունեցող **2** *noun* ազդեցիկ անձ

influenza |ɪnflʊˈɛnzə| *noun* գրիպ; հարբուխ

influx |ˈɪnflʌks| *noun* 1) ներհոսում 2) ներհոս; ներհոսք

info |ˈɪnfəʊ| *noun* *խոսակցական* 1) (**informal**) խոսակցական 2) (**information**) տեղեկույթ; տեղեկություն

inform |ɪnˈfɔːm| *verb* 1) տեղեկացնել; հաղորդել; ծանուցել; իրազեկել 2) ոգեշնչել; տալ; լցնել 3) հաղորդել; իրազեկել; զեկուցել *(տեղեկություն հանցագործների մասին)*

informal |ɪnˈfɔːm(ə)l| *adjective* 1) անպաշտոնական; մտերմիկ; ոչ պաշտոնական; ոչ ձևական 2) խոսակցական *(բառի/դարձվածքի/ոճի մասին)*

informality |-ˈmælɪti| *noun* անպաշտոնականություն; անհանդիսավորություն; ոչ պաշտոնական լինելը

informant |ɪnˈfɔːmənt| *noun* 1) տեղեկություններ հաղորդող; տեղեկատու 2) *լեզվաբանություն* տեղեկատու *(անձ, որը լեզվաբանին տեղեկություն է հաղորդում լեզվի, բարբառի, մշակույթի մասին)* 3) լրտես; իրազեկիչ *(ոստիկանությանը գաղտնի տեղեկություններ հաղորդող անձ)*

information |ɪnfəˈmeɪʃ(ə)n| *noun* 1) տեղեկություն; հաղորդագրություն 2) *համակարգիչներ* տեղեկույթ 3) լուր; նորություն 4) տեղյակություն; իրազեկություն; տեղեկացում 5) *իրավունք* մեղադրանք; գանգատ

information technology (հապվ. **IT**) *noun* տեղեկատվական/տեղեկութային տեխնոլոգիա

informative |ɪnˈfɔːmətɪv| *adjective* 1) տեղեկատվական; տեղեկատու 2) տեղեկութային 3) ուսուցողական; բովանդակալից; հետաքրքրական

informed |ɪnˈfɔːmd| *adjective* 1) հմուտ; ձեռնահաս; իրազեկ 2) տեղեկացված

informer |ɪnˈfɔːmə| *noun* 1) լրտես; լրատու; իրազեկիչ 2) տեղեկություններ հաղորդող

infra- |ˈɪnfrə| *prefix* ենթա-; ստորա-

infraction |ɪnˈfrækʃ(ə)n| *noun* խախտում; օրինազանցություն

infrared **1** *adjective* ենթակարմիր; ինֆրակարմիր **2** *noun* ենթակարմիր տիրույթ

infrasonic |ˌɪnfrəˈsɒnɪk| *adjective* ենթաձայնային

infrastructural *adjective* ենթակառուցվածքային

infrastructure |ˈɪnfrəstrʌktʃə| *noun* ենթակառուցվածք

infrequent |ɪnˈfriːkw(ə)nt| *adjective* հազվադեպ; սակավադեպ; անհաճախ

infringe |ɪnˈfrɪn(d)ʒ| *verb* 1) խախտել *(օրենքը և այլն)* 2) սահմանափակել

infringement *noun* 1) խախտում 2) սահմանափակում

infuriate |ɪnˈfjʊərɪeɪt| *verb* կատաղեցնել; գազազեցնել

infuse |ɪnˈfjuːz| *verb* 1) ներարկել 2) լցնել 3) *փոխաբերական* առաջացնել; ներշնչել *(հույս և այլն)* 4) թրմել *(թեյ, դեղաբույսեր և այլն)*

infusion |ɪnˈfjuːʒ(ə)n| *noun* 1) թուրմ; թրմոց; թրմուկ 2) թրմում 3) *բժշկություն* ներարկում 4) *փոխաբերական* ներշնչում *(հույսի և այլնի)*

infusoria |ˌɪnfjʊˈzɔːrɪə|, |-ˈsɔːrɪə| *plural noun* *հնացած կենդանաբանություն* ինֆուզորիաներ; մանրալողակներ

ingenious |ɪnˈdʒiːnɪəs| *adjective* 1) հնարագետ; ճարտարամիտ; սրամիտ; ճարտար 2) յուրատեսակ; ինքնատիպ; սրամիտ; ինքնուրույն 3) հմուտ

ingeniously *adverb* հնարամտորեն; հնարագիտորեն

ingenuity |ˌɪndʒɪˈnjuːɪti| *noun* 1) հնարագիտություն; ճարտարամտություն; սրամտություն 2) հնարամիտ սարք; հնարամիտ արարք; հնարք 3) *հնացած* անկեղծություն; ազնվություն

ingenuous |ɪnˈdʒɛnjʊəs| *adjective* 1) սրտաբաց; անկեղծ 2) անխարդախ; պարզամիտ

ingest |ɪnˈdʒɛst| *verb* կուլ տալ; կլանել

ingestion |ɪnˈdʒɛstʃ(ə)n| *noun* կլանում; կուլ տալը; կերակրվելը

inglorious |ɪnˈglɔːrɪəs| *adjective* 1) անփառունակ; անպատիվ 2) անհայտ; աննշան

ingoing |ˈɪŋgəʊɪŋ| **1** *adjective* մտնող; մուտք գործող; եկող **2** *noun* 1) մուտք; մտնելը 2) կանխավճար *(որը տրվում է վարձակալվող տարածքի նորոգման համար)*

ingot |ˈɪŋgət| *noun* ձուլակտոր; մետաղաձող

ingrained |ɪnˈgreɪnd| *adjective* (նաև **engrained**) 1) արմատացած; հնացած; քարացած; հաստատված 2) ներթափանցած; ներծծված; չմաքրվող *(կեղտի/բծի մասին)* 3) *երկրաբանություն* ներփակված *(ապարի մեջ հանդիպող)*

ingrate |ˈɪngreɪt|, |ɪnˈgreɪt| **1** *noun* ապերախտ/երախտամոռ մարդ **2** *adjective* *բանաստեղծական* ապերախտ; երախտամոռ

ingratiate |ɪnˈgreɪʃɪeɪt| *verb* հաճոյանալ; դուր գալ *(ինչ-որ մեկին)*

ingratiating |ɪnˈgreɪʃɪeɪtɪŋ| *adjective* շողոքորթ; քծնող

ingratiatingly *adverb* շողոքորթաբար

ingratitude |ɪnˈɡrætɪtjuːd| *noun* ապերախտություն; երախտամոռություն

ingredient |ɪnˈɡriːdɪənt| *noun* բաղադրամաս; բաղադրատարր; բաղադրիչ

ingress |ˈɪnɡrɛs| *noun* 1) մուտք; մտնելու հնարավորություն 2) մուտքի իրավունք; մտնելու թույլտվություն 3) մատչում 4) *աստղագիտություն* մուտք *(երկնային մարմնի մտնելը որևէ համաստեղության մեջ)*

ingrowing |ˈɪnɡrəʊɪŋ| *adjective* ներաճող *(հատկապես եղունգների մասին, որոնք աճում են մսի մեջ)*

inhabit |ɪnˈhæbɪt| *verb* (**-habited**, **-habiting**) ապրել; բնակվել; բնակեցնել

inhabitant |ɪnˈhæbɪt(ə)nt| *noun* բնակիչ; բնակվող

inhalant |ɪnˈheɪl(ə)nt| **1** *noun* 1) շնչառական սարք 2) շնչառական լուծույթ *(բուժական նպատակների համար)* **2** *adjective* *կենդանաբանություն* շնչառական

inhalation |ɪnhəˈleɪʃ(ə)n| *noun* 1) ներշնչում; ներշնչելը; ներս շնչելը 2) *բժշկություն* ներշնչում *(գոլորշիների՝ բժշկական նպատակով)* 3) *բժշկություն* ներշնչելու հեղուկ

inhale |ɪnˈheɪl| *verb* 1) ներշնչել; ներս շնչել 2) կլանել; կուլ տալ *(ուտելիքը)*

inhaler |ɪnˈheɪlə| *noun* *բժշկություն* 1) ներշնչակ; շնչադիմակ; շնչոց; շնչակալ 2) շնչում կատարող մարդ 3) հին ծխող

inhere |ɪnˈhɪə| *verb* *գրական անգլերեն* 1) հատուկ/ներհատուկ լինել 2) պատկանել *(իրավունքների մասին)*

inherent |ɪnˈhɪər(ə)nt|, |-ˈhɛr(ə)nt| *adjective* 1) հատուկ; ներհատուկ; անկապտելի 2) բնածին

inherit |ɪnˈhɛrɪt| *verb* (**-herited**, **-heriting**) 1) ժառանգել 2) ժառանգություն ստանալ

inheritable |ɪnˈhɛrɪtəb(ə)l| *adjective* 1) ժառանգելի; ժառանգվող; ժառանգական 2) ժառանգություն ստանալու իրավունք ունեցող; ժառանգորդական

inheritance |ɪnˈhɛrɪt(ə)ns| *noun* 1) ժառանգություն 2) ժառանգականություն 3) ժառանգում; ժառանգելը

inheritor *noun* ժառանգ; ժառանգորդ

inhibit |ɪnˈhɪbɪt| *verb* (**-hibited**, **-hibiting**) 1) արգելակել; արգելք հանդիսանալ; արգելել 2) զսպել; սանձել 3) *բնախոսություն* արգելակել; արգելափակել 4) *հոգեբանություն* ճնշել; բարդույթ առաջացնել 5) *իրավունք* արգելել *(սովորաբար եկեղեցական իրավունքի մեջ)*

inhibited |ɪnˈhɪbɪtɪd| *adjective* կաշկանդված

inhibition |ɪn(h)ɪˈbɪʃ(ə)n| *noun* 1) արգելք; արգելում 2) զսպում; զսպելը 3) *բնախոսություն* արգելակում 4) կաշկանդվածություն 5) *հոգեբանություն* ճնշվածություն

inhospitable |ˌɪnhɒˈspɪtəb(ə)l|, |ɪnˈhɒspɪt-| *adjective* 1) անհյուրընկալ; անհյուրասեր 2) դաժան; խիստ

in-house **1** *adjective* |ˈɪnhæʊs| ներքին; կազմակերպության ներսում **2** *adverb* |ɪnˈhæʊs| ներքին կարգով; ներքին միջոցներով *(կազմակերպության մասին)*

inhuman |ɪnˈhjuːmən| *adjective* 1) անմարդկային; անգութ; անողորմ; տմարդի 2) ոչ մարդկային; մարդուն ոչ հատուկ

inhumanity |ɪnhjʊˈmænɪti| *noun* (հոգն. **-ties**) 1) անգթություն; անողորմություն; դաժանություն 2) անմարդկային արարք

inimical |ɪˈnɪmɪk(ə)l| *adjective* 1) թշնամական; անբարյացակամ 2) անբարենպաստ; վնասակար; վնասաբեր

inimitable |ɪˈnɪmɪtəb(ə)l| *adjective* աննդօրինակելի; աննման; անզուգական; անկրկնելի

iniquitous *adjective* անարդար; անօրեն; ապօրինի

iniquity |ɪˈnɪkwɪti| *noun* (հոգն. **-ties**) 1) անարդարություն; անիրավություն; անօրենություն; ապօրինություն; օրինազանցություն 2) մեղք; ոճիր 3) *իրավունք* անարդար վճիռ

initial |ɪˈnɪʃ(ə)l| **1** *adjective* սկզբնական; նախնական; նախասկզբնական **2** *noun* (**initials**) սկզբնատառեր *(անվան և ազգանվան)* **3** *verb* (**-tialed**, **-tialing**; բրիտ. **-tialled**, **-tialling**) սկզբնատառեր դնել; սկզբնատառել; սկզբնատառերով ստորագրել

initialize |ɪˈnɪʃ(ə)lʌɪz| *verb* *համակարգիչներ* 1) նախակարգել 2) ձևաչափել *(համակարգչի պնակը)*

initially |ɪˈnɪʃ(ə)li| *adverb* սկզբնապես; սկզբում; ելման վիճակում

initiate **1** *verb* |ɪˈnɪʃɪeɪt| 1) սկսել; ձեռնարկել; ձեռնամուխ լինել; նախաձեռնել 2) ընծայել *(հասարակության/ընկերության/միության մեջ)* 3) հաղորդակից դարձնել **2** *noun* |ɪˈnɪʃɪət| նորընծա *(անձ, որը ընծայության միջոցով մտցվել է որևէ կազմակերպության կամ հասարակության մեջ)* **3** *adjective* 1) ընդունված *(հասարակության կողմից)* 2) հաղորդակից *(գաղտնիքին)*

initiation *noun* 1) հաղորդակից դարձնելը; ընծայում *(գաղտնիքին կամ գաղտնի կազմակերպությանը)* 2) ընդունում; ընդունելը *(հասարակության մեջ)*

initiative |ɪˈnɪʃɪətɪv|, |-ʃə-| **1** *noun* նախաձեռնություն; ձեռներեցություն ◇ **take the initiative** նախաձեռնություն հանդես բերել; նախաձեռնել; առաջին քայլն անել **2** *adjective* սկզբնական; նախնական; ներածական

initiator |ɪˈnɪʃɪeɪtə| *noun* 1) նախաձեռնող 2) *քիմիա* սկսող *(շղթայական ռեակցիան սկսող նյութ)* 3) *ռազմական* բռնկիչ

inject |ɪnˈdʒɛkt| *verb* 1) սրսկել; ներարկել 2) *ամերիկյան* ընդմիջել *(բառերով, դիտողություններով և այլն)* 3) սրսկվել *(հատկապես թմրանյութ)* 4) *տեխնիկական* ներմղել; սրսկել; ներփչել *(հեղուկ կամ գազ)*

injection |ɪnˈdʒɛkʃ(ə)n| *noun* 1) ներարկում; սրսկում 2) սրսկելու/ներարկելու դեղ 3) դրամական ներարկումներ 4) *տեխնիկական* ներմղում; ներարկում; ներփչում 5) ուղեծիր մտցնելը *(տիեզերանավը, արբանյակը և այլն)*

injunction |ɪnˈdʒʌŋ(k)ʃ(ə)n| *noun* 1) հրաման; կարգադրություն 2) *իրավունք* դատական որոշում;

արգելանք

injure |ˈɪndʒə *verb* 1) վնասել; վիրավորել; վերք հասցնել 2) փչացնել; վնասել; վնաս հասցնել 3) վիրավորել; վիրավորանք հասցնել

injured |ˈɪndʒəd| *adjective* 1) վնասված; վիրավոր 2) վիրավորված; նեղացած

injurious |ɪnˈdʒʊərɪəs| *adjective* 1) վնասակար 2) վիրավորական 3) անարդար

injury |ˈɪn(d)ʒ(ə)ri| *noun* (հոգն. **-ries**) 1) վնաս; փչացում; կորուստ 2) վնասվածք; ջարդվածք; վերք 3) անարդարություն; վիրավորանք

injury time *noun* ավելացված ժամանակ; լրացուցիչ ժամանակ *(ֆուտբոլում և այլ մարզաձևերում՝ վնասվածքների և այլնի պատճառով ընդհատումը փոխհատուցելու համար)*

injustice |ɪnˈdʒʌstɪs| *noun* անարդարություն; անիրավացիություն

do someone an injustice մեկի հանդեպ անիրավացի լինել

ink |ɪŋk| **1** *noun* 1) թանաք; մելան ◊ **India/Indian ink** չինական տուշ; ճենաներկ 2) (նաև **printer's ink**) տպագրական ներկ 3) *կենդանաբանություն* թանաքանյութ; ներկանյութ *(որ արտադրում են որոշ ծովային գլխոտանիներ՝ քողարկման համար)* **2** *verb* 1) թանաքոտել; ներկոտել 2) *խոսակցական* ստորագրել

inkling |ˈɪŋklɪŋ| *noun* 1) ակնարկ; ակնարկություն 2) *փոխաբերական* նշույլ

inkstand |ˈɪŋkstænd| *noun* թանաքաման; գրասարք

inkwell |ˈɪŋkwɛl| *noun* *պատմական* թանաքաման *(սեղանի/նստարանի մեջ ամրացված)*

inky |ˈɪŋki| *adjective* (**inkier**, **inkiest**) 1) թանաքոտ; թանաքոտած 2) թանաքագույն; մուգ

inlaid **1** անցյալ և անցյալ դերբայ տե՛ս **inlay** **2** *adjective* ներդրված; ներզարդված; մոզայիկ

inland |ˈɪnlənd|, |-lænd| **1** *adjective* 1) երկրի խորքում գտնվող; սահմանից/ծովափից հեռու ընկած 2) ներսի; ներքին; տեղական **2** *adverb* |ɪnˈlænd| դեպի երկրի խորքը; երկրի ներսում **3** *noun* երկրի ներքին շրջանները/խորքը

in-law |ˈɪnlɔː| *noun* բարեկամ ամուսնական գծով

inlay **1** *verb* |ɪnˈleɪ|(անցյալ և անցյալ դերբայ **-laid** |ɪnˈleɪd|) 1) ներդրվագել; դրվագազարդել 2) մեջը զետեղել; մի բանով պատել **2** *noun* |ˈɪnleɪ| 1) ներդրվագ; դրվագազարդ 2) նախապես հարմարեցված ատամնալիցք 3) ներդիր *(սեղմապնակի տուփի ներսը դրվող բացիկ)*

inlet |ˈɪnlɛt| *noun* 1) խորշիկ; ծոցիկ 2) *տեխնիկական* ներթող անցք

inly |ˈɪnli| *adverb* *բանաստեղծական* 1) ներքուստ; խորապես 2) անկեղծորեն; սրտանց

inmate |ˈɪnmeɪt| *noun* 1) կենվոր; բնակիչ; նույն տան մեջ ապրող 2) հիվանդ; բուժվող *(հիվանդանոցում գտնվող)* 3) բանտարկյալ

inn |ɪn| *noun* հյուրանոց; պանդոկ; հյուրատուն

innate |ɪˈneɪt|, |ˈɪneɪt| *adjective* 1) բնածին 2) յուրահատուկ; ներհատուկ; առանձնահատուկ

inner |ɪnə| **1** *adjective* 1) ներսի; ներքին 2) մտային; հոգևոր **2** *noun* 1) ներքին մաս 2) ներսի շրջան; տասնոց *(նետաձգության մեջ)*

inner city *noun* քաղաքի կենտրոնը

inner ear *noun* ներքին ականջ

innermost |ˈɪnəməʊst| *adjective* (նաև **inmost**) ներքին; հոգու խորքի; նվիրական; խորքային

inner tube *noun* օդախցիկ *(ավտոմեքենայի դողի)*

innings |ˈɪnɪŋz| *noun* (հոգն. նույնը կամ **innings-ses**) 1) *կրիկետ, բեյսբոլ* գնդակ նետող կողմի խաղը; գնդակի հերթական նետումը 2) ազդեցության ժամանակաշրջան *(կուսակցության, քաղաքական գործիչի)*

good innings *խոսակցական* բախտ; հաջողություն

long innings երկարատև կյանք

innkeeper |ˈɪnkiːpə| *noun* հյուրանոցի տեր; պանդոկապետ

innocence |ˈɪnəsəns| *noun* 1) անմեղություն; պարզամտություն; միամտություն 2) *իրավունք* անհանցապարտություն; անմեղապարտություն 3) կուսություն 4) մաքրություն

in all innocence միամտորեն

innocent |ˈɪnəs(ə)nt| **1** *adjective* 1) անմեղ; միամիտ; պարզամիտ 2) անմեղապարտ **2** *noun* 1) անմեղ մանուկ ◊ **the Holy innocents** Բեթղեհեմի մանուկներ *(Նոր Կտակարանում հիշատակված մանուկները, որոնք սպանվեցին Հերովդես թագավորի հրամանով և որոնց եկեղեցին դասում է նահատակների շարքում).* **Slaughther of Innocents** Բեթղեհեմի անմեղ մանուկների կոտորած 2) միամիտ/պարզամիտ/անմեղ մարդ

innocently *adverb* անմեղորեն

innocuous |ɪˈnɒkjʊəs| *adjective* անվնաս; անվտանգ

innovate |ˈɪnəveɪt| *verb* նորամուծություն/նորություն մտցնել; նորարարել

innovation |ɪnəˈveɪʃ(ə)n| *noun* նորամուծություն; նորարարություն

innovative |ˈɪnəvətɪv| *adjective* նորարարական; առաջավոր; նոր

innovator *noun* նորարար

innuendo |ˌɪnjʊˈɛndəʊ| *noun* (հոգն. **-does** կամ **-dos**) 1) անուղղակի/չարամիտ ակնարկ; զրպարտություն 2) *իրավունք* ներածական խոսք

innumerable |ɪˈnjuːm(ə)rəb(ə)l| *adjective* անհաշիվ; անթիվ; անհամար

inobservance |ɪnəbˈzəːv(ə)ns| *noun հնացած* 1) անուշադրություն; անուշադիր լինելը; անփութություն 2) արհամարհում; չկատարելը *(օրենքների, սովորությունների և այլն)*

inoculate |ɪˈnɒkjʊleɪt| *verb* 1) *բժշկություն* պատվաստել; նախնական պատվաստում կատարել 2) *փոխաբերական* ներշնչել; պատվաստել 3) *բուսաբանություն* պատվաստել

inoculation *noun* *բժշկություն* պատվաստում

inoffensive |ɪnəˈfɛnsɪv| *adjective* 1) անվնաս; անմեղ; անվնասակար 2) անդատապարտելի; անպարսավելի

inoperable |ɪnˈɒp(ə)rəb(ə)l| *adjective* 1) *բժշկություն* անվիրահատելի 2) չաշխատող 3) անգործադրելի

inoperative |ɪn'ɒp(ə)rətɪv| *adjective* 1) չգործող; չաշխատող 2) օրինական ուժ չունեցող

inordinate |ɪ'nɔːdɪnət| *adjective* 1) չափազանց մեծ/ուժեղ; անչափ 2) *հնացած* անկարգ *(մարդու մասին)*

inorganic |ˌɪnɔː'gænɪk| *adjective* 1) անօրգանական; ոչ օրգանական 2) խորթ; անհարազատ 3) *լեզվաբանություն* ծագումնաբանորեն չբացատրվող

inpatient *noun* հիվանդանոցային/ստացիոնար հիվանդ

input |'ɪnpʊt| **1** *noun* 1) մուտք 2) ներդրում 3) *համակարգիչներ* ներածում 4) մուտքային ազդանշան **2** *verb* (**-putting**; անցյալ և անցյալ դերբայ **-put** կամ **-putted**) 1) *համակարգիչներ* ներածել 2) ներմուծել

inquest |'ɪnkwɛst| *noun իրավունք* քննություն; հետաքննություն

inquietude |ɪn'kwʌɪətjuːd| *noun* անհանգստություն; տագնապ

inquire |ɪn'kwʌɪə| (նաև **enquire**) *verb* 1) տեղեկանալ; հարցում կատարել 2) հարցաքննել; հետաքննել 3) հարցնել *(հանդիպում/զրույց ունենալու համար)*

inquirer *noun* 1) տեղեկացող; հետաքննող 2) հարցաշար

inquiring (նաև **enquiring**) *adjective* հետաքրքրասեր; պրպտող

inquiry |ɪn'kwʌɪri| (նաև **enquiry**) *noun* (հոգն. **-quiries**) 1) հարցուփորձ; տեղեկություններ հավաքելը; հարցում ◇ **make inquiries** տեղեկություններ հավաքել; տեղեկանալ 2) հարցաքննություն; հարցաքննում 3) հետազոտում; հետազոտություն 4) հետաքննություն; քննություն

inquisition |ɪŋkwɪ'zɪʃ(ə)n| *noun* 1) քննություն; հետաքննություն 2) *պատմական* հավատաքննություն; ինկվիզիցիա

inquisitive |ɪn'kwɪzɪtɪv| *adjective* 1) հարցասեր; հետաքրքրասեր; քննախույզ; պրպտող 2) հետաքրքրվող; քիթը ամեն բանի մեջ խոթող

inquisitor |ɪn'kwɪzɪtə| *noun* 1) դատաքննիչ; խիստ հարցաքննող 2) հավատաքննիչ; ինկվիզիտոր

inroad |'ɪnrəʊd| *noun* 1) ներխուժում; հարձակում; ասպատակություն 2) *փոխաբերական* ոտնձգություն; չարամիտ նկրտում 3) առաջընթաց; զարգացում

inrush |'ɪnrʌʃ| *noun* 1) ներխուժում; գրոհ 2) հոսք; հորդում

insalubrious |ˌɪnsə'luːbrɪəs| *adjective* գրական *անգլերեն* առողջության համար վնասակար; անբարենպաստ

insalubrity *noun* վնասակարություն; անբարենպաստություն

insane |ɪn'seɪn| *adjective* 1) հոգեկան հիվանդ; խելագար; ցնորված; գիժ 2) *փոխաբերական* խենթ; անխոհեմ

insanitary |ɪn'sænɪt(ə)ri| *adjective* հակաառողջապահական; հակասանիտարական

insanity *noun* խելագարություն; խելացնորություն; ցնորամտություն

insatiable |ɪn'seɪʃəb(ə)l| *adjective* անկուշտ; անհագ; անհագուրդ

inscribe |ɪn'skrʌɪb| *verb* 1) ներգրել; դրոշմել *(հիշողության մեջ)* 2) գրել; մակագրել 3) փորագրել քարի/մետաղի վրա *(անուն, մակագրություն)* 4) անվանական բաժնեթղթեր թողարկել

inscription |ɪn'skrɪpʃ(ə)n| *noun* մակագրություն; մակագիր; արձանագրություն *(քարի/մետաղի վրա)*

inscrutable |ɪn'skruːtəb(ə)l| *adjective* անըմբռնելի; անհասկանալի; խորհրդավոր

insect |'ɪnsɛkt| *noun* 1) միջատ; զեռուն 2) *փոխաբերական* ոչնչություն

insecticide |ɪn'sɛktɪsʌɪd| *noun* միջատասպան միջոց

Insectivora |ˌɪnsɛk'tɪvərə| *կենդանաբանություն* միջատակերներ *(կաթնասուն կենդանիների կարգ)*

insectivore |ɪn'sɛktɪvɔː| *noun կենսաբանություն* միջատակեր *(կենդանի կամ բույս)*

insectivorous |ˌɪnsɛk'tɪv(ə)rəs| *adjective կենդանաբանություն* միջատակեր

insecure |ɪnsɪ'kjʊə| *adjective* 1) անվստահ; անհանգիստ 2) անապահով; խախուտ; անվստահելի; ոչ ամուր

inseminate |ɪn'sɛmɪneɪt| *verb* 1) սերմնավորել; բեղմնավորել *(կնոջը կամ էգ կենդանուն)* 2) սերմանել; տարածել

insensate |ɪn'sɛnseɪt|, |-sət| *adjective* 1) անզգա; անշունչ 2) անզգայուն; անկարեկից; դաժան 3) անիմաստ; անմիտ; անբանական

insensibility |ɪnˌsɛnsɪ'bɪlɪti| *noun* 1) անզգայունություն; անկարեկցություն 2) անտարբերություն 3) ուշաթափություն; ուշագնացություն

insensible |ɪn'sɛnsɪb(ə)l| *adjective* 1) ուշաթափ; ուշագնաց 2) անտարբեր; անզգա 3) աննկատելի; անզգալի; աննշան

insensitive |ɪn'sɛnsɪtɪv| *adjective* 1) անզգա; անտարբեր 2) անզգայունակ

inseparable |ɪn'sɛp(ə)rəb(ə)l| **1** *adjective* 1) անբաժան 2) անբաժանելի; անանջատելի **2** *noun* անբաժան անձ *(մյուսից)*

insert **1** *verb* |ɪn'səːt| 1) մեջը դնել; ներդնել; մտցնել; տեղադրել 2) զետեղել *(հայտարարություն, հոդված)* 3) *համակարգիչներ* ներգրել; մտցնել *(ուղղում և այլն)* **2** *noun* |'ɪnsəːt| ներդիր; որևէ ներդրված բան

insertion |ɪn'səːʃ(ə)n| *noun* 1) տեղավորում; տեղադրում; զետեղում; մտցնելը 2) հավելված; հավելում *(ձեռագրի մեջ և այլն)* 3) ժանեզարդ; զարդակար 4) ամրացման տեղ *(մկանների՝ ոսկորներին)*

inshore |ɪn'ʃɔː|, |'ɪnʃɔː| **1** *adjective* առափնյա; մերձափնյա **2** *adverb* դեպի ափը; ափին մոտ

inside **1** *noun* |ɪn'sʌɪd| 1) ներսի մասը/կողմը 2) աստառ ◇ **inside out** շուռ տված 3) *խոսակցական* փոր; ստամոքս 4) շրջադարձի ներսի կողմը 5) գաղտնի տեղեկություն **2** *adjective* |'ɪnsʌɪd| 1) ներսի; ներքին 2) թաքուն; գաղտնի **3** *preposition,* *adverb* |ın'sʌıd| 1) ընթացքում ◊ **inside of a week** շաբաթվա ընթացքում 2) ներս; ներսում

insider |ın'sʌıdə| *noun* 1) ոչ կողմնակի մարդ; անդամ; ներքին անդամ *(ընկերության, կազմակերպության)* 2) գաղտնիքին հաղորդակից անձ

insidious |ın'sıdıəs| *adjective* 1) նենգ; խորամանկ; դավաճանական 2) թաքուն; աննկատելի մոտեցող; ծածուկ *(հիվանդության մասին)*

insight |'ınsʌıt| *noun* 1) խորաթափանցություն; խորազգացություն *(մտքի)* 2) ներըմբռնում; պայծառացում; ըմբռնում; հայտնություն; բացահայտում

insightful *adjective* խորաթափանց

insignia |ın'sıgnıə| *noun* (հոգն. նույնը կամ **-nias**) 1) պատվանշան; շքանշան 2) տարբերանշան 3) նշան

insignificance *noun* 1) անկարևորություն; անկարևոր լինելը; աննշանություն 2) բովանդակազրկություն; իմաստազրկություն

insignificant |ınsıg'nıfık(ə)nt| *adjective* 1) աննշան; չնչին; անկարևոր 2) անբովանդակ; անիմաստ; բովանդակազուրկ

insincere |ınsın'sıə| *adjective* կեղծավոր; երկերեսանի

insincerely *adverb* կեղծավորաբար; երկերեսանիորեն

insinuate |ın'sınjʊeıt| *verb* 1) անուղղակի կերպով ակնարկել; զրպարտել 2) ներշնչել; սերմանել *(կասկած, անվստահություն, վատ մտքեր և այլն)* 3) (**insinuate onself into**) սողոսկել; ներթափանցել

insinuation |ınsınjʊ'eıʃ(ə)n| *noun* 1) ակնարկ; անուղղակի ենթադրություն *(սովորաբար բացասական)* 2) մարդահաճոյություն; շողոքորթություն

insipid |ın'sıpıd| *adjective* 1) անհամ; անալի 2) *փոխաբերական* անհետաքրքիր; ձանձրալի; տափակ; անհամ

insist |ın'sıst| *verb* 1) (**insist on**) պնդել; համառորեն պահանջել 2) հաստատել; հայտարարել

insistence |ın'sıst(ə)ns| *noun* 1) հաստատակամություն; համառություն 2) պնդում; համառորեն պահանջելը

insistent |ın'sıst(ə)nt| *adjective* 1) հաստատակամ; համառ 2) անընդհատ; չընդհատվող; շարունակական

insistently *adverb* համառորեն; ստիպողաբար

insolence *noun* 1) գոռոզություն; ամբարտավանություն; մեծամտություն 2) հանդգնություն; լկտիություն

insolent |'ıns(ə)l(ə)nt| *adjective* 1) ամբարտավան; մեծամիտ; գոռոզ; լկտի 2) վիրավորական

insoluble |ın'sɒljʊb(ə)l| *adjective* 1) անլուծելի; անվճռելի 2) *քիմիա* անլուծելի; չլուծվող

insolvency *noun* սնանկություն; անվճարունակություն

insolvent |ın'sɒlv(ə)nt| **1** *adjective* սնանկ; անվճարունակ **2** *noun* սնանկ/անվճարունակ պարտապան; սնանկացած մարդ

insomnia |ın'sɒmnıə| *noun* անքնություն

insomniac *noun* անքնությամբ տառապող մարդ

insomuch |ınsə(ʊ)'mʌtʃ| *adverb* 1) (**insomach that**) այնքան; այնչափ 2) (**insomach as**) քանի որ

inspect |ın'spɛkt| *verb* 1) զննել; քննել; զննություն կատարել; ստուգել 2) տեսչական ստուգում/հսկողություն կատարել; ստուգել

inspection *noun* 1) զննություն; զննում; քննում; քննություն 2) տեսչական ստուգում 3) հսկում; հսկողություն

inspector |ın'spɛktə| *noun* 1) տեսուչ 2) հսկիչ; վերահսկիչ; վերաքննիչ; վերակացու

inspiration |ınspı'reıʃ(ə)n| *noun* 1) ներշնչանք; ոգեշնչում; ոգևորություն 2) ներշնչման աղբյուր 3) ներշնչանքի աղբյուր 4) ներշնչում; ներս շնչելը

inspire |ın'spʌıə| *verb* 1) ներշնչել; ոգեշնչել; ոգևորել 2) առաջացնել; ազդել; ներշնչել *(հատկապես դրական բան)* 3) ներշնչել; ներս շնչել; շունչ քաշել

inspired |ın'spʌıəd| *adjective* ոգեշնչված; ներշնչված

inspirit |ın'spırıt| *verb* (**-spirited**, **-spiriting**) 1) ներշնչել; ներազդել *(կյանք, արիություն և այլն)* 2) քաջալերել

instability |ınstə'bılıti| *noun* (հոգն. **-ties**) 1) անկայունություն 2) անհաստատություն; փոփոխականություն 3) անհավասարակշռություն

install |ın'stɔːl| (բրիտանական **instal**) *verb* 1) տեղավորել 2) հաստատել; տեղակայել 3) սարքավորել; անցկացնել *(էլեկտրականություն և այլն)* 4) *համակարգիչներ* տեղադրել

installation |ınstə'leıʃ(ə)n| *noun* 1) տեղավորում; տեղակայում 2) հաստատում 3) սարքավորում անցկացնելը; սարքավորելը 4) *համակարգիչներ* տեղադրում

installment |ın'stɔːlm(ə)nt| (բրիտանական **instalment**) *noun* 1) հերթական վճարում 2) պրակ; մաս; հերթական հրապարակում *(գրքի)* 3) տեղակայում 4) տեղավորելը; հաստատելը

instance |'ınst(ə)ns| **1** *noun* 1) օրինակ ◊ **for instance** օրինակի համար; օրինակ 2) առանձին դեպք 3) ատյան ◊ **at first instance** *իրավունք* առաջին ատյանում 4) պնդում; պահանջ ◊ **at the instance of** պահանջի/պնդման դեպքում **2** *verb* 1) օրինակ բերել 2) օրինակ ծառայել

instant |'ınst(ə)nt| **1** *adjective* 1) շտապ; անհետաձգելի; առաջնահերթ; անհապաղ 2) ընթացիկ; ընթացիկ ամսվա 3) լուծվող *(սուրճի մասին)* **2** *noun* 1) ակնթարթ; վայրկյան; պահ ◊ **this instant** այս րոպեին; հենց հիմա. **on the instant** անմիջապես; իսկույն. **the instant ...** հենց որ ... 2) *խոսակցական* լուծվող սուրճ

instantaneous |ˌınst(ə)n'teınıəs| *adjective* 1) վայրկենական; ակնթարթային; րոպեական 2) *ֆիզիկա* ակնթարթային

instantly |'ınst(ə)ntli| *adverb* իսկույն; անմիջապես; անհապաղ; անհետաձգելիորեն

instant messaging (հպվ. **IM**) *noun* *համակարգիչներ* հաղորդագրությունների անմիջական փոխանակում

instant replay *noun* կրկնապատկեր; անմիջակաՆ վերարտադրում *(սովորաբար մարզակաՆ հաղորդումՆերի ժամաՆակ)*

instead |ɪn'stɛd| *adverb* 1) (**instead of**) փոխարեՆ; փոխաՆակ 2) փոխարեՆը

instep |'ɪnstɛp| *noun* ոտՆաթումբ; թաթաթմբիկ

instigate |'ɪnstɪgeɪt| *verb* 1) դրդել; առաջացՆել 2) սադրել; հրահրել

instigation |ɪnstɪ'geɪʃ(ə)n| *noun* սադրաՆք; գրգռում; դրդում

instigator *noun* սադրիչ; գրգռիչ; դրդիչ; հրձիգ; հրահրիչ

instill |ɪn'stɪl| (բրիտանական **instil**) *verb* 1) աստիճաՆաբար ՆերշՆչել; պատվաստել; Ներարկել *(սովորություՆՆեր, հայացքՆեր և այլՆ)* 2) կաթեցՆել *(դեղ)*

instinct 1 *noun* |'ɪnstɪŋ(k)t| 1) բՆազդ 2) հՆտառություՆ; ՆրբազգացություՆ 3) ՆերքիՆ զգացողություՆ; ՆերզգացողություՆ **2** *adjective* |ɪn'stɪŋ(k)t| *գրական անգլերեն* (**instinct with**) լի; առլեցուՆ; տոգորված *(սովորաբար դրակաՆ հատկությամբ)*

instinctive |ɪn'stɪŋ(k)tɪv| *adjective* 1) բՆազդակաՆ; բՆազդայիՆ; աՆգիտակցակաՆ 2) ՆերզգացողակաՆ

instinctively *adverb* բՆազդաբար; աՆգիտակցորեՆ

institute |'ɪnstɪtju:t| **1** *noun* 1) հաստատություՆ *(կրթակաՆ, քաղաքակաՆ և այլՆ)* 2) իՆստիտուտ *(գիտահետազոտակաՆ)* 3) ըՆկերություՆ **2** *verb* 1) հիմՆել; հիմՆադրել; հաստատել; սահմաՆել 2) ձեռՆարկել; սկսել *(հետաքՆՆություՆ և այլՆ)* 3) ՆշաՆակել *(պաշտոՆի, սովորաբար եկեղեցակաՆ)*

institution |ɪnstɪ'tju:ʃ(ə)n| *noun* 1) հաստատություՆ; հիմՆարկ; ձեռՆարկություՆ *(հասարակակաՆ, կրոՆակաՆ, կրթակաՆ և այլՆ)* 2) սահմաՆակարգ; կարգ; իՆստիտուտ ◇ **institution of marriage** ամուսՆությաՆ սահմաՆակարգ/իՆստիտուտ 3) հիմՆում; սահմաՆում; հաստատում

institutional |ɪnstɪ'tju:ʃ(ə)n(ə)l| *adjective* 1) սահմաՆակարգայիՆ; հիմՆարկակաՆ; հիմՆարկայիՆ; կազմակերպակաՆ 2) ձաՆձրալի; տաղտկալի 3) սկզբուՆքայիՆ

institutionalize |ɪnstɪ'tju:ʃ(ə)n(ə)lʌɪz| *verb* 1) հիմՆարկացՆել 2) ՆստեցՆել; ուղարկել *(բաՆտ կամ հոգեբուժակաՆ հիվաՆդաՆոց)*

instruct |ɪn'strʌkt| *verb* 1) սովորեցՆել; ուսուցաՆել 2) հրահաՆգավորել; հրահաՆգել; կարգադրություՆ աՆել 3) հաղորդել; տեղեկացՆել; իրազեկել

instruction |ɪn'strʌkʃ(ə)n| *noun* 1) ուսուցում; դասավաՆդում 2) (**instructions**) հրահաՆգՆեր 3) *համակարգիչներ* հրահաՆգ 4) (**instructions**) ուղեցույց

instructional *adjective* ուսումՆակաՆ; կրթակաՆ

instructive |ɪn'strʌktɪv| *adjective* 1) ուսաՆելի; խրատակաՆ 2) *լեզվաբանություն* հրահաՆգչակաՆ

instructively *adverb* ուսաՆելիորեՆ

instructor |ɪn'strʌktə| *noun* 1) հրահաՆգիչ; մարզիչ 2) ուսուցիչ 3) *ամերիկյան* դասախոս *(բարձրագույՆ ուսումՆակաՆ հաստատություՆում)*

instrument |'ɪnstrʊm(ə)nt| **1** *noun* 1) գործիք 2) *տեխնիկական* սարք 3) *իրավունք* փաստաթուղթ **2** *verb* 1) *երաժշտություն* գործիքավորել *(երաժշտակաՆ երկը հարմարեցՆել երաժշտակաՆ գործիքՆերի համար)* 2) մատակարարել գործիքՆեր *(հատկապես չափիչ)*

instrumental |ɪnstrʊ'mɛnt(ə)l| **1** *adjective* 1) գործիքայիՆ 2) գործիքՆերի միջոցով կատարված 3) Նպաստող; օժաՆդակող ◇ **be instrumental in** Նպաստել; օժաՆդակել 4) *քերականություն* գործիակաՆ *(հոլովի մասիՆ)* **2** *noun* 1) գործիքայիՆ երաժշտություՆ 2) *քերականություն* գործիակաՆ հոլով

instrumentality |ɪnstrʊmɛn'tælɪti| *noun* (հոգՆ. **-ties**) 1) միջոց; ձև 2) աջակցություՆ; օգՆություՆ

instrumentation |ˌɪnstrʊmɛn'teɪʃ(ə)n| *noun* *երաժշտություն* 1) գործիքավորում *(երաժշտակաՆ երկի հարմարեցումը երաժշտակաՆ գործիքՆերի համար)* 2) գործիքՆերի հավաքածու; գործիքՆեր 3) գործիքՆերի կիրառում

insubordinate |ˌɪnsə'bɔ:dɪnət| *adjective* աՆհՆազաՆդ; աՆկարգապահ

insubstantial |ɪnsəb'stænʃ(ə)l| *adjective* 1) աՆհիմՆ; չհիմՆավորված; աՆփաստարկ 2) *բանաստեղծական* աՆիրակաՆ; պատրաՆքայիՆ; մտացածիՆ

insufferable |ɪn'sʌf(ə)rəb(ə)l| *adjective* աՆհաՆդուրժելի; աՆտաՆելի

insufficiency |ɪnsə'fɪʃ(ə)nsi| *noun* 1) պակասություՆ; բավակաՆաչափ չլիՆելը 2) *բժշկություն* աՆբավարարություՆ 3) աՆըՆդուՆակություՆ

insufflate |'ɪnsəfleɪt| *verb* 1) Ներփչել; Ներս փչել; փչել 2) *կրոն* փչել *(խորհրդաՆշում է Սուրբ Հոգու ազդեցությունը)*

insular |'ɪnsjʊlə| *adjective* 1) սահմաՆափակ; կղզիացած *(հայացքՆերի մասիՆ)* 2) կղզիակաՆ 3) առաՆձՆացած; մեկուսացած 4) *կազմախոսություն* Ռեյլյա կղզյակիՆ վերաբերող

insularity |-'lærɪti| *noun* 1) կղզիակաՆ դիրք 2) իՆքՆամփոփություՆ; մեկուսացվածություՆ

insulate |'ɪnsjʊleɪt| *verb* 1) մեկուսացՆել *(ջերմությաՆ, էլեկտրակաՆությաՆ Նկատմամբ)* 2) աՆջատել; պաշտպաՆել 3) կղզի առաջացՆել; ջրով շրջապատել

insulating tape *noun* մեկուսիչ ժապավեՆ

insulation |ɪnsjʊ'leɪʃ(ə)n| *noun* 1) մեկուսացում; առաՆձՆացում; աՆջատում; կղզիացում 2) մեկուսացվածություՆ 3) *տեխնիկական* մեկուսիչ Նյութ

insulator |'ɪnsjʊleɪtə| *noun* 1) մեկուսիչ; աՆջատիչ 2) մեկուսիչ Նյութ

insulin |'ɪnsjʊlɪn| *noun* *կենսաքիմիա* իՆսուլիՆ

insult 1 *verb* |ɪn'sʌlt| վիրավորել; վիրավորաՆք հասցՆել; աՆպատվել; աՆարգել **2** *noun* |'ɪnsʌlt| վիրավորաՆք; աՆպատվություՆ; աՆարգաՆք
add insult to injury կրակի վրա յուղ լցՆել; վերքի վրա աղ ցաՆել

insuperable |ɪn's(j)u:p(ə)rəb(ə)l| *adjective* աՆհաղթահարելի; աՆհաղթելի; աՆդիմադրելի

insupportable |ɪnsə'pɔ:təb(ə)l| *adjective* 1) աՆտաՆելի; աՆհաՆդուրժելի 2) չհիմՆավորված; աՆհիմՆ; չարդարացվող

insurance |ɪnˈʃʊər(ə)ns| *noun* 1) ապահովագրում; ապահովագրություն 2) ապահովագրման գումար 3) ապահովագրական գործարարություն

insure |ɪnˈʃʊə| *verb* 1) ապահովագրել 2) ապահովագրվել 3) ապահովել

insurer |ɪnˈʃʊərə| *noun* ապահովագրող; ապահովագրական ընկերություն

insurgent |ɪnˈsəːdʒ(ə)nt| **1** *adjective* ապստամբական; ապստամբ; խռովարարական **2** *noun* ապստամբ; խռովարար

insurmountable |ˌɪnsəˈmaʊntəb(ə)l| *adjective* անհաղթահարելի; անհաղթելի; անդիմադրելի

insurrection |ˌɪnsəˈrɛkʃ(ə)n| *noun* 1) ապստամբություն 2) խռովություն; ընդվզում

intact |ɪnˈtækt| *adjective* անեղծ; անվթար; անձեռնմխելի; անաղարտ

intake |ˈɪnteɪk| *noun* 1) ներթողում; ներս թողնելը 2) կազմ; ընդհանուր քանակություն; ընդունելություն *(ուսանողների, բանվորների և այլնի)* 3) կլանված նյութ 4) ներթող անցք 5) օդափոխման անցք

intangible |ɪnˈtæn(d)ʒɪb(ə)l| **1** *adjective* 1) անշոշափելի 2) աննշմարելի 3) անըմբռնելի; անընկալելի; անորսալի **2** *noun* անշոշափելի բան

integer |ˈɪntɪdʒə| *noun* 1) *մաթեմատիկա* ամբողջ թիվ 2) ամբողջական բան

integral |ˈɪntɪgr(ə)l|, |ɪnˈtɛgr(ə)l| **1** *adjective* 1) լրիվ; ամբողջ; անբաժանելի; ամբողջական 2) *մաթեմատիկա* ինտեգրալային; ամբողջային 3) էական 4) միավորված; համակցված 5) անխաթար; անեղծ **2** *noun* |ˈɪntɪgr(ə)l| 1) *մաթեմատիկա* ինտեգրալ; ամբողջորդ 2) ամբողջական բան

integrate |ˈɪntɪgreɪt| *verb* 1) ամբողջություն կազմել; միացնել 2) մտցնել; ընդգրկել ◊ **integrate handicapped persons into society** հաշմանդամներին ընդգրկել հասարակության մեջ 3) համատեղել 4) *մաթեմատիկա* ինտեգրել; ամբողջել

integrated |ˈɪntɪgreɪtɪd| *adjective* 1) միավորված; ամբողջական; միացյալ 2) ընդհանուր 3) *համակարգիչներ* միահավաք 4) *ֆիզիկա* միջինացված; միջին

integration |ɪntɪˈgreɪʃ(ə)n| *noun* 1) միավորում; միացում 2) *մաթեմատիկա* ինտեգրում; ամբողջում

integrity |ɪnˈtɛgrɪtɪ| *noun* 1) լրիվություն; ամբողջություն; ամբողջականություն 2) ուղղամտություն; ազնվություն; շիտակություն 3) անաղարտություն

intellect |ˈɪntəlɛkt| *noun* 1) խելք; միտք; բանականություն 2) մտավորական; ստեղծագործող անձ

intellection |ɪntɪˈlɛkʃ(ə)n| *noun* մտավոր գործունեություն; մտածողություն

intellective *adjective* մտավոր; մտքի; մտային; մտածական

intellectual |ˌɪntəˈlɛktʃʊəl|, |-tjʊəl| **1** *adjective* 1) մտավոր; մտքի 2) մտածողական; մտածողության 3) մտածող; խորհող 4) խելոք; խելացի **2** *noun* 1) մտավորական 2) (**the intellectuals**) մտավորականություն

intellectual property *noun* *իրավունք* մտավոր սեփականություն

intelligence |ɪnˈtɛlɪdʒ(ə)ns| *noun* 1) խելք; մտածողություն; իմացականություն; մտավոր կարողություն; ըմբռնողություն 2) խելացի անձ 3) տեղեկություն; լուր *(գաղտնի)* 4) գործակալական հետախուզություն 5) *հնացած* տեղեկություն *(ընդհանուր)* 6) *ռազմական* հետախուզական տվյալներ

intelligence service հետախուզական ծառայություն

intelligencer |ɪnˈtɛlɪdʒ(ə)nsə| *noun* *հնավանդ* գաղտնի գործակալ; իրազեկիչ; տեղեկատու; լրտես; լրտու

intelligent |ɪnˈtɛlɪdʒ(ə)nt| *adjective* 1) խելոք; խելացի 2) խելամիտ; հասկացող 3) *համակարգիչներ* մտածող; արհեստական մտածողություն ունեցող

intelligently *adverb* խելացիորեն; բանականորեն; գիտակցաբար

intelligibility |-ˈbɪlɪtɪ| *noun* 1) հասկանալիություն; դյուրըմբռնելիություն; մատչելիություն 2) *փիլիսոփայություն* իմանալիություն

intelligible |ɪnˈtɛlɪdʒɪb(ə)l| *adjective* 1) հասկանալի; դյուրըմբռնելի; դյուրընկալելի 2) *փիլիսոփայություն* իմանալի

intemperance *noun* 1) անչափավորություն; անժուժկալություն; անզսպություն 2) հարբեցողություն; ալկոհոլամոլություն

intemperate |ɪnˈtɛmp(ə)rət| *adjective* 1) անչափավոր; անժուժկալ 2) անզուսպ; հախուռն 3) հարբեցող 4) խիստ *(կլիմայի մասին)*

intend |ɪnˈtɛnd| *verb* 1) մտադրվել; մտքում ունել; ծրագրել; մտադիր լինել 2) հատկացնել; նախատեսել; առանձնացնել 3) նկատի ունենալ

intense |ɪnˈtɛns| *adjective* 1) լարված; ուժգին; բուռն; սաստիկ 2) եռանդուն; եռանդոտ; զգացմունքային 3) պայծառ *(գույնի մասին)*

intensely *adverb* 1) ուժգնորեն; սաստկաբար; ծայրահեղորեն 2) լարված կերպով

intensification |-fɪˈkeɪʃ(ə)n| *noun* ուժգնացում; սաստկացում

intensifier |ɪnˈtɛnsɪfʌɪə| *noun* 1) ուժգնացնող; ուժգնացուցիչ; սաստկացուցիչ *(անձ կամ գործոն)* 2) հստակեցուցիչ; ուժգնացուցիչ *(նյութ, որը նպաստում է լուսանկարի նեգատիվը հստակեցնելուն)*

intensify |ɪnˈtɛnsɪfʌɪ| *verb* (**-fies**, **-fied**) 1) ուժեղացնել; սաստկացնել 2) ուժգնանալ; սաստկանալ

intension |ɪnˈtɛnʃ(ə)n| *noun* 1) լարում; ճիգ; ջանք; եռանդ 2) լարվածություն; ուժգնություն 3) *տրամաբանություն* հասկացության էությունը

intensity |ɪnˈtɛnsɪtɪ| *noun* (հոգն. **-ties**) 1) ուժգնություն; լարվածություն; ուժ; թափ 2) պայծառություն; խորություն *(գույնի)* 3) *ֆիզիկա* լարվածություն *(դաշտի)*

intensive |ɪnˈtɛnsɪv| **1** *adjective* 1) սաստիկ; լարված; ուժգին; խոր 2) *քերականություն* ուժգնացնող; սաստկական; սաստկացուցիչ 3) արագացված *(դասընթացի մասին)* 4) *գյուղատնտեսություն* *տնտեսագիտություն* միջոցատար; միջոցներ պահանջող; աշխատատար ◊ **computer-intensive methods** համակարգչատար եղանակներ 5) *ֆի-*

զիկա չափերից անկախ *(հատկության մասին)* **2** *noun* *քերականություն* ուժգնացուցիչ ածական/մակբայ/մասնիկ; ուժգնացուցիչ

intensive care *noun* 1) եռանդուն/փութեռանդ/ինտենսիվ բուժում 2) եռանդուն/ինտենսիվ բուժման բաժանմունքը

intent |ɪn'tɛnt| **1** *noun* 1) մտադրություն; դիտավորություն 2) մտադրվելը 3) *իրավունք* դիտավորություն **2** *adjective* 1) ուշադիր; կենտրոնացած; սևեռուն; վճռականությամբ լի 2) մտադիր; մտադրված *(որևէ բան անելու)*

to all intents and purposes 1) բոլոր տեսանկյուններից; համակողմանիորեն 2) փաստորեն; ըստ էության

with intent *իրավունք* դիտավորությամբ; մտադրությամբ

intention |ɪn'tɛnʃ(ə)n| *noun* 1) մտադրություն; դիտավորություն; միտում ◇ **our intention is** մենք մտադիր ենք; մեր նպատակն է 2) մտադրություն ամուսնության վերաբերյալ ◇ **honorable intentions** ազնիվ մտադրություն; ամուսնանալու մտադրություն 3) վերքի բուժման ընթացքը

intentional |ɪn'tɛnʃ(ə)n(ə)l| *adjective* 1) դիտավորյալ; միտումնավոր; կանխամտածված 2) *փիլիսոփայություն* մտացածին; մտքի հնարած

intentionally *adverb* միտումնավոր կերպով; դիտավորությամբ

inter |ɪn'təː| *verb* (**-terred**, **-terring**) թաղել; հողին հանձնել

inter- |'ɪntə| *prefix* 1) միջ- ◇ **interdental** *լեզվաբանություն* միջատամնային *(հնչյունի մասին)* 2) փոխ- ◇ **interactive** փոխգործուն 3) միա- ◇ **intermingle** միախառնվել

interact |ɪntər'ækt| *verb* փոխազդել; փոխադարձաբար ազդել

interaction |ɪntər'ækʃ(ə)n| *noun* 1) փոխազդեցություն; փոխադարձ ազդեցություն; փոխադարձ ներգործություն; փոխներգործություն 2) համագործակցություն

interactive |ɪntər'æktɪv| *adjective* 1) *համակարգիչներ* փոխգործուն 2) փոխազդող

interbreed |ɪntə'briːd| *verb* (անցյալ և անցյալ դերբայ **-bred** |-'brɛd|) խաչասերել; խաչասերվել *(կենդանիների մասին)*

intercede |ˌɪntə'siːd| *verb* միջնորդել; բարեխոսել

intercept |ˌɪntə'sɛpt| **1** *verb* 1) որսալ *(նամակը, ռադիոհաղորդումը, հեռախոսային խոսակցությունը և այլն)* 2) կանգնեցնել; ճանապարհը կտրել; առաջը փակել; կանխելով բռնել; կալնել 3) կտրել; անջատել *(էլեկտրական հոսանքը, լույսը, ջուրը և այլն)* 4) *մաթեմատիկա* անջատել *(հատված)* 5) *մարզական* խափանել *(հարվածը, փոխանցումը)* **2** *noun* |'ɪntəsɛpt| 1) *ռազմական* գրավում; որսալը; բռնելը; կալնում 2) *ռազմական* որսված ազդանշան 3) գաղտնալսում 4) *մաթեմատիկա* հատման կետ 5) *մարզական* խափանում *(հարվածի, փոխանցման)*

interception *noun* 1) բռնելը; որսալը; կալնում 2) գաղտնալսում *(հեռախոսային խոսակցության)* 3) արգելում; խափանում; առաջը փակելը; ճանապարհը կտրելը 4) հատում; հատելը

intercom |'ɪntəkɒm| *noun* փոխհաղորդ *(միակողմանի կամ երկկողմանի հաղորդակցության համակարգ)*

intercommunicate |ˌɪntəkə'mjuːnɪkeɪt| *verb* 1) հաղորդակցվել; միմյանց հետ հաղորդակցություն ունենալ; փոխհաղորդակցվել 2) կից լինել

intercommunication *noun* հաղորդակցում; հաղորդակցություն; փոխհաղորդակցում; փոխադարձ կապ

intercommunion |ˌɪntəkə'mjuːnjən| *noun* *եկեղեցական* համատեղ հաղորդություն

interconnect |ɪntəkə'nɛkt| **1** *verb* 1) կապվել; կապակցվել 2) կապակցել; փոխադարձ կապ հաստատել **2** *noun* փոխկապակցիչ

intercontinental |ˌɪntəkɒntɪ'nɛnt(ə)l| *adjective* միջմայրցամաքային

intercostal |ˌɪntə'kɒst(ə)l| *կազմախոսություն* **1** *adjective* միջկողային **2** *noun* միջկողային մկան

intercourse |'ɪntəkɔːs| *noun* 1) կապ; շփում; հաղորդակցություն; փոխհարաբերություն *(անհատների/խմբերի միջև)* 2) սեռական հարաբերություն

interdependent |ɪntədɪ'pɛnd| *adjective* փոխադարձ կախում ունեցող; մեկը մյուսից կախված

interdiction |-'dɪkʃ(ə)n| *noun* 1) արգելում; արգելելը 2) *եկեղեցական* բանադրում; բանադրելը 3) փակոց; արգելափակոց

interest |'ɪnt(ə)rɪst| **1** *noun* 1) հետաքրքրություն 2) շահ; շահագրգռվածություն; օգուտ; բաժին 3) շահ; տոկոս; շահադրույք ◇ **monthly rate of interest** ամսեկան շահադրույք. **interest payments** շահադրույքի վճարումներ **2** *verb* հետաքրքրել; շահագրգռել

in the interests of ի շահ *(ինչ-որ բանի)*

with interest 1) տոկոսով; շահով 2) ավելիով; առավել մեծ չափով

interested |'ɪnt(ə)rɪstɪd| *adjective* 1) շահագրգռված; հետաքրքրված 2) աչառու; կողմնակալ 3) շահադիտական; շահախնդրական

interest-free *adjective, adverb* առանց շահի/տոկոսի; անտոկոս

interesting |'ɪnt(ə)rɪstɪŋ| *adjective* հետաքրքիր; հետաքրքրական

interestingly *adverb* հետաքրքրաբար; հետաքրքրորեն

interface |'ɪntəfeɪs| **1** *noun* 1) բաժանման մակերես/սահման; սահմանագիծ 2) *համակարգիչներ* փոխկապակցիչ; միջերես *(ծրագրի կամ սարքի այն մասը, որը հարաբերվում է գործածողի հետ)* **2** *verb* 1) *համակարգիչներ* փոխկապակցել 2) փոխազդել

interfere |ɪntə'fɪə| *verb* 1) խանգարել; արգելք լինել; խոչընդոտել 2) *իրավունք* կաշառել 3) խառնվել; միջամտել 4) (**interfere with**) բախվել; ընդհարվել 5) *ֆիզիկա* վերադրվել 6) սեռական ոտնձգություն գործել *(հատկապես երեխայի կամ երիտասարդի նկատմամբ)*

interference |ɪntə'fɪər(ə)ns| *noun* 1) միջամտություն 2) արգելք; խանգարիչ հանգամանք; խոչընդոտ 3) *ռադիո* խանգարումներ 4) *ֆիզիկա* վերադրում

interflow ˈɪntəfləʊ| **1** *verb բանաստեղծական* միախառնվել; միմյանց հետ խառնվել **2** *noun* միախառնում; միմյանց հետ խառնվելը

interfuse |ɪntəˈfju:z| *verb բանաստեղծական* 1) խառնվել; իրար խառնվել 2) խառնել; իրար խառնել

intergrowth |ˈɪntəgrəʊθ| *noun* 1) ծլում; բողբոջում 2) սերտաճում; աճակցում *(բյուրեղների մասին)*

interim |ˈɪnt(ə)rɪm| **1** *noun* ժամանակամիջոց ◇ **in the interim** այդ ժամանակամիջոցում/ընթացքում **2** *adjective* ժամանակավոր; միջակա; միջանկյալ **3** *adverb հնացած* մինչդեռ

interior |ɪnˈtɪərɪə| **1** *adjective* 1) ներսի; ներքին 2) երկրի խորքի; ոչ սահմանային 3) ներքաղաքական **2** *noun* 1) ներսի մասը 2) երկրի ներքին շրջանները 3) երկրի ներքին գործերը 4) *խոսակցական* ներքինը; հոգին; բնավորությունը 5) ներսույթ; ինտերիեր

interior angle *noun երկրաչափություն* ներքին անկյուն

interior design *noun* ներսույթի նախագծում *(շենքի)*

interject |ˌɪntəˈdʒɛkt| *verb* դիտողություններով ընդհատել; ընդմիջարկել

interjection |ɪntəˈdʒɛkʃ(ə)n| *noun* 1) բացականչություն 2) *քերականություն* ձայնարկություն

interlace |ɪntəˈleɪs| *verb* 1) միահյուսել 2) միահյուսվել 3) հերթափոխել; հերթագայել 4) հերթագայվել

interline[1] |ɪntəˈlʌɪn| *verb* տողերի արանքում գրել

interline[2] |ɪntəˈlʌɪn| *verb* միջնաստառ դնել

interlinear |ɪntəˈlɪnɪə| *adjective* 1) միջտողային; տողամիջի 2) բառացի; տող առ տող ◇ **interlinear translation** բառացի թարգմանություն

interlocution |-ləˈkju:ʃ(ə)n| *noun* զրույց; խոսակցություն; առուլիս

interlocutor |ˌɪntəˈlɒkjʊtə| *noun գրական անգլերեն* զրուցակից; խոսակից

interlope *verb* 1) ուրիշի գործերի մեջ խառնվել; միջամտել ուրիշի գործերին 2) մաքսանենգությամբ զբաղվել 3) ոտնահարել ուրիշի իրավունքները

interlude |ˈɪntəl(j)u:d| *noun* 1) *թատրոն* միջնախաղ 2) *երաժշտություն* միջերգ 3) ընդմիջում; ժամանակամիջոց

intermarriage |ɪntəˈmærɪdʒ| *noun* 1) խառնամուսնություն; ամուսնություն տարբեր ազգությունների պատկանող մարդկանց միջև 2) ամուսնություն ազգականների միջև

intermarry |ɪntəˈmæri| *verb* (**-ries**, **-ried**) 1) ամուսնանալ այլ խմբի ներկայացուցչի հետ 2) ամուսնանալ ազգակցի հետ

intermediary |ˌɪntəˈmi:dɪəri| **1** *noun* (հոգն. **-aries**) միջնորդ **2** *adjective* 1) միջնորդական 2) միջանկյալ

intermediate |ˌɪntəˈmi:dɪət| **1** *adjective* 1) միջանկյալ 2) միջին *(մակարդակի/դասընթացի մասին)* **2** *noun* 1) միջանկյալ բան 2) միջակ/միջին մակարդակի անձ 3) *քիմիա* միջանկյալ միացություն **3** *verb* |ˌɪntəˈmi:dɪeɪt| (**intermediate between**) միջնորդ լինել; միջնորդի դեր խաղալ; միջնորդել

intermedium |ˌɪntəˈmi:dɪəm| *noun* (հոգն. **-dia** |-ˈmi:dɪə|) *կենդանաբանություն* միջոց

interment |ɪnˈtə:m(ə)nt| *noun* թաղում; հուղարկավորություն

interminable |ɪnˈtə:mɪnəb(ə)l| *adjective* անվերջ; անսահման

intermingle |ɪntəˈmɪŋg(ə)l| *verb* 1) խառնել; միախառնել 2) խառնվել; միախառնվել

intermission |ɪntəˈmɪʃ(ə)n| *noun* 1) ընդմիջում; դադար 2) *ամերիկյան* ընդմիջում *(համերգի, ներկայացման ժամանակ)*

intermit |ˌɪntəˈmɪt| *verb* (**-mitted**, **-mitting**) 1) ընդհատել; դադարեցնել; ընդմիջել 2) ընդհատվել; դադարել

intermittent |ɪntəˈmɪt(ə)nt| *adjective* ընդմիջվող; ընդհատ; ընդհատուն; ընդհատվող; անկանոն

intermix |ɪntəˈmɪks| *verb* միախառնել; միախառնվել

intern **1** *noun* |ˈɪntə:n| *ամերիկյան* 1) պրակտիկանտ 2) բժիշկ-պրակտիկանտ **2** *verb* 1) ներկալել; բանտարկել; արգելափակել *(բանտարկյալների, ռազմագերիների)* 2) որպես պրակտիկանտ ծառայել/աշխատել

internal |ɪnˈtə:n(ə)l| **1** *adjective* 1) ներքին; ներսի 2) հոգեկան **2** *plural noun* ներքին մասեր; ներքին հատկություններ

internal combustion engine *noun* ներքին այրման շարժիչ

internalize |ɪnˈtə:n(ə)lʌɪz| *verb բնախոսություն* յուրացնել

international |ɪntəˈnæʃ(ə)n(ə)l| **1** *adjective* միջազգային **2** *noun* 1) *բրիտանական* միջազգային խաղ 2) միջազգային խաղի մասնակից 3) Ինտերնացիոնալ *(սոցիալիստական շարժման միություն)*

International Atomic Energy Agency (հպվ. **IAEA**) Ատոմային էներգիայի միջազգային գործակալություն

International Bank for Reconstruction and Development (հպվ. **IBRD**) Վերակառուցման և զարգացման միջազգային դրամատուն/բանկ

International Civil Aviation Organization Քաղաքացիական օդագնացության միջազգային կազմակերպություն

International Court of Justice Միջազգային դատարան; Հաագայի դատարան *(ՄԱԿ-ի)*

International Development Association (հպվ. **IDA**) Միջազգային զարգացման ասոցիացիա *(Վերակառուցման և զարգացման միջազգային դրամատան մասնաճյուղը)*

Internationale |ˌɪntənæʃəˈnɑ:l| Ինտերնացիոնալ *(օրհներգ)*

International Energy Agency (հպվ. IEA) Էներգիայի միջազգային գործակալություն

International Fund for Agricultural Development (հպվ. IFAD) Գյուղատնտեսական զարգացման միջազգային հիմնադրամ

internationalism |ɪntəˈnæʃ(ə)n(ə)lɪz(ə)m| *noun* միջազգայնություն; ինտերնացիոնալիզմ

internationalize |ɪntəˈnæʃ(ə)n(ə)lʌɪz| *verb* 1) միջազգային դարձնել; միջազգայնացնել 2) երկու կամ ավելի պետությունների հովանավորության տակ դնել *(տարածքը)*

International Labor Organization (հպվ. ILO) Աշխատանքի միջազգային կազմակերպություն

International Monetary Fund (հպվ. IMF) Արժույթի միջազգային հիմնադրամ; ԱՄՀ

International Organization for Standardization Չափորոշման միջազգային կազմակերպություն

International Phonetic Alphabet (հպվ. IPA) Միջազգային հնչյունական այբուբեն

International Telecommunications Union (հպվ. ITU) Հեռահաղորդակցության միջազգային միություն

internecine |ɪntəˈniːsʌɪn| *adjective* 1) երկպառակտչական 2) մահաբեր; կործանարար; աղետաբեր

internee |ˌɪntəːˈniː| *noun* կալանավոր; կալանված անձ

Internet |ˈɪntənɛt| *noun* համացանց; ինտերնետ

internment *noun* կալանում; ներկալում; արգելափակում

interpellate |ɪnˈtəːpɪleɪt| *verb* հարցում անել; հարցապնդել *(կառավարության անդամին՝ խորհրդարանում)*

interpellation |-ˈleɪʃ(ə)n| *noun* հարցում; հարցապնդում *(կառավարության անդամին՝ խորհրդարանում)*

interplay |ˈɪntəpleɪ| *noun* փոխազդեցություն; փոխներգործություն

Interpol |ˈɪntəpɒl| Ինտերպոլ *(քրեական ոստիկանության միջազգային կազմակերպություն, որի կենտրոնակայանը Փարիզում է)*

interpolate |ɪnˈtəːpəleɪt| *verb* 1) հավելումներ կատարել; եղծել; աղավաղել *(հեղինակին չպատկանող և տեքստն աղավաղող բառեր մտցնել ձեռագրի մեջ)* 2) ընդմիջարկել 3) ընդհատել; խոսքը կտրել 4) *մաթեմատիկա* միջարկում *(երկու հայտնի կետերի միջև եղած կետը որոշել)*

interpose |ɪntəˈpəʊz| *verb* 1) մտցնել; միջարկել; ներդնել 2) արանքը մտնել 3) միջամտել; միջամուխ լինել 4) ընդմիջարկել; ընդհատել *(դիտողություններով և այլն)*

interpret |ɪnˈtəːprɪt| *verb* (**-preted**, **-preting**) 1) մեկնաբանել; բացատրել; լուսաբանել 2) թարգմանել; թարգմանչի դեր կատարել *(բանավոր)*

interpretation |ɪntəːprɪˈteɪʃ(ə)n| *noun* 1) մեկնաբանություն; բացատրություն; պարզաբանություն 2) բանավոր թարգմանություն

interpreter |ɪnˈtəːprɪtə| *noun* 1) մեկնաբան; մեկնիչ 2) թարգման; թարգմանիչ *(բանավոր)* 3) *համակարգիչներ* մեկնաբանիչ *(ծրագիր, որն օգտագործվում է գործածողի բարձր մակարդակի լեզուն մեքենայական կոդի փոխարկելու համար)*

interregnum |ˌɪntəˈrɛgnəm| *noun* (հոգն. **-nums** կամ **-na** |-nə|) 1) միջթագավորություն; միջիշխանություն *(երկու հաջորդական թագավորությունների, կառավարությունների միջև ընկած ժամանակամիջոցը)* 2) ընդմիջում; դադար; միջոց

interrelate |ɪntərɪˈleɪt| *verb* 1) փոխկապակցել; հարաբերություն հաստատել 2) փոխհարաբերվել; հարաբերակցություն հաստատել

interrelation *noun* փոխհարաբերություն; փոխադարձ կապ; հարաբերակցություն

interrogate |ɪnˈtɛrəgeɪt| *verb* 1) հարցնել; հարց ու փորձ անել 2) հարցաքննել 3) *համակարգիչներ* տվյալներ ստանալ 4) *տեխնիկական* ազդանշան հաղորդել *(պատասխան ստանալու համար)*

interrogation |ɪnˌtɛrəˈgeɪʃ(ə)n| *noun* 1) հարցաքննում; հարցաքննություն; հարցում; հարցապնդում 2) *տեխնիկական* ազդանշանի ուղարկում

interrogative |ˌɪntəˈrɒgətɪv| **1** *adjective* 1) *լեզվաբանություն* հարցական *(դերանուն և այլն)* 2) հարցական; հարցնող 3) հետաքրքրասեր **2** *noun* 1) հարցական բառ 2) հարցական կառուցվածք

interrogatory |ˌɪntəˈrɒgət(ə)ri| **1** *adjective* հարցական **2** *noun* (հոգն. **-ries**) *իրավունք* 1) հարց 2) հարցաքննություն 3) հարցաքննության թերթիկ

interrupt |ɪntəˈrʌpt| *verb* 1) ընդհատել; ընդմիջել; ընդմիջարկել 2) դադար տալ 3) խանգարել 4) միջամտել

interruption *noun* ընդհատում; ընդհատելը

intersect |ɪntəˈsɛkt| *verb* 1) միմյանց հատվել; հատվել; տրամախաչվել; խաչվել 2) հատել; բաժանել

intersection |ɪntəˈsɛkʃ(ə)n| *noun* 1) հատման կետ 2) հատում; փոխհատում; տրամախաչում

intersperse |ɪntəˈspəːs| *verb* 1) ցրել; շաղ տալ; ցրիվ տալ 2) զանազանակերպել; բազմազանել

interstate |ɪntəˈsteɪt| **1** *adjective* 1) միջնահանգային 2) միջպետական **2** *noun* |ˈɪntəsteɪt|(նաև **interstate highway**) միջնահանգային ավտոմայրուղի

interstice |ɪnˈtəːstɪs| *noun* 1) արանք; տարածություն 2) ճեղք; ճաք; ծերպ 3) *ֆիզիկա* միջատոմային հեռավորություն *(բյուրեղացանցում)*

intertwine |ɪntəˈtwʌɪn| *verb* 1) միահյուսել 2) միահյուսվել 3) *փոխաբերական* կապել; կապվել

interval |ˈɪntəv(ə)l| *noun* 1) ժամանակամիջոց; միջոց; տարածություն; հեռավորություն ◇ **at intervals** այստեղ ու այնտեղ; ժամանակ առ ժամանակ 2) ընդմիջում; դադար

intervene |ɪntəˈviːn| *verb* 1) խառնվել; միջամտել; միջամուխ լինել 2) միջև ընկած լինել; տեղավորված լինել 3) տեղի ունենալ; պատահել; կատարվել *(ինչ-որ իրադարձությունների արանքում)* 4) ընդհատել 5) *իրավունք* միջամտել *(որպես երրորդ կողմ, սովորաբար կողմերից մեկի շահերը պաշտպանելու համար)*

intervention |ɪntəˈvenʃ(ə)n| *noun* 1) միջամտություն 2) ներխուժում; զավթախուժում

interventionist |ɪntəˈvenʃ(ə)nɪst| **1** *adjective* միջամտության **2** *noun* միջամտության կողմնակից *(տնտեսության վրա՝ կառավարության)*

interview |ˈɪntəvjuː| **1** *noun* 1) հանդիպում; զրույց; խոսակցություն *(երես առ երես)* 2) հարցազրույց 3) հարցում **2** *verb* 1) զրուցել; հարցազրույց ունենալ 2) հարցազրույց վարել

interviewee |-vjuːˈiː| *noun* հարցազրույց տվող

intervocalic |ˌɪntəvə(ʊ)ˈkælɪk| *adjective հնչյունաբանություն լեզվաբանություն* ձայնավորների միջև; միջձայնավորային

interweave |ɪntəˈwiːv| *verb* (անցյալ **-wove** |-ˈwəʊv|; անցյալ դերբայ **-woven** |-ˈwəʊv(ə)n|) 1) ներհյուսել; գործել 2) միահյուսել 3) միահյուսվել 4) միախառնել; միավորել

intestate |ɪnˈtɛsteɪt| **1** *adjective իրավունք* առանց կտակ թողնելու վախճանված *(անձի մասին)* **2** *noun իրավունք* առանց կտակ թողնելու վախճանված անձ

intestinal |ɪntɛˈstʌɪn(ə)l| *adjective* աղիքային

intestine |ɪnˈtɛstɪn| (նաև **intestines**) *noun* աղիքներ; աղիներ ◊ **small intestine** բարակ աղիք. **large intestine** հաստ աղիք

intimacy |ˈɪntɪməsi| *noun* (հոգն. **-cies**) 1) մտերմություն; մտերմական հարաբերություն 2) *մեղմասություն* կապ; սեռական հարաբերություններ 3) ծանոթություն; լավատեղյակ լինելը

intimate[1] |ˈɪntɪmət| **1** *adjective* 1) մոտիկ; մտերիմ; սերտ; ջերմ 2) լավ ծանոթ 3) *մեղմասություն* անձնական; սեռական 4) ներքին; խորը 5) մասնավոր; համակողմանի **2** *noun* մտերիմ ընկեր

intimate[2] |ˈɪntɪmeɪt| *verb* 1) իրազեկ դարձնել; տեղեկացնել; ազդարարել; ծանուցել 2) ակնարկել; ակնարկ անել

intimately *adverb* մտերմորեն; սերտորեն; ջերմորեն

intimation |-ˈmeɪʃ(ə)n| *noun* 1) հայտարարություն; ազդարարում; ծանուցում; ցուցում 2) ակնարկ

intimidate |ɪnˈtɪmɪdeɪt| *verb* վախեցնել; ահաբեկել; ահ տալ

into |ˈɪntʊ|, |ˈɪntə| *preposition* 1) ներս; մեջ *(ցույց է տալիս շարժում դեպի սահմանափակ տարածություն՝ առարկայի ներսը)* ◊ **go into the hotel** ներս մտնել հյուրանոց 2) դեպի *(ցույց է տալիս շարժման ուղղությունը)* ◊ **the road that led down into the village** ճանապարհը, որը տանում էր դեպի գյուղ 3) մեջ *(ցույց է տալիս ներառում, որևէ բանի մեջ մտցնելը)* ◊ **into the bushes** թփերի մեջ 4) *(ցույց է տալիս անցում նոր վիճակի/որակի/ձևի. հայերեն չի թարգմանվում)* ◊ **a peaceful protest which turned into violent confrontation** խաղաղ բողոքի ցույց, որը վերածվեց կատաղի բախման. **translate into English** թարգմանել անգլերենի 5) *(ցույց է տալիս բաժանում մասերի)* ◊ **Six into three is two.** Վեցը բաժանած երեքի հավասար է երկուսի: 6) *(ցույց է տալիս շարժման ուղղություն, որի հետևանքով տեղի է ունենում բախում կամ հպում)* ◊ **ran into a wall** բախվել պատին 7) *խոսակցական* ներգրավված; հետաքրքրված; կլանված ◊ **He is into Pascal these days.** Նա այս օրերին կլանված է Պասկալի գործերով:

intolerable |ɪnˈtɒl(ə)rəb(ə)l| *adjective* 1) անհանդուրժելի; անտանելի; անդիմանալի; անթույլատրելի 2) *խոսակցական* վրդովեցնող; ձանձրացնող

intolerance *noun* 1) անհանդուրժողություն 2) տանել չկարողանալը; զգայունություն ◊ **intolerance to this drug** զգայունություն այս դեղի նկատմամբ

intolerant |ɪnˈtɒl(ə)r(ə)nt| *adjective* 1) անհանդուրժող; անհամբերող; անհամբերատար; չներող 2) զգայուն; տանել չկարողացող ◊ **aspirin intolerant** ասպիրինի նկատմամբ զգայուն 3) չդիմացող; չտոկացող *(բույսի/կենդանու մասին, որը չի կարող դիմանալ շրջապատի որևէ գործոնի)*

intonation |ɪntəˈneɪʃ(ə)n| *noun* 1) հնչերանգ 2) ելևէջում; զեղգեղանք 3) թվերգ; երգելով խոսելը *(կարդալը, արտասանելը)* 4) նախերգ; նախերգանք

intone |ɪnˈtəʊn| *verb* 1) որոշ հնչերանգով արտասանել կամ երգել 2) երգելով խոսել; թվերգով խոսել *(կարդալ, արտասանել)* 3) նախերգանք երգել/նվագել

intoxicant |ɪnˈtɒksɪk(ə)nt| **1** *noun* 1) ոգելից խմիչք 2) արբեցնող նյութ; արբեցուցիչ **2** *adjective* հարբեցնող; արբեցնող

intoxicate |ɪnˈtɒksɪkeɪt| *verb* 1) հարբեցնել 2) *փոխաբերական* արբեցնել; ոգևորել 3) *բժշկություն* թունավորել

intoxication |-ˈkeɪʃ(ə)n| *noun* 1) արբեցում; հրճվանք; ինքնամոռացություն; բերկրություն 2) *բժշկություն* թունավորում

intra- |ˈɪntrə| *prefix* ներ- ◊ **intradermal** ներմաշկային

intractable |ɪnˈtræktəb(ə)l| *adjective* 1) համառ; անհնազանդ; անզիջող; անհողդողդ 2) *տեխնիկական* դժվար մշակելի; անդյուրամշակ 3) *բժշկություն* դժվար բուժելի; դժվարաբույժ

intramural |ˌɪntrəˈmjʊər(ə)l| *adjective* 1) շենքի ներսում; ներսում 2) առկա *(ուսուցման մասին)* 3) *բժշկություն* օրգանի պատի ներսի 4) ներհամալսարանային

intranet |ˈɪntrənɛt| (նաև **Intranet**) *noun համակարգիչներ* ներցանց

intransigent |ɪnˈtrænsɪdʒ(ə)nt|, |-ˈtrɑː-|, |-nz-| **1** *adjective* անհաշտ; աննկուն; անզիջող **2** *noun* անզիջող անձ *(հատկապես քաղաքական գործիչ)*

intransitive |ɪnˈtrænsɪtɪv|, |-ˈtrɑː-|, |-nz-| **1** *adjective քերականություն* անանցողական *(այն բայերի մասին, որոնք գործածվում են առանց ուղիղ խնդրի)* **2** *noun* անանցողական բայ

intransitively *adverb* անանցողաբար

intrauterine |ˌɪntrəˈjuːtərʌɪn|, |-rɪn| *adjective* ներարգանդային

intravenous |ˌɪntrəˈviːnəs| (հպվ. **IV**) *adjective* ներերակային

intravenously *adverb* ներերակային կերպով

intrepid |ɪnˈtrɛpɪd| *adjective* անվեհեր; աներկյուղ; քաջ; անվախ; քաջարի

intrepidity |-trɪˈpɪdɪti| *noun* անվեհերություն; աներկյուղություն; քաջություն

intricacy |ˈɪntrɪkəsi| *noun* (հոգն. **-cies**) խճճվածություն; բարդություն; խառնաշփոթություն; շփոթություն

intricate |ˈɪntrɪkət| *adjective* խճճված; բարդ; խրթին; կնճռոտ

intrigue **1** *verb* |ɪnˈtriːɡ|(**-trigues**, **-trigued**, **-triguing**) 1) խարդավանել; բանսարկել 2) հետաքրքրությունը գրգռել; հետաքրքրել **2** *noun* |ɪnˈtriːɡ| |ˈɪn-| 1) բանսարկություն; մեքենայություն; խարդավանք; խառնակչություն; նենգախոհություն 2) գաղտնի սիրային կապ 3) հետաքրքրություն

intrinsic |ɪnˈtrɪnsɪk| *adjective* 1) հատուկ; ներհատուկ; բնորոշ; առանձնահատուկ 2) էական 3) *կազմախոսություն* ներքին

introduce |ɪntrəˈdjuːs| *verb* 1) մտցնել; ներս մտցնել; ներս տանել; ներմուծել 2) (**introduce to**) ներկայացնել *(մեկին կամ ինչ-որ բան)* 3) (**introduce to**) ծանոթացնել *(մեկի հետ)* 4) քննարկման ներկայացնել *(հարց, օրինագիծ և այլն)* 5) ներդնել *(նոր հմտություններ, տվյալ միջավայրի համար նոր բույսեր կամ կենդանիներ)* 6) սկսել; բաց անել *(երաժշտական ստեղծագործությունը, հաղորդումը և այլն)*

introduction |ɪntrəˈdʌkʃ(ə)n| *noun* 1) մտցնելը; ներս տանելը; ներմուծում; ներմուծելը 2) ծանոթացնելը; ներկայացնելը 3) ներմուծություն 4) ներածություն; նախաբան; առաջաբան 5) նորամուծություն 6) *երաժշտություն* նախերգանք 7) առաջին փորձ *(տվյալ անձի առաջին քայլերը նոր ասպարեզում)*

introductory |ɪntrəˈdʌkt(ə)ri| *adjective* ներածական; նախնական

introspection |ɪntrə(ʊ)ˈspɛkʃ(ə)n| *noun* *հոգեբանություն* ներհայում; ներհայեցողություն; մտազննություն; ինքնադիտողություն

introspective *adjective* *հոգեբանություն* ներհայեցողական; մտազննական; ինքնադիտական; ինքնադիտողական; ինքնաճանաչողական

introvert |ˈɪntrəvəːt| **1** *noun* 1) *հոգեբանություն* ներահայաց անձ 2) ինքնամփոփ/ներամփոփ անձ **2** *adjective* տե՛ս **introverted**

introverted |ˈɪntrə(ʊ)vəːtɪd| *adjective* 1) ներահայաց 2) ինքնամփոփ; ներամփոփ 3) *կազմախոսություն* ներադարձ; ներսի կողմը դուրս շրջված *(օրգանի մասին)*

intrude |ɪnˈtruːd| *verb* ներխուժել; բռնի մտնել; խուժել; խառնվել; միջամտել; ներթափանցել; առանց հրավերի ներս մտնել

intruder |ɪnˈtruːdə| *noun* 1) աներես/պնդերես մարդ; անկոչ հյուր; ներխուժող; զավթիչ 2) *իրավունք* ինքնակոչ; ուրիշի իրավունքները կամ ունեցվածքը ապօրինի յուրացնող

intrusion |ɪnˈtruːʒ(ə)n| *noun* 1) ներխուժում 2) ուրիշի իրավունքներին բռնի տիրանալը 3) անցանկալի միջամտություն; միջամուխ լինելը 4) *երկրաբանություն* ներժայթքում; ներժայթքվածք

intrusive |ɪnˈtruːsɪv| *adjective* 1) աներես; պնդերես; կպչուն; ձանձրացնող 2) *երկրաբանություն* ներժայթքուն 3) *հնչյունաբանություն* ներմուծական *(հնչողությանը նպաստելու համար բառերի կամ վանկերի միջև ներմուծված հնչյուն)*

intuition |ɪntjʊˈɪʃ(ə)n| *noun* ներըմբռնում; կռահողականություն; կռահում

intuitive |ɪnˈtjuːɪtɪv| *adjective* ներըմբռնողական; կռահողական; ենթագիտակցական

intuitively *adverb* ներըմբռնողաբար; ենթագիտակցաբար

Inuit |ˈɪnjʊɪt|, |ˈɪnʊɪt| **1** *noun* 1) ինուիտ *(Ալյասկայի, Գրենլանդիայի և Կանադայի շրջաններում բնակվող էսկիմոսական ժողովրդի ներկայացուցիչ)* 2) ինուիտերեն *(ինուիտների լեզուն, որը պատկանում է էսկիմոսա-ալեուտյան խմբին)* **2** *adjective* ինուիտական

inundate |ˈɪnʌndeɪt| *verb* ողողել; հեղեղել

inundation |-ˈdeɪʃ(ə)n| *noun* 1) հեղեղ; հեղեղում 2) կուտակում

inure |ɪˈnjʊə| (նաև **enure**) *verb* 1) (**inure to**) կոփել; սովորեցնել; վարժեցնել; ընտելացնել 2) *իրավունք* ուժի մեջ մտնել; վավերական դառնալ

invade |ɪnˈveɪd| *verb* 1) ներխուժել; զավթել 2) ուրիշի իրավունքների նկատմամբ ոտնձգություն կատարել 3) *բժշկություն* ախտահարել; տարածվել *(հիվանդության մասին)*

invader *noun* 1) զավթիչ; նվաճող 2) ոտնձգող

invalid[1] |ˈɪnvəliːd|, |-lɪd| **1** *noun* 1) հիվանդ *(մարդ)* 2) հաշմանդամ **2** *verb* (**-lided**, **-liding**) 1) հիվանդանալ; անաշխատունակ դառնալ 2) հիվանդացնել; անաշխատունակ դարձնել 3) ազատել զինվորական ծառայությունից *(հաշմանդամության պատճառով)* 4) ազատվել զինվորական ծառայությունից **3** *adjective* հիվանդ; անաշխատունակ; հաշմանդամ

invalid[2] |ɪnˈvælɪd| *adjective* 1) անվավեր 2) անգործուն; անզոր; ազդեցություն չունեցող 3) անհիմն; անարժեք

invalidate |ɪnˈvælɪdeɪt| *verb* 1) անվավեր դարձնել/ճանաչել; օրինական ուժից զրկել 2) անհիմն ճանաչել

invalidation |-ˈdeɪʃ(ə)n| *noun* անվավեր ճանաչելը/դարձնելը

invalidity |ɪnvəˈlɪdɪti| *noun* 1) անվավերություն 2) սնանկություն; անհիմն լինելը

invaluable |ɪnˈvæljʊ(ə)b(ə)l| *adjective* անգնահատելի; անգին

invariability |-ˈbɪlɪti| *noun* անփոփոխություն; մշտականություն; անփոփոխելիություն

invariable |ɪnˈvɛːrɪəb(ə)l| *adjective* անփոփոխելի; անփոփոխ; մշտական; հաստատուն

invariably |ɪnˈvɛːrɪəbli| *adverb* անփոփոխ կերպով; հաստատուն կերպով; մշտապես; անընդհատ

invasion |ɪnˈveɪʒ(ə)n| *noun* 1) ներխուժում; արշավանք 2) ոտնձգություն *(ուրիշի իրավունքների դեմ)*

invasive |ɪnˈveɪsɪv| *adjective* 1) ներխուժող; զավթողական; ծավալապաշտական 2) *բժշկություն* խախտող; եղծող *(բժշկական միջամտության մասին)*

invective |ɪnˈvɛktɪv| *noun* հայհոյանք; լուտանք;

հայհոյական եղույթ; պարսավանք

inveigh |ɪnˈveɪ| *verb* հարձակում գործել; հայհոյել; վատաբանել; խայտառակել; պարսավել

inveigle |ɪnˈviːg(ə)l|, |ɪnˈveɪg(ə)l| *verb* մոլորեցնել; գայթակղել; գայթակղեցնել; դրդել; խաբել; ապակողմնորոշել

invent |ɪnˈvɛnt| *verb* 1) հնարել; գյուտ անել; հայտնագործել; ստեղծել 2) հորինել; մոգոնել; հերյուրել; հնարել

invention |ɪnˈvɛnʃ(ə)n| *noun* 1) գյուտ; հայտնագործություն 2) հայտնագործելը; գյուտ անելը 3) հնարագիտություն; գյուտարարական ունակություն; ճարտարամտություն; ստեղծագործական ունակություն 4) մոգոնովի/հնարովի բան 5) *երաժշտություն* ինվենցիա

Invention of the Cross *եկեղեցական* Գյուտ Խաչի

inventive |ɪnˈvɛntɪv| *adjective* 1) հնարագետ; հնարամիտ; ճարտարամիտ 2) գյուտարարական

inventor |ɪnˈvɛntə| *noun* 1) գյուտարար; հայտնագործիչ 2) հորինող/հնարող/մոգոնող մարդ

inventory |ˈɪnv(ə)nt(ə)ri| **1** *noun* (հոգն. **-ries**) 1) գույքացուցակ; գույքացանկ 2) գույք 3) գույքագրում; գույքագրություն **2** *verb* (**-ries**, **-ried**) գույքագրել; գույքացուցակ կազմել

inveracity |ˌɪnvəˈræsɪti| *noun* (հոգն. **-ties**) 1) ստություն; կեղծություն 2) սուտ; կեղծիք

inverse |ˈɪnvəːs|, |ɪnˈvəːs| **1** *adjective* 1) շրջված; հակադարձ; հակադիր; հակառակ; շրջուն 2) *մաթեմատիկա* հակադարձ **2** *noun* 1) հակադրություն; շրջված կարգ; հակապատկեր 2) *մաթեմատիկա* հակադարձ մեծություն 3) *մաթեմատիկա* հակադարձ տարր 4) *տրամաբանություն* հակադարձություն; հակադարձ պնդում

inversely *adverb* 1) հակադարձորեն 2) հակադարձ համեմատականորեն

inversion |ɪnˈvəːʃ(ə)n| *noun* 1) շրջում; շրջվածություն; վերադասավորում 2) *քերականություն* շրջադասություն; շրջուն շարադասություն 3) *երաժշտություն* հնչյունաշրջություն 4) *ֆիզիկա* հակադարձ բևեռացում 5) *ֆիզիկա* փոխարկում *(հաստատուն հոսանքը փոփոխականի)* 6) *մաթեմատիկա* հակադարձ ձևափոխություն 7) *տրամաբանություն* հակադարձ պնդում *(հակադարձություն)* 8) *քիմիա* մոլեկուլի շրջում

invert **1** *verb* |ɪnˈvəːt| 1) շրջել; շուռ տալ; գլխիվայր շրջել 2) փոխատեղել; տեղերը փոխել 3) *երաժշտություն* հնչյունաշրջել 4) *տրամաբանություն* հակադարձ պնդում անել; հակադարձել **2** *noun* |ˈɪnvəːt| 1) *ճարտարապետություն* շրջված կամար 2) շրջասեռական *(հակառակ սեռի դերն ընդունող)*

invertebrate |ɪnˈvəːtɪbrət| **1** *noun* *կենդանաբանություն* անողնաշարավոր կենդանի **2** *adjective* 1) *կենդանաբանություն* անողնաշարավոր 2) *փոխաբերական* անողնաշար; թուլակամ; փոփոխամիտ

invest |ɪnˈvɛst| *verb* 1) ներդրել *(փող, միջոցներ)* 2) *խոսակցական* (**invest in**) գնել; շահավետ գնում կատարել 3) (**invest with**) հագցնել; զգեստավորել; ծածկել; պատել 4) (**invest with**) լիազորել; լիազորություն տալ 5) *ռազմական* շրջապատել; պաշարել

investigate |ɪnˈvɛstɪgeɪt| *verb* 1) քննել; հետաքննել 2) հետազոտել; ուսումնասիրել

investigation |ɪnˌvɛstɪˈgeɪʃ(ə)n| *noun* 1) քննություն; հետաքննում; հետաքննություն 2) հետազոտում; հետազոտություն; ուսումնասիրություն

investigative |ɪnˈvɛstɪgətɪv|, |-geɪtɪv| (նաև **investigatory**) *adjective* 1) հետաքննական 2) հետազոտական 3) քննչական 4) պրպտուն; քննախույզ

investigator *noun* 1) հետազոտող; ուսումնասիրող 2) քննիչ

investment |ɪnˈvɛs(t)m(ə)nt| *noun* 1) ներդրում; ներդնելը *(փողի)* 2) ավանդ 3) լիազորություններ տալը; լիազորելը 4) *ռազմական* շրջապատում; շրջափակում; պաշարում

inveterate |ɪnˈvɛt(ə)rət| *adjective* 1) արմատացած; հնացած; մոլի; մոլեռանդ; թունդ 2) տևական; երկարատև

invidious |ɪnˈvɪdɪəs| *adjective* 1) վիրավորական; վրդովեցուցիչ *(վերաբերմունք և այլն)* 2) անարդար; անիրավացի

invigilate |ɪnˈvɪdʒɪleɪt| *verb* հսկել դիմորդներին քննության ժամանակ

invigorate |ɪnˈvɪgəreɪt| *verb* 1) ուժ տալ; զորացնել; կենդանանալ դարձնել; կազդուրել 2) ոգևորել; արիություն ներշնչել; քաջալերել

invincibility |-ˈbɪlɪti| *noun* անհաղթելիություն; անպարտելիություն

invincible |ɪnˈvɪnsɪb(ə)l| *adjective* անհաղթ; անհաղթելի; անպարտելի

inviolability |-ˈbɪlɪti| *noun* 1) անսասանություն; աներերություն 2) անձեռնմխելիություն

invisibility |-ˈbɪlɪti| *noun* անտեսանելիություն

invisible |ɪnˈvɪzɪb(ə)l| **1** *adjective* 1) անտեսանելի; աննշմարելի 2) *տնտեսագիտություն* անշոշափելի *(ծառայությունների և նման գործարարական տեսակների մասին)* **2** *noun* 1) անտեսանելի բան/անձ 2) *տնտեսագիտություն* անշոշափելի արտահանում կամ ներմուծում *(ծառայությունների մասին)*

invitation |ɪnvɪˈteɪʃ(ə)n| *noun* 1) հրավեր; հրավիրում; հրավերք 2) գայթակղություն; հմայում

invite |ɪnˈvʌɪt| **1** *verb* 1) հրավիրել; խնդրել 2) հրապուրել; գրավել; դրդել; առիթ տալ 3) հայտարարություն տալ; ազդարարել **2** *noun* |ˈɪnvʌɪt| *խոսակցական* հրավեր; հրավերք

inviting |ɪnˈvʌɪtɪŋ| *adjective* հրապուրիչ; առինքնող; գրավիչ; ձգող

in vitro |ɪn ˈviːtrəʊ| *adjective, adverb* *կենսաբանություն* լաբորատոր արհեստական պայմաններում; փորձանոթում ◇ **in vitro fertilization** բեղմնավորում արհեստական պայմաններում

invocation |ˌɪnvə(ʊ)ˈkeɪʃ(ə)n| *noun* 1) խնդրանք; աղաչանք; աղերսանք; թախանձանք; կոչ; դիմում 2) աղոթք; աղաչանք *(Աստծուն կամ գերբնական ուժերին)* 3) *բանաստեղծական* դիմելը; կոչելը *(մուսային, այլ էակների՝ ոգեշնչման համար)* 4) կախարդանք; հմայում; կախարդանքի խոսք 5) դիմում; կոչ

invoice |ˈɪnvɔɪs| **1** *noun* *ֆինանսներ* ապրանքագիր; հաշիվ-ապրանքագիր **2** *verb* ֆինանսներ ներկայացնել հաշիվ-ապրանքագիր; նշել հաշիվ-ապրանքագրի մեջ

invoke |ɪnˈvəʊk| *verb* 1) կոչ անել; կոչել; կանչել 2) օգնության կանչել; աղերսել; խնդրել; աղաչել *(աղոթքի մեջ)* 3) կախարդել; հմայել 4) կանչել *(ոգիներ)* 5) առիթ տալ; հրավիրել իր վրա 6) հարուցել *(ընթացակարգ)*

involuntarily *adverb* ակամա; ակամայաբար; միամտորեն; անկանխամտածված; ինքնաբերաբար

involuntary |ɪnˈvɒlənt(ə)ri| *adjective* 1) ակամա; պատահական; ինքնաբերական 2) ոչ կամային; ինքնաբերական 3) անկանխամտածված; ոչ դիտավորյալ 4) ստիպողական; հարկադրական; բռնի

involve |ɪnˈvɒlv| *verb* 1) ներառել; պարունակել; ընդգրկել; ներփակել 2) ներգրավել; ներքաշել; մասնակից դարձնել; խառնել *(որևէ գործի մեջ)* 3) բարդացնել; խճճել 4) կապված լինել; հետևանք ունենալ 5) *հազվադեպ* պատել; ծածկել

involved |ɪnˈvɒlvd| *adjective* 1) բարդ; խճճված; դժվար հասկանալի 2) կապված/մասնակից/ընդգրկված լինել

involvement |ɪnˈvɒlvm(ə)nt| *noun* մասնակցություն; գործակցություն

invulnerability |-ˈbɪlɪti| *noun* անխոցելիություն

invulnerable |ɪnˈvʌln(ə)rəb(ə)l| *adjective* անխոցելի

inward |ˈɪnwəd| **1** *adjective* 1) ներքին; ներսի; դեպի ներս ուղղված 2) մտավոր; հոգեկան **2** *adverb* (նաև **inwards**) 1) դեպի ներս; ներս 2) ներքուստ; ներքնապես

inwardly |ˈɪnwədli| *adverb* 1) ներսում; ներսը 2) ներքուստ; ներքնապես; մտքում; ինքն իրեն

inwards **1** *adverb* տե՛ս **inward** **2** *noun* փորոտիք

Io |ˈʌɪəʊ| 1) *դիցաբանություն* Իո 2) *աստղագիտություն* Իո *(մոլորակ Յուպիտերի շուրջ)*

iodine |ˈʌɪədiːn|, |-ʌɪn|, |-ɪn| *noun* 1) *քիմիա* յոդ; մանիշ 2) *բժշկություն* յոդի սպիրտային լուծույթ *(հակաբորբոքիչ)*

ion |ˈʌɪən| *noun* իոն

Ionian Sea Իոնական ծով *(Միջերկրական ծովի կենտրոնական մասը)*

ionic |ʌɪˈɒnɪk| *adjective* իոնական

ionize |ˈʌɪənʌɪz| *verb քիմիա* իոնացնել

ionosphere |ʌɪˈɒnəsfɪə| *noun* իոնոլորտ

iota |ʌɪˈəʊtə| *noun* 1) իոտա; հոլտ *(հունական այբուբենի 9-րդ տառը)* 2) *փոխաբերական* չնչին մեծություն; կաթիլ; նշույլ

IOU *noun* (**I owe you**) ես պարտք եմ Ձեզ *(պարտքը ճանաչող փաստաթուղթ)*

Iowa |ˈʌɪəwə| Այովա *(ԱՄՆ-ի նահանգ)*

IPA *abbreviation* International Phonetic Alphabet Միջազգային հնչյունական այբուբեն

IP address *noun համակարգիչներ* համացանցային հաղորդագրի հասցե *(թվերի եզակի շարք, որը բաժանված է կետերով, և նույնացնում է համացանցին միացված յուրաքանչյուր համակարգիչ)*

IPO *abbreviation* initial public offering բաժնետոմսերի նախնական տեղաորում

IQ *abbreviation* intelligence quotient մտավոր գործակից; մտավոր զարգացման գործակից

IRA *abbreviation* 1) Irish Republican Army Իռլանդական հանրապետական բանակ 2) individual retirement account անհատական թոշակային հաշիվ

Iran |ɪˈrɑːn|, |ɪˈræn| Իրան; Իրանի Իսլամական Հանրապետություն *(պետություն Միջին Արևելքում, Հայաստանի Հանրապետությունից հարավարևելք)*

Iranian |ɪˈreɪnɪən|, |ɪˈrɑː-| **1** *adjective* 1) իրանական; պարսկական 2) *լեզվաբանություն* պարսկերեն **2** *noun* իրանցի

Iraq |ɪˈrɑːk|, |ɪˈræk| Իրաք; Իրաքի Հանրապետություն *(պետություն Միջին Արևելքում, Պարսից ծոցի ափին)*

Iraqi |ɪˈrɑːki| **1** *adjective* Իրաքի; իրաքյան **2** *noun* (հոգն. **-qis**) 1) Իրաքի բնակիչ; իրաքցի 2) արաբերենի իրաքյան տարբերակը

irascible |ɪˈræsɪb(ə)l| *adjective* գրգռվող; դյուրագրգիռ; դյուրաբորբոք; զայրացկոտ

irate |ʌɪˈreɪt| *adjective* բարկացած; զայրացած; ցասկոտ

ire |ˈʌɪə| *noun բանաստեղծական* ցասում; զայրույթ; բարկություն

ireful *adjective* ցասկոտ; զայրացկոտ; բարկացկոտ

Ireland |ˈʌɪələnd| 1) Իռլանդիա *(կղզի Եվրոպայի հյուսիսում)* 2) Իռլանդիա; Իռլանդիայի Հանրապետություն *(պետություն Իռլանդիա կղզու վրա)*

iridescence *noun* ծիածանափայլություն; գույների երփներանգություն

iridescent |ˌɪrɪˈdɛs(ə)nt| *adjective* 1) ծիածանագույն; բազմագույն; երփներանգ 2) շողշողուն; փայլուն

iridium |ɪˈrɪdɪəm|, |ʌɪ-| *noun քիմիա* իրիդիում

iris |ˈʌɪrɪs| **1** *noun* 1) *կազմախոսություն* ծիածանաթաղանթ *(աչքի)* 2) *բուսաբանություն* հիրիկ *(ծաղիկ՝ հիրիկազգիների ընտանիքից. Iris, ընտանիք Iridaceae)* 3) ծիածան **2** *verb* բացվել/փակվել հիրիկի նման *(բացվածքի մասին)*

Irish |ˈʌɪrɪʃ| **1** *adjective* իռլանդական **2** *noun* 1) իռլանդերեն 2) (**the Irish**) իռլանդացիներ

get one's Irish up բարկացնել մեկին; ափերից հանել մեկին

Irishman |ˈʌɪrɪʃmən| *noun* (հոգն. **-men**) իռլանդացի *(տղամարդ)*

Irish Republican Army (հապվ. **IRA**) Իռլանդական հանրապետական բանակ

Irish Sea Իռլանդական ծով *(գտնվում է Մեծ Բրիտանիա և Իռլանդիա կղզիների միջև)*

Irishwoman |ˈʌɪrɪʃwʊmən| *noun* (հոգն. **-women**) իռլանդուհի

irk |ə:k| *verb* *հնացած* ձանձրացնել; չղայնացնել; հոգնեցնել

irksome |'ə:ks(ə)m| *adjective* հոգնեցնող; տաղտկալի; ձանձրալի

Irkutsk |ɪə'kʊtsk| Իրկուտսկ *(քաղաք Ռուսաստանի սիբիրյան մասում)*

iron |'ʌɪən| **1** *noun* 1) երկաթ ◇ **cast iron** թուջ; չուգուն 2) երկաթից պատրաստած բան 3) արդուկ 4) (**irons**) շղթաներ; կապանքներ ◇ **in irons** շղթայակապ 5) ամրություն; պնդություն 6) *խոսակցական* ատրճանակ **2** *verb* 1) արդուկել 2) երկաթով ծածկել; երկաթապատել 3) շղթայել • **iron sth out** i) արդուկով ճմրթվածքները վերացնել ii) *փոխաբերական* դժվարությունները հարթել **3** *adjective* 1) երկաթե; երկաթյա 2) շատ ամուր; դիմացկուն 3) դաժան

iron fist դաժան կառավարում; երկաթե բռունցք

iron fist in velvet glove մեղմությամբ քողարկված դաժանություն; գառան մորթիով գայլ

ironclad |ʌɪən'klæd| **1** *adjective* 1) զրահապատ 2) ամուր; անխախտ **2** *noun* |'ʌɪənklæd| *պատմական* զրահանավ

iron curtain *noun* 1) *փոխաբերական* երկաթե վարագույր *(հասարակարգերը բաժանող տեղեկութային և գաղափարական պատնեշ)* 2) *փոխաբերական* անանցանելի արգելք

ironic |ʌɪ'rɒnɪk| *adjective* հեգնական; ծաղրական

ironically |ʌɪ'rɒnɪkli| *adverb* 1) հեգնաբար; հեգնորեն 2) հեգնական է; որքան էլ հեգնական է *(նախադասության սկզբում)*

ironing |'ʌɪənɪŋ| *noun* 1) արդուկում; արդուկելը 2) արդուկելիք; արդուկելիք հագուստ

ironing board *noun* արդուկելու տախտակ

ironmonger |'ʌɪənmʌŋgə| *noun* երկաթեղեն վաճառող

Ironsides |'ʌɪənsʌɪdz| *պատմական* «Երկաթակողներ» *(Կրոմվելի հեծելազորը)*

ironworks |'ʌɪənwə:ks| *noun* երկաթաձուլարան; թուջաձուլարան

irony¹ |'ʌɪrəni| *noun* (հոգն. **-nies**) հեգնանք; ծաղրանք; ծաղր

irony² |'ʌɪəni| *adjective* երկաթյա; երկաթե; երկաթ պարունակող; երկաթանման

irradiance *noun* 1) ճառագայթում; շողում; փայլում; շող; փայլ 2) *ֆիզիկա* ճառագայթում *(միավոր մակերեսի վրա ճառագայթման քանակը)*

irradiant |ɪ'reɪdɪənt| *adjective* *բանաստեղծական* ճառագայթող; փայլուն; շողշողուն; ճառագայթափայլ

irradiate |ɪ'reɪdɪeɪt| *verb* 1) լուսավորել 2) ճառագայթել; ճառագայթահարել 3) լույս սփռել *(որևէ բանի վրա)*

irradiation |ɪˌreɪdɪ'eɪʃ(ə)n| *noun* 1) փայլ; շող 2) ճառագայթում; ճառագայթելը; լուսարձակում; լույս արձակելը 3) լուսավորում 4) *ֆիզիկա* ճառագայթում

irrational |ɪ'ræʃ(ə)n(ə)l| **1** *adjective* 1) անբանական; անմիտ; անտրամաբանական; անիմաստ 2) *մաթեմատիկա* իռացիոնալ; անհաչափ **2** *noun* *մաթեմատիկա* իռացիոնալ/անհաչափ թիվ

irrationality |-'nælɪti| *noun* 1) անբանականություն; անտրամաբանություն; ոչ բանական լինելը 2) *մաթեմատիկա* իռացիոնալություն; անհաչափություն

irreclaimable |ɪrɪ'kleɪməb(ə)l| *adjective* 1) անուղղելի; մշակման համար անպետք *(հողի մասին)* 2) անվերադարձ; անդարձ; անդառնալի

irreconcilable |ɪˌrɛk(ə)n'sʌɪləb(ə)l|, |ɪ'rɛk(ə)nsʌɪləb(ə)l| **1** *adjective* 1) անհաշտ; անհաշտելի 2) անհամատեղելի; հակասական *(մտքեր և այլն)* **2** *noun* անհաշտելի բաներ

irrecoverable |ɪrɪ'kʌv(ə)rəb(ə)l| *adjective* անուղղելի; անբուժելի; անդարմանելի; անդարձ; անվերադարձ; անդառնալի

irrecoverably *adverb* անդառնալիորեն; անբուժելիորեն

irredeemable |ɪrɪ'di:məb(ə)l| *adjective* 1) անհուսալի; հուսահատական; անուղղելի; անդառնալի; անվերադարձ 2) հենչուն դրամով չփոխանակվող; անփոխարկելի *(թղթադրամի մասին)* 3) անգրավաթափելի; անփրկագնելի

irreducible |ɪrɪ'dju:sɪb(ə)l| *adjective* 1) անկրճատելի; չկրճատվող 2) անվերածելի; անհանգեցնելի *(այլ վիճակի և այլնի)* 3) *մաթեմատիկա* չպարզեցվող

irrefutable |ɪ'rɛfjʊtəb(ə)l|, |ˌɪrɪ'fju:-| *adjective* անհերքելի; անառարկելի; անվիճելի; անժխտելի

irregular |ɪ'rɛgjʊlə| **1** *adjective* 1) անկանոն; ոչ կանոնավոր; կանոնազուրկ 2) ապօրինի; հակաօրինական 3) անհարթ; անհավասար 4) անհամաչափ; անհավասարաչափ 5) *ռազմական* անկանոն; ոչ մշտական *(զորք)* **2** *noun* 1) (**irregulars**) անկանոն զորք; ոչ մշտական զորք 2) վատորակ ապրանք՝ իջեցված գնով 3) ոչ կանոնավոր բանակի զինվոր

irregularity |ɪˌrɛgjʊ'lærɪti| *noun* (հոգն. **-ties**) 1) անկանոնավորություն; անկանոնություն; կանոնների խախտում 2) անհավասարություն; անհարթություն *(մակերեսի)* 3) անհամաչափություն; անհավասարաչափություն 4) խախտում

irregularly *adverb* 1) անկանոնաբար 2) ապօրինաբար 3) անհամաչափորեն

irrelevance *noun* 1) անպատեհություն; անտեղիություն 2) անտեղի բան

irrelevant |ɪ'rɛlɪv(ə)nt| *adjective* անտեղի; անհարկի; գործին չվերաբերող; ոչ տեղին; անկարևոր *(հարցի և այլնի մասին)*

irremediable |ˌɪrɪ'mi:dɪəb(ə)l| *adjective* 1) անուղղելի; անհուսալի 2) անբուժելի; անդարմանելի

irremissible |ɪrɪ'mɪsɪb(ə)l| *adjective* 1) աններելի 2) պարտադիր; անխախտելի

irreparable |ɪ'rɛp(ə)rəb(ə)l| *adjective* անուղղելի; անհատուցելի

irreplaceable |ɪrɪ'pleɪsəb(ə)l| *adjective* անփոխարինելի

irrepressible |ɪrɪ'prɛsɪb(ə)l| *adjective* անզսպելի; անսանձելի; անզուսպ

irreproachable |ɪrɪ'prəʊtʃəb(ə)l| *adjective* անբասիր; անպարտավելի; անթերի

irresistible |ɪrɪˈzɪstɪb(ə)l| *adjective* 1) անճողթելի; անհաղթահարելի 2) անդիմադրելի; գրավիչ

irresolute |ɪˈrɛzəluːt| *adjective* անվճռական; տատանվող; անհաստատակամ; անվստահ

irrespective |ɪrɪˈspɛktɪv| *adjective* անկախ *(որևէ բանից)*

irresponsibility |-ˈbɪlɪti| *noun* անպատասխանատվություն; ոչ պատասխանատու լինելը

irresponsible |ɪrɪˈspɒnsɪb(ə)l| **1** *adjective* 1) անպատասխանատու; անվստահելի; ոչ պատասխանատու 2) անմեղսունակ; պատասխանատվություն կրելու անընդունակ **2** *noun* անպատասխանատու անձ

irresponsive |ɪrɪˈspɒnsɪv| *adjective* 1) չարձագանքող; վերաբերմունք ցույց չտվող *(որևէ բանի)* 2) *բնախոսություն* անընկալունակ 3) անկարեկից

irretrievable |ɪrɪˈtriːvəb(ə)l| *adjective* անուղղելի; անհատուցելի; անվերադարձ

irreverence *noun* 1) անհարգալից վերաբերմունք 2) անհարգալից արարք

irreverent |ɪˈrɛv(ə)r(ə)nt| *adjective* անհարգալից; չհարգող; անպատկառ

irreversible |ɪrɪˈvəːsɪb(ə)l| *adjective* 1) անդարձելի; անշրջելի; անփոխակերպելի; անփոխարկելի 2) անբեկանելի; անխախտելի; անփոփոխելի; անխախտ

irrevocable |ɪˈrɛvəkəb(ə)l| *adjective* 1) անդառնալի; անվերադարձ; անշրջելի; վերջնական 2) անփոփոխ

irrigate |ˈɪrɪgeɪt| *verb* 1) ոռոգել; ջրել 2) *բժշկություն* ողողել; ոռոգել; լվանալ *(ախտահանման նպատակով)*

irrigation *noun* ոռոգում

irritability *noun* 1) դյուրաբորբոքություն; դյուրագրգռություն 2) զգայունություն

irritable |ˈɪrɪtəb(ə)l| *adjective* 1) դյուրագրգիռ; դյուրաբորբոք 2) զգայուն; գրգռվող

irritant |ˈɪrɪt(ə)nt| **1** *noun* 1) գրգռիչ միջոց 2) *ռազմական* գրգռիչ թունավոր նյութ **2** *adjective* գրգռիչ; գրգռող; բորբոքիչ

irritate |ˈɪrɪteɪt| *verb* 1) գրգռել; ջղայնացնել; բարկացնել; զայրացնել; ձանձրացնել 2) *բժշկություն* գրգռել; բորբոքել

irritation *noun* 1) բարկություն; զայրույթ 2) գրգռում; գրգիռ; բարկության պատճառ 3) *կենսաբանություն* գրգիռ 4) *բժշկություն* բորբոքում

irruption *noun* ներխուժում; հարձակում; գրոհ; ասպատակություն; արշավանք

Irtysh |ɪəˈtɪʃ| Իրտիշ *(գետ Ռուսաստանի կենտրոնական մասում)*

Isaiah |ʌɪˈzʌɪə| *աստվածաշնչային* Եսայի *(Հին Կտակարանի մարգարեական գրքերից մեկը)*

ISDN *abbreviation* Integrated Serviced Digital Network Միահավաք ծառայությունների թվանշանային ցանց

Isfahan |ˌɪsfəˈhɑːn| (նաև **Esfahan** կամ **Ispahan**) Սպահան *(քաղաք Պարսկաստանում)*

Islam |ˈɪzlɑːm|, |ɪzˈlɑːm|, |-læm| *noun կրոն* իսլամ; մահմեդականություն; մուսուլմանություն

Islamabad |ɪzˈlɑːməbæd| Իսլամաբադ *(Պակիստանի մայրաքաղաքը)*

Islamic Jihad |dʒɪˈhæd|, |-ˈhɑːd| (նաև **Jehad**) Իսլամական ջիհադ *(մահմեդական աճաբեկչական կազմակերպություն՝ շիիթական Հեզբոլահ կազմակերպության ներսում)*

island |ˈʌɪlənd| **1** *noun* 1) կղզի 2) *կազմախոսություն* բջիջների կղզյակ **2** *verb* կղզիացնել; մեկուսացնել

islander |ˈʌɪləndə| *noun* կղզիաբնակ; կղզեցի

isle |ʌɪl| *noun բանաստեղծական* կղզի

Isle of Man Մեն կղզի *(կղզի Մեծ Բրիտանիայի մոտ)*

islet |ˈʌɪlɪt| *noun* 1) կղզյակ; փոքրիկ կղզի 2) *կազմախոսություն* բջիջների կղզյակ

ISO *abbreviation* International Organization for Standardization Չափորոշնակացման միջազգային կազմակերպություն

isobar |ˈʌɪsə(ʊ)bɑː| *noun* 1) *օդերևութաբանություն* համաճնշական գիծ; համաճնշագիծ 2) *ֆիզիկա* համազանգված *(ատոմներ)*

isolation |ʌɪsəˈleɪʃ(ə)n| *noun* 1) մեկուսացում; առանձնացում; անջատում; զատում 2) մեկուսություն; մենություն; առանձնություն

in isolation առանձին; անջատ

isolationism |ʌɪsəˈleɪʃ(ə)nɪz(ə)m| *noun քաղաքականություն* մեկուսականություն

isolationist *adjective* մեկուսական

Isopoda |ˌʌɪsəˈpəʊdə| *կենդանաբանություն* հավասարոտ խեցգետնակերպեր

isotherm |ˈʌɪsə(ʊ)θəːm| *noun* 1) *օդերևութաբանություն* նույնաջերմ գիծ *(քարտեզի վրա միևնույն ջերմաստիճանն ունեցող կետերը միացնող գիծ)* 2) ֆիզիկա նույնաջերմ; նույնաջերմ կոր *(վիճակի գրաֆիկներում միևնույն ջերմաստիճանն ունեցող կետերը միացնող կոր)*

isotope |ˈʌɪsətəʊp| *noun քիմիա* նույնատեղակ; իզոտոպ *(միևնույն քանակի պրոտոններ, սակայն տարբեր քանակի նեյտրոններ պարունակող ատոմներից մեկը, որոնք զբաղեցնում են պարբերական աղյուսակի միևնույն տեղը)*

ISP *abbreviation* Internet Service provider Համացանցային ծառայություն մատուցող

Israel |ˈɪzreɪəl| Իսրայել *(պետություն Մերձավոր Արևելքում, Միջերկրական ծովի ափին)*

Israelite |ˈɪzrəlʌɪt| **1** *noun* հրեա; եբրայեցի **2** *adjective* հրեական; եբրայական

issue |ˈɪʃ(j)uː|, |ˈɪsjuː| **1** *noun* 1) խնդիր; վիճելի հարց; տարաձայնություն; անհամաձայնություն 2) բաց թողնում; թողարկում; լույս ընծայելը *(փողի, արժեթղթերի և այլնի)* 3) հրատարակում; հրատարակություն 4) սերունդ; զավակներ ◊ **without issue** անզավակ 5) դուրս հոսելը; արտահոսելը; բխելը; ակիզբ առնելը 6) արդյունք; հետևանք ◊ **in the issue** վերջին հաշվով; որպես հետևանք 7) ընդարկման նյութ/թեմա 8) ելք; ելքի անցք 9) գետաբերան **2** *verb* (**issues**, **issued**, **issuing**) 1) բաց թողնել; թողարկել; լույս ընծայել;

հրատարակել 2) արձակել; հրապարակել; տալ *(հրաման)* 3) վաճառել; վաճառքի հանել 4) դուրս գալ; դուրս հոսել; արտահոսել 5) (**issue from**) բխել; սկիզբ առնել; սկսվել 6) լույս տեսնել 7) մատակարարել; պարենավորել; տալ

at issue քննարկման մեջ

make an issue մի բան վեճի առարկա դարձնել

take issue with չհամաձայնել; տարակարծիք լինել

Istanbul |ˌɪstænˈbʊl| Ստամբուլ; Պոլիս; Կոստանդնուպոլիս *(քաղաք Թուրքիայում)*

isthmus |ˈɪsθməs|, |ˈɪstməs|, |ˈɪsməs| *noun* (հոգն. **-muses**) 1) պարանոց; նեղուց 2) *կազմախոսություն* նեղուց

IT *abbreviation* Information Technology Տեղեկությային տեխնոլոգիա

it |ɪt| *pronoun* 1) այն; նա *(փոխարինում է չեզոք սեռի գոյականներին)* 2) սա; դա 3) *(որպես գուցական դերանուն. հայերեն չի թարգմանվում)* ◊ **it is easy (difficult, early, late, time, cold)** հեշտ է (դժվար է, վաղ է, ուշ է, ժամանակն է, ցուրտ է). **it rains** անձրևում է; անձրև է գալիս

that is it, that's it 1) վերջապես; ահա այն 2) բավական է 3) դա է գլխավորը/դա է դժվարությունը

Italian |ɪˈtæljən| **1** *adjective* իտալական **2** *noun* 1) իտալացի; իտալուհի 2) *լեզվաբանություն* իտալերեն

italic |ɪˈtælɪk| **1** *adjective* *տպագրություն* շեղ **2** *noun* (նաև **italics**) շեղագիր; շեղատառ; շղատառ

Italy |ˈɪtəli| Իտալիա *(պետություն Եվրոպայի հարավում)*

itch |ɪtʃ| **1** *noun* 1) քոր; մարմաջ 2) *փոխաբերական* անդիմադրելի ցանկություն 3) քոս **2** *verb* 1) քոր գալ 2) անդիմադրելի ցանկություն ունենալ *(որևէ բան անելու)*

an itchy palm *փոխաբերական* ագահ բնավորություն

itchy |ˈɪtʃi| *adjective* (**itchier, itchiest**) 1) քոր առաջացնող 2) քոր եկող

get itchy feet ճամփորդելու մարմաջ ունենալ

item |ˈʌɪtəm| **1** *noun* 1) յուրաքանչյուր առարկան; միավոր *(ցուցակի և այլնի մեջ)* 2) միույթ 3) կետ; հոդված 4) հարց *(օրակարգի)* 5) համար *(համերգի մեջ)* 6) նորություն; լուր *(թերթում)* **2** *adverb* նաև

itemize |ˈʌɪtəmʌɪz| *verb* 1) ցուցակ կազմել; ցուցակի մեջ ներգրավել; ցուցակագրել; թվարկել 2) կետ առ կետ նշել 3) մանրամասնել

iterate |ˈɪtəreɪt| **1** *verb* կրկնել; բազմիցս կրկնել **2** *noun մաթեմատիկա* կրկնում

iteration |ɪtəˈreɪʃ(ə)n| *noun* կրկնում; կրկնելը; կրկնողություն

itinerant |ɪˈtɪn(ə)r(ə)nt|, |ʌɪ-| **1** *adjective* 1) թափառող; թափառական; թափառաշրջիկ 2) շրջիկ; շրջագայող; շուրջայց կատարող **2** *noun* շրջող անձ; շուրջայց կատարող անձ *(օրինակ՝ հոգևորական, դատավոր և այլն, որոնք շրջում են պաշտոնի բերումով)*

itinerary |ʌɪˈtɪn(ə)(rə)ri|, |ɪ-| **1** *noun* (հոգն. **-aries**) 1) երթուղի 2) ուղեցույց գիրք 3) ճամփորդական նոթեր **2** *adjective* ճանապարհի; ճանապարհային

itinerate |ɪˈtɪnəreɪt|, |ʌɪ-| *verb* 1) թափառել; ճանապարհորդել 2) շրջել; շրջագայել *(պաշտոնական անձի մասին)*

its |ɪts| *possessive adjective* իր; նրա; նրանը *(չեզոք սեռի գոյականների համար)*

itself |ɪtˈsɛlf| *pronoun* 1) ինքը ◊ **by itself** ինքնին; ինքնըստինքյան 2) իրեն 3) ինքնին ◊ **She was kindness itself.** Նա ինքնին բարությունն էր:

in itself ինքնին

ITV (նաև **iTV**) *abbreviation* 1) Interactive Television Փոխգործուն հեռուստատեսություն 2) Independent Television Անկախ հեռուստատեսություն

IUD *abbreviation* 1) intrauterine device ներարգանդային/հակաբեղմնավորիչ սարք 2) intrauterine death ներարգանդային մահ

IV **1** *abbreviation* intravenous, intravenously ներերակային **2** *noun* ներերակային ներարկում

ivory |ˈʌɪv(ə)ri| *noun* (հոգն. **-ries**) 1) փղոսկր 2) *ծածկալեզու* զառ; բիլիարդի գնդակներ; դաշնամուրի ստեղներ և այլն *(փղոսկրից պատրաստված այլ իրեր)* 3) *ծածկալեզու* ատամներ 4) փղոսկրի գույնը

Ivory Coast Փղոսկրի Ափ

ivy |ˈʌɪvi| *noun* *բուսաբանություն* բաղեղ *(Genus Hedera, ընտանիք Araliaceae)*

Izmir |ˈɪzmɪə| Իզմիր *(քաղաք Թուրքիայում, նախկինում՝ Զմյուռնիա)*

Jj

J[1] |dʒeɪ| (նաև **j**) *noun* (հոգն. **Js** կամ **J's**) 1) անգլերենի այբուբենի 10-րդ տառը 2) J տառի ձևը

J[2] *abbreviation* 1) *ֆիզիկա* joule 2) Journal 3) Judge 4) Justice

jab |dʒæb| **1** *verb* (**jabbed**, **jabbing**) 1) հրել; բոթել; ուժգին հարվածել *(հատկապես սուր առարկայով)* 2) խրել; ցցել; մխրճել *(մի բանի մեջ)* 3) սվինահարել **2** *noun* 1) կոպիտ հարված; ապտակ; աքացի; քացի 2) *ռազմական* հարված սվինով; ծակող հարված 3) սուր/ծակող ցավ

jabber |ˈdʒæbə| **1** *verb* 1) շատախոսել; շաղակրատել 2) փնթփնթալ; մրթմրթալ **2** *noun* 1) շատախոսություն; շաղակրատանք 2) փնթփնթոց; մրթմրթոց

jack[1] |dʒæk| *noun* *խոսակցական* 1) *տեխնիկական* լծակ; ամբարձիչ; դոմկրատ *(ծանրություն բարձրացնող սարք)* 2) *թղթախաղ* վալետ; զինվոր 3) տղամարդ; մարդ *(նաև անծանոթ տղամարդու դիմելիս)* ◇ **every man jack** ամեն մի մարդ; ամեն մեկը; մի մարդու պես. **yellow jack** դեղնատենդ 4) որձ; արու *(որոշ կենդանիների ու թռչունների)* 5) ◇ **Jack and Gill** (**Jack and Jill**) երիտասարդ տղա և աղջիկ. **jack of all trades** ամեն բանի վարպետ. **jack in office** ամբարտավան/գոռոզ պաշտոնյա; բյուրոկրատ. **jack Ketch** դահիճ. **before you could say Jack Robinson** աչքդ չթարթած; շատ արագ; մինչև աչքդ կճպես 6) (նաև **jack-tar**) նավաստի 7) *ծածկալեզու* զինվորական ոստիկան 8) ցռկակայմի դրոշակ ◇ **Union Jack** բրիտանական ազգային դրոշակը. **have a jack up** դրոշակը բարձրացրած լինել

jack[2] |dʒæk| *noun* *պատմական* տե՛ս **blackjack**

jack[3] *verb* *խոսակցական* 1) գողանալ; թռցնել 2) կողոպտել

jackal |ˈdʒækəl|, |-kɔːl| **1** *noun* 1) *կենդանաբանություն* շնագայլ; չախկալ *(Canis, ընտանիք Canidae)* 2) ուրիշի համար սև աշխատանք տանող մարդ **2** *verb* սև աշխատանք անել *(ուրիշի համար)*

jackanapes |ˈdʒækəneɪps| *noun* *հնացած* 1) հանդուգն/չարաճճի երեխա; կապկություններ անող երեխա 2) աներես/անպատկառ մարդ 3) պճնամոլ/կոտրատվող մարդ; իրեն ցույց տվող մարդ

jackass |ˈdʒækæs| *noun* 1) հիմար; ապուշ 2) արու էշ; ավանակ

jackboot |ˈdʒækbuːt| *noun* 1) երկարաճիտ կոշիկ *(ծնկից վեր հասնող)* 2) *հնացած* բոտֆորտ *(հեծյալի երկարաճիտ կոշիկ)* 3) ճնշում; կոպիտ վերաբերմունք

jackdaw |ˈdʒækdɔː| *noun* *կենդանաբանություն* արջնագռավ; սև ագռավ *(Corvus, ընտանիք Corvidae)*

jacket |ˈdʒækɪt| **1** *noun* 1) բաճկոն; ժակետ; կուրտկա; ֆրենչ ◇ **cork jacket** խցանե պրկագոտի. **dinner jacket** սմոկինգ *(սև պիջակ, որը հագնում են սև տաբատի, սպիտակ վերնաշապիկի ու սև թիթեռնիկ-փողկապի հետ)*. **Eton jacket** կարճ սև բաճկոն/կուրտկա *(տղաների համար)*. **Norfolk jacket** գոտիով լայն բաճկոն/կուրտկա; ֆրենչ. **strait jacket** զսպաշապիկ. **dust/dress sb's jacket** մեկին ծեծ ուտեցնել; քոթակել 2) *տեխնիկական* պատյան; ծածկոց *(մեքենայի)* 3) կճեպ; կլեպ *(կարտոֆիլի)* 4) շապիկ; կազմ *(գրքի)* 5) մորթի *(կենդանու)* **2** *verb* (**jacketed**, **jacketing**) պատյանի շապիկ անցկացնել; պատյանի ծածկոց դնել

jacket potato *noun* առանց կեղևը հանելու մատուցվող խորոված կարտոֆիլ

Jack Frost *noun* Ձմեռ պապի; Ջյուն-ձմեռ *(սառնամանիքի կերպարը հեքիաթներում)*

jack-in-the-box *noun* 1) դուրս ցատկող տիկնիկով տուփ *(խաղալիք)* 2) հրթիռի մի տեսակ

jackknife |ˈdʒæknʌɪf| **1** *noun* (հոգն. **-knives**) ծալովի դանակ **2** *verb* (**-knifed**, **-knifing**) խոնարհվել; մարմինը երկտակ ծալել

jack-o'-lantern *noun* 1) *հնացած* շրջմոլիկ հուր 2) դդմե լապտեր *(Հելոուինին պատրաստվող)*

jackpot |ˈdʒækpɒt| *noun* խոշոր շահում

hit the jackpot 1) խոշոր բան շահել 2) անսպասելի մեծ հաջողություն ունենալ

jacuzzi |dʒəˈkuːzi| *noun* (հոգն. **-zis**) *առևտրանշան* ջակուզի; ջրամերսող վաննա

jade[1] |dʒeɪd| *noun* 1) նեֆրիտ 2) նեֆրիտե զարդ 3) (**jade green**) բաց կապտականաչ

jade[2] |dʒeɪd| **1** *noun* *հնավանդ* 1) կատակային անպիտան/կռվարար կին 2) յաբու; հալից ընկած ձի **2** *verb* 1) տանջել; չարչարել; հոգին հանել 2) երկար քշելով ուժասպառ անել *(ձին)*

jaded |ˈdʒeɪdɪd| *adjective* հալից ընկած; տանջված; ուժասպառ եղած

jag[1] |dʒæg| **1** *noun* 1) սուր ելուստ/գագաթ; ատամիկ *(ժայռի, ապառաժի)* 2) քուրջ; կտրվածք; քարթվածք **2** *verb* (**jagged**, **jagging**) կտրատել; քերթ-քերթ անել

jagged |ˈdʒægɪd| *adjective* ատամնավոր; քարթավոր

jaguar |ˈdʒægjʊə| *noun* *կենդանաբանություն* ամերիկյան հովազ; յագուար *(Panthera onca, ընտանիք Felidae)*

jail |dʒeɪl| (*բրիտանական* **gaol**) **1** *noun* 1) բանտ 2) բանտարկություն **2** *verb* բանտարկել; բանտ նստեցնել

jailbird |ˈdʒeɪlbəːd| *noun* *խոսակցական* բանտարկյալ; քրեական հանցագործ; կրկնահանցագործ

jailer |ˈdʒeɪlə| (նաև **jailor** կամ **gaoler**) *noun* բանտապետ; բանտապահ

Jaipur |dʒʌɪˈpʊə| Ջայպուր *(քաղաք Հնդկաստանի արևմուտքում)*

Jakarta |dʒəˈkɑːtə| (նաև **Djakarta**) Ջակարտա *(Ինդոնեզիայի մայրաքաղաքը)*

jalopy |dʒəˈlɒpi| *noun* (հոգն. **-lopies**) *խոսակցական* խարխուլ ավտոմեքենա; հին ինքնաթիռ

jalousie |'ʒælʊzi:| *noun* շերտավարագույր; ժալյուզի

jam¹ |dʒæm| **1** *verb* (**jammed**, **jamming**) 1) խցկել; մտցնել; ներս խցկել; մի կերպ տեղավորել 2) ճնշել; սեղմել; ճզմել; հուպ տալ; հրել 3) խռնել; լիքը լցնել; բռնել; փակել *(փողոցը, անցքը և այլն)* 4) ծանրաբեռնել *(հեռախոսագծերը)* 5) սեղմ խցկել; շատ խիտ լցնել 6) շատ խիտ լցվել; սեղմ խցկվել; լիքը լցվել 7) *տեխնիկական* խափանվել; լռվել; կանգ առնել *(մեքենայի մասին)* 8) *ռադիո* խանգարել հաղորդումները; աղավաղել ռադիոհաղորդումները *(մի այլ ռադիոկայանի)* 9) ճմլել; տրորել; տակով անել 10) հանկարծաստեղծել *(ջազային երաժիշտների մասին)* **2** *noun* 1) աշխատանքի ընդհատում; խափանում; լռվելը; խցանվելը *(մեքենայի և այլնի)* 2) *խոսակցական* անհարմար դրություն; տհաճ իրավիճակ 3) տե՛ս **traffic jam** 4) սեղմում; սեղմելը; ճզմում; ճզմելը; հուպ տալը 5) ամբոխ; հրհրոց; հրմշտոց; կուտակ; խռնում; խռնվածք 6) *ռադիո* խանգարումներ *(ռադիոալիքների ընդունման ժամանակ)* 7) հանկարծաստեղծում *(ջազային երաժիշտների մասին)*

jam² |dʒæm| *noun* մուրաբա; ջեմ ◇ **real jam** հաճույք; վայելք

Jamaica |dʒə'meɪkə| Ճամայկա *(պետություն Կարիբյան ծովի համանուն կղզու վրա)*

jamb |dʒæm| *noun* 1) կողափայտ *(դռան կամ պատուհանի)* 2) (**jambs**) բուխարու կողմնային պատերը

jamboree |ˌdʒæmbə'ri:| *noun ծածկալեզու* 1) խնջույք; կերուխում; քեֆ 2) բոյսկաուտների հավաք

jangle |'dʒæŋg(ə)l| **1** *verb* 1) զնգզնգացնել; զնգացնել; ղողանջեցնել *(հատկապես աններդաշնակ կերպով)* 2) լարել; պրկել *(նյարդերը)* 3) աղմկել; գոռգոռալ 4) բարձրաձայն/գոռգոռալով խոսել; տաք վիճել; վիճաբանել; միմյանց հակաճառել **2** *noun* 1) անախորժ ղողանջ; ոչ ներդաշնակ ղողանջ; զանգահարություն; զնգզնգոց; զնգոց 2) աղմուկ; գոռգոռոց 3) տաք վիճաբանություն; խոսքակռիվ

janitor |'dʒænɪtə| *noun* 1) դռնապան; բարապան 2) *ամերիկյան* դռնապան; բակապան; պահակ

January |'dʒænjʊ(ə)ri| *noun* (հոգն. **-aries**) հունվար

Jap |dʒæp| *noun, adjective խոսակցական վիրավորական* ճապոնացի

Japan |dʒə'pæn| Ճապոնիա *(պետություն Ասիայի արևելքում գտնվող կղզիների վրա)*

japan |dʒə'pæn| **1** *noun* 1) սև լաք *(մետաղի համար)* 2) ճապոնական լաքած իր/առարկա **2** *verb* (**-panned**, **-panning**) սև լաքով պատել/ներկել

Japan, Sea of Ճապոնական ծով *(ծով Ճապոնական կղզիների և մայրցամաքի միջև)*

Japanese |dʒæpə'ni:z| **1** *adjective* ճապոնական **2** *noun* (հոգն. նույնը) 1) ճապոնացի; ճապոնուհի ◇ **the Japanese** ճապոնացիները 2) ճապոներեն

jape |dʒeɪp| **1** *noun* կատակ; հանաք **2** *verb* կատակ անել; կատակել; հանաք անել

jar¹ |dʒɑ:| *noun* լայնաբերան սափոր; բանկա

jar² |dʒɑ:| **1** *verb* (**jarred**, **jarring**) 1) վնասել *(մարմնի մասը և այլն)* 2) զնգզնգալ; դողդալ; ճռնչալ 3) ջղերի վրա ազդել; տհաճություն պատճառել; նյարդայնացնել; նյարդերը քայքայել 4) չներդաշնակել; չհամապատասխանել; աններդաշնակ լինել 5) *հնացած* վիճել; կռվել **2** *noun* 1) թրթռում; դողդողում; զնգզնգոց; դողդոց; դողդալը; սուր/անախորժ ձայն; ճռինչ 2) ջղային ցնցում; շոկ; նյարդայնացում 3) *հնացած* անհամաձայնություն; վեճ; կռիվ; խոսքակռիվ

jargon¹ |'dʒɑ:g(ə)n| *noun* 1) ժարգոն; ծածկալեզու 2) խժդժաբանություն; անիմաստ/անհասկանալի բան

jargon² |'dʒɑ:g(ə)n| (նաև **jargoon**) *noun* ցիրկոնի կիսաթափանցիկ/ծխագույն տարատեսակ

jasmine |'dʒæzmɪn|, |'dʒæs-| (նաև **jessamine**) *noun բուսաբանություն* հասմիկ *(Genus Jasminum, ընտանիք Oleaceae)*

jasper |'dʒæspə| *noun հանքաբանություն* հասպիս; հասմկաքար *(կվարցի մանրահատիկ նստվածքային լեռնապար)*

jaundice |'dʒɔ:ndɪs| **1** *noun* 1) *բժշկություն* դեղնախտ ◇ **yellow jaundice** դեղնատենդ 2) մաղձոտություն; չարություն 3) նախանձ; խանդ; խանդոտություն **2** *verb* 1) դեղնախտ առաջացնել 2) նախանձ շարժել; խանդ առաջացնել/զարթնեցնել

jaundiced |'dʒɔ:ndɪsd| *adjective* 1) դեղնախտավոր; դալկավոր; դեղնախտով տառապող հիվանդ 2) նախանձոտ; նախանձ; խանդոտ; աչառու; կողմնապահ

jaunt |dʒɔ:nt| **1** *noun* զվարճազբոսանք; զվարճական ուղևորություն **2** *verb* զվարճազբոսանքի գնալ; զվարճական ուղևորություն կատարել

jaunting car *noun պատմական* երկանիվ կառք *(Իռլանդիայում)*

jaunty |'dʒɔ:nti| *adjective* (**-tier**, **-tiest**) անհոգ; աշխույժ; ինքնավստահ; զվարթ; ուրախ

Java¹ |'dʒɑ:və| Ճավա *(կղզի Մալայան կղզեխմբում)*

Java² |'dʒɑ:və| *noun առևտրանշան* Ջավա *(տարածված համակարգչային ծրագրավորման լեզու)*

Javakhk Ջավախք; գավառ պատմական Հայաստանի Գուգարք նահանգում, ներկայումս՝ Վրաստանում

Javanese |dʒɑ:və'ni:z| **1** *noun* (հոգն. նույնը) 1) ճավացի; Ճավա կղզու բնակիչ ◇ **the Javanese** ճավացիները 2) *լեզվաբանություն* ճավայերեն **2** *adjective* ճավայան

javelin |'dʒæv(ə)lɪn| *noun* 1) տեգ; նիզակ; մկունդ 2) *մարզական* (**the javelin**) նիզակի նետում

jaw |dʒɔ:| **1** *noun* 1) *կազմախոսություն* ծնոտ; կզակ ◇ **lantern jaw** ներս ընկած այտեր; նիհար դեմք 2) (**jaws**) բերան; երախ; ռեխ 3) *փոխաբերական* երախ; ճիրաններ 4) (**jaws**) մամլակի/աքցանի բերան 5) (**jaws**) կիրճ; նեղ լեռնանցք 6) *խոսակցական* շատախոսություն ◇ **hold your jaw!** *գռեհկաբանություն* լեզուդ կա՛րճ պահիր; շատ մի՛ խոսիր; ձենդ կտրի՛ 7) ձանձրալի խրատաբանություն **2** *verb խոսակցական* 1) շատախոսել; շատախոսությամբ ձանձրացնել 2) նախատել; կշտամբել; հանդիմանել

jawbone |'dʒɔ:bəʊn| **1** *noun կազմախոսություն*

ծնոտոսկր **2** *verb* ստիպել; հարկադրել; ճնշում բանեցնել

jawbreaker *noun խոսակցական* 1) դժվար արտասանելի բառ 2) մեծ կլոր կոնֆետ

jay |dʒeɪ| *noun* 1) *կենդանաբանություն* ճայ; որոր; ծովաճայ *(ընտանիք Corvidae)* 2) *հնացած* շատախոս; դատարկախոս

jaywalker *noun ամերիկյան խոսակցական* անուշադիր/անզգույշ հետիոտն

jazz |dʒæz| **1** *noun* 1) *երաժշտություն* ջազ 2) *խոսակցական* շատախոսություն; սուտ խոսքեր; դատարկ խոսքեր 3) *խոսակցական* աշխուժություն; շարժունություն; աղմկարարություն **2** *verb հնացած* 1) ջազ նվագել/կատարել 2) ջազային երաժշտության տակ պարել **3** *adjective* 1) ջազային; ջազի 2) աններդաշնակ *(հնչյունների մասին)* 3) վառ; աղաղակող *(գույների և այլնի մասին)* 4) գռեհիկ

jealous |ˈdʒɛləs| *adjective* 1) նախանձոտ; նախանձ; չարակամ ◇ **be jealous of smb.** նախանձել մեկին; մեկին կասկածանքով վերաբերվել 2) խանդոտ; կասկածամիտ ◇ **be jealous** խանդել 3) եռանդուն; ջանադիր; ջերմեռանդ; փութաջան; հոգատար 4) նախանձախնդիր *(Աստծո հանդեպ)*

jealousy |ˈdʒɛləsi| *noun* (հոգն. **-ousies**) 1) նախանձ 2) խանդ; խանդոտություն; կասկածամտություն

jeans |dʒiːnz| *plural noun* ջինս; ջինսե տաբատ

jeep |dʒiːp| *noun առևտրանշան ամերիկյան* 1) ջիպ; ամենագնաց մեքենա 2) փոքր հետախուզական ինքնաթիռ

jeer |dʒɪə| **1** *verb* ծաղրել; ծանակել; ծաղրուծանակի ենթարկել; ձեռք առնել ◇ **jeer at smb.** չարությամբ ծաղրել մեկին **2** *noun* ծաղր ու ծանակ; ծաղրական խոսք

jejune |dʒɪˈdʒuːn| *adjective* 1) միամիտ; պարզամիտ 2) ձանձրալի; չոր; անհետաքրքիր *(գրվածքի մասին)* 3) նիհար; հյուծված; խղճուկ; ողորմելի 4) անբերրի *(հողի մասին)*

jelly |ˈdʒɛli| **1** *noun* (հոգն. **-lies**) 1) դոնդողակ; ժելե 2) դոնդող; սառնախյուս; դոնդողավոր ուտելիք 3) դոնդող *(կենդանիների ոսկորներն ու միսը եփելով ստացվող)* 4) (**jellies**) վառ գույնի պլաստիկից պատրաստված կոշիկներ **2** *verb* (**-lies**, **-lied**) 1) դոնդողացնել; սառեցնել; ժելե դարձնել 2) դոնդողանալ; սառչել; ժելե դառնալ

jellyfish |ˈdʒɛlɪfɪʃ| *noun* (հոգն. նույնը կամ **-fishes**) 1) *կենդանաբանություն* մեդուզա *(կարգեր Scyphozoa և Cubozoa)* 2) *ամերիկյան* անհաստատակամ/թուլամորթ մարդ

jemmy *noun, verb* 1) գողի լնգիկ *(դուռ կոտրելու համար)* 2) ագռավուկ; կեռ; կեռիկ *(փականքներ բաց անելու համար)* 3) խորոված ոչխարի գլուխ

jennet |ˈdʒɛnɪt| *noun* 1) կարճահասակ իսպանական ձի 2) էգ էշ/ավանակ

jenny |ˈdʒɛni| *noun* (հոգն. **-nies**)*տեխնիկական* 1) վերամբարձ կռունկ; ամբարձիչ 2) (նաև **spinning-jenny**) մանող մեքենա

jeopardize |ˈdʒɛpədʌɪz| *verb* վտանգի ենթարկել; վտանգել; փորձության մատնել

jeopardy |ˈdʒɛpədi| *noun* վտանգ; սպառնալիք; ռիսկ; փորձություն

jeremiad |ˌdʒɛrɪˈmʌɪæd| *noun* երեմիական ողբ

Jeremiah |ˌdʒɛrɪˈmʌɪə| 1) *աստվածաշնչային* Երեմիա *(Հին Կտակարանի մարգարեական գրքերից մեկը)* 2) *փոխաբերական* (**a Jeremiah**) բողոքավոր մարդ; գանգատվող մարդ

Jericho |ˈdʒɛrɪkəʊ| Երիքով *(քաղաք Պաղեստինում)*

jerk[1] |dʒəːk| **1** *noun* 1) ջղաձիգ շարժում ◇ **the jerks** կարկամություն; ջղաձգություն 2) ցնցում; հրոց; թափով շարժում; թափով առաջ նետվելը 3) *խոսակցական* ոչնչություն; ստոր արարած 4) նետում; թռիչք; ցատկ **2** *verb* 1) կոպիտ հրել; ուժեղ ձիգ տալ; քաշել 2) ցնցվել; ցնցումներով շարժվել *(գնացքի մասին և այլն)* 3) ձգումով նետել; առաջ ձգվելով նետել 4) ընդհատ-ընդհատ խոսել; կցկտուր խոսել

jerk[2] |dʒəːk| **1** *verb* միսը չորացնել/ապխտել *(երկար, բարակ կտորներով)* **2** *noun* ապխտած/չորացված միս; ժերկի

jerky[1] |ˈdʒəːki| *adjective* (**jerkier**, **jerkiest**) 1) ընդհատ-ընդհատ; կցկտուր 2) ցնցվող; թափահարվող; ցնցուն; հանկարծակի ցնցումներով շարժվող; ուժեղ ցնցումներով շարժվող 3) հիմար; անուղեղ

jerky[2] *noun* երկար կտորներով չորացրած միս

jerry-built |ˈdʒɛrɪbɪlt| *adjective* շտապ կառուցված; էժանագին

jersey |ˈdʒəːzi| *noun* (հոգն. **-seys**) 1) գործած սվիտեր 2) մարզաշապիկ; մարզիկի հագուստ 3) ջերսի *(նուրբ բրդե գործվածք)*

Jerusalem |dʒəˈruːsələm| Երուսաղեմ *(քաղաք Իսրայելում. Իսրայելի կողմից որպես մայրաքաղաք է հայտարարված 1967 թ., սակայն ՄԱԿ-ի կողմից որպես այդպիսին չի ընդունված)*

jest |dʒɛst| **1** *noun* 1) կատակ; թեթև ծաղր; կատակով ծաղրելը; հանաք ◇ **in jest** կատակով 2) *հնացած* ծաղրատեղ; ծաղր ու ծանակի առարկա ◇ **a standing jest** մշտական ծաղր ու ծանակի առարկա **2** *verb* 1) կատակ անել; կատակել 2) ծաղրել; ծաղր ու ծանակի ենթարկել

jester |ˈdʒɛstə| *noun պատմական* 1) ծաղրածու; խեղկատակ 2) կատակասեր/զվարճախոս մարդ; հանաքասեր մարդ

Jesuit |ˈdʒɛz(j)ʊɪt| *noun* 1) ճիզվիտ 2) *փոխաբերական* ճիզվիտ; կեղծավոր/երկերեսանի մարդ; խարդախ/նենգ մարդ

Jesus |ˈdʒiːzəs| (նաև **Jesus Christ** կամ **Jesus of Nazareth**) *քրիստոնեություն* Հիսուս; Հիսուս Քրիստոս; Հիսուս Նազովրեցի *(քրիստոնեական կրոնի կենտրոնական անձը)*

jet[1] |dʒɛt| **1** *noun* 1) շիթ; ցայտ *(ջրի, գոլորշու, գազի)* 2) *տեխնիկական* բոցամուղ; ֆորսունկա; փքելք; ծայրափողակ ◇ **gas jet** գազափողակ; գազալամպ 3) ռեակտիվ ինքնաթիռ 4) ռեակտիվ շարժիչ **2** *verb* (**jetted**, **jetting**) 1) ռեակտիվ ինքնաթիռով ճանապարհորդել 2) ցայտել; շիթ արձակել

jet[2] |dʒɛt| *noun* 1) *հանքաբանություն* գիշերաքար; սև սաթ 2) փայլուն սև գույն

jet engine *noun* ռեակտիվ շարժիչ

jet lag *noun* հոգնածություն՝ ինքնաթիռով թռիչելուց

jet-propelled *adjective* ռեակտիվ շարժիչով *(ինքնաթիռի մասին)*

jetsam |ˈdʒɛts(ə)m| *noun* փոթորիկի ժամանակ նավից դուրս շպրտված և ափ նետված բեռ

jet set *noun* *խոսակցական* հաճախ ճանապարհորդող հարուստներ

jettison |ˈdʒɛtɪs(ə)n|, |-z(ə)n| **1** *verb* 1) բեռը նավից դուրս նետել 2) դեն նետել; հրաժարվել *(անպետք դարձած մարդուց կամ իրից)* **2** *noun* բեռի դուրս շպրտելը նավից *(աղետի ժամանակ)*

jetty |ˈdʒɛti| *noun* (հոգն. **-ties**) 1) ծովապատնեշ; նավամատույց 2) ամբարտակ

Jew |dʒuː| *noun* հրեա; եբրայեցի ◇ **the Jew** հրեաները

jewel |ˈdʒuːəl| **1** *noun* 1) թանկարժեք/թանկագին քար; գոհար 2) թանկարժեք իր/զարդ 3) (**jewels**) ակնեղեն; ոսկեղեն 4) գանձ 5) թանկարժեք քար *(ժամացույցի մեխանիզմի մեջ)* **2** *verb* 1) թանկագին քարերով զարդարել 2) ժամացույցի մեխանիզմի մեջ քարեր տեղադրել

jeweler |ˈdʒuːələ| (*բրիտանական* **jeweller**) *noun* 1) ակնագործ; ոսկերիչ 2) ակնավաճառ; ոսկեղեն վաճառող

jewelry |ˈdʒuːəlri| (*բրիտանական* **jewellery**) *noun* 1) թանկարժեք իր/զարդ; ակնեղեն; ոսկեղեն 2) ակնագործություն; ոսկերչություն

Jewess |ˈdʒuːɛs|, |-ɪs| *noun* *վիրավորական* հրեուհի; եբրայուհի

Jewish |ˈdʒuːɪʃ| *adjective* հրեական; եբրայական

jib[1] |dʒɪb| **1** *noun* 1) կլիվեր; եռանկյունի թեք առագաստ 2) *տեխնիկական* լայնակի գցված գերան; դարձեկ; մարդակ; կռունկ *(ամբարձիչ մեքենայի)* **2** *verb* 1) առագաստը շրջել 2) շրջվել *(առագաստի մասին)*

the cut of sb's jib արտաքինը; արտաքին տեսքը; հագնվելու ձևը

jib[2] |dʒɪb| *verb* (**jibbed**, **jibbing**) 1) անսպասելի կանգ առնել; համառել; հակառակվել; խրտնել; տեղում դոփել *(ձիու մասին)* 2) համառել; կամակորություն անել ◇ **jib at** տատանվել; վարանել; երկմտել

jibber *noun* վատ սովորույթի ձի

jibe[3] |dʒʌɪb| *verb* *ամերիկյան խոսակցական* համապատասխանել; համընկնել

jiffy |dʒɪfi| (*նաև* **jiff**) *noun* *խոսակցական* վայրկյան; ակնթարթ ◇ **in a jiffy** մի ակնթարթում; վայրկենապես. **wait half a jiffy** մի րոպե սպասիր; մի վայրկյան սպասեք

jig |dʒɪg| **1** *noun* 1) ջիգա *(պար և պարեղանակ)* 2) ձուլամայր; նմուշամած; կաղապար; մատրիցա 3) շաղափ; գայլիկոն *(ձեռքի մանր գործիք)* 4) հանքաքանյութը լվանալու կամ տեսակավորելու մաղ **2** *verb* (**jigged**, **jigging**) 1) ջիգա պարել 2) արագ ետ ու առաջ շարժվել; արագ վերուվար անել 3) հանքաքանյութը լվանալ 4) տեսակավորել; ջոկել

jiggery-pokery |ˌdʒɪg(ə)rɪˈpəʊk(ə)ri| *noun* *խոսակցական* խաբեություն; խարդախություն

jiggle |ˈdʒɪg(ə)l| **1** *verb* 1) թեթև ճոճել/օրորել 2) թեթև ճոճվել/օրորվել **2** *noun* թեթև ճոճում

jigsaw |ˈdʒɪgsɔː| *noun* *ամերիկյան տեխնիկական* 1) խճապատկեր *(թղթի և այլնի կտորներից պատկեր հավաքելու խաղ)* 2) *փոխաբերական* խճապատկեր; խճճված հանելուկ; բարդ խնդիր 3) ոլորահատ սղոց

jihad |dʒɪˈhɑːd|, |-ˈhæd| *noun* ջիհադ; սրբազան պատերազմ *(ըստ Ղուրանի՝ անհավատների դեմ մղվող պատերազմ)*

jilt |dʒɪlt| **1** *verb* հանկարծակի լքել *(սիրեցյալին)* **2** *noun* *հնավանդ* կոկետուհի; պչրուհի; խաբեբա *(կին)*

jingle |ˈdʒɪŋg(ə)l| **1** *noun* 1) զնգզնգոց; զրնգոց 2) հիշվող դարձվածք *(հատկապես գովազդային)* **2** *verb* զնգզնգալ; զնգալ

jingo |ˈdʒɪŋgəʊ| **1** *noun* (հոգն. **-goes**) *հնացած արհամարհական* ջինգո; հարձակողական/ռազմատենչ հայրենասեր; ուռա-հայրենասեր; շովինիստ **2** *adjective* ջինգոյական; հարձակողական; ռազմատենչ; շովինիստական

jingoism |ˈdʒɪŋgəʊɪz(ə)m| *noun* *արհամարհական* ջինգոյիզմ; հարձակողական/ռազմատենչ հայրենասիրություն; ուռահայրենասիրություն; շովինիզմ

jinx |dʒɪŋks| **1** *noun* աչքով տվող մարդ; չարակնող մարդ **2** *verb* աչքով տալ; չարակնել

jitney |ˈdʒɪtni| **1** *noun* (հոգն. **-neys**) *ամերիկյան ծածկալեզու խոսակցական* 1) երթուղային էժանագին տաքսի 2) *հնացած* հինգ ցենտ; հինգ ցենտանոց մետաղադրամ **2** *adjective* էժանագին

jitterbug |ˈdʒɪtəbʌg| **1** *noun* *ամերիկյան ծածկալեզու* 1) ջազային երաժշտությամբ պար 2) ջազային երաժշտության տակ պարել սիրող մարդ 3) *հնացած խոսակցական* ջղային/նևրվային մարդ **2** *verb* (**-bugged**, **-bugging**) ջազի տակ պարել

Job |dʒəʊb| *աստվածաշնչային* Հոբ *(Հին Կտակարանի գրքերից մեկը)*

job[1] |dʒɒb| **1** *noun* 1) աշխատանք; պաշտոն; ծառայություն ◇ **out of job** անգործ; գործազուրկ 2) աշխատանք; զբաղմունք ◇ **bonus job** գործարքային աշխատանք. **fat job** եկամտաբեր աշխատանք. **odd job** պատահական աշխատանք. **by the job** գործավարձով; պայմանագրությամբ *(աշխատանք)*. **do sb's job** (**do the job for sb**) սնանկացնել; կործանել մեկին 3) առաջադրանք; հանձնարարություն; պարտականություն 4) *խոսակցական* դժվար գործ/հանձնարարություն 5) *փ*րահատություն *(հատկապես պլաստիկ)* 6) *խոսակցական* բան; առարկա; երևույթ *(որոշակի տեսակի)* 7) *խոսակցական* կողոպուտ; հանցագործություն 8) գործ ◇ **bad job** կորած գործ; անհաջողություն. **good job** գործերի լավ վիճակ 9) անազնիվ գործարք; մեքենայություն; պաշտոնի չարաշահում 10) *համակարգիչներ* աշխատանք; առաջադրանք **2** *verb* (**jobbed**, **jobbing**) 1) պատահական աշխատանք կատարել; մշտական աշխատանք չունենալ 2) շահախաղով/սպեկուլյացիայով զբաղվել; մակլերություն անել 3) *խոսակցական* անազնիվ գործարք կնքել; շահախարդախություն անել 4) իր դիրքը/պաշտոնը չարաշահել 5) գործավարձով աշխատել 6) վարձով վերցնել/տալ *(ձի, կառք, ավտոմեքենա և այլն)*

job² |dʒɒb| *հնացած* **1** *verb* (**jobbed**, **jobbing**) 1) ծակել; խոցել 2) խրել; մխել 3) ձիու սանձը թափով ձգել **2** *noun* հրոց; հարված; բոթոց; խրելը

jobber |ˈdʒɒbə| *noun* 1) մեծավաճառ; մեծավաճառորդ 2) միջնորդ; մակլեր; կոմիսիոներ; սպեկուլյանտ 3) պատահական աշխատանք կատարող մարդ 4) անբարեհաճ/անազնիվ գործարար

jobbery |ˈdʒɒb(ə)ri| *noun* 1) դիրքի չարաշահում 2) գործարքներ սարքելու ճարպկություն 3) գործը անբարեխիղճ ձևով վարելը; գործը անազնիվ ձևով վարելը

job-hunt *verb խոսակցական* աշխատանք փնտրել

jobless |ˈdʒɒblɪs| *adjective* գործազուրկ

job-share **1** *verb* աշխատանքը կիսել **2** *noun* աշխատանքը կիսելու համաձայնություն

jockey |ˈdʒɒki| **1** *noun* (հոգն. **-eys**) 1) *մարզական* ձիավարժ; ժոկեյ *(ձիարշավի հեծնորդ)* 2) սիրահար *(որոշակի մարզաձևի և այլն)* **2** *verb* (**-eys**, **-eyed**) 1) ջանք չխնայել; հնարավոր բոլոր միջոցները գործի դնել; ձգտել; հետամուտ լինել; ամեն ինչ անել *(մի բանի հասնելու համար)* 2) խաբել; խորամանկությամբ օգտագործել ◊ **jockey into** խաբեբայությամբ/խորամանկությամբ տրամադրել *(որևէ բանի)*. **jockey out** խորամանկությամբ ստանալ/կորզել

jocose |dʒəˈkəʊs| *adjective* գրական *անգլերեն* կատակասեր; հանաքասեր; զվարճախոս; հումորի զգացում ունեցող

jocular |ˈdʒɒkjʊlə| *adjective* ուրախ; զվարճալի; կատակային; կատակի բնույթի; հումորիստական

jocund |ˈdʒɒk(ə)nd|, |ˈdʒəʊk-| *adjective գրական անգլերեն* 1) ուրախ; զվարթ; աշխույժ; կայտառ; կենսուրախ 2) հաճելի; դուրեկան

jocundity |dʒɒˈkʌndɪti| *noun* ուրախություն; զվարթություն; աշխուժություն; կենսուրախություն

Joel |ˈdʒəʊəl| *աստվածաշնչային* Հովել *(Հին Կտակարանի մարգարեական գրքերից մեկը)*

jog |dʒɒg| **1** *verb* (**jogged**, **jogging**) 1) վազել; վազքով/մանրավազքով զբաղվել; թեթև վազել *(որպես մարզանք)* 2) թեթև վարգել *(ձիու մասին)* 3) (**jog on/along**) նույն կերպով շարունակել; նույն կերպ առաջ ընթանալ; քարշ գալ; կամաց-կամաց առաջ գնալ 4) (**jog on/along**) դանդաղ գնալ/շարժվել; ճանապարհ գնալ որևէ ցնցվող բանով; ճանապարհ գնալ որևէ դխկդխկացող բանով 5) հրել; թեթև խփել; բոթել 6) օգնել մեկին հիշելու; հիշեցնել 7) դանդաղ զարգանալ **2** *noun* 1) մանրավազք; թեթև/դանդաղ վազք *(որպես մարզանք)* 2) թեթևակի հրոց; հրելը; բոթոց; ցնցում 3) թեթև վարգ 4) *ամերիկյան* անհեթեթություն

jogger *noun* մանրավազորդ; հանուն առողջության վազող մարդ

joggle¹ |ˈdʒɒg(ə)l| **1** *verb* 1) հրել; հրելով շարժել; թեթև խփել; թափ տալ; ցնցել 2) ցնցվել; ցնցումներով շարժվել **2** *noun* թեթև հրոց/ցնցում

joggle² |ˈdʒɒg(ə)l| **1** *noun* ագույց **2** *verb* ագույցով միացնել

jog trot |ˈdʒɒgtrɒt| *noun հնացած* 1) մանրավազք; մանրավարգ 2) *խոսակցական* միապաղաղություն

Johannesburg |dʒəʊˈhænɪsbəːg| Յոհաննեսբուրգ *(քաղաք Հարավաֆրիկյան Հանրապետությունում)*

john |dʒɒn| *noun խոսակցական* 1) զուգարան 2) պոռնիկի հաճախորդ

John, St. *աստվածաշնչային* 1) Հովհաննես ավետարանիչ 2) Ավետարան ըստ Հովհաննեսի *(Նոր Կտակարանի գրքերից մեկը)*

John Barleycorn *noun* գարեջրի, օղու և այլ ոգելից խմիչքների անձնավորում

John Bull *noun* Ջոն Բուլ; տիպիկ անգլիացի; անգլիացիք

John Doe *noun* 1) *իրավունք* հայցվոր; հայցատեր 2) *խոսակցական* սովորական/միջակ մարդ

johnny |ˈdʒɒni| *noun* (հոգն. **-nies**) *խոսակցական* 1) հետևից կոճկվող հիվանդանոցային շապիկ 2) *բրիտանական* ջահել տղա; երիտասարդ; անկարևոր մարդ 3) պճնամոլ

johnnycake *noun* 1) եգիպտացորենի բլիթ *(ԱՄՆ-ում)* 2) ցորենի բլիթ *(Ավստրալիայում)*

join |dʒɔɪn| **1** *verb* 1) կապել; միացնել; կցել; կապակցել; միակցել; համակցել; շաղկապել 2) միանալ; միացվել; կցվել 3) միավորվել; համախմբվել 4) անդամ դառնալ *(կուսակցության, միության և այլն)* 5) աշխատանքի ընդունվել; աշխատակցել; աշխատակից դառնալ *(որևէ կազմակերպության)* 6) մասնակցել; միանալ 7) զինվորական ծառայության մեջ մտնել 8) զորամաս վերադառնալ *(արձակուրդից հետո)* 9) հարակից/սահմանակից լինել 10) բաժանորդագրվել *(գրադարանին)* 11) թափվել; ներհոսել *(գետի մասին)* 12) հանդիպել; հասնել ◊ **join up** *խոսակցական* բանակ գնալ **2** *noun* միացում; միացման կետ/գիծ; միացման մակերես; կապ

joiner |ˈdʒɔɪnə| *noun* 1) հյուսն; ատաղձագործ 2) ռանդիչ մեքենա; ռանդահաստոց 3) *ամերիկյան* հաղորդասեր/մարդամոտ անձ 4) սոցիալապես ակտիվ մարդ; հասարակական ձեռնարկներին մասնակցող մարդ

joinery *noun* 1) հյուսնություն; ատաղձագործություն 2) հյուսնի/ատաղձագործական արհեստանոց

joint |dʒɔɪnt| **1** *noun* 1) *տեխնիկական* կցվանքատեղ; կցվատեղ; միակցման կետ 2) *տպագրություն* եզրակցվածք *(գրքաբնի միացման տեղը կազմակողմից)* 3) *կազմախոսություն* հոդ; հոդավորություն; միակցում ◊ **out of joint** i) դուրս ընկած; հոդախախտված ii) *փոխաբերական* անկանոն; անկարգ; անսարքին 4) *բրիտանական* կտրտված մսեղիքի մաս *(բուդը, թիակը և այլն)* 5) *բուսաբանություն* հանգույց 6) *տեխնիկական* հոդակապ; կրունկ; ծխնի; փորուտ; ակոս; կարան 7) *խոսակցական* հավաքատեղի; հավաքվելու տեղ; ճաշարան; ժամանցի վայր **2** *adjective* 1) միացյալ; համատեղ; ընդհանուր 2) բաժնետիրական *(կապիտալի մասին)* 3) համակցված; կոմբինացված **3** *verb* 1) հոդավորել; հարմարադրել *(մասերը)* 2) մասնատել; բաժանել; անջատել 3) կտրտել *(մսեղիքը)*

jointure |ˈdʒɔɪntʃə| **1** *noun իրավունք* 1) կնոջ անունով գրված գույք/կալվածք 2) այրուն հասանելիք ժառանգության բաժինը **2** *verb* գույքից հատկացնել կնոջը; ժառանգությունից բաժին հանել կնոջը

joint venture *noun* համատեղ ձեռնարկություն

joist |dʒɔɪst| *noun* լայնությամբ գցած փայտամած; ծպեղ; ծպեղամած; հեծան

joke |dʒəʊk| **1** *noun* 1) կատակ; հանաք 2) սրամտություն; սրախոսություն 3) տարօրինակ/ծիծաղաշարժ դեպք; զվարճալի դեպք 4) ծաղրի առարկա **2** *verb* 1) կատակ անել 2) *հնացած* կատակով ծաղրել; ձեռ առնել

crack jokes կատակներ/հանաքներ անել

cut a joke օյին խաղալ; մի ճարպիկ բան անել

it is no joke հանաք բան չէ; շատ կարևոր բան է

practical joke կոպիտ կատակ; մեկի գլխին խաղացված խաղ

see a joke կատակ հասկանալ

spring a joke ստախոսություն անել

joker |ˈdʒəʊkə| *noun* 1) կատակարար; զվարճախոս; հանաքչի 2) *խոսակցական* հիմար մարդ 3) *ծածկալեզու* մարդ; երիտասարդ 4) ջոկեր *(թղթախաղի մեջ)* 5) երկիմաստ կետ *(օրենքում և այլն)*

jolly[1] |ˈdʒɒli| **1** *adjective* (**-lier**, **-liest**) 1) ուրախ; զվարթ; կենսուրախ; զվարճալի 2) *խոսակցական* հաճելի; դուրեկան; հրաշալի; սքանչելի 3) տոնական; հանդիսավոր 4) մի քիչ խմած; կատարը տաք; քեֆը տեղը; կոնծած; քեֆը չաղացրած **2** *verb* (**-lies**, **-lied**) *խոսակցական* քաջալերել; ոգևորել **3** *adverb խոսակցական* շատ; սաստիկ ◇ **all jolly fine** ամեն ինչ շատ լավ է **4** *noun* (հոգն. **-lies**) *խոսակցական* հավաքույթ

jolly[2] |ˈdʒɒli| (նաև **jolly boat**) *noun* (հոգն. **-lies**) քառաթի մակույկ

jolt |dʒəʊlt|, |dʒɒlt| **1** *verb* 1) ցնցել; թափ տալ; վեր ու վար գցել 2) *փոխաբերական* ուշքի բերել; զարթնեցնել; ցնցել; խելքի բերել 3) խորդուբորդ/անհարթ ճանապարհով ընթանալ *(որևէ բանով)* **2** *noun* հրոց; ցնցում

jolty *adjective* ցնցող; ցնցուն; թափահարող

Jonah |ˈdʒəʊnə| *աստվածաշնչային* Հովնան *(Հին Կտակարանի մարգարեական գրքերից մեկը)*

jonquil |ˈdʒʌŋkwɪl|, |ˈdʒɒn-| *noun* 1) *բուսաբանություն* նարգիզ; ժոնկիլ *(Narcissus jonquilla, ընտանիք Liliaceae)* 2) բաց դեղին գույն

Jordan |ˌdʒɔːd(ə)n| 1) Հորդանան *(պետություն Միջին Արևելքում, Հորդանան գետից արևելք)* 2) Հորդանան *(գետ Միջին արևելքում)*

jorum |ˈdʒɔːrəm| *noun պատմական* 1) մեծ գավաթ; թաս *(գինու և այլ խմիչքների համար)* 2) պունշ; փունչ; ջերմօղի

josh |dʒɒʃ| *խոսակցական* **1** *verb* կատակներ անել; նյարդայնացնել; հանաք անել *(մեկի նկատմամբ)* **2** *noun ծածկալեզու* բարեսիրտ կատակ

joss |dʒɒs| *noun* չինական կուռք

joss house *noun* չինական տաճար; կռատուն

jostle |ˈdʒɒs(ə)l| **1** *verb* 1) իրար հրել/բոթել; հրմշտել 2) կռվել; կռիվ անել/տալ ◇ **jostle against** բախվել; դեմ առնել. **jostle away** դուրս մղել; հրելով դուրս գցել. **jostle through** զոռով անցնել; խցկվել **2** *noun* հրոց; բախում; խռնց; հրհրոց; հրմշտոց; ճնշոց

jot |dʒɒt| **1** *verb* (**jotted**, **jotting**) (նաև **jot down**) արագ գրի առնել; համառոտ ձևով գրել; համառոտագրել **2** *noun* չնչին քանակություն; նշույլ ◇ **not a jot** ոչ մի չափով; մազաչափ անգամ

joule |dʒuːl| (հապ. **J**) *noun ֆիզիկա* ջոուլ

journal |ˈdʒɜːn(ə)l| *noun* 1) հանդես; լրագիր *(հատկապես գիտական)* 2) օրագիր; օրատետր; հիշատակարան; մատյան ◇ **the Journals** *բրիտանական* նիստերի արձանագրություններ *(խորհրդարանի)* 3) *ծովային* նավային մատյան 4) *տեխնիկական* առանցքայր

journalese |ˌdʒɜːnəˈliːz| *noun խոսակցական արհամարհական* լրագրային ոճ; կաղապարային ոճ

journalism |ˈdʒɜːn(ə)lɪz(ə)m| *noun* 1) լրագրողություն; ժուռնալիզմ; լրագրողի մասնագիտությունը 2) հրապարակագրություն; ժուռնալիստիկա *(լրագրողի գործը)*

journalist |ˈdʒɜːn(ə)lɪst| *noun* 1) լրագրող; ժուռնալիստ 2) հանդեսի խմբագիր

journalistic |-ˈlɪstɪk| *adjective* լրագրական; լրագրողական; լրագրողին հատուկ; ժուռնալիստի

journey |ˈdʒɜːni| **1** *noun* (հոգն. **-neys**) 1) ուղևորություն; զբոսանք; ճանապարհորդություն *(ցամաքով)* ◇ **pleasure journey** զվարճական ուղևորություն; զվարճազբոսանք. **take/undertake a journey** ուղևորություն/ճամփորդություն ձեռնարկել. **I wish you a good journey !** բարի ճանապարհ. **be on a journey** ճանապարհորդել; ճամփորդել 2) երթաշրջան; երթ **2** *verb* (**-neys**, **-neyed**) ճանապարհորդել; ուղևորություն կատարել

journeyman |ˈdʒɜːnɪmən| *noun* (հոգն. **-men**) 1) օրավարձու բանվոր; ենթավարպետ; վարպետի օգնական 2) վարձկան

joust |dʒaʊst| **1** *verb պատմական* 1) ձիզակախաղի մասնակցել *(ասպետի մասին)* 2) եռանդագին մրցակցել **2** *noun պատմական* մրցախաղ; ձիզակախաղ; ասպետական մենամարտություն

Jove |ˈdʒəʊv| *noun* 1) *դիցաբանություն* Յուպիտեր ◇ **by Jove** *հնացած* աստված վկա 2) *աստղագիտություն* Լուսնթագ *(մոլորակ)*

jovial |ˈdʒəʊvɪəl|, |-vj(ə)l| *adjective* ուրախ; կայտառ; զվարթ; մարդամոտ; սրտաբաց

joviality |-ˈælɪti| *noun* ուրախություն; զվարթություն; կայտառություն; սրտաբացություն; մարդամոտություն

joy |dʒɔɪ| **1** *noun* 1) ուրախություն; հրճվանք; ցնծություն ◇ **I wish you joy** i) շնորհավորում եմ ձեզ ii) հաճելի ժամանց iii) բախտավո՛ր լինեք 2) ուրախալի բան; ուրախություն **2** *verb բանաստեղծական* 1) ուրախանալ; զվարճանալ 2) *հնացած* ուրախացնել; զվարճացնել

joyful |ˈdʒɔɪfʊl|, |-f(ə)l| *adjective* ուրախ; զվարթ; ցնծալից; երջանիկ

joyless *adjective* տխուր; տրտում

joyous |ˈdʒɔɪəs| *adjective բանաստեղծական* ուրախ; ուրախալի; բերկրալի; ուրախաբար

joyride |ˈdʒɔɪrʌɪd| **1** *noun խոսակցական ծածկալեզու* զվարճազբոսանք; սրընթաց զբոսանք *(ծածուկ, ուրիշի մեքենայով)* **2** *verb* սրընթաց զբոսանք կատարել

joystick |ˈdʒɔɪstɪk| *noun խոսակցական համակար-*

գիչներ զվարճանող

JPEG |ˈjeɪpɛg| *noun համակարգիչներ* JPEG *(գրաֆիկական պատկերները պահպանելու չափորոշական)*

jubilance *noun* ցնծություն; բերկրություն; ուրախություն

jubilant |ˈdʒuːbɪl(ə)nt| *adjective* ցնծագին; բերկրալից

jubilate |ˈdʒuːbɪleɪt| *verb հնավաճը* ցնծալ; հրճվել; բերկրել; ուրախանալ

jubilation *noun* ցնծություն; բերկրանք; հրճվանք

jubilee |ˈdʒuːbɪliː| **1** *noun* հոբելյան; տարեդարձ; տարելից; տոն; տոնակատարություն **2** *adjective* լիկյորով պատված

Judaea |dʒuːˈdiːə| Հուդա; Հուդայի երկիր *(Պաղեստինի այն մասը, որը համապատասխանում է պատմական Հուդայի թագավորությանը)*

Judaic |dʒuːˈdeɪɪk| *adjective* հրեական; եբրայական; իսրայելական

Judaism |ˈdʒuːdeɪɪz(ə)m| *noun կրոնական* հուդայականություն; հրեականություն

Judas[1] |ˈdʒuːdəs| 1) *աստվածաշնչային* Հուդա; Հուդա Իսկարիովտացի 2) մատնիչ; դավաճան

Judas[2] *աստվածաշնչային* Հուդա առաքյալ

judas (նաև **judas hole**) *noun* դիտանցք *(դռան վրա)*

Jude, St. |dʒuːd| *աստվածաշնչային* Հուդա առաքյալի թուղթ *(Նոր Կտակարանի գրքերից մեկը)*

judge |dʒʌdʒ| **1** *noun* 1) դատավոր 2) մրցավար; մրցադատավոր 3) գիտակ; գնահատող; բանիմաց; լավ հասկացող 4) իրավարար; միջնորդ դատավոր; փորձագետ **2** *verb* 1) գաղափար կազմել; եզրակացնել ◇ **judge by appearances** արտաքինով դատել 2) դատել; դատ անել; դատավճիռ կայացնել 3) հետաքննություն վարել 4) հարցը լուծել 5) մեղադրել; պարսավել; պախարակել

judge advocate *noun իրավունք* զինվորական դատարանի դատախազ

judge advocate general *noun* զինվորական դատարանի գլխավոր դատավոր

Judges |ˈdʒʌdʒɪz| *աստվածաշնչային* Դատավորներ *(Հին Կտակարանի գրքերից մեկը)*

judgment |ˈdʒʌdʒm(ə)nt| (նաև **judgement**) *noun* 1) առողջ դատողություն; խոհեմություն; խորաթափանցություն; սրաթափանցություն 2) դատողություն; կարծիք; տեսակետ ◇ **in my judgment** իմ կարծիքով. **sit in judgment on** քննադատել; գրախոսել 3) դատավճիռ ◇ **pass judgment** դատավճիռ կայացնել. **judgment by default** դատավճիռ հօգուտ հայցվորի *(պատասխանողի չներկայանալու պատճառով)* 4) (նաև **Last Judgment**) Ահեղ դատաստան 5) պատիժ; հատուցում; դատաստան; Աստծո դատաստան

Judgment of Solomon Սողոմոնի դատաստան; սողոմոնյան վճիռ; իմաստուն դատաստան

judicature |ˈdʒuːdɪkəˌtʃə|, |dʒʊˈdɪk-| *noun* 1) արդարադատություն; դատարան 2) արդարադատություն գործելը ◇ **Supreme Court of Judicature** Անգլիայի Գերագույն դատարանը 3) դատական ատյան 4) *հավաքական* դատավորներ *(որպես դաս)*

judicial |dʒuːˈdɪʃ(ə)l| *adjective* 1) դատական; դատարանական; դատավորի 2) դատարանի որոշմամբ կատարված; վճռով հաստատված; օրինականացված 3) քննադատական; անաչառ; անկողմնակալ 4) մանրակրկիտ

judiciary |dʒʊˈdɪʃ(ə)ri| *noun* (հոգն. **-aries**) *հավաքական* 1) դատական մարմինների համակարգ; դատարան 2) դատական իշխանություն 3) դատավորներ

judicious |dʒʊˈdɪʃəs| *adjective* խոհեմ; ողջամիտ; առողջամիտ; խելացի; խելամիտ

Judith |ˈdʒuːdɪθ| *աստվածաշնչային* Հուդիթ *(Հին Կտակարանի երկրորդականոն գրքերից մեկը)*

judo |ˈdʒuːdəʊ| *noun մարզական* ձյուդո

jug |dʒʌg| **1** *noun* 1) կուժ; սափոր 2) *ծածկալեզու* (նաև **stone-jug**) բանտ; կալանատեղ **2** *verb* (**jugged**, **jugging**) 1) շոգեխաշել *(նապաստակի միսը)* 2) կավե ամանի մեջ եփել 3) *ծածկալեզու խոսակցական* բանտ նստեցնել

juggle |ˈdʒʌg(ə)l| **1** *verb* 1) ձեռնածություն անել; աճպարարություն անել 2) համատեղել; հասցնել; միաժամանակ անել 3) *փոխաբերական* աչքակապություն անել; խաբել; հիմարացնել 4) աղավաղել *(փաստերը, խոսքը)* 5) վերաբաշխել **2** *noun* 1) խաբեբայություն; խարդախություն 2) ձեռնածություն; աճպարարություն; հնարք; ճարպիկ արարք/խաղ

juggler *noun* 1) ձեռնածու; աճպարար 2) խաբեբա; խարդախ մարդ

juice |dʒuːs| **1** *noun* 1) հյութ *(մրգի, բանջարեղենի, եփած մսի)* 2) (**juices, gastric juice**) ստամոքսահյութ 3) *ծածկալեզու* էլեկտրական հոսանք 4) *փոխաբերական* (**juices**) հյութեր; ներուժ; ստեղծագործական ուժեր 5) *ծածկալեզու* բենզին **2** *verb* 1) հյութը քամել *(մրգի և այլն)* 2) *խոսակցական* (**juice something up**) աշխուժացնել; հետաքրքրացնել

juicy |ˈdʒuːsi| *adjective* (**juicier**, **juiciest**) 1) հյութալի; հյութեղ 2) *ծածկալեզու* գունագեղ; գունեղ; հյութեղ; պատկերավոր; ցնցող; գրավիչ 3) *խոսակցական* հետաքրքիր; համով-հոտով

jujitsu |dʒuːˈdʒɪtsuː| (նաև **jiujitsu** կամ **jujutsu**) *noun մարզական* ջիուջիցու *(ըմբշամարտի ճապոնական համակարգ)*

jukebox |ˈdʒuːkbɒks| *noun* երաժշտական ավտոմատ *(բարում, սրճարանում)*

julep |ˈdʒuːlɛp| *noun* 1) շաքարաջուր; օշարակ *(դեղ խմելու համար)* 2) *ամերիկյան* սառեցրած օղի համեմունքներով

July |dʒʊˈlʌɪ| *noun* (հոգն. **Julys**) հուլիս

jumble |ˈdʒʌmb(ə)l| **1** *noun* խառնակույտ **2** *verb* խառնել

jumble sale *noun* զանազան էժանագին իրերի վաճառք բարեգործական նպատակներով; օգտագործված իրերի վաճառք բարեգործական նպատակներով

jumbo |ˈdʒʌmbəʊ| *խոսակցական* **1** *noun* (հոգն. **-bos**) 1) անճոռնի մարդ; հսկա 2) փիղ; փղի կենդանի 3) հսկա ինքնաթիռ **2** *adjective* վիթխարի;

հսկայական

jump |dʒʌmp| **1** *verb* 1) ցատկել; թռչել; ոստնել 2) վրայից ցատկել; ցատկելով անցնել վրայից 3) հանկարծակի բարձրանալ *(գների մասին)* 4) *խոսակցական* մարդկանցով լեցուն լինել; աշխույժ լինել *(ժամանցի վայրի և այլնի մասին)* 5) վեր թռչել; վեր ցատկել; ցնցվել 6) *փոխաբերական* վրայից ցատկել; արագ մի նյութից մյուսին անցնել ◊ **jump to conclusions** հապճեպ եզրակացություն անել 7) բաց թողնել; չանդրադառնալ 8) «ուտել»; տանել *(շաշկի խաղում հակառակորդի քարը՝ վրայից ցատկելով)* 9) *խոսակցական* հանկարծակի հարձակվել 10) (**jump together/with**) համընկնել; իրար բռնել 11) գծից դուրս գալ *(գնացքի և այլնի մասին)* 12) աչքի անցկացնել; թեթևակի կարդալ *(գիրքը)* 13) վերև գցել; օդում ճոճել 14) թռցնել; ստիպել ցատկել • **jump at** ուրախությամբ/սիրով ընդունել; կպչել; կառչել *(առաջարկությանը, մտքին և այլն)* **jump down** i) ցած թռչել; վայր ցատկել ii) օգնել մեկին ցած թռչելու **jump down sb's throat** *խոսակցական* մեկին անընդհատ հակաճառել; վրա տալ; մեկի բերանը փակել **jump in/into** ներս թռչել; ներս ցատկել **jump on** վրա ընկնել; վրա պրծնել; կշտամբել **jump out** դուրս ցատկել; դուրս թռչել **jump out of one's skin** i) չափից դուրս ուրախ լինել; ուրախությունից իրեն կորցնել ii) վախից վեր թռչել **jump over** թռչելանցնել; ցատկելով անցնել **jump up** վեր թռչել; վեր ցատկել **2** *noun* 1) թռիչք; ցատկ; ոստյուն ◊ **high jump** բարձրության ցատկում; ցատկ բարձրությամբ. **long jump** երկարության ցատկում; ցատկ երկարությամբ. **standing jump** ցատկում առանց վազքի 2) խոչընդոտ; արգելք *(որի վրայով պետք է ցատկել)* 3) հանկարծակի բարձրացում *(գների, ջերմության և այլնի)* 4) ցնցում; վեր թռչելը *(որևէ անսպասելի բանից)* ◊ **the jumps** արբեցատենդ 5) արագ մի նյութից մյուսին անցնելը *(խոսելիս, մտածելիս և այլն)*

jumper[1] |ˈdʒʌmpə| *noun* 1) *ամերիկյան* անօձիք ու անթևք զգեստ/վերնաշապիկ *(որի տակից սովորաբար շապիկ են հագնում)* 2) *բրիտանական* սվիտեր 3) *պատմական* նավաստու բլուզ

jumper[2] |ˈdʒʌmpə| *noun* 1) ցատկող/թռչկոտան մարդ; ոստոստան մարդ 2) (**jumper wire**) միացնող հաղորդալար 3) ցատկող միջատ *(լու, մորեխ և այլն)* 4) *մարզական* ցատկորդ 5) պարաշյուտիստ 6) *ամերիկյան* սահնակ

jumpy |ˈdʒʌmpi| *adjective* (**jumpier**, **jumpiest**) *խոսակցական* 1) ջղագրգիռ; դյուրագրգիռ; ջղային 2) ջղերի վրա ազդող 3) անկանոն; անհավասարաչափ

junction |ˈdʒʌŋ(k)ʃ(ə)n| *noun* 1) միացում; միանալը; կցվանքատեղ; միացման կետ 2) երկաթուղային հանգույց; հանգուցակայարան; հանգուցային կայարան 3) ճանապարհների միացման տեղ; ուղեկիցք; ճանապարհների խաչմերուկ; ուղեբաժան; գետերի միացման տեղ 4) համատեղում

juncture |ˈdʒʌŋ(k)tʃə| *noun* 1) միացում; հոդավորում 2) հանգամանքների զուգորդում/զուգադիպում; իրադրություն; իրավիճակ ◊ **critical juncture** վճռական պահ
at this juncture այս/տվյալ դեպքում

June |dʒuːn| *noun* հունիս

Juneau |ˈdʒuːnəʊ| Ջունո *(ԱՄՆ-ի Ալյասկա նահանգի մայրաքաղաքը)*

jungle |ˈdʒʌŋg(ə)l| *noun* 1) *նաև փոխաբերական* ջունգլի; վայրի անտառ 2) մացառուտ; թփուտ; թավուտ 3) ջանգլ *(պարային երաժշտություն)*

junior |ˈdʒuːnɪə| **1** *adjective* 1) կրտսեր *(տարիքով, դիրքով, պաշտոնով)* 2) *բրիտանական* կրտսեր տարիքի *(7-11 տարեկան դպրոցականների մասին)* **2** *noun* 1) կրտսեր *(տարիքով, դիրքով, պաշտոնով)* 2) ցածր կուրսի ուսանող 3) *ամերիկյան* երրորդ կուրսի ուսանող 4) *խոսակցական* որդի՛; որդյա՛կ *(սեփական որդուն դիմելու ձև)*

juniority |-ˈɒrɪti| *noun* կրտսերություն

juniper |ˈdʒuːnɪpə| *noun բուսաբանություն* գիհի; գիհ *(Genus Juniperus, ընտանիք Cupressaceae)*

junk[1] |dʒʌŋk| **1** *noun* 1) հնոտիք; քրջեղեն; թափոն; ուտիլ; օգտահումք; ջարդոն 2) անպետք գաղափարներ; անիմաստ խոսակցություն 3) կտոր *(հացի կամ որևէ այլ բանի)* 4) կոճղ; քոթուկ 5) *ծովային* աղը դրած միս **2** *verb խոսակցական* թափել; ազատվել մի բանից; դեն նետել

junk[2] |dʒʌŋk| *noun* ջոնկա *(չինական առագաստանավ)*

junket |ˈdʒʌŋkɪt| **1** *noun* 1) *խոհանոց* մշկընկույզով և սերուցքով քաղցր կաթնաշոռ 2) խնջույք; քեֆ; զբոսախնջույք; պիկնիկ 3) *խոսակցական* գործուղում հաճույքի համար *(պետության միջոցներով)* **2** *verb* (**-keted**, **-keting**) *խոսակցական* քեֆ անել; զբոսախնջույք կազմակերպել

junk food *noun* անորակ սնունդ *(սովորաբար փաթեթավորված)*

junkie |ˈdʒʌŋki| (նաև **junky**) *noun խոսակցական* 1) թմրամոլ 2) մոլի երկրպագու; սիրահար *(որևէ բանի)*

junk mail *noun խոսակցական նաև համակարգիչներ* թափոնային փոստ

junk shop *noun խոսակցական* հնացած իրերի խանութ; էժանագին հնությունների խանութ

Jupiter |ˈdʒuːpɪtə| *աստղագիտություն* Յուպիտեր *(արեգակնային համակարգի ամենամեծ մոլորակը)*

jurat |ˈdʒʊəræt| *noun իրավունք* քաղաքապետարանի/համայնքի ավագ անդամ *(Անգլիայում)*

juridical |dʒʊˈrɪdɪk(ə)l| *adjective իրավունք* իրավական; իրավաբանական; դատավորական; դատական; դատարանական; օրինական

jurisdiction |ˌdʒʊərɪsˈdɪkʃ(ə)n| *noun* 1) արդարադատություն 2) իրավասություն; իրավազորություն 3) իրավասության շրջան; իրավասությանը ենթակա տարածք

jurisprudence |ˌdʒʊərɪsˈpruːd(ə)ns| *noun* իրավաբանություն; իրավագիտություն ◊ **medical jurisprudence** դատական բժշկագիտություն

jurisprudent **1** *adjective* օրենքներին քաջատեղյակ; օրենքները լավ իմացող **2** *noun* իրավաբան; իրավագետ

jurist |ˈdʒʊərɪst| *noun* իրավագետ; իրավաբան; փաստաբան; դատավոր

jury[1] |ˈdʒʊəri| **1** *noun* (հոգն. **-ries**) 1) *իրավունք* երդվյալ ատենակալներ; երդվյալների դատարան ◇ **common jury** երդվյալների դատարան քաղաքացիական և քրեական գործերով. **grand jury** նախնական քննությամբ զբաղվող երդվյալների հանձնաժողով. **coroner's jury** հանկարծակի մահվան դեպքերի քննության ընթերավկա 2) մրցատյան; ժյուրի; մրցանակաբաշխության/շահումների/խաղարկության և այլնի հանձնաժողով **2** *verb* (**-ries**, **-ried**) գնահատել; մրցատյանի/ժյուրիի կազմում լինել

jury² *adjective ծովային* հանկարծաստեղծ; ժամանակավոր *(հարմարանքի մասին)*

jury box *noun* երդվյալ ատենակալների տեղը դատարանում

just |dʒʌst| **1** *adjective* 1) արդար; արդարացի; ճշմարիտ; իրավացի 2) արժանի; պատշաճ 3) ճիշտ; ուղիղ; հիմնավորված **2** *adverb* 1) հենց; ճիշտ; ուղղակի; հատկապես ◇ **just as you say** ճիշտ այդպես, ինչպես դուք եք ասում 2) հենց նոր; հենց հիմա ◇ **just now** հենց նոր; հենց հիմա; այս րոպեին; հիմա 3) *խոսակցական* միանգամայն; պարզապես 4) հազիվ; հազիվհազ; հազիվ թե 5) *խոսակցական* իսկապես; իրոք

justice |ˈdʒʌstɪs| *noun* 1) արդարություն ◇ **do justice** i) պատշաճ հարգանք ցույց տալ; պատշաճը հատուցել *(մարդուն)* ii) ճաշակել; համը տեսնել; ըստ արժանվույն գնահատել *(կերակուրը)* 2) արդարադատություն; իրավադատություն ◇ **administer justice** արդարադատություն գործել 3) դատավոր *(հատկապես Անգլիայի Գերագույն դատարանում)* 4) քաղաքային վարչության անդամ *(Անգլիայում)*

justice of the peace *noun* հաշտարար դատավոր

justifiable |ˈdʒʌstɪˌfʌɪəb(ə)l| *adjective* արդարացման ենթակա; արդարացվող; արդարանալի; թույլատրելի

justification *noun* 1) արդարացում; արդարացնելը 2) վերականգնում; ռեաբիլիտացիա *(պատվի, անվան)* 3) արդարացուցիչ հանգամանք 4) հաստատում; հաստատելը *(փաստերով)* 5) *տպագրություն* տողաշտկում

justify |ˈdʒʌstɪfʌɪ| *verb* (**-fies**, **-fied**) 1) արդարացնել; ներել 2) հաստատել *(փաստերով)* 3) հիմնավորել; հիմնավոր պատճառ լինել 4) *տպագրություն* տողավերջը հավասարեցնել

jut |dʒʌt| **1** *verb* (**jutted**, **jutting**) 1) (նաև **jut out**) ելնել; դուրս ցցվել 2) դուրս ցցել **2** *noun* դուրս ցցված մաս

Jute |dʒu:t| *noun պատմական* յուտ; յուտեր *(հին գերմանական ցեղ)*

jute |dʒu:t| *noun բուսաբանություն* ջուտ *(թելատու բույս)*

Jutland |ˈdʒʌtlənd| Յուտլանդիա *(թերակղզի Եվրոպայի հյուսիս-արևմուտքում)*

juvenescence |ˌdʒu:vəˈnɛs(ə)ns| *noun գրական անգլերեն* 1) պատանեկություն; երիտասարդություն 2) երիտասարդ դառնալը; երտաասարդանալը

juvenile |ˈdʒu:vənʌɪl| **1** *adjective* 1) պատանեկան; երիտասարդական 2) մանկամիտ; պարզամիտ 3) պատանեկան; պատանիների համար **2** *noun* 1) պատանի; դեռահաս; դեռատի 2) *իրավունք* անչափահաս

juxtapose |ˌdʒʌkstəˈpəʊz| *verb* զուգադրել; առադրել; կողք կողքի տեղավորել/զետեղել

juxtaposition *noun* զուգադրում; զուգադրություն; առադրում; առադրելը; կողք կողքի դնելը

Kk

K[1] |keɪ| (նաև **k**) *noun* (հոգն. **Ks** կամ **K's**) անգլերեն այբուբենի 11-րդ տառը

K[2] **1** *abbreviation* 1) kelvin 2) *համակարգիչներ* kilobyte 3) kilometer 4) kindergarten 5) king *(հատկապես թղթախաղում ու շախմատում)* 6) knit 7) *խոսակցական* thousand *(աշխատավարձի և այլնի վերաբերյալ)* **2** *symbol* տե՛ս **potassium**

k **1** *abbreviation* 1) karat 2) kopeck **2** *symbol* քիմիա ֆիզիկա Բոլցմանի հաստատուն

Kabardino-Balkaria |ˌkæbəˈdiːnəʊ bælˈkɑːrɪə| Կաբարդինա-Բալկարական Հանրապետություն *(ինքնավար հանրապետություն Ռուսաստանի կազմում)*

Kabul |ˈkɑːbʊl| Քաբուլ *(Աֆղանստանի մայրաքաղաքը)*

Kalahari Desert |ˌkæləˈhɑːri| Կալահարի անապատ *(գտնվում է Աֆրիկայի հարավում)*

kale |keɪl| *noun* 1) *բուսաբանություն* գանգրակաղամբ 2) գանգրակաղամբով ապուր

kaleidoscope |kəˈlʌɪdəskəʊp| *noun* գեղադիտակ

Kalmykia |kælˈmɪkɪə| Կալմիկիա *(ինքնավար հանրապետություն Ռուսաստանի կազմում, Կասպից ծովի ափին)*

Kama River Կամա *(գետ Ռուսաստանում, Վոլգա գետի վտակը)*

Kamchatka |kæmˈtʃætkə| Կամչատկա *(թերակղզի Ռուսաստանի հեռավորարևելյան մասում)*

Kampala |kæmˈpɑːlə| Կամպալա *(Ուգանդայի մայրաքաղաքը)*

kanaka |kəˈnækə|, |-ˈnɑːkə| *noun* 1) կանակ *(խաղաղօվկիանոսյան կղզիների բնակիչ)* 2) պատմական շաքարի պլանտացիաների բանվոր *(Ավստրալիայում)*

kangaroo |ˌkæŋɡəˈruː| *noun* 1) *կենդանաբանություն* ագեվազ; կենգուրու *(Macropus, ընտանիք Macropodidae)* 2) ծածկալեզու (**kangaroos**) ավստրալիական հանքարաների բաժնետոմսեր 3) այդ բաժնետոմսերը չարաշահող բորսային խաղացողներ

Kanpur |kɑːnˈpʊə| (նաև **Cawnpore**) Կանպուր *(քաղաք Հնդկաստանի հյուսիսում, Գանգես գետի ափին)*

Kansas |ˈkænzəs| Կանզաս *(ԱՄՆ-ի նահանգ)*

kaolin |ˈkeɪəlɪn| *noun* կաոլին; ճենակավ

Karachai-Cherkessia |ˌkærətʃʌɪˌtʃɛːˈkɛsɪə| Կարաչայ-Չերքեզական Հանրապետություն *(ինքնավար հանրապետություն Ռուսաստանի հյուսիսկովկասյան տարածքում)*

Karachi |kəˈrɑːtʃi| Կարաչի *(քաղաք Պակիստանում)*

Kara-Kalpak |ˌkærəˈkælpæk| **1** *noun* 1) կարակալպակ *(ազգություն)* 2) կարակալպակերեն **2** *adjective* կարակալպակյան; կարակալպակական

Kara Kum |ˌkærə ˈkuːm| Կարակում *(անապատ Միջին Ասիայում)*

karaoke |ˌkærəˈəʊki|, |ˌkærɪ-| *noun* կարաոկե *(ժամանցի ձև)*

karat (բրիտանական **carat**) *noun* կարատ

Karelia |kəˈreɪlɪə|, |-ˈriːlɪə| Կարելիա *(տարածք Ռուսաստանում՝ Ֆինլանդիայի սահմանի մոտ)*

Kashmir |kæʃˈmɪə| Քաշմիր

Kathmandu |ˌkætmænˈduː| Կատմանդու *(Նեպալի մայրաքաղաքը)*

Kawasaki |ˌkɑːwəˈsɑːki| Կավասակի *(քաղաք Ճապոնիայում)*

kayak |ˈkʌɪæk| **1** *noun* կայակ *(էսկիմոսական նավակ)* **2** *verb* (**kayaked**, **kayaking**)

Kazakhstan |ˌkæzəkˈstɑːn|, |-ˈstæn| Ղազախստան *(պետություն Միջին Ասիայում)*

Kazan |kəˈzæn|, |-ˈzɑːn| Կազան *(Ռուսաստանի Թաթարստան Հանրապետության մայրաքաղաքը)*

keel[1] |kiːl| **1** *noun ծովային* 1) ողնուց; ողնափայտ *(նավի)* ◇ **false keel** փալշկիլ; ողնուցապահպանակ. **on an even keel** առանց ողնուցային ճոճման; հանգիստ; հանդարտ 2) *բանաստեղծական* նավ **2** *verb* կողաթեքել *(նավը)* ◇ **keel over** i) շուռ տալ; շրջել ii) շուռ գալ; շրջվել

keel[2] |kiːl| *noun* հարթահատակ բեռնանավ *(հատկապես ածխանավ)*

keen[1] |kiːn| *adjective* 1) եռանդուն; եռանդոտ; ուժգին; բուռն 2) ուժեղ; խիստ; սաստիկ 3) (**keen on**) ուժեղ ձգտող; փափագող; տարված; հափշտակված ◇ **be keen on** խիստ փափագել; տարվել; հետաքրքրվել *(որևէ բանով)*. **keen as mustard** խանդավառ; խիստ ոգևորված 4) սուր *(լսողության, տեսողության և այլնի մասին)* 5) սուր; հատու; ծակող 6) սաստիկ թափանցող *(ցրտի/քամու մասին)* 7) թափանցող; սրաթափանց; խորաթափանց *(խելքի/հայացքի մասին)* 8) խիստ *(քննադատության մասին)*

keen[2] |kiːn| **1** *verb* ողբալ; կոծել; կականել **2** *noun* իռլանդական թաղման երգ

keep |kiːp| **1** *verb* (անցյալ **kept** |kɛpt|) 1) պահել; ունենալ *(անասուն, թռչուն, խանութ, պանդոկ և այլն)* 2) պահել; պահպանել; կատարել *(զաղտնիքը, օրենքը, սովորությունը, լռությունը, խոստումը և այլն)* 3) գտնվել; չլինել; մնալ *(նույն դիրքում)* 4) ուշացնել; պահել *(որևէ մեկին)* 5) շարունակել անել; անընդհատ/անդադար անել; մշտապես անել *(որևէ բան)* 6) պահվել; պահպանվել; թողնվել *(որևէ վիճակում, տեղում, դիրքում. ձան սննդի մասին)* 7) պահել; կերակրել *(ընտանիքը)* 8) ապահովել; մատակարարել 9) պաշտպանել; պահպանել 10) վարձել *(կին և այլն)* 11) տոնել; կատարել *(տոնը)* 12) պահել; զսպել *(զգացմունքները)* 13) պահել; վարել *(օրագիր, հուշատետր)* 14) վարել; կառավարել *(տնտեսություն և այլն)* 15) ◇ **keep indoors** տանը մնալ; տանից դուրս չգալ • **keep away** i) զգուշանալ; հեռու մնալ *(շնից, կրակից և այլն)* ii) պահել; թաքցնել *(որևէ մեկից)* **keep back** i) ետ պահել; խանգարել ii) թաքցնել *(փաստեր և այլն)* **keep down** i) հնազանդության մեջ պահել; ճնշել ii) ճնշել; խեղդել; զսպել *(ապստամբությունը, զգացմունքները)* iii) խանգարել զարգանալուն; կասեցնել *(աճը)* **keep from** հեռու մնալ/կենալ; հրաժարվել *(որևէ բանից)* **keep in** i) զսպել; ներս գցել *(զգացմունքները)* ii) դասերից հետո դպրոցում պահել *(աշակերտին/որպես պատիժ)* iii) վառ պահել *(կրակը)* **keep in with smb.** մեկի հետ լավ հարաբերություններ պահպանել **keep off** i) հեռու մնալ ii) հեռու պահել; մոտ չթողնել **keep off!** ե՛տ քաշվիր; հեռու կաց **keep on** i) շարունակել *(որևէ բան անել)* ii) ամբողջ ժամանակ/անընդհատ որևէ բանով զբաղվել **keep on at sb** մեկին շարունակ կշտամբել; նախատել **keep out** i) թույլ չտալ; ներս չթողնել; մուտքն արգելել ii) չխառնվել; չմիջամտել; հեռու մնալ **keep to** i) հետևել որևէ բանի; չշեղվել *(նյութից, թեմայից և այլն)* ii) սահմանափակվել *(որևէ բանով)* **keep together** միասին լինել; միմյանցից անբաժան լինել **keep under** ճնշել; զսպել; արգելակել **keep up** i) բարձր պահել *(գները, տրամադրությունը և այլն)* ii) ջրի երեսին պահել; թույլ չտալ սուզվելու iii) կայտառ մնալ; չվհատվել **keep up to date** վերջին տվյալներով լրացնել **keep up with** ետ չմնալ; համաքայլ ընթանալ **2** *noun* 1) ապրուստ; օրվա հաց ◊ **earn one's keep** իր ապրուստը վաստակել 2) գլխավոր աշտարակ; միջնաբերդ *(ամրոցի)*

for keeps *ամերիկյան ծածկալեզու* ընդմիշտ

keeper |ˈkiːpə| *noun* 1) պահակ; պահապան 2) խնամակալ; խնամող 3) հիվանդապահ *(հոգեբուժարանում)* 4) ծովային հերթապահ 5) պահպանվող սնունդ/ըմպելիք

keeping |ˈkiːpɪŋ| *noun* 1) պահելը; ունենալը 2) պահելը; պահպանելը; պահպանություն; հոգատարություն; խնամատարություն ◊ **in safe keeping** անվտանգության/ապահովության մեջ; անվնաս դրության մեջ 3) համապատասխանություն; ներդաշնակություն ◊ **be in keeping with** համապատասխանել; ներդաշնակ լինել. **be out of keeping with** չհամապատասխանել; ներդաշնակ չլինել

keepsake |ˈkiːpseɪk| *noun* 1) հուշանվեր 2) պատկերազարդ ալբոմ

keg |kɛg| *noun* տակառիկ *(մինչև 10 գալոն տարողությամբ)*

kelvin |ˈkɛlvɪn| (հպվ. **K**) *noun* ֆիզիկա կելվին *(ջերմաստիճանի միավորը SI համակարգում)*

ken |kɛn| **1** *noun* գիտելիք; մտավոր հորիզոն ◊ **beyond my ken** իմ հասկացողությունից վեր **2** *verb* (**kenning**; անցյալ և անցյալ դերբայ **kenned** կամ **kent**) 1) իմանալ; գիտենալ 2) ճանաչել

kennel |ˈkɛn(ə)l| **1** *noun* 1) շան բույն; շնաբույն 2) *փոխաբերական* խղճուկ կացարան; հյուղակ; խուղ; աղքատ խրճիթ **2** *verb* (**-neled**, **-neling**; հմն. բրիտ. **-nelled**, **-nelling**) 1) հյուղակում տեղավորել; բունը քշել *(շանը և այլն)* 2) բնում ապրել

Kentish *adjective* քենտական; Քենտի

Kentucky |kɛnˈtʌki| Կենտուկի *(ԱՄՆ-ի նահանգ)*

Kenya |ˈkɛnjə| Քենիա *(պետություն Աֆրիկայի արևելքում)*

keratin |ˈkɛrətɪn| *noun* կենսաբանություն եղջերանյութ; կերատին

kerb |kəːb| *noun* մայթի եզրը; մայթեզր; եզրաքար

kerchief |ˈkəːtʃɪf| *noun* 1) գլխաշոր; գլխի աղլուխ; լաչակ; վզկապ 2) թաշկինակ

kerchiefed *adjective* գլխաշոր կապած; աղլուխը գլխին

kernel |ˈkəːn(ə)l| *noun* 1) հատիկ; միջուկ; կորիզ *(ընկույզի և այլնի)* 2) փոքրիկ հատիկ 3) *փոխաբերական* գործի էությունը; ուղն ու ծուծը; միջուկը 4) *փիլիսոփայություն* ռացիոնալ հատիկ 5) *համակարգիչներ* ծրագրամիջուկ

kerosene |ˈkɛrəsiːn| (նաև **kerosine**) *noun* նավթ; կերոսին

kersey |ˈkəːzi| *noun* կոպիտ բրդե գործվածք

ketch |kɛtʃ| *noun* երկկայմ առագաստանավ

ketchup |ˈkɛtʃəp|, |-ʌp| (նաև **catsup**) *noun* *խոհանոց* կեչուպ *(պոմիդորով թացան)*

kettle |ˈkɛt(ə)l| *noun* 1) թեյնիկ; մետաղե թեյաման ◊ **the kettle began to sing** թեյամանը սկսեց թշշալ 2) կաթսա

a pretty/nice kettle of fish խառնաշփոթություն; շիլափլավ

kettledrum |ˈkɛt(ə)ldrʌm| *noun* 1) *երաժշտություն* կիսագնդաձև թմբուկ; գոս 2) *խոսակցական* թեյի հրավեր; հրավերք թեյի *(հատկապես երեկոյան)*

key¹ |kiː| **1** *noun* (հոգն. **keys**) 1) բանալի ◊ **have/get the key of the street** անտուն/անապաստան մնալ; գիշերը փողոցում անցկացնել. **golden/silver key** կաշառք 2) *տեխնիկական* սեպ; երիթ 3) ստեղն *(համակարգչի, երաժշտական գործիքի և այլնի)* 4) *փոխաբերական* բանալի; հասկանալու/ըմբռնելու միջոց 5) պայմանական նշանների ցանկ *(քարտեզի, աղյուսակի և այլնի)* 6) պատասխաններ; լուծումներ *(խնդիրների)* 7) ելք; լուծում; հանգուցալուծում; խնդրի լուծում 8) տող առ տող թարգմանություն; մաթեմատիկական խնդիրների և այլնի պատասխանների ժողովածու 9) *երաժշտություն* բանալի; տոնայնություն; ռեգիստր; ձայնասահման; ձայնի բարձրություն 10) *էլեկտրականություն* բանալի; հոսանքափոխիչ լծակ; բանալի ◊ **telegraph key** Մորզեի բանալի; հեռագրաստեղն 11) խորդուբորդություն; անհարթություն *(ծեփելիք պատի)* **2** *adjective* գլխավոր; ղեկավար; հիմնական **3** *verb* (**keys**, **keyed**) 1) *համակարգիչներ* ստեղնաշարել 2) լարել *(երաժշտական գործիքը)* 3) (նաև **key in/on**) սեպել; սեպով ամրացնել 4) (**key sth/sb into, key sth/sb in with**) ներդաշնակել; համապատասխանեցնել • **key up** i) քաջալերել մեկին ii) սաստիկ հուզել; լարել

key² |kiː| *noun* խութ; ստորջրյա ժայռ

keyboard |ˈkiːbɔːd| **1** *noun* 1) ստեղնաշար 2) սինթեզատոր *(երաժշտական գործիք)* 3) *էլեկտրականություն* փոխարկիչ; հոսանքաբաշխիչ; կոմուտատոր; հեռախոսները միմյանց միացնելու համարանք **2** *verb* *համակարգիչներ* ստեղնաշարել;

ստեղնաշարով մուտքագրել

keyhole |ˈkiːhəʊl| *noun* բանալու անցք; փականածակ; կողպեքածակ

keyhole surgery *noun* *խոսակցական* փոքր ճեղքվածքով վիրաբուժություն

keynote |ˈkiːnəʊt| *noun* 1) *փոխաբերական* հիմնական միտք; առաջատար գաղափար 2) *երաժշտություն* հիմնական տոն; տոնայնություն

keypal *noun* էլեկտրոնային փոստով հաղորդակցվելու ընկեր

key ring *noun* բանալիների օղակ

key signature *noun* *երաժշտություն* տոնայնություն

keystone |ˈkiːstəʊn| *noun* 1) *ճարտարապետություն* պորտաքար *(կամարի)* 2) *փոխաբերական* անկյունաքար; հիմնական սկզբունք

Keystone State Պորտաքարի նահանգ *(ԱՄՆ-ի Պենսիլվանիա նահանգի մականունը)*

keyword |ˈkiːwəːd| *noun* *համակարգիչներ* հիմնաբառ

Khakassia |kɑːˈkæsɪə| Խակասիա *(ինքնավար հանրապետություն Ռուսաստանի կենտրոնական մասում)*

khaki |ˈkɑːki| **1** *noun* (հոգն. **khakis**) 1) խաքի *(կանաչ-շագանակագույն գործվածք)* 2) համազգեստ խաքի գործվածքից *(հատկապես զինվորական)* 3) խաքի; դեղնաշագանակագույն; կանաչ-շագանակագույն **2** *adjective* խաքի գույնի; կանաչ-շագանակագույն

khan |kɑːn|, |kæn| *noun* խան *(արևելյան իշխանական տիտղոս)*

khan[2] |kɑːn|, |kæn| *noun* քարվանսարա; իջևանատուն

Kharkiv |ˈhɑːkɪv| Խարկով *(ուկրաիներեն անվանումը. քաղաք Ուկրաինայում)*

Khartoum |kɑːˈtuːm| Խարտում *(Սուդանի մայրաքաղաքը)*

kibe |kʌɪb| *noun* վերք դարձած ցրտահարություն; ձմեռուկ ◊ **tread on sb's kibes** *փոխաբերական* մեկի ցավոտ տեղին դիպչել; մեկին սաստիկ հուզել; խիստ վրդովել; խոր խոցել

kick[1] |kɪk| **1** *verb* 1) աքացի/քացի տալ; աքացահարել; աքացել; ոտքով հրել/հարվածել ◊ **kick against the pricks** թույլ չտալ իրեն վիրավորել; թույլ չտալ իրեն վնաս հասցնել; իր շահերը պաշտպանել 2) (**kick oneself**) ինքն իր վրա զայրանալ *(հիմարություն անելու համար)* 3) *մարզական* գոլ խփել 4) վեր թռչել *(գնդակի մասին)* 5) կռիվ սարքել; կռվել; աղմկարարություն անել; դժգոհել; դժգոհություն արտահայտել 6) ազատվել *(վատ սովորությունից)* • **kick against/at** հակառակվել; հակառակ կանգնել; դեմ արտահայտվել **kick back** i) հատուցել; փոխհատուցել ii) հետահարել *(հրացանի մասին)* **kick downstairs** աստիճաններից ետ տալ; չընդունել; վռնդել **kick off** i) ոտքից հանել/շպրտել *(կոշիկը)* ii) ֆուտբոլի խաղն սկսել; գնդակը նետել **kick out** դուրս քշել; վռնդել *(մեկին)* **kick up** բարձրացնել *(փոշի, աղմուկ, սկանդալ, կռիվ և այլն)* **2** *noun* 1) աքացի; քացի; ոտքով հարվածելը/հրելը; քացի տալը ◊ **to get the kick** աքացի ստանալ. *ծածկալեզու* ծառայությունից վտարվել 2) հետահարում; ետ տալը *(հրացանի)* 3) *խոսակցական* դիմադրության ուժ ◊ **have no kick left** ուժասպառ լինել; ուժաքամ լինել 4) ոգևորություն; հուզմունք; ապրումներ 5) *ամերիկյան* բողոք

kick upstairs պատվավոր կերպով մեկին պաշտոնաթող անել; ձևականորեն բարձրացնել պաշտոնը

kick[2] |kɪk| *noun* *հնավանդ* շշի ներփքված հատակ

kicker |ˈkɪkə| *noun* 1) քացի տվող ձի 2) աքացի տվող մարդ 3) *խոսակցական* տհաճ նորություն; անախորժ փաստ 4) լրացուցիչ կետ *(համաձայնագրում)* 5) աղմկարար; կռիվ սարքող; խառնակիչ; սկանդալիստ 6) գնդակը նետող ֆուտբոլիստ

kickshaw |ˈkɪkʃɔː| *noun* *հնավանդ* 1) *արհամարհական* սուտի-մուտի քաղցրեղեն; իբրև թե համով ուտելիք 2) չնչին/դատարկ բան

kick-start **1** *verb* 1) գործի գցել ոտքի մեկնարկիչի միջոցով *(մոտոցիկլետի մասին)* 2) նախնական իմպուլս հաղորդել **2** *noun* (նաև **kick start** կամ **kick starter**) 1) ոտքի մեկնարկիչ *(մոտոցիկլետի)* 2) մեկնարկում 3) նախնական իմպուլս

kid[1] |kɪd| **1** *noun* 1) *խոսակցական* երեխա; բալիկ *(նաև երեխային դիմելիս)* 2) ուլիկ; ուլ 3) այծակաշի; այծենի; սեկ; լայքա *(ձեռնոցի նուրբ կաշի)* **2** *verb* (**kidded**, **kidding**) ծնել; ուլ բերել

kid[2] |kɪd| *verb* (**kidded**, **kidding**) *խոսակցական* ձեռ առնել; խաբել; կատակ անել

kiddie |ˈkɪdi| (նաև **kiddy**) *noun* (հոգն. **-dies**) *փաղաքշական* *խոսակցական* բալիկ; պստիկ *(երեխա)*

kid gloves *plural noun* 1) այծակաշվից/լայքե ձեռնոցներ 2) *որպեսածական* հոգատար; խնամքով *(վերաբերմունքի և այլնի մասին)* 3) փափկասուն/փափկակյաց անձ; սևագործ աշխատանքից խուսափող անձ

kidnap |ˈkɪdnæp| **1** *verb* (**-napped**, **-napping**; նաև **-naped**, **-naping**) հափշտակել; փախցնել; առևանգել *(հատկապես երեխաներին՝ փրկագին ստանալու համար)* **2** *noun* առևանգում

kidnapper *noun* հափշտակիչ; առևանգիչ

kidney |ˈkɪdni| *noun* (հոգն. **-neys**) 1) *կազմախոսություն* երիկամ ◊ **floating kidney** *բժշկություն* շարժուն երիկամ 2) բնավորություն; տիպ; տեսակ

kidney bean *noun* *կենսաբանություն* լոբի; կարմիր լոբի

Kiev |ˈkiːɛf| Կիև *(Ուկրաինայի մայրաքաղաքը)*

Kilimanjaro, Mount |ˌkɪlɪmənˈdʒɑːrəʊ| Կիլիմանջարո *(լեռնագագաթ Աֆրիկայում)*

kill[1] |kɪl| **1** *verb* 1) սպանել; մեռցնել; վերացնել 2) մորթել *(անասուններին)* 3) *փոխաբերական* խորտակել; կործանել; ոչնչացնել; տապալել *(օրինագիծը)* 4) *համակարգիչներ* ոչնչացնել 5) *խոսակցական* անջատել *(լույսը, շարժիչը)* 6) խլացնել; մարել *(ձայնը)* 7) շշմեցնել; ապշեցնել; զմայլեցնել; հիացնել; տիրապետել ◊ **kill off** մեկից ազատվել; սպանել; ոչնչացնել 8) (**kill oneself**) ուժասպառ լինել; իր ուժերից վեր գործ անել 9) *փոխաբերական* սպանել; տանջել; չարչարել 10) սպանել; մի կերպ անցկացնել *(ժամանակը)* **2** *noun* սպանելը; սպանդ

kill² |kɪl| *noun* առու; վտակ

killer |ˈkɪlə| *noun* 1) մարդասպան; ոճրագործ ◇ **pain killer** ցավ կտրող դեղ; ցավազրկիչ դեղ 2) *խոսակցական* հիասքանչ մարդ; հոյակապ մարդ 3) *խոսակցական* շատ լավ կատակ; զվարճալի կատակ; ծիծաղից մեռցնող կատակ 4) դժվար գործ

killing |ˈkɪlɪŋ| **1** *noun* սպանություն; սպանելը **2** *adjective* 1) մահացու; մահաբեր 2) խիստ զվարճալի; սաստիկ ծիծաղելի; ծիծաղից մեռցնող

killjoy |ˈkɪldʒɔɪ| *noun* տաղտկալի/ձանձրալի մարդ; ուրիշների ուրախությունը թունավորող մարդ; գոռոզ մարդ

kiln |kɪln| **1** *noun* 1) թրծավառարան 2) չորացնող վառարան *(հացահատիկ և այլն չորացնելու համար)* **2** *verb* թրծել

kilo |ˈkiːləʊ| *noun* (հոգն. **kilos**) 1) *ամերիկյան* կիլոգրամ; կիլո 2) *հազվադեպ* կիլոմետր

kilobyte |ˈkɪləbʌɪt| (հպվ. **Kb** կամ **KB**) *noun* *համակարգիչներ* կիլոբայթ

kilogram |ˈkɪləgræm| (բրիտանական **kilogramme**) (հպվ. **kg**) *noun* կիլոգրամ; կգ

kilohertz |ˈkɪləhəːts| (հպվ. **kHz**) *noun* կիլոհերց; կՀց

kilometer |ˈkɪləˌmiːtə|, |kɪˈlɒmɪtə| (բրիտանական **kilometre**) (հպվ. **km**) *noun* կիլոմետր; կմ

kilowatt |ˈkɪləwɒt| (հպվ. **kW**) *noun* կիլովատտ; կՎտ

kilt |kɪlt| **1** *noun* կարճ ծալավոր շրջազգեստ *(շոտլանդական լեռնականի/նետաձիգի/զինվորի)* **2** *verb* ծալքեր շինել; դարսեր անել

kiltie |ˈkɪlti| (նաև **kilty**) *noun* ազգային տարազով շոտլանդական գնդի զինվոր

kimono |kɪˈməʊnəʊ| *noun* (հոգն. **-nos**) կիմոնո *(ճապոնական հագուստ)*

kin |kɪn| **1** *noun* 1) տոհմ; ընտանիք 2) ազգական; ազգուտակ; ազգակցություն ◇ **of kin** ազգակից; հարազատ **2** *adjective* ազգակից; ազգական

kind¹ |kʌɪnd| *noun* 1) տեսակ; տիպ ◇ **of a better kind** լավ/կատարելագործված տեսակի. **something of the kind** այդ տեսակ մի բան. **coffee of a kind** վատ տեսակի սուրճ. **what kind of?** ի՞նչ տեսակի. **nothing of the kind** ոչ մի նման բան; ամենևին. **all kinds of** ամեն տեսակի 2) տարակարգ; կարգ; դաս; տարատեսակություն 3) որակ; բնույթ ◇ **differ in kind** տարբերվել որակով/բնույթով 4) բնություն; բնավորություն; էություն ◇ **act after one's kind** իրեն հավատարիմ մնալ; սեփական պատկերացումների համաձայն գործել 5) ցեղ; ընտանիք *(դասակարգման ժամանակ)* ◇ **human kind** մարդկային ցեղ

a kind of *խոսակցական* փոքր-ինչ; մասամբ; կարծես թե; որոշ չափով

pay in kind բնամթերքով վճարել

repay in kind միևնույն դրամով հատուցել; նույն ձևով պատասխան տալ

kind² |kʌɪnd| *adjective* 1) համակրելի; բարի; բարեսիրտ ◇ **it is kind of You** շատ սիրալիր է Ձեր կողմից 2) ուշադիր; սիրալիր *(մեկի հանդեպ)* ◇ **be so kind as to** բարի եղեք; շնորհ արեք 3) անվնաս; չվնասող *(առողջությանը և այլն)* 4) ենթարկվող; լսող

kindergarten |ˈkɪndəˌgɑːt(ə)n| *noun* մանկապարտեզ

kindhearted *adjective* բարի; փափկասիրտ; մեղմասիրտ; բարեհոգի; կարեկից

kindle¹ |ˈkɪnd(ə)l| *verb* 1) վառել 2) *փոխաբերական* հրահրել; արծարծել; բորբոքել *(հետաքրքրասիրությունը, զգացմունքները)* 3) վառվել; բռնկվել 4) հուզվել; ազդվել; ոգևորվել

kindle² |ˈkɪnd(ə)l| *verb* ծնել; ցկնել *(ճագարի կամ նապաստակի մասին)*

kindliness *noun* 1) բարություն 2) բարի արարք/գործ

kindling |ˈkɪndlɪŋ| *noun* 1) կպչան; տաշեղ; փշուր *(վառելու համար)* 2) վառում; բորբոքում; հրահրում

kindly |ˈkʌɪndli| **1** *adverb* 1) բարյացակամորեն; սիրալիր կերպով; պատրաստակամորեն 2) *համախ հեգնական* խնդրեմ; եթե ձեզ նեղություն չի տա **2** *adjective* (**-lier**, **-liest**) 1) բարի; բարյացակամ; բարեհոգի 2) *հնացած* բնական; բնածին 3) մեղմ *(կլիմայի մասին)*

kindness |ˈkʌɪn(d)nɪs| *noun* 1) բարություն; բարեհոգություն; պատրաստակամություն; հոգատարություն 2) սիրալիրություն; շնորհ; ուշադիր լինելը ◇ **have the kindness...** բարի եղեք... 3) բարի արարք/գործ

kindred |ˈkɪndrɪd| **1** *noun* 1) ազգականներ; ազգակիցներ 2) տոհմ; ցեղ 3) արյունակցություն; արյունակցական կապ 4) *փոխաբերական* բնավորության նմանություն **2** *adjective* 1) ազգակից 2) նման; միանման

kine |kʌɪn| *plural noun* *հնավանդ բանաստեղծական* հոգնակի տե՛ս **cow** կովերը *(որպես ամբողջություն)*

kinetic |kɪˈnɛtɪk|, |kʌɪ-| *adjective* 1) կինետիկ; կինետիկական; շարժման 2) շարժվող *(արվեստի գործի մասին)*

kinfolk |ˈkɪnzfəʊk| (նաև **kinsfolk** կամ **kinfolks**) *plural noun* ազգականներ; ազգակիցներ

king |kɪŋ| **1** *noun* 1) *նաև փոխաբերական* թագավոր; արքա ◇ **the king of beasts** գազանների արքա; առյուծ. **the king of birds** թռչունների արքա; արծիվ 2) *շախմատ* արքա **2** *verb* *հնավանդ* թագավոր դարձնել; թագավորեցնել

oil king նավթի արքա

kingdom |ˈkɪŋdəm| *noun* 1) թագավորություն; արքայություն ◇ **the United Kingdom** Միացյալ թագավորություն *(Մեծ Բրիտանիա և Հյուսիսային Իռլանդիա)* 2) *քրիստոնեություն* արքայություն

kingfisher |ˈkɪŋfɪʃə| *noun* *կենդանաբանություն* ալկիոն; ծղնի *(թռչուն. ընտանիք Alcedinidae)*

kinglet |ˈkɪŋlɪt| *noun* *արհամարհական* թագավորիկ; արքայիկ

Kings *աստվածաշնչային* Թագավորություններ; Թագավորաց Գիրք *(Հին Կտակարանի չորս գրքերի անվանումը)*

kink |kɪŋk| **1** *noun* 1) ոլորան *(ճանապարհի և այլնի)* 2) *փոխաբերական* թերություն; արատ; բաց 3) ջղաձգություն; ջղակծկում 4) տարօրինակություն *(բնավորության և այլնի)* 5) խճճված փունջ *(մազերի)* 6) խճճվելը; կապ ընկնելը *(թելի, պարանի և այլնի)* 7) հանգույց; կապ; թնջուկ **2** *verb* 1) ոլորվել; խճճվել; կապ ընկնել 2) ոլորել; խճճել; կապ գցել

kinky |ˈkɪŋki| *adjective* (**kinkier**, **kinkiest**) 1) *խոսակցական* սեռականապես այլասերված/գրգռիչ 2) գանգուր; խուճուճ; գռուզ

Kinshasa |kɪnˈʃɑːsə|, |-ˈʃɑːzə| Կինշասա *(Կոնգոյի Ժողովրդական Հանրապետության մայրաքաղաքը)*

kinship |ˈkɪnʃɪp| *noun* 1) ազգակցություն; հարազատություն 2) նմանություն

kinsman |ˈkɪnzmən| *noun* (հոգն. **-men**) ազգական; ազգակից *(հատկապես տղամարդ)*

kinswoman *noun* (հոգն. **-women**) ազգականուհի; ազգակցուհի

kiosk |ˈkiːɒsk| *noun* 1) կրպակ; տաղավար 2) հեռախոսախցիկ *(ավտոմատ հեռախոսով կամ միջքաղաքային հեռախոսազծով խոսելու խուց)*

kip¹ |kɪp| *noun* փոքր կենդանու մորթի *(մորթեգործության մեջ)*

kip² |kɪp| *noun* (հոգն. նույնը կամ **kips**) կիպ *(Լաոսի փողային միավորը)*

kip³ |kɪp| *noun* 1000 ֆունտ *(չափի միավոր. 453,6 կգ)*

kip⁴ |kɪp| *խոսակցական* **1** *noun* *ծածկալեզու* 1) շուտլանդական գիշերօթևան; օթևանատուն 2) ննջ; նիրհ **2** *verb* (**kipped**, **kipping**) *բրիտանական* քնել; ննջել

kipper |ˈkɪpə| **1** *noun* ապխտած/ծխահար ձուկ **2** *verb* ծխահարել; ապխտել; աղ դնել *(ձուկը)*

Kirghiz |kɪəˈgiːz|, |ˈkəːgɪz| (նաև **Kyrgyz**) **1** *noun* (հոգն. նույնը) 1) ղրղըզ; կիրգիզ; ղրղըզուհի; կիրգիզուհի 2) *լեզվաբանություն* ղրղըզերեն; կիրգիզերեն **2** *adjective* ղրղզական; կիրգիզական

Kirovabad |kɪərəvəˈbæd| Կիրովաբադ *(Գանձակ քաղաքի նախկին (1935-1989 թթ.) անվանումը)*

kiss |kɪs| **1** *verb* 1) համբուրել ◊ **kiss away tears** համբույրներով արցունքները սրբել; մխիթարել 2) կպչել իրար *(բիլիարդի գնդակների մասին)* **2** *noun* 1) համբույր ◊ **give a kiss** համբուրել. **steal/snatch a kiss** համբույր քաղել 2) բլիթ; թխվածք

kit¹ |kɪt| **1** *noun* 1) հավաքակազմ; հավաքածու *(որոշակի գործի համար նախատեսված իրերի)* 2) գործիքների արկղ *(բանվորի)* 3) կաշեպարկ; պայուսակ; իրերի տոպրակ 4) սարք; հանդերձանք *(զինվորի, նավաստու)* 5) կիսատակառ; չան **2** *verb*

kit² |kɪt| *noun* 1) (կրճատված **kitten**) ձագ *(հատկապես կուղբի, աղվեսի և այլնի)* 2) *խոսակցական* (**kitten**) կատվի ձագ; փիսիկ

kit bag |ˈkɪtbæg| (նաև **kitbag**) *noun* իրերի տոպրակ *(հատկապես զինվորի)*

kitchen |ˈkɪtʃɪn|, |-tʃ(ə)n| *noun* 1) խոհանոց *(սենյակը)* ◊ **public kitchen** հասարակական ճաշարան *(գործազուրկների համար)* 2) խոհանոցի հարմարանքներ *(պահարաններ, սարքեր և այլն, որոնք միասին են վաճառվում)* 3) խոհանոց *(ազգային ճաշատեսակների ամբողջությունը)* 4) առօրյա; չկրթված *(լեզվի մասին)*

kitchen garden *noun* բանջարանոց

kite |kʌɪt| **1** *noun* 1) օդապարուկ; ֆոռան *(ծայրին պարան կապած օդում արձակվող մանկական խաղալիք)* ◊ **fly a kite** օդապարուկ թռցնել 2) *կենդանաբանություն* ուրուր; ցին *(ընտանիք Accipitridae)* 3) հափշտակող/գոփող մարդ 4) խաբեբա; զեղծարար; ստահակ 5) *ծածկալեզու* կեղծ մուրհակ **2** *verb*

kitsch |kɪtʃ| *noun* կիչ; գռեհիկ/անճաշակ արվեստ

kitten |ˈkɪt(ə)n| **1** *noun* կատվի ձագ; կատվիկ **2** *verb* ցնկնել; ձագ բերել *(կատվի մասին)*

kittle |ˈkɪt(ə)l| *adjective հնացած* խորվկան; հեշտ նեղացող; շուտ վիրավորվող; մանրախնդիր; բծախնդիր

kitty¹ |ˈkɪti| *noun* (հոգն. **-ties**) *բրբառային* բանկ *(խմբի անդամների մուծումներից առաջացած)*

kitty² |ˈkɪti| *noun* (հոգն. **-ties**) փիսո; փիսիկ

kJ *abbreviation* կիլոջոուլ; կՋ

kloof |kluːf| *noun* կիրճ; ձոր

knack |næk| *noun* 1) հմտություն; ճարպկություն 2) հակում; հակվածություն *(մի բան անելու)* 3) ձև; եղանակ; հնար; միջոց *(մի բան անելու)*

knacker |ˈnækə| **1** *noun* հավաքագնորդ *(հին շենքերի, նավերի, ծերացած ձիերի)* **2** *verb* *խոսակցական* հոգնեցնել; հալից գցել

knap¹ |næp| *noun հնացած* բլրի կատար

knap² |næp| *verb* (**knapped**, **knapping**) *ճարտարապետություն հնագիտություն* խիճ ջարդել; քար մանրացնել/փշրել

knapsack |ˈnæpsæk| *noun* պայուսակ; ուսապարկ; մեջքապարկ; իրերի պարկ *(մեջքին կրելու պարկ)*

knar |nɑː| *noun հնացած* խիլ; խութ; կոշտ *(ծառի վրա)*

knave |neɪv| *noun հնացած* 1) անպիտան; սրիկա; խաբեբա; խարդախ *(մարդ)* 2) *բրբառային* վալետ; տղա

knavery *noun* խաբեբայություն; սրիկայություն; խարդախություն

knead |niːd| *verb* 1) հունցել *(խմորը)* 2) տրորել *(կավը)* 3) խառնել 4) մերսել; մածել; շփել

knee |niː| **1** *noun* 1) ծունկ ◊ **bring sb to their knees** *փոխաբերական* մեկին ծունկի բերել; հնազանդեցնել; ենթարկել. **give a knee to** աջակցել; սատարել; նեցուկ լինել. **up to one's knees** մինչև ծունկը 2) գոգ; գիրկ 3) ծնկանոց; ծնկապանակ 4) *տեխնիկական* արմունկ **2** *verb* (**knees**, **kneed**, **kneeing**) ծնկով հարվածել

knee breeches *plural noun հնացած* բրիջներ; մինչև ծունկը հասնող շալվար/տաբատ

kneecap |ˈniːkæp| **1** *noun* 1) *կազմախոսություն* ծնկոսկր 2) ծնկանոց; ծնկապանակ **2** *verb* (**-capped**, **-capping**) խփել ծնկներին/ոտքերին *(որպես պատիժ)*

knee-deep **1** *adjective* մինչև ծունկը **2** *adverb* մինչև ծունկը/ծնկները

kneel |niːl| *verb* (անցյալ և անցյալ դերբայ **knelt** |nɛlt| նաև **kneeled**) 1) ծունկի գալ; չոքել; ծնկի իջնել; ծունր դնել 2) ծնկաչոք/չոքած մնալ

knell |nɛl| *բանաստեղծական* **1** *noun* 1) հուղարկավորության ղողանջ; սգաղողանջ; մահազանգ 2) մահվան/կործանման նախանշան; վատ նախանշան **2** *verb* 1) մահազանգ տալ 2) չարագուշակ հնչել 3) նախագուշակել *(մահ)* 4) չար բան գուշակել

knickerbocker |ˈnɪkəbɒkə| *noun* Նյու Յորքի բնակիչ; նյույորքցի *(հատկապես հոլանդական ծագում ունեցող)*

knickers |ˈnɪkəz| *plural noun* 1) բրիջներ; ծնկներից ցած ամրացվող շալվար 2) *բրիտանական* վարտիք *(կանացի, ծնկներից ցած ամրացվող)*

knickknack |ˈnɪknæk| (նաև **knick-knack**) *noun* մանր զարդարանք

knickknackery *noun* ամեն տեսակ մանր զարդարանք; կեղծ պաճուճանք

knife |nʌɪf| **1** *noun* (հոգն. **knives** |nʌɪvz|) 1) դանակ ◊ **get a knife into sb** *փոխաբերական* թշնամաբար վերաբերվել; մեկին անխնա ջախջախել; մեկի թիկունքին դանակ խրել. **play a good knife and fork** ախորժակով ուտել 2) դաշույն 3) դանակ; հատիչ; կտրիչ; բերան *(գործիքի)* 4) վիրադանակ; հերձակ ◊ **the knife** *խոսակցական* վիրահատություն **2** *verb* 1) դանակի հարված հասցնել; դանակահարել; դանակել; դանակով կտրել 2) *ամերիկյան ծածկալեզու* քվեարկել իր կուսակցության թեկնածուի հակառակորդի օգտին *(ընտրությունների ժամանակ)* 3) *ամերիկյան ծածկալեզու* քննության ժամանակ կտրել *(ուսանողին)*

knife edge *noun* 1) դանակի բերան; շեղբ 2) լարված դրություն; սպառնալական վիճակ

knight |nʌɪt| **1** *noun* 1) ասպետ 2) ասպետական կոչում ստացած մարդ *(իր երկրի հանդեպ ունեցած անձնական ծառայությունների համար, որ նրան իրավունք է տալիս «sir» տիտղոսը կրելու)* 3) անգլիական բարձր ասպետական օրդեններից մեկի կավալեր 4) *շախմատ* ձի **2** *verb* ասպետի կոչում շնորհել

knight-errant (նաև **knight errant**) *noun* (հոգն. **knights-errant**) 1) թափառաշրջիկ ասպետ 2) դոնկիխոտ; երևակայորդ; պատրանքների մեջ ապրող

knighthood *noun* ասպետություն; ասպետի կոչում

knit |nɪt| **1** *verb* (**knitting**; անցյալ և անցյալ դերբայ **knitted** կամ **knit**) 1) գործել; հյուսել *(գուլպա և այլն)* 2) սերտանալ; միակցվել 3) (նաև **knit together**) միավորվել; միահյուսվել; համախմբվել; միանալ 4) միավորել; միահյուսել; միացնել 5) հոնքերը կիտել; խոժոռել ◊ **knit up** i) կարկատել; լցնել; հատերը հավաքել *(գուլպայի և այլնի)* ii) վեճը վերջացնել **2** *adjective* հյուսած; հյուսածո **3** *noun* հյուսած/հյուսածո գործվածք

knitter *noun* 1) տրիկոտաժային մեքենա 2) գործող/հյուսող մարդ *(կին կամ տղամարդ)*

knitting |ˈnɪtɪŋ| *noun* 1) գործելը; հյուսելը 2) գործվող բան; գործելիք

knitting needle *noun* շյուղ; գործելու/հյուսելու ճաղ; հյուսելու ասեղ

knitwear |ˈnɪtwɛː| *noun* հյուսածո իրեր

knob |nɒb| *noun* 1) ելուն; պալար; ուռուցք 2) գնդաձև բռնակ *(դռան և այլն)* 3) ձեռնափայտի գլխիկ; գավազանագլխիկ 4) կտոր; գունդ *(շաքարի, ածուխի և այլնի)* 5) *տեխնիկական* կոթ; բռնակ; գլխիկ; կոճակ

knock |nɒk| **1** *verb* 1) (**knock at the door**) թակել; բախել; ծեծել; թխկթխկացնել *(հատկապես դուռը)* 2) զարկել; հարվածել; խփել; ջարդել ◊ **knock to pieces** ջարդուփշուր անել. **knock home** ամուր մեխել; խփել 3) բախվել; զարկվել; խփվել; ջարդվել 4) խփել; ծեծել 5) *ամերիկյան ծածկալեզու* խիստ քննադատել; բծախնդրություն անել 6) *ծածկալեզու* ապշեցնել; զարմացնել; շշմեցնել 7) դխկդխկալ *(շարժիչի մասին)* • **knck in/into** i) կոտրել; ներս գցել *(դուռը և այլն)* ii) մխել; խրել **knock about** i) *խոսակցական* ընկած լինել; գցած-թողած լինել *(որևէ տեղում)* ii) անտառակ կյանք վարել iii) թափառել; թափառաշրջել *(աշխարհով մեկ)* iv) ծեծել; քոթակել **knock against** i) անսպասելի հանդիպել ii) զարկվել; դիպչել *(որևէ բանի)* **knock at** թակել; ծեծել *(դուռը)* **knock down** i) գետին գցել; գետնով տալ *(հարվածով և այլն)* ii) մուրճի հարվածով իրը վաճառված հայտարարել *(աճուրդի ժամանակ)* iii) քանդել *(հին տները)* iv) մաս-մաս անել; քանդել *(մեքենան՝ տեղափոխելու նպատակով)* v) *խոսակցական* սակարկելով գինն իջեցնել vi) *ամերիկյան խոսակցական* յուրացնել *(մեկի փողը)* **knock off** i) զարկել-գցել; տապալել; թափ տալ ii) աշխատանքը դադարեցնել; արագ վերջացնել գործը iii) հանպատրաստից ոտանավոր հորինել iv) *մաթեմատիկա* հանել *(գումարը)* **knock out** i) դուրս խփել; դուրս գցել; ծեծելով թափ տալ; դուրս հանել; դատարկել ii) հաղթել iii) *մարզական* նոկաուտել **knock together** շտապ/հապճեպորեն սարքել **knock under** հնազանդվել; հպատակվել **knock up** i) հարվածով վեր նետել ii) շտապ կերպով պատրաստել; հապճեպորեն սարքել iii) արթնացնել; վեր կացնել *(դուռը ծեծելով)* **be knocked up** հոգնել; ուժասպառ լինել **2** *noun* 1) զարկ; հարված ◊ **get the knock** *խոսակցական* աշխատանքից/պաշտոնից զրկվել; վտարվել 2) թակոց; բախյուն *(դռան)* 3) քննադատական արտահայտություն 4) անկանոնություն; խանգարում; դխկդխկոց *(մեքենայի մեջ)*

knock into a cocked hat մեկին ծեծել; ջարդել; քոթակել

knock into the middle of next week մեկին լավ ծեծել; մեկի կաշին քերթել

knockabout |ˈnɒkəbaʊt| **1** *adjective* 1) աղմկալի; կոպիտ *(ներկայացման մասին)* 2) թափառաշրջիկ կյանք վարող 3) աշխատանքի կամ ճամփորդական *(զգեստի մասին)* **2** *noun* *բատրոն* 1) կոպիտ զավեշտախաղ 2) թափառաշրջիկ

knockdown (նաև **knock-down**) **1** *adjective* 1) ցածրագույն; նվազագույն *(աճուրդային գների մասին)* 2) ջախջախիչ *(հարվածի մասին)* 3) քանդովի *(մեքենայի մասին)* 4) *փոխաբերական* շշմեցուցիչ; ապշեցուցիչ **2** *noun* 1) *բռնցքամարտ* հարվածից գետին տապալվելը; նոկդաուն 2) թունդ գարեջուր

knocker |ˈnɒkə| *noun* (**door knocker**) դռան թակ

up to the knocker *ծածկալեզու* 1) բոլորովին նոր; նորաձև 2) կատարելապես; կատարյալ կերպով

knockout |ˈnɒkaʊt| **1** *noun* 1) *մարզական* խորտակիչ հարված; նոկաուտ 2) վաճառվող իրերը ցածր գներով գնելու մասին համաձայնություն անուրդի մասնակիցների միջև 3) *ամերիկյան ծաղկալեզու* շշմեցուցիչ հաջողություն **2** *verb մարզական* հակառակորդին գետին տապալել; նոկաուտել *(բռնցքամարտում)*

knoll¹ |nəʊl| *noun* բլրակ; թմբիկ

knoll² |nəʊl| *verb, noun* տե՛ս **knell**

knot¹ |nɒt| **1** *noun* 1) *նաև փոխաբերական* հանգույց; կապ; հանգուցակապ; կապօղակ; քարկապ 2) թնջուկ; թաղիկ *(մազերի և այլն)* 3) ժապավենակապ; վարդակապ 4) *բուսաբանություն* խիլ; խիթ; կոշտ *(ծառի վրա)* 5) ոստ; ոստիկ 6) կապանքներ 7) ծովահանգույց *(երկարության չափ = 1,853 մ)* 8) դժվարություն; խոչընդոտ; արգելք ◇ **Gordian knot** գորդյան հանգույց. **cut the knot** հանգույցը կտրել; միանգամից լուծել 9) խումբ *(մարդկանց)* **2** *verb* (**knotted**, **knotting**) 1) հանգույցով կապել; հանգույց անել 2) կծկվել *(ստամոքսի մասին)*

knot² |nɒt| *noun* (հոգն. նույնը կամ **knots**) *կենդանաբանություն* խլանդակաև ավազահավ *(Genus Calidris, ընտանիք Scolopacidae)*

knotty |ˈnɒti| *adjective* (**knottier**, **knottiest**) 1) հանգուցավոր; ոստաշատ; խիլավոր 2) խճճված; կնճռոտ *(հարց և այլն)*

knout |naʊt| **1** *noun* մտրակ **2** *verb* մտրակել

know |nəʊ| **1** *verb* (անցյալ **knew** |njuː|; անցյալ դերբայ **known** |nəʊn|) 1) իմանալ; գիտենալ ◇ **know by sight** դեմքով ճանաչել. **know by name** անունով ճանաչել. **know what's what** *խոսակցական* իր գործը լավ իմանալ; իր շահերը լավ ճանաչել. **get to know** i) իմանալ; տեղեկանալ ii) ծանոթանալ; ճանաչել 2) վստահ լինել; հաստատ իմանալ 3) ճանաչել; ծանոթ լինել 4) կարողանալ; ձեռնհաս լինել 5) (**know from**) ճանաչել; տարբերել; զանազանել; ջոկել 6) (**be known as**) հայտնի լինել որպես 7) *հնացած* իմանալ; տեսնել *(կենակցել)* **2** *noun* ◇ **be in the know** գործին տեղյակ լինել

know-how *noun ամերիկյան* հմտություն; փորձառություն; ձեռնհասություն; գիտելիք

knowing |ˈnəʊɪŋ| **1** *adjective* 1) իմացող; տեղյակ; բազմիմաստալից; բազմանշանակ 2) *արհամարհական* ճարպիկ; խորամանկ; փորձված 3) դիտավորյալ; միտումնավոր; գիտակցաբար արված **2** *noun* տեղեկացվածություն

knowingly *adverb* 1) գիտակցորեն; գիտակցաբար 2) ճարպկորեն; հմտորեն

know-it-all *noun խոսակցական արհամարհական* ամենագիտակ; ամենագետ; իմաստակ

knowledge |ˈnɒlɪdʒ| **1** *noun* 1) գիտելիք 2) գիտություն ◇ **branch of knowledge** գիտության ճյուղ 3) գիտենալը; տեղյակ լինելը **2** *adjective* տեղեկատվական

come to sb's knowledge մեկին հայտնի դառնալ
it is common knowledge հանրահայտ է
to my knowledge որքան ես գիտեմ; որքան ինձ հայտնի է
without my knowledge առանց իմ գիտության

knowledgeable |ˈnɒlɪdʒəb(ə)l| (նաև **knowledgable**) *adjective* տեղյակ; լավ տեղեկացված; գիտակ

know-nothing *noun* 1) տգետ/անուս մարդ 2) *փիլիսոփայություն* անգիտական; ագնոստիկ

knuckle |ˈnʌk(ə)l| **1** *noun* 1) *կազմախոսություն* մատնոսկր; մատի հոդ *(ծալված մատի դուրս ցցված հոդը)* 2) արտալա; զինգ 3) *տեխնիկական* հոդակապ; ծունկ **2** *verb* մատնոսկրերով խփել/տրորել ◇ **knuckle under** զիջել; ենթարկվել. **knuckle down** *խոսակցական* լրջորեն գործի անցնել

knucklebone *noun* 1) վեգ; ճան 2) (**nucklebones**) վեգախաղ

knuckleduster |ˈnʌk(ə)ldʌstə| *noun* բռնցքազենք; կաստետ *(սառը զենքի մի տեսակ)*

knur |nɜː| *noun* խիլ; խիթ *(ծառի վրա)*

Kobe |ˈkəʊbi| Կոբե *(նավահանգստային քաղաք Ճապոնիայում)*

Kola Peninsula |ˈkəʊlə| Կոլա թերակղզի *(գտնվում է Ռուսաստանի հյուսիս-արևմուտքում)*

kolkhoz |ˈkɒlkɒz|, |kʌlkˈhɔːz| *noun* (հոգն. նույնը կամ **-khozes** կամ **-khozy**) կոլխոզ; կոլտնտեսություն

Köln |kœln| (**Cologne**) Քյոլն *(գերմաներեն գրելաձևը)*

Kolyma |ˌkɒlɪˈmɑː| Կոլիմա *(գետ Սիբիրի արևելքում)*

Komandorski Islands Կոմոդորյան կղզիներ *(կղզեխումբ Ռուսաստանի ծայր արևելքում)*

Komi |ˈkəʊmi| Կոմի *(ինքնավար հանրապետություն Ռուսաստանի հյուսիս-արևմուտքում)*

Komsomol |ˈkɒmsəmɒl| *պատմական noun* 1) կոմերիտմիություն 2) կոմերիտական

Königsberg |ˈkøːnɪçsbɛrk| Քյոնիգսբերգ *(Կալինինգրադի նախկին (մինչև 1946 թ.) գերմաներեն անվանումը)*

kopek |ˈkəʊpɛk|, |ˈkɒpɛk| (նաև **copeck** կամ **kopeck**) *noun* կոպեկ

Koran |kɔːˈrɑːn|, |kə-| (նաև **Qur'an** կամ **Quran**) *noun* Ղուրան *(մահմեդականների սուրբ գիրքը)*

Korea |kəˈrɪə| Կորեա; Կորեական թերակղզի *(գտնվում է Ասիայի արևելքում)*

Korea, Democratic People's Republic of Կորեայի Ժողովրդադեմոկրատական Հանրապետություն *(պետություն Կորեա թերակղզու հյուսիսում)*

Korea, Republic of (**South Korea**) Կորեայի Հանրապետություն *(պետություն Կորեա թերակղզու հարավում)*

Korean |kəˈriːən| **1** *adjective* կորեական **2** *noun* 1) կորեացի; կորեուհի ◇ **the Korean** կորեացիները 2) *լեզվաբանություն* կորեերեն

Kosovo |ˈkɒsəvə| Կոսովո *(ինքնավար տարածք Սերբիայում. ներկայումս՝ անկախ պետություն)*

kowtow |kaʊˈtaʊ| **1** *verb պատմական* խոնարհ ողջույն տալ; ստորաքարշություն անել **2** *noun պատմական* 1) խոնարհ ողջույն *(ծնկաչոք և ճակատը գետնին կպցնելով)* 2) ստորաքարշություն

kraal |krɑːl| **1** *noun հարավաֆրիկյան* 1) ցանկապատով շրջապատված գյուղակ/ավան 2) անասնոց; փարախ **2** *verb* 1) անասուններին քշել փարախը 2) մարդկանց սահմանափակել որոշակի տարածքում

Krasnodar |ˌkræsnə'dɑː| Կրասնոդար *(քաղաք Ռուսաստանի հարավ-արևելքում)*

Krasnoyarsk |ˌkræsnə'jɑːsk| Կրասնոյարսկ *(քաղաք Ռուսաստանի կենտրոնական մասում)*

kremlin |'krɛmlɪn| *noun* 1) կրեմլ *(ռուսական քաղաքի միջնաբերդ)* 2) (**the Kremlin**) Կրեմլ

krypton |'krɪptɒn| *noun քիմիա* (**Kr**) կրիպտոն

Kuala Lumpur |ˌkwɑːlə 'lʊmpʊə| Կուալա Լումպուր *(Մալայզիայի մայրաքաղաքը)*

kudos |'kjuːdɒs| *noun ծածկալեզու* փառք; մեծարանք

Ku Klux Klan |ˌkuː klʌks 'klæn| (համվ. **KKK**) *noun* կու-կլուքս-կլան *(ռասիստական ահաբեկչական կազմակերպություն ԱՄՆ-ում)*

kung fu |kʊŋ 'fuː|, |kʌŋ| *noun մարզական* կուն ֆու *(չինական մարտարվեստ)*

Kura River Քուռ *(գետ Հարավային Կովկասում)*

Kurdistan |ˌkəːdɪ'stɑːn|, |-'stæn| Քրդստան *(տարածք Միջին Արևելքում, որտեղ պատմականորեն ապրել են քրդերը)*

Kuwait |kʊ'weɪt| Քուվեյթ *(պետություն Պարսից ծոցի ափին)*

Kuwait City Քուվեյթ *(համանուն պետության մայրաքաղաքը)*

Kyoto |kɪ'əʊtəʊ| Կիոտո *(քաղաք Ճապոնիայում)*

Kyrgyzstan |ˌkɪəgɪ'stɑːn|, |-'stæn| Ղրղզստան *(պետություն Միջին Ասիայում)*

Kyzyl Kum |kəˌzɪl 'kuːm| Կզըլկում *(անապատ Միջին Ասիայում)*

Ll

L¹ |ɛl| (նաև l) *noun* (հոգն. **Ls** կամ **L's**) 1) անգլերեն այբուբենի 12-րդ տառը 2) *(նշում է հռոմեական 50 թիվը)*

L² **1** *abbreviation* 1) lost պարտություն *(մարզական ցուցակներում)* 2) large մեծ 3) Latin լատիներեն **2** *symbol* 1) *քիմիա* Ավոգադրոյի թիվ 2) *ֆիզիկա* ինդուկցիա; մակածություն

la |lɑː| (բրիտանական lah) *noun երաժշտություն* լյա *(ձայնանիշ)*

label |ˈleɪb(ə)l| **1** *noun* 1) պիտակ 2) արտահայտիչ 3) *համակարգիչներ* պիտակ **2** *verb* (**labeled**, **labeling**; բրիտ. **labelled**, **labelling**) 1) պիտակ փակցնել 2) պիտակավորել; պիտակել

labial |ˈleɪbɪəl| **1** *adjective հնչյունաբանություն կազմախոսություն* շրթնային **2** *noun* *հնչյունաբանություն* շրթնային հնչյուն

labiodental |leɪbɪəʊˈdɛnt(ə)l| **1** *adjective հնչյունաբանություն* շրթնատամնային **2** *noun հնչյունաբանություն* շրթնատամնային հնչյուն

labor |ˈleɪbə| (բրիտանական labour) **1** *noun* 1) աշխատանք *(հատկապես՝ ծանր)* 2) բանվոր դասակարգ; բանվորական ուժ; աշխատանք; բանվորություն 3) ծննդաբերություն; երկունք; ծննդաբերության ցավեր **2** *verb* 1) (**labor for**) աշխատել; ջանալ; ճգնել; ջանք թափել; ճիգ գործադրել 2) դժվարությամբ առաջ շարժվել 3) դժվարության մեջ լինել; դժվարությամբ անել 4) խնամքով մշակել

be in labor ծննդաբերել; երկնել; երկունքի մեջ լինել

juvenile/child labor անչափահասների աշխատանք

labor of love անշահախնդիր աշխատանք

lost labor ապարդյուն ջանքեր

surplus labor *տնտեսագիտություն* հավելյալ աշխատանք

laboratory |ləˈbɒrəˌt(ə)ri|, |ˈlæb(ə)rəˌt(ə)ri| *noun* (հոգն. **-ries**) լաբորատորիա; աշխատանոց

labored |ˈleɪbəd| (բրիտանական laboured) *adjective* 1) դժվարությամբ ձեռք բերված; դժվար; դժվարին 2) բռնազբոսիկ; շինծու *(ոճի մասին)*

laborer |ˈleɪb(ə)rə| (բրիտանական labourer) *noun* սևագործ բանվոր; ոչ որակյալ բանվոր

laborious |ləˈbɔːrɪəs| *adjective* 1) դժվար; դժվարին; աշխատատար 2) բռնազբոսիկ *(ոճի մասին)* 3) աշխատասեր

Laborite |ˈleɪbərʌɪt| (բրիտանական Labourite) *noun* լեյբորիստ; լեյբորիստական կուսակցության անդամ

labor market *noun* աշխատաշուկա; աշխատանքի պահանջարկ և առաջարկ

labor-saving *adjective* աշխատանք տնտեսող; նորարարական

labyrinth |ˈlæb(ə)rɪnθ| *noun* 1) լաբիրինթոս; բավիղ 2) *կազմախոսություն* բավիղ; լաբիրինթոս *(ներքին ականջը որպես լսողության և հավասարակշռության գործարան)*

lace |leɪs| **1** *noun* 1) բարակ երիզ; երիզաքթել; քուղ; տրեզ 2) ժանյակ **2** *verb* 1) երիզով կապել; երիզապնդել 2) կորսետի մեջ սեղմել; կորսետ կապել 3) զարդարել *(ժանյակով)* 4) շուրջը կարել *(տրեզ)* 5) սուրճի մեջ ոգելից խմիչք լցնել 6) հարվածել; մտրակել

lacerate |ˈlæsəreɪt| *verb* 1) պատառոտել; կտոր-կտոր անել; բզկտել 2) խեղել; հաշմել 3) *փոխաբերական* տանջել; չարչարել; բզկտել

lachrymal |ˈlækrɪm(ə)l| (նաև **lacrimal** կամ **lacrymal**) **1** *adjective* 1) *բնախոսություն կազմախոսություն* արտասուքի; արտասվային 2) *բանաստեղծական* արտասուքի; լացի **2** *noun կազմախոսություն* արցունքոսկր

lachrymatory |ˈlækrɪməˌt(ə)ri| (նաև **lacrimatory**) **1** *adjective տեխնիկական բանաստեղծական* արտասվաբեր *(գազի մասին)* **2** *noun* (հոգն. **-ries**) արցունքների գավաթ *(որը հայտնաբերվել է հին հռոմեական գերեզմաններում)*

lachrymose |ˈlækrɪməʊs|, |-z| *adjective գրական անգլերեն բանաստեղծական* 1) լացկան; լալկան 2) տխուր; թախծալի

lack |læk| **1** *noun* (**of**) պակաս; պակասություն; անբավարարություն **2** *verb* 1) պակասություն զգալ; չունենալ; կարիք ունենալ; զուրկ լինել 2) չհերիքել; չբավարարել

for lack of մի բանի պակասության պատճառով

no lack of լիություն; առատություն

lackadaisical |ˌlækəˈdeɪzɪk(ə)l| *adjective* քնքշանվաղ; մելամաղձոտ; թախծագորով; անտարբեր

lackey |ˈlæki| **1** *noun* (հոգն. **-eys**) սպասավոր; սպասյակ **2** *verb* (նաև **lacquey**) (**-queys**, **-queyed**) *հնացած* սպասավորություն անել; քծնել; հաճոյակատարություն անել

lackluster |ˈlæklʌstə| (բրիտանական **lacklustre**) *adjective* 1) անկայուն; անուժ; անհամոզիչ; առանց ոգևորության 2) անփայլ; աղոտ *(աչքերի/հայացքի մասին)*

laconic |ləˈkɒnɪk| *adjective* հակիրճ; կարճառոտ; ամփոփ; սեղմ

lacquer |ˈlækə| **1** *noun* 1) լաք; ղողորկալաք 2) (բրիտանական **hair lacquer**) մազի լաք 3) *հավաքական* փայտից շինված լաքապատ իրեր **2** *verb* լաք քսել; լաքել

lactation |lækˈteɪʃ(ə)n| *noun* 1) կաթնաթորում; կաթնարտադրում 2) կրծքով կերակրելը; դիեցում; սնուցում *(մայրական կաթով)*

lactiferous |lækˈtɪf(ə)rəs| *adjective կազմախոսություն* 1) կաթ արտադրող 2) *բուսաբանություն* կաթնանման հյութ արտադրող

lactose |ˈlæktəʊz|, |-s| *noun քիմիա* կաթնաշաքար

lacuna |ləˈkjuːnə| *noun* (հոգն. **-nae** |-niː| կամ **-nas**) 1) բաց; բաց թողած տեղ *(որևէ տեքստում)*

2) *կազմախոսություն* խոռոչ; փոսիկ; փոսորակ

lacy |ˈleɪsi| *adjective* (**lacier**, **laciest**) ժանյակա-նման; ժանեկաձև; ցանցանման

lad |læd| *noun* երիտասարդ; ջահել տղա; պա-տանի; տղամարդ

ladder |ˈlædə| **1** *noun* 1) սանդուղք; պարանա-սանդուղք; ձեռնասանդուղք 2) *փոխաբերական* նպատակին հասնելու միջոց 3) հատ *(գուլպայի, զուգագուլպայի վրա)* 4) *ծովային* նավասանդուղք **2** *verb* հատ գնալ *(գուլպան, զուգագուլպան)*

bring to ladder *հնացած* բերել կախաղանի մոտ

climb up the ladder բարձրանալ հասարակու-թյան աստիճաններով; կարիերա անել; պաշտո-նի հարթել; հաջողությունների հասնել

He who would climb the ladder must begin at the bottom. *առած* Սանդուղք բարձրացողը պետք է առաջին աստիճանից սկսի:

kick down/over the ladder երես թեքել նրանցից, ովքեր օգնել են հաջողության հասնելուն; դա-դարեցնել այն պարապմունքները/զբաղմունք-ները, որոնք օգնել են կարևոր հասարակական դիրք գրավելուն

ladder of success փառքի աստիճան/սանդուղք; ճանապարհ դեպի հաջողություն

mount a ladder *հնացած* կախվել; կյանքին վերջ տալ կախաղանով

laddie |ˈlædi| *noun* *խոսակցական* տղա; երեխա; մանչուկ

lade |leɪd| *verb* (անցյալ դերբայ **laden** |ˈleɪd(ə)n|) *հնավանդ* 1) բեռնել; բարձել 2) փոխադրել *(բեռները)*

laden |ˈleɪd(ə)n| *adjective* 1) (**laden with**) բեռն-ված; բարձված; ծանրության տակ կքված 2) լի; ճոխ *(սեղանի մասին)* 3) *փոխաբերական* (**laden with**) հուսահատ; ընկճված; ճնշված

lading |ˈleɪdɪŋ| *noun* *հնավանդ* 1) բարձում; բար-ձելը 2) բեռ; փոխադրաբեռ

ladle |ˈleɪd(ə)l| **1** *noun* շերեփ ◊ **soup ladle** ճա-շի շերեփ **2** *verb* շերեփահանել; շերեփով հանել; շերեփով լցնել

ladle out 1) շերեփով լցնել/բաժանել 2) բա-ժանել; բաշխել; տալ

Ladoga, Lake |ˈlɑːdəgə| Լադոգա *(լիճ Ռու-սաստանի հյուսիս-արևմուտքում)*

lady |ˈleɪdi| *noun* (հոգն. **-dies**) 1) տիկին; տի-րուհի 2) (**Lady**) լեդի *(լորդի/բարոնի կնոջ տիտ-ղոս)* 3) (**one's lady**) սիրած կին; սրտի թագուհի 4) *խոսակցական* (**one's lady**) կին; ամուսին 5) էգ ◊ **lady cat** էգ կատու

extra lady *թատրոն* (**walking lady**) անխոս դե-րակատարուհի

fine lady 1) գեղեցիկ/նրբագեղ/աշխարհիկ կին 2) *հեգնական* կին, որն իրեն ազնվական է ձևացնում

Ladies first. *խոսակցական* Խնդրեմ, անցե՛ք *(ա-վում է կնոջը, երբ տղամարդը տեղ է տալիս նրան առաջ անցնելու)*

lady of easy virtue թեթև/կասկածելի վարքի տեր կին; թեթևսոլիկ/թեթևաբարո կին

lady of pleasure թեթևաբարո/անբարոյական կին

lady of the frying-pan *կատակային* խոհարարուհի

lady of the house տանտիրուհի

My Lady Տիկին *(դիմելիս)*

Our Lady *կրոն* Աստվածածին; Աստվածամայր

the first lady, the first lady of the land նախագա-հի կինը

the leading lady *թատրոն* դերասանուհի, որը խա-ղում է գլխավոր դեր; առաջատար դերեր կա-տարող դերասանուհի

young lady օրիորդ; չամուսնացած աղջիկ

ladybug |ˈleɪdɪbəːd| *noun* *կենդանաբանություն* զա-տիկ *(ընտանիք Coccinellidae)*

lady-in-waiting *noun* (հոգն. **ladies-in-wait-ing**) պալատական ազնվական կին *(թագուհու շքախմբի կազմում)*

ladykiller |ˈleɪdɪkɪlə| *noun* *խոսակցական* կանանց սրտերը նվաճող տղամարդ; սրտակեր մարդ

ladylike |ˈleɪdɪlʌɪk| *adjective* 1) վայելչագեղ; կիրթ; բարեձև; նրբակիրթ *(կնոջ/աղջկա մասին)* 2) կնանման; կնակերպ; կանացի *(տղամարդու մասին)*

ladylove *noun* *հնացած* սիրուհի

ladyship |ˈleɪdɪʃɪp| *noun* լեդիի տիտղոսը, կո-չումը

Her/Your Ladyship Նորին/Ձերդ ազնվափայ-լություն; Նորին/Ձերդ ազնվափայլությունը

lag[1] |læg| **1** *verb* (**lagged**, **lagging**) (նաև **lag behind**) ետ մնալ; ետ ընկնել; ուշանալ; հա-պաղել; քարշ գալ **2** *noun* (**time lag**) ուշացում; հապաղում; ետ մնալը; ժամանակամիջոց

lag[2] |læg| **1** *verb* (**lagged**, **lagging**) 1) ջերմա-մեկուսիչ նյութերով պատել 2) շերտաձողերով պատել **2** *noun* տակառատախտակ; փայտե շեր-տաձողիկ

lag[3] |læg| *խոսակցական* **1** *noun* տաժանակիր; տաժանորդ **2** *verb* (**lagged**, **lagging**) *հնավանդ* 1) ձերբակալել; կալանավորել 2) տաժանակիր աշ-խատանքի ուղարկել

lager |ˈlɑːgə| *noun* թեթև գարեջուր

laggard |ˈlægəd| **1** *noun* դանդաղկոտ/ծանրա-շարժ/անբան մարդ; գործ չանող մարդ **2** *adjec-tive* դանդաղկոտ; դանդաղաշարժ; ծանրաշարժ

lagoon |ləˈguːn| *noun* ծովածոց; ծովալճակ *(ծո-վից անջատված լճակ)*

Lagos |ˈleɪgɒs| Լագոս *(նավահանգստային քա-ղաք Նիգերիայում, երկրի նախկին (մինչև 1991 թ.) մայրաքաղաքը)*

laic |ˈleɪɪk| *գրական անգլերեն* **1** *adjective* աշ-խարհիկ **2** *noun* աշխարհական *(մարդ)*

lair |lɛː| *noun* 1) որջ; բույն; գազանաբույն 2) ան-ասնոց; փարախ 3) մեկուսի անկյուն; առանձնա-նալու անկյուն

laird |lɛːd| *noun* կալվածատեր *(Շոտլանդիայում)*

laissez-faire |ˌlɛseɪˈfɛː|, |lɛsefɛʀ| *noun* չմի-ջամտելը *(պետության կողմից մասնավոր գործա-րարության գործերին)*

lake[1] |leɪk| *noun* լիճ ◊ **the Great Lakes** մեծ լճեր *(ԱՄՆ-ի և Կանադայի սահմանում)*

Go jump on the lake! (Go fly a kite!, Go lay an egg!) Չքվի՛ր: Կորի՛ր: Մի՛ խանգարիր:

lake[2] |leɪk| *noun* կարմրավուն ներկանյութ

lakelet *noun* լճակ; փոքր լիճ

lam[1] |læm| *verb* (**lammed, lamming**) *ծածկալեզու խոսակցական* 1) ծեծել; թակել; քոթակել 2) (**lam into**) հարձակվել; վրա հասնել

lam[2] |læm| *խոսակցական* **1** *noun* (**on the lam**) փախուստի մեջ *(ոստիկանությունից)* **2** *verb* (**lammed, lamming**) փախչել

lama |ˈlɑːmə| *noun* լամա *(բուդդայական քահանա Տիբեթում և Մոնղոլիայում)*

lamb |læm| **1** *noun* 1) գառ; գառնուկ 2) գառան միս 3) *փոխաբերական* հեզ մարդ; գառ ◇ **like a lamb** հնազանդորեն; անտրտունջ կերպով 4) (նաև **Lamb of God, the Lamb**) Աստծո Գառը; Քրիստոս **2** *verb* ծնել; գառ բերել

like a lamb խոնարհ; հնազանդ; գառան նման հեզ

one's ewe lamb *աստվածաշնչային* միակ գանձը/զավակը/երեխան

lambency *noun* փայլ; շող; փայլելը

lambent |ˈlæmb(ə)nt| *adjective բանաստեղծական* 1) առկայծող; լուսավոր; լուսաշող *(երկնքի մասին)* 2) փայլող; շողշողուն; պսպղացող *(աչքերի մասին)* 3) փայլուն *(սրամտության և այլնի մասին)*

lambkin |ˈlæmkɪn| *noun* 1) գառնուկ 2) երեխա; մանկիկ; բալիկ

lambrequin |ˈlæmbrɪkɪn| *noun* դռների և պատուհանների զարդարանք *(կտորեղենից պատրաստած)*

lambskin |ˈlæmskɪn| *noun* 1) գառան մորթի 2) գառան կաշի

lame |leɪm| **1** *adjective* 1) կաղ; հաշմանդամ 2) անհաջող; անհամոզիչ; անբավարար *(փաստարկի/բացատրության մասին)* 3) անկանոն; թերի *(ոտանավորի չափի մասին)* **2** *verb* հաշմել; հաշմանդամ դարձնել

lament |ləˈment| **1** *noun* 1) ողբ; տրտունջ; գանգատ; հառաչանք 2) եղերերգ; եղերերգություն; թաղման երգ **2** *verb* 1) ողբալ; սգալ 2) գանգատվել; տրտնջալ

lamentable |ˈlæməntəb(ə)l| *adjective* 1) ողբալի; ցավալի; տխուր 2) ողորմելի; խղճուկ; անհաջող

lamentation *noun* ողբ; լաց; տրտունջ

Lamentations (*ամբողջությամբ* **the Lamentations of Jeremiah**) *աստվածաշնչային* Ողբեր; Երեմիայի Ողբեր *(Հին Կտակարանի գրքերից մեկը)*

laminate **1** *verb* |ˈlæmɪneɪt| 1) *տպագրություն* թաղանթապատել *(թուղթը)* 2) գլանել; գլոցել *(մետաղը)* 3) բարակ շերտերի վերածել 4) մետաղյա բարակ թերթիկներով պատել **2** *noun* |ˈlæmɪnət| շերտավոր կառուցվածք **3** *adjective* |ˈlæmɪnət| շերտավոր; թաղանթավոր

lamp |læmp| **1** *noun* 1) լամպ; լապտեր 2) կերոն; ջահ ◇ **red lamp** երկաթգծերի վրա օգտագործված կարմիր լապտերը, որը վտանգի ազդանշան է; բժշկի տան կամ դեղատան դռան վրա վառվող կարմիր լույս/ճրագ/կանթեղ 3) *բանաստեղծական* լուսատու; գիտության աղբյուր **2** *verb* լույս տալ; լուսավորել

rub the lamp հեշտությամբ իրականացնել ցանկությունը

smell of the lamp բռնազբոսիկ լինել *(ոճի, ոտանավորի մասին)*

lamp chimney *noun* լամպի ապակի

lamplighter |ˈlæmplʌɪtə| *noun պատմական* լապտերավառ; լապտերապան

like a lamplighter շատ արագ; վայրկենապես; անմիջապես; խկույն; խկույնեթ

lampoon |læmˈpuːn| **1** *verb* պարսավագիր գրել; ծաղրանկարային գրել *(հրապարակախոսական երկ, որում սուր ծաղրի է ենթարկվում որևէ անձի հասարակական-քաղաքական գործունեությունը)* **2** *noun* կծու երգիծանք; պարսավագիր; ծաղրանկար

lampooner *noun* պարսավագրեր/ծաղրանկարներ հորինող

lamppost *noun* լապտերասյուն ◇ **between you and me and the lamppost** խոսքը մեր մեջ

lamprey |ˈlæmpri| *noun* (հոգն. **-preys**) *կենդանաբանություն* քարաղիաց; քարալեզ *(օձանման ձուկ. ընտանիք Petromyzonidae)*

lampshade |ˈlæmpʃeɪd| *noun* լուսարգել; լուսամփոփ

LAN *abbreviation համակարգիչներ* Local Area Network տեղային ցանց

Lancaster, House of *noun պատմական* Լանկաստերների արքայատոհմը; Կարմիր վարդի արքայատոհմը

lance |lɑːns| **1** *noun պատմական* 1) նիզակ; տեգ; գեղարդ 2) նշտար **2** *verb* 1) *բժշկություն* նշտարով կտրել 2) նիզակով խոցել; նիզակով ծակել

break a lance with sb *պատմական* 1) նիզակով կռվել մեկի հետ 2) *փոխաբերական* նիզակ կոտրել մեկի հետ; վիճել մեկի հետ

free lance 1) *պատմական* վարձու զինվոր 2) ազատ/անկախ մարդ; քաղաքագետ, որը որևէ կուսակցության չի պատկանում; լրագրող, որը որևէ որոշակի լրագրի չի թղթակցում

lance corporal *noun ռազմական* եֆրեյտոր; թելանի *(զինվորական կոչումների կոչում կրողը)*

lancer |ˈlɑːnsə| *noun* 1) *ռազմական պատմական* նիզակավոր; նիզակամարտիկ; աշտենավոր *(նիզակազեն թեթև հեծելազորի մարտիկ)* 2) (**lancers**) լանսյե *(ֆրանսիական հին պար)*

lancet |ˈlɑːnsɪt| *noun* նշտար; վիրադանակ; հերձակ

land |lænd| **1** *noun* 1) երկիր; ցամաք 2) հող; գետին ◇ **fat land** բերրի հող. **poor land** աղքատ հող 3) (**the land**) հողային սեփականություն; հողակտոր 4) (**lands**) կալվածք 5) երկիր; պետություն; ժողովուրդ **2** *verb* 1) նավից ափ իջնել; ցամաք դուրս գալ; նավամատույցին հանգել; ափ հասնել 2) ցամաք հանել *(նավը)* 3) ձուկը ափ հանել; ձուկը դուրս քաշել ջրից 4) *օդագնացություն* իջնել; վայրէջք կատարել 5) ժամանել; հասնել մի տեղ 6) հասցնել մի բանի 7) խփել; հասցնել *(հարված)*

home/native land հայրենիք; հայրենի երկիր

How the land lies? *փոխաբերական* Ինչպե՞ս են ընթանում գործերը

in the land of dreams երազների/անուրջների աշխարհում

in the land of living *աստվածաշնչային* այս աշխարհում; երկրային կյանքում

land of cakes Շոտլանդիա
land of promise *աստվածաշնչային* ավետյաց երկիր
see how the land lies *աստվածաշնչային* հասկանալ իրադրությունը/իրավիճակը; հասկանալ գործերի ընթացքը; հասկանալ գործերի էությունը
the land of Nod *կատակային* քնի թագավորություն
the land of the rose Անգլիա

land bank *noun* հողային բանկ *(որը վարկեր է տրամադրում հողակտորներ գնելու համար)*

landed |ˈlændɪd| *adjective* 1) հողային սեփականություն ունեցող; հողատեր 2) հողային

landfall |ˈlæn(d)fɔːl| *noun* 1) ցամաք տեսնելը *(նավից)* 2) փլուզում; փլվածք

landholder |ˈlændhəʊldə| *noun* հողատեր կամ հողի վարձակալ

landing |ˈlændɪŋ| *noun* 1) ափ հանելը *(նավից)* 2) *օդագնացություն* վայրէջք 3) նավամատույց 4) *օդագնացություն* վայրէջքի հրապարակ 5) սանդղահարթակ 6) *ռազմական* դեսանտ իջեցնելը

landing stage *noun* նավամատույց

landlady |ˈlæn(d)leɪdi| *noun* (հոգն. **-dies**) 1) կալվածատիրուհի 2) հյուրանոցի տիրուհի 3) գիշերօթիկ դպրոցի տիրուհի 4) վարձու բնակարանի տիրուհի

landless |ˈlændlɪs| *adjective* հողազուրկ; անհող

landlocked *adjective* ցամաքով շրջապատված; փակ *(երկրի մասին)*

landlord |ˈlæn(d)lɔːd| *noun* 1) հողատեր; կալվածատեր 2) տան տեր 3) հյուրանոցի տեր 4) գիշերօթիկ դպրոցի տեր 5) վարձու բնակարանի տեր

landlordism |ˈlændlɔːdɪz(ə)m| *noun* 1) խոշոր կալվածատիրություն 2) խոշոր կալվածատիրական գաղափարախոսություն

landlubber |ˈlændlʌbə| *noun* *ծովային խոսակցական* սկսնակ/անփորձ նավաստի

landmark |ˈlæn(d)mɑːk| *noun* 1) սահմանանգծային նշան; նշանաձող 2) *ռազմական* կողմնորոշող առարկա; ուղենիշ 3) *փոխաբերական* շրջադարձային կետ; շրջադարձ; բեկում *(կյանքի, պատմության մեջ)*

Land of the Midnight Sun Կեսգիշերային արևի երկիր *(ԱՄՆ-ի Ալյասկա նահանգի անվանումը)*

landowner |ˈlændəʊnə| *noun* հողատեր; կալվածատեր

land rail |ˈlændreɪl| *noun* *կենդանաբանություն* (**corn crake**) մարգալոր; մարգահավ *(Crex crex, ընտանիք Rallidae)*

landscape |ˈlæn(d)skeɪp| **1** *noun* 1) բնատեսարան; բնապատկեր; համայնապատկեր; լանդշաֆտ 2) բնանկար; դաշտանկար; բնատեսարան 3) *համակարգիչներ* հորիզոնական դիրք **2** *verb* բարելավել բնատեսարանը

landscape gardening *noun* բուսապատում; կանաչապատում *(վայրի բնություն նմանակող)*

landslide |ˈlæn(d)slʌɪd| *noun* 1) հողի փլվածք; փլուզում 2) *ամերիկյան* լուրջ քաղաքական հաղթանակ *(կապված ընտրողների քաղաքական դիրքորոշման անսպասելի փոփոխության հետ)*

landslip |ˈlæn(d)slɪp| *noun* հողի փլվածք; փլուզում

landsman |ˈlæn(d)zmən| *noun* 1) սկսնակ/անփորձ նավաստի 2) համերկրացի; հայրենակից

landward |ˈlændwəd| **1** *adverb* (նաև **landwards**) դեպի ցամաք/ափ **2** *adjective* դեպի ցամաքը նայող; ծովի հակառակ ուղղությամբ

lane |leɪn| *noun* 1) նեղ ճանապարհ; շավիղ; կածան; արահետ 2) նրբանցք; նեղ փողոց 3) անցք; բացվածք *(շարքերի միջև)*
lanes and alleys խուլ փողոցներ/անկյուններ

language |ˈlæŋgwɪdʒ| *noun* 1) լեզու ◇ **native language** մայրենի լեզու. **dead language** մեռած լեզու. **living language** կենդանի լեզու 2) *համակարգիչներ* լեզու 3) լեզու; բառապաշար *(որոշակի ոլորտի)*
a common language ընդհանուր լեզու
bad/foul language *ամերիկյան ծածկալեզու* հայհոյանք; պղծախոսություն; հիշոց
finger language շարժումների լեզու; խոսակցություն մատների օգնությամբ; դակտիլոլոգիա *(ձեռքի այբուբեն խուլ ու համրերի համար)*
high language ամպագոռգոռ/ճոռոմ/վերամբարձ խոսքեր
language of signs (**sign language**) նշանների լեզու; շարժումների լեզու
strong language հայհոյական/վիրավորական խոսքեր

languid |ˈlæŋgwɪd| *adjective* 1) ալարկոտ; հեզ; հույլ; մեղկ 2) անկենդան; անաշխույժ; դանդաղաշարժ; ձանձրալի; անհետաքրքիր 3) թույլ; անուժ; նվաղած; տկար

languish |ˈlæŋgwɪʃ| *verb* 1) թառամել; թուլանալ; տկարանալ; հյուծվել 2) *փոխաբերական* հաջողության չհասնել; անհայտ մնալ; քարշ գալ; կորչել 3) *հնացած* նվաղուն/քնքշանվաղ տեսք ընդունել 4) տանջվել; տառապել; փտել *(բանտում և այլն)*

languor |ˈlæŋgə| *noun* 1) նվաղում; քնքշանվաղություն; թուլություն; ալարկոտություն 2) անգործություն; անշարժություն

lank |læŋk| *adjective* 1) երկար և ուղիղ իջնող *(մազերի մասին)* 2) նիհար; վտիտ; երկարահասակ և բարակիրան 3) երկար և փափուկ *(խոտի և այլնի մասին)*

lanky |ˈlæŋki| *adjective* (**lankier**, **lankiest**) երկարահասակ ու նիհար; բարալիկ *(մարդու մասին)*

lantern |ˈlæntən| *noun* 1) լապտեր ◇ **blind/dark lantern** գաղտնալույս լապտեր. **magic lantern** մոգական լապտեր. **parish lantern** *կատակային* լուսին 2) փարոս; լուսարձակ 3) *ճարտարապետություն* ապակե երդիկ; լուսանց

Lanzhou |lænˈdʒəʊ| (նաև **Lanchow**) Լանչժոու *(քաղաք Չինաստանում՝ Դեղին գետի վրա)*

lap[1] |læp| *noun* 1) գոգ; գիրկ; ծնկներ; ծոց 2) փեշ; քղանցք; ծալ; փոթ *(հագուստի)* 3) վրածածկ *(գրպանի)* 4) հովիտ; լեռնագոգ 5) *տեխնիկական* վրածածկ; ծածկ; ծածկույթ; ետ գցվող կափարիչ
in fortune's lap (**in the lap of the providence**) ճակատագրի ձեռքում; պատահականության գործ

in nature's lap բացօթյա; բնության գրկում
in the lap of luxury շքեղության/ճոխության մեջ
is/lies in the lap of the gods միայն Աստծուն է հայտնի; Աստված գիտե

lap[2] |læp| **1** *noun* 1) շրջան; խաղաշրջան 2) ծածկելը; պատելը 3) փաթաթ; ոլորք **2** *verb* (**lapped**, **lapping**) 1) գերազանցել; առաջ անցնել *(մրցակցից)* 2) կախվել; դուրս ցցվել 3) ծալել; փաթաթել; ծածկել; շրջապատել; իրար վրա դնել 4) *փոխաբերական* գրկել; պարուրել

lap[3] |læp| **1** *verb* (**lapped**, **lapping**) 1) լակել; խմել *(կենդանու մասին)* 2) ծփալ; ճղփալ *(ալիքների մասին)* • **lap sth up** i) ագահաբար խմել ii) *փոխաբերական* արբենալ; հրճվել; ագահաբար ընդունել; վայելել **2** *noun* 1) ալիքների ծփյուն/ճղփյուն/ծփանք 2) լակ; լափ *(շան կերակուր)* 3) թույլ խմիչք

La Paz |læ ˈpæz|, |lɑː ˈpɑːz| Լա Պաս *(Բոլիվիայի մայրաքաղաքը)*

lapdog |ˈlæpdɒg| (նաև **lap dog**) *noun* 1) ծոցաշնիկ; սենյակի շնիկ 2) *փոխաբերական* խամաճիկ; կամակատար

lapel |ləˈpel| *noun* կրծածալ; դարձածալ *(զգեստի ետ ծալած մասը կրծքի վրա)*

lapidary |ˈlæpɪd(ə)ri| **1** *adjective* 1) քարի վրա փորագրված; վիմագիր 2) կարճառոտ ու նրբագեղ; համառոտ *(ոճի մասին)* **2** *noun* (հոգն. **-daries**) քարի վրա փորագրող վարպետ; թանկագին քարեր հղկող վարպետ; թանկագին քարերի գիտակ; ճանաչող վարպետ

lapis lazuli |ˌlæpɪs ˈlæzjʊlʌɪ|, |-li| (նաև **lapis**) *noun* 1) *հանքաբանություն* լաջվարդ; կապույտ քար 2) ուլտրամարին; ծովազվարթ *(ծովագույն ներկ)*

Lapland |ˈlæplænd| Լապլանդիա *(տարածք Եվրոպայի հյուսիսում, որը տարածվում է Շվեդիայի, Նորվեգիայի, Ֆինլանդիայի և Կոլայի թերակղզու հյուսիսի վրա)*

Lapp |læp| **1** *noun* 1) լապլանդացի; սաամ *(սկանդինավյան ժողովուրդ)* 2) սաամերեն; լոպարերեն **2** *adjective* սաամերենի; լոպարերենի

Lappish |ˈlæpɪʃ| **1** *adjective* 1) սաամական; լոպարական 2) սաամերենի; լոպարերենի **2** *noun* լոպարերեն; սաամերեն *(լեզու)*

lapse |læps| **1** *noun* 1) սայթաքում; սխալանք; սխալ; վրիպակ; անփութություն; թերություն 2) մեղանչում; շեղում; թեքում *(ուղիղ ճանապարհից)* 3) *իրավունք* ժամկետի լրանալը; իրավունքի կորուստ 4) սահելը; անցնելը *(ժամանակի)* 5) հոսանք; հոսելը *(ջրի)* **2** *verb* 1) լրանալ *(ժամկետի մասին)* 2) ուժը կորցնել; ուրիշի ձեռքն անցնել 3) դադարել; ընդհատվել; ընդմիջվել; անցնել *(վիճակի, գործողության մասին)* 4) բարոյապես ընկնել; շեղվել կանոններից; ուղիղ ճանապարհից շեղվել 5) (**lapse into**) ավելի վատ վիճակի մեջ ընկնել *(աստիճանաբար)* 6) վերադառնալ; անցնել *(մայրենի լեզվով խոսելուն, ավելի բնական վարվելուն)*

lapse of memory հիշողության կորուստ/մթագնում
lapse of pen վրիպակ
lapse of time վաղեմության/հնության վերջանալը; վաղեմության/հնության լրանալը

Laptev Sea |ˈlæptɛf| Լապտևների ծով *(գտնվում է Ռուսաստանի հյուսիսում)*

laptop |ˈlæptɒp| (նաև **laptop computer**) *noun* *համակարգիչներ* դյուրակիր/ծնկադիր համակարգիչ

lapwing |ˈlæpwɪŋ| *noun* *կենդանաբանություն* կիվիվ; եղյուրիկ *(Vanellus, ընտանիք Charadriidae)*

larceny |ˈlɑːs(ə)ni| *noun* (հոգն. **-nies**) գողություն

petty larceny մանր գողություն

larch |lɑːtʃ| *noun* *բուսաբանություն* կուենի; խեժափիճի; կվենի *(Larix, ընտանիք Pinaceae)*

lard |lɑːd| **1** *noun* 1) խոզաճարպ *(հալած)* 2) ճարպ *(գեր մարդու)* **2** *verb* 1) մսեղենի մեջ գիրուկ դնել; գիրուցել 2) (**lard with**) համեմել *(խոսքը փոխաբերություններով և այլն)*

larder |ˈlɑːdə| *noun* մառան; սննդի պահեստ; սննդի խոշոր պահարան

lardy *adjective* յուղոտ; ճարպոտ

lares |ˈlɑːriːz| *plural noun* *դիցաբանություն* բանաստեղծական լարեր; պայեր *(տնային աստվածներ Հռոմում)* ◇ **lares and Penates** i) *դիցաբանություն* լարեր և պենատներ *(ընտանեկան օջախի հովանավորներ)* ii) *փոխաբերական* ընտանեկան օջախ

large |lɑːdʒ| **1** *adjective* 1) խոշոր; մեծ; բազմաթիվ 2) մեծ չափսի *(հագուստի մասին)* 3) նշանակալի; զգալի 4) լայն; ընդարձակ *(հայացքների/մեկնաբանությունների մասին)* 5) *հնացած* առատաձեռն; մեծահոգի **2** *adverb* *ծովային* համընթաց քամու պայմաններում

at large 1) ազատության մեջ; արձակված 2) ամբողջությամբ; ամբողջ ծավալով 3) (**at-large**) ընդհանուր; ընդհանրապես 4) *հնացած* մանրամասն; ընդարձակ կերպով *(պատմել, նկարագրել)* 5) անահամանափակ լիազորություններով
in large measure/part մեծ մասշտաբով

large-hearted *adjective* մեծահոգի; կարեկից

largely |ˈlɑːdʒli| *adverb* 1) զգալի չափով; մեծ չափով; մեծապես 2) լայնորեն; լայն/ընդարձակ մասշտաբով 3) շատ; առատորեն

large-minded *adjective* լայն հայացքների տեր; լայնահայացք; հանդուրժող

largeness *noun* 1) մեծություն; խոշորություն 2) լայնություն *(հայացքների)* 3) առատաձեռնություն; մեծահոգություն; վեհանձնություն

large-scale *adjective* 1) խոշոր; մեծամասշտաբ *(արդյունաբերության և այլնի մասին)* 2) մեծածավալ; լայնածավալ 3) մեծ մասշտաբի *(քարտեզի/մոդելի մասին)*

largesse |lɑːˈ(d)ʒɛs| (նաև **largess**) *noun* առատաձեռն պարգև; առատաձեռնություն

lariat |ˈlærɪət| **1** *noun* օղապարան; օղաթոկ *(ձի/մարդ բռնելու համար)* **2** *verb* օղապարանով որսալ; օղապարանով բռնել

lark[1] |lɑːk| *noun* *կենդանաբանություն* արտույտ *(ընտանիք Alaudidae)*

cheerful as a lark (**as cheerful as a lark**) շատ ուրախ; կենսախինդ

lark[2] |lɑːk| *խոսակցական* **1** *noun* 1) չարաճճիություն; զվարճալի կատակ; չարություն ◇ **for a lark** կատակի համար 2) հիմար զբաղմունք; ժամանակի վատնում **2** *verb* կատակել; ուրախանալ; ուրախ-զվարթ խաղալ

for a lark կատակի համար; որպես կատակ

What a lark! Ի՜նչ զվարճալի է: Ի՜նչ ուրախ է:

larrikin |ˈlærɪkɪn| *noun ավստրալական* փողոցային; խուլիգան

larrup |ˈlærəp| *verb* (**-ruped**, **-ruping**) *խոսակցական* ծեծել; քոթակել; մտրակել

larva |ˈlɑːvə| *noun* (հոգն. **-vae** |-viː|) *կենդանաբանություն* 1) թրթուր 2) շերեփուկ

laryngitis |ˌlærɪnˈdʒʌɪtɪs| *noun բժշկություն* կոկորդաբորբ; կոկորդի բորբոքում; լարինգիտ

larynx |ˈlærɪŋks| *noun* (հոգն. **larynges** |ləˈrɪn(d)ʒiːz| կամ **larynxes**) *կազմախոսություն* կոկորդ; խռչակ; բուկ

lascivious |ləˈsɪvɪəs| *adjective* 1) հեշտասիրական; վավաշոտ; ցանկասիրական; անբարոյական *(շարժումների, վարքի մասին)* 2) հեշտասեր; ցանկասեր *(մարդու մասին)*

laser |ˈleɪzə| *noun* լազեր

laser printer լազերային տպիչ

lash |læʃ| **1** *verb* 1) մտրակել; ծեծել *(մտրակով)* 2) խփվել; զարկվել *(ալիքների և այլնի մասին)* 3) *նաև փոխաբերական* (**lash into**) ստիպել; հարկադրել; քշել 4) (**lash together**) իրար կապել; ամուր կապել; ամրացնել *(պարանով)* 5) *փոխաբերական* (**lash at**) խարազանել; ծաղրել **2** *noun* 1) մտրակի հարված 2) մտրակի կաշեփոկ; մտրակ; խարազան 3) (**the lash**) մտրակում; ծեծ 4) (**eyelash**) թերթերունք; թարթիչ 5) *ծովային* պարան; կառանաթոկ

be under the lash սուր/ջախջախիչ քննադատության ենթարկվել; ձաղկվել

lash out 1) հանկարծակի քացի տալ 2) *փոխաբերական* բուռն թափով տեղալ; թափել *(հայհոյանք և այլն)* 3) *բրիտանական* անհարկի ծախսել; վատնել

work under the whip/lash աշխատել ստիպողաբար/հարկադրաբար; աշխատել մտրակի հարվածների տակ

lashing |ˈlæʃɪŋ| *noun* 1) մտրակում; խարազանում; ծեծ 2) (**lashings**) պարան; կաշեփոկ *(կապելու համար)* 3) կապելը

lass |læs| *noun* 1) աղջիկ; երիտասարդ կին; օրիորդ 2) սիրած/սիրելի աղջիկ

All are good lasses, but whence come the bad wives? *առած* Եթե բոլոր օրիորդները լավն են, հապա որտեղի՞ց են վատ կանայք:

lassie |ˈlæsi| *noun փաղաքշական* 1) աղջիկ 2) հոգյակս; անուշիկս

lassitude |ˈlæsɪtjuːd| *noun* հոգնածություն; թուլություն; նվաղում

lasso |ləˈsuː|, |ˈlæsəʊ| **1** *noun* (հոգն. **-sos** կամ **-soes**) օղապարան **2** *verb* (**-soes**, **-soed**) օղապարանով որսալ *(ձիերին կամ կովերին)*

last¹ |lɑːst| **1** *adjective* 1) վերջին; ամենաուշ; ամենահեռավոր; վերջնական 2) անկարևոր; ամենաանկարևոր; երկրորդական; ամենաանհավանական 3) անցած; անցյալ 4) ծայրահեղ; չափազանց 5) ամեն մի; յուրաքանչյուր *(պատահիկը և այլն)* **2** *adverb* 1) վերջին անգամ; վերջում; վերջապես 2) և վերջապես; ի վերջո *(թվարկելիս)* **3** *noun* (հոգն. նույնը) 1) վերջինը *(ժամանակով)* 2) վերջ; մահ ◇ **at last** վերջապես. **to the last, till the last** մինչև վերջ; մինչև մահ; ցմահ. **his last** նրա վախճանը; նրա վերջին րոպեները

at last վերջապես; վերջիվերջո

breathe one's last վերջին շունչը փչել

Last but not least. Վերջինը՝ ըստ թվարկման, բայց ոչ՝ ըստ նշանակության: Վերջինը, բայց ոչ չնչինը:

stick to one's last սեփական գործով զբաղվել; չխառնվել այն գործերին, որոնցից գլուխ չես հանում

the last (**the last great change, one's/the last sleep**) հավերժական քուն; մահ

to the last *ռազմական* մինչև վերջ; մինչև կյանքի վերջին րոպեն; մինչև վերջին զինվորը

the last but one նախավերջինը

last² |lɑːst| **1** *verb* 1) տևել; շարունակվել; հարատևել 2) պահպանվել; մնալ; դիմանալ *(որոշակի պաշտոնում և այլն)* 3) բավական լինել; հերիքել; բավարարել ◇ **it will last me a fortnight** դա ինձ երկու շաբաթ կհերիքի **2** *noun* դիմացկունություն; տոկունություն

last³ |lɑːst| *noun* կաղապար *(կոշիկի)*

Last Frontier Վերջին պատվար *(ԱՄՆ-ի Ալյասկա նահանգի մականունը)*

lasting |ˈlɑːstɪŋ| *adjective* 1) տևական; երկարատև; կայուն 2) դիմացկուն; մնայուն; անփոփոխ

lastly |ˈlɑːstli| *adverb* վերջում; վերջապես; և վերջապես; և վերջինը

latch |lætʃ| **1** *noun* 1) մղլակ; փական; սողնակ; նիգ; լեզվակ *(կողպեքի)* 2) անգլիական կողպեք *(որը բացվում է միայն դրսից, բանալիով)* **2** *verb* կողպել; փակել *(սողնակով, նիգով, կողպեքով)*

latchkey |ˈlætʃkiː| *noun* (հոգն. **-keys**) անգլիական կողպեքի բանալի

late |leɪt| **1** *adjective* 1) ուշ 2) ուշացած; հապաղած 3) երեկոյի; իրիկնային 4) (**the/one's late**) մեռած; հանգուցյալ 5) նախկին 6) (**latest**) վերջերս պատահած; վերջին; նորերս պատահած **2** *adverb* 1) ուշ; ուշացած 2) վերջում; վերջերում 3) վերջերս; վերջին ժամանակներս 4) (**late of**) նախկինում; անցյալում **3** *noun* վերջին նորությունը

at latest (**at the latest**) ամենաուշը

Better late than never. *առած* Լավ է ուշ, քան երբեք:

It is never too late to learn. *առած* Սովորելու համար երբեք ուշ չէ:

later on ավելի ուշ; հետագայում

of late վերջերս; վերջին ժամանակներս

sooner or later (**early or late**) վաղ թե ուշ

lately |ˈleɪtli| *adverb* վերջերս; վերջին ժամանակները; նորերս

lateness *noun* ուշացում; ուշանալը; ուշացած լինելը; ուշացածություն

latent |ˈleɪt(ə)nt| *adjective* 1) թաքուն; թաքնված; գաղտնի; ծածուկ 2) *բժշկություն* աննկատ; ծածկընթաց; թաքուն; գաղտնի *(հիվանդության շրջանի մասին)*

later |ˈleɪtə| **1** *adjective, adverb* համեմատական տե՛ս **late** ավելի ուշ **2** *exclamation խոսակցական* (**see you later**) առայժմ; կտեսնվենք

later on հետո; ավելի ուշ

lateral |ˈlæt(ə)r(ə)l| **1** *adjective* 1) կողային; կողմնային; լայնակի; հորիզոնական 2) *կազմախոսություն* կողմնային 3) կողմնակի; երկրորդական 4) *հնչյունաբանություն* կողմնային **2** *noun* 1) կողմնային բաց *(հատկապես ճյուղ)* 2) *հնչյունաբանություն* կողմնային բաղաձայն 3) *ֆուտբոլ* լայնական փոխանցում **3** *verb ֆուտբոլ* լայնական փոխանցում կատարել

lath |lɑːθ|, |læθ| **1** *noun* (հոգն. **laths** |lɑːθs|, |lɑːðz|, |læθs|) շերտաձողիկ; ձողիկ; բաղդատի; շրիշակ **2** *verb* շերտաձողիկներ խփել; բաղդատի խփել; շրիշակներ խփել *(պատի վրա)*

lathe |leɪð| **1** *noun* խառատի հաստոց; խառատահաստոց **2** *verb* խառատային հաստոցով մշակել

lather |ˈlɑːðə|, |ˈlæðə| **1** *noun* 1) օճառի փրփուր; պղպջակներ 2) փրփուր; ճերմակ քրտինք *(ձիու)* **2** *verb* 1) օճառել; փրփրեցնել 2) փրփրել; պղպջակել; փրփուր կապել *(օճառի մասին)* 3) փրփրակալել; փրփրաթաթախ լինել *(ձիու մասին)* 4) *խոսակցական* ծեծել; քոթակել

A good lather is half the shave. *առած* Լավ սկիզբը գործի կեսն է: Միայն սկիզբն է դժվար: Դժվարը սկսելն է:

lathery *adjective* 1) օճառված 2) փրփրակալած *(ձիու մասին)* 3) *խոսակցական* ուռեցրած; փքուն; անիրական

Latin |ˈlætɪn| **1** *noun* 1) լատիներեն 2) Լատինական Ամերիկայի բնակիչ 3) լատինամերիկյան պարային երաժշտություն **2** *adjective* 1) լատինական; ռոմանական *(ժողովուրդ, ազգ)* 2) լատիներեն; հռովմայերեն

thieves Latin գողերի ժարգոն

Latin America Լատինական Ամերիկա *(Կենտրոնական Ամերիկան, Հարավային Ամերիկան և Կարիբյան կղզիների մեծ մասը՝ միասին վերցված)*

latitude |ˈlætɪtjuːd| *noun* 1) *աշխարհագրություն* լայնություն ◇ **low latitudes** արևադարձային լայնություններ 2) հայացքների լայնություն; հանդուրժողություն 3) *կատակային* լայնք; լայնածավալություն

a wide latitude լայն լիազորություններ

latrine |ləˈtriːn| *noun* հասարակական զուգարան *(հատկապես հիվանդանոցում, ճամբարում)*

latter |ˈlætə| *adjective* 1) վերջին; վերջերս պատահած 2) (**the latter**) վերջինը; երկրորդը *(հիշատակվածներից, վերոհիշյալներից)*

latter-day *adjective* ժամանակակից; նորագույն; մեր օրերի; մեր ժամանակի

latterly |ˈlætəlɪ| *adverb* 1) վերջերս; նորերս 2) վերջում *(կյանքի և այլնի)*

lattice |ˈlætɪs| *noun* վանդակ; ցանց

latticed |ˈlætɪst| *adjective* 1) վանդակավոր; վանդակապատ; ցանցապատ 2) վանդականման; վանդակաձև; ցանցանման; ցանցաձև

Latvia |ˈlætvɪə| Լատվիա *(պետություն Բալթիկ ծովի ափին)*

Latvian |ˈlætvɪən| **1** *adjective* 1) լատվիական 2) լատիշերեն **2** *noun* 1) լատվիացի; լատիշ 2) լատիշերեն

laud |lɔːd| **1** *verb գրական անգլերեն* գովել; գովաբանել **2** *noun հնավանդ* գովք; գովաբանություն; գովերգ; գովեստի երգ

laudable |ˈlɔːdəb(ə)l| *adjective* 1) գովասանքի արժանի; գովելի; դրվատելի 2) *բժշկություն* բարորակ

laudation |lɔːˈdeɪʃ(ə)n| *noun գրական անգլերեն* գովասանք; գովեստ; գովասանական ճառ; ներբող

laudatory |ˈlɔːdət(ə)ri| *adjective* գովասանական; գովաբանական; դրվատական

laugh |lɑːf| **1** *verb* 1) ծիծաղել; քրքջալ ◇ **laugh in one's sleeve** քթի տակ ծիծաղել. **laugh to scorn** ծաղրել. **he laughs best who laughs last** լավ ծիծաղում է նա, ով վերջինն է ծիծաղում 2) (**laugh at**) ծիծաղել մի բանի վրա; ծաղրել մեկին • **laugh away** ծիծաղով ցրել **laugh down** ծիծաղով խեղդել; լռեցնել **laugh off** կատակի տալ; թեթևացնել **laugh out of** մեկի վրա ծիծաղելով՝ որևէ բանից ետ սովորեցնել **laugh over** կատակով մի բան քննարկել **2** *noun* ծիծաղ; քրքիջ

burst out laughing բարձրաձայն ծիծաղել; քահքահ ծիծաղել

have a good laugh լիաթոք ծիծաղել

He who laughs at crooked men should need walk very straight. *առած* Ուրիշի ծռության վրա ծիծաղողը պետք է շատ ուղիղ քայլի: Ուրիշի թերությունների վրա ծիծաղողը պետք է անթերի լինի:

laugh oneself into convulsions (**laugh into fits**) անզուսպ ծիծաղել/քրքջալ; ծիծաղից փորը բռնել

sardonic laugh չարախինդ ծիծաղ; խայթիչ ծիծաղ

laughable |ˈlɑːfəb(ə)l| *adjective* ծիծաղելի; զվարճալի; կոմիկական; ծիծաղաշարժ

laughing gas *noun* (**nitrous oxide**) ծիծաղ առաջացնող գազ; ծիծաղաբեր գազ

laughingstock *noun* ծաղրի առարկա

laughter |ˈlɑːftə| *noun* ծիծաղ; քրքիջ

launch¹ |lɔːn(t)ʃ| **1** *verb* 1) նավը ծով իջեցնել 2) արձակել *(հրթիռ, ռումբ, նետ)* 3) հասցնել *(հարված)* 4) (**launch oneself**) նետվել *(դուրս, գրոհի և այլն)* 5) (**launch out**) պոռթկալ; անսպասելի տեղալ *(կշտամբանք և այլն)* ◇ **launch out** ճանապարհ ընկնել; ուղևորվել 6) սկսել; գործի դնել; ձեռնարկել; ծավալել 7) ներկայացնել հասարակությանը; հրապարակել 8) (**launch into**) խոսակցության/վեճի մեջ մտնել • **launch into** մտնել; անցնել; եռանդագին սկսել *(որևէ գործ)* **2** *noun* 1) նավը ծով իջեցնելը 2) հասարակությանը ներկայացնելը; հրապարակում

launch² |lɔːn(t)ʃ| *noun* (**motor launch**) բարկաս; մոտորանավակ

launder |ˈlɔːndə| **1** *verb* 1) լվանալ; լվանալ և արդուկել *(սպիտակեղենը)* 2) *տնտեսագիտություն* լվանալ *(ապօրինի շահույթը)* 3) լվացվել *(լավ կամ վատ. գործվածքի մասին)* **2** *noun* 1) *հանքաբանություն* արտալվացման ճոռ/ակոս 2) հալված մետաղի լցման ճոռ

laundress |ˈlɔːndrɪs| *noun* լվացարարուհի

laundry |ˈlɔːndri| *noun* (հոգն. **-dries**) 1) լվացք; սպիտակեղեն 2) լվացքատուն

laureate |ˈlɒrɪət|, |ˈlɔː-| **1** *noun* դափնեկիր; մրցանակակիր **2** *adjective բանաստեղծական* 1) դափնիներով զարդարված 2) դափնե *(պսակի մասին)*

laurel |ˈlɒr(ə)l| **1** *noun* 1) *բուսաբանություն* դափնի *(ընտանիք Lauraceae)* 2) (սովորաբար **laurels**) դափնիներ; փառքի պսակ; դափնեպսակ **2** *verb* (**-reled**, **-reling**; բրիտ. **-relled**, **-relling**) գլխին դափնեպսակ դնել; դափնիներով պսակել

reap/win laurel դափնիներ վաստակել
rest on one's laurels բավարարվել վաստակած դափնիներով

lava |ˈlɑːvə| *noun* լավա; հրաբխեղուկ զանգված; հրաբխուանք

lavatory |ˈlævət(ə)ri| *noun* (հոգն. **-ries**) 1) զուգարան 2) լվացարան 3) լվացվելու սենյակ

lave |leɪv| *verb բանաստեղծական* 1) լվանալ 2) ողողել *(ափերը)*

lavender |ˈlæv(ə)ndə| **1** *noun* 1) *բուսաբանություն* նարդոս; հուսամ; լավանդ *(Lavandula, ընտանիք Labiatae)* ◊ **lay up in lavender** i) սպիտակեղենի մեջ նարդոսի չորացրած տերևներ դնել *(անուշահոտության համար)* ii) *փոխաբերական* պահեստի համար պահել 2) վարդամանուշակագույն; բաց մանուշակագույն **2** *verb* նարդոսով օծել

lavish |ˈlævɪʃ| **1** *adjective* 1) շքեղ; ճոխ 2) առատաձեռն; շռայլ *(մարդու մասին)* 3) լիառատ; առատ **2** *verb* 1) (**lavish sth on**) շռայլել; առատաձեռնորեն տալ/հեղել 2) առատաձեռն լինել; շռայլ լինել 3) (**lavish something with**) պատել; ծածկել; ողողել

law |lɔː| *noun* 1) իրավունք; իրավագիտություն 2) *նաև փոխաբերական* օրենք; կանոն *(նաև բնության)* 3) իրավաբանի մասնագիտությունը 4) դատ; դատավարություն 5) *մարզական* առավելություն; արտոնություն *(մրցության ժամանակ տրվող)*

be a law unto oneself ոչ մի օրենքի չենթարկվել; իր ուզածն անել
civil law *իրավունք* քաղաքացիական օրենք/իրավունք
criminal law քրեական օրենք
follow the law (go in for law) ընտրել իրավաբանի մասնագիտությունը
go to law դատի տալ; դատ բանալ
have the law on sb *ամերիկյան* որևէ մեկի հանդեպ դատական գործ հարուցել
law and order *իրավունք* իրավակարգ
martial law ռազմական դրություն
practise law իրավաբան/փաստաբան լինել
statute law գրված օրենք
subjective law *իրավունք* գույքային օրենք
the law of the jungle ջունգլիների օրենքը; ուժի օրենքը

law-abiding *adjective* օրինապահ; օրինակատար; օրենքին հնազանդ

lawbreaker |ˈlɔːbreɪkə| *noun* իրավախախտիչ; իրավազանց; օրինազանց; հանցագործ

law court *noun* դատարան

lawful |ˈlɔːfʊl|, |-f(ə)l| *adjective* օրինական; իրավական *(երեխայի մասին)*

lawless |ˈlɔːlɪs| *adjective* 1) սանձարձակ; անիրավ; անօրեն; օրինազանց 2) ապօրինի; անօրինական

lawmaker |ˈlɔːmeɪkə| *noun* օրենսդիր; օրինադիր

lawn[1] |lɔːn| *noun* խոտամարգ; սիզամարգ; փոքր մարգագետին; գազոն *(բակում և այլն)*

lawn[2] |lɔːn| *noun* բատիստ *(գործվածք)*

lawny *adjective* բատիստի; բատիստե

lawsuit |ˈlɔːsuːt|, |-sjuːt| *noun* դատավարություն; դատական գործընթաց/գործ

lawyer |ˈlɔːjə|, |ˈlɔɪə| **1** *noun* 1) փաստաբան; իրավաբան 2) օրենսգետ **2** *verb* փաստաբանությամբ զբաղվել; փաստաբան լինել

enough to puzzle a Philadelphia lawyer *ամերիկյան* խճճված գործ; բարդ գործ; նույնիսկ սատանան գլուխ չի հանի

lax |læks| *adjective* 1) ոչ խիստ; թույլ; ազատ 2) անփույթ; փնթի; թափթփված; անկարգապահ 3) հանգիստ; չլարված *(մկանների մասին)* 4) նոսր; ոչ խիտ; ցանցառ; թույլ *(կառուցվածքի մասին)* 5) թույլ; լույծ *(աղիքների մասին)* 6) *հնչյունաբանություն* ոչ լարված *(ձայնավորի մասին)*

laxative |ˈlæksətɪv| **1** *adjective* լուծողական; թուլացնող **2** *noun* լուծողական

laxity *noun* 1) թուլություն; թմրածություն; ընդարմություն; անկյանքություն 2) թափթփվածություն; սանձարձակություն 3) անորոշություն; անհստակություն

lay[1] |leɪ| **1** *verb* (անցյալ **laid** |leɪd|) 1) դնել; տեղավորել; վայր դնել; իջեցնել; ցած դնել 2) գետին նստեցնել *(փոշին)* 3) տեղավորել; տեղադրել; տեղակայել 4) դնել; գցել; պատրաստել *(սեղան)* 5) (**lay with**) փռել; գցել; ծածկել *(հատակը գորգով և այլն)* 6) մշակել; շարադրել *(ծրագրերը)* 7) (**lay sth before**) ներկայացնել; տրամադրել; հանձնել ուշադրությանը *(որևէ գաղափար, առաջարկություն)* 8) *խոսակցական* գրազ գալ 9) (**lay sth on**) վրան դնել; բարդել; վերագրել; տալ; ներկայացնել *(հույս, պատասխանատվություն, պատիժ, մեղադրանք, հարկ և այլն)* 10) (նաև **lay eggs**) ձու ածել 11) որևէ դրության մեջ գցել; դարձնել; վերածել 12) լարել *(թակարդ)* • **lay aside, lay by** մի կողմ դնել; պահել; խնայել *(ապագայի համար)* **lay down** i) դնել; դարսել ii) ցած դնել *(զենքը)* iii) հրաժարվել *(պաշտոնից, պարտականություններից)* iv) լքել; թողնել *(հույսը և այլն)* v) հորինել; ուրվագծել *(պլան և այլն)* **lay in** մթերել **lay off** մի կողմ դնել **lay oneself out** ջանալ; կաշվից դուրս գալ **lay out** i) դուրս հանել; դուրս բերել *(ցուցադրելու համար)* ii) պլանավորել iii) *խոսակցական* շարքից դուրս հանել *(փուտբոլում և այլն)* **lay sth on** i) վրան դնել; բարդել; վերագրել; տալ; ներկայացնել *(հույս, պատասխանատվություն, պատիժ, մեղադրանք, հարկ և այլն)* ii) տալ *(պատիժ)* **lay up** հավաքել; կուտակել; դիզել **2** *noun* դիրք; տեղադրություն

a fair/good lay *հնացած* լավ հնարավորություններ
be in full lay (be in good lay) լավ ձու ածել *(հավի*

մասին)
be on the lay *ծածկալեզու* գործի/աշխատանքի գնալ
lay a bet/wager գրազ գալ
lay asleep 1) (**lay to bed/rest**) թաղել; գերեզման դնել 2) ուղարկել այն աշխարհ; սպանել
lay bare բացահայտել; մերկացնել; ջրի երես հանել
lay emphasis on sth (**lay stress on sth, lay weight on sth**) ընդգծել; առանձնացնել; զատել; շեշտը մի բանի վրա դնել; մի բանին հատուկ նշանակություն տալ
lay it on thick չափից դուրս գովել; համը հանել; խիստ շողոքորթել; չափազանցության հասցնել
lay open բացել; բացահայտել; անպաշտպան թողնել
lay sb low տապալել; ջախջախել; կործանել
lay sb under obligation մեկին պարտավորեցնել; մեկի վրա պարտականություն դնել
lay to the heart սրտին մոտ ընդունել

lay² |leɪ| *adjective* 1) աշխարհիկ 2) ոչ մասնագիտական; առօրյա

lay³ |leɪ| *noun* 1) փոքրիկ երգ 2) թռչունների երգելը

layer |ˈleɪə| **1** *noun* 1) շերտ; խավ; թերթ; տապակ 2) տնկի; նորատունկ ճյուղ 3) ածան հավ **2** *verb* 1) շերտավորել; շերտերի բաժանել; շերտ-շերտ կտրտել 2) տնկիներով բազմացնել *(բույսը)*

lay figure *noun* 1) մանեկեն 2) ոչնչություն *(մարդու մասին)*

layman |ˈleɪmən| *noun* (հոգն. **-men**) 1) աշխարհական; աշխարհիկ մարդ 2) ոչ մասնագետ անձ

layoff *noun* 1) հարկադրված գործազրկություն 2) արտադրության ժամանակավոր ընդհատում

layout |ˈleɪaʊt| *noun* 1) նախագիծ; ուրվագիծ; հատակագիծ 2) *համակարգիչներ* դասավորություն; էջադրում 3) գործերի դրությունը 4) *ամերիկյան* սարքավորում; գործիքների հավաքակազմ

laze |leɪz| **1** *verb* (նաև **laze sth away**) ծուլություն անել; ծուլանալ; պարապ-սարապման գալ **2** *noun* ծուլության ժամանակամիջոց; ալարկոտության շրջան

lazy |ˈleɪzi| *adjective* (**lazier**, **laziest**) 1) ծույլ; ալարկոտ 2) անաշխատասեր; անժրաջան; անեռանդ
lazy beggar/dog *խոսակցական* ծույլ/անբան/անգործ մարդ

lazybones |ˈleɪzɪbəʊnz| *noun* (հոգն. նույնը) *խոսակցական* ծույլ մարդ; ալարկոտ մարդ

lea |liː| *noun* *բանաստեղծական* մարգագետին; դաշտ

leach |liːtʃ| **1** *verb* *տեխնիկական* մոխրաջրի մեջ լվանալ; լուծազատել; լվացահանել; ալկալահանել **2** *noun* 1) կերակրաղի գերհագեցած լուծույթ 2) մոխրաջուր

lead¹ |liːd| **1** *verb* (անցյալ և անցյալ դերբայ **led** |lɛd|) 1) առաջնորդել; տանել; վարել; ճանապարհ ցույց տալ *(մարդուն, կենդանուն)* 2) (**lead to, lead on to**) բերել; հանգեցնել; հասցնել; պատճառը լինել 3) (**lead sth through**) հոսեցնել; անցկացնել *(հեղուկը խողովակի և այլնի միջով)* 4) *նաև փոխաբերական* առջևից գնալ; առջևում լինել; առաջատարը լինել *(մրցության ժամանակ)* 5) *թղթախաղ* քայլ անել; խաղալ; գնալ 6) ղեկավարել; գլխավորել *(զորքը և այլն)* 7) առաջնորդող հոդված • **lead astray** ուղիղ ճանապարհից շեղել **lead away** փախցնել; քաշել-տանել **lead back** ետ տանել **lead off** i) սկսել; բացել *(մտքերի փոխանակությունը, վիճաբանությունները և այլն)* ii) տանել; շեղել; հեռացնել **lead out** դուրս բերել **lead out of** միմյանց հետ հաղորդակցվել; իրար մեջ դուրս գալ *(սենյակների մասին)* **lead up to** i) հասցնել մի բանի ii) նախապատրաստել; խոսքն ուղղել/դարձնել մի բանի վրա **2** *noun* 1) ղեկավարություն; նախաձեռնություն; տիպար; նախօրինակ; օրինակ 2) ցուցում; հրահանգ 3) բանալի; բացահայտման գաղտնիք 4) (**the lead**) առաջնություն; առաջին տեղ; առաջատար լինելը *(մրցության մեջ)* 5) *թատրոն* գլխավոր դեր 6) *թատրոն* գլխավոր դեր կատարող 7) վզափոկ *(շան)* 8) *թղթախաղ* առաջին խաղաքայլ 9) ուղի; շավիղ; արահետ; կածան 10) *տեխնիկական* պտուտակի քայլ/քայլան/պտույտ 11) *էլեկտրականություն* լար; հաղորդալար 12) *հանքաբանություն* երակ
in the lead գլուխն անցած; առջևում *(թափորի, շարքի)*
take the lead ղեկավարությունն իր ձեռքը վերցնել; նախաձեռնությունն իր ձեռքը վերցնել

lead² |lɛd| *noun* 1) *քիմիա* (**Pb**) կապար; արճիճ 2) *ծովային* խորաչափ 3) *տպագրություն* (**leads**) շպոններ; տողանջատներ
red lead կարմրաղեղ; սուսր
white lead կապարային սպիտականերկ

leaden |ˈlɛd(ə)n| *adjective* 1) *փոխաբերական* ծանր; ճնշող; դանդաղ; ծանր-ծանր 2) գորշ; մռայլ; մութ; կապարագույն *(երկնքի մասին)* 3) *հնացած* կապարի; կապարային

leader |ˈliːdə| *noun* 1) առաջնորդ; ղեկավար; պարագլուխ 2) առաջատար *(կազմակերպություն և այլն)* 3) առջևի ձի *(կառքի լծասարքի մեջ)* 4) դիրիժոր; խմբավար 5) առաջատար երաժիշտ *(նվագախմբում)* 6) ուղեցույց 7) *էլեկտրականություն* հաղորդալար; հաղորդիչ 8) ջրհորդան; ջրատար խողովակ
a blind leader of the blind *առած* կույրին առաջնորդող կույր *(ով խորհուրդ է տալիս՝ ինքը գործից գլուխ չհանելով)*
community leader տեղական հասարակական գործիչ
floor leader *ամերիկյան քաղաքականություն* կուսակցական կազմակերպիչ *(վեհաժողովում)*

leadership |ˈliːdəʃɪp| *noun* 1) ղեկավարություն 2) հրամանատարություն; ռազմաճակատի զինվորների ղեկավարում *(մարտի ժամանակ)* 3) առաջնորդություն; ղեկավարելը 4) առաջնորդելու ունակություն; ղեկավարելու ձիրք

leading¹ |ˈliːdɪŋ| **1** *adjective* 1) առաջավոր; առաջատար; ղեկավար; առաջնորդող; առաջավոր 2) առջևից գնացող 3) *տեխնիկական* տանող; ուղղություն տվող; շարժող; շարժահաղորդ **2** *noun* առաջնորդում; առաջնորդելը

leading² |ˈlɛdɪŋ| *noun* *տպագրություն* *համակարգիչներ* միջտողային հեռավորություն

lead-off *adjective* սկիզբ; մեկնարկ

leaf |li:f| **1** *noun* (հոգն. **leaves** |li:vz|) 1) տերև 2) սաղարթ; տերևներ 3) թերթ; էջ *(գրքի)* ◇ **loose leaf** ներդիր էջ 4) փեղկ *(դռան)* 5) ծալովի տախտակ; փեղկ **2** *verb* 1) տերևներով ծածկվել; սաղարթավորվել 2) (**leaf through**) թերթել *(գիրքը)*

come into leaf (**put forth leaves**) տերևներով ծածկվել; բացվել; փթթել; սաղարթավորվել *(ծառերի մասին)*

take a leaf out of sb's book մեկից օրինակ վերցնել; մեկի օրինակին հետևել

turn over a new leaf կյանքում նոր էջ բանալ; նոր կյանք սկսել; դեպի լավը փոխվել; ուղղվել; անցյալի հետ կապերը խզել; անցյալի հետ կամուրջները այրել

leafage *noun* սաղարթ

leaflet |ˈli:flɪt| **1** *noun* 1) թռուցիկ 2) *բուսաբանություն* տերևիկ; թերթիկ **2** *verb* (**-leted**, **-leting**) թռուցիկներ բաժանել

leafy |ˈli:fi| *adjective* (**leafier**, **leafiest**) 1) տերևազարդ; տերևներով ծածկված; տերևավոր; սաղարթավոր; սաղարթախիտ 2) տերևանման; տերևակերպ

league¹ |li:g| **1** *noun* 1) միություն; դաշինք ◇ **League of Nations** Ազգերի Լիգա 2) *մարզական* լիգա **2** *verb* (**leagues**, **leagued**, **leaguing**) 1) միավորել 2) միավորվել; միություն կազմել; ընկերակցություն կազմել

in league with դաշնակցած

league² |li:g| *noun* փարսախ; լիգ *(= 3 անգլիական մղոնի = 5-5,5 կմ)*

League of Nations Ազգերի Լիգա *(միջազգային կազմակերպություն, որը գոյություն է ունեցել 1919-1946 թթ.)*

leaguer |ˈli:gə| *noun* միության/դաշինքի անդամ; լիգայի անդամ

leak |li:k| **1** *verb* 1) հոս տալ; ծակվել; ծծվել 2) (**leak out**) դուրս թափվել/ծորել 3) *փոխաբերական* տարածվել; թափանցել *(գաղտնիքի և այլնի մասին)* 4) հայտնել; ասել; բացահայտել *(գաղտնիքը)* **2** *noun* 1) հոս; ծակ; անցք; բացվածք 2) դուրս հոսելը; հոսակորուստ; ծորանք; հոսք 3) հայտնելը; ասելը; բացահայտելը *(գաղտնիքը)*

A small leak will sink a great ship. *առած* Մի փոքր ճեղքից կսուզվի հսկայական նավը:

leak like a sieve ծակվել; հնանալ; մաշվել; փչանալ; մաղի նման ծակծկվել

start a leak (**spring a leak**) հոս տալ; սկսել կաթել

leakage |ˈli:kɪdʒ| *noun* 1) դուրս հոսելը; հոս տալը; հոսակորուստ 2) տարածվելը; թափանցելը *(գաղտնիքի և այլնի)*

leaky |ˈli:ki| *adjective* (**leakier**, **leakiest**) 1) ծակ; կաթող; հոսք ունեցող; անցկացնող 2) գաղտնիք պահելու անկարող; անգաղտնապահ; բացբերան

lean¹ |li:n| **1** *verb* (անցյալ և անցյալ դերբայ **leaned** |li:nd|, |lɛnt| կամ հիմն. բրիտ. **leant** |lɛnt|) 1) թեքվել; կռանալ 2) (**lean against/on**) հենվել; թեք ընկնել 3) (**lean sth on, lean against sth**) հենել • **lean on** i) վստահել; հույս դնել; ապավինել ii) ճնշում գործադրել; ճնշել **lean to/towards** հակվել; հակված լինել; համաձայնել; տրամադրված լինել **2** *noun* թեքում; շեղում

lean² |li:n| **1** *adjective* 1) նիհար; վտիտ 2) անճարպ; ոչ յուղալի *(մսի մասին)* 3) խղճուկ; ողորմելի; աղքատ; անհետաքրքիր *(գործի/ժամանակահատվածի մասին)* **2** *noun* ոչ յուղալի միս; անճարպ միս

lean as a rake (**as lean as a rake**) տաշեղի պես բարակ/նիհար; տախտակի պես տափակ

leaning |ˈli:nɪŋ| *noun* հակում; հակվածություն; միտվածություն

lean-to *noun* (հոգն. **-tos**) կցակառույց; կից կառուցում; ծածկ; չարդախ

leap |li:p| **1** *verb* (անցյալ կամ անցյալ դերբայ **leaped** |li:pt|, |lɛpt| կամ **leapt** |lɛpt|) 1) (նաև **leap over**) ցատկել; թռչել; ցատկելով անցնել 2) (**leap at**) ձեռքից բաց չթողնել; օգտագործել 3) (**leap out**) նշանակալի լինել; ուշադրություն գրավել **2** *noun* թռիչք; ցատկ; ոստյուն

a leap in the dark «թռիչք դեպի անհայտություն»; վտանգավոր քայլ

by leaps and bounds չափազանց արագ; խելահեղ արագությամբ; գլխապտույտ արագությամբ

leap to the eye/mind աչք զարնել; ակնառու լինել; ուշադրություն գրավել

leap day *noun* նահանջ օր; փետրվարի 29-ը

leapfrog |ˈli:pfrɒg| **1** *noun* իծաշարուկ; աթուրմա *(իրար վրայից հաջորդաբար թռչելու խաղ)* **2** *verb* (**-frogged**, **-frogging**) 1) իծաշարուկ խաղալ 2) առաջ անցնել; գերազանցել *(մրցակցին)*

leap year *noun* նահանջ տարի

learn |lə:n| *verb* (անցյալ **learned** |lə:nt|, |lə:nd| կամ հիմն. բրիտ. **learnt** |lə:nt|) 1) սովորել; ուսանել; դաս առնել 2) յուրացնել; սովորել; սերտել; անգիր անել 3) իմանալ; տեղեկանալ; իրազեկվել 4) *խոսակցական կատակային* մեկին սովորեցնել; դաս տալ

A little learning is a dangerous thing. Անբավարար գիտելիքը վնասակար բան է:

learn one's lesson տե՛ս **lesson**

learn sth by heart անգիր սովորել

Soon learnt, soon forgotten. *առած* Շուտ սովորածը շուտ էլ մոռացվում է:

learned |ˈlə:nɪd| *adjective* 1) գիտուն; գիտնական 2) գիտական *(շարադրանքի և այլնի մասին)*

learning |ˈlə:nɪŋ| *noun* 1) ուսում; կրթություն; ուսումնասիրություն *(լեզուների, գրականության և այլնի)* 2) գիտելիք; գիտություն

lease |li:s| **1** *noun* *տնտեսագիտություն* 1) վարձակալություն; վարձով տալը ◇ **by/on lease** վարձով 2) վարձակալական պայմանագիր **2** *verb* վարձակալել; վարձակալության տալ

get a new lease of life 1) նոր կյանք սկսել; ոգեշնչվել; ոգի առնել; ուժերի հորդում զգալ 2) վերանորոգումից բարեփոխվել; թարմանալ *(իրերի մասին)*

give a new lease of life նոր կյանք տալ; խրախուսել; սիրտ տալ

leasehold |ˈli:shəʊld| **1** *noun* 1) *տնտեսագիտություն* վարձակալում; կապալառություն 2) վարձով վերցրած կալվածք **2** *adjective* վարձակալված; վարձով վերցրած

leaseholder *noun տնտեսագիտություն* վարձակալ; վարձող

leash |li:ʃ| **1** *noun* 1) շնակապ; շնաթոկ; շան կապը *(նաև այլ կենդանու)* 2) *որսորդություն* մի շնաթոկով իրար կապված երեք որսաշուն 3) *փոխաբերական* սանձ; սսպամիջոց **2** *verb* կապով պահել; կապել *(շներին և այլն)*

hold in leash *փոխաբերական* սանձել; սանձահարել; զսպել

strain at the leash բռնկե առաջ սկսել ուզենալ; անհամբեր լինել

least |li:st| **1** *adjective, pronoun* նվազագույնը; ամենաքիչը **2** *adjective* ամենափոքր; նվազագույն **3** *adverb* ամենափոքր չափով; ամենից ավելի քիչ

at least 1) առնվազն; ծայրահեղ դեպքում 2) նվազագույնը; ամենաքիչը 3) գոնե; համենայն դեպս; բոլոր դեպքերում

least of all ամենաքիչը; ամենափոքր չափով

Least said, soonest mended. *առած* (**The least said, the soonest mended.**) Ինչքան քիչ խոսվի, այնքան շուտ կուղղվի:

not in the least բնավ; բոլորովին; ոչ մի չափով; ամենևին

say the least (**say the least of it**) մեղմ ասած; առանց չափազանցության

leather |ˈlɛðə| **1** *noun* 1) կաշի ◇ **patent leather** լաքած կաշի 2) կաշվեղեն; կաշվե իրեր 3) կաշեփոկ 4) (**leathers**) կաշվե անդրավարտիք/տաբատ 5) (**leathers**) կաշվե սռնապաններ **2** *adjective խոսակցական* **3** *verb* 1) կաշեպատել; վրան կաշի քաշել 2) կաշեգոտիով ծեծել

leatherette |lɛðəˈrɛt| *noun* արհեստական կաշի

leathern |ˈlɛð(ə)n| *adjective հնացած* կաշվե; կաշվից

leathery |ˈlɛð(ə)ri| *adjective* կաշենման; պինդ *(մաշկի, մսի մասին)*

leave[1] |li:v| **1** *verb* (անցյալ և անցյալ դերբայ **left** |lɛft|) 1) գնալ; մեկնել; հեռանալ; հետևում թողնել 2) թողնել; ձեռք քաշել; լքել *(ուսումը, աշխատանքը, բնակավայրը և այլն)* 3) (**be left**) մնալ; մնացած լինել 4) լքել; թողնել-հեռանալ; երես դարձնել *(որևէ մեկից)* 5) կտակել; ժառանգություն թողնել 6) նույն վիճակում թողնել; որոշակի վիճակի մեջ զգել 7) (**leave sth to**) վերապահել; թողնել; հատկացնել; տրամադրության տակ դնել • **leave alone** հանգիստ թողնել; ձեռք չտալ **leave behind** i) թողնել; մոռանալ *(մի տեղ)* ii) առաջ ընկնել *(մեկից)* **leave off** i) վերջ տալ; դադարել; դադարեցնել *(որևէ բան անելը)* ii) ավարտվել; ավարտին հասնել; ընդհատվել **leave out** i) բաց թողնել; չմտցնել; չներառել *(որևէ բան, որևէ մեկին)* ii) հաշվի չառնել *(հնարավորությունը)* **leave over** հետաձգել **leave sth off** բաց թողնել; չմտցնել; չներառել **2** *noun* գնդակների դիրքը հարվածից հետո *(բիլիարդում և նման խաղերում)*

be left to oneself 1) ազատ/անկաշկանդ գործել; առանց խնամակալների գործել; անել սրտի ուզածը 2) մենուսի/մենակ/առանձին լինել

leave it at that! *խոսակցական* վերջ տվե՛ք; բավական է

Leave it at that! *խոսակցական* Բավակա՛ն է: Թողե՛ք՝ ինչպես կա:

leave much to be desired (**leave a lot to be desired**) շատ հեռու լինել բավարարելուց; բոլորովին անբավարար լինել; թերի լինել; շատ բացեր ունենալ

leave sb cold չհուզել; չազդել; չտպավորել

sick leave բացակայություն հիվանդության պատճառով

leave[2] |li:v| *noun* 1) (նաև **leave of absence**) արձակուրդ *(աշխատանքից, ծառայությունից)* 2) թույլտվություն; թույլատրություն; թույլ տալը 3) հրաժեշտ

beg leave գնալու թույլտվություն խնդրել

by your leave ձեր թույլտվությամբ

French leave առանց հրաժեշտ տալու հեռանալը; աննկատ հեռանալը

on leave արձակուրդի մեջ

on sick leave արձակուրդի մեջ՝ հիվանդության պատճառով

take one's leave հրաժեշտ տալ և հեռանալ/գնալ

leave[3] *verb* տերևներով ծածկվել; սաղարթավորվել

leaven |ˈlɛv(ə)n| **1** *noun* 1) թթխմոր 2) *փոխաբերական* ազդեցություն; ներգործություն **2** *verb* 1) թթխմոր խառնել; թթվեցնել *(խմորը)* 2) *փոխաբերական* ներգործել; լավ ազդեցություն թողնել; դրականորեն ազդել

of the same leaven նույն խմորից հունցված

leavings |ˈli:vɪŋz| *plural noun* մնացորդներ; թափոններ; տականքներ; թափթփուկներ

Lebanon |ˈlɛbənən| Լիբանան *(պետություն Միջին Արևելքում՝ Միջերկրական ծովի ափին)*

lecherous |ˈletʃ(ə)rəs| *adjective* վավաշոտ; հեշտասեր; անառակ *(մարդու կամ նրա վարքի մասին)*

lechery |ˈletʃ(ə)ri| *noun* ցոփություն; հեշտասիրություն; ցանկասիրություն; անբարոյականություն; անառակություն

lection |ˈlɛkʃ(ə)n| *noun հնացած* 1) ընթերցում 2) տարընթերցվածք; այլընթերցվածք; բնագրի փոփոխակ; բնագրի տարբերակ

lecture |ˈlɛktʃə| **1** *noun* 1) դասախոսություն 2) հանդիմանություն; կշտամբանք; խրատ **2** *verb* 1) դասախոսություն կարդալ; դասախոսել 2) նկատողություն անել; նախատել; խրատել; քարոզ կարդալ *(մեկի գլխին)*

curtain lecture նկատողություն, որը ստանում է ամուսինը կնոջից ննջարանում

deliver a lecture դասախոսություն կարդալ

give/read sb a lecture մեկի գլխին քարոզ կարդալ; մեկի գլխին Ավետարան կարդալ; մեկի գլխին դասախոսություն կարդալ; նկատողություն անել

lecturer |ˈlɛktʃ(ə)rə| *noun* դասախոս

ledge |lɛdʒ| *noun* 1) եզր; ծայր 2) խութ; ստորջրյա ժայռ 3) *հանքաբանություն* հանքերակ

ledger |ˈlɛdʒə| *noun* 1) *տնտեսագիտություն* մայր/գլխավոր մատյան 2) գերեզմանաքար; տապանաքար 3) *շինարարություն* լայնակի/պառկած գերան; սալաքար

lee |liː| *noun* 1) (**lee side**) հողմահակառակ կողմը; քամուց պաշտպանված կողմը 2) պաշտպանություն; ապաստարան

under the lee of պաշտպանության տակ

leech¹ |liːtʃ| **1** *noun* 1) տզրուկ *(դաս Hirudinea)* 2) մակաբույծ; կորզող/շորթող մարդ **2** *verb* շահագործել; քամեցնել

leech² |liːtʃ| *noun հնացած* բժիշկ; բուժակ

Leeds |liːdz| Լիդս *(քաղաք Անգլիայի հյուսիսում)*

leek |liːk| *noun բուսաբանություն* պրաս *(տոխանման բույս, նաև որպես Ուելսի ազգային խորհրդանիշ. Allium porrum, ընտանիք Liliaceae)*

eat the leek (**eat one's leek**) վիրավորանքը կուլ տալ

leer |lɪə| **1** *verb* խորամանկ/չար աչքով նայել; խեթել; ցանկասեր/վավաշոտ հայացք գցել **2** *noun* խորամանկ/չար/ցանկասեր/խեթ հայացք; վավաշոտ նայվածք

leery |ˈlɪəri| *adjective* (**leerier**, **leeriest**) *ծածկալեզու* զգույշ; ուշադիր; զգոն; աչալուրջ

lees |liːz| *plural noun* 1) մնացորդներ; նստվածք; դիրտ; մրուր *(գինու)* ◊ **drink/drain to the lees** *փոխաբերական* մինչև տակը խմել; փորձության բաժակը մինչև վերջ խմել; իր տառապանքը մինչև վերջ կրել 2) *փոխաբերական* տականքներ; թափթփուկներ

There are lees to every wine. *առած* Արևի վրա էլ բծեր կան: Ամենաազնիվ գինին էլ նստվածք ունի:

leeward |ˈliːwəd|, |ˈluːəd| **1** *adjective, adverb* քամուց պաշտպանված; քամու հոսանքի ներքո; քամու ուղղությամբ; հողմահակառակ **2** *noun* քամուց պաշտպանված կողմը; հողմահակառակ կողմը

leeway |ˈliːweɪ| *noun ծովային օդագնացություն* 1) խոտորում քամու ազդեցության տակ; քամու քշել-տանելը *(հինքնաթիռի)* 2) շարժվելու ազատություն; գործողությունների ազատություն

make up leeway դուրս գալ դժվար դրությունից

left¹ |lɛft| **1** *adjective* 1) ձախ; ձախակողմյան; աhյակ; ձախաթևյան 2) ձախ; ձախական *(քաղաքական կողմնորոշման մասին)* **2** *adverb* ձախ կողմում; դեպի ձախ **3** *noun* 1) (**the left, one's left**) ձախ կողմ; ձախ թև; ահյակ ◊ **keep to the left** ձախ կողմով գնալ 2) ձախեր; ձախականներ *(քաղաքական կողմնորոշման մասին)*

left about face! ձախ դա՛րձ; դեպի ձախ ետ դա՛րձ

left² անցյալ և անցյալ դերբայ տե՛ս **leave1**

left hand **1** *noun* 1) ձախ ձեռք 2) ձախ կողմը **2** *adjective* 1) ձախ; ձախակողմյան 2) ձախ ձեռքով արված 3) *տեխնիկական* ձախ կողմ դարձող; դեպի ձախ պտտվող

left-handed **1** *adjective* 1) ձախլիկ 2) *փոխաբերական* անշնորհք; անճարակ 3) ձախ ձեռքով արված/կատարված **2** *adverb* ձախ ձեռքով

left-hander *noun* 1) ձախլիկ 2) ձախ ձեռքով հարված

leftist |ˈlɛftɪst| **1** *noun քաղաքականություն* ձախական; ձախ կուսակցության անդամ **2** *adjective* ձախ *(քաղաքական հայացքների մասին)*

leftmost |ˈlɛftməʊst| *adjective* ամենաձախ; ձախից ամենավերջինը

leftover |ˈlɛftəʊvə| **1** *noun* *ամերիկյան* ավելցուկ; մնացորդ; մնացուկ **2** *adjective* մնացորդային; ավելցուկային

leftward |ˈlɛftwəd| **1** *adverb* (նաև **leftwards**) դեպի ձախ; ձախից **2** *adjective* դեպի ձախ նայող/գնացող

leg |lɛg| **1** *noun* 1) *կազմախոսություն* ոտք 2) ազդրամիս; ազդր; բուդ *(թռչունի և այլնի՝ որպես սնունդ)* 3) փողք *(տաբատի, անդրավարտիքի)* 4) *խոսակցական* (**legs**) հաջողություն; ժողովրդականություն 5) ոտ; հենարան; նեցուկ 6) *տեխնիկական* ծունկ; արմունկ 7) եռանկյան կողմ **2** *verb* (**legged, legging**) (**leg it**) ոտքով գնալ; քայլել

find one's ice legs (**get one's ice legs**) սովորել լավ չմշկել

give one a leg up 1) մեկին օգնել ձիու վրա բարձրանալիս 2) օգնություն ցույց տալ; օժանդակել

leg and leg հավասար հաշիվ *(մրցույթի/խաղի մեջ)*

on one's last legs 1) իր վերջին մոտեցող 2) վերջին շնչում; մահվան եզրին; սնանկացման եզրին

pull/draw sb's leg մեկին հիմարի տեղ դնել; հիմարացնել; օյին խաղալ մեկի գլխին

put sb/sth on their legs (**set sb/sth on their legs**) ոտքի կանգնեցնել; փրկել

shake a free/loose leg ցոփ ու շվայտ կյանք վարել; զեխության մեջ թավալվել; անառակության մեջ թավալվել

shake a leg 1) պարել 2) *ամերիկյան* շտապել; անապարել; փութալ

stretch one's legs according to the coverlet համարվել հանգամանքներին; ապրել հնարավորության սահմաններում; ոտքերը վերմակի չափով մեկնել

try it on the other leg փորձել դիմել վերջին միջոցին; օգտագործել վերջին հնարավորությունը

legacy |ˈlɛgəsi| **1** *noun* (հոգն. **-cies**) ժառանգություն **2** *adjective համակարգիչներ* հնավանդ *(հնացած, բայց դեռևս գործածվող ծրագրակազմի մասին)*

legal |ˈliːg(ə)l| *adjective* 1) իրավական ◊ **legal successor** իրավահաջորդ 2) *իրավունք* օրինական; օրինականացված 3) օրենքով թույլատրված

legality |liːˈgælɪti|, |lɪ-| *noun* (հոգն. **-ties**) օրինականություն

legalization |-ˈzeɪʃ(ə)n| *noun* օրինականացում

legalize |ˈliːg(ə)lʌɪz| *verb* օրինականացնել

legate |ˈlɛgət| *noun* 1) պապական դեսպան; լեգատ 2) *հնացած* ներկայացուցիչ; դեսպան

legatee |ˌlɛgəˈtiː| *noun* ժառանգորդ; ժառանգ

legation |lɪˈgeɪʃ(ə)n| *noun* 1) պատվիրակ 2) առաքելություն; պատվիրակություն *(դիվանագիտական)*

legato |lɪˈgɑːtəʊ| **1** *adverb, adjective երաժշտություն* կապակցված **2** *noun* կատարում կապակցված ոճով

legend |ˈlɛdʒ(ə)nd| **1** *noun* 1) առասպել; ավանդություն; ավանդազրույց; ավանդավեպ; ավանդապատում 2) մակագրություն; տիտր *(դրամի, մեդալի, դիագրամի և այլնի վրա)* 3) հանրահայտ մարդ; «առասպել» **2** *adjective* առասպելական; հանրահայտ

legendary |ˈlɛdʒ(ə)nd(ə)ri| *adjective* 1) առասպելական; դիցաբանական; առասպելապատում 2) հանրահայտ; հանրածանոթ; առասպելական

legerdemain |ˌlɛdʒədɪˈmeɪn| *noun* 1) ձեռքի ճարպկություն; ձեռնածություն 2) ճարպիկ խաբեբայություն

legged |lɛgd|, |ˈlɛgɪd| *adjective* ոտքեր ունեցող

leggings |ˈlɛgɪŋz| *plural noun* գործած վարտիք; սռնապաններ *(կանացի կամ մանկական)*

leggy |ˈlɛgi| *adjective* (**-gier**, **-giest**) 1) երկարաոտն; երկարաձողունք *(հատկապես կնոջ մասին)* 2) երկարոտն; երկարացողունն *(բույսի մասին)*

legibility |-ˈbɪlɪti| *noun* ընթեռնելիություն

legible |ˈlɛdʒɪb(ə)l| *adjective* պարզ; ընթեռնելի; դյուրընթեռնելի

legion |ˈliːdʒ(ə)n| **1** *noun* 1) լեգեոն; զորագունդ *(զորական միավորում Հին Հռոմում)* 2) *փոխաբերական* (**a legion, legions of**) անթիվ բազմություն; բազմամարդ ամբոխ **2** *adjective* բազմահազարանոց; բազմահազար

legionary |ˈliːdʒ(ə)n(ə)ri| **1** *noun* (հոգն. **-aries**) լեգեոնի զինվոր; զորագնդի զինվոր *(Հին Հռոմում)* **2** *adjective* լեգեոնի; զորագնդային

legislate |ˈlɛdʒɪsleɪt| *verb* օրենք հրապարակել

legislation |lɛdʒɪsˈleɪʃ(ə)n| *noun* օրենսդրություն

legislative |ˈlɛdʒɪslətɪv| *adjective* օրենսդրական; օրենսդիր

legislator |ˈlɛdʒɪsleɪtə| *noun* օրենսդիր; օրինադիր

legislature |ˈlɛdʒɪslətʃə| *noun* օրենսդրական մարմին

legitimacy |-məsi| *noun* օրինականություն; օրինավորություն

legitimate **1** *adjective* |lɪˈdʒɪtɪmət| 1) օրինական; օրինավոր; օրինականացված 2) ճիշտ; տրամաբանական 3) օրինածին *(զավակ)* **2** *verb* |lɪˈdʒɪtɪmeɪt| 1) օրինականացնել 2) դրդեգրել

legman |ˈlɛgmæn| *noun* (հոգն. **-men**) *ամերիկյան ծածկալեզու* լրահավաքորդ; լրագրող *(որը պետք է տեղում հավաքի տեղեկությունը)*

leg-pull *noun* *խոսակցական* մեկին խաբելու փորձ; կատակ; խաղ

leguminous |lɪˈgjuːmɪnəs| *adjective* *բուսաբանություն* պատիճավոր; ունդի; ընդեղեն; լոբազգի; թիթեռնածաղկավոր *(ընտանիք Leguminosae)*

Leipzig |ˈlʌɪpsɪg|, |ˈlæɪptsɪç| Լայպցիգ *(քաղաք Գերմանիայում)*

leisure |ˈlɛʒə| *noun* 1) ժամանց; ազատ ժամանակ ◊ **at leisure** ազատ ժամանակ 2) (**leisure for, leisure to do something**) որևէ բան անելու հնարավորություն; որևէ բան անելու ժամանակ

at one's leisure անկաշկանդ; անմիջական

be at leisure ↓արապ-սարապ լինել; ազատ լինել; զբաղված չլինել

leisured |ˈlɛʒəd| *adjective* 1) ազատ; պարապ; անգործ 2) անհոգ; ապահովված *(կյանքի մասին)*

leisurely |ˈlɛʒəli| **1** *adjective* չշտապող; հանգիստ; անփութկոտ; դանդաղ ու հանգիստ **2** *adverb* ոչ շտապ; հանգստորեն; դանդաղ ու հանգիստ; կշռադատելով

Lemberg |ˈlɛmbɛrk| Լեմբերգ *(Լվով քաղաքի գերմաներեն անվանումը)*

lemon |ˈlɛmən| *noun* 1) *բուսաբանություն* կիտրոն; լիմոն *(Citrus limon, ընտանիք Rutaceae)* 2) կիտրոնագույն; թույլ դեղին; բաց դեղնավուն 3) *խոսակցական* տգեղ աղջիկ 4) *խոսակցական* վատ ավտոմեքենա

hand sb a lemon *խոսակցական* խաբել մեկին; գործածված ապրանք վաճառել մեկին

lemonade |lɛməˈneɪd| *noun* լիմոնադ; լիմոնաջուր

lemon drop *noun* կիտրոնի սառնաշաքար/կոնֆետ

lemony *adjective* կիտրոնի; լիմոնի; կիտրոնային

lemur |ˈliːmə| *noun* *կենդանաբանություն* լեմուր; կիսակապիկ *(ընտանիք Lemuridae)*

Lena |ˈleɪnə| Լենա *(գետ Ռուսաստանի սիբիրյան մասում)*

lend |lɛnd| *verb* (անցյալ և անցյալ դերբայ **lent** |lɛnt|) 1) փոխ տալ; պարտք տալ; որոշ ժամանակով տալ 2) տոկոսով փող փոխ տալ 3) տալ; հաղորդել *(արժանիք, հմայք և այլն)* 4) տրամադրել; տալ; ցույց տալ *(օգնություն և այլն)*

lend itself to պիտանի լինել

lend oneself 1) հարմարվել *(որևէ բանի)* 2) անձնատուր լինել *(որևէ բանի)*

lender |ˈlɛndə| *noun* փոխատու; պարտատեր

length |lɛŋθ|, |lɛŋkθ| *noun* 1) երկարություն; երկայնություն ◊ **measure one's length** ամբողջ հասակով մեկ փռվել 2) հեռավորություն; տարածություն; միջոց 3) տևողություն; երկարատևություն; ժամանակահատված ◊ **of some length** բավական երկարատև. **in length of time** ժամանակի ընթացքում 4) *հնչյունաբանություն* ձայնավորի կամ վանկի երկարություն 5) կտոր; կտորն *(գործվածքի)* 6) (**one's length**) ողջ մարմինը; ողջ հասակը

at full length ամենայն մանրամասնությամբ; հանգամանորեն; առանց որևէ բան բաց թողնելու

at full length 1) բոլոր մանրամասնություններով 2) ամբողջ երկարությամբ; հասակով մեկ

at length 1) վերջապես 2) մանրամասնորեն; հանգամանորեն

go to all lengths ամեն ինչ անել; ոչ մի բանի առաջ կանգ չառնել

keep somebody at arm's length մեկին պատկառելի հեռավորության վրա պահել; մոտիկ չթողնել; մտերմություն չանել

lengthen |ˈlɛŋθ(ə)n|, |-ŋkθ-| *verb* 1) *նաև հնչյունաբանություն* երկարացնել 2) երկարել • **lenghthen out** չափազանց ձգել; երկարացնել

lengthways |ˈlɛŋθweɪz|, |-ŋkθ-| *adverb* երկարությամբ; երկայնությամբ

lengthwise |ˈlɛŋθwʌɪz|, |-ŋkθ-| **1** *adverb* երկարությամբ; երկայնությամբ; երկայնքով **2** *ad-*

jective երկայնակի

lengthy |ˈlɛŋθi|, |ˈlɛŋkθi| *adjective* (**lengthier**, **lengthiest**) չափազանց երկար; ձգձգված; հոգնեցուցիչ

lenience *noun* մեղմություն; ներողամտություն; զիջողություն; հանդուրժողություն

lenient |ˈliːnɪənt| *adjective* 1) ներողամիտ; զիջող; հանդուրժող 2) մեղմ *(պատժի մասին)*

Leninakan |ˌlɛnɪnəˈkɑːn| Լենինական *(Գյումրի քաղաքի նախկին (1924-1991 թ.) անվանումը)*

Leningrad |ˈlɛnɪngræd| Լենինգրադ *(Սանկտ Պետերբուրգ քաղաքի նախկին (1924-1991 թթ.) անվանումը)*

Leninism |ˈlɛnɪnɪz(ə)m| *noun* լենինիզմ

Leninist **1** *noun* լենինյան/լենինիստ անձ **2** *adjective* լենինյան; լենինիստական

lenitive |ˈlɛnɪtɪv| *հնացած բժշկություն* **1** *adjective* 1) *բժշկություն* լուծողական; բացողական 2) հանգստացուցիչ; հանդարտեցնող; մեղմացնող **2** *noun* 1) *բժշկություն* լուծողական դեղամիջոց; մաքրադեղ; սրբադեղ; լուծողական 2) հանգստացնող միջոց

lenity |ˈlɛnɪti| *noun բանաստեղծական* 1) ներողամտություն; մեղմություն; բարություն 2) գթասրտություն

lens |lɛnz| *noun* 1) տեսապակի; ոսպնապակի 2) *կազմախոսություն* (նաև **crystalline lens**) ակնաբյուրեղ; աչքի ոսպնյակ 3) տե՛ս **contact lens**

Lent |lɛnt| *noun* Մեծ պաս; Մեծ պահք

Lenten |ˈlɛnt(ə)n| *adjective* 1) Մեծ պասի; Մեծ պահքի 2) պասի; պասուց *(կերակրի մասին)*

lentil |ˈlɛnt(ə)l| *noun բուսաբանություն* ոսպ *(Lens culinaris, ընտանիք Leguminosae)*

Leo |ˈliːəʊ| *աստղագիտություն* Առյուծ *(համաստեղություն)*

leonine |ˈliːənʌɪn| *adjective* առյուծի; առյուծային

leopard |ˈlɛpəd| *noun կենդանաբանություն* ընձառյուծ *(Panthera pardus, ընտանիք Felidae)*

a leopard can't change his spots *ասացվածաշնչային* ինձը իր բծերը չի փոխի; կարմիր կովը կաշին չի փոխի; սև շունը չի սպիտակի

leopardess |ˈlɛpədɛs| *noun կենդանաբանություն* էգ ընձառյուծ

leper |ˈlɛpə| *noun* 1) բորոտ անձ 2) մերժված մարդ; արհամարհված մարդ

leprosy |ˈlɛprəsi| *noun բժշկություն* բոր; բորոտություն

leprous |ˈlɛprəs| *adjective* 1) բորոտ 2) թեփուկավոր; թեփուկապատ

lesion |ˈliːʒ(ə)n| *noun բժշկություն* վնասում; վնասվածք; ախտահարում *(հյուսվածքի, օրգանների)*

Lesotho |ləˈsuːtuː| Լեսոտո *(պետություն, որըներփակված է Հարավաֆրիկյան Հանրապետության տարածքում)*

less |lɛs| **1** *adjective, pronoun* 1) ավելի քիչ քանակություն; պակաս քանակություն 2) ավելի փոքր; ավելի քիչ **2** *adjective հնացած* **3** *adverb* 1) ավելի պակաս; ավելի քիչ; նվազ 2) (**less than**) բոլորովին էլ ոչ; առանձնապես ոչ; այնքան էլ ոչ **4** *preposition* առանց; պակաս

in less than no time *խոսակցական* մի ակնթարթում

none the less այնուամենայնիվ

lessee |lɛˈsiː| *noun* վարձակալ

lessen |ˈlɛs(ə)n| *verb* 1) պակասեցնել; նվազեցնել 2) պակասել; նվազել 3) թերագնահատել; ավելի պակաս ցույց տալ; անչափ նվազեցնել; խիստ նվազեցնել

lesser |ˈlɛsə| *adjective* 1) պակաս; պակաս կարևոր 2) նվազագույն; փոքրագույն

the lesser evil (the lesser of two evils) չարյաց փոքրագույնը

lesson |ˈlɛs(ə)n| **1** *noun* 1) դաս; դասանյութ; դասաժամ 2) խրատ; դաս 3) նախազգուշացում; դաս **2** *verb հնացած* կշտամբել; խրատել

give lessons դաս տալ; դասավանդել

learn one's lesson իմաստնանալ; փորձառու դառնալ

make lessons դաս պատրաստել

take lessons դաս առնել

teach/give sb a lesson մեկին խրատ տալ

lest |lɛst| *conjunction գրական անգլերեն* 1) որպեսզի չլինի 2) չլինի թե

let[1] |lɛt| *verb* (**letting**; անցյալ **let**) 1) թույլատրել; թույլ տալ; թողնել ◊ **let see** ցույց տալ 2) (**let us, let's**) եկե՛ք; եկե՛ք անենք; եկե՛ք գնանք ◊ **let us go** գնա՛նք. **let every man do his duty** թող ամեն մարդ կատարի իր պարտականությունը. **let you and me try** եկե՛ք փորձենք. **let AB be equal to CD** ընդունենք, որ AB=CD 3) (**let me, let us**) թու՛յլ տվեք; թու՛յլ տվեք օգնել Ձեզ 4) ընդունել; համարել 5) վարձով տալ ◊ **the house is to (be) let** տունը տրվում է վարձով. **let** տրվում է վարձով *(հայտարարություն)* • **let alone** մի կողմ թողնենք; էլ չասած **let down** i) իջեցնել; ցած թողնել ii) ստորացնել iii) հիասթափություն պատճառել; հիասթափեցնել iv) դժբախտության ժամանակ մեկին լքել; դժբախտության ժամանակ մեկին մենակ թողնել **let in/into** ներս թողնել **let loose** բաց թողնել; ազատ արձակել **let off** i) բաց թողնել; ներել ii) լցահանել *(հրացանը)* iii) կրակել **let on** ձևանալ **let out** i) դուրս թողնել ii) լայնացնել կամ երկարացնել *(հագուստը)* iii) վարձով տալ **let sb alone** հանգիստ թողնել; ձեռք չտալ

let go 1) ազատել; արձակել 2) ձեռքից բաց թողնել 3) գլխից հանել; մտքից հանել

let oneself go իրեն ազատություն տալ; զգացմունքներին ազատություն տալ

let sb know իմացնել; տեղեկացնել; իմաց տալ

let slip պատահաբար բերանից թռցնել

let sth be չխառնվել; ուշադրություն չդարձնել

Let well alone. Չափը մի՛ անցիր: Լավից ավելին մի՛ ուզիր:

let[2] |lɛt| **1** *noun* *թենիս* չհաշված մատուցում *(գնդակը՝ ցանցին դիպչելու պատճառով)* **2** *verb* (**letting**; անցյալ և անցյալ դերբայ **letted** կամ **let**) *հնացած* խանգարել

lethal |ˈliːθ(ə)l| *adjective* մահացու; մահաբեր

lethargic |lɪˈθɑːdʒɪk| *adjective* 1) մահաքնային; լեթարգիական 2) թմրած; քնկոտ; անկյանք

lethargy |ˈlɛθədʒi| *noun* 1) մահաքուն; լեթարգիա 2) թմրածություն; անշարժություն; անտարբերություն

letter |ˈlɛtə| **1** *noun* 1) տառ; գիր ◊ **capital letter** մեծատառ. **initial letter** գլխատառ. **small letter** փոքրատառ. **the letter of the law** օրենքի տառը. **letter for letter** տառ առ տառ; տառացի; ճշգրիտ 2) *տպագրություն* տպատառ; լիտեր 3) նամակ; գրություն ◊ **registered letter** պատվիրված նամակ. **letter of attorney** լիազորագիր. **dead letter** հասցեատիրոջը չհասած/անտեր նամակ 4) (**letters**) գրականություն; գրական կրթություն; գրականագիտություն **2** *verb* 1) տառերով նշագրել 2) գրքի կազմի վրա տառեր/վերնագիր դրոշմել

bread-and-butter letter մեկի տանը հյուրընկալվելուց հետո գրված շնորհակալական նամակ

dead letter *պատմածաշնչային* «մեռած տառ»; չիրականացված/չկիրառված ինչ-որ բան; թղթի վրա մնացած ինչ-որ բան

in letter and in spirit տառին և ոգուն համապատասխան և ըստ էության/բովանդակության

the letter 1) տառացիորեն; անպայման; առանց առարկության; ճշտորեն 2) մանրամասնորեն; հիմնավորապես; հինգ մատի պես

letter bomb *noun* ծրարով ռումբ

letterbox **1** *noun* 1) փոստարկղ 2) լայնէկրան ֆիլմը հեռուստատեսային էկրանին ցուցադրելու ձևաչափ **2** *verb* լայնէկրան ֆիլմը ցուցադրել հեռուստատեսային էկրանին

lettered |ˈlɛtəd| *adjective* 1) *հնացած* կրթված; կարդացած 2) կազմի վրա տառերով դրոշմված *(գրքի մասին)* 3) տառերով նշված

lettering |ˈlɛt(ə)rɪŋ| *noun* դրոշմում; տպում; դրոշմանկար

letter of credit *noun* ակրեդիտիվ; վարկագիր; վարկաթուղթ

letter-perfect *adjective* *թատրոն* իր դերը լավ սերտած

letterpress |ˈlɛtəprɛs| *noun* 1) գրքի բնագրային մասը; բնագիր *(նկարազարդ գրքում)* 2) *տպագրություն* տեքստային տպատառ ◊ **in letterpress** տեքստային տպատառով

letters patent *plural noun* պատենտ; արտոնագիր

lettuce |ˈlɛtɪs| *noun* *բուսաբանություն* հազար; լատուկ; կաթնուկ; սալաթ *(Lactuca sativa, ընտանիք Compositae)*

letup *noun* *խոսակցական ամերիկյան* դադարեցում; դադարում; դադար

leukemia |luːˈkiːmɪə| (*բրիտանական* **leukaemia**) *noun* ավշային սպիտակարյունություն

leukocyte |ˈluːkə(ʊ)sʌɪt| (*բրիտանական* **leucocyte**) *noun* *բնախոսություն* սպիտակագնդիկ; լեյկոցիտ; լնագնդիկ

lev |lɛv|, |lɛf| *noun* (հոգն. **leva**) լև *(բուլղարական դրամ)*

levant |lɪˈvænt| *verb* *հնավանդ* ծածուկ փախչել՝ առանց պարտքերը վճարելու

levee[1] |ˈlɛvi|, |lɪˈviː| **1** *noun* *ամերիկյան* 1) ամբարտակ 2) նավամատույց **2** *verb* *ամերիկյան* ամբարտակ կառուցել

levee[2] |ˈlɛvi|, |ˈlɛveɪ| *noun* 1) պաշտոնական ընդունելություն 2) հյուրերի ընդունելություն

level |ˈlɛv(ə)l| **1** *noun* 1) մակարդակ ◊ **on a level with** միևնույն մակարդակի վրա. **sea level** ծովի մակարդակ. **find one's level** իրեն համապատասխան տեղը գտնել; իրեն վայել դիրք գրավել 2) (նաև **dead level**) հարթավայր; տափակ հորիզոնական մակերես ◊ **deal level** *փոխաբերական* միջակություն 3) հարթաչափ; մակարդաչափ **2** *adjective* 1) (**level with**) հարթ; տափակ; հորիզոնական; նույն մակարդակի վրա 2) համաչափ; հավասար; միատեսակ 3) հավասարակշռված; հանգիստ • **do one's level best** ամեն հնարավոր բան անել; ձեռքից եկածն անել **3** *verb* (**-eled**, **-eling**; նաև հիմն. բրիտ. **-elled**, **-elling**) 1) հարթել; հավասարեցնել ◊ **level to (with) the ground** հողին հավասարեցնել 2) նշան բռնել; ուղղել *(զենքը, հարվածը և այլն)* 3) հարթաչափել; մակարդակը որոշել

at/on a low level ցածրագույն օղակում/ատիճանում

at/on the highest/top level ամենաբարձր մակարդակին

be on a level with sb նույն մակարդակի/նույն կարգի լինել

land on the street level *ամերիկյան խոսակցական* փողոցում հայտնվել *(աշխատանքը կորցնելով)*

on the level *ամերիկյան* ազնիվ; ազնվորեն; ճշմարտացի; ճշմարիտ

levelheaded *adjective* հավասարակշռված; հավասարակշիռ

lever |ˈliːvə| **1** *noun* լծակ **2** *verb* լծակով բարձրացնել

leverage |ˈliːv(ə)rɪdʒ| **1** *noun* 1) լծակների համախումբ 2) ամբարձիչ ուժ *(լծակի)* 3) *փոխաբերական* նպատակին հասնելու միջոց 4) փոխառության օգտագործում ֆինանսական գործարքների համար **2** *verb* փոխառությունը գործարքների մեջ օգտագործել

leveret |ˈlɛv(ə)rɪt| *noun* նապաստակի ձագ

levin |ˈlɛvɪn| *noun* *հնավանդ բանաստեղծական* կայծակ

Leviticus |lɪˈvɪtɪkəs| *աստվածաշնչային* Ղևտացիներ *(Հին Կտակարանի գրքերից մեկը)*

levity |ˈlɛvɪti| *noun* թեթևամտություն

levy |ˈlɛvi| **1** *verb* (**-vies**, **-vied**) 1) գանձել; հավաքել *(հարկ, ռազմատուգանք)* 2) հարկել; հարկ դնել 3) հավաքագրել **2** *noun* (հոգն. **-vies**) 1) գանձում; գանձելը *(հարկերի և այլնի)* 2) գանձված գումար 3) զինվորագրություն; հավաքագրում; նորակոչիկներ; աշխարհազոր ◊ **levy in mass** ընդհանուր աշխարհազոր. **national levy** ժողովրդական աշխարհազոր

lewd |l(j)uːd| *adjective* 1) անվայել; անպարկեշտ 2) վավաշոտ

lexical |ˈlɛksɪk(ə)l| *adjective* 1) բառական; բառային 2) բառապաշարի

lexicographer |ˌlɛksɪˈkɒgrəfə| *noun* բառարանագիր

lexicography |ˌlɛksɪˈkɒgrəfi| *noun* բառարանագրություն

lexicology |ˌlɛksɪ'kɒlədʒi| *noun* բառագիտություն

lexicon |'lɛksɪk(ə)n| *noun* (հոգն. **-cons** կամ **-ca**) 1) բառարան; բառագիրք *(հատկապես հին լեզուների)* 2) բառապաշար; լեքսիկոն

liability |lʌɪə'bɪlɪti| *noun* (հոգն. **-ties**) 1) պատասխանատվություն 2) *հաշվապահություն* (**liabilities**) պարտավորություններ; պարտք 3) *ամերիկյան* արգելք; խոչընդոտ; խանգարիչ հանգամանք

liable |'lʌɪəb(ə)l| *adjective* 1) (**liable to**) պարտավոր 2) (**liable for**) պարտավորված; պարտավորություն ստանձնած; պատասխանատու 3) ենթակա *(հիվանդության և այլնի)* ◇ **liable for service in the armed forces** զինապարտ 4) հավանական; հնարավոր ◇ **difficulties are liable to occur** հավանական է, որ դժվարություններ լինեն. **glass is liable to break** ապակին հեշտ է ջարդվում

liaison |lɪ'eɪz(ə)n|, |-zɒn| *noun* 1) կապ *(սիրային)* 2) *ռազմական* փոխգործողության կապ 3) *հնչյունաբանություն* կապակցում

liana |lɪ'ɑːnə| (նաև **liane**) *noun* *բուսաբանություն* լիանա *(արևադարձային պատատուկ)*

liar |'lʌɪə| *noun* ստախոս; սուտասան

A liar is not believed when he speaks the truth. *առած* Ստախոսին չեն հավատում, եթե նույնիսկ ճիշտն է ասում: Սուտ ասողի տունը կրակ ընկավ՝ չհավատացին:

Liars have need of good memories/liars need long memories. *առած* Ստախոսները պետք է լավ հիշողություն ունենան:

libation |lʌɪ'beɪʃ(ə)n| *noun* *պատմական* 1) հեղում; ձոնում; հեղելը; ձոնելը *(գինու)* 2) *կատակային* գինարբուք

libel |'lʌɪb(ə)l| **1** *noun* զրպարտություն; անվանարկություն **2** *verb* (**-beled**, **-beling**; բրիտ. **-belled**, **-belling**) զրպարտել; անվանարկել

libeler *noun* զրպարտիչ

libelous |'lʌɪb(ə)ləs| (բրիտանական **libellous**) *adjective* զրպարտչական

liberal |'lɪb(ə)r(ə)l| **1** *adjective* 1) առատաձեռն; մեծահոգի 2) լիառատ 3) ազատական; ազատամիտ 4) հումանիտար **2** *noun* ազատական հայացքների տեր մարդ

liberal arts հումանիտար առարկաներ

liberal education 1) լայն/ընդհանուր կրթություն 2) հումանիտար կրթություն

liberal arts *plural noun* հումանիտար գիտություններ

liberalism *noun* ազատականություն; լիբերալիզմ

liberality |lɪbə'rælɪti| *noun* 1) առատաձեռնություն 2) հանդուրժողություն; հայացքների լայնություն

liberalization *noun* ազատականացում; սահմանափակումների վերացում

liberate |'lɪbəreɪt| *verb* 1) ազատագրել 2) *քիմիա* անջատել; զատել

liberation *noun* ազատագրում

Liberia |lʌɪ'bɪərɪə| Լիբերիա *(պետություն Աֆրիկայի արևմուտքում)*

libertine |'lɪbətiːn|, |-tɪn|, |-tʌɪn| **1** *noun* 1) ազատամիտ/ազատախոհ մարդ 2) *պատմական* ազատ արձակված; ազատագրված *(ստրուկ կամ ճորտ)* 3) անառակ *(մարդ)* **2** *adjective* 1) ազատամիտ; ազատախոհ 2) *պատմական* ազատ արձակված 3) սանձարձակ; անբարոյական; անառակ

liberty |'lɪbəti| *noun* (հոգն. **-ties**) 1) ազատություն ◇ **civil liberties** քաղաքացիական ազատություններ. **liberty of the press** մամուլի ազատություն. **liberty of conscience** խղճի ազատություն. **set at liberty** ազատ արձակել 2) ազատ վարմունք; անպատկառություն; անպարկեշտություն ◇ **take the liberty to do** իրեն ազատ զգալ; թույլ տալ որևէ բան անելու 3) (**liberties**) արտոնություններ

at liberty 1) ազատ; ազատության մեջ 2) անզբաղ; պարապ

have the liberty (of) *հնացած* մուտք ունենալ; ինչ-որ տեղ մտնելու թույլտվություն ունենալ

librarian |lʌɪ'brɛːrɪən| *noun* գրադարանապետ; գրադարանավար

library |'lʌɪbrəri|, |-bri| *noun* (հոգն. **-braries**) գրադարան ◇ **free library** անվճար գրադարան. **lending library** գրադարան՝ դուրս տրվող գրքերով. **reference library** տեղեկատու գրադարան. **walking library** *կատակային* «քայլող հանրագիտարան»

libretto |lɪ'brɛtəʊ| *noun* (հոգն. **-bretti** |-ti| կամ **-brettos**) *բատրոն* լիբրետո

Libya |'lɪbɪə| Լիբիա *(պետություն Աֆրիկայի հյուսիսում)*

license |'lʌɪs(ə)ns| **1** *noun* (բրիտանական **licence**) 1) թույլտվություն; լիցենզիա; թույլատրագիր; արտոնություն; վկայական; պատենտ ◇ **driver's license** վարորդական իրավունք 2) սանձարձակություն; կամայականություն **2** *verb* (բրիտանական **licence**) թույլատրել; իրավունք տալ; արտոնել

licensed |'lʌɪs(ə)st| *adjective* 1) որևէ բան անելու թույլտվություն/իրավունք ունեցող 2) ճանաչված *(գրող և այլն)* 3) արտոնյալ

licensee |lʌɪs(ə)n'siː| *noun* որևէ բանի թույլտվություն/արտոնագիր ունեցող անձ

licentious |lʌɪ'sɛnʃəs| *adjective* սանձարձակ; անբարոյական

lichen |'lʌɪk(ə)n|, |'lɪtʃ(ə)n| *noun* 1) *բուսաբանություն* քարաքոս; ծառալորու 2) *բժշկություն* մկնատամ; որքին; մրմնջուկ

lick |lɪk| **1** *verb* 1) լիզել; լպստել ◇ **lick one's chops (lips)** բերանի ջուրը գնալ; տենչանքով նայել; թուքը կուլ տալ 2) *ծածկալեզու* ծեծել 3) *ծածկալեզու* հաղթել; գերազանցել 4) *ծածկալեզու* շտապել **2** *noun* 1) լիզում; լիզելը 2) որևէ բանի աննշան քանակություն; փոքր կտոր 3) *խոսակցական* ուժեղ հարված 4) *ծածկալեզու* քայլ ◇ **at a great lick, at full lick** արագ քայլերով

give a lick and a promise *խոսակցական* անբարեխղճորեն վերաբերվել աշխատանքին; որևէ բան անել հապշտապ/արագորեն; որևէ բան անել ի միջի այլոց

halfpenny lick հասարակ/փողոցում ծախվող

պաղպաղակ
lick sb's boots/feet, lick the feet of sb մեկի առաջ ձվաստանալ; քծնել; ստորաքարշություն անել; ոտքերը/զարշապարը լիզել
put in best/big/solid licks *ամերիկյան* գործի դնել բոլոր ուժերը; ջանք թափել
lickerish |ˈlɪkərɪʃ| *adjective* 1) համեղ 2) համեղ բան ուտել սիրող; համեղակեր; սիրահար; տենչացող 3) ցոփ; շվայտ
lickspittle |ˈlɪkspɪt(ə)l| *noun* ստորաքարշ/քծնող մարդ
lid |lɪd| *noun* 1) կափարիչ; խուփ 2) (նաև **eyelid**) կոպ ◊ **narrow one's lids** աչքերը կկոցել
blow the lid off sth *ամերիկյան խոսակցական* մերկացնել; խարեությունը բաց անել; դիմակազերծ անել; քողազերծել
keep the lid on sth *խոսակցական* գաղտնի պահել ինչ-որ բան; թաքցնել ինչ-որ բան
The lid is on. Եկավ վերջը/վախճանը/ավարտը: Համբերության բաժակը լցված է:
lie[1] |lʌɪ| **1** *verb* (**lying** |ˈlʌɪɪŋ|; անցյալ **lay** |leɪ|; անցյալ դերբայ **lain** |leɪn|) 1) պառկել; պառկած լինել 2) հանգչել; հանգիստ առնել *(գերեզմանում)* 3) գտնվել; ընկած լինել *(քաղաքի, լճի և այլնի մասին)* 4) գտնվել; լինել *(որևէ վիճակում)* ◊ **lie in ambush** դարան մտնել. **lie in wait** դարանակալել; դարան մտնել; հետամտել • **lie by** չօգտագործվել; պարապ մնալ; հանգստանալ **lie down** պառկել **take it lying down** հնազանդորեն ընդունել **lie in** i) պառկել; ծննդաբերել ii) *ռազմական* դարան մտնել **lie over** հետաձգել **lie up** i) անկողնում պառկել; իր սենյակից դուրս չգալ ii) մի կողմ քաշվել; հեռանալ **2** *noun* վիճակ; դրություն; դիրք; ուղղություն ◊ **the lie of the land** i) տեղանքի բնույթը ii) *փոխաբերական* իրերի դրություն
it lies with you (to do, to decide) ձեր գործն է *(անելը, որոշելը)*
lie on the bed one has made ինչ որ ցանես, այն կհնձես; ով ինչ բրդի, էն կխրթի
lie[2] |lʌɪ| **1** *noun* սուտ; ստախոսություն; կեղծություն ◊ **give one the lie** մեկին ստախոսության մեջ մեղադրել. **give the lie to** կեղծիքը բացահայտել; որևէ բան հերքել. **tell a lie** ստել; սուտ խոսել. **it is a simple lie** դա պարզապես սուտ է. **white lie** անմեղ/ներելի սուտ **2** *verb* (**lies**, **lied**, **lying** |ˈlʌɪɪŋ|) 1) ստել 2) խաբուսիկ լինել *(արտաքինի և այլնի մասին)*
Liechtenstein |ˈlɪktənˌstʌɪn|, |ˈlɪçtnˌʃtæɪn| Լիխտենշտեյն *(փոքր անկախ իշխանություն Ավստրիայի և Շվեյցարիայի միջև)*
lief |liːf| *adverb հնացած* ուրախությամբ; սիրով; հաճույքով
liege |liːdʒ| *պատմական* **1** *adjective* վասալական; ավատառուական **2** *noun* (նաև **liege lord**) վասալ; ավատառու
liegeman |ˈliːdʒmən| *noun* (հոգն. **-men**) *պատմական* 1) վասալ; ավատառու 2) *փոխաբերական* կամակատար; վասալ
lien |liːn|, |ˈliːən|, |ˈlʌɪən| *noun իրավունք* պարտապանի գույքի վրա կալանք դնելու իրավունք
lieu |ljuː|, |luː| *noun* (**in lieu of**) փոխարեն
lieutenant |lɛfˈtɛnənt| *noun* 1) լեյտենանտ 2) տեղակալ; օգնական; գործակալ
lieutenant colonel *noun* փոխգնդապետ
lieutenant governor *noun* 1) նահանգապետ *(անգլիական գաղութներում)* 2) նահանգապետի տեղակալ *(ԱՄՆ-ի նահանգների)*
life |lʌɪf| *noun* (հոգն. **lives** |lʌɪvz|) 1) կյանք 2) ապրելակերպ; կենսակերպ ◊ **regular life** կանոնավոր ապրելակերպ. **stirring life** գործունյա կյանք; զբաղվածություն 3) գոյատևություն; դիմացկունություն *(մեքենայի)* 4) կենսագրություն 5) կենդանություն; աշխուժություն; կյանք; ոգևորություն ◊ **be the life of the party** հասարակության հոգին լինել. **put life into one's work** ամբողջ հոգով/ոգևորությամբ աշխատել 6) բնություն; բնական մեծություն
anything for a quiet life 1) ամեն ինչ հանգիստ կյանքի համար 2) Միայն թե երեխան լաց չլինի:
as large as life բնական մեծությամբ
begin/enter life կյանք մտնել
be settled in life գտնել իր տեղը կյանքում
breathe/infuse new life into, give new life to նոր կյանք ներշնչել
cannot for the life of me սպանես էլ՝ չեմ կարող
choke the life out of sb խեղդել ինչ-որ մեկին
escape with life and limb սեփական կյանքը փրկել; հեշտությամբ ազատվել; գլուխն ազատել; պրծնել; մորթին փրկել; ջրից չոր դուրս գալ
high life աշխարհիկ/արիստոկրատական հասարակություն
lay down one's life կյանքը զոհել; կյանքը տալ
lose one's life զոհվել; զոհ գնալ
make sb's life a hell մեկի կյանքը դժոխք դարձնել; մեկի կյանքը դժոխքի վերածել
pawn one's life *փոխաբերական* իր կյանքով երաշխավորել
see life աշխարհ/կյանք տեսնել
sell one's life dear իր կյանքը թանկ տալ
still life *գեղանկարչություն* նատյուրմորտ; անկենդան բնություն
take one's life մեկին սպանել
take one's life in both hands and eat it կյանքը վատնել/մսխել; անձնատուր լինել խնջույքների/արատների
take one's own life ինքնասպանություն գործել
upon my life ! երդվում եմ կյանքովս; կյանքս վկա
lifebelt |ˈlʌɪfbelt| *noun* փրկագոտի
lifeblood |ˈlʌɪfblʌd| *noun* 1) կենդանի էակի արյուն 2) *փոխաբերական* կյանքի/ուժի աղբյուր
lifeboat |ˈlʌɪfbəʊt| *noun* փրկամակույկ; փրկանավակ
life expectancy *noun* կյանքի սպասվող տևողություն
life-giving **1** *adjective* կենսատու; կենարար; կենդանարար **2** *noun* կյանքի պարգևում; կյանք պարգևելը
lifeguard |ˈlʌɪfgɑːd| **1** *noun* 1) անձնական պահակ; թիկնապահ 2) *ամերիկյան* փրկակայանի աշխատող **2** *verb* աշխատել փրկակայանում
lifeless |ˈlʌɪflɪs| *adjective* 1) անկենդան; անկյանք; կենսազուրկ 2) *փոխաբերական* ձանձրալի;

տաղտկալի 3) անշունչ; մեռած

lifelike |ˈlʌɪflʌɪk| *adjective* նման որ կենդանի; նման; իսկ և իսկ

lifeline |ˈlʌɪflʌɪn| *noun* փրկապարան

lifelong |ˈlʌɪflɒŋ| *adjective* մինչև կյանքի վերջը տևող; ցմահ; ամբողջ կյանքի ընթացքում

life preserver *noun* 1) փրկագոտի 2) ձեռնափայտ; մահակ *(մեջը արճիճ լցրած՝ որպես ինքնապաշտպանության միջոց)*

lifer |ˈlʌɪfə| *noun* *ծածկալեզու* ցմահ դատապարտված բանտարկյալ

life-size (նաև **life-sized**) *adjective* բնական մեծությամբ

life support *noun* *բժշկություն* կենսապահովում; կենսագործունեության ապահովում *(սարքավորումների միջոցով)*

lifetime |ˈlʌɪftʌɪm| *noun* կյանք; կյանքի տևողություն ◊ **during one's lifetime** ամբողջ կյանքի ընթացքում; մեկի կենդանության օրոք

lifework *noun* ամբողջ կյանքի ընթացքում կատարվող աշխատանք; գործ, որին ամբողջ կյանքն է նվիրվել

lift |lɪft| **1** *verb* 1) (նաև **lift off, lift up**) բարձրացնել 2) բարձրանալ 3) ցրվել *(մառախուղի և այլնի մասին)* 4) *խոսակցական* գողանալ *(հատկապես անասուններ)* 5) *խոսակցական* գրագողություն անել **2** *noun* 1) բարձրացում; բարձրանալը ◊ **dead lift** ապարդյուն ճիգ *(շատ ծանր բան բարձրացնելիս)* 2) վերելակ 3) ամբարձիչ ուժ 4) բարձրություն; թումբ

give sb a lift 1) մեքենայով մեկին տեղ հասցնել 2) աջակցել; օժանդակել; օգնել 3) *ամերիկյան* տրամադրությունը բարձրացնել

ligament |ˈlɪgəm(ə)nt| *noun* *կազմախոսություն* կապան; լար; ջիլ

ligature |ˈlɪgətʃə| **1** *noun* 1) *բժշկություն* կապ; անոթակապ *(մետաքսաթելից)* 2) *փոխաբերական* կապ 3) *լեզվաբանություն* *տպագրություն* կցագիր; կցատառ; լիգատուրա 4) *երաժշտություն* լեգատո **2** *verb* *բժշկություն* անոթակապ դնել; անոթակապով կապել

light¹ |lʌɪt| **1** *noun* 1) լույս; լուսավորություն; ցերեկվա լույս 2) լույսի աղբյուր *(ճրագ, լապտեր, փարոս և այլն)* 3) կրակ; բոց 4) լուսանցք; պատուհան 5) լուսատու 6) *փոխաբերական* հռչակավոր անձ; նշանավոր դեմք 7) (**lights**) ունակություններ; հնարավորություններ *(մտավոր)* 8) *ծածկալեզու* (**lights**) աչքեր **2** *verb* (անցյալ և անցյալ դերբայ **lit** |lɪt| կամ **lighted**) 1) լուսավորել; լուսավորվել; լույս անել; լույս տալ 2) վառել; վառվել 3) *փոխաբերական* փայլել; պայծառանալ *(աչքերի, դեմքի մասին)* ◊ **light up** 1) սկսել ծխել 2) լույսը վառել **3** *adjective* լուսավոր

according to one's lights իր հնարավորությունների/ընդունակությունների սահմանում

bring to light երևան հանել; մերկացնել *(մեկի արարքը)*

come to light հայտնաբերվել; երևան գալ

floating light լողացող փարոս

give the green light *ամերիկյան* բաց ճանապարհ տալ; ճանապարհը բացել

in a good light լավ լուսավորված տեղում

northern lights, polar lights հյուսիսափայլ

place in the clearest light լուսաբանել ամբողջությամբ *(հարցը/դրությունը/վիճակը)*

see the light 1) ծնվել; լույս աշխարհ գալ; լույս տեսնել; հրատարակվել 2) *ամերիկյան* հասունանալ; հասկանալ ինչն ինչոց է

see the red light *փոխաբերական* վախենալ

shed light լուսաբանել

stand in one's light *փոխաբերական* մեկի լույսի առաջը փակել; մեկի ճանապարհին կանգնել; խանգարել մեկին

strike a light լուցկի վառել

throw light լուսաբանել; լույս սփռել

light² |lʌɪt| *adjective* 1) թեթև; թեթևաբաշ; թեթևակշիռ; սակավարժեք 2) աննշան; չնչին; ոչ կարևոր; նշանակություն չունեցող ◊ **make light of** կարևորություն չտալ; ոչ լուրջ վերաբերվել 3) թեթևամիտ; անհոգ; ուրախ 4) փխրուն *(հողի մասին)*

as light as a butterfly թեթևսոլիկ; անհոգ; անխոհեմ

as light as a feather/thistle-down թեթև, ինչպես փետուր/բմբուլ

light³ |lʌɪt| *verb* (անցյալ և անցյալ դերբայ **lit** |lɪt| կամ **lighted**) 1) (**light down/off**) իջնել; ցած գալ 2) (**light on/upon**) մի բանի վրա իջնել/նստել *(թռչունի, թիթեռի մասին)* 3) անսպասելիորեն մի բանի դիպչել; զարնվել

lighten¹ |ˈlʌɪt(ə)n| *verb* 1) լուսավորել; լուսավորվել 2) պայծառանալ; բացվել; պարզվել 3) փայլել; փայլատակել *(սովորաբար անդեմ)* ◊ **it lightened** կայծակը փայլատակեց

lighten² |ˈlʌɪt(ə)n| *verb* 1) թեթևացնել; դյուրացնել; հեշտացնել 2) մեղմացնել *(պատիժը)* 3) տրամադրությունը բարձրացնել

lighter¹ |ˈlʌɪtə| *noun* 1) (նաև **cigarette lighter**) լուցիչ; վառիչ; վառոց 2) բռնկիչ; խանձ; խալծ; հրանցքն ու խանձը

lighter² |ˈlʌɪtə| **1** *noun* *ծովային* բեռնանավ **2** *verb* փոխադրել բեռնանավով

light-fingered *adjective* 1) ճարպիկ 2) գողաբարո; գող

light-footed *adjective* արագոտն; արագաշարժ; ճարպիկ; ժիր

lightheaded *adjective* 1) դատարկ; թեթևամիտ 2) գլխապտույտ զգացող 3) զառանցող; զառանցանքի մեջ գտնվող

lighthearted *adjective* անհոգ; ուրախ

lighthouse |ˈlʌɪthaʊs| *noun* փարոս

lightning |ˈlʌɪtnɪŋ| **1** *noun* կայծակ ◊ **like lightning** կայծակնային արագությամբ **2** *verb* փայլակներ արձակել **3** *adjective* շատ արագ

lightning bug *noun* լուսատտիկ; կայծոռիկ

lightning rod *noun* շանթարգել

lightship |ˈlʌɪtʃɪp| *noun* լուսացող փարոս

lightsome |ˈlʌɪts(ə)m| *adjective* *բանաստեղծական* 1) թեթև; նազանի; նազելի; վայելչակազմ 2) ուրախ; զվարթ 3) արագաշարժ; ճարպիկ; ժիր

lightweight |ˈlʌɪtweɪt| **1** *noun* 1) միջին բաշից պակաս քաշ ունեցող մարդ 2) *մարզական* թեթևքաշային մարզիկ 3) *փոխաբերական* ոչ լուրջ մարդ; մակերեսային մարդ **2** *adjective* 1) միջին քաշից պակաս քաշ ունեցող; թեթևաքաշ 2) *փոխաբերական* սակավարժեք

lignite |ˈlɪgnʌɪt| *noun* գորշագույն քարածուխ; լիգնիտ

likable |ˈlʌɪkəb(ə)l| (նաև **likeable**) *adjective* հաճելի; դուրեկան; գրավիչ

like[1] |lʌɪk| **1** *preposition* նման; պես **2** *conjunction* *խոսակցական* 1) ինչպես; որպես 2) կարծես; կարծես թե **3** *noun* որևէ նման բան; նմանը ◇ **and the like** և այլն; և նման բաներ. **Did you ever see the like of it?** այդպիսի բան երբևէ տեսե՞լ եք: **Will never do the like again** այդպիսի բան էլ երբեք չեմ անի: **Like cures like** սեպը սեպով են հանում: **4** *adjective* 1) նման; համանման; մոտավորապես ◇ **as like as two peas** մի խնձոր են՝ երկու կես արած. **something like 100 dollars** մոտավորապես 100 դոլար. **what is he like?** ի՞նչ է իրենից ներկայացնում 2) միանման; միատեսակ; հավասար 3) հավանական **5** *adverb* 1) այսպես; այդպես 2) ◇ **very like, like enough** շատ հավանական (է); հնարավոր (է) 3) *ծածկալեզու* այսպես ասած

as like as chalk and cheese բոլորովին տարբեր; լրիվ հակադիր; ընդհանուր ոչինչ չունեցող

Like begets like. *առած* Խնձորը խնձորենուց հեռու չի ընկնում: Պտուղը ծառից հեռու չի ընկնի: Գլորվեց խուփը, գտավ պուտուկը:

like[2] |lʌɪk| **1** *verb* սիրել; հավանել ◇ **I like him** նա ինձ դուր է գալիս. **I should like** ես կուզենայի; կցանկանայի. **as you like** ինչպես կուզեք **2** *noun* (սովորաբար **likes**) համակրանք; համակրություն; հակումներ; սեր

I don't half like it. *խոսակցական* Դա ինձ բոլորովին դուր չի գալիս:

likes and dislikes համակրանք և հակակրանք; բարյացակամություն և թշնամանք

likelihood |ˈlʌɪklɪhʊd| *noun* հավանականություն ◇ **in all likelihood** ամենայն հավանականությամբ

likely |ˈlʌɪkli **1** *adjective* (**likelier**, **likeliest**) 1) հավանական 2) հարմար; ընդունակ; խոստումնալից **2** *adverb* (սովորաբար **most likely, very likely**) հավանաբար ◇ **as likely as not** միանգամայն հավանական (է)

liken |ˈlʌɪk(ə)n| *verb* (**liken to**) համեմատել; նմանություն գտնել; նմանեցնել

likeness |ˈlʌɪknɪs| *noun* 1) նմանություն 2) նմանություն; պատկեր; նկար 3) դեմք; կերպարանք; դիմակ ◇ **in the likeness of a friend** ընկերոջ դիմակի տակ. **in the likeness of a bird** թռչունի կերպարանքով

speaking likeness խոսուն նմանություն; կենդանի դիմանկար; իսկական պատճեն

likewise |ˈlʌɪkwʌɪz| *adverb* նմանապես; նույնպես; նաև

liking |ˈlʌɪkɪŋ| *noun* 1) համակրանք; սեր ◇ **have a liking for children** երեխաներ սիրել 2) հակում; ճաշակ

for one's liking մեկի ճաշակով/սրտով

take a liking/fancy to sb/sth մեկի հետ կապվել/ մտերմանալ; համակրանք զգալ; դուրը գալ

lilac |ˈlʌɪlək| **1** *noun* *բուսաբանություն* յասաման; եղրևանի *(Genus Syringa, ընտանիք Oleaceae)* **2** *adjective* յասամանագույն; բաց մանուշակագույն

Lilliputian |ˌlɪlɪˈpjuːʃ(ə)n| **1** *adjective* շատ փոքր **2** *noun* թզուկ; լիլիպուտ

lilt |lɪlt| **1** *noun* կենսուրախ երգ **2** *verb* աշխույժ և ուրախ երգել

lily |ˈlɪli| *noun* շուշան *(Genus Lilium, ընտանիք Liliaceae)* ◇ **lent lily** դեղին նարգիզ

lily-livered *adjective* վախկոտ; երկչոտ

lily of the valley *noun* հովտաշուշան

lily-white *adjective* շուշանի նման սպիտակ

Lima |ˈliːmə| Լիմա *(Պերուի մայրաքաղաքը)*

limb[1] |lɪm| *noun* 1) վերջույթ; վերջավորություն *(մարմնի)* 2) ճյուղ; ոստ 3) *խոսակցական* չլսող երեխա

limb[2] |lɪm| *noun* 1) սկավառակ *(արևի, լուսնի)* 2) աստիճանաօղակ; լիմբ 3) մանրամաս; դետալ

limber[1] |ˈlɪmbə| **1** *adjective* 1) ճկուն 2) արագաշարժ; ճարպիկ; ժիր **2** *verb* ճկուն դառնալ; ճկունացնել; ճկուն դարձնել

limber[2] |ˈlɪmbə| **1** *noun* *ռազմական* քարշակ *(երկանիվ սայլակ՝ հրետանին տեղափոխելու համար)* **2** *verb* քարշակն ամրացնել հրանոթին

limbo[1] |ˈlɪmbəʊ| *noun* 1) բանտ 2) մոռացում; մոռացության մատնելը 3) *եկեղեցական* դժոխքի նախադուռ

limbo[2] |ˈlɪmbəʊ| **1** *noun* (հոգն. **-bos**) արևմտահնդկական պարի տեսակ **2** *verb* արևմտահնդկական պար պարել

lime[1] |lʌɪm| **1** *noun* (նաև **quicklime**) կիր ◇ **burnt lime** չհանգած կիր. **slack(ed) lime** հանգած կիր **2** *verb* 1) կրով սպիտակեցնել 2) կրով պարարտացնել

lime[2] |lʌɪm| *noun* *բուսաբանություն* կիտրոնի տեսակ *(մանր և կլոր. Citrus aurantifolia, ընտանիք Rutaceae)*

lime[3] |ˈlɪndən| (նաև **lime tree**) *noun* լորի; լորենի; թմբի *(Genus Tilia, ընտանիք Tiliaceae)*

limekiln |ˈlʌɪmkɪln| *noun* կիր այրելու վառարան

limerick |ˈlɪm(ə)rɪk| *noun* մանկական կատակային ոտանավորներ

limestone |ˈlʌɪmstəʊn| *noun* *հանքաբանություն* կրաքար

Limey |ˈlʌɪmi| *noun* (հոգն. **-eys**) *ամերիկյան ծածկալեզու* *արհամարհական* անգլիացի

limit |ˈlɪmɪt| **1** *noun* սահման; ծայր; եզր ◇ **within the limits** սահմաններում **2** *verb* (**limited**, **limiting**) սահմանափակել

limitary |ˈlɪmɪt(ə)ri| *adjective* *հազվադեպ* 1) սահմանափակիչ; սահմանափակող 2) սահմանափակ 3) սահմանային

limitation |lɪmɪˈteɪʃ(ə)n| *noun* 1) սահմանափակում 2) սահմանափակություն 3) սահման; ամենավերջին ժամկետ 4) (**limitations**) պակասություններ; թերություններ

limited |ˈlɪmɪtɪd| *adjective* սահմանափակ

limitless |ˈlɪmɪtlɪs| *adjective* անսահման; անվերջ

limousine |ˈlɪməziːn|, |ˌlɪməˈziːn| *noun* լիմուզին *(փակ ավտոմոբիլի մի տեսակը)*

limp¹ |lɪmp| **1** *verb* կաղալ; կաղալով քայլել; դժվարությամբ շարժվել **2** *noun* կաղություն; կաղալը

limp² |lɪmp| *adjective* 1) փափուկ; կակուղ 2) *փոխաբերական* թույլ; թառամած; թորշոմած

limpid |ˈlɪmpɪd| *adjective* թափանցիկ

Limpopo |lɪmˈpəʊpəʊ| Լիմպոպո *(գետ Աֆրիկայի հարավ-արևելքում)*

limy *adjective* 1) կրային 2) մածուցիկ

linage |ˈlʌɪnɪdʒ| *noun* 1) տողերի քանակը տպագրված էջում 2) տողավարձ; տողահաշիվ վարձատրություն

linchpin |ˈlɪn(t)ʃpɪn| (նաև **lynchpin**) *noun* ճուլկի; բուլիք *(անիվի)*

linden |lɪndən| *noun* *բուսաբանություն* լորի; լորենի; թմբի *(Genus Tilia, ընտանիք Tiliaceae)*

line¹ |lʌɪn| **1** *noun* 1) գիծ; խազ; ուրվագիծ 2) պարան; թոկ; երիզ; ժապավեն; լար 3) ակոս; ծալք; կնճիռ 4) սահմանագիծ; ծայր; սահման ◊ **draw the line at** *փոխաբերական* սահմանն անցկացնել; սահմանը գծել; վերջ/սահման դնել *(մի բանի)* 5) տող ◊ **drop a few lines** մի քանի տող գրել 6) կարթաթել 7) շարք; շարան ◊ **assembly line** հավաքակցման գիծ 8) *ամերիկյան* հերթ; պոչ 9) *ռազմական* ռազմաճակատի գիծ; ծավալված շարք; տողան 10) երկաթուղային/շոգենավային գիծ; ուղեգիծ ◊ **branch line** ճյուղ *(երկաթուղու)* 11) գործելակերպ; վարքագիծ; ուղղություն; դիրքավորում; դիրքորոշում ◊ **take a strong line** եռանդով գործել 12) զբաղմունք; մասնագիտություն ◊ **that is not in my line** դա իմ մասնագիտությունը չէ; ես դրանով չեմ հետաքրքրվում 13) ծագում; ազգակցական գիծ ◊ **male (female) line** ազգակցության արական (իգական) գիծ 14) ոտանավորի տող 15) գծաչափ *(երկարության չափ =1/12 մատնաչափի)* **2** *verb* 1) գիծ քաշել; գծել; տողել 2) շարվել; շարք կազմել 3) շարել 4) (նաև **line up**) երկարությամբ կանգնել/ձգվել 5) ◊ **line through** ջնջել; վրան գիծ քաշել. **line up** հերթի կանգնել; շարվել

all along the line ամեն ինչով; բոլոր կողմերից; ամեն տեսակետից

fall into line *ռազմական* շարք կանգնել

hard lines ծանր փորձություն; դժբախտություն; դառը ճակատագիր

hard lines դժբախտություն; չար բախտ

in line with համաձայն; համապատասխան

keep/take one's own line գնալ իր ճամփով

marriage lines ամուսնության վկայական

on the same line նույն ոգով

throw a good line լինել փորձված/հմուտ ձկնորս

line² |lʌɪn| *verb* 1) աստառ դնել; տակից կցել 2) ներսից կարել 3) լցնել 4) աստառ ծառայել 5) երեսպատել

lineage |ˈlɪnɪɪdʒ| *noun* 1) ծագում; տոհմածառ; տոհմաբանություն 2) տոհմ

lineal |ˈlɪnɪəl| *adjective* 1) գծային; մեկից ուղիղ գծով սերված *(սերունդի մասին)* 2) ժառանգական

lineament |ˈlɪnɪəm(ə)nt| *noun* 1) (*սովորաբար* **pl**) դիմագիծ 2) (*սովորաբար* **pl**) տարբերիչ գիծ

linear |ˈlɪnɪə| *adjective* 1) գծային 2) գծավոր; գծած; տողած 3) նեղ և երկար; գծակերպ

lineman |ˈlʌɪnmən| *noun* (հոգն. **-men**) 1) գծային մոնտյոր *(հեռագրական և հեռախոսային գծերի վրա աշխատող)* 2) երկաթուղային շրջագայող ուղեպահ

linen |ˈlɪnɪn| **1** *noun* 1) *մանածագործություն* քաթան; կտավ 2) սպիտակեղեն **2** *adjective* վուշի; վուշյա

wash one's dirty linen at home ընտանիքի/տան վեճը/անախորժությունը չտարածել/հանրահայտ չդարձնել; վեճը չորս պատի ներսում լուծել

liner¹ |ˈlʌɪnə| *noun* 1) մարդատար շոգենավ 2) երթուղային ինքնաթիռ/նավ

liner² |ˈlʌɪnə| *noun* *տեխնիկական* միջադիր; միջնադրվածք; միջնաշերտ

linger |ˈlɪŋgə| *verb* 1) հարկ եղածից ավելի մնալ; ոտը կախ գցել; վարանել; դանդաղել 2) հապաղել; ուշանալ; ետ ընկնել; ձգձգվել 3) դանդաղ անցնել; ձգձգվել; երկար տևել *(ժամանակի մասին)* 4) (**linger round**) ժամանակ կորցնել մի տեղում 5) (**linger over/upon**) երկար ու բարակ զբաղվել մի բանով; տնտնալ; մլուլ տալ 6) երկարել; ձգձգվել *(հիվանդության մասին)* 7) ողորմելի գոյություն քարշ տալ; խղճուկ կյանք վարել; մի կերպ քարշ գալ

lingerie |ˈlãʒ(ə)ri| *noun* 1) կանացի սպիտակեղեն/ներքնազգեստ 2) մետաքսե կամ քաթանե գործվածքեղեն

lingering |ˈlɪŋgərɪŋ| *adjective* 1) դանդաղկոտ 2) տանջալից 3) երկարատև *(հիվանդության մասին)*

lingo |ˈlɪŋgəʊ| *noun* (հոգն. **-gos** կամ **-goes**) *խոսակցական կատակային* 1) օտար/անհասկանալի լեզու 2) մասնագիտական ժարգոն

lingual |ˈlɪŋgw(ə)l| **1** *adjective* 1) *կազմախոսություն* լեզվի 2) *լեզվաբանություն* լեզվային; լեզվական **2** *noun* *հնչյունաբանություն* լեզվային

linguist |ˈlɪŋgwɪst| *noun* 1) լեզվաբան 2) լեզվագետ

linguistic |lɪŋˈgwɪstɪk| *adjective* 1) լեզվագիտական; լեզվաբանական 2) լեզվական

linguistics |lɪŋˈgwɪstɪks| *plural noun* լեզվաբանություն; լեզվագիտություն

liniment |ˈlɪnɪm(ə)nt| *noun* ջրիկ քսուք՝ մերսելու համար

lining |ˈlʌɪnɪŋ| *noun* 1) աստառ 2) *տեխնիկական* երեսպատում; պաստառում; երեսքաշ; պաստառ

a silver lining հույսի շող

link¹ |lɪŋk| **1** *noun* 1) օղակ; կապակցող օղակ; կապ ◊ **missing link** պակասող օղակ 2) (**links**) շղթաներ; կապանքներ 3) հանգույց; հատ *(գործելիս)* **2** *verb* 1) միացնել; կապել; կապակցել 2) միանալ; կապակցվել; կցվել 3) հարել; մոտ գտնվել; կպած լինել 4) թևանցուկ անել

links in a single chain միևնույն շղթայի օղակներ

One link broken, the whole chain is broken. *առած* Եթե շղթայի մեկ օղակը պոկվի, ամբողջ շղթան կկտրվի: Ճանկիկները որ կոտրվեցին, թոչնակը կորած է:

link² |lɪŋk| *noun* պատմական չափ

links |lɪŋks| *plural noun* գոլֆ խաղալու դաշտ

linnet |ˈlɪnɪt| *noun* կենդանաբանություն կանեփահավ; կանեփահավ *(Genus Acanthis, ընտանիք Fringillidae)*

linoleum |lɪˈnəʊlɪəm| *noun* լինոլեում

Linotype |ˈlʌɪnə(ʊ)tʌɪp| *noun* առևտրանշան տպագրություն լինոտիպ; տողատիպ

linseed |ˈlɪnsiːd| *noun* կտավատի սերմ

linsey-woolsey |ˌlɪnzɪˈwʊlzi| *noun* կիսաբրդյա կոշտ գործվածք

lintel |ˈlɪnt(ə)l| *noun* ճակատաքար; բարավոր *(պատուհանի, դռան)*

liny |ˈlʌɪni| *adjective* (**linier**, **liniest**) *խոսակցական* կնճռոտ; կնճռապատ; ակոսված

lion |ˈlʌɪən| *noun* 1) *կենդանաբանություն* առյուծ *(Panthera leo, ընտանիք Felidae)* 2) (**lions**) տեսարժան վայրեր/բաներ 3) հռչակավոր մարդ; նշանավոր դեմք

great lion հայտնի/հանրաճանաչ/ականավոր/հռչակավոր/նշանավոր մարդ

lion in the path/way *հեգնական* սարսափելի/դժվար խոչընդոտ

lioness *noun* էգ առյուծ

lionhearted *adjective* առյուծասիրտ; քաջ; արի; խիզախ

lip |lɪp| **1** *noun* 1) շրթունք; շուրթ ◇ **stiff upper lip** համառություն; դիմացկունություն; տոկունություն. 2) եզր; կռունկ *(ամանի, վերքի)* 3) *ծածկալեզու* հանդգնություն; անպատկառություն ◇ **none of your lip!** առանց հանդգնության; չկոպտե՛լ **2** *verb* (**lipped**, **lipping**) 1) շուրթերով հպվել; շրթունքները հպել 2) *բանաստեղծական* համբուրել

be on all the lips/on everybody's lips բոլորի խոսակցության առարկան լինել

curl one's lip շրթունքն արհամարհական ծամածռել; բերանն արհամարհանքով ծռել

escape sb's lips բերնից թռցնել; գաղտնիքն ակամայից հայտնել

from the lips outwards ոչ լուրջ; անլրջորեն; կեղծ; կեղծավոր

keep a stiff upper lip քաջություն/կամքի ուժ ցուցաբերել

lick/smack one's lips շուրթը լիզել; կանխազգալ հաճույքը; ախորժակը գրգռվել

ripe lips բալի պես կարմիր շրթունքներ

seal sb's lips ստիպել լռել; լռության կնիք դնել շուրթերին

lipstick |ˈlɪpstɪk| *noun* շրթներկ; շրթանաներկ

liquefy |ˈlɪkwɪfʌɪ| (նաև **liquify**) *verb* (**-fies**, **-fied**) 1) հեղուկացնել 2) հեղուկանալ

liqueur |lɪˈkjʊə| *noun* լիկյոր

liquid |ˈlɪkwɪd| **1** *adjective* 1) հեղուկ; ջրալի; հոսուն 2) ջրի; ջրոտ; ջրագույն; անգույն *(աչքերի մասին)* 3) անկայուն; անհաստատուն 4) սահուն 5) պարզ; վճիտ; հստակ 6) *հնչյունաբանություն* ձայն; ձայնական 7) *տնտեսագիտություն* հեշտ իրացվող; իրացվելի *(ունեցվածքի մասին)* **2** *noun* 1) հեղուկ 2) *հնչյունաբանություն* ձայնական բաղաձայն

liquidate |ˈlɪkwɪdeɪt| *verb* 1) լուծարքի ենթարկել; վերացնել; լուծարել 2) վճարել *(պարտքը)* 3) վերջացնել; վերջ դնել; ազատվել որևէ բանից; վերջ տալ; սպանել; ոչնչացնել

liquidation *noun* 1) պարտքի մարում 2) փոխարկում կանխիկի; կանխիկացում 3) լուծարում 4) վերացում; ոչնչացում

liquor |ˈlɪkə| **1** *noun* 1) խմիչք; ըմպելիք ◇ **hard liquor** ոգելից խմիչք. **in liquor, the worse for liquor** հարբած; խմած 2) խաշու; եփուկ ◇ **meat liquor** մսախաշու; արգանակ 3) լուծույթ **2** *verb* 1) *խոսակցական* (նաև **liquor up**) կոնծել 2) ճարպ քսել *(կաշվի վրա)*

lira |ˈlɪərə| *noun* (հոգն. **lire** |ˈlɪərə|, |ˈlɪəreɪ|, |ˈlɪəri|) լիրա *(իտալական և թուրքական դրամական միավոր)*

Lisbon |ˈlɪzbən| Լիսաբոն *(Պորտուգալիայի մայրաքաղաքը)*

lisp |lɪsp| **1** *noun* 1) շվշվախոսություն; սվսվախոսություն 2) խշշոց; շրշյուն **2** *verb* 1) շվշվոցով խոսել; շշախոսել 2) թոթովել *(երեխաների մասին)*

lissome |ˈlɪs(ə)m| (նաև **lissom**) *adjective* 1) ճկուն 2) ժիր; արագաշարժ

list¹ |lɪst| **1** *noun* 1) ցուցակ; ցանկ ◇ **retired list** ծառայությունից արձակված սպաների ցուցակ. **duty list** հերթապահության ցուցակ *(հերթապահների)*. **subscription list** բաժանորդագրության ցուցակ; հանգանակաթերթ 2) ծայր; եզրակտոր; նեղ եզրազարդ 3) (**lists**) պայքարի ասպարեզ 4) *պատմական* մարտախաղի հրապարակ **2** *verb* ցուցակի մեջ մտցնել; ցուցակագրել; թվարկել; թվել

list² |lɪst| **1** *verb* կողքի թեքվել *(նավի մասին)* **2** *noun* կողքի թեքվելը

list³ *հնացած* **1** *noun* ցանկություն; հակում **2** *verb* *հնացած* ցանկանալ; ուզենալ

listen |ˈlɪs(ə)n| **1** *verb* 1) լսել; ունկնդրել; ականջ դնել; ականջ անել 2) ուշադրությամբ լսել 3) հնազանդվել; անսալ; զիջել; ենթարկվել **2** *noun* ունկնդրում

listen in 1) գաղտնի լսել; ականջ դնել 2) ռադիո լսել

listener |ˈlɪs(ə)nə| *noun* 1) լսող; ունկնդիր 2) *ռազմական* լսորդ; ձայնորսիչ

listless |ˈlɪs(t)lɪs| *adjective* անտարբեր

liter |ˈliːtə| (բրիտանական **litre**) (հապվ. **l**) *noun* լիտր

literacy |ˈlɪt(ə)rəsi| *noun* գրագիտություն

literal |ˈlɪt(ə)r(ə)l| **1** *adjective* 1) ուղիղ; ճշգրիտ; տառացի 2) բառացի; բառ առ բառ 3) տառի; տառային 4) չոր; բծախնդիր *(մարդու մասին)* **2** *noun* *տպագրություն* վրիպակ

literally |ˈlɪt(ə)rəli| *adverb* տառացիորեն; բառացիորեն

literary |ˈlɪt(ə)(rə)ri| *adjective* 1) գրական 2) գրքային ոճի

literate |ˈlɪt(ə)rət| **1** *adjective* գրագետ; կարդացած; կրթված **2** *noun* գրագետ կամ կարդացած մարդ

literature |ˈlɪt(ə)rətʃə| *noun* գրականություն

lithe |lʌɪð| (նաև **lithesome**) *adjective* ճկուն

lithograph |ˈlɪθəgrɑːf|, |ˈlaɪ-| **1** *noun տպագրություն* վիմագրություն; վիմագրական արտատպություն **2** *verb* վիմագրել; վիմագրության միջոցով տպել

lithography |lɪˈθɒgrəfi| *noun տպագրություն* վիմագրություն; վիմատպություն

Lithuania |ˌlɪθ(j)uːˈeɪnɪə| Լիտվա *(պետություն Բալթիկ ծովի ափին)*

Lithuanian |lɪθjʊˈeɪnɪən|, |lɪθʊ-| **1** *adjective* լիտվական **2** *noun* 1) լիտվացի 2) լիտվերեն

litigant |ˈlɪtɪg(ə)nt| **1** *noun* կողմ *(դատական պրոցեսում)* **2** *adjective* *հնացած* ընդգրկված *(դատական պրոցեսում)*

litigate |ˈlɪtɪgeɪt| *verb* 1) դատավիճել; դատի մեջ մտնել; մեկի դեմ դատ բացել/սկսել 2) վիճարկել *(դատարանում)*

litigation *noun* դատավեճ; վեճ; դատական գործ

litigious |lɪˈtɪdʒəs| *adjective* դատամոլական; հայցամոլական

litmus |ˈlɪtməs| *noun քիմիա* լակմուս

litotes |laɪˈtəʊtiːz| *noun ճարտասանություն* հակադարձի բացասում *(խոսքի դարձված, երբ պնդումը ներկայացվում է որպես հակադարձի բացասում. օրինակ՝ փոխանակ ասելու «Նա հետաքրքրված է», ասվում է՝ «Նա անտարբեր չէ»)*

litter |ˈlɪtə| **1** *noun* 1) *գյուղատնտեսություն* գոմաղբ; ծղոտ; ծղոտ; ցամքար; ցամքարա 2) պատգարակ; դեսպակ; գահավորակ 3) կեղտոտություն; աղբ; անկարգություն; թափթփված իրեր 4) ծին; ձագ *(շան ձագերի, խոճկորների և այլն)* 5) *պատմական* պատգարակ **2** *verb* 1) կեղտոտել; դեսուդեն գցել; շաղ տալ 2) (նաև **litter down**) տակը ծղոտ փռել 3) ծնել; լակոտներ/ձագեր ծնել

little |ˈlɪt(ə)l| **1** *adjective* 1) պստիկ; փոքրիկ; չնչին; ոչ մեծ 2) աննշան; ոչ էական 3) մանր; ստոր; մանրախնդիր; սահմանափակ **2** *adjective, pronoun* քիչ բան; ինչ-որ բան; որոշ բան; փոքր/աննշան քանակություն ◇ **a little** մի քիչ. **not a little** ոչ քիչ; շատ. **little or nothing** ոչինչ. **he did what little he could** նա արեց այն քիչը, որ նրա ձեռքից գալիս էր. **after a little** մի քիչ հետո. **for a little** կարճ ժամանակով. **little by little** կամաց-կամաց; քիչ-քիչ; աստիճանաբար. **in little** փոքր մասշտաբով; փոքրածավալ; խիստ փոքրացրած վիճակում; փոքրապատկեր **3** *adverb* (**less**, **least**) 1) քիչ; ոչ շատ 2) ամենևին ◇ **he little knows** նա ամենևին/բոլորովին չգիտի

the little ones երեխաները; ձագուկները; ճուտերը

Little Ararat Փոքր Արարատ; Սիս *(լեռնագագաթ Հայկական լեռնաշխարհում)*

Little Bear *աստղագիտություն* Փոքր Արջ *(համաստեղություն)*

littleness *noun* 1) աննշանություն; չնչին քանակություն 2) մանրություն; սահմանափակություն

littoral |ˈlɪt(ə)r(ə)l| **1** *adjective* առափնյա; մերձափնյա; ծովափնյա **2** *noun* ափ; ծովափ; ծովափնյա շրջան

liturgy |ˈlɪtədʒi| *noun* (հոգն. **-gies**) *եկեղեցական* 1) պատարագ; եկեղեցական ծես 2) ծիսակարգ 3) ծիսակատարություն

livable |ˈlɪvəb(ə)l| (նաև **liveable**) *adjective* 1) բնակելի; ապրելու համար հարմար/պիտանի 2) տանելի; հանդուրժելի 3) հաշտանկյաց; յոլա գնացող; մարդամոտ

live[1] |lɪv| *verb* ապրել; գոյություն ունենալ; լինել; բնակվել; կենդանի մնալ ◇ **live to be old** ապրել մինչև ծերություն. **live high** լայն ու փարթամ ապրել; ճոխ կյանք վարել • **live by** ապրել *(մի բանով)* **live by one's labour** իր աշխատանքով/քրտինքով ապրել **live on** ապրել/սնվել որևէ բանով **live on vegetables** բանջարեղենով սնվել **live out** կենդանի մնալ; ողջ մնալ; ապրել **live up to** ապրել մի բանի համաձայն *(սկզբունքների, համոզմունքների և այլն)*

Live and learn. *առած* Քանի ապրես՝ այնքան պիտի սովորես:

Live not to eat, but eat to live. *առած* Ոչ թե ապրիր ուտելու համար, այլ կե՛ր ապրելու համար:

live on air/nothing *ամերիկյան* օդով սնվել; երկնային մանանայով կերակրվել

Long live...! Կեցցե՛:

where one lives մինչև սիրտը/հոգին

live[2] |laɪv| **1** *adjective* 1) կենդանի; ողջ 2) իսկական; այժմեական; հրատապ; կենսական նշանակություն ունեցող *(հարց, խնդիր)* 3) կենդանի; ուղիղ *(կատարում, ելույթ, համերգ)* 4) եռանդուն; ջերմ; կայտառ; վառվռուն; աշխույժ 5) անշեջ; վառ; չմարած 6) վառ; պայծառ *(գույների մասին)* 7) գործող; չպայթած; լիցքավորված; չօգտագործված **2** *adverb* ուղիղ եթերով/հեռարձակմամբ

livelihood |ˈlaɪvlɪhʊd| *noun* ապրելամիջոց; ապրուստ ◇ **pick up a livelihood** ապրուստ հայթայթել

livelong |ˈlɪvlɒŋ| *adjective բանաստեղծական* ամբողջ; ողջ *(օրվա, գիշերվա, տարվա մասին)*

lively |ˈlaɪvli| *adjective* (**livelier**, **liveliest**) 1) կենդանի; աշխույժ; ուրախ; կայտառ; զվարթ 2) ուժեղ; վառ *(ներկայացրության, տպավորության և այլնի մասին)* 3) *խոսակցական* դժվար; թեժ ◇ **make things lively for somebody** մեկին դժվար/անախորժ վիճակի մեջ դնել

liven |ˈlaɪv(ə)n| *verb* (նաև **liven up**) կենդանացնել; կենդանանալ

live oak *noun բուսաբանություն* սև կաղնի *(ամերիկյան մշտադալար ծառ. Quercus virginiana, ընտանիք Fagaceae)*

liver[1] |ˌlɪvə| *noun* 1) *կազմախոսություն* լյարդ 2) լյարդ *(կենդանիների լյարդից կերակուր)*

white liver վախկոտություն; փոքրոգություն

liver[2] |ˌlɪvə| *noun* ◇ **good liver** ճոխ կյանք վարող մարդ; ուտող-խմող մարդ. **free liver** իր հաճույքներով ապրող մարդ. **a close liver** ժլատ մարդ

liveried *adjective* սպասազգեստով; լիվրե հագած

Liverpool |ˈlɪvəpuːl| Լիվերպուլ *(քաղաք Անգլիայում)*

livery[1] |ˈlɪv(ə)ri| *noun* (հոգն. **-eries**) 1) սպասազգեստ; լիվրե 2) գիլդիայի անդամի զգեստ 3) *փոխաբերական* շքեղ հագուստ; ծածկույթ ◇ **winter livery of birds** թռչունների ձմեռային փետրավորումը 4) կերակրում; կերակրելը *(ձիերի)* ◇ **at livery** վճարովի ախոռում *(ձիու մասին)*

livery² |ˈlɪvəri| *adjective* 1) լյարդանման 2) մաղձոտ

livestock |ˈlʌɪvstɒk| *noun* ընտանի անասուններ; անասունների գլխաքանակ

livid |ˈlɪvɪd| *adjective* 1) գորշ; կապտագույն; կապարագույն 2) կապտած; գունաթափ; մեռելագույն *(դեմքի մասին)*

living |ˈlɪvɪŋ| **1** *noun* 1) կյանք; ապրելակերպ; կենցաղ ◇ **high living** լայն ու փարթամ կյանք. **plain living** պարզ/համեստ կյանք. **living conditions** կյանքի պայմաններ 2) ապրուստ ◇ **make/earn one's living** ապրուստ հայթայթել **2** *adjective* 1) կենդանի; ապրող; ժամանակակից 2) շատ նման; կենդանի պատկեր

living room *noun* ընդհանուր սենյակ; հյուրասենյակ

lizard |ˈlɪzəd| *noun* *կենդանաբանություն* մողես *(ենթակարգ Lacertilia (կամ Sauria), կարգ Squamata)*
lounge lizard *ծածկալեզու* կնամոլ; կնասեր

llama |ˈlɑːmə| *noun* *կենդանաբանություն* լամա; ուղտայծ *(Lama glama, ընտանիք Camelidae)*

load |ləʊd| **1** *noun* 1) բեռ; բեռնվածություն 2) *փոխաբերական* ծանր բեռ; ծանրություն ◇ **dead load** *օդագնացություն* անշարժ ծանրություն; տարա; աքրա; սեփական քաշ 3) *ռազմական* լից; լիցք 4) *խոսակցական* (**loads of**) շատություն; առատություն **2** *verb* 1) բեռնել; բարձել 2) *փոխաբերական* ծանրաբեռնել; ճանրություն պատճառել; ճնշել 3) առատորեն տեղալ; պարգևել; շնորհել *(նվերներ, գովասանք և այլն)* 4) լցնել; լիցքավորել *(զենքը)* 5) մտցնել *(գործիքի մեջ)*

loader |ˈləʊdə| *noun* 1) բեռնիչ; բարձիչ *(բանվոր)* 2) բեռնելու հարմարանք 3) *ռազմական* լցնող; լիցքավորող

loading |ˈləʊdɪŋ| **1** *noun* 1) բեռնում; բեռնելը; բարձում; բարձելը 2) բեռ; ծանրություն 3) լցնելը; լիցք տալը; լիցքավորում; լիցք **2** *adjective* բեռնավորվող; լցվող *(զենքի, մեքենայի և այլնի մասին)*

loaf¹ |ləʊf| *noun* (հոգն. **loaves** |ləʊvz|) 1) բոքոն *(հաց)* ◇ **the loaf** հաց 2) բուլկի 3) (նաև **sugarloaf**) շաքարի գլուխ 4) կաղամբի գլուխ 5) *ծածկալեզու* գլուխ

loaf² |ləʊf| **1** *verb* 1) պարապ-սարապ ման գալ 2) թափառել, թրև գալ **2** *noun* դատարկապորտություն

loafer |ˈləʊfə| *noun* դատարկապորտ մարդ

loam |ləʊm| *noun* 1) պարարտ/արգավանդ կավահող ◇ **clay loam** կավավազահող. **sandy loam** ավազահող 2) կաղապարման կավ; կաղապարակավ

loan |ləʊn| **1** *noun* 1) փոխառություն ◇ **on loan** փոխարինաբար. **state loan** պետական փոխառություն. **domestic loan** ներքին փոխառություն 2) փոխառություն; փոխ առնելը *(բառերի, սովորույթների մասին)* **2** *verb* 1) փոխառություն տալ; փոխ տալ 2) փոխ առնել; փոխառություն կատարել; վարկ վերցնել; պարտք անել

loan translation *noun* *լեզվաբանություն* պատճենավորում; պատճենում

loanword |ˈləʊnwəːd| *noun* *լեզվաբանություն* փոխառված բառ. փոխառություն

loath |ləʊθ| (նաև **loth**) *adjective* անտրամադիր; չցանկացող; անհոժար; դժկամ ◇ **be loath** չցանկանալ. **nothing loath** սիրով; ուրախությամբ

loathe |ləʊð| *verb* 1) զզվանք զգալ 2) *խոսակցական* չսիրել; ատել

loathsome |ˈləʊðs(ə)m| *adjective* զզվելի; նողկալի

lob |lɒb| **1** *verb* (**lobbed**, **lobbing**) 1) դժվարությամբ քայլել; անշնորհք կերպով քայլելվազել 2) գնդակը նետել մեծ աղեղով *(խաղերի ժամանակ, հատկապես թենիսում)* **2** *noun* գնդակի նետում բարձր աղեղով

lobby |ˈlɒbi| **1** *noun* (հոգն. **-bies**) 1) նախասենյակ; նախասրահ; կողասրահ; միջանցք 2) *քաղաքականություն* շահախումբ 3) կուլուարներ; պառլամենտական միջավայր **2** *verb* (**-bies**, **-bied**) *խոսակցական* ազդել օրենսդիր մարմնի անդամների վրա

lobbyist *noun* շահախմբի անդամ

lobe |ləʊb| *noun* *կազմախոսություն* բլթակ; բլիթ; բույթ ◇ **lobe of the ear** ականջաբլթակ. **lobe of the lung** թոքի բույթ

lobster |ˈlɒbstə| **1** *noun* *կենդանաբանություն* օմար; ծովախեցգետին *(Homarus և այլ տեսակներ, դաս Malacostraca)* ◇ **red as a lobster** խեցգետնի նման կարմիր **2** *verb* օմար/ծովախեցգետին որսալ

local |ˈləʊk(ə)l| **1** *adjective* 1) տեղական; տեղային 2) (*սովորաբար* **quite local, very local**) քիչ տարածված կամ տեղ-տեղ հանդիպող **2** *noun* 1) արվարձանային գնացք 2) տեղացի; տվյալ վայրի բնակիչ 3) կուսակցական կամ արհմիութենական տեղական կազմակերպություն 4) տեղական լուրեր *(լրագրում)* 5) *խոսակցական* տեղական պանդոկ

locale |ləʊˈkɑːl| *noun* վայր; տեղ *(գործողության)*

localism |ˈləʊk(ə)lɪz(ə)m| *noun* 1) տեղայնն/նեղ հայրենասիրություն; տեղական շահեր 2) *լեզվաբանություն* գավառաբանություն

locality |lə(ʊ)ˈkælɪti| *noun* (հոգն. **-ties**) 1) տեղ; վայր; տեղանք; տեղադրություն 2) բնակավայր 3) (*սովորաբար* **pl**) շրջակայք 4) տեղանքում կողմնորոշվելու ընդունակություն

localize |ˈləʊk(ə)lʌɪz| *verb* 1) տարածումը սահմանափակել; տեղափակել; մեկուսացնել ◇ **localize the disease** տեղայնացնել հիվանդությունը 2) տեղորոշել; գտնված տեղը որոշել; որոշակի տեղի հետ կապել; ծագումը որոշել

locally *adverb* 1) որոշակի վայրում 2) տեղային կերպով

locate |lə(ʊ)ˈkeɪt| *verb* 1) տեղավորել; բնակեցնել ◇ **be locateed (in)** բնակվել; տեղավորված լինել 2) տեղը հայտնաբերել; տեղը որոշել; տեղորոշել

location |lə(ʊ)ˈkeɪʃ(ə)n| *noun* 1) տեղադրություն; դիրք; տեղանք 2) տեղավորում; բնակեցում 3) տեղի հայտնաբերում/որոշում

locative |ˈlɒkətɪv| *քերականություն* **1** *adjective* ներգոյական *(հոլովի մասին)* **2** *noun* ներգոյական հոլով

loch |lɒk|, |lɒx| *noun* *շոտլանդական* լիճ; ծոց; ծովախորշ

Loch Ness |lɒk nɛs| Լոխ Նես *(լիճ Շոտլանդիայում)*

lock¹ |lɒk| **1** *noun* 1) կողպեք; փակ; փականք ◊ **Yale lock** ամերիկյան կողպեք 2) հրահան; փականակ *(հրացանի)* 3) ջրարգելակ; ամբարտակ 4) խռնվածք; խռնում; կուտակ *(փողոցային երթևեկության)* 5) *տեխնիկական* կասեցուցիչ; կանգնեցնող հարմարանք **2** *verb* 1) փակել; կողպել 2) փակվել; կողպվել 3) միացնել; միանալ; շղթայակցել; շղթայակցվել 4) սահմանափակել ◊ **lock in/into** կողպել; փակել մեկի վրա; սեղմել. **lock out** i) փակել *(մեկի առաջ)* ii) մեկուսացնել; լոկաուտ հայտարարել. **lock up** փակել; թաքցնել *(փաստերը և այլն)*

trick lock գաղտնի կողպեք *(տպատառով)*

under lock and key կողպեքի/փականքի տակ; վրան փակ դրած

lock² |lɒk| *noun* 1) խոպոպ 2) փունջ *(մազի, բրդի)* 3) (**locks**) մազեր

locker |ˈlɒkə| *noun* կողպվող պահարան/արկղ/դարակ

Davy Jones's locker *խոսակցական* ծովային գերեզման

locket |ˈlɒkɪt| *noun* մեդալիոն

locksmith |ˈlɒksmɪθ| *noun* փականագործ

lockstitch *noun* մեքենայի կար; մեքենակար

lockup *noun* 1) աշխատանքի/պարապմունքների ավարտման ժամ *(հիմնարկներում, դպրոցներում)* 2) խանութների փակվելու ժամ 3) մեռյալ կապիտալ 4) կալանավորման սենյակ 5) *խոսակցական* բանտ

locomotion |ləʊkəˈməʊʃ(ə)n| *noun* տեղաշարժում; տեղափոխություն

locomotive |ləʊkəˈməʊtɪv| **1** *noun* շոգեքարշ; ջերմաքարշ; էլեկտրաքարշ; լոկոմոտիվ **2** *adjective* շարժիչ; շարժվող

locum tenens |ˌləʊkəm ˈtiːnɛnz|, |ˈtɛn-| *noun* (հոգն. **locum tenentes** |tɪˈnɛntiːz|, |tɛ-|) ժամանակավոր պաշտոնակատար

locust |ˈləʊkəst| *noun* կենդանաբանություն մորեխ; ծղրիդ *(ընտանիք Acrididae)*

locution |ləˈkjuːʃ(ə)n| *noun* լեզվաբանություն դարձվածք; իդիոմ; կայուն կապակցություն

lode |ləʊd| *noun* 1) *հանքաբանություն* երակ *(հանքանյութի)* 2) հանքաշերտ

lodestar |ˈləʊdstɑː| *noun* 1) *աստղագիտություն* Բևեռային աստղ 2) *փոխաբերական* ուղեցույց աստղ

lodge |lɒdʒ| **1** *noun* 1) տնակ; պահատնակ; դռնապանի/բարապանի տեղը; բնակարան 2) *ամերիկյան* հնդկացիների վրան; վիգվամ 3) մասոնական ժողովարան/օթյակ 4) բույն; որջ **2** *verb* 1) տեղավորել; բնակեցնել; ապաստարան տալ 2) դնել; տեղավորել 3) մխվել; խրվել-մնալ *(գնդակի մասին)* 4) տեղավորվել; ժամանակավոր բնակվել; վարձով ապրել 5) տալ *(դիմում, գանգատ)* 6) ◊ **lodge power with somebody** մեկին իշխանությամբ օժտել 7) գետնին կպցնել/պառկեցնել; քամուց/անձրևից պառկել *(հացաբույսերի մասին)* ◊ **lodge in the memory** հիշողության մեջ տպավորվել

lodger |ˈlɒdʒə| *noun* տնվոր; կենվոր

lodging |ˈlɒdʒɪŋ| *noun* 1) կացարան 2) (**lodgings**) բնակարան; սենյակներ; սենյակ *(վարձված)* ◊ **dry lodging** վարձու սենյակ՝ առանց սննդի

lodging house *noun* կահավորված սենյակներ *(վարձու)*

lodgment |ˈlɒdʒm(ə)nt| (նաև **lodgement**) *noun* 1) կացարան; բնակարան; ապաստարան 2) կայուն վիճակ; նեցուկ; հենարան 3) կուտակում; կուտակ 4) *ռազմական* դիրքերի գրավում ◊ **find a lodgment** տեղավորվել; հաստատվել

loess |ˈləʊɪs|, |ləːs| *noun* երկրաբանություն լյոս *(հողատեսակ)*

loft |lɒft| **1** *noun* 1) ձեղնահարկ 2) (նաև **hay loft**) խոտանոց 3) աղավնատուն 4) վերնասրահ; դաս *(երգչախմբի տեղը եկեղեցում)* 5) վերնահարկ; վերնասրահ *(վաճառատան)* 6) հարված դեպի վեր *(գոլֆում)* **2** *verb* 1) աղավնիներ պահել 2) գնդակը վեր նետել *(գոլֆ խաղալիս)*

lofty |ˈlɒfti| *adjective* (**loftier**, **loftiest**) 1) շատ բարձր 2) *փոխաբերական* վեհ; վսեմ 3) բարձրամիտ; գոռոզ 4) վեհ; գեղահասակ; վայելչակազմ

log¹ |lɒg| **1** *noun* 1) գերան; կոճղ; քոթուկ 2) *ծովային* լագ 3) նավի մատյան **2** *verb* (**logged**, **logging**) 1) գերան կտրել 2) *ծովային* նավի մատյանում գրանցել ◊ **log off** արմատահանել; արմատախիլ անել

Roll my log and I'll roll yours. Դու ինձ, ես՝ քեզ: Ձեռքը ձեռք է լվանում:

split the log *ամերիկյան* բացատրել ինչ-որ բան; բուն էությունը մեջտեղ հանել

stand to one's lick log *ամերիկյան* չշեղվել; խույս չտալ; ցուցաբերել վճռականություն/հաստատակամություն

log² |lɒg| *noun* (**logarithm**) լոգարիթմ

Logan, Mount |ˈləʊg(ə)n| Լոգան *(լեռնագագաթ Կանադայի արևմուտքում)*

logarithm |ˈlɒgərɪð(ə)m|, |-rɪθ-| (հպվ. **log**) *noun* *մաթեմատիկա* լոգարիթմ

logbook |ˈlɒgbʊk| *noun* 1) նավի մատյան 2) տեղեկամատյան *(ինքնաթիռի, ավտոմեքենայի)*

logger |ˈlɒgə| *noun* *ամերիկյան* անտառահատ

loggerhead |ˈlɒgəhɛd| *noun* 1) չափից դուրս մեծ գլուխ 2) մեծ գլխով թռչուն 3) *հնացած* տխմար; հիմար

be at loggerheads կռվել; գժտվել

fall to loggerheads ծեծկռտվել

logging |ˈlɒgɪŋ| *noun* 1) փայտամթերում 2) տե՛ս **logrolling**

logic |ˈlɒdʒɪk| *noun* տրամաբանություն

logical |ˈlɒdʒɪk(ə)l| *adjective* 1) տրամաբանական; տրամաբանության 2) հետևողական; տրամաբանական 3) ողջամիտ

logo |ˈlɒgəʊ|, |ˈləʊgəʊ| *noun* (հոգն. **-gos**) *համակարգիչներ* պատկերանիշ

logrolling |ˈlɒgrəʊlɪŋ| *noun* *ամերիկյան* 1) գերանների գլորում 2) փախադարձ ծառայություն *(քաղաքականության մեջ)* 3) փոխադարձ գովաբանություն

loin |lɔɪn| *noun* 1) (**loins**) գոտկատեղ 2) սուկի *(ողնաշարի անասնակր միս)*

gird up one's loins պատրաստվել ճամփորդության կամ որևէ լուրջ քայլ անելու

loincloth |ˈlɔɪnklɒθ| *noun* 1) ազդրերը ծածկող փաթաթաշոր; ազդրաշոր 2) կիսավարտիք

loiter |ˈlɔɪtə| *verb* 1) դատարկ պտտել; պարապ-սարապ ման գալ 2) ուշանալ; ճապաղել; դանդաղել; ետ մնալ

loll |lɒl| *verb* 1) փռված նստել; մեկնվել; ձգվել; ծույլ-ծույլ կանգնել 2) (lollout) լեզուն դուրս հանել 3) դուրս կախվել *(լեզվի մասին)*

lollipop |ˈlɒlɪpɒp| *noun* (*սովորաբար* pl) սառնաշաքար; կոնֆետ *(փայտիկի վրա)*

Lomé |ˈləʊmeɪ| Լոմե *(Տոգոյի մայրաքաղաքը)*

London |ˈlʌndən| Լոնդոն *(Միացյալ Թագավորության մայրաքաղաքը)*

Londoner *noun* Լոնդոն քաղաքի բնակիչ; լոնդոնցի

lone *adjective* 1) մենակ; միայնակ; մենավոր 2) *կատակային* չամուսնացած 3) առանձնացած; մեկուսացած

lonely |ˈləʊnli| *adjective* (-lier, -liest) 1) մենակ; միայնակ; մենավոր; մեկուսի 2) առանձնացած; անբնակ; անմարդաբնակ; ամայի

lonesome |ˈləʊns(ə)m| *adjective* 1) մենակ; թախծոտ; վշտահար 2) թախծաբեր; տխրաբեր

by/on one's lonesome միայնության մեջ; մենակ; առանց որևէ մեկի օգնության

Lone Star State Միայնակ Աստղի նահանգ *(ԱՄՆ-ի Տեխաս նահանգի մականունը)*

long[1] |lɒŋ| **1** *adjective* (longer |ˈlɒŋgə|, longest |ˈlɒŋgɪst|) 1) երկար 2) երկարատև 3) որոշ երկարության ◊ a mile long մի մղոն երկարությամբ 4) որոշ տևողության ◊ an hour long մի ժամվա տևողությամբ 5) դանդաղ; դանդաղաշարժ ◊ he is very long in coming նա շատ է ուշանում. how long you are! ի՜նչ ծանր ես շարժվում 6) երկարատև **2** *noun* 1) երկար ժամանակամիջոց ◊ before long շուտով; շատ չանցած. for long երկար ժամանակով. will not take long երկար չի տևի; շատ ժամանակ չի խլի. it is long since վաղուց է, որ... 2) *հնչյունաբանություն* երկար ձայնավոր; երկար վանկ **3** *adverb* 1) երկար ժամանակ; երկար ժամանակով ◊ long live... կեցցե՜... 2) վաղուց ◊ long after շատ ժամանակ անցնելուց հետո; երկար ժամանակ անց. long before շատ առաջ. long ago, long since վաղուց ի վեր

as long as 1) առայժմ; մինչև այն ժամանակ, քանի 2) այնպես, ինչպես; եթե; որքան որ; քանի որ

as long as one's arm թևի երկարության չափով

long Eliza կապտանկերմակ չինական ծաղկաման *(որի վրա պատկերված է բարձրահասակ կնոջ մարմին)*

long-term երկարաժամկետ

so long *խոսակցական* ցտեսություն

take long երկար տևել; շատ երկար ժամանակ հատկացնել

The long and the short of it.../On the short and the long of it... Կարճ ասած...; Մի խոսքով....

long[2] |lɒŋ| *verb* 1) (long for/to) բուռն կերպով ցանկանալ; փափագել; ձգտել 2) կարոտել; կարոտ քաշել; կարոտ զգալ

longbow |ˈlɒŋbəʊ| *noun* մեծ աղեղ *(զենք)*

draw/pull the longbow չեղած բան պատմել; չափազանցել

long-drawn (*նաև* long-drawn-out) *adjective* չափազանց ձգձգված

longe |lʌn(d)ʒ| (*նաև* lunge) **1** *noun* 1) սանձապարան 2) ձիամարզարան **2** *verb* (longeing) սանձապարանով քշել *(ձին)*

longevity |lɒnˈdʒevɪti| *noun* երկարակեցություն

long-headed *adjective* խորաթափանց; խորամանկ

longing |ˈlɒŋɪŋ| **1** *noun* (longing for) բուռն ցանկություն; ձգտում **2** *adjective* բուռն կերպով ցանկացող; փափագող

longitude |ˈlɒn(d)ʒɪtjuːd|, |ˈlɒŋgɪ-| *noun* *աշխարհագրություն* երկայնության աստիճան; երկայնություն

longitudinal |ˌlɒndʒɪˈtjuːdɪn(ə)l|, |ˌlɒŋgɪ-| *adjective* 1) երկայնակի; երկայնական 2) *աշխարհագրություն* երկայնության աստիճանին վերաբերող; երկայնության

long jump *noun մարզական* թռիչք երկարություն

long-lived *adjective* երկարակյաց; երկարատև

long-range *adjective* հեռավոր գործողության; հեռուն հասնող; հեռավոր; հեռահար; հեռաձիգ *(հրետանու մասին)*

longshoreman |ˈlɒŋʃɔːmən| *noun* (*հոգն.* -men) 1) նավահանգստային բեռնիչ 2) մերձափնյա ձկնորս

longsighted *adjective* 1) հեռատես 2) *փոխաբերական* հեռատես; կանխատես

long-standing (*նաև* longstanding) *adjective* վաղուցվա; վաղեմի; հին

long-suffering **1** *adjective* բազմաչարչար **2** *noun* համբերատարություն

longwise (*նաև* longways) *adverb* երկարությամբ; երկայնքով

loo |luː| *noun բրիտանական խոսակցական* զուգարան

loofah |ˈluːfə| (*նաև* loofa *կամ* luffa) *noun բուսաբանություն* լուֆա *(դդմազգիների ընտանիքին պատկանող բույս. Luffa cylindrica, ընտանիք Cucurbitaceae)*

look |lʊk| **1** *verb* 1) նայել 2) *փոխաբերական* ուշադիր լինել; հետևել ◊ look sharp! աչալուրջ եղի՛ր; աչքերդ լայն բաց արա՛; զգույշ եղի՛ր 3) տեսք ունենալ ◊ look like նման լինել. look oneself again ուշքի գալ; իրեն տիրապետել; նախկին տեսքն ընդունել. that looks heavy ծանր է երևում. it would look as if... թվում է, թե; կարծես թե 4) (look into/onto) նայել; դարձած լինել *(սենյակի, պատուհանների մասին)* • **look about** ես-սուրդն նայել; շուրջը դիտել; որոնել **look after** i) հետևել մի բանի; հոգ տանել; խնամել ii) աչքերով ուղեկցել; հետևից նայել **look at** նայել մի բանի; դիտել; ուշադրություն դարձնել **look down on** i) վերևից նայել ii) արհամարհել **look for** փնտրել; ակնկալել **look forward** ակնկալել; կանխավայելել **look in** անցնել; այցելել; անցողակի մտնել **look into** i) մի բանի մեջ նայել ii) զննել; ուսումնասիրել *(հարց և այլն)* **look on** դիտել; միայն դիտողի դերում լինել **look out** i) զգուշանալ; զգույշ լինել ii) նայել; դարձած լինել *(պատուհանների և այլնի մասին)* **look over** i) աչքի անցկացնել ii) բաց թողնել; չնկատել **look round** i) շուրջը նայել ii) ամեն ինչի մասին կանխապես մտածել **look through** i) աչքի անցկացնել ii) *փոխաբերական* մեկի ամբողջ ներքինը տեսնել; մեկի ամբողջ էության մեջ թափանցել **look to** i) հոգ տանել; հետևել ii) հույս դնել; հույս ունենալ **look up** i) վեր նայել ii) փնտրել **look one up and down** մեկին ոտքից գլուխ զննել. **look up to somebody** մեկին հարգել; հարգանքով վերաբերվել **look upon** i) համարել *(մեկին մի բան)* ii) դիտել որպես *(մի բան)* **2** *noun* 1) հայացք; նայվածք ◇ **a blank look** անմիտ/իմաստազուրկ/մտազուրկ հայացք. **a longing look** կարոտալից հայացք. **give a look** նայել; հայացք ձգել; ակնարկ նետել. **give a look in** անցնել; այցելել; անցողակի մտնել. **have a look at** նայել; մի ակնարկ նետել; ծանոթանալ *(մի բանի)*. **give one a searching look** մեկին քննող հայացքով նայել 2) (սովորաբար **looks**) արտահայտություն *(դեմքի, աչքերի)* 3) արտաքին տեսք; տեսք ◇ **good looks** գեղեցկություն; գեղեցիկ դիմագծեր **3** *exclamation* (նաև **look here!**) *(ասվում է ուշադրություն հրավիրելու համար)* ◇ **look here** լսի՛ր

be in good looks լավ/առողջ տեսք ունենալ

black looks մռայլ/հավանություն չտվող/չխրախուսող հայացք

blank/vacant look դատարկ/բացակայող հայացք

dirty look չար/բարկացած հայացք

look ahead 1) առաջ նայել; դեպի ապագան նայել 2) պաշտպանվի՛ր

look alive (look sharp) 1) *խոսակցական* շտապել; անապարել; փութալ; արագ գործել

look big կարևոր տեսք ընդունել

look black հոնքերը կիտել; մռայլ/նոթոտ/թախծալից/տրտում/խոժոռ տեսք ունենալ

look blue վհատ/տրտում/տխուր/թախծոտ տեսք ունենալ

look like a million dollars *ամերիկյան* հիանալի/փայլուն տեսք ունենալ

look sb up and down մեկին ոտքից գլուխ չափել/տնտղել; հայացքով մեկին վերից վար չափել

look seedy վատ տեսք ունենալ; անառողջ երևալ; խղճուկ/գզգզված կերպարանք ունենալ

look small հիմար տեսք ունենալ

upon the look որոնումների մեջ

wither sb with a look *հիմնականում կատակային* մեկին հայացքով ոչնչացնել/մոխրացնել

looker-on *noun* (հոգն. **lookers-on**) դիտորդ; դիտող

look-in *noun* 1) անցողակի հայացք; ակնարկ 2) կարճատև այցելություն

have a look-in *մարզական* հաջողության շանսեր ունենալ

looking glass *noun* հայելի

lookout |ˈlʊkaʊt| *noun* 1) աչալրջություն; զգոնություն ◇ **on the lookout for** զգույշ; զգաստ; զգոն; պահակ/պաշտպան կանգնած 2) դիտակետ 3) դիտող; դետ 4) տեսարան 5) հեռանկարներ

look-see *noun* *խոսակցական ծածկալեզու* արագ նայվածք; անցողակի հայացք

loom¹ |lu:m| *noun* 1) ջուլհակահաստոց 2) ջուլհակություն

loom² |lu:m| **1** *verb* աղոտ կերպով պատկերանալ; երևալ; նշմարվել **2** *noun* աղոտ պատկեր; ուրվապատկեր

loop |lu:p| **1** *noun* 1) հանգույց; օղակ 2) *օդագնացություն* մահվան օղակ ◇ **loop the loop** մահվան օղակ կատարել 3) *համակարգիչներ* շրջան **2** *verb* 1) հանգույց/օղակ անել; հանգույցով ամրացնել 2) *համակարգիչներ* շրջան անել

loophole |ˈlu:phəʊl| **1** *noun* 1) *ռազմական* հրակնատ 2) *փոխաբերական* ելք; դուրս պրծնելու ճանապարհ; սողանցք *(օրենքում և այլն)* **2** *verb* հրակնատ անել պատի մեջ

loopy |ˈlu:pi| *adjective* (**loopier**, **loopiest**) *ծածկալեզու* գժված; ցնդած; խելքը թռցրած

loose |lu:s| **1** *adjective* 1) ազատ; արձակ 2) չամրացված; չկապած; թուլացած; քանդված; արձակված 3) լայն; արձակ *(հագուստի մասին)* 4) անճշգրիտ; անորոշ; տարտամ 5) փխրուն *(հողի մասին)* 6) նոսր *(հյուսվածքի մասին)* 7) անփույթ; փնթի 8) անառակ; անբարոյական; սանձարձակ 9) *տեխնիկական* պարապ; չօգտագործվող **2** *verb* ազատել; արձակել; թուլացնել **3** *adverb* 1) ազատորեն 2) լայնորեն 3) անճշգրիտ կերպով

at/in the loose *հնացած* վերջին պահին

be/go/live on the loose զվարճանալ; քեֆ քաշել; անբարոյական/թեթևաբարո/թեթևամիտ/անառակ/մեղսալի կյանք վարել

be at a loose end անգործ/պարապ լինել

have a cog/screw/slate/tile loose խելապակաս լինել; ուղեղի ծալքերը պակաս լինել; վերնատունը դատարկ լինել

hold loose to sth, hold it loose to sth *հնացած* անտարբեր լինել; հետաքրքրություն չցուցաբերել որևէ բանի նկատմամբ

loosen |ˈlu:s(ə)n| *verb* 1) թուլացնել; թուլանալ 2) արձակել; բաց անել; կապը քանդել; թուլացնել 3) թուլացնել *(հսկողությունը և այլն)* 4) փխրունացնել 5) մաքրել *(ստամոքսը)*

loot |lu:t| **1** *noun* 1) ավար; թալան; կողոպուտ 2) պաշտոնյայի անօրինական եկամուտ **2** *verb* կողոպտել; թալանել

lop¹ |lɒp| **1** *verb* (**lopped**, **lopping**) 1) ճյուղերը կտրել; խուզել; կտրել 2) (**lop off/away**) ծառը մաքրել չոր ճյուղերից 3) կտրել *(գլուխ, ձեռք)* 4) կրճատել; պակասեցնել **2** *noun* ճյուղեր; ոստափայտ

lop² |lɒp| *verb* (**lopped**, **lopping**) 1) կախվել; կախ ընկնել; կախել; կախ գցել *(ականջները)* 2) անշնորհք կերպով շարժվել ◇ **lop about** անգործ թափառել; թրև գալ

lope |ləʊp| **1** *verb* թռչկոտելով/ոստյուններով վազել **2** *noun* թռիչք; ոստյուն *(հատկապես կենդանիների)*

lop-eared *adjective* կախականջ

lopsided |lɒpˈsʌɪdɪd| *adjective* 1) ծռակող; ծռտկողանի 2) *փոխաբերական* անհավասար; միակողմանի

loquacious |lɒˈkweɪʃəs| *adjective* շատախոս; զրուցասեր

lord |lɔ:d| **1** *noun* 1) լորդ; պեր *(բարձրագույն ազնվականության տիտղոս Անգլիայում)* 2) լորդերի պալատի անդամ ◊ **First Lord of the Admiralty** ծովային մինիստր *(Անգլիայում).* **Lords** *խոսակցական* լորդերի պալատ. **my Lord** միլորդ; տեր իմ 3) պարոն; տեր; արքա; մագնատ ◊ **lord of the manor** կալվածքի սեփականատեր; կալվածատեր 4) (**Lord**) Աստված **2** *exclamation* (**Lord**) Աստվա՜ծ իմ *(արտահայտում է զարմանք, անհանգստություն, շեշտ)* **3** *verb* 1) *հնացած* Լորդի կոչում տալ 2) տիրական կերպով վարվել *(մեկի նկատմամբ)*

By the lord Harry! Գրո՜ղը տանի:
first lord of the admiralty Անգլիայի ռազմածովային նախարար
lord and loon նշանավոր մարդ և ռամիկ
lord and master 1) ամուսին և տիրակալ 2) տեր ու տնօրեն; ղեկավար
lord high treasurer *անգլիական պատմական* պետական գանձապահ
lord of the soil կալվածատեր; հողագործ; երկրագործ
New lords, new laws. *առած* Նոր տերեր՝ նոր օրենքներ:
Our Lord Տեր; Հիսուս Քրիստոս
the lord of the harvest ագարակատեր *(որին պատկանում է բերքը)*

lordliness *noun* 1) բարձրամտություն; գոռոզամտություն 2) շքեղություն; ճոխություն

lordly |ˈlɔ:dli| **1** *adjective* (**lordlier**, **lordliest**) 1) գոռոզ; տիրական 2) լորդավայել; ազնվականական; աղայական; կարևոր; ծանրակշիռ **2** *adverb* 1) հպարտորեն; գոռոզաբար 2) աղայավարի; լորդավայել

lordship |ˈlɔ:dʃip| *noun* 1) լորդի տիտղոս ◊ **your lordship** ձերդ պայծառափայլություն 2) իշխանություն; տիրապետություն

lore¹ |lɔ:| *noun* ավանդական գիտելիքներ

lore² |lɔ:| *noun* կազմախոսություն սանձիկ *(թռչունների աչքի և կտուցի միջև տարածությունը)*

lorgnette |lɔ:ˈnjet| (նաև **lorgnettes**) *noun* 1) լոռնետ *(կոթավոր ակնոց)* 2) թատրոնի հեռադիտակ

lorry |ˈlɒri| **1** *noun* (հոգն. **-ries**) 1) բեռնատար ավտոմեքենա 2) *երկաթուղային* պլատֆորմա; բաց վագոն 3) բեռնասայլ **2** *verb* բեռնատար ավտոմեքենայով գնալ/փոխադրել

Los Angeles |lɒs ˈændʒɪli:z|, |-lɪs| Լոս Անջելես *(նավահանգստային քաղաք ԱՄՆ-ի Կալիֆորնիա նահանգում)*

lose |lu:z| *verb* (անցյալ և անցյալ դերբայ **lost** |lɒst|) 1) կորցնել; կորուստ ունենալ 2) զրկվել; ձեռքից բաց թողնել *(հնարավորությունը, առիթը)* 3) տարվել; տանուլ տալ 4) վնաս կրել 5) զոհ գնալ; կործանվել 6) վնաս պատճառել; զրկել 7) ◊ **lose oneself** մոլորվել. **lose oneself in** խորասուզվել մի բանի մեջ

lose one's shirt *ամերիկյան ծածկալեզու* իրենից դուրս գալ; բարկանալ; զայրանալ; բորբոքվել
lose the scent of կորցնել հետքերը *(որսին հետապնդելիս)*

loser |ˈlu:zə| *noun* 1) կորցնող/տարվող/տարված անձ; տանուլ տված/տվող անձ 2) անհաջողակ անձ

loss |lɒs| *noun* վնաս; կորուստ ◊ **have a loss, meet with a loss** վնաս կրել. **sell at a loss** վնասով վաճառել. **dead loss** զուտ վնաս

be at a loss անելանելի դրության մեջ լինել; իրեն կորցնել
be at a loss for sth, be at a loss to do sth լինել շփոթմունքի/դժվարության մեջ; կորցնել իրեն; չիմանալ ինչ անել/ինչ ասել
No great loss without some small gain. *առած* Չիք չարյաց՝ առանց բարյաց: Չկա չարիք՝ առանց բարիքի
suffer losses կորուստներ կրել/ունենալ
the loss of life 1) մահ *(որպես պատիժ)* 2) մարդկանց կործանում/ոչնչացում; մարդկային կյանքերի զոհաբերություն 3) *ռազմական* անօգուտ կորուստներ

lost **1** անցյալ և անցյալ դերբայ տե՛ս **lose** **2** *adjective* 1) կորած; մոլորված 2) մխած; վատնած 3) ոչնչացած; մեռած; զոհված 4) տանուլ տված; կորցրած

give sb up for lost համարել անհայտ կորած; համարել զոհված; խաչ քաշել մեկի վրա
the lost and found գտնված իրերի գրասենյակ; կորած իրերի սենյակ

lot |lɒt| **1** *pronoun խոսակցական* 1) (**a lot, lots**) շատ; լիքը 2) (**the lot, the whole lot**) ամբողջը; ողջը **2** *adverb խոսակցական* (**a lot, lots**) բավական; շատ **3** *noun* 1) վիճակ; վիճակահանություն ◊ **cast/draw lots** վիճակ գցել. **cast/throw in one's lot with** բախտը կապել մեկի հետ 2) *փոխաբերական* բախտ; ճակատագիր 3) հողամաս 4) խումբ մարդիկ; մարդկանց խումբ 5) որոշ քանակություն; մասնաբաժին; պարտիա *(ապրանքի)* 6) *խոսակցական* մեծ քանակություն ◊ **lots and lots of** մի բանի ահագին մեծ քանակություն. **a fat lot** i) *ծածկալեզու* խիստ շատ ii) *հեգնական* շատ քիչ **4** *verb* (**lotted, lotting**) (նաև **lot out**) մասերի բաժանել ◊ **lot upon** մի բանի հույս ունենալ

a bad lot վատ մարդ
across lots *ամերիկյան* ուղիղ գծով; կարճ ճանապարհով

lotion |ˈləʊʃ(ə)n| *noun* 1) դեղաթրջոց; թրջոցիկ; թրջոց; լոսյոն *(դիմահարդարման)* 2) *ծածկալեզու* ոգելից խմիչք

lottery |ˈlɒt(ə)ri| *noun* (հոգն. **-teries**) 1) վիճակախաղ 2) *փոխաբերական* բախտի բերումը

lotto |ˈlɒtəʊ| *noun* լոտո *(խաղ)*

lotus |ˈləʊtəs| *noun բուսաբանություն* լոտոս *(ծաղիկ. Nelumbo nucifera, ընտանիք Nelumbonaceae)*

lotus-eater *noun խոսակցական* դատարկ երազող

loud |laʊd| **1** *adjective* 1) բարձրաձայն; ուժեղ հնչող; բարձր; հնչեղ 2) աղմկոտ; աղմկարար; աղմկող 3) աղաղակող; վառ; աչք ծակող *(գույն)* **2** *adverb* բարձրաձայն

loudly *adverb* բարձրաձայն; աղմուկով

loudmouth |ˈlaʊdmaʊθ| *noun խոսակցական* ճչան/ճղճղան/գոռգոռացող մարդ

loudspeaker |laʊdˈspi:kə| *noun ռադիո* բարձրախոս

Louisiana |luːˌiːziˈænə| Լուիզիանա *(ԱՄՆ-ի նահանգ)*

lounge |laʊn(d)ʒ| **1** *verb* 1) բազկաթոռի մեջ ձգվել/տարածվել; հանգստանալ 2) պարապ-սարապ ման գալ **2** *noun* 1) պարապություն; դատարկ ժամանակ անցկացնելը 2) հանգստանալու/հանգստի սենյակ 3) հանգստավետ բազկաթոռ 4) սպասասրահ

lounger |ˈlaʊn(d)ʒə| *noun* դատարկաշրջիկ; դատարկապորտ; անբան մարդ; ավարա

lounge suit *noun* կոստյում *(պիջակ և տաբատ միասին)*

louse **1** *noun* |laʊs| 1) *կենդանաբանություն* ոջիլ 2) զզվելի մարդ **2** *verb* 1) փչացնել մի բան 2) *հնավանդ* ոջիլները մաքրել

lousy |ˈlaʊzi| *adjective* (**lousier**, **lousiest**) 1) ոջլոտ 2) *փոխաբերական* զզվելի; գարշելի; կեղտոտ; ստոր; քոսոտ; անպետք

lout |laʊt| *noun* կոշտ/կոպիտ/անտաշ մարդ

loutish *adjective* կոշտ; կոպիտ; անտաշ

lovable |ˈlʌvəb(ə)l| (նաև **loveable**) *adjective* սիրելի; հրապուրիչ; գրավիչ

love |lʌv| **1** *noun* 1) սեր 2) սիրահարվածություն ◇ **be in love with** սիրահարված լինել. **fall in love with** սիրահարվել. **make love to** սիրատածել; սիրահետել *(որևէ կնոջ բարեհաճությունը ձեռք բերել)*. **in love with** սիրահարված. **cupboard love** շահադիտական սեր 3) սիրո առարկա; սիրեկան; սիրուհի 4) *խոսակցական* շատ գրավիչ մարդ/իր 5) *մարզական* զրո **2** *verb* սիրել

As much love as there is between the old cow and the haystack. *հնացած* Սիրում է, ինչպես գայլը՝ գառանը: Սիրում է, ինչպես կատուն՝ մկանը:

be fathoms deep in love, be up to the ears in love, be deep in love մինչև ականջները սիրահարված լինել; խելակորույս սիրահարվել

be out of love with հիասթափվել; հակակրանք զգալ

calf love տղայական սեր; պատանեկան հրապուրանք

fall out of love with հիասթափվել; դադարել սիրելուց

Faults are thick where love is thin. *առած* Երբ քիչ ես սիրում, թերությունները ավելի շատ ես նկատում: Մեղքը շատ է այնտեղ, որտեղ սերը քիչ է:

for the love of ի սեր; հանուն

for the love of Mike *ամերիկյան խոսակցական* ի սեր Աստծո

for the love of the game արվեստի նկատմամբ սիրուց

give/send one's love to sb ողջույն հաղորդել/ուղարկել մեկին

He knows not what love is that has no children. *առած* Ով երեխաներ չունի՝ չգիտե, թե ինչ է սերը:

light'o love, light of love սեթևեթ/կամակոր/սիրո մեջ անկայուն/փոփոխամիտ կին

Lord love you!/Lord love your heart! Աստվա՛ծ վկա:

Love all. *մարզական* Հաշիվը 0:0 է: Հաշիվը բացված չէ:

Love and cough cannot be hidden. *առած* Սերը և հազը չես թաքցնի:

Love cannot be forced. *առած* Ուժով/զոռով/բռնությամբ սիրելի չես լինի:

Love in a cottage. *առած* Սիրելիի հետ խրճիթն էլ դրախտ է:

Love is never without jealousy. *առած* Սերն առանց խանդի չի լինի:

Love is the mother of love. *առած* Սերը սեր է ծնում:

Love is the reward of love., love is the true price of love. *առած* Պատասխան/փոխադարձ սերը լավագույն պարգևն է:

Love will creep where it may not go. *առած* Սիրո համար արգելք չկա: Սերն ամեն ինչ հաղթահարում է:

No herb will cure love. *առած* Սիրո հիվանդությունն անբուժելի է:

not for love or money ոչ մի դեպքում; ոչ մի գնով

play for love առանց փողի խաղալ *(բավականության համար)*

Unkindness destroys love. *առած* Դաժանությունը սպանում է սերը:

Unlucky in love, lucky at play. *առած* Սիրո մեջ ձախողակ, խաղում՝ հաջողակ:

unrequitted love անփոխադարձ/անպատասխան սեր

love affair *noun* սեր; սիրային կապ; սիրային արկած

love child *noun* ամուսնությունից դուրս ծնված երեխա

loveless *adjective* անսեր; սիրո վրա չհիմնված *(ամուսնության մասին)*

lovelock |ˈlʌvlɒk| *noun* *հնավանդ* ճակատի վրա իջնող փոքր խոպոպիկ

lovely |ˈlʌvli| **1** *adjective* (**-lier**, **-liest**) 1) հիանալի; սքանչելի 2) սիրելի; հաճելի; դուրեկան **2** *noun* (հոգն. **-lies**) *խոսակցական* հիանալի/շքեղ կին

lovemaking |ˈlʌvmeɪkɪŋ| *noun* սիրատածում

love match *noun* սիրո վրա հիմնված ամուսնություն

lover |ˈlʌvə| *noun* 1) սիրեկան; սիրած մարդ 2) (**lovers**) սիրահարներ ◇ **plighted lover** նշանված 3) սիրող; երկրպագու

lovesick |ˈlʌvsɪk| *adjective* սիրուց տանջված; սիրատոչոր

loving |ˈlʌvɪŋ| **1** *adjective* սիրող; քնքուշ; նվիրված; անձնվեր **2** *noun* սիրո/հոգածության արտահայտություն

loving cup *noun* շրջանաթաս; բոլորաթաս *(խնջույքներում)*

low[1] |ləʊ| **1** *adjective* 1) ցածր; ցած; ստորին 2) թույլ; տկար; ճնշված; ընկճված 3) խղճուկ; անբավարար *(մթերքի մասին)* 4) սահմանափակ 5) մեղմ; կամաց; ցած *(ձայնի մասին)* 6) գռեհիկ; ստոր; ցածր; վատ **2** *noun* 1) ցածրակետ; ամենացածր կետ 2) ծանր/դժվարին պահ 3) ընկճվածություն 4) ցածր մթնոլորտային ճնշման վայր **3** *adverb* 1) ցածր 2) *փոխաբերական* ստոր կերպով 3) ◇ **bring low** ընկճել; ստորացնել. **feel low** ճնշված/ընկճված զգալ 4) աղքատ; աղքատության մեջ 5) մեղմ; ցածրաձայն; թույլ; հազիվ

low[2] |ləʊ| **1** *verb* բառաչել **2** *noun* բառաչ

low-born *adjective* ցածր ծագումով; ցածր ծագում ունեցող

lowdown *խոսակցական* **1** *adjective* ստոր; անազնիվ **2** *noun* իսկական փաստեր; պատշաճ տեղեկություն

lower¹ |ˈləʊə| **1** *adjective* 1) ավելի ցածր 2) ներքևի; ներքին; ցածի; ստորին **2** *adverb* դեպի ցած/ներքև

lower² |ˈləʊə| *verb* 1) իջնել 2) իջեցնել 3) նվազել; պակասել 4) նվազեցնել; պակասեցնել 5) ստորացնել

lower³ |ˈlaʊə| (նաև **lour**) **1** *verb* 1) մռայլվել; խոժոռվել 2) մթնել; մթնոլել; ամպերով ծածկվել *(երկնքի մասին)* **2** *noun* 1) մռայլ արտահայտություն 2) մռայլ եղանակ

lowercase (նաև **lower case**) *noun* փոքրատառ

lowermost *adjective* ամենացածր; ստորին

low-grade **1** *adjective* ցածրորակ; վատորակ **2** *noun* զառիկող; թեթև զառիվայր

lowland |ˈləʊlənd| *noun* (*սովորաբար* **pl**) դաշտավայր; ցածրավայր; հարթավայր

lowly |ˈləʊli| **1** *adjective* (**lowlier**, **lowliest**) համեստ; խոնարհ **2** *adverb* համեստորեն

loyal |ˈlɔɪəl| *adjective* հավատարիմ; օրինապահ; լոյալ; անձնվեր

loyalty |ˈlɔɪəlti| *noun* (հոգն. **-ties**) հավատարմություն; օրինապահություն; լոյալություն; անձնվիրություն

Luanda |luːˈændə| Լուանդա *(Անգոլայի մայրաքաղաքը)*

lubber |ˈlʌbə| *noun* դմբլո; դանդալոշ

lubricant |ˈluːbrɪk(ə)nt| **1** *noun* քսուք; քսանյութ **2** *adjective* յուղելու; քսելու

lubricate |ˈluːbrɪkeɪt| *verb* 1) յուղել *(մեքենան)* 2) *փոխաբերական խոսակցական* յուղել; կաշառել; կաշառք տալ 3) սահուն դարձնել

lubrication |-ˈkeɪʃ(ə)n| *noun* քսում; յուղում; ձիթում *(մեքենայի)*

lubricious |luːˈbrɪʃəs| (նաև **lubricous**) *adjective* 1) սահուն; սայթաքուն; դյուրասահ 2) *փոխաբերական* ճարպիկ; խուսափուկ 3) վավաշոտ

luce |luːs| *noun* (հոգն. նույնը) *կենդանաբանություն* գայլաձուկ

lucent |ˈluːs(ə)nt| *adjective* *բանաստեղծական* 1) լուսաճաճանչ; պայծառ; փայլուն 2) թափանցիկ; լուսանցիկ

lucid |ˈluːsɪd| *adjective* 1) պարզ; հստակ; թափանցիկ 2) *բանաստեղծական* ջինջ; պայծառ 3) հասկանալի; պարզ *(դատողության/բացատրության մասին)*

lucidity |-ˈsɪdɪti| *noun* 1) պարզություն; հստակություն 2) հասկանալիություն

luck |lʌk| **1** *noun* բախտ; հաջողություն; ճակատագիր ◊ **bad/ill luck** դժբախտություն; ձախորդություն. **rough luck** դառը ճակատագիր. **good luck** հաջողություն; երջանիկ պատահականություն. **good luck !** հաջողություն *(եմ ցանկանում)*. **by luck, by good luck** բարեբախտությամբ; բարեբախտաբար. **down on one's luck** ձախորդության մեջ; անհաջողությունից վհատված. **for luck !** հաջողության համար. **try one's luck** բախտը փորձել **2** *verb* *խոսակցական* 1) բախտը փորձել 2) (**luck out**) բախտը բերել; հաջողություն ունենալ

as luck would have it բարեբախտաբար, թե դժբախտաբար; պատահաբար

devil's own luck արտասովոր հաջողություն

for luck երջանկության համար

There is luck in odd numbers. Կենտ թվերը բարեբախտություն են բերում:

wish sb all the luck in the world մեկին ամենայն բարիք ցանկանալ

worse luck *խոսակցական* ավելի վատ; վատթարագույն

luckily |ˈlʌkɪli| *adverb* բարեբախտաբար

luckless |ˈlʌklɪs| *adjective* դժբախտ; անհաջող; չարաբախտ

lucky |ˈlʌki| *adjective* (**luckier**, **luckiest**) 1) բախտավոր; հաջող; հաջողակ; բարեբախտ 2) պատահական 3) բախտ բերող

lucky bargee/beggar/devil/dog/rascal երջանիկ/հաջողակ/բախտավոր մարդ

lucrative |ˈluːkrətɪv| *adjective* շահութաբեր; եկամտաբեր; շահավետ

lucre |ˈluːkə| *noun* շահույթ; շահ; օգուտ

filthy lucre անարգ մետաղ/բան *(ոսկի, փող)*

ludicrous |ˈluːdɪkrəs|, |ˈljuː-| *adjective* անհեթեթ; անմիտ; ծիծաղելի

lug¹ |lʌg| **1** *verb* (**lugged**, **lugging**) 1) քարշ տալ; քարշելով տանել 2) (**lug at**) ձգել; ձիգ տալ **2** *noun* միրգ տեղափոխելու արկղ

lug² |lʌg| *noun* *տեխնիկական* ունկ; կանթ; կոթ; բռնակ; սեղմիչ

luggage |ˈlʌgɪdʒ| *noun* ուղեբեռ; ճանապարհորդական իրեր ◊ **register luggage** ուղեբեռը/ծանրոցը գրանցել

lugubrious |lʊˈguːbrɪəs| *adjective* տրտում; տխուր; սգալի

Luke, St. |luːk| *աստվածաշնչային* 1) Ղուկաս ավետարանիչ 2) Ավետարան ըստ Ղուկասի *(Նոր Կտակարանի գրքերից մեկը)*

lukewarm |ˈluːkwɔːm|, |luːkˈwɔːm|, |lj-| *adjective* 1) գոլ; գաղջ 2) *փոխաբերական* անտարբեր; առանց եռանդի; առանց խանդավառության

lull |lʌl| **1** *verb* 1) օրորել; օրորելով քնեցնել 2) հանդարտեցնել; հանգստացնել; մեղմացնել *(ցավը)* 3) հանգստանալ; հանդարտվել; դադարել *(փոթորիկի մասին)* 4) ցրել; փարատել *(կասկածները)* **2** *noun* հանդարտություն; հանգստացում; դադար; հանգստանալը *(ժամանակավոր)*

lullaby |ˈlʌləbʌɪ| **1** *noun* (հոգն. **-bies**) օրոր; օրորոցի երգ **2** *verb* (**-bies**, **-bied**) *հազվադեպ* օրորոցային երգել; քնեցնել

lumber¹ |ˈlʌmbə| *verb* ծանրորեն/դանդաղորեն շարժվել; դղրդալով/աղմուկով անցնել

lumber² |ˈlʌmbə| **1** *noun* 1) դժվարաշարժ/անպետք իրեր; հնոտիք 2) անտառանյութ **2** *verb* 1) խճողել; անկարգ վիճակում թափել; իրար վրա լցնել 2) անտառանյութ մթերել

lumberman |ˈlʌmbəmən| *noun* (հոգն. **-men**) 1) անտառահատ 2) փայտարդյունաբերող; անտառանյութ վաճառող

lumberyard *noun* փայտի պահեստ

luminary |ˈlu:mɪn(ə)ri| *noun* (հոգն. **-naries**) 1) նշանավոր մարդ; «լուսատու» 2) *բանաստեղծական* լուսատու *(հատկապես Արեգակը և Լուսինը)* 3) լույսի աղբյուր *(արհեստական)*

luminescence |ˌlu:mɪˈnɛs(ə)ns| *noun* լուսարձակում

luminous |ˈlu:mɪnəs| *adjective* 1) լուսաշող; փայլուն; շողշողուն; պայծառ 2) *փոխաբերական* պարզ; հասկանալի

lump¹ |lʌmp| **1** *noun* 1) գունդ; կոշտ; մեծ կտոր ◊ **a lump in the throat** կարկամության զգացում *(կոկորդում)* 2) կույտ 3) դուրս ցցված մաս; ուռուցք 4) հաստագլուխ/բութ մարդ **2** *verb* 1) (**lump together/in**) խառնել մի կույտի մեջ 2) առանց խտրության ամեն ինչ վերցնել 3) գցել; շպրտել ◊ **lump along** դանդաղ/ծանրաքայլ գնալ. **lump down** ծանրորեն նստել; աթոռին իջնել 4) *ռազմական ծածկալեզու* գնդակոծել

lump large մեծ/կարևոր թվալ; ծանր ու մեծ երևալ

lump of clay 1) մահկանացու 2) անհոգի մարդ

lump sum *ֆինանսներ* միանվագ վճար

take/get one's lumps 1) *խոսակցական* իր պատիժը կրել 2) հարձակման ենթարկվել

lump² |lʌmp| *verb խոսակցական* մի բանի հետ հաշտվել; կուլ տալ *(վիրավորանքը և այլն)*

lumper |ˈlʌmpə| *noun* բեռնիչ; բարձող բանվոր

lumpish |ˈlʌmpɪʃ| *adjective* 1) անշնորհք; ծանրաշարժ 2) բութ; հիմար

lumpy |ˈlʌmpi| *adjective* (**lumpier**, **lumpiest**) կոշտ; գունդ-գունդ

lunacy |ˈlu:nəsi| *noun* (հոգն. **-cies**) 1) *բժշկություն* լուսնոտություն; քնաշրջություն 2) խելագարություն 3) *իրավունք* անմեղսագիտակություն 4) *խոսակցական* մեծ հիմարություն

lunar |ˈlu:nə| *adjective* լուսնային; լուսնի

lunar month *noun* լուսնային ամիս

lunatic |ˈlu:nətɪk| **1** *noun* խելագար անձ **2** *adjective* խելագարված; գիժ

lunch |lʌn(t)ʃ| **1** *noun* կեսօրյա նախաճաշ; լանչ; թեթև ուտեստեղեն; ակրատ ◊ **have/take lunch** կեսօրին նախաճաշել. **busket lunch** պիկնիկ; զբոսախնջույք **2** *verb* 1) նախաճաշել 2) նախաճաշով հյուրասիրել; լանչի/նախաճաշելու տանել *(հատկապես պաշտոնական)*

luncheon |ˈlʌn(t)ʃ(ə)n| *noun* նախաճաշ

lung |lʌŋ| *noun կազմախոսություն* թոք ◊ **the lungs** թոքեր

good lungs ուժեղ/բարձր ձայն

the lungs of London Լոնդոնի այգիները ու պարտեզները

lunge¹ |lʌn(d)ʒ| **1** *noun* 1) հարված *(սուսերով և այլն)* 2) հարձակուրդ; հարձակվելը *(սուսերամարտի ժամանակ)* 3) հրում; թափով շարժում **2** *verb* (**lunging** կամ **lungeing**) 1) հարված հասցնել; հարձակուրդ կատարել 2) արագ սլանալ; նետվել

lunge² *noun* տե՛ս **longe**

lupus |ˈlu:pəs| *noun բժշկություն* գայլախտ

lurch¹ |lə:tʃ| **1** *noun* 1) կողաթեքում *(նավի)* 2) երերուն քայլվածք **2** *verb* 1) թեքվել; կողաթեքվել *(նավի մասին)* 2) երերալով գնալ

lurch² |lə:tʃ| *noun* ◊ **leave one in the lurch** ծանր րոպեին մեկին լքել

give a lurch *ծածկալեզու* ստել; խաբել

lie at the lurch թաքնվել; դարան մտնել; հետամուտ լինել

lurcher |ˈlə:tʃə| *noun* 1) մանր բաների գող 2) լրտես

lure |l(j)ʊə| **1** *verb* 1) հրապուրել; գրավել; գայթակղեցնել 2) *որսորդություն* գրավել; կանչել; կերագրավել **2** *noun* 1) գայթակղություն; հրապուրանք 2) *որսորդություն* շվի; շվիկ; խայծ *(թռչուններ ու գազաններ գրավելու համար)*

bring sb to his/the lure հրապուրել; խաբելով հետուն տանել; ցանցը գցել

lurid |ˈl(j)ʊərɪd| *adjective* 1) բոցավառ; բոսորագույն; բորբ 2) ցնցող; ազդեցիկ; տպավորիչ; հուզիչ *(ճկարագրության մասին)* 3) մեռելի պես գունատ; կապտած 4) չարագուշակ; մռայլ

lurk |lə:k| **1** *verb* 1) թեքվել; դարան մտնել 2) *փոխաբերական* թաքնվել; աննկատելի մնալ **2** *noun* 1) ◊ **on the lurk** դարան մտած 2) *ծածկալեզու* խաբեբայություն; կեղծիք

Lusaka |lu:ˈsɑ:kə| Լուսակա *(Զամբիայի մայրաքաղաքը)*

luscious |ˈlʌʃəs| *adjective* 1) հյութալի; բուրավետ; քաղցր; անուշահամ 2) չափազանց քաղցր 3) ծանր; ճոռոմ *(ոճի մասին)*

lush¹ |lʌʃ| *adjective* հյութեղ; փարթամ *(բուսականության մասին)*

lush² |lʌʃ| *խոսակցական* **1** *noun* ոգելից խմիչք **2** *verb հնացած* 1) խմել; կոնծել 2) հարբեցնել; խմեցնել

lust |lʌst| **1** *noun* 1) տռփանք; կիրք; տարփանք; հեշտասիրություն 2) (**lust of/for**) կիրք **2** *verb* 1) տենչալ; տռփանք զգալ 2) (**lust after/for**) փափագել; տենչալ; բաղձալ; ցանկանալ

luster¹ |ˈlʌstə| (բրիտանական **lustre**) *noun* 1) փայլ; շուք 2) *փոխաբերական* փառք; փառահեղություն ◊ **add luster to, throw luster on** փայլ տալ մի բանի; փառաբանել 3) ջահ

luster² |ˈlʌstə| (բրիտանական **lustre**) *noun բանաստեղծական* (նաև **lustrum**) հինգ տարի, հինգ տարվա ժամանակամիջոց

lusterless *adjective* աղոտ; անփայլ; փայլատ

lustful *adjective* վավաշոտ; հեշտասեր

lustrous |ˈlʌstrəs| *adjective* փայլուն; պսպղուն; հղկած; ողորկ

lusty |ˈlʌsti| *adjective* (**lustier**, **lustiest**) ուժեղ; առողջ

lute¹ |lu:t|, |lju:t| *noun երաժշտություն* ջութակ; վին

lute² |lu:t|, |lju:t| **1** *noun* (նաև **luting**) ծեփամածիկ **2** *verb* ծեփամածիկով պատել; ծեփամածիկով ճեղքերը լցնել

Lutheran |ˈlu:θ(ə)r(ə)n|, |ˈlju:-| **1** *noun* լութերական անձ **2** *adjective* լութերական

Luxembourg |ˈlʌksəmbə:g| 1) Լյուքսեմբուրգ *(պետություն Բելգիայի և Գերմանիայի միջև)* 2)

Լյուքսեմբուրգ *(համանուն պետության մայրաքաղաքը)*

luxuriance *noun* 1) ճոխություն; շքեղություն 2) հարստություն *(երևակայության և այլնի)*

luxuriant |lʌg'ʒʊərɪənt|, |lʌg'zjʊə-|, |lʌk'sjʊə-| *adjective* 1) հարուստ; առատ; բերրի; պտղաբեր 2) փարթամ; ճոխ 3) գունազարդ; գունագեղ *(ոճի մասին)*

luxuriate |lʌg'ʒʊərɪeɪt|, |lʌg'zjʊə-|, |lʌk'sjʊə-| *verb* 1) բուռն/փարթամ կերպով աճել 2) (**luxuriate in**) վայելել; հաճույք ստանալ 3) ճոխ ապրել; փարթամ կյանք վարել

luxurious |lʌg'ʒʊərɪəs|, |lʌg'zjʊə-|, |lʌk'sjʊə-| *adjective* 1) փարթամ; շքեղ; ճոխ 2) պերճասեր; շռայլ

luxury |'lʌkʃ(ə)ri| **1** *noun* (հոգն. **-ries**) 1) շքեղություն; պերճանք 2) պերճանքի առարկա 3) մեծ բավականություն; հաճույք **2** *adjective* ճոխ; փարթամ; շքեղ

Lviv |lvɪv| Լվով *(քաղաքի ուկրաիներեն անվանումը)*

Lyceum |lʌɪ'si:əm| *noun* 1) լեկտորիում 2) ճեմարան

lye |lʌɪ| *noun* մոխրաջուր

lying[1] |'lʌɪɪŋ| **1** ներկա դերբայ տե՛ս **lie1** **2** *noun* 1) պառկելը 2) պառկելու տեղ; անկողին **3** *adjective* պառկած; ընկած

dry lying կոշտ անկողին

soft lying փափուկ անկողին

lying[2] |'lʌɪɪŋ| **1** ներկա դերբայ տե՛ս **lie2** **2** *adjective* սուտ; կեղծ **3** *noun* ստախոսություն; ստելը

lying-in |lʌɪɪŋ'ɪn| *noun* հնացած ծննդաբերություն

lymph |lɪmf| *noun* 1) բնախոսություն ավիշ ◇ **animal lymph** պատվաստանյութ 2) բանաստեղծական աղբյուր

lymphatic |lɪm'fætɪk| **1** *adjective* 1) ավշային 2) անտարբեր; հույլ; ֆլեգմատիկ **2** *noun* կազմախոսություն ավշանոթ

lynch |lɪn(t)ʃ| *verb* լինչել; Լինչի դատաստանի ենթարկել

lynx |lɪŋks| *noun* կենդանաբանություն լուսան *(Genus Lynx, ընտանիք Felidae)*

lynx-eyed *adjective* սրատես

Lyons |'li:ɒ˜|, |ljɔ˜| Լիոն *(քաղաք Ֆրանսիայում)*

Lyra |'lʌɪrə| աստղագիտություն Քնար *(համաստեղություն)*

lyre |lʌɪə| *noun* քնար

lyrebird *noun* կենդանաբանություն քնարահավ *(ընտանիք Menuridae)*

lyric |'lɪrɪk| **1** *adjective* լիրիկական; քնարական; քնարերգական **2** *noun* 1) քնարերգական/քնարական բանաստեղծություն 2) (**lyrics**) քնարերգություն 3) երգի բառեր

lyrical |'lɪrɪk(ə)l| *adjective* քնարերգական; քնարական

lyricism |'lɪrɪsɪz(ə)m| *noun* լիրիզմ; քնարականություն

lyrist *noun* 1) քնար նվագող; քնարահար 2) քնարերգու; քնարերգակ

Mm

M¹ |ɛm| (նաև **m**) *noun* (հոգն. **Ms** կամ **M's**) 1) անգլերեն այբուբենի 13-րդ տառը 2) անգլերենի M տառին նման 3) հռոմեական 1000 թիվը

M² *abbreviation* 1) Majesty 2) male 3) Manitoba 4) markka 5) Marquis 6) Music measure 7) medicine 8) medium *(հագուստի չափս)* 9) meridian 10) *քիմիա* molar 11) Monday 12) Monsieur 13) money *(սովորաբար թվից առաջ)* 14) mountain 15) noon

m **1** *abbreviation* 1) mare 2) married 3) masculine 4) *ֆիզիկա* mass 5) meter 6) middle 7) mile 8) million 9) minute 10) mix *(դեղատոմսերում)* 11) modification of 12) modulus 13) molar 14) month 15) moon 16) morning 17) mouth 18) noon **2** *symbol ֆիզիկա* (**mass**) զանգված

ma |mɑː| *noun խոսակցական* մամա

ma'am |mɑːm|, |mæm|, |məm| *noun* (**madam**) տիկին

Maat |mɑːt| *եգիպտական դիցաբանություն* Մաաթ *(ճշմարտության և արդարության եգիպտական աստվածուհին)*

Mabinogion |ˌmæbɪˈnɒgɪən|, |-ˈnəʊgɪən| Մաբինոգիոն *(11-13-րդ դարերի ուելսական առասպելների հավաքածու)*

mac |mæk| (նաև **mack**) *noun խոսակցական* (**macintosh**) անջրանցիկ վերարկու

macabre |məˈkɑːbr(ə)| *adjective* զարհուրեցուցիչ; սարսափազդու; ահազդու; դժնի; մահվան հետ կապված; մահ նկարագրող

macadam |məˈkædəm| **1** *noun* 1) խիճ *(խճուղի սալարկելու համար)* 2) խճուղի **2** *adjective* խճուղու; խճած; խճապատ

macadamize |məˈkædəmʌɪz| *verb* խճուղի շինել; խճապատել

macaque |məˈkɑːk|, |-ˈkæk| *noun* (նաև **macaque monkey**) *կենդանաբանություն* մակակա *(կապիկի տեսակ. Macaca, ընտանիք Cercopithecidae)*

macaroni |ˌmækəˈrəʊni| *noun* (հոգն. **-nies**) 1) մակարոն 2) օտարամոլ; պճնամոլ; ցուցամոլ *(18-րդ դարի Անգլիայում)*

macaroon |ˌmækəˈruːn| *noun խոհանոց* նշով թխվածք

mace¹ |meɪs| *noun* 1) լախտ; գուրզ 2) գավազան; մական

mace² |meɪs| *noun* 1) *բուսաբանություն* մշկընկույզ *(Myristica fragrans)* 2) մշկընկույզի կեղև *(որպես համեմունք)*

Macedonia |ˌmæsɪˈdəʊnɪə| 1) Մակեդոնիա *(պետություն Եվրոպայում՝ Բալկանյան թերակղզում)* 2) պատմական Մակեդոնիա

macerate |ˈmæsəreɪt| *verb* 1) փափկեցնել; կակղեցնել; թրջել *(սնունդը)* 2) փափկել; թրջվել *(սննդի մասին)* 3) ուժասպառ անել; հյուծել; մաշել; հալումաշ անել

maceration |-ˈreɪʃ(ə)n| *noun* 1) թրջում; կակղեցում; փափկեցում 2) հյուծում; մաշում; ուժասպառություն

machete |məˈtʃɛti|, |-ˈʃɛti| *noun* մաչետե *(լայն ու հաստ դանակ)*

machination *noun* մեքենայություն; նենգություն; դավ

machine |məˈʃiːn| **1** *noun* 1) մեքենա; սարք; գործիք; մեխանիզմ; դազգահ 2) առևտրի ավտոմատ *(մետաղադրամներով աշխատող)* 3) ավտոմեքենա; հեծանիվ; ինքնաթիռ 4) մեքենայի նման աշխատող; մեքենայաբար գործող մարդ 5) *ամերիկյան* երկրի քաղաքական կյանքն իր հսկողության տակ պահող կազմակերպություն/կուսակցություն 6) վարչակազմ; աշխատակազմ; ապարատ ◊ **state machine** պետական ապարատ **2** *verb* աշխատեցնել/պատրաստել մեքենայի միջոցով

machine-gunner *noun* գնդացրորդ

machine code (նաև **machine language**) *noun համակարգիչներ* մեքենայական կոդ

machine gun **1** *noun ռազմական* գնդացիր **2** *verb* (**machine-gun**) *ռազմական* գնդացրով գնդակոծել

machine-readable *adjective համակարգիչներ* համակարգչով մշակելի; մեքենայով ընթերցելի

machinery |məˈʃiːn(ə)ri| *noun* 1) *հավաքական* մեքենաներ; մեքենական/մեքենայական սարքավորում 2) մեքենայի մասեր; մեխանիզմ 3) կառուցվածք; աշխատակազմ; ապարատ *(պետական, մատակարարող և այլն)*

machine tool *noun* հաստոց

machinist |məˈʃiːnɪst| *noun* 1) մեքենավար; մեքենագետ; մեխանիկ 2) մեքենագործ; մեքենաշինարար

macho |ˈmætʃəʊ| **1** *adjective* մաչո; խիստ առնական **2** *noun* (հոգն. **-chos**) 1) մաչո; իր առնականությամբ հպարտացող տղամարդ 2) (նաև **machismo**) առնականություն; քաջություն

mackerel |ˈmæk(ə)r(ə)l| *noun* (հոգն. նույնը կամ **-erels**) *կենդանաբանություն* թյունիկ; սկումբրիա *(ձուկ. Scomber, ընտանիք Scombridae)*

mackintosh |ˈmækɪntɒʃ| (նաև **macintosh**) *noun* 1) մակինտոշ; երկար անջրանցիկ վերարկու 2) ռետինապատ անջրանցիկ գործվածք

macro |ˈmækrəʊ| **1** *noun* (հոգն. **-ros**) *համակարգիչներ* մակրո **2** *adjective* համընդհանուր; ընդհանրական; մեծամասշտաբ

macrocosm |ˈmækrə(ʊ)kɒz(ə)m| (նաև **macrocosmos**) *noun* 1) մեծաշխարհ; տիեզերք; մակրոաշխարհ 2) ամբողջություն

mad |mæd| **1** *adjective* (**madder**, **maddest**) 1) խելագար; հոգեկան հիվանդ; հոգեհիվանդ; գիժ; խենթ ◊ **go mad** խելագարվել; գժվել. **drive sb mad** խենթացնել; խելագարության հասցնել. **like mad** *խոսակցական* խելագարի նման; խենթի պես 2) անխոհեմ; խելացնոր; խենթ; անմիտ *(մարդու վարքի մասին)* 3) մոլեգին; խելապատառ; ուժգին

4) *խոսակցական* հիապուրված; տարված; հափշտակված 5) *խոսակցական* խիստ բարկացած; զայրացած; գազազած ◊ **get mad** բարկանալ; զայրանալ 6) կատաղած; կատաղի *(կենդանու մասին)* **2** *verb* (**madded**, **madding**) *հնավանդ* 1) խելագարության հասցնել; գժվեցնել 2) *խոսակցական* զայրացնել; բարկացնել; համասարակշռությունից հանել

Madagascar |ˌmædəˈgæskə| Մադագասկար *(կղզի)*

madam |ˈmædəm| *noun* 1) տիկին; տիրուհի; մադամ 2) հասարակաց տան տիրուհի

madcap |ˈmædkæp| **1** *adjective* 1) խենթ; խելառ; ցնորված 2) անմիտ; չմտածված *(գործողությունների մասին)* **2** *noun* խենթ; խելառ; թռկից փախած մարդ

madden |ˈmæd(ə)n| *verb* 1) կատաղեցնել; զայրացնել; հավասարակշռությունից հանել 2) խենթացնել; խելագարության հասցնել 3) խենթանալ; գժվել; խելագարվել

maddening |ˈmædnɪŋ| *adjective* խելագարեցնող; հունից հանող

maddeningly *adverb* խելագարեցնող կերպով

made |meɪd| **1** անցյալ և անցյալ դերբայ տե՛ս **make** **2** *adjective* 1) պատրաստված; շինված 2) որոշակի մարմնակազմ ունեցող

made-up *adjective* 1) շպարված 2) սուտ; հորինված 3) արհեստական; անբնական; կեղծ; շինծու 4) բաղադրովի; բաղադրական; հավաքովի; հավաքած 5) պատրաստի *(հագուստի մասին)*

madhouse |ˈmædhaʊs| *noun* *պատմական* 1) *խոսակցական* հոգեբուժարան; խելագարանոց; գժանոց 2) խելագար վիճակ; խառնաշփոթ; իրարանցում; աղմուկ-աղաղակ

Madison Avenue 1) Մեդիսոն պողոտա *(Նյու Յորքում)* 2) գովազդ; գովազդի աշխարհ

madly |ˈmædli| *adverb* 1) խելագար կերպով; խելահեղորեն; խենթորեն 2) ուժգին; սաստիկ; անկառավարելիորեն 3) *խոսակցական* ինքնամոռաց; կրքոտ կերպով

madman |ˈmædmən| *noun* (հոգն. **-men**) 1) հոգեկան հիվանդ, հոգեհիվանդ; խելագար; գիժ 2) անխոհեմ/հիմար մարդ

like a madman ուժգին; կատաղի; սրընթաց

madness |ˈmædnɪs| *noun* 1) խելագարություն; խելացնորություն; հոգեհիվանդություն 2) անմիտ/անխոհեմ/անողջամիտ վարք 3) կատաղություն; մոլեգնություն; խառնաշփոթ; իրարանցում

Madonna |məˈdɒnə| *noun* 1) Աստվածամայր; Մադոննա 2) մադոննա; Աստվածամոր պատկեր 3) հիասքանչ կին

Madras |məˈdrɑːs|, |-ˈdræs| Մադրաս *(քաղաքնավահանգիստ Հնդկաստանում)*

Madrid |məˈdrɪd| Մադրիդ *(Իսպանիայի մայրաքաղաքը)*

madrigal |ˈmædrɪg(ə)l| *noun* մադրիգալ *(Վերածննդի դարաշրջանի երգ)*

madwoman |ˈmædwʊmən| *noun* (հոգն. **-women**) հոգեկան հիվանդ կին; հոգեհիվանդ/խելագար կին; գիժ կին

like a madwoman ուժգին; կատաղի; սրընթաց

maelstrom |ˈmeɪlstrəm| *noun* 1) շրջապտույտ; հորձանուտ; ջրապտույտ 2) *փոխաբերական* խառնաշփոթ; հորձանապտույտ; շրջապտույտ; իրարանցում

magazine |mægəˈziːn| *noun* 1) ամսագիր; հանդես *(պարբերական)* 2) հաղորդաշար *(ռադիոյի կամ հեռուստատեսային)* 3) տեխնիկական պահեստատուփ; պահեստարան *(հրացանի և այլնի)* 4) հրետանային մթերանոց; զինամթերքների պահեստանոց; զինանոց

mage |meɪdʒ| *noun* *հնավանդ* *բանաստեղծական* մոգ; կախարդ; դյութ; գիտուն

Magellanic Clouds |ˌmædʒɪˈlænɪk| *աստղագիտություն* Մագելանի ամպեր

magenta |məˈdʒentə| *noun* 1) *համակարգիչներ* *տպագրություն* վարդագույն 2) ֆուքսին *(ներկանյութ)*

maggot |ˈmægət| *noun* 1) *կենդանաբանություն* թրթուր; որդ *(հատկապես ճանճի)* 2) *հնացած* (նաև **a maggot in one's brain**) քմահաճույք; քմայք; խենթություն

Magi |ˈmeɪdʒʌɪ| *աստվածաշնչային* Մոգեր

magic |ˈmædʒɪk| **1** *noun* 1) մոգություն; կախարդություն 2) աճպարարություն; ձեռնածություն 3) հմայք; հմայլչություն; կախարդանք; կախարդականություն **2** *adjective* 1) կախարդական; կախարդանքի; կախարդության 2) արդյունավետ 3) *խոսակցական* մոգական; հմայիչ; դյութիչ; կախարդական **3** *verb* (**magicked**, **magicking**) կախարդանքի/կախարդանքով գործողություններ անել

magical |ˈmædʒɪk(ə)l| *adjective* 1) մոգական; կախարդական; կախարդանքի 2) հմայիչ; դյութիչ; չնաշխարհիկ

magician |məˈdʒɪʃ(ə)n| *noun* 1) կախարդ; մոգ 2) վարպետ; մասնագետ

magisterial |ˌmædʒɪˈstɪərɪəl| *adjective* 1) հեղինակավոր 2) տիրական; հրամայական; իշխանական 3) դատական; դատարանական

magistracy |ˈmædʒɪstrəsi| *noun* (հոգն. **-cies**) 1) դատավորի պաշտոն 2) (**the magistracy**) դատավորներ; դատական պաշտոնյաներ

magistral |ˈmædʒɪstr(ə)l|, |məˈdʒɪstr(ə)l| **1** *adjective* *գրական* *անգլերեն* *հնավանդ* 1) տիրական; հրամայական; հեղինակավոր; իշխանական 2) գլխավոր **2** *noun* մագիստրալ; գլխավոր գիծ

magistrate |ˈmædʒɪstrət|, |-streɪt| *noun* 1) դատավոր *(հաշտարար)* 2) քաղաքապետության անդամ; քաղաքային վարչության անդամ *(Անգլիայում)*

magma |ˈmægmə| *noun* *երկրաբանություն* հրահեղուկ նյութ; մագմա

Magna Carta |ˌmægnə ˈkɑːtə| *պատմական* Ազատությունների մեծ խարտիա *(1215թ.)*

magnanimity |ˌmægnəˈnɪmɪti| *noun* վեհանձնություն; մեծահոգություն

magnanimous |mægˈnænɪməs| *adjective* վեհանձն; մեծահոգի

magnate |ˈmægneɪt| *noun* խոշոր գործարար; խոշոր ձեռներեց

magnesia |mæg'ni:ʒə|, |-zɪə|, |-ʃə| *noun քիմիա* (**MgO**) մագնեզիումի օքսիդ; այրած մագնեզիում

magnesium |mæg'ni:zɪəm| *noun քիմիա* (**Mg**) մագնեզիում; մագնիում

magnet |'mægnɪt| *noun* 1) մագնիս; մագնիսաքար 2) (նաև **lodestone**) բնական մագնիսաքար 3) հրապույր; գրավչություն

magnetic |mæg'nɛtɪk| *adjective* 1) մագնիսական; մագնիսի; մագնիսային 2) մագնիսացվող; մագնիսականացնող 3) մագնիսականության 4) *փոխաբերական* հրապուրիչ; գրավիչ; ձգող; առինքնող

magnetic field *noun* մագնիսական դաշտ

magnetic north *noun* մագնիսական հյուսիս

magnetism |'mægnɪtɪz(ə)m| *noun* 1) մագնիսականություն ◇ **permanent magnetism** *ֆիզիկա* մնացորդային մագնիսականություն 2) հմայք; հրապույր; գրավչություն

magnetize |'mægnɪtʌɪz| *verb* 1) մագնիսականացնել 2) մագնիսականանալ; մագնիսանալ 3) հմայել; հրապուրել; գրավել; ձգել; հիպնոսել; հիպնոսացնել

magnification |ˌmægnɪfɪ'keɪʃ(ə)n| *noun* 1) խոշորացում; մեծացում; ուժեղացում; հզորացում 2) խոշորացված պատկեր

magnificence *noun* 1) շքեղություն; հոյակապություն 2) (**Your Magnificence**) Ձերդ Գերազանցություն *(դիմելաձև միապետին և այլն)*

magnificent |mæg'nɪfɪs(ə)nt| *adjective* 1) հոյակապ; շքեղ; փառահեղ; վեհաշուք 2) *խոսակցական* ապշեցուցիչ; հիանալի

magnificently *adverb* 1) հոյակապորեն; փառահեղորեն 2) *խոսակցական* ապշեցուցիչ կերպով

magnifier *noun* 1) խոշորացույց ապակի 2) *ռադիո* ուժեղարար; ուժեղացուցիչ *(սարք)*

magnify |'mægnɪfʌɪ| *verb* (**-fies, -fied**) 1) խոշորացնել; մեծացնել 2) ուժգնացնել; ավելացնել *(ձայնը, վտանգը և այլն)* 3) չափազանցել 4) *հնացած* գովերգել

magnifying glass *noun* խոշորացույց

magnitude |'mægnɪtju:d| *noun* 1) մեծություն; ծավալ 2) կարևորություն 3) պայծառություն *(աստղի)*

magnolia |mæg'nəʊlɪə| *noun բուսաբանություն* մագնոլիա; կղբի *(Magnolia, ընտանիք Magnoliaceae)*

magpie |'mægpʌɪ| *noun* 1) *կենդանաբանություն* կաչաղակ; անծեղ *(ընտանիք Corvidae)* 2) *խոսակցական* մանրուքներ հավաքող; հավաքածուների սիրահար 3) *խոսակցական* շաղակրատ; շատախոս

Magyar |'mægja:| **1** *noun* 1) մաջար; հունգարացի 2) հունգարերեն **2** *adjective* 1) հունգարական; մաջարական 2) հունգարերենի

Mahabharata |ˌmɑ:hə'bɑ:rətə| Մահաբհարաթա *(հին հնդկական էպոս)*

maharaja |ˌmɑ:(h)ə'rɑ:dʒə|, |ˌməhɑ:-| (նաև **maharajah**) *noun պատմական* մահառաջա *(մեծ իշխան Հնդկաստանում)*

mahogany |mə'hɒgəni| *noun* 1) *բուսաբանություն* կարմրափայտ ծառ *(Swietenia, ընտանիք Meliaceae)* 2) կարմրափայտ; հնդկափայտ

Maia¹ |'mʌɪə| *հունական դիցաբանություն* Մայա *(Ատլասի դուստրը և Հերմեսի մայրը հունական դիցաբանության մեջ)*

Maia² |'mʌɪə| *հռոմեական դիցաբանություն* Մայա *(աստվածուհի, որը զուգորդվում է Վուլկանի հետ)*

maid |meɪd| *noun* 1) աղախին; սպասուհի 2) *գրքային* կույս; աղջիկ; օրիորդ ◇ **old maid** պառաված օրիորդ/աղջիկ

maiden |'meɪd(ə)n| **1** *noun* օրիորդ; կույս; աղջիկ **2** *adjective* 1) կուսական; օրիորդական; աղջկա; կույս 2) պառաված; չամուսնացած *(կնոջ մասին)* 3) առաջին ◇ **maiden flight** առաջին թռիչք *(ինքնաթիռի)*. **maiden speech** առաջին ելույթ *(պառլամենտի նոր անդամի)*

maidenhood *noun* կուսություն; կուսական մաքրություն

maiden name *noun* օրիորդական ազգանուն

maid of honor *noun* 1) հարսնաքույր; հարսնացուին ընկերակցող 2) թագուհու ընկերակցուհի

maidservant |'meɪdsə:v(ə)nt| *noun հնացած* աղախին; սպասուհի

mail¹ |meɪl| **1** *noun* 1) փոստ; փոստառաքումներ ◇ **air mail** օդային փոստ 2) (**the mails**) փոստային համակարգ 3) *համակարգիչներ* էլեկտրոնային փոստ 4) *հնացած* (նաև **mail train**) փոստատար գնացք **2** *verb* 1) փոստով ուղարկել/առաքել 2) *համակարգիչներ* էլեկտրոնային հաղորդագրություն ուղարկել

mail² |meɪl| **1** *noun պատմական* 1) (նաև **chain-mail, ring-mail**) օղազրահ; վերտազրահ *(մետաղալարից հյուսած զրահ)* 2) *կենսաբանություն* զրահ *(որոշ կենդանիների)* **2** *verb* 1) զրահապատել; զրահ հագնել 2) զրահավորվել

mail bomb **1** *noun համակարգիչներ* 1) տե՛ս **letter bomb** 2) նամակախեղդ անելը *(որևէ էլեկտրոնային փոստի հասցեով ուղարկված խիստ մեծաքանակ հաղորդագրություններ)* **2** *verb* (**mail-bomb**) *համակարգիչներ* նամակախեղդ անել *(որևէ էլեկտրոնային փոստի հասցեով խիստ մեծաքանակ հաղորդագրություններ ուղարկել)*

mailbox |'meɪlbɒks| *noun* 1) փոստարկղ; նամակատուփ 2) *համակարգիչներ* փոստարկղ

mailing list *noun համակարգիչներ* հասցեացուցակ; առաքման ցուցակ; բաժանորդների ցուցակ *(այն մարդկանց հասցեները, ում պարբերաբար որոշակի տեղեկություն/գովազդ/ամսագիր պետք է ուղարկվի)*

mailman |'meɪlmən| *noun* (հոգն. **-men**) փոստատար; նամակատար

mail order *noun* փոստով պատվեր

maim |meɪm| *verb* խեղել; հաշմել; վնասել; հաշմանդամ դարձնել

main¹ |meɪn| **1** *adjective* գլխավոր; հիմնական; կարևորագույն; կենտրոնական **2** *noun* 1) հիմնական խողովակաշար; գլխավոր ջրագիծ/հոսանքագիծ/գազագիծ 2) *բանաստեղծական հնացած* (**the main**) բաց ծով; օվկիանոս 3) գլխավորը; հիմնականը ◇ **in the main** հիմնականում; գլխավորապես 4) մայրուղի

main² |meɪn| *noun պատմական* աքլորակռիվ; աքլորամարտ

mainframe |ˈmeɪnfreɪm| *noun* 1) *համակարգիչներ* խոշոր համակարգիչ 2) *համակարգիչներ* կենտրոնական մշակիչ հանգույց

mainland |ˈmeɪnlənd|, |-lænd| *noun* 1) մայրցամաք 2) մեծ կղզի *(կղզիների խմբում)*

main line 1 *noun* 1) հիմնական երկաթգիծ 2) հիմնական գիծ 3) գլխավոր փողոց; գլխավոր ճանապարհ 4) *խոսակցական* հիմնական ներարկման երակ **2** *verb* (**mainline**) *խոսակցական* ներերակային սրսկում կատարել

mainly |ˈmeɪnli| *adverb* 1) գլխավորապես 2) մեծապես; մեծ մասամբ; մեծամասամբ

mainmast |ˈmeɪnmɑːst| *noun ծովային* միջակայմ

mainsail |ˈmeɪnseɪl|, |-s(ə)l| *noun ծովային* մեծ առագաստը

mainspring |ˈmeɪnsprɪŋ| *noun* 1) հիմնական զսպանակ *(ժամացույցի)* 2) *փոխաբերական* շարժիչ ուժ; զսպանակ; շարժառիթ

mainstay |ˈmeɪnsteɪ| *noun* 1) *ծովային* կայմակալ; միջակայմը պահող ճոպան 2) *փոխաբերական* հենարան; նեցուկ; ապավեն

mainstream |ˈmeɪnstriːm| **1** *noun* 1) հիմնուղի; հիմնական ուղղությունը; տիրապետող նորմերը 2) *երաժշտություն* մեյնստրիմ ջազ *(1930-ականների ջազ)* **2** *adjective* 1) հիմնուղու; տիրապետող; հիմնական 2) սովորական *(դպրոցի և այլնի մասին՝ հատուկ կարիքներ ունեցող երեխաների համար)* **3** *verb* 1) (**be mainstreamed**) հիմնուղի դառնալ; տարածված/տիրապետող դառնալ 2) սովորական դպրոց տանել *(հատուկ կարիքներով երեխային)*

maintain |meɪnˈteɪn|, |mənˈteɪn| *verb* 1) պահել; պահպանել; ուժի մեջ պահել; պայմաններ ապահովել; հաստատուն պահել; շարունակել 2) լավ վիճակում պահել; հետևել; նորոգ պահել; խնամել; վերանորոգել *(ճանապարհը, շինությունը և այլն)* 3) ձեռքում պահել; չզիջել *(դիրքերը մրցակցին, հակառակորդին)* 4) պահել; կերակրել; սնել *(ընտանիք և այլն)* 5) *հնացած* նեցուկ հանդիսանալ; օգնել; օժանդակություն ցույց տալ; պաշտպանել 6) (**maintain that**) պնդել; հաստատել 7) *համակարգիչներ* պահպանում 8) *համակարգիչներ* սպասարկում

maintenance |ˈmeɪnt(ə)nəns|, |-tɪn-| *noun* 1) պահպանում; պահպանելը; պահելը; օգնություն; օժանդակություն; աջակցություն; հենարան; նեցուկ 2) *տեխնիկական* խնամք; պահպանում; վերանորոգում *(մեքենայի)* 3) ապրուստի/գոյության միջոցներ 4) պաշտպանում; պաշտպանելը *(որևէ կողմի կարծիքը)*

maisonette |ˌmeɪzəˈnet| *noun* երկհարկ բնակարան *(շենքում՝ առանձին մուտքով)*

maize |meɪz| **1** *noun* 1) եգիպտացորեն 2) բաց դեղին գույն **2** *adjective* բաց դեղին

majestic |məˈdʒestɪk| *adjective* վեհ; վսեմ; վեհասքանչ; վեհապանծ; օգոստոսափառ; փառահեղ; մեծաշուք

majestically *adverb* վսեմորեն; վսեմաբար; փառահեղորեն

majesty |ˈmædʒɪsti| *noun* (հոգն. **-ties**) 1) վեհություն; վսեմություն; վեհապանծություն; վեհափառություն 2) արքայական իշխանություն 3) Մեծություն *(միապետների և նրանց կանանց տիտղոս)* ◇ **His Majesty** Նորին մեծություն. **Your Majesty** Ձերդ մեծություն

majolica |məˈjɒlɪkə|, |-ˈdʒɒl-| *noun* մայոլիկա *(ջնարակած և նկարազարդ խեցի և այդ խեցուց իրեր)*

major |ˈmeɪdʒə| **1** *adjective* 1) հիմնական; գլխավոր; մեծ; նշանակալից; նշանակալի 2) լուրջ; ծանր *(վիրահատության վերաբերյալ)* 3) *երաժշտություն* մաժորային; մաժոր 4) ավագ 5) չափահաս **2** *noun ռազմական* 1) մայոր ◇ **drum major** ավագ թմբկահար 2) մասնագիտացում; մասնագիտություն *(ուսանողի)* 3) խոշոր կազմակերպություն **3** *verb* մասնագիտանալ; մասնագիտություն ձեռք բերել *(որոշակի ոլորտում)*

major-domo |ˌmeɪdʒəˈdəʊməʊ| *noun* (հոգն. **-domos**) ծառայապետ; ազնվական տան կառավարիչ

major general *noun* (հոգն. **major generals**) *ռազմական* գեներալ-մայոր

majority |məˈdʒɒrɪti| *noun* (հոգն. **-ties**) 1) մեծամասնություն ◇ **majority of votes** քվեների/ձայների մեծամասնություն. **absolute majority** բացարձակ մեծամասնություն. **by a marginal majority** ճնշող մեծամասնությամբ. **narrow majority** աննշան/չնչին մեծամասնություն; չնչին գերակշռություն 2) չափահասություն 3) *ռազմական* մայորի կոչում; մայորի աստիճան

make |meɪk| **1** *verb* (անցյալ **made** |meɪd|) 1) (**make sth into**) անել; ստեղծել; կատարել; շինել 2) շինել; արտադրել 3) կազմել; նախագծել; նախապատրաստել; առաջադրել; ներկայացնել 4) պատրաստել; սարքել; հարդարել *(նաև սնունդ)* 5) դարձնել; տեսք տալ; ներկայացնել 6) առաջացնել; ստեղծել 7) անել; վառել *(կրակ, խարույկ)* 8) կնքել *(դաշինք և այլն)* 9) նշանակել 10) (**make sb do sth**) ստիպել; հարկադրել; դրդել; անել տալ 11) դառնալ; լինել *(մասնագետ և այլն)* 12) ենթադրել; կարծել; մտածել; հաշվարկել 13) որոշել; պայմանավորվել *(ժամի և այլնի վերաբերյալ)* 14) աշխատել; վաստակել; դատել; ձեռք բերել *(գումար)* 15) հասնել; ժամանել 16) գումար կազմել; հավասար լինել *(որոշակի թվի)* • **make against** աննպաստ լինել; օգտակար չլինել **make away with** i) ազատվել; գլուխն ազատել; պրծնել; սպանել ii) օգտագործել; սպառել; վատնել **make for** i) աջակցել; օժանդակել ii) գնալ; ուղղվել; ուղղություն վերցնել; ուղևորվել iii) հարձակվել **make off** փախչել; փախուստի դիմել **make out** i) կազմել; գրել; նախագծել *(փաստաթուղթ, գրություն)* ii) դուրս գրել; գրել *(վճարագիր, հաշիվ)* iii) փորձել ապացուցել; պնդել; հասկանալ; ըմբռնել; պարզել iv) հասկանալ; գլուխ հանել; վերծանել; զանազանել; իրարից տարբերել; նշմարել **make over** i) հանձնել; տալ ii) նորոգել; վերափոխել *(վերարկուն և այլն)* **make up** i) լրացնել; համալրել; պակասը լրացնել; հատուցել; փոխհատուցել; փոխհատուցում տալ; բաց թողածը լրացնել/վերականգնել ii) ետ շահել *(կորցրած ժամանակը և այլն)* iii) կազմել; հավաքել; պատրաստել *(դեղը՝ ըստ դեղատոմսի)* iv) դիմահարդարել; գրիմ անել; գրիմավորվել *(դերասանին)* v) շպարվել *(դիմափոշի, շրթներկ և այլն քսել)* vi) հորինել; հնարել vii) կարգավորել; կարգի բերել; հարթել *(վեճը)* viii) հաշտվել ix) որոշել; վճռել; վճիռ կայացնել; որոշում ընդունել x) կարել; ձևել xi) *տպագրություն* էջ կապել **make up to** հանոյանալ; քծնել; ստորաքարշություն անել **2** *noun* 1) որակ; մակնիշ; ապրանքանիշ 2) տեսակ *(ապրանքի)* 3) ոճ; ձև 4) բնավորություն; խառնվածք 5) արտադրանք; արտադրություն 6) զարգացում; կազմավորում

make like *խոսակցական* ձևացնել; ձև անել

make oneself at home զգալ/լինել ինչպես իր տանը

make up one's mind որոշել; վճռել; մտքում դնել

make-believe **1** *noun* 1) պատրանք; խաբկանք; աչքախաբ *(երևակայական լավ աշխարհ)* 2) կեղծիք; կեղծություն; ձևացում **2** *adjective* կեղծ; ձևական; շինծու **3** *verb* 1) ձևացնել; կեղծել 2) երևակայել

makeover *noun* կերպարանափոխում *(որևէ մեկի սանրվածքի, հագուստի, շպարանքի ոճն ամբողջությամբ փոխելը)*

maker |ˈmeɪkə| *noun* 1) շինող; հորինող; կերտող; պատրաստող 2) ստեղծող; արարիչ; Աստված

makeshift |ˈmeɪkʃɪft| **1** *adjective* ժամանակավոր; փոխարինող **2** *noun* ժամանակավոր փոխարինող բան/միջոց

makeup (նաև **make-up**) *noun* 1) շպար; գեղաներկ 2) գրիմ և զգեստ *(դերասանի)* 3) կառուցվածք; կերտվածք 4) խառնվածք; բնավորություն 5) *տպագրություն* էջատում; էջատելը; էջկապ

makeweight |ˈmeɪkweɪt| *noun* քաշլիկ; կշռալիկ *(պահանջված քաշն ապահովելու համար)*

making |ˈmeɪkɪŋ| *noun* 1) պատրաստում; պատրաստելը; արտադրություն; արտադրելը ◊ **in the making** աշխատանքի/ստեղծման ընթացքի մեջ. **be the making of sb** հաջողության գրավականը լինել 2) (**makings**) վաստակ; դատում; աշխատավարձ 3) *ամերիկյան ծածկալեզու* (**makings**) ծխախոտ և բարակ թուղթ *(գլանակ շինելու համար)*

maladjusted |ˌmæləˈdʒʌstɪd| *adjective* անճշտորեն/սխալ հարմարեցված

maladminister |ˌmælədˈmɪnɪstə| *verb գրական անգլերեն* վատ ղեկավարել; անարդարացի վարել

malady |ˈmælədi| *noun* (հոգն. **-dies**) ախտ; տկարություն; հիվանդություն

Malagasy |ˌmæləˈgæsi| **1** *noun* (հոգն. նույնը կամ **-gasies**) մադագասկարցի **2** *adjective* մադագասկարյան

malaria |məˈlɛːrɪə| *noun բժշկություն* մալարիա; դողէրոցք; ճահճատենդ

malarial *adjective բժշկություն* մալարիայի; ճահճատենդային; մալարիական

Malay |məˈleɪ| **1** *noun* 1) մալայացի 2) մալայերեն **2** *adjective* մալայական

malcontent |ˈmælkəntent| **1** *noun* դժգոհ/չբավարարված/ապստամբական/խռովարար անձ **2** *adjective* դժգոհ; չբավարարված; ապստամբական; խռովարար

male |meɪl| **1** *adjective* 1) արու; արական սեռի; որձ 2) տղամարդկային; տղամարդկանց 3) *համակարգիչներ տեխնիկական* արական *(միացքի մասին)* **2** *noun* 1) տղամարդ; այր 2) արու; որձ

malediction |ˌmælɪˈdɪkʃ(ə)n| *noun* անեծք; նզովք

malefactor |ˈmælɪˌfæktə| *noun գրական անգլերեն* չարագործ; ոճրագործ

malevolence *noun* թշնամություն; չարակամություն; չարախնդություն

malevolent |məˈlɛv(ə)l(ə)nt| *adjective* չարամիտ; չարակամ; չարախինդ

malfeasance |mælˈfiːz(ə)ns| *noun իրավունք* 1) իրավախախտում; հանցագործություն; պաշտոնեական հանցանք 2) չարագործություն; ոճրագործություն

malformation |mælfɔːˈmeɪʃ(ə)n| *noun* 1) զարգացման անկանոնություն; հաշմություն; այլանդակություն *(կազմվածքի)* 2) տձևություն

malice |ˈmælɪs| *noun* 1) չարակամություն; ոխակալություն; քեն; քինախնդրություն ◊ **bear malice to** չար մտադրություն ունենալ; ոխ տածել 2) *իրավունք* չար դիտավորություն

malicious |məˈlɪʃəs| *adjective* 1) չար; չարասիրտ; ոխակալ; քինոտ 2) կանխամտածված; դիտավորյալ

maliciously *adverb* չար դիտավորությամբ

malign |məˈlʌɪn| **1** *adjective* 1) չարամիտ; չարակամ; չար; չարանենգ 2) *բժշկություն* վնասակար; չարորակ **2** *verb* չարախոսել; զրպարտել

malignant |məˈlɪgnənt| *adjective* 1) *բժշկություն* վնասակար; կործանարար *(հիվանդության մասին)* 2) չարորակ; վատորակ; ախտահարույց *(հատկապես ուռուցքի մասին)* 3) չար; չարամիտ; չարասիրտ; ոխակալ; քինոտ

malingerer *noun* կեղծակերպիչ; կեղծագործող; ձևացնող

mall |mæl|, |mɔːl|, |mɒl| *noun* 1) ժամանցախանութ *(հանրախանութների, ռեստորանների և այլնի ցանցով)* 2) զբոսավայր *(տանիքապատ)* 3) զբոսուղի; ճեմուղի *(փողոցի՝ միայն հետիոտների համար նախատեսված մասը)* 4) տեխնիկական կռան; մուրճ

mallard |ˈmælɑːd|, |-ləd| *noun* (հոգն. նույնը կամ **-lards**) *կենդանաբանություն* արու բադ; վայրի բադ *(Anas platyrhynchos, ընտանիք Anatidae)*

malleable |ˈmælɪəb(ə)l| *adjective* 1) դյուրակուռ; կռելի *(մետաղի մասին)* 2) փոխաբերական զիջող; տեղի տվող; հարմարվող

mallet |ˈmælɪt| *noun* թակ

malleus |ˈmælɪəs| *noun* (հոգն. **mallei** |ˈmælɪʌɪ|) *կազմախոսություն* մուրճ *(ականջի)*

mallow |ˈmæləʊ| *noun բուսաբանություն* վայրի մոլոշ; բաղրջուկ; փիփերթ *(Malva, ընտանիք Malvaceae)*

malnutrition |mælnjʊˈtrɪʃ(ə)n| *noun բժշկություն* թերասնուցում; վատ սնունդ; թերասնվելը; անկանոն սնվելը; թերսնում

malpractice |mælˈpræktɪs| *noun* 1) հակաօրինական գործողություն; պաշտոնեական հանցագործություն 2) անուշադրություն; անփութություն *(բժշկի)* 3) վստահության չարաշահում

malt |mɔːlt|, |mɒlt| **1** *noun* 1) ածիկ; մաստ *(հացաբույսերի ծլեցրած՝ չորացրած հատիկներ)* 2) (նաև **malt whiskey**) գարու ածիկի վիսկի 3) (նաև **malted milk**) ածիկով կաթ **2** *verb* 1) ածիկացնել; ածիկ դարձնել 2) ածիկանալ; ածիկ դառնալ

Malta |ˈmɔːltə|, |ˈmɒl-| Մալթա *(կղզի-պետություն Միջերկրական ծովում)*

Maltese[1] |mɔːlˈtiːz|, |mɒl-| **1** *noun* (հոգն. նույնը) մալթացի **2** *adjective* մալթայական; Մալթայի

Maltese[2] (նաև **Maltese terrier**) *noun* երկարամազ շան ցեղ

maltose |ˈmɔːltəʊz|, |-s|, |mɒlt-| *noun քիմիա* ածիկաշաքար; մալթոզ

maltreat |mælˈtriːt| *verb* 1) վատ/կոպիտ վերաբերվել 2) անպատշաճ բուժում կիրառել

mama |ˈmæmə|, |məˈmɑː| (նաև **mamma**) *noun* 1) մամա; մայրիկ 2) *խոսակցական* հասուն կին

mammal |ˈmæm(ə)l| *noun կենսաբանություն* կաթնասուն կենդանի

mammary |ˈmæməri| **1** *adjective* ստինքային; կրծքագեղձային **2** *noun* (հոգն. **-ries**) *խոսակցական* կուրծք

mammogram |ˈmæməgræm| *noun* կրծքագիր; ստինքագիր

mammoth |ˈmæməθ| **1** *noun հնէաբանություն կենդանաբանություն* մամոնտ *(Mammuthus, ընտանիք Elephantidae)* **2** *adjective* հսկա; վիթխարի

mammy |ˈmæmi| *noun* (հոգն. **-mies**) *խոսակցական* 1) մամա; մայրիկ 2) *ամերիկյան* սևամորթ դայակ 3) *ամերիկյան* պառավ սևամորթ կին

man |mæn| **1** *noun* (հոգն. **men** |mɛn|) 1) մարդ 2) բանվոր 3) տղամարդ աշխատող; արական սեռի աշխատակից 4) *ռազմական* շարքային 5) ամուսին; տղամարդ; մարդ; սիրեցյալ; սիրեկան ◊ **man and wife** այր ու կին; ամուսիններ. **best man** փեսավոր; փեսեղբայր; խաչեղբայր 6) մարդ; որևէ մեկը; անհատ *(անկախ սեռից)* 7) *հնացած* ծառա; սպասավոր 8) մարդկային ցեղ; մարդկություն 9) ◊ **man of letters** գրող; գրականագետ. **man of science** գիտնական; գիտության մարդ. **man of business** գործարար մարդ; առևտրական. **man of property** սեփականատեր մարդ. **man of the cloth** հոգևորական; եկեղեցական 10) (**men**) զինվորներ; նավաստիներ 11) հետևակ; խաղաքինվոր *(շախմատում)* 12) տամայաքար **2** *verb* (**manned**, **manning**) 1) *ռազմական ծովային* անձնակազմով համալրել 2) *հնացած* քաջալերել ◊ **man oneself** քաջալերվել; սիրտ առնել **3** *exclamation խոսակցական* ա՜յ մարդ; ա՜յ քեզ բան *(գործածվում է անկախ դիմացինի սեռից)*

man of honor սկզբունքի/պատվի մարդ

old man 1) ծերունի; ծերուկ; պևոր 2) բարեկամս

the inner man 1) հոգի; ներքինը *(մարդու)* 2) *կատակային* ստամոքս

the man in the street հասարակ մարդ

the outer man արտաքին տեսք/հագուստ

manacle |ˈmænək(ə)l| **1** *noun* 1) (սովորաբար **manacles**) ձեռնաշղթաներ; ձեռնակապանքներ 2) *փոխաբերական* կապանքներ; շղթաներ **2** *verb* 1) շղթայակապել; ձեռնաշղթաներ հագցնել 2) *փոխաբերական* արգելք հարուցել; խոչընդոտ հանդիսանալ; կաշկանդել

manage |ˈmænɪdʒ| *verb* 1) կառավարել; ղեկավարել; ղեկավարը լինել 2) հաղթահարել խոչընդոտները; հասնել նպատակին 3) հաջողացնել; գլուխ բերել; խելք բանեցնել; հնար գտնել; կարողանալ; ճար անել *(մի բան անել)* 4) զսպել; սանձել *(ձին)* 5) վերահսկել; տնօրինել; կարգավորել; դիմանալ/դիմակայել մի բանի 6) տիրապետել *(զենքին և այլն)*

manageable |ˈmænɪdʒəb(ə)l| *adjective* 1) վարելի; ղեկավարելի; վերահսկելի; կառավարելի; կատարելի; իրագործելի 2) համոզվող; հեշտ համաձայնվող; լուռ; զիջող; հնազանդ

management |ˈmænɪdʒm(ə)nt| *noun* 1) կառավարում; ղեկավարություն; ղեկավարում 2) վարչություն; կառավարիչներ 3) *բժշկություն* խնամք; հոգատար վերաբերմունք *(մարդկանց, հատկապես հիվանդների նկատմամբ)* 4) տիրապետում; տիրապետելը *(զենքին և այլն)* 5) *հնացած* հնարամտություն; ճարպկություն; խորամանկություն; խաբեբայություն

manager |ˈmænɪdʒə| *noun* 1) կառավարիչ; վարիչ; պետ 2) տնտեսատեր 3) *համակարգիչներ* կառավարիչ

manageress |ˌmænɪdʒəˈrɛs|, |ˈmænɪdʒərɪs| *noun հազվադեպ* կին կառավարիչ

managerial |mænəˈdʒiːrɪəl| *adjective* կառավարման; վարչական; կազմակերպչական; կառավարչական

managing |ˈmænɪdʒɪŋ| *adjective* 1) ղեկավարող; կառավարող; վարող 2) գործարար; գործունյա 3) խնայող; տնտեսող; հաշվենկատ

managing director *noun* գործադիր տնօրեն

Manchester |ˈmæntʃɪstə| Մանչեստր *(քաղաք Անգլիայում)*

Manchu |mænˈtʃuː| **1** *noun* (հոգն. նույնը կամ **-chus**) մանջուր; մանջուրացի **2** *adjective* մանջուրական

mandarin[1] |ˈmænd(ə)rɪn| *noun* 1) մանդարին; գրական չինարեն *(Պեկինի բարբառի վրա հիմնված)* 2) *պատմական* մանդարին *(բարձրագույն պաշտոնյա հին Չինաստանում)* 3) պահպանողական/առողջամիտ ղեկավար

mandarin[2] |ˈmænd(ə)rɪn| (նաև **mandarine** կամ **mandarin orange**) *noun* 1) մանդարին *(պտուղ)* 2) նարնջի գույն 3) *բուսաբանություն* մանդարինենի; մանդարինի ծառ *(Citrus reticulata, ընտանիք Rutaceae)*

mandatary |ˈmændət(ə)ri| *noun* (հոգն. **-taries**) *քաղաքականություն պատմական* հավատարմատար *(գաղութների կամ նվաճված երկրների նկատմամբ կառավարման իրավունք ունեցող պետություն)*

mandate |ˈmændeɪt| **1** *noun* 1) հանձնագիր; հանձնարարագիր; մանդատ *(կառավարման իրավունք գաղութների և նվաճված այլ երկրների նկատմամբ)* 2) լիազորագիր; իրավասություն; իշխանություն **2** *verb* |mænˈdeɪt| 1) հանձնագրել; հանձնագիր տալ 2) պարտադիր դարձնել; պահանջել

mandatory |ˈmændət(ə)ri| **1** *adjective* 1) հրամայական; հարկադրական; պարտադիր

2) հանձնագիր ունեցող 3) հանձնագրով կառավարվող **2** *noun* (հոգն. **-ries**) տե՛ս **mandatary**

mandible |ˈmændɪb(ə)l| *noun* *կազմախոսություն կենդանաբանություն* ստորին ծնոտ; կզակոսկր

mandolin |ˈmændəlɪn|, |mændəˈlɪn| *noun* *երաժշտություն* մանդոլինա *(երաժշտական գործիք)*

mane |meɪn| *noun* 1) բաշ 2) մազեր *(մարդու՝ հատկապես երկար կամ հաստ)*

manège |mæˈnɛʒ| *noun* 1) բաց ձիամարզարան 2) ձիավարություն

maneuver |məˈnuːvə| (*բրիտանական* **manoeuvre**) **1** *noun* 1) *ռազմական* զորաշարժ; զորաշարժություն 2) հնարք; հնարքաբանեցում; խուսանավում; խորամանկություն 3) *ռազմական ծովային* (**maneuvres**) զորախաղեր; ռազմավարժություններ **2** *verb* (**-vered**, **-vering**) 1) հմտորեն տեղաշարժվել/վարել 2) հմտորեն/խնամքով տեղաշարժել 3) մղել; թելադրել; խորամանկությամբ ստիպել; հրահրել *(որևէ բան անելու)* 4) *ռազմական ծովային* զորախաղեր/ռազմավարժություններ կատարել

manful |ˈmænfʊl|, |-f(ə)l| *adjective* քաջասիրտ; արի; քաջ; վճռական

manganese |ˈmæŋgəniːz| *noun* *քիմիա* (**Mn**) մանգան

manganic |mæŋˈgænɪk| *adjective* *քիմիա* եռավալենտ մանգան պարունակող

mange |meɪn(d)ʒ| *noun* *բժշկություն* քոս; գոնջ

manger |ˈmeɪn(d)ʒə| *noun* կերատաշտ; մսուր

mangle¹ |ˈmæŋg(ə)l| *verb* 1) խեղել; հաշմել; այլանդակել; հաշմանդամեցնել; կտոր-կտոր անել; պատառոտել 2) աղավաղել *(բառերը, տեքստը և այլն)*

mangle² |ˈmæŋg(ə)l| **1** *noun* գլանիչ *(սպիտակեղենը հարթելու հարմարանք)* **2** *verb* սպիտակեղենը գլանել

mango |ˈmæŋgəʊ| *noun* (հոգն. **-goes** կամ **-gos**) 1) մանգո *(պտուղ)* 2) *բուսաբանություն* մանգոյի ծառ *(Mangifera indica, ընտանիք Anacardiaceae)*

mangrove |ˈmæŋgrəʊv| *noun* *բուսաբանություն* մանգլենի; մանգրենի *(Rhizophora, ընտանիք Rhizophoraceae, և Avicennia ընտանիք Verbenaceae կամ Avicenniaceae)*

mangy |ˈmeɪn(d)ʒi| (նաև **mangey**) *adjective* (**-gier**, **-giest**) 1) քոսոտ; գոնջոտ 2) կեղտոտ; գզգզված; մաշված

manhandle |ˈmænhænd(ə)l| *verb* 1) մարդկանց միջոցով փոխադրել; շալակով փոխադրել; ձեռքով բարձել/բեռնել 2) *ծածկալեզու* քաշքշել; հրմշտել; կոպիտ վերաբերվել

Manhattan |mænˈhæt(ə)n| Մանհեթն *(Նյու Յորքի շրջաններից մեկը)*

manhole |ˈmænhəʊl| *noun* 1) լյուկ; մտոց; դռնակ *(փողոցում)* 2) դիտահոր

manhood |ˈmænhʊd| *noun* 1) հասունություն; առնություն; առնական հասակ; չափահասություն *(տղամարդու)* 2) *հավաքական* տղամարդիկ; արական սեռին պատկանող ազգաբնակչությունը *(որոշակի երկրի)* 3) արիություն; քաջություն; առնականություն 4) *հնացած* մարդ լինելը; մարդկային էություն 5) *խոսակցական* (**one's manhood**) տղամարդու սեռական օրգանները

mania |ˈmeɪnɪə| *noun* 1) *բժշկություն* մոլուցք; մոլություն; մոլագարություն; մտագարություն 2) մոլուցք; կիրք; կլանվածություն *(որևէ բանով)*

maniac |ˈmeɪnɪæk| **1** *noun* *խոսակցական* մոլական; մոլագարի **2** *noun* *խոսակցական* 1) *նաև բժշկություն* մոլագար; մոլի; մտագար; մտամոլ; մոլուցքով բռնված անձ 2) խենթ; շեղված; տարված *(մի բանով)*

maniacal |məˈnʌɪək(ə)l| *adjective* մոլական; մոլագարի

manic |ˈmænɪk| *adjective* 1) մոլեգին; ցնորական 2) խելահեղ; ջղայնոտ; խիստ զբաղված 3) *հոգեբուժություն* ցնորամտային; մոլագարային

manic-depressive *adjective* ցնորամտային-ընկճվածական

manicure |ˈmænɪkjʊə| **1** *noun* 1) մատնահարդարանք; մատնահարդարում 2) մատնահարդարուհի **2** *verb* մատնահարդարել

manifest¹ |ˈmænɪfɛst| **1** *adjective* ակներև; հայտնի; բացահայտ; պարզորոշ **2** *verb* 1) ցուցաբերել; դրսևորել; հանդես բերել; երևան հանել; պարզորոշ կերպով ցույց տալ; հրապարակել 2) ապացուցել; ակնհայտ դարձնել 3) դրսևորվել; ի հայտ գալ; երևալ *(հիվանդության և այլնի մասին)*

manifest² |ˈmænɪfɛst| **1** *noun* 1) նավաբեռի հայտարարագիր 2) օդանավի/գնացքի բեռի և ուղևորների ցուցակ **2** *verb* գրանցել նավաբեռի հայտարարագրում; գրանցել ինքնաթիռի/գնացքի ուղևորների և բեռի ցուցակում

manifestation |ˌmænɪfɛˈsteɪʃ(ə)n| *noun* 1) դրսևորում; արտահայտություն; ցուցաբերում; արտաքին նշան; արտահայտում; արտահայտելը; դրսևորելը; հանդես բերելը; ցուցաբերելը; հանդես գալը; արտահայտվելը 2) նշան; դրսևորում *(հիվանդության)* 3) մարմնավորում; նյութականացում 4) ապացուցում; ապացուցելը 5) ցույց; ցույցի երթ

manifestly *adverb* ակնհայտորեն; բացահայտաբար

manifesto |mænɪˈfɛstəʊ| *noun* (հոգն. **-tos**) հռչակագիր; մանիֆեստ ◊ **The Communist Manifesto** կոմունիստական կուսակցության մանիֆեստ

manifold |ˈmænɪfəʊld| **1** *adjective* 1) բազմաթիվ; բազմաքանակ; մեծաթիվ 2) զանազան; բազմազան; բազմատեսակ; բազմաձև; բազմատարր **2** *noun* 1) *տեխնիկական* խողովակաշար 2) պատճեն *(փաստաթղթի և այլնի)* **3** *verb* բազմացնել *(փաստաթուղթը)*

manikin |ˈmænɪkɪn| (նաև **mannikin**) *noun* 1) գաճաճ; մարդուկ 2) մանեկեն *(նկարչական կամ կազմախոսական նպատակների համար)*

manipulate |məˈnɪpjʊleɪt| *verb* 1) հմտորեն բանեցնել; վարպետորեն կառավարել *(դազգահ, գործիք և այլն)* 2) *համակարգիչներ* վերափոխել *(տեքստը, տվյալները և այլն)* 3) ձեռարկել *(ձեռքի շարժումներով բուժել)* 4) կառավարել; հմտորեն ղեկավարել; խորամանկորեն վարել; մեքենայություններ անել 5) կեղծել; աղավաղել; նենգափոխել *(տվյալները)*

manipulative |məˈnɪpjʊlətɪv| *adjective* 1) խոռամանկ; անազնիվ; նենգ 2) կառավարման

mankind *noun* 1) մարդկություն; մարդկային ցեղ 2) տղամարդիկ

manlike |ˈmænlʌɪk| *adjective* 1) մարդանման; մարդակերպ 2) տղամարդանման; այրանման; առնանման *(կնոջ մասին)* 3) առնական; տղամարդուն հատուկ

manliness *noun* արիություն; քաջություն; առնականություն

manly |ˈmænli| *adjective* (**-lier**, **-liest**) 1) արի; քաջ; առնական; տղամարդ 2) տղամարդու; տղամարդկային; տղամարդուն հատուկ

man-made *adjective* ձեռակերտ; մարդակերտ; արհեստական

manna |ˈmænə| *noun* 1) *աստվածաշնչային* երկնային մանանա 2) *բժշկություն* մանանա

mannequin |ˈmænɪkɪn|, |-kwɪn| *noun* 1) մանեկեն *(հագուստի խանութների)* 2) *հիմնականում պատմական* մոդել; բնորդ *(հագուստներ ցուցադրող)*

manner |ˈmænə| *noun* 1) եղանակ; կերպ; ձև; սովորություն 2) *արվեստ* եղանակ; ոճ *(արվեստագետի)* 3) *քերականություն* ձև *(պարագաների)* 4) (**manner of**) մի տեսակ 5) (**manners**) շարժուձև; վարվելակերպ; վարվելաձև 6) (**manners**) սովորույթներ; բարքեր

in a manner որոշ չափով/իմաստով

mannerism |ˈmænərɪz(ə)m| *noun* 1) շարժուձև; վարվելակերպ 2) *հոգեբուժություն* չափազանցված շարժում; մշտապես կրկնվող արտահայտություն 3) բռնազբոսություն; արհեստականություն; անբնականություն

mannerliness *noun* քաղաքավարություն

mannerly |ˈmænəli| *adjective* քաղաքավարի; կիրթ

mannish |ˈmænɪʃ| *adjective* *արհամարհական* 1) տղամարդանման; առնանման *(կնոջ մասին)* 2) առնական; առնացի; տղամարդուն հատուկ

man-of-war (նաև **man-o'-war**) *noun* (հոգն. **men-of-war** նաև **men-o'-war**) *պատմական* ռազմանավ

manor |ˈmænə| *noun* (նաև **manor house**) կալվածք; ավատ

manorial |məˈnɔːrɪəl| *adjective* *պատմական* ավատական; կալվածային

manpower |ˈmænpaʊə| *noun* 1) անձնակազմ; մարդկային կազմ 2) բանվորական ուժ

manse |mæns| *noun* 1) քահանայի տուն; երիցատուն 2) առանձնատուն

mansion |ˈmænʃ(ə)n| *noun* 1) խոշոր առանձնատուն 2) տե՛ս **manor**

manslaughter |ˈmænslɔːtə| *noun* չկանխամտածված սպանություն; մարդասպանություն

mantelpiece |ˈmænt(ə)lpiːs| (նաև **mantlepiece**) *noun* 1) բուխարու երեսպատված մասը 2) բուխարու վրայի դարակ

mantle¹ |ˌmænt(ə)l| **1** *noun* 1) թիկնոց; ծածկոց; շալ 2) *փոխաբերական* ծածկույթ; քող 3) *տեխնիկական* շիկացանց 4) *տեխնիկական* ծածկոց; պատյան **2** *verb* 1) ծածկել; պատել; թաքցնել 2) կարմրեցնել; շիկնեցնել 3) կարմրել; շիկնել; շառագունել *(դեմքի մասին)* 4) փրփրակալել; փրփուրով ծածկվել 5) տարածել; պարզել *(թռչունը՝ թևերը)*

mantle² *noun* (նաև **mantel**) բուխարու վրայի դարակ

Manu |ˈmʌnuː| *դիցաբանություն* Մանու *(առաջին մարդը հինդուիստական դիցաբանության մեջ)*

manual |ˈmænjʊ(ə)l| **1** *adjective* 1) ձեռքի; ֆիզիկական *(աշխատանքի մասին)* 2) ձեռքի *(գործիքի մասին)* 3) ֆիզիկական աշխատանք կատարող *(մարդկանց մասին)* **2** *noun* 1) ձեռնարկ; դասագիրք; տեղեկագիրք; ուղեցույց 2) ձեռքի ստեղնաշար *(երգեհոնի)*

manufactory |mænjʊˈfækt(ə)ri| *noun* (հոգն. **-ries**) *հնացած* *պատմական* մանածագործարան; մանուֆակտուրա

manufacture |mænjʊˈfæktʃə| **1** *noun* 1) արտադրություն; արտադրում *(որոշակի ապրանքի)* 2) արտազատուկ; արտադրուկ; արտադրություն *(օրգանիզմի)* 3) (**manufactures**) արտադրանք **2** *verb* 1) արտադրել; պատրաստել 2) արտազատել; արտադրել *(օրգանիզմը՝ որոշակի նյութ)* 3) *փոխաբերական* *արհամարհական* կեղծել; հորինել

manufacturer *noun* 1) արտադրող 2) գործարար

manure |məˈnjʊə| **1** *noun* 1) գոմաղբ; պարարտանյութ 2) պարարտանյութ *(արհեստական)* **2** *verb* պարարտացնել; աղբել *(հողը)*

manuscript |ˈmænjʊskrɪpt| **1** *noun* 1) ձեռագիր; մատյան 2) բնագիր *(հեղինակի)* **2** *adjective* ձեռագիր; ձեռագրական; ձեռագրերի

Manx |mæŋks| **1** *adjective* Մեն կղզու **2** *noun* Մեն կղզու բնակիչ; կելտ

many |ˈmɛni| **1** *adjective, pronoun* (**more** |mɔː|, **most** |məʊst|) շատ; բազում; բազմաթիվ; մեծաթիվ ◊ **as many as...** այնքան... որքան. **not so many as** ոչ այնքան ... որքան. **how many?** որքա՞ն; ինչքա՞ն; քանի՞ *(հատ)*. **the many** մեծամասնությունը **2** *noun* շատերը; շատություն; բազմություն; մեծ քանակություն ◊ **a good many** բավականաչափ քանակություն. **a great many** հսկայական քանակություն; բազմաթիվ

Maori |ˈmaʊri| **1** *noun* (հոգն. նույնը կամ **-ris**) մաորի *(Նոր Զելանդիայում բնակվող ցեղ և նրա լեզուն)* **2** *adjective* մաորիական; մաորիների

map |mæp| **1** *noun* 1) աշխարհագրական քարտեզ ◊ **celestial map** աստղազարդ երկնքի քարտեզ. **contour map, contoured map** ուրվագծային քարտեզ. **circulation map** երթուղային քարտեզ 2) գծագիր; գծապատկեր 3) *մաթեմատիկա* տե՛ս **mapping** **2** *verb* (**mapped**, **mapping**) քարտեզ գծել; քարտեզի վրա գծանշել; քարտեզագրել; արտապատկերել ◊ **map out** պլանավորել; բաշխել

off the map *խոսակցական* 1) աշխարհից կտրված/հեռու 2) հնացած; նշանակությունը կորցրած

on the map կարևոր; նշանակալից

maple |ˈmeɪp(ə)l| *noun* *բուսաբանություն* 1) թխկի *(Acer, ընտանիք Aceraceae)* 2) թխկու բուրմունք *(օշարակի կամ շաքարի մեջ)*

maple leaf *noun* թխկու տերև *(Կանադայի խորհրդանիշը)*

maple syrup *noun* թխկու օշարակ

mapping |ˈmæpɪŋ| *noun մաթեմատիկա լեզվաբանություն* արտապատկերում

mar |mɑː| *verb* (**marred**, **marring**) 1) փչացնել; աղավաղել; վնասել *(տեսքը)* 2) *փոխաբերական* ապականել; մրոտել ◊ **make or mar** կամ հաջողություն կամ կործանում

marathon |ˈmærəθ(ə)n| *noun մարզական* 1) (նաև **marathon race**) մարաթոնյան վազք 2) երկարատև եռանդուն գործունեություն/գործընթաց

maraud |məˈrɔːd| *verb* 1)ասպատակել; արշավել *(թալանելու նպատակով)* 2) կողոպտել; դիակապտել

marauder *noun* կողոպտիչ; ավարառու; ավազակ; դիակապտիչ

marble |ˈmɑːb(ə)l| **1** *noun* 1) մարմար; մարմարիոն; մարմարաքար 2) (**marbles**) մարմարեղեն իրեր/կերտվածքներ/արձաններ 3) (**marbles**) մանկական գնդակախաղ 4) *խոսակցական* (**one's marbles**) մտավոր ունակություններ **2** *verb* 1) մարմարի տեսք հաղորդել 2) մարմարի նման դարձնել

March |mɑːtʃ| *noun* մարտ *(ամիս)*

march[1] |mɑːtʃ| **1** *verb* 1) համաքայլ գնալ; ընթանալ; քայլել 2) շարժվել *(վճռականորեն ու արագ)* 3) շարքով տանել; ստիպել արագ քայլել 4) երթ; ցույց *(ի նշան բողոքի)* 5) ընթանալ; անցնել *(ժամանակի և այլնի մասին)* • **march ahead** առաջ ընթանալ **march off** մեկնել; դուրս գնալ; ճանապարհվել; գնալ; հեռանալ; տանել; հեռացնել **march on** առաջ շարժվել **march out** դուրս գալ/ելնել/բերել/տանել; հանել *(զորքերը)* **2** *noun* 1) երթ; ռազմերթ ◊ **forced march** *ռազմական* սրընթաց ռազմերթ 2) *երաժշտություն* քայլերգ 3) արշավանք; արշավ; երթ 4) ընթացք; զարգացում *(իրադարձությունների, գիտության և այլնի)*

march[2] |mɑːtʃ| **1** *noun* (*մկրք* **Marches**) սահման; սահմանագլուխ; սահմանամերձ գոտի *(հատկապես Անգլիայի և Ուելսի միջև)* **2** *verb հազվադեպ* սահմանակից լինել

marchioness |ˌmɑːʃəˈnɛs|, |ˈmɑːʃ(ə)nɪs| *noun* մարկիզուհի

Marduk |ˈmɑːdʊk| *դիցաբանություն* Մարդուկ *(բաբելոնյան աստված)*

mare[1] |mɛː| *noun* զամբիկ; մատակ *(էգ ձի)*

mare[2] |ˈmɑːreɪ|, |-ri| *noun* (հոգն. **maria** |ˈmɑːrɪə|) *աստղագիտություն* «ծով» *(լուսնի մակերեսի վրա)*

mare's nest *noun* 1) խառնաշփոթ; թափթփվածություն; փնթի իրավիճակ 2) պատրանք; մոլորություն; գոյություն չունեցող բան ◊ **find a mare's nest** *հեգնական* չեղած բանը գտած համարել; զյուտ անել

margarine |ˌmɑːdʒəˈriːn|, |ˈmɑːgəriːn| *noun* մարգարին

marge |mɑːdʒ| *noun բանաստեղծական* եզր; շուրթ; սահման

margin |ˈmɑːdʒɪn| **1** *noun* 1) եզր; շուրթ; սահման 2) լուսանցք *(գրքի, էջի)* 3) տարբերություն *(հաշվի և գնի)* 4) պահեստ; պահեստային միջոցներ 5) ստորին սահման; նվազագույն քանակություն 6) *տնտեսագիտություն* շահույթի գանցք 7) հավելյալ քանակություն; ավելցուկ *(փողի, ժամանակի և այլնի)* ◊ **wide of margin** պահանջվածից ավելի; ավելի, քան անհրաժեշտ է 8) եզերք; ափ *(գետի և այլնի)* **2** *verb* (**-gined**, **-gining**) 1) լուսանցք թողնել 2) գանձեր թողնել 3) *հնացած* լուսանցքի վրա գրել

marginal |ˈmɑːdʒɪn(ə)l| **1** *adjective* 1) ծայրի; եզրային; սահմանային; եզրամասային 2) աննշան; անկարևոր; շատ փոքր 3) լուսանցքային; լուսանցքում գրված 4) առափնյա 5) *տնտեսագիտություն* գանցքի **2** *noun* առափնյա բույս

marginally |ˈmɑːdʒɪn(ə)li| *adverb* մասամբ; մասնակիորեն; թեթևակիորեն; որոշ չափով; մի փոքր

marguerite |ˌmɑːgəˈriːt| *noun բուսաբանություն* (նաև **oxeye daisy**) երիցուկ սովորական

Mari Autonomous Republic (նաև **Mari El**) Մարիական ինքնավար հանրապետություն *(Ռուսաստանի եվրոպական մասում)*

marigold |ˈmærɪgəʊld| *noun բուսաբանություն* վաղինակ; վաղենիկ; նարգիզ *(Tagetes, Calendula, ընտանիք Compositae)*

marijuana |ˌmærɪˈhwɑːnə| (նաև **marihuana**) *noun* մարիխուանա *(կանեփից ստացվող թմրադեղ)*

marina |məˈriːnə| *noun* զբոսանավերի կայան

marinade |ˌmærɪˈneɪd| **1** *noun* 1) մարինադաջուր 2) մարինադ **2** *verb* |ˈmærɪneɪd| տե՛ս **marinate**

marinate |ˈmærɪneɪt| *verb* 1) մարինացնել *(սնունդը)* 2) մարինացվել *(սննդի մասին)*

marine |məˈriːn| **1** *adjective* 1) ծովային; ծովի 2) նավատորմի; նավատորմային 3) *արվեստ* ծովանկարչության; ծովանկարի **2** *noun* 1) ծովային նավաստի; ծովային հետևակի զինվոր 2) նավատորմ ◊ **merchant/mercantile marine** առևտրական նավատորմ 3) *ռազմական* (**marines**) ծովային հետևակ

mariner |ˈmærɪnə| *noun* ծովագնաց; նավաստի; ծովային; նավազ

marital |ˈmærɪt(ə)l| *adjective* 1) ամուսնական 2) ամուսնու

marital status *noun* ընտանեկան դրություն

maritime |ˈmærɪtʌɪm| *adjective* 1) ծովային; ծովի 2) ծովեզրյա; ծովամերձ; մերձափնյա; առափնյա

mark[1] |mɑːk| **1** *noun* 1) նշան; նիշ; բիծ; հետք; դրոշմ; նշում ◊ **mother's mark** խալ; պիսակ. **high-water mark** մակընթացության մակարդակ; բարձրագույն աստիճան; բարձրագույն սահման 2) ցուցանիշ; հատկանիշ 3) միավոր *(մրցությունում և այլն)* 4) գնահատական; թվանշան 5) նշան; նշանակետ; թիրախ ◊ **hit the mark** i) նշանին խփել; նշանակետին դիպցնել ii) *փոխաբերական* նպատակին հասնել; հաջողություն ունենալ. **miss the mark** i) վրիպել; նշանակետին չդիպցնել ii) *փոխաբերական* սխալվել; անհաջողություն կրել. **beside the mark** i) նպատակի կողքով ii) *փոխաբերական* ոչ ըստ էության; ոչ տեղին. **wide of the mark** i) նպատակի կողքով ii) *փոխաբերական* ոչ ըստ էության; ոչ տեղին 6) հռչակ; փառք; համբավ ◊ **make one's mark** հռչակավոր դառնալ;

անում վաստակել. **of mark** հռչակավոր; հայտնի *(մարդու մասին)* **2** *verb* 1) հետք/բիծ թողնել 2) վրան հետք մնալ; վրան բիծ մնալ 3) նշան դնել; նշան անել; տարբերանիշ դնել; խարանել; դրոշմել; նշան կարել; դրոշմ դնել 4) նշել; բնութագրել; բնորոշել; նկատել; նշմարել; նկատի առնել 5) նշել; հիշատակել; տոնել 6) գնահատական դնել; թվանշան դնել 7) գինը նշել *(ապրանքի)* 8) դրոշմանշել • **mark down** իջեցրած գինը դնել *(ապրանքի վրա)* **mark off** i) զատել; անջատել; սահմանազատել ii) գիծ քաշել վրան **mark out** նշաններ դնել; նշանագծել; բաժանել; անջատել; զատել; առանձնացնել; հատկացնել **mark up** i) գինը բարձրացնել; ավելի բարձր գին նշանակել ii) մշակել *(տեքստը՝ տպելու համար)*

below the mark 1) միջակից/միջինից ցած; վատ *(որակի մասին)* 2) ոչ իր բարձրության վրա

easy mark *ամերիկյան ծածկալեզու* միամիտ մարդ; ճարակ; զոհ

up to the mark 1) իր բարձրության վրա 2) լավ; լավ վիճակում

mark² |mɑːk| *noun* մարկ *(դրամական միավոր Գերմանիայում՝ նախքան եվրոյի ներմուծումը)*

Mark, St. |mɑːk| *աստվածաշնչային* 1) Մարկոս ավետարանիչ 2) Ավետարան ըստ Մարկոսի *(Նոր Կտակարանի գրքերից մեկը)*

marked |mɑːkt| *adjective* 1) նշան/բիծ/դրոշմ ունեցող 2) *լեզվաբանություն* որոշակի նրբիմաստով; նշույթավոր; նշույթավորված *(բառի մասին)* 3) նկատելի; նշմարելի; զգալի 4) նկատված; նշմարված; նշագրված 5) նշանավոր; ականավոր; հայտնի 6) դրոշմած; խարազանած; խայտառակված

markedly |-kɪdli| *adverb* նշանակալիորեն; նկատելիորեն

marker |ˈmɑːkə| *noun* 1) նշիչ; նշանակիչ; նշող առարկա; ցուցիչ 2) չափանիշ; ցուցանիշ 3) հաստ ֆլոմաստեր

market |ˈmɑːkɪt| **1** *noun* 1) շուկա; վաճառատեղի; առևտրավայր ◊ **sensitive market** անկայուն շուկա. **stiff market** կայուն շուկա. **glut the market** շուկան ապրանքներով լիքը լցնել. **market-oriented** շուկայական ուղղվածություն ունեցող 2) պահանջարկ 3) առևտուր; վաճառք; առուծախ ◊ **come into the market** վաճառքի հանվել. **put on the market** վաճառքի հանել. **hours of market** առևտրի ժամեր 4) շուկայական գին; դրամական կուրս ◊ **play the market** բորսայում խաղալ; արտարժույթի շահախաղով զբաղվել **2** *verb* (**-keted, -keting**) 1) շուկայավարել; գովազդել; առաջ տանել *(ապրանքը, ծառայությունը և այլն)* 2) շուկա հանել; շուկայահանել; վաճառքի հանել/դնել 3) առևտուր/առուծախ անել

make a market ակտիվորեն մասնակցել բաժնետոմսերի առուծախին

make a market of լավը վատով փոխարինել; օգուտ քաղել; հօգուտ իրեն գործածել

marketable |ˈmɑːkɪtəb(ə)l| *adjective* 1) գնայուն; դյուրավաճառ; հեշտ վաճառվող 2) պահանջարկ ունեցող; պահանջված

marketing |ˈmɑːkɪtɪŋ| *noun* շուկայավարում; մարկետինգ

marketing mix *noun* շուկայավարման/մարկետինգի միջոցների համաքածու

market leader *noun* շուկայի առաջատար *(ապրանքի կամ այն արտադրող ընկերության մասին)*

marketplace *noun* 1) առևտրի հրապարակ 2) շուկա; շուկայական հարաբերություններ

market price *noun* շուկայի/շուկայական գին

market research *noun* շուկայի հետազոտում

market share *noun* շուկայաբաժին

market town *noun* տոնավաճառով քաղաք

marking |ˈmɑːkɪŋ| *noun* նշում; նշանակում; նշան դնելը *(հատկապես կենդանիների վրա)*

marksman |ˈmɑːksmən| *noun* (*հոգն.* **-men**) նշանառու; վարպետ նշանառու; գերազանց հրաձիգ

markup *noun* 1) *տնտեսագիտություն* վրադիր 2) *տպագրություն* նշագրում *(ձեռագիրը շարվածքին պատրաստելը)* 3) *համակարգիչներ* նշում *(տեքստի)*

marl¹ |mɑːl| **1** *noun երկրաբանություն հանքաբանություն* կրակավ; մերգել **2** *verb* մերգելով պարարտացնել

marl² |mɑːl| *verb ծովային* ամրացնել թեթև պարանով

marmalade |ˈmɑːməleɪd| *noun* ցիտրուսային ջեմ

marmoset |ˈmɑːməzɛt| *noun կենդանաբանություն* ամերիկյան փոքրիկ կապիկ *(Callithrix, ընտանիք Callitrichidae)*

marmot |ˈmɑːmət| *noun կենդանաբանություն* արջամուկ *(Marmota, ընտանիք Sciuridae)*

maroon¹ |məˈruːn| **1** *adjective* կարմրադարչնագույն; կարմրաշագանակագույն **2** *noun* 1) կարմրադարչնագույն գույնը; կարմրաշագանակագույն գույնը 2) *բրիտանական* հրթիռ; հրափամփուշտ *(ռազմական ազդանշանների համար կիրառվող)*

maroon² |məˈruːn| *verb* 1) լքել; թողնել-հեռանալ *(անմարդաբնակ կղզում կամ ամայի վայրում՝ որպես պատիժ)* 2) պարապ-սարապ ման գալ; թրև գալ

marquee |mɑːˈkiː| **1** *noun* 1) ծածկ *(շենքի առմուտքի)* 2) խոշոր տաղավար **2** *adjective* առաջատար; գլխավոր

marquis |ˈmɑːkwɪs| *noun* մարկիզ

marquise |mɑːˈkiːz| *noun* մարկիզուհի

marriage |ˈmærɪdʒ| *noun* 1) ամուսնություն ◊ **marriage of convenience** շահադիտական/հաշվենկատ ամուսնություն 2) հարսանիք; պսակ 3) համատեղում; միախառնում 4) *փոխաբերական* սերտ կապ; դաշինք

married |ˈmærɪd| **1** *adjective* 1) ամուսնացած; ամուսին/կին ունեցող ◊ **get married** ամուսնանալ 2) ամուսնական; ամուսնության 3) շաղկապված; սերտորեն կապված **2** *noun* ամուսնացած անձ

marrow |ˈmærəʊ| *noun* 1) *կազմախոսություն* ոսկրածուծ; ոսկրուղեղ ◊ **the marrow (to the marrow of one's bones)** մինչև ուղն ու ծուծը. **spinal marrow** ողնուղեղ 2) *բուսաբանություն* (նաև **vegetable marrow**) դդմիկ 3) էություն; գլխավորը; հիմնականը

marrowbone |ˈmærə(ʊ)bəʊn| *noun* 1) ծուծոսկր; ծուծով ոսկոր 2) *կատակային հնացած* (**marrowbones**) ծնկներ

marry¹ |ˌmæri| *verb* (**-ries**, **-ried**) 1) ամուսնանալ; պսակվել 2) (**marry into**) ամուսնանալով անդամ դառնալ; ամուսնանալով մտնել *(որևէ ընտանիք)* 3) ամուսնացնել; պսակել; կնության տալ 4) միացնել; միավորել; համատեղել; զուգակցել 5) համապատասխանել; ներդաշնակել; հարմար լինել

marry² |ˌmæri| *exclamation հնավանդ (արտահայտում է զարմանք, բարկություն)*

Mars |mɑːz| 1) *դիցաբանություն* Մարս *(հռոմեական աստված)* 2) *աստղագիտություն* Մարս; Հրատ *(մոլորակ)*

Marseillaise |ˌmɑːseɪˈjɛz|, |-s(ə)ˈleɪz| Մարսելյեզ *(Ֆրանսիայի ազգային օրհներգը)*

marsh |mɑːʃ| *noun* ճահիճ; ճահճուտ; խորուտ

marshal |ˈmɑːʃ(ə)l| **1** *noun* 1) մարշալ 2) արարողապետ 3) *ամերիկյան* ոստիկանապետ; դատական կատարածու 4) մարշալ; քաղաքացիական պաշտոնյա *(ԱՄՆ-ում, որը նշանակվում է սենատի կողմից յուրաքանչյուր դաշնային շրջանի համար և ենթարկվում է շերիֆին)* **2** *verb* (**-shaled**, **-shaling**; **-shalled**, **-shalling**) 1) շարք կանգնեցնել *(զորքերը և այլն)* 2) հանդիսավոր կերպով առաջնորդել/տանել 3) որոշակի ձևով դասավորել; շարել; կարգի բերել

marsupial |mɑːˈsuːpɪəl| **1** *noun կենդանաբանություն* պարկավոր կենդանի *(կարգ Marsupialia)* **2** *adjective* պարկավոր; պարկակիր

mart |mɑːt| *noun* 1) առևտրի/առևտրական կենտրոն 2) աճուրդի սրահ 3) *բանաստեղծական* տոնավաճառ

marten |ˈmɑːtɪn| *noun կենդանաբանություն* կզաքիս *(Martes, ընտանիք Mustelidae)*

martial |ˈmɑːʃ(ə)l| *adjective* 1) պատերազմական; ռազմական; մարտական; զինվորական 2) ռազմատենչ; ռազմասեր

martial arts *plural noun* մարտարվեստ *(ձյուդո, կարատե և այլն)*

martial law *noun* 1) պատերազմական դրություն 2) ռազմական իրավունք

Martian |ˈmɑːʃ(ə)n| **1** *adjective* Մարսի; մարսյան; մարսեցիների **2** *noun* Մարսի բնակիչ; մարսեցի; մարսաբնակ

martin |ˈmɑːtɪn| *noun կենդանաբանություն* քաղաքային ծիծեռնակ *(ընտանիք Hirundinidae)*

martyr |ˈmɑːtə| **1** *noun* 1) նահատակ; մարտիրոս 2) տառապյալ; խեղճուկրակ մարդ *(որն իր դժվարությունները ի ցույց է դնում)* 3) (**martyr to**) տառապող *(որևէ հիվանդությամբ)* **2** *verb* 1) նահատակել; մարտիրոսացնել *(հավատի համար)* 2) տանջել; չարչարել; խոշտանգել

martyrdom |ˈmɑːtədəm| *noun* 1) մարտիրոսություն; նահատակություն; չարչարանք 2) խեղճուկրակություն; թշվառություն *(սեփական դժվարությունները ի ցույց դնելը)*

Maruts |ˈmʌrʊts| *դիցաբանություն* Մարութներ *(հինդուիստական աստվածներ)*

marvel |ˈmɑːv(ə)l| **1** *verb* (**-veled**, **-veling**; հիմն. բրիտ. **-velled**, **-velling**) զմայլվել; սքանչանալ; հիանալ **2** *noun* 1) սքանչելիք; հրաշալիք 2) *հնացած* զարմանք; հիացում

marvelous |ˈmɑːv(ə)ləs| (*բրիտանական* **marvellous**) *adjective* 1) զարմանալի; արտասովոր; բացառիկ; հազվագյուտ 2) սքանչելի; հրաշալի; հիանալի

Marxian **1** *adjective* մարքսիստական **2** *noun* մարքսիստ

Marxism |ˈmɑːksɪz(ə)m| *noun փիլիսոփայություն* մարքսականություն; մարքսիզմ

Marxism–Leninism *noun* մարքսիզմ-լենինիզմ

Mary |ˈmɛːri| Մարիամ Աստվածածին

Mary Magdalene, St. |ˈmægdəliːn| (նաև **the Magdalen**) Մարիամ Մագթաղենացի

marzipan |ˈmɑːzɪpæn|, |ˌmɑːzɪˈpæn| *noun խոհանոց* 1) նշաշաքար; մարցիպան 2) նշաշաքարով քաղցրավենիք

mascot |ˈmæskɒt| *noun* թալիսման; հուռութ; հմայակ; երջանկաբեր մարդ/կենդանի/իր

masculine |ˈmæskjʊlɪn| **1** *adjective* 1) արի; քաջ; ուժեղ; առնական 2) արական; արու; այրանման; առնանման 3) *քերականություն* արական *(սեռ)* **2** *noun* 1) *քերականություն* արական սեռ 2) արական սեռի բառ

mash |mæʃ| **1** *noun* 1) խյուս; թանձրանյութ 2) լափ; ջրախառն կեր *(անասունների)* 3) *խոսակցական* կարտոֆիլի պյուրե 4) խազմուզ *(ածիկից և տաք ջրից ստացվող հեղուկ, որից գարեջուր են պատրաստում)* 5) խառնաշփոթ **2** *verb* 1) խյուսել; խյուսի վերածել; ճխլել; տրորել; ճզմել 2) ուժգին սեղմել 3) ածիկի վրա եռման ջուր լցնել 4) *խոսակցական բրիտանական* թրմել *(թեյ)* 5) *բրիտանական խոսակցական* թրմվել *(թեյի մասին)*

mashed potatoes *plural noun* կարտոֆիլի խյուս

mask |mɑːsk| **1** *noun* 1) դիմակ *(նաև փոխաբերական)* 2) դիմապանակ; դիմակալ; երեսկալ *(սուսերամարտիկի և այլնի)* 3) (**masque**) գեղարար/կոսմետիկ դիմակ 4) դիմաքանդակ; դիմարձան; դիմանդրի *(կավից, մոմից և այլն)* 5) մարմնացում; արտահայտություն *(դեմքը՝ զայրույթի, զարմանքի և այլնի)* 6) *հնացած* դիմակավոր մարդ 7) ծածկույթ; քող; քողարկ **2** *verb* 1) դիմակավորել; քողարկել; թաքցնել 2) դիմակ հագնել; կեղծել; ձևանալ 3) ծածկել; փակել *(ներկոտվելուց պաշտպանելու համար)*

masochism |ˈmæsəkɪz(ə)m| *noun* 1) ցավասիրություն; ցավամոլություն; մազոխիզմ 2) ինքնախարազանում; տանջանքից հաճույք ստանալը

masochist *noun* ցավասեր; ցավամոլ; մազոխիստ

mason |ˈmeɪs(ə)n| **1** *noun* 1) որմնադիր; քարտաշ 2) (**Mason**) մասոն; ֆրանկմասոն **2** *verb* 1) քարով կառուցել; քարից շինել 2) տաշել; հղկել *(քարը)*

Masonic |məˈsɒnɪk| *adjective* մասոնական; ֆրանկմասոնական

masonry |ˈmeɪs(ə)nri| *noun* 1) որմածք; շարվածք *(քարի կամ աղյուսի)* 2) որմնադրություն 3)

(**Masonry**) մասոնություն; ֆրանկմասոնություն

masquerade |ˌmɑ:skəˈreɪd|, |ˌmæs-| **1** *noun* 1) դիմակահանդես; ձևացում; երեսպաշտություն; կեղծավորություն 2) դիմակ կրելը 3) դիմակահանդես **2** *verb* 1) ձևանալ; կեղծել; դիմակ հագնել 2) ներկայացվել որպես; մասնակցել որպես 3) դիմակահանդեսի մասնակցել

Mass |mæs| *noun* *եկեղեցական* պատարագ

mass |mæs| **1** *noun* 1) զանգված *(համասեռ, տձև)* ◊ **in the mass** ամբողջությամբ; որպես ամբողջություն; որպես մեկ ամբողջ 2) հոծ բազմություն; ամբոխ; մեծ քանակություն 3) *խոսակցական* (**masses**) շատ; առատ; հսկայական; մի աշխարհ 4) (**the mass of**) մեծամասնությունը 5) (**the masses**) հասարակ ժողովուրդ; զանգվածներ 6) *ֆիզիկա* զանգված 7) *խոսակցական* քաշ **2** *adjective* **3** *verb* 1) կուտակել; կիտել; հավաքել; շեղջել 2) կենտրոնացնել; համակենտրոնացնել *(զորքեր)* 3) կուտակվել; կուտանալ; շեղջվել; դիզվել

Massachusetts |ˌmæsəˈtʃu:sɪts| Մասաչուսեթս *(ԱՄՆ-ի նահանգ)*

Massachusetts Institute of Technology (հպվ. **MIT**) Մասաչուսեթսի Տեխնիկական Համալսարան

massacre |mæsəkə| **1** *noun* 1) կոտորած; ջարդ; սպանդ; արյունահեղություն 2) *մարզական խոսակցական* ջախջախիչ պարտություն **2** *verb* 1) կոտորել; ջարդել; սպանել; թրատել 2) *խոսակցական մարզական* ջախջախիչ պարտության մատնել

massage |ˈmæsɑ:ʒ|, |məˈsɑ:ʒ|, |-dʒ| **1** *noun* մերսում; մերսելը **2** *verb* 1) մերսել 2) (**massage something in/into/onto**) շփելով քսել *(որևէ նյութ մաշկին, մազերին)* 3) մխիթարել; սփոփել; ապաքինել 4) կեղծել; նենգափոխել *(թվերը, տվյալները)*

massif |ˈmæsɪf|, |mæˈsi:f| *noun* լեռնազանգված

massive |ˈmæsɪv| *adjective* 1) վիթխարի; խոշոր; հոծ; մեծ; ծանր; ծանրաքաշ 2) ուժգին; սաստիկ; սուր *(ցավի և այլնի մասին)* 3) *խոսակցական* հաջող; ազդեցիկ; արդյունավետ 4) տձև

mass market **1** *noun* *տնտեսագիտություն* զանգվածային շուկա **2** *verb* (**mass-market**) *տնտեսագիտություն* զանգվածաբար շուկայավարել

mass media *plural noun* զանգվածային լրատվամիջոցներ

mass-produce *verb* զանգվածաբար/մասսայաբար արտադրել

mass production *noun* զանգվածային թողարկում/արտադրություն

massy *adjective* *բանաստեղծական* *հնավանդ* հոծ; մեծ; վիթխարի; խոշոր; ծանր; ծանրաքաշ

mast¹ |mɑ:st| *noun* կայմ ◊ **Venetian mast** գույնզգույն կայմասյուն *(որպես փողոցի զարդարանք)* **sail/serve before the mast** որպես հասարակ նավաստի ծառայել

mast² |mɑ:st| *noun* մրգեղեն անասնակեր

master¹ |ˈmɑ:stə| **1** *noun* 1) *հիմնականում պատմական* տեր; պարոն ◊ **be master of** տիրել; տիրապետել; տեր լինել. **make oneself master of** կատարելության հասնել; տիրապետել 2) տեր *(շան և այլն)* 3) մեծ նկարիչ; վարպետ ◊ **old masters** հին վարպետներ; հին վարպետների կտավներ 4) վարպետ; որակյալ խաղացող/արհեստավոր ◊ **past master** մասնագետ; իր գործի վարպետ. **master of fence** i) հմուտ սուսերամարտիկ ii) *փոխաբերական* վիճել սիրող; կովասեր 5) մագիստրոս *(գիտական աստիճան)* 6) *բրիտանական* տնօրեն *(դպրոցի, քոլեջի)* ◊ **head master** տնօրեն; դիրեկտոր *(ուսումնական հաստատության)* 7) նավապետ *(առևտրական նավի)* 8) տե՛ս **mister** 9) *համակարգիչներ* հիմնօրինակ *(փաստաթղթի, ֆիլմի և այլնի)* **2** *adjective* 1) վարպետ; հմուտ; գործավարժ; ճարտար 2) գլխավոր; հիմնական 3) *համակարգիչներ* հիմնօրինակ; հիմնական **3** *verb* 1) տիրապետել; յուրացնել; հմտանալ 2) իրեն ենթարկել; ստորադրել; տիրապետել; ղեկավարել; կառավարել 3) հաղթահարել *(դժվարություններ)* 4) *համակարգիչներ* հիմնօրինակ ստեղծել *(փաստաթղթի, ֆիլմի և այլնի)*

master² |ˈmɑ:stə| *noun* որոշակի թվով կայմեր ունեցող նավ

masterful |ˈmɑ:stəfʊl|, |-f(ə)l| *adjective* 1) հրամայող; իշխել սիրող; տիրական 2) վարպետ; հմուտ; գործավարժ; ճարտար

master key *noun* համաբանալի; շատ փականքներ բացող բանալի

masterly |ˈmɑ:stəli| **1** *adjective* հմուտ; վարժ; ճարտար; վարպետորեն արված **2** *adverb* վարպետորեն

mastermind |ˈmɑ:stəmʌɪnd| **1** *noun* 1) հանճար; տաղանդ 2) կազմակերպիչ; կազմակերպող; ղեկավարող **2** *verb* կազմակերպել; ղեկավարել

master of ceremonies *noun* 1) արարողապետ 2) վարող; հաղորդավար *(համերգի, հաղորդման, մրցության և այլնի)*

masterpiece |ˈmɑ:stəpi:s| *noun* գլուխգործոց; թագ ու պսակ *(հեղինակի ամենալավ ստեղծագործությունը)*

master stroke *noun* հմուտ/ճարպիկ/խելացի քայլ

mastery |ˈmɑ:st(ə)ri| *noun* 1) տիրապետում; վարպետություն; հմտություն *(որևէ բանի)* 2) տիրապետելը; սովորելը; յուրացնելը 3) գերազանցություն; իշխում; տիրապետություն; իշխանություն

masthead |ˈmɑ:sthɛd| **1** *noun* 1) *ծովային* կայմագագաթ 2) *տպագրություն* անվանում *(թերթի, ամսագրի՝ առաջին էջի վերևում)* 3) թերթի/ամսագրի տվյալներ *(խմբագրության, գովազդի և այլնի վերաբերյալ)* **2** *verb* 1) *պատմական* կայմագագաթ ուղարկել *(նավաստուն՝ որպես պատիժ)* 2) մինչև կայմագագաթը բարձրացնել *(դրոշը, առագաստը)*

mastic |ˈmæstɪk| *noun* 1) մաստիկայի խեժ; մածիկ 2) *բուսաբանություն* մաստիկենի; մաստակածառ *(Pistacia lentiscus, ընտանիք Anacardiaceae)* 3) բաց դեղին գույն 4) մածիկ; մածուկ *(ատաղձագործական շինվածքների ճեղքերը լցնելու և հարթելու նյութ)*

masticate |ˈmæstɪkeɪt| *verb* ծամել *(սնունդը)*

mastication |-ˈkeɪʃ(ə)n| *noun* ծամում; ծամելը

mastiff |ˈmæstɪf|, |ˈmɑ:-| *noun* գամփռ; պահակաշուն; պահապան շուն; անգլիական դոգ

mastodon |ˈmæstədɒn| *noun հնէաբանություն կենդանաբանություն* մաստոդոն *(ընտանիք Mammutidae etc.)*

masturbate |ˈmæstəbeɪt| *verb* ձեռնաշարժել; ձեռնահարել

masturbation |-ˈbeɪʃ(ə)n| *noun* ձեռնաշարժություն; ձեռնահարություն; օնանիզմ

mat¹ |mæt| **1** *noun* 1) ուղեղաթ; ուղեգորգ; խսիր; փսիաթ 2) *մարզական* ներքնակ 3) դրոց; տակդիր *(լամպի, տաք կաթսայի, ծաղկամանի տակ դնելու)* 4) զանգված; կույտ *(թափթփված)* **2** *verb* (**matted**, **matting**) 1) խճճել; թնջկել *(մազերը, թելեր և այլն)* 2) խճճվել; թնջկվել 3) խսիր և այլն փռել

go to the mat մտնել վիճաբանության մեջ

leave on the mat *ծածկալ.եզու* մերժել; չընդունել

on the mat *խոսակցական* հանդիմանվելիս; հանդիմանություն ընդունելիս

mat² |mæt| *noun* տե՛ս **matrix**

mat³ *adjective, noun, verb* (նաև **matte**) փայլատ; անփայլ

match¹ |mætʃ| **1** *noun* 1) մրցում; մրցություն; մրցախաղ ◇ **return match** փոխվրեժ; փոխհատուցում *(պարտության փոխհատուցում մրցախաղում)* 2) հավասարակից; հավասարը; զույգը; նմանը; համապատասխանը 3) *համակարգիչներ* համընկնում *(որոնման)* 4) համապատասխանություն; ներդաշնակություն; զուգահարմարություն 5) փեսացու; հարսնացու; ամուսնության թեկնածու 6) ամուսնություն ◇ **make a match** ամուսնանալ **2** *verb* 1) համապատասխանել; հարմար գալ; սազել; հավասար/հավասարակից լինել; ներդաշնակել *(բնավորությամբ, որակով, գույնով և այլն)* 2) ընտրել; համապատասխան զույգը գտնել 3) հավասարվել; հասնել 4) (**be matched**) մրցել; մրցակցել

match sb with *հնացած* ամուսնացնել; պսակել

match² |mætʃ| *noun* 1) (նաև **safety match**) լուցկի ◇ **strike a match** լուցկի վառել 2) *ռազմական* բռնկիչ; խանձ; խայծ

matchbox |ˈmætʃbɒks| *noun* 1) լուցկու տուփ; լուցկետուփ; լուցկաման 2) փոքրիկ/նեղլիկ բնակարան

matchless |ˈmætʃlɪs| *adjective* անզուգական; աննման; անօրինակ

matchstick |ˈmætʃstɪk| *noun* 1) լուցկու փայտիկ/չոփիկ 2) փայտիկ; ձողիկ; չոփ

matchwood |ˈmætʃwʊd| *noun* լուցկու փայտ/ձողիկ ◇ **make matchwood of** ջարդել; ջարդուփշուր անել

mate¹ |meɪt| **1** *noun* 1) զույգ; զուգակից *(թռչնի և այլնի)* 2) *խոսակցական* ամուսին; կողակից 3) ընկերակից; սենեկակից; բնակակից; սենյակընկեր; սեղանակից ◇ **room mate** սենեկակից ընկեր 4) զույգ *(գուլպայի և այլնի)* 5) *խոսակցական բրիտանական* բարեկամս; եղբայրս *(ընկերական դիմելաձև՝ տղամարդկանց համար)* 6) *խոսակցական բրիտանական* մտերիմ; ընկեր 7) օգնական; աշկերտ *(բանվորի)* 8) *ծովային* նավապետի օգնական **2** *verb* 1) զուգավորվել *(թռչունների մասին)* 2) զուգավորել *(թռչուններին)* 3) ամուսնանալ; կապվել; կենակցել 4) ամուսնացնել 5) կցել *(սարքը)* 6) (**mate with**) շփվել; փոխադարձ հարաբերություն պահպանել

mate² |meɪt| **1** *noun շախմատ* (**checkmate**) մատ **2** *verb շախմատ* մատ անել

material |məˈtɪərɪəl| **1** *noun* 1) նյութ; հումք; հումքանյութ; ատաղձ; նախանյութ ◇ **raw material** հում նյութ; հումք 2) (**materials**) անհրաժեշտ իրեր; պարագաներ 3) հարմար մարդ; համապատասխան անձ *(որոշակի գործունեության համար)* 4) նյութ; թեմա *(գրքի/ճառի համար)* 5) գործվածք; կտոր **2** *adjective* 1) նյութական; նյութեղեն; երկրավոր; մարմնավոր 2) էության; էական կողմի *(ի տարբերություն ձևականի)* 3) էական; հիմնական; բուն; տեղին; գործին առնչվող; կարևոր 4) *իրավունք* իրեղեն

materialism |məˈtɪərɪəlɪz(ə)m| *noun* 1) նյութապաշտություն; նյութամոլություն; փողասիրություն; դրամասիրություն 2) *փիլիսոփայություն* նյութապաշտություն; մատերիալիզմ

materialist *noun* նյութապաշտ; մատերիալիստ

materialize |məˈtɪərɪəlʌɪz| *verb* 1) մարմնավորվել; նյութականանալ; առարկայանալ *(ուրվականի և այլնի մասին)* 2) նյութականացնել; մարմնավորել; առարկայացնել 3) իրագործվել; կենսագործվել; իրականացվել; գործարկվել 4) հայտնվել; երևալ; ժամանել

maternal |məˈtəːn(ə)l| *adjective* 1) մայրական; մոր 2) մոր կողմից *(ազգակցության մասին)*

maternity |məˈtəːnɪti| **1** *noun* 1) մայրություն 2) ծննդատուն; ծննդարան **2** *adjective* հղիության; մայրության

mathematical |mæθ(ə)ˈmætɪk(ə)l| (նաև **mathematic**) *adjective* 1) մաթեմատիկական 2) ճշգրիտ; հավաստի; ստույգ *(ապացուցման/վերլուծության մասին)*

mathematician *noun* մաթեմատիկոս

mathematics |mæθ(ə)ˈmætɪks| *plural noun* 1) (նաև **pure mathematics**) մաթեմատիկա ◇ **applied/mixed mathematics** կիրառական մաթեմատիկա 2) մաթեմատիկական կողմը

matinee |ˈmætɪneɪ| (նաև **matinée**) *noun* ցերեկային ներկայացում; ցերեկույթ

matriarch |ˈmeɪtrɪɑːk| *noun* 1) տոհմը գլխավորող կին *(մայրիշխանական հասարակությունում)* 2) ազդեցիկ կին; տիրուհի *(որևէ ընտանիքում կամ կազմակերպությունում)*

matriarchal |-ˈɑːk(ə)l| *adjective* մայրիշխանական

matriarchy |ˈmeɪtrɪɑːki| *noun* (հոգն. **-chies**) 1) մայրիշխանական հասարակություն 2) ազդեցիկ կին լինելը

matricide |ˈmætrɪsʌɪd|, |ˈmeɪtrɪ-| *noun* 1) մայրասպանություն 2) մայրասպան

matriculate |məˈtrɪkjʊleɪt| **1** *verb* 1) ԲՈւՀ ընդունվել; ընդունվել բարձրագույն ուսումնական հաստատություն 2) ԲՈւՀ ընդունել; ընդունել բարձրագույն ուսումնական հաստատություն **2** *noun* ԲՈւՀ ընդունված անձ

matriculation *noun* ԲՈւՀ ընդունվելը; բարձրագույն ուսումնական հաստատություն ընդունվելը

matrimonial *adjective* ամուսնական; ամուսնության; ամուսինների

matrimony |ˈmætrɪməni| *noun* 1) ամուսնություն; ամուսնացած լինելը 2) պսակադրություն; հարսանիք; ամուսնություն; ամուսնական արարողություն

matrix |ˈmeɪtrɪks| *noun* (հոգն. **-trices** |-siːz| կամ **-trixes**) 1) *մաթեմատիկա համակարգիչներ* թվացանց 2) կենսամիջավայր 3) *կենսաբանություն* միջբջջային նյութ 4) ցանց; վանդակ

matron |ˈmeɪtr(ə)n| *noun* 1) տնտեսվարուհի *(դպրոցի, հիվանդանոցի և այլնի)* 2) ամուսնացած կին; ընտանիքի մայր; հարգարժան տնային տնտեսուհի 3) բանտապահուհի

matted |ˈmætɪd| *adjective* 1) խճճված *(մազերի մասին)* 2) խսիրով/ուղեգորգով ծածկված

matter |ˈmætə| **1** *noun* 1) նյութ ◇ **grey matter** *խոսակցական* ուղեղի գորշ նյութը; խելք. **printed matter** տպագրված նյութ. **postal matter** փոստային առաքում 2) *փիլիսոփայություն* մատերիա; նյութ 3) արտազատուկ; արտադրուկ; արտադրություն *(օրգանիզմի)* 4) *բժշկություն* թարախ 5) տեքստ; տպագիր/ձեռագիր նյութ 6) *նաև իրավունք* (**a matter for**) գործ; հարց; խնդիր ◇ **matter of course** ինքնըստինքյան հասկանալի բան; բնական բան. **matter of life and death** կյանքի և մահվան հարց; կենսականորեն կարևոր հարց. **matter of habit** սովորության հարց. **it is no laughing matter** հանաք բան չէ; շատ կարևոր գործ է. **push the matter through** գործը մինչև վերջը հասցնել 7) (**matters**) դրություն; իրավիճակ; իրադրություն; հանգամանքներ 8) (**the matter**) հիմք; առիթ; անհանգստության/տհաճության պատճառը; պատահածը 9) բովանդակություն; էություն *(հատկապես տեքստի)* 10) *տպագրություն* հիմնական բառաշար **2** *verb* 1) նշանակություն/կարևորություն ունենալ ◇ **it doesn't matter** դա կարևոր չէ; բան չկա; վնաս չունի; ոչինչ 2) հեղինակավոր/ազդեցիկ լինել 3) *հազվադեպ* թարախ արտաթորել; թարախածորել; թարախակալել

what is the matter ? ի՞նչ է պատահել

what is the matter with you? ձեզ ի՞նչ է պատահել; քեզ ի՞նչ է պատահել

matter of fact **1** *noun* 1) իրականություն 2) *իրավունք* փաստ; փաստական հանգամանք **2** *adjective* չոր, սցամաք; խիստ գործնական; անհետաքրքիր

as a matter of fact իրականում; փաստորեն

Matthew, St. |ˈmæθjuː| *աստվածաշնչային* 1) Մատթեոս առաքյալ; Մատթեոս ավետարանիչ 2) Ավետարան ըստ Մատթեոսի *(Նոր Կտակարանի գրքերից մեկը)*

matting |ˈmætɪŋ| *noun* խսիր; փսիաթ; ճիլոպ

mattock |ˈmætək| *noun* բրիչ; քլունգ; թոխր

mattress |ˈmætrɪs| *noun* ներքնակ; դոշակ ◇ **spring mattress** զսպանակավոր ներքնակ

maturation |mætjʊˈreɪʃ(ə)n| *noun* 1) հասունացում; հասունանալը; զարգացում; զարգանալը *(մարդկանց մասին)* 2) հասունանալը; հասունացում *(մրգի, խմիչքի)* 3) *բժշկություն* հասունացում *(թարախի)*

mature |məˈtʃʊə| **1** *adjective* (**-turer**, **-turest**) 1) հասունացած; չափահաս; հասուն; հասած 2) հանգամանալից; համակողմանի; խորը *(մտքի/ծրագրի մասին)* 3) միջին տարիքի; հասուն 4) հասուն; ձևավորված *(անհատական ոճի մասին)* 5) վճարման ժամկետը հասած *(մուրհակի մասին)* **2** *verb* 1) հասունանալ; հասուն/չափահաս դառնալ 2) լրիվ զարգանալ; կատարելության հասնել; լիակատար զարգացման հասնել 3) լրանալ; վրա հասնել *(վճարման ժամկետի մասին)*

maturity *noun* 1) հասունություն; հասուն հասակ; չափահասություն 2) ավարտվածություն; կատարելություն 3) մուրհակի վճարման ժամկետ

maudlin |ˈmɔːdlɪn| *adjective* լալկան; դյուրազգաց *(հարբած ժամանակ)*

maul |mɔːl| **1** *verb* 1) պատառոտել; ծվատել; ճանկռտել; խեղել *(մարդուն կամ կենդանուն)* 2) կոպիտ/անփույթ/անշնորհք վարվել 3) *փոխաբերական* խիստ քննադատել **2** *noun* փայտե թակ; թակիչ

maunder |ˈmɔːndə| *verb* 1) անկապ խոսել; փնթփնթալ; քթի տակ խոսել; տակից-գլխից դուրս տալ 2) աննպատակ քայլել; աննպատակ շարժումներ կատարել ◇ **maunder about/along** երերալով գնալ; աննպատակ թափառել

Mauretania |ˌmɒrɪˈteɪnɪə| *պատմական* Մավրիտանիա *(Հյուսիսային Աֆրիկայի հին շրջան, համապատասխանում է այսօրվա Մարոկկոյի և Ալժիրի տարածքի մի մասին)*

Mauritania |ˌmɒrɪˈteɪnɪə| Մավրիտանիա *(պետություն Աֆրիկայում)*

mausoleum |ˌmɔːsəˈlɪəm|, |-z-| *noun* (հոգն. **-lea** |-ˈlɪə| կամ **-leums**) դամբարան; հոյակապ շիրիմ

mauve |məʊv| **1** *adjective* բաց մանուշակագույն; կարմրակապույտ **2** *noun* բաց մանուշակագույն

maverick |ˈmæv(ə)rɪk| **1** *noun* 1) այլադավան; հերձվածող; ազատախոհ; ազատամիտ 2) անկուսակցական **2** *adjective* այլադավան; հերձվածող

mavis |ˈmeɪvɪs| *noun* *բանաստեղծական* աբեղաձագ; սարդիկ; արտույտ *(թռչուն)*

mawkish |ˈmɔːkɪʃ| *adjective* 1) լալկան; խիստ զգայական; հիվանդագին 2) անհամ; տհաճ համ ունեցող; տհաճ հոտով

max |mæks| **1** *abbreviation* maximum **2** *noun* *խոսակցական* առավելագույնը **3** *adverb* *խոսակցական* առավելագույնը; ամենաշատը **4** *verb* *խոսակցական* առավելագույնին հասցնել

maxim |ˈmæksɪm| *noun* 1) առած; ասացվածք; իմաստալից խոսք 2) սկզբունք; վարքականոն ◇ **copybook maxims** հանրահայտ/տարրական ճշմարտություններ; տափակ բարոյականություն

maximize |ˈmæksɪmʌɪz| *verb* 1) առավելագնել 2) առավելագույնս արդյունավետ օգտագործել; առավելագույն օգուտ քաղել 3) *համակարգիչներ* ընդարձակել

maximum |ˈmæksɪməm| **1** *adjective* առավելագույն; ծայրագույն; մեծագույն; գերագույն; բարձրագույն **2** *noun* (հոգն. **-ma** |-mə| կամ

-**mums**) 1) ծայրագույն աստիճան; առավելագույնը; ծայրագույնը; մեծագույնը; գերագույնը; բարձրագույնը 2) բանտարկության առավելագույն ժամկետ **3** *adverb* առավելագույնը; ամենաշատը

May |meɪ| *noun* 1) մայիս *(ամիս)* 2) *փոխաբերական* (**one's May**) կյանքի ծաղկման շրջան

may¹ |meɪ| *modal verb* (3rd sing. present **may**; անցյալ **might** |mʌɪt|) 1) հնարավոր/հավանական լինել 2) կարողանալ; թույլտվություն ունենալ 3) *(արտահայտում է ցանկություն, բաղձանք, հույս)* ◇ **Long may you reign!** Թող երկա՛ր լինի ձեր արքայությունը: 4) *(հարցական նախադասություններում արտահայտում է վարանում)* ◇ **who may that be?** տեսնես դա ո՞վ է; ո՞վ կարող է լինել (դա)

may² *noun բուսաբանություն* սզնի; ալոճենի *(Crataegus)*

maybe |ˈmeɪbi:|, |-bi| **1** *adverb* հավանական է; հնարավոր է; գուցե; միգուցե **2** *noun* «հնարավոր է»-ներ; «միգուցեներ»

May Day *noun* մայիսմեկյան տոն *(աշխատավորների օր)*

maying |ˈmeɪɪŋ| (նաև **Maying**) *noun հնավանդ* մայիսմեկյան տոնախմբություն/զբոսանք

mayonnaise |meɪəˈneɪz| *noun խոհանոց* մայոնեզ

mayor |mɛ:| *noun* քաղաքագլուխ; քաղաքապետ

mayoress |ˈmɛ:rɪs|, |ˌmɛ:ˈrɛs| *noun* 1) քաղաքագլխի կինը 2) քաղաքագլուխ կին

maypole |ˈmeɪpəʊl| (նաև **Maypole**) *noun* 1) մայիսյան ծառ *(ծաղիկներով զարդարված սյուն, որի շուրջը պարում և ուրախանում են մայիսի 1-ին Անգլիայում)* 2) *փոխաբերական* խիստ բարձրահասակ մարդ; լողլող

maze |meɪz| **1** *noun* 1) լաբիրինթոս; բավիղ 2) խճճվածություն; խճճված տեղեկություններ **2** *verb հնավանդ բարբառային* (**be mazed**) փակուղու մեջ դնել; ծեղը լծել; անելանելի դրության մեջ դնել

mazy |ˈmeɪzi| *adjective* (**mazier**, **maziest**) անելանելի; խառնաշփոթ; խճճված; լաբիրինթոսանման; լաբիրինթոսաձև

MD *abbreviation* 1) Doctor of Medicine 2) *բրիտանական* Managing Director 3) *բժշկություն* mentally deficient մտակաղող; թերզարգացած մտավոր կարողություններով 4) musical director

me |mi:| *pronoun* 1) ինձ; ես 2) *խոսակցական* ◇ **it is me** այդ ես եմ

me and mine մերոնք; բարեկամներս

mead¹ |mi:d| *noun* պատմական մեղրախմիչք *(ոգելից ըմպելիք)*

mead² |mi:d| *noun բանաստեղծական* մարգագետին

meadow |ˈmɛdəʊ| *noun* 1) մարգագետին 2) գետափնյա մարգագետին

meager |ˈmi:gə| (բրիտանական **meagre**) *adjective* 1) աղքատիկ; խղճուկ; անբավարար 2) չոր ու ցամաք; անբովանդակ 3) նիհար; վտիտ

meal¹ |mi:l| **1** *noun* 1) ուտելը; սնվելը; նախաճաշ; ճաշ; ընթրիք ◇ **evening meal** ընթրիք. **square meal** կուշտ ճաշ. **have a stand-up meal** կանգնած մի բան ուտել 2) ուտելիք; կերակուր; սնունդ **2** *verb* 1) ուտել; սնվել 2) սնել

meal² |mi:l| *noun* ալյուր *(հացահատիկի և այլնի)* ◇ **whole meal** չմաղված ալյուր

mealtime |ˈmi:ltʌɪm| *noun* ուտելու ժամ

mealy |ˈmi:li| *adjective* (**mealier**, **mealiest**) 1) ալրային; ալյուրի; ալրեղեն; ալյուրով 2) ալյուրաշատ; ալյուրալից; ալյուրով առատ 3) ալրոտ; ալյուրով պատած 4) գունատ; դժգույն 5) ալրանման; փափուկ; փխրուն 6) տե՛ս **mealy-mouthed**

mealy-mouthed (նաև **mealymouthed**) *adjective* քաղցրախոս; անուշախոս; կեղծավոր; սեփական կարծիքը չարտահայտող

mean¹ |mi:n| *verb* (անցյալ և անցյալ դերբայ **meant** |mɛnt|) 1) նկատի ունենալ; մտքում ունենալ; ենթադրել; ուզենալ ասել 2) նշանակել; իմաստ ունենալ 3) (**mean by**) դիտավորություն ունենալ; մտադրվել; նախատեսել ◇ **mean well** լավ դիտավորություն ունենալ. **mean ill** վատ դիտավորություն ունենալ 4) (**be meant for**) նախատեսված/նախասահմանված լինել *(մի բան անելու/լինելու)* 5) հետևանք ունենալ; հետևանք թողնել; նշանակել; բերել մի բանի; առաջ բերել

mean² |mi:n| *adjective* 1) ժլատ; գծուծ 2) անազնիվ; անարդար; չարակամ; անարգ; ստոր 3) թշնամական; հարձակողական 4) խղճուկ; անշուք; աղքատիկ; աննշան; տեսքից ընկած; անարժեք 5) միջակ; վատ; թույլ *(մտավոր կարողությունների և այլնի մասին)* 6) *խոսակցական* հոյակապ; հիասքանչ; սքանչելի 7) պարկեշտ; ամոթխած; համեստ

mean³ |mi:n| **1** *noun* 1) *մաթեմատիկա* միջին թիվ ◇ **arithmetical mean** միջին թվաբանականը 2) միջինը; չափավորը; մեջտեղ; միջինք *(երկու ծայրահեղությունների միջև)* 3) ◇ **the happy mean, the golden mean** ոսկե միջինը; ոսկեղեն միջինք **2** *adjective* 1) միջին 2) չափավոր; միջին

meander |mɪˈændə|, |mi:-| **1** *verb* 1) ոլորվել; պտույտներ կազմել *(գետի/ճանապարհի մասին)* 2) (նաև **meander along**) աննպատակ թափառել **2** *noun* 1) ոլորք; պտույտ; գալար *(գետի, ճանապարհի)* 2) *ճարտարապետություն* ոլորանախշ 3) պտույտ; զբոսանք

meaning |ˈmi:nɪŋ| **1** *noun* 1) իմաստ; նշանակություն; բովանդակություն *(բառի, հասկացության, գործողության)* 2) կարևորություն; իմաստ **2** *adjective* իմաստավոր; նշանակալից; արտահայտիչ; նշանակություն/իմաստ ունեցող

meaningful |ˈmi:nɪŋfʊl|, |-f(ə)l| *adjective* 1) իմաստալից; բովանդակալից 2) նշանակալից; կարևոր; լուրջ 3) բազմանշանակ

meaningless |ˈmi:nɪŋlɪs| *adjective* անիմաստ; իմաստազուրկ; անբովանդակ; աննպատակ; անհեթեթ

meanly *adverb* 1) ստորաբար; անարգ կերպով 2) թույլ/միջակ/խեղճ կերպով; միջակորեն

means |mi:nz| *plural noun* 1) (**means of sth, means to do sth**) միջոցներ; հարստություն *(դրա-*

մակամ) ◇ **private means** անհատական միջոցներ; անձնական հարստություն 2) **(means)** միջոց; հնար; կարողություն ◇ **by all means** անպայման; ամեն գնով. **by any means** որևէ ձևով. **by no means** ոչ մի դեպքում; բնավ; ամենևին. **by means of** միջոցով; օժանդակությամբ. **means of communication** հաղորդակցության միջոցներ

meantime |ˈmi:ntʌım| *adverb* միևնույն ժամանակ; նույն միջոցին; այդ ժամանակ/ընթացքում; միաժամանակ

measles |ˈmi:z(ə)lz| *plural noun բժշկություն* 1) կարմրուկ ◇ **German measles** կարմրախտ 2) ֆինոզ *(երիզորդների առաջացրած հիվանդություն)*

measly |ˈmi:zli| *adjective* (**measlier**, **measliest**) *խոսակցական* չնչին; աննշան; խղճուկ

measurable |ˈmɛʒ(ə)rəb(ə)l| *adjective* 1) չափելի; չափավոր; սահմանափակ 2) նշանակալի; որոշակի

measure |ˈmɛʒə| **1** *verb* 1) (նաև **measure off**) չափել; չափելով բաժանել 2) չափ/ծավալ ունենալ; որոշակի չափի լինել 3) չափս վերցնել *(հագուստի)* ◇ **measure with one's eye** մեկին ոտքից գլուխ հայացքով չափել 4) գնահատել; որոշել *(որակը, դրությունը, բնավորությունը և այլն)* 5) (**measure someone/something agianst**) մեկի հետ չափվել/համեմատվել • **measure out** չափելով նշել/բաժանել **measure up, measure up with** հասնել; համապատասխանել; արդարացնել *(հույսերը)* **2** *noun* 1) ձեռնարկում; միջոցառում; միջոցներ *(որոշակի նպատակով)* ◇ **precautionary measures** նախազգուշական միջոցներ. **take measures** միջոցներ ձեռք առնել; միջոցներ ձեռնարկել 2) չափ; չափման միավոր ◇ **dry measures** սորուն մարմինների չափ. **linear/long measures** երկարության չափ. **square measures** մակերեսի չափ. **short measure** թերի չափ. **full measure** լրիվ չափ. **beyond measure, out of measure** անչափ; չափազանց. **in a measure, in some measure** մասամբ; որոշ չափով. **set measures** սահմանափակել; չափ դնել 3) չափս; չափում 4) քանակություն; քանակ *(որևէ բանի)* 5) չափանիշ 6) *տպագրություն* տողի երկարություն 7) *մաթեմատիկա* բաժանարար ◇ **greatest common** ամենամեծ ընդհանուր բաժանարար 8) *բանաստեղծական* չափ *(ոտանավորի)* 9) *երաժշտություն* տակտ; չափ

measured |ˈmɛʒəd| *adjective* 1) համաչափ; հավասարաչափ; միաչափ; ռիթմիկ 2) մտածված; կշռադատված; չափած-ձևած

measureless |ˈmɛʒəlıs| *adjective* անչափ; անսահման; անեզր

measurement |ˈmɛʒəm(ə)nt| *noun* 1) չափառություն; չափելը; չափում 2) չափ; չափս 3) չափերի համակարգ; չափման միավոր

meat |mi:t| *noun* 1) (նաև **butcher's meat**) միս; մսամ 2) պտղամիս *(մրգի)* 3) *փոխաբերական* (**the meat of**) բովանդակություն 4) *հնացած* ուտելիք; կերակուր ◇ **green meat** կանաչի; կանաչեղեն

meatball |ˈmi:tbɔ:l| *noun* 1) մսագնդիկ; կոտլետ 2) *խոսակցական* հիմար/ձանձրալի մարդ

meaty |ˈmi:ti| *adjective* (**meatier**, **meatiest**) 1) մսոտ; մսալի 2) մարմնեղ; հաղթանդամ 3) *փոխաբերական* բովանդակալից; իմաստալից; հետաքրքրական

Mecca |ˈmɛkə| 1) Մեքքա *(քաղաք ու մահմեդական սրբավայր Սաուդյան Արաբիայում)* 2) *փոխաբերական* (**a Mecca**) մագնիս; կենտրոն; հավաքատեղի *(որոշակի հետաքրքրություններով մարդկանց)*

mechanic |mıˈkænık| *noun* 1) մեխանիկ; մեքենագետ *(մեքենաները հսկող տեխնիկ կամ բանվոր)* 2) *հնացած* արհեստավոր

mechanical |mıˈkænık(ə)l| **1** *adjective* 1) մեքենայի; մեքենական 2) մեխանիկայի; մեխանիկական; սարքաբանական 3) *փոխաբերական* մեքենայական; ինքնաբերական; անգիտակցական 4) *փիլիսոփայություն* մեխանիստական **2** *noun* 1) (**mechanicals**) աշխատող մասեր; մեխանիզմ 2) *տպագրություն* ֆոտոհավաքված; տպահավաքված *(վերարտադրման համար պատրաստի հավաքված)*

mechanically *adverb* մեքենաբար; մեխանիկորեն

mechanician |mɛkəˈnıʃ(ə)n| *noun* 1) մեքենագետ; կոնստրուկտոր 2) մեխանիկ

mechanics |mıˈkænıks| *plural noun* 1) մեխանիկա; մեքենագիտություն; մեքենաբանություն ◇ **fine mechanics** ճշգրիտ մեխանիկա 2) գործելակերպ; գործելաձև; մանրամասներ

mechanism |ˈmɛk(ə)nız(ə)m| *noun* 1) կառուցվածք; մեխանիզմ; սարքավորում 2) տեխնիկա *(կատարողական)* 3) *փիլիսոփայություն* մեխանիստական մոտեցում/տեսություն

mechanize |ˈmɛk(ə)nʌız| *verb* 1) մեքենայացնել; մեքենացնել 2) ժամանակակից զենքով ապահովել *(բանակը)*

Med |mɛd| *noun խոսակցական* (**the Med**) Միջերկրական ծով

medal |ˈmɛd(ə)l| **1** *noun* 1) մեդալ; շքադրամ 2) *ամերիկյան* շքանշան **2** *verb* (**medaled**, **medaling**; նաև հիմն. բրիտ. **medalled**, **medalling**) մեդալ վաստակել

medallion |mıˈdæljən| *noun* մեդալիոն

meddle |ˈmɛd(ə)l| *verb* 1) (**meddle in/with**) միջամտել; խառնվել *(ուրիշի գործերին)* 2) ձեռք տալ; դիպչել *(ուրիշի իրերին՝ առանց թույլտվության)*

meddlesome |ˈmɛd(ə)ls(ə)m| *adjective* ուրիշի գործերին խառնվող; քիթը ամեն բանի մեջ խոթող

Medea |mıˈdi:ə| *հունական դիցաբանություն* Մեդեա

Media |ˈmi:dıə| *պատմական* Մարաստան

media |ˌmi:dıə| *noun* 1) հոգնակի տե՛ս **medium** 2) լրատվամիջոցներ; կապի միջոցներ; լրատվություն; մեդիա *(ռադիո, հեռուստատեսություն, մամուլ և Համացանց)*

medial |ˈmi:dıəl| *adjective տեխնիկական* 1) միջին; մեջտեղի; միջակա 2) *հնչյունաբանություն* բառամիջի *(հնչյունի մասին)*

media studies *plural noun* լրատվագիտություն

mediate **1** *verb* |ˈmi:dıeıt| 1) միջնորդել; միջնորդ լինել; միջամտել *(վեճին)* 2) առաջացնել; առաջ բերել 3) փոխանցել; տարածել *(տեղեկու-*

թյունը) 4) միջանկյալ դիրք գրավել; միջակա դիրք գրավել; միջանկյալ օղակը լինել **2** *adjective* |ˈmiːdɪət| միջնորդավորված

mediation |ˌmidiˈeɪʃən| *noun* 1) միջամտություն 2) միջնորդություն

mediator |ˈmidiˌeɪdər| *noun* միջնորդ

medical |ˈmɛdɪk(ə)l| **1** *adjective* 1) բժշկական; բուժական 2) թերապևտիկ; ներքնաբուժական; բուժագիտական **2** *noun խոսակցական* բուժզննություն

medically *adverb* բժշկական առումով; բժշկության տեսանկյունից

medicament |mɪˈdɪkəm(ə)nt|, |ˈmɛdɪk-| *noun* դեղ; բուժանյութ; դեղամիջոց

medicate |ˈmɛdɪkeɪt| *verb* 1) դեղ/բուժանյութ նշանակել 2) բուժել *(դեղերով)* 3) ծծեցնել/տոգորել դեղերով *(վիրակապը և այլն)*

medication |mɛdɪˈkeɪʃ(ə)n| *noun* 1) դեղամիջոց; բուժանյութ 2) դեղերով բուժում

medicinal |mɪˈdɪsɪn(ə)l| **1** *adjective* 1) բուժիչ; ամոքիչ; բուժական *(բույսի/նյութի մասին)* 2) դեղի; դեղային **2** *noun* բուժանյութ; բուժիչ հատկություններով նյութ

medicine |ˈmɛds(ə)n|, |ˈmɛdɪsɪn| **1** *noun* 1) բժշկություն; ախտաբուժություն 2) դեղ ◊ **patent/proprietary medicine** արտոնագրված դեղամիջոց 3) դեղամիջոցներ; դեղեր *(որպես ամբողջություն)* 4) թալիսման; հմայիլ; հուռութք; կախարդություն; հմայություն; հմայական խոսք **2** *verb* դեղ տալ; բուժել

medicine man *noun* կախարդ-բժիշկ; հեքիմ

medieval |ˌmɛdɪˈiːv(ə)l|, |miː-| (նաև **mediaeval**) *adjective* 1) միջնադարյան 2) *խոսակցական արհամարհական* հնաոճ; պարզունակ

mediocre |ˌmiːdɪˈəʊkə| *adjective* միջակ; բավարար; ոչ շատ բարձր որակի

mediocrity |miːdɪˈɒkrɪti| *noun* (հոգն. **-ties**) 1) միջակություն 2) միջակ մարդ

meditate |ˈmɛdɪteɪt| *verb* 1) խոկալ; խորհրդածել; մտորել; հայել 2) (**meditate on/upon**) մտածել; խորհել; կշռադատել 3) ծրագրել; մտադրվել; նյութել

meditation |mɛdɪˈteɪʃ(ə)n| *noun* խորհրդածում; խորհրդածելը; մտորում; մտորելը; խորհրդածություն; խոհ; հայեցողություն

meditative |ˈmɛdɪˌtətɪv|, |-ˌteɪtɪv| *adjective* 1) խորհող; մտածող; մտազբաղ 2) հայեցական; հայեցողական

Mediterranean |ˌmɛdɪtəˈreɪnɪən| **1** *adjective* 1) միջերկրական; միջերկրյա; միջերկրածովյան 2) թուխ; մուգտ մաշկով *(մարդու մասին)* **2** *noun* Միջերկրական ծովի ավազանի բնակիչ

Mediterranean Sea Միջերկրական ծով

medium |ˈmiːdɪəm| **1** *noun* (հոգն. **-dia** կամ **-diums**) 1) միջոց; հնարավորություն; հանգամանք; ճանապարհ; եղանակ *(որևէ բան անելու)* ◊ **through/by the medium of** միջոցով 2) արտահայտչամիջոց; հաղորդակցման միջոց; արտահայտչաեղանակ; արտահայտչաձև 3) միջավայր *(ազդանշան փոխանցելու համար)* 4) շրջապատ; միջավայր; իրադրություն; պայմաններ *(կյանքի)* 5) *համակարգիչներ* միջավայր ◊ **storage medium** պահեստային միջավայր 6) լուծիչ; լուծող *(ներկերի)* 7) *արվեստ* արտահայտչամիջոց *(արվեստագետի)* 8) ոգեհարց; ոգեմիջնորդ 9) մեջտեղ; միջակա/միջին աստիճան **2** *adjective* 1) միջին; միջակ; չափավոր 2) կիսատապակած *(մսի մասին)*

medley |ˈmɛdli| **1** *noun* (հոգն. **-leys**) 1) շիլափլավ; խառնուրդ; միախառնում 2) խառնիճաղանջ ամբոխ; խայտաբղետ/այլազան հասարակություն 3) երգերի հավաքածու/ծաղկաքաղ *(իրար հետևից կատարվող)* **2** *adjective հնացած* խառը; խառնիխուռն; խայտաբղետ **3** *verb* (անցյալ և անցյալ դերբայ **-leyed** կամ **-lied**) *հնացած* խառնել; խառնաշփոթել

medulla oblongata |ˌɒblɒŋˈgɑːtə| *noun կազմախոսություն* երկայնաձիգ ուղեղ

Medusa |mɪˈdjuːzə| *հունական դիցաբանություն* Մեդուզա

meed |miːd| *noun հնացած բանաստեղծական* պարգև; վարձատրություն

meek |miːk| *adjective* հեզ; հեզահամբույր; խոնարհ; համեստ; զիջող

meekly *adverb* հեզաբար; հեզորեն; խոնարհորեն; մեղմորեն

meet[1] |miːt| **1** *verb* (անցյալ և անցյալ դերբայ **met** |mɛt|) 1) (**meet with**) հանդիպել; պատահել 2) ծանոթանալ 3) (նաև **meet together**) հանդիպում ունենալ; հավաքվել *(որոշակի նպատակով)* 4) դիմավորել; ընդառաջ գնալ 5) հասնել; դիպչել; միանալ; իրար հասնել; ծայրը ծայրին գալ 6) (**meet with**) ենթարկվել; կրել; հանկարծակի հանդիպել *(դժվարությունների և այլնի)* 7) (**meet sth with**) որոշակի արձագանք տալ *(որոշակի ձևով ընդունել)* 8) ընդառաջել; բավարարել *(պահանջները, ցանկությունները և այլն)* ◊ **meet halfway** ընդառաջել; համաձայնության գալ 9) համապատասխանել *(պայմաններին)* 10) հացնել; ավարտել; վերջացնել *(մինչև վերջնաժամկետը)* 11) վճարել *(հաշիվը և այլն)* **2** *noun* 1) հանդիպման վայր 2) հանդիպում

meet[2] |miːt| *adjective հնացած* հարմար; պատշաճ; համապատասխան

meeting |ˈmiːtɪŋ| *noun* ժողով; նիստ; խորհուրդ; հավաք; հավաքույթ; հանդիպում ◊ **general meeting** ընդհանուր ժողով. **plenary meeting** լիագումար նիստ. **hold a meeting** ժողով անցկացնել; ժողով անել

mega |ˈmɛgə| *խոսակցական* **1** *adjective* 1) հսկայական; վիթխարի; խիստ մեծ 2) մեծանշանակ; բազմանշանակ; խիստ կարևոր **2** *adverb* չափազանց; խիստ

megabyte |ˈmɛgəbʌɪt| (հպվ. **Mb** կամ **MB**) *noun համակարգիչներ* մեգաբայթ *(= 1 048 576 բայթ)*

megahertz |ˈmɛgəhəːts| (հպվ. **MHz**) *noun* (հոգն. նույնը) մեգահերց

megaphone |ˈmɛgəfəʊn| **1** *noun* խոսափող **2** *verb* խոսափողով խոսել

meiosis |mʌɪˈəʊsɪs| *noun* (հոգն. **-ses** |-siːz|) 1) *կենսաբանություն* մեյոզ 2) տե՛ս **litotes**

melancholic |-ˈkɒlɪk| *adjective* մելամաղձոտ; տխուր; տրտում; թախծոտ

melancholy |ˈmɛlənk(ə)li| **1** *noun* 1) թախծություն; տրտմություն 2) մելամաղձություն 3) *հնացած* սև մաղձ **2** *adjective* 1) մելամաղձոտ; մռայլ; տխուր; թախծոտ 2) թախծաբեր; տխրեցուցիչ; տրտմեցուցիչ

melanin |ˈmɛlənɪn| *noun* մելանին *(ներկանյութ)*

melee |ˈmɛleɪ| (նաև **mêlée**) *noun* 1) ծեծկռտոց; տուրուդմփոց; կռիվ; գոտեմարտ; տաք վեճ 2) ամբոխ; խառնամբոխ; ժխորախումբ

meliorate |ˈmiːlɪəreɪt| *verb գրական անգլերեն* 1) բարվոքել; բարելավել 2) *գյուղատնտեսություն* հողաբարելավել; հողի որակը բարելավել

mellifluous |mɛˈlɪflʊəs| *adjective* մեղրածոր; մեղրախոս; քաղցր *(ձայնի/խոսքերի մասին)*

mellow |ˈmɛləʊ| **1** *adjective* 1) փափուկ; մեղմ *(գույների/հացի մասին)* 2) հնչուն; հյութեղ *(ձայնի մասին)* 3) *հնացած* հյութեղ ու քաղցր; հասուն *(մրգերի մասին)* 4) հնացրած; պահորդակ *(գինու մասին)* 5) ապրած; կյանք տեսած; հասուն; մեղմացած *(մարդու/բնավորության մասին)* 6) զվարթ; անկաշկանդ 7) *խոսակցական* քեֆը տեղը; գինով; խմիչքից զվարթացած 8) բերրի; պարարտ *(հողի մասին)* **2** *verb* 1) հասնել; հասունանալ; փափկել; կակղել 2) փափկեցնել; կակղեցնել; հյութալի դարձնել

melodic |mɪˈlɒdɪk| *adjective* մեղեդական; մեղեդային; բարեհունչ; քաղցրահունչ

melodious |mɪˈləʊdɪəs| *adjective* բարեհնչուն; քաղցրալուր; ախորժալուր; մեղեդային

melodrama |ˈmɛlə(ʊ)drɑːmə| *noun* 1) զգացերգություն; մելոդրամա; զգացերգ 2) թատերականություն; թատերայնություն *(շարժումների, բառերի և այլնի)* 3) պատմական նվագախառն թատերախաղ

melody |ˈmɛlədi| *noun* (հոգն. **-dies**) 1) մեղեդի; եղանակ; նվագ; դաշներգ 2) բարեհնչունություն

melon |ˈmɛlən| *noun* 1) *բուսաբանություն* սեխ *(Cucumis melo, ընտանիք Cucurbitaceae)* 2) խոշոր շահույթ *(որը պետք է բաժանվի մի քանի հոգու միջև)*

melt |mɛlt| **1** *verb* 1) հալչել; հալվել ◇ **melt into rain** անձրևի վերածվել *(ամպի մասին)*. **melt into tears** սկսել սաստիկ լաց լինել 2) (**melt sth down**) հալել; հալեցնել 3) լուծվել; տարրալուծվել; միաձուլվել; խառնվել 4) քնքշանալ; կակղել; փափկել; մեղմանալ 5) քնքշացնել; մեղմացնել; փափկեցնել; կակղեցնել 6) անհայտանալ; չքանալ; աներևութանալ *(մարդու/զգացումի մասին)* 7) (**melt into**) աննկատ փոխվել; սահուն անցնել *(մեկ այլ վիճակի)* • **melt away** հալվել; հալչել; հեռվում անհետանալ **melt down** հալեցնել **melt out** հալել; հալելով ձուլել **2** *noun* 1) հալվելը; հալչելը; հալում 2) հալած մետաղ 3) հալվածք; միանգամյա հալվածք 4) *խոհանոց* հալած պանրով բուտերբրոդ 5) հալելը; հալեցնելը

melting point *noun ֆիզիկա* հալման կետ

melting pot *noun* 1) հալքանոթ 2) *փոխաբերական* խառնարան; հալքանոթ *(տարբեր մարդկանց/կարծիքների/ոճերի)*

meltwater *noun* (նաև **meltwaters**) ձնհալի ջուր; ձնաջուր

member |ˈmɛmbə| *noun* 1) անդամ; անդամակից ◇ **Member of Parliament** պառլամենտի անդամ. **private member of Parliament** պառլամենտի շարքային անդամ. **unruly member** *կատակային* լեզու. **full-fledged member** լիիրավ անդամ 2) ներկայացուցիչ 3) մաս *(կառուցվածքի)* 4) *հնացած* անդամ; վերջույթ 5) (**male member**) առնանդամ

membership |ˈmɛmbəʃɪp| *noun* 1) անդամություն; անդամակցություն 2) անդամների/անդամակիցների թիվը

membrane |ˈmɛmbreɪn| *noun* 1) *կազմախոսություն* նրբամաշկ 2) թաղանթ; փառ *(բարակ)* 3) *կենսաբանություն* թաղանթ

memento |mɪˈmɛntəʊ| *noun* (հոգն. **-tos** կամ **-toes**) 1) հուշանիշ; հուշանվեր 2) հիշեցում; հիշեցնելը

memo |ˈmɛməʊ| *noun* (հոգն. **memos**) *խոսակցական* գրություն; հուշագիր; կարճ գրություն *(հատկապես գործարարական)*

memoir |ˈmɛmwɑː|, |-wɔː| *noun* 1) հուշեր; հուշագրություններ 2) (**memoirs**) ինքնակենսագրություն; կենսագրություն 3) (**memoirs**) տեղեկագիր; գիտական աշխատությունների ժողովածու *(գիտական ընկերություն)*

memorabilia |ˌmɛm(ə)rəˈbɪlɪə| *plural noun* հիշատակի առարկաներ; պատմական արժեք ունեցող առարկաներ

memorable |ˈmɛm(ə)rəb(ə)l| *adjective* անմոռանալի; անմար; արժանահիշատակ; հիշարժան

memorandum |mɛməˈrændəm| *noun* (հոգն. **-da** |-də| կամ **-dums**) 1) հուշաթերթ; գրառում; նոթագրություն 2) *քաղաքականություն* հուշագիր ◇ **memorandum of agreement** փոխըմբռնման հուշագիր

memorial |mɪˈmɔːrɪəl| **1** *noun* 1) հուշարձան; հուշատախտակ; հիշատակ 2) *հիմնականում պատմական* բողոքագիր; դիմումագիր; համախոսական; կոլեկտիվ խնդրագիր 3) (**memorials**) հուշեր; ժամանակագրություն; հիշատակարան; հիշողություն; հուշամատյան **2** *adjective* հիշարժան; հիշատակի; ի հիշատակ

memorize |ˈmɛmərʌɪz| *verb* 1) մտապահել; հիշել; անգիր սովորել; մտքում պահել 2) հավերժացնել; անմահացնել

memory |ˈmɛm(ə)ri| *noun* (հոգն. **-ries**) 1) հիշողություն; հիշողականություն ◇ **elusive/short memory** թույլ/կարճ հիշողություն. **retentive memory** լավ/ուժեղ հիշողություն. **in memory of** ի հիշատակ *(մեկի կամ մի բանի)*. **commit to memory** հիշողության մեջ պահել; անգիր սովորել. **escape one's memory** մոռացվել; մտքից ընկնել. **jog one's memory** հիշեցնել; հիշել տալ; հիշողության մեջ արթնացնել. **within the memory of men, within living memory** ներկա սերնդի հիշողության մեջ 2) հիշատակ; հուշ; վերհուշ; հիշողություն 3) *համակարգիչներ* հիշողություն

menace |ˈmɛnəs| **1** *noun* 1) սպառնալիք; վտանգ ◇ **standing menace** մշտական սպառնալիք 2) *կատակային* անդուր/պայթյունավտանգ մարդ **2** *verb* սպառնալ; վախ ներշնչել; երկյուղ ազդել

menagerie |məˈnædʒ(ə)ri| *noun* 1) գազանանոց 2) տարօրինակ հավաքածու/խումբ *(մարդկանց, իրերի)*

mend |mɛnd| **1** *verb* 1) նորոգել; կարգի բերել; կարկատել; վերանորոգել 2) առողջանալ; լավանալ; կազդուրվել 3) ուղղել; շտկել; հարթել; վերացնել *(անհամաձայնությունը, տհաճությունը և այլն)* **2** *noun* կարկատան; կարկատած տեղ; նորոգված մաս ◇ **on the mend** դեպի լավացում; դեպի լավը *(առողջության/գործերի մասին)*

mend one's ways ուղղվել; բարելավել վարքագիծը

mendacious |mɛnˈdeɪʃəs| *adjective* ստախոս; սուտ; կեղծ

mendelevium |ˌmɛndəˈliːvɪəm|, |-ˈleɪvɪəm| *noun քիմիա* (**Md**) մենդելեվիում

mendicant |ˈmɛndɪk(ə)nt| **1** *adjective* 1) մուրացիկ; մուրացող 2) մուրացիկ միաբանության պատկանող *(վանականների մասին)* **2** *noun* 1) մուրացող; մուրացկան 2) *պատմական* մուրացիկ վանական

menfolk |ˈmɛnfəʊk| (նաև **menfolks**) *plural noun* տղամարդիկ *(հատկապես որոշակի տոհմի)*

menial |ˈmiːnɪəl| **1** *adjective* 1) կոպիտ; ֆիզիկական; ձանձրալի *(աշխատանքի մասին)* 2) *հնացած* ծառայական; ստրկամիտ; ստորաքարշ **2** *noun* 1) կոպիտ աշխատանք կատարող; ֆիզիկական աշխատանք անող; ձանձրալի աշխատանք անող 2) *հնացած* ծառա

meninges |mɪˈnɪndʒiːz| *plural noun* (եզակի **meninx**) *կազմախոսություն* ուղեղային նրբաթաղանթներ

meningitis |ˌmɛnɪnˈdʒʌɪtɪs| *noun* ուղեղաթաղանթաբորբ

menopause |ˈmɛnəpɔːz| *noun բժշկություն* ամսադադար; դաշտանանկանգ; դաշտանադադար; դաշտանադադարային շրջան

menstrual |ˈmɛnstrʊəl| *adjective բժշկություն* դաշտանային; դաշտանի

menstruate |ˈmɛnstrʊeɪt| *verb բժշկություն* դաշտանահոսություն ունենալ

menstruation |mɛnstrʊˈeɪʃ(ə)n| *noun* դաշտան; ամսական

mental |ˈmɛnt(ə)l| *adjective* 1) մտավոր; մտքի; մտքում կատարվող 2) մտային; մտավոր; մտքում պատկերացվող 3) հոգեկան; հոգեբանական ◇ **mental test** հոգեբանական ստուգափորձ 4) *խոսակցական* (**mental patient**) հոգեհիվանդ; խելագար

mentality |mɛnˈtælɪti| *noun* (հոգն. **-ties**) 1) մտայնություն; մտածելակերպ; մտքի կերտվածք; մտատրամադրություն; մտքի ուղղվածություն 2) մտածողականություն; մտածողական ընդունակություն

mentally *adverb* մտովի; մտքով

mentation |mɛnˈteɪʃ(ə)n| *noun տեխնիկական* մտածողություն

menthol |ˈmɛnθɒl|, |-θ(ə)l| *noun քիմիա* մենթոլ

mention |ˈmɛnʃ(ə)n| **1** *verb* հիշատակել; նշել; հիշել; վկայակոչել; ակնարկել ◇ **don't mention it** չարժե; ոչինչ; խնդրեմ *(ներողությանը կամ շնորհակալությանն ի պատասխան)*. **not to mention** մի կողմ թողնելով; էլ չասած; էլ չխոսելով **2** *noun* 1) հիշատակություն; հիշատակում; ակնարկ; նշում 2) գնահատանք; արժեքավորում; կարևորում

mentor |ˈmɛntɔː| **1** *noun* 1) խորհրդատու; վստահելի անձ 2) սովորեցնող; դաստիարակ; ուսուցիչ *(նոր աշխատակիցների կամ սովորողների համար)* **2** *verb* սովորեցնել; դաստիարակել; խորհուրդներ տալ

menu |ˈmɛnjuː| *noun* (հոգն. **menus**) 1) ճաշացուցակ 2) սնունդ; կերակուրներ; ուտելիքներ *(որոշակի առիթով պատրաստված)* 3) *համակարգիչներ* ընտրացանկ

meow |mɪˈaʊ| (նաև **miaow**) **1** *noun* մլավոց *(կատվի)* **2** *verb* մլավել

mercantile |ˈməːk(ə)ntʌɪl| **1** *adjective* 1) առևտրական; վաճառականական 2) չարչիական; մանր շահադիտական **2** *noun հնացած* ընդհանուր նշանակության խանութ

mercantilism |ˈməːk(ə)ntʌɪˌlɪz(ə)m| *noun* առևտրայնություն; առևտրապաշտություն

mercenary |ˈməːsɪn(ə)ri| **1** *adjective արհամարհական* 1) շահամոլ; շահատենչ; շահասեր; շահամոլական 2) վարձու **2** *noun* (հոգն. **-naries**) 1) *ռազմական* վարձկան/վարձված զինվոր *(օտարազգի)* 2) շահամոլ/շահատենչ անձ

mercer |ˈməːsə| *noun պատմական* կերպասավաճառ; մետաքսավաճառ; գործվածքավաճառ

mercery *noun* կերպասեղենի/մետաքսեղենի առևտուր

merchandise **1** *noun* |ˈməːtʃ(ə)ndʌɪs| |-z| 1) ապրանք 2) թեմատիկ ապրանք *(որևէ ֆիլմի, երաժշտական խմբի, գրքի հերոսի հետ կապված)* 3) *տնտեսագիտություն* վաճառավորում **2** *verb* |ˈməːtʃ(ə)ndʌɪz|(նաև **merchandize**) 1) վաճառավորել *(ապրանքը՝ վաճառքի կետերում)* 2) գովազդել; տարածել *(որևէ մարդու/գաղափար)* 3) խթանել *(վաճառքը)*

merchandising |ˈməːtʃ(ə)dʌɪsɪŋ| *noun* 1) *տնտեսագիտություն* վաճառավորում *(իրացմանը նպաստելը)* 2) թեմատիկ ապրանք *(որևէ ֆիլմի, երաժշտական խմբի, գրքի հերոսի հետ կապված)*

merchant |ˈməːtʃ(ə)nt| **1** *noun* 1) մեծածախ առևտրով զբաղվող վաճառական 2) *ամերիկյան* խանութպան 3) մանրածախ խանութ 4) *պատմական* առևտրական; վաճառական **2** *adjective* առևտրական; առևտրային

merchantman |ˈməːtʃ(ə)ntmən| *noun* (հոգն. **-men**) առևտրական նավ

merciful |ˈməːsɪfʊl|, |-f(ə)l| *adjective* 1) ողորմած; բարեգութ; գթասիրտ; մեղմ 2) մխիթարություն; սփոփանք

mercifully |ˈməːsɪfʊli|, |-f(ə)li| *adverb* 1) գթասրտաբար; բարեգթաբար; կարեկցաբար 2) բարեբախտաբար; բարեդիպվածորեն

merciless |ˈməːsɪlɪs| *adjective* անգութ; անողորմ; խիստ

mercurial |məːˈkjʊərɪəl| **1** *adjective* 1) անկանխատեսելի; փոփոխական; անկայուն; հեղհեղուկ *(մարդու մասին)* 2) աշխույժ; շարժուն; արագաշարժ 3) սնդիկի; սնդիկային; սնդիկ պարունակող 4) (**Mercurial**) Մերկուրի մոլորակի **2** *noun* սնդիկային դեղամիջոց; սնդիկ պարունակող նյութ

Mercury |ˈməːkjʊri| 1) *հռոմեական դիցաբանություն*

Մերկուրի *(«ւերճախոսության, առևտրի, արհեստների հռոմեական աստվածը, որը նաև աստվածների բանբերն էր)* 2) *աստղագիտություն* Փայլածու; Մերկուրի *(մոլորակ)*

mercury¹ |ˈmə:kjʊri| *noun* 1) *քիմիա* (**Hg**) սնդիկ 2) սնդիկի սյուն 3) սնդիկային դեղամիջոց; սնդիկ պարունակող նյութ

mercury² *noun բուսաբանություն* կմշտորուկ; հալպուպ; վայրի ռեհան *(Genera Mercurialis և Acalypha, ընտանիք Euphorbiaceae)*

mercy |ˈmə:si| **1** *noun* (հոգն. **-cies**) 1) ողորմածություն; գթասրտություն; գթություն; կարեկցություն; ներողություն; թողություն ◊ **beg/cry for mercy** գթություն/թողություն/ողորմածություն հայցել. **at the mercy of** ողորմածությանը թողնված; մեկի գթասրտությանը թողնված; մեկի կամքին անձնատուր եղած. **show mercy to** գթասրտություն/հանդես բերել. **have mercy on/upon** խնայել; գթալ 2) հաջողություն; բախտ; մխիթարություն **2** *exclamation հնավանդ* Աստվա՛ծ իմ; զարմանքի/վախի արտահայտություններում

mere¹ |mɪə| *adjective* 1) զուտ; սոսկ; միայն 2) (**the merest**) ննվազագույն; փոքրագույն

mere² |mɪə| *noun բանաստեղծական* լիճ; լճակ

merely *adverb* լոկ; միայն; պարզապես

meretricious |ˌmerɪˈtrɪʃəs| *adjective* 1) խաբուսիկ; գեղեցկապատիր; աղաղակող; աչք ծակող 2) *հնացած* անառակ; անբարոյական

merge |mə:dʒ| *verb* 1) կլանել; իր մեջ ընդունել; ձուլվել; միաձուլվել; միախառնվել; ձուլվելով իրար խառնվել; իրար հետ միանալ 2) ձուլել; ձուլելով իրար խառնել; միախառնել; միաձուլել; իրար հետ միացնել 3) *համակարգիչներ* միաձուլել

merger |ˈmə:dʒə| *noun* 1) *տնտեսագիտություն* միաձուլում *(ձեռնարկությունների, կազմակերպությունների)* 2) ձուլում ◊ **merger of cultures** մշակույթների ձուլում

meridian |məˈrɪdɪən| **1** *noun* 1) միջօրեական 2) զենիթ; գագաթնակետ 3) *փոխաբերական* ծաղկում; ծաղկման շրջան *(կյանքի)* 4) *հնացած* միջօրե; կեսօր **2** *adjective* 1) *բանաստեղծական* կեսօրվա 2) զենիթում/գագաթնակետում գտնվող 3) *փոխաբերական* ամենաբարձր; գագաթնակետային

meringue |məˈræŋ| *noun խոհանոց* եփած բեզե

merino |məˈri:nəʊ| *noun* (նաև **merino sheep**) (հոգն. **-nos**) 1) մերինոս *(նրբագեղմ ոչխար)* 2) մերինոս *(թել կամ գործվածք)*

merit |ˈmerɪt| **1** *noun* 1) արժանավորություն; արժանիք; դրական հատկություն 2) արժանիք; վաստակ; ծառայություն; երախտիք; կարևորություն 3) *հին. ականում իրավունք* հատկանիշներ; որակներ; էություն 4) *աստվածաբանություն* (**merits**) վաստակ; բարի գործեր **2** *verb* (**merited**, **meriting**) արժանի լինել

meritocracy |ˌmerɪˈtɒkrəsi| *noun* (հոգն. **-cies**) 1) արժանավարություն 2) արժանավարության սկզբունքներով գործող հասարակություն 3) հմուտ կառավարողների խավ

meritorious |ˌmerɪˈtɔ:rɪəs| *adjective* 1) գովասանքի/պարգևի արժանի; արժանավոր; գովելի 2) *հիմնականում իրավունք* ըստ գործի էության

Merlin |ˈmə:lɪn| *դիցաբանություն* Մերլին *(Արթուր թագավորի առասպելի կախարդը)*

mermaid |ˈmə:meɪd| *noun* ջրահարս; ջրանույշ

merman |ˈmə:mæn| *noun* (հոգն. **-men**) ջրոգի *(ջրահարսի տղամարդ տարբերակը)*

merrily |ˈmerɪli| *adverb* 1) ուրախ; զվարթ 2) անհոգ; առանց հետևանքների մասին մտածելու; առանց հետևանքները հաշվի առնելու

merriment |ˈmerɪm(ə)nt| *noun* ուրախություն; ցնծություն

merry |ˈmeri| *adjective* (**merrier**, **merriest**) 1) ուրախ; զվարթ ◊ **make merry** ուրախանալ; զվարճանալ; երգել-պարել. **make merry at/over** ծիծաղել մի բանի վրա; ծաղրել 2) տոնական; ցնծալի *(իրադարձության մասին)* 3) *խոսակցական* կատարը տաք; կոնծած

merry-go-round *noun* 1) կարուսել; պտուտարշավ 2) անհմաստ շրջապտույտ *(գործողությունների, իրադարձությունների)*

merrymaker *noun* ուրախ-զվարթ մարդ; զվարճասեր մարդ; զվարճախոս; կատակաբան

merrymaking |ˈmerɪmeɪkɪŋ| *noun* ուրախություն; զվարճություն; տոնախմբություն; խնդություն; խնջույք

mésalliance |meˈzælɪəns| *noun* անհավասար ամուսնություն; տարբեր խավերի մարդկանց ամուսնություն

mesh |meʃ| **1** *noun* 1) (**meshes**) ցանց; ուռկան; ցանցաձև կառուցվածք *(մետաղալարե)* 2) աչք; ծակ *(ուռկանի, մաղի և այլնի)* 3) *փոխաբերական* (**meshes**) թակարդ; ճեղություն; բարդ իրավիճակ 4) *համակարգիչներ* հանգուցակ **2** *verb* 1) ուռկանով բռնել; ուռկանը գցել 2) խառնահյուսվել; խճճվել; միահյուսվել 3) ներդաշնակել; համապատասխանել

mesmerism |ˈmezmərɪz(ə)m| *noun պատմական* 1) հիպնոտիզմ; Մեսմերի քնեածաբուժություն 2) հիպնոս; քնեածություն

mesmerize |ˈmezmərʌɪz| *verb* 1) *փոխաբերական* գրավել; հմայել; կլանել 2) հիպնոսացնել; հիպնոսի ենթարկել

mesopause |ˈmesə(ʊ)pɔ:z|, |ˈmez-|, |ˈmi:s-|, |ˈmi:z-| *noun* միջնաշերտ *(մթնոլորտի և ջերմոլորտի միջև)*

mesophyll |ˈmesə(ʊ)fɪl|, |ˈmez-|, |ˈmi:s-|, |ˈmi:z-| *noun բուսաբանություն* տերևամիջուկ; մեզոֆիլ

Mesopotamia |ˌmesəpəˈteɪmɪə| Միջագետք *(Եփրատ և Տիգրիս գետերի միջև ընկած տարածքը)*

mesosphere |ˈmesə(ʊ)sfɪə|, |ˈmez-|, |ˈmi:s-|, |ˈmi:z-| *noun* միջնոլորտ

mess |mes| **1** *noun* 1) անկարգություն; խառնաշփոթություն ◊ **make a mess** խառնաշփոթություն առաջացնել; խառնել. **in a mess** խառնաշփոթության մեջ; տակն ու վրա; անախորժ դրության մեջ. **get into a mess** փորձանքի մեջ ընկնել 2) փնթի/թափթփված մարդ 3) անախորժ զանգված *(սննդի)* 4) զինվորական ճաշարան 5) խառնակություն; փորձանք; կրակ **2** *verb* 1) խառնաշփոթություն առաջացնել 2) կեղտոտել; ապականել; թափթփել 3) կեղտոտել; կղկղել 4) ◊

mess about անգործություն անել; ժամանակ անցկացնել

mess about with (**mess around with sb**) կապի մեջ լինել մեկի հետ; սեռական հարաբերություններ ունենալ մեկի հետ

message |ˈmɛsɪdʒ| **1** *noun* 1) հաղորդագրություն; հաղորդում; տեղեկացում; զեկույց; նամակ; լուր 2) առաքելություն; պատգամ; ուղերձ 3) *համակարգիչներ* հաղորդագրություն 4) *բրիտանական* հանձնարարություն; առաջադրանք 5) գովազդ *(ռադիոյով կամ հեռուստատեսությամբ)* **2** *verb* հաղորդագրություն/ուղարկել

message board *noun համակարգիչներ* հայտարարությունների տախտակ

messenger |ˈmɛsɪn(d)ʒə| **1** *noun* 1) սուրհանդակ; լրաբեր; բանբեր; թղթատար; համբավաբեր; նամակաբեր 2) *փոխաբերական* նախակարապետ **2** *verb* ուղարկել բանբերի միջոցով

messiah |mɪˈsʌɪə| *noun* 1) *կրոն աստվածաշնչային* (**the Messiah**) Մեսիա; Օծյալ 2) փրկարար; առաջնորդ

mess jacket *noun ծովային* տուժուրկա; զինվորական բաճկոն *(տոնական առիթներին հագնվող)*

messmate |ˈmɛsmeɪt| *noun* սեղանակից; սնընդակից; ճաշընկեր *(բանակում, նավատորմում)*

Messrs. *plural noun* հնացած պարոնայք *(դրվում է ձեռնարկության սեփականատերերի անուններից առաջ)*

messy |ˈmɛsi| *adjective* (**messier**, **messiest**) 1) կեղտոտ; փնթի 2) խառնաշփոթ առաջացնող; թափթփված

meta **1** *noun համակարգիչներ* (նաև **meta key**) մետա ստեղն **2** *adjective* ինքն իրեն վերաբերող; ինքն իր մասին *(ստեղծագործության մասին)*

metabolic |ˌmɛtəˈbɒlɪk| *adjective բժշկություն* նյութափոխանակային

metabolism |mɪˈtæbəlɪz(ə)m| *noun կենսաբանություն* նյութափոխանակություն; նյութերի փոխանակություն

metal |ˈmɛt(ə)l| **1** *noun* 1) մետաղ ◊ **ferrous metals** սև մետաղներ. **white metal/Britannia metal** սպիտակ մետաղ; արհեստական արծաթ. **yellow metal** արույր 2) հալած ապակու զանգված 3) խիճ 4) *երկաթուղային* բալաստ; վերնալիր 5) (**metals**) ռելսեր 6) (**heavy metal**) հեվի մետալ; ծանր մետաղ *(ռոք երաժշտության տարատեսակ)* **2** *verb* (**metaled**, **metaling**; հմմտ. բրիտ. **metalled**, **metalling**) 1) մետաղապատել; ծածկել մետաղով 2) խճով սալարկել; խճել

heavy metal ծանր հրետանի

metallic |mɪˈtælɪk| **1** *adjective* 1) մետաղե; մետաղյա; մետաղանման 2) մետաղական *(ձայնի մասին)* 3) մետաղափայլ **2** *noun* մետաղափայլ ներկ/գույն

metalloid |ˈmɛt(ə)lɔɪd| *noun քիմիա* մետաղակերպ

metallurgy |mɪˈtælədʒi|, |ˈmɛt(ə)ˌləːdʒi| *noun* մետաղագործություն; մետալուրգիա

metamorphic |mɛtəˈmɔːfɪk| *adjective երկրաբանություն* կերպափոխված

metamorphose |ˌmɛtəˈmɔːfəʊz| *verb նաև փոխաբերական* (**metamorphose into**) կերպափոխել; կերպարանափոխել

metamorphosis |ˌmɛtəˈmɔːfəsɪs|, |ˌmɛtəmɔːˈfəʊsɪs| *noun* (հոգն. **-phoses** |-siːz|) *կենդանաբանություն նաև փոխաբերական* կերպափոխում; կերպարանափոխություն

metaphor |ˈmɛtəfə|, |-fɔː| *noun գրականագիտություն լեզվաբանություն* փոխաբերություն; փոխաբերույթ; այլաբանություն

metaphysical |mɛtəˈfɪzɪk(ə)l| **1** *adjective* 1) բնազանցական; վերացական; մետաֆիզիկական 2) բնազանցի/մետաֆիզիկական բանաստեղծներին բնորոշ **2** *noun* (**the Metaphysicals**) բնազանցներ; մետաֆիզիկական բանաստեղծներ

metaphysical poets *noun գրքային* բնազանց բանաստեղծներ *(17-րդ դարի)*

metaphysics |mɛtəˈfɪzɪks| *plural noun* 1) բնազանցություն; մետաֆիզիկա 2) անհիմն խոսքեր; անիրական տեսություն

metatarsal |ˌmɛtəˈtɑːs(ə)l| *noun* նախագարշապարային; նախաթաթային

mete[1] |miːt| *verb բանաստեղծական* 1) (**mete something out**) տալ; նշանակել *(պարգև, պատիժ)* 2) *աստվածաշնչային* (նաև **mete out**) չափելով բաժանել; չափել

mete[2] |miːt| *noun պատմական* սահման; սահմանային սյուն; սահմանային նշան

meteor |ˈmiːtɪə|, |-tɪɔː| *noun* օդերևույթ; ասուպ; երկնաքար

meteoric |ˌmiːtɪˈɒrɪk| *adjective* 1) օդերևութական; ասուպային 2) սրընթաց; կայծակնային 3) մթնոլորտային

meteorite |ˈmiːtɪərʌɪt| *noun* օդաքար; երկնաքար; ասուպ

meteorological |-rəˈlɒdʒɪk(ə)l| *adjective* օդերևութաբանական; մթնոլորտային

meteorology |ˌmiːtɪəˈrɒlədʒi| *noun* 1) օդերևութաբանություն 2) մթնոլորտային պայմաններ; կլիմա

meter[1] |ˈmiːtə| (բրիտանական **metre**) *noun* մետր

meter[2] |ˈmiːtə| (բրիտանական **metre**) *noun* 1) չափ; ոտք *(ոտանավորի)* 2) չափ; ռիթմ *(երաժշտական ստեղծագործության)*

meter[3] |ˈmiːtə| **1** *noun* հաշվիչ; չափիչ; չափող գործիք *(ջրի, գազի, հոսանքի)* **2** *verb* չափել *(չափիչով)*

methane |ˈmiːθeɪn|, |ˈmɛθeɪn| *noun քիմիա* (CH_4) մեթան; ճահճագազ

methanol |ˈmɛθənɒl| *noun քիմիա* մեթանոլ

methinks |mɪˈθɪŋks| *verb* (անցյալ **methought** |mɪˈθɔːt|) *հնացած բանաստեղծական կատակային* ինձ թվում է; կարծում եմ

method |ˈmɛθəd| *noun* 1) մեթոդ; կարգ; միջոց; եղանակ 2) հետևողականություն; կարգ; համակարգ

methodical |mɪˈθɒdɪk(ə)l| *adjective* 1) մեթոդական; ըստ կարգի 2) հետևողական; համակարգված; կանոնավոր

methodological |-dəˈlɒdʒɪk(ə)l| *adjective* մեթոդոլոգիական

methodology |mɛθəˈdɒlədʒi| *noun* (հոգն. **-gies**) մեթոդաբանություն; եղանակաբանություն

Methuselah |mɪˈθ(j)u:z(ə)lə| 1) *աստվածաշնչային* Մաթուսաղա 2) մաթուսաղա; երկարակյաց մարդ

methyl |ˈmi:θʌɪl|, |ˈmɛθ-|, |-θɪl| *noun* *քիմիա* (–CH 3) մեթիլ

methylated spirit (նաև **methylated spirits**) *noun* դենատուրատ; տեխնիկական սպիրտ

meticulous |mɪˈtɪkjʊləs| *adjective* բծախնդիր; մանրազնին; մանրախույզ

meticulously *adverb* բծախնդրորեն; բծախնդրաբար; մանր ազնին

metonymy |mɪˈtɒnɪmi| *noun* (հոգն. **-mies**) *լեզվաբանություն* փոխանունություն

metric[1] |ˈmɛtrɪk| **1** *adjective* մետրային; մետրական; մետրի վրա հիմնված; մետրական համակարգը գործածող **2** *noun* չափման համակարգ/չափ օրինակ

metric[2] **1** *adjective* տաղաչափական **2** *noun* տաղաչափություն

metrical |ˈmɛtrɪk(ə)l| *adjective* 1) տաղաչափական 2) չափող; չափական 3) *ֆիզիկա* մետրային; մետրական

metrication |-ˈkeɪʃ(ə)n| *noun* անցում մետրական համակարգին

metronome |ˈmɛtrənəʊm| *noun* *տեխնիկական երաժշտություն* ժամանակացույց; մետրոնոմ

metropolis |mɪˈtrɒp(ə)lɪs| *noun* 1) մայրաքաղաք; կենտրոնական քաղաք ◇ **the metropolis** Լոնդոն 2) խոշոր արդյունաբերական քաղաք

metropolitan |mɛtrəˈpɒlɪt(ə)n| **1** *adjective* 1) մայրաքաղաքի 2) գաղութատիրական; գաղութատեր պետության 3) *քրիստոնեություն* թեմական; թեմի **2** *noun* 1) *քրիստոնեություն* արքեպիսկոպոս; միտրոպոլիտ 2) մայրաքաղաքի բնակիչ

mettle |ˈmɛt(ə)l| *noun* 1) արիություն; քաջություն; անվեհերություն; անկոտրում լինելը; ավյուն 2) բնավորություն; խառնվածք 3) ◇ **be on one's mettle** եռանդ հանդես բերել; պատրաստ լինել ձեռքից եկածն անելու. **put one on his mettle** ստիպել մեկին ձեռքից եկածն անելու

mettlesome *adjective* եռանդուն; եռանդոտ; աշխույժ; կրակոտ; քաջարի

mew[1] |mju:| **1** *verb* մլավել **2** *noun* մլավոց

mew[2] |mju:| **1** *noun* վանդակ *(բազեի)* **2** *verb* 1) վանդակի մեջ դնել; վանդակում փակել 2) *փոխաբերական* (նաև **mew up**) բանտարկել

mewl |mju:l| *verb* 1) տզտզալ; թնգթնգալ; նվնվալ *(երեխայի մասին)* 2) մլավել

mews |mju:z| *noun* (հոգն. նույնը) 1) նախկին ախոռ; ախոռանման շինություն 2) ախոռ

Mexican **1** *adjective* մեքսիկական **2** *noun* մեքսիկացի

Mexico |ˈmɛksɪkəʊ| Մեքսիկա *(պետություն)*

Mexico City Մեխիկո *(Մեքսիկայի մայրաքաղաքը)*

mezzanine |ˈmɛzəni:n|, |ˈmɛts-| **1** *noun* 1) միջնահարկ; կիսահարկ 2) *թատրոն* ստորնահարկ; բեմի տակ **2** *adjective* *ֆինանսներ* հրապուրիչ

mg *symbol* magnesium մագնեզիում

mi *noun* *երաժշտություն* մի *(երաժշտական ձայնանիշ)*

mica |ˈmʌɪkə| *noun* *հանքաբանություն* թերթաքար

Micah |ˈmʌɪkə| *աստվածաշնչային* Միքիա մարգարե

Michigan |ˈmɪʃɪg(ə)n| Միչիգան *(ԱՄՆ-ի նահանգ)*

micro |ˈmʌɪkrəʊ| **1** *noun* (հոգն. **-cros**) 1) տե՛ս **microcomputer** 2) տե՛ս **microprocessor** **2** *adjective* 1) խիստ փոքր; փոքրիկ 2) փոքրամասշտաբ

microbe |ˈmʌɪkrəʊb| *noun* մանրէ

microbial *adjective* *կենսաբանություն* մանրէական; մանրէային

microbiology |ˌmʌɪkrə(ʊ)bʌɪˈɒlədʒi| *noun* *կենսաբանություն* մանրէաբանություն

microchip |ˈmʌɪkrə(ʊ)tʃɪp| **1** *noun* մանրաչիփ **2** *verb* (**-chipped**, **-chipping**) մանրաչիփ տեղադրել *(կենդանու մաշկի տակ)*

microcomputer |ˈmʌɪkrə(ʊ)kɒmˌpju:tə| *noun* *համակարգիչներ* մանրահամակարգիչ

microcosm |ˈmʌɪkrə(ʊ)kɒz(ə)m| (նաև **microcosmos**) *noun* 1) մանրաշխարհ; մանրատիեզերք 2) մարդկություն

in microcosm փոքրապատկերում

microfiche |ˈmʌɪkrə(ʊ)fi:ʃ| **1** *noun* (հոգն. նույնը կամ **-fiches**) մանրապատճեն; մանրաժապավեն **2** *verb* մանրաժապավեն պատրաստել

microgram |ˈmʌɪkrə(ʊ)græm| *noun* միկրոգրամ

micron |ˈmʌɪkrɒn| *noun* *տեխնիկական* միկրոն

microorganism |mʌɪkrəʊˈɔ:g(ə)nɪz(ə)m| *noun* մանրօրգանիզմ; միկրոօրգանիզմ

microphone |ˈmʌɪkrəfəʊn| *noun* միկրոֆոն; խոսափող

microprocessor |mʌɪkrə(ʊ)ˈprəʊsɛsə| *noun* *համակարգիչներ* մանրամշակիչ

microscope |ˈmʌɪkrəskəʊp| *noun* մանրադիտակ

under the microscope 1) մանրադիտակի տակ 2) բննադատաբար ուսումնասիրվող

microscopic |mʌɪkrəˈskɒpɪk| *adjective* 1) մանրադիտակային; մանրադիտակով տեսանելի 2) *խոսակցական* չնչին; աննշան 3) բծախնդիր 4) մանրադիտակի

microsurgery |mʌɪkrə(ʊ)ˈsə:dʒ(ə)ri| *noun* *բժշկություն* մանրավիրահատություն

microwave |ˈmʌɪkrə(ʊ)weɪv| **1** *noun* 1) միկրոալիք 2) (նաև **microwave oven**) միկրոալիքային վառարան **2** *verb* միկրոալիքային ջեռոցում եփել

mid[1] *adjective* 1) միջին; մեջտեղի 2) *հնչյունաբանություն* լեզվի միջին դիրքով արտասանվող *(ձայնա-*

վորի մասին)

mid² |mɪd| *preposition բանաստեղծական* տե՛ս **amid**

Midas |ˈmʌɪdəs| *հունական դիցաբանություն* Միդաս *(թագավոր)*

midday |mɪdˈdeɪ| *noun* կեսօր

middle |ˈmɪd(ə)l| **1** *adjective* 1) միջին; միջակ 2) մեջտեղի; միջանկյալ **2** *noun* 1) մեջտեղ; կենտրոն 2) *խոսակցական* գոտկատեղ; ստամոքս

in the middle of մեջտեղում; ընթացքում

middle-aged *adjective* հասակավոր; հասակն առած; տարեց; միջին տարիքի

middle age *noun* միջին տարիք *(մոտ 45-65 տարեկանը)*

Middle Ages *plural noun* Միջնադար; Միջին դարեր

middle class **1** *noun* միջին խավ/դաս **2** *adjective* 1) միջին խավի/դասի 2) խիստ ավանդապահ

middle ear *noun կենսաբանություն* միջին ականջ

Middle East Միջին Արևելք *(տարածք, որն ընդգրկում է հարավ-արևմտյան Ասիան և հյուսիսային Աֆրիկան. տարածվում է Միջերկրական ծովից մինչև Պակիստանը՝ ընդգրկելով Արաբական թերակղզին)* ◇ **Middle East crisis** մերձավորարևելյան ճգնաժամ

middleman |ˈmɪd(ə)lmæn| *noun* (հոգն. **-men**) *տնտեսագիտություն* միջնորդ

middle name *noun* 1) երկրորդ անուն *(որը դրվում է առաջին անվան ու ազգանվան միջև)* 2) բնորոշ գիծ; արժանիք *(որևէ մեկի)*

middle-of-the-road *adjective* 1) չափավոր; միջին; ծայրահեղություններից խուսափող 2) հասարակ *(երաժշտական գործի մասին)*

middle school *noun* միջին դպրոց *(սովորաբար 6-8-րդ դասարանները)*

Middle Stone Age Միջին քարի դար

middling |ˈmɪd(ə)lɪŋ| **1** *adjective* 1) միջակ; միջին 2) *խոսակցական* լավ; առողջ 3) երկրորդ տեսակի **2** *noun* (**middlings**) երկրորդ տեսակի ապրանք/ալյուր **3** *adverb խոսակցական հնացած* միջակ; ոչ այս, ոչ այն; ոչ լավ, ոչ վատ

midfield |mɪdˈfiːld|, |ˈmɪdfiːld| *noun* 1) *մարզական* դաշտի կենտրոնը *(ֆուտբոլում և այլն)* 2) *մարզական* կիսապաշտպանները

midge |mɪdʒ| *noun* 1) *կենդանաբանություն* մլակ; մժղուկ; մժեղ 2) *խոսակցական* մարդուկ; մժեղ

midget |ˈmɪdʒɪt| **1** *noun վիրավորական* 1) թզուկ; մարդուկ 2) փոքր իր/առարկա **2** *adjective* շատ փոքր; փոքրիկ

MIDI |ˈmɪdi| *noun համակարգիչներ* (**Musical Instrument Digital Interface**) երաժշտական գործիքների թվային փոխկապակցիչ

Midi |ˈmɪdi| Ֆրանսիայի հարավը

midland |ˈmɪdlənd| **1** *noun* 1) երկրի կենտրոնական մասը; երկրի միջին մասը 2) (**the Midlands**) Անգլիայի կենտրոնական դքսությունները **2** *adjective* 1) երկրի կենտրոնական մասի; երկրի ներսի 2) (**Midland**) Անգլիայի կենտրոնական դքսությունների

midmost |ˈmɪdməʊst| *adjective, adverb բանաստեղծական* ամենակենտրոնական; կենտրոնական մասում գտնվող

midnight |ˈmɪdnʌɪt| *noun* 1) կեսգիշեր; մեջգիշեր 2) խավար

midpoint *noun* մեջտեղ; միջին կետ; կենտրոն

midriff |ˈmɪdrɪf| *noun* 1) *կազմախոսություն* հրան; հրանամեջ *(մարդու կրծքի և ազդրերի միջև ընկած մասը)* 2) *հնացած կազմախոսություն* ստոծանի

midship |ˈmɪdʃɪp| *noun* նավի միջին մասը

midshipman |ˈmɪdʃɪpmən| *noun* (հոգն. **-men**) ծովային ենթասպա

midst |mɪdst| **1** *preposition հնավանդ բանաստեղծական* մեջտեղում; կենտրոնում **2** *noun հնավանդ* միջին տեղ; միջինը ◇ **in the midst of** մեջ; միջև. **on our midst** մեր միջև/միջավայրում

midsummer |mɪdˈsʌmə| *noun* ամառնամեջ; ամառվա կեսը; ամառային արևադարձ *(հունիսի 21-ը)*

Midsummer Day (նաև **Midsummer's Day**) *noun* հունիսի 24-ը

midway |ˈmɪdweɪ|, |mɪdˈweɪ| **1** *adverb, adjective* 1) կես ճանապարհին; ճամփի կեսին 2) միջին *(ծայրահեղությունների միջև)* **2** *noun* զվարճախաղերի տարածք/բաժին *(տոնավաճառներում, ցուցահանդեսներում, կրկեսներում)*

midweek |mɪdˈwiːk| **1** *noun* շաբաթվա մեջտեղը *(երեքշաբթիից հինգշաբթի)* **2** *adjective, adverb* շաբաթվա մեջտեղում

midwife |ˈmɪdwʌɪf| **1** *noun* (հոգն. **-wives** |-wʌɪvz|) 1) մանկաբարձուհի; տատմեր 2) *փոխաբերական* օգնական; աջակից; սատար; նեցուկ **2** *verb* 1) մանկաբարձություն անել 2) առաջ բերել; առաջացնել; նպաստել առաջացմանը

midwinter |mɪdˈwɪntə| *noun* ձմեռնամեջ; ձմեռվա կեսը; ձմեռային արևադարձ *(դեկտեմբերի 21-ը)*

mien |miːn| *noun բանաստեղծական* կերպարանք; դեմք; դեմքի արտահայտություն

might¹ |mʌɪt| *modal verb* (3rd sing. present **might**) 1) անցյալ տե՛ս **may** 2) կարող էր; կարող էիք *(արտահայտում է տհաճություն, որ որևէ բան չի արվել)*

might² |mʌɪt| *noun* հզորություն; զորություն; ուժ; կարողություն ◇ **with might and main** ամբողջ ուժով

mightily *adverb* 1) ուժեղ կերպով 2) *խոսակցական* շատ; չափազանց

mighty |ˈmʌɪti| **1** *adjective* (**mightier**, **mightiest**) 1) ուժեղ; հզոր; մեծազոր 2) *խոսակցական* հուժկու; մեծ; վիթխարի **2** *adverb* շատ; չափազանց

mignonette |ˌmɪnjəˈnɛt| *noun բուսաբանություն* հափրուկ; կանաչխոտ *(Reseda, ընտանիք Resedaceae)*

migraine |ˈmiːɡreɪn|, |ˈmʌɪ-| (նաև **migraine headache**) *noun* միգրեն; գլխացավ *(գլխի կես մասի)*

migrant |ˈmʌɪɡr(ə)nt| **1** *noun* 1) չվող կենդանի/թռչուն 2) արտագնա աշխատող 3) վերաբնակիչ; գաղթական **2** *adjective* 1) չվող 2) գաղթող 3) գաղթած 4) թափառական

migrate |mʌɪˈgreɪt|, |ˈmʌɪgreɪt| *verb* 1) չվել *(կենդանիների/թռչունների մասին)* 2) վերաբնակվել; գաղթել; արտագնա աշխատանքի գնալ 3) տեղափոխվել; տեղաշարժվել 4) *համակարգիչներ* տեղաշարժվել; անցնել մի համակարգից մյուսին

migration |-ˈgreɪʃ(ə)n| *noun* 1) չու *(կենդանիների, թռչունների)* 2) գաղթ; գաղթում; տարաբնակեցում; տեղաշարժ

mike¹ |mʌɪk| *noun* M տառի կոդային անվանումը *(որն օգտագործվում է ռադիոհաղորդակցության մեջ)*

mike² |mʌɪk| *խոսակցական* **1** *noun* տե՛ս **microphone** **2** *verb* բարձրախոսս տեղադրել

Milan |mɪˈlæn| Միլան *(քաղաք Իտալիայում)*

milch |mɪltʃ| *adjective* կաթնատու

mild |mʌɪld| *adjective* 1) մեղմ; չափավոր; հեզ; համեստ 2) թեթև; փոքր; աննշան 3) բարեխառն; մեղմ *(եղանակի մասին)* 4) թույլ; ոչ թունդ *(գարեջրի, ծխախոտի և այլնի մասին)* 5) դուրեկան; ոչ սուր *(ուտելիքի մասին)*

mildew |ˈmɪldjuː| **1** *noun* 1) չոռ; բորբոս; միլդյու *(բույսերի հիվանդություն)* 2) բորբոս *(թղթի և այլնի վրա)* **2** *verb* 1) չոռով/բորբոսով/միլդյուով վարակել 2) բորբոսակալել

mildly |ˈmʌɪldli| *adverb* 1) մեղմ ասած 2) հանդարտորեն; մեղմորեն; հավասարակշիռ կերպով *(մարդու վարքի մասին)* 3) քիչ; մի թեթև; մի փոքր

mile |mʌɪl| **1** *noun* (նաև **statute mile**) 1) մղոն *(= 1.609 կիլոմետր)* 2) *խոսակցական* (**miles**) երկար ճանապարհ **2** *adverb* *խոսակցական* շատ ավելի; անհամեմատ

mileage |ˈmʌɪlɪdʒ| (նաև **milage**) *noun* 1) հեռավորությունը մղոններով; անցած մղոնների թիվը 2) ուղևորության արժեքն ըստ մղոնների; ուղեդրամ

milepost |ˈmʌɪlpəʊst| *noun* մղոնացույց սյուն

milestone |ˈmʌɪlstəʊn| *noun* 1) մղոնացույց քար/սյուն 2) *փոխաբերական* ուղենիշ; շրջադարձ *(կյանքի, պատմության)*

militant |ˈmɪlɪt(ə)nt| **1** *adjective* 1) ռազմատենչ; ռազմաշունչ; ռազմամոլ; մարտնչող; ջերմեռանդ 2) մարտիկ; ջերմեռանդ մասնակից **2** *noun* ռազմատենչ/պայքարատենչ մարդ

militarism |ˈmɪlɪt(ə)rɪz(ə)m| *noun* *արհամարհական* ռազմամոլություն; զինապաշտություն; ռազմատենչություն

militarist *noun* ռազմամոլ/ռազմատենչ/զինապաշտ անձ

militarization |-ˈzeɪʃ(ə)n| *noun* ռազմականացում; ռազմականացնելը

militarize |ˈmɪlɪt(ə)rʌɪz| *verb* 1) ռազմականացնել 2) զինում տրամադրել

military |ˈmɪlɪt(ə)ri| **1** *adjective* զինվորական; ռազմական ◇ **military conflicts** զինված/ռազմական ընդհարումներ. **military industry** ռազմական արդյունաբերություն. **military police** ռազմական ոստիկանություն **2** *noun* *հավաքական* (**the military**) զինվորականություն; զինծառայողներ

militate |ˈmɪlɪteɪt| *verb* 1) (**militate against**) կանխել; առաջն առնել; կանխարգելել; դեմ գործել; խանգարել 2) դեմ խոսել; օգտին չլինել *(փաստերի/ապացույցների/հանգամանքների մասին)*

militia |mɪˈlɪʃə| *noun* 1) աշխարհազոր 2) ոստիկանություն 3) զինապարտներ

milk |mɪlk| **1** *noun* 1) կաթ ◇ **new milk** նոր կթած՝ տաք-տաք կաթ. **desiccated milk** չոր կաթ. **pigeon's milk** *փոխաբերական* թռչնի/ծտի կաթ. **it is no good crying over split milk** լաց լինելով կորածը ետ չես բերի 2) կաթնահյութ; կաթնանման հյութ *(բույսերի)* 3) մաշկակաթ **2** *verb* 1) կթել 2) կաթ տալ; կթվել 3) *փոխաբերական* շահագործել; պլոկել 4) *փոխաբերական* տեղեկություններ հավաքել; տեղեկություններ դուրս քաշել *(հեռագրերից, հեռախոսային խոսակցություններից)*

milk-and-water *adjective* 1) կամազուրկ; անվճռական; թույլ; փափկասուն 2) ջրիկ; անբովանդակ; դատարկ

milkmaid |ˈmɪlkmeɪd| *noun* *հիմնականում հնավանդ* 1) կթվորուհի; կթող կին 2) կաթնավաճառողուհի

milkman |ˈmɪlkmən| *noun* (հոգն. **-men**) 1) կթվոր; կթող տղամարդ 2) կաթնավաճառ

milk shake (նաև **milkshake**) *noun* կաթնաբույլ *(պաղպաղակով փրփրեցված կաթ)*

milksop |ˈmɪlksɒp| *noun* 1) կամազուրկ մարդ; փափկակյաց տղա; մամայի բալա; թուլակամ/փալաս մարդ; փափկասուն տղա 2) *հնացած* կաթի մեջ թրջած հացի կտոր

milk tooth *noun* կաթնատամ

milk-white *adjective* կաթնագույն; կաթնավուն; կաթի պես սպիտակ; կաթնասպիտակ

milky |ˈmɪlki| *adjective* (**milkier**, **milkiest**) 1) կաթի; կաթնային; կաթի նման ◇ **Milky Way** Ծիր Կաթին; Հարդագողի ճանապարհ 2) կաթնատու; առատ կաթ տվող *(կովի մասին)* 3) կաթնագույն; կաթնաթույր 4) մշուշապատ; ամպամած 5) *խոսակցական հնացած* վախկոտ; երկչոտ; եթարկվող

Milky Way *աստղագիտություն* Ծիր Կաթին; Հարդագողի ճանապարհ

mill¹ |mɪl| **1** *noun* 1) աղաց; ալրաղաց; ջրաղաց *(գործարան կամ սարք)* ◇ **go through the mill** *փոխաբերական* կյանքի դաժան փորձություններին ենթարկվել 2) գործարան 3) *խոսակցական հնացած* բռնցքամարտ; բռնցքակռիվ; կոփամարտ **2** *verb* 1) աղալ; մանրել *(հացահատիկը)* 2) թեփահան անել; ծեծել; ձավար դարձնել 3) լմել; լմելով շինել *(մահուդ)* 4) մանրել; ջարդել; փշրել *(հանքաքարը)*

mill² |mɪl| *noun* *տնտեսագիտություն* միլ *(մեկ հազարերորդ դոլար)*

millboard |ˈmɪlbɔːd| *noun* *տպագրություն* կազմի որակյալ ստվարաթուղթ *(գրքերի)*

millennium |mɪˈlɛnɪəm| *noun* (հոգն. **-lennia** |-nɪə| կամ **-lenniums**) հազարամյակ

miller |ˈmɪlə| *noun* 1) աղացպան; ջրաղացպան 2) աղացի/ջրաղացի աշխատող

millet |ˈmɪlɪt| *noun* *բուսաբանություն* կորեկ *(ընտանիք Gramineae)*

millhand |ˈmɪlhænd| *noun* գործարանային բանվոր

milliard |ˈmɪlɪɑːd| *noun* միլիարդ

milligram |ˈmɪlɪgræm| (բրիտանական **milli-**

gramme) (հպվ. **mg**) *noun* միլիգրամ

millimeter |ˈmɪlɪmiːtə| (*բրիտանական* **millimetre**) (հպվ. **mm**) *noun* միլիմետր

milliner |ˈmɪlɪnə| *noun* կանացի գլխարկագործ; կանացի գլխարկներ պատրաստող

millinery |ˈmɪlɪnəri| *noun* (հոգն. **-neries**) 1) կանացի գլխարկներ 2) կանացի գլխարկագործություն

million |ˈmɪljən| *cardinal number* (հոգն. **-lions** կամ (թվականի կամ քանակորոշիչ բառի հետ) նույնը) 1) միլիոն 2) *փոխաբերական* շատ մեծ քանակություն 3) զանգվածներ; մասսաներ; հասարակ ժողովուրդ 4) մեկ միլիոն դոլար

millionaire |mɪljəˈnɛː| *noun* միլիոնատեր; մեծահարուստ

millipede |ˈmɪlɪpiːd| (*նաև* **millepede**) *noun* *կենդանաբանություն* հազարոտնիկ (*դաս Diplopoda*)

millpond |ˈmɪlpɒnd| (*նաև* **mill pond**) *noun* ջրաղացի ջրամբար

millstone |ˈmɪlstəʊn| *noun* 1) ջրաղացաքար; երկանաքար; աղացաքար 2) ծանր պարտականություն; ճնշող պարտք

see far in the millstone չափազանց խորաթափանց լինել

mime |mʌɪm| **1** *noun* 1) մնջախաղ; մնջկատակություն 2) մնջախաղի դերասան; մնջախաղով զբաղվող մարդ **2** *verb* մնջախաղով/դիմախաղությամբ արտահայտել

mimeograph |ˈmɪmɪəgrɑːf| **1** *noun* միմիոգրաֆ (*փաստաթղթերի բազմացման սարք. ներկայումս փոխարինվել է լուսապատճենիչով*) **2** *verb* պատճենահանել միմիոգրաֆով

mimic |ˈmɪmɪk| **1** *verb* (**mimicked**, **mimicking**) 1) տնազ անել; մեկին ծաղրական ձևով ընդօրինակել; նմանակել; նմանեցնել; ընդօրինակել 2) նմանվել (*մի բանի*) **2** *noun* նմանակող; միմիստ (*դերասան*) **3** *adjective* 1) նմանակման; նմանակելու 2) կեղծ; շինծու

mimicry |ˈmɪmɪkri| *noun* (հոգն. **-ries**) 1) նմանակում; ընդօրինակում 2) *կենսաբանություն* միմիկրիա

minaret |ˈmɪnərɛt|, |ˌmɪnəˈrɛt| *noun* մինարեթ; մինարե (*մզկիթներում*)

mince |mɪns| **1** *verb* 1) աղալ; մանր կտրտել; ծեծել (*միսը*) 2) կոտրատվելով շարժվել; սեթևեթանքով քայլել **2** *noun* 1) ծեծած/աղացած միս 2) աղացած/ծեծած զանգված (*սխտորի և այլն*)

mincemeat |ˈmɪnsmiːt| *noun* *խոհանոց* լցոն; խորիզ (*խմորեղենի՝ մրգերով, չրերով, շաքարով և այլն*)

mince pie *noun* *խոհանոց* քաղցր կարկանդակ (*հատկապես սուրբծննդյան*)

mind |mʌɪnd| **1** *noun* 1) գիտակցություն; բանականություն; միտք; խելք ◇ **be in one's right mind** առողջ մտածել; առողջ դատել 2) *փիլիսոփայություն* հոգի; ոգի 3) մտածողություն; մտածողականություն; մտածելու ունակություն 4) հիշողություն; միտք ◇ **bear/keep in mind** հիշել; մտքում պահել; չմոռանալ; նկատի ունենալ. **pass/go out of mind** մոռացվել; հիշողությունից դուրս գալ; մտքից թռչել. **call to mind** հիշել; վերհիշել; հիշեցնել 5) *փոխաբերական* մտածող; ուղեղ 6) մտադրություն; դիտավորություն; ցանկություն ◇ **have a mind to** (**have a good mind to**) մեծ ցանկություն ունենալ; ցանկություն ունենալ; ուզենալ (*մի բան անելու*). **have half a mind** դեմ չլինել; պատրաստ լինել. **be in two minds** երկու մտքի լինել. **set one's mind to** բուռն կերպով ցանկանալ; հաստատ որոշել. **know one's own mind** ինչ ուզենալը գիտենալ; չտատանվել 7) մտածելակերպ; կարծիք; միտք; տրամադրություն; ցանկություն ◇ **be of one mind** նույն կարծիքն ունենալ; նույն կարծիքի լինել. **to my mind** իմ կարծիքով. **change/alter one's mind** միտքը փոխել; կարծիքը փոխել. **speak one's mind** անկեղծորեն խոսել. **on one's mind** մտքում; մտքի մեջ. **cross one's mind** մտքում ծագել; մտքով անցնել. **disburden one's mind** արտահայտվել; սիրտը թեթևացնել; սիրտը բաց անել. **make up one's mind** որոշել; համոզվել (*մի բանի հետ*) **2** *verb* 1) չհավանել; անհանգստանալ; տհաճություն ապրել/ստանալ 2) (**mind doing sth**) առարկել; դեմ լինել 3) ուշադրություն դարձնել; նշանակություն տալ; կարևոր համարել ◇ **never mind!** ոչի՜նչ; մի՛ անհանգստացեք; ուշադրություն մի՛ դարձրեք 4) հիշել; չմոռանալ; մտապահել; ականջին օղ անել 5) ենթարկվել; հնազանդվել; լսել (*որևէ մեկին*) 6) մտահոգվել; հոգ տանել; հետևել (*մեկին, մի բանի*) 7) զբաղվել (*մի բանով*) 8) զգուշանալ

mind-boggling *adjective* *խոսակցական* խելահեղ; գլխապտույտ

minded |ˈmʌɪndɪd| *adjective* 1) տրամադիր; հակամետ; որոշակի մտածելակերպ ունեցող; որոշակի տրամադրվածություն ունեցող; որոշակի հակումների (*մարդու մասին*) 2) հետաքրքրված; մտահոգվող

minder |ˈmʌɪndə| *noun* 1) հետևող; հսկող; խնամող 2) *խոսակցական* թիկնապահ 3) տեղեկությունների հոսքը սահմանափակող մարդ

mindful |ˈmʌɪn(d)fʊl|, |-f(ə)l| *adjective* ուշադիր; հոգատար; տեղյակ; իրազեկ

mindless |ˈmʌɪndlɪs| *adjective* 1) անմիտ; անլուրջ; թեթևսոլիկ; անհեռատես 2) անիմաստ; անմիտ 3) (**mindless of**) չմտածող; հաշվի չառնող 4) մեքենական; մտավոր լարում չպահանջող

mine¹ |mʌɪn| **1** *possessive pronoun* իմը **2** *possessive adjective* *հնացած* տե՛ս **my**

mine² |mʌɪn| **1** *noun* 1) հանքահոր; հանք; հանքատեղ 2) *փոխաբերական* աղբյուր 3) *ռազմական* ական 4) *պատմական* ական; ստորերկրյա անցք **2** *verb* 1) հանք մշակել; հանքաքար հատել; արդյունահանել 2) ական փորել; ստորերկրյա անցք բանալ; ականահատել 3) խարդավանել; դավ սարքել; մեկի տակը փորել; վնասել; գցել; իջեցնել; քայքայել (*հեղինակությունը, առողջությունը և այլն*) 4) ականել; ական դնել; ականապատել

minefield |ˈmʌɪnfiːld| (*նաև* **mine field**) *noun* 1) ականադաշտ; ականափակոց 2) թաքնված վտանգներով լի իրադրություն

minelayer |ˈmʌɪnleɪə| *noun* *ծովային* ականադիր նավ/մեքենա/օդանավ

miner |ˈmʌɪnə| *noun* 1) հանքագործ; հանքափոր 2) *ռազմական* *պատմական* ականորդ; ականադիր

mineral |ˈmɪn(ə)r(ə)l| **1** *noun* 1) հանք; հանքաքար; հանքանյութ; հանքատեսակ 2) (**minerals**) օգտակար հանածոներ 3) *խոսակցական* (**minerals**) հանքային ջուր **2** *adjective* հանքային; հանքանյութի; անօրգանական; ոչ օրգանական

mineralogy |ˌmɪnəˈrælədʒi| *noun* հանքաբանություն; հանքագիտություն

mineral water *noun* 1) հանքային ջուր 2) *հիմնականում բրիտանական* գազավորված ջուր

Minerva |mɪˈnəːvə| *հռոմեական դիցաբանություն* Միներվա *(արհեստների, ինչպես նաև պատերազմի հռոմեական աստվածուհի)*

minesweeper |ˈmʌɪnswiːpə| *noun* *ծովային* ականահան/ականորսիչ նավ

mingle |ˈmɪŋg(ə)l| *verb* 1) միախառնել; խառնել 2) միախառնվել; խառնվել 3) (**mingle with**) շփվել; ազատ հաղորդակցվել

miniature |ˈmɪnɪtʃə| **1** *adjective* *փոխաբերական* մանրակերտ; մանրակերտային; մանրանմուշ; մանրանմուշական; փոքրիկ; մանրիկ; նրբագեղ; նուրբ **2** *noun* 1) մանրակերտ; մանրանմուշ 2) մանրաչափ իր 3) գաճաճ *(բույս կամ կենդանի)* 4) մանրանկար; մանրանկարչություն **3** *verb* *հազվադեպ* փոքրաչափ/մանրաչափ դարձնել

in miniature փոքրապատկերում

minibar |ˈmɪnɪbɑː| *noun* ըմպելիքների պահարան *(հյուրանոցի համարում)*

minibus |ˈmɪnɪbʌs| *noun* մանրավտոբուս; երթուղային

minidisc *noun* *համակարգիչներ* մանրապնակ

minikin |ˈmɪnɪkɪn| **1** *adjective* *հիմնականում հնավանդ* աննշան; մանրիկ; պստլիկ; պուճուրիկ; փոքրիկ **2** *noun* փոքրիկ/նրբագեղ իր; փոքրիկ/նրբագեղ էակ

minim |ˈmɪnɪm| *noun* 1) մինիմ *(քաշի միավոր= 1/60 դրահմ, մոտավորապես մեկ կաթիլ)* 2) *երաժշտություն բրիտանական* տե՛ս **half note**

minimal |ˈmɪnɪm(ə)l| *adjective* 1) նվազագույն 2) չնչին; աննշան 3) նվազապաշտական; մինիմալիստական

minimalism |ˈmɪnɪməˌlɪz(ə)m| *noun* *արվեստ* նվազապաշտություն; մինիմալիզմ

minimalist |ˈmɪnɪm(ə)lɪst| **1** *noun* նվազապաշտ; փոքր փոփոխությունների կողմնակից **2** *adjective* նվազապաշտական; մինիմալիստական

minimize |ˈmɪnɪmʌɪz| *verb* 1) փոքրացնել; նվազեցնել; հասցնել նվազագույնին; պակասեցնել 2) փոքր ցույց տալ; նվազ ցույց տալ; պակաս ցույց տալ 3) *համակարգիչներ* կրճատել

minimum |ˈmɪnɪməm| **1** *noun* (հոգն. **-ma** |-mə| կամ **-mums**) 1) նվազագույնը 2) նվազագույն մեծություն **2** *adjective* նվազագույն; փոքրագույն

mining |ˈmʌɪnɪŋ| *noun* 1) հանքագործություն; հանքարդյունաբերություն 2) *ռազմական* ականում; ականապատում

minister |ˈmɪnɪstə| **1** *noun* 1) քահանա; եկեղեցու սպասավոր *(հատկապես բողոքական եկեղեցում)* 2) նախարար ◊ **cabinet minister** կառավարության անդամ. **prime minister** վարչապետ 3) դեսպանորդ; դեսպանության խորհրդական ◊ **minister plenipotentiary** լիազոր ներկայացուցիչ. **resident minister** դիվանագիտական ներկայացուցիչ **2** *verb* 1) (**minister to**) ծառայել; սպասարկել 2) *հնացած* օգնել; օգնություն ցույց տալ

ministerial |mɪnɪˈstɪərɪəl| *adjective* 1) քահանայի; քահանայական 2) նախարարական; նախարարության

ministry |ˈmɪnɪstri| *noun* (հոգն. **-tries**) 1) ծառայում; ծառայելը; սպասավորում; սպասավորելը 2) ժամերգություն 3) մինիստրների կաբինետ 4) նախարարություն 5) վարչապետ լինելու տարիները

miniver |ˈmɪnɪvə| *noun* սպիտակ կզաքիսի մորթի; կնգումի մորթի

mink |mɪŋk| *noun* (հոգն. նույնը կամ **minks**) *կենդանաբանություն* ջրաքիս; ճահճակուղբ; նուտրիա *(Mustela, ընտանիք Mustelidae)*

minnow |ˈmɪnəʊ| *noun* 1) *կենդանաբանություն* խարակաձուկ; ժայռաձուկ; քարթակ *(Phoxinus phoxinus, ընտանիք Cyprinidae)* 2) մանրունք; մանր ձկներ 3) մարդուկ; մանր մարդ; փոքր ազդեցության մարդ 4) փոքրիկ կազմակերպություն

minor |ˈmʌɪnə| **1** *adjective* 1) երկրորդական; փոքր; աննշան; պակաս կարևոր 2) թեթև; անվտանգ *(վիրահատության մասին)* 3) *երաժշտություն* մինորային; մինոր 4) *բրիտանական հնացած* կրտսեր *(երկու եղբայրներից կրտսերը՝ դպրոցում)* **2** *noun* 1) անչափահաս; դեռահաս 2) *երաժշտություն* մինոր; թախծալի տոն 3) երկրորդական առարկա; ոչ մասնագիտական առարկա *(ուսանողի)* 4) *պատմական* ֆրանցիսկյան *(կրոնավոր կաթոլիկ)*

minority |mʌɪˈnɒrɪti|, |mɪ-| *noun* (հոգն. **-ties**) 1) փոքրամասնություն ◊ **national minority** ազգային փոքրամասնություն 2) դեռահասություն; դեռատիություն 3) *իրավունք* անչափահասություն

Minsk |mɪnsk| Մինսկ *(Բելառուսի մայրաքաղաքը)*

minster |ˈmɪnstə| *noun* 1) մայր տաճար; մայր եկեղեցի 2) վանքի եկեղեցի

minstrel |ˈmɪnstr(ə)l| *noun* 1) գուսան; աշուղ; ասող; երգիչ *(միջնադարյան Եվրոպայում)* 2) (**minstrels**) սևամորթների երգեր կատարողներ

mint¹ |mɪnt| *noun* *բուսաբանություն* 1) անանուխ; դաղձ *(Mentha, ընտանիք Labiatae/Lamiaceae)* 2) անանուխով կոնֆետ

mint² |mɪnt| **1** *noun* 1) դրամահատարան; փողերանոց 2) (**a mint**) մեծ գումար **2** *adjective* նոր; նոփ-նոր; չբացված; չօգտագործված **3** *verb* 1) դրամ հատել; փող կտրել 2) հնարել; գտնել; ստեղծել

minuend |ˈmɪnjʊɛnd| *noun* *մաթեմատիկա* նվազելի

minuet |mɪnjʊˈɛt| **1** *noun* *երաժշտություն* 1) մենուետ *(պար)* 2) մենուետ *(երաժշտական ստեղծագործություն)* **2** *verb* (**-eted**, **-eting**) մենուետ պարել

minus |ˈmʌɪnəs| **1** *preposition* 1) հանած; պակաս 2) *խոսակցական* զուրկ; չունեցող 3) զրոյից ցածր *(ջերմաստիճանի մասին)* **2** *adjective* 1) բացասական *(մեծության/լիցքի մասին)* 2) պակաս; զուրկ 3) հանած; առանց **3** *noun* 1) հանման նշան; մինուս 2) թերություն; պակասություն; բաց

minuscule |ˈmɪnəskju:l| **1** *adjective* 1) փոքրիկ; աննշան; չնչին 2) *խոսակցական* անկարևոր; անբավարար 3) *տպագրություն* փոքրատառ; փոքրագիր **2** *noun* փոքրատառ *(միջնադարյան ձեռագրերում)*

minute¹ |ˈmɪnɪt| *noun* 1) րոպե ◊ **the minute that** հենց որ. **on the minute** ճիշտ ժամին; ժամանակին 2) (′) րոպե *(աստիճանի 1/60-ը)* 3) *խոսակցական* պահ; ակնթարթ

minute² |mʌɪˈnju:t| *adjective* (**-nutest**) 1) մանր; ամենափոքր 2) աննշան; չնչին; անկարևոր 3) մանրամասն; ճշգրիտ; մանրակրկիտ

minute³ |ˈmɪnɪt| **1** *noun* 1) (**minutes**) արձանագրություն *(ժողովի)* 2) համառոտ գրառում; սեղմ շարադրանք; ուրվագիր **2** *verb* արձանագրել; արձանագրություն կազմել ◊ **minute down** գրի առնել; գրառում կատարել

minute hand *noun* ժամացույցի րոպեի սլաքը

minutely *adverb* մանրամասնորեն; ճշգրտորեն; մանրակրկիտ ձևով

minutiae |mɪˈnju:ʃii:|, |mʌɪ-|, |-ʃɪʌɪ| (նաև **minutia**) *plural noun* մանրուքներ; անկարևոր մանրամասներ

minx |mɪŋks| *noun կատակային արհամարհական* 1) հանդուգն աղջիկ/կին 2) կոկետուհի; պչրուհի; չարաճճի աղջիկ 3) թեթևաբարո կին

miracle |ˈmɪrək(ə)l| *noun* հրաշք; հրաշալիք ◊ **to a miracle** հրաշալի; հիանալի

miracle play *noun* միջնադարյան կրոնական դրամա; միստերիա

miraculous |mɪˈrækjʊləs| *adjective* հրաշալի; գերբնական; հրաշագործ; հիանալի; զարմանալի

mirage |ˈmɪrɑ:ʒ|, |mɪˈrɑ:ʒ| *noun* 1) օդատեսիլ; օդապատրանք; միրաժ 2) *փոխաբերական* պատրանք; մտախաբություն

mire |mʌɪə| **1** *noun* 1) ճահիճ; ճահճուտ; տղմուտ; մորուտ ◊ **stick in the mire, find oneself in the mire** դժվարին կացության մեջ գտնվել 2) ցեխ; տիղմ 3) անդուր վիճակ; ցեխ; ճահիճ **2** *verb* 1) ճահճուտի մեջ խրվել 2) ցեխոտել 3) *փոխաբերական* (**mire someone/something in**) դժվարին կացության մեջ գցել 4) *փոխաբերական* սևացնել; վարկաբեկել; ցեխոտել

mirror |ˈmɪrə| **1** *noun* 1) *նաև փոխաբերական* հայելի ◊ **false mirror** ծուռ հայելի 2) հայելանման մակերես 3) *համակարգիչներ* արտապատճեն *(կայք)* **2** *verb* 1) *նաև փոխաբերական* անդրադարձնել; արտացոլել 2) *համակարգիչներ* արտապատճենել

mirth |mə:θ| *noun* ուրախություն; ցնծություն; խնդություն

mirthful *adjective* ուրախ; զվարթ; բերկրալից

miry |ˈmʌɪri| *adjective* 1) ճահճոտ; խրուտ; ճահճային 2) ցեխոտ; տղմոտ; կեղտոտ

misadventure |mɪsədˈvɛntʃə| *noun* դժբախտություն; ձախորդություն; փորձանք

misanthrope |ˈmɪz(ə)nθrəʊp|, |mɪs-| (նաև **misanthropist**) *noun* մարդատյաց; մարդամերժ

misapply |mɪsəˈplʌɪ| *verb* (**-plies**, **-plied**) 1) սխալ օգտագործել 2) չարաշահել; ի չարը գործ դնել; սխալ նպատակով գործածել

misapprehend |ˌmɪsæprɪˈhɛnd| *verb* սխալ հասկանալ/ըմբռնել

misapprehension *noun* մոլորություն; սխալ կարծիք; սխալ հասկանալը; թյուրիմացություն

misappropriation |-prɪˈeɪʃ(ə)n| *noun* ապօրինի սեփականացում

misbehave |mɪsbɪˈheɪv| *verb* 1) իրեն վատ պահել; վատ վարքագիծ հանդես բերել 2) վատ աշխատել *(սարքի մասին)*

misbehavior *noun* վատ վարքագիծ; իրեն վատ պահելը

misbelief |mɪsbɪˈli:f| *noun* մոլորություն; սխալ կարծիք; հերձվածողություն; հերետիկոսություն

misbeliever *noun* հերձվածող; հերետիկոս

misc. *abbreviation* miscellaneous զանազան

miscalculate |mɪsˈkælkjʊleɪt| *verb* 1) սխալ հաշվել; հաշիվների մեջ սխալվել 2) սխալ գնահատել; սխալ գնահատական տալ *(իրավիճակի վերաբերյալ)*

miscalculation *noun* սխալ հաշվում/հաշվարկ

miscall |mɪsˈkɔ:l| *verb* 1) սխալ անվանել; ուրիշ անուն տալ 2) *բարբառային* հայհոյել

miscarriage |mɪsˈkærɪdʒ|, |ˈmɪskærɪdʒ| *noun* 1) վիժում 2) անհաջողություն; ձախորդություն; սխալ 3) *բրիտանական* հասցեատիրոջը չհասնելը *(նամակի, ծանրոցի)*

miscarry |mɪsˈkæri| *verb* (**-ries**, **-ried**) 1) վիժել 2) անհաջողություն կրել; ձախողվել 3) *հնացած* հասցեատիրոջը չհասնել; ճանապարհին կորչել *(նամակի մասին)*

miscellanea |ˌmɪsəˈleɪnɪə| *plural noun* հատընտիր; ծաղկաքաղ; ժողովածու *(գրական)*

miscellaneous |ˌmɪsəˈleɪnɪəs| *adjective* 1) բազմազան; զանազան; այլևայլ 2) բազմակողմանի *(մարդու մասին)*

miscellany |mɪˈsɛləni| *noun* (հոգն. **-nies**) 1) խառնուրդ; այլևայլք 2) ժողովածու; հատընտիր; հավաքածու *(գրական)*

mischance |mɪsˈtʃɑ:ns| *noun* ձախորդություն; դժբախտություն; փորձանք; չար բախտ ◊ **by mischance** դժբախտաբար

mischief |ˈmɪstʃɪf| *noun* 1) չարաճճիություն; չարություն ◊ **eyes full of mischief** չարաճճի աչքեր 2) չարամտություն; չարախոհություն 3) չարիք; վնաս ◊ **make mischief** վնասել; վնաս տալ; կովեցնել; պառակտում սերմանել. **do sb a mischief** *խոսակցական* մեկին վնասել/վիրավորել. **the mischief of it is that ...** դժբախտությունն այն է, որ ... 4) աշխույժ/նյարդայնացնող մարդ

mischief-maker *noun* բանսարկու; խառնակիչ

mischievous |ˈmɪstʃɪvəs| *adjective* 1) չարաճճի; չար *(երեխայի, կենդանու մասին)* 2) չար; վնասակար; չարամիտ

misconceive |mɪskənˈsi:v| *verb* 1) սխալ պատկերացում ունենալ; սխալ հասկանալ/ըմբռնել 2) սխալ կառուցել/նախատեսել

misconception |mɪskəˈsɛpʃ(ə)n| *noun* թյուրըմբռնում; սխալ ըմբռնում; թյուր կարծիք; սխալ պատկերացում

misconduct **1** *noun* |mɪsˈkɒndʌkt| 1) սխալ վարքագիծ; վատ վարք 2) վատ ղեկավարություն; անհմուտ վարելը **2** *verb* |mɪskənˈdʌkt| 1) սխալ վարք հանդես բերել; իրեն վատ պահել; վատ վարվել 2) վատ ղեկավարել; անհմուտ ղեկավարել

misconstruction *noun* 1) սխալ մեկնաբանություն 2) սխալ ըմբռնում; սխալ ընկալում

misconstrue |mɪskənˈstruː| *verb* (**-strues**, **-strued**, **-struing**) սխալ մեկնաբանել

miscreant |ˈmɪskrɪənt| **1** *noun* 1) սրիկա; ստահակ 2) *հնացած* հերետիկոս; հերձվածող **2** *adjective* 1) փչացած; անպետք; անառակ 2) *հնացած* հերետիկոսական; հերձվածողական

misdeal |mɪsˈdiːl| **1** *verb* (անցյալ և անցյալ դերբայ **-dealt** |-ˈdɛlt|) սխալ բաժանել *(խաղաթղթերը)* **2** *noun* |ˈmɪs-| սխալ բաժանելը *(խաղաթղթերը)*

misdeed |mɪsˈdiːd| *noun* 1) չարագործություն; հանցագործություն; հանցանք 2) սխալմունք; սխալ

misdemeanor |mɪsdɪˈmiːnə| (*բրիտանական* **misdemeanour**) *noun* զանցանք; հանցանք; մեղք

misdirect |mɪsdʌɪˈrɛkt|, |-dɪ-| *verb* 1) սխալ ցուցմունք տալ; սխալ ուղղություն տալ 2) սխալ հասցեագրել 3) սխալ կիրառել/գործածել

misdirection *noun* 1) սխալ ցուցմունք; սխալ ուղղություն տալը 2) սխալ հասցեագրում

miser |ˈmʌɪzə| *noun* ժլատ; գծուծ; ագահ *(մարդ)*

miserable |ˈmɪz(ə)rəb(ə)l| *adjective* 1) խեղճ; թշվառ; ողորմելի; դժբախտ *(մարդու/իրադրության մասին)* 2) մռայլ; ծանր *(մարդու մասին)* 3) խղճուկ; աղքատիկ; անբավարար 4) անպիտան

miserliness *noun* ժլատություն; կծծիություն

miserly |ˈmʌɪzəli| *adjective* 1) կծծի; ժլատ; գծուծ 2) աղքատիկ; չնչին; անբավարար

misery |ˈmɪz(ə)ri| *noun* (հոգն. **-eries**) 1) խեղճություն; թշվառություն; ողորմելիություն; չքավորություն 2) (**miseries**) դժբախտություն; տառապանք

misfeasance |mɪsˈfiːz(ə)ns| *noun* *իրավունք* իշխանության չարաշահում

misfire **1** *verb* |mɪsˈfʌɪə| 1) չպայթել; չկրակել; փուստ անցնել 2) ձախողվել; չիրագործվել *(ծրագրի մասին)* **2** *noun* |ˈmɪs-| չկրակվելը; չպայթելը; կայծ չտալը

misfit |ˈmɪsfɪt| **1** *noun* չհարմարված մարդ; անհաջողակ **2** *verb* 1) չհարմարվել 2) վատ նստել *(հագուստի մասին)*

misfortune |mɪsˈfɔːtʃuːn|, |-tʃ(ə)n| *noun* դժբախտություն; ձախորդություն; փորձանք; չար բախտ

misgive |mɪsˈgɪv| *verb* (անցյալ **-gave** |-ˈgeɪv|; անցյալ դերբայ **-given** |-ˈgɪv(ə)n|) *բանաստեղծական* վատ բան գուշակել/նախազգալ; կասկածով լցվել

misgiving |mɪsˈgɪvɪŋ| *noun* կասկած; վախ; նախազգացում *(հատկապես տհաճ)*

misgovern |mɪsˈgʌv(ə)n| *verb* վատ կառավարել; անարդար կառավարել

misguide |mɪsˈgʌɪd| *verb* *հազվադեպ* մոլորեցնել; սխալ ճանապարհով տանել; մոլորության մեջ գցել; ապակողմնորոշել

misguided |mɪsˈgʌɪdɪd| *adjective* մոլորված; սխալ

mishandle |mɪsˈhænd(ə)l| *verb* 1) անհմուտ վարվել 2) անխնա/սխալ գործածել

mishap |ˈmɪshæp| *noun* ձախորդություն; անհաջողություն

mishear |mɪsˈhɪə| *verb* (անցյալ և անցյալ դերբայ **-heard** |-ˈhəːd|) սխալ լսել; լավ չլսելով սխալ հասկանալ

misinform |mɪsɪnˈfɔːm| *verb* սխալ տեղեկություններ տալ; ապակողմնորոշել

misinformation |ˌmɪsɪnfəˈmeɪʃ(ə)n| *noun* ապակողմնորոշում; ապակողմնորոշելը

misinterpret |mɪsɪnˈtəːprɪt| *verb* (**-preted**, **-preting**) սխալ մեկնաբանել/հասկանալ; սխալ եզրակացություն անել

misjudge |mɪsˈdʒʌdʒ| *verb* սխալվել; սխալ կարծիք կազմել; թերագնահատել

mislay |mɪsˈleɪ| *verb* (անցյալ և անցյալ դերբայ **-laid** |-leɪd|) կորցնել; սխալ տեղ դնել; տեղը չդնել

mislead |mɪsˈliːd| *verb* (անցյալ և անցյալ դերբայ **-led** |-ˈlɛd|) 1) մոլորեցնել; խաբել; ապակողմնորոշել; սխալեցնել 2) սխալ առաջնորդել; սխալ ճանապարհով տանել

misleading |mɪsˈliːdɪŋ| *adjective* մոլորեցնող; ապակողմնորոշող; վրիպեցնող

mismanage |mɪsˈmænɪdʒ| *verb* վատ կառավարել; անշնորհք վարվել հետը; փչացնել

misogynist |mɪˈsɒdʒ(ə)nɪst|, |mʌɪ-| **1** *noun* կնատյաց տղամարդ **2** *adjective* կնատյաց; իգատյաց

misplace |mɪsˈpleɪs| *verb* 1) սխալ տեղ դնել; տեղը չդնել; կորցնել 2) անարժան/անվստահելի մարդու վստահել

misplaced |mɪsˈpleɪsd| *adjective* 1) սխալ տեղադրված 2) անպատշաճ; անհարիր; անպատեհ 3) սխալ մարդուն ուղղված; սխալ առարկայի ուղղված *(զգացումի մասին)* 4) կորած *(ժամանակավորապես)*

misprint **1** *noun* |ˈmɪsprɪnt| վրիպակ; տպագրական սխալ **2** *verb* |mɪsˈprɪnt| վրիպակ թույլ տալ; սխալ տպել

mispronounce |mɪsprəˈnaʊns| *verb* սխալ արտաբերել

mispronunciation |-nʌnsɪˈeɪʃ(ə)n| *noun* սխալ արտասանություն

misquote |mɪsˈkwəʊt| **1** *verb* սխալ կերպով մեջբերում անել; սխալ ցիտել **2** *noun* սխալ մեջբերում

misread |mɪsˈriːd| *verb* (անցյալ և անցյալ դերբայ **-read** |-ˈrɛd|) 1) սխալ կարդալ; սխալ ընթերցել; կարդացածը սխալ մեկնաբանել 2) սխալ մեկնաբանել; սխալ հասկանալ *(իրադրությունը, դիմացինի վարքը)*

misrepresent |ˌmɪsrɛprɪˈzɛnt| *verb* խեղաթյուրել; աղավաղել; նենգափոխել; սխալ ներկայացնել

misrepresentation *noun* սխալ ներկայացնելը; խեղաթյուրելը; աղավաղում

misrule |mɪsˈruːl| **1** *noun* 1) վատ կառավարում; անարդար կառավարում 2) խռովություն; անկարգություն; խժդժանք; հուզումներ **2** *verb* վատ կառավարել

miss¹ |mɪs| **1** *verb* 1) վրիպել; նշանից շեղվել; նշանակետին չդիպչել 2) կողքով անցնել; չդիպչել; վնաս չտալ 3) չկարողանալ բռնել *(նետված կամ ընկնող առարկան)* 4) բաց թողնել; ուշանալ *(գնացքից և այլն)* 5) չնկատել; աչքից փախցնել; չլսել 6) չմասնակցել; ներկա չլինել; բաց թողնել 7) ձեռքից բաց թողնել; չօգտագործել *(առիթը)* 8) խուսափել; խույս տալ *(բախտի բերմամբ)* 9) դաշտանաշրջան չունենալ *(կնոջ մասին)* 10) կարոտել; կարոտ զգալ; պակասը զգալ; տեղը երևալ *(որևէ մեկի կամ որևէ բանի)* 11) *փոխաբերական* նպատակին չհասնել **2** *noun* 1) վրիպում; վրիպելը; չդիպչելը; չբռնելը; ձեռքից բաց թողնելը 2) ձախողում; անհաջող փորձ *(ֆիլմ, հաղորդում, ձայնագրություն և այլն)*

give sth a miss *խոսակցական բրիտանական* խուսափել; հրաժարվել; չանել

miss² |mɪs| *noun* 1) օրիորդ *(դիմելաձև)* 2) միսս *(գեղեցկության մրցույթի հաղթողը)* 3) աղջնակ; օրիորդ

misshapen |mɪsˈʃeɪp(ə)n| *adjective* տձև; անճոռնի; տգեղ

missile |ˈmɪsʌɪl| **1** *noun* հրթիռ; նետովի արկ **2** *adjective* նետելու; նետման; նետողական; արձակելու; արձակման; հրթիռային

missing |ˈmɪsɪŋ| *adjective* պակասող; բացակա; պակաս; կորած; թերի *(մարդու/առարկայի մասին)*

mission |ˈmɪʃ(ə)n| *noun* 1) ներկայացուցչություն; պատվիրակություն; առաքելություն; գործուղում 2) միսիոներություն; առաքելություն; միսիոներական կազմակերպություն 3) կոչում; բարձրագույն դեր 4) հանձնարարություն; առաջադրանք; առաքելություն; քարոզչություն

missionary |ˈmɪʃ(ə)n(ə)ri| **1** *noun* (հոգն. **-aries**) քարոզիչ; միսիոներ **2** *adjective* միսիոներական; միսիոների

mission statement *noun* առաքելության հայտարարագիր

Mississippi |ˌmɪsɪˈsɪpi| 1) Միսիսիպի *(գետ ԱՄՆ-ում)* 2) Միսիսիպի *(նահանգ ԱՄՆ-ում)*

missive |ˈmɪsɪv| **1** *noun* ուղերձ; պաշտոնական նամակ **2** *adjective հազվադեպ* ուղարկված; առաքված

Missouri |mɪˈzʊəri| 1) Միսուրի *(գետ ԱՄՆ-ում)* 2) Միսուրի *(նահանգ ԱՄՆ-ում)*

misspell |mɪsˈspɛl| *verb* (անցյալ և անցյալ դերբայ **-spelled** կամ **-spelt**) սխալ գրել; ուղղագրական սխալներով գրել; տառասխալ անել

misspend |mɪsˈspɛnd| *verb* (անցյալ և անցյալ դերբայ **-spent** |-ˈspɛnt|) վատնել; մսխել; շռայլել *(ժամանակը կամ գումարը)*

misstate |mɪsˈsteɪt| *verb* սխալ հայտարարություն անել; կեղծ վկայություն տալ

misstatement *noun* սխալ/անճիշտ հայտարարություն; կեղծ վկայություն

misstep |mɪsˈstɛp| *noun նաև փոխաբերական* անշնորհք/անհաջող/սխալ քայլ; սայթաքում

mist |mɪst| **1** *noun* 1) մեգ; մշուշ; մառախուղ 2) մանրամաղ անձրև 3) մշուշոտություն; շաղվելը *(աչքերի՝ արտասուքից)* **2** *verb* 1) մառախուղով պատել; մշուշապատել 2) արցունքներով մշուշվել; մշուշապատվել; շաղվել 3) ցողել; ցանել

mistake |mɪˈsteɪk| **1** *noun* սխալ; անճշտություն; վրիպակ; թյուրիմացություն ◇ **by mistake** սխալմամբ. **make a mistake** սխալվել; սխալ անել. **and no mistake** *հնացած* անկասկած; անտարակույս; անպայման; անպատճառ **2** *verb* (անցյալ **-took** |-ˈstʊk|; անցյալ դերբայ **-taken** |-ˈsteɪk(ə)n|) 1) սխալվել; մոլորության մեջ լինել; սխալ լինել; սխալ գործել 2) (**mistake someone/something for**) շփոթել; խառնել; մեկին ուրիշի տեղ ընդունել, մի բան ուրիշի տեղ ընդունել

mistaken |mɪˈsteɪk(ə)n| *adjective* 1) սխալ; սխալական; ոչ ճիշտ 2) անհիմն; թյուր *(կարծիքի մասին)*

mister¹ |ˈmɪstə| *noun* (կրճատ **Mr.**) միստր; պարոն *(դիմելաձև)*

mister² |ˈmɪstə| *noun* ջրցան *(սովորաբար շիշ)*

mistletoe |ˈmɪs(ə)ltəʊ| *noun բուսաբանություն* մզամուրճ; սպիտակ ճագոմ *(մակաբույծ բույս. ընտանիք Viscaceae)*

mistress |ˈmɪstrɪs| *noun* 1) տիրուհի; տիրակալուհի 2) վարպետ/հմուտ կին *(որևէ գործի մեջ)* 3) *հիմնականում բրիտանական* ուսուցչուհի ◇ **head mistress** կին տնօրեն/վարիչ/դիրեկտոր *(ուսումնական հաստատության)* 4) *հնացած* տանտիկին; տիկին 5) սիրուհի 6) *բանաստեղծական հնավանդ* սիրած կին; սիրելի 7) (կրճատ **Mrs.**) միսիս; տիկին *(դրվում է ամուսնացած կնոջ ազգանունից առաջ)*

mistrust |mɪsˈtrʌst| **1** *verb* կասկածել; չհավատալ; չվստահել **2** *noun* կասկած; անվստահություն

mistrustful |mɪsˈtrʌstfʊl|, |-f(ə)l| *adjective* կասկածոտ; կասկածամիտ; չվստահող

misty |ˈmɪsti| *adjective* (**mistier**, **mistiest**) 1) միգապատ; միգամած; մառախլապատ; մշուշապատ 2) շաղված; արցունքոտ; արտասվալից *(աչքերի մասին)* 3) աղոտ; տարտամ; աներոշ; անպարզ; մթին 4) փափուկ; մեղմ *(գույնի մասին)*

misunderstand |ˌmɪsʌndəˈstænd| *verb* (անցյալ և անցյալ դերբայ **-stood** |-ˈstʊd|) սխալ հասկանալ/ըմբռնել/մեկնաբանել; չհասկանալ; չկարողանալ հասկանալ

misunderstanding |ˌmɪsʌndəˈstændɪŋ| *noun* 1) թյուրիմացություն; սխալ հասկանալը 2) անհամաձայնություն; գժտություն; տարաձայնություն

misuse **1** *verb* |mɪsˈjuːz| 1) սխալ գործածել/կիրառել 2) վատ/անարդարացի վերաբերվել; չարաշահել **2** *noun* |mɪsˈjuːs| 1) սխալ գործածություն/օգտագործում 2) վատ վերաբերմունք/վարվելը; չարաշահում; չարաշահելը

mite¹ |mʌɪt| *noun կենդանաբանություն* տիզ *(կարգ Acari)*

mite² |mʌɪt| **1** *noun* 1) մանկիկ; բալիկ; ձագուկ

(երեխայի, կենդանու մասին) 2) լումա; համեստ ավանդ 3) *պատմական* կես գրոշ; քառորդ կոպեկ ◊ **not a mite** ամենևին; բոլորովին **2** *adverb խոսակցական* մի փոքր; շատ քիչ

Mithras |ˈmɪθræs| *դիցաբանություն* Միթրա *(լույսի/ճշմարտության հին պարսկական աստված)*

mitigate |ˈmɪtɪgeɪt| *verb* մեղմացնել; չափավորել; թուլացնել; թեթևացնել

mitigation |mɪtɪˈgeɪʃ(ə)n| *noun* մեղմացում; ամոքում; թեթևացում; թուլացում

mitochondrion |ˌmʌɪtə(ʊ)ˈkɒndrɪən| *noun* (հոգն. **-dria** |-rɪə|) *կենսաբանություն* թելահատիկ

mitosis |mʌɪˈtəʊsɪs| *noun* (հոգն. **-ses**) *կենսաբանություն* բջջաբաժանում *(անուղղակի)*

mitt |mɪt| *noun* 1) տե՛ս **mitten** 2) բռնցքամարտիկի թաթպան 3) կանացի կիսաձեռնոց *(առանց մատների)* 4) *խոսակցական* բռունցք; ձեռք

tip one's mitt *ամերիկյան խոսակցական* լեզուն ատամների ետևում չպահել; դուրս տալ

mitten |ˈmɪt(ə)n| *noun* 1) թաթման; թաթպան 2) *խոսակցական* (**mittens**) բռնցքամարտիկի թաթպաններ

give the mitten աշխատանքից ազատել

mix |mɪks| **1** *verb* 1) միախառնել; խառնել; միացնել; զուգակցել; հավաքվել; միախառնելով պատրաստել 2) խառնվել; միախառնվել; զուգակցվել 3) զուգակցել *(երկու կամ ավելի ձայնագրություն)* 4) զուգակցելով ստեղծել *(ձայնագրություն՝ առանձին ձայնագրություններից)* 5) իրար կողքի դնել; զուգադրել 6) շփվել; շփում ունենալ; հաղորդակցվել; լեզու գտնել ◊ **mix up** 1) լավ խառնել 2) շփոթել; խառնել. **be/get mixed up** ներքաշված լինել; խառը լինել *(որևէ բանի մեջ)* **2** *noun* 1) խառնուրդ; համակցություն 2) միքս; այլակերպ վերարտադրություն *(կինոնկարի, երգի և այլնի)*

mixed |mɪkst| *adjective* 1) խառը; բազմազան; բազմակերպ; այլատեսակ; խառնված 2) անմիանշանակ; տարաբնույթ; և՛ դրական, և՛ բացասական; ոչ միանշանակ

mixed marriage *noun* խառնամուսնություն *(տարբեր ռասաների կամ կրոնների ներկայացուցիչների միջև)*

mixed-up *adjective խոսակցական* այլայլված; շփոթահար

mixer |ˈmɪksə| *noun* 1) խառնիչ; խառնուրդ պատրաստող մեքենա; խառնող թիակ 2) ◊ **good mixer** շփվող/մարդամոտ անձ 3) հավաքույթ 4) զուգակցորդ *(ձայնագրությունները զուգակցող մարդ/սարք)*

mixture |ˈmɪkstʃə| *noun* 1) (**a mixture of**) խառնուրդ; խառնվածք; բաղադրություն 2) խառնում; խառնելը 3) *դեղագործություն* դեղախառնուրդ; դեղալուծույթ

mix-up (նաև **mixup**) *noun խոսակցական* 1) շփոթմունք; շփոթելը 2) խառնաշփոթություն; շիլափլավ

mizzen |ˈmɪz(ə)n| (նաև **mizen**) *noun ծովային* բիզան *(հետակայմի ստորին թեքանկյուն առագաստը)*

moan |məʊn| **1** *noun* 1) ողբ; հեծեծանք; հառաչանք 2) *խոսակցական* հոգոց; տնքոց; ախուվախ **2** *verb* 1) տնքալ; հառաչել 2) տրտնջալ; ախ ու վախ անել 3) *բանաստեղծական* ողբալ

moat |məʊt| **1** *noun* խրամ; փոս *(ջրով լցված)* **2** *verb* խրամով ջրապատել; խրամել

mob |mɒb| **1** *noun* 1) խառնամբոխ; խաժամուժ; հուզված ամբոխ 2) (**the mob**) հասարակ ժողովուրդ **2** *verb* (**mobbed**, **mobbing**) 1) ամբոխով շրջապատել; խռնվել; հավաքվել; ամբոխվել 2) խառնիխուռն մտնել; ներս խուժել *(շինություն)*

mobile **1** *adjective* |ˈməʊbʌɪl| 1) շարժուն; շարժական; դյուրաշարժ 2) փոփոխական; անկայուն; ճկուն *(մտքի մասին)* 3) շարժական; տեղաշարժվող *(խանութի/գրադարանի և այլնի մասին)* 4) ռազմական արագաշարժ; շարժուն; թեթև *(հրետանու մասին)* 5) արագ արձագանքման *(ջոկատի մասին)* 6) շարժուն *(աշխատանքը, բնակավայրը և այլն հեշտությամբ փոխող)* **2** *noun* շարժուն զարդարանք

mobile home *noun* շարժական տուն

mobility *noun* 1) շարժականություն; շարժունություն; դյուրաշարժություն 2) շարժունություն *(աշխատանքը/բնակավայրը և այլն հեշտությամբ փոխելը)*

mobilize |ˈməʊbɪlʌɪz| *verb* 1) ուժերը համախմբել; զորահավաք կատարել; ռազմականացնել 2) ուժերը կենտրոնացնել; կազմակերպել *(մարդկանց)* 3) կիրառել; օգտագործել; դիմել *(միջոցների)* 4) տեղափոխելի/շարժունակ դարձնել

moccasin |ˈmɒkəsɪn| *noun* 1) մոկասին *(ամերիկյան հնդկացիների փափուկ ոտնաման)* 2) *կենսաբանություն* հարավամերիկյան խիստ թունավոր օձ *(Agkistrodon, ընտանիք Viperida)*

mocha |ˈmɒkə| *noun* 1) (նաև **mocha coffee**) մոկկա; մոկկո *(սուրճի ընտիր տեսակ)* 2) սրճագույն; մուգ շագանակագույն 3) փափուկ ոչխարի կաշի

mock |mɒk| **1** *verb* 1) (**mock at**) ծաղրել; ծաղր ու ծանակի ենթարկել; վրան ծիծաղել 2) չարացնել; բարկացնել; գրգռել; տնազ անել; ծաղր անել; ծաղրական ձևով մեկին ընդօրինակել 3) անիրական ներկայացնել; անհավանական ներկայացնել; ծաղրել **2** *adjective* 1) կեղծ; շինծու; արհեստական; ոչ իրական; սարքված; ձևացրած; սարքովի 2) մարզողական; վարժանքային **3** *noun* 1) *հնացած* ծաղր ու ծանակի առարկա; ծաղր ու ծանակ 2) ծաղրանմանում 3) ծաղրում; ծաղրելը

mockery |ˈmɒk(ə)ri| *noun* (հոգն. **-eries**) 1) ծաղր; ծաղրանք; ծաղրելը; ծաղր ու ծանակ 2) ծաղրանմանություն; ծաղրապատկեր; սարքովի տարբերակ 3) ծաղրի առարկա

mockingbird |ˈmɒkɪŋbəːd| *noun կենսաբանություն* ծաղրասարյակ; ծաղրիկ; ծաղրահավիկ *(ընտանիք Mimidae)*

mock-up (նաև **mockup**) *noun* 1) նմանակերտ *(որևէ սարքի՝ ուսումնական նպատակով գործածվող)* 2) դասավորում *(տեքստի, պատկերների)*

modal |ˈməʊd(ə)l| **1** *adjective քերականություն* 1) ձևային; ձևական; ձևի; եղանակային; եղանակի 2) եղանակավորող; մոդալ *(բայ)* **2** *noun* քերակա-

նություն եղանակավորող բառ/կառույց

mode |məʊd| *noun* 1) եղանակ; կերպ; ձև; մեթոդ 2) աշխատակերպ *(տեսախցիկի և այլնի)* 3) *համակարգիչներ* աշխատակերպ 4) *քերականություն* (**mood 2**) եղանակ *(բայական)* 5) ոճ; նորաձևություն *(հագուստի, գրականության և այլնի)* 6) սովորություն; սովորույթ; ձև; եղանակ *(գործողության)* ◇ **mode of life** ապրելակերպ 7) *երաժշտություն* տոնայնություն 8) բաց մոխրագույն; խամրած մոխրագույն

model |ˈmɒd(ə)l| **1** *noun* 1) մոդել; կաղապար; նմուշօրինակ; մանրակերտ 2) նմուշ; օրինակ; նախատիպ; տիպար *(վարքի)* 3) *մաթեմատիկա* մոդել 4) մանեքեն; կենդանի մանեքեն *(հագուստի խանութներում)* 5) բնորդ; մոդել *(տղամարդ կամ կին)* 6) ցուցադրուհի 7) *խոսակցական* իսկական պատճեն 8) ապրանքատեսակ **2** *verb* (**-eled, -eling**; բրիտ. **-elled, -elling**) 1) նմուշօրինակ/մոդել պատրաստել 2) (**model after/on/upon**) ըստ օրինակի ստեղծել; ըստ նմուշի ստեղծել 3) օրինակ ծառայել 4) (**model oneself on**) մեկին ընդօրինակել; մեկից օրինակ վերցնել 5) ձևավորել; ձև տալ

modeling |ˈmɒd(ə)lɪŋ| (*բրիտանական* **modelling**) *noun* 1) մանեքեն լինելը; մանեքենի աշխատանքը 2) մոդելավորում

modem |ˈməʊdem| **1** *noun* *համակարգիչներ* մոդեմ **2** *verb* *համակարգիչներ* մոդեմով ուղարկել

moderate **1** *adjective* |ˈmɒd(ə)rət| 1) չափավոր; միջին 2) միջակ *(որակի մասին)* 3) զուսպ; ժուժկալ; մեղմ 4) մատչելի *(գնի մասին)* 5) բարեխառն; մեղմ *(կլիմայի մասին)* 6) *քաղաքականություն* չափավոր; օպորտունիստական **2** *noun* |ˈmɒd(ə)rət| |ˈmɒd(ə)rət| *քաղաքականություն* չափավոր; օպորտունիստ *(ծայրահեղ հոսանքների չհարող)* **3** *verb* |ˈmɒdəreɪt| 1) չափավորել; չափ դնել; մեղմացնել; զսպել; կանոնավորել 2) մեղմանալ; չափավորվել 3) թուլանալ; հանդարտվել *(քամու և այլնի մասին)*

moderately |ˈmɒd(ə)rətli| *adverb* 1) չափավոր; որոշ չափով; բավականաչափ; բավական 2) հանդարտորեն; կամաց-կամաց 3) մատչելիորեն

moderation |mɒdəˈreɪʃ(ə)n| *noun* 1) չափավորություն; զսպվածություն; ժուժկալություն; զուսպ լինելը ◇ **in moderation** չափավոր կերպով 2) զսպում; զսպելը 3) ինքնազսպում; տոկունություն *(բնավորության)* 4) չափավորում; կանոնավորում 5) կշռաչափում

moderator |ˈmɒdəreɪtə| *noun* 1) միջնորդ; միջնորդ դատավոր 2) մոդերատոր; միջնորդ 3) կարգավորող; մոդերատոր

modern |ˈmɒd(ə)n| **1** *adjective* 1) արդի; ժամանակակից; այժմյան 2) գործող *(օրենքների, լեզվական ձևերի մասին)* 3) արդի; մոդեռն **2** *noun* ժամանակակից մարդ; ավանդականը մերժող մարդ

modernism |ˈmɒd(ə)nɪz(ə)m| *noun* 1) արդիություն; մոդեռնիզմ 2) արդիապաշտություն; մոդեռնիզմ

modernist |ˈmɒd(ə)nɪst| **1** *noun* արդիապաշտ; մոդեռնիստ **2** *adjective* արդիապաշտական; մոդեռնիստական

modernity |məˈdɜːnɪti| *noun* արդիականություն; արդիություն

modernize |ˈmɒd(ə)nʌɪz| *verb* արդիականացնել; այժմեացնել; մոդեռնացնել

modern languages *plural noun* ժամանակակից եվրոպական լեզուներ *(հատկապես ֆրանսերենն ու գերմաներենը՝ ի տարբերություն դասական հունարենի ու լատիներենի)*

modest |ˈmɒdɪst| *adjective* 1) համեստ; պարկեշտ; ամոթխած; զուսպ *(մարդու/հագուստի մասին)* 2) համեստ; փոքր; սահմանափակ *(գումարի մասին)* 3) պարզ; հասարակ; անշուք; անպաճույճ

modesty |ˈmɒdɪsti| *noun* 1) համեստություն; պարզություն; պարկեշտություն 2) հասարակ/անշուք/սահմանափակ լինելը 3) զսպվածություն; չափավորություն

modification |ˌmɒdɪfɪˈkeɪʃ(ə)n| *noun* 1) փոփոխություն; ձևափոխություն *(հատկապես փոքր)* 2) ձևափոխում; փոփոխում

modifier |ˈmɒdɪfʌɪə| *noun* 1) փոփոխող; ձևափոխող 2) *քերականություն* լրացում

modify |ˈmɒdɪfʌɪ| *verb* (**-fies, -fied**) 1) փոփոխել; ձևափոխել 2) *քերականություն* որոշել; լրացում ծառայել *(այլ բառի համար)* 3) *լեզվաբանություն հնչյունաբանություն* ումլաուտ առաջացնել; ումլաուտի ենթարկել 4) մեղմացնել

modish |ˈməʊdɪʃ| *adjective* *արհամարհական* նորաձև; վերջին հոսանքներին հետևող

modular |ˈmɒdjʊlə| *adjective* մոդուլային; մոդուլավոր

modulate |ˈmɒdjʊleɪt| *verb* 1) կարգավորել; կանոնավորել 2) *երաժշտություն* ելևէջել; մի տոնայնությունից մյուսին անցնել; ձայնափոխել 3) *ֆիզիկա* հաճախականությունը փոփոխել *(հոսանքի, ռադիոալիքների)* 4) *տեխնիկական* մոդուլել

modulation |-ˈleɪʃ(ə)n| *noun* 1) *երաժշտություն* ելևէջում; տոնի փոփոխում 2) *ֆիզիկա* հաճախականության փոփոխում; մոդուլում

module |ˈmɒdjuːl| *noun* 1) պայմանական միավոր; մոդուլ *(ճարտարապետական)* 2) *տեխնիկական* սարքի հանգույց 3) տիեզերանավի ինքնուրույն մաս 4) *համակարգիչներ* մոդուլ; հանգույց 5) *ֆիզիկա* մոդուլ; գործակից

Mogadishu |ˌmɒgəˈdɪʃuː| Մոգադիշո *(Սոմալիի մայրաքաղաքը)*

Mogul |ˈməʊg(ə)l| (նաև **Moghul** կամ **Mughal**) **1** *noun* մոնղոլ ◇ **the Great/Grand Mogul** *պատմական* Մեծ Մողոլ *(Հնդկաստանի մոնղոլ ինքնակալ)* **2** *adjective* մոնղոլական

mohair |ˈməʊheː| *noun* անգորական այծի մազ

Mohammedan *noun, adjective* մահմեդական

Mohican |məʊˈhiːk(ə)n| *adjective, noun* մոհիկան

moiety |ˈmɔɪɪti| *noun* (հոգն. **-ties**) *գրական անգլերեն տեխնիկական* կես մաս; կես

moil |mɔɪl| **1** *verb* 1) (նաև **toil and moil**) ծանր/սև աշխատանք կատարել 2) խլրտալ; զեռալ; խառնաշփոթ իրավիճակում լինել **2** *noun* 1) ծանր աշխատանք 2) *փոխաբերական* տանջանք; տվայտանք

Moirai |ˈmɔɪrʌɪ| *դիցաբանություն* Մոյրաներ *(ճակատագրի հունական աստվածուհիներ)*

moire |mwɑː| (նաև **moiré**) **1** *noun* մուար *(մետաքսե ծալծլված գործվածք)* **2** *adjective* մուարից; մուարե

moist |mɔɪst| *adjective* 1) խոնավ; տամուկ; թացավուն 2) թաց; արցունքոտ *(աչքերի մասին)* 3) անձրևոտ; անձրևային 4) *բժշկություն* խոնավ; թաց

moisten |ˈmɔɪs(ə)n| *verb* 1) տամկացնել; խոնավացնել; թրջել 2) խոնավանալ; տամկանալ; թրջվել 3) լցվել; արցունքոտվել *(աչքերի մասին)*

moisture |ˈmɔɪstʃə| *noun* խոնավություն; տամկություն; թացություն

moisturize |ˈmɔɪstʃərʌɪz| *verb* փափկեցնել *(մաշկը)*

moisturizer *noun* փափկեցնող կրեմ/լոսյոն

molar[1] |ˌməʊlə| *noun* սեղանատամ

molar[3] |ˌməʊlə| *adjective քիմիա* մոլային

molar[3] |ˈməʊlə| *adjective քիմիա* մոլային

molasses |məˌlæsɪz| *noun խոհանոց* մաթ; կերամաթ; ռուպ *(քաղցրահամ թանձր հյութ)*

mold[1] |məʊld| (բրիտանական **mould**) **1** *noun* 1) կաղապար; ձևատիպար *(ձուլման)* 2) ձև; կաղապար *(խմորեղենի համար)* 3) դոնդող *(կաղապարի մեջ սառեցված)* 4) բնավորություն; կերտվածք; խառնվածք 5) ձուլվածք; թափվածք; ձուլածո **2** *verb* 1) կաղապարել; ձուլել; թափել; կաղապարով պատրաստել; ձև տալ *(կաղապարի մեջ)* 2) բնավորությունը ձևավորել/կազմավորել ◊ **mold into** վերածել; դարձնել. **mold on/upon** ըստ օրինակի կերտել; ըստ օրինակի ձև տալ

mold[2] |məʊld| (բրիտանական **mould**) *noun* բորբոս

mold[3] |məʊld| (բրիտանական **mould**) **1** *noun* 1) փխրեցրած/փխրունացրած հող 2) սևահող; բուսահող **2** *verb* հողը փխրեցնել/փխրունացնել ◊ **mold up** բույսը տալ/լցնել *(հողով)*

Moldavian |mɒlˈdeɪvɪən| **1** *noun* 1) մոլդովացի; մոլդովուհի 2) մոլդովերեն **2** *adjective* 1) մոլդովական 2) մոլդովերեն

molder[2] |ˈməʊldə| *noun* կաղապարող

molding |ˈməʊldɪŋ| (բրիտանական **moulding**) *noun* 1) *ճարտարապետություն* ծեփածո զարդ 2) ձուլում; կաղապարում; ձուլվածք; թափվածք; ձուլածո

Moldova |ˈmɒldəvə|, |mɒlˈdɒvə| Մոլդովա *(պետություն Հարավարևելյան Եվրոպայում)*

moldy |ˈməʊldi| (բրիտանական **mouldy**) *adjective* (**moldier**, **moldiest**) 1) բորբոսնած; մգլած; ծաղկած ◊ **go moldy** բորբոսնել; մգլել; ծաղկել 2) *փոխաբերական* հնացած; հնաձև; հնաոճ 3) *խոսակցական հիմնականում բրիտանական* ձանձրալի; ճնշող

mole[1] |məʊl| *noun* 1) *կենդանաբանություն* խլուրդ; գետնամուկ; դաշտամուկ *(ընտանիք Talpidae)* 2) բարձր դիրքի հասած լրտես

mole[2] |məʊl| *noun* խալ; բնաբիծ; պուտ *(մաշկի վրա)*

mole[3] |məʊl| *noun* 1) ծովապատնեշ 2) ամբարտակ; պատնեշ; թումբ

mole[4] |məʊl| *noun քիմիա* մոլ

mole[5] |məʊl| *noun բժշկություն* մոլա *(հյուսվածքի աննորմալ զանգված արգանդում)*

mole[6] |ˈməʊleɪ| *noun խոհանոց* չիլի պղպեղով ու շոկոլադով մեքսիկական թացան *(մսի համար)*

molecular |məˈlɛkjʊlə| *adjective* մոլեկուլային; մոլեկուլի

molecule |ˈmɒlɪkjuːl| *noun քիմիա* մոլեկուլ

molehill |ˈməʊlhɪl| *noun* խլուրդի շինած հողակույտ/թմբիկ

make a mountain out of a molehill լուն ուղտ շինել

moleskin |ˈməʊlskɪn| *noun* 1) խլուրդենի; խլուրդի մորթի 2) մոլեսկին *(բամբակե գործվածք)* 3) (**moleskins**) մոլեսկինե հագուստ *(հատկապես տաբատ)*

molest |məˈlɛst| *verb* 1) տհաճություն/արտնեղություն պատճառել; անհանգստացնել; ձանձրացնել 2) կպչել; բռնաբարության փորձ անել *(հատկապես երեխայի կամ կնոջ հանդեպ)*

molestation |mɒlɛˈsteɪʃ(ə)n|, |məʊl-| *noun* 1) ձանձրացնելը; նեղություն պատճառելը 2) կպչելը; բռնաբարության փորձ

mollification *noun* հանգստացնելը; մեղմացնելը

mollify |ˈmɒlɪfʌɪ| *verb* (**-fies**, **-fied**) 1) հանգստացնել; հանդարտեցնել 2) մեղմել; մեղմացնել; թուլացնել

mollusk |ˈmɒləsk| (բրիտանական **mollusc**) *noun կենսաբանություն* կակղամորթ *(տիպ Mollusca)*

mollycoddle |ˈmɒlɪkɒd(ə)l| **1** *verb* գուրգուրել; փայփայել; երես տալ **2** *noun* փափկասուն տղամարդ; փափկասեր տղամարդ

molt |məʊlt| (բրիտանական **moult**) **1** *verb* կաշին/բուրդը/փետուրները փոխել *(կենդանու մասին)* **2** *noun* փոխվելը; կենդանու կաշվի, բրդի, փետուրների և այլնի մասին

molten |ˈməʊlt(ə)n| *adjective* 1) հալած; հալված 2) *հնացած* ձուլածո; ձուլած

molybdenum |məˈlɪbdənəm| *noun քիմիա* (**Mo**) մոլիբդեն

mom |mɒm| *noun խոսակցական* մամա; մայրիկ

moment |ˈməʊm(ə)nt| *noun* 1) վայրկյան; պահ; ակնթարթ ◊ **at odd moments** ազատ ժամանակ. **one moment, half a moment** հիմա; այս րոպեին. **this moment** անմիջապես; անհապաղ; հենց հիմա; հենց նոր; այս րոպեին. **to the moment** ճշտորեն; ճիշտ ժամանակին 2) առիթ; հնարավորություն; տեղին պահ 3) նշանակալի իրադարձություն; կարևոր պահ 4) *գրական անգլերեն* կարևորություն ◊ **of great moment** կարևոր. **of no moment** անկարևոր

momentarily |ˈməʊm(ə)nt(ə)rɪli|, |ˌməʊm(ə)nˈtɛrɪli| *adverb* 1) մի ակնթարթ; վայրկենաբար 2) ցանկացած պահի; շատ շուտով

momentary |ˈməʊm(ə)nt(ə)ri| *adjective* 1) վայրկենական; ակնթարթային; րոպեական 2) անցողական; վաղանցիկ; կարճատև

momently |ˈməʊm(ə)ntli| *adverb հնավանդ բանաստեղծական* 1) րոպե առ րոպե; ամեն րոպե 2) մի պահ; մի վայրկյան

momentous |mə(ʊ)ˈmɛntəs| *adjective* կարևոր; նշանակալի; մեծանշանակ

momentum |məˈmɛntəm| *noun* (հոգն. **-ta** |-tə| կամ **-tums**) 1) շարժիչ ուժ; մղում; իմպուլս 2) *ֆիզիկա մեխանիկա* շարժման քանակ; իներցիա; շարժման արագություն 3) թափ; ուժգնություն

mommy |ˈmɒmi| *noun* (հոգն. **-mies**) *խոսակցական* մամա

Monaco |ˈmɒnəkəʊ| Մոնակո *(իշխանություն Ֆրանսիայի և Իտալիայի միջև)*

monarch |ˈmɒnək| *noun* միապետ; ինքնակալ; կայսր

monarchal |məˈnɑːk(ə)l| *adjective* միապետական; միապետության

monarchist *noun* միապետական *(անձ)*

monarchy |ˈmɒnəki| *noun* (հոգն. **-chies**) 1) միապետություն; ինքնակալություն ◇ **constitutional/limited monarchy** սահմանադրական միապետություն 2) (**the monarchy**) արքայական ընտանիք

monastery |ˈmɒnəst(ə)ri| *noun* (հոգն. **-teries**) վանք; մենաստան

monastic |məˈnæstɪk| **1** *adjective* 1) վանականի; վանական 2) վանքի; վանական 3) ժուժկալ; սակավապետ **2** *noun* վանական; աբեղա

Monday |ˈmʌndeɪ|, |-di| **1** *noun* երկուշաբթի ◇ **Black Monday** *դպրոցական ժածկալեզու* պարապմունքների առաջին օրը *(արձակուրդներից հետո)* **2** *adverb* երկուշաբթի օրը

Mondays երկուշաբթի օրերին

monetarism |ˈmʌnɪt(ə)rɪz(ə)m| *noun տնտեսագիտություն* մոնետարիզմ

monetary |ˈmʌnɪt(ə)ri| *adjective* դրամական; դրամային

money |ˈmʌni| *noun* 1) փող; դրամ ◇ **money of account** դրամական/հաշվական միավոր. **good money** բարձր աշխատավարձ. **even money** կլորիկ/շոշափելի գումար. **ready money** կանխիկ փող. **odd money** դրամի մնացորդ. **make money** փող աշխատել/հավաքել; հարստություն դիզել. **put money into** փող ներդնել. **put money aside, save money** փող խնայել; փող ետ գցել. **money laundering** փողերի լվացում 2) *գրական անգլերեն* (**moneys/monies**) գումարներ 3) շահույթ; եկամուտ 4) աշխատավարձ; վարձ 5) մեծահարուստ/հարուստ խումբ

moneybags |ˈmʌnɪbægz| *plural noun խոսակցական* հարուստ մարդ; փողատեր

money-grubbing *adjective խոսակցական* շահասեր; ընչաքաղց; գծուծ; ժլատ

moneylender |ˈmʌnɪlɛndə| (նաև **money-lender**) *noun* վաշխառու; տոկոսառու

money order *noun* դրամական փոխադրություն

Mongol |ˈmɒŋg(ə)l| **1** *adjective* մոնղոլական **2** *noun* 1) մոնղոլ 2) մոնղոլերեն 3) (**mongol**) Դաունի համախտանիշով տառապող անձ

Mongolia |mɒŋˈgəʊlɪə| Մոնղոլիա *(պետություն Արևելյան Ասիայում)*

mongoose |ˈmɒŋguːs| *noun* (հոգն. **-gooses**) *կենդանաբանություն* մանգուստ *(ընտանիք Herpestidae)*

mongrel |ˈmʌŋgr(ə)l| **1** *noun* 1) ոչ ազնվացեղ շուն; ոչ զտարյուն շուն; փողոցային շուն 2) խառնածին կենդանի/բույս 3) *արհամարհական* խառնազգի սերունդ **2** *adjective* խառնածին; խառնարյուն

monitor |ˌmɒnɪtə| **1** *noun* 1) *համակարգիչներ* ցուցասարք 2) *տեխնիկական* ղեկավարող/հսկող սարք 3) դասարանի ավագ; բարձր դասարանի աշակերտ *(ցածր դասարաններում կարգապահությանը հետևող)* 4) դաստիարակ; ուսուցիչ; խորհրդատու; խորհուրդներ տվող ուսուցիչ 5) *պատմական* զրահանավ **2** *verb* 1) մշտադիտել; վերահսկել 2) գաղտնալսել

monitoring |ˈmɒnɪˌtɔːrɪŋ| *noun* մշտադիտարկում

monk |mʌŋk| *noun կրոն* վանական; կուսակրոն; վանքի միաբան

monkey |ˈmʌŋki| **1** *noun* (հոգն. **-keys**) 1) *կենդանաբանություն* կապիկ *(ընտանիքներ Cebidae և Callitrichidae)* 2) չարաճճի երեխա 3) խամաճիկ; կամակատար **2** *verb* (**-keys**, **-keyed**) 1) (**monkey around/about**) իրեն լուրջ չպահել; գժություններ անել 2) *հնացած* ծաղրել; հեգնել; տնազ անել; մեկի գլխին խաղ խաղալ

get one's monkey up զայրանալ
put sb's monkey up մեկին զայրացնել

monkey business *noun խոսակցական* 1) խարդախություն; խաբեբայություն 2) անիմաստ աշխատանք; հիմարություններ անելը; հիմարություններով զվարճանալը

monkeyish *adjective* 1) կապկային; կապկանման 2) չարաճճի

monkey wrench **1** *noun* բացովի պտուտակաբանալի **2** *verb* (**monkeywrench**) *խոսակցական* նենգադրույլ անել *(գործի մտածված վիժեցում անել)*

monkish *adjective* վանական; կրոնավորական

monocle |ˈmɒnək(ə)l| *noun* մոնոկլ; մի աչքի ակնոց

monogamy |məˈnɒgəmi| *noun* մենամուսնություն; մոնոգամիա; միամուսնություն

monogram |ˈmɒnəgræm| **1** *noun* միացագիր **2** *verb* միացագրով զարդարել

monolingual |mɒnə(ʊ)ˈlɪŋgw(ə)l| **1** *adjective* 1) միալեզու; մեկլեզվանի; միալեզվյան; միաբարբառ *(հասարակության մասին)* 2) միալեզու; մեկ լեզվով *(տեքստի/խոսակցության մասին)* **2** *noun* միալեզու/միալեզվյան մարդ

monolith |ˈmɒn(ə)lɪθ| *noun* 1) մենաքար; միաքար 2) միակտոր կառույց; միաձույլ կառույց 3) ամբողջական ու միակերպ կազմակերպություն

monolithic |mɒnəˈlɪθɪk| *adjective* 1) միաքար; մի քարից 2) վիթխարի; տձև *(շենքության մասին)* 3) միակուռ; միաձույլ; միասնական

monologue |ˈmɒn(ə)lɒg| *noun* 1) մենախոսություն; առանձնախոսություն 2) երկար-բարակ ճառ

monoplane |ˈmɒnəpleɪn| *noun* մոնոպլան *(մեկ հարթությունում տեղադրված թևերով ինքնաթիռ)*

monopolist |məˈnɒp(ə)lɪst| *noun* մենաշնորհատեր; մենավաճառ

monopolize |məˈnɒpəlʌɪz| *verb* մենաշնորհացնել

monopoly |məˈnɒp(ə)li| *noun* (հոգն. **-lies**) 1) մենաշնորհ 2) (**Monopoly**) Մենաշնորհ *(խաղ)*

monorail |ˈmɒnə(ʊ)reɪl| *noun* միառելս; միագիծ *(երկաթուղու մասին)*

monosyllabic |ˌmɒnə(ʊ)sɪˈlæbɪk| *adjective* 1) միավանկ 2) քչախոս; փակբերան; չխոսկան

monosyllable |ˈmɒnə(ʊ)sɪləb(ə)l| *noun* 1) միավանկ բառ 2) (**monosyllables**) կարճ-կոնկրետ խոսքեր *(որոնք ցույց են տալիս, որ մարդ զրուցելու ցանկություն չունի)*

monotheism |ˈmɒnə(ʊ)ˌθiːɪz(ə)m| *noun* միաստվածություն; մենաստվածություն

monotone |ˈmɒnətəʊn| **1** *noun* միալարություն; միապաղաղություն; միօրինակություն **2** *adjective* 1) *նաև փոխաբերական* միալար; միապաղաղ *(ձայնի մասին)* 2) միագույն; միերանգ

monotonous |məˈnɒt(ə)nəs| *adjective* միալար; միապաղաղ; միօրինակ; ձանձրալի; անհետաքրքիր

monotony |məˈnɒt(ə)ni| *noun* միալարություն; միապաղաղություն; միօրինակություն

monozygotic |ˌmɒnə(ʊ)zʌɪˈɡɒtɪk| (նաև **monozygous**) *adjective* միաբեղմնաձույլ *(երկվորյակների մասին)*

monsoon |mɒnˈsuːn| *noun* 1) մուսսոն *(քամի)* 2) անձրևային սեզոն

monster |ˈmɒnstə| **1** *noun* 1) *նաև փոխաբերական* հրեշ; ճիվաղ; դարձվոր; այլանդակ 2) հրեշ; այլանդակ *(բույսի/կենդանու մասին)* **2** *adjective* *խոսակցական* հսկայական; վիթխարի; ահռելի **3** *verb* *խոսակցական* նախատել; պախարակել

monstrosity |mɒnˈstrɒsɪti| *noun* (հոգն. **-ties**) 1) հրեշավոր/անճոռնի բան 2) հրեշայնություն; հրեշավորություն; անհեթեթություն; անճոռնիություն

monstrous |ˈmɒnstrəs| *adjective* 1) հրեշային; հրեշավոր; այլանդակ; տգեղ 2) անճոռնի; աղավաղված; անմարդկային; անհեթեթ 3) ահռելի; վիթխարի; հսկայական

montage |mɒnˈtɑːʒ|, |ˈmɒntɑːʒ| *noun* կինոմոնտաժ; սարում *(ֆիլմի)*

Montenegro |ˌmɒntɪˈniːɡrəʊ| Չեռնոգորիա *(պետություն Բալկանյան թերակղզու վրա)*

Montevideo |ˌmɒntɪvɪˈdeɪəʊ|, |monteβiˈðeo| Մոնտեվիդեո *(Ուրուգվայի մայրաքաղաքը)*

month |mʌnθ| *noun* (նաև **calendar month**) 1) ամիս ◇ **a month of Sundays** անորոշորեն երկար ժամկետ. **in a month of Sundays** ուրբաթ օրը անձրևից հետո. **this day month** մի ամիս հետո *(այսօրվանից սկսած)* 2) լուսնային ամիս

monthly |ˈmʌnθli| **1** *adjective* ամսական; ամենամսյա **2** *adverb* ամեն ամիս; ամիսը մեկ անգամ; ամիս առ ամիս **3** *noun* (հոգն. **-lies**) 1) ամսագիր; միամսյա հանդես 2) *խոսակցական* (**monthlies**) ամսական; դաշտան

Montreal |ˌmɒntrɪˈɔːl| Մոնրեալ *(քաղաք Կանադայում)*

monument |ˈmɒnjʊm(ə)nt| *noun* 1) հուշարձան; կոթող; հուշաքար 2) գանձ; գլուխգործոց 3) սահմանաքար; սահմանանիշ

monumental |mɒnjʊˈmɛnt(ə)l| *adjective* 1) հոյակապ; հոյաշեն; փառահեղ 2) սքանչելի; զմայլելի; հիանալի 3) կարևոր; հիմնավոր

moo |muː| **1** *verb* (**moos**, **mooed**) բառաչել **2** *noun* (հոգն. **moos**) բառաչ; բառաչանք

mood¹ |muːd| **1** *noun* 1) տրամադրություն ◇ **in the mood to do sth** տրամադիր; տրամադրված *(որևէ բան անելու).* **in no mood for sth** անտրամադիր 2) վատ տրամադրություն; մռայլվածություն; գրգռվածություն 3) մթնոլորտ; տրամադրություն *(արվեստի գործի)* **2** *adjective* որոշակի տրամադրություն առաջացնող; որոշակի հոգեվիճակ առաջացնող

mood² |muːd| *noun* 1) *քերականություն* եղանակ *(բայի)* 2) *երաժշտություն* տոնայնություն

moody |ˈmuːdi| *adjective* (**moodier**, **moodiest**) 1) մռայլ; դժկամ; ժանգոտ; նրթոտ 2) իր տրամադրության գերի; փոփոխական; անկայուն *(մարդու մասին)*

moon |muːn| **1** *noun* (նաև **Moon**) 1) լուսին; լուսնային ◇ **full moon** լիալուսին. **half moon** կիսալուսին. **mock moon** հարալուսին; կեղծ լուսին 2) լուսնային ամիս 3) (**the moon**) մեկի սրտի ուզածը; մեկի բոլոր քմահաճույքները **2** *verb* թափառել; թրև գալ

cover with the moon *ծածկալեզու* բաց երկնքի տակ քնել *(գործազուրկների մասին)*

cry for the moon անկարելին ցանկանալ

once in a blue moon շատ հազվադեպ; հազարից մեկ; շատ ուշ-ուշ

shoot the moon *ծածկալեզու* գիշերը բնակարանից գաղտնի քոչել *(տան վարձը չվճարելու նպատակով)*

moonbeam |ˈmuːnbiːm| *noun* լուսնի լույս/շող/շող

moon blindness *noun* *բժշկություն* *խոսակցական* հավկուրություն

mooncalf |ˈmuːnkɑːf| *noun* (հոգն. **-calves**) ապուշ; հիմար

moonlight |ˈmuːnlʌɪt| **1** *noun* լուսնի լույս **2** *adjective* լուսնյակ; լուսնկա; լուսնի լույսի տակ **3** *verb* (անցյալ և անցյալ դերբայ **-lighted**) *խոսակցական* ևս մի աշխատատեղ ունենալ; համատեղել

moonlit |ˈmuːnlɪt| *adjective* լուսնի լույսով ողողված/լուսավորված

moonshine |ˈmuːnʃʌɪn| *noun* 1) տնային ինքնաթոր օղի; գինի 2) մաքսանենգորեն ձեռք բերված խմիչք 3) բարբաջանք; անմտություն; հիմարություն 4) լուսնի շող

moonshiner |ˈmuːnʃʌɪnə| *noun* *խոսակցական ամերիկյան ծածկալեզու* 1) գաղտնի օղեգործ; գաղտնի օղի քաշող 2) օղու մաքսանենգ

moonstone |ˈmuːnstəʊn| *noun* *հանքաբանություն* լուսնաքար

moonstruck |ˈmuːnstrʌk| *adjective* լուսնոտ; ցնորված; սիրուց խենթացած

Moor |mʊə|, |mɔː| *noun* 1) մավրիտանացի;

խափշիկ 2) մավր

moor¹ |mʊə|, |mɔː| *noun* 1) մորուտ; ճահճուտ 2) որսատեղ

moor² |mʊə|, |mɔː| *verb* 1) կառանել; կապել *(ափին, գետնին՝ նավը/դիրիժաբլը)* 2) կառանվել; կապվել *(ափին, գետնին՝ նավի/դիրիժաբլի մասին)*

mooring |ˈmʊərɪŋ|, |ˈmɔː-| *noun* 1) կառանատեղ; կառանարան 2) ճոպաններ; պարաններ; կառաններ *(նավը կապելու)* 3) անշարժ խարիսխներ; հենարան; հենասյուներ *(գաղափարների/սկզբունքների մասին)*

moorland |ˈmʊələnd|, |ˈmɔː-| *noun* ճախճախուտ; մորուտ; ճահճուտ

moot |muːt| **1** *adjective* վիճելի; վիճարկելի; անորոշ; անստույգ **2** *verb* քննարկման դնել *(հարցը)* **3** *noun* 1) բրիտանական ժողով *(հատկապես միջնադարյան)* 2) հավաք; հավաքույթ *(ընդհանուր շահեր ունեցող մարդկանց)*

mop |mɒp| **1** *noun* 1) հատակը սրբելու հարմարանք 2) *փոխաբերական* մազերի դեզ; գզուզ/փռչոտ մազեր 3) հատակը սրբելը **2** *verb* (**mopped**, **mopping**) 1) խոնավ շորով սրբել; չորացնել; ցամաքեցնել ◊ **mop up** i) չորացնել; ցամաքեցնել ii) *խոսակցական* վերջացնել; ավարտել *(գործը)* 2) սրբելով մաքրել/հեռացնել

mope |məʊp| **1** *verb* 1) սևամաղձության անձնատուր լինել; մելամաղձոտ լինել 2) (**mope around/about**) թափառել; շրջել; հածել *(մելամաղձոտ կամ ձանձրացած)* **2** *noun* 1) մելամաղձության անձնատուր եղած մարդ 2) (**mopes**) մելամաղձոտություն; սևամաղձություն; վատ տրամադրություն

moped |ˈməʊpɛd| *noun* մոպեդ; մոտորավոր հեծանիվ

moraine |məˈreɪn| *noun* *երկրաբանություն* քարակարկառ *(սառցադաշտերի բերած)*

moral |ˈmɒr(ə)l| **1** *adjective* 1) բարոյական 2) բարոյագիտական; բարոյախոսական; խրատական **2** *noun* 1) բարոյախոսություն; բարոյական խրատ 2) (**morals**) բարոյականություն; բարքեր 3) վարքի կանոններ

morale |məˈrɑːl| *noun* բարոյական վիճակ; ոգևորություն; խանդավառություն

moralist |ˈmɒr(ə)lɪst| *noun* 1) բարոյականություն քարոզող 2) բարոյական/առաքինի մարդ

morality |məˈrælɪti| *noun* (հոգն. **-ties**) 1) բարոյագիտություն; բարոյականության ուսմունք; էթիկա ◊ **copy-book morality** տարրական բարոյականություն 2) բարքեր; վարքի կանոններ *(տվյալ հասարակության)* 3) (**moralities**) բարոյական վարքագիծ 4) բարոյախոսություն

moralize |ˈmɒr(ə)lʌɪz| *verb* 1) բարոյականություն քարոզել; բարոյախոսել 2) բարոյական դաս քաղել 3) բարքերը բարելավել; բարոյականացնել

morally |ˈmɒr(ə)li| *adverb* 1) բարոյապես; բարոյական առումով 2) առաքինաբար; բարոյապես 3) խորապես *(համոզված լինելու մասին)*

morass |məˈræs| *noun* 1) ճահիճ; ճահճուտ; մորուտ; ճախճուտ 2) բարդ իրավիճակ; խառնաշփոթ իրադրություն

moratorium |ˌmɒrəˈtɔːrɪəm| *noun* (հոգն. **-toriums** կամ **-toria** |-rɪə|) 1) ժամանակավոր արգելք *(որևէ բան անելու)* 2) *իրավունք* վճարումների հետաձգում; վճարման դադարեցում

morbid |ˈmɔːbɪd| *adjective* 1) հիվանդագին; աննորմալ; ընկճված; ճնշված 2) հիվանդ; անառողջ; հիվանդոտ; հիվանդությունից առաջ եկած 3) *բժշկություն* ախտաբանական

morbidity |-ˈbɪdɪti| *noun* 1) հիվանդոտություն 2) ճնշվածություն; ճնշված հոգեկան վիճակ

mordant |ˈmɔːd(ə)nt| **1** *adjective* 1) կծու; խայթիչ; խայթող; ծաղրիչ 2) այրիչ; քայքայիչ; քայքայող; ուտիչ **2** *noun* 1) արծնիչ; ուտիչ; այրիչ նյութ/ քիմիանյութ 2) *մանածագործություն* սևեռակայող նյութ; ներկերը ֆիքսող նյութ **3** *verb* սևեռակել

more |mɔː| **1** *adjective, pronoun* 1) ավելի շատ; ավելի; առավել 2) ևս; էլի; էլ; դարձյալ **2** *adverb* 1) (**much**) ավելի; ավելի շատ ◊ **more or less** քիչ թե շատ; մոտավորապես; համարյա. **sb is no more** նա այլևս չկա; նա կենդանի չէ 2) (**more than**) ավելի քան; ոչ պարզապես 3) ◊ **more truly** ավելի ճիշտ 4) դարձյալ; կրկին; նորից; ևս ◊ **once more** մի անգամ ևս. **never more** երբեք; այլևս երբեք 5) տե՛ս **moreover** **3** *noun* ◊ **the more ... the more ...** որքան ... , այնքան ավելի ...

what is more բացի այդ; ի լրումն; ավելին; ասեմ ավելին

moreover |mɔːrˈəʊvə| *adverb* դեռ ավելին; բացի այդ

morganatic |ˌmɔːgəˈnætɪk| *adjective* մորգանատիկ *(ամուսնության մասին)*

morgue |mɔːg| *noun* 1) մեռելանոց; դիարան 2) *փոխաբերական* գերեզման; մռայլ ու ցուրտ տեղ; անկենդան վայր 3) *խոսակցական* հին տվյալների հավաքածու *(հատկապես թերթի խմբագրությունում)*

morion¹ |ˈmɒrɪən| *noun* *պատմական* մետաղե սրածայր սաղավարտ

morion² |ˈmɒrɪən| *noun* դարչնագույն կամ սև կվարց

Mormon |ˈmɔːmən| **1** *noun* 1) մորմոն *(կրոնական աղանդավոր Հյուսիսային Ամերիկայում)* 2) *փոխաբերական* բազմակին մարդ; մի քանի կին ունեցող մարդ **2** *adjective* մորմոն

morn |mɔːn| *noun* *բանաստեղծական* առավոտ; այգ

morning |ˈmɔːnɪŋ| **1** *noun* 1) առավոտ ◊ **good morning** բարի լույս 2) *բանաստեղծական* արշալույս; այգաբաց **2** *adverb* *խոսակցական* ամեն առավոտ; առավոտները; առավոտյան **3** *exclamation* *խոսակցական* (նաև **good morning**) բարի լույս; բարի առավոտ

morning glory *noun* *բուսաբանություն* պատատուկ; բաղեղ *(Ipomoea, ընտանիք Convolvulaceae)*

Morocco |məˈrɒkəʊ| Մարոկո *(պետություն Աֆրիկայի հյուսիս-արևմուտքում)*

morocco |məˈrɒkəʊ| *noun* (հոգն. **-cos**) սաֆյան; սեկ *(այծի բարձրորակ կաշի)*

moron |ˈmɔːrɒn| *noun* *խոսակցական* հիմար մարդ

morose |məˈrəʊs| *adjective* մռայլ; խոժոռ; գրգոված

Morpheus |ˈmɔːfɪəs| *հռոմեական դիցաբանություն* Մորփեոս *(երազների հռոմեական աստվածը)*

morphine |ˈmɔːfiːn| *noun* մորֆին; քնափիոն

morphology |mɔːˈfɒlədʒi| *noun* (հոգն. **-gies**) 1) *կենսաբանություն* մարդակազմություն; մարմնակազմություն 2) *լեզվաբանություն* ձևաբանություն

morrow |ˈmɒrəʊ| *noun հնավանդ բանաստեղծական* 1) (**the morrow**) վաղը; հաջորդ օրը 2) առավոտ 3) ◇ **on the morrow of ...** հետո *(մի բանից)*

morsel |ˈmɔːs(ə)l| *noun* 1) պատառ 2) փոքր քանակություն/կտոր

mortal |ˈmɔːt(ə)l| **1** *adjective* 1) մահկանացու; հողածին; հողեղեն 2) *խոսակցական* պատկերացնելի; երևակայելի 3) մահացու; մահաբեր 4) ցմահ; մինչև մահ; ամբողջ կյանքի 5) *ծածկալեզու* սաստիկ; շատ ուժեղ; սարսափելի; ծայրահեղ *(հատկապես վախի մասին)* 6) *խոսակցական հնացած* մահու չափ ձանձրալի; խիստ ձանձրալի **2** *noun* 1) մահկանացու; մարդ 2) *կատակային* հասարակ մարդ

mortality |mɔːˈtælɪti| *noun* (հոգն. **-ties**) 1) մահկանացություն; մահկանացու լինելը 2) մահացություն 3) զանգվածային մահ; զանգվածային մահացություն 4) *հավաքական* մարդիկ; մահկանացուներ 5) մահաբերություն; մահացու լինելը

mortally |ˈmɔːt(ə)li| *adverb* 1) մահացու կերպով 2) մահու չափ; մինչև հոգու խորքը; մինչև սրտի խորքը

mortar[1] |ˈmɔːtə| **1** *noun* 1) հավանգ; փոքրիկ սանդ 2) *ռազմական* հրասանդ; ականանետ; ռմբարձակ **2** *verb ռազմական* հրասանդով/ականանետով/ռմբարձակով հարձակվել

mortar[2] |ˈmɔːtə| **1** *noun* կրաշաղախ; կիր **2** *verb* կրաշաղախով ամրացնել

mortarboard |ˈmɔːtəbɔːd| *noun* 1) անգլիացի պրոֆեսորների և ուսանողների գլխարկ 2) *շինարարություն* շաղախավահան *(կրաշաղախ քսելու համար)*

mortgage |ˈmɔːgɪdʒ| **1** *noun* 1) գրավ; գրավադրություն *(անշարժ գույքի)* 2) գրավադիր; գրավաթուղթ 3) *տնտեսագիտություն* գրավադրման փոխառություն **2** *verb* 1) գրավ դնել; երաշխավորել 2) վտանգի ենթարկել *(ժամանակավոր շահի համար)*

mortician |mɔːˈtɪʃ(ə)n| *noun ամերիկյան ծածկալեզու* դագաղագործ; թաղման բյուրոյի աշխատակից

mortification |-fɪˈkeɪʃ(ə)n| *noun* 1) նվաստացում; ստորացում; վիրավորանք; անարգանք 2) ճնշելը; խեղդելը *(զգացմունքի)* 3) սպանելը; մեռցնելը *(մարմնի)* 4) *բժշկություն* մահացում; մեռնելը; անզգայացում; անզգայանալը; փտախտ

mortify |ˈmɔːtɪfʌɪ| *verb* (**-fies**, **-fied**) 1) նվաստացնել; ստորացնել; վիրավորել *(զգացմունքները)* 2) մեռցնել *(ցանկասիրությունը)* 3) ճնշել; զսպել *(զգացմունքները, կրքերը)* 4) սպանել *(մարմինը)* 5) *բժշկություն* անզգայանալ; անկենդան դառնալ; մահանալ; մեռնել; փտել 6) *բժշկություն* անզգայացնել

mortise |ˈmɔːtɪs| (նաև **mortice**) **1** *noun* փորվածք; փորակ; փոս **2** *verb* 1) ամրացնել փոսի և ելուստի միջոցով 2) փորվածք փորել

mortuary |ˈmɔːtjʊəri|, |-tʃʊ-| **1** *noun* (հոգն. **-aries**) մեռելանոց; դիարան **2** *adjective* թաղման; գերեզմանային; շիրմական

mosaic |mə(ʊ)ˈzeɪɪk| **1** *noun* 1) խճանկար; խճանկարչություն 2) խայտաբղետ պատկեր 3) համատեղություն; ամբողջություն **2** *verb* (**-saicked**, **-saicking**) խճանկարով զարդարել **3** *adjective* խճանկարչական; խճանկարային

Moscow |ˈmɒskəʊ| Մոսկվա *(Ռուսաստանի մայրաքաղաքը)*

Moslem |ˈmɒzləm| *noun, adjective* մահմեդական; մուսուլման; մուսուլմանական

Mosotho |məˈsuːtuː| Բոսոտո ցեղի անդամ

mosque |mɒsk| *noun* մզկիթ

mosquito |mɒˈskiːtəʊ| *noun* (հոգն. **-toes** կամ **-tos**) *կենդանաբանություն* մոծակ; մժեղ *(Culex, Anopheles, ընտանիք Culicidae)*

moss |mɒs| **1** *noun* 1) *բուսաբանություն* (**Class Musci**) մամուռ 2) *շոտլանդերեն հյուսիսային անգլերեն* տորֆային ճահիճ **2** *verb* մամռապատել; մամռակալել

mossy |ˈmɒsi| *adjective* (**mossier**, **mossiest**) 1) մամռաշատ; մամռակալած; մամռոտ; մամռապատ 2) *փոխաբերական* բորբոսակալած; փոշակալած; հնաձև; հնաոճ

most |məʊst| **1** *adjective, pronoun* 1) (**many, much**) ամենաշատ; առավելագույն ◇ **for the most part** գլխավորապես; հիմնականում; մեծ մասամբ 2) մեծամասնությունը; գրեթե բոլորը; գրեթե ամբողջը **2** *adverb* 1) (**much**) մեծապես; առավելապես; ամենից ավելի 2) ◇ **at most** (**at the most**) ամենաշատը; ոչ ավելի, քան; պարզապես; ընդամենը 3) ◇ **most certainly** ամենա կասկածից դուրս; անկասկած; ամենայն հավանականությամբ 4) վերին աստիճանի; խիստ; չափազանց 5) *խոսակցական* գրեթե; համարյա **3** *noun* մեծ մասը; ամենամեծ քանակություն; մեծամասնություն

Most High Բարձրյալ; Աստված

mostly |ˈməʊs(t)li| *adverb* 1) մեծ մասամբ; գլխավորապես; հիմնականում 2) սովորաբար; ընդհանրապես

mote |məʊt| *noun* շյուղ; հատիկ; պատառիկ; բեկորիկ; ծղոտ

motel |məʊˈtɛl| *noun ամերիկյան* մոթել; ավտոհյուրանոց; ավտոպանսիոնատ

motet |məʊˈtɛt| *noun երաժշտություն* բազմաձայն օրհներգություն; բազմաձայն եկեղեցական երգ; մոտետ

moth |mɒθ| *noun* (հոգն. **moths**) *կենդանաբանություն* 1) (**order Lepidoptera**) գիշերաթիթեռ; ցայգաթիթեռ 2) (**clothes moth**) ցեց; ուտիճ

mothball |ˈmɒθbɔːl| **1** *noun* քիմիա նավթալին *(սուր հոտով սպիտակ նյութ, որ գործ է ածվում հագուստեղենը ցեցից պաշտպանելու համար)* **2** *verb* 1) նավթալին դնել մեջը *(հագուստի)* 2) լավ վիճակում պահել *(սարքը)* 3) հետաձգել; առկախել *(ծրագիրը)*

moth-eaten *adjective* 1) ցեցակեր 2) *փոխաբերական* հնացած; հնաոճ; դարն ապրած

mother |ˈmʌðə| **1** *noun* 1) մայր ◊ **expectant mother** ապագա մայր; հղի կին. **new mother** ծննդկան; երիտասարդ մայր 2) մայրիկ *(դիմելաձև տարեց կնոջը)* 3) (**Mother, Mother Superior, Reverend Mother**) մայրապետ; վանամայր 4) *փոխաբերական* աղբյուր; ակունք; մայր 5) (նաև **artificial mother**) ինկուբատոր **2** *verb* 1) մայրություն անել; հոգ տանել 2) որդեգրել; մոր պես խնամել 3) գուրգուրել; փայփայել; պաշտպանել 4) *հնացած* մայրը/ծնողը լինել

motherhood *noun* մայրություն; մայր լինելը

mother-in-law *noun* (հոգն. **mothers-in-law**) զոքանչ; սկեսուր; կեսուր

motherland |ˈmʌðəlænd| *noun* հայրենիք; բնօրրան

motherly |ˈmʌðəli| *adjective* մայրական; մայրենի; ծնողական

Mother Nature մայր բնություն

Mother of God *քրիստոնեական եկեղեցի* Աստվածածին; Աստվածամայր

mother-of-pearl **1** *noun* *հանքաբանություն* սադափ; մարգարտամայր; գաղտիկուր **2** *adjective* սադափի; սադափից; սադափե

Mother of the West Արևմուտքի մայրը *(Միսուրի գետի մականունը)*

mother tongue *noun* մայրենի; մայրենի լեզու

motif |məʊˈtiːf| *noun* 1) զարդանախշ; նախշ; դրվագ; զարդ 2) հիմնական/առանցքային միտք 3) *երաժշտություն* հիմնական թեմա 4) ժանեկազարդ *(հագուստի վրա)*

motion |ˈməʊʃ(ə)n| **1** *noun* 1) շարժում; ընթացք ◊ **seesaw motion** տատանողական շարժում. **set/put in motion** շարժման մեջ դնել 2) մարմնի շարժում; շարժումներ; ժեստ 3) առաջարկություն *(ժողովում)* ◊ **bring forward a motion** առաջարկություն մտցնել. **carry the motion** առաջարկությունն ընդունել. **reject the motion** առաջարկությունը մերժել 4) *իրավունք* հայցապնդում; հայցում *(դատարանում)* 5) մղում; թելադրանք ◊ **of one's own motion** հոժարակամ **2** *verb* շարժումներով ցույց տալ; շարժումներով նշան տալ; ժեստերով ցույց տալ

motional *adjective* շարժիչ; շարժող

motionless *adjective* անշարժ; հանդարտ

motion picture *noun* կինոնկար; ֆիլմ; կինո

motivate |ˈməʊtɪveɪt| *verb* 1) դրդել; մղել; թելադրել 2) առիթ ծառայել; դրդապատճառ լինել 3) պատճառաբանել; հիմնավորել 4) ոգևորել; տրամադրել; խթանել

motivation |məʊtɪˈveɪʃ(ə)n| *noun* 1) դրդապատճառ; մղում; շարժիչ ուժ; շահագրգռվածություն; պատճառաբանում; պատճառաբանվածություն 2) խանդավառություն; ոգեշնչվածություն

motive |ˈməʊtɪv| **1** *noun* 1) շարժառիթ; դրդապատճառ; մղում 2) տե՛ս **motif** **2** *adjective* 1) շարժող; շարժիչ; շարժողական 2) հիմնավորող; պատճառ հանդիսացող; շարժառիթ հանդիսացող **3** *verb* տե՛ս **motivate**

motiveless *adjective* անհիմն; չհիմնավորված

motley |ˈmɒtli| **1** *adjective* (**motlier**, **motliest**) խայտաբղետ; երփներանգ; բազմերանգ; գույնզգույն **2** *noun* 1) խայտաբղետ բան; խառնուրդ 2) *պատմական* խեղկատակի հագուստ ◊ **wear the motley** խեղկատակություն անել; խեղկատակի դեր կատարել

motor |ˈməʊtə| **1** *noun* 1) շարժիչ 2) *կազմախոսություն* շարժիչ մկան/նյարդ 3) *հիմնականում բրիտանական* մեքենա; ավտոմեքենա **2** *adjective* 1) շարժիչ; շարժող 2) *բնախոսություն* շարժողական; շարժուն 3) շարժիչային; շարժիչավոր **3** *verb* 1) ավտոմեքենայով գնալ; մոտորանավակով գնալ 2) *խոսակցական* արագ շարժվել/գնալ 3) ավտոմեքենայով տանել

motorbike |ˈməʊtəbʌɪk| *noun* 1) թեթև մոտոցիկլետ 2) շարժիչավոր հեծանիվ

motorboat *noun* մոտորանավակ; շարժիչանավակ

motorcar *noun* *հնացած բրիտանական* մարդատար ավտոմեքենա

motorcycle |ˈməʊtəsʌɪk(ə)l| *noun* մոտոցիկլետ

motor home |ˈməʊtəhəʊm| *noun* բնակելի մասով ավտոմեքենա

motorist |ˈməʊt(ə)rɪst| *noun* *մարզական* ավտովարորդ; ավտոմոբիլիստ; ավտոմեքենավար

motorman |ˈməʊtəmæn| *noun* (հոգն. **-men**) 1) վագոնավար 2) շարժիչավար

motor neuron *noun* *բնախոսություն* շարժողական նյարդաբջիջ

mottle |ˈmɒt(ə)l| **1** *verb* բծավորել; բծերով ծածկել; պիսակավորել; խայտավորել **2** *noun* 1) պիսակներ; բծեր; խայտաբղետություն 2) բիծ; պիսակ

motto |ˈmɒtəʊ| *noun* (հոգն. **-toes** կամ **-tos**) 1) նշանաբան; կարգախոս 2) բնաբան

mound¹ |maʊnd| **1** *noun* 1) թումբ; բլուր 2) գերեզմանաբլուր; գերեզմանաթումբ **2** *verb* բլրի տեսք տալ

mound² |maʊnd| *noun* *հնացած* ոսկեխաչակիր աշխարհագունդ *(միապետի իշխանության խորհրդանշան)*

mount¹ |maʊnt| **1** *verb* 1) բարձրանալ; քայլելով բարձրանալ; վեր ելնել; մագլցել 2) նստել; բարձրանալ *(մեքենա, ձի)* 3) հեծնել *(ձի)* 4) ծածկել; զուգավորել; բեղմնավորել *(էգ կենդանուն)* 5) կազմակերպել; նախաձեռնել 6) սարքել; տեղակայել; մոնտաժել 7) ձևավորել *(ներկայացումը)* 8) աճել; ավելանալ; վեր կարկառվել 9) ուժգնանալ; սաստկանալ 10) շրջանակի մեջ դնել; շրջանակել 11) դեպի գլուխը հորդել *(արյան մասին)* 12) լցնել *(խրտվիլակ)* 13) համակարգիչներ սարքել *(պնակը և այլն)* **2** *noun* 1) շրջանակ; ագուցարան; ակնատուն *(ակնեղենի, ճկարի և այլնի)* 2) հեծնելու ձի; հեծկան ձի 3) սարում; տեղակայում; մոնտաժում; մոնտաժ անելը

mount² |maʊnt| *noun* *հնացած* լեռ; սար *(նաև տեղանուններում)*

mountain |ˈmaʊntɪn| *noun* 1) լեռ; սար ◊ **make mountains of molehills** լուն ուղտ շինել 2) (**mountains**) լեռներ; սարեր; լեռնային շրջան 3) (**a mountain, mountains of**) կույտեր; դեզեր; սարեր; լեռներ

mountaineer |maʊntɪ'nɪə| *noun* 1) լեռնագնաց; լեռնարշավորդ 2) *հնացած* լեռնական; լեռնաբնակ; լեռցի

mountaineering *noun* լեռնագնացություն; լեռնարշավ

mountainous |'maʊntɪnəs| *adjective* 1) լեռնոտ; լեռնային 2) հսկայական; վիթխարի; շատ մեծ

mountain range *noun* լեռնաշղթա; լեռնաշար; լեռնագոտի

mountainside |'maʊntɪnsʌɪd| *noun* լեռնալանջ; սարալանջ

mountebank |'maʊntɪbæŋk| *noun* 1) խաբեբա; սրիկա 2) *պատմական* կեղծ դեղեր վաճառող

mounted |maʊntɪd| *adjective* հեծյալ; ձիավոր

mounting |'maʊntɪŋ| *noun* 1) շրջանակ; ագուցարան; ակնատուն *(թանկարժեք քարի, ճկարի)* 2) սարում; տեղակայում; մոնտաժ 3) լիցք; խցկոնք *(խրտվիլակի)* 4) ձի հեծնելը; մեքենա նստելը

mourn |mɔːn| *verb* 1) ողբալ; սուգ անել; սգալ 2) վշտանալ; տխրել; ցավել

mourner |'mɔːnə| *noun* 1) թաղման մասնակից 2) լալկան; սգացող *(կին, տղամարդ)*

mournful |'mɔːnfʊl|, |-f(ə)l| *adjective* 1) տխուր; տրտում; վշտալի 2) ողբալի; սգալի; մռայլ

mourning |'mɔːnɪŋ| *noun* 1) սուգ; ողբ; խոր տրտմություն ◊ **go into mourning** սգազգեստ հագնել. **in mourning** i) սգի մեջ; սգավոր ii) *փոխաբերական* կապտած; կապտացրած *(աչքի մասին)* iii) *փոխաբերական* կեղտոտ; սև *(եղունգների մասին)* 2) սգազգեստ

mouse 1 *noun* |maʊs|(հոգն. **mice** |mʌɪs|) 1) *կենդանաբանություն* մուկ *(ընտանիք Muridae)* 2) կրծող *(մկնանման կենդանիների մասին)* 3) մուկ; ամաչկոտ ու չեզոք մարդ 4) մկնագույն; գորշ 5) *համակարգիչներ* մկնիկ 6) *խոսակցական* կապտուկ *(աչքի մոտ)* **2** *verb* |maʊz| 1) մուկ բռնել/որսալ 2) քչփորել; գաղտագողի փնտրել 3) *համակարգիչներ* մկնիկով աշխատել

mouse potato *noun* *խոսակցական* համակարգչի սիրահար; համակարգչին կպած մարդ

mousetrap |'maʊstræp| **1** *noun* մկան թակարդ **2** *verb* (**-trapped**, **-trapping**) *խոսակցական* թակարդը գցել; խաբեությամբ ստիպել անել

mousse |muːs| **1** *noun* 1) *խոհանոց* հարվածք; մուս *(հարած ձվի սպիտակուցով, սերուցքով ու ժելատինով տարբեր համերի ճաշատեսակ)* 2) փրփուր-օճառ *(սովորաբար լոգանքի)* 3) մուս; փրփուր *(մազերի)* **2** *verb* մուսով/փրփուրով հարդարել *(մազերը)*

mouth 1 *noun* |maʊθ|(հոգն. **mouths** |maʊðz|) 1) բերան; շրթունք 2) համ *(գինու)* 3) *խոսակցական* անամոթություն; անպատկառություն; ծամածռություն; խոսողություն; խոսան լինելը 4) անցք; բացվածք *(մուտքի, ելքի)* 5) գետաբերան 6) շունչ; բերան *(ընտանիքի անդամների մասին)* **2** *verb* |maʊð| 1) բարբառել; հանդիսավոր կերպով խոսել 2) հստակ արտասանել 3) շրթունքները շարժել; ծամածռություն անել; բերանը ծամածռել 4) բերանել; բերանն առնել 5) շրթունքներով հպվել; շրթունքները հպել *(մի բանի)* 6) ձին ընտելացնել սանձին 7) թափվել; ներհոսել *(գետի մասին)*

down in the mouth վատ տրամադրության մեջ

flap one's mouth շաղակրատել; շատախոսել; լեզու թրջել

give mouth ձայն տալ; հաչելով իմաց տալ *(որսի շան մասին)*

hard mouth դժվարասանձ ձի; դժվար սանձահարելի ձի

mouthful |'maʊθfʊl|, |-f(ə)l| *noun* (հոգն. **-fuls**) պատառ; մի բերան; կում

give someone a mouthful *խոսակցական* մեկին նախատել; մեկի վրա խոսել; մեկին խիստ քննադատել

say a mouthful *խոսակցական* ինչ-որ կարևոր բան ասել

mouthpiece |'maʊθpiːs| *noun* 1) բերանոց; ծվան *(երաժշտական գործիքի)* 2) ծխափող 3) լկամ; դանդանավանդ *(սանձի մետաղյա ձողիկը)* 4) խոսափող; ձայնափող 5) *փոխաբերական* ուրիշի ձայնափող; ձայնաշեփոր; մեկի կարծիքները տարածող; մեկի մտքերը տարածող 6) *խոսակցական* իրավաբան

mouthwash |'maʊθwɒʃ| *noun* բերանի ողողանյութ

mouthwatering *adjective* 1) ախորժալի; ախորժաբեր 2) գրավիչ; հրապուրիչ

movable |'muːvəb(ə)l| (նաև **moveable**) **1** *adjective* 1) շարժվող; շարժուն; դյուրաշարժ; շարժական 2) փոփոխվող; փոփոխական **2** *noun* (**movables**) շարժական գույք

move |muːv| **1** *verb* 1) շարժվել; տեղափոխվել; տեղաշարժվել; դիրքը փոխել 2) շարժել; տեղափոխել; տեղաշարժել; դիրքը փոխել 3) տեղափոխել *(ամսաթիվը, ժամկետը)* 4) անցնել; անցում կատարել *(մեկ այլ ոլորտի/կարծիքի/աշխատանքի)* 5) դրդել; ստիպել; հարկադրել 6) գործել; գործունեություն ծավալել 7) հուզել; սիրտը շարժել; հուզմունք/կարեկցանք առաջացնել 8) *հնացած* առաջացնել; բերել *(մեկի ծիծաղը/զայրույթը և այլն)* 9) առաջ գնալ; առաջընթաց/առաջխաղացում ունենալ 10) բուսնել; աճել; զարգանալ 11) մեկնել; ճանապարհվել 12) շտապել; աճապարել 13) մտցնել *(առաջարկություն)* 14) (**move in/within**) շփվել; հաղորդակցվել; ժամանակ անցկացնել *(որոշակի մարդկանց շրջապատում)* • **move about/away** փոխադրվել; տեղափոխվել **move in** i) մուտք գործել; մտնել ii) ներս տանել **move off** ետ քաշել; շարժելով հեռացնել **move on** i) առաջարկել հեռանալ; քշել ii) դիրքը փոխել *(մարմնի)* **move out** i) դուրս քաշել ii) դուրս գալ; մեկնել; գնալ *(բնակարանից)* **move up** i) մոտեցնել; մոտ քաշել; մոտ բերել; մոտ շարժել ii) կենտրոնանալ; հավաքվել; մեկտեղվել **2** *noun* 1) տեղաշարժ; շարժում; դիրքի փոփոխություն ◊ **on the move** շարժման/զարգացման մեջ. **make a move** ուղևորվել; սեղանից վեր կենալ; գործի անցնել. **get a move on** շտապել; աճապարել; առաջ շարժվել 2) տեղափոխություն *(մի տեղից մյուսը)* 3) անցում; անցնելը *(մի վիճակից մյուսին)* 4) քայլ; խաղաքայլ 5) *փոխաբերական* վարմունք; արարք; քայլ

movement |'muːvm(ə)nt| *noun* 1) շարժում; տեղափոխություն; տեղաշարժ; դիրքի փոփոխություն 2) (**movements**) գործունեություն; քայլեր;

գործեր; արարքներ 3) աշխուժություն; շարժում 4) շարժման տպավորություն *(արվեստի գործում)* 5) զարգացում; փոփոխություն 6) ուղղություն; հոսանք; շարժում *(հասարակաքաղաքական, արվեստի և այլն)* 7) նախաձեռնություն; ձեռնարկ 8) ◇ **spontaneous movement** ինքնաբուխ շարժում 9) տեղափոխություն; բնակարանը փոխելը 10) ընթացք *(մեքենայի)* 11) *երաժշտություն* տեմպ; ռիթմ 12) *երաժշտություն* երաժշտական երկի մաս

mover |ˈmuːvə| *noun* 1) շարժվող; շարժումներ կատարող 2) տեղափոխող; տեղափոխության մասնակից 3) նախաձեռնող; առաջ քաշող *(որևէ հարց)* 4) շարժիչ; շարժիչ ուժ

movie |ˈmuːvi| *noun խոսակցական* 1) (**movies**) կինո; կինոնկար; ֆիլմ 2) the movies; կինոթատրոն; կինո 3) կինոարդյունաբերություն

moving |ˈmuːvɪŋ| *adjective* 1) շարժվող 2) հուզիչ; սրտաշարժ; սրտառուչ 3) տեղափոխության; տեղափոխվելու 4) ընթացքի; շարժման *(հատկապես ավտոմեքենայով)*

mow¹ |məʊ| *verb* (անցյալ դերբայ **mowed** կամ **mown**) հնձել; քաղել; հարել ◇ **mow sb down/off** կոտորել; սպանել; հնձել

mow² |məʊ| *noun* 1) դեզ; բարդոց; շեղջ *(խոտի, հնձած հացաբույսերի)* 2) խոտամբար; խոտանոց

mower *noun* 1) հնձվոր; քաղվոր 2) հնձող մեքենա

Mozambique |ˌməʊzæmˈbiːk| Մոզամբիկ *(պետություն Հարավային Աֆրիկայում)*

Mr. |ˈmɪstə| *noun* կրճատ տե՛ս **mister** պրն; պարոն

Ms. |mɪz| *noun* տիկին *(կնոջը դիմելու ձև՝ անկախ նրա ընտանեկան դրությունից)*

much |mʌtʃ| **1** *adjective, pronoun* (**more**, **most**) 1) շատ; մեծաքանակ ◇ **how much?** որքա՞ն; ինչքա՞ն 2) մեծ; առանձնահատուկ; նշանավոր; խոշոր *(մասնագետի մասին)* ◇ **be too much for sb** մեկի ուժերից վեր լինել **2** *adverb* 1) շատ; խիստ; չափազանց 2) համարյա; գրեթե ◇ **much of a size** համարյա նույն չափի 3) հաճախակի; հաճախ 4) անհամեմատ; շատ ավելի **3** *noun* շատ բան; շատը ◇ **make much of** մեծ կարծիք ունենալ; բարձր գնահատել; չափազանց տարվել; տարված/համակված լինել

so much the better ավելի լավ

mucilage |ˈmjuːsɪlɪdʒ| *noun* 1) լորձ 2) բուսալորձ 3) բուսական սոսինձ

muck |mʌk| **1** *noun* 1) կեղտ; աղտ; աղտեղություն; թափելիք 2) գոմաղբ; թրիք 3) *խոսակցական* անպետքություն; աղբ; զզվելի/գարշելի բան **2** *verb* 1) (**muck up**) փչացնել *(գործը)* 2) *հազվադեպ* գոմաղբել; գոմաղբով պարարտացնել • **muck about/around** պարապ-սարապ թրև գալ

mucker |ˈmʌkə| *noun* 1) *խոսակցական հնացած* կոպիտ/անտաշ/կեղտոտ մարդ 2) աղբը թափող; թրիք մաքրող; աղբը հեռացնող աշխատող *(հատկապես ախոռում)*

muckrake *noun* 1) գոմաղբը խառնելու փոցխ 2) կեղտոտ բամբասանքների սիրահար

mucky |ˈmʌki| *adjective* (**muckier**, **muckiest**) կեղտոտ; անմաքուր

mucous |ˈmjuːkəs| *adjective* լորձային; լորձնոտ; լորձնունքոտ

mucus |ˈmjuːkəs| *noun* լորձ

mud |mʌd| *noun* 1) տիղմ; ցեխ ◇ **stick in the mud** i) ցեխի մեջ խրվել/թաղվել ii) *փոխաբերական* կյանքից ետ մնալ; տեղում դոփել 2) անարգանք; խայտառակություն; ցեխ

muddle |ˈmʌd(ə)l| **1** *verb* 1) (**muddle up/together**) խճճել; խառնել; խառնակել 2) շփոթեցնել; մոլորեցնել; արբեցնել; թմրեցնել ◇ **muddle away** անտեղի վատնել. **muddle on** առանց մտածելու անել/գործել; վայրիվերո անել/գործել. **muddle through** գործը մի կերպ վերջացնել/ավարտել 3) անշնորհք կերպով աշխատել; մի կերպ անել 4) իրար խառնել; լուծել *(ըմպելիքներ)* **2** *noun* 1) խառնաշփոթություն; խճճվածություն; խառնիխուռը հավաքածու; շփոթ ◇ **make a muddle of** խճճել; խառնել; շփոթել 2) խառնաշփոթից առաջացած սխալ; շփոթմունք; շփոթություն

muddle the water ջուր պղտորել; խառնաշփոթ առաջացնել

muddled |ˈmʌd(ə)ld| *adjective* շփոթահար; խառնաշփոթ

muddle-headed (նաև **muddleheaded**) *adjective* հիմար; տխմար; բթամիտ

muddy |ˈmʌdi| **1** *adjective* (**-dier**, **-diest**) 1) ցեխոտ; տղմոտ; կեղտոտ 2) պղտոր 3) խամրած 4) խռպոտ; անորոշ *(ձայնի մասին)* 5) մթագնած *(գիտակցության մասին)* 6) անհասկանալի; անտրամաբանական; անիմաստ **2** *verb* (**-dies**, **-died**) 1) ցեխոտել; կեղտոտել 2) պղտորել 3) անորոշ/անհասկանալի/անըմբռնելի դարձնել

mudguard |ˈmʌdgɑːd| *noun* անվածածկոց; ցեխապաշտպան վահանակ; թև *(ավտոմեքենայի)*

muesli |ˈm(j)uːzli| *noun* (հոգն. **mueslis**) *խոհանոց* վարսակով չրեղեն; մյուսլի

muff¹ |mʌf| *noun* 1) ձեռնամուշտակ; ձեռնօղիկ 2) մուշտակ; ծածկոց

muff² |mʌf| *խոսակցական* **1** *verb* 1) փչացնել; խորտակալ; տապալել; անփույթ/փնթի վարվել 2) վրիպել; վրիպելով ձեռքից թողնել 3) դերը վատ արտասանել; խոսքերը վատ ասել *(դերասանի մասին)* **2** *noun* 1) *մարզական* սխալ; վրիպում *(բեյսբոլի և այլնի մեջ)* 2) անշնորհք/անհմուտ մարդ

muffin |ˈmʌfɪn| *noun խոհանոց* փոքրիկ կեքս

muffle |ˈmʌf(ə)l| **1** *verb* 1) փաթաթել; ծածկել *(տաքացնելու համար)* 2) խլացնել; խեղդել *(ձայնը)* 3) թաքցնել; քողարկել *(շորերով)* **2** *noun* ջեռոց; վառարանի ջեռոց

muffler |ˈmʌflə| *noun* 1) վզպատ; շարֆ 2) *տեխնիկական* խլարար; աղմկախլացուցիչ *(շարժիչի)* 3) *երաժշտություն* մեղմոց 4) բռնցքամարտի ձեռնոց

mufti¹ |ˈmʌfti| *noun* (հոգն. **muftis**) մուֆտի *(մահմեդական բարձր հոգևորական, իրավագետ)*

mufti² |ˈmʌfti| *noun* քաղաքացիական հագուստ

mug¹ |mʌg| **1** *noun* 1) մեծ գավաթ; գավ *(հատկապես թեյի/սուրճի)* 2) *ծածկալեզու* դունչ; մռութ; բերան **2** *verb* (**mugged**, **mugging**) *խոսակցական* 1) կողոպտել 2) *հնացած* ապտակել; ապտակ հասցնել 3) ծամածռություն անել *(հայելու, տեսախցիկի առջև)*

mug² |mʌg| **1** *verb* (**mugged**, **mugging**) *խոսակ-*

ցակաՆ անգիր անել; սերտել; արագ-արագ սովորել *(քննությունից առաջ)* **2** *noun* անգիր անող; թութակաբար սերտող

muggy |ˈmʌgi| *adjective* (**-gier**, **-giest**) 1) խոնավ ու տաք *(եղանակի մասին)* 2) խեղդուկ; հեղձուկ *(օդի մասին)*

Muhammad |məˈhæmɪd| (նաև **Mohammed**) Մուհամմեդ *(իսլամի մեծ մարգարեն և հիմնադիրը)*

mulatto |m(j)uːˈlætəʊ| *հնացած* **1** *noun* (հոգն. **-toes** կամ **-tos**) մուլատ *(սպիտակ և սև ցեղերի խառնուրդից ծնված մարդ)* **2** *adjective* 1) մուլատի; մուլատական 2) ձիթապտղի գույնի; դեղնականաչ

mulberry |ˈmʌlb(ə)ri| *noun* 1) *բուսաբանություն* թթենի *(Morus, ընտանիք Moraceae)* 2) թութ 3) մուգ կարմիր; կարմրամանուշակագույն

mulch |mʌl(t)ʃ| **1** *noun* 1) ցանքածածկ *(ծղոտ, դարման, չոր տերևներ և այլն)* 2) ցանքածածկ գցելը 3) անձև զանգված **2** *verb* ցանքածածկ գցել *(ցանքսը պաշտպանելու նպատակով)*

mulct |mʌlkt| *գրական անգլերեն* **1** *verb* 1) տուգանել 2) (**mulct of**) խլել; խաբելով վերցնել; զրկել **2** *noun* տույժ; տուգանք

mule¹ |mjuːl| *noun* 1) *կենդանաբանություն* ջորի; կիսաձի; կիսաէշ 2) տխմար; էշ; ավանակ; համառ/կամակոր մարդ 3) *կենսաբանություն* խառնածին; հիբրիդ *(բույս կամ կենդանի, հատկապես անպտուղ)*

mule² |mjuːl| *noun* հողաթափ; հետևից բաց կոշիկ

muleteer |ˌmjuːlɪˈtɪə| *noun* ջորեպան

mull¹ |mʌl| *verb* *ամերիկյան խոսակցական* մտմտալ; խորհրդածել; խորհել; ծանրութեթև անել

mull² |mʌl| *verb* *խոհանոց* տաքացնել ու համեմել *(խմիչքը)*

mull³ |mʌl| *noun* *հողագիտություն* փափուկ հումուս/բուսահող *(որն առաջանում է ոչ թթվային պայմաններում)*

mull⁴ |mʌl| *noun* *տպագրություն* մուսլին; թեթև նուրբ գործվածք *(գրքի կազմն ամրացնելու համար)*

mullet¹ |ˈmʌlɪt| *noun* *կենդանաբանություն* 1) (**red mullet**) կարմրուկ; արքայաձուկ *(ընտանիք Mullidae)* 2) (**gray mullet**) երկայնաձուկ; կեֆալ *(ընտանիք Mugilidae)*

mullet² |mʌlɪt| *noun* *զինանշաններ* երրորդ որդու նշան հանդիսացող աստղ

multicultural |mʌltɪˈkʌltʃ(ə)r(ə)l| *adjective* բազմամշակութային; բազմամշակույթ

multifarious |ˌmʌltɪˈfɛːrɪəs| *adjective* 1) բազմազան; զանազանակերպ; բազմատեսակ; այլազան 2) բազմակողմանի; բազմակողմ; բազում մասնագիտացումներով

multiform |ˈmʌltɪfɔːm| *adjective* բազմակերպ; բազմաձև; բազմատեսակ

multilateral |mʌltɪˈlæt(ə)r(ə)l| *adjective* բազմակողմ; բազմակողմանի

multilingual |mʌltɪˈlɪŋgw(ə)l| *adjective* բազմալեզու; բազմալեզվյան

multimedia |ˈmʌltɪmiːdɪə| **1** *adjective* բազմամիջոց; բազմամիջավայր **2** *noun* 1) *համակարգիչներ* բազմամիջավայր; մուլտիմեդիա 2) *համակարգիչներ* բազմամիջավայրային ընդլայնում

multinational |mʌltɪˈnæʃ(ə)n(ə)l| **1** *adjective* 1) բազմազգ ◇ **multinational forces** բազմազգ ուժեր 2) մի շարք երկրներում գործող *(ընկերության մասին)* **2** *noun* մի շարք երկրներում գործող ընկերություն

multiple |ˈmʌltɪp(ə)l| **1** *adjective* 1) բաղադրյալ; բաղադրովի; բազմաթիվ մասերից բաղկացած; բազմաթիվ բաժիններից բաղկացած 2) բազմաթիվ; բազմաքանակ; բազմազան; այլազան 3) *մաթեմատիկա* բազմապատիկ **2** *noun* *մաթեմատիկա* բազմապատիկ թիվ ◇ **least common multiple** ամենափոքր ընդհանուր բազմապատիկ

multiple-choice *adjective* պատասխանի ընտրությամբ *(հարցի/թեստի մասին)*

multiple sclerosis *noun* *բժշկություն* բազմակի/ցրված կարծրախտ

multiplex |ˈmʌltɪplɛks| **1** *adjective* 1) բաղադրյալ; բարդ; բաղադիր 2) *համակարգիչներ* բազմահաղորդ 3) բազմադահլիճ *(կինոթատրոնի մասին)* **2** *noun* 1) *համակարգիչներ* բազմահաղորդ համակարգ 2) բազմադահլիճ կինոթատրոն **3** *verb* բազմահաղորդել

multiplicand |ˌmʌltɪplɪˈkænd|, |ˈmʌltɪplɪˌkænd| *noun* *մաթեմատիկա* բազմապատկելի

multiplication |ˌmʌltɪplɪˈkeɪʃ(ə)n| *noun* 1) *մաթեմատիկա* բազմապատկում 2) բազմացում; շատացում; վերարտադրություն *(բույսերի, կենդանիների, մարդկանց)*

multiplication table *noun* *մաթեմատիկա* բազմապատկման աղյուսակ

multiplicity |ˌmʌltɪˈplɪsɪti| *noun* (հոգն. **-ties**) 1) (**the multiplicity of**) բազմաթվություն; բազմաքանակություն; շատություն; առատություն; բազմազանություն; մեծ քանակ 2) բարդություն; բաղադրյալություն

multiplier |ˈmʌltɪplʌɪə| *noun* *մաթեմատիկա* 1) բազմապատկիչ 2) գործակից 3) *տնտեսագիտություն* բազմարկիչ

multiply¹ |ˈmʌltɪplʌɪ| *verb* (**-plies**, **-plied**) 1) *մաթեմատիկա* բազմապատկել 2) բազմանալ; ավելանալ; շատանալ *(նաև կենդանի օրգանիզմների մասին)* 3) բազմացնել; ավելացնել; շատացնել

multiply² |ˈmʌltɪpli| *adverb* բազմակիորեն

multipurpose |mʌltɪˈpəːpəs| *adjective* բազմանպատակային

multitasking |mʌltɪˈtɑːsk| *noun* *համակարգիչներ* բազմառաջադրանք աշխատանք

multitude |ˈmʌltɪtjuːd| **1** *noun* (**the multitude**) զանգվածները; հասարակ ժողովուրդը **2** *noun* 1) բազմություն; շատություն; մեծ քանակություն 2) (**the multitude**) բազմություն; ամբոխ

multitudinous |ˌmʌltɪˈtjuːdɪnəs| *adjective* 1) բազմաթիվ; բազմաքանակ; բյուրավոր 2) բաղադրյալ; բազմանդամ 3) *բանաստեղծական* վիթխարի; ընդարձակ *(ծովի և այլնի մասին)*

multiuser |mʌltɪˈjuːzə| *adjective* *համակարգիչներ* բազմագործածող

mum¹ |mʌm| **1** *adjective* *verb* (**mummed**, **mum-**

ming) *noun խոսակցական noun* սս՛ս; սու՛ս *(սու՛ս մնացեք)* ◇ **mum's the word!** ոչ մի ծպտուն; ոչ ոքի չասես **2** *adjective* լուռ; անխոս ◇ **keep mum** լռել; լուռ մնալ; չխոսել; գաղտնիքը չհայտնել. **sit mum** լուռ նստել

mum² |mʌm| *verb* (**mummed**, **mumming**) մնջկատակ/մնջախաղ խաղալ

mum⁴ |mʌm| *noun խոսակցական, բրիտանական* մամա; մայրիկ

mumble |ˈmʌmb(ə)l| **1** *verb* 1) փնթփնթալ; մրթմրթալ; քթի տակ խոսել 2) դժվարությամբ ծամել; ծամծմել; լմլմացնել **2** *noun* փնթփնթոց; մրթմրթոց; քթի տակ խոսելը

mummery |ˈmʌm(ə)ri| *noun* (հոգն. **-meries**) 1) մնջախաղ; մնջկատակություն 2) *արհամարհական* խեղկատակություն; կեղծվածություն; զավեշտախաղ

mummify |ˈmʌmɪfʌɪ| *verb* (**-fies**, **-fied**) 1) զմռսել; զմռսապատել 2) չորացնել; սմքեցնել

mummy¹ |ˈmʌmi| *noun* (հոգն. **-mies**) 1) մումիա; զմռսած և չորացրած դիակ 2) մումիա; սուսր; կարմրաներկ; կարմրադեղ *(ներկ)*

mummy² |ˈmʌmi| *noun* (հոգն. **-mies**) *բրիտանական* մամա; մայրիկ

mumps |mʌmps| *plural noun* 1) *բժշկություն* խոզուկ 2) սևամաղձություն; վատ տրամադրություն

munch |mʌn(t)ʃ| *verb* ճպճպացնել; ճպճպացնելով ուտել; չփչփացնելով ուտել

mundane |ˈmʌndeɪn|, |mʌnˈdeɪn| *adjective* 1) միապաղաղ; ձանձրալի; միօրինակ; անհետաքրքիր 2) աշխարհիկ; երկրային; երկրավոր; աստնվոր

Munich |ˈmju:nɪk| Մյունխեն *(քաղաք Գերմանիայում)*

municipal |mjʊˈnɪsɪp(ə)l| *adjective* համայնքային; քաղաքային; համայնքի; քաղաքի; տեղական ինքնավարության

municipality |mjʊˌnɪsɪˈpælɪti| *noun* (հոգն. **-ties**) 1) ինքնավար քաղաք/շրջան 2) համայնք; տեղական ինքնակառավարման մարմին

munificence *noun* առատաձեռնություն; շռայլություն

munificent |mjʊˈnɪfɪs(ə)nt| *adjective* առատաձեռն; շռայլ *(մարդու/գումարի/նվիրատվության մասին)*

munition |mjʊˈnɪʃ(ə)n| **1** *plural noun ռազմական* (**munitions**) ռազմական պաշարներ; ռազմամթերք; հանդերձանք **2** *verb* մատակարարել բանակին

mural |ˈmjʊər(ə)l| **1** *noun արվեստ* որմնանկարչություն; որմնանկար **2** *adjective* որմնային; պատի

murder |ˈmə:də| **1** *noun* 1) սպանություն; մարդասպանություն *(կանխամտածված)* ◇ **judicial murder** օրինականացված սպանություն; դատական հաշվեհարդար; մահապատժի անհիմն վճիռ; դատական սխալ 2) *խոսակցական* տանջանք; փորձանք; մարդասպանություն; անտանելի բան; ծանր գործ **2** *verb* 1) սպանել; սպանություն գործել/կատարել 2) *խոսակցական* մի լավ դաստիարակել; պատժել; զայրանալ մեկի վրա; «սպանել» 3) *խոսակցական* ջախջախել; գետնին հավասարեցնել *(հակառակորդին)* 4) փչացնել; «մորթել»; տանջել-չարչարել *(որևէ բան՝ անհմուտ լինելու պատճառով)*

cry murder (**cry blue murder**) տագնապ բարձրացնել; օգնություն կանչել

murder will out մախաթը տոպրակում չես պարտակի/թաքցնի; ճշմարտությունը ջրի երես դուրս կգա

murderer *noun* մարդասպան

murderous |ˈmə:d(ə)rəs| *adjective* 1) արյունոուշտ; արյունարբու; մարդասպան 2) արյունահեղ; մահաբեր; մահաոիթ; մահ պատճառող 3) *խոսակցական* սպանիչ; մարդասպանական; անտանելի 4) կատաղած; փրփրած

murk |mə:k| **1** *noun* խավար; մթություն; աղոտություն **2** *adjective* *հնացած բանաստեղծական* խավար; մռայլ; մութ

murky |ˈmə:ki| *adjective* (**murkier**, **murkiest**) 1) աղոտ; մթին; խավար; մռայլ; ամպամած 2) անթափանց; պղտոր 3) կեղտոտ; ստոր; պիղծ

murmur |ˈmə:mə| **1** *noun* 1) շշնջյուն; շշունջ; փսփսոց 2) քրթմնջյուն; փնթփնթոց; տրտունջ; անհստակ խոսքեր; ցածրաձայն ասված խոսքեր 3) խոխոջյուն; կարկաչյուն; խշշոց; խշխշոց; շրշյուն; բզզոց **2** *verb* 1) (**murmur at/against**) քրթմնջալ; դժգոհել; ցածրաձայն ասել; անհստակ ասել 2) շշնջալ; փսփսալ; զգուշորեն ասել; զուսպ կերպով ասել 3) կարկաչել; բչբչալ; սոսափել; խշխշալ

Murphy's Law Մերֆիի օրենք *(ըստ որի այն ամենն, ինչը կարող է վատ կատարվել, իրոք վատ է կատարվում)*

murrain |ˈmʌrɪn| *noun* 1) *անասնաբուժություն* դաբաղ; պճեղախտ 2) *հնացած կատակային ժանտախտ*; երաշտ; փորձանք

muscle |ˈmʌs(ə)l| **1** *noun* 1) *կազմախոսություն* մկան 2) *խոսակցական* ֆիզիկական/մարմնական ուժ 3) *խոսակցական* մկանները ցուցադրող մարդ 4) ազդեցություն; հեղինակություն *(հատկապես տնտեսական ու քաղաքական)* **2** *verb* 1) ուժ գործադրելով տեղաշարժել 2) *խոսակցական* ճնշում գործադրել

flex one's muscle *նաև փոխաբերական* ուժ ցուցադրել

Muscovite |ˈmʌskəvʌɪt| **1** *noun* 1) մոսկվացի 2) *հնացած* ռուս **2** *adjective* 1) Մոսկվայի; մոսկվացիների 2) *հնացած* ռուսական

muscular |ˈmʌskjʊlə| *adjective* 1) մկանային 2) մկանեղ; մկանուտ; ջլուտ 3) առողջ; հզոր *(տնտեսության և այլնի մասին)*

Muse |mju:z| *noun* 1) ◇ **the Muse** մուսա 2) ներշնչանքի աղբյուր; մուսա

muse |mju:z| **1** *verb* 1) (**muse on/upon**) մտքերի մեջ խորասուզվել; մտասուզվել; խորհրդածել; երազել 2) ինքն իրեն ասել; մտքում ասել 3) (**muse on**) մտազբաղ/երազկոտ հայացքով նայել **2** *noun հնացած* մտածկոտություն; մտախոհություն

museum |mju:ˈzɪəm| *noun* թանգարան

mush¹ |mʌʃ| **1** *noun* 1) փափուկ բան; ցեխանման զանգված 2) լալկանություն 3) *ամերիկյան* խոհանոց շիլա *(հատկապես եգիպտացորենի ալ-*

յուրից) 4) *բրիտանական խոսակցական* մռութ; դեմք **2** *verb* ցեխի վերածել; խյուսել

mush² |mʌʃ| **1** *verb* 1) շնասահնակով ճամփորդել 2) շնասահնակ կառավարել **2** *exclamation* շներին ղեկավարելու կանչ **3** *noun* շնասահնակով ճամփորդություն

mushroom |ˈmʌʃruːm|, |-rʊm| **1** *noun* 1) սունկ 2) սնկաձև/սնկանման առարկա 3) բաց դարչնավարդագույն 4) արագ զարգացող/փոփոխվող; ժամանակավոր; անցողիկ **2** *verb* 1) արագորեն աճել/մեծանալ; սնկի պես աճել 2) սունկ հավաքել

music |ˈmjuːzɪk| *noun* 1) երաժշտություն; երաժշտարվեստ ◇ **set to music** երաժշտություն հորինել *(երկի համար)* 2) նոտաներ 3) *հնացած հազվադեպ* նվագախումբ

face the music համարձակ դիմավորել քննադատությունը; համարձակ դիմավորել դժվարությունները; չվախենալ քննադատությունից; չվախենալ դժվարություններից

music to one's ears լսողությանը հաճելի բան

musical |ˈmjuːzɪk(ə)l| **1** *adjective* 1) երաժշտական; երաժշտային 2) երաժշտական կրթություն ունեցող 3) քաղցրալար; բարեհունչ; մեղեդիական **2** *noun* մյուզիքլ; օպերետ; երաժշտական ֆիլմ/ներկայացում/կատարողություն

musician |mjuːˈzɪʃ(ə)n| *noun* երաժիշտ; նվագող; նվագածու

musk |mʌsk| *noun* 1) մուշկ; մշկայուղ 2) մուշկի հոտ/բուրմունքը

muskeg |mʌskɛg| *noun* տորֆային ճահիճ; խրուտ; ճահճուտ *(Հյուսիսային Ամերիկայում)*

musket |ˈmʌskɪt| *noun* պատմական մուշկետ *(հին պատրույգավոր հրացան)*

musketeer |mʌskɪˈtɪə| *noun* պատմական մուշկետավոր զինվոր; հրացանակիր

musketry |ˈmʌskɪtri| *noun* 1) հրացանաձգություն 2) հրացանակիր զինվորներ 3) հրաձգային/հրաձգության գործ

Muslim |ˈmʊzlɪm|, |ˈmʌz-|, |-s-| (նաև **Moslem**) **1** *noun* մահմեդական; մուսուլման **2** *adjective* մահմեդական; իսլամական

muslin |ˈmʌzlɪn| *noun* 1) մարմաշ; շղարշ; բեհեզ ◇ **a bit of muslin** կին; աղջիկ 2) *ամերիկյան* միտկալ *(գործվածք)*

muss |mʌs| *խոսակցական* **1** *verb* խառնաշփոթել; տակնուվրա անել; խճճել **2** *noun* խառնաշփոթություն; անկարգություն; շիլափլավ

mussel |ˈmʌs(ə)l| *noun* *կենդանաբանություն* երկփեղկ խեցեմորթ; միդիա *(ընտանիք Mytilidae)*

Mussulman |ˈmʌs(ə)lmən| **1** *noun, adjective*(հոգն. **-mans** կամ **-men**) *հնացած* մուսուլմանական **2** *noun* *հնացած* մուսուլման

must¹ |mʌst| **1** *modal verb* (անցյալ **had to** կամ անուղղակի խոսքի մեջ **must**) 1) պետք է; պարտավոր (եմ, ես, է և այլն) *(արտահայտում է անհրաժեշտություն/պարտավորություն)* 2) *(ցույց է տալիս անխուսափելիություն)* 3) անշուշտ *(արտահայտում է անհրաժեշտություն)* 4) պետք է որ; հաստատ; հարկավ *(արտահայտում է համոզվածություն, ցույց է տալիս ակնհայտություն)* 5) *(ցույց է տալիս անախորժ պատահականություն)*
◇ **just as I was busiest, he must come worrying me!** հակառակի պես, հենց ամենազբաղված ժամանակս պիտի գար ու խանգարեր ինձ **2** *noun* *խոսակցական* անհրաժեշտություն; կարևոր/պարտադիր/հանձնարարելի բան

must² |mʌst| *noun* մաճառ

must³ |mʌst| *noun* բորբոսնածություն; խոնավություն; տամկություն

must⁴ |mʌst| (նաև **musth**) **1** *noun* կենդանիների կատաղություն *(հատկապես փղերի և ուղտերի արուների՝ բազմացման շրջանում)* **2** *adjective* կատաղած վիճակ

mustache |məˈstɑːʃ| (նաև **moustache**) *noun* 1) բեղ; ընչացք 2) (**mustaches**) բեղեր *(համեմատաբար երկար)*

mustachioed *adjective* բեղավոր

mustang |ˈmʌstæŋ| *noun* *կենդանաբանություն* մուստանգ *(վայրիացած ձի)*

mustard |ˈmʌstəd| *noun* 1) մանանեխի մածուկ 2) *բուսաբանություն* մանանեխ; բողկլիկ *(Brassica and Sinapis, ընտանիք Brassicaceae)*

muster |ˈmʌstə| **1** *verb* 1) հավաքել; անվանականչ անել *(զորքը)* 2) հավաքվել *(զորքի մասին)* 3) ժողովվել; խմբվել; հավաքվել *(մարդկանց մասին)* 4) ժողովել; հավաքել; ի մի բերել *(գումար, քանակություն)* **2** *noun* 1) հավաք; զորահավաք; զորակոչ 2) անվանակոչ; անվանականչ; անուն առ անուն կանչելը; քննություն; զննում; ստուգում; ստուգատես; զորատես ◇ **pass muster** պիտանի դուրս գալ; պիտանի համարվել *(որոշակի նպատակի համար)*

muster roll *noun* զորացուցակ

musty |ˈmʌsti| *adjective* (**mustier**, **mustiest**) 1) բորբոսնած; մգլոտած; հոտած 2) *փոխաբերական* հնացած; լճացած; ծեծված

mutable |ˈmjuːtəb(ə)l| *adjective* 1) անհաստատ; անկայուն; փոփոխական; հեղհեղուկ; հարափոփոխ 2) *բանաստեղծական* անկայուն; փոփոխական; հեղհեղուկ *(մարդու մասին)*

mutant |ˈmjuːt(ə)nt| **1** *adjective* *բժշկություն* փոփոխակ **2** *noun* *բժշկություն* փոփոխակ; փոփոխված բջիջ/անհատ

mutate |mjuːˈteɪt| *verb* 1) փոխվել; փոփոխվել 2) *կենսաբանություն* ժառանգափոխվել

mutation |mjuːˈteɪʃ(ə)n| *noun* 1) փոփոխում; փոփոխություն; փոփոխականություն 2) *կենսաբանություն* ժառանգափոխություն 3) *լեզվաբանություն* հնչյունների անմիջական փոփոխություն 4) *լեզվաբանություն* ումլաուտ

mute |mjuːt| **1** *adjective* 1) լուռ; մունջ; անխոս *(մարդու/զգացողության մասին)* 2) *հնացած հիմնականում վիրավորական* համր; լալ 3) *հնչյունաբանություն* չարտասանվող *(հնչյունի մասին)* **2** *noun* 1) *հնացած հիմնականում վիրավորական* համր մարդ 2) համր ծառա/սպասավոր 3) ջահակիր *(հուղարկավորության թափորի)* 4) երաժշտություն մեղմոց 5) *հնչյունաբանություն* չարտասանվող հնչյուն 6) կացորդ; անխոս դերակատար 7) անձայն աշխատակերպ/գործելակարգ *(հեռուստացույցի և այլնի)* **3** *verb* 1) մեղմոց դնել 2) մեղմել/խլացնել ձայնը 3) թուլացնել; մեղմել; նվազեցնել 4) անձայն դարձնել; անձայն աշխատակերպը միացնել

with muted strings մեղմոցով; խլանային

muted |ˈmjuːtɪd| *adjective* 1) փափուկ; մեղմ *(ձայնի մասին)* 2) զսպված; չարտահայտված *(զգացումի մասին)* 3) մեղմ; խամրած *(գույնի մասին)*

mutilate |ˈmjuːtɪleɪt| *verb* 1) խեղել; հաշմել; այլանդակել; հաշմանդամացնել; հաշմանդամ դարձնել 2) փչացնել; ջարդել; աղճատել; խեղաթյուրել; աղավաղել *(միտքը)*

mutilation *noun* 1) հաշմություն; հաշմանդամություն; խեղում 2) աղճատում; աղավաղում; խեղաթյուրում

mutineer |mjuːtɪˈnɪə| *noun* խռովարար; ապստամբ

mutinous |ˈmjuːtɪnəs| *adjective* 1) խռովարար; ապստամբ; խռովարարական; ապստամբական *(հատկապես զինվորի մասին)* 2) կամակոր; չենթարկվող

mutiny |ˈmjuːtɪni| **1** *noun* (հոգն. **-nies**) խռովություն; ապստամբություն **2** *verb* (**-nies**, **-nied**) 1) խռովություն բարձրացնել; ապստամբել; ըմբոստանալ; ոտքի ելնել 2) չհնազանդվել

mutter |ˈmʌtə| **1** *verb* 1) փնթփնթալ; մռթմռթալ; քթի տակ խոսել; ցածրաձայն անհասկանալի խոսել 2) (**mutter against/at**) քրթմնջալ; մռթմռթալ; փնթփնթալ *(մի բանի վրա)* 3) *փոխաբերական* գաղտնի ասել; լուրեր տարածել **2** *noun* 1) փնթփնթոց; մռթմռթոց; քթի տակ խոսելը 2) քրթմնջյուն; քրթմնջոց; դժգոհություն; փնթփնթոց

mutton |ˈmʌt(ə)n| *noun* ոչխարի միս

muttonchops (նաև **muttonchop whiskers**) *noun* այտամորուք; այտամորուս

mutual |ˈmjuːtʃʊəl|, |-tjʊəl| *adjective* 1) փոխադարձ; երկկողմանի; երկուստեք 2) ընդհանուր 3) *տնտեսագիտություն* փոխադարձ

mutually |ˈmjuːtʃʊəli|, |-tjʊə-| *adverb* փոխադարձաբար; փոխադարձապես

muzzle |ˈmʌz(ə)l| **1** *noun* 1) դունչ; մռութ *(կենդանու)* 2) դնչակալ; երախակալ *(շան և այլն)* 3) *խոսակցական* մռութ; երես *(մարդու)* 4) *խոսակցական* «դնչկալ»; լռեցում; ազատ խոսքի սահմանափակում 5) փողաբերան *(հրազենի)* 6) *տեխնիկական* ծայրափողակ **2** *verb* 1) դնչակալ դնել; երախակալ հագցնել 2) բերանը փակել; լռեցնել; խոսքի ազատությունը սահմանափակել

MVD Ներքին գործերի նախարարություն *(Ռուսաստանի)*

my |mʌɪ| *possessive adjective* 1) իմ 2) ա՜յ քեզ բան; անհավատալի է *(արտահայտում է զարմանք)*

Myanmar |ˈbəːmə| Մյանմա *(պետություն. նախկին (մինչև 1989 թ.) Բիրմայի անվանումը)*

myelin |ˈmʌɪəlɪn| *noun կազմախոսություն, բնախոսություն* նյարդաճարպենի; միելին

myope |ˈmʌɪəʊp| *noun* կարճատես մարդ

myopia |mʌɪˈəʊpɪə| *noun* 1) կարճատեսություն 2) կարճամտություն; անշրջահայեցություն; անհեռատեսություն

myriad |ˈmɪrɪəd| *բանաստեղծական* **1** *noun* 1) անթիվ քանակություն; անհամար քանակություն 2) *պատմական* բյուր; տասը հազար **2** *adjective* 1) բյուրավոր; անհամար; անթիվ; անհաշիվ 2) բազմակողմանի; բազմատարր

myrrh |məː| *noun* 1) զմուռս; անուշահոտ խեժ 2) *բուսաբանություն* զմուռս *(Commiphora, ընտանիք Burseraceae)*

myrtle |ˈməːt(ə)l| *noun բուսաբանություն* մրտենի; մրտի *(Myrtus communis, ընտանիք Myrtaceae)*

myself |mʌɪˈsɛlf|, |mɪˈsɛlf| *pronoun* 1) ինձ; ինքս ինձ 2) ինքս; ես ինքս 3) *բանաստեղծական* ես

mysterious |mɪˈstɪərɪəs| *adjective* 1) խորհրդավոր; առեղծվածային; անհասկանալի; անըմբռնելի 2) գաղտնալից; խորհրդավոր *(վայրի մասին)* 3) առեղծվածային; խորհրդավոր *(մարդու մասին)*

mystery[1] |ˈmɪst(ə)ri| *noun* (հոգն. **-teries**) 1) առեղծված; գաղտնիք; անիմանալի բան ◊ **make a mystery of** i) գաղտնիք շինել *(մի բանից)* ii) գաղտնիք դարձնել *(որևէ բան)* 2) խորհրդավորություն; առեղծվածայնություն; անհասկանալիություն; անիմանալիություն 3) խորհրդավոր մարդ; առեղծված 4) *պատմական* միստերիա; գաղտնածիսություն 5) *գրքային* միջնադարյան կրոնական դրամա; միստերիա 6) *եկեղեցական* խորհուրդ

mystery[2] |ˈmɪst(ə)ri| *noun* (հոգն. **-teries**) *հնացած* արհեստ; զբաղմունք

mystic |ˈmɪstɪk| **1** *noun* խորհրդապաշտ **2** *adjective* խորհրդավոր; առեղծվածային

mystical |ˈmɪstɪk(ə)l| *adjective* 1) խորհրդապաշտական 2) խորհրդավոր; խորախորհուրդ 3) հոգևոր

mysticism |ˈmɪstɪsɪz(ə)m| *noun* խորհրդապաշտություն; խորհրդամոլություն *(անդրաշխարհային կյանքին անմիջականորեն հաղորդակից լինելու հավատ)*

mystification |-fɪˈkeɪʃ(ə)n| *noun* խաբեություն; մոլորեցում *(չարաճճիական նպատակով)*

mystify |ˈmɪstɪfʌɪ| *verb* (**-fies**, **-fied**) 1) ապակողմնորոշել; մոլորեցնել; խաբել; մոլորության մեջ գցել 2) *հնացած* օգտվել մեկի միամտությունից 3) խորհրդավորությամբ շրջապատել; խորհրդավոր շղարշով պատել

mystique |mɪˈstiːk| *noun* 1) խորհրդավորություն; առեղծվածայնություն 2) խորհրդավորության շղարշ

myth |mɪθ| *noun* 1) առասպել; ավանդավեպ 2) առասպելաբանություն; դիցաբանություն 3) առասպել; սուտ բան; մտացածին անձ; հնարովի անձ/բան

mythical |ˈmɪθɪkəl| *adjective* 1) առասպելական; առասպելահող; առասպելահյուս 2) առասպելականացված; գունազարդված *(հատկապես անցյալի մասին)* 3) սուտ; սուտուպատիր; գոյություն չունեցող; հորինված

mythology |mɪˈθɒlədʒi| *noun* (հոգն. **-gies**) 1) դիցաբանություն; առասպելաբանություն *(առասպելները՝ որպես ամբողջություն և դրանք ուսումնասիրող գիտությունը)* 2) առասպելներ; հորինվածքներ; չափազանցված պատմություններ; բանահյուսություն

Nn

N¹ |ɛn| (նաև n) *noun* (հոգն. **Ns** կամ **N's**) 1) անգլերեն այբուբենի 14-րդ տառը 2) *մաթեմատիկա* անորոշ մեծություն

to the nth 1) մինչև անվերջություն 2) *խոսակցական* անսահման

N² **1** *abbreviation* 1) Nationalist 2) neutral 3) New *(տեղանուններում)* 4) newton 5) Noon 6) normal *(լուծույթների վերաբերյալ)* 7) Norse 8) North 9) Northern 10) *ֆինանսներ* note 11) nuclear **2** *symbol* տե՛ս **nitrogen**

n **1** *abbreviation* 1) name 2) born 3) nephew 4) net 5) *քերականություն* neuter 6) new 7) nominative 8) noon 9) north 10) northern 11) note *(գրքերում)* 12) *ֆինանսներ* note 13) *քերականություն* noun 14) number **2** *symbol* անորոշ քանակություն

nab |næb| *verb* (**nabbed**, **nabbing**) *խոսակցական* 1) *ծածկալեզու* հանցանքի տեղում բռնել; տեղնուտեղը ձերբակալել 2) գողանալ; թռցնել; հափշտակել

nabob |ˈneɪbɒb| *noun* *պատմական* նաբոբ; հնդիկ իշխան

nacelle |nəˈsɛl| *noun* 1) բաց խցիկ *(հեքնաթիռի)* 2) զամբյուղ *(օդապարիկի)* 3) գոնդոլ *(դիրիժաբլի)*

nadir |ˈneɪdɪə|, |ˈnædɪə| *noun* 1) ծայրահեղ անկման շրջան; վատթարագույն ժամանակները *(մարդու կամ կազմակերպության)* 2) *աստղագիտություն* նադիր; ստորնակետ *(գագաթնակետի հակառակ կետը հորիզոնից ցած)*

naff¹ |næf| *verb* *խոսակցական* հեռանալ

naff² |næf| *adjective* *խոսակցական* անճաշակ; անոճ; ոճազուրկ

nag¹ |næg| **1** *verb* (**nagged**, **nagging**) 1) (**nag at**) բծախնդրություն անել; նյարդայնացնել; անդադար բողոքել, մեկի վրա անընդհատ խոսել; մեկի հոգին հանել 2) հանգիստ չտալ; տանջել *(ցավի մասին)* **2** *noun* 1) նյարդայնացնող/բողոքող մարդ; հոգեհան 2) անհանգստություն; մշտական մտահոգություն

nag² |næg| *noun* *արհամարհական, խոսակցական* յաբու; հալից ընկած ձի; քնձռոտ ձի

Nagasaki |ˌnægəˈsɑːki| Նագասակի *(քաղաք Ճապոնիայում)*

nagger *noun* քրթմնջող; փնթփնթան; կռվարար կին

Nagorno-Karabakh |nəgɔːnəʊˌkærəˈbæx| Լեռնային Ղարաբաղ *(պետություն)*

Nagoya |nəˈgɔɪə| Նագոյա *(քաղաք Ճապոնիայում)*

Nagpur |nægˈpʊə| Նագփուր *(քաղաք Հնդկաստանում)*

Nahum |ˈneɪhəm| Նաում *(Հին Կտակարանի մարգարեական գրքերից մեկը)*

naif |nʌɪˈiːf|, |nɑːˈiːf| (նաև **naïf**) **1** *adjective* 1) միամիտ; պարզամիտ 2) պարզ; բնական; անպաճույճ **2** *noun* միամիտ/պարզամիտ մարդ

nail |neɪl| **1** *noun* 1) մեխ; գամ; բևեռ 2) եղունգ; մագիլ; ճանկ; ճիրան *(մարդու և կենդանու)* **2** *verb* 1) մեխել; գամել 2) *խոսակցական* բռնել; ձերբակալել 3) մերկացնել *(մեկի ստը կամ մեկին՝ որպես հանցագործի)* 4) բևեռել *(ուշադրությունը)* • **nail at** իր տեղում գամել **nail down** i) մեխերով ամրացնել; մեխել; գամել ii) *փոխաբերական* պատին սեղմել; նեղը գցել **nail up** մեխերով փակել; մեխել

hard as nails կոփված; եփված

hit the nail on the head, hit the right nail on the head գլխի ընկնել; գուշակել; հասկանալ; իսկն ասել

on the nail իսկույն; անմիջապես

right as nails միանգամայն ճիշտ

nail brush *noun* եղունգների խոզանակ

nail polish *noun* եղունգների լաք

Nairobi |nʌɪˈrəʊbi| Նայրոբի *(Քենիայի մայրաքաղաքը)*

naive |nʌɪˈiːv|, |nɑːˈiːv| (նաև **naïve**) *adjective* 1) միամիտ; պարզամիտ; անփորձ; անմեղ 2) պարզ; բնական; անպաճույճ *(մարդու մասին)*

naiveté |nʌɪˈiːvti|, |nɑːˈiːvti| (նաև **naïveté** կամ **naivety**) *noun* 1) միամտություն; պարզամտություն; անփորձություն 2) պարզություն; բնականություն

naked |ˈneɪkɪd| *adjective* 1) մերկ; մերկանդամ; անհանդերձ 2) սաղարթազուրկ; տերևաթափ; լերկ 3) անպաշտպան; չպաշտպանված 4) ակներև; բացահայտ; անպաճույճ; չզարդարված; իսկական *(զգացմունքների/ճշմարտության և այլնի մասին)* 5) անզեն *(աչքի մասին)* 6) բաց; չմեկուսացված *(էլեկտրալարի մասին)*

Nakhichevan Նախիջևան *(քաղաք պատմական Հայաստանի Գողթն նահանգում. ներկայումս՝ Ադրբեջանի Հանրապետության տարածքում)*

Nalchik |ˈnæltʃɪk| Նալչիկ *(Կաբարդինո-Բալկարական Հանրապետություն, Ռուսաստանում)*

namby-pamby |næmbiˈpæmbi| **1** *adjective* *արհամարհական* անուժ; դյուրազգաց; կիսատ-պռատ; նուրբիկ; թույլ **2** *noun* (հոգն. **-bies**) անուժ/դյուրազգաց մարդ

name |neɪm| **1** *noun* 1) անուն; անձնանուն ◇ **first/Christian name, given name** անուն *(ի տարբերություն ազգանվան)*. **pet name** փաղաքշական անուն. **in the name of** հանուն; անունով; անունից. **go by/under the name of** հայտնի լինել որպես. **use somebody's name** մեկին վկայակոչել 2) ազգանուն ◇ **maiden name** օրիորդական ազգանուն. **assumed name** կեղծանուն. **send in one's name** ցուցակագրվել; անունը ցուցակի մեջ մտցնել *(մրցույթի և այլնի մասնակցելու համար)* 3) անուն; անվանում ◇ **in name** անվանապես; անունով *(ոչ թե ըստ էության)* 4) հայտնի մարդ 5) համբավ; անուն; վարկ ◇ **a bad/ill name** վատ համբավ 6) *քերականություն* գոյական անուն ◇ **common name**

հասարակ անուն. **proper name** հատուկ անուն **2** *verb* 1) անվանել; կոչել; անուն դնել ◇ **name after somebody** մեկի անվամբ կոչել 2) հիշատակել; անունը տալ; անունն ասել 3) նշել; սահմանել; նշանակել *(օրը, գինը)* 4) նշանակել *(մեկին որևէ պաշտոնի)* **3** *adjective* անվանի; հայտնի

call names հայհոյել; վիրավորական անուններ տալ

nameless |ˈneɪmlɪs| *adjective* 1) անանուն; անհայտ 2) անպատմելի; անասելի; աննկարագրելի *(զգացումի և այլնի մասին)*

namely |ˈneɪmli| *adverb* այսինքն; այն է՝; մասնավորապես

namesake |ˈneɪmseɪk| *noun* անվանակից; միանվանակիր; նույնանուն

Namib Desert |ˈnɑːmɪb| Նամիբական Անապատ *(Հարավարևմտյան Աֆրիկայում)*

Namibia |nəˈmɪbɪə| Նամիբիա *(պետություն)*

Nanchang |nænˈtʃæŋ| Նանչանգ *(քաղաք Չինաստանում)*

Nanjing |nænˈdʒɪŋ| (նաև **Nanking**) Նանջինգ *(քաղաք Չինաստանում)*

nankeen |næŋˈkiːn|, |næn-| **1** *noun* 1) նանկին *(կոպիտ բամբակե գործվածք)* 2) (**nankeens**) նանկինից կարած շալվար 3) մուգ դեղին գույնը **2** *adjective* մուգ դեղին

Nanning |nænˈnɪŋ| Նաննինգ *(քաղաք Չինաստանում)*

nanny |ˈnæni| **1** *noun* (հոգն. **-nies**) 1) դայակ ◇ **nanny goat** էգ այծ 2) չափազանց հոգատար մարդ; չափազանց հոգածու կազմակերպություն; միջամտող մարդ **2** *verb* (**-nies**, **-nied**) չափազանց հոգատար լինել; միջամտել

nanotechnology |ˌnænə(ʊ)tɛkˈnɒlədʒi| *noun* նանոտեխնոլոգիա

nap¹ |næp| **1** *verb* (**napped**, **napping**) ննջել; նիրհել; թեթև քուն մտնել *(ցերեկային, կարճատև)* ◇ **be caught napping** հանկարծակիի գալ; անակնկալի գալ **2** *noun* ննջ; նիրհ; մրափ ◇ **take a nap** թեթև քուն մտնել; ննջել. **steal/have a nap** գաղտագողի նիրհել

nap² |næp| *noun* խավ; մազախավ *(գործվածքի)*

nape |neɪp| *noun* (**nape of the neck**) ծոծրակ; պարանոցի ետևի մասը

Naphtali |ˈnæftəlʌɪ| Նեփթաղիմ *(Հին Կտակարանում Հակոբի որդիներից մեկը)*

naphtha |ˈnæfθə| *noun քիմիա* նավթ; կերոսին

napkin |ˈnæpkɪn| *noun* 1) անձեռոցիկ ◇ **lay up in a napkin** թաքստոցում պահել; չօգտագործել 2) (նաև **sanitary napkin**) առողջագիտական/հիգիենիկ միջադիր *(կանանց)* 3) *բրիտանական* հնացած խանձարուր; տակաշոր

Naples |ˈneɪp(ə)lz| Նեապոլ *(քաղաք Իտալիայում)*

nappy¹ *noun բրիտանական* տակաշոր; խանձարուր

nappy² |ˈnæpi| *adjective խոսակցական* գանգուր *(սևամորթ մարդու մազերի մասին)*

Narcissus |nɑːˈsɪsəs| *հունական դիցաբանություն* Նարցիս; Նարգիզ

narcissus |nɑːˈsɪsəs| *noun* (հոգն. նույնը, **-cissi** |-sʌɪ|, կամ **-cissuses**) *բուսաբանություն* նարգիզ *(Narcissus, ընտանիք Liliaceae)*

narcosis |nɑːˈkəʊsɪs| *noun բժշկություն* անզգայացում; թմրեցում

narcotic |nɑːˈkɒtɪk| **1** *noun* թմրադեղ; թմրանյութ; քնաբեր **2** *adjective* թմրեցուցիչ; քնաբեր ◇ **narcotic drugs** թմրադեղեր

nark |nɑːk| *խոսակցական* **1** *noun* 1) *բրիտանական* խուզարկու; լրտես 2) (նաև **narc**) թմրանյութերի անօրինական շրջանառությունը հետաքննող ոստիկան 3) *ավստրալական* ձանձրալի մարդ **2** *verb* ձանձրացնել; նյարդայնացնել

narrate |nəˈreɪt| *verb* 1) պատմել; հաղորդել; իմացնել; հայտնել 2) բանավոր մեկնաբանել *(ֆիլմը և այլն)*

narrative |ˈnærətɪv| **1** *noun* 1) պատում; պատմություն; պատմվածք 2) պատմողական հատված *(գրական գործի մեջ՝ ի տարբերություն նկարագրական հատվածի)* **2** *adjective* պատմողական

narrator |nəˈreɪtə| *noun* 1) պատմող 2) մեկնաբանություն կարդացող *(ֆիլմի և այլնի համար)*

narrow |ˈnærəʊ| **1** *adjective* (**-rower**, **-rowest**) 1) նեղ; անձուկ; նեղլիկ; նեղավուն 2) սահմանափակ; դժվարին; ծանր 3) աղքատիկ; սահմանափակ; նեղ *(մտածելակերպի և այլնի մասին)* 4) որոշակի; հստակ *(սահմանման մասին)* 5) *փոխաբերական* սեղմ; սեղմող 6) աննշան գերակշռությամբ 7) մանրակրկիտ; ուշադիր; մանրամասն; մանրազնին **2** *verb* 1) նեղանալ; սեղմվել; ավելի նեղ դառնալ 2) նեղացնել; ավելի նեղ դարձնել; սեղմել 3) սահմանափակել; սահման դնել **3** *noun* նեղ մասը *(նեղուցի, գետի և այլնի)*

narrow gauge *noun* երկաթուղային նեղուղի

narrowly |ˈnærəʊli| *adverb* 1) քիչ մնաց; քիչ էր մնացել, որ; հազիվ 2) ուշադիր կերպով; մանրազնին կերպով; մանրամասնորեն; լարված կերպով; խիստ ուշադիր 3) նեղորեն; սեղմորեն; սահմանափակ կերպով

narrow-minded *adjective* նեղմիտ; սահմանափակ; կարճամիտ; նախապաշարումներով

nasal |ˈneɪz(ə)l| **1** *adjective* 1) քթային; քթի 2) *հնչյունաբանություն* ռնգային 3) քթում խոսող; ռնգախոս **2** *noun հնչյունաբանություն* ռնգային հնչյուն

nasalize *verb հնչյունաբանություն* ռնգայնացնել

nascent |ˈnæs(ə)nt|, |ˈneɪ-| *adjective* ծնունդ առնող; սկիզբ առնող; առաջացող; ի հայտ եկող

nasturtium |nəˈstəːʃ(ə)m| *noun բուսաբանություն* ջրկոտեմ; նաստուրցիա *(Tropaeolum majus, ընտանիք Tropaeolaceae)*

nasty |ˈnɑːsti| **1** *adjective* (**-tier**, **-tiest**) 1) զզվելի; նողկալի; գարշելի; անտանելի 2) խոնավ; թաց; նամ *(հողի, եղանակի մասին)* 3) անվայել; վանող; կեղտոտ; տհաճ *(բարոյական առումով)* 4) անպետք; անպիտան; իրեն վատ պահող; բարկացկոտ 5) վտանգավոր; սպառնալի; ահավոր; ծանր *(հիվանդության մասին)* 6) մրրկահույզ *(ծովի ալիքների մասին)* 7) անտանելի; առսկալի **2** *noun* (հոգն. **-ties**) *խոսակցական* 1) զզվելի/գարշելի/անդուր մարդ 2) սարսափի ֆիլմ

natal¹ |ˈneɪt(ə)l| *adjective* ծննդյան; ծննդային ◊ **natal day** ծննդյան օր. **natal place** ծննդավայր

natal² |ˈneɪt(ə)l| *adjective կազմախոսություն* հետույքային; նստատեղի

natality |nəˈtælɪti| *noun* ծնելություն; ծնելիության գործակից

natation |nəˈteɪʃ(ə)n| *noun տեխնիկական բանաստեղծական* լող; լողալը; լողալու հմտություն

nation |ˈneɪʃ(ə)n| *noun* 1) ազգ; ժողովուրդ 2) ազգություն 3) պետություն; երկիր

national |ˈnæʃ(ə)n(ə)l| **1** *adjective* 1) ազգային; ժողովրդական ◊ **national security** ազգային անվտանգություն. **national self-determination** ազգային ինքնորոշում 2) պետական **2** *noun* 1) (*սովորաբար* **nationals**) հայրենակից; համաքաղաքացի 2) քաղաքացի; հպատակ *(որևէ պետության)*

national debt *noun* ազգային պարտք

nationalism |ˈnæʃ(ə)n(ə)lɪz(ə)m| *noun* 1) ազգասիրություն; հայրենասիրություն 2) ազգայնամոլություն; ազգամոլություն 3) ազգային-ազատագրական շարժում 4) ազգայնականություն

nationalist |ˈnæʃ(ə)n(ə)lɪst| **1** *noun* 1) ազգային-ազատագրական շարժման անդամ 2) ազգայնամոլ **2** *adjective* 1) ազգասիրական 2) ազգայնական

nationalistic *adjective* ազգայնական; ազգայնամոլական

nationality |næʃəˈnælɪti| *noun* (հոգն. **-ties**) 1) ազգություն; ազգային պատկանելություն 2) ազգային հատկանիշներ 3) ազգասիրություն 4) քաղաքացիություն; հպատակություն *(որևէ երկրի)*

nationalization *noun* ազգայնացում; պետականացում; ազգայնացման քաղաքականություն *(արդյունաբերության և այլնի)*

nationalize |ˈnæʃ(ə)n(ə)lʌɪz| *verb* 1) ազգայնացնել; պետականացնել; ժողովրդի սեփականությունը դարձնել 2) ազգային դարձնել; ազգային բնույթ հաղորդել 3) հպատակագրել; հպատակ ընդունել *(արտասահմանցուն)*

nationally *adverb* 1) երկրի չափերով/մասշտաբով 2) երկրով մեկ; երկրի ներսում 3) համազգայնորեն; պետականորեն; պետական տեսակետից

national park *noun* ազգային պարկ

nationwide |ˈneɪʃ(ə)nwʌɪd|, |-ˈwʌɪd| **1** *adjective* համազգային; համաժողովրդական **2** *adverb* երկրով մեկ; ողջ երկրով մեկ

native |ˈneɪtɪv| **1** *noun* բնիկ; տվյալ տեղում ծնված; տեղացի; տեղաբնիկ **2** *adjective* 1) հարազատ; հայրենի; մայրենի 2) տեղացիների; տեղաբնիկների 3) տեղական; բնիկ *(բույսի/կենդանու մասին)* ◊ **go native** ընդօրինակել տեղական սովորույթները; ընդօրինակել բնիկ սովորույթները *(եվրոպացիների մասին)* 4) բնածին; բնատուր 5) *համակարգիչներ* սեփական 6) մաքուր; անխառն; բնական; իսկական; բուն

Native American **1** *noun* բնիկ ամերիկացի **2** *adjective* բնիկ ամերիկացի; բնիկ ամերիկացիների

native speaker *noun* լեզվակիր

NATO |ˈneɪtəʊ| *abbreviation* North Atlantic Treaty Organization Հյուսիսատլանտյան դաշինքի կազմակերպություն; ՆԱՏՕ

natron |ˈneɪtr(ə)n|, |ˈnæt-| *noun* 1) *քիմիա* նատրոնկաուստիկ սոդա 2) նատրիումի կարբոնատ

natter |ˈnætə| *խոսակցական* **1** *verb* շատախոսել; զրուցել **2** *noun* զրույց; շատախոսություն

natty¹ |ˈnæti| *adjective* (**-tier**, **-tiest**) *խոսակցական* կոկիկ; նրբագեղ *(մարդու կամ նրա հագուստի մասին)*

natty² *adjective* զգզգված; հանգուցավոր *(Ջամայկայում գտնվող կրոնական աղանդի ներկայացուցիչների մազերի մասին)*

natural |ˈnætʃ(ə)r(ə)l| **1** *adjective* 1) բնական; բնածին 2) չներկված; չմշակված *(գործվածքի մասին)* 3) ի ծնե; բնությունից; իսկական; իրական *(որևէ տեսակի մարդու մասին)* 4) բնածին; բնատուր *(բնավորության գծի մասին)* 5) անբռնազբոսիկ; բնական; ոչ կեղծ; ոչ արհեստական 6) սովորական; բնականոն 7) կենսաբանական; հարազատ *(ծնողի/զավակի մասին)* 8) *հնացած* ապօրինածին 9) *երաժշտություն* բեկար *(ձայնանիշի մասին)* **2** *noun* 1) շնորհալի/օժտված մարդ 2) *երաժշտություն* բեկար 3) *հնացած փիրավորական* ի ծնե ապուշ 4) կրեմագույն **3** *adverb խոսակցական բարբառային* բնականաբար

natural gas *noun* բնական գազ

natural history *noun* բնագիտություն

naturalism |ˈnætʃ(ə)rəlɪz(ə)m| *noun* բնապաշտություն; նատուրալիզմ

naturalist |ˈnætʃ(ə)rəlɪst| **1** *noun* 1) բնագետ; բնախույզ 2) բնապաշտ; նատուրալիստ; բնապաշտության հետևորդ **2** *adjective* տե՛ս **naturalistic**

naturalistic |nætʃ(ə)rəˈlɪstɪk| *adjective* 1) իրապաշտական; իրական կյանքի վրա հիմնված 2) բնապաշտական; նատուրալիստական

naturalization |-ˈzeɪʃ(ə)n| *noun* 1) հպատակագրում; հպատակագրելը; հպատակ ընդունելը 2) կլիմայավարժում; կլիմայավարժեցում *(բույսերի, կենդանիների)* 3) *լեզվաբանություն* յուրացում *(օտար բառերի՝ լեզվի կողմից)*

naturalize |ˈnætʃ(ə)rəlʌɪz| *verb* 1) հպատակագրել; տվյալ երկրի քաղաքացիության իրավունք տալ *(օտարերկրացուն)* 2) հպատակագրվել; տվյալ երկրի քաղաքացիության իրավունք ստանալ *(օտարերկրացու մասին)* 3) *լեզվաբանություն* յուրացնել *(օտար բառեր. լեզվի մասին)* 4) կլիմայավարժեցնել *(բույսերը, կենդանիներին)*

natural language *noun* բնական լեզու

naturally |ˈnætʃ(ə)rəli| *adverb* 1) բնական; բնական կերպով; անբռնազբոսիկ 2) բնությունից; ինքնին 3) բնականաբար; հիրավի; անշուշտ; անտարակույս

natural selection *noun կենսաբանություն* բնական ընտրություն/սելեկցիա

nature |ˈneɪtʃə| *noun* 1) բնություն 2) էություն; բնական հատկություն; բնույթ ◊ **in the nature of things** միանգամայն բնական; իրերի էությունից բխող; անխուսափելի. **in the course of nature** իրերի բնական ընթացքով 3) բնավորություն;

խառնվածք; բնածին հատկություններ ◊ **by nature** բնավորությամբ; խառնվածքով. **against nature** հակաբնական; հակաբարոյական. **good nature** բարեհոգություն; բարեսրտություն. **ill nature** չար բնավորություն 4) *հնացած* տեսակ; տիպ *(մարդու)* 5) *արվեստ* բնօրինակ; նատուրա ◊ **draw from nature** բնօրինակից նկարել

call of nature բնական պահանջ

naught |nɔːt| **1** *noun* 1) զրո 2) *հնացած* ոչինչ 3) ոչնչություն *(մարդու մասին)* 4) ◊ **naughts and crosses** զրոներ և խաչեր *(խաղ)* **2** *pronoun հնացած* ոչինչ

bring to naught *փոխաբերական* զրոյի հավասարեցնել; ոչնչացնել; մինչև վերջ քնդել

come to naught զրոյի հավասարվել

set at naught արժեք/կարևորություն չտալ; բանի տեղ չդնել; արհամարհել

naughty |ˈnɔːti| *adjective* (**-tier**, **-tiest**) 1) չարաճճի; անհնազանդ; չլսող 2) անվայել; անպատշաճ; անհամեստ

nausea |ˈnɔːsɪə|, |-z-| *noun* 1) սրտխառնուք; սրտխառնություն 2) նողկանք; զզվանք; գարշանք

nauseate |ˈnɔːsɪeɪt|, |-z-| *verb* 1) սրտխառնուք առաջացնել 2) զզվանք/նողկանք առաջացնել

nauseous |ˈnɔːsɪəs|, |-z-| *adjective* 1) սիրտը խառնող; սրտխառնոց ունեցող 2) սրտխառնիչ; սիրտ խառնեցնող 3) զզվելի; նողկալի

nautical |ˈnɔːtɪk(ə)l| *adjective* ծովային; ծովագնացական; նավորդական

naval |ˈneɪv(ə)l| *adjective* 1) ռազմածովային; նավատորմային 2) նավային

nave[1] |neɪv| *noun ճարտարապետություն* նավ

nave[2] |neɪv| *noun* 1) անվակունդ; անվի թոփ; ակնոց 2) *տեխնիկական* թափանվի սռնակալ

navel |ˈneɪv(ə)l| *noun* 1) պորտ 2) *փոխաբերական* կենտրոն; պորտ

contemplate one's navel իրեն իր վրա կենտրոնանալ

navigable |ˈnævɪgəb(ə)l| *adjective* 1) նավարկելի 2) անցանելի *(ճանապարհի մասին)* 3) *համակարգիչներ* նավարկելի *(կայքի մասին)* 4) նավարկության համար պիտանի *(նավի մասին)* 5) կառավարվող; ղեկավարվող *(օդապարիկի մասին)*

navigate |ˈnævɪgeɪt| *verb* 1) նավարկել; թռչել *(նավով, ինքնաթիռով)* 2) կողմնորոշվել *(կենդանու մասին)* 3) ղեկավարել *(նավ, ինքնաթիռ)* 4) *փոխաբերական* օրինագիծ անցկացնել *(պառլամենտում)* 5) առաջ ընթանալ; շարժվել *(մարդու մասին՝ դժվար ճանապարհով)* 6) *համակարգիչներ* նավարկել *(կայքից կայք և այլն)*

navigation |nævɪˈgeɪʃ(ə)n| *noun* 1) կողմնորոշում; կողմնորոշվելը 2) նավարկություն; նավագնացություն 3) նավավարություն 4) օդագնացություն; ինքնաթիռավարություն ◊ **aerial navigation** օդագնացություն

navigator |ˈnævɪgeɪtə| *noun* 1) *ծովային, օդագնացություն* ղեկապետ; ղեկավար; ղեկավագ; շտուրման 2) ծովագնաց 3) *համակարգիչներ* նավարկիչ

navvy |ˈnævi| *noun* (հոգն. **-vies**) *հնացած* հողափոր

navy |ˈneɪvi| *noun* (հոգն. **-vies**) 1) ռազմածովային նավատորմ ◊ **the Royal Navy** բրիտանական նավատորմ 2) *բանաստեղծական* նավախումբ; նավատորմիղ 3) մուգ կապույտ գույնը

naw |nɔː| *exclamation խոսակցական* (**no**) ոչ; չէ

nay |neɪ| **1** *adverb* 1) ոչ միայն այդ; դեռ ավելին; ասեմ ավելին 2) *հնացած* տե՛ս **no** **2** *noun* ժխտական պատասխան; մերժում; մերժելը; հրաժարում; հրաժարվելը ◊ **not take nay** մերժում չընդունել. **yea and nay** և՛ այո, և՛ ոչ

Nazareth |ˈnæzərəθ| Նազարեթ *(քաղաք Իսրայելի հյուսիսում. Հիսուս Քրիստոսի բնակավայրը)*

Nazi |ˈnɑːtsi|, |ˈnɑːzi| **1** *noun* (հոգն. **Nazis**) *պատմական* նացիստ; ֆաշիստ **2** *adjective* նացիստական; ֆաշիստական

NB *abbreviation* nota bene ծանոթագրություն; նշում

N'Djamena |ˌ(ə)ndʒæˈmeɪnə| Նջամենա *(Չադի մայրաքաղաքը)*

neap |niːp| **1** *noun* մակընթացություն; ամենացածր կետը **2** *verb* 1) (**be neaped**) ծանծաղուտում մնալ *(նավի մասին)* 2) իջնել; ընկնել; պակասել *(մակընթացության մասին)* 3) հասնել ամենացածր մակարդակին *(տեղատվության ժամանակ)*

near |nɪə| **1** *adverb* 1) մոտ 2) մոտերքը; կողքին; մոտիից; մոտիկից ◊ **far and near** ամենուրեք; ամեն տեղ. **come/draw near** մոտենալ; մերձենալ; մոտ գալ. **near at hand** ձեռքի տակ; մոտ 3) գրեթե; համարյա; քիչ մնաց, որ ... **2** *preposition* (նաև **near to**) 1) մոտ; կողքին *(մի բանի)* 2) մոտ; մոտավորապես *(ժամանակի/տարիքի մասին)* **3** *adjective* 1) մոտ; մոտիկ; մերձավոր; մոտավորապես ◊ **near and dear** թանկագին և հարազատ 2) մոտ; մոտակա *(ժամանակի մասին)* 3) մերձակա; կարճ; ուղիղ; մոտակա *(ճանապարհի մասին)* 4) մանրակրկիտ *(աշխատանքի մասին)* 5) նման; հիշեցնող 6) հարազատ; մերձավոր *(բարեկամի մասին)* **4** *verb* մոտենալ; մերձենալ

nearby **1** *adjective* |ˈnɪəbʌɪ| հարևան; մոտիկ; մոտակա; մերձակա **2** *adverb* |nɪəˈbʌɪ|(բրիտանական **near by**) մոտ; մոտակայքում; հարևանությամբ

Near East (**the Near East**) Մերձավոր Արևելք

nearly |ˈnɪəli| *adverb* 1) գրեթե; համարյա 2) մոտավորապես 3) մոտ; մոտիկ

nearsighted *adjective* կարճատես

neat[1] |niːt| *adjective* 1) կոկիկ; մաքուր *(մարդու/առարկայի/վայրի մասին)* 2) նրբագեղ; կանոնավոր; բարեկարգ 3) պարզորոշ; հստակ *(ծրագրի/սխեմայի մասին)* 4) հղկված; սեղմ; կարճառոտ *(ոճի մասին)* 5) ճարպիկ; ճարտար

neat[2] |niːt| *noun հնացած* 1) եզ; ցուլ; կով 2) *հավաքական* խոշոր եղջյուրավոր անասուններ

Nebraska |nɪˈbræskə| Նեբրասկա *(ԱՄՆ-ի նահանգ)*

nebulous |ˈnɛbjʊləs| *adjective* 1) աղոտ; անորոշ; մշուշապատ; ամպամած 2) անհստակ; աներոշ

necessarily |ˈnɛsəs(ə)rɪli|, |ˌnɛsəˈsɛrɪli| *adverb*

անհրաժեշտաբար; անհրաժեշտորեն; անխուսափելիորեն

necessary |ˈnɛsəs(ə)ri| **1** *adjective* 1) անհրաժեշտ; հարկավոր; պետքական; էական 2) անխուսափելի; պարտադիր **2** *noun* 1) անհրաժեշտ բան 2) (**necessaries, necessaries of life**) առաջին անհրաժեշտության առարկաներ; ամենաանհրաժեշտ առարկաներ

a necessary evil անխուսափելի չարիք

necessitate |nɪˈsɛsɪteɪt| *verb* 1) անհրաժեշտություն առաջացնել; անհրաժեշտ դարձնել 2) հարկադրել; ստիպել; պարտադրել

necessitous |nɪˈsɛsɪtəs| *adjective* կարիքավոր; աղքատ; չքավոր

necessity |nɪˈsɛsɪti| *noun* (հոգն. **-ties**) 1) անհրաժեշտություն; կարիք ◊ **logical necessity** տրամաբանական անհրաժեշտություն. **urge the necessity of** պնդել մի բանի անհրաժեշտությունը; անհրաժեշտությունը վկայակոչել. **be under the necessity of doing something** պարտավոր լինել մի բան անելու 2) անխուսափելիություն ◊ **of necessity** անխուսափելիորեն 3) անհրաժեշտ առարկա/իր; առաջին անհրաժեշտության առարկա 4) (**necessities**) անհրաժեշտ միջոցներ 5) (**necessities**) կարիք; չքավորություն; սուղ պայմաններ

neck |nɛk| **1** *noun* 1) *կազմախոսություն* վիզ; պարանոց *(մարդու, կենդանու)* ◊ **break one's neck** իր վիզը կոտրել *(ընկնելիս)*. **break the neck of** գործի մեծ մասը կատարել; գործի մեջքը կոտրել. **get it in the neck** *խոսակցական* վզակոթին հարված ստանալ; խիստ նկատողություն ստանալ; պատժվել 2) օձիք; վիզ 3) վիզ; բերան *(շշի)* 4) կոթ; բռնատեղ *(ջութակի և այլն)* 5) նեղլիկ մաս; անցք; նեղուց 6) *աշխարհագրություն* պարանոց; ցամաքալեզվակ; հրվանդան 7) *կազմախոսություն* վզիկ **2** *verb* 1) *խոսակցական* համբուրվել; շոյել իրար 2) բարակել *(ձգելիս)* 3) *խոսակցական* կուլ տալ *(հատկապես խմիչք)*

neck and neck *մարզական* հավասար; կողք կողքի *(վազքի ժամանակ)*

neck or nothing կա՛մ ամեն ինչ, կա՛մ ոչինչ

put one's neck into the noose սեփական ձեռքով պարանն իր վիզը գցել; ինքն իր գլխին փորձանք բերել

risk one's neck գլուխը վտանգի տակ դնել

save one's neck վտանգից ողջ և առողջ ազատվել

neckband |ˈnɛkbænd| *noun* օձիք; վիզ *(շապկի)*

neckcloth |ˈnɛkklɒθ| *noun* փողկապ

neckerchief |ˈnɛkətʃɪf| *noun* շարֆ; պարանոցի թաշկինակ; վզկապ

necklace |ˈnɛklɪs| **1** *noun* մանյակ; ուլունքաշար; վզնոց **2** *verb* *հարավաֆրիկյան* սպանել որևէ մեկին՝ այրվող անվադող գցելով նրա վզին

necklet |ˈnɛklɪt| *noun* 1) մանյակ; կիպ վզնոց 2) մորթե վզպատ; վզամորթի

neckline |ˈnɛklʌɪn| *noun* բացվածք; վիզ *(կանացի հագուստի)*

necktie |ˈnɛktʌɪ| *noun* (**tie**) վզկապ; փողկապ

neckwear |ˈnɛkwɛː| *noun* *հավաքական* փողկապներ; շարֆեր; օձիքներ

necrology |nɛˈkrɒlədʒi| *noun* (հոգն. **-gies**) *գրական անգլերեն* 1) մահախոսական; դամբանական 2) մահացուցակ; մեռածների ցուցակ

nectar |ˈnɛktə| *noun* 1) նեկտար; ծաղկի հյութ; ծաղկանյութ 2) *դիցաբանություն* *նաև փոխաբերական* սքանչելի խմիչք; ամբրոսիա; աստվածային ըմպելիք 3) խիտ մրգահյութ; նեկտար

née |neɪ| *adjective* ծնյալ *(դրվում է ամուսնացած կնոջ օրիորդական ազգանունից առաջ)*

need |niːd| **1** *verb* 1) կարիք ունենալ/զգալ; պետք զգալ 2) հարկավոր/անհրաժեշտ լինել; պահանջվել 3) հարկավոր է; պետք է; անհրաժեշտ է *(եզակի 3-րդ դեմքը՝ need. ժխտական և հարցական նախադասություններում նրան հաջորդող անորոշ դերբայը դրվում է առանց to մասնիկի)* ◊ **he need not come at 11 o'clock** հարկավոր չէ, որ նա ժամը 11-ին գա 4) կարիքի մեջ լինել; կարոտություն քաշել **2** *noun* 1) հարկավորություն; անհրաժեշտություն; կարիք; պահանջ; պետք ◊ **if need be** եթե հարկավոր լինի; եթե կարիք լինի. **sb had need of** կարիք ուներ; նրան պետք էր. **meet the needs** կարիքները բավարարել. **have need of** մի բանի կարիք ունենալ. **stand in need** կարիք ունենալ *(որևէ բանի)* 2) չքավորություն; աղքատություն; սուր նյութական կարիք

needful |ˈniːdfʊl|, |-f(ə)l| *adjective* 1) *գրական անգլերեն* անհրաժեշտ; հարկավոր 2) տե՛ս **needy**

needle |ˈniːd(ə)l| **1** *noun* 1) ասեղ ◊ **ply one's needle** կարով զբաղվել; կար անել. **look for a needle in a haystack (look for a needle in a bottle of hay)** խոտի դեզի մեջ ասեղ փնտրել; անհուսալի գործով զբաղվել. **as sharp as a needle** սուր; խորաթափանց; զնող 2) շյուղ; հելուն *(ասեղնագործելու և այլնի համար)* 3) սլաք *(կողմնացույցի կամ հեռագրական սարքի)* 4) փուշ; ստև *(փշատերև ծառի)* 5) կոթող; հուշակոթող; հուշասյուն; օբելիսկ 6) սրածայր գագաթ *(լեռան)* 7) սրածայր ձող *(աշտարակի, զանգակատան)* 8) *հանքաբանություն* ասղաբյուրեղ 9) *խոսակցական* (**the needle**) գրգռվածություն; ջղային նոպա ◊ **have/get the needle** ջղային վիճակում լինել **2** *verb* 1) ծակել *(ասեղով և այլն)* 2) կարել; կար անել 3) *հանքաբանություն* ասղաձև բյուրեղանալ 4) *խոսակցական* զայրացնել; նյարդայնացնել

needlelace *noun* ժանյակ; հաշիա *(ասեղնագործ)*

needless |ˈniːdlɪs| *adjective* անօգուտ; անպետք; անկարևոր ◊ **needless to say ...** ասելն ավելորդ է; կարիք չկա ասելու

needlewoman |ˈniːd(ə)lwʊmən| *noun* (հոգն. **-women**) կար անող կին

needlework |ˈniːd(ə)lwəːk| *noun* 1) ասեղնագործություն; ասեղնագործելը 2) ասեղնագործ իրեր

needs |niːdz| *adverb* *հնացած* (**must needs do something, needs must do something**) անհրաժեշտաբար/անպատճառ պետք է անել; պարտադիր կերպով պետք է անել

needy |ˈniːdi| *adjective* (**needier, neediest**) 1) կարիքավոր; աղքատ; կարոտ 2) սուղ *(պայմանների մասին)*

ne'er-do-well **1** *noun* անպիտան/դատարկապորտ մարդ; անբան մարդ **2** *adjective* անպետք; անպիտան; անբան

nefarious |nɪ'fɛːrɪəs| *adjective* պիղծ; անօրեն; ստոր; անազնիվ

negate |nɪ'geɪt| *verb* 1) զրոյացնել; անարդյունավետ դարձնել; չեզոքացնել 2) ժխտել; բացասել *(որևէ բանի գոյությունը)*

negation |nɪ'geɪʃ(ə)n| *noun* 1) ժխտում; բացասում 2) *մաթեմատիկա* բացասական դարձնելը 3) *մաթեմատիկա* հակադարձում; շրջում 4) բացակայություն; պակասություն; բացառում

negative |'nɛgətɪv| **1** *adjective* 1) ժխտական; բացասական 2) չպարունակող; զերծ *(արյան մասին)* 3) հոռետեսական; վատատեսական *(մարդու վերաբերմունքի մասին)* 4) *քերականություն* ժխտական 5) *լուսանկարչություն* ժխտանկարի; նեգատիվի **2** *noun* 1) ժխտում; բացասում; բացասական պատասխան/փաստ ◊ **return a negative** «ո՛չ» ասել. **in the negative** բացասաբար 2) մերժում; հրաժարում; բացակայություն 3) *քերականություն* ժխտական բառ/մասնիկ/արտահայտություն 4) *մաթեմատիկա* բացասական մեծություն 5) *լուսանկարչություն* ժխտանկար 6) *էլեկտրականություն* բացասական էլեկտրոդ; կատոդ 7) արգելք; բացասական արդյունք **3** *exclamation* **4** *verb* 1) մերժել; արգելք դնել 2) ժխտել; հակաճառել 3) չեզոքացնել

negatory |nɪ'geɪt(ə)ri|, |'nɛgət(ə)ri| *adjective* բացասական; ժխտական

neglect |nɪ'glɛkt| **1** *verb* 1) արհամարհել; զանց առնել; կարևորություն չտալ; բանի տեղ չդնել; քիչ հոգատարություն ցուցաբերել 2) անուշադրության մատնել; բարձիթողի անել 3) չկատարել; չանել **2** *noun* 1) արհամարհանք; արհամարհում; բարձիթողի վիճակ 2) անփութություն; անփույթ վերաբերմունք; անհոգություն 3) չանելը; չկատարելը

neglectful *adjective* անհոգ; զանցառու; անտարբեր; անփույթ

negligee |'nɛglɪʒeɪ| *noun* թեթև ժանեկազարդ խալաթ

negligence |'nɛglɪdʒ(ə)ns| *noun* 1) զանցառություն; անփութություն; անհոգություն 2) թափթփվածություն; անուշադրություն 3) զանցառում; չկատարում *(օրինական պարտականությունների)*

negligent *adjective* 1) զանցառու; անփույթ; անհոգ 2) թափթփված; անուշադիր

negligently |'nɛglədʒəntli| *adverb* անփութորեն

negligible |'nɛglɪdʒɪb(ə)l| *adjective* աննշան; չնչին; անարժեք; արհամարհելի

negotiable |nɪ'gəʊʃəb(ə)l|, |-ʃɪə-| *adjective* 1) սակարկելի; բանակցելի; ըստ պայմանավորվածության *(գնի մասին)* 2) գործարքի ենթակա *(փոխանցելի, վաճառելի և այլն)* 3) խոսակցական անցանելի *(ճանապարհի և այլնի մասին)*

negotiate |nɪ'gəʊʃɪeɪt| *verb* 1) բանակցություններ վարել; պայմանները քննարկել; բանակցել 2) համաձայնության գալ *(պայմանների մասին)* 3) հաղթահարել *(դժվարությունները և այլն)* 4) գործ վարել; գործարք կատարել 5) մուրհակն իրացնել

negotiation |nɪgəʊʃɪ'eɪʃ(ə)n| *noun* 1) բանակցություն; պայմանների քննարկում ◊ **protracted negotiations** ձգձգված բանակցություններ 2) վաճառք; փոխանցում *(մուրհակի, իրավունքի)* 3) հաղթահարում *(դժվարությունների)*

Negress |'niːgrɪs|, |-grɛs| *noun հնացած վիրավորական* նեգրուհի

Negrillo |nɪ'grɪləʊ| *noun* (հոգն. **-los**) աֆրիկյան գաճաճների ցեղին պատկանող մարդ

Negrito |nɪ'griːtəʊ| *noun* (հոգն. **-tos**) նեգրիտոս

Negro |'niːgrəʊ| *հնացած վիրավորական* **1** *noun* (հոգն. **-groes**) նեգր **2** *adjective* նեգրական

Nehemiah |nɪə'mʌɪə| Նեեմիա *(Հին Կտակարանի մարգարեական գրքերից մեկը)*

neigh |neɪ| **1** *noun* խրխինջ; խրխնջոց; վրնջյուն **2** *verb* 1) խրխնջալ; վրնջալ 2) քրքջալ; հռհռալ; քահ-քահ ծիծաղել

neighbor |'neɪbə| (*բրիտանական* **neighbour**) **1** *noun* 1) հարևան; դրացի 2) կողքինը; կողքին կանգնածը/նստածը *(մարդու մասին)* 3) *աստվածաշնչային* ընկեր **2** *verb* (**neighbor upon**) սահմանակից/հարևան լինել; հենց կողքին լինել

neighborhood |'neɪbəhʊd| (*բրիտանական* **neighbourhood**) *noun* 1) շրջակայք; մերձակայք; մոտակայք 2) հարևանություն; հարևաններ; շրջապատ ◊ **in the neighborhood** մոտակայքում; մոտ 3) մոտիկություն ◊ **in the neighborhood of** մոտավորապես

neighborly |'neɪbəli| (*բրիտանական* **neighbourly**) *adjective* բարիդրացիական; բարեկամական

neither |'nʌɪðə|, |'niː-| **1** *adjective, pronoun* 1) ոչ մի; ոչ մեկը *(նշվածներից)* 2) ո՛չ մեկը, ո՛չ էլ մյուսը **2** *adverb* 1) ◊ **neither ... nor** ո՛չ ... ո՛չ 2) ոչ էլ *(ժխտական նախադասություններում)*

Neman |'nɛmən| Նեման *(գետ Բելոռուսիայում և Լիտվայում)*

nemesis |'nɛmɪsɪs| *noun* (հոգն. **-ses** |-siːz|) 1) անկման/ձախողման պատճառ 2) անկում; ձախողում

neoclassical |niːəʊ'klæsɪk(ə)l| (նաև **neoclassic**) *adjective արվեստ գրականություն* նեոկլասիկական; նորդասական

neoconservative **1** *adjective* նորպահպանողական *(քաղաքականության, գրականության, աստվածաբանության և այլնի մեջ)* **2** *noun* նորպահպանողական մարդ

neodymium |ˌniːə(ʊ)'dɪmɪəm| *noun քիմիա* (**Nd**) նեոդիմ

Neolithic |ˌniːə(ʊ)'lɪθɪk| *adjective հնագիտություն* 1) նեոլիթյան; նորքարեդարյա 2) (**the Neolithic**) նեոլիթ; նոր քարե դար

neologism |nɪ'ɒlədʒɪz(ə)m| *noun* 1) նորաբանություն; նորակազմություն 2) նորաբանություն կազմելը

neon |'niːɒn| *noun* 1) *քիմիա* (**Ne**) նեոն 2) լամպեր; լուսանշաններ *(նեոնային կամ ոչ)* 3) նեոնային լամպ 4) *կենդանաբանություն* (**neon tetra**) նեոնաձուկ; նեոն տետրա *(Paracheirodon innesi, ընտանիք Characidae)* 5) խիստ վառ գույն; նեոնային գույն

Nepal |nɪ'pɔ:l| Նեպալ *(պետություն Հարավային Ասիայում)*

nephew |'nɛfju:|, |'nɛvju:| *noun* եղբորորդի; քեռորդի

nephron |'nɛfrɒn| *noun կազմախոսություն* երիկամատարր; նեֆրոն

nepotism |'nɛpətɪz(ə)m| *noun* կողմնապահություն; խնամիություն; խնամիականություն; ընտանեկանություն

Neptune |'nɛptju:n| *noun աստղագիտություն* Նեպտուն *(մոլորակ)*

neptunium |nɛp'tju:nɪəm| *noun քիմիա* (Np) նեպտունիում

nerd |nə:d| *noun խոսակցական* 1) չչփվող ձանձրալի մարդ; քթամիտ/տափակ մարդ 2) որևէ մասնագիտությունում խորացած մարդ; շեղված մասնագետ

Nero |'nɪərəʊ| *պատմական* Ներոն

nerve |nə:v| **1** *noun* 1) նյարդ; ջիղ 2) (**nerves**) նյարդայնություն; ջղայնություն; նյարդային վիճակ ◇ **afferent nerves** կենտրոնաձիգ նյարդեր. **efferent nerves** շարժիչ նյարդեր. **get on one's nerves** մեկի ջղերի վրա ազդել; գրգռել/ջղայնացնել մեկին; դուր չգալ. **iron nerves, nerves of steel** *փոխաբերական* երկաթյա ջղեր; ուժեղ կամք. **a fit of nerves** ջղային նոպա; կատաղության/մոլեգնության նոպա. **suffer from nerves** նյարդային համակարգի խանգարումով տառապել 3) (**one's nerve**) արիություն; համառատակամություն; ինքնատիրապետում; ուժ; եռանդ ◇ **lose one's nerve** արիությունը/ինքնատիրապետումը կորցնել 4) ◇ **strain every nerve** բոլոր ուժերը լարել; ամբողջ ուժը գործ դնել 5) *խոսակցական* անպատկառություն; հանդգնություն 6) *բուսաբանություն, կենդանաբանություն* ջիղ; երակ; երակացանց *(տերևների և միջատների թևերի վրա)* **2** *verb* իրեն հավաքել; ուժերը հավաքել; գոտեպնդվել

nerve cell *noun* նյարդաբջիջ; նեյրոն

nerveless |'nə:vlɪs| *adjective* 1) թույլ; անզոր; անաշխույժ; անկյանք 2) անհետաքրքիր; անհամ; ձանձրալի 3) *կազմախոսություն, կենսաբանություն* անջիղ; նյարդազուրկ 4) ինքնավստահ

nerve-racking (նաև **nerve-wracking**) *adjective* նյարդայնացնող; քայքայիչ; նյարդերի վրա ազդող

nervous |'nə:vəs| *adjective* 1) նյարդային; նյարդի 2) ջղայնացնող; ջղերի վրա ազդող 3) արտահայտիչ; ազդու *(ոճի մասին)* 4) ջղային; դյուրագրգիռ; լարված; ջղագրգիռ; հուզված; վրդովված

nervous breakdown *noun բժշկություն* ջղային խանգարվածություն/խանգարում

nervous system *noun* նյարդային համակարգ

nervy |'nə:vi| *adjective* (**nervier**, **nerviest**) 1) *ծածկալեզու* ինքնավստահ; հանդուգն 2) *խոսակցական* ջղային; հուզված; վրդովված; լարված 3) *բանաստեղծական* մկանոտ; մկանեղ; ուժեղ

ness |nɛs| *noun* հրվանդան

nest |nɛst| **1** *noun* 1) բույն ◇ **hornet's nest** կրետի/շնաճանճի բույն; ավազակների որջ. **bring a hornet's nest about one's ears** կրետի/շնաճանճի բույնը քանդել; ոխերիմ թշնամիներին գրգռել 2) բույն; կենդանիների/թռչունների մի ընտանիք; մայր ու ձագեր 3) տաքուկ անկյուն; հաճելի անկյուն; տաքուկ տեղ 4) որջ; բույն; գաղտնի ապաստարան *(գողերի և այլնի)* 5) որջի հաճախորդները; որջի մարդիկ 6) լաբիրինթոս; բավիղ 7) *համակարգիչներ* ներդրված **2** *verb* 1) բույն շինել; բույն դնել 2) մեկը մյուսի մեջ դարսվել; ներդրվել 3) *համակարգիչներ* ներդնել

feather one's nest գրպանը լցնել; հարստանալ

foul one's own nest աղբը խրճիթից հանել; գաղտնիքը տնից դուրս տալ

nest egg *noun* 1) խնայողություն; հոգեպահուստ 2) բունկալ *(ձու, որ դրվում է հավաբնում, որպեսզի հավը բնում ձու ածի)*

nestle |'nɛs(ə)l| *verb* 1) հարմար նստել; տեղավորվել; բազմել 2) ապաստանել; պատսպարվել; թաքնվել 3) փարվել

nestling |'nɛs(t)lɪŋ| *noun* ձագուկ; ճուտիկ

net¹ |nɛt| **1** *noun* 1) ցանց; ուռկան 2) դարպաս *(ֆուտբոլում և այլն)* 3) հերացանց; ծամացանցիկ *(մազերը հավաք պահելու ցանց)* 4) ցանցկեն գործվածք; ցանցահյուս գործվածք 5) *փոխաբերական* թակարդ; ծուղակ; որոգայթ ◇ **cast a net** ուռկան գցել 6) ցանց; ցանցիկ 7) սարդոստայն 8) *համակարգիչներ* ցանց *(համակարգիչների)* 9) (նաև **the Internet**) համացանց; ինտերնետ **2** *verb* (**netted**, **netting**) 1) *նաև փոխաբերական* ուռկանով որսալ; ցանց դնել; թակարդ լարել 2) ցանցապատել; ցանցով պատել 3) ցանցի մեջ ընկնել *(գնդակի մասին)* 4) ցանց հյուսել; ուռկան գործել

net² |nɛt| **1** *adjective* 1) զուտ; մաքուր *(ապրանքի քաշի, եկամուտի մասին)* 2) վերջնական; եզրափակիչ; ամփոփիչ **2** *verb* (**netted**, **netting**) 1) զուտ եկամուտ ստանալ 2) զուտ եկամուտ բերել

nether |'nɛðə| *adjective հնացած կատակային* ցածր; ստորին

Netherlander |-ˌlændə| *noun* հոլանդացի

Netherlands |'neðələndz| Նիդերլանդներ *(պետություն Արևմտյան Եվրոպայում)*

nethermost *adjective* ամենացածր; ամենաստորին

netizen *noun համակարգիչներ* համացանցցի; ինտերնետցի *(համացանցից հաճախակի օգտվող մարդ)*

nettle |'nɛt(ə)l| **1** *noun բուսաբանություն* եղինջ; աղինջ *(Urtica, ընտանիք Urticaceae)*◇ **small nettle** դաղող եղինջ. **grasp one's nettle** *փոխաբերական* խիզախորեն հաղթահարել դժվարությունները **2** *verb* 1) ջղայնացնել; զայրացնել; գրգռել 2) եղինջով դաղել

nettlerash *noun բժշկություն* (**urticaria**) եղնջատենդ

network |'nɛtwə:k| **1** *noun* 1) ցանց; վանդակացանց 2) ցանց *(երկաթուղային, ջրանցքների և այլնի)* 3) *համակարգիչներ* ցանց **2** *verb* 1) *համակարգիչներ* ցանցավորել; վերցնել ցանցի մեջ 2) *համակարգիչներ* կապակցել

neuralgia |ˌnjʊə'rældʒə| *noun բժշկություն* նևրալգիա; ներվացավ

neurasthenia |ˌnjʊərəs'θi:nɪə| *noun* նևրասթենիա; նյարդագարություն

neurology |ˌnjʊəˈrɒlədʒi| *noun* նյարդաբանություն

neurosis |ˌnjʊəˈrəʊsɪs| *noun* (հոգն. **-ses** |-siːz|) *բժշկություն* նյարդախտ; նյարդագարություն; նևրոզ

neurotic |njʊəˈrɒtɪk| **1** *adjective* *բժշկություն* 1) նյարդախտի; նյարդագարության 2) նյարդագար; գերզգայուն **2** *noun* նյարդագար/գերզգայուն մարդ

neuter |ˈnjuːtə| **1** *verb* 1) կրտել; ամորձատել 2) անարդյունավետ դարձնել **2** *adjective* 1) *քերականություն* չեզոք սեռի; անանցողական *(բայի մասին)* 2) կրտած; մալած; ամորձատած; ամուլ; չբեր *(կենդանու մասին)* 3) տե՛ս **asexual** 4) *հազվադեպ* չեզոք ◊ **stand neuter** չեզոք մնալ; չեզոքություն պահպանել **3** *noun* 1) *քերականություն* չեզոք սեռ *(գոյականի)* 2) *քերականություն* չեզոք սեռի գոյական 3) կրտած/ամորձատած կենդանի

neutral |ˈnjuːtr(ə)l| **1** *adjective* 1) չեզոք; անկողմնակալ; անաչառ 2) միջին; չեզոք; անորոշ *(գույնի և այլնի մասին)* 3) անսեռ; սեռ չունեցող **2** *noun* 1) չեզոք պետություն 2) չեզոք պետության հպատակ 3) անկողմնակալ/անաչառ մարդ 4) չեզոք դիրք *(ավտոմեքենայի փոխանցումատուփի)*

neutrality *noun* չեզոքություն ◊ **armed neutrality** զինված չեզոքություն

neutralization |-ˈzeɪʃ(ə)n| *noun* 1) չեզոքացում 2) *ռազմական* ճնշում կրակով 3) *լեզվաբանություն* չեզոքացում

neutralize |ˈnjuːtrəlʌɪz| *verb* 1) չեզոքացնել; վնասազերծել; անվնաս դարձնել 2) *ռազմական* իր կրակով խեղդել 3) չեզոք հայտարարել

neutron |ˈnjuːtrɒn| *noun* *ֆիզիկա* նեյտրոն

Neva |ˈniːvə|, |njɪˈvɑː| Նևա *(գետ Ռուսաստանում, որը հոսում է Սանկտ Պետերբուրգի միջով)*

Nevada |nɪˈvɑːdə| Նևադա *(ԱՄՆ-ի նահանգ)*

never |ˈnɛvə| *adverb* 1) երբեք; ոչ մի անգամ ◊ **well, I never!, I never did!** երբեք նման բան չեմ տեսել/լսել. **will he never come!** վերջապես նա ե՞րբ է գալու. **never say die** երբեք մի՛ հուսահատվեք 2) բնավ ոչ; իհարկե ոչ; չի կարող պատահել

never a one և ոչ մեկը
never fear մի՛ անհանգստացեք; վստա՛հ եղեք
never mind! ոչի՛նչ; մի՛ մտահոգվեք; մի՛ անհանգստացեք; ուշադրություն մի՛ դարձրեք

nevermore |nɛvəˈmɔː| *adverb* *բանաստեղծական* այլևս երբեք; այլևս ոչ մի անգամ; էլ երբեք

nevertheless |nɛvəðəˈlɛs| *adverb* այնուամենայնիվ; չնայած; սակայն

new |njuː| **1** *adjective* 1) նոր; թարմ; վերջերս արված; վերջերս ստեղծված 2) չօգտագործված; չհագնված; չկրած; նախնական վիճակում 3) այլ; ուրիշ; մեկ ուրիշ 4) թարմ; նոր կթած; տաք-տաք *(կաթի և այլնի մասին)* 5) **(new to)** անծանոթ; նորահայտ; նորագյուտ 6) **(new to/at)** անծանոթ; անսովոր; անփորձ; չփորձված *(մի բանում)* 7) նորանոր; լրացուցիչ; հավելյալ 8) **(the new)** նորոգված; բարենորոգված; բարեկարգված 9) վերջին; նորագույն; ժամանակակից; արդի; առաջավոր 10) վերածնված; նորոգված *(մարդու մասին՝ հոգևոր առումով)* 11) նորընտիր *(խորհրդարան և այլն)* **2** *adverb* հենց նոր; վերջերս ◊ **new built** նորակառույց

New Amsterdam Նյու Յորքի նախկին անվանումը

newbie *noun* (հոգն. **-bies**) նորավարժ/անփորձ մարդ *(հատկապես համակարգչի հարցում)*

newborn |njuːˈbɔːn|, |ˈnjuːbɔːn| **1** *adjective* նորածին *(մարդու/կենդանու մասին)* **2** *noun* 1) նորածին *(մարդու)* 2) նորածին կենդանի

New Caledonia Նոր Կալեդոնիա *(կղզի Ավստրալիայի մոտ, պատկանում է Ֆրանսիային)*

newcomer |ˈnjuːkʌmə| *noun* 1) նորեկ 2) սկսնակ; անծանոթ; նորընծա; նորավարժ

New Delhi Նյու Դելի *(Հնդկաստանի մայրաքաղաքը)*

newfangled |njuːˈfæŋg(ə)ld| (նաև **new-fangled**) *adjective* *արհամարհական* նորելուկ; նորաթուխ

new-fashioned *adjective* նորաձև; նորաոճ

newfound (**new-found**) *adjective* նորագյուտ; նոր հայտնագործված

Newfoundland[1] |ˌnjuːfəndlənd|, |-lænd|, |-ˌfaʊndlənd| Նյուֆաունդլենդ *(կղզի Կանադայի արևելքում)*

Newfoundland |ˌnjuːf(ə)n(d)lənd|, |-lænd|, |njuːˌfaʊndlənd| (*ամբողջությամբ* **Newfoundland dog**) *noun* *կենդանաբանություն* նյուֆաունդլենդ; ջրասուզակ շուն

Newfoundland |ˈnjuːf(ə)n(d)lənd|, |-lænd|, |njuːˈfaʊndlənd| (*ամբողջությամբ* **Newfoundland dog**) *noun* *կենդանաբանություն* նյուֆաունդլենդ; ջրասուզակ շուն

Newgate |ˈnjuːgeɪt| *noun* Նյուգեյտյան պարտապանների բանտ *(նախկինում)*

New Guinea Նոր Գվինեա *(կղզի Խաղաղ Օվկիանոսի հարավում)*

New Hampshire Նյու Հեմփշիր *(ԱՄՆ-ի նահանգ)*

newish *adjective* բավական նոր

New Jersey Նյու Ջերսի *(ԱՄՆ-ի նահանգ)*

New Jerusalem *աստվածաբանություն* Նոր Երուսաղեմ; Վերին Երուսաղեմ *(սուրբերի գալիք բնակավայրը ըստ Նոր Կտակարանի Հայտնության գրքի)*

newly |ˈnjuːli| *adverb* 1) վերջերս; հենց նոր ◊ **newly independent** նորանկախ 2) նորից; կրկին; դարձյալ; վերստին 3) նորովի; նոր կերպով

New Mexico Նյու Մեքսիկո *(ԱՄՆ-ի նահանգ)*

new moon *noun* նորալուսին

New Orleans |ˈɔːliːnz|, |ɔːˈliːnz| Նոր Օռլեան *(քաղաք ԱՄՆ-ի հարավում)*

news |njuːz| *noun* 1) լուրեր; նորություններ ◊ **frontpage news** լրագրային ցնցանորույթ. **distressing news** ցնցող/վշտալի լուր. **that is no news** դա նորություն չէ. **no news is good news** լուր չլինելը ինքնին լավ լուր է 2) **(the news)** լրատվական հաղորդում *(հեռուստատեսությամբ, ռադիոյով)* 3) **(news to)** նորություն; անծանոթ/անհայտ երևույթ *(որևէ մեկի համար)* 4) նորույթ

bad news travels quickly, ill news flies fast վատ լուրը շուտ է տարածվում

break the news վատ լուրը մեղմացնել; զգուշությամբ հաղորդել

newsagent |ˈnju:zeɪdʒ(ə)nt| *noun* 1) լրագրավաճառ *(կրպակ ունեցող)* 2) լրագրերի կրպակ

newsboy |ˈnju:zbɔɪ| *noun* լրագրավաճառ տղա; լրագրաբեր

newscast |ˈnju:zkɑ:st| *noun* լուրերի հաղորդում *(ռադիոյով կամ հեռուստատեսությամբ)*

news conference *noun* մամուլի ասուլիս

newsgroup *noun* *համակարգիչներ* հեռախորհրդածողով; լրախումբ

newsletter |ˈnju:zlɛtə| *noun* *համակարգիչներ* լրագիր

newsman |ˈnju:zmæn| *noun* (հոգն. **-men**) 1) լրագրի թղթակից; լրագրող 2) լրագրավաճառ

newsmonger |ˈnju:zmʌŋgə| *noun* լուրեր տարածող; բամբասան; բամբասանք անող *(կին, տղամարդ)*

newspaper |ˈnju:zpeɪpə|, |ˈnju:s-| *noun* 1) լրագիր; թերթ; լրաթերթ 2) թերթի խմբագրություն; լրագրի խմբագրություն

newsprint |ˈnju:zprɪnt| *noun* *տպագրություն* լրագրի թուղթ

newsreader |ˈnju:zri:də| *noun* 1) *համակարգիչներ* նորությունների ընթերցիչ 2) *բրիտանական* (նաև **newscaster**) վարող; հաղորդավար

newsreel |ˈnju:zri:l| *noun* *ամերիկյան* կինոքրոնիկա; կինոժուռնալ; կինոժամանակագրություն *(սովորաբար կինոթատրոնում ֆիլմից առաջ ցուցադրվող)*

news-sheet *noun* թռուցիկ; թերթ

newsstand *noun* 1) լրագրի կրպակ 2) *ամերիկյան* գրքի տաղավար

newsy |ˈnju:zi| **1** *adjective* (**newsier**, **newsiest**) *խոսակցական* բամբասանքներով լի; լուրերով հարուստ **2** *noun* *ամերիկյան* լրագրավաճառ տղա

newton |ˈnju:t(ə)n| (նշվ. **N**) *noun* *ֆիզիկա* նյուտոն *(ուժի միավոր)*

New World Նոր Աշխարհ *(Հյուսիսային և Հարավային Ամերիկաների անվանումը՝ Եվրոպայի նկատմամբ)*

new year *noun* 1) նոր տարի 2) (**New Year**) Նոր տարի; Ամանոր *(տոնը)*

New York Նյու Յորք *(քաղաք ԱՄՆ-ում)*

New Zealand |ˈzi:lənd| Նոր Զելանդիա *(պետություն Ավստրալիայի հարավ-արևելքում)*

next |nɛkst| **1** *adjective* 1) հաջորդ; առաջիկա; մյուս; գալիք; եկող 2) հարևան; մոտիկ; կողքի ◇ **next to** համարյա; գրեթե **2** *adverb* հետո; այնուհետև ◇ **what next?** հետո ի՞նչ; և ի՞նչ **3** *noun* հաջորդը մարդ կամ առարկա; մերձագույնը ◇ **next please!** հաջորդը, խնդրեմ **4** *preposition* *հնացած* կողքին; մոտ ◇ **next to nothing** համարյա ոչինչ

next door **1** *adverb* կողքին; հարևան տանը **2** *adjective* հարևան; կողքի տանն ապրող; դրկից **3** *noun* հարևան տուն/սենյակ

next of kin *noun* ամենահարազատ բարեկամը *(որևէ մեկի)*

nexus |ˈnɛksəs| *noun* (հոգն. նույնը կամ **-uses**) 1) կապ; կապակցեր; հանգույց; օղակ 2) *լեզվաբանություն* միջուկ 3) *համակարգիչներ* միացման կետ

NGO *abbreviation* nongovernmental organization ՀԿ; հասարակական կազմակերպություն

Niagara Falls |nʌɪˈæg(ə)rə| Նիագարայի ջրվեժ *(ԱՄՆ-ի և Կանադայի սահմանին)*

Niagara River Նիագարա գետ

nib |nɪb| *noun* 1) գրչածայր 2) սուր ծայր *(առարկայի)* 3) փոքրիկ քաղցրավենիքներ

nibble |ˈnɪb(ə)l| **1** *verb* 1) փոքր կտորներով ուտել; կծոտելով ուտել 2) (**nibble at**) թեթևակի կծել 3) մաշվել; թուլանալ; վերջանալ **2** *noun* պատառիկներ *(ննջի)*

niblick |ˈnɪblɪk| *noun* *հնացած* գոլֆ մական *(գոլֆի մեջ գնդակը խփելու համար)*

nibs |ˈnɪbz| *noun* *խոսակցական* (**his nibs**) նրա ողորմածությունը; նորին գերազանցությունը

Nicaragua |ˌnɪkəˈrægjʊə|, |-ˈrægwə| Նիկարագուա *(պետություն Կենտրոնական Ամերիկայում)*

Nice |ni:s| Նիցա *(քաղաք Ֆրանսիայի հարավում)*

nice |nʌɪs| *adjective* 1) հաճելի; ախորժելի; դուրեկան; համակրելի; հիանալի; լավ; սիրունիկ *(նաև մարդկանց մասին)* 2) սիրալիր; ուշադիր *(վերաբերմունքի մասին)* 3) վայելուչ; բարեպատշաճ 4) նրբագեղ; գեղեցիկ; ճաշակով արված 5) ճշգրիտ; նուրբ; զգայուն *(մեխանիզմի մասին)* 6) սուր *(լսողության/տեսողության և այլնի մասին)* 7) նուրբ; նրբին *(ոճի/շարժուձևի մասին)* 8) *հնացած* բծախնդիր; մանրախնդիր; մանրակրկիտ 9) ուշադիր; ջանասեր 10) համեղ; համով 11) նուրբ; նուրբ մոտեցում պահանջող; զգայուն *(հարցի մասին)*

nicely |ˈnʌɪsli| *adverb* 1) լավ; հաճելիորեն; սիրալիր կերպով 2) *խոսակցական* հենց; ճիշտ; իսկը

Nicene Creed |nʌɪˈsi:n|, |ˈnʌɪ-| *քրիստոնեություն* Նիկիական հանգանակ

nicety |ˈnʌɪsɪti| *noun* (հոգն. **-ties**) 1) նրբություններ; մանրամասնություններ 2) նրբինություն; նրբագեղություն; վայելչագեղություն 3) ճշտություն; ճշգրտություն ◇ **a nicety** ճշգրտորեն; ճշգրիտ կերպով; իսկը չափին; հարմար 4) պահանջկոտություն; բծախնդրություն; նրբախնդրություն; փափկանկատություն

niche |ni:ʃ|, |nɪtʃ| **1** *noun* 1) որմնախորշ 2) (**one's niche**) կյանքում/հասարակությունում մեկի տեղը 3) *տնտեսագիտություն* խոռոչ *(շուկայի)* **2** *verb* որմնախորշի/խորշի մեջ դնել

nick |nɪk| **1** *noun* 1) քարթ; խորդուբորդություն; անհարթություն; ճաք; քերծվածք *(ամանեղենի և այլնի վրա)* 2) տարբերանիշ; նշան 3) հիշտ ժամանակ; վճռական պահ ◇ **in the very nick of time** հենց ճիշտ ժամանակին 4) *բրիտանական* *խոսակցական* (**the nick**) ոստիկանություն; բանտ **2** *verb* 1) ճաք անել; քերծել 2) *խոսակցական* (**nick someone for**) խաբել 3) ձերբակալել; բռնել *(հանցագործին)* 4) գուշակել; գլխի ընկնել; ճիշտ կռահել 5) ժամանակին հասնել *(գնացքին և այլն)*

nickel |ˈnɪk(ə)l| **1** *noun* 1) *քիմիա* (**Ni**) նիկել 2) *ամերիկյան* 5 ցենտանոց մետաղադրամ **2** *verb* (**-eled**, **-eling**; բրիտ. **-elled**, **-elling**) նիկելապատել

nicker¹ **1** *verb* խրխնջալ; վրնջալ **2** *noun* վրնջյուն; խրխնջյուն

nicker² |ˈnɪkə| *noun* (հոգն. նույնը) *խոսակցական* ֆունտ ստեռլինգ

nicknack (նաև **nick-nack**) *noun* մանր զարդ/ զարդարանք

nickname |ˈnɪkneɪm| **1** *noun* 1) մականուն; ավելանուն 2) փաղաքշական անուն; կրճատ անուն/անվանում **2** *verb* մականուն տալ

Nicosia |ˌnɪkəˈsɪə| Նիկոսիա *(Կիպրոսի մայրաքաղաքը)*

nicotine |ˈnɪkətiːn| *noun* նիկոտին

niece |niːs| *noun* քրոջ աղջիկ; եղբոր աղջիկ

nifty |ˈnɪfti| *adjective* (**-tier**, **-tiest**) *խոսակցական* 1) վարպետորեն արված; հմուտ 2) նրբագեղ; շքեղ; փառահեղ; հոյակապ

Niger |ˈnʌɪdʒə| Նիգեր *(գետ Հյուսիսարևելյան Աֆրիկայում)*

Nigeria |nʌɪˈdʒɪərɪə| Նիգերիա *(պետություն Արևմտյան Աֆրիկայում)*

niggard |ˈnɪgəd| **1** *noun* վիրավորական գծուծ/ ժլատ մարդ **2** *adjective* վիրավորական (նաև **niggardly**) գծուծ; ժլատ

nigger |ˈnɪgə| *noun* 1) *արհամարհական* նեգր; սևամորթ անձ 2) մուգ դարչնագույն

niggle |ˈnɪg(ə)l| **1** *verb* 1) նյարդայնացնել; գրգռել; նյարդերի վրա ազդել 2) մանրախնդիր լինել **2** *noun* մանր դժգոհություն/վեճ/քննադատություն

nigh |nʌɪ| *adverb, preposition, adjective հնացած բանաստեղծական* 1) մոտ; մոտիկ; կողքին 2) մոտավորապես; համարյա

night |nʌɪt| **1** *noun* 1) գիշեր; օրվա մութ մասը ◇ **in the night, at night** գիշեր ժամանակ; գիշերը. **by night** գիշերով. **all night long** ամբողջ գիշեր. **starlight night** աստղալից գիշեր. **good night!** բարի գիշեր. **have a good night** հանգիստ/լավ քնել գիշերը. **make a night of it** ամբողջ գիշերը քեֆ անել. **night and day** գիշեր-ցերեկ; ամբողջ ժամանակ; անընդհատ; անդադար. **in the dead of night** խոր գիշերին. **Arabian nights** «Հազար ու մի գիշեր» հեքիաթները 2) խավար; մթություն *(գիշերվա)* 3) երեկո ◇ **last night** երեկ երեկոյան. **the night before last** նախանցյալ երեկոյան; երեկ չէ առաջի երեկո. **first night** առաջին ներկայացում. **a night out** i) երեկույթ *(ծանոթների մոտ)* ii) հանգստի երեկո *(ծառաների, սպասավորների)* 4) ◇ **go forth into the night** անհետանալ խավարում; չքանալ մթության մեջ **2** *exclamation խոսակցական* (նաև **good night**) բարի գիշեր

nightbird |ˈnʌɪtbəːd| *noun* 1) գիշերային թռչուն 2) տե՛ս **night owl** 3) գիշերները թափառող; գիշերաշրջիկ

night blindness *noun բժշկություն* (**nyctalopia**) հավկուրություն

nightcap |ˈnʌɪtkæp| *noun* 1) *պատմական* գիշերային թասակ 2) մի բաժակ խմիչք *(երեկոյան՝ քնելուց առաջ)*

nightclub |ˈnʌɪtklʌb| *noun* գիշերային ակումբ

nightdress |ˈnʌɪtdrɛs| *noun* գիշերանոց *(կանացի կամ մանկական)*

nightfall |ˈnʌɪtfɔːl| *noun* գիշերամուտ; մութնկոխ; մթնշաղ

nightingale |ˈnʌɪtɪŋˌgeɪl| *noun կենդանաբանություն* սոխակ; բլբուլ *(Luscinia megarhynchos, ընտանիք Muscicapidae)*

nightjar |ˈnʌɪtdʒɑː| *noun կենդանաբանություն* այծկիթ; այծադիաց *(թռչուն. ընտանիք Caprimulgidae)*

nightlife |ˈnʌɪtlʌɪf| *noun* գիշերային կյանք *(քաղաքի)*

nightlight (նաև **night-light** կամ **night light**) *noun* գիշերալամպ; գիշերաճրագ *(համեմատաբար թույլ լույսով)*

nightlong *adjective* գիշերատև; ամբողջ գիշեր տևող

nightly |ˈnʌɪtli| **1** *adjective* 1) գիշերային 2) ամեն գիշեր կատարվող; ամեն գիշերվա **2** *adverb* ամեն գիշեր

nightmare |ˈnʌɪtmɛː| *noun* 1) մղձավանջ; ծանր երազ 2) փորձանք; պատուհաս; «մղձավանջ» *(մարդու/իրավիճակի մասին)*

night owl *noun խոսակցական* 1) գիշերները թափառող; գիշերաշրջիկ 2) գիշերային թռչուն

nightrider *noun ամերիկյան* գիշերային ավազակ *(ձիավոր՝ հատկապես սևամորթների վրա հարձակվող)*

night school *noun* գիշերային/երեկոյան դպրոց

nightshirt |ˈnʌɪtʃəːt| *noun* գիշերային շապիկ *(տղամարդու)*

night soil *noun* աղբ; աղտեղություն; կեղտոտություններ; կղկղանք *(գիշերը աղբահորից հանվող)*

nighttime *noun* գիշեր ◇ **in the nighttime** գիշեր ժամանակ; գիշերը

night watchman |nʌɪtˈwɒtʃmən| *noun* (հոգն. **-men**) գիշերային պահակ

nightwear |ˈnʌɪtwɛː| *noun* գիշերանոց; ննջազգեստ; գիշերային հագուստներ

nigrescent |nɪˈgrɛs(ə)nt|, |nʌɪ-| *adjective հազվադեպ* սևորակ; սևուկ; սևին տվող

nil |nɪl| **1** *noun* զրո; ոչինչ *(հատկապես խաղի հաշիվ)* **2** *adjective* գոյություն չունեցող; անիրական

Nile |nʌɪl| Նեղոս *(գետ Արևելյան Աֆրիկայում)*

nimble |ˈnɪmb(ə)l| *adjective* (**-bler**, **-blest**) 1) արագաշարժ; ժիր; ճարպիկ; թեթևաշարժ 2) աշխույժ; ճկուն *(մտքի մասին)* 3) խելամիտ; լավ ըմբռնող

nimbus |ˈnɪmbəs| *noun* (հոգն. **-bi** |-bʌɪ| կամ **-buses**) 1) լուսապսակ; փայլ; շող 2) անձրևաբեր ամպ

niminy-piminy |ˌnɪmɪnɪˈpɪmɪni| *adjective* սեթևեթ; կոտրատվող; բռնազբոսիկ

nincompoop |ˈnɪŋkəmpuːp| *noun* հիմար; ապուշ; տխմար

nine |nʌɪn| *cardinal number* 1) ինը; ինն 2) ինը հոգի 3) իննոց; իննյակ; ինը համարը ◇ **up to the nines** միանգամայն; կատարելապես; արտակարգ կերպով. **dressed up to the nines** արտակարգ շքեղ հագնված; զուգված 4) ինը տարեկան 5) ժամը ինը 6) ինը համարի հագուստ

ninefold |ˈnʌɪnfəʊld| **1** *adjective* 1) իննապատիկ; ինն անգամ մեծ/ավել 2) իննամաս; ինը մասանի **2** *adverb* ինն անգամ; իննապատիկ

ninepins |ˈnʌɪnpɪnʒ| *plural noun* կեգլախաղ

nineteen |nʌɪnˈtiːn|, |ˈnʌɪntiːn| *cardinal number* 1) տասնինը; տասնինն 2) տասնինը տարեկան

talk/go nineteen to the dozen շատախոսել; շաղակրատել; դուրս տալ; անընդհատ խոսել

nineteenth *ordinal number* տասնիններորդ

ninetieth *ordinal number* իննսուներորդ

ninety |ˈnʌɪnti| *noun* (հոգն. **-ties**) 1) (**the nineties**) իննսուն; իննսունական թվականներ 2) իննսուն տարեկան 3) ժամում իննսուն մղոն

Nineveh |ˈnɪnɪvə| *պատմական* Նինվե *(քաղաք Տիգրիս գետի արևելյան ափին)*

ninny |ˈnɪni| *noun* (հոգն. **-nies**) *խոսակցական* ապուշ; տխմար; հիմար

ninth |ˈnʌɪnθ| *ordinal number* 1) իններորդ 2) (**a/one ninth**) մեկ իններորդ 3) իններորդ դասարան

niobium |nʌɪˈəʊbɪəm| *noun քիմիա* (**Nb**) նիոբիում

nip¹ |nɪp| **1** *verb* (**nipped**, **nipping**) 1) կսմթել; ճմկթել; կծել; խայթել *(ուժգին)* 2) ցրտահարել; վնասել 3) *խոսակցական* թռցնել; գողանալ 4) զարգացումը կասեցնել; զարգացումը խափանել ◊ **nip in the bud** սաղմի մեջ խեղդել • **nip away** *խոսակցական* ծլկել; խույս տալ **nip in** միջամտել; խառնվել *(խոսքի մեջ)* **nip off** i) կծելով պոկել ii) ծլկել; փախչել; խույս տալ **2** *noun* 1) կմշտոց; կսմթոց; կմշտելը; կսմթելը; խայթում; խայթելը; խայթոց; կծելը; կծոց 2) կծու/խայթող դիտողություն; խայթող/կծու խոսք 3) սուր ներգործություն *(սառնամանիքի, քամու)* 4) կծող ցուրտ; սառնամանիք

nip² |nɪp| **1** *noun* կում; ումպ ◊ **freshen the nip** խումարությունից դուրս գալ *(թունդ խմիչքով)* **2** *verb* (**nipped**, **nipping**) փոքր ումպերով խմիչք խմել

nipper |ˈnɪpə| *noun* 1) *խոսակցական* տղա; մանչուկ 2) (**nippers**) կծաքցան; աքցան 3) կծան/կծող կենդանի; խայթող միջատ 4) բռնաչանչ *(խեցգետնի)* 5) *ծածկալեզու* անապաստան *(երեխա)* 6) *ծածկալեզու* (**nippers**) ձեռնաշղթաներ

nipple |ˈnɪp(ə)l| **1** *noun* 1) *կազմախոսություն* կրծքապտուկ *(մարդու)* 2) *կազմախոսություն* պտուկ *(կենդանու)* 3) ծծակ; ռետինե պտուկ; ծծապտուկ 4) թմբիկ; խուլ; խիլ; բլրակ; թումբ 5) բուշտ; բշտիկ *(ապակու/մետաղի վրա)* **2** *verb* պտուկանման գոյացություն առաջացնել

nippy |ˈnɪpi| *adjective* (**-pier**, **-piest**) 1) ցուրտ; սառը; կծող *(քամու մասին)* 2) կծան; կծող; կսմթող; խայթող 3) *խոսակցական բրիտանական* արագաշարժ; ճարպիկ

nisei |ˈniːseɪ|, |niːˈseɪ| (նաև **Nisei**) *noun* (հոգն. նույնը կամ **-seis**) *խոսակցական* Ամերիկայում ծնված ճապոնացի

nit |nɪt| *noun* անիծ; մանրոջիլ *(ոջլի ձու)*

nitpicking *խոսակցական* **1** *adjective* մանրախնդիր; չլուղադետ; քթիմազ **2** *noun* մանրախնդրություն; չլուղադետություն; քթիմազություն

nitrate |ˈnʌɪtreɪt| **1** *noun քիմիա* ազոտաթթվի աղ; նիտրատ **2** *verb* |nʌɪˈtreɪt| 1) ազոտաթթվով ազդել; նիտրատ ստանալ 2) ազոտամշակման ենթարկել; նիտրել

nitre *noun բրիտանական* բորակ; սելիտրա

nitric |ˈnʌɪtrɪk| *adjective քիմիա* ազոտական

nitric acid *noun քիմիա* ազոտական թթու

nitrite |ˈnʌɪtrʌɪt| *noun քիմիա* նիտրիտ; ազոտային թթվի աղ

nitrogen |ˈnʌɪtrədʒ(ə)n| *noun քիմիա* (**N**) ազոտ; բորակածին

nitrogenous |nʌɪˈtrɒdʒɪnəs| *adjective քիմիա* ազոտի; ազոտական

nitrous |ˈnʌɪtrəs| *adjective քիմիա* ազոտային; բորակածնային

nitty-gritty |nɪtɪˈɡrɪti| *noun խոսակցական* էությունը; հիմնական/էական մասը

nitwit |ˈnɪtwɪt| *noun խոսակցական ամերիկյան* ապուշ; տխմար; հիմար; տկարամիտ

nix¹ |nɪks| *խոսակցական* **1** *noun* զրո; ոչինչ **2** *exclamation ծածկալեզու* ու՜ս; ո՛չ; բոլորովի՛ն **3** *verb* վերջ տալ; դադարեցնել

nix² |nɪks| *noun* |ˈnɪksi| (իգ. **nixie**) *բանահյուսություն* ջրոգի; ջրապալ *(գերմանական դիցաբանության մեջ)*

Nizhni Novgorod |ˌniːʒnɪ ˈnɒvɡərɒd| Նիժնի Նովգորոդ *(քաղաք Ռուսաստանի արևմուտքում)*

Nizhni Tagil |ˌniːʒnɪ təˈɡiːl| Նիժնի Տագիլ *(քաղաք Ռուսաստանի կենտրոնական մասում՝ Ուրալյան լեռներում)*

No. *abbreviation* 1) North հյուսիս 2) number համար ...

no |nəʊ| **1** *adjective* 1) ոչ մի ◊ **in no time** շատ շուտ; շատ արագ; մի րոպեում 2) ամենևին էլ ոչ ...; բոլորովին էլ ոչ ... *(հակադիր իմաստ է տալիս հաջորդ գոյականին)* 3) *(արտահայտում է արգելում)* ◊ **no talking!** մի՛ խոսեք; չխոսել 4) *(բայանուններից հետո գործածվելիս արտահայտում է անհնարինություն)* ◊ **there is no knowing** հնարավոր չէ ասել; ոչ ոք չի կարող ասել; չես իմանա **2** *exclamation* 1) ո՛չ; համաձայն չեմ; համաձայն չենք 2) իհարկե ոչ; այդպես է *(ժխտական արտահայտությունն ընդունելիս)* **3** *adverb* բոլորովին էլ ոչ; բնավ ոչ **4** *noun* (հոգն. **noes**) 1) դեմ քվե ◊ **the noes have it** մեծամասնությունը դեմ է 2) բացասում; ժխտում; հերքում; մերժում; հրաժարում ◊ **two noes make a yes** երկու ոչը մի այո է

Noah |ˈnəʊə| *աստվածաշնչային* Նոյ

nob¹ |nɒb| *noun խոսակցական* երևելի մարդ; բարձր դիրք ունեցող մարդ; ազա; պարոն; ազնվական

nob² |nɒb| *noun խոսակցական* 1) գլուխ; «վերնատուն» 2) խաղաթղթի զինվոր; վալետ

nobble |ˈnɒb(ə)l| *verb խոսակցական* 1) կաշառել; «գնել» *(մեկին)* 2) մոտենալ; դիմել; խնդրել 3) ձիուն վնասել *(ձիարշավից առաջ)* 4) գողանալ; խաբել 5) բռնել *(հանցագործին)*

nobby *adjective ծածկալեզու* շքեղ; պերճաշուք; պճնազեղ; առաջնակարգ

nobelium |nə(ʊ)ˈbiːlɪəm|, |-ˈbɛl-| *noun* (**No**) նոբելիում

nobility |nə(ʊ)'bɪlɪti| *noun* (հոգն. **-ties**) 1) ազնվություն; վեհանձնություն; մեծահոգություն 2) (**the nobility**) ազնվականություն; տիտղոսավոր ազնվականություն *(հատկապես Անգլիայում)*

noble |'nəʊb(ə)l| **1** *adjective* (**-bler**, **-blest**) 1) ազնվազարմ; տիտղոսավոր; ազնվական 2) ազնիվ; ազնվահոգի; վեհանձն; մեծահոգի; վեհ; վսեմ; փառահեղ; բարեձև; բարեկազմ 3) հոյակերտ; հոյակառույց; շքեղ; հոյակապ; գեղեցիկ 4) հրաշալի; հիանալի; բարձրորակ **2** *noun* 1) ազնվական 2) պեր *(ազնվական բարձր տիտղոս ունեցող անձ Անգլիայում)*

noble gas *noun քիմիա* իներտ գազ

nobleman |'nəʊb(ə)lmən| *noun* (հոգն. **-men**) 1) ազնվական 2) պեր *(բարձր տիտղոսավոր ազնվական Անգլիայում)*

noble metal *noun քիմիա* ազնիվ մետաղ

noblewoman |'nəʊb(ə)lwʊmən| *noun* (հոգն. **-women**) ազնվականուհի; ազնվական կին

nobody |'nəʊbədi| **1** *pronoun* ոչ ոք; ոչ մեկը **2** *noun* (հոգն. **-bodies**) ոչնչություն; աննշան մարդ

nocturnal |nɒk'tə:n(ə)l| *adjective* գիշերային; գիշերը գործող/կատարվող

nocturne |'nɒktə:n| *noun* 1) *երաժշտություն* նոկտյուրն; ցայգերգ 2) *գեղանկարչություն* գիշերային տեսարան; գիշերանկար

nod |nɒd| **1** *verb* (**nodded**, **nodding**) 1) գլխով անել; գլխով անելով հավանություն տալ; գլխով դրական շարժում անել *(որպես բարևի կամ համաձայնության նշան)* 2) գլխով նշան անել; գլխով ցույց տալ 3) ննջել; ղանթել 4) բաց թողնել; կորցնել; ձեռքից փախցնել 5) թեքվել; կռանալ; օրորվել *(ծառերի մասին)* 6) փուլ գալու վտանգի տակ լինել *(շենքերի մասին)* **2** *noun* 1) գլխի շարժում; գլխով անելը *(բարևի կամ համաձայնության նշան)* 2) ղանթելը; ննջելը; նիրհ; նինջ; կիսաքուն վիճակ

nodal *adjective* հանգուցային

noddle |'nɒd(ə)l| *noun հնացած խոսակցական* գլուխ; «վերնատուն»

noddy |'nɒdi| *noun* (հոգն. **-dies**) 1) *հնացած* ապուշ; դդում 2) *կենդանաբանություն* ջրագռավ; ծովագռավ *(Anous and Procelsterna, ընտանիք Sternidae or Laridae)*

node |nəʊd| *noun* 1) հանգույց *(հատկապես ճանապարհային)* 2) *համակարգիչներ* հանգույց 3) *մաթեմատիկա* երկու ուղիղների հատման կետ; երկու գծերի հատման կետ 4) *ֆիզիկա* հանգուցային կետ 5) *աստղագիտություն* ուղեծրերի հատման կետ 6) *բժշկություն* ուռուցք; ուռույց; մական; պալար

nodule |'nɒdju:l| *noun* 1) *բժշկություն* հանգուցիկ 2) կոշտուկ

nodus |'nəʊdəs| *noun* (հոգն. **-di** |-dʌɪ|) *հազվադեպ* 1) բարդ իրադրություն; խնդիր 2) հանգույց *(պատմվածքի, դրամայի)*

no-frills *adjective* առանց զարդարանքների/ձևականությունների

nog[1] |nɒg| *noun հնավանդ* սեպ; փայտե մեխ; փայտամեխ

nog[2] |nɒg| *noun* 1) գոգլի-մոգլի 2) թունդ գարեջուր

noggin |'nɒgɪn| *noun* 1) գլուխ *(մարդու)* 2) *խոսակցական* քառորդ պինտ *(հեղուկների չափ. 0,12 -0,14 լիտր)*

no-go **1** *adjective խոսակցական* փչացած; չաշխատող; անսարք **2** *noun* 1) ոչ; ժխտական պատասխան 2) անելանելի դրություն; փակուղի

no-go area *noun* արգելված/վտանգավոր տարածք

Noh |nəʊ| (նաև **No** կամ **Nō**) *noun* ճապոնական դիմակներով թատրոն

nohow |'nəʊhaʊ| *adverb* 1) ոչ մի կերպ; բնավ ոչ 2) *հնացած* վատ վիճակում; անհրապույր

noise |nɔɪz| **1** *noun* 1) աղմուկ; դղրդոց; աղաղակ ◊ **make a noise** աղմկել; գոռգոռալ; աղմուկ բարձրացնել. **make a noise in the world** աղմուկ հանել; ընդհանուր ուշադրություն գրավել. **a big noise** *ամերիկյան* ջոջ; տեր 2) ձայն; հնչյուն; աղմուկ-աղաղակ *(սովորաբար անախորժ)* 3) *հնացած* լուր; համբավ 4) (**noises**) մրմնջյուն; շշուկներ 5) *համակարգիչներ* էլեկտրականության աղմուկ **2** *verb հնացած* 1) տարածել; տարփողել; հրապարակ հանել; բոլորին հայտնել 2) *հազվադեպ* աղմկել; գոռգոռալ; աղմուկ բարձրացնել

noiseless |'nɔɪzlɪs| *adjective* անաղմուկ; անձայն; լուռ

noisome |'nɔɪs(ə)m| *adjective բանաստեղծական* 1) գարշահոտ 2) անախորժ; անդուր; տհաճ 3) վնասակար; անառողջ

noisy |'nɔɪzi| *adjective* (**noisier**, **noisiest**) 1) աղմկոտ; աղմկալի; աղմկալից 2) աղմկարար; աղմկող; շատ աղմուկ հանող 3) վառ; պայծառ; աղաղակող *(գույնի/հագուստի մասին)*

nomad |'nəʊmæd| **1** *noun* 1) քոչվոր; վաչկատուն 2) թափառական; թափառաշրջիկ մարդ **2** *adjective* քոչվորական; վաչկատուն

nomadic *adjective* 1) քոչվորական; քոչվոր; վաչկատուն 2) շրջագայող; թափառական; թափառաշրջիկ

nomenclature |nə(ʊ)'mɛŋklətʃə|, |'nəʊmənˌkleɪtʃə| *noun* 1) անվանակարգ; անվանակարգություն; անվանացանկ *(որոշակի ոլորտի համար)* 2) *գրական անգլերեն* եզրաբան; անվանում; եզր; եզրույթ

nominal |'nɒmɪn(ə)l| *adjective* 1) անվանական; ձևական 2) անունների; անվան 3) *քերականություն* գոյականական; անվանական 4) աննշան; անվանական; խորհրդանշական *(վարձի մասին)* 5) պայմանական *(դատավճռի մասին)*

nominally *adverb* անվանականորեն; անվանապես

nominate **1** *verb* |'nɒmɪneɪt| 1) թեկնածու առաջադրել *(ընտրությունների ժամանակ, պաշտոնի նշանակելիս, մրցանակի համար)* 2) նշանակել *(պաշտոնի)* **2** *adjective* |'nɒmɪnət| *կենդանաբանություն, բուսաբանություն* անվանակարգված

nomination |nɒmɪ'neɪʃ(ə)n| *noun* 1) նշանակում; նշանակելը *(պաշտոնի)* 2) պաշտոնի առաջադրելու կամ թեկնածու առաջադրելու իրավունք *(ընտրությունների ժամանակ)* 3) թեկնածու առաջադրելը 4) թեկնածու; հավակնորդ

nominative |ˈnɒmɪnətɪv| **1** *adjective* 1) *քերականություն* ուղղական *(հոլովի մասին)* 2) նշանակված *(պաշտոնի մասին)* **2** *noun* *քերականություն* 1) ուղղական հոլովով դրված բառ 2) (**the nominative**) ուղղական հոլով ◊ **nominative absolute** *քերականություն* ուղղական հոլովով դերբայական դարձված

nominee |nɒmɪˈniː| *noun* 1) թեկնածու *(պաշտոնի, ընտրությունների, դրամաշնորհի)* 2) *տնտեսագիտություն* անվանառու

nonage |ˈnəʊnɪdʒ|, |ˈnɒn-| *noun* *գրական անգլերեն* անչափահասություն; խակություն; տհասություն; երիտասարդություն

nonaggression *noun* չհարձակում; չհարձակվելը

nonalcoholic *adjective* ոչ ալկոհոլային; առանց ալկոհոլի *(ըմպելիքի մասին)*

nonchalance *noun* 1) անխռովություն; անվրդովություն; հանդարտություն 2) սառն անտարբերություն; անկրքոտություն

nonchalant |ˈnɒnʃ(ə)l(ə)nt| *adjective* 1) անխռով; անվրդով; հանդարտ; անհոգ 2) անտարբեր; չհետաքրքրված; անկիրք

noncom *noun* *խոսակցական ռազմական* (**non-commissioned**) ենթասպա

noncombatant *noun* ապաշարային *(ռազմական գործողություններին անմիջապես չմասնակցող զինվոր)*

noncommissioned *adjective* *ռազմական* ենթասպայական կազմին պատկանող

noncommittal *adjective* խուսափողական; աննորոշ; անհստակ; անվճռական *(մարդու կամ նրա վարքի մասին)*

nonconductor *noun* *ֆիզիկա* անհաղորդիչ; մեկուսիչ; դիէլեկտրիկ *(էլեկտրականություն չհաղորդող մարմին)*

nonconformist |nɒnkənˈfɔːmɪst| **1** *noun* 1) այլախոհ; այլամիտ 2) հերձվածող; աղանդավոր; այլադավան **2** *adjective* 1) այլախոհական 2) հերձվածողական; աղանդավորական

noncooperation *noun* անհամագործակցություն; չհամագործակցելը

nondescript |ˈnɒndɪskrɪpt| **1** *adjective* աննորոշ; դժվար նկարագրելի; չտեսնված; հասարակ; անհետաքրքիր; ոչնչով չառանձնացող **2** *noun* աչքի չընկնող մարդ; հասարակ առարկա; ոչնչով չառանձնացող առարկա

none[1] |nʌn| **1** *pronoun* 1) ոչ մի 2) ոչ ոք; ոչ մեկը; ոչինչ **2** *adverb* ոչ մի չափով; բոլորովին ոչ; ամենևին ոչ

none[2] |nəʊn| (նաև **nones**) *noun* իններորդ ժամի ժամերգություն *(Արևմտյան Եկեղեցում)*

nonentity |nɒˈnentɪti| *noun* (հոգն. **-ties**) 1) աննշան մարդ; ոչնչություն 2) անէություն; անգոյություն; չգոյություն 3) գոյություն չունեցող բան

nonetheless (նաև **none the less**) *adverb* այնուամենայնիվ; այնուահանդերձ; բայցևայնպես

nonexistent *adjective* գոյություն չունեցող; անիրական; անէ; անգոյ

nonferrous *adjective* *տեխնիկական* գունավոր *(մետաղի մասին)*

nonfiction *noun* իրապատում գործեր *(կենսագրություններ, պատմություն և այլն)*

nonflammable *adjective* ոչ հրավտանգ; ոչ հրդեհավտանգ

nonfulfillment *noun* չկատարում; չկատարելը; չիրականացնելը

nonintervention *noun* 1) չմիջամտելը; չմիջամտություն 2) չմիջամտելու քաղաքականություն

nonmetal *noun* *քիմիա* մետաղակերպ

nonparty *adjective* անկուսակցական

nonplus |nɒnˈplʌs| **1** *verb* (**-plussed**, **-plussing**) շփոթեցնել; շփոթմունքի մեջ գցել; անելանելի դրության մեջ դնել **2** *noun* շփոթմունք; շփոթվելը; դժվարին կացություն ◊ **at a nonplus** անելանելի դրության մեջ

nonplussed (նաև **nonplused**) *adjective* շվարել; շփոթված; այլայլված

nonproductive *adjective* 1) անարտադրող; չարտադրող 2) անարտադրողական; անարդյունավետ; անօգուտ; իզուր; ապարդյուն 3) *լեզվաբանություն* ոչ գործուն; նորակազմություններ չառաջացնող *(ածանցների մասին)*

nonsense |ˈnɒns(ə)ns| *noun* 1) անիմաստ բան; անմտություն; անհեթեթություն ◊ **arrant/clotted/flat/stark nonsense** կատարյալ անհեթեթություն. **talk nonsense** հիմար/անմիտ բաներ ասել; անհեթեթություններ դուրս տալ 2) զվարճալի ոտանավոր; անհեթեթ բանաստեղծություն 3) անմիտ վարմունք; անիմաստ արարք; խենթություն; խևություն 4) դատարկ/չնչին բան

nonsensical *adjective* անհեթեթ; անիմաստ; անմիտ; դատարկ

nonsmoking **1** *adjective* 1) չծխողների 2) չծխող **2** *noun* չծխելը

nonstarter *noun* 1) անհաջողակ *(մարդու մասին)* 2) ձախողված գործ

nonstick *adjective* չկպչող *(թավայի մասին)*

nonstop **1** *adjective* 1) անդադար; անդադրում; աներնդմեջ; անդուլ; շարունակական; տևական 2) *օդագնացություն* անվայրէջք *(թռիչքի մասին)* 3) անկանգ; կանգ չառնող *(գնացքի/ավտոբուսի մասին)* **2** *adverb* անդուլ; անդադար **3** *noun* անվայրէջք թռիչք; անկանգ գնացք

nonsuit |nɒnˈs(j)uːt| *իրավունք* **1** *verb* 1) հայցը մերժել 2) գործը կարճել **2** *noun* հայցից հրաժարվելու պատճառով գործը կարճելը

nonunion *adjective* արհեստակցական միության չպատկանող; արտամիութենական

nonviolence *noun* բռնության մերժում; հրաժարում բռնությունից

nonviolent *adjective* 1) առանց բռնության; բռնությունը մերժող *(քաղաքական գործընթացի մասին)* 2) բռնություն չգործադրող *(մարդու մասին)*

noodle[1] |ˈnuːd(ə)l| *noun* *խոհանոց* արիշտա; դդմաճ *(մակարոնի տեսակ)*

noodle[2] |ˈnuːd(ə)l| *noun* *խոսակցական* 1) հիմարի

գլուխ; հաստագլուխ; հիմար; ապուշ մարդ 2) գլուխ

noodle[3] *verb* հանպատրաստից նվագել; ճնգճնգացնել

nook |nʊk| *noun* 1) անկյուն 2) առանձնարան; մեկուսի անկյուն; թաքուն վայր; թաքստոց; խուլ տեղ 3) փոքրիկ ծովախորշ

noon |nu:n| *noun* 1) կեսօր; միջօրե ◊ **at high noon** i) ճիշտ կեսօրին ii) *փոխաբերական* ծաղկում; փթթում; գագաթնակետ 2) *բանաստեղծական հնացած* կեսգիշեր

noonday |ˈnu:ndeɪ| *noun* կեսօր; միջօրե

no one *pronoun* ոչ ոք

nooning |ˈnu:nɪŋ| *noun բարբառային* 1) կեսօր 2) կեսօրվա ճաշ/ընդմիջում/հանգիստ

noontide |ˈnu:ntʌɪd| (նաև **noontime**) *noun բանաստեղծական* 1) կեսօր; միջօրե 2) *փոխաբերական* ծաղկում; փթթում; գագաթնակետ *(կյանքի, գործունեության)*

noose |nu:s| **1** *noun* 1) օղակ; օղապարան; օղաթոկ 2) (**the noose**) ծուղակ; թակարդ; դժվարին իրավիճակ 3) (**the noose**) կախաղան հանելը; կախելով սպանելը **2** *verb* 1) օղապարանով բռնել; որսալ 2) կախել *(ոճրագործին)* 3) ծուղակը գցել

nor |nɔ:|, |nə| **1** *conjunction, adverb* 1) ոչ; ոչ էլ *(գործ է ածվում որպես neither շաղկապի համահարաբերականը)* 2) բանաստեղծական ոչ *(որպես համահարաբերական՝ neither շաղկապը բաց թողնելու դեպքում)* ◊ **he nor I was there** ո՛չ նա, ո՛չ էլ ես այնտեղ չէինք 3) ոչ *(որպես հաջորդ nor շաղկապի համահարաբերականը՝ neither շաղկապի փոխարեն)* 4) և ոչ էլ ...; և ... չ... *(որպես ժխտման արտահայտության շարունակություն՝ not, no, never և այլն պարունակող ժխտական նախադասություններից հետո)* 5) էլ ... չ...; նույնպես ... չ... *(հաստատական նախադասություններից հետո՝ ժխտական ձևով արտահայտված միտքը հաստատելու համար)* **2** *noun էլեկտրոնիկա համակարգիչներ* ոչ

Nordic |ˈnɔ:dɪk| **1** *adjective* հյուսիսային; սկանդինավյան **2** *noun* սկանդինավացի; ֆինն; հոլանդացի

Norfolk |ˈnɔ:fək| Նորֆոլկ *(քաղաք Անգլիայի արևելյան ափին)*

norm |nɔ:m| *noun* 1) ընդհանուր կանոն; սահմանված կարգ; նորմ; տիպար 2) չափ; սահմանված չափ; չափօրինակ 3) *լեզվաբանություն* նորմ

normal |ˈnɔ:m(ə)l| **1** *adjective* 1) սովորական; կանոնավոր; նորմալ; բնականոն; բնական; պահանջված կարգի; սպասված 2) *բժշկություն* հոգեպես և ֆիզիկապես առողջ; առանց շեղումների *(մարդու մասին)* 3) *մաթեմատիկա* ուղղահայաց 4) միջին; միջին թվաբանական 5) *բժշկություն* ֆիզիոլոգիական *(կերակրի աղի լուծույթի մասին)* **2** *noun* 1) բնականոն/նորմալ վիճակ; նորմալ չափ 2) ֆիզիկապես և հոգեպես առողջ մարդ; առանց շեղումների մարդ 3) *մաթեմատիկա* ուղղահայաց 4) *բժշկություն* բնականոն/նորմալ ջերմաստիճան 5) *քիմիա* նորմալ լուծույթ

normalcy *noun* սովորական վիճակ

normalize |ˈnɔ:m(ə)lʌɪz| *verb* 1) կանոնավորել; կանոնարկել; կարգավորել; նորմալացնել; նորմալ դարձնել 2) *համակարգիչներ* նորմալացնել

normally |ˈnɔ:m(ə)li| *adverb* 1) սովորաբար; որպես կանոն 2) կանոնավորապես; սովորական/նորմալ կերպով

Norman **1** *noun* 1) նորմանդացի 2) *պատմական* նորման 3) (**Norman French**) նորմանդական բարբառ *(Անգլիայի պաշտոնական լեզուն 12-14-րդ դդ)* **2** *adjective* 1) նորմանդական 2) *պատմական* նորմանական

Norse |nɔ:s| **1** *noun* 1) հին նորվեգերեն 2) նորվեգացիներ; սկանդինավցիներ 3) հին նորվեգացիներ; հին սկանդինավցիներ **2** *adjective* 1) նորվեգական 2) հին նորվեգական; հին սկանդինավյան

Norseman *noun* 1) նորվեգացի 2) հին սկանդինավցի

north |nɔ:θ| **1** *noun* 1) հյուսիս 2) հյուսիսային շրջաններ *(երկրի, քաղաքի և այլն)* 3) (**the North**) ԱՄՆ-ի հյուսիսարևելյան նահանգները 4) *ծովային* հյուսիս; հյուսիսային ուղղություն ◊ **magnetic north** մագնիսային հյուսիս; իսկական հյուսիս 5) հյուսիսային քամի **2** *adjective* 1) հյուսիսային; հյուսիսյան 2) հյուսիսահայաց; հյուսիսակողմ; դեպի հյուսիս ուղղված **3** *adverb* դեպի հյուսիս; հյուսիսային ուղղությամբ ◊ **north of sth** մի բանի հյուսիսում; հյուսիսային կողմում/մասում; մի բանից հյուսիս

North Africa Հյուսիսային Աֆրիկա

North America Հյուսիսային Ամերիկա

northbound |ˈnɔ:θbaʊnd| *adjective* դեպի հյուսիս գնացող

North Cape Հյուսիսային հրվանդան *(Նորվեգիայում)*

North Carolina |ˌkærəˈlʌɪnə| Հյուսիսային Կարոլինա *(ԱՄՆ-ի նահանգ)*

North Dakota Հյուսիսային Դակոտա *(ԱՄՆ-ի նահանգ)*

northeast **1** *noun* 1) հյուսիս-արևելք 2) հյուսիսարևելյան շրջաններ 3) *ծովային* հյուսիս-արևելք 4) *ծովային* հյուսիսարևելյան քամի; հյուսիս-արևելքից փչող քամի **2** *adjective* հյուսիսարևելյան **3** *adverb* դեպի հյուսիս-արևելք

northeaster |nɔ:θˈi:stə| (նաև **nor'easter**) *noun* հյուսիսարևելյան ուժեղ քամի

northeasterly **1** *adjective, adverb* 1) հյուսիսարևելյան; հյուսիս-արևելքից փչող *(քամու մասին)* 2) դեպի հյուսիս-արևելք; հյուսիսարևելյան ուղղությամբ **2** *noun* տե՛ս **northeaster**

northeastern *adjective* հյուսիսարևելյան

northeastward **1** *adverb* դեպի հյուսիս-արևելք; հյուսիսարևելյան ուղղությամբ **2** *adjective* հյուսիս-արևելքում գտնվող; հյուսիսարևելյան

norther |ˈnɔ:θə| *noun* հյուսիսային ուժեղ քամի

northerly |ˈnɔ:ðəli| **1** *adjective, adverb* 1) դեպի հյուսիս ուղղված 2) հյուսիսից; հյուսիսային կողմից 3) հյուսիսից փչող; հյուսիսային *(քամու մասին)* **2** *noun* հյուսիսային քամի

northern |ˈnɔ:ð(ə)n| **1** *adjective* 1) հյուսիսային 2) հյուսիսից փչող; հյուսիսային *(քամու մասին)* 3) հյուսիսաբնակ; հյուսիսցի; հյուսիսականի 4) հյուսիսաբնակների; հյուսիսցիների; հյուսիսականների **2** *noun* հյուսիսի բնակիչ; հյուսիսաբնակ; հյուսիսցի

Northerner |ˈnɔːð(ə)nə| (նաև **northerner**) *noun* հյուսիսեցի; հյուսիսաբնակ; հյուսիսի բնակիչ *(հատկապես ԱՄՆ-ի հյուսիսի)*

Northern Ireland Հյուսիսային Իռլանդիա *(Միացյալ Թագավորության մաս)*

northernmost *adjective* ամենահյուսիսային

northing |ˈnɔːθɪŋ| *noun ծովային* շեղում դեպի հյուսիս

North Korea Հյուսիսային Կորեա *(պետություն)*

northland |ˈnɔːθlənd| *noun բանաստեղծական* 1) հյուսիսային շրջանները *(երկրի)* 2) (**Northland**) Սկանդինավյան թերակղզի

Northman |ˈnɔːθmən| *noun* (հոգն. **-men**) *հնավանդ* 1) հյուսիսային եվրոպացի 2) հին սկանդինավցի

north-northeast *noun* հյուսիս-հյուսիս-արևելք

north-northwest *noun* հյուսիս-հյուսիս-արևմուտք

North Ossetia Հյուսիսային Օսեթիա

North Pole *noun* Հյուսիսային բևեռ

North Rhine-Westphalia Հյուսիսային Հռենոս-Վեստֆալիա

North Sea Հյուսիսային ծով

North Star State Հյուսիսիային աստղի նահանգ *(ԱՄՆ-ի Մինեսոտա նահանգի մականունը)*

Northumbria |nɔːˈθʌmbrɪə| *noun* 1) Նորթումբերլանդ *(կոմսություն Անգլիայի հյուսիսում)* 2) պատմական Նորթումբրիա *(անգլոսաքսոնական պետություն Բրիտանական կղզիների հյուսիսում)*

Northumbrian *noun* 1) նորթումբրացի 2) պատմական նորթումբրական բարբառ 3) հյուսիսային բարբառ *(ժամանակակից անգլերենի)*

North Vietnam Հյուսիսային Վիետնամ *(գոյություն է ունեցել 1954-1976 թթ.)*

northward |ˈnɔːθwəd| **1** *adjective* դեպի հյուսիս ուղղված **2** *adverb* դեպի հյուսիս **3** *noun* հյուսիսային ուղղություն; դեպի հյուսիս ուղղությունը

northwardly *adjective* հյուսիսային; դեպի հյուսիս ուղղված

northwest **1** *noun* 1) հյուսիս-արևմուտք 2) հյուսիսարևմտյան շրջաններ *(երկրի և այլն)* 3) *ծովային* հյուսիս-արևմուտք 4) հյուսիսարևմտյան քամի **2** *adjective* 1) հյուսիսարևմտյան; հյուսիս-արևմուտք ուղղված 2) հյուսիս-արևմուտքից փչող; հյուսիսարևմտյան *(քամու մասին)* **3** *adverb* հյուսիս-արևմուտք; դեպի հյուսիս-արևմուտք

northwester |nɔːθˈwɛstə| *noun* ուժեղ հյուսիսարևմտյան քամի

northwestern *adjective* հյուսիսարևմտյան

northwestward **1** *adverb* (նաև **northwestwards**) դեպի հյուսիս-արևմուտք **2** *adjective* հյուսիս-արևմուտքում գտնվող; հյուսիսարևմտյան

Norway |ˈnɔːweɪ| Նորվեգիա *(պետություն Եվրոպայի հյուսիսում)*

Norwegian |nɔːˈwiːdʒ(ə)n| **1** *adjective* 1) նորվեգական 2) նորվեգերեն 3) նորվեգացիների **2** *noun* 1) նորվեգացի 2) նորվեգերեն

Norwegian Sea Նորվեգական ծով

nose |nəʊz| **1** *noun* 1) *կազմախոսություն* քիթ; հոտոտելիք ◇ **pull a long nose** *խոսակցական* քիթ ցույց տալ; ծաղրել; տնազ անել. **blow one's nose** խնչել; քիթը սրբել. **cock one's nose** քիթը ցցել/տնկել; գոռոզանալ. **count/tell noses** i) *խոսակցական* ձայները հաշվել *(արված առաջարկության օգտին)* ii) ներկաների թիվը հաշվել; իր կողմնակիցների թիվը հաշվել. **poke/thrust one's nose into** քիթը խոթել; միջամտել; խառնվել. **speak through the nose** քթի մեջ խոսել; խռնխռնացնել 2) հոտառություն; հոտոտելիք ◇ **have a good nose** լավ հոտառություն ունենալ *(նաև փոխաբերական)*. **follow one's nose** հոտառությամբ ղեկավարվել; ուղղակի առաջ գնալ 3) հոտառություն; զգացողություն; ճաշակ 4) բույր *(հատկապես գինու)* 5) ցռուկ; նավաքիթ; գլուխ; առջևի մաս *(օդանավի)* 6) քթիկ; ծորակ *(թեյամանի)* 7) հետաքրքրասեր հայացք; աչք գցելը 8) *ծածկալեզու* լրտես; իրազեկիչ 9) *աշխարհագրություն* հրվանդան **2** *verb* 1) հոտ քաշել; հոտոտել; հոտ առնել; հոտոտել *(կենդանու մասին)* 2) քթով շնչել; ներս քաշել 3) (**nose out**) հոտն առնել; հոտոտելով գտնել; իմանալ; տեղեկանալ 4) հետքերով փնտրել 5) քիթը խոթել ուրիշի գործերի մեջ 6) զգուշությամբ առաջ շարժվել *(նավի/նավակի մասին)*

cut off one's nose to spite one's face ուրիշին վնաս տալու համար սեփական աչքը հանել; զայրույթի պահին սեփական շահերին վնաս հասցնել

keep one's nose clean փորձանքից հեռու մնալ

lead by the nose մեկի սանձն իր ձեռքին պահել; իրենից կախման մեջ պահել; ստիպել կուրորեն իրեն հնազանդվել

pay through the nose չափազանց մեծ գումար վճարել

put one's nose out of joint 1) մեկին դուրս մղել; մեկի տեղը գրավել 2) մեկի քիթը տրորել; մեկի ծրագրերը/պլանները խափանել

snap/bite sb's nose off կոշտ ու կոպիտ պատասխանել

turn one's nose at քիթը վեր քաշել; քիթը շուռ տալ; արհամարհանքով վերաբերվել

under one's nose մեկի քթի տակ; խիստ մոտ

nosebag |ˈnəʊzbæg| *noun* 1) կերի տոպրակ *(ձիու վզից կախվող)* 2) *ծածկալեզու* ռազմական հակագազ 3) *ծածկալեզու* նախաճաշիկով փոքրիկ զամբյուղ *(հատկապես զբոսաշրջիկների)*

nosebleed |ˈnəʊzbliːd| *noun* քթի արյունահոսություն

nosedive |ˈnəʊzdʌɪv| **1** *noun* 1) *օդագնացություն* վայրասլաց թռիչք ◇ **fall into a nosedive** վայրասլաց թռիչք կատարել 2) անսպասելի անկում; հանկարծակի վատթարացում **2** *verb* 1) *օդագնացություն* վայրասլաց թռիչք կատարել 2) հանկարծակի վատթարանալ; հանկարծակի անկում ապրել

nosegay |ˈnəʊzgeɪ| *noun* անուշաբույր ծաղկեփնջիկ

nosepiece *noun* 1) քթակալ; քթկալ *(սաղավար-*

տի՝ քիթը պաշտպանող մասը) 2) քթամաս *(ակնոցի)* 3) առաջամաս; քիթ 4) *տեխնիկական* ծայրապանակ; ծայրափող

nostalgia |nɒˈstældʒə| *noun* 1) հայրենաբաղձություն; հայրենիքի կարոտ 2) կարոտաբաղձություն; անցյալի կարոտ 3) կարոտախտ

nostalgic **1** *adjective* 1) հայրենաբաղձ; հայրենատենչ 2) կարոտաբաղձ; կարոտալի **2** *noun* հայրենաբաղձ/կարոտաբաղձ մարդ

nostril |ˈnɒstr(ə)l| *noun կազմախոսություն* ռունգ; քթածակ; քթանցք

nostrum |ˈnɒstrəm| *noun* 1) *հնացած* համադարման; ամենաբույժ միջոց; տնական դեղ 2) սիրած հնարք; նախընտրելի միջոց *(քաղաքական կուսակցության և այլնի)*

nosy |ˈnəʊzi| (նաև **nosey**) *խոսակցական* **1** *adjective* (**nosier**, **nosiest**) 1) հետաքրքրասեր; քիթն ամեն տեղ խոթող 2) մեծ քթով; մեծ քթանի; մեծաքիթ 3) փտահոտ; նեխահոտ; խոնավահոտ *(խոտի մասին)* 4) անուշահոտ; բուրավետ *(թեյի մասին)* **2** *verb* միջամտել; խառնվել; քիթը խոթել *(մի բանի մեջ)*

not |nɒt| **1** *adverb* 1) ոչ; չ... ◇ **not at all** i) բնավ; երբեք; ամենևին; ոչ ii) չարժե. **not in the least** բոլորովին; ամենևին; իսկի էլ. **not a bit of it** բոլորովին; ամենևին. **not but, not but that, not but what** թեև; չնայած; ոչ թե; ոչ միայն. **not half** i) այնքան էլ ոչ; բոլորովին ոչ ii) *ծածկալեզու* այն էլ ինչպե՜ս; չափազանց շատ. **not a few** շատերը. **not for the world** ոչ մի գնով 2) պակաս; նվազ; ավելի քիչ 3) բոլորովին էլ ոչ *(որևէ պնդում ժխտելու համար)* **2** *noun էլեկտրոնիկա համակարգիչներ* 1) ՈՉ 2) (**not gate**) ՈՉ դարպաս **3** *adjective* (հաճախ **Not**) *արվեստ* տաք մամլված *(թղթի մասին)*

not a penny to bless oneself with ոչ մի կոպեկ գրպանում; գրպանում կոպեկ չկա

not worth a button մի քոռ կոպեկ չարժեցող

notability |nəʊtəˈbɪlɪti| *noun* (հոգն. **-ties**) 1) նշանավոր/մեծանուն մարդ 2) հռչակ; փառք; համբավ; հռչակավորություն; հռչակավոր/ականավոր լինելը

notable |ˈnəʊtəb(ə)l| **1** *adjective* 1) նշանավոր; ականավոր; աչքի ընկնող; նշանակալից; կարևոր; հիշարժան 2) տնարար *(կնոջ մասին)* **2** *noun* 1) հռչակավոր մարդ; նշանավոր դեմք 2) *պատմական* մեծամեծ; նոտաբլ *(ֆեոդալական Ֆրանսիայում ազնվական, հոգևոր կամ բուրժուական դասին պատկանող պատվավոր անձ՝ թագավորին առընթեր խորհրդակցական հիմնարկի անդամ)*

notably |ˈnəʊtəbli| *adverb* 1) հատկապես 2) նշանակալիորեն; զգալիորեն

notarial |nəʊˈtɛːrɪəl| *adjective* նոտարի; նոտարական

notarize |ˈnəʊtərʌɪz| *verb* վավերացնել; հաստատել *(պայմանագիրը, փաստաթուղթը)*

notary |ˈnəʊt(ə)ri| *noun* (հոգն. **-ries**) (**notary public**) նոտար

notation |nəʊˈteɪʃ(ə)n| *noun* 1) նշագրման/նշանագրման համակարգ ◇ **musical notation** նշագրում նոտաներով/ձայնանիշերով 2) նշանագրություն; նշագրում 3) (նաև **scale of notation**) նշանակումների համակարգ

notch |nɒtʃ| **1** *noun* 1) քարթ; խազ; կտրվածք 2) գոտու անցք 3) *տեխնիկական* փորակ; ակոս; փորվածք 4) *խոսակցական* միավոր; աստիճան; մակարդակ 5) *ամերիկյան* լեռնանցք; կիրճ **2** *verb* խազ/կտրվածք/քարթ անել; նշան դնել

note |nəʊt| **1** *noun* 1) (**notes**) գրառում; նշումներ; նոթեր ◇ **take/make a note of something** հաշվի առնել; ուշադրություն դարձնել. **compare notes** տեսակետներ/կարծիքներ փոխանակել 2) ծանոթագրություն; ծանոթություն 3) գրություն; երկտող 4) հայտագիր; նոտա *(դիվանագիտական)* 5) ստացական; ստացագիր ◇ **note of hand, promissory note** պարտամուրհակ. **circular note** շրջաբերական նամակ 6) հռչակ; համբավ 7) *բրիտանական* (**banknote**) թղթադրամ 8) *երաժշտություն* ձայնանիշ; նոտա 9) ստեղն *(դաշնամուրի և այլնի)* 10) երգ; ճռվողյուն; ճիչ; կոկորդ *(թռչունի)* 11) արտահայտության ձև; տոն; նշույլ ◇ **change one's note** տոնը փոխել; այլ ձևով խոսել 12) ազդանշան ◇ **a note of warning** նախազգուշացում 13) նիշ; նշան ◇ **note of exclamation** բացականչական նշան. **note of interrogation** հարցական նշան **2** *verb* 1) նկատել; ուշադրություն դարձնել; նշմարել; դիտել 2) մատնանշել; նշել; ուշադրություն հրավիրել *(մի բանի վրա)* 3) գրի առնել; նոթագրել; նշումներ կատարել 4) ծանոթագրել; ծանոթագրություն տալ 5) նկատի ունենալ; նկատի առնել

notebook |ˈnəʊtbʊk| *noun* 1) հուշատետր; ծոցատետր; տետր 2) *համակարգիչներ* դյուրակիր համակարգիչ

noted |ˈnəʊtɪd| *adjective* (**noted for**) նշանավոր; հռչակավոր

notepad |ˈnəʊtpæd| *noun* նոթատետր

notepaper |ˈnəʊtpeɪpə| *noun* նամակի թուղթ

noteworthy |ˈnəʊtwəːði| *adjective* 1) ուշադրության արժանի; նշանակալի; հիշարժան 2) արտասովոր

nothing |ˈnʌθɪŋ| **1** *pronoun* 1) ոչինչ; ոչ մի բան ◇ **nothing of the kind/sort** ամենևին. **nothing doing** *խոսակցական* այդ չի հաջողվի; բան դուրս չի գա; ոչինչ չես կարող անել. **all to nothing** ապարդյուն. **come to nothing** արդյունքը չունենալ; ապարդյուն վերջանալ 2) դատարկ/անկարևոր/չնչին բան 3) (**nothings**) դատարկ բաներ; մանրուքներ ◇ **the little nothings of life** կյանքի մանրուքները 4) չգոյություն; անիրականություն 5) զրո **2** *adjective* *խոսակցական* անկարևոր; անպետք; անարժեք **3** *adverb* 1) բնավ; ամենևին; բոլորովին 2) բոլորովին էլ ոչ *(պնդումը ժխտելիս)*

nothing venture nothing have առանց խիզախելու հաջողության չես հասնի; փորձը փորձանք չէ; գայլից վախեցողն անտառ չի գնա; թրջվելուց վախեցողը ջուրը չի մտնի

nothingness |ˈnʌθɪŋnɪs| *noun* 1) չգոյություն; անէացություն; անիրականություն 2) ոչնչություն; անկարևորություն

notice |ˈnəʊtɪs| **1** *noun* 1) ուշադրություն; իրազեկություն; տեղեկացվածություն; իմանալը 2) նախազգուշացում ◇ **give sb a month's notice** մեկին մի ամիս առաջ նախազգուշացնել 3) տեղեկացում; ծանուցում; հաղորդում; տեղեկություն ◇ **give notice** հաղորդել; հայտնել; տեղեկացնել.

have notice of իմանալ; գիտենալ; տեղյակ լինել. **send a notice** ծանուցում ուղարկել. **at/on short notice** անմիջապես; իսկույն. **at a moment's notice** անմիջապես; անհապաղ 4) ազդ; ազդագիր; որմազդ; ազդաթուղթ 5) հայտարարություն ◇ **obituary notice** i) մահազդ ii) մահախոսական; դամբանական. **post a notice** հայտարարություն փակցնել. **till further notice** մինչև հատուկ կարգադրություն 6) (**notices**) տեսություն; ակնարկ; գրախոսական 7) դիտում; դիտելը ◇ **come into notice** ուշադրություն գրավել; ճանաչում ձեռք բերել. **bring something to someone's notice** մեկի ուշադրությունը մի բանի վրա հրավիրել. **take no notice of** ուշադրություն չդարձնել. **beneath one's notice** մեկի ուշադրությանը ոչ արժանի **2** *verb* 1) նկատել; տեսնել; ուշադրություն դարձնել 2) (**be noticed**) ուշադրության արժանանալ; ճանաչում ձեռք բերել 3) *հնացած* ազդարարել; տեսություն կազմել; գրախոսել

noticeable |ˈnəʊtɪsəb(ə)l| *adjective* 1) ակնառու; ակնբախ; աչքի ընկնող; նկատելի 2) նշանակալից; ուշագրավ

notification *noun* ծանուցում; ազդ; հայտարարություն

notify |ˈnəʊtɪfʌɪ| *verb* (**-fies**, **-fied**) 1) ծանուցել; տեղեկացնել 2) *բրիտանական* հայտարարել; ազդարարել

notion |ˈnəʊʃ(ə)n| *noun* 1) հասկացողություն; պատկերացում; տեսակետ 2) գաղափար; կարծիք; միտք 3) *նաև լեզվաբանություն* հասկացություն 4) ցանկություն; մղում; մտադրություն 5) *ամերիկյան* (**notions**) արդուզարդեղեն 6) *ամերիկյան հնացած* սրամիտ հարմարանք; սարք; գործիք

notional |ˈnəʊʃ(ə)n(ə)l| *adjective* 1) վերացական; մտահայեցողական; միտք արտահայտող; գաղափար պարունակող 2) երևակայական; մտացածին 3) *քերականություն* իմաստավոր; լիիմաստ 4) *նաև լեզվաբանություն* հասկացական; հասկացութային

notoriety |-təˈrʌɪəti| *noun* 1) վատահամբավություն 2) *կատակային* հանրածանոթություն; հայտնիություն; հայտնի լինելը 3) *հազվադեպ* վատահամբավ անձ

notorious |nə(ʊ)ˈtɔːrɪəs| *adjective* վատահամբավ; տխրահռչակ; անուղղելի; հանրածանոթ

Notre Dame |ˌnɒtrəˈdɑːm|, |nɔtʀ(ə)dæm| Փարիզի Աստվածամոր տաճար

notwithstanding |nɒtwɪðˈstændɪŋ|, |-wɪθ-| **1** *preposition* չնայած; հակառակ **2** *adverb* բայց և այնպես; այնուամենայնիվ **3** *conjunction* չնայած

Nouakchott |nwækˈʃɒt| Նուաքշոտ *(Մավրիտանիայի մայրաքաղաքը)*

nougat |ˈnuːɡɑː|, |ˈnʌɡət| *noun խոհանոց* նուգա *(քաղցրավենիքի տեսակ)*

Nouméa |nuːˈmeɪə| Նաումեա *(Նոր Կալեդոնիայի մայրաքաղաքը)*

noun |naʊn| *noun քերականություն* գոյական անուն; գոյական ◇ **collective noun** հավաքական գոյական. **common noun** հասարակ գոյական

nourish |ˈnʌrɪʃ| *verb* 1) սնել; սնուցել; կերակրել; խնամել; ապահովել 2) պարարտացնել *(հողը)* 3) տածել; զգալ; փայփայել *(հույս, զգացում)*

nourishing |ˈnʌrɪʃɪŋ| *adjective* սննդարար; սննդավետ

nourishment |ˈnʌrɪʃm(ə)nt| *noun* 1) սնուցում; սնուցելը; կերակրում; կերակրելը 2) սնունդ; կերակուր

nova |ˈnəʊvə| *noun* (հոգն. **-vae** |-viː| կամ **-vas**) *աստղագիտություն* նորաստղ

Novaya Zemlya |ˌnəʊvəjə zɪmˈljɑː| Նոր Երկիր *(կղզիներ Ռուսաստանի հյուսիսում)*

novel[1] |ˈnɒv(ə)l| *noun* 1) վեպ ◇ **dime novel** էժանագին արկածային վեպ. **problem novel** պրոբլեմային վեպ 2) *հնացած* նորավեպ; վիպակ; պատմվածք

novel[2] |ˈnɒv(ə)l| *adjective* նոր; թարմ; արտասովոր; հետաքրքրական

novelette |nɒvəˈlɛt| *noun արհամարհական* վիպակ; հուզիչ պատմվածք

novelist |ˈnɒv(ə)lɪst| *noun* վիպասան

novella |nəˈvɛlə| *noun* նորավեպ; մանրավեպ; նովել

novelty |ˈnɒv(ə)lti| *noun* (հոգն. **-ties**) 1) նորություն; նորույթ; նոր/անծանոթ բան 2) փոքրիկ զարդ/խաղալիք

November |nə(ʊ)ˈvɛmbə| *noun* նոյեմբեր

novice |ˈnɒvɪs| *noun* 1) նորեկ; սկսնակ; նորելուկ; անփորձ անձ 2) նորադարձ/նորահավատ անձ

Novosibirsk |ˌnəʊvəsɪˈbɪəsk| Նովոսիբիրսկ *(քաղաք Ռուսաստանում)*

now |naʊ| **1** *adverb* 1) հիմա; այժմ ◇ **before now** ավելի վաղ; ավելի շուտ 2) անմիջապես; իսկույն; իսկույնեթ 3) այն ժամանակ; հետո; այնուհետև 4) ուրեմն; այսպիսով ◇ **now then!** դե՛հ; դե՛ 5) իրոք **2** *conjunction* քանի որ; որովհետև **3** *adjective խոսակցական* նորաձև; ժամանակակից

every now and then շատ հաճախ; ժամանակ առ ժամանակ; շարունակ; անդադար

just now հենց հիմա; հենց նոր

now ... now մերթ ... մերթ

nowadays |ˈnaʊədeɪz| *adverb* ներկայումս; այժմ; հիմա; այս օրերս; մեր օրերում

nowhere |ˈnəʊwɛː| **1** *adverb* ոչ մի տեղ **2** *pronoun* 1) ոչ մի տեղ 2) հեռավոր վայր; կորած-մոլորած վայր **3** *adjective խոսակցական* անհեռանկար; անապագա; անհորիզոն

noxious |ˈnɒkʃəs| *adjective* վնասակար; կործանարար; թունավոր; մահաբեր; աղետաբեր

nozzle |ˈnɒz(ə)l| *noun* 1) ծորակ; քթիկ *(թեյամանի)* 2) *տեխնիկական* բացթողի անցք; խողովակածայր; ծայրափողակ

nuance |ˈnjuːɑːns| **1** *noun* երանգ; նրբերանգ; երանգավորում **2** *verb* նրբերանգ հաղորդել

nub |nʌb| *noun* 1) *ամերիկյան խոսակցական* (**the nub**) էությունը; աղը *(պատմության)* 2) ելուստ; պալար; ուռուցք 3) կտոր; գունդ; կոշտ *(ածխի, հողի և այլն)*

nubbin |ˈnʌbɪn| *noun ամերիկյան* 1) կտորիկ; կոշտիկ; գնդիկ 2) եգիպտացորենի փոքրիկ խակ կողր

Nubia |ˈnjuːbɪə| *պատմական* Նուբիա

nuclear |ˈnju:klɪə| *adjective* 1) ատոմային; միջուկային 2) *կենսաբանություն* կորիզավոր; կորիզային

nuclear family *noun* նեղ ընտանիք *(ծնողը/ծնողները և նրա/նրանց զավակները)*

nuclear fission *noun* միջուկային ճեղքում

nuclear physics *plural noun* *ֆիզիկա* միջուկային ֆիզիկա

nucleic acid |nju:ˈkli:ɪk|, |-ˈkleɪɪk| *noun* *կենսաքիմիա* կորիզաթթու

nucleus |ˈnju:klɪəs| *noun* (հոգն. **-clei** |-lɪʌɪ|) 1) միջուկ; կորիզ 2) *ֆիզիկա* միջուկ 3) *կենսաբանություն* նյարդականոտրոն 4) *կենսաբանություն* գորշ նյութ *(գլխուղեղի)* 5) *կենսաբանություն* կորիզ *(բջջի)*

nude |nju:d| **1** *adjective* 1) մերկ; հոլանի; մերկանդամ; անհանդերձ; տկլոր 2) մերկ; բաց *(տեսարանի մասին)* 3) մարմնագույն *(զուգագուլպաների և այլնի մասին)* 4) *իրավունք* անվավեր **2** *noun* 1) մերկ բնորդ/ֆիգուրա *(քանդակագործության կամ գեղանկարչության մեջ)* 2) մարմնագույն գույնը

nudge |nʌdʒ| **1** *verb* 1) թեթևակի հրել; բոթել *(արմունկով)* 2) դիպչել; թեթևակի բախվել 3) մղել; դրդել; համոզել 4) մոտենալ; գրեթե հասնել *(որոշակի տարիքի, մակարդակի և այլնի)* **2** *noun* թեթև հրում *(արմունկով)*

nudist |ˈnju:dɪst| *noun* նուդիստ; մերկապաշտ

nudity |ˈnju:dɪti| *noun* մերկություն; մերկանդամություն

nugatory |ˈnju:gət(ə)ri|, |ˈnu:-| *adjective* 1) աննշան; չնչին; անարժեք 2) անօգուտ; ապարդյուն

nugget |ˈnʌgɪt| *noun* 1) բնակտոր *(ոսկու և այլն)* 2) արժեքավոր միտք/փաստ

nuisance |ˈnju:s(ə)ns| *noun* 1) տհաճություն; անախորժություն; արտնեղություն ◇ **what a nuisance!**ափսո՜ս 2) տհաճ/ձանձրացնող մարդ; զահլա տանող մարդ ◇ **make a nuisance of oneself** ձանձրացնել; զահլա տանել 3) ◇ **public nuisance** *իրավունք* հասարակական կարգը խանգարող

null |nʌl| **1** *adjective* 1) անվավեր ◇ **null and void** *իրավունք* անվավեր; ուժը կորցրած 2) զրոյական 3) անարտահայտիչ *(դեմքի մասին)* **2** *noun* *բանաստեղծական* զրո **3** *verb* *էլեկտրոնիկա* զրոյացնել ազդանշանը *(այլ ազդանշանի հետ զուգորդելով)*

nullah |ˈnʌlə| *noun* *հնդկերեն* 1) գետի հուն *(սովորաբար ցամաքած)* 2) ձորակ; հեղեղատ 3) վտակ; գետակ; հոսանք *(անձրևների ժամանակ)*

nullification |-fɪˈkeɪʃ(ə)n| *noun* ոչնչացում; ջնջում; վերացում

nullify |ˈnʌlɪfʌɪ| *verb* (**-fies**, **-fied**) ջնջել; անվավեր դարձնել; վերացնել

nullity |ˈnʌlɪti| *noun* (հոգն. **-ties**) 1) ոչնչություն 2) *իրավունք* անվավերություն ◇ **nullity of marriage** ամուսնությունն անօրինական ճանաչելը; ամուսնությունն անվավեր ճանաչելը 3) աննշանություն; չնչինություն

numb |nʌm| **1** *adjective* 1) թմրած; անզգա; ընդարմացած 2) սառած; փայտացած **2** *verb* 1) ընդարմացնել; թմրեցնել; անզգա դարձնել 2) *փոխաբերական* շշմեցնել; ապշեցնել

number |ˈnʌmbə| **1** *noun* 1) թիվ; քանակ; քանակություն ◇ **broken number** *մաթեմատիկա* կոտորակ. **even number** զույգ թիվ. **odd number** կենտ թիվ. **prime number** *մաթեմատիկա* պարզ թիվ. **whole numbers** ամբողջական թվեր. **a number of** շատ; բազմաթիվ; մի շարք. **quite a number** մի ամբողջ շարք; բազմաթիվ. **without number** անթիվ; անհամար 2) գումար; հանրագումար; թվանշան; թիվ 3) խումբ; կազմ *(մարդկանց)* 4) (**numbers**) մեծ քանակություն ◇ **in numbers** մեծ քանակությամբ 5) ◇ **serial number** հաջորդական համար 6) բացթողման համար *(լրագրի)* ◇ **back number** i) հին համար *(թերթի, ամսագրի)* ii) *փոխաբերական* հետամնաց մարդ 7) կատարում; համար *(համերգի և այլնի)* 8) *քերականություն* թվական ◇ **cardinal numbers** քանակական թվականներ 9) *քերականություն* թիվ; թվի կարգ 10) *բանաստեղծական* (**numbers**) չափ; ռիթմ; ոտանավոր **2** *verb* 1) ունենալ; պարունակել; բովանդակել; կազմել *(որոշակի քանակություն)* 2) (**number among**) թվում/շարքում լինել 3) համարակալել; համարագրել 4) համար ունենալ 5) հաշվել; համրել; թվել 6) *ռազմական* համրել ◇ **number off** համար առ համար կանչելով ներկա-բացակա անել

lose the number of one's mess մահանալ; մեռնել

numberless |ˈnʌmbəlɪs| *adjective* 1) անհամար; անթիվ 2) համար չունեցող

Numbers *աստվածաշնչային* Թվեր; Թվերի գիրք

numbskull |ˈnʌmskʌl| (նաև **numskull**) *noun* *խոսակցական* ապուշ; բթամիտ; հիմարի գլուխ

numerable |ˈnju:m(ə)rəb(ə)l| *adjective* հաշվելի; թվելի

numeracy *noun* թվային մտածողություն; հաշվողություն

numeral |ˈnju:m(ə)r(ə)l| **1** *noun* 1) թվանշան; թիվ 2) *քերականություն* թվական անուն ◇ **cardinal numeral** քանականական թվական. **ordinal numeral** դասական թվական **2** *adjective* թվային; թվական; թվի; թվանշանային

numeration |nju:məˈreɪʃ(ə)n| *noun* 1) համրում; հաշվում; հաշիվ; համրանք ◇ **decimal numeration** համրանքի տասնորդական համակարգ 2) համարակալում; համարակալություն

numerator |ˈnju:məreɪtə| *noun* 1) *մաթեմատիկա* համարիչ 2) հաշվիչ գործիք; համարացույց

numerical |nju:ˈmɛrɪk(ə)l| *adjective* թվային; թվական; թվի; թվանշանային; թվային

numerous |ˈnju:m(ə)rəs| *adjective* 1) բազմաթիվ; ստվար 2) բազմանդամ

Numidia |nju:ˈmɪdɪə| *պատմական* Նումիդիա *(հին թագավորություն Աֆրիկայի հյուսիսում, հետագայում հռոմեական գավառ)*

numismatics |ˌnju:mɪzˈmætɪks| *plural noun* 1) դրամագիտություն 2) դրամներ ու մեդալներ հավաքելը

numskull *noun* *խոսակցական* ապուշ; բթամիտ; հիմարի գլուխ

nun |nʌn| *noun* միանձնուհի; կույս

nunnery |ˈnʌn(ə)ri| *noun* (հոգն. **-neries**) կուսանաց վանք; կուսանոց

nuptial |ˈnʌpʃ(ə)l| **1** *adjective* հարսանեկան; հարսանիքի **2** *noun* (**nuptials**) հարսանիք; պսակադրություն

Nuremberg |ˈnjʊərəmbəːg| Նյուրնբերգ *(քաղաք Գերմանիայի հարավում)*

nurse |nəːs| **1** *noun* 1) բուժքույր; բժշկական քույր 2) *հնացած* դայակ; ծծմայր; ստնտու **2** *verb* 1) հոգ տանել; խնամել *(հիվանդին)* 2) կերակրել; սնուցել *(երեխային)* 3) գրկել; պահել; խնամել 4) ժամանակ ա.ռ ժամանակ խմել *(ձեռքում պահած գավաթից)* 5) աճեցնել *(բույսը)* 6) փայփայել; տածել *(հույս)* 7) պահել *(ոխ)* 8) կաթ ունել

nursemaid |ˈnəːsmeɪd| **1** *noun* դայակ **2** *verb* դայակություն անել

nursery |ˈnəːs(ə)ri| *noun* (հոգն. **-eries**) 1) մանկանոց; մանկասենյակ; մանուկների սենյակ ◊ **public nursery** մանկամսուր 2) *գյուղատնտեսություն* բուծարան; տնկարան 3) ինկուբատոր; ճտահանման սարք

nursery rhyme *noun* մանկական ոտանավոր

nursing |ˈnɛːsɪŋ| *noun* քույրություն; բուժքույրություն; դայակություն

nursling |ˈnəːslɪŋ| *noun* 1) ծծկեր երեխա 2) սան; հոգեզավակ 3) մատղաշ բույս 4) մատղաշ կենդանի

nurture |ˈnəːtʃə| **1** *verb* 1) դաստիարակել; ուսուցանել 2) աճեցնել; մեծացնել 3) կերակրել; սնուցել 4) փայփայել; տածել *(հույս, զգացում)* **2** *noun* 1) դաստիարակում; դաստիարակություն; ուսուցում 2) կերակրում; սնուցում; կերակուր; սնունդ; աճեցում

nut |nʌt| **1** *noun* 1) ընկույզ ◊ **a hard nut to crack** դժվար խնդիր/գործ; համառ/անկոտրում մարդ 2) *ծածկալեզու* գլուխ; կարկաժ ◊ **off one's nut** հարբած; խելքը թոցրած 3) *տեխնիկական* մանեկ; պնդօղակ 4) *ծածկալեզու* տարօրինակ մարդ; տիպ **2** *verb* (**nutted**, **nutting**) *բրիտանական խոսակցական* գլխով ուժգին հարվածել *(մեկին)*

be nuts on sth 1) շատ սիրել *(որևէ բան)* 2) որևէ բան իր հինգ մատի պես իմանալ

nutcracker |ˈnʌtkrækə| *noun* ընկույզ կոտրիչ

nutlet |ˈnʌtlɪt| *noun* *բուսաբանություն* ընկուզիկ; փոքր ընկույզ; կորիզ *(մրգի)*

nutmeg |ˈnʌtmɛg| *noun* 1) մշկընկույզ; հնդկընկույզ; մուսկատ 2) մշկընկույզի համեմունք 3) *բուսաբանություն* մշկընկուզենի *(Myristica fragrans, ընտանիք Myristicaceae)*

Nutmeg State Մշկընկույզի նահանգ *(ԱՄՆ-ի Կոնեկտիկուտ նահանգի մականունը)*

nutria |ˈnjuːtrɪə| *noun* 1) *կենդանաբանություն* ճահճակուղբ; նուտրիա *(Myocastor coypus, ընտանիք Myocastoridae)* 2) ճահճակուղբի մորթի

nutrient |ˈnjuːtrɪənt| *noun* սնուցիչ; սնունդ

nutriment |ˈnjuːtrɪm(ə)nt| *noun* *հազվադեպ* սննդարար նյութ; սնունդ; կեր

nutrition |njʊˈtrɪʃ(ə)n| *noun* 1) սնուցում; սնուցելը; կերակրում; կերակրելը 2) սնունդ; կերակուր; կեր 3) սննդագիտություն; կերակրագիտություն

nutritional *adjective* 1) սննդային 2) սննդարար 3) սննդակարգային; դիետիկ

nutritious |njʊˈtrɪʃəs| *adjective* սննդարար; սնուցիչ

nutritive |ˈnjuːtrɪtɪv| *adjective* 1) սննդի; սննդային 2) սննդարար; սնուցիչ

nuts |nʌts| **1** *adjective* *խոսակցական* ցնորված; խելագար **2** *exclamation* *խոսակցական* անհեթեթությո՜ւն; հիմարությո՜ւն

nutshell |ˈnʌtʃɛl| *noun* ընկույզի կեղև/կճեպ

in a nutshell կարճ; կարճ ասած; մի խոսքով

nut tree *noun* պնդուկենի; թփակաղնի

nutty |ˈnʌti| *adjective* (**nuttier**, **nuttiest**) 1) ընկուզահամ; համեղ 2) ընկույզով; շատ ընկույզ պարունակող 3) *խոսակցական* խելառ; ցնդած; խելքը թոցրած 4) հետաքրքիր; հրապուրիչ 5) *խոսակցական* շքեղ; պճնամոլական 6) *խոսակցական* (**nuts upon sth**) հրապուրվող; տարվող *(որևէ բանով)*

Nuuk |nuːk| Նուկ *(Գրենլանդիայի մայրաքաղաքը)*

nuzzle |ˈnʌz(ə)l| *verb* 1) (**nuzzle up/against**) դունչը/քիթը քսել որևէ բանի 2) հողը փորել *(քթով, դնչով)* 3) հոտ քաշել; հոտոտել *(շների մասին)* 4) գունդուկծիկ դառնալ; կծկվել; կուչ եկած պառկել; հարմար տեղավորվել; հարմար պառկել

nylon |ˈnʌɪlɒn| *noun* 1) նայլոն *(թելը կամ գործվածքը)* 2) (**nylons**) նայլոնե գուլպաներ

nymph |nɪmf| *noun* 1) հավերժահարս 2) *բանաստեղծական* սիրուն աղջիկ 3) *կենսաբանություն* հարսնյակ; թրթուր *(միջատի)*

Oo

O[1] |əʊ| (նաև **o**) *noun* (հոգն. **Os** կամ **O's**) 1) անգլերեն այբուբենի 15-րդ տառը 2) (**oh**) զրո 3) օղակ; օղակի ձևը

an o (**a round o**) կլոր նշան; զրո

O[2] **1** *abbreviation* 1) Ocean 2) pint *(դեղատոմսերում)* 3) octavo 4) October 5) Ohio 6) old 7) Oregon **2** *symbol* տե՛ս **oxygen**

O[3] |əʊ| *exclamation* 1) *հնացած* (**oh**) ո՜հ; օ՜; օ՜հ; ա՜խ ◊ **o dear me** ա՜խ; աստվա՜ծ իմ 2) *հնացած* ո՜վ *(դիմելիս)*

oafish *adjective* հիմար; տխմար; ցանցառ

oak |əʊk| *noun* (նաև **oak tree**) 1) *բուսաբանություն* կաղնի *(Quercus, ընտանիք Fagaceae)* ◊ **dwarf oak** թզուկ կաղնի 2) կաղնու փայտանյութ; կաղնեփայտից շինած կահ-կարասի 3) *որոշչային* կաղնի; կաղնու; կաղնուց պատրաստած

oaken *adjective* կաղնե; կաղնու

Oakland |ˈəʊklənd| Օքլենդ *(քաղաք Կալիֆորնիայում)*

oar |ɔː| **1** *noun* 1) թիակ; թի ◊ **pull an oar** թիավարել. **rest on one's oars** հանգստանալ. **have an oar in every man's boat** ուրիշի գործերին խառնվել 2) թիավար; թիավարող ◊ **good/practised oar** լավ/փորձված թիավար **2** *verb* 1) թիավարել 2) թիերի նման շարժվել; թիակների նման շարժվել

oarlock |ˈɔːlɒk| *noun* թիակալ; թիանցք

oarsman |ˈɔːzmən| *noun* (հոգն. **-men**) թիավար

oasis |əʊˈeɪsɪs| *noun* (հոգն. **-ses** |-siːz|) 1) օազիս 2) *փոխաբերական* հանգստավայր; օազիս

oat |əʊt| *noun* 1) *բուսաբանություն* վարսակ *(Avena sativa, ընտանիք Gramineae)* 2) վարսակ *(որպես սնունդ)*

feel one's oats *ամերիկյան* աշխույժ լինել; ուրախ լինել; իր ուժը զգալ

sow one's wild oats ջահելություն անել; երիտասարդական մոլորություններին անձնատուր լինել; բուռն կյանք վարել

oatcake |ˈəʊtkeɪk| *noun* վարսակի բլիթ

oaten *adjective* 1) վարսակի 2) ծղոտի; ծղոտե

oath |əʊθ| *noun* (հոգն. **oaths** |əʊðz|) 1) երդում ◊ **administer an oath** երդվեցնել; բերել երդում տալու. **on oath** երդմամբ; երդվելով. **make/swear/take an oath** երդվել; երդում տալ 2) անեծք; նզովք; հայհոյանք

oatmeal |ˈəʊtmiːl| *noun* 1) վարսակի ալյուր 2) վարսակի շիլա 3) կրեմամոխրագույն/դարչնագույն բծերով

Ob |ɒb| Օբ *(գետ Ռուսաստանի սիբիրյան մասում)*

Obadiah |ˌəʊbəˈdʌɪə| Աբդիու *(Հին Կտակարանի մարգարեական գրքերից)*

obbligato |ˌɒblɪˈgɑːtəʊ| (նաև **obligato**) *noun* (հոգն. **-gatos** կամ **-gati**) *երաժշտություն* պարտադիր հատված

obduracy *noun* 1) խստասրտություն; անհոգիություն; անզգայություն 2) կամակորություն; համառություն

obdurate |ˈɒbdjʊrət| *adjective* 1) կամակոր; համառ 2) խստասիրտ; անհոգի

obedience |əˈbiːdɪəns| *noun* 1) հնազանդություն; հպատակություն ◊ **in obedience to** համաձայն 2) ենթարկվելը *(օրենքին)*

obedient |əˈbiːdɪənt| *adjective* հնազանդ; հլու

obeisance |ə(ʊ)ˈbeɪs(ə)ns| *noun* 1) պատիվ; մեծարանք ◊ **do/make/pay obeisance** հարգանք մատուցել 2) հարգալից ողջույն *(գլուխը կամ իրանը խոնարհելով)* 3) հնազանդություն

obelisk |ˈɒb(ə)lɪsk| *noun* 1) օբելիսկ; հուշակոթող; կոթող; հուշասյուն 2) *տպագրություն* խաչանիշ; խաչ *(վկայակոչական ծանոթության նշան)*

obese |ə(ʊ)ˈbiːs| *adjective* գեր; չաղ; հաստ; մարմնեղ

obesity *noun* գիրություն; մարմնեղություն

obey |ə(ʊ)ˈbeɪ| *verb* 1) հնազանդվել; հպատակվել; ենթարկվել 2) կատարել *(հրամանը, հանձնարարությունը)*

obituary |ə(ʊ)ˈbɪtʃʊəri|, |-tʃəri|, |-tjʊəri| **1** *noun* (հոգն. **-aries**) մահախոսական; դամբանական *(ճառ, հոդված)* **2** *adjective* մահախոսական; դամբանական

object **1** *noun* |ˈɒbdʒɪkt| |-dʒekt| 1) առարկա; օբյեկտ 2) թիրախ; կրող; նպատակակետ; առարկա *(որևէ գործողության)* 3) նպատակ; մտադրություն; դիտավորություն ◊ **my object in coming here** այստեղ գալու նպատակս 4) *քերականություն* խնդիր ◊ **direct/indirect object** ուղիղ/անուղղակի խնդիր 5) *համակարգիչներ* առարկա 6) *խոսակցական* ծիծաղելի/խղճուկ արտաքինով մարդ **2** *verb* |əbˈdʒekt| 1) առարկել; հակաճառել; դեմ լինել; հակառակվել; ընդդիմախոսել 2) չկարողանալ տանել/հանդուրժել

object glass (նաև **object-glass**) *noun* *լուսանկարչություն* (**objective**) օբյեկտիվ

objection |əbˈdʒekʃ(ə)n| *noun* 1) առարկություն; հակաճառություն; բողոք; ընդդիմախոսություն ◊ **take objection** առարկել; հակաճառել 2) հակադրանք; չսիրելը; հավանություն չտալը;ատելություն

objectionable |əbˈdʒekʃ(ə)nəb(ə)l| *adjective* 1) առարկելի; դատապարտելի 2) տհաճ; անախորժ; անհարմար

objective |əbˈdʒektɪv| **1** *adjective* 1) օբյեկտիվ; առարկայական; իրապես/իրականում գոյություն ունեցող 2) անկողմնակալ; անկողմնապահ; անաչառ 3) *քերականություն* խնդրին վերաբերող; խնդրի ◊ **objective case** օբյեկտային հոլով **2** *noun* 1) նպատակ; ձգտում 2) *քերականություն* (**the objective**) օբյեկտային հոլով 3) *լուսանկարչություն* օբյեկտիվ

objectless |ˈɒbdʒɪk(t)lɪs| *adjective* աննպատակ; առարկայազուրկ; աննպատակ

object lesson *noun* դիտողական/զննական

դաս

objurgate |ˈɒbdʒəgeɪt| *verb* կշտամբել; հանդիմանել; նախատել

objurgation |-ˈgeɪʃ(ə)n| *noun* կշտամբանք; հանդիմանություն

oblation |əˈbleɪʃ(ə)n| *noun* 1) զոհաբերություն; զոհ մատուցելը; զոհ; մատաղ 2) նվիրաբերություն; նվիրատվություն

obligation |ɒblɪˈgeɪʃ(ə)n| *noun* 1) պարտավորություն ◇ **undertake obligations** պարտավորություններ վերցնել 2) պարտականություն 3) պարտք 4) հարկադրական/ստիպողական ուժ; պարտադրականություն; պարտադիր լինելը *(օրենքի և այլնի)*

obligatory |əˈblɪgət(ə)ri| *adjective* պարտադիր; պարտադրական; հարկադրական

oblige |əˈblʌɪdʒ| *verb* 1) պարտավորեցնել; պարտադրել; հարկադրել; ստիպել 2) պարտավոր/երախտապարտ դարձնել; շնորհ/սիրալիրություն/լավություն անել; ծառայություն մատուցել

obliged *adjective* շնորհապարտ; պարտավորված

obliging |əˈblʌɪdʒɪŋ| *adjective* սիրալիր; պատրաստակամ

oblique |əˈbliːk| **1** *adjective* 1) թեք; շեղ; ծուռ 2) անուղղակի; ոչ բացահայտ 3) *քերականություն* թեք; անուղղակի *(հոլովի մասին)* **2** *noun* տե՛ս **slash 3** շեղվել; թեքվել

obliterate |əˈblɪtəreɪt| *verb* 1) ոչնչացնել; վերացնել 2) ջնջել; սրբել; մաքրել

obliteration *noun* ոչնչացում; ջնջում

oblivion |əˈblɪvɪən| *noun* մոռացում; մոռացություն ◇ **fall/pass/sink into oblivion** մոռացության տրվել/մատնվել

oblivious |əˈblɪvɪəs| *adjective* ցրված; անուշադիր; մտացրիվ; մտացիր

oblong |ˈɒblɒŋ| **1** *adjective* երկարավուն; երկայնավուն; երկարուկ; երկայնաձև **2** *noun* երկարավուն առարկա; երկայնավուն պատկեր

obloquy |ˈɒbləkwi| *noun* 1) վիրավորանք; չարախոսություն; բամբասանք; զրպարտություն 2) խայտառակություն; անարգանք

obnoxious |əbˈnɒkʃəs| *adjective* զզվելի; անտանելի; անհանդուրժելի

oboe |ˈəʊbəʊ| *noun* *երաժշտություն* հոբոյ *(երաժշտական փողային գործիք)*

obscene |əbˈsiːn| *adjective* 1) լկտի; անպարկեշտ; անվայել; պիղծ; խայտառակ 2) անբարոյական

obscenity |əbˈsɛnɪti| *noun* (հոգն. **-ties**) 1) լկտիություն; անառակություն; պղծություն; անպարկեշտություն 2) լկտի/անպարկեշտ խոսք

obscure |əbˈskjʊə| **1** *adjective* (**-scurer**, **-scurest**) 1) անհայտ; անծանոթ; չճանաչված; ոչ հայտնի 2) անպարզ; անորոշ; աղոտ; անհասկանալի; անըմբռնելի; դժվարիմաց *(պատկերացման և այլնի մասին)* 3) աննշան; անկարևոր; փոքր; անազդեցիկ 4) մութ; խավար 5) ծածուկ; թաքուն; գաղտնի; հեռավոր **2** *verb* 1) մթնեցնել; խավարեցնել; մթագնել; աղոտացնել 2) անորոշ/խրթին/դժվարիմաց/անհասկանալի դարձնել

obscurity |əbˈskjʊərɪti| *noun* (հոգն. **-ties**) 1) անհայտություն; աննշանություն; անազդեցիկություն; անծանոթություն; աննկատելիություն 2) անհասկանալիություն; անըմբռնելիություն; դժվարիմացություն 3) անհասկանալի/անպարզ հատված; մութ տեղ

obsequies |ˈɒbsɪkwɪz| *plural noun* թաղման ծիսակարգ; հուղարկավորություն

obsequious |əbˈsiːkwɪəs| *adjective* ստորաքարշ; քծնող; շողոքորթ

observable *adjective* 1) նկատելի; նշմարելի 2) ուշադրության արժանի; դիտարժան; ուշագրավ

observance |əbˈzəːv(ə)ns| *noun* 1) պահում; պահպանում; կատարում *(օրենքի, սովորույթի և այլնի)* 2) ծես; արարողություն; ծիսակարգ 3) *հնացած* հարգանք 4) դիտելը; հետևելը

observant |əbˈzəːv(ə)nt| **1** *adjective* 1) դիտունակ; ուշադիր; դիտող; աչալուրջ 2) օրինապահ; կանոնապահ; ճշտապահ; ճշտակատար *(հատկապես՝ կրոնական հարցերում)* **2** *noun* պատմական (**Observant**) խստակրոն անձ *(Ֆրանցիսկյան միաբանության)*

observation |ɒbzəˈveɪʃ(ə)n| *noun* 1) դիտում; դիտելը; զննում; զննելը; հսկում; հսկելը; հետևելը 2) դիտողականություն; դիտելու ունակություն 3) դիտողություն; դատողություն; նկատողություն 4) *որոշչային* դիտման; դիտելու *(կետ և այլն)*

observatory |əbˈzəːvət(ə)ri| *noun* (հոգն. **-ries**) 1) աստղադիտարան 2) դիտակետ; դիտման կետ

observe |əbˈzəːv| *verb* 1) նկատել; զգալ; ուշադրություն դարձնել; աչքովն ընկնել 2) ուսումնասիրել; դիտել; զննել; հսկել; հետևել 3) դիտողություն/նկատողություն անել ◇ **it will be observed** անհրաժեշտ է նշել 4) պահել; պահպանել; կատարել *(օրենքը, սովորույթը)* 5) լռությամբ նշել *(որևէ տխուր իրադարձություն)* 6) մասնակցել *(ծիսակատարությանը)* 7) նշել; տոնել *(տարեդարձը)*

observer |əbˈzəːvə| *noun* 1) դիտող; հսկող 2) տեսաբան; տեսություն կազմող; մեկնաբան *(լրագրի)* 3) դիտորդ; հսկորդ ◇ **observer missions** դիտորդական առաքելություն 4) օրինապահ/կանոնապահ անձ 5) դիտող *(արվեստում կամ գիտության մեջ)*

obsess |əbˈsɛs| *verb* 1) համակել; պատել; պարուրել *(վախի/սարսափի մասին)* 2) հետապնդել; տանջել; հանգիստ չտալ *(մտքի մասին)* 3) համակված/պարուրված/լցված լինել *(մտքով, վախով և այլն)*

obsession |əbˈsɛʃ(ə)n| *noun* 1) մոլեգնություն; համակում; համակվածություն; բռնվածություն *(որևէ զգացմունքով/կրքով և այլն)* 2) սևեռուն գաղափար

obsessive *adjective* 1) մտագարական; սևեռուն 2) շեղված

obsolete |ˈɒbsəliːt| **1** *adjective* 1) հնացած; անգործածական; շարքից դուրս եկած; դարն ապրած 2) *կենսաբանություն* թերաճ; ռուդիմենտար **2** *verb* հին դարձնել

obstacle |ˈɒbstək(ə)l| *noun* արգելք; խոչընդոտ ◇ **overcome/surmount obstacles** արգելքներ հաղթահարել. **throw obstacles in sb's way** արգելք հարուցել

obstetrician |ˌɒbstəˈtrɪʃ(ə)n| *noun* մանկաբարձ; ծննդագետ

obstetrics |əbˈstɛtrɪks| *plural noun* մանկաբարձություն; ծննդագիտություն

obstinacy *noun* 1) համառություն; կամակորություն; հաստակողություն 2) հաստատակամություն; հաստատամտություն

obstinate |ˈɒbstɪnət| *adjective* 1) համառ; պնդագլուխ; կամակոր; հաստակող 2) հաստատակամ; համառ; անկոտրում 3) հաստատուն; անխախտ; մնայուն; տևական *(տհաճ երևույթի/իրավիճակի մասին)*

obstreperous |əbˈstrɛp(ə)rəs| *adjective* աղմկարար; գոռգոռան; անզուսպ; անհանգիստ

obstruct |əbˈstrʌkt| *verb* 1) փակել; արգելել; խափանել; խանգարել; ճանապարհին կանգնել; խցանել 2) փակել; դիմացը լինել; ծածկել *(տեսարանը՝ դիմացը լինելով)* 3) *իրավունք* խոչընդոտել *(արդարադատությանը)* 4) ընդդիմագործություն սարքել

obstruction |əbˈstrʌkʃ(ə)n| *noun* 1) փակում; խափանում; խցանում; արգելք 2) ընդդիմագործություն 3) *կենսաբանություն* խցանում

obstructive |əbˈstrʌktɪv| *adjective* 1) արգելիչ; խանգարիչ 2) *կենսաբանություն* խցանման *(աղիների և այլնի)*

obtain |əbˈteɪn| *verb* 1) ստանալ; ձեռք բերել; հայթայթել; ճարել 2) ընդունված լինել; ուժի մեջ լինել; կիրառվել; գործադրվել

obtrude |əbˈtruːd| *verb* 1) միջամտել; միջամուխ լինել; խառնվել 2) բռնի ընդունել տալ; վզին փաթաթել 3) մեկի վզին փաթաթվել; զոռով կպչել

obtrusive |əbˈtruːsɪv| *adjective* 1) աչքի զարնող; երևացող; նկատելի 2) աներես; կպչան; ձանձրացնող

obturate |əbˈtjʊəreɪt| *verb գրական անգլերեն, տեխնիկական* փակել; խցանել

obturator |ˈɒbtjʊəreɪtə| *noun* 1) *կազմախոսություն* խից; խցան; խցակ 2) *լուսանկարչություն* փականակ

obtuse |əbˈtjuːs| *adjective* 1) անհասկացող; բթամիտ; տկարամիտ 2) դժվարըմբռնելի; դժվարընկալելի 3) բութ *(անկյան մասին)* 4) բութ; բթածայր

obviate |ˈɒbvɪeɪt| *verb* 1) խուսափել; խույս տալ 2) կանխել; առաջն առնել

obvious |ˈɒbvɪəs| *adjective* 1) բացահայտ; ակներև; ակնհայտ; պարզ; ակնբախ 2) *արհամարհական* կանխատեսելի; սովորական; հասարակ

obviously *adverb* 1) նկատելիորեն; զգալիորեն 2) բացահայտորեն; ակնհայտորեն

occasion |əˈkeɪʒ(ə)n| **1** *noun* 1) դեպք; հնարավորություն ◇ **on occasion** որոշ դեպքերում; առիթը ներկայանալիս; երբեմն. **on the occasion of** պատճառով; առիթով. **improve/seize/take the occasion** առիթից օգտվել. **on all occasions, upon all occasions** համենայն դեպս; ամեն պարագային. **rise to the occasion** լավագույնս դրսևորվել տվյալ դրությունում; դրության տերը լինել 2) դեպք; անցք; իրադարձություն ◇ **celebrate the occasion** դեպքը/իրադարձությունը նշել 3) հանգամանք; պարագա 4) առիթ; պատճառ; հիմք ◇ **give occasion** առիթ տալ **2** *verb գրական անգլերեն* առիթ ծառայել; պատճառ հանդիսանալ; պատճառել; հարուցել; առաջացնել

occasional |əˈkeɪʒ(ə)n(ə)l| *adjective* 1) պատահական; դիպվածային; ոչ մշտական; ոչ պարբերական; դեպքից դեպք պատահող; հազվադեպ 2) որևէ իրադարձության զուգադիպեցված; որևէ առիթի համար ստեղծված; որևէ նպատակի հարմարեցված

occasionally *adverb* պատահմամբ; պատահաբար; երբեմն; մեկ-մեկ; հազվադեպ; ժամանակ առ ժամանակ; դեպքից դեպք

Occident |ˈɒksɪd(ə)nt| *noun գրական անգլերեն, բանաստեղծական* Արևմուտք; Արևմուտքի երկրներ *(Եվրոպան և Ամերիկաները)*

occidental |ɒksɪˈdɛnt(ə)l| **1** *adjective* արևմտյան; Արևմուտքի **2** *noun* (**Occidental**) Արևմուտքի բնակիչ

occlude |əˈkluːd| *verb գրական անգլերեն տեխնիկական* 1) փակել; խցանել *(անցքը)* 2) *քիմիա* կլանել *(գազերը)*

occlusion |əˈkluːʒ(ə)n| *noun* 1) *բժշկություն* խցանում; արգելափակում 2) *բժշկություն* ատամների կծվածք 3) *հնչյունաբանություն* հպում; հպվածք

occult **1** *noun* գաղտնապաշտություն **2** *adjective* |ɒˈkʌlt| |ˈɒkʌlt| 1) ծածուկ; գաղտնի; թաքուն; խորհրդավոր; գաղտնախորհուրդ; առեղծվածային; անիմանալի 2) ընտրյալների 3) թաքուն *(հիվանդության մասին)* **3** *verb* |ɒˈkʌlt| 1) տեսարանը փակել 2) *աստղագիտություն* դիմացը փակել; խավարեցնել

occupancy *noun* 1) զբաղեցնելը; բնակեցնելը; գրավում; բնակեցում *(հողի, տան և այլն)* 2) ժամանակավորապես տիրելը; ժամանակավոր տիրապետություն

occupant |ˈɒkjʊp(ə)nt| *noun* 1) բնակիչ 2) *իրավունք* ժամանակավոր սեփականատեր 3) զբաղեցնող *(պաշտոնի)*

occupation |ɒkjʊˈpeɪʃ(ə)n| *noun* 1) գործ; զբաղմունք; աշխատանք; մասնագիտություն 2) ժամանց; զբաղմունք 3) գրավում; տիրում; տիրելը

occupational |ɒkjʊˈpeɪʃ(ə)n(ə)l| *adjective* մասնագիտական; զբաղմունքային; աշխատանքային

occupier *noun* բնակիչ; տնվոր; վարձակալ; ժամանակավոր սեփականատեր

occupy |ˈɒkjʊpʌɪ| *verb* (**-pies**, **-pied**) 1) զբաղեցնել; բնակեցնել; վարձակալել *(տուն, շենք)* 2) տանել; կլանել; խլել; զբաղեցնել *(ժամանակ, տարածություն)* 3) գրավել; զբաղեցնել *(պաշտոն)* 4) բռնագրավել; բռնազավթել; տիրապետել; տիրել; զավթել 5) ◇ **occupy oneself** զբաղվել *(որևէ բանով)*

occur |əˈkəː| *verb* (**-curred**, **-curring**) 1) տեղի ունենալ; կատարվել; պատահել 2) գտնվել; լինել; հանդիպել; պատահել 3) (**occur to sb**) մտքով անցնել; մտքում ծագել/առաջանալ 4) *երկրաբանություն* տարածվել; ընկած լինել

occurrence |əˈkʌr(ə)ns| *noun* 1) պատահար; դեպք; անցք ◇ **an every day occurrence** սովորական երևույթ. **be of common/frequent occurrence** սովորական/հաճախակի երևույթ լինել 2) հաճախականություն; հաճախադիպություն; հանդիպելիություն; պատահելը; տեղի ունենալը; գտնվելը 3) գտնվելու տեղ 4) *երկրաբանություն* հանքատեղ; հանքավայր

ocean |ˈəʊʃ(ə)n| *noun* 1) օվկիանոս 2) (**an ocean of, oceans of**) հոծություն; շատություն; մեծ քանակություն

oceangoing (նաև **ocean-going**) *adjective* օվկիանոսային *(նավի մասին)*

Oceania |ˌəʊsɪˈɑːnɪə|, |-ʃɪ-| Օվկիանիա

oceanic |ˌəʊsɪˈænɪk|, |-ʃɪ-| *adjective* 1) օվկիանոսային; օվկիանոսի; օվկիանոսյան 2) հսկայական; վիթխարի; լայնածավալ; լայնարձակ

oceanography |ˌəʊʃəˈnɒgrəfi| *noun* օվկիանոսագիտություն; օվկիանոսագրություն; ծովագրություն

Ocean State Ռոդ Այլենդ նահանգի մականունը

ocher |ˈəʊkə| (բրիտանական **ochre**) *noun* 1) օխրա; դեղնդեղ; դեղնահող *(դեղին, կարմիր կամ դարչնագույն հանքաներկ)* 2) բաց դեղին; դեղնադարչնագույն 3) *խոսակցական* փող; ոսկի

o'clock |əˈklɒk| *adverb* ժամը ◊ **it is five o'clock** ժամը հինգն է

octagon |ˈɒktəg(ə)n| *noun* ութանկյուն

octagonal |-ˈtæg(ə)n(ə)l| *adjective* ութանկյուն

octane |ˈɒkteɪn| *noun քիմիա* օկտան

octave |ˈɒktɪv| *noun* 1) *երաժշտություն* օկտավա; ութնյակ 2) օկտավա; ութտողանի տուն; ութտող ոտանավոր 3) գինու տակառ *(13.5 գալոն=մոտ 61 լիտր տարողությամբ)*

octet |ɒkˈtet| (նաև **octette**) *noun* ութնյակ; օկտետ *(երաժիշտների)*

October |ɒkˈtəʊbə| *noun* հոկտեմբեր

octogenarian |ˌɒktə(ʊ)dʒɪˈnɛːrɪən| **1** *noun* ութսունամյա մարդ *(80-89-ամյա մարդ)* **2** *adjective* ութսունամյա

octopus |ˈɒktəpəs| *noun* (հոգն. **-puses**) 1) *կենդանաբանություն* ութոտնուկ; ութոտնանի *(Octopus և այլ տեսակներ, կարգ Octopoda, դաս Cephalopoda)* 2) *փոխաբերական* հրեշ; լայնատարած համակարգ; վտանգավոր կազմակերպություն

ocular |ˈɒkjʊlə| **1** *adjective բժշկություն* 1) աչքի; ակնային; տեսողական 2) ականատես; ակներև *(ապացույցի և այլնի մասին)* **2** *noun* ակնապակի; դիտապակի *(հեռադիտակի և նման սարքերի ապակի)*

odd |ɒd| *adjective* 1) տարօրինակ; արտասովոր; անսովոր 2) կենտ; անզույգ ◊ **odd and even** զույգ և կենտ 3) ավելցուկով; մի բան ավելի; մի բան էլ ավելի; մոտ; մոտավորապես; քիչ ավել *(սովորաբար տարիների մասին)* 4) անկանոն; պատահական *(աշխատանքի/վաստակի մասին)* 5) անզույգ; կենտ *(ձեռնոցի, գուլպայի և այլնի մասին)* 6) ոչ լրիվ; պակասավոր; առանձին *(պարբերական հրատարակության համարների՝ պրակների մասին)*

oddity |ˈɒdɪti| *noun* (հոգն. **-ties**) 1) օտարոտի/տարօրինակ մարդ 2) տարօրինակ դեպք; զարմանալի բան 3) տարօրինակություն; արտասովորություն; անսովորություն; տարօրինակ լինելը

oddly *adverb* տարօրինակ կերպով

oddment |ˈɒdm(ə)nt| *noun* մնացորդ; մնացուկ

odds |ɒdz| *plural noun* 1) տարբերություն; անհավասարություն ◊ **make odds even** տարբերությունը վերացնել. **odds and ends** մնացորդներ 2) (**the odds**) հավանականություն ◊ **lay/give odds** գրազ գալ 3) առավելություն; գերազանցություն 4) տարաձայնություն ◊ **be at odds** (**be at odds about sth**) անհամերաշխ լինել; կռվել; գժտվել; յոլա չգնալ; համաձայնության չգալ *(որևէ հարցում)*

ode |əʊd| *noun* ներբող; գովերգ

Oder |ˈəʊdə| Օդեր *(գետ Կենտրոնական Եվրոպայում)*

Odessa |əʊˈdɛsə| Օդեսա *(քաղաք Ուկրաինայում)*

Odin |ˈəʊdɪn| (նաև **Woden** կամ **Wotan**) *սկանդինավյան դիցաբանություն* Օդին *(սկանդինավյան դիցաբանության գերագույն աստվածությունը)*

odious |ˈəʊdɪəs| *adjective* ատելի; գարշելի; խորշելի; զզվելի; անախորժելի; խիստ անցանկալի

odium |ˈəʊdɪəm| *noun* 1) ատելություն; հակակրանք 2) հանդիմանություն; կշտամբանք; խայտառակություն; անարգանք

odor |ˈəʊdə| (բրիտանական **odour**) *noun* 1) հոտ; հատուկ բույր; հոտարձակություն *(հատկապես՝ տհաճ)* 2) *փոխաբերական* զգացողություն; տպավորություն; դրակ *(որևէ բանի)* 3) համբավ; հռչակ ◊ **be in bad odour with sb** մեկի սրտով չլինել; մեկի սև ցուցակում լինել; վատ համբավ ունենալ

odorant |ˈəʊd(ə)r(ə)nt| *noun* հոտավորող; հոտավորիչ նյութ

odoriferous |ˌəʊdəˈrɪf(ə)rəs| *adjective* հոտավետ; հոտառատ; հոտարձակող *(հատկապես՝ տհաճ)*

odorless *adjective* անհոտ; անբույր

odorous |ˈəʊd(ə)rəs| *adjective* հոտավետ; հոտառատ

Odysseus |əˈdɪsɪəs| *հունական դիցաբանություն* Ոդիսևս *(Հոմերոսի «Ոդիսականի» հերոսը)*

Odyssey |ˈɒdɪsi| Ոդիսական

odyssey |ˈɒdɪsi| *noun* (հոգն. **-seys**) ոդիսական; արկածալից ճանապարհորդություն

Oedipus |ˈiːdɪpəs| *հունական դիցաբանություն* Էդիպոս

off |ɒf| **1** *adverb* 1) հեռու; հեռուն *(ցույց է տալիս հեռացում)* ◊ **a long way off** հեռու 2) ազատ; բացակա *(աշխատանքից)* 3) *(ցույց է տալիս մեկնարկ)* 4) *(ցույց է տալիս գործողության ավարտ/դադարեցում)* ◊ **break off sth** ընդհատել որևէ բան 5) հետաձգված *(ցույց է տալիս գործողության հետաձգում կամ չեղարկում)* 6) *բրիտանական խոսակցական* բացակա; առկա չեղող *(ընտրացանկի որևէ ապրանքի մասին)* 7) անջատված *(ցույց է տալիս գործող սարքի, մեխանիզմի կամ հոսանքի անջատում)* ◊ **turn off sth** անջատել որևէ բան. **switch off the light** լույսն անջատել; լույսը հանգցնել 8) *(ցույց է տալիս հագուստի պարագաների* հանում) ◊ **hats off** հանե՛ք գլխարկները 9) *(ցույց է տալիս մարդու տնտեսական վիճակը)* ◊ **well off** ապահովված. **badly off** աղքատ դրության մեջ **2** *preposition* 1) վրայից; դեպի վայր; դեպի դուրս *(արտահայտում է հեռացում առարկայի մակերեսից, թարգմանվում է հայերենի բացառական հոլովով)* 2) *(ցույց է տալիս շեղում)* ◊ **be off one's balance** հավասարակշռությունը կորցնել; հավասարակշռությունից դուրս գալ. **off colour** դժգույն; թոշնած; հիվանդ տեսքով *(մարդու մասին)* 3) հեռու; այնկողմ; հեռացած; անջատված *(ցույց է տալիս հեռավորություն որևէ տեղից)* ◊ **off the coast** ծովեզրից ոչ շատ հեռու 4) *(ցույց է տալիս որևէ բանին չմասնակցելը, որևէ բանում չներգրավվելը)* **3** *adjective* 1) անհաջող; վատ; անբավարար 2) հնացած; թարմությունը կորցրած *(սննդի մասին)* 3) կողմնային; կողք ընկած *(փողոցի և այլնի մասին)* 4) բրիտանական խոսակցական անարդար; անարդարացի; զայրացնող 5) վատառողջ; տկար; տրամադրությունը ընկած 6) ծովահայաց; դեպի ծովը դարձած *(նավարկողի մասին)* 7) ազատ *(ժամանակի/ժամերի մասին)* 8) անբերքատու; անբերք *(տարվա մասին)* 9) մեռյալ *(սեզոնի մասին)* 10) աջակողմյան; աջ **4** *verb* *խոսակցական* սպանել; մեռցնել; վերջը տալ

off and on ժամանակ առ ժամանակ; ընդմիջումներով

offal |ˈɒf(ə)l| *noun* 1) փորոտիք; փորուփսոր *(կենդանիների ուտելի ներքին գործարանները)* 2) թափթփուկ; թափոն; տականք 3) լեշ; գեշ *(կենդանու դիակ)*

offend |əˈfɛnd| *verb* 1) վիրավորել; անարգել; անպատվել; նեղացնել ◊ **be offended** նեղանալ; վիրավորվել 2) տհաճություն պատճառել; տհաճ լինել 3) խախտել օրենքը 4) (**offend against**) դեմ գնալ

offender *noun* 1) վիրավորող անձ 2) օրինազանց անձ

offensive **1** *adjective* 1) վիրավորական; անարգական 2) տհաճ; անախորժ *(հոտի մասին)* 3) հարձակողական; ագրեսիվ **2** *noun* հարձակում; գրոհ

offer |ˈɒfə| **1** *verb* 1) առաջարկ անել; առաջարկել 2) տրամադրել; տալ; վաճառքի հանել 3) պարունակել; բովանդակել; ընձեռել *(հնարավորություններ և այլն)* 4) ներկայանալ *(հնարավորության մասին)* 5) մատուցել *(զոհ)* 6) ցույց տալ *(դիմադրություն)* **2** *noun* 1) առաջարկ; առաջարկություն 2) *տնտեսագիտություն* առաջարկ 3) ամուսնության առաջարկություն

offering |ˈɒf(ə)rɪŋ| *noun* 1) ընծա; նվեր; նվիրաբերություն; նվիրատվություն; առաջարկված բան 2) զոհաբերություն; զոհ մատուցելը

offhand |ɒfˈhænd|, |ˈɒfhænd| **1** *adjective* (նաև **offhanded**) կոպիտ; աննրբանկատ; սառը; անքաղաքավարի; անպարկեշտ **2** *adverb* |ɒfˈhænd| իսկույն; անմիջապես; հանպատրաստից

office |ˈɒfɪs| *noun* 1) գրասենյակ; հիմնարկ ◊ **booking office** տոմսարկղ. **editorial office** խմբագրություն. **publishing office** հրատարակչություն. **post office** փոստ; փոստատուն. **private office** առանձնասենյակ; աշխատասենյակ. **inquiry office** տեղեկատու բյուրո 2) աշխատավայր 3) պաշտոն ◊ **an honorary office** պատվավոր պաշտոն. **hold office** պաշտոն զբաղել. **take office** պաշտոն ստանձնել. **come/get into office** գործերն ընդունել; պարտականությունների կատարմանն անցնել. **be in office** իշխանության գլուխ լինել 4) ծառայություն; օգնություն; օժանդակություն; լավություն 5) *հնացած* պարտականություն 6) վարչություն; գերատեսչություն ◊ **Foreign Office** արտաքին գործերի նախարարություն *(Անգլիայում)*. **War Office** ռազմական նախարարություն *(Անգլիայում)*. **Record Office** պետական արխիվ. **Holy Office** *պատմական* ինկվիզիցիա 7) (**offices**) տան օժանդակ շենքեր *(տնտեսական կարիքների համար)* 8) (**Divine Office**) եկեղեցական ծես; արարողություն ◊ **the last offices** թաղման արարողություն

office boy (նաև **office girl**) *noun* հիմնարկի ցրիչ; թղթատար

officer |ˈɒfɪsə| **1** *noun* 1) սպա ◊ **officer of the day** (**orderly officer**) հերթապահ սպա. **non-commissioned officer** ենթասպա 2) աստիճանավոր; պետական պաշտոնյա; պաշտոնական անձ; պետական ծառայող ◊ **returning officer** ընտրական հանձնաժողովի նախագահ *(Անգլիայում)*. **police officer** ոստիկան *(տղամարդ կամ կին)*. **customhouse officer** մաքսատան պաշտոնյա 3) ոստիկան *(տղամարդ կամ կին)* 4) դատական կատարածու **2** *verb* 1) սպայական կազմը համալրել 2) հրամանատար լինել; հրամանատարություն անել

official |əˈfɪʃ(ə)l| **1** *adjective* 1) պաշտոնական; ծառայողական; պաշտոնեական; պաշտոնի 2) *արհամարհական* տե՛ս **officious** **2** *noun* պաշտոնյա; ծառայող *(պետական)*

officially |əˈfɪʃəli| *adverb* պաշտոնապես

officiate |əˈfɪʃɪeɪt| *verb* 1) պարտականություն կատարել; դեր կատարել *(որևէ մեկի)* 2) ժամերգություն կատարել

officious |əˈfɪʃəs| *adjective* 1) հաճոյակատար; փութկոտ; ուրիշի գործերին խառնվող; կպչուն 2) կիսապաշտոնական; մեծամիտ; ինքնահավան; բարձրահոն

offing |ˈɒfɪŋ| *noun* բաց ծով; ծովի հեռուները *(ծովեզրից մինչև հորիզոն)* ◊ **in the offing** ոչ հեռու; մոտերքում; կայանալիք; կատարվելիք

offish |ˈɒfɪʃ| *adjective* *խոսակցական* անմարդամոտ; մարդախույս; ծանրաբարո; ինքնամփոփ; սառը

offline (նաև **off-line**) *համակարգիչներ* **1** *adjective* *համակարգիչներ* ցանցից դուրս; արտացանցային **2** *adverb* ցանցից դուրս

offload |ˈɒfləʊd|, |ɒfˈləʊd| (նաև **off-load**) *verb* 1) բեռնաթափել; դատարկել; իջեցնել *(բեռը)* 2) ազատվել *(մի բանից՝ վաճառելու/տալու միջոցով)* 3) լիցքաթափվել; ազատվել *(խնդրից, անհանգստությունից՝ մեկ ուրիշի հետ խոսելով)*

off-putting *adjective* տհաճ; անախորժ

offscourings |ˈɒfskaʊərɪŋz| (նաև **off-scourings**) *plural noun* մնացորդներ; թափթփուկներ; աղբ

offset **1** *noun* |ˈɒfsɛt| 1) հակակշիռ; փոխհատուցում; հատուցում 2) ընձյուղ; շիվ; ճյուղ; ճյուդավորում 3) լեռնանցույց; լեռնաշղթայի ճյուղավորում 4) *տպագրություն* (**offset printing**) արտատպագրություն; օֆսեթ տպագրություն **2** *verb* |ˈɒfsɛt| |ɒfˈsɛt| (**-setting**; անցյալ և անցյալ դերբայ **-set**)) փոխհատուցել 2) հավասարակշռել; հակակշռել

offshoot |ˈɒfʃuːt| *noun* 1) ընձյուղ; շիվ; շառավիղ; ճյուղ 2) *փոխաբերական* շառավիղ; ճյուղավորում

offshore *adjective, adverb* |ˈɒfʃɔː| |ɒfˈʃɔː| 1) ափից փչող *(քամու մասին)* 2) ծովեզերքից հեռու 3) անդրափնյա *(այլ երկրում գործող կամ այլ երկրից ներմուծված)*

offspring |ˈɒfsprɪŋ| *noun* (հոգն. նույնը) 1) զավակ; ժառանգ; սերունդ; զարմ 2) ձագ *(կենդանու)* 3) *փոխաբերական* արդյունք; պտուղ

off-white *noun* ոչ լրիվ սպիտակ; դեղնավուն/մոխրավուն սպիտակ

oft |ɒft| *adverb հնավանդ բանաստեղծական* (**often**) հաճախ

often |ˈɒf(ə)n|, |ˈɒft(ə)n| *adverb* (**oftener**, **oftenest**) հաճախ; հաճախակի; բազմիցս ◊ **often and often** շատ հաճախ

more often than not սովորաբար

oftentimes |ˈɒf(ə)ntʌɪmz|, |ˈɒft(ə)n-| *adverb* հաճախ; շատ անգամ

ogle |ˈəʊg(ə)l| **1** *verb* սիրավետ հայացք գցել; աչքերով խժռել; աչքով-ունքով անել **2** *noun* սիրավետ հայացք

ogre |ˈəʊgə| *noun* 1) մարդակեր հսկա 2) դաժան/ահազդու մարդ

oh¹ |əʊ| *exclamation* ո՜հ; օ՜հ

oh² |əʊ| *noun* տե՛ս **O1**

Ohio |əʊˈhʌɪəʊ| Օհայո *(ԱՄՆ-ի նահանգ)*

ohm |əʊm| *noun* էլեկտրականություն օհմ *(դիմադրության չափման միավոր)*

oil |ɔɪl| **1** *noun* 1) նավթ ◊ **strike oil** i) նավթ գտնել/հայտնաբերել ii) *փոխաբերական* շահավետ գործ կատարել 2) ձեթ; յուղ ◊ **essential/volatile oils** եթերայուղեր. **cod-liver oil** ձկան յուղ. **blasting oil** նիտրոգլիցերին 3) յուղաներկ; յուղելու նյութ 4) *գեղանկարչություն* յուղաներկ ◊ **paint in oils** յուղաներկով նկարել **2** *verb* 1) քսել; յուղել; ձիթել 2) *խոսակցական* յուղել; կաշառել; կաշառք տալ 3) *հնացած* օծել

burn the midnight oil գիշերով աշխատել

oil of birch պատժահիպոտներ; ծիպոտահարություն

pour oil on the flame (**add oil to the fire**) կրակի վրա յուղ լցնել

oil cake |ˈɔɪlkeɪk| *noun* քուսպ; կոպտոն *(յուղատու բույսերի սերմերի մնացորդը յուղը քամելուց հետո)*

oilcan *noun տեխնիկական* յուղաման

oilcloth |ˈɔɪlklɒθ| *noun* մոմլաթ

oiler |ˈɔɪlə| *noun* 1) յուղաման; ձիթաման 2) յուղիչ; քսիչ *(բանվոր)*

oil field |ˈɔɪlfiːld| (նաև **oilfield**) *noun* նավթահանք

oil paint *noun* յուղաներկ

oil painting *noun* 1) յուղանկարչություն 2) յուղանկար

oilpaper (նաև **oil paper**) *noun* յուղաթուղթ; մոմաթուղթ

oilskin |ˈɔɪlskɪn| *noun* 1) մոմլաթ 2) (**oilskins**) մոմլաթից հագուստ

oilstone |ˈɔɪlstəʊn| *noun* յուղաքար; հեսանաքար; սրոց

oil well *noun* նավթահոր

oily |ˈɔɪli| *adjective* (**oilier**, **oiliest**) 1) յուղային; յուղոտ; ձիթոտ 2) *փոխաբերական* չափազանց սիրալիր; քաղցր-մեղցր; շողոքորթ

ointment |ˈɔɪntm(ə)nt| *noun* քսուք; յուղաքսուք

OK¹ (նաև **okay**) *խոսակցական* **1** *exclamation* 1) լա՛վ; եղա՛վ 2) դե; ուրեմն **2** *adjective* 1) տանելի; միջակ; բավարար 2) լավ; առողջ *(մարդու մասին)* 3) թույլատրված; թույլատրելի **3** *adverb* բավարար/գոհացուցիչ կերպով **4** *noun խոսակցական* հավանություն **5** *verb* (**OK's**, **OK'd**, **OK'ing**) հավանություն տալ

OK² *abbreviation* Oklahoma *(փոստային նշումներում)*

Okhotsk, Sea of |əʊˈxɒtsk| Օխոտի ծով

Okinawa |ˌəʊkɪˈnɑːwə| Օկինավա *(կղզի Ճապոնիայի հարավում)*

Oklahoma |ˌəʊkləˈhəʊmə| Օկլահոմա *(ԱՄՆ-ի նահանգ)*

old |əʊld| **1** *adjective* (**older**, **oldest**) 1) ծեր; տարիքն առած; տարեց; զառամյալ ◊ **grow/get old** ծերանալ; պառավել. **as old as the hills** շատ հին; աշխարհի պես հին 2) հին; հնօրյա; հինավուրց; վաղուցվա; վաղուց եղած; հին; վաղեմի 3) հին; հնացած; մաշված 4) ծերունական; պառավական; ծերացածի նման; ծերակերպ; ծերացած 5) առաջվա; նախկին; անցյալ; նախորդ 6) հին; փորձված; երկարամյա *(ընկերների և այլնի մասին)* 7) (**old in/at**) արմատացած; արմատակալած; հնացած; փորձված; վարպետ *(մի բան անելու մեջ)* 8) տարեկան; որոշակի տարիքի **2** *noun* 1) ◊ **the old** ծերերը 2) ◊ **of old** հին ժամանակ; հնում. **from of old** հնուց; վաղուց

Old Colony Հին Գաղութ *(ԱՄՆ-ի Մասաչուսեթս նահանգի մականունը)*

Old Dominion Հին տիրապետություն *(ԱՄՆ-ի Վիրջինիա նահանգի մականունը)*

olden |ˈəʊld(ə)n| **1** *adjective հնավանդ* կատակային հին; վաղեմի; առաջվա; անցած-գնացած **2** *verb* 1) *գրքային* հնանալ 2) հնացնել

old-fashioned *adjective* 1) հնացած; հին; անցած-գնացած; իր դարն ապրած 2) հնաոճ; հնաձև; խիստ ավանդապաշտ

oldish *adjective* մի քիչ հին; հնավուն

Old Line State Հին սահմանի նահանգ *(ԱՄՆ-ի Մերիլենդ նահանգի մականունը)*

Old North State Հին հյուսիսային նահանգ *(ԱՄՆ-ի Հյուսիսային Կարոլինա նահանգի մականունը)*

oldster |ˈəʊldstə| *noun խոսակցական* հասակավոր մարդ; հասակավոր մարդ

Old Stone Age հին քարե դար

Old Testament *noun* Հին Կտակարան

old-time *adjective* հին օրերի; վաղեմի; հինուքա-րի

old-timer *noun* *խոսակցական* 1) հին բնակիչ; հնաբնակ; հին աշխատող 2) *արհամարհական* ծեր մարդ

Old World Հին Աշխարհ *(Եվրոպան, Ասիան և Աֆրիկան)*

old-world (նաև **old world Old World**) *adjective* 1) Հին աշխարհին վերաբերող 2) հին աշխարհի/ժամանակների; պատմական

olfactory |ɒlˈfækt(ə)ri| **1** *adjective* հոտառա-կան; հոտառության; հոտոտելիքի **2** *noun* (**olfactories**) հոտոտելիք; հոտառություն

oligarchy |ˈɒlɪgɑ:ki| *noun* (հոգն. **-chies**) խմբիշ-խանություն; օլիգարխիա

olio |ˈəʊlɪəʊ| *noun* (հոգն. **-os**) 1) *խոհանոց* (նաև **olla podrida**) կծու իսպանական ուտելիք 2) խառ-նուրդ; ամեն տեսակ բան; խառնուք; շիլափլավ 3) *երաժշտություն* խառներգ; պոպուրի

olive |ˈɒlɪv| **1** *noun* 1) *բուսաբանություն* ձիթենի; ձիթապտուղ *(Olea europaea, ընտանիք Oleaceae)* 2) ձիթապտղի գույն; դեղնականաչ 3) տե՛ս **olive-branch** **2** *adjective* ձիթապտղի գույնի; դեղնա-կանաչ

olive branch *noun* ձիթենու ճյուղ *(խաղաղու-թյան խորհրդանշան)* ◇ **hold out the olive branch** խաղաղասիրական առաջարկ անել

olive oil *noun* ձիթապտղի յուղ

Olympiad |əˈlɪmpɪæd| *noun* 1) *մարզական պատ-մական* օլիմպիադա 2) Օլիմպիական խաղեր

Olympic |əˈlɪmpɪk| **1** *adjective* Օլիմպոսի; օլիմ-պիական **2** *noun* (**the Olympics**) Օլիմպիական խաղեր

Olympic Games (նաև **the Olympics**) Օլիմ-պիական խաղեր

Olympus |əˈlɪmpəs| *հունական դիցաբանություն* Օլիմպոս

Olympus, Mount Օլիմպոս լեռ

Oman |əʊˈmɑ:n| Օման *(պետություն Արաբական թերակղզում)*

Oman, Gulf of Օմանի ծոց

ombudsman |ˈɒmbʊdzmən| *noun* (հոգն. **-men**) օմբուդսմեն; մարդու իրավունքների պաշտպան; իրավապաշտպան

omega |ˈəʊmɪgə| **1** *noun* 1) (**Ω, ω**) օմեգա *(հու-նարենի 24-րդ և վերջին տառը)* 2) վերջինը; վերջ-նական զարգացումը **2** *symbol ֆիզիկա* օհմ

omelet |ˈɒmlɪt| (նաև **omelette**) *noun* ձվածեղ

omen |ˈəʊmən| **1** *noun* նախանշան ◇ **be of good omen** լավ նախանշան հանդիսանալ/լինել **2** *verb* նախանշան լինել; նախագուշակել; կանխա-գուշակել

ominous |ˈɒmɪnəs| *adjective* չարագուշակ; սպառնալից; աղետաբեր

omission |ə(ʊ)ˈmɪʃ(ə)n| *noun* 1) բացթողում 2) բաց թողնելը 3) զանցառություն; անփութություն

omit |ə(ʊ)ˈmɪt| *verb* (**omitted**, **omitting**) 1) բաց թողնել; չնկատել; աչքից փախցնել 2) կարևոր չհամարել; արհամարհել; անուշադիր թողնել; դուրս գցել ◇ **omit to do, omit doing** որևէ բան չկա-տարել; որևէ բան չանել

omnibus |ˈɒmnɪbəs| **1** *noun* 1) ժողովածու *(միևնույն հեղինակի գործերը՝ մեկ հատորում)* 2) *հնացած* հանրակառք; ավտոբուս **2** *adjective* մի քանի կետ ներառող; մի քանի կետ ընդգրկող *(օրենքի/որոշման մասին)*

omnipotent |ɒmˈnɪpət(ə)nt| **1** *adjective* ամե-նազոր; ամենակարող; հզոր **2** *noun* Ամենակա-րողը; Աստված

omnipresent |ɒmnɪˈprɛz(ə)nt| *adjective* 1) ամենագտ; ամենուրեք գտնվող *(Աստծո մասին)* 2) տարածված; հաճախադեպ

omniscience *noun* ամենագիտություն

omniscient |ɒmˈnɪsɪənt| *adjective* ամենագետ; ամենագիտակ; համայնագիտակ

omnivore |ˈɒmnɪvɔ:| *noun* ամենակեր; և՛ բու-սակեր, և՛ կենդանակեր *(մարդու/կենդանու մա-սին)*

omnivorous |ɒmˈnɪv(ə)rəs| *adjective* 1) ամե-նակեր; և՛ բուսակեր, և՛ մսակեր *(մարդու, կենդա-նիների մասին)* 2) ամեն ինչ գործածող; ամեն ինչ լափող; ամեն ինչի ձեռք գցող

Omsk |ɒmsk| Օմսկ *(քաղաք Ռուսաստանում)*

on |ɒn| **1** *preposition* 1) վրա; վրան *(ցույց է տալիս այլ առարկայի վրա գտնվելը)* 2) մոտակայքում; մոտերքում; մոտ *(որևէ բանի)* 3) *(ցույց է տալիս պատկանելիությունը)* 4) մասին; վերաբերյալ 5) *(ցույց է տալիս շաբաթվա որոշակի օրը)* 6) ցույց է տալիս ամսաթվով նշված օրվա մասը 7) հետո; երբ; որևէ բան անելուն պես *(ցույց է տալիս գոր-ծողությունների հաջորդականությունը)* 8) ◇ **on another day** մի ուրիշ օր. **on any day** որևէ օր 9) *(ցույց է տալիս գործողության վիճակը/բնույթը)* ◇ **on leave** արձակուրդի մեջ. **on trial** դատաքննության տակ. **on duty** հերթապահության մեջ; պարտա-կանությունները կատարելիս. **on foot** հետիոտն; ոտքով. **on horse-back** ձի հեծած; հեծյալ. **be on strike** գործադուլ անել. **on lease** վարձով տրված. **on the move** ընթացքի/շարժման մեջ. **be on the spree** կերուխում անել; քեֆ անել. **on the committee** հանձնաժողովի կազմում; որպես հանձ-նաժողովի անդամ աշխատող. **on trust** վստա-հելով; հավատ ընծայելով. **on speaking terms** լավ հարաբերությունների մեջ; ընկերական. **on a friendly footing** բարեկամական/ընկերական հարաբերությունների մեջ 10) *(ցույց է տալիս գոր-ծողության նպատակը)* ◇ **on purpose** դիտմամբ; դիտավորյալ կերպով. **on business** գործով 11) *(ցույց է տալիս հիմունքը/պատճառ/աղբյուր)* ◇ **on principle** սկզբունքից ելնելով; սկզբունքով. **on a new principle** նոր հիմունքով; նոր սկզբունքի հա-մաձայն. **on that ground** դրա հիման վրա. **on the faith of sth** հավատալով; կարծելով *(մի բանի/մի բան).* **on my word of honour** ազնիվ խոսք. **on one's income** սեփական եկամուտով. **on a pension** թո-շակով; թոշակի անցած. **on no account** ոչ մի դեպ-քում. **on account of** պատճառով **2** *adverb* 1) *(ցույց է տալիս բայի արտահայտած գործողության շա-րունակում)* ◇ **go on** շարունակել 2) *(ցույց է տա-լիս որևէ սարքի կամ մեխանիզմի գործի դրվելը/միացումը)* ◇ **turn/switch on** միացնել 3) հագած;

հագին *(ցույց է տալիս մեկի հագուստը, նրա ինչ հագած լինելը)*

on-board *adjective համակարգիչներ* հարթակային; հարթակի վրա դրված

once |wʌns| **1** *adverb* 1) մի անգամ ◇ **once again/more** մի անգամ ևս; դարձյալ. **once and again (once or twice)** մի քանի անգամ; ժամանակ առ ժամանակ. **once for all** մեկընդմիշտ. **more than once** հաճախակի; բազմիցս. **not once** ոչ մի անգամ; երբեք. **once in a while/way** շատ հազվադեպ 2) մի ժամանակ; ժամանակով ◇ **once upon a time** լինում է, չի լինում 3) հենց որ **2** *conjunction* հենց որ; երբ **3** *noun* մի անգամ ◇ **for this once** այս անգամ

at once անմիջապես; իսկույն

oncologic ուռուցքաբանական

oncology |ɒŋ'kɒlədʒi| *noun բժշկություն* ուռուցքաբանություն

oncoming |'ɒnkʌmɪŋ| **1** *adjective* 1) մոտեցող 2) մոտալուտ; մոտիկ; վերահաս; եկող **2** *noun* մոտալուտություն; մոտենալը; վրա հասնելը; մոտիկություն

one |wʌn| **1** *cardinal number* 1) (i, I) մեկ; մի; առաջին 2) մի հոգի 3) միակ 4) մեկը *(զույգից, խմբից)* 5) մի; ինչ-որ մի 6) ոմն; մի որոշ *(անծանոթ մարդու անունից առաջ)* 7) միևնույն; նույն; համընդհանուր; միասնական 8) մեկ տարեկան 9) ժամը մեկը 10) *խոսակցական* մեկ դոլար 11) *խոսակցական* խմիչք *(ոգելից)* 12) մեկ/առաջին չափսի *(հագուստի/կոշիկի մասին)* **2** *pronoun* 1) ինչ-որ մեկը. մի մարդ 2) մարդ; անձը; մարդիկ ◇ **one never knows what may happen** մարդ չգիտի՝ ինչ կարող է պատահել **3** *noun* 1) մեկ թիվ; միավոր ◇ **one by one** մեկը մյուսի ետևից; մի առ մի; մեկ-մեկ; առանձին-առանձին. **one and all** բոլորը միասին և յուրաքանչյուրը առանձին-առանձին 2) մարդ; ինքը *(փոխարինող բառ, որը գործ է ածվում հիշված գոյականը չկրկնելու համար)* 3) ◇ **the little ones** փոքրերը; երեխաները. **my little one** փոքրիկս **4** *adjective* 1) ◇ **chapter one** առաջին գլուխ 2) ◇ **with one voice** միաձայն; միաբերան; միահամուռ. **at one** համերաշխորեն; միահամուռ կերպով; միաժամանակ 3) ◇ **it is all one** կարևոր չէ; միևնույն է; միանման է; միատեսակ է

one or two մի երկու; մի քանի

one too many չափազանց շատ

one another *pronoun* միմյանց; մեկը մյուսին

Onega, Lake |ə'njeɪgə| Օնեգա *(լիճ Ռուսաստանի հյուսիս-արևմուտքում)*

one-horse *adjective* 1) միաձի 2) մանր; աննշան; փոքր

oneness |'wʌnnɪs| *noun* 1) միասնություն; նույնություն 2) բացառիկություն

one-off *խոսակցական* **1** *adjective* միանգամյա; մեկանգամյա; չկրկնվող **2** *noun* եզակի/առանձնահատուկ մարդ

oner |'wʌnə| *noun խոսակցական, հնացած* 1) հիանալի առարկա; աչքի ընկնող մարդ ◇ **a oner at** գիտակ; քաջածանոթ 2) *խոսակցական* ուժեղ հարված 3) բացահայտ սուտ; կեղծիք

onerous |'əʊn(ə)rəs|, |'ɒn-| *adjective* 1) ծանրաբեռնող; ծանր; դժվարին; դժվար 2) ծանր *(հարկերի մասին)*

oneself |wʌn'self| (նաև **one's self**) *pronoun* 1) ինքն իրեն ◇ **do for oneself** ինքն իր համար անել. **keep oneself for oneself** ինքնամփոփ լինել; ոչ մարդամոտ լինել 2) ինքնուրույն; առանց օգնականի 3) *(համապատասխանում է հայերենի «վ» մասնիկին)* ◇ **hurt oneself** վնասվել

one-sided *adjective* 1) միակողմանի; կողմնակալ 2) անհավասար *(մրցակցության/պայքարի մասին)* 3) միակողմանի *(խոսակցության/հարաբերությունների մասին)* 4) մի կողմի; մի կողմի վրա կատարվող

one-star *adjective* միաստղանի *(հյուրանոցի մասին)*

one-way *adjective adjective* 1) միակողմանի *(ճանապարհի/տոմսի/հայելու և այլնի մասին)* 2) միակողմանի *(խոսակցության, հարաբերությունների մասին)*

ongoing |'ɒngəʊɪŋ| *adjective* շարունակվող; ընթացքի մեջ գտնվող

onion |'ʌnjən| *noun* 1) սոխի գլուխ; սոխարմատ; սոխ 2) *բուսաբանություն* սոխ *(Allium cæpa, ընտանիք Liliaceae)*

know one's onions գիտակ լինել; իր գործն լավ տիրապետել

online (նաև **on-line**) *համակարգիչներ* **1** *adjective համակարգիչներ* ցանցային; առցանց; համացանցային **2** *adverb* 1) *համակարգիչներ* առցանց; առցանց կերպով; ցանցի/համացանցի միջոցով 2) աշխատող վիճակում

onlooker |'ɒnlʊkə| *noun* դիտող; պատահական ականատես

only |'əʊnli| **1** *adverb* 1) միայն; միմիայն ◇ **not only** ոչ միայն. **if only** եթե միայն. **only just** հենց նոր; հենց հիմա. **only not** հազիվհազ; քիչ էր մնում. **only too glad** շատ ուրախ. **only think!** երևակայե՛ք; պատկերացրե՛ք; հապա մտածե՛ք 2) պարզապես; բացառապես; լոկ **2** *adjective* միակ; եզակի ◇ **one only** մի հատիկ **3** *conjunction խոսակցական* միայն թե; սակայն; բայց ◇ **only that** միայն թե; եթե միայն չ...

onomatopoeia |ˌɒnə(ʊ)mætə'piːə| *noun լեզվաբանություն* նմանաձայնություն; բնաձայնություն

onrush |'ɒnrʌʃ| **1** *noun* գրոհ; հարձակում **2** *verb* հարձակվել; գրոհել; արշավել

onset |'ɒnset| *noun* 1) *հնացած* գրոհ; հարձակում 2) սկիզբ; սկսվելը; սկզբնափուլ *(հատկապես՝ որևէ տհաճ բանի)* 3) սկիզբ ◇ **at the first onset** անմիջապես; հենց սկզբից. **give a fresh onset** նոր փորձ անել; վերստին փորձել

onslaught |'ɒnslɔːt| *noun* 1) կատաղի գրոհ; հարձակում; ներխուժում ◇ **onslaught of foreign culture** օտար մշակույթի ազդեցիկ ներխուժում 2) *փոխաբերական* հեղեղ; տարափ; առատություն

Ontario |ɒn'teːrɪəʊ| Օնտարիո *(շրջան Կանադայում)*

Ontario, Lake Օնտարիո լիճ *(ԱՄՆ-ի և Կանադայի սահմանին)*

onto |'ɒntuː| *preposition* վրա

onus |'əʊnəs| *noun* պատասխանատվություն; պարտավորություն; բեռ; ծանրություն

onward |ˈɒnwəd| **1** *adverb* (նաև **onwards**) 1) դեպի առաջ; առաջ; հառաջ; ավելի հեռու ◇ **you are so far onward of your way** դուք այնքան հեռուն գնացիք 2) այսկողմ; մինչև հիմա; սկսած *(որևէ ժամանակակետից)* 3) փոխաբերական առաջ *(գործի զարգացման վերաբերյալ)* **2** *adjective* առաջընթաց; դեպի առաջ շարժվող; առաջադեմ

oof |u:f| *exclamation* ա՜խ; ը՜հ *(ցավ/տհաճություն արտահայտող ձայնարկություն)*

ooze¹ |u:z| **1** *verb* 1) դանդաղորեն արտահոսել/ծորել *(անցքից, բացվածքից)* 2) ծորալ; վազել; հոսել; կաթկթել *(արյան/թարախի մասին)* 3) արձակել; բխել; ճառագել ◇ **ooze away** չքանալ; անհետանալ. **oozee out** բացահայտվել; բացվել; հայտնաբերվել *(գաղտնիքի մասին)* **2** *noun* հեղուկի դանդաղ արտահոսք; ծորալը; կաթկթելը

ooze² |u:z| *noun* տիղմ

oozy *noun* տղմոտ; տղմառատ

opacity |ə(ʊ)ˈpæsɪti| *noun* 1) անթափանցություն; անլուսանցիկություն ◇ **acoustic opacity** անձայնանցիկություն; անձայնաթափանցիկություն 2) փոխաբերական անորոշություն; անպարզություն *(մտքի և այլն)*

opal |ˈəʊp(ə)l| *noun* հանքաբանություն արևաքար; ծիածանաքար; արևակն

opaque |ə(ʊ)ˈpeɪk| **1** *adjective* (**opaquer**, **opaquest**) 1) անթափանց; անթափանցիկ; անլուսաթափանց; անլուսանցիկ; աղոտ 2) անորոշ; անպարզ; անհասկանալի; դժվարըմբռնելի; խրթին; դժվարահասու 3) բթամիտ; հիմար **2** *noun* անթափանց առարկա/նյութ

op art (նաև **optical art**) *noun* օպ արվեստ; օպտիկական արվեստ

OPEC |ˈəʊpɛk| *abbreviation* Organization of the Petroleum Exporting Countries Նավթարդյունահանող Երկրների Կազմակերպություն

open |ˈəʊp(ə)n| **1** *adjective* 1) բաց; բաց արած; անփականք; անծածկ ◇ **break open** լայն բաց անել; կրնկի վրա բանալ *(դուռը)*. **cut/tear open** կնիքը պոկել; բանալ *(ծրարը, փաթեթը)* 2) արձակված; չկոճկված *(հագուստի մասին)* 3) ազատ *(խոչընդոտներից, արգելքներից՝ ճանապարհի մասին, սառույցից՝ գետի մասին)* 4) հնչյունաբանություն բաց *(ձայնավորի մասին)* 5) հնչյունաբանություն բաց *(վանկի մասին)* 6) ցանցկեն; ցանցավոր; անցքերով; ցանցաձյուս *(հատկապես՝ գործվածքի մասին)* 7) **(open to)** խոցելի; տեղիք տվող; բաց ինչ-որ բանի հանդեպ 8) բացված *(ծաղիկների մասին)* 9) առկա; օգտագործելի *(հնարավորության/ընտրության մասին)* 10) անթաքույց; բացահայտ 11) անկեղծ; սրտաբաց; շիտակ ◇ **be open with sb** մեկի հետ անկեղծ լինել 12) ազատ; անկաշկանդ *(քննարկման մասին)* 13) բաց; դռնբաց *(ժողովի և այլնի մասին)* 14) անկանխակալ; առանց սահմանափակումների *(մտածողության մասին)* 15) **(open to)** ընդունող; ընկալունակ 16) **(open to)** հնարավորություն տվող; հնարավոր դարձնող **2** *verb* 1) բանալ; բաց անել; բացել 2) բացվել *(դռան/լուսամուտի մասին)* 3) **(open onto/into)** բացվել դեպի; նայել դեպի; տանել; առաջնորդել *(դռան/պատուհանի մասին)* 4) բացվել; տարածվել; փռվել *(տեսարանի/բնապատկերի մասին)* 5) բացվել *(ծաղիկների մասին)* 6) հնարավոր/առկա դարձնել; տրամադրել 7) բացահայտել; հայտնի դարձնել 8) **(open someone to, open someone up to)** խոցելի դարձնել; անպաշտպան դարձնել *(մեկին մի բանի նկատմամբ)* 9) հիմնադրել; հիմնել; բացել *(հաստատություն, շարժում և այլն)* 10) բացված հայտարարվել; սկսվել *(ժողովի, մտքերի փոխանակության մասին)* 11) **(open up)** սկիզբ առնել *(առաջ գալ)* 12) կտրել-բաց անել *(թարախապալարը)* • **open into** հաղորդակից լինել *(սենյակների մասին)* **open out** բաց անել; տարածել; պարզել; բանալ *(թռչնի թևերի/հովհարի և այլնի մասին)* **open up** մուտքը բաց անել; այցելելու հնարավորություն տալ **3** *noun* ◇ **come out into the open** արտահայտվել; անկեղծ խոսել

open air **1** *noun* մաքուր օդ; դուրս **2** *adjective* բացօթյա; բաց երկնքի տակ

opener |ˈəʊp(ə)nə| *noun* 1) բացիչ 2) բացող; առաջին *(խաղի/մրցության մասին)*

open-eyed *adjective* 1) աչքերը լայն բացած; զարմացած 2) փոխաբերական զգոն; աչալուրջ

openhanded *adjective* 1) բաց ձեռքով արված *(հարվածի մասին)* 2) առատաձեռն

open-hearted (նաև **openhearted**) *adjective* սրտաբաց; անկեղծ; շիտակ

opening |ˈəʊp(ə)nɪŋ| **1** *noun* 1) բացվածք; անցք; ծակ; ծերպ; ճեղք 2) հարմար առիթ; հնարավորություն 3) ազատ աշխատատեղ; թափուր պաշտոն 4) սկիզբ; ներածություն; ներածական մաս 5) բացում *(ցիստի/ցուցահանդեսի և այլն)* 6) բացատ *(անտառում)* **2** *adjective* 1) սկզբնական; առաջին; ելման; ելակետային 2) ներածական; բացման

openly |ˈəʊp(ə)nli| *adverb* 1) բացեիբաց; բացահայտորեն; հրապարակորեն; հրապարակավ 2) անկեղծորեն

open-minded *adjective* լայնամիտ; լայն մտահորիզոն ունեցող; անկանխակալ; արդարացի; իրավացի

openness *noun* 1) անկեղծություն 2) պատրաստակամություն; հոժարություն

openwork |ˈəʊp(ə)nwə:k| *noun* 1) ցանցակար 2) ցանցանախշ *(կաշվի/մետաղի և այլնի վրա)*

opera¹ |ˌɒp(ə)rə| *noun* 1) օպերա 2) օպերային թատրոն

opera² հոգնակի տե՛ս **opus**

operable |ˈɒp(ə)rəb(ə)l| *adjective* 1) գործածելի; գործարկելի; օգտագործելի 2) վիրահատելի

opera glasses (կամ **opera glass**) *plural noun* թատրոնի հեռադիտակ

opera house *noun* օպերային թատրոն

operate |ˈɒpəreɪt| *verb* 1) աշխատեցնել; վարել; ղեկավարել; շարժման մեջ դնել *(մեքենան)* 2) գործել; աշխատել 3) գործող լինել; գործել *(օրենքի մասին)* 4) ազդել; ազդեցություն գործել; ներգործել *(դեղորայքի և այլնի մասին)* 5) **(operate on)** վիրահատել 6) օգտագործել; շահագործել; մշակել

operatic |ɒpəˈrætɪk| *adjective* 1) օպերային 2) խիստ թատերական; շինծու

operating system *noun* համակարգիչներ գործավարական համակարգ

operation |ɒpəˈreɪʃ(ə)n| *noun* 1) աշխատանք; գործողություն; գործող լինելը; ընթացք ◊ **in operation** գործողության մեջ 2) գործունեություն 3) ընկերություն; հիմնարկ; ձեռնարկություն 4) վիրահատություն 5) գործառնություն; գործարք 6) ռազմական գործողություններ 7) *մաթեմատիկա* գործողություն 8) շահագործում; մշակում; ղեկավարում; կառավարում; օգտագործում *(ձեռնարկության և այլնի)*

operational |ɒpəˈreɪʃ(ə)n(ə)l| *adjective* գործող; շահագործման ենթակա

operative |ˈɒp(ə)rətɪv| **1** *adjective* 1) գործող; գործուն; ուժի մեջ; գործողության մեջ; ներգործող *(օրենքի և այլնի մասին)* 2) առավել իմաստալից; հիմնական; գլխավոր *(բառի մասին՝ տվյալ արտահայտության կամ նախադասության մեջ)* 3) վիրահատական; վիրահատության միջոցով **2** *noun* 1) բանվոր *(գործարանային)* 2) մասնավոր գործակալ

operator |ˈɒpəreɪtə| *noun* 1) մեքենայի/դազգահի վրա աշխատող բանվոր 2) հեռախոսավար; օպերատոր; ռադիոհեռագրիչ; ռադիստ; հեռագրիչ 3) վիրաբույժ; վիրահատող բժիշկ 4) *խոսակցական* կառավարող

Ophidia |ɒˈfɪdɪə| *կենդանաբանություն* օձեր *(ենթակարգ Ophidia, կարգ Squamata)*

ophthalmology |ˌɒfθælˈmɒlədʒɪ| *noun* ակնաբուժություն

opiate **1** *adjective* |ˈəʊpɪət| 1) ափիոնային; ափիոն պարունակող 2) *փոխաբերական* թմրեցնող; զգայունությունները բթացնող **2** *noun* |ˈəʊpɪət| 1) ափիոնից ստացված թմրանյութ 2) *փոխաբերական* թմրեցնող բան **3** *verb* |ˈəʊpɪeɪt| ափիոնով տոգորել

opine |ə(ʊ)ˈpʌɪn| *verb* *գրական անգլերեն* կարծիք հայտնել; կարծել

opinion |əˈpɪnjən| *noun* 1) կարծիք; տեսակետ; տեսանկյուն; մոտեցում ◊ **in my opinion** իմ կարծիքով. **public opinion** հասարակական կարծիք. **have no opinion of** մեծ կարծիք չունենալ *(որևէ բանի մասին)*. **opinions differ** ճաշակները տարբեր են լինում; ճաշակի մասին չեն վիճում 2) համոզմունքներ *(որպես ամբողջություն)* 3) եզրակացություն *(բժշկական և այլն)* 4) *իրավունք* հիմնավորված դատական որոշում

opinionated |əˈpɪnjəneɪtɪd| *adjective* ինքնավստահ; անձնապաստան; համառ

opinion poll *noun* սոց. հարցում; հասարակական կարծիքի հարցում

opium |ˈəʊpɪəm| *noun* ափիոն

opponent |əˈpəʊnənt| **1** *noun* 1) հակառակորդ; ախոյան; ընդդիմախոս; ընդդիմամարտիկ 2) մրցորդ **2** *adjective* թշնամական; անբարյացակամ; հակառակ; հակադիր; անհամաձայն; տարակարծիք

opportune |ˈɒpətjuːn|, |ˌɒpəˈtjuːn| *adjective* 1) պատեհ; բարեպատեհ; պատշաճ; դիպուկ; հարմար 2) պատեհաժամ; ժամանակին; յուրաժամանակյա

opportunism *noun* պատեհապաշտություն; հարմարվողականություն; օպորտունիզմ *(որևէ պաշտոնի կամ նպատակի հասնելու համար հանգամանքներին հարմարվելու վարքագիծ)*

opportunist |ɒpəˈtuːnɪst| **1** *noun* պատեհապաշտ/հարմարվողական մարդ; օպորտունիստ **2** *adjective* պատեհապաշտ; հարմարվողական; օպորտունիստական

opportunistic |ɒpətjuːˈnɪstɪk| *adjective* պատեհապաշտական; պատեհապաշտ

opportunity |ɒpəˈtjuːnɪtɪ| *noun* (հոգն. **-ties**) 1) պատեհություն; հնարավորություն; հարմար/պատեհ առիթ; բարեպատեհ ժամ ◊ **seize/take/improve the opportunity** առիթից օգտվել. **lose an opportunity** i) առիթը բաց թողնել; ձեռքից փախցնել ii) (**let an opportunity slip**) 2) աշխատանքի ընդունվելու հնարավորություն; առաջխաղացման հնարավորություն

oppose |əˈpəʊz| *verb* 1) դիմադրել; ընդդիմանալ; հակառակվել; հակառակ կանգնել; առարկել; հակաճառել; մերժել *(որոշումը)* 2) մրցել; մրցակցել; մրցամարտել 3) հակադրել 4) արգելք հարուցել; խոչընդոտ լինել

opposed |əˈpəʊzd| *adjective* 1) հակառակ; անհամաձայն; անկամակից 2) անհամերաշխ; թշնամական 3) հակասական; իրար հակասող

opposing |əˈpəʊzɪŋ| *adjective* 1) իրար հակասող 2) դեմառդեմ; երես առ երես

opposite |ˈɒpəzɪt|, |-sɪt| **1** *adjective* 1) հակադիր; դիմացի; հակառակ կողմում գտնվող; դիմացը գտնվող 2) *բուսաբանություն* հակադիր *(տերևադասավորության մասին)* 3) հակառակ; տրամագծորեն տարբեր 4) մյուս *(զույգի երկու անդամներից երկրորդը)* **2** *noun* հակադրություն; հակապատկեր ◊ **direct opposite** կատարյալ հակադրություն **3** *adverb* դեմ; դիմաց; դեմուդեմ **4** *preposition* դեմ; դիմաց; դեմուդեմ

opposition |ɒpəˈzɪʃ(ə)n| *noun* 1) դիմադրություն; ընդդիմություն 2) (**the opposition**) ընդդիմություն *(քաղաքական)* 3) հակադրություն; հակադրում *(տրամաբանական)*

oppress |əˈprɛs| *verb* 1) կեղեքել; հարստահարել; ճնշել; նեղել 2) ընկճել; ճնշել; նեղել ◊ **feel oppressed** ընկճված լինել; նեղվել

oppression |əˈprɛʃ(ə)n| *noun* 1) ճնշում; կեղեքում; հարստահարում 2) ընկճվածություն; ճնշվածություն; ընկճված վիճակ

oppressive |əˈprɛsɪv| *adjective* 1) հարստահարիչ; կեղեքող; դժնդակ 2) ճնշող; ծանր; մռայլ 3) հեղձուցիչ; խեղդիչ *(եղանակի մասին)*

oppressor *noun* կեղեքիչ; հարստահարիչ

opprobrious |əˈprəʊbrɪəs| *adjective* 1) վիրավորական; ամոթալի; խայտառակ; անպատիվ 2) խիստ քննադատական; պարսավալից; նախատալից *(լեզվի մասին)*

opt |ɒpt| *verb* ընտրել; ընտրություն կատարել

opt out նախընտրել չմասնակցել

optic |ˈɒptɪk| **1** *adjective* տեսողական; աչքի; ակնային **2** *noun* *հնացած* աչք

optical |ˈɒptɪk(ə)l| *adjective* 1) տեսողական; օպտիկական 2) *համակարգիչներ* օպտիկական *(պնակավարի մասին)* 3) *ֆիզիկա* տեսանելի տիրույթի

optical illusion *noun* տեսախաբություն; տեսապատրանք

optician |ɒpˈtɪʃ(ə)n| *noun* ակնոց/ոսպնյակ պատրաստող

optics |ˈɒptɪks| *plural noun* տեսագիտություն; օպտիկա

optimal |ˈɒptɪm(ə)l| *adjective* լավագույն; ամենանպաստավոր; նախընտրելի

optimism |ˈɒptɪmɪz(ə)m| *noun* լավատեսություն; լավապաշտություն; օպտիմիզմ

optimist *noun* լավատես; օպտիմիստ

optimistic |ɒptɪˈmɪstɪk| *adjective* 1) լավատեսական; լավապաշտական; օպտիմիստական 2) գերագնահատող; չափազանցված

optimistically *adverb* լավատեսորեն

optimum |ˈɒptɪməm| **1** *adjective* ամենանպաստավոր; ամենաբարենպաստ; լավագույն; օպտիմալ **2** *noun* (հոգն. **-ma** |-mə| կամ **-mums**) ամենաբարենպաստ/լավագույն պայմանները

option |ˈɒpʃ(ə)n| *noun* 1) *նաև համակարգիչներ* ընտրանք; ընտրություն 2) ընտրելու հնարավորություն; ընտրություն անելու ազատություն

keep one's options open չպարտավորվել; պարտականություն չստանձնել

optional |ˈɒpʃ(ə)n(ə)l| *adjective* կամընտրական; կամընտիր; կամավոր կերպով ընտրած; անպարտադիր; ոչ պարտադիր; ընտրովի

opulence *noun* հարստություն

opulent |ˈɒpjʊl(ə)nt| *adjective* հարուստ; փարթամ; ճոխ; պերճ

opus |ˌəʊpəs|, |ˌɒp-| *noun* (հոգն. **opuses** կամ **opera** |ˌɒp(ə)rə|) 1) երկ; ստեղծագործություն; օպուս *(կոմպոզիտորի ստեղծագործության հերթական համարը)* 2) մեծամասշտաբ ստեղծագործություն

or¹ |ɔː| **1** *conjunction* 1) կամ ◊ **or else** այլապես. **either ... or** կամ... կամ 2) կամ; այսինքն *(նախորդ բառը կամ արտահայտությունը բացատրելիս)* 3) այլապես; հակառակ դեպքում/հակառակ պարագայում; ապա թե ոչ **2** *noun* *էլեկտրոնիկա համակարգիչներ* ԿԱՄ գործառույթ

or² |ɔː| *noun* ոսկի; դեղին

oracle |ˈɒrək(ə)l| *noun* 1) պատգամախոս; գուշակ; ապագան գուշակող; մարգարե *(հին աշխարհում աստվածների պատգամները հայտնող)* 2) *պատմական* պատգամախոսարան; պատգամախոսական տաճար 3) հեղինակություն; խիստ հեղինակավոր մարդ 4) նախագուշակում; գուշակում *(պատգամախոսի տված՝ հատկապես՝ առեղծվածային)*

oracular |ɒˈrækjʊlə| *adjective* 1) մարգարեական; իմաստուն; խելոք 2) հանելուկային; առեղծվածային 3) հեղինակավոր; ազդեցիկ

oral |ˈɔːr(ə)l| *adjective* 1) բանավոր 2) բերանացի; անգիր 3) գրազուրկ; նախագրային; անգիր 4) *կազմախոսություն* բերանի; բերանային 5) *բժշկություն* բերանաբուժական; ստոմատոլոգիական 6) *հնչյունաբանություն* բերանային 7) *հոգեվերլուծություն* բերանային *(Ֆրոյդի տեսությունում)*

orally *adverb* բանավոր կերպով

orange |ˈɒrɪn(d)ʒ| **1** *noun* 1) նարինջ ◊ **blood orange** արքանարինջ 2) նարնջի հյութ 3) *բուսաբանություն* նարնջենի *(Citrus, ընտանիք Rutaceae)* 4) նարնջի գույն **2** *adjective* 1) նարնջագույն 2) նարնջի; նարնջի համով

Orange River Օրանժ *(գետ Հարավային Աֆրիկայում)*

orangery |ˈɒrɪn(d)ʒ(ə)ri| *noun* (հոգն. **-ries**) նարնջանոց; նարնջաջերմոց; նարնջաստան

orangutan (նաև **orangutang** կամ **orang-outang**) *noun* *կենդանաբանություն* օրանգուտան *(կապիկ. Pongo pygmaeus, ընտանիք Pongidae)*

orate |ˈɔːreɪt|, |ɒˈreɪt| *verb* ճառել; ճառախոսել; ճամարտակել

oration |ɒˈreɪʃ(ə)n| *noun* 1) հրապարակախոսություն; հրապարակային ճառ 2) *քերականություն* ◊ **direct oration** ուղիղ խոսք. **indirect oration** անուղղակի խոսք

orator |ˈɒrətə| *noun* ճարտասան; հռետոր; ճառախոս

oratorical |-ˈtɒrɪk(ə)l| *adjective* հռետորական; ճարտասանական

oratorio |ˌɒrəˈtɔːrɪəʊ| *noun* (հոգն. **-os**) *երաժշտություն* օրատորիա *(երաժշտական գործ)*

oratory¹ |ˈɒrət(ə)ri| *noun* մատուռ; աղոթատուն; աղոթատեղ

oratory² |ˈɒrət(ə)ri| *noun* 1) ճարտասանական/հռետորական արվեստ 2) պերճախոսություն; փքուն խոսք

orb |ɔːb| **1** *noun* 1) գունդ; գնդաձև/երկնային մարմին 2) *բանաստեղծական* լուսատու 3) ուղեծիր 4) *բանաստեղծական* աչք; ակնագունդ; աչքի խնձոր **2** *verb* *բանաստեղծական* 1) շրջապատել; շրջանակի մեջ առնել 2) գնդի ձև տալ

orbit |ˈɔːbɪt| **1** *noun* 1) մոլորակի ուղեծիր 2) ուղեծրով պտտվելը 3) *կազմախոսություն* ակնակապիճ; ակնաբույն; ակնախոռոչ 4) ոլորտ; շրջանակ; գոտի *(հետաքրքրությունների, գործունեության, ազդեցության)* **2** *verb* (**-bited**, **-biting**) պտտվել *(շուրջը)*

orbital |ˈɔːbɪt(ə)l| **1** *adjective* ակնակապճային **2** *noun* *ֆիզիկա* օրբիտալ; պտտածիր

orchard |ˈɔːtʃəd| *noun* մրգաստան; պտղատու այգի

orchestra |ˈɔːkɪstrə| *noun* 1) նվագախումբ; համույթ 2) (**orchestra pit**) նվագախմբի տեղը թատրոնում 3) *ամերիկյան* պարտեր

orchestral |ɔːˈkestr(ə)l| *adjective* նվագախմբի; նվագախմբային

orchestrate |ˈɔːkɪstreɪt| *verb* 1) գործիքավորել; նվագախմբի համար հարմարեցնել *(երաժշտական երկը)* 2) կազմակերպել; նյութել; թակարդ/ծուղակ լարել

orchestration |-ˈstreɪʃ(ə)n| *noun* գործիքավորում; գործիքավորելը; նվագախմբի համար նոտայագրելը

orchid |ˈɔːkɪd| *noun* *բուսաբանություն* (**Family Orchidaceae**) խոլորձ

ordain |ɔːˈdeɪn| *verb* 1) ձեռնադրել; օծել *(քահանա, եպիսկոպոս)* 2) կարգել; հաստատել; կարգադրել 3) սահմանել; վճռել; տնօրինել *(Աստծու մասին)*

ordeal |ɔ:ˈdi:əl| *noun* 1) ծանր փորձություն; չարչարանք 2) *պատմական* երկնային դատաստան

order |ˈɔ:də| **1** *noun* 1) կարգ; հաջորդականություն 2) կարգ; բարեկարգություն; կանոնավոր վիճակ; սարքինություն; սարքին վիճակ ◊ **put in order** կարգի բերել. **get out of order** փչանալ; խանգարվել. **in bad order** անկանոն; անսարքին; վնասված 3) կարգ ու կանոն ◊ **keep order** կարգ ու կանոն պահպանել 4) կանոնակարգ; կանոնադրություն; անցկացման կարգ; ընդունված կարգ *(ժողովի և այլն)* ◊ **order of the day** օրակարգ *(ժողովի)*. **standing orders** կանոնադրություն; կանոնակարգ 5) վիճակ; դրություն; կացություն 6) հասարակական դաս; սոցիալական խումբ 7) հրաման; կարգադրություն ◊ **by order** հրամանով 8) պատվեր ◊ **to order** ըստ պատվերի; պատվերով 9) պատվիրված առարկա 10) հրամանագիր; օրդեր *(պետական իշխանության՝ օրենքի ուժ ստացած որոշում)* ◊ **postal/money order** փոստային փոխանցում; դրամական փոխանցություն 11) *կենսաբանություն* ենթադաս; կարգ 12) (**Order**) ուխտ; կարգ; միաբանություն; օրդեն 13) հոգևոր աստիճան 14) *ռազմական* շարք; զորաշարք 15) *մաթեմատիկա* աստիճան; կարգ 16) շքանշան; պատվանշան **2** *verb* 1) հրամայել; հրաման տալ; կարգադրել; կարգադրություն անել 2) (**order someone around/about**) կարգադրություններ անել; անդադար դաստիարակել 3) պատվիրել; պատվեր տալ 4) կարգի բերել

in order that/to որպեսզի

orderliness *noun* ճշտապահություն; կանոնավորություն

orderly |ˈɔ:d(ə)li| **1** *adjective* 1) մաքուր; հարդարուն; կոկիկ 2) ճշտապահ; ճշտակատար; պարտաճանաչ; լավ վարքի տեր; կարգապահ 3) կանոնավոր; ճիշտ; կարգին 4) *ռազմական* հերթապահ 5) *ռազմական* համհարզ **2** *noun* (հոգն. **-lies**) 1) *ռազմական* հերթապահ; կապավոր 2) սանիտար; հիվանդապահ

Order of the Garter Ծնկակապի Միաբանություն *(անգլիական ասպետության բարձրագույն միաբանությունը)*

ordinal |ˈɔ:dɪn(ə)l| **1** *noun* (**ordinal number**) դասական թվական **2** *adjective* 1) դասական; հերթական 2) *կենսաբանություն* դասի; դասային

ordinance |ˈɔ:dɪnəns| *noun* 1) հրամանագիր; որոշում; վճիռ 2) ծես; արարողություն

ordinarily |ˈɔ:d(ə)ˌn(ə)rɪli|, |ˌɔ:dɪˈnerɪli| *adverb* 1) սովորաբար 2) բնականոն կերպով

ordinary |ˈɔ:dɪn(ə)ri|, |-d(ə)n-| **1** *adjective* 1) սովորական; հասարակ; կանոնավոր; բնականոն ◊ **out of ordinary** արտասովոր 2) ոչ արտակարգ; շարքային; սովորական; միջակ **2** *noun* (հոգն. **-naries**) 1) սովորական/ընդունված բան 2) *եկեղեցական* պատարագի անփոփոխ մասը *(որը չի փոխվում օրից օր)* 3) դատարանի մշտական անդամ *(ԱՄՆ-ում)*

ordination |ɔ:dɪˈneɪʃ(ə)n| *noun* կարգադրություն; ձեռնադրություն

ordnance |ˈɔ:dnəns| *noun* հրանոթներ; հրետանի

ordure |ˈɔ:djʊə| *noun* 1) աղբ; թրիք; գոմաղբ 2) *փոխաբերական* անպարկեշտություն; զազրախոսություն

Ordzhonikidze |ˌɔ:dʒɒnəˈkɪdzi| տե՛ս **Vladikavkaz** Օրջոնիկիձե *(Վլադիկավկազ քաղաքի նախկին անվանումը)*

ore |ɔ:| *noun* հանքանյութ; հանքաքար

Oregon |ˈɒrɪg(ə)n| Օրեգոն *(ԱՄՆ-ի նահանգ)*

Orenburg |ˈɒrənbə:g| Օրենբուրգ *(քաղաք Ռուսաստանում, Ուրալ գետի վրա)*

organ |ˈɔ:g(ə)n| *noun* 1) *երաժշտություն* երգեհոն 2) *կենսաբանություն* գործարան; օրգան; գործան ◊ **organs of speech** խոսելու գործարաններ/օրգաններ. **organs of digestion** մարսողության գործարաններ/օրգաններ. **reproductional organs** բազմացման գործարաններ/օրգաններ 3) մարմին; օրգան; հաստատություն ◊ **organs of government** կառավարական մարմիններ 4) թերթ; լրագիր; օրգան 5) անդամ; առնանդամ

organ grinder *noun* թափառաշրջիկ երգեհոնիկահար

organic |ɔ:ˈgænɪk| *adjective* 1) օրգանական; բնական; առանց պարարտանյութերի 2) *բժշկություն* օրգանի 3) բնականոն; օրինաչափ

organism |ˈɔ:g(ə)nɪz(ə)m| *noun* 1) օրգանիզմ; կենդանի մարմին *(մարդ, կենդանի, բույս)* 2) կազմույթ; կազմվածք; օրգանիզմ; մարմին 3) *փոխաբերական* օրգանիզմ; կառուցվածք ◊ **social organism** հասարակական կառուցվածք/օրգանիզմ

organist |ˈɔ:g(ə)nɪst| *noun* երգեհոնահար

organization |ɔ:g(ə)nʌɪˈzeɪʃ(ə)n| *noun* 1) կազմակերպում; կազմակերպելը 2) կազմակերպվածություն 3) կազմակերպություն; կազմություն; կառուցվածք

Organization of the Petroleum Exporting Countries |ˈəʊpek| (հապ. **OPEC**) Նավթարդյունահանող Երկրների Կազմակերպություն; ՕՊԵԿ

organize |ˈɔ:g(ə)nʌɪz| *verb* 1) կանոնավորել; կարգավորել; համակարգել 2) կազմակերպել; նախապատրաստել; ձևավորել

organized *adjective* կազմակերպված

organizer |ˈɔ:g(ə)nʌɪzə| *noun* 1) կազմակերպող; կազմակերպիչ *(մարդ)* 2) կազմակերպիչ *(առարկա)*

orgasm |ˈɔ:gæz(ə)m| **1** *noun* հեշտանք; օրգազմ **2** *verb* հեշտանք/օրգազմ ապրել

orgy |ˈɔ:dʒi| *noun* (հոգն. **-gies**) 1) սանձարձակ քեֆ; գինարբուք; ցոփ կերուխում 2) մոլուցք; կիրք *(որևէ բանի հանդեպ)*

oriel |ˈɔ:rɪəl| *noun* փակ պատշգամբ; ապակեպատ ելուստ *(շենքի վրա)*

orient |ˈɔ:rɪənt|, |ˈɒr-| **1** *noun* 1) (**the Orient**) Արևելք; Արևելքի երկրներ 2) բարձրորակ մարգարտի փայլ **2** *adjective* |ˈɔ:rɪənt| |ˈɒr-| *բանաստեղծական* 1) արևելյան 2) ծագող *(արեգակի մասին)* 3) փայլուն; վառ **3** *verb* |ˈɔ:rɪent| |ˈɒr-| 1) կողմնորոշվել; կողմնորոշում տալ; տեղորոշել ◊ **orient oneself** կողմնորոշվել 2) հարմարեցնել; շտկել; համապատասխանեցնել 3) շենքի ճակատը դեպի արևելք տեղադրել

oriental |ɔ:rɪˈent(ə)l|, |ɒr-| (նաև **Oriental**) **1**

adjective արևելյան; Արևելքի **2** *noun* (**Oriental**) *հնացած* 1) *հաճախ վիրավորական* Արևելքի բնակիչ; արևելցի 2) չինական ճենապակի 3) արևելյան գորգ

Orientalist *noun* արևելագետ

orientation |ˌɔːrɪənˈteɪʃ(ə)n|, |ˌɒr-| *noun* 1) կողմնորոշում; դիրքորոշում; արևելում 2) ներածական դասընթաց *(նոր աշակերտների կամ ուսանողների համար)* 3) կողմնորոշում *(սեռական)* 4) դիրքորոշում *(քաղաքական)*

orifice |ˈɒrɪfɪs| *noun* բացվածք; մուտք; անցք *(մարմնի)*

origin |ˈɒrɪdʒɪn| *noun* 1) սկիզբ; սկզբնաղբյուր; սկզբնավորություն ◇ **the origin of a disease** հիվանդության սկիզբը 2) ծագում; առաջացում 3) *կազմախոսություն* մկանի կցման տեղը 4) *կազմախոսություն* նյարդի սկիզբը

original |əˈrɪdʒɪn(ə)l|, |ɒ-| **1** *adjective* 1) նախնական; սկզբնական; բուն 2) իսկական; բնօրինակ; բնագրային; ինքնագիր; սկզբնաղբյուր *(ստեղծագործության մասին)* 3) ինքնատիպ; յուրօրինակ; յուրահատուկ; ինքնօրինակ **2** *noun* 1) սկզբնագիր; նախօրինակ; նախատիպ; սկզբնատիպ 2) (**the original**) բնագիրը; իսկականը 3) ինքնօրինակ/տարօրինակ մարդ

originality |əˌrɪdʒɪˈnælɪti| *noun* 1) ինքնուրույնություն; ինքնուրույն հղացման արդյունք 2) յուրօրինակություն; յուրատեսակություն; յուրահատկություն 3) իսկություն; հարազատություն; օրիգինալություն; բնագիր լինելը

originally |əˈrɪdʒɪn(ə)li| *adverb* 1) սկզբնապես; նախապես; սկզբում 2) ի ծնե; ծագումով 3) յուրօրինակ կերպով; յուրատեսակորեն

originate |əˈrɪdʒɪneɪt|, |ɒ-| *verb* 1) ծագել; ծնունդ/սկիզբ առնել; սերել; առաջանալ 2) ծնունդ տալ; ստեղծել; սկզբնավորել

origination |-ˈneɪʃ(ə)n| *noun* ծնունդ; ծագում; սերում; սկզբնավորություն; սկիզբ

Orinoco |ˌɒrɪˈnəʊkəʊ| Օրինոկո *(գետ Հարավային Ամերիկայի հյուսիսում)*

oriole |ˈɔːrɪəʊl|, |ˈɔːrɪəl| *noun կենդանաբանություն* ոսկեսարյակ; պիրոլ *(երգեցիկ թռչուն. ընտանիք Oriolidae)*

Orion |əˈrʌɪən| *աստղագիտություն* Հայկ; Օրիոն *(համաստեղություն)*

orlop |ˈɔːlɒp| (նաև **orlop deck**) *noun* ծովային ներքին տախտակամած

ornament **1** *noun* |ˈɔːnəm(ə)nt| զարդարանք; զարդ; պաճուճանք; դրվագ; զարդանախշ **2** *verb* |ˈɔːnəmɛnt| զարդարել; գեղեցկացնել

ornamental |ɔːnəˈmɛnt(ə)l| **1** *adjective* զարդարային; դրվագային; գեղազարդային; դեկորատիվ **2** *noun* դեկորատիվ բույս

ornamentation |ɔːnəmenˈteɪʃ(ə)n| *noun* 1) զարդարանք 2) զարդարում; զարդարելը

ornate |ɔːˈneɪt| *adjective* 1) զարդարուն; գեղազարդ 2) խրթին; ճոխ *(գրելու ոճի մասին)*

ornithology |ˌɔːnɪˈθɒlədʒi| *noun* թռչնաբանություն

orphan |ˈɔːf(ə)n| **1** *noun* 1) որբ; ծնողազուրկ երեխա 2) *տպագրություն* կախված տող; որբուկ **2** *verb* ծնողներից զրկել; որբացնել **3** *adjective* 1) որբ; միայնակ 2) որբի; որբական; որբային

orphanage |ˈɔːf(ə)nɪdʒ| *noun* 1) որբանոց; մանկատուն 2) *հնացած* որբություն

orphanhood *noun* որբություն

Orpheus |ˈɔːfɪəs| *հունական դիցաբանություն* Օրփեոս

orrery |ˈɒrəri| *noun* (հոգն. **-reries**) մոլորակացույց; աստղացույց; պլանետարիում *(մոլորակների ու այլ երկնային մարմինների շարժումը ցույց տվող սարք)*

orthodox |ˈɔːθədɒks| *adjective* 1) ուղղադավան; ուղղահավատ; ուղղափառ *(և՛ կրոնական, և՛ քաղաքական հայացքների վերաբերյալ)* 2) սովորական; հասարակ; սահմանափակ *(մարդու մասին)* 3) (**Orthodox**) ուղղափառ; հունադավան; ուղղափառ եկեղեցու անդամ

Orthodox Church Ուղղափառ եկեղեցի; Հունադավան եկեղեցի

Orthodox Judaism Ուղղափառ հրեականություն

orthodoxy |ˈɔːθədɒksi| *noun* (հոգն. **-doxies**) 1) ընդունված կարգ; տարածված տեսություն 2) հասարակ լինելը; սովորական լինելը; սահմանափակություն 3) ուղղափառ եկեղեցի

orthoepy |ˈɔːθəʊɛpi|, |-iːpi|, |ɔːˈθəʊɪpi| *noun լեզվաբանություն* ուղղախոսություն

orthography |ɔːˈθɒgrəfi| *noun* (հոգն. **-phies**) 1) ուղղագրություն 2) (նաև **orthographic projection**) ուղղահայաց պրոյեկցիա/առաջանձգություն

Orthoptera |ɔːˈθɒpt(ə)rə| *միջատաբանություն* ուղղաթևանիներ *(կարգ միջատների դասում)*

Orwellian օրուելյան; օրուելական *(Ջորջ Օրուելի)*

Osaka |əʊˈsɑːkə| Օսակա *(քաղաք Ճապոնիայում)*

oscillate |ˈɒsɪleɪt| *verb* 1) ճոճվել; տատանվել; օրորվել; տարուբերվել 2) *փոխաբերական* տատանվել; տարուբերվել *(հակադիր մտքերի, գործողությունների միջև)* 3) *էլեկտրականություն* փոփոխվել; տատանվել

oscillation *noun* տատանում; ճոճում; տարուբերում

osier |ˈəʊzɪə| *noun բուսաբանություն* ջրուռի; ուռենի *(Salix viminalis, ընտանիք Salicaceae)*

Osiris |ə(ʊ)ˈsʌɪrɪs| *եգիպտական դիցաբանություն* Օսիրիս *(եգիպտական աստված)*

Oslo |ˈɒzləʊ| Օսլո *(Նորվեգիայի մայրաքաղաքը)*

osmium |ˈɒzmɪəm| *noun քիմիա* (**Os**) օսմիում

osseous |ˈɒsɪəs| *adjective* 1) *բժշկություն* ոսկրային; ոսկրոտ 2) փշոտ; փշատատ; փշաշատ; ոսկրաշատ *(ձկան մասին)*

Ossetia |ɒˈsiːʃə| Օսեթիա *(պետություն Կովկասում, որը բաղկացած է Հյուսիսային Օսեթիայից, որը գտնվում է Ռուսաստանի կազմում, և Հարավային Օսեթիայից, որը ներկայումս անկախ է)*

ossification |-fɪˈkeɪʃ(ə)n| *noun* ոսկրացում

ossify |ˈɒsɪfʌɪ| *verb* (**-fies**, **-fied**) 1) ոսկրացնել 2) ոսկրանալ; կարծրանալ; քարանալ; լճանալ

(ղողարել զարգանալուց)

ossuary |ˈɒsjʊəri| *noun* (հոգն. **-aries**) 1) շիրիմ; գերեզմանք; դամբարան 2) անյունաանափոր

ostensible |ɒˈstɛnsɪb(ə)l| *adjective* 1) ակնհայտ; ակներև 2) թվացող; կարծեցյալ; ցուցադրովի; ցուցադրական; ցուցամոլական; կեղծ; շինծու; երևակայական

ostentation |ˌɒstɛnˈteɪʃ(ə)n| *noun* ցուցամոլություն; ցուցասիրություն; սնափառություն; ցույց

ostentatious |ˌɒstɛnˈteɪʃəs| *adjective* ցուցամոլական; ցուցական; ի ցույց մարդկանց

ostler |ˈɒslə *noun* ձիապան; ախոռապան

ostracism *noun* 1) արտաքսում *(երկրից)* 2) խեցեվճիռ; օստրակիզմ *(խեցեքվեարկությամբ կայացած վճիռ Հին Հունաստանում)*

ostracize |ˈɒstrəsʌɪz| *verb* 1) արտաքսել; վտարել 2) խեցեվճիռ/օստրակիզմ կայացնել *(Հին Աթենքում ժողովրդական ժողովի որոշմամբ առանձին քաղաքացիների վտարումը քաղաքից)*

ostrich |ˈɒstrɪtʃ| *noun* կենդանաբանություն ջայլամ *(Struthio camelus, ընտանիք Struthionidae)*

other |ˈʌðə| **1** *adjective* 1) այլ; ուրիշ; մյուս 2) մնացած; մնացյալ *(հոգնակի թվով գոյականի հետ)* 3) ևս; լրացուցիչ; հավելյալ 4) *փիլիսոփայություն* (**the Other**) Ուրիշը **2** *pronoun* մյուսը ◇ **no other than** ուրիշ ոչ ոք բացի **3** *adverb* այլ կերպ; ուրիշ կերպ

otherwise |ˈʌðəwʌɪz| **1** *adverb* 1) այլապես; հակառակ դեպքում; ուրիշ հանգամանքներում; այլ պարագայում; թե չէ; ապա թե ոչ 2) այլ կողմերից; այլ տեսակետներից; մնացած առումներով 3) այլ կերպ; այլ/ուրիշ ձևով 4) դրանից բացի **2** *adjective* այլ; ուրիշ

otherworldly *adjective* 1) չնաշխարհիկ; վերերկրային; սքանչելի 2) անտեղյակ; ոչ այս աշխարհից; իրականությունը չճանաչող; ամպերում սավառնող; երազող

Ottawa |ˈɒtəwə|, |-wɑː| Օտավա *(Կանադայի մայրաքաղաքը)*

otter |ˈɒtə| *noun* 1) *կենդանաբանություն* ջրասամույր *(Lutra, ընտանիք Mustelidae)* 2) ջրասամույրի մորթի; ջրասամույրենի

Ottoman |ˈɒtəmən| **1** *adjective պատմական* 1) օտոմանյան; օսմանյան; թուրքական 2) Օսմանյան կայսրության 3) թուրք; թուրքական **2** *noun* (հոգն. **-mans**) օսմանցի; թուրք

ottoman |ˈɒtəmən| *noun* (հոգն. **-mans**) անթիկունք բազմոց; փափուկ թախտ; օտոմանկա *(բազմոցի տեսակ)*

ouch |aʊtʃ| *exclamation* ա՜խ *(ցավի բացականչություն)*

oud |uːd| *noun* ուդ *(երաժշտական գործիք)*

ought¹ |ɔːt| *modal verb* (3rd sing. present և անցյալ **ought**) 1) պետք է; անհրաժեշտ է; խիստ ցանկալի է *(մոդալ բայ, որն արտահայտում է անհրաժեշտություն, բարոյական պարտավորություն, մեծ բավականություն)* 2) լավ կլինի, որ *(որևէ բան հանձնարարելիս)* 3) պետք է, որ; հավանական է

ought² |ɔːt| *noun* տե՛ս **aught 2**

ought³ *pronoun* տե՛ս **aught 1**

ounce¹ |aʊns| *noun* 1) (**oz**) ունցիա *(=28,3 գրամ)* 2) կաթիլ; նշույլ; մի քիչ; չնչին բան 3) տե՛ս **fluid ounce**

ounce² |aʊns| *noun կենդանաբանություն* (**snow leopard**) հովազ; իրձ *(Panthera uncia, ընտանիք Felidae)*

our |aʊə| *possessive adjective* մեր

Our Father *քրիստոնեական եկեղեցի* Հայր մեր; տերունական աղոթք

Our Lady *քրիստոնեական եկեղեցի* Աստվածամայր

Our Lord *քրիստոնեական եկեղեցի* Տեր; Հիսուս Քրիստոս

ours |aʊəz| *possessive pronoun* 1) մերը 2) մերոնք

ourself |aʊəˈsɛlf| *pronoun* ինքներս մեզ; յուրաքանչյուրս իրեն

ourselves |aʊəˈsɛlvz| *pronoun* 1) ինքներս մեզ 2) մենք ինքներս

oust |aʊst| *verb* 1) դուրս մղել; տեղից/դիրքից հանել 2) *իրավունք* վտարել

out |aʊt| **1** *adverb* 1) դուրս; դեպի դուրս ◇ **take out** հանել; դուրս քաշել. **fly out** դուրս թռչել. **be out** i) բարձր հասարակություն դուրս գալ *(օրիորդի մասին)* ii) դուրս ընկնել; հոդախախտ լինել *(ձեռքի և այլնի մասին)* iii) բացահայտվել *(գաղտնիքի մասին)* iv) բացվել *(ծաղիկների մասին)*. **out of the frying-pan into the fire** կրակից դուրս գալ, բոցի մեջ ընկնել; մրից դուրս գալ, մրջյուրն ընկնել 2) դրսում 3) ազատության մեջ; ազատ արձակված *(բանտից և այլն)* 4) հեռվում; հեռու 5) տանից դուրս; դրսում; քաղաքում *(զվարճանալու/ճաշելու մասին)* 6) բարձրաձայն; բարձրագոչ 7) մինչև վերջ; ամբողջությամբ *(ցույց է տալիս գործողության լիակատար ավարտվածություն)* 8) հանգցված *(լույսի մասին)* 9) բացակա; տեղում չգտնվող 10) ◇ **fill out** լիքը լցնել. **clear out** պարզել; մինչև վերջ պարզաբանել 11) ◇ **act out of sth** գործել մի բանից ելնելով; գործել մի բանի պատճառով 12) ◇ **out of colour** գույնը գցած; խունացած. **out of shape** անձև; անկերպարան; տձև. **out of wear** ոչ նորաձև. **be out of sth** մի բանը վերջացած լինել; մի բանից այլևս չունենալ. **out of hearing** մեկի լսելիության սահմաններից դուրս; մեկին չլսվող; մեկին չհասնող *(ձայնի մասին)*. **out of heart** վհատ; հուսահատ. **out of patience** համբերության բաժակը լցված; համբերությունից դուրս եկած; համբերությունը կորցրած; անհամբեր. **out of mind** մոռացության տրված. **out of place** i) անտեղի; ոչ տեղին ii) գործազուրկ. **out of work** գործազուրկ. **out of time** ոչ տակտով; տակտից դուրս. **out of tune** աններդաշնակ. **out of sight, out of mind** աչքից հեռու, սրտից հեռու **2** *preposition* միջից; դեպի դուրս **3** *adjective* 1) դրսում; տեղում չգտնվող; տանից դուրս գտնվող 2) հայտնի; բացահայտված *(գաղտնիքի մասին)* 3) խոսակցական գործող; գոյություն ունեցող 4) հանգցված *(լույսի մասին)* 5) ուշացնաց; անգիտակից 6) սխալված; սխալ 7) խաղից դուրս գտնվող 8) դրսի; արտաքին **4** *noun* 1) ճան փոխաբերական ելք; միջոց; ճար; նահանջի ճանապարհ; սողանցք; հնարք 2) ◇ **at outs with sb** որևէ մեկի հետ գժտված **5** *interjection* **6** *verb* դուրս գալ; երևան գալ; հայտնվել

make sth out of sth որևէ բանից մի բան պատրաստել

outage |ˈaʊtɪdʒ| *noun* 1) պարապուրդ; աշխատանքի դադար 2) դուրս հոսելը; հոսակորուստ; սորակորուստ 3) բաց թողնելու անցք

out-and-out *adjective* լիակատար; կատարյալ; վճռական; կտրական; կտրուկ *(մերժման և այլնի մասին)*

outbalance |aʊtˈbæləns| *verb* գերակշռել; գերազանցել; անցնել; ավելի ծանր կշռել

outbid |əʊtˈbɪd| *verb* (**-bidding**; անցյալ և անցյալ դերբայ **-bid**) ավելի բարձր գին առաջարկել *(ուրիշների համեմատությամբ)*

outbound |ˈaʊtbaʊnd| *adjective, adverb* 1) մեկնող; ուղևորվող; ծով դուրս գալու պատրաստ; ծով դուրս եկող *(նավի մասին)* 2) արտասահման մեկնող *(ինքնաթիռի մասին)* 3) ուղարկվող; առաքման ենթակա *(ապրանքի/բեռի մասին)*

out-box *noun* ելից արկղիկ

outbrave |aʊtˈbreɪv| *verb* 1) սպառնալիքից չվախենալ 2) *հնացած* արիությամբ գերազանցել

outbreak |ˈaʊtbreɪk| *noun* 1) պայթյուն; պոռթկում; բռնկում; սկիզբ *(բարկության, հեղափոխության, պատերազմի, գործադուլի)* 2) ըմբոստություն; ընդվզում

outbreak of hostilities թշնամանքի բռնկում

outbuilding |ˈaʊtbɪldɪŋ| *noun* լրացուցիչ/կից կառույց; կողաշենք; օժանդակ շենք

outburst |ˈaʊtbəːst| *noun* 1) պայթյուն; պոռթկում 2) հեղեղ *(արցունքների)* 3) ժայթքում *(հրաբխի)*

outcast |ˈaʊtkɑːst| **1** *noun* տարագիր; վտարանդի; հալածական անձ **2** *adjective* աքսորյալ; տարագիր; հալածված; թշվառ; անտուն; անապաստան

outclass |aʊtˈklɑːs| *verb* գերազանցել; գերակշռել

outcome |ˈaʊtkʌm| *noun* արդյունք; հետևանք; ելք; վախճան

outcry |ˈaʊtkrʌɪ| **1** *noun* (հոգն. **-cries**) աղաղակ; բացականչություն; գոչ **2** *verb* ձայնակոխ անել; բոլորից բարձր բղավել; աղաղակել; գոչել; գոռալ

outdated |aʊtˈdeɪtɪd| *adjective* հնացած

outdistance |aʊtˈdɪst(ə)ns| *verb* մեկից անցնել; մեկից առաջ ընկնել; հետևում թողնել

outdo |aʊtˈduː| *verb* (**-does**, **-doing**; անցյալ **-did**; անցյալ դերբայ **-done**) գերազանցել; անցնել

outdoor |ˈaʊtdɔː| *adjective* 1) բացօթյա; շենքերից դուրս; դրսի; դրսում անցկացվող 2) մաքուր օդը սիրող; բացօթյա կյանք սիրող

outdoors |aʊtˈdɔːz| **1** *adverb* դրսում; բաց օդում; մաքուր օդում **2** *noun* (**the outdoors**) բնություն; քաղաքից հեռու վայր

outdrive *verb* (անցյալ **-drove**; անցյալ դերբայ **-driven**) մեկից անցնել; մեկից առաջ ընկնել *(մեքենա վարելիս)*

outer |ˈaʊtə| *adjective* 1) դրսի; արտաքին; հեռավոր 2) *փիլիսոփայություն* օբյեկտիվ; իրական

outermost |ˈaʊtəməʊst| *adjective* արտաքին; կենտրոնից ամենահեռու

outface |aʊtˈfeɪs| *verb* հանդուգն հայացքով շփոթեցնել; պնդերեսությամբ նպատակին հասնել

outfall |ˈaʊtfɔːl| *noun* գետաբերան

outfield |ˈaʊtfiːld| *noun* 1) *փոխաբերական* անհայտ/չուսումնասիրված բնագավառ 2) *մարզական* խաղադաշտի՝ դարպասից ամենահեռու գտնվող մասը *(կրիկետ խաղում)*

outfight |aʊtˈfʌɪt| *verb* (անցյալ և անցյալ դերբայ **-fought**) հակառակորդին գերազանցել; կռվում հաղթել

outfit |ˈaʊtfɪt| **1** *noun* 1) հանդերձանք 2) կազմ; խումբ; անձնակազմ *(երաժիշտների, զինվորականների, գործարարների)* 3) սարքավորում; սարք ◇ **mental outfit** մտապաշար; մտավոր հարստություն **2** *verb* (**-fitted**, **-fitting**) հանդերձավորել; սարքավորել

outflow |ˈaʊtfləʊ| *noun* արտահոսք; արտահոսում; ելք

outfly |aʊtˈflʌɪ| *verb* (**-flies**; անցյալ **-flew**; անցյալ դերբայ **-flown**) մեկից թռչել-անցնել; թռիչքի մեջ մեկից առաջ անցնել

outgeneral |aʊtˈdʒɛn(ə)r(ə)l| *verb* (**-generaled**, **-generaling**; բրիտ. **-generalled**, **-generalling**) գերազանցել; լավագույնս ղեկավարել

outgoing |ˈaʊtgəʊɪŋ| **1** *adjective* 1) մարդամոտ; շփվող; ընկերական 2) պաշտոնից հեռացող *(քաղաքագլխի և այլնի մասին)* 3) դուրս եկող; ելնող; լքող; հեռացող **2** *noun* *բրիտանական* (**outgoings**) մշտական ծախսեր

outgrow |aʊtˈgrəʊ| *verb* (անցյալ **-grew**; անցյալ դերբայ **-grown**) 1) գերաճել; մեծանալ; խոշորանալ *(հագուստի/կոշիկի չափից)* 2) գերաճել; ավելի աճել; աճելով գերազանցել 3) տարիքի հետ ազատվել *(սովորություններից և այլնից)*

outgrowth |ˈaʊtgrəʊθ| *noun* 1) մակաճ; ուռուցք; պալար; խիլ *(ծառի)* 2) գերաճ; ընձյուղ; շյուղ; ճյուղ 3) արդյունք; արգասիք; հետևանք 4) գերաճելը; մեծանալը; խոշորանալը

outhouse |ˈaʊthaʊs| *noun* 1) ափական զուգարան 2) բակի շինություն; օժանդակ շենք; կողաշենք; թևաշենք

outing |ˈaʊtɪŋ| *noun* 1) զբոսանք *(քաղաքից դուրս)* 2) *խոսակցական* բեմ/եթեր դուրս գալը

outlandish |aʊtˈlændɪʃ| *adjective* 1) տարօրինակ; արտասովոր; անսովոր 2) *հնացած* օտարերկրյա; արտասահմանյան

outlast |aʊtˈlɑːst| *verb* ավելի երկար տևել, քան...; ավելի երկար ապրել, քան...; ավելի երկար դիմանալ

outlaw |ˈaʊtlɔː| **1** *noun* օրենքից դուրս հայտարարված անձ; իրավազուրկ անձ **2** *verb* *պատմական* օրենքից դուրս հայտարարել; հասարակությունից արտաքսել

outlay |ˈaʊtleɪ| **1** *noun* ծախս; ծախք **2** *verb* ծախսել

outlet |ˈaʊtlɛt| *noun* 1) ելք 2) *նաև փոխաբերական* դուրս գալը; բացթողում 3) բացթողի անցք 4) գետաբերան 5) վաճառքի/բաշխման կետ 6) մասնագիտացված խանութ *(որոշակի արտադրողի արտադրանքը վաճառող)* 7) շուկա; վաճառատեղ 8) արտահայտչամիջոց 9) դատարկում; թափում

outline |ˈaʊtlʌɪn| **1** *noun* 1) ուրվագիծ; ուրվանկար; եզրագիծ 2) ուրվագիր; ընդհանուր նկարագիր; համառոտ շարադրանք *(որևէ հարցի մասին)* ◇ **in outline** ընդհանուր գծերով 3) (**outlines**) հիմունքներ; ուրվագծեր **2** *verb* 1) ուրվագծել; եզրագծել; ուրվանկար կազմել 2) ընդհանուր գծերով նկարագրել/շարադրել/նշել; համառոտ շարադրանք կազմել

outlive |aʊtˈlɪv| *verb* 1) մեկից շատ ավելի ապրել; մեկից երկար ապրել 2) տանել; դիմանալ; կենդանի մնալ *(հակառակ որևէ բանի)* 3) *հնացած* ապրել; տևանել; միջով անցնել

outlook |ˈaʊtlʊk| **1** *noun* 1) մտահորիզոն; աշխարհայացք; մակարդակ; մտապաշար; հետաքրքրությունների շրջանակ ◇ **world outlook** աշխարհայացք 2) տեսարան 3) հեռանկար; ապագայի անկանխատեսելիություն; անկնկալիք **2** *verb* կանխատեսել՝ ելնելով առկա տվյալներից

outlying |ˈaʊtlʌɪɪŋ| *adjective* հեռավոր; հեռու; արտաքին; դրսի

outmatch |aʊtˈmætʃ| *verb* գերազանցել; անցնել

outmoded |aʊtˈməʊdɪd| *adjective* հնաոճ; հնաձև

outnumber |aʊtˈnʌmbə| *verb* թվով գերակշռել/գերազանցել

out of date *adjective* 1) հնացած; հնաձև; հնատարազ 2) ժամկետանց

outpace |aʊtˈpeɪs| *verb* 1) առաջ անցնել; առաջ ընկնել; մեկից ավելի արագ քայլել; հետևում թողնել 2) գերազանցել

outpatient |ˈaʊtpeɪʃ(ə)nt| *noun* երթևեկ հիվանդ; ամբուլատորիայում բուժվող հիվանդ

outplay |aʊtˈpleɪ| *verb* ավելի լավ խաղալ; հաղթել *(խաղի մեջ)*

outpost |ˈaʊtpəʊst| *noun* առաջապահ ուղեկալ *(զինվորական ջոկատ կամ նրա վայրը)*

outpouring |ˈaʊtpɔːrɪŋ| *noun* 1) արտահոսք; արտահոսություն; բխում 2) (**outpourings**) զեղում *(զգացմունքների)*

output |ˈaʊtpʊt| **1** *noun* 1) արտադրանք 2) *տեխնիկական* արտադրողականություն 3) *համակարգիչներ* արտածում **2** *verb* (**-putting**; անցյալ և անցյալ դերբայ **-put** կամ **-putted**) *համակարգիչներ* արտածել

outrage |ˈaʊtreɪdʒ| **1** *noun* վիրավորանք; անարգանք; անպատվություն *(և դրանք առաջացնող գործողությունը)* **2** *verb* 1) վիրավորել; անպատվել 2) օրենքը խախտել

outrageous |aʊtˈreɪdʒəs| *adjective* 1) ահավոր; սարսափելի; զարհուրելի 2) չափազանցված; անհավանական 3) կատաղի; գազազած; մոլեգին 4) վիրավորական; անարգական; անպատիվ; վրդովեցուցիչ; աղաղակող

outride |aʊtˈrʌɪd| *verb* (անցյալ **-rode**; անցյալ դերբայ **-ridden**) քշելով անցնել; առաջ անցնել; առաջ տալ

outright **1** *adverb* |aʊtˈrʌɪt| 1) լիովին; ամբողջապես; կատարելապես 2) ուղղակի; անկեղծորեն; անթաքույց 3) իսկույն; անմիջապես **2** *adjective* |ˈaʊtrʌɪt| 1) կատարյալ; լիակատար; բացարձակ 2) պարզորոշ; ակնհայտ

outrun |aʊtˈrʌn| *verb* (**-running**; անցյալ **-ran**; անցյալ դերբայ **-run**) 1) վազելով առաջ անցնել; առաջ ընկնել; մեկից ավելի արագ վազել 2) խույս տալ; փախչել *(մեկից, մի բանից)* 3) սահմանը անցնել; չափն անցնել; սահմաններից դուրս գալ

outset |ˈaʊtsɛt| *noun* մեկնում; մեկնելը; սկիզբ; սկզբնավորություն ◇ **at the outset** սկզբում. **from the outset** հենց սկզբից

outshine |aʊtˈʃʌɪn| *verb* (անցյալ և անցյալ դերբայ **-shone**) 1) ավելի պայծառ շողալ 2) գերազանցել; նսեմացնել; ստվերի մեջ թողնել

outside |aʊtˈsʌɪd|, |ˈaʊtsʌɪd| **1** *noun* 1) դրսի կողմ; արտաքին մաս ◇ **from the outside** դրսից; դրսի կողմից 2) արտաքին տեսք 3) ծայրահեղ աստիճան ◇ **at the outside** ամենաշատը; լավագույն դեպքում **2** *adjective* |ˈaʊtsʌɪd| 1) դրսի; արտաքին 2) *փոխաբերական* կողմնակի; օտար 3) ծայրագույն; առավելագույն; սահմանային 4) ծայրի; վերջի **3** *adverb* |aʊtˈsʌɪd| 1) դրսից; արտաքուստ; դեպի դուրս; դրսում ◇ **outside and in** դրսից և ներսից 2) բաց օդում; դուրսը **4** *preposition* 1) դուրս; դրսի կողմից; սահմաններից դուրս ◇ **outside the range** հասանելիության սահմաններից դուրս 2) բացի; բացառությամբ

outsider |aʊtˈsʌɪdə| *noun* 1) կողմնակի անձ 2) ոչ անդամ *(կազմակերպության և այլնի)* 3) եզրափակող; ետ մնացող

outsize |ˈaʊtsʌɪz| **1** *adjective* (նաև **outsized**) չափազանց մեծ **2** *noun* չափազանց մեծ հագուստ

outskirts |ˈaʊtskəːts| *plural noun* 1) արվարձան; ծայրամաս *(քաղաքի)* 2) եզր; ծայր

outsource |aʊtˈsɔːs| *verb* 1) ստանալ դրսից *(ապրանքներ կամ ծառայություններ)* 2) մատակարարել դրսից *(ապրանքներ կամ ծառայություններ)*

outspoken |aʊtˈspəʊk(ə)n| *adjective* անկեղծ; շիտակ; արտահայտվող

outspread |aʊtˈsprɛd|, |ˈaʊtsprɛd| **1** *noun* ընդարձակում; ընդլայնում **2** *adjective* լայն բացված; տարածված; փռված; սփռված **3** *verb* |aʊtˈsprɛd|(անցյալ և անցյալ դերբայ **-spread**) *բանաստեղծական* 1) տարածվել; փռվել; սփռվել 2) տարածել; սփռել

outstanding |aʊtˈstændɪŋ| *adjective* 1) հիանալի; աքանչելի; անզուգական 2) ականառու; կարկառուն; աչքի ընկնող; հայտնի 3) չկատարված; չարված; չլուծված *(աշխատանքի/հարցի/վեճի մասին)* 4) չհատուցված; չվճարված *(պարտքի և այլնի մասին)*

outstandingly *adverb* չափազանց; վերին աստիճանի

outstay |aʊtˈsteɪ| *verb* թույլատրվածից երկար մնալ

outstep |aʊtˈstɛp| *verb* (**-stepped**, **-stepping**) *հազվադեպ* սահմանն անցնել; սահմաններից դուրս գալ

outstretch |aʊtˈstrɛtʃ| *verb* 1) մեկնել; երկարացնել *(հատկապես՝ ձեռքը)* 2) ավելին լինել

outstrip |aʊt'strɪp| *verb* (**-stripped**, **-stripping**) 1) առաջ անցնել; առաջ ընկնել 2) անցնել; գերազանցել

out-talk *verb* (նաև **outtalk**) խոսելու հերթ չտալ; խոսելով գերազանցել

outvote |aʊt'vəʊt| *verb* ձայների մեծամասնություն շահել/ստանալ

outward |'aʊtwəd| **1** *adjective* 1) դրսի; արտաքին; դեպի դուրս ուղղված 2) առերևույթ; մակերեսային **2** *adverb* դեպի դուրս; սահմաններից դուրս

outward-bound *adjective* մեկնող; ուղևորվող; արտասահման մեկնող *(նավի մասին)*

outwardly *adverb* 1) արտաքուստ; արտաքին տեսքից 2) դրսից

outwards *adverb* դեպի դուրս; դուրս

outwear |aʊt'wɛː| *verb* (անցյալ **-wore**; անցյալ դերբայ **-worn**) 1) մաշել 2) *փոխաբերական* սպառել *(համբերությունը և այլն)* 3) ավելի երկար դիմանալ; դիմացկուն լինել *(հագուստի մասին)*

outweigh |aʊt'weɪ| *verb* 1) ավելի ծանր կշռել; քաշով գերազանցել 2) *փոխաբերական* գերակշռել; ավելի կարևոր լինել

outwit |aʊt'wɪt| *verb* (**-witted**, **-witting**) սրամտությամբ/խորամանկությամբ գերազանցել

outwork |'aʊtwəːk| **1** *noun* 1) *ռազմական* արտաքին ամրություններ 2) *բրիտանական* արհեստանոցից դուրս կատարվող աշխատանք **2** *verb* գործի մեջ մեկին գերազանցել; ավելի լավ աշխատել

outworn **1** անցյալ դերբայ տե՛ս **outwear** **2** *adjective* 1) մաշված 2) հին; հնացած *(հայացքների/սովորույթների մասին)*

ouzel |'uːz(ə)l| (նաև **ousel**) *noun կենդանաբանություն* կեռնեխ

oval |'əʊv(ə)l| **1** *adjective* ձվաձև **2** *noun* ձվաձև իր/գծագրություն

ovary |'əʊv(ə)ri| *noun* (հոգն. **-ries**) *կազմախոսություն* ձվարան

ovation |ə(ʊ)'veɪʃ(ə)n| *noun* ծափողջույն; մեծարանքի ցույց; ցնծածափ

oven |'ʌv(ə)n| *noun* փուռ; վառարան; ջեռոց

over |'əʊvə| **1** *preposition* 1) վրա; վերևում; վերև 2) այնկողմ; մյուս կողմում *(մի բանի)* 3) միջով; մի ծայրից մյուսը 4) մյուս կողմում; այն կողմը; հակառակ ափին 5) ընթացքում; ժամանակ *(որևէ բան անելու)* 6) միջոցով ◇ **over the radio** ռադիոյով 7) ավելի բարձր 8) ավելի ուժգին; ավելի սաստիկ 9) ավելի քան; մի բանից ավել 10) մասին; վերաբերյալ; թեմայով **2** *adverb* 1) վրայով; միջով ◇ **jump over** թռչելով/ցատկելով անցնել. **sail over** լողալով/նավարկելով անցնել 2) դեպի; մինչև 3) մինչև վերջ; ամբողջությամբ 4) ավարտված; վերջացած 5) նորից; կրկին; վերստին 6) *(ցույց է տալիս որևէ բան այլ անձնավորության հանձնելը)* 7) ◇ **all over** ամենուրեք; ամեն տեղ. **over again** կրկին; նորից. **over and above** ի լրումն **3** *noun կրիկետ* 1) ավելցուկ; հավելավճար 2) *ռազմական* անդրանցում; նշանակետից այն կողմ անցնելը *(գնդակի, արկի)* **4** *adjective* 1) վերին; վերևի 2) վերակա; վերադաս; ավելի բարձր դիրք ունեցող 3) ավելորդ; ավելցուկային; հավելորդային 4) չափազանց մեծ; անչափ

over- |'əʊvə| *prefix* գեր(ա)-; չափից ավելի

overact |əʊvər'ækt| *verb* գերախաղալ; չափազանցել; չափն անցկացնել *(դերը խաղալիս)*

overall **1** *adjective* |'əʊvərɔːl| 1) ընդհանուր; համընդհանուր; ամեն ինչ ընդգրկող 2) գումարային 3) *մարզական* բացարձակ **2** *adverb* |əʊvər'ɔːl| ընդհանուր առմամբ **3** *noun* |'əʊvərɔːl| (**overalls**) բանվորական արտահագուստ; լայն բանվորական շալվար

overarch |əʊvər'ɑːtʃ| *verb* կամար կապել; կամարաձև ձգվել

overawe |əʊvər'ɔː| *verb* վախեցնել; ահաբեկել; երկյուղածություն/ակնածանք ներշնչել

overbalance |əʊvə'bæl(ə)ns| **1** *verb* 1) գերակշռել; ավելի ծանր քաշել; ավելի ծանրություն ունենալ 2) *փոխաբերական* գերազանցել; գերակշռություն ձեռք բերել 3) հավասարակշռությունից հանել 4) հավասարակշռությունը կորցնել; հավասարակշռությունից դուրս գալ **2** *noun հնավանդ* կշռի ավելցուկ; ավելաքաշ

overbear |əʊvə'bɛː| *verb* (անցյալ **-bore**; անցյալ դերբայ **-borne**) հաղթել; նվաճել; հաղթահարել; գերազանցել

overbearing *adjective* հրամայական; գոռոզ; ամբարտավան *(մարդու, նրա վարքի մասին)*

overboard |'əʊvəbɔːd| *adverb* նավից դուրս; ջրի մեջ ◇ **man overboard** նավից մարդ ընկավ; նավից մարդ է ընկել ջուրը. **throw overboard** i) դուրս գցել; նավից ջուրը նետել; ծովը նետել ii) *փոխաբերական* դեն գցել; դուրս նետել

overcast **1** *adjective* |'əʊvəkɑːst| 1) ամպոտ; ամպամած 2) եզրակարված **2** *noun* |'əʊvəkɑːst| ուժեղ ամպամածություն **3** *verb* |əʊvə'kɑːst| (անցյալ և անցյալ դերբայ **-cast**) 1) ամպերով ծածկվել; մթնել 2) եզրակարել; իրար կարել; մաքրակար/վրակար անել

overcharge **1** *verb* |əʊvə'tʃɑːdʒ| 1) չափազանց բարձր գին դնել 2) գերլցնել *(հրացանը և այլն)* 3) ծանրաբեռնել; գերաբեռնել; խճողել; ավելորդ մանրամասներով ծանրացնել *(ստեղծագործությունը)* **2** *noun* |'əʊvətʃɑːdʒ| 1) չափազանց բարձր գին 2) *ռազմական* գերլիցք

overcloud |əʊvə'klaʊd| *verb* 1) ամպերով պատվել/ծածկվել 2) *փոխաբերական* մթագնել; մռայլվել; վշտանալ; տրտմել 3) մռայլեցնել; վշտացնել; տրտմեցնել

overcoat |'əʊvəkəʊt| *noun* 1) վերարկու 2) վրայի/վերջնական շերտ *(ներկի)*

overcome |əʊvə'kʌm| *verb* (անցյալ **-came**; անցյալ դերբայ **-come**) 1) հաղթահարել; լուծել; վերացնել *(խոչընդոտները, խնդիրները և այլն)* 2) հաղթել; պարտության մատնել 3) (**be overcome**) համակվել; բռնվել; լցվել; պատվել *(որևէ զգացմունքով)* ◇ **be overcome by** i) համակված ii) հյուծված; տանջված; ուժասպառ եղած

overcrop |əʊvə'krɒp| *verb* (**-cropped**, **-cropping**) հողը ուժասպառ անել

overcrowd |əʊvə'kraʊd| *verb* 1) լիքը լցնել; լցնել *(բնակարանը, սենյակը և այլն)* 2) խցկել; մի կերպ տեղավորել *(մարդկանց՝ փոքր տարած-*

քում)

overdo |əʊvəˈduː| *verb* (**-does**; անցյալ **-did**; անցյալ դերբայ **-done**) 1) չափն անցկացնել; չափից ավելին անել 2) պետք եղածից շատ լցնել/գործածել/ավելացնել 3) (**overdo it/things**) ինքն իրեն ուժասպառ անել; ուժասպառության հասնել; հյուծվել 4) չափից ավելի տապակել 5) չափազանցել; գունազարդել

overdose **1** *noun* |ˈəʊvədəʊs| չափից մեծ դեղաքանակ/դոզա; գերդեղաքանակ; գերչափաքանակ **2** *verb* 1) չափից մեծ դեղաքանակ տալ; չափից մեծ դոզա տալ 2) չափից մեծ դեղաքանակ ընդունել, չափից մեծ դոզա ընդունել

overdraw |əʊvəˈdrɔː| *verb* (անցյալ **-drew**; անցյալ դերբայ **-drawn**) 1) (**be overdrawn**) բանկում ունեցած ավանդից ավելի մեծ գումար դուրս գրել 2) չափազանցել; գունազարդել; գույները խտացնել; ուռցնել

overdrive |ˈəʊvədraɪv| **1** *noun* մեծ աշխուժություն **2** *verb* 1) գերհոգնեցնել; սաստիկ հոգնեցնել 2) ուժասպառ անել *(ձին՝ երկար քշելով)*

overdue |əʊvəˈdjuː| *adjective* 1) ուշացած ◇ **the train is overdue** գնացքն ուշանում է 2) ժամկետանց 3) *բժշկություն* հապաղած; ուշացած 4) ուշացված *(գրադարանի գրքի մասին)*

overestimate **1** *verb* |əʊvərˈestɪmeɪt| գերագնահատել; եղածից բարձր գնահատել **2** *noun* |əʊvərˈestɪmət| գերագնահատում; չափազանց բարձր գնահատում

overflow **1** *verb* |əʊvəˈfləʊ| 1) հորդել; եզրերից դուրս հոսել 2) բերնեբերան լցվել *(անոթի/ամանի մասին)* 3) լցված/լիքը լինել; ասեղ գցելու տեղ չլինել *(տարածքի մասին)* 4) հեղեղվել; ողողվել; տարածվել; վարարել *(ջրի և այլնի մասին)* 5) ողողել; հեղեղել; ջրի տակ անել 6) լցվել; համակվել; տոգորվել ◇ **overflow with** համակված/լցված լինել մի բանով **2** *noun* |ˈəʊvəfləʊ| 1) ավելցուկ; պահանջվածից ավելին; հավելուրդ 2) արտահոսք; հավելյալ հոսք; գերհոսք; եզրերից դուրս հոսելը *(հեղուկի)* 3) հեղեղում; ողողում; հորդացում; վարարում; հեղեղ; հորդություն 4) *մաթեմատիկա համակարգիչներ* գերլցում

overgrow |əʊvəˈgrəʊ| *verb* (անցյալ **-grew**; անցյալ դերբայ **-grown**) չափազանց արագ աճել; աճելով խեղդել *(բույսերի մասին)* ◇ **overgrow one's clothes** իր շորերից գերաճել

overgrown |əʊvəˈgrəʊn|, |ˈəʊvəgrəʊn| *adjective* 1) բուսականությամբ/կանաչով ծածկված 2) գերաճած; բնականոն չափերից ավելի մեծ 3) տարիքով հասուն, վարքով՝ երեխա

overgrowth |ˈəʊvəgrəʊθ| *noun* 1) չափազանց աճում; գերաճ 2) *կենսաբանություն* գերաճում

overhang **1** *verb* |əʊvəˈhæŋ| (անցյալ և անցյալ դերբայ **-hung**) կախվել; կախ ընկնել; կախված լինել **2** *noun* |ˈəʊvəhæŋ| ծածկ; ծածկույթ; հյուղակ; քողտիկ

overhaul **1** *verb* |əʊvəˈhɔːl| 1) հիմնովին վերանորոգել *(սարքավորումը)* 2) *բրիտանական* հասնել; հավասարվել **2** *noun* |ˈəʊvəhɔːl| հիմնավոր զննում *(սարքավորման)*

overhead **1** *adverb* |əʊvəˈhed| գլխավերևում; վերևում; վերին հարկում **2** *adjective* |ˈəʊvəhed| 1) գլխավերևի; գլխավերևում գտնվող; վերին; վերևի; վերերկրյա 2) վերադիր *(ծախսերի մասին)* **3** *noun* |ˈəʊvəhed| 1) վերադիր ծախս 2) պրոյեկտորի թափանցաթերթիկ 3) պրոյեկտոր 4) գլխավերևի խցիկ *(օդանավում, նավում)* 5) հարված կտրուկ դեպի ներքև *(թենիսում)*

overhear |əʊvəˈhɪə| *verb* (անցյալ և անցյալ դերբայ **-heard**) 1) պատահմամբ/ակամա լսել 2) թաքուն ականջ դնել; թաքուն լսել

overheat |əʊvəˈhiːt| **1** *verb* 1) չափից ավելի տաքացնել 2) չափից ավելի տաքանալ 3) բորբոքել; գրգռել; հուզել; գերհուզել **2** *noun* չափից շատ տաքություն; գերտաքացում

overjoyed |əʊvəˈdʒɔɪd| *adjective* չափազանց գոհ; անչափ ուրախ/երջանիկ

overladen |əʊvəˈleɪd(ə)n| *adjective* գերբեռնված; ծանրաբեռնված

overland |ˈəʊvəlænd| *adjective, adverb* |əʊvəˈlænd| ցամաքի; ցամաքային; ցամաքագնաց; ցամաքով; ցամաքի վրայով

overlap **1** *verb* |əʊvəˈlæp| (**-lapped**, **-lapping**) 1) մասամբ իրար ծածկել; մասնակի կերպով իրար ծածկել 2) մասամբ համընկնել; մասնակի կերպով համընկնել 3) մասնակիորեն զուգադիպել; գրեթե նույն ժամանակ տեղի ունենալ **2** *noun* |ˈəʊvəlæp| 1) իրար ծածկելը; վերածածկում *(մասնակիորեն)* 2) ընդհանրություն; ընդհանուր հետաքրքրությունների ոլորտ; ընդհանուր պարտականությունների ոլորտ 3) զուգադիպելու ժամանակը

overlay[1] **1** *verb* |əʊvəˌleɪ| (անցյալ և անցյալ դերբայ **-laid**) 1) ծածկել; պատել *(քսելով)* 2) վրան լինել; վերևում լինել **2** *noun* |ˌəʊvəleɪ| 1) կափարիչ; խուփ; ծածկիչ 2) *համակարգիչներ* ծրագրահատված

overlay[2] անցյալ տե՛ս **overlie**

overleaf |əʊvəˈliːf| *adverb* էջի մյուս կողմում

overleap |əʊvəˈliːp| *verb* (անցյալ և անցյալ դերբայ **-leaped** կամ **-leapt**) *հնացած* 1) ցատկելով անցնել; թռչելով անցնել 2) բաց թողնել; շրջանցել; անտեսել; մեկ ուրիշ բանի անցնել

overlie |əʊvəˈlaɪ| *verb* (**-lying**; անցյալ **-lay**; անցյալ դերբայ **-lain**) որևէ բանի վրա լինել/հանգչել

overload **1** *verb* |əʊvəˈləʊd| գերաբեռնել; գերբեռնել; ծանրաբեռնել **2** *noun* |ˈəʊvələʊd| գերաբեռնում; ծանրաբեռնում

overlook **1** *verb* |əʊvəˈlʊk| 1) չնկատել; աչքից փախցնել; բաց թողնել 2) ներողամիտ լինել; մատների արանքով նայել; ուշադրություն չդարձնել *(վիրավորանքին, թերությանը)* 3) բացվել; նայել 4) բարձրանալ; խոյանալ; վերևից նայել 5) *հնացած* վերահսկել; հետևել; ուշադիր դիտել 6) *հնացած* աչքով տալ **2** *noun* |ˈəʊvəlʊk| 1) տիրապետող դիրք 2) զննում բարձունքից

overmaster |əʊvəˈmɑːstə| *verb* *բանաստեղծական* հաղթել; նվաճել; իրեն ենթարկել; ամբողջապես համակել *(զգացմունքի մասին)*

overmatch |əʊvəˈmætʃ| *verb* հաղթել; գերազանցել

overmuch |əʊvəˈmʌtʃ| *adverb, adjective, pronoun* չափազանց շատ

overnice |əʊvəˈnʌɪs| *adjective հնացած* 1) խիստ քաղաքավարի; չափազանց հոգատար 2) բծախնդիր; դժվարահաճ

overnight |əʊvəˈnʌɪt| **1** *adverb* 1) ամբողջ գիշերը; գիշերվա ընթացքում ◇ **stay overnight** գիշերել; գիշերն անցկացնել 2) հանկարծակիորեն; հանկարծակի; անմիջապես **2** *adjective* 1) գիշերվա; մի գիշեր տևող 2) հանկարծահաս; արագ կատարված; արագ տեղի ունեցող 3) գիշերը օգտագործելու **3** *verb* գիշերել; գիշերն անցկացնել **4** *noun* մի գիշեր մնալը; գիշերելը

overpass **1** *noun* |ˈəʊvəpɑːs| **2** *verb* |əʊvəˈpɑːs| 1) կտրել-անցնել; անցնել *(սահմանը և այլն)* 2) գերազանցել; անցնել

overpay |əʊvəˈpeɪ| *verb* (անցյալ և անցյալ դերբայ **-paid**) գերավճարել; չափից ավելի վճարել

overplus |ˈəʊvəplʌs| *noun հնացած* ավելցուկ; առատություն; լիություն

overpopulate |əʊvəˈpɒpjʊleɪtɪd| *verb* 1) գերբնակեցնել 2) *կենսաբանություն* չափազանց արագ բազմանալ *(կենդանու մասին)*

overpopulation |-ˈleɪʃ(ə)n| *noun* գերբնակվածություն

overpower |əʊvəˈpaʊə| *verb* 1) հաղթել; հաղթահարել; ընկճել 2) համակել

overproduction *noun* գերարտադրություն

overrate |əʊvəˈreɪt| *verb* գերագնահատել; չափազանց բարձր գնահատել

overreach |əʊvəˈriːtʃ| **1** *verb* 1) ձգվել; տարածվել; ձգվելով հասնել 2) սահմանն անցնել; չափն անցնել; վերազանցել *(իրավունքների/լիազորությունների և այլն մասին)* 3) ոտքերն իրար խփել *(ձիու, շան մասին)* 4) խորամանկությամբ գերազանցել; խաբել ◇ **overreach oneself** իր եռանդուն ջանքերում սխալվել; իր հաշիվներում սխալվել; խաբվել; չափն անցնել **2** *noun* ոտքերը իրար խփելուց առաջացած վնասվածք *(ձիու)*

override **1** *verb* |əʊvəˈrʌɪd|(անցյալ **-rode**; անցյալ դերբայ **-ridden**) 1) մերժել; չեղյալ ճանաչել; չեղարկել 2) ավելի կարևոր լինել; կարևորությամբ գերազանցել 3) *տեխնիկական* ծածկել; վերածածկել *(մասամբ կամ ամբողջությամբ)* 4) տակով անել; ձիու տակ գցել 5) ոտնատակ տալ 6) քշելով ուժասպառ անել *(ձիուն)* **2** *noun* |ˈəʊvərʌɪd| 1) արգելակիչ *(գործիք, որն արգելակում է ինքնաշխատ գործողության կատարումը)* 2) արգելակում *(ինքնաշխատ գործողության)* 3) վերազանցում; գերազանցում *(բյուջեի, աշխատավարձի, ինքնարժեքի)* 4) չեղարկում *(որոշման)*

overrule |əʊvəˈruːl| *verb* 1) մերժել; չընդունել *(առաջարկությունը, փաստարկը և այլն)* 2) իշխել; տիրել 3) *փոխաբերական* մեկին հաղթել

overrun **1** *verb* |əʊvəˈrʌn|(**-running**; անցյալ **-ran**; անցյալ դերբայ **-run**) 1) հեղեղել; լցնել; հորդել *(նաև մարդկանց մասին)* 2) ասպատակել; ամայացնել *(երկիրը՝ թշնամու մասին)* 3) սահմաններից դուրս գալ; սահմանն անցնել; եզրերից դուրս գալ **2** *noun* |ˈəʊvərʌn| արագության գերազանցում *(ավտոմեքենայի)*

overseas |əʊvəˈsiːz| (բրիտանական **oversea**) **1** *adverb* ծովի այն կողմը ◇ **go overseas** ծովի այն կողմը մեկնել; արտասահման մեկնել **2** *adjective* անդրծովյան; արտասահմանյան; արտաքին *(առևտուր)*

oversee |əʊvəˈsiː| *verb* (**-sees**; անցյալ **-saw**; անցյալ դերբայ **-seen**) վերահսկել; հսկել; հետևել *(մեկի աշխատանքին)*

overseer |ˈəʊvəsɪə| *noun* վերահսկիչ; վերակացու

overset |əʊvəˈsɛt| *verb* (**-setting**; անցյալ և անցյալ դերբայ **-set**) 1) այլայլել; հուզել; ալեկոծել 2) խախտել; խանգարել *(կարգը)* 3) *հիմնականում բրիտանական* շրջել; շուռ տալ

overshadow |əʊvəˈʃædəʊ| *verb* 1) ստվեր գցել; ստվերածածկ անել 2) մռայլեցնել; տխրեցնել 3) նսեմացնել; ստվերի մեջ թողնել

overshoe |ˈəʊvəʃuː| *noun* կրկնակոշիկ

overshoot **1** *verb* |əʊvəʃuːt|(անցյալ, անցյալ դերբայ **-shot**) 1) վրիպել; նշանակետից այն կողմ անցնել; պետք եղածից հեռուն գնալ 2) չափն անցնել; չափազանցել *(որս անելիս, կրակելիս)* **2** *noun* |ˌəʊvəʃuːt| չափն անցնելը; վրիպում; վրիպելը; խոտորվելը

overshot **1** անցյալ և անցյալ դերբայ տե՛ս **overshoot** **2** *adjective* 1) թափվող ջրով աշխատող *(ջրաղացի մասին)* 2) վերևի կծված *(երբ վերին ծնոտը ավելի առաջ է, քան ներքևինը)*

oversight |ˈəʊvəsʌɪt| *noun* անփութության սխալ; վրիպում; սխալանք

oversleep |əʊvəˈsliːp| *verb* (անցյալ և անցյալ դերբայ **-slept**) քնով անցնել; չափից ավելի քնել; որոշածից ավել քնել; քնով անցնելով բաց թողնել

overspend |əʊvəˈspɛnd| *verb* (անցյալ և անցյալ դերբայ **-spent**) 1) չափից ավելի ծախսել; վատնել 2) ավելին ծախսել *(նշված գումարից)*

overstate |əʊvəˈsteɪt| *verb* չափազանցել; գերագնահատել; գունազարդել

overstatement *noun* չափազանցություն

overstay |əʊvəˈsteɪ| *verb* շատ երկար մնալ; թույլատրվածից երկար մնալ

overstep |əʊvəˈstɛp| *verb* (**-stepped**, **-stepping**) 1) մի բանի վրայով քայլափոխ անցնել; լոք տալով անցնել 2) սահմաններից անցնել 3) խախտել *(օրենքը և այլն)*

overstrain |əʊvəˈstreɪn| **1** *verb* գերլարել; գերհոգնեցնել **2** *noun* գերլարում; գերլարվածություն

overstrung *adjective հնացած* խիստ լարված; գերլարված

overt |əʊˈvəːt|, |ˈəʊvət| *adjective* բաց; բացահայտ; անթաքույց

overtake |əʊvəˈteɪk| *verb* (անցյալ **-took**; անցյալ դերբայ **-taken**) 1) մեկի ետևից հասնել; հասնել-անցնել; բռնել 2) անակնկալ վրա հասնել; հանկարծակիի բերել 3) հանկարծակի համակել; պատել *(զգացումի մասին)*

overthrow **1** *verb* |əʊvəˈθrəʊ|(անցյալ **-threw**; անցյալ դերբայ **-thrown**) 1) տապալել; խորտակել; կործանել 2) վերջը տալ; վերացնել; ջնջել 3) *հնացած* գետին գցել **2** *noun* |ˈəʊvəθrəʊ| 1) տապալում 2) կործանում; անկում

overtime |ˈəʊvətʌɪm| **1** *noun* 1) արտաաշխատանքային ժամանակ *(ժամերի)* 2) արտաժամյա աշխատանքների դիմաց վարձատրություն **2** *adverb* արտաժամյա; պաշտոնական ժամերից դուրս

overtone |ˈəʊvətəʊn| *noun* 1) *երաժշտություն* օբերտոն; հնչերանգ 2) երանգ; նրբերանգ; նրբություն

overtop |əʊvəˈtɒp| *verb* (**-topped**, **-topping**) 1) բարձրությամբ գերազանցել; վեր բարձրանալ 2) *փոխաբերական* գերազանցել; նսեմացնել; ստվերի մեջ թողնել

overture |ˈəʊvətj(ʊ)ə| *noun* 1) (**overtures**) պաշտոնական առաջարկություն; հաշտության փորձ; բանակցությունների սկիզբ 2) *երաժշտություն* նախերգանք

overturn **1** *verb* |əʊvəˈtəːn| 1) շրջել; շուռ տալ 2) շրջվել; շուռ գալ 3) տապալել; խորտակել; կործանել; պարտության մատնել **2** *noun* |ˈəʊvətəːn| *հազվադեպ* 1) վայր գլորելը; տապալում; կործանում; պարտություն 2) հեղաշրջում

overvalue |əʊvəˈvæljuː| **1** *verb* (**-values**, **-valued**, **-valuing**) գերագնահատել; չափից ավելի մեծ նշանակություն տալ **2** *noun* գերագնահատում

overview |ˈəʊvəvjuː| **1** *noun* 1) ընդհանուր ակնարկ/պատկերացում; համառոտագիր 2) ամփոփում 3) գիտելիք; ծանոթություն **2** *verb* ընդհանուր գծերով նկարագրել; պատկերացում տալ

overweening |əʊvəˈwiːnɪŋ| *adjective* անձնապաստան; ինքնապաստան; խիստ ինքնավստահ; գոռոզ; մեծամիտ; ամբարտավան

overweight **1** *adjective* |əʊvəˈweɪt| նորմայից ավելի ծանր; պահանջվածից ավելի քաշ ունեցող **2** *noun* |ˈəʊvəweɪt| 1) ավելաքաշ; կշռի ավելցուկ; հավելյալ քաշ 2) գերակշռություն **3** *verb* |əʊvəˈweɪt| գերաբեռնել; չափից ավելի ծանրաբեռնել

overwhelm |əʊvəˈwelm| *verb* 1) ողողել; հեղեղել; ջրի տակ անել 2) ջարդել; ջախջախել; ընկճել 3) *փոխաբերական* վրան թափել; տեղալ; խեղդել *(որևէ մեկին հարցերով և այլն)* 4) համակել; տոգորել *(զգացմունքի մասին)*

overwhelming |əʊvəˈwelmɪŋ| *adjective* 1) անհամար; անհաշիվ 2) անհաղթահարելի 3) ճնշող

overwhelmingly *adverb* 1) չափազանց; չափից դուրս 2) գերազանցապես; մեծ մասամբ

overwork |əʊvəˈwəːk| **1** *verb* 1) չափազանց շատ աշխատանքով հյուծել 2) չափազանց շատ աշխատել 3) չափազանց շատ գործածել 4) (**overworked**) ծեծված; չափազանց հաճախ գործածված *(բառի/գաղափարի մասին)* **2** *noun* 1) արտաժամյա աշխատանք 2) գերծանրաբեռնվածություն; գերլարվածություն

overwrought |əʊvəˈrɔːt| *adjective* 1) գերհոգնած; լարված *(աշխատանքից)* 2) գերլարված; գրգռված 3) չափազանց խնամքով արված/կատարված

ovule |ˈɒvjuːl|, |ˈəʊ-| *noun* ձվաբջիջ; ձվիկ

ovum |ˈəʊvəm| *noun* (հոգն. **ova** |ˈəʊvə|) *կենսաբանություն* ձվաբջիջ; ձու

ow |aʊ| *exclamation* ա՛յ *(ցավի բացականչություն)*

owe |əʊ| *verb* 1) մեկին պարտք լինել 2) պարտական լինել 3) (**owe something to**) մի բանի համար մեկին պարտական լինել; մեկի շնորհիվ մի բան ունենալ

owing |ˈəʊɪŋ| *adjective* 1) չվճարված; պարտք մնացած; վճարման ենթակա; պարտական 2) ◇ **owing to** շնորհիվ; հետևանքով; պատճառով

owl |aʊl| *noun* *կենդանաբանություն* բու *(ընտանիք-ներ Strigidae և Tytonidae, կարգ Strigiformes)* ◇ **eagle owl** բվեճ

owlet |ˈaʊlɪt| *noun* *կենդանաբանություն* 1) բվի ձագ; բվի ճուտ 2) (նաև **noctuid**) գիշերաթիթեռ

own |əʊn| **1** *adjective, pronoun* 1) սեփական; անձնական ◇ **with one's own eyes** սեփական աչքերով 2) հարազատ *(հոր/եղբոր և այլնի մասին)* **2** *verb* 1) ունենալ; տեր լինել; սեփականատերը լինել 2) *գրական* անզլերեն ճանաչել; ընդունել; խոստովանել • **own up** խոստովանել/ընդունել արածը

be one's own man անկախ/ինքնուրույն լինել

owner |ˈəʊnə| *noun* տեր; սեփականատեր

ownerless *adjective* անտեր; լքյալ; տիրազուրկ

ownership *noun* 1) սեփականություն 2) սեփականության իրավունք

ox |ɒks| *noun* (հոգն. **oxen** |ˈɒks(ə)n|) ցուլ; եզ

oxbow |ˈɒksbəʊ| *noun* 1) լուծ *(եզների)* 2) (նաև **oxbow lake**) կորացած լիճ *(առաջանում է, երբ գետի հին հունը անջատվում է հիմնական հունից)*

Oxford |ˈɒksfəd| 1) Օքսֆորդ *(քաղաք Անգլիայում, Թեմզա գետի ափին)* 2) Օքսֆորդ *(քաղաք ԱՄՆ-ում, Միսիսիպի գետի ափին)*

oxford *noun* կիսակոշիկ

oxidation |ɒksɪˈdeɪʃ(ə)n| *noun* *քիմիա* օքսիդացում

oxide |ˈɒksʌɪd| *noun* *քիմիա* օքսիդ ◇ **carbonic oxide** ածխածնի օքսիդ

oxidize |ˈɒksɪdʌɪz| *verb* 1) օքսիդացնել 2) *քիմիա* օքսիդանալ

oxygen |ˈɒksɪdʒ(ə)n| *noun* *քիմիա* թթվածին

oxygenous |ɒkˈsɪdʒɪnəs| *adjective* թթվածնի; թթվածնային

oxymoron |ˌɒksɪˈmɔːrɒn| *noun* *լեզվաբանություն* նրբաբանություն

oyster |ˈɔɪstə| **1** *noun* *կենդանաբանություն* ոստրե *(ընտանիք Ostreidae)* **2** *verb* 1) ոստրեներ անեցնել 2) ոստրեներ հավաքել **3** *adjective* ոստրեագույն/մոխրավուն սպիտակ

ozone |ˈəʊzəʊn| *noun* 1) *քիմիա* օզոն 2) տե՛ս **ozone layer** 3) *խոսակցական* թարմ օդ; օզոնով առատ օդ

ozone layer *noun* օզոնային շերտ

ozonize |ˈəʊzənʌɪz| *verb* 1) *քիմիա* օզոնացնել 2) օզոնով հարստացնել

Pp

P[1] |piː| (նաև **p**) *noun* (հոգն. **Ps** կամ **P's**) անգլերեն այբուբենի 16-րդ տառը

mind one's P's and Q's զգուշություն հանդես բերել; քաղաքավարության կանոնները պահպանել

P[2] **1** *abbreviation* 1) pastor 2) pater հայր 3) peso պեսո 4) *ֆիզիկա* poise պուազ *(մածուցիկության միավոր)* 5) president նախագահ 6) priest քահանա 7) proprietary մասնավոր **2** *symbol* *քիմիա* phosphorus ֆոսֆոր

p **1** *abbreviation* 1) էջ 2) փենս 3) պիկո *(միավորների դեպքում)* 4) *երաժշտություն* piano մեղմ **2** *symbol* *ֆիզիկա* ճնշում

pa |pɑː| *noun* *խոսակցական* հայրիկ; պապա

p.a. *abbreviation* per annum ամեն տարի; տարեկան

PAC *abbreviation* political action committee քաղաքական գործողությունների կոմիտե

pace[1] |peɪs| **1** *noun* 1) քայլ 2) արագություն; տեմպ 3) քայլվածք; քայլաձև 4) քայլք; շորորավազք *(ձիու)* 5) աստիճան *(սանդուղքի)* **2** *verb* 1) քայլել; անց ու դարձ անել 2) քայլերով չափել 3) քայլատրոփ գնալ *(ձիու մասին)* 4) թափ հաղորդել; իր ետևից տանել *(մրցության ժամանակ)*

at a snail's pace կրիայի քայլով; տոտիկ-տոտիկ
change of pace սովորական ընթացքից շեղում
go/hit the pace սլանալ; սրընթաց գնալ; կյանքը վատնել; ապրել բուռն կյանքով
keep pace with sb/sth համաքայլ գնալ; քայլել համահավասար մեկի հետ; հետ չմնալ; հասցնել; հասնել մեկի հետևից
mend one's pace քայլերն արագացնել
off the pace առաջնորդի ետևից; առաջինը գնացողի ետևից *(մրցավազքում)*
put somebody through sb's paces մեկի կարողությունները ստուգել/փորձել
set the pace 1) ամենաարագը լինել մրցավազքում 2) ուղի հարթել; առաջինը լինել ինչ-որ բանում

pace[2] |ˈpɑːtʃeɪ|, |ˈpeɪsi| *preposition* մեկի թույլտվությամբ; թող թույլ տան ասել

pacemaker |ˈpeɪsmeɪkə| *noun* զարկատու սարք *(սրտի արհեստական գրգռման համար)*

pacer |ˈpeɪsə| *noun* շորորաքայլ/շորորավարգ ձի

pachyderm |ˈpækɪdəːm| *noun* հաստակաշի կենդանի *(փիղ, ռնգեղջյուր, գետաձի)*

pacific |pəˈsɪfɪk| **1** *adjective* 1) խաղաղասեր; խաղաղ; հաշտ 2) հանգիստ; հանդարտ; անվրդով; անդորր 3) (**P.**) խաղաղօվկիանոսյան **2** *noun* 1) տե՛ս **Pacific Ocean** 2) շոգեքարշ *(անիվների 4-6-2 դասավորությամբ)*

Pacific Ocean Խաղաղ Օվկիանոս

Pacific Rim Խաղաղօվկիանոսյան ավազանի երկրներ

Pacific time խաղաղօվկիանոսյան ժամանակ

pacifier |ˈpæsɪfʌɪə| *noun* 1) խաղաղեցնող անձ/բան 2) ծծակ; ռետինե պտուկ *(երեխայի համար)*

pacifism |ˈpæsɪfɪz(ə)m| *noun* խաղաղասիրություն; խաղաղասիրականություն; պացիֆիզմ

pacifist *noun* խաղաղասեր; պացիֆիստ

pacify |ˈpæsɪfʌɪ| *verb* (**-fies**, **-fied**) 1) հանգստացնել; հաշտեցնել; հանդարտեցնել; խաղաղեցնել 2) խաղաղությունը վերականգնել *(երկրում)*

pack[1] |pæk| **1** *noun* 1) հակ; կապոց; փաթեթ; ծրար; կապ; կապուկ; տուփ *(ծխախոտի)* 2) ռազմական տոպրակ; կռնապայուսակ 3) խումբ; հրոսախումբ; բանդա *(գողերի և այլն)* 4) ոհմակ *(շների, գայլերի)* 5) մեծ քանակություն ◇ **a pack of lies** մի տոպրակ սուտ; ստի տոպրակ; չափազանց շատ ստեր. **a pack of nonsense** բացարձակ անհեթեթություն 6) կապուկ *(խաղաթղթերի)* 7) լողացող սառցազանգվածներ 8) *որոշչային* բեռնակիր *(կենդանու մասին)* 9) *որոշչային* փաթեթավորման; ծրարման; փաթաթելու **2** *verb* 1) դարսել; փաթեթավորել; կապկպել; հակավորել; հակ շինել; ծրարել; կապոց շինել 2) կապկապել *(իրերը՝ ճանապարհի համար)* 3) լիքը լցնել; լեփլեցուն լինել 4) բեռնել *(անասունին)* 5) ոհմակ կազմել 6) արագ պատրաստվել և ճանապարհ ընկնել 7) պահածոյացնել; պահածոյել *(մթերքը)* ◇ **pack off** դուրս քշել; վռնդել 8) խճողել

pack[2] |pæk| *verb* իր կողմնակիցներին մտցնել հանձնաժողովի մեջ *(որոշման վրա ազդեցություն ունենալու համար)*

package |ˈpækɪdʒ| **1** *noun* 1) ծանրոց; փաթեթ; հակ; կապոց 2) փաթեթավորում 3) տեղ; կտոր; իր *(ուղեբեռի)* 4) *համակարգիչներ* ծրագրափաթեթ **2** *verb* *ամերիկյան* փաթեթավորել; հակավորել; տեղավորել; համատեղ վաճառել

packaging |ˈpækɪdʒɪŋ| *noun* 1) փաթեթավորման գործարարություն 2) փաթեթանյութ

pack animal *noun* բեռնակիր կենդանի; գրաստ

packer |ˈpækə| *noun* 1) փաթեթավորիչ; հակեր շինող; ծրարող 2) փաթեթավորող մեքենա

packet |ˈpækɪt| **1** *noun* փոքր փաթեթ; կապոց; տուփ **2** *verb* (**-eted**, **-eting**) կապոցներ փաթաթել

catch/stop a packet *ռազմական* *ծածկալեզու* սպանված լինել *(գնդակով, արկի բեկորով)*

packhorse |ˈpækhɔːs| *noun* բեռնակիր ձի

packing |ˈpækɪŋ| *noun* 1) փաթեթավորում; փաթեթավորելը; կապկպում; կապկպելը ◇ **packing not included** գինն առանց փաթեթավորման/տարայի 2) փաթեթավորման նյութ; փաթեթանյութ 3) *տեխնիկական* միջադիր; խցկանք

packing case (նաև **packing box** կամ **packing crate**) *noun* արկղ; փաթեթավորման արկղ

packman |ˈpækmən| *noun* (հոգն. **-men**) *հնացած* փերեզակ; չարչի

packsaddle |ˈpæksæd(ə)l| *noun* փալան; համետ

packthread |ˈpækθred| *noun* առասանակ; բարակ թոկ; լարան *(ապրանք/իրեր կապելու համար)*

pact |pækt| *noun* պայմանագիր; դաշնագիր; դաշինք; համաձայնագիր; պակտ ◊ **enter into pact** պայմանագիր/դաշինք կնքել

pad¹ |pæd| **1** *noun* 1) փափուկ թամբ; լծաթամբիկ 2) փափուկ միջադիր 3) կնքաբարձ; բարձիկ *(կնիքի համար)* 4) բլոկնոտ; տակդիր *(գրելու համար)* 5) բարձիկ *(որոշ կենդանիների թաթերի տակ)* 6) թաթ *(ճագարատակի, աղվեսի և այլնի)* **2** *verb* (**padded**, **padding**) 1) փափուկ բանով լցնել 2) փափուկ միջադիր դնել; փափուկ բանով փաթաթել 3) ձգել; երկարացնել *(պատմությունը և այլն)*

a pad in the straw *հնացած* ծածուկ/գաղտնի վտանգ

be on the pad թափառաշրջիկ դառնալ; շրջմոլիկ լինել

gentleman/knight/squire of the pad *մեղմասություն* «մեծ ճանապարհի ասպետ»; մեծ ճանապարհի ավազակ

pad² |pæd| **1** *verb* (**padded**, **padding**) ոտնաձայներ հանելով քայլել **2** *noun* խուլ ոտնաձայներ

padding |ˈpædɪŋ| *noun* 1) լիցք; խծուծվածք; խծկոնք *(մազե բամբակե և այլն)* 2) երկարաբանություն; ավելորդաբանություն

paddle¹ |ˈpæd(ə)l| **1** *noun* 1) լայնաբերան թի/թիակ 2) թիավարող անիվի թիաբերան; թիանիվ 3) թիավարում; թիավարելը 4) թակ; տոփան *(լվացքի)* **2** *verb* մի թիով թիավարել; բայդարկայով լողալ/նավել

paddle² |ˈpæd(ə)l| **1** *verb* 1) չփչփացնել ջրում *(բոբիկ ոտքերով)* 2) նյարդայնորեն մատները խաղացնել 3) տոտիկ-տոտիկ անել *(երեխայի մասին)* 4) ճողփալ; ցայտեցնել 5) դանդաղ լողալ **2** *noun* ջրի մեջ բոբիկ քայլելը

paddle steamer *noun* անվավոր շոգենավ

paddle wheel *noun* թիանիվ *(շոգենավի)*

paddock |ˈpædək| **1** *noun* 1) ցանկապատած դաշտ; փարախ *(ձիավարության համար)* 2) *ավստրալական* դաշտ; հողամաս **2** *verb* ձիուն փարախում պահել

paddy |ˈpædi| *noun* (նաև **rice paddy**) (հոգն. **-dies**) բրինձ *(արմատի վրա կամ թեփը չհանած)*

padishah *noun* փադիշահ

padlock |ˈpædlɒk| **1** *noun* կախովի կողպեք **2** *verb* կախովի կողպեքով փակել

pagan |ˈpeɪg(ə)n| **1** *noun* հեթանոս **2** *adjective* հեթանոսական; հեթանոս

page¹ |peɪdʒ| **1** *noun* էջ; երես ◊ **specimen page** փորձնական էջ. **title page** տիտղոսաթերթ **2** *verb* 1) էջերը համարակալել 2) էջակալել

page² |peɪdʒ| **1** *noun* 1) *պատմական* մանկլավիկ; պաժ 2) սպասավոր տղա **2** *verb* 1) մանկլավիկություն անել; որպես մանկլավիկ ուղեկցել 2) *ամերիկյան* մեկին ազգանունով կանչել

pageant |ˈpædʒ(ə)nt| *noun* 1) ներկայացում; հանդես 2) դիմակահանդես; կենդանի պատկեր 3) շքեղ տեսարան; տոնական շքերթ; մասսայական զբոսատոն-դիմահանդես 4) *պատմական* շրջիկ թատերաբեմ *(անիվների վրա)*

pageantry |ˈpædʒ(ə)ntri| *noun* 1) փայլ; շքեղություն; արտաքին շուք; փքաշուք 2) խաբուսիկություն; առերևույթ բան; փչոց; պատրանք

pager |ˈpeɪdʒə| *noun* փեյջեր

pagoda |pəˈgəʊdə| *noun* պագոդա *(բուդդայական տաճար)*

pah |pɑː| *exclamation* թո՜ւհ

paid |peɪd| **1** *adjective* անցյալ և անցյալ դերբայ տե՛ս **paid 2** *adjective* 1) վճարովի 2) վճարվող

pail |peɪl| *noun* 1) դույլ 2) լայնաբերան կիսատակառ

pailful *noun* մի դույլ; մի լիքը դույլ

paillasse *noun* ծղոտե ներքնակ

pain |peɪn| **1** *noun* 1) ցավ; տանջանք; տառապանք 2) ցավ; վիշտ; դառնություն 3) (**pains**) ջանք; ճիգ; նեղություն 4) պատիժ **2** *verb* 1) ցավ պատճառել; տանջել 2) ցավել

be an ass for one's pains, be a fool for one's pains ոչինչ չստանալ; ստանալ շատ քիչ՝ կատարած աշխատանքի դիմաց; իզուր չարչարվել/աշխատել/բանել

be at pains, be at the pains, take pains ջանալ; փորձ անել; ճիգ թափել; ջանք չխնայել; նեղություն հանձն առնել

for my pains իմ լավության դիմաց; իմ կրած չարչարանքների դիմաց

give sb a pain, give sb a pain in the neck *ամերիկյան* զզվեցնել մեկին, ջղայնացնել, նյարդերի վրա ազդել

No pains, no gains., nothing to be got without pains *առած* Մինչև ձեռքերդ չվառես՝ կրակից շագանակ չես հանի: Ով աշխատի, նա կուտի:

on/under pain (of sth) ահ ու դողի/ահ ու սարսափի մեջ; սպառնալիքի տակ *(որևէ պատժի)*

pains and penalties պատիժներ և տանջանքներ

put sb/sth out of pain վերջ տալ մեկի ցավ ու տանջանքին; սպանել՝ խղճահարությունից դրդված

save one's pains ուժերը խնայել; իզուր ջանք չթափել

pained *adjective* վշտացած; նեղացած

painful |ˈpeɪnfʊl|, |-f(ə)l| *adjective* 1) ծանր; ճնշող 2) ցավոտ; ցավ պատճառող; տանջալից 3) դժվար; դժվարին

painfully *adverb* ցավալիորեն; տանջալիորեն

painless |ˈpeɪnlɪs| *adjective* անցավ; ցավ չպատճառող

painlessly *adverb* անցավ կերպով; ոչ ցավագին

painstaking |ˈpeɪnzteɪkɪŋ| *adjective* ջանադիր; փութաջան; աշխատասեր; ջանասեր; քրտնաջան

painstakingly *adverb* ջանասիրաբար; տքնաջանորեն

paint |peɪnt| **1** *noun* 1) ներկ; գույն ◊ **dazzle paint** *ծովային* քողարկու գույն; ներկաքողարկում; քողարկաներկում 2) կարմրաներկ; սուսր *(կոսմե-*

տիկական ներկ) **2** *verb* 1) ներկերով նկարել 2) վառ գույներով նկարագրել 3) ներկել; գունավորել; պատկերել 4) ներկվել; շպարվել

not be so black as one is painted այնքան էլ վատ մարդ չլինել, ինչպիսին ներկայացնում են

paint sb black սևացնել/մրոտել/զրպարտել ինչ-որ մեկին; նկարագրել վատ գույներով

paint sth red գունազարդել; վառ գույներով ներկայացնել

paint the town, paint the town red աղմուկ-աղաղակով քեֆ անել

paintbrush |ˈpeɪntbrʌʃ| *noun* վրձին; ներկարարական վրձին

painter¹ |ˈpeɪntə| *noun* 1) գեղանկարիչ 2) ներկարար

cut/slip the painter կապը կտրել; առանձնանալ; անջատվել

painter² |ˈpeɪntə| *noun* նավակի ողնուցին ամրացված պարան

painting |ˈpeɪntɪŋ| *noun* 1) նկար; զարդանկար 2) գեղանկարչություն; գունանկարչություն 3) ներկում; ներկելը 4) ներկարարական գործ; ներկարարություն

paintwork |ˈpeɪntwəːk| *noun* ներկված մակերես

pair |pɛː| **1** *noun* 1) զույգ ◇ **a carriage and pair** զույգ ձի լծած կառք. **a pair of compasses** կարկին. **the happy pair** նորապսակներ 2) խաղակից; խաղընկեր *(թղթախաղում)* 3) *քաղաքականություն* օպոզիցիոն կուսակցություններին պատկանող պառլամենտի երկու անդամներ, որոնք փոխադարձ համաձայնությամբ չեն մասնակցում քվեարկությանը 4) հերթափոխ; բրիգադ *(բանվորների)* 5) զույգ; զուգակից **2** *verb* 1) զույգ-զույգ միանալ *(զույգ կազմել)* 2) զույգ-զույգ միացնել 3) զուգավորվել *(կենդանիների և թռչունների մասին)* 4) զուգավորել 5) (**pair off/up**) ամուսնանալ; զույգ կազմել

pair of hands աշխատող ձեռքեր

pigeon pair տղա և աղջիկ *(երկվորյակ/ընտանիքի միակ երեխաները)*

they make a pair ջրի երկու կաթիլ են; մի խնձոր են՝ երկու կես արած

pairing *noun* 1) զույգ-զույգ դասավորելը 2) զուգավորում

Pakistan |ˌpɑːkɪˈstɑːn|, |ˌpækɪ-|, |-ˈstæn| Պակիստան *(պետություն Ասիայի հարավում)*

pal |pæl| *խոսակցական* **1** *noun* 1) ընկեր; բարեկամ 2) մասնակից **2** *verb* (**palled**, **palling**) (**pal around**) ժամանակ անցկացնել ընկերոջ հետ

palace |ˈpælɪs| *noun* 1) պալատ; ապարանք 2) շքեղ տուն; առանձնատուն

palatability |-ˈbɪlɪti| *noun* ախորժահամություն; դուրեկան համ

palatable |ˈpælətəb(ə)l| *adjective* 1) համեղ; ախորժահամ; համով; հաճելի 2) լավ; ընդունելի

palatal |ˈpælət(ə)l| **1** *adjective* 1) քիմքի; քիմքային 2) *հնչյունաբանություն* քմայնացված **2** *noun* *հնչյունաբանություն* քմայնացված հնչյուն

palatalization *noun* *հնչյունաբանություն* քմայնացում

palatalize *verb* *հնչյունաբանություն* քմայնացնել; քմայնացման ենթարկել; փափկացնել

palate |ˈpælət| *noun* 1) *կազմախոսություն* քիմք 2) ճաշակ; ախորժակ 3) հակում; հետաքրքրություն 4) համ *(գինու կամ գարեջրի)*

palatial |pəˈleɪʃ(ə)l| *adjective* 1) պալատական; պալատի 2) շքեղ; փառահեղ

palaver |pəˈlɑːvə| **1** *noun* 1) բանակցություններ 2) շաղակրատություն; դատարկախոսություն; խոսարան; բարբաջարան 3) շողոքորթություն; հաճոյախոսություն **2** *verb* շատախոսել; շաղակրատել

pale¹ |peɪl| **1** *adjective* 1) գունատ; դալուկ; անգույն; դժգույն 2) աղոտ; թույլ; ոչ պայծառ *(լույսի/գույնի մասին)* **2** *verb* 1) գունատվել 2) աղոտանալ; նսեմանալ

break the pale շռայլություն թույլ տալ; պարտքերի մեջ խրվել; կարողությունից վեր ծախսել; գրպանի չափով չծախսել

pale and wan գունատ և ուժասպառ; դալկացած ու ամքած

pale as a ghost, pale as ashes/death ուրվականի/կտավի պես դժգույն; պատի ծեփի պես գունատ; դալուկ

pale² |peɪl| **1** *noun* 1) ցից 2) ցանկապատ; ցցապատ; ցանկապատնեշ 3) սահման; եզր **2** *verb* ցանկապատել; ցցապատել

paleface |ˈpeɪlfeɪs| *noun* դալկադեմ մարդ; սպիտակամորթ *(ըստ հնդկացիների)*

Palermo |pəˈlɛːməʊ|, |pæˈlɛrmo| Պալերմո *(քաղաք Սիցիլիա կղզում)*

Palestine |ˈpælɪstʌɪn| Պաղեստին *(տարածք Միջին Արևելքում, որը 1920-1948 թթ. գտնվում էր Բրիտանիայի մանդատի ներքո)*

palette |ˈpælɪt| *noun* ներկապնակ; գունապնակ; երանգապնակ

paling |ˈpeɪlɪŋ| *noun* 1) ցցապատ; ցանկապատ; ցցապատնեշ 2) *հավաքական* ցցեր; ցցաշար

palisade |ˌpælɪˈseɪd| **1** *noun* 1) ճաղապատ; ցանկապատ; ցցապատ 2) *ամերիկյան* (**palisades**) ուղղաբերձ ժայռաշար **2** *verb* ցցապատել; ցանկապատել

pall¹ |pɔːl| **1** *noun* 1) ծածկոց *(դագաղի)* 2) *փոխաբերական* ծածկույթ; թանձր/մռայլ քող; վարագույր; ծածկույթ 3) *եկեղեցական* պատմուճան; պարեգոտ **2** *verb* ծածկել; փաթաթել; պատել; պարուրել

pall² |pɔːl| *verb* 1) հոգնեցնել; ձանձրացնել; զզվեցնել; համը հանել 2) հոգնել; ձանձրանալ; զզվել 3) գերհագենալ; հագեցնել; չափից դուրս կշտացնել

palladium¹ |pəˈleɪdɪəm| *noun* *քիմիա* պալադիում

palladium² |pəˈleɪdɪəm| *noun* (հոգն. **-dia** |-dɪə|) *հնավանդ* պաշտպանություն; պաշտպանական միջոց

pallet¹ |ˈpælɪt| *noun* ծղոտե ներքնակ

pallet² |ˈpælɪt| *noun* 1) տակնոց; տակ 2) բրուտի շեղբ 3) ներկապնակ

palliate |ˈpælɪeɪt| *verb* 1) թուլացնել; մեղմացնել; ամոքել *(ցավը)* 2) մեղմացնել; սքողել *(վի-*

րավորանքը) 3) մեղմացնել; ներել; թեթևացնել *(հանցանքը, մեղքը)*

palliation |-ˈeɪʃ(ə)n| *noun* 1) ժամանակավոր թեթևացում/մեղմացում *(ցավի)* 2) մեղմացում; սքողում *(վիրավորանքի)* 3) ներելը; արդարացնելը *(հանցանքի)*

palliative |ˈpælɪətɪv| **1** *adjective* կիսամիջոցային; ամոքիչ; մեղմացնող *(բայց չբուժող)* **2** *noun* ցավամոքիչ դեղ; կիսամիջոց

pallid |ˈpælɪd| *adjective* մեռելագույն; մեռելի պես գունատ; գունաթափ; թոշնած; դալուկ; դալկահար

pall-mall |pælˈmæl| *noun պատմական* մի տեսակ հին գնդախաղ

pallor |ˈpælə| *noun* գունատություն; դալկություն; դժգունություն

palm¹ |pɑːm| *noun* (նաև **palm tree**) 1) *բուսաբանություն* արմավենի *(ընտանիք Palmae)* 2) արմավենու ճյուղ; հաղթանակ ◇ **bear/carry off the palm** ստանալ առաջնության արմավենին/դափնին; հաղթանակ տանել. **yield the palm** առաջնությունը զիջել; իրեն պարտված ճանաչել

palm² |pɑːm| **1** *noun* 1) ափ *(ձեռքի)* 2) թիաբերան; ճանկ; կեռ *(խարիսխի)* **2** *verb* 1) ձեռքի/ափի մեջ թաքցնել 2) ձեռք տալ; ափով շոյել 3) ձեռքով բարևել; ձեռք տալ

Palmetto State Թզուկ արմավենիների նահանգ *(Հարավային Կարոլինայի մականունը)*

palm oil *noun* արմավայուղ

palmtop |ˈpɑːmtɒp| *noun* ափադիր համակարգիչ

palmy |ˈpɑːmi| *adjective* (**palmier**, **palmiest**) 1) ծաղկուն; բարգավաճ 2) արմավենու նման

palpable |ˈpælpəb(ə)l| *adjective* 1) ակնհայտ; ակներև; պարզ 2) շոշափելի; զգալի

palpate |pælˈpeɪt| *verb* շոշափել; շոշափելով քննել

palpitant |ˈpælpɪt(ə)nt| *adjective հազվադեպ* տրոփող; բաբախող; թպրտուն

palpitate |ˈpælpɪteɪt| *verb* 1) բաբախել; տրոփել; զարկել *(սրտի մասին)* 2) դողալ; դողդողալ; թրթռալ; թպրտալ

palpitation |pælpɪˈteɪʃ(ə)n| *noun* 1) սրտի հիվանդագին բաբախում; սրտի խփոց 2) թրթռոց; թպրտոց; դող

palsy |ˈpɔːlzi|, |ˈpɒl-| **1** *noun* (հոգն. **-sies**) *հնացած* կաթված; կաթվածահարություն **2** *verb* (**-sies**, **-sied**) անդամալուծել; կաթվածահարել; կաթվածի ենթարկել

palter |ˈpɔːltə|, |ˈpɒl-| *verb հնացած* 1) կեղծել; կեղծավորություն/երկերեսանիություն անել; խորամանկել; խորամանկություն բանեցնել/անել; խույս տալ; խուսափել 2) սակարկել 3) դատարկաբանել

paltry |ˈpɔːltri|, |ˈpɒl-| *adjective* (**paltrier**, **paltriest**) 1) մանր; աննշան; չնչին 2) խղճուկ; ողորմելի 3) արհամարհելի

Pamir Mountains |pəˈmɪə| (նաև **the Pamirs**) Պամիրի Լեռներ *(լեռնաշղթա Կենտրոնական Ասիայում)*

pampas |ˈpæmpəs|, |-z| *noun* պամպասներ *(հարավամերիկյան խոտառատ հարթ տափաստաններ)*

pamper |ˈpæmpə| *verb* երես տալ; փայփայել; լկտիացնել

pamphlet |ˈpæmflɪt| **1** *noun* 1) բրոշյուր; գրքույկ 2) պարսավագիր **2** *verb* (**-phleted**, **-phleting**) պարսավագրեր տարածել

pamphleteer |pæmfləˈtɪə| **1** *noun* պարսավագրեր գրող **2** *verb* պարսավագրեր գրել

pan¹ |pæn| **1** *noun* 1) թավա; տապակ; կաթսայիկ 2) թաթ; նժար *(կշեռքի)* 3) մետաղյա աման/թաս 4) *տեխնիկական* չան; գուռ; հանքաշերեփ; շերեփ 5) մասնագետների խումբ **2** *verb* (**panned**, **panning**) 1) լվանալ; լվանալով զտել; լվացազատել *(ոսկին, ոսկեբեր ավազը)* 2) *խոսակցական* թեժ կրակի տակ առնել; խիստ քննադատել • **pan out** ոսկին լվացազատել; ոսկին կորզել լվանալով

fall/leap out of the pan into the fire *առած* կրակից ազատվել՝ բոցն ընկնել; ջրից՝ ջրհեղեղ; մրից՝ մրջուր

flash in the pan անհաջողության/ձախորդության մատնվել, ֆիասկո կրել

flash-in-the-pan ձախորդություն; անհաջողություն

shut one's pan *խոսակցական* բերանը փակել; ձենը կտրել; լռել; սսկվել

pan² |pæn| **1** *verb* (**panned**, **panning**) տեսախցիկը շարժել *(համայնապատկեր ստանալու համար)* **2** *noun* տեսախցիկի շարժում *(համայնապատկեր ստանալու համար)*

pan- |pæn| *combining form* համա-

panacea |ˌpænəˈsiːə| *noun* համադարման; համադեղ; համայնաբույժ միջոց; ամենադեղ

panache |pəˈnæʃ| *noun* փետրափունջ; փետրացցունք *(սաղավարտի զարդ)*

Panama |ˈpænəmɑː|, |ˌpænəˈmɑː| Պանամա *(պետություն Կենտրոնական Ամերիկայում)*

panama |ˈpænəmɑː|, |ˌpænəˈmɑː| (նաև **panama hat**) *noun* պանամա; լայնեզր գլխարկ

Panama Canal Պանամայի ջրանցք

pancake |ˈpænkeɪk| *noun խոհանոց* ձիթաբլիթ; յուղաբլիթ

pancreas |ˈpæŋkrɪəs| *noun* (հոգն. **-creases**) *կազմախոսություն* ենթաստամոքսային գեղձ

pancreatic |-ˈætɪk| *adjective* ենթաստամոքսային գեղձի

panda |ˈpændə| (նաև **giant panda**) *noun կենդանաբանություն* պանդա; հիմալայան ենոտ *(Ailuropoda melanoleuca, ընտանիք Ursidae)*

pandemic |pænˈdɛmɪk| **1** *adjective* համավարակային; աշխարհավարակային **2** *noun* համավարակ; աշխարհավարակ

pandemonium |ˌpændɪˈməʊnɪəm| *noun խոսակցական* դժոխային խառնաշփոթություն; դժոխք; բաբելոնյան աշտարակաշինություն

pander |ˈpændə| **1** *verb* 1) կավատություն անել 2) մեկին վատ բանի խրախուսել **2** *noun հնացած* 1) միջնորդ 2) կավատ

pandowdy |pænˈdaʊdi| *noun* (հոգն. **-dies**) *ամերիկյան խոհանոց* խնձորի պուդինգ

p. & p. *abbreviation* postage and packaging փոստային փոխադրում և փաթեթավորում

pane |peɪn| *noun* 1) լուսամուտի ապակի 2) պատի տախտակադրվագ 3) նիստ; երեսակ; թրաշ *(աղամանդի, մանեկի)* 4) նամականիշների թերթ

panegyric |ˌpænɪˈdʒɪrɪk| **1** *noun* գովասանական ճառ; ներբող; գովք; գովեստ; գովասանք **2** *adjective* գովասանական; գովքի

panel |ˈpæn(ə)l| **1** *noun* 1) տախտակադրվագ; միջատախտակ; լողաթ *(դռան)* 2) բարակ տախտակ; մեծանկար 3) մեծ չափի լուսանկար 4) *էլեկտրականություն* բաշխատախտակ; բաշխման վահանակ 5) խորհուրդ; մասնագիտական խումբ **2** *verb* (**-eled**, **-eling**; բրիտ. **-elled**, **-elling**) 1) տախտակադրվագել 2) հագուստը այլ գույնի կտորով զարդարել 3) երդվյալ ատենակալներ ընտրել

panel discussion կլոր սեղան; խմբային քննարկում

paneling |ˈpæn(ə)lɪŋ| (*բրիտանական* **panelling**) *noun* տախտակադրվագում; տախտակադրվագ

panful *noun* մի թավա; մի լիքը թավա

pang |pæŋ| *noun* 1) սուր ցավ 2) խայթ; խայթոց *(խղճի)*

panhandle |ˈpænhænd(ə)l| **1** *noun* 1) թավայի/կաթսայիկի կոթ; բռնակ 2) տարածքի նեղ դուրս ցցված մասը **2** *verb* *խոսակցական* մուրացկանություն անել *(փողոցում)*

Panhandle State Թավայի կոթի նահանգ *(Արևմտյան Վիրջինիայի մականունը)*

panic[1] |ˈpænɪk| **1** *noun* խուճապ; հանկարծական սարսափ; պանիկա ◊ **seized by panic** սարսափով/ահով բռնված; խուճապի մատնված **2** *verb* (**-icked**, **-icking**) 1) խուճապ առաջացնել 2) հանդիսատեսներին լարված վիճակում պահել; հիացմունք առաջացնել **3** *adjective* խուճապային; խուճապահար

panic[2] |ˈpænɪk| (նաև **panic grass**) *noun* կորեկանման բույս

panicky *adjective* խուճապահար; վախեցած

panic-stricken (նաև **panic-struck**) *adjective* խուճապահար; սարսափահար

panne |pæn| (նաև **panne velvet**) *noun* նրբաթավիշ *(գործվածք)*

pannier |ˈpænɪə| *noun* քթոց; կողով

pannikin |ˈpænɪkɪn| *noun* թաս; թասիկ; թիթեղյա գավաթ

panoplied *adjective* լիակատար սպառազինությամբ; լրիվ սպառազինված

panoply |ˈpænəpli| *noun* 1) զենք ու զրահ; սպառազինություն 2) հրաշալի հավաքածու 3) հիանալի ցուցադրություն

panorama |pænəˈrɑːmə| *noun* համապատկեր; համայնապատկեր

panoramic |-ˈræmɪk| *adjective* համատեսարանային

panpipes *plural noun* *երաժշտություն* սրինգ

pansy |ˈpænzi| *noun* 1) *բուսաբանություն* եռագույն մանուշակ; զառ-մանուշակ *(Viola, ընտանիք Violaceae)* 2) *խոսակցական* համասեռամոլ մարդ

pant |pænt| **1** *verb* 1) հևալ; ծանր շնչել 2) փնչացնել; հևալ 3) ուժեղ խփել/բաբախել; տրոփել *(սրտի մասին)* 4) խիստ ցանկանալ *(մի բան)* 5) շնչասպառ/շնչահեղձ լինելով խոսել; միանգամից ասել; մի շնչով բերանից դուրս տալ **2** *noun* 1) ծանր շնչառություն; հևք 2) փնչոց; հևոց 3) խփոց; թրթռոց *(սրտի)*

pantalets |pæntəˈlɛts| (նաև **pantalettes**) *plural noun* կանացի/երեխայի կիսավարտիք

pantaloon |pæntəˈluːn| *noun* 1) նեղ շալվար; հեծելաշալվար; գործած շալվար 2) *ամերիկյան* շալվար; անդրավարտիք

panther |ˈpænθə| *noun* *կենդանաբանություն* 1) հովազ; հովազառյուծ 2) *ամերիկյան* կուգուար; ամերիկյան կատվառյուծ 3) ընձառյուծ

panties |ˈpæntɪz| *plural noun* *խոսակցական* մանկական/կանացի կիսավարտիք

pantile |ˈpæntʌɪl| *noun* հոլանդական կղմինդր

pantomime |ˈpæntəmʌɪm| **1** *noun* *թատրոն* մնջախաղ; մնջկատակություն; մնջկատակ **2** *verb* մնջախաղով արտահայտել

pantry |ˈpæntri| *noun* (հոգն. **-tries**) 1) մառան; մթերանոց 2) բուֆետի սենյակ *(որտեղ պահում են սեղանի համար անհրաժեշտ սպասքեղենը)*

pants |pæn(t)s| *plural noun* 1) վարտիք; փոխան *(տղամարդու)* 2) *ամերիկյան խոսակցական* շալվար; անդրավարտիք 3) *բրիտանական* աղբ; թափելու բան

pantyhose |ˈpæntɪhəʊz| *plural noun* զուգագուլպա

panzer |ˈpænzə| *adjective* զրահատանկային

pap[1] |pæp| *noun* *արհամարհական* ջրիկ շիլա

pap[2] |pæp| *noun* *հնացված բարբառային* պտուկ *(կանացի կրծքի)*

papa |pəˈpɑː|, |ˈpɑːpə| *noun* հայրիկ

papaya |pəˈpʌɪə| *noun* *բուսաբանություն* 1) պապայա; բուխտակ 2) պապայայի ծառ; բուխտակենի *(Carica papaya, ընտանիք Caricaceae)*

paper |ˈpeɪpə| **1** *noun* 1) թուղթ 2) լրագիր; թերթ 3) (**papers**) փաստաթուղթ; անձնական փաստաթղթեր 4) գիտական զեկուցում; հոդված; թեզ 5) *հավաքական* մուրհակներ; թղթադրամ; արժեթղթեր 6) պաստառ 7) ձրի տոմս 8) քննական հարցատոմս **2** *verb* 1) թղթի վրա գրել 2) թղթի մեջ փաթաթել 3) թղթել; պաստառել

commit to paper գրառել; թղթին հանձնել; գրի առնել

litmus paper լակմուսի թուղթ

on paper թղթի վրա; տեսականորեն; ոչ գործնական

send in one's paper պաշտոնաթող լինել; հրաժարական տալ

white paper «սպիտակ գիրք» *(անգլիական կառավարության պաշտոնական հրատարակություն)*

paperback |ˈpeɪpəbæk| **1** *adjective* թղթակազմ; փափուկ/ճկուն կազմով *(գրքի մասին)* **2**

noun փափուկ կազմով գիրք; թղթակազմ գիրք

paperboy *noun* թերթավաճառ տղա

papergirl *noun* թերթավաճառ աղջիկ

paperhanger |ˈpeɪpəhæŋgə| *noun* պաստառագործ; պատերին պաստառ քաշող վարպետ

paper knife |ˈpeɪpənʌɪf| *noun* (հոգն. **paper knives**) թղթահատ/թերթահատ դանակ

paper mill *noun* թղթի գործարան

papery |ˈpeɪp(ə)ri| *adjective* թղթի հաստության; շատ բարակ

papier mâché |ˈmæʃeɪ| *noun* թղթազանգված

papoose |pəˈpuːs| *noun* 1) հնդկացի երեխա 2) երեխային գրկելու պարկ

paprika |ˈpæprɪkə|, |pəˈpriːkə| *noun* 1) կարմիր պղպեղ 2) կարմրանարնջագույն

Papuan |ˈpæpʊən|, |ˈpæpwən| **1** *noun* պապուաս **2** *adjective* պապուասական; պապուասների

Papua New Guinea Պապուա Նոր Գվինեա *(պետություն Խաղաղ օվկիանոսի հարավ արևմուտքում)*

papyrus |pəˈpʌɪrəs| *noun* (հոգն. **-pyri** |-rʌɪ|, |-riː| կամ **-pyruses**) պապիրուս; պրտու

par¹ |pɑː| *noun* 1) հավասարություն 2) անվանական գին 3) նորմալ քանակ/որակ/վիճակ 4) չափանիշ 5) նախնական արժեք *(բաժնետոմսերի)*

below/under par 1) անվանական նշից ցածր, արժեքից ցածր 2) *փոխաբերական* միջակից ցածր; ոչ լավ

on a par մոտավորապես; միջին հաշվով

on a par with հավասարապես; հավասար հիմունքներով; նույն մակարդակի վրա

par² |pɑː| *noun խոսակցական* (**a paragraph**) պարբերություն; պարագրաֆ

par. (նաև **para.**) *abbreviation* paragraph պարբերություն; պարագրաֆ

parable |ˈpærəb(ə)l| *noun* առակ; այլաբանություն

parabola |pəˈræb(ə)lə| *noun* (հոգն. **-las** կամ **-lae** |-liː|) *մաթեմատիկա* պարաբոլա; զուգորդ

parabolic |ˌpærəˈbɒlɪk| *adjective* 1) այլաբանական; փոխաբերական 2) *մաթեմատիկա* պարաբոլական

parachute |ˈpærəʃuːt| **1** *noun* անկարգել; պարաշյուտ **2** *verb* 1) անկարգելով իջնել 2) անկարգելով իջեցնել

parachutist |ˈpærəʃuːtɪst| *noun* անկարգելավոր; պարաշյուտիստ

parade |pəˈreɪd| **1** *noun* 1) ամերիկյան հանդիսավոր երթ; շքերթ 2) զորահանդես 3) զինավարժության հրապարակ; վարժահրապարակ 4) ցույց; ցուցադրում 5) զբոսավայր 6) զբոսնող հասարակություն **2** *verb* 1) *ռազմական* շարժել; քայլել; երթաքայլել; համաքայլել 2) ի ցույց հանել; ցուցադրել 3) զբոսնել

make a parade of sth ի ցույց հանել; ցուցադրել; պարծենալ; ցուցամոլություն անել; շքահանդես սարքել

parade ground *noun* զինավարժության հրապարակ; վարժահրապարակ

paradigm |ˈpærədʌɪm| *noun* 1) *քերականություն* հարացույց; մշտանմուշ 2) նմուշ; օրինակ

paradise |ˈpærədʌɪs| *noun* 1) դրախտ; արքայություն 2) *բառոյին* վերնասրահ; պատշգամբ; զալյորկա

fool's paradise անիրական/երևակայական աշխարհ; ցնորական/խաբուսիկ երջանկություն

live in a fool's paradise անձնատուր լինել պատրանքներին; ապրել պատրանքների աշխարհում; լինել երջանիկ՝ անգիտության մեջ; հաճույք վայելել խաբուսիկ երջանկությունից; օդի մեջ սավառնել

paradox |ˈpærədɒks| *noun* տարամտություն; ճշմարտազանցություն; հարակարծություն; պարադոքս

paradoxical |pærəˈdɒksɪk(ə)l| *adjective* տարամտային; պարադոքսային; ճշմարտազանցական

paradoxically *adverb* տարամտորեն; պարադոքսային կերպով

paraffin |ˈpærəfɪn| **1** *noun* (նաև **paraffin wax**) պարաֆին; մոմանյութ **2** *verb* պարաֆինով պատել/տոգորել/ծծեցնել

paragon |ˈpærəg(ə)n| *noun* 1) օրինակ; տիպար; կատարելատիպ 2) խոշոր ադամանդ *(100 կարատից ավելի քաշով)*

paragraph |ˈpærəgrɑːf| **1** *noun* 1) հատված; պարբերություն 2) լրագրային փոքրիկ հոդված **2** *verb* 1) հատվածների/պարբերությունների բաժանել 2) լրագրային փոքրիկ հոդված գրել/տպագրել

Paraguay |ˈpærəgwʌɪ|, |pæræˈɣwæj| Պարագվայ *(պետություն Հարավային Ամերիկայում)*

Paraguay River Պարագվայ *(գետ Հարավային Ամերիկային)*

paralegal |pærəˈliːg(ə)l| **1** *noun* փաստաբանի օգնական **2** *adjective* փաստաբանի օգնականի

parallel |ˈpærəlel| **1** *adjective* 1) զուգահեռ 2) զուգահեռական 3) նման; նույնօրինակ; համանման **2** *noun* 1) զուգահեռական 2) զուգահեռ գիծ; զուգահեռագիծ 3) համապատասխանություն; համանմանություն; զուգահեռ 4) *էլեկտրականություն* զուգահեռ միացում 5) *տպագրություն* # նշանը **3** *verb* (**-leled**, **-leling**) 1) զուգահեռ անցկացնել; համեմատել 2) համապատասխանել 3) *էլեկտրականություն* զուգահեռ միացնել

draw a parallel between համեմատել; զուգահեռ անցկացնել

parallel bars *plural noun մարզական* զուգափայտ

parallelogram |ˌpærəˈlɛləgræm| *noun երկրաչափություն* զուգահեռագիծ

paralysis |pəˈrælɪsɪs| *noun* (հոգն. **-ses** |-siːz|) կաթված; անդամալուծություն

paralytic |pærəˈlɪtɪk| **1** *adjective* կաթվածահար; անդամալույծ **2** *noun* կաթվածահար; անդամալույծ *(մարդ)*

paralyze |ˈpærəlʌɪz| (բրիտանական **paralyse**) *verb* անդամալուծել; կաթվածահար անել; կաթվածի ենթարկել

Paramaribo |ˌpærəˈmærɪbəʊ| Պարամարիբո *(Սուրինամի մայրաքաղաքը)*

paramedic |ˌpærəˈmɛdɪk| *noun* շտապ օգնության աշխատակից *(բայց ոչ բժիշկ)*

parameter |pəˈræmɪtə| *noun տեխնիկական* հարաչափ; բնութագիր; պարամետր

paramilitary |ˌpærəˈmɪlɪt(ə)ri| **1** *adjective* կիսառազմականացված **2** *noun* (հոգն. **-taries**) կիսառազմականացված կազմակերպության անդամ

paramount |ˈpærəmaʊnt| *adjective* գերագույն; բարձրագույն; կարևորագույն; առաջնակարգ; գլխավոր; հիմնական

paramour |ˈpærəmʊə| *noun* սիրեկան; սիրուհի *(հատկապես ամուսնացած մարդու)*

Paraná |ˌpærəˈnɑː| Պարանա *(գետ Հարավային Ամերիկայում)*

paranoia |ˌpærəˈnɔɪə| *noun* խելագարություն; խելացնորություն

parapet |ˈpærəpɪt| *noun* 1) ցածրիկ եզրապատ; ճաղաշար *(տանիքի, կամրջի, գետափի)* 2) *ռազմական* հողապատնեշ; պատվար *(գնդակներից պաշտպանվելու համար)*

paraph |ˈpæræf| **1** *noun* հավելազարդ *(ստորագրության)* **2** *verb* նախաստորագրել; նախնական ստորագրություն դնել *(անվան և ազգանվան սկզբնատառերով)*

paraphrase |ˈpærəfreɪz| **1** *verb* վերապատմել; ուրիշի միտքն այլ խոսքերով արտահայտել; բառափոխ կատարել **2** *noun* վերապատմում; վերապատմելը; փոխադրություն; բառափոխում; այլ խոսքերով ասելը; շրջասություն

parasite |ˈpærəsʌɪt| *noun* 1) *փոխաբերական* մակաբույծ; պարազիտ; ձրիակեր; պորտաբույծ 2) *փոխաբերական* ձրիակեր; պորտաբույծ

parasitic *adjective* 1) պարազիտական; մակաբուծական 2) *փոխաբերական* պորտաբուծական; ձրիակերական

parasol |ˈpærəsɒl| *noun* հովանոց

parataxis |ˌpærəˈtæksɪs| *noun քերականություն* անշաղկապ համադասություն

parathyroid |pærəˈθʌɪrɔɪd| **1** *noun կազմախոսություն բժշկություն* վահանագեղձ; վահանաձև գեղձ **2** *adjective* վահանանման; վահանաձև

paratrooper |ˈpærətruːpə| *noun ռազմական* անկարգելավոր-դեսանտավոր; պարաշյուտիստ-դեսանտավոր

paratroops |ˈpærətruːps| *plural noun* պարաշյուտավոր զորքեր/զորամասեր; անկարգելավոր զորքեր

paratyphoid |pærəˈtʌɪfɔɪd| **1** *noun բժշկություն* պարատիֆ; տիֆանման հիվանդություն **2** *adjective* տիֆանման

parcel |ˈpɑːs(ə)l| **1** *noun* 1) ծրար; ծրարոց 2) ծանրոց; ապրանքի որոշ քանակություն; մասնակ 3) փաթեթ; կապոց 4) հողամաս 5) մարդկանց խումբ; իրերի կույտ **2** *verb* (**-celed**, **-celing**; բրիտ. **-celled**, **-celling**) 1) մասերի բաժանել; կտորակել 2) փաթեթ անել; ծրարել; կապոց անել

◇ **parcel something out** բաժանել մասերի և ուղարկել

parch |pɑːtʃ| *verb* 1) չորացնել; ցամաքեցնել 2) չորանալ; ցամաքել 3) խանձել; այրել; վառել *(արևի մասին)*

parched |pɑːtʃt| *adjective* 1) խանձված; այրված; չորացած; ցամաքած 2) *խոսակցական* ծարավ; պապակած 3) թեթևակի խորոված

parchment |ˈpɑːtʃm(ə)nt| *noun* 1) մագաղաթ 2) մագաղաթե հին ձեռագիր; մագաղաթի վրա գրված ձեռագիր 3) մագաղաթյա/մագաղաթանման թուղթ

pard |pɑːd| *noun հնացած բանաստեղծական* (**leopard**) ընձառյուծ

pardon |ˈpɑːd(ə)n| **1** *noun* 1) ներում խնդրելը; ներողություն 2) *իրավունք* ներում; ներում շնորհելը ◇ **general pardon** համաներում 3) *պատմական* մեղսաթողություն *(Հռոմի պապի կողմից տրվող)* **2** *verb* 1) ներել ◇ **pardon me!** ներեցեք ինձ; ներողություն 2) ներել; ներում շնորհել **3** *exclamation* ներեցե՛ք; կրկնեք խնդրեմ

pardonable *adjective* ներելի

pardoner |ˈpɑːd(ə)nə| *noun պատմական* մեղսաթողություն վաճառող

pare |pɛː| *verb* 1) մաքրել; կլպել 2) կարճացնել 3) փոքրացնել; նվազեցնել

parent |ˈpɛːr(ə)nt| **1** *noun* 1) ծնող 2) նախահայր; նախնիք 3) աղբյուր; պատճառ *(բույս կամ կենդանի)* 4) *երկրաբանություն* մայր *(ապարի մասին)* **2** *verb* ծնող լինել; որպես ծնող հանդես գալ

parentage |ˈpɛːr(ə)ntɪdʒ| *noun* 1) ծագում; ազգակցություն 2) սկիզբ; աղբյուր

parental |pəˈrɛnt(ə)l| *adjective* ծնողական; հայրական; մայրական

parenthesis |pəˈrɛnθɪsɪs| *noun* (հոգն. **-ses** |-siːz|) 1) *քերականություն* միջանկյալ բառ/նախադասություն 2) կլոր փակագծեր *(( ))* 3) միջախաղ

parenthetic *adjective* 1) միջանկյալ; փակագծերի մեջ առնված 2) *փոխաբերական* իմիջիայլոց ասված; հարևանցի

Parent-Teacher Association (հպվ. **PTA**) *noun* ծնողական կոմիտե; ծնողկոմիտե

pariah |pəˈrʌɪə| *noun* 1) պարիա *(հարավային Հնդկաստանում «կաստաներից դուրս գտնվող» մարդ, սոցիալական և կրոնական բոլոր իրավունքներից զուրկ մարդ)* 2) մերժված/իրավազուրկ մարդ

parings |ˈpɛːrɪŋs| *plural noun* կտորտանք; կեղև; մնացորդներ

Paris |ˈpærɪs|, |pæʀi| Փարիզ *(Ֆրանսիայի մայրաքաղաքը)*

Paris² |ˈpærɪs| *հունական դիցաբանություն* Պարիս *(Տրոյական արքայազն, ըստ Հոմերոսի)*

parish |ˈpærɪʃ| *noun* 1) եկեղեցական ծուխ 2) շրջան; օկրուգ 3) ծխականներ; ծխական համայնքի անդամներ

on the parish չքավորության նպաստ ստացող

parishioner |pəˈrɪʃ(ə)nə| *noun* ծխական; ծխի անդամ

Parisian |pəˈrɪzɪən| **1** *adjective* փարիզյան;

Փարիզի **2** *noun* փարիզեցի; փարիզուհի

parity¹ |ˈpærɪti| *noun* 1) հավասարություն 2) համապատասխանություն; նմանություն 3) *տնտեսագիտություն* համարժեքություն *(տարբեր երկների արժույթների հարաբերակցությունը ոսկու գնահաշվով)* 4) *մաթեմատիկա* զույգություն

parity² |ˈpærɪti| *noun բժշկություն* 1) մայրություն 2) ծնած երեխաների քանակ

park |pɑːk| **1** *noun* 1) զբոսայգի; պուրակ; պարտեզ ◇ **national park** արգելոց; արգելավայր. **the Park** Հայդ-պարկ *(Լոնդոնում)* 2) կայան; հավաքակայան *(տրամվայի, ավտոբուսների)* 3) *ռազմական* շարժապահեստ; ռազմամթերապահեստ 4) *ամերիկյան* լեռնաբերձ հովիտ **2** *verb* 1) զբոսայգի գցել/շինել 2) հավաքակայանում կանգնեցնել *(մեքենաները)* ◇ **no parking, no parking allowed** մեքենաների կայանումն արգելված է 3) *ամերիկյան խոսակցական* թողնել 4) *ռազմական* շարժապահեստում կանգնեցնել/տեղավորել *(հրանոթները)*

parka |ˈpɑːkə| *noun* կնգուղով բաճկոն

parking *noun* 1) կայանատեղ; կայան 2) կայանում

parking lot *noun* կայանման տեղ

parking meter *noun* կայանաչափ

parking ticket *noun* տուգանման տոմս *(ավտոմեքենան սխալ կայանելու համար)*

Parkinson's disease |ˈpɑːkɪns(ə)nz| *noun բժշկություն* Պարկինսոնի հիվանդություն; ցնցումային կաթվածահարություն

Parkinson's law |ˈpɑːkɪns(ə)nz| Պարկինսոնի օրենքը

parkland |ˈpɑːklænd| *noun* անտառատափաստանային շրջան

parkway |ˈpɑːkweɪ| *noun ամերիկյան* ծառուղի; եզերքին ծառեր տնկած ճանապարհ

parky |ˈpɑːki| *adjective* (**parkier**, **parkiest**) *խոսակցական* ցուրտ; հով *(օդի մասին)*

parlance |ˈpɑːl(ə)ns| *noun* խոսելու/արտահայտվելու ձև; ոճ; լեզու ◇ **in common parlance** պարզ/հասարակ լեզվով. **in legal parlance** իրավաբանական լեզվով

parlay |ˈpɑːleɪ| **1** *verb* գրազ գալ; գրազ բռնել *(մրցության ժամանակ)* **2** *noun ամերիկյան* գրազ

parley |ˈpɑːli| **1** *noun* (հոգն. **-leys**) հանդիպում; բանակցություններ; կոնֆերանս *(պատերազմող կողմերի միջև)* **2** *verb* (**-leys**, **-leyed**) 1) բանակցություններ վարել; համաձայնություն տալ 2) արտահայտվել; խոսել *(օտար լեզվով)*

parliament |ˈpɑːləm(ə)nt| *noun* (**Parliament**) 1) խորհրդարան 2) խորհրդարանի գումարում

parliamentarian |ˌpɑːləm(ə)nˈtɛːrɪən|, |-mɛn-| **1** *noun* 1) խորհրդարանական; խորհրդարանի անդամ 2) *պատմական* պառլամենտի կողմնակից *(17-րդ դարում՝ քաղաքացիական կռվի ժամանակաշրջանում Անգլիայում)* **2** *adjective* խորհրդարանական

parliamentary |ˌpɑːləˈment(ə)ri| *adjective* 1) խորհրդարանական 2) հարգալից; քաղաքավարի

parlor |ˈpɑːlə| (բրիտանական **parlour**) **1** *noun* 1) հյուրասենյակ *(հին տներում)* 2) հանգստի սենյակ 3) ընդունարան *(հյուրանոցում)* 4) *ամերիկյան* սրահ; խանութ; կազմակերպություն *(որոշակի ապրանք վաճառող կամ ծառայություններ տրամադրող)* **2** *adjective* հնացած արհամարհական ոչ ակտիվ կողմնակից *(քաղաքական կուսակցության)*

parlormaid |ˈpɑːləmeɪd| *noun* պատմական սպասուհի; աղախին

parochial |pəˈrəʊkɪəl| *adjective* 1) ծխական 2) *փոխաբերական* տեղական; նեղ; սահմանափակ

parody |ˈpærədi| **1** *noun* (հոգն. **-dies**) ծաղրանմանություն; ծաղրերգություն **2** *verb* (**-dies**, **-died**) ծաղրերգել; ծաղրանմանակել

parole |pəˈrəʊl| **1** *noun* 1) պայմանական ազատ արձակում 2) ազնիվ խոսք; հանդիսավոր խոստում; պատերազմական գործողություններին չմասնակցելու խոստում **2** *verb* պատվո խոսք առնելով ազատ արձակել; պատերազմական գործողություններին չմասնակցելու խոստում առնելով արձակել

parolee |-ˈliː| *noun* պատվո խոսքով ազատ արձակված անձ

paroxysm |ˈpærəksɪz(ə)m| *noun* 1) հանկարծական նոպա; ախտաժամ; պարոքսիզմ 2) վիճակի հանկարծական վատթարացում

parquet |ˈpɑːki|, |ˈpɑːkeɪ| **1** *noun* 1) մանրատախտակ; մանրահատակ 2) *ամերիկյան թատրոն* պարտերի առաջին կարգերը **2** *verb* մանրահատակ խփել; մանրահատակել

parquetry |ˈpɑːkɪtri| *noun* հատակադրվագ; հատակազարդ

parricide |ˈpærɪsʌɪd| *noun* 1) հայրասպան; ծնողասպան 2) հայրենիքի դավաճան 3) հայրասպանություն; ծնողասպանություն 4) հայրենիքի դավաճանություն

parrot |ˈpærət| **1** *noun կենդանաբանություն* թութակ *(կարգ Psittaciformes)* **2** *verb* (**-roted**, **-roting**) թութակել; թութակի պես կրկնել; թութակություն անել

parry |ˈpæri| **1** *verb* (**-ries**, **-ried**) 1) ետ մղել; խափանել; կասեցնել *(հարվածը)* 2) խուսափողական պատասխան տալ **2** *noun* (հոգն. **-ries**) 1) *մարզական* ետմղում; ետ մղելը; խափանում; խափանելը; կասեցում; կասեցնելը *(հարվածի)* 2) խուսափողական պատասխան

parse |pɑːz| **1** *verb* 1) քերականական վերլուծություն կատարել; վերլուծել 2) *համակարգիչներ* վերլուծել; տրամաբանական վերլուծության ենթարկել **2** *noun համակարգիչներ* վերլուծություն; տրամաբանական վերլուծություն

parsimonious |ˌpɑːsɪˈməʊnɪəs| *adjective* 1) խնայող; տնտեսող 2) կծծի; ժլատ

parsimony |ˈpɑːsɪməni| *noun* 1) խնայողություն; տնտեսում 2) կծծիություն; ժլատություն

principle/law of parsimony խնայողության սկզբունք; պարզագույն ճանապարհի սկզբունք *(ըստ որի բնության մեջ իրողությունները կատարվում են հնարավոր ամենապարզ և խնայողական կերպով)*

parsley |ˈpɑːsli| *noun բուսաբանություն* մաղադանոս; կարոս; ազատքեղ *(Petroselinum crispum, ըն-*

տաճիք Umbelliferae)

parsnip |ˈpɑːsnɪp| *noun բուսաբանություն* վայրի ստեպղին/գազար *(Pastinaca sativa, ընտանիք Umbelliferae)*

parson |ˈpɑːs(ə)n| *noun* 1) *եկեղեցական* քահանա; փոխանորդ 2) հոգևորական *(հատկապես բողոքական)*

parsonage |ˈpɑːs(ə)nɪdʒ| *noun* քահանայի տուն *(հատկապես համայնքի կողմից տրամադրված)*

part |pɑːt| **1** *noun* 1) մաս ◊ **the better part** կեսից ավելի; մեծ մասը 2) մարմնի մաս; օրգան ◊ **the parts** սեռական օրգաններ 3) մաս *(գրքի)* 4) մասնակցություն; բաժին ◊ **have neither part nor lot in** մաս/բաժին չունենալ; ոչ մի ընդհանուր բան չունենալ *(որևէ բանի հետ)*. **bear/take part in** մասնակցել *(որևէ բանի)* 5) կողմ *(վեճի մեջ և այլն)* ◊ **For my part** ինչ վերաբերում է ինձ; իմ կողմից. **take the part of** մեկի կողմը պահել; մեկի կողմից լինել. **take part with** մեկի կողմից լինել; մեկի կարծիքը պաշտպանել 6) պարտականություն; գործ ◊ **I have done my part** ես իմ գործն արել եմ 7) դեր ◊ **act/play a part** դեր կատարել/խաղալ; ձևանալ 8) *երաժշտություն* պարտիա; դերերգ 9) (**parts**) տեղանք; վայր; երկիր ◊ **in these parts** այս կողմերում/երկրներում 10) *հնացած* (**parts**) ընդունակություններ ◊ **a man of parts** ընդունակ մարդ **2** *verb* 1) բաժանվել; անջատվել; մի կողմ քաշվել; ետ քաշվել *(ամբոխի մասին)* 2) բաժուկ/հերաբաժան/բախտ շինել 3) հրաժեշտ տալ; բաժանվել; անջատվել *(մեկից)* 4) մեկնել 5) մեռնել **3** *adverb* մասամբ; մասնակիորեն

take in bad part վիրավորվել; նեղանալ

partake |pɑːˈteɪk| *verb* (անցյալ **-took** |-ˈtʊk|; անցյալ դերբայ **-taken** |-ˈteɪk(ə)n|) *գրական անգլերեն* 1) (**partake in**) մասնակցել *(որևէ բանի)* 2) *խոսակցական* (**partake of**) ճաշակել; խմել; ուտել *(որևէ բան)* 3) (**partake of**) բնույթ ունենալ *(որևէ բանի)*

partaker *noun* մասնակից

parterre |pɑːˈtɛː| *noun* 1) ծաղկանոց 2) *թատրոն* պարտեր 3) *ամերիկյան* պարտերի վերջին կարգերը

Parthia |ˈpɑː θɪə| Պարթևաստան; Պարթևների երկիր *(հին թագավորություն, որը տեղադրված էր Կասպից ծովի հարավ-արևելքում)*

partial |ˈpɑːʃ(ə)l| **1** *adjective* 1) մասնակի; ոչ լրիվ; մասնավոր 2) ոչ անտարբեր; աչառու *(մի բանի նկատմամբ)* 3) աչառու; կողմնապահ; կողմնակալ **2** *noun երաժշտություն* ձայներանգ

partiality |pɑːʃɪˈælɪti| *noun* 1) աչառություն; կողմնապահություն; կողմնակալություն 2) բուռն հակում; տենչ; խիստ ցանկություն

partially *adverb* մասնակիորեն

participant |pɑːˈtɪsɪp(ə)nt| *noun* մասնակից; մասնակցող

participate |pɑːˈtɪsɪpeɪt| *verb* 1) (**paritcipate in**) մասնակցել; մասնակցություն ունենալ 2) (**participate in**) բաժանել *(ուրախությունը, աշխատանքը)*

participation |-ˈpeɪʃ(ə)n| *noun* մասնակցություն; մասնակից լինելը

participial |-ˈsɪpɪəl| *adjective քերականություն* դերբայական

participle |ˈpɑːtɪsɪp(ə)l| *noun քերականություն* ածական դերբայ ◊ **past participle** անցյալ դերբայ. **present participle** ներկա դերբայ

particle |ˈpɑːtɪk(ə)l| *noun* 1) մասնիկ 2) *քերականություն* բառ-մասնիկ; անփոփոխ մասնիկ; նախածանց; վերջածանց

parti-colored |ˈpɑːtɪkʌləd| (նաև **particolored**) *adjective* խայտաբղետ; բազմագույն

particular |pəˈtɪkjʊlə| **1** *adjective* 1) հատուկ; առանձին; առանձնահատուկ; մասնավոր 2) որոշակի; յուրահատուկ; հատուկ ուշադրության արժանի 3) բացառիկ; արտակարգ; մտերիմ; մոտ *(ընկերոջ մասին)* 4) մանրամասն; հանգամանալից 5) պահանջկոտ; բծախնդիր; դժվարահաճ *(ուտելիքի և այլնի հարցում)* 6) խնամքով; չափազանց զգույշ ◊ **be particular in one's speech** իր խոսքին խիստ հետևել; իր արտահայտություններում չափազանց զգույշ լինել **2** *noun* 1) մանրամասնություն ◊ **in particular** մասնավորապես; հատկապես; առանձնապես. **go into particulars** մանրամասնությունների մեջ ընկնել 2) (**particulars**) մանրամասն հաշվետվություն ◊ **give all the particulars** մանրամասն հաշվետվություն ներկայացնել 3) (**particulars**) հանգամանքներ; պարագաներ 4) *փիլիսոփայություն* մասնավորը *(ի հակադրություն ընդհանուրի)*

particularism |pəˈtɪkjʊlərɪz(ə)m| *noun* 1) հատուկ նվիրվածություն; անձնվիրություն 2) *քաղաքականություն* անջատողականություն 3) *աստվածաբանություն* ընտրյալություն

particularity |pəˌtɪkjʊˈlærɪti| *noun* (հոգն. **-ties**) 1) առանձնահատկություն; մանրամասնություն; հանգամանալիցություն 2) մեծ զգուշություն; ճշգրտություն 3) (**particularities**) մանրամասնություններ

particularize |pəˈtɪkjʊlərʌɪz| *verb գրական անգլերեն* 1) մանրամասնությունների մեջ ընկնել 2) մանրամասնել; մանրամասն նկարագրել

particularly |pəˈtɪkjʊləli| *adverb* 1) հատկապես; առանձնապես 2) մանրամասն; մանրամասնությամբ; մանրամասնորեն 3) մասնավորապես 4) խիստ; շատ

parting |ˈpɑːtɪŋ| **1** *noun* 1) բաժանում; անջատում; մեկնում 2) հրաժեշտ ◊ **at parting** հրաժեշտի ժամանակ 3) բաժանում; ճյուղավորում *(ճանապարհի)* 4) *բրիտանական* բաժուկ; հերաբաժան; բախտ 5) *փոխաբերական* մահ **2** *adjective* 1) հրաժեշտի 2) մեռնող; մահացող 3) մարող; հեռացող; մթնող *(օրվա մասին)* 4) բաժանվող; ճյուղավորվող *(ճանապարհի մասին)*

partisan |ˈpɑːtɪzæn|, |ˌpɑːtɪˈzæn| **1** *noun* 1) կողմնակից; համախոհ; հետևորդ 2) պարտիզան 3) *որոշչային* պարտիզանական **2** *adjective* կողմնակից; համախոհ

partisanship *noun* նվիրվածություն; անձնվիրություն; կողմնակցություն; կողմնակից լինելը; համախոհություն

partition |pɑːˈtɪʃ(ə)n| **1** *noun* 1) միջնապատ; միջնորմ 2) բաժանմունք; աչք *(սեղանի/դարակի/պահարանի մեջ և այլն)* 3) առանձին մասերի բաժանելը; մասնատում; բաժանում 4) *համակարգիչներ* առանձնամաս **2** *verb* բաժանել; մասնատել

partitive |ˈpɑːtɪtɪv| **1** *adjective քերականություն* մասնական ◇ **partitive genitive** մասնական սեռական **2** *noun քերականություն* մասնական բառ *(օրինակ՝ some, few, any)*

partly |ˈpɑːtli| *adverb* 1) մասամբ 2) որոշ չափով

partner |ˈpɑːtnə| **1** *noun* 1) մասնակից; ընկեր; գործակից 2) բաժնետեր ◇ **senior partner** ընկերության ավագը/գլխավորը 3) խաղընկեր; խաղակից; մարզընկեր 4) ամուսին; կին 5) զուգընկեր; զուգընկերուհի **2** *verb* ընկերակցել; գործընկեր լինել/դառնալ

partnership |ˈpɑːtnəʃɪp| *noun* 1) մասնակցություն; մասնակցելը; ընկերակցություն; ընկերակցելը ◇ **business partnership** գործընկերություն; գործարար ընկերակցություն 2) ընկերություն; բաժնետիրություն; երկու կամ ավելի մարդկանց պատկանող ձեռնարկ

part of speech *noun* խոսքի մաս

partridge |ˈpɑːtrɪdʒ| *noun* (հոգն. նույնը կամ **-tridges**) *կենդանաբանություն* կաքավ *(ընտանիք Phasianidae)*

part-time *adjective, adverb* ոչ լրիվ դրույքով *(աշխատանքի մասին)*

party¹ |ˈpɑːti| **1** *noun* (հոգն. **-ties**) 1) ընկերախումբ; խումբ; ընկերակցություն 2) ընդունելություն; երեկո; երեկույթ; հավաքույթ ◇ **dancing party** պարի երեկո. **dinner party** հացկերույթ; ճաշկերույթ; հրավերք. **stag party** ամուրիների երեկույթ 3) ջոկատ; զորախումբ 4) *իրավունք* կողմ 5) մասնակից 6) կուսակցություն **2** *verb* (**-ties**, **-tied**) *խոսակցական* զվարճանալ հավաքույթի ընթացքում

party² |ˈpɑːti| *adjective զինանշաններ* տարբեր երանգի մասերի բաժանված

party politics *plural noun* կուսակցության քաղաքականություն

Pasadena |ˌpæsəˈdiːnə| Փասադենա *(քաղաք Լոս Անջելեսի հյուսիս-արևելքում)*

pasha |ˈpæʃə| *noun* փաշա

pass¹ |pɑːs| **1** *verb* 1) անցնել; գնալ; շարժվել; թռչել 2) անցկացնել; բավարար գնահատական տալ *(քննվողին)* 3) կտրելով անցնել; վրայով անցնել; մի կողմից մյուսն անցնել; տեղափոխել 4) հանձնել *(քննություն)* 5) մի կողմից մյուսն անցկացնել 6) ընդունվել; քննությունը բռնել; պահանջները բավարարել ◇ **that won't pass** այդ չի անցնի; դա ոչ ոք չի ընդունի 7) անցնել *(ժամանակի մասին)* 8) անցկացնել *(ժամանակ)* 9) տալ; հանձնել 10) վերածվել; դառնալ; փոխվել; անցնել *(մի վիճակից մյուսը)* 11) տեղի ունենալ; պատահել 12) գերազանցել; սահմանը/չափն անցնել 13) ընդունել *(օրենք, որոշում)* 14) հանել; կայացնել *(որոշում, դատավճիռ)* 15) շրջանառության մեջ մտցնել 16) շրջանառության մեջ լինել 17) հեռանալ; անհայտանալ; վախճանվել; մոտենալ; մեռնել; մահանալ 18) չպահանջել; չնկատել; ուշադրություն չդարձնել 19) շարժում անել; ուղղություն ցույց տալ; նշան անել *(ձեռքով)* 20) փաս հայտարարել; փաս անել *(թղթախաղում)* • **pass away** վախճանվել; մեռնել; կորչել; անհայտանալ **pass by** կողքով անցնել; անուշադրության մատնել **pass by the name of** որևէ անունով հայտնի լինել **pass for** հայտնի լինել; համարվել; անուն/համբավ ունենալ **pass in** ներկայացնել *(չեք)* **pass in one's checks** մեռնել **pass into** վերածվել; փոխվել; դառնալ **pass off** i) աստիճանաբար անցնել *(զգացումների մասին)* ii) լավ անցնել *(միջոցառումների/իրադարձությունների մասին)* iii) անցնել; դադարել *(անձրևի/փոթորիկի մասին)* iv) ներկայացնել **pass on** առաջ անցնել; հաջորդին հանձնել; անցնել *(ուրիշ հարցի)* **pass on please!** առաջ անցեք; կանգ մի առեք **pass out** i) հաջող ավարտել *(դասընթացը)* ii) վաճառել; ծախել-վերջացնել *(ապրանքը)* iii) *ամերիկյան ծածկալեզու* գիտակցությունը կորցնել; մեռնել **pass over** i) չնկատել; ուշադրություն չդարձնել ii) մեռնել; վախճանվել iii) *քիմիա* թորվել; զտվել **pass round** i) մեկը մյուսին հանձնել ii) փաթաթել; շուրջն անցկացնել **pass through** i) ապրել *(ժամանակաշրջան)* ii) միջով անցկացնել; քամել; միջով անցկացնել iii) կրել *(դժվարություններ)* **2** *noun* 1) անցաթուղթ; անցագիր 2) ձրի տոմս 3) նավարկման ուղի; նավարկուղի 4) քննությունը «միջակով» հանձնելը ◇ **get/take a pass** «միջակ» ստանալ *(քննության ժամանակ)* 5) փաս *(խաղալուց հրաժարվելը թղթախաղի մեջ)* 6) տագնապալից դրություն ◇ **things have come to a pretty pass** գործերը վատ ընթացք են ստացել

bring to pass կատարել; իրագործել

come to pass պատահել; տեղի ունենալ

pass² |pɑːs| *noun* 1) անցաթուղթ; անցագիր 2) անցք; անցում 3) լեռնանցք 4) անցում *(ձկների համար՝ շրջանցելով ամբարտակը)*

passable |ˈpɑːsəb(ə)l| *adjective* 1) անցանելի; անցնելու հարմար 2) տանելի; հանդուրժելի; բավարար

passably *adverb* բավականաչափ; բավական լավ; կարգին; բավարար չափով

passage¹ |ˈpæsɪdʒ| **1** *noun* 1) անցում; անց; անցատեղ 2) ուղևորություն; երթաշրջան 3) չու *(թռչունների)* 4) միջանցք; անցատեղ; ճանապարհ; ուղի; ջրանցք 5) մուտք; ելք; մտնելու/անցնելու հնարավորություն; անցման իրավունք 6) ընթացք *(դեպքերի, ժամանակի)* 7) անցում; դառնալը; վերածում; վերածվելը 8) հաստատում; հաստատելը *(օրենքի)* 9) հատված *(գրքից)* 10) *բժշկություն* աղիների աշխատանք **2** *verb* |pæˈsɑːʒ| *բժշկություն կենսաբանություն* երթևեկել; կտրել անցնել *(ծովը, ջրանցքը և այլն)*

passage² |pæˈsɑːʒ| *noun* ձիու դեպի կողք շարժում

passageway |ˈpæsɪdʒweɪ| *noun* միջանցք; անցատեղ; անցուղի

passbook |ˈpɑːsbʊk| *noun* 1) բանկային հաշվեգրքույկ 2) պարտամատյան *(ապառիկ տրված ապրանքները գրանցելու համար)*

passenger |ˈpæsɪndʒə| *noun* 1) ուղևոր 2) ճամփորդ

passerby (նաև **passer-by**) *noun* (հոգն. **passersby**) անցորդ; անցվոր

passing |ˈpɑːsɪŋ| **1** *adjective* 1) անցողիկ; վաղանցիկ; արագ; կարճատև 2) թռուցիկ; հարևանցի; պատահական **2** *noun* 1) անցնելը *(հատկապես ժամանակի)* ◇ **in passing** հարևանցի կերպով; ի միջի այլոց 2) մահ; մեռնելը 3) ավարտ **3**

adverb *հնացած* չափազանց; շատ

passingly *adverb* հարևանցի կերպով; ի միջի այլոց

passion |ˈpæʃ(ə)n| *noun* 1) բուռն զգացմունք *(ուրախության, վշտի և այլնի)* 2) կիրք; խանդավառություն; ավյուն 3) սիրատենչանք; բուռն սեր 4) ցասման պոռթկում 5) (**the Passion**) Քրիստոսի չարչարանքները

passionate |ˈpæʃ(ə)nət| *adjective* 1) ջերմ; կրակոտ 2) կրքոտ; սիրատենչ; սիրավառ 3) դյուրագրգիռ; բռնկվող; անզուսպ

passionately *adverb* կրքոտ կերպով

passionflower (նաև **passion flower**) *noun բուսաբանություն* անվածաղիկ; չարչարանաց ծաղիկ *(արևադարձային փաթաթվող բույս. Passiflora, ընտանիք Passifloraceae)*

passionless *adjective* անկիրք; անվրդով; անխռով; հանգիստ; սառնասիրտ

passive |ˈpæsɪv| **1** *adjective* 1) պասսիվ; անտարբեր; անգործունյա 2) խոնարհ; հնազանդ; հլու 3) *քերականություն* կրավորական **2** *noun քերականություն* կրավորական սեռ

passport |ˈpɑːspɔːt| *noun* 1) անձնագիր 2) թույլատրություն; փաստաթուղթ

password |ˈpɑːswəːd| *noun* 1) գաղտնաբառ; նշանաբառ; պայմանաբառ 2) *համակարգիչներ* գաղտնաբառ

past |pɑːst| **1** *adjective* 1) անցյալ; անցած; անցած-գնացած 2) *քերականություն* անցյալ 3) նախկին **2** *noun* 1) անցյալ; անցածը 2) *քերականություն* անցյալ ժամանակի ձևը **3** *preposition* 1) անց; ավելի ◇ **he is past sixty** նա վաթսունն անց է. **past noon** կեսօրից ավելի; կեսօրն անց 2) այն կողմում; այն կողմը ◇ **the house is past the library** տունը գտնվում է գրադարանից այն կողմ 3) վեր ◇ **past the wit of man** մարդկային մտքի կարողությունից վեր **4** *adverb* մոտով; կողքով

pasta |ˈpæstə| *noun* *խոհանոց* մակարոնից պատրաստված ճաշ

paste |peɪst| **1** *noun* 1) խմոր *(կաթով, յուղով, ձվով հունցած)* 2) պաստեղ; հալվա 3) մածուկ; քսուք 4) սոսինձ; շրեշ; օսլայի խյուս 5) ապակենման զանգված **2** *verb* 1) սոսնձնել; փակցնել; կպցնել 2) *համակարգիչներ* տեղադրել

pasteboard |ˈpeɪs(t)bɔːd| *noun* ստվարաթուղթ; խավաքարտ

pastel |ˈpæst(ə)l| **1** *noun* 1) գունամատիտ 2) *բուսաբանություն* լրջաբույս; լրջուն *(ընտանիք Cruciferae)* 3) կապույտ ներկ *(լրջաբույսի)* **2** *adjective* նրբերանգային

pasteurize |ˈpɑːstʃərʌɪz|, |-stjə-|, |ˈpæs-| *verb* պաստերիզացնել; մասնակի ախտահանել; վարակազերծել

pastiche |pæˈstiːʃ| **1** *noun* 1) խառնարան 2) հավաքածու **2** *verb* կրկնել *(ոճը)*

pastime |ˈpɑːstʌɪm| *noun* հաճելի ժամանակ; զբոսանք; խաղ

pastiness *noun* կպչունություն; մածուցիկություն

pastor |ˈpɑːstə| **1** *noun* քահանա; հոգևոր հովիվ; երեց **2** *verb* քահանայություն/երիցություն անել

pastoral |ˈpɑːst(ə)r(ə)l| **1** *adjective* 1) հովվական; հովվի 2) հովվերգական **2** *noun գրականություն* հովվերգություն *(թատերական երկի տեսակ)*

pastorate |ˈpɑːst(ə)rət| *noun* 1) հովվություն; քահանայություն 2) *հավաքական* քահանաներ; հովիվներ

past participle *noun քերականություն* անցյալ ժամանակի դերբայ

past perfect **1** *adjective քերականություն* անցյալ կատարյալ **2** *noun* անցյալ կատարյալ ժամանակ

pastry |ˈpeɪstri| *noun* (հոգն. **-tries**) խմորեղեն

pasturage |ˈpɑːstʃərɪdʒ| *noun* 1) արոտավայր; արոտատեղ; արածելու խոտ; արոտ 2) արածեցում; արածեցնելը

pasture |ˈpɑːstʃə| **1** *noun* 1) արոտավայր; արոտատեղ 2) արածելու խոտ **2** *verb* 1) արածեցնել 2) արածել

pasty[1] |ˈpæsti| (նաև **pastie**) *noun* (հոգն. **pasties**) մսակարկանդակ

pasty[2] |ˈpeɪsti| *adjective* (**pastier**, **pastiest**) 1) խմորանման; կպչուն 2) ուռած և գունատ

pat[1] |pæt| **1** *verb* (**patted**, **patting**) 1) ափով թեթև խփել 2) շոյել 3) թփթփացնել; թեթև դոփել; ոտքը թեթև գետնին խփել **2** *noun* 1) թփթփացնելը 2) թրխկոց; թփթփոց 3) գունդ; կտոր *(կարագի և այլնի)*

pat[2] |pæt| **1** *adjective* պարզունակ; անհամոզիչ **2** *adverb* իսկ և իսկ; ճիշտ կետին; միանգամայն; համապատասխան ◇ **come pat** ճիշտ ժամանակին հասնել. **stand pat** *ամերիկյան* իր որոշման մեջ հաստատ մնալ; իր գիծն առաջ տանել

Patagonia |ˌpætəˈgəʊnɪə| Պատագոնիա *(տարածք Հարավային Ամերիկայում՝ Արգենտինայի և Չիլիի հարավում)*

patch |pætʃ| **1** *noun* 1) կարկատան 2) *համակարգիչներ* կարկատան ծրագիր *(փոքր ծրագրակազմ, որը լավացնում է հիմնական ծրագրի աշխատանքը)* 3) սպեղանի 4) ճանճախալ; արհեստական խալ *(երեսին դրվող)* 5) վիրակապ *(աչքի)* 6) կտոր *(լաթի, թղթի և այլնի)* 7) կտորտանք; ծվեն 8) հողակտոր; ոչ մեծ հողամաս 9) բիծ **2** *verb* կարկատել; նորոգել; կարկատան դնել ◇ **patch up** i) շտապ նորոգել; սարքել ii) հարթել *(վեճը)*

not a patch on ոչնչություն լինել որևէ բանի համեմատ; մեկի եղունգը չարժենալ

patchwork |ˈpætʃwəːk| *noun* 1) գույնզգույն կտորներից վերմակ/ծածկոց և այլն 2) խառնուրդ *(բազմազան բաների)*

patchy |ˈpætʃi| *adjective* (**patchier**, **patchiest**) 1) բծավոր 2) խայտաճամուկ; խայտաբղետ; այլազան; այլակողմ 3) կցկտուր; կիսատ-պռատ; հատուկտոր; դեսից-դենից *(գիտելիքների մասին)*

pate |peɪt| *noun հնավանդ կատակային* 1) գլուխ 2) գագաթ; կատար *(գլխի)* 3) խելք; խելքի տոպրակ

patella |pəˈtɛlə| *noun* (հոգն. **-lae** |-liː|) *կազմախոսություն* ծնկային թասակ

patentee |ˌpeɪt(ə)nˈtiː|, |ˌpæt-| *noun* արտոնատեր; արտոնագրի տեր

patent leather *adjective* լաքած կաշվից

paternal |pəˈtəːn(ə)l| *adjective* 1) հայրական; հոր 2) հոր կողմից ազգակից

paternalism |pəˈtəːn(ə)lɪz(ə)m| *noun* հայրական խնամակալություն

paternity |pəˈtəːnɪti| *noun* 1) հայրություն 2) ծագումը հոր կողմից

path |pɑːθ| *noun* (հոգն. **paths** |pɑːðz|) 1) արահետ; շավիղ; կածան 2) վազքուղի 3) ուղի; ճանապարհ ◊ **cross one's path** մեկի ճանապարհին կանգնել; մեկին խոչընդոտել 4) վարքագիծ; վարք

pathetic |pəˈθɛtɪk| *adjective* 1) սրտաշարժ; սրտառուչ; սրտաճմլիկ; հուզիչ 2) *հնավանդ* հուզական

pathetically *adjective* սրտառուչ; հուզական

pathetic fallacy *noun* բնության առարկաներին մարդկային զգացմունքներ վերագրելը

pathfinder |ˈpɑːθfʌɪndə| *noun* 1) հետախույզ 2) փորձնական ծրագիր; կանխատեսում

pathless *adjective* 1) անճանապարհ; ճանապարհազուրկ 2) չտրորված; անկոխ; չհարթված *(ճանապարհի մասին)* 3) չուսումնասիրված

patho- |ˈpæθəʊ| *combining form* ախտա-

pathogen |ˈpæθədʒ(ə)n| *noun բժշկություն* ախտածին մանրէ

pathological |pæθəˈlɒdʒɪk(ə)l| (նաև **pathologic**) *adjective* 1) ախտաբանական 2) *խոսակցական* հիվանդագին

pathologically *adverb* ախտաբանորեն; հիվանդագին կերպով

pathologist *noun* 1) ախտաբան 2) դատաբժշկական փորձագետ

pathology |pəˈθɒlədʒi| *noun* 1) ախտաբանություն 2) *բժշկություն* ախտավիճակ

pathos |ˈpeɪθɒs| *noun* 1) պաթոս; ներշնչանք 2) տխրություն/թախիծ/կարեկցություն առաջացնող բան

pathway |ˈpɑːθweɪ| *noun* 1) արահետ; շավիղ; կածան; ճանապարհ; ուղի 2) *բնախոսություն* անցուղի *(նյարդային իմպուլսների)*

patience |ˈpeɪʃ(ə)ns| *noun* 1) համբերություն ◊ **I am out of patience with him** նա ինձ համբերությունից հանել է 2) համբերատարություն; հաստատամտություն; հաստատակամություն 3) *բրիտանական* պասյանս *(թղթախաղի տեսակ)*

patient |ˈpeɪʃ(ə)nt| **1** *adjective* 1) համբերող; համբերատար 2) համառ; հաստատակամ 3) հնարավորություն/հիմք տվող ◊ **the facts are patient of various interpretations** փաստերը տարբեր մեկնաբանությունների հնարավորություն են տալիս **2** *noun* բուժվող հիվանդ

patio |ˈpætɪəʊ| *noun* (հոգն. **-os**) ներսի բակ; ներքնագավիթ

Patmos |ˈpætmɒs| Պատմոս *(կղզի Էգեյան ծովում)*

patriarch |ˈpeɪtrɪɑːk| *noun* 1) *եկեղեցական* հայրապետ; պատրիարք; հովվապետ 2) ցեղապետ; նահապետ; տոհմապետ; ազգապետ; գերդաստանի պետ; ընտանիքի գլխավորը 3) նախահայր; նախապապ; հիմնադիր

patriarchal |ˈpeɪtrɪˌɑːk(ə)l| *adjective* 1) նահապետական 2) պատրիարքական; հայրապետական

patriarchy |ˈpeɪtrɪɑːki| *noun* (հոգն. **-archies**) 1) պատրիարքություն; հայրապետություն 2) հայրիշխանություն 3) հայրիշխանական հասարակություն

patrician |pəˈtrɪʃ(ə)n| **1** *noun* 1) ազնվական; արիստոկրատ 2) *պատմական* պատրիկ **2** *adjective* 1) արիստոկրատական 2) պատրիկական; պատրիկի

patricide |ˈpætrɪsʌɪd| *noun* 1) հայրասպանություն 2) հայրասպան

patrimony |ˈpætrɪməni| *noun* (հոգն. **-nies**) 1) տոհմական կալվածք; հայրենական կալվածք 2) ժառանգություն 3) պատմական կալվածք

patriot |ˈpætrɪət|, |ˈpeɪt-| *noun* հայրենասեր; ազգասեր

patriotic |pætrɪˈɒtɪk|, |peɪt-| *adjective* հայրենասիրական

patriotism *noun* հայրենասիրություն; ազգասիրություն

patrol |pəˈtrəʊl| **1** *noun* 1) *ռազմական* պարեկ; պահակախումբ; զինված պահակախումբ; դետք; հեծյալ պարեկ/պահակախումբ 2) պարեկություն; պահպանություն ◊ **on patrol** պարեկություն անելիս; դետքում; դետքի ծառայության մեջ **2** *verb* (**-trolled**, **-trolling**) 1) պարեկել; պարեկություն անել 2) շրջագայել; հսկողական շրջագայություն կատարել

patrolman |pəˈtrəʊlmən| *noun* (հոգն. **-men**) *ամերիկյան* 1) ոստիկան 2) պարեկային; պահակախմբի անդամ; դիտակալ; դիտապահակ

patron |ˈpeɪtr(ə)n| *noun* 1) հովանավոր; պաշտպան; պատրոն 2) մշտական հաճախորդ/գնորդ 3) խնամակալ 4) պահապան/հովանավոր սուրբ

patronage |ˈpætr(ə)nɪdʒ|, |ˈpeɪt-| *noun* 1) հովանավորություն; պաշտպանություն 2) խնամակալություն 3) պաշտոնի նշանակելու իրավունք 4) ֆինանսական օգնություն *(մասնավոր հիմնարկներին/ձեռնարկություններին)* 5) հովանավորական տեսք/վերաբերմունք; վերից նայելը

patronize |ˈpætrənʌɪz| *verb* 1) հովանավորել; պաշտպանել; հովանավորություն ցույց տալ 2) ֆինանսական օգնություն ցույց տալ *(մասնավոր հիմնարկների/ձեռնարկների)* 3) հովանավորողի վերաբերմունք ցույց տալ; վերից նայել 4) հաճախակի այցելել *(որպես հաճախորդ)*

patron saint *noun* հովանավոր սուրբ

patronymic |ˌpætrəˈnɪmɪk| *noun* 1) հայրանուն 2) տոհմանուն 3) ազգանուն

patten |ˈpæt(ə)n| *noun պատմական* փայտյա սանդալ/կոշիկ

patter¹ |ˈpætə| **1** *verb* 1) թխթխկացնել; տկտկացնել *(կաթիլների մասին)* 2) թփթփացնել; կտկտացնելով քայլել *(երեխայի մասին)* **2** *noun* 1) անձրևի կաթիլների տկտկոց 2) թեթևակի թփթփոց

patter² |ˈpætə| **1** *noun* 1) արագախոսություն;

շուտախոսություն; արագ-արագ խոսք 2) ծածկալեզու; ժարգոն **2** *verb* արագ-արագ խոսել; բլբլացնել; շատախոսել; կարկտի պես վրա տալ

pattern |ˈpæt(ə)n| **1** *noun* 1) օրինակ; նմուշ 2) մոդել 3) ձևվածք; ձև *(ձևելու համար պատրաստած թղթե օրինակ)* 4) նկար; նախշանկար *(կտորի վրա և այլն)* 5) *ամերիկյան* կտոր; կտորն *(մի զգեստի համար)* 6) *տեխնիկական* կաղապար; ձև **2** *verb* 1) մեկի օրինակին հետևել 2) (**pattern on/after**) օրինակել; նմանեցնել; ըստ նմուշի պատրաստել 3) նախշանկարով զարդարել

patty |ˈpæti| *noun* (հոգն. **-ties**) փոքրիկ կարկանդակ; բլիթ; շոկոլադապատ կոնֆետ

Paul, St. *աստվածաշնչային* Պողոս առաքյալ; սուրբ Պողոս

paunch |pɔːn(t)ʃ| *noun* 1) փոր; որովայն *(մեծ, դուրս ընկած)* 2) գանձակ *(որոճողների առաջին ստամոքսը)* 3) *ծովային* փսիաթ; խսիր *(հարվածը մեղմելու համար)*

pauper |ˈpɔːpə| *noun* 1) աղքատ; մուրացկան 2) *պատմական* աղքատության նպաստառու

pause |pɔːz| **1** *noun* 1) դադար; կարճատև հանգիստ; ընդմիջում 2) շփոթություն; շփոթմունք 3) *գրականություն* ցեզուրա; դադար 4) *երաժշտություն* երկարանիշ; դադարանիշ; ֆերմատա **2** *verb* 1) կանգ առնել; դադար տալ 2) անվճռականության մեջ լինել; դանդաղել; հապաղել; վարանել ◇ **pause upon** մի բանի վրա կանգ առնել

give someone pause մտածմունքի/տատանումի/կամուկացի մեջ գցել մեկին

pave |peɪv| *verb* 1) սալարկել; քարել; տախտակել *(հատակը)* 2) փռել; ծածկել *(ծաղիկներով և այլն)* 3) հող նախապատրաստել *(որևէ բանի համար)*

pave the way for պայմաններ/հող նախապատրաստել

pavement |ˈpeɪvm(ə)nt| *noun* 1) մայթ; մայթուղի 2) խճանկարավոր հատակ 3) *ամերիկյան* սալարկ; սալահատակ 4) սալարկելու նյութ

pavilion |pəˈvɪljən| **1** *noun* 1) տաղավար 2) վրան; ծածկ 3) հիվանդանոցային բարաք **2** *verb* տաղավար սարքել; վրան խփել

paving |ˈpeɪvɪŋ| *noun* 1) սալարկ; սալահատակ 2) սալարկելու նյութ

paving stone *noun* սալաքար

paw |pɔː| **1** *noun* 1) թաթ 2) *խոսակցական* ձեռք **2** *verb* 1) թաթով դիպչել/ճանկել/խփել 2) սմբակով դոփել 3) *խոսակցական* ճանկել; կոպիտ բռնել/գրկել

pawn¹ |pɔːn| *noun* 1) *շախմատ* զինվոր 2) *փոխաբերական* աննշան մարդ *(որին ուրիշները օգտագործում են իրենց նպատակների համար)*

pawn² |pɔːn| **1** *verb* *փոխաբերական* գրավ դնել; որպես գրավական տալ; երաշխավորել **2** *noun* *հնացած* գրավ; գրավական ◇ **in pawn** գրավ դրած

pawn someone/someting off անցանկալի մարդուց/բանից ազատվել

pawnbroker |ˈpɔːnbrəʊkə| *noun* գրավատու; փոխատու; լոմբարդի տեր

pawnshop |ˈpɔːnʃɒp| *noun* գրավատուն; լոմբարդ

pax |pæks| *noun* *պատմական* 1) խաղաղություն; հաշտություն 2) խաչահամբույր; խաղաղության համբույր *(պատարագից հետո)*

pay¹ |peɪ| **1** *verb* (անցյալ **paid** |peɪd|) 1) վճարել 2) վարձատրել; վարձահատույց լինել; փոխհատուցել 3) վերադարձնել; վճարել *(գումարը)* 4) ծախսը հանել; շահավետ լինել; եկամուտ բերել *(արժեթղթերի մասին)* 5) մարել *(պարտքը)* 6) հատուցում կրել; մի բան կորցնել; մի բանից զրկվել *(որպես հետևանք որևէ բանի)* 7) ցույց տալ *(հարգանք)* 8) գնալ *(այցելության)* • **pay back** i) ետ վճարել; վերադարձնել *(դրամը)* ii) հատուցել; փոխհատուցել **pay down** կանխիկ վճարել **pay for** i) վճարել; փող տալ ii) տուժել; հատուցում կրել **pay in** իր ընթացիկ հաշվին դրամ մուծել/ավելացնել **pay off** i) հաշիվը փակել; լրիվ վճարել ii) ազատել; արձակել *(բանվորներին, նավաստիներին)* iii) վրեժխնդիր լինել; հաշիվը մաքրել; հատուցել **pay out** i) վճարել ii) *ծովային* արձակել *(ճոպանը)* **pay up** լրիվ վճարել; հաշիվը փակել **2** *noun* 1) աշխատավարձ; ռոճիկ ◇ **full pay** լրիվ դրույք. **half pay** կես դրույք. **in the pay of** մեկի մոտ ռոճիկով աշխատող; մեկի կողմից վարձված 2) նպաստ ◇ **strike pay** գործադուլավորին արհմիության կողմից տրվող նպաստ 3) վճարում; վարձ; վճար ◇ **back pay** աշխատավարձի վճարման ուշացում 4) հատուցում; փոխհատուցում

pay for a dead horse անտեղի վճարել

pay for one's whistle սեփական քմահաճույքի համար թանկ վճարել

pay² |peɪ| *verb* (անցյալ և անցյալ դերբայ **payed**) *ծովային* ձյութել; կպրել

payable |ˈpeɪəb(ə)l| **1** *adjective* 1) վճարելի; վճարման ենթակա 2) օգտավետ; շահավետ; եկամտաբեր **2** *noun* *հաշվապահություն* (**payables**) պարտավորություններ

payday *noun* 1) աշխատավարձի վճարման օր 2) *խոսակցական* վճար; շահում; աշխատավարձ

payee |peɪˈiː| *noun* փող ստացող անձ; չեք/մուրհակ ներկայացնող անձ

payer *noun* վճարորդ; վճարող անձ

paymaster |ˈpeɪmɑːstə| *noun* գանձապահ

payment |ˈpeɪm(ə)nt| *noun* 1) վճարում; վճար ◇ **cash payment** կանխիկ վճար 2) վարձատրություն; փոխհատուցում; հատուցում; պատիժ

payoff *noun* *ամերիկյան* 1) աշխատավարձի վճարում 2) աշխատավարձի վճարման ժամկետ 3) *խոսակցական* անսպասելի արդյունք 4) վերջնական արդյունք; եզրափակում

pay phone |ˈpeɪfəʊn| *noun* վճարովի հեռախոս

payroll |ˈpeɪrəʊl| *noun* 1) *ամերիկյան* վճարացուցակ 2) աշխատակիցներին վճարած ընդհանուր գումար

PC *abbreviation* 1) personal computer անհատական համակարգիչ 2) Police Constable ոստիկանական կոնստեբլ 3) politically correct քաղաքականորեն ճշգրիտ 4) Post Commander կայազորի պետ

PDA *noun* (**personal digital assistant**) ձեռքադիր համակարգիչ

PDF *noun* *համակարգիչներ* (**portable document format**) դյուրակիր փաստաթղթային ձևաչափ

PE *abbreviation* physical education ֆիզիկական դաստիարակություն

pea |pi:| *noun* 1) *բուսաբանություն* սիսեռ *(Pisum sativum, ընտանիք Leguminosae)* ◇ **split peas** կլպած սիսեռ. **sweet pea** հոտավետ սիսեռ/ոլոռ 2) սիսեռի հատիկ; սիսեռահատ ◇ **as like as two peas** ինչպես ջրի երկու կաթիլ

peace |pi:s| **1** *noun* 1) խաղաղություն; հաշտություն ◇ **at peace** հաշտ ու խաղաղ *(մեկի հետ).* **universal peace** ընդհանուր խաղաղություն; խաղաղություն ամբողջ աշխարհում. **ensure peace** խաղաղություն ապահովել. **preserve peace** խաղաղություն պահպանել. **struggle for peace** պայքարել հանուն խաղաղության. **make peace** հաշտություն կնքել; հաշտվել. **peace with honour** պատվավոր հաշտություն 2) հանգստություն; խաղաղություն; անդորրություն; կարգ ◇ **break the peace** կռիվ/վեճ սարքել; կարգը խանգարել. **keep the peace** հանգստություն/կարգ պահպանել. **make one's peace with** մեկի հետ հաշտվել. **leave me in peace** ինձ հանգիստ թողեք. **peace of mind** հոգու անդորրություն 3) լռություն; հանգիստ; հանդարտություն ◇ **hold one's peace** լռել **2** *exclamation* 1) դղջույ՜ն 2) լռությու՜ն

peaceable |ˈpi:səb(ə)l| *adjective* խաղաղ; խաղաղասեր

Peace Corps Խաղաղության Կորպուս

peaceful |ˈpi:sful|, |-f(ə)l| *adjective* 1) խաղաղ; հանդարտ; հանգիստ 2) խաղաղասեր *(անձի մասին)*

peacefully |ˈpi:sfuli| *adverb* խաղաղաբար; խաղաղասիրաբար

Peace Garden State Խաղաղ այգու նահանգ *(Հյուսիսային Դակոտա նահանգի մականունը)*

peacekeeping |ˈpi:ski:pɪŋ| *noun* խաղաղության պահպանում ◇ **peacekeeping forces** խաղաղապահ ուժեր

peacemaker |ˈpi:smeɪkə| *noun* խաղաղարար; հաշտարար

peacemaking *noun* խաղաղության հաստատում

peace pipe *noun* խաղաղության չիբուխ

peacetime |ˈpi:stʌɪm| *noun* խաղաղ ժամանակ

peach¹ |pi:tʃ| *noun* 1) դեղձ 2) *բուսաբանություն* դեղձի ծառ; դեղձենի *(Prunus persica, ընտանիք Rosaceae)* 3) *ամերիկյան խոսակցական* առաջնակարգ բան; գրավիչ անձ

peaches and cream 1) կաթնավուն մաշկով և վարդագույն այտերով *(մարդու մասին)* 2) լավ; բավարար

peach² |pi:tʃ| *verb խոսակցական* (**peach on**) մատնել; մատնություն անել; գաղտնի ամբաստանել

Peach State Դեղձի նահանգ *(Ջորջիա նահանգի մականունը)*

peachy *adjective* (**peachier**, **peachiest**) 1) դեղձանման 2) *խոսակցական* հիանալի; հրաշալի

peacock |ˈpi:kɒk| **1** *noun կենդանաբանություն* սիրամարգ; գմբրուխտահավ *(ընտանիք Pavo)* **2** *verb* երևակայել; փքվել; գոռոզանալ

peafowl |ˈpi:faʊl| *noun կենդանաբանություն* սիրամարգ; գմբրուխտահավ *(ընտանիք Pavo)*

peahen |ˈpi:hɛn| *noun կենդանաբանություն* էգ սիրամարգ/գմբրուխտահավ *(ընտանիք Pavo)*

pea jacket (նաև **peacoat**) *noun* ծովային նավաստու բրդյա բաճկոն

peak¹ |pi:k| **1** *noun* 1) սրածայր գագաթ; լեռնագագաթ 2) բարձրագույն կետ/աստիճան 3) հովար *(գլխարկի)* **2** *verb* բարձրագույն կետին հասնել; գագաթնակետին հասնել **3** *adjective* 1) բարձրագույն; գերագույն; ծայրագույն 2) լարված; սուր; զբաղված

peak² |pi:k| *verb հնացած* թուլանալ; հյուծվել; հալ ու մաշ լինել; ընկճվել ◇ **peak and pine** տանջվել; հալ ու մաշ լինել

peaked¹ |ˈpi:kt| *adjective* սրածայր; սրագագաթ

peaked² |pi:kd| (նաև **pekid**) *adjective* հյուծված; սրված *(դիմագծերի մասին)*

peal |pi:l| **1** *noun* 1) զանգերի ղողանջ; համաղողանջ 2) զանգերի կազմ/զուգադրություն 3) որոտ; ճայթյուն; ամպի գոռոց; պոռթկում *(ծիծաղի)* 4) թնդյուն; դղրդյուն; որոտ *(հրանոթների)* **2** *verb* 1) հնչել; ղողանջել; որոտալ 2) բոլոր զանգերը տալ 3) զանգերը տալով ազդարարել

peanut |ˈpi:nʌt| *noun* 1) *բուսաբանություն* գետնանուշ; արախիս *(Arachis hypogaea, ընտանիք Leguminosae)* 2) *խոսակցական* (**peanuts**) փոքր քանակություն *(հատկապես փողի)*

pear |pɛ:| *noun* 1) տանձ 2) *բուսաբանություն* տանձենի; տանձի ծառ *(Pyrus, ընտանիք Rosaceae)*

pearl |pə:l| **1** *noun* 1) մարգարիտ; մարգարտահատ 2) գոհար 3) սադափ 4) ցողի կաթիլներ; արցունք 5) հատիկ **2** *verb* 1) մարգարտով զարդարել 2) մարգարիտ որոնել/հանել 3) կաթիլներով դուրս տալ

cast/throw pearls before swine մարգարիտը խոզերի առաջ գցել

Venetian pearl արհեստական մարգարիտ

pearl barley *noun* գարեձավար

pearl diver *noun* մարգարիտ որոնող

pearly |ˈpə:li| *adjective* (**pearlier**, **pearliest**) 1) մարգարտյա 2) մարգարտապատ; մարգարտաշար 3) մարգարտանման

pearly whites ատամներ

peart |pɪət|, |pjə:t| *adjective բարբառային ամերիկյան* 1) աշխույժ; ուրախ 2) ճարպիկ

peasant |ˈpɛz(ə)nt| *noun* 1) գյուղացի; գեղջուկ 2) *փոխաբերական* միամիտ/ռոգետ մարդ

peasantry *noun* գյուղացիություն

pease |pi:z| *plural noun հնացած* սիսեռ

peat |pi:t| *noun* տորֆ; բուսածուխ; կիզակավ

peaty *adjective* տորֆային; կիզահողային; կիզակավային

pebble |ˈpɛb(ə)l| **1** *noun* 1) կոպիճ; հղկված գետաքար 2) լեռնային բյուրեղ; վանակն 3) ոսպնապակի; լինզա *(լեռնային բյուրեղից)* **2** *adjective խոսակցական* շատ ուռուցիկ *(ակնոցների ապակու մասին)* **3** *verb* խճել; խճապատել

peccant |ˈpɛk(ə)nt| *adjective հնացած* 1) մեղավոր; մեղսալից; մեղքերով լի 2) հիվանդագին 3) օրինախախտ; օրինազանց

Pechora |pɪ'tʃɔ:rə| Պեչորա *(գետ Ռուսաստանի հյուսիսում)*

peck¹ |pɛk| **1** *verb* 1) կտցահարել; կտուցով խփել 2) ծակել; փորել 3) *խոսակցական* (**peck at**) քիչ ուտել; ուտել ծտի չափ/պես 4) (**peck at**) քննադատել **2** *noun* 1) կտուցի հարված; կտցահարված 2) *կատակային* թեթև համբույր 3) *հնացած* ուտելիք 4) *ամերիկյան* թռուցիկ հայացք

peck² |pɛk| *noun* 1) քառորդ բուշել *(սորուն մարմինների չափ, 8,81 լիտր)* 2) մեծ քանակություն ◇ **a peck of troubles** բազմաթիվ անախորժություններ

pecker |'pɛkə| *noun գռեհկաբանություն* 1) քիթ; կտուց 2) քլունգ; բրիչ

keep your pecker up! *բրիտանական խոսակցական* գլուխդ բա՛րձր պահիր; պի՛նդ կաց; մի՛ ընկճվիր

peckish |'pɛkɪʃ| *adjective բրիտանական խոսակցական* սոված

pectoral |'pɛkt(ə)r(ə)l| **1** *adjective* 1) կրծքային 2) կրծքի; լանջի **2** *noun* 1) (**pectorals**) կրծքամկան 2) կրծքային լողակ 3) կրծքազարդ *(որ կրում էին հինկտակարանային քահանաները)*

peculiar |pɪ'kju:lɪə| **1** *adjective* 1) անսովոր; տարօրինակ; յուրահատուկ 2) հատկանշական; բնորոշ; հատուկ 3) անձնական; սեփական; անհատական **2** *noun* 1) յուրահատկություն; առանձնահատկություն 2) անձնական սեփականություն 3) *եկեղեցական* թեմին չենթարկվող ծուխ *(որը ենթարկվում է միապետին կամ արքեպիսկոպոսին)*

peculiarity |pɪˌkju:lɪ'ærɪti| *noun* (հոգն. **-ties**) 1) տարօրինակություն; յուրօրինակություն 2) առանձնահատկություն 3) անհատական/անձնական հատկանիշ 4) հատկանշական/բնորոշ գիծ

peculiarly |pɪ'kju:lɪəli| *adverb* 1) հատկապես; առանձնապես 2) տարօրինակաբար 3) անմիջականորեն

pecuniary |pɪ'kju:nɪəri| *adjective գրական անգլերեն* դրամական; փողային

pedagogic |ˌpɛdə'gɒgɪk|, |-'gɒdʒ-| *adjective* մանկավարժական

pedagogical *adjective* մանկավարժական

pedagogue |'pɛdəgɒg| *noun* 1) *արհամարհական* ուսուցիչ; վարժապետ; մանկավարժ 2) տնակեր/ձևապաշտ մարդ

pedagogy |'pɛdəgɒgi|, |-gɒdʒi| *noun* (հոգն. **-gies**) մանկավարժություն; ուսուցչություն

pedal¹ |'pɛd(ə)l| **1** *noun* 1) ոտնակ; ոտնեիհր 2) *երաժշտություն* ոտնակը նշող ձայնանիշ **2** *verb* (**pedaled**, **pedaling**; բրիտ. **pedalled**, **pedalling**) 1) ոտնակը սեղմել; ոտնակներով աշխատել 2) *խոսակցական* հեծանիվով գնալ

with a pedal to the metal արագացման/գազի ոտնակը մինչև վերջ սեղմած

pedal² |'pɛd(ə)l|, |'pi:-| *adjective բժշկություն կենդանաբանություն* ոտքային

pedant |'pɛd(ə)nt| *noun* 1) մանրախնդիր/բծախնդիր մարդ 2) *հնացած* դպրոցի ուսուցիչ

pedantic |pɪ'dæntɪk| *adjective* մանրախնդիր; մանրախույզ; մանրակրկիտ

pedantry *noun* պեդանտություն; մանրախուզություն; մանրախնդրություն; ճշտակատարություն

peddle |'pɛd(ə)l| *verb* 1) մանրավաճառություն անել; շրջելով ապրանք վաճառել; չարչիություն անել 2) մանրուքներով զբաղվել

peddler |'pɛdlə| (նաև **pedlar**) *noun* 1) շրջիկ մանրավաճառ 2) ապօրինի թմրադեղեր վաճառող

pedestal |'pɛdɪst(ə)l| *noun* 1) պատվանդան; դրոց; տակդիր 2) հիմք

pedestrian |pɪ'dɛstrɪən| **1** *noun* հետիոտն; ոտավոր; ոտքով գնացող մարդ **2** *adjective* 1) տխուր; ձանձրալի 2) հետիոտն; ոտքով գնացող; ոտավոր

pedestrian crossing *noun* հետիոտնային անցում

pedestrianize *verb* հետիոտնացնել; հետիոտն գոտու վերածել

pediatrics |ˌpi:dɪ'ætrɪks| (բրիտանական **paediatrics**) *plural noun* մանկաբուժություն

pedigree |'pɛdɪgri:| *noun* 1) տոհմաբանություն; տոհմագրություն; ծննդաբանություն; տոհմաբանական ծառ 2) ծագում; տոհմ; ազգ; ցեղ; տեսակ *(կենդանիների)* 3) ստուգաբանություն *(բառի)* 4) ազնվացեղ կենդանի

pedigreed *adjective* 1) ազնվացեղ; ցեղական; զտարյուն 2) ազնվատոհմ; տոհմիկ

pediment |'pɛdɪm(ə)nt| *noun ճարտարապետություն* վերնաճակատ; ճակտոն

pedlar |'pɛdlə| *noun* շրջիկ մանրավաճառ; չարչի

pedophile |'pi:də(ʊ)fʌɪl| (բրիտանական **paedophile**) *noun* մանկատարփ

pee |pi:| *խոսակցական* **1** *verb* (**pees**, **peed**, **peeing**) միզել **2** *noun* 1) միզում 2) մեզ

peek |pi:k| **1** *verb* գաղտագողի/արագ հայացք **2** *noun* հարևանցի/ծածուկ նայել

peel¹ |pi:l| **1** *verb* 1) կլպել; կճպել *(միրգը, բանջարեղենը)* 2) ճաքճքել; կաշին տալ; թեփը տալ; թեփոտվել; պլոկվել *(մաշկի մասին)* • **peel out** արագ հեռանալ; ծլկել **2** *noun* կեղև; կճեպ; կլեպ ◇ **candied peel** շաքարած մրգակեղև

peel² |pi:l| *noun* հացթուխի թիակ

peeler¹ |'pi:lə| *noun* կլպիչ; կլպիչ մեքենա

peeler² |'pi:lə| *noun բրիտանական հնացած խոսակցական* ոստիկան

peelings |'pi:lɪŋ| *plural noun* կլեպ; կճեպ; կեղև

peep¹ |pi:p| **1** *verb* 1) (**peep through**) փոքր անցքի միջով նայել; ծիկրակել 2) (**peep at**) արագ հայացք ձգել *(մի բանի վրա)* 3) երևալ; դուրս նայել *(արևի մասին)* 4) երևան գալ; հանդես գալ; դրսևորվել *(հատկանիշի մասին)* 5) (**peep out**) մի կերպ երևալ; հազիվ երևալ **2** *noun* 1) գաղտագողի հայացք 2) փայլ; փայլատակում 3) փոքրիկ անցք *(դիտելու համար)*

peep² |pi:p| **1** *noun* 1) ծվծվոց; ծլվլոց; ճռվողյուն 2) ծպտուն; ձայն; ճիկ **2** *verb* 1) ծվծվալ; ծլվլալ; ճլվլալ; ճռվողել 2) բարակ/սուր ձայնով խոսել

peeper¹ |'pi:pə| *noun* 1) լրտես; գաղտագողի դիտող 2) *խոսակցական* (**peepers**) աչք

peeper² |'pi:pə| (նաև **spring peeper**) *noun* կենդանաքանություն ծառագորտ *(Hyla crucifer, ընտանիք Hylidae)*

peephole |piːphəʊl| *noun* դիտանցք; դռնանցք

peer[1] |pɪə| *verb* 1) լավ դիտել; հայացքով զննել; ուշադրությամբ նայել 2) երևալ; դուրս նայել *(արևի մասին)* 3) հազիվ երևալ 4) *հնացած* հայտնվել; երևան գալ

peer[2] |pɪə| **1** *noun* 1) հավասարակից; հավասարը; զույգը ◇ **without peer** անզուգական 2) պեր; լորդ; լորդերի պալատի անդամ **2** *verb հնացած* 1) հավասարվել *(մեկի հետ)* 2) հավասար լինել *(մեկին)* 3) պերի տիտղոս շնորհել 4) պերի տիտղոս ստանալ

peerage |ˈpɪərɪdʒ| *noun* 1) պերի կոչում 2) պերերի դաս; բարձր ազնվականություն 3) պերերի տոհմամատյան

peer group *noun* հասակակիցներ

peer-to-peer *adjective* նման-առ-նման

peeve |piːv| *խոսակցական* **1** *verb* գրգռել; զայրացնել; ձանձրացնել **2** *noun* զայրացուցիչ/գրգռիչ հանգամանք ◇ **one's pet peeve** մեկի գավոտ տեղը

peevish |ˈpiːvɪʃ| *adjective* 1) զայրացած; չարացած 2) փնթփնթան; միշտ դժգոհ; կռվարար 3) անհաշտ; կռվարար; չհարմարվող

peg |pɛg| **1** *noun* ցից; սեպ **2** *verb* (**pegged**, **pegging**) 1) ցցով/սեպով ամրացնել 2) որոշակի մակարդակի վրա սևեռել *(գինը, տոկոսադրույքը և այլն)*

pegtop |ˈpɛgtɒp| **1** *noun* հոլ **2** *adjective հնացած* հոլի նման; վերևում լայն և ներքևում նեղ *(հագուստի մասին)*

Peking Պեկին *(Չինաստանի մայրաքաղաքը)*

pelargonium |ˌpɛləˈgəʊnɪəm| *noun բուսաբանություն* արագլախոտ; երեմ *(Pelargonium, ընտանիք Geraniaceae)*

pelf |pɛlf| *noun արհամարհական* փող; անարգ մետաղ *(հատկապես անազնիվ ճանապարհով ձեռք բերված)*

pelican |ˈpɛlɪk(ə)n| *noun կենդանաբանություն* հավալուսն; թռնձ; փորահավ *(Pelecanus, ընտանիք Pelecanidae)*

Pelican State Ջկնկուլի նահանգ *(Լուիզիանայի մականունը)*

pelisse |pɪˈliːs| *noun պատմական* 1) կանացի մորթե թիկնոց 2) մանկական վերարկու

pellet |ˈpɛlɪt| **1** *noun* 1) գնդիկ *(հացից, թղթից)* 2) դեղահատ; հաբ 3) գնդակ; կոտորակ **2** *verb* (**-leted**, **-leting**) 1) հատիկավորել 2) կոտորակի պես հարվածել

pell-mell |pɛlˈmɛl| **1** *adverb* անկարգ ձևով; խառնիխուռն; մի կերպ **2** *adjective* անկարգ; խառնաշփոթ **3** *noun* անկարգություն; խառնաշփոթություն; իրարանցում; շիլափլավ

pellucid |pɪˈluːsɪd|, |pɛ-|, |-ˈljuːsɪd| *adjective* 1) թափանցիկ; լուսավոր 2) պարզ; հասկանալի 3) զուլալ *(երաժշտության մասին)*

pelt[1] |pɛlt| **1** *verb* 1) նետել; շպրտել 2) ռազմական ուժեղ կրակ բացել; գնդակոծել 3) *անձրևի* շտապել 4) (**pelt down**) տեղալ; հորդառատ թափվել *(անձրևի/ձյան/կարկտի մասին)* **2** *noun հնացած* 1) ուժեղ հարված; խփելը; դիպչելը 2) ◇ **at full pelt** ամբողջ ուժով/թափով

pelt[2] |pɛlt| *noun* մորթի; կաշի

peltry *noun* մորթեղեն

pelvis |ˈpɛlvɪs| *noun* (հոգն. **-vises** կամ **-ves** |-viːz|) 1) կոնք 2) երիկամավազան

pen[1] |pɛn| **1** *noun* 1) գրչածայր; գրիչ; գծագրական գրիչ; գծաքաշ 2) գրող ◇ **the best pens of the day** ժամանակակից լավագույն գրողները 3) գրողի մասնագիտություն; ոճ **2** *verb* (**penned**, **penning**) 1) գրել *(գրիչով)* 2) շարադրել; հորինել; գրել

live by one's pen ապրել/վաստակել գրական աշխատանքով

pen and ink 1) գրելու պիտույքներ 2) թանաքով նկարված/գրված 3) *փոխաբերական* *հազվադեպ* գրական աշխատանքով զբաղվող

put pen to paper սկսել գրել

wield a caustic/skilful pen սուր/խայթիչ/հատու գրչի տիրապետել

pen[2] |pɛn| **1** *noun* 1) փարախ; անասնանոց; փակ տարածություն *(ընտանի կենդանիների և թռչունների համար)* 2) արգելարան; բանտարկության տեղ **2** *verb* (**penned**, **penning**) 1) ներս քշել *(անասուններին)* 2) (**pen someone up/in**) փակ տեղում պահել

pen[3] |pɛn| *noun* էգ կարապ

penal |ˈpiːn(ə)l| *adjective* 1) քրեական 2) տաժանակիր *(աշխատանքի մասին)* 3) պատժի արժանի; պատժելի *(հանցագործության մասին)*

penalize |ˈpiːn(ə)lʌɪz| *verb* 1) տուգանքի ենթարկել; տուգանել 2) *մարզական* պատժել; տուգանել 3) քրեորեն պատժելի համարել

penalty |ˈpɛn(ə)lti| *noun* (հոգն. **-ties**) 1) պատիժ; տույժ; տուգանք 2) *մարզական* տուգանք

on/under penalty of sth սպառնալիքի/պատժի/վախի տակ

penalty area *noun ֆուտբոլ* տուգանային հրապարակ

penalty box *noun հոկեյ* տուգանային հրապարակ

penance |ˈpɛnəns| **1** *noun* 1) ապաշխարություն 2) *եկեղեցական* ապաշխարության խորհուրդ **2** *verb հնացած* *եկեղեցական* ապաշխարություն նշանակել

penchant |ˈpɒ̃ʃɒ̃| *noun* հակում *(մեկի/մի բանի նկատմամբ)* ◇ **a slight penchant** թեթև հրապուրանք; թեթև կերպով հրապուրվելը

pencil |ˈpɛns(ə)l|, |-sɪl| **1** *noun* 1) մատիտ ◇ **lead pencil** հասարակ մատիտ. **indelible pencil** քիմիական մատիտ 2) *փոխաբերական* ոճ *(նկարչի)* 3) *ֆիզիկա* ճառագայթների փունջ; ճառագայթափունջ **2** *verb* (**-ciled**, **-ciling**; բրիտ. **-cilled**, **-cilling**) 1) մատիտով գրել; նկարել 2) գունավոր մատիտներով ներկել; տուշել; տուշ անել; ստվերանեկել *(նկարի վրա)*

pencil sharpener *noun* մատիտասրիչ

pendant |ˈpɛnd(ə)nt| **1** *noun* 1) կախազարդ 2) ջահ 3) *ծովային* ճոպանակոճ **2** *adjective* 1) կախված; կախ ընկած; կախովի 2) անխուսափելի; վերահաս 3) առկախ; չլուծված 4) *քերականություն* անավարտ *(նախադասության մասին)*

pending |ˈpɛndɪŋ| **1** *adjective* 1) չվճռված; չորոշված; չլուծված; առկախ 2) կախված; կախ ընկած 3) անխուսափելի; վերահաս **2** *preposition* 1) ընթացքում 2) մինչև ◇ **pending his return** սպասելով նրա վերադարձին

pendulous |ˈpɛndjʊləs| *adjective* 1) կախված; կախ տված; կախ 2) ճոճվող; տարուբերվող

pendulum |ˈpɛndjʊləm| *noun* 1) ճոճանակ 2) անկայուն մարդ

play pendulum տատանվել; անհաստատ դրություն մեջ լինել; օրորվել մի կողմից մյուսը; ճոճվել

The pendulum swung. Դրությունը փոխվեց:

penetrate |ˈpɛnɪtreɪt| *verb* 1) թափանցել; ներթափանցել 2) անցնել; ներս մտնել; մուտք գործել 3) տոգորել; ծծեցնել; հագեցնել 4) խոր ազդել; հուզել; համակել 5) ըմբռնել; հասկանալ; խելամուտ/խորամուտ լինել

penetrating *adjective* 1) թափանցող; խորաթափանց; սրաթափանց 2) ականջ ծակող 3) ուժեղ; զգվելի *(հոտի մասին)*

penetration |pɛnɪˈtreɪʃ(ə)n| *noun* 1) թափանցելիություն; թափանցիկություն 2) խորաթափանցություն; սրաթափանցություն 3) թափանցում; թափանցելը; խորամուխ լինելը 4) *ռազմական* ճեղքող հարձակում

penetrative |ˈpɛnɪtrətɪv|, |-treɪt-| *adjective* 1) թափանցող; ներթափանցող 2) սուր; ականջ ծակող *(ձայնի մասին)* 3) խորաթափանց; սրաթափանց

penguin |ˈpɛŋgwɪn| *noun կենդանաբանություն* պինգվին; թևատ; անթևուկ *(թռչունի տեսակ. ընտանիք Spheniscidae)*

penicillin |pɛnɪˈsɪlɪn| *noun բժշկություն* պենիցիլին

peninsula |pɪˈnɪnsjʊlə| *noun աշխարհագրություն* թերակղզի

peninsular *adjective* թերակղզու; թերակղզային

penis |ˈpiːnɪs| *noun* (հոգն. **-nises** կամ **-nes** |-niːz|) *կազմախոսություն* առնանդամ

penitence *noun* զղջում; ապաշխարանք

penitent |ˈpɛnɪt(ə)nt| **1** *adjective* զղջացող; ապաշխարող **2** *noun* զղջացող/ապաշխարող մեղավոր

penitential |pɛnɪˈtɛnʃ(ə)l| *adjective* ապաշխարության; ապաշխարանքի; զղջման

penitentiary |ˌpɛnɪˈtɛnʃ(ə)ri| **1** *noun* (հոգն. **-ries**) 1) ուղղիչ տուն 2) տաժանակրության բանտ **2** *adjective* ուղղիչ

penknife |ˈpɛnnʌɪf| *noun* (հոգն. **-knives**) գրչահատ; գրչահատ դանակ

penman |ˈpɛnmən| *noun* (հոգն. **-men**) *պատմական* 1) գեղագիր; վայելչագիր; գրիչ; ձեռագրեր արտագրող 2) գրող; հեղինակ

penmanship *noun* 1) գեղագրություն; վայելչագրություն 2) ձեռագիր

pen name *noun* կեղծանուն; ծածկանուն *(գրողի)*

pennant |ˈpɛnənt| *noun* 1) *ծովային* նավադրոշ 2) *ամերիկյան մարզական* պատվադրոշ

penniless |ˈpɛnɪlɪs| *adjective* անփող; առանց դրամի; կարիքավոր; չքավոր; չունևոր

Pennsylvania |ˌpɛnsɪlˈveɪnɪə| Փենսիլվանիա *(ԱՄՆ-ի նահանգ)*

penny |ˈpɛni| *noun* 1) պեննի; պենս *(=1/12 շիլինգի)* 2) *ամերիկյան* 1 ցենտանոց դրամ 3) չնչին գումար *(փողի)*

A penny saved is a penny gained. *առած* Չծախսված կոպեկը գտած է:

a pretty penny մեծ/կլորիկ գումար

cost a pretty penny շատ փող արժենալ; էժան չնստել; գրպանին դիպչել

In for a penny, in for a pound. *առած* Սկսածդ գործը ինչ ձևով ուզում է լինի, վերջացրո՛ւ: Մի գործ հանձն ես առել՝ կատարի՛ր:

not a penny առանց փողի; առանց գրոշի; ծակ գրպանով

think one's penny silver բարձր/մեծ կարծիք ունենալ իր մասին

turn a useful penny (by) լավ վաստակել; շատ փող աշխատել

penny wise *adjective* գծուծ; կոպեկի ետևից ընկնող; մանրուքների ետևից ընկնող; մանրախնդիր

pennywise and pound-foolish մանրուքների մեջ կծծի, մեծ գործերում շռայլ

pennyworth |ˈpɛnɪwəːθ| *noun* մի պեննի արժողությամբ ապրանք

a bad pennyworth վատ/անշահավետ գործարք

a good pennyworth լավ/շահավետ գործարք

not a pennyworth ոչ մի կաթիլ; բոլորովին; ամենևին

pension¹ |ˈpɛnʃ(ə)n| **1** *noun* 1) կենսաթոշակ; նպաստ ◇ **old-age pension** ծերության թոշակ 2) գիշերօթիկ դպրոց; պանսիոն **2** *verb* թոշակ նշանակել; թոշակի ուղարկել

pension² |pɒ̃ˈsjɒ̃|, |pɑ̃sjɔ̃| *noun* իջևանատուն; էժան հյուրանոց

pensionary |ˈpɛnʃ(ə)n(ə)ri| **1** *adjective* կենսաթոշակի; կենսաթոշակային; թոշակի **2** *noun* (հոգն. **-aries**) թոշակառու

pensioner |ˈpɛnʃ(ə)nə| *noun* 1) թոշակառու 2) ուսման և ապրուստի համար վճարող ուսանող

pensive |ˈpɛnsɪv| *adjective* մտախոհ; մտազբաղ; մտածկոտ; երազող

pent |pɛnt| *adjective բանաստեղծական* փակված; ներփակված

penta- |ˈpɛntə| *combining form* հնգա- ◇ **pentagon** հնգանկյունի

pentagon |ˈpɛntəg(ə)n| *noun* 1) **(the Pentagon)** Պենտագոն; ԱՄՆ-ի ռազմական նախարարությունը 2) հնգանկյունի

pentameter |pɛnˈtæmɪtə| *noun տաղաչափություն* հնգաչափ ոտք

Pentateuch |ˈpɛntətjuːk| *աստվածաշնչային* Հնգամատյան

pentathlon |pɛnˈtæθlɒn|, |-lən| *noun մարզական* հնգամարտ

penthouse |ˈpɛnthaʊs| *noun* 1) ձեղնահարկ;

չարդախ 2) տանիքի ծածկ

pent-up *adjective* զսպված *(զգացմունքի մասին)*

penult |pɪˈnʌlt|, |ˈpɛnʌlt| **1** *noun լեզվաբանություն* նախավերջին վանկ **2** *adjective* տե՛ս **penultimate**

penultimate |pɪˈnʌltɪmət| **1** *adjective* նախավերջին; վերջընթեր **2** *noun* նախավերջին վանկ

penurious |pɪˈnjʊərɪəs| *adjective գրական անգլերեն* 1) խղճուկ; ծայրահեղ աղքատ 2) գծուծ; կծծի; ժլատ

penury |ˈpɛnjʊri| *noun* 1) ծայրահեղ աղքատություն; չքավորություն; անփողություն; փողի պակասություն 2) պակասություն; պակաս

peon |ˈpiːən| *noun* 1) բատրակ; օրավարձու մշակ *(Լատինական Ամերիկայում)* 2) ցածրաստիճան մարդ 3) հետիոտն զինվոր *(Հնդկաստանում)*

peonage *noun* բատրակություն; ճորտություն; ստրկություն

peony |ˈpiːəni| *noun բուսաբանություն* քաջվարդ; պիոն *(Paeonia, ընտանիք Paeoniaceae)*

people |ˈpiːp(ə)l| **1** *plural noun* 1) ժողովուրդ; ազգ 2) մարդիկ; բնակչություն; բնակիչներ; ապրողներ ◇ **people of good will** բարի կամքի մարդիկ. **young people** երիտասարդություն. **country people** գյուղի բնակիչներ. **little people** մանուկներ; երեխաներ. **people say...** ասում են... 3) հարազատներ; ազգականներ; տնեցիներ; ընտանիքի անդամներ ◇ **my people** իմ ազգականները **2** *verb* բնակեցնել; բնակչությամբ լցնել

my good people հարգելիներ; պատվելիներ; պատվարժան/հարգարժան/պատկառելի մարդիկ

People's Republic of China Չինաստանի Ժողովրդական Հանրապետություն

pep |pɛp| **1** *noun խոսակցական ամերիկյան* հոգու արիություն; եռանդ; ուժ **2** *verb* (**pepped**, **pepping**) արիություն ներշնչել

pepper |ˈpɛpə| **1** *noun* 1) *փոխաբերական* պղպեղ; կծվություն 2) դյուրագրգռություն; դյուրաբորբոքություն **2** *verb* 1) պղպեղել 2) թափել; շաղ տալ; ցանել 3) *ռազմական* հրետակոծել; գնդակոծել

take pepper in the nose *հնացած* բարկանալ; ջղայնանալ; կատաղել; նեղանալ; վիրավորվել

pepper-and-salt **1** *adjective* 1) ալեխառն *(մազերի մասին)* 2) բծավոր; մուգ ու բաց թելերից միահյուսված **2** *noun* մուգ ու բաց թելերից միահյուսված գործվածք

pepperbox |ˈpɛpəbɒks| *noun* 1) պղպեղաման 2) *կատակային* վեցկրականի ատրճանակ

peppercorn |ˈpɛpəkɔːn| *noun* պղպեղահատ

peppermint |ˈpɛpəmɪnt| *noun* 1) *բուսաբանություն* անանուխ *(Mentha piperita, ընտանիք Labiatae)* 2) անանուխով թխվածք; անանուխաբլիթ

peppery |ˈpɛp(ə)ri| *adjective* 1) պղպեղած; պղպեղոտ; կծու 2) *փոխաբերական* բռնկվող; դյուրաբորբոք

peppy |ˈpɛpi| *adjective* (**peppier**, **peppiest**) *խոսակցական* եռանդուն; աշխույժ; կենսուրախ

pep talk *noun խոսակցական* խրախուսող զրույց

peptic |ˈpɛptɪk| *adjective* մարսողական; մարսողությանը նպաստող

per |pəː| *preposition* 1) յուրաքանչյուր; ամեն մի ◇ **per annum** տարեկան; յուրաքանչյուր տարի 2) միջոցով ◇ **per post** փոստով. **per steamer** շոգենավով 3) յուրաքանչյուրին ◇ **per capita** յուրաքանչյուրին; ամեն մի շնչին. **per yard** յուրաքանչյուր յարդը; ամեն մի յարդին

as per usual սովորաբար; սովորականի պես

peradventure |ˌp(ə)rədˈvɛntʃə|, |pəːr-| *հնավանդ կատակային* **1** *adverb* հնարավոր է; հավանական է; կարող է պատահել ◇ **if peradventure** եթե պատահի, որ. **test peradventure** հնչ էլ որ պատահի **2** *noun հնացած* անորոշություն; անհայտություն; կասկած; կասկածելի փաստ ◇ **beyond/without peradventure** անկասկած; կասկածից դուրս

perambulate |pəˈræmbjʊleɪt| *verb գրական անգլերեն* 1) ետ ու առաջ քայլել; շրջել 2) շրջագայել; շրջել 3) *բրիտանական պատմական* հովվապետական այցելություն կատարել

perambulator |pəˈræmbjʊleɪtə| *noun* 1) հետիոտն 2) քայլաչափ մեքենա 3) *բրիտանական* մանկասայլակ

per capita |pəː ˈkæpɪtə| *adverb, adjective* մեկ շնչին; մեկ շնչին ընկնող

perceivable *adjective* նկատելի; շոշափելի; զգալի

perceive |pəˈsiːv| *verb* 1) գիտակցել; հասկանալ; ըմբռնել; ընկալել 2) զգալ; զգալով իմանալ 3) ընդունել

percent |pə ˈsɛnt| (նաև **per cent**) **1** *adverb* տոկոսով **2** *noun* 1) տոկոս 2) չափ; քանակ; հարաբերակցություն

percentage |pəˈsɛntɪdʒ| *noun* 1) տոկոս 2) տոկոսային հարաբերություն

percept |ˈpəːsɛpt| *noun փիլիսոփայություն* ընկալման առարկան/արդյունքը

perceptible |pəˈsɛptɪb(ə)l| *adjective* 1) նկատելի; շոշափելի; զգալի 2) ճանաչելի; ընկալելի

perception |pəˈsɛpʃ(ə)n| *noun* 1) զգայական ընկալում; ճանաչում; իմացություն 2) ըմբռնում; հասկացում 3) ներընկալում

perceptive |pəˈsɛptɪv| *adjective* ընկալող; ճանաչող; ըմբռնող

perch¹ |pəːtʃ| **1** *noun* 1) թառ *(հավերի)* 2) բարձր/հաստատուն դիրք 3) երկարության չափ *(=5,03 մ)* **2** *verb* 1) թառել; թառի/ճյուղի վրա նստել *(թռչունների մասին)* 2) (**perch upon**) վեր ելնել/մագլցել 3) բարձր տեղում գտնվելը; բարձրության վրա գտնվելը

come off your perch մի՛ երևակայիր; քիթդ մի՛ ցցիր

hop/tip over the perch մահանալ; ոտքերը մեկնել/տնկել; շունչը փչել; հոգին ավանդել

knock sb off his perch *խոսակցական* կործանել/խորտակել մեկին; կործանման/սնանկացման պատճառ հանդիսանալ

perch² |pəːtʃ| *noun* (հոգն. նույնը կամ **perches**) 1) *կենդանաբանություն* պերկես *(ձկան տեսակ. Genus Perca, ընտանիք Percidae)* 2) պերկեսանման ձուկ

perchance |pəˈtʃɑːns| *adverb բանաստեղծական հնացած* հնարավոր է; գուցե; պատահաբար

percolate |ˈpəːkəleɪt| *verb* 1) քամել; ֆիլտրել 2) զտողով անցնել; քամվել; զտվել

percolation |-ˈleɪʃ(ə)n| *noun* ներթափանցում; ծծանցում; ծորանցում

percolator |ˈpəːkəleɪtə| *noun* 1) քամիչով սրճաման 2) ֆիլտր; քամիչ

percuss |pəˈkʌs| *verb բժշկություն* զննել; բախազննել *(մատների/մուրճիկի հարվածներով)*

percussion |pəˈkʌʃ(ə)n| *noun* 1) հարված; բախում; ցնցում 2) *բժշկություն* մատնաբախում *(զննության տեսակ)* 3) *երաժշտություն* հարվածային գործիքներ

percussionist *երաժշտություն* հարվածային; հարվածային գործիքների վրա նվագող

perdition |pəˈdɪʃ(ə)n| *noun աստվածաբանություն* կործանում; ավերում

perdurable |pəˈdjʊərəb(ə)l| *adjective գրական անգլերեն* 1) չափազանց դիմացկուն 2) հավիտենական; մշտական

peregrinate |ˈpɛrɪgrɪˌneɪt| *verb հնավանդ կատակային* ճանապարհորդել; երկրից երկիր թափառել

peremptory |pəˈrɛm(p)t(ə)ri|, |ˈpɛrɪm-| *adjective* 1) անառարկելի; անբողոքարկելի 2) հրամայական; տիրական

perennial |pəˈrɛnɪəl| **1** *adjective* 1) բազմամյա *(բույսերի մասին)* 2) չցամաքող; չչորացող *(գետի մասին և այլն)* 3) անթառամ; հավիտենական 4) մշտական **2** *noun բուսաբանություն* բազմամյա բույս

perfect **1** *adjective* |ˈpəːfɪkt| 1) կատարյալ; անթերի 2) կատարված; կատարյալ; ավարտուն; ամբողջացած 3) ճշգրիտ; բացարձակ 4) իսկական 5) հիանալի *(եղանակի մասին)* **2** *verb* |pəˈfɛkt| 1) կատարելագործել; բարելավել 2) ավարտել; վերջացնել **3** *noun* |ˈpəːfɪkt| *քերականություն* կատարյալ ժամանակ; վաղակատարի ձևը *(բայի)*

perfection |pəˈfɛkʃ(ə)n| *noun* 1) կատարելություն; ավարտունություն 2) կատարելագործում 3) (**perfections**) արժանիքներ; կատարելություններ 4) ավարտում; ավարտելը

to perfection կատարելությամբ; կատարելապես; գերազանց վիճակի հասցված

perfectionist *noun* 1) կատարելապաշտ 2) *փիլիսոփայություն* բարոյական կատարելագործման կողմնակից

perfectly |ˈpəːfɪk(t)li| *adverb* կատարելապես; լրիվ; լիովին; գերազանցաբար

perfidious |pəˈfɪdɪəs| *adjective բանաստեղծական* դավաճանական; ուխտադրուժ

perfidy |ˈpəːfɪdi| *noun բանաստեղծական* դավաճանություն; ուխտադրժություն

perforate **1** *verb* |ˈpəːfəreɪt| 1) գայլիկոնով ծակել; շաղափել; անցք բաց անել 2) ծակծկել **2** *adjective* |ˈpəːf(ə)rət| *կենսաբանություն բժշկություն* ծակծկված

perforation *noun* 1) գայլիկոնով ծակելը; շաղափելը; անցքեր բանալը 2) անցք; անցքերի շարք 3) *բժշկություն* ծակում; ծակվելը

perforce |pəˈfɔːs| *adverb գրական անգլերեն* անհրաժեշտաբար; կամա-ակամա; բռնի

perform |pəˈfɔːm| *verb* 1) կատարել *(խոստումը, հրամանը և այլն)* 2) ներկայացնել; խաղալ; կատարել; ելույթ ունենալ *(դերը, երաժշտական գործը)* 3) աշխատել; ծառայել *(գործիքի/մեքենայի մասին)*

performance |pəˈfɔːm(ə)ns| *noun* 1) *թատրոն* ներկայացում; թատերախաղ; ելույթ 2) կատարում; կատարելը 3) գործողություն; արարք; սխրագործություն 4) աշխատելը; գործելը *(մեքենայի)* 5) *տեխնիկական* արդյունավետություն; արտադրողականություն 6) *տեխնիկական* հատկություն

performance art *noun* ներկայացման արվեստ

performer *noun* կատարող; ելույթ ունեցող

perfume |ˈpəːfjuːm| **1** *noun* 1) բուրմունք; բույր; անուշահոտություն 2) օծանելիք; բուրանյութ **2** *verb* 1) օծանելիք ցանել; անուշաբույր հեղուկ սրսկել 2) բուրել; բուրմունք տարածել

perfumer |pəˈfjuːmə| *noun* օծանելիք պատրաստող/վաճառող; բուրումնագործ

perfumery *noun* (հոգն. **-eries**) 1) բուրագործություն 2) օծանելիքի խանութ

perfunctory |pəˈfʌŋ(k)t(ə)ri| *adjective* անփույթ; մակերեսային

perfuse |pəˈfjuːz| *verb* 1) վրան ցրցամել; շաղ տալ; ցողել; սրսկել 2) ողողել *(լույսի մասին)* 3) *բժշկություն* հոսանցել *(արյան, հեղուկի մասին, որն անցնելով մարմնի որևէ գործանի միջով, ապատում է թթվածնի և այլ նյութերի փոխանակմանը)*

Pergamum |ˈpəːgəməm| Պերգամոն *(հին քաղաք Փոքր Ասիայում)*

pergola |ˈpəːgələ| *noun* մագլցող բույսերով ծածկված տաղավար/ծառուղի

perhaps |pəˈhæps| *adverb* գուցե; հնարավոր է; հավանաբար

peri |ˈpɪəri| *noun* (հոգն. **peris**) 1) *դիցաբանություն* փերի 2) գեղեցկուհի

pericardium |ˌpɛrɪˈkɑːdɪəm| *noun* (հոգն. **-cardia** |-dɪə|) *կազմախոսություն* սրտապարկ; սրտակրանք

peril |ˈpɛrɪl|, |-r(ə)l| **1** *noun* վտանգ; ռիսկ **2** *verb* (**periled**, **periling**; բրիտ. **perilled**, **perilling**) *հնավանդ* վտանգի/ռիսկի ենթարկել

All is not lost that's in peril. *առած* Վտանգը դեռ մահ չէ: Ամեն ինչ կորած չէ, եթե հույս կա:

at sb's peril մեկի պատասխանատվությամբ

perilous |ˈpɛrɪləs| *adjective* վտանգավոր; վտանգ պարունակող

perimeter |pəˈrɪmɪtə| *noun* 1) *երկրաչափություն* պարագիծ 2) արտաքին սահման

period |ˈpɪərɪəd| **1** *noun* 1) շրջան; ժամանակամիջոց 2) ժամանակաշրջան; դարաշրջան 3) բոլորաշրջան 4) *քերականություն* պարբերույթ; պարբերություն; ավարտուն նախադասություն 5) վերջակետ 6) դաշտան; դաշտանային շրջափուլ

2 *adjective* տվյալ ժամանակաշրջանին վերաբերող

periodic |ˌpɪərɪˈɒdɪk| *adjective* 1) պարբերական; պարբերաբար կատարվող 2) շրջափուլային

periodical |pɪərɪˈɒdɪk(ə)l| **1** *noun* 1) պարբերական մամուլ 2) պարբերական հրատարակություն; պարբերական **2** *adjective* պարբերական; պարբերաբար լույս տեսնող

periodically *adverb* պարբերաբար

periodic table *noun քիմիա* պարբերական աղյուսակ

peripheral |pəˈrɪf(ə)r(ə)l| **1** *adjective* 1) ծայրամասային 2) երկրորդական; անկարևոր **2** *noun համակարգիչներ* արտաքին սարք

periphery |pəˈrɪf(ə)ri| *noun* (հոգն. **-eries**) 1) շրջագիծ; պարագիծ 2) ծայրամաս

periscope |ˈpɛrɪskəʊp| *noun* շրջադիտակ

perish |ˈpɛrɪʃ| *verb* 1) կործանվել; մեռնել 2) քայքայվել

perishable |ˈpɛrɪʃəb(ə)l| **1** *adjective* 1) անկայուն; անցավոր 2) շուտ փչացող **2** *noun* (**perishables**) շուտ փչացող ապրանք

peristalsis |ˌpɛrɪˈstælsɪs| *noun բնախոսություն* ալեկծկական շարժում *(աղիների)*

periwig |ˈpɛrɪwɪg| *noun* կեղծամ

periwigged *adjective* կեղծամով

perjure |ˈpəːdʒə| *verb իրավունք* (**perjure oneself**) կեղծ վկայություն տալ

perjured *adjective իրավունք* երդմնազանց; երդմնազանցության մեջ մեղադրվող

perjurer *noun* երդմնազանց; ուխտադրուժ; սուտ վկա

perjury |ˈpəːdʒ(ə)ri| *noun* (հոգն. **-ries**) *իրավունք* 1) երդմնազանցություն; սուտ վկայություն 2) ուխտադրժություն

perk¹ |pəːk| **1** *verb* աշխուժանալ; զվարթանալ **2** *adjective բարբառային* աշխույժ; զվարթ; կենսախինդ

perk² |pəːk| *noun խոսակցական* արտոնություն

perky |ˈpəːki| *adjective* (**perkier**, **perkiest**) 1) ուրախ; աշխույժ 2) հանդուգն; ինքնավստահ

Perm |pəːm| Պերմ *(քաղաք Ռուսաստանի Ուրալյան լեռներում)*

perm |pəːm| **1** *noun* (նաև **permanent wave**) քիմիական գանգրացում **2** *verb* քիմիական գանգրացում անել *(մազերի)*

permafrost |ˈpəːməfrɒst| *noun* հավերժական սառածություն

permanence *noun* մշտականություն; մնայունություն; հարատևություն; անփոփոխություն

permanency *noun* 1) մշտականություն; մնայունություն; հարատևություն 2) մշտական աշխատանք/պաշտոն

permanent |ˈpəːm(ə)nənt| **1** *adjective* 1) մշտական; անփոփոխ; մշտատև; հարատև; անընդհատ; պերմանենտ 2) մնացորդային **2** *noun* մնայուն գանգրացում; մնայուն սանրվածք

permanently *adverb* մշտապես; անընդհատորեն

permeability |pəːmɪəˈbɪlɪti| *noun* 1) թափանցելիություն 2) *ֆիզիկա* մագնիսական թափանցելիություն; մագնիսաթափանցություն

permeable |ˈpəːmɪəb(ə)l| *adjective* թափանցելի; թափանցիկ

permeate |ˈpəːmɪeɪt| *verb* 1) անցնել; թափանցել; ներթափանցել 2) տարածվել

permissible |pəˈmɪsɪb(ə)l| *adjective* թույլատրելի

permission |pəˈmɪʃ(ə)n| *noun* թույլտվություն; թույլատրություն; թույլատրում

permissive |pəˈmɪsɪv| *adjective* թույլատրելի; թույլատրական; թույլատրող; թույլ տվող

permit **1** *verb* |pəˈmɪt|(**-mitted**, **-mitting**) 1) իրավունք տալ; թույլ տալ; թույլատրել 2) հնարավորություն տալ ◇ **weather permitting** եթե եղանակը բարենպաստ լինի 3) ենթադրել; ընդունել; հնարավոր համարել **2** *noun* |ˈpəːmɪt| 1) անցագիր; թույլատրագիր 2) թույլտվություն; թույլատրություն

pernicious |pəˈnɪʃəs| *adjective* վնասակար; վնասաբեր; մահացու; կործանարար; չարորակ

perorate |ˈpɛrəreɪt| *verb գրական անգլերեն* 1) ճառել; ճառախոսել 2) եզրափակել; ամփոփել

peroration |pɛrəˈreɪʃ(ə)n| *noun* 1) ճամարտակություն; մեծախոսություն; ճոռոմաբանություն 2) եզրափակում; ամփոփում; վերջաբան *(ճառի)*

peroxide |pəˈrɒksʌɪd| **1** *noun քիմիա* գերօքսիդ; պերօքսիդ **2** *verb* մազերը գունաթափել գերօքսիդով/պերօքսիդով

perpendicular |ˌpəːp(ə)nˈdɪkjʊlə| **1** *adjective* ուղղահայաց; ուղղաձիգ **2** *noun* ուղղահայաց; ուղղալար; տրամալար ◇ **out of perpendicular** ոչ ուղղահայաց; ոչ ուղիղ անկյան տակ

perpetrate |ˈpəːpɪtreɪt| *verb* գործել; կատարել *(ոճիր, հանցանք)*

perpetration |-ˈtreɪʃ(ə)n| *noun* 1) կատարում *(հանցագործության)* 2) օրինախախտում; հանցագործություն

perpetual |pəˈpɛtʃʊəl|, |-tjʊəl| **1** *adjective* 1) հավիտենական; հավերժական; մշտնջենական 2) ցմահ 3) *խոսակցական* մշտական; հարատև; անվերջ; անդադար **2** *noun* մշտադալար բույս *(հատկապես հիբրիդային վարդ)*

perpetuate |pəˈpɛtʃʊeɪt|, |-tjʊ-| *verb* 1) հավերժացնել 2) պահպանել

perpetuity |pəːpɪˈtjuːɪti| *noun* (հոգն. **-ties**) 1) հավերժություն; հավիտենականություն; մշտնջենականություն ◇ **in perpetuity** ընդմիշտ; հավերժ 2) անժամկետ տիրություն

perplex |pəˈplɛks| *verb* 1) ապշեցնել; շվարեցնել 2) շփոթեցնել; մոլորեցնել 3) խճճել; բարդացնել; անհասկանալի դարձնել

perplexity |pəˈplɛksɪti| *noun* (հոգն. **-ties**) 1) շփոթվածություն; հուզմունք 2) դժվարություն; երկընտրանք 3) խճճվածություն

perry |ˈpɛri| *noun* (հոգն. **-ries**) *խոհանոց* տանձի գինի; տանձագինի

persecute |ˈpəːsɪkjuːt| *verb* 1) հետապնդել; հալածել *(հայացքների/համոզմունքների համար)*

2) նեղել; ձանձրացնել; օձիքից կպչել *(հարցերով և այլն)*

persecution *noun* հալածանք; հետապնդում

Persepolis |pəˈsɛpəlɪs| Պերսեպոլիս *(հին քաղաք Պարսկաստանում)*

perseverance |pəːsɪˈvɪər(ə)ns| *noun* 1) համառություն; հաստատակամություն 2) համբերատարություն 3) *կրոն* հարատևություն

persevere |pəːsɪˈvɪə| *verb* 1) իր ուզածին հասնել; պնդել 2) համառություն/հաստատակամություն հանդես բերել

Persia |ˈpəːʃə|, |ˈpəːʒə| Պարսկաստան

Persian |ˈpəːʒ(ə)n|, |-ʃ(ə)n| **1** *noun* 1) պարսիկ; պարսկուհի; իրանցի; իրանուհի 2) պարսկերեն **2** *adjective* պարսկական

Persian Gulf Պարսից Ծոց

persiflage |ˈpəːsɪflɑːʒ| *noun գրական անգլերեն* թեթև կատակ

persist |pəˈsɪst| *verb* 1) համառել 2) դիմանալ; պահպանվել; շարունակել գոյություն ունենալ

persistence *noun* 1) համառություն; հաստատակամություն 2) դիմացկունություն; տոկունություն; կենսունակություն 3) հարատևություն; տևականություն

persistent |pəˈsɪst(ə)nt| *adjective* 1) համառ; հաստատակամ 2) կայուն; դիմացկուն; կենսունակ 3) մշտական; մնայուն; հարատև

person |ˈpəːs(ə)n| *noun* (հոգն. **people** կամ **persons**) 1) մարդ; անձ; անձնավորություն; դեմք 2) արտաքին տեսք; կերպարանք 3) գործող անձ 4) *քերականություն* դեմք 5) *կենդանաբանություն* անհատ; առանձնյակ

artificial/juristic/legal person *իրավունք* իրավաբանական անձ

in person, in one's own person անձամբ

natural person *իրավունք* ֆիզիկական անձ

no less a person than ոչ այլ ոք, եթե ոչ...

personable |ˈpəːs(ə)nəb(ə)l| *adjective* գեղեցիկ; վայելչատես

personage |ˈpəːs(ə)nɪdʒ| *noun* 1) նշանավոր անձ/անձնավորություն; աչքի ընկնող անհատ 2) մարդ; անձնավորություն 3) գործող անձ

personal |ˈpəːs(ə)n(ə)l| **1** *adjective* 1) անձնական 2) մասնավոր; անհատական 3) *իրավունք* շարժական *(գույքի մասին)* **2** *noun* *ամերիկյան* լրագրային փոքրիկ հոդված *(որևէ մեկի մասին)*

personal assistant *noun* անձնական քարտուղար

personal computer *noun* անհատական համակարգիչ

personality |pəːsəˈnælɪti| *noun* (հոգն. **-ties**) 1) անձնավորություն; անհատ; անհատականություն 2) անձնական հատկություններ; բնավորության առանձնահատկություններ 3) (**personalities**) անձնական վիրավորանք; հարձակում; թշնամական ելույթ *(մեկի դեմ)* 4) հայտնի անձնավորություն *(հատկապես մարզական աշխարհում կամ զվարճանքների բնագավառում)*

personalize |ˈpəːs(ə)n(ə)lʌɪz| *verb* 1) անձնավորել; անհատականացնել 2) մարմնավորել

personally |ˈpəːs(ə)n(ə)li| *adverb* 1) անձամբ; անձնապես; ինքը ◇ **personally I differ from you** անձամբ ես համաձայն չեմ ձեզ հետ; անձամբ ես այլ կարծիք ունեմ 2) անձնականորեն; սուբյեկտիվորեն

personal pronoun *noun* անձնական դերանուն

personalty |ˈpəːs(ə)n(ə)lti| *noun իրավունք* շարժական կայք/գույք

persona non grata |nɒn|, |nəʊn| *noun* (հոգն. **personae non gratae** |ˈgrɑːtiː|) անցանկալի անձ

personification |pəˌsɒnɪfɪˈkeɪʃ(ə)n| *noun* անձնավորում; մարմնավորում; մարմնացում

personify |pəˈsɒnɪfʌɪ| *verb* (**-fies**, **-fied**) անձնավորել; մարմնավորել; մարմնացնել

personnel |pəːsəˈnɛl| *plural noun* 1) անձնակազմ 2) (**personnel department**) կադրերի բաժին

perspective |pəˈspɛktɪv| *noun* 1) հեռանկար 2) պատկեր; տեսարան 3) տեսակետ 4) ողջախոհություն

perspicacious |ˌpəːspɪˈkeɪʃəs| *adjective* սրաթափանց; խորաթափանց; թափանցող

perspicuity |-ˈkjuːɪti| *noun* 1) պարզություն; հստակություն; հասկանալիություն 2) թափանցիկություն 3) խորաթափանցություն; սրաթափանցություն

perspicuous |pəˈspɪkjʊəs| *adjective գրական անգլերեն* 1) պարզ; հասկանալի; հստակ 2) հստակամիտ; պայծառամիտ 3) թափանցիկ

perspiration |pəːspɪˈreɪʃ(ə)n| *noun* 1) քրտինք 2) քրտնում; քրտնելը

perspire |pəˈspʌɪə| *verb* քրտնել

persuade |pəˈsweɪd| *verb* 1) համոզել; հավատացնել 2) համոզել; հորդորել ◇ **persuade from sth, persuade out of sth** մի բանից ետ կանգնեցնել; հակառակ խորհուրդ տալ; տարհամոզել

persuader |pəˈsweɪdə| *noun* 1) համոզող; հորդորող *(անձ)* 2) համոզելու միջոց *(սովորաբար զենք)*

persuasion |pəˈsweɪʒ(ə)n| *noun* 1) համոզմունք; համոզվածություն 2) համոզչություն; համոզչականություն 3) հավատ; համոզմունք 4) *կատակային* տեսակ; դաս; տիպ; սեռ

persuasive |pəˈsweɪsɪv| **1** *adjective* համոզիչ; համոզեցուցիչ **2** *noun* դրդապատճառ; շարժառիթ

persuasively *adverb* համոզիչ կերպով

pert |pəːt| *adjective* 1) աշխույժ; ժիր; գրավիչ *(կնոջ/աղջկա մասին)* 2) համարձակ; չքաշվող 3) հանդուգն; անզգամ; անամոթ

pertain |pəˈteɪn| *verb* 1) վերաբերել; կապ ունենալ 2) պատկերել

pertinacious |ˌpəːtɪˈneɪʃəs| *adjective գրական անգլերեն* կամակոր; համառ; պնդաճակատ

pertinent |ˈpəːtɪnənt| *adjective* հարմար; տեղին; գործին վերաբերող; ըստ էության

perturb |pəˈtəːb| *verb* 1) խանգարել; խռովել; վրդովել; անհանգստացնել; հուզել 2) շփոթություն/իրարանցում առաջացնել 3) շեղել; խոտորել

perturbation |ˌpəːtəˈbeɪʃ(ə)n| *noun* 1) անհանգստություն; խռովություն; հուզմունք 2) *աստղագիտություն* խոտորում

Peru |pəˈruː| Պերու *(պետություն Հարավային Ամերիկայի խաղաղօվկիանոսյան ափին)*

peruke |pəˈruːk| *noun* կեղծամ

perusal |pəˈruːz(ə)l| *noun* գրական անգլերեն ընթերցում; կարդալը *(դանդաղ և ուշադիր)*

peruse |pəˈruːz| *verb* գրական անգլերեն 1) կարդալ; ընթերցել *(դանդաղ և ուշադիր)* 2) ուշադիր զննել

Peruvian **1** *noun* պերուացի **2** *adjective* պերուական

pervade |pəˈveɪd| *verb* 1) լցնել; հագեցնել *(բույրմունքով և այլն)* 2) տարածվել

pervasive |pəˈveɪsɪv| *adjective* տարածվող; ճարակող

perverse |pəˈvəːs| *adjective* 1) կամակոր; չհամոզվող; իր ասածի 2) այլասերված; այլանդակ; փչացած; արատավոր

perversion |pəˈvəːʃ(ə)n| *noun* այլասերում; այլանդակություն; աղավաղում; խեղաթյուրում; աղճատում

pervert **1** *verb* |pəˈvəːt| 1) գայթակղել; մոլորեցնել; գլխից հանել; փչացնել; այլասերել 2) խեղաթյուրել; աղավաղել; աղճատել **2** *noun* |ˈpəːvəːt| 1) փչացած/այլասերված մարդ 2) ուրացող; ուխտադրուժ; դավաճան

pervious |ˈpəːvɪəs| *adjective* 1) դյուրանցիկ; թափանցելի *(խոնավության համար)* 2) ենթարկվող *(ազդեցության և այլնի)*

peseta |pəˈseɪtə| *noun* պեսետ *(նախքան եվրոյին անցնելը. իսպանական դրամ = 100 պեսոսի)*

pesky |ˈpɛski| *adjective* (**-kier**, **-kiest**) *ամերիկյան խոսակցական* ձանձրացնող; գահլա տանող; անհանգստացնող

pessimism |ˈpɛsɪmɪz(ə)m| *noun* 1) հոռետեսություն; վատատեսություն 2) *փիլիսոփայություն* հոռետեսություն *(ուսմունք, ըստ որի չարը հաղթելու է բարուն)*

pessimist *noun* հոռետես

pest |pɛst| *noun* 1) վնասատու; մակաբույծ 2) պատիժ; պատուհաս; չարիք 3) ձանձրացնող/հոգնեցնող մարդ; գահլա տանող մարդ 4) *հնացած* ժանտախտ

pests of society հասարակության տզրուկներ; պորտաբույծ անբաններ

pester |ˈpɛstə| *verb* տաղտկացնել; ձանձրացնել; գլուխ տանել

pesthouse *noun* պատմական ժանտախտավորների հիվանդանոց

pesticide |ˈpɛstɪsʌɪd| *noun* վնասատուասպան նյութ

pestiferous |pɛˈstɪf(ə)rəs| *adjective* բանաստեղծական 1) վնասակար; վնասաբեր 2) վարակիչ 3) *խոսակցական* ձանձրացնող; ձանձրալի; տաղտկալի

pestilence |ˈpɛstɪl(ə)ns| *noun* հնացած 1) այտուցային ժանտախտ; ժանտամահ 2) համաճարակ

pestilent |ˈpɛstɪl(ə)nt| *adjective* 1) վնասակար; վնասաբեր; կործանարար; կործանաբեր; աղետաբեր 2) մահացու; մահաբեր; թունավոր 3) *խոսակցական* ձանձրացնող; հոգնեցնող; տաղտկալի; գահլա տանող

pestle |ˈpɛs(ə)l| **1** *noun* սանդղաթակ; հավանգակոթ **2** *verb* ծեծել; փշրել; ջարդել; մանրացնել *(սանդի/հավանգի մեջ)*

pet[1] |pɛt| **1** *noun* 1) սիրելի/փայփայված անձ; երես տված անձ 2) սիրած կենդանի/իր 3) ընտանի/տնային կենդանի **2** *adjective* ընտանի; տնային *(կենդանու մասին)* **3** *verb* (**petted**, **petting**) փայփայել; գուրգուրել; սիրել; շոյել; երես տալ

be in a pet, take the pet բարկանալ; մռութը կախել; փքվել; վատ տրամադրության մեջ լինել

one's pet corn/peeve *կատակային* ցավոտ կոշտուկ; խոցելի տեղ

pet[2] |pɛt| *noun* վատ տրամադրություն

petal |ˈpɛt(ə)l| *noun բուսաբանություն* պսակաթերթ; ծաղկաթերթ; թերթ

peter[2] |ˈpiːtə| *noun խոսակցական* առնանդամ

petersham |ˈpiːtəʃ(ə)m| *noun* 1) հաստ մահուդ 2) տաք վերարկու *(հաստ մահուդից)*

petition |pɪˈtɪʃ(ə)n| **1** *noun* 1) խնդրագիր; խնդրանք 2) աղոթք 3) *իրավունք* դիմում դատարանին **2** *verb* խնդրել; միջնորդել; խնդրագիր ներկայացնել

Petra |ˈpɛtrə| Պետրա *(հին քաղաք այսօրվա Հորդանանում)*

petrel |ˈpɛtr(ə)l| *noun կենդանաբանություն* մրրկահավ *(կարգ Procellariiformes)*

stormy petrel *փոխաբերական* մրրկահավ *(մարդ, որի հայտնվելը առաջացնում է վեճ/անհանգստություն/հուզում)*

petri dish |ˈpɛtri|, |ˈpiːtri| *noun* Պետրիի բաժակ

petrifaction |ˌpɛtrɪˈfækʃ(ə)n| *noun* 1) (նաև **petrification**) քարացում; կարծրացում; քարանալը; կարծրանալը 2) քարացուկ; քարացած կենդանի/բույս

petrify |ˈpɛtrɪfʌɪ| *verb* (**-fies**, **-fied**) 1) քարանալ; կարծրանալ 2) քար կտրել; ապշել 3) զարմացնել; շվարեցնել; ապշեցնել 4) *փոխաբերական* անզգայացնել; անշարժացնել

petro- |ˈpɛtrəʊ| *combining form* 1) վիմա-; քարա- 2) նավթա-

petrochemical |pɛtrə(ʊ)ˈkɛmɪk(ə)l| **1** *adjective* նավթաքիմիական **2** *noun* նավթի ածանցյալ

petrol |ˈpɛtr(ə)l| *noun* բենզին

petroleum |pɪˈtrəʊlɪəm| *noun* նավթ; քարյուղ

Petropavlovsk |ˌpɛtrəˈpævləfsk| Պետրոպավլովսկ *(քաղաք Ռուսաստանում՝ Կամչատկա թերակղզում)*

Petrozavodsk |ˌpɛtrəzæˈvɒdsk| Պետրոզավոդսկ *(քաղաք Ռուսաստանի հյուսիս-արևմուտքում՝ Կարելիայում)*

petticoat |ˈpɛtɪkəʊt| *noun* 1) տակի շրջազգեստ 2) մանկական կարճ շրջազգեստ 3) իգական սեռ; կին; աղջիկ 4) *որոշչային* կանացի

be in petticoats, wear a petticoat 1) լինել կին;

իգական սեռի ներկայացուցիչ լինել 2) պահել իրեն կնոջը վայել ձևով

be under petticoat government կնոջ փեշի տակ լինել; կնոջը ենթարկվել; կնոջ ձեռքում խաղալիք լինել

I have known him since he was in petticoats. Ես նրան բարուրից/խանձարուրից գիտեմ:

in petticoats *փոխաբերական* շրջազգեստ հագած; կին; կինարմատ

petticoat government կանանց թագավորություն

petticoat influence կնոջ ներգործություն/ազդեցություն

pettifog |ˈpɛtɪfɒg| *verb* (**-fogged**, **-fogging**) *հազվադեպ* 1) քաշքշուկ ստեղծել; մանր դատական գործերով զբաղվել; խարդախություն անել 2) կովարարություն անել

pettifogger |ˈpɛtɪfɒgə| *noun հնացած* քաշքշուկարար; բանսարկու; խարդախ փաստաբան

pettifogging *adjective* ստոր; մանրախնդիր; խարդախ; չնչին

pettish |ˈpɛtɪʃ| *adjective* դյուրագրգիռ; նեղացկոտ

petty |ˈpɛti| *adjective* (**pettier**, **pettiest**) մանր; չնչին; դատարկ; աննշան

petty cash մանրածախս փող

petulance *noun* դյուրաբորբոքություն; նեղացկոտություն

petulant |ˈpɛtjʊl(ə)nt| *adjective* դյուրագրգիռ; դյուրաբորբոք; նեղացկոտ; շուտ վիրավորվող

pew |pjuː| *noun* 1) եկեղեցու նստարան 2) *խոսակցական* նստոց; նստելատեղ 3) (**the pews**) համայնքը եկեղեցում

pH *noun քիմիա* (**hydrogen potential**) թթվահիմնության աստիճան; թթվահիմնություն; ջրածնային պոտենցիալ

phagocyte |ˈfægə(ʊ)sʌɪt| *noun բնախոսություն* ֆագոցիտ; խժռող բջիջ

phalanx |ˈfælæŋks| *noun* 1) փաղանգ 2) *կազմախոսություն* մատի հոդ

phantom |ˈfæntəm| *noun* 1) ուրվական; ուրու; տեսիլք 2) ցնորք; պատրանք 3) *տնտեսագիտություն* երևակայական բան 4) անօրինական գործարք *(որը կատարել է անհայտ անձը)*

Pharaoh |ˈfɛːrəʊ| (նաև **pharaoh**) *noun պատմական* փարավոն

Pharisee |ˈfærɪsiː| *noun* 1) *պատմական* փարիսեցի 2) *փոխաբերական* կեղծավոր; փարիսեցի

pharmaceutical |ˌfɑːməˈsjuːtɪk(ə)l| **1** *adjective* դեղագործական **2** *noun* 1) դեղանյութ 2) դեղագործական ընկերություններ

pharmacist |ˈfɑːməsɪst| *noun* դեղագործ; դեղարար

pharmacology |ˌfɑːməˈkɒlədʒi| *noun* դեղագիտություն

pharmacy |ˈfɑːməsi| *noun* (հոգն. **-cies**) 1) դեղատուն 2) դեղագործություն

Pharos |ˈfɛːrɒs| *noun* 1) *բանաստեղծական* փարոս 2) Փարոս կղզի *(Ալեքսանդրիայի մոտ, որի վրա կառուցվել է պատմական փարոսը)*

pharynx |ˈfærɪŋks| *noun* (հոգն. **pharynges** |-ˈrɪn(d)ʒiːz| կամ **pharynxes**) *կենդանաբանություն* կազմախոսություն ըմպան; կոկորդաբերան

phase |feɪz| **1** *noun* փուլ; շրջափուլ; շրջան **2** *verb* համափուլ տեղի ունեցող

PhD *abbreviation* Doctor of Philosophy փիլիսոփայության դոկտոր; գիտության թեկնածու

pheasant |ˈfɛz(ə)nt| *noun կենդանաբանություն* փասիան *(ընտանիք Phasianidae)*

shoot the sitting pheasant կործանել մեկին; օգտվելով մեկի անօգնական վիճակից վարկաբեկել համբավը/անունը/հռչակը

phenomenal |fɪˈnɒmɪn(ə)l| *adjective* 1) արտակարգ; բացառիկ; չտեսնված 2) փորձով/զգայարաններով ընկալվող

phenomenon |fɪˈnɒmɪnən| *noun* (հոգն. **-na** |-nə|) 1) երևույթ 2) անսովոր երևույթ/բան; ֆենոմեն; արտակարգ/չտեսնված մարդ կամ երևույթ

phenotype |ˈfiːnə(ʊ)tʌɪp| *noun կենսաբանություն* երևութատիպ

phew |fjuː|, |fjʊ| *exclamation խոսակցական* թո՜ւհ; թո՜ւ; փո՜ւհ; փո՜ւ; ա՜յ քեզ բան

Philadelphia |ˌfɪləˈdɛlfɪə| Ֆիլադելֆիա *(քաղաք ԱՄՆ-ի Փենսիլվանիա նահանգում)*

philander |fɪˈlændə| *verb* սիրաբանել; քարշ գալ

philanderer *noun* կանանց ետևից քաշ եկող մարդ; կնամոլ

philanthropist |fɪˈlænθrəpɪst| *noun* մարդասեր; բարեգործ

philanthropy |fɪˈlænθrəpi| *noun* 1) մարդասիրություն; բարեսիրություն 2) բարեգործություն

philharmonic |ˌfɪlhɑːˈmɒnɪk| **1** *adjective* ֆիլհարմոնիկ; ֆիլհարմոնիայի; ֆիլհարմոնիական; երաժշտական; երաժշտասիրական *(ընկերության մասին)* **2** *noun* ֆիլհարմոնիկ նվագախումբ

Philippi |ˈfɪlɪpʌɪ|, |fɪˈlɪpʌɪ| Ֆիլիպե; Փիլիպե *(հին քաղաք Հունաստանում)*

Philippians |fɪˈlɪpɪənz| *աստվածաշնչային* Փիլիպեցիներ; Թուղթ առ Փիլիպեցիներ *(Նոր Կտակարանի գրքերից մեկը)*

Philippines |ˈfɪlɪpiːnz| Ֆիլիպիններ *(պետություն Հարավարևելյան Ասիայում)*

Philistine |ˈfɪlɪstʌɪn| *noun* 1) փղշտացի 2) *փոխաբերական* վայրենի; բարբարոս

philology |fɪˈlɒlədʒi| *noun* բանասիրություն; լեզվաբանություն

philosopher |fɪˈlɒsəfə| *noun* փիլիսոփա

philosophical |fɪləˈsɒfɪk(ə)l| *adjective* 1) փիլիսոփայական 2) հանդարտ

philosophize |fɪˈlɒsəfʌɪz| *verb* փիլիսոփայել

philosophy |fɪˈlɒsəfi| *noun* (հոգն. **-phies**) փիլիսոփայություն ◊ **moral philosophy** էթիկա; բարոյագիտություն. **natural philosophy** ֆիզիկա; բնափիլիսոփայություն

phiz |fɪz| *noun խոսակցական* դեմք; կերպարանք

phlegm |flɛm| *noun* 1) խորխ; լորձ 2) սառնարյունություն; ալարկոտություն; անտարբերություն; հուլություն

phlegmatic |flɛgˈmætɪk| *adjective* սառնարյուն;

անտարբեր; ալարկոտ; ծույլ

phobia |ˈfəʊbɪə| *noun* վախ; երկյուղ

Phobos |ˈfəʊbɒs| *աստղագիտություն* Ֆոբոս *(Մարս մոլորակի արբանյակներից մեկը)*

Phoenicia |fəˈniːʃə| Փյունիկիա *(հին երկիր ներկայիս Լիբանանի և Սիրիայի տարածքում)*

Phoenix |ˈfiːnɪks| Ֆենիքս *(ԱՄՆ-ի Արիզոնա նահանգի մայրաքաղաքը)*

phoenix |ˈfiːnɪks| *noun* 1) *դիցաբանություն* փյունիկ 2) կատարելության տիպար

phone[1] |fəʊn| **1** *noun* հեռախոս; հեռախոսի լսափող ◇ **by phone, over the phone** հեռախոսով. **on the phone** հեռախոսի մոտ. **get sb on the phone** մեկի հետ հեռախոսով կապվել. **hang up the phone** լսափողը կախել **2** *verb* զանգահարել; հեռախոսով զանգել; հեռախոսել; հեռաձայնել; հեռախոսով հայտնել

phone call հեռախոսազանգ

phone number հեռախոսահամար

phone[2] |fəʊn| *noun հնչյունաբանություն* լեզվական հնչյուն

phone book *noun* 1) հեռախոսագիրք; հասցեագիրք 2) էլեկտրոնային հեռախոսագիրք

phoneme |ˈfəʊniːm| *noun հնչյունաբանություն* հնչույթ

phonemic |ˌfəʊˈniːmɪk| *adjective* հնչույթաբանական; հնչույթային

phonetic |fəˈnɛtɪk| *adjective հնչյունաբանություն* 1) հնչյունային 2) հնչյունաբանական

phonetically *adverb* հնչյունաբանորեն; հնչյունաբանության տեսակետից

phonetician |ˌfəʊnɪˈtɪʃ(ə)n|, |ˌfɒn-| *noun* հնչյունաբան; հնչյունագետ

phonetics |fəˈnɛtɪks| *plural noun* հնչյունաբանություն; հնչյունական համակարգ *(տվյալ լեզվի)*

phonic |ˈfəʊnɪk|, |ˈfɒnɪk| *adjective* ձայնական; հնչական; հնչյունային

phonograph |ˈfəʊnəgrɑːf| *noun* ձայնագիր

phonology |fəˈnɒlədʒi| *noun* հնչույթաբանություն *(հնչյունային համակարգի ուսումնասիրություն)*

phony |ˈfəʊni| (նաև **phoney**) *խոսակցական* **1** *adjective* (**-nier**, **-niest**) կեղծ; կեղծված; խարդախված; խաբեբայական; փքուն; ուռցրած; կեղծ **2** *noun* (հոգն. **-nies**) 1) կեղծում; կեղծիք 2) խաբեբա; կեղծարար

phony war տարօրինակ պատերազմ *(Երկրորդ համաշխարհային պատերազմի սկզբում (1939-ի սեպտեմբերից մինչև 1940-ի մայիսը), երբ պատերազմական գործողություններ չէին կատարվում)*

phosphate |ˈfɒsfeɪt| *noun քիմիա* ֆոսֆատ; ֆոսֆորական թթվի աղ

phosphoric |fɒsˈfɒrɪk| *adjective* 1) *քիմիա* ֆոսֆորական; ֆոսֆոր պարունակող 2) ֆոսֆորային; ֆոսֆորափայլ *(լույս)*

phosphorous |ˈfɒsf(ə)rəs| *adjective* 1) *քիմիա* ֆոսֆորային 2) լուսափայլ

phosphorus |ˌfɒsf(ə)rəs| *noun քիմիա* ֆոսֆոր

photo |ˈfəʊtəʊ| *noun* (հոգն. **-tos**) 1) լուսանկար 2) *մարզական* ֆոտոֆինիշ; լուսավերջնագիծ

photo- |ˈfəʊtəʊ| *combining form* լուսա-

photocell |ˈfəʊtəʊsɛl| *noun* լուսաէլեկտրական բջիջ

photocopier |ˈfəʊtəʊkɒpɪə| *noun* լուսապատճենիչ

photocopy |ˈfəʊtəʊkɒpi| **1** *noun* (հոգն. **-copies**) լուսապատճեն **2** *verb* (**-copies**, **-copied**) լուսապատճենել

photoelectric |ˌfəʊtəʊɪˈlɛktrɪk| *adjective* լուսաէլեկտրական

photoelectric cell *noun* լուսաէլեկտրական բջիջ

photograph |ˈfəʊtəgrɑːf| **1** *noun* լուսանկար **2** *verb* 1) լուսանկարել 2) հայտնվել լուսանկարում

photographer *noun* լուսանկարիչ

photography |fəˈtɒgrəfi| *noun* լուսանկարչություն; լուսանկարում; լուսանկարելը

photon |ˈfəʊtɒn| *noun ֆիզիկա* ֆոտոն

photosensitive |fəʊtəʊˈsɛnsɪtɪv| *adjective* լուսազգայուն

photosynthesis |ˌfəʊtə(ʊ)ˈsɪnθɪsɪs| *noun* լուսասինթեզ; ֆոտոսինթեզ

phototrophic |ˌfəʊtəʊˈtrəʊfɪk|, |-ˈtrɒfɪk| *adjective կենսաբանություն* լուսասնուցող; լուսասուն

phototropism |ˌfəʊtə(ʊ)ˈtrəʊpɪz(ə)m|, |fəʊˈtɒtrəˌpɪz(ə)m| *noun կենսաբանություն* լուսաձգտություն

phrasal verb *noun քերականություն* դարձվածային բայ

phrase |freɪz| **1** *noun* 1) արտահայտություն; դարձվածք; դարձված; բառակապակցություն ◇ **stock/set phrase** կայուն բառակապակցություն 2) ոճ *(խոսքի)* ◇ **in simple phrase** պարզ լեզվով/ոճով 3) *երաժշտություն* դարձված **2** *verb* 1) բառերով արտահայտել; ձևակերպել 2) վերածել դարձվածների *(երաժշտությունը)*

turn of phrase արտահայտչաձև; արտահայտվելու ձև

phrase book *noun* 1) դարձվածային բառարան 2) զրուցարան *(օտարերկրյա այցելուների համար)*

phraseological |-zɪəˈlɒdʒɪk(ə)l| *adjective* դարձվածաբանական

phraseology |ˌfreɪziˈɒlədʒi| *noun* (հոգն. **-gies**) 1) դարձվածաբանություն 2) լեզու; ոճ; դարձվածային կազմ

Phrygia |ˈfrɪdʒɪə| Փռյուգիա *(հին երկիր Փոքր Ասիայում)*

phylum |ˈfʌɪləm| *noun* (հոգն. **-la** |-lə|) *կենդանաբանություն* տիպ *(կենսաբանական դասակարգման ամենավերին միավորը)*

physic |ˈfɪzɪk| *հնացած* **1** *noun* 1) բժշկություն 2) *խոսակցական* դեղ **2** *verb* (**physicked**, **physicking**) բուժել; դեղ տալ

physical |ˈfɪzɪk(ə)l| **1** *adjective* 1) ֆիզիկական; նյութական; մարմնական 2) ֆիզիկական; ֆիզիկային վերաբերող 3) մարմնական; սեռական

4) արտաքին **2** *noun* (նաև **physical examination**) առողջական վիճակի ստուգում

get physical 1) կատաղել; զայրանալ 2) մարմնապես մտերմանալ

physical education *noun* ֆիզդաստիարակություն; ֆիզիկական դաստիարակություն

physically *adverb* ֆիզիկապես; մարմնապես

physician |fɪˈzɪʃ(ə)n| *noun* բժիշկ

Physician heal thyself. *աստվածաշնչային* Բժի՛շկ, բժշկի՛ր քո անձը:

physicist |ˈfɪzɪsɪst| *noun* ֆիզիկոս

physics |ˈfɪzɪks| *plural noun* 1) ֆիզիկա 2) *հնացած* բնագիտություն; բնափիլիսոփայություն

physiologic *adjective* բնախոսական

physiology |ˌfɪzɪˈɒlədʒi| *noun* բնախոսություն

physique |fɪˈziːk| *noun* մարմնակազմություն; մարմնի կազմվածք; արտաքին տեսք

pianist |ˈpɪənɪst| *noun* դաշնակահար; դաշնակահարուհի

piano¹ |pɪˈænəʊ| *noun* (հոգն. **-os**) դաշնամուր; դաշնակ ◊ **grand piano** համերգային դաշնամուր; թևադաշնակ. **cottage/upright piano** ուղղահայաց դաշնամուր

piano² |ˈpjɑːnəʊ| *երաժշտություն* **1** *adverb, adjective* մեղմ **2** *noun* (հոգն. **-nos** կամ **-ni** |-ni|) մեղմ հատված *(երաժշտական գործի)*

piazza |pɪˈætsə| *noun* 1) հրապարակ; շուկա *(հատկապես իտալական քաղաքներում)* 2) *ամերիկյան* ծածկապատշգամբ

picaresque |ˌpɪkəˈrɛsk| *adjective* արկածային; խաբեբայապատում *(վեպի մասին)*

picaroon |ˌpɪkəˈruːn| **1** *noun հնացած* խաբեբա; սրիկա; ծովահեն **2** *verb* ծովահենություն անել

piccaninny |ˈpɪkənɪni| **1** *noun վիրավորական* (բրիտանական **pickaninny**) նեգրի ճուտ; փոքրիկ նեգր **2** *adjective* փոքրիկ

piccolo |ˈpɪkələʊ| *noun* (հոգն. **-los**) *երաժշտություն* փոքր ֆլեյտա/սրինգ

pick¹ |pɪk| **1** *verb* 1) ընտրել; ջոկել; գտնել *(համապատասխանը, հարմարը)* 2) հավաքել; քաղել *(ծաղիկներ, պտուղներ և այլն)* 3) հորատել; գայլիկոնով ծակել 4) փորփրել; քչփորել 5) մաքրել; ջոկջկել *(հատապտուղները)* 6) կտցել *(հատիկները)* 7) հատել; «մաքրել» *(գրպանները)* 8) կոտրել *(կողպեքը)* 9) հաջորդաբար դիպչել *(կիթառի և այլնի լարերին)* • **pick at** i) փնթփնթալ; վրան խոսել; հանգիստ չտալ; «սպանել» **pick off** գնդակահարել *(մեկը մյուսի ետևից)* ii) քաղել; պոկել **pick on** i) ձանձրացնել; տաղտկացնել; զահլան տանել ii) ծաղրել; քննադատել **pick out** i) ջոկել; ընտրել ii) դուրս քաշել; պոկել; հանել iii) տարբերել iv) հասկանալ; կռահել *(միտքը, իմաստը)* v) լսողությամբ նվագել vi) հայտնաբերել **pick up** i) բարձրացնել *(գետնից, հատակից)* ii) ստանալ; գտնել; ձեռք բերել; փոխառնել; յուրացնել; ընկալել *(բառերը, արտահայտությունը)* iii) հավաքել *(տեղեկություններ)* iv) վաստակել *(ապրուստի միջոց)* v) բռնել; որսալ *(ռադիոյով, լուսարձակով)* vi) առողջանալ; կազդուրվել vii) արագացնել *(շարժումը)* viii) ետևից գնալ; բերելու/տանելու գնալ *(փոխադրամիջոցով)* ix) հավաքել; ժողովել **2** *noun* 1) ընտրություն 2) ընտրյալ ◊ **take your pick!** ընտրեցե՛ք 3) հարված *(որևէ սուր բանով)*

pick and choose լինել պահանջկոտ/խստաբարո; խտրություն դնել

pick and steal մանր գողությամբ զբաղվել

pick one's steps/way դանդաղորեն առաջ շարժվել; զգույշ առաջանալ՝ ճանապարհ հարթելով

the pick of the basket մի բանի ամենաընտիր/լավագույն մասը; վերի արտի ցորեն

pick² |pɪk| *noun* 1) քլունգ; բրիչ 2) ատամնափորիչ; ատամնաքչփորիկ; ատամնափայտիկ

pickaback *adverb* մեջքին; շալակին

pickaninny (նաև **picaninny** կամ **piccaninny**) **1** *noun* (հոգն. **-nies**) *վիրավորական* տե՛ս **piccaninny** **2** *adjective հնավանդ* շատ փոքր

pickax |ˈpɪkæks| (նաև **pickaxe**) **1** *noun* քլունգ; բրիչ; ակուր **2** *verb* քլունգով քանդել/փխրունացնել *(հողը)*

picket |ˈpɪkɪt| **1** *noun* 1) ցից; ցանկափայտ; ձող 2) բողոքի ցույց; պիկետ 3) պահախմբի անդամ 4) *ռազմական* պահպանաջոկատ; պահակաջոկատ **2** *verb* (**-eted**, **-eting**) 1) ցանկապատել; ցցաշար տնկել 2) բողոքի ցույց անել 3) *ռազմական* պահպանաջոկատ ուղարկել; պահակաջոկատ կանգնեցնել/կարգել 4) կապել *(արածող անասունին)*

pickings |ˈpɪkɪŋz| *plural noun* 1) մնացորդներ *(ուտելիքի)* 2) մանր ավար

pickle |ˈpɪk(ə)l| **1** *noun* 1) թթու դրած բանջարեղեն 2) թթու դրած վարունգ; աղ դրած վարունգ 3) քացախաջուր; աղաջուր թթվի համար; թթվաջուր 4) *խոսակցական* անախորժ դրություն 5) *խոսակցական* չարաճճի երեխա **2** *verb* թթու դնել

in a fine/pretty pickle *խոսակցական* ողբալի/անկարգ վիճակում; ամեն ինչ գլխիվայր

picklock |ˈpɪklɒk| *noun* 1) կոտրանք կատարող գող 2) ազնավուկ; կողպեքներ բացելու կեռ

pick-me-up *noun խոսակցական* 1) գրգռիչ միջոց; տրամադրությունը բարձրացնող միջոց 2) ոգելից ըմպելիք

pickpocket |ˈpɪkpɒkɪt| **1** *noun* գրպանահատ **2** *verb* գրպանահատություն անել

pickup **1** *noun* 1) պիկապ *(ավտոմոբիլ)* 2) *ամերիկյան* պատահական ծանոթություն *(սեռական հարաբերություն ունենալու նպատակով)* 3) *ռադիո* աղմուկներ/ազդանշաններ ընդունելը 4) տնտեսական ցուցանիշների բարելավում **2** *adjective* ոչ պաշտոնական; ինքնաբերական

picky |ˈpɪki| *adjective* (**pickier**, **pickiest**) *խոսակցական* պահանջկոտ; խստապահանջ

picnic |ˈpɪknɪk| **1** *noun* 1) զբոսախնջույք; պիկնիկ; դաշտահանդես 2) հաճելի ժամանց **2** *verb* (**-nicked**, **-nicking**) զբոսախնջույքի մասնակցել; զբոսախնջույք սարքել

no picnic Հեշտ գործ չէ: Լուրջ բան է: Թթու է՝ թան չէ, ամեն մարդու բան չէ:

pictorial |pɪkˈtɔːrɪəl| **1** *adjective* 1) գեղատեսիլ; գեղեցիկ 2) գեղանկարչական; գունանկարչական ◊ **pictorial art** գեղանկարչություն 3) պատկերավոր; վառ; արտահայտիչ 4) պատկերազարդ 5) գեղարվեստական 6) գծանկարչական; գրաֆիկական **2** *noun* պատկերազարդ ամսագիր/թերթ

picture |ˈpɪktʃə| **1** *noun* 1) նկար; պատկեր 2) դիմանկար 3) ներպար; պատկեր 4) մարմնացում *(առողջության և այլնի)* 5) (**pictures**) կինոնկար 6) իրավիճակ; իրադրություն; պատկեր **2** *verb* 1) նկարել 2) նկարագրել; պատկերել 3) երևակայել; պատկերացնել

be high up in the picture, be in the pictures *ամերիկյան* առաջադիմել; բարգավաճել; ծաղկել; փթթել

be in picture նկարահանվել կինոյում

come/step into the picture 1) ելույթ ունենալ բեմի վրա 2) երևալ առաջին շարքում

draw a picture նկարել; նկար ստեղծել

not in the picture, out of the picture աններդաշնակ/անհամապատասխան; ընդհանուրի հետ ոչ համահունչ

pass from the picture իջնել բեմից; վերջ տալ դերասանությանը

put sb in the picture տեղեկացնել

take a picture նկարահանել; լուսանկարել

the moving picture կինոնկար; ֆիլմ

picture book *noun* մանկական պատկերազարդ գիրք

picture card *noun* *թղթախաղ* պատկերաթուղթ *(թագավոր, աղջիկ, զինվոր)*

picture palace *noun* *հնացած* կինոթատրոն

picturesque |ˌpɪktʃəˈrɛsk| *adjective* 1) գեղատեսիլ; գեղեցիկ 2) պատկերավոր; գունագեղ; գունեղ

piddling *adjective* *խոսակցական* դատարկ; չնչին; մանր

pidgin |ˈpɪdʒɪn| *noun* *լեզվաբանություն* փիջին *(միջլեզվային հարաբերությունների ժամանակ առաջացող լեզու, որն օգտագործում է մի լեզվի բառամթերքը և մյուսի քերականությունը)*

pie[1] |pʌɪ| *noun* 1) կարկանդակ; պաշտետ; մսակարկանդակ 2) *ամերիկյան* տորթ; քաղցր կարկանդակ ◇ **Eskimo pie** էսկիմո *(պաղպաղակ)*

cut a pie *ամերիկյան* խառնվել; քիթը խոթել ինչ-որ գործի մեջ

eat humble pie, eat dirt, eat one' s leek ստորանալ; նսեմանալ; վիրավորանքը կուլ տալ; հաշտվել; խոնարհվել

have a finger in the pie մասնակցել; մատը խառը լինել ինչ-որ գործում

pie in the sky կարկանդակ՝ այն աշխարհում *(աղքատների միակ հույսը)*

resurrection pie *ծածկալեզու* կարկանդակ՝ թերմացքից/ավելցուկներից

shepherd's pie կարտոֆիլով և մսով թխվածքաբլիթ

pie[2] |pʌɪ| *noun* տե՛ս **magpie**

pie[3] |pʌɪ| *noun* *հնդկական* *անգլերեն* մանր դրամ

piebald |ˈpʌɪbɔːld| **1** *adjective* խայտաբղետ; պիսակավոր, խատուտիկ **2** *noun* պիսակավոր ձի

piece |piːs| **1** *noun* 1) կտոր; մաս; բաժին 2) բեկոր; կտոր 3) գործ; երկ; ստեղծագործություն *(գրական, գեղարվեստական, երաժշտական)* 4) առանձին առարկա; հատ ◇ **a piece of furniture** կահույքի առարկա *(սեղան, աթոռ և այլն)*. **a piece of plate** աման 5) օրինակ; տիպար; նմուշ 6) շախմատային խաղաքար 7) մետաղադրամ 8) *ռազմական* (նաև **a piece of ordnance**) զենք; հրանոթ; թնդանոթ 9) *ամերիկյան* երաժշտական գործիք 10) կարկատան **2** *verb* 1) կարկատել; նորոգել *(հագուստը)* 2) կտոր-կտոր միացնել; հավաքել; համակցել • **piece down** տակը կտոր գցել; երկարացնել *(հագուստը)* **piece on, piece on to** մի բանի հետ կցել/միացնել **piece out** միացնել; համակցել **piece up** կարկատել

a piece of flesh մարդկային էակ, արարած; Աստծո ստեղծած

a piece of luck բախտավորություն; մի կտոր բախտ; մի կաթիլ երջանկություն; մի փոքր հաջողություն

a piece of water լճակ; լիճ

a piece of work 1) աշխատանք; ստեղծագործություն 2) դժվար գործ/խնդիր/առաջադրանք

come/go to piece, go all to pieces քանդվել; փլվել; ուժից ընկնել; ուժասպառ լինել

in pieces մասերի բաժանված; կտոր-կտոր; երկպառակտված; մասնատված; բաժան-բաժան; մաս-մաս

pick up the pieces *կատակային* վեր կենալ; ոտքի կանգնել/ելնել

piece by piece մաս առ մաս; աստիճանաբար; քիչ-քիչ

speak a/one's piece անգիր ասել; սերտել *(ոտանավորից հատված)*

take to pieces 1) քանդել; մաս-մաս անել *(մեքենան)* 2) *փոխաբերական* վերլուծել; քննադատության ենթարկել; բզիկ-բզիկ անել

piecemeal |ˈpiːsmiːl| **1** *adjective* մաս-մաս արվող; աստիճանական **2** *adverb* 1) մաս-մաս; աստիճանաբար 2) հատով; հատ-հատ 3) հատավարձով; գործարքով

piece rate *noun* գործավարձ; գործարքային աշխատանքի վարձ

piecework |ˈpiːswəːk| *noun* հատավարձով աշխատանք

pie chart *noun* բլիթաձև գծույթ/գծագիր

pied |pʌɪd| *adjective* խայտաբղետ; պիսակավոր; գույնզգույն

pier |pɪə| *noun* 1) ալեհերձ; ալեհատ; ծովապատնեշ 2) կամրջանեցուկ; կամրջասյուն 3) արանքապատ; պատամաս *(դռների և լուսամուտների արանքում)* 4) *ծովային* կառանացից; կառանման տեղ; պիրս 5) նավամատույց; կառամատույց

pierce |pɪəs| *verb* 1) խոցել; ծակել; շամփրել 2) խթել; ծակել; ծակ բաց անել; հորատել; շաղափել 3) թունել անցկացնել 4) թափանցել; ներս մտնել 5) ամպերի տակից դուրս նայել *(արևի մասին)* 6) խզել; խախտել *(լռությունը)* 7) թափանցել *(ցրտի մասին)* 8) *ռազմական* ճեղքել *(ճակատային գիծը)* 9) անցքեր անել *(ականջներին, մարմնի տարբեր մասերին՝ զարդեր ամրացնելու համար)*

piercing *adjective* 1) զիլ; բարձր ու սուր; ականջ ծակող 2) սուր *(ցավի մասին)* 3) սուր; ծակող; թափանցող *(հայացքի/ցրտի մասին)* 4) *ռազմական* զրահահար

pier glass *noun* մեծ ու կանգուն հայելի

piety |ˈpʌɪəti| *noun* (հոգն. **-ties**) բարեպաշտություն; աստվածավախություն

piffle |ˈpɪf(ə)l| *noun* *խոսակցական* դատարկաբանություն; զրախոսություն; զազրախոսություն

pig |pɪɡ| **1** *noun* 1) *կենդանաբանություն* խոզ *(Sus domesticus, ընտանիք Suidae)* 2) խոզի/գոճու միս ◊ **roast pig** տապակած խոճկոր 3) կտոր; բլթակ *(ճարճի)* 4) *տեխնիկական* ձուլակոճ; մետաղաձուլվածք 5) *երկաթուղային* հրիչ շոգեքարշ 6) *ռազմական* արգելափակիչ օդապարիկ **2** *verb* (**pigged**, **pigging**) 1) խժռել; փորը լցնել 2) ծնել; ձագ բերել *(խոզի մասին)* 3) կեղտի մեջ ապրել; խոզի պես ապրել

blind pig *ամերիկյան հնացած* տեղ/բար, որտեղ անօրինական կերպով վաճառվում են ոգելից խմիչքներ *(«չոր օրենքի» գործելու ժամանակ)*

buy a pig in a poke 1) ապրանքը գնել առանց նայելու/տեսնելու/ուսումնասիրելու 2) գործ ստանձնել՝ չմտածելով հետևանքների մասին

carry one's pigs to market *հազվադեպ* փորձել որևէ բան վաճառել; ձգտել հասնել արդյունքի

get the wrong pig by the tail *ամերիկյան* կեղծ հետքի վրա ընկնել; սխալ հետքով գնալ; դիմել սխալ հասցեով; անտեղի մեղադրել

guinea pig 1) ծովախոզուկ 2) *փոխաբերական* եռթափորձային կենդանի

In less than a pig's whisper/whistle. *խոսակցական* Հենց հիմա: Աչքդ չթարթած: Մի ակնթարթում: Անմիջապես:

make a pig of oneself խժռել; խոզի պես լափել; ուտելուց տրաքել

pigs in clover դուրսպրծուկ մարդ, որն արժանի չէ իր գրաված բարձր պաշտոնին

Pigs might fly. *կատակային* Կովերն էլ երբեմն թռչում են:

sell a pig in a poke կատուն պարկի մեջ ծախել; հարսին քողով սաղացնել

teach a pig to play on a flute *ծածկալեզու* խոզին սովորեցնել սրինգ նվագել; Խոզի գլուխը դնես գորգի վրա՝ կգլորվի ցեխը կընկնի:

We don't kill a pig every day. *խոսակցական* Ամեն օր խոզ չես մորթի: Ամեն օր տոն չի լինի: Ամեն օր գետը գերան չի բերի: Ամեն օր պապը փլավ չի ուտի:

When pigs fly. *առած* Երբեք: Իշի զատկին: Ժամանակ չկա: Երբ որ երբը գա:

pigeon¹ |ˌpɪdʒɪn|, |ˌpɪdʒ(ə)n| *noun* 1) *կենդանաբանություն* աղավնի *(ընտանիք Columbidae)* ◊ **homing pigeon** փոստատար աղավնի 2) պարզամիտ/միամիտ մարդ 3) *ռազմական ծածկալեզու* տվյալ կողմից ուղարկված ինքնաթիռ

Little pigeons can carry great messages. *առած* Պստիկ է, բայց ճստիկ է: Ոսկին մանր է, գինը՝ ծանր: Փոքր մարդիկ երբեմն մեծ գործեր են անում:

pluck a pigeon *ծածկալեզու* պլոկել; թալանել; կողոպտել

shoot at a pigeon and kill a crow աղավնու վրա կրակել՝ ագռավ սպանել; իսկական նպատակը քողարկել

stool pigeon 1) աղավնի, որ ծառայում է ուրիշ աղավնիներ հրապուրելու համար 2) *փոխաբերական* սադրիչ; լրտես; խուզարկու; տեղեկություն բերող-տանող

That's my pigeon. Դա արդեն իմ գործն է:

pigeon² |ˌpɪdʒɪn| *noun* տե՛ս **pidgin**

pigeon-hearted *adjective* 1) վախկոտ; երկչոտ 2) մեղմ; բարեսիրտ

pigeonhole **1** *noun* 1) գրասեղանի/դարակի բաժանմունքը *(նամակների/փաստաթղթերի համար)* 2) աղավնաբույն **2** *verb* 1) փաստաթղթերը դասավորել/դասդասել 2) մի կողմ դնել հետագայում քննարկելու համար

piggery |ˈpɪɡ(ə)ri| *noun* (հոգն. **-eries**) խոզանոց; խոզաբույն

piggish |ˈpɪɡɪʃ| *adjective* 1) խոզային 2) կեղտոտ 3) ագահ 4) կամակոր; համառ

piggy |ˈpɪɡi| **1** *noun* (հոգն. **-gies**) խոզուկ; խոճկոր **2** *adjective* խոզային; խոզի *(հատկապես ախորժակի մասին)*

piggyback |ˈpɪɡɪbæk| **1** *noun* որևէ մեկի շալակին գնալը **2** *adverb* 1) շալակին 2) համակցված կերպով **3** *verb* 1) շալակած տանել 2) կցել; դնել *(որևէ բանի վրա)* 3) հենվել *(կատարված աշխատանքի վրա)* **4** *adjective* 1) շալակած 2) կպցրած; կցված

piggy bank *noun* խնայատուփ *(մանրադրամ կուտակելու համար)*

pigheaded *adjective* համառ; բթամիտ

pig iron *noun* չուգունի ձուլաձող

piglet *noun* խոճկոր

pigment |ˈpɪɡm(ə)nt| **1** *noun* գունանյութ; ներկանյութ **2** *verb* գունանյութով ներկել

pignut |ˈpɪɡnʌt| *noun* *բուսաբանություն* գետնընկույզ; գետնանուշ *(Genus Carya, ընտանիք Juglandaceae)*

pigskin |ˈpɪɡskɪn| *noun* 1) խոզի կաշի 2) *խոսակցական* թամբ 3) *ամերիկյան խոսակցական* ֆուտբոլ

pigsty |ˈpɪɡstʌɪ| *noun* (հոգն. **-sties**) խոզանոց; խոզաբույն

pigtail |ˈpɪɡteɪl| *noun* ծամիկ; փոքրիկ հյուս

pike¹ |pʌɪk| *noun* (հոգն. նույնը) *կենդանաբանություն* գայլաձուկ *(ընտանիք Esocidae)*

pike² |pʌɪk| **1** *noun* *պատմական* 1) տեգ; նիզակ 2) սուր ծայր; փուշ **2** *verb* *պատմական* ծակել; խոցել *(նիզակով, տեգով)*

pikestaff |ˈpʌɪkstɑːf| *noun* *պատմական* նիզակի կոթ

plain as a pikestaff լույսի պես պարզ

pilaster |pɪˈlæstə| *noun* *ճարտարապետություն* քառանկյունի հարթ որմնասյուն

pilchard |ˈpɪltʃəd| *noun* *կենդանաբանություն* սարդինաձուկ; հրձուկ *(Sardinops և այլ տեսակներ, ընտանիք Clupeidae)*

pile¹ |pʌɪl| **1** *noun* 1) կույտ; դեզ 2) խուրձ; կապ 3) մեծ քանակություն 4) հսկայական շենք; մեծակույտ; հսկայական զանգված; վիթխարի բան 5) *խոսակցական* կարողություն; հարստություն **2** *verb* 1) կիտել; դիզել 2) իրար վրա կուտակել/դիզել 3) (**pile up**) ավելանալ; կուտակվել 4) (**plie something up**) ավելացնել; կուտակել 5) (**pile**

someting on) ուժեղացնել; չափազանցել 6) (**pile into**) բախվել *(ավտոմեքենայի մասին)*

consign to the junk pile *փոխաբերական* աղբակույտը նետել; ճնադարան ճանձնել

make one's pile *խոսակցական* ճարստանալ; փող կուտակել; ճարստություն դիզել

pile it on չափազանցել

pile² |pʌɪl| **1** *noun* 1) ցից 2) ճենասյուն *(գետի մեջ)* **2** *verb* ցցեր խփել; ճենասյուներ խփել; ճենասյուներով ամրացնել

pile³ |pʌɪl| **1** *noun* 1) խավ; մազախավ 2) բուրդ; մազ; աղվամազ **2** *verb* խավով զարդարել

pileup (նաև **pile-up**) *noun* *խոսակցական* 1) ավտովթար *(մի քանի մեքենաների բախումից)* 2) կուտակում

pilfer |'pɪlfə| *verb* գողանալ; թռցնել *(փոքրարժեք բաներ)*

pilferage *noun* մանր գողություն

pilgrim |'pɪlgrɪm| **1** *noun* 1) ուխտավոր; ուխտագնաց 2) պանդուխտ; թափառական; ճամփորդ **2** *verb* (**-grimed**, **-griming**) *ճնավանդ* ուխտագնացություն կատարել

pilgrimage |'pɪlgrɪmɪdʒ| **1** *noun* 1) ուխտագնացություն; ուխտավորություն 2) ուղևորություն; երկարատև ճամփորդություն 3) պանդխտություն **2** *verb* ուխտագնացություն կատարել

pill¹ |pɪl| **1** *noun* 1) դեղաճատ; ճաբ 2) *խոսակցական* անդուր/տճաճ մարդ 3) *մարզական խոսակցական* գնդակ **2** *verb* 1) ճաբեր տալ 2) *ծածկալեզու* քվեարկությամբ տապալել; սև քվե տալ

a bitter/hard pill to swallow դառը ճաբ; ծանր անճրաժեշտություն; վիրավորանք/ստորացում, որի ճետ ստիպված ես ճաշտվել

a pill to cure an earth-quake երկրաշարժը բուժելու ճաբ; անօգուտ միջոց; ջրի կաթիլ՝ ծովում; ավազաճատիկ՝ անապատում

coated pill քաղցրացրած դեղաճաբ

guild/sugar/sugar-coat the pill քաղցրացնել/շաքարապատել դեղաճաբը

pill and poll, poll and pill *ճնացած* թալանել/կողոպտել/սնանկացնել մեկին

pill² *verb* քորքոտվել; գնդիկներ առաջանալ

pillage |'pɪlɪdʒ| **1** *verb* կողոպտել; թալանել **2** *noun* 1) կողոպուտ; թալան; ավարառություն 2) ավար; կողոպտած բան

pillar |'pɪlə| *noun* 1) սյուն; կոթող 2) ճենարան; նեցուկ; պատվար

a pillar of the faith/law/society եկեղեցու/օրենքի/ճասարակության սյուներ; նեցուկ; պատվար; սյուն

from pillar to post մի գործից մյուսը; մի խոչընդոտից մյուսը; մի բանից մյուսը

reach Hercule's pillars *փոխաբերական* սաճմանագծին ճասնել; ծայրաճեղության/չափազանցության մեջ ընկնել

pillar box *noun* փոստարկղ

pillbox |'pɪlbɔks| *noun* 1) դեղաճաբերի տուփ 2) *կատակային* փոքրիկ տանկ/կառք/ավտոմոբիլ 3) *ռազմական* դոտ; ամրակառույց կրակակետ

pillion |'pɪljən| *noun* 1) թամբի բարձիկ 2) մոտոցիկլետի ետևի նստելատեղ

ride pillion մոտոցիկլետի ետևի նստարանին նստել

pillory |'pɪləri| *պատմական* **1** *noun* (*հոգն.* **-ries**) անարգանքի սյուն **2** *verb* (**-ries**, **-ried**) 1) անարգանքի սյունին գամել; նշավակել 2) ծաղրանքի մատնել; ծաղր ու ծանակի առարկա դարձնել

be in the pillory ծաղրուծանակի առարկա լինել; խաղք ու խայտառակ լինել

nail/put/set in the pillory անարգանքի սյունին գամել; դարձնել ճամընդճանուր ծաղրի առարկա

pillow |'pɪləʊ| **1** *noun* 1) բարձ 2) *տեխնիկական* տակդիր; զետեղիկ; ներդրուկ; միջարկ **2** *verb* 1) գլուխը բարձին դնել 2) որպես բարձ ծառայել

consult with one's pillow, take counsel of one's pillow թողնել վաղվան; բարձի տակ դնել; գնա մտածիր; լույսը կբացվի՝ բարին ճետը; բարձի ճետ խորճուրդ անել; ճարցի լուծումը թողնել վաղվան

pillowcase |'pɪləʊkeɪs| *noun* բարձի երես; բարձերես

pillowy *adjective* փափուկ; զիջող; ճարմարվող; տեղի տվող

pilot |'pʌɪlət| **1** *noun* 1) նավատար; լոցման; ղեկակալ 2) օդաչու; օդանավորդ 3) *տեխնիկական* կարգավորիչ **2** *adjective* 1) փորձնական 2) առաջնորդող; ուղեկցող **3** *verb* (**-loted**, **-loting**) 1) վարել; ղեկավարել; օդաչու լինել 2) փորձարկել

drop the pilot ճավատարիմ/փորձված խորճրդատուից ճրաժարվել

pilotage *noun* 1) նավավարում; նավը վարելը 2) օդանավ վարելը/ղեկավարելը; օդանավավարում

pilothouse *noun* (նաև **wheelhouse**) ղեկապետի խցիկ

pimp |pɪmp| **1** *noun* կավատ **2** *verb* կավատություն անել

pimping |'pɪmpɪŋ| *adjective* *ճնավանդ* 1) մանր 2) թույլ; ճիվանդոտ

pimple |'pɪmp(ə)l| *noun* պզուկ; բշտիկ ◇ **goose pimples** սագամաշկ; ճավամաշկ

pimpled *adjective* պզուկոտ; պզուկներով ծածկված

PIN (նաև **PIN number**) *abbreviation* personal identification number անճատական նույնացման թիվ

pin |pɪn| **1** *noun* 1) գնդասեղ; քորոց; ճերակալ; ծամկալ; կցասեղ 2) *խոսակցական* (**pins**) ոտքեր 3) բլթակ *(բանալու)* 4) կեգլի *(խաղափայտ)* 5) *երաժշտություն* ականջ *(լարավոր գործիքների)* 6) տակառիկ *(4,5 գալոն տարողությամբ)* 7) *տեխնիկական* սռնածայր; պաճանակ; ձողերիթ; վզիկ **2** *verb* (**pinned**, **pinning**) 1) գնդասեղով կպցնել/ամրացնել 2) ծակել

be on the pin ճետևել; նայել; դիտել; ուսումնասիրել

be on the pins and needles ասեղների/փշերի վրա զգալ իրեն; անճանգիստ լինել

cleave the pin *ճնացած* խփել ուղիղ կենտրոնին *(նետ ու աղեղով)*

in/on/upon a merry pin *հնացած* ուրախ տրամադրության մեջ
keep in the pin *ծածկալեզու* չխմել; հեռու մնալ հարբեցողությունից
knock sb off his pins *խոսակցական* ցնցել/զարմացնել/ապշեցնել մեկին
let loose a pin *ծածկալեզու* վերադառնալ մոլորություններին/սովորույթներին *(հատկապես հարբեցողությանը)*
not worth a pin միանգամայն անպետք իր
pins and needles ծակծկոց վերջույթներում *(թմրելուց)*
put in the pin *ծածկալեզու* հիմար/անօգուտ սովորույթներին վերջ տալ *(հատկապես դադարեցնել հարբեցողությունը)*
stick pins into sb 1) ինչ-որ մեկին ոգևորել/բռնկել եռանդով 2) բարկացնել; գրգռել; ձանձրացնել
weak on his pins *խոսակցական* հազիվ ոտքերի վրա կանգնող; երերուն; ճոճվող

pinafore |ˈpɪnəfɔː| *noun* 1) գոգնոց *(սովորաբար երեխայի)* 2) կանացի հագուստ *(որը կոճկվում է ետևի կողմից)*

pince-nez |pãsˈneɪ| *noun* քթակնոց; պենսնե

pincer |ˈpɪnsə| *noun* (նաև **a pair of pincers**) 1) աքցան; ունելի; պինցետ; Գրբունելի 2) *կենդանաբանություն* չանչ; բռնաչանչ *(խեցգետնի և այլն)*

pinch |pɪn(t)ʃ| **1** *verb* 1) կսմթել; ճմկթել; կճմթել; սեղմել; ճմլել 2) ծակծկել; կծել *(սառնամանիքի մասին)* 3) տանջվել *(քաղցից)* 4) սեղմել; հուպ տալ 5) ծոմովել; կուչ գալ *(դեմքի մասին)* 6) ժլատություն անել; զլանալ 7) սահմանափակել; կրճատել; պակասեցնել 8) *խոսակցական* գողանալ; թռցնել 9) *խոսակցական* ձերբակալել **2** *noun* 1) կսմթոց; ճմկթոց; կճմթոց 2) պտղունց *(աղի և այլն)* 3) ծայրահեղ կարիք ◊ **at a pinch** ծայրահեղ դեպքում 4) *խոսակցական* գողություն 5) *խոսակցական* ձերբակալում; բանտարկություն
at/on a pinch ծայրահեղ/հակառակ դեպքում
feel the pinch դժվարության/նեղության մեջ լինել *(հատկապես՝ փողի)*
pinch sb's block *խոսակցական* մեկի ընկերոջը փախցնել/խլել

pinchbeck |ˈpɪn(t)ʃbɛk| **1** *noun* 1) ոսկեպղինձ; պղնձացինկ; կեղծ ոսկի 2) կեղծ զարդեղեն; կեղծած բան **2** *adjective* 1) ոսկեպղնձից պատրաստված 2) կեղծ; կեղծված

pinched *adjective* 1) գունատված 2) փողային դժվարության մեջ

pincher *noun* (**pinchers**) աքցան; ունելի

pine¹ |pʌɪn| *noun* 1) *բուսաբանություն* սոճի *(Genus Pinus, ընտանիք Pinaceae)* 2) *խոսակցական* արքայախնձոր; անանաս

pine² |pʌɪn| *verb* 1) դալկանալ; թոշնել; հյուծվել; նիհարել; հալումաշ լինել 2) (**pine for**) ծարավի լինել; տենչալ; փափագել; ձգտել; կարոտ քաշել

pineapple |ˈpʌɪnæp(ə)l| *noun* 1) *բուսաբանություն* արքայախնձոր; անանաս *(Ananas comosus, ընտանիք Bromeliaceae)* 2) *ռազմական խոսակցական* Գռնակ

pine cone *noun* սոճու կոն

pinery *noun* 1) արքայախնձորի ջերմոց/տնկարկ 2) սոճուտ; սոճու անտառ

Pine Tree State Սոճիների նահանգ *(ԱՄՆ-ի Մեն նահանգի մականունը)*

pinfold |ˈpɪnfəʊld| *պատմական* **1** *noun* փարախ **2** *verb* փարախի մեջ պահել

ping |pɪŋ| **1** *noun* 1) սուլոց *(գնդակի)* 2) *համակարգիչներ* ծնգոց; զնգոց *(համակարգչային ցանցում կապի ստուգման ազդանշան)* **2** *verb* 1) սուլել 2) *համակարգիչներ* ծնգացնել; զնգացնել

Ping-Pong |ˈpɪŋpɒŋ| *noun առևտրանշան* (նաև **table tennis**) սեղանի թենիս

pinhead |ˈpɪnhɛd| *noun* 1) գնդասեղի գլուխ 2) *խոսակցական* բթամիտ; հիմար; հաստագլուխ

pinion¹ |ˈpɪnjən| **1** *noun* 1) փետուր 2) *բանաստեղծական* թև *(թռչունի)* **2** *verb* 1) կապել թևերը 2) փետուրները կտրել *(չթռչելու համար)*

pinion² |ˈpɪnjən| *noun* 1) *տեխնիկական* ատամնանիվ 2) *պատմական* պարսպի ատամ

pink¹ |pɪŋk| **1** *adjective* վարդագույն **2** *noun* 1) վարդի գույն 2) ծաղկուն/լավագույն վիճակ 3) *բուսաբանություն* մեխակ *(Dianthus)* **3** *verb* կարմրել; շիկնել
in the pink *խոսակցական* ուժերի ծաղկման շրջանում; կատարյալ առողջ
the pink of health առողջության մարմնացում
the pink of perfection կատարելության գերագույն աստիճան

pink² *noun բուսաբանություն* մեխակ *(Genus Dianthus, ընտանիք Caryophyllaceae)*

pink³ |pɪŋk| *verb* 1) ատամիկներով/անցքերով զարդարել 2) ծակել; ծակ բացել 3) զարդարել

pinkish *adjective* բաց վարդագույն

pinnace |ˈpɪnɪs| *noun պատմական* Գավակ

pinnacle |ˈpɪnək(ə)l| **1** *noun* 1) բարձր լեռնագագաթ 2) գագաթնակետ **2** *verb բանաստեղծական* 1) գագաթին դնել 2) գագաթնակետ լինել

pint |pʌɪnt| (*հապվ.* **pt**) *noun* 1) պինտ *(հեղուկների չափ= 0,56 լ)* 2) մեկ պինտ գարեջուր

pinto |ˈpɪntəʊ| **1** *adjective* պիսակավոր; խծավոր **2** *noun* (*հոգն.* **-tos**) պիսակավոր ձի

piny *adjective* 1) սոճիներով հարուստ 2) սոճու

pioneer |pʌɪəˈnɪə| **1** *noun* 1) ռահվիրա; առաջին Գորաբնակ 2) պիոներ *(պիոներական կազմակերպության անդամ նախկին ԽՍՀՄ-ում)* 3) *ռազմական* պիոներ; սակրավոր զինվոր; ինժեներական զորամասեր 4) նախաձեռնող; նախաձեռնորդ **2** *verb* 1) ուղի հարթել 2) պիոներ/նախաձեռնող լինել

pious |ˈpʌɪəs| *adjective* 1) բարեպաշտ; կրոնապաշտ 2) հարգալից *(հատկապես ծնողների նկատմամբ)*

pip¹ |pɪp| *noun* կորիզ; կուտ *(խնձորի և այլն)*

pip² |pɪp| *noun* 1) աչք; կետ *(դոմինոյի, խաղաքարտի)* 2) աստղ *(ուսադիրների վրա)* 3) ծաղիկ *(ծաղկաբույլի մեջ)*

pip³ |pɪp| *noun* խլնախտ *(թռչունների հիվանդություն)*
give sb the pip *ծածկալեզու* մեկի մեջ հակակրանք առաջացնել
have the pip անտրամադիր լինել; իրեն օտար

զգալ

pip[4] |pɪp| *verb* (**pipped**, **pipping**) ձվի կճեպը ջարդել *(ճտի մասին)*

pip[5] |pɪp| *խոսակցական verb* (**pipped**, **pipping**) 1) քվեարկությամբ տապալել; սև քվե տալ; խափանել *(պլանները)* 2) կրակոցով վիրավորել մեկին

pipe |pʌɪp| **1** *noun* 1) խողովակ; խողովակաշար 2) ծխամորճ 3) (**pipes**) սրինգ; շվի; ֆլեյտա; փողային գործիքներ 4) երգ; սուլոց *(թռչունի)* 5) (**pipes**) շնչառական ուղիներ 6) գինու տակառ *(= 105 գալոնի=477 լիտրի)* **2** *verb* 1) նվագել *(սրինգ, շվի, դուդուկ և այլն)* 2) սուր ձայն հանել; սուլել 3) խողովակաշար անցկացնել 4) սուլիչով ազդանշան տալ; սուլոցով կանչել • **pipe down** *խոսակցական* լռել

dance after/to sb's pipe պարել ինչ-որ մեկի դուդուկի/նվագի տակ

fill one's pipe *ծածկալեզու* հարստանալ; հարստություն դիզել; քսակը լցնել; փող կուտակել

hit the pipe *ամերիկյան* ափիոն ծխել

king's/queen's pipe 1) վառարան՝ լոնդոնյան նավանորոգարաններում *(որի մեջ այրում են մաքսանենգային ծխախոտը)* 2) վառարան՝ աղբն այրելու համար

lay pipes *ամերիկյան քաղաքական ծածկալեզու* զբաղվել բանսարկությամբ/քսությամբ/մեքենայությամբ/խարդավանքով; «ձայն գնել»; «մշակել» ընտրողներին

put sb's pipe out խանգարել մեկի հաջողությանը; հաջողությունը խափանել; մեկի ճանապարհին քար գցել; քթից բերել; ճամփին կանգնել

Put that in your pipe and smoke it. *խոսակցական* Ականջիդ օ՛ղ արա: Հիշի՛ր մեկընդմիշտ: Մինչև մահ ու գերեզման չմոռանաս:

set up one's pipes *հնացած* գոռալ; ճչալ; աղաղակել; վայնասուն բարձրացնել; ողբալ

smoke the pipe of peace, smoke the calumet ծխել խաղաղության ծխամորճը; հաշտվել

tune one's pipe *շուտլանդական* լաց լինել; տզտզալ

pipe-clay |ˈpʌɪpkleɪ| (նաև **pipeclay** կամ **pipe clay**) **1** *noun* կաոլին; ճենահող *(ծխամորճեր պատրաստելու համար)* **2** *verb* (**pipe-clay** կամ **pipeclay**) սպիտակեցնել ճենահողով *(սովորաբար կաշին)*

pipeful *noun* մի լիքը ծխամորճ *(ծխախոտ)*

pipeline |ˈpʌɪplʌɪn| **1** *noun* խողովակաշար; նավթամուղ; գազամուղ **2** *verb* խողովակաշարով փոխադրել

in the pipeline ընթացքում; զարգացման մեջ

piper |ˈpʌɪpə| *noun* սրնգահար; շվի փչող; ֆլեյտահար

He who pays the piper, calls the tune. *առած* Ով փող ունի՝ նա էլ կարգադրում է:

pay the piper, pay the piper and call the tune 1) ծախսերը փակել/վճարել *(և հնարավորություն ունենալ հսկելու դրանք)* 2) լինել գլխավոր դեմքը; լինել դրության տերը

pay the piper while others call the tune վճարել ուրիշների պատվիրած երաժշտության համար *(ով թույլ է տալիս իր հաշվին ապրել)*

pipette |pɪˈpɛt| (նաև **pipet**) **1** *noun* փողիկ; խողովակիկ *(փոքր քանակի հեղուկներ տեղափոխելու համար, հատկապես գիտական աշխատանքներում)* **2** *verb* փողիկով լցնել

piping |ˈpʌɪpɪŋ| **1** *noun* 1) խողովակներ; խողովակաշար 2) սուլոց; սուլելը 3) փողային գործիք նվագելը 4) շաքարանախշ *(տորթի վրա)* 5) կանտ; եզրաքուղ *(հագուստի վրա)* **2** *adjective* 1) բարձր *(ձայնի մասին)* 2) խաղաղ *(ժամանակի մասին)*

pipkin |ˈpɪpkɪn| *noun* կավե աման; պուտուկ; կճուճ

piquancy *noun* կծվություն; բարկահամություն

piquant |ˈpiːk(ə)nt|, |-kɒnt| *adjective* 1) կծու; սուր; բարկահամ 2) *փոխաբերական* սաստիկ հետաքրքրաշարժ; հրապուրիչ; զգացմունք շարժող; գայթակղիչ

pique |piːk| **1** *noun* վիրավորվածություն; դառնության զգացում; վիրավորանք; հուզվածություն; զայրույթ **2** *verb* (**piques**, **piqued**, **piquing**) 1) վիրավորել; դիպչել *(ինքնասիրությանը)* 2) խայթել; խոցել 3) արթնացնել; գրգռել *(հետաքրքրությունը)* 4) ◇ **pique oneself on** *փոխաբերական* պարծենալ

out of pique բարկությունից/վիրավորանքից/հերսից դրդված

take a pique against sb մեկից նեղանալ; քեն քշել; ոխ պահել; մեկի դեմ ատամ ունենալ

piquet |pɪˈkɛt| (նաև **picquet**) *noun* պիկետ *(հին թղթախաղ)*

piracy |ˈpʌɪrəsi| *noun* 1) հենություն; ծովահենություն 2) հեղինակային իրավունքի խախտում/ոտնահարում

pirate |ˈpʌɪrət| **1** *noun* 1) ծովահեն; ծովային ավազակ; ծովահենական նավ 2) հեղինակային իրավունքը խախտող; հեն **2** *verb* 1) ծովահենությամբ զբաղվել; ծովահենություն անել 2) ինքնագլուխ վերահրատարակել *(խախտելով հեղինակային իրավունքը)*

pirogue |pɪˈrəʊg| *noun* պիրոգա; կարիբյան մակույկ *(փայտի մեջ փորված՝ նեղ ու երկար)*

Pisa |ˈpiːzə| Պիզա *(քաղաք Իտալիայի հյուսիսում)*

Pisces |ˈpʌɪsiːz|, |ˈpɪskiːz| *noun աստղագիտություն* Ձկներ *(համաստեղություն)*

pisciculture |ˈpɪsɪˌkʌltʃə| *noun* ձկնաբուծություն

pish |pɪʃ| *exclamation հնացած* փո՛ւհ; թյո՛ւհ *(արտահայտում է արհամարհանք և այլն)*

pistachio |pɪˈstɑːʃɪəʊ|, |pɪˈstætʃəʊ| *noun* (հոգն. **-os**) 1) պիստակ 2) *բուսաբանություն* պիստակենի *(Pistacia vera, ընտանիք Anacardiaceae)* 3) պիստակի գույն

pistil |ˈpɪstɪl| *noun բուսաբանություն* վարսանդ

pistol |ˈpɪst(ə)l| **1** *noun* ատրճանակ **2** *verb* (**-toled**, **-toling**; բրիտ. **-tolled**, **-tolling**) *հնացած* ատրճանակով կրակել

discharge one's pistol in the air կրակել օդում; կռվել իր ստվերի հետ; կռվել երևակայական թշնամիների հետ

pocket pistol *կատակային* գրպանի տափաշիշ

(սպիրտի/խմիչքի համար)

put a pistol to one's head ինքնասպան լինել; կրակել իր վրա; ատրճանակը քունքին դեմ տալ

piston |ˈpɪst(ə)n| *noun* 1) մխոց 2) կափույր; կափուրիկ *(փողային երաժշտական գործիքի)*

piston rod *noun տեխնիկական* մխոցաձող; մխոցակոթ

pit[1] |pɪt| **1** *noun* 1) փոս; հոր; խորություն; խորուտ; խորշ 2) հանքահոր; հորան; քարհանք; ածխահանք 3) ծուղակ 4) ◇ **the pit** դժոխք; գեհեն; սանդարամետ 5) ծաղկասպի; չեչ *(մաշկի վրա)* 6) բանտ; գնդան 7) *թատրոն* պարտեր *(սովորաբար վերջին կարգերը)* 8) պարտերի հանդիսատեսներ 9) *թատրոն* նվագախմբի տեղ *(բեմի առաջամասում)* 10) ցանկապատած տեղ *(աքլորամարտի համար)* 11) աղբանոց **2** *verb* (**pitted**, **pitting**) 1) փոսեր փորել 2) փոսի մեջ պահել 3) մեկը մյուսի դեմ դուրս գալ 4) կովեցնել

bottomless pit դժոխք; գեհեն

dig a pit for sb *աստվածաշնչային* ուրիշի համար փոս փորել

fly/shoot the pit *խաղ* ասպարեզից փախչել/ծլկել *(վախկոտ մարտաքլորի մասին)*

in the pit of the stomach սրտի գդալի տակ

pit[2] |pɪt| **1** *noun ամերիկյան* կորիզ *(պտուղների)* **2** *verb* (**pitted**, **pitting**) կորիզը հանել

pit-a-pat (նաև **pitapat**) **1** *adverb* ◇ **his heart went pit-a-pat** նրա սիրտը սկսեց թպրտալ. **his feet went pit-a-pat** նրա ոտքերը թուլացան; ծնկները ծալվեցին **2** *noun* թփթփոց

pitch[1] |pɪtʃ| **1** *noun* 1) բարձրություն; մակարդակ; աստիճան; ուժգնություն *(տոնի, ձայնի, հնչյունի և այլնի)* ◇ **absolute pitch** բացարձակ լսողություն. **rise a deafening pitch** խլացուցիչ դառնալ *(աղմուկի և այլնի մասին)* 2) ողնուցային ճոճում; ողնօրորում ◇ **give a pitch** քթով խրվել *(նավի մասին)* 3) նետում; նետվելը 4) թեքություն; վայրէջք; զառիվայր 5) ապրանքի մասնաքանակ; մասնակ 6) մշտական տեղ *(փողոցում վաճառողի)* 7) *մարզական* կրիկետի խաղադաշտի կենտրոնական մասը **2** *verb* 1) շինել; դնել; խփել *(ճամբար, վրան)* 2) գցել; նետել; շպրտել; տալ; հանձնել *(գնդակը)* 3) *երաժշտություն* որոշ բարձրության վրա լարել; տոնայնությունը տալ 4) երկայնքով ճոճվել; ողնօրորվածք ունենալ *(նավի մասին)* ◇ **pitch in** եռանդով կպչել որևէ բանի. **pitch upon** պատահաբար ընտրել 5) կարգավորել մակարդակը

make one's pitch *ամերիկյան* բնակվել; բնակություն հաստատել

queer sb's/the pitch խանգարել մեկին; չթողնել, որ առաջ գնա; ոտքն ու ձեռքը կապել; գործը խափանել

pitch[2] |pɪtʃ| **1** *noun* 1) կուպր; ձյութ; եփած կուպր 2) բևեկնախեժ; բևեկն; սկիպիդար **2** *verb* ձյութել; կպրել; խեժել

touch pitch կասկածելի/մութ անձնավորության հետ գործ ունենալ; վտանգավոր գործ բռնել

You can't touch pitch without being defiled. *առած* Ցեխի հետ խաղացողը ձեռքերը կկեղտոտի:

pitch-black (նաև **pitch-dark**) *adjective* ձյութի պես սև

pitcher[1] |ˈpɪtʃə| *noun* սափոր; կուժ

Little pitchers have long ears. *առած* Երեխաները սիրում են լսել մեծերի խոսակցությունը: Երեխաները սիրում են ականջ դնել:

Pitchers have ears. Պատերն էլ ականջ ունեն:

The pitcher goes often to the well but is broken at last. *առած* Կուժն սկսեց ջրի գնալ, բայց մի օր էլ կոտրվեց:

pitcher[2] |ˈpɪtʃə| *noun բեյսբոլ* գնդակ նետող

pitchfork |ˈpɪtʃfɔːk| **1** *noun* եղան **2** *verb* 1) եղանով բարձրացնել 2) անսպասելի վիճակի մեջ գցել

it rains pitchforks հեղեղի պես թափվում է; տեղատարափ անձրև է գալիս

pitchy |ˈpɪtʃi| *adjective* (**pitchier**, **pitchiest**) 1) կպրոտ; ձյութոտ; խեժոտ 2) խեժի; կուպրի; ձյութի 3) սևաթույր; ձյութի պես սև

piteous |ˈpɪtɪəs| *adjective* խղճալի; ողորմելի; խղճահարություն առաջացնող

pitfall |ˈpɪtfɔːl| *noun* ծուղակ; թակարդ; որոգայթ

pith |pɪθ| **1** *noun* 1) միջուկ; ծուծ; միս; մսային մաս *(բույսերի, պտուղների)* 2) ողնուղեղ 3) էություն; էական մաս *(գործի)* 4) ուժ; եռանդ **2** *verb* ողնաշարին հարվածել *(կենդանու)*

the pith and marrow of sth ինչ-որ բանի հիմքը/էությունը

pithless *adjective* 1) առանց միջուկի; միջուկ չունեցող; անմիջուկ 2) *փոխաբերական* թույլ; փափուկ; թուլակամ; անհաստատակամ; անողնաշար 3) անբովանդակ; բովանդակությունից զուրկ

pithy |ˈpɪθi| *adjective* (**pithier**, **pithiest**) 1) արտահայտիչ; սեղմ *(ոճի մասին)* 2) *փոխաբերական* կյանքով լի; եռանդուն 3) հյութեղ միջուկ ունեցող

pitiable |ˈpɪtɪəb(ə)l| *adjective* խեղճ; խղճալի; ողորմելի; դժբախտ; խղճուկ; չնչին

pitiful |ˈpɪtɪful|, |-f(ə)l| *adjective* 1) խղճալի; խղճահարություն առաջացնող 2) *հնացած* գթոտ; կարեկից; գթասիրտ 3) խղճուկ; ողորմելի; արհամարհելի; արհամարհանքի արժանի

pitiless |ˈpɪtɪlɪs| *adjective* անգութ; անողորմ; դաժան

pitilessly *adverb* անգթորեն; դաժանաբար

pitman |ˈpɪtmən| *noun* 1) հանքագործ; հանքափոր; ածխահատ 2) *ամերիկյան տեխնիկական* ձգաձող; ձգան *(մեքենայի մասերը միացնող չորսու)*

pit saw (նաև **pitsaw**) *noun պատմական* երկայնահատ սղոց

pittance |ˈpɪt(ə)ns| *noun* 1) չնչին նպաստ; կոպեկներ 2) աղքատիկ եկամուտ

a mere pittance ողորմություն; նպաստ; խղճուկ գրոշներ

pitter-patter |ˈpɪtəpætə| **1** *noun* հաճախակի/թեթև թխթխկոց **2** *adverb* հաճախակիորեն և թեթև *(թխթխկացնել, բախել)*

Pittsburgh |ˈpɪtsbəːg| Պիտսբուրգ *(քաղաք ԱՄՆ-ի Փենսիլվանիա նահանգում)*

pituitary |pɪˈtjuːɪt(ə)ri| **1** *noun* (*ամբողջությամբ* **pituitary gland** կամ **pituitary body**) (հոգն. **-taries**) հիպոֆիզ; մաղասային/լորձնային գեղձ **2** *adjective* մաղասային; լորձնային

pity |ˈpɪti| **1** *noun* (հոգն. **pities**) խղճահարություն; կարեկցություն **2** *verb* (**pities**, **pitied**) խղճալ; կարեկցել; գթալ

for pity's sake խնդրում եմ; աղաչում եմ; Աստծու սիրուն

have/take pity on sb *ֆրանսերեն* խղճալ/գթալ մեկին

It is a thousand pities. *խոսակցական* Շա՜տ/հազա՜ր ափսոս:

The more's the pity. Էլ ավելի վատ: Ի՜նչ ափսոս է:

the pity of it! շա՜տ ափսոս

pityingly *adverb* կարեկցանքով; խղճահարությամբ; ափսոսանքով

pivot |ˈpɪvət| **1** *noun* 1) առնի; առանցք; առանցքացից; առնացից 2) հենակետ; առանցքակետ 3) *փոխաբերական* հիմք; կենտրոն **2** *verb* (**pivoted**, **pivoting**) 1) առնու/առանցքի վրա դնել 2) առանցքի շուրջը դառնալ/պտտվել

pivotal *adjective* 1) առնու; առանցքի; առանցքային 2) *փոխաբերական* հիմնական; կենտրոնական; առանցքային

pixel |ˈpɪks(ə)l|, |-sɛl| *noun* *էլեկտրոնիկա* լուսակետիկ

pixelate |ˈpɪksəleɪt| (նաև **pixellate** կամ **pixilate**) *verb* տրոհել լուսակետիկների; կետիկավորել

pizza |ˈpiːtsə|, |ˈpɪtsə| *noun* պիցա

pizzicato |ˌpɪtsɪˈkɑːtəʊ| *երաժշտություն* **1** *adverb* կսմիթային կերպով *(ջութակի վրա նվագի մասին)* **2** *adjective* կսմիթային **3** *noun* (հոգն. **-tos** կամ **-ti** |-ti|) կսմիթանվագ

pl. *abbreviation* 1) place վայր 2) plate ներդիր *(գրքի)* 3) *ռազմական* platoon դասակ 4) plural հոգնակի

placable |ˈplækəb(ə)l| *adjective* *հնավանդ* հեզ; հեզաբարո; ներողամիտ; մեղմ; անհիշաչար; բարեհոգի

placard |ˈplækɑːd| **1** *noun* ազդ; հայտարարություն; ազդագիր **2** *verb* |plæˈkɑːd| ազդագրեր փակցնել

placate |pləˈkeɪt|, |ˈplækeɪt|, |ˈpleɪ-| *verb* հանգստացնել; հաշտեցնել

place |pleɪs| **1** *noun* 1) տեղ; վայր 2) նստոց; նստելու տեղ; տեղ *(սեղանի մոտ, կառքում և այլն)* 3) տուն; բնակարան 4) բնակավայր; գյուղ; քաղաք 5) պաշտոն; դիրք 6) հրապարակ *(քաղաքների հրապարակների անվան մեջ)* **2** *verb* 1) դնել; տեղավորել; տեղը դնել/որոշել 2) աշխատանքի/պաշտոնի տեղավորել

any old place *խոսակցական* ցանկացած տեղ

a tight place/corner/squeeze ծանր/վտանգավոր իրավիճակ; դժվարություն; դժվար կացություն; խոչընդոտ

get a place *մարզական* հասնել վերջնագծին; հայտնվել/լինել առաջինների շարքում

give place to զիջել տեղը

go to one's place մեռնել; վախճանվել; հաշիվները մաքրել կյանքի հետ; ոտքերը մեկնել/տնկել

have a soft place in one's heart for sb մեկի հանդեպ անտարբեր չլինել; բարեհամբույր/բարեհաճ լինել մեկ հանդեպ

in the first/second place նախ և առաջ; ամենից առաջ; սկզբից; առաջին/երկրորդ հերթին

in the next place հետո; այնուհետև; մյուս կողմից

jumping off place 1) պլացդարմ; մարտահենադաշտ; ռազմահենադաշտ 2) *ամերիկյան* հեռավոր/առանձնացած տեղ

keep sb in his place ինչ-որ մեկին իր տեղը դնել; չթողնել, որ իր ուզածով առաջնորդվի

know one's place իր տեղն իմանալ

Of all places... Ոչ այլուր, քան...

one's place in the sun *ֆրանսերենից* տեղ արևի տակ

out of place անտեղի; անհեթեթ; անիմաստ; ոչ պատշաճ; անհարմար

raw/sore/tender place ցավոտ/խոցելի տեղ

some place ինչ-որ տեղ

swap places with sb մեկի հետ տեղերը փոխել

take place կատարվել; տեղի ունենալ

take sb's place, take the place of sb մեկի տեղը զբաղեցնել; աթոռը գրավել; փոխարինել մեկին

There is no place like home. East or West home is best. Հյուր լինելը լավ է, բայց տանն ավելի լավ է:

placebo |pləˈsiːbəʊ| *noun* (հոգն. **-bos**) դատարկահաբ *(հաբ, որը բուժական ազդեցություն չունի, այլ տրվում է հիվանդին հոգեբանորեն հանգստացնելու համար)*

place name *noun* աշխարհագրական անվանում

placenta |pləˈsɛntə| *noun* (հոգն. **-tae** |-tiː| կամ **-tas**) 1) կազմախոսություն ընկերք 2) *բուսաբանություն* սերմնարան

placid |ˈplæsɪd| *adjective* հանդարտ; խաղաղ; անդորր; անվրդով; անխռով

placidity |pləˈsɪdɪti| *noun* հանգստություն; հանդարտություն; անդորրություն; անվրդովություն; անխռովություն

placket |ˈplækɪt| *noun* 1) կտրվածք *(շրջազգեստի, վերնաշապիկի)* 2) գրպան *(շրջազգեստի)*

plafond |plæˈfɒ̃(d)| *noun* 1) *ճարտարապետություն* նկարազարդված առաստաղ 2) առաստաղի նկարազարդում

plagiarism |ˈpleɪdʒərɪz(ə)m| *noun* գրագողություն; բանագողություն

plagiarist *noun* գրագող; բանագող

plagiarize |ˈpleɪdʒərʌɪz| *verb* գրագողությամբ զբաղվել

plague |pleɪɡ| **1** *noun* 1) ժանտախտ; ժանտամահ ◇ **bubonic plague** պալարաբորբային ժանտախտ. **pneumonic plague** թոքաժանտախտ 2) աղետ; դժբախտություն; պատուհաս; պատիժ ◇ **a plague of rats** առնետների արշավանք 3) *խոսակցական* անախորժություն; անհանգստություն **2** *verb* (**plagues**, **plagued**, **plaguing**) 1) անհանգստացնել; տանջել; ձանձրացնել; զահլա տանել 2) ժանտախտով վարակել 3) աղետներ թափել *(մեկի գլխին)*

A plague on him!, A plague take him! Ոչ ու փուչ լինի: Չլինի-չերևա:

plaguy |ˈpleɪgi| (նաև **plaguey**) **1** *adjective խոսակցական* ձանձրացուցիչ; անախորժ; տհաճ **2** *adverb* խիստ; չափազանց

plaid |plæd| *noun* 1) ծածկոցաշալ 2) վանդակավոր կտոր *(շոտլանդական)*

shepherd's plaid սև ու սպիտակ մանր վանդակավոր գործվածք

plain¹ |pleɪn| **1** *adjective* 1) պարզ; ակներև; ակնհայտ; հասկանալի 2) անկեղծ; շիտակ 3) հասարակ; անպաճույճ; սովորական 4) անքարետես; աննշան տեսք ունեցող; ոչ գեղեցիկ *(դեմքի մասին)* 5) միագույն; առանց նախշի *(կտորի մասին)* 6) հարթ; հավասար *(տեղանքի մասին)* **2** *adverb խոսակցական* 1) պարզորոշ կերպով; որոշակիորեն 2) անկեղծությամբ; անկեղծորեն **3** *noun* 1) հարթավայր; հարթություն 2) տափաստաններ 3) *ամերիկյան* հյուսիսամերիկյան տափաստաններ

cities of the Plain *աստվածաշնչյան* Սոդոմը և Գոմորը

in plain English/Saxon պարզ/անպաճույճ անգլերենով; առանց երկդիմության; ուղիղ; շիփ-շիտակ

make plain with the earth/ground *հնացած* հողին/գետնին հավասարեցնել; քանդել; ոչնչացնել

plain as a pikestaff, as plain as the day/daylight բացարձակ ակնհայտ; անվիճելիորեն; աներկբայորեն; պարզ ինչպես ցերեկը; պարզից պարզ; ինչպես երկու անգամ երկու

plain Jane տգեղ աղջիկ

plain² |pleɪn| *verb հնացած* 1) ողբալ 2) բողոքել

plain clothes **1** *plural noun* քաղաքացիական հագուստ *(հատկապես երբ այն կրում են ոստիկանության աշխատակիցները)* **2** *adjective* քաղաքացիական հագուստով

plainly *adverb* անկեղծորեն; պարզորեն; շիտակորեն

plainsman |ˈpleɪnzmən| *noun* (հոգն. **-men**) հարթավայրի բնակիչ; դաշտաբնակ

plainsong |ˈpleɪnsɒŋ| *noun* միաձայն խմբերգ *(առանց նվագակցության)*

plain-spoken (նաև **plainspoken**) *adjective* պարզախոս; ուղղախոս

plaint |pleɪnt| *noun* 1) բողոք; գանգատ; հառաչանք; հեծեծանք; ողբ 2) *իրավունք* հայց

plaintiff |ˈpleɪntɪf| *noun իրավունք* հայցվոր; հայցվորուհի

plaintive |ˈpleɪntɪv| *adjective* լալագին; աղիողորմ; սրտաճմլիկ; թախծալի; թախծոտ; վշտալի

plaintively *adverb* տխուր կերպով; թախծալիորեն

plait |plæt| **1** *noun* 1) հյուս; ծամ 2) ծալք *(շորի վրա)* **2** *verb* հյուսել

plan |plæn| **1** *noun* 1) ծրագիր; պլան 2) ծրագիր; դիտավորություն; մտադրություն; միտք; հղացում 3) գծագիր; սխեմա **2** *verb* (**planned**, **planning**) 1) ծրագրել; պլան կազմել; նախագծել 2) ծրագրեր կազմել; մտադրվել; ձեռնարկել

the American plan, the American plan hotel *ամերիկյան* հյուրանոց պարտադիր սննդով/պարենավորմամբ

plane¹ |pleɪn| **1** *noun* 1) հարթություն 2) մակարդակ **2** *adjective* հարթ; հավասար; ողորկ **3** *verb* օդագնացություն սավառնելով ցածրանալ; սահասավառնել; սահել

plane² |pleɪn| **1** *noun* 1) ինքնաթիռ ◊ **hospital plane** սանիտարական ինքնաթիռ. **pursuit plane** կործանիչ ինքնաթիռ 2) *օդագնացություն* ինքնաթիռի թև **2** *verb հազվադեպ* ինքնաթիռով ճամփորդել

plane³ |pleɪn| **1** *noun* ռանդա **2** *verb* 1) ռանդել; հավասարեցնել; հարթել 2) քերել; տաշել

plane⁴ |pleɪn| (նաև **plane tree**) *noun բուսաբանություն* սոսի; չինարի *(Genus Platanus, ընտանիք Platanaceae)*

planet |ˈplænɪt| *noun* 1) մոլորակ 2) (**the planet**) Երկիր; Երկիր մոլորակը

planetarium |ˌplænɪˈtɛːrɪəm| *noun* (հոգն. **-tariums** կամ **-taria** |-rɪə|) մոլորակացույց; պլանետարիում

planetary |ˈplænɪt(ə)ri| *adjective* 1) մոլորակային 2) Երկրի; Երկրի չափանիշերով

plangent |ˈplæn(d)ʒ(ə)nt| *adjective բանաստեղծական* 1) թնդյունով արձագանքող 2) աղմուկով ափին զարկվող *(ալիքների մասին)*

plank |plæŋk| **1** *noun* 1) տախտակ; շերտաձողիկ 2) կուսակցական ծրագրի կետ **2** *verb* 1) տախտակապատել; տախտակել 2) *ամերիկյան* տապակել *(կտորներով)*

burn the planks երկար ժամանակ նստած լինել

step off the big plank *ամերիկյան ծածկալեզու* մահանալ; գնալ այն աշխարհ

walk the plank 1) *հնացած ծովային* նետված լինել ծովը *(ծովահենները ստիպում էին գերիներին կապված աչքերով գնալ մինչև նավակողին դրված տախտակի ծայրը և ընկնել ծովը)* 2) *փոխաբերական* աշխատանքից/պաշտոնից հեռացված լինել

planking |ˈplæŋkɪŋ| *noun* 1) տախտակում; տախտակապատում; տախտակապատ անելը 2) տախտակապատվածք; փայտե երեսվածք

plankton |ˈplæŋ(k)t(ə)n|, |-tɒn| *noun կենդանաբանություն* պլանկտոն

planner |ˈplænə| *noun* 1) պլանավորող; ծրագրող; պլաններ/ծրագրեր կազմող 2) պլանավորման փաստաթուղթ/ծրագիր

war planners պատերազմի հրձիգներ

planning *noun* ծրագրում; պլանավորում; պլանի կազմում

plant¹ |plɑːnt| **1** *noun* 1) սարքավորում; սարքավորանք; սարք 2) *ամերիկյան* գործարան; ֆաբրիկա 3) խաբեբայություն; խաբեություն; խարդախություն 4) խուզարկու ոստիկան **2** *verb* սարքել; անել *(մեքենայություններ)*

plant² |plɑːnt| **1** *noun* բույս; սածիլ ◊ **garden plant** պարտեզի բույս. **in plant** աճող; զարգացման/աճման շրջանում. **lose plant** չորանալ **2** *verb* 1) տնկել *(բույսեր)* 2) արմատավորել *(հայացքներ, գաղափարներ)* 3) սերմանել *(սկզբունքներ)* 4) անեցնել *(անասունների նոր ցեղ)* 5) ավազանի մեջ բաց թողնել ձուկը *(բազմացնելու նպատակով)* 6) կանգնեցնել *(դրոշը)* 7) ամրացնել; ամուր դնել 8) հիմնել *(գաղութ)* 9) բնակեցնել 10) *ծածկալեզու* թաղել ◇ **plant out** փոխատնկել հողի մեջ *(բույսը)*

plantain[1] |ˈplæntɪn|, |-teɪn| *noun բուսաբանություն* գաղտիկուր; ջղախոտ; եզան լեզու *(Genus Plantago, ընտանիք Plantaginaceae)*

plantain[2] |ˈplæntɪn|, |-teɪn| *noun բուսաբանություն* բանջարային բանան *(Musa paradisiaca)*

plantation |plænˈteɪʃ(ə)n|, |plɑːn-| *noun* 1) տնկադաշտ; պլանտացիա 2) տունկեր; ծառատունկեր 3) *պատմական* գաղութաբնակեցում; գաղութ

planter |ˈplɑːntə| *noun* 1) տնկադաշտի տեր; պլանտացիայի տեր 2) *գյուղատնտեսություն* տնկիչ; տնկող մեքենա

plant louse *noun կենդանաբանություն* ուտիճ; բուսաճճի; ափիս

plaque |plæk|, |plɑːk| *noun* 1) ափսե; սկավառակ *(որպես զարդ/հուշատախտակ)* 2) *բժշկություն* ատամնաքար

plash[1] |plæʃ| *բանաստեղծական* **1** *noun* 1) ճղփյուն; ճողփյուն 2) ջրփոս; ջրափոս **2** *verb* ճղփալ; ճողփել; ճղփալով բախվել; ճղփացնել; ճղփյուն հանել; ճղփյունով զարկվել

plash[2] |plæʃ| *verb հնավանդ* հյուսել; միահյուսել; ներհյուսել *(ճյուղերը)*

plashy *adjective* 1) ճահճոտ; խոնավ 2) ծփացող; ճղփացող

plasma |ˈplæzmə| (նաև **plasm**) *noun* 1) *բնախոսություն* ավշահյութ; պլազմա 2) շիճուկ 3) *հանքաբանություն* մուգ կանաչագույն քաղկեդոնաքար; պլազմա 4) *ֆիզիկա* պլազմա; գազախյուս

plaster |ˈplɑːstə| **1** *noun* 1) սվաղ; ծեփ ◇ **the plaster of Paris** ալաբաստր; լենակուճ; գիպս 2) *բժշկություն* սպեղանի; կպչուն սպեղանի ◇ **mustard plaster** մանանեխի սպեղանի **2** *verb* 1) գաջել; ծեփել; սվաղել 2) ծածկել; պատել *(ալաբաստրով)* 3) *փոխաբերական* շողոքորթել; քծնել 4) սպեղանի դնել

plasterer *noun* գաջագործ; ծեփող/սվաղող բանվոր

plastic |ˈplæstɪk| **1** *noun* պլաստմասսա; պլաստիկ; պլաստիկ զանգված; ճկազանգված **2** *adjective* 1) պլաստմասսայե; ճկազանգվածային 2) արհեստական տեսք/համ ունեցող 3) ծեփակերտ; ծեփածո 4) պլաստիկ; ճկուն; պլաստիկական

plasticity |plæˈstɪsɪti| *noun* 1) պլաստիկություն; ճկունություն 2) հարմարվողականություն

plastic surgery *noun* վերականգնողական/պլաստիկ վիրաբուժություն

plastron |ˈplæstrən| *noun* 1) *պատմական* զրահավոր լանջապանակ 2) վերնաշապկի պինդ օսլայած կուրծք

plat[1] |plæt| **1** *noun* 1) փոքր հողամաս 2) *ամերիկյան* քարտեզ; պլան **2** *verb ամերիկյան* հատակագիծ նկարել

plat[2] |plæt| *noun, verb* տե՛ս **plait**

plate |pleɪt| **1** *noun* 1) ափսե; պնակ ◇ **soup plate** խոր ափսե 2) ամանեղեն; սեղանի սպասք 3) շերտիկ; թիթեղիկ; թերթիկ; տախտակ *(նաև դռան վրա՝ անուն-ազգանունով)* 4) էստամպ; փորագրանկարի արտատիպ; փորագրանկար 5) փորագրության տախտակ 6) նկար; պատկեր 7) լուսանկարչական թիթեղիկ 8) *էլեկտրականություն* անոդ 9) *մարզական* մրցանակ; գավաթ 10) դնովի ծնոտ; դնովի ատամներ 11) *տպագրություն* տպաթիթեղ **2** *verb* 1) ոսկեզօծել; արծաթապատել; նիկելապատել 2) զրահավորել; զրահապատել 3) *տպագրություն* տպաթիթեղ պատրաստել

hand sb/sth on a plate մատուցել սկուտեղի վրա; զիջել մեկին ինչ-որ բան անվճար/անվերադարձ

in one's plate *ֆրանսերեն* բարենպաստ վիճակում/միջավայրում/պայմաններում

out of one's plate *ֆրանսերեն* անհարմար/անդուր վիճակում; փշերի վրա

plate dinner/lunch *ամերիկյան* ճաշ; նախաճաշ; բոլոր ճաշատեսակները, որոնք մատուցվում են միաժամանակ

plate matter *ամերիկյան* գրական նյութ, որն առանց հատուցման կամ անվճար ուղարկվում է թերթերին գովազդելու նպատակով

plateau |ˈplætəʊ| **1** *noun* (հոգն. **-teaus** կամ **-teaux** |-təʊz|) բարձրավանդակ; սարահարթ; լեռնադաշտ **2** *verb* (**-teaus**, **-teaued**, **-teauing**) կայուն վիճակի հասնել

plateful *noun* մի ափսե լիքը

platelet |ˈpleɪtlɪt| *noun բնախոսություն* խցաբջիջ; արյան խցաբջիջ

platform |ˈplætfɔːm| *noun* 1) կառամատույց; պլատֆորմ 2) բարձրաբեմ; ամբիոն; ճառաբեմ; բեմ; տրիբունա 3) հարթակ *(վագոնի)* 4) քաղաքական պլատֆորմ/ծրագիր 5) *ռազմական* հրանոթի հրապարակ; հրանոթատեղ 6) սարահարթ 7) սանդղահարթակ 8) *համակարգիչներ* սարքահիմք

plating |ˈpleɪtɪŋ| *noun* նիկելապատում; ոսկեզօծում; արծաթապատում; արծաթազօծում

platinum |ˈplætɪnəm| **1** *noun* 1) *քիմիա* պլատին; լուսնոսկի 2) *որոշչային* պլատինի; պլատինե **2** *adjective* լուսնոսկու գույնի; պլատինագույն

platitude |ˈplætɪtjuːd| *noun* անհամություն; տափակություն; տափակաբանություն

Platonic |pləˈtɒnɪk| *adjective* պլատոնյան

platoon |pləˈtuːn| *noun* 1) *ռազմական* դասակ 2) ոստիկանական ջոկատ

Platyhelminthes |ˌplætɪhɛlˈmɪnθiːz| *կենդանաբանություն* տափակ որդերի տիպ

plaudits |ˈplɔːdɪts| *plural noun* ծափահարություններ; օվացիա

plausibility |-ˈbɪlɪti| *noun* հավանականություն; ճշմարտանմանություն

plausible |ˈplɔːzɪb(ə)l| *adjective* 1) հավանական; ճշմարտանման 2) համոզիչ; համոզկեր

play |pleɪ| **1** *verb* 1) խաղալ 2) նվագել; կատարել *(դեր, երաժշտական երկ)* 3) հյուրախաղերի գնալ 4) զվարճանալ; ուրախ խաղալ 5) քայլ անել; խաղալ; գնալ *(խաղաթուղթ, տամաքար և այլն)* 6) ազատ շարժվել/աշխատել *(մեխանիզմի մասին)* 7) գործողության մեջ դնել 8) խփել; ցայտել *(շատրվանի մասին)* 9) խաղալ; շողշողալ *(գույների/լույսի մասին)* • **play off** մեկին ձեռք առնել **play up** գործուն մասնակցություն ունենալ *(որևէ բանի)* **play up to** մեկին շողոքորթել; հաճոյախռսել; քծնել **2** *noun* 1) խաղ 2) պիես; ներկայացում 3) կատակ; բառախաղ 4) գործողություն; շարժում 5) փայլ; խաղ; շողշողյուն *(գույների)* 6) ազատություն; գործողության անկաշկանդություն

a play on/upon words բառախաղ

bring/call/put into play գործի գցել; ստիպել աշխատել/գործել; ինչ-որ միջոցի դիմել

come into play գործի մեջ մտնել; սկսել գործել; աշխատանքի կպչել

damn a play սառնորեն ընդունել ներկայացումը; տապալել ներկայացումը

fair play օրինավորություն; ազնվություն; արդարություն; ազնիվ արարք

false/foul play 1) անազնիվ արարք 2) *փոխաբերական* խաբեություն; անազնվություն; դավաճանություն

gallery play ամբոխավարություն; դեմագոգիա *(play to the gallery արտահայտությունից)*

in play աշխատող; զբաղմունք ունեցող

make play 1) շատ հոգսեր պատճառել որսորդներին *(գազանի մասին)* 2) աշխուժորեն հարվածներ հասցնել *(բռնցքամարտի մեջ)* 3) շտապել; անապարել 4) գործել եռանդուն կերպով; հասնել արդյունքի

out of play գործազուրկ; առանց աշխատանքի

play by ear լսողությամբ նվագել

play double կրկնակի/երկդիմի խաղ խաղալ; քծնել; կեղծավորել; շողոքորթել; երկերեսանիություն/խարդախություն անել

play fair, play the game 1) խաղալ ազնիվ; խաղալ ըստ կանոնների 2) *փոխաբերական* վարվել ազնվորեն/արդարացիորեն

play high մեծ գործ բռնել; հաղթահարելով առաջ գնալ

play it low down on sb *խոսակցական* մեկի հանդեպ վարվել անազնիվ/ստորաբար/անամոթաբար

play sb false/foul 1) խաղի մեջ խարդախություն անել 2) *փոխաբերական* խաբել; անազնիվ վարվել; երկդիմի խաղ խաղալ մեկին գլխին; դժբախտության մեջ թողնել

play second երկրորդ ջութակ նվագել; երկրորդական դեր տանել

play smash with *ամերիկյան ծածկալեզու* ջարդուփշուր/փշուրփշուր անել

play the fool/goat/monkey հիմարի/խեղկատակի տեղ դնել իրեն

play truant դասից փախչել/ծլկել

play with loaded dice, play with marked cards անազնիվ խաղ խաղալ; խաբել; խարդախել; արհկայություն անել

stock play *թատրոն* խաղացանկի մեջ ընդգրկված ներկայացում

while the play is good *շոտլանդական* քանի դեռ ուշ չէ; քանի դեռ ժամանակ կա; քանի դեռ դրությունը լուրջ չէ

playactor *noun* *արհամարհական* «դերասան»; կեղծ մարդ; կեղծակերպիչ

playbill |ˈpleɪbɪl| *noun* ազդ; հայտարարություն; ծրագիր *(թատերական)*

playboy |ˈpleɪbɔɪ| *noun* կնամոլ երիտասարդ

player |ˈpleɪə| *noun* 1) խաղացող; խաղի մասնակից; խաղասեր 2) դերասան; երաժիշտ-կատարող 3) խաղամոլ; մոլի խաղացող 4) նվագարկիչ

playfellow |ˈpleɪfɛləʊ| *noun* խաղընկեր; մանկության ընկեր

playful |ˈpleɪfʊl|, |-f(ə)l| *adjective* 1) ժիր; կայտառ; վառվռուն; աշխույժ; ուրախ; խաղասեր; չարաճճի 2) կատակող; զվարճասեր; կատակաբան; կիսալուրջ; թեթևսոլիկ; խաղուն; հեգնական

playful as a kitten փիսիկի պես աշխույժ/չարաճճի/շարժուն

playgoer |ˈpleɪɡəʊə| *noun* թատերասեր; թատրոնասեր

playground |ˈpleɪɡraʊnd| *noun* խաղահրապարակ; մարզահրապարակ

playhouse |ˈpleɪhaʊs| *noun* դրամատիկական թատրոն

playing card *noun* *սովորաբար* խաղաթուղթ

playing field *noun* մարզահրապարակ; խաղադաշտ

playlet |ˈpleɪlɪt| *noun* փոքրիկ պիես

playmate |ˈpleɪmeɪt| *noun* 1) մանկության ընկեր 2) *մարզական* խաղընկեր 3) *մեղմասություն* սիրեկան

plaything |ˈpleɪθɪŋ| *noun* 1) *նաև փոխաբերական* խաղալիք 2) ուրիշների համար զվարճալիք հանդիսացող մարդ

playtime |ˈpleɪtʌɪm| *noun* հանգստի/հանգստանալու ժամանակ

playwright |ˈpleɪrʌɪt| *noun* դրամատուրգ; թատերագիր

plc (նաև **PLC**) *abbreviation* public limited company բաց բաժնետիրական ընկերություն

plea |pliː| *noun* 1) արդարացում; արդարանալը; պատրվակ; պատճառաբանություն 2) փաստարկ; ապացույց 3) հայտարարություն; միջնորդություն; պաշտպանության խոսք *(դատապաշտպանի, մեղադրյալի)* 4) խնդիրք; խնդրանք; աղերսանք; աղաչանք ◇ **a plea for mercy** ներման խնդրագիր

plead |pliːd| *verb* (անցյալ **pleaded** կամ **pled** |plɛd|) 1) խնդրանքով դիմել; խնդրել; աղերսել 2) միջնորդել; բարեխոսել 3) պաշտպանել; փաստարկներ բերել 4) հայտարարություն անել *(դատարանում)* 5) որպես փաստաբան հանդես գալ; պաշտպանել գործը 6) *իրավունքը* ներկայացնել 7) *իրավունքը* համարել

plead guilty *իրավունքը* մեղավոր ճանաչել

pleader *noun* պաշտպան; փաստաբան

pleading |ˈpliːdɪŋ| *noun* 1) միջնորդություն; բարեխոսություն 2) *իրավունքը* պաշտպանություն 3) *իրավունքը* հայցվորի և պատասխանողի հայտարարությունները 4) *իրավունքը* դատական արարողություն

special pleading միակողմանի փաստարկ/պատճառաբանություն

pleasant |ˈplɛz(ə)nt| *adjective* (**pleasanter**, **pleasantest**) 1) հաճելի 2) հիանալի; դուրեկան; համակրելի; սիրալիր 3) լավ *(եղանակի մասին)* 4) զվարթ; ուրախ 5) կատակասեր; կատակող

pleasantly *adverb* ուրախ; զվարթ

pleasantry |ˈplɛz(ə)ntri| *noun* (հոգն. **-ries**) 1) հաճելի/բարեսիրտ կատակ; հումոր 2) կատակով արված դիտողություն; ծիծաղաշարժ արարք

please |pli:z| *verb* 1) դուր գալ; գոհացնել; հաճույք պատճառել 2) հաճել; բարեհաճել; ցանկանալ; կամենալ 3) խնդրեմ; բարի եղեք; հաճեցեք 4) ◇ **be pleased with** գոհ լինել մի բանից

He who pleased everybody died before he was born. *առած* Բոլորին գոհացնողը դեռ չծնված մեռավ: Բոլորին սիրելի չես լինի:

If you please... 1) Խնդրում եմ: Բարի՛ եղեք: Եթե կկամենաք...; Եթե կհաճեք.... 2) Ձեր թույլտվությամբ:

Please the fates/pigs... Եթե ամեն ինչ բարեհաջող ընթանա...; Եթե ոչինչ չպատահի....

pleased |pli:zd| *adjective* բավարարված; գոհ; երջանիկ

pleasurable |ˈplɛʒ(ə)rəb(ə)l| *adjective* բավականություն/հաճույք պատճառող; հաճելի; ախորժելի; դուրեկան

pleasure |ˈplɛʒə| **1** *noun* 1) բավականություն; հաճույք; զվարճություն; զվարճանք 2) կամք; ցանկություն; հոժարություն **2** *adjective* զվարճական; զվարճանքի համար **3** *verb* 1) հաճույք/բավականություն պատճառել 2) (**pleasure in**) զվարճանալ; բավականություն/հաճույք ստանալ 3) *խոսակցական* զվարճություններ/հաճույք փնտրել

At pleasure.../At one's pleasure... Ըստ ցանկության...; Ինչքան ուզենա...; Ինչքան խելքին փչի....

do sb the pleasure of մեկին հաճույք պատճառել/շնորհ անել

during sb's pleasure այնքան երկար

No pleasure without pain. Pleasure has a sting in its tail. *առած* Առանց փշի վարդ չկա: Առանց ցավի հաճույք չկա:

take pleasure in sth հաճույք/բավականություն ստանալ ինչ-որ բանից

The pleasure is mine. *խոսակցական* Այդ ես պետք է շնորհակալություն հայտնեմ:

unalloyed pleasure անաղարտ/չմթագնված/չպղտորված հաճույք

What is your pleasure. *խոսակցական* Ի՞նչ է ձեզ պետք: Ի՞նչ եք կամենում/ցանկանում:

pleat |pli:t| **1** *noun* ծալք **2** *verb* ծալքեր անել *(շորի վրա)*

plebeian |plɪˈbi:ən| **1** *noun* ռամիկ; պլեբեյ **2** *adjective* 1) ռամկական; պլեբեյի; պլեբեյական 2) անտաշ

plebiscite |ˈplɛbɪsʌɪt|, |-sɪt| *noun* հանրաքվե

pledge |plɛdʒ| **1** *noun* 1) խոստում; ուխտ; երդում *(որևէ բան անելու/չանելու)* 2) *իրավունք* գրավ 3) երաշխավորություն; գրավական 4) նշան; խորհրդանիշ 5) *հնացած* կենաց; բաժակաճառ **2** *verb* 1) երաշխավորել; խոստանալ 2) պարտավորվել 3) *իրավունք* գրավ դնել 4) *հնացած* մեկի կենացը խմել

the pledge of love սիրո/միության երաշխիք; երեխա

plenary |ˈpli:nəri| **1** *adjective* 1) լիակազմ; պլենար *(նիստի մասին)* 2) լիակատար; անսահմանափակ **2** *noun* լիակազմ նիստ

plenipotentiary |ˌplɛnɪpəˈtɛnʃ(ə)ri| **1** *noun* (հոգն. **-aries**) լիազոր ներկայացուցիչ **2** *adjective* լիազորված; լիազոր; լիազորություն ունեցող

plenitude |ˈplɛnɪtju:d| *noun* 1) լիություն; լիքը/լեփ-լեցուն լինելը; առատություն; լիակատարություն 2) ծաղկում *(ուժերի)*

plenteous |ˈplɛntɪəs| *adjective բանաստեղծական* առատ; բերքառատ

plentiful |ˈplɛntɪfʊl|, |-f(ə)l| *adjective* 1) առատ; ճոխ; լիուլի 2) հարուստ *(որևէ բանով)* 3) բերքառատ

plentiful as blackberries առատ; լեփ-լեցուն; անհաշիվ; անթիվ-անհամար; բյուր; բյուրավոր

plenty |ˈplɛnti| **1** *pronoun* լիքը; առատ **2** *noun* 1) առատություն; լիություն 2) լիառատություն; շատություն **3** *adverb խոսակցական* միանգամայն; լիովին; շատ

plenum |ˈpli:nəm| *noun* 1) լիագումար նիստ; պլենում 2) *ֆիզիկա* նյութով լցված տարածություն

pleura[1] |ˌplʊərə| *noun* (հոգն. **pleurae** |-ri:|) *կազմախոսություն* թոքաթաղանթ; լանջաթաղանթ; լանջամիզ

pleura[2] *noun* (հոգն. **pleurae** |-ri:|) հոգնակի տե՛ս **pleuron**

pleurisy |ˈplʊərɪsi| *noun բժշկություն* թոքամիզի/թոքաթաղանթի բորբոքում

pleuron |ˌplʊərɒn| *noun* (հոգն. **pleura** |-rə|) *կենդանաբանություն* վերնամաշկային թիթեղ *(խեցգետնանկերպերի)*

pliability |-ˈbɪlɪti| *noun* 1) ճկունություն; դյուրաթեքություն 2) զիջողականություն; հարմարվողություն; ենթարկվողություն

pliable |ˈplʌɪəb(ə)l| *adjective* 1) ճկուն; դյուրաթեք 2) դյուրաթեք; զիջող; ենթարկվող; տեղի տվող 3) *փոխաբերական* հեշտությամբ ազդվող

pliant |ˈplʌɪənt| *adjective* 1) ճկուն; դյուրաթեք 2) զիջող; տեղի տվող

pliers |ˈplʌɪəz| (նաև **a pair of pliers**) *plural noun* տափակաբերան աքցան; տափակաշուրթ բռնիչ *(փոքր իրերի համար)*

plight[1] |plʌɪt| *noun* դժվարին վիճակ; վտանգավոր կացություն; ծանր դրություն

plight[2] |plʌɪt| **1** *verb հնացած* 1) խոստում; խոսք տալը 2) նշան դնելը; նշանդրեք **2** *verb* 1) խոսք տալ; խոստանալ 2) նշանել; նշան դնել

plimsoll |ˈplɪms(ə)l| (նաև **plimsole**) *noun* ռետինե մարզակոշիկ

plinth |plɪnθ| *noun ճարտարապետություն* գետնախարիսխ *(սյան, պատվանդանի)*

plod |plɒd| **1** *verb* (**plodded**, **plodding**) 1) քարշ գալ; դժվարությամբ քայլել 2) տքնել; անդուլ աշխատել **2** *noun* 1) ծանր աշխատանք 2) ծանր քայլվածք 3) ծանր ոտնաձայն

plodder *noun* անդուլ/անխոնջ աշխատող մարդ; ժրաջան մարդ

plodding |ˈplɒdɪŋ| *adjective* տոկուն; աշխատասեր; ժրաջան; անդուլ աշխատող

plop |plɒp| **1** *noun* շրմփոց; շրպպոց; ճլմփոց **2** *verb* (**plopped**, **plopping**) շրմփալ; ճլմփոցով ընկնել *(ջրի մեջ)* **3** *interjection* ◇ **plop!** շրը՛մփ; ճլը՛փ

plosion |ˈpləʊʒ(ə)n| *noun հնչյունաբանություն* պայթյուն

plosive |ˈpləʊsɪv|, |-z-| *հնչյունաբանություն* **1** *adjective* պայթական **2** *noun* պայթական հնչյուն

plot |plɒt| **1** *noun* 1) դավադրություն; դավ 2) բովանդակային գիծ; ֆաբուլա; սյուժե; համառոտ բովանդակություն 3) հողամաս; հողաբաժին 4) *ամերիկյան* պլան; գծագիր 5) գրաֆիկ; գծան **2** *verb* (**plotted**, **plotting**) 1) դավ նյութել; հնտրիգներ լարել; բանսարկություն անել 2) դավադրություն կազմել 3) ուրվանշել սյուժեն 4) հողը մասերի բաժանել 5) պլան/գծագիր կազմել 6) քարտեզի/գծագրի վրա նշել

loose the plot կողմնորոշումը կորցնել; իրավիճակը չհասկանալ

plough |plaʊ| **1** *noun* 1) գութան 2) վարելահող; վարած/հերկած դաշտ; վար 3) ձյունամաքրիչ մեքենա 4) ձախողում; տապալում *(քննության ժամանակ)* **2** *verb* 1) վարել; հերկել 2) ակոս փորել/հանել 3) ակոսել; կտրել-անցնել *(ծովը)* 4) ձախողվել; կտրվել *(քննության ժամանակ)*

follow the plough հողագործ լինել

look back from the plough ձեռք քաշել աշխատանքից *(որին սկզբում լրջությամբ էիր մոտեցել)*

put the plough before the oxen *հնացած* հնչ-որ բան թարս ու շիտակ անել; սխալ տեղից սկսել

ploy |plɔɪ| *noun* խորամանկություն; խորամանկ քայլ

pluck |plʌk| **1** *verb* 1) հավաքել; քաղել *(ծաղիկներ)* 2) մաքրել; փետրել *(հավ, թռչուն)* 3) դուրս քաշել; փետտել *(մազերը)* 4) *խոսակցական* կողոպտել; թալանել; պլոկել 5) տապալել; «կտրել» *(քննության ժամանակ)* 6) մատները հերթով դիպչել *(լարերին)* **2** *noun* 1) արիություն; անվեհերություն; խիզախություն; քաջություն ◇ **full of pluck** քաջարի; խիզախ; անվեհեր 2) փորոտիք; լյարդ, թոք; սիրտ, թոք

pluck up courage համարձակություն ցուցաբերել; համարձակություն ձեռք բերել

plucky |ˈplʌki| *adjective* (**pluckier**, **pluckiest**) քաջ; խիզախ; անվեհեր; անվախ

plug |plʌg| **1** *noun* 1) փակիչ; կալնիչ; խցան 2) *էլեկտրականություն* խրոցակ 3) *տեխնիկական* լուցամոմ 4) մամլած ծխախոտ *(ծամելու համար)* 5) *ամերիկյան* յաբու; քնձռոտ ձի **2** *verb* (**plugged**, **plugging**) 1) փակել; խցանել 2) անընդհատ աշխատել; տքնել; ճգնել 3) *խոսակցական* խփել; կրակել

plug-in **1** *adjective* 1) խրոցակով միացնելի 2) *համակարգիչներ* ավելացվող *(լրացուցիչ հանգույցի մասին)* **2** *noun համակարգիչներ* ավելացվող հանգույց

plug-ugly *խոսակցական* **1** *noun* (հոգն. **-lies**) *ամերիկյան* խուլիգան **2** *adjective* տգեղ; անճոռնի

plum |plʌm| **1** *noun* 1) սալոր; շլոր 2) *բուսաբանություն* սալորենի; շլորենի *(genus Prunus, ընտանիք Rosaceae)* 3) չամիչ 4) մուգ մանուշակագույն 5) *խոսակցական* ընտիր/պատվական բան; եկամտաբեր գործ **2** *adverb* տե՛ս **plumb**

pick the plums out of the pudding ճաշի յուղոտ բաժինը վերցնել; ընտրել լավը՝ թողնելով վատը մյուսներին

plumage |ˈpluːmɪdʒ| *noun* փետրավորում; փետուրներ

plumb¹ |plʌm| **1** *verb* 1) տրամալարով ուղղել 2) զոդել; կպցնել 3) խորությունը չափել *(օվկիանոսի)* **2** *noun* 1) կապարի փոքր կտոր 2) կապարալար; տրամալար; սուզակապար *(ջրի խորությունը որոշելու համար)* ◇ **out of plumb** ոչ ուղղահայաց; ծուռ 3) խորաչափ **3** *adverb* 1) ուղղահայաց կերպով 2) ճիշտ; ճշտորեն 3) *խոսակցական* բոլորովին; միանգամայն; բացարձակապես **4** *adjective* 1) ուղղաձիգ; ուղղահայաց; հավասար; ուղիղ 2) իսկական; կատարյալ; բացարձակ

plumb² |plʌm| *verb* խողովակներ անցկացնել *(շենքի/բնակարանի ներսում)*

plumbago |plʌmˈbeɪgəʊ| *noun* (հոգն. **-gos**) 1) գրաֆիտ; գրաքար 2) մատիտով արված նկար

plumber |ˈplʌmə| *noun* 1) ջրմուղագործ 2) զոդող վարպետ

plumbing |ˈplʌmɪŋ| *noun* 1) ջրմուղ 2) ջրմուղագործություն 3) խորությունը չափելը *(օվկիանոսի)*

plume |pluːm| **1** *noun* 1) փետուր ◇ **in borrowed plumes** «սիրամարգի փետուրներ հագած» 2) փետրազարդ; փետրափունջ *(գլխարկի/սաղավարտի վրա)* **2** *verb* 1) փետուրներով/փետրափնջով զարդարել 2) փետուրները ուղղել; կտուցով իրեն մաքրել *(թռչունի մասին)* 3) ◇ **plume oneself on** գոռոզանալ; փքվել; քիթը տնկել

plummet |ˈplʌmɪt| **1** *verb* (**-meted**, **-meting**) 1) ցած ընկնել 2) արագորեն նվազել **2** *noun* շեշտակի անկում

plummy |ˈplʌmi| *adjective* (**-mier**, **-miest**) 1) *խոսակցական* նախանձելի; լավ; ձեռնտու 2) *բրիտանական* ընտիր

plump¹ |plʌmp| **1** *adjective* լիքը; հաստլիկ; թմբլիկ; գիրուկ **2** *verb* 1) (**plump up**) գիրանալ; հաստանալ; լցվել 2) բարձը ուղղել

plump as a partridge թմբլիկ; գիրուկ

plump² |plʌmp| **1** *verb* 1) թրմփալ; շրխկոցով վայր գցել 2) քվեարկել միայն մի թեկնածուի օգտին; ձայն տալ միայն մի թեկնածուի օգտին *(ընտրությունների ժամանակ)* 3) անականկալ ներս ընկնել **2** *noun հնավան* հանկարծակի ընկնելը; ծանր անկում **3** *adverb խոսակցական* 1) հանկարծակի; անսպասելի կերպով 2) ուղիղ; ուղղակի; երեսին; բաց; առանց քաշվելու **4** *adjective* ուղղակի; կտրուկ

plumy |ˈpluːmi| *adjective* (**plumier**, **plumiest**) 1) փետուրներով ծածկված; փետրավոր 2) փետրազարդ

plunder |ˈplʌndə| **1** *verb* կողոպտել; թալանել; հափշտակել **2** *noun* 1) կողոպուտ; թալան; կողոպտում 2) ավար; կողոպտած գույք

plunderer *noun* ավարառու; կողոպտիչ

plunge |plʌn(d)ʒ| **1** *verb* 1) ընկղմվել; սուզվել; խորասուզվել 2) խրել; մխել; կոխել *(դաշույնը, սուսերը և այլն)* 3) ներքաշել; մի բանի մեջ գցել 4) փորձանքի մեջ ընկնել; տհաճ դրության մեջ ընկնել 5) առաջ նետվել *(ձիու մասին)* 6) հանկարծ ընդհատվել *(ճանապարհի մասին)* 7) *խոսակցական* մոլի խաղալ; մոլախաղով տարվել **2** *noun* սուզում; սուզվելը; խորասուզում; խորասուզվելը; ընկղմում; ընկղմվելը; սկում; սկելը

take the plunge վճռական քայլի դիմել; լուրջ որոշում ընդունել

plunger |ˈplʌn(d)ʒə| *noun* 1) *տեխնիկական* մխոց 2) *խոսակցական* խաղամոլ; բախտախաղով տարված 3) ջրասուզակ; սուզակ

plunk |plʌŋk| *խոսակցական* **1** *verb* 1) հաջորդաբար դիպչել; հնչեցնել; ծնգծնգացնել *(կիթառի լարերը)* 2) ուժեղ հրել; գցել; նետել; շպրտել 3) զնգուն ձայն արձակել 4) թրմփալ; շրմփալ 5) ձախողվել; կտրվել *(քննության ժամանակ)* **2** *noun* 1) հնչյուն; ձայն *(կիթառի լարերի)* 2) ուժգին հարված 3) դխկոց

pluperfect |pluːˈpəːfɪkt| *adjective, noun քերականություն* վաղակատար անցյալ

plural |ˈplʊər(ə)l| **1** *adjective* բազմաթիվ; բազմակի; բազմաքանակ; հոգնակի **2** *noun քերականություն* հոգնակի թիվ

pluralism |ˈplʊər(ə)lɪz(ə)m| *noun* 1) բազմակարծություն 2) համակեցություն 3) *եկեղեցական* բազմածխություն *(միաժամանակ մի քանի ծուխ սպասարկելը)*

plurality |plʊəˈrælɪti| *noun* (հոգն. **-ties**) 1) հոգնակիություն; բազմաքանակություն; շատություն 2) ձայների ոչ բացարձակ մեծամասնություն 3) *պատմական* բազմակարծիքություն

plus |plʌs| **1** *preposition* գումարած **2** *adjective* 1) լրացուցիչ 2) դրական *(մեծության/լիցքի մասին)* **3** *noun* 1) (+) գումարման նշան; պլյուս 2) դրական մեծություն 3) անդրանցում; նշանակետից այն կողմ անցնելը *(գնդակի, արկի)* **4** *conjunction խոսակցական* նաև; այնուհետև

For every plus there is a minus. *առած* Ամեն ինչ իր հականիշն ունի: Չկա լույս՝ առանց խավարի:

plus fours *plural noun* հնացած մարզական լայն կարճ շալվար *(ծնկներից ցած հավաքված)*

plush |plʌʃ| **1** *noun* պլյուշ; պլիս; բամբակաթավիշ *(բամբակե/հասարակ թավիշ)* **2** *adjective խոսակցական* ճոխ; շքեղ

plushly *adverb* թավշանման; թավշյա

Pluto |ˈpluːtəʊ| *աստղագիտություն* Պլուտոն

plutocracy |pluːˈtɒkrəsi| *noun* (հոգն. **-cies**) հարուստների տիրապետություն; ընչապետություն; պլուտոկրատիա

plutocrat |ˈpluːtəkræt| *noun արհամարհական* ընչապետ; պլուտոկրատ *(փողի/հարստության ուժով իշխող մարդ)*

plutonium |pluːˈtəʊnɪəm| *noun քիմիա* պլուտոնիում

ply¹ |plʌɪ| *noun* (հոգն. **plies**) 1) ծալք; շերտ 2) ոլորք; հյուսք 3) հենք *(անվադողի)*

ply² |plʌɪ| *verb* (**plies**, **plied**) 1) լարված/ջանասիրությամբ աշխատել; զբաղվել *(մասնագիտությամբ, արհեստով)* 2) երթևեկել; շրջել *(նավի/ավտոմոբիլի մասին)* 3) թերև մորակել *(ձիերին)* 4) ավելացնել *(փայտ՝ վառարանի մեջ)* 5) հյուրասիրել; պատվել 6) տարափ տեղալ *(հարցերի)* 7) բռնությամբ տալ *(սնունդ, խմիչք)*

Plymouth |ˈplɪməθ| Պլիմութ *(քաղաք Անգլիայում)*

plywood |ˈplʌɪwʊd| *noun* նրբատախտակ; ֆաներա

p.m. *abbreviation* post meridiem կեսօրից հետո; ցերեկը

pneumatic |njuːˈmætɪk| **1** *adjective* 1) օդի ճնշմամբ գործող; օդաճնշական; պնևմատիկ 2) *աստվածաբանություն* հոգևոր **2** *noun* օդադող; օդաճնշման դող

pneumatic drill *noun* օդաճնշական գայլիկոն

pneumatics |njuːˈmætɪks| *plural noun* գազագիտություն; գազաբանություն; օդաբանություն

pneumonia |njuːˈməʊnɪə| *noun* թոքաբորբ; թոքերի բորբոքում; պնևմոնիա

PO *abbreviation* 1) Petty Officer ավագ *(ԱՄՆ-ի նավատորմում)* 2) Post office փոստային բաժանմունք 3) purchase order գնման պատվեր

Po¹ |pəʊ| Պո *(գետ Իտալիայի հյուսիսում)*

Po² *symbol քիմիա* պոլոնիում

poach¹ |pəʊtʃ| *verb* ձուն առանց կճեպի եփել *(եռացող ջրի մեջ գցելով)*

poach² |pəʊtʃ| *verb* 1) որսագողությամբ զբաղվել; ապօրինի կերպով որս անել 2) կոխոտել խոտը 3) ճմլել; տրորել *(կավը)*

poach on someone's territory ուրիշի իրավունքների նկատմամբ ոտնձգություն անել

poacher¹ |ˈpəʊtʃə| *noun* ձու եփելու աման

poacher² |ˈpəʊtʃə| *noun* որսագող; ձկնագող

An old poacher makes the best keeper. *առած* Նախկին որսագողից լավ անտառապահ չկա:

pocket |ˈpɒkɪt| **1** *noun* 1) գրպան; գրպանիկ 2) *փոխաբերական* փող; հարստություն 3) պարկ; քսակ 4) գնդապարկ *(բիլիարդի)* 5) արկղիկ; բուններ; զետեղարան 6) *օդագնացություն* օդային փոս; օդափոս 7) *հանքաբանություն* ոչ մեծ հանքակուտակ **2** *adjective* գրպանի; ոչ մեծ չափերի **3** *verb* (**pocketed**, **pocketing**) 1) գրպանը դնել 2) գրպանել; յուրացնել 3) գնդակը գնդապարկի մեջ գցել *(բիլիարդում)* 4) *ամերիկյան խոսակցական* մահինդ տակ դնել; անուշադրության մատնել; ընթացք չտալ

be in pocket 1) փող ունենալ 2) շահել; օգուտ ունենալ 3) մնալ *(փողը)*

be low in pocket ոչ մի կոպեկ փող չունենալ գրպանում; ծակ գրպան; գրպանում մկներ են վխտում/խաղում

deep pocket հարստություն; ունեցվածք; կարողություն

dip into one's pocket քսակը բանալ; փող ծախսել; ձեռքը գրպանը տանել

empty pockets 1) դատարկ գրպան 2) առանց փողի/դատարկ գրպանով մարդիկ

line one's pocket գրպանը լցնել/ուռցնել; հարստանալ; տոզել

save one's pocket տնտեսել; խնայել; գրպանին/քսակին չկպչել; ձեռքը գրպանը չտանել

pocketbook |ˈpɒkɪtbʊk| *noun* 1) ծոցատետր; հուշատետր 2) դրամապանակ 3) դրամական միջոցներ

pocketknife *noun* գրպանի դանակ

pocket money *noun* գրպանի փող; առօրյա ծախսերի փող

pockmark |ˈpɒkmɑːk| **1** *noun* ծաղկատափ; ծաղկաչեչ **2** *verb* ծաղկատափներով ծածկել; այլանդակել

pod¹ |pɒd| **1** *noun* 1) պատիճ; փոճոկ; պատյան 2) բոժոժ *(շերամի)* **2** *verb* (**podded**, **podding**) 1) կճպել; կլպել; պատիճահան անել 2) պատիճավորել

pod² *noun* 1) երամակ *(կետերի, ծովացուլերի)* 2) երամ *(թռչունների)*

podgy |ˈpɒdʒi| *adjective* (**podgier**, **podgiest**) *խոսակցական* կարճ ու հաստ

podiatry |pə(ʊ)ˈdʌɪətri| *noun բժշկություն* ներբանի հիվանդությունների բուժում; ներբանաբուժություն

podzolic *adjective* մոխրանման; մոխրակերպ *(հողի մասին)*

poem |ˈpəʊɪm| *noun* 1) պոեմ 2) բանաստեղծություն; քերթված

poesy |ˈpəʊɪzi|, |-si| *noun հնացած բանաստեղծական* պոեզիա; բանաստեղծություն

poet |ˈpəʊɪt| *noun* 1) բանաստեղծ; պոետ 2) երևակայության տեր մարդ

poetaster |ˌpəʊɪˈtæstə| *noun* հանգաթոխ; վատ բանաստեղծ

poetess *noun հնացած* բանաստեղծուհի

poetic |pəʊˈɛtɪk| *adjective* բանաստեղծական; բանաստեղծի

poetical *adjective* 1) տե՛ս **poetic** 2) չափածո

poetics |pəʊˈɛtɪks| *plural noun գրականություն* բանաստեղծական արվեստ; բանաստեղծական արվեստի տեսություն

poetry |ˈpəʊɪtri| *noun* 1) բանաստեղծական արվեստ; պոեզիա 2) բանաստեղծություններ; ոտանավորներ 3) բանաստեղծականություն; քնարականություն; պոեզիա

Poets' Corner Բանաստեղծների Անկյուն *(Վեստմինստերյան աբբայությունում, ուր թաղված են մի շարք նշանավոր բանաստեղծներ և գրողներ)*

poignant |ˈpɔɪnjənt| *adjective* 1) սուր; սրածայր 2) կծու; խայթիչ; ծաղրիչ 3) սուր; ծակող *(ցավի մասին)* 4) դառը; աղի *(արցունքների մասին)* 5) թափանցող 6) կենդանի *(հետաքրքրության մասին)*

point |pɔɪnt| **1** *noun* 1) կետ 2) տեղ; վայր 3) բեռան; սայր; ծայր *(ասեղի)* 4) աչքի ընկնող/ցցված մաս; հրվանդան; գագաթ *(լեռան)* 5) գործի էությունը; պատմվածքի աղը ◇ **the point in question** խոսակցության/քննարկման նյութը. **speak to the point** խոսել թեմայի շուրջը/ըստ էության. **a point of honour** պատվի գործ. **I see your point** ես հասկանում եմ ձեր միտքը *(թե ինչ նկատի ունեք)* 6) բնորոշ գիծ; հատկանիշ ◇ **what is his strong point?** ո՞րն է նրա ուժեղ կողմը 7) գիծ; խազ *(ջերմաչափի)* 8) *մարզական* միավոր 9) *երկաթուղային* սլաք; ուղեփոխ սլաք 10) *ռազմական* առաջավոր ջոկատ 11) *որսորդություն* կանգ; շնակաց *(որսը գտնելիս)* **2** *verb* 1) նշել; ցույց տալ; մատնանշել 2) ուղղել *(զենքը, աստղադիտակը մի բանի)* 3) ցույց տալ ուղղությունը 4) սրել *(մատիտի ծայրը)* 5) կետադրության նշաններ դնել 6) *հնչյունաբանություն* տարբերիչ նշաններ դնել 7) ճեղքերը լցնել *(աղյուսե պատի)* • **point out** մատնանշել; ուշադրություն հրավիրել

at all points 1) բոլոր դեպքերում 2) ամենուր; ամենուրեք

at the point of death մահամերձ; մերձիմահ; հոգու վրա հասած

at the point of the bayonet/sword զենքի ուժով; բռնի; բռնություն գործադրելով

a turning point բեկումնային կետ; ճգնաժամ *(հիվանդության)*

carry/gain one's point հասնել նպատակին/ուզածին; պաշտպանել իր տեսակետը; դիրքը չզիջել

come to points մերկացնել սրերը/թրերը; պայքար սկսել

come to the point հասնել գլխավորին; հասնել գործի էությանը; ըստ էության խոսել

fine point մանրամասնություն; մանրուք; մանրամասն

gain a point, get points ստանալ առավելություն

gain one's point իր նպատակին հասնել

in point համապատասխան; տեղին

in point of վերաբերմամբ; մի բանի նկատմամբ; ինչ վերաբերում է....

in the point of fact իրականում; փաստորեն

keep to the point 1) նյութից չշեղվել; ըստ էության 2) խոսքն ըստ էության *(որպես հրաման)*

make a point of sth 1) կարևոր/էական/բացարձակ/անհրաժեշտ/պարտադիր համարել ինչ-որ բան 2) բաց չթողնել որևէ բան

off the point անտեղի; ոչ ըստ էության; գործին չվերաբերող

one's strong point մարդու ուժեղ կողմը

point of honour *ֆրանսերեն* պատվի գործ

point of view *ֆրանսերեն* կարծիք; տեսակետ

strain/stretch a point 1) այնքան էլ խստորեն չպահպանել կանոնները; բացառություն անել; թույլատրվածի սահմաններից դուրս գալ 2) իրավունքի սահմանն անցնել 3) չափազանցել

to the point գործին վերաբերող; էական; տեղին

point-blank **1** *adjective* 1) ուղիղ նշանառությամբ *(կրակոց)* 2) վճռական; կտրական; կտրուկ **2** *adverb* 1) դիմահար 2) վճռականորեն; կատեգորիկ կերպով; կտրականորեն

pointed |ˈpɔɪntɪd| *adjective* 1) սրածայր 2) *ճարտարապետություն* սլաքաձև; անսրող *(կամարների մասին)* 3) սուր; քննադատական *(դիտողության մասին)* 4) նշանակետին ուղղված *(զենքի մասին)*

pointer |ˈpɔɪntə| *noun* 1) սլաք *(ժամացույցի, կշեռքի)* 2) ցուցիչ; ցուցափայտ 3) *ռազմական* նշանառու *(հրետանու)* 4) ակնարկ; ակնարկություն; ցուցում 5) պոյնտեր *(որսկան շան տեսակ)*

pointillism |ˈpwæntɪlɪz(ə)m| *noun արվեստ* պուանտելիզմ; կետանկարչություն

pointless |ˈpɔɪntlɪs| *adjective* 1) անհամ; տափակ *(անեկդոտի/պատմության մասին)* 2) անմիտ; աննպատակ; անպատեհ; անտեղի; տառապատեն *(դիտորդության մասին)* 3) *մարզական* ոչ մի միավոր չշահած 4) բութ; բթամիտ

point of sale (հպվ. **POS**) *noun* վաճառակետ

poise[1] |pɔɪz| **1** *noun* 1) կեցվածք; պահվածք 2) հավասարակշռություն; հավասարակշռվածություն 3) կայունություն; հաստատունություն **2** *verb* 1) հավասարակշռել 2) նետելու համար բարձրացնել *(տեգ, նիզակ)* 3) հավասարակշռության մեջ լինել; հավասարակշռությունը պահպանել 4) ճախրել 5) (**be poised**) պատրաստ լինել *(ինչ-որ բան անելու)*

poise[2] |pɔɪz| *noun ֆիզիկա* պուազ *(դինամիկական մածուցիկության միավոր)*

poised |pɔɪzd| *adjective* հավասարակշռված; զուսպ

poison |ˈpɔɪz(ə)n| **1** *noun* թույն; թունավոր նյութ **2** *verb* 1) թունավորել; դեղել; թույն տալ 2) *ռազմական* թունավորել; վարակել *(տեղանքը)* 3) փչացնել; թունավորել; վնասակար ազդեցություն գործել **3** *adjective* թունավոր; թունավորող *(նյութի մասին)*

what's your poison? *խոսակցական* ի՞նչ կխմեք

poisoner *noun* թունավորիչ; թունավորող

poisonous |ˈpɔɪznəs| *adjective* 1) թունավոր 2) *փոխաբերական* թունոտ; թունալից; խիստ անդուր

poke[1] |pəʊk| **1** *verb* 1) հրել; բոթել; խրել; խոթել 2) խառնել *(կրակխառնիչով)* • **poke about** հետաքրքրվել; հետաքրքրություն ցուցաբերել; շոշափելով փնտրել; խարխափել **poke into** հետախուզել; զննել; փնտրել; հարց ու փորձով իմանալ; տեղեկանալ **poke through** ծակել; խրել **2** *noun* 1) հրոց; բոթոց 2) *խոսակցական* ծույլ/դանդաղաշարժ մարդ

poke and pry քիթը խոթել ուրիշի գործերի մեջ

poke[2] |pəʊk| *noun* 1) *բարբառային* պարկ 2) *խոսակցական* դրամապանակ

poker[1] |ˈpəʊkə| *noun* կրակխառնիչ; ակիշ

as stiff as a poker կարծես շամփուր կուլ տված լինի

By the poker. *կատակային խոսակցական* Ա՛յ քեզ բան: Ա՛յ թե ինչ: *(զարմանք արտահայտող բացականչություն)*

poker[2] |ˈpəʊkə| *noun* պոկեր *(թղթախաղի մի տեսակ)*

pokerwork |ˈpəʊkəwəːk| **1** *noun* փայտի վրա խարափորագրում **2** *verb* շիկացած գործիքով փայտի վրա խարափորագրել

poky |ˈpəʊki| (նաև **pokey**) *adjective* (**pokier**, **pokiest**) 1) խղճուկ; նեղ; նեղվածք 2) անորոշ; պատահական *(զբաղմունքի մասին)* 3) անճաշակ *(հագուստի մասին)* 4) դանդաղկոտ; ծույլ

Poland |ˈpəʊlənd| Լեհաստան *(պետություն Կենտրոնական Եվրոպայում)*

polar |ˈpəʊlə| *adjective* 1) բևեռային; բևեռի 2) տրամագծորեն հակառակ; միանգամայն հակադիր; բևեռական

polar bear *noun կենդանաբանություն* բևեռային արջ *(Thalarctos maritimus, ընտանիք Ursidae)*

polarity |pə(ʊ)ˈlærɪti| *noun* (հոգն. **-ties**) 1) բևեռականություն 2) լիակատար հակադրություն

Pole |pəʊl| *noun* լեհ; լեհուհի

pole[1] |pəʊl| **1** *noun* 1) ձող; ձողան 2) սյուն 3) կարթաձող; կեռաձող 4) առեղ; քեղի **2** *verb* նավարկել ձողով հրվելով

with/under bare poles *ծովային* առանց առագաստների

pole[2] |pəʊl| *noun* բևեռ ◇ **Arctic/North pole** Հյուսիսային բևեռ. **Antarctic/South pole** Հարավային բևեռ

as wide as the poles apart միանգամայն հակադիր

poleax |ˈpəʊlæks| (նաև **poleaxe**) **1** *noun* 1) *պատմական* տապար; սակր; երկսայր կացին; սակար 2) մսագործի լայնաբերան դանակ/տապար **2** *verb* 1) հարվածել/սպանել տապարով 2) անասունը մորթել; մորթ անել

polecat |ˈpəʊlkæt| *noun կենդանաբանություն* ժանտաքիս *(Mustela, ընտանիք Mustelidae)*

polemical |pəˈlɛmɪkəl| *adjective* բանակռվի; բանակռվային; բանավիճային

polestar *noun* (նաև **Pole Star**) *աստղագիտություն* 1) բևեռային աստղ 2) *փոխաբերական* ուղեցույց աստղ

police |pəˈliːs| **1** *noun* ոստիկանություն ◇ **the police** ոստիկանները. **mounted police** հեծյալ ոստիկանություն. **military police** զինվորական ոստիկանություն **2** *verb* 1) կարգ պահպանել *(երկրում, քաղաքում)* 2) *փոխաբերական* վարել; կառավարել

policeman |pəˈliːsmən| *noun* (հոգն. **-men**) ոստիկան

police officer *noun* ոստիկան

police state *noun* ոստիկանական պետություն

police station *noun* ոստիկանատուն

policy[1] |ˈpɒlɪsi| *noun* (հոգն. **-cies**) 1) քաղաքականություն 2) գործունեության ծրագիր; գործելակերպ 3) նպատակահարմարություն; խելացիություն; հեռատեսություն; խորամանկություն

follow/pursue a policy քաղաքականություն վարել

give-and-take policy փոխադարձ զիջումների քաղաքականություն

good neighbor policy *ամերիկյան պատմական* բարիդրացիական քաղաքականություն

kid-gloves policy զգուշավոր քաղաքականություն

open-door policy բաց դռների քաղաքականություն

ostrich policy ջայլամի քաղաքականություն; ինքնախաբեություն

peace policy, the policy of peace խաղաղության քաղաքականություն

policy making քաղաքականության մշակում

the policy of aggression ագրեսիվ քաղաքականություն

the policy of non-interference չմիջամտելու քաղաքականություն

policy[2] |ˈpɒlɪsi| *noun* (հոգն. **-cies**) 1) ապահովագիր; ապահովագրության վկայական 2) *ամերիկյան* մի տեսակ բախտախաղ *(անօրինական)*

policyholder |ˈpɒlɪsɪˌhəʊldə| *noun* ապահովագրերի տեր

Polish |ˈpəʊlɪʃ| **1** *adjective* լեհական **2** *noun* լեհերեն

polish |ˈpɒlɪʃ| **1** *verb* 1) հղկել; ողորկել; փայլեցնել; փայլ տալ; կոշիկները մաքրել/փայլեցնել 2) վերջնականապես մշակել; վերջնամշակման ենթարկել 3) հարթ/ողորկ դառնալ 4) լավանալ; բարելավվել **2** *noun* 1) լաք; ողորկալաք; քսուք ◇ **shoe polish** կոշկաքսուք 2) հղկում; ողորկում; փայլեցում 3) բարեկրթություն; հղկվածություն; վայելչություն *(շարժումների)* 4) փայլ; շուք

polish sth off 1) կատարել-վերջացնել; արագ ավարտել 2) արագորեն սպառել

polished *adjective* 1) ողորկ; կոկ; փայլուն 2) բարեկիրթ; վայելուչ; նուրբ; նրբագեղ 3) ողորկ; հղկուն; փայլ ունեցող 4) թեփահան *(բրնձի մասին)*

polite |pəˈlʌɪt| *adjective* (**-liter**, **-litest**) 1) քաղաքավարի; կիրթ 2) գեղեցիկ *(գրականության մասին)* 3) դասական; օրինակելի *(կրթության մասին)* 4) ընտիր *(հասարակության մասին)*

politely *adverb* քաղաքավարի կերպով; բարեկրթորեն

politic |ˈpɒlɪtɪk| **1** *adjective* 1) խելացի; մտածված 2) ճարպիկ; խորամանկ; խորագետ; դիվանագետ; տակտով; քաղաքավարի **2** *verb* (**-ticked**, **-ticking**) *արհամարհական* քաղաքականության մեջ մտնել

political |pəˈlɪtɪk(ə)l| *adjective* քաղաքական; պետական

political asylum *noun* քաղաքական ապաստան

political correctness (նաև **political correctitude**) *noun* քաղաքական բարեկրթություն *(իրերը իրենց անուններով կոչելու փոխարեն չեզոք բառերով նշանակելու ձև, որը նախատեսված է որոշակի մարդկանց խմբերի չվիրավորելու համար)*

politically *adverb* քաղաքականապես; քաղաքական տեսանկյունից

politically correct (կամ **incorrect**) *adjective* քաղաքականապես ընդունելի

politician |pɒlɪˈtɪʃ(ə)n| *noun* 1) *ամերիկյան* քաղաքագետ; պետական գործիչ 2) *արհամարհական* անսկզբունք քաղաքագետ

politics |ˈpɒlɪtɪks| *plural noun* 1) քաղաքականություն; քաղաքագիտություն 2) քաղաքական համոզմունքներ/հայացքներ ◇ **what are your politics?** ի՞նչ քաղաքական համոզմունքներ ունեք

go into politics քաղաքական գործունեության նվիրվել

talk politics քաղաքական հարցեր քննարկել

polity |ˈpɒlɪti| *noun* (հոգն. **-ties**) 1) պետական կառուցվածք 2) պետություն

poll |pəʊl| **1** *noun* 1) ընտրողների ցուցակագրում 2) քվեարկություն 3) քվեների ընդհանուր քանակը ◇ **a heavy poll** ընտրողների մեծ տոկոսի մասնակցությունը ընտրություններին. **a light poll** ընտրողների փոքր տոկոսի մասնակցությունը ընտրություններին 4) ընտրողների ցուցակ 5) *ամերիկյան* (**polls**) ընտրական տեղամաս 6) (**opinion poll**) հասարակական կարծիքի հարցում 7) *կատակային* գլուխ; ծոծրակ **2** *verb* 1) ընտրողներին ցուցակագրել 2) ձայն տալ 3) ձայները հաշվել 4) հասարակական կարծիքի հարցում անել 5) խուզել; կտրել *(մազերը)* 6) էտել

a straw poll *քաղաքականություն* ոչ պաշտոնական նախնական հարցում *(ընտրողների տրամադրությունը պարզելու համար)*

go to the polls 1) գնալ քվեարկելու *(ընտրությունների ժամանակ)* 2) դնել թեկնածությունը *(ընտրությունների ժամանակ)*

pollen |ˈpɒlən| *noun բուսաբանություն* ծաղկափոշի

pollinate |ˈpɒlɪneɪt| *verb բուսաբանություն* փոշոտել

pollination |-ˈneɪʃ(ə)n| *noun բուսաբանություն* փոշոտում

polling booth *noun* քվեարկության խցիկ

poll tax *noun* գլխահարկ

pollutant *adjective* աղտոտող գործոն

pollute |pəˈluːt| *verb* 1) կեղտոտել; աղտոտել 2) պղծել; արատավորել

pollution |pəˈluːʃ(ə)n| *noun* 1) աղտոտում; կեղտոտում 2) աղտոտվածություն 3) *բժշկություն* երազախաբություն; սերմնահոսություն

polo |ˈpəʊləʊ| *noun մարզական* պոլո; ձիագնդակ *(գնդակախաղ, որը խաղում են ձի հեծած)*

polonium |pəˈləʊnɪəm| *noun քիմիա* (**Po**) պոլոնիում *(ռադիոակտիվ տարր)*

Polska |ˈpɒlskæ| Լեհաստան *(լեհերեն անվանումը)*

poltroon |pɒlˈtruːn| *noun հնացած բանաստեղծական* վախկոտ

poly- |ˈpɒli| *combining form* շատ; բազմա-

polychromatic |ˌpɒlɪkrəˈmætɪk| *adjective* բազմագույն; բազմերանգ

polygamy |pəˈlɪgəmi| *noun* բազմակնություն; բազմամուսնություն

polygon |ˈpɒlɪg(ə)n| *noun երկրաչափություն* բազմանկյունի

polyhedron |ˌpɒlɪˈhiːdrən|, |-ˈhɛd-| *noun* (հոգն. **-hedrons** կամ **-hedra** |-drə|) *երկրաչափություն* բազմանիստ մարմին

polymerize *verb քիմիա* 1) պոլիմերացնել 2) պոլիմերացվել

Polynesia |ˌpɒlɪˈniːzɪə|, |-ˈniːʒə| Պոլինեզիա *(տարածք Խաղաղ օվկիանոսի կենտրոնում)*

polyphony |pəˈlɪf(ə)ni| *noun* (հոգն. **-nies**) 1) *երաժշտություն* բազմաձայնություն 2) *հնչյունաբանություն* մի քանի հնչյունների արտահայտումը մի տառով

polysyllabic |ˌpɒlɪsɪˈlæbɪk| *adjective* բազմավանկ

polysyllable |ˈpɒlɪsɪləb(ə)l| *noun* բազմավանկ բառ

polytechnic |ˌpɒlɪˈtɛknɪk| **1** *noun* ճարտարագիտական հաստատություն; պոլիտեխնիկում *(բարձրագույն պոլիտեխնիկական դպրոց)* **2** *adjective* ճարտարագիտական; պոլիտեխնիկական

polytheism |ˈpɒlɪˌθiːɪz(ə)m| *noun* բազմաստվածություն

polyvalent |ˌpɒlɪˈveɪl(ə)nt| *adjective քիմիա* բազմարմնեքական; բազմավալենտական

pomade |pə'meɪd|, |-'mɑːd| *հնացած* **1** *noun* անուշահոտ քսուք *(որը կիրառում են գլխին կամ մազերին)* **2** *verb* քսուք կիրառել

pomegranate |'pɒmɪgrænɪt| *noun բուսաբանություն* նուռ; նռենի; նռան ծառ *(Punica granatum, ընտանիք Punicaceae)*

Pomerania |,pɒmə'reɪnɪə| Պոմերանիա *(տարածք Կենտրոնական Եվրոպայում)*

Pomeranian |,pɒmə'reɪnɪən| *noun* շպից *(սենյակային փոքրիկ շուն)*

pommel horse *noun* մարմնամարզական նժույգ

pomp |pɒmp| *noun* շքեղություն; արտաքին շուք; ցուցադրական հանդիսավորություն; փքունություն

pomp and circumstance կարևոր/փքուն տեսք

pomposity |pɒm'pɒsɪti| *noun* ցուցադրական շքեղություն; փքաշքություն; պերճություն

pompous |'pɒmpəs| *adjective* 1) պերճաշուք; փքաշուք; շատ շքեղ 2) փքուն; ճոռոմ; վերամբարձ; փքուն; գոռոզ; ամբարտավան

pond |pɒnd| **1** *noun* 1) լճակ; լիճ *(արհեստական)* 2) ձկնաբուծարան 3) ջրամբար; ավազան ◇ **the pond catches** լիճը սառել է **2** *verb* ջրի առաջը կապել/պատվարել; ջուրը պատվարելով լիճ դարձնել

ponder |'pɒndə| *verb* մտածել; խորհել; հանգամանորեն քննել; կշռադատել

ponderable |'pɒnd(ə)rəb(ə)l| *adjective բանաստեղծական* կշռելի; ծանրություն ունեցող; նյութական

ponderous |'pɒnd(ə)rəs| *adjective* 1) ծանր; ծանրաքաշ 2) ծանրակշիռ 3) ծանր *(ոճի մասին)* 4) ձանձրալի; տաղտկալի

pong |pɒŋ| *խոսակցական* **1** *noun* գարշահոտություն **2** *verb* զզվելի հոտ արձակել

pongee |pʌn'dʒiː|, |pɒn-| *noun* հասարակ մետաքս

pontiff |'pɒntɪf| (նաև **sovereign** կամ **supreme pontiff**) *noun* 1) պապ *(Հռոմի)* 2) քահանայապետ 3) հայրապետ; հովվապետ

pontoon[1] |pɒn'tuːn| *noun* 1) տափականավ; կամրջանավ 2) լողուն նավանորոգարան 3) կեսոն; սնամեջ հենման *(հենարաններում)* 4) լողան *(հիդրոհինքնաթիռի)*

pontoon[2] |pɒn'tuːn| *noun բրիտանական թղթախաղ* քսանմեկ

pony |'pəʊni| **1** *noun* (հոգն. **-nies**) 1) *կենդանաբանություն* պոնի *(կարճահասակ ցեղի ձի)* 2) *ծածկալեզու* 25 ֆունտ ստեռլինգ 3) *խոսակցական* փոքր գավաթ/թաս *(գինու և այլնի)* 4) *ամերիկյան դպրոցական* գաղտնաթերթիկ; ծածկաթերթիկ; հուշաթերթիկ 5) բառացի/անորակ թարգմանություն **2** *verb* (**-nies**, **-nied**) *խոսակցական* գումար մուծել; վճարել *(հատկապես որպես ներդրում կամ անխուսափելի ծախս)*

ponytail |'pəʊnɪteɪl| *noun* ձիու պոչ *(սանրվածք)*

poodle |'puːd(ə)l| *noun* 1) պուդել; գանգրամազ շուն 2) *փոխաբերական* ծառա; ստրուկ

pooh |puː| (նաև **poo**) *խոսակցական* **1** *exclamation* թու՛հ; փու՛հ **2** *noun* 1) կղանք 2) կղկղալը **3** *verb* կղկղալ

pooh-pooh |'puːpuː|, |puː'puː| *verb խոսակցական* ծաղրել; ծիծաղել; ծաղրի ենթարկել; արհամարհանքով արտահայտվել

pool[1] |puːl| **1** *noun* 1) ջրով լցված փոս; գուբ; ջրափոս 2) փոքր լճակ 3) լճափոս; գետափոս 4) (**swimming pool**) լողավազան 5) ավազան 6) պահեստային աշխատուժ **2** *verb* 1) ջրափոս առաջացնել 2) երակներում կուտակվել *(արյան մասին)*

pool[2] |puːl| **1** *noun* 1) հակամրցակցային համաձայնություն 2) կապիտալների միավորում *(ֆինանսիստների շահերից ելնելով)* 3) բյուրո ◇ **translator's pool** թարգմանիչների բյուրո. **typist pool** մեքենագրական բյուրո 4) *թղթախաղ* խաղագումար; խաղադրամ; դրողչեք **2** *verb* 1) կապիտալները միավորել/միացնել 2) փայատիրական սկզբունքով գործ կազմակերպել

poop[1] |puːp| **1** *noun* (նաև **poop deck**) *ծովային* խել; նավախել; նավախելային մաս **2** *verb* 1) նավախելը ողողել *(ալիքի մասին)* 2) ջուր առնել; նավախելի կողքերից լցվել

poop[2] |puːp| *verb խոսակցական* հյուծել

poop[3] |puːp| *խոսակցական* **1** *noun* կղանք **2** *verb* կղկղալ

poop[4] |puːp| *noun խոսակցական* թարմ տեղեկություն; ներքին կարգով ստացված տեղեկություն

poop[5] |puːp| *noun խոսակցական ծածկալեզու* հիմար; տխմար; հիմարի գլուխ

poor |pʊə| *adjective* 1) աղքատ; չքավոր ◇ **the poor** աղքատները; չքավորները 2) վատ *(գիտելիքների/մասնագետի մասին)* 3) խեղճ; խղճուկ; խղճալի 4) էժանագին; պարզ; հասարակ 5) ողորմելի; խեղճ 6) անբերրի; անպարարտ; անարգավանդ *(հողի մասին)* 7) չնչին; անբավարար; աղքատիկ *(սննդի մասին)* 8) անհետաքրքիր; խղճուկ; թույլ *(ճառի/ելույթի մասին)*

as poor as a church mouse ծայրահեղ/դառն աղքատ

poor as Job *աստվածաշնչային* Հոբ Երանելու պես աղքատ

The poor must pay for all. *առած* Աղքատը պետք է ամեն ինչի համար վճարի:

poorhouse |'pʊəhaʊs| *noun պատմական* անկելանոց

Poor Law *noun պատմական* աղքատներին օգնություն ցույց տալու մասին օրենք

poorly |'pʊəli| **1** *adverb* վատ; խղճուկ/անհաջող կերպով **2** *adjective* տկար; հիվանդ ◇ **she is very poorly today** նա այսօր իրեն շատ վատ է զգում

poorness |'pʊənɪs| *noun* աղքատություն; սակավություն; սակավաբերրություն *(հողի)*

poor-spirited *adjective հնավանդ* վախկոտ; փոքրոգի

pop[1] |pɒp| **1** *verb* (**popped**, **popping**) 1) պայթել; տրաքել; կրակել; պլտտալ 2) հանկարծակի/անսպասելի հայտնվել 3) խոթել 4) *խոսակցական* գրավ դնել • **pop off** i) *խոսակցական* մեռնել ii) *խոսակցական* շաղակրատել **pop up** հանկարծակի հայտնվել **2** *noun* 1) պլստոց *(խցանի դուրս թռչելու և այլն)* ◊ **go pop** պայթել 2) կրակոց 3) փրփրուն ըմպելիք 4) *ծածկալեզու* ◊ **in pop** գրավ դրած **3** *adverb* անսպասելի; հանկարծ **4** *adjective* հանկարծակի; անսպասելի **5** *interjection* թրա՛խկ; շրա՛խկ; պը՛լթ

pop² |pɒp| **1** *adjective* հանրածանոթ; հանրամատչելի; փոփ **2** *noun* (նաև **pop music**) 1) փոփ/ հանրամատչելի համերգ 2) փոփ երաժշտություն *(ժամանակակից երաժշտության տեսակ)*

pop. *abbreviation* population բնակչություն

pop art *noun* զանգվածային արվեստ; փոփ-արվեստ *(արվեստի ժամանակակից ուղղություն, որում որպես պատկերներ օգտագործվում են զանգվածային մշակույթի ճանաչելի տարրերը)*

popcorn |ˈpɒpkɔːn| *noun* ադիբուդի; եգիպտացորենի բոված հատիկներ

pope¹ |pəʊp| *noun* 1) պապ *(Հռոմի)* 2) քահանա

pope² |pəʊp| *noun* ծխական քահանա *(Ռուսաստանի և Բալկանյան երկրների եկեղեցիներում)*

popgun |ˈpɒpgʌn| *noun* 1) թրխկան; կեղծ ատրճանակ *(խաղալիք)* 2) օդաձիգ հրացան

popinjay |ˈpɒpɪndʒeɪ| *noun* 1) փուչ/թեթևսոլիկ մարդ; պճնամոլ 2) *հնացած* թութակ

poplar |ˈpɒplə| *noun բուսաբանություն* բարդի; կաղամախի *(Genus Populus, ընտանիք Salicaceae)*

poplin |ˈpɒplɪn| *noun* պոպլին *(գործվածք)*

popple |ˈpɒp(ə)l| *հնացած* **1** *verb* ծփալ; ալեկոծվել; եռալ *(ջրի մասին)* **2** *noun* ծփանք; ծփյուն

poppy |ˈpɒpi| *noun բուսաբանություն* պոստ; կակաչ; լալա *(Papaver, Eschscholzia, և այլ տեսակներ, ընտանիք Papaveraceae)*

populace |ˈpɒpjʊləs| *noun* հասարակ ժողովուրդ

popular |ˈpɒpjʊlə| *adjective* 1) ժողովրդական 2) ժողովրդականություն վայելող; հանրածանոթ; հանրաճանաչ 3) հանրամատչելի

popularity *noun* ժողովրդականություն

popularize |ˈpɒpjʊlərʌɪz| *verb* ժողովրդականացնել; հանրածանոթ դարձնել

popularly *adverb* 1) համաժողովրդականորեն 2) ժողովրդավար կերպով; մեծամասնության կողմից ընտրված

populate |ˈpɒpjʊleɪt| *verb* 1) բնակեցնել 2) լցնել *(աղյուսակը և այլն)*

population |pɒpjʊˈleɪʃ(ə)n| *noun* 1) բնակչություն; բնակիչներ 2) բնակեցում; բնակեցնելը 3) բնակեցվածություն 4) *կենդանաբանություն* կենդանիների քանակ *(տվյալ տարածքում)*

population census մարդահամար

population explosion *noun* ժողովրդագրական պայթյուն; բնակչության բուռն աճ

populous |ˈpɒpjʊləs| *adjective* խիտ բնակեցված; բազմամարդ

pop-up **1** *adjective* ելնող; դուրս պրծնող **2** *noun* 1) ելնող նկար *(գրքում)* 2) *համակարգիչներ* ելնող ընտրացանկ

porcelain |ˈpɔːs(ə)lɪn| *noun* 1) ճենապակի 2) ճենապակյա իր 3) ճենապակյա իրեր

porch |pɔːtʃ| *noun* 1) սյունասրահ; սյունազարդ նախասրահ 2) մուտք; ճակատամուտք; սանդղամուտք 3) *ամերիկյան* ծածկապատշգամբ

porcine |ˈpɔːsʌɪn| *adjective* 1) խոզի 2) խոզանման

porcupine |ˈpɔkjəˌpʌɪn| *noun կենդանաբանություն* մացառախոզ *(families Hystricidae)*

pore¹ |pɔː| *noun կենսաբանություն* ծակ; ծակոտի; անցք

at every pore ամբողջովին; ոտքից գլուխ; վերից վար

pore² |pɔː| *verb* 1) բովանդակության մեջ խորանալ; խորն ըմբռնել; ուշադիր ուսումնասիրել; կարդալով խորամուխ լինել 2) մտածել; խորհել 3) կենտրոնացած/ականապիշ նայել

pork |pɔːk| **1** *noun* խոզի միս **2** *verb* 1) *խոսակցական* խժռել 2) *ծածկալեզու* գռեհկաբանություն սեռական հարաբերություն ունենալ

pork barrel *noun խոսակցական* պետական ձրի կերակուր; ընտրակերակուր *(պետական միջոցների օգտագործում՝ ընտրողներին դուր գալու և քվեներ կորզելու համար)*

porky¹ |ˈpɔːki| *adjective* (**porkier**, **porkiest**) 1) խոզի 2) *խոսակցական* յուղալի; մսոտ; գեր

porky² |ˈpɔːki| *noun* (հոգն. **porkies**) *խոսակցական* յուղոտ; ճարպոտ

pornography |pɔːˈnɒgrəfi| *noun* պոռնկագրություն

porosity *noun* ծակոտկենություն

porous |ˈpɔːrəs| *adjective* 1) ծակոտկեն 2) *խոսակցական* անապահով

porridge |ˈpɒrɪdʒ| *noun* շիլա *(հատկապես վարսակաձավարի)*

porringer |ˈpɒrɪn(d)ʒə| *noun* պատմական թաս; թասիկ

port¹ |pɔːt| *noun* 1) նավահանգիստ; նավահանգստային քաղաք ◊ **free port** մաքսազերծ նավահանգիստ. **close port** նավահանգիստ գետի վրա. **port of destination/entry/call** ընդունող նավահանգիստ; վերջնակայան 2) ապաստան; ապաստարան

Any port in a storm. *առած* Փոթորիկի ժամանակ բոլոր ելքերն էլ լավ են:

port of entry երկիր մուտք գործելու նավահանգիստ

port² |pɔːt| (նաև **port wine**) *noun* պորտվեյն

port³ |pɔːt| **1** *noun* 1) նավակողանցք; նավակողի անցք 2) ձախ նավակող **2** *adjective* ձախ; ձախակողմյան **3** *verb* նավը դեպի նավահանգիստ շրջել

port⁴ |pɔːt| *noun համակարգիչներ* 1) մուտ 2) սարքամուտք

port⁵ |pɔːt| **1** *verb* 1) *ռազմական* հրացանը թեք բռնել 2) *համակարգիչներ* մի համակարգչից մյուսը տեղափոխել *(ծրագրակազմը)* **2** *noun* 1) *ռազմական* հրացանը թեք բռնած կեցվածք 2) *համակարգիչներ* ծրագրակազմը մի համակարգչից մյուսը տեղափոխելը

portability |pɔːtəˈbɪlɪti| *noun* դյուրատարություն; դյուրակրություն

portable |ˈpɔːtəb(ə)l| **1** *adjective* դյուրատար; դյուրակիր; փոխադրելի; տեղափոխելի; շարժական **2** *noun* դյուրակիր առարկա; առարկայի դյուրակիր տարբերակը

portage |ˈpɔːtɪdʒ| **1** *noun* 1) փոխադրություն; փոխադրում 2) գետամիջի քարշավայր 3) փոխադրավճար **2** *verb* 1) փոխադրել նավով 2) փոխադրվել *(նավակի մասին)*

portal[1] |ˈpɔːt(ə)l| *noun* 1) գլխավոր մուտք; ճակատամուտք; շքամուտք 2) հողմարգել; նախամուտք; սրահակ; տամբուր 3) դարպաս 4) *համակարգիչներ* կայքամուտք

portal[2] |ˈpɔːt(ə)l| *adjective* *կազմախոսություն* դարպասային *(արյան անոթների մասին)*

portal vein (ամբողջությամբ **hepatic portal vein**) *noun* *կազմախոսություն* լյարդի դարպասային երակ

Port-au-Prince |ˌpɔːtəʊˈprɪns|, |pɔʀtopʀɛ̃s| Պորտո-Պրենս *(Հաիթիի մայրաքաղաքը)*

Porte |pɔːt| (նաև **the Sublime Porte**) *պատմական* Բարձր Դուռ *(Օսմանյան կառավարությունը մինչև 1923 թ.)*

portend |pɔːˈtɛnd| *verb* 1) կանխագուշակել 2) նախանշան լինել

portent |ˈpɔːtɛnt|, |-t(ə)nt| *noun* 1) նախանշան; նախանշանակ 2) *հնացած* հրաշք

portentous |pɔːˈtɛntəs| *adjective* 1) չարագուշակ; ահավոր; նշանակալից 2) ապշեցուցիչ; արտասովոր 3) *կատակային* հանդիսավոր

porter[1] |ˈpɔːtə| **1** *noun noun* պորտեր *(սև գարեջուր)* **2** *noun* 1) բեռնակիր; բարձող բանվոր 2) *ամերիկյան* վագոնի ուղեկցորդ *(մարդատար գնացքում)*

porter[2] |ˈpɔːtə| *noun* դռնապան; բարապան; պահակ *(դրսի դռների մոտ)*

porterhouse |ˈpɔːtəhaʊs| *noun* գարեջրատուն; պանդոկ

portfolio |pɔːtˈfəʊlɪəʊ| **1** *noun* (հոգն. **-os**) 1) թղթապայուսակ; պորտֆել 2) թղթապանակ 3) արժեթղթերի պորտֆել 4) հավաքածու **2** *adjective* պայմանագրային; մասնակի դրույքով *(աշխատանքի ձևի մասին)*

portico |ˈpɔːtɪkəʊ| *noun* (հոգն. **-coes** կամ **-cos**) սյունասրահ; սյունազարդ նախասրահ

portière |ˌpɔːtɪˈɛː| (նաև **portiere**) *noun* վարագույր *(դռան, պատուհանի)*

portion |ˈpɔːʃ(ə)n| **1** *noun* 1) մաս; բաժին 2) բաժին; կերակրաբաժին 3) *հնացած* (**marriage portion**) օժիտ 4) *հնացած* բախտ; վիճակ; ճակատագիր; բախտաբաժին **2** *verb* 1) մասերի բաժանել 2) մաս/բաժին հանել; օժիտ տալ; ապահովել

portliness *noun* 1) ծանրաքարշություն; ծանրություն; վայելչատեսություն; պատկառելի արտաքին 2) չաղություն; գիրություն; մարմնեղություն

portly |ˈpɔːtli| *adjective* (**-lier**, **-liest**) 1) հաղթանդամ; խոշոր; գեր 2) վայելչակազմ; պարթև

Port Moresby |ˈmɔːzbi| Պորտ-Մորսբի *(Պապուա Նոր Գվինեայի մայրաքաղաքը)*

portrait |ˈpɔːtrɪt| *noun* 1) նկար; դիմանկար; լուսանկար; պատկեր 2) նկարագիր; բնութագիր 3) ուղղաձիգ դիրք

portraitist *noun* դիմանկարիչ; պատկերանկարիչ; պատկերահան

portraiture |ˈpɔːtrɪtʃə| *noun* 1) դիմանկարչություն; պատկերանկարչություն 2) դիմանկար 3) նկարագրություն; պատկերում

portray |pɔːˈtreɪ| *verb* 1) դիմանկար նկարել 2) նկարագրել; պատկերել 3) ընդօրինակել 4) ներկայացնել; պատկերել *(բեմի վրա)*

Port Said |sʌɪd| Պորտ Սաիդ *(նավահանգստային քաղաք Եգիպտոսում)*

Portugal |ˈpɔːtjʊg(ə)l|, |ˈpɔːtʃʊ-| Պորտուգալիա *(պետություն Արևմտյան Եվրոպայում)*

Portuguese |ˌpɔːtjʊˈgiːz|, |-tʃʊ-| **1** *adjective* պորտուգալական **2** *noun* (հոգն. նույնը) 1) պորտուգալացի 2) պորտուգալերեն

pose[1] |pəʊz| **1** *verb* 1) կեցվածք/տեսք ընդունել 2) առաջադրել; առաջ քաշել; բարձրացնել *(հարց)* 3) դնել; տեղավորել *(առարկան)* **2** *noun* 1) դիրք; կեցվածք 2) կեցվածք ընդունելը

pose[2] |pəʊz| *verb հնացած* 1) նեղը գցել; շփոթեցնել *(հարցերով)* 2) դժվար իրավիճակ առաջացնել *(մեկի համար)*

poser[1] |ˈpəʊzə| *noun* 1) բնորդ; բնատիպար; բնորդուհի 2) կեցվածքամոլ անձ; շինծու կեցվածք ընդունող անձ

poser[2] *noun* դժվար հարց/խնդիր

posh |pɒʃ| *խոսակցական* **1** *adjective* 1) հրաշալի; ճոխ 2) վերնախավին հատուկ **2** *adverb* աղայավարի **3** *noun* ճոխություն; նրբագեղություն

position |pəˈzɪʃ(ə)n| **1** *noun* 1) տեղ; տեղադրություն 2) դիրք 3) վիճակ; դրություն ◇ **in a position to do sth** ի վիճակի լինել որևէ բան անելու 4) պաշտոն; տեղ 5) վերաբերմունք **2** *verb* 1) դնել; տեղավորել; տեղադրել 2) տեղադրությունը/տեղը որոշել 3) ներկայացնել

be in a position to ի վիճակի լինել; կարողանալ

fall into the position ընկնել ինչ-որ դրության մեջ

in position ճիշտ դիրքում

out of position սխալ դիրքում

place/put in an awkward position, place/put in a ridiculous position թողնել/գցել անհարմար դրության մեջ

positive |ˈpɒzɪtɪv| **1** *adjective* 1) դրական; հաստատական; վստահ 2) համոզված; ինքնավստահ; լավատեսական 3) *խոսակցական* պարզ; բացարձակ **2** *noun* 1) *քերականություն* դրական աստիճան 2) դրական քանակություն 3) *լուսանկարչություն* ուղղանկար; պոզիտիվ

positively *adverb* 1) դրականորեն 2) լավատեսորեն 3) որոշակիորեն; վստահորեն

possess |pəˈzɛs| *verb* 1) տիրապետել; տիրել; ունենալ; տեր լինել ◇ **possess oneself of** գրավել; տիրանալ. **be possessed of** տիրել. **what possesses you?** քեզ ի՞նչ է պատահել/համակել. **be posessed** դիվահար լինել 2) ստիպել; հարկադրել 3) *բանաստեղծական* տիրել *(սեռական հարաբերություն ունենալու իմաստով)*

possession |pəˈzɛʃ(ə)n| *noun* 1) տիրում; տիրապետում; տիրելը; տիրապետելը 2) (**posses-**

sions) տիրականություն; սեփականություն; ունեցվածք; կալվածք; գույք 3) դիվահարված լինելը

deny possession թույլ չտալ զավթելու; խանգարել տիրելու

in sb's possession ինչ-որ մեկի տիրապետության/իշխանության տակ

take possession of sth 1) դառնալ ինչ-որ բանի տերը; տիրականություն ստանձնել 2) գրավել; տիրել

possessive |pəˈzesɪv| **1** *adjective* 1) սեփականատիրական 2) *քերականություն* ստացական **2** *noun քերականություն* (**the possessive**) ստացական հոլով

possessor *noun* 1) տեր; սեփականատեր 2) *իրավունք* տիրող *(անձ, որը պարտադիր չէ, որ սեփականատիրության իրավունք ունենա)*

possibility |ˌpɒsɪˈbɪlɪti| *noun* (հոգն. **-ties**) հնարավորություն; հավանականություն

possible |ˈpɒsɪb(ə)l| **1** *adjective* 1) հնարավոր; հավանական 2) *խոսակցական* տանելի; հանդուրժելի **2** *noun* 1) հնարավոր թեկնածու 2) (**the possible**) հնարավորը; հնարավոր իրողություն

possibly |ˈpɒsɪbli| *adverb* ըստ հնարավորին; հնարավորության սահմաններում; հնարավոր է; գուցե; թերևս; հավանաբար

possum |ˈpɒsəm| *noun խոսակցական* պարկամուկ

play possum 1) հիվանդ/մեռած ձևանալ 2) խաբել մեկին

post[1] |pəʊst| **1** *noun* 1) սյուն; ձող 2) (**the post**) մեկնակետի/վերջնակետի ձող 3) ցից; բիր; նեցուկ; հենարան 4) պահակակետ **2** *verb* 1) հայտարարություններ փակցնել 2) հայտարարել; հրապարակել 3) *համակարգիչներ* համացանցում հրապարակել 4) *ռազմական* հրապարակել անհետ կորածների կամ մեռածների ցուցակը

leave at the post գերազանցել; առաջ անցնել
on the right side of the post ճիշտ ուղու վրա
on the wrong side of the post սխալ ուղու վրա

post[2] |pəʊst| **1** *noun* 1) փոստ ◇ **military post** դաշտային փոստ 2) փոստի բաժանմունք 3) փոստը/փոստառաքումները տեղ հասցնելը ◇ **general post** առաջին փոստառաքումը 4) փոստակայան 5) *որոշչային* փոստի; փոստային **2** *verb* 1) փոստով ուղարկել; փոստարկղը գցել 2) փոստակառքով գնալ 3) *հաշվապահություն* գրանցումը մայր մատյանի մեջ անցկացնել 4) շտապել 5) տեղ հասցնել վերջին լուրերը/նորությունները; տեղեկացնել; հաղորդել **3** *adverb հնացած* 1) փոստով 2) փոստակառքով 3) շտապ

Job's post *աստվածաշնչային* վատ լուր բերող մարդ; չարագույժ մարդ

keep someone posted մեկին տեղյակ պահել *(վերջին նորությունների մասին)*

post[3] |pəʊst| **1** *noun* 1) պոստ; դիրք; պաշտոն 2) *ամերիկյան ռազմական* ամրոց; բերդամաս 3) *ռազմական* բերդապահ զորք **2** *verb* նշանակում ստանալ ◇ **be posted** *ռազմական* վերակարգ ստանալ

leave at the post գերազանցել; առաջ անցնել
on the right side of the post ճիշտ ուղու վրա
on the wrong side of the post սխալ ուղու վրա

post- |pəʊst| *prefix* ետ-; հետ-

postage |ˈpəʊstɪdʒ| *noun* 1) առաքանի; փոստային ծախսեր 2) փոստային առաքում

postal |ˈpəʊst(ə)l| **1** *adjective* փոստային; փոստի **2** *noun* (*ամբողջությամբ* **postal card**) *ամերիկյան* բացիկ

postbox |ˈpəʊs(t)bɒks| *noun* փոստարկղ

postcard |ˈpəʊs(t)kɑːd| *noun* բաց նամակ; բացիկ

post-chaise |(t)ʃeɪz| *noun* (հոգն. **post-chaises** արտաս. նույնը) *պատմական* փոստակառք

postcode |ˈpəʊs(t)kəʊd| *noun* փոստային կոդ/դասիչ

poster |ˈpəʊstə| *noun* պաստառ; պլակատ; հայտարարություն ◇ **post up a poster** պաստառ/պլակատ փակցնել

posterior |pɒˈstɪərɪə| **1** *adjective* 1) ետին; ետևի 2) հաջորդ; հետագա; ավելի ուշ **2** *noun կատակային* նստատեղ; հետույք; քամակ

posterity |pɒˈsterɪti| *noun* սերունդ; ժառանգներ; հետնորդներ; գալիք սերունդներ

postgraduate |pəʊs(t)ˈɡrædjʊət| **1** *adjective* ասպիրանտական **2** *noun* ասպիրանտ

posthaste *adverb* խիստ շտապ; շատ արագ

posthumous |ˈpɒstjʊməs| *adjective* 1) ետմահու; ետմահվան 2) հոր մահից հետո ծնված

posthumously *adverb* հետմահու

postil |ˈpɒstɪl| *noun հնացած* լուսանցանշան *(հատկապես աստվածաշնչային տեքստի վրա)*

posting *noun* 1) նշանակում *(աշխատանքի կամ ռազմական ծառայության)* 2) *համակարգիչներ* հրապարակում *(համակարգչային զրուցախմբում)*

postman |ˈpəʊs(t)mən| *noun* (հոգն. **-men**) փոստատար; նամակաբեր

postmark |ˈpəʊs(t)mɑːk| **1** *noun* փոստադրոշմակ; փոստային կնիք **2** *verb* դրոշմակել; դրոշմակ խփել; կնքել *(նամակը)*

postmaster |ˈpəʊs(t)mɑːstə| *noun* փոստապետ; փոստի կառավարիչ

postmortem |pəʊs(t)ˈmɔːtəm| **1** *noun* (նաև **postmortem examination**) դիահերձում; դիազննում **2** *adjective* ետմահու

postnatal *adjective* հետծննդյան; հետծննդաբերական

post office *noun* փոստ; փոստի բաժանմունք

postpaid *adjective* փոստային ծախսերը վճարված

postpone |pəʊs(t)ˈpəʊn|, |pəˈspəʊn| *verb* հետաձգել; ժամկետը երկարաձգել

postposition |pəʊs(t)pəˈzɪʃ(ə)n| *noun* 1) ետևում տեղավորելը; ետին դիրք 2) *քերականություն* ետադրություն

postscript |ˈpəʊs(t)skrɪpt| *noun* հետգրություն; ետգրություն *(կրճատ՝ P.S.)*

posture |ˈpɒstʃə| **1** *noun* 1) դիրք; դրություն; կեցվածք 2) վիճակ; դրություն **2** *verb* 1) դիրք/կեցվածք ընդունել 2) դիրքավորել; ինչ-որ դիրքում դնել

postwar *adjective* ետպատերազմյան; ետպատերազմական

posy¹ |ˌpəʊzi| *noun* (հոգն. **-sies**) 1) փունջ; ծաղկեփունջ 2) *հնացած* նշանաբան; դրոշմ *(մատանու վրա)*

posy² *adjective խոսակցական* (նաև **posey**) ցուցամոլ

pot¹ |pɒt| **1** *noun* 1) աման; անոթ; կաթսայիկ; պուտուկ; կճուճ; փարչ; գավաթ 2) *մարզական խոսակցական* գավաթ *(մրցանակ)* 3) ըմպելիք 4) ծխնելույզի կափարիչ **2** *verb* (**potted**, **potting**) 1) ամանի/կաթսայի մեջ դնել 2) եփել; խաշել; պահածո սարքել 3) թաղարի մեջ տնկել *(ծաղիկները)*

A little pot is soon hot. *առած* Փոքր պուլիկը հեշտ է տաքանում: Հիմարին հեշտ է բարկացնելը:

A watched pot is long in boiling. *առած* Երբ սպասում ես, ժամանակը դանդաղ է անցնում:

hot pot, hot-pot *խոհանոց* 1) խաշլամա; ոչխարի կամ տավարի միս՝ շոգեխաշած կարտոֆիլով 2) սպիրտից և գարեջրից պատրաստված տաք ըմպելիք

If you touch pot, you must touch penny. «Կպար ամանին՝ կպի՛ր փողին»: Ոչինչ ձրի/ապառիկ չի տրվում:

keep the pot boiling 1) ապրուստի/մի կտոր հացի փող վաստակել 2) աշխուժորեն շարունակել *(զբաղվել իր գործով)*

pot² |pɒt| *noun խոսակցական* կանեփ

potable |ˈpəʊtəb(ə)l| *adjective գրական անգլերեն* խմելի; քաղցրահամ *(ջրի մասին)*

potash |ˈpɒtæʃ| *noun քիմիա* պոտաշ; տնկաղ

potassic *adjective քիմիա* կալիումական; կալիումային

potassium |pəˈtæsɪəm| *noun քիմիա* կալիում

potation |pə(ʊ)ˈteɪʃ(ə)n| *noun հնավանդ, կատակային* 1) խմելը; ըմպելը 2) ոգելից ըմպելիք/խմիչք

potato |pəˈteɪtəʊ| *noun* (հոգն. **-toes**) *բուսաբանություն* կարտոֆիլ *(Solanum tuberosum, ընտանիք Solanaceae)*

a couch potato *խոսակցական* ամբողջ օրը հեռուստացույց նայող մարդ

not the clean potato *ծածկալեզու* կասկածելի/մութ անձնավորություն

potboiler |ˈpɒtbɔɪlə| *noun խոսակցական* 1) անբարեխիղճ/փնթի աշխատանք 2) անբարեխիղճ/անխնամ գործ կատարող

potency *noun* (հոգն. **-cies**) ուժ; կարողություն; զորություն

potent¹ |ˈpəʊt(ə)nt| *adjective* 1) կարող; զորավոր 2) ազդեցություն ունեցող; զորեղ 3) համոզիչ

potent² |ˈpəʊt(ə)nt| *զինանշաններ* **1** *adjective* 1) թևերին ձողեր ունեցող *(խաչի մասին)* 2) պոտենտ *(մորթու տեսակի մասին)* **2** *noun* պոտենտ մորթի

potentate |ˈpəʊt(ə)nteɪt| *noun* տիրակալ; գերիշխան; միապետ

potential |pə(ʊ)ˈtɛnʃ(ə)l| **1** *adjective* հնարավոր; հավանական; պոտենցիալ; կարողական **2** *noun* 1) ներուժ; պոտենցիալ 2) *ֆիզիկա* պոտենցիալ; կարողականություն

potential energy *noun ֆիզիկա* պոտենցիալ էներգիա

potentiality |-ʃɪˈælɪti| *noun* հնարավորություն; կարողություն; ներուժություն; ներունակություն

potherb *noun խոսակցական* բանջարեղեն; կանաչի

pothole |ˈpɒthəʊl| *noun* գարեջրատուն

potion |ˈpəʊʃ(ə)n| *noun* 1) խմելիք 2) դեղ; դեղաթույն

potter¹ |ˈpʌtə| *verb* 1) անփույթ աշխատել 2) պարապ-սարապ թրև գալ

potter² |ˈpɒtə| *noun* բրուտ; կավագործ

pottery |ˈpɒt(ə)ri| *noun* (հոգն. **-eries**) 1) կավե ամանեղեն/իրեր; խեցեղեն 2) բրուտի արհեստանոց; խեցեգործարան 3) խեցեգործություն

potty¹ |ˈpɒti| *noun* (հոգն. **-ties**) *խոսակցական* գիշերանոթ; պետքաման; միզաման

potty² |ˈpɒti| *adjective* (**pottier**, **pottiest**) 1) *խոսակցական* մանր; աննշան 2) հիմար; ցնցտ 3) հետաքրքրված; ուշքը գնացող

pot-valiant *adjective հնավանդ* հարբած վիճակում քաջարի

pouch |paʊtʃ| **1** *noun* 1) տոպրակ; պարկ; պայուսակ 2) քսակ 3) *հնացած* փողի քսակ 4) *ռազմական* փամփուշտամաև; փամփուշտի գոտեպայուսակ **2** *verb* 1) գրպանը/պարկը դնել 2) գրպանել; յուրացնել 3) վատ նստել; պարկի պես կախվել *(հագուստի մասին)*

poult¹ |pəʊlt| *noun* ճուտ *(հավի, հնդկահավի)*

poult² |puːlt|, |pɒlt| (նաև **poult-de-soie**) *noun* գունավոր մետաքսե գործվածք

poulterer |ˈpəʊlt(ə)rə| *noun* ընտանի թռչուններ վաճառող

poultice |ˈpəʊltɪs| **1** *noun* տաք թրջոցալաթ **2** *verb* տաք թրջոցալաթ դնել

poultry |ˈpəʊltri| *noun* ընտանի թռչուններ

pounce¹ |paʊns| **1** *verb* 1) վրա թռչել; վրա պրծնել 2) ճանկերով/մագիլներով բռնել **2** *noun* 1) հանկարծակի վայրէջք; ցատկ 2) մագիլ; ճանկ

pounce² |paʊns| **1** *noun* **2** *verb* մանր խեժափոշի *(որը նախկինում ցանում էին թղթի վրա գրված թանաքի վրա՝ որպեսզի այն չտարածվի)*

pound¹ |paʊnd| *noun* 1) ֆունտ *(անգլիական = 453.6 գր)* 2) ֆունտ ստեռլինգ

pound² |paʊnd| *verb* 1) փշրել; ծեծել; մանրել; փոշիացնել 2) ծեծել; քոթակել; խփել 3) ուժգին բաբախել; խփել *(սրտի մասին)* 4) գնդակոծել; ռմբակոծել 5) դժվարությամբ առաջ շարժվել

pound³ |paʊnd| **1** *noun* 1) փարախ; արգելարան *(ընտանի կենդանիների)* 2) *հնացած* բանտ **2** *verb հնավանդ* 1) փարախ քշել *(անասուններին)* 2) բանտարկել; բանտ նստեցնել

pounder |ˈpaʊndə| *noun* 1) սանդաթակ; հավանգակոթ 2) մանրացնող

pour |pɔː| *verb* 1) թափվել; ծորալ 2) լցնել; թափել 3) (**pour something into**) նվիրատվություն անել 4) (**pour something out**) զգացմունքները դուրս տալ 5) (**pour oneself into**) կիպ հագուստի մեջ մտնել; կիպ հագուստ հագնել

it never rains but it pours դժբախտությունը մենակ չի գալիս

pout[1] |paʊt| **1** *verb* խռովել; վիրավորվել; քիթը կախել **2** *noun* դեմքի փքված արտահայտություն

pout[2] |paʊt| *noun կենդանաբանություն* (նաև **eel-pout**) կենդանածնիկ; կենդանածին օձաձուկ

pouter |ˈpaʊtə| *noun* փքված/դժգոհ մարդ

poverty |ˈpɒvəti| *noun* 1) չքավորություն; աղքատություն; խեղճություն 2) աղքատացում

Poverty is no sin. *առած* Աղքատությունը մեղք չէ: **Poverty is not a shame, but the being ashamed of it is.** Աղքատ լինելը ամոթ չէ, աղքատությունից ամաչելն է ամոթ:

poverty line *noun* աղքատության սահման; աղքատության ստորին սահման

poverty-stricken *adjective* 1) չքավոր; աղքատ; աղքատության/չքավորության մատնված 2) ամլացրած; կենդանի բովանդակությունից զրկված *(լեզվի մասին)*

POW *abbreviation* prisoner of war ռազմագերի

powder |ˈpaʊdə| **1** *noun* 1) փոշի; դեղափոշի 2) դիմափոշի 3) վառոդ ◊ **brown powder** գորշ/ծխացող վառոդ. **smokeless powder** անծուխ վառոդ **2** *verb* 1) ծեծել; փոշի դարձնել 2) դիմափոշի քսել 3) փոշի ցանել

keep one's powder dry նախազգուշական միջոցներ ձեռք առնել; պատրաստ/զգույշ լինել

Not worth powder and shot. Չարչարանքը չարժե:

smell powder 1) վառոդի հոտ առնել 2) ռազմական փորձ ձեռք բերել

waste powder and shot զուր ուժեր/եռանդ/ջանքեր վատնել

powder flask *noun պատմական* վառոդաման

powder puff (նաև **powderpuff**) **1** *noun* դիմափոշի քսելու փունջ; աղվափնջիկ **2** *adjective* կանացի; աղջիկների *(մարզաձևերի մասին)*

powdery *adjective* 1) փխրուն; փոշենման 2) փոշի քսած; փոշոտ; դիմափոշի քսած

power |ˈpaʊə| **1** *noun* 1) ուժ; էներգիա; զորություն 2) կարողություն; հզորություն ◊ **the mechanical powers** պարզ/հասարակ մեքենաներ 3) պետություն; տերություն 4) պետական իշխանություն 5) լիազորություն ◊ **the power of attorney** մանդատ; հավատարմագիր; լիազորագիր; փոխանորդագիր. **emergency powers** արտակարգ լիազորություններ 6) հզորություն; իշխանություն 7) *հաճախ* (**powers**) ընդունակություններ; հնարավորություններ 8) *խոսակցական* մեծ քանակություն ◊ **a power of money** մեծ քանակի փող; շատ փող 9) *մաթեմատիկա* աստիճան **2** *verb* 1) շարժիչ դնել 2) մեծ արագությամբ շարժվել

be beyond sb's powers, be out of sb's powers ուժերից վեր լինել

come to power կանգնել/գալ իշխանության գլուխ

lodge power with sb, lodge power in the hands of sb մեկին իշխանություն տալ

More power to your elbow. *խոսակցական* Ուժ՝ անսպառ, թևերդ՝ դալար:

power of life and death մեկի կյանքը և մահը տնօրինելու իրավունքը

put it out of sb's power մի բան ինչ-որ մեկի համար անհնար դարձնել

seize power զավթել իշխանությունը

the powers that be *աստվածաշնչային* այս աշխարհի հզորները; այս աշխարհի իշխանություն ունեցողները

vote into power իշխանության գլուխ կանգնեցնել

powerboat |ˈpaʊəbəʊt| *noun* մոտորանավակ; մոտորավոր մակույկ

powerful |ˈpaʊəfʊl|, |-f(ə)l| **1** *adjective* 1) ուժեղ; հզոր; զորեղ; մեծազոր; ազդեցիկ; կարող 2) ուժեղ ներգործություն ունեցող 3) փայլուն *(ճառ, ներկայացում)* **2** *adverb բարբառային* շատ; սաստիկ

powerhouse |ˈpaʊəhaʊs| *noun* 1) ուժակայան; էլեկտրակայան 2) *խոսակցական* եռանդուն/ուժեղ մարդ

powerless |ˈpaʊəlɪs| *adjective* անզոր; անուժ; անկարող

power of attorney *noun իրավունք* վստահագիր; լիազորագիր

power plant *noun* 1) էլեկտրակայան 2) ուժասարք; ուժակայան

power shovel *noun* էքսկավատոր; արտափորիչ մեքենա

power station *noun* էլեկտրակայան

powwow |ˈpaʊwaʊ| **1** *noun* 1) ամերիկյան հնդկացիական պար 2) հնդկացիների հավաքույթ 3) *ամերիկյան, կատակային* հավաքույթ; ժողով; խորհրդակցություն **2** *verb խոսակցական* խորհրդակցություն հրավիրել; բանակցություններ վարել

pp *abbreviation* 1) pages էջեր 2) parcel post փաթեթային փոստ 3) *քերականություն* past participle անցյալ դերբայ 4) per person յուրաքանչյուրին 5) per procurationem մեկի անունից 6) տե՛ս **post-paid**

PR *abbreviation* 1) parliamentary report խորհրդարանական զեկուցում 2) press release մամուլի թողարկում 3) proportional representation համեմատական ներկայացուցչություն 4) public relations հանրության/հասարակայնության հետ կապեր

practicable |ˈpræktɪkəb(ə)l| *adjective* 1) իրագործելի; ռեալ 2) անցանելի *(ճանապարհի մասին)* 3) օգտագործելի

practical |ˈpræktɪk(ə)l| *adjective* 1) գործնական; պրակտիկ 2) փաստական; իրական 3) հարմարավետ

for all practical purposes ըստ էության; փաստորեն

practicality *noun* (հոգն. **-ties**) 1) գործնականություն 2) (**practicalities**) գործնական կողմեր

practically |ˈpræktɪk(ə)li| *adverb* 1) գործնականորեն; գործնականապես 2) փաստորեն; գործնականում 3) համարյա; գրեթե

practice |ˈpræktɪs| **1** *noun* 1) գործադրություն; կիրառություն; կենսագործելը; գործառություն *(գաղափարը, մեթոդը, տեսությունը և այլն)* 2) ընդունված/սահմանված կարգ; սովորություն 3) հմտություն; ունակություն; վարժություն; վարժվածություն; պրակտիկա 4) աշխատանք; պրակտիկա; գործ *(իրավաբանի/բժշկի մասնագիտական զբաղմունք)* 5) արվեստ; վարպետություն; հմտություն 6) վարժական հրահանգություն **2** *verb* (*բրիտանական* **practise**) 1) վարժվել; հմտանալ; վարպետանալ 2) կիրառել; գործադրել 3) կատարելագործել 4) դավանել

corrupt practices կաշառակերություն; անազնիվ գործելաձև/արարք

in practice կանոնավորապես/հաստատուն զբաղվել ինչ-որ բանով

Practice what you preach. *առած* Խոսքդ գործից չպետք է տարբերվի:

put in practice իրականացնել; գործածության/շրջանառության մեջ մտցնել

sharp practice անազնիվ վարք; սրիկայություն; խաբեություն; դատապարտելի գործ

practician |præk'tɪʃ(ə)n| *noun հնացած* 1) գործադրող մարդ 2) իր մասնագիտությամբ զբաղվող մարդ

practise |'præktɪs| *verb* 1) իր մասնագիտությամբ աշխատել 2) կիրառել; գործադրել 3) վարժություն կատարել; մարզվել; վարժվել; հմտանալ

practitioner |præk'tɪʃ(ə)nə| *noun* մասնավոր գործառությամբ զբաղվող բժիշկ/իրավաբան; գործարար

pragmatic |præg'mætɪk| *adjective* 1) օգտապաշտական; պրագմատիկ 2) գործնական; գործունյա

pragmatism |'prægmətɪz(ə)m| *noun* 1) *փիլիսոփայություն* օգտապաշտություն 2) անհրեսություն; պնդերեսություն

Prague |prɑ:g| Պրագա; Պրահա *(Չեխիայի մայրաքաղաքը)*

Praha |'præhæ| *տե՛ս* **Prague** Պրահա; Պրագա *(չեխերեն անվանումը)*

prairie |'prɛ:ri| *noun* 1) պրերիա; ընդարձակ տափաստան Հյուսիսային Ամերիկայում 2) մարգագետին

prairie schooner *noun ամերիկյան, պատմական* գաղթականների ֆուրգոն

Prairie State Պրերիաների նահանգ *(ԱՄՆ-ի Իլինոյս նահանգի մականունը)*

praise |preɪz| **1** *verb* 1) գովել; գովաբանել 2) գովերգել; Երբողել; փառաբանել **2** *noun* 1) գովասանք; գովեստ; գովք 2) փառաբանություն; գովերգանք

beyond praise ամեն գովասանքից վեր

more praise than pudding շնորհակալ լինել մեկին խոսքով, ոչ թե գործով

praise to the skies գովաբանել; մինչև երկինք հասցնել

sing the praise of անընդհատ գովաբանել; գովերգել

praiseworthy |'preɪzwə:ði| *adjective* գովասանքի արժանի; գովարժան; գովելի; գովական

pram[1] |præm| *noun խոսակցական* մանկական սայլակ

pram[2] |prɑ:m|, |præm| *noun* հարթահատակ նավ

prance |prɑ:ns| **1** *verb* 1) սիգաքայլել *(ձիու մասին)* 2) սիգաքայլ/պճնված քայլել **2** *noun* 1) ոստյուն; ցատկում 2) սիգանեմ քայլք

prank |præŋk| *noun* 1) կատակ; չարաճճիություն 2) ցատկում; ոստյուն

play pranks 1) չարաճճիություն անել; թռչկոտել 2) կամակորություն անել

prankish *adjective* չարաճճի

praseodymium |ˌpreɪzɪə(ʊ)'dɪmɪəm| *noun քիմիա* պրազեոդիմում

prate |preɪt| **1** *verb* դատարկախոսել; դատարկաբանել **2** *noun* դատարկախոսություն

prattle |'præt(ə)l| **1** *verb* 1) թոթովել 2) շատախոսել; շաղակրատել **2** *noun* 1) թոթովանք; թոթովում 2) շատախոսություն; շաղակրատություն

prattler *noun* 1) թոթովախոս մանկիկ 2) շատախոս; շաղակրատ

prawn |prɔ:n| *noun* մանր ծովախեցգետին

pray |preɪ| **1** *verb* 1) աղոթել 2) խնդրել; աղաչել **2** *adverb գրական անգլերեն, հնացած* խնդրեմ

prayer |prɛ:| *noun* 1) աղոթող 2) խնդրատու; խնդրող; հայցող 3) աղոթք ◇ **say one's prayers** աղոթել 4) խնդրանք; աղաչանք

prayer book *noun* աղոթագիրք

pre- |pri:|, |pri| *prefix* մինչ-; նախա-

preach |pri:tʃ| *verb* քարոզել; խրատել; հորդորել; բարոյախոսել

preacher |'pri:tʃə| *noun* քարոզիչ

preachment |'pri:tʃm(ə)nt| *noun խոսակցական* քարոզ; խրատ; բարոյախոսություն; խրատաբանություն

preamble |pri:'æmb(ə)l|, |'pri:-| *noun* 1) ներածական մաս 2) առաջաբան; նախաբան; ներածություն

precarious |prɪ'kɛ:rɪəs| *adjective* 1) պատահական; անորոշ 2) անհուսալի; անվստահելի; վտանգավոր 3) անհիմն

precaution |prɪ'kɔ:ʃ(ə)n| *noun* նախազգուշություն; նախազգուշական միջոց ◇ **take precautions** նախազգուշական միջոցներ ձեռք առնել. **Air-Raid precautions** հակաօդային պաշտպանություն

precautionary *adjective* նախազգուշական

precede |prɪ'si:d| *verb* 1) նախորդել; առջևից ընթանալ ◇ **preceded by** մի բանի գլուխ կանգնած 2) ավելի բարձր դիրք ունենալ *(պաշտոնով, կոչմամբ)* 3) (**precede sth with**) նախաբան գրել

precedence |'prɛsɪd(ə)ns|, |'pri:-|, |prɪ'si:d(ə)ns| *noun* 1) նախորդում 2) ավելի բարձր դիրք; ավագություն *(պաշտոնի, կոչման)*

take precedence 1) նախորդել 2) առաջ գնալ *(պաշտոնի/կոչումի առումով)*

precedent **1** *noun* |'prɛsɪd(ə)nt| նախադեպ **2** *adjective* |prɪ'si:d(ə)nt| |'prɛsɪ-| նախորդ; նախորդող

precept |'pri:sɛpt| *noun* 1) կանոն; ցուցում; հրահանգ 2) *իրավունք* գրավոր կարգադրություն 3) պատվիրան

preceptor |prɪ'sɛptə| *noun* դաստիարակ; ուսուցիչ

precinct |'pri:sɪŋ(k)t| *noun* 1) որևէ հաստատության կից հողամաս/տարածք 2) (**precincts**) շրջակայք 3) *ամերիկյան* ընտրական շրջան/օկրուգ 4) ոստիկանական տեղամաս

precious |ˈprɛʃəs| **1** *adjective* 1) թանկարժեք 2) թանկագին; սիրելի ◇ **my precious** թանկագինս; սիրելիս 3) ընտիր; գեղեցիկ **2** *adverb խոսակցական* շատ; չափազանց; սաստիկ; շատ լավ

precious metals *plural noun* թանկարժեք մետաղներ

precious stone *noun* քանկարժեք քար

precipice |ˈprɛsɪpɪs| *noun* անդունդ; գահավեժ

precipitance *noun* 1) սրընթացություն; հապճեպություն 2) անխոհեմություն

precipitancy |prɪˈsɪpɪt(ə)nsi| *noun* սրընթացություն; արագընթացություն; աճապարանք; հապճեպություն; չմտածվածություն

precipitant |prɪˈsɪpɪt(ə)nt| *noun* սրընթաց; արագընթաց; գահավեժ; աճապարող; չմտածված; հապճեպ

precipitate **1** *verb* |prɪˈsɪpɪteɪt| 1) նետվել; գահավիժել 2) ցած շրպտել; ցած գլորել 3) արագացնել 4) *քիմիա* տակը նստեցնել; արտազատել 5) տակը նստել; արտազատվել 6) տեղալ; թափվել **2** *adjective* |prɪˈsɪpɪtət| 1) սրընթաց; արագընթաց 2) հապճեպ; չմտածված; անշրջահայաց **3** *noun* |prɪˈsɪpɪtət| |-teɪt| *քիմիա* նստվածք

precipitation |prɪˌsɪpɪˈteɪʃ(ə)n| *noun* 1) սրընթացություն; գահավեժ արագություն 2) անկում; գահավիժում; ընկնելը 3) տեղումներ; տեղալը 4) *քիմիա* նստվածք; արտազատում

precipitous |prɪˈsɪpɪtəs| *adjective* 1) գահավեժ; գլխիվայր; զառիվայր; զառիթափ; ուղղաբերձ 2) հապճեպ; անշրջահայաց

précis |ˈpreɪsi| **1** *noun* (հոգն. նույնը |-siːz|) կոնսպեկտ; համառոտ շարադրանք **2** *verb* (**précises** |-siːz| , **précised** |-siːd| , **précising** |-siːɪŋ|) ամփոփում գրել

precise |prɪˈsʌɪs| *adjective* 1) ճշգրիտ; ճիշտ; հստակ; որոշակի 2) կարգապահ; ճշտապահ; ճշտակատար 3) ուշադիր; փութաջան 4) բծախնդիր; մանրակրկիտ

to be precise ավելի ճիշտ

precisely |prɪˈsʌɪsli| *adverb* 1) ճշգրտորեն; որոշակիորեն; ճշգրիտ; ճիշտ 2) ճիշտ այդպես; հենց այդպես; այո՛

precision |prɪˈsɪʒ(ə)n| *noun* 1) ճշգրտություն; ճշտապահություն; ճշտակատարություն; կարգապահություն; որոշակիություն; հստակություն 2) դիպուկություն; շեշտակիություն

preclude |prɪˈkluːd| *verb* 1) կանխել; առաջն առնել 2) (**preclude someone from**) խանգարել; արգելել

preclusion |-ˈkluːʒ(ə)n| *noun* կանխում

precocious |prɪˈkəʊʃəs| *adjective* վաղահաս; վաղաժամ; տարիքից շուտ հասունացած/զարգացած *(երեխայի մասին)*

preconceived |priːkənˈsiːv| *adjective* կանխակալ

preconception |priːkənˈsɛpʃ(ə)n| *noun* 1) կանխակալ կարծիք 2) նախատեսում; նախատեսնելը

precondition |priːkənˈdɪʃ(ə)n| **1** *noun* կանխապայման; նախապայման **2** *verb* կանխորոշել

precursor |prɪˈkəːsə| *noun* 1) նախակարապետ; կարապետ; նախորդ; ռահվիրա 2) նախագուշակ; ավետաբեր

precursory |prɪˈkəːs(ə)ri| *adjective* նախագուշակ; կանխագուշակ; նախնական

predacious |prɪˈdeɪʃəs| (նաև **predaceous**) *adjective* գիշատիչ

predator |ˈprɛdətə| *noun* 1) *կենդանաբանություն* գիշատիչ կենդանի 2) կողոպտիչ/գոփիչ անձ

predatory |ˈprɛdət(ə)ri| *adjective* 1) գիշատիչ 2) գիշատչական; գիշատիչների 3) հափշտակիչ; հարստահարիչ; կողոպտիչ

predecessor |ˈpriːdɪsɛsə| *noun* 1) նախորդ 2) նախնի; նախահայր

predestination |priːˌdɛstɪˈneɪʃ(ə)n| *noun* նախասահմանում; նախասահմանություն; բախտ; ճակատագիր

predestine |priːˈdɛstɪn| *verb* նախասահմանել

predicament |prɪˈdɪkəm(ə)nt| *noun* 1) տհաճ դրություն; անախորժություն; դժվարին կացություն 2) *տրամաբանություն* ստորոգություն; կատեգորիա

predication |-ˈkeɪʃ(ə)n| *noun* 1) հաստատում 2) *քերականություն* ստորոգում

predicative |prɪˈdɪkətɪv| **1** *adjective քերականություն* ստորոգելիական **2** *noun քերականություն* բաղադրյալ ստորոգյալի անվանական մաս; ստորոգելիական վերադիր

predict |prɪˈdɪkt| *verb* գուշակել; կանխագուշակել; կանխատեսել

predictable |prɪˈdɪktəb(ə)l| *adjective* կանխատեսելի

prediction |prɪˈdɪkʃ(ə)n| *noun* գուշակում; կանխագուշակում; նախագուշակում

predilection |ˌpriːdɪˈlɛkʃ(ə)n| *noun* նախասիրություն; հակում *(մի բանի նկատմամբ)*

predispose |ˌpriːdɪˈspəʊz| *verb* 1) նախատրամադրել; տրամադրել 2) համոզել *(մի բան անելու)*

predisposition *noun* 1) նախատրամադրություն; նախահակում 2) հակում; միտում

predominance *noun* 1) գերակշռություն 2) տիրապետություն

predominant |prɪˈdɒmɪnənt| *adjective* գերակշիռ; գերակշռող

predominantly *adverb* հիմնականում; գերազանցապես; առավելապես; մեծ մասամբ

predominate |prɪˈdɒmɪneɪt| *verb* գերակշռել; գերիշխել; իշխել

preeminent *adjective* նշանավոր; հռչակավոր; աչքի ընկնող

preempt *verb* 1) կանխել 2) նախապես տիրել *(ինչ-որ բանի)*

preen |priːn| *verb* կտուցով մաքրել/հարդարել *(փետուրները)* ◇ **preen oneself** զուգվել; զարդարվել

preestablish *verb* նախասահմանել

preexist *verb* նախապես գոյություն ունենալ

prefab |ˈpriːfæb| *խոսակցական* **1** *noun* հավաքովի տուն **2** *adjective* հավաքովի

prefabricate |priːˈfæbrɪkeɪt| *verb* 1) նախօրոք պատրաստել 2) պատրաստել տան մասերը *(գործարանում)*

preface |ˈprɛfəs| **1** *noun* 1) նախաբան; ներածական մաս 2) ներածություն **2** *verb* առաջաբան գրել/կցել *(գրքին)*

prefatory |ˈprɛfət(ə)ri| *adjective* ներածական; նախաբանի

prefect |ˈpriːfɛkt| *noun* 1) պրեֆեկտ; նահանգապետ; կուսակալ; ոստիկանապետ; գլխավոր պաշտոնյա 2) *բրիտանական* ավագ աշակերտ *(կարգապահությանը հետևող)*

prefecture |ˈpriːfɛktjʊə| *noun* պրեֆեկտուրա

prefer |prɪˈfəː| *verb* (**preferred**, **preferring**) 1) գերադասել; նախընտրել 2) բարձրացնել; առաջ քաշել *(պաշտոնում)* 3) առաջադրել; ներկայացնել *(մեղադրանք, տեղեկություն)* 4) հաստատման ներկայացնել

preferable |ˈprɛf(ə)rəb(ə)l| *adjective* գերադասելի; նախընտրելի

preferably *adverb* գերադասելի է; ցանկալի է

preference |ˈprɛf(ə)r(ə)ns| *noun* 1) նախապատվություն; գերադասություն; գերապատվություն 2) նախապատվության իրավունք 3) արտոնյալ մաքսատուրք

preferential |ˌprɛfəˈrɛnʃ(ə)l| *adjective* 1) գերադասելի; նախամեծար 2) արտոնյալ *(մաքսատուրքի մասին)*

preferment |prɪˈfəːm(ə)nt| *noun* 1) գերադասում; գերադասելը; նախապատվություն տալը 2) ծառայության մեջ առաջ քաշելը; պաշտոնի բարձրացում

prefix |ˈpriːfɪks| **1** *noun* *քերականություն* նախածանց **2** *verb* 1) նախակցել; նախադրել 2) նախածանց ավելացնել

pregnable |ˈprɛgnəb(ə)l| *adjective* նվաճելի; գրավելի; խոցելի

pregnancy |ˈprɛgnənsi| *noun* (հոգն. **-cies**) հղիություն, հղի լինելը

pregnant |ˈprɛgnənt| *adjective* 1) *կենսաբանություն* հղի 2) հղի *(հետևանքներով)* 3) հարուստ *(մտքերով, գաղափարներով)* 4) ստեղծագործական *(մտքի մասին)* 5) իմաստալից

prehistoric |priːhɪˈstɒrɪk| *adjective* 1) նախապատմական 2) *խոսակցական* հին; հնացած

prejudge *verb* 1) մինչև դատը վճիռ կայացնել 2) նախավճռել; կանխորոշել; նախորոշել

prejudice |ˈprɛdʒʊdɪs| **1** *noun* 1) կանխակալ կարծիք 2) նախապաշարմունք 3) վնաս; չարիք **2** *verb* 1) նախատրամադրել 2) վնասել; վնաս հասցնել; չարիք պատճառել

insular prejudice սահմանափակ մարդկանց բնորոշ նախապաշարմունք

to the prejudice of ի վնաս

without prejudice to առանց վնասի

prejudiced *adjective* նախապաշարված; կանխակալ

prejudicial |prɛdʒʊˈdɪʃ(ə)l| *adjective* վնասակար; կործանարար; կորստաբեր

prelate |ˈprɛlət| *noun* *գրական անգլերեն, պատմական* առաջնորդ; բարձրաստիճան հոգևորական; քահանա

preliminary |prɪˈlɪmɪn(ə)ri| **1** *adjective* նախնական; սկզբնական **2** *noun* (հոգն. **-naries**) 1) նախապատրաստական միջոցառում/գործողություն 2) (**preliminaries**) նախնական բանակցություններ

prelude |ˈprɛljuːd| **1** *noun* 1) նախաբան; ներածական 2) *երաժշտություն* նախերգանք **2** *verb* նախաբան/նախերգանք հանդիսանալ

premature |ˈprɛmətjʊə| *adjective* 1) վաղաժամ; վաղահաս; հապճեպ; շտապ 2) վաղածին; կանխածին *(երեխայի մասին)* 3) տհաս

prematurely *adverb* անժամանակաբար; վաղաժամորեն

premeditation |-ˈteɪʃ(ə)n| *noun* կանխամտածվածություն; նախամտածվածություն; դիտավորություն

premier |ˈprɛmɪə|, |ˈpriː-| **1** *adjective* առաջին; գլխավոր **2** *noun* պրեմիեր մինիստր; մինիստրնախագահ; վարչապետ

premiere |ˈprɛmɪɛː| **1** *noun* *թատրոն* պրեմիերա; առաջնախաղ ներկայացում **2** *verb* առաջին ներկայացումը տալ

premise |ˈprɛmɪs| **1** *noun* *տրամաբանություն* նախադրյալ **2** *verb* |prɪˈmʌɪz| նախակցել; կցել; նախադրել

premise sth on/upon հիմնել; հիմնավորել

premium |ˈpriːmɪəm| **1** *noun* (հոգն. **-ums**) 1) դրամական պարգև 2) վարձ *(ուսման և այլն)* 3) ապահովագին 4) *ֆինանսներ* հավելավճար *(ոսկեդրամի, արժեթղթի)* **2** *adjective* 1) բարձրակարգ; առաջնակարգ 2) բարձր

offer/place/put a premium on sth խրախուսել; դրդել; աջակցել ինչ-որ բանի

premonition |ˌprɛməˈnɪʃ(ə)n|, |ˌpriː-| *noun* 1) նախազգուշացում 2) նախազգացում

premonitory |prɪˈmɒnɪt(ə)ri| *adjective* նախազգուշացնող

prenatal |priːˈneɪt(ə)l| *adjective* նախածննդյան

prentice |ˈprɛntɪs| *noun* *խոսակցական* աշակերտ; աշկերտ

preoccupation |prɪˌɒkjʊˈpeɪʃ(ə)n| *noun* 1) մտահոգություն; մտահոգվածություն; կլանվածություն; համակվածություն 2) հոգս; մտահոգություն; մտահոգության առարկա 3) ցրվածություն; մտացիրություն; անուշադրություն

preoccupy |priːˈɒkjʊpʌɪ| *verb* (**-pies**, **-pied**) 1) ուշադրությունը կլանել 2) գրավել; ուրիշներից առաջ զբաղեցնել

preordain |ˌpriːɔːˈdeɪn| *verb* կանխորոշել; նախորոշել

prep[1] |prɛp| **1** *noun* *խոսակցական* *ամերիկյան* նախապատրաստական դպրոցի աշակերտ/շրջանավարտ **2** *adjective* նախապատրաստական

prep[2] |prɛp| *խոսակցական* **1** *verb* (**prepped**, **prepping**) 1) պատրաստել 2) պատրաստվել **2**

noun նախապատրաստություն

preparation |ˌprɛpəˈreɪʃ(ə)n| *noun* 1) նախապատրաստություն; պատրաստություն 2) պատրաստում; պատրաստելը; տնային հանձնարարությունները կատարելը 3) պատրաստուկ; պրեպարատ *(դեղամիջոց, սնունդ և այլն)*

preparative |prɪˈpærətɪv| **1** *adjective* նախապատրաստական **2** *noun* նախապատրաստական նյութ

preparatory |prɪˈpærət(ə)ri| **1** *adjective* 1) ներածական 2) նախապատրաստական **2** *noun* նախապատրաստական դպրոց

preparatory to նախքան; որպես պատրաստություն

preparatory school *noun* նախապատրաստական դպրոց

prepare |prɪˈpɛː| *verb* 1) պատրաստվել; նախապատրաստվել 2) պատրաստել; նախապատրաստել

preparedness |prɪˈpɛːrɪdnɪs| *noun* պատրաստություն; պատրաստվածություն

prepay |priːˈpeɪ| *verb* (անցյալ և անցյալ դերբայ **prepaid**) նախօրոք վճարել

preponderance |prɪˈpɒnd(ə)r(ə)ns| *noun* գերակշռություն; առավելություն; գերազանցություն

preponderant |prɪˈpɒnd(ə)r(ə)nt| *adjective* գերակշիռ; գերակշռող; գերիշխող

preponderate |prɪˈpɒndəreɪt| *verb* 1) ավելի կշռել; ավելի ծանր քաշ ունենալ; գերակշռություն ունենալ *(մի բանի նկատմամբ)* 2) գերազանցել; բարձր լինել

preposition |ˌprɛpəˈzɪʃ(ə)n| *noun քերականություն* 1) նախդիր 2) նախադասություն; նախադաս լինելը

prepositional *adjective* նախդրային; նախդրավոր

prepossessing |priːpəˈzɛs| *adjective* համակրանք շարժող; դեպի իրեն տրամադրող; գրավիչ; համակրելի

prepossession |-ˈzɛʃ(ə)n| *noun* 1) նախապաշարմունք; կանխակալ կարծիք 2) նախատրամադրվածություն

preposterous |prɪˈpɒst(ə)rəs| *adjective* 1) անմիտ; անհեթեթ; հիմար 2) սխալ; աղավաղված; աղճատված 3) ոչ ուզիղնալ; անբնական

prep school *noun* (**preparatory school**) նախապատրաստական դպրոց

prerequisite |priːˈrɛkwɪzɪt| **1** *noun* նախադրյալ; անհրաժեշտ պայման **2** *adjective* նախապահանջված; նախնական; սկզբնական

prerogative |prɪˈrɒgətɪv| **1** *noun* արտոնություն; բացառիկ իրավունք **2** *adjective իրավունք* 1) արտոնություն ստացած 2) արտոնյալ

Pres. *abbreviation* President նախագահ

presage |ˈprɛsɪdʒ| **1** *verb* |prɪˈseɪdʒ| 1) նախազգալ; նախազգացում ունենալ 2) նախագուշակել; կանխագուշակել; գուշակել; նախանշան լինել **2** *noun* 1) նախազգացում; կանխազգացում 2) նախանշան; նախագուշակություն

presbyter |ˈprɛzbɪtə| *noun պատմական* քահանա; երեց

Presbyterian |ˌprɛzbɪˈtɪərɪən| **1** *adjective* պրեսբիտերական; պրեսբիտերականների; պրեսբիտերականության **2** *noun* պրեսբիտերական/երիցական եկեղեցու անդամ

prescind |prɪˈsɪnd| *verb գրական անգլերեն* անջատել; բաժանել *(մի բանից)*

prescribe |prɪˈskrʌɪb| *verb* 1) նշանակել *(դեղ)* 2) պատվիրել; հրամայել; կարգադրել *(գրավոր)* 3) նախատեսել

prescript |ˈpriːskrɪpt| *noun գրական անգլերեն, հնացած* հրաման; կարգադրություն

prescription |prɪˈskrɪpʃ(ə)n| *noun* 1) դեղատոմս; դեղագիր 2) պատվեր; հրաման; կարգադրություն *(գրավոր)* 3) *իրավունք* վաղեմության իրավունք

prescriptive |prɪˈskrɪptɪv| *adjective* 1) հրահանգչական; կարգադրողական 2) հին սովորության վրա հիմնված

presence |ˈprɛz(ə)ns| *noun* 1) ներկայություն; առկայություն 2) կեցվածք; արտաքին տեսք

presence of mind ոգու արիություն

presence chamber *noun* ընդունարան

present¹ |ˈprɛz(ə)nt| **1** *adjective* 1) ներկա 2) այժմյան; հիմիկվա; այսօրվա; այս; ժամանակակից; արդի 3) տվյալ; հենց այս **2** *noun* 1) ներկա ժամանակ 2) *քերականություն* ներկա; ներկա ժամանակ; ներկա ժամանակի ձևը

at present այժմ; ներկայումս

be present to the imagination երևակայության մեջ կենդանի լինել

be present to the mind անմոռանալի լինել

for the present այս անգամ; առայժմ

these presents տվյալ փաստաթղթերը

present² |prɪˈzɛnt| *verb* 1) նվիրել; ընծայել 2) տալ; հանձնել; քննության ներկայացնել *(դիմում և այլն)* 3) ներկայացնել; ընծայել ◇ **present oneself** ներկայանալ; գնալ 4) դնել; բեմադրել *(պիեսը)* 5) հանդիսանալ; կայանալ; լինել 6) ուղարկել; հղել *(շնորհակալություն, ողջույն)*

present³ |ˈprɛz(ə)nt| *noun* ընծա; նվեր

presentable |prɪˈzɛntəb(ə)l| *adjective* ներկայանալի; ներկայացման արժանի; հարմար; վայելուչ; պատշաճ; կարգին

presentation |prɛz(ə)nˈteɪʃ(ə)n| *noun* 1) շնորհանդես 2) ներկայացում; ներկայացնելը; ընծայում 3) *թատրոն* ներկայացում; բեմադրություն 4) մատուցում; նվիրում *(ընծայի)* 5) նվեր; ընծա

present-day *adjective* ժամանակակից

presentee |ˌprɛz(ə)nˈtiː| *noun* 1) նվեր ստացողը 2) արքունիքում ընդունված անձ

presenter *noun* 1) ներկայացնող 2) նվեր մատուցող

presentiment |prɪˈzɛntɪm(ə)nt|, |-ˈsɛn-| *noun* նախազգացում

presently |ˈprɛz(ə)ntli| *adverb* 1) շուտով; քիչ անց 2) այժմ; հիմա

presentment |prɪˈzɛntm(ə)nt| *noun պատմական* 1) *թատրոն* ներկայացում 2) պատկերում; պատկերելը 3) *իրավունք* ատենակալների հայտարարություն

present participle *noun քերականություն* ներկա ժամանակի դերբայ

preservation |prɛzəˈveɪʃ(ə)n| *noun* 1) պահպանում; պահպանելը 2) անվթարություն; պահպանվածություն 3) պահածոյացում; պահածո դարձնելը; պահածոյում

preservative |prɪˈzəːvətɪv| **1** *noun* պահպանական միջոց; պահպանման միջոց **2** *adjective* պահպանական; նախապահպանական; նախապաշտպանական

preserve |prɪˈzəːv| **1** *verb* 1) պահել *(բանջարեղեն, մթերք)* 2) պահպանել; պաշտպանել 3) պահածո պատրաստել; պահածոյել; մուրաբա եփել 4) որսագողերից պաշտպանել **2** *noun* 1) (**preserves**) մուրաբա; պահածո 2) որսարգելոց; ձկնարգելոց

preside |prɪˈzʌɪd| *verb* 1) նախագահել 2) (**preside over**) ղեկավարել 3) (**preside at**) նվագել հավաքույթի ժամանակ

presidency |ˈprɛzɪd(ə)nsi| *noun* (հոգն. **-cies**) 1) պրեզիդենտություն 2) նախագահություն 3) *եկեղեցական* պատարագ մատուցելը

president |ˈprɛzɪd(ə)nt| *noun* 1) նախագահ; պրեզիդենտ 2) *պատմական* նահանգապետ գաղութում 3) *եկեղեցական* պատարագամատույց քահանա

presidential |-ˈdɛnʃ(ə)l| *adjective* նախագահական; պրեզիդենտական

presidio |prɛˈsɪdɪəʊ| *noun* (հոգն. **-os**) ամրոց; բերդամաս

presidium |prɪˈsɪdɪʌm|, |-ˈzɪ-| (նաև **praesidium**) *noun* նախագահություն

press¹ |prɛs| **1** *verb* 1) ճմլել; ճնշել; սեղմել 2) համառորեն պնդել 3) ճզմելով քամել; մզել 4) սեղմելով տափակացնել; մամլել 5) շտապեցնել 6) մեկի վզին զոռով մի բան փաթաթել 7) արդուկել • **press down** հրել; հրելով վայր գցել **press forward** առաջ նետվել **press out** քամել; մզել **press to** հարկադրել; ստիպել **2** *noun* 1) մամուլ; պարբերական հրատարակություններ; լրագրություն 2) տպագրահաստոց 3) տպարան 4) շտապողականություն; անապարանք; շտապելը; անապարելը 5) պահարան 6) մամուլի աշխատող 7) մամլակ; մամլիչ; մամուլ; ճնշիչ գործիք 8) հրմշտոց 9) ամբոխ

freedom of the press մամուլի ազատություն
off the press մամուլում հրատարակված
stop the press դադարեցնել տպագրությունը
the gutter press բուլվարային մամուլ
yellow press դեղին/ծախու/վաճառված մամուլ

press² |prɛs| **1** *verb* բռնությամբ զինվորագրել/հավաքագրել **2** *noun պատմական* բռնի զինվորագրում *(հատկապես նավատորմի համար)*

press agent *noun* գովազդային գործակալ

press conference *noun* մամլո/մամուլի ասուլիս

press gallery *noun* մամուլի ներկայացուցիչների տեղերը

pressing |ˈprɛsɪŋ| **1** *adjective* 1) շտապ; անհետաձգելի; ստիպողական; հրատապ 2) համառ **2** *noun* 1) սեղմումով պատրաստված իր 2) սեղմում; մամլում; ճզմում

pressman |ˈprɛsmən| *noun* (հոգն. **-men**) լրագրող

press release *noun* մամլո հաղորդագրություն

pressure |ˈprɛʃə| **1** *noun* 1) ճնշում *(նաև փոխաբերական)* 2) ճնշելը; սեղմելը; մամլելը; մամլում 3) *էլեկտրականություն* լարվածություն; լարում **2** *verb* ճնշել; ճնշում գործադրել *(մեկի վրա)*

bring pressure to bear upon sb ճնշում գործադրել ինչ-որ մեկի վրա
pressure of events իրադրության արագ փոփոխություն *(որն անհապաղ վճռական քայլեր է պահանջում)*
under pressure 1) մեծ լարվածությամբ 2) լարված 3) ճնշման տակ; ակամա; հակառակ ցանկության
work at high pressure աշխատել առանց ոգևորության/խանդավառության

pressure gauge *noun տեխնիկական* ճնշաչափ; մանոմետր

pressurize |ˈprɛʃərʌɪz| *verb* 1) ճնշման տակ պահել 2) ճնշումը պահել; հերմետիկացնել

prestige |prɛˈstiː(d)ʒ| *noun* վարկ; հեղինակություն; ազդեցություն

presumable *adjective* հնարավոր; հավանական

presumably |prɪˈzjuːməbli| *adverb* հավանաբար; ենթադրաբար

presume |prɪˈzjuːm| *verb* 1) ենթադրել; ընդունել; համարել 2) համարձակվել; իրեն թույլ տալ 3) (**presume on/upon**) օգտվել; չարաշահել

presumption |prɪˈzʌm(p)ʃ(ə)n| *noun* 1) ենթադրություն 2) կանխավարկած 3) անձնապաստանություն; ինքնապաստանություն

presumptive |prɪˈzʌm(p)tɪv| *adjective* ենթադրական; հավանական

presumptuous |prɪˈzʌm(p)tʃʊəs| *adjective* անձնապաստան; ինքնապաստան; հանդուգն; մեծամիտ; չափազանց ինքնավստահ

presuppose |priːsəˈpəʊz| *verb* ենթադրել; նախապես ենթադրել; կանխենթադրել

pretend |prɪˈtɛnd| **1** *verb* 1) ձևանալ 2) հավակնել; հավակնություն ունենալ **2** *adjective խոսակցական* ոչ իրական; կեղծ

pretender |prɪˈtɛndə| *noun* 1) ձևացող/կեղծաբարո/կեղծ մարդ 2) հավակնորդ

pretense |prɪˈtɛns| (*բրիտանական* **pretence**) *noun* 1) կեղծիք; շինծու բան; կեղծավորություն 2) պատրվակ; կեղծ պատճառանք 3) պահանջ; հավակնություն 4) պահանջկոտություն; հավակնոտություն

false pretence խաբեություն; կեղծիք; կեղծ պատրվակ
make no pretence 1) հավակնություն չունենալ 2) չձևացնել
on/under false pretences խաբեությամբ
under the pretence of որևէ պատրվակով; ինչ-որ բանի անվան տակ

pretentious |prɪˈtɛnʃəs| *adjective* հավակնոտ;

պահանջկոտ

preterite |ˈprɛt(ə)rɪt| (նաև **preterit**) *քերականություն* **1** *adjective* անցյալն արտահայտող **2** *noun* *քերականություն* պրետերիտ; անցյալ ժամանակի ձևը

pretext |ˈpriːtɛkst| *noun* պատրվակ; կեղծ պատճառանք

Pretoria |prɪˈtɔːrɪə| Պրետորիա *(Հարավաֆրիկյան Հանրապետության մայրաքաղաքը)*

pretty |ˈprɪti| **1** *adjective* (**-tier**, **-tiest**) 1) գրավիչ; հիանալի 2) սիրունատես; սիրունիկ; լավիկ *(կանանց/երեխաների մասին)* 3) հաճելի 4) նշանակալից; բավականին մեծ; կլորիկ *(գումարի մասին)* **2** *adverb* *խոսակցական* բավականին; բավական ◇ **pretty much** i) գրեթե; համարյա ii) շատ **3** *noun* (հոգն. **-ties**) *խոսակցական* գրավիչ բան **4** *verb* (**-ties**, **-tied**) գրավիչ դարձնել; սիրունացնել

pretty as a picture/paint սիրունիկ; սքանչելի; պատկերի պես; խիկը պատկեր; ոնց որ նկարած

prevail |prɪˈveɪl| *verb* 1) իշխել; տիրել; տարածված լինել ◇ **prevailing conditions** տիրող իրավիճակ 2) գերակշռել; գերազանցել 3) հաղթահարել; հաղթել 4) (**prevail on/upon**) համոզել

prevalence *noun* 1) իշխանություն; գերիշխում; տարածում 2) գերակշռում; գերակշռություն

prevalent |ˈprɛv(ə)l(ə)nt| *adjective* գերիշխող; գերակշիռ; լայն տարածված

prevaricate |prɪˈværɪkeɪt| *verb* խուսափողաբար խոսել; կեղծել; կեղծավորություն անել

prevent |prɪˈvɛnt| *verb* 1) կանխել; առաջն առնել 2) խանգարել; խոչընդոտել; արգելակել

prevention *noun* կանխում; կանխելը; առաջն առնելը

Prevention is better than cure. *առած* Լավ է կանխել, քան դարմանել:

preventive |prɪˈvɛntɪv| **1** *adjective* 1) կանխարգելիչ; նախազգուշական; նախապահպանական ◇ **preventive/preventative war** կանխարգելիչ պատերազմ 2) կանխիչ; առաջն առնող; նախապաշտպանական **2** *noun* նախազգուշական/ նախապաշտպանական/պրոֆիլակտիկ միջոց

preview |ˈpriːvjuː| **1** *noun* 1) նախադիտում *(կինոնկարի, նկարների և այլն)* 2) նախնական քննարկում 3) նախազդուշակ **2** *verb* 1) նախապես ցուցադրել 2) նախապես մեկնաբանել

previous |ˈpriːvɪəs| *adjective* 1) նախընթաց; նախորդող; նախորդ 2) նախնական; վաղաժամ; կանխահաս 3) *խոսակցական* շտապ; հապճեպ

previous to նախքան; մինչև

previously *adverb* նախապես; նախօրոք; սկզբում

prevision |-ˈvɪʒ(ə)n| *noun* կանխատեսություն; նախատեսություն; կանխատեսում

prewar *adjective* նախապատերազմյան; մինչպատերազմյան

prey |preɪ| **1** *noun* 1) կեր; որս; ավար 2) զոհ **2** *verb* 1) որս անել; որսալ; բռնել 2) կողոպտել; թալանել 3) քայքայել *(առողջությունը)* 4) անհանգստացնել 5) շահագործել; վնասել

fall pray to զոհ դառնալ

price |prʌɪs| **1** *noun* գին ◇ **cash price** վաճառքի գին *(կանխիկ դրամով)*. **ceiling prices** ուռեցրած գներ; չափազանց բարձր գներ. **cost price** ինքնարժեք. **exhorbitant prices** չափից ավելի բարձր գներ. **fixed prices** կայուն գներ. **spot price** կանխիկ վճարման գին. **trade price** գործարանային/մեծածախ գին **2** *verb* գնահատել; գին նշանակել; գնորդել

above/beyond/without price անգին; գին չունեցող

At any price... Ամեն գնով...; Ինչ էլ որ պատահի....

Every man has his price. *առած* Յուրաքանչյուր մարդու կարելի է գնել: *(ծախու քաղաքագետների սկզբունքը)*

filling at the price *խոսակցական* էժան և որակով *(կրճատ՝ F at the P)*

knock-down price ամենացածր գինը

not at any price երբեք; ոչ մի դեպքում; ոչ մի գնով

reserve price նվազագույն գին *(աճուրդի ժամանակ, որից ցածր վաճառողը հրաժարվում է վաճառել իրը)*

priceless |ˈprʌɪslɪs| *adjective* անգին; անգնահատելի

price list *noun* գնացուցակ

pricey |ˈprʌɪsi| (նաև **pricy**) *adjective* (**pricier**, **priciest**) *խոսակցական* թանկ

prick |prɪk| **1** *verb* 1) ծակել; ծակծկել; ծակոտել 2) խոցել; խայթել 3) տանջել; չարչարել *(խղճի խայթի մասին)* 4) նախշածակել; ծակելով նախշեր անել; նշաններ անել *(կտորի վրա)* 5) *հնացած* խթանել *(ձիուն)* **2** *noun* 1) ծակոց; խայթ; խայթոց ◇ **the pricks of conscience** խղճի խայթ 2) փուշ *(վարդի)* 3) սուր ծայր; բիզ

kick against the pricks զոռով փորձանքի մեջ ընկնել

prickle |ˈprɪk(ə)l| **1** *noun* 1) փուշ; խայթ 2) ծակոց; ծակծկոց **2** *verb* 1) ծակել 2) ծակոց զգալ 3) հրահրել; գրգռել

prickly |ˈprɪkli| *adjective* (**-lier**, **-liest**) փշոտ; ծակող

pride |prʌɪd| **1** *noun* 1) հպարտություն 2) արժանապատվության զգացում ◇ **false pride** գոռոզություն; սնապարծություն 3) ծաղկում *(ուժերի և այլն)* **2** *verb* ◇ **pride oneself on/upon** հպարտանալ *(մեկով, մի բանով)*

false pride կեղծ հպարտություն/գոռոզություն/ փառասիրություն

feel/take pride in հպարտանալ; հպարտության զգացում ունենալ; բավականություն ստանալ

Pride goes before a fall., Pride goes before destruction. *աստվածաշնչային* Գոռոզությունը լավ բանի չի հասցնի:

Pride goes before and shame follows after. *առած* Հպարտությունը առջևից, իսկ ամոթը՝ հետևից: Մի՛ գոռոզացիր՝ հետո ամաչել կա:

pride of the morning մշուշ/անձրև՝ արևածագին *(այդ օրվա լավ եղանակի կանխանշան)*

put one's pride in one's pocket, swallow one's pride հպարտությունը գրպանը խոթել; խեղդել ինքնասիրությունը; վիրավորանքը կուլ տալ

wound sb's pride մեկի ինքնասիրությունը վիրավորել

priest |priːst| **1** *noun* քահանա; քուրմ; քրմապետ **2** *verb* գրական անգլերեն քահանա ձեռնադրել
priest of the blue bag *ծածկալեզու* փաստաբան; դատապաշտպան

prig |prɪg| **1** *noun* բծախնդիր/մանրակրկիտ մարդ **2** *verb ծածկալեզու* գողանալ

prim |prɪm| **1** *adjective* (**primmer**, **primmest**) խստաբարո; խստականոն; բծախնդիր; ձգված; անբնական; բռնազբոսիկ **2** *verb* (**primmed**, **primming**) ձգված/անբնական տեսք ընդունել
prim and proper շինծու; ձևական; սեթևեթ

primacy |ˈprʌɪməsi| *noun* 1) առաջնություն 2) առաջնորդարան *(արքեպիսկոպոսի)* 3) արքեպիսկոպոսի աստիճան; արքեպիսկոպոսություն

prima donna *noun* 1) առաջին երգչուհի 2) ինքնագոհ մարդ

primal |ˈprʌɪm(ə)l| *adjective* 1) նախնական; նախնադարյան 2) հիմնական; գլխավոր

primarily |ˈprʌɪm(ə)rɪli|, |prʌɪˈmɛr-| *adverb* գլխավորապես; հիմնականում

primary |ˈprʌɪm(ə)ri| **1** *adjective* 1) հիմնական; գլխավոր; առաջնային 2) նախնական; սկզբնական; տարրական *(հատկապես կրթության մասին)* ◇ **primary school** տարրական դպրոց 3) առաջնակարգ; առաջին կարգի **2** *noun* (հոգն. **-ries**) 1) հիմնական գույն 2) *ամերիկյան* նույն կուսակցությանը պատկանող ընտրողների նախընտրական ժողով 3) *էլեկտրականություն* առաջնային հոսանքի կոճ 4) *աստղագիտություն* մոլորակ

primary color *noun* հիմնական գույն

primate[1] |ˈprʌɪmeɪt|, |-mət| *noun քրիստոնեական եկեղեցի* գահերեց/նախաթոռ արքեպիսկոպոս

primate[2] |ˈprʌɪmeɪt| *noun կենդանաբանություն* պրիմատ *(կարգ Primates)*

prime[1] |prʌɪm| **1** *adjective* 1) հիմնական; կարևորագույն; լավագույն; գերազանց 2) գլխավոր 3) բարձրորակ; ընտիր 4) հիմնական; նախնական; սկզբնական 5) *մաթեմատիկա* պարզ *(թվի մասին)* **2** *noun* 1) ծաղկում; փթթում; գագաթնակետ 2) սկիզբ; գարուն; վաղ առավոտ; այգաբաց 3) *մաթեմատիկա* պարզ թիվ
in the prime of life ուժերի ծաղկման շրջանում
past one's prime ուժերի ծաղկման շրջանն անցած

prime[2] |prʌɪm| *verb* 1) նախապատրաստել; սատանաներկել 2) *տեխնիկական* լցնել *(շարժիչը՝ գործարկումից առաջ)* 3) նախապատրաստել; պատրաստ վիճակի բերել

prime minister *noun* պրեմիեր մինիստր; մինիստր-նախագահ; վարչապետ

primer[1] |ˈprʌɪmə| *noun* նախաներկ

primer[2] *noun* 1) այբբենարան 2) տարրական դասագիրք

primeval |prʌɪˈmiːv(ə)l| (**բրիտանական primaeval**) *adjective* նախնադարյան

primitive |ˈprɪmɪtɪv| **1** *adjective* 1) պրիմիտիվ; հասարակ 2) նախնական; սկզբնական; նախնադարյան 3) սովորական; պարզ 4) հիմնական **2** *noun* 1) *արվեստ* պրիմիտիվ 2) պարզունակ հասարակության անդամ

primitivism |ˈprɪmɪtɪvɪz(ə)m| *noun* պարզունակություն

primordial |prʌɪˈmɔːdɪəl| *adjective* վաղեմի; շատ հին; նախասկզբնական

primp |prɪmp| *verb* 1) զուգվել 2) կոկել; շտկել *(հագուստը, արտաքինը)*

primrose |ˈprɪmrəʊz| *noun բուսաբանություն* գարնանածաղիկ; գնարբուկ; թավրնջուկ *(Primula vulgaris, ընտանիք Primulaceae)*
primrose path հաճույքներ հետապնդելը

prince |prɪns| *noun* 1) արքայազն; արքայորդի ◇ **the Prince of Wales** Ուելսի իշխանը *(անգլիական գահի թագաժառանգը)*. **Prince Consert** թագավորող թագուհու ամուսինը *(Անգլիայում)* 2) *պատմական* միապետ; թագավոր-իշխան
a prince among men հոչակավոր/հայտնի անձնավորություն
the prince of darkness/evil/fiends, prince of the air, prince of the world *կրոն* մթության իշխան; սատանա

princeling |ˈprɪnslɪŋ| *noun արհամարհական* իշխանիկ; իշխանուկ

princely |ˈprɪnsli| *adjective* 1) հոյակապ; շքեղ; փառահեղ 2) արքայական; արքայավայել 3) շռայլ

princess |prɪnˈsɛs| *noun* արքայադուստր; իշխանուհի; իշխանադուստր ◇ **princess royal** ավագ արքայադուստր

principal |ˈprɪnsɪp(ə)l| **1** *adjective* 1) գլխավոր; հիմնական; կարևորագույն 2) առաջատար; առաջավոր **2** *noun* 1) պետ; գլխավոր; տեր 2) տնօրեն; դիրեկտոր; ռեկտոր *(դպրոցի, համալսարանի և այլնի)* 3) գլխավոր գործող անձ 4) *իրավունք* գլխավոր հանցավորը 5) *տնտեսագիտություն* հիմնական կապիտալ

principality |ˌprɪnsɪˈpælɪti| *noun* (հոգն. **-ties**) իշխանություն; իշխանական երկիր ◇ **the Principality** Ուելսի իշխանությունը; Ուելս

principally |ˈprɪnsɪp(ə)li| *adverb* գլխավորապես; առավելապես; հիմնականում

principle |ˈprɪnsɪp(ə)l| *noun* 1) սկզբունք; օրենք; դրույթ ◇ **unanimity principle** միաձայնության սկզբունք 2) սկզբնապատճառ; հիմք 3) *քիմիա* բաղադրիչ մաս; տարր
in principle սկզբունքորեն
on principle սկզբունքից ելնելով

principled |ˈprɪnsɪp(ə)ld| *adjective* 1) սկզբունքային 2) սկզբունքների վրա հիմնված

prink |prɪŋk| *verb* զուգվել; զարդարվել

print |prɪnt| **1** *verb* 1) տպել *(գիրք, լրագիր)* 2) դրոշմել 3) *լուսանկարչություն* արտատպել; արտատպվել **2** *noun* 1) տպվածք 2) թերթ; ամսագիր 3) դրոշմ
in print 1) վաճառքում 2) տպագրված
out of print վաճառված; վերջացած
rush into print նյութը շատ արագ հանձնել տպագրման

printer |ˈprɪntə| *noun* 1) տպագրիչ; տպարանատեր 2) տպիչ *(սարք)*

printing |ˈprɪntɪŋ| *noun* 1) տպագրություն 2)

տպագիր հրատարակություն

printing press *noun* տպագրահաստոց

printout |ˈprɪntaʊt| *noun համակարգիչներ* տպված թղթեր

print shop (նաև **printshop**) *noun* փորագրանկարների խանութ

prior¹ |ˈprʌɪə| **1** *adjective* նախորդող; նախորդ **2** *noun խոսակցական* նախկին դատապարտվածություն **3** *adverb* (**prior to**) նախքան; մինչև

prior² *noun* վանահայր; աբբա

prioritize *verb* նախապատվություն տալ

priority |prʌɪˈɒrɪti| *noun* (հոգն. **-ties**) 1) առաջնություն; նախապատվություն 2) առաջնահերթություն; հերթականություն ◇ **take priority of** նախորդել; առաջնություն ստանալ

priory |ˈprʌɪəri| *noun* (հոգն. **-ries**) մենաստան

prism |ˈprɪz(ə)m| *noun երկրաչափություն* հատվածակողմ; պրիզմա

prison |ˈprɪz(ə)n| **1** *noun* բանտ **2** *verb* (**-oned**, **-oning**) *բանաստեղծական* բանտարկել

break prison բանտից փախչել

cast/throw into prison բանտ նետել; բանտարկել

clap into prison ազատազրկել; բանտարկել

prisoner |ˈprɪz(ə)nə| *noun* 1) բանտարկյալ 2) ռազմագերի; գերի

prisoner of state պետական հանցագործ

prisoner of war ռազմագերի

prisoner to one's chair հաշմանդամ; աթոռին գամված

take no prisoners անողոք/դաժանորեն վարվել

prisoner of war (հպվ. **POW**) *noun* ռազմագերի

Priština |ˈpriːʃtɪnə| Պրիշտինա *(Կոսովոյի մայրաքաղաքը)*

privacy |ˈprɪvəsi|, |ˈprʌɪ-| *noun* 1) մենություն; առանձնացածություն; մեկուսացածություն 2) գաղտնիք; գաղտնիություն 3) անձնական կյանք

private |ˈprʌɪvət| **1** *adjective* 1) մասնավոր; անձնական 2) առանձին; մեկուսի 3) գաղտնի; թաքուն; ծածուկ **2** *noun ռազմական* շարքային զինվոր

in private 1) մենակ; աչքից հեռու; գաղտնի 2) անձնական կյանքում; ընտանեկան իրադրության մեջ

keep a thing private գաղտնի/թաքուն/ծածուկ պահել ինչ-որ բան

private act/bill *քաղաքականություն* օրենք; օրինագիծ *(որը վերաբերում է առանձին անձանց/կուսակցություններին/կազմակերպություններին)*

private sector *noun* մասնավոր բաժին

privation |prʌɪˈveɪʃ(ə)n| *noun* զրկանք; կարիք

privatization |-ˈzeɪʃ(ə)n| *noun* սեփականաշնորհում; մասնավորեցում

privatize |ˈprʌɪvətʌɪz| *verb* սեփականաշնորհել; մասնավորեցնել

privilege |ˈprɪvɪlɪdʒ| **1** *noun* արտոնություն; առավելություն **2** *verb գրական անգլերեն* արտոնություն տալ; որևէ բանից ազատել

privileged *adjective* արտոնյալ

privy |ˈprɪvi| **1** *adjective* 1) ծածուկ; գաղտնի 2) մասնավոր 3) առանձնացած; մեկուսի **2** *noun* (հոգն. **privies**) 1) դրսի զուգարան 2) շահագրգռված անձ

prize¹ |prʌɪz| **1** *noun* 1) մրցանակ 2) դրամական պարգև 3) շահում ◇ **the prize of life** կյանքի բարիքները **2** *adjective* 1) պարգևատրված; պարգևի արժանի 2) գերազանց; արտակարգ **3** *verb* 1) բարձր գնահատել 2) գնահատել

become a prize of sb, become prize of sb գերի ընկնել մեկին *(որպես ավար)*

body prize ամենացածր մրցանակ

make prize of նվաճել; գրավել; զավթել

play a prize 1) մասնակցել մրցույթի *(հատկապես սուսերամարտում)* 2) մրցակցել հենց այնպես; մրցակցել ձևի համար

prizefighter *noun* պրոֆեսիոնալ ըմբշամարտիկ

pro¹ |prəʊ| **1** *noun* (հոգն. **pros**) *խոսակցական* (**professional**) մասնագետ **2** *adjective* (**professional**) պրոֆեսիոնալ; գործի վարպետ; արհեստավարժ

pro² |prəʊ| **1** *noun* (հոգն. **pros**) առավելություն; դրական կողմ **2** *preposition, adverb* կողմ *(առաջարկությանը և այլն)*

pro and con *լատիներեն* թեր ու դեմ; թեր ու դեմ փաստարկներ

pro-¹ |prəʊ| *prefix* 1) կողմնակից; շահերի պաշտպան 2) փոխարինող; տեղակալ ◇ **pro-rector** ռեկտորի տեղակալ; պրոռեկտոր

pro-² |prəʊ| *prefix* նախա-

proactive |prəʊˈæktɪv| *adjective* կանխազդիչ

probability |prɒbəˈbɪlɪti| *noun* (հոգն. **-ties**) հավանականություն

in all probability ամենայն հավանականությամբ

probable |ˈprɒbəb(ə)l| **1** *adjective* 1) հավանական; հնարավոր 2) ենթադրելի 3) ճշմարտանման **2** *noun* թեկնածու

probably |ˈprɒbəbli| *adverb* հավանաբար

probate |ˈprəʊbeɪt| **1** *noun* 1) *իրավունք* կտակի պաշտոնական վավերացում/հաստատում 2) վավերացված կտակ **2** *verb* կտակը վավերացնել

probation |prəˈbeɪʃ(ə)n| *noun* 1) փորձարկում; փորձ; փորձելը; ստուգման ենթարկելը; ստաժավորում 2) փորձնական ժամկետ 3) *իրավունք* պայմանական ազատազրկում

probationary *adjective* փորձնական

probationer |prəˈbeɪʃ(ə)nə| *noun* փորձվող/ստուգվող անձ; փորձնակ

probe |prəʊb| **1** *noun* 1) զննադող; զննադողիկ; զոնդ 2) *ամերիկյան* մանրամասն/բազմակողմանի քննություն; հետաքննություն **2** *verb* 1) զննել; զննադողով հետազոտել 2) մանրամասն կերպով քննել; հետաքննել

probity |ˈprəʊbɪti|, |ˈprɒb-| *noun գրական անգլերեն* ազնվություն; անկաշառություն; անկաշառելիություն; պարկեշտություն

problem |ˈprɒbləm| *noun* 1) խնդիր; հարց; հիմնախնդիր; հիմնահարց 2) *մաթեմատիկա* խնդիր

have a problem with տարաձայնություններ ու-

նենալ
solve a problem խնդիր լուծել; ինչ-որ բան վճռել

problematic |prɒbləˈmætɪk| **1** *adjective* խնդրահարույց; ենթադրական; կասկածելի; հարցական; դժվարին **2** *noun* դժվարություն

procedural *adjective* ընթացակարգային

procedure |prəˈsiːdʒə| *noun* 1) ընթացակարգ; արարողակարգ 2) գործելակերպ; վարքագիծ; վարվելակերպ 3) *բժշկություն* վիրաբուժական գործողություն; վիրահատություն 4) *բժշկություն* բուժանք; բուժագործություն; պրոցեդուրա

proceed |prəˈsiːd| *verb* 1) շարունակել; վերսկսել *(խաղը, գործը և այլն)* 2) անցնել *(մի բանի)* 3) առաջ գնալ/շարժվել; առաջանալ 4) ընթանալ; կատարվել; անցնել 5) ճանապարհ ընկնել 6) վարվել; իրեն պահել 7) *իրավունք* գործ հարուցել 8) գիտական աստիճան ստանալ

proceedings *plural noun* 1) աշխատություններ; արձանագրություններ; զեկույցներ *(գիտական ընկերության)* 2) դատավարություն; դատական գործ վարելը ◇ **take legal proceedings** դատական գործ հարուցել

proceeds |ˈprəʊsiːdz| *plural noun* հասույթ; շահ; եկամուտ

process¹ |ˈprəʊsɛs| **1** *noun* 1) գործընթաց; ընթացք; պրոցես 2) մեթոդ; տեխնոլոգիական պրոցես/գործընթաց 3) *իրավունք* կանչ; գրավոր հրաման; կարգադրություն 4) *կազմախոսություն, բուսաբանություն* ելուն; ընձյուղ **2** *verb* մշակել; տեխնոլոգիական մշակման ենթարկել
in process ընթացքի մեջ; տեղի ունեցող
in process of sth ընթացքում

process² |prəˈsɛs| *verb* շքախմբով քայլել; երթաքայլել

procession |prəˈsɛʃ(ə)n| **1** *noun* 1) թափոր; երթ; շքերթ 2) շարք; շարան 3) *աստվածաբանություն* Սուրբ Հոգու ելումը/բխումը **2** *verb* մասնակցել թափորին/շքերթին

processor |ˈprəʊsɛsə| *noun* 1) *համակարգիչներ* մշակիչ 2) մշակող մեքենա

proclaim |prəˈkleɪm| *verb* 1) հայտարարել; հավաստել 2) հռչակել 3) վկայել 4) ցույց տալ; մատնանշել

proclamation *noun* 1) հռչակում; հռչակելը 2) հայտարարություն; հայտարարելը; ազդարարում; ազդարարելը

proclivity |prəˈklɪvɪti| *noun* (հոգն. **-ties**) հակում; հակվածություն; կանխատրամադրվածություն

procrastinate |prə(ʊ)ˈkræstɪneɪt| *verb* հետաձգել; ձգձգել; դանդաղել

procrastination |-ˈneɪʃ(ə)n| *noun* հետաձգում; հապաղում; հապաղելը; ձգձգում; ձգձգելը
Procrastination is the thief of time. *առած* Հետաձգել՝ նշանակում է ժամանակ կորցնել: Այսօրվա գործը վաղվան մի՛ թողնիր:

procreate |ˈprəʊkrɪeɪt| *verb* ծնել; ծնունդ տալ

procure |prəˈkjʊə| *verb* 1) հայթայթել; գտնել; ճարել; ձեռք բերել 2) *հնացած* պատճառել; առաջացնել *(մահ)* 3) կավատություն անել

prod |prɒd| **1** *verb* (**prodded**, **prodding**) 1) խփել; հարվածել; ծակել 2) քշել; խթանել; բզել; գրգռել **2** *noun* 1) հարված; զարկ; քացի ◇ **a prod with a bayonet** սվինի հարված 2) ծակ/անցք բացելու գործիք; բիզ; մախաթ

prodigal |ˈprɒdɪg(ə)l| **1** *adjective* 1) շռայլ; վատնող ◇ **the prodigal son** անառակ որդի 2) առատաձեռն; չխնայող 3) առատ; հարուստ; լիառատ **2** *noun* շռայլ/վատնող/մսխող մարդ

prodigality |-ˈgælɪti| *noun* 1) շվայտություն; զեխություն; վատնում 2) շռայլություն

prodigious |prəˈdɪdʒəs| *adjective* 1) վիթխարի; հսկայական 2) զարմանալի; ապշեցուցիչ; արտասովոր

prodigy |ˈprɒdɪdʒi| *noun* (հոգն. **-gies**) 1) շնորհալի/տաղանդավոր մարդ 2) հրաշք; զարմանք; սքանչելիք

produce **1** *verb* |prəˈdjuːs| 1) արտադրել; պատրաստել; ստեղծել 2) առաջացնել; առաջ բերել; պատճառել; գործել *(տպավորություն և այլն)* 3) տպագրել; հրատարակել *(գիրք)* 4) բեմադրել; ներկայացնել *(պիես, կինոնկար)* 5) դուրս բերել; հանել; տալ 6) ներկայացնել *(փաստաթղթեր, տոմս, ապացույցներ և այլն)* 7) *մաթեմատիկա* տանել; շարունակել; երկարացնել *(գիծ)* **2** *noun* |ˈprɒdjuːs| 1) արտադրանք; արդյունք; բերք; ապրանք 2) արդյունք; արգասիք

producer |prəˈdjuːsə| *noun* 1) արտադրող 2) ռեժիսոր; բեմադրող 3) *տեխնիկական* գեներատոր

product |ˈprɒdʌkt| *noun* 1) արտադրանք; ապրանք; մթերք 2) արդյունք; արգասիք 3) *քիմիա* ռեակցիայի արդյունքը 4) *մաթեմատիկա* արտադրյալ

production |prəˈdʌkʃ(ə)n| *noun* 1) արտադրություն; արտադրում; պատրաստում; արդյունահանում 2) արտադրանք; ապրանք 3) երկ; գործ *(գրական, արվեստի)* 4) բեմադրում; ներկայացնելը *(պիեսը, կինոնկարը և այլն)*

productive |prəˈdʌktɪv| *adjective* 1) արտադրողական; արդյունավետ 2) *լեզվաբանություն* գործուն; կենսունակ; արտադրողական *(արտահայտչաձևի մասին)* 3) պտղաբեր; բեղուն; արգավանդ 4) *բժշկություն* խորխաբեր *(հազի մասին)* 5) բեղմնավոր; արգասավոր *(հեղինակի մասին)* 6) արտադրական; արդյունաբերական

productivity |prɒdʌkˈtɪvɪti| *noun* 1) արտադրողականություն; արդյունավետություն 2) բերքատվություն *(տարածքի)*

product placement *noun* անբացահայտ գովազդի տեղադրում *(կինոֆիլմերում, հեռուստահաղորդումներում և այլն)*

Prof. *abbreviation* professor պրոֆեսոր

profanation |prɒfəˈneɪʃ(ə)n| *noun* 1) գռեհկացում 2) ապականում; պղծում; խեղաթյուրում

profane |prəˈfeɪn| **1** *adjective* 1) աշխարհիկ; աշխարհային; աշխարհական 2) անսուրբ; պիղծ 3) հեթանոսական 4) անօրեն; անվայել; անպարկեշտ 5) *կրոն* չսրբագործված **2** *verb* պղծել; ապականել

profess |prəˈfɛs| *verb* 1) արտահայտել *(կարծիք, գոհունակություն)* 2) բացահայտ կերպով/հրապարակավ հայտարարել 3) դավանել *(որևէ *կրոն)* 4) տեսք ընդունել; ձևանալ 5) զբաղվել որևէ գործունեությամբ 6) *հնացած կատակային* դասավանդել

professedly *adverb* բացահայտ կերպով; հրապարակավ

profession |prəˈfɛʃ(ə)n| *noun* 1) արհեստ; զբաղմունք; մասնագիտություն ◇ **legal profession** իրավաբանի մասնագիտություն. **the oldest profession** *կատակային* պոռնկություն; հնագույն մասնագիտություն 2) մի մասնագիտության/արհեստի տեր մարդիկ ◇ **the profession** *ծածկալեզու* դերասաններ 3) խոստովանություն *(սիրո, զգացմունքների)* ◇ **the professions of love** սիրո զեղումներ 4) դավանություն; հավատ; կրոն

professional |prəˈfɛʃ(ə)n(ə)l| **1** *adjective* 1) մասնագիտական 2) մասնագիտություն/արհեստ ունեցող 3) վարպետ; ձեռահաս; հմուտ **2** *noun* 1) մասնագետ 2) արհեստավարժ/արհեստագետ/պրոֆեսիոնալ անձ

professionalism |prəˈfɛʃ(ə)n(ə)lɪz(ə)m| *noun* արհեստավարժություն; հմտություն; հմտավարժություն; պրոֆեսիոնալություն

professor |prəˈfɛsə| *noun* 1) պրոֆեսոր; ուսուցչապետ 2) դասախոս 3) հրահանգիչ; մարզիչ 4) խոստովանող

proffer |ˈprɒfə| **1** *verb* առաջարկել **2** *noun* *բանաստեղծական* առաջարկ

proficiency *noun* փորձվածություն; փորձառություն; հմտություն

proficient |prəˈfɪʃ(ə)nt| **1** *adjective* փորձված; փորձառու; հմուտ; գիտակ **2** *noun* *հազվադեպ* մասնագետ; գործիմաց/հմուտ/փորձառու մարդ; գիտակ

profile |ˈprəʊfʌɪl| **1** *noun* 1) կիսադեմ 2) եզրագիծ; ուրվագիծ *(որևէ առարկայի)* 3) *տեխնիկական* հատույթ; տեսք 4) համառոտ կենսագրություն 5) համառոտ բնութագիր 6) համբավ; վարկ **2** *verb* 1) համառոտ նկարագրել 2) պրոֆիլով/կտրվածքով պատկերել

profit |ˈprɒfɪt| **1** *noun* 1) շահույթ; օգուտ; եկամուտ; հասույթ ◇ **gross profits** համախառն շահույթ. **net profit** զուտ շահույթ 2) տոկոսներ; վրան եկած գումարը 3) շահ; օգուտ **2** *verb* (**-ited**, **-iting**) 1) օգուտ քաղել/ստանալ 2) օգուտ բերել 3) օգտվել

at a profit շահույթով; շահով

profitability |-ˈbɪlɪti| *noun* շահութաբերություն

profitable |ˈprɒfɪtəb(ə)l| *adjective* 1) ձեռնտու; եկամտաբեր; շահավետ; շահութաբեր 2) օգտակար

profit and loss account (հապվ. **P & L**) *noun* *ֆինանսներ* օգուտի և վնասի հաշվարկ

profiteer |prɒfɪˈtɪə| **1** *verb* շահախաղով/չարաշահությամբ զբաղվել **2** *noun* շահախաղորդ; չարաշահորդ ◇ **war profiteers** պատերազմից օգտվողներ; պատերազմի հրձիգներ

profit margin *noun* շահույթի չափ; շահութաչափ

profligacy |-gəsi| *noun* անբարոյականություն; անառակություն

profligate |ˈprɒflɪgət| **1** *adjective* 1) ցոփ; անառակ; անբարոյական 2) շռայլող; վատնող; մսխող **2** *noun* անառակ/անբարոյական մարդ

pro forma |prəʊ ˈfɔːmə| **1** *adverb* ձևի համար; ձևականությունից ելնելով **2** *adjective* 1) ձևական 2) նախնական *(ապրանքագրի մասին)* **3** *noun* նախնական փաստաթուղթ/ապրանքագիր

profound |prəˈfaʊnd| **1** *adjective* (**-founder**, **-foundest**) 1) խորը; խորքային; խորիմաստ 2) լրիվ; լիակատար; բացարձակ 3) խելացի; հեռատես 4) խոնարհ *(ողջույնի մասին)* 5) սրտահույզ; խորաթափանց; խորամուխ 6) հսկայական; ուժգին **2** *noun* *բանաստեղծական* խորք *(օվկիանոսի կամ մտքի)*

profundity *noun* (հոգն. **-ties**) 1) խորություն 2) անդունդ; վիհ 3) խորիմաստ գաղափար

profuse |prəˈfjuːs| *adjective* 1) առատ; լիառատ; հարուստ; չափազանց; անչափ 2) առատաձեռն; տարօրինակ

profusion |prəˈfjuːʒ(ə)n| *noun* 1) առատություն; հարստություն; լիություն 2) չափից ավելի շքեղություն 3) առատաձեռնություն; շռայլություն

progeny |ˈprɒdʒ(ə)ni| *noun* սերունդ; ժառանգ; հետնորդներ

prognosis |prɒgˈnəʊsɪs| *noun* (հոգն. **-ses** |-siːz|) նախիմացություն; նախատեսություն; նախագուշակում; կանխիմացություն; կանխատեսություն

prognostic |prɒgˈnɒstɪk| **1** *adjective* նախագուշակող; կանխագուշակող **2** *noun* *հնավանդ* 1) նախանշան; կանխանշան 2) նախագուշակում; կանխագուշակում

program |ˈprəʊgræm| (*բրիտանական* **programme**) **1** *noun* 1) ծրագիր; պլան 2) համակարգչային ծրագիր **2** *verb* (**-grammed**, **-gramming**; կամ **-gramed**, **-graming**) 1) *համակարգիչներ* ծրագրավորել 2) *համակարգիչներ* ծրագիր մտցնել 3) ծրագրել; կարգավորել; պլանավորել 4) հեռարձակել

programmer |ˈprəʊgræmə| *noun* *համակարգիչներ* ծրագրավորող

programming *noun* 1) *համակարգիչներ* ծրագրավորում 2) ծրագրերի կազմում

progress **1** *noun* |ˈprəʊgrɛs| 1) առաջադիմություն; զարգացում; առաջընթաց 2) առաջխաղացում; հաջողություններ 3) ժամանակի/դեպքերի ընթացք **2** *verb* |prəˈgrɛs| 1) առաջադիմել; առաջ ընթանալ; զարգանալ 2) առաջ գնալ 3) հաջողություններ ունենալ; առաջադիմել

be in progress կատարվել; տեղի ունենալ; ընթացքի մեջ լինել

make progress հաջողություն ունենալ; հաջողությամբ առաջ գնալ

progression |prəˈgrɛʃ(ə)n| *noun* 1) առաջխաղացում; առաջընթաց; առաջ շարժվելը; զարգացում 2) *մաթեմատիկա* պրոգրեսիա ◇ **arithmetic progression** թվաբանական պրոգրեսիա. **geometric progression** երկրաչափական պրոգրեսիա

progressionist |prəˈgrɛʃ(ə)nɪst| *պատմական* **1** *noun* 1) առաջադիմական; առաջադիմության կողմնակից 2) բնազարգացման կողմնակից *(ըստ որոնց կյանքի բոլոր ձևերը զարգանում են դեպի ավելի բարձր ձևը)* **2** *adjective* կենսաբանու-

թյուն բնազարգացապաշտական

progressive |prəˈgresɪv| **1** *adjective* 1) առաջադիմական 2) առաջընթաց 3) աստիճանաբար սաստկացող/աճող/ուժեղացնող **2** *noun* 1) առաջադիմական անձ 2) *քերականություն* շարունակական ժամանակ

progressively *adverb* աստիճանաբար

prohibit |prə(ʊ)ˈhɪbɪt| *verb* (**-hibited**, **-hibiting**) արգելել; թույլ չտալ

prohibition |ˌprəʊhɪˈbɪʃ(ə)n|, |prəʊɪ-| *noun* արգելք; արգելում; արգելանք *(հատկապես ոգելից խմիչքների)*

prohibitive |prə(ʊ)ˈhɪbɪtɪv| *adjective* 1) արգելական; արգելիչ *(մաքսի մասին և այլն)* 2) խիստ բարձր *(գնի մասին)* 3) արգելող; արգելք հանդիսացող *(օրենքի մասին)*

prohibitively *adverb* արգելականորեն

project **1** *noun* |ˈprɒdʒekt| 1) նախագիծ; պլան; ծրագիր; առաջարկ 2) *ամերիկյան* բնակարանով ապահովելու ծրագիր **2** *verb* |prəˈdʒekt| 1) նախագծել; նախագիծ կազմել 2) կանխատեսել 3) ծրագրել; ծրագիր/պլան կազմել 4) արձակել; գցել *(ստվեր, լույսի ճառագայթներ)* 5) ներկայացնել 6) արտապատկերել; պրոյեկտել 7) արձակել; նետել *(ռումբ)* 8) դուրս ցցվել; կարկառվել

projectile |prə(ʊ)ˈdʒektʌɪl|, |-tɪl| **1** *noun* արկ; ռումբ; ռնակ; գնդակ **2** *adjective* նետողական; արձակողական; նետելու; արձակելու

projection |prəˈdʒekʃ(ə)n| *noun* 1) ելուստ; դուրս ցցված մաս 2) արտապատկերում; պրոյեկցիա 3) ներկայացում; գովազդ 4) նախագծում; նախագծելը; նախագիծ; պլան 5) հաշվարկ; կանխատեսում

projector |prəˈdʒektə| *noun* 1) արտապատկերիչ; պրոյեկտոր 2) նախագիծ կազմող; նախագծող մասնագետ

prokaryote |prəʊˈkærɪəʊt|, |-ɒt| (նաև **procaryote**) *noun* *կենսաբանություն* նախակորիզավոր օրգանիզմ

prokaryotic |-ˈɒtɪk| *adjective* նախակորիզավոր

proletarian |ˌprəʊlɪˈteːrɪən| **1** *adjective* պրոլետարական; բանվորական **2** *noun* պրոլետար; բանվոր

proletariat |ˌprəʊlɪˈteːrɪət| (նաև **proletariate**) *noun* բանվոր դասակարգ; պրոլետարիատ

proliferate |prəˈlɪfəreɪt| *verb* 1) բազմանալ; տարածվել 2) առաջացնել մեծ քանակներով

proliferation *noun* 1) տարածում 2) արագ բազմացում/աճ 3) մեծ քանակություն

prolific |prəˈlɪfɪk| *adjective* 1) պտղաբեր; բեղուն; արգավանդ 2) բեղմնավոր; արգասավոր 3) առատ; հարուստ

prolix |ˈprəʊlɪks|, |prəˈlɪks| *adjective* 1) ձանձրալի; ձգձգված 2) շատախոս; երկարաբան; երկարախոս

prologue |ˈprəʊlɒg| *noun* նախաբան; նախերգանք

prolong |prəˈlɒŋ| (նաև **prolongate**) *verb* 1) երկարացնել; երկարատև դարձնել 2) տանել; շարունակել; երկարացնել *(գիծը)*

prolongation |prəʊlɒŋˈgeɪʃ(ə)n| *noun* 1) երկարացում; երկարաձգում; տարկետում 2) շարունակում; շարունակելը *(գծի)*

prolonged *adjective* 1) երկարատև 2) ձգձգված; երկարաձգված; երկար

promenade |ˌprɒməˈnɑːd|, |-ˈneɪd|, |ˈprɒm-| **1** *noun* 1) զբոսանք; պտույտ 2) զբոսավայր 3) *խոսակցական* պարահանդես; պարեր **2** *verb* 1) զբոսնել; ման գալ 2) զբոսանքի տանել

promethium |prəˈmiːθɪəm| *noun* *քիմիա* պրոմեթեհիում

prominence |ˈprɒmɪnəns| *noun* 1) ցցվածք; ելուստ 2) ցցվածություն; անհարթություն 3) աչքի ընկնող դիրք; հանրահայտություն

prominency *noun* աչքի ընկնող դիրք

prominent |ˈprɒmɪnənt| *adjective* 1) աչքի ընկնող; նկատելի 2) նշանավոր; ականավոր; հանրահայտ 3) դուրս պրծած; դուրս ընկած; ցցված

promiscuity |prɒmɪˈskjuːɪti| *noun* 1) տարասեռականություն; տարասեռություն; խառնակազմություն; այլազանություն 2) անկարգություն; խառնաշփոթություն 3) անկարգ սեռական կյանք

promiscuous |prəˈmɪskjʊəs| *adjective* 1) այլասեռ; տարասեռ; այլազան; այլատեսակ 2) խառը; խառնակազմ 3) համատեղ *(լողանալու մասին)* 4) անկարգ; անխտիր 5) *խոսակցական, կատակային* պատահական

promise |ˈprɒmɪs| **1** *noun* 1) խոստում 2) հեռանկար ◇ **of great promise** խոստումնալից **2** *verb* 1) խոստանալ 2) հավատացնում եմ ձեզ; հավատացե՛ք 3) հույսեր ներշնչել; ապագա խոստանալ

break a promise խոստումը չկատարել/դրժել/չպահել

give/show promise հույս տալ; հուսադրել; հույսով անել

give a promise խոստում տալ; խոստանալ

keep/redeem one's promise խոստումը կատարել

Promise is debt. *առած* Խոստումը պարտք է: Խոսք ես տվել՝ կատարի՛ր:

Promise little, but do much. *առած* Քի՛չ խոստացիր՝ շա՛տ կատարիր: Խոսքը գործո՛վ ապացուցիր:

promising |ˈprɒmɪsɪŋ| *adjective* հույսեր ներշնչող; խոստումնալից

promissory |ˈprɒmɪs(ə)ri| *adjective* *իրավունք* 1) խոստում պարունակող; խոստումնալից 2) պարտային; պարտքի *(հանձնառության մասին)*

promontory |ˈprɒm(ə)nt(ə)ri| *noun* (հոգն. **-ries**) *աշխարհագրություն* հրվանդան; ելուստ

promote |prəˈməʊt| *verb* 1) բարձրացնել; առաջ քաշել *(պաշտոնում)* 2) գովազդել 3) կոչում տալ; աստիճանը բարձրացնել 4) օգնել; օժանդակել; աջակցել; նպաստել 5) *դպրոցական* փոխադրել հաջորդ դասարանը 6) առաջ շարժել 7) *քիմիա* արագացնել *(ռեակցիան)*

promoter |prəˈməʊtə| *noun* 1) կազմակերպիչ; գովազդող 2) գիտության/արվեստի և այլնի զարգացմանը նպաստող անձ; հովանավոր; պաշտպան 3) *քիմիա* ակտիվացնող; ակտիվարար

promotion *noun* 1) կոչում/աստիճան տալը 2) գովազդում; հանրահայտ դարձնելը 3) աջակցություն; օգնություն; խթանում 4) առաջխաղացում; առաջ քաշում *(ծառայության մեջ)*

promotional *adjective* 1) խթանող; նպաստող; խթանման 2) գովազդային; գովազդման

prompt |prɒm(p)t| **1** *verb* 1) դրդել; հրահրել; մղել 2) հուշել 3) *թատրոն* հուշարարություն անել **2** *noun* 1) հուշում 2) *համակարգիչներ* հուշվածք **3** *adjective* 1) արագ; շտապ 2) ժիր; ճարպիկ; ճշտապահ

prompter |ˈprɒm(p)tə| *noun* 1) հուշարար *(թատրոնում)* 2) մեկին գործի մղող մարդ

prompting |ˈprɒm(p)tɪŋ| *noun* դրդում; դրդելը; մղում; մղելը

promptitude *noun* 1) արագություն; աշխուժություն; ժրություն 2) ճշտապահություն *(վճարումների մեջ)*

promptly *adverb* 1) արագորեն 2) ճշտորեն; ճիշտ

promulgate |ˈprɒm(ə)lgeɪt| *verb* 1) հայտարարել; հրապարակել; հրատարակել *(օրենք, հրաման)* 2) տարածել *(ուսմունք, կրոն)*

promulgation |-ˈgeɪʃ(ə)n| *noun* հրապարակում; հրատարակում *(օրենքի, հրամանի)*

prone |prəʊn| *adjective* 1) (**prone to**) հակված; հակամետ; ենթակա 2) փռված; երեսնիվայր/բերանքսիվայր պառկած

prong |prɒŋ| **1** *noun* 1) ատամ *(գործիքի և այլնի)* 2) եղան 3) *փոխաբերական* ճյուղ; ուղղություն *(հարձակման)* **2** *verb* 1) ծակել 2) եղանով շուռ տալ

pronominal |prəʊˈnɒmɪn(ə)l| *adjective քերականություն* դերանվան; դերանվանական

pronoun |ˈprəʊnaʊn| *noun քերականություն* դերանուն ◇ **demonstrative pronoun** ցուցական դերանուն. **indefinite pronoun** անորոշ դերանուն. **interrogative pronoun** հարցական դերանուն. **personal pronoun** անձնական դերանուն. **possessive pronoun** ստացական դերանուն. **relative pronoun** հարաբերական դերանուն

pronounce |prəˈnaʊns| *verb* 1) արտասանել; առոգանել; արտաբերել 2) հայտնել; հայտարարել 3) (**pronounce on**) արտահայտվել; հայտնել վճիռը

pronounced |prəˈnaʊnst| *adjective* 1) ցայտուն կերպով արտահայտված 2) որոշակի; պարզ; ակնառու

pronunciation |prənʌnsɪˈeɪʃ(ə)n| *noun* արտասանություն; առոգանություն; արտասանելու ձևը

proof |pru:f| **1** *noun* 1) ապացույց; փաստարկ 2) փորձ; փորձարկում 3) *մաթեմատիկա* ստուգում 4) սրբագրության թերթեր; սրբագրություն; շարվածածք ◇ **press proof** վերջին սրբագրության թերթը *(տպագրությունից առաջ)* **2** *adjective* 1) անթափանցելի; անթափանցիկ 2) չենթարկվող; չկաշառվող *(շողոքորթության, կաշառվելու)* 3) անխոցելի; դիմացկուն *(զրահի մասին)* **3** *verb* 1) անջրանցիկ/անթափանցելի դարձնել 2) սրբագրել

put to the proof փորձել; ստուգել; փորձարկել; փորձության ենթարկել

proofread (նաև **proof-read**) *verb* (անցյալ և անցյալ դերբայ **-read** |rɛd|) *հրատարակչություն* շարվածածքները կարդալ; սրբագրել; սրբագրություն անել

proofreader *noun* սրբագրիչ

proof sheet *noun տպագրություն* սրբագրության արտատիպ

prop[1] |prɒp| **1** *noun* 1) նեցուկ; հենակ; հենարան 2) նեցուկ; ապավեն **2** *verb* (**propped**, **propping**) նեցուկ/հենակ/հենարան դնել

prop[2] |prɒp| *noun* բեմիր; բեմիրեր; ռեկվիզիտ

propaganda |prɒpəˈgændə| *noun* քարոզչություն; պրոպագանդա

propagandist |prɒpəˈgændɪst| *արհամարհական* **1** *noun* քարոզիչ; պրոպագանդիստ **2** *adjective* քարոզչական

propagate |ˈprɒpəgeɪt| *verb* 1) *բուսաբանություն* բազմացնել; աճեցնել 2) տարածվել 3) տարածել 4) *ֆիզիկա* հաղորդել; անցկացնել հեռավորության վրա *(ձայն, լույս, ջերմություն)*

propagation |-ˈgeɪʃ(ə)n| *noun* 1) բազմացում; աճեցում 2) տարածում

propel |prəˈpɛl| *verb* (**-pelled**, **-pelling**) 1) մղել; առաջ մղել; շարժման մեջ դնել 2) խթանել

propeller |prəˈpɛlə| *noun* 1) *օդագնացություն* ինքնաթիռի պտուտակ; օդապտուտակ 2) *ծովային* թիավարող պտուտակ; թիապտուտակ

propensity |prəˈpɛnsɪti| *noun* (հոգն. **-ties**) հակամետություն; հակում; մոլություն

proper |ˈprɒpə| **1** *adjective* 1) հարմար; կարգին 2) ճիշտ 3) պատշաճ; վայելուչ 4) իսկական; ճշմարիտ; բուն 5) *քերականություն* հատուկ 6) *խոսակցական* մեծ; լավ 7) *հնացած* գեղեցիկ **2** *adverb խոսակցական, բարբառային* բավարար չափով; ամբողջովին **3** *noun եկեղեցական* արարողության փոփոխական մասը *(որը փոփոխվում է ըստ տարվա ժամանակի և տոնի)*

proper fraction *noun մաթեմատիկա* կանոնավոր կոտորակ

properly |ˈprɒp(ə)li| *adverb* 1) ինչպես հարկն է; պատշաճ/բավարար կերպով; ճիշտ ◇ **properly speaking** իսկապես ասած; իսկն ասած 2) պատշաճորեն; քաղաքավարի կերպով; կարգին 3) ամբողջովին; լիովին 4) *խոսակցական* լավ; մի լավ; ինչպես պետք է

property |ˈprɒpəti| *noun* (հոգն. **-ties**) 1) սեփականություն; ունեցվածք; կայք ◇ **immovable property** անշարժ կայք/գույք. **personal property** անձնական սեփականություն. **portable property** շարժական կայք/գույք. **landed property** հողային սեփականություն; կալվածք. **private property** մասնավոր սեփականություն. **a property** հողային սեփականություն; կալվածք 2) հատկություն; հատկանիշ

prophecy |ˈprɒfɪsi| *noun* (հոգն. **-cies**) մարգարեություն

prophesy |ˈprɒfɪsʌɪ| *verb* (**-sies**, **-sied**) 1) մարգարեանալ; գուշակել 2) Աստծուց ներշնչված խոսել

prophet |ˈprɒfɪt| *noun* մարգարե

prophetic |prəˈfɛtɪk| *adjective* 1) մարգարեական 2) կանխատեսող

prophylactic |ˌprɒfɪˈlæktɪk| **1** *adjective* կանխարգելիչ; պրոֆիլակտիկ **2** *noun* կանխարգելիչ/պրոֆիլակտիկ միջոց

propinquity |prəˈpɪŋkwɪti| *noun* մոտիկություն; մերձավորություն; ազգակցություն; ցեղակցություն

propitiate |prəˈpɪʃɪeɪt| *verb* խաղաղեցնել; հաշտեցնել; հանդարտեցնել; հանգստացնել; գթասրտությունը/կարեկցությունը շարժել

propitious |prəˈpɪʃəs| *adjective* 1) նպաստավոր 2) բարեհաճ

proportion |prəˈpɔːʃ(ə)n| **1** *noun* 1) հարաբերակցություն; հարաբերություն; համաչափություն; համամասնություն; մաս 2) *մաթեմատիկա* համեմատություն 3) (**proportions**) չափս; չափեր **2** *verb գրական անգլերեն* չափակցել; համաչափեցնել; համաչափ դարձնել; համապատասխանեցնել *(ինչ-որ բանի)*

in proportion համաչափ; համապատասխան

out of proportion 1) անհամաչափ 2) չափազանց մեծ

proportional |prəˈpɔːʃ(ə)n(ə)l| **1** *noun մաթեմատիկա* համեմատական թիվ; համեմատության անդամ **2** *adjective* 1) համամասնական; համաչափ 2) *մաթեմատիկա* համեմատական 3) համապատասխան

proportional representation (հապվ. **PR**) *noun* համեմատական ներկայացվածություն

proportionate |prəˈpɔːʃ(ə)nət| **1** *adjective* համամասնական; համաչափ **2** *verb* չափակցել; համաչափ դարձնել

proposal |prəˈpəʊz(ə)l| *noun* 1) առաջարկ; առաջարկություն 2) ամուսնական առաջարկություն; առաջարկ

propose |prəˈpəʊz| *verb* 1) առաջարկել; առաջարկություն մտցնել 2) առաջադրել; ներկայացնել *(թեկնածու)* 3) մտադիր լինել; մտադրվել; ծրագրեր կազմել 4) առաջարկություն անել *(ամուսնության)* 5) ասել *(հանելուկ)* 6) կենաց առաջարկել

proposition |prɒpəˈzɪʃ(ə)n| **1** *noun* 1) առաջարկություն 2) պնդում; հիմնավորում 3) *մաթեմատիկա* թեորեմ; թեորեմ ապացուցելը 4) ձեռնարկում; գործ 5) խնդիր 6) լկտի առաջարկ *(կնոջը)* **2** *verb* 1) *խոսակցական* լկտի առաջարկություն անել *(կնոջը)* 2) առաջարկություն անել

propound |prəˈpaʊnd| *verb* 1) առաջ քաշել; առաջադրել *(գաղափար և այլն)* 2) քննարկման դնել; քննարկել 3) ասել; առաջարկել *(հանելուկ)*

proprietary |prəˈprʌɪət(ə)ri| **1** *adjective* 1) սեփականատիրական; սեփականություն կազմող 2) վկայագրված *(ապրանքի մասին)* **2** *noun հավաքական* սեփականության իրավունք; սեփականատերեր

proprietor |prəˈprʌɪətə| *noun* տեր; սեփականատեր

propriety |prəˈprʌɪəti| *noun* (հոգն. **-ties**) 1) պատշաճություն; պատշաճավորություն; վայելուչ լինելը ◇ **the proprieties** քաղաքավարության կանոններ 2) հարմար/պատշաճ/տեղին լինելը

propulsion |prəˈpʌlʃ(ə)n| *noun* մղում; հրում; առաջ շարժում; շարժիչ ուժ

propulsive |-ˈpʌlsɪv| *adjective* 1) շարժման մեջ դնող; շարժիչ 2) դրդիչ; մղիչ; ստիպողական

pro rata |prəʊ ˈrɑːtə|, |ˈreɪtə| **1** *adjective* համեմատական **2** *adverb* համեմատականորեն

prorogation |-rəˈgeɪʃ(ə)n| *noun* խորհրդարանի աշխատանքի ընդհատում/դադարեցում

prorogue |prəˈrəʊg| *verb* (**-rogues**, **-rogued**, **-roguing**) 1) հետաձգել; ընդհատել; դադարեցնել *(խորհրդարանի նստաշրջանը)* 2) ժամկետը երկարացնել; հետաձգել

prosaic |prə(ʊ)ˈzeɪɪk| *adjective* 1) արձակ; արձակ գրված 2) առօրյա; տաղտկալի; սովորական; գորշ

proscenium |prə(ʊ)ˈsiːnɪəm| *noun* (հոգն. **-niums** կամ **-nia** |-nɪə|) նախաբեմ

proscribe |prə(ʊ)ˈskrʌɪb| *verb* 1) օրենքից դուրս հայտարարել 2) արգելել 3) վռնդել; արտաքսել; աքսորել 4) հրապարակել *(հանցագործների անունները Հին Հռոմում)*

proscription *noun* 1) պատմական օրենքից դուրս հայտարարելը; պրոսկրիպցիա; հրապարակային դատապարտություն *(քաղաքական հայացքների համար)* 2) արգելում; արգելք 3) արտաքսում; աքսոր 4) հրապարակում *(հանցագործների անունների)*

prose |prəʊz| **1** *noun* 1) արձակ; արձակագրություն 2) *փոխաբերական* ձանձրալի գրվածք/խոսք 3) *փոխաբերական* առօրեականություն; սովորականություն; անպաճույճ/գորշ իրականություն **2** *verb* 1) արձակ գրել 2) ձանձրալի/տաղտկալի խոսել/գրել

prosecute |ˈprɒsɪkjuːt| *verb* 1) անել; վարել; կատարել 2) դատական կարգով հետապնդել

prosecution |prɒsɪˈkjuːʃ(ə)n| *noun* 1) վարելը; անելը *(պարապմունքներ, հետազոտություններ, առևտուր)* 2) *իրավունք* դատական կարգով հետապնդելը; հետապնդում; հայց ներկայացնելը 3) *իրավունք* (**the prosecution**) մեղադրող կողմը

prosecutor |ˈprɒsɪkjuːtə| *noun* 1) հայցվոր; հայցատեր 2) մեղադրող ◇ **public prosecutor** դատախազ

proselyte |ˈprɒsɪlʌɪt| **1** *noun կրոն* նորադարձ; նորահավատ **2** *verb* դարձի բերել; իր հավատին դարձնել

prosit |ˈprəʊzɪt| *exclamation* ձեր կենա՛ցը

prosody |ˈprɒsədi| *noun* 1) տաղաչափություն; վանկաչափություն 2) առոգանություն 3) առոգաբանություն

prospect |ˈprɒspɛkt| **1** *noun* 1) տեսարան; քնության պատկեր; համայնապատկեր 2) հեռանկար 3) (**prospects**) ապագայի ծրագրեր/պլաններ ◇ **cheerful prospects** փայլուն հեռանկարներ. **gloomy prospects** մռայլ հեռանկարներ. **what are your prospects for today?** ի՞նչ եք մտադիր անել այսօր; ի՞նչ պլաններ ունեք այսօր 4) *ամերիկյան* ենթադրյալ/հնարավոր հաճախորդ 5) *երկրաբանություն* հետախուզություն; որոնում **2** *verb* 1) *երկրաբանություն* հետազոտել; քննել 2) որոնել; որոնումներ կատարել

prospective |prəˈspɛktɪv| *adjective* ապագա;

գալիք; սպասվող; ենթադրվող

prospector *noun երկրաբանություն, հանքաբանություն* հետախույզ; որոնող; ոսկեխույզ; ոսկի որոնող

prospectus |prəˈspɛktəs| *noun* (հոգն. **-tuses**) 1) գովազդային տեղեկանք 2) ուրվագիր; ուրվագիծ; պլան *(գրքի, հրատարակության)*

prosper |ˈprɒspə| *verb* բարգավաճել; ծաղկել; առաջադիմել; բարեկեցիկ կյանք վարել; հաջողություն ունենալ; հզորանալ

prosperity |prɒˈspɛrɪti| *noun* 1) ծաղկում; բարգավաճում; բարեկեցություն 2) (**prosperities**) բարեհաջող/նպաստավոր հանգամանքներ

Prosperity makes friends and adversity tries them. *առած* Ընկերը վտանգի մեջ է ճանաչվում:

prosperous |ˈprɒsp(ə)rəs| *adjective* 1) ծաղկուն; բարգավաճ; բարեկեցիկ 2) հարուստ; հաջողակ; հաջող 3) նպաստավոր, ապահով; ունևոր 4) համընթաց/հաջողակ *(քամու մասին)*

prostate |ˈprɒsteɪt| (նաև **prostate gland**) *noun կազմախոսություն* շագանակագեղձ

prosthesis |prɒsˈθiːsɪs|, |ˈprɒsθɪsɪs| *noun* (հոգն. **-ses** |-siːz|) 1) *բժշկություն* պրոթեզ 2) *լեզվաբանություն* նախածանց

prostitute |ˈprɒstɪtjuːt| **1** *noun* 1) պոռնիկ; ծախու կին; անառակ 2) վարձկան; ծախու մարդ **2** *verb* 1) պոռնկություն անել 2) պատվազրկել; խայտառակել; անարգել; անպատվել

prostitution *noun* 1) պոռնկություն; բոզություն 2) *փոխաբերական* պոռնկաբանություն; վաճառվողականություն; անսկզբունքայնություն; իր հմտությունները առուծախի առարկա դարձնելը

prostrate |ˈprɒstreɪt| **1** *adjective* 1) գետնատարած; փռված; գետին տապալված; ոտնահարված; արհամարհված 2) ուժասպառ; հոգնատանջ; սաստիկ հյուծված **2** *verb* |prɒˈstreɪt| 1) տապալել; գետին տապալել; գլորել ◊ **prostrate oneself** i) ծնկի գալ; երեսն ի վայր ընկնել; ոտներն ընկնել *(մեկի առաջ)* ii) *փոխաբերական* ստորանալ 2) հյուծել; ուժասպառ անել 3) հուսահատության հասցնել

prostration |prɒˈstreɪʃ(ə)n| *noun* 1) տապալվածություն; գետնատարածություն; գետին տապալելը 2) ուժասպառություն; հյուծում; ուժերի անկում 3) ուժասպառ հուսալքում

prosy |ˈprəʊzi| *adjective* (**prosier**, **prosiest**) 1) արձակ; արձակ գրված 2) առօրյա; տաղտկալի; տափակ; անհամ; պրոզային

protagonist |prəˈtæg(ə)nɪst| *noun* 1) գլխավոր հերոս *(գրական երկի)* 2) գլխավոր դերը խաղացող դերասան 3) ջատագով; եռանդուն պաշտպան

protasis |ˈprɒtəsɪs| *noun* (հոգն. **-ses** |-siːz|) *քերականություն* պայմանական նախադասության պայման պարունակող մասը; պրոտազիս

protect |prəˈtɛkt| *verb* 1) պաշտպանել 2) պահպանել 3) հովանավորել

protection |prəˈtɛkʃ(ə)n| *noun* 1) պաշտպանություն; պահպանում; պահպանելը; պահպանություն ◊ **labour protection** աշխատանքի պաշտպանություն 2) պահպանագիր 3) հովանավորություն 4) *տնտեսագիտություն* հովանավորական մաքս

live under the protection of sb մեկի հովանավորությունը վայելել; մեկի հովանու տակ ապրել

protectionism *noun տնտեսագիտություն* հովանավորչություն; պաշտպանություն *(պետության քաղաքականությունը՝ սեփական տնտեսությունը օտարերկրյա մրցակցությունից պաշտպանելու համար)*

protective |prəˈtɛktɪv| *adjective* 1) պաշտպանական; պաշտպանողական 2) *տնտեսագիտություն* հովանավորչական

protector |prəˈtɛktə| *noun* 1) պաշտպան 2) հովանավոր; պահապան 3) *պատմական* ռեգենտ; գահապահ; խնամակալ ◊ **Lord Protector** լորդ-պրոտեկտոր *(Կրոմվելի տիտղոսը)* 4) *տեխնիկական* ապահովիչ; պահպանակ

protectorate |prəˈtɛkt(ə)rət| *noun քաղաքականություն* պրոտեկտորատ

protein |ˈprəʊtiːn| *noun կենսաբանություն* սպիտակուց

protest **1** *noun* |ˈprəʊtɛst| 1) բողոք 2) բողոքարկում *(մուրհակի)* **2** *verb* |prəˈtɛst| 1) բողոքել; առարկել 2) հանդիսավոր կերպով հայտարարել 3) բողոքարկել *(պարտամուրհակը)*

under protest հարկադրված; ընդդեմ սեփական ցանկության; կամքին հակառակ

Protestant |ˈprɒtɪst(ə)nt| **1** *noun* բողոքական **2** *adjective* բողոքական; բողոքականության

protestation |ˌprɒtɪˈsteɪʃ(ə)n| *noun* 1) բողոք; առարկություն 2) հանդիսավոր հայտարարություն/հավաստիացում

protester *noun* բողոքող; բողոքավոր; գանգատավոր

proto- |ˈprəʊtəʊ| (**ձայնավորից առաջ prot-**) *combining form* նախա-; սկզբնա-

protocol |ˈprəʊtəkɒl| **1** *noun* 1) արձանագրություն 2) լրացուցիչ միջազգային համաձայնություն 3) նախնական պայմանագիր/համաձայնություն 4) դիվանագիտական քաղաքավարության կանոններ 5) համակարգիչներ; հաղորդագիր; կանխագիր **2** *verb* արձանագրել

proton |ˈprəʊtɒn| *noun ֆիզիկա* պրոտոն

protoplasm |ˈprəʊtə(ʊ)ˌplæz(ə)m| *noun կենսաբանություն* նախահյութ

prototype |ˈprəʊtətʌɪp| **1** *noun* նախատիպ; նախապատկեր; նախօրինակ; սկզբնատիպ **2** *verb* նախատիպ պատրաստել

protract |prəˈtrækt| *verb* 1) ձգել; երկարացնել 2) դանդաղել; հապաղել; ձգձգել; քաշքշել; շարունակել; երկարացնել 3) գծել; գծագրել *(պլան)*

protracted |prəˈtræktɪd| *adjective* 1) երկարատև; ձգձգված 2) տևական

protraction *noun* 1) քաշքշուկ; ձգձգում; դանդաղում; հապաղում; ուշացում 2) պլանի վրա գծանշելը; գծագրելը

protractor |prəˈtræktə| *noun* 1) դանդաղկոտ մարդ 2) *տեխնիկական* անկյունաչափ 3) *կազմախոսություն* պարզիչ մկան

protrude |prəˈtruːd| *verb* 1) դուրս ցցվել 2) հանել *(լեզուն)*

protrusion *noun* 1) ելուստ; դուրս ցցված մաս 2) դուրս հանելը

protuberance |prə'tju:b(ə)r(ə)ns| *noun* 1) ուռուցիկություն; դուրս ցցված լինելը; ուռած տեղ; դուրս պրծած տեղ 2) ուռուցք 3) *աստղագիտություն* հրավիժակ; ժայթքալեզու *(արևի մակերեսի)*

protuberant |prə'tju:b(ə)r(ə)nt| *adjective* դուրս պրծած; ուռուցիկ; առաջ ձգված

proud |praʊd| *adjective* 1) հպարտ 2) ամբարտավան; գոռոզ; մեծամիտ 3) ինքնահավան 4) գոհ; գոհունակ 5) վսեմ; վեհապանծ; վեհասքանչ; հոյակապ 6) տաքարյուն; կրակոտ *(ձիու մասին)*

do oneself proud հպարտանալու հիմք ունենալ; դրության տերը լինել; բարձունքում լինել

do sb proud *խոսակցական* մեկին պատիվ անել

proud as Lucifer մեծամիտ; գոռոզ; ամբարտավան; հպարտ ինչպես դևը/սատանան

proudly *adverb* հպարտորեն; գոռոզաբար

prove |pru:v| *verb* (անցյալ դերբայ **proved** կամ **proven** |'pru:v(ə)n|, |'prəʊ-|) 1) ապացուցել 2) փորձել; փորձարկել 3) դուրս գալ; պարզվել ◇ **the report proved to be very interesting** պարզվեց, որ զեկուցումը շատ հետաքրքիր է 4) վկայել 5) *իրավունք* հաստատել; վավերացնել *(կտակը)* 6) *մաթեմատիկա* ստուգել 7) խմորվել; հասունանալ

Never try to prove what nobody doubts. *առած* Երբեք մի՛ փորձիր ապացուցել այն, ինչը կասկածից վեր է:

provenance |'prɒv(ə)nəns| *noun* ծագում; սկզբնաղբյուր

Provence |prɒ'vɒ̃s|, |prɔvɑ̃s| Պրովանս *(պատմական շրջան Ֆրանսիայում)*

proverb |'prɒvə:b| *noun* առած; ասացվածք

pass into a proverb ասացվածք դառնալ

to a proverb առավելագույն չափով

proverbial |prə'və:bɪəl| *adjective* ասացվածք դարձած; հանրահայտ; առասպելական

Proverbs (նաև **Book of Proverbs**) *աստվածաշնչային* Առակներ

provide |prə'vʌɪd| *verb* 1) (**provide with**) ապահովել; մատակարարել 2) հայթայթել; տալ; տրամադրել 3) նախօրոք պատրաստել; մթերել; պաշար տեսնել 4) նախատեսել 5) (**provide for**) միջոցներ ձեռնարկել

provided |prə'vʌɪdɪd| *conjunction* պայմանով; միայն թե; հաշվի առնելով; եթե

Providence |'prɒvɪd(ə)ns| Պրովիդենս *(ԱՄՆ-ի Ռոդ Այլենդ նահանգի մայրաքաղաքը)*

providence |'prɒvɪd(ə)ns| *noun* 1) հեռատեսություն; շրջահայացություն; շրջահայեցություն; զգուշություն 2) խնայողություն; տնտեսողականություն 3) նախախնամություն

fly in the face of providence բախտը փորձել

provident |'prɒvɪd(ə)nt| *adjective* 1) հեռատես; շրջահայաց; զգույշ; կանխատես 2) խնայող; տնտեսող

providential |prɒvɪ'dɛnʃ(ə)l| *adjective* 1) բախտավոր 2) նախասահմանված; կանխորոշված

provider |prə'vʌɪdə| *noun* 1) մատակարարող; մատակարար 2) *համակարգիչներ* տրամադրող

providing |prə'vʌɪdɪŋ| *conjunction* պայմանով; հաշվի առնելով; եթե

province |'prɒvɪns| *noun* 1) նահանգ 2) գավառ 3) մարզ 4) *ժամկալեզու* ծայրամաս; ծայրագավառ; կենտրոնից հեռու ընկած վայր 5) գործունեության բնագավառ; իրավասություն 6) գիտելիքների բնագավառ 7) *եկեղեցական* թեմ

in sb's province ինչ-որ մեկի լիազորության տակ

out of sb's province մեկի լիազորությունից դուրս

provincial |prə'vɪnʃ(ə)l| **1** *adjective* 1) գավառական; միամիտ; պարզ; գավառաբարո; սահմանափակ 2) մարզային 3) նահանգային 4) գավառային **2** *noun* գավառացի; գավառաբնակ; գավառաբարո մարդ

provincialism |prə'vɪnʃ(ə)lɪz(ə)m| *noun* 1) գավառականություն; գավառացիություն; գավառամտություն 2) գավառաբանություն

provinciality *noun* գավառականություն

provision |prə'vɪʒ(ə)n| **1** *noun* 1) (**provision for/against**) նախապատրաստում; մթերում; պաշար տեսնելը 2) մատակարարում; ապահովում 3) (**provisions**) ուտելիքի պաշարներ; պարեն; մթերք 4) նախօրոք կայացված որոշում; նախազգուշական միջոց 5) *իրավունք* պայմանագրի կետ; պայման **2** *verb* 1) մթերք մատակարարել; պարեն տրամադրել/ապահովել 2) առանձնացնել գումար՝ պարտքը մարելու համար

make provision for sth հոգ տանել ինչ-որ բանի մասին; ապահովել/պատրաստել ինչ-որ բան; հեռատեսորեն միջոցներ ձեռնարկել ինչ-որ բանի համար

provisional |prə'vɪʒ(ə)n(ə)l| **1** *adjective* 1) ժամանակավոր 2) նախնական; պայմանական **2** *noun* նախնական նամականիշ

proviso |prə'vʌɪzəʊ| *noun* (հոգն. **-sos**) վերապահություն; պայման

provisory |prə'vʌɪz(ə)ri| *adjective* 1) ժամանակավոր 2) պայմանական

provocation |,prɒvə'keɪʃ(ə)n| *noun* 1) դրդում; սադրանք; արհեստական առաջբերում; գրգռում 2) հուզում; գրգիռ

provocative |prə'vɒkətɪv| **1** *adjective* 1) սադրիչ; գրգռիչ 2) զայրացուցիչ; վրդովեցուցիչ *(վարքի մասին և այլն)* 3) հարուցող; գրգռող; խթանող **2** *noun* 1) գրգռիչ/խթանող միջոց 2) հարուցիչ; գրգռիչ

provoke |prə'vəʊk| *verb* 1) գրգռել; բարկացնել; զայրացնել 2) սադրել 3) առաջ բերել; հարուցել 4) դրդել

provost |'prɒvəst| *noun* 1) ռեկտոր *(քոլեջի)* 2) *շոտլանդական* քաղաքագլուխ 3) զինվորական ոստիկանության պետ

prow |praʊ| *noun* քիթ *(նավի, ինքնաթիռի, շենքի)*

prowess |'praʊɪs| *noun* 1) քաջություն; խիզախություն; կտրիճություն 2) հմտություն

prowl |praʊl| **1** *verb* գաղտագողի մոտենալ *(որսին)* **2** *noun* գաղտագողի մոտենալը

on the prowl գաղտագողի

proximate |ˈprɒksɪmət| *adjective* 1) մերձագույն; անմիջական 2) մոտավոր

proximity |prɒkˈsɪmɪti| *noun* մոտիկություն; մերձավորություն ◇ **proximity of blood** արյունակցություն

proximo |ˈprɒksɪməʊ| *adverb հնացած* հաջորդ ամսի ◇ **on the 1st proximo** հաջորդ ամսի 1-ին

proxy |ˈprɒksi| *noun* (հոգն. **proxies**) 1) փոխանորդ; փոխարինող 2) լիազոր; հավատարմատար; վստահված անձ 3) մոտավոր թիվ 4) վստահագիր

prude |pruːd| *noun* 1) կոտրատվող/սեթևեթող կին; նազ անող կին 2) համեստ ձևացող անձ

prudence *noun* 1) զգուշություն; շրջահայացություն 2) խոհեմություն; խելամտություն 3) խնայողություն; տնտեսողություն; հաշվենկատություն

prudent |ˈpruːd(ə)nt| *adjective* 1) զգույշ; շրջահայաց 2) խորագետ; խելամիտ; խոհեմ 3) խնայող; տնտեսող; հաշվենկատ

prune[1] |pruːn| *noun* 1) սալորաչիր 2) մուգ կարմիր գույն 3) տհաճ մարդ

prunes and prisms խոսքի արհեստականություն; խոսելու շինծու ձևեր

prune[2] |pruːn| *verb* 1) կոտրատել; էտել *(չորացած ճյուղերը)* 2) խուզել; տակից կտրել 3) կրճատել *(ծախսերը)* 4) պարզեցնել *(ոճը)*

Prussia |ˈprʌʃə| Պրուսիա *(նախկին գերմանական պետություն, որը գտնվում էր ներկայիս Գերմանիայի և Լեհաստանի տարածքում)*

Prussian 1 *adjective* պրուսական **2** *noun* պրուսացի

pry[1] |prʌɪ| **1** *verb* (**pries**, **pried**) 1) ուշադիր/հետաքրքրությամբ նայել 2) (**pry about**) թաքուն նայել; ծիկրակել 3) քիթը խոթել *(ուրիշի գործի մեջ)* **2** *noun* հետաքրքրվող մարդ

pry[2] |prʌɪz| *verb* (**pries**, **pried**) 1) ուժով բացել/անջատել 2) դժվարությամբ ձեռք բերել *(ինչ-որ բան)*

PS *abbreviation* 1) passenger steamer մարդատար շոգենավ 2) permanent secretary մշտական քարտուղար 3) postscript հետգրություն 4) police sergeant ոստիկանության սերժանտ 5) Public School հանրային դպրոց

psalm |sɑːm| (նաև **Psalm**) *noun* սաղմոս

pseudo |ˈsjuːdəʊ| *adjective* կեղծ; շինծու; ոչ իսկական

pseudo- |ˈsjuːdəʊ| (նաև **pseud-**) *combining form* կեղծ; սխալ; սուտ

pseudonym |ˈsjuːdənɪm| *noun* կեղծանուն

pshaw |pʃɔː|, |ʃɔː| *հնացած, կատակային* **1** *exclamation* պա՜հ; փո՜ւհ **2** *verb* արհամարհանք արտահայտել; փնչացնել *(արհամարհանքով)*

psych |sʌɪk| (նաև **psyche**) **1** *verb* 1) գրգռվել 2) պատրաստվել **2** *noun խոսակցական* 1) հոգեբույժ; հոգեբան 2) հոգեբուժություն; հոգեբանություն **3** *adjective* 1) հոգեբուժական 2) հոգեմետ

psyche[1] |ˌsʌɪki| *noun* հոգի

psyche[2] |sʌɪk| *verb, noun, adjective* տե՛ս **psych**

psychedelic |ˌsʌɪkəˈdɛlɪk|, |-ˈdiːlɪk| **1** *adjective* 1) զգայապատրանք ստեղծող 2) պայծառ; աչքի զարնող **2** *noun* հոգեմետ դեղ

psychiatrist *noun* հոգեբույժ

psychiatry |sʌɪˈkʌɪətri| *noun* հոգեբուժություն

psychic |ˈsʌɪkɪk| **1** *adjective* հոգեկան **2** *noun* հոգեկան ուժերով օժտված մարդ; ոգեմիջնորդ; ոգեհարց

psycho |ˈsʌɪkəʊ| *խոսակցական* **1** *noun* (հոգն. **-chos**) խելագար; ցնորված **2** *adjective* ցնորված; ցնդած

psychoanalysis |ˌsʌɪkəʊəˈnælɪsɪs| *noun* հոգեվերլուծություն

psychoanalyst *noun* հոգեվերլուծաբան

psycholinguistics |ˌsʌɪkəʊlɪŋˈgwɪstɪks| *plural noun* հոգելեզվաբանություն

psychological |sʌɪkəˈlɒdʒɪk(ə)l| *adjective* հոգեբանական

psychologist *noun* հոգեբան

psychology |sʌɪˈkɒlədʒi| *noun* հոգեբանություն

psychosis |sʌɪˈkəʊsɪs| *noun* (հոգն. **-ses** |-siːz|) մտախտ; մտագարություն; փսիխոզ

psychosomatic |ˌsʌɪkə(ʊ)səˈmætɪk| *adjective* հոգեմարմնական

PTA *abbreviation* parent-teacher association ծնողական կոմիտե

PTO *abbreviation* 1) please turn over նայիր դարձերեսին 2) Patent and Trademark Office Արտոնագրերի և առևտրական նշանների ծառայություն *(ԱՄՆ-ում)*

pub |pʌb| **1** *noun խոսակցական* պանդոկ; գինետուն **2** *verb խոսակցական* պանդոկում/գինետանը ժամանակ անցկացնել

puberty |ˈpjuːbəti| *noun* սեռական հասունություն

pubic |ˈpjuːbɪk| *adjective* ցայլքային

public |ˈpʌblɪk| **1** *adjective* 1) հասարակական; հանրային 2) ժողովրդական; համաժողովրդական 3) հանրային; հանրամատչելի 4) պետական 5) դռնբաց; հրապարակային ◇ **public auctions** հրապարակային սակարկություններ **2** *noun* 1) հասարակություն; ժողովուրդ ◇ **general public** լայն հասարակություն 2) հասարակայնություն 3) *խոսակցական* պանդոկ; գինետուն

in public բացահայտ; հրապարակավ

publication |ˌpʌblɪˈkeɪʃ(ə)n| *noun* 1) տպագրում *(գրքի, ամսագրի, լրագրի)* 2) հրապարակում 3) հրատարակություն; հրատարակված բան/նյութ

public company *noun* բաց բաժնետիրական ընկերություն

public house *noun* պանդոկ; գարեջրատուն

publicist |ˈpʌblɪsɪst| *noun* 1) գովազդային գործակալ 2) թերթի թղթակից 3) *իրավունք հնացած* միջազգային իրավունքի մասնագետ

publicity |pʌbˈlɪsɪti| *noun* 1) հրապարակայնություն 2) գովազդ

give publicity to sth հրապարակել; ի լուր աշխարհի հայտնել; բոլորին ի ցույց դնել

publicize |ˈpʌblɪsʌɪz| *verb* 1) հրապարակել; հայտնի դարձնել 2) ազդարարել; ծանուցել; ծանուցում տալ; տեղեկացնել 3) գովազդել

publicly *adverb* 1) հրապարակավ; բացահայտորեն 2) հանրության կողմից 3) պետականորեն 4) ազատորեն

public relations *plural noun* հանրության/հասարակայնության/հասարակության հետ կապեր

public school *noun* 1) մասնավոր վճարովի միջնակարգ դպրոց *(Անգլիայում)* 2) պետական անվճար միջնակարգ դպրոց; հանրակրթական դպրոց *(ԱՄՆ-ում և Շոտլանդիայում)*

public sector *noun* հանրային/հասարակական հատված

public spirit *noun* քաղաքացիական զգացում

publish |ˈpʌɔlɪʃ| *verb* 1) հրատարակել; լույս ընծայել *(գիրք, լրագիր և այլն)* 2) հրապարակել

publisher |ˈpʌblɪʃə| *noun* 1) հրատարակիչ 2) թերթի տեր

publishing |ˈpʌblɪʃɪŋ| *noun* հրատարակչական գործ ◇ **publishing house/office** հրատարակչություն

pucker |ˈpʌkə| **1** *verb* 1) կնճռոտվել 2) ծալքեր անել 3) կնճիռներ առաջացնել; կնճռոտել **2** *noun* 1) կնճիռ; խորշոմ; փոթ; ծալք 2) *խոսակցական* գրգռված վիճակ

puckery *adjective* 1) կնճռված; խորշոմած 2) գրգռիչ; ջղայնացնող

puckish |ˈpʌkɪʃ| *adjective* չարաճճի; ժիր; աշխույժ

pudding |ˈpʊdɪŋ| *noun* պուդինգ *(քաղցր թխվածք)* ◇ **hasty pudding** եփովի պուդինգ. **black pudding** արյունեփ երշիկ. **pease pudding** սիսեռից պատրաստած խյուս/պյուրե. **Yorkshire pudding** հարած խմորի կարկանդակ *(տապակած մսով)*

The proof of the pudding is in the eating. *առած* Թխվածքը պիտի ուտես՝ հետո գնահատես: Ամեն ինչ ստուգվում է գործով: Դատում են արդյունքով:

puddle |ˈpʌd(ə)l| **1** *noun* 1) ջրփոս 2) տաշտ; գուռ *(լվացազտման/մաքրման համար)* 3) կավածեփ **2** *verb* 1) ջրփոսերով ծածկել/պատել 2) ջուրը պղտորել; ջրի մեջ թպրտալ 3) հունցել; շաղախել *(կավը)* 4) ծեփել *(կավով)*

pueblo |ˈpwɛbləʊ| *noun* (հոգն. **-los**) 1) ամերիկյան հնդկացիների գյուղ 2) քաղաք *(Մեքսիկայում)*

puerile |ˈpjʊərʌɪl| *adjective* երեխայական; մանկական

Puerto Rico |ˈriːkəʊ| Պուերտո Ռիկո *(կղզի և պետություն Կարիբյան ծովում)*

puff |pʌf| **1** *noun* 1) թեթև փչելը *(քամու)* 2) օդի հոսանք 3) քուլա *(ծխի, գոլորշու)* 4) ճռճռան գովազդ 5) շերտավոր բուլկի/կարկանդակ 6) փարթամ ծալք/փոթ *(զգեստի վրա)* **2** *verb* 1) կարճատև ընդհատումներով փչել 2) փնչացնել; փնչալ 3) քուլաներ արձակել *(գոլորշու, ծխի)* 4) ծխել *(սիգար)* 5) ծխելով մերթ ընդ մերթ ծուխ արձակել 6) փքվել; ուռչել 7) գոռոզանալ; հպարտանալ 8) չափից ավելի գովաբանել; ռեկլամել • **puff at** ծուխը ներս քաշել *(ծխախոտի)* **puff out** i) հանգցնել; փչել *(մոմը)* ii) ընդհատումներով/քուլաներով/քուլա-քուլա դուրս գալ **puff up** քուլա-քուլա բարձրանալ *(ծխի և այլնի մասին)*

give a puff անամոթաբար գովաբանել; հանարժանի բարձրացնել

puff and blow ծանր շնչել; տնքալ-փնչալ; փսսալ

puffed |pʌfd| *adjective* (նաև **puffed up**) ուռած

puffy |ˈpʌfi| *adjective* (**puffier**, **puffiest**) 1) ուռած; կլորավուն 2) փքուն; ճոռոմ; վերամբարձ 3) պոռթկուն; թափընդհատ; սրընթաց *(քամու մասին)* 4) պարծենկոտ; սնապարծ; գոռոզ; ամբարտավան 5) շնչասպառ; շնչակտուր

pug[1] |pʌg| *noun* (նաև **pug dog**) 1) մոպս; շնիկ 2) կճատ քիթ

pug[2] |pʌg| **1** *noun* կավ **2** *verb* (**pugged**, **pugging**) կավը հունցել

pug[3] |pʌg| *noun* *խոսակցական* բռնցքամարտիկ

pug[4] |pʌg| **1** *noun* հետք *(կենդանու)* **2** *verb* (**pugged**, **pugging**) հետապնդել հետքերով

pugilism *noun* բռնցքամարտ; կռփամարտ

pugnacious |pʌgˈneɪʃəs| *adjective* կռվարար; կռվասեր; կռվան

puke |pjuːk| *խոսակցական* **1** *verb* փսխել **2** *noun* փսխում

pule |pjuːl| *verb* *բանաստեղծական* նվնվալ; ծվծվալ

pull |pʊl| **1** *verb* 1) քաշել; քաշելով տանել; քարշ տալ 2) ձգել; ձիգ տալ 3) զանգը տալ 4) թիավարել; թիավարելով գնալ 5) ծամածռություններ անել 6) ձին կանգնեցնել *(սանձը ձգելով)* 7) ծուխը ներս քաշել *(ծխախոտի)* 8) *մարզական* գնդակը ետ մղել *(դեպի ձախ ուղարկել՝ կրիկետ և գոլֆ խաղերում)* • **pull about** i) քաշքշել ii) կոպիտ վարվել **pull ashore** թիավարել դեպի ափ **pull at** i) ձգել; քաշել ii) աշխատել տեղից շարժել *(դեպի իրեն ձգելով)* iii) ծուխը ներս քաշել *(ծխախոտի)* iv) շշից խմել; շիշը գլուխը քաշել; կոնծել **pull down** i) քանդել *(տունը)* ii) վհատեցնել iii) հյուծել; ուժասպառ անել **pull in** i) կանգնեցնել *(ձին՝ սանձը ձգելով)* ii) կրճատել *(ծախսերը)* **pull off** i) շահել; տանել *(մրցումը)* ii) հանել; դուրս քաշել; վրայից գցել *(հագուստը, կոշիկները)* iii) նավահանգստից դուրս գալ **pull off the road** ճանապարհից դուրս գալ **pull out** i) դուրս քաշել; պոկել; արմատախիլ անել *(բույսը)* ii) փետրել; հանել; դուրս քաշել; հեռացնել *(ատամը)* iii) դուրս գալ *(կայարանից՝ գնացքի մասին)* iv) թիավարելով դուրս գալ **pull a game out of the fire** դրությունը փրկել; դժվար դրությունից հաղթող դուրս գալ **pull over** i) հագնել *(օձիքից)* ii) քաշելով մի տեղից մյուսը տանել **pull through** հաղթահարել *(հիվանդությունը, դժվարությունները)* **pull together** համերաշխ աշխատել **pull oneself together** ուժերը հավաքել; իրեն հավաքել; զգաստանալ **pull up** i) կանգնեցնել *(ձին, կառքը)* ii) հասնել; առաջ անցնել *(մրցման մեջ)* iii) դուրս քաշել; հանել; քաշելով հանել; պոկել **2** *noun* 1) ձգում; ձգանք; ձգողություն *(գազերի, ծխի)* 2) կում; ումպ ◇ **take a pull at** ումպ/կում անել 3) թիակի հարված; թիավարություն; թիավարելը; նավակով զբոսանք 4) առասան; քուղ; բռնակ *(կախովի զանգի և այլնի)* 5) *խոսակցական* առավելություն; ազդեցություն ◇ **have the pull of** մեկի նկատմամբ առավելություն ունենալ

pull caps/wigs կռվել; վիճել; վիճաբանել

pull oneself together իրեն/ուժերը հավաքել;

ինքն իրեն թափ տալ

pull the strings/wires 1) լինել իսկական մեղավորը; լինել գաղտնի շարժիչ ուժը; կանգնել մեկի մեջքին; գաղտնի կերպով ազդել գործի ընթացքի վրա 2) սեղմել գաղտնի կոճակները; դիմել հովանավորության; օգտագործել ծանոթությունները/հնարավոր միջոցները

pullet |ˈpʊlɪt| *noun* վառեկ

pulley |ˈpʊli| **1** *noun* (հոգն. **-leys**) 1) հոլովակ; ճախարանվակ ◇ **driving pulley** շարժանվակ 2) *տեխնիկական* ճախարակ *(բեռնամբարձ մեքենա)* **2** *verb* (**-leys**, **-leyed**) ճախարակով բարձրացնել

Pullman |ˈpʊlmən| *noun* (հոգն. **-mans**) 1) ննջավագոն 2) ննջավագոններից բաղկացած գնացք 3) (**pullman**) ծալվող մեծ ճամպրուկ

pullover |ˈpʊləʊvə| **1** *noun* պուլովեր; անօձիք և անկոճակ տաք վերնահագուստ; սվիտեր **2** *adjective* գլխից հագնվող

pulmonary |ˈpʌlmən(ə)ri| *adjective բժշկություն* թոքային; թոքերի; թոքի

pulp |pʌlp| **1** *noun* 1) պտղամիս; միջուկ; միս *(պտուղների)* 2) փայտանյութի զանգված 3) պուլպա; կակղան; միջուկ *(ատամների խոռոչում)* 4) խյուս **2** *verb* 1) փափուկ զանգվածի վերածել 2) փափուկ զանգվածի վերածվել

pulp cavity *noun* կակղանային խոռոչ *(ատամի մեջ)*

pulpit |ˈpʊlpɪt| *noun* 1) ամբիոն *(քարոզչի)* 2) քարոզ

pulsar |ˈpʌlsɑː| *noun աստղագիտություն* բաբախող աստղ

pulsate |pʌlˈseɪt|, |ˈpʌlseɪt| *verb* բաբախել; զարկել

pulse¹ |pʌls| **1** *noun* 1) զարկերակ 2) բաբախյուն; տրոփում; բաբախում *(սրտի, կյանքի)* 3) թրթիռ; թրթռում; վիբրացիա 4) հարվածների ռիթմ *(թիերի և այլն)* 5) զգացմունք; տրամադրություն **2** *verb* բաբախել; զարկել; տրոփել

feel sb's pulse *փոխաբերական* մեկի զարկերակը շոշափել; մեկի մտադրությունները իմանալ

stir sb's pulses հուզել ինչ-որ մեկին; ալեկոծել մեկի զգացմունքները; խանդավառություն առաջացնել

pulse² |pʌls| *noun* 1) ընդավոր բույս; ընդաբույս 2) ունդ

pulverize |ˈpʌlvərʌɪz| *verb* 1) տրորելով մանրացնել; տրորելով փոշի դարձնել 2) փոշիացնել; փոշեցրել 3) ջախջախել; փոշեցրիվ անել *(հակառակորդի փաստարկները)* 4) փոշիանալ; փոշի դառնալ

puma |ˌpjuːmə| *noun կենդանաբանություն ամերիկյան* ամերիկյան կատվառյուծ; կուգուար

pumice |ˈpʌmɪs| **1** *noun* պեմզա **2** *verb* պեմզայով մաքրել

pummel |ˈpʌm(ə)l| *verb* (**-meled**, **-meling**; բրիտ. **-melled**, **-melling**) 1) բռունցքներով խփել; ծեծել 2) թշնամաբար քննադատել

pump¹ |pʌmp| **1** *noun* 1) պոմպ 2) ջրհան **2** *verb* 1) պոմպով մղել 2) պոմպով քաշել/հանել 3) պոմպով քաշելով լցնել; դուրս քաշել; դուրս հանել 4) լցնել *(ինչ-որ բանով)* 5) (**pump sth in/into**) ներդնել մեծ գումար 6) տեղեկություն քաշել

pump² |pʌmp| *noun* 1) պարահանդեսի կոշիկ 2) առանց ամրակապի թեթև կոշիկ

pumpkin |ˈpʌm(p)kɪn| *noun* դդում

pump room *noun* 1) պոմպակայան 2) հանքային ջուր խմելու սրահ *(առողջարաններում)*

pun |pʌn| **1** *noun* բառախաղ **2** *verb* (**punned**, **punning**) բառախաղ սարքել

punch¹ |pʌn(t)ʃ| **1** *verb* 1) բռունցքով խփել 2) սեղմել կոճակ *(մեքենայի, սարքի)* 3) (**punch sth in/into**) տեղեկություն մտցնել՝ կոճակը սեղմելով **2** *noun* 1) բռունցքի հարված 2) *խոսակցական* ուժ; ուժեղ տպավորություն

punch someone's lights out ծեծել մեկին

punch² |pʌn(t)ʃ| **1** *noun* 1) *երկաթուղային* դակիչ; ծականշիչ 2) *տեխնիկական* ծակիչ; ծակատիչ; դրոշմիչ **2** *verb* 1) *երկաթուղային* դակել; ծականիշ անել; ծակոտել 2) ծակել; ծակատել; դրոշմել; դրոշմանշել

punch³ |pʌn(t)ʃ| **1** *noun* պունշ; փունչ; ջերմօղի **2** *adjective* պունշի; փունչի

punctilious |pʌŋ(k)ˈtɪlɪəs| *adjective* մանրակրկիտ; բծախնդիր

punctual |ˈpʌŋ(k)tʃʊəl|, |-tjʊəl| *adjective* ճշտապահ; ճշտակատար; ճշգրիտ

punctuality |-ˈælɪti| *noun* ճշտապահություն; ճշտակատարություն; ճշգրտություն

punctuate |ˈpʌŋ(k)tʃʊeɪt|, |-tjʊ-| *verb* 1) կետադրության նշաններ դնել 2) ընդհատել; ընդմիջել 3) շեշտադրել

punctuation |pʌŋ(k)tʃʊˈeɪʃ(ə)n|, |-tjʊ-| *noun* 1) կետադրություն 2) կետադրության նշաններ դնելը

puncture |ˈpʌŋ(k)tʃə| **1** *noun* 1) ծակ; ծակվածք *(անվադողի և այլն)* 2) ծակում; ծակելը **2** *verb* 1) ծակել; անցք բաց անել 2) պայթել 3) *փոխաբերական* հօդս ցնդել

pundit |ˈpʌndɪt| *noun* 1) մասնագետ 2) *կատակային* այր գիտուն; գիտնական մարդ 3) գիտուն հնդիկ

pungency *noun* կծվություն; բարկություն; դառնություն; սրություն; խայթողություն

pungent |ˈpʌn(d)ʒ(ə)nt| *adjective* 1) բարկ; կծու; դառը 2) կծու; խայթող

punish |ˈpʌnɪʃ| *verb* 1) պատժել; պատժի/տույժի ենթարկել 2) *խոսակցական* մեկի հետ խիստ վարվել; սաստիկ ջշպտել; կծու խոսքերով հանդիմանել

punishable *adjective* պատժի արժանի

punishment |ˈpʌnɪʃm(ə)nt| *noun* պատիժ

capital punishment գերագույն պատիժ; մահապատիժ

receive punishment պատիժ կրել

punitive |ˈpjuːnɪtɪv| *adjective* 1) պատժիչ 2) խիստ բարձր *(հարկի մասին)*

Punjab |pʌnˈdʒɑːb|, |ˈpʌndʒɑːb|, |pʊn-| (նաև **the Punjab**) Փենջաբ *(նահանգ Պակիստանում և Նոյնանուն նահանգ Հնդկաստանում)*

punk |pʌŋk| **1** *noun* 1) փանկ *(երիտասարդա-*

կաև շարժում) 2) անփորձ երիտասարդ; սկսնակ 3) անարժեք մարդ; ոչնչություն **2** *adjective* 1) խեղճ 2) փանկ շարժմանը վերաբերող; փանկային

punt¹ |pʌnt| **1** *noun* հարթահատակ նավակ; հարթանավակ **2** *verb* հարթանավակով լողալ

punt² |pʌnt| **1** *verb* 1) գնդակը ձեռքից հարվածով դուրս գցել 2) հապաղել *(պատասխան տալիս կամ գործողություն կատարելիս)* **2** *noun* գնդակը ձեռքից հարվածով դուրս գցելը

puny |ˈpju:ni| *adjective* (**-nier**, **-niest**) փոքրիկ; նվազ; տկար

pup |pʌp| **1** *noun* 1) լակոտ; թուլա *(շան, աղվեսի, գայլի)* 2) ամբարտավան/կտի երիտասարդ **2** *verb* (**pupped**, **pupping**) ձագ բերել; ծնկնել; լակոտներ բերել

pupa |ˈpju:pə| *noun* (հոգն. **-pae** |-pi:|) *կենդանաբանություն* բոժոժ

pupil¹ |ˈpju:pɪl|, |-p(ə)l| *noun* 1) աշակերտ; սովորող 2) սան; սանիկ

pupil² |ˈpju:pɪl|, |-p(ə)l| *noun* *կազմախոսություն* բիբ *(աչքի)*

pupilage |ˈpju:pɪlɪdʒ| (նաև **pupillage**) *noun* 1) աշակերտություն; աշակերտական վիճակ 2) անչափահասություն

pupillary *adjective* 1) բիբային; բիբի 2) աշակերտական

puppet |ˈpʌpɪt| *noun* 1) խաղատիկնիկ 2) խամաճիկ *(ուրիշի ձեռքին խաղալիք դարձած անձ/պետություն)*

puppetry *noun* 1) տիկնիկային կատակերգություն 2) կեղծավորություն; կեղծ բարեպաշտություն

puppy |ˈpʌpi| *noun* (հոգն. **-pies**) 1) շան ձագ; թուլա; լակոտ 2) ձագուկ; ձագ 3) *հնացած* պճնամոլ/ցուցամոլ/դատարկ մարդ

purblind |ˈpə:blʌɪnd| *adjective* 1) վատատես; կիսակույր; խիստ կարճատես 2) անհեռատես; դժվար հասկացող; բութ

purchasable *adjective* գնելի; գնման ենթակա; ծախու; կաշառվող

purchase |ˈpə:tʃɪs| **1** *verb* 1) գնել; առնել 2) ձեռք բերել 3) *տեխնիկական* բարձրացնել *(լծակով)* **2** *noun* 1) գնում; գնելը 2) գնած իր 3) տարեկան եկամուտ *(հողամասից)*

pure |pjʊə| *adjective* 1) մաքուր 2) անխառն; զուտ; զտություն 3) իսկական; կատարյալ 4) պարզ *(ոճի մասին)* 5) պարզորոշ; հստակ *(հնչյունի/ձայնի մասին)* 6) անարատ; անապական; անբիծ; կուսական; մաքուր; անմեղ; ողջախոհ; անբասիր; անպարսավ 7) զերծ

pure as a lily անարատ; մաքուր; անաղարտ; անկեղծ

purely |ˈpjʊəli| *adverb* 1) մաքուր կերպով; անխառն; զուտ; ամբողջովին 2) միանգամայն; կատարելապես 3) բացառապես; պարզապես

purgative |ˈpə:gətɪv| **1** *adjective* 1) լուծող; լուծողական; մաքրող; մաքրիչ 2) մեղքերը քավող; քավության **2** *noun* 1) լուծողական *(դեղ)* 2) մաքրող միջոց

purgatorial |-ˈtɔ:rɪəl| *adjective* մաքրող; մաքրիչ; մեղքերը քավող; քավության

purgatory |ˈpə:gət(ə)ri| **1** *noun* (հոգն. **-ries**) 1) քավարան *(կաթոլիկ եկեղեցում)* 2) տանջավայր; դժոխք **2** *adjective* *հնավանդ* մաքրող; մաքրիչ; քավության; քավարար

purge |pə:dʒ| **1** *verb* 1) մաքրել; զտել 2) արդարացնել 3) սրբել; մաքրել 4) լուծողական տալ; լուծել **2** *noun* 1) զտում; մաքրում *(նաև քաղաքական)* 2) մաքրելը; զտելը 3) *բժշկություն* լուծողական

purification |-fɪˈkeɪʃ(ə)n| *noun* զտում; մաքրում; մաքրագործում; սրբագործում

purify |ˈpjʊərɪfʌɪ| *verb* (**-fies**, **-fied**) մաքրել; զտել

purist |ˈpjʊərɪst| *noun* 1) մաքրամոլ; հստակամոլ 2) *պատմական* պուրիզմի կողմնակից

Puritan |ˈpjʊərɪt(ə)n| **1** *noun* 1) մաքրակրոն; պուրիտան 2) խիստ բարեպաշտ անձ **2** *adjective* մաքրակրոնական; պուրիտանական

Puritanism *noun* 1) մաքրակրոնություն; պուրիտանություն 2) խիստ բարքեր

Puritan State Պուրիտանական նահանգ *(ԱՄՆ-ի Մասաչուսեթս նահանգի մականունը)*

purity |ˈpjʊərɪti| *noun* 1) մաքրություն 2) անմեղություն; անբծություն; անապականություն 3) ողջախոհություն 4) հարգ *(ազնիվ մետաղների)*

purl¹ |pə:l| **1** *adjective* տրեզի **2** *noun* 1) տրեզ; ծոփերիզ; ասեղնագործ 2) հատ ավելացնելով հյուսելը/գործելը *(ճաղերով)* **3** *verb* 1) տրեզով զարդարել 2) հատ ավելացնելով հյուսել/գործել

purl² |pə:l| **1** *verb* խոխոջել; կարկաչել **2** *noun* խոխոջյուն; կարկաչյուն

purlieu |ˈpə:lju:| *noun* (հոգն. **-lieus** կամ **-lieux**) 1) շրջակայք; արվարձան 2) հետնախորշ; կեղտոտ/աղքատ թաղամաս 3) *պատմական* եզր; ծայր; փեշ *(անտառի)*

purple |ˈpə:p(ə)l| **1** *noun* 1) ծիրանի; մանուշակագույն; մուգ կարմիր գույն 2) *ամերիկյան* մանուշակի գույն 3) ծիրանի *(թագավորի մանուշակավուն պատմուճան)* 4) կարդինալի աստիճան; կարդինալություն **2** *adjective* 1) ծիրանի; մուգ կարմիր 2) *ամերիկյան* մանուշակագույն 3) ծիրանակիր; արքայական 4) փարթամ **3** *verb* ծիրանեգույն դառնալ; կարմրել; շառագունել

raise to the purple կարդինալ դարձնել

purport **1** *verb* |pəˈpɔ:t| 1) ասել; վկայել *(մի բանի մասին)* 2) ենթադրել; հասկանալ; նշանակել; իմաստ ունենալ 3) ներկայացնել; հայտարարել **2** *noun* |ˈpə:pɔ:t| 1) *իրավունք* բովանդակություն; իմաստ; միտք; փաստաթղթի տեքստը 2) միտում; նպատակ

purpose |ˈpə:pəs| **1** *noun* 1) նպատակ; մտադրություն; դիտավորություն 2) հաջողություն; արդյունք **2** *verb* *գրական անգլերեն* մտադրվել; մտադիր լինել

answer/serve the purpose նպատակին ծառայել; պիտանի լինել

beside the purpose աննպատակահարմար

for that purpose այդ նպատակով

nefarious purpose կեղտոտ/ստոր նպատակներ

of set purpose կանխամտածված; դիտավորյալ

on purpose դիտմամբ; նպատակով
to good purpose մեծ հաջողությամբ
to no purpose իզուր; անարդյունք; առանց հաջողության
to the purpose տեղին; նպատակին; հարմար

purposeful |ˈpəːpəsfʊl|, |-f(ə)l| *adjective* 1) նպատակ/դիտավորություն ունեցող; նպատակալաց 2) մտածված; կանխամտադրված; դիտավորյալ

purposeless |ˈpəːpəslɪs| *adjective* 1) աննպատակ 2) չկանխամտածված; ոչ դիտավորյալ 3) անօգուտ; անարդյունք

purposely |ˈpəːpəsli| *adverb* դիտավորյալ կերպով; դիտմամբ; նախամտածված/կանխամտածված կերպով

purr |pəː| **1** *verb* մռռալ; մլվտալ; մռմռալ **2** *noun* *փոխաբերական* մռռոց; մլվտոց; մռմռոց

purse |pəːs| **1** *noun* 1) քսակ; դրամապանակ 2) *փոխաբերական* դրամ; փող; հարստություն 3) հիմնադրամ 4) դրամական պարգև **2** *verb* հավաքել; ծռմռել *(շրթունքները)*
button up one's purse ժլատություն/կծծիություն անել
have a common purse ընդհանուր միջոցներ/ծախսեր ունենալ
hold the purse strings կառավարել ծախսերը
lay up a purse փող հավաքել; հարստություն դիզել
lean purse դատարկ քսակ; աղքատություն
long/heavy purse ունևորություն; ապահովվածություն; առատություն
open one's purse քսակը բացել; առատորեն փող ծախսել/վատնել/մսխել
the public purse պետական գանձարան

purser |ˈpəːsə| *noun* տնտես *(նավի վրա)*

pursuance |pəˈsjuːəns| *noun* գրական *անգլերեն* կատարում; կատարելը ◊ **in pursuance of** համաձայն *(մի բանի)*

pursuant |pəˈsjuːənt| **1** *adverb* գրական *անգլերեն* (**pursuant to**) համաձայն; ըստ **2** *adjective* *հնավանդ* հետևող; հաջորդող

pursue |pəˈsjuː| *verb* (**-sues**, **-sued**, **-suing**) 1) հետապնդել; մեկի ետևից վազել; հալածել; հետամուտ լինել; ետևից ընկնել 2) նպատակ հետապնդել; ձգտել 3) հետևել 4) գործել *(ըստ պլանի)* 5) զբաղվել *(մի բանով)* 6) վարել *(հետաքննություն)* 7) շարունակել քննարկումը 8) շարունակել *(ճանապարհորդությունը)*

pursuit |pəˈsjuːt| *noun* 1) հետապնդում; հալածանք; հալածելը; հետամուտ լինելը; ետևից ընկնելը; հետապնդում ◊ **in pursuit of** մի բանի հետամուտ; մի բանի ետևից ընկած; մի բանի ձգտելով 2) *մարզական* հետապնդումով հեծանվավազք 3) զբաղմունք; գործ ◊ **daily pursuits** ամենօրյա զբաղմունքներ; առօրյա գործեր
hell for leather pursuit կրնկակոխ հետապնդում

pursy |ˈpəːsi| *adjective* *հնավանդ* 1) շնչարգելությամբ տառապող *(հատկապես ձիու մասին)* 2) գեր; հաստ; հաստափոր; պարարտ 3) գոռոզացած *(իր հարստությամբ)* 4) քսակով հպարտ

purulent |ˈpjʊərʊl(ə)nt| *adjective* *բժշկություն* թարախային; թարախակալած

purvey |pəˈveɪ| *verb* 1) հայթայթել; մատակարարել *(մթերք, պարեն)* 2) մթերել; պաշար տեսնել

purveyance |pəˈveɪəns| *noun* 1) պաշարներ 2) մթերում; պաշար տեսնելը

purveyor *noun* մատակարար; մատակարարող; մթերող

purview |ˈpəːvjuː| *noun* 1) շրջան; շրջանակ; քնագավառ; ոլորտ *(գործունեության, հոգսերի)* 2) տեսածիր; տեսադաշտ 3) օրենքի հոդված 4) իրավասություն

pus |pʌs| *noun* թարախ

push |pʊʃ| **1** *verb* 1) հրել; բոթել 2) հրելով/դժվարությամբ առաջ շարժվել 3) ճնշում գործադրել; ստիպել 4) արագացնել *(դեպքերի ընթացքը)* 5) գովազդել *(ապրանքները)* 6) (**be pushed**) պակաս զգալ 7) նեղել; շտապեցնել *(պարտապանին)* • **push ahead** շարունակել նույն ընթացքը **push aside** վերացնել *(արգելքը)* **push away** հրել; հեռացնել; ետ մղել **push forward** շտապել; առաջ սլանալ **push in** ափին մոտենալ *(նավակի մասին)* **push off** ափից ետ հրվել; հրելով հեռանալ **push on** առաջ սլանալ; ծիլեր արձակել; ծլել **push out** դուրս ցցվել; կարկառվել *(հրվանդանի և այլնի մասին)* **push through** i) հրելով անց կենալ; հրելով անցկացնել/առաջ շարժել ii) հրելով առաջ շարժվել **2** *noun* 1) հրում; հրոց; հրելը; հարված *(զենքով և այլն)* ◊ **get the push** *փոխաբերական* պաշտոնից/ծառայությունից հեռացվել; պաշտոնանկ արվել. **make a push** *փոխաբերական* կաշվից դուրս գալ; մեծ ջանք գործադրել 2) *տեխնիկական* կոճակ 3) ճիգ; ջանք; լարում; եռանդուն փորձ 4) ճնշում; ուժեղ ներգործություն; ստիպում 5) վճռական պահ 6) *խոսակցական* եռանդ; նախաձեռնություն 7) *ռազմական* հարձակում; բուռն գրոհ
when push comes to shove *խոսակցական* երբ գալիս է վճիռ կայացնելու ժամանակը

push button *noun* 1) կոճակ *(զանգի, անջատիչի և այլնի)* 2) գործարկման կոճակ

pushcart |ˈpʊʃkaːt| *noun* ձեռնասայլակ

pushchair |ˈpʊʃtʃɛː| *noun* մանկական անվավոր աթոռակ

pusher |ˈpʊʃə| *noun* 1) հրող 2) զոռբա մարդ 3) *խոսակցական* թմրադեղեր վաճառող

pushover |ˈpʊʃəʊvə| *noun* *խոսակցական* 1) հեշտ գործ; դատարկ բան 2) թույլ/զիջող մարդ

pushup (նաև **push-up**) **1** *noun* հրում գետնից **2** *adjective* բարձրացնող *(կրծկալի կամ նման հագուստի մասին)*

pushy |ˈpʊʃi| *adjective* (**pushier**, **pushiest**) լկտի; հանդուգն; անպատկառ

puss¹ |pʊs| *noun* 1) փիսիկ; կատվիկ 2) *խոսակցական* ժիր; չարաճճի աղջիկ/կին; փիսիկ 3) նապաստակ

puss² |pʊs| *noun* *խոսակցական* դեմք; բերան

pussy |ˈpʊsi| *noun* (հոգն. **-sies**) 1) փիսիկ; կատվիկ 2) *արհամարհական* կինարմատ; կին 3) *արհամարհական* սեռական գործողություն 4) *գռեհկաբանություն* կանացի սեռական օրգաններ

pussyfoot |ˈpʊsɪfʊt| **1** *verb* 1) գաղտագողի

շարժվել; կատվի քայլվածքով գնալ 2) *ամերիկյան խոսակցական* զգույշ/շրջահայաց կերպով գործել **2** *noun ամերիկյան* չափազանց զգույշ մարդ

pustular *adjective* պզուկոտ; պզուկներով ծածկված

put |pʊt| **1** *verb* (**putting**; անցյալ **put**) 1) դնել 2) տեղավորել; նստեցնել; դնել *(բանտ, գժանոց և այլն)* 3) արտահայտել ◇ **put into words** բառերով արտահայտել 4) թարգմանել 5) համրել; հաշվել; որոշել *(հեռավորությունը/մեծությունը միավորներով)* 6) կիրառել; գործադրել 7) դնել *(քննարկման)* 8) հարկադրել; դնել 9) (**put oneself in**) երևակայել; պատկերացնել • **put about** i) *խոսակցական* անհանգստացնել; տարածել *(լուրեր և այլն)* ii) *ծովային* ուղղությունը/կուրսը փոխել **put across** փոխադրել; մյուս ափն անցկացնել **put aside** i) մի կողմ դնել ii) խնայել *(դրամ)* iii) մերժել; չընդունել *(փաստարկը)* **put away** i) *խոսակցական* հավաքել; թաքցնել ii) ուտել; խմել iii) նստեցնել; դնել *(բանտ, գժանոց)* iv) *խոսակցական* գումար խնայել *(ապագայի համար)* **put by** i) ետ գցել; խնայել *(փող)* ii) խուսափել *(խոսակցությունից)* **put down** i) գրի առնել ii) ճնշել *(ապստամբությունը)* iii) վճարել *(որոշակի գումար)* iv) սնունդ պահեստավորել **put forth** i) լարել *(ուժերը)* ii) արձակել; տալ *(բողբոջներ, շիվեր)* **put forward** առաջ քաշել *(տեսություն)* **put in** i) գցել; մեջը դնել *(ապակիները)* ii) *խոսակցական* կատարել *(աշխատանքը)* iii) նշանակել պաշտոնի **put in for** դիմում տալ **put off** i) հետաձգել ii) հանել *(գլխարկը, վերարկուն)* iii) ետ կանգնեցնել iv) *ծովային* ափից հեռանալ **put on** i) հագնել ii) առաջ գցել *(ժամացույցը)* iii) տեսք ընդունել **put out** i) հանգցնել; մարել; անջատել *(գազը, լույսը և այլն)* ii) դուրս հանել *(իրերը)* iii) դուրս քշել; դուրս անել iv) դուրս գցել *(ձեռքը, ոտքը)* v) հեռարձակել; թողարկել **put sth back** i) նորից տեղը դնել ii) ետ գցել; սլաքը ետ տանել *(ժամացույցի)* iii) փոխել օրակարգը iv) հետաձգել **put sth down** վերագրել **put sth down to** գրառել; գրի առնել **put through** i) *խոսակցական* կատարել; ավարտել *(աշխատանքը, առաջադրանքը)* ii) միացնել *(հեռախոսով)* **put together** i) համեմատել; բաղդատել ii) բանաքաղ անել iii) հավաքել *(մեխանիզմ)* **put up** i) բաց անել *(հովանոցը)* ii) ապաստարան տալ iii) կառուցել; կանգնեցնել *(շենք)* iv) սարքել; տեղակայել; դնել *(տախտակ, ցանկապատ և այլն)* v) կախել *(դրոշակները)* vi) ձեռքը բարձրացնել *(հարց տալու համար)* vii) հայտարարություն տալ viii) գինը բարձրացնել **put upon** i) դրդել *(ինչ-որ վատ բան անելու)* ii) խաբել **2** *noun* նետում

not to put it past sb ինչ-որ մեկին ընդունակ համարել որևէ բան անելու

not to put too fine a point upon it առանց մեղմացնելու; ճիշտն ասած; իրերն իրենց անուններով կոչելու դեպքում

put a deposit on sth մի բանի համար կանխավճար տալ

put an end to sth վերջ դնել մի բանի; հրաժարվել մի բանից; ձեռք քաշել մի բանից

put it in black and white սևով սպիտակի վրա գրել; շարադրել *(գրավոր)*

put it mildly մեղմ ասած

put on dog/trills/style *խոսակցական* երևակայել; մեծամտել; գոռոզանալ

put that and that together փաստերից եզրակացություններ հանգել; գլխի ընկնել; գիտակցել, թե ինչն ինչպես է

put to the proof/touch/push փորձել; փորձարկել; ստուգել

put to the push ծանր փորձության ենթարկել

putrefaction |ˌpjuːtrɪˈfækʃ(ə)n| *noun* նեխում; փտում; փտություն

putrefy |ˈpjuːtrɪfʌɪ| *verb* (**-fies**, **-fied**) նեխել; փտել; քայքայվել

putrescent |pjuːˈtrɛs(ə)nt| *adjective* նեխող; փտող; հոտած

putrid |ˈpjuːtrɪd| *adjective* 1) նեխած; փտած 2) քայքայվող; գարշահոտ; հոտած 3) փչացած 4) զզվելի

putridity *noun* փտություն; նեխածություն; ապականություն

puttee |ˈpʌti| *noun* 1) փաթաթան *(ոտքերի համար)* 2) կաշվե սռնապան

putter¹ |ˌpʌtə| *noun* գոլֆի մական

putter² |ˌpʌtə| **1** *noun* փրթփրթոց *(շարժիչի)* **2** *verb* փրթփրթալ

putter³ |ˌpɒtə| (բրիտանական **potter**) *verb* 1) ժամանակը զուր վատնել 2) աննպատակ թափառել

putty |ˈpʌti| **1** *noun* մածիկ; ծեփան; ծեփոն **2** *verb* (**-ties**, **-tied**) խծուծել; ծեփել; ծածկել

be like putty in one's hands, be putty in one's hands մեկի ձեռքին խաղալիք լինել

puzzle |ˈpʌz(ə)l| **1** *noun* 1) գլուխկոտրուկ; հանելուկ; առեղծված; բարդ խնդիր ◇ **cross-word puzzle** խաչբառ 2) վարանում; տարակուսանք 3) շփոթություն; շփոթմունք 4) անլուծելի հարց 5) հանելուկային մարդ **2** *verb* 1) նեղը լծել; փակուղու մեջ դնել; տարակուսանքի մեջ գցել; շփոթեցնել 2) ճնճել; խրթինացնել; բարդացնել 3) գլուխ կոտրել *(մի բանի վրա)*

puzzlement *noun* շփոթություն; շփոթմունք

PVC *abbreviation* polyvinyl chloride պոլիվինիլքլորիդ

Pygmy |ˈpɪgmi| (նաև **Pigmy**) **1** *noun* (հոգն. **-mies**) 1) պիգմեյ; թզուկ 2) չնչին/աննշան մարդ **2** *adjective* 1) թզուկ 2) չնչին; աննշան

pyjamas |pəˈdʒɑːməz| *plural noun* պիժամա

pylon |ˈpʌɪlən|, |-ɒn| *noun* հենարան; հենասյուն

pyramid |ˈpɪrəmɪd| **1** *noun* բուրգ **2** *verb* 1) բուրգի պես կուտակել 2) փոքր ներդրումով մեծ շահույթ ապահովել

pyramidal |-ˈræmɪd(ə)l| *adjective* բրգանման; բրգաձև

Pythagorean theorem Պյութագորասի թեորեմ

python |ˈpʌɪθ(ə)n| *noun կենդանաբանություն* վիշապ; պիթոն; վիշապ օձ

Qq

Q¹ |kjuː| (նաև **q**) *noun* (հոգն. **Qs** կամ **Q's**) անգլերեն այբուբենի 17-րդ տառը

Q² *abbreviation* 1) quarter 2) queen 3) question

Qatar |kæˈtɑː|, |ˈkʌtə| Կատար *(պետություն Պարսից ծոցի ափին)*

quack¹ |kwæk| **1** *noun* կռնչյուն; կռկռոց *(բադի)* **2** *verb* կռնչալ; կռկռալ

quack² |kwæk| *noun* 1) հեքիմ; շառլատան; խաբեբա 2) *որոշչային* խաբեբայական

quad |kwɒd| **1** *noun* 1) տե՛ս **quadrangle** 2) տե՛ս **quadriceps** 3) (**quadraphonic sound**) քառաշավիղ ձայն 4) տե՛ս **quadriplegic** **2** *adjective խոսակցական* 1) տե՛ս **quadruple** 2) տե՛ս **quadrophonic**

quadrangle |ˈkwɒdræŋg(ə)l| *noun երկրաչափություն* 1) քառանկյունի 2) քառանկյուն բակ

quadrilateral |ˌkwɒdrɪˈlæt(ə)r(ə)l| **1** *noun* քառակողմ պատկեր **2** *adjective* քառակողմանի; քառակողմ

quadruped |ˈkwɒdrʊpɛd| *noun* չորքոտանի

quadruple |ˈkwɒdrʊp(ə)l|, |kwɒˈdruːp(ə)l| **1** *adjective* քառապատկված; քառապատիկ; չորս մասից բաղկացած; չորս կողմանի; չորս կողմերի մասնակցությամբ **2** *verb* քառապատկել **3** *noun* քառապատկված քանակություն

quail¹ |kweɪl| *noun* (հոգն. նույնը կամ **quails**) *կենդանաբանություն* լոր *(ընտանիք Phasianidae)*

quail² |kweɪl| *verb* վախենալ; ցնցվել; դողալ

quaint |kweɪnt| *adjective* արտասովոր; անսովոր; զվարճալի; զվարճահնար; հետաքրքրական; հետաքրքրաշարժ; հնաոճ; հնաձև

quake |kweɪk| **1** *verb* 1) ցնցվել *(գետնի մասին)* 2) դողալ; սարսռալ ◊ **quake with fear** վախից դողդողալ **2** *noun խոսակցական* 1) դողալը; դող 2) երկրաշարժ

Quaker State Քվակերների նահանգ *(ԱՄՆ-ի Փենսիլվանիա նահանգի մականունը)*

qualification |ˌkwɒlɪfɪˈkeɪʃ(ə)n| *noun* 1) որակավորում 2) որակ; պատրաստության աստիճան 3) մասնագիտություն 4) սահմանափակում 5) հատկություն 6) արտոնակարգ

qualified *adjective* 1) որակյալ 2) մասնակի

qualify |ˈkwɒlɪfʌɪ| *verb* (**-fies**, **-fied**) 1) (**qualify as**) որոշել; սահմանել; որակել; գնահատել; որակավորել 2) սահմանափակել 3) (**qualify for**) որակվել; համարվել; բավարար համարվել ◊ **They do not qualify for compensation payments.** Նրանք չեն համարվում փոխհատուցման գումար ստացող: 4) նոսրացնել; ջրիկացնել *(սպիրտը և այլն)* 5) տալ *(հնարավորություն, իրավունք)* 6) աշխատանքի անցնել 7) անցնել *(հաջորդ փուլ)*

qualitative |ˈkwɒlɪtətɪv| *adjective* որակական

quality |ˈkwɒlɪti| *noun* (հոգն. **-ties**) 1) որակ; տեսակ ◊ **high quality** բարձր որակ. **of good quality** լավ որակի; բարձրորակ. **poor quality** վատորակ; ցածրորակ; անորակ 2) առանձնահատկություն 3) բարձր/լավ որակ; բարձրորակություն

qualm |kwɑːm|, |kwɔːm| *noun* 1) սրտախառնուք; սրտախառնություն; թուլության/տկարության նոպա 2) վհատության/շփոթվածության զգացմունք; երկմտություն; վարանմունք; տատանում ◊ **qualms of conscience** խղճի խայթ

quandary |ˈkwɒnd(ə)ri| *noun* (հոգն. **-ries**) 1) դժվարին կացություն 2) վարանում; երկընտրանք

quantitation |-ˈteɪʃ(ə)n| *noun* քանակական որոշում

quantitative |ˈkwɒntɪˌtətɪv|, |-ˌteɪtɪv| *adjective* քանակական

quantity |ˈkwɒntɪti| *noun* (հոգն. **-ties**) 1) քանակ ◊ **negligible quantity** i) աննշան մեծություն ii) *փոխաբերական* աննշան մարդ. **unknown quantity** *մաթեմատիկա* անհայտ մեծություն. **transition from quantity to quality** անցումը քանակական փոփոխություններից որակական փոփոխությունների 2) մեծ քանակություն ◊ **in quantities** մեծ քանակությամբ 3) հնչյունի երկարություն; քանակ

quantum |ˈkwɒntəm| *noun* (հոգն. **-ta** |-tə|) 1) քանակ; գումար 2) *ֆիզիկա* քվանտ

quantum theory *noun ֆիզիկա* քվանտային տեսություն

quarantine |ˈkwɒr(ə)ntiːn| **1** *noun* կարանտին **2** *verb* կարանտինի ենթարկել; կարանտինի մեջ պահել

quarrel¹ |ˈkwɒr(ə)l| **1** *noun* վեճ; կռիվ ◊ **pick a quarrel** կռվի առիթ փնտրել **2** *verb* (**-reled**, **-reling**; բրիտ. **-relled**, **-relling**) վիճել; վիճաբանել; կռվել

quarrel² |ˈkwɒr(ə)l| *noun* 1) կարճ և ծանր նետ 2) տե՛ս **quarry3**

quarrelsome |ˈkwɒr(ə)ls(ə)m| *adjective* կռվարար; վիճասեր

quarry¹ |ˈkwɒri| **1** *noun* (հոգն. **-ries**) 1) քարհանք 2) *փոխաբերական* տեղեկության աղբյուր **2** *verb* (**-ries**, **-ried**) 1) քարհանքը շահագործել; քար կտրել 2) *փոխաբերական* քրքրել; փնտրել; որոնել *(գրքերի և այլնի մեջ)*

quarry² |ˈkwɒri| *noun* (հոգն. **-ries**) 1) որս; հետապնդվող կենդանի 2) *փոխաբերական* կանխորոշված զոհ

quarry³ |ˈkwɒri| *noun* (հոգն. **-ries**) 1) քառակուսի; շեղանկյուն 2) հատակի չջնարակված սալիկ

quart |kwɔːt| *noun* քվարտա *(=1/4 գալոնի=1,14 լիտրի)*

quarter |ˈkwɔːtə| **1** *noun* 1) (**quarter of**) քառորդ; քառորդ ժամ; քառորդդամաս ◊ **a quarter to one** մեկից քառորդ պակաս 2) եռամսյակ 3) թաղամաս; թաղ 4) աշխարհի կողմերը 5) տեղ; կողմ ◊ **from no quarter** ոչ մի տեղից; ոչ մեկի կողմից 6) բնակարան ◊ **take up quarters** բնակություն հաստատել. **at close quarters** հարևանությամբ; մոտերքում; մոտիկից. **come to close quarters** վեճի բռնվել; ձեռնամարտի բռնվել 7) գթություն ◊ **give no quarter** չխնայել 8) մորթված անասունի մեկ քառորդը ◊ **hind quarters** ետևի մասը **2** *verb* 1) *պատմական* չորս մասի բաժանել; քառատել 2) տեղավորել; բնակարանավորել

not a quarter so good as ամենևին էլ լավը չէ

quarterly |ˈkwɔːtəli| **1** *adjective* եռամսյա **2** *adverb* երեք ամիսը մեկ **3** *noun* (հոգն. **-lies**) տարին չորս անգամ լույս տեսնող պարբերական

quartet |kwɔːˈtɛt| *noun* քառյակ; կվարտետ

quartz |kwɔːts| *noun հանքաբանություն* կվարց; որձաքար

quash |kwɒʃ| *verb* 1) ոչնչացնել; ջնջել; չեղյալ հայտարարել *(դատավճիռը և այլն)* 2) ճնշել *(ապստամբությունը և այլն)*

quasi- |ˈkweɪzʌɪ|, |-sʌɪ|, |ˈkwɑːzi| *combining form* 1) կարծես թե; որպես թե 2) գրեթե; համարյա

quaver |ˈkweɪvə| **1** *verb* 1) դողալ; դողդողալ; թրթռալ *(ձայնի մասին)* 2) դողացող ձայնով խոսել 3) դայլայլել **2** *noun* 1) ձայնի դողալը 2) դայլայլ

quay |kiː| *noun* ծովափնյա նավամատույց; առափ

queasy |ˈkwiːzi| *adjective* (**queasier**, **queasiest**) 1) սրտախառնություն/սրտխառնուք առաջացնող 2) տկար; սրտխառնություն/սրտխառնուք զգացող 3) հուզված; անհանգիստ

Quebec |kwɪˈbɛk| Քվեբեկ *(շրջան Կանադայում)*

queen |kwiːn| **1** *noun* 1) թագուհի 2) *բղբախաղ* աղջիկ 3) *շախմատ* թագուհի 4) պարսամայր; փեթակի թագուհի **2** *verb շախմատ* զինվորը թագուհով փոխարինել

Queen Maud Land |mɔːd| Մոդ թագուհու երկիր *(տարածք Անտարկտիդայում)*

queer |kwɪə| **1** *adjective* 1) տարօրինակ; օտարոտի 2) իրեն վատ զգացող; հիվանդ 3) կասկածելի **2** *noun խոսակցական* համասեռական տղամարդ **3** *verb խոսակցական* փչացնել; ավերել

quell |kwɛl| *verb* 1) ճնշել; ընկճել *(դիմադրությունը)* 2) խեղդել *(վախը)*

quench |kwɛn(t)ʃ| **1** *verb* 1) մարել; հանգցնել 2) հագեցնել *(ծարավը)* 3) զսպել; խեղդել *(զգացմունքը)* 4) մեկի գլխին սառը ջուր ածել/լցնել; չափավորել *(ոգևորությունը)* **2** *noun* 1) հանգցնելը; սառեցնելը 2) շիջեցում

query |ˈkwɪəri| **1** *noun* (հոգն. **-ries**) հարց; հարցական նշան; հարցում **2** *verb* (**-ries**, **-ried**) 1) հարցնել; հարցուփորձ անել 2) կասկածի ենթարկել

quest |kwɛst| **1** *noun* որոնումներ ◊ **in quest of** փնտրելիս; փնտրող *(մի բան, մեկին)* **2** *verb* որոնումներ կատարել; որոնել; փնտրել

question |ˈkwɛstʃ(ə)n| **1** *noun* 1) հարց ◊ **leading question** գլխի գցող հարց. **nice question** փափուկ հարց. **indirect/oblique question** անուղղակի հարց. **poignant question** սուր հարց. **put a question** հարց տալ. **parry a question** հարցի պատասխանից խուսափել/խուսանավել. **ask no questions** հարցեր չտալ. **beg the question** համաձայնել; ընդունել *(ոչինչ բան)* 2) քննարկվող հարց/գործ/խնդիր ◊ **it is not the question** բանն այդ չէ. **beside the question** ըստ էության չէ. **out of the question** խոսք չի կարող լինել. **the question of the hour** հրատապ հարց. **initiate a question** հարց հարուցել; հարց բարձրացնել. **settle a question** հարց լուծել. **a matter in question** քննվող հարց. **a person in question** այն անձը, որի մասին խոսվում է 3) կասկած ◊ **beyond/without question, out of question** կասկածից դուրս; անկասկած. **call in question** կասկածի ենթարկել; վիճարկել **2** *verb* 1) հարցնել; հարց տալ 2) հարցաքննել 3) կասկածել; կասկածի ենթարկել; կասկածի տակ առնել ◊ **question the truth of** կասկածել մի բանի ճշմարտության վերաբերյալ; կասկածի տակ առնել 4) ուսումնասիրել

pop the question ամուսնության առաջարկություն անել

questionable |ˈkwɛstʃ(ə)nəb(ə)l| *adjective* 1) կասկածելի; վիճելի 2) անվստահելի; անարժանահավատ; կասկածելի

question mark *noun* (?) հարցական նշան

questionnaire |ˌkwɛstʃəˈnɛː|, |ˌkɛstjə-| *noun* հարցաթերթիկ; անկետա

queue |kjuː| **1** *noun* 1) հյուս; ծամ 2) հերթ ◊ **stand in a queue** հերթում/հերթ կանգնել **2** *verb* (**queues**, **queued**, **queuing** կամ **queueing**) 1) մազերը հյուսել 2) հերթում/հերթ կանգնել

quick |kwɪk| **1** *adjective* 1) արագ; արագաշարժ ◊ **be quick** շտապել. **quick to sympathize** կարեկից. **quick to take offense** շուտ վիրավորվող 2) ժիր; աշխույժ 3) խելամիտ; ուշիմ; ճարտարամիտ; հնարամիտ; ճարպիկ; հմուտ; սուր; կենդանի *(մտքի/երևակայության մասին)* **2** *adverb խոսակցական* արագությամբ; արագ; աշխույժ կերպով **3** *noun* 1) զգայուն տեղ ◊ **cut to the quick** սաստիկ վիրավորել. **to the quick** մինչև ուղն ու ծուծը; մինչև հոգու խորքը 2) կենդանի էակ ◊ **the quick and the dead** ողջերը և մեռածները

quicken |ˈkwɪk(ə)n| *verb* 1) արագանալ; աշխուժանալ 2) սաստկացնել; աշխուժացնել; արագացնել 3) բորբոքել; հրահրել

quickly *adverb* արագորեն; արագությամբ; արագ

quicksand |ˈkwɪksænd| *noun* երերուն/շարժուն/սորուն ավազ

quid[1] |kwɪd| *noun* (հոգն. նույնը) *խոսակցական* մեկ ֆունտ ստեռլինգ

quid[2] |kwɪd| *noun* մամլած ծխախոտ *(ծամելու համար)*

quiet |ˈkwʌɪət| **1** *adjective* (**quieter**, **quietest**) 1) հանդարտ; հանգիստ; լուռ; անաղմուկ ◊ **keep quiet!** լռությու՛ն; չաղմկե՛լ 2) խաղաղ 3) համեստ *(ապրելակերպի մասին)* 4) ոչ վառ *(գույների մասին)* 5) գաղտնի; ծածուկ; թաքուն ◊ **keep quiet** լռել; լռության տալ; գաղտնի պահել **2** *noun* հանգիստ; հանդարտություն; անդորրություն; լռություն ◊ **on the quiet** անդորրության մեջ; հանգիստ; գաղտնի **3** *verb* 1) հանդարտվել; հանգստանալ ◊ **quiet down** հանդարտվել 2) հանդարտեցնել; հանգստացնել

quietly *adverb* հանդարտորեն; հանգիստ կերպով

quill |kwɪl| **1** *noun* 1) թռչունի փետուր 2) փետուր; գրիչ ◊ **drive a quill** գրող լինել; գրականությամբ զբաղվել 3) ոզնու/մացառախոզի փուշ 4) կոճ; թելակոճ; մասրա **2** *verb* 1) շերտազարդել; ծալազարդել 2) կոճի վրա փաթաթել

quilt |kwɪlt| **1** *noun* մգդակած վերմակ **2** *verb* 1) մգդակել; թափկարել 2) *խոսակցական* բանաքաղել; բանաքաղ անել

quinine |ˈkwɪniːn|, |kwɪˈniːn| *noun* խինին; քինաքինա

quintet |kwɪnˈtɛt| *noun* *երաժշտություն* քվինտետ; հնգյակ

quirk |kwəːk| **1** *noun* 1) ոլորագիծ; պարուրագիծ; ստորագրության պոչ 2) բառախաղ 3) սրամիտ դիտողություն 4) խորամանկություն; խուսափանք **2** *verb* 1) արագ շարժվել 2) արագ շրջվել

quit[1] |kwɪt| **1** *verb* (**quitting**; անցյալ և անցյալ դերբայ **quitted** կամ **quit**) 1) թողնել; դադարեցնել *(աշխատանքը և այլն)* 2) լքել; թողնել; հեռանալ 3) վճարել; ետ վճարել **2** *adjective* ազատված *(մի բանից)* ◊ **be/get quit of** ազատվել; օձիքն ազատել

quit[2] |kwɪt| *noun* ծառայությունից հեռանալը; աշխատանքը թողնելը

Quito |ˈkiːtəʊ| Կիտո *(Էկվադորի մայրաքաղաքը)*

quiver[1] |ˈkwɪvə| **1** *verb* երերալ; թրթռալ; դողալ; դողդողալ; սարսռալ ◊ **quiver with excitement** հուզմունքից դողալ **2** *noun* դող; երերում; թրթռում; սարսուռ

quiver[2] |ˈkwɪvə| *noun* կապարճ

an arrow left in one's quiver չօգտագործված միջոց

quiz[1] |kwɪz| **1** *noun* (հոգն. **quizzes**) 1) ծաղր; կոպիտ/չար կատակ; խաբեություն 2) ծաղրող; ծաղր անող **2** *verb* (**quizzes**, **quizzed**, **quizzing**) 1) ծաղրել; կատակել 2) հետաքրքրությամբ նայել մեկին

quiz[2] |kwɪz| *հնացած* **1** *verb* (**quizzes**, **quizzed**, **quizzing**) *ամերիկյան* ստուգել գիտելիքները; քննություն կատարել **2** *noun* (հոգն. **quizzes**) 1) ստուգում; կրկնողություն; նախնական քննություն 2) վիկտորինա; հարցախաղ

quizzical |ˈkwɪzɪk(ə)l| *adjective* 1) ծաղրող; ծաղրական; կատակային 2) տարօրինակ

quod erat demonstrandum |kwɒd ˌɛræt dɛmənˈstrændʊm| (հապվ. **QED**) *լատիներեն* ինչը և պահանջվում էր ապացուցել

quorum |ˈkwɔːrəm| *noun* (հոգն. **quorums**) վավերաթիվ; քվորում

quota |ˈkwəʊtə| *noun* մաս; բաժին; չափաբաժին; քվոտա

quotation |kwə(ʊ)ˈteɪʃ(ə)n| *noun* 1) քաղվածք; մեջբերում; ցիտատ 2) արժենշում; արժեգին; գնանշում

quotation mark *noun* չակերտներ *(“կամ ‘)*

quote |kwəʊt| **1** *verb* 1) մեջբերում անել; ցիտել 2) վկայակոչել *(մեկին, մի բան)* 3) արժեքը նշել; արժենշել **2** *noun* 1) մեջբերում; քաղվածք; ցիտատ 2) (**quotes**) չակերտներ

quotient |ˈkwəʊʃ(ə)nt| *noun* 1) *մաթեմատիկա* քանորդ 2) ցուցանիշ; գործակից

Rr

R |ɑː| (նաև **r**) *noun* (հոգն. **Rs** կամ **R's**) անգլերեն այբուբենի տասնութերորդ տառը ◊ **the three R's (reading, (w)riting, (a)rithmetic)** *խոսակցական* կարդալը, գրելը, հաշվելը՝որպես տարրական կրթության հիմք

Ra¹ |rɑː| (նաև **Re**) *եգիպտական դիցաբանություն* Ռա *(Արևի աստվածը)*

Ra² *symbol քիմիա* (**radium**) ռադիում

Rabat |rəˈbæt| Ռաբաթ *(Մարոկկոյի մայրաքաղաքը)*

rabbet |ˈræbɪt| **1** *noun* փորակ; ակոսիկ; կտրվածք; փորվածք; հանվածք **2** *verb* (**-beted**, **-beting**) փորվածք/փորակ/ակոսիկ անել

rabbi |ˈræbʌɪ| *noun* (հոգն. **-bis**) 1) ռաբբի *(հրեա ուսուցիչ կամ գիտնական)* 2) ռաբբի *(հրեա հոգևոր առաջնորդ)*

rabbit |ˈræbɪt| **1** *noun* 1) *կենդանաբանություն* ճագար *(ընտանիք Leporidae)* 2) ճագարի միս 3) ճագարի մորթի **2** *verb* (**-bited**, **-biting**) 1) ճագար որսալ; ճագարի որս անել 2) *խոսակցական բրիտանական* շատախոսել

rabble |ˈræb(ə)l| *noun* 1) խառնամբոխ; ամբոխ; խուժան; խաժամուժ 2) (**the rabble**) հասարակ ժողովուրդը

rabid |ˈræbɪd|, |ˈreɪ-| *adjective* 1) կատաղի; մոլեգին; գազազած 2) կատաղած; ջրավախությամբ հիվանդ *(շան և այլնի մասին)*

rabidity |rəˈbɪdɪti| *noun* կատաղություն; մոլեգնություն

rabies |ˈreɪbiːz|, |-ɪz| *noun* կատաղություն; կատաղախտ; ջրվախություն

raccoon |rəˈkuːn| (նաև **racoon**) *noun* 1) *կենդանաբանություն* ջրարջ; լուղարջ; լողարջ; ենոտ *(Genus Procyon, ընտանիք Procyonidae)* 2) ջրարջի մորթի

race¹ |reɪs| **1** *noun* 1) վազքի մրցում; վազք; արշավ; մրցավազք; մրցարշավ ◊ **the races** ձիարշավ *(պարբերաբար կազմակերպվող)*. **obstacle races** արգելարշավ; արգելքներով ձիարշավ 2) մրցավազք; մրցատենդ; կատաղի մրցակցություն 3) սրընթաց հոսանք; հորձանք 4) արագ ընթացք **2** *verb* 1) մրցարշավի մասնակցել; արագության մրցավազքի մասնակցել 2) արագ վազել; արշավել; սուրալ 3) բաբախել; տրոփել *(սրտի մասին)* 4) արագ վարել/քշել *(ձի, մեքենա)*

armaments/arms race սպառազինությունների մրցավազք

race² |reɪs| *noun* 1) ռասա; մարդաբանական տիպ; ցեղ ◊ **the human race** մարդկային ցեղ; մարդկություն 2) ցեղ; տոհմ; սերունդ; ազգ 3) ենթատեսակ *(կենդանիների և բույսերի)*

racecourse |ˈreɪskɔːs| *noun* վազքուղի; ձիարշավի մրցադաշտ; ձիարշավարան

racehorse |ˈreɪshɔːs| *noun* արշավաձի; վարգաձի *(ձիարշավի համար հատուկ վարժեցրած ձի)*

racer |ˈreɪsə| *noun* 1) մրցման/ձիարշավի մասնակից 2) արշավաձի; վարգաձի *(կամ մրցավազքի համար վարժեցված այլ կենդանի)* 3) մրցարշավի ավտոմեքենա; մրցալողի մակույկ *(կամ մրցավազքի համար գործածվող այլ փոխադրամիջոց)*

racetrack |ˈreɪstræk| *noun* ձիարշավի ուղի

rachis |ˈreɪkɪs| *noun* (հոգն. **rachides** |-kɪdiːz|) *կազմախոսություն* ողնաշար

racial |ˈreɪʃ(ə)l| *adjective* ռասայական; ցեղային ◊ **racial discrimination** ռասայական խտրականություն

racialism |ˈreɪʃəlɪz(ə)m| *noun* (**racism**) ռասիզմ

racialist *noun* ռասիստ; ռասիզմի կողմնակից

racing **1** *noun* տե՛ս **horse racing** **2** *adjective* սրընթաց; արագընթաց

racism |ˈreɪsɪz(ə)m| *noun* ռասայականություն; ռասիզմ; ցեղամոլություն; ցեղախտրություն

rack¹ |ræk| **1** *noun* 1) կախարան; կախիչ; պահարան 2) իրերը վրան դնելու դարակ/ցանց *(վագոնում)* 3) կերատաշտ; կերամսուր; մսուր 4) վանդակ; ցանց 5) *տեխնիկական* ատամնավոր ձող; հարմարանք 6) *պատմական* գելոց; պրկոց *(տանջելու գործիք)* 7) շրջանակ; ենցուկ; հենակ; եռոտանի; հաստատոց 8) *փոխաբերական* տանջանք; չարչարանք ◊ **be on the rack** չարչարվել; տանջվել. **put to the rack** տանջել; տանջանքի ենթարկել **2** *verb* 1) տանջել; չարչարել; ուժասպառ անել; հյուծել 2) *պատմական* գելոցի վրա չարչարել 3) դարակի/ցանցի վրա տեղավորել

go rack and ruin կործանվել

rack² |ræk| **1** *noun* շորորավազք; շորորավարգ **2** *verb* շորորավարգով գնալ *(ձիու մասին)*

rack³ |ræk| *noun* մսի մեծ կտոր *(սովորաբար՝ գառան, որը ներառում է կողերը)*

rack⁴ |ræk| *verb* նստվածքից անջատել *(գինին, գարեջուրը)*

rack⁵ |ræk| (նաև **wrack**) **1** *noun* արագ շարժվող թանձր ամպեր **2** *verb* *հնացած* քամուց քշվել *(ամպերի մասին)*

racket¹ |ˈrækɪt| (նաև **racquet**) *noun* *մարզական* ձեռնաթիակ; ռակետա *(թենիս խաղալու համար)*

racket² |ˈrækɪt| **1** *noun* 1) ժխոր; աղմուկ; գոռում-գոչյուն 2) *հնացած* զվարճություն; զվարճություններով լի անգործ կյանք ◊ **go on the racket** զվարճություններով լի կյանք վարել 3) *ամերիկյան* շորթում; ճենգաշորթություն; խարդախություն; խարդախագործություն **2** *verb* (**racketed**, **racketing**) 1) աղմկել; աղմուկ բարձրացնել; անկարգություն առաջացնել 2) (**racket around**) շվայտ կյանք վարել; զվարճություններով լի կյանք վարել

racketeer |rækɪˈtɪə| *noun* կորզիչ; շորթիչ; ավազակ

racketeering *noun* շորթում; ճենգաշորթություն; ավազակություն

rackety *adjective* 1) աղմկոտ; անկարգ 2) զվարճություններով լի կյանք վարող; շվայտ կյանք վարող

rack rent **1** *noun* չափազանց բարձր վարձավճար **2** *verb* չափազանց բարձր վարձավճար գանձել

racy |ˈreɪsi| *adjective* (**racier**, **raciest**) 1) գունեղ; կենդանի; պատկերավոր; թեթևակիորեն բաց *(գրելաոճի մասին)* 2) աշխույժ; կենսախինդ 3) յուրահատուկ համ ու հոտ ունեցող *(մրգերի/գինու և այլնի մասին)*

radar |ˈreɪdɑː| *noun* 1) ռադար; ռադիոտեղորոշիչ; ռադիոլոկատոր 2) ռադիոտեղորոշում; ռադիոլոկացիա

radial |ˈreɪdɪəl| **1** *adjective* ճառագայթաձև; ճառագայթային; ճաճանչային; ճաճանչաձև **2** *noun* 1) շառավղաձև անվադող 2) շառավղաձև ճանապարհ

radiance *noun* 1) ճառագայթում; արտափայլում 2) պայծառություն; լուսաշողություն; երջանիկ արտահայտություն *(դեմքի)* 3) փայլ *(մաշկի)* 4) հոյակապություն; շքեղություն; փայլ

radiant |ˈreɪdɪənt| **1** *adjective* 1) փայլուն; փայլող; շողշողուն; պայծառ; լուսաշող; ճաճանչափայլ 2) պայծառ; լուսավոր; վառվռուն *(մարդու, նրա դեմքի արտահայտության մասին)* 3) որևէ մեկից բխող; որևէ մեկից ճառագող *(զգացումի և այլնի մասին)* 4) *տեխնիկական* ճառագայթային; ճառագայթման **2** *noun* ճառագայթող առարկա *(հատկապես ջեռուցման տարր)*

radiate **1** *verb* |ˈreɪdɪeɪt| 1) *նաև փոխաբերական* ճառագայթել; ճառագել *(լույս, ջերմություն)* 2) *նաև փոխաբերական* ճառագայթվել; ճառագել; բխել 3) ճառագայթաձև/շառավղաձև տարածվել *(կենտրոնից)* 4) արտացոլվել; շողալ **2** *adjective* |ˈreɪdɪət| *հազվադեպ* ճառագայթավոր; ճառագայթային

radiation |reɪdɪˈeɪʃ(ə)n| *noun* 1) ճառագայթում 2) ճաճանչում; ճառագայթարձակում 3) ճառագայթ; շող; ճաճանչ

radiator |ˈreɪdɪeɪtə| *noun* 1) ռադիատոր; ջեռուցման սարք 2) ջերմափոխանակիչ; հովացուցիչ

radical |ˈrædɪk(ə)l| **1** *adjective* 1) արմատական; վճռական; բախտորոշ; էական 2) նորարարական 3) *մաթեմատիկա* արմատի; արմատին վերաբերող 4) արմատային; իմաստագործառական *(չինական գաղափարագրի բաղկացուցիչ տարրերի վերաբերյալ)* 5) *խոսակցական* հոյակապ **2** *noun* 1) *քաղաքականություն* արմատական գործողությունների կողմնակից; վճռական հայացքների տեր 2) *քիմիա* ռադիկալ 3) *լեզվաբանություն* բառահիմք 4) արմատ *(չինական գաղափարագրի բաղկացուցիչ տարրերի վերաբերյալ)* 5) *մաթեմատիկա* արմատանշան; արմատ

radicalism *noun* *քաղաքականություն* արմատականություն

radio |ˈreɪdɪəʊ| **1** *noun* (հոգն. **-os**) 1) ռադիո 2) ռադիոհաղորդումներ 3) ռադիոընդունիչ 4) ռադիոհեռագրիչ *(ռադիոհեռագրող սարք)* 5) ռադիոգիր *(ռադիոյով ուղարկված հեռագիր)* **2** *verb* (**-oes**, **-oed**) 1) ռադիոյով հաղորդել 2) ռադիոյով հաղորդակցվել

radioactive |ˌreɪdɪəʊˈæktɪv| *adjective* ռադիոակտիվ; ռադիոազդիչ; ճառագայթող

radioactivity |ˌreɪdɪəʊækˈtɪvɪti| *noun* 1) ռադիոակտիվություն; ճառագայթարկություն 2) ռադիոակտիվ/ճառագայթարկող նյութեր

radiogram |ˈreɪdɪə(ʊ)græm| *noun* 1) ռադիոգիր 2) ռենտգենյան լուսանկար

radioman *noun* *խոսակցական* ռադիոհաղորդիչ; ռադիոհեռագրիչ; ռադիստ

radish |ˈrædɪʃ| *noun* *բուսաբանություն* բողկ; ամսաբողկ *(Raphanus sativus, ընտանիք Brassicaceae)*

radium |ˈreɪdɪəm| *noun* *քիմիա* (**Ra**) ռադիում

radius |ˈreɪdɪəs| *noun* (հոգն. **radii** |-dɪʌɪ| կամ **radiuses**) 1) *մաթեմատիկա* շառավիղ 2) անվաճաղ 3) *կազմախոսություն* ճաճանչոսկր

radon |ˈreɪdɒn| *noun* *քիմիա* ռադոն

raffish |ˈræfɪʃ| *adjective* անկաշկանդ; անմիջական; երեսառած

raffle¹ |ˈræf(ə)l| **1** *noun* վիճակախաղ **2** *verb* խաղարկել; վիճակահանության միջոցով հանձնել *(շահածը)*

raffle² |ˈræf(ə)l| *noun* աղբ; կեղտոտություն

raft¹ |rɑːft| **1** *noun* 1) լաստ; լաստանավակ; գետով լուղարկելու համար իրար ամրացրած գերաններ 2) լաստ; լաստանավ **2** *verb* 1) փայտեղենը լուղարկել/լաստառաքել 2) լաստով մի ափից մյուսը տեղափոխվել

raft² |rɑːft| *noun* մեծ քանակություն

rafter¹ |ˈrɑːftə| *noun* ծպեղ; գերան; տանիքի հենք

rafter² |ˈrɑːftə| *noun* 1) լաստորդ; լաստակազմիչ բանվոր; լաստերին ուղեկցող բանվոր 2) լաստավար; լաստապան; լաստատեր

rag¹ |ræg| *noun* 1) լաթ; փոշելաթ; ջնջոց; գործվածքի կտոր 2) (**rags**) հնաշորեր; քրջեղեն; ցնցոտիներ ◊ **in rags** ցնցոտիներ հագած; պատառոտված շորերով 3) (**rags**) մնացորդներ; մնացուկներ ◊ **not a rag of** բոլորովին; ամենևին 4) *արհամարհական* լրագիր

rag² |ræg| **1** *verb* (**ragged**, **ragging**) 1) ծաղրել; կատակով ծաղրել; ջղայնացնել; բարկացնել; կատակ անել 2) նախատել; խիստ հանդիմանել **2** *noun* կոպիտ կատակ/հանաք

rag³ |ræg| *noun* կոպիտ տանիքային թերթաքար

rag⁴ |ræg| *noun* ռեգթայմ ոճի ստեղծագործություն

ragamuffin |ˈrægəmʌfɪn| *noun* ցնցոտիավոր/քրջոտ երեխա

rag-and-bone man *adjective* հնոտիավաճառ; լաթահավաք; հին շորեր գնող; հնոտի գնող

rage |reɪdʒ| **1** *noun* 1) կատաղություն; ցասում; զայրույթ; մոլեգնություն *(մարդու, բնության տարերքի)* ◊ **fly into a rage** կատաղել; գազազել; մոլեգնել 2) *խոսակցական* տարվածություն; մոլություն; մոլուցք; անդիմադրելի ցանկություն ◊ **be all the rage** շատ նորաձև/մոդայիկ լինել 3) (**the rage**) տվյալ ժամանակվա նորաձևությունը 4) *բանաստեղծական* եռանդ; ոգևորություն **2** *verb* 1) սաստիկ զայրանալ; կատաղել; փրփրել 2) մոլեգնել; փոթորկել *(համաճարակի և այլնի մասին)* 3) բորբոքվել; վառվել *(զգացումի մասին)*

ragged |ˈrægɪd| *adjective* 1) պատառոտված; պատռտված *(հագուստի մասին)* 2) խորդուբորդ;

անհարթ *(եզրագծի մասին)* 3) անհավասարաչափ; անհամաչափ; կտրտված; կոպիտ *(ձայնի մասին)* 4) ցնցոտիապատ; ցնցոտիներ հագած; թափթփված; փնթի 5) անխնամ; անմշակ *(այգու մասին)* 6) պատռված *(վերքի մասին)* 7) հյուծված

raging *adjective* 1) կատաղած; մոլեգնած *(մարդու, բնության տարերքի, հիվանդության մասին)* 2) ուժեղ; ուժգին *(ցավի և այլնի մասին)* 3) բորբոքված *(զգացումի մասին)* 4) *խոսակցական* վիթխարի; հսկայական

ragman *noun* (հոգն. **-men**) քրջահավաք; հնաշորեր գնող; հնոտիավաճառ

ragout |ræ'guː| *noun* ռագու *(ճաշատեսակ)*

ragpicker |'rægpɪkə| *noun* *պատմական* ցնցոտիահավաք; քրջահավաք

ragtag |'rægtæg| **1** *adjective* *խոսակցական* խառնիխուռն; խառնաշփոթ; անկարգ; խաժամուժ **2** *noun* (նաև **ragtag and bobtail**) խուժան; խառնամբոխ; խաժամուժ

ragtime |'rægtʌɪm| *noun* ռեգթայմ *(պարային ռիթմ)*

raid |reɪd| **1** *noun* 1) ասպատակություն; արշավանք; հարձակում 2) հանկարծակի ստուգայց **2** *verb* 1) արշավել; ասպատակել; հարձակվել; շուրջկալել; ներխուժել 2) թռցնել; արագ գողանալ

raider *noun* 1) արշավանքի/ասպատակության մասնակից 2) *ռազմական ծովային* արշավանավ; ռազմանավ 3) *ռազմական* օդային հարձակում կատարող ինքնաթիռ

rail[1] |reɪl| **1** *noun* 1) բազրիք; ճաղաշարք; ցանկապատ 2) ռելս ◇ **off the rails** i) գծից դուրս եկած ii) *փոխաբերական* հունից դուրս եկած. **run/get off the rails** գծից դուրս գալ 3) երկաթուղի; երկաթգիծ ◇ **by rails** երկաթուղով 4) շրջագերան; լայնանի գցված գերան; չորսու 5) կախարան; կախիչ **2** *verb* 1) ռելսեր անցկացնել 2) երկաթուղով ճանապարհորդել 3) ցանկապատել ◇ **rail in** ցանկապատել; ցանկապատով շրջապատել. **rail off** ցանկապատել; ցանկապատով բաժանել/անջատել

rail[2] |reɪl| *verb* (**rail against/at/about**) բողոքել; գանգատվել; տրտնջալ; հայհոյել *(մի բանից)*

rail[3] |reɪl| *noun* *կենդանաբանություն* մրգալոր; մրգահավ *(ընտանիք Rallidae)*

railing |'reɪlɪŋ| *noun* ցանկապատ; ճաղաշարք

raillery |'reɪləri| *noun* բարեսիրտ/բարեմիտ կատակ

railroad |'reɪlrəʊd| **1** *noun* *ամերիկյան* երկաթուղի; երկաթգիծ **2** *verb* 1) *խոսակցական* ստիպել; հարկադրել 2) ճանապարհորդել երկաթուղով; փոխադրել երկաթուղով

railway |'reɪlweɪ| *noun* երկաթուղի ◇ **aerial railway** կախովի երկաթուղի. **elevated railway** վերերկրյա երկաթուղի. **circular railway** շրջապտույտ երկաթուղագիծ/երկաթգիծ

raiment |'reɪm(ə)nt| *noun* *հնացած, բանաստեղծական* հանդերձ; հագուստ; զգեստ

rain |reɪn| **1** *noun* 1) անձրև ◇ **pouring/pelting rain** տեղատարափ անձրև. **rain or shine** ինչպիսի եղանակ էլ որ լինի. **keep the rain out** անձրևից պատսպարվել 2) հեղեղ; տարափ *(արցունքի և այլնի)* 3) կարկուտ *(հարվածների, գնդակների)* **2** *verb* 1) (**it is raining, it rains**) անձրև է գալիս 2) թափվել; տեղալ *(մեծ քանակությամբ)*

rain cats and dogs շատ ուժեղ անձրև գալ

rainbow |'reɪnbəʊ| *noun* 1) ծիածան 2) ծիածանագույն պատկեր 3) խայտաբղետ առարկաներ

raincoat |'reɪnkəʊt| *noun* անջրանցիկ վերարկու/թիկնոց

raindrop |'reɪndrɒp| *noun* անձրևի կաթիլ

rainfall |'reɪnfɔːl| *noun* 1) տարափ; տեղատարափ անձրև 2) տեղումների քանակ

rain gauge *noun* անձրևաչափ *(գործիք)*

rainless *adjective* չորային; անանձրև

rainproof |'reɪnpruːf| *adjective* անջրանցիկ

rainstorm |'reɪnstɔːm| *noun* անձրևամրրիկ; անձրևախառն փոթորիկ

rainwater |'reɪnwɔːtə| *noun* անձրևաջուր

rainworm *noun* անձրևորդ

rainy |'reɪni| *adjective* (**rainier**, **rainiest**) 1) անձրևային; անձրևոտ 2) անձրևաբեր *(ամպերի մասին)* ◇ **for a rainy day** սև/նեղ օրվա համար

raise |reɪz| **1** *verb* 1) բարձրացնել; վերցնել 2) կանգնեցնել; կառուցել 3) ջրի երես հանել 4) աշխատավարձը/պաշտոնը բարձրացնել 5) *մաթեմատիկա* (**raise something to**) բարձրացնել *(ինքն իրենով բազմապատկել թիվը)* 6) բարձրացնել; առաջադրել; առաջ քաշել *(հարցը, խնդիրը, և այլն)* 7) արթնացնել; զարթնեցնել 8) աճեցնել; մշակել; բուծել 9) առաջացնել; զարթնեցնել; հարուցել 10) հավաքել *(զորք, հարկ)* 11) կուտակել *(փող)* 12) արձակել *(ճիչ,աղաղակ)* 13) ձեռք բերել; ճարել ◇ **raise money** փող ձեռք բերել; փող հավաքել 14) հանել *(շրջափակումը)* 15) *կրոն* հարություն տալ 16) *կրոն* հարություն առնել **2** *noun* 1) բարձրացում; բարձրացնելը; բարձրանալը 2) բարձրացում; ավելացում

raise Cain/hell, raise the devil աղմկել; անկարգություն անել

raisin |'reɪz(ə)n| *noun* չամիչ

rajah |'rɑːdʒɑː| (նաև **raja**) *noun* *պատմական* ռաջա *(հնդիկ իշխան)*

Rajasthan |ˌrɑːdʒə'stɑːn| Ռաջաստան *(նահանգ Հնդկաստանի հյուսիս-արևմուտքում)*

rake[1] |reɪk| **1** *noun* փոցխ; ճանկիկ **2** *verb* 1) փոցխել; փոցխով հարթել/հարթեցնել 2) հավաքել; ժողովել *(փոցխով)* 3) քերծել; ճանկռել 4) միջով անցկացնել/տանել *(սանրը՝ մազերի միջով և այլն)* 5) ջանասիրաբար փնտրել; քրքրել ◇ **rake in** փող դիզել. **rake out** i) փորփրելով դուրս հանել ii) *փոխաբերական* դժվարությամբ ձեռք բերել; ճարել. **rake up** i) փոցխով մի տեղ հավաքել; կիտել; շրջել; խառնել; շուռ տալ ii) *փոխաբերական* փորփրել; բորբոքել; քրքրել

rake[2] |reɪk| *noun* ստահակ; ցոփ/անառակ մարդ

rakish[1] |'reɪkɪʃ| *adjective* անառակ; ցոփ; ամբարտավան; փչացած; շփացած; անկարգ; սանձարձակ

rakish² |ˈreɪkɪʃ| *adjective* արագընթաց; արընթաց

rally¹ |ˈræli| **1** *verb* (**-lies**, **-lied**) 1) վերահամախմբվել; վերամիավորվել; համախմբվել *(զորքերի մասին)* 2) վերահամախմբել; վերամիավորել; համախմբել *(ուժերը)* 3) խմբել; հավաքել *(մարդկանց)* 4) միավորվել; համախմբվել *(հանուն մի բանի)* 5) կազդուրվել; ապաքինվել *(հիվանդությունից հետո)* 6) կարգի ընկնել; խելքը գլուխը գալ *(հուզմունքից/վախից հետո)* 7) օգնության հասնել **2** *noun* (հոգն. **-lies**) 1) հավաք; ժողով; հավաքույթ 2) *ամերիկյան* զանգվածային ցույց/միտինգ 3) վերականգնում; վերամիավորում 4) միավորում; միացում; համախմբում 5) ապաքինում; ապաքինվելը 6) ավտովազք

rally² |ˈræli| *verb* (**-lies**, **-lied**) *հնավանդ* կատակել; զվարճախոսել; մեկի վրա ծիծաղել

ram |ræm| **1** *noun* 1) խոյ; արու ոչխար 2) Խոյ *(համաստեղություն)* 3) բաբան; հոյ; խոյ *(պարսպակործան մեքենա)* 4) *տեխնիկական* ջրահան մեքենա **2** *verb* (**rammed**, **ramming**) 1) խփելով ներս խրել; ներս մտցնել; վարսել ◇ **ram it home** *փոխաբերական* մեկի գլուխը մտցնել 2) ծակել; ճեղքել *(հարվածով)* 3) *պատմական* բաբանահարել; խոյահարել; տարանել 4) հարվածել; խփել 5) (**ram through**) ստիպել ընդունել; ստիպել, որ ընդունվի

Ramadan |ˈræmədæn|, |ˌræməˈdæn| *noun* Ռամադան *(մահմեդական տարվա իններորդ ամիսը)*

ramble |ˈræmb(ə)l| **1** *verb* 1) թափառել; զբոսնել; ման գալ 2) տարածվել *(բույսի մասին)* 3) արագ մի նյութից մյուսին թռչել *(խոսակցության մեջ)* 4) երկար-բարակ գրել; անկապ գրել **2** *noun* զբոսանք; ուղևորություն; արտաշրջություն; էքսկուրսիա

rambler |ˈræmblə| *noun* 1) դատարկաշրջիկ; թրև եկող 2) սողացող/գետնատարած վարդ

rambling |ˈræmblɪŋ| *adjective* 1) անկապ; երկար-բարակ *(խոսակցության/պատմության մասին)* 2) սողացող; գետնատարած *(բույսի մասին)* 3) ցրված; ցաքուցրիվ; առանց հատակագծի կառուցված 4) թրև եկող; թափառող; թափառական; պարապ-սարապ ման եկող

ramification |ˌræmɪfɪˈkeɪʃ(ə)n| *noun* 1) բարդություն; տհաճ հետևանք 2) ճյուղավորում; ճյուղավորություն 3) *հավաքական* ծառի ճյուղեր

ramify |ˈræmɪfʌɪ| *verb* (**-fies**, **-fied**) *գրական անգլերեն, տեխնիկական* 1) ճյուղավորվել; ճյուղ տալ 2) ճյուղավորել; տարածել

rammer *noun* 1) տոփան; գետնաթակ; ձեռքի թակ 2) *ռազմական* հրացանի շամփուր

ramp |ræmp| **1** *noun* 1) թեք մակերես/հարթություն; շեղ հարթակ 2) շարժական սանդուղք *(ինքնաթիռի)* 3) զառիվայր; զառիթափ 4) կողոպուտ; շորթում; կողոպուտ; թալան **2** *verb* 1) թեք հարթակ կառուցել/ավելացնել 2) *հնացած* ետևի թաթերի վրա կանգնել 3) *փոխաբերական* սպառնական դիրք ընդունել; սպառնական կեցվածք ընդունել 4) գազազած վրա պրծնել; գազազած ոստնել/ցատկել; գազազել; կատաղել 5) փարթամ աճել; տարածվել; մագլցել *(բույսի մասին)* 6) կորզել; շորթել; կողոպտել; թալանել

rampage **1** *verb* |ræmˈpeɪdʒ| կատաղել; մոլեգնել; գազազել **2** *noun* |ræmˈpeɪdʒ| |ˈræmpeɪdʒ| կատաղություն; մոլեգնություն; գազազածություն

rampageous *adjective* *հնավանդ* կատաղի; մոլեգնած; գազազած

rampancy *noun* կատաղություն; մոլեգնածություն; գազազածություն

rampant |ˈræmp(ə)nt| *adjective* 1) կատաղի; գազազած; մոլեգնած; բորբոքված 2) խիստ տարածված; բույն դրած *(հիվանդության/արատների մասին)* 3) ետևի ոտքերի վրա կանգնած 4) փարթամ աճած; արագ աճող

rampart |ˈræmpɑːt| **1** *noun* 1) բերդապատնեշ; պատվար 2) *փոխաբերական* պաշտպանություն; հենարան; նեցուկ **2** *verb* *հազվադեպ* պատնեշել; բերդապատնեշով ամրացնել/պաշտպանել

ramrod |ˈræmrɒd| **1** *noun* 1) հրացանի շամփուր 2) լարված; ձիգ *(կեցվածքի մասին)* 3) խիստ; չհամաձայնվող **2** *verb* (**-rodded**, **-rodding**) (**ramrod something through**) ստիպել ընդունել; ընդունել տալ

ramshackle |ˈræmʃæk(ə)l| *adjective* հին; խարխուլ; հնախարխուլ

ranch |rɑːn(t)ʃ| **1** *noun* 1) ռանչո; ագարակ; անասնապահական ֆերմա 2) (նաև **ranch dressing**) թթվասեր; թան *(աղցաններում գործածվող)* **2** *verb* 1) ագարակում/ֆերմայում ապրել 2) անասնապահությամբ զբաղվել

rancid |ˈrænsɪd| *adjective* կծված; կծվահամ; հոտած; նեխած; դառնահամ *(յուղ կամ ձեթ պարունակող սննդի մասին)*

rancidity |-ˈsɪdɪti| *noun* կծվահամություն; կծվածություն; դառնահամություն; նեխահոտություն; նեխած հոտ

rancor |ˈræŋkə| (բրիտանական **rancour**) *noun* չարություն; քեն; ոխակալություն; թշնամություն

rancorous *adjective* չար; չարակամ; ոխակալ; քինոտ; թշնամական; թշնամի

rand¹ |rænd|, |rænt| *noun* ռանդ *(Հարավաֆրիկյան Հանրապետության դրամական միավորը)*

rand² |rænd| *noun* 1) եզր; ծայր; եզրաշերտ 2) ռանտ; եզր *(կոշիկի)*

R & D *abbreviation* research and development հետազոտություններ և մշակումներ

random |ˈrændəm| *adjective* 1) պատահական; անկանոն; անկարգ; խառնիխուռն 2) պատահական; մոլոր *(գնդակի մասին)*

at random պատահականորեն; առանց մտածելու; ինչպես պատահի

randy |ˈrændi| *adjective* (**randier**, **randiest**) *խոսակցական* գրգռված *(սեռական առումով)*

range |reɪn(d)ʒ| **1** *noun* 1) տատանման մեծություն; լայնույթ; ամպլիտուդ; սահման 2) շարք; շարան; քանակություն; հավաքածու 3) կարողությունների շրջանակ *(մարդու)* 4) ձայնածավալ; դիապազոն 5) տարածման շրջան *(բույսերի, կենդանիների)* 6) գոտի; ոլորտ 7) տեսադաշտ; տեսածիր; դիտահորիզոն 8) լսելիության սահման 9) գործողության շառավիղ; հեռավորություն; տարածություն; հասողություն *(հրաձգության)* ◇ **out of range** հասողությունից դուրս; հասանելիության սահմաններից դուրս 10) (**mountain range**) լեռնաշղթա; լեռնապար 11) արոտ; արոտավայր 12) տարածություն; երկարություն ◊ **range of vision** հորիզոն; տեսադաշտ; տեսածիր 13) հրաձգադաշտ 14) սալօջախ *(խոհանոցի. էլեկտրական, գազի)* **2** *verb* 1) տատանվել; փոփոխվել *(որոշակի սահմաններում)* 2) շարել; ըստ կարգի դասավորել; շարք կանգնեցնել *(մարդկանց, իրերը)* 3) դասակարգել; դասդասել 4) տարածվել; ձգվել 5) թափառել; թափառաշրջել *(մարդու/կենդանու մասին)* 6) սահել; թափառել *(մի առարկայից մյուսին՝ աչքերի մասին)* 7) ներառել; ընդգրկել; պարունակել *(թեմաներ, ոլորտներ և այլն)* 8) *ռազմական* նշանափորձել; փորձնական կերպով կրակել; նշանառությունն ստուգել *(կրակելով)* 9) ◊ **range oneself** միանալ; հարել 10) մի նյութից մյուսին անցնել *(խոսակցության ժամանակ)* 11) տարածված լինել; հանդիպել; պատահել *(որոշակի սահմաններում՝ բույսերի/կենդանիների մասին)*

rangefinder |ˈreɪn(d)ʒfʌɪndə| *noun* հեռաչափ *(գործիք)*

ranger |ˈreɪn(d)ʒə| *noun* 1) անտառապահ; պահակ 2) հեծյալ ոստիկան 3) *ամերիկյան* (**rangers**) դեսանտային խափանարար զորամասեր 4) թափառական; շրջմոլիկ; օտարական

rangy |ˈreɪn(d)ʒi| *adjective* (**rangier**, **rangiest**) 1) բարեկազմ; մկանուտ; սլացիկ 2) ընդարձակ; լայնատարած 3) թափառող; թափառուն; թափառաշրջիկ; թափառական

rank¹ |ræŋk| **1** *noun* 1) շարք; տողան 2) աստիճան; աստիճանակարգ; կոչում ◊ **honorary rank** պատվավոր կոչում 3) աստիճան; տարակարգ; դաս; կատեգորիա; կարգ 4) բարձր դիրք **2** *verb* 1) շարք կանգնել 2) շարք կանգնեցնել; շարք կազմել 3) դասել; դասակարգման ենթարկել 4) հաշվել; համարել ◊ **he ranks among the best writers** նա լավագույն գրողներից մեկն է համարվում 5) դիրք գրավել ◊ **rank high** բարձր դիրք գրավել/ունենալ. **rank low** ցածր դիրք ունենալ/գրավել 6) ունենալ ավելի բարձր աստիճան/կոչում

rank² |ræŋk| *adjective* 1) փարթամ; ճոխ *(բուսականության մասին)* 2) խոտով ծածկված 3) պտղաբեր; բերրի; արգավանդ; պարարտ *(հողի մասին)* 4) հոտած; նեխած *(ջրի, օդի մասին)* 5) կատարյալ; իսկական; տխրահռչակ *(վատ բանի մասին)*

rankle |ˈræŋk(ə)l| *verb* 1) ցավ պատճառել; չարչարել; տանջել *(վերքի/դեպքի/հիշողությունների և այլնի մասին)* 2) նյարդայնացնել; զայրացնել

ransack |ˈrænsæk| *verb* 1) կողոպտել; թալանել *(բնակարանը)* 2) խուզարկել; զննել; տակնուվրա անել *(որևէ բան գտնելու հույսով)*

ransom |ˈræns(ə)m| **1** *noun* 1) փրկագին; փրկանք; փրկավճար; գլխագին 2) փրկագնի դիմաց ազատ արձակելը **2** *verb* 1) փրկագին վճարել; փրկանք տալով ազատել 2) փրկագին պահանջել 3) քավել *(մեղքերը)* 4) թողություն ստանալ

rant |rænt| **1** *verb* 1) փքուն/վերամբարձ ոճով խոսել; բարձրաձայն խոսել 2) աղմուկով զվարճանալ **2** *noun* փքուն/վերամբարձ լեզու; մեծադղորդ խոսքեր

ranunculus |rəˈnʌŋkjʊləs| *noun* (հոգն. **-luses** կամ **-li** |-lʌɪ|, |-liː|) *բուսաբանություն* գորտնուկ; հրանունկ *(Genus Ranunculus, ընտանիք Ranunculaceae)*

rap¹ |ræp| **1** *verb* (**rapped**, **rapping**) 1) թեթևակի հարվածել; բախել; թակել; թխկթխկացնել 2) հարվածել; խփել *(ձողով և այլն)* 3) *խոսակցական* նախատել; հանդիմանել 4) կտրուկ/հանկարծակի ասել 5) *խոսակցական* զրուցել; խոսել 6) ռեպ երաժշտություն կատարել; ռեպ կատարել **2** *noun* 1) թեթև հարված; արագ թակոց; զարկ; բախյուն 2) ◊ **a rap on the door** դռան թակոց 3) ռեպ երաժշտություն 4) ռեպ ոճի երգ/ստեղծագործություն/կատարում 5) *խոսակցական* երկար զրույց; քննարկում 6) վատ համբավ

rap² |ræp| *noun* ◊ **not a rap** ոչ մի գրոշ/կոպեկ; բոլորովին

rapacious |rəˈpeɪʃəs| *adjective* ագահ; աչքածակ; անկշտում; հափշտակիչ; կողոպտիչ; գիշատիչ

rape¹ |reɪp| **1** *noun* 1) բռնաբարում; լլկում 2) ավերում; ամայացում *(որևէ տարածքի վերաբերյալ)* 3) *բանաստեղծական* հափշտակում; առևանգում **2** *verb* 1) բռնաբարել; լլկել 2) հափշտակել; առևանգել 3) ավերել; ամայացնել *(որևէ տարածք)*

rape² |reɪp| *noun* *բուսաբանություն* կանճրակ; հլածուկ; ռապս *(Genus Brassica, ընտանիք Brassicaceae)*

rapid |ˈræpɪd| **1** *adjective* 1) արագ; արագընթաց; սրընթաց 2) ուղղաբերձ; սեպ; զառիվեր; դիք; զառիվեր **2** *noun* (**rapids**) սահանքներ; ջրթափներ; սահանք *(գետի)*

rapidity |rəˈpɪdɪti| *noun* արագություն; սրընթացություն

rapidly *adverb* արագորեն

rapier |ˈreɪpɪə| **1** *noun* սուսեր; մարզասուսեր **2** *adjective* սուր; հատու; խորաթափանց *(խոսքի/մտքի մասին)*

rapine |ˈræpʌɪn|, |-pɪn| *noun* *բանաստեղծական* կողոպուտ; թալան

rapport |ræˈpɔː| *noun* համերաշխություն; ներդաշնակ հարաբերություններ

rapt |ræpt| *adjective* 1) զմայլված; հիացած; սքանչացած; կլանված; հրապուրված 2) *բանաստեղծական* հափշտակված; համբարձված

rapture |ˈræptʃə| **1** *noun* 1) զմայլանք; հիացմունք; սքանչացում; բերկրանք; ցնծություն 2) (**raptures**) հիացմունքի արտահայտություն; ցնծության խոսքեր 3) հափշտակում; առևանգում 4) *կրոն* (**the Rapture**) Հափշտակություն *(ըստ հետհազարամյա աղանդի՝ հավատացյալների հափշտակությունը երկինք՝ Քրիստոսի Երկրորդ Գալստյան ժամանակ)* **2** *verb* *կրոն* հափշտակել

rapturous *adjective* սքանչացած; հիացած; խանդավառ

rara avis |ˌrɛːrə ˈeɪvɪs|, |ˌrɑːrə ˈævɪs| *noun* (հոգն. **rarae aves** |-riː|, |-viːz|) հազվագյուտ իր; զարմանք բան; զարմանալի/արտասովոր անձ

rare¹ |rɛː| *adjective* (**rarer**, **rarest**) 1) հազվադեպ; սակավադեպ; քիչ հանդիպող; հազվագյուտ 2) արտակարգ; բացառիկ *(հիշողության/ընդունակությունների մասին)* 3) նոսր; ոչ խիտ; աղքատ *(հատկապես օդի մասին)* 4) քիմիա իներտ

rare[2] |rɛː| *adjective* (**rarer**, **rarest**) *ամերիկյան* թերատապակած; լավ չեփած; կիսաեփ *(մսի մասին)*

rare bird *noun* հազվագյուտ/զարմանալի իր; զարմանք բան; զարմանալի/արտասովոր անձ

rarefaction |ˌrɛːrɪˈfækʃ(ə)n| (նաև **rarifaction**) *noun* 1) նոսրացում; նոսրացնելը 2) *բժշկություն* նոսրացում; նոսրացվածություն

rarely |ˈrɛːli| *adverb* 1) ուշ-ուշ; ոչ հաճախ; հազվադեպ; սակավադեպ 2) անսովոր/արտասովոր/արտակարգ կերպով; բացառապես; բացառիկ կերպով

raring |ˈrɛːrɪŋ| *adjective խոսակցական* ոգևորված; խանդավառ

rarity |ˈrɛːrɪti| *noun* (հոգն. **-ties**) 1) հազվադեպություն 2) հազվադեպ/բացառիկ/արտակարգ երևույթ; հազվագյուտ իր 3) նոսրություն *(օդի և այլնի)*

rascal |ˈrɑːsk(ə)l| *noun* 1) չարաճճի; «այլանդակի մեկը» *(հատկապես երեխայի մասին)* 2) խարդախ; սրիկա; ստահակ

rascality |-ˈskælɪti| *noun* խարդախություն; սրիկայություն

rash[1] |ræʃ| *adjective* հապճեպ; անխոհեմ; չմտածված; անշրջահայաց

rash[2] |ræʃ| *noun* 1) բիծ; ցան *(մարմնի վրա դուրս տված)* 2) շարան; շղթա *(տհաճ իրադարձությունների)*

rasher |ˈræʃə| *noun* խոզապուխտի բարակ շերտ *(տապակելու համար)*

rasp |rɑːsp| **1** *noun* 1) տովրիկ; թորբու; ռաշպիլ; մեծ խարտոց 2) քոթքոթոց; խոթխոթոց; խոխոոց **2** *verb* 1) տովրիկով քերել; թորբուով հարթել; մեծ խարտոցով ողորկել; խարտոցել 2) քերծել; ճանկռել; վնասել *(մաշկը)* 3) (**rasp something away/off**) խարտելով հեռացնել 4) դողդալ; դողալ 5) ճնգճնգացնել; վատ նվագել 6) ականջ ծակող ձայնով ասել; ճղճղան ձայն հանել; ճչալ

raspberry |ˈrɑːzb(ə)ri| *noun* 1) *բուսաբանություն* մորի; ազնվամորի *(հատապտուղ) (Rubus idaeus, ընտանիքRosaceae)* 2) *խոսակցական* հանդիմանության ճպոց; ճպացնելը; ծպացնելը *(ի նշան տհաճության/չհավանելու)*

rat |ræt| **1** *noun* 1) *կենդանաբանություն* առնետ; թափառամուկ; մեծամուկ *(ընտանիք Muridae)* 2) *խոսակցական* խարդախ մարդ; խաբեբա; սրիկա; դավաճան 3) *խոսակցական* դասալիք; փախստակ; դավաճան; թշնամու կողմն անցած անձ; մատնիչ; իրազեկիչ 4) հաճախող; հաճախակի այցելող *(որոշակի վայր)* **2** *exclamation խոսակցական* դատարկ բան; անհեթեթություն **3** *verb* (**ratted**, **ratting**) 1) առնետները ոչնչացնել; առնետ որսալ 2) *խոսակցական* դասալիք լինել; լքել; հեռանալ; դավաճանել *(կուսակցությանը, գործին)*

have rats in the attic *ծածկալեզու* մեկի վերնահարկը դատարկ է; մեկի խելքը պակաս է; անխելքի մեկն է

smell a rat վատ բան նախազգալ; վատ հոտ առնել

ratable *adjective* տուրքադրման/հարկման ենթակա

ratchet |ˈrætʃɪt| **1** *noun* 1) *տեխնիկական* արգելանիվ 2) *փոխաբերական* կործանում; անկում; գահավիժում; խորտակում **2** *verb* (**ratcheted**, **ratcheting**) արգելանիվով աշխատեցնել

rate[1] |reɪt| **1** *noun* 1) հաճախականություն; հաճախակիություն; հաճախություն; քանակ; քանակություն 2) թափ; տեմպ; արագություն 3) դրույք; աշխատավարձի չափ; սակագին; չափաքանակ; նորմա 4) գին ◇ **the regular rate** սովորական գին 5) *մաթեմատիկա* գործակից; տոկոս; աստիճան; բաժին; մաս ◇ **at the rate of** i) այսինչ քանակությամբ ii) այսինչ գնով 6) կարգ; դաս; տեսակ **2** *verb* 1) գնահատել; որոշել; սահմանել; հաստատել 2) հաշվել; համրել; համարել; դասել 3) հարկել; տուրք դնել 4) արժանի լինել; արժանիք ունենալ

at any rate բոլոր դեպքերում; ինչ էլ որ լինի

at that rate այդ դեպքում

rate[2] |reɪt| *verb հնավանդ* նախատել; կշտամբել; հայհոյել

ratepayer |ˈreɪtpeɪə| *noun* հարկատու; հարկ վճարող

rather |ˈrɑːðə| **1** *adverb* 1) ավելի շուտ; նախապատվորեն; գերադասորեն; ավելի սիրով; ավելի հոժարությամբ 2) բավական; բավականաչափ 3) որոշ չափով; փոքր-ինչ; գուցե; համեմատաբար 4) ընդհակառակը; ավելի շուտ; ավելի ճիշտ; իրականում 5) քան թե; քան **2** *exclamation* |rɑːˈðəː| *հնացած* (**rather!**) այո՛; այո, անշու՛շտ *(պատասխանելիս)*

ratify |ˈrætɪfʌɪ| *verb* (**-fies**, **-fied**) հաստատել; վավերացնել; ստորագրել *(համաձայնագիրը և այլն)*

rating[1] |ˈreɪtɪŋ| *noun* 1) վարկանիշ; դիրք; դաս; կարգ; աստիճան 2) (**ratings**) հանդիսատեսների/ունկնդիրների քանակությունը *(հեռուստա- կամ ռադիոհաղորդման)* 3) *տեխնիկական, տնտեսագիտություն* հզորություն; կարողություն; արտադրողականություն 4) գնահատում; գնահատական; կարգի որոշում; դասի սահմանում 5) հարկում; տուրք դնելը 6) ժողովրդականություն; ժողովրդայնություն

rating[2] |ˈreɪtɪŋ| *noun հնացած* նախատինք; կշտամբանք; հայհոյանք; նկատողություն

ratio |ˈreɪʃɪəʊ| *noun* (հոգն. **-tios**) հարաբերություն; համեմատություն; հարաբերակցություն

ration |ˈræʃ(ə)n| **1** *noun* 1) մթերաբաժին; օրապարեն; բաժին 2) *ռազմական* օրուտեստ; օրաբաժին; օրապահիկ; օրապարեն ◇ **emergency ration** անձեռնմխելի մթերաբաժին. **iron rations** անձեռնմխելի պաշարներ 3) (**rations**) պարեն; մթերք 4) բաժին; մասնաբաժին; որոշակի չափ **2** *verb* 1) (**ration sth to**) որևէ ապրանքի բաշխումը կանոնականացնել 2) օրաբաժին տալ; պարենավորել

rational |ˈræʃ(ə)n(ə)l| **1** *adjective* 1) խելացի; բանական; նպատակահարմար 2) *մաթեմատիկա* ռացիոնալ; իրաչափ **2** *noun մաթեմատիկա* ռացիոնալ/իրաչափ թիվ

rationale |ˌræʃəˈnɑːl| *noun* հիմունք; հիմնավորում; պատճառ

rationalism |ˈræʃ(ə)n(ə)lɪz(ə)m| *noun* ռացիոնալիզմ; բանապաշտություն

rationalist *noun* ռացիոնալիստ; բանապաշտ

rationality |-ˈnælıti| *noun* խելացիություն; բանականություն; ռացիոնալություն

rationalization |-ˈzeıʃ(ə)n| *noun* 1) արդարացում; ռացիոնալացում 2) կատարելագործում 3) *մաթեմատիկա* իռացիոնալությունից ազատվելը

rationalize |ˈræʃ(ə)n(ə)lʌız| *verb* 1) արդարացնել; ռացիոնալացնել *(սեփական կամ ուրիշի վարքը)* 2) կատարելագործել; ռացիոնալացնել *(կազմակերպությունը)* 3) *մաթեմատիկա* իռացիոնալությունից ազատվել

ratsbane |ˈrætsbeın| *noun բանաստեղծական* 1) առնետաթույն; թույն առնետների համար 2) *խոսակցական* թույն

rat-tat *noun* դռան ուժեղ թխկոց/թակոց

rattle |ˈræt(ə)l| **1** *verb* 1) չխկչխկալ; թրխկալ; ճայթել; թնդալ; ճարճատել; դղրդալ; շառաչել 2) չխկչխկացնել; շառաչեցնել; թրխկացնել; թնդացնել; ճայթեցնել; դղրդացնել 3) դղրդյունով առաջ շարժվել *(մեքենայի մասին)* 4) բարձրաձայն և արագ խոսել; շատախոսել; բլբլալ; շաղակրատել; չաչանակի պես վրա տալ 5) արագ ասել; վրա տալով ասել; արտասանել *(դասը, ոտանավորը և այլն)* 6) *ամերիկյան խոսակցական* շփոթեցնել; նյարդայնացնել; գրգռել ◊ **get rattled** նյարդայնանալ; ջղայնանալ; հանգստությունը կորցնել **2** *noun* 1) չխկոց; թրխկոց; ճայթյուն; ճարճատյուն; թնդյուն; դղրդյուն; շառաչյուն 2) աղմուկ; ժխոր; իրարանցում; խառնաշփոթություն 3) չխկչխկան *(երեխայի խաղալիք)* 4) բոժոժ; զանգուլակ *(օձի և այլն)* 5) ճչան *(գիշերային պահակի)* 6) *խոսակցական* շատախոս; շաղակրատ; դատարկախոս; չաչանակ

rattle someone's cage *խոսակցական* նյարդայնացնել; հունից հանել

rattler |ˈrætlə| *noun* 1) տե՛ս **rattlesnake** 2) շատախոս; դատարկախոս; շաղակրատ; չաչանակ 3) դղրդացող հնացած կառք/գնացք 4) *ամերիկյան խոսակցական* գնդացիր 5) արտակարգ դեպք; ցնցանորույթ; սենսացիա

rattlesnake |ˈræt(ə)lsneık| *noun կենդանաբանություն* խարամանի; բոժոժավոր օձ *(Crotalus և Sistrurus, ընտանիք Viperidae)*

rattling |ˈrætlıŋ| *adjective* 1) դղրդացող; թնդացող; աղմկոտ 2) *խոսակցական* հրաշալի; հիանալի 3) ուժեղ; հորդ *(քամու/անձրևի մասին)*

rattrap *noun* 1) առնետի թակարդ 2) ողորմելի կացարան 3) *խոսակցական* թակարդ; տհաճ իրավիճակ; ճահճացած վիճակ

raucous |ˈrɔːkəs| *adjective* խռպոտ; խռպոտաձայն; խզված ձայնով

ravage |ˈrævıdʒ| **1** *verb* ավերել; ավերածության ենթարկել; ամայացնել; քայքայել; կործանել; ոչնչացնել **2** *noun* ավերում; ամայացում; ոչնչացում; քայքայում; կործանում

rave¹ |reıv| **1** *verb* 1) զառանցել; անկապ խոսել; հիմարաբանել; բարբաջել 2) գոչել; ճչալ; մռնչալ *(զայրույթով)* 3) **(rave about)** հիացմունքով/խանդավառությամբ խոսել 4) կատաղել; մոլեգնել; մռնչալ; ոռնալ *(քամու/ծովի մասին)* **2** *noun* ռեյվ; պարային հավաքույթ *(արագ էլեկտրոնային երաժշտությամբ ու թմրադեղերի ընդունմամբ զուգակցվող)*

ravel |ˈræv(ə)l| **1** *verb* (**raveled**, **raveling**; բրիտ. **ravelled**, **ravelling**) 1) (**ravel something out**) արձակել; քանդել; բաց անել; կտրատել; պատռել *(խճճվածը)* 2) խճճել; բարդացնել *(իրավիճակը, խնդիրը)* **2** *noun հազվադեպ* 1) խճճվածք; խճճված թել/պարան 2) խճճվածություն; բարդություն; թնջուկ

ravelin |ˈrævlın| *noun պատմական* ռավելին; պարսպի եռանի օժանդակ ամրություն

raven¹ |ˈreıv(ə)n| **1** *noun կենդանաբանություն* ագռավ; արջնագռավ *(Corvus, ընտանիք Corvidae)* **2** *adjective* փայլուն սև; սևաթույր; ագռավագույն *(մազերի մասին)*

raven² |ˈræv(ə)n| *verb հնացած* 1) զոհ/որս/ավար որոնել 2) ագահությամբ լափել; գայլի ախորժակ ունենալ 3) կողոպտել; թալանել

ravenous |ˈræv(ə)nəs| *adjective* 1) անկշտում; խիստ սոված/քաղցած; շատակեր; որկրամոլ; ագահ 2) գիշատիչ 3) կողոպտչական; թալանչիական 4) խիստ; սուր; սաստիկ; ուժգին *(քաղցի/կարիքի մասին)*

ravin |ˈrævın| *noun հնացած բանաստեղծական* կողոպուտ; ավարառություն; թալան

ravine |rəˈviːn| *noun* խոր կիրճ; լեռնանցք; խորխորատ; հովիտ; հեղեղատ

raving |ˈreıvıŋ| **1** *noun* զառանցանք; ցնորք; բարբաջանք; ցնդաբանություն **2** *adjective խոսակցական* 1) ահավոր; չափազանց; խիստ *(վատ հատկության մասին)* 2) զառանցական; ցնորական

ravish |ˈrævıʃ| *verb* 1) առևանգել; հափշտակել 2) *հնացած* բռնաբարել; լլկել; բռնանալ 3) *բանաստեղծական* զմայլեցնել; հիացնել; սքանչացնել; հիացմունք առաջացնել

ravishing |ˈrævıʃıŋ| *adjective* չքնաղ; զմայլելի; սքանչելի; հիանալի

raw |rɔː| *adjective* 1) հում; անեփ; չեփած 2) կիսաեփ; թերատապակ 3) չմշակված; անմշակ; չպատրաստված *(հումքանյութի մասին)* 4) չմշակված; չուսումնասիրված; չհետազոտված; չքննված *(տվյալների մասին)* 5) առանց եզրի/քնարի *(գործվածքի մասին)* 6) անփորձ; խակ; չվարժեցրած; անվարժ 7) կաշին պլոկված; միսը բացված 8) *փոխաբերական* զգայուն; ցավոտ; բզկտված *(նյարդերի մասին)* 9) անթաքույց; ուժգին *(զգացումի մասին)* 10) ուղղակի; իրապաշտական; նատուրալիստական *(նկարագրության մասին)* 11) բաց; անպարկեշտ *(խոսքի մասին)* 12) խոնավ; թաց *(եղանակի մասին)* 13) ցուրտ; սառը *(քամու մասին)*

rawboned *adjective* ոսկրոտ; կմախքացած; շատ նիհար

raw material *noun* հումքանյութ; հումույթ; հումք; հում նյութ

ray¹ |reı| **1** *noun* 1) շող; ճաճանչ; ճառագայթ *(լույսի, հատկապես Արեգակի)* 2) (**rays**) ճառագայթներ 3) փայլ; շող; նշույլ ◊ **a ray of hope** հույսի նշույլ **2** *verb* 1) ճառագայթաձև տարածվել 2) ճառագայթել; ճառագայթներ արձակել; ճաճանչել; ճառագել 3) ճառագայթահարել; ճառագայթների ազդեցությանը ենթարկել

ray² |reɪ| *noun* կենդանաբանություն կատվաձուկ *(ընտանիք Rajidae)*

rayon |ˈreɪɒn| *noun* 1) արհեստական մետաքս; վիսկոզա 2) վիսկոզայից հագուստ

raze |reɪz| *verb* 1) մինչև հիմքը քանդել; կործանել ◊ **raze to the ground** աշխարհի երեսից ջնջել; բնաջինջ անել; հողի հետ հավասարեցնել 2) *հիմնականում փոխաբերական* ջնջել; հանել; դուրս գցել

razor |ˈreɪzə| **1** *noun* ածելի ◊ **safety razor** անվտանգ ածելի **2** *verb* ածելիով կտրել

re¹ |riː|, |reɪ| *preposition* վերաբերյալ; առնչվող

re² |reɪ| *noun* երաժշտություն ռե *(ձայնանիշ)*

reach |riːtʃ| **1** *verb* 1) մեկնել; պարզել; տարածել; երկարել *(ձեռքը և այլն)* 2) (**reach for**) ձգվել; ուղղվել; ձեռք մեկնել *(մի բան վերցնելու և այլնի համար)* 3) (**reach something out**) տարածել; երկարել *(ձեռքը)* 4) տալ; մատուցել; հանձնել 5) հասնել; ձգվելով հասնել; հասակը բավարարել 6) հասնել; տեղ հասնել; ժամանել 7) հասնել; եղնել *(որոշակի մակարդակի/աստիճանի/վիճակի)* 8) կապ հաստատել; հաղորդակցվել; հեռախոսակապ հաստատել *(մեկի հետ)* 9) կազմել *(գումար)* 10) հուզել; ազդեցություն գործել; դիպչել մեկի սրտին; ազդել մեկի վրա; հասնել մեկի սրտին ◊ **reach after** i) ձեռքը մեկնել *(մի բանի)* ii) *փոխաբերական* ձգտել *(մի բանի)* 11) հետևից հասնել; պատահել; հանդիպել **2** *noun* 1) մեկնում; պարզում; երկարացում *(ձեռքի և այլնի)* 2) հասանելիություն ◊ **within reach** հասանելիության սահմանում. **out of reach** հասանելիության սահմանից դուրս. **within easy reach** մոտակայքում; ոչ հեռու 3) շրջանակ; շրջան *(ազդեցության, գործունեության և այլնի)* 4) մտահորիզոն; ըմբռնման շրջանակ; հասկացողություն 5) (**reaches**) տարածություն; տարածք; շերտ

react |rɪˈækt| *verb* 1) արձագանքել; վերաբերմունք ցույց տալ; անդրադառնալ 2) (**react against**) հակազդել; դիմադրել; դիմադրություն ցույց տալ; հավանություն ցույց չտալ; թշնամաբար արձագանքել 3) (**react on/upon**) ազդել; ներգործել 4) վատ զգալ իրեն *(որևէ բան ուտելու, շնչելու կամ որևէ բանի դիպչելու արդյունքում)* 5) *քիմիա* ռեակցիա առաջացնել

reactance |rɪˈækt(ə)ns| *noun ֆիզիկա, էլեկտրականություն* ռեակտիվ դիմադրություն

reaction |rɪˈækʃ(ə)n| *noun* 1) ռեակցիա; արձագանք; առաջացրած/առաջացրած զգացողություն; առաջ բերած վերաբերմունք 2) (**reactions**) արձագանքողականություն; արձագանքում; արագ արձագանքելու ունակություն 3) հակազդեցություն; հակազդում; վատ ներգործություն *(որևէ բան կուլ տալու, ներշնչելու կամ դրան դիպչելու արդյունքում)* 4) *քիմիա* ռեակցիա; փոխազդեցություն 5) *քաղաքականություն* հետադիմություն; ռեակցիա

reactionary |rɪˈækʃ(ə)n(ə)ri| **1** *adjective* 1) հետադիմական; ռեակցիոն 2) հակադարձ; հակազդեցություն առաջացնող **2** *noun* (հոգն. **-aries**) հետադիմական; ռեակցիայի կողմնակից

reactive |rɪˈæktɪv| *adjective* 1) արձագանքող; վերաբերմունք ցույց տվող; ազդվող; զգայուն *(մի բանի հանդեպ)* 2) հակազդիչ 3) *քիմիա* փոխազդելու միտում ունեցող 4) հակազդական *(հիվանդության մասին)*

reactor |rɪˈæktə| *noun* (**nuclear reactor**) ռեակտոր

read |riːd| **1** *verb* (անցյալ **read** |rɛd|) 1) կարդալ; ընթերցել ◊ **read aloud, read out loud** բարձրաձայն կարդալ. **read to oneself** մտքում կարդալ; իր համար կարդալ. **read oneself hoarse** կարդալ մինչև ձայնի խռպոտանալը; չափազանց շատ կարդալ 2) բարձրաձայն կարդալ/ընթերցել *(հատկապես որևէ մեկի համար)* 3) կարդալ իմանալ; գրագետ լինել 4) տեսնել; նկատել; նշմարել *(որևէ զգացում/փաստ/հատկություն)* 5) սովորել; ուսումնասիրել ◊ **read up for an exam** պատրաստվել քննության; պարապել քննության համար 6) հասկանալ; «կարդալ» 7) բացատրել; պարզաբանել; մեկնաբանել 8) լուսաբանել; լուծել; գուշակել *(հանելուկը, երազը)* 9) տպավորություն թողնել; որոշակի ոճ ունենալ *(գրվածքի մասին)* 10) պարունակել հետևյալ խոսքերը; լինել հետևյալը; վրան գրված լինել հետևյալը 11) ասել *(փաստաթղթի/օրենքի և այլնի մասին)* 12) սրբագրել; շտկել *(տեքստը)* 13) ցույց տալ *(սարքի/գործիքի մասին)* ◊ **read untrue** սխալ ցույց տալ; ոչ ճիշտ ցույց տալ *(սարքի/գործիքի մասին)* 14) *բրիտանական* ուսումնասիրել; սովորել *(որևէ առարկա ուսումնական հաստատությունում)* 15) *համակարգիչներ* ընթերցել 16) հասկանալ *(մեկի ասածը)* • **read on** կարդալը շարունակել; շարունակել կարդալ **read over** նորից կարդալ; վերընթերցել **read through** ծայրից ծայր կարդալ; կարդալ-վերջացնել **2** *noun* 1) մեկնաբանություն; հասկացում; տեսակետ 2) որոշակի կերպով ընթերցվող գիրք **3** *adjective* (**read**) կարդացած; գիտակ; տեղյակ; ուսյալ

readable |ˈriːdəb(ə)l| *adjective* 1) ընթեռնելի; հասկանալի *(ձեռագրի և այլնի մասին)* 2) դյուրընթեռնելի; կարդացվող; հետաքրքրական

reader |ˈriːdə| *noun* 1) ընթերցող; ընթերցասեր ◊ **gentle reader** բարեհամբյուր/բարյացակամ ընթերցող *(հեղինակի դիմումի մեջ)* 2) (նաև **lay reader**) աշխարհական, որն իրավունք ունի հոգևոր ծառայություններ կատարելու 3) քննադատ; ձեռագիրն ընթերցող *(հրատարակելուց առաջ)* 4) ստուգող; գնահատող *(քննաթերթիկները)* 5) (**proofreader**) սրբագրիչ 6) ընթերցարան; ընթերցագիրք; տեքստերի հավաքածու 7) *բրիտանական* (**Reader**) ամսուսնի վարպետ; դասախոս 8) *համակարգիչներ* ընթերցիչ

readership |ˈriːdəʃɪp| *noun* ընթերցողները; կարդացողները *(թերթի, ամսագրի և այլնի՝ որպես ամբողջություն)*

readily |ˈrɛdɪli| *adverb* 1) սիրով; ուրախությամբ; պատրաստակամությամբ; հոժարությամբ 2) հեշտ; հեշտությամբ; անմիջապես; առանց դժվարության

readiness *noun* 1) հոժարություն; պատրաստակամություն; սիրահոժարություն 2) պատրաստվածություն; պատրաստականության վիճակ 3) ճարտարամտություն; հնարամտություն; արագություն; արագագործություն

reading |ˈriːdɪŋ| *noun* 1) ընթերցանություն; ընթերցում; ընթերցելը; կարդալը ◊ **close reading** ուշադիր ընթերցանություն 2) ընթերցած գրականությունը/գրքերը *(որևէ մեկի)* 3) կարդալիք; ընթերցելիք; ընթերցելու/կարդալու նյութ

4) կարդացածություն; շատ կարդացած լինելը; գիտելիք 5) օրինագծի ընթերցում *(խորհրդարանում)* ◇ **the first reading** առաջին ընթերցում *(խորհրդարանում օրինագծի)* 6) հրապարակային ընթերցում; դասախոսություն 7) մեկնություն; ընթերցում; մեկնաբանություն; մեկնաբանելը; բացատրելը 8) տեքստի փոփոխակ/տարբերակ; տարընթերցվածք 9) ցուցմունք *(սարքի, գործիքի)*

readjust |ri:əˈdʒʌst| *verb* 1) վերահարմարեցնել; վերասարքել; ուղղել; շտկել 2) հարմարվել նոր իրավիճակին; համակերպվել նոր պայմաններին

readjustment *noun* վերահարմարեցում; վերասարքում; ուղղում; շտկում

ready |ˈrɛdi| **1** *adjective* (**readier**, **readiest**) 1) պատրաստ; պատրաստված; կազմ և պատրաստ; պատրաստի *(մարդու կամ առարկայի մասին)* 2) (**ready with**) պատրաստ մի բան անելու/տալու 3) (**ready for sth**) կարիքը զգացող; կարիք ունեցող; ցանկացող *(որևէ բան)* 4) պատրաստակամ; հոժար; պատրաստ *(մի բան անելու)* 5) քիչ էր մնում; հասած; մոտեցած *(որոշակի վիճակի)* 6) արագ; արագաշարժ **2** *noun* (հոգն. **readies**) *խոսակցական* (**readies, the ready**) առձեռն/կանխիկ փող; ձեռքի տակ գտնվող փող ◇ **ready at hand** ձեռքի տակ; տրամադրության տակ **3** *verb* (**readies**, **readied**) պատրաստել *(մարդուն/առարկային՝ որևէ բանի համար)*

ready-made **1** *adjective* 1) պատրաստի *(հագուստի/սննդի և այլնի մասին)* 2) պատրաստ *(պատասխանների մասին)* **2** *noun* 1) պատրաստի իր 2) պատրաստի իրը՝ որպես արվեստի գործ; ռեդիմեյդ

reaffirm |ri:əˈfə:m| *verb* վերահաստատել; կրկին հաստատել; նորից պնդել

reagent |rɪˈeɪdʒ(ə)nt| *noun* *քիմիա* հակազդակ; ռեակտիվ

real¹ |ri:l| **1** *adjective* 1) իսկական; իրական; ճշմարիտ; ամուր; հավաստի; ռեալ 2) բուն; բնորինակ; իսկական 3) անշարժ *(գույքի մասին)* **2** *adverb* *խոսակցական* 1) իրոք 2) վերին աստիճանի

real² |reɪˈɑ:l| *noun* (հոգն. **reals** կամ **reis**) ռեալ *(Բրազիլիայի արժույթը)*

realism |ˈrɪəlɪz(ə)m| *noun* 1) իրապաշտություն; ռեալիզմ ◇ **socialist realism** սոցիալիստական ռեալիզմ; սոցռեալիզմ 2) *քաղաքականություն* իրապաշտություն *(ավանդական մոտեցումը միջազգային հարաբերություններին)*

realist *noun* իրապաշտ; իրատես; ռեալիստ

realistic |rɪəˈlɪstɪk| *adjective* 1) իրապաշտական; ռեալիստական; իրատեսական 2) գործնական; իրագործելի; իրական

reality |rɪˈælɪti| *noun* (հոգն. **-ties**) 1) իրողություն; փաստ; իրականություն; իրական լինելը; ճշմարտություն; իսկություն; ճշտություն ◇ **in reality** իրականում 2) իրատեսական լինելը; իրապաշտականություն

reality TV *noun* հաղորդում առօրյայի մասին

realizable *adjective* 1) իրագործելի; իրականացնելի; իրականանալի 2) իրացնելի; դյուրիրացնելի *(ունեցվածքի և այլնի մասին)* 3) ըմբռնելի; հասկանալի

realization *noun* 1) ըմբռնում; գիտակցում ◇ **have a true realization of** պարզ գիտակցել/ըմբռնել/հասկանալ; մի բանի մասին իրեն հաշիվ տալ 2) իրագործում; իրականացում; կենսագործում 3) կատարում *(ստեղծագործության)* 4) իրացում; իրացվելը; վաճառք; վաճառում

realize |ˈrɪəlʌɪz| *verb* 1) հասկանալ; գիտակցել; ըմբռնել; պարզ պատկերացնել 2) իրագործել; իրականացնել; կենսագործել; կատարել 3) զարգացնել; օգտագործել *(ունակությունները, հնարավորությունները և այլն)* 4) ձևավորել; ձև տալ; ամբողջացնել 5) շահույթ ստանալ 6) եկամուտ բերել

real life *noun* իրական կյանք

really |ˈrɪəli| **1** *adverb* 1) իրոք; իսկապես; իրապես; արդարև 2) խիստ; շատ; վերին աստիճանի **2** *exclamation* իրո՞ք

realm |rɛlm| *noun* *հնավանդ, բանաստեղծական, իրավունք* 1) թագավորություն; թագավորական պետություն; արքայություն; կայսրություն; տերություն; տիրապետություն 2) ոլորտ; բնագավառ; ասպարեզ; շրջանակ *(հետաքրքրությունների, գործունեության)* 3) թագավորություն

real time *noun* 1) իրական ժամանակ *(որևէ գործընթացի)* 2) *համակարգիչներ* իրական ժամանակ 3) *խոսակցական* երես առ երես խոսակցություն *(ի հակադրություն գրավոր հաղորդակցվելուն)*

realty |ˈrɪəlti| *noun* *իրավունք* անշարժ գույք

ream¹ |ri:m| *noun* *տպագրություն* թղթի թոփ; ռզմա *(= 500 թերթ)*

ream² |ri:m| *verb* շաղափելով լայնացնել

reap |ri:p| *verb* 1) հնձել; քաղել; բերք հավաքել 2) *փոխաբերական* իր աշխատանքի պտուղը քաղել ◇ **reap as one has sown** ինչ որ ցանես, այն կհնձես

reaper |ˈri:pə| *noun* 1) հնձվոր; քաղվոր 2) հնձիչ մեքենա 3) (**Grim Reaper, the Reaper**) մահ; մահվան կերպար *(սովորաբար գերանդիով)*

rear¹ |rɪə| **1** *noun* 1) ետնամաս; ետևի կողմ; ետև ◇ **at/in the rear of sth** ետևում; ետևի մասում 2) թիկունք; զորաթիկունք; ռազմաթիկունք ◇ **bring up the rear** երթը վերջափակել. **in the rear** թիկունքում 3) *խոսակցական* հետույք; քամակ **2** *adjective* ետևի; ետակողմյան; թիկունքային; թիկունքի

rear² |rɪə| *verb* 1) կրթել; դաստիարակել; մեծացնել; աճեցնել *(երեխային, ձագին)* 2) բուծել; պահել *(կենդանիներ)* 3) մշակել; աճեցնել *(բույսեր)* 4) ծառս լինել *(ձիու մասին)* 5) *հնացած* բարձրացնել; վեր բարձրացնել 6) բարձրանալ; վեր խոյանալ; ելնել *(հուշարձանի և այլնի մասին)*

rear its head գլուխ բարձրացնել

rear admiral *noun* փոխծովակալ

rearguard |ˈrɪəgɑ:d| *noun* *ռազմական* վերջապահ զորք

rearm |ri:ˈɑ:m| *verb* 1) վերազինել 2) վերազինվել

rearmament *noun* վերազինում; վերազինելը; վերազինվելը

rearmost |ˈrɪəməʊst| *adjective* ամենաետին; վերջին

rearrange |ri:əˈreɪn(d)ʒ| *verb* 1) վերադասավորրել; վերակազմել; վերակարգավորել; նոր ձևով դասավորել 2) փոփոխել; փոխել դասավորությունը/հաջորդականությունը

rearward |ˈrɪəwəd| **1** *adjective* ետևի; թիկունքի; թիկունքային; դեպի հետ ուղղված **2** *adverb* (նաև **rearwards**) ետ; դեպի ետ; դեպի թիկունք; թիկունքի կողմը **3** *noun hնացած բանաստեղծական* շարափակ; վերջապահ զորք; թիկունք; շարքը փակող զորամաս

reason |ˈriːz(ə)n| **1** *noun* 1) պատճառ; հիմք; նկատառում; փաստարկ; բացատրություն; պատճառաբանություն; արդարացում ◇ **give/tell one's reasons** իր նկատառումները հայտնել. **by reason of** պատճառով. **with reason** ոչ առանց հիմքի; իրավամբ; հիմնավորված կերպով 2) բանականություն; դատողություն; դատողականություն; ողջամտություն; ողջախոհություն ◇ **bring to reason** խելքի բերել; խելք սովորեցնել. **come to reason** խելքի գալ; խելք սովորել; խելոքանալ. **lose one's reason** խելքը/բանականությունը կորցնել. **it stands to reason** խելքի մոտ է; հասկանալի է; տրամաբանական է 3) (**one's reason**) ողջամտություն 4) չափավորություն; տանելիություն **2** *verb* 1) դատել; խորհել; մտածել; կշռադատել 2) (**reason sth out**) լուրջ կշռադատելով լուծում գտնել; խորը մտածելով պատասխան գտնել 3) (**reason with sb**) համոզել; հորդորել

reasonable |ˈriːz(ə)nəb(ə)l| *adjective* 1) խոհեմ; խելամիտ; ողջամիտ 2) տրամաբանական 3) *hնացած* բանական; մտածող *(մարդու/կենդանու մասին)* 4) չափավոր; ընդունելի; տանելի; համապատասխան; պատշաճ 5) մատչելի *(ապրանքի/գնի մասին)*

reasonably *adverb* 1) խելացիորեն; բանականորեն; ողջամտորեն; հիմնավոր/պատճառաբանված կերպով 2) բավական; բավականաչափ; ընդունելի/տանելի չափով 3) մատչելի; մատչելիորեն

reassemble |riːəˈsɛmb(ə)l| *verb* 1) վերամիավորել; վերամիացնել 2) նորից հավաքել *(սարքը և այլն)*

reassess |riːəˈsɛs| *verb* վերագնահատել; վերարժեքավորել

reassurance *noun* վստահեցում; հավաստիացում; կասկածները ցրելը

reassure |riːəˈʃʊə| *verb* հավաստիացնել; հանգստացնել; համոզել

reave |riːv| *verb* (անցյալ և անցյալ դերբայ **reft** |rɛft|) *hնացած* 1) կողոպտել; թալանել 2) հափշտակել; խլել

reaver *noun* կողոպտիչ; ավազակ; թալանչի

rebate¹ **1** *noun* |ˌriːbeɪt| 1) զեղչ; իջեցում; պակասեցում; նվազեցում; զիջում; հանում *(ապրանքի/ծառայության գնից)* 2) մասնակի վերադարձ **2** *verb* զեղչել; զիջումներ անել

rebate² |ˌriːbeɪt| *noun, verb* տե՛ս **rabbet**

rebel **1** *noun* |ˈrɛb(ə)l| 1) ապստամբ; ըմբոստ; չհպատակվող; խռովարար 2) ըմբոստացող/դիմադրող/չընդունող մարդ; դեմ կանգնող մարդ; բողոքող մարդ *(որևէ իշխանության, սովորության դեմ)* **2** *verb* |rɪˈbɛl| (**-elled**, **-elling**) 1) (**rebel against**) ապստամբել; ընդվզել; գլուխ բարձրացնել 2) դիմադրություն ցույց տալ; բողոքել; չընդունել *(մի բան)* 3) *խոսակցական* վրդովվել; զայրանալ; ըմբոստանալ

rebellion |rɪˈbɛljən| *noun* 1) ապստամբություն; խռովություն; ընդվզում 2) դիմադրություն; ընդդիմացում; վրդովմունք; զայրույթ

rebellious |rɪˈbɛljəs| *adjective* 1) ապստամբ; խռովարար; խռովարարական 2) *փոխաբերական* խռովահույզ; ըմբոստ 3) անկարգապահ; անհնազանդ *(երեխայի/մազերի և այլնի մասին)*

rebind |riːˌbʌɪnd| *verb* (անցյալ, անցյալ դերբայ **-bound**) վերակազմել; նորից կազմել *(գիրքը)*

rebirth |riːˈbəːθ| *noun* 1) վերածնունդ; վերամարմնավորում; վերանձնավորում 2) *փոխաբերական* վերածնունդ; վերածնություն; վերափոխում

reboot |riːˈbuːt| **1** *verb* վերագործարկել **2** *noun* |ˈriːbuːt| վերագործարկում

reborn |riːˈbɔːn| *adjective* վերածնված

rebound¹ **1** *verb* |rɪˌbaʊnd| 1) ետ թռչել; անդրադառնալ *(նետած առարկայի մասին)* 2) վերականգնվել; կրկին վերելք ապրել 3) (**rebound on/upon**) վերադառնալ անողին; գլխին գալ; հակառակ ազդեցություն ունենալ *(մեկի վատ արարքների մասին)* **2** *noun* |ˌriːbaʊnd| ետաթռիչք; ետ թռչելը; անդրադարձ թռիչք; անդրադարձում

rebound² *verb* |rɪˌbaʊnd| *noun* |ˌriːbaʊnd| անցյալ և անցյալ դերբայ տե՛ս **rebind**

rebrand *verb* մակնիշը փոխել

rebuff |rɪˈbʌf| **1** *verb* 1) կտրուկ մերժել; հակահարված տալ 2) *ռազմական* հարձակումը ետ մղել **2** *noun* 1) կտրուկ մերժում/պատասխան; դիմադրություն; հակահարված 2) անհաջողություն; ձախողություն *(անսպասելի)*

rebuild |riːˈbɪld| **1** *verb* (անցյալ և անցյալ դերբայ **-built**) վերակառուցել; վերականգնել; վերաշինել; վերակերտել; վերանորոգել **2** *noun* վերակառուցում; վերականգնում; վերակերտում; վերանորոգում

rebuke |rɪˈbjuːk| **1** *verb* հանդիմանել; կշտամբել; նախատել; նկատողություն անել **2** *noun* հանդիմանություն; կշտամբանք; նախատինք; դիտողություն; նկատողություն ◇ **without rebuke** անբասիր; անպարսավելի

rebus |ˈriːbəs| *noun* (հոգն. **-buses**) ռեբուս; նկարահանելուկ; ծածկանկար *(հանելուկ, որտեղ որոնելի բառն արտահայտված է նկարներով կամ նշաններով)*

rebut |rɪˈbʌt| *verb* (**-butted**, **-butting**) 1) հերքել; ժխտել; բացասել 2) *hնացած* հակահարված տալ; ետ մղել

recalcitrant |rɪˈkælsɪtr(ə)nt| **1** *adjective* անհնազանդ; ըմբոստ; չլսող; չենթարկվող **2** *noun* անհնազանդ/ըմբոստ մարդ; չենթարկվող/չլսող երեխա

recall **1** *verb* |rɪˈkɔːl| 1) վերհիշել; մտաբերել; հիշողության մեջ արթնացնել/վերակենդանացնել 2) (**recall sb/sth to**) հիշեցնել; հիշել տալ; միտքը գցել; ստիպել, որ հիշի 3) *համակարգիչներ* ետ բերել *(տեքստը կամ նիշքերը՝ հիշողությունից)*

4) ետ կանչել *(դեսպանին, թիմի նախորդ անդամին և այլն)* 5) ետ վերցնել; ետ առնել; վերացնել; չեղյալ հայտարարել *(հրամանը, պատվերը)* 6) *ռազմական* զորակոչել; զինակոչել *(պահեստայիններին)* **2** *noun* |ˈri:kɔ:l| 1) ետ կանչում; ետ կանչելը *(պատգամավորի, դեսպանի)* 2) ետ վերցնելը *(վաճառված թերություններով ապրանքի)* 3) հիշողականություն; հիշողություն; հիշելու ունակություն 4) *ռազմական* վերադարձի ազդանշան 5) *ամերիկյան* ավարտի ազդանշան 6) ◇ **beyond/past recall** i) անվերականգնելի; անուղղելի ii) մոռացված; մոռացության մատնված

recap *խոսակցական* **1** *verb* |ˈri:kæp| (**-capped**, **-capping**) ամփոփել **2** *noun* ամփոփում

recapitulate |ˌri:kəˈpɪtjʊleɪt| *verb* ամփոփել; եզրափակել; համառոտ ձևով կրկնել

recapitulation |ˌri:kəpɪtjʊˈleɪʃ(ə)n| *noun* եզրակացություն; ամփոփում; համառոտ կրկնություն

recapture |ri:ˈkæptʃə| **1** *verb* 1) բռնելը; որսալը; ձերբակալելը *(փախած մարդու կամ կենդանու)* 2) հետ գրավել; վերագրավել; ետ խլել; վերանվաճել 3) վերագտնել; վերստանալ; նորից ձեռք բերել 4) վերհիշել; մտաբերել; վերագտնել *(անցյալը)* **2** *noun* 1) վերագրավում; վերանվաճում; հետ գրավելը 2) վերագտնելը; վերստանալը

recast |ri:ˈkɑ:st| *verb* (անցյալ և անցյալ դերբայ **-cast**) 1) վերաձուլել 2) ձևափոխել; նոր ձև տալ; փոխել; վերակառուցել *(նախադասությունը, տեքստը և այլն)* 3) վերաբաշխել *(դերերը)*

recede |rɪˈsi:d| *verb* 1) նահանջել; ետ քաշվել; քաշվել; հեռանալ ◇ **recede into the background** ետին պլան անցնել; արժեզրկվել; հետաքրքրականությունը կորցնել 2) պակասել; նվազել; թուլանալ; արժեզրկվել *(զգացումի/հնարավորության մասին)* 3) թափվել *(ճակատի մազերի մասին, երբ մարդ ճաղատանում է)* 4) ճաղատանալ; հերաթափվել; ճակատի մազերը թափվել *(տղամարդու)* 5) *ոնացած* հրաժարվել *(պայմանագրից և այլն)*

receipt |rɪˈsi:t| **1** *noun* 1) ստացում; ստանալը ◇ **on receipt** ստանալուն պես 2) ստացական; ստացագիր; անդորրագիր 3) (**receipts**) մուտքեր; եկամուտ ◇ **receipts and expenses** մուտքեր և ելքեր 4) *հնացած* բաղադրատոմս *(կերակուրների)* **2** *verb* ստացական տալ

receive |rɪˈsi:v| *verb* 1) ստանալ; ընդունել 2) թաքցնել *(հափշտակված գույքը)* 3) ընդունել; ընկալել; պատկերացում կազմել; յուրացնել *(նոր գաղափարներ, լուր)* 4) արձագանքել; արձագանք տալ; ընդունելություն տալ *(դրական կամ բացասական)* 5) ընդունել *(հյուրեր)* 6) կրել; ստանալ *(ճնշում, ազդեցություն)* 7) անդամ դարձնել; խմբի մեջ ներառել

received pronunciation (նաև **received standard**) *noun* ընդունված արտասանություն *(բրիտանական անգլերենի)*

receiver |rɪˈsi:və| *noun* 1) լսափող *(հեռախոսի)* 2) ռադիոընդունիչ 3) ստացող; հասցեատեր 4) դատական կատարածու

recency *noun* նորություն; թարմություն; նոր/թարմ լինելը

recension |rɪˈsɛnʃ(ə)n| *noun* 1) վերանայված բնագիր 2) բնագրի վերանայում

recent |ˈri:s(ə)nt| **1** *adjective* նոր; թարմ; վերջերս պատահած; ժամանակակից **2** *noun* *երկրաբանություն* հետսառցադաշտային ժամանակաշրջան

receptacle |rɪˈsɛptək(ə)l| *noun* աման; զետեղարան; տուփ; արկղ; պարկ; տոպրակ; պահեստարան; պահարան

reception |rɪˈsɛpʃ(ə)n| *noun* 1) ընդունելություն; ընդունում; ընդունելը; ստացում; ստանալը ◇ **warm reception** ջերմ/սիրալիր ընդունելություն 2) ներառելը; անդամ դարձնելը *(որևէ խմբի)* 3) ընդունելություն *(հյուրերի)* 4) երեկույթ; հանդիպում; երեկոյան խնջույք 5) ընդունարան *(հյուրանոցում)*

receptionist |rɪˈsɛpʃ(ə)nɪst| *noun* ընդունող; քարտուղար; քարտուղարուհի *(այցելուներին)*

receptive |rɪˈsɛptɪv| *adjective* ընկալունակ; ըմբռնելու ընդունակ; դյուրըմբռնող; զգայունակ

receptor |rɪˈsɛptə| *noun* *բնախոսություն* ընկալիչ

recess |rɪˈsɛs|, |ˈri:sɛs| **1** *noun* 1) որմնախորշ; խորություն ◇ **in the recess of a cave** քարայրի խորքում 2) դատարկ մաս; փորվածք 3) *նաև փոխաբերական* (**recesses**) մեկուսի վայր; անդորր անկյուն; գաղտնարան; թաքստոց 4) ընդմիջում; ընդհատում *(աշխատանքի, խորհրդարանի նստաշրջանի և այլնի)* 5) մեծ դասամիջոց *(դպրոցում)* 6) արձակուրդ *(դպրոցի)* **2** *verb* 1) ընդմիջում անել; կարճատև դադարեցնել *(պարապմունքները)* 2) փորել; կտրել-հանել 3) թաքուն տեղ պահել; թաքցնել 4) ետ քաշել; դեպի ետ տեղաշարժել

recession |rɪˈsɛʃ(ə)n| *noun* 1) *տնտեսագիտություն* նվազում; անկում *(գործարարության պարբերաշրջանի)* 2) հեռացում; անջատում; հեռանալը 3) խորացում; փոսացում

recessive |rɪˈsɛsɪv| **1** *adjective* 1) *ժառանգաբանություն* նահանջող; ռեցեսիվ *(հատկանիշի մասին)* 2) հեռացվող; ետ գնացող; նահանջող **2** *noun* *ժառանգաբանություն* ռեցեսիվ/նահանջող գեն

recharge **1** *verb* |ri:ˈtʃɑ:dʒ| 1) վերալիցքավորել 2) վերալիցքավորվել 3) նորից լցվել 4) հանգստանալ; ուժերը վերականգնել **2** *noun* |ˈri:tʃɑ:dʒ| վերալիցքավորում

recipe |ˈrɛsɪpi| *noun* 1) բաղադրատոմս *(սննդի)* 2) դեղատոմս *(դեղ պատրաստելու համար)* 3) միջոց; մի բանի հանգեցնող երևույթ 4) *հնացած* դեղագիր; դեղատոմս *(բժշկի գրավոր պատվերը դեղի բաղադրության և գործածության կարգի մասին)*

recipient |rɪˈsɪpɪənt| **1** *noun* ստացող; ընդունող; ընդունիչ **2** *adjective* 1) ընդունող; ստացող 2) ընկալունակ; զգայուն

reciprocal |rɪˈsɪprək(ə)l| **1** *adjective* 1) փոխադարձ; երկկողմանի; երկուստեք 2) *քերականություն* անդրադարձ *(դերանվան/բայի մասին)* 3) համապատասխան; համարժեք **2** *noun* 1) *մաթեմատիկա* հակադարձ մեծություն 2) *քերականություն* անդրադարձ դերանուն 3) *քերականություն* անդրադարձ բայ

reciprocate |rɪˈsɪprəkeɪt| *verb* 1) փոխանակել; փոխադարձ կերպով մատուցել; պատասխանել *(սիրալիրությամբ, ծառայությամբ)* 2) փոխադարձել; պատասխանել; հատուցել *(մեկի զգացմունք-*

ների և այլն) 3) փոփոխակիորեն ետուառաջ շարժվել *(մխոցի և այլնի մասին)*

reciprocation |-ˈkeɪʃ(ə)n| *noun* 1) պատասխան գործողություն; փոխգործողություն 2) փոխանակում 3) ետուառաջ շարժում

reciprocity |ˌrɛsɪˈprɒsɪti| *noun* 1) փոխադարձություն 2) փոխանակություն; երկուստեքություն *(ծառայությունների, արտոնությունների)* 3) փոխազդեցություն; փոխգործողություն

recital |rɪˈsʌɪt(ə)l| *noun* 1) *երաժշտություն* մենահամերգ 2) մանրամասն պատմություն/նկարագրություն; հանգամանալից շարադրանք

recitation *noun* 1) դասը պատասխանելը; բանավոր հարցում 2) արտասանություն; ասմունք

recitative |ˌrɛsɪtəˈtiːv| *noun* *երաժշտություն* ասերգ; թվերգ; ռեչիտատիվ

recite |rɪˈsʌɪt| *verb* 1) արտասանել; անգիր ասել 2) թվարկել; թվել *(փաստերը)* 3) պատմել; դասը պատասխանել

reck |rɛk| *verb հնացած* 1) նկատի առնել; ուշադրություն դարձնել; մտածել մի բանի մասին *(սովորաբար հարցական նախադասություններում)* 2) նշանակություն ունենալ; նշանակել; կարևորություն ունենալ

reckless |ˈrɛklɪs| *adjective* (**reckless of sth**) անխոհեմ; անշրջահայաց; չմտածող *(մի բանի մասին)*

reckon |ˈrɛk(ə)n| *verb* 1) հաշվարկել; հաշվել; համրել; հաշիվ անել 2) (**reckon sb/sth among**) շարքը դասել; համարել *(մեկին՝ որևէ բան)* 3) հաշվի առնել; ուշադրության առնել ◇ **be reckoned** համարվել; դիտվել 4) դիտել; համարել; ընդունել *(որպես)* 5) (**reckon on/upon**) ապավինել; հույս դնել *(մեկի, մի բանի վրա)* 6) *խոսակցական* նախատեսել ◇ **reckon with** հաշվի առնել; հաշվի նստել *(մեկի, մի բանի հետ)*

reckoning |ˈrɛk(ə)nɪŋ| *noun* 1) հաշիվ; հաշվարկ; հաշվարկում; հաշվում; հաշվելը; հաշիվ անելը ◇ **by my reckoning** իմ հաշվով. **be out in one's reckonings** սխալ հաշվել; իր հաշիվների մեջ սխալվել. **make no reckoning of** հաշվի չառնել; ուշադրություն չդարձնել; նշանակություն չտալ 2) պատկերացում; կարծիք; տեսակետ; տեսանկյուն; գաղափար 3) *հնացած* հաշիվ *(հատկապես հյուրանոցի)* 4) հատուցում; վճարում 5) նավի տեղորոշում

reclaim |rɪˈkleɪm| **1** *verb* 1) վերականգնել; վերադարձնել; ետ ստանալ 2) ետ պահանջել 3) վերափոխել; ուղղել; վերասերել; բարեփոխել *(վատ սովորություններով մարդուն)* 4) վարել; հերկել *(անմշակ/խոպան հողը)* 5) վերամշակել *(նյութը՝ կրկին գործածելու համար)* **2** *noun* 1) վերափոխում; վերադաստիարակում 2) ճշգրտում; շտկում 3) վերականգնում

réclame *noun* 1) հռչակ; վառ համբավ 2) ուշադրության ծարավ; ուշադրություն ստանալու կարիք

recline |rɪˈklʌɪn| *verb* 1) դեպի ետ թեքվել; մեջքով հենվել; կռթնել; թեք ընկնել; պառկել; հենվել 2) ետ գցել *(նստարանի գլուխը)* 3) փոխաբերական ապավինել; հույս դնել

recluse |rɪˈkluːs| **1** *noun* մենակյաց; ճգնավոր **2** *adjective հնացած* առանձնացած; մեկուսացած; առանձնության/մենության մեջ ապրող

reclusive *adjective* մենավոր; մեկուսի

recognition |rɛkəgˈnɪʃ(ə)n| *noun* 1) ճանաչում; ճանաչելը 2) ճանաչում; ընդունում; հավանություն ◇ **win recognition from/of** ճանաչվել; գնահատվել; գնահատանքի արժանանալ *(դերասանի և այլնի մասին)*

recognizable *adjective* ճանաչելի

recognizance |rɪˈkɒ(g)nɪz(ə)ns| *noun իրավունք* դատարանում ստանձնած պարտավորություն; դատարանում տված խոստում; երաշխիք; գրավական; գրավ

recognize |ˈrɛkəgnʌɪz| *verb* 1) ճանաչել; իմանալ 2) *համակարգիչներ* ճանաչել 3) ընդունել; ճանաչել; հավանություն տալ

recoil **1** *verb* |rɪˈkɔɪl| 1) ետ քաշվել; ընկրկել; ետ թռչել; ետ ոստնել *(սարսափից, զզվանքից)* 2) գարշանք/զզվանք զգալ; նողկանք/սարսափ զգալ; զարհուրանք զգալ *(որևէ բանի հանդեպ)* 3) ետահարել; ետ տալ *(հրացանի մասին)* 4) ետ գլորվել; ետ սահել *(թնդանոթի մասին)* 5) ետ թռչել; անդրադառնալ 6) (**recoil on/upon**) հակազդել; գլխին գալ *(վատ արարքի մասին)* **2** *noun* |ˈriːkɔɪl| 1) ետահարում; ետ տալը; ետ գլորում; ետ սահում *(թնդանոթի մասին՝ կրակելուց հետո)* 2) զզվանք; գարշանք; նողկանք; սարսափ; զարհուրանք *(որևէ բանի հանդեպ)*

recollect |ˌrɛkəˈlɛkt| *verb* հիշել; վերհիշել; մտաբերել

re-collect |ˌriːkəˈlɛkt| *verb* 1) նորից հավաքել; նորից ժողովվել 2) (**re-collect oneself**) ուշքի գալ; սթափվել; խելքը գլուխը գալ

recollection |ˌrɛkəˈlɛkʃ(ə)n| *noun* 1) հիշողականություն; հիշողություն; հիշելու ունակություն 2) հիշողություն; հուշ; վերհուշ ◇ **within my recollection** որքան հիշում եմ

recommend |rɛkəˈmɛnd| *verb* 1) (**recommend for**) ներկայացնել; առաջադրել; խորհուրդ տալ; հանձնարարել *(պարգևատրության և այլն)* 2) խոսել իր օգտին; հմայիչ դարձնել; ցանկալի դարձնել 3) *հնացած* (**recommend someone/something to**) մեկին հանձնարարել; մեկի խնամքին հանձնել

recommendation *noun* 1) հանձնարարում 2) հանձնարարական

recompense |ˈrɛkəmpɛns| **1** *verb* հատուցել; փոխհատուցել; վարձատրել; վարձահատույց լինել; պարգևատրել **2** *noun* վարձատրություն; փոխհատուցում; հատուցում; պարգևատրում

reconcile |ˈrɛk(ə)nsʌɪl| *verb* 1) հաշտեցնել ◇ **reconcile oneself, be reconciled** մի բանի հետ հաշտվել; համակերպվել 2) հարմարեցնել; համաձայնեցնել; համապատասխանեցնել *(կարծիքները և իրականությունը և այլն)* 3) հարթել; վերացնել *(վեճը, տարաձայնությունները և այլն)* 4) (**reconcile someone to**) հաշտեցնել; ստիպել ընդունել *(որևէ տհաճ բան)*

recondite |ˈrɛk(ə)ndʌɪt|, |rɪˈkɒn-| *adjective* անհասկանալի; խրթին; անիմանալի; խորհիմաստ

recondition |riːkənˈdɪʃ(ə)n| *verb* 1) վերանորոգել; վերասարքավորել; վերակառուցել 2) ուժերը վերականգնել

reconnaissance |rɪˈkɒnɪs(ə)ns| *noun* 1) *ռազմական* հետախուզում; հետախուզություն; հետազոտում; շրջադիտություն; տեղադիտություն 2) նախնական հետազոտություն/քննություն

reconnoiter |ˌrɛkəˈnɔɪtə| (*բրիտանական* **reconnoitre**) **1** *verb* հետախուզել; հետազոտել; հետախուզություն/տեղադիտություն կատարել **2** *noun* *խոսակցական* հետախուզություն; տեղադիտություն

reconsider |riːkənˈsɪdə| *verb* վերանայել; վերաքննել; ևս մեկ անգամ մտածել

reconstruct |riːkənˈstrʌkt| *verb* 1) վերակառուցել; վերակառուցման ենթարկել 2) վերակազմավորել; վերակազմել; վերակազմակերպել 3) վերականգնել; վերստեղծել; պատկերացում կազմել *(մի բանի մասին)*

reconstruction *noun* 1) վերակառուցում; վերականգնում; վերակազմում 2) վերանորոգված կառույց 3) վերստեղծում *(պատկերացում կազմելը մի բանի մասին)*

record **1** *noun* |ˈrɛkɔːd| 1) գրառում; գրանցում; հաշվետվություն; տեղեկագիր; արձանագրություն ◊ **on record** գրի առնված; արձանագրված; գրանցված. **personnel record** անձնակազմի ցուցակ. **off the record** ոչ պաշտոնապես; անպաշտոն կերպով; ոչ պաշտոնական; մամուլում հրապարակման ոչ ենթակա 2) *իրավունք* (**court record**) դատական գործի նյութեր 3) *համակարգիչներ* գրառում 4) կենսագրություն; կենսագրական; պատմություն; տեղեկություններ մեկի մասին; տվյալներ *(մարդու/կազմակերպության մասին)* 5) հուշեր; գրառումներ; իրադարձությունների տարեգրություն 6) մրցանիշ; ռեկորդ *(մրցության մեջ ձեռք բերած առավելագույն ցուցանիշ)* ◊ **break/beat the record** մրցանիշ սահմանել; ռեկորդ խփել 7) գրամաֆոնային ձայնապնակ; ձայնագրություն 8) ◊ **a good record (a fine record)** բարի համբավ; լավ համբավ. **bad record** վատ համբավ. **record of service** ծառայության ցուցակ **2** *verb* |rɪˈkɔːd| 1) գրառել; արձանագրել; գրանցել; մեջը մտցնել *(ցուցակի, արձանագրության)* 2) ձայնագրել *(ձայնապնակի/ժապավենի վրա)* 3) հավերժացնել

recorder |rɪˈkɔːdə| *noun* 1) ձայնագրիչ; ձայնագրանցիչ; ձայնագրող սարք 2) մատենավար; արձանագրիչ; արձանագրող; հաշվառող; հաշվառիչ 3) *բրիտանական պատմական* դատավոր *(որոշ անգլիական քաղաքներում)*

recording *noun* ձայնագրություն; տեսագրություն; ձայնագրում

recount[1] |rɪˈkaʊnt| **1** *verb* պատմել; շարադրել; վերապատմել *(դեպքերը, իրադարձությունները)* **2** *noun* պատում; վերապատում; շարադրանք; շարադրություն

recount[2] **1** *verb* |riːˈkaʊnt| վերահաշվել; վերահաշվարկել **2** *noun* |ˈriːkaʊnt| վերահաշվարկ

recourse |rɪˈkɔːs| *noun* 1) ելք; միջոց; տարբերակ; ճար; հնարք; լուծում; ապավեն 2) (**recourse to**) օգնության դիմելը

recover |rɪˈkʌvə| **1** *verb* 1) (**recover from, be recovered**) առողջանալ; ապաքինվել; կազդուրվել *(հիվանդությունից և այլնից)* 2) վերստանալ; ետ բերել; ետ շահել; նորից գտնել; նորից ձեռք բերել 3) (**recover oneself, recover consciousness**) ուշքի գալ; սթափվել; զգաստանալ; ուշքի գալ; խելքի գալ; խելքը գլուխը հավաքել 4) *իրավունք* դատը շահել 5) տեղը հանել; վերականգնել *(կորցրած ժամանակը և այլն)* 6) *ռազմական* ետ մղել; նորից գրավել 7) *տեխնիկական* վերականգնել **2** *noun* *ռազմական* պատրաստի վիճակ

recovery |rɪˈkʌv(ə)ri| *noun* (հոգն. **-eries**) 1) առողջացում; ապաքինում; առողջանալը; ապաքինվելը; լավացում 2) վերականգնում; ետ բերելը; ետ շահելը; նորից գտնելը *(կորածի)* 3) փոխհատուցում; դատը շահելը 4) *տեխնիկական* վերականգնում

recreancy *noun* 1) վախկոտություն; երկչոտություն; փոքրոգություն; թուլամորթություն 2) ուխտադրժություն; դավաճանություն

recreant |ˈrɛkrɪənt| *հնացած* **1** *adjective* 1) վախկոտ; երկչոտ; փոքրոգի 2) ուխտադրուժ; դավաճան **2** *noun* 1) վախկոտ/երկչոտ/փոքրոգի մարդ 2) ուխտադրուժ մարդ; դավաճան

recreate |riːkrɪˈeɪt| (նաև **re-create**) *verb* 1) վերստեղծել; վերականգնել; վերակազմել; վերակազմավորել 2) նորից կատարել; վերաիրագործել 3) հանգստանալ; թարմանալ; ուժերը վերականգնել; զվարճանալ

recreation[1] |ˌrɛkrɪˈeɪʃ(ə)n| *noun* զվարճություն; խաղեր; հանգիստ; ժամանց; հանգստանալը; թարմացում; ուժերի վերականգնում

recreation[2] |ˌriːkrɪˈeɪʃ(ə)n| (նաև **re-creation**) *noun* վերստեղծում

recreational *adjective* թարմացնող; ուժերը վերականգնող; հետաքրքրական; զվարճալի

recrudescence *noun* նոր բռնկում; կրկնություն; կրկնվելը *(հիվանդության և այլնի)*

recruit |rɪˈkruːt| **1** *verb* 1) հավաքագրել; զինվորագրել *(բանակում, նավատորմում)* 2) կազմավորել; ձևավորել; հավաքել *(բանակ՝ նոր ծառայողների զինվորագրելու միջոցով)* 3) *խոսակցական* մասնակից դարձնել; ներգրավել 4) համալրել; լրացնել *(շարքերը, պաշարները)* 5) *հնացած* կազդուրել; ամրացնել; վերականգնել *(առողջությունը, ուժերը)* **2** *noun* 1) նորակոչիկ; նորակոչիկ զինվոր; նորազեն 2) նոր անդամ *(միության, ակումբի)*

recruitment *noun* 1) նորակոչիկների հավաքագրում; հավաքագրում 2) շարքերի համալրում 3) *բնախոսություն* հարանում

rectal |ˈrɛkt(ə)l| *adjective* *կազմախոսություն* ուղիղաղիքային; թափանցաղիքային

rectangle |ˈrɛktæŋg(ə)l| *noun* *մաթեմատիկա* ուղղանկյունի

rectangular |rɛkˈtæŋgjʊlə| *adjective* 1) *մաթեմատիկա* ուղղանկյունի 2) ուղղանկյուն հիմքով *(եռաչափ պատկերի մասին)*

rectifier |ˈrɛktɪfʌɪə| *noun* 1) *էլեկտրականություն* ուղղիչ; համուղղիչ *(հոսանքի)* 2) *ռադիո* ալեփոխարկիչ; ալիքափոխիչ; դետեկտոր

rectify |ˈrɛktɪfʌɪ| *verb* (**-fies**, **-fied**) 1) ուղղել; շտկել; ճշգրտել 2) *քիմիա* մաքրել; զտել; թորել 3) *էլեկտրականություն* ուղղել; համուղղել *(հոսանքը)* 4) *ռադիո* ալեփոխարկել

rectilinear |ˌrɛktɪˈlɪnɪə| (նաև **rectilineal**) *adjective* ուղղագիծ; հավասարագիծ

rectitude |ˈrɛktɪtjuːd| *noun գրական անգլերեն* անկեղծություն; շիտակություն; ուղղամտություն; ազնվություն

rector |ˈrɛktə| *noun* 1) ծխական քահանա 2) ռեկտոր; տնօրեն *(բարձրագույն ուսումնական հաստատության ղեկավար)*

rectory |ˈrɛkt(ə)ri| *noun* (հոգն. **-ries**) ծխական քահանայի տուն

rectum |ˈrɛktəm| *noun* (հոգն. **-tums** կամ **-ta** |-tə|) *կազմախոսություն* ուղիղ աղիք; թափանաղի

recumbent |rɪˈkʌmb(ə)nt| **1** *adjective* պառկած; ընկողմանած; թիկն տված; հանգիստ; անշարժ **2** *noun* պառկած վիճակում վարելու հեծանիվ

recuperate |rɪˈkuːpəreɪt| *verb* 1) կազդուրվել; առողջանալ; ապաքինվել; ուժերը վերականգնել 2) վերագտնել; վերստանալ; վերականգնել *(կորցրածը և այլն)* 3) *տեխնիկական* վերականգնել

recuperation |rɪkuːpəˈreɪʃ(ə)n| *noun* 1) առողջացում; առողջանալը; ապաքինում; ուժերի վերականգնում 2) վերականգնում; վերագտնելը 3) *տեխնիկական* վերականգնում

recur |rɪˈkəː| *verb* (**-curred**, **-curring**) 1) կրկնվել; նորից ի հայտ գալ; նորից գլուխ բարձրացնել 2) նորից մտքով անցնել; նորից մտաբերվել; ականջներում զնգալ; աչքերի առաջ գալ 3) (**recur to**) անդրադառնալ; վերադառնալ *(մտքով կամ խոսելիս)*

recurrence *noun* վերադարձ; կրկնություն

recurrent |rɪˈkʌr(ə)nt| *adjective* 1) կրկնվող; պարբերական; պարբերաբար կատարվող 2) հետադարձ; պարբերական *(հիվանդության մասին)*

recurve |rɪˈkəːv| **1** *verb կենսաբանություն* դեպի ետ ծռվել/ծալվել/թեքվել **2** *noun նետաձգություն* ետ ծռված աղեղ

recyclable **1** *adjective* վերամշակելի **2** *noun* վերամշակելի նյութ/ապրանք

recycle |riːˈsʌɪk(ə)l| *verb* 1) վերամշակել *(թափոնները)* 2) նորից գործածել

recycling *noun* վերամշակում *(թափոնների)*

red |rɛd| **1** *adjective* (**redder**, **reddest**) 1) կարմիր; կարմրագույն; կարմրաթույր 2) կարմիր; շառագույն; շառագունած; կարմրատակած *(այտերի/դեմքի մասին՝ որպես առողջության, հուզմունքի կամ զայրույթի նշան)* 3) կարմրած *(աչքերի մասին՝ արտասվելու կամ հոգնածության արդյունքում)* 4) շիկակարմիր *(մազերի/մորթու մասին)* 5) *հնացած վիրավորական* կարմրամորթ 6) կարմիր *(գինու մասին)* 7) արգելակիչ; դադարի; կարմիր *(լուսային ազդանշանի մասին)* 8) ◇ **red with anger** զայրույթից շառագունած/կարմրատակած 9) *խոսակցական* (**Red**) հեղափոխական; կոմունիստական; սոցիալիստական; կարմիր; բոլշևիկյան 10) արյունոտ; արյունաթաթախ 11) *բանաստեղծական* արյունալի; արյունահեղ; բիրտ; դաժան **2** *noun* 1) կարմիր գույն 2) կարմիր գործվածք/հագուստ 3) կարմիր գինի 4) կարմիր լուսազդանշան 5) ◇ **see red** գազազել; մոլեգնել; կատաղել; զայրույթից իրեն կորցնել 6) *ամերիկյան* (**the Reds**) կարմրամորթներ; Ամերիկայի հնդկացիներ 7) (**the Reds**) հեղափոխականներ; կարմիրներ 8) կարմրադեղ; սուսր

Red Army Կարմիր բանակ

red-bait *verb խոսակցական* կոմունիստ տարրերին հետապնդել; կոմունիստական հակումներով մարդուն հալածել; կոմունիստ տարրերին հալածանքի ենթարկել *(ԱՄՆ-ում)*

redbreast |ˈrɛdbrɛst| *noun խոսակցական* կարմրալանջ; շիկահավ *(թռչուն)*

red card **1** *noun* կարմիր քարտ *(հատկապես ֆուտբոլում)* **2** *verb* (**red-card**) կարմիր քարտ ցույց տալ *(հատկապես ֆուտբոլում)*

red carpet *noun* 1) հանդիսավոր կարմիր գորգ 2) (**the red carpet**) հանդիսավոր ընդունելություն; հատուկ վերաբերմունք

redcoat |ˈrɛdkəʊt| *noun պատմական* բրիտանական բանակի զինվոր

Red Crescent Կարմիր մահիկ *(կազմակերպություն)*

Red Cross Կարմիր խաչ *(կազմակերպություն)*

red currant |rɛdˈkʌr(ə)nt| (բրիտանական **red-currant**) *noun բուսաբանություն* կարմիր հաղարջ *(Ribes, ընտանիք Grossulariaceae)*

redden |ˈrɛd(ə)n| *verb* 1) կարմիր ներկել; կարմրացնել 2) կարմրել; շիկնել; շառագունել 3) կարմրել *(աչքերի մասին՝ արտասվելուց)*

reddish *adjective* կարմրավուն; կարմրերանգ; կարմրոտ

redecorate |riːˈdɛkəreɪt| *verb* վերազարդարել; նորից զարդարել

redeem |rɪˈdiːm| *verb* 1) տեղը հանել; թերությունները վերացնել; տանելի դարձնել; լավացնել 2) (**redeem oneself**) ուղղել; շտկել; հարթել; հատուցել; փոխհատուցել *(սխալը, թերությունը, վատ վարքը և այլն)* 3) քավել; սրբել *(մեղքը)* 4) թողություն/ներում շնորհել; սրբագործել; փրկել 5) ետ գնել; գրավաթափել *(գրավ դրված գույքը)* 6) *ֆինանսներ* վճարել; մարել *(գրավագրով վերցրած պարտքը)* 7) կատարել *(խոստումը)* 8) *հնացած* փրկել; ազատել *(փրկանք տալով)*

redeemer |rɪˈdiːmə| *noun* 1) փրկիչ; փրկարար; ազատարար 2) *եկեղեցական* (**the Redeemer**) Փրկիչ; Քավիչ *(Քրիստոսի մասին)*

redemption |rɪˈdɛm(p)ʃ(ə)n| *noun* 1) փրկություն; փրկվելը *(մեղքից, սխալից և այլն)* 2) ետ գնում; ետ գնելը; գրավաթափ անելը; փրկագին տալը; փրկագնում 3) վճարում; վճարելը

redesign |riːdɪˈzʌɪn| **1** *verb* վերաձևավորել; վերանախագծել **2** *noun* վերաձևավորում; վերանախագծում

redevelop |riːdɪˈvɛləp| *verb* 1) նորից զարգանալ; այլ կերպ զարգանալ 2) վերակառուցել; նոր շենքեր կանգնեցնել

red-handed *adjective* 1) արյունոտ/արյունաշաղախ ձեռքերով 2) ◇ **be caught red-handed** հանցանքի վայրում բռնվել. **catch/take sb red-handed** հանցանքի վայրում բռնել

redhead |ˈrɛdhɛd| *noun* կարմրահեր մարդ

red-hot *adjective* 1) շիկացած; շիկակարմիր; հրաշեկ 2) սիրված; խիստ ժողովրդական 3) չերմ; բոցավառ; հրավառ; կրակոտ; գրգռված; հուզված

redial 1 *verb* |riːˈdʌɪl|(**-dialed**, **-dialing**; բրիտ. **-dialled**, **-dialling**) նորից հավաքել *(հեռախոսահամարը)* **2** *noun* (նաև **last number redial**) նորից հավաքել *(կոճակ հեռախոսի վրա)*

redintegrate |rɛˈdɪntɪgreɪt| *verb հնացած* 1) վերականգնել ամբողջությունը/միասնությունը 2) վերամիացնել; վերամիավորել

redistribute |ˌriːdɪˈstrɪbjuːt|, |riːˈdɪs-| *verb* վերաբաշխել; վերաբաժանել

redistribution |-ˈbjuːʃ(ə)n| *noun* վերաբաշխում; վերաբաժանում

red-letter day *noun* տոնական օր; տոն

redo 1 *verb* |riːˈduː|(**redoes**; անցյալ **redid**; անցյալ դերբայ **redone**) 1) նորից անել; նորից կատարել; այլ կերպ կատարել; կրկնել; վերարկել *(գործողությունը)* 2) վերազարդարել **2** *noun* վերազարդարում

redolence *noun* անուշահոտություն; բուրմունք; բույր

redolent |ˈrɛd(ə)l(ə)nt| *adjective* 1) (**redolent of/with**) հուշեր արթնացնող; ներծծված մի բանով 2) *բանաստեղծական* (**redolent of**) հոտավետ; սուր հոտ ունեցող 3) *հնացած բանաստեղծական* բուրումնավետ; անուշահոտ

redouble |riːˈdʌb(ə)l| **1** *verb* 1) կրկնապատկել; խիստ մեծացնել; սաստկացնել 2) կրկնապատկվել; խիստ մեծանալ; սաստկանալ 3) երկուտակ ծալվել **2** *noun բրիջախաղ* դրույքը վերստին կրկնապատկելու կանչ

redoubt |rɪˈdaʊt| *noun ռազմական* ռեդուտ; դաշտային հողե ամրություն

redoubtable |rɪˈdaʊtəb(ə)l| *adjective կատակային* ահեղ; սարսափազդու; վտանգավոր; սոսկալի *(հակառակորդի/թշնամու մասին)*

red pepper *noun* 1) կարմիր պղպեղ/բիբար *(քաղցր)* 2) տե՛ս **cayenne**

redress |rɪˈdrɛs| **1** *verb* 1) շտկել; ուղղել; հարթել; վերացնել *(անարդարությունը, անցանկալի իրավիճակը)* 2) քավել *(հանցանքը, մեղքը)* 3) մեղմել *(վիրավորանքը)* 4) բավարարել 5) *հնացած* կարգի բերել վերականգնել **2** *noun* 1) ուղղում; վերականգնում; շտկում; վերացում *(անարդարության, անցանկալի վիճակի)* 2) փոխհատուցում; բավարարում

Red Sea Կարմիր ծով *(ծով՝ Աֆրիկայի և Արաբական թերակղզու միջև)*

redskin |ˈrɛdskɪn| *noun հնացած վիրավորական* հնդկացի; կարմրամորթ

red tape *noun* քաշքշուկ; ձևամոլություն; գրասենյակայնություն; բյուրոկրատություն

reduce |rɪˈdjuːs| *verb* 1) նվազեցնել; պակասեցնել; թուլացնել; մեղմացնել; կրճատել *(ծախսերը և այլն)* 2) նվազել; պակասել; թուլանալ; մեղմանալ; կրճատվել *(ծախսերի և այլնի մասին)* 3) եփելով խտացնել; եփել, մինչև խտանա *(ապուրը և այլն)* 4) (**reduce to**) հասցնել *(ծայրահեղության, աղքատության)* 5) (**reduce to**) նիհարել; նիհարելով հասնել *(որոշակի քաշի)* 6) *հնացած* նվաճել; հպատակեցնել; հնազանդեցնել *(ամրոցը, քաղաքը)* 7) (**reduce sb/sth to**) իջեցնել կոչումը/աստիճանը; թուլացնել դերը 8) (**reduce someone/something to**) հարկադրել; ստիպել; պարտադրել ◊ **reduce to silence** լռեցնել; ստիպել լռել 9) (**be reduced to doing something**) հարկադրել/պարտադրել մի բան անել; ստիպել մի բանով զբաղվել 10) տեղը դնել; խեղճացնել; անօգնական դարձնել; մի լավ մշակել; այլայլել; կարգի հրավիրել *(որևէ մեկին՝ վիրավորանքի և այլնի միջոցով)* 11) (**reduce something to**) դարձնել; վերածել; փոխարկել; պարզեցնելով վերածել ◊ **reduce to writing** գրավոր շարադրել; գրանցել 12) տեղը գցել; ուղղել *(խախտված հոդը, կոտրված ոսկրը)* 13) ընդհանուր հայտարարի բերել; կոտորակները պարզեցնել

reduction |rɪˈdʌkʃ(ə)n| *noun* 1) նվազում; նվազեցում; կրճատում; իջեցում *(գների և այլնի)* ◊ **reduction of arms** սպառազինությունների կրճատում 2) էժանացում; զեղչ; իջեցում 3) իջեցում *(կոչման, աստիճանի և այլնի)* 4) վերածում; վերածելը; փոխարկում; փոխարկելը; ձևի կամ վիճակի փոփոխում; պարզեցում 5) կոտորակները ընդհանուր հայտարարի բերելը; պարզեցում 6) (**reduction to**) հասցնելը *(մի բանի)* 7) եփուկ; եփոն; խաշու *(եփելով ստացված սոուսը)* 8) նվաճում; հպատակեցում 9) տեղը գցելը; ուղղելը *(խախտված հոդի, կոտրված ոսկրի)* 10) փոքրացրած պատճեն *(նկարի, քարտեզի)*

redundancy |rɪˈdʌnd(ə)nsi| *noun* (հոգն. **-cies**) 1) ավելորդություն; հնացածություն; մաշվածություն; անպետքություն 2) *լեզվաբանություն* ավելորդաբանություն 3) ավելորդաբանություն; շատախոսություն; երկարաբանություն 4) շատություն; չափից ավելի մեծ քանակություն 5) գործազրկություն

redundant |rɪˈdʌnd(ə)nt| *adjective* 1) ավելորդ; չափազանց; չափազանց շատ; չափից դուրս 2) ավելորդաբանություններով *(տեքստի մասին)* 3) *բրիտանական* գործազուրկ

reduplicate |rɪˈdjuːplɪkeɪt| *verb* կրկնապատկել; կրկնել

reduplication *noun* կրկնապատկում; կրկնում; կրկնելը; կրկնություն

redwing |ˈrɛdwɪŋ| *noun կենդանաբանություն* կեռնեխ *(կարմրաթև թռչուն. Turdus iliacus, ենթաընտանիք Turdinae, ընտանիք Muscicapidae)*

reed |riːd| *noun* 1) *բուսաբանություն* եղեգ *(Phragmites և Arundo, ընտանիք Gramineae)* ◊ **a broken reed** *խոսակցական* անհուսալի մարդ; խախուտ իր 2) տանիքը ծածկելու ծղոտ/եղեգ 3) *բանաստեղծական* սրինգ; շվի 4) տպավորվող մարդ; ուրիշի ազդեցության տակ ընկնող մարդ 5) լեզվակ *(երաժշտական գործիքների)*

reeded |ˈriːdɪd| *adjective* 1) եղեգնածածկ; եղեգնապատ *(տանիքի մասին)* 2) *երաժշտություն* լեզվակավոր

reed pipe *noun* 1) սրինգ; շվի 2) երգեհոնի լեզվակավոր փող

reedy |ˈriːdi| *adjective* (**reedier**, **reediest**) 1) սուր; զիլ; ծակող; բարակ 2) եղեգնապատ; եղեգով ծածկված 3) եղեգնյա; եղեգի 4) բարալիկ; բարձրահասակ ու նիհար

reef[1] |ri:f| *noun* խութ; ծովաժայռ; ծովախութ

reef[2] |ri:f| **1** *noun* *ծովային* առագաստի մերք; առագաստամերակ; ռիֆ ◇ **take in a reef** i) առագաստը հավաքել ii) *փոխաբերական* զգույշ գործել; զգուշավոր դառնալ; ավելի համեստ կյանքի անցնել; ծախսերը պակասեցնել **2** *verb* *նավագնացություն* մերքը հավաքել; առագաստը փոքրացնել

reek |ri:k| **1** *verb* 1) (**reek of sth**) գարշահոտություն արձակել; հոտարձակել 2) *փոխաբերական* որևէ բանի հոտ գալ/փչել; ներծծված լինել; սփռել *(տհաճ կամ անցանկալի մի հատկություն)* ◇ **he reeks of tobacco** նրանից ծխախոտի հոտ է գալիս 3) *հնացած* ծխալ; մխալ; ծուխ/գոլորշի արձակել 4) ◇ **reek with sweat** քրտինքի մեջ լողալ. **reeking with blood** արյունոտված; արյունաշաղախ **2** *noun* 1) գարշահոտություն; նեխահոտություն; զզվահոտություն; վատ հոտ 2) *շոտլանդական* շոգի; գոլորշի; ծուխ; մուխ

reel |ri:l| **1** *noun* 1) կոճ; թելակոճ; ոլորակ; չափերիզ 2) կոճ *(թելի, մետաղալարի և այլն)* 3) նաև *փոխաբերական* տատանում; ճոճվելը; երերալը 4) հատված *(ֆիլմի)* 5) ռիլ *(շոտլանդական կամ իռլանդական պար)* 6) (նաև **Virginia reel**) վիրջինյան կադրիլ *(ամերիկյան աշխույժ պար)* **2** *verb* 1) փաթաթել; կծկել 2) փաթաթելով/կծկելով դուրս քաշել *(բռնած ձկանը՝ ջրից)* 3) գլխապտույտ զգալ; գլուխը պտտվել; գլուխը պտույտ գալ ◇ **reel before one's eyes** աչքերի առաջ շաղվել; խելքը մաղվել 4) ճոճվել; օրորվել; երերալով քայլել; երերալ *(հարվածից)* 5) շփոթվել; շփոթահար լինել *(անսպասելիությունից)* 6) *խոսակցական* (**reel sth off**) շատ արագ գրել; առանց կանգ առնելու խոսել

reelect *verb* վերընտրել; նորից ընտրել

reelection *noun* վերընտրություն; երկրորդ անգամ ընտրվելը

refection |rɪˈfɛkʃ(ə)n| *noun* *բանաստեղծական* նախաճաշ; թեթև ճաշ

refectory |rɪˈfɛkt(ə)ri| *noun* (հոգն. **-ries**) 1) ճաշարան *(դպրոցում, համալսարանում)* 2) սեղանատուն *(վանքի)*

refer |rɪˈfə:| *verb* (**-ferred**, **-ferring**) 1) (**refer to**) հղել; վկայակոչել; հիշատակել; ակնարկել *(որևէ աղբյուրի մեջ, գրքում նայելու)* 2) քննարկման հանձնել; ուշադրությունը հրավիրել *(մի բանի վրա)* ◇ **I refer it to you** ես այդ ձեզ եմ թողնում *(վճռելու)* 3) նշանակել; առնչություն/կապ ունենալ; վերաբերել *(որևէ մեկին, որևէ բանի)* 4) (**refer something to**) փոխանցել; հանձնել *(առավել իրավասու կամ փորձառու մեկին)* 5) ուղարկել *(որոշակի բժշկի մոտ)* 6) (**refer to**) օգտվել մի բանից; դիմել մի բանի; տեղեկանալ; տեղեկություն քաղել; գործածել *(բառարան, տեղեկատու և այլն)* 7) *հնացած* (**refer something to**) վերագրել որևէ մեկին; բացատրել որևէ բանով; կապել որևէ մեկի անվան հետ 8) վերագրել *(որոշակի շրջանի/վայրի/տեսակի և այլն)*

referee |rɛfəˈri:| **1** *noun* 1) *մարզական* մրցավար; խաղավար; մրցադատավոր 2) միջնորդ դատավոր 3) երաշխատու; երաշխավորատու *(մարդ, ով գրավոր երաշխավորում է, որ աշխատանքի ընդունվելու համար տվյալ դիմողը բավականաչափ հմուտ է)* 4) վերանայող *(մարդ, ով վերանայում է գիտական աշխատանքը, նախքան այն կհրատարակվի)* **2** *verb* (**-erees**, **-ereed**, **-ereeing**) 1) *մարզական* մրցավարը լինել; մրցադատավոր լինել; խաղը դատել 2) միջնորդ դատավոր լինել 3) վերանայել *(գիտական աշխատանքը, նախքան այն կհրատարակվի)* 4) երաշխավորագիր տալ

reference |ˈrɛf(ə)r(ə)ns| **1** *noun* 1) մեջբերում; վկայակոչում; վերակոչում; ծանոթագրություն; տողատակի ծանոթություն; հիշատակում; ակնարկ ◇ **make reference to** վկայակոչել. **cross reference** խաչաձև վկայակոչում. **paginal reference** էջը վկայակոչելը; էջի վկայակոչում 2) տեղեկանք; տեղեկություն ◇ **for reference** տեղեկությունների համար 3) քննարկման հանձնելը; այլ անձնավորության հանձնելը; այլ ատյանի ուղարկելը 4) երաշխագիր; երաշխավորագիր *(նախորդ գործատուից)* 5) երաշխատու; երաշխավորատու 6) ◇ **make no reference to** չհիշատակել *(որևէ բանի մասին)* 7) առնչություն ◇ **in/with reference to** վերաբերյալ; ինչ վերաբերում է; վկայակոչելով. **without reference to** անկախ մի բանից; առանց ակնարկելու **2** *verb* 1) ծանոթագրություններ կցել *(տեքստին)* 2) ծանոթագրություններով գտնել; տեղեկություն քաղել **3** *adjective* տեղեկատու

reference book *noun* տեղեկագիր; տեղեկագիրք; տեղեկատու

referendum |ˌrɛfəˈrɛndəm| *noun* (հոգն. **-dums** կամ **-da** |-də|) *քաղաքականություն* հանրաքվե; հանրավճիռ

refill **1** *verb* |ri:ˈfɪl| 1) նորից լցնել; լրացնել; համալրել; լցավորել *(վառելիքով և այլն)* 2) նորից լցվել; լրացվել; համալրվել; լցավորվել *(վառելիքով և այլն)* **2** *noun* |ˈri:fɪl| 1) լրացում; համալրում; լցավորում ◇ **refill of fuel** լցավորում; լցավորելը *(վառելիքով)* 2) նորից լցված գավաթ/բաժակ

refine |rɪˈfʌɪn| *verb* 1) մաքրել; զտել 2) մաքրվել; զտվել 3) կատարելագործել; լավացնել; մշակել; հղկել 4) նրբագեղ/նրբաճաշակ դառնալ

refined |rɪˈfʌɪnd| *adjective* 1) զտված; մաքրված 2) նուրբ; նրբին; հղկված *(շարժումների, ճաշակի մասին)* 3) ճշգրիտ; ստույգ

refinement |rɪˈfʌɪnm(ə)nt| *noun* 1) մաքրում; զտում; մշակում 2) կատարելագործում; մշակում; հղկում 3) նրբություն *(շարժումների, վերաբերմունքի)* 4) նրբաճաշակություն; բարձրարվեստություն

refinery |rɪˈfʌɪn(ə)ri| *noun* (հոգն. **-eries**) մաքրման/զտման գործարան

reflect |rɪˈflɛkt| *verb* 1) արտացոլել; անդրադարձնել; արտացոլում տալ *(լույսի, ձայնի, ջերմության, պատկերի)* 2) պատկերել; արտացոլել; մարմնավորել *(գրականության մեջ և այլն)* 3) արտացոլվել; անդրադառնալ; երևալ *(հայելու մեջ)* 4) (**reflect on/upon**) մեկի վրա ստվեր գցել; մեկին կասկածի տակ գցել 5) (**reflect on/upon**) մտորել; խորհել; խորհրդածել; մտածել *(մի բանի մասին)* 6) (**reflect on/upon**) անդրադառնալ; ազդել; ներգործություն ունենալ *(մի բանի, մեկի վրա)* 7) (**reflect on/upon**) վկայել մեկի օգտին; մեկին պատիվ բերել; ցույց տալ մեկի վաստակը

reflection |rɪˈflɛkʃ(ə)n| *noun* 1) արտացոլում;

անդրադարձում *(ձայնի, լույսի, ջերմության)* 2) ցոլք; շողք; արտացոլանք 3) արտացոլացում; պատկերում; պատկեր; կերպար *(հայելու/գրականության մեջ)* 4) նշան; վկայություն; արտահայտություն 5) բիծ; ստվեր; պախարակում; պարսավում; մեղադրում ◇ **cast reflections on** մեկի/մի բանի վրա ստվեր գցել; մեկին/մի բան կասկածի տակ առնել 6) խորհրդածություն; կշռադատում; մտորում; խոհ. մտածմունք; խորհում; խորհելը ◇ **on reflection** խորհելով; լավ մտածելուց հետո 7) (**reflections**) մտքեր; խորհրդածություններ *(որոշակի թեմայով՝ հատկապես գրի առնված)* 8) *բնախոսություն* ռեֆլեքս; ինքնաբերական շարժում *(արտաքին պայմաններից առաջացած)*

reflective |rɪˈflɛktɪv| *adjective* 1) արտացոլող; անդրադարձնող 2) արտացոլված; անդրադարձած 3) մտածող; խորհող; խորհրդածելու հակված 4) մտածկոտ; մտազբաղ *(հայացքի/տեսքի մասին)*

reflector |rɪˈflɛktə| *noun* 1) *աստղագիտություն* արտացոլիչ; հեռադիտակ; ռեֆլեկտոր 2) լույսի արտացոլիչ; լուսարձակ *(գոգավոր հայելու ձևով)* 3) ցոլարձակ; լապտեր 4) ջերմարձակ; ռեֆլեկտոր

reflex |ˈriːflɛks| **1** *noun* 1) *բնախոսություն* ազդարձ; ռեֆլեքս ◇ **conditioned reflex** պայմանական ռեֆլեքս. **unconditioned reflex** անպայման ռեֆլեքս; ոչ պայմանական ռեֆլեքս 2) (**reflexes**) ճարպկություն; արագաշարժություն 3) *նաև փոխաբերական* արտացոլում; անդրադարձում; ցոլք; շողք; պատկեր **2** *adjective* 1) ռեֆլեքսային; ակամա; ինքնաբերական 2) անդրադարձ; հակադարձ; հետադարձ *(գործողության և այլնի մասին)*

reflexive |rɪˈflɛksɪv| **1** *adjective* 1) *քերականություն* անդրադարձ 2) ինքնաբերական; ազդադարձային; ռեֆլեկտիվ 3) ինքն իրեն ուղղված; ռեֆլեկտիվ *(մտածողության մասին)* **2** *noun* *քերականություն* 1) անդրադարձ բայ 2) անդրադարձ դերանուն

reflux |ˈriːflʌks| **1** *noun* ետհոսք; հակահոսանք **2** *verb* ետհոսել

reforest |riːˈfɒrɪst| *verb* նորից անտառապատել; վերստին անտառներ տնկել

reform |rɪˈfɔːm| **1** *verb* 1) բարեփոխել; բարելավել; բարեփոխում կատարել 2) ուղղել; վերադաստիարակել; ստիպել հրաժարվել վատ սովորություններից 3) ուղղվել; վերադաստիարակվել; հրաժարվել վատ սովորություններից **2** *noun* բարեփոխում; բարենորոգում; բարեփոխություն; բարելավում

re-form |riːˈfɔːm| *verb* 1) վերափոխել; ձևափոխել; վերասարքել; փոփոխել; նորոգել; վերակազմել; վերաձևավորել 2) *ռազմական* շարափոխվել; վերաշարվել 3) *ռազմական* շարափոխել; վերաշարել

reformation |rɛfəˈmeɪʃ(ə)n| *noun* 1) բարեփոխում; բարեփոխություն; բարենորոգում 2) բարելավում; կատարելագործում; ուղղում; վերափոխում; վերադաստիարակում 3) *պատմական* (**the Reformation**) Ռեֆորմացիա

reformatory |rɪˈfɔːmət(ə)ri| **1** *noun* (հոգն. **-ries**) անչափահաս հանցագործների ուղղիչ տուն **2** *adjective* ուղղիչ; վերադաստիարակիչ

reformist **1** *adjective* *քաղաքականություն* բարեփոխական; բարենորոգչական; ռեֆորմիստ *(բարեփոխումների, այլ ոչ հեղափոխության կողմնակից)* **2** *noun* բարեփոխական; ռեֆորմիստ

refract |rɪˈfrækt| *verb* *ֆիզիկա* բեկել

refraction |rɪˈfrækʃ(ə)n| *noun* *ֆիզիկա* բեկում

refractive |rɪˈfræktɪv| *adjective* բեկիչ; բեկող; բեկման

refractory |rɪˈfrækt(ə)ri| **1** *adjective* *գրական* *անգլերեն* 1) համառ; կամակոր; քմահաճ 2) համառ; չանցնող; բուժման դժվար ենթարկվող 3) հրահեստ; հրակայուն; դժվարահալ **2** *noun* (հոգն. **-ries**) *տեխնիկական* հրահեստ/հրակայուն շինանյութ

refrain¹ |rɪˈfreɪn| *verb* 1) (**refrain from**) իրեն պահել/զսպել; չանել; ետ կանգնել; խուսափել; ձեռնպահ մնալ *(որևէ բանից)* 2) (**refrain from**) ետ պահել; ետ կանգնեցնել; զսպել; սանձել

refrain² |rɪˈfreɪn| *noun* կրկներգ; հանգերգ

refresh |rɪˈfrɛʃ| **1** *verb* 1) թարմացնել; ուժ տալ; կազդուրել ◇ **refresh oneself** թարմանալ; իր ուժերը կազդուրել *(ուտելով, խմելով)*. ուժ առնել; լավ ուտել ու խմել 2) նորացնել; թարմացնել; հիշողության մեջ վերականգնել 3) պարապել; կրկնել; մարզել *(գիտելիքը, հմտությունը)* 4) *համակարգիչներ* նորացնել 5) նորոգել; վերականգնել **2** *noun* *համակարգիչներ* նորացում

refresher |rɪˈfrɛʃə| *noun* 1) *խոսակցական* զովացուցիչ խմիչք; որևէ թարմացուցիչ բան 2) *որոշչային* կրկնողական; կրկնողության ◇ **refresher course** վերաորակավորման դասընթաց 3) հիշեցում; հուշատետր; հուշաթերթ; կրկնողություն; դասընթաց

refreshment |rɪˈfrɛʃm(ə)nt| *noun* 1) (**refreshments**) նախաճաշիկ; զովացուցիչ ըմպելիքներ 2) կազդուրում; կազդուրելը; ուժերի վերականգնում; հանգիստ

refrigerant |rɪˈfrɪdʒ(ə)r(ə)nt| **1** *noun* 1) սառեցնող/հովացուցիչ նյութ 2) ջերմիջույց դեղ; ջերմն իջեցնող միջոց **2** *adjective* սառեցնող; պաղեցնող

refrigerate |rɪˈfrɪdʒəreɪt| *verb* սառեցնել; պաղեցնել

refrigeration *noun* սառեցում; պաղեցում

refrigerator |rɪˈfrɪdʒəreɪtə| *noun* սառնարան

refuel |riːˈfjʊəl| *verb* (**-fueled**, **-fueling**; բրիտ. **-fuelled**, **-fuelling**) 1) լցավորել; վառելանյութի պաշարը լրացնել 2) լցավորվել *(մեքենայի մասին)*

refuge |ˈrɛfjuːdʒ| *noun* 1) ապաստան; ապաստարան 2) *փոխաբերական* հովանավորություն; պաշտպանություն; ապաստարան ◇ **take refuge in lying** ստի դիմել. **take refuge in silence** լուռ մնալ; լռելով պատասխանից խուսափել 3) «փրկության կղզյակ» *(մեծ երթևեկություն ունեցող փողոցներում)*

refugee |rɛfjʊˈdʒiː| *noun* փախստական; գաղթական; վտարանդի *(աղետից/հալածանքից փախած)*

refulgent |rɪˈfʌldʒ(ə)nt| *adjective* *բանաստեղծական* փայլուն; լուսավոր; լուսափայլ; լուսաճաճանչ; ճաճանչափայլ; լուսաշող

refund¹ **1** *verb* |rɪˈfʌnd| 1) վերադարձնել; ետ

տալ *(փողը)* 2) հատուցել; փոխհատուցել *(ծախսերը)* **2** *noun* |ˈriːfʌnd| 1) վերադարձնելը; ետ տալը *(փողի)* 2) հատուցում *(ծախսերի)* 3) վերադարձված գումար

refund² |riːˈfʌnd| *verb* վերադրամավորել

refundable *adjective* փոխհատուցելի

refurbish |riːˈfəːbɪʃ| *verb* վերանորոգել

refusal |rɪˈfjuːz(ə)l| *noun* 1) մերժում; մերժելը ◊ **flat/plump/square refusal** կտրական/վճռական/միանշանակ մերժում. **weak refusal** անվճռական մերժում. **take no refusal** մերժում չհանդուրժել; շատ համառ լինել 2) (**first refusal**) որևէ բան առաջինը ընտրելու իրավունքը ◊ **have the refusal** որևէ բան առաջինը ընտրելու իրավունքը ունենալ

refuse¹ |rɪˈfjuːz| *verb* 1) մերժել; ժխտել; բացասել; չընդունել 2) հրաժարվել 3) *խոսակցական* չկատարել; ոչ մի կերպ չանել *(մեքենայի և այլնի մասին)* 4) մերժել ամուսնության առաջարկը

refuse² |ˈrɛfjuːs| *noun* թափթփուկներ; տականքներ; մնացորդներ; մնացուկներ; թափուկներ; աղբ; թափոն

regain |rɪˈgeɪn| *verb* 1) վերադարձնել; նորից ձեռք բերել; վերականգնել *(առողջությունը)* 2) հասնել; վերադառնալ 3) *ռազմական* նորից տիրել/գրավել

regal |ˈriːg(ə)l| *adjective* 1) արքայական; արքայավայել 2) կայսերական; թագավորական

regale |rɪˈgeɪl| *verb* 1) հանույք պատճառել; զբաղեցնել զրույցով; շոյել լսողությունը 2) հյուրասիրել; պատվել; խնջույք/կերուխում անել; քեֆ անել

regalia |rɪˈgeɪlɪə| *plural noun* 1) ռեգալիա; միապետական իշխանության նշան *(թագ, գավազան և այլն)* 2) *պատմական* միապետների մեծաշնորհ իրավունքը; գերարտոնություն

regard |rɪˈgɑːd| **1** *verb* 1) համարել; ընդունել որպես; վերաբերվել; վերաբերմունքը ցույց տալ; շարքը դասել; որոշակի ձևով գնահատել 2) նայել/դիտել մեկին; նայել մի բանի; դիտել մի բան 3) հաշվի առնել; հաշվի նստել; նկատի առնել *(ժխտական ձևով՝ ուշադրություն չդարձնել, հաշվի չառնել)* 4) վերաբերել; առնչվել; հարաբերվել; կապ ունենալ 5) *հնացած* հարգել; հաշվի առնել *(կարծիքը, խորհուրդը)* ◊ **as regards** ինչ վերաբերում է **2** *noun* 1) հաշվի առնելը; ուշադրություն դարձնելը; ուշադրություն 2) հարգանք; մեծարանք; հոգատարություն; գնահատական; լավ կարծիք ◊ **pay regard to** մեկին հարգանքը ցույց տալ; մեկին պատիվ ցույց տալ. **out of regard for sb** մեկի հանդեպ ունեցած հարգանքից; մեկին հարգելով. **pay no regard to** ուշադրություն չդարձնել. **without regard to** առանց ուշադրություն դարձնելու; առանց հաշվի առնելու; առանց հաշվի նստելու մի բանի հետ. **have regard for** հաշվի առնել *(զանկությունը, զգացմունքները)* 3) հայացք; նայվածք 4) (**regards**) Ամենայն բարիք, ...; Լավագույն մաղթանքներով, ... *(նամակների վերջում)* 5) (**regards**) ողջույն; բարև ◊ **best/kind regards** սրտագին բարևներ 6) առնչություն; վերաբերություն ◊ **in/with regard to** նկատմամբ; մասին; վերաբերմամբ; վերաբերյալ; առնչությամբ; ինչ վերաբերում է 7) ◊ **have high regard for** լավ կարծիք ունենալ; բարձր գնահատել

regardful |rɪˈgɑːdfʊl|, |-f(ə)l| *adjective գրական անգլերեն* ուշադիր; հոգատար; ուշադրություն դարձնող; հաշվի առնող; հաշվի նստող մի բանի հետ

regarding |rɪˈgɑːdɪŋ| *preposition* վերաբերյալ; մասին

regardless |rɪˈgɑːdlɪs| *adverb* առանց ուշադրություն դարձնելու; ուշադրություն չդարձնելով; հաշվի չառնելով; չմտածելով ◊ **regardless of** նկատի չառնելով; նկատի չունենալով; անկախ *(ինչ-որ բանից)*

regatta |rɪˈgætə| *noun մարզական* ռեգատա *(թիանավերով կամ առագաստանավերով մրցություն)*

regency |ˈriːdʒ(ə)nsi| *noun* (հոգն. **-cies**) 1) գահի խնամակալություն; ռեգենտություն 2) գահի խնամակալ

regenerate **1** *verb* |rɪˈdʒɛnəreɪt| 1) *կենսաբանություն* վերականգնել 2) *կենսաբանություն* վերականգնվել *(օրգանի/հյուսվածքի մասին)* 3) *տեխնիկական* վերականգնվել; ռեգեներացիայի ենթարկվել 4) աշխուժացնել; նոր շունչ հաղորդել; կենդանացնել *(քաղաքը, հաստատությունը)* 5) վերածնվել 6) նորից ծնել; նորից ծնունդ տալ **2** *adjective* |rɪˈdʒɛn(ə)rət| 1) վերածնված 2) բարեփոխված; բարելավված

regeneration *noun* 1) վերածնում; վերածնունդ 2) *կենսաբանություն* վերականգնում 3) *տեխնիկական* վերականգնում; ռեգեներացիա

regenerative |rɪˈdʒɛn(ə)rətɪv| *adjective* 1) վերածնող; վերականգնող 2) վերածնվող; վերականգնվող 3) *բժշկություն* վերականգնման; վերականգնողական 4) *տեխնիկական* վերականգնման; ռեգեներացիայի

regenerator *noun տեխնիկական* ռեգեներատոր; վերականգնիչ

regent |ˈriːdʒ(ə)nt| **1** *noun* 1) ռեգենտ; գահակալ; խնամակալ; ժամանակավոր կառավարիչ *(պետության)* 2) *ամերիկյան* վարչության անդամ *(համալսարանի)* **2** *adjective* (**Regent**) գահակալ; ռեգենտ

reggae |ˈrɛgeɪ| *noun* ռեգի *(երաժշտական ոճ՝ 1960-ականներին առաջացած)*

regime |reɪˈʒiːm| (նաև **régime**) *noun* 1) վարչակարգ; կարգ; իրավակարգ; հասարակարգ 2) ռեժիմ; ապրելակարգ; կենսակարգ 3) տե՛ս **regimen**

regimen |ˈrɛdʒɪmən| *noun* 1) *բժշկություն* ռեժիմ; ապրելակարգ; կանոնակարգ 2) *հնացած* վարչակարգ; կառավարում; կառավարելը; կառավարման համակարգ 3) *քերականություն* խնդրառություն

regiment **1** *noun* |ˈrɛdʒɪm(ə)nt| 1) գունդ; զորագունդ 2) բազմություն; մեծ քանակություն **2** *verb* |ˈrɛdʒɪmɛnt| 1) գունդ/զորագունդ կազմել 2) կազմակերպել *(խիստ կանոնների համաձայն)*

regimental |rɛdʒɪˈmɛnt(ə)l| *adjective* գնդի; զորագնդի

regimentals |rɛdʒɪˈmɛnt(ə)lz| *plural noun* գնդի համազգեստ

region |ˈriːdʒ(ə)n| *noun* 1) մարզ; շրջան; երկրամաս; երկիր 2) մարմնի շրջան/տեղամաս ◊ **the**

region of the heart սրտի շրջան. **the abdominal region** որովայնի շրջան 3) *փոխաբերական* ասպարեզ; բնագավառ; ոլորտ ◊ **the lower regions, the nether regions** i) դժոխք; սանդարամետ ii) *կատակային* ներքնահարկ; նկուղահարկ. **in the region of** մոտակայքում; մոտերքում

regional **1** *adjective* մարզային; շրջանային; տեղական; սահմանակից *(երկրների, շրջանների և այլնի մասին)* **2** *noun* *մարզական* շրջանային/տարածաշրջանային մրցություն

register |ˈrɛdʒɪstə| **1** *noun* 1) գրանցամատյան; գրանցման մատյան ◊ **register of births, marriages and burials** քաղաքացիական կացության ակտերի գրանցման մատյան 2) մատյան *(ուսումնական հաստատություններում)* 3) *երաժշտություն* ձայնաստիճան; ռեգիստր 4) *տեխնիկական* հաշվիչ; հաշվող մեխանիզմ 5) խուփ; կափարիչ; բերանակալ 6) ոճ; լեզվի մակարդակ 7) *համակարգիչներ* գրանցատեղ 8) (նաև **cash register**) դրամարկղի մեքենա **2** *verb* 1) ցուցակագրել; արձանագրել; գրանցել ◊ **register oneself** իր անունը ցուցակի մեջ մտցնել; ցուցակագրվել 2) ցուցակագրվել; արձանագրվել; գրանցվել 3) ցանկալի նվերների ցուցակ կազմել *(ամուսնացող զույգի մասին)* 4) պատվիրված ուղարկել *(նամակը և այլն)* 5) արտահայտել *(բողոք, կարծիք և այլն)* 6) ցույց տալ; գրի առնել *(գործիքի մասին)* 7) դրոշմվել; արտահայտվել; արտացոլվել *(դեմքի վրա՝ զգացումի մասին)*

registrar |ˈrɛdʒɪstrɑː|, |ˌrɛdʒɪˈstrɑː| *noun* մատենավար

registration |rɛdʒɪˈstreɪʃ(ə)n| *noun* ցուցակագրում; արձանագրություն; գրանցում

registry |ˈrɛdʒɪstri| *noun* (հոգն. **-tries**) 1) մատենավարական բաժին; մատենավարություն 2) գրանցում; ցուցակագրում; արձանագրություն 3) գրանցումների մատյան

regnant |ˈrɛgnənt| *adjective* 1) թագավորող; իշխող 2) գերակշիռ; գերակշռող; լայն տարածված; լայն տարածում ունեցող

regress **1** *verb* |rɪˈgrɛs| 1) ետ շարժվել; ետ գնալ 2) *փոխաբերական* հետադիմել; անկում ապրել **2** *noun* |ˈriːgrɛs| 1) վերադարձ; ետ դառնալը; հետադարձ շարժում 2) *փոխաբերական* հետադիմություն; ետընթաց; անկում

regression |rɪˈgrɛʃ(ə)n| *noun* 1) վերադարձ դեպի նախկին վիճակը 2) հետադիմություն; անկում

regressive |rɪˈgrɛsɪv| *adjective* հետադարձ; հետադիմական

regret |rɪˈgrɛt| **1** *verb* (**-gretted**, **-gretting**) ցավել; ափսոսալ; վշտանալ; զղջալ **2** *noun* 1) ափսոսանք; տրտմություն; վիշտ; թախիծ; զղջում ◊ **with much regret, with many regrets** մեծ ցավով/ափսոսանքով 2) (**one's regrets**) ներողություն; ներում խնդրելը

regretful |rɪˈgrɛtfʊl|, |-f(ə)l| *adjective* ցավով/ափսոսանքով լի; վշտալից; տխուր; զղջացող; զղջումով լի

regrettable |rɪˈgrɛtəb(ə)l| *adjective* ցավալի; տխրալի

regrettably *adverb* ցավոք

regular |ˈrɛgjʊlə| **1** *adjective* 1) համակարգային; ճիշտ; բնականոն; նորմալ; օրինաչափ 2) կանոնավոր; պարբերական 3) օրինավոր; կանոնավոր *(կանոնավորապես որևէ բան անող, որևէ տեղ հաճախող մարդու մասին)* 4) համաչափ; համամասն; ներդաշնակ 5) *քերականություն* *մաթեմատիկա* կանոնավոր 6) որակյալ; հմուտ *(մասնագետի մասին)* 7) սովորական; հերթական 8) մարդկային; ընկերական; շփվող; շիտակ *(մարդու մասին)* 9) *խոսակցական* իսկական 10) պաշտոնական; ձևական; ֆորմալ 11) *ռազմական* կադրային **2** *noun* 1) *ռազմական* մշտական բանակի զինվոր; կադրային զինծառայող 2) կուսակրոն; միաբան *(հոգևորականի մասին)*

regularity *noun* (հոգն. **-ties**) ճշտություն; կանոնավորություն; կարգ; համակարգ

regularly *adverb* կանոնավորապես; հաճախ

regulate |ˈrɛgjʊleɪt| *verb* 1) կանոնավորել; կարգավորել 2) հարմարեցնել; համապատասխանեցնել; համաչափ դարձնել *(պահանջներին, պայմաններին)* 3) ստուգել; ճշտել; ուղղել; կարգավորել *(մեխանիզմը և այլն)*

regulation |rɛgjʊˈleɪʃ(ə)n| *noun* 1) կանոն; սահմանված կարգ 2) կանոնադրություն; հրահանգ; պարտադիր որոշում 3) կանոնավորում; կարգի բերում; կարգի բերելը; կարգավորում

regulative |-lətɪv| *adjective* կարգավորիչ; կարգավորող; կանոնավորող

regulator *noun* 1) կանոնավորիչ; կարգավորող *(անձ)* 2) *տեխնիկական* կարգավորիչ; կանոնավորիչ *(սարք)*

rehabilitate |riːhəˈbɪlɪteɪt| *verb* 1) *բժշկություն* վերականգնել 2) վերականգնել; ռեաբիլիտացիայի ենթարկել *(իրավունքները, պաշտոնը և այլն)* 3) վերակառուցել; վերանորոգել

rehabilitation *noun* 1) վերականգնում; ռեաբիլիտացիա *(իրավունքների, պաշտոնի և այլնի)* 2) վերականգնում; վերակառուցում

rehearsal |rɪˈhəːs(ə)l| *noun* 1) փորձ; թատերափորձ ◊ **dress rehearsal** գլխավոր փորձ 2) կրկնողություն; վերապատմում; փորձ/թատերափորձ կատարելը

rehearse |rɪˈhəːs| *verb* 1) փորձել *(դերախաղը)* 2) մտքում ասել; մտքում ձևակերպել *(ասելիքը)* 3) փորձ անել 4) կրկնել; վերապատմել

rehouse |riːˈhaʊz| *verb* նոր տուն փոխադրել

Reich |rʌɪk|, |-x|, |ræɪç| Ռայխ; Երրորդ Ռայխ *(գերմանական նացիստական պետությունը 1933-1945 թթ.)*

reign |reɪn| **1** *verb* 1) թագավորել; իշխել; կառավարել 2) *փոխաբերական* տիրել; իշխել; գերակշռել; գերիշխել **2** *noun* 1) թագավորում; թագավորելը; թագավորություն; իշխանության տարիներ *(միապետի)* 2) կայսերական/թագավորական իշխանություն

reimburse |ˌriːɪmˈbəːs| *verb* հատուցել; փոխհատուցել; փոխադարձել; փոխարինել

rein |reɪn| **1** *noun* 1) սանձ; երասանակ; սանձափոկ 2) *փոխաբերական* սանձ; հսկողության միջոց ◊ **draw the reins** i) ձին կանգնեցնել; ձիու սանձը քաշել ii) *փոխաբերական* զգաստացնել; կարգի հրավիրել. **give the horse the reins** ձիու սանձը բաց թողնել; սանձը արձակել. **give rein to one's imagination (give the reins to one's imagina-**

tion) երևակայությանն ազատություն տալ. **with a loose rein** i) սանձարձակ; սանձը բաց թողած ii) *փոխաբերական* առանց խստության; մեղմ. **the reins of the government** կառավարման ղեկը. **keep a tight rein** մեկի սանձը քաշած պահել; սանձը ձեռքին պահել **2** *verb* 1) քշել; վարել *(սանձով)* 2) սանձել; սանձի միջոցով կանգնեցնել *(ձիուն)* 3) *փոխաբերական* վարել; կառավարել; ղեկավարել ◇ **rein back** զսպել; սանձած պահել; հսկողության տակ պահել. **rein in** կանգնեցնել; ետ պահել. **rein up** զսպել; սանձած պահել; հսկողության տակ պահել

reincarnation |ˌriːɪnkɑːˈneɪʃ(ə)n| *noun* 1) վերամարմնավորում 2) *փոխաբերական* տարբերակ; վերամարմնավորում; կերպարանափոխում

reindeer |ˈreɪndɪə| *noun* (հոգն. նույնը կամ **-deers**) *կենդանաբանություն* հյուսիսային եղջերու *(Rangifer, ընտանիք Cervidae)*

reinforce |riːɪnˈfɔːs| *verb* 1) ամրացնել; զորացնել; ուժեղացնել 2) արմատավորել; հիմնավորել *(կարծիքը, սովորույթը)*

reinforced concrete *noun* երկաթբետոն

reinforcement |riːɪnˈfɔːsm(ə)nt| *noun* 1) ուժեղացում; զորացում; ամրացում; ամրացնելը 2) *ռազմական* (**reinforcements**) ուժերի համալրում 3) *տեխնիկական* արմատուրա *(երկաթբետոնե կառուցվածքների երկաթե հիմքը)*

reinstate |riːɪnˈsteɪt| *verb* 1) վերականգնել *(նախկին վիճակը/իրավունքները)* 2) վերահաստատել *(կարգը)* 3) վերականգնել *(առողջությունը)*

reinsurance *noun* վերապահովագրում; վերապահովագրություն

reinvest |riːɪnˈvɛst| *verb* վերստին ներդնել

reiterate |riːˈɪtəreɪt| *verb* կրկնել; կրկնաբանել *(բազմիցս)*

reiteration |-ˈreɪʃ(ə)n| *noun* կրկնություն; շատ անգամ կրկնելը

reject **1** *verb* |rɪˈdʒɛkt| 1) մի կողմ նետել; խոտանել; ապառրակել; անօրակ համարել 2) հրաժարվել *(օգնությունից)* 3) մերժել; չընդունել *(առաջարկությունը)* 4) անուշադրության/անտարբերության մատնել 5) դուրս թափել; ետ տալ; փսխել; ործկալ **2** *noun* |ˈriːdʒɛkt| 1) ոչ պիտանի *(զինծառայության համար)* 2) իջեցված գնով ապրանք

rejectee *noun* *ամերիկյան* զինծառայության համար ոչ պիտանի անձ

rejoice |rɪˈdʒɔɪs| *verb* 1) ուրախանալ; զվարճանալ ◇ **rejoice at/in** հրճվել; ուրախանալ *(մի բանով)* 2) *հնացած* ուրախացնել; զվարճացնել

rejoin[1] |riːˈdʒɔɪn| *verb* 1) վերամիավորել; վերամիացնել 2) վերադառնալ *(իր զորամասը, աշխատավայրը և այլն)* 3) միանալ *(մեկի, մի բանի հետ)*

rejoin[2] |rɪˈdʒɔɪn| *verb* հակաճառել; առարկել; պատասխան տալ

rejoinder |rɪˈdʒɔɪndə| *noun* պատասխան; առարկություն; հակաճառություն

rejuvenate |rɪˈdʒuːvəneɪt| *verb* 1) երիտասարդացնել 2) երիտասարդանալ

rejuvenation |-ˈneɪʃ(ə)n| *noun* 1) երիտասարդացում; երիտասարդանալը 2) ուժերի/առողջության վերականգնում

rejuvenescent *adjective* 1) երիտասարդացնող; ջահելացնող; ուժ տվող; կենդանացնող 2) երիտասարդացող; ջահելացող

relapse **1** *verb* |rɪˈlæps| 1) նորից/կրկին հիվանդանալ *(առողջանալուց հետո)* 2) նորից ընկնել *(որևէ վիճակի/դրության մեջ)* 3) վերադառնալ *(վատ սովորություններին և այլն)* ◇ **relapse into silence** լռել; նորից լռել **2** *noun* |ˈriː-| 1) կրկնություն; վերադարձ 2) *բժշկություն* ախտադարձություն; ռեցիդիվ

relate |rɪˈleɪt| *verb* 1) պատմել; շարադրել; նկարագրել 2) (**be related**) արյունակցական կապ ունենալ; ազգակցական կապի մեջ լինել 3) (**relate to**) վերաբերել; կապ/առնչություն ունենալ; կապված լինել *(մի բանի հետ)* 4) (**relate something to**) կապել; կապակցել; կապ/հարաբերություն հաստատել *(մի բանի հետ)* ◇ **be distantly related** հեռավոր ազգական լինել

relation |rɪˈleɪʃ(ə)n| *noun* 1) հարաբերություն; հարաբերակցություն; փոխհարաբերություն; կապ ◇ **business relations** գործարար հարաբերություններ/կապեր. **relations of production** արտադրական հարաբերություններ. **in relation to** մասին; վերաբերյալ; ինչ վերաբերում է; վերաբերմամբ. **have no relation to sth** կապ/առնչություն չունենալ *(որևէ բանի հետ)*. **be out of all relations to** ոչ մի առնչություն չունենալ; ոչ մի նշանակություն չունենալ *(որևէ բանի համար)*. **strained relations** լարված հարաբերություններ. **with relation to** նկատի առնելով; ուշադրության առնելով 2) *գրական անգլերեն* (**relations**) սեռական հարաբերություններ 3) բարեկամ; ազգական; բարեկամուհի; ազգականուհի 4) բարեկամություն; ազգականություն 5) պատում; պատմելը; շարադրում; շարադրելը

relationship |rɪˈleɪʃ(ə)nʃɪp| *noun* 1) փոխհարաբերություն; հարաբերություն; կապ 2) ազգակցություն; ազգականություն; բարեկամություն 3) ազգականներ; ազգուտակ 4) հարաբերություններ; կապ *(սեռական)*

relative |ˈrɛlətɪv| **1** *adjective* 1) հարաբերական; համեմատական 2) *քերականություն* հարաբերական 3) կապված; կապ ունեցող *(մեկը մյուսի հետ, միմյանց հետ)* 4) փոխադարձ; համապատասխան **2** *noun* 1) ազգական; ազգականուհի; բարեկամ; բարեկամուհի 2) *քերականություն* հարաբերական դերանուն

relatively *adverb* համեմատաբար; հարաբերաբար; հարաբերականորեն

relativity |rɛləˈtɪvɪti| *noun* 1) հարաբերականություն 2) *ֆիզիկա* հարաբերականության տեսություն

relativization |ˌrɛlətɪvʌɪˈzeɪʃ(ə)n| *համակարգիչներ* հարաբերականացում *(բացարձակ հասցեների փոփոխում հարաբերականների)*

relax |rɪˈlæks| *verb* 1) հանգստացնել; հանդարտեցնել; խաղաղեցնել; թուլացնել/մեղմացնել/նվազեցնել լարվածությունը 2) հանգստանալ; հանդարտվել; խաղաղվել 3) մեղմանալ; պակաս խիստ դառնալ; թուլանալ *(կարգապահության և այլնի մասին)* 4) մեղմացնել; խստությունը նվազեցնել

relaxation |ri:lækˈseɪʃ(ə)n| *noun* 1) հանգիստ; անդորր; հանդարտություն; լարվածության թուլացում/նվազում 2) դադար; հանգիստ; զվարճություն; զվարճանալը *(աշխատանքից և այլնից հետո)* 3) մեղմացում *(պատժի և այլնի)* 4) թուլացում *(կարգապահության)*

relaxed |rɪˈlæksd| *adjective* 1) հանգիստ; հանդարտ; առանց լարվածության; հանգստացած 2) չլարված *(մկանի մասին)*

relay[1] **1** *noun* |ˈri:leɪ| 1) հերթափոխում; հերթափոխություն; հերթափոխ *(զինվորների, բանվորների)* 2) փոխձիեր 3) *էլեկտրականություն* փոխարկիչ; հոսանքափոխիչ; ռելե *(ավտոմատ անջատիչ)* 4) *ռադիո* վերահաղորդում; տարհաղորդում; վերատրանսլյացիա; ռետրանսլյացիա **2** *verb* |rɪˈleɪ| 1) *ռադիո* վերահաղորդել; տարհաղորդել 2) փոխել; հերթափոխել; հերթափոխությունն ապահովել 3) փոխանցել *(մի ուրիշին, հաջորդին)*

re-lay[2] |ri:ˈleɪ| *verb* (անցյալ և անցյալ դերբայ **-laid**) նորից դնել; այլ կերպ դնել

release |rɪˈli:s| **1** *verb* 1) (**release from**) ազատել; ազատ արձակել; ազատություն տալ 2) բաց թողնել; արձակել; թողնել ◇ **release oneself** ազատվել 3) հրապարակային դարձնել; հանրությանը մատչելի դարձնել 4) թողարկել; բաց թողնել; վաճառքի հանել *(նոր ֆիլմը/ձայնագրությունը)* 5) լույս ընծայել; հրատարակել *(գիրքը)* 6) *տեխնիկական* անջատել; զատել; արձակել 7) ներել *(պարտքը)* 8) հրաժարվել *(իրավունքներից և այլնից)* 9) ազատել *(խոստումից, պարտականություններից և այլն)* 10) *օդագնացություն* բանալ *(անկարգելը՝ պարաշյուտը)* 11) ցած նետել *(ավիառումբերը)* **2** *noun* 1) ազատում; ազատ արձակում 2) բացթողում; բաց թողնելը; թողարկում *(նոր ֆիլմի/ձայնագրության)* 3) լույս ընծայում; հրատարակում *(գրքի)* 4) *տեխնիկական* անջատում; զատում; շղթան անջատելը 5) անջատիչ; անջատող մեխանիզմ 6) թեթևացում; մեղմացում; թեթևանալը; մեղմանալը *(ցավի և այլնի)* 7) ազատություն; ազատվելը *(հոգսերից և այլն)*

press release մամլո թողարկում

relegate |ˈrɛlɪgeɪt| *verb* 1) աստիճանազրկել; պաշտոնն իջեցնել 2) վտարել; աքսորել; արտաքսել 3) *փոխաբերական* արխիվ հանձնել; մոռացության տալ; անպետք ճանաչել 4) հանձնել *(հարցը, գործը՝ կատարման կամ հաստատման)*

relegation |-ˈgeɪʃ(ə)n| *noun* 1) աստիճանազրկում; պաշտոնի իջեցում 2) արտաքսում; աքսորում; վտարում 3) փոխանցում; հանձնում *(գործի և այլնի)*

relent |rɪˈlɛnt *verb* 1) գթասիրտ դառնալ; գթաշարժվել; փափկել; մեղմանալ 2) հանդարտվել; մեղմանալ; թուլանալ *(քամու/անձրևի մասին)*

relentless |rɪˈlɛntlɪs| *adjective* 1) անդուլ; անդադար; անդադրում 2) անողոք; անգութ; անողորմ

relevance *noun* տեղին լինելը; հարմարություն; պատշաճություն; առնչություն

relevant |ˈrɛlɪv(ə)nt| *adjective* տեղին; հարմար; պատշաճ; գործի հետ առնչություն ունեցող; գործին վերաբերող; համապատասխան

reliability |-ˈbɪlɪti| *noun* 1) հուսալիություն; վստահելիություն; վավերականություն; արժանահավատություն; ստույգություն *(տեղեկության, լուրերի և այլնի)* 2) ամրություն; հաստատունություն

reliable |rɪˈlʌɪəb(ə)l| **1** *adjective* 1) հուսալի; վստահելի; վստահության արժանի; վավերական; արժանահավատ; ստույգ 2) ամուր; հաստատուն **2** *noun* հուսալի մարդ/իր

reliance |rɪˈlʌɪəns| *noun* 1) (**reliance on/upon/in**) վստահություն; համոզվածություն; վստահ լինելը ◇ **have reliance on/upon** մեկի նկատմամբ վստահություն ունենալ 2) *հնացած* հույս; ապավեն; հենարան; նեցուկ; հաշիվ ◇ **place reliance in/on** հույս դնել *(մեկի, մի բանի վրա)* 3) դիտավորություն 4) օգտագործում; կիրառում ◇ **extensive reliance** լայն կիրառում/գործադրում

reliant *adjective* 1) վստահ; համոզված 2) ինքնավստահ; ինքնապաստան; անձնապաստան

relic |ˈrɛlɪk| *noun* 1) նվիրական հուշաիր 2) *կրոն* մասունք; նշխար; սրբություն 3) (**relics**) հետքեր; մնացորդներ; վերապրուկ; մնացուկ

relief |rɪˈli:f| *noun* 1) թեթևացում; մեղմացում *(ցավի, տառապանքի և այլնի)* 2) սփոփում; սփոփանք; ամոքում ◇ **bring/give relief** թեթևացում/մեղմացում բերել 3) շեղում; փոփոխություն; զանազանակերպություն; բազմազանություն; զեղում; դադար *(լարված/ձանձրալի բանի ընթացքում)* 4) օգնություն; նպաստ; օժանդակություն *(սնունդ, հագուստ և այլն)* 5) ազատում *(աշխատանքից, տուգանքի վճարումից)* 6) *նաև ռազմական* հերթափոխություն; հերթափոխ; փոխարինում *(հերթապահի, պահակի)* ◇ **in the relief** հերթափոխին; հերթափոխության ժամանակ 7) ցայտունություն; ակներևություն 8) բարձրաքանդակ; ռելիեֆ; ցայտաքանդակ ◇ **low relief** խորաքանդակ; բարելիեֆ; ցածրաքանդակ. **in relief** ուռուցիկ; ցցուն; ռելիեֆային 9) ռելիեֆ *(տեղի, վայրի)*

relieve |rɪˈli:v| *verb* 1) թեթևացնել; մեղմացնել; պակասեցնել; թուլացնել; նվազեցնել *(լարվածությունը)* 2) հանգստացնել; սփոփել; հանդարտեցնել *(տագնապը)* 3) զանազանություն/հետաքրքրություն մտցնել; խախտել միօրինակությունը 4) փոխարինել; փոխել *(հերթապահին և այլն)* 5) (**relieve someone of**) ազատել *(բեռից)* 6) օգնության հասնել; ազատել; նեղ տեղից հանել; փրկել 7) արձակել; ազատել *(պաշտոնից և այլն)* 8) (**relieve oneself**) դատարկվել; զուգարան գնալ 9) *հնացած* ցայտուն/ցցուն դարձնել

religion |rɪˈlɪdʒ(ə)n| *noun նաև փոխաբերական* կրոն; հավատ; դավանանք

religious |rɪˈlɪdʒəs| **1** *adjective* 1) կրոնական; կրոնասեր 2) ջերմեռանդ; նվիրված; կրքոտ 3) հոգատար **2** *noun* (հոգն. նույնը) կրոնավոր անձ

relinquish |rɪˈlɪŋkwɪʃ| *verb* 1) թողնել; լքել; հրաժարվել 2) *փոխաբերական* կտրել *(հույսը)* 3) թողնել *(պարտավորությունը)* 4) զիջել; տալ *(մեկին)*

relish |ˈrɛlɪʃ| **1** *noun* 1) համույք; բավականություն 2) հակում; մղում; միտում; տրամադրվածություն; ախորժակ; ճաշակ *(մի բանի հանդեպ)* 3) համեմունք; ամոքանք *(սննդին ավելացվող)* ◇ **hunger is the best relish** քաղցը լավագույն խոհարարն է 4) կտրտած թթու վարունգ *(որպես ամոքանք)* 5) *հնացած* հաճելի/ախորժելի համ ◊ **lose its relish** *փոխաբերական* իր հրապույրը կորցնել 6) համ; հոտ; նրբություն **2** *verb* 1) վայելել; ըմբոշխնել; բավականություն ստանալ 2) համանել 3) համեղ համարել; հաճույքով ուտել; հաճույք ստանալ *(մի բանից)* 4) ախորժալի դարձնել 5) կողմնակի համ ունենալ; համ տալ *(մի բանի)* 6) *հնացած* համ տալ; համեմել

relive |riːˈlɪv| *verb* վերապրել; վերազգալ; վերստին զգալ

reload |riːˈləʊd| *verb* 1) նորից լցնել; վերալցնել; վերալցավորել *(հրացանը)* 2) վերաբեռնել; վերաբառնալ; նորից բեռնել

reluctance |rɪˈlʌkt(ə)ns| *noun* դժկամություն; չկամենալը; չցանկանալը; անտրամադրվածություն ◊ **with reluctance** դժկամությամբ; չուզենալով; ակամա

reluctant |rɪˈlʌkt(ə)nt| *adjective* 1) դժկամ; հարկադրական; հարկադրված; հարկադրաբար կատարված *(համաձայնություն և այլն)* 2) դժկամությամբ որևէ բան անող; չկամենալով որևէ բան անող; անտրամադիր *(որևէ բան անելու)* 3) դիմադրող; հակառակվող; չենթարկվող *(բուժմանը)*

rely |rɪˈlʌɪ| *verb* (**-lies**, **-lied**) 1) (**rely on/upon**) վստահել; հավատալ; հավատ ընծայել 2) կախված լինել *(մի բանից)*

remain |rɪˈmeɪn| *verb* 1) մնալ; պահպանվել; գոյատևել; գերապրել 2) մնալ; շարունակել լինել *(որոշակի տեսակի)*

remainder |rɪˈmeɪndə| **1** *noun* 1) մնացորդ; մնացորդներ; մնացուկներ 2) մնացած մաս; մնացյալը *(որևէ բանի)* 3) *մաթեմատիկա* մնացորդ 4) *տպագրություն* մնացվածք *(համեմատաբար նոր հրատարակված, բայց հաջողություն չունեցող գրքեր)* **2** *verb* *տպագրություն* էժանացնել *(մնացվածքը)*

remains |rɪˈmeɪnz| *plural noun* 1) մնացուկներ; մնացորդներ 2) գտածոներ; պեղածոներ

reman |riːˈmæn| *verb* (**-manned**, **-manning**) 1) *ռազմական* համալրել մարդկանցով 2) *բանաստեղծական* արիություն ներշնչել; քաջալերել

remand |rɪˈmɑːnd| *իրավունք* **1** *verb* 1) հետ ուղարկել կալանքի տակ *(կալանավորին՝ լրացուցիչ քննություն կատարելու նպատակով)* ◊ **remand for courtmartial** զինվորական դատարանին հանձնել; զինվորական դատարանով դատել 2) վերադարձնել լրացուցիչ քննության; բեկանել *(գործը)* **2** *noun* 1) *իրավունք* կալանքի տակ նորից բանտ ուղարկելը *(կալանավորին)* 2) *ռազմական* արձակում; հեռացում; ցուցակից հանելը

remark |rɪˈmɑːk| **1** *verb* 1) (**remark on/upon**) դիտողություն անել; արտահայտվել; կարծիք հայտնել 2) նշել; նկատել; տեսնել; ուշադրություն դարձնել **2** *noun* 1) դիտողություն; նկատողություն; կարծիք ◊ **opening remarks** ներածական դիտողություններ 2) նշում; գրանշում; մեկնաբանություն

remarkable |rɪˈmɑːkəb(ə)l| *adjective* (**remarkable for**) ուշագրավ; նշանավոր; ականավոր; կարկառուն; աչքի ընկնող

remarkably *adverb* արտակարգ; հրաշալիորեն; զարմանալիորեն

remediable |rɪˈmiːdɪəb(ə)l| *adjective* ուղղելի; դարմանելի; բուժելի

remedial |rɪˈmiːdɪəl| *adjective* 1) բուժիչ; բուժող; ամոքիչ; մեղմացնող 2) վերաուսուցման *(դասընթացի մասին)* 3) *տեխնիկական* նորոգման

remedy |ˈrɛmɪdi| **1** *noun* (հոգն. **-dies**) 1) *նաև փոխաբերական* դեղ; միջոց; դարման 2) դատական/իրավական պաշտպանության միջոց 3) լուծում **2** *verb* (**-dies**, **-died**) 1) *նաև փոխաբերական* բուժել; բժշկել; դարմանել; ուղղել 2) հատուցել; փոխարենը տալ

remember |rɪˈmɛmbə| *verb* 1) հիշել; մտապահել; մտքում պահել 2) մտաբերել; վերհիշել; միտքը գալ; միտքը ընկնել 3) հիշել անել; չմոռանալ անել *(որևէ բան)* 4) հաշվի առնել; չմոռանալ; ականջին օղ անել 5) կտակի մեջ հիշատակել; կտակել 6) (**remember someone to**) բարև/ողջույն հաղորդել 7) (**remember oneself**) ուշքի գալ; խելքի գալ; սթափվել; զգաստանալ; խելքը գլուխը գալ 8) աղոթքներում հիշել 9) *խոսակցական* թեյադրամ տալ; փող նվիրել

remembrance |rɪˈmɛmbr(ə)ns| *noun* 1) հիշելը 2) հիշատակ; հիշողություն; անուն *(հանգուցյալի)* 3) վերհուշ; վերհիշում 4) (**remembrances**) ողջույն ◊ **give sb's remembrances to sb** բարևները հաղորդել որևէ մեկին 5) հուշաիր; հուշանվեր; հիշատակ

remind |rɪˈmʌɪnd| *verb* 1) հիշեցնել; հիշել տալ 2) (**remind someone of**) հիշեցնել մեկին; նման լինել մեկին

reminder |rɪˈmʌɪndə| *noun* հիշեցում; հիշատակում ◊ **gentle reminder** ակնարկ; ակնարկություն; հիշատակություն

remindful |rɪˈmʌɪn(d)fʊl|, |-f(ə)l| *adjective* հիշեցնող; հիշողություն արթնացնող

reminiscence |rɛmɪˈnɪs(ə)ns| *noun* (**reminiscences**) վերհուշ; հուշերի պատում; հիշողություն; հուշ; հիշատակ *(մեկի, մի բանի)*

reminiscent |rɛmɪˈnɪs(ə)nt| *adjective* 1) հուշեր արթնացնող; հիշողություն արթնացնող 2) (**reminiscent of**) հիշեցնող; նման 3) հաճախ հիշող; վերհիշող *(անցյալը)* 4) հիշողություններով տարված; հուշերով ապրող

remission |rɪˈmɪʃ(ə)n| *noun* 1) ազատում; ազատելը; վերացում; վերացնելը; մեղմացում; դադարեցնելը *(պատժի, պարտքի վճարման վերաբերյալ)* 2) նվազում; թուլացում; մեղմացում *(ցավի, լարվածության)* 3) *գրական անգլերեն* ներում; թողություն

remit **1** *verb* |rɪˈmɪt| (**-mitted**, **-mitting**) 1) վերացնել; մեղմել *(դատավճիռը, պատիժը)* 2) ներել; թողություն տալ *(մեղքին)* 3) ուղարկել; առաքել; փոխադրել փոստով *(փող)* 4) նվազեցնել; թուլացնել; նվազել; թուլանալ *(ջանքերը, լարվածությունը)* 5) նվազել; թուլանալ *(ջանքերի, լարվածության և այլնի մասին)* 6) վճարել *(ըստ հաշվի)* **2** *noun* |ˈriːmɪt| |rɪˈmɪt| ոլորտ; շրջանակ *(իրավասությունների և այլնի)*

remittance |rɪˈmɪt(ə)ns| *noun* 1) փոխադրում; առաքում; ուղարկում *(փողի)* 2) փոխադրված փող; դրամական փոխադրություն 3) *ռազմական* ատենատառով փոխադրելը *(փողի)*

remittent |rɪˈmɪt(ə)nt| *adjective* ընդհատվող; ընդմիջվող *(տենդի մասին)*

remnant |ˈrɛmnənt| **1** *noun* 1) մնացորդ; մնացուկ; ավելցուկ 2) մնացուկ; վերապրուկ; հետք **2** *adjective* մնացյալ; մնացող

remodel |riːˈmɒd(ə)l| *verb* (**-modeled**, **-modeling**; բրիտ. **-modelled**, **-modelling**) 1) վերակառուցել; վերասարքել; վերանորոգել; վերափոխել 2) ձևափոխել; նոր ձև հաղորդել

remonstrate |ˈrɛmənstreɪt| *verb* (**remonstrate against/with**) բողոքել; առարկել; հորդորել; խրատել

remorse |rɪˈmɔːs| *noun* 1) խղճի խայթ; զղջում;ափսոսանք 2) խղճահարություն; կարեկցություն ◇ **without remorse** անխղճորեն; անգթորեն; դաժանորեն

remorseful *adjective* 1) զղջումով լի 2) խղճահարությամբ լի; կարեկցող

remorseless |rɪˈmɔːslɪs| *adjective* 1) անխիղճ; անգութ 2) դաժան; խիստ *(աղքատություն և այլն)*

remote |rɪˈməʊt| **1** *adjective* (**-moter**, **-motest**) 1) հեռավոր; հեռու 2) *տեխնիկական համակարգիչներ* հեռադիր *(կառավարվող սարքի մասին)* 3) կտրված; քիչ այցելվող; գրեթե կապ չունեցող *(մի բանի հետ)* 4) չչփվող; սառը *(մարդու մասին)* 5) քիչ հավանական 6) աննշան; փոքր ◇ **not the remotest idea** ամենաչնչին գաղափարն իսկ **2** *noun* *խոսակցական* տե՛ս **remote control**

remote control *noun* 1) հեռակառավարում 2) (**remote controller**) հեռակառավարիչ; հեռակառավարման վահանակ

remotely |rɪˈməʊtli| *adverb* 1) հեռակա; հեռվից հեռու 2) մի փոքր; չնչին չափով

removal |rɪˈmuːv(ə)l| *noun* 1) հեռացում; հեռացնելը; մաքրում; մաքրելը 2) վերացում; ոչնչացում; վերացնելը 3) հեռացում; արձակում; ազատում; հանելը *(պաշտոնից)* 4) տեղափոխում; փոխադրում; տեղափոխություն *(կահույքի)*

remove |rɪˈmuːv| **1** *verb* 1) հեռացնել; մաքրել 2) տեղափոխել; փոխադրել 3) վերացնել; ազատվել *(մեկից, մի բանից)* 4) հանել *(հագուստը)* ◇ **remove oneself** հեռանալ 5) հեռացնել; ազատել; հանել; արձակել *(պաշտոնից)* 6) *հնացած* տեղափոխվել; փոխադրվել 7) մաքրել; հավաքել *(սեղանը և այլն)* 8) հանել; վերացնել *(կեղտաբծերը)* 9) (**be removed**) խիստ տարբերվել; կապ չունենալ; կտրված լինել **2** *noun* 1) հեռացում; հեռացնելը 2) հեռավորություն; հեռացման աստիճան; քայլ 3) աշակերտի փոխադրումը հաջորդ դասարան 4) խումբ; դասարան

remunerate |rɪˈmjuːnəreɪt| *verb* վարձատրել; հատուցել; վճարել; փոխհատուցել

remuneration *noun* վարձատրություն; հատուցում; վճարում; փոխհատուցում

remunerative |-rətɪv| *adjective* 1) առատաձեռն; լավ վարձատրող 2) շահավետ; լավ վարձատրվող

Renaissance |rɪˈneɪs(ə)ns|, |-ɒ̃s| 1) (**the Renaissance**) Վերածննդի/Վերածննդության դարաշրջան; Վերածնունդ 2) (**a renaissance**) վերածնունդ; վերածնություն; վերակենդանացում

renal |ˈriːn(ə)l| *adjective տեխնիկական* երիկամային; երիկամունքի

rename |riːˈneɪm| *verb* վերանվանել

renascence |rɪˈnæs(ə)ns|, |-ˈneɪ-| *noun գրական անգլերեն* 1) վերածնունդ; վերականգնում 2) տե՛ս **Renaissance**

renascent |rɪˈnæs(ə)nt|, |ˈneɪ-| *adjective* վերածնվող; նորից ժողովրդական դարձող

rencounter |rɛnˈkaʊntə| *հնավանդ* **1** *noun* 1) պատահական հանդիպում 2) բախում; ընդհարում; վեճ; կռիվ; մենամարտ **2** *verb* անակնկալ հանդիպել; պատահել

rend |rɛnd| *verb* (անցյալ **rent** |rɛnt|) 1) պատռել; ճեղքել; ծվատել; ճղել; պոկել 2) *հնացած* կտորել; ջարդել 3) *նաև փոխաբերական* պատռվել; ծվատվել; ճեղքվել; ճղվել; պոկվել

render |ˈrɛndə| **1** *verb* 1) մատուցել; ցուցաբերել; ցույց տալ *(ծառայություն, օգնություն)* 2) մատուցել; տալ; տրամադրել *(օգնություն)* 3) ներկայացնել *(բացատրություն, հաշվետվություն, հիմք, պատճառ)* 4) բանաստեղծական ավանդել *(հոգին)* 5) դարձնել ◇ **render active** ակտիվացնել; ակտիվ դարձնել; աշխատեցնել; գործի գցել. **render helpless** անօգնական/անճարակ դարձնել. **render liable** ենթարկել 6) պատկերել; վերարտադրել; կատարել *(դեր)* 7) թարգմանել; վերածել 8) *համակարգիչներ* ներկայացնել 9) ծեփել; սվաղել; գաջել 10) վճարել *(հարկ, տուրք)* 11) հալել *(ճարպ)* **2** *noun* ծեփի առաջին շերտը *(պատի վրա)*

rendering |ˈrɛnd(ə)rɪŋ| *noun* 1) կատարում *(դերի, երաժշտական երկի)* 2) թարգմանություն; թարգմանելը; մեկնաբանություն; մեկնաբանում *(կերպարի, գործի)* 3) ծեփում; սվաղում; գաջում 4) *գրական անգլերեն* ցույց տալը; մատուցելը; ցուցաբերելը *(ծառայություն, օգնություն)*

rendezvous |ˈrɒndɪvuː|, |-deɪvuː| **1** *noun* (հոգն. նույնը |-vuːz|) 1) ժամադրություն; տեսակցություն 2) ժամադրավայր; հանդիպման վայր 3) *ռազմական* հավաքման վայր; հավաքակայան *(զորքի, նավերի)* **2** *verb* (**-vouses** |-vuːz|, **-voused** |-vuːd|, **-vousing** |-vuːɪŋ|) հանդիպել նախօրոք որոշված տեղում

rendition |rɛnˈdɪʃ(ə)n| *noun* 1) թարգմանություն; մեկնաբանություն; մեկնաբանում *(կերպարի, դերի, երաժշտական երկի)* 2) պատկեր; պատկերում; նկար 3) *հնացած* հանձնում; հանձնելը *(հանցագործին՝ մի այլ պետության)*

renegade |ˈrɛnɪgeɪd| **1** *noun* դավաճան; ուրացող; ուխտադրուժ *(մարդ, ով դավաճանել է երկրին, կազմակերպությանը, սկզբունքներին, կրոնին և այլն)* **2** *adjective* դավաճանական

renew |rɪˈnjuː| *verb* 1) նորոգել; վերականգնել; վերսկսել *(վարձակալությունը, բաժանորդագրությունը, ծանոթությունը)* 2) վերահաստատել; թարմացնել *(հարաբերությունները)* 3) նորոգել; նորացնել; թարմացնել; վերականգնել; վերանորոգել; նոր կյանք հաղորդել; նոր շունչ հաղորդել

renewal |rɪˈnjuːəl| *noun* 1) երկարաձգում *(գործողության ժամկետի)* 2) վերանորոգում; վերածնունդ; վերածնվելը; վերականգնում; վերահաստատում; վերսկսում; կրկնություն 3) վերանորոգում; վերակառուցում 4) թարմացում

renounce |rɪˈnaʊns| *verb* 1) հրաժարվել *(իրավունքներից և այլնից)* 2) չճանաչել; չընդունել; հրաժարվել; մերժել; ուրանալ 3) թողնել; այլևս չմասնակցել 4) հրաժարվել; թողնել; այլևս չօգտագործել/չկիրառել
renounce the world հրաժարվել աշխարհից; հոգևոր կյանք վարել

renovate |ˈrɛnəveɪt| *verb* 1) նորոգել; վերանորոգել; նորացնել; թարմացնել 2) *հնացած* աշխուժացնել; զվարթացնել

renovation *noun* վերակազմում; վերակառուցում; թարմացում

renown |rɪˈnaʊn| *noun* փառք; համբավ; հռչակ

renowned |rɪˈnaʊnd| *adjective* հռչակավոր; համբավավոր; ականավոր; փառաբանված

rent¹ |rɛnt| **1** *noun* 1) վարձավճար; վարձակալության վճար ◇ **land rent** հողային ռենտա/վարձույթ. **life rent** ցկյանս/ցմահ ռենտա; ցկյանս/ցմահ վարձույթ 2) վարձում; վարձակալություն ◇ **for rent** վարձու; վարձով; վարձույթով **2** *verb* 1) վարձել; վարձույթով վերցնել 2) վարձակալության տալ; վարձույթով տալ 3) վարձով/վարձակալությամբ տրվել

rent² |rɛnt| *noun* 1) պատռվածք; ճեղքվածք; կտրվածք *(գործվածքի)* 2) ճեղք; ճաք; ծերպ 3) *փոխաբերական* խզում; պառակտում

rental |ˈrɛnt(ə)l| **1** *noun* 1) վարձավճար; վարձակալության վճար 2) վարձակալված տուն/ավտոմեքենա **2** *adjective* վարձակալական

renter |ˈrɛntə| *noun* 1) վարձող; վարձակալ 2) վարձակալված մեքենա/տեսաերիզ

rent-free *adjective, adverb* 1) վարձավճարից ազատված; վարձակալության վճարից ազատված 2) առանց վարձակալության վճարի; վարձավճարից ազատելով

rentier |ˈrɒntɪeɪ|, |ʀɑ̃tje| *noun* շահակյաց; ռենտյե *(ռենտայով ապրող մարդ)*

renunciation |rɪnʌnsɪˈeɪʃ(ə)n| *noun* 1) հրաժարում; հրաժարվելը *(իրավունքներից, գույքից և այլնից)* 2) *իրավունք* հրաժարագիր; հրաժարման ակտ *(սովորաբար գահից)* 3) ուրացում

reorganization |-ˈzeɪʃ(ə)n| *noun* վերակազմակերպում; վերակառուցում; վերակառուցելը; վերակազմություն; բարեփոխություն; բարենորոգում; վերափոխում

reorganize |riːˈɔːg(ə)nʌɪz| *verb* վերակազմակերպել; վերակառուցել; բարեփոխել; բարենորոգել

rep¹ |rɛp| *խոսակցական* **1** *noun* տե՛ս **representative** **2** *verb* (**repped**, **repping**) վաճառքի գծով ներկայացուցիչ լինել

rep² |rɛp| *noun* *խոսակցական* տե՛ս **repertory**

rep³ |rɛp| (նաև **repp**) *noun* ռեպս; ռիպս *(գործվածք)*

rep⁴ |rɛp| *noun* *խոսակցական* (**reputation**) համբավ; վարկ

rep⁵ |rɛp| **1** *noun* 1) տե՛ս **repetition** 2) *ծածկալեզու* կրկնում; կրկնողություն; սերտում **2** *verb* կրկնել կարերը *(գործվածքի մեջ)*

repair¹ |rɪˈpɛː| **1** *verb* 1) նորոգել; վերանորոգել; սարքել; կարկատել 2) հատուցել; փոխհատուցել; ուղղել; շտկել *(սխալը, անարդարությունը)* **2** *noun* 1) նորոգում; վերանորոգում; կարկատում ◇ **under repair** վերանորոգման մեջ 2) պիտանիություն; պետքականություն; լավ վիճակ; սարքինություն ◇ **in good repair** լավ վիճակում; սարքին. **in bad repair** վատ/անսարքին վիճակում. **keep in repair** լավ/սարքին վիճակում պահել. **beyond repair** միանգամայն անպետք; փչացած. **out of repair** անսարքին; վերանորոգման կարիք ունեցող

repair² |rɪˈpɛː| **1** *verb* *գրական անգլերեն, կատակային* 1) միասին մեկնել/ուղևորվել; ընկերովի գնալ *(մի տեղ, մեկի մոտ)* 2) (**repair to**) դիմել **2** *noun* *հնավանդ* հաճախակի այցելություն; հաճախակի այցելվող վայր

repairable *adjective* նորոգելի; նորոգման ենթակա

reparable |ˈrɛp(ə)rəb(ə)l| *adjective* ուղղելի; շտկելի

reparation |ˌrɛpəˈreɪʃ(ə)n| *noun* 1) հատուցում; փոխհատուցում; վճարում 2) (**reparations**) ռազմատուցանք; պատերազմատուցանք; փոխհատուցում 3) *հնացած* վերանորոգում; նորոգում; սարքին վիճակի բերելը

repartee |ˌrɛpɑːˈtiː| *noun* 1) սրամիտ զրույց/խոսակցություն 2) սրամիտ պատասխան; սրամտություն; ճարտարամտություն; հնարամտություն

repast |rɪˈpɑːst| *noun* *գրական անգլերեն* ուտելիք *(ճաշ, ընթրիք և այլն)*

repatriate |riːˈpætrɪeɪt|, |-ˈpeɪ-| **1** *verb* 1) հայրենիք վերադարձնել; հայրենադարձել 2) հայրենադարձել *(օտարերկրյա ներդրման շահույթը)* **2** *noun* հայրենադարձ

repatriation |-ˈeɪʃ(ə)n| *noun* հայրենադարձություն

repay |riːˈpeɪ|, |rɪ-| *verb* (անցյալ և անցյալ դերբայ **-paid**) 1) պարտքը տալ/վճարել 2) փոխհատուցել; հատուցել 3) հատուցել; վարձատրել

repayable *adjective* վճարման/հատուցման ենթակա

repeal |rɪˈpiːl| **1** *verb* չեղյալ հայտարարել; ուժը կորցրած ճանաչել; ոչնչացնել; վերացնել; ջնջել **2** *noun* չեղյալ հայտարարելը; ուժը կորցրած ճանաչելը; ոչնչացում; վերացում; ջնջում

repeat |rɪˈpiːt| **1** *verb* 1) կրկնել; նորից ասել 2) (**repeat oneself**) իր ասածը կրկնել; ինքն իրեն կրկնել 3) կրկնել; նորից հեռարձակել *(հաղորդումը)* 4) (**repeat itself**) կրկնվել; նորից տեղի ունենալ ◇ **on repeated occasions** հաճախակի; բազմիցս 5) անգիր ասել; սերտել; կրկնել **2** *noun* 1) կրկնություն; կրկնում; կրկնողություն 2) կրկնություն; նորից հեռարձակելը *(հաղորդման)* 3) կրկնակատարելը; կրկնականչով կատարելը 4) փորձ; խաղափորձ 5) *ամերիկյան խոսակցական* երկտարեցի ուսանող

repeater |rɪˈpiːtə| *noun* 1) պահեստատուփավոր հրացան 2) զարկասարքով ժամացույց *(գրպանի)* 3) *մաթեմատիկա* անընդմիջվող կոտորակ

repel |rɪˈpɛl| *verb* (**-pelled**, **-pelling**) 1) ետ մղել; ետ դարձնել *(թշնամու հարձակումը)* 2) ֆիզիկա վանել 3) չներծծել *(ջուր և այլն)* 4) զզվանք/ գարշանք առաջացնել; անբարյացակամություն/ անբարեհաճություն հարուցել; թշնամանք գարթնեցնել 5) մերժել; վանել *(առաջարկությունը, խնդրանքը և այլն)* 6) գրական անգլերեն չընդունել

repellent |rɪ'pɛl(ə)nt| (նաև **repellant**) **1** *adjective* 1) չներծծող *(ջուր և այլն)* 2) վանող; զզվելի; գարշելի; անհաճո; անդուրեկան *(շարժումների մասին)* **2** *noun* 1) միջատներին վանող նյութ 2) անջրանցիկ դարձնող նյութ

repent |rɪ'pɛnt| *verb* 1) զղջալ; ցավել; ափսոսալ 2) *հնացած* (**repent oneself**) զղջալ 3) ապաշխարել

repentance *noun* զղջում; զղջալը; ափսոսանք; զղջման ցավ; ապաշխարություն

repercussion |riːpə'kʌʃ(ə)n| *noun* 1) (**repercussions**) հետևանք; արդյունք *(չկանխատեսված)* 2) *հնացած* հետադարձում; հետհարված *(հրանոթի)* 3) *հնացած* արձագանք; ձայնի անդրադարձում

repertoire |'rɛpətwɑː| *noun* 1) խաղացանկ; պիեսացանկ 2) դերացանկ 3) երգացանկ 4) ցանկ; ցուցակ 5) զինանոց *(հմտությունների)*

repertory |'rɛpət(ə)ri| *noun* (հոգն. **-ries**) 1) խաղացանկ 2) տե՛ս **repertoire** 3) տեղեկագիրք; տեղեկատու; հավաքածու; ժողովածու 4) պահեստանոց; ամբարանոց; պահեստ; պաշար

repetition |rɛpɪ'tɪʃ(ə)n| *noun* 1) կրկնություն; կրկնողություն; կրկնելը 2) կրկնվելը; նորից տեղի ունենալը 3) *հնացած* անգիր սովորելիք 4) *թատրոն* փորձ; խաղափորձ; թատերափորձ

repetitious |rɛpɪ'tɪʃəs| *adjective* (**repetitive**) կրկնվող; ձանձրացուցիչ; ձանձրալի

repetitive |rɪ'pɛtɪtɪv| *adjective* կրկնություն պարունակող; ձանձրալի

rephrase |riː'freɪz| *verb* վերաձևակերպել

repine |rɪ'pʌɪn| *verb* բանաստեղծական տրտնջալ; դժգոհել; գանգատվել

replace |rɪ'pleɪs| *verb* 1) փոխարինել; փոխհաջորդել; հաջորդել 2) փոխարենը դնել; վերադարձնել; վերականգնել 3) նորից տեղը դնել

replaceable |rɪ'pleɪsəb(ə)l| *adjective* փոխարինելի

replacement |rɪ'pleɪsm(ə)nt| *noun* 1) փոխարինում; փոխարինություն; փոխհաջորդում 2) փոխարինող; փոխարինիչ *(մարդ կամ առարկա)*

replenish |rɪ'plɛnɪʃ| *verb* 1) նորից լցնել 2) լրացնել; համալրել; պակասը լրացնել

replete |rɪ'pliːt| *adjective* 1) լցված; լիքը; լեցուն; լի *(որևէ բանով)* 2) կուշտ; հագեցած

repletion *noun* 1) չափից ավելի լցնելը; չափից շատ լցրած լի նելը 2) գերհագեցում; կշտանալը

replica |'rɛplɪkə| *noun* պատճեն; ընդօրինակություն; կրկնօրինակ *(նկարի և այլնի)*

reply |rɪ'plʌɪ| **1** *verb* (**-plies**, **-plied**) 1) պատասխանել; պատասխան տալ 2) (**reply for**) պատասխան տալ մեկի փոխարեն **2** *noun* (հոգն. **-plies**) պատասխան; արձագանք; պատասխանելը ◊ **in reply to** ի պատասխան. **reply paid** վճարված պատասխանով

report |rɪ'pɔːt| **1** *verb* 1) հաղորդել; հայտնել; պատմել; տեղեկացնել; ծանուցել; նկարագրել 2) զեկուցել; հաշվետվություն ներկայացնել 3) լրահաղորդում/ռեպորտաժ անել 4) (**be reported**) հաղորդվել; ծանուցվել 5) բողոքել; մեղադրանք առաջ քաշել *(մեկի դեմ)* 6) տեղեկագիր/հաղորդում կազմել *(մամուլի համար)* 7) գալ; ներկայանալ ◊ **report for work** աշխատանքի ներկայանալ 8) *ռազմական* զեկուցել; տեղեկացնել; զեկույց տալ 9) կարծիք տալ **2** *noun* 1) հաշվետվություն; հաղորդում; զեկուցում; հաղորդագրություն 2) *ռազմական* զեկույց; տեղեկացում 3) *հնացած* լուր; համբավ; ասեկոսե ◊ **the report goes** (**the report has it that ...**) ասում են, որ...; լուրեր են տարածվում, որ ... 4) *հնացած* համբավ; հռչակ; անուն 5) կրակոցի ձայն; կրակոց

reportedly *adverb* ըստ տեղեկությունների

reported speech *noun* անուղղակի խոսք

reporter |rɪ'pɔːtə| *noun* 1) լրագրող; թղթակից 2) զեկուցող

repose¹ |rɪ'pəʊz| **1** *noun* 1) հանգիստ; դադար; քուն; ննջ 2) հանդարտություն; հանգստություն; խաղաղություն ◊ **have repose of manner** ազատ/ անկաշկանդ պահել իրեն 3) հավասարակշռություն; սառնասրտություն; սթափություն **2** *verb* 1) (**repose oneself**) հանգստանալ; քնել 2) հանգիստ առնել; պառկել 3) դնել *(գլուխը բարձին)* 4) (**repose for**) հիմնվել; հիմքում ունենալ

repose² |rɪ'pəʊz| *verb* (**repose confidence/trust in**) վստահել; հավատալ; ապավինել; հավատ ընծայել *(մեկին, մի բանի)*

repository |rɪ'pɒzɪt(ə)ri| *noun* (հոգն. **-ries**) 1) *նաև փոխաբերական* զետեղարան; պահեստ; պահեստատուն; պահեստանոց; շտեմարան 2) վստահելի/մտերիմ անձ

reprehend |ˌrɛprɪ'hɛnd| *verb* նկատողություն անել; հանդիմանել; նախատել; կշտամբել

reprehensible |ˌrɛprɪ'hɛnsɪb(ə)l| *adjective* պարսավանքի/կշտամբանքի արժանի; դատապարտելի; պարսավելի

reprehension *noun* պարսավանք; կշտամբանք; դատապարտում; դատապարտելը

represent |rɛprɪ'zɛnt| *verb* 1) ներկայացնել; ներկայացուցիչ լինել *(մեկի, մի երկրի և այլնի)* 2) բովանդակել; ընդգրկել; պարունակել; իրենից ներկայացնել 3) պատկերել; ներկայացնել 4) նշանակել; նշանավորել; հանդիսանալ 5) կատարել; խաղալ *(դեր՝ թատրոնում)* 6) մարմնավորումը/անձնավորումը լինել; պատկերել; կերպարել; բնորոշել 7) երևակայել; պատկերացնել 8) *գրական անգլերեն* հստակ/որոշակիորեն ասել 9) պնդել; հաստատել

re-present *verb* նորից ներկայացնել

representation |ˌrɛprɪzɛn'teɪʃ(ə)n| *noun* 1) ներկայացում; ներկայացնելը; ներկայացուցչություն 2) պատկերում; պատկերելը; պատկեր; նկարագրություն; բնորոշում; բնութագրում 3) հայտարարություն

representative |rɛprɪ'zɛntətɪv| **1** *adjective* 1) բնորոշ; հատկանշական; տիպական; խիստ տիպական 2) ներկայացնող; պատկերող; բնորոշիչ 3) *քաղաքականություն* ներկայացուցիչների; ներկայացուցչական 4) փոխարինող; տեղակալ **2** *noun*

1) ներկայացուցիչ; պատգամավոր; լիազոր; լիազորված անձ 2) ներկայացուցիչների պալատի անդամ *(ԱՄՆ-ում)* 3) նմուշ; օրինակ; տիպական ներկայացուցիչ *(կենդանիների տեսակների և այլնի)*

repress |rɪ'prɛs| *verb* 1) ճնշել; զսպել; խեղդել; ընկճել; սանձել *(ապստամբությունը)* 2) զսպել *(արցունքները և այլն)* 3) ճնշել; խեղդել *(միտքը, զգացումը, ցանկությունը և այլն)*

repressed *adjective* ճնշված

repressive *adjective* ճնշողական; ճնշիչ; պատժիչ; ընկճող; խեղդող

reprieve |rɪ'pri:v| **1** *verb* 1) հետաձգել մահապատիժը; հետաձգել մահապատիժն ի կատար ածելը 2) կարճատև դադար տալ; թեթևացում տալ **2** *noun* 1) մահապատժի/պատժի հետաձգում 2) ժամանակավոր թեթևացում/մեղմացում; կարճատև դադար

reprimand |'rɛprɪmɑ:nd| **1** *noun* նկատողություն; հանդիմանություն; դիտողություն **2** *verb* նկատողություն/դիտողություն անել; հանդիմանել

reprisal |rɪ'prʌɪz(ə)l| *noun* 1) վրեժխնդրություն; վրիժառություն 2) ճնշամիջոց; ռեպրեսիվ միջոց

reproach |rɪ'prəʊtʃ| **1** *verb* 1) հանդիմանել; կշտամբել; նախատել; պարսավել 2) (**reproach someone with**) մեղադրել *(մի բանում)* **2** *noun* 1) հանդիմանություն; կշտամբանք; նախատինք ◇ **heap reproaches on** մեկին նախատինք տալ; մեկին նախատել 2) (**a reproach to**) ամոթանք; խայտառակություն ◇ **bring reproach** խայտառակել

reproachful |rɪ'prəʊtʃfʊl|, |-f(ə)l| *adjective* 1) հանդիմանական; կշտամբալից; նախատական 2) *հնացած* խայտառակ

reproachfully *adverb* հանդիմանաբար; կշտամբալից; նախատելով

reprobate |'rɛprəbeɪt| **1** *noun հաճախ կատակային* անպիտան/անզգամ/սրիկա անձ **2** *adjective հաճախ կատակային* անպիտան; պիղծ; ստոր; անարգ; անբարոյական **3** *verb հնացած* դատապարտել; պարսավել; կշտամբել

reprobation |-'beɪʃ(ə)n| *noun* դատապարտում; պարսավանք; կշտամբանք; պախարակություն; նախատինք

reproduce |ri:prə'dju:s| *verb* 1) վերարտադրել; վերականգնել 2) կրկնօրինակել; ընդօրինակել; պատճենել *(նկարը և այլն)* 3) բազմանալ; վերարտադրվել *(կենդանի օրգանիզմի մասին)* 4) կրկնօրինակվել; պատճենվել

reproducer *noun* 1) վերարտադրող 2) բարձրախոս

reproduction |ri:prə'dʌkʃ(ə)n| *noun* 1) վերարտադրություն; վերարտադրում; օրինակում; արտատպում; պատճենում 2) բազմացում; բազմանալը 3) պատճեն; վերարտադրանկար; ռեպրոդուկցիա 4) *որպես ածական* ոճն ընդօրինակող; որոշակի ոճի *(նախորդ շրջանի, այլ արվեստագետի գործի)* 5) *տնտեսագիտություն* վերարտադրություն ◇ **reproduction on a large scale** ընդլայնված վերարտադրություն

reproductive *adjective* վերարտադրողական; վերարտադրիչ; բազմացման ◇ **reproductive organs** *կենսաբանություն* բազմացման գործարաններ/օրգաններ; վերարտադրիչ գործաններ/գործարաններ/օրգաններ

reproof *noun* հանդիմանություն; մեղադրանք; քննադատություն

reprove |rɪ'pru:v| *verb* հանդիմանել; կշտամբել; նախատել; նկատողություն անել; մեղադրել

reptile |'rɛptʌɪl| **1** *noun* 1) *կենսաբանություն* սողուն; զեռուն 2) *փոխաբերական* ստոր/անարգ մարդ; ստորաքարշ մարդ **2** *adjective* 1) սողացող 2) *փոխաբերական* ստորաքարշ; քծնող; ստոր; անարգ; ծախու; կաշառվող *(մարդու/մամուլի մասին)*

republic |rɪ'pʌblɪk| *noun* հանրապետություն ◇ **People's republic** ժողովրդական հանրապետություն

republican |rɪ'pʌblɪk(ə)n| **1** *adjective* հանրապետական **2** *noun* 1) *քաղաքականություն* հանրապետական 2) *ամերիկյան* (**Republican**) հանրապետական կուսակցության անդամ

repudiate |rɪ'pju:dɪeɪt| *verb* 1) մերժել; ժխտել; չընդունել *(տեսություն, ուսմունք)* 2) ուրանալ; հրաժարվել *(մեկից, մի բանից)* 3) *իրավունք* հրաժարվել *(պարտքը վճարելուց, պարտավորություններն կատարելուց)* 4) բաժանվել; ապահարզան տալ *(կնոջը)*

repudiation |-'eɪʃ(ə)n| *noun* 1) ուրացում; հրաժարում; մերժում; ժխտում; չընդունելը 2) հրաժարում; հրաժարվելը *(պարտքը վճարելուց, պարտավորություններն կատարելուց)* 3) ապահարզան

repugnance |rɪ'pʌgnəns| *noun* 1) զզվանք; գարշանք; նողկանք; հակակրանք 2) (**repugnancy**) հակասություն; անհամատեղելիություն

repugnant |rɪ'pʌgnənt| *adjective* 1) զզվելի; գարշելի; անտանելի; անհանդուրժելի; զզվանք/հակակրանք զգացող 2) (**repugnant to**) անհամատեղելի; հակասող

repulse |rɪ'pʌls| **1** *verb* 1) ետ մղել *(հարձակումը)* 2) վանել; չընդունել; մերժել *(մարդուն, նրա հետ հարաբերվելը և այլն)* 3) մերժել; հրաժարվել; ժխտել; բացասել 4) (**be repulsed**) զզվանք/գարշանք զգալ **2** *noun* 1) ետ մղում; ետ մղելը; հակահարված *(հարձակմանը)* 2) մերժում; հրաժարում; բացասում 3) վանում; մերժում; չընդունելը *(մարդուն, նրա առաջարկած ընկերությունը և այլն)*

repulsion |rɪ'pʌlʃ(ə)n| *noun* 1) զզվանք; նողկանք; հակակրանք; հակակրություն 2) վանում; վանելը; ետ մղում; ետ մղելը 3) *ֆիզիկա* վանողություն

repulsive |rɪ'pʌlsɪv| *adjective* 1) զզվելի; նողկալի; գարշելի 2) *հնացած* տհաճ; վանող 3) ժխտող; բացասող 4) *ֆիզիկա* վանողական

reputable |'rɛpjʊtəb(ə)l| *adjective* հարգելի; պատվարժան; հարգարժան; մեծարգո

reputation |rɛpjʊ'teɪʃ(ə)n| *noun* համբավ; անուն; հռչակ; բարի/լավ անուն ◇ **have a reputation for wit** սրամիտ մարդու համբավ ունենալ; սրամտությամբ հայտնի լինել

repute |rɪ'pju:t| **1** *noun* 1) համբավ; ընդհանուր կարծիք; լուրեր ◇ **be in repute** հռչակվել; հայտնի լինել. **of repute** հռչակված; հայտնի. **bad repute**

վատ համբավ 2) հռչակ; փառք; բարի համբավ; հեղինակություն **2** *verb* 1) համարել; կարծել 2) հարգված; հայտնի; հանրահայտ; հեղինակավոր

request |rɪˈkwɛst| **1** *noun* 1) խնդիր; խնդիրք; պահանջ; պատվեր; հարցում; հարցապնդում; հայց ◊ **at request** խնդրանքով; պահանջով; պահանջի համաձայն. **make a request** որևէ խնդրանքով դիմել; հարցում անել 2) *համակարգիչներ* դիմում; խնդրանք 3) պատվեր *(ռադիոյով)* 4) *հնացած* պահանջարկ ◊ **in great request** մեծ պահանջարկ ունեցող **2** *verb* խնդրել; հայցել; հարցնել; հարցում անել; առաջարկել *(մի բան տալ/կատարել)*

requiem |ˈrɛkwɪəm|, |-ɪɛm| *noun* (նաև **requiem mass**) 1) ռեքվիեմ; սգերգ 2) հոգեհանգիստ; հոգեհանգստի պատարագ

require |rɪˈkwʌɪə| *verb* 1) կարիք ունենալ; կարիք զգալ 2) հարկավոր/անհրաժեշտ լինել 3) (**require something of**) պահանջել; հրամայել; պատվիրել 4) ցանկանալ; ցանկանալ ձեռք բերել; կարիք ունենալ

requirement *noun* 1) պահանջ 2) պահանջմունք; կարիք; անհրաժեշտ պայման; պետք

requisite |ˈrɛkwɪzɪt| **1** *adjective* անհրաժեշտ; պետք եղած; հարկավոր; պահանջվող **2** *noun* անհրաժեշտ բան; գրավական; անհրաժեշտ պայման

requisition |ˌrɛkwɪˈzɪʃ(ə)n| **1** *noun* 1) պահանջ; պատվեր 2) բռնագրավում; բռնազավթում **2** *verb* 1) բռնագրավել; առգրավել 2) պահանջել; պատվիրել

requital *noun* 1) վարձատրություն; հատուցում; փոխհատուցում 2) հատուցում; պատիժ; վրեժ

requite |rɪˈkwʌɪt| *verb գրական անգլերեն* 1) հատուցել; փոխհատուցել; տալ; վարձատրել; վարձահատույց լինել մի բանի դիմաց ◊ **requite like for like** նույն դրամով վճարել; նույն ձևով փոխհատուցել; նույնությամբ հատուցել 2) փոխադարձել; պատասխանել *(մեկի զգացմունքներին)*

rescind |rɪˈsɪnd| *verb* վերացնել; ոչնչացնել; չեղյալ հայտարարել; չկայացնել

rescript |ˈriːskrɪpt| *noun* 1) հրաման; հրամանագիր; հրովարտակ; շնորհագիր 2) *պատմական* ռեսկրիպտ *(հռոմեական կայսրի կամ Հռոմի պապի գրավոր պատասխանը իրեն ներկայացված հարցին)* 3) պատճեն; կրկնօրինակ

rescue |ˈrɛskjuː| **1** *verb* (**-cues**, **-cued**, **-cuing**) 1) փրկել; ազատել; օգնության հասնել 2) *իրավաբանական* վերցնել; վերադարձնել **2** *noun* 1) փրկություն; ազատում 2) կալանքից բռնի ազատում; կալանքից անօրինական ազատում

research |rɪˈsəːtʃ|, |ˈriːsəːtʃ| **1** *noun* 1) հետազոտություն; ուսումնասիրություն; հետազոտական աշխատանք 2) հետախուզում; հետախուզություն **2** *verb* 1) հետազոտել; հետազոտական աշխատանքով զբաղվել 2) ուսումնասիրություններ կատարել *(գրքում, ծրագրում և այլն օգտագործելու համար)*

reseda |ˈrɛsɪdə|, |rɪˈsiːdə| **1** *noun* 1) *բուսաբանություն* հափրուկ; հափուկ *(genus Reseda, ընտանիք Resedaceae)* 2) խամրած կանաչ գույն **2** *adjective* խամրած կանաչ

resemblance |rɪˈzɛmbl(ə)ns| *noun* նմանություն; նման լինելը ◊ **bear/show resemblance** նմանություն ունենալ; նման լինել

resemble |rɪˈzɛmb(ə)l| *verb* նման լինել; նմանվել; նմանություն ունենալ

resent |rɪˈzɛnt| *verb* վրդովվել; հուզվել; զայրանալ; բարկանալ; վիրավորվել; նեղանալ *(մեկից, մի բանից)*

resentful |rɪˈzɛntfʊl|, |-f(ə)l| *adjective* 1) զայրույթով/վրդովմունքով լի; զայրացած; հուզված; վրդոված; նեղացած; վիրավորված 2) հիշաչար; ոխակալ; վիրավորվող; նեղացկոտ

resentment |rɪˈzɛntm(ə)nt| *noun* զայրույթ; բարկություն; վրդովմունք; վիրավորանքի զգացում

reservation |rɛzəˈveɪʃ(ə)n| *noun* 1) վերապահություն; վերապահում; բացառություն ◊ **without reservation** անվերապահ կերպով; առանց վերապահության. **with a mental reservation** ինքն իրեն մտածելով; մտովի վերապահություն անելով 2) նախնական պատվեր; նախօրոք պատվիրելը *(շոգենավի/թատրոնի/հյուրանոցի տեղերի համար)* 3) նախօրոք պատվիրված տեղ *(շոգենավում, հյուրանոցում և այլն)* 4) արգելաբանկավայր; արգելատեղ; ռեզերվացիա *(գումամորթ տեղացիների համար)* 5) լռում; լռելը; լռությամբ անցնելը; լռության մատնելը; թաքցնելը; ծածկելը 6) զսպվածություն 7) որպես պաշար պահելը 8) ◊ **Indian reservations** հնդկացիների արգելաբանկավայր/ռեզերվացիա *(ԱՄՆ-ում)*

reserve |rɪˈzəːv| **1** *verb* 1) մի կողմ դնել; պաշար պահել; մթերել; խնայել; տնտեսել 2) նախօրոք պատվիրել *(սենյակը, տոմսը և այլն)* 3) վերապահել; վերապահում անել; պահեստում թողնել *(իրավունքը և այլն)* 4) դեռևս չարտահայտել; դեռևս չասել *(կարծիքը՝ նախքան լիովին համոզվելը)* 5) (**reserve something for**) հատկացնել մի բանի համար; վերապահել որոշակի առիթի համար; գործածել միայն որոշակի առիթներով **2** *noun* 1) պահեստ ◊ **in reserve** պահեստում; պահեստի 2) պահեստազոր 3) պահեստազորային; պահեստային *(պահեստում գտնվող զինապարտ)* 4) պահեստային խաղացող/մարզիկ 5) արգելաբանկավայր; արգելատեղ; ռեզերվացիա *(գումամորթ տեղացիների համար)* 6) արգելավայր; արգելոց; որսարգելոց ◊ **forest reserve** արգելանտառ 7) զսպվածություն; զգուշություն; փակություն; սառնություն; ծածկամտություն; զաղտնապահություն; ինքնամփոփություն 8) թաքցնում; թաքցնելը; ծածկում; լռում; լռության տալը 9) (նաև **reserve price**) նվազագույն գին *(աճուրդում)* 10) վերապահություն; վերապահում; պայման; բացառություն; բացառում

reserved |rɪˈzəːvd| *adjective* 1) զուսպ; զսպված; զգույշ; ինքնապարփակ; ինքնամփոփ; անսիրալիր; ոչ մարդամոտ 2) նախօրոք պատվիրված 3) պահեստի; օժանդակ; պահեստային

reservedly |-vɪdli| *adverb* զուսպ կերպով; զսպված; զգույշ; զգուշորեն

reservist |rɪˈzəːvɪst| *noun* պահեստազորային; պահեստային *(զինապարտ անձ)*

reservoir |ˈrɛzəvwɑː| *noun* 1) ամբար; ջրամբար; նավթամբար; ռեզերվուար 2) պահեստարան; պահոց 3) *փոխաբերական* շտեմարան; պաշար; պահեստ; ամբար; առատ աղբյուր

reset |riːˈsɛt| *verb* (**-setting**; անցյալ և անցյալ դերբայ **-set**) 1) նորից դնել/տեղավորել/տեղադրել; վերատեղադրել; վերամիացնել 2) նորից շրջանակի մեջ դնել 3) տեղը գցել *(դուրս ընկած ձեռքը և այլն)*

reside |rɪˈzʌɪd| *verb* 1) (**reside in/at**) բնակվել; ապրել *(որևէ տեղում)* 2) (**reside in**) գտնվել; լինել *(մի բանի մեջ)* 3) պատկանել *(իրավունքի մասին)* 4) հատուկ/ներհատուկ/բնորոշ լինել

residence |ˈrɛzɪd(ə)ns| *noun* 1) բնակավայր; բնակարան; բնակատեղի 2) բնակվելը; մնալը; ապրելը; բնակություն; բնակության իրավունք ◇ **take up one's residence** բնակվել; բնակություն հաստատել 3) նստավայր

resident |ˈrɛzɪd(ə)nt| **1** *noun* 1) բնակիչ; մշտական բնակիչ 2) հյուրանոցի հաճախորդ 3) ռեզիդենտ; պատվիրակ *(Բրիտանական կառավարության դիվանագիտական ներկայացուցիչը կախյալ պետության մեջ)* **2** *adjective* 1) ապրող; բնակվող *(մի տեղ, մեկի մոտ և այլն)* 2) մշտական; անփոփոխ; մնայուն *(բնակչության և այլնի մասին)* 3) կից աշխատող; աշխատակից *(որևէ հաստատությունում)* 4) *համակարգիչներ* մշտակա; մշտական

residential |rɛzɪˈdɛnʃ(ə)l| *adjective* 1) բնակելի *(քաղաքի/շրջանի մասին)* 2) բնակավայրի հետ կապված; տեղական

residual |rɪˈzɪdjʊəl| **1** *adjective* 1) մնացած; մնացյալ 2) մնացորդային **2** *noun* մնացորդ; տարբերություն

residue |ˈrɛzɪdjuː| *noun* 1) մնացորդ; մնացուկ 2) *իրավունք* հարկերից ու տուրքերից հետո մնացած ժառանգություն 3) *քիմիա* սուզակ; նստվածք

residuum |rɪˈzɪdjʊəm| *noun* (հոգն. **-sidua** |-djʊə|) *տեխնիկական* 1) *քիմիա* սուզակ; նստվածք 2) մնացորդ

resign |rɪˈzʌɪn| *verb* 1) հրաժարվել *(պաշտոնից, լիազորություններից)* 2) հրաժարական տալ; վայր դնել; թողնել *(աշխատանքը, պարտականությունները, հույսը և այլն)* 3) ◇ **be resigned** i) (**resign oneself**) ենթարկվել; հնազանդվել ii) (**resign oneself**) *հնացած* համակերպվել; հաշտվել *(մի բանի հետ)*

resignation |rɛzɪɡˈneɪʃ(ə)n| *noun* 1) պաշտոնից հրաժարվելը; պաշտոնաթողություն; պաշտոնաթող լինելը; հրաժարական տալը ◇ **send in one's resignation** հրաժարական տալ; հրաժարական տալու մասին դիմում ներկայացնել 2) հրաժարական; հրաժարական տալու մասին հայտարարություն 3) համակերպվելը; ճակատագրի հետ հաշտվելը; ճակատագրին հնազանդվելը; զիջելը

resigned *adjective* խոնարհ; հնազանդ

resilience *noun* առաձգականություն; ճկունություն

resilient |rɪˈzɪlɪənt| *adjective* 1) առաձգական; առաձիգ; ճկուն; դյուրաթեք 2) կենսուրախ; չընկճվող; դիմացկուն

resin |ˈrɛzɪn| **1** *noun* խեժ; բուսախեժ **2** *verb* (**resined**, **resining**) խեժել; խեժապատել; խեժով մշակել

resinous *adjective* խեժանման; խեժոտ; խեժառատ; խեժի

resist |rɪˈzɪst| **1** *verb* 1) դիմադրել; դիմադրություն ցույց տալ 2) դեմ կանգնել; ընդդիմանալ; հակառակվել; դիմադրել 3) իրեն զսպել/պահել 4) պայքարել *(մեկի, մի բանի դեմ)* **2** *noun* պահպանիչ ծածկույթ *(օրինակ՝ ժանգոտումից)*

resistance |rɪˈzɪst(ə)ns| *noun* 1) դիմադրություն; դիմադրում; դիմադրելը; հակազդում; հակազդեցություն ◇ **offer resistance** դիմադրություն ցույց տալ; դիմադրել 2) դիմադրողականություն 3) *էլեկտրականություն* դիմադրություն

resistant *adjective* ընդդիմացող; դիմադրող; կայուն; դիմացկուն

resistless |rɪˈzɪs(t)lɪs| *adjective հնավաճ* 1) անհաղթահարելի; անդիմադրելի 2) դիմադրության անընդունակ; անզոր; անկարող

resoluble[1] |rɪˈzɒljʊb(ə)l| *adjective հնավաճ* վերստին/կրկին լուծման ենթակա

resoluble[2] |riːˈsɒljʊb(ə)l| *adjective* վերստին լուծելի/լուծվող/տարրալուծելի

resolute |ˈrɛzəluːt| *adjective* վճռական; կտրուկ; անսասան; անդրդվելի; ամուր; հաստատուն

resolutely *adverb* վճռականորեն; անհողդողդ կերպով

resolution |rɛzəˈluːʃ(ə)n| *noun* 1) վճիռ; որոշում *(որևէ բան անելու կամ չանելու)* 2) բանաձև; որոշում; վճիռ *(ժողովի և այլնի)* ◇ **pass/adopt a resolution** որոշում/բանաձև ընդունել 3) վճռականություն; հաստատակամություն 4) լուծում; կարգավորում; ելք 5) *երաժշտություն* լուծում 6) *բժշկություն* ներծծում 7) *քիմիա* լուծելը; լուծում; տարրալուծում 8) լուծույթ 9) *համակարգիչներ* լուծաչափ 10) քանդում; բաժանում մասերի; ապասարում; ապամոնտաժում

resolve |rɪˈzɒlv| **1** *verb* 1) քվեարկությամբ վճռել/որոշել; որոշում ընդունել/կայացնել; լուծել 2) *երաժշտություն* լուծել 3) վճռել; որոշել; որոշում ընդունել 4) քայքայել; տրոհել; բաժանել; տարրալուծել; լուծել 5) քայքայվել; տրոհվել; բաժանվել; տարրալուծվել; լուծվել 6) փարատել; ցրել *(կասկածը, տարակուսանքը և այլն)* 7) (**resolve something into**) վերլուծել; տարրալուծել *(միտքը, հասկացությունը)* 8) պարզվել; դուրս գալ; վերածվել *(մի այլ բանի. հեռվում աղոտ երևացող առարկան՝ մոտենալիս)* **2** *noun* 1) որոշում; վճիռ 2) *բանաստեղծական* վճռականություն; հաստատակամություն; համարձակություն

resolved |rɪˈzɒlvd| *adjective* վճռական; հաստատակամ; կայուն; հաստատամիտ

resonance |ˈrɛz(ə)nəns| *noun* 1) ռեզոնանս; հնչականություն; հնչեղություն; հնչունություն 2) ազդեցիկություն; արտահայտչություն; տպավորիչ լինելը 3) *ֆիզիկա, տեխնիկական* անդրադարձում; ռեզոնանս

resonant |ˈrɛz(ə)nənt| *adjective* 1) հնչող; հնչեղ; արձագանք առաջացնող 2) լավ հնչականություն ունեցող; լավ հնչականություն/ռեզոնանս ունեցող *(սրահի և այլնի մասին)* 3) (**resonant with**) լցված; լի *(արձագանքով)* 4) ազդեցիկ; արտահայտիչ; տպավորիչ

resort |rɪˈzɔːt| **1** *noun* 1) հանգստավայր; հանգստատեղի; հանգստարան; հաճախակի այցելության վայր ◇ **health resort** բուժարան; առողջարան; բուժավայր. **summer resort** ամառանոց 2) *հնացած* հաճախակի այցելելը; հաճախելը 3) դիմում; ընդունելը; որդեգրելը; դիմելը *(որևէ անցանկալի միջոցի)* 4) լուծում; ելք; միջոց *(դժվար իրավիճակից դուրս գալու)* 5) ապաստան; հովանավորություն; ապավեն; պաշտպանություն; սփոփանք; մխիթարություն; հույս ու ապավեն 6) կիրառում; գործադրում *(որևէ միջոցի)* ◇ **resort to force** (**use/apply force**) ուժ/բռնություն գործադրել; բռնության դիմել 7) դիմելը; խնդրելը *(օգնություն)* 8) բույն; որջ; հավաքատեղի **2** *verb* 1) (**resort to**) դիմել մի բանի; ընդունել; որդեգրել քաղաքականություն 2) *գրական անգլերեն* այցելել *(հաճախ)* 3) դիմել/ապավինել մեկին *(օգնության համար և այլն)*

resound |rɪ'zaʊnd| *verb* 1) բարձր հնչել; լսվել 2) թնդալ; դղրդալ; լցվել *(ձայնով)* 3) թնդալ; հռչակվել; մեծ համբավ ստանալ *(փառքի/անվան մասին)* 4) *բանաստեղծական* գովերգել; երգել; փառաբանել 5) *բանաստեղծական* անդրադարձնել; կրկնել ձայնը; արձագանքել

resource |rɪ'sɔːs|, |rɪ'zɔːs| **1** *noun* 1) (**resources**) միջոցներ; ռեսուրսներ; հարստություններ; միջոցների աղբյուր ◇ **natural resources** բնական հարստություններ/ռեսուրսներ 2) միջոց; հնար 3) (**resources**) շնորհք; ունակություններ; կարողություններ 4) ճարպկություն; հնարամտություն; հնարագիտություն ◇ **of resource** հնարամիտ; հնարագետ; ճարպիկ 5) ուսումնական նյութ **2** *verb* միջոցներով ապահովել; ռեսուրսներ տրամադրել

resourceful *adjective* ճարպիկ; հնարամիտ; ճարտարամիտ; խելամիտ; վարպետ; ճարտար

respect |rɪ'spɛkt| **1** *noun* 1) (**respect for**) հարգանք; պատիվ; պատկառանք; մեծարանք; ակնածանք *(մեկի հանդեպ)* ◇ **pay one's respects** հարգանք ցույց տալ; մեծարանք ցույց տալ. **give my respects** ողջույններս հաղորդեք. **out of respect for** մեկի հանդեպ ունեցած հարգանքից դրդված 2) (**respects**) ողջույններ; հարգանքի հավաստիք 3) առնչություն; հարաբերություն; կապակցություն ◇ **in this respect** այս տեսակետից; այդ կողմից; այդ իմաստով. **in other respects** այլ տեսակետներից; մնացածում. **in respect of, with respect to** ինչ վերաբերում է; նկատի առնելով. **in all respects** ամեն կողմից; բոլոր կողմերից; բոլոր տեսակետներից/դեպքերում. **in no respect** ոչ մի տեսակետից; ոչ մի դեպքում. **without respect to** առանց հաշվի առնելու; նկատի չունենալով **2** *verb* 1) հարգել; մեծարել 2) խնայել; հարգել *(զգացմունքները)* 3) խնամքով վարվել *(միջավայրի և այլնի հանդեպ)*

respectability |rɪˌspɛktə'bɪlɪti| *noun* 1) հարգելիություն; պատկառելիություն; ակնածելիություն; հարգարժանություն; օրինավորություն; ազնվություն 2) հեղինակություն; ընդունված/ճանաչված լինելը *(որոշակի ոլորտում)*

respectable |rɪ'spɛktəb(ə)l| *adjective* 1) հարգելի; հարգարժան; պատկառելի; ազնիվ; օրինավոր 2) պատշաճ; վայելուչ; բավական լավ; ընդունելի 3) կարգին; զգալի; բավական մեծ; բավականաչափ

respectful |rɪ'spɛk(t)fʊl|, |-f(ə)l| *adjective* հարգալից; հարգանքով լի; հարգող; հարգալից վերաբերմունք ունեցող; քաղաքավարի

respectfully *adverb* հարգանքով ◇ **yours respectfully** հարգանքներով՝ ձեր *(նամակի վերջում)*

respecting |rɪ'spɛktɪŋ| *preposition հնացած, գրական անգլերեն* մասին; վերաբերյալ

respective |rɪ'spɛktɪv| *adjective* համապատասխան; յուրաքանչյուրը

respectively |rɪ'spɛktɪvli| *adverb* նշված կարգով; համապատասխանաբար

respiration |rɛspɪ'reɪʃ(ə)n| *noun նաև բժշկություն* շնչառություն; շնչում; շնչելը; շունչ

respirator |'rɛspɪreɪtə| *noun* 1) հակագազ 2) երկարատև արհեստական շնչառության սարք

respiratory |rɪ'spɪrət(ə)ri|, |'rɛsp(ə)rət(ə)ri|, |rɪ'spʌɪ-| *adjective* շնչառության; շնչառական

respire |rɪ'spʌɪə| *verb* 1) շնչել 2) *բանաստեղծական* շունչ քաշել; շունչ առնել; հանգիստ առնել; ուշքի գալ

respite |'rɛspʌɪt|, |-spɪt| **1** *noun* 1) կարճատև դադար/հանգիստ; շունչ քաշելը; հանգիստ առնելը *(տհաճ կամ դժվարին բանից)* 2) հետաձգում *(մահապատժի)* **2** *verb հազվադեպ* 1) հետաձգել *(հատկապես մահապատիժը)* 2) կարճատև դադար տալ; դադարեցնել; կարճ ժամանակով ընդհատել

resplendence *noun* հոյակապություն; շքեղություն; փայլ

resplendent |rɪ'splɛnd(ə)nt| *adjective* փայլուն; պայծառ; փառահեղ; շքեղ; հոյակապ

respond |rɪ'spɒnd| **1** *verb* 1) պատասխանել; պատասխան տալ; ի պատասխան մի բան անել 2) արձագանքել; արձագանք տալ; հակազդել; հականերգործել ◇ **respond to** բավարարել *(պահանջները և այլն)* 3) ենթարկվել *(բուժման, դեղերի ազդեցությանը)* **2** *noun* 1) *ճարտարապետություն* որմնասյուն 2) *եկեղեցական* փոխ; փոխաձայնություն

respondent |rɪ'spɒnd(ə)nt| **1** *noun* 1) *իրավունք* պատասխանող; դատակիր *(դատարանում՝ հատկապես ամուսնալուծության, ապահարզանի հարցով)* 2) հարցվող *(սոցիոլոգիական հարցումների ժամանակ)* **2** *adjective* 1) պատասխանող; պատասխանողի դերում հանդես եկող 2) հարցվող *(սոցիոլոգիական հարցումների ժամանակ)* 3) զգայուն; կարեկից; օգնելու պատրաստ; արձագանքող

response |rɪ'spɒns| *noun* 1) պատասխան ◇ **in response to** ի պատասխան մի բանի; մի բանին արձագանքելով 2) պատասխան; արձագանք; ազդարձ; ռեակցիա; հակազդում

responsibility |rɪˌspɒnsɪ'bɪlɪti| *noun* (հոգն. **-ties**) 1) պատասխանատվություն ◇ **on one's own responsibility** սեփական նախաձեռնությամբ/պատասխանատվությամբ 2) պարտավորություն; հանձնառություն; պարտականություն 3) ինքնուրույնություն; ազատ մտածելակերպ

responsible |rɪ'spɒnsɪb(ə)l| *adjective* 1) (**responsible to sb for sth**) պատասխանատու 2) բարձրաստիճան; ղեկավար; պատասխանատու *(պաշտոնի մասին)* 3) գիտակից; հասկացող; խելամիտ; վստահելի; վստահություն վայելող;

վստահության արժանի 4) պարտական; պարտավոր ◊ **be responsible for sth** պատասխանատու լինել; պատասխանատվություն կրել

responsive |rɪˈspɒnsɪv| *adjective* 1) արձագանքող; զգայուն; նրբազգաց; ուշադիր; կարեկից 2) պատրաստակամ; բարյացակամ 3) պատասխան; պատասխանող *(հայացք և այլն)*

rest[1] |rɛst| **1** *verb* 1) հանգստանալ; ընդմիջում անել; հանգիստ առնել; իրեն հանգիստ տալ; հանգիստ պառկել 2) հանգիստ տալ; հանգստացնել; դադար տալ 3) հանգչել *(ննջեցյալի մասին)* 4) մի կողմ թողնել; հանգիստ թողնել; չքննարկել; չզբաղվել *(որոշակի հարցով/խնդրով)* 5) հենել; դնել *(արմունկը և այլն մի բանի)* 6) (**rest on/against**) հենվել; կռթնել 7) (**rest on/upon**) կանգ առնել; գամվել; սևեռված լինել; կանգնել *(հայացքի/մտքերի և այլնի մասին)* 8) (**rest in/on**) վստահել; ապավինել; մեկի վրա հույս դնել; հիմնվել; հենվել 9) (**rest on/upon**) կախված լինել մի բանից 10) (**rest with sb**) պատկանել մեկին; լինել մեկինը; գտնվել մեկի ձեռքերում **2** *noun* 1) հանգիստ; անդորր; դադար; ընդմիջում ◊ **at rest** i) հանգստի վիճակում; անշարժ ii) քնած iii) հանգուցյալ; մեռած. **take/have a rest** հանգստանալ; հանգիստ առնել. **set at rest** i) հանգստացնել; հանգիստ տալ ii) կարգավորել *(հարցը և այլն)* 2) քուն; նիրհ; նինջ 3) գերեզման; շիրիմ; մահ 4) անշարժություն; հանգիստ վիճակ ◊ **bring to rest** կանգնեցնել *(կառքը և այլն)* 5) *նաև երաժշտություն* ընդմիջում; դադար 6) հանգստավայր; հանգստարան; հանգստատեղի 7) հենարան; հենակ; տակդիր; նեցուկ

rest[2] |rɛst| **1** *noun* 1) մնացորդ; մնացուկ ◊ **all the rest, the rest of it** մնացած բոլորը; բոլոր մյուսները 2) մնացածները **2** *verb* մնալ; շարունակել լինել

restaurant |ˈrɛst(ə)rɒnt|, |-r(ə)nt|, |-rɒ̃| *noun* ռեստորան; ճաշարան

rest cure *noun* լիակատար հանգիստ; անկողնային ռեժիմ *(բուժման նպատակով)*

restful |ˈrɛs(t)fʊl|, |-f(ə)l| *adjective* 1) հանգստացուցիչ; հանգստացնող 2) հանգիստ; խաղաղ

restitution |ˌrɛstɪˈtjuːʃ(ə)n| *noun* 1) վերադարձ; վերադարձնելը; վերականգնելը *(կորածի, խլվածի)* 2) հատուցում; փոխհատուցում *(կորստի)* 3) վերականգնում; նախկին վիճակին վերադառնալը 4) բավարարում; գոհացում ◊ **make restitution** հատուցել; փոխհատուցել *(վնասը)*

restive |ˈrɛstɪv| *adjective* 1) անհանգիստ; քմահաճ; կամակոր; համառ 2) վատ սովորույթի; չենթարկվող *(ձիու մասին)*

restless |ˈrɛs(t)lɪs| *adjective* 1) անհանգիստ; նյարդայնացած; անհամբեր 2) անդադար; դադար չունեցող; անխոնջ; անդադրում

restoration |rɛstəˈreɪʃ(ə)n| *noun* 1) վերականգնում 2) վերանորոգում; վերակառուցում; վերաշինում 3) վերականգնում; ռեստավրացիա 4) վերահաստատում; վերականգնում *(օրենքի և այլնի)*

restorative |rɪˈstɒrətɪv| **1** *adjective* կազդուրիչ; ամրացնող; կենարար; առողջացնող; ուժերը վերականգնող **2** *noun բժշկություն* ամրացնող/կազդուրիչ միջոց

restore |rɪˈstɔː| *verb* 1) վերականգնել; վերահաստատել; վերակառուցել; ռեստավրացիայի ենթարկել ◊ **be restored to health** առողջանալ; առողջությունը վերականգնել 2) վերադարձնել; հատուցել

restrain |rɪˈstreɪn| *verb* 1) թույլ չտալ; ետ պահել; պահել; սահմանափակել 2) զսպել; սանձել *(զգացումը)* 3) բանտարկել; ձերբակալել; մեկուսացնել

restrained |rɪˈstreɪnd| *adjective* 1) զուսպ; չափավոր; անկիրք; զսպված; սառը *(մարդու մասին)* 2) զուսպ; համեստ *(հագուստի մասին)* 3) սահմանափակ; սահմանափակված

restraint |rɪˈstreɪnt| *noun* 1) (**restraints**) զսպող/կաշկանդող բան *(ազդեցություն)* ◊ **without restraint** ազատ; անարգել; անկաշկանդ 2) ձերբակալում; արգելափակում *(բանտում և այլն)* ◊ **put under restraint** ազատազրկել; ձերբակալել; կալանավորել; կալանքի տակ առնել 3) սեղմում; նեղում; սահմանափակում 4) զսպվածություն; ինքնամփոփություն; ինքնատիրապետում; խստություն

restrict |rɪˈstrɪkt| *verb* 1) սահմանափակել; չափավորել; սահմանավորել; սահման դնել 2) թույլ չտալ; արգելել 3) (**restrict someone to**) սահմանափակել մի բանով; թույլ չտալ մի տեղից հեռանալ 4) (**restrict something to**) թույլատրել միայն որոշակի մարդկանց; միայն ոմանց մուտքը թույլատրել

restriction |rɪˈstrɪkʃ(ə)n| *noun* սահմանափակում; չափավորում

restrictive |rɪˈstrɪktɪv| *adjective* սահմանափակող; սահմանափակիչ; զսպող; արգելակող; կաշկանդող

restructure |riːˈstrʌktʃə| *verb* վերակառուցել; վերակազմավորել

result |rɪˈzʌlt| **1** *noun* 1) արդյունք; հետևանք; ելք; վախճան ◊ **without result** առանց արդյունքի; ապարդյուն 2) (**results**) միավորներ; գնահատական; թվանշան *(մրցության կամ քննության արդյունքում)* 3) (**results**) դրական/գոհացուցիչ արդյունքներ 4) *մաթեմատիկա* պատասխան **2** *verb* 1) (**result from**) առաջանալ; առաջ գալ; հետևանք լինել; սկիզբ առնել; ծագել 2) (**result in**) մի բանով վերջանալ; մի բանի հասցնել; հետևանք ունենալ

resultant |rɪˈzʌlt(ə)nt| **1** *adjective* 1) բխող; ծագող; որևէ բանի հետևանքով առաջացող; որևէ բանի արդյունքում առաջացող 2) *ֆիզիկա* համազոր; հավասարապես ազդող **2** *noun տեխնիկական, ֆիզիկա* հավասարապես ներգործող ուժ; համազոր ուժ

resume |rɪˈzjuːm| **1** *verb* 1) վերսկսել; շարունակել *(ընդհատումից հետո)* 2) վերսկսվել; շարունակվել; նորից սկսվել 3) ամփոփել; եզրափակել; հանրագումարի բերել 4) վերադառնալ *(նախկին վիճակին/տրամադրությանը)* 5) ետ վերցնել; ետ ընդունել; նորից գրավել; նորից զբաղեցնել *(տեղը և այլն)* **2** *noun* տե՛ս **résumé**

résumé |ˈrɛzjʊmeɪ| (նաև **resumé** կամ **resume**) *noun* 1) ինքնակենսագրություն; ինքնակենսագրական 2) հանրագումար; ամփոփագիր; կոնսպեկտ; ամփոփում; եզրափակում

resurgence *noun* վերականգնում

resurgent |rɪ'sɜːdʒ(ə)nt| *adjective* 1) վերածնվող; վերակենդանացող; հարություն առնող; հառնող *(հույսի/զգացմունքի և այլնի մասին)* 2) հարություն առնող

resurrect rɛzə'rɛkt| *verb* 1) հարություն տալ; վերակենդանացնել 2) հարություն առնել; վերակենդանանալ 3) վերակենդանացնել; վերականգնել; նոր շունչ հաղորդել *(հին սովորույթներին և այլն)*

resurrection |rɛzə'rɛkʃ(ə)n| *noun* 1) հարություն; հարություն առնելը; հարություն տալը 2) *քրիստոնեություն* (**the Resurrection**) Հարություն 3) վերակենդանացում; վերականգնում; նոր կյանք տալը; նոր շունչ հաղորդելը *(հին սովորույթներին և այլն)*

resuscitate |rɪ'sʌsɪteɪt| *verb* 1) վերակենդանացնել; ուշքի բերել; հարություն տալ 2) հարություն առնել; հառնել 3) *փոխաբերական* վերակենդանանալ; վերածնվել; նորից վերելք ապրել; նոր շունչ ստանալ

retail |'riːteɪl| **1** *noun* հատավաճառ/մանրածախ առևտուր **2** *adverb* հատով; մանրածախ **3** *verb* |rɪ'teɪl| 1) մանրածախ գներով վաճառել 2) (**retail at/for**) մանրածախ գներով վաճառվել 3) վերապատմել; կրկնել; տարածել *(լուրեր, նորություններ)*

by retail հատավաճառ; հատով վաճառվող

retailer *noun* 1) մանրավաճառ; խանութպան 2) շատախոս; դատարկախոս; շաղակրատ; բամբասող *(մարդ)*

retain |rɪ'teɪn| *verb* 1) պահել; պահպանել 2) հիշել; մտապահել; հիշողության մեջ պահել 3) կլանել; պահել *(խոնավություն և այլն)* 4) տեղում պահել; ամրացնել; պահել; բռնել 5) վարձել *(սովորաբար փաստաբանին)* 6) պարունակել

retainer |rɪ'teɪnə| *noun* 1) բռնիչ; պահիչ; ամրացուցիչ 2) փաստաբանին տրվող նախնական հոնորար 3) *պատմական* ծառա; վասալ 4) *փոխաբերական* կողմնակից; համախոհ

retaliate |rɪ'tælɪeɪt| *verb* 1) փոխհատուցել; նույնով հատուցել/նույնով պատասխանել; վրեժխնդիր լինել; վրեժ լուծել 2) հակընդդեմ մեղադրանք ներկայացնել

retaliation *noun* փոխհատուցում; փոխվրեժ; վրեժ

retardation |riːtɑː'deɪʃ(ə)n| *noun* 1) դանդաղեցում; կասեցում; արգելք; խոչընդոտ 2) ուշացում; ուշանալը; ետ մնալը

retch |rɛtʃ| **1** *verb* հետ տալ; ործկալ **2** *noun* ործկում; փսխում; փսխելու ձայն

retention |rɪ'tɛnʃ(ə)n| *noun* 1) պահում; պահելը; պահպանում 2) մտապահում; հիշելը 3) միզարգելում

retentive |rɪ'tɛntɪv| *adjective* 1) լավ *(հիշողության մասին)* 2) լավ պահող; պահպանող

rethink **1** *verb* |riː'θɪŋk|(անցյալ և անցյալ դերբայ **-thought**) վերանայել; նորից մտածել *(մի բանի մասին)* **2** *noun* |'riː θɪŋk| վերանայում

reticent |'rɛtɪs(ə)nt| *adjective* ծածկամիտ; գաղտնապահ; լռակյաց; սակավախոս; զուսպ; զսպված

reticule |'rɛtɪkjuːl| *noun* 1) կանացի փոքր ձեռնապայուսակ 2) (նաև **reticle**) ցանց; տեսողական գծերի խաչաձևում *(հեռադիտակի վրա)*

retina |'rɛtɪnə| *noun* (հոգն. **retinas** կամ **retinae** |-niː|) *կազմախոսություն* ցանցաթաղանթ; ցանցենի *(աչքի)*

retinue |'rɛtɪnjuː| *noun* շքախումբ; թափոր; շքաթափոր; աջակիցներ

retire |rɪ'tʌɪə| *verb* 1) ծառայությունից/պաշտոնից հեռանալ; պաշտոնաթող լինել; թոշակի անցնել 2) թոշակի ուղարկել; հեռանալ; հեռացվել *(աշխատանքից)* 3) *տնտեսագիտություն* շրջանառությունից հանել 4) մարել *(մուրհակը)* 5) հեռանալ; գնալ 6) առանձնանալ; մեկուսանալ ◇ **retire into oneself** ինքնամփոփվել; ներամփոփվել; սեփական անձի մեջ խորասուզվել 7) *ռազմական* ետ քաշվել; նահանջել 8) *ռազմական* ետ քաշել; նահանջի հրաման տալ 9) պառկել քնելու

retired |rɪ'tʌɪəd| *adjective* 1) պաշտոնաթող; թոշակի անցած 2) *հնացած* առանձնացած; մեկուսացած; ծածկված; աննկատ *(վայրի մասին)* 3) ինքնամփոփ; ինքնապարփակ; ծածկամիտ; չշփվող

retirement |rɪ'tʌɪəm(ə)nt| *noun* 1) ծառայությունը/պաշտոնը թողնելը; պաշտոնաթող լինելը 2) պաշտոնաթող կյանք 3) առանձնացում; մեկուսացում; մենավոր/մեկուսացած կյանք 4) *ռազմական* նահանջ; ետ քաշվելը

retiring |rɪ'tʌɪərɪŋ| *adjective* զուսպ; համեստ; պարկեշտ; ամաչկոտ; առանձնանալու/մեկուսանալու հակված

retort¹ |rɪ'tɔːt| **1** *verb* 1) խիստ հակաճառել; ընդդիմախոսել; առարկել 2) նույնով պատասխանել; հակառակորդին նրա սեփական զենքով ջախջախել **2** *noun* հակաճառություն; ընդդիմախոսություն; առարկություն; սրամիտ պատասխան

retort² |rɪ'tɔːt| **1** *noun* *քիմիա* թորանոթ; թորամամ **2** *verb* *քիմիա* թորել; զտել

retouch |riː'tʌtʃ| *verb* ռետուշել; ռետուշ անել; ուղղել; շտկել *(նկարը և այլն)*

retrace |rɪ'treɪs| *verb* 1) ետ դառնալ; վերադառնալ *(նույն ճանապարհով)* 2) անցնել որևէ մեկի անցած ճանապարհով 3) հետազոտել; քննել *(որևէ բանի ընթացքը մինչև սկզբնաղբյուրը)*

retract |rɪ'trækt| *verb* 1) ետ քաշել; քաշել 2) ետ վերցնել *(խոսքը, մեղադրանքը և այլն)* 3) չեղյալ հայտարարել; չկայացնել; հրաժարվել; ուրանալ; հանձն չառնել 4) ներս քաշել *(ճանկերը, ճիրանները)* 5) հետ քաշվել; կծկվել

retreat |rɪ'triːt| **1** *verb* 1) նահանջել; ետ քաշվել; ընկրկել 2) հեռանալ; մեկուսանալ; առանձնանալ 3) փոքրանալ; նվազել; բարակել *(սառույցի, ջրի մակերեսի մասին)* 4) իջնել *(արժեքի մասին)* 5) հրաժարվել իր տեսակետներից *(քննադատության պատճառով)* **2** *noun* 1) նահանջ; ետ քաշվելը 2) իր տեսակետներից հրաժարվելը 3) նահանջի ազդանշան ◇ **beat a retreat** *փոխաբերական* նահանջել; կարծիքը փոխել 4) առանձնավայր; առանձնատուն; ապաստան; ապաստարան; ապաստանատեղ; պատսպարան 5) մեկուսանալը; առանձնանալը *(աղոթքի և այլնի համար)*

retrench |rɪ'trɛn(t)ʃ| *verb* 1) կրճատել; պակասեցնել *(ծախսերը)* 2) *ռազմական* խրամատներում ամրացնել

retrenchment *noun* ծախսերի կրճատում

retrial |riːˈtrʌɪəl| *noun իրավունք* դատական գործի վերաքննում; դատական գործի վերանայում

retribution |rɛtrɪˈbjuːʃ(ə)n| *noun* արժանի/արդարացի պատիժ; հատուցում

retributive |rɪˈtrɪbjʊtɪv| *adjective* հատուցող; պատժող; պատժիչ

retrieve |rɪˈtriːv| **1** *verb* 1) հետ բերել; վերադարձնել; նորից ձեռք բերել 2) գտնել և բերել *(շան մասին, որը բերում է որսը)* 3) վերհիշել; մտաբերել *(մոռացածը)* 4) *համակարգիչներ* առբերել 5) փրկել; ուղղել; շտկել *(տհաճ դրությունը, սխալը)* 6) վերականգնել; բարելավել; լավացնել *(գործերը և այլն)* 7) վերցնել 8) կորզել **2** *noun* ◇ **beyond/past retrieve** անդառնալիորեն; անվերադարձ կերպով; անուղղելի կերպով

retro¹ |ˌrɛtrəʊ| **1** *adjective* ռետրո; անցյալի/հետահայաց ոճով **2** *noun* անցյալի ոճի հագուստ/երաժշտություն

retro² *noun* (հոգն. **-tros**) (նաև **retrorocket**) արգելակային հրթիռ

retroaction *noun* 1) հետադարձ գործողություն 2) *ռադիո* հետադարձ կապ

retrograde |ˈrɛtrəgreɪd| **1** *adjective* 1) դեպի ետ ուղղված 2) հետադիմական; հետադեմ; խավարամիտ; հետընթաց 3) հակառակ; հակադարձ 4) *ռազմական* նահանջի; նահանջողական **2** *noun հազվադեպ* հետադիմական/խավարամիտ անձ **3** *verb* 1) նահանջել; ետ քաշվել 2) ետ գնալ; հետադիմել; հետընթաց ապրել

retrogression |ˌrɛtrə(ʊ)ˈgrɛʃ(ə)n| *noun* 1) հետադիմություն; անկում; հետընթաց 2) հետադարձ շարժում

retrogressive |-sɪv| *adjective* 1) հետադարձ 2) հետադեմ; հետադիմող

retrospect |ˈrɛtrəspɛkt| *noun* հետադարձ հայացք ◇ **in retrospect** հետահայաց; հետադարձ հայացքով

retrospective |rɛtrə(ʊ)ˈspɛktɪv| **1** *adjective* 1) հետահայաց; հետադարձ 2) հետահայաց *(ցուցահանդեսի և այլնի մասին)* 3) *իրավունք* հետադարձ ուժ ունեցող 4) անցյալին վերաբերող **2** *noun* հետահայաց ցուցադրություն/ցուցահանդես

return |rɪˈtəːn| **1** *verb* 1) վերադառնալ; ետ գնալ; ետ գալ 2) (**return to**) վերադառնալ; անդրադառնալ *(թեմային և այլն)* 3) վերադարձնել; հետ դարձնել; տալ 4) ետ վճարել; հատուցել 5) նույնով պատասխանել; փոխադարձել *(զգացմունքներին և այլն)* 6) կրկնվել *(հիվանդության մասին)* 7) պատասխանել; առարկել; հակաճառել 8) հաշվետվություն անել; զեկուցել 9) բերել *(եկամուտ, շահույթ)* 10) ընտրել *(պառլամենտի կազմում)* **2** *noun* 1) վերադարձ; վերադառնալը; վերադարձի ճանապարհ ◇ **by return of post** հետադարձ փոստով 2) վերադարձնելը; ետ դարձնելը 3) *փոխաբերական* հատուցում; փոխհատուցում ◇ **in return** փոխանակ; փոխարենը; ի հատուցում 4) (**returns**) եկամուտ; հասույթ; շահույթ; վաստակ *(մի բանից)* 5) հաշվետվություն; հաշվետու տեղեկություններ 6) շրջանառություն; շրջապտույտ *(կապիտալի)* 7) պատասխան; առարկություն; հակաճառություն 8) *համակարգիչներ* (**carriage return**) սայլակի վերադարձ

many happy returns ծնունդդ շնորհավոր

returnee |rɪtəːˈniː| *noun* 1) վերադարձող; տուն վերադարձող 2) զորացրված

Reuben |ˈruːbɪn| *աստվածաշնչային* Ռուբեն *(Իսրայելի 12 ցեղերից մեկի նախահայրը)*

Réunion |riːˈjuːnjən|, |-nɪən|, |ʀeynjɔ̃| Ռեյունիոն *(կղզի Հնդկական օվկիանոսում՝ Մադագասկար կղզու արևելքում. պատկանում է Ֆրանսիային)*

reunion |riːˈjuːnjən|, |-ɪən| *noun* 1) վերամիավորում; վերամիացում; վերամիավորվելը 2) ընդհանուր հանդիպում; հավաքույթ ◇ **a family reunion** ամբողջ ընտանիքի միասին հավաքվելը

reunite |riːjʊˈnʌɪt| *verb* 1) վերամիացնել; վերամիանալ; վերամիավորվել 2) միասին հավաքվել/հանդիպել; վերամիավորվել

reuse **1** *verb* |riːˈjuːz| նորից գործածել; բազմիցս գործածել **2** *noun* |riːˈjuːs| նորից գործածելը; բազմակի օգտագործում

Reuters |ˈrɔɪtəz| Ռոյթերս *(տեղեկատվական գործակալություն)*

Rev. *abbreviation* 1) *աստվածաշնչային* (**Revelation**) Հայտ.; Հայտնություն *(Նոր Կտակարանի գրքերից մեկը)* 2) Reverend

rev |rɛv| *խոսակցական* **1** *noun* պտույտ *(շարժիչի)* **2** *verb* (**revved**, **revving**) պտույտ գալ; պտտվել ◇ **rev up** i) արագությունը մեծացնել; պտույտների թիվն արագացնել ii) *փոխաբերական* աճել; ավելանալ

revamp |riːˈvæmp| **1** *verb* 1) նորացնել; նոր տեսք տալ; թարմացնել 2) նորոգել; վերանորոգել; կարկատել **2** *noun* 1) նորացում; թարմացում 2) նորացված/մշակված տարբերակ

reveal¹ |rɪˈviːl| *verb* 1) բանալ; բացել; բացահայտել; մերկացնել; քողազերծել; մատնել *(գաղտնիքը)* 2) ցույց տալ; ցուցաբերել; երևան բերել

reveal² |rɪˈviːl| *noun շինարարություն* գրկան *(դռան, պատուհանի)*

reveille |rɪˈvæli| *noun ռազմական* արթնացման ազդանշան; ցայգանվագ

revel |ˈrɛv(ə)l| **1** *verb* (**reveled**, **reveling**; հիմն. բրիտ. **revelled**, **revelling**) 1) խնջույք/քեֆ անել; զվարճանալ; ուրախանալ 2) (**revel in**) վայելել; հաճույք ստանալ **2** *noun* խնջույք; աղմկոտ ուրախություն

revelation |rɛvəˈleɪʃ(ə)n| *noun* 1) բացահայտում; հայտնություն; հայտնագործություն; հայտնագործում 2) բացում; բացելը; հայտնաբերում; երևան հանելը 3) *աստվածաշնչային* (**Revelation**) Հայտնություն *(Նոր Կտակարանի գրքերից մեկը)*

revelry *noun* (հոգն. **-ries**) խրախճանք; անզուսպ ուրախություն; գինարբուք

revenge |rɪˈvɛn(d)ʒ| **1** *noun* 1) վրեժ; վրիժառություն; վրեժխնդրություն ◇ **take one's revenge on somebody** մեկից վրեժ լուծել. **in revenge** որպես վրեժ; ի հատուցումն 2) ռևանշ; հատուցում ◇ **give a person his revenge** հնարավորություն տալ տանույ տվածը ետ բերելու **2** *verb հնացման բանաստեղծական* 1) (**revenge oneself, be revenged**) վրեժ լուծել; վրեժ առնել 2) մեկի վրեժը լուծել; մեկի համար վրեժ լուծել

revengeful |rɪˈvɛn(d)ʒfʊl|, |-f(ə)l| *adjective* ոխակալ; վրիժառու; վրեժխնդիր; քինոտ; քինախնդիր

revenger *noun* վրիժառու; վրեժխնդիր մարդ

revenue |ˈrɛvənjuː| *noun* 1) տարեկան եկամուտ 2) պետական եկամուտ 3) եկամուտի աղբյուր

reverberate |rɪˈvəːbəreɪt| *verb* 1) արձագանքել; արձագանք տալ *(ձայնի մասին)* 2) թնդալ; դղրդալ; զնգզնգալ *(սրահի և այլնի մասին՝ ուժգին ձայնից)* 3) անդրադառնալ; ազդել; խորն ազդեցություն թողնել

revere |rɪˈvɪə| *verb* հարգել; մեծարել; խորին պատկառանք տածել; խորապես ակնածել/հարգել; երկրպագել

reverence |ˈrɛv(ə)r(ə)ns| **1** *noun* 1) հարգանք; պատիվ; մեծարանք; երկյուղածություն; ակնածանք; պատկառանք 2) *հնացած* խորը գլուխ տալը; խորին ողջույն 3) *հնացած* Վերապատվելի; Պատվելի *(բողոքական հոգևորականին դիմելիս)* **2** *verb* հարգել; մեծարել; երկրպագել; պաշտել

reverend |ˈrɛv(ə)r(ə)nd| **1** *adjective* 1) (**Reverend**) Հարգելի; Պատվարժան; Պատվելի; Վերապատվելի 2) *հնացած* արդար; պատվելի **2** *noun խոսակցական* հոգևորական անձ

reverent |ˈrɛv(ə)r(ə)nt| *adjective* հարգալից; հարգանքով լի; հարգող; հարգաբարո; երկյուղած; ակնածանքով լի; ակնածալից

reverie |ˈrɛv(ə)ri| *noun* 1) անուրջ; երազանք; գնորք; երազկոտություն 2) *հնացած* գնորալից/անիրագործելի գաղափար

reversal |rɪˈvəːs(ə)l| *noun* 1) փոխում; փոխելը; հակադարձ ընթացք *(տեղի, ուղղության)* 2) տեղափոխում *(հակառակ կարգով)* 3) ոչնչացում; վերացում; ջնջում

reverse |rɪˈvəːs| **1** *verb* 1) շրջել; շուռ տալ *(հակառակ կողմը)* 2) ետընթաց/հակադարձ շարժում կատարել; շրջվել; շուռ գալ 3) ուղղությունը փոխել *(շարժման, պտույտի)* 4) վերացնել; ոչնչացնել; ջնջել; չեղյալ հայտարարել **2** *adjective* հակառակ; հակադարձ; հակադիր ◇ **on the reverse side** հակառակ կողմում; շրջերեսին **3** *noun* 1) հակադարձ/ետընթաց շարժում ◇ **in reverse, on the reverse** ետընթաց շարժումով 2) անհաջողություն; ձախորդություն; փոփոխություն դեպի վատը 3) շրջերես; դարձերես; հակառակ կողմ ◇ **the reverse of the medal** *փոխաբերական* մեդալի հակառակ կողմը 4) ձախ թերթը *(բացված գրքի)* 5) հակադիրը; հակառակը 6) լիակատար հակադրություն 7) *ռազմական* պարտություն ◇ **sustain/meet/suffer a reverse** պարտություն կրել; անհաջողություն կրել

reversible |rɪˈvəːsɪb(ə)l| *adjective* 1) շրջելի; դարձվող; դարձնելի; հակադարձելի; հետադարձելի 2) երկկողմանի; երկերեսանի *(գործվածքի մասին)*

reversion |rɪˈvəːʃ(ə)n| *noun* 1) վերադարձ *(նախկին վիճակին)* 2) *կենսաբանություն* հետասերում; նախնանմանություն; ատավիզմ 3) գույքի վերադարձում նախկին տիրոջը; ռեվերսիա 4) գույքին տիրելու իրավունք *(որոշակի պայմանների առկայության դեպքում)*

revert |rɪˈvəːt| *verb* 1) վերադառնալ; անդրադառնալ; նորից անցնել *(նախկին վիճակին, թեմային և այլն)* 2) վերադառնալ նախկին տիրոջը *(գույքի մասին)* 3) *կենսաբանություն* հետասերվել

revet |rɪˈvɛt| *verb* (**-vetted**, **-vetting**) *տեխնիկական* երեսպատել; երեսապատել

revetment |rɪˈvɛtm(ə)nt| *noun* երեսպատում; երեսապատում

review |rɪˈvjuː| **1** *noun* 1) վերանայում; վերաքննում; վերազննում *(դիրքորոշման և այլն)* 2) գրախոսություն; գրախոսական; քննադատական հոդված; տեսություն; ակնարկ 3) պարբերական հանդես 4) *ռազմական* զորատես; զորահանդես 5) վերաքննություն *(դատական գործի)* 6) դիտում; զննում; ստուգում **2** *verb* 1) վերանայել; վերաքննել; վերազննել *(դիրքորոշումը և այլն)* 2) գրախոսել; քննադատական հոդված գրել; տեսություն կազմել 3) վերանայել *(դատական գործը, իր դիրքավորումը)* 4) *ռազմական* զորատես անցկացնել; զորահանդես ընդունել 5) նորից դիտել; զննել; ստուգել

reviewer |rɪˈvjuːə| *noun* 1) գրախոս; գրախոսության հեղինակ 2) տեսաբան; տեսության հեղինակ; տեսություն կազմող *(ամսագրի, լրագրի)*

revile |rɪˈvʌɪl| *verb* հայհոյել; անարգել; վիրավորել

revise |rɪˈvʌɪz| **1** *verb* 1) վերանայել; փոխել *(համոզմունքները, դիրքավորումը)* 2) ստուգել և ուղղել *(տեքստը)* 3) կատարելագործել; բարվոքել; բարելավել; լավացնել 4) *բրիտանական* կրկնել; թարմացնել *(սովորածը)* **2** *noun տպագրություն* 1) սրբագրություն; վերջին սրբագրության թերթը *(տպագրությունից առաջ)* 2) համեմատում; ստուգում

revision |rɪˈvɪʒ(ə)n| *noun* 1) վերանայում; քննություն; վերստուգում; ռևիզիա 2) վերանայված և վերափոխված հրատարակություն; նոր խմբագրություն

revisionism |rɪˈvɪʒ(ə)nɪz(ə)m| *noun արհամարհական, քաղաքականություն* ռևիզիոնիզմ; վերանայականություն

revitalize |riːˈvʌɪt(ə)lʌɪz| *verb* նոր ուժ հաղորդել; կազդուրել

revival |rɪˈvʌɪv(ə)l| *noun* 1) *նաև կրոն* վերածնունդ; վերածնություն; աշխուժացում; վերածնում; վերակենդանացում 2) վերաբեմադրում *(ներկայացման և այլն)* 3) վերականգնում

revive |rɪˈvʌɪv| *verb* 1) վերակենդանացնել; ուշքի/կյանքի բերել 2) վերակենդանանալ; ուշքի գալ 3) աշխուժացնել; թարմացնել; ուժերը վերականգնել 4) վերականգնել; վերակենդանացնել; վերածնել *(սովորույթը և այլն)* 5) վերականգնվել; վերակենդանանալ; վերածնվել *(սովորույթի և այլնի մասին)* 6) վերաբեմադրել; նորից բեմադրել *(ներկայացումը)*

revivify |rɪˈvɪvɪfʌɪ| *verb* (**-fies**, **-fied**) վերակենդանացնել; աշխուժացնել; նոր շունչ հաղորդել; նոր կյանք հաղորդել

revocable |ˈrɛvəkəb(ə)l| *adjective* վերացման ենթակա

revocation |rɛvəˈkeɪʃ(ə)n| *noun* վերացում; ջնջում; չեղյալ հայտարարում

revoke |rɪˈvəʊk| *verb* չեղյալ համարել; հետ կանչել *(օրենքը, հրամանը և այլն)*

revolt |rɪˈvəʊlt| **1** *verb* 1) ապստամբել; ապստամբություն բարձրացնել; ըդնվզել; ըմբոստանալ 2) զայրույթ առաջացնել; զայրացնել; վանել 3) զայրույթով/ատելությամբ/զզվանքով լցվել **2** *noun* 1) ապստամբություն; խռովություն; հուզմունք ◊ **in revolt** ապստամբած; ապստամբությամբ բռնված 2) ատելություն; զզվանք

revolution |rɛvəˈluːʃ(ə)n| *noun* 1) հեղափոխություն 2) հեղաշրջում; վայրիվերում ◊ **industrial revolution** արդյունաբերական հեղաշրջում 3) պտտվելը 4) պտույտ; շրջան ◊ **revolutions per minute** պտույտ-րոպե *(մի րոպեում կատարված պտույտների քանակը)*

revolutionary |rɛvəˈluːʃ(ə)n(ə)ri| **1** *adjective* 1) հեղափոխական 2) հեղաշրջման; հեղաշրջում առաջացնող **2** *noun* (հոգն. **-aries**) հեղափոխական

revolutionism *noun* հեղափոխականություն

revolutionize |rɛvəˈluːʃ(ə)nʌɪz| *verb* 1) արմատական հեղաշրջում առաջացնել; հեղաշրջել 2) հեղափոխել; հեղափոխականացնել

revolve |rɪˈvɒlv| *verb* 1) պտտվել; պտույտ գալ; շրջան անել 2) (**revolve around/about**) պտտվել շուրջը 3) պարբերաբար միմյանց հաջորդել *(տարվա եղանակների մասին)* 4) *փոխաբերական* (**revolve around**) շուրջը պտտվել; մի բանի վրա հիմնված լինել; մի բանից կախված լինել 5) կշռադատել; ծանրութեթև անել; խորհել; խորը մտածել *(մի բանի վերաբերյալ)*

revolver |rɪˈvɒlvə| *noun* 1) ատրճանակ 2) *տեխնիկական* թմբկազլան

revue |rɪˈvjuː| *noun* *թատրոն* դրամատիկական տեսություն; ռևյու

revulsion |rɪˈvʌlʃ(ə)n| *noun* 1) զզվանք *(հատկապես հանկարծակի)* 2) հանկարծակի խիստ փոփոխություն *(զգացմունքի և այլնի)* 3) անբարյացկամություն; թշնամանք

reward |rɪˈwɔːd| **1** *noun* 1) պարգև; պարգևատրություն; պարգևատրում ◊ **as a reward for** որպես պարգև *(որևէ բանի դիմաց)* 2) վարձատրություն; հատուցում **2** *verb* 1) պարգևատրել 2) վարձատրել; հատուցել 3) (**be rewarded**) հատուցում/վարձատրում ստանալ

reword |riːˈwəːd| *verb* վերաձևակերպել; այլ բառերով արտահայտել; այլ ձևերով արտահայտել; շրջասել

rewrite **1** *verb* |riːˈrʌɪt| (անցյալ **-wrote**; անցյալ դերբայ **-written**) 1) արտագրել; նորից/վերստին գրել; մաքրագրել; սրբագրել 2) վերանայել **2** *noun* |ˈriːrʌɪt| 1) արտագրում; մաքրագրում; վերանայում 2) վերանայված տեքստ

Reykjavik |ˈreɪkjəvɪk|, |-viːk| Ռեյկյավիկ *(Իսլանդիայի մայրաքաղաքը)*

Reynard |ˈrɛnɑːd|, |ˈreɪ-| *noun* *բանաստեղծական* աղա աղվես; պարոն աղվես

Rhein |ræɪn| *Հռենոս (գետ Արևմտյան Եվրոպայում. գերմաներեն անվանումը)*

rhenium |ˈriːnɪəm| *noun* *քիմիա* (**Re**) ռենիում

rheostat |ˈriːəstæt| *noun* 1) *էլեկտրականություն* ռեոստատ; փոփոխական դիմադրություն 2) դիմադրություն

rhetoric |ˈrɛtərɪk| *noun* 1) ճարտասանություն; հռետորություն; ճարտարաբանություն 2) *փոխաբերական* ճոռոմաբանություն; մեծախոսություն

rhetorical |rɪˈtɒrɪk(ə)l| *adjective* ճարտասանական; հռետորական

rheumatic |rʊˈmætɪk| **1** *adjective* 1) ռևմատիկական; ռևմատիկ; հոդացավային 2) ռևմատիկ; հոդացավ ունեցող *(մարդու մասին)* **2** *noun* 1) ռևմատիզմով հիվանդ; հոդացավով տառապող մարդ 2) *խոսակցական* (**rheumatics**) ռևմատիզմ; հոդացավ

rheumatism |ˈruːmətɪz(ə)m| *noun* ռևմատիզմ; հոդացավ

Rhine |rʌɪn| Հռենոս *(գետ Արևմտյան Եվրոպայում)*

rhino |ˈrʌɪnəʊ| *noun* (հոգն. նույնը կամ **-nos**) *խոսակցական* ռնգեղջյուր

rhinoceros |rʌɪˈnɒs(ə)rəs| *noun* (հոգն. նույնը կամ **-oses**) *կենդանաբանություն* ռնգեղջյուր *(ընտանիք Rhinocerotidae)*

Rhodesia |rəʊˈdiːʃə|, |-ˈdiːʒə| Ռոդեզիա *(տարածք Աֆրիկայում, որը ներկայումս բաժանված է Զամբիայի և Զիմբաբվեի միջև)*

Rhodope Mountains |ˈrɒdəpi| Ռոդոպյան լեռներ *(լեռնաշղթա Բալկաններում)*

rhomb |rɒm(b)| *noun* *մաթեմատիկա* շեղանկյունի; ռոմբ *(հավասարակողմ զուգահեռագիծ)*

rhombic *adjective* 1) շեղանկյան; ռոմբի 2) շեղանկյունի; ռոմբաձև

rhomboid |ˈrɒmbɔɪd| **1** *adjective* շեղանկյունի; շեղանկյունաձև **2** *noun* շեղանկյունաձև պատկեր

rhombus |ˈrɒmbəs| *noun* (հոգն. **-buses** կամ **-bi** |-bʌɪ|) շեղանկյունի; ռոմբ *(հավասարակողմ զուգահեռագիծ)*

rhubarb |ˈruːbɑːb| *noun* 1) *բուսաբանություն* ռավանդենի; խավարածիլ; գարծիլ; խաշնդեղ *(Rheum rhaponticum (կամ rhabarbarum), ընտանիք Polygonaceae)* 2) վիճաբանություն; վեճ

rhumb |rʌm| *noun* *ծովային* կողմնամաս; կողմնացույցի հատվածամաս *(հավասար է հորիզոնի 1/32 մասին)*

rhyme |rʌɪm| **1** *noun* 1) հանգ ◊ **double/female/feminine rhyme** իգական հանգ *(նախավերջին վանկի շեշտումով)*. **single/male/masculine rhyme** արական հանգ *(վերջին վանկի շեշտումով)*. **neither/without rhyme or reason** (**neither rhyme nor reason**) առանց մտքի/իմաստի; անիմաստ; առանց պատճառի 2) ոտանավոր; հանգավոր բանաստեղծություն **2** *verb* 1) հանգավորվել; հանգով համապատասխանել 2) (**rhyme something with**) հանգավորել; հանգայնացնել; հանգերով համապատասխանեցնել 3) *բանաստեղծական* հանգավորված բանաստեղծություններ գրել

rhymer *noun* *խոսակցական* հանգաթուխ; հանգաստեղծ; վատ բանաստեղծ

rhymester |ˈrʌɪmstə| *noun* *խոսակցական* հանգաթուխ; հանգաստեղծ; վատ բանաստեղծ

rhythm |ˈrɪð(ə)m| *noun* ռիթմ; չափ; կշռույթ; հերթագայություն *(ոտանավորի և այլնի)*

rhythmic |ˈrɪðmɪk| *adjective* 1) ռիթմական; ռիթմիկ; համաչափ; չափական; չափածո 2) պարբերական; կանոնավոր

rib |rɪb| **1** *noun* 1) *կազմախոսություն* կող; կողոսկր ◇ **false rib** կեղծ կող. **floating/short rib** ծփակող 2) *ծովային* ողնակողք; նավակող 3) *տեխնիկական* ելուստ; դուրս ցցված մաս 4) *օդագնացություն* ջլաղեղ; կամարաջիղ 5) *բուսաբանություն* տերևի երակ 6) սուր եզր; կողք; կող *(մի բանի)* **2** *verb* (**ribbed**, **ribbing**) 1) (**be ribbed**) խորդուբորդ տեսք ունենալ; շերտավոր լինել 2) *խոսակցական* բարեմիտ կատակ անել

ribald |ˈrɪb(ə)ld|, |ˈrʌɪbɔːld| *adjective* գռեհիկ; անվայել; կոպիտ

ribaldry |ˈrɪb(ə)ldri| *noun* հայհոյախոսություն; գազրախոսություն; լկտիախոսություն; անվայել/անպարկեշտ վարք

ribbed |rɪbd| *adjective* շերտավոր; ակոսատված; քառթավոր

ribbon |ˈrɪb(ə)n| **1** *noun* 1) ժապավեն; երիզ ◇ **typewriter ribbon** գրամեքենայի ժապավեն. **tear to ribbons** ծվեն-ծվեն անել; պատառ-պատառ անել; պատառոտել 2) բարակ շերտ; նեղ զոլ 3) (**ribbons**) երասան; սանձ ◇ **take the ribbons** վարել; քշել; սանձը վերցնել **2** *verb* 1) ժապավենով զարդարել 2) ձգվել; տարածվել

rice |rʌɪs| **1** *noun* *բուսաբանություն* բրինձ *(Oryza sativa, ընտանիք Gramineae)* **2** *verb* ճզմելով անցկացնել մաղի միջով *(եփած կարտոֆիլը կամ այլ բանջարեղենը)*

rich |rɪtʃ| *adjective* 1) հարուստ; ունևոր; մեծատուն *(մարդու մասին)* 2) հարուստ; բարգավաճ; ծաղկուն *(երկրի մասին)* 3) թանկարժեք; թանկագին; մեծարժեք; արժեքավոր *(կահույքի և այլնի մասին)* 4) լի; լիառատ; բազմազան 5) թանձր; յուղալի; կաթնահունց; յուղահունց; համեմունքներով; սուր *(սննդի մասին)* 6) գունեղ; պայծառ; հյութեղ *(գույների/ներկի մասին)* 7) թավ; ուժեղ; լիահնչուն; ցածր; կրծքային *(ձայնի, տոնի մասին)* 8) բազմազան; զանազան; այլազան; հետաքրքրական 9) կարևոր; էական նշանակություն ունեցող; արժեքավոր *(մտքի/առաջարկության մասին)* 10) պտղաբեր; բերրի *(հողի մասին)*

riches |ˈrɪtʃɪz| *plural noun* 1) հարստություն; կարողություն 2) առատություն; լիություն

richly |ˈrɪtʃli| *adverb* 1) հարուստ/ճոխ կերպով; առատորեն 2) լիովին *(հատուցել)*

richness *noun* 1) հարստություն *(որևէ բանի)* 2) պտղաբերություն; բերրիություն *(հողի)* 3) վառություն; պայծառություն; ճոխություն *(գույների, տպավորությունների)* 4) յուղալիություն; հյութեղություն *(ուտելիքի)*

rick[1] |rɪk| **1** *noun* 1) դեզ; բարդոց 2) խուրձ; կապուկ *(փայտի)* **2** *verb* դիզել; դեզ անել

rick[2] |rɪk| **1** *noun* **2** *verb* մկանի ձգում *(հատկապես վզի կամ մեջքի)*

rickets |ˈrɪkɪts| *noun* *բժշկություն* ռախիտ; ճոզածություն; անգլիական հիվանդություն

rickety |ˈrɪkɪti| *adjective* 1) խախուտ; երերուն *(կահույքի մասին)* 2) ռախիտավոր; ռախիտով հիվանդ; թուլակազմ 3) անկայուն

ricksha |ˈrɪkʃɔː| (նաև **rickshaw**) *noun* ռիկշա *(մարդատար երկանիվ սայլակ ասիական մի շարք երկրներում)*

ricochet |ˈrɪkəʃeɪ|, |-ʃɛt| **1** *noun* ետաթռիչք; անդրադարձ թռիչք; ռիկոշետ; անդրադարձում **2** *verb* (**-cheted** |-ʃeɪd| , **-cheting** |-ʃeɪɪŋ| կամ **-chetted** |-ʃɛtɪd| , **-chetting** |-ʃɛtɪŋ|) 1) ռիկոշետով կրակել; ռիկոշետով դիպչել *(գնդակի մասին)* 2) անդրադառնալ; անդրադարձվել *(ձայնի մասին)*

rid |rɪd| *verb* (**ridding**; անցյալ և անցյալ դերբայ **rid** կամ **ridded**) (**rid of**) ազատել ◇ **get rid of** փրկվել; ազատվել; գլուխն ազատել; պրծնել *(մեկից, մի բանից)*

riddance |ˈrɪd(ə)ns| *noun* 1) փրկում; ազատում *(մեկից, մի բանից)* 2) հեռացում; վերացում ◇ **make a good riddance** հաջող կերպով ազատվել; գլուխն ազատել. **good riddance!** լա՛վ պրծանք; գլուխներս լավ ազատեցինք

riddle[1] |ˈrɪd(ə)l| **1** *noun* 1) հանելուկ 2) *փոխաբերական* առեղծված; գաղտնիք ◇ **read a riddle** հանելուկը լուծել **2** *verb* *հնավանդ* 1) հանելուկներով խոսել 2) լուծել *(առեղծվածը)*

riddle[2] |ˈrɪd(ə)l| **1** *verb* 1) ծակոտել; ծակծկել; մաղ դարձնել *(գնդակներով)* 2) լցված լինել; լի/լիքը լինել *(որևէ բանով)* 3) մաղել; խախալել *(մաղի միջով անցկացնել)* 4) *փոխաբերական* ստուգել ճշտությունը *(ապացույցների և այլնի)* 5) մեկի գլխին հարցեր/առարկություններ տեղալ; հարցախեղդ անել **2** *noun* 1) մաղ; քարմաղ; խախալ 2) *տեխնիկական* վահան; էկրան

ride |rʌɪd| **1** *verb* (անցյալ **rode** |rəʊd|; անցյալ դերբայ **ridden** |ˈrɪd(ə)n|) 1) վարել; գնալ *(ձիով, հեծանիվով, ավտոմեքենայով)* 2) որևէ բան հեծնել; հեծած նստել 3) գնալ; ճանապարհորդել; ճամփորդել; զբոսաշրջել *(որևէ փոխադրամիջոցով՝ գնացքով, ավտոմեքենայով, վերելակով)* 4) *խոսակցական* տանել; տեղափոխել *(որևէ մեկին՝ փոխադրամիջոցով)* 5) լողալ; սահել *(ալիքների վրայով)* 6) զայրացնել; ձանձրացնել; գլխացավանք պատճառել 7) սլանալ ◇ **ride at anchor** խարիսխ գցած կանգնել 8) կառավարել; ղեկավարել *(հատկապես խստորեն/դաժանորեն)* ◇ **ride down** i) ձիով հասնել-անցնել մեկին ii) գետին տապալել; տրորել; տակով անել **2** *noun* 1) զբոսանք *(ձիով, հեծանիվով, ավտոմեքենայով)* 2) ուղևորություն; ճանապարհորդություն *(ձիով, կառքով և այլնով)* 3) *խոսակցական* մեքենա; ավտո 4) ճանապարհ *(ձիավարության, կառքով զբոսնելու համար)*

rider |ˈrʌɪdə| *noun* 1) հեծյալ; ձիավոր; հեծանվորդ *(կամ այլ փոխադրամիջոց վարող մարդ)* 2) հավելում; լրացում; հավելված *(փաստաթղթերի և այլնի՝ առանձին թերթիկով)* 3) վերապահում

ridge |rɪdʒ| **1** *noun* 1) լեռնակատար; լեռնաշարք; լեռնաշղթա 2) երկայնակի գերան *(կտուրի)* 3) կատար; ծայր; անկյուն *(տանիքի)* 4) ակոս; ակոսի կատար 5) ուռուցիկ շերտ; մակաշերտ *(գործվածքի վրա)* 6) հաստ եզր; եզրակտոր; ծայր; եզր; կող **2** *verb* 1) ակոս/ծալք կազմել;

կճռռտվել; ծալծլվել; փոթերով ծածկվել; փոթ-փոթ գալ 2) կճռռտել; ծալծլել; փոթերով ծածկել; փոթ-փոթ անել

ridicule |ˈrɪdɪkjuːl| **1** *noun* ծաղր; ծաղրուծանակ; ծաղրում; նշավակում ◇ **hold to ridicule** ծաղրի առարկա դարձնել; ծաղրուծանակել **2** *verb* ծաղրել; ծանակել; ծաղրի առարկա դարձնել; ծաղրուծանակել

ridiculous |rɪˈdɪkjʊləs| *adjective* ծիծաղելի; ծիծաղաշարժ; անհեթեթ; անմիտ

riding¹ |ˈrʌɪdɪŋ| **1** *noun* ձիավարություն; ձի հեծնելը **2** *adjective* 1) ձիավարության 2) վարելու *(սարքի մասին)*

riding² |ˈrʌɪdɪŋ| *noun* 1) Յորքշիր կոմսության վարչատարածքային միավոր 2) վարչական/ընտրական շրջան Կանադայում

riding habit *noun* ամազոնկա *(հեծելուհու զգեստ)*

rife |rʌɪf| **1** *adjective* 1) տարածված; հաճախադեպ; սովորական; լայն տարածում ունեցող ◇ **be/grow/wax rife** սովորական լինել/դառնալ 2) (**rife with**) լի; լիքը *(մի բանով)* 3) հարուստ; առատ **2** *adverb* 1) տարածված կերպով 2) անզուսպ կերպով

riffle |ˈrɪf(ə)l| **1** *verb* 1) թերթել; աչքի անցկացնել *(գիրքը)* 2) (**riffle through**) քրքրել; քչփորել; փորփրել; պրպտել 3) ալեկոծել; ծածանել; ծփացնել 4) իրար խառնել *(խաղաթղթերի երկու կապուկ)* **2** *noun* 1) թերթում; թերթելը; աչքի անցկացնելը 2) իրար խառնելը *(խաղաթղթերի կապուկները)* 3) փորակ; ակոսիկ

riffraff |ˈrɪfræf| *noun* թափթփուկ; տականք *(հասարակության)*

rifle¹ |ˈrʌɪf(ə)l| **1** *noun* 1) հրացան 2) *ռազմական* (**rifles**) հրաձիգներ; հրաձգային զորամաս **2** *verb* 1) ակոսներ անել *(հրացանի փողանցքում)* 2) հրացանով կրակել

rifle² |ˈrʌɪf(ə)l| *verb* 1) քրքրել; տակնուվրա անել *(կողոպտելու նպատակով)* 2) կողոպտել; թալանել; գողանալ 3) կեղևազերծել; կեղևը պոկել *(ծառի)*

rifleman |ˈrʌɪf(ə)lmən| *noun* (հոգն. **-men**) հրաձիգ; հրացանակիր

rifle range *noun* հրաձգարան *(իսկական կամ ժամանցային)*

rifling |ˈrʌɪflɪŋ| *noun* ակոս; պարույր *(հրազենի փողի մեջ)*

rift |rɪft| **1** *noun* 1) ճաք; ճեղք; ճեղքվածք; ծերպ ◇ **a rift in the cloud** լուսաշերտ՝ ամպերի արանքում 2) կիրճ; վիհ; խորխորատ 3) գժտություն; տարաձայնություն; երկպառակություն; պառակտում **2** *verb երկրաբանություն* 1) ճեղքվել; ճղվել; պատռվել 2) ճեղքել; ճղել; պատռել

rig¹ |rɪg| **1** *verb* (**rigged**, **rigging**) 1) սարքել; հանդերձել; պատրաստել *(առագաստանավը՝ նավարկության)* 2) մի կերպ հարմարեցնել; արագ-արագ պատրաստել *(շինություն և այլն)* 3) *խոսակցական* զուգել; շքեղ ու գեղեցիկ հագցնել ◇ **rigged out** զուգված-զարդարված; պճնված **2** *noun* 1) հանդերձում; հանդերձելը; պատրաստում; պատրաստելը; սարքավորում; նավասարք; սարք; նավահանդերձանք; հանդերձանք *(նավի)* 2) համազգեստ; պաշտոնազգեստ 3) *խոսակցական* պճնազարդ/շքեղ հագուստ 4) կառք *(ձիերով և լծասարքով)* 5) *գյուղատնտեսություն* ակոս

rig² |rɪg| **1** *verb* (**rigged**, **rigging**) 1) խարդախություն անել; խարդախել; կեղծել 2) խորամանկություն/չարաճճիություն անել; խաղ խաղալ; օյինբազություն անել 3) ◇ **rig the market** շուկայում մեքենայություններ անել; արհեստականորեն գները բարձրացնել/իջեցնել **2** *noun հնացած* խաբեբայություն; զեղծարարություն; խորամանկություն; խաղ; չարաճճիություն; օյինբազություն ◇ **run the rig** չարաճճիություն անել

Riga |ˈriːgə| Ռիգա *(Լատվիայի մայրաքաղաքը)*

Rigel |ˈrʌɪdʒəl|, |ˈrʌɪg(ə)l| *աստղագիտություն* Ռիգել *(պայծառ աստղ Հայկի/Օրիոնի համաստեղությունում)*

rigging |ˈrɪgɪŋ| *noun* 1) սարք; հանդերձանք *(առագաստանավի)* 2) *խոսակցական* հագուստ; զգեստ; շոր

right |rʌɪt| **1** *adjective* 1) ճիշտ; ուղիղ; արդարացի; ճշմարիտ; իրավացի ◇ **do what is right, do the right thing** ճիշտ վարվել; ճիշտ վերաբերմունք ունենալ. **be right** ճիշտ/իրավացի լինել. **put one right with somebody** մեկին մի ուրիշի առաջ արդարացնել 2) (**right?**) այդպես չէ՞; ճիշտ չէ՞ 3) հարմար; համապատասխան; պատշաճ; տեղին; անհրաժեշտ; պահանջված 4) կարևոր; հայտնի; ընդունված 5) աջ; աջակողմյան 6) *խոսակցական բրիտանական* իսկական; բացարձակ 7) աջ; աջ հայացքների տեր; պահպանողական 8) ուղիղ *(գծի/անկյան մասին)* 9) առողջ; քաջառողջ; սարքին; լավ վիճակի մեջ; կարգին ◇ **look all right** առողջ լինել; լավ տեսք ունենալ 10) արտաքին; երեսի; դրսի *(գործվածքի կողմի մասին)* **2** *adverb* 1) լրիվ; ամբողջովին; կատարելապես 2) ճիշտ; հենց ◇ **right in the middle** ճիշտ մեջտեղում. **right opposite** հենց դիմացը; ճիշտ հակառակ կողմում. **right now** հենց հիմա; իսկույն; անմիջապես 3) *խոսակցական* շուտով; անմիջապես; անհապաղ 4) *բարբառային* շատ; խիստ; չափազանց 5) իրավացիորեն; ճիշտ; արդարացիորեն; արդարացի կերպով; պատշաճ ձևով 6) ուղիղ ◇ **right along** անդադար; առանց կանգ առնելու; անշեղորեն. **right on** ուղիղ առաջ. **right in the eye/face** ուղիղ աչքին/դեմքին 7) դեպի աջ ◇ **right and left** աջ ու ձախ; ամեն կողմ **3** *noun* 1) արդարություն; արդարացիություն; ճշտություն ◇ **do somebody right** (**do sb to rights**) արդարացիությունն ընդունել; մեկին ըստ արժանվույն գնահատել 2) (**right to**) իրավունք; արդարացի պահանջ ◇ **stand upon one's right** (**maintain/demand one's right**) իր իրավունքը պաշտպանել; իր իրավունքի տերը լինել. **reserve the right** իրեն իրավունք վերապահել. **rights and duties** իրավունքներ և պարտականություններ. **by right of** մի բանի իրավունքով 3) (**rights**) իրավունքներ *(հեղինակային)* 4) (**the right**) աջ կողմը; աջ ձեռքը ◇ **keep to the right** աջ կողմով գնալ; աջով գնալ. **to the right** դեպի աջ. **on the right** աջ կողմում 5) աջ թև *(բանակի)* 6) աջ բռունցք 7) հարված աջ բռունցքով 8) (**rights**) իրական վիճակ; իսկություն 9) (**the rights**) աջերը; պահպանողականները **4** *verb* 1) ուղղել; շտկել ◇ **right oneself** վերականգնել իր պատիվը/անունը 2) ուղղվել; շտկվել **5** *exclamation* *խոսակցական* ճիշտ է; իրոք; իսկապես; այդպես է; այո՛

right-angled *adjective* ուղղանկյուն

righteous |ˈrʌɪtʃəs| *adjective* 1) արդարացի; իրավացի; արդար; օրինավոր 2) արդարամիտ; արդարադատ; արդար; առաքինի; արդարակյաց 3) *խոսակցական* հիանալի; անզուգական

rightful |ˈrʌɪtfʊl|, |-f(ə)l| *adjective* 1) օրինական; օրենքով/իրավունքով պատկանող 2) արդարացի; իրավացի

right hand **1** *noun* 1) աջ ձեռք 2) աջ կողմը 3) *փոխաբերական* աջ ձեռք; անփոխարինելի/կարևոր օգնական **2** *adjective* աջակողմյան; աջ կողմը գտնվող

right-handed **1** *adjective* 1) աջլիկ 2) աջլիկների **2** *adverb* աջ ձեռքով; աջլիկների պես

right-hander *noun* 1) աջլիկ 2) *խոսակցական* աջ ձեռքով հարված

rightly |ˈrʌɪtli *adverb* 1) արդարացի; արդարացիորեն; ճիշտ; իրավացիորեն; ճշտորեն 2) պատշաճ կերպով; խելամտորեն

right wing **1** *noun* աջակողմյան; աջ; պահպանողական **2** *adjective* աջակողմյան; աջ; պահպանողական

rigid |ˈrɪdʒɪd| *adjective* 1) կոշտ; կարծր; ամուր; չթեքվող; ոչ ճկուն; չճկվող 2) քարացած; փայտացած *(վախից)* 3) խիստ *(կանոնների, ռեժիմի և այլնի մասին)* 4) անդրդվելի; անճկուն; համառ; անսասան; կայուն; հաստատուն

rigmarole |ˈrɪgmərəʊl| *noun* դատարկախոսություն; անիմաստություն; անմտություն

rigor |ˈrɪgɔː|, |ˈrʌɪgɔː|, |-gə| *noun* 1) ճշգրտություն; ստուգություն; հավաստիություն 2) խստություն; խստապահանջություն 3) (**rigors**) խիստ պայմաններ; դժվարին պահանջներ 4) խստություն; դաժանություն *(ձմեռվա/կլիմայի մասին)* 5) *բժշկություն* դող; սարսուռ 6) տե՛ս **rigor mortis**

rigorism |ˈrɪgərɪz(ə)m| *noun* խստություն; խստաբարոյություն

rigor mortis |ˈmɔːtɪs| *noun բժշկություն* դիակային կարկամություն

rigorous |ˈrɪg(ə)rəs| *adjective* 1) ճշգրիտ; ստույգ; հավաստի; մանրակրկիտ 2) խիստ; խստապահանջ *(կանոնների մասին)* 3) անճկուն; հաստատակամ; հաստատամիտ 4) ծանր; դժվարին *(գործի մասին)* 5) խիստ; խստաշունչ; մռայլ *(կլիմայի/եղանակի և այլնի մասին)*

rile |rʌɪl| *verb խոսակցական* 1) բարկացնել; զայրացնել; գրգռել; վրդովվել 2) պղտորել *(ջուրը և այլն)*

rill |rɪl| **1** *noun* 1) առվակ; վտակ 2) *աստղագիտություն* (նաև **rille**) ակոս՝ լուսնի մակերեսի վրա **2** *verb* հոսել *(ջրի մասին)*

rim |rɪm| **1** *noun* 1) եզրակ; եզրաշերտ; եզերք 2) (**wheel rim**) օղագոտի *(անվի)* 3) (**rims**) շրջանակ *(ակնոցի)* 4) եզր; ծայր; ծայրամաս 5) օղ; օղակ **2** *verb* (**rimmed**, **rimming**) 1) եզերապատել; շրջապատել; շրջանակել; գոտևորել 2) օղագոտի անցկացնել

rime¹ |rʌɪm| **1** *noun* (նաև **rime ice**) 1) եղյամ 2) *բանաստեղծական* ձնակարկուտ; բաճջարբուսուկ; մանրակարկուտ **2** *verb բանաստեղծական* եղյամապատել; եղյամով պատել; եղյամել

rime² *noun, verb* *հնավանդ* տե՛ս **rhyme**

rimless *adjective* առանց օղագոտու/շրջանակի

rimy |ˈrʌɪmi| *adjective* (**rimier**, **rimiest**) *բանաստեղծական* եղյամապատ; եղյամակալած

rind |rʌɪnd| **1** *noun* կճեպ; կլեպ; կեղև *(մրգի, ծառի)* **2** *verb* կեղևահան անել

ring¹ |rɪŋ| **1** *noun* 1) մատանի 2) շրջանակ; օղակ; օղ; օղագոտի; օղակապ ◇ **wedding ring** նշանի մատանի. **ring of the tree** ծառի տարեկան օղակաշերտերը. **livid rings** կապույտ *(աչքերի տակի)*. **rings of smoke** ծխի օղակներ/քուլաներ. **split rings** բանալիների օղակ 3) կրկեսի հրապարակ 4) ռինգ *(բռնցքամարտի, ըմբշամարտի)* 5) ձեռնարկատերերի միավորում՝ շուկայի վրա հսկողություն սահմանելու նպատակով 6) միավորում; խմբավորում; խմբակցություն 7) *քիմիա* (**closed chain**) փակ օղակ **2** *verb* շրջապատել; շրջափակել; պարուրել; գոտևորել

ring² |rɪŋ| **1** *verb* (անցյալ **rang** |ræŋ|; անցյալ դերբայ **rung** |rʌŋ|) 1) զնգալ; զրնգալ; զնգզնգալ; հնչել; լսվել *(ձայնի մասին)* ◇ **ring true** անկեղծ հնչել 2) զնգացնել; զնգզնգացնել 3) զանգահարել; զանգ տալ 4) (**ring with/to**) թնդալ; դղրդալ 5) *փոխաբերական* (**ring with**) ներծծված լինել; մի բանից ծորել; լիքը լինել *(որոշակի հատկությամբ)* • **ring in** զանգով ներս կանչել/հրավիրել *(ներսին)* **ring off** i) ավարտանշան տալ *(հեռախոսով)* ii) լսափողը կախել **ring up** զանգահարել; հեռախոսով կանչել **2** *noun* 1) զնգոց; զնգզնգոց; զրնգոց; ղողանջ; ծլնգոց 2) *խոսակցական* հեռախոսազանգ 3) որոշակի հատկություն

ringdove *noun* վայրի աղավնի

ringer¹ |ˈrɪŋə| *noun* 1) փոխարինորդ; փոխարինող; նմանակ 2) *խոսակցական* առաջնակարգ մասնագետ 3) ժամհար; ժամկոչ; զանգ տվող մարդ 4) զանգ; հեռախոսազանգ

ringer² *noun* նետելու օղակ *(որոշ խաղերում)*

ring finger *noun* մատնեմատ; մատանեմատ

ringing |ˈrɪŋɪŋ| *adjective* 1) հնչուն; հնչեղ; բարձր 2) ճռճռան; ճկճկան *(սառնամանիքի/ցրտի մասին)* 3) ազդեցիկ; ազդու; արտահայտիչ

ringleader |ˈrɪŋliːdə| *noun* պարագլուխ; ղեկավար; հրահրող; վատ գործի հեղինակ

ringlet |ˈrɪŋlɪt| *noun* 1) խոպոպ; խոպոպիկ 2) փոքրիկ մատանի; մատանյակ

ringworm |ˈrɪŋwəːm| *noun բժշկություն* խուզող մկնատամ; մրմնջուկ; որքին

rink |rɪŋk| *noun* (նաև **ice rink** կամ **hockey rink**) սահադաշտ; սահարան

rinse |rɪns| **1** *verb* ողողել; պարզաջրել; ցայել; լվանալ; լվանալով մաքրել **2** *noun* 1) ողողում; ողողելը; պարզաջրում; պարզաջրելը 2) ողողիչ *(բերանը ողողելու հեղուկ)* 3) մազերի քսուք *(լվանալուց հետո կամ մազերին երանգ տալու համար գործածվող)*

Rio de Janeiro |ˌriːəʊ də dʒəˈnɪərəʊ| Ռիո դե Ժանեյրո *(խոշոր քաղաք Բրազիլիայում)*

Rio Grande |ˌriːəʊ ˈgrænd|, |ˈgrændi| Ռիո Գրանդե *(գետ Հյուսիսային Ամերիկայում)*

Rio Negro |ˌriːəʊ ˈneɪɡrəʊ|, |ˈnɛɡ-| Ռիո Նեգրո *(գետ Հարավային Ամերիկայում, Ամազոնի վտակներից)*

riot |ˈrʌɪət| **1** *noun* 1) խռովություն; ապստամբություն 2) խռովությունը ճնշող մարմին; ապստամբությունը ճնշող ջոկատ 3) աղմուկ; իրարանցում; անհանգստություն 4) դուրս հորդում; բուռն արտահայտություն; համակում *(զգացմունքների մասին)* 5) *հնացած* գինարբուք; սանձարձակ քեֆ; սանձարձակություն ◊ **run riot** i) իրեն սանձարձակ պահել; մոլեգին ավերածություններ կատարել ii) մոլեգնել *(համաճարակի մասին)* iii) բուռն կերպով աճել; փարթամորեն աճել 6) հասարակական կարգի խախտում; հանգստի խանգարում 7) բազմազանություն; խառնուրդ; խայտաբղետություն; գույնզգունություն 8) *խոսակցական* զվարճալի/ուրախ մարդ; հետաքրքիր զրուցակից **2** *verb* 1) խռովության մասնակցել 2) մոլեգնել; աղմկել; վայրագաբար անկարգություն անել 3) *հնացած* զեխության անձնատուր լինել; խրախճանքով լի կյանք վարել

rioter *noun* խռովարար

riotous |ˈrʌɪətəs| *adjective* 1) կատաղի; վայրագ; մոլեգին; աղմկոտ 2) աղմկարար; խրախճանքով լի; շվայտ; զեխ 3) խայտաբղետ; գույնզգույն; վառ; բազմապիսի 4) ուրախ; զվարճալի; զավեշտական

RIP² |rip| **1** *noun համակարգիչներ* raster image processor պատկերի ցանցավորման մշակիչ **2** *verb* (*սվրբ* **rip**) (**ripped**, **ripping**) պատկերը կետիկների վերածել

rip¹ |rɪp| **1** *verb* (**ripped**, **ripping**) 1) պոկել; քաշել 2) *փոխաբերական* պառակտել 3) պատռել; ճղել; կարերը քանդել *(հագուստի)* 4) անցք բացել; ծակել 5) պատռվել; ճղվել; քանդվել; ճեղքվել; կտրվել; պայթել; տրաքվել; ճաքել 6) սղոցել *(երկայնությամբ)* 7) ճեղքել-անցնել; կտրել-անցնել; սրընթաց շարժվել 8) *համակարգիչներ* ձայնապատճենել • **rip off** i) պոկել; քերթել; մաշկել ii) *խոսակցական* շորթել; գողանալ; թոցնել *(մեկից)* iii) *խոսակցական* կողոպտել; խաբել; հիմարացնել *(մեկին)* **rip out** i) պոկել; պլոկել ii) արձակել *(ճիչ, աղաղակ)* iii) բերանից թռցնել *(հայհոյանք)* iv) հայհոյել **rip up** i) պատռել; ճղել; կարերը քանդել; հերձել; կտրել; բացել ii) պատառոտել; կտոր-կտոր անել iii) փորփրել; բորբոքել *(հին ցավերը/վերքերը)* **2** *noun* 1) պատռվածք; կտրվածք; քանդված կար 2) պատռելը; ճղելը; ճեղքելը 3) շորթում; գողանալը; թոցնելը

rip² |rɪp| *noun* ջրի արագ հոսող շերտ *(գետի/ծովի մեջ)*

rip³ |rɪp| *noun հնացած* 1) անպիտան; անզգամ; սրիկա 2) չարաճճի; օյինբազ 3) յաբու; քնձռոտ ձի

ripe |rʌɪp| *adjective* 1) հասած; հասուն 2) խիտ; հարուստ *(համի/բույրի մասին)* 3) (**ripe for**) հասունացած; պատրաստ 4) (**ripe with**) լցված; լի; լեցուն 5) հասուն *(տարիքի մասին)* 6) անվայել; անպարկեշտ; կոպիտ *(խոսելակերպի մասին)*

ripen |ˈrʌɪp(ə)n| *verb* 1) հասունանալ; հասնել 2) հասունացնել

riposte |rɪˈpɒst| **1** *noun* 1) *փոխաբերական* սրամիտ պատասխան; որևէ մեկին տեղը դնելը 2) *մարզական* պատասխան հարված *(սուսերամարտում)* **2** *verb* 1) սրամիտ պատասխանել; տեղը դնել 2) *մարզական* կասեցնել; ետ մղել *(հարվածը՝ սուսերամարտում)*

ripping |ˈrɪpɪŋ| *adjective խոսակցական հնացած* հոյակապ; շքեղ; գերազանց; հիանալի

ripple |ˈrɪp(ə)l| **1** *noun* 1) ծածանք; մեղմ ծփանք; ալեծալք 2) գանգրություն; ալիքաձևություն *(մազերի և այլնի)* 3) *նաև փոխաբերական* խոխոջյուն; խոխոջ; քչքչոց; կարկաչյուն; կարկաչ *(առվակի և այլնի)* 4) ելևէջ; հնչյուններ *(խոսակցության, ծիծաղի)* 5) *փոխաբերական* ալիք 6) երկգույն պաղպաղակ *(ալիքաձև նախշով)* **2** *verb* 1) ալեծալքով/ծածանքով ծածկվել; կնճռոտվել; թեթև ալեկոծվել 2) ալեծալքով/ծածանքով ծածկել; կնճռոտել; թեթև ալեկոծել 3) կարկաչել; խոխոջել 4) տարածվել; պարուրել; համակել *(զգացումի/ձայնի մասին)*

riprap |ˈrɪpræp| **1** *noun* մանր խիճ **2** *verb* (**-rapped**, **-rapping**) խճապատել; խճել

ripsaw |ˈrɪpsɔː| *noun* երկայնահատ սղոց

rise |rʌɪz| **1** *verb* (անցյալ **rose** |rəʊz|; անցյալ դերբայ **risen** |ˈrɪz(ə)n|) 1) բարձրանալ; ելնել 2) ծագել *(արևի և այլնի մասին)* 3) մակերես դուրս գալ; ջրի երես դուրս գալ *(ձկների մասին)* 4) (**rise above**) բարձր լինել; վեր կանգնել; հաղթահարել; գերազանցել; չընկճվել *(դժվար իրավիճակից)* 5) ոտքի ելնել; վեր կենալ; կանգնել; բարձրանալ 6) վեր կենալ; արթնանալ 7) վերակենդանանալ; հարություն առնել; հառնել 8) ուժգնանալ; սաստկանալ *(քամու մասին)* 9) սկիզբ առնել; ծագել *(գետի մասին)* 10) (**rise against**) ապստամբել; ընդդիմանալ; ըմբոստանալ; դադարել ենթարկվելուց ◊ **rise in rebellion** ապստամբել. **rise in arms** զենքը ձեռքին ապստամբել 11) (**rise to**) ուշադրություն դարձնել; արձագանքել 12) (**rise to**) հասնել; հավասարվել; բավարարել; իր մեջ ուժ գտնել անելու; համապատասխանել; կարողանալ համապատասխանաբար գործել *(պահանջներին և այլնին)* 13) վեր խոյանալ; բարձր լինել *(մեկ այլ առարկայի համեմատ)* 14) բիզ-բիզ կանգնել; ցցվել *(մազերի մասին)* 15) բարձրանալ; գալ *(խմորի մասին)* 16) դուրս գալ; հայտնվել *(մաշկի վրա՝ ցանի/հետքի մասին)* 17) սիրտը խառնել; սրտխառնուք զգալ; ստամոքսը իրար խառնվել 18) մեծանալ; շատանալ; ավելանալ; աճել; բարձրանալ *(գների և այլնի մասին)* 19) ուժգնանալ; սաստկանալ; մոլեգնել *(զգացումի մասին)* 20) բարձրանալ; զվարթանալ *(տրամադրության մասին)* 21) մոտենալ *(որոշակի տարիքի)* **2** *noun* 1) վերելք; բարձրացում; բարձրանալը ◊ **be on the rise** i) բարձրանալ *(գների և այլնի մասին)* ii) *փոխաբերական* առաջադիմել; գործով հաջող լինել 2) մակերես դուրս գալը *(ձկների)* 3) հայտնաբերում; երևան հանելը; դրսևորում; երևան գալը 4) առաջընթաց; առաջխաղացում 5) բարձունք; բլուր; լեռան զառիվեր ◊ **sharp rise** շեշտակի վերելք 6) աստիճանի բարձրացող մասը 7) ավելացում; շատանալը 8) *բրիտանական* բարձրացում; բարձրացնելը *(աշխատավարձը և այլն)* 9) ծագում; սկիզբ ◊ **have rise from** (**take rise in**) մի բանից սկսվել; սկիզբ առնել; մի բանից առաջանալ; մի բանից ծագում առնել. **give rise to** *նաև փոխաբերական* մի բան առաջացնել; մի բանի առիթ տալ; սկիզբ առնել 10) ծագում; ծագելը *(արևի)*

rise in the world առաջադիմել; բարգավաճել; ծաղկել; բարօրության մեջ լինել; հաջողություն ձեռք բերել; հաջող/բարեհաջող պաշտոնուղի ստեղծել

rise to the occasion հաջողությամբ կատարել գործը; բավարարել պահանջներին; դրության տերը լինել

risibility |-ˈbɪlɪti| *noun* ծիծաղկոտություն

risible |ˈrɪzɪb(ə)l| *adjective* 1) ծիծաղելի; զվարճալի; ծիծաղաշարժ 2) *հնացած* ծիծաղկոտ; խնդուն

rising |ˈrʌɪzɪŋ| **1** *adjective* 1) բարձրացող; մեծացող; աճող 2) առաջադիմող; ծաղկող; բարգավաճող 3) հասունացող 4) զառիվեր **2** *noun* 1) ապստամբություն 2) վեր կենալը; ոտքի ելնելը 3) ծագում; ծագելը *(արևի)* 4) բարձրացում; բարձրանալը

risk |rɪsk| **1** *noun* 1) ռիսկ; վտանգ; տագնապ ◇ **at the risk of one's own life** կյանքը վտանգի ենթարկելով. **run the risk, run risks** ռիսկի/վտանգի ենթարկվել; ռիսկ անել; խիզախել 2) վտանգավոր/վնասակար մարդ **2** *verb* 1) վտանգի ենթարկվել; ռիսկի դիմել; դիմագրավել; խիզախել; ռիսկ անել 2) վտանգի ենթարկել

risky |ˈrɪski| *adjective* (**riskier**, **riskiest**) վտանգավոր; վտանգ պարունակող; մազից կախված; անապահով; արկածալի

rite |rʌɪt| *noun* 1) ծես; արարողություն; ծիսակարգ ◇ **burial/funeral rites** թաղման/հուղարկավորության արարողություն. **rites of hospitality** հյուրընկալության սովորույթներ/սովորություններ 2) սովորույթ; ավանդույթ; ադաթ

ritual |ˈrɪtʃʊəl| **1** *noun* 1) ծես; արարողություն; ծիսակարգ 2) *եկեղեցական* ծիսարան; մաշտոց; պատարագամատույց *(գիրք)* **2** *adjective* 1) ծիսական; ծեսի; ծիսակարգության 2) սովորութային; սովորությունից եկող

rival |ˈrʌɪv(ə)l| **1** *noun* 1) ախոյան; մրցակից 2) *ռազմական* հակառակորդ **2** *verb* (**-valed**, **-valing**; բրիտ. **-valled**, **-valling**) մրցել; մրցակցել

rivalry |ˈrʌɪv(ə)lri| *noun* (հոգն. **-ries**) մրցապայքար; մրցակցություն; մրցություն

rive |rʌɪv| *verb* (անցյալ **rived**; անցյալ դերբայ **riven** |ˈrɪv(ə)n|) 1) ճեղքվել; պատռվել; ճաքել 2) ճեղքել; պատռել; ճաքեցնել

river |ˈrɪvə| *noun* 1) գետ ◇ **cross the river** i) գետն անցնել ii) *փոխաբերական* արգելքները/խոչընդոտները հաղթահարել iii) վախճանվել; մահանալ 2) հոսանք

riverbank *noun* գետափ; գետեզր; գետեզերք

riverbed *noun* 1) գետի հուն 2) գետի հատակ

riverside |ˈrɪvəsʌɪd| *noun* գետի ափ; գետափ; գետափնյա գոտի/շերտ

rivet |ˈrɪvɪt| **1** *noun* բևեռ; գամ; դուրգամ **2** *verb* (**riveted**, **riveting**) 1) գամել; դուրգամել 2) *փոխաբերական* տեղում գամել; քարացնել *(մարդուն)* 3) *փոխաբերական* բևեռել; գամել *(հայացքը, ուշադրությունը)*

rivulet |ˈrɪvjʊlɪt| *noun* գետակ; վտակ

Riyadh |riːˈɑːd| Ռիադ *(Սաուդյան Արաբիայի մայրաքաղաքը)*

roach¹ |rəʊtʃ| *noun* *խոսակցական* 1) տե՛ս **cockroach** 2) մարիխուանայի ծխախոտի ծխուկ

roach² |rəʊtʃ| *noun* (հոգն. նույնը) *կենդանաբանություն* մանրածածան *(ձկան տեսակ. Rutilus rutilus, ընտանիք Cyprinidae)*

road |rəʊd| *noun* 1) ճանապարհ; ուղի; ճամփա ◇ **on/in the road to** ճանապարհին; ուղղությամբ. **get in one's road, be in the road** մեկի ճանապարհին կանգնել; մեկին խոչընդոտել/խանգարել. **take the road** ճանապարհ ընկնել; ճանապարհվել; ուղևորվել; մեկնել. **arterial road** մայրուղի; մայր խճուղի. **dirt road** սալլուղի; գրունտային/բնահողի ճանապարհ. **country road** միջգյուղյա/գյուղական ճանապարհ. **high road** i) մեծ ճանապարհ ii) *փոխաբերական* ուղիղ ճանապարհ *(մի բանի հասնելու)*. **royal road to** i) հարթ/բանուկ ճանապարհ ii) ուղիղ/ամենահեշտ ճանապարհ *(որևէ բանի հասնելու)* 2) փողոց ◇ **cross the road** փողոցը կտրել-անցնել 3) ծով; խարսխակայան 4) տե՛ս **railroad** 5) *փոխաբերական* ուղեգիծ; ուղղություն; ճանապարհ; ուղի; ճամփա *(որոշակի նպատակի ուղղված)* 6) (**roads**) տե՛ս **roadstead**

roadbed |ˈrəʊdbɛd| *noun* ճանապարհի երեսք; պաստառ; լիր

road hog *noun* *խոսակցական* անպատասխանատու/հանդուգն վարորդ *(ավտոմոբիլային երթևեկության կանոնները խախտող)*

road metal *noun* խիճ; խճաքար

roadside |ˈrəʊdsʌɪd| *noun* ճանապարհի եզր/եզերք

roadstead |ˈrəʊdstɛd| *noun* 1) միտեղանի բաց ավտոմեքենա 2) *հնավանդ* հեռավոր ուղևորության կառք/հեծանիվ/ձի 3) փորձված ճանապարհորդ

roadway |ˈrəʊdweɪ| *noun* 1) ճանապարհ 2) խճուղի; փողոց; ճանապարհի սալարկված մասը

roam |rəʊm| **1** *verb* 1) թափառել; թափառաշրջել; շրջել 2) թափառել *(աչքերի/մտքի մասին)* 3) *համակարգիչներ* տե՛ս **browse** **2** *noun* թափառում; թափառաշրջում; շրջելը

roan¹ |rəʊn| **1** *adjective* չալ; խայտագորշ *(ձիու/կովի գույնի մասին)* **2** *noun* չալ/խայտագորշ ձի; չալ/խայտագորշ կով

roan² |rəʊn| *noun* ոչխարի փափուկ կաշի

roar |rɔː| **1** *noun* 1) մռնչյուն; մռնչոց *(առյուծի)* 2) աղաղակ; բղավոց; գոռոց ◇ **a roar of laughter** (**roars of laughter**) բարձրաձայն ծիծաղ; քրքիջ 3) թնդյուն; դղրդյուն 4) քրքիջ; քրքջոց; հռհռոց 5) ոռնոց; սուլոց *(քամու)* **2** *verb* 1) մռնչալ 2) ոռնալ; սուլել; փոթորկել; մրրկել; կատաղությամբ փչել *(քամու մասին)* 3) գոռալ; գոչել; բղավել ◇ **roar with laughter** բարձրաձայն ծիծաղել; քրքջալ; հռհռալ 4) քրքջալ; հռհռալ 5) սուրալ *(մեքենայի մասին)* 6) արագ-արագ շարժվել; վճռականորեն գործել *(մարդու մասին)* 7) սրընթաց տեղի ունենալ *(դեպքերի մասին)*

roaring |ˈrɔːrɪŋ| *adjective* 1) մռնչացող *(գազանի մասին)* 2) աղմկալի; կատաղի; մոլեգին *(մարդու/ամբոխի մասին)* 3) որոտագին; որոտաձայն *(գետի և այլնի մասին)* 4) ճարճատուն; թեժ *(կրակի մասին)* 5) խանդավառ; ոգեշնչված; բուռն *(ժա-

մանակաշրջանի մասին) 6) աշխույժ; եռանդուն *(առևտրի/գործունեության մասին)* 7) *խոսակցական* մի իսկական; վերին աստիճանի; չափազանց

roast |rəʊst| **1** *verb* 1) տապակել; խորովել; բովել ◊ **roast oneself** մի լավ տաքանալ/շոգել *(արևի տակ կամ խարույկի մոտ նստած)* 2) տապակվել; խորովվել; բովվել 3) խիստ տաքանալ 4) խիստ քննադատել; նախատել; կշտամբել 5) ծաղրել; ծանակել 6) *տեխնիկական* թրծել; այրել **2** *noun* 1) տապակա; խորոված *(տապակած միս կամ այլ սննդամթերք)* 2) բովում; բովելը *(սուրճի)* 3) բոված սուրճ 4) խորովածով խնջույք/դաշտահանդես 5) հոբելյարի վրա կատակներ անելու խնջույք **3** *adjective* տապակված; խորոված; բոված

rule the roast գլխավորը լինել; հրամայել; կարգադրել

rob |rɒb| *verb* (**robbed**, **robbing**) 1) թալանել; կողոպտել 2) մի բանից զրկել; խլել/հափշտակել մի բան *(մեկից)*

rob Peter to pay Paul 1) մեկից վերցնել, մյուսին տալ 2) մի պարտքը մյուսով փակել

robber |ˈrɒbə| *noun* կողոպտիչ; թալանիչ; ավազակ

robbery |ˈrɒb(ə)ri| *noun* (հոգն. **-beries**) 1) թալան; կողոպուտ; գողություն 2) *խոսակցական* կողոպուտ; չափազանց բարձր գին վերցնելը

robe |rəʊb| **1** *noun* 1) թիկնոց; պատմուճան; լայն զգեստ/հագուստ ◊ **the long robe** դատավորի/փաստաբանի պատմուճան 2) *ամերիկյան* խալաթ 3) *հնացած* ոտների ծածկոց *(մորթուց՝ սահնակի մեջ)* **2** *verb* 1) պատմուճան/թիկնոց հագնել; պատմուճանով զգեստավորվել 2) պատմուճան/թիկնոց հագցնել; պատմուճանով զգեստավորել

robin |ˈrɒbɪn| *noun* *կենդանաբանություն* շիկահավ; գորշ մորեկան *(Turdus, ենթաընտանիք Turdinae)*

robot |ˈrəʊbɒt| *noun* 1) ռոբոտ; ավտոմատ 2) մարդ-մեքենա; կիբորգ 3) *փոխաբերական* ռոբոտ; անկյանք/անհոգի մարդ; մեխանիկաբար գործող մարդ

robust |rə(ʊ)ˈbʌst| *adjective* (**-buster**, **-bustest**) 1) առողջ; ուժեղ; ամրակազմ; պնդակազմ; դիմացկուն 2) ամուր; ամրակուռ; ամրապինդ; ամրակառույց *(առարկայի մասին)* 3) դիմացկուն; առողջ *(տնտեսական համակարգի մասին)* 4) առողջ; ողջամիտ; լուրջ; անզիջող *(մարդու կամ նրա դատողության մասին)* 5) եռանդուն; աշխույժ *(խաղի և այլնի մասին)* 6) աշխատատար

roc |rɒk| *noun* հեքիաթային մեծ թռչուն *(արաբական հեքիաթներում)*

rock¹ |rɒk| *noun* 1) ժայռ; ապառաժ 2) ապար 3) *ամերիկյան* քար 4) (**the Rock**) Ջիբրալթար 5) *խոսակցական* թանկագին քար; գոհար; ադամանդ 6) *փոխաբերական* (**rocks**) խութեր; ստորջրյա ժայռեր; վտանգավոր երևույթ

upon/on the rocks անհաջողության մեջ; ծանր դրության մեջ

rock² |rɒk| **1** *verb* 1) ճոճել; օրորել; ցնցել 2) ճոճվել; օրորվել; ցնցվել *(հատկապես երկրաշարժի հետևանքով)* 3) օրորելով քնեցնել 4) հիմքերը սասանել/խարխլել; թուլացնել; ցնցել 5) ռոք երաժշտության տակ պարել 6) ռոք երաժշտություն կատարել **2** *noun* 1) ռոք երաժշտություն 2) ռոքնռոլ *(երաժշտական ոճ)* 3) ճոճում; ճոճվելը; օրորվելը

rock and roll (նաև **rock 'n' roll**) *noun* *երաժշտություն* ռոքնռոլ

rocker |ˈrɒkə| *noun* 1) ռոք սիրող; ռոքի սիրահար 2) ռոք երգ/կատարում 3) ճոճաթոռ; ճոճվող բազկաթոռ 4) օրորոց *(ճոճվող)* 5) ճոճ

rocket¹ |ˈrɒkɪt| **1** *noun* հրթիռ **2** *verb* (**rocketed**, **rocketing**) 1) խիստ արագ աճել; հանկարծակի բարձրանալ/ավելանալ *(գների/վաճառքի և այլնի մասին)* 2) թռչել; վեր սլանալ *(հրթիռի նման)* 3) առաջ շարժվել; առաջընթաց ունենալ 4) հրթիռ արձակել

rocket² |ˈrɒkɪt| *noun* (նաև **garden rocket** կամ **salad rocket**) *բուսաբանություն* գիշերային մանուշակ *(Eruca vesicaria ենթատեսակ sativa, ընտանիք Brassicaceae)*

rocking chair *noun* ճոճաթոռ; ճոճվող բազկաթոռ

rocking horse *noun* ճոճաձի *(խաղալիք)*

rock salt *noun* քարաղ; աղաքար; աղակտոր

rocky¹ |ˈrɒki| *adjective* (**rockier**, **rockiest**) 1) ժայռոտ; ապառաժոտ; քարքարոտ 2) դժվարին; խոչընդոտներով լի 3) ամուր; պինդ; կարծր; անսասան; անճկուն; անհողդողդ

rocky² |ˈrɒki| *adjective* (**rockier**, **rockiest**) 1) անկայուն; խախուտ; ճոճվող *(սեղան և այլն)* 2) խարխլված; խախուտ; սասանված; թուլացած *(առողջության/դրության մասին)*

rococo |rəˈkəʊkəʊ| **1** *adjective* ռոկոկո *(կահույքի, ճարտարապետության, երաժշտության ու գրականության ոճ՝ 18-րդ դարի Եվրոպայում)* **2** *noun* ռոկոկո ոճ

rod |rɒd| *noun* 1) ձող; ցից 2) մական; գավազան *(որպես իշխանության խորհրդանիշ)* 3) շիվ; ոստ 4) ճիպոտ; վարոց 5) (**the rod**) ճիպոտահարություն; պատիժ; ծեծ; քոթակ ◊ **kiss the rod** հնազանդորեն տանել պատիժը 6) կարթաձող 7) *պատմական* ձող *(երկարության չափ. հավասար է մոտ 5 մետրի)* 8) *տեխնիկական* ձողաքանոն; ձող; երկաթաձող 9) *կազմախոսություն* ցուպիկ; ցպկաբջիջ *(աչքի ցանցենու բջիջ)*

spare the rod and spoil the child երեխային երես տալով փչացնել

rode² |rəʊd| *verb* անտառակտցարի գիշերային թռիչք

rode³ |rəʊd| *noun* *ծովային* խարսխաճոպան

rodent |ˈrəʊd(ə)nt| **1** *noun* 1) *կենդանաբանություն* կրծող *(կարգ Rodentia)* 2) (նաև **rodent ulcer**) դեմքի մաշկային քաղցկեղ **2** *adjective* կրծող

rodeo |ˈrəʊdɪəʊ|, |rəˈdeɪəʊ| **1** *noun* (հոգն. **-deos**) 1) *ամերիկյան* ձիարշավ; ձիավարության մրցություն *(կովբոյների)* 2) մրցություն; մրցույթ *(մոտոցիկլետի, թիավարության և այլնի)* 3) անասունների փարախ **2** *verb* (**-deoed**, **-deoing**) 1) ձիարշավի մասնակցել 2) մրցության մասնակցել

roe¹ |rəʊ| *noun* (նաև **hard roe**) *կենդանաբանություն* ձկնկիթ; ձուդղ

roe² |rəʊ| (նաև **roe deer**) *noun* (հոգն. նույնը կամ **roes**) *կենդանաբանություն* այծյամ; վայրի այծ *(Capreolus, ընտանիք Cervidae)*

roentgen |ˈrʌntjən|, |ˈrəːnt-|, |ˈrɒnt-| (Նույն. **R**) *noun ֆիզիկա* ռենտգեն; ռենտգենյան ճառագայթներ

rogue |rəʊg| **1** *noun* 1) խաբեբա; խարդախ; սրիկա; անպիտան; անզգամ 2) *կատակային* խաբլիկ; սուտլիկ; խորամանկ; օյինբազ; կատակասեր 3) վայրի կենդանի 4) անկանխատեսելի; վնասակար; վնասարար *(մարդու/ապարկայի մասին)* **2** *verb* հեռացնել վատորակ բույսերը *(բերքից, դաշտից)*

roguery |ˈrəʊg(ə)ri| *noun* (հոգն. **-gueries**) 1) սրիկայություն; խարդախություն; խաբեբայություն 2) չարաճճիություն; գժություն; խեղկատակություն

roguish |ˈrəʊgɪʃ| *adjective* 1) խարդախաբարո; սրիկայական հակումներ ունեցող 2) չարաճճի; հմայիչ; քմահաճ

roil |rɔɪl| *verb* 1) պղտորել; թափահարել; թափահարելով խառնել *(ջուրը և այլն)* 2) բլթբլթալ; բլբլալ; գլգլալ; ալեկոծվել *(ջրի և այլնի մասին)* 3) (**rile**) գրգռել; ջղայնացնել; տհաճություն/սրտնեղություն պատճառել

roily |ˈrɔɪli| *adjective* 1) պղտոր; տղմոտ 2) ջղայնացնող; տհաճ

roister |ˈrɔɪstə| *verb* աղմուկով զվարճանալ; անկարգություններ/խայտառակություններ անել

role |rəʊl| *noun* 1) *թատրոն* դեր; դերախաղ 2) դեր; նշանակություն; պաշտոն; պարտականություն

roll |rəʊl| **1** *verb* 1) գլորվել; թավալվել; պտտվել; պտույտ գալ; գլդորվել 2) գլորվել; թավալվել 3) պտտել; պտտեցնել; գլդորել 4) ոլորել; վեր ուղղել *(աչքերը՝ ի նշան զարմանքի, տհաճության)* 5) գլանել; կլորացնելով շինել; կոլոլել; գնդել 6) գլանել; գլզել *(մետաղը)* 7) թավալ գալ; թավալվել *(կենդանու մասին)* 8) գալարվել; ցնցվել *(ծծմաղից և այլն)* 9) գցել; նետել *(զառը)* 10) շարժվել; ընթանալ *(մեքենայի մասին)* 11) հրելով տանել; գլորել *(սայլակը և այլն)* 12) (**roll something up**) բարձրացնել *(մեքենայի ապակին, պատուհանի փեղկը)* 13) գլորվել; սահել; անցնել-գնալ *(տարիների մասին)* 14) հոսել; կաթկթել; գլորվել; գլորվել-ընկնել; ծորալ *(արցունքների մասին)* 15) փաթաթել; գալարել; ոլորել ◇ **roll oneself up in** ծածկվել; փաթաթվել 16) փաթաթվել; գալարվել; ոլորվել 17) բաց անել; գրտնակել *(խմորը)* 18) ճոճվել; օրորվել; ալեկոծվել *(ծովի մասին)* 19) քուլա-քուլա շարժվել; գալար-գալար շարժվել *(ծխի/մառախուղի մասին)* 20) բլրակ-բլրակ տարածվել; ալիքվել *(տեղանքի մասին)* 21) վազող տողով գնալ *(գովազդի և այլնի մասին՝ հեռուստացույցի էկրանին)* 22) կծկվել; կուչ գալ; կծիկ դառնալ; ոլորվել *(կենդանու մասին)* 23) գլահարթել; գլորելով հարթել *(ճանապարհը)* 24) որոտալ; ճայթել *(ամպրոպի և այլնի մասին)* 25) հնչուն ձայնով արտասանել *(բառը)* 26) *խոսակցական* կողոպտել • **roll away** i) գլորվելով շարժվել; թավալգլոր հեռանալ ii) գլորելով շարժել; թավալգլոր հեռացնել iii) ցրվել *(մառախուղի մասին)* **roll back** i) ետ գլորել ii) ետ գլորվել **roll in** մեծ թվով հավաքվել/գալ **roll on** թռչել; գլորվել *(ժամանակի մասին)* **roll out** գլանել; գրտնակել **roll over** i) մի տեղից մյուսը գլորվել ii) շուռ տալ; շրջել iii) շուռումուռ գալ; թավալ գալ *(անկողնում)* **roll up** i) փաթաթվել; գալարվել ii) փաթաթել; գալարել iii) *խոսակցական* հայտնվել; երևալ *(բեմի վրա)* iv) բեմ դուրս գալ v) հանկարծ հայտնվել; անսպասելի երևալ **2** *noun* 1) գլանափաթեթ; փաթեթ; փաթաթուկ; ծրար; կապոց; թոփ; թղթագլան *(թղթի և այլնի)* 2) փոքրիկ բուլկի; բլիթ; կարկանդակ *(քաղցրեղենով, մսով և այլնով)* 3) ռուլետ 4) անվակ; ակ; գլան 5) թավալում; գլորում; պտույտ; օրորում; ճոճում 6) որոտ; ճայթյուն *(ամպրոպի և այլնի)* 7) հացիկ; փոքրիկ հաց 8) ցուցակ; մատյան ◇ **call the roll** անուն առ անուն կանչել; ցուցակով կանչել. **roll of honour** զոհվածների/պարգևվածների ցուցակ 9) կլորակ; գնդիկ *(մսի, կարագի)* 10) *ռազմական* գրատի/շինելի փաթեթագլան 11) երերուն քայլվածք

roll call *noun* 1) անվանակոչ; անուն առ անուն կանչելը 2) նշանավոր մարդկանց ցանկ

roller |ˈrəʊlə| *noun* 1) գլանիկ; անվակ; ակ; հոլան; լիսեռ; գլան 2) ներկ քսելու գլանակ 3) փաթթուկ; բիգուդի *(մազերը գանգրացնելու)* 4) գլանվակ; գլդոն *(խճուղու)* 5) ալիք; ալեկոծություն *(ծովափնյա)*

roller coaster **1** *noun* ամերիկյան զվարճանացք **2** *verb* (**roller-coaster**) (Նաև **roller-coast**) ուժեղ փոփոխվող իրավիճակում լինել

roller skate **1** *noun* անվաչմուշկ; գլաչմուշկ **2** *verb* անվաչմշկել; գլաչմշկել

roller towel *noun* գլանափայտի վրա պտտվող երեսսրբիչ

rollick |ˈrɒlɪk| *verb* *հազվադեպ* խայտել; վազվզել; թռչկոտել; զվարճանալ; ուրախանալ; ուրախ խաղալ

rolling *adjective* 1) շարունակական; տևական 2) բլրաշատ

rolling mill *noun տեխնիկական* գլանահաստոց

rolling pin *noun* գրտնակ; խմորաբացիկ

rolling stock *noun երկաթուղային* շարժական կազմ; շարժակազմ

rolling stone *noun* տեղում չմնացող մարդ; թափառամոլ; թափառասեր; շրջմոլիկ

a rolling stone gathers no moss գլորվող քարը մամուռ չի բռնի; թափառող մարդը բարիք չի դիզի

roly-poly |rəʊlɪˈpəʊli| **1** *adjective* թմբլիկ; գիրուկ; թփլիկ **2** *noun* (Նաև **roly-poly pudding**) 1) մուրաբայով պուդինգ; քաղցրակուտապ 2) կարճլիկ; կարճահասակ մարդ

ROM |rɒm| *abbreviation համակարգիչներ* read-only memory միայն կարդալու հիշողություն

Romaic |rə(ʊ)ˈmeɪɪk| **1** *adjective հնացած* նոր հունական; նոր հունարեն **2** *noun* նոր հունարեն լեզու

Roman |ˈrəʊmən| **1** *adjective* 1) հռոմեական 2) Հռոմի *(քաղաքի վերաբերյալ)* 3) (**Roman Catholic**) կաթոլիկ; կաթոլիկական 4) լատինական *(այբուբենի մասին)* 5) ուղիղ; հասարակ *(տպատառի մասին)* **2** *noun* 1) հռոմեացի 2) *հնացած* կաթոլիկ 3) սովորական/հասարակ տպատառ

Roman Catholic **1** *adjective* կաթոլիկ; կաթոլիկական **2** *noun* կաթոլիկ/հռոմեադավան անձ

Roman Catholic Church Հռոմեական Կաթոլիկ Եկեղեցի; Կաթոլիկ Եկեղեցի

Romance |rə(ʊ)ˈmæns|, |ˈrəʊmæns| **1** *noun* ռոմանական լեզուներ **2** *adjective* ռոմանական

romance |rə(ʊ)ˈmæns|, |ˈrəʊmæns| **1** *noun* 1) ռոմանտիկա; անրջայնություն; հուզառատություն; խորհրդավորություն *(սիրահարվածության հետ կապված)* 2) սիրաբանություն; սիրային հարաբերություններ 3) սիրավեպ 4) վեպ *(ոչ կենցաղային)* 5) գողտրիկություն; չքնաղություն; վերերկրային լինելը; զգլխիչ լինելը *(տեսարանի/զգացողության և այլնի մասին)* 6) *խոսակցական* մտացածին բան; սուտ; կեղծիք; հերյուրանք 7) ասպետական վեպ *(սովորաբար չափածո)* 8) ռոմանտիկ պատմություն 9) *երաժշտություն* սիրերգ; ռոմանս **2** *verb* 1) սիրահետել 2) *խոսակցական* շողոքորթել; գլուխը յուղել 3) չափազանցել; գունազարդել; ծաղկեցնել; հորինել; երևակայել 4) սիրաբանել; սիրային հարաբերություններ ունենալ 5) տե՛ս **romanticize**

Roman Empire Հռոմեական կայսրություն

Romania |rəʊˈmeɪnɪə| (նաև **Rumania**) Ռումինիա *(պետություն Եվրոպայի հարավ-արևելքում)*

Romans *աստվածաշնչային* Թուղթ հռոմեացիներին

romantic |rə(ʊ)ˈmæntɪk| **1** *adjective* 1) ռոմանտիկ; անրջային; հուզառատ; խորհրդավոր; ռոմանտիկական 2) սիրային; զգացմունքային *(ստեղծագործության մասին)* 3) գունազարդված; անիրական; անրջային *(պատկերացումների մասին)* 4) (**Romantic**) ռոմանտիզմի; ռոմանտիկ; ռոմանտիկական ուղղությամբ լի; ռոմանտիկայով հագեցած 5) վիպասանական **2** *noun* 1) երազող մարդ; երազներով/անուրջներով ապրող մարդ; ռոմանտիկ մարդ 2) (**Romantic**) ռոմանտիկ; ռոմանտիզմի հետևորդ *(կողմնակից)*

romanticism |rə(ʊ)ˈmæntɪsɪz(ə)m| *noun* 1) (**Romanticism**) ռոմանտիզմ 2) ռոմանտիկություն; անրջայնություն; հուզառատություն; խորհրդավորությամբ համակված լինելը

romanticist |rə(ʊ)ˈmæntɪsɪst| *noun* ռոմանտիկ; ռոմանտիզմի հետևորդ *(կողմնակից)*

romanticize |rə(ʊ)ˈmæntɪsʌɪz| *verb* իդեալականացնել; գունազարդել

Romany |ˈrɒməni|, |ˈrəʊ-| (նաև **Romani**) **1** *noun* (հոգն. **-nies**) 1) գնչուներեն; գնչուական լեզու 2) գնչու **2** *adjective* 1) գնչուական 2) գնչուներեն

Rome |rəʊm| Հռոմ *(Իտալիայի մայրաքաղաքը)*

romp |rɒmp| **1** *verb* 1) աղմկել; աղմուկով խաղալ; աղմուկ բարձրացնել 2) *խոսակցական* հեշտությամբ անցնել մի բանի; հեշտությամբ հաղթել մի բանի 3) սիրաբանել *(հատկապես գաղտնի)* **2** *noun* 1) աղմկոտ խաղ; աղմուկ; շփոթ 2) չարաճճի; ստահակ; թոկից փախած 3) զվարճալի ֆիլմ/ներկայացում 4) *խոսակցական* հեշտ հաղթանակ 5) *խոսակցական* սիրաբանություն *(հատկապես գաղտնի)*

romper |ˈrɒmpə| *noun* 1) (**rompers, romper suit**) մանկական միակտոր հագուստ; մանկական կոմբինեզոն 2) կոմբինեզոն; արտահագուստ *(աշխատանքի/մարզանքի համար)*

rood |ruːd| *noun* 1) խաչելություն; խաչ *(հատկապես եկեղեցում)* 2) *բրիտանական պատմական* մեկ քառորդ ակր

roof |ruːf| **1** *noun* (հոգն. **roofs**) 1) տանիք; կտուր; ծածկ 2) առաստաղ; առիք; ձեղուն *(շինության ծածկի ներսի մասը)* 3) *փոխաբերական* հարկ; տուն; օջախ; օթևան ◇ **curb/gable roof** երկթեք տանիք. **terraced roof** տափակ կտուր. **under one's roof** իր հարկի տակ; իր օջախում 4) *օդագնացություն* առաստաղ 5) *հանքաբանություն* հանքահորի բովանցքի առաստաղ 6) վերնահարկ *(հանրակառքի, ավտոբուսի)* 7) (**roof of the mouth**) քիմք **2** *verb* 1) տանիք գցել/կապել; տանիքապատել 2) ծածկել *(կտուրը)* 3) որպես տանիք ծառայել

roofer |ˈruːfə| *noun* տանիքագործ; կտուր ծածկող

roofing |ˈruːfɪŋ| *noun* 1) կտուրը ծածկելու շինանյութ; տանիք; ծածկ 2) տանիքային/ծածկի աշխատանքներ

roofless *adjective* 1) տանիք չունեցող; տանիքազուրկ *(տան մասին)* 2) անօթևան; անտուն; տնանկ; ապաստանազուրկ

rook¹ |rʊk| **1** *noun* 1) *կենդանաբանություն* սերմնագռավ *(Corvus frugilegus, ընտանիք Corvidae)* 2) խարդախ/խաբեբա/խաղամենգ անձ **2** *verb* *խոսակցական* խաբել; խարդախություն/խաղամենգություն անել *(թղթախաղում և այլն)*

rook² |rʊk| *noun* *շախմատ* նավակ

rookery |ˈrʊk(ə)ri| *noun* (հոգն. **-eries**) 1) ագռավանոց 2) թռչնակուտակ; թռչնահավք 3) խարխուլ տների խումբ; ետնախորշ; խուլ անկյուն 4) խիտ բնակեցված թաղամաս 5) որջ; բույն *(գողերի և այլնի)*

rookie |ˈrʊki| *noun* *խոսակցական, ծածկալեզու* զինակոչիկ; նորակոչիկ

room |ruːm|, |rʊm| **1** *noun* 1) տարածություն; տեղ; տարածք *(հատկապես բավականաչափ)* ◇ **make room for** տեղ բացել; տեղ տալ; մի կողմ քաշվել. **no room to move** շարժվելու տեղ չկա; նեղվածք է. **there is plenty of room here** այստեղ շատ ազատ տեղ կա 2) *փոխաբերական* հնարավորություն; կարելիություն; միջոց; հնար *(մի բան անելու)* 3) սենյակ; սրահ ◇ **refreshment room** ճաշարան; խորտկարան; բուֆետ. **consulting room** բժշկի կաբինետ; բժշկի ընդունելության սենյակ. **operating room** վիրահատարան; վիրահատման սենյակ. **reception room** ընդունարան; հյուրասենյակ; ընդունելության սենյակ. **single room** մի սենյականոց համար. **local room** տեղական լուրերի բաժին *(լրագրում)*. **share a room with** մեկի հետ նույն սենյակում ապրել; մեկի սենյակակիցը լինելը. **do a room out** սենյակը հավաքել/մաքրել 4) (**rooms**) բնակարան; սենյակ *(վարձած)* 5) սենյակում գտնվող մարդիկ **2** *verb* 1) սենյակակից լինել; միևնույն սենյակում ապրել *(հանրակացարանի)* 2) սենյակ տրամադրել; վարձով սենյակ տալ 3) սենյակ զբաղեցնել; սենյակում ապրել ◇ **room with** մեկի հետ միևնույն սենյակում ապրել

roomer |ˈruːmə|, |ˈrʊmə| *noun* կենվոր; բնակիչ; վարձաբնակ

rooming house *noun* *ամերիկյան* կահավորված սենյակներ *(վարձու տրվող)*

room temperature *noun* սենյակային ջերմաստիճան

roomy |ˈruːmi|, |ˈrʊmi| *adjective* (**roomier**, **roomiest**) ընդարձակ; լայնարձակ; ազատ

roost |ruːst| **1** *noun* թառ *(հավերի)* ◊ **at roost** i) թառի վրա ii) *փոխաբերական* անկողնում. **go to roost** գնալ հանգստանալու; պառկել քնելու **2** *verb* 1) թառել 2) *փոխաբերական* պառկել քնելու; օթևանել; օթևան գտնել

come home to roost վատ անդրադառնալ անողի վրա

rooster |ˈruːstə| *noun* կենդանաբանություն աքաղաղ; աքլոր

root¹ |ruːt| **1** *noun* 1) արմատ 2) պալար; կոճղեզ; գնդարմատ; սոխարմատ 3) արմատապտուղ; արմատիք; արմատապտղավոր բույս 4) հիմք; տակ; հատակ *(անոթի)* 5) *փոխաբերական* արմատ; հիմք; պատճառ; սկզբնաղբյուր; սկզբնապատճառ ◊ **the root of the matter** գործի էությունը. **take/strike root** i) արմատներ գցել ii) *փոխաբերական* արմատավորվել; արմատանալ. **the root of mountain** լեռան ստորոտ 6) էություն; բովանդակություն 7) (**roots**) նախնիներ; արմատներ; ծագում 8) *ատամնաբուժական* հետնորդ; սերունդ; ժառանգ 9) *լեզվաբանություն* արմատ 10) *մաթեմատիկա* արմատ ◊ **square root** քառակուսի արմատ. **cube root** խորանարդ արմատ **2** *verb* 1) պահել, մինչև արմատակալելը *(բույսի մասին)* 2) արմատ գցել; արմատակալել; արմատավորվել 3) (**be rooted**) արմատավորված լինել; խորը հիմքեր ունենալ; լավ հաստատված լինել 4) (**be rooted in**) ծագել/գալ/առաջանալ մի բանից; սկիզբ առնել մի բանից 5) քարանալ; տեղում գամել; տեղում մեխել ◊ **root out/up** արմատով հանել; արմատախիլ անել; բնաջնջել; ոչնչացնել

root² |ruːt| **1** *verb* 1) հողը փորել; փորփրել; արմատները վնասել *(խոզերի մասին)* 2) քչփորել; փորփրել; խառնշտել *(որևէ բան փնտրելով)* 3) (**root something out**) փորփրելով գտնել; դուրս բերել **2** *noun* փորփրում; փորփրելը

rope |rəʊp| **1** *noun* 1) պարան; թոկ; չվան; ճոպան 2) օղապարան; օղաթոկ; արկան 3) (**the rope**) կախաղան 4) շար; շարան; կապուկ ◊ **rope of pearls** մարգարտի շարան. **a rope of onions** մի կապուկ սոխ 5) թանձր մածուցիկ հեղուկ 6) (**the ropes**) կանոններ; ընդունված կարգ *(հաստատություններում)* **2** *verb* 1) թոկով/պարանով կապել; ամրացնել; ձգել 2) օղապարանով/օղաթոկով բռնել 3) (**rope someone in/into**) ներքաշել; ներգրավել; մասնակից դարձնել 4) (**rope something off**) պարանով շրջափակել; օղակել *(տարածքը)* 5) թանձրանալ; մածուցիկ/կպչուն դառնալ

be at the end of one's rope ուժասպառ լինել; բոլոր հնարավորությունները սպառել; անելանելի վիճակում լինել

give rope որ րժողությունների ազատություն տալ; թույլ տալ, որ մարդ ինքն իր գլխին փորձանք բերի

know the ropes որևէ բանում լավ կողմնորոշվել; քաջատեղյակ լինել

on the high rope բարձր տրամադրության մեջ

rope ladder *noun* ճոպանասանդուղք; պարանասանդուղք; թոկե սանդուղք

ropewalker *noun* հնացած լարախաղաց

ropeway |ˈrəʊpweɪ| *noun* ճոպանուղի

ropy |ˈrəʊpi| (նաև **ropey**) *adjective* (**ropier**, **ropiest**) 1) ջլոտ; հաստաջիլ 2) թանձր; կպչուն; մածուցիկ 3) *բրիտանական խոսակցական* անորակ; վատորակ; ցածրորակ; անպետք; խոտան

rosary |ˈrəʊz(ə)ri| *noun* (հոգն. **-ries**) 1) տերողորմյա; համրիչ; վարդարան 2) վարդանոց; վարդաստան; վարդի ծաղկանոց; վարդի տնկարան

rose¹ |rəʊz| **1** *noun* 1) *բուսաբանություն* վարդենի; վարդաթուփ; վարդատունկ; վարդ *(Rosa, ընտանիք Rosaceae)* 2) վարդ 3) վարդագույն; վարդի գույն; վարդաշող/վարդաթույր/վարդերանգ գույն 4) վարդ *(որպես Անգլիայի խորհրդանիշ)* 5) *ճարտարապետություն* վարդաքանդակ; վարդյակ 6) (**rose window**) վարդաձև պատուհան 7) (նաև **compass rose**) քարտեզի կողմնացույց 8) վարդահանգույց; վարդակապ; վարդազարդ; վարդանախշ 9) (**roses**) կարմրություն; վարդագույնություն *(այտերի)* **2** *verb* *բանաստեղծական* կարմրացնել; վարդագունացնել; կարմիր երանգ տալ *(այտերին)*

a rose without a thorn 1) առանց փշի վարդ; անփուշ վարդ 2) արտակարգ հաջողություն 3) անթերի մարդ

not all roses ամեն ինչ կատարյալ չէ; ոչինչ կատարյալ չէ

under the rose գաղտնի

rose² *verb* անցյալ տե՛ս **rise**

Roseau |rəʊˈzəʊ| Ռոզո *(Դոմինիկայի մայրաքաղաքը)*

rosebud |ˈrəʊzbʌd| *noun* վարդի կոկոն

rose-colored *adjective* 1) վարդագույն 2) *փոխաբերական* վարդագույն; խիստ լավատեսական; անիրատեսական

rosemary |ˈrəʊzm(ə)ri| *noun* *բուսաբանություն* խնկունի; հազրեվարդ *(Rosmarinus officinalis, ընտանիք Labiatae)*

roseola |rə(ʊ)ˈziːələ| *noun* *բժշկություն* կարմրախտ

rosette |rə(ʊ)ˈzɛt| *noun* 1) վարդակ 2) վարդաքանդակ; վարդակ; վարդյակ

rose water *noun* 1) վարդաջուր 2) *փոխաբերական* արհեստական/կեղծ սիրալիրություն

rosewood |ˈrəʊzwʊd| *noun* պալիսանդրի փայտ; վարդափայտ *(թանկարժեք փայտանյութ)*

rosin |ˈrɒzɪn| **1** *noun* բևեկնախեժ; բևեկն; կոլոփոն; կանիֆոլ *(փշատերև ծառերի խեժանյութ, որ ստացվում է բևեկնայուղի թորումից)* **2** *verb* (**rosined**, **rosining**) կոլոփոնել; բևեկնախեժել

roster |ˈrɒstə|, |ˈrəʊst-| **1** *noun* 1) *ռազմական* հերթապահության ցուցակ 2) ցուցակ **2** *verb* հերթապահություն սահմանել

Rostov |ˈrɒstɒv| Ռոստով; Դոնի Ռոստով *(քաղաք Ռուսաստանի հարավ-արևմուտքում)*

rostrum |ˈrɒstrəm| *noun* (հոգն. **rostra** |-trə| կամ **rostrums**) 1) ամբիոն; ճառաբեմ; ատենաբեմ 2) *կենդանաբանություն* կտուց 3) նավացռուկ

rosy |ˈrəʊzi| *adjective* (**rosier**, **rosiest**) 1) վարդագույն; ալ; շառագույն; փթթուն; ծաղկափթիթ 2) *փոխաբերական* վառ; պայծառ; լուսավոր; հուսառատ; հուսաշատ 3) դյուրին; հեշտ ու հանգիստ

rot |rɒt| **1** *verb* (**rotted**, **rotting**) 1) փտել; հոտել; նեխել; փչանալ; քայքայվել 2) փտեցնել; նեխեցնել; հոտեցնել; փչացնել 3) *փոխաբերական* փչանալ; ապականվել; խաթարվել; լճանալ 4) *խոսակցական* կատակել; ծաղրել; ջղայնացնել ◇ **rot away** *փոխաբերական* կործանվել; փտել **2** *noun* 1) փտում; նեխում; հոտում; փտություն; նեխածություն 2) (**the rot**) ապականվելը; խաթարվելը; լճանալը; շարքից դուրս գալը 3) *խոսակցական* անհեթեթություն; հիմարություն; անմիտ բան ◇ **don't talk rot** դատարկ-դատարկ մի՛ խոսիր; հիմարությու՜ն 4) սնկային հիվանդություն *(բույսերի)* 5) *խոսակցական* հիմարություն; անմտություն; անմիտ խոսքեր

rotary |ˈrəʊt(ə)ri| **1** *adjective* պտտական; պտտվող **2** *noun* (հոգն. **-ries**) 1) պտտական մեքենա 2) երթևեկության շրջան

rotate |rə(ʊ)ˈteɪt| *verb* 1) պտտվել; պտույտ գալ; շրջան գործել 2) պտտել; պտտեցնել; պտտացնել 3) հաջորդաբար փոխանցել 4) հերթափոխվել; հերթով միմյանց հաջորդել

rotation |rə(ʊ)ˈteɪʃ(ə)n| *noun* 1) պտույտ գալը; պտտվելը; պտույտ; պտտում 2) հերթագայում; հերթագայություն; պարբերական կրկնություն ◇ **rotation of crops, crop rotation** ցանքաշրջանառություն. **by/in rotation** հերթով; փոփոխակիորեն; փոփոխակի; փոխ առ փոխ 3) *մաթեմատիկա* (նաև **curl**) ռոտոր

rotational *adjective* պտտվող; պտույտ եկող

rotor |ˈrəʊtə| *noun* *տեխնիկական* ռոտոր; տուրբինի պտտվող անիվը

rotten |ˈrɒt(ə)n| **1** *adjective* (**-tener**, **-tenest**) 1) փտած; փչացած; նեխած; հոտած *(ձվի և այլնի մասին)* 2) փչացած; այլասերված; կաշառակեր; ստոր; անազնիվ 3) *խոսակցական* անպետք; թույլ; շատ վատ 4) *խոսակցական* անդուր; շատ տհաճ 5) *խոսակցական* վատառողջ; տկար; իրեն վատ զգացող **2** *adverb* *խոսակցական* չափազանց; չափից դուրս; չափից ավելի

rotter |ˈrɒtə| *noun* *խոսակցական, հնացած, ծածկալեզու* սրիկա; անպետք/փչացած/գծուծ/չար մարդ

Rotterdam |ˈrɒtədæm| Ռոտտերդամ *(նավահանգստային քաղաք Նիդեռլանդներում)*

rotund |rə(ʊ)ˈtʌnd| *adjective* 1) գեր; չաղ; թմբլիկ 2) կլորիկ *(դեմքի մասին)* 3) կլոր; բոլորակ; շրջանաձև 4) մեծախոս; ճոռոմ

rouge[1] |ruːʒ| **1** *noun* 1) կարմրաներկ; կարմիր շպար 2) շրթներկ **2** *verb* *հնացած* դեմքին կարմրաներկ քսել; ներկել շրթունքները; կարմրացնել այտերը

rough |rʌf| **1** *adjective* 1) անհարթ; խորդուբորդ; կտրտված *(մակերևույթի/տեղանքի մասին)* 2) կոպիտ; կոշտ 3) խռպոտ; կերկերուն *(ձայնի մասին)* 4) սուր համ ունեցող; սուր համով 5) անքաղաքավարի; կոպիտ; անտաշ 6) վտանգավոր; վատահամբավ; չարահամբավ *(վայրի մասին)* 7) փոթորկոտ; մրրկածուփ *(ծովի մասին)* 8) խիստ; սաստիկ; ուժգին *(քամու մասին)* 9) *խոսակցական* ծանր; տհաճ; անդուր; դժվար; դժվարին; անախորժ 10) *խոսակցական* վատառողջ 11) *խոսակցական* անհանգիստ; լարված; ընկճված 12) հասարակ; չմշակված; անշուք ◇ **rough and ready** i) մի կերպ կատարված/արված ii) եռանդուն; կոպիտ; առանց ձևականությունների 13) փոչոտ; գզգզված *(մազերի/մորթու մասին)* 14) անփորձ; անվարժ; անհմուտ 15) չհղկված; սևագիր; մոտավոր **2** *adverb* *խոսակցական* կոպտորեն; կոպիտ կերպով **3** *noun* 1) *բրիտանական* կոպիտ/անկիրթ մարդ; խուլիգան; փողոցային; անտաշ մարդ 2) սևագիր; նախնական գծագիր 3) կոպտություն; անմշակություն; չմշակվածություն ◇ **in the rough** անավարտ/անմշակ վիճակում; մոտավորապես; ընդհանուր գծերով 4) չհղկված թանկարժեք քար **4** *verb* 1) ընդհանուր գծերով կատարել; սևագիր անել 2) (**rough sth out**) նախնական գծագիր կազմել; սևագրել 3) գզել; գզգզել; իրար խառնել; պլեկոծել 4) (**rough it**) առանց հարմարությունների ապրել/գոյատևել; առանց հարմարությունների յոլա գնալ; մի կերպ ապրել • **rough up** գզգզել; խճճել **rough sb up** i) մեկին զայրացնել/գրգռել ii) ծեծել; քոթակել

roughcast |ˈrʌfkɑːst| **1** *noun* կոպիտ/կոշտ ծեփ **2** *adjective* 1) կոշտ ծեփված 2) կոպիտ; անտաշ; անկիրթ *(մարդու մասին)* 3) սևագիր կատարված; ոչ վերջնական կատարված **3** *verb* 1) ծեփել; սվաղել 2) ընդհանուր առմամբ կատարել; սևագիր անել; ուրվագծել *(պլան և այլն)*

roughen |ˈrʌf(ə)n| *verb* 1) կոպտանալ; կոշտանալ; անհարթ դառնալ 2) կոպտացնել; կոշտացնել; անհարթ դարձնել

rough-hew *verb* 1) կոպիտ կերպով տաշել 2) (**rough-hewn**) կոպիտ; անտաշ; անկիրթ

roughly |ˈrʌfli| *adverb* 1) կոպտորեն; կոպիտ կերպով ◇ **roughly speaking** կոպիտ ասած; մոտավորապես 2) մոտավորապես արված; կիսատ-պռատ; մի կերպ արված 3) մոտ; մոտավորապես

roughneck |ˈrʌfnɛk| **1** *noun* 1) *խոսակցական ամերիկյան* կովարար/աղմկարար մարդ; խուլիգան 2) նավթահանքի բանվոր **2** *verb* աշխատել որպես նավթահանքի բանվոր

roughshod |ˈrʌfʃɒd| *adjective* *հնավանդ* սեպերով պայտած *(ձիու մասին)*

ride roughshod over *խոսակցական* բռնանալ; բռնակալություն անել; արհամարհանքով վերաբերվել

round |raʊnd| **1** *adjective* 1) շրջանաձև; բոլորակաձև 2) կիսակլոր; կիսաշրջանաձև 3) գնդաձև; գնդանման; կլոր 4) կլորավուն; հարթ; ողորկ 5) չաղլիկ; թմբլիկ 6) սահուն; ավարտուն *(ոճի մասին)* 7) փափուկ; դուրեկան *(ձայնի մասին)* 8) կլորացված *(թվի մասին)* 9) ամբողջական; լրիվ 10) *հնացած* կլորիկ *(գումարի մասին)* 11) անկեղծ; շիտակ *(մարդու/արտահայտության/խոսքի մասին)* 12) կոպտավուն; մի քիչ կոպիտ; անտաշ **2** *noun* 1) գունդ; գլուխ *(խմորի, պանրի և այլնի)* 2) շրջան; շրջանագիծ; կլոր կտոր *(երշիկի և այլնի)* 3) շրջանային/շրջանաձև շարժում; բոլորաշրջան; ցիկլ; շրջան 4) հերթով այցելելը 5) շրջում; շրջագայություն *(պարեկի, պահակի, բժշկի և այլնի)* 6) շրջան; փուլ 7) խաղաշրջան; մրցաշրջան 8) առօրյա; ամենօրյա գործեր; առօրյա զբաղմունքներ; պարտականություններ 9) հերթ *(հատկապես ընկերների համար խմիչք* *գնելու)* 10) համազարկ; պայթյուն; տրաքոց ◊ **a round of applause** ծափահարությունների պոռթկում 11) փամփուշտ 12) զբոսանք ◊ **make/go the round** շրջել; շրջագայել. **go for a round** զբոսանքի գնալ 13) ատրիճան *(շարժասանդուղքի)* 14) խմբապար; շուրջպար 15) ոլորտ; շրջանակ *(հետաքրքրությունների, պարտականությունների)* ◊ **daily round** ամենօրյա գործեր; առօրյա զբաղմունքներ; պարտականություններ **3** *adverb* 1) (**around**) բոլոր կողմերից; շուրջը ◊ **round about** շուրջն ու մոտերքը 2) (**around**) զարտուղի ճանապարհով 3) (**around**) ետ; դեպի ետ ◊ **all the year round** ամբողջ տարին; կլոր տարին; տարին տասներկու ամիս 4) (**around**) շրջագծով **4** *preposition* 1) (**around**) շուրջը; չորս կողմը ◊ **round the world** աշխարհի շուրջը. **round the corner** i) անկյունում; թեքվելիս ii) մոտիկ; մոտակայքում 2) (**around**) մի քանի սահմաններում; մեջ **5** *verb* 1) շրջանցել; պտույտ գործել; մի բանի շուրջը պտտվել 2) կլորացնել *(թիվը)* 3) կլորացնել; բոլորակել; գնդի տեսք հաղորդել; գնդաձև դարձնել 4) կլորանալ; բոլորվել; գնդի ձև ստանալ; գնդաձև դառնալ 5) ավարտել; բոլորել; ամփոփել 6) ավարտել; վերջացնել • **round off** բոլորել; ամփոփել; ավարտել; վերջացնել **round on** *խոսակցական* զայրանալ մեկի վրա; նյարդայնացած պատասխան տալ մեկին **round up** i) քշել; հավաքել *(անասուններին)* ii) շրջապատել; օղակել; շուրջկալել

roundabout |ˈraʊndəbaʊt| **1** *noun* 1) *բրիտանական* շրջանցիկ ճանապարհ 2) *բրիտանական* կարուսել 3) *պատմական* տղամարդու կարճ բաճկոնակ **2** *adjective* 1) կողմնակի; զարտուղի; անուղղակի; շրջանցիկ; ոչ ուղիղ; ոլորապտույտ 2) կողմնակի; շրջանցիկ; զարտուղի 3) լիքը; հաստ; գեր

roundelay |ˈraʊndəleɪ| *noun բանաստեղծական* 1) կրկներգով կարճ երգ 2) խմբապար; շուրջպար 3) թռչնի երգ

Roundhead |ˈraʊndhɛd| *noun պատմական* կլորագլուխ; պուրիտան *(Անգլիայում)*

roundhouse |ˈraʊndhaʊs| *noun* 1) *ամերիկյան* շոգեքարշային դեպո 2) *պատմական* նավախուց; նավասենյակ

roundish *adjective* շրջանակաձև; բոլորակաձև; կլորավուն

roundly |ˈraʊn(d)li| *adverb* 1) ամբողջովին; լիովին; հիմնավորապես; վերջնականապես 2) ուղղակի; սուր; խիստ կերպով; առանց այլևայլությունների 3) կլոր; բոլորակի; կլորաձև

roundsman |ˈraʊn(d)zmən| *noun* (հոգն. **-men**) *ամերիկյան* ոստիկանական տեսուչ

roundup *noun* 1) հանդիպում; հավաք 2) ի մի բերում; ամփոփում 3) անասուններին քշելով մի տեղ բերելը/հավաքելը *(խարանելու և այլնի նպատակով)* 4) շուրջկալ

rouse |raʊz| *verb* 1) արթնացնել 2) դրդել; գրգռել

rout¹ |raʊt| **1** *noun* 1) անկանոն/խուճապահար փախուստ ◊ **put to rout** ջախջախել; փախուստի մատնել 2) ջախջախում; պարտություն 3) ռաուտ; պաշտոնական հրավեր/ընդունելություն 4) *բրիտանական* թերև խնջույք/կերուխում; աղմկոտ խառնամբոխ **2** *verb* գլխովին ջարդել/ջախջախել; փախուստի մատնել

rout² |raʊt| *verb* 1) փորելով հանել 2) արմատները փորել/հանել *(դնչով)* 3) դուրս քաշել; դուրս հանել

route |ruːt| **1** *noun* 1) երթուղի; ճանապարհ; ուղի; կուրս; ուղղություն; ընթացք 2) միջոց; գործընթաց; եղանակ *(որևէ բանի հասնելու)* **2** *verb* (**routing**; բրիտ. նաև **routeing**) ուղղել; ուղարկել *(որոշ երթուղով)*

router² |ˈruːtə| *noun համակարգիչներ* երթուղիչ

routine |ruːˈtiːn| **1** *noun* 1) սահմանված կարգ; որոշակի ապրելակարգ/ռեժիմ 2) *համակարգիչներ* հրամանաշար **2** *adjective* 1) սահմանված; որոշակի; սովորական; առօրյա 2) միապաղաղ; միօրինակ **3** *verb հազվադեպ* կազմակերպել ըստ հերթականության

rove¹ |rəʊv| **1** *verb* թափառել; շրջել; թափառաշրջել; ճանապարհորդել **2** *noun* թափառում; թափառելը; շրջելը

rove² անցյալ տե՛ս **reeve**

rover¹ |ˈrəʊvə| *noun* 1) թափառական; թափառաշրջիկ ուղևոր; ճամփորդ 2) ծովային ավազակ; ծովահեն 3) ավազակ *(կրոկետ խաղում)*

rover² |ˈrəʊvə| *noun հնացած* ծովահեն

row¹ |rəʊ| *noun* 1) շարք; կարգ; շարան; տողան ◊ **in a row** շարքով. **in rows** շարքերով 2) կարգ *(նստարանների՝ դահլիճում)* 3) տող *(աղյուսակի)*

row² |rəʊ| **1** *verb* 1) թիավարել 2) նավակով փոխադրել ◊ **row down** թիավարելով մեկից առաջ ընկնել **2** *noun* 1) թիավարում; թիավարելը 2) նավակով զբոսանք ◊ **go for a row** նավակով զբոսանքի գնալ

row³ |raʊ| *խոսակցական* **1** *noun* 1) վեճ; տուրուդմփոց; աղմկոտ վիճաբանություն; գժտություն; կռիվ ◊ **have a row** աղմկել; վիճել; կռվել; գժտվել. **kick/make up a row** աղմուկ բարձրացնել; կռիվ/տուրուդմփոց սարքել 2) լուրջ տարաձայնություն; լուրջ բանավեճ 3) աղմուկ; աղմուկ-աղաղակ **2** *verb* 1) նկատողություն անել; կշտամբել; հանդիմանել 2) սկանդալ սարքել; աղմկել

rowan |ˈrəʊən|, |ˈraʊən| (նաև **rowan tree**) *noun բուսաբանություն* արոսենի *(Sorbus americana)*

rowboat |ˈrəʊbəʊt| *noun* թիանավակ

rowdy |ˈraʊdi| **1** *adjective* (**-dier**, **-diest**) կռվարար; կոպիտ; գռեհիկ **2** *noun* (հոգն. **-dies**) կռվարար/կոպիտ/գռեհիկ մարդ; խուլիգան

rower *noun* թիավար

rowing |ˈrəʊɪŋ| *noun* թիավարում; թիավարություն; մակույկավարություն

rowlock |ˈrɒlək|, |ˈrʌlək| *noun* թիանցք; թիակալ; թիացից *(մակույկի եզրին)*

royal |ˈrɔɪəl| **1** *adjective* 1) թագավորական; կայսերական; բրիտանական *(նավատորմի/բանակի և այլնի մասին)* 2) արքայական; հոյակապ; շքեղ; վեհապանծ; վսեմ 3) *խոսակցական* հսկայական; ահագին **2** *noun* 1) *խոսակցական* թագավորական ընտանիքի անդամ 2) (**metric royal**) թղթի չափ *(636x480 մմ)* 3) (**royal octavo**) գրքի չափ *(636x480 մմ)*

royalist |ˈrɔɪəlɪst| **1** *noun* 1) *քաղաքականություն* միապետական; ռոյալիստ 2) *ամերիկյան* պնդաճակատ; պահպանողական **2** *adjective քաղաքականության* միապետական; ռոյալիստական

Royal Navy (հպվ. **RN**) բրիտանական ռազմածովային ուժեր

royalty |ˈrɔɪəlti| *noun* (հոգն. **-ties**) 1) թագավորական ընտանիքի անդամներ 2) թագավորական իշխանություն 3) մեծություն; վեհություն; վսեմություն; արքայականություն 4) թագավորական արտոնություններ 5) հեղինակային պատվավճար/հոնորար; եկամտամաս; արտոնագրային իրավունքի վճար 6) երկրի ընդերքի մշակման համար հողատիրոջը տրվող վճար

RSVP *abbreviation* répondez s'il vous plaît խնդրում ենք պատասխանել *(հրավերքների և այլնի վերջում)*

rub |rʌb| **1** *verb* (**rubbed**, **rubbing**) 1) շփել; քսել; տրորել; հարել *(ձեռքով, կտորով և այլն)* 2) սահեցնել; հպել; դիպցնել *(ձեռքը՝ որևէ գործվածքի և այլն)* 3) քսվել; շփվել; տրորվել ◇ **rub one's hands** ձեռքերը շփել *(հաճույքից, գոհունակությունից)* 4) հարել; ցավեցնել *(կոշիկների մասին)* 5) սրբել; մաքրել; ջնջել; չորացնել 6) քսել; տարածել *(քսուքը՝ որևէ բանի վրա)* 7) (**rub something in/into/through**) հարելով իրար խառնել • **rub along** i) դժվարությամբ առաջ շարժվել; ճեղքել անցնել; մի կերպ անցնել ii) հարմարվել; համակերպվել **rub away** i) սրբել; մաքրել; ջնջել ii) սրբվել; մաքրվել; ջնջվել **rub down** կոկել; հարթել **rub in** i) ներշփել; քսել; մերսել ii) *փոխաբերական* գլուխը մտցնել; հասկացնել; կրկնել; շեշտել **rub off** սրբել; ջնջել; մաքրել **rub through** տրորելով անցկացնել *(մաղի և այլնի միջով)* **rub up** i) փայլեցնել ii) հիշողության մեջ թարմացնել; վերհիշել **2** *noun* 1) շփում; շփելը; քսում; քսելը; սրբում; մաքրում ◇ **give a rub** թեթև շփել 2) քսուք; քսայուղ; քսանյութ 3) *խոսակցական* (**the rub**) դժվար կետը; հիմնական դժվարությունը/արգելքը; ամենադժվարին խոչընդոտը 4) *խոսակցական* խայթիչ նկատողություն; ծաղր

rubber¹ |ˈrʌbə| *noun* 1) ռետին; ռեզին; կաուչուկ 2) ռետինակտոր; ռետին *(գրածը մաքրելու համար)* 3) ռետինե իրեր 4) (**rubbers**) կրկնակոշիկներ 5) *խոսակցական* պահպանակ 6) մասաժիստ; մերսիչ 7) շփելու/քսելու հարմարանք

rubber² |ˈrʌbə| *noun թղթախաղ* ռոբբեր

rubber band *noun* ռետինե օղակ

rubberneck |ˈrʌbənɛk| **1** *noun ամերիկյան խոսակցական* հետաքրքրասեր մարդ; աչքերը չռող մարդ *(հատկապես մեքենայի միջից դուրս նայող)* **2** *verb* աչքերը չռել; հետաքրքրությամբ նայել *(հատկապես ավտոմեքենայից)*

rubber stamp **1** *noun* 1) ռետինե կնիք 2) *փոխաբերական* խամաճիկ; կամակատար **2** *verb* (**rubber-stamp**) անմիջապես հաստատել; անմիջապես հավանություն տալ *(առանց կշռադատելու)*

rubber tree *noun* կաուչուկաբեր/կաուչուկատու բույս

rubbish |ˈrʌbɪʃ| **1** *noun* 1) աղբ; թափթփուկ 2) դատարկ բան; տխմարություն; անմտություն **2** *verb խոսակցական* խստորեն քննադատել; մերժել **3** *adjective խոսակցական* անպետք; անարժեք

rubbishy *adjective* միանգամայն անպետք; անպիտան

rubble |ˈrʌb(ə)l| *noun* 1) որմաքար; խամ քար 2) գետաքար; կոպիճ; գլաժայռ; ողորկաքար

rubicund |ˈruːbɪk(ə)nd| *adjective* կարմրագույն; վարդագույն *(դեմքի մասին)*

rubidium |rʊˈbɪdɪəm| *noun քիմիա* ռուբիդիում

ruble |ˈruːb(ə)l| (նաև **rouble**) *noun* ռուբլի *(Ռուսաստանի Դաշնության փողի անվանումը)*

rubric |ˈruːbrɪk| *noun* 1) վերտառություն; վերնագիր 2) խորագիր

ruby |ˈruːbi| *noun* (հոգն. **-bies**) 1) սուտակ; լալ; ռուբին; կարմիր հակինթ *(թանկարժեք քար)* 2) մուգ կարմիր գույն; սուտակի/ռուբինի գույն

ruby wedding (նաև **ruby wedding anniversary**) *noun* ամուսնության քառասուներորդ տարեդարձ

ruche |ruːʃ| *noun* փոթազարդ; փոթաշերտ

ruck¹ |rʌk| *noun* 1) ամբոխ; բազմություն; հրմշտոց 2) (**the ruck**) դատարկ բան; անմտություն; անհեթեթություն 3) (**the ruck**) հասարակ մարդիկ

ruck² |rʌk| **1** *verb* 1) ծալծլել; փոթոտել; ծալքավորել; փոթերով ծածկել; կնճռոտել 2) փոթերով ծածկվել; փոթ-փոթ գալ; կնճռոտվել **2** *noun* ծալք; փոթ; կնճիռ

rucksack |ˈrʌksæk|, |ˈrʊk-| *noun* թիկնապայուսակ; ուսապարկ *(ճանապարհորդական)*

rudder |ˈrʌdə| *noun* ղեկ *(նավի, ինքնաթիռի)*

rudderless |ˈrʌdəlɪs| *adjective* 1) անղեկ 2) *փոխաբերական* անորոշ; աննպատակ

ruddy |ˈrʌdi| **1** *adjective* (**-dier**, **-diest**) կարմրագույն; կարմիր *(նաև դեմքի մասին)* **2** *verb* (**-dies**, **-died**) կարմրացնել

rude |ruːd| *adjective* 1) կոպիտ; անկիրթ; անտաշ; գռեհիկ; բիրտ 2) կոպիտ; կոշտ; անմշակ 3) հանկարծակի; անակնկալ; անսպասելի; ուժեղ; խիստ 4) պարզ; հասարակ; պարզունակ

rudiment |ˈruːdɪm(ə)nt| *noun* 1) (**the rudiments of**) նախահիմքեր; նախասկզբունք; սկզբնական և պարզ գիտելիքներ 2) *կենսաբանություն* թերաճուկ; թերաճ/չզարգացած օրգան

rudimentary |ˌruːdɪˈmɛnt(ə)ri| *adjective* 1) տարրական; նախնական 2) թերաճ; չզարգացած; սաղմնային

rue¹ |ruː| **1** *verb* (**rues**, **rued**, **ruing** կամ **rueing**) զղջալ; ցավել; տրտմել; տխրել; վշտանալ; ափսոսալ *(իր թույլ տված սխալների համար)* **2** *noun հնացած* 1) ափսոսանք; զղջում 2) կարեկցանք

rue² |ruː| *noun բուսաբանություն* փեգենա; սատապ *(Ruta graveolens, ընտանիք Rutaceae)*

rueful |ˈruːfʊl|, |-f(ə)l| *adjective* տրտում; վշտալի; հուսալքված; տխուր; ցավալի; վհատ; ողորմելի; խղճալի

ruff¹ |rʌf| *noun* բրիժներ *(ծալավոր օձիք)*

ruff² |rʌf| *noun կենդանաբանություն* աքերին; ձողաձուկ; պերկես *(Arripis georgianus, ընտանիք Arripidae)*

ruffian |ˈrʌfɪən| *noun* չարագործ; ոճրագործ; սրիկա

ruffle |ˈrʌf(ə)l| **1** *verb* 1) գզգզել; խճճել *(մազերը)*

2) ցցել *(փետուրները)* 3) ցցվել; բիզ-բիզ կանգնել 4) թեթև ալեկոծել *(ջուրը)* 5) վրդովվել; գրգռել; հուզել; հունից հանել 6) ծալազարդել; փոթ-փոթ հավաքել 7) թպրտալ; ցնցվել 8) պարծենալ; հոխորտալ; մեծ-մեծ բրդել **2** *noun* 1) ծալազարդված մանժետ; բոլորածալ 2) ծածանք; ալեծալք 3) իրարանցում; վեճ; գժտություն

rug |rʌg| *noun* 1) գորգ; կարպետ; փսիաթ; խսիր; տապաստակ 2) ծածկոցաշալ

rugby |ˈrʌgbi| (նաև **rugby football**) *noun մարզական* ռեգբի

rugged |ˈrʌgɪd| *adjective* 1) անհարթ; խորդուբորդ; անկյուն; անողորկ 2) կտրատված *(տեղանքի մասին)* 3) *ամերիկյան* ամուր; դիմացկուն; ուժեղ *(սարքի մասին)* 4) ծանր; դժվար *(կյանքի մասին)* 5) կոպիտ; առնական *(դիմագծերի մասին)* 6) չհղկված; անմշակ 7) բուռն; կատաղի; վատ; մռայլ *(եղանակի մասին)*

rugose |ˈruːgəʊs|, |rʊˈgəʊs| *adjective կենսաբանություն* ծալքավոր; կնճռոտ

Ruhr |rʊə|, |ruːɐ| 1) Ռուր *(տարածք Գերմանիայում, ուր զարգացած է ածխարդյունաբերությունը և ծանր արդյունաբերությունը)* 2) Ռուր *(գետ Գերմանիայում, Հռենոսի աջ վտակը)*

ruin |ˈruːɪn| **1** *noun* 1) կործանում; փլուզում; խորտակում 2) ավերակներ; փլատակներ ◊ **in ruins** ավերված; փլատակ դարձած 3) անկում; կործանում *(մարդու)* 4) կործանման պատճառ; դժբախտության պատճառ 5) սնանկացում; աղքատացում **2** *verb* 1) ավերել; քանդել; կործանել 2) խորտակել; փչացնել; վնասել ◊ **ruin oneself** սնանկանալ 3) սնանկացնել

ruination |ruːɪˈneɪʃ(ə)n| *noun* խորտակում; կործանում; ավերում; լիակատար սնանկացում

ruinous |ˈruːɪnəs| *adjective* 1) խորտակիչ; կործանարար; ավերիչ; քայքայիչ; սնանկացուցիչ; սնանկացնող 2) կործանված; քայքայված; ավերված; քանդված

rule |ruːl| **1** *noun* 1) կանոն; սկզբունք; օրենք; կարգ ◊ **as a rule** որպես կանոն; սովորաբար. **by rule** ըստ կանոնի; կանոնի համաձայն. **general rule** ընդհանուր կանոն. **rule of three** *մաթեմատիկա* երից կանոն. **rules of the game** խաղի կանոններ. **rules of the road** ճանապարհային երթևեկության կանոններ. **rule of thumb** աչքաչափ; մոտավոր հաշիվ. **make it a rule** կանոն դարձնել 2) կանոնադրություն *(ընկերության, միաբանության)* 3) տիրապետություն; իշխանություն; կառավարում; վերահսկողություն ◊ **the rule of the people** ժողովրդի իշխանություն 4) քանոն; գծափայտ 5) *տպագրություն* գծաքանոն; շյոն; տողանջատ **2** *verb* 1) ղեկավարել; վարել; կառավարել; իշխել 2) գերիշխել; ղեկավարել; գերիշխողը լինել 3) վճռել; կանոն սահմանել 4) գծել; տողել; գծավորել; տողեր քաշել ◊ **rule out** բացառել

ruler |ˈruːlə| *noun* 1) կառավարիչ; ղեկավար *(պետության, երկրի)* 2) քանոն

ruling |ˈruːlɪŋ| **1** *noun* 1) որոշում; վճիռ; դատական վճիռ 2) կառավարում; ղեկավարում **2** *adjective* կառավարող; իշխող; գերիշխող

rum¹ |rʌm| *noun* ռոմ *(խմիչք)*

rum² |rʌm| *adjective* (**rummer**, **rummest**) *բրիտանական խոսակցական հնացած* տարօրինակ; անհասկանալի ◊ **feel rum** իրեն վատ զգալ; իրեն մի տեսակ զգալ

rumble |ˈrʌmb(ə)l| **1** *verb* 1) դղրդալ; թնդալ; թխկթխկալ 2) դղրդյունով շարժվել *(մեքենայի մասին)* 3) հնչեղ հաստ ձայնով ասել 4) ղլղլալ; վեց-վեց անել *(ստամոքսի մասին)* **2** *noun* 1) թնդյուն; դղրդյուն; դխկդխկոց 2) էության մեջ թափանցելը; ամեն ինչ տեսնելը; ուղն ու ծուծը հասկանալը 3) *պատմական* ծանրոցների տեղ ավտոմեքենայի ետնամասում; լրացուցիչ նստարան ավտոմեքենայի ետնամասում

ruminant |ˈruːmɪnənt| **1** *noun կենդանաբանություն* որոճող կենդանի *(ենթակարգ Ruminantia)* **2** *adjective* 1) որոճող 2) *հազվադեպ* մտածկոտ; մտախոհ; խոհուն; լռջմիտ

ruminate |ˈruːmɪneɪt| *verb* 1) (**ruminate on/upon**) մտածել; խորհրդածել 2) որոճալ *(կենդանու մասին)*

rumination |-ˈneɪʃ(ə)n| *noun* 1) որոճում; որոճալը 2) խորհրդածում; մտորում; մտորմունք; խորհրդածություն

rummage |ˈrʌmɪdʒ| **1** *verb* 1) փնտրել; քրքրել; տակնուվրա անել; որոնել; պրպտել 2) դուրս քաշել; հանել; դուրս հանել **2** *noun* ուշադիր որոնում; խուզարկություն; փնտրտուք; փնտրելը; տակնուվրա անելը

rummage sale *noun* պատահական իրերի վաճառք *(բարեգործական նպատակներով)*

rummer |ˈrʌmə| *noun* գավաթ *(ապակե)*

rummy¹ |ˌrʌmi| *noun* ռումի *(թղթախաղի տեսակ)*

rummy² |ˌrʌmi| *adjective* (**-mier**, **-miest**) տե՛ս **rum2**

rumor |ˈruːmə| (բրիտանական **rumour**) **1** *noun* ասեկոսե; բամբասանք; լուր; համբավ ◊ **rumors are about/afloat** (**rumors are going round**) լուրեր են պտտվում .... **there is a rumor** ասում են; լուրեր են պտտվում, թե ... **2** *verb* լուրեր տարածել; ենթադրություններ հաղորդել

rump |rʌmp| *noun* 1) պոչամաս; քստամաս; ազդրամաս 2) *խոսակցական* հետույք 3) *պատմական* (**the Rump**) «երկար պառլամենտի» մնացորդները *(որը Կրոմվելի կողմից ցրվեց 1653 թվին)*

rumple |ˈrʌmp(ə)l| **1** *verb* տրորել; քրքրել; գզգզել; անկարգություն առաջացնել **2** *noun* փնթիություն; անկարգ վիճակ

run |rʌn| **1** *verb* (**running**; անցյալ **ran** |ræn|; անցյալ դերբայ **run**) 1) վազել; վազվզել 2) մրցարշավին մասնակցել *(ձիու մասին)* 3) մրցավազքին մասնակցել *(մարզիկի մասին)* 4) հետապնդել որսին; հալածել գազանին *(որսաշան մասին)* 5) գնալ-գալ; վազվզել; սլանալ 6) արագ տարածվել 7) ձգվել; տարածվել; անցնել 8) (**run into**) խրել; մխել; մտցնել 9) հարվածել; զարկել; խփել 10) անցկացնել *(թելը, լարը և այլն)* 11) (**run in**) տարածված լինել; հաճախակի հանդիպել *(որոշակի հատկանիշի մասին՝ ընտանիքի անդամների շրջանում)* 12) հասնել; փոխվել; վերածվել *(որոշակի մակարդակի/որակի և այլնի)* 13) հոսել; ծորալ; թափվել; տարածվել *(թանաքի և այլնի մասին)* ◊ **run with** պատված/ծածկված/թաց/կեղտոտված լինել *(որոշակի հեղուկով)* 14) հոսեցնել; լցնել *(հեղուկը՝ որևէ ամանի մեջ)* 15) ջրով լցնել *(լոգարանը)* 16) հալվել; հալչել; հեղուկանալ 17) երթևեկել; ընթանալ; շարժվել *(միևնույն երթուղիով)* 18) տանել; տեղափոխել; հասցնել *(մեքենայով)* 19) կառավարել; գլխավորել; աշխատեցնել; պահել; տնօրինել *(ձեռնարկությունը և այլն)* ◇ **run a hotel** հյուրանոց պահել 20) գործել; աշխատել; տեղի ունենալ; կատարվել 21) պտույտ գալ; պտտվել; աշխատել; բանել; գործել *(մեքենայի/շարժիչի մասին)* 22) կազմակերպել; անցկացնել 23) տևել; շարունակվել 24) բեմադրվել; ցուցադրվել; ներկայացվել; բաց լինել *(ներկայացման/ցուցահանդեսի մասին)* 25) (**run for**) իր թեկնածությունը առաջադրել *(ընտրություններում)* 26) առաջադրել *(թեկնածու՝ կուսակցության մասին)* 27) ասել; հայտնել *(փաստաթղթի/տեքստի մասին)* 28) արժենալ; որոշակի գին ունենալ 29) աճել; փաթաթվել *(սողացող բույսերի մասին)* 30) ենթարկվել *(վտանգի և այլնի)* ◇ **run a risk of** վտանգի ենթարկվել 31) ճեղքել; ճեղքելով անցնել ◇ **run a blockade** ճեղքել շրջափակումը 32) քշել; քշել-հավաքել 33) հալել; ձուլել; թափել *(մետաղը)* 34) փախչել 35) ◇ **run dry** չորանալ; ցամաքել; սպառվել. **run mad** գժվել. **run high** i) բարձրանալ *(ալիքների մասին)* ii) ալեկոծվել *(ծովի մասին)* iii) բորբոքվել *(կրքերի մասին)*. **run low** իջնել; նվազել; պակասել; սպառվել 36) ալեկոծվել *(ծովի մասին)* • **run about** իրար անցնել; այսուայնկողմ վազել **run across** պատահաբար հանդիպել **run aground** i) ծանծաղուտի մեջ խրվել; ափ դուրս նետվել *(նավի մասին)* ii) անկանխատեսելի դժվարություններ ունենալ **run at** հարձակվել մեկի վրա; նետվել մեկի կողմը **run away with** փախչել *(մի բան հետը տանելով կամ մեկին հափշտակելով)* **run counter** դեմ գնալ; հակաճառել *(մեկին)* **run down** i) կանգնել; կանգ առնել *(ժամացույցի/մեխանիզմի մասին)* ii) ետևից հասնել; հասնել iii) *խոսակցական* իսպառ ոչնչացնել; բնաջնջել iv) ուժասպառ լինել; հյուծվել v) ուժասպառ անել; հյուծել vi) շրջել; շուռ տալ; տապալել vii) տակով անել; վրայից անցնել **run for** մի բանի ետևից վազել; մի բան ճարել **run for it** փախչել; ազատվել; պրծնել **run in** *խոսակցական* ձերբակալել; կալանավորել **run into** i) վրան ընկնել; դիպչել *(արագ ընթանալիս)* ii) անսպասելիորեն բախվել; պատահաբար հանդիպել iii) հասնել մինչև **run into debt** պարտքի մեջ ընկնել **run in with** i) համաձայնվել ii) համընկնել; համապատասխանել **run off** փախչել; ծլկել **run off the rails** i) գծից դուրս գալ *(գնացքի մասին)* ii) ճիշտ ճանապարհից շեղվել **run on** i) շարունակվել ii) *տպագրություն* շարված անել **run out** i) վերջանալ; անցնել; լրանալ ii) դուրս ցցվել *(շինության մասին)* **run out of** i) ամբողջ պաշարը սպառել; այլևս չունենալ ii) սպառվել; ծախսվել *(պաշարի մասին)* **run over** i) տակով անել; վրայից անցնել; տրորել ii) եզրերից դուրս թափվել iii) աչքի անցկացնել; թերթել **run through** i) աչքի անցկացնել; նայել ii) ծակել iii) վատնել; անխնա ծախսել *(կարողությունը)* **run to** հասնել *(գումարի, աստիճանի)* **run to extremes** ծայրահեղությունների մեջ ընկնել **run up** i) (**run up to**) հասնել ii) արագ գնալ և վերադառնալ *(որևէ տեղ)* iii) բարձրացնել; աճեցնել iv) բարձրանալ; աճել **2** *noun* 1) վազք; վազելը; վազքամրցում; վազքարշավ 2) վազքատարածություն; վազքով անցած տարածություն; վազուղի; վազքընթաց; վազքի/ընթացքի մեջ լինելը; ճանապարհին լինելը; կարճատև ճանապարհորդություն ◇ **on the run** i) ընթացքի/շարժման մեջ ii) փախուստի մեջ. **go for a run** մի փոքր վազել; մի քիչ վազվզել; գնալ-գալ. **take a run** վազելով թափ առնել 3) ընթացք; ուղղություն; միտում ◇ **at a run** անընդհատ; շարունակ. **in the long run** վերջ ի վերջո; ի վերջո. **on the run** շարժման մեջ պահել; թույլ չտալ, որ շունչ առնի/առնեն 4) նախրի ճանապարհ; նախրուղի 5) ժամանակաշրջան ◇ **a run of luck** (**a run of good luck**) երջանկության/հաջողությունների շրջան 6) որևէ բանից օգտվելու թույլտվություն 7) պահանջարկ; պահանջ 8) շարք; սերիա 9) միջին մակարդակ/տիպ ◇ **the common run, the run of mankind** սովորական մարդիկ. **out of the common run** արտասովոր 10) վտառ *(ձկների)* 11) փարախ; անասնանոց; թռչնանոց 12) ոչ մեծ հոսանք; գետակ 13) *երաժշտություն* գեղգեղանք; ելևէջ 14) *ամերիկյան* գուլպայի փախած հատ

runabout |ˈrʌnəbaʊt| *noun* 1) թափառական; թափառաշրջիկ; դատարկաշրջիկ 2) երկտեղանի ավտոմեքենա 3) շարժիչավոր մակույկ; մոտորանավակ

runaway |ˈrʌnəweɪ| *noun* 1) փախստական; դասալիք 2) հսկողությունից դուրս եկած

rundown **1** *noun* |ˈrʌndaʊn| 1) մասնագիտական վերլուծություն; ամփոփում 2) անկում *(արտադրողականության)* **2** *adjective* |rʌnˈdaʊn|(*այլ.* **run-down**) 1) անուշադրության մատնված; խարխլված *(շենքի/տեղանքի մասին)* 2) տնտեսապես վատ վիճակում *(ընկերության և այլնի մասին)* 3) հյուծված; հոգնած; հոգնատանջ

rune |ru:n| *noun լեզվաբանություն* (**runes**) ռուներ; ռունագրեր

rung[1] |rʌŋ| *noun* 1) աստիճան; սանդղամատ 2) գերան; չորսու *(լայնակի գցած)* 3) ճաղ; անվաճաղ 4) *փոխաբերական* աստիճան *(պաշտոնուղու)*

rung[2] *noun* անցյալ դերբայ տե՛ս **ring2**

runic *adjective լեզվաբանություն* ռունական

runlet |ˈrʌnlɪt| *noun* վտակ; առվակ

runnel |ˈrʌn(ə)l| *noun* 1) գետակ; վտակ 2) առու

runner |ˈrʌnə| *noun* 1) վազող; մրցավազող ◇ **relay runner** փոխանցումավազքի մասնակից 2) արշավաձի; վարգաձի 3) սուրհանդակ; բանբեր 4) մաքսանենգ 5) *տեխնիկական* անվակ; գլանվակ 6) սահակող; սահնակակող 7) ուղեգորգ; ուղելաթ 8) գետնի վրա տարածվող շիվ *(արմատներով)*

runner-up *noun* (հոգն. **runners-up**) մրցման մեջ երկրորդ տեղը գրաված մասնակից

running |ˈrʌnɪŋ| **1** *noun* 1) վազք; վազելը; վազվզոց 2) ծորանք; արտադրություն; արտաթորանք 3) աշխատանք; ընթացք *(մեքենայի, շարժիչի)* 4) շարժում; գործողություն **2** *adjective* 1) վազող 2) հոսող 3) ընթացիկ *(հաշվի մասին)* 4) հոսուն; թարախահոս *(վերքի մասին)* 5) հաջորդական; անընդմեջ; անընդհատ; շարունակական ◇ **for two weeks running** երկու շաբաթ շարունակ 6) սահուն 7) արտասավակալվող *(աչքերի մասին)*

be in the running շահելու հավանականություն/

շանսեր ունենալ
make good one's running ետ չմնալ *(ուրիշներից)*
take up the running նախաձեռնությունը վերցնել

running board *noun* ոտնդիր; ոտնատեղ; ոտնակ *(ավտոմեքենայի և այլնի)*

run-of-the-mill *adjective* հասարակ; սովորական

runout (նաև **run-out**) *noun* 1) բացթողում 2) *օդագնացություն* վազք; թափավազք

runt |rʌnt| *noun* 1) կարճահասակ կենդանի 2) *փոխաբերական* կարճահասակ մարդ; գաճաճ; թզուկ

run-up *noun* 1) աճ; ավելացում 2) վազք; թափավազք

runway |ˈrʌnweɪ| *noun* 1) նեղ ճանապարհ; ուղի; արահետ; շավիղ; կածան 2) *օդագնացություն* թռիչքի և վայրէջքի ուղի; թռիչքուղի 3) *երկաթուղային* առքերման/մերձատար ուղի 4) ճեմուղի *(նորաձևության ցուցադրության ժամանակ)*

rupee |ruːˈpiː|, |rʊˈpiː| *noun* ռուփի *(հնդկական դրամ)*

rupture |ˈrʌptʃə| **1** *verb* 1) ճեղքվել; պատռվել *(խողովակի և այլնի մասին)* 2) ճեղքել; պատռել *(թաղանթը)* 3) *փոխաբերական* վերջ տալ; խզել *(հարաբերությունները, կապերը)* **2** *noun* 1) բեկում; բեկվելը; կոտրելը; բեկվածք; կոտրվածք 2) պատռում; ճեղքում 3) *փոխաբերական* խզում 4) *բժշկություն* աղեթափություն; իջվածք; ծակում; ծակվելը; ծակվածք

rural |ˈrʊər(ə)l| *adjective* գյուղական; գեղջկական

ruse |ruːz| *noun* հնարք; խորամանկություն ◇ **ruse of war** ռազմական խորամանկություն

rush¹ |rʌʃ| **1** *verb* 1) նետվել; վրա ընկնել; հարձակվել; հորդել; սլանալ; դուրս ցայտել; թափվել 2) ներս խուժել; ողողել; հորդել; հեղեղել *(օդի/հեղուկի մասին)* 3) թափով/ուժգին փչել *(քամու մասին)* 4) շտապ/շտապով/հապճեպ մի բան անել; չմտածված կերպով մի բան անել ◇ **rush to a conclusion** հապճեպ եզրակացության հանգել 5) *ռազմական* սրընթաց գրոհել; հանկարծակի գրոհի ենթարկել 6) շտապ բերել; հասցնել 7) շտապեցնել; անապարեցնել; քաշել-տանել **2** *noun* 1) սաստիկ ճնշում; բուռն գրոհ; հորդում; խռնում ◇ **a rush of blood** արյունախռնում 2) սրընթաց/շեշտակի գրոհ 3) շտապողականություն; հապճեպություն; անապարանք; բուռն տենչ 4) *փոխաբերական* հեղեղ; հորձանք; տարափ
gold rush ոսկետենդ; ոսկեխուզություն տենդ

rush² |rʌʃ| *noun* 1) *բուսաբանություն* եղեգ 2) դատարկ/աննշան բան ◇ **not worth a rush** մի կոպեկ չարժեցող; անպետք. **not care a rush** ոչ մի արժեք չտալ; ուշադրություն չդարձնել 3) եղեգնի ցողուն

rusk |rʌsk| *noun* պաքսիմատ

russet |ˈrʌsɪt| **1** *adjective* կարմրադարչնագույն **2** *noun* 1) դարչնակարմիր գույն 2) դարչնագույն խնձոր *(խնձորի տեսակ)* 3) կոպիտ կարմրադարչնագույն գործվածք; կոպիտ մոխրագույն գործվածք **3** *verb* (**-seted**, **-seting**) կարմրադարչնագույն դառնալ

Russia |ˈrʌʃə| Ռուսաստան *(պետություն)*

Russian |ˈrʌʃ(ə)n| **1** *adjective* ռուսական; ռուսների **2** *noun* 1) ռուս 2) ռուսաց լեզու; ռուսերեն

Russian Federation Ռուսաստանի Դաշնություն *(Ռուսաստանի պաշտոնական անվանումը)*

Russian Orthodox Church Ռուսական Ուղղափառ Եկեղեցի

rust |rʌst| **1** *noun* 1) ժանգ 2) *փոխաբերական* ժանգոտվելը; անպիտան դառնալը; շարքից դուրս գալը 3) *բուսաբանություն* մրիկ *(հացաբույսերի հիվանդություն)* 4) ժանգագույն; կարմրագորշ **2** *verb* 1) ժանգոտվել; ժանգակալել 2) փչանալ; բթանալ *(անգործությունից)* 3) ժանգոտել; ժանգով պատել

rustic |ˈrʌstɪk| **1** *adjective* 1) գյուղի; գյուղական; գեղջկական 2) պարզ; հասարակ; պարզամիտ 3) կոպիտ; կոշտ; անտաշ; հասարակ *(կահույքի և այլնի մասին)* **2** *noun* արհամարհական գյուղացի; գեղջուկ

rusticate |ˈrʌstɪkeɪt| *verb* 1) գյուղում ապրել/բնակվել 2) ժամանակավորապես հեռացնել համալսարանից/քոլեջից 3) գյուղ ուղարկել

rustle |ˈrʌs(ə)l| **1** *verb* 1) խշխշալ; շրշալ; խշշալ; սոսափել 2) *ամերիկյան* գողանալ *(անասունները և այլն)* 3) *ամերիկյան* իրար անցնել; եռանդ ցուցաբերել **2** *noun* խշխշոց; շրշյուն; սոսափյուն

rustler *noun* 1) *ամերիկյան* եռանդուն/աշխույժ մարդ 2) ձիու գող; ձիագող

rustless *adjective* չժանգոտված

rustproof |ˈrʌs(t)pruːf| **1** *adjective* չժանգոտվող **2** *verb* ժանգի նկատմամբ կայուն դարձնել

rusty |ˈrʌsti| *adjective* (**rustier**, **rustiest**) 1) ժանգոտ; ժանգոտած 2) ժանգագույն; գույնը գցած; գունաթափված 3) լքված; անուշադրության մատնված; բթացած; հնացած 4) մռայլ; ժանգոտ; անհամբույր; անհրալիր 5) կծված; կծվահամ; դառնահամ 6) խռպոտ *(ձայնի մասին)*

rut¹ |rʌt| *noun* 1) անվահետք; անվակոս 2) սովորություն 3) տեխ; ագույց; ակոս *(փայտի մեջ փորված)* 4) եզրակոս; փորվածք

rut² |rʌt| **1** *noun* սեռական ակտիվության շրջան *(եղջերուների և այլ կենդանիների, երբ արուները կովում են էգի համար)* **2** *verb* (**rutted**, **rutting**) սեռական ակտիվության շրջանի մեջ լինել; գրգռված լինել

rutabaga |ˌruːtəˈbeɪgə| *noun* *բուսաբանություն* շաղգամ; գոնգեղ *(Brassica napus, ընտանիք Brassicaceae)*

Ruth |ruːθ| *աստվածաշնչային* Հռութ *(Հին Կտակարանի գրքերից մեկը)*

ruthenium |rʊˈθiːnɪəm| *noun քիմիա* ռութենիում

ruthless |ˈruːθlɪs| *adjective* անգութ; անողորմ; դաժան

ruthlessly *adverb* անգթորեն; դաժանաբար

Rwanda |ruːˈændə| Ռուանդա *(պետություն Կենտրոնական Աֆրիկայում)*

Ryazan |ˌrɪəˈzɑːn| Ռյազան *(քաղաք Ռուսաստանի եվրոպական մասում)*

rye |rʌɪ| *noun* 1) *բուսաբանություն* տարեկան; աշորա *(Secale cereale, ընտանիք Gramineae)* 2) տե՛ս **rye bread**

rye bread *noun* տարեկանի հաց

ryot |ˈrʌɪət| *noun* հնդիկ գյուղացի/հողագործ

Ss

S[1] |ɛs| (նաև **s**) *noun* (հոգն. **Ss** կամ **S's**) 1) անգլերեն այբուբենի 19-րդ տառը 2) S տառի ձևը

S[2] **1** *abbreviation* 1) Saint Սուրբ 2) siemens սիմենս 3) South հարավ; հարավային **2** *symbol* sulfur ծծումբ *(քիմիական տարր)*

s **1** *abbreviation* 1) second վայրկյան 2) shilling շիլինգ **2** *symbol* հեռավորություն *(մաթեմատիկական բանաձևերում)*

Saarland |ˈsɑːlænd|, |ˈzæːɐlænt| Սաար *(Գերմանիայի հողերից մեկը)*

sabbath |ˈsæbəθ| *noun* շաբաթ

saber |ˈseɪbə| (բրիտանական **sabre**) **1** *noun* 1) թուր; սուր 2) սուսերամարտ 3) *պատմական* սուսերամարտիկ **2** *verb* *հնավանդ* թրով կտրել

sable[1] |ˈseɪb(ə)l| *noun* 1) *կենդանաբանություն* սամույր *(Martes zibellina, ընտանիք Mustelidae)* 2) սամույրի մորթի

sable[2] |ˈseɪb(ə)l| **1** *adjective* *բանաստեղծական* *զինանշաններ* սև **2** *noun* 1) *բանաստեղծական* սև գույն 2) *կենդանաբանություն* (նաև **sable antelope**) սև ձիանման այծքաղ *(Hippotragus niger, ընտանիք Bovidae)*

sabotage |ˈsæbətɑːʒ| **1** *verb* 1) նենգադրուլել; նենգադրուլ անել 2) վնասարարությամբ զբաղվել **2** *noun* 1) նենգադրուլ 2) խափանարարություն; վնասագործություն

saboteur |ˌsæbəˈtəː| *noun* 1) նենգադրուլավոր 2) վնասագործ; դիվերսանտ

saccharin |ˈsækərɪn| *noun* դեղշաքար; կեղծաշաքար; սախարին

saccharine |ˈsækərʌɪn|, |-ɪn|, |-iːn| **1** *adjective* շաքարի; շաքարային; շաքարահամ; շաքարանման **2** *noun* տե՛ս **saccharin**

sachem |ˈseɪtʃəm|, |ˈsætʃəm| *noun* 1) *ամերիկյան* հնդկացիների առաջնորդ 2) ղեկավար; առաջնորդ

sachet |ˈsæʃeɪ| *noun* հոտավետ պարկիկ *(որն օգտագործվում էր հագուստներին բուրմունք տալու համար)*

Sachsen |ˈzæksn| Սաքսոնիա *(գերմաներեն անվանումը)*

sack[1] |sæk| **1** *noun* 1) տոպրակ; պարկ 2) պարկանման հագուստ 3) *պատմական* կանացի ազատ հագուստ 4) *խոսակցական* (**the sack**) անկողին 5) *խոսակցական* աշխատանքից հեռացնելը **2** *verb* 1) *խոսակցական* աշխատանքից ազատել 2) *խոսակցական* (**sack out**) գնալ քնելու; անկողին մտնել 3) պարկի մեջ դնել

a sack of potatoes *խոսակցական* անճոռնի/դանդաղաշարժ մարդ

hit the sack *խոսակցական* գնալ քնելու

sack[2] |sæk| **1** *verb* կողոպտել; թալանել **2** *noun* կողոպտում; թալանում; թալանելը

sack[3] |sæk| *noun* *պատմական* սպիտակ չոր գինու մի տեսակ

sackcloth |ˈsækklɒθ| *noun* 1) կոշտ կտավ; կոպիտ գործվածք 2) քուրձ; խարազն

sackcloth and ashes քուրձ ու մոխիր *(ի նշան ողբի և համբերության)*

sackful |ˈsækfʊl| *noun* (հոգն. **-fuls**) պարկ; մի պարկ լիքը

sacking |ˈsækɪŋ| *noun* 1) պարկացու կտոր; պարկացու 2) ավարառություն

sacral |ˈseɪkr(ə)l|, |ˈsæk-| *adjective* 1) նվիրական; ծիսային; ծիսական 2) *կազմախոսություն* գավակային

sacrament |ˈsækrəm(ə)nt| *noun* 1) *եկեղեցական* խորհուրդ; հաղորդություն 2) խորհրդանիշ 3) խոստում; ուխտ; երդում

sacramental |sækrəˈmɛnt(ə)l| **1** *adjective* *եկեղեցական* 1) նվիրական; սուրբ; սրբազան 2) խորհրդին վերաբերող **2** *noun* սրբազան գործողություն/ծես *(օրինակ՝ խաչակնքելը կամ սուրբ ջրի օգտագործումը)*

Sacramento |ˌsækrəˈmɛntəʊ| 1) Սակրամենտո *(գետ ԱՄՆ-ի Կալիֆորնիա նահանգում)* 2) Սակրամենտո *(քաղաք ԱՄՆ-ի Կալիֆորնիա նահանգում)*

sacred |ˈseɪkrɪd| *adjective* 1) սուրբ; սրբազան 2) հոգևոր; ոչ աշխարհիկ 3) անձեռնմխելի 4) նվիրված; նվիրաբերված

sacrifice |ˈsækrɪfʌɪs| **1** *noun* 1) զոհ; զոհողություն 2) զոհաբերություն; զոհ մատուցելը 3) *շախմատ* զոհաբերություն **2** *verb* 1) զոհ անել; զոհ մատուցել 2) զոհել; զոհաբերել

sacrificial |sækrəˈfɪʃ(ə)l| *adjective* 1) զոհի; զոհաբերության; զոհաբերական 2) ինքնազոհ

sacrilege |ˈsækrɪlɪdʒ| *noun* սրբապղծություն

sad |sæd| *adjective* (**sadder**, **saddest**) 1) տխուր; տրտում; թախծոտ 2) դժբախտ; խեղճ; թշվառ 3) ձանձրալի; տաղտկալի 4) չփքված; վատ եփված; չբարձրացած *(խմորեղենի մասին)* 5) աղոտ; պղտոր; մռայլ *(գույնի մասին)* 6) *հնացած* լուրջ; տխուր; շատ վատ

sad to say դժբախտաբար; ցավոք

sadden |ˈsæd(ə)n| *verb* 1) տխրեցնել; տխրություն պատճառել; տրտմեցնել 2) տխրել; տրտմել

saddle |ˈsæd(ə)l| **1** *noun* 1) թամբ; թամք 2) թամբարդ; թամբ *(լեռան)* 3) *կազմախոսություն* մեջքագոգ 4) *տեխնիկական* սահուկ; հենոց 5) կռնակ *(միս)* 6) նստատեղ *(հեծանվի, մոտոցիկլետի)* **2** *verb* 1) թամբել; թամքել; համետել; փալանել 2) հեծնել; նստել 3) (**be saddled with**) ծանրաբեռնել *(մեկին մի բանով)* 4) ուրիշի վրա գցել; բարդել *(հանցանքը, մեղքը)*

in the saddle, on horseback ձիու վրա; ղեկավար դիրքում

put the saddle on the right horse մեղադրանքը ճիշտ հասցեագրել; արդարացի կերպով մեկին մեղադրել

saddleback |ˈsæd(ə)lbæk| *noun* 1) թամբաձև

բլուր 2) մեջքին սպիտակ զոլ ունեցող խոզի տեսակ 3) *ճարտարապետություն* երկլանջ տանիք

saddlebag |ˈsæd(ə)lbæg| *noun* 1) խուրջին 2) **(saddlebags)** ավելորդ ճարպ զիստերի վրա

saddle-bow *noun* *հիմնականում հնավանդ* թամբի կեռ; թամբաղեղ

saddlecloth *noun* թամբատակ; սթար; տապճակ; քնփուշ

saddle horse *noun* 1) հեծնելու/հեծկան ձի 2) թամբերը պահելու փայտե հենակ

sadism |ˈseɪdɪz(ə)m| *noun* սադիզմ; վայրագություն

sadist *noun* սադիստ

sadly |ˈsædli| *adverb* 1) տխուր; տխրությամբ; թախիծով 2) ցավալիորեն; դժբախտորեն 3) ցավոք; ցավոք սրտի; դժբախտաբար; ափսոս

sadness *noun* տխրություն; տրտմություն

safari |səˈfɑːri| *noun* (հոգն. **-ris**) 1) որսորդական արշավախումբ *(սովորաբար Արևելյան Աֆրիկայում)* 2) երկարատև ճամփորդություն

safe |seɪf| **1** *adjective* 1) անվտանգ; ապահով; բարեհաջող; անփորձանք 2) անվնաս; չվնասված 3) հուսալի; վստահելի; հաստատ 4) զգույշ; շրջահայաց **2** *noun* 1) անկիզելի/չհրկիզվող պահարան 2) մառան; արկղ և այլն *(մթերքներ պահելու համար)* 3) *խոսակցական* պահպանակ

safe and sound ողջ-առողջ

safe in the knowledge that վստահ լինելով, որ...

safe conduct *noun* 1) պահպանագիր; պահպանական վկայաթուղթ; անցագիր 2) պահակախումբ; շքախումբ

safeguard |ˈseɪfgɑːd| **1** *noun* 1) պահպանություն; ապահովություն; երաշխիք; նախազգուշական միջոց 2) անցագիր 3) պահպանակ; ապահովիչ **2** *verb* 1) պահպանել; պաշտպանել 2) ապահովել; երաշխավորել

safely *adjective* 1) ապահովաբար; բարեհաջող/ապահով կերպով 2) անվնաս; պահպանված վիճակում

safety |ˈseɪfti| *noun* (հոգն. **-ties**) 1) անվտանգություն; ապահովություն 2) ապահով տեղ/վայր 3) պահպանական հարմարանք; պահպանակ

safety first ամենից առաջ անվտանգություն

there's safety in numbers մարդկանց խմբի մեջ ավելի անվտանգ զգալու երևույթը; ընկերովի մահը հարսանիք է

safety belt *noun* 1) փրկագոտի 2) անվտանգության գոտի

safety lamp *noun* հանքահորի/անհրավտանգ լամպ

safety match *noun* լուցկի

safety net *noun* 1) անվտանգության ցանց *(կրկեսում)* 2) երաշխիք; ապահովագրություն

safety pin **1** *noun* անգլիական քորոց **2** *verb* ամրացնել անգլիական քորոցով

safety valve *noun* 1) պահպանիչ կափույր 2) օդելույզ; օդանցք

saffron |ˈsæfr(ə)n| *noun* 1) *բուսաբանություն* քրքում *(Crocus sativus, ընտանիք Iridaceae)* 2) քրքումագույն; դեղնանարնջագույն

sag |sæg| **1** *verb* (**sagged**, **sagging**) 1) կախ ընկնել; կախվել; նստել; իջնել; ծռվել; ճկվել; կորանալ 2) ընկնել; իջնել *(գնի մասին. սովորաբար ժամանակավորապես)* 3) *ծովային* ուղղությունից շեղվել **2** *noun* 1) անկում; իջնելը 2) կախ ընկնելը

saga |ˈsɑːgə| *noun* 1) սագա *(սկանդինավյան ավանդավեպ)* 2) *խոսակցական* երկար ու խճճված պատմություն

sagacious |səˈgeɪʃəs| *adjective* 1) թափանցող; խորաթափանց; շրջահայաց; խոհեմ; հեռատես 2) հասկացող; խելացի; ուշիմ

sagacity |səˈgæsɪti| *noun* 1) խորաթափանցություն; սրաթափանցություն; խելամտություն; հեռատեսություն 2) ըմբռնողություն; ուշիմություն; խելամտություն; դիտողունակություն

sage[1] |seɪdʒ| *noun* *բուսաբանություն* եղեսպակ; մեղրթեր *(Salvia officinalis, ընտանիք Labiatae)*

sage[2] |seɪdʒ| **1** *noun* իմաստուն; գիտուն *(մարդ)* **2** *adjective* իմաստուն; խելոք; խելամիտ; կշռադատող; բանիմաց

Sagittarius |ˌsædʒɪˈtɛːrɪəs| *noun* Աղեղնավոր *(կենդանակերպի իններորդ նշանը)*

sago |ˈseɪgəʊ| *noun* (հոգն. **-gos**) 1) *բուսաբանություն* սագոյանմանվար 2) մալայան արմավենի; սագո *(Metroxylon sagu, ընտանիք Palmae)*

Sahara Desert |səˈhɑːrə| (նաև **the Sahara**) Սահարայի անապատ *(տարածք Հյուսիսային Աֆրիկայում)*

sahib |ˈsɑː(h)ɪb|, |sɑːb| *noun* սահիբ; պարոն; աղա *(դիմելաձև Հնդկաստանում՝ ուղղված բարձրաստիճան եվրոպացիներին)*

said |sɛd| **1** *verb* անցյալ և անցյալ դերբայ տե՛ս **say** **2** *adjective* վերոհիշյալ; նշված

Saigon |sʌɪˈgɒn| Սայգոն *(Հո Շի Մին քաղաքի անունը (մինչև 1976 թ.) անվանումը)*

sail |seɪl| **1** *noun* 1) առագաստ 2) ծովային ճանապարհորդություն 3) *հնացած* առագաստանավ 4) թև; աղացաթև *(հողմաղացի)* **2** *verb* 1) լողալ *(առագաստանավի մասին)* 2) լողալ; նավել; նավարկել *(առագաստանավով)* 3) սկսել ծովային ճամփորդությունը 4) ներս մտնել սահուն և արագ քայլվածքով 5) վարել *(նավը, ինքնաթիռը)* 6) *խոսակցական* (**sail through**) հեշտությամբ հաջողել *(ինչ-որ գործում)* 7) *խոսակցական* (**sail into**) հարձակվել; վրա պրծնել

in/under full sail բոլոր առագաստները պարզած

sail close to the wind, sail near the wind 1) նավարկել քամու դիմաց 2) *փոխաբերական* մոտ լինել օրենքը խախտելուն

take in sail հավաքել առագաստները

take the wind out of one's sails մեկին հանկարծակիի բերել; մեկի ոտքերի տակի հողը խլել

trim the sails to the wind պատեհապաշտ լինել; տեսնել, թե քամին որ կողմից է փչում

under sail առագաստները պարզած

sailboard |ˈseɪlbɔːd| *noun* առագաստատախտակ

sailboat |ˈseɪlbəʊt| *noun* *ամերիկյան* առագաստավոր մակույկ; առագաստանավակ

sailcloth |ˈseɪlklɒθ| *noun* առագաստալաթ;

պարուսին

sailer |ˈseɪlə| *noun* առագաստանավ *(որոշակի ընթացքային հատկություններով)*

sailing |ˈseɪlɪŋ| *noun* 1) առագաստներով նավարկելը; նավարկություն 2) նավավարում; նավավարություն 3) նավերի երթևեկության չվացուցակ 4) առագաստանավային մարզաձև 5) նավարկություն սկսելը; ծով դուրս գալը

it will be all plain sailing ամեն ինչ հաջող կընթանա

sailing boat *noun* *բրիտանական* առագաստանավ

sailing ship *noun* առագաստանավ

sailor |ˈseɪlə| *noun* ծովային; նավաստի; ծովագնաց; նավագնաց; նավորդ; նավազ ◇ **I am a good sailor.** Ես հեշտ եմ ճանապարհորդում ծովով: **I am a bad sailor.** Ես դժվար եմ ճամփորդություն ծովով:

saint |seɪnt|, |s(ə)nt| **1** *noun* 1)ˈ(**St., S.**) սուրբ 2) հավատացյալ; քրիստոնյա 3) անմեղ/արդար մարդ **2** *verb* սրբացնել

sake[1] |seɪk| *noun* (**for the sake of something, for something's sake**) հանուն; ի սեր; սիրուն; սիրույն *(ինչ-որ բանի)*

for old times' sake ի հիշատակ հին ժամանակների

sake[2] |ˈsɑːki|, |ˈsækeɪ| (նաև **saki** կամ **saké**) *noun* սակե; բրնձօղի

Sakhalin |ˌsækəˈliːn| Սախալին *(կղզի Ռուսաստանի խաղաղօվկիանոսյան ափի մոտ)*

salable |ˈseɪləb(ə)l| (նաև **saleable**) *adjective* *ամերիկյան* գնայուն; դյուրավաճառ *(ապրանքի մասին)*

salad |ˈsæləd| *noun* 1) աղցան; խառնախուրտիկ; խառնաճաշ 2) հում կանաչի *(որն օգտագործվում է աղցանի մեջ. հատկապես՝ հազար)*

salamander |ˈsæləˌmændə| *noun* 1) *կենդանաբանություն* լամբ; սալամանդր *(կարգ Urodela)* 2) կրակի ոգի 3) տապակ; թավա

salaried |ˈsælərɪd| *adjective* 1) աշխատավարձ/ռոճիկ ստացող 2) հաստիքային աշխատող

salary |ˈsæləri| **1** *noun* (հոգն. **-ries**) աշխատավարձ; ռոճիկ **2** *verb* (**-ries**, **-ried**) *հնավանդ* աշխատավարձ վճարել

sale |seɪl| *noun* 1) վաճառք; իրացում 2) (**sales**) վաճառք; վաճառքի/իրացման բաժին 3) (**sales**) վաճառք; վաճառված ապրանքի քանակ; ապրանքաշրջանառություն 4) վաճառք իջեցված գներով; զեղչ 5) աճուրդ

for sale վաճառվում է; վաճառքի է

on sale 1) վաճառվում է 2) առաջարկվում է իջեցված գներով

salesclerk (նաև **sales clerk**) *noun* վաճառորդ; վաճառող; գործակատար *(խանութում)*

salesgirl |ˈseɪlzgəːl| *noun* վաճառուհի; գործակատարուհի; վաճառող կին

saleslady |ˈseɪlzleɪdi| *noun* (հոգն. **-dies**) վաճառուհի; գործակատարուհի

salesman |ˈseɪlzmən| *noun* (հոգն. **-men**) 1) վաճառորդ; վաճառող 2) առևտրական գործակալ 3) առևտրական միջնորդ

salesmanship *noun* առևտուր անելու շնորհք; վաճառելու վարպետություն

salesperson |ˈseɪlzpəːs(ə)n| *noun* (հոգն. **-persons** կամ **-people**) վաճառող; վաճառորդ; գործակատար

saleswoman *noun* (հոգն. **-women**) վաճառողուհի; գործակատարուհի; վաճառող կին

salience *noun* 1) ելուստ; դուրս ցցված մաս 2) ուռուցիկություն 3) առանձնահատկություն; տարբերիչ գիծ

salient |ˈseɪlɪənt| **1** *adjective* 1) աչքի ընկնող; ցայտուն; ուշագրավ; ակնառու *(բնավորության գծերի և այլնի մասին)* 2) դուրս ցցված; դուրս եկած 3) ցցուն; դուրս պրծած **2** *noun* 1) ելուստ; դուրս ցցված մաս *(տան, ափի և այլնի)* 2) *ռազմական* սեպ *(հարձակման կամ պաշտպանության գծում)*

saline |ˈseɪlʌɪn| **1** *adjective* 1) աղային; աղ պարունակող 2) աղի **2** *noun* 1) աղային լուծույթ 2) *բժշկություն* լուծողական

saliva |səˈlʌɪvə| *noun* թուք

salivary |səˈlʌɪ-|, |ˈsælɪ-| *adjective* թքի; թքային ◇ **salivary gland** թքագեղձ

salivate |ˈsælɪveɪt| *verb* 1) թուք արտադրել 2) թքարտադրություն առաջացնել

sallow[1] |ˈsæləʊ| **1** *adjective* (**-lower**, **-lowest**) հիվանդագին; գունատ; դեղնած *(դեմքի մասին)* **2** *verb* *հազվադեպ* դեղնեցնել; դեղին դարձնել

sallow[2] |ˈsæləʊ| *noun* *բուսաբանություն* ուռենի; ուռի *(Salix, ընտանիք Salicaceae)*

sally[1] |ˈsæli| **1** *noun* (հոգն. **-lies**) 1) *ռազմական* գրոհ; արտագրոհ *(զորքի)* 2) հանկարծակի սկիզբ 3) սրախոսություն; սրամիտ խոսք 4) զբոսարշավ; կարճ զբոսանք 5) բռնկում; պոռթկում *(զայրույթի)* **2** *verb* (**-lies**, **-lied**) 1) *ռազմական* հանկարծակի գրոհել; արտելք անել; արտագրոհի ելնել 2) արշավի դուրս գալ 3) առաջ նետվել

sally[2] |ˈsæli| *noun* (հոգն. **-lies**) զանգի պարանի ստորին մասը *(որը պատված է գունավոր բրդյա գործվածքով՝ բռնելու հարմարության համար)*

salmon |ˈsæmən| *noun* (հոգն. նույնը (հատկապես տարբեր տեսակների հետ) **-ons**) 1) *կենդանաբանություն* սաղմոն *(ձուկ. ընտանիք Salmonidae)* 2) սաղմոնի միս 3) բաց վարդանարնջագույն

salmonella |ˌsælməˈnɛlə| *noun* (հոգն. **-nellae** |-liː|) *կենսաբանություն* սալմոնելա *(վարակիչ ցուպիկի տեսակ)*

salon |ˈsælɒn| *noun* 1) ընդունարան; դահլիճ; հյուրասենյակ 2) սալոն; գեղարվեստական սրահ *(ցուցահանդես)* 3) վարսավիրանոց; գեղեցկության սրահ

Salonica |səˈlɒnɪkə| Թեսաղոնիկե; Սալոնիկ *(քաղաք Հունաստանի հյուսիսում)*

saloon |səˈluːn| *noun* 1) *ամերիկյան* բար; խորտկարան 2) դահլիճ; ընդունարան 3) ընդհանուր նավասենյակ 4) *երկաթուղային* սալոն-վագոն 5) *բրիտանական* սեդան *(ավտոմեքենայի թափքի տեսակ)*

salt |sɔːlt|, |sɒlt| **1** *noun* 1) աղ; կերակրի աղ 2) սրամտություն; սուր խոսք 3) *խոսակցական* փորձված նավազնաց **2** *adjective* 1) աղի 2) աղակալած; աղով տոգորված **3** *verb* 1) վրան աղ ցանել; աղ անել; աղել 2) աղել; աղը դնել; աղով բռնել; աղով թթու դնել 3) աղ տալ *(կենդանուն)* 4) համ տալ; հետաքրքիր դարձնել; սրություն հաղորդել

be worth one's salt իր գործի վարպետը լինել
rub salt into the wound վերքին աղ ցանել
sit below the salt ցածր/ստորին խավի պատկանել
the salt of the earth երկրի աղը *(ազնիվ, հուսալի, բարի և առաքինի մարդ. ըստ Մատթեոսի ավետարանի 5.13-ի)*

saltcellar *noun* աղաման; աղաթաս

Salt Lake City Սոլթ Լեյք Սիթի *(ԱՄՆ-ի Յուտա նահանգի մայրաքաղաքը)*

salt marsh *noun* աղտաղուտ; աղուտ *(տարածք, որը պարբերաբար հեղեղվում է ծովաջրով)*

saltpeter |sɔːlt'piːtə|, |sɒ-| (բրիտանական **saltpetre**) *noun քիմիա* (նաև **patassium nitrate**) բորակ; աղբորակ; կալիումական սելիտրա

saltwater *adjective* ծովային; աղի ջրերի

salty |'sɔːlti|, |'sɒ-| *adjective* (**saltier**, **saltiest**) 1) աղի; աղահամ 2) կծու; սուր *(խոսքի/դիտողության մասին)* 3) *խոսակցական ամերիկյան* կոպիտ; հարձակողական

salubrious |sə'luːbrɪəs| *adjective* առողջարար; բուժիչ; բուժարար

salutary |'sæljʊt(ə)ri| *adjective* 1) բարերար; նպաստավոր 2) *հնացած* բուժիչ; բուժարար

salutation |ˌsæljʊ'teɪʃ(ə)n| *noun* 1) ողջույն; ողջույնի շարժում 2) ողջույնի խոսք *(նամակում)*

salute |sə'l(j)uːt| **1** *noun* 1) ողջույն ◇ **imprint a chaste salute** *կատակային* համբույր դրոշմել 2) հրավառություն; սալյուտ 3) *ռազմական* պատիվ տալը **2** *verb* 1) ողջունել; բարևել 2) համբուրել 3) *ռազմական, ծովային* պատիվ/ողջույն/սալյուտ տալ

salvage |'sælvɪdʒ| **1** *verb* 1) գույքը փրկել *(նավի վրա, հրդեհի ժամանակ)* 2) օգտակար թափոնը հավաքել 3) *ծածկալեզու* գողանալ; յուրացնել **2** *noun* 1) գույքը փրկելը *(նավի վրա, հրդեհի ժամանակ)* ◇ **make salvage of** փրկել *(գույքը)* 2) փրկած գույքը 3) վարձատրություն; պարգև *(փրկած գույքի համար)* 4) *ռազմական* ռազմավար 5) օգտակար թափոններ/թափոնը

salvation |sæl'veɪʃ(ə)n| *noun աստվածաբանություն* փրկություն; փրկագնում

salve¹ |sælv| **1** *noun* 1) բուժիչ սպեղանի; բալասան; քսուք 2) հանգստացնող բուժամիջոց **2** *verb հնացած* 1) սպեղանի դնել; բալասանել 2) հանգստացնել; մեղմացնել

salve² |sælv| *verb հնացածոե՛ս* **salvage**

salver |'sælvə| *noun* մատուցարան; սկուտեղ *(սովորաբար արծաթից)*

salvo |'sælvəʊ| *noun* (հոգն. **-vos** կամ **-voes**) 1) *ռազմական* համազարկ; կրակատարափ 2) *ռազմական* մարտկոցային կրակահերթ

Salzburg |'sæltsbəːg|, |'sɔːlts-|, |'zæltsbʊrk| Զալցբուրգ *(քաղաք Ավստրիայում)*

Samara |sə'mɑːrə| Սամարա *(քաղաք Ռուսաստանում. նախկին (1935-1991 թ.թ.) անվանումը՝ Կույբիշև)*

Samaria |sə'mɛːrɪə| Սամարիա *(քաղաք և տարածք հին Պաղեստինում)*

samarium |sə'mɛːrɪəm| *noun քիմիա* սամարիում

Samarkand |ˌsæmɑː'kænd|, |'sæməkænd| (նաև **Samarqand**) Սամարղանդ *(քաղաք Ուզբեկստանում)*

same |seɪm| **1** *adjective* 1) նույն; միևնույն 2) նման; միատեսակ; նույնական; նույնանման; համանման **2** *pronoun* (**the same**) նույնը **3** *adverb* նմանապես; նույնպես

all /just the same միևնույնն է; այնուամենայնիվ
at the same time 1) միաժամանակ 2) մյուս կողմից; այնուամենայնիվ
be all the same անկարևոր լինել
much the same գրեթե նույնը
one and the same միևնույնը; միևնույն մարդը/բանը
same here *խոսակցական* ես նույնպես; նույնը վերաբերում է ինձ

sameness *noun* 1) միատեսակություն; նմանություն; նույնություն 2) միանմանություն; միակերպություն; ձանձրալիություն

Samoa |sə'məʊə| Սամոա *(կղզիախումբ Պոլինեզիայում)*

sample |'sɑːmp(ə)l| **1** *noun* 1) նմուշ; օրինակ; կաղապար 2) փորձանմուշ 3) օրինակ; տիպար 4) *մաթեմատիկա* ընտրանք 5) կաղապար 6) *երաժշտություն* ձվագրհատված **2** *verb* 1) օրինակներ հավաքել; նմուշ վերցնել 2) փորձել; համտեսել 3) *երաժշտություն* ձայնագրհատված գրանցել

sampler |'sɑːmplə| *noun* 1) ասեղնագործական նմուշ; նմուշանի 2) նմուշ; օրինակ 3) նմուշներ վերցնող *(մարդ կամ մեքենա)* 4) ձայնագրհատվածներ գրանցող մեքենա

sampling |'sɑːmplɪŋ| *noun* 1) նմուշահանություն; նմուշառություն 2) *վիճակագրություն* նմուշ; ընտրանք 3) ձայնագրհատություն

Samuel |'sæmjʊəl| *աստվածաշնչային* Սամուել *(Հին Կտակարանի մարգարեներից, որին վերագրվում են Թագավորությունների առաջին երկու գրքերը)*

sanative |'sænətɪv| *adjective հնացած* բուժիչ; առողջարար; կազդուրիչ; ամոքիչ

sanatorium |ˌsænə'tɔːrɪəm| *noun* (հոգն. **-riums** կամ **-ria** |-rɪə|) (նաև **sanitarium**) առողջարան; բուժարան

sanctify |'sæŋ(k)tɪfʌɪ| *verb* (**-fies**, **-fied**) 1) սրբացնել; սրբագործել; նվիրագործել 2) օրհնել; վավերացնել; հաստատել 3) մաքրագործել; ազատել *(մեղքերից, արատներից)* 4) *գրքային* հաստատել; հավանություն տալ

sanction |'sæŋ(k)ʃ(ə)n| **1** *noun* 1) պատժամիջոց 2) հրաման; պատգամ 3) հավանություն; թույլատվություն 4) վավերացում; հաստատում; որոշում **2** *verb* 1) հաստատել; վավերացնել 2) հավանություն տալ

sanctuary |'sæŋ(k)tjʊəri| *noun* (հոգն. **-aries**) 1) ապաստարան 2) սրբավայր; տաճար; սրբություն; սրբարան 3) սրբություն սրբոց; խորան 4) անձեռնմխելիություն 5) արգելոց; արգելանոց

sanctum |ˈsæŋ(k)təm| *noun* (հոգն. **-tums**) 1) տե՛ս **sanctuary** 2) հատուկ առանձնասենյակ

sand |sænd| **1** *noun* 1) ավազ 2) ավազահատիկ 3) (**sands**) ավազուտ; ավազոտ անապատ 4) ավազահող 5) մուգ դեղին գույն; ավազի գույն 6) (**sands**) ժամանակ; ժամանակամիջոց 7) *ամերիկյան խոսակցական* խիզախություն; անվախություն; համարձակություն; քաջություն **2** *verb* 1) ավազ ցանել; ավազ շաղ տալ 2) ավազով հղկել/մշակել
as happy as a sand boy շատ երջանիկ; անչափ ուրախ
built on the sand ավազի վրա կառուցված; խարխուլ
have sand in one's craw քարաճիկի մեջ ավազ ունենալ; վճռական լինել
number sands ավազը համրել; անհնարին բան անել
plough the sand/sands մաղով ջուր կրել; սանդում ջուր ծեծել; անօգուտ գործով զբաղվել
put sand in the machine անիվի տակ քար դնել; խոչընդոտել
the sands of time հատկացված ժամանակ

sandal[1] |ˌsænd(ə)l| *noun* սանդալ *(ոտնաման)*

sandal[2] |ˌsænd(ə)l| *noun* տե՛ս **sandalwood**

sandalwood |ˈsænd(ə)lwʊd| *noun* (նաև **white sandalwood**) 1) *բուսաբանություն* սանդալի/ճանդանի//ճանդնու ծառ *(Santalum album, ընտանիք Santalaceae)* 2) սանդալ; ճանդան; ճանդի

sandbag |ˈsæn(d)bæg| **1** *noun* ավազով լի պարկ; ավազապարկ *(բալաստի համար)* **2** *verb* (**-bagged**, **-bagging**) 1) կայունություն հաղորդել 2) բեռնել բալաստով

sandbank |ˈsæn(d)bæŋk| *noun* ավազոտ ծանծաղուտ; ցամաքալեզվակ

sandbar |ˈsæn(d)bɑː| *noun* երկար ու նեղ ցամաքալեզվակ *(հատկապես գետաբերանի մոտ)*

sandblast |ˈsæn(d)blɑːst| **1** *verb* ավազաշիթով մաքրել **2** *noun* ավազաշիթ

sand castle |ˈsæn(d)kɑːs(ə)l| (նաև **sandcastle**) *noun* ավազով/ավազե ամրոց *(մանկական խաղ)*

sandglass *noun* ավազի ժամացույց

San Diego |ˌsæn dɪˈeɪgəʊ| Սան Դիեգո *(քաղաք ԱՄՆ-ի Կալիֆորնիա նահանգում)*

sandpaper |ˈsæn(d)peɪpə| **1** *noun* 1) հղկաթուղթ; ապակեթուղթ; զմռնիտաթուղթ 2) կոշտ մակերես **2** *verb* հարթեցնել հղկաթղթով

sandstone |ˈsæn(d)stəʊn| *noun* ավազաքար

sandstorm |ˈsæn(d)stɔːm| *noun* ավազահողմ; սամում; խորշակ

sandwich |ˈsæn(d)wɪdʒ|, |-wɪtʃ| **1** *noun* բրդուճ; սանդվիչ; բուտերբրոդ **2** *verb* երկու առարկայի միջև տեղավորել; սեղմել

Sandwich Islands Սենդվիչյան կղզիներ *(Հավայան կղզիների նախկին անվանումը)*

sandy |ˈsændi| *adjective* (**sandier**, **sandiest**) 1) ավազոտ; ավազային; ավազի 2) դեղնավունկարմիր; դեղնակարմիր; կարմրադեղին 3) անկայուն; անհաստատ

sane |seɪn| *adjective* 1) առողջ; նորմալ; մտքով/հոգեպես առողջ 2) ողջամիտ; առողջամիտ; առողջ դատողության տեր

San Francisco |ˌsæn frænˈsɪskəʊ| Սան Ֆրանցիսկո *(քաղաք ԱՄՆ-ի Կալիֆորնիա նահանգում)*

sangfroid |sɒ̃ˈfrwɑː| (նաև **sang-froid**) *noun* սառնարյունություն; զսպվածություն; ինքնատիրապետում

sanguinary |ˈsæŋgwɪn(ə)ri| *adjective հիմնականում հնավանդ* 1) արյունահեղ; արյունալի 2) արյունոուշտ; արյունախում; արյունարբու

Sanhedrin |ˈsænɪdrɪn|, |sænˈhiːdrɪn|, |sænˈhɛdrɪn| սինեդրիոն; սինոդ *(հին հրեական իրավական և կրոնական ատյան, որը բաղկացած էր 71 անդամներից)*

sanitarian *noun հիմնականում հնավանդ* առողջագետ տեսուչ

sanitarium |ˌsænɪˈtɛːrɪəm| *noun* (հոգն. **-tariums** կամ **-taria** |-rɪə|) (ամերիկյան **sanatorium**) առողջարան; առողջատուն

sanitary |ˈsænɪt(ə)ri| *adjective* 1) առողջագիտական; սանիտարական 2) հիգիենիկ; մաքուր; վարակազերծ

sanitation |sænɪˈteɪʃ(ə)n| *noun* 1) առողջագիտություն 2) առողջագիտական/սանիտարական պայմանների ապահովում

sanity |ˈsænɪti| *noun* 1) նորմալ հոգեվիճակ; խելատիրություն 2) ողջամտություն; առողջ դատողություն; խելամտություն

San Jose |həʊˈzeɪ| Սան Խոսե *(քաղաք ԱՄՆ-ի Կալիֆորնիա նահանգում)*

San José |həʊˈzeɪ| Սան Խոսե *(Կոստա Ռիկայի մայրաքաղաքը)*

San Marino |məˈriːnəʊ| Սան Մարինո *(փոքր պետություն Իտալիայի տարածքի ներսում)*

Sanskrit |ˈsænskrɪt| **1** *noun* սանսկրիտ **2** *adjective* սանսկրիտական

Santa Claus |ˈsæntə klɔːz| (նաև **Santa**) 1) Սանտա Կլաուս 2) Ձմեռ Պապ

Santiago |ˌsæntɪˈɑːgəʊ| Սանտյագո *(Չիլիի մայրաքաղաքը)*

Santiago de Cuba |ˈkjuːbə| Սանտյագո դե Կուբա *(քաղաք Կուբայում)*

São Francisco |ˌsaʊ frænˈsɪskuː| Սան Ֆրանցիսկո *(գետ Բրազիլիայում)*

São Paulo |ˈpaʊluː| Սան Պաուլու *(քաղաք և նահանգ Բրազիլիայում)*

sap[1] |sæp| **1** *noun* 1) բուսահյութ 2) կենսունակություն 3) *բանաստեղծական* արյուն **2** *verb* (**sapped**, **sapping**) թուլացնել; հյուծել

sap[2] |sæp| **1** *noun պատմական ռազմական* փոս; ական; խրամ; թունել *(դեպի թշնամու դիրքերը տանող)* **2** *verb* (**sapped**, **sapping**) *պատմական* 1) ական փորել; ականահատել; մի բանի տակ փորել; փորելով մտնել 2) *փոխաբերական* մեկի տակը փորել; մեկի դեմ դավել 3) խարխլել

sap[3] |sæp| *noun խոսակցական* հիմար; ապուշ մարդ

sap[4] |sæp| *խոսակցական* **1** *noun* մահակ; գավազան; մական **2** *verb* (**sapped**, **sapping**) հարվածել մականով

sapid |ˈsæpɪd| *adjective* 1) համեղ; համով; ախորժահամ 2) հետաքրքիր; բովանդակալից *(զրույցի մասին)*

sapient |ˈseɪpɪənt| **1** *adjective* 1) *հեգնական* իմաստուն; խելքին զոռ տվող 2) բանական **2** *noun* բանական մարդ

sapless *adjective* 1) չորացած; թոռոմած; թարշամած 2) չոր; անբերրի *(հողի մասին)* 3) անզոր; թույլ; անզոր; անոժ 4) անհետաքրքիր; անբովանդակ

sapling |ˈsæplɪŋ| *noun* 1) ընձյուղ; նորատունկ ծառ 2) պատանի; երիտասարդ 3) շան լակոտ/ձագ

sapphire |ˈsæfʌɪə| *noun* 1) *հանքաբանություն* շափյուղա; սուտակ 2) մուգ կապույտ գույն

sappy |ˈsæpi| *adjective* (**-pier**, **-piest**) 1) հյութալի; հյութեղ *(բույսերի մասին)* 2) եռանդուն; աշխույժ; գործունյա 3) քաղցր-մեղցր; զգացմունքային

Saratov |səˈrɑːtɒf| Սարատով *(քաղաք Ռուսաստանում, Վոլգա գետի վրա)*

sarcasm |ˈsɑːkæz(ə)m| *noun* կծու ծաղր; խայթող հեգնանք

sarcastic |sɑːˈkæstɪk| *adjective* ծաղրական; խայթիչ; կծու-հեգնական; թունոտ

sarcastically |sɑːˈkæstɪk(ə)li| *adverb* հեգնաբար; խայթողաբար; ծաղրաբար

sarcophagus |sɑːˈkɒfəgəs| *noun* (հոգն. **-gi** |-gʌɪ|, |-dʒʌɪ|) քարատապան; քարադագաղ; սարկոֆագ

sardine¹ |sɑːˌdiːn| **1** *noun* *կենդանաբանություն* հրձուկ; սարդինաձուկ; հարինգ **2** *verb* *խոսակցական* ճխտել; խցկել

packed like sardines չափազանց խիտ; ճխտված տառեխի պես

sardine² |ˌsɑːdʌɪn| *noun* (նաև **sardius**) սարդոնիկ

Sardinia |sɑːˈdɪnɪə| Սարդինիա *(կղզի Միջերկրական ծովում, Իտալիայից արևմուտք)*

Sargasso Sea Սարգասյան ծով *(ծով Ատլանտյան օվկիանոսի արևմտյան մասում)*

sari |ˈsɑːri| (նաև **saree**) *noun* (հոգն. **-ris** կամ **-rees**) սարի *(հնդկական կանացի հագուստ)*

Sarmatia |sɑːˈmeɪʃə| Սարմատիա *(Ներկայիս Լեհաստանի, Բելառուսի և հարավ-արևմտյան Ռուսաստանի տարածքը կազմող հնադարյան տարածք)*

SARS *noun* (**Severe Acute Respiratory Syndrome**) ծանր սուր շնչառական համախտանիշ; ոչ տիպական թոքաբորբ

sash¹ |sæʃ| *noun* 1) լայն գոտի 2) ուսկապ *(հատկապես որպես համազգեստի մաս)*

sash² |sæʃ| *noun* պատուհանի ապակեկալ

SAT *noun* (**Scholastic Aptitude Test**) ուսումնական պիտանության ստուգում *(ամերիկյան քոլեջ կամ համալսարան ընդունվելու չափորոշականացված ստուգում)*

Sat. *abbreviation* Saturday շաբաթ

Satan |ˈseɪt(ə)n| սատանա

satanic |səˈtænɪk| *adjective* սատանայական; դիվային

satchel |ˈsætʃ(ə)l| *noun* ուսապայուսակ *(սովորաբար գրքերի համար)*

sate¹ |seɪt| **1** *verb* հագեցնել; կշտացնել; բավարարել **2** *adjective* կուշտ; բավարարված

sate² |seɪt| *verb* *հնացած* տե՛ս **sit**

satellite |ˈsætəlʌɪt| *noun* 1) *աստղագիտություն* արբանյակ *(մոլորակի)* 2) արհեստական արբանյակ 3) *փոխաբերական* հետևորդ 4) արբանյակ; կամակատար; գործակից

satellite dish *noun* արբանյակային ալեհավաք *(ափսեանման)*

satellite television *noun* արբանյակային հեռուստատեսություն

satiate |ˈseɪʃɪeɪt| **1** *verb* հագեցնել; կշտացնել; բավարարել **2** *adjective* *հնավանդ բանաստեղծական* հագեցած; կշտացած

satiety |səˈtʌɪɪti| *noun* *տեխնիկական* հագեցածություն; հագեցում; կշտացում

satin |ˈsætɪn| **1** *noun* *մանածագործություն* ատլաս; կերպաս; սնդուս **2** *adjective* 1) ատլասե; կերպասե 2) *փոխաբերական* փափուկ; հարթ

satire |ˈsætʌɪə| *noun* երգիծանք; երգիծաբանություն; երգիծական ստեղծագործություն

satirical |səˈtɪrɪk(ə)l| (նաև **satiric**) *adjective* 1) երգիծաբանական 2) երգիծական; ծաղրական; կծու-հեգնական

satirically *adverb* ծաղրաբար; երգիծաբար

satirist *noun* 1) երգիծաբան 2) ծաղրասեր; հեգնասեր

satirize |ˈsætɪrʌɪz| *verb* ծաղրել; երգիծանքի ենթարկել

satisfaction |sætɪsˈfækʃ(ə)n| *noun* 1) բավարարություն; գոհացում; բավարարում ◊ **demand satisfaction** բավարարություն պահանջել; մենամարտի հրավիրել. **give satisfaction** բավարարություն տալ; մենամարտի հրավերն ընդունել 2) *իրավունք* պարտքի մարում/վճարում ◊ **in satisfaction of** ի վճարումն 3) պարտավորությունների կատարում 4) *աստվածաբանություն* հատուցում; քավություն *(Քրիստոսի կատարած քավությունը մարդկության մեղքերի դիմաց)*

to one's satisfaction ինչ-որ մեկին բավարարելու համար; ի բավարարումն ինչ-որ մեկի

satisfactory |sætɪsˈfækt(ə)ri| *adjective* բավարար; բավականաչափ; գոհացուցիչ

satisfied *adjective* 1) բավարարված; գոհ 2) վստահ; համոզված

satisfy |ˈsætɪsfʌɪ| *verb* (**-fies**, **-fied**) 1) բավարարել 2) բավարարվել; բավականանալ 3) համապատասխանել *(պահանջներին)* 4) հագեցնել *(քաղցը, հետաքրքրությունը)* 5) վճարել; մարել *(պարտքը)*

satisfying *adjective* բավարարող

satnav |ˈsætnæv| *noun* արբանյակային նավարկում

satsuma |sætˈsuːmə| *noun* *բուսաբանություն* սացումա *(փոքր ցիտրուսային ծառ, որը սկզբնապես աճեցվում էր Ճապոնիայում)*

saturate 1 *verb* |ˈsætʃəreɪt| 1) տոգորել; համակել; ծծեցնել 2) հագեցնել 3) *քիմիա* չեզոքացնել 4) լցնել *(շուկան)* **2** *noun* |ˈsætʃərət| հագեցած ճարպ **3** *adjective* |ˈsætʃərət| *բանաստեղծական* հագեցած *(խոնավությամբ)*

saturated *adjective* 1) հագեցած 2) տոգորված 3) վառ; պայծառ *(գույնի մասին)*

saturation |sætʃəˈreɪʃ(ə)n| *noun* 1) հագեցում; կշտացում; հագեցածություն; կշտություն 2) *ռազմական* կենտրոնացում 3) հագեցածություն; պայծառություն *(գույնի)*

saturation point *noun* *քիմիա* հագեցման կետ

Saturday |ˈsætədeɪ|, |-di| **1** *noun* շաբաթ; շաբաթ օր **2** *adverb* շաբաթ օրը

satyr |ˈsætə| *noun* 1) այծամարդ; սատիր; պալ 2) անառակ մարդ

sauce |sɔːs| **1** *noun* 1) թացան; թանձրուկ; սոուս; համեմված կերակրահեղուկ 2) *խոսակցական բրիտանական* հանդգնություն; լկտիություն; լրբություն 3) *ամերիկյան* մրգի խյուս; բանջարեղեն; պովիդլո 4) *խոսակցական ամերիկյան* (**the sauce**) ոգելից խմիչք **2** *verb* 1) վրան թացան/սոուս լցնել; համեմել 2) *փոխաբերական* հրապուրիչ դարձնել; սրամտությամբ համեմել 3) *խոսակցական* հանդգնություն անել; կոպտել

what's sauce for the goose is sauce for the gander այն ինչ լավ է մեկի համար, պիտի լավ լինի նաև մյուսի համար; չափանիշը պիտի մեկը լինի

sauceboat *noun* սոուսի/թանձրուկի աման; սոուսաման *(նավակի տեսք ունեցող)*

saucepan |ˈsɔːspən| *noun* կերակրի կոթավոր կաթսա; կերակրակաթսա; կերակրաման; պղինձ

saucer |ˈsɔːsə| *noun* 1) պնակ; բաժակապնակ; թեյափսե; թեյապնակ 2) ամանատակ

have eyes like sausers աչքերը լայն բացված լինել; զարմացած աչքեր ունենալ

saucy |ˈsɔːsi| *adjective* (**-cier**, **-ciest**) 1) լկտի; անպարկեշտ; լպիրշ; աներես; անպատկառ 2) *խոսակցական* պճնազարդ; շքեղ; մոդայիկ 3) *ամերիկյան* աշխույժ; առույգ; եռանդուն

Saudi Arabia Սաուդյան Արաբիա *(պետություն Արաբական թերակղզում)*

Saul |sɔːl| *աստվածաշնչային* Սավուղ

sauna |ˈsɔːnə| *noun* սաունա; ֆիննական բաղնիք

saunter |ˈsɔːntə| **1** *verb* զբոսնել; ման գալ; ճեմել **2** *noun* զբոսանք

sausage |ˈsɒsɪdʒ| *noun* 1) երշիկ; նրբերշիկ 2) երկարավուն օդապարիկ; կապովի օդապարիկ 3) հիմար; տխմար

savage |ˈsævɪdʒ| **1** *adjective* 1) վայրենի; վայրի; վայրագ 2) դաժան; վայրագ; անողոք 3) պարզունակ; ոչ քաղաքակիրթ; գռեհիկ 4) ահավոր **2** *noun* 1) վայրենի; բնիկ 2) դաժան/վայրագ մարդ **3** *verb* վայրենաբար հարձակվել

savagely *adverb* 1) վայրենաբար; կատաղաբար; բարբարոսաբար 2) դաժանաբար 3) կատաղաբար 4) կոպտորեն; անդաստիարակորեն

savanna |səˈvænə| (նաև **savannah**) *noun* *աշխարհագրություն* սավաննա *(խոտավետ ու մերձարևադարձային և մերձարևադարձային շրջաններում)*

save¹ |seɪv| **1** *verb* 1) փրկել; ազատել 2) պահպանել; պահել; պաշտպանել 3) խնայել; ետ գցել *(փող)* 4) խնայել; տնտեսել 5) պահել; թողնել; չծախսել 6) հարձակումը ետ մղել *(ֆուտբոլում)* **2** *noun* *համակարգիչներ* պահպանում

save one's breath շունչը խնայել; չասել տվյալ բանը

save one's skin/neck/hide/bacon կաշին փրկել; դժվար իրավիճակից դուրս գալ

save the day փրկել իրավիճակը

save² |seɪv| *preposition, conjunction* *գրական ոճերեն, բանաստեղծական* բացի; բացառությամբ; ի բաց առյալ ◇ **save and except** բացառությամբ; չհաշված

saver |ˈseɪvə| *noun* 1) խնայող մարդ 2) խնայող միջոց

saving |ˈseɪvɪŋ| **1** *noun* 1) տնտեսում; տնտեսելը; խնայում 2) (**savings**) խնայողություններ; խնայած փող 3) *իրավունք* բացառություն **2** *adjective* 1) փրկարար; ազատարար 2) տնտեսող; խնայող 3) *իրավունք* վերապահումով; կանխապայմանով 4) *եկեղեցական* փրկող; ազատող **3** *preposition* բացառությամբ ◇ **saving your presence/reverence** ներեցեք արտահայտությանս

savings bank *noun* խնայողական դրամարկղ/դրամատուն

savior |ˈseɪvjə| (*բրիտանական* **saviour**) *noun* 1) փրկիչ 2) (**the/our Saviour**) Հիսուս Քրիստոս; Փրկիչ

savor |ˈseɪvə| (*բրիտանական* **savour**) **1** *verb* *ամերիկյան* 1) համտեսել; հաճույքով ուտել; անուշ անել; վայելել 2) (**savor of**) հատկություն/նշան ունենալ 3) համ տալ; համեմել **2** *noun* 1) համ; կողմնակի համ 2) *հնացած* բուրմունք; անուշ հոտ 3) նշան; հետք 4) հետաքրքրություն; հետաքրքրաշարժություն; հրապույր; համուհոտ

savory¹ |ˈseɪv(ə)ri| *noun* *բուսաբանություն* կորթին; ծոթրին; ծոթոր *(Satureja, ընտանիք Labiatae)*

savory² |ˈseɪv(ə)ri| (*բրիտանական* **savoury**) **1** *adjective* 1) կծու նախուտեստ *(ախորժակ բացելու համար)* 2) ընդունելի; բարոյական **2** *noun* (հոգն. **-vories**) 1) համեղ; համով 2) կծու ուտեստ *(հանելի)*

savoy |səˈvɔɪ| (նաև **savoy cabbage**) *noun* *բուսաբանություն* գանգրակաղամբ

savvy |ˈsævi| (նաև **savviness**) **1** *noun* *խոսակցական* ըմբռնողություն; արագ և լավ ըմբռնելու ընդունակություն; հնարամտություն; ճարպկություն **2** *verb* (**-vies**, **-vied**) *խոսակցական* հասկանալ ◇ **Savvy ?** հասկանա՞լի է **3** *adjective* (**-vier**, **-viest**) *խոսակցական* խելամիտ; ըմբռնող; հնարամիտ

saw¹ |sɔː| **1** *noun* սղոց **2** *verb* (անցյալ դերբայ **sawed** կամ **sawn** |sɔːn|) սղոցել; սղոցահատել

saw² անցյալ տե՛ս **see**

saw³ |sɔː| *noun* ասացվածք; դարձվածք; ասույթ

sawdust |ˈsɔːdʌst| *noun* սղոցուկ; թեփ

sawhorse |ˈsɔːhɔːs| *noun* իշուկ; իշոտնուկ *(սղոցելու համար)*

sawmill |ˈsɔːmɪl| *noun* սղոցարան; սղոցագործծարան

sawyer |ˈsɔːjə| *noun* 1) սղոցող բանվոր; սղոցիչ 2) *ամերիկյան* ծուռ կոճղ *(գետի մեջ)* 3) *կենդանաբանություն* փայտ՛ աբզեզ *(Monochamus, ընտանիք Cerambycidae)*

Saxon |ˈsæks(ə)n| **1** *noun* 1) *պատմական* սաքս; անգլո-սաքս 2) սաքսոնացի 3) անգլո-սաքսոնական լեզու **2** *adjective* 1) անգլո-սաքսոնական 2) սաքսոնիական

Saxony |ˈsæksəni| Սաքսոնիա *(տարածք Գերմանիայում)*

saxony |ˈsæks(ə)ni| *noun* նուրբ բրդյա գործվածք; նուրբ բուրդ

saxophone |ˈsæksəfəʊn| *noun երաժշտություն* սաքսոֆոն

say |seɪ| **1** *verb* (**says** |sɛz|; անցյալ և անցյալ դերբայ **said** |sɛd|) 1) ասել 2) հայտնել; արտահայտել; հայտարարել 3) արտասանել *(ոտանավոր)* 4) պատասխանել *(դասը)* 5) ցույց տալ 6) դիցուք; ասենք թե; օրինակ **2** *exclamation խոսակցական* վա՜յ; ա՛յ քեզ բան *(արտահայտում է զարմանք)* **3** *noun* 1) կարծիք ◇ **have one's say** արտահայտվել; կարծիք հայտնել 2) խոսելու/արտահայտվելու հերթ ◇ **it is now my say** հիմա իմ հերթն է խոսելու

go without saying ակնհայտ լինել

have something to say for oneself մասնակցել խոսակցությանը *(հատկապես իր դիրքորոշումն արտահայտելու համար)*

how say you? *իրավունք* ինչպե՞ս եք գտնում

I say! *բրիտանական* լսի՛ր *(ասվում է ուշադրություն գրավելու համար)*

I wouldn't say no. Ես դեմ չեմ:

no sooner said than done ասելն ու անելը մեկ եղավ

not to say եթե չասենք *(ասվում է ավելի ուժեղ եզրահանգումից առաջ քաշելու համար)*

say no more *խոսակցական* բավական է; այլևս ոչինչ մի ասեք

that is to say այսինքն

there is no saying հնարավոր չէ իմանալ

they say ասում են

when all is said and done երբ ամեն ինչ հաշվի է առնված

You don't say. *խոսակցական* Ի՞նչ ես ասում: Ի՞նչ եք ասում: Չի՛ կարող պատահել: *(արտահայտում է զարմանք)*

saying |ˈseɪɪŋ| *noun* ասացված; առած; ասույթ

as/so the saying goes ինչպես ասում են

it goes without saying անկասկած; կասկածից վեր է

say-so *noun խոսակցական* 1) հաստատում; հայտարարություն *(մի անձի)* 2) վերջնական կարծիք; հեղինակություն 3) պատվեր; հրաման

scab |skæb| **1** *noun* 1) գործադուլաբեկ; դավաճան 2) *խոսակցական* սրիկա; ստահակ 3) կեղ; կեղևանք; կեղանք *(վերքի վրա)* 4) գոնջ; գոնջուկ; քոս **2** *verb* (**scabbed**, **scabbing**) 1) գործադուլաբեկ լինել 2) քոս ընկնել; քոսոտվել; կեղանքով ծածկվել

scabbard |ˈskæbəd| *noun* պատյան

scabby *adjective* (**-bier**, **-biest**) 1) կեղանքով ծածկված 2) քոսոտ; քոսով հիվանդ 3) *խոսակցական* քոսոտ; անպետք

scabies |ˈskeɪbiːz| *noun բժշկություն* քոս; քոսոտություն

scabrous |ˈskeɪbrəs|, |ˈskæbrəs| *adjective* 1) խորդուբորդ; անհարթ; անողորկ 2) անպարկեշտ; անվայելուչ; լպիրշ

scaffold |ˈskæfəʊld|, |-f(ə)ld| **1** *noun* 1) կառափնարան; կառափնատեղի; կառափնակոճղ ◇ **go to the scaffold** կառափնարան գնալ; կառափնարանում սպանվել; գլխատվել. **send to the scaffold** կառափնարան ուղարկել 2) փայտամած; լաստակ; տախտակամած 3) տախտակամած; տախտակներից շինած բարձրություն; տրիբունա **2** *verb* փայտամած պատրաստել

scaffolding |ˈskæfəʊldɪŋ|, |-f(ə)ld-| *noun* փայտամած; լաստակ *(շենքի)*

scalar |ˈskeɪlə| *մաթեմատիկա ֆիզիկա* **1** *adjective* սկալյար; մենարժեք **2** *noun* սկալյար/մենարժեք մեծություն

scalawag |ˈskælɪwæg| (նաև **scallywag**) *noun* 1) *խոսակցական* սրիկա; ստահակ; խաբեբա 2) *պատմական ամերիկյան* հյուսիսայիններին պաշտպանող հարավայինն նահանգների բնիկ

scald[1] |skɔːld| **1** *verb* 1) խաշել; այրել *(եռացած ջրով կամ շոգիով)* 2) պաստերիզացնել; պաստերիզացման ենթարկել *(կաթը)* **2** *noun* 1) այրվածք *(եռացած ջրով, շոգիով)* 2) արևային կիզուք *(բույսերի հիվանդություն)*

scald[2] *noun* սկալդ *(հին սկանդինավյան գուսան)*

scalding |ˈskɔːldɪŋ| *adjective* շատ տաք; այրող

scale[1] |skeɪl| **1** *noun* 1) թեփուկ; ձկնաթեփուկ 2) թեփ; թեփուր *(սողունների)* 3) թեփ *(մաշկի)* 4) նստվածք *(եփելուց առաջացած)* 5) *տեխնիկական* կոփափշրանք; կռանաթափուկ **2** *verb* 1) հանել թեփուկը 2) (**scaling**) թեփ առաջացնել 3) կճպել; կեղևել 4) թեփ տալ; կլպվել 5) նստվածքով ծածկվել

scale[2] |skeɪl| **1** *noun* 1) կշռաթաթ; կշռանժար 2) (**scales**) կշեռք 3) *աստղագիտություն* (**Scales**) Կշեռքի համաստեղություն **2** *verb* 1) կշռել; քաշել 2) կշիռ ունենալ; կշռել; քաշել; ծանրություն ունենալ

scale[3] |skeɪl| **1** *noun* 1) մասշտաբ; չափացույց; չափագիծ 2) ցուցնակ; սանդղակ ◇ **sliding scale** սահող ցուցնակ 3) *երաժշտություն* գամմա; ելևէջ 4) քանոն աստիճանասանդղակով 5) *մաթեմատիկա* հաշվանքի համակարգ **2** *verb* 1) բարձրանալ *(սանդուղքներով, աստիճաններով)* 2) մասշտաբի վերածել; մասշտաբը որոշել 3) *ամերիկյան* գնահատել տախտակների քանակը *(որը կստացվի գերանից)* • **scale sth down** ինչ-որ բան համաչափորեն փոքրացնել **scale sth up** ինչ-որ բան համաչափորեն մեծացնել

in scale համապատասխան

play/sing/practice scales *երաժշտություն* ելևէջներ/գամմաներ կատարել

to scale համաչափորեն *(մեծացնելու կամ փոքրացնելու մասին)*

scaled *adjective* 1) թեփուկավոր 2) չափանշված

scallop |ˈskɒləp|, |ˈskæləp| **1** *noun* 1) խեցի; խեցեպատյան *(կակղամորթի)* 2) (**scallops**) ժանեթիզ; ժանեզարդ *(զգեստի)* 3) թխելու կաղապար *(ատամնավոր եզրերով)* 4) (նաև **escalope**) մսի բարակ շերտ **2** *verb* (**-loped**, **-loping**) 1) ժանեթիզով զարդարել 2) (**scalloped**) կաթով կամ սոուսով թխել

scalp |skælp| **1** *noun* 1) գլխամաշկ; գանգամաշկ 2) *ամերիկյան* հեշտ վաստակ; անաշխատ եկամուտ **2** *verb պատմական* 1) գլխամաշկել; գանգամաշկել 2) *ամերիկյան* չարաշահել; չարաշահությամբ զբաղվել; հարստանալ; հարստություն դիզել

after/out sb's scalp հակառակորդին հաղթելով՝ ավար ձեռք բերել

take/have sb's scalp 1) հաղթել մեկին 2) վրեժ լուծել

scalpel |ˈskælp(ə)l| *noun* նշտար; վիրադանակ; հերձակ

scaly |ˈskeɪli| *adjective* (**scalier**, **scaliest**) 1) թեփուկով ծածկված 2) թեփուկավոր 3) *ծածկալեզու* զզվելի; գարշելի; արգահատելի 4) չոր; թեփոտ *(մաշկի մասին)*

scamp¹ |skæmp| *noun խոսակցական* 1) սրիկա; անպիտան/անարգ մարդ ◇ **a thorough scamp** անպետք մարդ 2) չարաճճի/ճարպիկ երեխա

scamp² |skæmp| *verb հնացած* անփույթ աշխատել

scamper |ˈskæmpə| **1** *verb* 1) շտապ/արագ քայլել 2) փախչել; ծլկել **2** *noun* 1) արագ վազք 2) արագ ընթերցում

scan |skæn| **1** *verb* (**scanned**, **scanning**) 1) ուշադիր դիտել; զննել 2) աչքի անցկացնել 3) վանկաշեշտել; շեշտաչափել; չափոգել *(ոտանավորը)* 4) *համակարգիչներ* տեսածրել **2** *noun* 1) աչքի անցկացնելը; թեթևակի նայելը 2) զննում; հետազոտություն 3) տեսածրված պատկեր

scandal |ˈskænd(ə)l| *noun* 1) խայտառակություն; խայտառակ արարք ◇ **what a scandal!** ի՜նչ խայտառակություն 2) բամբասանք; չարախոսություն; զրպարտություն; վարկաբեկություն ◇ **talk scandal** բամբասել 3) անարժան մարդ 4) խայտառակ իրադարձություն; սկանդալ; ամոթաբեր կռիվ

scandalize |ˈskænd(ə)lʌɪz| *verb* 1) վրդովել; վիրավորել; ամոթանք պատճառել; խայտառակել 2) բամբասել; չարախոսել

scandalmonger |ˈskænd(ə)lmʌŋgə| *noun* բամբասասեր/բամբասող անձ

scandalous |ˈskændələs| *adjective* 1) խայտառակ; խայտառակիչ 2) վիրավորական; անարգական; անարգիչ 3) զրպարտական; զրպարտչական; զրպարտիչ 4) բամբասել սիրող; բամբասասեր

Scandinavia |ˌskændɪˈneɪvɪə| Սկանդինավիա; Սկանդինավական թերակղզի

Scandinavian |skændɪˈneɪvɪən| **1** *adjective* սկանդինավյան; սկանդինավական **2** *noun* 1) սկանդինավ; սկանդինավյան բնիկ; սկանդինավցի 2) սկանդինավյան լեզուներ

scandium |ˈskændɪəm| *noun քիմիա* սկանդիում

scanner |ˈskænə| *noun* 1) *համակարգիչներ* տեսածրիչ; ծրիչ 2) *բժշկություն* ներդիտակ; ներզննիչ սարք

scant |skænt| **1** *adjective* աղքատիկ; խղճուկ; սակավ; նսար **2** *verb* 1) սահմանափակել; կրճատել 2) ժլատություն անել 3) վատ վերաբերվել

scantily *adverb* աղքատիկորեն; անբավարար կերպով

scanty |ˈskænti| **1** *adjective* (**scantier**, **scantiest**) 1) աղքատիկ; սահմանափակ 2) խղճուկ 3) կարճ *(հագուստի մասին)* **2** *plural noun* (**scanties**) կարճ վարտիք

scapegoat |ˈskeɪpgəʊt| **1** *noun խոսակցական* քավության նոխազ; ուրիշի զանցառությունների համար պատժվող մարդ **2** *verb* քավության նոխազ դարձնել

scapegrace |ˈskeɪpgreɪs| *noun հնացած* 1) դատարկաշրջիկ/ավարա մարդ 2) ստահակ; չարաբարո մարդ

scapula |ˈskæpjʊlə| *noun* (հոգն. **-lae** |-liː| կամ **-las**) *կազմախոսություն* թիակոսկր

scar |skɑː| **1** *noun* 1) սպի 2) վերք; խորը հետք 3) *փոխաբերական* բիծ *(խայտառակություն)* 4) ժայռ; քարափ; ապառաժ 5) ստորջրյա ժայռ; խութ **2** *verb* (**scarred**, **scarring**) 1) սպիներով ծածկվել 2) սպիանալ; կպչել; առողջանալ *(վերքի մասին)*

scaramouch |ˈskærəmaʊtʃ|, |-muːtʃ| *noun հնացած* պարծենկոտ և վախկոտ մարդ; քաջ նազար

scarce |skɛːs| **1** *adjective* 1) սակավ; քիչ քանակով; փոքրաքանակ; նվազ 2) հազվագյուտ; դժվարագյուտ **2** *adverb հնացած* հազիվ

make oneself scarce թաքուն-թաքուն երևալ; իրեն հեռու պահել; իրեն թաքուն ծախել

scarcely |ˈskɛːsli| *adverb* 1) հազիվ; դժվար; դժվարությամբ; մի կերպ 2) հազիվ թե; դժվար թե 3) ոչ բոլորովին; համարյա թե չ... 4) միայն; լոկ

scarcity *noun* սակավություն; քչություն; պակասություն

scare |skɛː| **1** *verb* 1) վախեցնել; սարսափեցնել; ահաբեկել 2) խրտնեցնել; վախեցնել *(թռչուններին)* **2** *noun* ահ; սարսափ; խուճապ

scared as a rabbit նապաստակի պես վախեցած; լեղին ճաքած

scare headline լրագրի սենսացիոն խոշոր անատառ վերնագիր

scare sb out of his senses/wits, scare sb out of his seven senses վախից խենթացնել; լեղաճաք անել

scare something up *խոսակցական* ինչ-որ բան մի կերպ ճարել

scare the life out of sb, scare sb stiff մահու չափ վախեցնել; սրտաճաք անել

scarecrow |ˈskɛːkrəʊ| *noun* 1) խրտվիլակ 2) ծիծաղելի հագնված մարդ

scared |ˈskɛːd| *adjective* վախեցած

scaremonger |ˈskɛːmʌŋgə| *noun* խուճապապար; խուճապարկու

scarf¹ |skɑːf| *noun* (հոգն. **scarves** |skɑːvz| կամ **scarfs**) 1) վզնոց; շարֆ 2) վզկապ 3) մահուդ; ծածկոց *(սեղանի)*

scarf² |skɑːf| **1** *verb* փորակներով միացնել *(գե-*

բաճները, մետաղի կտորները) **2** *noun* փորակներով միացում

scarf³ |skɑ:f| *verb* *խոսակցական* խժռել; լափել

scarlet |ˈskɑ:lɪt| **1** *adjective* 1) ալ; ալ կարմիր 2) սանձարձակ; անբարոյական **2** *noun* ալ կարմիր գույն

scarlet fever *noun* *բժշկություն* կարմրախտ

scarp |skɑ:p| **1** *noun* 1) զառիվայր լանջ; թեքլանջ; դարալանջ 2) *ռազմական* լեփ; զառիվերակ; էսկարպ **2** *verb* 1) զառիվայր դարձնել *(կտրելով կամ ողողումով)* 2) լեփ պատրաստել

scary |ˈskɛ:ri| *adjective* (**scarier**, **scariest**) *խոսակցական* 1) ահավոր; սարսափազդու; ահարկու 2) վախկոտ; երկչոտ

scat¹ |skæt| *verb* (**scatted**, **scatting**) *խոսակցական* կորի՛ր; հեռու՛ գնա

scat² |skæt| (նաև **scat singing**) **1** *noun* սկատ *(ջազային երգեցողության տեսակ, երբ երգիչը անիմաստ հանգեր է երգում՝ նմանակելով գործիքին)* **2** *verb* (**scatted**, **scatting**) սկատ երգել

scat³ |skæt| *noun* թրիք

scathe |skeɪð| *հնացած* **1** *verb* 1) վնաս պատճառել; վնասել 2) *բանաստեղծական* կրակով/կայծակով ոչնչացնել **2** *noun* վնաս; կորուստ

scathing |ˈskeɪθɪŋ| *adjective* քննադատական; հեգնական

scatter |ˈskætə| **1** *verb* 1) ցրել; շաղ տալ; ցիրուցան անել 2) ցանել; վրան ածել; շաղ տալ; թափել 3) ցայտեցնել; ջուր շաղ տալ 4) հողմացրիվ անել 5) բաժանել 6) վատնել; շռայլել *(փողերը)* 7) քշել; ցրել *(ամպերը և այլն)* 8) ցրվել; փախչել **2** *noun* 1) ցրված առարկաներ 2) *վիճակագրություն* ցրում 3) *ֆիզիկա* ցրում

scatterbrain |ˈskætəbreɪn| *noun* թեթևսոլիկ/ցրված/թեթևամիտ/ծանծաղամիտ մարդ

scatterbrained *adjective* ցրված; մոռացկոտ; թեթևամիտ

scatter diagram *noun* *վիճակագրություն* կետային դիագրամ; ցրման դիագրամ

scavenge |skævɪn(d)ʒ| *verb* 1) աղբը հավաքել 2) սնունդ փնտրել; քուջուջ անել *(աղբի մեջ)* 3) հեռացնել *(բանեցրած գազերը ներքին այրման շարժիչից)*

scavenger |ˈskævɪn(d)ʒə| *noun* 1) աղբահան; աղբահավաք 2) լեշակեր *(կենդանի)*

SCE *abbreviation* Scottish Certificate of Education Կրթության շոտլանդական վկայական

scenario sɪˈnɑ:rɪəʊ| *noun* (հոգն. **-os**) 1) սցենար; բեմագիր; բեմախաղի ուրվագիր 2) իրադարձությունների հաջորդականություն 3) համատեքստ

scene |si:n| *noun* 1) գործողության վայր; ասպարեզ; հրապարակ 2) տեսարան ◊ **a striking scene** ցնցող տեսարան 3) պատահար; դեպք 4) միջադեպ; դեպք 5) կռիվ; տեսարան; վիճաբանություն; ցույց 6) տեսարան; տեսիլ 7) դեկորացիա; բեմանկար 8) *հնացած* բեմ; էստրադա 9) համատեքստ; միջավայր

appear/be/come on the scene բեմ դուրս գալ; հանդես գալ; ի հայտ գալ

a striking scene ցնցող տեսարան

behind the scenes կուլիսներում; կուլիսների հետևում; գաղտնի; ծածուկ

make a scene տեսարան/կռիվ սարքել

quit the scene ասպարեզից հեռանալ; մեռնել

steal the scene ուշադրությունն իր վրա պահել; ստվեր գցել մյուսների վրա

the scene of action գործողության թատերաբեմ/վայր

the scene of operations իրադարձությունների/գործողությունների թատերաբեմ

scenery |ˈsi:n(ə)ri| *noun* 1) ընդհանուր տեսարան; պատկեր 2) բնապատկեր; բնատեսարան 3) դեկորացիա; բեմանկար

change of scenery միջավայրի փոփոխություն

scenic |ˈsi:nɪk| *adjective* 1) գեղատեսիլ 2) թատերական; բեմական 3) միջադեպին հատուկ

scent |sɛnt| **1** *noun* 1) հոտ; բուրմունք 2) օծանելիք; օծանյութ; բուրանյութ 3) *փոխաբերական* հետք 4) *հնացած* հոտառություն **2** *verb* 1) օծել; բուրմունք հաղորդել; վրան անուշահոտ ջրեր ցանել 2) հոտ առնել; հոտոտել 3) զգալ; իմանալ; հոտն առնել 4) հետքով գնալ

a cold scent սառած հետք

be/put on the right scent ճիշտ հետքով գնալ/ուղղորդվել

blazing/hot scent *որսորդություն* թարմ հետք

get the scent of, get the right scent հետքը գտնել; գնալ ճիշտ հետքով

off the scent հետքից ընկած; հետքը կորցրած

on the scent հետքի վրա; հետքը գտած

put/throw sb off the scent սխալ հետքով ուղարկել; մոլորեցնել

recover the scent կրկին գտնել հետքը; նորից ճիշտ ուղի դուրս գալ

sceptic *noun* 1) *փիլիսոփայություն* կասկածապաշտ; սկեպտիկ; սկեպտիցիզմի հետևորդ 2) թերահավատ մարդ; սկեպտիկ; կասկածամիտ մարդ

sceptical *adjective* 1) սկեպտիկ; թերահավատ 2) սկեպտիցիզմի; սկեպտիկական

schedule |ˈʃɛdju:l|, |ˈskɛd-| **1** *noun* 1) ծրագիր 2) ցանկ; ցուցակ; կարգացուցակ; հերթացուցակ 3) գույքացուցակ 4) *ամերիկյան* չվացուցակ; դասատախտակ; ժամկետացանկ; գրաֆիկ; չվացանկ 5) *իրավունք* հավելված **2** *verb* 1) ծրագրել; պլանավորել; հերթադրել 2) ցուցակագրել 3) չվացուցակ/ժամկետացանկ կազմել

according to schedule ըստ ծրագրի/չվացուցակի

be behind schedule հետ մնալ ծրագրից/չվացուցակից/ժամկետից

schematic |ski:ˈmætɪk|, |skɪ-| **1** *adjective* սխեմատիկ; ուրվագծային **2** *noun* *տեխնիկական* սխեմատիկ գծագիր

scheme |ski:m| **1** *noun* 1) նախագիծ; պլան; գործունեության ծրագիր 2) գաղտնի ծրագիր; ինտրիգ; բանսարկություն 3) համակարգ; տեսության գիտական համակարգ *(հայացքների և այլն)* 4) սխեմա; ուրվագիծ 5) դիագրամ; քարտեզ **2** *verb* 1) ծրագիր կազմել 2) բանսարկություն անել; ինտրիգներ ծրագրել/լարել

schemer *noun* խարդավանիչ; բանսարկու

scheming |ˈskiːmɪŋ| **1** *adjective* կոկամոլ; խառնակիչ **2** *noun* խարդավանքների ծրագրում

scherzo |ˈskɛːtsəʊ| *noun* (հոգն. **-zos** կամ **-zi** |-tsi|) *երաժշտություն* աշխույժ հատված

schism |ˈsɪz(ə)m|, |ˈskɪz(ə)m| *noun եկեղեցական* հերձված; աղանդ; հերետիկոսություն

schismatic |sɪzˈmætɪk|, |skɪz-| **1** *adjective* աղանդավորական; հերձվածողական **2** *noun պատմական* հերձվածող; աղանդավոր; հերետիկոս

schizophrenia |ˌskɪtsə(ʊ)ˈfriːnɪə| *noun* մտագարություն; շիզոֆրենիա

schizophrenic |-ˈfrɛnɪk| *adjective* մտագար; շիզոֆրենիկ

scholar |ˈskɒlə| *noun* 1) գիտնական; գիտուն 2) սովորող 3) *խոսակցական* գրագետ/ուսյալ մարդ 4) կրթաթոշակառու; կրթաթոշակ ստացող ուսանող 5) *հնացած* ուսանող

scholarly *adjective* 1) բազմագիտակ; բազմահմուտ; բազմուսում; խորագիտակ; գիտուն 2) ուսյալ; կրթված

scholarship |ˈskɒləʃɪp| *noun* 1) գիտունություն; գիտնականություն; բազմագիտակություն 2) կրթաթոշակ

scholastic |skəˈlæstɪk| **1** *adjective* 1) ուսումնական; դպրոցական 2) *փիլիսոփայություն, աստվածաբանություն* սխոլաստիկ; դպրոցական 3) մանրակրկիտ; մանրախնդիր; ճշտակատար; պեդանտ **2** *noun* 1) *փիլիսոփայություն, աստվածաբանություն* սխոլաստ 2) մանրակրկիտ մարդ; պեդանտ

school¹ |skuːl| **1** *noun* 1) դպրոց 2) միևնույն դպրոցի սովորողներ 3) դասարան; դասասենյակ 4) մտածելակերպ **2** *verb գրական անգլերեն* 1) սովորեցնել; ուսուցանել; կրթել 2) *հնացած* նկատողություն անել; հանդիմանել 3) վարժեցնել; վարժել

boarding school գիշերօթիկ դպրոց
elementary school տարրական դպրոց
grammar school միջնակարգ/դասական դպրոց *(11-18 տարեկանների՝ դասական լեզուներ ուսումնասիրելու ծրագրով)*
higher grade school լրիվ միջնակարգ դպրոց
high school միջնակարգ դպրոց
industrial school արհեստագործական դպրոց
leave school թողնել ուսումը
of the old school հին դպրոցի ներկայացուցիչ; հին հայացքների տեր
parental school անչափահաս օրինազանցների և արատավոր երեխաների դպրոց
public school 1) *բրիտանական* մասնավոր վճարովի միջնակարգ դպրոց *(հաճախ գիշերօթիկ)* 2) *ամերիկյան* պետական անվճար միջնակարգ դպրոց
secondary school միջնակարգ դպրոց

school² |skuːl| **1** *noun* վտառ *(ձկների)* **2** *verb* վտառ կազմել

schoolbook *noun* դպրոցական ձեռնարկ

schoolboy |ˈskuːlbɔɪ| *noun* դպրոցական տղա; աշակերտ

schoolfellow |ˈskuːlfɛləʊ| *noun* համադասարանցի; համադպրոցական

schoolgirl |ˈskuːlgəːl| *noun* դպրոցական աղջիկ; աշակերտուհի

schoolhouse |ˈskuːlhaʊs| *noun* դպրոցի շենք

schooling |ˈskuːlɪŋ| *noun* 1) ուսում 2) կրթություն 3) դասավանդում; ուսուցում 4) *հնացած* հանդիմանություն; խրատ

schoolman |ˈskuːlmən| *noun* (հոգն. **-men**) *պատմական* 1) ուսուցիչ 2) սխոլաստ

schoolmaster |ˈskuːlmɑːstə| *noun հնացած* ուսուցիչ; մանկավարժ *(տղամարդ)*

schoolmate |ˈskuːlmeɪt| *noun խոսակցական* դպրոցական ընկեր; ուսումնակից

schoolmistress |ˈskuːlmɪstrɪs| *noun հնացած* ուսուցչուհի

schoolroom |ˈskuːlruːm|, |-rʊm| *noun* դասարան; դասասենյակ

schoolteacher |ˈskuːltiːtʃə| *noun* դպրոցի դասատու; ուսուցիչ; ուսուցչուհի

schoolyard *noun* խաղադաշտ; սպորտի դաշտ *(դպրոցին կից)*

schooner |ˈskuːnə| *noun* 1) *ծովային* երկկայմ առագաստանավ 2) *ամերիկյան* ֆուժեր 3) գարեջրի բարձր գավաթ

schwa |ʃwɑː| *noun հնչյունաբանություն* չեզոք ձայնավոր

Schweiz |ʃvæɪts| Շվեյցարիա *(գերմաներեն անվանումը)*

science |ˈsʌɪəns| *noun* 1) գիտություն; գիտության ճյուղ ◇ **exact science** ճշգրիտ գիտություն. **applied science** կիրառական գիտություն. **pure science** մաքուր/վերացական գիտություն. **natural sciences** բնական գիտություններ. **social sciences** հասարակական գիտություններ 2) հմտություն 3) *հնացած* գիտելիք

science fiction (հապվ. **SF** կամ **Sci Fi**) *noun* ֆանտաստիկ/գիտաֆանտաստիկ գրականություն

scientific |sʌɪənˈtɪfɪk| *adjective* 1) գիտական; հմուտ 2) *խոսակցական* համակարգված

scientifically *adverb* 1) գիտականորեն; գիտական տեսանկյունից 2) համակարգված կերպով; մեթոդաբար; հետևողականորեն

scientist |ˈsʌɪəntɪst| *noun* 1) գիտնական 2) բնագետ

sci-fi |ˈsʌɪfʌɪ| *noun խոսակցական* (**science fiction**) գիտաֆանտաստիկ գրականություն

scimitar |ˈsɪmɪtə| *noun* յաթաղան; կեռ թուր *(արևելյան ձևի)*

scintilla |sɪnˈtɪlə| *noun* կայծ; կաթիլ; նշույլ ◇ **not a scintilla** ոչ մի կաթիլ/նշույլ

scintillate |ˈsɪntɪleɪt| *verb* կայծկլտալ; փայլել; առկայծել; շողշողալ

scintillating *adjective* կայծկլտացող; առկայծող

scintillation |sɪntɪˈleɪʃ(ə)n| *noun* 1) փայլում; փայլատակում; շողում; առկայծում 2) բռնկում 3) *ֆիզիկա* առկայծում

scion |ˈsʌɪən| *noun* 1) *բուսաբանություն* ընձյուղ;

շառավիղ; շիվ 2) հետնորդ; հաջորդ; շառավիղ; ժառանգ

scissor |ˈsɪzə| **1** *verb* մկրատով կտրել; մկրատել **2** *noun* տե՛ս **scissors**

scissors |ˈsɪzəz| (նաև **a pair of scissors**) *plural noun* 1) (**pair of scissors**) մկրատ 2) (նաև **scissor**) մկրատաձև շարժում

scoff¹ |skɒf| **1** *verb* 1) ծաղրաբար խոսել 2) ծաղրել; ծաղրի ենթարկել 3) (**scoff at**) վրան ծիծաղել **2** *noun* 1) ծաղրանք; ծաղր; հեգնանք 2) ծաղրուծանակի առարկա

scoff² |skɒf| *խոսակցական* **1** *verb* ուտել; խժռել **2** *noun* կերակուր; ուտելիք

scoffer *noun* ծաղրասեր; ծաղրող

scold |skəʊld| **1** *verb* հանդիմանել; կշտամբել; պարսավել **2** *noun հնացած* կռվարար կին

sconce¹ |skɒns| *noun* 1) *ծածկալեզու* գլուխ 2) փողոցային լապտեր 3) մոմակալ

sconce² |skɒns| *noun հնացած* փոքր պաշտպանական ամրություն *(օրինակ՝ հողաթումբ)*

scone |skɒn|, |skəʊn| *noun* ցորենի/վարսակի բլիթ ◇ **dropped scone** *ամերիկյան* կլոր բոքոնիկ

scoop |sku:p| **1** *noun* 1) գոգավոր թիակ; գոգաթիակ 2) շերեփ; շերեփաթիակ 3) գդալիկ *(վիրաբուժական գործիք)* 4) փոսորակ; փորվածք 5) շերեփում; շերեփահանում 6) *խոսակցական* մեծ խաղագումար 7) *խոսակցական* նորություն **2** *verb* 1) թիակով վերցնել; շերեփել; շերեփահանել ◇ **scoop in** հավաքել. **scoop out** շերեփով հանել. **scoop up** բարձրացնել 2) *խոսակցական* նորություններ հրապարակել

scoot |sku:t| *verb խոսակցական* տեղից պոկվել; վեր թռչել; փախչել; փախուստ տալ

scooter |ˈsku:tə| **1** *noun* (նաև **motor scooter**) 1) մոտորասայլակ 2) հրվող երկանիվ **2** *verb* 1) շարժվել մոտորասայլակով 2) շարժվել երկանիվով

scope¹ |skəʊp| *noun* 1) տեսադաշտ; տեսածիր; ծիր; հորիզոն 2) գործունեության շրջանակ; սահման; տիրույթ; ասպարեզ 3) հնարավորություն; գործողությունների ազատություն; իրավասություն

beyond sb's scope մեկի իրավասությունից դուրս

give free/full scope ազատ գործելու հնարավորություն ընձեռել; գործողություններին լրիվ ազատություն տալ

within sb's scope մեկի իրավասության/իրավունքների սահմաններում

scope² |skəʊp| *խոսակցական* **1** *noun* հեռադիտակ; մանրադիտակ **2** *verb խոսակցական* հանգամանորեն դիտել

scorbutic |skɔ:ˈbju:tɪk| *adjective* լնդախտային; լնդախտի

scorch |skɔ:tʃ| **1** *verb* 1) այրել; վառել; խանձել; կիզել *(մակերեսը)* 2) խանձվել; խանձահամել 3) ծռվել; ծռմռվել *(տաքությունից)* 4) *խոսակցական* թափով գնալ; սլանալ 5) չորանալ; թոշնել *(արևից)* **2** *noun* մակերեսային այրվածք

scorcher |ˈskɔ:tʃə| *noun* 1) շոգ օր 2) *խոսակցական* արագ քշող վարորդ; փորձանքավոր/շառոտ/քյալլագյոզ վարորդ 3) ցնցող իրադարձություն

scorching *adjective* 1) այրող; կիզիչ 2) խիստ; կծու *(քննադատության, պատասխանի և այլնի մասին)* 3) *խոսակցական* խիստ արագ

score |skɔ:| **1** *noun* 1) միավորների հաշիվ *(մարզական խաղերում)* 2) շահած միավորների աղյուսակ 3) նշան; քառթ; կտրվածք 4) սրամտություն *(որևէ մեկի հասցեին)* 5) հաջողություն 6) (**scores**) շատություն; մեծ քանակություն 7) երկու տասնյակ; քսան 8) *երաժշտություն* պարտիտուրա 9) իրերի վիճակ **2** *verb* 1) շահել; հաջողություն ունենալ; շահած միավորները հաշվել *(խաղի մեջ)* 2) մեկի հաշվին գրել; մեկին միավոր տալ 3) նշումներ կատարել; քառթեր անել 4) հաջողություն ունենալ 5) *ամերիկյան* խիստ քննադատել 6) *երաժշտություն* գործիքավորել; նվագախմբի համար հարմարեցնել; պարտիտուրա կազմել

a score of people շատ ժողովուրդ

keep the score հաշիվը պահել

on that score այդ հաշվով; այդ կապակցությամբ

on the score հետևանքով; պատճառով; հաշվով

pay/settle/wipe off old scores հին հաշիվները մաքրել; վրեժ լուծել; հաշվեհարդար տեսնել

score off sb նեղել; նվաստացնել *(վիճաբանության մեջ)*

score sth against sb, score sth up against sb հաշվի առնել; ի նկատի ունենալ *(ի վնաս մեկի)*

Score twice before you cut once. *առած* Յոթ անգամ չափի՛ր, մեկ անգամ կտրի՛ր:

What is the score? Խաղի հաշիվը քանի՞ս է:

scoreboard |ˈskɔ:bɔ:d| *noun* տեղեկատու տախտակ

scorn |skɔ:n| **1** *noun* 1) արհամարհանք; քամահրանք 2) ծաղրանք; ծաղր **2** *verb* արհամարհել; անտեսել; բանի տեղ չդնել

he is a scorn to/of նրան արհամարհում են; նրա վրա ծիծաղում են; նրան հեգնում են

laugh sb/sth to scorn արհամարհանքով ծիծաղել մեկի/մի բանի վրա

pour/heap scorn on մեղադրանքներ թափել

think scorn of արհամարհել; քամահրել

scornful |ˈskɔ:nfʊl|, |-f(ə)l| *adjective* արհամարհական; ծաղրական; քամահրական

Scorpio |ˈskɔ:pɪəʊ| *աստղագուշակություն noun* Կարիճ *(համաստեղություն կամ Կենդանակերպի նշան)*

scorpion |ˈskɔ:pɪən| *noun* 1) կարիճ 2) (**the Scorpion**) տե՛ս **Scorpio**

Scorpius |ˈskɔ:pɪəs| *աստղագիտություն* Կարիճ *(համաստեղություն)*

Scot |skɒt| *noun* 1) շոտլանդացի 2) *պատմական* սկոտ *(կելտ)*

scot |skɒt| *noun հնացած պատմական* հարկ; տուրք

pay scot and lot ֆինանսական հոգսերը կիսել; հարկ վճարել

Scotch |skɒtʃ| **1** *adjective* 1) ◇ **the Scotch** շոտլանդացիներ 2) շոտլանդերեն **2** *noun* շոտլանդական օղի

scotch¹ |skɒtʃ| **1** *verb* 1) վերջ տալ; դադարեցնել; կասեցնել 2) վնասազերծել 3) սեպ դնել **2** *noun հնացած* սեպ *(որը դրվում է անիվի տակ՝ գլորվելուն խանգարելու համար)*

scotch² |skɒtʃ| **1** *verb հնավաճ* 1) վիրավորել; վերք հասցնել; շարքից հանել 2) ոչնչացնել/կտրվածք/ քարթ անել 3) ոչնչացնել **2** *noun հնավաճ* 1) մակակտրվածք; կտրված տեղ; հերձանշվածք 2) սեպ

Scotchman *noun* 1) շոտլանդացի 2) առևտրական

scot-free *adverb* անվնաս; անպատիժ ◇ **get off scot-free** անպատիժ մնալ; անվնաս/անպատիժ փախուստ տալ

Scotland |ˈskɒtlənd| Շոտլանդիա *(Միացյալ Թագավորությունը կազմող չորս երկրներից մեկը)*

Scots |skɒts| **1** *adjective* շոտլանդական; շոտլանդացու **2** *noun* շոտլանդերեն

Scotsman |ˈskɒtsmən| *noun* (հոգն. **-men**) շոտլանդացի *(տղամարդ)*

Scottish |ˈskɒtɪʃ| **1** *adjective* շոտլանդական **2** *noun* ◇ **the Scottish** շոտլանդացիներ

scoundrel |ˈskaʊndr(ə)l| *noun* սրիկա; ստոր/ անարգ մարդ; սինլքոր; անպիտան

scour¹ |ˈskaʊə| **1** *verb* 1) մաքրել; սրբել ◇ **scour off/away/out** խնամքով մաքրել; մաքրելով հեռացնել; մաքրել-վերջացնել 2) լվանալ; մաքրել **2** *noun* 1) մաքրում; մաքրելը ◇ **give it a scour** լավ մաքրել; փայլեցնել 2) լուծ *(ընտանի կենդանիների)*

scour² |ˈskaʊə| *verb* 1) դեսուդեն ընկնել; թափառել 2) (**scour about**) փնտրել; փնտրտել 3) հետախուզել; որոնել

scourge |skəːdʒ| **1** *noun* 1) մտրակ; խարազան 2) դժբախտություն; պատուհաս; պատիժ; փորձանք **2** *verb* 1) մտրակել; խարազանել 2) պատժել; պատժի ենթարկել

scout¹ |skaʊt| **1** *noun* 1) հետախույզ *(նաև ինքնաթիռի և նավի մասին)* 2) սկաուտ; բոյսկաուտ 3) հետազոտող; ուսումնասիրող; ռահվիրա 4) *հնացած* տղա; երիտասարդ; տղամարդ; մարդ 5) սպասավոր; ծառա *(Օքսֆորդի համալսարանում)* **2** *verb* 1) հետախուզել; հետազննել; հետազոտել; որոնել; որոնումներ կատարել 2) դիտել; զննել; հետազոտել

scout² |skaʊt| *verb հազվադեպ* մերժել *(զայրույթով կամ արհամարհանքով)*

scouting |ˈskaʊtɪŋ| *noun* հետախուզություն; հետախուզելը

scow |skaʊ| *noun ծովային* գետանավ; լաստանավ; շալանդա

scowl |skaʊl| **1** *noun* մռայլ/խոժոռ տեսք **2** *verb* 1) (**scowl at/on**) մռայլվել; մռայլ տեսք ընդունել; խոժոռվել 2) սպառնական տեսք ընդունել

scrabble |ˈskræb(ə)l| **1** *verb* 1) ճանկռել; չանգռել; քերծել; քերել 2) խզբզոցներով գրել; խզբզել **2** *noun* խզբզած գիր; խզբզոց; ագռավի չանչեր

scrag |skræg| **1** *verb* (**scragged**, **scragging**) *խոսակցական* 1) կախաղան հանել 2) ոլորելով վիզը պոկել *(որևէ մեկի)* **2** *noun* 1) նիհար մարդ; կենդանի կմախք; կաշի ու ոսկոր 2) *խոսակցական* վիզ; պարանոց

scram |skræm| **1** *verb* (**scrammed**, **scramming**) *ամերիկյան խոսակցական* ծլկել; փախչել **2** *noun խոսակցական* վթարային փակում *(միջուկային ռեակտորի)*

scramble |ˈskræmb(ə)l| **1** *verb* 1) մագլցել 2) կռվել; տուրուդմբոց սարքել 3) անկարգ ձևով հավաքել 4) անկարգ ձևով հագնվել 5) պայքարել **2** *noun* 1) խառնակոիվ; տուրուդմբոց; ծեծկռտոց 2) մագլցում; մագլցելը 3) պայքար

scrambled eggs *noun խոհանոց* կաթնաձվածեղ; հարած ձվածեղ

scrap¹ |skræp| **1** *noun* 1) կտոր; պատառ 2) *փոխաբերական* փշուր; փշրանք 3) փոքր կտոր *(թղթի)* 4) լաթ *(կտորի)* 5) (**scraps**) կոճնոր; կերակրի մնացորդներ; թափոն; տականք; թերմացք *(կերակրի)* 6) (**scraps**) կտորներ; հատվածներ *(գրական երկի)* 7) երկտող; փոքրիկ նամակ 8) կտրվածք; կտրածո *(լրագրից, ամսագրից)* 9) (**scraps**) մետաղի ջարդոն; կտորտանք *(վերաձուլելի)* **2** *verb* (**scrapped**, **scrapping**) 1) ջարդել; մանր կտորների վերածել; փշրել; ջարդոնի վերածել 2) դեն գցել/նետել *(որպես անպետք բան)* 3) չեղյալ համարել; թողնել *(նախագիծը, պլանը)*

a scrap of paper *արհամարհական* թղթի կտոր *(փաստաթղթի մասին)*

throw sth/sb on the scrap-heap դեն նետել/գցել՝ որպես անպետքություն

scrap² |skræp| *խոսակցական* **1** *noun* ծեծկռտուք; տուրուդմբոց; սկանդալ **2** *verb* (**scrapped**, **scrapping**) կագ ու կռիվ սարքել; տուրուդմփոց սարքել

scrapbook |ˈskræpbʊk| **1** *noun* ալբոմ *(լրագրի կտրածոների, նկարների և այլնի)* **2** *verb* ալբոմ սարքել

scrape |skreɪp| **1** *verb* 1) քերել; քերելով մաքրել 2) (**scrape against**) քսել 3) (**scrape against**) քսվել 4) ճռճռացնել *(ջութակի վրա)* 5) *տեխնիկական* քերելով հավասարեցնել; խարտոցել-հարմարեցնել 6) ժլատություն անել; տնտեսել • **scrape away/off** քերելով մաքրել **scrape down** քերելով հավասարեցնել **scrape out** քերելով հեռացնել/ջնջել; արտաքերել **scrape through** i) դժվարությամբ անցնել ii) հազիվ/դժվարությամբ հանձնել *(քննությունը)* **scrape up/together** հավաքել; կուտակել *(դժվարությամբ)* **2** *noun* 1) ճանկռվածք; քերծվածք 2) գրչածայրի ճռճռոց 3) ոտքերը շրխկացնելով իրար խփելը *(ողջունելիս)* 4) դժվարություն; դժվարին կացություն; անախորժ/տհաճ դրություն 5) մաքրում; մաքրելը; սրբելը; քերելով մաքրելը

be in the scrape դժվարին կացության մեջ լինել

get into a scrape անախորժ դրության մեջ ընկնել

scrape a living դժվարությամբ ապրուստի փող վաստակել

scrape home դժվարությամբ հասնել նպատակին

scrape sb/sth up մի կերպ ճարել/գտնել *(մեկին, մի բան)*

scrape sth together դժվարությամբ հավաքել; ի մի բերել *(հնչ-որ բան)*

scrape up an acquaintance with sb պնդերեսությամբ ինքն իրեն ծանոթացնել

scraper |ˈskreɪpə| *noun* 1) քերիչ; քերիկ; քերոց 2) երկաթյա քերիչ *(կոշիկները մաքրելու համար)*

scrap heap *noun* 1) կույտ *(մետաղի ջարդոնի և այլնի)* 2) աղբակույտ

scrappy |ˈskræpi| *adjective* (**-pier**, **-piest**) 1) կցկտուր; անկապակից; անկապ; բեկորային; հատուկտոր 2) կտորտանքներից/կթերից բաղկացած 3) *ծածկալեզու* կռվարար; կռվասեր; կռիվներ սարքող

scratch |skrætʃ| **1** *verb* 1) ճանկռել; չանգռել; քերծել; քերել 2) քորել 3) չրխկացնել; չխկացնել *(լուցկին)* 4) ջնջել; գրիչով վրան գիծ քաշել 5) ճռճռալ *(գրչածայրի մասին)* • **scratch along** *ծածկալեզու* մի կերպ ապրել; յոլա գնալ; գլուխը պահել **scratch off/out** ջնջել *(գրածը)* **scratch together/up** դժվարությամբ/քիչ-քիչ հավաքել *(փող)* **2** *noun* 1) ճանկռվածք; քերծվածք; ճանկռում; ճանկռելը 2) մի շարժում *(գրչի)* 3) ստորագրություն 4) քորում; քորելը 5) *մարզական* մեկնակետ; մեկնատեղ ◇ **from scratch** հենց սկզբից; ոչնչից; դատարկ տեղից 6) *ամերիկյան ծածկալեզու* փող **3** *adjective* 1) պատահական 2) խայտաբղետ; խառնատեսակ; հավաքածո; հավաքական

a scratch crew/team հապճեպ հավաքած անձնակազմ/թիմ

a scratch dinner տան եղածից արագորեն պատրաստած ճաշ

a scratch of pen արագորեն գրված մի-երկու բառ; արագորեն դրված ստորագրություն

be up to scratch բավարարել պահանջներին *(մարդու/առարկայի մասին)*

bring sb up to scratch հապճեպորեն պատրաստվել/նախապատրաստել մեկին *(քննություններ հանձնելու և այլնի համար))*

If you scratch my back, I'll scratch yours. *առած* Քորի՛ր ինձ՝ քորեմ քեզ: Դու՝ ինձ, ես՝ քեզ:

Scratch a Russian and find a Tartar underneath. *առած* Ռուսին որ քորես, տակից թաթար դուրս կբերես:

scratch one's head գլուխը քորել; շվարել; ապշել; ինքն իրեն կորցնել

scratch the surface նյութի մեջ չխորանալ

start from scratch 1) նշված/գծված տեղից սկսել 2) դատարկ տեղից սկսել; ոչ մի օգնություն չստանալով՝ նախաձեռնել մի բան

scratchy |ˈskrætʃi| *adjective* (**scratchier**, **scratchiest**) 1) աննորհք; անհմուտ; կոպիտ *(նկարի մասին)* 2) ճանկռոտող; ճռճռան *(գրչածայրի մասին)* 3) պատահական; վատ ընտրված; հավաքածո; հավաքական

scrawl |skrɔ:l| **1** *verb* խզբզոցներով/թափթփված գրել; խզբզել **2** *noun* խզբզոց; ագռավի չանչ

scrawny |ˈskrɔ:ni| *adjective* (**scrawnier**, **scrawniest**) *ամերիկյան* նիհար; վտիտ; ոսկրոտ

scream |skri:m| **1** *verb* 1) ճչալ; ծղրտալ; գոռալ *(ցավից, վախից)* 2) սուլել; շչալ *(սուլիչի/շչակի մասին)* 3) խոսել 4) ◇ **scream with laughter** քրքջալ; հռհռալ **2** *noun* 1) սուր ճիչ; աղաղակ; ծղրտոց *(ցավից, վախից)* 2) ճիչ; ճչալը 3) սուր ձայն; զրնգոց; շաչյուն 4) *ծածկալեզու* սաստիկ զվարճալի բան; շատ ծիծաղելի բան 5) ծիծաղի պոռթկում ◇ **screams of laughter** անզուսպ ծիծաղ; հռհռոց

scream one's head off բարձրաձայն և երկար ժամանակ լաց լինել

scream with laughter քրքջալ; հռհռալ

screamer |ˈskri:mə| *noun ծածկալեզու* 1) սենսացիոն վերնագիր 2) շշմեցուցիչ/ցնցող բան; խիստ զվարճալի/ծիծաղելի դեպք 3) բացականչական նշան

scree |skri:| *noun* խիճ; խճաքարային լանջ

screech |skri:tʃ| **1** *verb* 1) ճչալ; գոռալ; ծղրտալ *(սարսափից, զայրույթից)* 2) չարագուշակ ճչալ **2** *noun* 1) ճիչ *(սարսափի, զայրույթի)* 2) չարագուշակ ճիչ/աղաղակ

screech owl *noun* 1) կենդանաբանություն բվեճ; ճչացող բու *(Otus asio, ընտանիք Strigidae)* 2) չարը գուշակող; վատ բանի գուշակ

screen |skri:n| **1** *noun* 1) առաջակալ; շիրմա 2) էկրան 3) վահանակ; տախտակ *(հայտարարությունների համար)* 4) միջնորմ ◇ **window screen** լուսամուտի ցանց 5) վարագույր; ծածկույթ; ծածկոց ◇ **fire screen** հրածածկոց; հրապատվար. **smoke screen** ծխածածկույթ 6) ծածկոց; հովանի; քող ◇ **under the screen of night** գիշերվա հովանու տակ; մթության քողի տակ 7) մաղ; քարմաղ *(ավազի/ածուխի համար)* 8) *ռազմական* պաշտպանական զորամաս; պաշտպանակ 9) *ծովային* պահակախումբ **2** *verb* 1) ծածկել; պաշտպանել *(հարվածից, ցրտից)* 2) ցուցադրել *(էկրանի վրա)* 3) կինոնկարահանում կատարել; նկարահանել *(կինոֆիլմ)* 4) սցենար կազմել *(կինոֆիլմի)* 5) քարմաղով անցկացնել; մաղել 6) ախտորոշել

screen-print **1** *verb* տպում նախշականկարի միջոցով **2** *noun* (**screen print**) նախշականկարով տպված բան

screen saver (նաև **screensaver**) *noun համակարգիչներ* էկրանի պահպանիչ

screw |skru:| **1** *noun* 1) պտուտակ ◇ **male/external screw** գնդերիթ; պտուտամեխ; պտուտակ. **female/internal screw** պտուտակամեր; պնդօղակ. **put the screw on** *փոխաբերական* մեկին խեղդել/ճնշել; մեկի վրա ճնշում գործ դնել 2) *օդագնացություն* պրոպելլեր 3) *ծովային* պտուտակ *(նավի)* 4) պտուտակի պտույտ 5) թղթե ձագարաձև տոպրակ *(ծխախոտի/աղի համար)* 6) *խոսակցական* ժլատ/կծծի մարդ 7) հալից ընկած ձի; յաբու ◇ **an old screw** հալից ընկած ձի; յաբու 8) *ծածկալեզու* աշխատավարձ; չնչին գումար; կոպեկներ **2** *verb* 1) պտուտակով ամրացնել; պտուտակը ոլորել 2) պտուտակաձև պտտվել 3) ստիպել; հարկադրել 4) *խոսակցական* աղքատ ձևանալ ◇ **screw down** ճնշում գործ դնել; ստիպել. **screw out of** կորզել; շորթել *(համաձայնություն, փող և այլն)*. **screw up** i) փչացնել գործը ii) պտուտակել; պնդացնել; ձգել *(լարը)* iii) ամրապնդել *(կարգապահությունը)* iv) սեղմել *(շրթունքները)* v) կկոցել *(աչքերը)*

an old screw/a regular screw կծծի մարդ; սաստիկ ժլատ մարդ

be screwed խմած/հարբած լինել

have one's head screwed on the right way խելացի լինել; խելքը տեղը լինել

put the screws on sb պտուտակը սեղմել; ստիպել; ուժ/ճնշում գործադրել

screw up one's courage վախը հաղթահարել; քաջություն ձեռք բերել

There is a screw loose somewhere. Պտուտակը թուլացել է: Մի բան կարգին չէ/տեղում չէ: Տախտակը պակաս է: Ծալը պակաս է:

screwball |ˈskruːbɔːl| **1** *noun* խև; խելառ; խենթ **2** *adjective խոսակցական* խենթ; գիժ; անհավասարակշիռ

screwdriver |ˈskruːdrʌɪvə| *noun* պտուտակահան; պտուտակիչ; դարձուցակ

screwed |skruːd| *adjective* 1) պտուտակված; պտուտակով ամրացված 2) պտուտակաձև ակոսներ ունեցող 3) *ծածկալեզու* խմած; քեֆը տեղը; կատարը տաք

scribble¹ |ˈskrɪb(ə)l| **1** *verb* խզբզոցներով/անընթեռնելի գրել **2** *noun* 1) խզբզագիր; խզբզոց 2) անփույթ գրված հոդված/ակնարկ

scribble² |ˈskrɪb(ə)l| *verb* գզել *(բուրդը, բամբակը)*

scribbler *noun խոսակցական* գրչակ; թուղթ մրոտող

scribe |skrʌɪb| **1** *noun* 1) գրագետ մարդ ◇ **I am no great scribe** ես գրելու վարպետ չեմ 2) *կատակային* գրող; հեղինակ 3) գրագիր; արտագրող; ընդօրինակող 4) *պատմական* գրիչ *(հին ձեռագրեր արտադրող)* **2** *verb* 1) գրել; գրի առնել 2) հատիչով նշան անել

scrimmage |ˈskrɪmɪdʒ| *noun* 1) ծեծկռտոց; տուրուդմփոց; խառնակռիվ 2) *մարզական* պայքար գնդակի համար

scrip¹ |skrɪp| *noun* 1) թղթի կտոր 2) պարտատոմս; բաժնետոմս 3) արժեթուղթ

scrip² *noun պատմական* պարկ; ուսապարկ; խուրջին

script¹ |skrɪpt| **1** *noun* 1) ձեռագիր 2) ձեռագիր տպատառ 3) այբուբեն 4) նոտրագիր; նոտրգիր 5) *թատրոն* պիեսի տեքստը 6) կինոֆիլմի սցենար 7) *համակարգիչներ* գրվածք **2** *verb* սցենար/բեմագիր գրել

script² *noun խոսակցական* դեղատոմս

scriptural |ˈskrɪptʃ(ə)r(ə)l| *adjective* աստվածաշնչական; աստվածաշնչային

scripture |ˈskrɪptʃə| *noun* (հաճախ **Scripture** կամ **Scriptures**) (**Scripture, Scriptures**) Սուրբ Գիրք; Աստվածաշունչ

Holy Scripture, the Holy Scripture Սուրբ Գիրք *(Աստվածաշունչ)*

scrivener |ˈskrɪv(ə)nə| *noun պատմական* 1) նոտար 2) գրագիր

scroll |skrəʊl| **1** *noun* 1) փաթաթ; գալար *(մագաղաթի, պապիրուսի)* 2) *բանաստեղծական* ցուցակ 3) *ճարտարապետություն* ոլորազարդ; պարազարդ **2** *verb համակարգիչներ* ոլորել

scroll bar (նաև **scrollbar**) *noun համակարգիչներ* ոլորագոտի

scrotum |ˈskrəʊtəm| *noun* (հոգն. **scrota** |-tə| կամ **scrotums**) *կազմախոսություն* ամորձապարկ

scrounge |skraʊn(d)ʒ| *խոսակցական* **1** *verb* 1) մուրալ 2) գողանալ; ճանկել **2** *noun* 1) մուրալը; մուրացկանություն 2) գողանալը; ճանկելը

scrub¹ |skrʌb| **1** *verb* (**scrubbed**, **scrubbing**) 1) խոզանակով մաքրել 2) պրտել; տրորելով մաքրել 3) *տեխնիկական* զտել; մաքրել *(գազը)* **2** *noun* 1) խոզանակով մաքրելը 2) սկրաբ; մանրահատիկ պարունակող դիմահարդար նյութ

scrub² |skrʌb| *noun* 1) թփուտ; թուփ; մացառուտ 2) մացառոտ վայր 3) ոչ ցեղային կենդանի; խառնածին կենդանի 4) չնչին/աննշան մարդ 5) *մարզական* երկրորդային խաղացող

scrubber |ˈskrʌbə| *noun* 1) քերիչ; քերիկ 2) խոզանակ

scrubwoman *noun* հավաքարարուհի

scruff |skrʌf| *noun* ծոծրակ ◇ **take/seize by the scruff of the neck** օձիքից բռնել

scruffy |ˈskrʌfi| *adjective* (**scruffier**, **scruffiest**) փնթի; ցնցոտիներ հագած

scrumptious |ˈskrʌm(p)ʃəs| *adjective խոսակցական* 1) սքանչելի; հիանալի; հրաշալի 2) շատ համեղ; ախորժալի

scrunch |skrʌn(t)ʃ| **1** *verb* ճռթճռթալ; խռթխռթալ; կոճտալ **2** *noun* ճռթոց; ճռթճռթոց; խռթխռթոց; ճարճատյուն

scruple |ˈskruːp(ə)l| **1** *noun* 1) տատանում; վարանում 2) սկրուպուլ *(= 20 գրան)* **2** *verb* 1) տատանվել; ամաչել; քաշվել ◇ **he does not scruple to say** նա չի ամաչի/քաշվի ասելու 2) *հնացած* չհամարձակվել

he would scruple to lie նա իրեն թույլ չի տա ստել

make no scruple to do sth առանց վարանելու/քաշվելու անել մի բան

scrupulous |ˈskruːpjʊləs| *adjective* 1) մանրախնդիր; բծախնդիր 2) բարեխիղճ; խղճամիտ; ճշտակատար 3) մանրաստույգ; մանրակրկիտ; չափազանց ճշգրիտ

scrutinize |ˈskruːtɪnʌɪz| *verb* զննել; քննել; մանրամասն ուսումնասիրել; տնտղել

scrutiny |ˈskruːtɪni| *noun* (հոգն. **-nies**) 1) մանրազնին քննարկում; զննում; ուշադիր ուսումնասիրություն/վերլուծություն 2) զննող հայացք 3) ընտրության արդյունքների ստուգում/վերահսկում

scud |skʌd| **1** *verb* (**scudded**, **scudding**) սլանալ; նետվել; խոյանալ; սահել **2** *noun* 1) սրընթաց վազք 2) հողմավար ամպեր

scuff |skʌf| **1** *verb* 1) ոտքերը քարշ տալ; քստքստացնել 2) մաշել 3) մաշվել *(կոշիկի մասին)* **2** *noun* 1) մաշված տեղ 2) մաշվելը

scuffle |ˈskʌf(ə)l| **1** *noun* կռիվ; ծեծ; ծեծկռտոց **2** *verb* 1) կռվել 2) ոտքերը քարշ տալ; քստքստացնել

scull¹ |skʌl| **1** *noun* 1) նավախելի թի 2) բայդարկա *(մարզական մակույկ)* 3) զուգաթի **2** *verb* զույգ թիակով թիավարել

scull² *noun* ձկների վտառ *(որը տեղափոխվում է ծովից դեպի ափամերձ տարածքները)*

scullery |ˈskʌl(ə)ri| *noun* (հոգն. **-leries**) ամանները լվանալու տեղ *(խոհանոցին կից)*

sculptor |ˈskʌlptə| *noun* քանդակագործ; արձանագործ

sculpture |ˈskʌlptʃə| **1** *noun* 1) քանդակագործություն; արձանագործություն 2) արձան; քանդակ; անդրի **2** *verb* 1) քանդակել; ծեփելով կերտել; արձան քանդակել 2) քանդակներով զարդարել

scum |skʌm| **1** *noun* 1) փրփուր; քափ; լեպ 2)

խուսակցական տ...ականք *(հասարակության)* **2** *verb* (**scummed**, **scumming**) 1) փրփրել; փրփրակալել; քափով պատվել 2) փրփուրը քաշել

scummy *adjective* 1) փրփրուն 2) փրփրանման 3) *խոսակցական* ստոր

scurf |skə:f| *noun* 1) թեփ *(գլխի մաշկի)* 2) թեփուկանման ծածկույթ 3) փառ

scurrility |-rılıti| *noun* 1) անվայել/կոպիտ խոսք 2) անվայել դիտողություն

scurrilous |ˈskʌrıləs| *adjective* 1) կոպիտ; վիրավորական; անվայել; անպարկեշտ 2) խեղկատակային; ծաղրական

scurry |ˈskʌri| **1** *verb* (**-ries**, **-ried**) վազվզել; իրար անցնել; դեսուդեն ընկնել **2** *noun* (հոգն. **-ries**) վազվզոց; իրարանցում

scurvy |ˈskə:vi| **1** *noun* *բժշկություն* լնդախտ; լնդացավ **2** *adjective* (**-vier**, **-viest**) *հնացման* անպիտան; չնչին

scutage |ˈskju:tıdʒ| *noun* *պատմական* վահանատուրք; ռազմական ծառայությունից ազատող տուրք

scutcheon |ˈskʌtʃ(ə)n| *noun* զինանշանի վահանակ

scutter |ˈskʌtə| **1** *verb* փախչել; արագ-արագ հեռանալ *(մանր քայլերով)* **2** *noun* փախչելը; հեռանալը

scuttle¹ |ˈskʌt(ə)l| *noun* (*ամբողջությամբ* **coal scuttle**) 1) ածուխի դույլ/արկղ 2) մի դույլ ածուխ

scuttle² |ˈskʌt(ə)l| **1** *verb* արագ-արագ փախչել **2** *noun* 1) արագ փախուստ 2) փախուստի ձայն

scuttle³ |ˈskʌt(ə)l| **1** *verb* ջրասույզ անել *(նավի հատակը ծակելով)* **2** *noun* 1) *ծովային* դռնակ; իջանցք 2) ծակ; անցք *(տանիքի, նավակողի)*

scuttlebutt |ˈskʌt(ə)lbʌt| *noun* *խոսակցական, ծածկալեզու* լուր; ասեկոսե

scythe |sʌıð| **1** *noun* գերանդի **2** *verb* հնձել; հարել; քաղել *(խոտը՝ գերանդիով)*

Scythia |ˈsıðıə| Սկյութիա; Սկյութների երկիր *(հինավուրց տարածք հարավ-արևելյան Եվրոպայում և Ասիայում)*

SE *abbreviation* southeast հարավ-արևելյան

sea |si:| *noun* 1) ծով; օվկիանոս 2) ծովային ալիք; լեռնակոհակ; հորձանք ◇ **beam sea** կողային ալիք. **a sea struck us** ալիքը մեզ տակով արեց 3) *փոխաբերական* հսկայական/մեծ քանակություն; ծով ◇ **a sea of flame** բոցերի ծով. **a sea of faces** դեմքերի ծով. **a sea of troubles** վշտի ծով

be all/completely at sea անելանելի կացության մեջ լինել; նեղ դրության մեջ լինել

beyond/over the seas ծովերից այն կողմ; արտասահմանում

drink the sea dry ծովը խմել/ցամաքեցնել *(այնքան ծարավ լինել)*

follow the sea նավաստի լինել

go to sea նավաստի դառնալ; նավագնացության մեկնել; ծով դուրս գալ

the four seas Անգլիայի ափերը ողողող ծովերը

the freedom of the sea ծովային ազատ առևտուր անելու իրավունք

the high seas տարածքային ջրերից այն կողմ; բաց ծով

sea anemone *noun* *կենդանաբանություն* ծովապուտ; ակտինիա *(Actiniaria, դաս Anthozoa)*

seabed |ˈsi:bɛd| *noun* ծովի հատակ

seaboard |ˈsi:bɔ:d| *noun* ծովի ափ; ծովափ; ծովեզերք; ծովամերձ շրջան

seaborne |ˈsi:bɔ:n| *adjective* ծովային նավարհով փոխադրվող

sea dog *noun* 1) *խոսակցական* փորձված նավաստի; ծովագայլ 2) ծովաշուն *(առասպելական գազան)*

seafarer *noun* ծովագնաց; նավաստի

seafaring |ˈsi:fɛ:rıŋ| **1** *adjective* ծովագնացական; ծովային **2** *noun* 1) նավաստիություն; նավաստու զբաղմունք 2) նավագնացություն; ծովային նավապարհորդություն

sea-girt *adjective* *բանաստեղծական* ծովով շրջապատված

seagoing |ˈsi:gəʊıŋ| *adjective* 1) օվկիանոսային; ծովային *(նավի մասին)* 2) ծովագնացական

seagull |ˈsi:gʌl| *noun* *կենդանաբանություն* (**gull**) ծովարոր *(ընտանիք Laridae)*

seahorse (*նաև* **sea horse**) *noun* *կենդանաբանություն* 1) ծովաձի; ձիաձուկ *(Hippocampus, ընտանիք Syngnathidae)* 2) ծովափիղ

seal¹ |si:l| **1** *noun* 1) կնիք 2) կապարակնիք 3) մեկուսիչ; մեկուսիչ հարմարանք 4) (**the seal**) հավատո խոստովանություն 5) վավերացում; հավաստում **2** *verb* 1) կնիք դնել; կնիքով հաստատել; վավերացնել 2) (**seal off**) կնքել; փակել 3) անդարձ կերպով վճռել *(մեկի բախտը)* 4) դրոշմել; հետք թողնել

given under my hand and seal *իրավունք* ստորագրված և կնքված իմ կողմից

have the seal of death on one's face մահվան կնիքը դեմքին

one's lips are sealed փակ բերան է; գաղտնապահ; գաղտնիքը չի ասի

set one's seal on/onto sth կնիքը դնել; պաշտոնապես հաստատել; հավանություն տալ

the seal of love սիրո կնիքը՝ համբույր

under the seal of confidence/secrecy/silence գաղտնի մնալու պայմանով; չասվելու պայմանով

seal² |si:l| **1** *noun* 1) *կենդանաբանություն* փոկ; ծովաշուն; ծովակատու; ծովարջ *(ընտանիքներ Phocidae և Otariidae)* 2) ծովարջի մորթի **2** *verb* փոկ որսալ

sealing wax *noun* զմուռս; կնքամոմ

sea lion *noun* *կենդանաբանություն* ծովառյուծ *(ընտանիք Otariidae)*

seal ring *noun* *պատմական* կնիքով մատանի

sealskin |ˈsi:lskın| *noun* ծովարջի մորթի; փոկի կաշի

seam |si:m| **1** *noun* 1) կար; կարան; կարատեղ 2) սպի 3) ստորգետնյա շերտ *(հանքի)* **2** *verb* 1) կարել; կարելով միացնել 2) հետք թողնել

seaman |ˈsi:mən| *noun* (հոգն. **-men**) նավաստի; ծովագնաց; նավազ; ծովային

seamanship |ˈsi:mənʃıp| *noun* ծովագնացական արվեստ; նավարկելու հմտություն

seamark |ˈsiːmæːk| *noun* առափնյա նշան; փարոս

seamless |ˈsiːmlɪs| *adjective* 1) անկարան; առանց կարերի 2) սահուն; առանց կտրուկ անցումների; հարթ

seamlessly *adverb* 1) անկարան կերպով 2) սահունորեն; համաչափորեն

seamstress |ˈsiːmstrɪs| *noun* դերձակուհի; կար անող կին

seamy |ˈsiːmi| *adjective* (**seamier**, **seamiest**) ոչ դուրեկան; անհրապույր

seance |ˈseɪɒns|, |-ɒ̃s|, |-ɑːns| *noun* 1) նիստ 2) ոգեհարցական հավաքույթ

seaplane |ˈsiːpleɪn| *noun* հիդրոպլան; հիդրոինքնաթիռ

seaport |ˈsiːpɔːt| *noun* 1) ծովային նավահանգիստ 2) ծովեզրյա քաղաք

sear |sɪə| **1** *verb* 1) խանձել 2) այրել *(խիղճը և այլն)* 3) ծակել *(ցավի մասին)* 4) *հնացած* բթացնել *(ցավը)* 5) չորացնել 6) չորանալ; թառամել 7) կարմրացնել *(սնունդը)* **2** *adjective բանաստեղծական* չոր; թառամած

search |səːtʃ| **1** *verb* 1) (**search for**) որոնել; փնտրել 2) խուզարկել; խուզարկություն կատարել 3) հետազոտել 4) ստուգել *(իրերը՝ մաքսատանը)* **2** *noun* 1) որոնում ◊ **be in search of** փնտրել; որոնել. **make a search** հետախուզություն կատարել 2) խուզարկություն

in search of, in one's search for փնտրելով; որոնելով

right of search պատերազմող երկրի ռազմանավի կողմից չեզոք երկրի նավերը խուզարկելու իրավունքը

Search me! Ես ի՞նչ գիտեմ: Գաղափար չունեմ:

search one's heart/conscience քննել ինքն իրեն; քննել իր սիրտն ու հոգին

search engine *noun համակարգիչներ* որոնման հարմարանք/համակարգ/ծրագիր

searchlight |ˈsəːtʃlʌɪt| *noun* 1) լուսարձակ 2) լուսարձակի ճառագայթ

search party *noun* որոնողական խումբ

search warrant *noun* խուզարկության իրավունքի օրդեր

seascape |ˈsiːskeɪp| *noun* ծովանկար

seashell |ˈsiːʃɛl| *noun* ծովային փափկամորթի խեցի

seashore |ˈsiːʃɔː| *noun* ծովափ; ծովեզր

seasick |ˈsiːsɪk| *adjective* ծովախտով տառապող

seasickness *noun* ծովային հիվանդություն; ծովախտ

seaside |ˈsiːsʌɪd| *noun* 1) ծովափ; ծովեզր; լողափ 2) ծովեզրյա երկիր

season |ˈsiːz(ə)n| **1** *noun* 1) տարվա եղանակ; սեզոն; ժամանակ 2) անորոշ ժամանակամիջոց **2** *verb* 1) համեմել; համեմունք գցել 2) հասունանալ; հասնել 3) հնացնել *(գինին՝ որակը բարձրացնելու համար)* 4) չորանալ *(շինանյութի և այլնի մասին)* 5) չորացնել *(շինանյութը և այլն)* 6) կոփել; վարժեցնել *(զորքերը, մարդկանց)* 7) հետաքրքիր դարձնել; համեմել *(խոսքը)* 8) չափավորել; մեղմացնել *(դիտողությունը)*

a word in season տեղին/ժամանակին տրվող խորհուրդ

be in season որևէ բանի ժամանակը/սեզոնը լինել; որևէ բան ուտելու ժամանակը լինել

be out of season որևէ բանի սեզոնը/ժամանակը չլինել

close season որսարգելման սեզոն

everyting is good in its season ամեն ինչ լավ է իր ժամանակին

for a season միառժամանակ

in season and out of season միշտ; մշտապես

season ticket երթևեկության մշտական տոմս

theatrical season թատերական սեզոն

the season's greetings Ծննդյան տոնի շնորհավորանքներ

seasonable |ˈsiːz(ə)nəb(ə)l| *adjective* 1) ժամանակին; տեղին; հարմարադեպ; յուրաժամանակ; պատեհ 2) եղանակին համապատասխան

seasonal |ˈsiːz(ə)n(ə)l| *adjective* սեզոնային

seasoning |ˈsiːz(ə)nɪŋ| *noun* 1) համեմունք 2) խոնավությունը կարգավորելը

seat |siːt| **1** *noun* 1) նստելատեղ; նստարան; աթոռ; բազկաթոռ 2) տեղ *(թատրոնում, գնացքում, պառլամենտում)* ◊ **take your seats!** զբաղեցրե՛ք ձեր տեղերը *(նախազգուշացում գնացքը շարժվելուց առաջ)*. **book a seat** տոմս գնել. **secure seats** պատվիրել տոմսեր. **take a seat** նստել; տեղ գրավել 3) գտնվելու տեղ; բնակավայր; կենտրոն; նստավայր ◊ **county seat** *ամերիկյան* շրջանային կենտրոն 4) օջախ; բույն *(հիվանդության և այլնի)* 5) կալվածատուն; դաստակերտ **2** *verb* 1) նստեցնել; առաջարկել նստել ◊ **pray be seated!** խնդրում եմ նստել. **be seated** նստել 2) տեղավորվել; հիմնավորվել 3) տեղավորել; պարունակել; այնքան տեղ ունենալ 4) անցկացնել *(թեկնածուին պառլամենտում)* 5) տեղավորված լինել; ընկած լինել; տեղավորվել; զետեղվել

a seat of learning գիտության կենտրոն

keep one's seat տեղից վեր չկենալ; տեղում մնալ

lose one's seat տեղը կորցնել, չվերընտրվել

ringside seat ամենալավ տեղը *(դահլիճում)*

take a back seat իրեն հետ պահել; ստվերում մնալ; չմասնակցել

take one's seat 1) իր տեղը նստել *(դահլիճում)* 2) անցնել անդամության իր պարտականություններին *(համայնքների պալատում)*

the seat of the government կառավարության նստավայր

this hall seats a thousand people այս դահլիճը հազար մարդ է տեղավորում

win a seat նախագահական ընտրությունների ժամանակ տեղ շահել

seat belt (նաև **seatbelt**) *noun* ամրագոտի; անվտանգության ամրագոտի

seating |ˈsiːtɪŋ| *noun* 1) նստելու տեղ 2) նստեցնում; տեղավորում

Seattle |sɪˈæt(ə)l| Սիեթլ *(քաղաք ԱՄՆ-ի Վա-*

շինգտոն նահանգում)

sea wall *noun* ամբարտակ; ծովապատնեշ

seaward |ˈsiːwəd| **1** *adverb* ծովի ուղղությամբ **2** *adjective* դեպի ծովն ուղղված **3** *noun* ծովակողմ; ծովի կողմը

seaweed |ˈsiːwiːd| *noun* *բուսաբանություն* ծովային ջրիմուռ

seaworthy |ˈsiːwəːði| *adjective* նավագնացության համար պիտանի; լավ սարքավորված/ հանդերձավորված

Sebastopol |sɪˈbæstəp(ə)l|, |-pɒl| Սևաստոպոլ *(նավահանգստային քաղաք Ուկրաինայում)*

sec. *abbreviation* second(s) վայրկյան

secant |ˈsiːk(ə)nt|, |ˈsɛk-| *noun* *մաթեմատիկա* հատող; հատող գիծ

secateurs |ˌsɛkəˈtəːz|, |ˈsɛkətəːz| *plural noun* (նաև **a pair of secateurs**) այգեգործական մկրատ

secede |sɪˈsiːd| *verb* 1) դուրս գալ կազմից *(միության, ընկերության)* 2) առանձնանալ; զատվել; անջատվել; կապերը խզել

secession |sɪˈsɛʃ(ə)n| *noun* 1) կազմից դուրս գալը *(միության, ընկերության և այլն)* 2) անջատում; անջատվելը; պառակտում; պառակտվելը 3) *պատմական* հարավային 11 նահանգների փորձը՝ 1860-1861 թթ. դուրս գալու ԱՄՆ-ի կազմից

seclude |sɪˈkluːd| *verb* (**seclude from**) առանձնացնել; մեկուսացնել; անջատել ◇ **seclude oneself from the society** հասարակությունից անջատվել/ մեկուսանալ

secluded *adjective* առանձնացած; մեկուսացած; առանձին; մեկուսի

seclusion |sɪˈkluːʒ(ə)n| *noun* 1) առանձնացում; առանձնանալը; մեկուսացում; մեկուսանալը 2) մենություն; առանձնացածություն ◇ **live in seclusion** մենության մեջ ապրել 3) մեկուսացած տեղ; մենավոր վայր

seclusive |-sɪv| *adjective* առանձնասիրական; մենասիրական

second[1] |ˈsɛk(ə)nd| **1** *ordinal number* 1) երկրորդ ◇ **in the second place** երկրորդ *(որպես միջանկյալ բառ)* 2) երկրորդական 3) երկրորդ կարգի 4) օգնական; հաջորդը՝ ըստ աստիճանի 5) երկրորդ մրցանակ ստացողը/շահողը 6) մարտավկա; մենամարտավկա 7) *մարզական* մրցավկա; մարտավկա 8) (**seconds**) երկրորդ տեսակի ապրանքներ 9) *երաժշտություն* երկրորդ ձայն; ալտ **2** *verb* 1) պաշտպանել; աջակցել 2) օգնել

a good second լավագույն երկրորդ; համարյա առաջինի հետ վերջնագծին հասնող մարզիկ

I second your notion. Ես պաշտպանում եմ ձեր առաջարկը:

second-hand dealer հնավաճառ

Second thoughts are best. *առած* Լավագույնը նս մեկ անգամ մտածելն է:

second to none ոչ մեկի կողմից չգերազանցված; ոչ մեկին չզիջող

second[2] |ˈsɛk(ə)nd| *noun* վայրկյան; ակնթարթ; պահ

secondary |ˈsɛk(ə)nd(ə)ri| **1** *adjective* 1) երկրորդական; երկրորդային; ստորադաս; կողմնակի; օժանդակ 2) միջնակարգ *(կրթության/դպրոցի մասին)* **2** *noun* (հոգն. **-aries**) 1) երկրորդային գույն 2) *կենդանաբանություն* երկրորդային փետուր 3) *երկրաբանություն* (**the Secondary**) երկրորդային դարաշրջան

secondary color *noun* երկրորդային գույն *(որը ստացվում է երկու առաջնային գույների խառնումից)*

second best (նաև **second-best**) **1** *adjective* երկրորդ *(լավագույնների շարքում)* **2** *noun* անցանկալի այլընտրանք

come off second best պարտություն կրել

second class **1** *noun* երկրորդ կարգ **2** *adjective, adverb* երկրորդ կարգի; ցածրորակ

Second Empire Երկրորդ Կայսրություն *(Նապոլեոն Երրորդի կայսերական կառավարությունը)*

seconder *noun* աջակցող անձ

secondhand (նաև **second-hand**) **1** *adjective* 1) գործածված; բանեցրած *(իրերի մասին)* 2) երկրորդ ձեռքից ստացված *(տեղեկություններ/ լուրերի մասին)* 3) հնագրավաճառքի; բուկինիստական **2** *adverb* երկրորդ ձեռքից

secondly |ˈsɛk(ə)ndli| *adverb* երկրորդ; երկրորդ հերթին *(թվարկելիս)*

second name *noun* ազգանուն

second-rate *adjective* 1) երկրորդ կարգի/տեսակի; միջակ 2) միջակ; որևէ բանով աչքի չընկնող *(մարդու մասին)*

Second World War Երկրորդ աշխարհամարտ

secrecy |ˈsiːkrɪsi| *noun* 1) գաղտնիություն ◇ **in strict secrecy** խիստ գաղտնի 2) գաղտնապահություն 3) ծածկամտություն; գաղտնամտություն

secret |ˈsiːkrɪt| **1** *adjective* 1) գաղտնի 2) ծածուկ; թաքուն 3) մեկուսի; թաքուն *(վայրի մասին)* 4) ծածկամիտ; գաղտնամիտ **2** *noun* գաղտնիք

in the secret գաղտնի; թաքնված; ծածուկ

keep a secret գաղտնիք պահել

let sb into a secret գաղտնիքն ասել/հայտնել մեկին

make a secret of sth թաքցնել; գաղտնի պահել

make no secret of sth բացեիբաց ասել; չթաքցնել; բացահայտ ասել/անել

the secret service կառավարական գաղտնի գործակալություն; հակահետախուզություն

top secret հույժ գաղտնի

secret agent *noun* գաղտնի գործակալ

secretaire |ˌsɛkrɪˈtɛː| *noun* գրասեղան

secretarial |-ˈtɛːrɪəl| *adjective* քարտուղարական

secretariat |ˌsɛkrɪˈtɛːrɪət| *noun* 1) քարտուղարություն; քարտուղարական կազմ 2) քարտուղարի պաշտոն

secretary |ˈsɛkrɪt(ə)ri| *noun* (հոգն. **-taries**) 1) քարտուղար ◇ **secretary general** գլխավոր քարտուղար 2) մինիստր; նախարար 3) *ամերիկյան* սեկրետեր; գրասեղան 4) *ամերիկյան* գրադարակներով սեղան

home secretary ներքին գործերի նախարար

permanent secretary մշտական քարտուղար *(քաղաքացիական ծառայության ավագ պաշտոնյա)*

Secretary General գլխավոր քարտուղար *(որևէ մեծ կազմակերպության, օրինակ՝ ՄԱԿ-ի)*

secretary-general *noun* (հոգն. **secretaries-general**) գերագույն քարտուղար

secretary of state *noun* 1) (նաև **state secreatary**) պետքարտուղար *(ԱՄՆ-ում)* 2) նախարար *(ՄԹ-ում)*

secrete¹ |sɪˈkriːt| *verb* *բնախոսություն* արտազատել *(գեղձերի մասին)*

secrete² |sɪˈkriːt| *verb* թաքցնել; ծածկել

Secret Intelligence Service (հպվ. **SIS**) Գաղտնի հետախուզական ծառայություն *(MI6-ի պաշտոնական անվանումը)*

secretion |sɪˈkriːʃ(ə)n| *noun* 1) *բնախոսություն* արտազատություն; արտազատում; գեղձազատում 2) արտազատուկ

secretive |ˈsiːkrɪtɪv| *adjective* 1) ինքնամփոփ; փակ 2) գաղտնի

sect |sɛkt| *noun* 1) *կրոնական* աղանդ; հերձված 2) վտանգավոր քաղաքական ուղղություն

sectarian |sɛkˈtɛːrɪən| **1** *adjective* կրոնական աղանդավորական; հերձվածողական **2** *noun* աղանդավոր; հերձվածող

sectarianism *noun* աղանդավորություն; աղանդավորականություն

section |ˈsɛkʃ(ə)n| **1** *noun* 1) հատված; մաս; հատվածամաս 2) հատված; բաժին; մաս *(գրքի)* 3) դրվագ 4) *ամերիկյան* շրջան; տեղամաս; երկրամաս *(1 քառ. մղոն տարածությամբ)* 5) թաղամաս *(քաղաքի)* 6) կտրվածք; հատվածք; տրամատ ◇ **cross section** լայնակի կտրվածք/տրամատ 7) նուրբ հյուսվածքաշերտիկ ◇ **microscopic section** մանրադիտակով ուսումնասիրելու նուրբ հյուսվածքաշերտիկ 8) ենթաբաժին; բաժանմունք 9) *ռազմական* ջոկ *(հետևազորում)* 10) դասակ *(հեծելազորում)* 11) *ամերիկյան* ննջավագոն; ննջախուցե; պառկելու խուցե **2** *verb* մասերի բաժանել; ստորաբաժանել

sectional |ˈsɛkʃ(ə)n(ə)l| **1** *adjective* 1) բաժնի 2) տեղական; խմբական 3) քանդովի **2** *noun* հատվածներով բազմոց *(որոնք առանձին կարելի է օգտագործել որպես բազկաթոռներ)*

sector |ˈsɛktə| *noun* 1) *մաթեմատիկա* արտահատ; արտատ 2) հատված; բաժին; մաս; սեկտոր 3) *համակարգիչներ* սկավառակի բաժին 4) *ռազմական* ստորաբաժանում

secular |ˈsɛkjʊlə| **1** *adjective* 1) աշխարհիկ; աշխարհական 2) մեկդարյա; դարավոր; հարյուր տարին մեկ տեղի ունեցող 3) *տնտեսագիտություն* երկարաժամկետ 4) *աստղագիտություն* դանդաղ **2** *noun* աշխարհիկ քահանա

secure |sɪˈkjʊə| **1** *adjective* 1) հուսալի; վստահելի; ապահով 2) անվտանգ 3) համոզված; հավատացած; վստահ 4) հաստատուն; ամուր 5) ապահովված *(հաղթանակի/արդյունքների մասին)* 6) խիստ հսկողության տակ *(գերիների/կալանավորների մասին)* **2** *verb* 1) ապահովել *(հաղթանակ, հաջողություն)* 2) անվտանգ դարձնել; անվտանգությունն ապահովել; պաշտպանել *(քաղաքը)* 3) երաշխավորել; ապահովել; ապահովագրել 4) ձեռք բերել; ճարել 5) հավաստիացնել 6) կողպեքով փակել *(դուռ և այլն)* 7) ամրացնել; պինդ կապել 8) կալանքի տակ առնել

security |sɪˈkjʊərɪti| *noun* (հոգն. **-ties**) 1) անվտանգություն; ապահովություն 2) երաշխավորություն; երաշխավորում 3) համոզվածություն; վստահություն 4) երաշխիք; երաշխավորություն; ապահովություն; գրավ ◇ **give security for** գրավ տալ *(որևէ բանի համար)* 5) *ֆինանսներ* (**securities**) արժեթղթեր

security police/forces պետական անվտանգության զինված ուժեր

Security Council Անվտանգության Խորհուրդ *(ՄԱԿ-ի մշտական խորհուրդ, որի կազմի մեջ մտնում են Չինաստանը, Ֆրանսիան, Ռուսաստանը, Միացյալ Թագավորությունը և ԱՄՆ-ը)*

sedan |sɪˈdæn| *noun* 1) սեդան *(ավտոմեքենայի փակ թափքի տեսակ)* 2) պատգարակ; կրելի բազկաթոռ

sedate¹ |sɪˈdeɪt| *adjective* հանդարտ; հավասարակշիռ; ծանրաբարո

sedate² |sɪˈdeɪt| *verb* հանգստանալ; հանգստացնել *(դեղերով)*

sedation |sɪˈdeɪʃ(ə)n| *noun* հանգստացում

sedative |ˈsɛdətɪv| **1** *adjective* 1) ցավը մեղմացնող; ցավամոքիչ 2) հանգստացնող **2** *noun* *բժշկություն* ցավամոքիչ դեղամիջոց

sedentary |ˈsɛd(ə)nt(ə)ri| *adjective* 1) նստակյաց *(կենսակերպի մասին)* 2) երկար նստել պահանջող; նստած 3) *կենդանաբանություն* մշտաբնակ

sediment |ˈsɛdɪm(ə)nt| **1** *noun* 1) նստվածք 2) նստվածքային ապար 3) նստվածքաշերտ **2** *verb* նստվածք տալ

sedimentary *adjective* նստվածքային

sedimentation |-ˈteɪʃ(ə)n| *noun* նստվածքագոյացում

sedition |sɪˈdɪʃ(ə)n| *noun* խռովության/ապստամբության կոչ

seditious *adjective* խռովարարական; ապստամբական

seduce |sɪˈdjuːs| *verb* 1) գայթակղել; հրապուրել; պատրել 2) գայթակղեցնել; հրապուրելով տիրանալ *(կնոջը)* 3) գերել

seduction |sɪˈdʌkʃ(ə)n| *noun* 1) գայթակղություն; գայթակղում; գայթակղելը 2) հրապուրում; հրապուրվելը; հրապուրելը

seductive |sɪˈdʌktɪv| *adjective* գայթակղիչ; գայթակղեցուցիչ; հրապուրիչ; պատրողական

sedulity |sɪˈdjuːlɪti| *noun* ջանասիրություն; աշխատասիրություն; ջանք

sedulous |ˈsɛdjʊləs| *adjective* ջանասեր; աշխատասեր

see¹ |siː| *verb* (**sees**, **seeing**; անցյալ **saw** |sɔː|; անցյալ դերբայ **seen** |siːn|) 1) տեսնել; նկատել; տեսողությամբ ընկալել; նայել 2) տեսնվել; հանդիպել ◇ **come to see** հյուր գալ. **go to see** հյուր գնալ 3) հասկանալ; ըմբռնել 4) ուղեկցել ◇ **I will see you home** ես ձեզ կուղեկցեմ մինչև տուն • **see about** i) հետևել; հսկել *(որևէ գործի)* ii) հոգալ; հոգ տանել *(որևէ բանի մասին)* **see after** հոգ տանել; խնամել; նայել; հսկել *(որևէ մեկին)* **see in** դիմավորել *(Նոր տարին)* **see into** i) թափանցել; խորամուխ լինել *(որևէ բանի մեջ)* ii) քննարկել; քննել *(հարցը)* **see off** ճանապարհ դնել *(մեկնողին)* **see out** մինչև դուռն ուղեկցել **see over** դիտել; զննել *(շենքը)* **see through** i) էության մեջ թափանցել; հասկանալ; ճանաչել ii) մինչև վերջը հասցնել **see to** հետևել; հսկել *(որևէ բանի)*

As far as I can see... Որքան հասկանում եմ...; Իմ կարծ խելքով....

be seeing things աչքին բաներ երևալ; տեսապատրանքներ ունենալ

I see հասկանալի է; պարզ է

let me see թույլ տվեք մտածեմ; մի րոպե կողմնորոշվեմ

not see beyond the end of one's nose քթից դենը/հեռուն չտեսնել; կարճամիտ լինել

see about sth որևէ հարցով զբաղվել

see eye to eye on sth ամբողջովին համաձայնել; համակարծիք լինել *(որևէ հարցի շուրջ)*

see far and wide լայն աշխարհայացք ունենալ; հեռուն տեսնել

see fit հարմար գտնել; անհրաժեշտ համարել

see for oneself իր համար պարզել; համոզվել

see how the cat jumps սպասել իրադարձությունների ընթացքին; տեսնել, թե դեպքերն ինչ ընթացք կստանան

see little of sb հազվադեպ տեսնել մեկին

See no evil, hear no evil, speak no evil. *առած* Վատը մի՛ տես, վատը մի՛ լսիր, վատը մի՛ խոսիր:

see one's way clear to doing sth անելիքը պարզ պատկերացնել; անելիքը լավ հասկանալ

see red/scarlet զայրանալ; կատաղել; աչքերն արյուն կոխել

see sb about sth որևէ հարցով մեկին տեսնել; որևէ հարցով խորհրդակցել մեկի հետ

see sb home մեկին մինչև տուն ուղեկցել/ճանապարհել

see sb off ճանապարհել մեկին *(երկրից դուրս)*

see sb through difficulties մեկին հանել դժվար կացությունից; ձեռք մեկնել նեղ դրության մեջ եղողին

see service in sth, see good service զինված ուժերում ծառայել; ծառայության անցնել

see snakes զառանցել; աչքին բաներ երևալ

see stars աչքերի առջև կայծեր տեսնել *(գլխին հարված ստանալու դեպքում)*

see the back of sb մեջքը/կռնակը տեսնել; դուրս անել; վռնդել

see the last of sb/sth վերջին անգամ տեսնել; կապերը խզել; այլևս գործ չունենալ; կամուրջներն այրել

see the sights տեսարժան վայրերը դիտել

see things bloodshot ամեն ինչի մեջ կռիվ փնտրել; արյունռուշտ լինել

see through sb/sth 1) էության մեջ թափանցել; ճանաչել մեկին 2) մինչև վերջ հասցնել

see to it հետևել, որ մի բան արվի/կատարվի; զբաղվել տվյալ գործով

See you again/soon! I'll be seeing you! Առայժմ: Ցե՛:

We shall see what we shall see. Ինչ տեսնելու ենք, կտեսնենք: Ինչ լինելու է՝ կլինի:

You see. Գիտես, էլի: Գիտե՛ք: Հասկանում եք:

see² |siː| *noun եկեղեցական* 1) կաթոլիկե եկեղեցի 2) նստավայր *(եպիսկոպոսի, կաթողիկոսի)*

seed |siːd| **1** *noun* 1) սերմ 2) հատիկ; սերմնահատիկ; կորիզ; ունդ 3) *հավաքական* սերմեր; սերմացու 4) սերունդ ◊ **raise up seed** սերունդ ունենալ **2** *verb* 1) ցանել; սերմանել 2) սերմ տալ; սերմակալել 3) կորիզահան անել; կորիզները հանել *(մրգերի, չամչի)* 4) ցցել; թափել *(սերմերը՝ բույսի մասին)* 5) *մարզական* ընտրել *(մրցության ավելի ուժեղ մասնակիցներին)* 6) տարածել

Good seed makes a good crop. *առած* Լավ սերմը լավ բերք կտա:

One year's seeding means seven years' weeding. *առած* Արտը մի տարի աչքաթող անես՝ յոթ տարի մոլախոտ կհնձես:

run/go to seed 1) սերմակալել 2) արտաքինի նկատմամբ անտարբեր դառնալ; վհատվել

sow the seeds of discord/dissension/strife երկպառակություն սերմանել

seedbed |ˈsiːdbɛd| *noun* ջերմոց; սածիլներով մարգ

seeder |ˈsiːdə| *noun* 1) սերմնացան 2) սերմնացան մեքենա 3) մրգի կորիզները հանելու մեքենա

seedless *adjective* անսերմ

seedling |ˈsiːdlɪŋ| *noun* սերմնաբույս; սածիլ

seedsman |ˈsiːdzmən| *noun* (հոգն. **-men**) 1) սերմնավաճառ 2) սերմնացան

seed time *noun* ցանքի ժամանակը

seedy |ˈsiːdi| *adjective* (**seedier**, **seediest**) 1) մաշված; քրքրված 2) *խոսակցական* վատառողջ; թույլ; տկար; հիվանդոտ

feel seedy իրեն վատ զգալ

look seedy վատառողջ տեսք ունենալ

seedy clothes մաշված/քրքրված/ծվեն-ծվեն եղած հագուստ

seeing |ˈsiːɪŋ| **1** *conjunction* հաշվի առնելով; նկատի ունենալով **2** *noun* տեսնելը; տեսնելու ընդունակություն

Seeing is believing. Մինչև չտեսնեմ՝ չեմ հավատա:

seek |siːk| *verb* (անցյալ **sought** |sɔːt|) 1) փնտրել; որոնել 2) ջանալ; աշխատել; փորձել ◊ **seek after/for** ձգտել; հետամուտ լինել *(որևէ բանի).* **be much sought after** հաջողություն վայելել; մեծ պահանջարկ ունենալ. **seek through** խուզարկել *(տեղը և այլն)* 3) խնդրել

Seek and ye shall find. *աստվածաշնչային* Փնտրի՛ր և կգտնես:

seeker *noun* 1) փնտրող անձ 2) *ռազմական* ինքնաուղղորդվող արկ

seem |siːm| *verb* 1) թվալ ◊ **they seem to be living in here** նրանք կարծեմ այստեղ են ապրում. **he seems to be tired** ըստ երևույթին նա հոգնած է. **I seem to hear sb singing** ինձ թվաց, թե մեկը երգում է 2) երևալ ◊ **she seems tired** նա հոգնած է երևում. **she seems young** նա ջահել է երևում

Be what you would seem to be. *առած* Եղի՛ր այն,

ինչ ձևացնում ես:

it seems թվում է; թվում է, թե; կարծես; ըստ երևույթին

seeming |ˈsiːmɪŋ| **1** *adjective* 1) թվացող; երևութական; առերևույթ 2) կարծեցյալ; երևակայական 3) կեղծ; շինծու **2** *noun բանաստեղծական* արտաքին տեսք; խաբուսիկություն

seemingly *adverb* 1) արտաքին տեսքով; արտաքինից դատելով; առերևույթ 2) ըստ երևույթին

seemly |ˈsiːmli| *adjective* 1) պատշաճ; վայելուչ 2) գեղեցիկ

seep |siːp| **1** *verb* ծորել; հոսել **2** *noun* 1) աղբյուր *(գետնի տակից բխող)* 2) նավթ բխող տեղ

seepage |ˈsiːpɪdʒ| *noun* 1) ծորելը; արտահոսելը 2) արտածորող/արտահոսող հեղուկ

seesaw |ˈsiːsɔː| (նաև **see-saw**) **1** *noun* 1) արասնգի; տրնկոցի; մանկական ճոճափայտ *(որն ամրացված է մեջտեղում)* 2) տատանումներ; վեր ու վար կամ ետ ու առաջ շարժում; ճոճում **2** *verb* 1) արասնգոլ/տախտակի վրա ճոճվել 2) տատանվել; ճոճվել; վեր ու վար անել

seethe |siːð| *verb* 1) եռալ; փոթորկվել; ալեկոծվել 2) փրփրալ; պղպջալ

segment **1** *noun* |ˈsɛgm(ə)nt| 1) հատված; հերձատ; մաս; հատվածամաս; հատույթ 2) բլթակ *(նարնջի)* 3) *մաթեմատիկա կենսաբանություն* սեգմենտ; հատվածամաս **2** *verb* |sɛgˈmɛnt| մասերի/հատվածների բաժանել

segregate[1] |ˈsɛgrɪgeɪt| *verb* 1) առանձնանալ; զատվել 2) առանձնացնել; բաժանել; զատել

segregate[2] |ˈsɛgrɪgət| *noun* 1) *ժառանգաբանություն* առանձնացած ալել 2) առանձնացած բաղադրիչ

segregation |sɛgrɪˈgeɪʃ(ə)n| *noun* 1) առանձնացում; անջատում; զատում 2) մեկուսացում 3) խտրականություն; ջոկողություն

seigneur |seɪˈnjəː| (նաև **seignior**) *noun պատմական* սենյոր; թագավորական իշխան

seigniorage |ˈseɪnjərɪdʒ| (նաև **seignorage**) *noun պատմական* 1) ֆեոդալի իրավունքը 2) դրամահատության իրավունքի հարկ

Seine |seɪn|, |sɛn| Սենա *(գետ Ֆրանսիայում)*

seine |seɪn| **1** *noun* (նաև **seine net**) տոպրակացանց; ուռկան **2** *verb* ուռկանով ձուկ որսալ

seismic |ˈsʌɪzmɪk| *adjective* սեյսմիկ; երկրաշարժական

seismograph |ˈsʌɪzmə(ʊ)grɑːf| *noun* սեյսմագրիչ; երկրաշարժագրիչ

seismology |sʌɪzˈmɒlədʒi| *noun* սեյսմագիտություն; երկրաշարժագիտություն

seize |siːz| *verb* 1) բռնել; ճանկել; վերցնել 2) նվաճել; գրավել; զավթել *(քաղաքը, նավը և այլն)* 3) բռնագրավել; կալանք դնել *(գույքի վրա)* 4) հասկանալ; ըմբռնել *(իմաստը, միտքը)* 5) համակել; տիրել; պատել *(խուճապի/սարսափի մասին)* 6) օգտվել *(առիթից)* 7) *ծովային* կառանաթոկով ամրացնել *(միացնել)*

seize the day առավելագույնը քաղել տվյալ պահից

seize upon an idea գաղափարից անմիջապես օգտվել

seizure |ˈsiːʒə| *noun* 1) գրավում; զավթում; նվաճելը; տիրելը 2) նոպա; ուշաթափություն; կաթվածահարություն 3) *իրավունք* կալանք դնելը *(գույքի վրա)*

seldom |ˈsɛldəm| **1** *adverb* հազվադեպ; սակավադեպ; ուշ-ուշ; ոչ հաճախ **2** *adjective հնացած* անսովոր; ոչ հաճախադեպ

select |sɪˈlɛkt| **1** *verb* ընտրել; ջոկել; տեսակավորել **2** *adjective* ընտիր; ընտրված; ընտրյալ; բացառիկ

selection |sɪˈlɛkʃ(ə)n| *noun* 1) ընտրում; ընտրելը; ջոկում; ջոկելը 2) հավաքածու; հավաքակազմ; ժողովածու *(իրերի, առարկաների)* 3) ընտիր երկեր 4) *կենսաբանություն* ընտրություն; ընտրանք; ընտրասերում; սելեկցիա

natural selection բնական ընտրություն

selective |sɪˈlɛktɪv| *adjective* 1) ընտրասերման 2) ընտրող; բծախնդիր 3) *ռադիո* ընտրողական

selectively *adverb* ընտրողաբար

selector |sɪˈlɛktə| *noun* 1) ընտրող անձ 2) ընտրիչ

selenium |sɪˈliːnɪəm| *noun քիմիա* սելեն

self |sɛlf| **1** *noun* (հոգն. **selves** |sɛlvz|) սեփական անձը; իր սեփական «ես»-ը ◊ **the study of the self** ինքնավերլուծություն **2** *adjective* միատեսակ; միագույն; միապաղաղ **3** *verb հիմնականում բուսաբանություն* ինքնաբեղմնավորում

have no thought of self իր անձնականի մասին չմտածել

my own self, my very own self ես ինքս; իմ սեփական անձը

one's better self մեկի լավ «ես»-ը; լավագույնը մարդու մեջ

one's second self մարդու երկրորդ «ես»-ը; մոտ ընկերը; աջ ձեռքը

Self comes first., Self before all. Մարդու «ես»-ը միշտ առաջնահերթ է:

Self is a bad counsellor. «Ես»-ը վատ խորհրդատու է:

self- |sɛlf| *combining form* ինքնա-

self-acting *adjective հնավանդ* ինքնաշխատ; ինքնաշարժ; ավտոմատ

self-assertion *noun* սեփական իրավունքների պաշտպանություն; սեփական իրավունքները պաշտպանելը

self-assured *adjective* ինքնավստահ

self-centered *adjective* 1) եսակենտրոն; եսամոլ; եսասեր 2) եսամոլական; եսասիրական

self-conceit *noun* 1) մեծամտություն; ինքնահավանություն 2) ինքնապարծություն; գոռոզություն

self-confidence *noun* ինքնավստահություն

self-confident *adjective* ինքնավստահ

self-conscious *adjective* 1) ամաչկոտ; քաշվող; ամոթխած 2) *փիլիսոփայություն* գիտակցող; ինքնագիտակցող; ինքնագիտակցություն ունեցող 3) գիտակցական; դիտավորյալ

self-consciously *adverb* ամաչկոտաբար; քաշվելով

self-consistent *adjective* տրամաբանական; ամբողջական; տրամաբանորեն հետևողական

self-contained *adjective* 1) ինքնամփոփ; ինքնապարփակ; անհաղորդ 2) ինքնուրույն; անկախ

self-control *noun* ինքնատիրապետում

self-criticism *noun* ինքնաքննադատություն

self-defense *noun* ինքնապաշտպանություն

self-denial *noun* ինքնահրաժարում; ինքնուրացում; անձնուրացություն

self-destruct *verb* ինքն իրեն կործանել

self-destruction *noun* ինքնակործանում; ինքնասպանություն

self-determination *noun* 1) ինքնորոշում 2) վճռականություն

self-discipline *noun* ինքնազսպում; ինքնատիրապետում

self-employed *adjective* սեփական գործով զբաղվող; սեփական գործարարությամբ զբաղվող; սեփական գործն ունեցող

self-evident *adjective* ինքնին ակնհայտ

self-importance *noun* մեծամտություն; ինքնահավանություն; գոռոզություն

self-important *adjective* մեծամիտ; սնապարծ

self-inductance *noun ֆիզիկա* ինքնամակածում

self-indulgent *adjective* իր ցանկություններով շարժվող; իր մղումներին անձնատուր

self-interest *noun* 1) եսասիրություն; եսապաշտություն; եսակենտրոնություն 2) անձնական հետաքրքրություն; շահ

selfish |ˈsɛlfɪʃ| *adjective* 1) եսասեր 2) եսասիրական; անձնապաշտական

selfishly *adverb* եսասիրաբար

selfless |ˈsɛlflɪs| *adjective* ինքնազոհ; անձնուրաց

self-loading *adjective* 1) ինքնալից *(հրացանի/թնդանոթի մասին)* 2) ինքնաբեռնվող

self-made *adjective* իր ջանքերով հաջողության հասած

self-opinion *noun* ինքնագնահատական

self-opinionated *adjective* ինքնավստահ; համառ; անձնապաստան

self-pity *noun* ինքն իրեն խղճալը

self-portrait *noun* ինքնանկար

self-possessed *adjective* զուսպ; սառնասիրտ; հանգիստ; անվրդով

self-propelled *adjective* ինքնագնաց; ինքնաշարժ; ինքնընթաց

self-regard *noun* 1) եսասիրություն; անձնապաշտություն; եսապաշտություն 2) արժանապատվություն; պատվազգացություն

self-reliant *adjective* իր ուժերին վստահ

self-respect *noun* արժանապատվություն; ինքնասիրություն; պատվասիրություն

self-restraint *noun* ինքնազսպում; ինքնատիրապետում; ինքնիշխում

self-rising flour *noun* ինքնափքվող ալյուր

self-sacrifice *noun* անձնազոհություն; անձնվիրություն

selfsame |ˈsɛlfseɪm| *adjective* հենց նույն; ճիշտ նույն

self-satisfied *adjective* ինքնաբավական; ինքնագոհ

self-seeking **1** *adjective* շահամոլ; շահասեր; շահախնդիր **2** *noun* շահամոլություն; շահախնդրություն; շահասիրություն

self-service **1** *adjective* ինքնասպասարկման; ինքնասպասարկում ունեցող **2** *noun* ինքնասպասարկում

self-starter *noun* 1) *տեխնիկական* մեկնարկիչ; մեկնասարք 2) ինքնուրույն գործ սկսող անձ

self-styled *adjective* ինքնակոչ

self-sufficient *adjective* 1) ինքնուրույն; ինքնաբավ 2) ինքնավստահ

self-taught *adjective* ինքնուս; ինքնակիրթ

self-will *noun* համառություն; կամակորություն

self-willed *adjective* կամակոր; համառ; քմահաճ

self-winding *adjective* ինքնաշխատ/ավտոմատ լարքով

sell |sɛl| **1** *verb* (անցյալ և անցյալ դերբայ **sold** |səʊld|) 1) վաճառել; ծախել 2) առևտուր անել 3) դավաճանել; ծախել; կաշառքով մատնել *(գործին, շահերին և այլնին)* 4) վաճառվել; գնայուն լինել *(ապրանքի մասին)* 5) *ծածկալեզու* խաբել *(շահադիտական նպատակով)* **2** *noun խոսակցական* 1) վաճառք 2) հուսախաբություն; հիասթափություն

be sold on sth հավատալ; ընդունել որպես ճշմարտություն

sell on credit ապառիկ վաճառել

sell one's soul հոգին ծախել; անբարոյական գործարքի դիմել *(նպատակին հասնելու համար)*

sell out վաճառել ողջ ապրանքախումբը

sell sb short խաբել/դավաճանել մեկին

sell sb up մեկի ունեցվածքը վաճառքի հանել պարտքի դիմաց

sell sth off էժան/արագ վաճառել

sell the fort/pass դավաճանել; դավաճան դառնալ

sell-by date *noun* լրաժամկետ *(սննդամթերքների վրա նշվող ժամկետ)*

seller |ˈsɛlə| *noun* 1) վաճառող; գործակատար; վաճառողուհի; գործակատարուհի 2) վաճառվող ապրանք ◇ **best seller** գնայուն ապրանք; մեծ հաջողություն ունեցող *(գրքի մասին)*

a seller's market *տնտեսագիտություն* վաճառողների շուկա *(երբ ապրանքը քիչ է, փողը՝ շատ, և գերապատվությունը տրվում է վաճառողներին)*

The buyer has need of a hundred eyes, the seller of but one. *առած* Առնողը պետք է հարյուր աչք ունենա, ծախողին մեկն էլ հերիք է:

sellout *noun* 1) *ամերիկյան* ամբողջ ապրանքախումբը վաճառելը; խպառ վաճառք; վաճառք; ողջ քանակության վաճառք *(հատկապես տոմսերի)* 2) *խոսակցական* մեծ հաջողություն ունեցող ներկայացում 3) ընկերության վաճառք; գործարարական հիմնարկի վաճառք 4) սկզբունքներին դավաճանելը

semantic |sɪˈmæntɪk| *adjective* *լեզվաբանություն* իմաստաբանական; իմաստային

semantically *adverb* իմաստաբանորեն

semantics |sɪˈmæntɪks| *plural noun* 1) *լեզվաբանություն* իմաստաբանություն 2) դատարկաբանություն; բառախաղ

semaphore |ˈsɛməfɔː| **1** *noun* 1) ազդանշանում; ազդանշանման համակարգ *(դրոշակներով)* 2) ազդանշանման գործիք; ազդանշանորդ 3) *երկաթուղային* սեմաֆոր; լուսազդանշան **2** *verb* ազդանշանել; ազդանշաններով հաղորդել; ազդանշան տալ

semasiology |sɪˌmeɪzɪˈɒlədʒi| *noun* *լեզվաբանություն* իմաստաբանություն

semblance |ˈsɛmbləns| *noun* 1) արտաքին տեսք 2) խաբուսիկություն; երևութականություն; առերևույթ բան ◇ **under the semblance of** որևէ բանի պատրվակով. **put on a semblance of** ձևացնել; ձևանալ; դիմակ հագնել 3) նմանություն

semen |ˈsiːmən| *noun* սերմնահեղուկ

semester |sɪˈmɛstə| *noun* ուսումնական կիսամյակ; սեմեստր

semi |ˈsɛmi| *noun* (հոգն. **semis**) *խոսակցական* 1) քարշակ տրակտոր 2) *մարզական* կիսաեզրափակիչ 3) *բրիտանական* կից պատով բնակարան; մեկ բնակարանանոց շենք *(որը ունի ընդհանուր պատ մյուսի հետ)*

semi- |ˈsɛmi| *prefix* կիսա-

semicircle *noun* կիսաշրջան; կիսաշրջանագիծ

semicircular *adjective* կիսաշրջանաձև

semicolon |ˌsɛmɪˈkəʊlən|, |-ˈkəʊlɒn| *noun* *քերականություն* (;) կետ-ստորակետ

semiconductor |ˌsɛmɪkənˈdʌktə| *noun* կիսահաղորդիչ նյութ; կիսահաղորդիչ

semidetached **1** *adjective* ընդհանուր պատ ունեցող **2** *noun* պատկից տուն; ընդհանուր պատ ունեցող տուն

semifinal *noun* կիսաեզրափակիչ

semifinalist *noun* կիսաեզրափակիչի մասնակից

seminar |ˈsɛmɪnɑː| *noun* 1) գիտաժողով 2) սեմինար

seminary |ˈsɛmɪn(ə)ri| *noun* (հոգն. **-naries**) 1) ճեմարան 2) *հնացած* տնկարան *(բույսերի)* 3) *փոխաբերական* օջախ; բույն

semiquaver |ˈsɛmɪˌkweɪvə| *noun* *երաժշտություն* մեկ տասնվեցերորդ ձայնանիշ/նոտա

semiskilled *adjective* միջին որակավորման

Semite |ˈsiːmʌɪt|, |ˈsɛm-| *noun* սեմական ծագումով անձ

Semitic |sɪˈmɪtɪk| *adjective* սեմական

semitone |ˈsɛmɪtəʊn| *noun* *երաժշտություն* կիսաձայներանգ; կիսատոն

semivowel |ˈsɛmɪvaʊ(ə)l| *noun* *հնչյունաբանություն* կիսաձայն

semolina |sɛməˈliːnə| *noun* սպիտակաձավար

Sen. *abbreviation* 1) Senate ծերակույտ; սենատ 2) Senator սենատոր; ծերակուտական 3) Senior ավագ

senate |ˈsɛnɪt| *noun* 1) ծերակույտ; սենատ 2) խորհուրդ *(մի շարք համալսարաններում)*

senator |ˈsɛnətə| *noun* սենատոր; ծերակուտական

senatorial |-ˈtɔːrɪəl| *adjective* սենատորական; ծերակուտական

send |sɛnd| *verb* (անցյալ **sent** |sɛnt|) 1) ուղարկել; ճանապարհել; առաքել 2) գցել; նետել *(գնդակ և այլն)* 3) արձակել; տարածել *(լույս, հոտ)* 4) հանել *(ձայն)* 5) *ռադիո* հաղորդել 6) ուժգին ազդեցություն ունենալ • **send away** i) ուղարկել ii) դուրս քշել; վռնդել; աշխատանքից դուրս անել **send down** հեռացնել *(համալսարանից)* **send for** մեկի կամ մի բանի ետևից ուղարկել **send forth** արձակել; տարածել **send in** i) ուղարկել *(հաշիվ, ցուցադրանմուշ)* ii) տալ; ներկայացնել *(դիմում)* **send off** i) ուղարկել *(նամակ, ծանրոց և այլն)* ii) արձակել *(գոլորշիներ)* iii) ճանապարհել; ճանապարհ դնել; հրաժեշտ տալ iv) դուրս քշել; վռնդել **send out** i) ուղարկել; ճանապարհել; առաքել ii) ուղարկել *(հրավեր)* iii) արձակել; տարածել iv) փթթել; բացվել; տերևներով ծածկվել **send up** i) բարձրացնել *(ջերմաստիճանը)* ii) վերև ուղարկել *(ուտելիքը)*

send round the cap/hat գլխարկը մեկնել՝ փող հավաքելու համար

send sb/sth up նմանակել; ծաղրել; ծաղր ու ծանակի ենթարկել

send sb packing, send sb packing about his business դուրս անել; իր գործին ուղարկել

send sb to Coventry հարաբերությունները խզել; բոյկոտի ենթարկել; արհամարհել

send sb to hell/devil սատանայի/գրողի ծոցն ուղարկել

send sth on վերահասցեագրել և նոր հասցեով ուղարկել *(նամակները)*

send to the chair դատապարտել էլեկտրական աթոռի; դատապարտել մահվան

send-off *noun* *խոսակցական* 1) ճանապարհում; ճանապարհելը; ճանապարհ գցելը; հրաժեշտ 2) սկիզբ ◇ **give a send-off** սկիզբը դնել

Senegal |ˌsɛnɪˈgɔːl| Սենեգալ *(պետություն Աֆրիկայի արևմուտքում)*

Senegal River Սենեգալ *(գետ Աֆրիկայի արևմուտքում)*

senile |ˈsiːnʌɪl| **1** *adjective* ծերունական; ծերունու; զառամյալ; շատ ծեր **2** *noun* զառամյալ անձ

senility |sɪˈnɪlɪti| *noun* ծերություն; զառամություն

senior |ˈsiːnɪə|, |ˈsiːnjə| **1** *adjective* 1) ավագ; տարիքով մեծ 2) *մարզական* մեծահասակ **2** *noun* 1) մեծ/ավագ/երեց/տարիքով/տարեց անձ 2) ավագ; մեծ; պետ 3) *ամերիկյան* շրջանավարտ; ավարտական դասարանի աշակերտ; վերջին կուրսի ուսանող

senior citizen *noun* տարեց քաղաքացի *(հատկապես որն ապրում է թոշակով)*

senior high school *noun* ավագ դպրոց

seniority |siːnɪˈɒrɪti| *noun* ավագություն

sensation |sɛnˈseɪʃ(ə)n| *noun* 1) զգայություն;

զգացողություն; զգացում; զգալը 2) սենսացիա; ցնցանորդույթ

sensational |sɛn'seɪʃ(ə)n(ə)l| *adjective* զգայացունց; շշմեցուցիչ; սենսացիոն; ցնցանորդույթային

sensationally *adverb* 1) զգայաբար 2) ցնցող կերպով

sense |sɛns **1** *noun* 1) զգացում; զգայունություն 2) առողջ դատողություն/բանականություն; խելք; դատողություն; գիտակցություն; իմաստություն; խելամտություն 3) իմաստ; նշանակություն 4) կարծիք; դատողություն *(կոլեկտիվի)* **2** *verb* 1) զգալ; զգալով իմանալ; տեղյակ լինել 2) հասկանալ; ըմբռնել; գիտակցել; իրեն հաշիվ տալ 3) զգալ; հայտնաբերել *(գործիքի մասին)*

a sense of humour հումորի զգացում

assist in the French sense *հեգնական* ֆրանսիական ձևով օգնել՝ ներկա լինել ոչնչի չխառնվելով

be out of one's senses գժվել; խելքը թռցնել

bring sb to his senses խելքի բերել; կարգի հրավիրել

come to one's senses ուշքի գալ; սթափվել; ինքն իրեն հավաքել

common/sound/good sense առողջ բանականություն; ողջամտություն; խելամտություն

frighten/scare sb out of his senses մահու չափ վախեցնել; լեղապատառ անել

have more sense որևէ ավելորդ բան չանելու համար բավականաչափ խոհեմ լինել

have no sense of shame ամոթի զգացում չունենալ

have the sense to do sth բավականաչափ խելացի լինել

in all senses ամեն տեսակետից; բոլոր կողմերից

in a sense որոշ իմաստով; ինչ-որ տեղ

in one's right senses միանգամայն առողջ; խելքը տեղը

in right senses խելքը գլխին; իրեն կարգին պահել

in the strict/literal/figurative/full/best/proper sense բառիս բուն/տառացի/փոխաբերական/լավագույն/պատշաճ իմաստով

lose one's senses խելքը կորցնել; հիմարանալ; ապուշ կտրել

make no sense անիմաստ լինել; ոչ մի իմաստ չունենալ

make sense հասկանալի լինել/դարձնել; իմաստ արտահայտել

make sense of sth մի բանի մեջ իմաստ տեսնել; մի բան հասկանալ; գլուխ հանել

sense perception զգայունակություն; զգացողություն

take leave of one's senses խելքը թռցնել; անկանոն կյանք վարել

take the sense of the meeting ժողովի կարծիքը պարզել քվեարկությամբ

talk sense խելացի/բանիմաց խոսել

senseless |'sɛnslɪs| *adjective* 1) անիմաստ; անմիտ; անբովանդակ 2) գիտակցությունը կորցրած; անզգա; ուշաթափ

sensibility |ˌsɛnsɪ'bɪlɪti| *noun* (հոգն. **-ties**) 1) զգայունություն; դյուրազգացություն; զգացողություն; զգայունակություն 2) (**sensibilities**) նրբազգացություն; նուրբ զգացմունքներ 3) գերզգայունություն; զգայուն բնավորություն 4) ճշգրտություն; դյուրազգայնություն *(գործիքի, սարքի)*

sensible |'sɛnsɪb(ə)l| *adjective* 1) խելացի; խելամիտ; խելոք; բանական 2) գիտակցող; զգացող; գիտակից վիճակում գտնվող 3) տեղյակ 4) զգալի; շոշափելի; նկատելի

sensitive |'sɛnsɪtɪv| **1** *adjective* 1) զգայուն; դյուրազգաց; դյուրագրգիռ; զգայունակ; նուրբ 2) զգայուն; ըմբռնող; կարեկից 3) գաղտնի 4) հեշտ վիրավորվող; խոովկան 5) ճշգրիտ; դյուրազգայուն *(գործիքի/սարքի մասին)* **2** *noun* կրոնական ազդեցության ենթարկվող

sensitivity |sɛnsɪ'tɪvɪti| *noun* (հոգն. **-ties**) 1) զգայունություն; դյուրազգացություն; զգայունակություն; նրբազգացություն 2) զգայուն լարեր; զգայուն տեղ

sensor |'sɛnsə| *noun* *տեխնիկական* զգայակ

sensory |'sɛns(ə)ri| *adjective* 1) զգայական; զգայության; զգացական 2) զգայունակ

sensual |'sɛnsjʊəl|, |-ʃʊəl| *adjective* զգայական; մարմնական; սեռական; ցանկասիրական; վավաշոտ; տռփոտ; հեշտասիրական; հեշտամոլ

sensuality |sɛnsjʊ'ælɪti|, |sɛnʃʊ-| *noun* ցանկասիրություն; հեշտասիրություն; վավաշոտություն; տարփալիություն

sensuous |'sɛnsjʊəs|, |'sɛnʃʊəs| *adjective* 1) զգայական; զգացական *(ըմկալման մասին)* 2) գրավիչ; գեղասիրական; գեղարվեստական; հաճելի

sent¹ անցյալ, անցյալ դերբայ տե՛ս **send**

sent² |'sɛnt| *noun* (հոգն. **senti**) սենթ *(Էստոնիայի նախկին մանր դրամական միավորը, որը հավասար է կրոնի հարյուրերորդ մասին)*

sentence |'sɛnt(ə)ns| **1** *noun* 1) *քերականություն* նախադասություն ◊ **complex sentence** բարդ ստորադասական նախադասություն. **compound sentence** բարդ համադասական նախադասություն 2) դատավճիռ; պատիժ 3) *հնացած* իմաստալի խոսք;ասույթ **2** *verb* դատավճիռ կայացնել; դատապարտել

nominal/probationary/suspended sentence *իրավունք* պայմանական դատավճիռ

pass a sentence դատավճիռ կայացնել *(մեկի նկատմամբ)*

sentence of death մահվան դատավճիռ

serve one's sentence/term/time *իրավունք* պատիժը կրել

sententious |sɛn'tɛnʃəs| *adjective* խրատական; բարոյախոսական; խրատաբանական

sentient |'sɛnʃ(ə)nt| *adjective* 1) զգայունակ; զգայուն; դյուրազգաց 2) բանական; գիտակից

sentiment |'sɛntɪm(ə)nt| *noun* 1) զգացում; զգացմունք 2) կարծիք; վերաբերմունք; տրամադրվածություն 3) զգացմունքներ դրսևորելը; զգացումների դրսևորում 4) գերզգայունություն; սենտիմենտալություն

sentimental |sɛntɪ'mɛnt(ə)l| *adjective* զգայուն; դյուրազգաց; դյուրազգայուն; սենտիմենտալ

sentimentality |ˌsɛntɪmɛ'tælɪti| *noun* (հոգն.

-ties) գերզգայունություն; դյուրազգացություն; սենտիմենտալություն

sentinel |'sɛntɪn(ə)l| **1** *noun* 1) ժամապահ ◇ **stand sentinel** ժամապահ կանգնել; պահպանել 2) *բանաստեղծական* պահապան; պաշտպան **2** *verb* (**-neled**, **-neling**; հիմն. բրիտ. **-nelled**, **-nelling**) ժամապահ կանգնեցնել

sentry |'sɛntri| *noun* (հոգն. **-tries**) *ռազմական* ժամապահ; հերթապահ ◇ **keep sentry** պահպանել; ժամապահ կանգնել; հերթապահել. **carry off a sentry** ազատել; իր հետ տանել ժամապահին. **releive sentry** ժամապահին փոխել

sentry box *noun* պահակատնակ; պահակախցիկ

Seoul |səʊl| Սեուլ *(Հարավային Կորեայի մայրաքաղաքը)*

separable |'sɛp(ə)rəb(ə)l| *adjective* անջատելի; բաժանելի; զատելի; քակտելի

separate **1** *adjective* |'sɛp(ə)rət| 1) առանձին; անջատ; բաժանված; զատ 2) տարբեր 3) սեպարատ; անջատ **2** *verb* |'sɛpəreɪt| 1) բաժանել; անջատել; զատել 2) բաժանվել; անջատվել; զատվել 3) տարրալուծել; բաժանել *(մասերի)* 4) տեսակավորել; մաղելով ջոկել; մաքրել 5) տարրալուծվել; բաժանվել **3** *noun* |'sɛp(ə)rət| առանձին միավորներ *(հագուստի և այլնի)*

separately *adverb* առանձին-առանձին; զատ-զատ

separation |sɛpə'reɪʃ(ə)n| *noun* 1) բաժանում; անջատում; զատում 2) *իրավունք* ապահարզան

separation of powers իշխանությունների տարանջատում

separatist |'sɛp(ə)rətɪst| **1** *noun* *քաղաքականություն* անջատողական; սեպարատիստ **2** *adjective* անջատողական; սեպարատիստական

separative *adjective* *տեխնիկական* անջատման ձգտող

September |sɛp'tɛmbə| *noun* սեպտեմբեր

septennial |sɛp'tɛnɪəl| *adjective* 1) յոթ տարին մի անգամ կատարվող 2) յոթնամյա

septet |sɛp'tɛt| (նաև **septette**) *noun* յոթնյակ *(երաժշտական խումբ)*

septic |'sɛptɪk| **1** *adjective* *բժշկություն* նեխային; սեպտիկ **2** *noun* *բժշկություն* լվացման համակարգ *(որը ներառում է հականեխային ամանը)*

septicemia |ˌsɛptɪ'si:mɪə| (բրիտանական **septicaemia**) *noun* արյան վարակում

sepulcher |'sɛp(ə)lkə| (բրիտանական **sepulchre**) **1** *noun* դամբարան; գերեզման; շիրիմ **2** *verb* *բանաստեղծական* 1) դամբարանի մեջ թաղել; դամբարանել 2) որպես դամբարան ծառայել

sepulchral |sɪ'pʌlkr(ə)l| *adjective* 1) գերեզմանի; գերեզմանային; շիրիմի; թաղման 2) անդրշիրիմյան; մռայլ ու խուլ *(հատկապես ձայնի մասին)*

sepulture |'sɛp(ə)ltʃə| *noun* *հնացած* 1) թաղում 2) *բանաստեղծական* դամբարան; շիրիմ

sequel |'si:kw(ə)l| *noun* 1) շարունակություն ◇ **in the sequel** այնուհետև; ապա; հետո 2) հետագա իրադարձություններ 3) արդյունք; հետևանք

sequence |'si:kw(ə)ns| **1** *noun* 1) հերթականություն; հաջորդականություն; կարգ; շարք ◇ **the sequence of events** իրադարձությունների ընթացքը. **in sequence** անընդհատ; շարունակ; հերթով 2) հետևանք; արդյունք 3) *կրոն* սաղմոս; օրհնություն **2** *verb* դասավորել հերթականությամբ; հերթադրել; կարգավորել

sequent |'si:kw(ə)nt| *adjective* *հնացած* 1) հետագա; հետնյալ; հաջորդ 2) հետևող; հետևանք հանդիսացող; բխող

sequential |sɪ'kwɛnʃ(ə)l| *adjective* 1) հաջորդական 2) որևէ բանից հետևող/բխող; հետևանք հանդիսացող; հետևողական; տրամաբանական 3) *համակարգիչներ* հերթային

sequester |sɪ'kwɛstə| *verb* 1) առանձնանալ; մեկուսանալ; հեռանալ 2) *իրավունք* արգելանք դնել; բռնագրավել

sequoia |sɪ'kwɔɪə| *noun* *բուսաբանություն* սեքվոյա *(հյուսիսամերիկյան հսկայական փշատերև ծառ)*

Serb |sə:b| **1** *noun* 1) սերբ; սերբուհի 2) սերբերեն **2** *adjective* սերբական

Serbia |'sə:bɪə| Սերբիա *(պետություն Բալկանյան թերակղզում)*

Serbian |'sə:bɪən| **1** *noun* տե՛ս **Serb** **2** *adjective* 1) սերբական 2) սերբերենին վերաբերող

sere[1] |sɪə| (նաև **sear**) *adjective* չոր; թառամած

sere[2] |sɪə| *noun* *բնապահպանություն* բնական համախմբերի հաջորդականություն

serenade |sɛrə'neɪd| **1** *noun* ցայգերգ; ցայգանվագ; սերենադ **2** *verb* սերենադ երգել; ցայգերգ երգել

serene |sɪ'ri:n| **1** *adjective* 1) խաղաղ; անդորր ◇ **all serene** *ծածկալեզու* ամեն ինչ կարգին է 2) հստակ; ջինջ; պարզ; պայծառ; անամպ **2** *noun* *հնացած* մաքուր երկինք/ծով

serenity |sɪ'rɛnɪti| *noun* (հոգն. **-ties**) 1) խաղաղություն; անդորրություն 2) պարզություն; անամպություն; պայծառություն *(երկնքի, օդի)* 3) պայծառափայլություն *(տիտղոս)*

serf |sə:f| *noun* 1) ճորտ *(գյուղացի)* 2) *հնացած* ստրուկ

sergeant |'sɑ:dʒ(ə)nt| *noun* *ռազմական* սերժանտ ◇ **sergeant major** ավագ սերժանտ

serial |'sɪərɪəl| **1** *adjective* 1) մաս-մաս հրատարակվող 2) հերթական; հաջորդական *(թվի/համարի մասին)* 3) բազմակի *(հանցագործի մասին)* 4) *համակարգիչներ* հաջորդական **2** *noun* 1) շարունակվող հրատարակություն 2) մի քանի մասից բաղկացած վեպ; մի քանի սերիայով կինոֆիլմ; սերիալ

serialize |'sɪərɪəlʌɪz| *verb* 1) հրատարակել մասերով 2) *համակարգիչներ* հաջորդականացնել; վերածել հաջորդական ձևի

serial number *noun* հաջորդական համար

series |'sɪəri:z|, |-rɪz| *noun* (հոգն. նույնը) 1) շարք; սերիա ◇ **infinite series** *մաթեմատիկա* անվերջ շարք. **in series** *էլեկտրականություն* հաջորդաբար միացված 2) լրակազմ *(ամսագրերի և այլնի)*

serious |'sɪərɪəs| *adjective* 1) լուրջ 2) ծանրակշիռ; կարևոր 3) վտանգավոր; ծանր *(հիվանդության մասին)*

seriously |ˈsɪərɪəsli| *adverb* լրջորեն; լրջաբար

serjeant-at-arms *noun* հասարակական կարգը պահպանող պաշտոնյա *(պառլամենտում, պաշտոնական ժողովում և այլուր)*

sermon |ˈsə:mən| *noun* քարոզ

serous |ˈsɪərəs| *adjective* *բնախոսություն* շիճուկային

serpent |ˈsə:p(ə)nt| *noun* 1) *հիմնականում գրական* օձ 2) *փոխաբերական* նենգ/թունոտ մարդ

serpentine |ˈsə:p(ə)ntʌɪn| **1** *adjective* 1) օձի; օձային 2) օձաձև; օձակերպ; օձանման; ոլորապտույտ; ոլոր-մոլոր 3) խորամանկ; նենգ; խարդախ; դավաճան **2** *noun* ոլորապտույտ բան **3** *verb* պտույտներ տալ; ոլորապտույտ լինել

serrated *adjective* ատամնավոր; կտրտված

serried |ˈsɛrɪd| *adjective* խիտ; ստվար; հոծ; փակ

serum |ˈsɪərəm| *noun* (հոգն. **sera** |-rə| կամ **serums**) *բնախոսություն* շիճուկ

servant |ˈsə:v(ə)nt| *noun* 1) ծառա; սպասավոր; սպասուհի; աղախին 2) ծառայող; պաշտոնյա

civil servant պետական պաշտոնյա

public servant պաշտոնատար անձ

Your obedient servant. Ձեր խոնարհ ծառան: *(պաշտոնական նամակի վերջում)*

serve |sə:v| **1** *verb* 1) ծառայել; աշխատել *(որևէ մեկի համար)* 2) *ռազմական* զինվորական ծառայության անցնել; ծառայել *(բանակում, նավատորմում)* 3) ծառայություն մատուցել 4) պետք գալ; պիտանի լինել ◇ **it will serve** դա հենց այն է, ինչ անհրաժեշտ է; դա բավական կլինի 5) մատուցել *(կերակուրը)* 6) սպասարկել 7) վարվել; վերաբերվել 8) նպաստել; բարենպաստ լինել *(եղանակի մասին)* 9) նետել; մատուցել *(գնդակը թենիսում)* 10) կրել *(պատիժը)* • **serve for** i) պետքական/պիտանի լինել *(որևէ բանի համար)* **the bundle served him for pillow** կապոցը նրան բարձի տեղ էր ծառայում ii) որևէ բանի ծառայել **serve one with** սպասարկել; մատուցել *(ուտելիք)* **serve out** i) բաժանել; բաշխել *(մթերքը և այլն)* ii) տեղը հանել; պատժել **serve round** հյուրասիրել; բոլորամատուցել *(հյուրերին)* **serve up** սեղան մատուցել *(կերակուրը)* **2** *noun* *մարզական* գնդակի մատուցում *(թենիսում և այլն)*

as occasion serves հնարավորության դեպքում; հարմար առիթի դեպքում

if my memory serves me եթե հիշողությունս չի դավաճանում

If you would be served well, serve yourself. *առած* Եթե ուզում ես լավ սպասարկվել, սպասարկի՛ր ինքդ քեզ:

serve at table սպասավոր լինել

serve on sth անդամ լինել *(հանձնախմբի)*

serve sb's needs/purposes մեկի պահանջներին հարմար լինել

serve sb for/as sth որևէ նպատակի/կարիքի ծառայել

serve two masters երկու տիրոջ ծառայել; երկու հակադիր տեսակետ ունենալ

serve under sb զինվորական ծառայություն կատարել մեկի հրամանատարության ներքո

server |ˈsə:və| *noun* 1) *համակարգիչներ* սպասարկիչ 2) *մարզական* հարված մատուցող 3) սպասավոր; մատուցող; սպասուհի; մատուցողուհի 4) սկուտեղ

service |ˈsə:vɪs| **1** *noun* 1) ծառայություն 2) արարողություն; հոգեհանգիստ 3) սպասարկում; սպասարկելը; սպասարկություն; կենցաղային սպասարկում ◇ **maid service** լվացքով սպասարկելը. **public service** կոմունալ սպասարկություն. **medical service** *ռազմական* բժշկական սպասարկում; սանիտարական զորամաս. **in my service** ինձ մոտ ծառայության/սպասավորության 4) երթևեկություն; շարժում ◇ **regular service** կանոնավոր երթևեկություն. **railway service** երկաթուղային երթևեկություն; երթևեկության ծառայություն. **steam-boat service** շոգենավային երթևեկություն 5) ծառայություն; օգնություն; լավություն; սիրալիրություն; շնորհ ◇ **I am at your service** պատրաստ եմ ձեզ օգնելու/ծառայելու. **do a service** ծառայություն մատուցել. **do service** իր դերը կատարել. **be of service** օգտակար լինել. **can I be of service to you?** ի՞նչով կարող եմ օգտակար լինել 6) սպասքակազմ; սպասքեղեն; սպասք ◇ **dinner/tea service** ճաշի/թեյի սպասքակազմ 7) *ռազմական* զորքի տեսակ **2** *verb* սպասարկել; լցավորել *(վառելիքով)*

be of service օգտակար լինել; պետք գալ

colour service *բրիտանական* իսկական զինվորական ծառայություն

compulsory service պարտադիր զինծառայություն

diplomatic service դիվանագիտական ծառայություն

do sb a service օգնել; ծառայություն մատուցել

do service ծառայել; իր դերը կատարել

have seen good service երկար օգտագործման մեջ լինել; մեկին լավ ծառայել

lip service երեսպաշտություն; կեղծավորություն

medical service 1) բժշկական սպասարկում 2) սանիտարական զորամաս

national service զինծառայություն

on active service գործող բանակում

see service in sth զինված ուժերում ծառայել

selective service *ամերիկյան* այլընտրանքային պարտադիր զինծառայություն

take sb into one's service մեկին գործի ընդունել

take service with sb ծառայության մտնել մեկի մոտ

the senior service անգլիական ռազմածովային նավատորմ

serviceable |ˈsə:vɪsəb(ə)l| *adjective* 1) օգտակար; պիտանի 2) սարքին վիճակում 3) ամուր; դիմացկուն *(գործվածքի մասին)* 4) *հնացած* ուշադիր

service charge (նաև **service fee**) *noun* ծառայության վարձ

serviceman |ˈsə:vɪsmən| *noun* (հոգն. **-men**) 1) զինծառայող 2) նորոգող բանվոր

service station *noun* տեխնիկական սպասարկման կայան/կետ

servicewoman |ˈsə:vɪswʊmən| *noun* (հոգն. **-women**) զինծառայող կին

serviette |ˌsə:vɪˈɛt| *noun* անձեռոցիկ

servile |ˈsəːvʌɪl| *adjective* 1) ստրկաբարո; շողոքորթ; ստրկահաճ 2) ստրկական; ստորաքարշ

servitor |ˈsəːvɪtə| *noun հնացած* ծառա

servitude |ˈsəːvɪtjuːd| *noun* 1) ստրկություն; ստրկացում 2) *փոխաբերական* կախվածություն; կախում 3) պարտույթ; պարհակ; պարտիք 4) պատիժ կրելը ◇ **penal servitude** տաժանակիր աշխատանք

sesame |ˈsɛsəmi| *noun բուսաբանություն* քնջութ *(Sesamum indicum, ընտանիք Pedaliaceae)*

session |ˈsɛʃ(ə)n| *noun* 1) նիստ ◇ **be in session** նիստ անել; նիստի լինել 2) նստաշրջան 3) *ամերիկյան* ուսումնական տարի ◇ **summer session** ամառային դասընթաց 4) ժամանակամիջոց; շրջան *(ինչ-որ բան անելու)*

Court of Session Շոտլանդիայի գերագույն դատարանը

set¹ |sɛt| *verb* (**setting**; անցյալ **set**) 1) դնել; տեղավորել 2) գործի անցնել; սկսել; ձեռնարկել 3) տնկել *(բույս)* 4) գործի դնել; գործադրել; կիրառել *(գիտելիքները, կարողությունները որևէ բանի համար)* 5) դնել *(կնիք, ստորագրություն)* 6) մայր մտնել *(արևի/լուսնի մասին)* 7) առաջադրել; առաջ քաշել; առաջարկել *(խնդիր)* 8) տալ *(օրինակ)* 9) բարձրացնել; պարզել *(առագաստները)* 10) տեղը գցել; ուղղել *(դուրս ընկած հոդը, ջարդված ոսկորը)* 11) դնել; հագցնել; ագուցել *(շրջանակի մեջ)* 12) սրել *(սղոցը, ածելին)* 13) տպագրություն շարել; շարվածք անել 14) ցուցադրել *(որպես մոդել)* 15) դնել; նշանակել; ենթարկել *(տույժի, տուգանքի)* 16) նշանակել *(որևէ բանի գինը)* 17) դնել; կարգել *(պահակներ, ժամապահներ)* 18) (**set to**) վերածել *(երաժշտության)* 19) պնդանալ; կոշտանալ; կարծրանալ; թանձրանալ; սառչելուց պնդանալ *(սերուցքի/դոնդողակի մասին)* 20) որսը գտնելիս կանգ առնել *(շան մասին)* 21) (**set with**) շաղ տալ; ծածկել *(որևէ բանով)* • **set about** i) ձեռնարկել; նախաձեռնել; սկսել; քայլերի դիմել; միջոցներ ձեռք առնել *(որոշ նպատակով, որևէ բանի նկատմամբ)* ii) տարածել *(լուրեր)* **set against** դեմ տրամադրել; գրգռել **set apart** i) մի կողմ դնել; առանձնացնել ii) պահել; ետ գցել; խնայել; տնտեսել **set aside** i) մի կողմ դնել; առանձնացնել ii) պահել; ետ գցել; խնայել; տնտեսել iii) մի կողմ թողնել; ուշադրություն չդարձնել; ուշադրության չառնել iv) մերժել v) ոչնչացնել; վերացնել; անվավեր համարել *(որոշումը)* **set at** i) հարձակվել; նետվել *(մեկի վրա)* ii) հարձակման հրահրել; գրգռել; դրդել *(մեկի դեմ)* **set back** i) առաջընթացին խանգարել ii) ետ գցել; ապագայի համար պահել **set down** i) ցած դնել ii) վայր բերել; ցած իջեցնել *(ուղևորներին)* iii) գրի առնել; գրավոր շարադրել; գրանցել **set down as** դիտել; համարել **set forth** i) շարադրել; բացատրել ii) մեկնել; ճանապարհ ընկնել **set in** i) սկսվել; գալ; վրա հասնել *(եղանակի/սեզոնի մասին)* ii) հաստատվել; կայունանալ iii) որևէ ուղղությամբ փչել/հոսել **set off** i) զարդարել ii) ավելի ցայտուն դարձնել iii) մեկնել; ճանապարհորդության մեկնել iv) բաց թողնել; արձակել *(հրթիռ)* v) կրակել; պայթել vi) ծիծաղեցնել **set on** i) գրգռել; հրահրել ii) հարձակվել; նետվել *(մեկի վրա)* **set out** i) ի ցույց դնել; ցուցադրել *(վաճառքի համար)* ii) մեկնել; ճանապարհ ընկնել; թռչել *(ինքնաթիռով որևէ տեղ)* iii) մանրամասն կերպով բացատրել/շարադրել **set over** մի բանի գլուխ դնել; ղեկավար կանգնել **set up** i) կանգնեցնել; բարձրացնել ii) հիմնել; հիմնադրել iii) սկսել *(գործ)* iv) (**set up as**) դառնալ *(առևտրական, վաճառող և այլն)* v) առաջ քաշել; զարգացնել *(տեսությունը)* vi) կազդուրվել; ուժերը վերականգնել *(հիվանդությունից հետո)* vii) (**set up for**) պահանջ ներկայացնել *(որևէ բանի նկատմամբ)* **set upon** հարձակվել; նետվել; վրա պրծնել

be all set for sth, be all set to do sth միանգամայն պատրաստ լինել *(մի բան սկսելու)*

be set on doing sth մտադրված/վճռական լինել որևէ բան անելու համար

be well set up 1) լավ մարզված/կոփված մարմին ունենալ 2) նյութապես ապահովված լինել

set about sb հարձակվել մեկի վրա

set about sth սկսել մի բան անել

set a hen թուխս նստեցնել

set a question/affair at rest վճռել; լուծել *(հարցը, վեճը)*

set eggs թխսի տակ ձու դնել

set eyes on sb մեկին աչքով տեսած լինել

set fire to sth կրակի տալ; հրդեհել; կրակի բերանը տալ; լուցկի տալ

set in motion շարժման մեջ լինել

set one's/own house in order իր տունը կարգի բերել *(ուրիշներինը քննադատելուց առաջ)*

set one's face against sth կտրականապես դեմ լինել մի բանի

set one's heart/hopes/mind on sth ամբողջ հոգով տարվել մի բանով; վճռականությամբ լցվել մի բան ձեռք բերելու/ձգելու համար

set one's shoulder to the wheel ուսը դեմ տալ; ուսը տակը պահել; գործի անցնել

set one's teeth ատամները սեղմել

set one thing against another մի բանի փոխարեն մեկ ուրիշ բան տալ; փոխհատուցել

set out to do sth մտադրվել մի բան անելու

set pen to paper գրիչը թղթին դնել; թղթին հանձնել; սկսել գրել

set people at loggerheads/variance մեջները կռիվ գցել; կռվեցնել; վեճ սարքել

set sb/sth back 1) առաջընթացին խոչընդոտել 2) *ծածկալեզու* արժենալ; վրան նստել

set sb's mind at ease/rest, set sb's doubts/fears/mind at rest մեկի հոգին հանգստացնել; անհանգստությունը/վախը/կասկածները փարատել

set sb's teeth on edge մեկին խիստ նյարդայնացնել; ստիպել, որ ատամները կրճտացնի

set sb against sb մրցման մեջ դնել մեկի հետ; պայքարի հանել մեկի դեմ

set sb a good example լավ օրինակ ծառայել *(մեկի համար)*

set sb at his ease օգնել, որ մարդ իրեն վատ չզգա; օգնել, որ մարդ չքաշվի

set sb down as ներկայացնել; ներկայանալ; անունը գրել տալ

set sb free, set sb at liberty ազատել; ազատ արձակել *(բանտից)*

set sb off (doing sth) ստիպել/օգնել, որ մի բան սկսի անել

set sb right 1) սխալները ուղղել; ճիշտ ուղու վրա

դնել 2) օգնել, որ իրեն նորից լավ զգա
set sb up օգնել, որ հիվանդությունից հետո ուժերը վերականգնվեն
set sth apart/aside 1) մի կողմ դնել; խնայել հետագայի համար 2) հաշվի չառնել
set sth in sth/set sth with sth մի բան ամրացնել/ագուցել *(մատանու քարը և այլն)*
set sth on fire կրակի տալ; հրդեհել
set sth up 1) կանգնեցնել *(հուշարձան և այլն)* 2) ստեղծել; հիմնել *(նոր գործ/հաստիատություն և այլն)*
set the axe to կացինը գործի դնել *(ծառ կտրել/մի բան քանդել և այլն)*
set the cat amongst the pigeons իրարանցում/խառնաշփոթ սարքել; տակնուվրա անել
set the fashion մոդա գցել; նորամուծություն անել
set the pace որ վարքուբարքով/ապրելակերպով չափանիշ ստեղծել/հանդիսանալ ուրիշների համար
set the scene գործողության տեսարանը նկարագրել *(պիեսում, վեպում և այլն)*
set the table սեղան գցել/պատրաստել
set up house with sb, set up house together սկսել միասին ապրել *(երկու անձի մասին)*

set² |sɛt| *noun* 1) հավաքածու; հավաքակազմ; լրակազմ *(իրերի, գործիքների, գրքերի)* 2) խումբ; մարդկանց շրջան ◇ **literary set** գրական շրջաններ 3) ապարատ; սարք ◇ **receiving set** ռադիոընդունիչ 4) ուղղություն *(հոսանքի, քամու)* 5) ուղղվածություն; նպատակասլացություն *(կարծիքի, դատողության)* 6) կեցվածք; գլուխը պահելու ձևը 7) ծիլ; ընձյուղ; բողբոջ *(բույսի)* 8) *բանաստեղծական* մայրամուտ *(արևի)*
a set of drawing instruments գծագրագործիքների հավաքածու
a set of lectures դասախոսությունների շարք
dinner/tea set ճաշի/թեյի սպասք
make a dead set at 1) փաստարկներով/ծաղրանքով եռանդուն հարձակում գործել 2) ջանք գործադրել սիրեցյալի ուշադրությունը/համակրանքը շահելու համար
the smart set պերճաշուք/պճնամոլ հասարակություն

set³ |sɛt| *adjective* 1) նախօրոք նշանակված/սահմանված 2) սառած; քարացած; քար կտրած *(ժպիտի/հայացքի մասին)* 3) վճռական; անկոտրում *(բնավորության մասին)* 4) կայուն *(կարծիքի/հայացքների/գների մասին)* 5) կայունացած; կայուն դարձած 6) մակարդված *(կաթի մասին)* 7) պնդացած; կարծրացած *(ցեմենտի մասին)*

setback |ˈsɛtbæk| *noun* 1) անհաջողություն; կասեցում; խափանում; հետադիմություն; նահանջ; ետընթաց; արգելք 2) *ճարտարապետություն* բացվածք պատի մեջ 3) *ճարտարապետություն* հեռավորություն մինչև սեփականության գիծը; հեռավորությունը կարմիր գծից

Seth |sɛθ| (նաև **Set**) *աստվածաշնչային* Սեթ *(Ադամի երրորդ որդին)*

set-off *noun* 1) հակակշիռ; հակադրություն 2) *շինարարություն* ելուստ; դուրս ցցվածք; կարկատ

settee |sɛˈtiː| *noun* երկտեղ նստարան/բազմոց

setting |ˈsɛtɪŋ| *noun* 1) շրջապատ; շրջապատող միջավայր 2) *թատրոն* դեկորացիաներ և զգեստներ; գեղարվեստական ձևավորում *(ներկայացման)* 3) շրջանակ; ագուցարան *(ակնեղենի)* 4) *երաժշտություն* բառերի համար գրված երաժշտություն 5) մայրամուտ 6) դիրք; վիճակ

settle¹ |ˈsɛt(ə)l| *verb* 1) վճռել; լուծել *(հարցը)* ◇ **it's settled!** որոշված է և ստորագրված; ոչինչ փոխել չի կարելի 2) պայմանավորվել 3) նշանակել *(ժամկետ, գին)* 4) կարգավորել; կարգի բերել *(գործերը)* 5) բնակություն հաստատել; հաստատվել 6) բնակեցնել; գաղութաբնակեցնել 7) հարմար նստել/տեղավորվել; բազմել *(բազմոցին/բազկաթոռին)* 8) հանգստանալ; խաղաղվել; հանդարտվել 9) վճարել; փակել *(հաշիվը)* 10) փարատել; կասկածը, տարակուսանքը 11) կտակել 12) տակը նստվածք տալ; իջնելով նստել 13) դանդաղորեն խորասուզվել *(նավի մասին)*
have an account to settle with sb տհաճ խոսակցություն/վեճ ունենալ մեկի հետ, որպեսզի պարզվի ինչ որ բան
settle down հանդարտվել; խաղաղվել
settle down to married life, marry and settle down ամուսնանալ ու տունը նստել
settle down to sth հաստատվել; հիմնավորվել *(նոր գործի/կյանքի անցնել)*
settle down to sth կենտրոնանալ; ուշադրությունը նորից կենտրոնացնել *(շեղվելուց հետո)*
settle for sth տհաճությամբ/դժգոհությամբ ընդունել; պակաս գին տալ
settle on/upon sth մի բան գնելիս ընտրություն կատարել
settle sb down հանգստացնել; մեղմացնել
settle sb in օգնել մեկին նոր բնակարան կամ նոր աշխատանքի տեղափոխվել և հունի մեջ ընկնել
settle sth on/upon sb *իրավունք* մեկին կալվածք և այլն տալ իր կենդանության օրոք օգտագործելու համար
settle up with sb պարտքը վերադարձնել/վճարել; հաշիվները փակել

settle² |ˈsɛt(ə)l| *noun* փայտյա նստարան՝ թիկնակով և նստարանի տակ գտնվող արկղով

settlement |ˈsɛt(ə)lm(ə)nt| *noun* 1) բնակեցում; գաղութաբնակեցում 2) կարգավորում; լուծում *(հարցերի)* 3) համաձայնություն 4) գաղութ; բնակավայր 5) ավան; գյուղ 6) եվրոպական թաղամաս արևելյան երկրների մի շարք քաղաքներում

settler |ˈsɛtlə| *noun* 1) նորաբնակ; նորաբնակիչ 2) *խոսակցական* վճռական փաստարկ

set-to *noun* (հոգն. **-tos**) *խոսակցական* 1) կռիվ; տուրուդմբոց; ծեծկռտոց 2) վեճ

setup *noun* *խոսակցական* 1) կառուցվածք; հորինվածք; կերտվածք; կարգ 2) *ամերիկյան* կեցվածք; վեհակեցություն 3) կեղծ խաղ; ներկայացում 4) դարան; սարքովի գործ

Sevastopol (նաև **Sebastopol**) Սևաստոպոլ

seven |ˈsɛv(ə)n| *cardinal number* յոթ
Everything is sevens and elevens. Ամեն ինչ կարգին է: *(ճան խաղի լավագույն արդյունքը)*
in the/one's seventh heaven յոթերորդ երկնքում; երջանիկ
The Seven Sisters, the seven stars Յոթ քույր՝ Բազումի համաստեղությունը

The Seventh Day Շաբաթ օրը՝ հրեաների կիրակին
the seven virtues յոթ առաքինությունները

sevenfold |ˈsɛv(ə)nfəʊld| **1** *adjective* յոթնապատիկ **2** *adverb* յոթնապատիկ չափով; յոթ անգամ ավելի

seventeen |sɛv(ə)nˈtiːn|, |ˈsɛv(ə)ntiːn| *cardinal number* տասնյոթ

seventeenth *ordinal number* 1) տասնյոթերորդ 2) մեկ տասնյոթերորդ

seventh |ˈsɛv(ə)nθ| *ordinal number* 1) յոթերորդ; յոթ 2) յոթերորդ մաս

seventieth *ordinal number* յոթանասուներորդ

seventy |ˈsɛv(ə)nti| *cardinal number* (հոգն. **-ties**) յոթանասուն

sever |ˈsɛvə| *verb* 1) բաժանել; զատել; անջատել ◊ **sever oneself from** անջատվել; կապերը խզել; հեռանալ 2) վերջ դնել; խզել *(կապերը, հարաբերությունները)* 3) կտրել

several |ˈsɛv(ə)r(ə)l| **1** *adjective, pronoun* մի քանի; որոշ; տարբեր; համապատասխան **2** *adjective, pronoun* մի քանի; որոշ

severance |ˈsɛv(ə)r(ə)ns| *noun* բաժանում; անջատում

severe |sɪˈvɪə| *adjective* 1) խիստ *(կարգապահության/քննադատության և այլնի մասին)* 2) խիստ; դաժան; անողոք; անխնա; անողորմ 3) խիստ; խստապահանջ 4) խիստ; խստաշունչ; մռայլ; ամպամած 5) լուրջ; ծանր 6) ծանր; մեծ *(կորուստի, փորձության մասին)* 7) խիստ; մեծ; բարձր *(պահանջների մասին)* 8) խիստ; կանոնավոր; դասական *(գեղեցկության մասին)* 9) պարզ; անպաճույճ *(ոճի մասին)*

severely *adverb* 1) խստորեն; դաժանորեն 2) ծանրորեն; լրջորեն 3) տանջալիորեն

Severnaya Zemlya |ˌsɛvɛːˌnʌɪə zɪmˈljɑː| Հյուսիսային երկիր *(կղզիախումբ Սառուցյալ օվկիանոսում, Ռուսաստանի հյուսիսում)*

sew |səʊ| *verb* (անցյալ դերբայ **sewn** |səʊn| կամ **sewed**) կարել; կարելով կպցնել/միացնել
sew sth up *խոսակցական* բարեհաջող վախճանի հասցնել

sewage |ˈsuːɪdʒ| *noun* կեղտաջրեր

sewer¹ |ˈsuːə|, |ˈsjuːə| *noun* կոյուղու խողովակ; կոյուղագիծ

sewer² |ˈsəʊə| *noun* կար անող անձ; կարուձև անող անձ

sewerage |ˈsuːərɪdʒ|, |ˈsjuː-| *noun* կոյուղու համակարգ

sewing |ˈsəʊɪŋ| *noun* կար; կարելը; կար անելը

sewing machine *noun* կարի մեքենա

sex |sɛks| **1** *noun* 1) սեռական հարաբերություն; սեռահարաբերություն; սեքս; սեռական ակտ 2) *կենսաբանություն* սեռ **2** *verb* սեռը որոշել
sex instinct սեռական գրավչություն; բնազդային ձգտում հակառակ սեռի նկատմամբ
sex someone up սեռական հետաքրքրություն առաջացնել
the fair/gentle sex գեղեցիկ սեռը *(կանայք)*
the rougher/sterner/stronger sex ուժեղ սեռը *(տղամարդիկ)*

sex appeal *noun* ֆիզիկական գրավչություն; սեռական գրավչություն

sexism |ˈsɛksɪz(ə)m| *noun* սեռական խտրականություն

sex life *noun* սեռական կյանք

sextant |ˈsɛkst(ə)nt| *noun* *աստղագիտություն երկրաբաշխություն* սեքստանտ; անկյունաչափ գործիք

sextet |sɛksˈtɛt| (նաև **sextette**) *noun* *երաժշտություն* վեցյակ; սիքստետ

sexton |ˈsɛkst(ə)n| *noun* եկեղեցու պահակ; ժամկոչ; գերեզմանափոր

sextuple |ˈsɛkstjʊp(ə)l|, |sɛksˈtjuːp(ə)l| **1** *adjective* վեցապատիկ **2** *noun* վեցապատիկ թիվ **3** *verb* վեցապատկել

sexual |ˈsɛksjʊəl|, |-ʃʊəl| *adjective* սեռական; սեռային; սեռի

sexuality |ˌsɛksjʊˈælɪti|, |ˌsɛkʃʊ-| *noun* (հոգն. **-ties**) 1) սեռականություն; ցանկասիրություն; հեշտասիրություն 2) սեռական ակտիվություն 3) սեռական կողմնորոշում

sexy |ˈsɛksi| *adjective* (**sexier**, **sexiest**) 1) գրավիչ; հրապուրիչ *(սեռական տեսանկյունից)* 2) սեռագրգիռ 3) *խոսակցական* գրավիչ; հրաշալի

Seychelles |seɪˈʃɛlz|, |-ˈʃɛl| (նաև **the Seychelles**) Սեյշելներ; Սեյշելյան կղզիներ *(կղզիախումբ Հնդկական օվկիանոսում, Մադագասկար կղզուց հյուսիս-արևելք)*

Sgt (նաև **SGT**) *abbreviation* sergeant սերժանտ

shabby |ˈʃæbi| *adjective* (**-bier**, **-biest**) 1) հին; հնացած; մաշված; տրորված; հնամաշ *(հագուստի մասին)* 2) խղճուկ; ողորմելի; խարխուլ; անխնամ մնացած *(տան և այլնի մասին)* 3) վատ հագնված; մաշված/հնացած շորեր հագած 4) ստոր; անարգ; անազնիվ *(վարմունքի մասին)* 5) վատ; վատ որակի

shack |ʃæk| **1** *noun* *ամերիկյան* հյուղ; խուղ; աղքատ խրճիթ **2** *verb* *խոսակցական* ժամանակավորապես բնակվել

shackle |ˈʃæk(ə)l| **1** *noun* 1) (**shackles**) ձեռնաշղթաներ; ձեռնակապեր; կապանքներ 2) *փոխաբերական* կապանքներ; կաշկանդումներ ◊ **the shackles of convention** սահմանափակումներ; պայմանականություններ **2** *verb* 1) շղթայել; շղթայակապ անել 2) *փոխաբերական* կաշկանդել; սանձել; սանձահարել; զսպել

shade |ʃeɪd| **1** *noun* 1) ստվեր; շվաք 2) ստվերածածկ տեղ 3) (**shades**) կիսամութ; կիսախավար; աղջամուղջ 4) ուրու; ուրվական; ոգի 5) երանգավորում; նրբերանգ *(գույնի, իմաստի)* 6) տարբերություն *(կարծիքների)* 7) լուսամփոփ 8) արևկալ *(լուսամուտների կամ պատշգամբների վրա)* 9) կտորե ծածկ խանութի ցուցափեղկերի վրա 10) *ամերիկյան* վարագույր ◊ **window shade** լուսամուտի վարագույր 11) պահպանական ապակի *(օպտիկական գործիքների վրա)* **2** *verb* 1) ստվեր գցել; շվաք անել 2) պաշտպանել *(լույսից, արևից)* 3) առաջը փակել; իրենով ծածկել *(լույսը)* 4) մթնեցնել; խավարեցնել 5) երանգավորել; երանգ տալ; տուշել; սևագծել; ստվերագծել 6) անձկատեղի կերպով փոխվել 7) (**shade off/away**) անհետանալ 8) (**shade down**) գույնը/գունավորումը մեղմացնել 9) *ամերիկյան* թեթևակի իջեցնել; մի քիչ իջեցնել *(գինը)*

all shades of blue կապույտի բոլոր երանգները

a shade better/more մի աննշան քանակությամբ ավելի լավ; ավելին

a shade of doubt կասկածի ստվեր

be in the shade ստվերում մնալ; քիչ հայտնի լինել

cast/throw/put sb into the shade ստվեր գցել մեկի վրա; գերազանցել մեկին

delicate shades of meaning in words բառերի իմաստների նրբերանգները

the same colour in a lighter shade նույն գույնի ավելի բաց երանգը

the shades of night/evening մթնշաղ; աղջամուղջ

shading |ˈʃeɪdɪŋ| *noun* 1) նրբերանգ; երանգ 2) ստվերում; ստվերապատում; ստվերածածկ անելը

shadow |ˈʃædəʊ| **1** *noun* 1) ստվեր *(առարկայի)* 2) (**shadows**) աղջամուղջ; կիսախավար 3) ստվեր; հովանի; ծածկոց 4) *փոխաբերական* նշույլ; աղոտ ստվեր *(տարակուսանքի և այլն)* 5) ուրվական ◇ **he is a mere shadow of his former self** նրանից միայն ստվեր է մնացել; նա շատ նիհարել է 6) *խոսակցական* անբաժան ընկեր 7) լրտես **2** *verb* 1) ստվեր գցել; ստվերածածկ անել 2) խավարեցնել; մթնեցնել 3) պաշտպանել; առաջը փակել; ծածկել *(արևից, լույսից)* 4) կրնկակոխ հետևել *(լրտեսի մասին)* 5) հետևել; հետքով գտնել

be afraid of one's own shadow սեփական ստվերից վախենալ; ամեն ինչից վախենալ

cast/throw shadows ստվեր գցել

follow sb like a shadow ստվերի պես հետևել մեկին

grasp the shadow and let go the substance առարկան բաց թողնել, ստվերը ճանկել; մեծը բաց թողնել, փոքրին հետամուտ լինել

quarrel with one's own shadow սեփական շվաքի հետ կռիվ տալ; անհաշտ լինել

shadow cabinet *քաղաքականություն* ստվերային կաբինետ *(խորհրդարանական ընդդիմության ստեղծած նախարարների կաբինետ)*

the shadow of a name անցած փառքի հետքերը/ստվերը

worn to a shadow նիհարած; ստվերը մնացած; կաշին ու ոսկորը մնացած

shadowland |ˈʃædəʊlænd| *noun բանաստեղծական* 1) ստվերների թագավորություն 2) անհայտ/անծանոթ բնագավառ

shadowy |ˈʃædəʊi| *adjective* (**-owier**, **-owiest**) 1) մութ; մռայլ 2) անիրական 3) մշուշապատ; անպարզ; աղոտ; անորոշ 4) ստվերաշատ; ստվերախիտ; ստվերոտ 5) ցնորական; խաբուսիկ; անիրական

shady |ˈʃeɪdi| *adjective* (**shadier**, **shadiest**) 1) ստվերոտ; արևից պաշտպանված 2) անորոշ; աղոտ 3) *խոսակցական* մութ; կասկածելի

keep shady ստվերում մնալ; աշխատել անձկատեղի մնալ

shaft |ʃɑːft| **1** *noun* 1) կոթ; բռնակոթ; ձող *(նիզակի, տեգի)* 2) *բանաստեղծական* նիզակ; նետ 3) հարձակում; թշնամական ելույթ; ծաղրանք ◇ **a random shaft** աննպատակ կրակոց; հապճեպ դիտողություն 4) *տեխնիկական* լիսեռ; սռնի; սռնակ 5) ճառագայթ *(լույսի)* 6) փայլատակում *(կայծակի)* 7) քթղի; կողափայտ; առեղ 8) սյուն; կոթող 9) *հանքաբանություն* հիմնանցք; հանքահորի բնամաս 10) կոթ; բռնակ; դաստակ **2** *verb* 1) լուսարձակել; ճառագայթներ արձակել 2) *խոսակցական* դաժան վերաբերվել

shag[1] |ʃæg| *noun* 1) կոշտ գործվածքի կտոր 2) գզգզված մազեր 3) կոշտ ծխախոտ

shag[2] *noun կենդանաբանություն* փուփուլավոր ջրագռավ *(Phalacrocorax aristotelis, ընտանիք Phalacrocoracidae)*

shaggy |ˈʃægi| *adjective* (**-gier**, **-giest**) 1) բրդոտ; փռչոտ; գզուզ; գզգզված; չսանրած 2) խավոտ *(մահուդի մասին)*

shake |ʃeɪk| **1** *verb* (անցյալ **shook** |ʃʊk|; անցյալ դերբայ **shaken** |ˈʃeɪk(ə)n|) 1) ցնցել; թափահարել; թափ տալ 2) դողալ; դողդողալ *(ցրտից, հուզմունքից)* 3) ճոճվել; տարուբերվել; օրորվել; շարժվել; երերալ; տատանվել 4) խախտվել; տեղից շարժվել; շարժվելով թուլանալ; տեղահան լինել 5) թափահարել; տարուբերել; ճոճել 6) հուզել; ցնցել; մեծ տպավորություն գործել; խախտել; խարխլել; թուլացնել 7) տարուբերել *(գլուխը)* 8) ձեռք սեղմելով բարևել 9) *ծածկալեզու* ազատվել; գլուխն ազատել *(տհաճ բանից)* 10) *երաժշտություն* գեղգեղալ; դայլայլել 11) *ծածկալեզու* շորթել *(դրամ)* **2** *noun* 1) թափահարում; թափահարելը; թափ տալը; ցնցելը; ցնցում 2) դողալը; դողդողում; դողդողալը; թրթիռ; թրթռում ◇ **all of shake** դողալով; դողդողալով 3) իրար ձեռք սեղմելը 4) գլուխը տարուբերելը *(որպես ժխտման/մերժման նշան)* 5) հարված; զարկ 6) *խոսակցական* երկրաշարժ 7) ճեղքվածք; ճեղք *(գետնի/փայտի մեջ)* 8) *երաժշտություն* գեղգեղանք; դայլայլ 9) *ծածկալեզու* ակնթարթ

a fair/square shake *ամերիկյան* ազնիվ/անաչառ վերաբերմունք; ազնիվ արարք

all of a shake ամբողջովին դողալով; դողդողալով

by a shake of one's head գլխի բացասական շարժումով

shake sb down *ամերիկյան* մեկին թափ տալ; սպառնալիքով կամ ուժ գործադրելով դրամ կորզել

shake sb off պոկվել/ազատվել մեկից

shake sth from/out of sth թափ տալ *(կոշիկի ավազը և այլն)*

shake sth off գլուխը պրծացնել; ազատվել մի բանից

shake sth out of one's head գլխից հանել; տհաճ միտքն իրենից վանել

shake sth up 1) թափահարելով լավ խառնել *(դեղի սրվակը)* 2) թափ տալով տեսքի բերել *(բարձը և այլն)*

shake the dust off one's feet *աստվածաշնչային* փոշին թափ տալ ոտքերից; հեռանալ տհաճ վայրից՝ մոռացության մատնելով այն

shakedown |ˈʃeɪkdaʊn| *noun խոսակցական* 1) կտրուկ վերակազմավորում 2) հիմնավոր խուզարկություն 3) դրամաշորթություն; դրամի շորթում 4) ճոր ապրանքի փորձարկում 5) հատակին գցված անկողին

shaker |ˈʃeɪkə| *noun* 1) ցնցող 2) ցնցիչ *(գործիք)* 3) *կրոն* թոչկոտողներ *(ամերիկյան աղանդ)*

shake-up (նաև **shakeup**) *noun* *խոսակցական* վերակազմավորում; անձնակազմի լրիվ փոփոխում

shako |ˈʃeɪkəʊ|, |ˈʃækəʊ| *noun* (հոգն. **-os**) *ռազմական* բարձրադիր զինվորական գլխարկ

shaky |ˈʃeɪki| *adjective* (**shakier**, **shakiest**) 1) խախուտ; երերուն; անկայուն 2) անհուսալի; տատանվող; թույլ *(բնավորության մասին)* 3) դողդոջուն; դողդողացող; դողացող

shale |ʃeɪl| *noun* *հանքաբանություն* թերթաքար; կավահողային թերթաքար

shall |ʃæl|, |ʃ(ə)l| *modal verb* (3rd sing. present **shall**) 1) ապառնի ժամանակի 1-ին դեմքի եզակի և հոգնակի թվերի բայաձևը կազմող օժանդակ բայ 2) պետք է *(արտահայտում է մտադրություն/համոզվածություն/հրաման/հարկադրանք/պարտավորություն՝ 2-րդ և 3-րդ դեմքում)* 3) *(արտահայտում է հրաման)* ◇ **You shall not steal.** Մի՛ գողացիր: 4) *(օգտագործվում է հարցական նախադասություններում)* ◇ **Shall we go?** Գնա՞նք:

shallop |ˈʃæləp| *noun* *պատմական, բանաստեղծական* նավակ; մակույկ

shallow |ˈʃæləʊ| **1** *adjective* 1) ծանծաղ; ոչ խոր 2) մակերեսային *(խելքի/մարդու մասին)* **2** *noun* ծանծաղուտ **3** *verb* ծանծաղել; նվազել; բարակել *(գետի/լճի/ծովի մասին)*

sham |ʃæm| **1** *noun* 1) շինծու բան; կեղծիք; խաբեբայություն; սուտ; կեղծություն; երկերեսանիություն 2) կեղծակերպիչ; կեղծ ձևացող; կեղծագործող 3) խարդախ; սրիկա **2** *adjective* ցուցադրական; կեղծ; ֆիկտիվ; կեղծավոր **3** *verb* (**shammed**, **shamming**) ձևացնել; ձև անել; կեղծել; ձևանալ

sham fight ցուցադրական/ուսուցողական կռիվ

shamble |ˈʃæmb(ə)l| **1** *verb* քստքստացնել *(ոտքերը)* **2** *noun* քստքստացող քայլվածք

shame |ʃeɪm| **1** *noun* 1) ամոթ; ամոթի զգացում 2) խայտառակություն; անպատվություն **2** *verb* 1) ամաչել; ամաչեցնել 2) խայտառակել; անպատվել

bring shame on sb/oneself ուրիշի/իր վրա ամոթանք բերել

cry shame on sb մեկին ամոթանք տալ; ամաչեցնել իր կատարած արարքի համար

howling shame խաղք ու խայտառակություն

It's a shame! 1) Ամո՛թ է: 2) Ափսո՛ս:

put to shame ամոթանք տալ; ամաչեցնել; կարմրեցնել

Shame on you! Ամո՛թ քեզ:

shame sb into doing sth ամոթանք տալով՝ ստիպել մեկին մի բան անել

shame sb out of doing sth ամոթանք տալով՝ ստիպել մեկին մի բան չանել

think it shame to do sth ամոթ համարել մի բան անելը

what a shame! ի՜նչ խայտառակություն; ի՜նչ ափսոս

shamefaced |ʃeɪmˈfeɪst|, |ˈʃeɪm-| *adjective* 1) ամաչկոտ; երկչոտ; ամոթխած 2) ամոթահար

shameful |ˈʃeɪmfʊl|, |-f(ə)l| *adjective* ամոթալի; խայտառակ

shameless |ˈʃeɪmlɪs| *adjective* անամոթ; անպատկառ

shamelessly *adverb* անամոթաբար

shammer *noun* ձևացնող անձ

shammy |ˈʃæmi| (նաև **shammy leather**) *noun* (հոգն. **-mies**) զամշ; թավշակաշի

shampoo |ʃæmˈpuː| **1** *noun* 1) շամպուն; օճառահեղուկ 2) մազերը լվանալը **2** *verb* (**-poos**, **-pooed**) մազերը լվանալ

shamrock |ˈʃæmrɒk| *noun* *բուսաբանություն* 1) թրթվառվույտ 2) երեքնուկ *(Իռլանդիայի ազգային խորհրդանշանը)*

Shanghai |ʃæŋˈhʌɪ| Շանհայ *(քաղաք Չինաստանում)*

shanghai |ʃæŋˈhʌɪ| *verb* (**-hais**, **-haied**, **-haiing**) *պատմական* ծածկալեզու հարբեցնելով նավաստի վարձել *(որպես աշխատող ուժ)*

shank |ʃæŋk| **1** *noun* 1) *կազմախոսություն* սրունք 2) միջուկ; առանցք; կոթուն; բուն; կոթառ *(գործիքի և այլնի)* 3) կոթ; կոթուն; ցողունիկ *(տերևի)* **2** *verb* *գոլֆ* գնդակին հարվածել մականի հակառակ կողմով

on shank's mare/pony ոտքով; հետիոտն; «տասնմեկ համարով»

shanty¹ |ʃænti| *noun* (հոգն. **-ties**) խրճիթ; հյուղ

shanty² |ʃænti| *noun* (հոգն. **-ties**) տե՛ս **chantey**

shape |ʃeɪp| **1** *noun* 1) ձև; կաղապար 2) ուրվագիծ; ուրվապատկեր; տեսք 3) կերպարանք; կարգ; եղանակ; ձև; կերպ; նմանություն 4) տեսիլ; ուրվական 5) վիճակ; դրություն ◇ **in bad shape** վատ վիճակում. **in any shape** համենայն դեպս; ամեն պարագային **2** *verb* 1) ձև տալ; ձև ստանալ; ձևավորել 2) ստեղծել 3) բառերով արտահայտել; ձևակերպել 4) հարմարեցնել

get/put sth into shape ձևավորվել; ձև տալ; ի մի բերել

give shape to ձևակերպել; հասկանալի դարձնել *(մտքերը, գաղափարները և այլն)*

in good shape լավ վիճակում/տեսքով

in no shape, in no shape or form ոչ մի դեպքում; ոչ մի գնով; ոչ մի ձևով

keep sth in shape մի բանի ձևը պահպանել; ձևից չգցել

knock sth into shape ձևավորել; պատշաճ ձև տալ

lick into shape հղկել; տաշել; ձևավորել; պատշաճ ձև տալ

out of shape աղճատված; աղարտված; ձևից ընկած

take shape ձևավորվել; տեսք ստանալ

take shape in իր արտահայտությունը գտնել; մարմնավորվել

shapeless |ˈʃeɪplɪs| *adjective* անձև; անկերպարան; անկերպ; տձև

shapely |ˈʃeɪpli| *adjective* (**-lier**, **-liest**) բարեկազմ; վայելչակազմ

shard |ʃɑːd| *noun* խեցեղենի կտոր; բեկոր

share¹ |ʃɛː| **1** *noun* 1) մաս; բաժին; մասնակցություն 2) փայ 3) ակցիա; բաժնետոմս **2** *verb* 1) բաժանել; բաշխել; բաժին տալ; բաժին հանել 2) (**share in**) մասնակցել; բաժին ունենալ *(որևէ բանի մեջ)* 3) համատեղ դիտել; բաժանել 4) *համակարգիչներ* համօգտագործել

go shares with sb in sth բաժնետեր դառնալ; բաժանել ուրիշների հետ *(եկամուտը, շահը և այլն)*
shares and shares alike հավասար բաժանել; հավասար մաս ունենալ ուրիշների հետ *(օգտագործման, հաճույքի, ծախսերի և այլնի)*
share sth with sb բաժին հանել մեկին *(մի բանից)*
the lion's share առյուծի բաժինը

share² |ʃɛː| *noun* խոփ

sharecropper |ˈʃɛːkrɒpə| *noun* կիսրար; կիսովի աշխատող; կիսովի վարձակալ գյուղացի

shareholder |ˈʃɛːhəʊldə| *noun* բաժնետեր; փայատեր

shareware |ˈʃɛːwɛː| *noun համակարգիչներ* պայմանականորեն ձրի ծրագիր; կիսաձրի ծրագիր

Sharjah |ˈʃɑːdʒə| Շարժա *(նահանգ և քաղաք Միացյալ Արաբական Էմիրաթներում)*

shark¹ |ʃɑːk| *noun* կենդանաբանություն շնաձուկ *(ենթակարգ Elasmobranchii)*

shark² |ʃɑːk| *noun խոսակցական* 1) գիշատիչ անձ; դրամաշորթ; խարդախ; սրիկա 2) որևէ գործի մասնագետ; գիտակ

sharp |ʃɑːp| **1** *adjective* 1) սուր; հատու; լավ կտրող; սրածայր 2) հանկարծական; անակնկալ; կտրուկ; շեշտակի *(դարձապտույտի/թեքության/լանջի մասին)* 3) սուր; սուր գծված; պարզ; ընդգծված *(դիմագծերի մասին)* 4) ուժեղ *(տպավորության մասին)* 5) զիլ; բարձր ու սուր; ականջ ծակող *(ձայնի/ճիչի մասին)* 6) թափանցող; ծակող *(քամու մասին)* 7) ուժեղ; սաստիկ *(սառնամանիքի մասին)* 8) սուր; ծակող; սաստիկ *(ցավի մասին)* 9) կոպիտ; խոցող *(բառերի մասին)* 10) խիստ *(դատողության/նկատողության մասին)* 11) սուր; դաժան; անողորմ *(պայքարի/մրցակցության մասին)* 12) սուր; նուրբ; զարգացած; թափանցող *(տեսողության/լսողության/ընկալման մասին)* 13) սուր; խայթիչ; չար *(լեզվի մասին)* 14) սրամիտ *(դիտողության մասին)* 15) արագ ըմբռնող; խելամիտ; հնարամիտ; հասկացող *(երեխայի մասին)* 16) խորամանկ; ճարպիկ; անազնիվ; խարդախ 17) չափազանց բարձր *(ձայնի/տոնի մասին)* **2** *adverb* 1) սուր/կտրուկ կերպով 2) ճշտորեն; ճիշտ; ուղիղ 3) զգույշ; զգուշությամբ ◇ **look sharp!** զգույշ; զգուշացի՛ր; զգույշ եղի՛ր **3** *noun* 1) *երաժշտություն* դիեզ; կիսվեր 2) *ծածկալեզու* սրիկա; խաբեբա 3) գիտակ, լավատեղյակ անձ **4** *verb* խաբել; խորամանկել; խարդախություն անել

a sharp child ուշիմ/խելացի երեխա; արագ ընկալող երեխա
a sharp frost ուժեղ սառնամանիք
a sharp sense of smell սուր հոտառություն; շան հոտառություն
as sharp as a needle, sharp as a tack շատ խելացի; խորաթափանց
at five o'clock sharp ուղիղ ժամը հինգին
look sharp ժամանակ չկորցնել; անապարել; շտապել

The sharper the storm, the sooner it's over. *առած* Որքան ուժեղ լինի փոթորիկը, այնքան շուտ կվերջանա:

sharpen |ˈʃɑːp(ə)n| *verb* 1) սրել 2) սրվել 3) սրել *(ախորժակը)* 4) բարելավել 5) բարելավվել

sharpener *noun* 1) սրիչ 2) սրոցաքար; հեսանաքար

sharper |ˈʃɑːpə| *noun խոսակցական* սրիկա; խաբեբա, խարդախ մարդ *(հատկապես թղթախաղում)*

sharply *adverb* 1) կտրուկ կերպով; կտրուկ 2) խստորեն 3) ցայտունորեն

sharp-set *adjective* հնացած չափազանց քաղցած; սոված

sharpshooter |ˈʃɑːpʃuːtə| *noun* դիպուկահար; դիպուկ հրաձիգ; անվրեպ կրակող

sharp-witted *adjective* սրամիտ; կորովամիտ; խորաթափանց

shatter |ˈʃætə| *verb* 1) ջարդվել; կոտրվել; փշուր-փշուր լինել 2) կոտրել; ջարդել 3) խախտել; թուլացնել; քայքայել *(առողջությունը, նյարդերը)* 4) խափանել *(պլանները)* 5) խորտակել *(հույսերը)*

shave |ʃeɪv| **1** *verb* 1) սափրել 2) սափրվել 3) տաշել; կտրել *(մի բարակ շերտ)* 4) քերել 5) համարյա դիպչելով անցնել *(մի բանի մոտով)* 6) կողոպտել; թալանել **2** *noun* ածիլում; ածիլելը; սափրում; սափրելը ◇ **have a shave** ածիլվել; սափրվել

have a close/narrow shave հազիվ ճողոպրել; մազապուրծ լինել
shave sth off բարակ շերտ կտրել
the car shaved a wall մեքենան պատին քսվելով անցավ

shaven *adjective* ածիլված; սափրված

shaver |ˈʃeɪvə| *noun խոսակցական* 1) սրիկա/խաբեբա/խարդախ մարդ 2) պատանի; տղա

shaving |ˈʃeɪvɪŋ| *noun* 1) տաշեղ 2) սափրվելը; ածիլվելը

shawl |ʃɔːl| *noun* շալ; գլխաշոր

she |ʃiː| **1** *pronoun* նա *(իգական սեռի համար)* **2** *noun* 1) կին; կինարմատ 2) էգ

sheaf |ʃiːf| **1** *noun* (հոգն. **sheaves** |ʃiːvz|) 1) խուրձ; կապուկ; շալակ; տրցակ 2) կապոց; փաթեթ; կապ *(թղթի և այլնի)* **2** *verb* խուրձ կապել

shear |ʃɪə| **1** *verb* (անցյալ դերբայ **shorn** |ʃɔːn| կամ **sheared**) 1) խուզել *(ոչխարներին)* 2) *փոխաբերական* մինչև վերջին թելը կողոպտել; մերկացնել 3) կտրել; հատել 4) *բանաստեղծական* թրատել; թրով կոտորել; ճեղքել; հարվածով երկու կես անել; ճղել **2** *noun* 1) խուզ; խուզելը *(ոչխարների)* 2) խուզի մկրատ 3) *տեխնիկական* տեղաշարժ

shears (նաև **a pair of shears**) *plural noun* մկրատ *(մեծ չափերի)*

sheath |ʃiːθ| *noun* (հոգն. **sheaths** |ʃiːðz|, |ʃiːθs|) 1) պատյան 2) տուփ; բուն 3) թաղանթ; շապիկ; ծածկույթ

sheathe |ʃiːð| *verb* 1) պատյանը դնել *(սուրը)* 2) տուփի մեջ դնել; պատել; ծածկել; երեսպատել *(որևէ նյութով)*

sheathing |ˈʃiːðɪŋ| *noun* երեսապատում; երեսվածք; կողվածք

sheave |ʃiːv| *noun* 1) կոճ; թելակոճ; մասրա 2) *տեխնիկական* հոլովակ; ճախրանվակ; ճախարակ

shed[1] |ʃɛd| **1** *noun* 1) ծածկ 2) մառան; մթերանոց; ցախանոց; ցախատուն; խոտանոց; մարագ; գոմ 3) սրահ 4) հանգար; օդանավարան 5) *ծովային* դեպո; հանգար; հավաքակայան **2** *verb* (**shedded**, **shedding**) մեքենան հավաքակայանում կանգնեցնել

shed[2] |ʃɛd| *verb* (**shedding**; անցյալ և անցյալ դերբայ **shed**) 1) թափել *(արցունք, արյուն)* 2) սփռել *(լույս)* 3) արագ վրայից հանել; դեն նետել *(հագուստը)* 4) որևէ բանից զրկվել; թափել; գցել; թողնել *(մազ, բուրդ, մաշկ, փետուր, ատամ, տերև)* 5) հանել; արտասանել *(ձայն, հնչյուն)* 6) տարածել *(ազդեցություն)* 7) արձակել *(անուշահոտություն, բուրմունք, լույս և այլն)* 8) խփել; ցայտել *(շատրվանի մասին)*

shed light on sth լույս սփռել; պարզաբանել; հասկանալի դարձնել

shed one's blood արյուն թափել *(զոհվել հայրենիքի համար)*

shed tears արցունք թափել

sheen |ʃiːn| **1** *noun* 1) փայլ; շող 2) *բանաստեղծական* ճոխ/շքեղ հագուստ **2** *verb* *բանաստեղծական* փայլել; շողալ

sheep |ʃiːp| *noun* (հոգն. նույնը) 1) *կենդանաբանություն* ոչխար *(Ovis aries, ընտանիք Bovidae)* 2) ամաչկոտ մարդ 3) հոտ; եկեղեցական համայնք 4) ոչխարենի; ոչխարի մորթի

a black sheep 1) սև ոչխար *(սպիտակ հոտի մեջ)* 2) ընտանիքի այլանդակ անդամը

as a sheep among the shearers խուզողների ձեռքն ընկած ոչխարի պես

a sheep among wolves գառը՝ գայլերի մեջ *(վտանգավոր մարդկանց մեջ ընկած դյուրահավատ մարդ)*

As well be hanged for a sheep as for a lamb. *առած* Թե գառան համար պիտի կախվեմ, լավ է ոչխար գողանամ:

a wolf in a sheep's clothing *աստվածաշնչային* գայլ՝ ոչխարի մորթով

cast/make sheep's eyes at սիրավառ/հիմար հայացքով նայել մեկին

follow sb like a sheep ոչխարի պես հետևել մեկին; սիրատոչոր/կուրորեն հետևել մեկին

It is a small flock that has not a black sheep/ there is a black sheep in every flock. *առած* Փոքրիկ հոտն է, որ սև ոչխար չունի: Ամեն հոտ իր սև/ քոսոտ ոչխարն ունի:

seperate the sheep from the goats, sort out the sheep from the goats ոչխարն այծից ջոկել; լավը վատից ջոկել

sheep without a shepherd անհովիվ հոտ; անղեկավար ժողովուրդ

sheepdog |ˈʃiːpdɒg| *noun* խաշնապահ շուն; հովվաշուն; գամփո

sheepfold |ˈʃiːpfəʊld| *noun* ոչխարների փարախ

sheepish |ˈʃiːpɪʃ| *adjective* 1) ամաչկոտ; ամոթխած; երկչոտ; վախկոտ; մեղմ *(բնավորության մասին)* 2) մի քիչ հիմար; հիմարավուն; տխմարավուն

sheepishly *adverb* ամաչկոտաբար; համեստաբար

sheepskin |ˈʃiːpskɪn| *noun* 1) ոչխարենի; ոչխարի մորթի 2) ոչխարի կաշի 3) մագաղաթ; մագաղաթի վրա գրված փաստաթուղթ 4) *ամերիկյան խոսակցական* դիպլոմ

sheep walk *noun* ոչխարների արոտատեղի

sheer[1] |ʃɪə| **1** *adjective* 1) բացահայտ; ակներև; բացարձակ; լիակատար 2) թափանցիկ; բարակ; նուրբ *(գործվածքի մասին)* 3) մաքուր; անխառն *(հանքատեսակի մասին)* 4) ուղղաձիգ; ուղղաբերձ; կտրուկ **2** *adverb* 1) կատարելապես; բացարձակապես 2) ուղղահայաց կերպով 3) լիովին; ուղիղ **3** *noun* նուրբ թափանցիկ գործվածք

sheer[2] |ʃɪə| **1** *verb* 1) շեղվել; թեքվել; ընթացքը փոխել; դեպի այլ կողմ թեքվել 2) խուսափել; շեղվել *(տհաճ խոսակցությունից)* **2** *noun* շեղում; ընթացքի հանկարծակի փոփոխություն

sheet[1] |ʃiːt| **1** *noun* 1) սավան ◇ **between the sheets** անկողնում 2) շերտ; թերթ *(երկաթի, ապակու, թղթի)* 3) (**sheets**) գրքի էջեր 4) թերթ; լրագիր 5) լեզու *(բոցի)* 6) ջրային տարածություն; ձյունապատ դաշտ 7) *երկրաբանություն* շերտ **2** *verb* 1) ծածկել *(սավանով, ձյան շերտով և այլն)* 2) թերթավորել 3) թափվել մեծ քանակներով

a clean sheet անբասիր անցյալ

come down in sheets թափվել ինչպես դույլից *(անձրևը)*

stand a white sheet, put on a white sheet հասարակության առջև մեղքերը խոստովանել

sheet[2] |ʃiːt| *ծովային* **1** *noun* առագաստի թոկասարք **2** *verb* առագաստի թոկասարքը ձգել

a sheet in the wind թեթևակի հարբած/խմած; հավասարակշռությունը կորցրած

three sheets to the wind *խոսակցական* թունդ հարբած

sheet anchor *noun* 1) *փոխաբերական* վերջին հույս; փրկության խարիսխ 2) *ծովային* պահեստային մեծ խարիսխ

sheeted *adjective* 1) կտորով ծածկված 2) համատարած

sheeting |ˈʃiːtɪŋ| *noun* 1) ծածկ; ծածկոց 2) սավանի քաթան; սավանացու

Sheffield |ˈʃɛfiːld| Շեֆիլդ *(քաղաք Անգլիայում)*

sheikh |ʃeɪk|, |ʃiːk| (նաև **sheik** կամ **shaikh**) *noun* շեյխ

shelf |ʃɛlf| *noun* (հոգն. **shelves** |ʃɛlvz|) 1) դարակ 2) սանդղավանդ; կարկառ *(լեռան)* 3) խութ; ստորջրյա ժայռ; առափնյա ծանծաղուտ

off the shelf առձեռն; դարակի վրայից *(ապրանքի մասին)*

on the shelf 1) աշխատանքից/պաշտոնից զրկված *(տարիքի համար)* 2) չամուսնացած և այլևս ամուսնության չհավակնող *(կին)*

shelf life *noun* պիտանության ժամկետ

shell |ʃɛl| **1** *noun* 1) խեցի; խեցեպատյան 2) կեղև; կճեպ; պատիճ 3) *ռազմական* արկ; ռումբ; նռնակ 4) պարկուճ *(փամփուշտի)* 5) վահանակ; տաշտակ; պատյան *(կրիայի և այլնի)* 6) *համակար-*

գիշներ թաղանթ **2** *verb* 1) ումբակոծել 2) կեղևը հանել; խեցեհան անել 3) կլպել; կճպել; պատիճահան անել • **shell out** *խոսակցական* վճարել; քսակը բացել

a blind shell չպայթած ռումբ/ական

come out of one's shell պատյանից դուրս գալ; լեզուն բացվել; կապանքները բաց թողնել; կապանքներն արձակել

go/retire/withdraw into one's shell իր պատյանի մեջ մտնել; ինքնամփոփ դառնալ; ներփակվել

Scarcely out of the shell yet. *խոսակցական* Ձվից նոր է դուրս եկել: Բերնից կաթի հոտ է գալիս:

shellfire |ˈʃɛlfʌɪə| *noun* հրետանային գնդակոծություն

shellfish |ˈʃɛlfɪʃ| *noun* (հոգն. նույնը) խեցեմորթ *(հատկապես ուտելի)*

shell shock *noun* ռազմական ներոզ; մարտական նյարդացնցում

shelter |ˈʃɛltə| **1** *noun* 1) ապաստարան; ապաստան 2) ծածկ; թաքստոց; պատսպարան; ապաստարան ◊ **air-raid shelter** ռմբապաստարան. **take shelter** *փոխաբերական* թաքնվել; պահվել; դիմել **2** *verb* 1) պատսպարել; պաշտպանել; որպես ապաստան ծառայել 2) թաքցնել; ապաստարան տալ

shelve¹ |ʃɛlv| *verb* 1) դասավորել; դարսել *(գրքերը՝ դարակի վրա)* 2) դարակներ սարքել 3) հետաձգել; ձգձգել

shelve² |ʃɛlv| *verb* աստիճանաբար թեքվել; թեթև զառիվայր ունենալ

Shem |ʃɛm| *աստվածաշնչային* Սեմ *(Հին Կտակարանում Նոյի որդին)*

Shema |ʃɛˈmɑː| Շեմա *(տեքստ Հին Կտակարանից, որը կազմում է հրեական հավատո հանգանակը)*

shenanigans |ʃɪˈnænɪg(ə)nz| *plural noun խոսակցական* 1) սարեբայություն; խարդախություն; զեղծարարություն 2) հիմարություն; անմտություն

Shenyang |ʃɛnˈjæŋ| Շենյան *(քաղաք Չինաստանի հյուսիս-արևելքում)*

shepherd |ˈʃɛpəd| **1** *noun* 1) հովիվ 2) հոգևոր հովիվ; քահանա **2** *verb* 1) հովվություն անել; հոտը արածեցնել 2) խնամել; հոգ տանել; պահել

The Good Shepherd բարի հովիվը՝ Հիսուս Քրիստոս

shepherd dog *noun* ոչխարապահ շուն; հովվաշուն; գամփռ

sherbet |ˈʃəːbət| *noun* օշարակ

sherd |ʃəːd| *noun* խեցեղենի կտոր; բեկոր

sheriff |ˈʃɛrɪf| *noun* շերիֆ *(դատական և վարչական պաշտոնյա Անգլիայում և ԱՄՆ-ում)*

sherry |ˈʃɛri| *noun* (հոգն. **-ries**) խերես *(գինու տեսակ)*

shibboleth |ˈʃɪbəlɛθ| *noun* 1) տարբերիչ նշան; զանազանիչ առանձնահատկություն 2) գաղտնի նշանաբառ

shield |ʃiːld| **1** *noun* 1) վահան; ասպար 2) պաշտպանություն; պաշտպանիչ հարմարանք **2** *verb* 1) պաշտպանել; վահանով ծածկել 2) ծածկել; թաքցնել

shift |ʃɪft| **1** *verb* 1) տեղաշարժել; տեղափոխել 2) տեղաշարժվել; տեղափոխվել 3) փոխել; փոփոխել; փոխարինել *(մեկը մյուսով)* 4) փոխել շեշտադրումը 5) ուրիշի վրա գցել *(մեղքը, մեղադրանքը)* 6) հնարք գտնել; դուրս պրծնել; կարգավորել; գլուխ բերել 7) *տեխնիկական* փոխել *(ավտոմեքենայի արագությունը)* 8) *լեզվաբանություն* փոխվել; վերածվել *(այլ հնչյունի)* 9) *խոսակցական* վաճառել; ծախել **2** *noun* 1) տեղաշարժ 2) փոփոխություն; տեղափոխություն 3) հերթափոխություն; հերթափոխ; հերթ 4) փոխում; փոխարինում 5) *տեխնիկական* փոխանջատում 6) բանվորական օր 7) հնարք; միջոց 8) պատրվակ; խուսափանք; խորամանկություն 9) *հնացած* կանացի շապիկ

a shift of clothes մի ձեռք փոխնորդ

a shift of crops ցանքաշրջանառություն

day/night shift ցերեկային/գիշերային հերթափոխ

shift for oneself առանց կողմնակի օգնության գոյատևել; ինքնուրույն գործել

shifting sands անկայուն բան; անկանխատեսելի բան

shift one's ground դիրքը փոխել; խնդրին այլ տեսակետից մոտենալ; առարկային այլ տեսանկյունից դիտել

shift sth from/to ուղղությունը/դիրքը փոխել; տեղափոխվել

You can't shift an old tree without it dying. *առած* Մեծ ծառը որ տեղափոխես, կչորացնես:

shiftless |ˈʃɪftlɪs| *adjective* 1) անճարակ; անօգնական 2) անշնորհք

shifty |ˈʃɪfti| *adjective* (**shiftier**, **shiftiest**) *խոսակցական* 1) հնարամիտ; ճարպիկ 2) խորամանկ; խաբեբա 3) դյուրափոփոխ; անհաստատ; անկայուն; անհուսալի; անվստահելի 4) անընդհատ շարժվող; խույս տվող *(աչքերի մասին)*

shilling |ˈʃɪlɪŋ| *noun* շիլինգ *(անգլիական մետաղադրամ=1/20 ֆունտ ստեռլինգի)*

a long shilling լավ վաստակ

cut sb off with a shilling ժառանգությունից զրկել՝ միայն մի շիլինգ կտակել

pay twenty shillings in the pound ամբողջովին վճարել

take the king's/queen's shillings զինվորական ծառայության մտնել; թագավորի/թագուհու վարձու զինվորը դառնալ

shilly-shally |ˈʃɪlɪʃæli| **1** *verb* (**-lies**, **-lied**) անվճռականություն հանդես բերել; տատանվել; վարանել **2** *noun* անվճռականություն; տատանում; վարանում

shimmer |ˈʃɪmə| **1** *verb* ցոլալ; ցոլք տալ; առկայծել; փայլփլել **2** *noun* թույլ ցոլք; առկայծում; առկայծելը; փայլփլում

shin |ʃɪn| **1** *noun կազմախոսություն* սրունք; սրունքոսկր **2** *verb* (**shinned**, **shinning**) մագլցել

shinbone *noun* մեծ սրունքոսկր; մեծ ոլոք

shindy |ˈʃɪndi| *noun* (հոգն. **-dies**) *խոսակցական* 1) կռիվ; ծեծկռտոց; աղմուկ; իրարանցում 2) *ամերիկյան* աշխույժ երեկույթ

shine |ʃʌɪn| **1** *verb* (անցյալ **shone** |ʃɒn| կամ

shined) 1) լուսավորել; լույս տալ 2) փայլել; շողալ; շողշողալ; կայծկլտալ; ցոլալ 3) փայլել; աչքի ընկնել *(հասարակության մեջ, զրույցի ժամանակ)* 4) *ամերիկյան* մաքրել; փայլեցնել *(կոշիկները)* **2** *noun* 1) փայլ; շող; ճաճանչ; լույս *(արևի, լուսնի)* 2) փայլ; փայլունություն 3) *ծածկալեզու* աղմուկ; գոռում-գոչում; աղմկոտ վիճաբանություն

give a shine մաքրել; փայլեցնել *(կոշիկները և այլն)*
shine with health առողջությունից փայլել; քաջառողջ լինել
take the shine off զրկել փայլից/գրավչությունից; փչացնել ոգևորությունը

shiner |ˈʃʌınə| *noun* 1) *խոսակցական* ոսկեդրամ; մետաղադրամ 2) *խոսակցական* կապտացրած աչք *(խփելուց)*

shingle¹ |ˈʃıŋg(ə)l| *noun* հղկված գետաքար; կոպիճ; ճալաքար

shingle² |ˈʃıŋg(ə)l| **1** *noun* 1) կավար; բաղդատի *(տանիքը ծածկելու համար)* 2) հնացած կարճ խուզվածք *(կանացի մազերի)* 3) *ամերիկյան խոսակցական* ցուցանակ *(մասնավոր պրակտիկայով զբաղվող բժշկի կամ փաստաբանի դռան վրա)* **2** *verb* 1) կավարով ծածկել *(տանիքը)* 2) *հնացած* կարճ խուզել *(կանացի մազերը)*

shinny² |ˈʃıni| (նաև **shinny hockey**) *noun խոսակցական* փողոցի հոկեյ

shiny |ˈʃʌıni| *adjective* (**shinier**, **shiniest**) 1) արևոտ 2) պայծառ; շողշողուն; փայլուն; պլպլան; պսպղան; մաքուր

ship |ʃıp| **1** *noun* 1) նավ 2) *ծածկալեզու* մրցալողի մակույկ/նավակ 3) դիրիժաբլ; ղեկավարվող օդապարիկ **2** *verb* (**shipped**, **shipping**) 1) բարձել *(ապրանք)* 2) նավ նստեցնել *(ուղևորներին)* 3) փոխադրել; ուղարկել 4) աշխատանքի վարձել *(նավի վրա որպես նավաստի աշխատելու)*

a black ship նավ, որ նավահանգստային բանվորները հրաժարվում են բեռնաթափել *(ի նշան գործադուլավորների հետ համերաշխության)*
A great ship asks for deep waters. *առած* Մեծ նավին՝ խոր ջրեր:
on board a ship նավի տախտակամածին; նավի վրա
take the ship նավ նստել
the ship of state կառավարական նավը; կառավարությունը
when someone's ship comes home երբ մեկը հարստանա

shipboard |ˈʃıpbɔ:d| *noun* նավի տախտակամած ◊ **on shipboard** նավի վրա; նավում

shipbuilder |ˈʃıpbıldə| *noun* նավաշինարար

shipbuilding *noun* նավաշինություն

shipmaster |ˈʃıpmɑ:stə| *noun* 1) նավատեր 2) նավապետ *(հատկապես առևտրական նավի)*

shipmate |ˈʃıpmeıt| *noun* 1) նավընկեր; նավագնացության ընկեր 2) ընկեր-նավաստի *(նույն նավի վրա ծառայող)*

shipment |ˈʃıpm(ə)nt| *noun* 1) ուղարկում; բարձում *(ապրանքի)* 2) փոխադրում; առաքում *(ապրանքի)* 3) բեռ; ապրանք

shipowner |ˈʃıpəʊnə| *noun* նավի տեր; նավատեր

shipper |ˈʃıpə| *noun* բեռնառաքիչ; մատակարար; մատակարարող

shipping |ˈʃıpıŋ| *noun* 1) առևտրական նավեր; առևտրական նավատորմ 2) բեռնում *(ապրանքի)* 3) փոխադրում; առաքում *(ապրանքի)*

shipshape |ˈʃıpʃeıp| *adjective* կանոնավոր; կարգին; տեղը տեղին; վայելուչ

shipwreck |ˈʃıprɛk| **1** *noun* 1) նավաբեկություն 2) նավի բեկորներ *(նավաբեկության հետևանքով)* 3) խորտակում *(հույսերի և այլնի)* **2** *verb* 1) նավաբեկություն առաջ բերել ◊ **be shipwrecked** նավաբեկության ենթարկվել; խորտակվել 2) խորտակել *(հույսերը և այլն)*

shipwright |ˈʃıprʌıt| *noun* 1) նավաշինարար 2) նավավերանորոգիչ; նավը վերանորոգող հյուսն

shipyard |ˈʃıpjɑ:d| *noun* նավաշինարան

Shiraz¹ |ʃıəˈræz|, |ʃıˌræz| Շիրազ *(քաղաք Իրանի կենտրոնական մասում)*

Shiraz² |ʃıəræz|, |ʃıˌræz| *noun* շիրազ *(սև խաղողի և նրանից պատրաստված գինու տեսակ)*

shire |ˈʃʌıə| *noun* կոմսություն ◊ **the shires** Կենտրոնական Անգլիայի կոմսությունները

shirk |ʃə:k| **1** *verb* խուսափել; խույս տալ *(աշխատանքից, պարտականություններից)* **2** *noun հնացած* խուսափող անձ

shirker *noun* խուսափող անձ

shirt |ʃə:t| *noun* 1) տղամարդու շապիկ; վերնաշապիկ 2) բլուզ

black shirt սև վերնաշապկավոր; ֆաշիստ *(իտալական ֆաշիստների համազգեստի գույնից)*
give away the shirt off one's back վերջին շապիկը տալ ուրիշներին
give sb a wet shirt քափքրտինքի մեջ գցել; անխնա աշխատեցնել մեկին
have one's shirt out համբերությունից դուրս գալ; զայրանալ
keep one's shirt on *ծածկալեզու* հանգիստ մնալ; չհուզվել
lose one's shirt *խոսակցական* կորցնել ողջ ունեցածը
Near is my shirt but nearer is my skin. *առած* Մաշկը շապիկից թանկ է: Առաջ մորթուս, հետո՝ որդուս: Ամեն մարդու շապիկն իր մաշկին մոտ է:
not to have a shirt to one's back հագին շապիկ չունենալ; աղքատ լինել

shirting *noun* վերնաշապիկի կտոր

shiver¹ |ˈʃıvə| **1** *verb* 1) դողալ; դողդողալ; սարսռել *(ցրտից, վախից)* 2) ծածանվել; փողփողալ *(քամուց)* **2** *noun* դող; սարսուռ ◊ **this gives me the shivers** մարմնովս սարսուռ է անցնում

shiver² |ˈʃıvə| **1** *noun* (սովորաբար **shivers**) բեկոր; կտոր **2** *verb հազվադեպ* ջարդվել; կոտրվել; փշրվել; կտոր-կտոր լինել

shoal¹ |ʃəʊl| **1** *noun* 1) վտառ *(ձկների)* 2) բազմություն *(մարդկանց)* **2** *verb* 1) վտառ կազմել; վտառներով լողալ *(ձկների մասին)* 2) խռնվել; խմբվել *(մարդկանց մասին)*

shoal² |ʃəʊl| **1** *noun* 1) ծանծաղ տեղ; ծանծաղուտ 2) ավազի առափնյա ծանծաղուտ **2** *verb* ծանծաղանալ; նվազել; բարակել **3** *adjective* ծանծաղահուն: ծանծաղ

shock¹ |ʃɒk| **1** *noun* 1) հարված; զարկ; ցնցում ◇ **electric shock** է եկտրահարություն; էլեկտրական հոսանքի հարված 2) ցնցում; հուզում 3) *բժշկություն* կաթված; ցնցակաթված **2** *verb* 1) ցնցել; հուզել 2) վրդովել; զայրացնել; անհարմար վիճակի մեջ գցել; շփոթեցնել; տհաճ զգացմունք առաջացնել

shock² |ʃɒk| **1** *noun* խուրձ; դեզ; բարդոց **2** *verb* դեզ/խուրձ անել

shock³ |ʃɒk| *noun* մազերի դեզ

shock absorber *noun* հարվածամեղմիչ; մեղմիչ

shocker |ˈʃɒkə| *noun* *խոսակցական* 1) ցնցող բան 2) *տեխնիկական, բրիտանական* ցնցամեղմիչ; հարվածամեղմիչ

shocking |ˈʃɒkɪŋ| *adjective* 1) վրդովեցուցիչ; զայրացուցիչ; սարսափելի; ցնցող; վիրավորական 2) վատ

shock wave *noun* հարվածային ալիք *(հատկապես պայթյունից առաջացած)*

shoddy |ˈʃɒdi **1** *adjective* (**-dier**, **-diest**) վատ որակի; ցածրորակ; անպետք **2** *noun* 1) անպետքություն; ցածրորակ ապրանք 2) կեղծ ապրանք *(որը լավորակ ապրանքի նմանակումն է)*

shoe |ʃuː| **1** *noun* 1) ոտնաման; կոշիկ; կիսակոշիկ 2) պայտ 3) ծայրակալ; ծայրապանակ 4) *տեխնիկական* ճնշիչ; կալանղ 5) ավտոդող; ծածկոցադող **2** *verb* (**shoes**, **shoeing**; անցյալ և անցյալ դերբայ **shod** |ʃɒd|) ոտնամաններ հագցնել; պայտել

A pretty pair of shoes! *խոսակցական* Ա՛յ քեզ բան/ զարմանք:

cast/fling an old shoe after sb 1) հետևից հին կոշիկ նետել *(հատկապես ամուսնացողների)* 2) *փոխաբերական* երջանկություն մաղթել; հետևից ջուր թափել; հետևից աման ջարդել

do sth on a shoe string մի գործ սկսել շատ փոքր գումարով

know where the shoe pinches իմանալ, թե որ մասում է սեղմում կոշիկը

put one's shoes under the bed *ամերիկյան* տեղավորվել, ինչպես իր տանը

put oneself in sb's shoes, be in sb's shoes իրեն մեկի տեղը դնել; պատկերացնել մեկի դրությունը/վիճակը

step into sb's shoes, fill sb's shoes փոխարինել մեկին; տեղը զբաղեցնել

That's another pair of shoes! Դա ուրիշ բան է; դա ուրիշ հարց է:

The shoe is on the other foot. 1) Պատասխանատվությունը ուրիշի վրա է: 2) Հիմա դրությունը փոխվել է:

wait for dead man's shoes մեռած մարդու կոշիկներին սպասել; հուսալ, որ մեկի մահից հետո ժառանգություն կստանա; հուսալ, որ մեկի մահից հետո պաշտոնը իրեն կմնա

shoeblack |ˈʃuːblæk| *noun* *հնացած* կոշիկներ մաքրող

shoehorn |ˈʃuːhɔːn| **1** *noun* եղջյուր *(կոշիկ հագնելու համար)* **2** *verb* զոռով մտցնել

shoelace |ˈʃuːleɪs| *noun* կոշկաքուղ

shoemaker |ˈʃuːmeɪkə| *noun* կոշկակար

shoestring |ˈʃuːstrɪŋ| *noun* 1) կոշկաքուղ 2) փոքր գումար

shoe tree *noun* կաղապար *(կոշկակարի)*

shoo |ʃuː| **1** *exclamation* քշա՛ *(ասվում է որևէ մարդու կամ կենդանու վախեցնելու կամ հեռացնելու համար)* **2** *verb* (**shoos**, **shooed**) քշա անել; վախեցնել

shoot |ʃuːt| **1** *verb* (անցյալ **shot** |ʃɒt|) 1) կրակել; արձակել *(հրացան, նետ և այլն, մի բանի վրա)* 2) գնդակահարել; խփել; սպանել 3) սլանալ; թռչել-անցնել 4) հարցակոծ անել; վրա տալ *(հարցեր)* 5) որս անել; որսալ 6) արձակել *(լույս)* 7) տալ; արձակել *(շիվեր, ընձյուղ)* 8) շիվեր/ընձյուղ արձակել *(բույսի մասին)* 9) լուսանկարել 10) գցել *(զառերը)* 11) ետ գցել; բաց անել *(սողնակը)* 12) որոշել բարձրությունը *(արևի)* • **shoot away** կրակել վերջացնել; կրակել *(բոլոր փամփուշտները)* **shoot down** գնդակահարել; գնդակով սպանել; խփելով վայր գցել *(ինքնաթիռը)* **shoot forth** բողբոջ տալ; ծլել; ծիլ արձակել; բացվել *(բողբոջների մասին)* **shoot in** *ռազմական* կրակելով նշանառությունը ստուգել; փորձնական կրակոցով ճիշտ նշան բռնել; նշանափորձել **shoot out** i) դուրս ցցվել *(հրվանդանի/ցամաքալեզվակի մասին)* ii) ժայթքել; դուրս նետել; դուրս շպրտել iii) դուրս թռչել iv) տալ; արձակել *(ընձյուղ, շիվ)* **shoot up** i) արագ աճել ii) վեր բարձրանալ; վեր խոյանալ *(լեռնագագաթի մասին)* iii) բարձրանալ *(գնի մասին)* iv) *ամերիկյան* ահաբեկել; տեռորի ենթարկել *(բնակչությանը)* **2** *noun* 1) կրակոց 2) ընձյուղ; շառավիղ; շիվ 3) հրաձգության մրցում; հրաձգություն 4) թեք ջրափողրակ 5) որսի գնալը

shoot a bolt սողնակը քաշել/փակել *(դռան)*

shoot a covert, shoot an estate կալվածքում որս անել; վայրի կենդանիներ սպանել

shoot a glance արագորեն հայացք նետել

shoot a line *ծածկալեզու* փչել; խաբել; ստել

shoot a place up *ամերիկյան ծածկալեզու* ահաբեկել *(կրակելով տների վրա)*

shoot one's bolt մի վերջին ճիգ գործադրել

shoot one's mouth off *ամերիկյան ծածկալեզու* բերանը շաղ տալ; ափեղ-ցփեղ խոսել

shoot square/straight *ամերիկյան* ազնիվ խաղալ; ազնվաբար վարվել

shoot sth off կրակելով կտրել որևէ բան

shoot the sitting duck/pheasant *խոսակցական* նստած թռչունին կրակել; օգտվել մարդու անօգնական վիճակից

shooter |ˈʃuːtə| *noun* 1) հրաձիգ 2) հրազեն

square shooter *խոսակցական* ազնիվ մարդ

shooting |ˈʃuːtɪŋ| **1** *noun* 1) հրաձգություն 2) որս; որս անելը 3) որս անելու իրավունք 4) որսի համար թույլատրված վայր **2** *adjective* արագ շարժվող; արագաշարժ

shooting star *noun* ընկնող աստղ

shop |ʃɒp| **1** *noun* 1) խանութ; կրպակ 2) արհեստանոց; գործամաս; արտադրամաս **2** *verb* (**shopped**, **shopping**) 1) գնումներ կատարել 2) *խոսակցական* տեղեկություն հաղորդել; մատնել

all over the shop 1) ցաք ու ցրիվ; խառնիխուռն 2) ամենուր; ամեն տեղ
assembly/adjusting shop հավաքման արտադրամաս
a talking shop խոսարան *(խորհրդարանում)*
chemist's shop դեղատուն
closed shop միայն արհմիության անդամներին աշխատանքի ընդունող փակ ձեռնարկություն
come/go to the wrong shop *խոսակցական* սխալ մարդու դիմել *(օգնության/խորհրդի համար)*
come to the right shop ճիշտ հասցեով գալ; դիմել ում հարկն է
curiosity shop հնառճ ապրանքների խանութ
in-and-out shop *խոսակցական* զուգահեռ փողոցների վրա մուտքեր ունեցող խանութ
keep a shop խանութ ունենալ/պահել
keep shop հերթապահություն անել *(փոքր խանութում մեկի փոխարեն)*
Keep your shop and your shop will keep you. *առած* Խանութդ պահի՛ր, որ նա էլ քեզ պահի:
put all one's goods in the shop window ամբողջ ապրանքը ցուցափեղկում դնել; ողջ գիտելիքները ցուցադրել; ունեցած միջոցները գործադրել
set up a shop խանութ բացել
sink the shop *խոսակցական* ընդհանուր զրույցի ժամանակ խուսափել նեղ մասնագիտական նյութերից
talk shop *խոսակցական* ընդհանուր զրույցի ժամանակ նեղ մասնագիտական նյութ շոշափել
the other shop մրցակից ձեռնարկություն/խանութ

shopaholic |ʃɒpəˈhɒlɪk| *noun* *խոսակցական* խանութամոլ; գնումների սիրահար

shop floor *noun* արտադրական տարածք

shopgirl (նաև **shop girl**) *noun* *հնացած* վաճառողուհի; գործակատարուհի; վաճառորդ կին

shopkeeper |ˈʃɒpkiːpə| *noun* խանութպան; խանութի տեր

shopman |ˈʃɒpmən| *noun* (հոգն. **-men**) *հնացած* 1) վաճառող; վաճառորդ; գործակատար 2) խանութի տեր; խանութպան

shopper |ˈʃɒpə| *noun* գնորդ

shopping |ˈʃɒpɪŋ| *noun* 1) գնում; գնումներ 2) գնված ապրանքներ

shopping center *noun* առևտրի կենտրոն

shop steward *noun* բանվորների արհեստակցական միության ներկայացուցիչ *(գործարանատիրոջ հետ բանակցություններ վարելու համար ընտրված)*

shore¹ |ʃɔː| *noun* 1) ափ; ծովափ; ծովեզերք 2) երկիր ◇ **my native shore** իմ հայրենի երկիր 3) առափնյա ջրեր ◇ **in shore** առափնյա ջրերում
shore dinner ծովային բույսերից կամ ծովային կենդանիների մսից պատրաստված ճաշատեսակ

shore² |ʃɔː| **1** *noun* նեցուկ; հենարան; դիմհար **2** *verb* նեցուկ դնել

shoreline |ˈʃɔːlʌɪn| *noun* ջրափնյա գիծ; ափագիծ

short |ʃɔːt| **1** *adjective* 1) կարճ; համառոտ; կարճառոտ; հակիրճ; սեղմ; ամփոփ 2) կարճատև 3) կարճահասակ *(մարդու մասին)* 4) թույլ; վատ *(հիշողության/տեսողության մասին)* 5) դյուրագրգիռ *(բնավորության մասին)* 6) անբավարար; սակավ; քիչ 7) սուր; կտրուկ; չոր *(պատասխանի/ընդունելության/վերաբերմունքի մասին)* 8) բեկուն; դյուրաբեկ *(մետաղի մասին)* 9) փխրուն; փուխր *(թխվածքի մասին)* 10) *ծածկալեզու* թունդ *(խմիչքի մասին)* **2** *adverb* 1) հանկարծակի; անակնկալ կերպով; անսպասելիորեն; հանկարծ; միանգամից 2) չհասած; ոչ հեռու 3) կարճ; համառոտակի **3** *noun* 1) *հնչյունաբանություն* կարճ ձայնավոր հնչյուն կամ վանկ 2) *ռազմական* թերաթռիչք *(արկի)* 3) *էլեկտրականություն* կարճ միացում **4** *verb* կարճ միացում տալ
be short of պակաս զգալ; չունենալ անհրաժեշտ քանակի որևէ բան *(ժամանակ, եկամուտ, ուտելիք)*
be taken short շտապ զուգարանի կարիք զգալ
bring/pull/take sb short հանկարծակի/կոպտորեն ընդհատել մեկին
come/drop/fall short of sth 1) չբավարարել; թերություն/պակասություն ունենալ 2) հույսերը չարդարացնել; նպատակին չհասցնել
cut sb short կոպտորեն ընդհատել
for short կրճատ; համառոտ; առանց մանրամասների
go short of պակասություն ունենալ; հատկապես՝ սննդի
in short կարճ ասած; մի խոսքով
little short of համարյա; մոտ; գրեթե; քիչ էր մնացել
make short work of sth արագորեն անել-վերջացնել; ուտել-վերջացնել; խմել-վերջացնել
nothing short ոչ պակաս, քան; ոչ այլ ինչ, եթե ոչ
run short of վերջացնել; վերջին հասնել *(պաշարի և այլն)*
sell sb short մատնել; դավաճանել; ստորացնել մեկին
short circuit էլեկտրական կարճ միացում
short-handed աշխատող ձեռքի պակաս; բավականաչափ բանվոր կամ օգնող ձեռք չունեցող ինչ-որ հիմնարկ
short of breath հևալով; շնչասպառ
short pastry շատ յուղով թխվածք/խմորեղեն
Short reckonings make long friends. *առած* Արդար հաշիվը ընկերությունը երկար կպահի:

shortage |ˈʃɔːtɪdʒ| *noun* պակասություն; կարիք; պակաս

shortbread |ˈʃɔːtbrɛd| *noun* փխրուն կարկանդակ/թխվածք

short circuit **1** *noun* կարճ միացում **2** *verb* (**short-circuit**) կարճ միացնել

shortcoming |ˈʃɔːtkʌmɪŋ| *noun* պակասություն; թերություն

shortcut *noun* 1) ամենակարճ ուղի 2) *համակարգիչներ* դյուրանցում; կարճատ

shorten |ˈʃɔːt(ə)n| *verb* 1) կրճատվել; կարճանալ 2) կրճատել; կարճացնել 3) սեղմել; փոքրացնել *(առագաստները)*
shorten the arm/hand of sb մեկի ձեռքերը կարճացնել; իշխանությունը սահմանափակել

shortfall |ˈʃɔːtfɔːl| *noun* պակաս; քչություն; սակավություն

shorthand |ˈʃɔːthænd| *noun* սղագրություն

short-handed *adjective* 1) բանվորական ուժի պակաս ունեցող 2) *մարզական* պակաս խաղացողներով խաղացող

short list |ˈʃɔːtlɪst| (նաև **shortlist**) **1** *noun* 1) վերջնական ցուցակ 2) վերջին փուլ հասած թեկնածուների ցուցակ **2** *verb* (**short-list**) 1) վերջին փուլի ցուցակի մեջ մտցնել 2) վերջնական ցուցակի մեջ մտցնել

short-lived *adjective* 1) կարճատև կյանք ունեցող; վաղանցիկ 2) շուտ փչացող *(մթերքի մասին)*

shortly |ˈʃɔːtli| *adverb* 1) շուտով 2) կարճ; կարճառոտ; հակիրճ; համառոտակի 3) սուր կերպով; չոր; կոպտորեն

shorts |ʃɔːts| *plural noun* 1) կարճ տաբատ/շալվար; կիսատաբատ *(մինչև ծնկները հասնող)* 2) կիսավարտիք *(տղամարդու)*

shortsighted (նաև **short-sighted**) *adjective* 1) կարճատես 2) անհեռատես

short-term *adjective* կարճատև; կարճաժամկետ

shortwave *noun ռադիո* կարճալիք

short-winded *adjective* շնչարգելությամբ տառապող

shot[1] |ʃɒt| *noun* 1) կրակոց; կրակոցի ձայն 2) թնդանոթային ռումբ; թնդանոթառումբ; գնդակ 3) հրաձիգ; նետաձիգ 4) (**shots**) կոտորակ; կապարագնդիկ; մանրագնդակ; կոտորուք 5) փորձ; փորձելը 6) կռահում; գուշակում; գլխի ընկնելը 7) լուսանկար

a big shot *ծածկալեզու* կարևոր անձնավորություն; մեծ մարդ *(հատկապես ինքնագոհ)*

a dead shot դիպուկ հրաձիգ; անվրեպ կրակող

a shot in the blue սխալ; վրիպում; սխալմունք

a shot in the eye ատրություն; նողկալի արարք

a shot in the locker 1) առձեռն դրամ 2) մնացած հնարավորությունը

have/get/give sb a shot in the arm 1) թևի մեջ ներարկել 2) ունենալ/տալ մեկին մի բան վերականգնելու համար *(տնտեսությունը և այլն)*

have a shot at sth մի բան փորձել/անել

in/within a shot կրակելու հեռավորության վրա; հասանելիության սահմաններում

like a shot անմիջապես; առանց տատանվելու *(մի բան անել)*

make a good shot at ճիշտ կռահել/գուշակել/նշանառել

make a shot at a question փորձել գուշակել հարցի պատասխանը

off like a shot սուրալ նետի նման

pay one's shot հաշիվը փակել *(հյուրանոցում, ռեստորանում)*

point-blank shot դիմահար կրակոց

small shot մանրագնդակ; կոտորակ

stand shot *խոսակցական* բոլորի փոխարեն հաշիվը փակել; բոլորի փոխարեն վճարել

take a long shot ենթադրություններ անել; ծրագրեր կազմել

without firing a shot առանց դիմադրության; առանց մի գնդակ արձակելու

shot[2] |ʃɒt| **1** անցյալ և անցյալ դերբայ տե՛ս **shoot** **2** *adjective* 1) ծածանվող; երանգը փոփոխող *(գործվածքի մասին)* 2) ծածկված; սփռված; պատված *(ինչ-որ բանով)* 3) մաշված; քայքայված 4) հյուծված 5) հարբած

shotgun |ˈʃɒtgʌn| **1** *noun* որսորդական հրացան; կոտորակի հրացան **2** *adjective* անհապաղ

shot put *noun* գնդի հրում/նետում

should |ʃʊd| *modal verb* 1) անցյալ տե՛ս **shall** 2) պիտի; պետք է; անհրաժեշտ է *(արտահայտում է հանձնարարում, խորհուրդ, հորդոր)* ◇ **they should be able to learn that** նրանք պետք է կարողանային սովորել դա 3) *(արտահայտում է զարմանք, վրդովմունք, ուրախություն, ափսոսանք)* ◇ **why should I do it?** իսկ ինչո՞ւ պիտի ես դա անեմ 4) *(իրեն հաջորդող perfect infinitive ձևի հետ արտահայտում է ընձական եղանակի իմաստ)* ◇ **You should have come yesterday.** Երեկ դուք պետք է եկած լինեիք: 5) *(արտահայտում է պայմանական եղանակի իմաստ)* ◇ **Should you need more information please let us know.** Եթե ավելի շատ տեղեկության կարիք զգաք, խնդրում եմ՝ տեղյակ պահեք: 6) *(ստորադասական նախադասություններում that բառից հետո արտահայտում է զգացմունքներ)* ◇ **It is surprising that we should find crime here.** Զարմանալի է, որ մենք պետք է անպայման հանցանք տեսնենք այստեղ: 7) *(արտահայտում է հավանականություն)* ◇ **This amount should be enough for that purpose.** Այս գումարը պետք է բավարար լինի այդ նպատակի համար:

shoulder |ˈʃəʊldə| **1** *noun* 1) *կազմախոսություն* ուս; թիակ 2) ելուստ; դուրս ցցված մաս 3) ճամփեզր; եզրք **2** *verb* 1) ուսին դնել; ուսին առնել 2) հրել; բոթել; հրելով առաջ գնալ 3) *փոխաբերական* իր վրա վերցնել *(պատասխանատվություն, գործ և այլն)*

give sb the cold shoulder սառն ընդունելություն ցույց տալ; նոթերը կիտել հյուրի մոտ

His shoulders are broad enough. Նա բավականին վճռական մարդ է

put on sb's shoulders, shift on to other shoulders ուրիշի վրա բարդել/գցել *(մեղքը/ծախսերը և այլն)*

put out/dislocate one's shoulder ուսը հոդախախտ անել/դուրս գցել

shoulder arms *ռազմական* ուսել հրացանը

shoulder to shoulder ուս-ուսի; կողք-կողքի

stand head and shoulder above մյուսներից մի գլուխ բարձր լինել; մտավոր և բարոյական տեսակետից շրջապատից բարձր լինել

straight from the shoulder ուղղակի; բաց; առանց ակնարկների *(քննադատել, կշտամբել և այլն)*

shoulder belt *noun* լանջագոտի; ուսափոկ

shoulder blade *noun կազմախոսություն* թիակ

shoulder strap *noun* 1) *ռազմական* ուսադիր 2) ուսակապ; ուսաժապավեն

shout |ʃaʊt| **1** *verb* 1) գոռալ; բղավել 2) բարձրաձայն ասել 3) մոտ կանչել 4) բարձրաձայն ծիծաղել 5) (**shout at**) բարկանալ *(մեկի վրա)* 6) (**shout someone down**) լռեցնել *(մեկին՝ բարձր գոռալով)* **2** *noun* 1) գոռոց; աղաղակ; կանչ; գոչյուն 2) ծիծաղի պոռթկում

shove |ʃʌv| **1** *verb* 1) մտցնել; խցկել; կոխել; ճխտել 2) հրել; բոթել *(մեկին)* • **shove off** i) *խոսակցական* հեռանալ; փախչել *(սովորաբար հրամայական նախադասություններում)* ii) հրել *(նավակն ափից կամ նավից)* **2** *noun* ուժեղ հրում

shovel |ˈʃʌv(ə)l| **1** *noun* 1) թի; թիակ 2) կարճակոթ գոգավոր թիակ; գոգաթիակ; գոգաթի 3) շերեփ *(էքսկավատորի)* 4) շերեփով լի; թիակով լի *(ինչ-որ բանի քանակություն)* **2** *verb* (**-eled**, **-eling**; բրիտ. **-elled**, **-elling**) 1) թիակով նետել; թիակով տեղաշարժել 2) ձյունը մաքրել թիակով 3) *խոսակցական* սնունդը ճխտել/խցկել

show |ʃəʊ| **1** *verb* (անցյալ դերբայ **shown** |ʃəʊn| կամ **showed**) 1) ցույց տալ; ցուցադրել 2) ուղեկցել *(որևէ տեղ)* 3) ներկայացնել; ցույց տալ 4) դրսևորել; երևան բերել; ցուցաբերել; հանդես բերել 5) տեսանելի/նկատելի լինել; երևալ 6) *խոսակցական* կազմակերպել *(ցուցահանդես, ներկայացում)* • **show in** ներս ուղեկցել; ներս տանել; ներս հրավիրել **show off** i) աչքերին թոզ փչել; իրեն երևակայել; իրեն ցույց տալ ii) ցուցաբերել; ցույց տալ *(իր ընդունակությունները)* **show out** դուրս առաջնորդել **show over** ուղեկցելով ցույց տալ *(շենքի ներսը)* **show round** ցույց տալ *(քաղաքը, թանգարանը և այլն)* **show up** i) մերկացնել *(խաբեությունը և այլն)* ii) բաց անել; քողազերծել; բացահայտել iii) պարզորոշ երևալ; աչքի ընկնել; դուրս ընկած լինել; դուրս ցցվել iv) երևալ; հայտնվել; լույս ընկնել **2** *noun* 1) ցուցահանդես 2) ցուցադրում; ցուցադրելը ◇ **the show of hands** ձեռք բարձրացնելը *(քվեարկության ժամանակ)*. **in dumb show** նշաններով; նշանների օգնությամբ *(առանց խոսելու)* 3) տեսարան; երևույթ 4) խաբուսիկություն; երևութականություն; առերևույթ բան ◇ **make a show** ձևանալ. **do something for show** ցուցադրաբար որևէ բան անել 5) ներկայացում 6) հարմար/պատեհ առիթ

give away the show *խոսակցական* գաղտնիքը դուրս տալ

showboat |ˈʃəʊbəʊt| **1** *noun* 1) *ամերիկյան* լողացող թատրոն *(շոգենավի վրա)* 2) ցուցամոլ; պարծենկոտ **2** *verb* *խոսակցական* պարծենալ; ցուցամոլություն անել

show business *noun* զվարճալիքների արտադրություն; շոու բիզնես

showcase |ˈʃəʊkeɪs| **1** *noun* 1) ցուցափեղկ 2) ցուցադրման վայր **2** *verb* ցուցադրել; ներկայացնել

showdown |ˈʃəʊdaʊn| *noun* 1) վճռական մենամարտ *(որով փորձ է արվում լուծել հարցը)* 2) խաղաթղթերը բաց անելը

shower |ˈʃaʊə| **1** *noun* 1) ցնցուղ 2) տեղատարափ անձրև 3) տարափ 4) ուժեղ ձյուն; ձյան տարափ 5) հեղեղ **2** *verb* 1) հորդառատ տեղալ 2) վրա տալ; վրան տեղալ

send someone to the showers *խոսակցական* ստիպել մեկին սկզբում պարտվել

shower questions հարցերի տարափ տեղալ; հարցակոխ անել

shower sth upon sb, shower sb with sth մեկին ողողել/հեղեղել մի բանով; մեկին առատորեն տալ մի բան

showing |ˈʃəʊɪŋ| *noun* ցուցադրություն; ներկայացում

showman |ˈʃəʊmən| *noun* (հոգն. **-men**) 1) ցուցահանդես կազմակերպող անձ 2) հանդիսությունների կազմակերպող անձ; հանդիսապետ

Show Me State Ցույց Տուր Ինձ Նահանգ *(ԱՄՆ-ի Միսուրի նահանգի մականունը)*

show-off *noun* *խոսակցական* պարծենկոտ անձ

showroom |ˈʃəʊruːm|, |-rʊm| *noun* ցուցասրահ; ցուցադրության դահլիճ *(ապրանքների, նմուշների և այլնի)*

show window *noun* ցուցափեղկ

showy |ˈʃəʊi| *adjective* (**showier**, **showiest**) 1) գույնզգույն; ճոխ; փարթամ *(ծաղիկների մասին)* 2) չափազանց վառ; աչք ծակող; անճաշակ; ճչացող *(հագուստի մասին)*

shrapnel |ˈʃræpn(ə)l| *noun* *ռազմական* կոտորակառումբ *(որը պայթում է բախումից առաջ)*

shred |ʃrɛd| **1** *noun* կտոր; ծվեն; լաթ; պատառ; պատառիկ ◇ **cut to shreds** կտոր-կտոր անել; կտրատել. **tear to shreds** պատառոտել; կտոր-կտոր անել; ծվեն-ծվեն անել **2** *verb* (**shredded**, **shredding**) 1) կտրատել; պատառոտել; ծվատել 2) ծվեն-ծվեն լինել; քրքրվել

shrew |ʃruː| *noun* 1) *կենդանաբանություն* սրընչակ; նրբաքիթ մուկ *(ընտանիք Soricidae)* 2) անհանգիստ/կամակոր կին; լաչառ

shrewd |ʃruːd| *adjective* 1) խորաթափանց; սրաթափանց; թափանցող; սուր 2) խորամանկ; չար; չարամիտ; անզգամ 3) *հնացած* սուր; թափանցող *(քամու/ցրտի մասին)* 4) *հնացած* ծանր *(հարվածի մասին)*

shrewdly *adverb* 1) ուժգնորեն; տանջալիորեն 2) խորաթափանցորեն

shrewish *adjective* վիճասեր; հակառակասեր; կռվարար

shriek |ʃriːk| **1** *verb* սուր ճիչ արձակել; ճղճղալ; ճղավել; ճվճվալ; ծղրտալ **2** *noun* սուր ճիչ; ճղավոց; ճղճղոց; ծղրոց

shrill |ʃrɪl| **1** *adjective* 1) զիլ; սուր; բարձրաձայն *(դժգոհություն և այլն)* 2) պնդերես; աներես **2** *verb* ճչալ; ճղճղալ; ճվճվալ; սուր ձայն արձակել; սուր ձայնով խոսել **3** *noun* ճվճվոց; ճղճղոց

shrimp |ʃrɪmp| **1** *noun* (հոգն. նույնը կամ **shrimps**) 1) *կենդանաբանություն* մանր ծովախեցգետին; ծովամարախ *(Pandalus, Penaeus, Crangon, և այլ տեսակներ, կարգ Decapoda)* 2) թզուկ; գաճաճ 3) ոչնչություն; չնչին մարդ **2** *verb* ծովախեցգետին/ծովամարախ որսալ

shrine |ʃrʌɪn| **1** *noun* 1) աճյունատուփ; մասունքների տապանակ; դամբարան; տապան; շիրիմ 2) *բանաստեղծական* տաճար; եկեղեցի; սեղան; բեմ *(եկեղեցում)* 3) սրբավայր 4) սրբություն **2** *verb* *բանաստեղծական* սրբությամբ պահել

worship at the shrine of mammon կյանքը նվիրել հարստություն կուտակելուն

shrink |ʃrɪŋk| **1** *verb* (անցյալ **shrank** |ʃræŋk|; անցյալ դերբայ **shrunk** |ʃrʌŋk| նույնը **shrunken** |ˈʃrʌŋk(ə)n|) 1) կարճանալ; նեղանալ; մտնել; կծկվել *(հատկապես հագուստի մասին)* 2) կծկել; կրճատել 3) կծկվել *(ցրտից)* 4) խուսափել; խույս տալ 5) ետ քաշվել; ընկրկել; հեռանալ; ետ ցատկել **2** *noun* խոսակցական հոգեբան; հոգեբույժ

shrink into oneself իր մեջ ամփոփվել

shrinkage |ˈʃrɪŋkɪdʒ| *noun* 1) կրճատում; կրճատվելը; սեղմվելը; կծկվելը 2) ցրոն *(ցրվելուց առաջացած կորուստ)* 3) չորակորուստ; պակասում; պակասելը 4) եկամտի կորուստ

shrive |ʃraɪv| *verb* (անցյալ **shrove** |ʃrəʊv|; անցյալ դերբայ **shriven** |ˈʃrɪv(ə)n|) *հնացած եկեղեցական* 1) խոստովանել; մեղքերի թողություն խնդրել 2) խոստովանեցնել; խոստովանության ենթարկել; մեղքերի թողություն տալ 3) (**shrive oneself**) խոստովանության ներկայանալ

shrivel |ʃrɪv(ə)l| *verb* (**-eled**, **-eling**; բրիտ. **-elled**, **-elling**) 1) կնճռոտվել; խորշոմել; կուչ գալ; կծկվել՝ չորանալ *(ծերությունից, շոգից, երաշտից, սառնամանիքից)* 2) ծռմռվել; կեռվել; կեռանալ; կուչ գալ 3) կորցնել կորովը/հետաքրքրությունը

shroud |ʃraʊd| **1** *noun* 1) պատան; պատանք 2) ծածկոց *(ձյան, մթության, մշուշի)* ◊ **under a shroud of mistery** գաղտնիքով պատած; գաղտնիքով ծածկված; խորհրդավորությամբ պարուրված 3) *ծովային* (**shrouds**) կայմապարաններ **2** *verb* 1) պատանել; պատանքի մեջ պահել 2) թաքցնել; ծածկել; փաթաթել 3) *փոխաբերական* պատել; ծածկել; պարուրել *(մշուշի և այլնի մասին)*

Shrovetide |ˈʃrəʊvtaɪd| *noun* Բարեկենդան

Shrove Tuesday |ʃrəʊv| *noun* Բարեկենդան *(կաթոլիկական երկրներում)*

shrub[1] |ʃrʌb| *noun* 1) թուփ 2) թփուտ

shrub[2] |ʃrʌb| *noun* մրգահյութից և լիկյորից պատրաստված ըմպելիք

shrubbery |ˈʃrʌb(ə)ri| *noun հավաքական* թփուտ; մացառուտ; թփեր

shrubby *adjective* 1) թփակալած; թփոտ 2) թփանման

shrug |ʃrʌg| **1** *verb* (**shrugged**, **shrugging**) թոթվել *(ուսերը)* **2** *noun* թոթվում; թոթվելը *(ուսերի)*

shrug sth off ուշադրություն չդարձնել; մտքից հանել *(որպես անկարևոր մանրուք)*

shuck |ʃʌk| **1** *noun* 1) կեղև; կճեպ; պատիճ *(ընկույզի և այլնի)* ◊ **not worth shucks!** *փոխաբերական* մի քոռ կոպեկ չարժե; դատարկ բան է 2) խեցի *(ոստրեի)* 3) *խոսակցական* չնչին մարդ **2** *exclamation խոսակցական* իրո՞ք; ի՞նչ եք ասում *(արտահայտում է զարմանք՝ ի պատասխան գովեստի)* **3** *verb* 1) կեղևահան անել; կճեպից մաքրել 2) հանել *(հագուստը)* 3) *խոսակցական* ազատվել; դեն նետել

shudder |ˈʃʌdə| **1** *verb* դողալ; սարսռել; սարսուռ զգալ **2** *noun* սարսուռ; դող

give someone the shudders վախեցնել մեկին

shuffle |ˈʃʌf(ə)l| **1** *verb* 1) քստքստացնել *(ոտքերով)* 2) քարշ տալ *(ոտքերը)* 3) (**shuffle out of**) խաբել; խորամանկել; խորամանկությամբ խույս տալ 4) իրեն երկդիմի ձևով պահել 5) խառնել *(խաղաթղթերը)* 6) տեղերը փոխել 7) հանգիստ չնստել; անհանգիստ շարժվել; շուռումուռ գալ *(աթոռի վրա)* 8) մի կույտի մեջ խառնել **2** *noun* 1) քստքստոց; ոտքերը քստքստացնելը; քստքստոցով քայլելը 2) խառնում; խառնելը *(խաղաթղթերի)* 3) խորամանկություն; ճարպիկ խաղ; խաբեբայություն; խաբեբայական արարք 4) տեղափոխում; տեղերը փոխելը

be /get lost in the shuffle խառնաշփոթի մեջ չնկատվել

shuffler *noun* 1) ճարպիկ մարդ 2) թղթախաղում քարտերը բաժանող մարդ

shun |ʃʌn| *verb* (**shunned**, **shunning**) խուսափել; զգուշանալ; հեռու կենալ

shunt |ʃʌnt| **1** *verb* 1) թեքվել; շեղվել *(ճանապարհից)* 2) երկաթուղային պահեստային գիծ փոխադրել 3) հետաձգել *(քննարկումը)* 4) փոխադրել *(այլ աշխատանքի, սովորաբար պակաս կարևոր)* 5) էլեկտրականություն զուգահեռ գիծ անցկացնել; շունտել **2** *noun* 1) երկաթուղային պահեստային գիծ փոխադրելը *(գնացքի)* 2) երկաթուղային սլաք; ուղեփոխ սլաք 3) էլեկտրականություն զուգահեռսալար; շունտ

shunter *noun* 1) երկաթուղային սլաքավար; վագոնակից բանվոր 2) *ծածկալեզու* հիմուտ կազմակերպիչ

shut |ʃʌt| **1** *verb* (**shutting**; անցյալ **shut**) 1) փակել; ծածկել; կողպել 2) բանտարկել 3) ներս չթողնել; մուտքն արգելել 4) ծածկվել; փակվել • **shut down** i) աշխատանքը դադարեցնել *(գործարանում, ձեռնարկությունում)* ii) անջատել; կանգնեցնել **shut in** փակել; կողպել *(որևէ բանի մեջ)* **be shut in** i) շրջապատված լինել *(լեռներով, տներով)* ii) առաջը կտրել; փակել *(լույսի և այլնի)* **shut into** ճմլել; տրորել; տակովն անել *(մատը)* **shut off** i) անջատել *(ջուրը, հոսանքը, շոգին և այլն)* ii) (**shut off from**) մեկուսացնել *(որևէ մեկից)* **shut out** i) արգելել; թույլ չտալ ii) ներս չթողնել; մուտքն արգելել **shut up** i) փակել; ծածկել *(դռները և այլն)* ii) բանտարկել; փակել iii) լռել; բերանը փակել; ձայնը կտրել **shut up!** լռի՛ր; բերանդ փակի՛ր; ձայնդ կտրի՛ր **2** *adjective* փակ; կողպված

shutdown |ˈʃʌtdaʊn| *noun* 1) կանգ առնելը; կանգառ; դադարեցում; փակում *(գործարանի, ձեռնարկության)* 2) *համակարգիչներ* անջատում; անջատելը

shut-in *noun խոսակցական* հիվանդ *(որը փակված է շինության ներսում՝ հիվանդության պատճառով)*

shutoff (նաև **shut-off**) *noun խոսակցական* անջատիչ

shutter |ˈʃʌtə| **1** *noun* 1) փեղկ; փակոցափեղկ 2) կափարիչ; խուփ; բերանակալ 3) փականակ *(լուսանկարչական ապարատի)* **2** *verb* 1) փեղկերը փակել 2) փակել ձեռնարկությունը

shuttle |ˈʃʌt(ə)l| **1** *noun* 1) մերձքաղաքային գնացք 2) մաքոք *(մանածագործական հաստոցի, կարի մեքենայի)* **2** *verb* 1) ետ ու առաջ շարժվել *(երկու կամ ավելի վայրերի միջև)* 2) երթևեկել գնացքով

shuttle diplomacy երկու կողմերի միջև գնալ-գալու դիվանագիտական բանակցություններ

shuttle service ոչ շատ հեռու վայրերի միջև երթուղարձ անող փոխադրամիջոց

shuttlecock |ˈʃʌt(ə)lkɒk| *noun* փետրագնդակ

shy[1] |ʃaɪ| **1** *adjective* (**shyer**, **shyest**) 1) ամաչկոտ; ամոթխած; քաշվող; անվճռական 2) վախկոտ; երկչոտ; խրտնող *(կենդանու մասին)* 3) կասկածոտ; չվստահող; կասկածամիտ; զգույշ 4) (**shy of**) անբավարար; քիչ **2** *verb* (**shies**, **shied**) 1) ետ ցատկել; ետ թռչել; վախենալ 2) խրտնել; մի կողմ նետվել; ընկրկել *(ձիու մասին)* **3** *noun* խրտնելը; ընկրկելը *(հատկապես ձիու)*

shy² |ʃʌɪ| *հնացած* **1** *verb* (**shies**, **shied**) գցել; նետել; շպրտել **2** *noun* (հոգն. **shies**) 1) շպրտում; շպրտելը; նետում; նետելը 2) փորձ; փորձելը ◇ **have a shy at** փորձել *(մի բան անել)*

SI *abbreviation* Système International միավորների միջազգային համակարգ

Siam |sʌɪ'æm| Սիամ *(Թաիլանդի նախկին (մինչև 1939 թ.) անվանումը)*

Siamese |sʌɪə'mi:z| **1** *noun* (հոգն. նույնը) 1) սիամցի ◇ **the Siamese** սիամցիներ *(ներկայումս՝ թաիլանդցի)* 2) սիամերեն *(թաիլանդերեն)* 3) սիամական կատու **2** *adjective* *հնացած* սիամական

Siamese twins *plural noun* սիամական զույգ *(միմյանց հետ կպած վիճակում ծնված զույգ)*

Siberia |sʌɪ'bɪərɪə| Սիբիր *(Ռուսաստանի ասիական տարածքը՝ Ուրալից մինչև Խաղաղ օվկիանոս)*

sibilant |'sɪbɪl(ə)nt| **1** *adjective* *հնչյունաբանություն* շչական; սուլական *(հնչյունի մասին)* **2** *noun* *հնչյունաբանություն* շչական կամ սուլական հնչյուն

sibling |'sɪblɪŋ| *noun* եղբայր կամ քույր

sic¹ |sɪk| *adverb* ահա այսպես *(դրվում է գրավոր խոսքում, մեջբերման հետ՝ ցույց տալու, որ մեջբերումը տարօրինակ է կամ սխալ)*

sic² |sɪk| (նաև **sick**) *verb* (**sicced**, **siccing** կամ **sicked**, **sicking**) քսի տալ

Sicilia |si'tʃiljæ| Սիցիլիա *(իտալերեն անվանումը)*

Sicily |'sɪsɪli| Սիցիլիա *(Իտալիային պատկանող կղզի Միջերկրական ծովում)*

sick¹ |sɪk| **1** *adjective* 1) հիվանդ; տկար 2) սրտխառնոց զգացող/ունեցող ◇ **air-sick/car-sick/sea-sick** ինքնաթիռի/մեքենայի/նավի շարժումից սրտխառնոց զգալ 3) *խոսակցական* հոգնած; տանջված **2** *noun* *խոսակցական* փսխում **3** *verb* *խոսակցական* փսխել; ետ տալ

be off sick with sth աշխատանքից բացակայել *(հիվանդության/վատառողջության պատճառով)*

be sick 1) սիրտը խառնել 2) հիվանդ լինել

be sick of sth հոգնած/զզված լինել ինչ-որ բանից

fall sick հիվանդանալ

it makes one sick to hear/see տհաճ/զզվելի է լսելը/տեսնելը

sick and tired to death of *խոսակցական* խիստ զզված/հոգնած լինել *(մեկից/մի բանից)*

sick as a cat փսխել;ործկալ; հետ տալ; զզվանք զգալ

sick at heart շատ տխուր; անչափ թախծոտ

sick for sth կարոտած լինել; շատ ցանկանալ մի բան

sick sth up կերածը հետ տալ; փսխել

sick² *verb* տե՛ս **sic2**

sickbed |'sɪkbɛd| *noun* հիվանդի անկողին

sicken |'sɪk(ə)n| *verb* 1) հիվանդանալ 2) զզվանք զգալ 3) զզվանք առաջացնել 4) հոգնեցնել; ձանձրացնել 5) թառամել; թոշնել *(բույսի մասին)*

sickening *adjective* զզվելի; գարշելի; նողկալի

sickle |'sɪk(ə)l| *noun* մանգաղ

sick leave *noun* ազատում հիվանդության պատճառով

sick list *noun* 1) *ռազմական* հիվանդների ցուցակ 2) անաշխատունակության թերթիկ

sickly |'sɪkli| *adjective* (**-lier**, **-liest**) 1) հիվանդոտ; վատառողջ; հիվանդ 2) վնասակար; անառողջ; անդուր *(կլիմայի մասին)* 3) սրտխառնոց առաջացնող 4) չափազանց դյուրազգայուն

sickness |'sɪknɪs| *noun* 1) հիվանդություն; վատառողջություն; տկարություն 2) սրտխառնոց; սրտխառնուք

sickness benefit անաշխատունակության վճար

side |sʌɪd| **1** *noun* 1) կողմ 2) պատ; կող *(սենյակի, արկղի և այլն)* 3) լանջ; կող *(բլրի, լեռան)* 4) լուսանցք *(էջի)* 5) կող; կողք 6) գիծ; կողմ *(ազգակցության)* 7) ծածկալեզու փքվելը; իրեն երևակայելը; մեծամտություն **2** *verb* 1) (**side with**) մեկի կողմը բռնել 2) կողմ կազմել **3** *adjective* կողմնային; կողմի; կողմնակի

be/keep on the right side of the law օրենքի աջ կողմում լինել; չխախտել

be on the opposite/other side of the fence հակառակ խմբում լինել; միանգամայն այլ կարծիքի լինել

be on the wrong side անարդար գործ պաշտպանել

blank/blind/weak side թույլ կողմը; թուլությունը

both sides of the coin/medal մեդալի երկու երեսը; հարցի երկու կողմը

by the side of/by one's side կողքին; համեմատությամբ

do sth on the side մի բան անել գաղտնի/ծածուկ/թաքուն

get on the right side of sb մեկի բարեհաճության արժանանալ

let the side down վատ վերաբերմունքով վհատեցնել իր կողմնակիցներին

on one side... on the other side մի կողմից...; մյուս կողմից

on the right side of fifty հիսունը չլրացած

on the side-lines *փոխաբերական* սոսկ որպես հանդիսատես; չմասնակցելով

pass sb by on the other side երես թեքել մեկից; օգնության ձեռք չմեկնել

put on side իրեն երևակայել; փքվել; իրեն գլխավորի դերում պահել

shake one's sides ծիծաղից ցնցվել

side by side կողք-կողքի; միասին; սերտ

silver side ազդրամսի լավագույն մասը

split/burst one's sides with laughter քահ-քահ ծիծաղել; ծիծաղից պայթել; սրտանց ծիծաղել

take sides մեկի կողմը բռնել *(վիճաբանության ժամանակ)*

the right side of the cloth կտորի/գործվածքի շիտակ կողմը

the seamy/wrong side of the cloth կտորի դարձեռեսը; կտորի մյուս երեսը; կտորի հակառակ կողմը

the wrong side out հակառակ երեսով; թարս

turn the best side outward ջանալ իրեն լավ կողմերից դրսևորել

sideboard |ˈsʌɪdbɔːd| *noun* 1) սպասքեղենի պահարան 2) (նաև **sideboards**) կարճ այտամորուք

sideburn |ˈsʌɪdbəːn| *noun* կարճ այտամորուք/այտամորուս

sidecar |ˈsʌɪdkɑː| *noun* անվակառք *(մոտոցիկլետի)*

side effect *noun* կողմնակի ազդանք

sidehill |ˈsʌɪdhɪl| *noun ամերիկյան* լանջ; կող *(լեռան)*

sidelight |ˈsʌɪdlʌɪt| *noun* 1) կողային լապտեր; ցոլալապտեր *(հատկապես մեքենայի)* 2) որևէ հարցի վրա լույս սփռող կողմնակի տեղեկություն 3) նավակողի լույս *(որպես տարբերանշան)* 4) ծովային լուսանցույց 5) կողմնային լուսամուտ

sideline |ˈsʌɪdlʌɪn| **1** *noun* 1) կողմնակի աշխատանք/զբաղմունք 2) կողմնակի/լրացուցիչ ապրանք *(տվյալ խանութի համար ոչ հատկանշական)* 3) *երկաթուղային* կողմնային ճյուղ 4) *մարզական* խաղադաշտի կողմնային գիծ **2** *verb* հեռացնել խաղից; հեռացնել ուշադրության կենտրոնից

on the sidelines կողքից; որպես դիտորդ *(իրադարձությունների)*

sidelong |ˈsʌɪdlɒŋ| *adjective, adverb* 1) շեղ; թեք; մի կողմի ուղղված; ծուռ 2) խոտորնակի; շեղակի; թեք

sidereal |sʌɪˈdɪərɪəl| *adjective* աստղային *(տարի, ժամանակ և այլն)*

side road *noun* կողմնային ճանապարհ

sidesaddle (նաև **side-saddle**) **1** *noun* 1) կողաթամբ; կանացի թամբ 2) կողաթամբից նստած **2** *adverb* կողքանց նստած

sideslip (նաև **side-slip**) **1** *noun* սահում; կողքի սահելը **2** *verb* 1) կողքի սահել 2) *օդագնացություն* թևի վրա թեքվել; կողքի թեքվել *(թռչելիս)*

sidesplitting *adjective խոսակցական* սաստիկ ծիծաղելի; խիստ զվարճալի

sidestep |ˈsʌɪdstɛp| **1** *verb* (**-stepped**, **-stepping**) 1) մի կողմ քաշվել; ընկրկել *(հարվածից խուսափելու համար)* 2) խուսափել; խույս տալ **2** *noun* ետ քաշվելը; ընկրկելը

side street *noun* երկրորդային փողոց; ոչ գլխավոր փողոց

sidetrack |ˈsʌɪdtræk| **1** *verb* շեղել գործից **2** *noun* կողմնային ճանապարհ

side view *noun* կողապատկեր; տեսքը կողքից

sidewalk |ˈsʌɪdwɔːk| *noun ամերիկյան* մայթ

sideways |ˈsʌɪdweɪz| *adverb, adjective* 1) մի կողմ; շեղակի; թեք; ծուռ 2) կողքով; կողքանց; ուսն առաջ գցած 3) մի կողմ ուղղված

side whiskers *plural noun* այտամորուք

side wind *noun* 1) *փոխաբերական* կողմնակի ազդեցություն 2) կողմնային քամի

sidewinder[1] |ˈsʌɪdˌwʌɪndə| *noun կենդանաբանություն* եղջյուրավոր խարամանի; եղջյուրավոր շառաչող օձ *(Crotalus cerastes, ընտանիք Viperidae)*

sidewinder[2] |ˈsʌɪdˌwɪndə| *noun* բռունցքի ուժգին հարված *(կողքից հասցրած)*

siding |ˈsʌɪdɪŋ| *noun* 1) *երկաթուղային* պահեստային գիծ; պահեստուղի; ճյուղ; ճյուղավորում 2) *ամերիկյան* արտաքին սալիկապատում *(շենքի)*

sidle |ˈsʌɪd(ə)l| **1** *verb* վախվորած քայլել/մոտենալ; կողքանց մոտենալ **2** *noun* կողքի շարժվելը

sidle up to sb մոտենալ երկչոտ/նյարդային ձևով

siege |siːdʒ| *noun* 1) պաշարում 2) *հնացած* նստոց; նստելատեղ; նստարան; գահ

lay a siege to շրջապատել և պաշարել

raise a siege թշնամուն հետ շպրտել; պաշարումից դուրս գալ; պաշարումը հանել

under siege պաշարման տակ

siege gun *noun պատմական* պաշարողական հրանոթ

sienna |sɪˈɛnə| *noun* սիենա *(մուգ դեղնագույն ներկ)*

Sierra Leone |lɪˈəʊn| Սիեռա Լեոնե *(պետություն Արևմտյան Աֆրիկայում)*

siesta |sɪˈɛstə| *noun* հետճաշյա հանգիստ *(շոգ երկրներում)*

sieve |sɪv| **1** *noun* 1) մաղ; քամոց; խախալ 2) շատախոս; շաղակրատ 3) զտիչ **2** *verb* 1) մաղել; մաղով անցկացնել 2) *փոխաբերական* մանրամասն քննարկել

have a head/memory like a sieve ծակ գլուխ ունենալ; ոչինչ չհիշել/չմտաբերել; վատ հիշել

sift |sɪft| **1** *verb* 1) մաղել; մաղով անցկացնել; խախալել 2) ուշադրությամբ ուսումնասիրել *(փաստերը, տվյալները և այլն)* 3) վրան ցանել; շաղ տալ *(շաքարի փոշի և այլն)* 4) զատել; բաժանել **2** *noun* 1) մաղում; մաղելը 2) մաղած նյութ

sigh |sʌɪ| **1** *verb* 1) հառաչել; հոգոց հանել; ախ քաշել 2) կարոտել; կարոտ զգալ; անձկալ *(որևէ մեկին կամ որևէ բանի)* 3) թախծել; տխրել; սաստիկ վշտանալ 4) *փոխաբերական* հառաչել; աղմկել *(քամու մասին)* **2** *noun* հոգոց; հառաչ; հառաչանք

◇ **fetch a sigh** հոգոց հանել; ախ քաշել. **heave a sigh** ծանր հառաչել; ախ քաշել

sigh for sth հառաչել; ախ քաշել մի բանի համար; շատ ցանկանալ

sight |sʌɪt| **1** *noun* 1) տեսողություն 2) տեսադաշտ; տեսանելիություն 3) տեսք; արտաքին կերպարանք 4) տեսարան 5) (**sights**) տեսարժան վայր 6) նշան; նշանոց; նշանառություն; նշան բռնելը 7) *խոսակցական* մեծ քանակություն **2** *verb* 1) նկատել; նշմարել; տեսնել; լավ դիտել; տնտղել 2) դիտումներ կատարել *(գործիքների օգնությամբ)* 3) ուղղել *(զենքը, հրանոթը)* 4) նշան վերցնել; նշան բռնել

a considerable/damned/deuced/long sight շատ ավելի; նշանակալից; բավականին

a sight for sore eyes ցաված աչքի ուրախություն; աչք շոյող տեսարան; ցանկալի հյուր

at first sight առաջին հայացքից

at sight of, at the sight of տեսնելով; նկատելով

be/look a perfect sight *խոսակցական* տհաճ/սարսափելի տեսք ունենալ

be a sight to behold/see արտակարգ տեսարան լինել; տեսնելու արժանի լինել
catch/have/get a sight of տեսնել; աչքին երևալ; աչքովն ընկնել
Get out of my sight!, Out of my sight! Չքվի՛ր: Աչքիցս կորի՛ր:
go out of sight տեսադաշտից դուրս գալ; աննետանալ; չերևալ
I hate the sight of him. Երեսը տեսնել չեմ ուզում:
keep out of sb's sight մեկի աչքին չերևալ; աչքից հեռու մնալ
keep out of sight աչքից հեռու մնալ; աչքին չերևալ
keep sight of, keep sb/sth in sight աչքը վրան պահել; աչքաթող չանել
know sb by sight մեկին դեմքով ճանաչել; անձնապես ծանոթ չլինել
long/short-sighted հեռատես/կարճատես
make a sight of oneself ծիծաղի առարկա դառնալ; տարօրինակ տեսք ունենալ
second sight պայծառատեսություն; խորաթափանցություն
see the sights տեսարժան վայրերը դիտել
shoot on sight կրակել առանց նախազգուշացման

sightless |ˈsʌɪtlɪs| *adjective* 1) կույր; տեսողությունից զուրկ 2) *բանաստեղծական* անտեսանելի

sightly |ˈsʌɪtli| *adjective* աչքի ընկնող; տեսքով; գեղեցիկ

sightseeing *noun* տեսարժան վայրերի դիտում ◇ **go sightseeing** գնալ տեսարժան վայրերը դիտելու

sign |sʌɪn| **1** *noun* 1) նշան; նշանակ 2) խորհրդանիշ; պայմանական նշան 3) ցուցանակ 4) *բժշկություն* ախտանիշ; ախտանշան 5) հետք 6) հրաշք; նշան **2** *verb* 1) ստորագրել 2) նշան անել 3) խաչակնքել; երեսը խաչակնքել
deaf-and-dumb signs խուլ ու համրերի լեզուն/նշանները/այբուբենը
give/make a sign նշանացի հասկացնել; ազդանշան տալ
show a sign of sth մի բանի նշաններ ցույց տալ/ցուցաբերել
sign and countersight նշանաբան և պատասխան
sign of the cross խաչակնքում
sign sth away ստորագրությամբ հրաժարվել *(իրավունքից, ունեցվածքից և այլն)*
sign sth over to sb ստորագրությամբ հաստատել մի բանի վաճառքը *(մեկին)*
sign to sb to do sth, sign for sb to do sth նշանացի հասկացնել մեկին *(մի բան անել)*
the negative/positive sign բացասական/դրական նշան

signal[1] |ˈsɪgn(ə)l| **1** *noun* ազդանշան; նշան **2** *verb* (**-naled**, **-naling**; հիմն. բրիտ. **-nalled**, **-nalling**) 1) ազդանշան տալ; ազդանշանել; նշան անել 2) նշել; հայտնի դարձնել

signal[2] |ˈsɪgn(ə)l| *adjective* ապշեցուցիչ; շշմեցուցիչ

signal box (նաև **signal tower**) *noun երկաթուղային* ազդանշանային պահակետ

signalize |ˈsɪgn(ə)lʌɪz| *verb* 1) նշել; նշանավորել 2) ազդանշան տալ; ազդանշանել; ազդանշանով հաղորդել 3) ազդանշանային լույսեր դնել *(խաչմերուկում)*

signalman |ˈsɪgn(ə)lmən| *noun* (հոգն. **-men**) 1) ազդանշորդ; ազդանշանորդ 2) ալաքավար

signatory |ˈsɪgnət(ə)ri| *noun* (հոգն. **-ries**) պայմանագիր ստորագրող կողմը

signature |ˈsɪgnətʃə| *noun* 1) ստորագրություն; ստորագրում 2) *տպագրություն* մամուլահամար; տպագրական թղթահամար 3) *դեղագործություն* դեղահրահանգ; դեղապիտակ 4) *երաժշտություն* բանալի 5) *փոխաբերական* կնիք
bear the signature ստորագրված լինել
key signature երաժշտական բանալիի փոփոխման նշան
signature tune մեղեդի, որով ներկայացվում է որևէ ռադիոկայան/ծրագիր

signboard |ˈsʌɪnbɔːd| *noun* 1) ցուցանակ 2) երթևեկության նշան

signet |ˈsɪgnɪt| *noun պատմական* փոքրիկ կնիք *(սովորաբար մատանու վրա)*

significance |sɪgˈnɪfɪk(ə)ns| *noun* 1) կարևորություն; նշանակալիություն 2) նշանակություն; իմաստ 3) արտահայտչություն; արտահայտիչ լինելը

significant |sɪgˈnɪfɪk(ə)nt| *adjective* 1) կարևոր; էական; նշանակալից; մեծ նշանակություն ունեցող 2) բազմանշանակ; բազմանշանակալից; արտահայտիչ

significantly *adverb* 1) բազմանշանակ 2) էականորեն; ընկատելիորեն

signification |ˌsɪgnɪfɪˈkeɪʃ(ə)n| *noun* նշանակություն; իմաստ; միտք

significative |sɪgˈnɪfɪkətɪv| *adjective հազվադեպ* ցույց տվող; նշող; նշան հանդիսացող

signify |ˈsɪgnɪfʌɪ| *verb* (**-fies**, **-fied**) 1) նշանակել; իմաստ ունենալ 2) իմաստ/նշանակություն ունենալ; դեր խաղալ; կարևորություն ունենալ 3) նշել; նշան լինել; ցույց տալ 4) նշան անել; նշանով արտահայտել

sign language *noun* 1) նշանային լեզու 2) խուլուհամրերի լեզու

signpost |ˈsʌɪnpəʊst| **1** *noun* ցուցասյուն; նշասյուն; ցուցանշան **2** *verb* ցուցասյուներ դնել

Sikh |siːk| **1** *noun* սիկխ **2** *adjective* սիկխերի; սիկխական

Sikhism |ˈsiːkɪz(ə)m|, |ˈsɪk-| *noun* սիկխական կրոն *(հիմնված 15-րդ դարում Փենջաբում)*

silage |ˈsʌɪlɪdʒ| **1** *noun* 1) սիլոս 2) սիլոսացում; սիլոսացնելը; սիլոս դարձնել **2** *verb* սիլոսացնել

silence |ˈsʌɪləns| **1** *noun* 1) անդորրություն; լիակատար խաղաղություն; լռություն 2) լռություն; լռելը 3) մոռացություն; մոռացում **2** *verb* 1) լռեցնել; ստիպել լռել; ձայնը կտրել 2) իր մեջ խեղդել; իրենից վանել *(կասկածը)* 3) հանգստացնել *(խիղճը)*
break the silence լռությունը խախտել/խզել
dead silence մեռելային/գերեզմանային/քար լռություն

in silence լուռ; անձայն; հուշիկ
Keep silence!, Silent! Լռեցե՛ք: Մի՛ խոսեք:
pass into silence լռության մատնել; լռել; դրա մասին ձայն չհանել; չհիշեցնել
pass over in silence լռությամբ անցնել կողքով; նկատելու չտալ; բաց թողնել
put to silence լռեցնել; բերանը փակել; ձայնը կտրեցնել; սուսացնել
reduce sb to silence փաստարկները հերքելով՝ լռեցնել մեկին
relapse into silence նորից լռել; կրկին մտասուզվել

silencer |ˈsʌɪlənsə| *noun* 1) *տեխնիկական* խլարար 2) *երաժշտություն* մեղմոց

silent |ˈsʌɪlənt| *adjective* 1) հանդարտ; հանգիստ; խաղաղ; անդորր; անձայն; անաղմուկ 2) լռակյաց; սակավախոս 3) անխոս; լուռ; անձայն 4) համր; անձայն *(կինոնկարի մասին)* 5) հանգած; չգործող *(հրաբուխի մասին)* 6) չարտասանվող *(տառի մասին)*
a silent letter համր տառ *(գրվող, բայց չարտասանվող տառ)*
keep silent about sth մի բանի մասին չխոսել; լռություն պահել
silent as the grave գերեզմանի պես լուռ
the silent service ստորջրյա նավատորմ

Silesia |sʌɪˈliːzɪə|, |-ˈliːʒə| Սիլեզիա *(տարածք Կենտրոնական Եվրոպայում, ներկայումս մեծ մասամբ Լեհաստանի կազմում է)*

silhouette |ˌsɪlʊˈɛt| **1** *noun* 1) ստվերանկար; ստվերապատկեր 2) ուրվանկար; ուրվապատկեր; ուրվագիծ **2** *verb* ուրվագծվել; նկարագծվել

silica |ˈsɪlɪkə| *noun* քվարց; սիլիկահող; կայծքարահող

silicon |ˈsɪlɪk(ə)n| *noun* *քիմիա* սիլիցիում; կայծքար

silicon chip *noun* սիլիցիումային մանրաշրջույթ

Silicon Valley Սիլիկոնային Հովիտ *(տարածք ԱՄՆ-ի Կալիֆորնիա նահանգում, որտեղ գտնվում է համակարգչային արդյունաբերության համաշխարհային կենտրոնը)*

silk |sɪlk| *noun* 1) մետաքս 2) մետաքսե զգեստ 3) (**silks**) մետաքսեղեն; մետաքսաթել
take silk թագավորական փաստաբան դառնալ *(թագավորական փաստաբանները կրճատ՝ QC/KC Queen's Court/King's Court մետաքսե թիկնոց են հագնում)*

silken |ˈsɪlk(ə)n| *adjective* 1) մետաքսե; մետաքսյա 2) մետաքսանման; փափուկ 3) շքեղ; նոխ 4) մեղմ; քնքուշ *(ձայնի մասին)*
silken voice մետաքսե/մեղմ/քնքուշ ձայն; ականջ շոյող ձայն
the silken bond/tie *բանաստեղծական* սիրո և բարեկամության կապ; սիրող սրտերի միություն

Silk Road (նաև **Silk Route**) Մետաքսի ճանապարհ *(ընկած է Չինաստանից մինչև Միջերկրական ծով)*

silk-stocking *adjective* մեծահարուստ; արիստոկրատ; ազնվական

silkworm |ˈsɪlkwəːm| *noun* շերամ; շերամի որդ

silky |ˈsɪlki| *adjective* (**silkier**, **silkiest**) 1) մետաքսանման; փափուկ 2) *փոխաբերական* շողոքորթ; շողոմ; փաղաքուշ; խաբուսիկ

sill |sɪl| *noun* 1) շեմք; սյամ; սեմ *(դռան)* 2) (նաև **window-sill**) լուսամուտագոգ

silly |ˈsɪli| **1** *adjective* (**-lier**, **-liest**) 1) անհեթեթ; ծիծաղելի 2) հիմար; տխմար 3) տկարամիտ 4) *հնացած* անօգնական *(կնոջ/երեխայի/կենդանու մասին)* 5) խղճուկ; անպիտան **2** *noun* (հոգն. **-lies**) *խոսակցական* հիմար մարդ
the silly season ամառվա միջին մասը *(երբ թերթերը, նյութ չունենալով, դատարկ բաներ են տպում)*

silo |ˈsʌɪləʊ| *noun* (հոգն. **-los**) 1) սիլոս 2) սիլոսի հոր/աշտարակ 3) ստորգետնյա հրթիռահոր

silt |sɪlt| **1** *noun* տիղմ **2** *verb* տիղմով լցվել; տիղմով խցանվել

silvan *adjective* 1) անտառային 2) անտառոտ; անտառապատ

silver |ˈsɪlvə| **1** *noun* 1) արծաթ 2) արծաթադրամ 3) արծաթե ամանեղեն/սպասք **2** *adjective* 1) արծաթյա 2) արծաթափայլ; արծաթանման; արծաթագույն; արծաթահնչյուն 3) սպիտակած; արծաթափայլ *(մազերի մասին)* **3** *verb* 1) արծաթաջրել; արծաթազօծել 2) արծաթի նման փայլել; արծաթափայլել; սպիտակել; ճերմակել; սպիտակափայլել; պսպղալ 3) սնդկազոդով պատել *(հայելին)*
be born with a silver spoon in one's mouth ծնվել հարուստ ընտանիքում; ոսկե ծծակը բերանում ծնվել
cross sb's hand/palm with silver ափի մեջ արծաթ դնել; դրամ տալ գուշակելու համար
German silver մելքիոր *(պղնձի և նիկելի համաձուլվածք)*
He has a silver tongue. Քաղցրահունչ/պերճախոս լեզու ունի:
silver paper *խոսակցական* նրբաթիթեղ; փայլաթիթեղ *(շոկոլադ փաթաթելու համար)*
silver plate 1) արծաթյա թերթ 2) արծաթե ճաշասպասք
the silver screen 1) արծաթագույն վարագույրը; կինոթատրոնի էկրանը 2) կինոարտադրություն

Silver State Արծաթե նահանգ *(ԱՄՆ-ի Նևադա նահանգի մականունը)*

silverware |ˈsɪlvəwɛː| *noun* արծաթեղեն; արծաթե սպասքեղեն

silvery |ˈsɪlv(ə)ri| *adjective* 1) արծաթանման; արծաթափայլ 2) մաքուր; զուլալ; արծաթահնչյուն

Simeon |ˈsɪmɪən| 1) Շմավոն *(Հին Կտակարանում Իսրայելի տասներկու ցեղերից մեկի նախահայրը)* 2) Սիմոն *(Սիմոն ծերունի) (Նոր Կտակարանում մանուկ Հիսուսին տաճարում դիմավորած բարեպաշտ հրեա)*

Simferopol |ˌsɪmfəˈrɒp(ə)l| Սիմֆերոպոլ *(նավահանգստային քաղաք Ուկրաինայում)*

similar |ˈsɪmɪlə| **1** *adjective* նման; համանման; միանման **2** *noun* *հիմնականում հնավանդ* նմանակ

similarity *noun* (հոգն. **-ties**) նմանություն; համանմանություն

similarly *adverb* նմանապես; նույն կերպ

simile |ˈsɪmɪli| *noun* 1) *լեզվաբանություն* համեմատություն *(պատկերավոր խոսքի միջոցով)* 2) համեմատության օգտագործում

No simile runs on all fours. Ամեն համեմատություն էլ ինչ-որ տեղ կաղում է: Ոչ մի համեմատություն բացարձակապես ճշգրիտ լինել չի կարող:

similitude |sɪˈmɪlɪtjuːd| *noun* 1) նմանություն; կերպարանք; տեսք ◇ **assume the similitude** կերպարանք ընդունել 2) համեմատություն *(պատկերավոր խոսքի միջոցով)*

simmer |ˈsɪmə| **1** *verb* 1) եռ գալ; եփ գալ; սկսել եռալ; մեղմ եռալ; պճպճալ; բլթբլթալ 2) զայրույթը հազիվ զսպել **2** *noun* եռ գալը; եռալը; եռալ սկսելը

keep sth at/on the simmer մի բան պահել եռման աստիճանի մոտ; եփել թույլ կրակով

simmer down հանգստանալ; հանդարտվել; խաղաղվել *(զայրույթից/հուզմունքից հետո)*

simmer with rage/laughter/annoyance զայրույթը/ծիծաղը/բարկությունը հազիվ զսպել

simon-pure *adjective* իսկական; բնական; ազնիվ

simoom |sɪˈmuːm| (Նաև **simoon**) *noun* սամում; խորշակ

simp |sɪmp| *noun խոսակցական, ամերիկյան, ծածկալեզու* պարզամիտ/հիմարավուն մարդ

simper |ˈsɪmpə| **1** *verb* ինքնագոհ ժպտալ **2** *noun* ինքնագոհ ժպիտ

simple |ˈsɪmp(ə)l| **1** *adjective* (**-pler**, **-plest**) 1) պարզ; հասարակ; ոչ բարդ 2) *մաթեմատիկա* կանոնավոր *(կոտորակի մասին)* 3) միանիշ *(թվի մասին)* 4) պարզամիտ; միամիտ 5) հասարակ; համեստ **2** *noun պատմական* մի տեսակի բույսից պատրաստված դեղամիջոց

pure and simple *խոսակցական* միանգամայն պարզ; պարզ ու հասկանալի

simple as a child մանկան պես պարզ/անմիջական/անմեղ

simple-hearted անկեղծ; սրտաբաց

simple interest միայն դրամագլխի՝ ոչ թե կուտակված դրամի շահույթը

simpleminded *adjective* 1) հիմարավուն; տխմարավուն 2) անխարդախ; պարզամիտ 3) մի քիչ բթամիտ

simpleton |ˈsɪmp(ə)lt(ə)n| *noun* պարզամիտ/միամիտ/հիմար մարդ

simplicity |sɪmˈplɪsɪti| *noun* 1) պարզություն; բնականություն 2) պարզություն; հասկանալիություն

be simplicity itself շատ հեշտ լինել

simplify |ˈsɪmplɪfʌɪ| *verb* (**-fies**, **-fied**) պարզեցնել; պարզ դարձնել; հասարակեցնել; հասարակ դարձնել

simply |ˈsɪmpli| *adverb* 1) պարզորեն; պարզ կերպով; հասարակ ձևով 2) ուղղակի; պարզապես 3) բացարձակապես

simulate |ˈsɪmjʊleɪt| *verb* 1) ձևացնել; կեղծել 2) նմանվել; նման լինել *(որևէ բանի)* 3) նմանակել; պատկերել

simulation *noun* նմանակում; նմանեցում

simultaneous |ˌsɪm(ə)lˈteɪnɪəs| *adjective* միաժամանակյա; միաժամանակ; համաժամյա

simultaneously *adverb* միաժամանակ

sin¹ |sɪn| **1** *noun* 1) մեղք; մեղանչում 2) հանցանք **2** *verb* (**sinned**, **sinning**) մեղք գործել; մեղանչել

commit sin մեղք գործել

deadly/mortal sin *կրոն* մահացու մեղք

for my sins *կատակային* մեղքերիս համար

It's a sin to steal a pin. *առած* Քորոց գողանալն էլ մեղք գործել է *(սովորեցնում են երեխաներին)*

live in sin մեղքի մեջ ապրել; անօրինական ամուսնությամբ

sin against sb մեկի հանդեպ մեղանչել; մեկի հանդեպ մեղք գործել

the original sin նախնական մեղք *(Ադամի և Եվայի գործած մեղքը)*

the seven deadly sins յոթ մահացու մեղքերը

ugly as sin մեղքի պես տգեղ; սարսափելի գեշ; այլանդակ

Sinai |ˈsʌɪnʌɪ|, |-nɪʌɪ| Սինա *(թերակղզի Կարմիր ծովում)*

since |sɪns| *preposition, conjunction, adverb* 1) սկսած *(որոշ ժամանակից)* ◇ **I haven't seen him since last week.** Ես նրան չեմ տեսել անցյալ շաբաթվանից: 2) հետո 3) այն ժամանակից ի վեր; այն ժամանակվանից 4) այնուհետև; դրանից հետո 5) առաջ 6) այն ժամանակվանից, երբ ... 7) որովհետև; քանի որ

sincere |sɪnˈsɪə| *adjective* (**-cerer**, **-cerest**) 1) անկեղծ; շիտակ; սրտաբաց 2) անկեղծ; բնական

sincerely |sɪnˈsɪəli| *adverb* անկեղծորեն; ազնվորեն

sincerity *noun* անկեղծություն; շիտակություն; ազնվություն

sine |sʌɪn| *noun մաթեմատիկա* սինուս; ծոց

sinecure |ˈsʌɪnɪkjʊə|, |ˈsɪn-| *noun* լավ վարձատրվող անաշխատ պաշտոն; սնապաշտոն

sinew |ˈsɪnjuː| **1** *noun* 1) *կազմախոսություն* ջիլ 2) *կազմախոսություն* (**sinews**) մկաններ; մկանունք; մկանային համակարգ 3) ուժ; շարժիչ ուժ **2** *verb բանաստեղծական* ջլապինդ դարձնել

sinful |ˈsɪnfʊl|, |-f(ə)l| *adjective* 1) մեղավոր; մեղսագործ; չար 2) սարսափելի

sing |sɪŋ| **1** *verb* (անցյալ **sang** |sæŋ|; անցյալ դերբայ **sung** |sʌŋ|) 1) երգել 2) գովերգել; երգել; գովաբանել 3) աղմկել; ճվվալ; ճվճվալ 4) բզզալ; տզզալ *(մեղվի մասին)* 5) սուլել *(գնդակի մասին և այլն)* 6) զնգալ; զրնգալ; կանչել *(ականջների մասին)* **2** *noun* 1) երգելը; երգեցողություն 2) *խոսակցական* երգավարժություն; խմբով երգի վարժվելը 3) ականջի զնգոց; ականջը կանչելը 4) աղմուկ *(քամու)* 5) սուլոց *(գնդակի)*

sing a different tune, sing another tune ուրիշ երգ երգել; այլ դիրք գրավել; կարծիքը/խոսքը փոխել

sing sb's praises գովքը անել; գովերգել

sing small *խոսակցական* իրեն համեստ պահել; մեղմ խոսել *(կշտամբելուց հետո)*

sing sth out բարձրաձայն հայտարարել; ազդարարել

Singapore |ˌsɪŋəˈpɔː| Սինգապուր *(քաղաք, պե-*

տություն, թերակղզի Հարավարևելյան Ասիայում)

singe |sɪn(d)ʒ| **1** *verb* (**singeing**) խանձել; այրել **2** *noun* մակերեսային այրվածք

singe one's feathers/wings փետուրները այրել; թևերը վառվել

singer *noun* 1) երգիչ; երգչուհի 2) բանաստեղծ

single |ˈsɪŋg(ə)l| **1** *adjective* 1) մի; միակ 2) մի մարդու համար; միտեղանի; առանձին *(սենյակ, մահճակալ և այլն)* 3) միայնակ; մենակ 4) ամուրի; չամուսնացած 5) *հնացած* պարզ; բնական **2** *noun* 1) առանձին/միայնակ մարդ; առանձին բան 2) մեկ երգանոց ձայնագրություն; կարճ ձայնագրություն 3) (**singles**) չամուսնացածներ; ամուրիներ 4) մեկտեղանոց համար *(հյուրանոցում)* **3** *verb* (**single someone/something out**) ընտրել; ջոկել; առանձնացնել

in single file մեկ շարքով
in singles առանձին-առանձին; մեկ-մեկ
single-breasted մենալանջ/միաշարք կոճակներով *(պիջակ)*
single combat առերես մենամարտ
single-handed առանց կողմնակի օգնության; մեկ մարդու կողմից արված
single-minded միանպատակ; ինքնանպատակ; միակ նպատակով
single sb/sth out առանձնացնել; հատուկ ուշադրություն դարձնել *(մեկին, մի բանի)*
single ticket միայն մեկ ուղղության տոմս
single track միագիծ երկաթուղի

single-breasted *adjective* միաշարք կոճակներով; մենալանջ; մենեզր *(վերարկու, պիջակ)*

single-handed (նաև **singlehanded**) *adverb, adjective* 1) մենակ; առանց ուրիշի օգնության 2) մենակ արված 3) մի ձեռքով գործածվող; մի ձեռանի

single-minded (նաև **singleminded**) *adjective* 1) նպատակասլաց; նպատակամետ 2) շիտակ; անկեղծ

single parent *noun* միայնակ ծնող

singlet |ˈsɪŋglɪt| *noun* 1) շապիկ *(որը հագնում են վերնաշապիկի փոխարեն)* 2) *ֆիզիկա* մենագծիկ 3) *ֆիզիկա* մենամակարդակ

singsong (նաև **sing-song**) **1** *adjective* միալար; միապաղաղ; միօրինակ; միահունչ **2** *noun* 1) միալար ընթերցում; միապաղաղ արտասանություն 2) միալար երգեցողություն 3) *բրիտանական, խոսակցական* երգելու համար հավաք **3** *verb* (անցյալ և անցյալ դերբայ **singsonged**) միալար երգել; միապաղաղ արտասանել

singular |ˈsɪŋgjʊlə| **1** *adjective* 1) անսովոր; արտակարգ; արտասովոր; բացառիկ 2) տարօրինակ 3) միակ; եզակի 4) առանձին; անջատ 5) *քերականություն* եզակի **2** *noun* *քերականություն* եզակի թիվ

singularity |sɪŋgjʊˈlærɪti| *noun* (հոգն. **-ties**) 1) եզակիություն; առանձնահատկություն; յուրահատկություն; ուրույնություն 2) տարօրինակություն 3) *ֆիզիկա մաթեմատիկա* եզակիության կետ

singularly *adverb* 1) հատկապես; անսովոր կերպով 2) տարօրինակորեն 3) եզակի թվով

sinister |ˈsɪnɪstə| *adjective* 1) չարագուշակ; չարագույժ 2) չար; չարակամ; չարությամբ լի 3) (**sinister to**) աղետաբեր; կորստաբեր; կործանարար

sink¹ |sɪŋk| *verb* (անցյալ **sank** |sæŋk|**sunk** |sʌŋk|; անցյալ դերբայ **sunk** |sʌŋk|) 1) սուզվել; ընկղմվել; հատակը գնալ; ջրի տակն անցնել; խորտակվել; ջրի մեջ ընկղմվել 2) թաղվել; ընկղմվել; խրվել *(ձյան/ավազի մեջ և այլն)* 3) սուզել; ընկղմել 4) *փոխաբերական* խորասուզվել; մեջ ընկնել 5) ընկղմվել; նստել 6) թեքվել; իջնել *(դեպի հորիզոնը)* 7) իջնել; պակասել *(ջրի մակարդակի, մակընթացության մասին)* 8) նստել; իջնել *(շենքի հիմքի մասին)* 9) ողողել; հեղեղել; ջրի տակ անել *(տեղը, վայրը)* 10) թուլանալ; տկարանալ; ուժերը կորցնել; տեղի տալ; անձնատուր լինել; կորստի մատնվել; կործանվել 11) իջնել; ընկնել *(գների/արժեքի/ծանրաչափի մասին)* 12) հանդարտվել; խաղաղվել; լռել; դադարել; իջեցնել; ցածրացնել *(ձայնը)* 13) կախել; հակել; իջեցնել *(գլուխը, աչքերը)* 14) կորցնել; անշահավետ կերպով ներդնել *(կապիտալը՝ դրամագլուխը)* 15) փորել *(հոր, հանքահոր)* 16) անցկացնել *(խողովակ)* 17) սնանկանալ; ընկնել *(աղքատության մեջ)* 18) փոս ընկնել *(այտերի/աչքերի մասին)*

sink in/into sth խորասուզվել; մտքերի/մտորումների մեջ ընկնել
sink or swim խեղդվել կամ լողալ; ձախողվել կամ հաջողվել; ինչ ուզում է լինի:

sink² |sɪŋk| *noun* 1) կոնք; լվացարանակոնք; տաշտակ 2) ցածրավայր; ցածրադաշտ 3) կեղտաջրի խողովակ 4) ավազակորջ; անառականոց; գողաբույն; որջ

sinking fund *noun* մարման կապիտալ

sinless *adjective* 1) անմեղ; մեղքերից զերծ 2) *բժշկություն* բարորակ *(նորագոյացության մասին)*

sinner |ˈsɪnə| *noun* 1) մեղավոր անձ 2) սրիկա անձ

Sinology |sʌɪˈnɒlədʒi|, |sɪ-| *noun* չինագիտություն

sinuous |ˈsɪnjʊəs| *adjective* 1) ոլորապտույտ; օձապտույտ; ծուռումուռ; գալարուն 2) ալիքավոր; ալեձև 3) ճկուն; ճարպիկ

Sioux State Սիու նահանգ *(ԱՄՆ-ի Հյուսիսային Դակոտա նահանգի մականունը)*

sip |sɪp| **1** *verb* (**sipped**, **sipping**) փոքր կումերով խմել; ըմպել **2** *noun* փոքր կում; ումպ

siphon |ˈsʌɪf(ə)n| (նաև **syphon**) **1** *noun* ծնկավոր խողովակ; սիֆոն; ծնկափող **2** *verb* 1) ջուրը քաշել ծնկափողի միջոցով 2) *փոխաբերական* անօրինաբար փոխադրել միջոցները *(սովորաբար փողը)*

sir |səː| (նաև **Sir**) *noun* սըր; պարոն *(կոչական)*

Sir Daryo |sɪədɑːˈjəʊ| Սիրդարյա *(գետ Միջին Ասիայում)*

sire |sʌɪə| **1** *noun* 1) արու կենդանի 2) *բանաստեղծական* հայր; նախահայր 3) *հնացած* Ձերդ Մեծություն *(միապետների տիտղոս)* **2** *verb* սերունդ տալ *(արուի մասին)*

siren |ˈsʌɪr(ə)n| *noun* 1) շչակ *(նավի, գործարանի և այլնի)* 2) *դիցաբանություն* ծովահարս; ծովինար 3) *փոխաբերական* անսիրտ գեղեցկուհի 4) *կենդանաբանություն* ծովավիշապ

Sirius |ˈsɪrɪəs| *աստղագիտություն* Սիրիուս *(երկնքի ամենապայծառ աստղը)*

sirloin |ˈsəːlɔɪn| *noun* սուկի; թիկնամիս *(ողնաշարի անուկր միս)*

sirocco |sɪˈrɒkəʊ| (նաև **scirocco**) *noun* (հոգն. **-cos**) սիրոկկո; խորշակ *(չոր տաք քամի Հարավային Եվրոպայում և Հյուսիսային Աֆրիկայում)*

siskin |ˈsɪskɪn| *noun* կենդանաբանություն ալզնկասարեկ; տարիճնու *(Carduelis (և Serinus), ընտանիք Fringillidae)*

sissy |ˈsɪsi| *խոսակցական* **1** *noun* (հոգն. **-sies**) 1) փափկասուն/վախկոտ մարդ 2) կնաբարո տղամարդ **2** *adjective* (**-sier**, **-siest**) վախկոտ; թուլակամ

sister |ˈsɪstə| *noun* 1) քույր 2) բուժքույր; գթության քույր

a weak sister *ամերիկյան* անհուսալի հենարան/մարդ *(որի վրա հույս դնել չի կարելի)*

full/whole sister հարազատ քույր

half sister, stepsister խորթ քույր

sister-in-law կնոջ/ամուսնու քույր; եղբոր կին

sister of mercy գթության քույր

the fatal sisters, the three sisters *դիցաբանություն* ճակատագրի աստվածուհիները

sister-in-law *noun* (հոգն. **sisters-in-law**) 1) քենի; տալ; տեգերակին 2) հարս *(եղբոր կին)*

sit |sɪt| **1** *verb* (**sitting**; անցյալ **sat** |sæt|) 1) նստել; նստած լինել 2) նիստ անել/գումարել; նիստեր ունենալ *(խորհրդարանի/դատարանի մասին և այլն)* 3) թուխս նստել 4) որոշ կեցվածք ընդունած լինել 5) լավ նստել; հարմար գալ; իսկը չափին լինել *(զգեստի մասին)* 6) պաշտոն զբաղեցնել *(դատարանում և այլն)* • **sit down** i) նստել ii) ճաշի նստել; սեղան նստել **sit for** խորհրդարանի պատգամավոր լինել *(որպես որևէ կուսակցության կամ շրջանի ներկայացուցիչ)* **sit on/upon** i) անդամ լինել *(հանձնաժողովի)* ii) հետաքննություն վարել iii) *ծածկալեզու* մեկի ամբարտավանությունը կոտրել; մեկին տեղը նստեցնել **sit out** i) չմասնակցել *(պարերին)* ii) նստել մինչև վերջը *(ներկայացմանը)* iii) ավելի երկար նստել *(ուրիշից)* **sit through** մինչև վերջը նստել **sit up** i) շատ երկար նստել; չպառկել քնելու; սպասել մինչև ուշ գիշեր ii) պառկած տեղից նստել *(անկողնում)* iii) *խոսակցական* մեկին ցնցել; սթափեցնել; ուշքի բերել; գործի մղել; շարժել; թափ տալ **2** *noun* 1) նստելը; նստած ժամանակամիջոցը 2) *հնացած* հագուստի հարմարվելը; նստելը

a tense sitting լարված իրադրություն

be in an embarrassing sitting անհարմար դրության մեջ լինել

be in of a sitting աշխատանք ունենալ

be out of sitting աշխատանք չունենալ

cope with the sitting, handle the sitting հասկանալ իրադրությունը; կողմնորոշվել; գլուխ հանել

feel out the sitting տեսնել, թե ինչ իրավիճակ է

find a sitting աշխատանք գտնել

It is ill sitting at Rome and striving with the Pope. *առած* Չի կարելի Հռոմում նստել ու Պապի հետ կռիվ անել:

sit back 1) հետ նստել; հարմար տեղավորվել 2) հանգստանալ; գործ չձեռնարկել *(լարված աշխատանքից հետո)*

Sit crooked but talk straight. *առած* Ծուռ նստենք՝ շիտակ խոսենք:

sit-down/sit-in strike նստացույց

sit down under insults անտրտունջ տանջվել; վիրավորանքը անմռունչ/լուռումունջ տանել

sit for an examination քննություն տալ

sit for one's portrait նստել, որ նկարիչը դիմանկարը նկարի; բնորդ նստել նկարչի համար

sit in/on sth որպես դիտորդ մասնակցել մի բանի

sit light/lightly on sb խիղճը հանգիստ լինել; չտանջել

sit loose to sth անտարբեր մնալ; ուշադրություն չդարձնել մի բանի վրա

sit on/upon sb մեկի քիթը տրորել; տեղը նստեցնել; ամբարտավանությունը կոտրել; գոռոզությունը ջարդել

sit on/upon sth 1) անդամ լինել *(հանձնաժողովի և այլնի)* 2) անտեսել; ուշադրություն չդարձնել

sit on the fence/hedge/rail չեզոքություն պահպանել; չխառնվել ուրիշի գործին

sit sth out 1) նստել մինչև վերջ *(ժողովի և այլնի)* 2) նստած մնալ; չմասնակցել *(պարին)*

sitting duck հեշտ թիրախ; զոհ

sit to an artist նկարչի համար բնորդ լինել

sit up ուշ քնել; երկար ժամանակ նստած լինել

site |sʌɪt| **1** *noun* 1) տեղադրություն 2) տեղ; վայր; հողամաս ◇ **construction site** շինարարական հրապարակ **2** *verb* տեղադրել; տեղավորել

sitter |ˈsɪtə| *noun* 1) դայակ; երեխաներին հոգ տանող անձ 2) *գեղանկարչություն, քանդակագործություն* բնորդ *(նկարչի համար)* 3) թուխս

sitting |ˈsɪtɪŋ| **1** *noun* 1) նիստ 2) շրջան; սեանս 3) միանգամից **2** *adjective* 1) նստած 2) անշարժ *(կենդանու մասին)* 3) գործող; ընթացիկ; ներկա *(ընտրված ներկայացուցչի մասին)* 4) թուխս նստած

at a sitting միանվագ

sitting room *noun* հյուրասենյակ; ընդունարան

situate **1** *verb* |ˈsɪtʃʊeɪt| |-tjʊ-| 1) տեղադրել; տեղավորել 2) հարմարեցնել; համապատասխանեցնել 3) նկարագրել **2** *adjective* |ˈsɪtʃʊət| |-tjʊət| *իրավունք, հնացած* տեղադրված

situation |sɪtjʊˈeɪʃ(ə)n| *noun* 1) իրադրություն; վիճակ; իրավիճակ; դրություն; կացություն 2) տեղադրություն; դիրք; դասավորություն 3) տեղ; վայր 4) տեղ; պաշտոն; աշխատանք ◇ **find a situation** աշխատանքի տեղավորվել; աշխատանք գտնել

six |sɪks| *cardinal number* 1) վեց 2) վեց թիվ; վեցյակ 3) *թղթախաղ* վեցանոց

be at sixes and sevens 1) տակնուվրա եղած; անկանոն վիճակում 2) տարակարծիք լինել *(մեկի հետ)*

in sixes վեցական; վեցյակներով

Six hours sleep for a man, seven for a woman and eight for a fool. *առած* Տղամարդուն վեց ժամվա քուն, կնոջը՝ յոթ, հիմարին՝ ութ:

six of one and half a dozen to the other աննշան տարբերություն; համարյա նույն բանը

sixpence |ˈsɪksp(ə)ns| *noun* վեց պենսանոց ար-

ծաթաղրամ; կես շիլինգ
crooked sixpence ծռմռված կոպեկ; երջանկության թալիսման
Doesn't matter a sixpence. Նշանակություն չունի: Կարևոր չէ: Աննշան բան է:
The same old sixpence. *ամերիկյան* Էլի էն է, բոլորովին չի փոխվել: Հին տաշտակը:

sixteen |sɪks'tiːn|, |'sɪkstiːn| *cardinal number* տասնվեց

sixth |sɪksθ| *ordinal number* 1) վեցերորդ 2) մեկ վեցերորդ մաս; մեկ վեցերորդը

sixty |'sɪksti| *cardinal number* (հոգն. **-ties**) վաթսուն ◇ **the sixties** 60-ականները *(60-69 թվերը)*

sizable |'sʌɪzəb(ə)l| (նաև **sizeable**) *adjective* մեծ; մեծածավալ; բավականին մեծ

size¹ |sʌɪz| **1** *noun* 1) չափ; մեծություն 2) ձևաչափ; ֆորմատ; չափս *(գրքի, քարտի, թղթի և այլն)* 3) ծավալ; տարողություն 4) չափս 5) համար; չափս *(կոշիկների, ձեռնոցների և այլն)* 6) *տպագրություն* կեգել *(տպատառի մեծություն)* **2** *verb* 1) ըստ չափի տեսակավորել 2) տվյալ չափսով պատրաստել
cut sb down to size *խոսակցական* մեկին տեղը դնել; քիթը տրորել
of some size բավականին մեծ
take the size of չափսը վերցնել
That's about the size of it. *խոսակցական* Մոտավորապես այսքանը: Ահա բոլորը:
try sth for size չափել; փորձել; չափսը որոշել

size² |sʌɪz| **1** *noun* սոսինձ; շոհ; շրեշ **2** *verb* շոհով/շրեշով կարծրացնել; շոհով ջնարակել

sizzle |'sɪz(ə)l| **1** *verb* 1) թշշալ; տժտժալ; թշթշալ 2) *խոսակցական* այրել ◇ **it sizzles** սաստիկ շոգ է; արևը այրում է **2** *noun* 1) թշշոց; տժժոց 2) *խոսակցական* գրգռվածություն

skald |skɔːld|, |skæld| (նաև **scald**) *noun* պատմական սկալդ *(հին սկանդինավյան գուսան)*

skate¹ |skeɪt| **1** *noun* չմուշկ **2** *verb* 1) չմշկել; չմուշկներով սահել 2) *փոխաբերական* (**skate over/around**) թեթևակի հիշատակել 3) *փոխաբերական* (**skate through**) հեշտությամբ առաջադիմել
get/put one's skates on *խոսակցական* շարժվել; արագացնել; անապարել
skate on thin ice խիստ նրբանկատություն պահանջող նյութի շուրջ խոսել

skate² |skeɪt| *noun* (հոգն. նույնը կամ **skates**) *կենդանաբանություն* կատվաձուկ *(ընտանիք Rajidae)*

skating *noun* չմշկելը; չմուշկներով սահելը ◇ **go skating** չմշկելու գնալ

skating rink *noun* սահադաշտ

skedaddle |skɪ'dæd(ə)l| **1** *verb* *խոսակցական* փախչել; ծլկել **2** *noun* փախչելը; ծլկելը

skeleton 'skɛlɪt(ə)n| *noun* 1) *կազմախոսություն* *տեխնիկական* կմախք; հիմնակմախք; հիմնամաս 2) ուրվագիծ 3) *խոսակցական* նիհար մարդ 4) *մնացորդ (հատկապես շենքի)*
a skeleton in the closet/cupboard, a family skeleton ընտանեկան գաղտնիք/անպատվություն/ամոթ/խայտառակություն
a skeleton staff/crew/service անհրաժեշտ փոքր թվով անձնակազմ/սպասարկում
look like a living skeleton կենդանի կմախքի նմանվել
reduced/worn to a skeleton հյուծված; ուժասպառ; կաշին ու ոսկորը մնացած
skeleton factory գործարան, որը հեշտությամբ կարող է խաղաղ արդյունաբերությունից ռազմականի անցնել
skeleton map ուրվագծային քարտեզ

skeptic |'skɛptɪk| (*բրիտանական* **sceptic**) **1** *noun* 1) կասկածապաշտ; կասկածամիտ մարդ; սկեպտիկ; սկեպտիցիզմի հետևորդ 2) թերահավատ մարդ **2** *adjective* թերահավատ

skeptical |'skɛptɪk(ə)l| (*բրիտանական* **sceptical**) *adjective* կասկածամիտ

sketch |skɛtʃ| **1** *noun* 1) ուրվանկար; ուրվապատկեր; էսքիզ 2) համառոտ ակնարկ/տեսություն *(դեպքերի, իրադարձությունների)* 3) նախագիծ; մոտավոր պլան 4) ծիծաղելի անձ **2** *verb* 1) ուրվանկարել; ուրվապատկերել 2) նկարագրել ընդհանուր գծերով; համառոտ ակնարկ գրել
a thumb-nail sketch հակիրճ նկարագիր; բառային պատկեր
sketch sth out ուրվագծել; մոտավոր ծրագիր մշակել
take a sketch ուրվանկար անել

sketchbook |'skɛtʃbʊk| *noun* (նաև **sketchpad**) 1) նկարչական ալբոմ 2) նոթատետր

sketchy |'skɛtʃi| *adjective* (**sketchier**, **sketchiest**) 1) ուրվագծային 2) հատուկենտ; թերի; կցկտուր 3) մակերեսային; ոչ խորը 4) թեթև *(ուտելիքի մասին)*

skew |skjuː| **1** *adjective* շեղ; թեք; խոտոր **2** *noun* 1) շեղ անկյուն 2) անհամաչափություն **3** *verb* 1) շեղվել; մի կողմ թեքել; ծռել 2) խեթ-խեթ նայել; աղավաղել; խեղաթյուրել

skewbald |'skjuːbɔːld| **1** *adjective* պիսակավոր; բծավոր *(ձիու մասին)* **2** *noun* պիսակավոր/բծավոր կենդանի

skewer |'skjuːə| **1** *noun* շամփուր; շիշ **2** *verb* շամփուրի վրա շարել

ski |skiː| **1** *noun* (հոգն. **skis**) դահուկ **2** *verb* (**skis**, **skied** |skiːd|, **skiing**) դահուկել; դահուկներով սահել

skid |skɪd| **1** *verb* (**skidded**, **skidding**) 1) մի կողմ սահել; տեղապտույտ տալ *(անիվի մասին)* 2) արգելակել 3) *փոխաբերական* նվազել **2** *noun* 1) մի կողմ սահելը; տեղապտույտ տալը *(անիվի)* 2) *տեխնիկական* ճնշիչ; կալանդ *(արգելակի)* 3) օդագնացություն պոչի հենակ

skier |'skiːə| *noun* դահուկորդ

skiff |skɪf| *noun* 1) թեթև նավակ; մակույկ 2) *մարզական* մրցամակույկ

skill |skɪl| *noun* 1) վարպետություն; հմտություն; կարողություն 2) որակ; պատրաստության աստիճան

skilled |skɪld| *adjective* 1) որակյալ; որակավոր 2) ճարպիկ; հմուտ

skillet |'skɪlɪt| *noun* 1) երկար բռնակով կաթսա 2) կոթավոր թավա

skillful |'skɪlfʊl|, |-f(ə)l| (նաև **skilful**) *adjective* ճարպիկ; հմուտ; կարող; ձեռնահաս; վարպետ; գործիմաց

skim |skɪm| **1** *verb* (**skimmed**, **skimming**) 1) քաշել *(քափը, սերուցքը և այլն)* 2) թռուցիկ կերպով աչքի անցկացնել 3) հազիվ հպվելով սահել **2** *noun* 1) մակերեսային շերտ; թաղանթ 2) մակերեսային ընթերցում; արագ աչքի անցկացնելը

skim over sth մակերեսորեն/թեթևակի նայել

skimmer |ˈskɪmə| *noun* քափկիր; քափքաշ; փրփրակալ

skim milk (նաև **skimmed milk**) *noun* սերը քաշած կաթ; քաշած կաթ

skimp |skɪmp| *verb* տնտեսել; խնայել; կրճատել; պակասեցնել; ժլատություն անել

skimpy |ˈskɪmpi| *adjective* (**skimpier**, **skimpiest**) 1) շատ քիչ; անբավարար 2) տնտեսող; խնայող; ժլատ 3) բաց; անպարկեշտ

skin |skɪn| **1** *noun* 1) մաշկ; մորթ; կաշի; մորթի 2) կեղև; կլեպ *(պտուղների)* 3) բարակ թաղանթ; փառ *(հեղուկի երեսին)* 4) տիկ; տկճոր *(գինու)* 5) շատ ժլատ/կծծի մարդ **2** *verb* (**skinned**, **skinning**) 1) քերթել; հանել *(կաշին, մորթին)* 2) կլպել; կեղևել 3) *խոսակցական* մաքուր պլոկել; մինչև վերջին թելը թալանել; կեղեքել 4) ծածկվել *(բարակ մաշկով)* 5) սպիանալ *(վերքի մասին)* 6) սաստիկ պատժել

be in sb's skin *հիմնականում ժխտական* մեկի օրն ընկնել; նրա վիճակի մեջ լինել

by/with the skin of one's teeth հազիվհազ; մի կերպ; ծայրը ծայրին

get sb under one's skin հափշտակված լինել; կուրորեն սիրահարված լինել

get under the skin, get under someone's skin 1) զայրացնել/ձանձրացնել/զզվեցնել մեկին 2) տիրել մեկի գիտակցությանը; կլանել միտքը 3) խորը թափանցել 4) խորությամբ հասկանալ

have a thin/thick skin նուրբ/հաստ կաշի ունենալ; ազդվել/չազդվել

jump out of one's skin սաստիկ հուզվել; իրեն կորցնել

keep a whole skin ողջ և անվնաս մնալ; անվնաս դուրս պրծնել

keep one's eyes skinned *խոսակցական* զգոն/ուշադիր/աչքաբաց լինել

skin and bone կաշի ու ոսկոր

skin grathing *բժշկություն* մաշկի փոխպատվաստում

stripped to the skin մերկացած; լրիվ մերկ

under the skin խորքում; էության մեջ

skin-deep *adjective* մակերեսային

skinflint |ˈskɪnflɪnt| *noun* *խոսակցական* ժլատ/կծծի մարդ

skin game *noun* *խոսակցական* խարդախություն; խաբեբայություն; սրիկայություն

skinhead |ˈskɪnhed| *noun* սափրագլուխ

skinner |ˈskɪnə| *noun* մորթեգործ; մուշտակագործ

skinny |ˈskɪni| **1** *adjective* (**-nier**, **-niest**) *խոսակցական* նիհար; վտիտ; լղար **2** *noun* *խոսակցական* գաղտնի տեղեկություն *(որոշակի անձի մասին)*

skint |skɪnt| *adjective* *խոսակցական* փողազուրկ; փողից զուրկ

skintight |skɪnˈtʌɪt| (նաև **skin-tight**) *adjective* կիպ նստող *(հագուստի մասին)*

skip¹ |skɪp| **1** *verb* (**skipped**, **skipping**) 1) ցատկոտել; թռչկոտել 2) ցատկել-անցնել; արագ անցնել *(մի նյութից մյուսը)* 3) բաց թողնել; վրայով անցնել 4) *ամերիկյան, խոսակցական* կորչել; չքվել 5) թռչել-անցնել *(մի դասարան)* 6) դիպչել ու ետ թռչել **2** *noun* 1) ոստյուն; ցատկում; վեր-վեր թռչելը; ցատկոտելը; թռչկոտում; թռչկոտելը 2) ցատկոտելով քայլելը 3) բաց թողնելը; վրայով անցնելը *(կարդալիս)*

skip² |skɪp| *noun* աղբարկղ

skip³ |skɪp| **1** *noun* *մարզական* թիմի ավագ **2** *verb* (**skipped**, **skipping**) թիմի ավագ լինել

skipper¹ |ˈskɪpə| *խոսակցական* **1** *noun* 1) նավապետ *(առևտրական նավի)* 2) *մարզական* թիմի ավագ 3) օդանավի պետ **2** *verb* որպես նավապետ աշխատել

skipper² |ˈskɪpə| *noun* 1) թռչկոտող միջատ 2) թռչկոտող մարդ 3) *կենդանաբանություն* ցայտաթիթեռ *(ընտանիք Hesperiidae)*

skirmish |ˈskəːmɪʃ| **1** *noun* 1) փոքրիկ մարտ; ռազմական ընդհարում 2) վեճ; կռիվ; ընդհարում **2** *verb* փոքր ջոկատներով կռվել

skirr |skəː| *verb* *հազվադեպ* արագ ընթանալ; սլանալ *(հատկապես աղմուկով)*

skirt |skəːt| **1** *noun* 1) կիսաշրջազգեստ; փեշ 2) փեշ; քղանցք *(զգեստի)* 3) ծայր; ծայրամաս 4) *ծածկալեզու* կին; աղջիկ **2** *verb* 1) ծայրամասում գտնվել; սահմանակից լինել 2) շրջապատել; բոլորապատել; պատել 3) սահմանի երկայնքով անցնել 4) անտեսել; շրջանցել; եզրով գնալ; շուրջը պտույտ տալ

clear the skirts of sb վերականգնել ոտնահարված հեղինակությունը

divided skirt լայն տաբատ

hobble skirt նեղ կիսաշրջազգեստ/փեշ

on the skirts of ծայրամասում; եզրին; ծայրին *(անտառի, քաղաքի և այլնի)*

skirt round sth անուղղակի խոսել մի բանի մասին; խուսափել ուղիղ ասելուց

skit |skɪt| *noun* 1) թեթև երգիծանք 2) երգիծական ստեղծագործություն

skittish |ˈskɪtɪʃ| *adjective* 1) ժիր; կայտառ; աշխույժ; ուրախ 2) խրտնող *(ձիու մասին)*

skittle |skɪt(ə)l| *noun* 1) (**skittles**) կեգլախաղ 2) կեգլիներ

skive¹ |skʌɪv| *խոսակցական* **1** *verb* աշխատանքից/պարտականություններից խուսափել **2** *noun* աշխատանքից խուսափելը; խուսափում աշխատանքից

skive² |skʌɪv| *verb* *տեխնիկական* բարակ շերտերի կտրտել

Skopje |ˈskɒpjeɪ| Սկոպյե *(Մակեդոնիայի մայրաքաղաքը)*

skulk |skʌlk| **1** *verb* 1) թաքնվել; ծածկվել; պահվել; պահ մտնել 2) գործից փախչել; գլուխ պահել 3) գաղտագողի գնալ; թաքուն անցնել **2** *noun* 1) գործից փախչող; գլուխ պահող 2) *հնացած* աղվեսների խումբ

skull |skʌl| **1** *noun* 1) կազմախոսություն գանգ 2) *խոսակցական* գլուխ 3) *փոխաբերական* խելք; գլուխ **2** *verb* հարվածել մեկի գլխին

have a thick skull հաստագլուխ լինել

skull and cross-bones գանգ և երկու խաչաձև ոսկորներ *(մահվան խորհրդանիշ)*

skullcap |ˈskʌlkæp| *noun* թասակ

skunk |skʌŋk| **1** *noun* 1) *կենդանաբանություն* ժանտ իշղար; գարշահոտ փորսուղ; սկունս *(Mephitis և այլ տեսակներ, ընտանիք Mustelidae)* 2) սկունսի մորթի 3) անպիտան մարդ; անպետքություն **2** *verb* *խոսակցական* 1) տանել; ջարդել; գլխովին ջախջախել *(խաղի մեջ և այլն)* 2) հնացած չվճարել հաշիվը

sky |skaɪ| **1** *noun* (հոգն. **skies**) երկինք **2** *verb* (**skies**, **skied**) *խոսակցական* 1) գնդակը բարձր վեր նետել 2) նկարը բարձր կախել *(ցուցահանդեսում)*

leaden sky կապարագույն երկինք

mackerel sky քուլա-քուլա ամպերով պատած երկինք

out of a blue/clear sky միանգամայն անսպասելի; հանկարծակի

praise/extol/laud sb to the skies գովերգել; գովաբանել; երկինք հանել; մեկի գովքը անել

the sky is the limit երկնքի չափ; անչափ; անսահման

to the skies 1) խիստ բարձր 2) ջերմորեն

under the open sky բաց երկնքի տակ

sky blue *noun* երկնագույն; լազուր

sky-high *adverb, adjective* շատ բարձր; մինչև երկինք

skylark |ˈskʌɪlɑːk| **1** *noun* *կենդանաբանություն* արտույտ *(Alauda, ընտանիք Alaudidae)* **2** *verb* խայտալ; վազվզել; թռչկոտել; ուրախ խաղալ; չարաճճիություն անել; չարություն անել

skylight |ˈskʌɪlʌɪt| *noun* ապակեծածկ երդիկ; տանիքի ապակեպատ լուսամուտ

skyline |ˈskʌɪlʌɪn| *noun* 1) տեսանելի հորիզոն; հորիզոնի գիծը 2) ուրվագիծ; ուրվապատկեր *(երկնքի ֆոնի վրա)*

skyscraper |ˈskʌɪskreɪpə| *noun* 1) երկնաքեր/երկնամբարձ/երկնաբերձ շենք 2) (նաև **skysail**) քառակուսի առագաստ՝ գլխավոր կայմի վերևում

skywriting *noun* 1) ծխով արված գրություն; ծխով գրելը *(ինքնաթիռի կողմից)* 2) օդային գովազդ

slab |slæb| **1** *noun* 1) սալաքար; սալ քար 2) հաստ կտոր *(հացի, շոկոլադի և այլնի)* 3) փուշտա; կզատախտակ **2** *verb* (**slabbed**, **slabbing**) փուշտան հեռացնել

slack¹ |slæk| **1** *adjective* 1) ազատ; արձակ; կախ ընկած; չկապված; չձգված; չպրկված; թույլ 2) ծույլ; անկազմակերպ; թափթփված; անփույթ; անկարգ; անկարգապահ 3) դանդաղկոտ 4) թույլ; խախուտ *(կարգապահության մասին)* 5) անաշխույժ; լճացած; կանգ առած *(առևտրի մասին)* **2** *noun* 1) կանգառում; լճացում *(առևտրի մեջ)* 2) անգործունություն; անգործունեություն; անգործություն; պարապություն; դադար 3) (**slacks**) լայն շալվար/տաբատ **3** *verb* 1) ազատ թողնել; թուլացնել ◊ **slack off** i) թուլացնել *(եռանդի և այլնի մասին)* ii) թուլանալ. **slack up** դանդաղեցնել ընթացքը *(գնացքի մասին)* 2) *խոսակցական* շփանալ; երես առնել; անկարգանալ; սանձարձականալ; անգործ թափառել; անբան ման գալ 3) ծուլորեն աշխատել 4) հագեցնել *(ծարավը)* 5) հանգցնել *(կիրը)* **4** *adverb* թույլ; չձգված

keep a slack rein on sth սանձը թույլ պահել; անուշադիր ղեկավարել

slack off/away կապը թուլացնել

take up the slack պարանը ձգել; կապը/սանձերը քաշել

slack² |slæk| *noun* ածխափոշի

slacken |ˈslæk(ə)n| *verb* 1) թուլանալ; թուլացնել 2) կանգ առնել; լճանալ; անաշխույժ դառնալ *(առևտրի մասին)* 3) դանդաղեցնել; պակասեցնել; արագությունը 4) ծուլանալ; անփույթ դառնալ

slacker |ˈslækə| *noun* *խոսակցական* 1) դատարկապորտ; գործալիք 2) *ռազմական* դասալիք; զինվորական ծառայությունից խույս տվող անձ

slag |slæg| **1** *noun* խարամ; մետաղախարամ **2** *verb* (**slagged**, **slagging**) խարամ առաջացնել

slag heap *noun* թափոններից գոյացած բլուր

slake |sleɪk| *verb* 1) հագեցնել *(ծարավը)* 2) բավարարել *(ցանկությունը)* 3) հանգցնել *(կիրը)*

slam¹ |slæm| **1** *verb* (**slammed**, **slamming**) 1) շրխկոցով/աղմուկով փակել *(դուռը)* 2) շրխկոցով/աղմուկով փակվել *(դռան մասին)* 3) *ամերիկյան ծածկալեզու* խիստ քննադատել **2** *noun* 1) շրխկացնելով փակելը *(դուռը)* 2) շրխկացնելը *(դռան)* 3) *ամերիկյան ծածկալեզու* խիստ քննադատություն

slam² |slæm| *noun* *թղթախաղ* բոլոր առքերը/փեշերը վերցնելը

slander |ˈslɑːndə| **1** *noun* *իրավունք* զրպարտություն; բամբասանք **2** *verb* զրպարտել; բամբասել; չարախոսել

slanderer *noun* զրպարտիչ

slang |slæŋ| **1** *noun* ժարգոն; ծածկալեզու **2** *verb* *խոսակցական* ժարգոնի/ծածկալեզվի օգտագործմամբ հարձակվել; ժարգոնով վրա տալ *(մեկի վրա)*

slant |slɑːnt| **1** *verb* թեքվածք/թեքություն ունենալ **2** *noun* 1) թեքում; թեքվածք; թեքություն ◊ **on the slant** թեք վիճակում 2) հակում; միտում; տենդենց 3) *խոսակցական* հայացք **3** *adjective* թեք; շեղ

slantwise |ˈslɑːntwʌɪz| *adjective, adverb* 1) թեքորեն 2) թեք կերպով; շեղակիորեն

slap |slæp| **1** *verb* (**slapped**, **slapping**) 1) ապտակել; ափով հարվածել 2) ուժով գցել; շպրտել **2** *noun* ապտակ; հարված *(տափակ բանով)* ◊ **a slap in the face** i) ապտակ ii) *փոխաբերական* վիրավորանք; ապտակ; անպատվություն; անսպասելի մերժում. **a slap in the eye** *փոխաբերական* անսպասելի հիասթափություն; ապտակ; վիրավորանք; անպատվություն **3** *adverb* *խոսակցական* ուղիղ; ճիշտ; ուղղակի; հենց ◊ **run slap into smb** թափով մեկին դիպչել

give sb a slap in the face ապտակ հասցնել; խիստ հանդիմանել

slapdash |ˈslæpdæʃ| **1** *adjective* շտապ; անփույթ; հապճեպ; չմտածված; անխոհեմ **2** *adverb* *հնացած* անփութորեն; հապճեպորեն

slapjack |ˈslæpdʒæk| *noun ամերիկյան* յուղաբլիթ

slap-up *adjective խոսակցական* շքեղ; առաջնակարգ

slash¹ |slæʃ| **1** *verb* 1) կտտորել *(թրով)* 2) թրատել 3) շերտատել; հատել 4) մտրակել; խարազանել 5) կտրել; հնձել *(գերանդիով)* 6) ճեղքեր անել 7) *հնացած* խիստ քննադատել **2** *noun* 1) ամբողջ թափով հարված; կտրուկ հարված 2) կտրվածք; վերք 3) ճեղք; կտրվածք 4) թեք գիծ 5) անտառահատման տեղը; ծառահատումից առաջացած բացատ

slash² *noun* ճահճուտ *(հատկապես առափնյա վայրում)*

slashing |ˈslæʃɪŋ| *adjective* 1) բուռն; շեշտակի; ուժեղ 2) ջախջախիչ; խորտակիչ 3) սուր; խիստ; ոչնչացնող *(քննադատության մասին)* 4) *խոսակցական* մեծ; հսկայական; շատ; առատ

slat |slæt| *noun* բարակ ձող; շերտաձողիկ

slate |sleɪt| **1** *noun* 1) թերթաքար; շերտաքար; հերձաքար 2) հերձաքարի սալիկ; շիֆեր 3) քարետախտակ 4) *ամերիկյան* թեկնածուների ցուցակ *(ընտրությունների ժամանակ)* **2** *verb* 1) հերձաքարի սալիկներով ծածկել *(տանիքը)* 2) թեկնածուների ցուցակի մեջ մտցնել 3) կշտամբել; շշպռել; խիստ քննադատել

have a slate loose/missing ծալը/տախտակը պակաս լինել

start with a clean slate նոր կյանք սկսել; մոռանալ նախկին սխալները

slattern |ˈslæt(ə)n| *noun հնացած* անմաքրասեր/փնթի կին

slaughter |ˈslɔːtə| **1** *noun* 1) արյունահեղություն; կոտորած; ջարդ 2) մորթում; մորթելը; սպանդ *(անասունների)* **2** *verb* 1) ջարդ կազմակերպել; կոտորել; սպանել; մորթել *(անասուններին)* 2) *խոսակցական* ջարդուփշուր անել *(հակառակորդին)*

slaughterhouse |ˈslɔːtəhaʊs| *noun* սպանդանոց

Slav |slɑːv| **1** *noun* սլավոն; սլավոնուհի **2** *adjective* տե՛ս **Slavic**

slave |sleɪv| **1** *noun պատմական* 1) ստրուկ 2) *փոխաբերական* գերի *(որևէ բանի)* 3) կախյալ սարք *(որը կառավարվում է այլ սարքի կողմից)* 4) *համակարգիչներ* ենթակա սարք **2** *verb* ստրուկի նման աշխատել

be a slave to one's work իր գործի ստրուկը լինել; ճորտի պես աշխատել

slave driver *noun* 1) ստրուկների վերակացու 2) շահագործող անձ

slaveholder *noun* ստրկատեր

slaver¹ |ˈsleɪvə| *noun պատմական* 1) ստրկավաճառ 2) ստրկատար նավ

slaver² |ˈslævə|, |ˈsleɪvə| **1** *noun* 1) լորձունք; փսլինք; թուք 2) դատարկախոսություն 3) չքողարկված շողոքորթություն **2** *verb* 1) փսլինքները բաց թողնել; փսլնքոտել 2) շողոքորթել

slavery |ˈsleɪv(ə)ri| *noun* 1) ստրկություն ◇ **wage slavery** վարձու ստրկություն 2) ծանր/ստրկական աշխատանք 3) կախվածություն; կախում

slavey |ˈsleɪvi| *noun* (հոգն. **-eys**) *խոսակցական, հնացած, ծածկալեզու* աղախին *(Անգլիայում)*

Slavic |ˈslɑːvɪk|, |ˈslævɪk| **1** *adjective* սլավոնական **2** *noun* սլավոնական լեզվախումբ

slay¹ |sleɪ| *verb* (անցյալ **slew** |sluː|; անցյալ դերբայ **slain** |sleɪn|) *հնավանդ, բանաստեղծական* 1) կոտորել; սպանել 2) մեծապես ազդել

slay² *noun* (նաև **sley**) մշտուկ; խթան *(ջուլհակի գործիք)*

sleazy |ˈsliːzi| *adjective* (**-zier**, **-ziest**) 1) նուրբ; բարակ; անդիմացկուն *(գործվածքի մասին)* 2) պիղծ; անբարոյական

sled |slɛd| **1** *noun* սահնակ; ձեռնասահնակ **2** *verb* (**sledded**, **sledding**) 1) սահնակով գնալ 2) սահնակով փոխադրել

sledge¹ |slɛdʒ| **1** *noun* սահնակ; ձեռնասահնակ **2** *verb* 1) սահնակով գնալ 2) սահնակով փոխադրել

sledge² |slɛdʒ| *noun* կռան; դարբնի ծանր մուրճ

sledgehammer |ˈslɛdʒhæmə| **1** *noun* տե՛ս **sledge 2 2** *verb* կռանով խփել

sleek |sliːk| **1** *adjective* 1) հարթ; կոկ; ողորկ 2) կոկած; սղալած *(մազերի մասին)* 3) փայլուն; պլպլան; յուղափայլ 4) տռուզ; լիքը; գիրուկ; գիրգ; խնամված; լավ պահված 5) շողոքորթ; քծնող *(մարդու մասին)* 6) կեղծ; շինծու *(շարժումների մասին)* 7) շողոմ; քաղցր-մեղցր *(բառերի/խոսքի մասին)* **2** *verb* հարթել; կոկել; սղալել **3** *adverb* *բանաստեղծական* փափկորեն; մեղմորեն

sleep |sliːp| **1** *noun* 1) քուն 2) քնկոտություն; քնափություն ◇ **winter sleep** i) ձմեռնաքուն; ձմեռային քնափություն ii) *փոխաբերական* մահ. **fall on sleep** հավիտենական քնով քնել **2** *verb* (անցյալ և անցյալ դերբայ **slept** |slɛpt|) 1) քնել; ննջել 2) *փոխաբերական, բանաստեղծական* հանգչել; քնել; վախճանվել 3) գիշերել; գիշերը անցկացնել 4) օթևան տալ; գիշերելու տեղ տալ • **sleep away** որոշ ժամանակ քնել **sleep on/over/upon** վաղվան հետաձգել *(գործի քննությունը և այլն)*

beauty sleep վաղ/մինչև կեսգիշերվա քուն

fall on sleep հավիտենական քուն մտնել

go to sleep պառկել քնելու

have one's sleep out կուշտ քնել; քունն առնել

Let sleeping dogs lie. *առած* Քնած շանը ձեռք մի՛ տուր:

put a pet animal to sleep *փոխաբերական* սատկեցնել *(կատվին և այլն որևէ վատ հիվանդության համար)*

sleep in/out տիրոջ տանը քնել/չքնել *(տնային աշխատողների մասին)*

sleeping/silent partner *ամերիկյան* որևէ գործարքի բաժնետեր, որը աշխատանքի ղեկավարմանը չի մասնակցում

sleep like a top/log խորը/մեռածի պես քնել

sleep on it/sth հարցի վճռելը թողնել հաջորդ օրվան

sleep round the clock, sleep the clock round քսանչորս ժամ քնել

sleep sth off քնի միջոցով որևէ բանից ազատվել

sleep through sth շարունակել քնել; չարթնանալ *(աղմուկից, զարթուցիչից, տուրուդմփոցից)*
sleep with sb *մեղմասություն* քնել մեկի հետ; սեռական հարաբերություն ունենալ
walk in one's sleep/sleep-walker ման գալ քնի մեջ; քնաշրջիկ; լուսնոտ

sleeper |ˈsliːpə| *noun* 1) քնած մարդ 2) քնկոտ մարդ 3) *երկաթուղային* փայտակոճ 4) *ամերիկյան* ննջավագոն ◊ **palace sleeper** *ծածկալեզու* ապրանքատար վագոն
a light sleeper թեթև քնող մարդ
heavy sleeper խորը քնող մարդ

sleeping bag *noun* ննջապարկ

sleeping car *noun* ննջավագոն

sleeping pill *noun* քնաբեր դեղ

sleeping sickness *noun* քնախտ *(արևադարձային հիվանդություն)*

sleepless |ˈsliːplɪs| *adjective* 1) անքուն 2) արթուն; աչալուրջ; զգոն 3) խռովահույզ; անհանգիստ *(օվկիանոսի/ծովի մասին)* 4) անդադար *(քամու/ջրի մասին)*

sleepwalk |ˈsliːpwɔːk| **1** *verb* քնած շրջել **2** *noun* քնաշրջիկություն

sleepwalker *noun* լուսնոտ; քնաշրջիկ

sleepy |ˈsliːpi| *adjective* (**sleepier**, **sleepiest**) 1) քնկոտ; քնկոխ; քնաթաթախ; քնակոլոլ; քունը գլխին 2) քնափ; քնել սիրող 3) ծույլ 4) խաղաղ; հանդարտ; անգործ *(քաղաքի/փողոցի/գետի և այլնի մասին)*

sleet |sliːt| **1** *noun* 1) սառցի կեղև *(ծառերի/հաղորդալարերի վրա և այլն)* 2) ձյունախառն անձրև; մանրակարկուտ **2** *verb* ձյունախառն անձրև գալ

sleeve |sliːv| *noun* 1) թևք; թեզանիք; թևակալ 2) *տեխնիկական* կցորդիչ; մուֆտա
hang on to sb's sleeve լիակատար կախման մեջ լինել մեկից; ամեն ինչում համաձայնել
have sth up one's sleeve թաքցրած գաղափար/ծրագիր ունենալ
laugh up one's sleeve քթի տակ քմծիծաղ տալ; թաքուն խնդալ
mandarin sleeve չինացու լայն հագուստի թևք
Put/stretch your hand no further than your sleeve will reach. *առած* Ոտքդ վերմակիդ չափո՛վ մեկնիր:
roll up one's sleeves թևքերը քշտել; պատրաստվել աշխատանքի
up one's sleeve գաղտնի պահած
wear one's heart on one's sleeve չկարողանալ զգացմունքը թաքցնել; պատշաճ զսպվածություն չցուցաբերել

sleigh |sleɪ| **1** *noun* սահնակ **2** *verb* սահնակով գնալ

slender |ˈslɛndə| *adjective* (**-derer**, **-derest**) 1) բարակ; նուրբ; բարեկազմ; գեղիրան; վայելչակազմ; նրբագեղ; նազելի 2) թույլ *(հույսի/հնչյունի մասին)* 3) քիչ; փոքր; ցածր; սուղ; սակավ *(աշխատավարձի/նյութական միջոցների մասին)* 4) աղքատիկ; խղճուկ *(սննդի մասին)*

sleuth |sluːθ| *խոսակցական* **1** *noun* 1) *ամերիկյան* խուզարկու; ոստիկանական խուզարկու; գործակալ 2) խուզարկու շուն **2** *verb* 1) հետամուտ լինել; հետքը գտնել; հետքով գտնել 2) խուզարկու լինել

slew[1] |sluː| (նաև **slue**) **1** *verb* 1) շուռ գալ; դառնալ; պտտվել 2) շուռ տալ; շրջել **2** *noun* դարձ; պտույտ; շուռ գալը

slew[2] անցյալ տե՛ս **slay**

slew[3] |sluː| *noun խոսակցական* շատություն; բազմություն; մեծ քանակություն

slice |slʌɪs| **1** *noun* 1) կտոր; բարակ շերտ; պատառ *(հացի, ապուխտի և այլնի)* 2) մաս; հատված; բաժին 3) լայնաբերան դանակ *(բարակ շերտերով կտրելու համար)* **2** *verb* 1) բարակ շերտերով կտրել; կտրատել 2) ճեղքել *(ալիքները)* 3) *մարզական* վրիպել; չդիպցնել; վրիպելով կորցնել

slick |slɪk| **1** *adjective* 1) հարթ; կոկ; ողորկ; կոկված; աղալած *(մազերի մասին)* 2) ճարպիկ; արագաշարժ 3) խորամանկ; կեղծ; շինծու *(շարժումների մասին)* 4) սայթաքուն; լպրծուն; սահուն **2** *noun* 1) նավթի շերտ *(ջրի վրա)* 2) *խոսակցական* փայլուն թղթով ամսագիր **3** *verb* 1) աղալել; ողորկել; հարթեցնել *(մազերը)* 2) հեղուկի շերտով ծածկել 3) (**slick someone/something up**) գեղեցկացնել; սիրունացնել; կոկիկացնել

slicker |ˈslɪkə| *noun ամերիկյան* 1) անջրանցիկ վերարկու 2) *խոսակցական* խաբեբա; խարդախ անձ

slide |slʌɪd| **1** *verb* (անցյալ **slid** |slɪd|) 1) սահել; սղղալ *(ձյան/սառույցի վրա)* 2) *փոխաբերական* դուրս սահել; սահելով ընկնել; դուրս սլլալ 3) տեղապտույտ տալ; սայթաքել *(ավտոմեքենայի մասին)* 4) սահեցնել 5) նվազել • **slide away** դուրս պրծնել; սպրդել **slide in/into** ներս սողոսկել **slide out** դուրս սահել **slide past** արագ անցնել; սլանալ; թռչել **2** *noun* 1) սահում; սահելը; սղղալը 2) սառցապատ վազքուղի *(վրան սղղալու համար)* 3) սահարան; սահադաշտ 4) թեք հարթություն *(ծանրություններ իջեցնելու, ինչպես նաև երեխաների ցած սղղալու համար)* 5) փլուզում; սողվածք; նստվածք; իջվածք 6) դիապոզիտիվ 7) առարկայական ապակի; ապակեհարթակ *(մանրադիտակի)* 8) *տեխնիկական* մեխանիզմի սահող մասը 9) նվազում
let sth slide բարձիթողի անել

slide rule *noun* լոգարիթմական հաշվեքանոն

sliding scale *noun* սահող սանդղակ *(գների, եկամուտների)*

slight |slʌɪt| **1** *adjective* 1) թույլ *(հոտի/համի մասին և այլն)* 2) աննշան; չնչին 3) թեթև *(վախի/վերքի/հիվանդության մասին և այլն)* 4) բարակ; նուրբ; թուլակազմ; թույլ **2** *verb* արհամարհել; քամահրել; բանի տեղ չդնել; արհամարհանքով վերաբերվել; վիրավորել **3** *noun* 1) անհարգալից վերաբերմունք; արհամարհանք; անուշադրություն 2) անտեսում; անտեսելը; հաշվի չառնելը; արհամարհում; արհամարհելը
feel slighted վիրավորված/արհամարհված/անպատվված զգալ
not in the slightest ամենևին էլ ոչ
put a slight on/upon sb մեկի հանդեպ անհարգալից վերաբերմունք ցուցաբերել; բանի տեղ չդնել

slightly *adverb* քիչ չափով; աննշականորեն; թեթևակիորեն

slim |slɪm| **1** *adjective* (**slimmer**, **slimmest**) 1) բարակ; նուրբ; նրբագեղ; բարեկազմ; վայելչակազմ 2) թույլ; թուլակազմ; նիհար 3) աննշան; չնչին; թեթև; թույլ 4) *ծաժկալեզու* խորամանկ **2** *verb* (**slimmed**, **slimming**) 1) նիհարել *(սննդակարգի միջոցով)* 2) նիհարեցնել 3) փոքրացնել *(գործարարությունը՝ ավելի արդյունավետ դարձնելու համար)* **3** *noun* (նաև **slim disease**) ՁԻԱՀ *(հիվանդության աֆրիկական անվանումը)*

slime |slʌɪm| **1** *noun* 1) կպչուն ցեխ; տիղմ; մածուցիկ նյութ 2) լորձ; լորձունք **2** *verb* 1) ցեխոտել; տղմոտել 2) լորձոտել; լորձով պատել 3) *ծաժկալեզու* (**slime through/away/past/out**) պրծնել; խույս տալով փախչել

slimy |ˈslʌɪmi| *adjective* (**slimier**, **slimiest**) 1) տղմոտ; ցեխոտ; կեղտոտ 2) լորձոտ; լորձունքոտ; լորձունքածածկ; լպրծուն 3) *խոսակցական* ստորաքարշ; քծնի; ստրկամիտ; ստրկաբարո

sling¹ |slɪŋ| **1** *noun* 1) կապոցափոկ; կապոցապարան; ճոպան 2) *բժշկություն* վիրակապ *(համակապես վիրավոր ձեռքը պահելու համար)* 3) պարսատիկ 4) ուսափոկ; լանջագոտի **2** *verb* (անցյալ **slung** |slʌŋ|) 1) նետել; գցել; շպրտել 2) վիրակապի մեջ դնել *(ձեռքը)* 3) ուսը գցել; ուսից կախել *(հրացանը)* 4) կապոցափոկերով բարձրացնել

sling mud at sb մեկի վրա ցեխ նետել/շպրտել; անարգել/անպատվել մեկին

sling one's hook *ծաժկալեզու* պոչը քաշել; հեռանալ; գլուխն առնել, գնալ

sling sb out մեկին ուժով դուրս շպրտել

sling² |slɪŋ| *noun* քաղցրացված խմիչք

slingshot |ˈslɪŋʃɒt| *noun* ճեղապարսատիկ *(քար արձակելու համար)*

slink |slɪŋk| **1** *verb* (անցյալ **slunk**) գաղտագողի մոտենալ ◇ **slink off** ծլկել; փախչել; գաղտագողի մեկի մոտից անցնել **2** *noun* ծլկելը; փախչելը; ճողոպրելը

slip¹ |slɪp| **1** *verb* (**slipped**, **slipping**) 1) սայթաքել; գայթել *(ոտքի մասին)* 2) սահել; սահելով ընկնել; դուրս պրծնել 3) խույս տալ; դուրս պրծնել; խույս տալով փախչել; ձեռքից բաց թողնել; փախցնել *(առիթը)* 4) մոռացվել; անհետանալ *(հիշողությունից)* 5) արագ անցնել; թռչել *(ժամանակի մասին)* 6) սխալներ անել; սխալվել 7) խոթել; խցկել; կոխել • **slip away** i) աննկատ հեռանալ *(առանց հրաժեշտ տալու)* ii) արագ/աննկատ անցնել; թռչել *(ժամանակի մասին)* **slip in** i) սպրդել *(սխալի մասին)* ii) ներս սողոսկել; գաղտագողի/աննկատելի կերպով ներս մտնել **slip off** i) վրայից հանել; դեն գցել *(հագուստը)* ii) ցած սահել; դուրս սահել; սահելով ընկնել **slip on** վրան գցել; անփույթ հագնել *(հագուստը)* **slip out** դուրս սահել; սահելով ընկնել; դուրս այլալ **slip up** *ամերիկյան* սխալվել; սխալ անել; սխալ թույլ տալ **2** *noun* 1) սահում; սահելը 2) սխալ; վրիպում ◇ **a slip of the pen** վրիպակ; գրասխալ; գրչի սխալ. **a slip of the tongue** սխալմամբ ասված խոսք; լեզվի սայթաքում 3) փախուստ; խույս տալը ◇ **give one the slip** մեկից փախչել; խույս տալ 4) շնակապ *(որսաշների համար)* 5) կրծկալ 6) կանացի շապիկ 7) բարձի երես 8) *ծովային* նավարան; նավիջուցարան 9) տեղաշարժ; իջվածք *(հողաշերտի)*

a slip of a boy/girl բարալիկ տղա/աղջիկ; շատ նիհար տղա/աղջիկ

give sb the slip ծլկել; պոկվել մեկից

let slip բերնից թողնել; անզգուշաբար ասել

slip one's mind գլխից դուրս թռչել; մտքում չմնալ *(հասցե, անուն և այլն)*

slip through one's fingers մատների արանքից բաց թողնել; չկարողանալ ձեռքում պահել

There's many a slip twixt the cup and the lip. *առած* Բարձրացրած ձեռքը բերանին չի հասնում: Ամեն նշանվող չի ամուսնանում:

slip² |slɪp| *noun* 1) շիվ; ընձյուղ; պատվաստաշիվ; տնկաշիվ ◇ **bastard slip** i) արմատից անած շիվ ii) *փոխաբերական* արտամուսնական երեխա 2) *բանաստեղծական* սերունդ; զարմ 3) նեղ շերտ *(անտառի, հողի, թղթի)* 4) *տպագրություն* շարվածասյուն 5) *ամերիկյան* նեղ և երկար նստարան 6) բարտ; թերթիկ *(հաշվառման, գրանցման և այլն)* ◇ **get the pink slip** *փոխաբերական* աշխատանքից ազատվելու մասին ծանուցագիր ստանալ

slipover |ˈslɪpəʊvə| **1** *noun* տե՛ս **pullover** **2** *adjective* գլխից հագնվող *(զգեստի մասին)*

slipper |ˈslɪpə| *noun* 1) տնային մաշիկ; հողաթափ 2) *երկաթուղային* անվարգել; արգելակ

slippery |ˈslɪp(ə)ri| *adjective* 1) ողորկ; սայթաքուն; լպրծուն 2) անվստահելի

be on a slippery slope *փոխաբերական* ձախողման/անպատվության/վտանգի եզրակա գործ ձեռնարկել

slippery as an eel օձաձկան պես լպրծուն

slippery slope սայթաքուն ճանապարհ; վտանգավոր ընթացք

slippy |ˈslɪpi| *adjective* (**slippier**, **slippiest**) *խոսակցական* 1) ողորկ; սայթաքուն; լպրծուն 2) ճկուն *(խելքի մասին)*

slipshod |ˈslɪpʃɒd| *adjective* 1) փնթի; թափթփված 2) անփույթ *(ոճի մասին)* 3) *հնացած* մինչև կրունկները իջնող

slip-up *noun* *խոսակցական* սխալ; սայթաքում

slit |slɪt| **1** *noun* ճեղք; նեղ և երկար կտրվածք/բացվածք **2** *verb* (**slitting**; անցյալ **slit**) 1) ճեղքել; ճեղք բացել 2) երկայնությամբ կտրել

slither |ˈslɪðə| **1** *verb* *խոսակցական* սահել; սղալ; այլալ **2** *noun* սահում; սղալը

sliver |ˈslɪvə|, |ˈslʌɪ-| **1** *noun* 1) տաշեղ; ճղլամարխ 2) տաշուք; որևէ բանի փոքր բարակ կտոր **2** *verb* տաշեղների վերածել

slobber |ˈslɒbə| **1** *verb* 1) փսլինքը թափել; փսլնքոտել 2) նվնվալ; լաց լինել **2** *noun* 1) լորձունք; փսլինք; թուք 2) հուզումնառատ/սենտիմենտալ շաղակրատանք

slog |slɒg| **1** *verb* (**slogged**, **slogging**) 1) տքնաջան աշխատել 2) ուժեղ հարվածել **2** *noun* ծանր/հյուծիչ աշխատանք

slogan |ˈsləʊg(ə)n| *noun* կարգախոս; լոզունգ

sloop |sluːp| *noun* *ծովային* երկատագաստավոր միակայմ նավ ◇ **sloop of war** հետախուզական ռազմանավ

slop¹ |slɒp| **1** *verb* (**slopped**, **slopping**) 1) թափվել; թափթփվել; հեղվել *(հեղուկի մասին)* 2) թափել; հեղել **2** *noun* 1) (**slops**) կոյուղաջուր *(խոհանոցային)* 2) լափ 3) զգացմունքային լեզու

slop² |slɒp| *noun հնավանդ* 1) պատրաստի հագուստ *(էժանագին)* 2) (**slops**) լայն շալվար/տաբատ 3) (**slops**) նավաստիներին տրվող հագուստ և անկողին

slope |sləʊp| **1** *noun* 1) լանջ *(լեռան)* 2) զառիվայր; զառիթափ; թեքվածք; թեքություն **2** *verb* 1) զառիվայր իջնել; զառիվեր բարձրանալ 2) *ծածկալեզու* ծլկել; փախչել

sloppy |ˈslɒpi| *adjective* (**sloppier**, **sloppiest**) 1) թաց; խոնավ *(եղանակի մասին)* 2) ցեխոտ; ցեխոտված 3) ջրալի; ջրիկ 4) *խոսակցական* անփույթ; փնթի; թափթփված

slosh |slɒʃ| **1** *verb* 1) չփչփալ; չմփչմփալ *(ամանի միջի հեղուկի մասին)* 2) չփչփացնել *(ջրի միջով շարժվելիս)* **2** *noun* չփչփոց; չմփչմփոց

sloshed |slɒʃt| *adjective խոսակցական* հարբած; խմած; գինով; գինովցած

slot¹ |slɒt| **1** *noun* 1) ակոս; ճեղք; անցք *(մետաղադրամը գցելու համար)* 2) *համակարգիչներ* փորակ; ակոսամիացք **2** *verb* (**slotted**, **slotting**) ճեղքի/փորակի մեջ մտցնել

slot² |slɒt| *noun* եղջերուի արահետ

sloth |sləʊθ| *noun* 1) ծուլություն; անփութաջանություն 2) *կենդանաբանություն* համրագնաց; համրուկ *(ընտանիքներ Bradypodidae և Megalonychidae, կարգ Xenarthra (կամ Edentata))*

slothful |ˈsləʊθfʊl|, |-f(ə)l| *adjective* ծույլ; անփութաջան

slot machine *noun* ինքնագործող/ավտոմատ ապարատ *(որի փորակի մեջ մետաղադրամ են գցում)*

slouch |slaʊtʃ| **1** *verb* 1) մեջքը կորացնել; կուզը դուրս գցած քայլել/կանգնել/նստել 2) կախվել; իջնել *(գլխարկի եզրերի մասին)* **2** *noun* 1) կուզիկություն; կորացածություն; անշնորհք քայլվածք 2) անշնորհք մարդ 3) իջեցրած եզրեր *(գլխարկի)*

slough¹ |slaʊ| *noun* 1) ճահիճ; ճահճուտ 2) *փոխաբերական* ճահճացում

slough² |slʌf| **1** *verb* 1) բուրդը թողնել; փետրաթող լինել; խորիխը փոխել *(կենդանիների և թռչունների մասին)* 2) թեփոտվել; թեփը տալ *(մաշկի մասին)* 3) թողնել; մոռացության տալ *(սովորությունը)* **2** *noun* 1) շապիկ; խորիխ *(օձի)* 2) թեփ *(մաշկի)*

Slovak |ˈsləʊvæk| **1** *noun* 1) սլովակ 2) սլովակերեն **2** *adjective* սլովակյան

Slovakia |sləˈvækɪə|, |-ˈvɑːkɪə| Սլովակիա *(պետություն Կենտրոնական Եվրոպայում)*

Slovene |ˈsləʊviːn|, |sləʊˈviːn| **1** *noun* սլովեն; սլովեներեն **2** *adjective* սլովենական

Slovenia |sləˈviːnɪə| Սլովենիա *(պետություն Հարավարևելյան Եվրոպայում)*

slovenly |ˈslʌv(ə)nli| *adjective* փնթի; թափթփված; անմաքրասեր

slow |sləʊ| **1** *adjective* 1) դանդաղ 2) դանդաղկոտ; դանդաղաշարժ; հանդարտ; անշտապ 3) բթամիտ; անհասկացող; անխելահաս 4) դանդաղընթաց; փոքր արագությամբ գնացող *(գնացքի/նավի մասին)* 5) ընգացած; անաշխույժ *(առևտրի մասին)* 6) անհետաքրքիր *(խաղի մասին)* 7) տաղտկալի; ձանձրալի **2** *adverb* դանդաղ; դանդաղորեն ◊ **go slow** շրջահայաց դառնալ **3** *verb* 1) (**slow down/up**) դանդաղել 2) (**slow down/up**) դանդաղեցնել

a slow march դանդաղ քայլք *(զինվորական հուղարկավորության ժամանակ)*

Be slow to promise and quick to perform. *առած* Դժվար խոստացիր՝ հեշտ կատարիր:

in slow motion դանդաղ ընթացքով; դանդաղեցրած շարժումով/քայլքով

slow as a snail/tortoise խխունջի/կրիայի պես դանդաղաշարժ; ծանրաքայլ

slow but sure, slow and sure դանդաղ, բայց հուսալի

slowcoach |ˈsləʊkəʊtʃ| *noun խոսակցական* 1) բթամիտ/թանձրամիտ մարդ 2) հետամնաց մարդ

slowdown |ˈsləʊdaʊn| *noun* 1) դանդաղում; դանդաղելը; արգելակում 2) տնտեսության անկում

slowly *adverb* դանդաղորեն

slow motion *noun* դանդաղեցրած շարժում *(էկրանի վրա)*

slow-worm *noun կենդանաբանություն* օձակերպ մողես *(Anguis fragilis, ընտանիք Anguidae)*

sludge |ˈslʌdʒ| *noun* 1) թանձր ցեխ; տիղմ 2) լողացող բարակ սառույց 3) տակուցք; նստվածք; մրուր

slug¹ |slʌg| *noun* 1) *կենդանաբանություն* կողինջ *(կարգ Stylommatophora, դաս Gastropoda)* 2) ամերիկյան 5 ցենտանոց ժետոն *(ավտոմատ հեռախոսի համար)*

slug² |slʌg| *խոսակցական* **1** *verb* (**slugged**, **slugging**) 1) ուժեղ հարվածել *(բռունցքով)* 2) ծեծել 3) կռվել; ձեռքերով **2** *noun* ուժեղ հարված *(բռունցքով)*

sluggard |ˈslʌgəd| *noun* ծույլ/անբան մարդ

sluggish |ˈslʌgɪʃ| *adjective* 1) դանդաղկոտ; դանդաղաշարժ 2) ծույլ; անբան

sluice |sluːs| **1** *noun* 1) ջրարգելակ; սահանադուռ 2) կողմնատար ջրանցք 3) լվացում *(հանքի)* **2** *verb* 1) ողողել; լվանալ 2) ջուրը ջրարգելակներից բաց թողնել; ջրի մակարդակն իջեցնել 3) ջրարգելակներ շինել

slum |slʌm| **1** *noun* 1) ետնախորշ; քաղաքի խուլ անկյուն; կեղտոտ քաղաքամաս 2) ավերակ; փլատակ *(ապրելու համար անպիտան տուն)* **2** *verb* (**slummed**, **slumming**) *խոսակցական* այցելել ետնախորշերը

slumber |ˈslʌmbə| *բանաստեղծական* **1** *verb* քնել; ննջել; ննջել **2** *noun* 1) քուն ◊ **leaden slumber** ծանր քուն 2) ննջ; քուն

slump |slʌmp| **1** *verb* 1) թրմփալ; ծանրորեն վայր ընկնել 2) *փոխաբերական* անկում ապրել *(գների, պահանջների մասին)* 3) խրվել *(ճահճի մեջ)* **2** *noun* 1) խիստ/կտրուկ անկում *(գների, ապրանքների պահանջարկի և այլնի)* 2) տնտեսական ճգնաժամ

slur |slɜː| **1** *verb* (**slurred**, **slurring**) 1) կուլ տալ *(բառերը, հնչյունները)* 2) անհասկանալի արտասանել 3) արհամարհանքով վերաբերվել; խայտառակել; արատավորել; անարգել **2** *noun* 1) հնչյունները կուլ տալը 2) բիծ; արատ; թերություն *(անվան վրա)* 3) *երաժշտություն* առանց ընդհատման նվագելը/երգելը; լեգատոյի նշանը

slurp |slɜːp| **1** *verb* չփչփացնելով ուտել **2** *noun* չփչփոց *(ուտելիս)*

slush |slʌʃ| **1** *noun* 1) կիսահալ ձյուն; ջրիկ ցեխ 2) քսանյութ; յուղելու նյութ 3) *խոսակցական* ավելորդ զգացմունքայնություն **2** *verb* 1) շլմփացնել *(ջրախառն ձյան, ցեխի մեջ)* 2) կեղտոտել *(վրան ցեխ կամ կիսահալ ձյուն ցայտեցնելով)* 3) քսել; յուղել 4) ցեմենտել

slush fund *noun* կաշառքի համար նախատեսված դրամագլուխ

slushy |ˈslʌʃi| *adjective* (**slushier**, **slushiest**) 1) ցեխոտ; շլոփայով/ջրցեխով պատված 2) չափազանց հուզախառն

slut |slʌt| *noun* 1) թափթփված/փնթի կին 2) անբարո կին 3) *հնացած* քած; էգ շուն

sluttish *adjective* 1) թափթփված; փնթի; անհարդար *(հիմնականում կնոջ մասին)* 2) անառակ *(կնոջ մասին)*

sly |slaɪ| *adjective* (**slyer**, **slyest**) 1) խորամանկ; նենգ; խարդախ 2) գաղտնի; քողարկված

a sly dog խորամանկ/խարդախ մարդ

on the sly գաղտագողի; թաքուն

slyly *adverb* 1) խորամանկորեն; նենգորեն 2) ծածկաբար; գաղտնաբար

smack[1] |smæk| **1** *noun* 1) ապտակ 2) լեզվի չպպոց; չպպացնելը 3) համբույրի ձայն; բարձրաձայն համբույր **2** *verb* 1) չպպացնել; չպպացնելով համբուրել; պաչել 2) շպպացնել; հարված հասցնել; շրմփացնել; ապտակել *(ձեռքի ափով)* 3) շրխկացնել *(մտրակը)* **3** *adverb* 1) շառաչով; շրխնդով; շեշտակիորեն 2) *խոսակցական* ուղիղ; ուղղակի; հենց; ճիշտ; ճիշտ կետին *(խփել և այլն)*

get a smack in the eye *խոսակցական* անհաջողության մատնվել; խոր հիասթափություն ապրել

smack one's lips լեզուն շրթունքներին քսել/ծպպացնել

smack[2] |smæk| **1** *verb* 1) համ ունենալ; որևէ բանի համ տալ 2) *խոսակցական* (**smack of**) նման լինել; հիշեցնել **2** *noun* 1) համ; հոտ; բույր 2) փոքր քանակություն *(ուտելիքի)* 3) փոքր կտոր; կաթիլ *(որևէ բանի)*

have a smack at sb *խոսակցական* փորձարկել; փորձել մի բան անել

smack[3] |smæk| *noun* ձկնորսանավակ

small |smɔːl| **1** *adjective* 1) փոքրիկ; պստիկ; փոքրածավալ 2) բարակ; նեղ 3) կարճ; փոքր; փոքրաթիվ 4) մանր *(ֆերմերների/առևտրականների մասին)* 5) չնչին; աննշան; անկարևոր 6) ցածրոգի; անազնիվ; ստոր; վատ *(հոգեկան արժանիքների մասին)* 7) համեստ 8) ամոթահար; ստորացած 9) ցածր; կամացուկ; մեղմ; աննշան *(ձայնի մասին)* 10) թույլ *(գարեջրի մասին)* 11) դատարկ; անբովանդակալից *(խոսակցության մասին)* **2** *noun* *խոսակցական* հագուստի փոքր միավորներ *(օրինակ՝ ներքնաշորեր)* **3** *adverb* մանր կտորների

be thankful for small mercies շնորհակալ լինել բախտի փոքր ժպիտների համար

in a small way համեստորեն; իրեն չերևակայելով

look/feel small հիմար վիճակում լինել, նվաստացած զգալ

small letters փոքրատառեր

the small hours կեսգիշերից մինչև առավոտյան ժամը 3-4-ը

the still small voice խղճի/հոգու ներքին ձայնը

small arms *plural noun* թեթև հրազեն *(հրացան, ատրճանակ)*

small change *noun* 1) մանրադրամ 2) *փոխաբերական* չնչին բան

smallholder *noun* 1) փոքր հողատեր 2) փոքր հողամասի վարձակալ

small holding |ˈsmɔːlhəʊldɪŋ| (նաև **smallholding**) *noun* փոքր հողամաս

small-minded *adjective* մանր; մանրախնդիր; եսամոլ

smallpox |ˈsmɔːlpɒks| *noun* ծաղիկ *(հիվանդություն)*

small print *noun* 1) մանր տառատեսակ 2) փոքր տառերով տպված կարևոր տեղեկություն

small-scale *adjective* սահմանափակ; սակավ; քիչ քանակի; փոքր չափի; մանրաչափ

small talk *noun* դատարկ խոսակցություն/շաղակրատանք

smart |smɑːt| **1** *adjective* 1) խելոք; խելացի; ըմբռնող; թափանցող; խորաթափանց; սրամիտ 2) եռանդուն; արագաշարժ; ճարպիկ *(մարդկանց մասին)* 3) կսկծալի; սուր; այրող *(ցավի/վշտի մասին)* 4) ուժեղ; սաստիկ *(հարվածի/ընդհարման մասին)* 5) նրբագեղ; շքեղ; պերճաշուք; պճնազեղ; մոդայիկ *(հագուստի մասին)* **2** *verb* 1) կսկծալ; մրմռալ; ցավել; այրել *(ցավի մասին)* 2) ցավ պատճառել; սուր/այրող ցավ զգալ 3) վիրավորել *(զգացմունքները)* 4) հոգեպես տառապել; սաստիկ վշտանալ *(վիրավորանքից)* **3** *noun* 1) կսկիծ; սուր ցավ 2) հոգեկան տառապանք; սաստիկ վիշտ **4** *adverb* *հնավանդ* նրբագեղորեն; պճնասեր կերպով; պճնասիրությամբ

smart card *noun* մանրամշակիչով քարտ; «խելացի» քարտ

smarten |ˈsmɑːt(ə)n| *verb* 1) զուգել; պճնել 2) (**smarten up**) պճնվել; զուգվել; զարդարվել 3) (**smarten up**) խելամիտ դառնալ

smash |smæʃ| **1** *verb* 1) ջարդել; ջարդուփշուր անել 2) խփել 3) ջարդվել; ջախջախվել; ջարդուփշուր լինել 4) ջախջախել *(հակառակորդին)* 5) ուժով ճանապարհ բացել 6) սնանկանալ; քայքայվել **2** *noun* 1) ջարդում; ջարդելը; կոտրատելը *(ամանեղենը և այլն)* 2) ընդհարում; բախում; աղետ 3) սնանկացում; սնանկանալը 4) *հնացած* սնանկացում 5) լիկյորների խառնուրդ

smasher |ˈsmæʃə| *noun* 1) համոզիչ փաստարկ 2) *բրիտանական* շատ գրավիչ մարդ 3) ջարդող անձ 4) ջարդիչ սարք

smashing |ˈsmæʃɪŋ| *adjective* *խոսակցական* գերազանց; հրաշալի

smash-up *noun* *խոսակցական* ուժգին բախում *(հատկապես ավտոմեքենաների)*

smattering |ˈsmætərɪŋ| (նաև **smatter**) *noun* 1) մակերեսային գիտելիքներ 2) փոքր քանակություն *(ինչ-որ բանի)*

smear |smɪə| **1** *verb* 1) քսել; կեղտոտել; յուղոտել 2) արատավորել 3) լղոզել **2** *noun* բիծ; կեղտաբիծ; արատ

smeary *adjective* 1) կեղտոտ; լղոզված 2) մրոտ

smell |smɛl| **1** *noun* 1) հոտառություն; հոտ քաշելը 2) հոտ ◇ **fragrant smell** բուրմունք; անուշ հոտ. **disgusting smell** զզվելի հոտ; գարշահոտություն. **take a smell at it** հոտոտել; հոտ քաշել **2** *verb* (անցյալ և անցյալ դերբայ **smelled** կամ **smelt** |smɛlt|) 1) հոտ առնել; հոտ քաշել; հոտոտել; հոտ զգալ 2) բուրել; հոտ արձակել; հոտ ունենալ

smell of powder վառոդի հոտ; մարտական փորձ/փորձառություն

smell sth out հոտառությամբ մի բան պարզել/իմանալ/տեղեկանալ; բնազդով մի բան պարզել

smelling salts *plural noun* պատմական հոտ քաշելու աղ *(աճխաթթվային ամոնիումի և հոտավետ նյութերի խառնուրդ՝ ուշաթափվածին ուշքի բերելու կամ գլխացավը մեղմելու համար)*

smelly |ˈsmɛli| *adjective* (**smellier**, **smelliest**) գարշահոտ; հոտած

smelt[1] |smɛlt| *verb* զտահալել; հալելով զտել *(մետաղ՝ հանքաքարից)*

smelt[2] անցյալ և անցյալ դերբայ տե՛ս **smell**

smelt[3] |smɛlt| *noun* (հոգն. նույնը կամ **smelts**) *կենդանաբանություն* սաղմնեխ *(ընտանիք Osmeridae կամ Retropinnidae)*

smelter *noun* 1) հալորդ *(բանվոր)* 2) հալոցարան; մետաղաձուլարան

smile |smʌɪl| **1** *verb* 1) ժպտալ 2) նպաստել *(որևէ բանի)* 3) հաջողություն խոստանալ; ժպտալ 4) ժպիտով արտահայտել *(հավանություն, կարեկցություն)* **2** *noun* ժպիտ

be all smiles գոհ տեսք ունենալ; ուրախությունից փայլել/շողալ

forced smile հարկադիր ժպիտ

sarcastic smile խայթող ժպիտ

the smiles of fortune բախտի ժպիտները/հաջողությունները

timid smile երկչոտ/վեհերոտ ժպիտ

smiley **1** *adjective* *խոսակցական* ժպտացող; ուրախ **2** *noun* *համակարգիչներ* ժպտանշան; ժպիտ նշանակող նշան; դիմանշան

smirch |smə:tʃ| **1** *verb* 1) կեղտոտել; բիծ դնել 2) *փոխաբերական* աղարտել; արատավորել; խայտառակել **2** *noun* բիծ; արատ

smirk |smə:k| **1** *verb* բռնազբոսիկ ժպտալ; հիմարաբար ժպտալ **2** *noun* բռնազբոսիկ ժպիտ

smite |smʌɪt| **1** *verb* (անցյալ **smote** |sməʊt|; անցյալ դերբայ **smitten** |ˈsmɪt(ə)n|) *բանաստեղծական* 1) խփել; հարվածել; հարված հասցնել 2) ջարդել; պարտության մատնել; գլխովին ջախջախել *(թշնամուն)* 3) համակել; տիրել; պատել *(զգացմունքի մասին)* 4) վնասել; պխտահարել *(հիվանդության մասին)* 5) սպանել **2** *noun* *հնացած* հարվածել *(ձեռքով կամ զենքով)*

smith |smɪθ| **1** *noun* դարբին **2** *verb* դարբնել

smithereens |ˌsmɪðəˈri:nz| *plural noun* *խոսակցական* մանր կտորներ; բեկորներ; փշուրներ; կտորտանք

smithery |ˈsmɪθ(ə)ri| *noun* 1) դարբնություն; դարբնի արհեստ 2) դարբնոց

smithy |ˈsmɪði| *noun* (հոգն. **smithies**) 1) դարբնոց 2) դարբնի հնոց; քուրա 3) *ամերիկյան* զնդան; սալ

smock |smɒk| **1** *noun* 1) աշխատանքային վերնազգեստ; խալաթ 2) *հնացած* կանացի շապիկ **2** *verb* 1) բոլորածալ դնել; ծալքեր անել; փոթերով զարդարել 2) վերնազգեստ/խալաթ հագնել

be lapped/wrapped in one's mother's smock բախտ ունենալ; բախտավոր աստղի տակ ծնվել

smog |smɒg| *noun* ծխամշուշ

smoke |sməʊk| **1** *noun* 1) ծուխ; մուխ 2) մուր 3) ծխելը 4) *ծածկալեզու* գլանակ **2** *verb* 1) ծխալ; ծուխ արձակել; մխալ 2) ծխել 3) ծխահարել; ապխտել *(ձուկ և այլն)* 4) մրոտել; մուր քսել

end up in smoke հօդս ցնդել; ոչ մի արդյունքի չհասնել

from smoke into smother *առած* կրակից փախչել բոցն ընկնել

go up in smoke հիմնահատակ այրվել/ոչնչանալ; անէանալ

like smoke թեթև; հեշտ; առանց դժվարության/ջանքի

No smoke without a fire., Where there's smoke there's fire. *առած* Առանց կրակի ծուխ չկա: Առանց կրակի ծուխ չի լինում:

smoke like a chimney անդադար ծխել; ծխախոտը բերանից չգցել

smoke sth out ծխով դուրս քշել *(աղվես և այլ կենդանիներ)*

smoke the calumet/pipe of peace ծխել խաղաղության չիբուխը; հաշտվել

smokeless |ˈsməʊklɪs| *adjective* անծուխ

smoker |ˈsməʊkə| *noun* 1) ծխող 2) ծխողների վագոն 3) ծխահարող գործիք *(մեղուների դեմ)*

smoke screen |ˈsməʊkskri:n| (նաև **smokescreen**) *noun* ծխածածկույթ

smoking room *noun* ծխասենյակ; ծխարան; ծխելու սենյակ

smoky |ˈsməʊki| *adjective* (**smokier**, **smokiest**) 1) ծխատու; ծխացող; շատ ծուխ արձակող 2) ծխապատ; ծխալից; ծխով լիքը 3) ծխանման; ծխագույն

smolder **1** *verb* 1) մարմանդ/մխալով այրվել 2) թաքնվել; թաքուն մխալ *(ատելության/դժգոհության մասին)* 3) այրվել; վառվել *(թաքուն ատելությամբ/չարությամբ)* **2** *noun* ծխացող կրակից եկող ծուխ

Smolensk |sməˈljɛnsk| Սմոլենսկ *(քաղաք Ռուսաստանի արևմուտքում)*

smooth |smu:ð| **1** *adjective* 1) հարթ; կոկ; ողորկ 2) հանգիստ; հանդարտ *(ծովի/օվկիանոսի մասին)* 3) բարեհաջող *(ճանապարհորդության մասին)* 4) անխափան; անընդմեջ 5) հանդարտ;

հավասարակշիռ; հանգիստ *(բնավորության մասին)* 6) հարթ; սահուն *(խոսքի մասին)* 7) մեղմ *(հնչյունի/ձայնի մասին)* 8) շողոքորթող; փաղաքուշ; քծնող *(շարժումների մասին)* 9) *հնչյունաբանություն* ոչ շնչեղ *(հնչյունի մասին)* **2** *verb* 1) ողորկ դարձնել; ռանդել; ռանդելով կոկել; տաշել 2) կոկել; հարթել; հարթեցնել 3) հանգստացնել; հանդարտեցնել 4) կարգավորել; հարթել; վերացնել *(դժվարությունները և այլն)* **3** *adverb հնավ.* 1) հարթ կերպով; ուղիղ; հարթ ու հավասար 2) հանգիստ կերպով; հանդարտորեն; հանգիստ; հանդարտ 3) անխափան կերպով; անընդմեջ

smooth-faced *adjective* 1) հարթ ածիլված; մաքուր սափրված 2) հարթ; առանց նախշի *(գործվածքի մասին)* 3) կեղծավոր; երկերեսանի

smoothie |ˈsmuːði| *noun խոսակցական* նրբակիրթ տղամարդ

smoothly *adverb* 1) հարթ 2) հանդարտ 3) անխափան

smother |ˈsmʌðə| **1** *verb* 1) խեղդել; հեղձամահ անել 2) շնչասպառ լինել; հևալ; շունչը կտրվել 3) հանգցնել *(կրակը)* 4) ծածկել; կոծկել; ընթացք չտալ; խափանել *(գործը, սկանդալը)* 5) լռության մատնել *(փաստը)* 6) խեղդել; զսպել *(զգացմունքը, հորանջը)* **2** *noun* խեղդող բան *(փոշի, ծուխ և այլն)*

SMS *abbreviation* կարճ հաղորդագրություն *(Short Message Service)*

SMTP *abbreviation համակարգիչներ* simple mail transfer protocol փոստի փոխանակման պարզ հաղորդագիր

smudge[1] |smʌdʒ| **1** *noun* 1) բիծ; կեղտաբիծ *(ցեխի, ճարպի)* 2) լղոզված պատկեր **2** *verb* 1) կեղտոտել; կեղտի բծեր դնել; քսելով աղտոտել 2) լղոզել; մշուշել

smudge[2] |smʌdʒ| *noun* 1) միջատներին վանելու ծուխ 2) բույսերը եղյամից պաշտպանելու ծուխ

smudgy |ˈsmʌdʒi| *adjective* (**smudgier**, **smudgiest**) 1) կեղտոտ; քսելով կեղտոտված 2) լղոզված; մշուշված

smug |smʌg| *adjective* (**smugger**, **smuggest**) 1) ինքնագոհ; ինքնաբավական; սահմանափակ 2) կոկիկ; ձգված; պճնազեղ; շքեղ

smuggle |ˈsmʌg(ə)l| *verb* 1) մաքսանենգությամբ զբաղվել ◇ **smuggle in** մաքսանենգությամբ ապրանք ներմուծել. **smuggle out** մաքսանենգությամբ ապրանք արտահանել 2) թաքուն տանել-բերել

smuggler *noun* 1) մաքսանենգ 2) մաքսանենգային նավ

smut |smʌt| **1** *noun* 1) մուր; կեղտ 2) անպարկեշտ բան; անպատշաճություն; լկտիաբանություն 3) հասկաժանգ *(բույսերի հիվանդություն)* **2** *verb* (**smutted**, **smutting**) 1) կեղտոտել; աղտոտել; մրոտել 2) վարակել հասկաժանգով *(բույսերին)*

Smyrna |ˈsməːnə| Զմյուռնիա *(հին քաղաք Փոքր Ասիայում, ներկայիս Թուրքիայի Իզմիր քաղաքի տեղում)*

snack |snæk| **1** *noun* թեթև նախաճաշ ◇ **have a snack** թեթև նախաճաշել; ոտքի վրա մի քիչ բան ուտել **2** *verb* թեթև նախաճաշել

snack bar *noun* խորտկարան

snaffle |ˈsnæf(ə)l| **1** *noun* (նաև **snaffle bit**) լկամ; երախճան; սանձ *(ձիու բերանում գտնվող մասը)* **2** *verb խոսակցական* իրեն վերցնել; ճանկել; հափշտակել

snag |snæg| **1** *noun* 1) արգելք; խոչընդոտ; անսպասելի դժվարություն; թաքուն խոչընդոտ 2) ծուռումուռ ոստաշատ կոճղ 3) ջրասույզ ծառաքուն 4) ցցվածք; ճյուղ; ոստ; կոստ; ելուստ 5) մնացած/ չորացած ծառ **2** *verb* (**snagged**, **snagging**) բռնել; պատռել *(ցցվածքի մասին)*

snaggy *adjective* 1) ոստավոր; ոստոտ 2) կտրտված; ատամնավոր

snail |sneɪl| *noun* 1) *կենդանաբանություն* խխունջ *(դաս Retropinnidae)* 2) դանդաղկոտ/ծույլ մարդ; դանդաղաշարժ բան 3) *տեխնիկական* պարույրակ

at a snail's pace/gallop խխունջի/կրիայի քայլքով; շատ դանդաղ

snail-paced *adjective* դանդաղաշարժ; ծույլ

snail mail *noun խոսակցական* սովորական փոստ *(ի տարբերություն էլեկտրոնայինի)*

snake |sneɪk| **1** *noun* 1) *կենդանաբանություն* օձ *(ենթակարգ Ophidia կամ Serpentes, կարգ Squamata)* 2) ներգամիտ/դավաճան մարդ; օձ **2** *verb* 1) գալարվել *(օձի նման)* 2) *ամերիկյան* քարշ տալ; քարշելով տանել *(բեռը)*

a snake in the grass խոտերի միջի օձ; թաքնված վտանգ; դավադիր թշնամի

raise/wake snakes օձերին արթնացնել; տուրուդմփոց սարքել; կռիվ գցել

snaky |ˈsneɪki| *adjective* (**snakier**, **snakiest**) 1) օձի; օձային 2) *փոխաբերական* նենգ; չարանենգ; խորամանկ; թունոտ 3) օձերով լի; օձերով լեփլեցուն 4) օձանման; օձաձև; օձակերպ; գալարուն

snap |snæp| **1** *verb* (**snapped**, **snapping**) 1) չրթացնել *(մատներով)* 2) շրխկացնել *(մտրակը)* 3) ճայթել; ճարճատել; ճաքել; տրաքել; չրթալով կոտրվել 4) շրխկոցով փակվել 5) հափռել; կծել *(կենդանու մասին)* 6) փայլատակել *(աչքերի մասին)* 7) վայրկենական լուսանկար անել 8) կոպիտ պատասխան տալ; հարձակվել; վրա տալ 9) կանչել; կպչել *(որևէ առաջարկի և այլնի)* 10) հապճեպ որոշում ընդունել • **snap out** հանկարծակի վրա բերել; բերանից դուրս տալ; միանգամից ասել **snap up** i) խլխլել; ամբողջը կարճ ժամանակում գնել ii) ճանկել; բռնել iii) կոպիտ ձևով ընդհատել *(խոսողին)* **2** *noun* 1) չրթացնելը; շրխկացնելը *(մատներով, մտրակով)* 2) ճայթյուն; ճարճատյուն; շաչյուն; շառաչ; չրխկոց; շրխկոց 3) ճարմանդ; կոճակ; կոճակագամ 4) մղլակ; նիգ; սողնակ; փակ 5) կենդանություն; գունեղություն *(ոճի)* 6) *խոսակցական* եռանդունություն; եռանդունություն; ձեռներեցություն 7) սուր խոսքեր; կոպիտ տոն 8) վայրկենական լուսանկար **3** *adjective* շտապ; հապճեպ; անսպասելի; առանց նախազգուշացման

snap at sb կտրուկ/խիստ խոսել մեկի հետ

snap one's finger at sb, snap one's finger in sb's face *բարբառային* մեկի քթին պլնդրեք տալ *(բութ և միջին մատները իրար քսել շրխկոցով՝ որպես արհամարհանքի նշան)*

snap out of it տրամադրությունը/սովորույթը փոխել
snap sb's nose/head off զայրացած խոսել; կոպտորեն ընդհատել մեկին
snap sth up արագորեն/ոգևորված գնել
Snap to it! *ամերիկյան* Արա՛գ շարժվիր: Արագացրո՛ւ:

snappish |ˈsnæpɪʃ| *adjective* 1) կատաղի; կծան *(շան մասին)* 2) զայրացկոտ; դյուրագրգիռ *(մարդու մասին)*

snappy |ˈsnæpi| *adjective* (**snappier**, **snappiest**) 1) տե՛ս **snappish** 2) ճարպիկ; եռանդուն 3) *խոսակցական* աշխույժ; կենդանի 4) ճթճթան; ճրթճրթան *(կրակի մասին)* 5) նրբագեղ; կոկիկ; վայելուչ
Make it snappy! Look snappy! *ծածկալեզու* Արագացրո՛ւ: Արա՛գ շարժվիր:

snapshot |ˈsnæpʃɒt| *noun* 1) վայրկենական լուսանկար ◊ **take a snapshot** վայրկենական լուսանկար հանել 2) կարճ ամփոփում

snare |snɛː| **1** *noun* թակարդ; ծուղակ; որոգայթ **2** *verb* թակարդով բռնել; ծուղակը գցել

snarl[1] |snɑːl| **1** *verb* 1) գոմռալ 2) կոպիտ պատասխան տալ **2** *noun* 1) գոմռոց; մռմռոց *(շան)* 2) մրթմրթոց; քրթմնջոց; փնթփնթոց *(մարդու)* 3) բարկացած դիտողություն անելը

snarl[2] |snɑːl| **1** *verb* 1) խառնել; խճճել 2) խճճվել; լռվել **2** *noun* 1) թնջուկ; հանգույց 2) խճճված դրություն

snatch |snætʃ| **1** *verb* 1) ճանկել; խլել; հափշտակել; կորզել; ձեռքը գցել 2) *խոսակցական* գողանալ; առևանգել 3) բռնել; կանչել *(հնարավորությունից)* **2** *noun* 1) հանկարծական շարժում; նետվելը 2) խլում; ճանկում; բռնելու/ճանկելու փորձ 3) *մարզական* պոկում *(վարժություն ծանրամարտում)* 4) երգի հատված 5) կտոր; պատառ

sneak |sniːk| **1** *verb* (անցյալ **sneaked** կամ **snuck** |snʌk|) 1) գաղտագողի շարժվել 2) մատնել; զրպարտել; գաղտնի ամբաստանել 3) *դպրոցական, ծածկալեզու* մատնել; խուսափել; խուսափել; խուսափել տեղ հասցնել 4) *խոսակցական* գողանալ; թռցնել **2** *noun* *խոսակցական* մատնիչ; զրպարտիչ; գաղտնի ամբաստանող; բամբասան **3** *adjective* գաղտնի արված

sneaker |ˈsniːkə| *noun* 1) *ամերիկյան* ռետինե կոշիկներ *(մարզական)* 2) մատնիչ; զրպարտիչ; բամբասան

sneaking *adjective* 1) չգիտակցված; անգիտակից; թաքուն *(զգացողության մասին)* 2) ստոր; անարգ

sneaky |ˈsniːki| *adjective* (**sneakier**, **sneakiest**) 1) վախկոտ; ստրկամիտ 2) ստոր 3) գաղտնի

sneer |snɪə| **1** *noun* 1) քմծիծաղ; հեգնական ժպիտ 2) ծաղր; ծաղրանք; ծաղրական դիտողություն **2** *verb* ծաղր; ծանակել

sneeze |sniːz| **1** *verb* փռշտալ **2** *noun* փռշտոց
Not to be sneezed at. *խոսակցական* Չի կարելի արհամարհել/անտեսել:

snick |snɪk| **1** *verb* 1) կտրվածք անել; երեսանց կտրել 2) չրխկացնել **2** *noun* 1) կտրվածք; քերծվածք 2) ուժեղ չրխկոց

snicker |ˈsnɪkə| **1** *verb* 1) քմծիծաղել; քմծիծաղ տալ; քթի տակ ծիծաղել 2) մեղմ խրխնջալ; վրնջալ **2** *noun* 1) ցածրաձայն ծիծաղ; քմծիծաղ 2) մեղմ խրխինջ; վրնջոց; վրնջյուն

snide |snʌɪd| **1** *adjective* 1) նենգ; կեղտոտ; պիղծ 2) կեղծված; ցածրորակ **2** *noun* նենգ/կեղտոտ մարդ; կեղտոտ դիտողություն

sniff |snɪf| **1** *verb* 1) ֆսֆսալ; փնչացնել 2) փորթկացնել; փորթկոցով ծիծաղել; արհամարհանք արտահայտել 3) հոտ քաշել; հոտոտել 4) *փոխաբերական* որևէ բանի հոտն առնել 5) օդն աղմուկով ներս քաշել **2** *noun* 1) ֆսֆսոց; ֆսֆսալը; փնչոց 2) արհամարհական փորթկոց; փորթկացնելը 3) քիթը վեր քաշելը; օդն աղմուկով ներս քաշելը

sniffle |ˈsnɪf(ə)l| **1** *verb* ֆսսացնել; քթով օդն աղմուկով ներս քաշել; քիթը վեր քաշել **2** *noun* հոտոտելը; հոտոտում

sniffy |ˈsnɪfi| *adjective* (**sniffier**, **sniffiest**) *խոսակցական* արհամարհական

snigger |ˈsnɪgə| **1** *noun* 1) քմծիծաղ; զսպված ծիծաղ 2) քրքիջ **2** *verb* 1) քմծիծաղել; ծիծաղը խեղդել; քմծիծաղ տալ 2) քրքջալ

snip |snɪp| **1** *verb* (**snipped**, **snipping**) 1) կտրել; կտրատել *(մկրատով)* 2) ձևել **2** *noun* 1) կտոր; կտորտանք 2) (**snips**) մկրատ *(մետաղ կտրելու համար)* 3) *խոսակցական* դերձակ 4) *ամերիկյան* ոչնչություն; աննշան մարդ

snipe |snʌɪp| **1** *noun* (հոգն. նույնը կամ **snipes**) 1) *կենդանաբանություն* մորակտցար *(Gallinago և այլ տեսակներ, ընտանիք Scolopacidae)* 2) միամիտ մարդ **2** *verb* 1) մորակտցար որսալ 2) *ռազմական* թաքստոցից կրակել
what a snipe you were in that matter! ի՛նչ մեծ հիմարություն արեցիր

sniper *noun* 1) *ռազմական* դիպուկահար 2) *ամերիկյան* ռսկեխույզ 3) *խոսակցական* բնակարանային գող

snippet |ˈsnɪpɪt| *noun* 1) փոքր կտոր; կտրված մաս 2) (**snippets**) պատառներ; բեկորներ; կցկտուրք *(տեղեկության և այլնի)*

snippy |ˈsnɪpi| *adjective* (**snippier**, **snippiest**) 1) կցկտուր; անկապ; կիսատ-պռատ 2) ընդմիջվող; ընդհատումներով 3) *խոսակցական* գոռոզ; ամբարտավան

snivel |ˈsnɪv(ə)l| **1** *verb* (**sniveled**, **sniveling**; բրիտ. **snivelled**, **snivelling**) քիթը քաշելով լաց լինել; թնթնգալ; նվնվալ **2** *noun* 1) թնգնթոց; նվնվոց; թնգթնգալը; նվնվալը 2) խլինք; փսլինք; ծլուք

snob |snɒb| *noun* բարձր հասարակության ձգտող մարդ; սնապարծ/փառասեր/գոռոզ մարդ, սնոբ

snog |snɒg| *խոսակցական* **1** *verb* (**snogged**, **snogging**) գրկախառն համբուրվել **2** *noun* գրկախառն համբուրվելը

snood |snuːd| *noun* 1) ցանցիկ *(մազերի համար)* 2) *շոտլանդական, բանաստեղծական* ժապավեն *(մազերի)*

snook[1] |snuːk| *noun* *կենդանաբանություն* սրաձուկ; մազապուչ *(Centropomus undecimalis, ընտանիք Centropomidae)*

snook² |snuːk| *noun խոսակցական, ծածկալեզու* քիթ
cock a snook at sb երկար քիթ անել մեկին *(ձեռք առնելու, արհամարհելու նշան)*

snoop |snuːp| *խոսակցական* **1** *verb* քիթն ուրիշի գործերի մեջ խոթել; ավելորդ հետաքրքրասիրություն դրսևորել; լրտեսել **2** *noun* քիթն ուրիշի գործերի մեջ խոթելը/մտցնելը; ավելորդ հետաքրքրասիրություն դրսևորելը; լրտեսելը

snoot |snuːt| *noun* 1) *ծածկալեզու* քիթ 2) մռութ; ռեխ

snooty |ˈsnuːti| *adjective* (**snootier**, **snootiest**) *խոսակցական* մեծամիտ; ամբարտավան; գոռոզ

snooze |snuːz| *խոսակցական* **1** *noun* կարճատև քուն; դանթելը *(հատկապես ցերեկը)* **2** *verb* ննջել; թեթև քուն մտնել; դանթել

snore |snɔː| **1** *noun* խռմփոց; խռմփալը; խռմփացնելը **2** *verb* խռմփացնել *(մարդու մասին)*

snorkel |ˈsnɔːk(ə)l| **1** *noun* օդափող *(սուզորդների համար)* **2** *verb* (**-keled**, **-keling**; բրիտ. **-kelled**, **-kelling**) օդափողով լողալ

snort |snɔːt| **1** *noun* փռնչոց; փնչոց; փռնչացնելը; փնչացնելը **2** *verb* 1) փնչացնել; փռնչացնել; խռմփալ; խռմփացնել 2) փնչացնել *(մեքենայի մասին)* 3) փռթկալ; փռթկոցով ծիծաղել 4) *խոսակցական* թմրադեղ շնչել

snot |snɒt| *noun խոսակցական* 1) փսլինք 2) մեծամիտ/ամբարտավան մարդ 3) չնչին մարդ

snout |snaʊt| *noun* 1) դունչ; մռութ 2) *բրիտանական* սիգարեթ 3) *բրիտանական, խոսակցական* ոստիկանության լրտես; գործակալ

snow |snəʊ| **1** *noun* 1) ձյուն 2) ճերմակ մազեր; սպիտակություն; ճերմակություն **2** *verb* ձյուն գալ ◊ **it snows** ձյուն է գալիս. **be snowed in/up/under** ձյունով ծածկված լինել; ձյան տակ թաղվել
snow someone under ինչ-որ բանի մեծ քանակով ծածկել մեկին

snowball |ˈsnəʊbɔːl| **1** *noun* ձնագնդիկ **2** *verb* 1) ձնագնդիկ նետել 2) մեծանալ; խոշորանալ *(չափերով)*
a snowball's chance *խոսակցական* ոչ մի հույս; ոչ մի հնարավորություն

snowboard |ˈsnəʊbɔːd| **1** *noun* ձյունատախտակ **2** *verb* ձյունատախտակով սահել

snowboarder *noun* ձյունատախտակորդ

snowbound |ˈsnəʊbaʊnd| *adjective* 1) ձյունով ծածկված; ձյունապատ 2) ձյունահյուսերի/ձյունակուտակների պատճառով ուշացած

snowdrift |ˈsnəʊdrɪft| *noun* ձյունակույտ

snowdrop |ˈsnəʊdrɒp| *noun* 1) *բուսաբանություն* ձնծաղիկ *(Galanthus nivalis, ընտանիք Liliaceae կամ Amaryllidaceae)* 2) *ամերիկյան, ռազմական, ծածկալեզու* ռազմական ոստիկանություն

snowfall |ˈsnəʊfɔːl| *noun* 1) ձյուն գալը 2) ձյան տեղումների քանակը

snowflake |ˈsnəʊfleɪk| *noun* ձյան փաթիլ

snowman |ˈsnəʊmæn| *noun* (հոգն. **-men**) ձնեմարդ

snowshoe |ˈsnəʊʃuː| **1** *noun* ձյունամուճակ; խոր ձյան վրա քայլելու ձյունակրկնակոշիկ **2** *verb* ձյունամուճակներով քայլել

snowstorm |ˈsnəʊstɔːm| *noun* բուք; բորան; ձյունահողմ

snow-white *adjective* ձյունասպիտակ; ձյունափայլ; ձյան պես սպիտակ

snowy |ˈsnəʊi| *adjective* (**snowier**, **snowiest**) 1) ձյունապատ; ձյունածածկ 2) ձնառատ; ձյունաշատ 3) ձյունասպիտակ; ձյունաթույր 4) մաքուր

snub |snʌb| **1** *verb* (**snubbed**, **snubbing**) նախատել; խիստ հանդիմանել; շշպռել; անարգել **2** *noun* խիստ հանդիմանություն; անարգանք; շշպռանք; նախատինք; կշտամբանք **3** *adjective* վեր ցցված; կճատ *(քթի մասին)*

snuff¹ |snʌf| **1** *verb* 1) հանգցնել; մարել *(մոմը)* 2) *խոսակցական* սպանել **2** *noun* մոմի այրուք
sniff it *բրիտանական, խոսակցական* մեռնել
snuff sth out հանգցնել; խափանել; ի դերև հանել; ճնշել; խեղդել

snuff² |snʌf| **1** *noun* 1) քթախոտ 2) մի պտղունց քթախոտ **2** *verb* 1) ներշնչել; շնչել; օդն աղմուկով ներս քաշել 2) հոտ քաշել; հոտոտել 3) քթախոտ քաշել 4) արհամարհանք արտահայտել *(մեկի կամ մի բանի նկատմամբ)*
up to snuff 1) պահանջվածին համապատասխան 2) *բրիտանական, հնացած* փորձառու; ընկած-ելած; ընկած-դուրս եկած

snuffbox |ˈsnʌfbɒks| *noun* քթախոտատուփ

snuffer |ˈsnʌfə| (նաև **candlesnuffer**) *noun* 1) մոմը հանգցնելու կոն 2) (**snuffer**) այրուքահատ ունելի *(մոմի այրուքը կտրելու համար)*

snuffle |ˈsnʌf(ə)l| **1** *verb* ֆսֆսալ; քիթը քաշել *(մրսածության պատճառով)* **2** *noun* 1) ֆսֆսալը; քիթը քաշելը *(հատկապես հարբուխի ժամանակ)* 2) (**the snuffles**) հարբուխ

snuffy¹ |ˈsnʌfi| *adjective* (**snuffier**, **snuffiest**) *հնավանդ* 1) *խոսակցական* գրգռված; ջղայնացած; զայրացած; անդուր; տհաճ 2) բարկացկոտ; տաքարյուն; հեշտությամբ բորբոքվող

snuffy² |ˈsnʌfi| *adjective հնավանդ* 1) դեղնած 2) քթախոտ քաշող

snug |snʌg| **1** *adjective* (**snugger**, **snuggest**) 1) հարմարավետ; հանգստավետ; հարմար; բարեհարմար 2) կանոնավոր; խնամքով կատարված; մաքուր 3) բավականաչափ; բավարար *(դրամական միջոցների մասին)* 4) վրան կիպ նստող; մարմինը կիպ գրկող *(հագուստի մասին)* 5) թաքուն; ծածուկ; պաշտպանված; անկյատ **2** *noun* հարմարավետ սենյակ *(հյուրանոցում կամ սրճարանում)* **3** *verb* 1) հարմարավետ տեղավորել; կարգի բերել; հանգստավետ դարձնել 2) հարմարավետ տեղավորվել
be as snug as a bug in a rug շատ հարմար/հանգստավետ տեղավորված լինել գողտրիկ անկյունում
lie snug թաքնվել; պահվել; թաք կենալ

snuggery |ˈsnʌg(ə)ri| *noun* (հոգն. **-geries**) 1) հարմարավետ սենյակ 2) հանգստավետ տեղ

snuggle |ˈsnʌg(ə)l| *verb* 1) սեղմվել; կպչել; հպվել; փարվել; գրկել; սեղմել 2) հարմարավետ տեղավորվել; տաք փաթաթվել

so[1] |səʊ| **1** *adverb* 1) այսպես; այդպես; այնպես 2) այնքան; այնպես 3) այնքան ... որքան 4) նմանապես; նույնպես; էլ 5) այդ պատճառով; դրա համար **2** *conjunction* 1) *խոսակցական* հետևաբար; այդ պատճառով 2) ուստի; ուրեմն 3) և այսպես *(որպես եզրափակիչ խոսք)*

and so on/forth և այլն, և այլն
How so? Ո՞նց թե: Ի՞նչպես թե:
I don't think so! Չեմ կարծում: Հազիվ թե:
If so... Եթե այդպես է...; Այդ դեպքում....
Is that so? Մի՞թե: Իրո՞ք: Ի՞նչ եք ասում:
Just/quite so. Միանգամայն ճիշտ է: Հենց այդպես:
not so... as all that ոչ այնքան...որքան
not so much as նույնիսկ; անգամ; ոչ այնքան..., որքան
or so մոտավորապես; մոտ
So and only so. Այդպես և միայն այդպես:
so as to այնպես որ; որպեսզի
So be it!/Let it be so! Թող այդպես լինի:
so far մինչև այժմ; առ այսօր
So far, so good. Առայժմ ամեն ինչ լավ է:
So far as... Որքանով որ...; Ինչ վերաբերում է....
so far from փոխանակ; ընդհակառակը
So long! Ցե՛: Առայժմ:
So long as... Պայմանով, որ...; Այն դեպքում, եթե....
So much for. Այսքանը: Այսքան բան: *(այդ մասին)*
So much so that... Այն աստիճան, որ...; Այնքան, որ....
so much the better շատ ավելի լավ
So so. Ոչինչ: Միջակ *(«Ինչպե՞ս ես» հարցի պատասխանը)*
So that's that. Ահա և բոլորը: Վերջ:
so to say, so to speak այսպես ասած
You don't say so! Չի կարող պատահել:

so[2] *noun* տե՛ս **sol 1**

soak |səʊk| **1** *verb* 1) ծծվել; ներծծվել; տոգորվել 2) թրջել 3) հեղուկի/ջրի մեջ դնել *(կակղեցնելու համար)* 4) թրջոց դնել 5) խոնավանալ; թացանալ; ջուր քաշել 6) *խոսակցական* խփել; հարվածել 7) (**soak oneself in**) խորանալ; համակվել 8) շատ խմել • **soak something up** i) ներծծել ii) *փոխաբերական* վայելել iii) *խոսակցական* արժենալ **2** *noun* 1) թրջում; թրջելը; ջուր դնելը; թրջոց դնելը 2) ներծծում; ներծծվելը 3) *խոսակցական* տեղատարափ 4) *խոսակցական* գինարբուք; արբեցողություն; կոնծաբանություն 5) *խոսակցական* հարբեցող; գինեմոլ

soaked *adjective* 1) թրջված 2) հագեցած

soaking |ˈsəʊkɪŋ| **1** *adjective* թաց; ամբողջովին թաց **2** *noun* թրջում; թրջվելը

so-and-so |ˈsəʊənsəʊ| *noun* (հոգն. **-sos**) այսինչը *(անվան կամ ազգանվան փոխարեն)*

soap |səʊp| **1** *noun* 1) օճառ; սապոն ◊ **soft soap** հեղուկ օճառ 2) *խոսակցական* շողոքորթություն 3) *ամերիկյան, ծածկալեզու* փող *(քաղաքական մեքենայությունների համար օգտագործված)* 4) կաշառք **2** *verb* 1) օճառել; օճառ քսել; օճառով լվանալ; սապոնել 2) *խոսակցական* շողոքորթել

no soap *խոսակցական* անհնար է

soapbox |ˈsəʊpbɒks| *noun* 1) հանպատրաստից սարքած ճառաբեմ 2) օճառի արկղ

soap bubble *noun* օճառի պղպջակ

soapstone |ˈsəʊpstəʊn| *noun հանքաբանություն* ճարպաքար

soapsuds |ˈsəʊpsʌdz| *plural noun* օճառաջուր; սապնաջուր

soapy |ˈsəʊpi| *adjective* (**soapier**, **soapiest**) 1) օճառի; օճառած; սապոնի; սապոնած 2) *խոսակցական* քծնի; շողոքորթ 3) թեթև օպերետին վերաբերող

soar |sɔː| *verb* 1) ճախրել 2) սավառնել 3) *փոխաբերական* ամպերում սավառնել; երևակայություններով տարվել 4) *օդագնացություն* սավառնելով ցածրանալ; սահասավառնել 5) վեր խոյանալ; վեր բարձրանալ

soaraway |ˈsɔːrəweɪ| *adjective* հաջող; գերազանց

sob |sɒb| **1** *verb* (**sobbed**, **sobbing**) հեկեկալ; հեծկլտալ **2** *noun* հեկեկոց; հեծկլտոց

sob one's heart out դառնագին ողբալ *(ցավից, վշտից)*
sob sth out հեծկլտոցով պատմել; հեկեկալով խոսել

sober |ˈsəʊbə| **1** *adjective* (**-berer**, **-berest**) 1) զգաստ; չհարբած 2) չափավոր; զուսպ 3) զգաստամիտ; խելամիտ; լրջմիտ; առողջ դատողության տեր 4) հանգիստ; հանգստաբեր *(գույների մասին)* **2** *verb* 1) զգաստացնել; սթափեցնել; հարբածությունը անցկացնել 2) զգաստանալ; սթափվել; հարբածությունը անցնել ◊ **sober down** սթափվել; զգաստանալ; ուշքի գալ

sober as a judge դատավորի պես լուրջ; միանգամայն սթափ/զգոն
sober sb up սթափեցնել; ուշքի բերել

sobriety |səˈbrʌɪəti| *noun* 1) զգաստություն; գինեթափություն 2) հավասարակշռվածություն; լրջախոհություն 3) չափավորություն

sobriquet |ˈsəʊbrɪkeɪ| (նաև **soubriquet**) *noun* 1) ծաղրանուն; մականուն 2) կեղծանուն

Soc. *abbreviation* 1) Socialist սոցիալիստ; ընկերվար 2) Society հասարակություն

so-called *adjective* այսպես կոչված

soccer |ˈsɒkə| *noun խոսակցական* ֆուտբոլ

Sochi |ˈsɒtʃi| Սոչի *(քաղաք Ռուսաստանի սևծովյան ափին)*

sociability |-ˈbɪlɪti| *noun* մարդամոտություն; դյուրահաղորդություն

sociable |ˈsəʊʃəb(ə)l| **1** *adjective* 1) շփվող; հաղորդասեր; մարդամոտ; զրուցասեր 2) ընկերական; բարեկամական *(հանդիպման մասին և այլն)* **2** *noun* 1) բաց կառք *(դեմ-դիմաց դրված նստարաններով)* 2) *հնացած* հասարակական հանդիպում

social |ˈsəʊʃ(ə)l| **1** *adjective* 1) հասարակական; սոցիալական ◊ **social science** սոցիոլոգիա; ընկերաբանություն. **social security** սոցիալական ապահովագրություն. **social welfare** հասարակական բարեկեցություն 2) հաղորդասեր; մարդամոտ; զրուցասեր 3) նրբակիրթ; ազնվակիրթ;

աշխարհակիրթ ◇ **social evening** երեկույթ; հավաքույթ **2** *noun խոսակցական* հանրային հանդիպում; ոչ պաշտոնական հավաք

socialism |ˈsəʊʃəlɪz(ə)m| *noun* սոցիալիզմ; ընկերավարություն

socialist *noun* սոցիալիստ; ընկերավար

sociality |ˌsəʊʃɪˈælɪti| *noun* մարդամոտություն; դյուրահաղորդություն

socialization |-ˈzeɪʃ(ə)n| *noun* ազգայնացում

socialize |ˈsəʊʃəlʌɪz| *verb* 1) հանրայնացնել; համայնացնել 2) սոցիալիստականացնել; ընկերավարացնել

social science *noun* ընկերաբանություն; սոցիոլոգիա

social security *noun* ընկերային ապահովագրություն; սոցիալական ապահովագրություն

society |səˈsʌɪɪti| *noun* (հոգն. **-ties**) 1) հասարակություն ◇ **socialist society** սոցիալիստական հասարակություն 2) ընկերություն; կազմակերպություն 3) հասարակայնություն 4) բարձր հասարակություն

friendly society փոխօգնության խորհուրդ

get into society մարդամեջ մտնել; հասարակության կողմից ընդունվել

go into society մարդկանց մեջ երևալ; մարդամեջ դուրս գալ

sociology |səʊsɪˈɒlədʒi|, |səʊʃɪ-| *noun* սոցիոլոգիա; ընկերաբանություն

sociopolitical |ˌsəʊsɪəʊpəˈlɪtɪk(ə)l|, |ˌsəʊʃɪəʊ-| *adjective* սոցիալ-քաղաքական

sock |sɒk| **1** *noun* 1) կիսագուլպա; կարճ գուլպա 2) միջատակ *(կոշիկի)* 3) *պատմական* կոմիկական դերասանի սանդալ *(հին հունական թատրոնում)* 4) ծանր հարված **2** *verb խոսակցական* ուժեղ խփել; հարված հասցնել

give one sock (s) մեկին սաստիկ ծեծել

hit me sock in the eye ուղիղ աչքիս խփեց/ բռունցքով հարվածեց

pull one's socks up *խոսակցական* իրեն կարգի բերել; վիճակը բարելավել

put a sock in it *ծածկալեզու* բերանը փակել; լռել; սսկվել

socket |ˈsɒkɪt| **1** *noun* 1) փոս; խոռոչ; խորշ; բույն 2) կոթառ *(էլեկտրական լամպի)* 3) *էլեկտրականություն* վարդակ 4) *տեխնիկական* կցորդիչ **2** *verb* (**-eted**, **-eting**) կոթառի մեջ մտցնել

socle |ˈsəʊk(ə)l|, |ˈsɒk-| *noun ճարտարապետություն* պատվանդան; գետնախարիսխ

sod[1] |sɒd| **1** *noun* 1) ճիմ; կունճղ; ճիմահող; ճիմով ծածկված հողի շերտ 2) *բանաստեղծական* հող ◇ **under the sod** գերեզմանում **2** *verb* (**sodded**, **sodding**) ճիմով պատել; ճիմապատել

sod[2] |sɒd| *գռեհկաբանություն* **1** *noun* 1) սրիկա; ստահակ 2) մարդ; տիպ **2** *verb* (**sodded**, **sodding**) 1) անիծել 2) (**sod off**) հեռանալ

sod all բոլորովին ոչինչ

soda |ˈsəʊdə| *noun* 1) սոդա; կալաքար 2) սոդայաջուր

soda pop *noun, noun* սոդայաջուր

sodden |ˈsɒd(ə)n| **1** *adjective* 1) տոգորված; հագեցված 2) խոնավ; թաց; թրջված 3) կիսաթուխ; թերթուխ *(հացի մասին)* **2** *verb հնավանդ* թրջել; խոնավացնել

sodium |ˈsəʊdɪəm| *noun քիմիա* նատրիում ◇ **sodium chlorate** նատրիումի քլորիդ; կերակրի աղ

sodium bicarbonate *noun քիմիա* նատրիումի երկկարբոնատ

sodium chloride *noun քիմիա* նատրիումի քլորիդ; կերակրի աղ

sofa |ˈsəʊfə| *noun* բազմոց; օթոց; գահավորակ

Sofia |ˈsəʊfɪə|, |səˈfiːə| Սոֆիա *(Բուլղարիայի մայրաքաղաքը)*

soft |sɒft| **1** *adjective* 1) փափուկ; կակուղ 2) հաճելի; հանգիստ *(քնի մասին և այլն)* 3) մեղմ; քնքուշ; նուրբ *(հնչյունի/ձայնի/գույնի մասին)* 4) աղոտ; ցրված *(լույսի մասին)* 5) աղոտ; անպարզ *(ուրվագծերի մասին)* 6) թույլ; մեղմ *(քամու մասին)* 7) մանրաշաղ *(անձրևի մասին)* 8) մեղմ; տաք; բարեխառն *(կլիմայի մասին)* 9) խոնավ; անձրևոտ *(եղանակի մասին)* 10) սիրալիր; մխիթարող; կարեկցանքի *(խոսքերի մասին)* 11) սիրավառ; սիրակեզ *(հայացքի մասին)* 12) զգայուն; նրբազգաց; տպավորվող 13) թուլակազմ; թույլ առողջության տեր 14) անհաստատակամ; թուլամորթ; թուլակամ; ազդեցության տակ ընկնող; անկայուն *(բնավորության մասին)* 15) *հնչյունաբանություն* քմայնացած; քմային; փափուկ 16) կոելի; դյուրաթեք; ճկուն *(մետաղի մասին)* 17) ոչ ալկոհոլային *(խմիչքի մասին)* **2** *adverb* մեղմ; ցածրաձայն; կամացուկ

a soft landing փափուկ վայրէջք

have a soft spot for sb նուրբ զգացմունք ունենալ/ տածել մեկի հանդեպ; հավանել

soft as butter կարագի պես փափուկ; փափկասիրտ; թուլակամ

soft currency ոսկով կամ ավելի պահանջարկ ունեցող դրամական միավորով չփոխարինվող դրամական միավոր

soft goods/wares տեքստիլ/մանածագործական ապրանքներ

soft money թղթադրամ

soft soap/sawder *խոսակցական* շողոքորթություն; կեղծ հաճոյախոսություն

soft drink *noun* ոչ ոգելից ըմպելիք

soften |ˈsɒf(ə)n| *verb* 1) փափկել; փափկանալ; կակղել; մեղմանալ 2) փափկեցնել; կակղեցնել; մեղմանալ

soft fruit *noun* անկորիզ միրգ

softhearted *adjective* բարեսիրտ; գթասիրտ

softly |ˈsɒftli| *adverb* 1) մեղմորեն; քնքշորեն 2) հանդարտ; ցածր ձայնով; անաղմուկ

soft soap **1** *noun* 1) հեղուկ օճառ 2) շողոքորթություն **2** *verb* (**soft-soap**) *խոսակցական* շողոքորթել; գլուխը յուղել

soft-spoken *adjective* 1) ցածր ձայնով ասված 2) քաղցրահնչյուն; շողոքորթ; քաղցրախոս

software |ˈsɒf(t)wɛː| *noun* ծրագրակազմ *(համակարգչի)*

softy *noun* 1) թուլամորթ/թուլակամ մարդ 2) ցանցառ մարդ

soggy |ˈsɒgi| *adjective* (**-gier**, **-giest**) 1) թաց;

ամբողջությամբ թրջված; ոտից գլուխ ջուր դարձած 2) կիսաթուխ; թերաթուխ *(հացի մասին)*

soil[1] |sɔɪl| *noun* 1) գետին; հող 2) տարածք

a man of the soil հողի աշխատավոր
one's native soil հայրենի հողը; հայրենիքը; օջախը
permanently frozen soil հավերժական սառածություն; սառույց
poor soil անարգավանդ/անբերրի հող
productive soil բերրի հող
rich soil պարարտ/արգավանդ հող
unbroken soil խամ/չհերկված հող
virgin soil խոպան; անմշակ հող

soil[2] |sɔɪl| **1** *verb* 1) կեղտոտել; ցեխոտել; ապականել; աղտոտել 2) *փոխաբերական* արատավորել; խայտառակել; կեղտոտ գործի մեջ խառնվել; կեղտոտել *(ձեռքերը)* **2** *noun* 1) բիծ; կեղտաբիծ 2) ցեխ; կեղտ; աղտ; աղտոտություն 3) պարարտանյութ

soil pipe *noun* կեղտաջրի փողրակ; կոյուղի

soirée |ˈswɑːreɪ| *noun* երեկույթ

sojourn |ˈsɒdʒ(ə)n|, |-dʒəːn| *գրական անգլերեն* **1** *noun* ժամանակավոր մնալը **2** *verb* հյուր լինել; ժամանակավոր ապրել

sol[1] |sɒl| (նաև **so**) *noun երաժշտություն* սոլ ձայնանիշը

sol[2] |sɒl| *noun քիմիա* կոլոիդ նյութի կախույթ

solace |ˈsɒlɪs| **1** *noun* մխիթարություն; սփոփանք **2** *verb* մխիթարել; սփոփել

solar[1] |ˈsəʊlə| *adjective աստղագիտություն* արևի; արեգակնային; արևային

a solar cell արեգակնային մարտկոց *(արևի էներգիան էլեկտրականի փոխակերպող սարք)*
the solar system արեգակնային համակարգ
the solar year արեգակնային տարի *(365 օր 5 ժամ 46 րոպե 46 վայրկյան)*

solar[2] |ˈsɒlə|, |ˈsəʊlə| *noun* միջնադարյան տան վերին հարկը

solarium |səˈlɛːrɪəm| *noun* (հոգն. **-lariums** կամ **-laria** |-rɪɛ|) արևաբուժարան

solar system *noun աստղագիտություն* արեգակնային համակարգ

solder |ˈsəʊldə|, |ˈsɒldə| **1** *noun* զոդանյութ; զոդ **2** *verb* զոդել; զոդակցել; կպցնել ◇ **soldering iron** զոդիչ; զոդող

soldering iron *noun* զոդիչ

soldier |ˈsəʊldʒə| **1** *noun* 1) զինվոր; զինվորական; զինվորական ծառայող 2) *ծածկալեզու* ծովատառեխ **2** *verb* զինվորական ծառայության մեջ լինել; բանակում ծառայել

an old soldier փորձված/հմուտ/բանիմաց մարդ
disabled soldier պատերազմի հաշմանդամ
private soldier շարքային զինվոր
soldier on համառորեն շարունակել աշխատանքը *(չնայած դժվարություններին)*

soldiery |ˈsəʊldʒ(ə)ri| *noun* (հոգն. **-dieries**) 1) զինվորականներ 2) զինվորականություն; զինվորական խստավարժություն

sole[1] |səʊl| **1** *noun* 1) ոտնաթաթի տակը; ներբան 2) ներբան; կոշկատակ 3) որևէ բանի տակի մասը; տակ **2** *verb* ներբան գցել

sole[2] |səʊl| *noun կենդանաբանություն* 1) լեզվաձուկ *(ընտանիք Soleidae)* 2) տափակաձուկ *(ընտանիքներ Pleuronectidae և Bothidae)*

sole[3] |səʊl| *adjective* 1) միակ 2) բացառիկ; եզակի

solecism |ˈsɒlɪsɪz(ə)m| *noun* 1) շարահյուսական աղճատաբանություն; քերականական սխալ 2) քաղաքավարության կանոնների խախտում

solely |ˈsəʊlli| *adverb* միմիայն; սոսկ; լոկ; բացառապես

solemn |ˈsɒləm| *adjective* 1) հանդիսավոր; մեծաշուք; փառավոր; վեհ 2) օրինական; պաշտոնական *(արարողության մասին)* 3) լուրջ; կարևոր 4) մռայլ

solemnity |səˈlɛmnɪti| *noun* (հոգն. **-ties**) 1) հանդիսավորություն; վեհություն 2) (**solemnities**) տոնակատարություն; հանդես 3) հանդիսավոր արարողություն 4) *իրավունք* օրինականություն; վավերականություն 5) կարևորություն; լրջություն

solemnly *adverb* հանդիսավորապես; հանդիսորեն

solicit |səˈlɪsɪt| *verb* (**-ited**, **-iting**) 1) միջնորդել; միջնորդություն հարուցել; դիմել; խնդրել; թախանձել; աղաչել 2) պահանջել 3) աներեսաբար կպչել; պոկ չգալ; հետապնդել *(անբարո կնոջ մասին)*

solicitation |-ˈteɪʃ(ə)n| *noun* 1) միջնորդություն 2) գայթակղում 3) *իրավունք* դրդում *(հանցագործության)*

solicitor |səˈlɪsɪtə| *noun* 1) միջնորդող; միջնորդ 2) փաստաբան; հավատարմատար

solicitous |səˈlɪsɪtəs| *adjective* 1) (**solicitous about/concerning/for**) հոգատար; հոգացող; հոգ տանող; անհանգիստ; մտահոգված 2) ձգտող 3) բուռն ցանկություն ունեցող; ձգտող *(որևէ բան անելու)* 4) որևէ բանի նկատմամբ ուշադիր

solicitude |səˈlɪsɪtjuːd| *noun* 1) մտահոգություն; անհանգստություն; հոգատարություն 2) (**solicitudes**) հոգսեր

solid |ˈsɒlɪd| **1** *adjective* (**-ider**, **-idest**) 1) պինդ; կարծր 2) ամուր; դիմացկուն; հաստատուն 3) վստահելի 4) ծանրակշիռ; հիմնավոր; խոր; լուրջ; համոզիչ *(փաստարկի/գիտելիքների մասին և այլն)* 5) խոշոր; զգալի; պատկառելի *(գումարի մասին)* 6) լուրջ; լրջմիտ 7) թանձր; խիտ; համատարած *(մառախուղի մասին և այլն)* 8) ամբողջական; հոծ; անընդհատ; անընդմեջ; զուտ; անխառն *(մետաղի մասին)* 9) համախմբված; միասնական; միահամուռ **2** *noun* 1) *ֆիզիկա* պինդ մարմին 2) երկրաչափական մարմին

solidarity |ˌsɒlɪˈdærɪti| *noun* համերաշխություն; համախմբվածություն; միասնություն; միաբանություն

solidify |səˈlɪdɪfʌɪ| *verb* (**-fies**, **-fied**) պնդացնել; ամրացնել

solidity |səˈlɪdɪti| *noun* 1) պնդություն; կարծրություն 2) ամրություն; դիմացկունություն; հաստատունություն 3) հոծություն; խտություն

soliloquy |səˈlɪləkwi| *noun* (հոգն. **-quies**) 1) ինքն իր հետ խոսելը 2) մենախոսություն

solitary |ˈsɒlɪt(ə)ri| **1** *adjective* 1) մենակ; միայնակ; մենավոր; մենակ ապրող 2) մեկուսացած; առանձնացած; առանձնացված; լքված; մոռացված; անուշադրության մատնված 3) եզակի **2** *noun* (հոգն. **-taries**) մենակյաց; միանձն; ճգնավոր; միանձնուհի

solitary confinement *noun* մենախցային բանտարկություն

solitude |ˈsɒlɪtjuːd| *noun* 1) մենակություն; մենություն; առանձնություն; մեկուսություն; միայնություն 2) մոռացված/մեկուսի վայր

solo |ˈsəʊləʊ| **1** *noun* (հոգն. **-los**) *երաժշտություն* մենահամար; մենակատարում; սոլո; մեներգ; մենանվագ **2** *adjective, adverb* միայնակ; սոլո; մենակատարման; մենակատարի **3** *verb* (**soloes, soloed**) մենակատարել; մենանվագել

soloist |ˈsəʊləʊɪst| *noun* մենակատար

Solomon |ˈsɒləmən| *աստվածաշնչային* Սողոմոն

solstice |ˈsɒlstɪs| *noun* *աստղագիտություն* արևադարձ; արևակայություն

summer/winter solstice ամառային/ձմեռային արևադարձ

solubility |-ˈbɪlɪti| *noun* լուծելիություն; լուծականություն

soluble |ˈsɒljʊb(ə)l| *adjective* 1) լուծելի; լուծվող; հալվող 2) լուծելի; վճռելի; լուծման ենթակա

solute |ˈsɒljuːt|, |sɒˈljuːt| *noun* լուծված նյութ

solution |səˈluːʃ(ə)n| *noun* 1) լուծում; լուծելը; վճռելը; վճիռ; վճռում *(հարցի, խնդրի, մաթեմատիկական հավասարման և այլն)* 2) լուծելը; հալելը 3) լուծվելը; հալվելը 4) բացատրություն; մեկնաբանություն; պատասխան; լուծում 5) *քիմիա* լուծույթ 6) *բժշկություն* հեղուկ դեղախառնուրդ

If you are not part of the solution, you are part of the problem. *առած* Եթե լուծմամբ չես զբաղված, ուրեմն խնդրի մեջ ես: Չեզոք լինել չես կարող:

solvable *adjective* լուծելի; լուծում ունեցող

solve |sɒlv| *verb* 1) լուծել; վճռել *(խնդիրը, հավասարումը, հարցը և այլն)* 2) բացատրել; լուսաբանել; մեկնաբանել

solvency *noun* 1) վճարունակություն 2) լուծականություն

solvent |ˈsɒlv(ə)nt| **1** *adjective* 1) վճարունակ 2) *քիմիա* լուծիչ; լուծող **2** *noun* լուծիչ; լուծող նյութ

Somalia |səˈmɑːlɪə| Սոմալի *(պետություն Աֆրիկայի հյուսիս-արևելքում)*

somber |ˈsɒmbə| (բրիտանական **sombre**) *adjective* 1) մռայլ; խավար 2) անուրախ; նսեմ; թախծալից; տրտում; տխրամած; խոժոռ

sombrero |sɒmˈbrɛːrəʊ| *noun* (հոգն. **-ros**) սոմբրերո *(իսպանական լայնեզր գլխարկ)*

some |sʌm|, |s(ə)m| **1** *adjective* 1) մի քիչ 2) մի քանի 3) մոտ; մոտավորապես; ինչ-որ *(թվական խոսքի մասի հետ)* 4) բավական շատ/մեծ 5) *ամերիկյան* աչքի ընկնող; ուշադրության արժանի 6) մեծ; սարսափելի **2** *pronoun* ոմանք; մի քանիսը; մի մասը **3** *adverb* *խոսակցական* որոշ չափով; փոքր-ինչ; մի քիչ

some... or other թեկուզ այս, թեկուզ այն; Ինչպիսին էլ լինի: Որն էլ որ լինի:

somebody |ˈsʌmbədi| *pronoun* ինչ-որ մեկը; որևէ մեկը; մեկը

someday *adverb* մի օր; մի գեղեցիկ օր

somehow |ˈsʌmhaʊ| *adverb* մի կերպ; ինչ-որ պատճառով; ինչ-որ ձևով; չգիտես ինչու

somehow or other այսպես թե այնպես; ինչ-որ ձևով

someone |ˈsʌmwʌn| *pronoun* 1) ինչ-որ մեկը; որևէ մեկը; մեկը 2) կարևոր մարդ

somersault |ˈsʌməsɒlt|, |-sɔːlt| **1** *noun* 1) օդում գլուխկոնծի տալը *(լարախաղացի, ակրոբատի)* 2) լարախաղացի հնարք 3) լիակատար փոփոխություն *(կարծիքի, վերաբերմունքի և այլնի)* **2** *verb* գլուխկոնծի տալ *(օդում)*

something |ˈsʌmθɪŋ| **1** *pronoun* որևէ բան; մի բան **2** *adverb* բավական; խիստ *(օգտագործվում է շեշտելու համար)* ◊ **my arm hurts something terrible** ձեռքս շատ ցավում է

a little something մի քիչ խմելու բան; մի կում խմիչք

be up to something մտքում մի վատ բան ունենալ; վատ գործ ծրագրել

make something (of sth) ինչ-որ բանից մի փոքր օգուտ քաղել

really something *խոսակցական* տպավորիչ բան

something else որևէ այլ բան; էլի մի բան

Something is better than nothing. *առած* Լավ է քիչ, քան ոչինչ:

Something like., Something of the sort. Մոտավորապես նման մի բան:

something short *խոսակցական* ոգելից խմիչք

think oneself something, think something of oneself իր մասին բարձր կարծիք ունենալ; իր մասին բարձր կարծիքի լինել

You don't get something for nothing. *առած* Մի բան տվել ես, որ մի բան էլ ստանաս: Ոչնչի դիմաց ոչինչ կստանաս:

sometime |ˈsʌmtʌɪm| **1** *adverb* 1) նախկինում 2) երբևէ; երբևիցե 3) երբեմն **2** *adjective* 1) նախկին 2) պատահական

sometime or other մի օր; երբևէ; երբևիցե; մի գեղեցիկ օր

sometimes |ˈsʌmtʌɪmz| *adverb* երբեմն; ժամանակ առ ժամանակ

someway |ˈsʌmweɪ| *adverb* *խոսակցական* որևէ կերպ; որևէ միջոցով; մի կերպ

somewhat |ˈsʌmwɒt| *adverb* որոշ չափով; մի քիչ; փոքր-ինչ; մասամբ

somewhere |ˈsʌmwɛː| **1** *adverb* ինչ-որ տեղում; ինչ-որ տեղ **2** *pronoun* ինչ-որ տեղ

get somewhere *խոսակցական* հաջողության հասնել

somewhere else որևէ այլ տեղ

sommelier |ˈsɒm(ə)ljeɪ|, |səˈmɛljeɪ| *noun* մատովակ

somniferous |sɒmˈnɪf(ə)rəs| *adjective* քնաբեր; քնացնող

somnolent |ˈsɒmnəl(ə)nt| *adjective* 1) քունը գլխին; քնաթաթախ; քնկոտ 2) քնաբեր; քնացնող

son |sʌn| *noun* 1) տղա; արու զավակ; որդի 2) փեսա
- **a son of the soil** հողի զավակ; հողատիրոջ որդի
- **His father's son.** Հոր տղան է: Հոր արժանի զավակը:
- **son and heir** ավագ/ժառանգորդ որդի
- **son-in-law** փեսա
- **son of a bitch** պոռնկորդի *(գործածվում է որպես հայհոյանք)*
- **son of Adam** ադամորդի
- **son of a gun** տղա; ախպեր *(գործածվում է որպես ընկերական դիմելաձև)*
- **the prodigal son** *աստվածաշնչային* անառակ որդի
- **the son of shame** ապօրինի զավակ

sonar |ˈsəʊnɑː| *noun* ջրատեղորոշիչ

sonata |səˈnɑːtə| *noun* սոնատ

song |sɒŋ| *noun* 1) երգ 2) երգեցողություն 3) *հնացած* բանաստեղծություն
- **a song and dance** *խոսակցական* իրարանցում; անհանգիստ վիճակ
- **break/burst forth into a song** սկսել երգել
- **go for a song** չնչին գնով վաճառվել
- **nothing to make a song and dance about** *խոսակցական* արժանահիշատակ/կարևորություն ունեցող ոչ մի բան
- **not worth an old song** Մի ժանգոտ կոպեկ/գրոշ չարժե:
- **sell for a song, sell for a mere song** շատ էժան վաճառել
- **set a song to music** երգին համապատասխան երաժշտություն հորինել
- **sing another song** ուրիշ երգ երգել; այլ ձևով խոսել
- **sing the same song** նույն երգը երգել; նույն բանն ասել; կրկնել
- **swan song** կարապի երգ

songbird |ˈsɒŋbəːd| *noun* 1) երգեցիկ թռչուն 2) երգչուհի; երգել սիրող կին

Song of Songs (նաև **Song of Solomon**) *աստվածաշնչային* Երգ Երգոց *(Հին Կտակարանի գրքերից մեկը)*

songster |ˈsɒŋstə| *noun* 1) երգիչ; բանաստեղծ 2) երգեցիկ թռչուն

songstress *noun* երգչուհի

songwriter |ˈsɒŋrʌɪtə| *noun* երգի հեղինակ

sonic |ˈsɒnɪk *adjective* ձայնային

son-in-law *noun* (հոգն. **sons-in-law**) փեսա *(աղջկա ամուսինը)*

sonnet |ˈsɒnɪt| **1** *noun* *գրականագիտություն* սոնետ **2** *verb* (**-neted**, **-neting**) *հնացած* սոնետով գովերգել

sonny |ˈsʌni| *noun* *խոսակցական, փաղաքշական* տղաս; որդիս, որդյակս

sonority |səˈnɒrɪti| *noun* հնչեղություն; հնչունություն

sonorous |ˈsɒn(ə)rəs|, |səˈnɔːrəs| *adjective* 1) հնչեղ; հնչուն 2) *հնչյունաբանություն* ձայնորդի; ձայնորդական 3) փքուն; ճոռոմ 4) արտահայտիչ

soon |suːn| *adverb* 1) շուտով; կարճ ժամանակից հետո; շատ չանցած 2) վաղ; շուտ
- **as soon...** նույն հաջողությամբ; հաճույքով; սիրով
- **as soon as possible...** հենց որ...; հնարավորին չափ շուտ:
- **no sooner... than** հազիվ էր..., երբ; առանց վայրկյան կորցնելու; անհապաղ
- **soon after** կարճ ժամանակ անց; շուտով
- **sooner or later** վաղ, թե ուշ; վերջիվերջո
- **sooner than** փոխարեն; ավելի շուտ...; ավելի շուտ, քան....
- **The sooner the better.** Որքան շուտ, այնքան լավ:

soot |sʊt| **1** *noun* մուր **2** *verb* մրոտել; մրով պատել

sooth |suːθ| *noun* *հնացած* ճշմարտություն; իսկություն
- **in sooth** իսկապես; իրապես

soothe |suːð| *verb* 1) հանգստացնել; շոյել 2) թեթևացնել *(ցավը)* 3) մխիթարել; սփոփել *(վիշտը)*

soother *noun* շողոքորթ/քծնող մարդ

soothsayer |ˈsuːθseɪə| *noun* գուշակող; գուշակ

sooty |ˈsʊti| *adjective* (**sootier**, **sootiest**) 1) մրոտած; մրով պատած; մրոտ 2) մրի պես սև

sop |sɒp| **1** *noun* 1) կաշառք 2) հացի պատառ *(սուսի/կաթի մեջ թաթախած)* 3) թանձրուկ; թացան; սոուս; կերակրալցուկ **2** *verb* (**sopped**, **sopping**) 1) թաթախել; թրջել *(հացը սոուսի մեջ և այլն)* 2) թրջվել

sophisticate **1** *verb* |səˈfɪstɪkeɪt| 1) աղավաղել; խեղաթյուրել 2) կեղծել; կեղծարարել; խարդախել 3) բարդացնել; պարզությունից զրկել 4) կատարելագործել **2** *adjective* |səˈfɪstɪkət| *հնացած* տե՛ս **sophisticated** **3** *noun* |səˈfɪstɪkət| փորձառու մարդ

sophisticated |səˈfɪstɪkeɪtɪd| *adjective* 1) հարուստ կենսափորձ ունեցող; կյանքի իմաստություն ձեռք բերած; փորձառու; փորձված 2) կատարելագործված; բարդ; նրբին *(մեքենայի մասին)*

sophomore |ˈsɒfəmɔː| *noun* երկրորդ կուրսի ուսանող *(ամերիկյան համալսարաններում)*

soporific |ˌsɒpəˈrɪfɪk| **1** *adjective* թմրաբեր; քնաբեր **2** *noun* քնաբեր դեղ

sopping |ˈsɒpɪŋ| *adjective* ամբողջովին թրջված

soppy |ˈsɒpi| *adjective* (**-pier**, **-piest**) *խոսակցական* 1) թաց; թրջված 2) խոնավ; անձրևային 3) թույլ

soprano |səˈprɑːnəʊ| *noun* (հոգն. **-pranos**) սոպրանո

sorcerer |ˈsɔːs(ə)rə| *noun* կախարդ; վհուկ; դյութ; հմայող; գուշակ

sorcery |ˈsɔːs(ə)ri| *noun* կախարդություն; դյութություն; հմայություն

sordid |ˈsɔːdɪd| *adjective* 1) կեղտոտ; փնթի 2) անազնիվ; ստոր 3) շահադիտական; շահամոլ 4) խեղճ; թշվառ

sore |sɔː| **1** *adjective* 1) հիվանդ; ցավոտ 2) բորբոքված *(կոկորդի/աչքերի մասին)* 3) տհաճ; ծանր; ճնշող; ջղային *(զգացողության/ապրումնե-*

րի մասին) 4) ծանր; դաժը; խիստ; մռայլ *(ճակատագրի/վիճակի/կարիքի մասին)* **2** *noun* 1) ցավոտ տեղ; թարախոտ վերք; կեղ; խոց 2) *փոխաբերական* խոց; վերք; ցավ; կսկիծ **3** *adverb հնավանդ* շատ; չափազանց

a sore heart վշտալի/թախծոտ սիրտ

a sore point/subject նուրբ հարց; ցավոտ կետ; վիրավոր տեղ

be in sore need of որևէ բանի խիստ կարիքը ունենալ/զգալ

like a bear with a sore head դյուրագրգիռ; փնթփնթան; տրտնջացող

stand/stick out like a sore thumb շրջապատող մարդկանցից տարբերվել; սպիտակ ագռավ լինել

sorority |sə'rɒrɪti| *noun* (հոգն. **-ties**) կանացի ակումբ; կանացի հասարակություն

sorrel[1] |'sɒr(ə)l| *noun բուսաբանություն* թրթնջուկ *(Rumex, ընտանիք Polygonaceae)*

sorrel[2] |'sɒr(ə)l| *noun* աշխետ ձի

sorrow |'sɒrəʊ| **1** *noun* 1) վիշտ; թախիծ; տխրություն;ափսոսանք 2) դառնություն; ցավ **2** *verb* վշտանալ; տխրել; ցավել

drown one's sorrows in drink վիշտը խեղդել գինու բաժակում

in sorrow and in joy թե՛ ուրախության, թե՛ վշտի պահին

keen sorrow խոր վիշտ

sorrow at/for/over sth ցավել/ափսոսանք զգալ մի բանի համար

the Man of Sorrows Հիսուս Քրիստոս

sorrowful |'sɒrə(ʊ)fʊl|, |-f(ə)l| *adjective* 1) վշտալի; տխրալի; տրտում; թախծալի; վշտաբեկ 2) վշտացուցիչ; դառնացնող 3) վշտոտ; թախծոտ; տխուր; ափսոսանքով լի

sorry |'sɒri| *adjective* (**-rier**, **-riest**) 1) ցավով լի 2) ողորմելի; խղճալի; խեղճ; թշվառ; խղճուկ 3) տխուր; տրտում; ափսոսացող

be/feel sorry խղճալ; ցավել; ափսոսալ; տխրել

I am sorry!, I am so sorry! Ներեցե՛ք: Ներողություն եմ խնդրում: Ցավում եմ:

sort |sɔ:t| **1** *noun* 1) տեսակ; կարգ 2) բնույթ 3) ձև; միջոց 4) *համակարգիչներ* դասավորում; տեսակավորում • **sort sth out** i) առանձնացնել; անջատել ii) կարգադրել; պատրաստել **2** *verb* տեսակավորել; դասավորել

a bad sort վատ ցեղից; վատ մարդ

a good sort լավ/բարի մարդ; լավ ցեղից

and that sort of thing այսպիսի/նման բաներ

be/feel out of sorts լավ չզգալ; անտրամադիր լինել

in a/some sort որոշ չափով

nothing of the sort ոչ մի նման բան; ամենևին; ոչ մի դեպքում

of all sorts ամեն տեսակի

out of sorts մի փոքր տկար; վատ ինքնազգացողությամբ

some sort of ինչ որ; որոշ; որևէ

sort of մի տեսակ; ոնց որ

sort well with ներդաշնակել

What sort of? Ինչպիսի՞: Ի՞նչ տեսակ:

so-so *adjective* միջին; միջակ; տանելի

sot |sɒt| **1** *noun* թունդ հարբեցող **2** *verb* (**sotted**, **sotting**) *հնավանդ* պարբերաբար հարբել

sottish *adjective* 1) հիմար; բութ 2) հարբեցողությունից բթացած

sough |saʊ|, |sʌf| **1** *verb* շնկշնկալ; սոսափել *(քամու մասին)* **2** *noun* շնկշնկոց; սոսափյուն *(քամու)*

sought after *adjective* պահանջարկ ունեցող; պահանջված

soul |səʊl| *noun* 1) հոգի 2) էություն 3) սիրտ; կյանք 4) հոգի; մարդ; ոք; շունչ; անձ; արարած 5) մարմնացում

be the soul of որևէ բանի հոգին լինել

have no soul հոգի/զգացմունք չունենալ; անտարբեր լինել

He cannot call his soul his own. Նա ինքն իր գլխի տերը չէ:

honest soul ազնիվ հոգի/մարդ

possess one's soul իր գլխի տերը լինել

possess one's soul in patience համբերությամբ զինվել

unburden/bare one's soul, pour out one's soul սիրտը բացել; կիսվել; գաղտնիքն ասել

Upon my soul! *հնացած* Հոգիս վկա: Երդվում եմ: *(զարմանքի արտահայտություն)*

with one's soul ի սրտե; ամբողջ հոգով

worthy soul արժանավոր մարդ

soulful |'səʊlfʊl|, |-f(ə)l| *adjective* զգացմունքային; հոգևոր; հուզիչ

soulless |'səʊllɪs| *adjective* 1) անհոգի; անսիրտ; անխիղճ 2) ձանձրալի; միապաղաղ *(աշխատանքի մասին)*

sound[1] |saʊnd| **1** *noun* 1) հնչյուն 2) ձայն; աղմուկ **2** *verb* 1) հնչել; լսվել 2) նվագել *(փողային գործիք)* 3) հնչեցնել; տալ *(զանգերը)* 4) ազդանշան տալ; ազդարարել 5) ձայն արձակել 6) լսելով քննել *(հիվանդին)*

sound[2] |saʊnd| **1** *adjective* 1) առողջ 2) հուսալի; վստահելի; ապահով; հաստատուն 3) առողջ *(դատողության մասին)* 4) հիմնավոր *(փաստարկի մասին)* 5) խոր; պինդ *(քնի մասին)* 6) սարքին; անվթար *(մեխանիզմի մասին)* 7) լուրջ *(գիտնականի մասին)* 8) դաժան; խիստ *(պատժի մասին)* **2** *adverb* պինդ կերպով; խորը; առողջ կերպով; ողջամտությամբ; ողջամտորեն

a sound business ամուր/հաստատուն առևտրական հիմնարկ

A sound mind in a sound body. *լատինական ասացվածք* Առողջ հոգի՝ առողջ մարմնի մեջ:

as sound as a roach/bell կատարյալ առողջ; բողկի պես առողջ

safe and soun ողջ-առողջ

sound[3] |saʊnd| **1** *verb* 1) չափել *(ծովի խորությունը)* 2) զոնդել; զոնդով հետազոտել *(վերքը)* 3) շոշափել; փորձել իմանալ *(կարծիքը և այլն)* **2** *noun* բժշկական զոնդ

sound[4] |saʊnd| *noun* նեղուց

sound effect *noun* ձայնային էֆեկտ/ազդանք

soundly *adverb* 1) հիմնավոր կերպով; լրջորեն 2) միանգամայն; լիովին

soundproof |ˈsaʊn(d)pruːf| **1** *adjective* անձայնանցիկ; անձայնաթափանց; ձայնամեկուսիչ **2** *verb* ձայնամեկուսացնել

soundtrack |ˈsaʊn(d)træk| **1** *noun* ձայնուղի **2** *verb* ձայնուղի տրամադրել

soup |suːp| *noun* ապուր; սուպ

in the soup *խոսակցական* նեղության մեջ; գլուխը խառը

soup plate *noun* խոր ափսե

sour |saʊə| **1** *adjective* 1) թթու 2) թթված 3) գրգռված; չղային; բարկացած; խոժոռ **2** *noun* կիտրոնահյութով ոգելից խմիչք **3** *verb* թթվել; թթվեցնել

go/turn sour ս հաճ դառնալ; փատանալ

sour as vinegar քացախի նման թթված/թթու

Sweet meat will have sour sauce. Լավից հետո միշտ էլ վատն է գալիս:

source |sɔːs| **1** *noun* 1) աղբյուր; սկզբնաղբյուր 2) ակունք; սկզբնաղբյուր 3) աղբյուր; ակնաղբյուր; աղբրակ 4) սկիզբ; սկզբնապատճառ **2** *verb* ստանալ սկզբնաղբյուրից

source code *noun* *համակարգիչներ* սկզբնակոդ; ելակետային կոդ

souse |saʊs| **1** *verb* 1) ընկղմել; սուզել 2) վրան/գլխին ջուր լցնել 3) թթու դնել; աղ դնել 4) հարբել; խմել **2** *noun* 1) աղ դրած մթերք; մարինադ; թթու 2) աղաջուր 3) *խոսակցական* հարբեցող 4) սուզելը; ընկղմելը; աղաջուր դնելը; թթու դնելը

south |saʊθ| **1** *noun* 1) հարավ 2) ◇ **the south** հարավային երկրներ; ԱՄՆ-ի հարավային նահանգները **2** *adjective* հարավային **3** *adverb* հարավային ուղղությամբ; դեպի հարավ **4** *verb* դեպի հարավ շարժվել

South Africa Հարավ-Աֆրիկյան Հանրապետություն *(պետություն Աֆրիկայի հարավում)*

South America Հարավային Ամերիկա

South Australia Հարավային Ավստրալիա *(Ավստրալիայի նահանգ)*

southbound |ˈsaʊθbaʊnd| *adjective* դեպի հարավ ուղևորվող

South Carolina |ˌkærəˈlʌɪnə| Հարավային Կարոլինա *(ԱՄՆ-ի նահանգ)*

South China Sea Հարավչինական ծով

South Dakota Հարավային Դակոտա *(ԱՄՆ-ի նահանգ)*

southeast **1** *noun* հարավ-արևելք **2** *adjective* հարավարևելյան **3** *adverb* հարավարևելյան ուղղությամբ; հարավարևելքից

Southeast Asia Հարավարևելյան Ասիա

southeaster |saʊθˈiːstə| *noun* հարավարևելյան քամի

southeasterly **1** *adjective, adverb* հարավարևելյան **2** *noun* տե՛ս **southeaster**

southeastern *adjective* հարավարևելյան

southeastward **1** *adverb* (նաև **southeastwards**) դեպի հարավարևելք **2** *adjective* հարավարևելյան ուղղության

southerly |ˈsʌðəli| **1** *adjective, adverb* 1) դեպի հարավ ուղղված; հարավային 2) հարավից փչող **2** *noun* հարավից փչող քամի

Southern *adjective* հարավային

Southerner |ˈsʌð(ə)nə|(նաև **southerner**) *noun* հարավցի; հարավի բնակիչ

southern hemisphere հարավային կիսագունդ

southernmost *adjective* ամենահարավային

southing |ˈsaʊθɪŋ| *noun* *ծովային* շեղում դեպի հարավ

South Korea Հարավային Կորեա *(պետություն Հեռավոր Արևելքում)*

South Ossetia Հարավային Օսեթիա

southward |ˈsaʊθwəd|, |ˈsʌðəd| *ծովային* **1** *adjective* 1) հարավ գնացող 2) դեպի հարավ դարձած; հարավ ուղղված **2** *adverb* (նաև **southwards**) հարավային ուղղությամբ; դեպի հարավ **3** *noun* հարավային ուղղություն/շրջան

southwardly *adverb* դեպի հարավ

southwest **1** *noun* հարավ-արևմուտք **2** *adjective* հարավարևմտյան **3** *adverb* հարավարևմտյան ուղղությամբ; հարավ-արևմուտքից

South West Africa Հարավարևմտյան Աֆրիկա *(Նամիբիայի նախկին անվանումը)*

southwester |saʊθˈwɛstə| *noun* 1) հարավարևմտյան ուժեղ քամի 2) անջրանցիկ գլխարկ *(նավաստու)*

southwesterly **1** *adjective, adverb* հարավարևմտյան **2** *noun* տե՛ս **southwester**

southwestern *adjective* հարավարևմտյան

southwestward **1** *adverb* (նաև **southwestwards**) դեպի հարավարևմուտք **2** *adjective* հարավարևմտյան

souvenir |ˌsuːvəˈnɪə| **1** *noun* հուշանվեր **2** *verb* *խոսակցական* որպես հիշատակ վերցնել

sovereign |ˈsɒvrɪn| **1** *noun* 1) միապետ 2) սովերեն *(անգլիական մեկ ֆունտ ստեռլինգանոց ոսկեդրամ)* **2** *adjective* 1) գերագույն; գերիշխանական 2) ինքնիշխան; ինքնիրավ; անկախ; սովերեն 3) բարձրագույն; մեծագույն *(հեղինակության մասին)* 4) անսահման *(արհամարհանքի մասին)*

sovereignty |ˈsɒvrɪnti| *noun* (հոգն. **-ties**) 1) գերագույն իշխանություն 2) գերիշխանություն; ինքնիշխանություն; անկախություն; սովերենություն 3) ինքնիշխան պետություն

soviet |ˈsəʊvɪət|, |ˈsɒv-| **1** *noun* 1) սովետ ◇ **the Supreme soviet** Գերագույն խորհուրդ/սովետ 2) Խորհրդային/Սովետական Միության քաղաքացի **2** *adjective* (**Soviet**) խորհրդային/սովետական ◇ **soviet Government** խորհրդային/սովետական կառավարություն

Soviet Union Խորհրդային/Սովետական Միություն

sow[1] |səʊ| *verb* (անցյալ **sowed** |səʊd|; անցյալ դերբայ **sown** |səʊn| կամ **sowed**) 1) ցանել; սերմանել 2) շաղ տալ; վրան ածել

sow[2] |saʊ| *noun* 1) արու խոզ *(հատկապես ամորձատված)* 2) մետաղի մեծ կտոր

sower *noun* սերմանող; ցանող

soy |sɔɪ| *noun* 1) *բուսաբանություն* սոյա 2) սոյայի փոշի

soybean |ˈsɔɪbiːn| *noun* սոյա

spa |spɑː| *noun* 1) հանքային աղբյուր 2) հանքային ջրերով առողջարան

space |speɪs| **1** *noun* 1) տարածություն 2) տևողություն; ընթացք; ժամանակամիջոց 3) ծավալ 4) տեղ; նստելատեղ *(գնացքում, ինքնաթիռում)* 5) հեռավորություն 6) տիեզերական տարածություն; տիեզերք 7) *երաժշտություն* ինտերվալ; միջոց 8) *տպագրություն* բացատ **2** *verb* 1) տարածություն թողնել 2) *տպագրություն* բացատներ թողնել 3) (**be spaced out**) կորցնել կողմնորոշումը; կորցնել տարածության զգացողությունը

watch this space *խոսակցական* սպասվում են հետագա զարգացումներ, և կլինի նոր տեղեկություն

spacecraft |ˈspeɪskrɑːft| *noun* (հոգն. նույնը կամ **-crafts**) տիեզերանավ

spaceship |ˈspeɪsʃɪp| *noun* տիեզերանավ

space shuttle *noun* տիեզերական մաքոք

spacesuit |ˈspeɪssuːt|, |-sjuːt| *noun* տիեզերագնացի արտահագուստ

spacewalk *noun* ելք բաց տիեզերք

spacious |ˈspeɪʃəs| *adjective* 1) ընդարձակ; լայնածավալ; լայն 2) լայն *(աշխարհայացքի մասին և այլն)* 3) խոշոր

spade¹ |speɪd| **1** *noun* 1) բահ 2) *ռազմական* հրետանասայլի խոփիկ **2** *verb* բահով փորել

call a spade a spade իրերն իրենց անունով կոչել; պարզ/հասկանալի խոսել

spade sth, spade sth up բահով փորել, հանել մի բան գետնի տակից

spade² |speɪd| *noun* 1) *թղթախաղ* (**spades**) ագռավ 2) *խոսակցական* սևամորթ

spadeful *noun* բահով լի քանակություն; մի բահ լիքը

Spain |speɪn| Իսպանիա *(պետություն Եվրոպայի հարավ-արևմուտքում)*

spall |spɔːl| **1** *verb* 1) մանրացնել; փշրել; ջարդել 2) փշուր-փշուր լինել; փշրվել **2** *noun* բեկոր; կտոր

spam |spæm| **1** *noun* համակարգիչներ լցոն *(անցանկալի էլեկտրոնային նամակ)* **2** *verb* լցոն ուղարկել

span¹ |spæn| **1** *noun* 1) ակնթարթ; վայրկյան; ժամանակամիջոց 2) սյունամեջ; աչք *(կամրջի)* 3) կարճ տարածություն; թիզ; թզաչափ *(= 9 մատնաչափի)* 4) լայնություն *(գետի, առվի)* 5) երկարություն *(կամրջի)* 6) երկաթուղային կայարանամեջ; երկու կայարանների միջև ընկած ուղեմաս 7) *օդագնացություն* թևերի բացվածք 8) *մաթեմատիկա* աղեղի լար **2** *verb* (**spanned**, **spanning**) 1) չափել *(տարածությունը)* 2) թզերով չափել 3) մեջքը գրկել 4) ձգվել; անցնել; տարածվել *(գետի և այլնի վրայով)* 5) ծածկել 6) միացնել; կապել; կամրջել *(մի ափը մյուսին)* 7) ընդգրկել *(ժամանակի մասին)* 8) *երաժշտություն* վերցնել *(օկտավա)*

span² |spæn| *noun* զույգ լծասարք

spangle |ˈspæŋg(ə)l| **1** *noun* 1) փայլուք; փայլազարդ 2) պսպղուն կաթիլ **2** *verb* 1) փայլուքներով զարդարել ◇ **the heavens spangled with stars** աստղազարդ երկինք 2) փայլել; պսպղալ; շողալ

Spanish |ˈspænɪʃ| **1** *adjective* իսպանական **2** *noun* 1) ◇ **the Spanish** իսպանացիներ 2) իսպաներեն

spank |spæŋk| **1** *verb* ապտակել; ափով հարված հասցնել ◇ **spank along** արագ սլանալ *(ձիու/նավի մասին)* **2** *noun* ապտակ; ափահարված

spanking |ˈspæŋkɪŋ| **1** *adjective* 1) արագընթաց; սրընթաց 2) սառը; ուժեղ *(քամու մասին)* 3) *խոսակցական* գերազանց; հիանալի **2** *noun* հարվածել *(հատկապես հետույքին՝ որպես պատիժ)*

spanner |ˈspænə| *noun* *տեխնիկական* պտուտակաբանալի; մանեկաբանալի; մանեկի դարձակ

throw a spanner in/into the works գործը/ծրագիրը ձախողել

spar¹ |spɑː| *noun* 1) չորսուն; գերան 2) *օդագնացություն* ողնուց 3) *ծովային* կայմ; կայմի գերան

spar² |spɑː| **1** *verb* (**sparred**, **sparring**) 1) բռնցքամարտիկ անել 2) բռնցքամարտել; կոփամարտել 3) խոսքակռիվ տալ; վիճաբանել; հակաճառել **2** *noun* 1) բռնցքամարտ; կոփամարտ 2) խոսքակռիվ; վեճ; վիճաբանություն 3) *խոսակցական* բրիտանական մոտիկ ընկեր

spar³ |spɑː| *noun* *հանքաբանություն* դաշտային սպաթ

spare |spɛː| **1** *adjective* 1) պահեստի; պահեստային 2) ազատ; ավելորդ *(դրամի մասին)* 3) աշխատանքով չզբաղեցրած; ազատ *(ժամանակի մասին)* 4) նիհար; վտիտ 5) սակավ; աղքատիկ *(սննդի մասին)* 6) խնայող; հաշվենկատ; տնտեսող **2** *noun* պահեստային առարկա/իր **3** *verb* 1) խնայել; գթալ 2) ազատել; զերծ պահել *(հուզմունքից, անհանգստությունից)* 3) տրամադրել *(ժամանակ)* 4) նվիրել *(ուշադրություն)* 5) հատկացնել; տալ *(դրամ)* 6) խնայել; տնտեսել 7) պարտք տալ; փոխ տալ 8) հատկացնել; մասնահանել *(որևէ բանի համար)* 9) առանց որևէ բանի հարմարվել; առանց որևէ բանի յոլա գնալ; հրաժարվել որևէ բանից

spare a rod and spoil the child գավազանը երեխայի մեջքից մի խնայիր, որ չփչանա

spare no expense, no expenses spared հնարավոր բոլոր միջոցները գործի դնել; ոչինչ չխնայել

spare part պահեստամաս

spare sb's feelings մեկի զգացմունքները խնայել; չվիրավորել

Spare well and have to spend. *առած* Լա՛վ խնայիր, որ ծախսելու բան ունենաս:

spare wheel պահեստային անիվ

Spare when you are young and spend when you are old. *առած* Խնայի՛ր երիտասարդությանդ, որ ծախսես ծերությանդ:

spare part *noun* պահեստամաս

spareribs (նաև **spare ribs**) *plural noun* խոզի կողքամիս

sparing |ˈspɛːrɪŋ| *adjective* 1) չափավոր; տնտեսող; խնայող 2) ժլատ 3) ներողամիտ; զիջողամիտ 4) աղքատիկ; քիչ; նվազ; խղճուկ

sparingly *adverb* ժլատորեն

spark[1] |spɑːk| **1** *noun* 1) կայծ 2) բռնկում; կայծ; նշույլ 3) *ծածկալեզու* (**sparks**) ռադիստ; ռադիոհաղորդ 4) առույգության զգացում **2** *verb* 1) կայծեր արձակել; կայծ տալ 2) կայծկլտալ; փայլկտալ; պեծին տալ 3) բռնկվել; բորբոքվել

not a spark of interest հետաքրքրության ոչ մի նշույլ

spark arrester շանթարգել

strike sparks out of sth որևէ բանից օգտակար տվյալներ քաղել

spark[2] |spɑːk| *հնացած* **1** *noun* 1) աշխույժ երիտասարդ 2) պճնամոլ **2** *verb* սիրատածել; սիրահետել

sparkle |ˈspɑːk(ə)l| **1** *verb* 1) կայծկլտալ; փայլկտալ; փայլել; պեծին տալ; շողալ; շողշողալ; պսպղալ; ցոլցլալ 2) փայլատակել; փայլփլել 3) փրփրալ; պղպջալ *(գինու մասին)* 4) աշխույժ/կայտառ լինել **2** *noun* 1) կայծ; կայծիկ 2) պայծառ փայլ; պսպղոց 3) կենդանություն; աշխուժություն

spark plug *noun տեխնիկական* վառոցքի մոմ

sparrow |ˈspærəʊ| *noun կենդանաբանություն* ճնճղուկ *(ընտանիքը Passeridae (կամ Ploceidae))*

sparrowgrass *noun խոսակցական, բուսաբանություն* (նաև **asparagus**) ծնեբեկ

sparse |spɑːs| *adjective* 1) նոսր; ցանցառ; ոչ խիտ 2) աղքատիկ; խղճուկ

sparsely *adverb* 1) նոսրաբար 2) նոսր բնակչությամբ 3) հազվադեպ

Spartan |ˈspɑːt(ə)n| **1** *adjective* սպարտական; Սպարտայի; սպարտացու **2** *noun* սպարտացի

spasm |ˈspæz(ə)m| *noun* 1) ջղաձգություն; ջղաձկում; կարկամություն 2) պոռթկում

spasmodic |spæzˈmɒdɪk| *adjective* ջղաձգական; ջղաձիգ; կարկամային

spat[2] |spæt| *noun* (**sparts**) զանկապաններ

spat[3] |spæt| *խոսակցական* **1** *noun* 1) գժտություն; վեճ 2) ափով թեթևակի հարված **2** *verb* (**spatted**, **spatting**) 1) վիճել; կռվել; գժտվել 2) թեթևակի հարվածել *(ափով)*

spate |speɪt| *noun* 1) անակնկալ հեղեղ 2) անակնկալ հորդ անձրև; տարափ 3) *փոխաբերական* հեղեղ; տարափ *(բառերի)*

spatial |ˈspeɪʃ(ə)l| (նաև **spacial**) *adjective* տարածական; տարածության

spatter |ˈspætə| **1** *verb* 1) ցայտեցնել; շիթել; շաղ տալ; ցայտունկներով կեղտոտել 2) ցեխոտել; վրան ցեխ շաղ տալ 3) սևացնել; արատավորել; զրպարտել **2** *noun* ցայտ; շիթ; ցայտոնիկ

spatterdash |ˈspætədæʃ| *noun պատմական* (**spatterdashes**) երկար զանկապաններ

spawn |spɔːn| **1** *verb* 1) ձվադրել; ձկնկիթ դնել 2) ծնել; սերել 3) բազմանալ; մեծ քանակությամբ աճել **2** *noun* 1) ձկնկիթ; ձուդալ; խավիար 2) ձկնկիթ դնելը 3) *բուսաբանություն* սնկամարմին 4) *արհամարհական* ծնունդ; սերունդ; վիժվածք

speak |spiːk| *verb* (անցյալ **spoke** |spəʊk|; անցյալ դերբայ **spoken** |ˈspəʊk(ə)n|) 1) խոսել; ասել; զրուցել 2) կարողանալ խոսել *(որևէ լեզվով)* 3) ճառել; ճառ ասել; ելույթ ունենալ; արտահայտվել 4) հանդես գալ *(ի պաշտպանություն մեկի)* 5) ասել; արտահայտել; խոսել; վկայել 6) համազարկ տալ; թնդալ *(հրանոթների մասին)* 7) *ծովային* ձայն տալ; ողջունել *(մի այլ նավի)* • **speak for** որևէ մեկի անունից խոսել **speak out** i) անկեղծորեն/պարզ արտահայտվել; արտահայտել իր զգացմունքները ii) բարձր խոսել **please, speak out!** բարձր խոսե՛ք **speak to** i) դիմել *(որևէ մեկին)* ii) զգուշացնել; համոզել iii) հաստատել; վկայություն տալ **speak up** i) բարձր ու հստակ խոսել ii) արտահայտվել

a speaking likeness խոսուն/կենդանի նմանություն

Broadly/Generally speaking... Ընդհանրապես...; Ընդհանուր առմամբ...; Ընդհանուր գծերով ասած....

Frankly speaking... Անկեղծ ասած...

not be on speaking terms with sb 1) ծանոթ չլինել մեկին 2) չխոսել մեկի հետ *(վիճաբանությունից հետո)*

Nothing to speak of. Կարևոր չէ: Ասելու բան չէ:

roughly speaking մոտավորապես; մոտավոր հաշվով; կոպիտ ասած

speak by the book վարժ/սահուն խոսել

speak for oneself իր անունից խոսել; իր կարծիքը/տեսակետն արտահայտել

Speak for yourself! Ուրիշի փոխարեն մի՛ խոսիր: Քո անունի՛ց խոսիր:

Speak of the devil! Շան անունը տուր...

speak one's mind անկեղծորեն/պարզ/մտքինն ասել

speak volumes for sb ուժեղ ապացույց/վկայություն տալ մեկի համար

speak well for sb լավ/դրական վկայություն տալ մեկի համար

Speak well of your friend, of your enemy nothing. *առած* Բարեկամիդ մասին լա՛վն ասա, թշնամուդ մասին՝ ոչինչ:

Strictly speaking... Խիստ ասած...; Խստորեն դատած/արտահայտված....

speakeasy |ˈspiːkiːzi| *noun* (հոգն. **-easies**) *խոսակցական, ամերիկյան, ծածկալեզու* գաղտնի գարեջրատուն

speaker |ˈspiːkə| *noun* 1) հռետոր; ճառախոս ◊ **glib speaker** ճարտարախոս հռետոր. **prosaic speaker** ձանձրախոս հռետոր 2) խոսնակ *(խորհրդարանի և այլնի)* 3) *ռադիո* հաղորդավար 4) *ռադիո* բարձրախոս

speaking |ˈspiːkɪŋ| **1** *noun* ճառ; ելույթ; արտահայտվելը **2** *adjective* 1) խոսող 2) խիստ արտահայտիչ; խոսուն 3) շատ նման; իսկը 4) արտասանական

on speaking terms 1) թեթևակի ծանոթ 2) բավական մտերիմ

speaking tube *noun* խոսափող; մեգաֆոն

spear |spɪə| **1** *noun* 1) նիզակ; տեգ 2) նիզակակիր 3) եռաժանի *(ձկնորսական)* 4) ծիլ; շիվ 5) սրածայր տերև *(խոտի)* **2** *verb* 1) խոցել *(նիզակով)* 2) խրվել; մխվել 3) ցողունավորվել; ցողուն գցել

spearhead |ˈspɪəhɛd| **1** *noun* նիզակի ծայր; տեգ **2** *verb* առաջնորդել; ղեկավարել

spearman |ˈspɪəmən| *noun* (հոգն. **-men**) *պատմական* նիզակակիր

special |ˈspɛʃ(ə)l| **1** *adjective* 1) հատուկ; առանձնահատուկ; առանձին; մասնավոր 2) արտակարգ; լրացուցիչ 3) արտակարգ 4) որոշ; որոշակի **2** *noun* 1) արտակարգ/բացառիկ համար *(լրագրի)* 2) հատուկ նպատակի գնացք

on special զեղչով վաճառվող; ցածր գնով վաճառվող; զեղչով վաճառքի համար առկա

special effects *plural noun* հատուկ ազդանքներ/էֆեկտներ

specialist |ˈspɛʃ(ə)lɪst| **1** *noun* մասնագետ **2** *adjective* 1) մասնագիտական 2) մասնագիտացված

speciality |ˌspɛʃɪˈælɪti| *noun* (հոգն. **-ties**) *բրիտանական* 1) մասնագիտություն ◇ **make a speciality** մասնագիտանալ 2) հատուկ գիծ *(բնավորության)* 3) առանձնահատկություն 4) հատուկ դիտողություն; մանրամասնություն *(փաստաթղթերի մեջ)*

specialization |-ˈzeɪʃ(ə)n| *noun* մասնագիտացում

specialize |ˈspɛʃ(ə)lʌɪz| *verb* 1) մասնագիտանալ 2) սահմանափակել 3) հատուկ պայմանների հարմարվել/հարմարեցնել

specially *adverb* հատկապես; հատուկ

specialty |ˈspɛʃ(ə)lti| (*բրիտանական* **speciality**) *noun* (հոգն. **-ties**) *ամերիկյան* 1) մասնագիտություն 2) բարձրորակ ապրանք *(հատկապես սնունդ)* 3) *իրավունք* կնքված պայմանագիր

specie |ˈspiːʃiː|, |ˈspiːʃi| *noun* մետաղադրամ; հնչուն դրամ

in specie 1) կանխիկ մետաղադրամով 2) *իրավունք* իսկական ձևով

species |ˈspiːʃiːz|, |-ʃɪz|, |ˈspiːs-| *noun* (հոգն. նույնը) 1) դաս; ցեղ; տիպ 2) *կենսաբանություն* տեսակ 3) տարատեսակ 4) *եկեղեցական* Սուրբ Նշխարներ

our species մարդկային ցեղը

specific |spəˈsɪfɪk| **1** *adjective* 1) հատուկ; յուրահատուկ; առանձնահատուկ; ուրույն 2) բնորոշ 3) *կենսաբանություն* տեսակի; տեսակային 4) որոշակի 5) *ֆիզիկա* տեսակարար **2** *noun* 1) հատուկ հաղորդագրություն 2) *բժշկություն* հատուկ միջոց; դեղ

specifically *adverb* 1) մասնավորապես 2) հատկապես 3) *բժշկություն* հատուկ ձևով 4) ճշգրիտ

specification |ˌspɛsɪfɪˈkeɪʃ(ə)n| *noun* 1) հատկավորում; հատկորոշում; դասակարգում 2) *տեխնիկական* մասնագիր 3) մանրամասնություններ *(պայմանագրի, համաձայնագրի)*

specify |ˈspɛsɪfʌɪ| *verb* (**-fies**, **-fied**) 1) հատկապես նշել; անվանել 2) մատնանշել; նշել 3) հատկորոշել; առանձնահատկությունները որոշել; ճշգրիտ նշել 4) մասնագիր կազմել

specimen |ˈspɛsɪmɪn| *noun* 1) նմուշ; օրինակ 2) *խոսակցական* անձ; անձնավորություն; մարդ; տիպ

a queer specimen տարօրինակ/արտառոց մարդ; տարօրինակ կերպար

specious |ˈspiːʃəs| *adjective* 1) խաբուսիկ; ցուցադրական 2) ճշմարտանման

speck |spɛk| **1** *noun* 1) բիծ; պուտ 2) մասնիկ **2** *verb* բծավորել; պիսակավորել

speckle |ˈspɛk(ə)l| **1** *noun* բծիկ; պիսակ *(մաշկի վրա)* **2** *verb* բծավորել; պիսակավորել

specs |spɛks| *plural noun* *խոսակցական* ակնոց

spectacle |ˈspɛktək(ə)l| *noun* 1) տեսարան; ներկայացում; պատկեր 2) (**spectacles**) ակնոց 3) (**spectacles**) գունավոր ապակի *(լուսացույցի)*

a lamentable spectacle ողբալի տեսարան/ներկայացում

a moving spectacle հուզիչ/սրտաշարժ տեսարան

a sad spectacle տխուր տեսարան

make a spectacle of oneself իր վրա ուշադրություն գրավել; տեսարան սարքել

spectacled |ˈspɛktək(ə)ld| *adjective* 1) ակնոցով; ակնոց կրող; ակնոցավոր 2) ակնոցավոր *(օձի մասին)*

spectacles |ˈspɛktək(ə)lz| *plural noun* ակնոց

spectacular |spɛkˈtækjʊlə| **1** *adjective* 1) տպավորիչ; ազդու 2) գրավիչ; հրապուրիչ **2** *noun* տպավորիչ միջոցառում/ներկայացում

spectator |spɛkˈteɪtə| *noun* 1) հանդիսատես 2) դիտող; ականատես

spectator sport *noun* դիտարժան մարզաձև

specter |ˈspɛktə| (*բրիտանական* **spectre**) *noun* 1) տեսիլ; ուրվական 2) նախազգացում *(փորձանքի, դժբախտության)*

spectral |ˈspɛktr(ə)l| *adjective* 1) տեսիլային; ուրվականի 2) *ֆիզիկա* լուսապատկերային; լուսակային; հաճախապատկերային

spectroscopy *noun* հաճախականդիտում

spectrum |ˈspɛktrəm| *noun* (հոգն. **-tra** |-trə|) 1) *ֆիզիկա* հաճախապատկեր *(տարբեր երևույթների՝ ըստ հաճախության (կամ ալիքի երկարության) դասավորված բաղադրիչների ընդհանուր պատկերը)* 2) *ֆիզիկա* լուսապատկեր; լուսակ; սպեկտր 3) բազմազանություն

specular |ˈspɛkjʊlə| *adjective* 1) հայելանման 2) անդրադարձնող; արտացոլող *(մակերեսի մասին)*

speculate |ˈspɛkjʊleɪt| *verb* 1) (**speculate on/upon/about**) մտածել; խորհրդածել; ենթադրություն անել; խոսել 2) շահախաղով զբաղվել; բորսայում խաղալ

speculation *noun* 1) մտածելը; խորհրդածելը; խորհրդածում; մտորում; խորհրդածություն 2) շահախաղ

speculative |ˈspɛkjʊlətɪv| *adjective* 1) մտահայեցողական; մտածական 2) շահախաղական; արագ շահույթ հետապնդող; սպեկուլյանտական

speculator *noun* 1) մտածող 2) շահախաղով զբաղվող

speculum |ˈspɛkjʊləm| *noun* (հոգն. **-la** |-lə|) 1) անդրադարձիչ 2) աչք *(թռչնի թևերի վրա)* 3) *բժշկություն* ընդարձակիչ հայելի *(մարմնի ներսը դիտելու համար)*

speech |spiːtʃ| *noun* 1) խոսք; խոսելը; խոսողություն; խոսունակություն 2) ելույթ; ճառ; զեկուցում

3) բարբառ; խոսվածք 4) խոսելու ձև
deliver/make a speech ճառ/խոսք ասել
maiden speech առաջին ելույթը *(խորհրդարանում և այլն)*
Speech is silver, silence is golden. *առած* Խոսելն արծաթ է, լռությունը՝ ոսկի:
the freedom/liberty of speech խոսքի ազատություն

speechless |ˈspiːtʃlɪs| *adjective* 1) անխոս 2) համր 3) լռակյաց; լուռ 4) պապանձված; լալկված *(սարսափից և այլն)*

speed |spiːd| **1** *noun* արագություն **2** *verb* (անցյալ **sped** |sped| կամ **speeded**) 1) առաջ մղել; ընթացքն արագացնել 2) շտապել; անապարել; սլանալ 3) փոխադրել 4) ավելացնել *(արտադրանքը)* 5) *հնացած* բարեմաղթել 6) (**speed up**) արագացնել; աշխատանքն արագացնել
at/with lightning speed կայծակի/կայծակնային արագությամբ
at full speed լրիվ արագությամբ; ամբողջ թափով/ուժով
gather speed արագություն ավելացնել/զարգացնել
speed up, speed sth up արագացնել; ավելացնել արագությունը
speed well բարգավաճել; ծաղկել; բարօրության մեջ լինել

speedboat |spiːdbəʊt| *noun* արագընթաց մոտորանավակ

speed bump (բրիտանական **speed hump**) *noun* ասֆալտի թումբ; «պառկած ոստիկան» *(փոխադրամիջոցների արագությունը սահմանափակելու համար)*

speedily *adverb* շտապ; արագորեն

speed limit *noun* առավելագույն արագություն *(փոխադրամիջոցների)*

speedometer |spiːˈdɒmɪtə| *noun* արագաչափ

speed-up *noun* 1) արագացում 2) աշխատանքի արտադրողականության բարձրացում

speedway |ˈspiːdweɪ| *noun* 1) մրցուղի 2) արագընթաց մայրուղի

speedy |ˈspiːdi| *adjective* (**speedier**, **speediest**) 1) արագընթաց; արագ; սրընթաց 2) արագաշարժ 3) շտապ; հապճեպ; փութկոտ

spell[1] |spel| *verb* (անցյալ և անցյալ դերբայ **spelled** կամ հիմն. բրիտ. **spelt**) 1) տառ առ տառ ասել *(բառը)* 2) հայտնել; ասել 3) բառ կազմել *(տառերով)* 4) հավասարազոր լինել; նշանակել; հետևանք ունենալ; հանգեցնել 5) ճանաչելի լինել
spell out 1) բառ առ բառ ասել 2) բացատրել

spell[2] |spel| *noun* 1) կախարդանք; դյութություն; հմայություն; կախարդում; կախարդելը; հմայում; հմայելը; թովում; դյութում 2) հմայական խոսք; հմայախոսք; կախարդանքի խոսք 3) թովչանք; հմայք; դյութանք; հրապույր
under a spell կախարդանքի տակ; արտաքին ազդեցության տակ *(մարդու հոգեվիճակի մասին)*
under someone's spell ինչ-որ մեկին նվիրված

spell[3] |spel| **1** *noun* 1) ժամանակամիջոց; ժամանակաշրջան; պահ 2) կարճ ժամանակամիջոց 3) նոպա; բռնկում; պոռթկում *(հազի, հիվանդության, ծիծաղի և այլնի)* **2** *verb* փոխարինել *(մեկին՝ հանգստանալու հնարավորություն տալու համար)*

spellbind |ˈspelbaɪnd| *verb* (անցյալ և անցյալ դերբայ **-bound**) հմայել; դյութել; թովել; կախարդել

spell-check (նաև **spell check**) *համակարգիչներ* **1** *verb* բառաստուգել **2** *noun* բառաստուգում

spell-checker (նաև **spell checker**) *noun* բառաստուգիչ ծրագիր

speller |ˈspelə| *noun* 1) ուղղագրության տարրական դասագիրք 2) *համակարգիչներ* ուղղագրության ստուգիչ

spelling |ˈspelɪŋ| *noun* 1) ուղղագրություն 2) տառ առ տառ գրելը 3) տառ առ տառ արտասանելը

spelt[2] |spelt| *noun* *բուսաբանություն* անար; հաճար *(Triticum spelta, ընտանիք Gramineae)*

spencer |ˈspensə| *noun* բրդյա կարճ բաճկոն; բրդյա բաճկոնակ; սպենսեր

spend |spend| **1** *verb* (անցյալ և անցյալ դերբայ **spent** |spent|) 1) ծախսել; հատկացնել; նվիրել; տրամադրել *(ժամանակ, աշխատանք և այլն)* 2) վատնել; մսխել 3) անցկացնել *(ժամանակ)* 4) սպառել 5) հանդարտվել; անցնել *(փոթորիկի/զայրույթի մասին և այլն)* **2** *noun* *խոսակցական* ծախսված գումար
spent runner/swimmer/horse ուժասպառ/նվաղած մրցավազորդ/լողորդ/ձի
What you spend, you have. *առած* Այն է քոնը, ինչ ծախսում ես:

spendthrift |ˈspen(d)θrɪft| *noun* վատնող/մսխող մարդ

spent **1** անցյալ և անցյալ դերբայ տե՛ս **spend** **2** *adjective* 1) ուժասպառ; հոգնած 2) սպառված; օգտագործված

sperm |spɜːm| *noun* (հոգն. նույնը կամ **sperms**) 1) *կենսաբանություն* սերմ; սերմնահեղուկ 2) (**sperm whale**) ճարպագլուխ կետ

sphere |sfɪə| **1** *noun* 1) *մաթեմատիկա* գունդ 2) գլոբուս; երկրագունդ; ոլորտ 3) ասպարեզ; շրջան; հասարակական միջավայր; ոլորտ *(գործունեության)* 4) ձեռնահասություն; իրազեկություն; գիտակություն; իրավասություն **2** *verb* ոլորտի մեջ պարփակել
music of the sphere *դիցաբանություն* երկնային երաժշտություն *(մահկանացուներին անլսելի՝ երկնային մարմինների շարժումից առաջացած երաժշտություն)*
That is out of my sphere. Դա դուրս է իմ իրավասությունից/բնագավառից:

spherical |ˈsferɪk(ə)l| *adjective* 1) գնդաձև; գնդանման 2) ոլորտային

spheroid |ˈsfɪərɔɪd| *noun* *մաթեմատիկա* ոլորտանման մարմին; պտտման էլիպսոիդ

sphinx |sfɪŋks| *noun* սֆինքս

spice |spaɪs| **1** *noun* 1) համեմունք; ամոքանք 2) *բանաստեղծական* թունդ բուրմունք 3) *փոխաբերական* գրավչություն; հետաքրքրություն; կենդանություն; աղ; համ ու հոտ 4) կողմնակի տարր;

երանգ **2** *verb* 1) համեմել; համեմունք գցել 2) *փոխաբերական* համեմել; հետաքրքրություն հաղորդել; գրավչություն տալ

spicy |ˈspʌisi| *adjective* (**spicier**, **spiciest**) 1) սուր; կծու; բարկահամ; սուր համ ունեցող 2) բուրավետ; անուշահոտ 3) զգայացունց; գրգռիչ; սաստիկ հետաքրքրաշարժ 4) անվայելուչ; անպարկեշտ 5) *ծածկալեզու* դյուրագրիռ; դյուրաբորբոք; տաքարյուն

spider |ˈspʌidə| **1** *noun* 1) *կենդանաբանություն* սարդ *(կարգ Araneae, դաս Arachnida)* 2) *փոխաբերական* արյուն ծծող; սարդ; բանսարկու; ինտրիգան 3) եռոտանի 4) սրսկիչ *(գործիք)* **2** *verb* սարդի պես շարժվել

spider's web սարդոստայն

spidery |ˈspʌid(ə)ri| *adjective* 1) սարդանման 2) շատ բարակ; նուրբ

spiffy |ˈspɪfi| *adjective* (**spiffier**, **spiffiest**) *խոսակցական ծածկալեզու* պճնազեղ; նրբազեղ; նրբին; վայելչազեղ; գեղեցիկ

spigot |ˌspɪgət| *noun* 1) խցան; վռան; խցուկ *(տակառի)* 2) *ամերիկյան* ջրի ծորակ

spike[1] |spʌɪk| **1** *noun* 1) մեխ; բևեռ; մեծամեխ 2) սուր ծայր 3) սեպ; պայտասեպ *(սպորտային կոշիկների տակ)* 4) եղջուր *(ջահել եղնիկի)* **2** *verb* 1) բևեռ խփել; մեխել 2) կանգնեցնել; դադարեցնել 3) սուր տեսք ստանալ

spike[2] |spʌɪk| *noun բուսաբանություն* հասկ

spiky |ˈspʌɪki| *adjective* (**spikier**, **spikiest**) 1) սրածայր; սուր; սուր ծայրեր ունեցող 2) *խոսակցական* հեշտ վիրավորվող

spile |spʌɪl| **1** *noun* 1) խցան; խցիչ; վռան; խցուկ *(տակառի)* 2) ցից **2** *verb* 1) խցել; խցանել; կալնել 2) ցցեր խփել

spill[1] |spɪl| **1** *verb* (անցյալ **spilled** կամ **spilt**) 1) թափել *(հեղուկ)* 2) թափվել 3) թափթփվել 4) շաղ տալ; ցանել; ցրել 5) *խոսակցական* վայր գցել; ցած նետել *(թամբից)* **2** *noun* 1) հեղուկը շաղ տալը; ցրցողելը; ցրցամ տալը; թափթփելը 2) արտահոսք 3) շաղ տված հեղուկ 4) *խոսակցական* վայր ընկնելը *(հեծանիվից, ձիուց)*

spill blood արյուն թափել; մարդ սպանել/վիրավորել

spill the beans *խոսակցական* գաղտնիքը հայտնել; գաղտնիքը դուրս տալ

spill[2] |spɪl| *noun* 1) մարխ; տաշեղի կտոր; ոլորած թուղթ *(մոմը, ծխախոտը վառելու համար)* 2) խցան; վռան; խցուկ

spin |spɪn| **1** *verb* (**spinning**; անցյալ |spʌn| և անցյալ դերբայ **spun**) 1) մանել; ոլորել; կանել 2) գործել *(ոստայն և այլն)* 3) հյուսել 4) պտտել; պտտեցնել; հոլի պես պտույտ տալ 5) պատմել *(հետաքրքրական պատմություններ)* 6) արագ գնալ; վազել 7) պտտվել *(գլխի մասին)* **2** *noun* 1) պտույտ; պտտելը 2) *օդագնացություն* պտուտաձև էջք; պտույտէջք 3) պտույտ գալը; պտտվելը 4) *ֆիզիկա* սպին

in a flat spin կատարյալ խուճապի մատնված

spin a yarn պատմություն հորինել

spin one's wheels ժամանակ վատնել

spin sth out երկարացնել; ձգել որքան հնարավոր է; երկար գործածել

spinach |ˈspɪnɪdʒ|, |-ɪtʃ| *noun բուսաբանություն* սպանախ; ծմել; շոմին *(Spinacia oleracea, ընտանիք Chenopodiaceae)*

spinal |ˈspʌɪn(ə)l| *adjective կազմախոսություն* ողնաշարի; ողնաշարային

a spinal injury ողնաշարի վնասվածք

spinal column *noun* ողնաշար; ողնասյուն

spinal cord *noun կազմախոսություն* ողնուղեղ

spindle |ˈspɪnd(ə)l| **1** *noun* 1) իլ; իլիկ 2) *տեխնիկական* սռնի; առանցք; լիսեռ 3) մանածաչափ *(= մոտ 14000 մ)* **2** *verb* 1) աճել; հասակ առնել; մեծանալ; բոյ քաշել 2) իլիկի վերածել 3) փաթաթել

spindle legs (նաև **spindleshanks**) *plural noun խոսակցական* լողլող մարդ *(բարձրահասակ և նիհար)*

spindrift |ˈspɪndrɪft| *noun* ծովափրփուր; ծովաջրի ցայտուկներ

spin dryer *noun* կենտրոնախույս քամիչ

spine |spʌɪn| *noun* 1) *կազմախոսություն* ողնաշար 2) կատար *(եռանկյունաձև տանիքի)* 3) սրածայր գագաթ *(լեռան)* 4) *կենդանաբանություն, բուսաբանություն* փուշ; ասեղ *(ոզնու և այլնի)* 5) կողակ; կող *(գրքի)*

spineless |ˈspʌɪnlɪs| *adjective* 1) *կենդանաբանություն* անողնաշարավոր; անողնաշար 2) *փոխաբերական* անողնաշար; անկայուն; տատանվող

spinner |ˈspɪnə| *noun* մանող; մանորդ *(տղամարդ, կին)*

spinney |ˈspɪni| *noun* (հոգն. **-neys**) մացառուտ; թփուտ; անտառակ; պուրակ

spinning |ˈspɪnɪŋ| *noun* 1) մանում; մանելը 2) հեծանիվի ոտնակները պտտելը

spinning jenny *noun* պատմական մանող մեքենա

spinning wheel *noun* ճախարակ

spinster |ˈspɪnstə| *noun* 1) *խոսակցական, արհամարհական* պառաված աղջիկ/օրիորդ 2) *իրավունք* չամուսնացած կին 3) մանող կին

spiny |ˈspʌɪni| *adjective* (**spinier**, **spiniest**) ծակող; փշոտ

spiracle |ˈspʌɪrək(ə)l| *noun* 1) օդանցք 2) *կենդանաբանություն* միջատների շնչառության անցքերը 3) շնչառության անցք *(կետերի)*

spiral |ˈspʌɪr(ə)l| **1** *adjective* պարուրաձև; գալարաձև **2** *noun* 1) *մաթեմատիկա* պարուրագիծ; գալարագիծ 2) գալար; պարույր 3) *տեխնիկական* պարուրակ **3** *verb* (**-raled**, **-raling**; բրիտ. **-ralled**, **-ralling**) 1) պարուրաձև շարժվել 2) արագ աճել *(գների մասին)*

spirant |ˈspʌɪr(ə)nt| *հնչյունաբանություն* **1** *adjective* շփական **2** *noun* շփական բաղաձայն

spire[1] |spʌɪə| *noun* 1) ծայրաձող; սայրաձող; սրաձող *(աշտարակի)* 2) սրածայր գագաթ 3) շիվ; ծիլ 4) գալար; պարույր 5) մի փաթ պարույր; ոլորք; գալար

spire[2] |spʌɪə| *noun կենդանաբանություն* խխունջի պարուրանման խեցի

spirit |ˈspɪrɪt| **1** *noun* 1) ոգի; հոգեկան ունակություններ; հոգեկան կորով 2) (**the Spirit**) Սուրբ Հոգի 3) ոգի; անմարմին էակ; ուրվական 4) ոգևորություն; եռանդ 5) (**spirits**) տրամադրություն 6) արիություն; կորով; կրակոտություն; կրքոտություն; խանդ; եռանդ; ավյուն; ոգևորություն 7) բնավորություն 8) մարդ *(հոգեկան և բարոյական տեսանկյունից)* 9) *քիմիա* էսենցիա; բնահյութ; հյութ 10) *փոխաբերական* էություն; միտք; իմաստ 11) (**spirits**) սպիրտ; ալկոհոլ **2** *verb* (**-ited**, **-iting**) 1) ոգևորել; քաջալերել 2) մղել; դրդել 3) (**spirit away/off**) խորհրդավոր կերպով հափշտակել • **spirit sb up** *հնացած* խրախուսել/քաջալերել մեկին

animal spirits կենսուրախություն

be out of spirits անտրամադիր լինել; տրամադրություն/քեֆ չունենալ

enter into the spirit համակվել ոգով *(հատկապես՝ տոնականտրամադրության)*

keep up one's spirits տրամադրությունը բարձր պահել; չընկճվել

moving spirit շարժող ոգին; ծրագիր/գաղափար տվող և աջակցող անձ

my spirits sank տրամադրությունս ընկավ

put spirit into հոգի դնել; աշխուժություն ներարկել

speak with spirit ոգևորությամբ խոսել

spirit sb/sth away/off աներևութանալ արագորեն և առեղծվածային ձևով

The Holy Spirit Սուրբ Հոգին

unbroken spirit աննկուն ոգի

spirited |ˈspɪrɪtɪd| *adjective* 1) աշխույժ; կենդանի 2) համարձակ *(հարձակման մասին)* 3) ճարպիկ; հնարագետ *(պատասխանի մասին)* 4) եռանդուն; տրամադրված 5) տաքարյուն *(ձիու մասին)*

spiritual |ˈspɪrɪtʃʊəl|, |-tjʊəl| **1** *adjective* 1) հոգևոր; հոգեկան 2) ոգեշունչ 3) կրոնական; եկեղեցական; հոգևոր; սրբազան; սուրբ **2** *noun* (նաև **Negro spiritual**) հոգևոր երգեր; սպիրիչուելսներ *(որոնք զուգակցվում են սևամորթ քրիստոնյաների հետ)*

spiritualism |ˈspɪrɪtʃʊəlɪz(ə)m|, |-tjʊəl-| *noun* 1) *փիլիսոփայություն* ոգեպաշտություն; սպիրիտուալիզմ 2) ոգեկոչություն; հոգեհարցություն

spiritualist *noun* ոգեկոչ; հարցուկ

spirituous |ˈspɪrɪtjʊəs| *adjective գրական անգլերեն, հնավանդ* ոգելից; ալկոհոլային

spit[1] |spɪt| **1** *verb* (**spitting**; անցյալ և անցյալ դերբայ **spit** |spæt| կամ **spat**) 1) թքել 2) թքոտել; թուքը շաղ տալ 3) մաղել *(անձրևի մասին)* 4) փշտացնել *(կատվի մասին)* **2** *noun* 1) թուք; թքածը 2) *խոսակցական* մեկի իսկական պատկերը; մեկի քթից ընկած; մեկին շատ նմանը 3) թեթև անձրև/ձյուն

spit at/on/upon sb/sth մեկի/մի բանի վրա թքել; արհամարհել

Spit it out! *խոսակցական* Ծո՛ւտ արա, ասա՛: Ասելի՛քդ ասա, արագացրո՛ւ: Մի՛ ծամծմիր:

spit sth out թքի հետ դուրս գցել

spitting image of մեկի պատճենը; պատկերը; կեսն է: Խիստ նման է *(հատկապես բացասական հատկանիշերով)*

spit[2] |spɪt| **1** *noun* 1) շամփուր; շիշ 2) ցամաքալեզվակ; երկարաձիգ առափնյա ծանծաղուտ **2** *verb* (**spitted**, **spitting**) 1) շամփուրի վրա շարել 2) ծակել; խոցել; շամփրել

spite |spʌɪt| **1** *noun* չարություն; ոխ; քեն **2** *verb* տհաճություն պատճառել; մեկին հակառակ մի բան անել

do sth out of spite, do sth from spite չարությունից դրդված մի բան անել

have a spite against sb ոխ ունենալ մեկի դեմ; քեն բշել

in/for spite ի հեճուկս; մեկին հակառակ

in spite of չնայած; հակառակ

spiteful |ˈspʌɪtfʊl|, |-f(ə)l| *adjective* 1) չար; չարասիրտ; ոխակալ; քինոտ; ոխերիմ 2) չարախինդ; անբարյացակամ 3) խայթիչ; թունոտ; կծու; խոցող

spitfire |ˈspɪtfʌɪə| *noun* դյուրագրգիռ/տաքարյուն մարդ

Spitsbergen |ˈspɪtsˌbəːg(ə)n| Շպիցբերգեն *(կղզի Նորվեգիայի հյուսիսում)*

spittle |ˈspɪt(ə)l| *noun* թուք; թքածը

spittoon |spɪˈtuːn| *noun* թքաման

spiv |spɪv| *noun խոսակցական* խորամանկ/ճարպիկ մարդ

splash |splæʃ| **1** *noun* 1) շաղ տալը; ցայտացրիվ անելը; ջրցնելը 2) ճողփյուն; ճողփյուն 3) ցայտուկ; ցայտող ջրի կաթիլներ 4) բիծ *(ցեխի)* 5) խուրձ; փունջ *(լույսի)* **2** *verb* 1) վրան ցայտուկ թափել; շաղ տալ; թափթփել *(հեղուկը)* 2) ցայտեցնելով կեղտոտել 3) կաթիլներով շաղ գալ; ցաքուցրիվ լինել; թափթփվել *(հեղուկի մասին)* 4) չլմփացնել; չըմփացնելով գնալ *(ջրի/ցեխի միջով)* 5) ճողփել; ճողփալով ցայտել; ջուր շաղ տալ; ջուր շփել

make a splash աղմուկ բարձրացնել; սենսացիա առաջացնել

splash sth about 1) շաղ տալ; առատորեն ծախսել *(օրինակ՝ դրամ)* 2) տարածել *(լուրեր)*

splashboard |ˈsplæʃbɔːd| *noun* ցեխապաշտպան վահանակ/անվածածկոց *(կառքի, ավտոմեքենայի)*

splashy *adjective* (**splashier**, **splashiest**) 1) ցեխոտված; կեղտոտված 2) թաց; ցեխոտ 3) *խոսակցական* ցուցական; ցուցամոլական; կեղծ

splay |spleɪ| **1** *verb* **2** *noun* թեք հարթություն; թեքություն; շեղ անկյուն **3** *adjective* 1) թեք; շեղ 2) փռված; լայնացած

splay-foot *noun* ծուռթաթություն; ծուռոտություն; ծռոտություն

spleen |spliːn| *noun* 1) *կազմախոսություն* փայծաղ 2) չարություն; մաղձոտություն; մաղձ 3) դառնամաղձություն; մելամաղձություն

act out of spleen մաղձից/չարությունից դրդված մի բան անել

vent one's spleen upon sb մաղձը/թույնը թափել մեկի գլխին

splendent |ˈsplɛnd(ə)nt| *adjective հնավանդ* փայլուն; վառ; պայծառ; շողշողուն

splendid |ˈsplɛndɪd| *adjective* 1) ճոխ; պերճ; շքեղ; փառահեղ; հոյակապ; փարթամ 2) հիանալի; սքանչելի 3) փայլուն 4) *խոսակցական* առաջնակարգ

splendiferous |splɛnˈdɪf(ə)rəs| *adjective խոսակցական, կատակային* հոյակապ; հիանալի; գերազանց

splendor |ˈsplɛndə| (բրիտանական **splendour**) *noun* 1) հոյակապություն; շքեղություն 2) փարթամություն; ճոխություն 3) պայծառություն; գունեղություն 4) փայլ

splenic |ˈsplɛnɪk|, |ˈspliːnɪk| *adjective բժշկություն* փայծաղի; փայծաղային

splice |splʌɪs| **1** *verb* 1) միահյուսել; ծայրերը հյուսելով միացնել *(պարանները)* 2) միակցել; անակցել *(տախտակների ծայրերը)* 3) *խոսակցական* ամուսնանալ 4) *խոսակցական* ամուսնացնել **2** *noun* 1) միահյուսում; հյուսելով ծայրերը միացնելը *(պարանի, ճոպանի)* 2) միահյուսման տեղը; հանգույց; կցուրդ 3) միակցում; միակցելը *(տախտակների)*

splint |splɪnt| **1** *noun* 1) *բժշկություն* տախտավանդ; բեկակալ 2) քրձեն; կեղև *(զամբյուղներ/ պտոններ հյուսելու համար)* **2** *verb բժշկություն* բեկակալ դնել

splinter |ˈsplɪntə| **1** *noun* 1) մանր կտոր; բեկոր; փշուր 2) տաշեղ 3) մատի փուշ 4) մարմինը խրված ծեղ/ծլեպ **2** *verb* 1) կոտրել; ճղել; ճեղքել 2) կոտրվել; փշրվել

split |splɪt| **1** *verb* (**splitting**; անցյալ և անցյալ դերբայ **split**) 1) ճեղճեղել; ճղել; ճեղքել 2) շերտատել; շերտերի/կտորների բաժանել 3) կոտրելով պոկել 4) մասնատել; ջլատել *(ուժերը)* 5) ճեղքվել; շերտատվել; շերտերի բաժանվել 6) ճաքել; ճաքճքել 7) կոտրվել; ջարդվել; ջարդոտվել 8) բաժանել *(խմբերի)* 9) պառակտել *(ֆրակցիաների, խմբակցությունների)* 10) խմել; կոնծել *(մի շիշ գինի)* **2** *noun* 1) ճեղքում; երկփեղկում; երկփեղկվելը 2) պառակտում; խզում 3) ճեղք; ճաք; ճեղքվածք 4) *խոսակցական* կես շիշ խմիչք; կես բաժակ կոնյակ

a split mind/personality շիզոֆրենիկ; մտագար; երկատված գիտակցություն

a split second մի պահ; մի ակնթարթ

split hairs 1) մազը կես անել 2) ավելորդ բծախնդրություն ցուցաբերել

split on sb *ծածկալեզու* գործակցի/մեղսակցի գաղտնիքը հայտնել; մատնել

split the difference գործարք կնքելիս տարբերությունը բաժանել; փոխզիջում անել; փոխզիջման գնալ

split the vote ձայներ խլել մյուս թեկնածուից *(որի արդյունքում երկուսն էլ պարտվում են երրորդ թեկնածուից)*

splitting headache սուր/ուժեղ/անտանելի գլխացավ

split with sb գժտվել; խռովել մեկից

split second **1** *noun* մի ակնթարթ; վայրկյանի փոքր մաս **2** *adjective* շատ արագ; ակնթարթային

split shift *noun* ընդհատվող հերթափոխ

splotch |splɒtʃ| *խոսակցական* **1** *noun* կեղտոտ բիծ; կեղտաբիծ **2** *verb* կեղտոտել

splurge |spləːdʒ| *խոսակցական* **1** *noun* պարծենկոտություն **2** *verb* պարծենալ; երևակայել; փքվել; գլուխը գովել

splutter |ˈsplʌtə| **1** *verb* 1) կակազելով խոսել *(հուզմունքից)* 2) շաղ տալ *(թուքը)* 3) վրան շաղ տալ; ցողել; սրսկել; ցայտեցնելով կեղտոտել 4) թշշալ *(հեղուկի մասին)* **2** *noun* 1) անհասկանալի խոսք; լփրտացնելով խոսելը; բլբլացնելը 2) վեճ; վիճաբանություն; հակաճառություն 3) իրարանցում 4) շաղ տալը; ցայտացրիվ անելը

spoil |spɔɪl| **1** *verb* (անցյալ և անցյալ դերբայ **spoiled** կամ հիմն. բրիտ. **spoilt**) 1) փչացնել 2) փչանալ 3) երես տալ 4) կողոպտել; թալանել *(հակառակորդին)* 5) հափշտակել **2** *noun* 1) ավար; կողոպուտ 2) *ռազմական* (**spoils**) ավար 3) դիզած հարստություն; թանկարժեք իրեր

be spoiling (for a fight) խելքը գնալ *(կռիվ անելու համար)*

the spoils of war ռազմավար

spoilage |ˈspɔɪlɪdʒ| *noun* 1) փչացում; փչանալը; փչացնելը 2) փչացած ապրանք

spoiler |ˈspɔɪlə| *noun* 1) փչացնող; կողոպտիչ 2) անցանկալի գրանցումը կասեցնող սարք 3) արգելակիչ *(ինքնաթիռի արագությունը նվազեցնող սարք)*

spoilsman |ˈspɔɪlzmən| *noun* (հոգն. **-men**) *ամերիկյան* քաղաքական ծառայությունների համար պաշտոն ստացած անձ

spoke¹ |spəʊk| *noun* 1) անվաճաղ; ճաղ *(անիվի)* 2) սանդղամատ *(շարժական սանդուղքի)*

put a spoke in sb's wheel անիվի տակ քար դնել; խոչընդոտել

spoke² անցյալ տե՛ս **speak**

spoken |ˈspəʊk(ə)n| **1** *adjective* 1) խոսակցական 2) արտասանված **2** *adjective* որոշակի խոսելաձևով ◊ **soft-spoken** մեղմախոս **3** անցյալ դերբայ տե՛ս **speak**

spokesman |ˈspəʊksmən| *noun* (հոգն. **-men**) 1) պատգամավոր; պատվիրակ; ներկայացուցիչ 2) հռետոր; ճարտասան *(տղամարդ)*

spokesperson |ˈspəʊkspəːs(ə)n| *noun* (հոգն. **-persons** կամ **-people**) 1) ներկայացուցիչ *(տղամարդ կամ կին)* 2) խոսնակ; հռետոր *(տղամարդ կամ կին)*

spoliation |ˌspəʊlɪˈeɪʃ(ə)n| *noun* 1) կողոպուտ; կողոպտում; կողոպտելը; թալանելը 2) գույքի զավթում; բռնագրավում *(չեզոք պետության նավերի)* 3) *իրավունք* փաստաթղթերի ոչնչացում

sponge |spʌn(d)ʒ| **1** *noun* 1) սպունգ 2) լվացում; շփում 3) *խոսակցական* պորտաբույծ; ձրիակեր; հացկատակ 4) սպունգանման/սպունգաձև/ծակոտկեն նյութ **2** *verb* (**sponging** կամ **spongeing**) 1) սպունգով լվանալ/շփել 2) ուրիշի հաշվին ապրել

have a sponge down սպունգով մերսվել; շփում կատարել

pass the sponge ջնջել; մոռանալ *(վիրավորանքը և այլն)*

sponge on/upon sb *խոսակցական* սպունգի պես ծծել; մեկի հաշվին ապրել

sponge sth up սպունգով վերցնել/չորացնել/ցամաքեցնել

throw up/in the sponge ձախողումը/պարտությունը ընդունել

sponge bath *noun* սպունգով լողացնելը *(անկողնային հիվանդներին կամ որպես բուժական միջոցառում)*

sponge cake *noun* բիսկվիտ

sponger |ˈspʌn(d)ʒə| *noun* պորտաբույծ; ձրիակեր; հացկատակ

spongy |ˈspʌn(d)ʒi| *adjective* (**-gier**, **-giest**) 1) սպունգանման; սպունգաձև 2) ծակոտկեն

sponsor |ˈspɒnsə| **1** *noun* 1) հովանավոր; հովանավորող 2) երաշխավոր; երաշխավորող անձ 3) կազմակերպիչ; որևէ բան կազմակերպող 4) կնքահայր; կնքամայր **2** *verb* 1) երաշխավորել 2) դրամական նպաստ տալ; օժանդակել; հովանավորել

sponsorship *noun* հովանավորություն

spontaneity *noun* 1) ինքնաբերություն; ինքնաբուխություն 2) անմիջականություն

spontaneous |spɒnˈteɪnɪəs| *adjective* 1) ինքնաբերական; ինքնաբեր; տարերային 2) ինքնակամ; կամավոր 3) անմիջական; բնական; անբռնազբոսիկ; ինքնաբուխ

spoof |spu:f| *խոսակցական* **1** *noun* 1) խաբեբայություն 2) գլխին խաղ խաղալը; ծաղրելը **2** *verb* 1) խաբել 2) չափազանցել

spook |spu:k| **1** *noun* 1) *խոսակցական* ուրվական 2) լրտես **2** *verb* 1) վախեցնել 2) խրտնել *(կենդանու մասին)*

spooky |ˈspu:ki| *adjective* (**spookier**, **spookiest**) *խոսակցական* 1) չարագուշակ; չարագույժ; սարսափելի 2) վախկոտ; երկչոտ; ջղային

spool¹ |spu:l| **1** *noun* կոճ; թելակոճ **2** *verb* 1) կոճի վրա փաթաթել 2) *տեխնիկական* հասնել բարձր արագության *(շարժիչի մասին)* 3) *համակարգիչներ* տվյալները ուղարկել *(տպիչին կամ այլ սարքի)*

spool² *verb համակարգիչներ* հղել դեպի ժամանակավոր հիշողությունը

spoon |spu:n| **1** *noun* 1) գդալ 2) թիակի բերան; թիաբերան 3) միամիտ մարդ 4) սիրահարված մարդ **2** *verb* 1) գդալով վերցնել 2) սիրահետել 3) համբուրվել

be on the spoon սիրահետել; սիրահարված լինել
spoon-fed շփացած; երես տված
spoon sth up/out գդալով հանել/քաշել

spoony |ˈspu:ni| *խոսակցական, հնացած* **1** *adjective* (**spoonier**, **spooniest**) 1) սիրահարված 2) հիմար; ցնցոտի **2** *noun* (հոգն. **spoonies**) 1) զգայուն սիրահար 2) պարզամիտ մարդ; ցնցոտի; հիմար

spoor |spʊə|, |spɔ:| **1** *noun* հետք *(գազանի)* **2** *verb* հետքով գնալ

sporadic |spəˈrædɪk| *adjective* եզակի; հատուկենտ; տեղ-տեղ հանդիպող; պատահական

sporadically *adverb* հազվադեպ; անկանոնաբար

spore |spɔ:| *noun կենսաբանություն, բուսաբանություն* սպոր; բեղմնիկ *(անծաղիկ բույսի սերմնիկ)*

sport |spɔ:t| **1** *noun* 1) մարմնամարզություն; մարզանք; սպորտ; մարզաձև 2) որսորդություն; ձկնորսություն *(որպես ժամանց)* 3) (**sports**) մարզական մրցումներ 4) ժամանց; խաղ; զվարճալիք; զվարճություն 5) կատակ; հանաք; ծաղր 6) ծաղրուծանակի առարկա 7) խաղալիք *(բախտի և այլնի)* 8) մարզիկ 9) *խոսակցական* լավ տղա; հիանալի մարդ 10) *մարզական* սպորտասեր; մարզասեր; սպորտային մրցությունների բուռն սիրահար 11) պճնամոլ/ցուցամոլ մարդ **2** *verb* 1) զվարճանալ; ժամանակ անցկացնել; խաղ անել; խաղալ 2) սպորտով զբաղվել 3) ծաղրել; ծաղրի ենթարկել 4) ցուցամոլություն անել; ցուցադրել *(որևէ բան)* 5) պճնվածման գալ; պճնվել *(որևէ բանով)* ◊ **sport away** ծախսել; վատնել

go in for sports որևէ մարզաձևով զբաղվել
have good sport լավ որս անել
in/for sport կատակի համար; կատակով
In sports and journey men are known. *առած* Մարդը խաղի և ճամփորդության ժամանակ է ճանաչվում:
make sport of ծաղրել; ձեռք առնել
the sport of kings ձիավազք; ձիարշավ
What sport! Ի՜նչ ուրախ է: Ի՜նչ հետաքրքիր է: Ա՛յ քեզ բան:

sporting |ˈspɔ:tɪŋ| *adjective* 1) մարմնամարզությամբ զբաղվող; սպորտով զբաղվող 2) մարզական; սպորտի 3) վտանգավոր; ռիսկոտ

sportive |ˈspɔ:tɪv| *adjective* 1) կայտառ; զվարթ; ժիր; զվարճասեր 2) կատակով արված 3) մարզական; սպորտային; սպորտի

sportsman |ˈspɔ:tsmən| *noun* (հոգն. **-men**) 1) մարզիկ; սպորտսմեն 2) ժամանցի համար որսորդություն անող մարդ

sportsmanlike *adjective* 1) մարզական 2) ազնիվ; պարկեշտ; առաքինի

sportswear |ˈspɔ:tswɛ:| *noun* մարզահագուստ

sportswoman |spɔ:tsˈwʊmən| *noun* (հոգն. **-women**) մարզուհի; սպորտսմենուհի

sporty |ˈspɔ:ti| *adjective* (**sportier**, **sportiest**) 1) *խոսակցական* ճչացող; պայծառ 2) սպորտային *(հագուստի մասին)* 3) մարզասեր

spot |spɒt| **1** *noun* 1) բիծ; բծիկ 2) *փոխաբերական* արատ; բիծ; պուտ; խայտ; պիսակ 3) տեղ 4) *խոսակցական* փոքր քանակություն **2** *verb* (**spotted**, **spotting**) 1) բծոտել; բիծ դնել; կեղտոտել 2) *փոխաբերական* արատավորել 3) բծերով ծածկել 4) *խոսակցական* նկատել; ճանաչել; բռնել *(հանցանքի վայրում՝ հանցանքը կատարելիս)* 5) *ռազմական* նշանառությունը ճշտել; կրակը կանոնավորել

a hot spot թեժ կետ; անկարգությունների/բախումների վայր
a spot check տեղում կատարվող ստուգում; առանց նախազգուշացման կատարվող ստուգում
a spot of sth մի փոքր խմիչք
be present on the spot տեղում/վայրում գտնվել;ականատես լինել
blind spot մեռյալ կետ; լռության գոտի
hit the spot լինել այն, ինչ պետք է
in a spot դժվարին կացության մեջ; դժվար վիճակի մեջ
knock spots off sb հեշտորեն գերազանցել մեկին; նրանից ավելի լավ անել

on the spot անմիջապես տեղում; տեղնուտեղը
person/man on the spot տեղացի; տեղանքն իմացող մարդ
put one's finger on sb's weak spot մեկի թույլ տեղը գտնել *(բնավորության մեջ և այլն)*
put sb on the spot մեկին դժվարին կացության մեջ դնել
spot cash կանխիկ դրամ
spot goods կանխիկ/առձեռն ապրանք
spotted fever բծավոր տիֆ
There are spots on the sun. *առած* Նույնիսկ արևի վրա բծեր կան: Անթերի մարդ չկա: Մարդը սխալական է:
This silk spots with water. Այս մետաքսի վրա ջրից հետքեր են մնում:
touch the spot նշանին/նշանակետին խփել

spot check **1** *noun* ընտրովի ստուգում **2** *verb* (**spot-check**) ենթարկել ընտրովի ստուգման

spotless |ˈspɒtlɪs| *adjective* մաքուր; անբիծ; անբասիր; չարատավորված

spotlight |ˈspɒtlʌɪt| **1** *noun* 1) *թատրոն* լուսարձակ 2) ուշադրության կենտրոն **2** *verb* (անցյալ և անցյալ դերբայ **-lighted** կամ **-lit**) 1) լուսավորել լուսարձակով 2) *փոխաբերական* ուշադրությունն ուղղել
be in the spotlight ուշադրության կենտրոնում լինել

spotted |ˈspɒtɪd| *adjective* 1) բծավոր; պիսակավոր; խայտուցավոր; խայտաբղետ; խատուտիկ 2) արատավորված

spotter |ˈspɒtə| *noun խոսակցական* 1) ստուգիչ; վերահսկիչ 2) *ռազմական* կրակոցի ճշտորդ; կրակոցը կանոնավորող անձ; ճշտորդ ինքնաթիռ

spotty |ˈspɒti| *adjective* (**-tier**, **-tiest**) 1) բծավոր; պիսակավոր; խայտուցավոր; խատուտիկ; պուտ-պուտ 2) ոչ միանման; ոչ միատեսակ; որակով տարբեր

spousal |ˈspaʊz(ə)l| *adjective իրավունք* ամուսնական

spouse |spaʊz|, |-s| *noun* 1) ամուսին; այր; կին; կողակից 2) (**spouses**) ամուսնական զույգ; ամուսիններ

spout |spaʊt| **1** *noun* 1) ծորակ; քիթ *(թեյամանի և այլնի)* 2) վզիկ; բերան *(անոթի, շշի)* 3) ջրհորդան; նավդան 4) ջրի ուժեղ հոսանք 5) բաց թողնելու անցք 6) *ծածկալեզու* գրավատուն; լոմբարդ **2** *verb* 1) շիթ արձակել; հոսանքաշիթ ցայտեցնել; ծորալ; շիթել; ցայտել; հոսել 2) *խոսակցական* ճամարտակել; մեծախոսել; շաղակրատել; ճառել 3) ժայթքել; դուրս նետել *(լավա, հրահեղուկ)*

sprain |spreɪn| **1** *verb* ձգելով վնասել; ձգավնասել; ձգել *(ջիլերը)* **2** *noun բժշկություն* ձգելով վնասելը *(ջիլերի)*

sprat |spræt| *noun* 1) *կենդանաբանություն (ծովային մանրաձուկ) (Sprattus և այլ տեսակներ, ընտանիք Clupeidae)* 2) *կատակային* մանկիկ; պստլիկ; փոքր երեխա 3) *արհամարհական* մարդուկ
throw a sprat to catch a mackerel/herring թյունիկ/ծովատառեխ որսալու համար մանրաձուկ խայծել; փոքր բան զոհել՝ մեծը շահելու համար

sprawl |sprɔːl| **1** *verb* 1) գետին փռվել; վայր ընկնել ◇ **send one sprawling** մեկին գետին փռել 2) մեկնվել; ամբողջ երկարությամբ պառկել *(բազմոցի վրա, բազկաթոռի մեջ և այլն)* **2** *noun* 1) տարածվելը; փռվելը 2) անկանոն փռված իրեր; անկանոն շաղ տված իրեր

spray[1] |spreɪ| **1** *noun* 1) ջրակաթիլներ; հեղուկի ցայտուկներ; փոշիացրած հեղուկ; ջրափոշի 2) ցողացրման համար հեղուկ նյութ *(օծանելիք, միջատասպան կամ ախտահանիչ հեղուկ և այլն)* 3) հեղուկացիր; ցողացիր; փոշեցիր 4) տարափ *(գնդակների)* **2** *verb* 1) հեղուկացրել; ցողացրել; փոշեցրել 2) ցողել; սրսկել *(բույսերը)*

spray[2] |spreɪ| *noun* 1) ճյուղ; շիվ; ընձյուղ 2) ծաղկած ճյուղ 3) ծաղկեփունջ

spread |sprɛd| **1** *verb* (անցյալ և անցյալ դերբայ **spread**) 1) փռել; սփռել 2) փռվել; սփռվել 3) տարածել; ծավալել 4) տարածվել; ծավալվել 5) պարզել; բաց անել; տարածել *(թևերը և այլն)* 6) ցրել; շաղ տալ 7) վրան քսել; շերտով ծածկել *(կարագի, մուրաբայի և այլնի)* **2** *noun* 1) տարածություն; տարածականություն; երկարություն ◇ **the wide spread of the country** լայն տարածություններ 2) բացվածք; լայնք *(թևերի և այլնի)* 3) բացվածք; դեմ-դիմաց էջեր *(գրքի)* 4) տարածում; ծավալում; սփռում 5) ծածկոց; սփռոց 6) *խոսակցական* հյուրասիրություն 7) լրագրային նյութ/հայտարարություն *(մի քանի սյունակ ծավալով)* 8) հացի վրա քսելու բան *(կարագ, մուրաբա և այլն)*
spread like wildfire հրդեհի պես տարածվել
spread oneself չկենտրոնանալ; ցրվել; միաժամանակ մի քանի գործով զբաղվել
spread sth on/over sth մի բան ծածկել; փռել վրան; քսելով տարածել
the wide spread of the country երկրի ընդարձակ տարածություններ

spread-eagle **1** *verb* ձեռքերն ու ոտքերը բացել **2** *noun* (**spread eagle**) արծիվ *(խորհրդանշական պատկեր՝ բացված ոտքերով և թևերով)* **3** *adjective ամերիկյան, խոսակցական* փքուն; ճոռոմ; վերամբարձ; պարծենկոտ; սնապարծ; ուռա-հայրենասիրական

spreadsheet |ˈsprɛdʃiːt| **1** *noun համակարգիչներ* հաշվաթերթ **2** *verb* հաշվաթերթ օգտագործել

spree |spriː| **1** *noun* 1) ուրախություն; աշխուժություն; չարաճճիություն ◇ **what a spree!** ի՜նչ ուրախ է 2) քեֆ; ուրախություն ◇ **go on spree** քեֆ անել **2** *verb* (**sprees**, **spreed**, **spreeing**) *հնացած* մասնակցել աշխույժ գործունեությանը
be on a spree, be on a shopping spree մեծ եռանդով գնել/ծախսել/վերջացնել; փողերը վատնել

sprig[1] |sprɪg| **1** *noun* 1) ճյուղ; ոստ 2) շիվ; ընձյուղ 3) *փոխաբերական, կատակային, արհամարհական* սերունդ; զարմ 4) անգլխիկ գամ; բույթ; բութակ **2** *verb* խեցեղենը զարդարել փոքր նախշերով

sprig[2] |sprɪg| *noun* (նաև **glazier's point**) ժամանակավոր ապակեկալ

sprightly |ˈsprʌɪtli| (նաև **spritely**) *adjective* (**-lier**, **-liest**) աշխույժ; ուրախ

spring[1] *noun* գարուն

spring[2] |sprɪŋ| **1** *verb* (անցյալ **sprang** |spræŋ| կամ **sprung** |sprʌŋ|; անցյալ դերբայ **sprung**) 1) ցատկել; ոստնել; ոստյուն կատարել; թռչել; վեր ցատկել 2) ծլել; ծիլ արձակել; բողբոջել; ընձյուղել; շիվ տալ; աճել; բուսնել; բուսնելով դուրս գալ 3) ծագել; առաջանալ; հայտնվել; երևան գալ 4) բարձրանալ; վեր խոյանալ 5) գլուխը տալ; դեպի գլուխը հորդել *(արյան մասին)* 6) զսպանակել; ստեղծվել ու բացվել *(զսպանակի նման)* 7) զսպանակը բաց թողնել *(շրխկոցով)* 8) փակվել *(զսպանակի շնորհիվ)* 9) (**spring from**) ծագել; սերվել; ծագումով լինել 10) վախեցնել; վախեցնելով թռցնել; փախցնել; խրտնեցնել *(որսը)* 11) ծռվել; ծռմռվել *(տախտակի մասին)* 12) պայթեցնել *(ականը)* 13) ճաքել; ճեղքվածք տալ 14) տհաճ սրախոսություն անել 15) բխել; ցայտել; խփել *(աղբյուրի մասին)* **2** *noun* 1) թռիչք; ոստյուն; ցատկ; ցատկոց 2) առաձգականություն; ճկունություն 3) զսպանակ 4) զսպոց; զսպակ 5) ակնաղբյուր; աղբյուր; աղբրակ

spring a leak հոս տալ; ծակ լինել *(նավի/նավակի մասին)*

spring up like mushrooms սնկի պես աճել/բազմանալ

springboard |ˈsprɪŋbɔːd| *noun մարզական* ցատկահարթակ; ցատկատախտակ

It is not spring until you can plant your foot upon twelve daisies. *առած* «Դեռ գարուն չէ, եթե ոտքդ դնելիս տակը տասներկու անմոռուկ չի ընկնում»: Մի ծաղկով գարուն չի գա:

Springfield[1] |ˌsprɪŋfiːld| Սպրինգֆիլդ *(մի շարք քաղաքների անվանում ԱՄՆ-ի տարբեր նահանգներում)*

springtide |ˈsprɪŋtʌɪd| *noun բանաստեղծական* գարուն

spring tide *noun* բարձր մակընթացություն *(նորալուսնի կամ լիալուսնի ժամանակ)*

springtime |ˈsprɪŋtʌɪm| *noun* 1) գարուն; գարնանային եղանակ 2) *փոխաբերական* վաղ շրջան

springy |ˈsprɪŋi| *adjective* (**springier**, **springiest**) 1) առաձգական 2) զսպանակավոր

sprinkle |ˈsprɪŋk(ə)l| **1** *verb* 1) ցողել; սրսկել; ցանցնել; շաղ տալ 2) ցանել; վրան շաղ տալ *(փոշի և այլն)* 3) մաղել; մաղմղել; կաթկթել **2** *noun* 1) մանր կաթիլներ; փշրանքներ; փոքր քանակություն/քանակ 2) (**sprinkles**) ձևավոր շաքար *(որով զարդարում են թխվածքները)* 3) թեթև անձրև

a sprinkle of rain/snow անձրևի մի քանի կաթիլ; ձյան մի քանի փաթիլ

sprinkle water on sth ջուր ցանել մի բանի վրա

sprinkler |ˈsprɪŋklə| *noun* 1) սրսկիչ *(գործիք)* 2) ցնցուղ ◊ **street sprinkler** փողոցները ջրող ավտոմեքենա 3) առաստաղի հրքնաշխատ ցնցուղ *(որը նախատեսված է հրդեհը հանգցնելու համար)*

sprint |sprɪnt| **1** *verb մարզական* մեծ արագությամբ կարճ տարածության վրա վազել **2** *noun մարզական* կարճ տարածության մրցավազք

sprinter *noun* արագավազորդ; կարճավազորդ

sprite |sprʌɪt| *noun* դիցանուշ; էլֆ; բարի ոգի

sprocket |ˈsprɒkɪt| *noun* 1) աստղանիվի ատամիկ 2) աստղանիվ

sprout |spraʊt| **1** *verb* 1) ծլել; բողբոջել; ընձյուղել; ծիլեր/բողբոջներ/շիվեր տալ 2) աճել; բուսնել 3) արագ զարգանալ **2** *noun* 1) բողբոջ; շիվ; ընձյուղ 2) *բուսաբանություն* բրյուսելյան կաղամբ; գանգրակաղամբ

spruce[1] |spruːs| *noun բուսաբանություն* կանադական եղևնի *(Picea, ընտանիք Pinaceae)* ◊ **pine spruce** եղևնի

spruce[2] |spruːs| **1** *adjective* գեղեցիկ հագնված; զուգված; շքեղազարդ **2** *verb* (**spruce someone/something up**) կարգի բերել; հարդարել

spry |sprʌɪ| *adjective* (**spryer**, **spryest** կամ **sprier**, **spriest**) 1) ժիր; աշխույժ; ճարպիկ; արագաշարժ 2) ուշիմ; խելամիտ; հասկացող; կռահող

spunk |spʌŋk| *noun* 1) *խոսակցական* քաջություն; արիություն; եռանդ; ուժ 2) աբեթ

spunky |ˈspʌŋki| *adjective* (**spunkier**, **spunkiest**) *խոսակցական* քաջ; արի; կրակոտ; խանդավառ; դյուրաբորբոք; զայրացկոտ; վճռական

spur |spəː| **1** *noun* 1) խթան; կոշկախթան 2) խթան; շարժառիթ; դրդապատճառ 3) լեռան դուրս ցցված գագաթ/սանդղավանդ; լեռնաճյուղ; լեռնաշղթայի ճյուղ 4) ճանկ *(աքաղաղի)* **2** *verb* (**spurred**, **spurring**) 1) խթանել 2) դրդել; մղել *(որևէ բանի)* 3) շտապել; սլանալ

he needs the spur նրան պետք է անընդհատ հուշել/բզել; նրան պետք է անընդհատ միտք տալ; նրան պետք է խելքի գցել

on the spur of the moment րոպեի/պահի ազդեցությամբ

spur sb/sth on հրել; խթանել մեկին; մի բան արագացնել

spurious |ˈspjʊərɪəs| *adjective* 1) կեղծ; շինծու; կեղծված; խարդախած 2) ապօրինի; անօրինական; ապօրինածին

spurn |spəːn| **1** *verb* 1) արհամարհանքով դեն հրել 2) արհամարհել; արհամարհանքով մերժել **2** *noun հնացած* արհամարհական վերաբերմունք; արհամարհանքով մերժելը

spurt |spəːt| **1** *verb* 1) ցայտել; շիթ արձակել 2) հանկարծական ճիգ գործել; թափով առաջ նետվել; արագությունը ավելացնել; արագացնել *(վազքը, քայլվածքը, թռիչքը)* **2** *noun* 1) ուժեղ շիթ; ցայտ 2) պոռթկում *(զգացմունքների և այլն)* 3) հանկարծական ճիգ/պարում

sputter |ˈspʌtə| **1** *verb* 1) ֆշշալ; թշշալ *(մոմի, վառելափայտի մասին)* 2) անկապ խոսել 3) թքոտել; թուքը շաղ տալ *(խոսելիս)* 4) փրթփրթալ *(շարժիչի մասին)* **2** *noun* 1) ֆշշոց; թշշոց *(մոմի, վառելափայտի)* 2) անկապ խոսք 3) ջրակաթիլներ; ցայտուկ; թքի ցայտուկ

spy |spʌɪ| **1** *noun* (հոգն. **spies**) 1) լրտես 2) գաղտնի գործակալ; հետախույզ; հետախուզության գործակալ 3) լրտեսում; լրտեսելը; մեկին գաղտնի հետևելը **2** *verb* (**spies**, **spied**, **spying**) 1) լրտեսել; լրտեսություն անել 2) հետախուզել; հետքով գնալ; հետազոտել; խորամուխ լինել; թաքուն քննել; ներթափանցել *(գործի/հարցի էության մեջ)* ◊ **spy on/upon** գաղտնի հետևել; լրտեսել; հսկել *(մեկին)*. **spy out** i) հետախուզել *(տեղանքը)* ii) նկատել; հայտնաբերել; տեսնել

spyglass |ˈspʌɪglɑːs| *noun խոսակցական* հեռադիտակ

sq *abbreviation* քառակուսի; քառակուսային

squab |skwɒb| **1** *noun* 1) չփետրավորված ձագ 2) կարճահասակ գեր մարդ 3) պիճդ լցրած բարձ **2** *adjective հնավանդ* 1) կարճահասակ; կարճլիկ ու հաստլիկ 2) չփետրավորված; անփետուր

squabble |ˈskwɒb(ə)l| **1** *noun* վեճ; աղմկալի խռքակռիվ **2** *verb* մանր բաների համար վիճել; խռքակռիվ անել

squad |skwɒd| *noun* 1) ջոկատ; խումբ ◇ **police squad** ոստիկանության ջոկատ. **flying squad** թեթևաշարժ ջոկատ 2) բրիգադ *(բանվորների)* 3) *ռազմական* բաժանմունք; ջոկ; հեծյալ դասակ ◇ **awkward squad** *խոսակցական* նորակոչիկների դասակ

squadron |ˈskwɒdrən| *noun* 1) *ռազմական* հեծելավաշտ; էսկադրոն; հեծելազորային դիվիզիոն 2) *ծովային* նավախումբ; էսկադրա 3) *օդագնացություն* սավառնակախումբ

squalid |ˈskwɒlɪd| *adjective* 1) կեղտոտ; անխնամ 2) աղքատիկ; խղճուկ; ողորմելի; թշվառ 3) բարոյալքված; վհատված; ընկած

squall |skwɔːl| **1** *noun* 1) *ծովային* հանկարծական փոթորիկ; քամու պոռթկում ◇ **look out for squalls!** *փոխաբերական* զգուշացե՛ք վտանգից 2) *խոսակցական* աղմուկ; իրարանցում 3) ճիչ; ծվոց; ճղճղոց **2** *verb* 1) թափրնդհատ փչել 2) ճչալ; ծվալ; ճղճղալ *(սովորաբար երեխայի մասին)*

squally *adjective* լացկան *(երեխայի մասին)*

squalor |ˈskwɒlə| *noun* 1) կեղտոտություն; անխնամություն 2) թշվառություն; աղքատություն

squander |ˈskwɒndə| *verb* 1) վատնել; շռայլել; մսխել; ծախսել 2) ձեռքից բաց թողնել *(հնարավորությունը)*

square |skwɛː| **1** *noun* 1) քառակուսի; հավասարակողմ ուղղանկյունի 2) հրապարակ; զբոսայգի 3) քառակուսի կտոր *(մի բանի)* 4) *մաթեմատիկա* թվի քառակուսի 5) թաղ; թաղամաս; քաղաքամաս 6) *ռազմական* քառանկյունակ *(հետևազորի դասավորում քառանկյունու ձևով)* **2** *adjective* 1) քառակուսի 2) ուղղանկյուն 3) ուղղահայաց *(մի բանի նկատմամբ)* 4) կանոնավոր; ուղիղ; ճիշտ; հավասարակշռված; հաշվեկշռված 5) ազնիվ; անկեղծ 6) կատեգորիկ; կտրական; կտրուկ *(մերժման մասին)* 7) առատ; կուշտ; կշտացնող; հագեցնող *(ճաշի/ուտելիքի մասին և այլն)* **3** *adverb* 1) քառակուսի աստիճանում 2) ուղղահայաց կերպով 3) ազնվորեն; անկեղծորեն; ուղղակի **4** *verb* 1) *մաթեմատիկա* քառակուսի աստիճան բարձրացնել 2) քառակուսու ձև տալ; քառակուսի դարձնել 3) հաշվեկշռել; հանրագումարի բերել; գումարը տալ *(հաշիվների)* 4) *փոխաբերական* մեկի հետ հաշվեհարդար տեսնել 5) համապատասխանեցնել; հաշտեցնել; համաձայնեցնել; կապել; շաղկապել; հարմարեցնել; համատեղել 6) համընկնել; համապատասխանել 7) բավարարել *(պարտատերերի պահանջը)* 8) *ծածկալեզու* կաշառել

a square meal կշտացնող սնունդ; համադամ կերակուր

call it square միմյանց հետ հաշիվները մաքրել/փակել

fair and square արդար և ազնիվ

get a square deal արդար վերաբերմունքի արժանանալ

get square with sb վրեժ լուծել; հաշիվ մաքրել մեկի հետ

give sb a square deal արդար վերաբերվել մեկին; հավասար հնարավորություն տալ

on the square ուղղակի; բացեիբաց; բաց երեսով

square the circle շրջանագիծը քառակուսի դարձնել; անհնարին բան անել

square root *noun մաթեմատիկա* քառակուսի արմատ

squash[1] |skwɒʃ| **1** *verb* 1) տրորել; ճմլել 2) խռնվել; խմբվել 3) լռեցնել; ստիպել լռել; կտրուկ ընդհատել; խոսքը կոպտորեն կտրել; մեկի բերանին գալ **2** *noun* 1) խառնաշփոթություն; հրմշտոց 2) խյուս; պյուրե *(մրգի)* 3) մրգահյութով ըմպելիք ◇ **lemon squash** լիմոնադ

squash[2] |skwɒʃ| *noun* (հոգն. նույնը կամ **squashes**) *բուսաբանություն* խոշորապտուղ դդում *(Genus Cucurbita, ընտանիք Cucurbitaceae)*

squashy *adjective* (**squashier**, **squashiest**) փափուկ; կակուղ; մսալի

squat |skwɒt| **1** *verb* (**squatted**, **squatting**) 1) պպզել; կկզել; պպզած նստել 2) կծկվել; կուչ գալ *(կենդանիների մասին)* 3) կծկվել; սեղմվել գետնին 4) բնակություն հաստատել *(ուրիշի հողի վրա)* 5) պետական հողի վրա բնակություն հաստատել **2** *adjective* (**squatter**, **squattest**) կարճ ու հաստ; կարճահասակ; հաստամարմին **3** *noun* պպզած նստելը; պպզելը; կկզելը

squatter |ˈskwɒtə| *noun* 1) պպզած մարդ 2) ապօրինի հողակալ 3) նորաբնակ; գաղթական

squaw |skwɔː| *noun վիրավորական* հյուսիսամերիկյան հնդկուհի; հնդկացի կին

squawk |skwɔːk| **1** *verb* 1) սուր ճիչ արձակել 2) *ծածկալեզու* գանգատվել; ոգորել; տրտնջալ **2** *noun* 1) սուր/ծակող ճիչ *(թռչունի)* 2) *ծածկալեզու* հառաչանք; գանգատ

squeak |skwiːk| **1** *noun* 1) ծվոց; ծվծվոց *(մկների)* 2) ճռոց; ճռինչ *(դռան)* 3) մազապուրծ փախուստ; բախտ; բերմունք; հաջողություն **2** *verb* 1) ծվծվալ *(մկան մասին)* 2) ճռճռալ; ճռնչալ *(դռան մասին)* 3) *ծածկալեզու* զրպարտել; չարախոսել; մատնել

a narrow squeak վտանգից/ձախողվելուց հազիվ դուրս պրծնել

have a squeak of it մազապուրծ լինել

The squeaking wheel gets the grease. *առած* Ծռռացող անիվն են յուղում:

squeaker |ˈskwiːkə| *noun* 1) ձագ; ճուտ 2) *ծածկալեզու* մատնիչ; բանսարկու; լրտես

squeaky |ˈskwiːki| *adjective* (**squeakier**, **squeakiest**) 1) ծվծվան 2) ճռճռան

squeal |skwiːl| **1** *noun* 1) ճղավոց; ճիչ; ճղճղոց 2) *ծածկալեզու* իրազեկիչ; մատնիչ **2** *verb* 1) ճչալ; ճղավել; ճղճղալ 2) *խոսակցական* մատնել 3) *խոսակցական* հայտնել; բաց անել *(գաղտնիքը)*

squeamish |ˈskwiːmɪʃ| *adjective* 1) բծախնդիր; մանրախնդիր 2) դժվարահաճ; քմահաճ; չմահավան

feel squeamish սրտախառնություն զգալ

squeezable *adjective* 1) սեղմելի; ճզմելի 2) ազդեցության ենթարկվող

squeeze |skwiːz| **1** *verb* 1) սեղմել; ճզմել; ճմլել; հյութ տալ 2) մզել; քամել 3) ներս սեղմել; ներս խցկել; ճխտել; ներս կոխել 4) կորզել; շորթել; շանտաժի ենթարկել 5) դրոշմահետք ստանալ 6) (**squeeze through**) խցկվելով անցնել; ճեղքել-անցնել **2** *noun* 1) սեղմում; սեղմելը; ճզմում; ճզմելը; մզում; մզելը; ճզմելով քամելը 2) հրմշտոց; ճխլտոց 3) *խոսակցական* ծանր դրություն; դժվարին կացություն ◊ **in a tight squeeze** ծանր դրության մեջ 4) ճզմելով քամած հյութ 5) դրոշմվածք; դրոշմահետք 6) *խոսակցական* կորզում; շորթում; շորթանք; շանտաժ; շորթագործություն

close/narrow/tight squeeze մի կերպ փրկվել; մազապուրծ փրկվել

squeeze sth from sth մզելով/քամելով հանել *(հյութ, ջուր և այլն)*

squeeze sth out of sth/sb բան/խոսք կորզել մեկից

squelch |skwɛltʃ| **1** *verb* 1) ճլմփացնել; ցեխի միջով շլմփացնելով գնալ 2) *խոսակցական* խոսքը կոպտաբար կտրել/ընդհատել; մեկի բերանին գալ; խոսքը բերանին թողնել; լռեցնել; ստիպել լռել **2** *noun* 1) ճլմփացնելը; շլմփացնելով գնալը; ճլմփոց; շլմփոց 2) ջրիկ ցեխ 3) *խոսակցական* ոչնչացնող/ջախջախիչ պատասխան

squib |skwɪb| **1** *noun* 1) ճայթռուկ; հրթիռ 2) ծանակագիր; պարսավագիր **2** *verb* (**squibbed**, **squibbing**) 1) հարվածել կարճ տարածությունից *(ֆուտբոլում)* 2) ծանակագիր/պարսավագիր գրել մեկի դեմ

squid |skwɪd| **1** *noun* (հոգն. նույնը կամ **squids**) *կենդանաբանություն* կաղամար *(կարգ Teuthoidea և Vampyromorpha, դաս Cephalopoda)* **2** *verb* (**squidded**, **squidding**) ձուկ որսալ կաղամարով *(որպես խայծ)*

squiffy |ˈskwɪfi| *adjective* (**-fier**, **-fiest**) *խոսակցական, ծածկալեզու* մի քիչ խմած; կատարը տաք

squint |skwɪnt| **1** *verb* 1) կկոցել *(աչքերը)* 2) կկոցած աչքերով նայել 3) շիլ լինել 4) թաքուն նայել; ծիկրակել **2** *noun* 1) շլություն; շլդիկություն; շլականություն 2) արագ հայացք

squint-eyed *adjective* *արհամարհական* 1) շիլ; շլդիկ; շլակն 2) կասկածոտ; չարագուշակ; չար

squire |skwʌɪə| **1** *noun* 1) սկվայր *(կալվածատեր Անգլիայում)* 2) *ամերիկյան* հաշտարար դատավոր *(նաև որպես քաղաքավարի դիմումի ձև)* 3) երիտասարդ ազնվական **2** *verb* 1) ուղեկցել կնոջը *(տղամարդու մասին)* 2) սիրատածել կնոջը

squirm |skwəːm| **1** *verb* 1) գալարվել; կծկվել 2) ամոթ զգալ **2** *noun* գալարվելը; անհանգիստ շարժվելը

squirrel |ˈskwɪr(ə)l| **1** *noun* *կենդանաբանություն* սկյուռ *(ընտանիք Sciuridae)* **2** *verb* (**-reled**, **-reling**) 1) (**squirrel sth away**) թաքցնել; պահել *(արժեքավոր բանը ապահով տեղում)* 2) անհանգիստ շարժվել

like a squirrel in a cage ինչպես սկյուռը վանդակում; մշտական եռուզեռի մեջ

squirt |skwəːt| **1** *verb* 1) շիթ արձակել; դուրս ցայտել 2) ցայտեցնել; ջուր շաղ տալ; սրսկել **2** *noun* 1) սրսկիչ; սրսկոց; ցնցուղիչ; ջրցան 2) շիթ; ցայտ *(ջրի)* 3) *խոսակցական* ողորմելի մարդ

Sr *symbol* ստրոնցիում

Sri Lanka |srɪ ˈlæŋkə|, |ʃrɪ| Շրի Լանկա *(պետություն Հնդկական օվկիանոսում՝ Հնդկաստանից հարավ)*

SSE *abbreviation* հարավ-հարավարևելք

SSW *abbreviation* south-southwest հարավ-հարավարևմուտք

stab |stæb| **1** *verb* (**stabbed**, **stabbing**) 1) հարված հասցնել; վիրավորել; խոցել *(դաշույնով, սվինով)* 2) սպանել; մորթել *(սուր զենք մխելով)* 3) խողխողել; սրախողխող անել; փորոտել 4) (**stab into/through**) խրել; մխել; կոխել *(մի բանի մեջ)* **2** *noun* 1) հարված; խոցում *(դաշույնի, սրի, սվինի և այլնի)* ◊ **a stab in the back** դանակի հարված մեկի մեջքին; դավաճանական հարված թիկունքից 2) հանկարծական սուր ցավ; ծակոց

a stab in the back դավաճանական հարված թիկունքին; դարանակալ հարված

stability |stəˈbɪlɪti| *noun* կայունություն; հաստատունություն

stabilization |-ˈzeɪʃ(ə)n| *noun* կայունացում

stabilize |ˈsteɪbɪlʌɪz| *verb* կայունացնել; հաստատուն դարձնել

stabilizer |ˈsteɪbɪlʌɪzə| *noun* կայունարար; կայունացուցիչ

stable[1] |ˈsteɪb(ə)l| *adjective* (**-bler**, **-blest**) 1) կայուն; հաստատուն 2) հավասարակշիռ

stable[2] |ˈsteɪb(ə)l| **1** *noun* ախոռ **2** *verb* ախոռում տեղավորել/պահել

stable boy *noun* ձիապան

staccato |stəˈkɑːtəʊ| *հիմնականում երաժշտություն* **1** *adverb, adjective* կտրտված **2** *noun* (հոգն. **-tos**) կատարում կտրտված ոճով

stack |stæk| **1** *noun* 1) դեզ; բարդոց; շեղջ; թեղ 2) փաթեթ *(թղթի)* 3) (**stacks**) գրապահոց 4) կույտ; կուտակ 5) ծխնելույզ; ծխահան; ծխնելույզների շարք 6) *խոսակցական* շատ; բազմաթիվ; անհաշիվ 7) *ռազմական* բուրգ *(հրացանների)* **2** *verb* 1) դեզ դնել; դեզեր շինել; շեղջել; թեղել 2) դիզել; կուտակել; կիտել; իրար վրա դարսել • **stack up** i) կուտակել ii) կուտակվել iii) համեմատվել iv) իմաստ ունենալ

a stack of wood կանոնավոր դարսած վառելափայտ

have the cards stacked up against one խիստ անբարենպաստ դիրքում լինել

stacked |stækt| *adjective* 1) իրար վրա դասավորված; շեղջ-շեղջ դրված 2) լցված; լիքը 3) անազնիվ դասավորված *(խաղաթղթերի մասին)* 4) *խոսակցական* մեծ կրծքերով *(կնոջ մասին)*

stadium |ˈsteɪdɪəm| *noun* (հոգն. **-diums** կամ **-dia** |ˈsteɪdɪə|) մարզադաշտ; ստադիոն

staff[1] |stɑːf| **1** *noun* 1) հաստիք; անձնակազմ; աշխատակազմ 2) *ռազմական* շտաբ; սպայակույտ 3) ցուպ; գավազան; մահակ; դազանակ 4) գավազան *(որպես իշխանության, բարձր դիրքի խորհրդանշան)* 5) ձողակ; կոթ; դրոշաձող; դրոշափայտ ◊ **ensign staff** նավախելի դրոշակաձող 6) հենարան; նեցուկ 7) *երաժշտություն* նոտայի տողեր **2** *verb* հաստիքները համալրել; անձնակազմով ապահովել

a well-staffed hotel/hospital լավ անձնակազմով հյուրանոց/հիվանդանոց

be on the staff հաստիքում լինել; մշտական աշխատող լինել

editorial staff խմբագրական խորհուրդ

General Staff Գլխավոր շտաբ

Never lean on a broken staff. *առած* Կոտրված ձեռնափայտին երբեք մի՛ հենվիր:

staff a new school նոր դպրոցում ուսուցչական կազմ ստեղծել

the staff of newspaper լրագրի աշխատակիցները

staff² |stɑːf| *noun* գիպսաթելիկային ծեփաշաղախ

stag |stæg| **1** *noun* 1) արու եղջերու 2) արու կենդանի 3) *խոսակցական* առանց զուգընկերուհու տղամարդ 4) արժեթղթերի չարաշահորդ/սպեկուլյանտ **2** *adverb* առանց զուգընկերուհու

stage |steɪdʒ| **1** *noun* 1) փուլ; ընթացաշրջան ◇ **initial stage** նախնական փուլ. **final stage** վերջին փուլ 2) շրջան; ժամանակաշրջան 3) փուլ; էտապ ◇ **stage of development** զարգացման փուլ 4) բեմ; բեմահարթակ; էստրադա 5) թատրոն; արվեստ; բեմական արվեստ 6) ծածկակառք; հանրակառք 7) հենահարթակ; պլատֆորմա ◇ **landing stage** նավամատույց 8) կանգառ; իջևան; օթևան *(ճանապարհորդության ժամանակ)* 9) իջևանամեջ ◇ **by easy stage** առանց շտապելու **2** *verb* 1) բեմադրել; բեմականացնել 2) *փոխաբերական* կեղծել; ձևացնել; սարքել; թատրոն խաղալ

be/go on the stage դերասան դառնալ; բեմին նվիրվել

landing stage նավամատույց

quit the stage բեմը թողնել; հրաժեշտ տալ բեմին

the stage թատերական գործ/մասնագիտություն

stagecoach |ˈsteɪdʒkəʊtʃ| *noun* փոստակառք

stagecraft |ˈsteɪdʒkrɑːft| *noun* բեմական արվեստ

stagehand |ˈsteɪdʒhænd| *noun* բեմի բանվոր

stage manager *noun* բեմադրողի օգնական; ռեժիսորի օգնական

stagger |ˈstægə| **1** *verb* 1) երերալ; օրորվել; երերալով/ճոճվելով քայլել 2) սասանվել; սկսել տեղի տալ *(զորքի մասին)* 3) տատանվել; վարանել 4) տեղաշարժել; տեղից շարժել; տեղախախտ անել 5) ցնցել; ապշեցնել 6) զիգզագաձև դասավորել 7) տատանում/վարանում առաջացնել **2** *noun* 1) օրորվելը; երերալը; ճոճվելը; երերուն քայլվածք 2) (**staggers**) գլխապտույտ 3) *անասնաբուժություն* (**staggers**) պտուտախտ; գեժոռոց *(հիվանդություն)*

staging |ˈsteɪdʒɪŋ| *noun* 1) բեմադրում 2) *շինարարություն* լաստակ; փայտամած 3) երթևեկում; երթևեկելը *(փոստակառքի)*

stagnant |ˈstægnənt| *adjective* 1) կանգնած; լճացած *(ջրի մասին)* 2) իներտ; անգործունյա; անշարժ; քարացած *(մտքի մասին)* 3) բութ; բթամիտ

stagnate |stægˈneɪt|, |ˈstægneɪt| *verb* 1) լճանալ; անշարժությունից փչանալ *(ջրի/օդի մասին)* 2) քարանալ; անշարժանալ; կարծրամտանալ

stagnation *noun* 1) լճացում 2) դանդաղ զարգացում

stagy |ˈsteɪdʒi| (նաև **stagey**) *adjective* (**stagier**, **stagiest**) շինծու; թատերական

staid |steɪd| *adjective* լուրջ; ծանրաբարո; լրջմիտ; մեծալուրջ; ողջամիտ; հավասարակշիռ; հավասարակշռված; դրական

stain |steɪn| **1** *verb* 1) բծերով ծածկել; բծոտել; կեղտոտել 2) ներկել 3) ստվեր գցել; խայտառակել; անարգել; արատավորել **2** *noun* 1) բիծ 2) *փոխաբերական* արատ; բիծ 3) գույն; ներկվածք 4) ներկող նյութ; ներկ *(փայտի)*

stainless |ˈsteɪnlɪs| *adjective* 1) անբիծ; մաքուր 2) անբասիր; անպարսավ 3) չժանգոտվող *(պողպատի մասին)*

stainless steel *noun* չժանգոտվող պողպատ

stair |stɛː| *noun* 1) աստիճան *(սանդուղքի)* 2) (**stairs**) սանդուղք ◇ **winding stair** պտուտակաձև սանդուղք

staircase |ˈstɛːkeɪs| *noun* 1) սանդուղք ◇ **corkscrew/spiral staircase** պտուտակաձև սանդուղք. **moving staircase** շարժասանդուղք; էսկալատոր. **principal staircase** շքասանդուղք; գլխավոր մուտքի սանդուղք 2) սանդղավանդակ; սանդղատուն

stairway |ˈstɛːweɪ| *noun* սանդուղք; սանդղավանդակ; աստիճանավանդակ

stake¹ |steɪk| **1** *noun* 1) սյուն; ցից; հենասյուն 2) խարույկի վրա այրելը; խարույկ բարձրացնելը **2** *verb* 1) ցցերով նշել 2) ցցերով ամրացնել; դիմհար դնել; նեցուկով պահել; հենակ դնել *(ծառին, բույսին և այլն)* • **stake down** ցցերով ամրացնել **stake in** ցցերով շրջափակել **stake out** ցցերով սահմանը նշել **stake up** ցցերով արգելափակել

go to the stake *փոխաբերական* սյունին գամվել *(այրելու համար)*

stake² |steɪk| **1** *noun* 1) խաղագումար *(թղթախաղում, ձիարշավում և այլն)* 2) (**stakes**) մրցանակ *(ձիարշավում և այլն)* 3) որևէ ձեռնարկության մեջ ներդրված կապիտալ **2** *verb* բախտախաղի դնել; վտանգի ենթարկել

be at a stake խաղաթղթի վրա դրված; վտանգի մեջ լինել

have a stake in sth մի գործում ներդրում ունենալ; խիստ շահագրգռված լինել

stake sth on sth համարձակություն ունենալ որևէ գործում ներդրում անելու

stalactite |ˈstæləktʌɪt| *noun* *երկրաբանություն* շթաքար

stalagmite |ˈstæləgmʌɪt| *noun* *երկրաբանություն* պտկաքար

stale¹ |steɪl| **1** *adjective* (**staler**, **stalest**) 1) չոր; քարթու *(հացի մասին)* 2) փչացած; համն ու հոտը կորցրած *(գարեջրի մասին)* 3) հնացած; մաշված; անհամ *(կատակի մասին)* 4) թարմությունը կորցրած 5) ծանր; խեղդուկ *(օդի մասին)* **2** *verb* 1) թարմությունը կորցնել 2) չորանալ; քարթուանալ 3) հնացնել; փչացնել

stale news/jokes հնացած լուր/կատակ

stale² |steɪl| *verb* միզել *(կենդանու, հատկապես՝ ձիու մասին)*

stalemate |ˈsteɪlmeɪt| **1** *noun շախմատ* 1) պատ *(խաղը ոչ-ոքի)* 2) փակուղի **2** *verb* պատ անել; պատային իրավիճակ ստեղծել

stalk¹ |stɔːk| *noun* 1) ցողուն 2) գործարանային ծխնելույզ

stalk² |stɔːk| **1** *verb* 1) սողեսող/գաղտագողի մոտենալ 2) հպարտ/սիգապանծ քայլել **2** *noun* 1) գաղտագողի մոտենալը 2) հպարտ քայլվածք

stalking horse *noun* դատարկ պատրվակ

stall |stɔːl| **1** *noun* 1) մսուր; մսուրք; կացոց 2) ախոռ; գոմ 3) կրպակ; տաղավար; վաճառասեղան 4) (**stalls**) աթոռ թատրոնի պարտերում **2** *verb* 1) ախոռում/մսուրում կանգնեցնել 2) կանգնեցնել; ետ պահել 3) թաղվել; խրվել *(ցեխի, խոր ձյան մեջ)*

stallion |ˈstæljən| *noun* հովատակ; արու ձի

stalwart |ˈstɔːlwət|, |ˈstæl-| **1** *adjective* 1) առողջ; պնդակազմ; մարմնեղ; ուժեղ 2) արի; քաջ; անվեհեր 3) կայուն; անձնուր; անսասան **2** *noun* 1) առողջ/ամրակազմ մարդ 2) կուսակցության անձնուեր անդամ

stamen |ˈsteɪmən| *noun բուսաբանություն* առէջ

stamina |ˈstæmɪnə| *noun* (**staminas**) կենսունակություն; ուժ; կորով; տոկունություն; դիմացկունություն

stammer |ˈstæmə| **1** *verb* 1) կակազել 2) կմկմալ *(հուզմունքից)* **2** *noun* կակազում; կակազելը; կմկմոց

stamp |stæmp| **1** *verb* 1) կոխկրտել; տրորել; ոտնատակ տալ; ոտնակոխ անել 2) դոփել; գետինը դոփդոփել; գետնին թփթփացնել; ոտները գետնին տալ; դոփդոփելով վազել/քայլել 3) ջարդել; մանրել; ծեծել 4) բնութագրել *(մարդուն)* 5) դրոշմել; կնքել; դրոշմակնիք դնել 6) նամականիշ փակցնել **2** *noun* 1) դոփում; դոփելը; դոփյուն; թփթփոց *(ոտքերի)* 2) դրոշմ; դրոշմակնիք; կնիք; դրոշմակ ◊ **postage stamp** նամականիշ; փոստանիշ. **trading stamp** ապրանքանիշ; առևտրական ապրանքապիտակ 3) դրոշմվածք; դրոշմահետք 4) *փոխաբերական* դրոշմ; կնիք 5) պլոմբ; կապարակնիք

stamp out of the room ծանրաքայլ/թմփթմփացնելով դուրս գալ սենյակից

stamp out sth ճնշել; ոտքի տակ տրորել *(ապստամբություն և այլն)*

stamp sth on/with sth դրոշմել/տպել թղթի կտորի կամ այլ մակերեսի վրա

stamp sth out ձուլել; կաղապարել

stampede |stæmˈpiːd| **1** *noun* խուճապային փախուստ **2** *verb* 1) ցիրուցան լինել; ցանուցիր փախչել; խուճապահար վազել/փախչել 2) խուճապահար փախուստի մատնել

stance |stɑːns|, |stæns| *noun* 1) դիրք; կեցվածք 2) դիրքորոշում

stanch¹ |stɔːn(t)ʃ|, |stɑːn(t)ʃ| (նաև **staunch**) *verb* կանգնեցնել *(արյունահոսությունը)*

stanch² |stɔːn(t)ʃ| *adjective* տե՛ս **staunch**

stand |stænd| **1** *verb* (անցյալ **stood** |stʊd|) 1) կանգնել; կանգնած լինել; ոտքի վրա լինել 2) կանգ առնել; կանգնել ◊ **stand and deliver!** կա՛ց, տու՛ր թանկարժեք իրերդ 3) գտնվել; տեղադրված լինել 4) դիմանալ; պահպանվել; կանգուն մնալ; լինել *(որևէ վիճակում)* 5) դնել; կանգնեցնել; տեղավորել 6) հենել 7) տանել; դիմանալ *(ցավին, փորձությանը)* 8) տանել; հանդուրժել *(մարդուն, մեկի վարքագիծը, կատակը)* 9) ուժի մեջ լինել *(պայմանագրի մասին)* 10) լինել; դասավորվել; որոշ դրության մեջ գտնվել *(գործերի մասին)* 11) չխունանալ *(ներկի/գույնի մասին)* 12) թեկնածու լինել 13) հյուրասիրել; ծախսը քաշել; ծախսերը իր վրա վերցնել • **stand aback/from** իրեն հեռու պահել *(որևէ բանից)* **stand against** դիմադրել **stand aside** մի կողմ քաշվել **stand back** i) ետևում մնալ; ետ կանգնել ii) նահանջել **stand behind** ետ մնալ **stand between** միջնորդ լինել **stand by** i) օգնել; պաշտպանել; օգնական/զորավիգ լինել; թիկունքին կանգնել ii) հավատարիմ մնալ *(պայմանագրին, իր խոստմանը)* iii) ներկա լինել; ականատես լինել; դիտողի դերում լինել **stand for** i) մեկին պաշտպանել; որևէ բան պաշտպանել; կողմնակից լինել ii) նշանակել; նշան լինել; մի բանի փոխարեն լինել; հավասարազոր լինել; նշանակել **stand in** i) արժենալ; արժել ii) մասնակցել iii) *ծովային* նավահանգիստ մտնել **stand off** i) իրեն հեռու պահել ii) *ծովային* դուրս գալ; նավահանգստից հեռանալ **stand on** i) մի բանից կախում ունենալ ii) ճշգրտորեն պահպանել/կատարել iii) պատշաճ հարգանք պահանջել *(իրավունքների/արժանապատվության նկատմամբ)* iv) *ծովային* նախկին ուղղությունը պահպանել; ընթացքը չփոխել **stand out** i) դուրս ցցվել; կարկառվել ii) աչքի ընկնել; առանձնանալ; պարզորոշ երևալ iii) համառել; պնդել iv) *ծովային* ծով դուրս գալ **stand over** i) հետաձգել ii) հետաձգվել **stand up** i) կանգնել; վեր կենալ; ոտքի ելնել ii) պաշտպանել *(մի բան)* **stand upon** պնդել; համառել **2** *noun* 1) կանգառ; կանգ առնելը 2) տեղ; կանգնելու կետ; դիրք 3) կանգառ; կայան *(տաքսիների, կառքերի և այլնի)* 4) դիրք; տեսակետ; դիրքավորում 5) հենարան; կանգնակ; դարակ; պատվանդան 6) կրպակ 7) դիմադրություն 8) չհնձած հացաբույս

as it stands ներկա վիճակում

It stands to reason. Տրամաբանական է: Խելամիտ է: Խելքին մոտ է:

make a stand դիմակայել; պատրաստ լինել կռվելու/դիմադրելու

one-night stand միայն մեկ երեկո տրվող թատերական ներկայացում

stand a good chance լավ հնարավորություն ունենալ *(հաջողության հասնելու և այլնի)*

stand by sb մեկի կողքին կանգնել; աջակցել; օգնել

stand by sth իր խոսքին/խոստումին հավատարիմ լինել

stand clear of sth մի բանից հեռու կանգնել/մնալ

stand for sth փոխարենը գործածվել *(տվյալ նշանակությունն ունենալ)*

stand in with sb մասնակցել *(ծախսերին և այլնին)*

stand one's ground դիրքերն ամուր պահել *(կռվի ժամանակ)*

stand one's trial դատարանով դատվել

stand on one's own feet/legs սեփական ոտքերի վրա կանգնել; ինքնուրույն գործել
stand out a mile մի կիլոմետրից երևալ; շատ ցցուն լինել
stand over sb գլխին կանգնել; ղեկավարել/հսկել մեկին
stand sb sth մեկին մի բան հյուրասիրել; գնել նրա համար
stand trial դատվել դատարանում
stand up for sb աջակցել; մեկի կողմը բռնել; մեկի կողքին կանգնել; սատարել մեկին
stand up to sb իրեն պաշտպանել մեկից; քաջաբար դիմադրել մեկին
stand up to sth երկար գործածությունից հետո լավ վիճակում մնալ *(նյութերի մասին)*
stand well with sb լավ հարաբերությունների մեջ լինել մեկի հետ
take one's stand կողմնորոշվել; իր կարծիքը հայտնել; իր դիրքորոշումը հայտնել

stand-alone (նաև **standalone**) *adjective համակարգիչներ* անկախ գործող *(ծրագրի մասին)*

standard |ˈstændəd| **1** *noun* 1) ստանդարտ; չափորինակ; նորմա; չափանիշ ◇ **the standard of culture** մշակույթի/մշակութային մակարդակ. **the standard of education** կրթական մակարդակ 2) կուրս; արժեգին *(արտարժույթի)* 3) դրոշ; դրոշակ ◇ **raise the standard of revolt** *փոխաբերական* ապստամբություն բարձրացնել 4) կանգուն բան *(դրոշ, ծառ և այլն)* 5) հենարան; սյուն **2** *adjective* 1) ստանդարտ; տիպական; օրինակելի; չափորինակային 2) կայուն *(դասագրքի մասին)* 3) կանգուն ◇ **standard lamp** կանգուն լամպ 4) բնային; ծառաբնային *(բույսի մասին)*

standard-bearer *noun* դրոշակիր; դրոշակակիր

standardize |ˈstændədʌɪz| *verb* չափորինականացնել; ստանդարտացնել

standard of living *noun* կյանքի մակարդակ; կենսամակարդակ

standby |ˈstæn(d)bʌɪ| *noun* (հոգն. **-bys**) 1) ջերմ պաշտպան 2) հենարան; նեցուկ

standee |stænˈdiː| *noun ամերիկյան խոսակցական* կանգնած; նստելու տեղ չունեցող ուղևոր/հանդիսատես

stand-in *noun կինո* դերասանին փոխարինող անձ

standing |ˈstændɪŋ| **1** *noun* 1) դիրք; դեր; համբավ *(հասարակության մեջ)* ◇ **of good standing** լավ պաշտոն ունեցող. **of high standing** բարձր դիրք գրավող; բարձրաստիճան 2) տևականություն; երկարատևություն; տևողություն ◇ **of long standing** տևական; երկարատև; վաղուցվա; հնացած *(հիվանդության մասին)* 3) մրցատախտակ **2** *adjective* 1) կանգնած; կանգուն 2) մշտական; հաստատուն; ուժի մեջ 3) *ռազմական* կանոնավոր 4) անփոփոխ; միօրինակ *(սննդի մասին)* 5) անսպառ 6) լճացած *(ջրի մասին)*

standoffish *adjective խոսակցական* սառը; զուսպ; անմարդամոտ

standpoint |ˈstæn(d)pɔɪnt| *noun* տեսակետ; դիրքորոշում

standstill |ˈstæn(d)stɪl| *noun* անշարժություն; կանգառում; լճացում; դադար; դադարում
be at a standstill կանգնած լինել; չաշխատել; անգործության մատնվել
bring to a standstill կանգնեցնել
come to a standstill կանգ առնել; փակուղու առաջ հայտնվել

stand-up (նաև **standup**) **1** *adjective* 1) կանգուն *(օձիքի մասին)* 2) բացահայտ; առանց թաքցնելու *(պայքարի մասին)* 3) կանգնած; ոտքի վրա ◇ **stand-up meal** ոտքի վրա ուտելը; կանգնած ուտելը **2** *noun* 1) կատակերգակ *(որը ելույթ է ունենում լսարանի առջև)* 2) կատակերգանություն 3) նորությունների մեկնաբանի մենախոսություն *(հեռուստացույցով)*

stannic |ˈstænɪk| *adjective քիմիա* անագե; անագի

stanza |ˈstænzə| *noun* 1) *տաղաչափություն* տուն *(բանաստեղծության)* 2) քառատող *(հունական և լատինական չափերում)*

staple¹ |ˈsteɪp(ə)l| **1** *noun* 1) ամրակ; պնդիչ; պահանգ *(թղթերը միացնելու)* 2) կեռ; երկաթե կապ **2** *verb* պնդացնել; ամրացնել

staple² |ˈsteɪp(ə)l| **1** *noun* 1) հիմնական արտադրանք *(տվյալ վայրում արտադրվող)* 2) առևտրի հիմնական առարկա; մշտական պահանջարկ ունեցող ապրանք; լայն սպառման ապրանք 3) հիմնական տարր ◇ **the staple of conversation** խոսակցության գլխավոր նյութը 4) հումք 5) մանրաթել; մանրաթելի որակ **2** *adjective* գլխավոր; հիմնական **3** *verb* ընտրել; ջոկել; տեսակավորել

stapler *noun* ամրակիչ

star |stɑː| **1** *noun* 1) աստղ; լուսատու 2) աստղ; բախտ; ճակատագիր 3) հռչակավոր մարդ; նշանավոր անձ; կինոաստղ; ականավոր դերասան/դերասանուհի **2** *verb* (**starred**, **starring**) 1) աստղերով զարդարել; աստղանշան դնել 2) *թատրոն* թատրոնի աստղ լինել; գլխավոր դերասան լինել ◇ **star it** գլխավոր դերը կատարել; գլխավոր դերում հանդես գալ
be born under a lucky star բախտավոր աստղի տակ ծնվել
guiding star ուղեցույց աստղ
shooting star ընկնող աստղ
star in գլխավոր դեր կատարել/խաղալ *(ներկայացման/կինոնկարի մեջ)*
thank/bless one's stars գոհ/շնորհակալ լինել իր ճակատագրից
trust one's stars հավատալ/վստահել իր բախտին

starboard |ˈstɑːbɔːd|, |-bəd| **1** *noun* նավի աջ կողմը; աջ նավակող **2** *verb* ղեկը դեպի աջ պտտել

starch |stɑːtʃ| **1** *noun* 1) օսլա 2) ինքնահավանություն; փքվածություն; չորություն; ձգվածություն 3) *ամերիկյան խոսակցական* կենսական էներգիա; կենսունակություն **2** *verb* 1) օսլայել 2) *խոսակցական* հակառակորդին հաղթել նոկաուտով

starchy |ˈstɑːtʃi| *adjective* (**starchier**, **starchiest**) 1) օսլա պարունակող; օսլայաշատ 2) օսլայած 3) չոր; ձգված; շինծու; անբնական

stardom *noun* համահայտ լինելը; «աստղ լինելը»

stare |stɛː| **1** *verb* 1) ապշած/զարմացած/սևեռուն հայացքով նայել; աչքերը չռել 2) ցցվել *(մազերի/փետուրների մասին)* **2** *noun* 1) զարմացած/ապշած հայացք; լայն բացված աչքերով նայելը 2) սևեռուն/զարմացած հայացք; հանդուգն/անպատկառ հայացք

cold stare սառը/անկենդան հայացք
glassy stare ապակյա/անկենդան/սառը հայացք
make sb stare զարմացնել/ապշեցնել մեկին
stare sb in the face 1) աչքերը հառել մեկի երեսին 2) ուղիղ դիմացը լինել *(փնտրած իրը)*
stare sb out/down ակնդետ նայելով հաղթել դիմացինին
stare sb out of countenance աչքերն այնպես չռել մեկի վրա, որ նա իրեն վատ զգա
stark/staring mad պարզ/ակնհայտ/անթաքույց խելագար
stony stare քարե/ծանր/ճնշող հայացք
vacant stare մտացիր/չտեսնող հայացք

starfish |ˈstɑːfɪʃ| *noun* (հոգն. նույնը կամ **-fishes**) *կենդանաբանություն* ծովաստղ *(դաս Asteroidea)*

stargazer |ˈstɑːgeɪzə| *noun կատակային* 1) աստղագուշակ; աստղահմա 2) երազող/անրջող մարդ

stark |stɑːk| *adjective* 1) բացարձակ; կատարյալ 2) փայտացած; անզգայացած 3) ֆիզիկապես ուժեղ

stark naked բոլորովին մերկ
stark raving mad *խոսակցական* լրիվ խելագար

starlet |ˈstɑːlɪt| *noun խոսակցական* 1) աստղիկ 2) երիտասարդ խոստումնալից դերասանուհի

starlight |ˈstɑːlʌɪt| *noun* աստղերի լույս ◇ **by starlight** աստղերի լույսով

starling[1] |ˈstɑːlɪŋ| *noun կենդանաբանություն* սարյակ; սարեկ *(ընտանիք Sturnidae)*

starling[2] |ˈstɑːlɪŋ| *noun* ջրահերձ; ջրահերձիչ

starlit |ˈstɑːlɪt| *adjective* աստղալից; աստղազարդ

starry |ˈstɑːri| *adjective* (**-rier**, **-riest**) 1) աստղալից; աստղազարդ 2) աստղանման 3) լուսաշող; աստղափայլ

star-spangled *adjective բանաստեղծական* աստղազարդ

The Star-Spangled Banner ԱՄՆ-ի պետական դրոշը և հիմնը

start |stɑːt| **1** *verb* 1) սկսել *(գործ, խոսակցություն և այլն)* 2) սկսվել *(ներկայացման/դատավարության մասին և այլն)* 3) մեկնել; ճանապարհվել; ճամփա ընկնել 4) կյանք մտնել; կարիերա սկսել 5) ձեռք զարկել; ձեռնամուխ լինել *(որևէ բանի)* 6) գործի գցել; աշխատեցնել; գործարկել *(մեքենան)* 7) տեղից շարժվել *(գնացքի/տրանսպորտի մասին և այլն)* 8) ցնցվել; վեր թռչել 9) հիմնադրել; սկսել հրատարակել *(թերթ, ամսագիր)* 10) բացել *(խանութ)* 11) ծնվել; ծնմվել *(փայտի մասին)* 12) փախցնել; խրտնեցնել *(որսը)* 13) խրտնեցնելով հալածել *(կենդանուն)* 14) *օդագնացություն* օդ բարձրանալ • **start aside** մի կողմ նետվել **start back** ետ ցատկել **start in** սկսել; գործի անցնել **start out** պատրաստվել/մտադրվել մի բան անելու **start up** i) տեղից վեր թռչել ii) ծագել; առաջանալ *(գաղափարի մասին)* **start with ...** i) նախ և առաջ ii) սկզբում **2** *noun* 1) մեկնում; մեկնելը; շարժման սկիզբ 2) *մարզական* մեկնարկ; ելընթաց; մրցասկիզբ; արշավասկիզբ 3) սկիզբ ◇ **make a start** սկսել; ձեռք զարկել; ձեռնամուխ լինել. **make a good start** լավ սկիզբ դնել 4) ցնցում; ցնցվելը *(վախից)* 5) թափով շարժում; հանկարծական մղում 6) առավելություն *(մեկի նկատմամբ)*

give sb a start հանկարծակիի բերել; վախեցնել մեկին
give sb a start in life օգնել մեկին, որպեսզի նա իր կյանքը լավ սկսի
start a family առաջին երեխայով հղիանալ
start out to do sth առաջին քայլերն անել; սկսել մի բան անել
start sth up գործի գցել *(շարժիչը և այլն)*
start with նախևառաջ
work by fits and starts ընդհատումներով աշխատել
You have got the start of me. Դուք իմ հանդեպ առավելություն ունեք:

starter |ˈstɑːtə| *noun* 1) *տեխնիկական, մարզական* մեկնարկիչ; մեկնասարք 2) *բրիտանական* նախուտեստ 3) նոր սկսող; մեկնարկող; ինչ-որ բանի մեկնարկը տվող անձ 4) առաջին հարցը *(քննարկման ժամանակ)*

startle |ˈstɑːt(ə)l| *verb* 1) ապշեցնել; ցնցել 2) վախեցնել; սարսափեցնել 3) ցնցվել *(սարսափից)*

startler *noun* ցնցող նորություն; ցնցանորույթ; սենսացիա

startling |ˈstɑːtlɪŋ| *adjective* սարսափելի; սոսկալի; ցնցող; զարմանալի; ապշեցուցիչ

start-up (նաև **startup**) *noun* 1) սկիզբ; մեկնարկ; թողարկում 2) նոր հիմնադրված ընկերություն

starvation *noun* սով; քաղց; սովամահություն

starve |stɑːv| *verb* 1) քաղցել; քաղցի մատնվել; կիսաքաղց ապրել; սովից մեռնել; սովամահ լինել 2) սովամահ անել 3) *փոխաբերական* հյուծել; ուժասպառ անել ◇ **starve to death** սովամահ անել. **starve into surrender** սովահար անելով ստիպել անձնատուր լինել 4) տենչալ; փափագել; ծարավի լինել; ձգտել *(որևէ բանի)* 5) տառապել

Feed a cold and starve a fever. *առած* Մրսածին կերակրի՛ր, տենդ ունեցողին քաղցա՛ծ պահիր: *(հնավանդ դեղատոմս)*

starveling |ˈstɑːvlɪŋ| *հնավանդ* **1** *noun* սովահար/սովատանջ մարդ; վտիտ էակ **2** *adjective* սովահար; թերսնվող

state |steɪt| **1** *noun* 1) դրություն; վիճակ 2) ձև; կառուցվածք; ֆիզիկական վիճակ; փուլ ◇ **in liquid state** հեղուկ վիճակում 3) ճոխություն; շքեղություն; արտաքին շուք 4) պետություն ◇ **socialist state** սոցիալիստական պետություն 5) նահանգ ◇ **States General** *պատմական* գլխավոր նահանգներ. **the States** ԱՄՆ **2** *adjective* 1) հանդիսավոր; տոնական; շքեղ 2) պետական **3** *verb* 1) հաղորդել; հայտարարել 2) ձևակերպել; հավաստել; հաստատել 3) շարադրել; ասել; բացատրել

lie in state թաղումից առաջ դնել եկեղեցում հրաժեշտի համար *(մահացածի մարմինը)*

state of life կենսավիճակ; սոցիալական դրություն
state of mind հոգեվիճակ
state of play in sth *փոխաբերական* ներկա իրավիճակը/դրությունը
state of the art նորագույն; ամենաժամանակակից

statecraft |ˈsteɪtkrɑːft| *noun* պետություն ղեկավարելու հմտություն

stateless |ˈsteɪtlɪs| *adjective* քաղաքացիություն չունեցող

stately |ˈsteɪtli| *adjective* (**-lier**, **-liest**) վեհ; վսեմ; վեհապանծ; փառահեղ

stately home *noun* պատմական արժեք ներկայացնող տուն

statement |ˈsteɪtm(ə)nt| *noun* 1) հաղորդում; հաղորդագրություն; հայտարարություն; պնդում; կարծիք 2) պաշտոնական հաշվետվություն/հաղորդագրություն; զեկույց; բյուլետեն

stateroom |ˈsteɪtruːm|, |-rʊm| *noun* 1) շքադահլիճ; շքասրահ *(հանդիսավոր ընդունելությունների համար)* 2) առանձին նավասենյակ 3) առանձին կուպե

state school *noun* 1) *բրիտանական* պետական/հանրային դպրոց *(որտեղ կրթությունը ձրի է)* 2) *ամերիկյան* տե՛ս **state university**

statesman |ˈsteɪtsmən| *noun* (հոգն. **-men**) 1) պետական գործիչ 2) *ամերիկյան* քաղաքական գործիչ

state university *noun* նահանգային համալսարան *(որը կառավարվում է տվյալ նահանգի իշխանությունների միջոցով)*

static |ˈstætɪk| **1** *adjective* 1) անշարժ; անփոփոխ; ստատիկ 2) *ֆիզիկա* ստատիկական; կայական **2** *noun* 1) մթնոլորտային խանգարումներ 2) խանգարումներ *(հեռուստահաղորդման, ռադիոյի կամ հեռախոսի աշխատանքում)*

station |ˈsteɪʃ(ə)n| **1** *noun* 1) կայան; տեղ; տեղադրություն; կետ ◊ **clearing station** տարհանման կետ. **dressing station** վիրակապման կետ/կայան. **lifeboat station** փրկամակույկների կայան. **postal station** *ամերիկյան* փոստային բաժանմունք. **service station** i) բենզակայան; սպասարկման կայան *(ավտոմեքենաների)* ii) էլեկտրասարքավորումների վերանորոգման արհեստանոց; ռադիովերանորոգման արհեստանոց 2) կայարան ◊ **junction station** հանգուցային կայարան. **railway station** երկաթուղային կայարան 3) *ռադիո* կայան; ռադիոկայան 4) կանգառ *(տրամվայի)* 5) կայան *(ավտոմեքենաների)* 6) ոստիկանատուն 7) *ռազմական* ամրոց; պահակետ 8) *ծովային* ռազմածովային բազա 9) ոչխարաբուծական տնտեսություն/ֆերմա *(Ավստրալիայում)* 10) հասարակական դիրք ◊ **in a humble station** համեստ եկամուտների տեր *(մարդու մասին)* **2** *verb* 1) դնել; տեղավորել *(որևէ տեղ)* 2) *ռազմական* տեղավորել; տեղաբաշխել

stationary |ˈsteɪʃ(ə)n(ə)ri| *adjective* 1) անշարժ; տեղում մեխված; անտեղաշարժելի; անփոխադրելի 2) մշտական; կայուն; հաստատուն 3) դիրքային *(պատերազմի մասին)* 4) տեղական *(զորքի մասին)*

stationer |ˈsteɪʃ(ə)nə| *noun* 1) գրենական/գրասենյակային պիտույքներ վաճառող 2) *հնացած* գրահրատարակիչ; գրքերի հրատարակիչ

stationery |ˈsteɪʃ(ə)n(ə)ri| *noun* 1) գրասենյակային պիտույքներ 2) գրելու թուղթ 3) գրենական պիտույքների խանութ

station house *noun ամերիկյան* ոստիկանատուն

stationmaster |ˈsteɪʃ(ə)nmɑːstə| *noun* կայարանապետ

station wagon *noun* ունիվերսալ տիպի ավտոմեքենա

statistic |stəˈtɪstɪk| **1** *noun* վիճակագրություն **2** *adjective* վիճակագրական

statistical |stəˈtɪstɪk(ə)l| *adjective* վիճակագրական

statistically *adverb* վիճակագրորեն

statistician *noun* վիճակագիր; վիճակագրագետ

statistics |stəˈtɪstɪks| *plural noun* 1) վիճակագրություն 2) վիճակագրական տվյալներ

statuary |ˈstætjʊəri|, |-tʃʊə-| *noun* 1) քանդակագործություն; քանդակներ 2) քանդակագործ

statue |ˈstætjuː|, |-tʃuː| *noun* արձան; անդրի; քանդակ

Statue of Liberty Ազատության արձանը *(Նյու Յորքում)*

statuette |stætjʊˈɛt|, |-tʃʊ-| *noun* արձանիկ; փոքրիկ արձան

stature |ˈstætʃə| *noun* 1) հասակ; բարձրություն *(մարդու)* ◊ **of high stature** բարձրահասակ; հաղթանդամ. **grow in stature** մեծանալ; աճել 2) բարձրություն *(առարկայի)* 3) կարևորություն; համբավ

status |ˈsteɪtəs| *noun* 1) գործերի վիճակ; իրավիճակ 2) հասարակական դիրք; կարգավիճակ 3) իրավական դրություն; կարգավիճակ; ստատուս 4) *համակարգիչներ* աշխատավիճակ *(համակարգչի, ծրագրի)*

status quo |ˈkwəʊ| *noun* գործող իրավիճակ; ստատուս քվո

status symbol *noun* կարգավիճակի խորհրդանիշ *(հասարակության մեջ)*

statute |ˈstætjuːt|, |-tʃuːt| *noun* 1) օրենսդրական ակտ; ստատուտ; օրինադրություն 2) կանոնադրություն *(հիմնարկի, ուսումնական հաստատության)*

statute book *noun* օրենսգիրք; օրենքների ժողովածու

statute law *noun* պետական/նախատեսված օրենք

statutory |ˈstætjʊt(ə)ri|, |-tʃʊ-| *adjective* օրենքով սահմանված/նախատեսված; օրինականացված

staunch¹ |stɔːn(t)ʃ| *adjective* 1) հավատարիմ; նվիրված; օրինապահ 2) անհողդողդ; անսասան; տոկուն; դիմացկուն; աննկուն; ուժեղ 3) անջրանցիկ

staunch² |stɔːn(t)ʃ|, |stɑːn(t)ʃ| *verb* տե՛ս **stanch1**

stave |steɪv| **1** *noun* 1) տակառատախտակ 2)

մահակ 3) աստիճան *(ձեռնասանդուղքի)* 4) տուն *(բանաստեղծության)* 5) երաժշտություն նոտայի տողեր **2** *verb* 1) (**stave something in**) դեպի ներս ջարդել 2) (**stave something off**) ետ մղել

Stavropol |ˈstævrəpɒl|, |stævˈrɒp(ə)l| 1) Ստավրոպոլ *(երկրամաս Ռուսաստանի հարավում)* 2) Ստավրոպոլ *(համանուն երկրամասի կենտրոնը)*

stay[1] |steɪ| **1** *verb* 1) մնալ; կենալ; ապրել 2) մնալ ապրելու; հյուր մնալ; հյուրընկալվել 3) *խոսակցական* տանել; դիմանալ 4) *իրավունք* դատավարությունը ընդհատել 5) հագեցնել *(քաղցը)* 6) մնալ *(ճաշին, ներկայացմանը)* 7) նեցուկ տալ; հենարան դնել 8) սատարել; օգնել; զորավիգ լինել • **stay away** չգալ; չներկայանալ **stay in** տանը մնալ; դուրս չգնալ **stay on** i) ուշանալ; նախատեսվածից ավելի երկար նստել *(քան մնացած հյուրերը)* ii) շարունակել *(աշխատել, ուսումնասիրել, երբ մյուսները հեռացել են)* **stay up** սպասել մեկի գալուն; չպառկել քնելու **2** *noun* 1) մնալը; կենալը; ապրելը; կենալու/ապրելու ժամանակամիջոց; այց; այցելություն 2) կանգառ; կայան 3) *իրավունք* դատավարության ընդհատում/ընդհատելը 4) նեցուկ; հենարան 5) *փոխաբերական* հենարան; նեցուկ; սատար; զորավիգ

Be here to stay., Has come to stay. *խոսակցական* Ընդունվել է: Գործածական է դարձել:

come to stay with sb 1) կարճ ժամանակով այցելել մեկին 2) գալ ապրել մեկի հետ *(մշտական)*

make a short stay կարճատև այց կատարել

stay-at-home տնակյաց; հազվադեպ տնից դուրս եկող մարդ

stay in տանը մնալ; դուրս չգալ

stay of execution դատավճռի ի կատար ածումը հետաձգող հրաման

stay put *խոսակցական* մնալ դրված տեղում

stay the course մինչև վերջ հասցնել *(մրցավազքը, պայքարը)*

stay up չքնել; արթուն մնալ

stay[2] |steɪ| **1** *noun ծովային* կայմապահ ճոպան/պողպատապարան **2** *verb* 1) ճոպանով/կայմապարանով ամրացնել 2) *ծովային* մակընթացը փոխել

stay-at-home *խոսակցական* **1** *adjective* տանը նստել սիրող; տանը նստող; տնակյաց **2** *noun* տանը նստել սիրող անձ

STD *abbreviation* 1) Doctor of Sacred Theology աստվածաբանության դոկտոր 2) sexually transmitted disease սեռական ճանապարհով փոխանցվող հիվանդություն

stead |stɛd| *noun* տեղ; դեր

stand in good stead լավ ծառայություն մատուցել; օգտակար լինել

steadfast |ˈstɛdfɑːst|, |-fəst| *adjective* 1) կայուն; հաստատուն; անխախտ; ամուր; պինդ 2) տոկուն; անսասան; աննկուն; կայուն 3) անշարժ; ակնապիշ *(հայացքի մասին)*

steadily *adverb* հաստատապես; մշտապես

steady |ˈstɛdi| **1** *adjective* (**steadier**, **steadiest**) 1) հաստատուն; կայուն; ամուր; պինդ; հուսալի 2) մշտական; անընդհատ; անդադար; համաչափ; տոկուն; աննկուն; անհողդողդ 3) վերջնականապես ձևավորված; հաստատուն *(համոզմունքների մասին)* 4) հավասարակշռված; հանգիստ; հանդարտ; մեղմ 5) համաչափ; անընդհատ; աննդհատ 6) զգաստամիտ; լուրջ; լրջմիտ; զգաստ; խելամիտ 7) անշարժ; ակնապիշ *(հայացքի մասին)* 8) անշեղ; ուժեղ *(ձեռքի/ղեկավարության մասին)* **2** *verb* (**steadies**, **steadied**) 1) հաստատուն դարձնել; կայունացնել 2) կայունանալ 3) լռջանալ; խելոքանալ; լուրջ դառնալ **3** *exclamation* զգո՛ւյշ; ուշադի՛ր **4** *noun* (հոգն. **steadies**) *խոսակցական* մշտական զուգընկեր

go steady մշտական սիրային հարաբերություններ ունենալ

steady on հանգի՛ստ մնացեք; ձեզ հավա՛ք պահեք

steak |steɪk| *noun* 1) կտոր *(մսի, ձկան)* 2) *խոհանոց* բիֆշտեքս

steal |stiːl| **1** *verb* (անցյալ **stole** |stəʊl|; անցյալ դերբայ **stolen** |ˈstəʊlən|) 1) գողանալ; գողություն անել; թռցնել; փախցնել 2) թաքուն/գաղտնաբար մի բանի հասնել 3) փախցնել 4) գաղտնի սողոսկել/թափանցել *(որևէ տեղ)* • **steal away** աննկատելիորեն անհայտանալ; ծլկել **steal by** աննկատելի կերպով անցնել *(տարիների մասին)* **steal in** i) աննկատելի ներս մտնել ii) մեկի աչքը մտնել; շողոքորթությամբ մեկի վստահությունը շահել **steal out** ծլկել; թաքուն դուրս պրծնել **steal past** մեկի մոտով/կողքից աննկատելի անցնել **steal up** գաղտագողի մոտենալ **2** *noun* 1) գողություն 2) *խոսակցական* գողացած բան 3) *խոսակցական* դժվարությամբ ձեռք բերված բան

Slolen waters are sweet. *աստվածաշնչային* Գաղտնիքը քաղցր է:

steal a march on sb մեկի հանդեպ առավելություն հասնել՝ նույն բանը նրանից առաջ անելով

steal in աննկատ ներս մտնել

steal the show բոլորին ստվերում թողնել; ամենամեծ փառքը ստանալ

Stolen fruit is sweet. *աստվածաշնչային* Արգելված պտուղը քաղցր է:

stealth |stɛlθ| **1** *noun* խորամանկություն; զգուշություն **2** *adjective* աննկատելի; դժվար հայտնաբերելի

stealthily *adverb* գողունի; գաղտագողի

stealthy |ˈstɛlθi| *adjective* (**stealthier**, **stealthiest**) 1) գաղտնի; թաքուն; ծածուկ 2) անաղմուկ *(քայլերի մասին)*

steam |stiːm| **1** *noun* 1) գոլորշի; շոգի 2) գոլորշի; գոլորշիներ; մեգ; մշուշ; շոգիացում 3) *խոսակցական* ուժ; էներգիա; եռանդ **2** *verb* 1) գոլորշի արձակել 2) գոլորշիանալ; գոլորշի դառնալ 3) գոլորշիացնել; գոլորշի դարձնել 4) բարձրանալ *(գոլորշու մասին)* 5) քրտնել; քրտնակալել 6) շարժվել *(շոգու ուժով)* 7) շոգեխաշել; շոգիով եփել

dead steam օգտագործված գոլորշի

Full up steam ahead! Ամբողջ արագությամբ առա՛ջ:

gather steam, pick up steam ուժերը հավաքել; վճռականություն ձեռք բերել

get up steam տաքանալ; գրգռվել; զայրանալ; ուժերը հավաքել

let out steam փուքսն իջեցնել; թափը/ոգևորու-

թյունը կոտրել
live steam թարմ/նոր ստացած գոլորշի
run out of steam գոլորշին վերջանալ; հետաքրքրությունը կորցնել
saturated steam հագեցած գոլորշի
under one's own steam սեփական ուժերով/շոգիով; առանց ուրիշի օգնության

steamboat |ˈstiːmbəʊt| *noun* շոգենավ

steam boiler *noun* շոգեկաթսա

steam engine *noun* շոգեմեքենա; շոգեշարժիչ; շեգեքարշ

steamer |ˈstiːmə| *noun* 1) շոգենավ 2) շոգեխաշելու կաթսա

steam gauge *noun* մանոմետր; ճնշաչափ *(գոլորշու/գազերի ճնշումը չափելու գործիք)*

steamroller |ˈstiːmrəʊlə| **1** *noun* *տեխնիկական* շոգեգլան *(մեքենա)* **2** *verb* (նաև **steamroll**) 1) ընդդիմախոսներին ճնշելով անցկացնել *(օրինագիծը)* 2) ճնշում գործադրել

steamship |ˈstiːmʃɪp| *noun* շոգենավ

steamy |ˈstiːmi| *adjective* (**steamier**, **steamiest**) 1) շոգենման; գոլորշենման 2) քրտնած; քրտնակալած 3) *խոսակցական* տարփական

steed |stiːd| *noun* *հնավանդ, բանաստեղծական* նժույգ

steel |stiːl| **1** *noun* 1) պողպատ ◇ **stainless steel** չժանգոտվող պողպատ 2) *բանաստեղծական* սուր; թուր; սուսեր ◇ **cold steel** սառը զենք **2** *verb* 1) պողպատով պատել 2) կոփել; խստավարժել; կարծրացնել

steelworks |ˈstiːlwəːks| *plural noun* պողպատաձուլարան

steely |ˈstiːli| *adjective* (**steelier**, **steeliest**) 1) պողպատի; պողպատե; պողպատյա; պողպատից շինված 2) պողպատի պես ամուր; անդրդվելի; անսասան

steep¹ |stiːp| **1** *adjective* 1) զառիթափ; զառիվեր; դիք; ուղղաբերձ; ուղղաձիգ; շեշտակի 2) *խոսակցական* չափազանց/անչափ բարձր 3) *խոսակցական* չափազանց բարձր *(գնի մասին)* **2** *noun* *մարզական, բանաստեղծական* զառիթափ; դարափուլ; զառիվայր

steep² |stiːp| *verb* 1) ջուրը դնել; թրջոց դնել; հեղուկի մեջ դնել *(կակղեցնելու համար)* 2) թրմել *(թեյը և այլն)* 3) տոգորել; ծծեցնել; հագեցնել *(հեղուկով)* 4) ընկղմել; սուզել 5) *փոխաբերական* խորասուզվել *(գիտության մեջ և այլն)* 6) թաղվել; ընկնել *(նախապաշարումների մեջ և այլն)*

steepen *verb* զառիվեր/զառիթափ դառնալ; գիրթ բարձրանալ

steeple |ˈstiːp(ə)l| *noun* 1) զանգակատուն; սրածայր աշտարակ 2) ծայրաձող; սայրաձող

steeplechase |ˈstiːp(ə)ltʃeɪs| *noun* արգելքներով ձիարշավ

steeplejack |ˈstiːp(ə)ldʒæk| *noun* վերնաշխատ բանվոր

steer¹ |stɪə| **1** *verb* 1) վարել *(նավը, մեքենան)* 2) ուղղություն վերցնել; որոշ ուղղությամբ շարժվել 3) ուղևորվել 4) ուղղել; ուղղություն տալ ◇ **steer clear of** խուսափել; խույս տալ 5) ղեկին ենթարկվել **2** *noun* *խոսակցական* խորհուրդ; ուղղություն

steer² |stɪə| *noun* 1) արջառ; ցլիկ 2) եզ

steerage |ˈstɪərɪdʒ| *noun* 1) ղեկասարք; ղեկի համասարք 2) ղեկակառավարում *(նավի)*

steering *noun* ղեկակառավարում

steersman |ˈstɪəzmən| *noun* (հոգն. **-men**) 1) ղեկակալ; ղեկավար 2) *օդագնացություն* ղեկապետ; շտուրման 3) վարորդ

steeve |stiːv| **1** *noun* ամբարձիչ կռունկ **2** *verb* բեռնել; լիաբեռնել

stellar |ˈstɛlə| *adjective* աստղային; աստղերի

stem¹ |stɛm| **1** *noun* 1) ցողուն; բուն *(ծառի)* 2) կոթ; պոչ; տերևակոթ; կոթուն 3) տոհմ 4) *քերականություն* հիմք *(բառի)* 5) գլխիկ *(գրպանի ժամացույցի)* 6) քիթ *(նավի)* **2** *verb* (**stemmed**, **stemming**) 1) (**stem from**) ծագել; առաջանալ 2) հեռացնել ցողունները *(մրգերից, ծխախոտի տերևներից)* 3) նավակը ուղղել *(քամուն/մակընթացությանը հակառակ)*

stem² |stɛm| *verb* (**stemmed**, **stemming**) 1) կանգնեցնել; դադարեցնել; ընդհատել *(հոսանքը և այլն)* 2) ամբարտակել; ամբարտակով առաջը փակել; պատնեշափակել; պատվարել

stem cell *noun* *կենսաբանություն* ցողունային բջիջ

stench |stɛn(t)ʃ| *noun* գարշահոտություն

stencil |ˈstɛnsɪl|, |-s(ə)l| **1** *noun* ձևանմուշ; նախշակաղապար; զարդակաղապար **2** *verb* (**-ciled**, **-ciling**; բրիտ. **-cilled**, **-cilling**) նախշակաղապարով ներկել

stenographer *noun* սղագրող; սղագրիչ

stenography |stɪˈnɒgrəfi| *noun* սղագրություն

step |stɛp| **1** *noun* 1) քայլ; քայլափոխ 2) *փոխաբերական* քայլ; վարմունք; արարք 3) (**steps**) ոտնաձայն 4) ոտքի հետք; ոտնահետք 5) պարաքայլ 6) աստիճան *(սանդուղքի)* 7) ոտնակ; ոտնատեղ *(կառքի, տրամվայի, վագոնի)* 8) աստիճան; աստիճանակարգ; պաշտոնակարգ; զինվորական կոչում **2** *verb* (**stepped**, **stepping**) 1) քայլել; քայլեր անել 2) քայլերով չափել 3) պարաքայլ անել • **step after** մեկի ետևից գնալ; մեկին հետևել; մեկի հետքերով գնալ; մեկի օրինակին հետևել **step aside** i) մի կողմ քաշվել ii) *փոխաբերական* մեկին ճանապարհ տալ **step back** i) մի քայլ ետ գնալ; ետ քաշվել ii) վերադառնալ **step down** վայր իջնել; ցած գնալ **step forth/forward** i) մի քայլ առաջ գնալ; քայլ անել դեպի առաջ; առաջ շարժվել; առաջ անցնել **step forth from** դուրս գալ ii) օգնություն/ծառայություն առաջարկել **step in/into** i) ներս մտնել; ոտքը ներս դնել ii) խառնվել; միջամտել; մեջ ընկնել **step off** i) իջնել *(նավից, ինքնաթիռից)* ii) *ամերիկյան ծածկալեզու* սխալ քայլ անել iii) մեռնել **step on** կոխել; կոխ տալ; ոտքը մի բանի վրա դնել **step out** i) դուրս գալ ii) արագ քայլել; շտապել iii) քայլերով չափել **step over** մի բանի վրայով անցնել; լոք տալով անցնել *(կամուրջը)* **step short** քայլը ճիշտ հաշվի չառնել; սխալ քայլ գցել **step up** i) բարձրանալ ii) մոտենալ iii) շարժել; առաջ տանել iv) ավելացնել; արագացնել
at every step ամեն քայլափոխի
be/get in step with շարքի հետ համաքայլ գնալ

be out of steps with the times ժամանակի հետ չքայլել; կյանքից հետ մնալ
break step համընթաց չքայլել
conduct/guide sb's steps մեկի քայլերն ուղղորդել; օգնել
dog sb's steps անհահանջ հետևել; հետամտել մեկին
It is the first step that costs. *առած* Ամենադժվարն առաջին քայլն է:
one step at a time քայլ առ քայլ; քայլ քայլի հետևից
retrace one's steps հետ գնալ; վերադառնալ
step aside մի կողմ քաշվել; տեղը զիջել
step into sb's shoes մեկի պարտականությունները ստանձնել; նրա գործն անել; ղեկավարությունը/նախաձեռնությունը խլել ուրիշից
step on the gas, step on it ոտքը գազին դնել; արագությունն ավելացնել
step out of line իրեն անվայելուչ պահել; չհնազանդվել
step sth off/out ոտնաչափով չափել
Step this way. Այս կո՛ղմ անցեք *(քաղաքավարի հրավերք)*
take steps/action միջոցներ ձեռնարկել; միջոցների դիմել
watch one's step with sb աշխատել մեկի աչքին չերևալ

Stepanakert |stipænə'kɛrt| Ստեփանակերտ *(Լեռնային Ղարաբաղի Հանրապետության մայրաքաղաքը)*

stepbrother |'stɛpbrʌðə| *noun* խորթ եղբայր

stepchild |'stɛptʃʌild| *noun* (հոգն. **-children**) խորթ երեխա

stepdaughter |'stɛpdɔ:tə| *noun* խորթ աղջիկ

stepfather |'stɛpfɑ:ðə| *noun* խորթ հայր

stepladder |'stɛplædə| *noun* շարժական սանդուղք; ձեռնասանդուղք

stepmother |'stɛpmʌðə| *noun* խորթ մայր

steppe |stɛp| *noun* տափաստան

stepsister |'stɛpsɪstə| *noun* խորթ քույր

stepson |'stɛpsʌn| *noun* խորթ տղա/որդի

stereo |'stɛrɪəʊ|, |'stɪərɪəʊ| **1** *noun* (հոգն. **-os**) 1) ծավալահնչյունություն 2) ծավալահունչ ձայնային համակարգ 3) *լուսանկարչություն* տե՛ս **stereoscope** **2** *adjective* 1) տե՛ս **stereophonic** 2) *լուսանկարչություն* տե՛ս **stereoscopic**

stereometry |ˌstɛrɪ'ɒmətri|, |ˌstɪərɪ-| *noun* *երկրաչափություն մաթեմատիկա* տարածաչափություն

stereophonic |'stɛrɪə(ʊ)ˌfɒnɪk|, |'stɪərɪə(ʊ)-| *adjective* ծավալահունչ

stereoscope |'stɛrɪə(ʊ)skəʊp|, |'stɪə-| *noun* ծավալադիտակ

stereoscopic |-'skɒpɪk| *adjective* ծավալադիտական

stereotype |'stɛrɪə(ʊ)tʌɪp|, |'stɪərɪə(ʊ)-| **1** *noun* 1) *պատմական, տպագրություն* կարծրատիպ; շարվածքի պատճեն 2) *փոխաբերական* կարծրատիպ; կարծրատիպային ընկալում **2** *verb* կարծրատիպերով մտրկայացնել

sterile |'stɛrʌɪl| *adjective* 1) ստերջ; ամուլ; չբեր 2) անբերրի *(հողի մասին)* 3) անպտուղ *(ծառի մասին)* 4) *փոխաբերական* ապարդյուն; զուր; ձանձրալի; անհետաքրքիր 5) ստերիլ; մանրէազերծ

sterilize |'stɛrɪlʌɪz| *verb* 1) ամլացնել; ստերջացնել 2) մանրէազերծել; մանրէազրկել; ստերիլացնել

sterling |'stə:lɪŋ| **1** *noun* 1) ֆունտ սթերլինգ *(անգլիական դրամական միավոր)* 2) (նաև **sterling silver**) մաքուր արծաթ **2** *adjective* արտակարգ; բարձրակարգ; բարձրորակ

stern¹ |stə:n| *adjective* 1) խիստ; խոժոռ; մռայլ 2) դաժան; անողոք; անգութ 3) անկոտրում; անհողդողդ; անդրդվելի

stern² |stə:n| *noun* 1) նավախել 2) հետնամաս *(տանկի, օդանավի և այլնի)* 3) պոչ *(որսորդական շան)*

sternum |'stə:nəm| *noun* (հոգն. **-nums** կամ **-na** |-nə|) *կազմախոսություն* կրծոսկր

stevedore |'sti:vədɔ:| *noun* նավահանգստային բեռնորդ

stew¹ |stju:| **1** *noun* 1) շոգեխաշած միս/ձուկ 2) հուզմունք 3) *հնացած* հասարակաց տուն **2** *verb* 1) մարմանդ կրակով եփել; շոգեխաշել 2) շոգից ուժասպառ լինել; շոգից թուլանալ 3) անհանգստանալ *(ինչ-որ բանի համար, հատկապես՝ իր անձի)*
be in a stew ջղայնացած/հուզված լինել
let sb stew թողնել, որ տառապի; տանջվի իր հիմարության պատճառով; չօգնել
let sb stew in his own juice թողնել, որ իր յուղով տապակվի; չօգնել նեղ տեղը եղողին

stew² |stju:| *noun* ձուկ պահելու լճակ/տարողություն

steward |'stju:əd| **1** *noun* 1) ստյուարտ; մատուցող *(մարդատար նավում և օդանավում)* 2) տնտեսավար; տնտեսության վարիչ 3) կառավարիչ; վերակացու *(տան, կալվածքի)* 4) կարգադրիչ; տնօրեն *(պարահանդեսի, ձիարշավի, ցուցահանդեսի և այլնի)* **2** *verb* 1) կարգադրել 2) կառավարել *(ինչ-որ մեկի ունեցվածքը)*

stewardess |'stju:ədɪs|, |ˌstju:ə'dɛs| *noun* ուղեկցորդուհի

stick¹ |stɪk| *noun* 1) փայտ; փայտաձողիկ 2) կոթ; բռնատեղ; բռնակ 3) գավազան; ցուպ 4) դիրիժորական ձողիկ 5) *մարզական* մական 6) *բրիտանական խոսակցական* (**the sticks**) դարպասաձողեր 7) պատժի սպառնալիք 8) *բրիտանական խոսակցական* խիստ քննադատություն 9) *բրիտանական խոսակցական* (**the sticks**) խուլ գյուղ
get hold of the wrong end of the stick փայտի/գավազանի սխալ ծայրից բռնել; բոլորովին սխալ հասկանալ
give sb the stick պատժել մեկին
He wants a stick. Կողերը քոր են գալիս: Ծեծ է ուզում:
in a cleft stick երկու քարի արանքում; անելանելի վիճակում; անելանելի դրության մեջ
out in the sticks իրադարձությունների կենտրոնից հեռու
Sticks and stones may break my bones, but words will never hurt me. *առած* Քարն ու փայտը ոսկոր կջարդեն, իսկ բառերից վնաս չի գա:

the big stick մեծ մահակ; սպառնալիք *(հատկապես երկրների փոխհարաբերության մեջ)*
up sticks գնալ այլ տեղ ապրելու
up the stick *բրիտանական խոսակցական* հղի
walking stick ձեռնափայտ

stick² |stɪk| *verb* (անցյալ **stuck** |stʌk|) 1) խրել; մտցնել; մխել; խրոտել 2) վրան տնկել/հագցնել; ծակելով վրան անցկացնել *(կարթի, շամփուրի և այլնի)* 3) ծակել; ծակոտել; խոցել; խողխողել; մորթել *(սուր զենք մխելով)* 4) խրել; ամրացնել *(ծաղիկը մազերի մեջ և այլն)* 5) խոթել; տեղավորել; դնել 6) սոսնձել; սոսնձով կպցնել; փակցնել *(նամականիշ, հայտարարություն և այլն)* 7) կպչել; չպոկվել 8) համառորեն հետևել; համառել; կառչել *(որևէ բանից)* 9) հավատարիմ մնալ 10) խրվել; մխվել *(սուր ծայրով)* 11) թաղվել; թաղվել-մնալ *(ցեխի մեջ)* 12) խցկվել; լռվել; տեղից չշարժվել *(դռան/բանալու մասին և այլն)* 13) *ծածկալեզու* տանել; համբերել; դիմանալ • **stick at** համառորեն շարունակել **stick out** i) հանել; դուրս հանել *(լեզուն և այլն)* ii) դուրս գալ; դուրս պրծնել; ցցվել; երևալ **stick out for** պնդել; պնդելով մի բանի հասնել **stick up** i) դուրս պրծնել; վեր ցցվել ii) վեր տնկել; վեր ցցել; դիք կանգնեցնել iii) *ծածկալեզու* անելանելի դրության մեջ դնել; փակուղու մեջ դնել **stuck up** շփոթված; շփոթմունքի մեջ ընկած iv) կողոպտելու նպատակով կանգնեցնել *(մեքենան և այլն)* **stick up for** պաշտպանել **stick upon** stick upon one's memory հիշողության մեջ տպավորվել **stick up to** i) չենթարկվել *(որևէ բանի)* ii) դիմադրել; դիմադրություն ցույց տալ

stick at nothing ոչ մի բանի առաջ կանգ չառնել
stick fast ամուր կպչել; խրվել; թաղվել-մնալ
stick in one's gizzard/stomach/throat կոկորդում մնալ; բկին կանգնել; կուլ չգնալ; չմարսել
stick in sb's mind հիշողության մեջ մեխվել; վառ կերպով տպավորվել
stick it/sth out դիմանալ մինչև վերջ *(դժվարություններին)*
stick on sth մի բանից կառչած մնալ
stick together միասին մնալ; չբաժանվել; իրար հետ լինել
stick to sb/sth մեկին/մի բանի հավատարիմ մնալ/լինել
stick with sb/sth հավատարիմ մնալ մեկին; հավատարիմ մնալ մի բանի

sticker |ˈstɪkə| *noun* 1) փուշ; տատասկ; տատասկափուշ 2) սոսինձ; մածուցիկ նյութ 3) հայտարարություն; պիտակ 4) կողմնակից; հետևորդ 5) չվաճառված ապրանք 6) գործածողը

sticking plaster *noun* կպչուն սպեղանի

stickler |ˈstɪklə| *noun* 1) համառ/կամակոր/վիճասեր անձ 2) դժվարին խնդիր

sticky |ˈstɪki| *adjective* (**stickier**, **stickiest**) 1) կպչուն; մածուցիկ 2) շոգ ու խոնավ; տոթ *(եղանակի մասին)* 3) քրտնած 4) համառ; անկոտրում; անդրդվելի 5) *ծածկալեզու* տհաճ; վատ
sticky fingers *խոսակցական* գողանալու հակվածություն; գողություն անելու հակվածություն

stiff |stɪf| **1** *adjective* 1) կոշտ; կարծր; ձիգ; պրկված; չծռվող; չճկվող; պինդ 2) փայտացած; քարացած; ոսկրացած; կարծրացած; թմրած; ընդարմացած 3) կաշկանդված *(շարժումների մասին)* 4) բռնազբոսիկ; շինծու; անբնական; ձգված; խիստ պաշտոնական; սառը 5) վճռական; կտրուկ; համառ 6) դժվար; ծանր 7) ուժեղ *(քամու մասին)* 8) ուղղաձիգ *(վերելքի մասին)* 9) թունդ *(խմիչքի մասին)* 10) ուժեղ ներգործություն ունեցող *(դեղորայքի մասին)* 11) չափազանց բարձր *(գնի մասին)* 12) կայուն *(շուկայական գների մասին)* 13) խիստ; ծանր *(պատժի մասին)* 14) թանձր; պինդ *(խմորի մասին)* **2** *noun* *խոսակցական* 1) դիակ 2) *ամերիկյան* ձանձրալի մարդ **3** *verb* *խոսակցական* 1) խաբել 2) դիտավորյալ անտեսել 3) չգալ ժամադրությանը 4) սպանել 5) անհաջողության մատնվել
feel stiff փայտացած զգալ; մարմինը ցավել
keep a stiff upper lip կամք ցուցաբերել; ուժեղ բնավորություն ցուցաբերել; ցավից/հոգսերից չբողոքել

stiffen |ˈstɪf(ə)n| *verb* 1) պնդանալ; կոշտանալ; կարծրանալ 2) պնդացնել; կարծրացնել; կոշտացնել 3) փայտանալ; քարանալ; կարծրանալ; թմրել; ընդարմանալ 4) ամրանալ; հաստատուն դառնալ 5) թանձրանալ; խտանալ 6) թանձրացնել; խտացնել

stiff-necked *adjective* համառ; կամակոր

stifle¹ |ˈstʌɪf(ə)l| *verb* 1) խեղդել 2) *փոխաբերական* զսպել; խեղդել 3) ճնշել; կաշկանդել 4) հանգցնել; մարել 5) *փոխաբերական* ծածկել; կոծկել; ընթացք չտալ; խափանել *(գործը)* 6) խեղդվել; շնչահեղձ լինել; շնչասպառ լինել

stifle² |ˈstʌɪf(ə)l| (նաև **stifle joint**) *noun* ծնկահոդ; կազմախոսություն *(ձիու և այլ կենդանիների)*

stigma |ˈstɪgmə| *noun* (հոգն. **stigmas** կամ հատկապես 2-րդ իմաստի մեջ **stigmata** |-mətə|, |-ˈmɑːtə|) 1) խարան; խայտառակության դրոշմ; խայտառակություն 2) *եկեղեցական* (**stigmata**) Քրիստոսի վերքեր *(ըստ կաթոլիկ ավանդության՝ որոշ սրբերի մարմնի վրա հայտնված վերքեր, որոնք համապատասխանում են Քրիստոսի խաչելության վերքերին)* 3) *բուսաբանություն* սպի 4) *բժշկություն* տեսանելի նշան *(հիվանդության)*

stigmatize |ˈstɪgmətʌɪz| *verb* 1) խարանել; խարան դնել 2) նշավակել; խայտառակել; անարգանքի ենթարկել; անարգանքի սյունին գամել

stile¹ |stʌɪl| *noun* ոտնադիր *(պատի վրայով բարձրանալու համար)*

stile² |stʌɪl| *noun* բարավոր *(պատուհանի կամ դռան)*

stiletto |stɪˈletəʊ| *noun* (հոգն. **-tos**) 1) դաշույնիկ; ավինադաշույն 2) կանացի սուր կոշկակրունկ

still¹ |stɪl| **1** *adjective* 1) կամացուկ; մեղմ; խուլ *(ձայնի մասին)* 2) հանգիստ; հանդարտ; խաղաղ; անդորր; անաղմուկ ◊ **keep still** չաղմկել 3) լուռ; անձայն; անխոս **2** *noun* 1) լռություն 2) խաղաղություն; հանդարտություն; անդորրություն; անդորր 3) լուսանկար; կինոկադր *(առանձին նկար կինոժապավենի վրա)* **3** *adverb* 1) դեռ; մինչև այժմ 2) այնուամենայնիվ; սակայն; բայց և այնպես 3) էլ ավելի; էլ ◊ **still more** էլ ավելի **4** *verb* հանգստացնել; հանդարտեցնել
in the still of the night գիշերվա անդորրի մեջ
stand still անշարժ/անխոս կանգնել; կանգ առնել

still² |stɪl| *noun* 1) թորամամ; թորիչ; զտիչ 2) օղեգործարան

stillborn |ˈstɪlbɔːn| *adjective* 1) մեռելածին *(երեխա)* 2) *փոխաբերական* չիրականացված *(ծրագրի, առաջարկի մասին)*

still life *noun* (հոգն. **still lifes**) նատյուրմորտ; անկենդան/անշարժ բնության բնանկար

stillness *noun* անշարժություն; հանդարտություն; հանգստություն

stillroom *noun պատմական* 1) մառան 2) թորման տեղ; թորասենյակ

stilt |stɪlt| *noun* 1) փայտե ոտքեր; ոտնացուպեր; ոտնափայտեր 2) *ամերիկյան ծածկալեզու* երկար ոտքեր

stilted |ˈstɪltɪd| *adjective* փքուն; անբնական; շինծու

stimulant |ˈstɪmjʊl(ə)nt| **1** *noun* 1) խթանիչ/գրգռիչ միջոց 2) ոգելից խմիչք 3) խթան; ազդակ **2** *adjective* գրգռող; գրգռիչ; խթանող; խթանիչ

stimulate |ˈstɪmjʊleɪt| *verb* 1) գրգռել; խթանել 2) խրախուսել; քաջալերել; ոգևորել

stimulus |ˈstɪmjʊləs| *noun* (հոգն. **-li** |-lʌɪ|, |-liː|) 1) խթան; շարժառիթ; դրդապատճառ; ազդակ 2) ոգևորիչ հատկություն

sting |stɪŋ| **1** *noun* 1) խայթոց 2) մազիկ; թելիկ; մազմզուկ *(դաղող եղինջի)* 3) խայթում; խայթելը *(օձի, միջատների)* 4) խայթելը; դաղելը *(եղինջի)* 5) այրող/կսկծալի ցավ 6) սաստկություն; ուժգնություն 7) խայթողություն; թունոտություն **2** *verb* (անցյալ և անցյալ դերբայ **stung** |stʌŋ|) 1) խայթել 2) այրել; վառել; դաղել *(եղինջի/պղպեղի մասին և այլն)* 3) սուր ցավ պատճառել; ծակծկել; ծակել 4) սուր ցավ զգալ 5) *ծածկալեզու* մեկին մեծ ծախսի տակ գցել; խաբել; խաբելով վճարել

His service has no sting in it. Նրա հարվածները թույլ են: *(թենիսում)*

sting sb (for sth) *խոսակցական* մեծ վճար պարտադրել; խաբեությամբ շորթել

stings of hunger քաղցից ծակոցներ ստամոքսում

stings of remorse խղճի խայթ

stingy |ˈstɪn(d)ʒi| *adjective* (**-gier**, **-giest**) 1) ժլատ; կծծի 2) քիչ; սակավ

stink |stɪŋk| **1** *verb* (անցյալ **stank** |stæŋk| կամ **stunk** |stʌŋk|; անցյալ դերբայ **stunk**) 1) գարշահոտություն արձակել; վատ հոտ արձակել; ծանր հոտ հանել 2) (**stink a place up**) գարշահոտությամբ լցնել վայրը 3) *խոսակցական* տհաճ/զզվելի լինել **2** *noun* 1) գարշահոտություն; վատ հոտ 2) *խոսակցական* խայտառակություն; ծեծկռտուք

cry stinking fish սեփական ապրանքը փնովել/վատաբանել

raise/kick up a stink (about sth) անհանգստություն/նեղություն/գլխացավանք պատճառել գանգատվելով

stink sb/sth out 1) գարշահոտությամբ դուրս անել մի տեղից 2) վատ հոտ տարածել

stint¹ |stɪnt| **1** *verb* սահմանափակել; չափավորել; կրճատել; պակասեցնել; խնայել **2** *noun* 1) սահմանափակում; չափավորում 2) հատկացված ժամանակ

stint² *noun կենդանաբանություն* կտցար-ավազահավ *(Genus Calidris, ընտանիք Scolopacidae)*

stipend |ˈstʌɪpɛnd| *noun* ռոճիկ; թոշակ

stipulate¹ |ˈstɪpjʊleɪt| *verb* վերապահություն անել; պայմանագրել; պայման դնել

stipulate² |ˈstɪpjʊlət| *adjective բուսաբանություն* կոթատերևիկներ ունեցող

stipulation |-ˈleɪʃ(ə)n| *noun* 1) վերապահում; պայման 2) պայման դնելը

stir¹ |stəː| **1** *verb* (**stirred**, **stirring**) 1) թեթևակի շարժել 2) թեթևակի շարժվել 3) *փոխաբերական* արթնանալ; առաջանալ; շարժվել; կենդանանալ 4) խառնել 5) հուզել; շարժել; գործողության մղել; արթնացնել; բորբոքել **2** *noun* 1) իրարանցում; աղմուկ; խառնաշփոթություն 2) թեթև շարժում 3) խառնում; խառնելը

make a stir իրարանցում/սենսացիա առաջացնել

not stir a finger մատը մատին չտալ; օգնություն ցույց չտալ

not stir an eyelid աչքն էլ չթարթել; անտարբեր մնալ

stir one's stumps *խոսակցական* ոտքերը շարժել; արագ քայլել

stir sb's blood խանդավառել/ոգևորել մեկին

stir sb to sth դրդել; մղել; ազդել մեկի վրա

stir sth up խառնել գդալով *(ճաշ, թեյ և այլն)*

stir the blood եռանդ/հուզմունք առաջացնել

stir the fire կրակը խառնել/թեժացնել

stir² |stəː| *noun խոսակցական* բանտ

stirabout *noun* շիլա

stir-fry **1** *verb* խառնելով տապակել **2** *noun* խառնելով տապակած սնունդ

stirring |ˈstəːrɪŋ| **1** *adjective* 1) գործունյա; աշխույժ 2) հուզիչ; հուզմունք առաջացնող **2** *noun* թեթև շարժում

stirrup |ˈstɪrəp| *noun* ասպանդակ

stitch |stɪtʃ| **1** *noun* 1) հատ; օղակ *(գործելիս, հյուսելիս)* 2) կար 3) սուր ցավ; ծակոց **2** *verb* ասեղնագործել; կարել; մգդակել *(ասեղով)* ◊ **stitch up** կարերով միացնել; բերանը կարել; վրան կար դնել; կարել

A stitch in time saves nine. *առած* Ամեն ինչ իր ժամանակին:

buttonhole stitch մերկակար

chain stitch հելունակար; ոռնուցակար

drop a stitch հատը փախցնել/գցել

herring-bone stitch եղևնաձև կար

in stitches անզուսպ ծիծաղելիս

take out the stitches *բժշկություն* կարերը հանել

take up a stitch բաց թողած հատը վերցնել/հավաքել

stiver |ˈstʌɪvə| *noun* մանր մետաղադրամ ◊ **not worth a stiver** մի քոռ կոպեկ չարժե

St. Lawrence River |ˈlɒrəns| Սուրբ Լավրենտիոս *(գետ Հյուսիսային Ամերիկայում)*

stoat |stəʊt| *noun կենդանաբանություն* կնգում; սպիտակ կզաքիս *(Mustela erminea, ընտանիք Mustelidae)*

stock |stɒk| **1** *noun* 1) պաշար; հիմնապաշար;

ֆոնդ 2) պետական արժեթղթեր; ֆոնդեր; ակցիաներ; բաժնետոմսեր 3) բաժնետիրական կապիտալ 4) գույք 5) *ամերիկյան* անասուններ 6) բուն; կոճղ *(ծառի)* 7) *գյուղատնտեսություն* պատվաստակալ; պատվաստակիր; պատվաստացու 8) տոհմ; ընտանիք; ծագում 9) տեսակ; ցեղ; ցեղատեսակ 10) հիմնական մաս; նեցուկ; հենարան 11) կոթ; դաստակ; բռնակ; երախակալ; բռնատեղ 12) հիմնական նյութ/հումք 13) *ծովային* նավարան; նավահավաքման տեղ; նավիջուցարան 14) *պատմական* (**the stocks**) ոտնակոճղ; կալանակոճղ **2** *adjective* 1) պատրաստ; ձեռքի տակ; առձեռն 2) տափակ; անհամ; ծամծմված **3** *verb* 1) մատակարարել *(ապրանք)* 2) պահեստում/վաճառքում ունենալ

basic stock of words հիմնական բառապաշար
be in stock ձեռքի տակ լինել
be out of stock ձեռքի տակ չլինել
have in stock պահեստում ունենալ; ձեռքի տակ ունենալ
lay in stock պաշար հավաքել
live stock տնտեսության անասունները; կենդանի ունեցվածք
lock, stock and barrel *փոխաբերական* բոլորը; գլխովին; ամբողջովին
of a good stock լավ ընտանիքից/ցեղից
on the stocks 1) կառուցապատման ընթացքում; պատրաստվող; կառուցվող 2) նախապատրաստական փուլում
stock and block ամբողջ գույքը
stock-breeder/farmer անասնապահ; անասնաբույծ
stock market արժեթղթի շուկա
stocks and stones անշունչ առարկաներ
take stock of sth/sb *փոխաբերական* ծանրութեթև անել; վերանայել; գնահատել *(իրադրությունը)*

stockade |stɒˈkeɪd| **1** *noun* ցանկապատնեշ; ցցապատ **2** *verb* ցանկապատել; ցցապատով պատնեշել

stockbreeder |ˈstɒkbriːdə| *noun* անասնաբույծ

stockbroker |ˈstɒkbrəʊkə| *noun* բորսային միջնորդ; բորսային մակլեր

stock exchange *noun* արժեթղթերի շուկա/բորսա; սակարան

stockholder |ˈstɒkhəʊldə| *noun* բաժնետեր; փայատեր

Stockholm |ˈstɒkhəʊm| Ստոկհոլմ *(Շվեդիայի մայրաքաղաքը)*

stocking |ˈstɒkɪŋ| *noun* գուլպա *(կանացի)*

a blue stocking կանացիությունից զուրկ կին; չոր/մանրախնդիր կին
a silk stocking *ամերիկյան* շքեղ հագնված մարդ; հարուստ մարդ
in one's stocking feet միայն գուլպաներով; առանց կոշիկների

stock-in-trade *noun* 1) հիմնական ունեցվածք/կապիտալ 2) ապրանքի պաշար 3) սարքավորում; սարք

stockjobber |ˈstɒkdʒɒbə| *noun* *արհամարհական* 1) բորսային չարաշահորդ/սպեկուլյանտ 2) *ամերիկյան* բորսային միջնորդ

stockman |ˈstɒkmən| *noun* (*հոգն.* **-men**) անասնապահ; անասնաբույծ

stockpile |ˈstɒkpʌɪl| **1** *noun* պաշար **2** *verb* պաշար կուտակել

stock-still *adverb* անշարժ; մեխված

stocktaking |ˈstɒkteɪkɪŋ| *noun* 1) գույքագրում 2) վերագնահատում; վերանայում

stocky |ˈstɒki| *adjective* (**stockier**, **stockiest**) կարճահասակ և ամրակազմ

stockyard |ˈstɒkjɑːd| *noun* անասնաբակ; տավարաբակ; անասնանոց

stodgy |ˈstɒdʒi| *adjective* (**stodgier**, **stodgiest**) 1) ծանր; դժվարամարս *(կերակրի մասին)* 2) ծանր; դժվարըմբռնելի; խրթին *(ոճի մասին)* 3) դժվարամարս; ձանձրալի *(գրքի մասին)*

stoic |ˈstəʊɪk| **1** *noun* ստոիկ; ստոիկյան փիլիսոփայության հետևորդ **2** *adjective* ստոիկյան

stoical |ˈstəʊɪk(ə)l| *adjective* ստոիկյան; ստոիկական

stoicism |ˈstəʊɪsɪz(ə)m| *noun* *փիլիսոփայություն* ստոիկյանություն; ստոիցիզմ

stoke |stəʊk| *verb* 1) վառելիք ավելացնել; կրակը վառ պահել *(վառարանում)* 2) դրդել; բորբոքել 3) *խոսակցական* ուտել; խժռել

stokehold |ˈstəʊkhəʊld| *noun* հնոց; կրակարան; հնոցատուն; հնոցարան; կաթսայանոց; կաթսայաբաժանմունք *(շոգենավի)*

stokehole |ˈstəʊkhəʊl| *noun* հնոցապանի տեղը

stole¹ |stəʊl| *noun* 1) *եկեղեցական* ուրար *(երկար ժապավենաձև կտոր, որը սարկավագները կրում են ձախ ուսին՝ եկեղեցում սպասավորություն կատարելիս)* 2) կանացի մորթե ուսնոց

stole² անցյալ ռե՛ս **steal**

stolid |ˈstɒlɪd| *adjective* պլարկոտ; դանդաղաշարժ; անաշխույժ; սառնարյուն; ֆլեգմատիկ

stomach |ˈstʌmək| **1** *noun* 1) *կազմախոսություն* ստամոքս 2) փոր 3) ախորժակ 4) *խոսակցական* հակում; տրամադրվածություն; ցանկություն **2** *verb* 1) ախորժակով ուտել; կլանել 2) *փոխաբերական, խոսակցական* տանել; հանդուրժել

a strong stomach չզզվելու կարողություն; ամուր նյարդեր
have a high stomach, have a proud stomach մեծամիտ/ինքնահավան լինել
have no stomach for sth հակված չլինել մի բան անելու; որևէ բանի կողմնակից չլինել
His eyes are bigger than his stomach. Աչքը փորից մեծ է: Ծակաչք/անկուշտ/ագահ մարդ է:
turn sb's stomach մեկի սրտխառնոցն առաջացնել

stomachache *noun* փորի ցավ; փորացավ

stomp |stɒmp| **1** *verb* դոփել **2** *noun* *խոսակցական* ռիթմիկ պարի տեսակ

stone |stəʊn| **1** *noun* 1) քար 2) կարկտահատիկ 3) կորիզ *(պտղի)* 4) (**stones**) ստոուն *(ծանրության չափ = մոտ 6,35 կգ)* **2** *verb* 1) սալարկել; քարել; քարով երեսպատել 2) կորիզահան անել *(պտուղը)* 3) քարկոծել

break stones քար ջարդել/կոտրել; ծանր/անխնաջ

աշխատանք անել
cast the first stone at sb *աստվածաշնչային* առաջին քարը նետել մեկի վրա; մեղադրել
harden into stone կարծրանալ; քարանալ
leave no stone unturned անշրջել քար չթողնել; հնարավոր բոլոր միջոցները գործի դնել *(մի բան անելու համար)*
mark with a white stone սպիտակ քարով նշել; որևէ երջանիկ իրադարձություն նշանավորել
Not a stone was left standing. Քարը քարի վրա չմնաց:
rolling stone գլորվող քար; մի տեղ տիտիկ չանող; անընդհատ շարժվող մարդ; շարժման մեջ գտնվող
stone-dead/cold/blind/deaf/sober միանգամայն անկյանք/սառած/կույր/խուլ/սթափ
The Stone Age քարե դար
The stones will cry out. Քարերն էլ կբողոքեն: *(զայրացուցիչ արարքի դեմ)*
throw/cast stones at *աստվածաշնչային* մեկի վրա քար նետել; պարսավել
throw a stone in one's own garden *առած* ինքն իր բոստանը քար գցել; իրեն տհաճություն պատճառել
within a stone's throw քար նետելու հեռավորության վրա; մոտիկ; մոտերքում

Stone Age քարե դար

stone-broke *adjective* *խոսակցական* կատարելապես սնանկացած; առանց ապրուստի միջոցների մնացած

stone cold **1** *adjective* շատ սառը; միանգամայն սառած **2** *adverb* կատարելապես; միանգամայն

stoned |stəʊnd| *adjective* *խոսակցական* 1) թմրադեղի ազդեցության տակ 2) կոնծած; խիստ հարբած

stone dead *adjective* մեռած

stone deaf *adjective* միանգամայն խուլ

stonemason |ˈstəʊnmeɪs(ə)n| *noun* քարտաշ-որմնադիր

stoneware |ˈstəʊnweː| *noun* կավե ամաններ

stonework |ˈstəʊnwəːk| *noun* քարե պատաշար; քարակառույց որմածք; պատի քարե շարվածք

stony |ˈstəʊni| *adjective* (**stonier**, **stoniest**) 1) քարոտ; քարքարոտ 2) քար; անգութ; անզգա; սառը; սառած; անշարժ; քար կտրած
fall on stony ground արհամարհանքի արժանանալ; վատ ընդունելություն գտնել

stooge |stuːdʒ| **1** *noun* 1) ծաղրածու; ծաղրածուական կերպար 2) ձայնակցող; ձայնակից; կամակատար; գործակից; պնակալեզ; շողոքորթ; քծնող անձ 3) փոխդիր անձ; փոխանձ 4) անփորձ օդաչու **2** *verb* աննպատակ թափառել

stool |stuːl| **1** *noun* 1) աթոռակ 2) ոտքերի տակ դնելու աթոռակ 3) շիվեր արձակող արմատ/կոճղ 4) *բժշկություն* կղանք; կղկղանք **2** *verb* 1) շիվեր արձակել 2) կղկղել; դուրս գնալ
fall between two stools երկու աթոռի արանքում վայր ընկնել
the stool of repentance հասարակական պարսավանք; անարգանքի սյուն

stool pigeon *noun* 1) հրապուրապաղավնի; հրապուրաթռչնիկ; խայծաթռչուն 2) լրտես; ոստիկանության լրատու; սադրիչ

stoop[1] |stuːp| **1** *verb* 1) կռանալ; կորանալ; ծռվել; կռացնել; կորացնել; ծռել 2) *փոխաբերական* ներողամիտ/զիջող լինել; մեծահոգաբար վերաբերվել; արժանացնել *(ուշադրության, ներկայության և այլնի)* 3) *փոխաբերական* բարեհաճել ստորին մակարդակի իջնել; նվաստանալ; ստորանալ 4) մեջքը կզացնել; կուզիկացնել; կորացնել *(մեջքը)* 5) մեջքը կռացնել; կուզիկ քայլել; կուզը դուրս ցցել 6) *հնացած* ցած նետվել **2** *noun* 1) կորացածություն; կուզիկություն; կուզ 2) *հնացած* անկում

stoop[2] |stuːp| *noun* *ամերիկյան* սանդղամուտք; առմուտք; վերանդա

stop |stɒp| **1** *verb* (**stopped**, **stopping**) 1) կանգնել; կանգ առնել 2) կանգնեցնել 3) դադարել; վերջանալ; ընդհատվել 4) դադարեցնել; վերջացնել; ընդհատել 5) *խոսակցական* իջևանել; կանգ առնել; որոշ ժամանակ ապրել; մնալ; հյուրընկալվել 6) խցանել; խցել; փակել; կալնել; լցնել; պլոմբել *(ատամները)* 7) խափանել; կասեցնել; առաջը կտրել; խոչընդոտել; արգելք լինել 8) ետ պահել; ետ կանգնեցնել 9) կրճատել; կտրել; պակասեցնել 10) ետ մղել *(հարվածը, գրոհը)* • **stop by/in** *ամերիկյան* անցնել; այցելել; մտնել մեկի մոտ **stop off/over** կանգնել; կանգ առնել **stop up** i) խցանել; խցել; փակել; կալնել ii) չպառկել քնելու **2** *noun* 1) կանգառ; կանգ առնելը ◊ **bring to a stop** կանգնեցնել. **be at a stop** կանգնել; կանգ առնել; չկարողանալ շարունակել; ի վիճակի չլինել շարունակելու 2) կանգնեցնելը 3) ընդհատում; ընդհատելը; խափանում; խափանելը; դադարեցում; դադարեցնելը; կասեցում; կասեցնելը 4) դադար; ընդհատում; արգելք; խոչընդոտ 5) կանգառ; կայան *(տրամվայի, ավտոբուսի)* 6) ավարտ; վերջ 7) *քերականություն* կետադրական նշան ◊ **full stop** վերջակետ 8) *երաժշտություն* կափույր *(փողային գործիքի)* 9) ձայնափոխ հարմարանք; ռեգիստր *(երգեհոնի)* 10) մատնատեղ *(լարավոր գործիքի)* 11) *հնչյունաբանություն* պայթական բաղաձայն
come to a full stop *փոխաբերական* ձախողվել; փակուղու մեջ ընկնել
come to a stop, make a stop կանգ առնել
pull out all the stops *փոխաբերական* ողջ զգացմունքները ի մի կոչել; մեծ ջանք գործադրել; ջանք ու ճիգ թափել
put a stop to sth, bring sth to a stop դադարեցնել; վերջ տալ մի բանի
stop dead հանկարծակի քարացած կանգ առնել; քար կտրել; հանկարծակի անշարժանալ
stop sb's mouth լռեցնել մեկին *(ինչ-որ բանի մասին)*
stop short at sth գործողությունները սահմանափակել/կրճատել
stop short of մինչև վերջ չասել; կարճ կապել; խոսքը կիսատ թողնել
stop short of saying ժամանակին կանգ առնել; իրեն զսպել, որ չասի *(գաղտնիք և այլն)*
stop sth out of sth հետ պահել; կտրել *(աշխատանքից)*
stop sth up խցանել; փակել; լցնել *(անցքը, ատամի խոռոչը և այլն)*

stopgap |ˈstɒpgæp| *noun* 1) ժամանակավոր միջոց; կիսամիջոց 2) *հազվադեպ* խից; խցան; սեպ

stopover |ˈstɒpəʊvə| *noun* 1) դադար ճանապարհորդության ժամանակ 2) ճանապարհորդության դադարի վայր

stoppage |ˈstɒpɪdʒ| *noun* 1) դադար; ընդհատում; կասեցում 2) գործադուլ; աշխատանքի դադարեցում; կանգնեցնելը 3) խցանում

stopper |ˈstɒpə| **1** *noun* 1) խցան; կալան 2) *ծովային* կառանելու հարմարանք **2** *verb* խցանով փակել

put a stopper on *փոխաբերական* ճնշել; արգելել

stopple |ˈstɒp(ə)l| **1** *noun* խցան; կալան **2** *verb* խցանել; խցանով փակել

stopwatch |ˈstɒpwɒtʃ| *noun* վայրկենաչափ; վայրկենացույց սլաքով ժամացույց

storage |ˈstɔːrɪdʒ| *noun* 1) պահում; պահելը; պահպանելը; պահպանում ◊ **cold storage** սառնարանում պահելը/պահպանելը; սառցարան; սառնարան 2) պահեստ 3) պահպանման վարձ

store |stɔː| **1** *noun* 1) պաշար 2) (**stores**) գույք; պաշար; պաշարեղեն; մթերք 3) *ամերիկյան* խանութ; կրպակ 4) (**stores**) մեծ հանրախանութ 5) պահեստ; պահեստարան 6) նշանակություն; կարևորություն 7) քանակություն 8) *համակարգիչներ* հիշողություն **2** *verb* 1) մթերել; պաշար պատրաստել; պաշար անել/տեսնել; կուտակել; հավաքել; ամբարել; խնայել; ետ գցել; պահել 2) մատակարարել 3) *փոխաբերական* լցնել; հարստացնել 4) պահեստ հանձնել; պահպանության տալ 5) տանել; տեղավորել; պարունակել; տարողություն ունենալ

department/general store հանրախանութ

emergency store անձեռնմխելի պաշար

have a surprise in store for sb մեկի համար պահած անակնկալ ունենալ

have in store պահեստում; գաղտնի պահած ունենալ

in store 1) ապահով տեղում 2) գալիք; սպասվող

set no much store by ոչ մի կարևորություն չտալ

Store is no sore. *առած* Պաշարը բեռ չէ, քեզ նեղություն չի տալիս:

store one's mind with knowledge միտքը գիտելիքով հարստացնել

store sth up պաշար կուտակել; ամբարել

storehouse |ˈstɔːhaʊs| *noun* 1) պահեստ; մթերանոց; մառան 2) *փոխաբերական* գանձարան

storekeeper |ˈstɔːkiːpə| *noun* 1) պահեստապետ; մառանապետ 2) *ամերիկյան* խանութպան

storeroom |ˈstɔːruːm|, |-rʊm| *noun* մթերանոց; մառան

storey |ˈstɔːri| *noun* հարկ *(շինության)*

storied |ˈstɔːrɪd| *adjective* *բանաստեղծական* առասպելական; ավանդական; ավանդություններում պատմվող

stork |stɔːk| *noun* *կենդանաբանություն* արագիլ *(ընտանիք Ciconiidae)*

storm |stɔːm| **1** *noun* 1) փոթորիկ; մրրիկ; բուք 2) *փոխաբերական* հոգեկան հուզմունք; ալեկոծություն 3) որոտ; փոթորիկ *(ծափահարությունների)* 4) պոռթկում *(զայրույթի)* 5) կարկուտ; տարափ *(գնդակների, վիրավորանքի և այլն)* 6) *ռազմական* գրոհ ◊ **take by storm** գրոհով վերցնել **2** *verb* 1) փոթորկել; մրրկել; կատաղությամբ փչել 2) *փոխաբերական* (նաև **storm at**) մոլեգնել; գազազել; կատաղել; սաստիկ աղմկել; գոռգոռալ 3) *ռազմական* գրոհել; գրոհով վերցնել

After a storm comes a calm. *առած* Փոթորկից հետո անդորր է տիրում:

a storm in a teacup թեյի բաժակում փոթորիկ; չնչին բանից մեծ իրարանցում; մեծ աղմուկ վասն ոչնչի

bring a storm about one's ears սեփական գլխին փոթորիկ բերել; մի բան ասել ու իրեն կրակը գցել

calm/lull before the storm լռություն/անդորր փոթորկից առաջ

ride out the storm փոթորիկից բարեհաջող դուրս գալ

storm and stress անհանգստություն; հուզմունք; իրարանցում

take by storm գրոհով վերցնել; գրավել

stormbound |ˈstɔːmbaʊnd| *adjective* հողմակոծ; փոթորիկի պատճառով կանգ առած *(նավի մասին)*

storm cloud *noun* ամպրոպաբեր/մրրկաբեր ամպ

storm petrel *noun* *կենդանաբանություն* մրրկահավ *(ընտանիք Hydrobatidae)*

stormy |ˈstɔːmi| *adjective* (**stormier**, **stormiest**) 1) փոթորկոտ; մրրկածուփ; մրրկոտ; փոթորկալից; մրրկալից; ուժգին 2) *փոխաբերական* հախուռն; բուռն; մոլեգին; կրքոտ 3) փոթորկաբեր; փոթորիկ նախագուշակող

Storting |ˈstɔːtɪŋ| Ստորտինգ *(Նորվեգիայի խորհրդարանի անվանումը)*

story¹ |ˈstɔːri| *noun* (հոգն. **-ries**) 1) պատմվածք; պատմություն *(կյանքի, դեպքերի)* 2) պատմություն; առասպել; հեքիաթ; վիպակ 3) լրագրային նյութ 4) սյուժե; թեմա; ֆաբուլա; բովանդակություն 5) *մանկական* սուտ; փչոց; ստախոս; սուտասան ◊ **oh, you story!** ա՜յ դու ստախոս

according to his story ըստ նրա պատմածի

as the story goes ինչպես ասում են

cock and bull story հնարովի բան; հեքիաթ

It is quite another story. Հիմա իրադրությունը բոլորովին փոխվել է: Հիմա իրադրությունը բոլորովին այլ է:

make a long story short կարճ ասած; մի խոսքով

short story նովել; կարճ պատմվածք

short story writer նովելիստ

That is the whole story. Ահա և ողջ պատմությունը:

The story goes that... Ասում են, որ...; Լուրեր են պտտվում, որ...

to make a long story short կարճ ասած; մի խոսքով

story² (բրիտանական **storey**) *noun* հարկ; հարկաբաժին

he is a little wrong in the upper story նրա տախտակը մի քիչ պակաս է; նրա ծալը պակաս է; նրա խելքը տեղը չէ

the upper story 1) վերին հարկ 2) *կատակային* գլուխ; խելք

storybook *noun* պատմվածքների/հեքիաթների ժողովածու; մանկական հեքիաթներ

storyteller |ˈstɔːrɪtɛlə| *noun* 1) հեքիաթասաց; հեքիաթ պատմող 2) *խոսակցական* ստախոս; սուտլիկ; սուտասան

stout |staʊt| **1** *adjective* 1) մարմնեղ; գեր; հաստ; չաղ; լիքը; պարարտ 2) ամրակազմ; պնդակազմ; հաստ; ամուր; դիմացկուն; պինդ 3) քաջ; խիզախ; կայուն; անճկուն; համառ **2** *noun* թունդ գարեջուր

a stout fellow/heart խիզախ/անվախ/քաջ մարդ

offer a stout resistance ուժեղ դիմադրություն ցույց տալ

stove¹ |stəʊv| **1** *noun* վառարան; խոհանոցի սալօջախ **2** *verb* 1) տաքացնել վառարանում *(անհրաժեշտ պատրվածքով ծածկելու համար)* 2) *բրիտանական* աճեցնել ջերմոցում

stove² անցյալ և անցյալ դերբայ տե՛ս **stave**

stow |stəʊ| *verb* 1) հավաքել; տեղավորել; դասավորել 2) լիքը/բերնեբերան լցնել; ճխտել 3) *ծածկալեզու* դադարեցնել

stow away թաքնվել; անտոմս երթևեկել *(նավում կամ այլ ճամփորդական միջոցի մեջ)*

stowaway |ˈstəʊəweɪ| *noun* անտոմս ուղևոր *(հատկապես նավի վրա)*

St. Petersburg |ˈpiːtəzbəːg| Սանկտ Պետերբուրգ *(քաղաք Ռուսաստանի հյուսիս-արևմուտքում)*

straddle |ˈstræd(ə)l| **1** *verb* 1) ոտները լայն բացած կանգնել/նստել/քայլել 2) որևէ բան հեծնել 3) ոչ մի կողմին չպաշտպանել *(սպորտում և այլն)* 4) տատանվել; երկդիմի քաղաքականություն վարել **2** *noun* 1) ոտքերը բացած նստելը/հեծնելը 2) արժեթղթերի գնման և վաճառքի պայմանագիր

straggle |ˈstræg(ə)l| **1** *verb* 1) անկանոն/անկարգ/ցիրուցան գնալ; ետ ընկնել; ետ մնալ 2) այս ու այն կողմ ցրված լինել; անկանոն ձգվել *(տների/բնակավայրերի մասին)* **2** *noun* ցիրուցան/անկարգ զանգված

straight |streɪt| **1** *adjective* 1) ուղիղ 2) ազնիվ; անկեղծ; շիտակ; պարզ; ճիշտ; կանոնավոր; կարգին 3) ստույգ; հավաստի; կոկիկ 4) *ամերիկյան* հավատարիմ; նվիրված *(իր կուսակցությանը)* 5) *ամերիկյան* անխառն; անջրախառն; զուտ 6) ոչինչ չարտահայտող *(դեմքի մասին)* **2** *adverb* 1) ուղիղ; ուղղակի; անմիջապես 2) ճիշտ; դիպուկ; շեշտակի 3) անկեղծորեն; շիտակորեն; ազնվորեն; պարզ; ուղղամտորեն ◊ **straight off** անմիջապես; առանց մտածելու. **straight out** անկեղծորեն; շիտակ; ուղղամտորեն **3** *noun* անկեղծություն; շիտակություն; ուղղամտություն; ուղղորդություն; ուղիղություն ◊ **the straight** *ամերիկյան* ճշմարտություն

as straight as a die ուղղամիտ; ազնիվ; ուղղախոս

as straight as a poker կրակխառնիչի պես ուղիղ; Կարծես փայտ կուլ տված լինի:

come straight to the point անմիջապես բուն նյութին անցնել

go straight *փոխաբերական* ազնիվ կյանք վարել

keep a straight face դեմքի արտահայտությունը չփոխել; լուրջ մնալ; չժպտալ

put sth straight հավաքել; կարգի բերել; ուղղել

put the record straight հավաստի/ստույգ տեղեկություն տալ

straight from the horse's mouth հավաստի/ճիշտ լուր; առաջին աղբյուրից/ճիշտ լուր

straight whisky *ամերիկյան* անխառն վիսկի *(առանց ջրի/սոդայի)*

vote the straight ticket *ամերիկյան* խստորեն/ըստ կուսակցության գծի քվեարկել

straight angle *noun մաթեմատիկա* փռված անկյուն; 180 աստիճանի անկյուն

straighten |ˈstreɪt(ə)n| *verb* 1) ուղղել; շտկել 2) ուղղվել; շտկվել 3) կարգի բերել 4) *ամերիկյան ծածկալեզու* ուղղվել; թերություններից ազատվել 5) (**straighten up**) ճիշտ ուղղություն վերցնել; ճիշտ ուղղության գալ *(նավի/ավտոմեքենայի մասին)*

straightforward |streɪtˈfɔːwəd| *adjective* 1) պարզ; հեշտ; հասարակ 2) ուղիղ; ուղիղ առաջ շարժվող 3) ազնիվ; շիտակ; անկեղծ

strain¹ |streɪn| **1** *verb* 1) լարել; ձգել; պրկել 2) լարվել; ձգվել; պրկվել 3) չարաշահել; չարարկել; ի չարը գործ դնել; վերազանցել; սահմանն անցնել *(իրավունքների, իշխանության և այլնի)* 4) խեղաթյուրել; աղավաղել; չափազանցություն թույլ տալ 5) գրկել; սեղմել *(գրկում)* 6) քամել; քամելով զտել 7) *տեխնիկական* ծռմռել; դեֆորմացիայի ենթարկել; ձևախախտել • **strain off** քամել; քամելով զտել **2** *noun* 1) լարվածություն; լարում 2) ձգում; լարում; պրկում; ձգվածություն; լարվածություն 3) *տեխնիկական* ձևախախտում; դեֆորմացիա

bear the strain լարվածությանը դիմանալ/դիմակայել

strain after effects մեծ ջանք գործադրել՝ լավ տպավորություն թողնելու համար

strain at sth չափազանց բծախնդիր/տատանվող լինել մի բան անելիս

strained relations լարված հարաբերություններ

strain the law օրենքը ձգել; մեկնաբանության մեջ չափազանցություն թույլ տալ; մեկնաբանության մեջ չափն անցնել

strain² |streɪn| *noun* 1) տեսակ; ցեղ; ցեղատեսակ 2) ծագում; տոհմ; ընտանիք; ազգակցական գիծ 3) ժառանգականություն; ժառանգական գիծ; բնավորության գիծ; հակում 4) տոն; ոճ *(խոսքի)* 5) (*սովորաբար* **strains**) եղանակ; մեղեդի; տաղերգություն; բանաստեղծություններ ◊ **the strains of the harp** տավիղի հնչյունները

strained |streɪnd| *adjective* 1) լարված; պրկված 2) անբնական; ձգված 3) քամած; քամելով զտած

strainer |ˈstreɪnə| *noun* քամիչ

strait |streɪt| **1** *noun* 1) նեղուց 2) (**straits**) նեղ նյութական դրություն; ծանր վիճակ; նեղություն; դժվար իրավիճակ **2** *adjective հնացած* 1) նեղ; անձուկ 2) խիստ; խստապահանջ

straiten |ˈstreɪt(ə)n| *verb հնացած* 1) նեղացնել; նեղ դարձնել 2) *փոխաբերական* սահմանափակել 3) նեղել; ճնշել; կաշկանդել

in straitened circumstances նյութական սուղ/նեղ պայմաններում

straitjacket |ˈstreɪtdʒækɪt| (նաև **straight-jacket**) **1** *noun* զսպաշապիկ **2** *verb* (**-jacketed**, **-jacketing**) զսպաշապիկ հագցնել

strait-laced (նաև **straight-laced**) *adjective* խստաբարո; խստակյաց

strand¹ |strænd| **1** *verb* 1) ծանծաղուտի մեջ խրվել 2) *փոխաբերական* անհաջողության մեջ ընկնել 3) ծանծաղուտի մեջ գցել 4) *փոխաբերական* մեկին ծանր դրության մեջ դնել 5) ափ շպրտել; ափ դուրս գցել **2** *noun* *բանաստեղծական* ափ; առափնյա շերտ

strand² |strænd| *noun* 1) թել; ջիղ; փունջ *(մազերի, ոլորած թոկերի և այլնի)* 2) *փոխաբերական* բնավորության գիծ 3) շար; շարան *(ուլունքների)* 4) տարր; մաս; բաղկացուցիչ մաս; հատված

stranded *adjective* 1) ծանծաղուտի մեջ խրված; ափ նետված 2) առանց ապրուստի միջոցների; ծանր դրության մեջ գտնվող

strange |streɪn(d)ʒ| *adjective* 1) տարօրինակ; արտասովոր 2) անծանոթ; օտարոտի; անսովոր; օտարական 3) օտար; օտարերկրյա

be strange to sth նոր/անսովոր լինել մի բանի *(քաղաքի կյանքին և այլնի)*

I feel strange. Ինձ մի տեսակ եմ զգում; Լավ չեմ զգում:

Strange to say... Զարմանալի է, որ...; Որքան էլ զարմանալի է...

stranger |ˈstreɪn(d)ʒə| *noun* 1) օտար/կողմնակի անձ 2) անծանոթ; օտարական 3) օտարերկրացի 4) մի բանից զերծ/ազատ մարդ

a stranger in blood, a stranger to the blood արյունակցական կապերով չկապված

a stranger to fear վախին անծանոթ; անվախ

make a stranger of մեկին օտարի պես վերաբերվել; մեկին սառը վերաբերվել

You're quite a stranger. *խոսակցական* Այնքան ուշ-ուշ եք այցելում մեզ: Շատ հազվադեպ հյուր եք:

strangle |ˈstræŋg(ə)l| *verb* 1) խեղդել; խեղդամահ անել; շնչահեղձ անելով սպանել 2) *փոխաբերական* խեղդել; ճնշել; կասեցնել *(զարգացումը)* 3) սեղմել; հուպ տալ; խեղդել *(օձիքի մասին և այլն)*

stranglehold |ˈstræŋg(ə)lhəʊld| *noun* 1) *հիմնականում փոխաբերական* խեղդում; խեղդելը 2) մահվան գոտեմարտ 3) անելանելի դրություն

strangulation |stræŋgjʊˈleɪʃ(ə)n| *noun* 1) խեղդում; խեղդելը; խեղդամահություն 2) *բժշկություն* սեղմում; սեղմվելը *(անոթների)* 3) ոլորում *(աղիքների)*

strap |stræp| **1** *noun* 1) փոկ; գոտի; կաշեփոկ *(ածելի սրելու)* 2) կապոցափոկ 3) նեղ շերտ *(գործվածքի կամ մետաղի)* 4) փողքաժապավեն; ներբաններից *(շալվարի/տաբատի եզրը ներբանին հետ կապող երիզ)* 5) *ռազմական* (նաև **shoulder-strap**) ուսադիր 6) ◊ **the strap** կաշեգոտիով ծեծելը 7) *տեխնիկական* ամրուցիչ; ամրացնող/կապող շերտաձողիկ **2** *verb* (**strapped**, **strapping**) 1) փոկերով ձգել/ամրացնել 2) կաշեփոկով սրել *(ածելին)* 3) կաշեգոտիով ծեծել

straphanger |ˈstræphæŋgə| *noun* *խոսակցական* 1) կանգնած ուղևոր *(տրամվայում, գնացքում և այլն)* 2) հասարակական փոխադրամիջոցով տեղաշարժվող մարդ

strapping¹ |ˈstræpɪŋ| *adjective* բարձրահասակ; հաղթանդամ; ուժեղ

strapping² *noun* կպչուն ժապավեն՝ վերքերի վրա դնելու համար; ամրացնելու գոտի

Strasbourg |ˈstræzbəːg|, |stʀæsbuʀ| Ստրասբուրգ *(քաղաք Ֆրանսիայում)*

stratagem |ˈstrætədʒəm| *noun* 1) ռազմական խորամանկություն 2) հնարք; խորամանկություն; ճարպկություն

strategic |strəˈtiːdʒɪk| *adjective* ռազմավարական

strategical *adjective* ռազմավարական

strategist *noun* ռազմագետ; ստրատեգ

strategy |ˈstrætɪdʒɪ| *noun* (հոգն. **-gies**) 1) ռազմավարություն 2) *ռազմական* ռազմական արվեստ; ռազմական գործողությունները վարելը

stratification |-fɪˈkeɪʃ(ə)n| *noun* շերտավորում

stratify |ˈstrætɪfʌɪ| *verb* (**-fies**, **-fied**) շերտ-շերտ դիզվել; շերտադարսվել; շերտանստել; շերտեր կազմել

stratosphere |ˈstrætəˌsfɪə| *noun* 1) վերնոլորտ; ստրատոսֆերա 2) *փոխաբերական* բարձրագույն մակարդակ *(վարպետության)*

stratospheric |-ˈsfɛrɪk| *adjective* վերնոլորտային

stratum |ˈstrɑːtəm|, |ˈstreɪtəm| *noun* (հոգն. **strata** |-tə|) 1) *երկրաբանություն* շերտ; նստվածքաշերտ 2) խավ *(հասարակության)*

stratus |ˈstrɑːtəs|, |ˈstreɪtəs| *noun* շերտավոր ամպ

straw |strɔː| *noun* 1) ծղնոտ; ծղոտ; ծղոտ 2) ծեղ 3) չնչին բան

a man of straw 1) ծղոտե խրտվիլակ 2) անհուսալի մարդ; հեշտությամբ հաղթվող հակառակորդ

a straw in the wind գալիք իրադարձության ակնարկ/նախանշան

a straw vote ընթացիկ որևէ հարցի վերաբերյալ ոչ պաշտոնական հանրաքվե

catch at a straw, clutch straws ծղոտից կառչել; ամեն անանշան միջոց գործադրել

draw the short straw անբախտ լինել

grasp at a straw, grasp at straws ծղոտից կառչել

make bricks without straw *փոխաբերական* առանց ծղոտի աղյուս շինել; անհիմն գործ բռնել

not care a straw միանգամայն անտարբեր լինել; մազաչափ անգամ չմտածել

not worth a straw գին չունենալ; կոպեկի արժեք չունենալ

the last straw վերջին ծեղը; համբերության բաժակը լցնող վերջին կաթիլը

throw straws against the wind քամու դեմ ծղոտ շպրտել; դեմն առնելու անհաջող փորձ անել

strawberry |ˈstrɔːb(ə)ri| *noun* *բուսաբանություն* ելակ; իծամորի; վայրի ելակ *(Genus Fragaria, ընտանիք Rosaceae)*

stray |streɪ| **1** *verb* 1) թափառաշրջել; հածել; թափառել 2) *նաև փոխաբերական* մոլորվել; ճանապարհը կորցնել; շեղվել *(ուղիղ ճանապարհից)* 3) ետ մնալ; ետ ընկնել *(հոտից)* **2** *adjective* 1) մոլորված; ճանապարհը կորցրած 2) պատահական *(գնդակի մասին և այլն)* 3) անկապ *(մտքերի մասին և այլն)* 4) անտուն; անապաստան **3** *noun*

1) մոլորված կամ հոտից ետ մնացած անասուն 2) մոլորված երեխա; ճանապարհը կորցրած երեխա 3) *իրավունք* անժառանգ գույք 4) *ռադիո* (**strays**) խանգարումներ

killed by a stray bullet պատահական գնդակից սպանվել

waifs and strays անտուն երեխաներ

streak |stri:k| **1** *noun* 1) գոլ; շերտ; շերտագիծ *(սովորաբար ոչ ուղիղ)* 2) *փոխաբերական* գիծ *(բնավորության)* **2** *verb* 1) շերտերով ծածկել 2) շերտերով ներկել *(մազերը)* 3) սլանալ; սուրալ

like a streak *խոսակցական* շատ արագ

the silver streak *խոսակցական* Լամանշի նեղուցը

streaky |ˈstri:ki| *adjective* (**streakier**, **streakiest**) 1) գոլավոր; շերտավոր; շերտ-շերտ 2) *խոսակցական* փոփոխական; անկայուն

stream |stri:m| **1** *noun* 1) գետ; գետակ; վտակ; հոսանք 2) հոսք; շիթ; հեղեղ; անընդհատ հոսանք/շարք 3) դպրոց; հոսանք *(գրական և այլն)* **2** *verb* 1) հոսել; դուրս թափել; ծորալ; շիթել; տարածվել 2) հոսեցնել; ցայտեցնել; թափել ◇ **his eyes streamed tears** արցունքները ցած էին գլորվում նրա աչքերից 3) ծածանվել; փողփողել 4) փոխանցել; հաղորդել

A stream cannot rise above its sourse. *առած* Գետն իր ակունքից վեր չի բարձրանա:

a stream of tears արցունքի հեղեղ

go against the stream հոսանքին դեմ գնալ

go up the stream գետի հոսանքով վեր գնալ

go with the stream *փոխաբերական* հոսանքի հետ գնալ

stream of consciousness անհատի գիտակցական փորձառության ընթացքը *(օգտագործվում է վեպ գրելիս, գրականության մեջ)*

streamer |ˈstri:mə| *noun* 1) նավադրոշ; նեղ ու երկար ժապավեն 2) արշալույսի շողեր *(հորիզոնի վրա)* 3) *ամերիկյան* էջի ամբողջ լայնությամբ լրագրային վերնագիր

streamlet *noun* գետակ; վտակ; առվակ

streamline |ˈstri:mlʌin| **1** *verb* 1) շրջահոսելի ձև տալ 2) *ամերիկյան* արդյունավետ դարձնել **2** *noun* հոսաշագիծ **3** *adjective* *տեխնիկական* շրջահոսելի; շրջահոսուն

street |stri:t| *noun* փողոց

a one-way street միակողմանի երթևեկելու փողոց

a two-way street երկկողմանի երևեկությամբ փողոց

Downing Street Դաունինգ Սթրիթ; անգլիական կառավարությունը

Fleet Street Ֆլիթ Սթրիթ; անգլիական մամուլը

go on the streets պոռնկություն անել; փողոցային դառնալ

Not in the same street as... Ոչ այնքան լավ, որքան ...

on the streets 1) անտուն 2) պոռնկությամբ զբաղվող

right up one's street *խոսակցական* մեկի գիտելիքների/հետաքրքրությունների շրջանակներում

streets ahead of *խոսակցական* շատ առաջ

the man in the street փողոցի մարդը; ամեն/ցանկացած մարդ

streetcar |ˈstri:tkɑ:| *noun* տրամվայ

streetwalker |ˈstri:twɔ:kə| *noun* փողոցային/հասարակաց կին

strength |strɛŋθ|, |strɛŋkθ| *noun* 1) ուժ 2) ամրություն; դիմացկունություն *(նյութի)* 3) քաջություն; արժանիք; ուժեղ կողմ 4) դիմադրություն 5) *ռազմական* ուժերի քանակ; թիվ; թվական կազմ 6) թնդություն *(թեյի, գինու և այլն)*

gather strength ուժ հավաքել

in full strength լրիվ կազմով

in strength մեծ քանակներով; մեծ քանակությամբ

on the strength of պատճառով; հիման վրա; հետևանքով; հիմունքով; իրավունքով

strength of materials *տեխնիկական* նյութերի դիմադրությունը

strength of will կամքի ուժ

strengthen |ˈstrɛŋθ(ə)n|, |-ŋkθ(ə)n| *verb* 1) ուժեղանալ; զորեղանալ; սաստկանալ 2) ուժեղացնել; զորեղացնել; սաստկացնել

strenuous |ˈstrɛnjʊəs| *adjective* 1) ուժեղ; եռանդուն 2) լարված; դժվար; ծանր; մեծ ուժ պահանջող

strenuously *adverb* եռանդուն կերպով; աշխուժորեն; ջերմեռանդորեն

stress |strɛs| **1** *noun* 1) ճնշում; ճնշելը; ճնշում գործ դնելը 2) լարում; լարվածություն 3) շեշտ **2** *verb* 1) շեշտել; ընդգծել; շեշտ դնել 2) *տեխնիկական* ճնշման/լարման ենթարկել

lay stress on sth շեշտը դնել մի բանի վրա; ընդգծել/զատորոշել մի բան

stretch |strɛtʃ| **1** *verb* 1) ձգել; ընդարձակել 2) քաշելով հագնել *(ձեռնոցները և այլն)* 3) ձգել; երկարացնել; ուղղել *(վիզը և այլն)* 4) վերազանցել; սահմանն անցնել 5) չափազանցել 6) տարածել; մեկնել ◇ **stretch out** i) մեկնել; պարզել *(ոտքը, ձեռքը)* ii) ձգել; երկարացնել iii) մեկնվել; ընկողմանել 7) տարածվել **2** *noun* 1) տարածություն 2) շղթա; պար *(լեռների)* 3) հատված; ժամանակամիջոց 4) ձգում; ձգելը; լարում; ճիգ; ջանք ◇ **with every faculty on the stretch** բոլոր կարողությունները լարելով 5) չափազանցում; չափազանցելը ◇ **stretch of authority** իշխանության վերազանցում. **stretch of imagination** երևակայության թռիչք

at a stretch միանգամից; առանց դադարի

at full stretch լրիվ ձգված

be fully stretched ամբողջովին ձգված/լարված աշխատել

by any/no stretch of imagination երևակայության ոչ մի ուժով *(հնարավոր չէ պատկերացնել)*

on the stretch լարված; ձգված; մտավոր լարվածության մեջ

stretch one's legs ոտքերը բացել/շարժել *(երկար նստելուց/պառկելուց ընդարմացած վիճակից հանելու համար)*

stretch oneself out on, stretch out on փռվել; ձգվել; տարածվել

stretcher |ˈstrɛtʃə| *noun* 1) պատգարակ 2) ձգելու/լայնացնելու հարմարանք 3) *ծածկալեզու* չափազանցում; փչոց; սուտ

strew |stru:| *verb* (անցյալ դերբայ **strewn** կամ **strewed**) 1) ցրել; շաղ տալ; ցիրուցան անել; դեսուդեն գցել 2) վրան ցանել; շաղ տալ 3) ծածկել *(ծաղիկներով)* 4) փռել; սփռել

stricken |ˈstrɪk(ə)n| *adjective* 1) հիվանդ; վնասված; ախտահարված ◇ **stricken with fever** տենդով ախտահարված; ջերմախտով հիվանդ. **stricken with paralysis** կաթվածահար. **stricken in years** շատ ծեր; զառամյալ 2) վիրավորված; կոտրված *(սրտի մասին)*

strict |strɪkt| *adjective* 1) ճշգրիտ; ստույգ; որոշակի 2) խիստ; խստապահանջ

strictly |ˈstrɪk(t)li| *adverb* 1) խստորեն 2) ճշտորեն 3) բացարձակապես

stricture |ˈstrɪktʃə| *noun* 1) խիստ քննադատություն; քննադատական դիտողություն 2) *բժշկություն* նեղացում *(անոթների և այլնի)*

stride |strʌɪd| **1** *verb* (անցյալ **strode** |strəʊd|; անցյալ դերբայ **stridden** |ˈstrɪd(ə)n|) 1) քայլել; լայն քայլ անել 2) գնալ հաստատուն քայլերով 3) մի բանի վրայով լոք տալով անցնել 4) մի բան հեծած լինել; հեծնել **2** *noun* 1) մեծ/լայն/հաստատուն քայլ 2) (**strides**) հաջողություններ; առաջընթաց

make great strides մեծ-մեծ քայլերով առաջանալ

stride over/across sth քայլ անել-անցնել վրայով

take sth in one's stride մի բան անել առանց հատուկ ճիգերի

strident |ˈstrʌɪd(ə)nt| *adjective* սուր; ճռճռան; ճղճղան

strife |strʌɪf| *noun* պայքար; վեճ; հակամարտություն

strike |strʌɪk| **1** *verb* (անցյալ **struck** |strʌk|) 1) խփել; հարվածել; հարված տալ; զարկել; հարված հասցնել 2) ապշեցնել; շշմեցնել; ցնցել; սաստիկ զարմացնել; ներշնչել *(ահ, սարսափ)* 3) հղանալ; ծագել; գլխով անցնել *(մտքի մասին)* 4) տպավորություն գործել 5) խփել; զարկել *(ժամացույցի մասին)* 6) խփել *(լարերին)* 7) չրխկացնել *(լուցկին՝ վառելու համար)* 8) մի բանի դիպչել; բախվել; դեմ առնել; վրան ընկնել 9) հայտնաբերել; անսպասելիորեն գտնել *(հանք, ջուր և այլն)* ◇ **strike oil** i) անսպասելիորեն նավթ/հանք գտնել ii) *փոխաբերական* հաջողության հասնել; բարգավաճել; հարստանալ 10) ուղղվել; ուղղություն վերցնել; գնալ; ուղևորվել 11) խրել; մխել; թափանց ծակել 12) թափանցել; ճեղքել-անցնել; արմատներ գցել 13) հատել; կտրել *(մետաղադրամ, մեդալ)* 14) հավաքել; ծալել *(առագաստները, վրանը և այլն)* 15) իջեցնել *(դրոշակը)* 16) հանձնվել; անձնատուր լինել 17) կատարել *(հաշվեկշիռ)* 18) կնքել *(գործարք)* 19) գործադուլ անել • **strike across** տեղափոխվել; անց կենալ; անցնել **strike aside** մի կողմ մղել; ետ շպրտել; ետ մղել; խափանել *(հարվածը)* **strike back** պատասխան հարված տալ; հակահարված տալ **strike down** i) ետ շպրտել; կասեցնել; ետ մղել; խափանել *(հարվածը)* ii) հարվածով գետին տապալել; հաղթել **strike home** i) հարվածը ճիշտ նպատակին հասցնել; նպատակին խփել ii) խիստ վիրավորել; խորը խոցել **strike in** i) մխել; խրել ii) ներշնչել; ազդել *(ահ, սարսափ)* iii) գնալ; ուղղվել; ուղղություն վերցնել; ուղևորվել iv) միանգամից սկսել *(մի բան անել)* **strike off** i) կտրել; թողնել *(գլուխը)* ii) *տպագրություն* տպել iii) ջնջել; վրան խաչ քաշել; գիծ քաշելով ջնջել iv) թեքվել; շեղվել *(մի կողմ)* v) դուրս գալ *(ճանապարհից)* vi) ազատել *(աշխատանքից)* **strike out** i) ջնջել; վրան գիծ քաշել ii) գնալ; ուղղվել; ուղղություն վերցնել; ուղևորվել iii) ամբողջ թափով/ուժով խփել iv) մտածելով հնարել/մշակել *(պլան)* **strike out a line for oneself** ինքնօրինակ լինել; որևէ նոր բան անել; արտասովոր վարք ու բարք ցուցաբերել **strike through** ամբողջությամբ ջնջել; վրան խաչ քաշել **strike up** i) ետ մղել; կասեցնել; խափանել *(հարվածը)* ii) արագ կամ անսպասելի ծանոթություն հաստատել iii) սկսել նվագել *(նվագախմբի մասին)* **strike upon** i) վրան ընկնել *(լույսի մասին)* ii) գալ; հասնել; լսվել *(ձայնի/հնչյունի մասին)* **2** *noun* 1) գործադուլ 2) կոլեկտիվ մերժում *(որևէ բանի)* 3) բոյկոտ ◇ **buyer strike** գնորդների կողմից որոշ ապրանքներ կամ խանութներ բոյկոտի ենթարկելը 4) հանքի կամ նավթի հայտնաբերում; անսպասելի հաջողություն

a general strike ընդհանուր գործադուլ

How does it strike you? Ի՞նչ կարծիքի ես: Ի՞նչ տպավորություն ունես:

strike/be/come/go out on strike գործադուլ անել; գործադուլի ելնել

strike/striking force հարվածային/հարվածի պատրաստ ուժեր, բանակ

strike a bargain with sb մեկի հետ համաձայնագիր կնքել; մեկի հետ համաձայնության գալ

strike against long կարճ աշխատանքային օրվա պահանջով՝ գործադուլ անել

strike an average միջին թիվ հանել

strike at a line for oneself նոր/ինքնուրույն ուղիով գնալ; որևէ նոր բան անել

strike at the root of sth արմատին հարվածել; բնում խեղդել

strike fear/terror/alarm into sb վախով/սարսափով/ահով համակել մեկին

strike home նպատակակետին հարվածել; խորը խոցել; խիստ վիրավորել

strike it rich 1) հարուստ հանքավայր գտնել 2) արագ հարստանալ; անսպասելի հարստություն շահել

strike on/upon sth անսպասելի/հանկարծակի մի բան հղանալ *(միտք, ծրագիր և այլն)*

strike root արմատ ձգել/գցել; արմատակալել

strike sb down հարվածել; վայր գցել

strike sth off հարվածով պոկել

strike sth out/through ջնջել; խաչ/գիծ քաշել վրան

strike tents/camps վրանները հավաքել; կապկպել

strike twelve all at once անմիջապես ի ցույց հանել բոլոր ընդունակությունները; անմիջապես ցուցադրել բոլոր հնարավորությունները

wild strike չարտոնված գործադուլ

within striking distance հարվածելու հեռավորության վրա; շատ մոտ

strikebreaker *noun* գործադուլաբեկ; շտրեյկբրեխեր

strike pay *noun* արհմիության կողմից իր գործադուլավոր անդամներին վճարվող նպաստ

striker |ˈstrʌɪkə| *noun* 1) գործադուլավոր 2) մրճահար; կռանահար 3) *ռազմական* զարկան *(հրացանի)* 4) *ամերիկյան ռազմական* հանձնակատար զինվոր *(սպայի մոտ)*

striking |ˈstrʌɪkɪŋ| **1** *adjective* 1) զարմանալի; ապշեցուցիչ 2) *ռազմական* հարվածային; գրոհիչ; հարձակման **2** *noun* հարվածելը

string |strɪŋ| **1** *noun* 1) լար; նվագալար 2) պարան; թոկ; երիզ; ժապավենաթել 3) աղեղնալար 4) շարք; շարան 5) թել; թելաշար; շարան *(ուլունքի և այլն)* **2** *verb* (անցյալ **strung** |strʌŋ|) 1) լար գցել/քաշել; աղեղնալար կապել 2) կապել; հանգույց անել *(պարանով և այլն)* 3) ձգել; պրկել *(լարը)* 4) *փոխաբերական* խիստ լարել; գրգռել 5) շարել *(ուլունք թելի վրա)* 6) *ամերիկյան խոսակցական* խաբել • **string out** ձգել; պրկել **string up** i) լարել; գրգռել *(ջղերը և այլն)* ii) *ծածկալեզու* բարձրացնել *(կախաղան)*

have sb on a string մեկի կապերը/սանձը ձեռքին պահել; ամբողջովին իրեն ենթարկել մեկին; հպատակեցնել մեկին

have two strings to one's bow աղեղին երկու լար ունենալ նպատակին հասնելու համար; լրացուցիչ միջոց ունենալ նպատակին հասնելու համար

hold the purse strings քսակի կապիչը ձեռքին ունենալ; ծախսերը վերահսկել

keep harping on the same string նույն երգը երգել; շարունակ նույն բանը խոսել/գրել

no strings attached, without strings գործածման համար պայման չդնելով *(դրամական օգնության մասին)*

on a string հսկողության տակ

play upon sb's heart strings մեկի զգացմունքների հետ խաղալ

pull strings տակից իր գործը տեսնել

pull the strings թելերը ձիգ տալ; մարդկանց ղեկավարել խամաճիկների պես

string of pearls մարգարտի շարան

string people մարդկանց շարան; երկար շարք

the first/second string *մարզական* թիմի հիմնական/փոխարինող կազմը

the strings լարային գործիքները *(նվագախումբ)*

tied to one's mother's/wife's apron-strings մոր/կնոջ փեշից կպած

stringed |strɪŋd| *adjective* լարային; լարավոր

stringency *noun* խստություն; խստապահանջություն

stringent |ˈstrɪn(d)ʒ(ə)nt| *adjective* 1) խիստ; խստագույն; պարտադիր 2) նյութապես ծանր վիճակում գտնվող 3) դրամական միջոցների սուր կարիք ունեցող *(փողի բորսայի մասին)*

stringy |ˈstrɪŋi| *adjective* (**stringier**, **stringiest**) 1) թելաշատ; թելանման; ջլոտ *(մսի մասին)* 2) թանձր; ծոր տվող; մածուցիկ

strip¹ |strɪp| **1** *verb* (**stripped**, **stripping**) 1) շորերը հանել; մերկանալ 2) մերկացնել 3) ծածկույթը վերցնել 4) խլել; կողոպտել; պլոկել 5) պոկել; վրայից պոկել; մերկացնել; քերել 6) *ռազմական ծովային* զինաթափ անել **2** *noun* մերկանալը; մերկացում

be stripped of leaves տերևաթափ եղած; մերկ; տիփ-տկլոր

strip sb of sth մեկին զրկել մի բանից

strip sth/sb off 1) հանել; բացել; մերկացնել 2) զրկել

strip sth down շարժական բոլոր մասերը հանել; տկլորացնել *(մեքենայի մասին)*

strip² |strɪp| *noun* 1) նեղ շերտ *(թղթի, գործվածքի և այլնի)* 2) ժապավեն 3) նեղ հողաշերտ; ոչ մեծ հողամաս/հողակտոր ◇ **air/landing strip** *օդագնացության* թռիչքի և վայրէջքի հրապարակ; մեկնուղի; թռիչքուղի

stripe |strʌɪp| **1** *noun* 1) զոլ; շերտագիծ; շերտ 2) *ռազմական* նշանաքուղ; տրեզ; ուսաթել; տրեզե անկյունավոր հեծանակ *(զինվորի թևքի վրա)* 3) լամպաս *(անդրավարտիքի գունաժապավեն)* ◇ **get one's stripes** աստիճան ստանալ 4) (**stripes**) մտրակի հարվածներ; ծեծ 5) *խոսակցական* (**stripes**) վագր **2** *verb* զոլել; շերտավորել

striped |strʌɪpt| *adjective* զոլավոր; զոլերով; շերտավոր

stripling |ˈstrɪplɪŋ| *noun* կատակային պատանի; դեռահաս

stripper |ˈstrɪpə| *noun* 1) ինչ-որ բան մաքրող սարք 2) ներկը մաքրող սարք 3) մերկապարուհի; մերկապարող

stripy |ˈstrʌɪpi| (նաև **stripey**) *adjective* զոլավոր

strive |strʌɪv| *verb* (անցյալ **strove** |strəʊv| կամ **strived**; անցյալ դերբայ **striven** |ˈstrɪv(ə)n| կամ **strived**) 1) ջանալ; աշխատել; ջանք գործ դնել; ճիգ թափել ◇ **strive for peace** պայքարել հանուն խաղաղության; խաղաղության ձգտել 2) (**strive with/against**) կռվել; պայքարել *(մի բանի դեմ)*

stroke |strəʊk| **1** *noun* 1) հարված 2) *բժշկություն* կաթված; նոպա *(հիվանդության)* 3) թափ; թափով վեր շարժում *(թիերի)* 4) բացվածքի լայնություն *(թևերի)* 5) շարժում *(ձեռքերի)* 6) *գեղանկարչություն* գիծ; վրձնախազ; վրձնահարված; նրբագիծ 7) քայլ 8) զարկ *(ժամացույցի)* 9) շոյում; շոյելը; փաղաքշելը **2** *verb* շոյել; փաղաքշել

a stroke of diplomacy դիվանագիտական ժեստ/քայլ/արարք

at one stroke միանգամից; մի հարվածով; առանց հապաղելու

finishing strokes ավարտական վրձնահարվածներ

have a stroke of paralysis կաթված ստանալ

heat stroke ջերմահարված

put sb off his stroke ուշադրությունը շեղել; ստիպել, որ դադար տա

stroke on the wrong way թարս շոյել; հանգստացնելու փոխարեն զայրույթ պատճառել

stroke sb down շոյել; հանգստացնել; խաղաղեցնել մեկին

with one stroke of the pen գրչի մեկ հարվածով

stroll |strəʊl| **1** *verb* 1) զբոսնել; ճեմել; թափառել 2) ներկայացումներ տալով շրջել **2** *noun* 1) զբոսանք 2) հեշտ հաղթանակ

stroller |ˈstrəʊlə| *noun* 1) զբոսնող 2) թափառաշրջիկ; շրջմոլիկ 3) շրջիկ դերասան

strong |strɒŋ| *adjective* (**stronger** |ˈstrɒŋgə|, **strongest** |ˈstrɒŋgɪst|) 1) ուժեղ; զորեղ 2) պինդ; ամուր 3) հաստատուն; հաստատ; կայուն *(համոզմունքի մասին)* 4) առողջ; եռանդուն 5) բարձր; ուժեղ *(ձայնի մասին)* 6) թունդ *(թեյի/սուրճի մասին)* 7) ոգելից; թունդ *(խմիչքի մասին)* 8) կծու; սուր; բարկահամ *(պանրի մասին և այլն)* 9) խիստ; վճռական; կտրուկ

as strong as a horse ձիու պես ուժեղ
by/with a strong hand, by/with a strong arm ուժեղ ձեռքով; վճռականորեն
come/go it rather strong բավականին/մի քիչ հեռու գնալ; չափն անցնել
going strong *խոսակցական* նույն եռանդով շարունակել *(մրցավազքը, որևէ գործ և այլն)*
one's strong point մեկի ուժեղ կողմը
strong language կոպիտ; վիրավորական; հայհոյանքի խոսքեր
strong-minded վճռական; ուժեղ կամքի տեր

strongbox |ˈstrɒŋbɒks| *noun* անկիզելի/չհրկիզվող պահարան; երկաթապահարան; սեյֆ

stronghold |ˈstrɒŋhəʊld| *noun* պատվար; ամրոց; միջնաբերդ; հենարան

strong-minded *adjective* ազդեցության չենթարկվող; վճռական

strontium |ˈstrɒntɪəm|, |ˈstrɒnʃ(ɪ)əm| *noun* *քիմիա* ստրոնցիում

strop |strɒp| **1** *noun* 1) սրոցափոկ; հեսանափոկ *(ածելին սրելու համար)* 2) *ծովային* առասան; քարշափոկ **2** *verb* (**stropped**, **stropping**) սրել; հեսանել *(ածելին՝ սրոցափոկով)*

structural |ˈstrʌktʃ(ə)r(ə)l| *adjective* 1) կառուցվածքային 2) շինարարական; կառուցողական; կառուցման

structure |ˈstrʌktʃə| **1** *noun* 1) կառուցվածք; կարգ; հասարակարգ; կազմություն 2) կառույց; կառուցվածք; շենք 3) շինություն **2** *verb* կառուցել; կառուցվածք հաղորդել

struggle |ˈstrʌg(ə)l| **1** *verb* 1) պայքարել 2) դիմադրել; պաշտպանվել; աշխատել ազատվելու 3) աշխատել; ջանալ; ջանք գործադրել 4) դժվարությամբ ճանապարհ հարթել; ճանապարհ բանալով դուրս գալ 5) (**struggle through**) ճեղքելանցնել **2** *noun* 1) պայքար 2) լարում; ջանք; ճիգ 3) բախում 4) շատ դժվարին խնդիր

class struggle դասակարգային պայքար
life and death struggle կենաց և մահու պայքար
struggle for peace պայքար խաղաղության համար
the struggle for existence գոյապայքար; գոյության պայքար

strum |strʌm| **1** *verb* (**strummed**, **strumming**) ծնգծնգացնել; ճնկճնկացնել *(երաժշտական գործիք)* **2** *noun* ծնկծնկոց; ճնկճնկոց

strut |strʌt| **1** *noun* 1) հենակ; նեցուկ; մույթ; դիմհար 2) հպարտ քայլվածք **2** *verb* (**strutted**, **strutting**) 1) հպարտ/վեհականերպ տեսքով քայլել 2) նեցուկ/դիմհար/հենարան դնել

stub |stʌb| **1** *noun* 1) կոճղ; բողբուկ 2) կտոր; բեկոր *(ատամի)* 3) մատիտի կոծուկ 4) ծխուկ; ծխածի մնացորդ **2** *verb* (**stubbed**, **stubbing**) 1) արմատախիլ անել; արմատով հանել 2) ոտքը որևէ կոշտ բանի խփել 3) ծխուկը հանգցնել

stubble |ˈstʌb(ə)l| *noun* 1) խոզան; հնձած արտ 2) կարճ կտրած/խուզած մազեր 3) երկար ժամանակ չսափրած մորուք

stubborn |ˈstʌbən| *adjective* 1) համառ; կամակոր 2) հաստատակամ; համառ 3) ծանր; մնայուն

stubby |ˈstʌbi| *adjective* (**-bier**, **-biest**) 1) կոճղոտ; կոճղերով պատած 2) կոճղանման; քոթուկանման 3) կարճ ու հաստ; պնդակազմ

stucco |ˈstʌkəʊ| **1** *noun* սվաղ; ծեփ **2** *verb* (**-coes**, **-coed**) սվաղել; ծեփել

stuck-up *adjective* *խոսակցական* մեծամիտ; գոռոզ; ինքնագոհ

stud¹ |stʌd| **1** *noun* 1) կոճակ; ճարմանդ 2) մեծ գլխով մեխ *(որպես զարդ)* **2** *verb* (**studded**, **studding**) 1) մեխեր խփել *(որպես զարդարանք)* 2) ցրել; շաղ տալ; ծածկել; ցանել

stud² |stʌd| *noun* (նաև **stud farm**) ախոռ; ձիանոց; ձիաբուծարան

student |ˈstju:d(ə)nt| *noun* 1) ուսանող 2) ուսումնասիրող *(որևէ բան)*

studentship *noun* 1) ուսանող լինելը; ուսանողություն 2) կրթաթոշակ

stud horse *noun* ազնվացեղ/ցեղական հովատակ

studied *adjective* 1) կարդացած; գիտակ; տեղյակ; իրազեկ 2) մտածված; կանխամտածված; դիտավորյալ; շինծու; սարքած

studio |ˈstju:dɪəʊ| *noun* (հոգն. **-os**) 1) արվեստանոց; ստուդիա *(քանդակագործի, գեղանկարչի)* 2) արհեստանոց; ատելյե 3) կինոստուդիա

studious |ˈstju:dɪəs| *adjective* 1) աշխատասեր; ջանասեր 2) հոգատար 3) գիտությամբ զբաղված 4) դիտավորյալ; կանխամտածված

studiously *adverb* 1) ուշադիր կերպով; ճշգրտորեն 2) ջանասիրաբար 3) դիտավորությամբ; միտումնավոր կերպով

study |ˈstʌdi| **1** *noun* (հոգն. **studies**) 1) ուսումնասիրում; ուսումնասիրություն; հետազոտություն; զբաղվելը; պարապելը *(որևէ գիտությամբ)* 2) ուսումնասիրության առարկա 3) (*սովորաբար* **studies**) ուսումնառություն; ուսում; պարապմունքներ 4) գիտություն; գիտության բնագավառ 5) գիտական աշխատություն; մենագրություն 6) ուրվագիծ; ակնարկ 7) *արվեստ* ուրվագիծ; էտյուդ; էսքիզ 8) *երաժշտություն* էտյուդ 9) աշխատասենյակ **2** *verb* (**studies**, **studied**) 1) ուսումնասիրել; հետազոտել; դիտել; զննել 2) պարապել; սովորել; մտավոր աշխատանք կատարել 3) հոգալ; հոգ տանել; ձգտել; ջանալ ◇ **study out** պարզել; պարզաբանել; վերլուծել. **study up** քննության պատրաստվել

be in a brown study մտքերով տարված լինել; շուրջը ոչ որի չնկատել; շուրջը ոչինչ չնկատել; իր մտքերի մեջ խորասուզված լինել
make a study of հետազոտել; մանրամասն ուսումնասիրել

stuff |stʌf| **1** *noun* 1) նյութ; նյութեղեն; հումք 2) բան 3) բրդյա կտոր 4) անպետք բան; հնոտի **2**

verb 1) խցել; փակել; կալնել 2) լցնել; խորիզել; խճողակել 3) ներս խցկել; մտցնել; ներս ճխտել 4) շատ/ագահաբար ուտել 5) *խոսակցական* խաբել

doctor's stuff *խոսակցական* դեղ; դեղամիջոց

Do your stuff. Ցույց տուր, թե ինչի ես ընդունակ: Կարողություններդ մեջտեղ հանիր:

green/garden stuff բանջարեղեն

know one's stuff իր գործը լավ իմանալ; իր գործի վարպետը/տերը լինել

raw stuff հումք

stuff and nonsense դատարկ խոսակցություն; դատարկ/պարապ խոսք; անհեթեթություն

Stuff it/sth. *ծածկալեզու* Վարվիր ինչպես ուզում ես: Գործածիր ինչի համար ուզում ես

stuff sth with/into sth/stuff sth up ամուր սեղմելով լցնել մի բանի մեջ

write sob stuff սենտիմենտալ/զգայացունց/զգացմունքային պատմություններ գրել

stuffing |ˈstʌfɪŋ| *noun* 1) լիցք; լցվածք; խծկոնք *(ներքնակի, բարձի և այլնի)* 2) լցոն; խճողակ; խորիզ

knock the stuffing out of sb 1) գոռոզությունը կոտրել 2) հյուծել; թուլացնել *(հիվանդության մասին)*

stuffy |ˈstʌfi| *adjective* (**stuffier**, **stuffiest**) 1) տոթ; ծանր; հեղձուկ 2) խիստ; խստաբարո; բծախնդիր

stultify |ˈstʌltɪfʌɪ| *verb* (**-fies**, **-fied**) 1) մեկին իբրև ծիծաղելի ներկայացնել; մեկին հիմար դուրս բերել 2) ոչնչի հանգեցնել; ի չիք դարձնել *(ջանքերը, նվաճումները և այլն)* 3) *իրավունք* ապացուցել անմեղսունակությունը

stumble |ˈstʌmb(ə)l| **1** *verb* 1) սայթաքել; գայթել 2) *փոխաբերական* սխալվել; սխալ թույլ տալ; վրիպում կատարել 3) կմկմալ; կակազել 4) խարխափել • **stumble across/on/upon** անսպասելի մի բան գտնել; մի բանի հանդիպել **stumble along** ոտները քարշ տալով/սայթաքելով գնալ; կաղալ; կաղին տալ **stumble at** կասկածել; կասկած ունենալ; թերահավատություն զգալ *(մեկի կամ մի բանի նկատմամբ)* **stumble upon** մի բանի դեմ առնել **2** *noun* 1) սայթաքում; սայթաքելը; կակազում; կմկմոց; կմկմալը; դանդաղում; դանդաղելը. կանգ առնելը 2) սխալ քայլ; վրիպում

stumbling block *noun* գայթակղության քար; արգելք; խոչընդոտ

stump |stʌmp| **1** *noun* 1) կոճղ 2) ծայրատ ոտք/ձեռք; անդամահատված վերջավորություն; բեկոր; կտոր 3) կրծուկ *(մատիտի)* 4) ծխուկ 5) մնացորդ 6) *կատակային* (**stumps**) ոտքեր ◊ **stir one's stumps** շարժվել; ժամ գալ; շտապել 7) կրիկետի դարպասի ցցաձող ◊ **draw stumps** խաղը վերջացնել *(կրիկետում)* **2** *verb* 1) ծանր քայլել; ոտքերը քարշ տալով գնալ 2) *խոսակցական* անելանելի դրության մեջ դնել; փակուղու մեջ դնել 3) քարոզչական շրջագայություն կատարել

stump something up *բրիտանական խոսակցական* գումար վճարել

stumpy |ˈstʌmpi| *adjective* (**stumpier**, **stumpiest**) կարճ ու հաստ; պնդակազմ; կարճահասակ

stun |stʌn| *verb* (**stunned**, **stunning**) 1) շշմեցնել; խլացնել *(հատկապես գլխին հարվածելով)* 2) ցնցել; շշմեցնել; շփոթեցնել; ապշեցնել

stunning |ˈstʌnɪŋ| *adjective* 1) շշմեցուցիչ; ապշեցուցիչ; սքանչելի; ցնցող; զարմանահրաշ 2) հիանալի; հոյակապ; շշմեցնող

stunt¹ |stʌnt| *verb* 1) աճը/զարգացումը դանդաղեցնել 2) փչացնել; ավերել

stunt² |stʌnt| **1** *noun* *խոսակցական* ճարպիկ հնարք; անպարարություն **2** *verb* հնարքներ/անպարարություն անել

stuntman |ˈstʌntmæn| *noun* (հոգն. **-men**) վտանգավոր դերահատվածներ կատարող *(տղամարդ)*

stupe¹ |stju:p| *հնացած* **1** *noun* *բժշկություն* տաք թրջոցալաթ; ջերմաթրջոց; խաշիլ **2** *verb* թրջոցալաթ դնել; ջերմաթրջոցով/խաշիլով բուժել

stupe² |stju:p| *noun* *խոսակցական* հիմար; ապուշ

stupefaction |-ˈfækʃ(ə)n| *noun* ընդարմացում; անզգայացում; փայտացում

stupefy |ˈstju:pɪfʌɪ| *verb* (**-fies**, **-fied**) 1) ապշեցնել; շշմեցնել; խիստ զարմացնել 2) միտքը բթացնել

stupendous |stju:ˈpɛndəs| *adjective* *խոսակցական* զարմանալի; հիանալի; ապշեցուցիչ; հսկայական; վիթխարի

stupid |ˈstju:pɪd| **1** *adjective* (**-pider**, **-pidest**) 1) բութ; բթամիտ; հիմար; ղմբո 2) բթացած; շշմած **2** *noun* *խոսակցական* բութ մարդ

stupidity |-ˈpɪdɪti| *noun* հիմարություն; բթություն

stupor |ˈstju:pə| *noun* ընդարմացում; շշմածություն; թմրություն; անզգա վիճակ

sturdy |ˈstə:di| **1** *adjective* (**-dier**, **-diest**) 1) ուժեղ; ամրակազմ; առողջ 2) կայուն; տոկուն; համառ; դիմացկուն 3) վճռական **2** *noun* *կենսաբանություն* վերտիգո; գլխապտույտ *(ոչխարների հիվանդություն)*

sturgeon |ˈstə:dʒ(ə)n| *noun* *կենդանաբանություն* թառափ *(ձկնատեսակ. ընտանիք Acipenseridae)*

stutter |ˈstʌtə| **1** *verb* կակազել; կմկմալ; կապ ընկնել **2** *noun* կակազում; կակազելը; կմկմոց; կմկմալը

stutterer *noun* կակազ; կակազող մարդ

Stuttgart |ˈʃtʊtgɑ:t|, |ˈʃtʊtgært| Շտուտգարտ *(քաղաք Գերմանիայի արևմուտքում)*

sty¹ |stʌɪ| **1** *noun* 1) խոզի բուն; խոզաբուն 2) *փոխաբերական* կեղտոտ տեղ **2** *verb* (**sties**, **stied**) *հնացած* խոզաբնում պահել *(խոզերին)*

sty² |stʌɪ| (նաև **stye**) *noun* (հոգն. **sties** կամ **styes**) գարեհատ; տիկնակլունձ

style |stʌɪl| **1** *noun* 1) ոճ 2) ուղղություն; դպրոց *(արվեստի)* 3) եղանակ; ոճ *(կատարման)* 4) նրբագեղություն; պճնագեղություն; շքեղություն; փարթամություն; շուք; փայլ 5) նորաձևություն; ոճ; տարազ 6) տեսակ; տիպ 7) *հնացած* գրելու սրածայր փայտիկ; գրիչ *(հին հույների և հռոմեացիների)* 8) փորագրության ասեղ 9) *բժշկություն* ասեղ 10) տիտղոս 11) ճաշակ **2** *verb* ոճավորել; ոճ տալ; ձևավորել

drive up in style գալ/մոտենալ շքեղ մեքենայով

in style շքեղ ձևով; շքեղաշուք
the style is the man ոճն է քնորոշում մարդուն

stylish |ˈstʌɪlɪʃ| *adjective* պերճ; շքեղ; նրբագեղ; պճնազեղ; ոճավոր; նորաձև; մոդայիկ; գրավիչ

stylist |ˈstʌɪlɪst| *noun* 1) ոճաբան; ոճագետ 2) զարդարար; զարդագործ

stylistic |stʌɪˈlɪstɪk| *adjective* ոճական; ոճաբանական

stylistically *adverb* ոճի տեսանկյունից; ոճական տեսանկյունից

stylus |ˈstʌɪləs| *noun* (հոգն. **-li** |-lʌɪ|, |-liː| կամ **-luses**) 1) *տեխնիկա* գրանցող/վերարտադրող ծայր *(ձայնարկիչ սարքերում)* 2) պատմական փայտիկ *(մոմապատախտակի վրա գրելու համար)*

stymie |ˈstʌɪmi| *verb* (**-mies**, **-mied**, **-mying** կամ **-mieing**) *խոսակցական* արգելակել; ճանապարհը փակել

suasion |ˈsweɪʒ(ə)n| *noun* գրական անզլերեն համոզում; համոզելը; հորդորում; հորդորելը; հորդոր; խրատ

suave |swɑːv| *adjective* (**suaver**, **suavest**) մեղմ; բարեկիրթ; շատ քաղաքավարի; շողոքորթ

sub- |sʌb|, |səb| *prefix* ենթա-; ստորա- ◇ **subway** ստորերկրյա երկաթուղի/ճանապարհ. **sublieutenant** կրտսեր լեյտենանտ. **subcommittee** ենթակոմիտե; ենթահանձնաժողով. **subchloride** քլորի ենթօքսիդ. **suboxide** ենթօքսիդ

subclass |ˈsʌbklɑːs| *noun* կենսաբանություն ենթադաս

subcommittee |ˈsʌbkəmɪti| *noun* ենթահանձնաժողով

subconscious |sʌbˈkɒnʃəs| **1** *adjective* ենթագիտակցական **2** *noun* ենթագիտակցական ոլորտը

subcontinent |sʌbˈkɒntɪnənt| *noun* ենթամայրցամաք

subcontract 1 *verb* |sʌbkənˈtrækt| ենթապայմանագիր կնքել **2** *noun* |sʌbˈkɒntrækt| ենթապայմանագիր

subcutaneous |ˌsʌbkjuːˈteɪnɪəs| *adjective* կազմախոսություն, բժշկություն ենթամաշկային

subdivide |sʌbdɪˈvʌɪd| *verb* ստորաբաժանել

subdivision |ˈsʌbdɪvɪʒ(ə)n|, |sʌbdɪˈvɪʒ(ə)n| *noun* ստորաբաժանում

subdue |səbˈdjuː| *verb* (**-dues**, **-dued**, **-duing**) 1) ճնշել; խեղդել; հնազանդեցնել; ենթարկել 2) մեղմացնել; թուլացնել; խլացնել; իջեցնել *(ձայնը)* 3) կապել

subdued *adjective* 1) ճնշված; ընկճված; վհատ 2) խուլ; մեղմ *(ձայնի/գույնի մասին)*

subject 1 *noun* |ˈsʌbdʒɪkt| 1) առարկա; նյութ; թեմա; սյուժե; բովանդակություն *(խոսակցության, ուսումնասիրության և այլնի)* 2) պատճառ; առիթ 3) *քերականություն* ենթակա 4) հպատակ 5) անձ; անձնավորություն; մարդ 6) *փիլիսոփայություն* սուբյեկտ *(մտածող, գործող մարդ)* 7) *երաժշտություն* գլխավոր թեմա **2** *adjective* |ˈsʌbdʒɪkt| 1) (**subject to**) ենթակա; նախատրամադիր *(մի բանի)* 2) ենթակա; հպատակ; կախյալ **3** *adverb* |ˈsʌbdʒɪkt| դեպքում; պայմանով **4** *verb* |səbˈdʒɛkt| 1) հպատակեցնել; ենթարկել 2) ենթարկել *(գործողության, ազդեցության և այլնի)*

be subject for sth մի բանի պատճառ/առիթ/հանգամանք *(խղճալու, ծաղրելու, քննադատելու)*
change/drop the subject զրույցի նյութը փոխել
keep to the subject նյութից չշեղվել
on the subject of դրա վերաբերյալ; այդ կապակցությամբ
subject nations կախյալ պետություններ
subject to damage փչանալու ենթակա
subject to sth 1) հակում ունենալ; հակված լինել մի բանի 2) ենթարկվել; ենթակա լինել

subjection |səbˈdʒɛkʃ(ə)n| *noun* 1) ենթակայություն; ստորադասություն 2) նվաճում; ենթարկում; ենթարկելը

subjective |səbˈdʒɛktɪv| **1** *adjective* 1) սուբյեկտիվ; ենթակայական 2) *քերականություն* ենթակային հատուկ 3) ուղղական *(հոլովի մասին)* **2** *noun քերականություն* ուղղական հոլով

subjectively *adverb* ենթակայորեն; սուբյեկտիվ առումով

subject matter *noun* 1) թեմա; բովանդակություն; սյուժե *(գրքի, խոսակցության)* 2) առարկա; նյութ *(բանավեճի, քննարկման և այլնի)*

subjugate |ˈsʌbdʒʊgeɪt| *verb* նվաճել; հպատակեցնել; ստրկացնել

subjugation |-ˈgeɪʃ(ə)n| *noun* նվաճում; ենթարկում

subjunctive |səbˈdʒʌŋ(k)tɪv| *քերականություն* **1** *adjective* ստորադասական **2** *noun քերականություն* ստորադասական եղանակ

sublet 1 *verb* |sʌbˈlɛt|(**-letting**; անցյալ և անցյալ դերբայ **-let**) ենթավարձակալության տալ **2** *noun* |ˈsʌblɛt| 1) ենթավարձակալություն 2) *խոսակցական* ենթավարձակալության տրված ունեցվածք

sublime |səˈblʌɪm| **1** *adjective* (**-limer**, **-limest**) 1) բարձր; վեհ; վսեմ 2) գոռոզ; ամբարտավան 3) լիակատար **2** *verb* 1) բարձրացնել; վսեմացնել; ազնվացնել; իդեալականացնել 2) արտազատել 3) արտազատեցնել

subliminal |səˈblɪmɪn(ə)l| *adjective հոգեբանություն* 1) ենթագիտակցական 2) ենթագիտակցության վրա ազդող

submarine |ˈsʌbməriːn|, |sʌbməˈriːn| **1** *noun* սուզանավ; սուզանավակ **2** *adjective* ստորջրյա

submerge |səbˈməːdʒ| *verb* 1) սուզել; ընկղմել 2) սուզվել; ընկղմվել 3) ողողել; հեղեղել; ջրով ծածկել; ջրի տակ առնել

submergence *noun* 1) սուզում *(ջրի մեջ)* 2) սուզվելը; սուզված լինելը *(մտքերի մեջ)*

submersible |səbˈməːsɪb(ə)l| **1** *adjective* սուզվելու համար նախատեսված **2** *noun* սուզվելու սարք

submersion *noun* 1) սուզում 2) թաթախում

submission |səbˈmɪʃ(ə)n| *noun* 1) հնազանդություն; հպատակություն; հպատակվելը 2) դիմում; ներկայացում; ներկայացնելը *(քննության, փորձաքննության)*

submissive |səbˈmɪsɪv| *adjective* հլու; հնազանդ; խոնարհ; հեզ

submit |səbˈmɪt| *verb* (**-mitted**, **-mitting**) 1) հպատակվել; հնազանդվել; ենթարկվել 2) դիմել; ներկայացնել *(քննարկման, փորձաքննության)* 3) հարգանքով նշել; նկատել; հաստատել; պնդել

submit oneself to իրեն հանձնել; ենթարկվել *(ինչ-որ մեկի կամ ինչ-որ բանի)*

submit sb to sth մեկին մի բանի ենթարկել/հնազանդեցնել

submit to sb/sth հանձնվել; տեղի տալ; չդիմադրել

subordinate 1 *adjective* |səˈbɔːdɪnət| 1) ենթակա; ստորադաս 2) երկրորդական 3) *քերականություն* երկրորդական; ստորադաս *(նախադասության մասին)* **2** *noun* |səˈbɔːdɪnət| ստորադաս անձ; ստորադրյալ **3** *verb* |səˈbɔːdɪneɪt| ստորադրել; ենթակայության տակ դնել; ստորադասել; ենթարկել

subordinate clause *noun* *քերականություն* ստորադասական նախադասություն

suborn |səˈbɔːn| *verb* կաշառել *(կաշառելով հանցագործության կամ կեղծ վկայության մղել)*

subpoena |səˈpiːnə| *իրավունք* **1** *noun* (ամբողջությամբ **subpoena ad testificandum**) դատական ծանուցագիր **2** *verb* (**-nas**, **-naed**, **-naing**) դատարան կանչել

subscribe |səbˈskrʌɪb| *verb* 1) (**subscribe to**) բաժանորդագրվել *(թերթի, ամսագրի, կայքէջի)* 2) բաժանորդագրել 3) ստորագրել; ստորագրություն դնել *(որևէ բանի տակ)* 4) (**subscribe to**) միանալ; համաձայնվել *(կարծիքի և այլնի)* 5) դրամական նվիրատվություն անել; նվիրատվության մասնակցել

subscribe for a book գիրք բաժանորդագրվել

subscriber *noun* 1) բաժանորդ 2) ստորագրող անձ

subscription |səbˈskrɪpʃ(ə)n| *noun* 1) բաժանորդագրություն 2) ստորագրություն *(փաստաթղթի վրա)* 3) ստորագրում; ստորագրելը 4) անդամավճար

subsequent |ˈsʌbsɪkw(ə)nt| *adjective* հետագա; հաջորդ

subsequently *adverb* արդյունքում; այնուհետև; հետագայում

subserve |səbˈsəːv| *verb* աջակցել; նպաստել; օգտակար լինել

subservience *noun* 1) ստրկամտություն; ստրկահաճություն 2) օգտակարություն; պիտանիություն *(նպատակին)*

subservient |səbˈsəːvɪənt| *adjective* 1) ստրկամիտ; ստորաքարշ; քծնի 2) նվազ կարևոր; ենթակա 3) (**subservient to**) աջակցող; նպաստող; միջոց ծառայող

subset |ˈsʌbsɛt| *noun* ենթաբազմություն

subside |səbˈsʌɪd| *verb* 1) իջնել; պակասել; նվազել *(ջրի/ջերմության մասին և այլն)* 2) հանգստանալ; հանդարտվել *(փոթորիկի/հուզմունքի մասին և այլն)* 3) նստել; իջնել *(գետնի/շենքի/նույնքի մասին և այլն)* 4) իջնել; ընկղմվել *(նավի մասին)* ◇ **he subsided into an armchair** *կատակային* նա «ընկղմվեց» բազկաթոռի մեջ; նա «սուզվեց» բազկաթոռի մեջ

subsidence |səbˈsʌɪd(ə)ns|, |ˈsʌbsɪd(ə)ns| *noun* 1) անկում; պակասում; իջնելը *(ջրի մակարդակի, ջերմաստիճանի, ջերմության)* 2) նստելը; իջնելը *(գետնի և այլնի)* 3) հանգստանալը; հանդարտվելը *(փոթորիկի և այլնի)*

subsidiary |səbˈsɪdɪəri| **1** *adjective* 1) օժանդակ; լրացուցիչ; երկրորդական 2) դրամական նպաստ ստացող; դրամական նպաստով պահպանվող/գոյատևող 3) դուստր *(ձեռնարկության մասին)* **2** *noun* (հոգն. **-aries**) բաժանմունք; մասնաճյուղ

subsidize |ˈsʌbsɪdʌɪz| *verb* դրամական նպաստ տալ; դրամով օժանդակել

subsidy |ˈsʌbsɪdi| *noun* (հոգն. **-dies**) նպաստ; դրամատվություն; դրամական օժանդակություն; լրավճար

subsist |səbˈsɪst| *verb* 1) գոյություն ունենալ; լինել 2) (**subsist on**) ապրել; սնվել 3) (**subsist by**) ապրել; գոյությունը պահպանել 4) պահել; կիրառել 5) *իրավունք* ուժի մեջ լինել/մնալ

subsistence |səbˈsɪst(ə)ns| *noun* 1) գոյություն; կյանք; ապրելը 2) գոյության/ապրելու միջոցներ

subsoil |ˈsʌbsɔɪl| **1** *noun* ենթահող; հողի ստորին շերտ **2** *verb* մինչև ենթահողը հերկել

substance |ˈsʌbst(ə)ns| *noun* 1) նյութ; մատերիա 2) *փիլիսոփայություն* էություն; նյութ 3) էություն; իսկություն ◇ **in substance** ըստ էության; հիմնականում. **devoid of substance** հիմքից զուրկ; անհիմն 4) հիմք 5) բովանդակություն 6) իրականություն; իրական արժեք 7) կարողություն; հարստություն

substandard *adjective* 1) չափորոշիչին չբավարարող 2) (նաև **nonstandard**) ոչ սովորական; չընդունված

substantial |səbˈstænʃ(ə)l| *adjective* 1) էական; հիմնական; կարևոր; նկատելի; զգալի 2) իրական; փաստացի; փաստական; նյութական; իրեղեն 3) ամուր; պինդ; դիմացկուն 4) ունևոր; հարուստ 5) առատ *(սննդի մասին)*

substantially |səbˈstænʃ(ə)li| *adverb* 1) ըստ էության; էապես 2) զգալիորեն; զգալի չափով; մեծապես 3) ամուր կերպով

substantiate |səbˈstænʃɪeɪt| *verb* 1) հիմնավորել; փաստերով հաստատել; ապացուցել 2) իրականացնել; իրական դարձնել

substantive |ˈsʌbst(ə)ntɪv| **1** *adjective* |səbˈstæntɪv| ինքնուրույն; անկախ **2** *noun* *քերականություն* գոյական անուն

substitute |ˈsʌbstɪtjuːt| **1** *noun* 1) փոխարինող; փոխանորդ; փոխանյութ; փոխարինող/շինծու նյութ 2) տեղակալ; փոխարինող **2** *verb* 1) (**substitute for**) փոխարինել; տեղակալ լինել; տեղակալել 2) փոխարինել; տեղադրել; մի բանը մյուսի տեղը դնել

substitution *noun* 1) փոխարինում; փոխարինելը; տեղակալում; տեղակալելը 2) *մաթեմատիկա* տեղադրում; տեղադրելը; փոխարինում; փոխարինելը

substratum |sʌbˈstrɑːtəm|, |-ˈstreɪtəm| *noun* (հոգն. **-ta** |-tə|) 1) ենթաշերտ; ենթախավ; ենթահող 2) հիմք 3) *փոխաբերական* հիմունք 4) *փիլիսոփայություն* հիմք *(միասեռ երևույթների ընդհան-*

րության)

substructure |ˈsʌbstrʌktʃə| *noun* հիմք; ենթահիմք

subterfuge |ˈsʌbtəfju:dʒ| *noun* հնարք; խորամանկություն; խարդախություն

subterranean |ˌsʌbtəˈreɪnɪən| *adjective* 1) ստորգետնյա 2) ընդհատակյա; գաղտնի

subtitle |ˈsʌbtʌɪt(ə)l| **1** *noun* 1) ենթավերնագիր 2) ենթագիր *(կինոնկարի կադրի ներքևի մասում)* **2** *verb* 1) ենթագրեր դնել 2) ենթավերնագրեր դնել

subtle |ˈsʌt(ə)l| *adjective* (**-tler**, **-tlest**) 1) նուրբ; աննկատ; աննշմար; նրբին; անորսալի 2) նուրբ; թափանցիկ; նոսր *(բուրմունքի/մշուշի/օդի մասին և այլն)* 3) սուր; սրաթափանց; խորաթափանց *(ըմբռնողության/մտքի մասին)* 4) նուրբ; քնքուշ *(զգացմունքների մասին)* 5) նրբենի; նրբահամ; նրբաճաշակ 6) ճարպիկ; ճարտար 7) դժվար; խճճված *(հարց և այլն)* 8) *հնացած* խորամանկ; նենգ; շողոմ; փաղաքուշ; մեղուշ

subtlety |ˈsʌt(ə)lti| *noun* (հոգն. **-ties**) 1) նրբություն; աննկատելիություն 2) սրություն; ճկունություն; սրաթափանցություն; քնքշություն; նրբություն 3) նուրբ տարբերություն 4) ճարպկություն; ճարտարություն 5) խորամանկություն; նենգություն

subtotal |ˈsʌbtəʊt(ə)l| **1** *noun* ենթագումար; ենթաամբողջ *(գումար)* **2** *verb* (**-taled**, **-taling**; բրիտ. **-talled**, **-talling**) ենթագումար/ենթաամբողջը ստանալ **3** *adjective բժշկություն* 1) մասնակի *(վնասվածքի մասին)* 2) մասնակի *(գործողության մասին)*

subtract |səbˈtrækt| *verb մաթեմատիկա* հանել; պակասեցնել

subtraction *noun մաթեմատիկա* հանում

subtrahend |ˈsʌbtrəˌhɛnd| *noun մաթեմատիկա* հանելի

subtropical *adjective* մերձարևադարձային

suburb |ˈsʌbə:b| *noun* 1) արվարձան; քաղաքամերձ բնակավայր 2) (**suburbs**) արվարձաններ; շրջակայք; մերձակայք

suburban |səˈbə:b(ə)n| *adjective* 1) արվարձանային; քաղաքամերձ; արվարձաններում գտնվող 2) նեղ; սահմանափակ; գավառական; գավառաբարո

suburbia |səˈbə:bɪə| *noun* արվարձաններ

subversion |-ˈvə:ʃ(ə)n| *noun* գահընկեց անելը; գահընկեցություն; տապալում

subversive |səbˈvə:sɪv| **1** *adjective* 1) կործանարար; կործանիչ; ավերիչ; կործանաբեր 2) հակապետական; քայքայիչ **2** *noun* քայքայիչ գործունեությամբ զբաղվող անձ

subvert |səbˈvə:t| *verb* տապալել; կործանել; խորտակել; քայքայել; ավերել

subway |ˈsʌbweɪ| *noun* 1) գետնանցում; գետնանցք; գետնուղի; ստորանցք; ստորուղի; թունել 2) *ամերիկյան, կանադական* մետրոպոլիտեն; մետրո 3) ստորգետնյա գնացք

succeed |səkˈsi:d| *verb* 1) (**succeed in**) հաջողության հասնել; հաջողություն ձեռք բերել; հաջողվել ◇ **succeed in life** կյանքում հաջողություն ձեռք բերել; կարիերա անել; կյանքում առաջ գնալ; հաջողություն ունենալ; հաջողակ լինել 2) հետևել; հաջորդել; փոխարինել 3) (**succeed to**) ժառանգել

If at first you don't succeed, try, try, try again. *առած* Եթե առաջին անգամից հաջողության չես հասնում՝ փորձի՛ր, փորձի՛ր և կրկի՛ն փորձիր:

success |səkˈsɛs| *noun* 1) հաջողություն; առաջադիմություն; հաղթանակ; բարգավաճում 2) ճանաչում ունեցող մարդ 3) ընդունելություն գտած ստեղծագործություն; ճանաչում գտած գործ

be crowned with success հաջողությամբ պսակվել

giddy success գլխապտույտ հաջողություն; հաջողությունից խելքը թռցնել

He was a success as an actor. Նա հաջողակ/լավ դերասան էր:

ill success անհաջողություն

Nothing succeeds like success. *առած* Հաջողությունը հաջողություն է բերում:

The book is a success. Գիրքը մեծ հաջողություն ունի:

The experiment was a success. Փորձը հաջող անցավ:

successful |səkˈsɛsfʊl|, |-f(ə)l| *adjective* 1) հաջող; նպաստավոր 2) երջանիկ; հաջողակ; բախտավոր; բարեբախտ

succession |səkˈsɛʃ(ə)n| *noun* 1) հաջորդականություն; մեկը մյուսին հետևելը/հաջորդելը; անընդհատ շարք 2) հաջորդականություն; ժառանգորդություն 3) ժառանգելու իրավունք; գահաժառանգման կարգ/հերթականություն

in succession իրար հետևից; մեկը մյուսի հետևից

succession duty ժառանգած հարստության եկամտահարկ

successive |səkˈsɛsɪv| *adjective* 1) հաջորդող; ետևից եկող; հետագա 2) հաջորդական; չընդհատվող; մեկը մյուսին հաջորդող 3) ժառանգորդ

successor |səkˈsɛsə| *noun* 1) հաջորդ; ժառանգորդ 2) հաջորդող; փոխարինող

succinct |səkˈsɪŋ(k)t| *adjective* սեղմ; հակիրճ

succor |ˈsʌkə| (*բրիտանական* **succour**) **1** *noun* 1) օգնություն 2) ռազմական օգնություն/աջակցություն **2** *verb* օգնել; օգնության հասնել

succulence *noun* հյութեղություն; մսոտություն

succulent |ˈsʌkjʊl(ə)nt| **1** *adjective* հյութեղ; հյութալի; հյութառատ **2** *noun բուսաբանություն* հյութալի բույս

succumb |səˈkʌm| *verb* 1) պարտվել; հաղթվել; զիջել; տեղի տալ; չդիմանալ ◇ **succumb to temptation** գայթակղության ենթարկվել 2) չդիմադրել; դիմադրությունը դադարեցնել 3) մեռնել *(որևէ բանից)*

such |sʌtʃ| *adjective, predeterminer, pronoun* 1) այսպիսի; այդպիսի; այնպիսի ◇ **such as** այնպիսին, ինչպիսին; ինչպես օրինակ 2) այսպիսինը; այդպիսինը; նմանը ◇ **all such** այդպիսի մարդիկ. **and such** *խոսակցական* և նմանները; և նման բաներ. **such as** *բանաստեղծական* նրանք, ովքեր. **as such** որպես այդպիսին; ըստ էության. **such that**

այնքան, որ

suck |sʌk| **1** *verb* ծծել; ներծծել; քաշել • **suck at** ծծել; ծծելով զբաղվել; քիչ-քիչ ծծել *(ծխամորճը և այլն)* **suck in** i) ներս ծծել; ներս քաշել; կլանել; կուլ տալ *(հորձանուտի/ճահճի մասին)* ii) յուրացնել; ներընկալել *(գիտելիքներ, գաղափարներ)* **suck out** i) ծծել; դուրս քաշել ii) քաղել; ստանալ *(օգուտ)* **suck up** i) ներծծել; ծծել; ծծելով վերջացնել ii) կլանել **suck up to** *ծածկալեզու* քծնել; շողոքորթել; կեղծավորություն անել **2** *noun* 1) ծծում; ծծելը 2) կում; ումպ 3) ներծծում; ներծծելը; ներքաշում; ներքաշելը 4) *խոսակցական* (**sucks**) քաղցրեղեն; անուշեղեն; քաղցրավենիք

give suck *հնացած* ծիծ տալ; կաթ տալ

suck someone dry քամել/հյուծել/սպառել մեկին; ծծել մեկի պաշարները *(ֆիզիկական, հոգեկան)*

sucker |ˈsʌkə| **1** *noun* 1) ծծկեր; կաթնակեր 2) *խոսակցական* մակաբույծ; պարազիտ; ձրիակեր 3) *տեխնիկական* պոմպի մխոց 4) *խոսակցական* հեշտությամբ խաբվող մարդ 5) *խոսակցական* սառնաշաքար 6) *բուսաբանություն* ցռուկ; ցրդենի **2** *verb* 1) *բուսաբանություն* ցռուկներ տալ 2) խաբել մեկին

suckle |ˈsʌk(ə)l| *verb* 1) ծիծ տալ 2) կերակրել *(կրծքով)*

suckling |ˈsʌklɪŋ| *noun* ծծկեր; կաթնակեր; ծծկեր երեխա

suction |ˈsʌkʃ(ə)n| **1** *noun* ծծում; ներծծում **2** *verb* ներծծել

Sudan |suːˈdɑːn|, |-ˈdæn| (նաև **the Sudan**) Սուդան *(պետություն Աֆրիկայի հյուսիս-արևելքում)*

sudden |ˈsʌd(ə)n| **1** *adjective* հանկարծակի; անակնկալ; անսպասելի ◇ **he is sudden in his movements** նրա շարժումները կտրուկ են **2** *adverb բանաստեղծական խոսակցական* հանկարծակիորեն

all of a sudden հանկարծակի; անսպասելիորեն; անսպասելի կերպով

suddenly *adverb* հանկարծ; հանկարծակի; անսպասելիորեն; անակնկալ կերպով

suds |sʌdz| **1** *plural noun* 1) օճառաջուր; սապնաջուր 2) *խոսակցական* գարեջուր **2** *verb* օճառաջրով լվալ

sue |s(j)uː| *verb* (**sues**, **sued**, **suing**) 1) *իրավունք* դատական կարգով հետապնդել; դատական գործ հարուցել *(մեկի դեմ)* 2) խնդրել; աղերսել; դիմել 3) *հնացած* սիրահետել կնոջը

suede |sweɪd| *noun* թավշակաշի

suet |ˈs(j)uːɪt| *noun* երիկամաճարպ; փորոտիքի ճարպ; ճրագու

Suez Canal Սուեզի ջրանցք

suffer |ˈsʌfə| *verb* 1) տառապել; տանջվել 2) կրել; տանել; զգալ; ապրել; քաշել *(վիշտ, ցավ, վնաս և այլն)* 3) տուժել 4) դիմանալ; տանել; տոկալ; համբերել 5) *հնացած* մահապատիժ կրել; մահապատժի ենթարկել

suffer fools gladly հիմարների հետ համբերատար լինել

sufferance |ˈsʌf(ə)r(ə)ns| *noun* 1) հանդուրժողականություն; հանդուրժողություն; համբերատարություն 2) *հնացած* թույլտվություն; զանցառություն; զանցանքի նկատմամբ ներողամիտ լինելը

suffering *noun* տառապանք; նեղություն; զրկանք

suffice |səˈfaɪs| *verb* բավականացնել; բավարար լինել; բավարարել

Suffice it to say that. Բավական է ասել: Այսքանն էլ հերիք է:

sufficiency |səˈfɪʃ(ə)nsi| *noun* (հոգն. **-cies**) 1) բավարար լինելը 2) բավարար քանակություն 3) *հնացած* հմտություն; կարողություն

sufficient |səˈfɪʃ(ə)nt| *adjective* 1) բավականաչափ; բավարար 2) *հնացած* ձեռնահաս; հմուտ; կարող

Sufficient unto the day is the evil thereof. *աստվածաշնչային* Օրվա հոգսն էլ հերիք է օրվան:

sufficiently *adverb* 1) բավարար կերպով; բավարար չափով 2) կատարելապես; լիովին

suffix **1** *noun* |ˈsʌfɪks| *քերականություն* վերջածանց **2** *verb* |səˈfɪks| վերջածանց ավելացնել

suffocate |ˈsʌfəkeɪt| *verb* 1) խեղդվել; շնչահեղձ/շնչակտուր/շնչասպառ լինել 2) խեղդել; շնչահեղձ/խեղդամահ/հեղձամահ անել; խեղդելով սպանել

Suffolk[1] |ˌsʌfək| Սաֆոլկ *(կոմսություն Անգլիայի արևելքում)*

suffrage |ˈsʌfrɪdʒ| *noun* 1) ընտրական իրավունք; ձայնի իրավունք; ձայն; քվե ◇ **universal suffrage** ընդհանուր/հավասար ընտրական իրավունք. **household suffrage** ձայնի իրավունք բնակարանների վարձակալների համար 2) հավանություն; համաձայնություն

suffragette |ˌsʌfrəˈdʒɛt| *noun պատմական* սուֆրաժիստուհի; քվեի իրավունք պահանջող կին *(Անգլիայում XX դարի սկզբին կանանց ընտրական հավասար իրավունքներ տրամադրելու շարժման կողմնակից կամ մասնակից կին)*

suffuse |səˈfjuːz| *verb* 1) բխել; լցվել *(արցունքների մասին)* 2) տարածվել; պատել

Blush suffused her cheeks. Նրա այտերը շիկնեցին:

eyes suffused with tears արցունքներով լի աչքեր

The evening sky suffused with crimson. Երեկոյան երկինքը ծիրանի կապեց:

sugar |ˈʃʊgə| **1** *noun* 1) շաքար 2) քաղցր խոսքեր; շողոքորթություն; քծնախոսություն 3) *քիմիա* սախարոզա; բուսաշաքար **2** *verb* 1) շաքարել; վրան շաքար ցանել; թեթևակի քաղցրացնել; անուշացնել 2) շողոքորթել; քծնել; քաղցր-մեղցր խոսել; քաղցր խոսքեր ասել

All sugar and honey. Մեղր ու շաքար է: Մեղրածոր է *(կեղծավոր լեզու ունեցող մարդու մասին)*

beet sugar ճակնդեղի շաքար

cane sugar եղեգնաշաքար

Not made of sugar. Շաքարից չի շինված: Չի հալչի:

sugar-coated promises քաղցր-մեղցր խոստումներ

sugar beet *noun բուսաբանություն* շաքարի ճակնդեղ

sugar cane (նաև **sugarcane**) *noun* շաքարեդեգ

sugarloaf *noun* շաքարի գլուխ; մի գլուխ շաքար *(շաքարի կոնաձև կտոր)*

sugarplum |ˈʃʊɡəplʌm| *noun* կլոր սառնաշաքար

sugary |ˈʃʊɡ(ə)ri| **1** *adjective* 1) շաքարահամ; քաղցր; շաքարանման; շաքարային 2) շաքարաշատ; շաքարոտ; առատ շաքար պարունակող 3) քաղցր-մեղցր; շողոքորթ; շողոմ **2** *noun* արաբերեն շնորհակալություն

suggest |səˈdʒɛst| *verb* 1) առաջարկել; խորհուրդ տալ 2) ենթադրել; ընդունել; հնարավոր համարել 3) միտք ներշնչել; մտքի բերել; ակնարկել; հուշել

suggestion |səˈdʒɛstʃ(ə)n| *noun* 1) խորհուրդ; առաջարկություն; ակնարկ 2) միտք ներշնչելը; մտքեր առաջացնելը 3) ենթադրություն

suggestive |səˈdʒɛstɪv| *adjective* 1) մտքեր առաջացնող; մտածել ստիպող 2) որևէ անվայել բան ակնարկող; անպարկեշտ մտքեր առաջացնող; անպարկեշտ; անվայել

suicidal |s(j)uːɪˈsʌɪd(ə)l| *adjective* 1) ինքնասպանական; ինքնակործան 2) մահացու; սպանիչ; կործանարար; կորստաբեր

suicide |ˈs(j)uːɪsʌɪd| **1** *noun* 1) ինքնասպանություն; անձնասպանություն 2) ինքնասպան; անձնասպան **2** *verb* ինքնասպանություն գործել

commit suicide ինքնասպանություն գործել; ինքնասպան/անձնասպան լինել

economic suicide տնտեսական անկում; կործանում

political suicide քաղաքական ինքնասպանություն

Suisse |sHis| Շվեյցարիա *(ֆրանսերեն անվանումը)*

suit |s(j)uːt| **1** *noun* 1) կոստյում ◇ **dress suit** ֆրակ. **two-piece suit** կանացի կոստյում *(շրջազգեստ և ժակետ)*. **three-piece suit** երեք կտորից կանացի կոստյում *(շրջազգեստ, բլուզ և ժակետ)*. **a suit of dittoes** ամբողջ կոստյում *(նույն գործվածքից)* 2) ամբողջական կոստյում *(պիջակ, շալվար/տաբատ, բաճկոն)* 3) լրակազմ; կոմպլեկտ ◇ **out of suits** աննման; բաժան 4) *թղթախաղ* համագույն խաղաթուղթ ◇ **long suit** մի ձեռք ուժեղ խաղաթուղթ *(չորս կամ ավելի համագույն խաղաթուղթ մի խաղացողի ձեռքին)*. **short suit** թույլ խաղաթուղթ. **follow suit** *փոխաբերական* համագույն խաղաթղթով խաղալ; մեկի օրինակին հետևել; ընդօրինակել 5) խնդիրք; խնդրագիր; դիմում; միջնորդություն 6) *իրավունք* (նաև **lawsuit**) դատավեճ; հայց; դատական գործ ◇ **bring a suit** հայց ներկայացնել; դատական գործ սկսել 7) դատավարություն 8) հարսնախոսություն; խնամախոսություն; ամուսնության առաջարկ **2** *verb* 1) հարմար լինել; համապատասխանել; պահանջները բավարարել ◇ **suit oneself** իր ճաշակով ընտրել. **That date will suit.** Այդ ժամկետը հարմար է: 2) օգտակար լինել 3) սազել 4) հարմարեցնել

suitable |ˈs(j)uːtəb(ə)l| *adjective* հարմար; համապատասխան; սազական; վայելուչ

suitcase |ˈsuːtkeɪs|, |ˈsjuːt-| *noun* ճամպրուկ

suite |swiːt| *noun* 1) լրակազմ; համաքակազմ ◇ **suite of furniture** լրակազմ կահույք. **suite of rooms** սենեկաշարք; մի մարդու զբաղեցրած սենյակներ *(հյուրանոցում)* 2) *երաժշտություն* սյուիտ; շարերգ; շարանվագ 3) շքախումբ 4) բնակարան; սենյակներ

suited *adjective* (**suited to/for**) հարմար; պիտանի; համապատասխան

suitor |ˈs(j)uːtə| *noun* 1) խնդրատու; խնդրարկու 2) *իրավունք* հայցվոր; հայցատեր 3) երկրպագու; սիրահար 4) հեռանկարային գնորդ

sulfate |ˈsʌlfeɪt| (*բրիտանական* **sulphate**) *noun* *քիմիա* ծծմբաթթվական աղ; սուլֆատ; ծծմբատ

sulfur |ˈsʌlfə| (*նաև* **sulphur**) **1** *noun* 1) *քիմիա* ծծումբ 2) դեղնականաչավուն գույն; ծծմբի գույն **2** *verb* ծծումբով ծուխ տալ; ծծմբի ծխով վարակազերծել

sulfureous |sʌlˈfjʊərɪəs| (*բրիտանական* **sulphureous**) *adjective* 1) ծծմբային; ծծումբ պարունակող 2) դեղնականաչավուն

sulfuric |sʌlˈfjʊərɪk| (*բրիտանական* **sulphuric**) *adjective* ծծմբական; ծծմբի; ծծումբ պարունակող

sulk |sʌlk| **1** *verb* վիրավորվել; բարկանալ; նեղանալ; խռովել **2** *noun* վատ/մռայլ տրամադրություն ◇ **He is in the sulks.** Նա բարկացած է: Նա վատ տրամադրություն ունի:

sulky |ˈsʌlki| **1** *adjective* (**sulkier**, **sulkiest**) մռայլ; խոժոռ; մթնդած; բարկացած; վիրավորված; խռոված **2** *noun* (հոգն. **sulkies**) միտեղանի երկանիվ կառք

sullen |ˈsʌlən| **1** *adjective* 1) մռայլ; խոժոռ; ինքնամփոփ 2) մութ; մռայլ; չարագուշակ **2** *noun* *հնացած* վատ/ճնշված տրամադրություն

sully |ˈsʌli| *verb* (**-lies**, **-lied**) *բանաստեղծական հեգնական* արատավորել; մրոտել

sultan |ˈsʌlt(ə)n| *noun* սուլթան

sultana |sʌlˈtɑːnə| *noun* 1) սուլթանուհի; սուլթանի կին 2) անկորիզ չամիչ; քիշմիշ

sultry |ˈsʌltri| *adjective* (**-trier**, **-triest**) 1) տոթ; հեղձուկ; խեղդուկ; հեղձուցիչ *(եղանակի, օդի մասին)* 2) կրքոտ; կրակոտ *(բնավորության մասին և այլն)*

sum |sʌm| **1** *noun* 1) գումար; հանրագումար; ընդհանուր քանակ ◇ **sum total** ընդհանուր գումար. **in a lump sum** միանվագ *(վճարման մասին)* 2) էություն; բովանդակություն ◇ **in sum** վերջին հաշվով; մի խոսքով; կարճ ասած 3) թվաբանական խնդիր ◇ **be good in sums** թվաբանությունից ուժեղ լինել **2** *verb* (**summed**, **summing**) *տեխնիկական* 1) գումարել; հանրագումարի բերել; ամփոփել 2) (**sum to**) գումար կազմել • **sum up** հանրագումարի բերել; ամփոփել

Sumatra |sʊˈmɑːtrə| Սումատրա *(կղզի Մալայան կղզեխմբում)*

Sumer |ˈsuːmə| *պատմական* Շումեր

summarily *adverb* ամփոփ կերպով; կարճ

summarize |ˈsʌməraɪz| *verb* միագումարել; գումարել; ամփոփել; եզրափակել; միագումարի/հանրագումարի բերել

summary |ˈsʌm(ə)ri| **1** *noun* (հոգն. **-ries**) համառոտ շարադրանք; ամփոփում; ամփոփագիր

2 *adjective* կարճ; համառոտ; սեղմ

in summary կարճ ասած

summation |sʌˈmeɪʃ(ə)n| *noun* 1) ամփոփում; եզրափակում 2) գումարում

summer¹ |ˈsʌmə| **1** *noun* 1) ամառ 2) տարի *(կյանքի)* ◇ **a child of ten summers** տասը տարեկան երեխա **2** *verb* ամառն անցկացնել *(ինչ-որ տեղում)*

high summer ամռան եռուն շրջան

Indian summer ուշ ամառ; ոսկի աշուն *(մարդու կյանքի)*

summer time ամառային ժամանակ *(ժամացույցն առաջ գցելով)*

summer² |ˈsʌmə| (նաև **summertree**) *noun շինարարություն* 1) հեծան; մարդակ 2) բարավոր; դռնասեմ

summerhouse (նաև **summer house**) *noun* հովանոց; տաղավար

summer school *noun* ամառային դպրոց; ամառային դասընթաց *(որևէ համալսարանում դասախոսությունների դասընթաց՝ ամառային արձակուրդների ժամանակ)*

summertime |ˈsʌmətʌɪm| *noun* ամառային ժամանակ; ամառ; ամառվա ժամանակահատված

summit |ˈsʌmɪt| *noun* 1) գագաթ; կատար 2) *փոխաբերական* գագաթնակետ; սահման 3) *քաղաքականություն* գագաթաժողով; բարձր մակարդակի հանդիպում

summit talks/meeting բարձրագույն ղեկավարների հանդիպում; գագաթաժողով

summon |ˈsʌmən| *verb* 1) հրավիրել; հավաքել; գումարել *(ժողով)* 2) հավաքել *(ուժերը)* 3) կանչել; կոչել 4) պահանջել կատարելու *(որևէ բան)*

summons |ˈsʌm(ə)nz| **1** *noun* (հոգն. **-monses**) 1) կոչ; կանչ; ներկայանալու հրավեր *(հատկապես դատարան)* 2) կոչնագիր; դատական ծանուցագիր 3) հանձնվելու/անձնատուր լինելու առաջարկություն **2** *verb իրավունք* դատական ծանուցագրով դատարան հրավիրել

sumptuary |ˈsʌm(p)tjʊəri| *adjective պատմական* ծախսերին վերաբերող; ծախսերը կանոնավորող/կարգավորող

sumptuous |ˈsʌm(p)tjʊəs| *adjective* 1) շքեղ; թանկարժեք *(հագուստի մասին և այլն)* 2) ճոխ; փարթամ; մեծաշուք; հոյակապ

sun |sʌn| **1** *noun* 1) արև; արեգակ 2) արևի լույս; արևի ճառագայթներ 3) արևածագ կամ արևամուտ; մայրամուտ 4) *բանաստեղծական* օր; տարի **2** *verb* (**sunned**, **sunning**) 1) արևի տակ տաքանալ 2) արևին դեմ անել; արևի տակ դնել; արևի ազդեցությանը ենթարկել; արևին դնել ◇ **sun oneself** արևի տակ տաքանալ; արևառ լինել; թխանալ

against the sun ժամացույցի սլաքի հակառակ ուղղությամբ

bask in the sun արևի տակ տաքանալ; արևկող անել *(հատկապես կենդանիների մասին)*

Nothing new under the sun. *աստվածաշնչային* Արևի տակ ոչ մի նոր բան չկա:

place in the sun արևի տակ տեղ տալ/ունենալ; բարենպաստ պայմաններ մարդու զարգացման համար; բարենպաստ պայմաններ մարդու գործունեության համար

rise with the sun արևի հետ վեր կենալ

see the sun լույս տեսնել; լույս աշխարհ գալ; ծնվել

the midnight sun կեսգիշերային արևը *(երևում է հյուսիսային և հարավային բևեռաշրջաններում)*

The sun loses nothing by shining into a puddle. *առած* Արևը չի կեղտոտվում ջրափոսի վրա փայլելուց:

under the sun աշխարհիս երեսին; արևի տակ

with the sun ժամացույցի սլաքի ուղղությամբ

sunbathe |ˈsʌnbeɪð| *verb* արևի լոգանք ընդունել

sunbeam |ˈsʌnbiːm| *noun* արևի ճառագայթ

sunburn |ˈsʌnbəːn| **1** *noun* արևայրուկ; արևառություն; արևայրուքը; արևից առաջացած թխություն **2** *verb* (անցյալ և անցյալ դերբայ **-burned** կամ **-burnt**) 1) արևայրուքից տուժել 2) արևից կարմրել

Sunday |ˈsʌndeɪ|, |-di| **1** *noun* կիրակի ◇ **Show Sunday** տարեվերջյան հանդեսից առաջ վերջին կիրակին *(Օքսֆորդի համալսարանում)* **2** *adverb* կիրակի օրը

a month of Sunday երկար ժամանակամիջոց; մի ամբողջ հավերժություն

Sunday school կիրակնօրյա դպրոց *(եկեղեցում և այլն)*

Sunday school *noun* կիրակնօրյա դպրոց

sunder |ˈsʌndə| *verb բանաստեղծական* բաժանել; անջատել; խախտել; խզել *(բարեկամությունը)*

in sunder կտորների բաժանված; փշուր-փշուր

sundew |ˈsʌndjuː| *noun բուսաբանություն* ցողաբույս; ցողախոտ *(Drosera, ընտանիք Droseraceae)*

sundial |ˈsʌndʌɪəl| *noun* արևի ժամացույց

sundown |ˈsʌndaʊn| *noun* վերջալույս; արևամուտ; մայրամուտ

sundry |ˈsʌndri| **1** *adjective* տարբեր; զանազան; տեսակ-տեսակ ◇ **all and sundry** բոլորն առանց բացառության **2** *plural noun* այլևայլ բաներ; ամեն տեսակ բաներ; զանազան իրեր *(ոչ կորպաբար չնչին)*

sunfish |ˈsʌnfɪʃ| *noun* (հոգն. նույնը կամ **-fishes**) *կենդանաբանություն* արևաձուկ *(ընտանիք Molidae)*

sunflower |ˈsʌnflaʊə| *noun բուսաբանություն* արևածաղիկ *(Helianthus annus, ընտանիք Compositae)*

sunglasses |ˈsʌnglɑːsɪz| *plural noun* արևային ակնոց; արևապաշտպան ակնոց

sunken |ˈsʌŋk(ə)n| *adjective* 1) սուզված; ջրասույզ 2) կախված; կախ ընկած; փոս ընկած; ներհարած *(այտերի մասին)* 3) ներս ընկած; խոր ընկած *(աչքերի մասին)*

sunlight |ˈsʌnlʌɪt| *noun* արևի լույս

sunlit *adjective* լուսավորված

sunny |ˈsʌni| *adjective* (**-nier**, **-niest**) 1) արևոտ; պայծառ 2) *փոխաբերական* ուրախ; երջանիկ

sunny side up *ամերիկյան* միայն մի երեսը տապակած *(ձու)*

sunrise |ˈsʌnrʌɪz| *noun* արևածագ; արշալույս

sunset |ˈsʌnsɛt| *noun* արևամուտ; մայրամուտ

sunshade |ˈsʌnʃeɪd| *noun* հովանոց *(արևից պաշտպանվելու համար)*

sunshine |ˈsʌnʃʌɪn| *noun* 1) արևի լույս 2) պարզ/պայծառ եղանակ 3) *խոսակցական* ուրախություն; խնդություն; երջանկություն

sunspot |ˈsʌnspɒt| *noun* *աստղագիտություն* արևաբիծ; արևի բիծ

sunstroke |ˈsʌnstrəʊk| *noun* արևահարություն

suntan |ˈsʌntæn| **1** *noun* արևայրուք; արևառություն; արևից առաջացած թխություն **2** *verb* արևի տակ լինել/մնալ; արևայրուք ստանալ; արևառ լինել

sunup |ˈsʌnʌp| *noun* արևածագ

sup[1] |sʌp| **1** *verb* (**supped**, **supping**) *հնացած բարբառային* 1) գդալով ուտել; գդալել; կում անել; կում-կում խմել 2) ընթրել 3) ընթրիք տալ **2** *noun* կում; ումպ

sup[2] |sʌp| *verb* (**supped**, **supping**) *հնացած հազվադեպ* ընթրել

super |ˈsuːpə|, |ˈsjuː-| **1** *adjective* *խոսակցական* առաջնակարգ; բարձրորակ **2** *adverb* *խոսակցական* հատկապես; մասնավորապես **3** *noun* *խոսակցական* 1) վերակացու 2) ավելորդ/անցանկալի մարդ 3) նուրբ գործվածք

super- |ˈsuːpə|, |ˈsjuː-| *combining form* 1) մի բանից բարձր գտնվելը; վեր(ա)- ◇ **superlunar** վերլուսնային 2) մի բանից գերազանց լինելը ◇ **superabundant** գերառատ 3) շատ մեծ չափ/հզորություն ◇ **superpower** գերտերություն

superannuate |ˌs(j)uːpərˈænjʊeɪt| *verb* 1) ծերության պատճառով ծառայությունից արձակել/ազատել 2) թոշակի ուղարկել 3) վատ առաջադիմություն ունեցող տարիքանց աշակերտներին դպրոցից հեռացնել

superannuation |ˌsuːpərænjʊˈeɪʃ(ə)n|, |ˌsjuː-| *noun* 1) պաշտոնից ազատելը *(ծերության կամ ծառայության տարիները լրանալու պատճառով)* 2) սահմանային հասակ/տարիք 3) ծերության թոշակ

superb |suːˈpəːb|, |sjuː-| *adjective* հոյակապ; հիանալի; սքանչելի; բարձրորակ; առաջնակարգ

superbly *adverb* շքեղորեն; ճոխապես; հրաշալիորեն

supercargo |suːpəˈkɑːgəʊ|, |sjuː-| *noun* (հոգն. **-goes** կամ **-gos**) *ծովային* նավաբեռի համար պատասխանատու անձ; բեռնապատասխանատու *(առևտրական նավի վրա բեռնատիրոջ ներկայացուցիչը)*

supercilious |suːpəˈsɪlɪəs|, |sjuː-| *adjective* գոռոզ; ամբարտավան; մեծամիտ

superconductor |ˌsuːpəkənˈdʌktə|, |ˌsjuː-| *noun* *ֆիզիկա* գերհաղորդիչ

superficial |ˌsuːpəˈfɪʃ(ə)l|, |ˌsjuː-| *adjective* 1) մակերեսային; երեսի; դրսի; արտաքին; առերևույթ 2) *փոխաբերական* մակերեսային; ոչ խոր *(գիտելիքների/բնավորության մասին և այլն)*

superficiality |-ʃɪˈælɪti| *noun* մակերեսայնություն

superfine |ˈsuːpəfʌɪn|, |suːpəˈfʌɪn|, |sjuː-| *adjective* 1) բարձր տեսակի; ամենալավ որակի; գերընտիր 2) ամենանուրբ; նրբագույն; գերնուրբ

superfluity |ˌs(j)uːpəˈfluːɪti| *noun* (հոգն. **-ties**) 1) առատություն; լիառատություն 2) ավելցուկ; հավելորդ 3) ավելորդություն

superfluous |suːˈpəːflʊəs|, |sjuː-| *adjective* ավելորդ; անտեղի; չափից ավելի

superhuman |ˌsuːpəˈhjuːmən|, |ˌsjuː-| *adjective* գերմարդկային

by a superhuman effort գերմարդկային ճիգով

superimpose |ˌsuːp(ə)rɪmˈpəʊz|, |ˌsjuː-| *verb* 1) վրան դնել 2) նշանակել; նշանագծել; անցկացնել *(քարտեզի/պլանի վրա)*

superintend |suːp(ə)rɪnˈtɛnd|, |sjuː-| *verb* 1) ղեկավարել; կառավարել 2) վերահսկել

superintendence *noun* կառավարում; վերահսկում; վերակացություն

superintendent |suːp(ə)rɪnˈtɛnd(ə)nt|, |sjuː-| *noun* 1) կառավարիչ 2) ոստիկանական տեսուչ 3) վերակացու

Superior, Lake |suːˈpɪərɪə|, |sjuː-| Վերին լիճ *(լիճ Հյուսիսային Ամերիկայում՝ ԱՄՆ-ի և Կանադայի սահմանին)*

superior |suːˈpɪərɪə|, |sjuː-| **1** *adjective* 1) ավագ; վերադաս 2) գերազանց; հիանալի; լավագույն; բարձրագույն/ամենաբարձր որակի 3) գերազանցող; գերակշիռ ◇ **superior forces** գերակշիռ ուժեր 4) անմատչելի; անմերձենալի; ավելի բարձր; վեր կանգնած ◇ **be superior to prejudice** նախապաշարմունքներից վեր լինել 5) *կենդանաբանություն* վերին; մի այլ օրգանից վեր գտնվող 6) վերտողային **2** *noun* 1) պետ; վերադաս 2) մեկին մի բանում գերազանցող 3) վանահայր 4) մայրապետ 5) վերտողային տառ/նշան

superiority |suːˌpɪərɪˈɒrɪti|, |sjuː-| *noun* 1) ավագություն; ավագ լինելը *(պաշտոնով, կոչումով և այլն)* 2) գերազանցություն; առավելություն; գերակշռություն

superlative |s(j)uːˈpəːlətɪv| **1** *adjective* 1) բարձրագույն; ամենաբարձր; գերագույն; մեծագույն 2) *քերականություն* գերադրական **2** *noun* 1) *քերականություն* գերադրական աստիճան 2) գերադրական մակդիր

superman |ˈsuːpəmæn|, |ˈsjuː-| *noun* (հոգն. **-men**) գերմարդ

supermarket |ˈsuːpəmɑːkɪt|, |ˈsjuː-| *noun* ինքնասպասարկման խանութ; հանրախանութ

supernatural |ˌsuːpəˈnætʃ(ə)r(ə)l|, |ˌsjuː-| **1** *adjective* գերբնական **2** *noun* գերբնականը; գերբնական երևույթ

supernatural beings գերբնական/վերերկրային էակներ

supernatural phenomena գերբնական երևույթներ

supernova |ˌs(j)uːpəˈnəʊvə| *noun* (հոգն. **-novae** |-viː| կամ **-novas**) *աստղագիտություն* գերնոր աստղ

supernumerary |ˌs(j)uːpəˈnjuːm(ə)r(ə)ri| **1** *adjective* 1) արտահաստիքային; լրացուցիչ 2) ավելորդ 3) *թատրոն* անխոս *(դերասանի մասին)* **2** *noun* (հոգն. **-aries**) 1) արտահաստիքային աշխատող 2) *թատրոն* անխոս դերասան

superpower |ˈsu:pəpaʊə|, |ˈsju:-| *noun* 1) գերտերություն 2) գերհզորություն

superscribe |su:pəˈskrʌɪb|, |ˈsu:pəskrʌɪb|, |sju:-| *verb* մակագրել; հասցեագրել

supersede |ˌs(j)u:pəˈsi:d| *verb* 1) փոխարինել; տեղը դնել 2) դուրս մղելով փոխարինել; մեկի պաշտոնը գրավել

supersonic |su:pəˈsɒnɪk|, |sju:-| *adjective* գերձայնային

superstition |ˌsu:pəˈstɪʃ(ə)n|, |sju:-| *noun* 1) սնահավատություն; սնոտիապաշտություն 2) նախապաշարմունք

superstitious *adjective* սնոտիապաշտ; սնահավատ

superstructure |ˈsu:pəstrʌktʃə|, |ˈsju:-| *noun* 1) վերնաշինվածք; վերնակառույց; շենքի հիմքից վեր գտնվող մասը 2) *փիլիսոփայություն* վերնաշենք

supertax |ˈsu:pətæks|, |ˈsju:-| *noun* գերշահույթից գանձվող հարկ; լրացուցիչ եկամտահարկ

supervene |ˌs(j)u:pəˈvi:n| *verb* 1) հետևել; որևէ բանից հետո կատարվել; որևէ բանից հետո տեղի ունենալ 2) բխել; հետևել *(որևէ բանից)*

supervise |ˈsu:pəvʌɪz|, |ˈsju:-| *verb* 1) հսկել; վերահսկել; հետևել *(որևէ բանի)* 2) վարել; կառավարել; տնօրինել

supervision |-ˈvɪʒ(ə)n| *noun* վերահսկում; վերահսկողություն

supine |ˈs(j)u:pʌɪn| **1** *adjective* 1) դեմքով դեպի վեր պառկած 2) ծույլ; ալարկոտ; դանդաղկոտ; անաշխույժ; հույլ; անտարբեր **2** *noun* *քերականություն* սուպին *(լատիներենում)*

supper |ˈsʌpə| *noun* ընթրիք

sing for one's supper մեկի բարեհաճությանն արժանանալ՝ ծառայություն մատուցելով

supplant |səˈplɑ:nt| *verb* դուրս մղել; տեղը բռնել; դուրս մղելով փոխարինել; մեկի պաշտոնը գրավել

supple |ˈsʌp(ə)l| **1** *adjective* (**-pler**, **-plest**) 1) ճկուն; դյուրաթեք; առաձգական 2) ճկուն *(մտքի/խելքի մասին)* 3) զիջող; հարմարվող; համակերպվող 4) հաճոյակամ; հաճոյակատար; քծնող; շողոքորթ; ստորաքարշ **2** *verb* ճկուն/դյուրաթեք դարձնել

supplement **1** *noun* |ˈsʌplɪm(ə)nt| լրացում; հավելում; հավելված **2** *verb* |ˈsʌplɪmɛnt| |sʌplɪˈmɛnt| լրացնել; ավելացնել; պակասը լրացնել; լրացում կատարել

supplemental |-ˈmɛnt(ə)l| *adjective* լրացուցիչ; լրացնող

supplementary |ˌsʌplɪˈmɛnt(ə)ri| **1** *adjective* լրացուցիչ; հավելյալ **2** *noun* լրացուցիչ բան/անձ

supplementary angle *noun* *մաթեմատիկա* լրացնող անկյուն

suppliant |ˈsʌplɪənt| **1** *noun* խնդրատու; խնդրող; հայցող **2** *adjective* խնդրողական; հայցողական; աղաչական; աղերսական; պաղատական

supplicate |ˈsʌplɪkeɪt| *verb* հայցել; խնդրել; աղաչել; պաղատել; աղերսել; թախանձագին խնդրել

supplier *noun* մատակարար

supply[1] |səˈplʌɪ| **1** *verb* (**-plies**, **-plied**) 1) (**supply with**) մատակարարել 2) հայթայթել; տրամադրել; տալ 3) հոգալ; բավարարել *(կարիքը)* 4) լրացնել *(պակասը)* 5) փոխարինել **2** *noun* (հոգն. **-plies**) 1) մատակարարում; մատակարարելը; հայթայթում; հայթայթելը 2) պաշար 3) *տնտեսագիտություն* առաջարկ 4) (**supplies**) մթերք; պաշարեղեն; պարեն 5) *բրիտանական* (**supplies**) խորհրդարանի կողմից հաստատված դրամական հատկացումներ

an inexhaustible supply անսպառ պաշար

be/go on supply ժամանակավոր փոխարինել *(ուսուցչի, քահանայի և այլոց)*

in short supply պակաս; քիչ; հազվագյուտ

supply and demand պահանջարկ և առաջարկ

supply sth to sb, supply sb with sth մեկին մի բան տալ/մատակարարել

supply[2] |ˈsʌpli| *adverb* 1) ճկունությամբ 2) (նաև **supplely**) շողոքորթորեն; քծնաբար

support |səˈpɔ:t| **1** *verb* 1) պահել; կերակրել; ծախսերը հոգալ; ապրուստի միջոցներ հայթայթել 2) դիմանալ; պահել *(ծանրություն)* 3) պահել; թույլ չտալ վայր ընկնել; ամրացնել; դիմհար/հենարան դնել, տալ 4) խրախուսել; քաջալերել; ուժ տալ; զորավիգ լինել; օժանդակել; աջակցել 5) նյութական օժանդակություն ցույց տալ 6) պաշտպանել; աջակցություն ցույց տալ 7) տանել; համբերել; հանդուրժել; դիմանալ 8) հիմնավորել; համոզիչ դարձնել; ապացուցել; հաստատել **2** *noun* 1) պաշտպանություն; աջակցություն; օգնություն; օժանդակություն 2) հենարան; նեցուկ; զորավիգ; ապավեն; պատվար 3) նեցուկ; հենարան; դիմհար

supporter |səˈpɔ:tə| *noun* կողմնակից; հետևորդ; պաշտպան

supportive |səˈpɔ:tɪv| *adjective* աջակցող

suppose |səˈpəʊz| *verb* 1) ենթադրել; կարծել; հնարավոր համարել; ընդունել 2) ենթադրել; իբրև նախապայման ունենալ 3) *(հրամայական եղանակում արտահայտում է առաջարկություն)* 4) պատկերացնել; երևակայել

supposedly |səˈpəʊzɪdli| *adverb* ենթադրաբար; ենթադրությամբ; հավանաբար

supposition |ˌsʌpəˈzɪʃ(ə)n| *noun* ենթադրություն

on this supposition, on the supposition that... նման ենթադրության դեպքում; այն ենթադրությամբ, թե....

suppositious |ˌsʌpəˈzɪʃəs| *adjective* 1) կեղծ; շինծու 2) ենթադրական

suppress |səˈprɛs| *verb* 1) ճնշել; ընկճել *(ապստամբությունը և այլն)* 2) դադարեցնել; խափանել; առաջն առնել 3) զսպել; սանձել; խեղդել; խլացնել *(զգացմունքները, տնքոցը և այլն)* 4) արգելել; թույլ չտալ; արգելք դնել *(լրագրի/գրքի վրա)* 5) թաքցնել; լռության մատնել *(փաստը, ճշմարտությունը և այլն)*

suppression |səˈprɛʃ(ə)n| *noun* 1) ճնշում; ճնշելը; ընկճում; ընկճելը; զսպում; զսպելը 2) արգելում *(լրագրի, գրքի)* 3) լռելը, լռության մատնելը; թաքցնելը

suppurate |ˈsʌpjʊreɪt| *verb* թարախակալել; թարախածորել

suppuration |-ˈreɪʃ(ə)n| *noun* թարախակալում

supremacy |s(j)uːˈprɛməsi| *noun* գերիշխանություն; տիրապետություն; գերագույն իշխանություն

supreme |suːˈpriːm|, |sjuː-| *adjective* 1) գերագույն; բարձրագույն; վերին 2) մեծագույն; ամենամեծ 3) ծայրագույն; վերջին; կարևորագույն

Supreme Court *noun* Գերագույն դատարան *(ԱՄՆ-ի նահանգների մեծ մասում)*

supremely *adverb* վերին աստիճանի; ծայրաստիճան

surcharge |ˈsəːtʃɑːdʒ| **1** *noun* 1) ծանրաբեռնություն; գերբեռնվածություն; լրացուցիչ բեռ 2) գերածախս 3) լրացուցիչ վճար; վերադիր ծախս 4) տույժ; տուգանք **2** *verb* 1) լրացուցիչ գումար գանձել 2) գանձել *(տույժ և այլն)*

surcingle |ˈsəːsɪŋg(ə)l| *noun* փորքաշ; թափտուր; թամբակալ

sure |ʃʊə|, |ʃɔː| **1** *adjective* 1) համոզված; հավատացած; վստահ *(որևէ բանում)* 2) հաստատուն; անսասան; աներեր; ամուր 3) վստահելի; ապահով; անկասկած; անկասկածելի; անտարակուսելի; աներկբայելի; հաստատ **2** *adverb* *խոսակցական* իհարկե; անպայման; անշուշտ; անկասկած

As sure as eggs is eggs. Այնպես հաստատ, ինչպես մեկ անգամ մեկ:
be/feel sure about sth համոզված լինել մի բանում; կասկած չունենալ
be/feel sure of oneself ինքնավստահ; սեփական ուժերի վրա վստահ լինել
be sure վստահ/համոզված լինելու համար; իհարկե; անշուշտ
for sure անկասկած; անպայման
He is sure to come. Նա անպայման կգա:
make sure that..., make sure of sth հավաստիանալ; համոզվել, որ....
stand sure ամուր/հաստատուն կանգնել
sure as fate ճակատագրի պես ստույգ
sure enough *խոսակցական* իհարկե; իրոք; իսկապես; անկասկած

surely |ˈʃʊəli|, |ˈʃɔːli| *adverb* 1) անկասկած; անշուշտ; հաստատապես 2) վստահորեն

surety |ˈʃʊərɪti|, |ˈʃʊəti| *noun* (հոգն. **-ties**) 1) երաշխավոր; երաշխավորող անձ ◊ **stand surety for** երաշխավոր կանգնել; մեկի համար երաշխավոր լինել 2) *հնացած* վստահություն; համոզվածություն ◊ **of a surety** անկասկած 3) գրավ; երաշխիք

surf |səːf| **1** *noun* փրփրաքաշ/մեծ ալիք **2** *verb* 1) ալեվարել 2) *համակարգիչներ* կայքավարել

surface |ˈsəːfɪs| **1** *noun* 1) մակերես; մակերևույթ; երես 2) արտաքին կողմը; արտաքինը **2** *adjective* մակերեսի; մակերեսային; արտաքին **3** *verb* 1) ջրի երես դուրս գալ; ջրի մակերես բարձրանալ *(սուզանավի մասին)* 2) բացահայտ դառնալ 3) *խոսակցական* քնից արթնանալ

surfeit |ˈsəːfɪt| **1** *noun* 1) անչափավորություն *(հատկապես խմելու և ուտելու մեջ)* 2) գերհագեցում; մինչև հիվանդանալու աստիճան ուտելը/խմելը 3) ավելորդ քանակություն **2** *verb* (**-feited**, **-feiting**) 1) չափից ավելի կերակրել; գերսնել; գերսնելով վնասել 2) չափից շատ ուտել; շատակերություն անել 3) հագենալ; կշտանալ

surfer *noun* ալեվարող

surfing |ˈsəːfɪŋ| *noun* 1) *մարզական* ալեվարում 2) *համակարգիչներ* ցանցային ալեվարում; ալեվարում ցանցում

surge |səːdʒ| **1** *noun* 1) մեծ ալիք; կոհակ; ալեկոծություն 2) հանկարծակի աճ *(սովորաբար կարճատև)* 3) զգացմունքների հորձանք **2** *verb* 1) դիզվել; բարձրանալ; լեռնանալ; ուռչել *(ալիքների մասին)* 2) ալեկոծվել; ծփալ *(արտի մասին)* 3) խռնվել; խուռն բազմությամբ դուրս թափվել; լցվել *(ամբոխի մասին)* 4) հանկարծակի ավելանալ

surgeon |ˈsəːdʒ(ə)n| *noun* 1) վիրաբույժ 2) զինվորական բժիշկ

surgery |ˈsəːdʒ(ə)ri| *noun* (հոգն. **-geries**) 1) վիրաբուժություն 2) *բրիտանական* վիրաբուժական կաբինետ; վիրաբույժի ընդունարան

surgical |ˈsəːdʒɪk(ə)l| *adjective* 1) վիրաբուժական 2) բուժական *(հագուստ, հարմարանք)* 3) *փոխաբերական* ճշգրիտ

surgically *adverb* վիրաբուժական եղանակով

Suriname |ˌsʊərɪˈnæm|, |-ˈnɑːmə| (նաև **Surinam**) Սուրինամ *(պետություն Հարավային Ամերիկայում)*

surly |ˈsəːli| *adjective* (**-lier**, **-liest**) մռայլ; նրթոտ; խոժոռ; կոպիտ; անհիրավիր; ոչ սիրալիր

surmount |səˈmaʊnt| *verb* 1) հաղթահարել *(դժվարություններ, խոչընդոտ և այլն)* 2) (**be surmounted**) վերջավորվել; պսակվել; ծածկվել *(մի բանով)* 3) կատեցնել

surname |ˈsəːneɪm| **1** *noun* 1) ազգանուն 2) մականուն **2** *verb* մականուն տալ

surpass |səˈpɑːs| *verb* 1) գերազանցել; սպասածից ավելին լինել 2) առաջ անցնել; առաջ ընկնել *(մեկից)* 3) (**surpass oneself**) ինքն իրեն գերազանցել 4) (**surpassing**) անգերազանցելի

surplus |ˈsəːpləs| **1** *noun* ավելցուկ; հավելորդ; մնացորդ **2** *adjective* ավելորդ; ավելադիր; լրացուցիչ; հավելյալ

surprise |səˈprʌɪz| **1** *noun* 1) զարմանք 2) անսպասելիություն; անակնկալություն 3) անակնկալ բան ◊ **spring surprises** անակնկալներ անել **2** *verb* 1) զարմացնել; ապշեցնել; շշմեցնել 2) անակնկալի բերել ◊ **surprise in the act** հանցանքի մեջ բռնել; հանցագործություն կատարելիս բռնել

be surprised at sb զարմանալ մեկի վրա
surprise sb into doing sth հանկարծակի գրգռելով շտապեցնել մեկին մի գործ անելու/ձեռնարկելու; ստիպել; հարկադրել *(հանկարծակի բերելով)*
take/catch sb by surprise մեկին անակնկալի բերել
take a fort by surprise անսպասելի գրոհով գրավել ամրոց
the surprise of one's life ամենամեծ անակնկալը մարդու կյանքում

surprised *adjective* զարմացած

surprising *adjective* զարմանալի; անսպասելի

surrender |sə'rɛndə| **1** *verb* 1) անձնատուր լինել; հանձնվել 2) զիջել; ենթարկվել; տեղի տալ; նահանջել 3) մի բանից հրաժարվել **2** *noun* 1) հանձնում; հանձնելը; անձնատրություն; անձնատուր լինելը. կապիտուլյացիա 2) հրաժարում; հրաժարվելը *(մի բանից)*

No surrender!, Let us not surrender! Ոչ մի նեպքում: Եկե՛ք չհանձնվենք:

surrender at discretion հաղթողի գթասրտությանը հանձնվել

surrender oneself to տեղի տալ; անձնատուր լինել; տրվել *(ազդեցությանը, զգացմունքներին և այլն)*

surreptitious |ˌsʌrəp'tɪʃəs| *adjective* գաղտնի; ծածուկ; թաքուն

surreptitiously *adverb* գաղտնի; ծածուկ; գողունի; գաղտագողի

surrey |'sʌri| *noun* (հոգն. **-reys**) *պատմական ամերիկյան* թեթև քառանիվ երկտեղանի զբոսակառք

surrogate |'sʌrəgət| *noun* 1) փոխարինող; փոխանորդ 2) *ամերիկյան* ժառանգության և խնամակալության գործերով զբաղվող դատավոր

surround |sə'raʊnd| **1** *verb* 1) շրջապատել 2) շրջափակել 3) *ռազմական* պաշարել **2** *noun* շրջապատ; շուրջբոլորը; շրջակայք

surroundings |sə'raʊndɪŋz| *plural noun* 1) շրջակայք; մերձակայք 2) շրջապատ; միջավայր

surtax |'sə:tæks| *noun*ավելադիր հարկ; գերհարկ

surveillance |sə'veɪl(ə)ns|, |-'veɪəns| *noun* հսկողություն ◇ **under surveillance** հսկողության տակ *(ոստիկանության)*

survey **1** *verb* |sə'veɪ| 1) դիտել 2) զննել; ստուգել; քննել; ուսումնասիրել 3) հետազոտել; հետախուզել; ուշադիր դիտելով ծանոթանալ; հարցում անել 4) տեղագրական գծահանում կատարել; տեղահանում կատարել **2** *noun* |'sə:veɪ| 1) շուրջը զննելը; դիտում; զննում *(տեղանքի)* 2) դիտելով պատկերացում կազմելը 3) ուսումնասիրություն; հարցում; քննություն; ստուգում *(տեսողական և այլն)* 4) հետազոտում; հետազոտելը; հետախուզում; հետախուզելը *(տեղանքի)* 5) ամփոփում; ամփոփ տեսություն; ակնարկ; ուրվագիծ 6) տեղագրական գծահանում; տեղահանում 7) տեղանքի պլան/քարտեզ 8) տեղագրական վարչություն

surveyor |sə'veɪə| *noun* 1) տեսուչ; վերահսկիչ 2) հողաչափ; տեղագիր; տեղանքագիր

survival |sə'vʌɪv(ə)l| *noun* 1) կենդանի մնալը; ապրելը; գոյատևում; վերապրում; վերապրելը 2) վերապրուկ; մնացորդ

the survival of the fittest *կենսաբանություն* բնական ընտրություն; գոյության պայքար

survive |sə'vʌɪv| *verb* 1) կենդանի մնալ; ողջ մնալ; ապրել; վերապրել; փրկվել; ողջ մնալ; պրծնել 2) մեկից ավելի շատ ապրել; մեկից ավելի երկար գոյությունը պահպանել

survivor |sə'vʌɪvə| *noun* կենդանի մնացած անձ; փրկված/անձ; ողջակյաց անձ; վերապրող; վերապրած

susceptibility |səˌsɛptɪ'bɪlɪti| *noun* (հոգն. **-ties**) 1) դյուրընկալություն; ընկալունակություն 2) զգայունություն; դյուրազգացություն; զգայունակություն 3) գերզգայուն բնավորություն; գերզգայունություն 4) (**susceptabilities**) ցավոտ տեղը 5) *ֆիզիկա* զգայունություն *(գործիքի)*

susceptible |sə'sɛptɪb(ə)l| *adjective* 1) տպավորվող; դյուրազգաց; հեշտ ազդվող; զգայուն; դյուրազգաց 2) շուտ վիրավորվող 3) սիրահարկոտ; հեշտությամբ սիրահարվող 4) (**susceptible of**) որևէ բան թույլատրող; ենթակա; որևէ բանի ենթարկվող ◇ **a problem susceptible of solution** լուծում ունեցող խնդիր 5) տրամադիր; ընկալունակ

suspect **1** *verb* |sə'spɛkt| 1) կասկածել; կասկած ունենալ; վստահություն չունենալ 2) կասկածել; տարակուսել; երկմտել; վարանել **2** *noun* |'sʌspɛkt| 1) կասկածյալ; կասկածվող անձ 2) պատճառ **3** *adjective* |'sʌspɛkt| կասկածելի; կասկածի ենթակա

suspend |sə'spɛnd| *verb* 1) կախել; կախ տալ 2) հետաձգել; ընդհատել; դադարեցնել *(ժամանակավորապես)* 3) ժամանակավորապես հեռացնել; ազատել *(պաշտոնից և այլն)*

suspend disbelief ժամանակավորապես ընդունել/հավատալ

suspenders |sə'spɛndəz| *plural noun* *հիմնականում ամերիկյան* շալվարակալ; տաբատակալ

suspense |sə'spɛns| *noun* անորոշություն; անհայտություն; առկախություն; անհանգստություն; սպասողական վիճակ

keep sb in suspense անորոշ վիճակում պահել մեկին; անորոշության մեջ պահել մեկին

suspension |sə'spɛnʃ(ə)n| *noun* 1) կախում; կախելը; կախ տալը; կախոց; կախան 2) դադարեցում; դադարեցնելը; ընդհատում; ընդհատելը; դադարելը; ընդհատվելը; ժամանակավորապես կանգ առնելը 3) հետաձգում 4) *տնտեսագիտություն* վճարումների դադարեցում; սնանկություն 5) հեռացում; ազատում *(պաշտոնից)* 6) *քիմիա* կախույթ

suspension bridge *noun* կախովի կամուրջ

suspicion |sə'spɪʃ(ə)n| *noun* 1) կասկած; կասկածանք 2) թեթևակի հետք *(ինչ-որ բանի)*

above suspicion կասկածից վեր/դուրս

a suspicion of շատ թեթևակի համ/զգացում

be under suspicion կասկածի տակ լինել

on the suspicion of կասկածանքով; ենթադրությամբ

suspicious |sə'spɪʃəs| *adjective* 1) կասկածելի 2) կասկածոտ; կասկածամիտ

be/become/feel suspicious about/of sb/sth կասկածանքներ ունենալ; կասկածամիտ դառնալ

suspiciously *adverb* կասկածամտորեն

sustain |sə'steɪn| **1** *verb* 1) պահել; նեցուկ/հենարան լինել; կանգուն պահել 2) ուժ տալ; կազդուրել; պահպանել *(կյանքը, կենսունակությունը, գոյությունը)* 3) պահել; թույլ չտալ, որ ընդհատվի; շարունակել ◇ **sustain a conversation** զրույցը շարունակել 4) տանել; դիմանալ; տոկալ; ենթարկվել; կրել *(կորուստ, պարտություն և այլն)* 5) հաստատել; պաշտպանել; ապացուցել **2** *noun երաժշտություն* նոտայի հնչողության պահում

sustainability |-ˈbɪlɪti| *noun* կայուն/պահպանելի զարգացում; կայունություն

sustainable |səˈsteɪnəb(ə)l| *adjective* կայուն; պահպանելի ◇ **sustainable development** կայուն զարգացում

sustenance |ˈsʌst(ə)nəns|, |-tɪn-| *noun* 1) կենսամիջոց; գոյության/ապրուստի միջոց; գոյամիջոց 2) սնունդ; ուտելիք 3) սննդարարություն 4) պահում; պահելը; պահպանում; պահպանելը; պահպանություն

Sutlej |ˈsʌtlɪdʒ| Սութլեջ *(գետ Պակիստանի և Հնդկաստանի հյուսիսում)*

suture |ˈsuːtʃə| **1** *noun* 1) կար 2) *բժշկություն* կար դնելը 3) *բժշկություն* վերքը կարելու թել **2** *verb* կարել *(վերքը)*

suzerain |ˈsuːzəreɪn| *noun պատմական* 1) սյուզերեն; գերագույն ավատատեր; ավատիշխան 2) սյուզերենական/ավատիշխանական պետություն

Sverdlovsk |svɛːdˈlɒfsk| Սվերդլովսկ *(Եկատերինբուրգ քաղաքի նախկին (1924-1991 թթ.) անվանումը)*

Sverige |ˈsværjə| Շվեդիա *(շվեդերեն անվանումը)*

Svizzera |ˈzvittseræ| Շվեյցարիա *(իտալերեն անվանումը)*

SW *abbreviation* 1) southwest հարավ-արևմուտք 2) southwestern հարավ-արևմտյան

swab |swɒb| **1** *noun* շվաբր *(հատակը սրբելու ճիլոպից պատրաստված հարմարանք)* **2** *verb* (**swabbed**, **swabbing**) 1) (**swab down**) շվաբրով լվանալ 2) (**swab up**) շվաբրով սրբել/չորացնել

swaddle |ˈswɒd(ə)l| *verb* բարուրել; խանձարուրել

swag |swæg| **1** *noun* 1) *ծածկալեզու* կողոպուտ; թալան; ավար 2) *փոխաբերական* կաշառք; անազնիվ ճանապարհով ձեռք բերված եկամուտ 3) դրասանգ; ծաղկաշղթա 4) ծաղկաշղթաներով վարագույր **2** *verb* (**swagged**, **swagging**) 1) զարդարել ծաղկաշղթաներով 2) *ավստրալական* ճամփորդել իր ունեցվածքով 3) *բանաստեղծական* ծանրորեն կախված լինել

swagger |ˈswægə| **1** *verb* 1) ինքնագոհ տեսքով քայլել; իրեն երևակայել 2) (**swagger about**) պարծենալ; հոխորտալ; մեծ-մեծ բրդել **2** *noun* 1) ինքնագոհ քայլվածք; գոռոզություն; պարծենկոտություն; սնապարծություն 2) սանձարձակություն; անամոթություն; անպատկառություն **3** *adjective* *խոսակցական* շքեղ; նորաձև

swain |sweɪn| *noun հնացած* 1) գյուղացի ջահել տղա; գեղջուկ 2) *կատակային* սիրահար; երկրպագու

swallow[1] |ˈswɒləʊ| **1** *verb* 1) կուլ տալ; կլանել; կլլել 2) *փոխաբերական* կուլ տալ; անպատասխան թողնել; զսպել; ծածկել; թաքցնել *(վիրավորանքը, կատաղությունը և այլն)* 3) կլանել; իր մեջ ընդունել 4) սոսկ հավատալով ընդունել; հալած յուղի տեղ ընդունել **2** *noun* 1) կուլ տալը; կլանելը 2) կում; ումպ

He will swallow anything you tell him. Ինչ ասես նրան՝ կհավատա:

It is idle to swallow the cow and choke on the tail. *առած* Էշը կերել ես, պոչին՝ խռովել:

swallow an insult/affront վիրավորանքը կուլ տալ/հանդուրժել

swallow a story շատ հեշտորեն հավատալ որևէ պատմության; դյուրահավատ լինել

swallow one's words խոսքը հետ վերցնել

swallow sth whole անվերապահորեն հավատալ

swallow[2] |ˈswɒləʊ| *noun կենդանաբանություն* ծիծեռնակ *(ընտանիք Hirundinidae)*

One swallow does not make a summer. Մի ծաղկով գարուն չի գա:

swamp |swɒmp| **1** *noun* ճահիճ; մորուտ; խրուտ; ճահճուտ **2** *verb* 1) ողողել; ջրով ծածկել; հեղեղել; ջրի տակ առնել; ջրով լցնել; ճահճացնել; ճահճի վերածել 2) վրան տեղալ; տեղատարափ թափել; խեղդել; ծանրաբեռնել *(դիմումներով, նամակներով, աշխատանքով և այլն)*

swampy *adjective* ճահճոտ

swan |swɒn| **1** *noun կենդանաբանություն* կարապ **2** *verb* (**swanned**, **swanning**) *խոսակցական* ճեմել; սիգալ; սիգաճեմել *(հատկապես անհոգ կամ ցուցադրաբար)*

All his geese are swans. Նրա սագերը կարապներ են: Շատ պարծենկոտ է:

as graceful as a swan կարապի պես նրբագեղ

swan off/around ազատ ժամանակն անցկացնելու համար մի տեղ գնալ/շրջել/շրջագայել

swank |swæŋk| *խոսակցական* **1** *verb* պարծենալ; գլուխը գովել; մեծ-մեծ բրդել; իրեն երևակայել **2** *noun* պարծենկոտություն; ինքնագովություն; սնապարծություն **3** *adjective* տե՛ս **swanky**

swanky |ˈswæŋki| *adjective* (**swankier**, **swankiest**) *խոսակցական* 1) շքեղ; նորաձև; մոդայիկ; պճնամոլական 2) ինքնագոհ; ամբարտավան; պարծենկոտ

swansdown |ˈswɒnzdaʊn| (նաև **swan's down**) *noun* 1) կարապի աղվափետուր 2) խավոտ փափուկ բրդյա գործվածք

swan song |ˈswɒnsɒŋ| *noun* կարապի երգ *(վերջին երկ/գործ/ելույթ)*

swap |swɒp| (նաև **swop**) **1** *verb* (**swapped**, **swapping**) փոխանակել; փոխել **2** *noun* 1) փոխանակում 2) փոխանակված բան 3) ապրանքափոխանակություն 4) *ֆինանսներ* պարտավորությունների փոխանակում

sward |swɔːd| *noun* 1) սիզամարգ; գազոն; մարգագետին; ճիմահող; ճիմով ծածկված հողի շերտ 2) ճիմ; կունձղ; մարգասեզ

swarm |swɔːm| **1** *noun* 1) երամ; խումբ; հույլ; ամբոխ 2) (**swarms**) բազմություն; մեծ քանակություն 3) մեղվապարս; մեղվախումբ **2** *verb* 1) խռնվել; խմբվել; խմբերով շարժվել 2) զեռալ; վխտալ 3) *փոխաբերական* (**swarm with**) լիքը/լեփլեցուն լինել 4) պարս կազմել; պարսավորվել *(մեղուների մասին)* • **swarm up** մագլցել; բարձրանալ

swarthy |ˈswɔːði| *adjective* (**swarthier**, **swarthiest**) թուխ; թխագույն; թխադեմ; թխամորթ

swash¹ |swɒʃ| **1** *verb* 1) ճողփալ; ծփալ; ճողփացնել; ճողփյունով զարկել 2) *հնացած* ուժեղ հարվածել **2** *noun* 1) ճողփյուն; ճղփյուն; բախյուն 2) պլեբախություն; ափակոծություն; ուժեղ հոսանք

swash² |swɒʃ| *adjective տպագրություն* զարդարուն տառ; զարդագիր; զարդատառ

swashbuckler |ˈswɒʃbʌklə| *noun* 1) ավազակ; խուլիգան 2) պոռոտախոս; պարծենկոտ

swat |swɒt| **1** *verb* (**swatted**, **swatting**) հարված; շրմփոց; շպպոց **2** *noun* հարվածել; շպպացնել

swath |swɔ:θ|, |swɒθ| (նաև **swathe**) *noun* (հոգն. **swaths** կամ **swathes** |swɔ:θs|, |swɔ:ðs|, |swɒθs|) 1) հնձած խոտի շերտ/շեղջ 2) հնձաշերտ

swathe |sweɪð| **1** *verb* 1) վիրակապել; երիզակապել 2) պաթաթել **2** *noun* կապ; փաթաթան; վիրակապ

sway |sweɪ| **1** *verb* 1) ճոճել; օրորել; տատանել; տարուբերել 2) ճոճվել; օրորվել; տատանվել 3) ազդեցություն ունենալ 4) կառավարել; ղեկավարել; իշխել; տիրել **2** *noun* 1) ճոճում; ճոճվելը; օրորում; օրորվելը 2) ազդեցություն; տիրապետություն; իշխանություն; իշխելը; տիրելը

hold sway ազդեցություն ունենալ

swear |swɛ:| *verb* (անցյալ **swore** |swɔ:|; անցյալ դերբայ **sworn** |swɔ:n|) 1) երդվել 2) երաշխավորել 3) երդում տալ; ուխտադրել; հավատարմության երդում տալ 4) երդվեցնել 5) հայհոյել

swear at sb հայհոյել; անիծել; վատ խոսքեր ասել մեկին

swear a witness վկային երդվեցնել

swear by sth մի բանով երդվել; կուրորեն հավատալ

swear off sth երդվել/ուխտել մի բան չանել; խոսք տալ մի բան չանել

swear sb in պաշտոնի ընդունվելիս մեկին երդման բերել/երդվեցնել

swear sb to secrecy մեկին երդվեցնել, որ գաղտնիքը պահի

swear to sth երդմամբ հաստատել

sworn enemies երդվյալ թշնամիներ

sworn friends/brothers մտերիմ ընկերներ; շատ մոտ ընկերներ

swear word *noun* հիշոց; հայհոյանք

sweat |swɛt| **1** *noun* 1) քրտինք 2) *խոսակցական* երկյուղ; վախ; անհանգստություն 3) *խոսակցական* ծանր աշխատանք 4) քրտնելը; քրտնակալելը; խոնավանալը **2** *verb* (անցյալ **sweated** կամ **sweat**) 1) քրտնել 2) շատ աշխատել; ջանք թափել; չարչարվել; տքնել *(մի բանի վրա)* 3) շահագործել; քրտինք քամել 4) քրտնեցնել; հոգնեցնել; քշելով ուժասպառ անել *(ձին)* 5) քրտնել; քրտինքով ծածկվել; քրտնակալել; խոնավանալ; խոնավություն արտադրել 6) *տեխնիկական* (**sweat in/on**) զոդելով կպցնել; զոդակցել; զոդել

all of a sweat *խոսակցական* քրտինքի մեջ կորած

an old sweat *ծածկալեզու* հին զինվոր; աշխատանքում փորձված մարդ

be in a cold sweat սառը քրտինքի մեջ լինել; հուզված/վախեցած լինել

sweat blood *փոխաբերական* ստրուկի պես աշխատել/բանել/տքնել

sweated labour քրտնաջան աշխատանք; սևագործ բանվորություն

sweat out a cold քրտնելով բուժվել մրսածությունից

sweat shirt մարզիկների բամբակյա թևավոր շապիկ *(հատկապես մարզանքից առաջ և հետո հագնելու)*

sweater |ˈswɛtə| *noun* 1) սվիտեր *(անկոճակ գործված տաք հագուստ)* 2) անխնա շահագործող; շահագործելով ուժասպառ անող անձ

sweatshop |ˈswɛtʃɒp| *noun խոսակցական* բանվորների անխնա շահագործում; աշխատանքի քրտնաքամ եղանակ

sweaty |ˈswɛti| *adjective* (**sweatier**, **sweatiest**) քրտնքոտ; քրտնաթոր; քրտնած

Swede |swi:d| *noun* շվեդացի; շվեդ; շվեդուհի

Sweden |ˈswi:d(ə)n| Շվեդիա *(պետություն Սկանդինավյան թերակղզում)*

sweep |swi:p| **1** *verb* (անցյալ **swept** |swɛpt|) 1) արագությամբ անցնել; սլանալ 2) թափով խփվել; մի բանի բախվելով փշրվել *(ալիքների մասին)* 3) վրայով սրընթաց անցնել *(փոթորիկի մասին)* 4) ավլել; սրբել; մաքրել 5) ավլել-տանել; քշել-տանել; քանդել-տանել; ավերել; ոչնչացնել 6) շփել; քսել; վրայով տանել; ձեռք տալ; շոշափել; մատներով թեթևակի դիպչել *(դաշնամուրի ստեղնաշարին և այլն)* 7) վեհ տեսքով քայլել/անցնել 8) տարածվել; ձգվել 9) ընդգրկել; պարփակել; հայացքով ընդգրկել; հայացք գցել 10) համակել; տիրել; պատել *(զգացմունքների մասին)* 11) համակված լինել; լցվել *(սարսափով և այլն)* **2** *noun* 1) թափ վերցնելը; թափ առնելը; թափ; ուժ 2) *փոխաբերական* թափ; զարգացում; տարածում *(հիվանդության և այլնի)* 3) ավլում; ավլելը; սրբելը; մաքրում; մաքրելը 4) կոր գիծ; կոր; աղեղ; գալար; ոլորք; ոլորան; պտույտ *(ճանապարհի)* 5) ընդգրկում; տեսադաշտ; տեսածիր; հասողություն; սահմաններ 6) անընդհատ շարժում; հոսում 7) տարածություն; բացվածք 8) (նաև **chimney-sweep**) ծխնելույզ մաքրող

If every man would sweep his own doorstep the city would soon be clean. *առած* Եթե ամեն մարդ իր շեմն ավլեր, քաղաքը մաքուր կլիներ:

make a clean sweep (of sth) հանել-վաճառել ամեն ինչ; ազատվել ավելորդից

She swept out of the room. Նա վեհ կեցվածքով դուրս եկավ սենյակից:

sweep all before one անխափան/կայուն հաջողություն ունենալ

Sweep before your own door! Քո շեմը ավլի՛ր: Քո գործին կաց: Ուրիշի գործին մի՛ խառնվիր:

sweep sth up/away մաքրել; ավլել; փոշուց ազատվել

sweep the board 1) սեղանը սրբել; ողջ դրամը շահել *(թղթախաղում)* 2) շահել բոլոր մրցանակները; մեծ հաջողություն ունենալ

sweep under the carpet/rug թաքցնել; գաղտնի պահել; ծածկադմփոց անել

with one sweep մի թափով; մի շարժումով/հարվածով

sweeper |ˈswi:pə| *noun* 1) մաքրող անձ 2) մաքրող սարք

sweeping |ˈswiːpɪŋ| **1** *adjective* 1) լայն ընդգրկում ունեցող; արմատական; վճռական 2) տարածվող; լայնատարած 3) չափազանց ընդհանուր/ընդհանրացնող **2** *noun* աղբ; ավլած աղբ

sweet |swiːt| **1** *adjective* 1) քաղցր; անուշ 2) բուրավետ; հոտավետ; բուրումնալից 3) թարմ; չփչացած; չթթված 4) քաղցրահամ; անալի 5) քաղցր; քաղցրալուր; հաճելի; քնքուշ; սիրալիր; գրավիչ **2** *noun* 1) քաղցրություն; հաճելիություն 2) կոնֆետ 3) (**sweets**) քաղցրավենիք; քաղցրեղեն *(ճաշից հետո)* 4) (**sweets**) բուրմունք; բույր 5) (**sweets**) հաճույք; վայելք; բավականություն 6) սիրեկան; սիրունի; սիրելիս *(նաև որպես դիմելաձև)*

at one's own sweet will ինչպես քեֆը տա; ինչպես սիրտն ուզի; ինչպես խելքին փչի; ըստ իր կամքի

be sweet on sb *խոսակցական* համակրել/սիրահարվել մեկին

From the sweetest wine the tartest vinegar. *առած* Ամենաքաղցր գինուց ամենաթթուն քացախն է ստացվում:

have a sweet tooth քաղցրասեր/քաղցրակեր լինել

sweet as sugar շաքարի պես քաղցր

sweet sixteen անմեղ տարիքում *(աղջկա)*

the sweet and the bitter of life կյանքի ուրախությունները ու դառնությունները; կյանքի վիշտն ու ցավը

sweetbrier (նաև **sweetbriar**) *noun բուսաբանություն* մասրենի; փշավարդ; վայրի վարդ *(Rosa eleganteria, ընտանիք Rosaceae)*

sweeten |ˈswiːt(ə)n| *verb* քաղցրացնել; անուշացնել

sweetener |ˈswiːt(ə)nə| *noun* 1) քաղցրացնող նյութ 2) *խոսակցական* հրապուրիչ բան

sweetheart |ˈswiːthɑːt| *noun* սիրելի/թանկագին անձ; սիրեցյալ

sweetish *adjective* քաղցրավուն

sweetmeat |ˈswiːtmiːt| *noun հնացած* կոնֆետ; քաղցրեղեն

sweetness |ˈswiːtnɪs| *noun* 1) քաղցրություն 2) հաճելիություն

sweetness and light ներդաշնակություն; բարեկեցություն

sweet william (նաև **sweet William**) *noun բուսաբանություն* գուզածաղիկ; տաճկական մեխակ *(Dianthus barbatus, ընտանիք Caryophyllaceae)*

swell |swɛl| **1** *verb* (անցյալ դերբայ **swollen** |ˈswəʊlən| կամ **swelled**) 1) ուռչել; այտուցվել 2) փչել; ուռցնել; փչելով բարձրացնել/ուռցնել; ուռչել; փքվել; բարձրանալ; վարարել *(գետի մասին)* 3) *փոխաբերական* ուռցնել; ուռճացնել; չափազանցել; զգացմունքներով լցվել 4) ուժեղանալ; աճել; մեծանալ; աստիճանաբար ուժեղանալ/սաստկանալ *(հնչյունի մասին)* 5) ուժեղանալ և թուլանալ **2** *noun* 1) բարձրություն; բարձրավայր ◊ **the swell of the ground** բլուր; բլրակ 2) ուռուցք; այտուց 3) *երաժշտություն* հնչյունի ուժեղացում և թուլացում 4) թեթև ալեկոծություն/ծփանք; կոհակ 5) *խոսակցական* պճնամոլ 6) *խոսակցական* ջոջ; որևէ բնագավառում աչքի ընկնող մարդ **3** *adjective խոսակցական հնացած* պճնազեղ; շքեղ; հոյակապ; հիանալի; սքանչելի; գերազանց ◊ **swell society** բարձր հասարակություն **4** *adverb խոսակցական հնացած* հրաշալիորեն

come the heavy swell over sb հավակնոտ տեսք ընդունելով՝ փորձել ազդել մեկի վրա

have/suffer from a swollen head ուռած գլուխ ունենալ; ինքնահավան լինել; մեծամտության ցավով տառապել

He is a swell tennis player. Նա հոյակապ թենիս խաղացող է:

swell with pride հպարտությամբ լցվել; փքվել; գոռոզանալ

swelling |ˈswɛlɪŋ| *noun* 1) ուռուցք; այտուց 2) ուռուցիկություն; կորնթարդություն; ուռած տեղ

swelter |ˈswɛltə| **1** *verb* տոթից թուլանալ **2** *noun* տոթ; հեղձուկ օդ

swerve |swəːv| **1** *verb* մի կողմ թեքվել; կտրուկ շեղվել **2** *noun* կտրուկ դարձ; շեղում; մի կողմ թեքվելը

swift |swɪft| **1** *adjective* արագ; արագաշարժ; արագընթաց; սրընթաց; կարճատև; շուտ անցնող ◊ **swift anger** շուտ անցնող զայրույթ. **swift to anger** տաքարյուն; զայրացկոտ; շուտ բորբոքվող **2** *adverb բանաստեղծական* արագությամբ; արագորեն; արագ; շուտ-շուտ **3** *noun* 1) *կենդանաբանություն* ջրածիծառ *(ընտանիք Apodidae)* 2) թմբուկ *(թել փաթաթելու համար)*

Be swift to hear, slow to speak. Շատ լսի՛ր, քիչ խոսի՛ր:

swig |swɪɡ| *խոսակցական* **1** *verb* (**swigged**, **swigging**) կոնծել; խմել մեծ ումպերով *(ոգելից խմիչք)* **2** *noun* կում; ումպ *(ոգելից խմիչքի)*

swill |swɪl| **1** *verb* 1) ողողել; պարզաջրել; ջրով թեթև լվանալ 2) ագահաբար խմել **2** *noun* 1) ողողում; ողողելը; պարզաջրում; պարզաջրելը; ջրով թեթև լվանալը 2) լվացաջուր; կեղտաջուր 3) վատորակ խմիչք 4) մեծ ումպ

swim |swɪm| **1** *verb* (**swimming**; անցյալ **swam** |swæm|; անցյալ դերբայ **swum** |swʌm|) 1) լողալ; լող տալ; լողալով անցնել 2) ստիպել լողալ; լողալով մյուս ափը փոխադրել 3) լցված/ծածկված լինել *(մի բանով)* 4) լցվել; ծածկվել 5) գլխապտույտ զգալ; պտտվել *(գլխի մասին)* **2** *noun* 1) լողում; լողալը; լող տալը; լող 2) ձկներով առատ գետախորշ/ճախորշ 3) գլխապտույտ ունշաթափություն

be in of the swim գործից տեղյակ/իրազեկ լինել

be out of swim գործից անտեղյակ լինել

eyes swimming with tears արցունքով լցված աչքեր; արցունքաշաղախ աչքեր

go for a swim լողալու գնալ

in the swim իրադարձություններին տեղյակ

swim against the tide հոսանքի դեմ լողալ; մեծամասնությանը դեմ գնալ

swim like a brick/stone աղյուսի/քարի պես լող տալ; լող տալ չիմանալ

swim like a cork/duck/fish ձկան նման լող տալ; լավ լողալ իմանալ; լավ լողորդ լինել

swim with/in/on ծածկված/լցված լինել; մեջը լող տալ

swim with the tidestream հոսանքի հետ լողալ; մեծամասնության կողմը լինել

swimmer *noun* լողորդ

swimming bath *noun* ծածկած լողավազան

swimmingly |ˈswɪmɪŋli| *adverb* հարթ; սահուն կերպով; յուղի պես; առանց արգելքի

swimming pool *noun* լողավազան

swimsuit |ˈswɪmsuːt|, |-sjuːt| *noun* լողազգեստ; կանացի միակտոր լողազգեստ

swindle |ˈswɪnd(ə)l| **1** *verb* 1) խաբել 2) խաբեբայությամբ դուրս կորզել; խաբեբայությամբ շորթել *(դրամ, սեփականություն և այլն)* **2** *noun* խաբեբայություն; խաբեություն; դրամաշորթություն

swindle sth out of sb, swindle sb out of sth խաբել; խաբեությամբ դուրս կորզել *(դրամ և այլն)*

swindler *noun* խարդախ մարդ

swine |swʌɪn| *noun* (հոգն. նույնը) 1) խոզ 2) *խոսակցական* խոզ; փնթի/կեղտոտ մարդ

swineherd |ˈswʌɪnhəːd| *noun* *պատմական* խոզարած

swing |swɪŋ| **1** *verb* (անցյալ **swung** |swʌŋ|) 1) ճոճել; օրորել; տատանել; թափահարել; տարուբերել 2) ճոճվել; օրորվել; տատանվել; տարուբերվել 3) կախել; կախ տալ; կախաղան բարձրացնել; կախաղանի վրա ճոճվել; կախվել 4) համաչափ քայլով գնալ 5) պտտել; շրջել **2** *noun* 1) ճոճվելը; տատանվելը; տարուբերվելը 2) օրորում; օրորելը; ճոճում; ճոճելը; տատանում; տատանելը; տարուբերում; տարուբերելը 3) ճոճանակ; ճոճ; ճլորթի 4) ռիթմ; շարժման պարբերություն

be in full swing բուռն/եռուն շրջանում լինել; ընթացքի մեջ լինել

go with a swing 1) լավ ռիթմ ունենալ *(բանաստեղծության, երաժշտության և այլնի մասին)* 2) հաջողությամբ կատարվել; լավ անցնել *(ներկայացման, տոնախմբության մասին)*

in full swing գործողությունների գագաթնակետին

no room to swing a cat in ասեղ գցելու տեղ չկա; շարժվելու տեղ չկա

swing for sb/sth *խոսակցական* կախաղան հանվել *(սպանության և այլնի համար)*

swipe |swʌɪp| *խոսակցական* **1** *verb* 1) ուժգին հարված տալ 2) գողանալ 3) մագնիսական քարտը էլեկտրոնային սարքի մեջ անցկացնելը **2** *noun* 1) ուժգին հարված 2) հարձակում; քննադատություն

swipe card *noun* մագնիսաժապավենով քարտ

swirl |swəːl| **1** *verb* 1) ջրապտույտ/հողմապտույտ առաջացնել; հորձանուտում պտտվել; մրրկանման պտտվել 2) ջրի վրա հետք թողնել **2** *noun* 1) ջրապտույտ; հորձանուտ 2) պտտում; պտտվելը; հողմապտույտ; պտուտահողմ; պտտահողմ; մրրիկ 3) ջրափոսեր; ձագարափոսեր *(ջրի վրա)* 4) նավահետք *(ջրի վրա)* 5) ծխի քուլաներ

swish |swɪʃ| **1** *verb* 1) օդը սուլոցով ճեղքել 2) ծեծել; ձաղկել *(մտրակով)* **2** *noun* 1) շաչյուն; սուլոց 2) *արհամարհական* կնաբարո տղամարդ; միասեռական տղամարդ; արվամոլ **3** *adjective* 1) *խոսակցական* կնաբարո 2) *բրիտանական խոսակցական* գրավիչ; հմայիչ

Swiss |swɪs| **1** *adjective* շվեյցարական **2** *noun* (հոգն. նույնը) շվեյցարացի

switch |swɪtʃ| **1** *noun* 1) ճիպոտ; վարոց; շիվ; մտրակ 2) *էլեկտրականություն* անջատիչ; փոխարկիչ; հոսանքափոխիչ; հոսանքադարձ 3) *երկաթուղային* ուղեփոխ սլաք 4) կեղծ հյուս/ծամ; կեղծամ *(խսկականն մազերի հետ հյուսվող)* **2** *verb* 1) մտրակել; խարազանել; ճիպոտով/վարոցով խփել 2) թափահարել; թափ տալ; տարուբերել 3) ուղղությունը/ընթացքը արագ փոխել 4) *երկաթուղային* գնացքի գիծը փոխել 5) *փոխաբերական* այլ ուղղություն տալ *(խոսակցությանը և այլն)* 6) *էլեկտրականություն* փոխարկել; հոսանքափոխել *(էլեկտրականությունը)* 7) միացնել; անջատել ◊ **switch off** հոսանքը/լույսն անջատել; անջատել; ավարտանշան տալ *(հեռախոսի)*. **switch on** i) հոսանքը/լույսը միացնել; բաժանորդին միացնել *(հեռախոսով)* ii) բաժանորդի հեռախոսը միացնել

switchboard |ˈswɪtʃbɔːd| *noun* *էլեկտրականություն* բաշխասարք; բաշխատախտակ; բաշխման տախտակ; հեռախոսները միմյանց միացնելու հարմարանք

swoon |swuːn| **1** *verb* 1) գիտակցությունը կորցնել; ուշաթափվել; ուշագնաց լինել; նվաղել 2) աստիճանաբար մարել/նվազել/խլանալ *(հնչյունի մասին)* **2** *noun* նվաղում; ուշագնացություն

swoop |swuːp| **1** *verb* 1) սլանալ; ցած նետվել *(թռչնի մասին)* 2) վրա տալ; հարձակվել; հարձակում գործել 3) հափշտակել; վրա պրծնել ու տանել **2** *noun* հափշտակում; խլում

sword |sɔːd| *noun* 1) սուր; թուր; սուսեր 2) *բանաստեղծական* (**the sword**) ռազմական ուժ; բռնություն; կործանում

A sword does not cut its sheath. *առած* Թուրն իր պատյանը չի կտրի:

at the point of the sword թրի ծայրը դեմ տված; սպառնալիքի տակ

cross swords with sb թրերը խաչել; վիճաբանել/վիճել մեկի հետ

draw the sword սուրը դուրս քաշել

Poke no fire with a sword. Կրակը թրով մի՛ խառնիր: Կրակին յուղ մի՛ լցրու:

put to the sword սրի քաշել; սպանել *(հատկապես պատերազմում)*

sheathe the sword սուրը պատյանը դնել; ավարտել պատերազմը

the sword of Damocles *դիցաբանություն* դամոկլեսյան սուրը; գլխին կախված վտանգ/սպառնալիք

Who ever draws his sword against the prince must throw the scabbard away. Արքայազնի վրա սուր քաշողն այլևս պատյանի կարիք չի ունենա:

swordfish |ˈsɔːdfɪʃ| *noun* (հոգն. նույնը կամ **-fishes**) *կենդանաբանություն* թրաձուկ *(Xiphias gladius, ընտանիք Xiphiidae)*

sworn |swɔːn| **1** *adjective* անցյալ դերբայ տե՛ս **swear** **2** *adjective* 1) երդումով տրված *(վկայության մասին)* 2) երդվյալ; անփոփոխ

swot |swɒt| *խոսակցական* **1** *verb* (**swotted**, **swotting**) տքնաջան պարապել/աշխատել **2** *noun* տքնաջան աշխատող

SWOT analysis *noun* հնարավորությունների վերլուծություն *(ուսումնասիրություն, որի նյութն է կազմակերպության ուժեղ և թույլ կողմերը, արտաքին հնարավորություններն ու սպառնալիքները/դժվարությունները)*

sycamore |ˈsɪkəmɔː| *noun բուսաբանություն* 1) սպիտակ թխկի *(Acer pseudoplatanus, ընտանիք Aceraceae)* 2) ամերիկյան սոսի; չինարի *(Genus Platanus, ընտանիք Platanaceae)*

sycophant |ˈsɪkəfænt| *noun* ստորաքարշ/քծնող մարդ; պնակալեզ

Sydney |ˈsɪdni| Սիդնեյ *(քաղաք Ավստրալիայում)*

syllabic |sɪˈlæbɪk| **1** *adjective* վանկային; վանկակազմիչ; վանկարար **2** *noun* վանկային տառ

syllable |ˈsɪləb(ə)l| **1** *noun* վանկ ◇ **open syllable** բաց վանկ. **not a syllable!** ոչ մի ձայն; ոչ մի ծպտուն; լռություն **2** *verb* հատ-հատ արտասանել; հստակ արտասանել

syllabus |ˈsɪləbəs| *noun* (հոգն. **-buses** կամ **-bi** |-bʌɪ|) 1) ծրագիր *(դասընթացի, դասախոսության)* 2) համառոտ ծրագիր 3) ցուցակ; կարգացուցակ

syllogism |ˈsɪləˌdʒɪz(ə)m| *noun փիլիսոփայություն* հետևաբանություն; սիլլոգիզմ

sylvan |ˈsɪlv(ə)n| (նաև **silvan**) *adjective բանաստեղծական* անտառային; անտառոտ

symbiosis |ˌsɪmbɪˈəʊsɪs|, |-bʌɪ-| *noun* (հոգն. **-ses** |-siːz|) *կենսաբանություն* համակեցություն

symbiotic |-ˈɒtɪk| *adjective կենսաբանություն* համակեցական

symbol |ˈsɪmb(ə)l| **1** *noun* 1) խորհրդանիշ; խորհրդանշան; նշանակ; պայմանանշան 2) նշան; նիշ **2** *verb* (**-boled**, **-boling**; բրիտ. **-bolled**, **-bolling**) *հնավանդ* խորհրդանշել

symbolic |sɪmˈbɒlɪk| *adjective* խորհրդանշանային; խորհրդանշանակ

symbolical *adjective* խորհրդանշանային

symbolism |ˈsɪmbəlɪz(ə)m| *noun* խորհրդանշանագիտություն

symbolize |ˈsɪmbəlʌɪz| *verb* 1) խորհրդանշել 2) նշաններով պատկերել; նշանների միջոցով ներկայացնել

symmetrical |sɪˈmɛtrɪk(ə)l| *adjective* համաչափ; զուգաչափ; սիմետրիկ

symmetry |ˈsɪmɪtri| *noun* (հոգն. **-tries**) համաչափություն; զուգաչափություն

sympathetic |sɪmpəˈθɛtɪk| *adjective* 1) կարեկցական; կարեկից; կարեկցող; ցավակցող; կարեկցանքով լի 2) համակրական; համակրալիր; քաջալերական; համակրանքից բխող ◇ **sympathetic strike** համերաշխության գործադուլ 3) աջակցող 4) համակրելի; գրավիչ; առինքնող 5) *բնախոսություն, կազմախոսություն* սիմպատիկ; անդրադարձ *(նյարդային համակարգի մասին)*

sympathize |ˈsɪmpəθʌɪz| *verb* 1) ցավակցել; կարեկցել 2) համակրել

sympathizer *noun* կողմնակից; կարեկից

sympathy |ˈsɪmpəθi| *noun* (հոգն. **-thies**) 1) փոխադարձ ըմբռնում; փոխըմբռնում; համակրություն; համակրանք ◇ **in sympathy** ներդաշնակորեն; համապատասխանաբար 2) կարեկցություն; կարեկցանք; ցավակցություն; խղճահարություն

symphony |ˈsɪmf(ə)ni| *noun* (հոգն. **-nies**) 1) սիմֆոնիա 2) համանվագ

symposium |sɪmˈpəʊzɪəm| *noun* (հոգն. **-sia** |-zɪə| կամ **-siums**) 1) գիտաժողով; քննարկում *(որևէ հիմնախնդրի)* 2) հոդվածների ժողովածու *(որևէ խնդրի նվիրված)* 3) հավաքույթ; զրույց *(ընկերական կամ փիլիսոփայական)*

symptom |ˈsɪm(p)təm| *noun* 1) *բժշկություն* ախտանիշ 2) նշան; հայտանիշ; նախանշան

symptomatic |sɪm(p)təˈmætɪk| *adjective* 1) *բժշկություն* ախտանշական; ախտանշանակ 2) հայտանշական; հատկանշական

synagogue |ˈsɪnəgɒg| *noun* սինագոգ; ժողովարան; աղոթատուն *(հրեական)*

sync |sɪŋk| (նաև **synch**) *խոսակցական* **1** *noun* (**synchronization**) համաժամեցում; համապատասխանեցում **2** *verb* (**synchronize**) համաժամեցնել; համապատասխանեցնել

synchronize |ˈsɪŋkrənʌɪz| *verb* 1) համաժամեցնել; համաժամանակեցնել; համաժամյա դարձնել; ժամանակով համապատասխանեցնել 2) միաժամանակ տեղի ունենալ; ժամանակով համընկնել 3) դեպքերի համաժամանակությունը որոշել; հաստատել 4) համեմատել; համեմատելով ստուգել *(ժամացույցները)* 5) նույն ժամը ցույց տալ *(ժամացույցների մասին)* 6) *համակարգիչներ* համապատասխանեցնել *(նիշքերը, ծրագրերը)*

synchronous |ˈsɪŋkrənəs| *adjective* համաժամանակյա; միաժամանակյա

syncopate |ˈsɪŋkəpeɪt| *verb* 1) *լեզվաբանություն* հապավել/կրճատել բառը *(բառամիջի հնչյունի կամ վանկի սղմամբ)* 2) *երաժշտություն* սինկոպա/շեշտաշարժ կատարել

syncope |ˈsɪŋkəpi| *noun* 1) *լեզվաբանություն* հնչակորուստ; հնչահապավում; սինկոպա 2) *երաժշտություն* շեշտաշարժ; սինկոպա 3) *բժշկություն* ուշաթափություն; ուշագնացություն

syndetic |sɪnˈdɛtɪk| *adjective քերականություն* շաղկապային; շաղկապավոր

syndicate **1** *noun* |ˈsɪndɪkət| 1) խմբավորում; սինդիկատ *(կապիտալիստական խոշոր միավորում)* 2) լրատվական գործակալություն; տարբեր ամսագրեր և թերթեր մատակարարող ընկերություն **2** *verb* |ˈsɪndɪkeɪt| 1) խմբավորման/սինդիկատի միջոցով կառավարել 2) միաժամանակ մի քանի ամսագրում/թերթում տպագրել *(նյութը)* 3) վաճառել

syndrome |ˈsɪndrəʊm| *noun բժշկություն* համախտանիշ

synergy |ˈsɪnədʒi| (նաև **synergism**) *noun* համագործակցություն; համազդեցություն; համատեղ ջանքեր

synonym |ˈsɪnənɪm| *noun լեզվաբանություն* հոմանիշ; համանիշ

synonymous |sɪˈnɒnɪməs| *adjective լեզվաբանություն* հոմանիշ; համանիշ

synopsis |sɪˈnɒpsɪs| *noun* (հոգն. **-ses** |-siːz|) ընդհանուր տեսություն; ամփոփում; կոնսպեկտ; համառոտագիր

syntax |ˈsɪntæks| *noun* 1) շարահյուսություն 2) շարահյուսության կանոններ

synthesis |ˈsɪnθɪsɪs| *noun* (հոգն. **-ses** |-siːz|) միադրում; սինթեզ; համադրում

synthesize |ˈsɪnθɪsʌɪz| (նաև **synthetize**) *verb* միադրել; համադրել; սինթեզել

synthesizer |ˈsɪnθɪsʌɪzə| *noun* սինթեզարար; միադրիչ

synthetic |sɪnˈθɛtɪk| **1** *adjective* 1) արհեստական; սինթետիկ 2) *համակարգիչներ, լեզվաբանություն* միադրական; համադրական **2** *noun* արհեստական նյութ *(հատկապես գործվածք)*

syphilis |ˈsɪfɪlɪs| *noun* սիֆիլիս; վատախտ; տոփախտ

Syria |ˈsɪrɪə| Սիրիա *(պետություն Միջին Արևելքում)*

Syrian *adjective* ասորական

syringe |sɪˈrɪn(d)ʒ|, |ˈsɪ-| **1** *noun բժշկություն* 1) ներարկիչ; սրսկիչ ◇ **hypodermic syringe** ենթամաշկային ներարկման ներարկիչ 2) սրսկիչ; սրսկոց; ցնցուղիչ 3) հրշեջ պոմպ **2** *verb* (**-ringing**) 1) ներարկել; ներարկում կատարել; սրսկել 2) սրսկել; ցնցուղել; լվանալ; լվացում կատարել

syrup |ˈsɪrəp| (նաև **sirup**) *noun* 1) մրգահյութ; անուշահյութ 2) մաթ; ռուպ

system |ˈsɪstəm| *noun* համակարգ; կարգ ◇ **system of government** պետական կարգ; կառավարման համակարգ. **grammatical system of a language** լեզվի քերականական համակարգ. **mountain system** լեռնաշղթա. **nervous system** նյարդային համակարգ

get something out of one's system ազատվել նախապաշարմունքից/անհանգստությունից

truck system ապրանքով վարձատրելը *(բանվորների աշխատավարձի փոխարեն)*

systematic |sɪstəˈmætɪk| *adjective* 1) կանոնավոր; պարբերական; հետևողական; սիստեմատիկ 2) համակարգված 3) համակարգային

systematically *adverb* համակարգված կերպով

systematize |ˈsɪstəməˌtʌɪz| *verb* 1) համակարգել 2) կանոնավորել

systole |ˈsɪst(ə)li| *noun բնախոսություն* սրտակծկում

Tt

T¹ |ti:| (նաև **t**) *noun* (հոգն. **Ts** կամ **T's**) 1) անգլերեն այբուբենի 20-րդ տառը ◇ **to a T** իսկ և իսկ; ճիշտ և ճիշտ; կատարելապես; լիովին; կետ առ կետ. **cross the t's** ճշգրտել; մանրամասնել; ասելու տեղ չթողնել 2) (**T, tee**) T տառի ձևը

T² **1** *abbreviation* tesla **2** *symbol* տե՛ս **temperature**

tab¹ |tæb| **1** *noun* 1) փոքրիկ հանգույց/մերակ; ականջակալ; կոճականցք; օղակ; կախիչ; ականջիկ *(գլխարկի)* 2) պիտակ 3) հաշվառք; հաշվառում; չեկ ◇ **keep tabs on** i) հաշիվ պահել; հաշվառք կատարել ii) *փոխաբերական* հետևել 4) *խոսակցական* հաշիվ; չեկ *(ռեստորանում, բարում)* **2** *verb* (**tabbed**, **tabbing**) նշել թերթիկներով

tab² |tæb| **1** *noun* սյունատ **2** *verb* (**tabbed**, **tabbing**) *համակարգիչներ* սյունատել

tabby |ˈtæbi| **1** *noun* (հոգն. **-bies**) 1) (**tabby cat**) շերտավոր/զոլավոր կատու 2) մուար *(մետաքսե շղթշողուն գործվածք)* 3) բամբասող/բամբասկոտ կին **2** *adjective* զոլավոր; շերտավոր

tabernacle |ˈtæbəˌnæk(ə)l| *noun* 1) վրան 2) աղոթարան; աղոթատուն

table |ˈteɪb(ə)l| **1** *noun* 1) սեղան ◇ **dining table** (**dining-room table**) ճաշի սեղան; ճաշասեղան 2) սեղան; ճաշ; ընթրիք; հացկերույթ ◇ **be at table** սեղան նստել; հացի նստած լինել. **lay/spread the table** սեղան գցել; սեղանը պատրաստել. **clear the table** սեղանը հավաքել 3) սեղանի շուրջը նստած հասարակություն; սեղանի շուրջ հավաքվածներ; սեղան նստածներ 4) (**the table**) բանակցություններ սեղան 5) աղյուսակ; ցանկ; ցուցակ ◇ **table of contents** ցանկ; գլխացանկ *(գրքի)*. **multiplication table** բազմապատկման աղյուսակ. **mortality tables** մահացության վիճակագրություն *(ըստ տարիքի)* 6) *համակարգիչներ* աղյուսակ 7) հարթ մակերևույթ; սարահարթ; բարձրավանդակ 8) տախտակ; սալ; գրասալ 9) *որոշչային* սեղանի **2** *verb* 1) հետաձգել; երկարաձգել *(քննարկումը)* 2) *բրիտանական* քննարկման դնել 3) աղյուսակ/ցուցակ կազմել

turn the tables 1) դերերը փոխանակել 2) մինույն դրամով հատուցել; տեղը հանել

tableau |ˈtæbləʊ| *noun* (հոգն. **tableaux** |-ləʊz|) 1) նկար; վառ պատկեր 2) (**tableau vivant**) կենդանի պատկեր

tablecloth |ˈteɪb(ə)lklɒθ| *noun* սփռոց; սեղանի ծածկոց

tableland |ˈteɪb(ə)llænd| *noun* սարահարթ; բարձրավանդակ

tablespoon |ˈteɪb(ə)lspu:n| *noun* 1) ճաշի գդալ 2) (**tbsp. or tbs. or T, =15 ml**) մեկ ճաշի գդալ

tablet |ˈtæblɪt| *noun* 1) հուշատախտակ; փոքրիկ տախտակ *(մակագրությամբ)* 2) նոթատետր; ծոցատետր 3) *բրիտանական* օճառի կտոր; օճառ 4) հաբ; դեղահաբ 5) տե՛ս **table**

table talk *noun* ճաշասեղանի շուրջը տեղի ունեցող զրույց; ճաշասեղանի շուրջը կատարվող

table tennis *noun մարզական* սեղանի թենիս; պինգ-պոնգ

tabloid |ˈtæblɔɪd| *noun* 1) *ամերիկյան* բուլվարային լրագիր 2) փոքրիկ աղյուսակ

taboo |təˈbu:| (նաև **tabu**) **1** *noun* (հոգն. **-boos** նաև **-bus**) 1) տաբու; հպարգելք; արգելում; արգելադրում 2) բառարգելք **2** *adjective* 1) արգելված; արգելադրված 2) սրբազան; սուրբ **3** *verb* (**-boos**, **-booed** կամ **-bus**, **-bued**) տաբուի ենթարկել; հպարգելել; արգելադրել

tabor |ˈteɪbə| *noun պատմական* փոքրիկ թմբուկ

taboret |ˈtæbərɛt|, |-reɪ| (**tabouret**) *noun* 1) փոքրիկ նստարան; աթոռակ 2) քարգահ; դազգահ; ասեղնագործելու շրջանակ; ասեղնագործելու սեղանիկ

Tabriz |təˈbri:z| Թավրիզ *(քաղաք Իրանում)*

tabular |ˈtæbjʊlə| *adjective* 1) աղյուսակային; աղյուսակի ձևով 2) հարթ; տափարակաձև 3) *համակարգիչներ* սյունավոր 4) շերտավոր; թերթավոր

tabulate |ˈtæbjʊleɪt| *verb* 1) աղյուսակների ձևով դասավորել; աղյուսակի ձևով ամփոփել 2) *համակարգիչներ* սյունատել

tabulation |-ˈleɪʃ(ə)n| *noun* աղյուսակ կազմելը; աղյուսակի վերածելը; սյունատում

tacit |ˈtæsɪt| *adjective* 1) լուռ; անխոս; անձայն *(համաձայնության/հավանության մասին)* 2) բառերով չարտահայտված; ենթադրվող; ենթադրելի

tacit agreement լուռ համաձայնություն

taciturn |ˈtæsɪtə:n| *adjective* լռակյաց; սակավախոս

tack¹ |tæk| **1** *noun* 1) լայնագլուխ մեխ; սևեռագամ; սևեռակ; կոճակագամ 2) բլանդելը; նախակար; շուլալելը; շուլալակար անելը; շուլալակար; մգդակակար; թափկար 3) *ծովային* հալս; նավընթաց *(քամու համեմատ)* 4) քաղաքական գիծ; քաղաքականություն; գործելակերպ 5) մածուցիկություն; կպչունություն; դյուրամածություն 6) վարձակալության ժամկետ 7) ուտելիք ◇ **hard tack** պաքսիմատ **2** *verb* 1) մեխել; գամել; ամրացնել *(մեխերով և այլն)* 2) նախակարել; շուլալել; շուլալակար անել; բլանդել 3) *ծովային* նավընթացը փոխել 4) քաղաքական գիծը փոխել; քաղաքականությունը/գործելակերպը փոխել; այլ քաղաքականություն որդեգրել

tack² |tæk| **1** *noun* ձիասարք; հեծելասարք *(թամբ, սանձ և այլն)* **2** *verb* թամբել

tackle |ˈtæk(ə)l| **1** *noun* 1) պիտույք; պարագա; սարքավորում; սարք; հանդերձանք 2) *տեխնիկական* պոլիսպաստ; բազմաճախարակ; բեռնամբարձ մեքենա 3) *ծովային* նավասարք; նավահանդերձանք; լիսեռնապարաններ 4) *մարզական* խլում **2** *verb* 1) մի բանի վրա ճիգ թափել; չարչարվել; մի բանի վրա ջանք թափել; մի բան ձեռնարկել 2) լուծել; լուծելու փորձ անել 3) ամրացնել; կապել 4) բռնել; ճանկել; որսալ

tact |tækt| *noun* 1) նրբանկատություն; տակտ;

նրբազգացություն; պատշաճավարություն; չափավորություն 2) *երաժշտություն* տակտ; չափ; ամանակ

tactful |ˈtæktfʊl|, |-f(ə)l| *adjective* նրբանկատ; տակտով; վարվեցող; վայելուչ վարմունքով

tactic |ˈtæktɪk| *noun* (**tactics**) ռազմավարություն; մարտավարություն

tactical |ˈtæktɪk(ə)l| *adjective* 1) *ռազմական* մարտավարական; տակտիկական 2) ռազմական; պատերազմական; մարտական 3) ճարպիկ; աչքաբաց; հեռատես

tactile |ˈtæktʌɪl| *adjective* 1) շոշափողական; շոշափական 2) շոշափելի; հպելի; դիպչելի; ձեռնմխելի

tactless |ˈtæktlɪs| *adjective* աննրբանկատ; աննրբազգաց; անտակտ

tadpole |ˈtædpəʊl| *noun* շերեփուկ *(գորտի ձվից նոր դուրս եկած ձագ)*

tae kwon do |ˌtʌɪ kwɒn ˈdəʊ| *noun* տեկվանդո *(մարտարվեստ)*

taffeta |ˈtæfɪtə| *noun* տաֆտա *(մետաքսե փայլուն դիպակ)*

taffy |ˈtæfi| *noun* (հոգն. **-fies**) 1) տե՛ս **toffee** 2) *խոսակցական* շողոքորթություն; քծնանք

tag¹ |tæg| **1** *noun* 1) պիտակ; ապրանքանիշ; հաշվեպիտակ; բեռնանիշ; բեռնապիտակ 2) *համակարգիչներ* տրոհ 3) ծայր; ճոթ; պոչ 4) մետաղե ծայրապանակ *(երիզի ծայրին)* 5) ծայրապանակ *(քուղի)* 6) հանգույց; կապ; օղակ; ականջիկ; բռնահանգույց *(կոշիկների)* 7) կրկներգ 8) *լեզվաբանություն* կցամաս; «պոչ» *(հաստվածավոր նախադասության/հարցի)* 9) ծեծված խոսք; մեջբերում 10) խուժան; խուժադուժ ամբոխ; խառնամբոխ 11) էլեկտրոնային բզեզ *(հետևելու համար)* **2** *verb* (**tagged**, **tagging**) 1) ապրանքանիշ ամրացնել; պիտակ կպցնել; օղակ/բռնահանգույց ամրացնել 2) պիտակավորել; պիտակել; անվանել 3) կրնկակոխ հետևել

tag² |tæg| **1** *noun* բռնոցի; դիպցնելախաղ; բռնուկի **2** *verb* (**tagged**, **tagging**) բռնել *(բռնոցի խաղում)*

tag question *noun* *քերականություն* մասնատված հարց

Tahiti |təˈhiːti| Թաիթի *(կղզի Խաղաղ օվկիանոսի հարավում, պատկանում է Ֆրանսիային)*

tail¹ |teɪl| **1** *noun* 1) պոչ; ագի; ձետ 2) պոչ; պոչամաս *(որևէ բանի ներքևի ետևի մասը)* 3) ետևի փեշ 4) *խոսակցական* (**tails**) ֆրակ; պոչազգեստ 5) շքախումբ; թափոր 6) վերջնամաս; վերջ 7) հյուս; ծամ 8) հերթ; պոչ 9) *օդագնացություն* պոչաթևեր *(ինքնաթիռի)* 10) *որոշչային* ետևի; ետին; պոչի; ագու 11) *խոսակցական* պոչ; լրտես; հետևող **2** *verb* 1) *խոսակցական* կրնկակոխ հետևել; լրտեսել; հետախուզել 2) հետևից քայլել; հետևից գալ; հետևել 3) պոչը կտրել ◊ **tail away** ետ մնալ; ետ ընկնել. **tail on** միացնել; միանալ

tails up բարձր տրամադրությամբ; ուրախ

tail² |teɪl| *noun* *իրավունք, պատմական* սեփականության իրավունքի սահմանափակում

tailing |ˈteɪlɪŋ| *noun* (**tailings**) տականքներ; թափթփուկներ; մնացորդներ

taillight (նաև **taillamp**) *noun* 1) ետևի լապտեր *(ավտոմեքենայի, երկաթուղային վագոնի)* 2) *օդագնացություն* ինքնաթիռի պոչամասի լապտեր

tailor |ˈteɪlə| **1** *noun* 1) դերձակ; կարող 2) (**tailorfish**) տե՛ս **bluefish** **2** *verb* 1) դերձակություն անել 2) կարել; ձևել *(վերարկու, կոստյում)* 3) հարմարեցնել; համապատասխանեցնել; պատշաճեցնել; զուգակշռել

tailor-made **1** *adjective* 1) կարված; հատուկ կարված *(հագուստի մասին՝ որոշակի առիթով)* 2) համապատասխան; հարմար; զուգահարմար; պատշաճ **2** *noun* հատուկ կարված հագուստ *(որոշակի առիթով)*

tailpiece |ˈteɪlpiːs| *noun* 1) եզրափակիչ մաս 2) *տպագրություն* վերջանկար; վերջազարդ

tailplane |ˈteɪlpleɪn| *noun* *օդագնացություն* (**horizontal stabilizer**) կայունացուցիչ; կայունարար; ստաբիլիզատոր

tailspin |ˈteɪlspɪn| **1** *noun* 1) *օդագնացություն* պտուտաձև էջք; պտույտէջք; շտոպոր 2) խառնաշփոթ; իրարանցում; քաոս; խառնիճաղանջություն **2** *verb* (**-spinning**; անցյալ և անցյալ դերբայ **-spun**) վերահսկողությունից դուրս գալ; քաոսի մեջ ընկնել; խուճապահար լինել; խուճապի մատնվել; խուճապահարվել

tailwind |ˈteɪlwɪnd| *noun* ուղենպաստ հողմ; բարենպաստ քամի

Taimyr Peninsula |tʌɪˈmɪə| (նաև **Taymyr**) Թայմիր թերակղզի *(թերակղզի Ռուսաստանի հյուսիսում)*

taint |teɪnt| **1** *noun* 1) արատ; բիծ; ամոթաբիծ; թերություն; թերույթ 2) վարակ; փչացածություն; վարակվածություն; վնասակար երևույթ 3) տհաճ հոտ 4) նեխման/քայքայման հետքեր; ավերածության հետքեր **2** *verb* 1) փչացնել; վարակել 2) արատավորել; ապականել; պղծել 3) *հնացած* փչանալ; վարակվել *(սննդի/ջրի մասին)*

Taipei |tʌɪˈpeɪ| Թայփեյ *(Թայվանի մայրաքաղաքը)*

Taiwan |tʌɪˈwɑːn| Թայվան *(կղզու վրա գտնվող պետություն Չինաստանից արևելք)*

Tajikistan |təˌdʒiːkɪˈstɑːn|, |-ˈstæn| (նաև **Tadzhikistan**) Տաջիկստան *(պետություն Միջին Ասիայում)*

take |teɪk| **1** *verb* (անցյալ **took** |tʊk|; անցյալ դերբայ **taken** |ˈteɪk(ə)n|) 1) վերցնել; առնել; բռնել *(ձեռքով)* 2) տանել; տեղափոխել; փոխադրել; հասցնել 3) խմել; ընդունել; ուտել *(սնունդ, խմիչք, դեղամիջոց, թմրադեղ)* 4) տիրանալ; գրավել; զավթել; բռնել; գերի վերցնել; որսալ 5) խլել; գողանալ; հափշտակել; տանել 6) խաբել; մոլորեցնել; միամտացնել 7) հանել *(թիվը)* 8) զբաղեցնել; գրավել *(նստարան, տեղ, դիրք)* 9) վարձել *(բնակարան և այլն)* 10) ստանալ; ընդունել; ստանձնել 11) չափել; ստուգել 12) գրանցել; գրառել 13) կենակցել 14) իր հետ վերցնել; տանել; բերել 15) ուղեկցել; տանել; առաջնորդել 16) հասցնել; բերել *(որոշակի վիճակի)* 17) ընտրել *(ուղի, միջոց)* 18) շահել; վաստակել *(մրցանակ)* 19) օգտվել; բաց չթողնել; օգուտ քաղել *(հնարավորությունից)* 20) ենթարկվել *(մշակման, ծեծի և այլնի)* 21) հանդուրժել; տանել; համբերել 22) վարվել; գործել *(որոշակի ձևով)* 23) դիտել; դիտարկել; համարել; ընդունել *(որպես)* 24) (**be taken by/with**) հրապուրվել; հմայվել; հիանալ *(մեկով)* 25) ենթադրել; համարել; ընդունել; հասկանալ; կարծել 26) կատարել; անել 27) տևել; խլել; պահանջել *(ժամանակ, համբերություն և այլն)* 28) *տեխնիկական* կարծրանալ; պնդանալ; ամրանալ *(ցեմենտի մասին և այլն)* 29) ներգործել; ազդել 30) *քերականություն* վերցնել *(խնդիր և այլն)* • **take aback** շվարեցնել; շփոթեցնել; անակնկալի բերել; հանկարծակիի բերել **take across** տեղափոխել; տանել *(մի ափից մյուսը)* **take after** նմանվել մեկին; մեկին նման լինել **take apart** մաս-մաս անել; քանդել *(մեխանիզմը և այլն)* **take away** i) հավաքել; վերցնել-տանել ii) *մաթեմատիկա* հանել; հանում կատարել **take back** ետ առնել; ետ վերցնել **take down** i) հանել; իջեցնել *(պատից, դարակից և այլն)* ii) գրի առնել *(թղթադրածը)* iii) քանդել iv) կուլ տալ v) մեկի ամբարտավանությունը կոտրել vi) մաս-մաս անել; քանդել *(մեքենան և այլն)* **take for** մեկի տեղը ընդունել; սխալվել **take in** i) ընդունել *(հյուր)* ii) վերցնել *(տնվոր)* iii) պարունակել; բովանդակել; ընդգրկել iv) հասկանալ; ըմբռնել; գլխի ընկնել; ճանաչել; ընդունել *(որպես ճշմարտություն)* v) համարել *(ճիշտ)* vi) նեղացնել; կարճացնել; փոքրացնել *(հագուստը)* vii) հավաքել *(առագաստները)* viii) *խոսակցական* խաբել **take off** հանել **take on** i) հանձն առնել; ձեռնարկել; իր վրա վերցնել ii) սկսել iii) *ռազմական* կռակ բանալ iv) ժողովրդականություն ձեռք բերել; հաջողություն ունենալ v) *խոսակցական* հուզվել; վշտանալ; վրդովվել **take oneself off** i) *մաթեմատիկա* հանել; պակասեցնել ii) *խոսակցական* ընդօրինակել; նմանակել; տնազ անել; ծաղր անել iii) հեռանալ; մեկնել; նվազեցնել; պակասեցնել; իջեցնել iv) *օդագնացություն* թռչել; օդ բարձրանալ v) *մարզական* մրցություն սկսել; վեր թռչել; վեր ցատկել **take out** i) հանել; դուրս բերել ii) զբոսանքի տանել iii) *ամերիկյան* հրավիրել *(թատրոն և այլն)* iv) քաղվածք անել **take over** i) ստանձնել ուրիշից *(պաշտոնը և այլն)* ii) փոխարինել iii) տեղափոխել; տանել *(մի ափից մյուսը)* **take to** i) հակվել; տարվել մի բանով; կպչել *(մի բանի)* ii) տաքանալ *(մի բանի վրա)* iii) դիմել *(որևէ մեկին)* **take up** i) բարձրացնել; վեր բարձրացնել ii) ներծծել; կլանել iii) գրավել; զբաղեցնել; խլել *(տեղ, ժամանակ)* iv) սկսել; ձեռնարկել; անցնել *(մի գործի/զբաղմունքի)* v) վճարել; հատուցել **take up with** i) մտերմանալ մեկի հետ; սիրահարվել ii) գոհ մնալ; բավարարվել **2** *noun* 1) *կինո* մի ընդգով նկարահանված տեսարան; տեսագրություն 2) վերաբերմունքը; մոտեցում; դիրքորոշում; տարբերակ 3) (**takes**) ստացված օգուտ; շահ; շահույթ 4) *թատրոն* դրամական մուտք վաճառված տոմսերից 5) որս *(ձկան և այլն)*

be taken in խաբված լինել

take for granted 1) կարևորություն չտալ; ինքնին ենթադրվող համարել; սովորական համարել; ըստ արժանվույն չգնահատել; թերագնահատել 2) ընդունել; ենթադրել; ապացուցված/հնարավոր համարել

take in hand 1) մի բան ձեռնարկել; նախաձեռնել 2) ձեռքը վերցնել *(վերահսկողությունը և այլն)*

take into one's head իր գլուխը մտցնել; տարվել; ոգևորվել *(մի բանով)*

take to heart սրտին մոտ ընդունել

take to one's bed անկողին ընկնել; հիվանդանալ

take to one's heels փախչել; ծլկել; փախուստի դիմել; արանքը ճղել

take to the road 1) մեկնել; ճանապարհ ընկնել 2) թափառաշրջիկ դառնալ

take to the woods *ամերիկյան* պարտականություններից խույս տալ *(հատկապես քվեարկությունից)*

take up arms զենք վերցնել; զենքի դիմել

takeoff (նաև **take-off**) *noun* 1) *օդագնացություն* վերելք; գետնից կտրվելը/պոկվելը 2) *մարզական* թռիչք; ցատկում 3) *օդագնացություն* գետնից կտրվելու կետը; թռիչքի կետը 4) ընդօրինակում; նմանեցում; նմանում; ծաղրանկար; ծաղրանմանակում

takeover |ˈteɪkəʊvə| *noun* 1) *տնտեսագիտություն* կլանում 2) գրավում; զավթում

taking |ˈteɪkɪŋ| **1** *noun* 1) գրավում; զավթում; գրավելը; զավթելը; վերցնելը 2) (**takings**) ստացած շահ/օգուտ 3) *խոսակցական* հուզմունքը; հրացմունքը *(որևէ անցանկալի բանով)* **2** *adjective* *հնացած* 1) գրավիչ; հրապուրիչ; հմայիչ 2) վարակիչ

talc |tælk| **1** *noun* 1) տալկ *(փոշին)* 2) *հանքաբանություն* տալկ; ճարպաքար **2** *verb* (**talced**, **talcing**) տալկով մշակել; տալկ քսել

tale |teɪl| *noun* 1) պատմվածք; պատմություն ◊ **tell one's own tale** (**tell its own tale**) բացատրելու կարիք չունենալ; ինքն իր մասին վկայել 2) մտացածին/սուտ բան; հեքիաթ ◊ **old wives' tales** պառավական հեքիաթներ; փչոց 3) բամբասանք ◊ **tell tales** i) բամբասել; անեկդոտներով զբաղվել ii) չարախոսել; զրպարտել; մատնություն անել; մատնել. **tell tales out of school** գաղտնիքը տնից դուրս հանել; ներսի գաղտնիքը դուրս տալ. **the tale is complete** բոլորը ներկա են

talebearer |ˈteɪlbɛːrə| *noun* *հնացած* 1) մատնիչ; զրպարտիչ; բանսարկու; խռովք տեղ հասցնող 2) շաղակրատ; բամբասանք

talent |ˈtælənt| *noun* 1) շնորհք; ձիրք; տաղանդ 2) տաղանդավոր/շնորհալի մարդիկ *(որպես ամբողջություն)* 3) *խոսակցական* հրապուրիչ անձ; սիրընկեր 4) տաղանդ *(դրամ Հին Հունաստանում և Հին Հռոմում)*

talented *adjective* տաղանդավոր; շնորհալի; օժտված

talentless *adjective* անտաղանդ; ապաշնորհ; անընդունակ

tale-teller |ˈteɪltɛlə| *noun* 1) պատմող; պատմություն ասող 2) փչան; սուտասան; մոգոնող 3) բամբասան; հերյուրիչ; զրպարտիչ; բանսարկու; չարախոս

talisman |ˈtælɪzmən| *noun* (հոգն. **-mans**) թալիսման; հմայություն

talk |tɔːk| **1** *verb* 1) խոսել; զրուցել; լեզու թռչել ◊ **talk against time** i) խոսել՝ ժամանակը շահելու նպատակով ii) արարողակարգը պահպանել *(հետոռի մասին)*. **talk big** մեծաբանել; պարծենալ; ամբարտավան/մեծ-մեծ խոսել. **talk oneself hoarse** խոսել մինչև ձայնի խզվելը; մինչև խոսպնտելու աստիճանը խոսել 2) խոսել; խոսելու ունակ լինել 3) (**talk at**) մեծամտորեն խոսել մեկի հետ;

դատափարակել; վերևից խոսել մեկի հետ; խրատներ կարդալ 4) (**talk to sb**) նախատել; կշտամբել; հանդիմանել 5) (**talk something over/through**) քննարկել; արծարծել; շոշափել; քննել 6) լուրեր տարածել; բամբասել 7) հայտնել; բացահայտել; գաղտնիքը • **talk away** շարունակ խոսել; խոսակցությամբ տարվել; երկար ու բարակ խոսել **talk down** խոսքակռիվ անել; խոսքախեղդ անել; խոսելու հերթ չտալ մեկին; մեկից ավելի բարձր խոսել; խոսելով ձանձրացնել **talk into** համոզել; հորդորել; մի բանի մեջ ներգրավել **talk out of** տարհամոզել; հակառակ խորհուրդ տալ **talk over** i) քննարկել ii) համոզել; հորդորել **talk round** i) նյութը սպառել ii) մտափոխել; տարհամոզել; վերահամոզել; կարծիքը փոխել տալ **talk to** մեկին դիմել **talk up** i) համարձակ/պարզ խոսել ii) գովել; գովաբանել **2** *noun* 1) խոսակցություն; զրույց ◊ **small talk** դատարկախոսություն; թեթև խոսակցություն 2) լուրեր ◊ **there is a talk of...** ասում են, թե...; լուրեր են տարածում, որ...; լուրեր են պտտվում, որ... 3) (**the talk of**) խոսակցության/քննարկման առարկա 4) (**talks**) բանակցություններ

talkative |ˈtɔːkətɪv| *adjective* զրուցասեր; աստղխոսող; շատախոս; շաղակրատ

talker *noun* 1) խոսող 2) խոսելու սեր ունեցող անձ; շաղակրատ

talkie |ˈtɔːki| *noun* *խոսակցական հնչուն կինո (ի հակադրություն համր կինոյի)*

talking-to *noun* *խոսակցական* հանդիմանություն; կշտամբանք

tall |tɔːl| *adjective* 1) բարձր; բարձրահասակ; երկարահասակ *(մարդկանց/առարկաների մասին)* 2) *որպես ստորոգելի* որոշակի հասակ ունեցող; հասակով *(հասակը ցույց տվող թվից հետո)* 3) գոռոզ; ամբարտավան; վերամբարձ; ճոռոմ 4) *խոսակցական* անհավատալի; անհավանական; չափազանց մեծ; չափից դուրս; արտակարգ; անասելի մեծ ◊ **a tall story** անհավանական բան; հեքիաթ

tallboy |ˈtɔːlbɔɪ| *noun* բարձր կոմոդ *(արկղերով պահարան)*

Tallinn |ˈtælɪn| Տալին *(Էստոնիայի մայրաքաղաքը)*

tallow |ˈtæləʊ| **1** *noun* ճարպ; ճրագու; յուղ ◊ **rendered tallow** հալած ճարպ **2** *verb* *հնացած* ճարպ քսել; յուղել

tallowy *adjective* ճարպոտ; յուղոտ; ճարպային

tally |ˈtæli| **1** *noun* (*հոգն.* **-lies**) 1) հաշվի միավոր 2) հաշիվ *(խաղի)* 3) հաշվեփայտ; ապրանքանիշ; պիտակ 4) *հնացած* պատճեն; կրկնակ **2** *verb* (**-lies**, **-lied**) 1) (**tally with**) համապատասխանել; համընկնել; հարմարվել; զուգակցվել 2) հաշիվը պահել 3) պիտակ փակցնել 4) հաշվարկել; գումարը հաշվել

tallyho |tælɪˈhəʊ| (նաև **tally-ho**) **1** *exclamation* քը՛ւ-քը՛ւ **2** *noun* (*հոգն.* **-hos**) «քըւ» անելու ձայնը **3** *verb* (**-hoes**, **-hoed**) քը՛ւ-քը՛ւ անել

talon |ˈtælən| *noun* մագիլ; ճիրան

tamable *adjective* սանձահարելի; ընտելացման ենթարկվող

tambour |ˈtæmbʊə| **1** *noun* 1) *պատմական* փոքր թմբուկ 2) քարգահ; ասեղնագործման շրջանակ 3) քարգահագործություն; քարգահակար **2** *verb* քարգահի վրա գործել

tambourine |ˌtæmbəˈriːn| *noun* դափ; դահիրա

tame |teɪm| **1** *adjective* 1) ընտանի; ընտելացված; ձեռնասուն 2) *խոսակցական* հնազանդ; հեզահամբույր; մեղմ; ենթարկվող 3) ձանձրալի; անհետաքրքիր; սովորական; տափակ **2** *verb* 1) սանձահարել; ընտելացնել; ընտանի/ձեռնասուն դարձնել; վարժեցնել 2) մեղմանալ 3) հանդարտեցնել; մեղմացնել; զսպել 4) ճնշել; հնազանդեցնել

Tammany |ˈtæməni| (նաև **Tammany Hall**) Դեմոկրատական կուսակցության Նյու Յորքի կազմակերպությունը *(որ հայտնի է կաշառման և քաղաքական շանտաժի իր համակարգով)*

tam-o'-shanter |ˌtæməˈʃæntə| *noun* շոտլանդական բերետ

tamp |tæmp| *verb* 1) պայթանցքը խցել/փակել 2) լիքը լցնել; խցկել

tamper |ˈtæmpə| **1** *verb* 1) (**tamper with**) խառնվել; միջամտել; քիթը խոթել 2) (**tamper with**) ձեռք տալ *(որևէ արգելված բանի)* 3) կաշառել; դրդել 4) կեղծել; խարդախել **2** *noun* խցկող անձ; խցկիչ գործիք

tampon |ˈtæmpɒn| **1** *noun* 1) տամպոն; խծուծ *(դաշտանի ընթացքում գործածվող)* 2) *բժշկություն* տամպոն; վիրախծուծ; վիրախծծկանք **2** *verb* (**-poned**, **-poning**) *բժշկություն* տամպոնել; տամպոն/խծուծ դնել

tam-tam |ˈtæmtæm| *noun* *երաժշտություն* տամտամ *(թմբուկ)*

tan¹ |tæn| **1** *noun* 1) դեղնադարչնագույն; բաց դարչնագույն 2) դարչնագույն երանգ; թխություն *(արևայրուկից)* ◊ **sun tan** արևայրուկ; արևայրուք; արևից առաջացած թխություն; արևառություն 3) (**tanbark**) կաղնու ծեծած կեղև; աղաղակեղև **2** *verb* (**tanned**, **tanning**) 1) դաբաղել; աղաղել *(կաշին)* 2) արևառ լինել; արևից թխանալ 3) *խոսակցական* ծեծել; թակել; քոթակել **3** *adjective* դարչնագույն; թուխ

tan² |tæn| *abbreviation* tangent

tandem |ˈtændəm| **1** *noun* (նաև **tandem bicycle**) 1) տանդեմ *(երկթամբ հեծանիվ)* 2) լծաշարք; շարքալուծ; լծաշարքով կառք 3) սերտ գործակցություն/համագործակցություն **2** *adverb* 1) լծաշարքով; իրար ետևից; իծաշարուկ 2) միասին; համատեղ **3** *adjective* իրար ետևից կցված; լծաշարքով

tang¹ |tæŋ| *noun* 1) սուր/յուրահատուկ համ 2) *փոխաբերական* հատուկ գրավչություն; հմայք; բուրմունք; բույր 3) ելուստ; կոթուն *(դանակի, գործիքի)*

tang² |tæŋ| **1** *verb* հնչել; զնգալ **2** *noun* զնգոց; սուր ձայն

Tanganyika, Lake Տանգանիկա *(լիճ Աֆրիկայի արևելքում)*

tangent |ˈtæn(d)ʒ(ə)nt| **1** *noun* *մաթեմատիկա* 1) շոշափող գիծ 2) տանգենս **2** *adjective* շոշափման; շոշափող

fly/go off a tangent հանկարծակի շեղվել *(նյութից, թեմայից և այլն)*

tangential |tæn'dʒenʃ(ə)l| *adjective* 1) *մաթեմա-տիկա* տանգենցիալ; շոշափողական 2) շեղում/ զեղում կատարող; շեղվող 3) հպանցիկ; մակերե-սային

tangerine |tæn(d)ʒə'ri:n| *noun* 1) մանդարին *(պտուղ)* 2) մուգ նարնջագույն 3) *բուսաբանություն* մանդարինենի *(Citrus reticulata, ընտանիք Rutaceae)*

tangibility |-'bɪlɪti| *noun* շոշափելիություն; իրական լինելը

tangible |'tæn(d)ʒɪb(ə)l| **1** *adjective* 1) շոշափե-լի; նյութական; զգալի; նկատելի 2) իրական; պարզ; հստակ **2** *noun* շոշափելի բան/առարկա

tangle¹ |'tæŋg(ə)l| **1** *verb* 1) խճճել; խառնաշփո-թել; թնջկել 2) խճճվել; խառնաշփոթվել; թնջկվել **2** *noun* 1) խճճված կծիկ; թնջուկ 2) *փոխաբերական* խճճվածություն; խառնաշփոթություն; խառնա-կություն; թնջուկ

a tangled web բարդ իրավիճակ

tangle² |'tæŋg(ə)l| *noun* դարչնագույն ջրիմուռ

tangly *adjective* 1) խճճված; խառնված 2) ջրի-մուռներով պատած

tank |tæŋk| **1** *noun* 1) բաք; ջրարկղ; ցիստերն 2) ջրամբար; ավազան; լճակ 3) *ռազմական* տանկ; հրասայլ 4) *որոշչային* տանկի; տանկային **2** *verb* 1) բաքի մեջ լցնել; բաքի մեջ պահել *(վառելիք և այլն)* 2) բաքը վառելիքով լցնել 3) *խոսակցական* ձախողել 4) *խոսակցական* ձախողվել

tankage |'tæŋkɪdʒ| *noun* 1) տարողություն *(ցիս-տերնի, բաքի և այլնի)* 2) ցիստերնի մեջ պահելը; պահելու վարձ

tankard |'tæŋkəd| *noun* գարեջրի մեծ գավաթ *(կափարիչով)*

tanker |'tæŋkə| *noun* 1) տանկեր; հեղուկանավ *(նավթատար նավ)* 2) *ամերիկյան ռազմական* տան-կիստ; տանկավար; հրասայլորդ

tanner¹ |'tænə| *noun* 1) աղաղորդ; դաբաղորդ *(բանվոր)* 2) թխացնող քսուք

tanner² |'tænə| *noun* *խոսակցական* վեց պենսա-նոց դրամ

tannery |'tæn(ə)ri| *noun* (հոգն. **-neries**) դա-բաղանոց; աղաղարան

tantalize |'tæntəlʌɪz| *verb* չարչարել; տանջել; գերել; հանգիստ չտալ; գայթակղել; գրգռել

tantalum |'tæntələm| *noun* *քիմիա* (**Ta**) տանտալ

tantamount |'tæntəmaʊnt| *adjective* համասա-րազոր; համասարարժեք; համարժեք

tantrum |'tæntrəm| *noun* զայրույթի պոռթկում; վատ տրամադրություն; խռովելը

Tanzania |ˌtænzə'nɪə| Տանզանիա *(պետություն Աֆրիկայի արևելքում)*

tap¹ |tæp| **1** *noun* 1) ծորակ; խցան; փական *(գի-նու տակառի, և այլնի)* ◇ **on tap** բաժակածախ; տա-կառից վաճառվող 2) հեռագրական հաղորդումը կես ճամփին բռնելը; հեռախոսազրույցը գաղտ-նալսելը 3) *էլեկտրականություն* ճյուղ; ճյուղավորում 4) տեսակ *(գինու, գարեջրի)* **2** *verb* (**tapped**, **tapping**) 1) տակառը բանալ; տակառից հեղուկ հանել; լցնել որևէ տարողությունից 2) հեռագրա-կան հաղորդումը կես ճամփին բռնել; հեռախո-սազրույցը գաղտնի լսել 3) *խոսակցական* ստանալ; կորզել; դուրս քաշել; պոկել *(տեղեկություն, փող և այլն)* 4) ծակել; անցք բանալ *(հեղուկը դուրս թողնելու համար)* 5) ծառի վրա կտրվածք անել 6) *տեխնիկական* ներսից փորակ անել; ներսից ակոս անել

tap² |tæp| **1** *verb* (**tapped**, **tapping**) 1) թակել; թխթխկացնել; թեթև բախել *(դուռը և այլն)* 2) թփթփացնել; թեթև խփել 3) հավաքել *(ստեղնա-շարով)* **2** *noun* 1) թեթև թխկոց/զարկ; թակոց ◇ **give a tap** թեթև զարկել/խփել 2) լույսերը մարելու ազդանշան *(զորանոցներում և այլն)*

tape |teɪp| **1** *noun* 1) երիզ; ժապավեն; ժապավե-նաթել 2) *համակարգիչներ* երիզ; տեսաերիզ; ձայնե-րիզ; մագնիսական երիզ 3) հեռագրաժապավեն 4) (**adhesive tape**) կպչունակ; կպչուն ժապավեն 5) *մարզական* վերջնագծի/ֆինիշի/ավարտակետի ժապավեն ◇ **at the tape** վերջնագծում; ֆինիշում 6) չափերիզ 7) *ծածկալեզու* ոգելից ըմպելիք; խմիչք **2** *verb* 1) երիզով/ժապավենով կապել 2) *ծածկալեզու* ատամին տալ; ճանաչել; փորձերով հասկանալ; մեկի ինչ լինելը պարզել 3) գրան-ցել *(ժապավենի վրա)* 4) կպչունակով կպցնել; կպչուն ժապավենով կպցնել

red tape ձգձգում; բյուրոկրատություն; գրասեն-յակայնություն

tape measure *noun* չափերիզ; չափուղրակ

taper |'teɪpə| **1** *noun* 1) բարակ մոմ 2) աղոտ լույս 3) կոն; կոնաձև մարմին 4) աստիճանական նեղացում **2** *verb* 1) աստիճանաբար նեղացնել; կոնաձև դարձնել 2) աստիճանաբար նեղանալ 3) աստիճանաբար նվազել/պակասել **3** *adjective* 1) կոնաձև 2) բարակ ու երկար *(ձեռքի մատների մա-սին)*

tape recorder *noun* ձայնարկիչ; մագնիտոֆոն

tapestry |'tæpɪstri| **1** *noun* (հոգն. **-tries**) 1) գո-բելեն *(նկարահյուս գորգ)* 2) պաստառ; նկարահ-յուս գործվածք **2** *verb* 1) գոբելեններով զարդա-րել 2) պաստառել *(սենյակը և այլն)*

tapeworm |'teɪpwə:m| *noun* *բժշկություն կենդա-նաբանություն* երիզորդ *(դաս Cestoda, տիպ Platyhelminthes)*

tapioca |ˌtæpɪ'əʊkə| *noun* տապիոկա *(ձավար)*

tapir |'teɪpə|, |-ɪə| *noun* *կենդանաբանություն* գե-տակինճ *(Tapirus, ընտանիք Tapiridae)*

tapster |'tæpstə| *noun* *հնացած* գինեպան; բար-մեն

tar¹ |tɑ:| **1** *noun* կուպր; գուդրոն; մայթաձյութ; ջրալի ձյութ; կպրազանգված *(մայթերի համար գործածվող)* **2** *verb* (**tarred**, **tarring**) կուպր քսել; ձյութել; գուդրոնով ծածկել; խեժել

be tarred with the same brush/stick մի սանրի կտավ են; մի պտուղ են

tar² |tɑ:| *noun* *խոսակցական հնացած* նավաստի

tarantella |ˌtær(ə)n'tɛlə| (նաև **tarantelle**) *noun* տարանտելլա *(իտալական պար, պարեղանակ)*

tarantula |tə'ræntjʊlə| *noun* *կենդանաբանություն* մորմ; փաղեծ *(ընտանիք Theraphosidae)*

tarbrush |'tɑ:brʌʃ| *noun* 1) *վիրավորական* նեգրա-կան/հնդկացիական ծագում 2) ձյութելու վրձին

have a touch of the tarbrush *վիրավորական* նեգ-րական/հնդկացիական ծագում ունենալ

tardy |ˈtɑːdi| **1** *adjective* (**-dier**, **-diest**) 1) ուշացած; ուշ 2) դանդաղկոտ; դանդաղ; ծանրաշարժ **2** *verb* դանդաղեցնել; ուշացնել

tare¹ |tɛː| *noun* 1) *բուսաբանություն* վիկ; գլուլ 2) *աստվածաշնչային* (**tares**) որոմ

tare² |tɛː| **1** *noun* 1) տարա; տարա 2) տարայազեղչ **2** *verb* 1) տարան որոշել; տարան բռնել 2) տարայի համար զեղչ անել

target |ˈtɑːgɪt| **1** *noun* 1) թիրախ; նշանակետ; նշան; նպատակակետ; նպատակ ◇ **off target** i) անարդյունավետ; անարտադրողական ii) նպատակին չհիպչելով; նպատակից վրիպելով 2) *պատմական* փոքր սկավառակ **2** *verb* (**-geted**, **-geting**) 1) թիրախ դարձնել; նշան բռնել; նպատակակետ դարձնել 2) ուղղել *(ինչ-որ նպատակի)*

tariff |ˈtærɪf| **1** *noun* 1) ներմուծման մաքս/սակագին 2) ներմուծման մաքսերի ցուցակ 3) սակացույց; գնացուցակ; վարձացուցակ ◇ **retaliatory tariff** պատժիչ տուրք 4) սակագին; վարձաչափ **2** *verb* գնահատում կատարել; գները որոշել

tarn |tɑːn| *noun* լեռնային փոքր լիճ

tarnish |ˈtɑːnɪʃ| **1** *verb* 1) փայլը կորցնել; փայլից զրկվել; աղոտանալ 2) արատավորել; վարկաբեկել **2** *noun* 1) աղոտություն; անփայլություն 2) բիծ; վնաս

tarpaulin |tɑːˈpɔːlɪn| *noun* 1) անջրանցիկ բրեզենտ 2) նավաստու անջրանցիկ գլխարկ 3) *հնացած* նավաստի

tarry¹ |ˈtɑːri| *adjective* (**-rier**, **-riest**) կուպրով ծածկված; ձյութած

tarry² |ˈtæri| *verb* (**-ries**, **-ried**) *հնացած* 1) դանդաղել; հապաղել; ուշանալ; սպասել 2) ժամանակավորապես ապրել/կենալ; ժամանակավորապես մնալ

Tarsus |ˈtɑːsəs| Տարսոն *(քաղաք Կիլիկիայում, ներկայումս Թուրքիայի տարածքում)*

tart¹ |tɑːt| *noun խոհանոց* տորթ; մրգով/մուրաբայով կարկանդակ

tart² |tɑːt| **1** *noun խոսակցական, արհամարհական* թեթևաբարո կին/աղջիկ; պոռնիկ/անառակ/փողոցային կին **2** *verb խոսակցական* պճնվել; զուգվել-զարդարվել

tart³ |tɑːt| *adjective* 1) թթու; տտիպ; սուր համով 2) *փոխաբերական* սուր; կծու; խայթող

tartan¹ |ˈtɑːt(ə)n| **1** *noun* վանդակավոր բրդե գործվածք; շոտլանդկա **2** *adjective* շոտլանդական

tartan² |ˈtɑːt(ə)n| *noun պատմական* միակայմ առագաստանավ *(սովորաբար եռանկյունի առագաստով)*

Tartar |ˈtɑːtə| *noun պատմական* 1) թաթար; թաթարուհի 2) թաթարերեն

tartar |ˈtɑːtə| *noun* 1) ատամնաքար; ատամնաժանգ 2) գինեքար

Tartarian |-ˈtɛːrɪən| *adjective* թաթարական

Tartarus |ˈtɑːt(ə)rəs| *հունական դիցաբանություն* 1) տարտարոս 2) դժոխք; սանդարամետ

Tashkent |tæʃˈkent| Տաշքենդ *(Ուզբեկստանի մայրաքաղաքը)*

task |tɑːsk| **1** *noun* առաջադրանք; խնդիր; անելիք; հանձնարարություն ◇ **take to task** կշտամբել; հանդիմանել. **set a task before** խնդիր դնել *(իր, մեկ ուրիշի առջև)*. **task in hand** սկսած աշխատանքը; անմիջական խնդիր; ներկա զբաղմունքը. **task force** օպերատիվ խումբ **2** *verb* 1) աշխատանք/առաջադրանք տալ; հանձնարարություն տալ 2) ծանրաբեռնել

taskmaster |ˈtɑːskmɑːstə| *noun* հսկիչ; վերակացու; բրիգադիր

tassel |ˈtæs(ə)l| **1** *noun* 1) փնջիկ *(որպես զարդ)* 2) էջանշան *(գրքի մեջ դրվող ժապավեն՝ էջը նշելու համար)* **2** *verb* (**-seled**, **-seling**; բրիտ. **-selled**, **-selling**) ծոպեր անել

taste |teɪst| **1** *noun* 1) համ ◇ **to the taste** համով; ըստ համի 2) ճաշակելիք; համի զգացողություն 3) փոքր կտոր; նմուշ; փորձելը *(համտեսի համար)* 4) համտես անելը 5) *փոխաբերական* առաջին ծանոթություն որևէ բանի հետ ◇ **a taste** i) մի կտոր; մի պատառ ii) *փոխաբերական* կարճատև փորձառություն. **give sb a taste of** որոշ պատկերացում տալ մի բանի մասին 6) (**taste for**) ճաշակ; հակում; հետաքրքրություն; ձգտում ◇ **tastes differ** ճաշակի խնդիր է; ճաշակները տարբեր են լինում; ճաշակի շուրջ չեն վիճում 7) նրբաճաշակություն; բարձրաճաշակություն; լավ ճաշակ 8) վայելուչ/բարեկիրթ լինելը *(կամ դրա ատիճանը)* **2** *verb* 1) համը տեսնել; համտես անել; ճաշակել 2) համ զգալ; համի զգացողություն ունենալ 3) համ ունենալ; համ տալ ◇ **taste sweet** քաղցր համ ունենալ 4) *փոխաբերական* փորձել; ճաշակել

tasteful |ˈteɪs(t)fʊl|, |-f(ə)l| *adjective* 1) ճաշակով պատրաստված/արված 2) համեղ; համով

tasteless |ˈteɪs(t)lɪs| *adjective* 1) անհամ 2) *փոխաբերական* անճաշակ; անհաջող; անհամ

taster |ˈteɪstə| *noun* 1) համտես; համով որակը որոշող; դեգուստատոր; համորոշ 2) *բրիտանական* նմուշ

tastily *adverb* ճաշակով; նրբագեղորեն; նրբին կերպով

tasty |ˈteɪsti| *adjective* (**tastier**, **tastiest**) 1) համեղ; համով; ախորժահամ 2) լավ ճաշակ ունեցող 3) *խոսակցական բրիտանական* հրապուրիչ; գրավիչ

tat¹ |tæt| *verb* (**tatted**, **tatting**) ժանյակ հյուսել

tat² *noun* տե՛ս **tit 3**

tat³ |tæt| *noun խոսակցական* անճաշակ հագուստ/զարդեղեն

Tatar |ˈtɑːtə| **1** *noun* 1) թաթար; թաթարուհի 2) թաթարերեն **2** *adjective* 1) թաթարական 2) թաթարերեն

Tatarstan |ˌtɑːtəˈstɑːn|, |-ˈstæn| Թաթարստան *(ինքնավար հանրապետություն Ռուսաստանում)*

tattered |ˈtætəd| *adjective* 1) մաշված; պատառոտված; ցնցոտիներ հագած 2) խարխլված; մաշված

tatters |ˈtætə| *plural noun* ցնցոտիներ

tattle |ˈtæt(ə)l| **1** *verb* 1) մատնել 2) դատարկ դուրս տալ; շաղակրատել; բամբասել **2** *noun* դատարկախոսություն; բամբասանք

tattler |ˈtætlə| *noun* դատարկախոս; շաղակրատ; բամբասող

tattoo¹ |tæˈtuː| **1** *noun* (հոգն. **-toos**) *ռազմական* երեկոյահավաք; այգանվագ ◇ **beat the tattoo**

երեկոյահավաք զարկել/շեփորել **2** *verb* երեկոյահավաքի թմբուկ զարկել

beat the devil's tattoo մատներով սեղանին թխկթխկացնել

tattoo² |tæ'tu:| **1** *verb* (**-toos**, **-tooed**) դաջել; կտածել; վիտել *(մարմնի վրա)* **2** *noun* (հոգն. **-toos**) դաջվածք; կտվածք; վիտուկ; դաջազարդ; դաջանկար

taunt |tɔ:nt| **1** *noun* խայթիչ դիտողություն; ծաղրանք; ծաղր; վիրավորանք **2** *verb* ծաղրել; ծաղրանքի ենթարկել; խոցել; խայթել *(մեկին)*

Taurus Mountains Տավրոսի լեռնաշղթա *(լեռնաշղթա Հայկական լեռնաշխարհում)*

taut |tɔ:t| *adjective* 1) պիրկ; ձիգ; պինդ 2) լարված; պիրկ *(մկանների մասին)* 3) զուսպ; սեղմ *(տեքստի և այլնի մասին)* 4) ձգված; զուսպ; հավաք; կոկիկ; մաքրասեր 5) խիստ; խստականոն

tauten *verb* պինդ ձգվել; պրկվել

tautology |tɔ:'tɒlədʒi| *noun* (հոգն. **-gies**) նույնաբանություն; կրկնաբանություն; տավտոլոգիա

tavern |'tæv(ə)n| *noun* 1) պանդոկ; գինետուն 2) փոքր հյուրանոց

tawdry |'tɔ:dri| **1** *adjective* (**-drier**, **-driest**) 1) աղաղակող; աչք ծակող; անճաշակ 2) նողկալի; գարշելի **2** *noun* հնավանդ անճաշակ/էժանագին զարդարանք

tawny |'tɔ:ni| **1** *adjective* (**-nier**, **-niest**) բաց դարչնագույն; ոսկեգույն **2** *noun* բաց դարչնավուն գույն

tax |tæks| **1** *noun* 1) հարկ; տուրք ◊ **indirect tax** անուղղակի հարկ 2) լարում; լարված դրություն; դժվարություն; ծանր բեռ; ծանրություն; փորձություն; ծանր պարտականություն **2** *verb* 1) հարկ դնել; հարկել; հարկադրել 2) ծանր բեռ լինել; փորձել; ստուգել *(համբերությունը և այլն)* 3) չափազանց լարել *(տեսողությունը և այլն)* 4) հոգնեցնել 5) մեղադրել; հանդիմանել 6) *խոսակցական* գին դնել; գնահատել

taxable *adjective* հարկման ենթակա; հարկելի

taxation |tæk'seɪʃ(ə)n| *noun* 1) հարկում; հարկադրում; հարկի գանձում 2) հարկի չափը/գումարը; հարկ

tax-free *adjective, adverb* հարկերից ազատ; ոչ հարկադրելի

tax haven *noun* հարկային ապաստարան/դրախտ; հարկապաստարան *(ցածր հարկեր ունեցող երկիր/տարածք)*

taxi |'tæksi| **1** *noun* (հոգն. **taxis**) 1) (**taxicab**) տաքսի 2) փոխադրամիջոց **2** *verb* (**taxis**, **taxied**, **taxiing** կամ **taxying**) 1) գետնավարել *(ինքնաթիռը)* 2) տաքսիով գնալ/տանել

taxicab |'tæksɪkæb| *noun* տաքսի

taxidermist |ˌtæksɪ'də:mɪst| *noun* խրտվիլակներ լցնող

taximeter |'tæksimi:tə| *noun* սակահաշվիչ; սակացույց *(տաքսու)*

taxing *adjective* դժվարին; ծանր

taxonomy |tæk'sɒnəmi| *noun* 1) *կենսաբանություն* կարգաբաշխություն 2) դասակարգում

taxpayer |'tækspeɪə| *noun* հարկատու

Tbilisi |ˌtəbɪ'li:si| Թիֆլիս; Թբիլիսի *(Վրաստանի մայրաքաղաքը)*

TCP/IP *առևտրանշան, համակարգիչներ abbreviation* transmission control protocol/Internet protocol հաղորդման դեկավարման կանխագիր/փոխկապակցման ուղի

tea |ti:| *noun* 1) թեյ ◊ **high tea** ընթրիքով երեկոյան թեյ 2) թեյ; թեյատերև; թեյի տերևներ 3) թուրմ; թուրմ/խաշու ◊ **beef tea** մսախաշու; արգանակ

tea bag *noun* թեյի պարկիկ

teacake |'ti:keɪk| *noun* թեյի հետ ուտելու թխվածք/խմորեղեն

teach |ti:tʃ| **1** *verb* (անցյալ **taught** |tɔ:t|) 1) սովորեցնել; ուսուցանել; դասավանդել; դաս տալ 2) վարժեցնել 3) խրատել; խելքի բերել; մի լավ դաս տալ; մի լավ ցույց տալ **2** *noun* *խոսակցական* ուսուցիչ

teacher |'ti:tʃə| *noun* ուսուցիչ; ուսուցչուհի; դաստատու

teaching |'ti:tʃɪŋ| *noun* 1) ուսուցում; ուսուցանելը; սովորեցնելը; դասավանդում; դասավանդելը; դաս տալը 2) (**teachings**) ուսմունք

teacup |'ti:kʌp| *noun* թեյի գավաթ/բաժակ

tea garden *noun* 1) թեյարան պարտեզով 2) թեյի տնկաստան

teak |ti:k| *noun* *բուսաբանություն* տեքի; տեքի ծառ; սաճ; հնդկականղնի *(Tectona grandis, ընտանիք Verbenaceae)*

teakettle *noun* թեյաման *(ջուրը եռացնելու համար)*

tea leaf *noun* 1) թեյի տերև 2) (**tea leaves**) թեյ; թեյատերև

team |ti:m| **1** *noun* 1) *մարզական* թիմ; խումբ 2) բրիգադ *(բանվորների)* 3) լծված *(լծվող կենդանիների կազմ)* 4) *ռազմական* տարբեր տեսակի զորքերից կազմված խումբ 5) անձնակազմ *(նավի)* **2** *verb* 1) (**team up**) բրիգադ/խումբ կազմել; միավորել 2) լծված լինել *(ձիերի և այլնի մասին)*

teamster |'ti:mstə| *noun* 1) կառապան; սայլապան 2) գրաստապան; գրաստավար; անասուններ քշող

teamwork |'ti:mwə:k| *noun* համատեղ աշխատանք/ջանքեր

tea party *noun* 1) թեյախմություն 2) թեյի հրավեր; թեյի հրավիրված հասարակություն

teapot |'ti:pɒt| *noun* թեյաման

tear¹ |tɛ:| **1** *verb* (անցյալ **tore** |tɔ:|; անցյալ դերբայ **torn** |tɔ:n|) 1) պատռել; պատռոտել; պատառոտել; կտոր-կտոր անել; ճղել ◊ **tear to pieces** պատառ-պատառ անել; ծվեն-ծվեն անել. **tear it** բոլոր ծրագրերը խափանել 2) քաշել-պոկել; դուրս քաշել 3) (**be torn between**) դժվարին ընտրության առջև լինել 4) ուժեղ ճանկռել/վիրավորել 5) պատռվել; մաշվել 6) սլանալ • **tear along** նետվել; սլանալ **tear away** պոկել **tear down** քանդել; տապալել *(շինությունը)* **tear from** խլել; պոկել *(որևէ մեկից)* **tear oneself away** դժվարությամբ պոկ գալ; պոկվել **tear up** պատառոտել; ծվատել; քրքրել **2** *noun* 1) պատռվածք; կտրվածք; ծակ ◊ **wear and tear** (**tear and wear**) մաշում; մաշվելը; մաշվածք 2) *ծածկալեզու* քեֆ;

կերուխում

tear² |tɪə| **1** *noun* 1) արտասուք; արցունք ◊ **scalding tears** այրող արցունքներ. **poignant/bitter tears** դառը արցունքներ. **crocodile tears** կոկորդիլոսի արցունքներ. **burst into tears** արտասվել; լաց լինել. **shed tears** արցունք թափել 2) *փոխաբերական* կաթիլ *(գողի)* 3) (**tears**) արցունքներ; արտասուքներ; լաց լինելը **2** *verb* արտասվել; արցունք թափել; արցունքոտվել

teardrop |ˈtɪədrɒp| *noun* 1) արցունքի կաթիլ/շիթ 2) *որպես ածական* կաթիլի տեսքով

tearful |ˈtɪəfʊl|, |-f(ə)l| *adjective* 1) արցունքով ողողված; արտասվալից 2) տխուր; ցավալի; վշտալի *(դեպքի/նորությունների/լուրերի մասին)*

tearfully *adverb* արտասվելով; տխուր

tear gas **1** *noun* արտասվաբեր/արցունքաբեր գազ **2** *verb* (**tear-gas**) հարձակվել արցունքաբեր գազով

tearing |ˈtɛːrɪŋ| *adjective* *փոխաբերական* սրընթաց; կատաղի; մոլեգին

tearless |ˈtɪəlɪs| *adjective* 1) առանց արցունքի; անարցունք 2) անզգա; անտարբեր

tearoom (նաև **tea room**) *noun* թեյարան; թեյատուն

tear-stained *adjective* լացի հետքեր ունեցող; արտասվաթաց *(դեմքի մասին)*

tease |tiːz| **1** *verb* 1) չարացնել; ջղայնացնել; բարկացնել; գրգռել; ծաղրել; հոգու հետ խաղալ 2) սանրել; հարթել 3) (**tease something out**) հայտնաբերել; բացահայտել 4) գզել *(բուրդ, վուշ, մազերը)* 5) հնացած խավ տալ; խավոտացնել; խավավորել *(մահուդը)* 6) ձանձրացնել; տաղտկացնել; կպչել-պոկ չգալ; հետապնդել 7) խնդրանքներով ձանձրացնել; աղաչելով ստանալ **2** *noun* *խոսակցական* ջղայնացնելու/ծաղրելու սիրահար; կպչող/ձանձրացնող մարդ; ձյութ մարդ; «տիզ»

teaser |ˈtiːzə| *noun* 1) կռվարար/կպչող մարդ; ձյութ մարդ 2) պնդերես; ուզվոր 3) դժվար հանելուկ; գլուխկոտրուկ

tea set |ˈtiːsɛt| (նաև **tea service**) *noun* թեյասպասք; թեյի սպասքակազմ

teaspoon |ˈtiːspuːn| *noun* 1) թեյի գդալ 2) (**ts.p or t, =4.9 ml**) մեկ թեյի գդալ

teaspoonful *noun* մի լիքը թեյի գդալ *(որպես չափ)*

teat |tiːt| *noun* 1) *կազմախոսություն* պտուկ *(կրծքագեղձի)* 2) *բրիտանական* ծծակ; ծծապտուկ

tech |tɛk| (*բրիտանական* **tec**) **1** *noun* *խոսակցական* 1) *տե՛ս* **technology** 2) *տե՛ս* **technician** **2** *adjective* (**technical**) տեխնիկական

technetium |tɛkˈniːʃɪəm| *noun* *քիմիա* (**Tc**) տեխնեցիում

technical |ˈtɛknɪk(ə)l| **1** *adjective* 1) տեխնիկական; արդյունաբերական 2) մասնագիտական; գիտության/արվեստի որոշակի բնագավառի պատկանող *(եզրույթների/տերմինների մասին)* ◊ **technical terms of law** իրավաբանական տերմինաբանություն/եզրաբանություն 3) բառդ **2** *noun* *բասկետբոլ* (նաև **technical foul**) ոչ մարզական վարքագիծ

technicality |ˌtɛknɪˈkælɪti| *noun* (հոգն. **-ties**) 1) գործի տեխնիկական կողմը 2) (**technicalities**) տեխնիկական տերմիններ/եզրեր 3) տեխնիկական հատկանիշ/առանձնահատկություն

technically *adverb* տեխնիկապես

technician |tɛkˈnɪʃ(ə)n| *noun* 1) տեխնիկ; ճարտարագործ 2) հմուտ մասնագետ; գիտակ; վարպետ

technique |tɛkˈniːk| *noun* 1) տեխնիկա *(կատարման. հատկապես՝ երաժշտության/գեղանկարչության մեջ)* 2) արդյունավետ եղանակ; արդյունավետ միջոց 3) հմտություն

techno |ˈtɛknəʊ| *noun* տեխնո *(երաժշտական ոճ)*

technology |tɛkˈnɒlədʒi| *noun* (հոգն. **-gies**) 1) տեխնոլոգիա; ճարտարարվեստ 2) տեխնիկական գիտություններ

tectonic |tɛkˈtɒnɪk| *adjective* 1) *երկրաբանություն* կառուցվածքային; տեկտոնական; տեկտոնիկ 2) ճարտարապետական; շինարարական

ted |tɛd| *verb* (**tedded**, **tedding**) շրջել; շուռումուռ տալ; ցրիվ տալ *(հնձած խոտը և այլն)*

teddy |ˈtɛdi| *noun* (հոգն. **-dies**) (**teddy bear**) արջուկ *(խաղալիք)*

tedious |ˈtiːdɪəs| *adjective* ձանձրալի; տաղտկալի; ձանձրացուցիչ; հոգնեցուցիչ

tedium |ˈtiːdɪəm| *noun* ձանձրույթ; տաղտկություն; միօրինակություն

tee² |tiː| **1** *noun* 1) նշանակետ *(խաղերում)* 2) գնդակն առաջին հարվածի համար դնելու տեղ *(գոլֆում)* **2** *verb* (**tees**, **teed**, **teeing**) *գոլֆ* առաջին հարված տալու համար դնել գնդակը ◊ **tee off** i) առաջին հարվածը տալ *(գոլֆ խաղում)* ii) սկսել

teem¹ |tiːm| *verb* 1) առատ/հարուստ լինել; վխտալ; զեռալ; լիքը լցված լինել *(որևէ բանով)* 2) պտղավետ/պտղաբեր/արգասավոր լինել

teem² |tiːm| *verb* հոսել; վայր թափվել *(ջրի մասին)*

teenage |ˈtiːneɪdʒ| *adjective* 1) դեռահաս; պատանի *(13-ից մինչև 19 տարեկան)* 2) դեռահասների; պատանեկան

teenager |ˈtiːneɪdʒə| *noun* պատանի; դեռահաս *(13-19 տարեկան)*

teens |tiːnz| *plural noun* դեռահասություն; պատանեկություն; 13-ից մինչև 19 տարեկան հասակը ◊ **be in one's teens** դեռահաս լինել; 20 տարին լրացած չլինել

teeny |ˈtiːni| *adjective* (**-nier**, **-niest**) 1) *խոսակցական* չափազանց փոքր 2) մանրիկ; պստլիկ; պուճուրիկ

teeter |ˈtiːtə| **1** *verb* 1) օրորվելով/շորորալով քայլել; ճոճվել; տատանվել; երերալ 2) (**teeter between**) տատանվել; երկբայել; չկարողանալ ընտրություն անել 3) արասնգու վրա ճոճվել; տրնկոցի խաղալ **2** *noun* *ամերիկյան* արասնգի; տրնկոցի *(մանկական խաղ)*

teethe |tiːð| *verb* 1) ատամ հանել *(երեխայի մասին)* 2) ծկթել; ճեղքելով դուրս գալ; սորել *(ատամների մասին)*

teetotaler |tiːˈtəʊt(ə)lə| (*բրիտանական* **teetotaller**) *noun* գինեժուժկալ/չխմող/զգաստաբարո մարդ

teetotum |tiːˈtəʊtəm| *noun* հոլ

Tegucigalpa |tɛˌguːsɪˈgælpə| Տեգուսիգալպա *(Հոնդուրասի մայրաքաղաքը)*

tegument |ˈtɛgjʊm(ə)nt| *noun կենդանաբանություն* բնական ծածկոց/ծածկույթ; պատյան *(կրիայի և այլնի)*

Tehran |tɛːˈrɑːn| (նաև **Teheran**) Թեհրան *(Իրանի մայրաքաղաքը)*

Tel Aviv |ˌtɛl əˈviːv| (նաև **Tel Aviv-Jaffa**) Թել Ավիվ *(քաղաք Իսրայելում)*

telecommunication |ˌtɛlɪkəmjuːnɪˈkeɪʃ(ə)n| *noun* 1) հեռահաղորդակցություն 2) (**telecommunications**) հեռահաղորդակցական տեխնոլոգիա

teleconference |ˈtɛlɪkɒnf(ə)r(ə)ns| **1** *noun* հեռախորհրդաժողով **2** *verb* մասնակցել հեռախորհրդաժողովին

telegram |ˈtɛlɪgræm| *noun* հեռագիր

telegraph |ˈtɛlɪgrɑːf| **1** *noun* հեռագրություն; հեռագիր **2** *verb* հեռագրել; հեռագիր տալ; հեռագիր ուղարկել

telegraphic |tɛlɪˈgræfɪk| *adjective* 1) հեռագրական; հեռագրային 2) սեղմ; համառոտ *(խոսքի մասին)*

telegraphist |tɪˈlɛgrəfɪst| *noun* հեռագրիչ

telegraphy |tɪˈlɛgrəfi| *noun* հեռագրություն; հեռագրում; հեռագրելը

telepathy |tɪˈlɛpəθi| *noun* հեռազգացություն; հեռազգայություն

telephone |ˈtɛlɪfəʊn| **1** *noun* 1) հեռախոս 2) (**Chinese whispers**) փչացած հեռախոս *(մանկական խաղ)* 3) *որոշչային* հեռախոսի; հեռախոսային **2** *verb* զանգահարել; հեռախոսով զանգահարել/հայտնել; զանգել; հեռախոսել; հեռաձայնել

telephone directory *noun* հեռախոսագիրք

telephonist |tɪˈlɛf(ə)nɪst| *noun* հեռախոսավար; հեռախոսավարուհի

telescope |ˈtɛlɪskəʊp| **1** *noun* հեռադիտակ **2** *verb* 1) խրվել; միվել; միմյանց մեջ մխրճվել *(վագոնների մասին՝ գնացքի խորտակման կամ վթարի ժամանակ)* 2) *փոխաբերական* խտացնել; տեղավորել

teletext |ˈtɛlɪtɛkst| *noun համակարգիչներ* հեռուստատեքստ

televise |ˈtɛlɪvʌɪz| *verb* հեռուստացույցի միջոցով հաղորդել

television |ˈtɛlɪvɪʒ(ə)n|, |tɛlɪˈvɪʒ(ə)n| *noun* 1) հեռուստատեսություն 2) հեռուստահաղորդումներ 3) (**television set**) հեռուստացույց

on television (**on the television**) հեռուստացույցով

tell¹ |tɛl| *verb* (անցյալ **told** |təʊld|) 1) ասել; պատմել 2) ◇ **don't tell me** (**never tell me, tell me another**) ինձ հեքիաթներ մի՛ պատմիր; սուտ-սուտ մի՛ խոսիր 3) հայտնել; հաղորդել; գաղտնիքը պատմել 4) կարգադրել; հրամայել; պատվիրել 5) տարբերել; զանազանել; ջոկել 6) (**tell on/upon**) ազդել; ազդեցություն գործել; հետք թողնել 7) բացատրել; ցույց տալ *(ճանապարհը և այլն)* 8) հաշվել; համրել ◇ **all told** բոլորը հաշված; բոլորը նեռավյալ; բոլորը միասին • **tell apart** տարբերել; զանազանել **tell from** տե՛ս **tell apart** **tell off** ընտրել; ջոկել; առանձնացնել **tell on** մատնել; զրպարտել; չարախոսել; քսություն/գաղտնահաղորդություն անել; դավաճանել; բամբասել **tell over** հաշվել; համրել

tell² |tɛl| *noun հնագիտություն* արհեստական բլրակ *(որն առաջացել է բնակավայրերի կուտակված մնացորդներից)*

teller |ˈtɛlə| *noun* 1) գանձապահ *(բանկի)* 2) ինքնաշխատ գանձապահ 3) պատմող; պատմություն անող 4) *քաղաքականություն* ձայները հաշվող; հաշվիչ անձ *(խորհրդարանում)*

telling |ˈtɛlɪŋ| *adjective* 1) զգալի; նշանակալի; նշանակալից; հիմնավոր 2) արտահայտիչ; ազդու; ուժեղ ◇ **telling blow** ուժեղ/ծանր/դիպուկ հարված

telltale **1** *adjective* 1) դավաճանող; մատնող 2) բացքերան; անգաղտնապահ 3) *տեխնիկական* ազդանշանային **2** *noun* 1) բամբասանք; շաղակրատ 2) մատնիչ; դավաճան; ծախող 3) *տեխնիկական* ազդանշանային հարմարանք

tellurium |tɛˈljʊərɪəm| *noun քիմիա* (**Te**) տելուր

telly |ˈtɛli| *noun* (հոգն. **-lies**) *խոսակցական* (**television**) հեռուստատեսություն; հեռուստացույց

temerity |tɪˈmɛrɪti| *noun* անխոհեմ/խելացնոր համարձակություն; անշրջահայացություն; անխոհեմություն; խենթություն

temp¹ |tɛmp| *խոսակցական* **1** *noun* ժամանակավոր աշխատակից **2** *verb* ժամանակավոր աշխատել

temp² |tɛmp| *abbreviation* temperature

temper |ˈtɛmpə| **1** *noun* 1) տրամադրություն; հոգեվիճակ ◇ **a good temper** լավ/հանգիստ տրամադրություն. **a bad temper** վատ տրամադրություն; սրտնեղած/հուզված լինելը. **keep/control one's temper** իրեն զսպել/տիրապետել; հավասարակշռությունը չկորցնել. **lose one's temper** հավասարակշռությունը կորցնել; ինքն իրենից դուրս գալ; իրեն կորցնել. **out of temper** ջղայնացած; զայրացած; սրտնեղած; իրեն կորցրած; իրենից դուրս եկած. **quick/short temper** դյուրագրգռություն; դյուրաբորբոքություն; տաքարյունություն 2) բարկացկոտություն; զայրացկոտություն; դյուրագրգռություն 3) ջղայնություն; բարկություն; զայրույթ ◇ **show temper** ջղայնանալ; զայրանալ; գրգռվածություն ցուցաբերել 4) խառնվածք; բնավորություն; մտածելակերպ; կերտվածք 5) խառնուրդ; խառնուրդի բաղադրություն 6) *տեխնիկական* միամեղմում; միաթողանք *(մետաղի. միման, ամրության և դյուրաթեքության աստիճան)* **2** *verb* 1) *տեխնիկական* միամեղմել; կրկնեփել; միել; կոփել ◇ **tempered in battle** կովում կոփված 2) *տեխնիկական* միվել; կոփվել 3) խառնուրդ պատրաստել 4) կոփել 5) մեղմացնել; չափավորել; կարգավորել; կանոնավորել 6) լարել *(դաշնամուրը)*

temperament |ˈtɛmp(ə)rəm(ə)nt| *noun* 1) բնավորություն; խառնվածք; հոգեկերտվածք 2) դյուրագրգռություն; զայրացկոտություն; դյուրազգացություն; զգացմունքայնություն

temperamental |ˌtɛmp(ə)rəˈmɛnt(ə)l| *adjective* փոփոխական; հեղհեղուկ *(մարդու մասին)*

temperance |ˈtɛmp(ə)r(ə)ns| *noun* 1) չափավորրություն; զսպվածություն 2) զգաստություն; ժուժկալություն; ըմպելից խմիչքներ չխմելը

temperate |ˈtɛmp(ə)rət| *adjective* 1) բարեխառն; մեղմ *(կլիմայի մասին)* 2) չափավոր; զուսպ; ժուժկալ

temperature |ˈtɛmp(ə)rətʃə| *noun* 1) ջերմաստիճան ◊ **take sb's temperature** տաքությունը չափել 2) *բուսակցական* ջերմություն; տաքություն; բարձր ջերմություն 3) լարվածություն; սրություն; թեժություն *(շնչառական)*

tempest |ˈtɛmpɪst| **1** *noun* փոթորիկ; մրրիկ ◊ **tempest in a tea-pot** փոթորիկ մի բաժակ ջրում; ավելորդ հուզմունքը **2** *verb* 1) փոթորկել; մրրկել 2) *փոխաբերական* կատաղել

tempestuous |tɛmˈpɛstjʊəs| *adjective* նաև *փոխաբերական* փոթորկալից; կատաղի; մոլեգին

template ˈtɛmplɪt|, |-pleɪt| *noun* 1) *նաև համակարգիչներ* ձևանմուշ 2) տիպօրինակ 3) *հենարանային* սալ/գերան

temple¹ |ˈtɛmp(ə)l| *noun* 1) տաճար 2) սինագոգ; ժողովարան *(հրեաների)* 3) բողոքական եկեղեցի *(հատկապես Ֆրանսիայում)*

temple² |ˈtɛmp(ə)l| *noun կազմախոսություն* քունք

temple³ |ˈtɛmp(ə)l| *noun* ձգիչ *(հարմարանք կարելու մեքենայում, որը ձգված է պահում կտորը)*

tempo |ˈtɛmpəʊ| *noun* (հոգն. **-pos** կամ **-pi** |-piː|) 1) *երաժշտություն* տեմպ *(կատարման արագություն)* 2) արագություն; արագության աստիճան

temporal¹ |ˈtɛmp(ə)r(ə)l| *adjective* 1) աշխարհիկ; ժամանակավոր; անցողիկ; վաղանցիկ 2) ժամանակային 3) *քերականություն* ժամանակային; ժամանակ ցույց տվող

temporal² |ˈtɛmpər(ə)l| *adjective կազմախոսություն* քունքային

temporarily *adverb* ժամանակավորապես

temporary |ˈtɛmp(ə)rəri| **1** *adjective* ժամանակավոր **2** *noun* (հոգն. **-raries**) ժամանակավոր աշխատակից

temporize |ˈtɛmpərʌɪz| *verb* 1) աշխատել ժամանակ շահել; հարմար ժամանակի սպասել; հապաղել; ձգձգել 2) հանգամանքներին/ժամանակին հարմարվել

tempt |tɛm(p)t| *verb* 1) գայթակղեցնել; գայթակղել 2) (**be tempted to do something**) ցանկություն ունենալ; ուզենալ; հակում ունենալ *(որևէ բան անելու)* 3) գրավել; հրապուրել 4) *հնացած* փորձել; փորձության ենթարկել

temptation |tɛm(p)ˈteɪʃ(ə)n| *noun* 1) գայթակղություն; հրապուրանք 2) գայթակղելը; հրապուրելը; գայթակղում; հրապուրում; մոլորեցնելը 3) փորձություն; փորձելը

tempter |ˈtɛm(p)tə| *noun* 1) գայթակղիչ; գայթակղող *(այր)* 2) *կրոն* (**the Tempter**) սատանա

tempting |ˈtɛm(p)tɪŋ| *adjective* գայթակղիչ; հրապուրիչ; մոլորեցնող

temptress |ˈtɛm(p)trɪs| *noun* գայթակղիչ/գգլխիչ կին

ten |tɛn| *cardinal number* 1) տասը 2) տասնյակ; տասը հատ 3) *թղթախաղ* տասնանոց 4) *խոսակցական* տասանոց *(թղթադրամ)* 5) տասը տարեկան 6) ժամը տասը 7) տասը դոլարանոց 8) (**a ten**) հինգ; գերազանց գնահատական

ten to one 1) համարյա անսխալաբար; տասին մեկ 2) գրազ եմ գալիս

tenable |ˈtɛnəb(ə)l| *adjective* 1) հասկանալի; տրամաբանական 2) ամուր; կայուն; հաստատուն 3) *ռազմական* պաշտպանունակ

tenacious |tɪˈneɪʃəs| *adjective* 1) կպչուն; կառչուն; բռնունակ; ուժեղ ◊ **tenacious memory** լավ հիշողություն 2) հաստատակամ; համառ ◊ **tenacious of life** կենսունակ; տոկուն 3) մածուցիկ; կպչուն; դյուրամած

tenancy |ˈtɛnənsi| *noun* (հոգն. **-cies**) 1) շենքի վարձակալություն 2) վարձակալված շենք/հող 3) վարձակալության ժամկետ

tenant |ˈtɛnənt| **1** *noun* 1) վարձակալ 2) բնակիչ; կենվոր; տնվոր **2** *verb* վարձակալել; վարձել; վարձով վերցնել

tenantry |ˈtɛnəntri| *noun հավաքական* վարձակալներ

Ten Commandments Տասը պատվիրաններ

tend¹ |tɛnd| *verb* 1) միտում ունենալ; հակվել; հակված լինել; հակում ունենալ 2) (**tend to/toward**) հակված լինել; միտում ունենալ *(որևէ բանի)* 3) գնալ; ուղղվել; ուղղություն վերցնել; տանել դեպի; ուղղություն ունենալ; թեքվել; մոտենալ; ընթանալ; գնալ դեպի 4) *մաթեմատիկա* (**tend to**) ձգտել

tend² |tɛnd| *verb* 1) հոգալ; հոգ տանել; հոգատար լինել մեկի/մի բանի նկատմամբ; խնամել *(հիվանդին, երեխային, ծաղիկները)* 2) սպասարկել; աշխատեցնել *(մեքենան, հաստոցը)* 3) աշխատել *(հաստոցի և այլնի մասին)*

tendance *noun* հոգատարություն; խնամք; հսկողություն

tendency |ˈtɛnd(ə)nsi| *noun* (հոգն. **-cies**) 1) միտում; հակում; հակվածություն; տրամադրվածություն 2) խմբավորում; միություն; բլոկ *(կուսակցության ներսում)*

tendentious |tɛnˈdɛnʃəs| *adjective* կանխակալ; կանխադրամադրված; միտումնավոր

tender¹ |ˈtɛndə| *adjective* (**-derer**, **-derest**) 1) քնքուշ; գորովալից; փայփայող; սիրող 2) փափուկ; կակուղ *(սննդի մասին և այլն)* 3) քնքուշ; նուրբ; թույլ; զգայուն *(առողջության/բույսի մասին)* 4) դյուրազգաց; զգայուն 5) փափկանկատ; նրբանկատ; փափուկ *(հարց, թեմա և այլն)*

tender² |ˈtɛndə| **1** *verb* 1) առաջադրել; ներկայացնել *(նախահաշիվ և այլն)* 2) հայտ ներկայացնել 3) առաջարկել; առաջարկ անել **2** *noun* 1) առաջարկություն *(պաշտոնական)* 2) հայտամրցույթ; տենդեր; մրցառք; հայտ; պատվեր; հայտարք 3) գումար *(պարտքի դիմաց մուծվող և այլն)* ◊ **legal tender** *իրավունք* օրինական վճարամիջոց

tender³ |ˈtɛndə| *adjective* (**-derer**, **-derest**) *noun* 1) *երկաթուղային* տենդեր; ջրի/վառելիքի պահեստավագոն 2) *ծովային* մեծ նավերին սպասարկող փոքր նավ; տենդեր 3) խնամք տանող անձ; սպասարկող անձ; դայակ ◊ **baby tender** դայակ. **invalid tender** հիվանդապահուհի; հիվանդապահ. **machine tender** մեքենան սպասարկող; մեքենայի վրա աշխատող անձ; պահակ

tenderfoot |ˈtɛndəfʊt| *noun* (հոգն. **-foots** կամ **-feet**) սկսնակ; նորեկ; նոր պայմաններին չընտելացված; դժվարություններին չվարժված

tenderhearted *adjective* փափկասիրտ; դյուրազգաց; զգայուն

tenderloin |ˈtɛndəlɔɪn| *noun* սուկի *(մեջքի միս)*

tenderly *adverb* քնքշորեն; մեղմորեն

tendon |ˈtɛndən| *noun կազմախոսություն* ջիլ

tendril |ˈtɛndrɪl| *noun* 1) *բուսաբանություն* բեղիկ; խիղք 2) խոպոպ

tenebrous |ˈtɛnɪbrəs| *adjective բանաստեղծական* խավար; մթին; մռայլ

tenement |ˈtɛnəm(ə)nt| *noun* 1) բնակարան; տուն; սենյակներ *(վարձով վերցրած)* 2) (**tenement house**) վարձակալությամբ տրվող շենք/հող 3) բազմաբնակարան շենք *(էժանագին բնակարաններով)*

tenfold |ˈtɛnfəʊld| **1** *adjective* 1) տասնապատիկ 2) տասնամաս; տասը մասից բաղկացած **2** *adverb* տասն անգամ ավելի; տասնապատիկ

tenner |ˈtɛnə| *noun* 1) *խոսակցական* տասանոց *(տասը ֆունտանոց թղթադրամ)* 2) *ամերիկյան* տասանոց *(տասը դոլարանոց թղթադրամ)*

Tennessee |ˌtɛnəˈsiː| 1) Թենեսի *(ԱՄՆ-ի նահանգ)* 2) Թենեսի *(գետ ԱՄՆ-ում)*

tennis |ˈtɛnɪs| *noun մարզական* թենիս ◊ **lawn tennis** դաշտային թենիս. **table tennis** սեղանի թենիս

Tenochtitlán |tɛˌnɒtʃtɪˈtlɑːn| Թենոչտիտլան *(հին ացտեկական քաղաք, ներկայիս Մեխիկոյի տարածքում)*

tenon |ˈtɛnən| **1** *noun տեխնիկական* սեպ; երիթ; բութակ **2** *verb* 1) սեպերով միացնել 2) սեպ հանել; սեպեր կտրել

tenor[1] |ˈtɛnə| *noun երաժշտություն* տենոր

tenor[2] |ˈtɛnə| *noun* 1) ընդհանուր ուղղություն; ընթացք; ուղղվածություն; ընդհանուր իմաստ; բովանդակություն ◊ **the tenor of sb's life** կենսաձև; կենցաղաձև; կենսակարգ 2) *իրավունք* բուն տեքստ *(փաստաթղթի)* 3) *ֆինանսներ* վճարման ժամկետ *(մուրհակի)*

tenpin |ˈtɛnpɪn| *noun* (**tenpins**) կեգլախաղ

tense[1] |tɛns| **1** *adjective* 1) ձգված; լարված *(մկանի մասին)* 2) լարված; գրգռված; հուզված; հուզմնալից; նյարդային *(մարդու/իրավիճակի մասին)* 3) *հնչյունաբանություն* լարված *(ձայնավորի մասին)* **2** *verb* 1) լարվել; ձգվել; պրկվել 2) լարել; պրկել; ձգել

tense[2] |tɛns| *noun քերականություն* ժամանակ

tensile |ˈtɛnsʌɪl| *adjective* 1) լարվածության; ձգվածության 2) ձգելի; երկայնաձգելի; առաձգելի; ձգական; առաձգական

tension |ˈtɛnʃ(ə)n| **1** *noun* 1) լարվածություն; ձգվածություն 2) ձգում; ձգելը 3) լարում; լարված դրություն **2** *verb* ձգել; ձգման/լարման ենթարկել

tent |tɛnt| **1** *noun* 1) վրան ◊ **pitch one's tent** բնակություն հաստատել 2) *բժշկություն* (նաև **oxygen tent**) թթվածնային վրան 3) տամպոն; վիրախծուծ **2** *verb* 1) վրան խփել; վրաններում ապրել 2) տամպոն դնել; տամպոնել; վիրախծուծել

tentacle |ˈtɛntək(ə)l| *noun* 1) *կենդանաբանություն* շոշափուկ 2) *բուսաբանություն* զգայունակ մազիկ/մազմզուկ *(տերևների վրա)* 3) *փոխաբերական* (**tentacles**) շոշափուկներ; ազդեցություն; վերահսկողություն

tentative |ˈtɛntətɪv| **1** *adjective* 1) փորձարկման; փորձառական; փորձարարական 2) փորձնական; զգուշավոր; անվստահ **2** *noun* փորձ; փորձնում; փորձելը; փորձով ստուգում; փորձարարություն

tenth |tɛnθ| **1** *numeral* 1) (**10th**) տասներորդ; տասներորդ ◊ **tenth wave** իններորդ ալիք; փոթորկի ամենաուժեղ ալիքը; գագաթնակետը 2) (**a/one tenth**) մեկ տասներորդ 3) տասներորդ դասարան **2** *noun* տասներորդ մաս

tenuity |tɪˈnjuːɪti| *noun* 1) բարակություն; նրբություն; նրբակերտություն 2) նոսրություն *(օդի)* 3) չնչինություն; աննշանություն 4) աղքատություն; պակասություն; քչություն; աղոտություն; նվազություն; թուլություն *(լույսի, ձայնի)*

tenuous |ˈtɛnjʊəs| *adjective* 1) չնչին; աննշան; խիստ նուրբ *(տարբերության մասին և այլն)* 2) նոսր *(օդի/ամպի մասին)*

tenure |ˈtɛnjə| **1** *noun* 1) տիրում; տիրելը; տիրակալում; տիրակալելը; տիրույթյուն; տիրակալություն 2) տիրության ժամկետ 3) զբաղեցում; գրավում; վարում *(պաշտոնի և այլնի)* **2** *verb* մշտական պաշտոն տալ

tepee |ˈtiːpiː| (նաև **teepee** կամ **tipi**) *noun* վիգվամ *(հյուսիսամերիկյան հնդկացիների հյուղ)*

tepid |ˈtɛpɪd| *adjective* 1) գոլ; գաղջ; տաքավուն 2) *փոխաբերական* սառը; պաղ; ոչ ջերմ; առանց ոգևորության *(հարաբերությունների մասին)* 3) անտարբեր

terbium |ˈtəːbɪəm| *noun քիմիա* (**Tb**) տերբիում

tercentenary |ˌtəːsɛnˈtiːn(ə)ri|, |-ˈtɛn| **1** *noun* (հոգն. **-aries**) երեքհարյուրամյակ **2** *adjective* երեքհարյուրամյա

tercet |ˈtəːsɪt| *noun* 1) *գրականագիտություն* եռատողակ *(ոտանավորի տուն)* 2) եռատող ոտանավոր; տերցինա 3) *երաժշտություն* եռախմբերգ; եռախումբ; տերցետ

term |təːm| **1** *noun* 1) տերմին; եզրույթ; եզր; եզրաբառ; արտահայտություն ◊ **legal terms** իրավաբանական տերմիններ. **in round terms** խիստ արտահայտություններով. **in set terms** որոշակի կերպով. **flattering terms** ինքնասիրությունը շոյող արտահայտություններ; հաճելի արտահայտություններ 2) (**terms**) արտահայտություններ; բառեր; խոսելակերպ 3) ժամկետ; որոշ/սահմանված ժամանակաշրջան 4) *հնացած* սահման *(հատկապես ժամանակային)* 5) կիսամյակ; նստաշրջան ◊ **lent term** գարնանային կիսամյակ 6) հոդված; կետ 7) (**terms**) պայմաններ; կետեր *(պայմանագրի, համաձայնության և այլնի)* ◊ **come to terms with** մեկի հետ համաձայնության գալ. **bring to terms** ստիպել ընդունելու առաջադրած պայմանները. **make terms** պայմանավորվել; մեկի հետ համաձայնության գալ. **inclusive terms** բոլոր սպասարկումները ներառող գին *(հյուրանոցում և այլն)* 8) անձնական հարաբերություններ ◊ **on bad**

terms վատ հարաբերությամ մեջ 9) *մաթեմատիկա* անդամ **2** *verb* անվանել; կոչել; արտահայտել; որոշել; սահմանել

termagant |ˈtɜːməg(ə)nt| **1** *noun* կռվարար/գռեհիկ/ճղճղան կին **2** *adjective* կռվարար; կռվասեր; ճղճղան; աղմկարար

terminable |ˈtɜːmɪnəb(ə)l| *adjective* սահմանափակելի; ընդհատելի; ժամկետով սահմանված; ժամկետային

terminal |ˈtɜːmɪn(ə)l| **1** *adjective* 1) վերջին; վերջի; ծայրի; վերջնական; եզրափակիչ 2) մահացու; անբուժելի 3) մահացու/անբուժելի հիվանդ 4) սահմանային 5) կիսամյակային; կիսամյակի 6) *խոսակցական* անուղղելի; անբուժելի **2** *noun* 1) վերջնակետ; վերջնակայան; վերջին կայան *(երկաթուղային, ավտոբուսային)* 2) *էլեկտրականություն* հաղորդալարի ծայր; ներանցք/արտանցք 3) վերջին վանկ/բառ 4) կիսամյակի վերջի քննություն 5) *համակարգիչներ* վերջնասարք

terminate |ˈtɜːmɪneɪt| *verb* 1) վերջ/սահման դնել; սահմանափակել; վերջացնել; ավարտել 2) սահմանափակված լինել 3) վերջանալ; ավարտվել 4) արհեստականորեն ընդհատել *(հղիությունը)* 5) սպանել; վերացնել

termination |tɜːmɪˈneɪʃ(ə)n| *noun* 1) ավարտում; ավարտելը; ավարտ; վերջ; վախճան; ժամկետի լրանալը; սահման 2) արհեստական ընդհատում *(հղիության)* 3) *տեխնիկական* վերջնական սարքավորում 4) *քերականություն* վերջավորություն; վերջին վանկ/հնչյուն *(բառի)*

terminology |ˌtɜːmɪˈnɒlədʒi| *noun* (հոգն. **-gies**) տերմինաբանություն; եզրաբանություն; եզրույթաբանություն

terminus |ˈtɜːmɪnəs| *noun* (հոգն. **-ni** |-nʌɪ| կամ **-nuses**) 1) սահման; վերջ; վերջին կետ 2) *երկաթուղային, բրիտանական* վերջին կայան/կանգառ; վերջին կայարան; վերջնակայարան *(գնացքի, տրամվայի և այլնի)* 3) վերջնակետ; վերջնանպատակ

termite |ˈtɜːmʌɪt| *noun* *միջատաբանություն* (**white ant**) սպիտակ մրջյուն; մեծամրջյուն; տերմիտ *(կարգ Isoptera)*

ternary |ˈtɜːnəri| **1** *adjective* 1) երեք մասից/բաղադրիչից կազմված 2) եռապատիկ; եռակի **2** *noun* երեք թվանշան; երեքից բաղկացած բան; եռյակ

terrace |ˈtɛrəs| **1** *noun* 1) պատշգամբ; տաղավար *(տան դիմաց)* 2) սանդղափուլ; սանդղավանդ; տեռաս 3) սանդղաձև խորշ; սանդղափուլ 4) տափակ/տափարակ տանիք; կտուր 5) սանդղավանդի վրա գտնվող տների շարք; սանդղավանդի վրա գտնվող փողոց *(հատկապես կանաչազարդ)* **2** *verb* 1) սանդղափուլերով դասավորվել; փուլ-փուլ դասավորվել 2) սանդղափուլերով դասավորել; փուլ-փուլ դասավորել

terra cotta |ˌtɛrəˈkɒtə| (նաև **terracotta**) **1** *noun* 1) թրծակավ; հրակավ; թրծած կավ; տեռակոտա 2) թրծակավե առարկա 3) կարմրաշագանակագույն; թրծակավագույն; աղյուսագույն 4) *որոշչային* թրծակավե; տեռակոտե **2** *adjective* կարմրաշագանակագույն; թրծակավագույն; աղյուսագույն

terrain |tɛˈreɪn| *noun* վայր; տեղ; տեղանք; տարածություն

terrapin |ˈtɛrəpɪn| *noun* 1) *կենդանաբանություն* հյուսիսամերիկյան ջրային կրիա *(Malaclemys terrapin, ընտանիք Emydidae)* 2) *ռազմական* ջրի վրա լող ընթացող ավտոմեքենա; ամֆիբիա

terrestrial |təˈrɛstrɪəl| **1** *adjective* 1) երկրային; երկրի 2) ցամաքային 3) երկրային; աշխարհիկ **2** *noun* երկրաբնակ անձ

terrible |ˈtɛrɪb(ə)l| *adjective* 1) սարսափելի; սոսկալի; զարհուրելի 2) *խոսակցական* ուժեղ; սաստիկ; սարսափելի *(սառնամանիքի/քամու մասին և այլն)* 3) անկարող; ապիկար; անգործունյա 4) անհանգիստ; մեղավոր *(ինքնազգացողության մասին)*

terrier |ˈtɛrɪə| *noun* 1) տերիեր *(որսաշան տեսակ)* 2) *խոսակցական* տարածքային/տերիտորիալ բանակի զինվոր

terrific |təˈrɪfɪk| *adjective* 1) սարսափելի; սոսկալի; զարհուրելի 2) վիթխարի; հիանալի; սքանչելի

terrify |ˈtɛrɪfʌɪ| *verb* (**-fies**, **-fied**) սարսափեցնել; սարսափ ազդել; զարհուրեցնել; խիստ վախեցնել

territorial |ˌtɛrɪˈtɔːrɪəl| **1** *adjective* 1) տարածքային; երկրային; տեղական; տերիտորիալ ◇ **Territorial Army** (**T. Force**) տարածքային բանակ *(բրիտանական բանակի առաջին հերթի ռեզերվը)*. **territorial claim** տարածքային պահանջ. **territorial integrity** տարածքային ամբողջականություն 2) տարածքային **2** *noun* (**Territorial**) տարածքային բանակի զինվոր

territorial waters *plural noun* տարածքային/տերիտորիալ ջրեր

territory |ˈtɛrɪt(ə)ri| *noun* (հոգն. **-ries**) 1) տարածք; երկրամաս; երկիր; հող; աշխարհ; տերիտորիա 2) *փոխաբերական* բնագավառ; ասպարեզ; մասնաճյուղ *(գիտության և այլնի)* 3) *ամերիկյան* նահանգի իրավունք չունեցող երկրամաս

terror |ˈtɛrə| *noun* 1) սարսափ; ահ; վախ 2) ահաբեկում 3) *խոսակցական* (**holy terror**) սարսափ ներշնչող բան; ահաբեկող անձ; ահ առաջացնող բան; ահուսարսափ

terrorism *noun* ահաբեկչություն

terrorist |ˈtɛrərɪst| *noun* ահաբեկիչ

terrorize |ˈtɛrərʌɪz| *verb* 1) ահաբեկել 2) սարսափեցնել; սարսափ ազդել

terror-stricken (նաև **terror-struck**) *adjective* ահաբեկ; սարսափահար

terse |tɜːs| *adjective* (**terser**, **tersest**) հակիրճ; սեղմ; արտահայտիչ *(ոճի մասին)*

tertiary |ˈtɜːʃ(ə)ri| **1** *adjective* 1) *երկրաբանություն* երրորդային 2) *բժշկություն* երրորդային **2** *noun* երրորդային ժամանակաշրջան

tertiary eduation բարձրագույն կրթություն

test¹ |tɛst| **1** *noun* 1) ստուգում; ստուգելը; փորձարկում; փորձարկելը; փորձ ◇ **stand/bear the test** փորձարկմանը դիմանալ; հաջողությամբ փորձարկվել; քննությունը բռնել. **put to test** փորձարկման/ստուգման ենթարկել; փորձարկել 2) թեստ; հարցատոմս 3) փորձություն; ուժերի/կարողությունների ստուգում 4) *բժշկություն* քննում;

զննում; անալիզ 5) *քիմիա* անալիզ; ստուգում 6) զննման/անալիզի արդյունքը 7) չափ; չափանիշ 8) *հոգեբանություն* թեստ; հարցաթերթիկ 9) *որոշչային* փորձնական; փորձարկման; փորձի; ստուգողական; ստուգման **2** *verb* 1) փորձարկել; փորձի/ստուգման ենթարկել; փորձել; ստուգել 2) փորձեր կատարել 3) *բժշկություն* ստուգում/զննում/անալիզ անել 4) *քիմիա* ռեակտիվով ստուգել; քիմիական հակազդակով ստուգել

test[2] |tɛst| *noun կենդանաբանություն* խեցու մնացորդ; արտաքին կմախքի մնացորդ

testament |ˈtɛstəm(ə)nt| **1** *noun* 1) կտակ; կտակագիր 2) հավաստիք; գրավական; առհավատչյա 3) *աստվածաշնչային* (**Testament**) կտակարան 4) (**Testament**) Նոր կտակարան; Ավետարան **2** *noun* ◇ **Old testament** Հին կտակարան. **New testament** Նոր կտակարան

testamentary |ˌtɛstəˈmɛnt(ə)ri| *adjective* 1) կտակի; կտակային; կտակման 2) կտակով հանձնած

testator |tɛˈsteɪtə| *noun իրավունք* կտակարար

testatrix |tɛˈsteɪtrɪks| *noun* (հոգն. **-trices** |-trɪsiːz| կամ **-trixes**) *հնացած իրավունք* կտակարարուհի

tester[1] |ˈtɛstə| *noun* 1) փորձարկիչ; փորձարկու; փորձարար *(մարդ կամ սարք)* 2) նմուշ; օրինակ

tester[2] |ˈtɛstə| *noun* մահճակալի ամպհովանի

testify |ˈtɛstɪfʌɪ| *verb* (**-fies**, **-fied**) 1) վկայել; վկայություն տալ; երդմամբ հաստատել ◇ **testify to** հօգուտ մեկին վկայություն տալ. **testify against** ի վնաս մեկին վկայություն տալ 2) հայտարարել *(հանդիսավոր կերպով)* 3) արտահայտել; հանդես բերել *(ցանկություն, մտադրություն)* 4) ցույց տալ; մատնանշել

testily *adverb* դժգոհությամբ; գրգռված կերպով

testimonial |ˌtɛstɪˈməʊnɪəl| *noun* 1) վկայական; վկայագիր; ատեստատ 2) հանձնարարական; հանձնարարական նամակ 3) ողջույնի ուղերձ; նվեր; պարգևատրություն; ընծա *(հատկապես հրապարակորեն մատուցվող)*

testimony |ˈtɛstɪməni| *noun* (հոգն. **-nies**) 1) ցուցմունք; վկայություն; պնդում; հաստատում ◇ **bear/give testimony** վկայել; վկայություն տալ *(որևէ բանի մասին)* 2) ապացույց

testis |ˈtɛstɪs| *noun* (հոգն. **-tes** |-tiːz|) *կազմախոսություն, կենդանաբանություն* սերմնարան *(արական սեռական գեղձ)*

test paper *noun քիմիա* լակմուսի թուղթ

test pilot *noun* փորձարկիչ օդաչու

test tube *noun* 1) *քիմիա* փորձանոթ 2) *որպես ածական* լաբորատոր; լաբորատորիայում արվող

testy |ˈtɛsti| *adjective* դյուրագրգիռ; դյուրաբորբոք; տաքարյուն

tetanus |ˈtɛt(ə)nəs| *noun բժշկություն* պրկախտ; կարկամախտ; տետանուս

tetchy |ˈtɛtʃi| (նաև **techy**) *adjective* 1) խռովկան; շուտ նեղացող; դյուրագրգիռ 2) խրտնող; վատ սովորույթի *(ձիու մասին)*

tether |ˈtɛðə| **1** *noun* 1) կապ; ոտնակապ; պարան 2) *փոխաբերական* կապանքներ; շղթաներ **2** *verb* կապել; սահմանափակել; որոշ սահմանների մեջ պահել *(արածող կենդանուն)*

tetragonal |tɪˈtræg(ə)n(ə)l| *adjective երկրաչափություն* քառանկյուն

tetrahedron |ˌtɛtrəˈhiːdrən|, |-ˈhɛd-| *noun* (հոգն. **-dra** |-drə| կամ **-drons**) *երկրաչափություն* քառանիստ

tetter |ˈtɛtə| *noun հիմնականում հնավանդ բժշկություն* մկնատամ; որքին; մրմնջուկ; թրմոր; էկզեմա

Teuton |ˈtjuːt(ə)n| *noun* 1) *պատմական* տևտոն; գերման 2) *արհամարհական* գերմանացի

Teutonic |tjuːˈtɒnɪk| **1** *adjective* 1) *պատմական* հին գերմանական; տևտոնական 2) *խոսակցական ,արհամարհական* գերմանական **2** *noun հնավանդ* գերմանական նախալեզու

Texas |ˈtɛksəs| Տեխաս *(ԱՄՆ-ի նահանգ)*

text |tɛkst| **1** *noun* 1) տեքստ; բառաշար 2) բնագիր; տեքստ 3) *համակարգիչներ* տեքստ 4) խոսքեր *(երգի և այլնի)* 5) նյութ; թեմա ◇ **stick to one's text** թեմայի սահմաններից դուրս չգալ 6) (**text-hand**) խոշոր ձեռագիր/տպատառ 7) հատված **2** *verb* տեքստային հաղորդագրություն ուղարկել

textbook |ˈtɛks(t)bʊk| **1** *noun* դասագիրք; ձեռնարկ **2** *adjective* դասագրքային

textile |ˈtɛkstʌɪl| **1** *noun* 1) (**textiles**) մանածագործվածքներ; կտորեղեն; գործվածքեղեն; տեքստիլ 2) մանածագործություն; տեքստիլ արդյունաբերություն **2** *adjective* 1) մանածագործական; տեքստիլ 2) գործվածքային

text message *noun* հաղորդագրություն; տեքստային հաղորդագրություն *(բջջային հեռախոսով ուղարկվող և ստացվող)*

textual |ˈtɛkstjʊəl| *adjective* 1) տեքստի; տեքստային; տեքստին վերաբերող 2) բառացի

texture |ˈtɛkstʃə| **1** *noun* 1) մակատեսք 2) գործվածք ◇ **coarse texture** կոպիտ գործվածք. **fine texture** նուրբ գործվածք 3) գործվածքի որակը/խտությունը; մակերևույթ 4) կառուցվածք *(մաշկի, բույսի և այլնի)* 5) *կենսաբանություն* հյուսվածք **2** *verb* մակատեսք հաղորդել

Thaddaeus |ˈθædɪəs| Թադեոս *(առաքյալ)*

Thailand |ˈtʌɪlænd| Թաիլանդ *(պետություն Հարավարևելյան Ասիայում)*

thalamus |ˈθæləməs| *noun* (հոգն. **-mi** |-mʌɪ|, |-miː|) *կազմախոսություն* տեսաթումբ; թալամուս

Thames |tɛmz| Թեմզա *(գետ Անգլիայում)* ◇ **set the Thames on fire** գյուտ անել; վառոդ հնարել

than |ðæn|, |ð(ə)n| *conjunction, preposition* 1) քան 2) քան թե

four eyes see more than two չորս աչքն ավելի լավ է տեսնում, քան երկուսը; մի խելքը լավ է, երկուսը՝ է՛լ ավելի լավ

Thanatos |ˈθænətɒs| *հոգեբանություն* մահվան բնազդ

thank |θæŋk| *verb* շնորհակալություն հայտնել ◇ **have oneself to thank** հենց ինքը մեղավոր լինել; սեփական արարքների համար տուժել. **thank you** շնորհակալ եմ; շնորհակալություն

thank goodness/God/heavens փա՛ռք Աստծո

thankful |ˈθæŋkfʊl|, |-f(ə)l| *adjective* շնորհակալ; երախտագետ; շնորհապարտ; գոհունակ

thankless |ˈθæŋklıs| *adjective* 1) անշնորհակալ; դժվարին; ինչ-որ բանի վրա թափած ջանքերին չարժեցող *(աշխատանքի մասին)* 2) ապերախտ; երախտամոռ

thanks *plural noun* շնորհակալություն; շնորհակալ եմ ◊ **return thanks** շնորհակալություն հայտնել; կենացին պատասխանել. **thanks to** շնորհիվ; արդյունքում; պատճառով. **no thanks to** առանց ինչ-որ մեկի օգնության. **thanks a million** մեծ/խորին շնորհակալություն

thanksgiving |ˈθæŋksgıvıŋ|, |θæŋksˈgıvıŋ| *noun* 1) գոհաբանական մաղթանք/աղոթք 2) գոհություն; շնորհակալություն *(հատկապես Աստծուն)*

Thanksgiving Day (Thanksgiving) *ամերիկյան Գոհաբանական մաղթանքի օր (Նոյեմբերի վերջին հինգշաբթի օրը)*

that |ðæt|, |ðət| **1** *pronoun* (հոգն. **those** |ðəʊz|) 1) այդ; այն 2) որ; որը 3) այն; նրանք *(փոխանորդ բառ, որ փոխարինում է գոյականին՝ այն կրկնելու համար)* **2** *adjective* (հոգն. **those** |ðəʊz|) այդ; այն **3** *adverb* 1) այդքան; այդչափ; այնքան; այն աստիճանի ◊ **that much** i) այդքանը ii) այդքան շատ 2) *խոսակցական* շատ **4** *conjunction* 1) որ; այն որ 2) որպեսզի

and all that նույնիսկ եթե
not that թեև ոչ; չնայած ոչ
now that այժմ, երբ; հիմա, երբ
that's that ավելացնելու բան չկա
that is (that is to say) այսինքն
that will do բավական է

thatch |θætʃ| **1** *noun* 1) ծղոտե/եղեգնյա տանիք 2) *խոսակցական* մազեր; վարսեր *(հատկապես խիտ)* 3) ծղոտ; եղեգ *(տանիքի համար)* **2** *verb* ծղոտով/եղեգով ծածկել

thaw |θɔː| **1** *verb* 1) հալվել; հալչել; ջուր դառնալ 2) հալել; հալեցնել *(ձյուն, սառույց)* 3) հալվել; եռ գալ *(մարմնի մասին՝ սառչելուց հետո)* 4) *փոխաբերական* տաքանալ; ջերմանալ ◊ **it is thawing** հալոց է; ձնհալ է **2** *noun* 1) հալք; հալոցք; ձնհալք; հալհլոց 2) *փոխաբերական* սրտակցություն; ջերմություն

the |ðə|, |ðı|, |ðiː| *adjective* 1) *(որոշիչ հոդ՝ -ը կամ -ն)* 2) տվյալ; այս; այժմյան; այսօրվա 3) գլխավոր; հիմնական; լավագույն 4) *(դրվում է փոխանունն ածականներից առաջ՝ կազմելով վերացական և հավաքական գոյականներ)* ◊ **there is but one step from the sublime to the ridiculous** վեհությունից մինչև ծիծաղելիությունը միայն մի քայլ է. **the poor** աղքատները 5) ◊ **the stage** բեմական գործունեություն

theater |ˈθıətə| (նաև **theatre**) *noun* 1) թատրոն ◊ **the theater of war (the theater of operations)** ռազմական գործողությունների թատերաբեմ 2) դրամատիկական գրականություն; պիեսներ ◊ **good theater** բեմական; բեմադրության համար հարմար 3) ամֆիթատրոնի ձև ունեցող լսարան

theatrical |θıˈætrık(ə)l| **1** *adjective* 1) թատերական; թատրոնական; թատրոնի 2) շինծու; թատերական **2** *noun* 1) **(theatricals)** սիրողական ներկայացում 2) թատերական գործ

thee |ðiː| *pronoun հնացած բարբառային* քեզ

theft |θeft| *noun* գողություն

their |ðɛː| **1** *possessive adjective* **(Their)** Նորին **2** *possessive adjective* 1) նրանց; իրենց 2) նրա; իր *(երբ չի նշվում տվյալ մարդու սեռը)*

theirs |ðɛːz| *possessive pronoun* նրանցը; իրենցը

them |ðem|, |ðəm| **1** *pronoun* 1) նրանց; իրենց 2) նրան; իրեն; այդ մարդուն *(երբ չի նշվում տվյալ մարդու սեռը)* **2** *adjective խոսակցական բարբառային* տե՛ս **those**

thematic |θıˈmætık| **1** *adjective* թեմատիկ; թեմային առնչվող **2** *noun* քննարկմանն առնչվող նյութեր

theme |θiːm| **1** *noun* 1) թեմա; նյութ *(խոսակցության, ստեղծագործության և այլնի)* 2) երաժշտություն թեմա 3) դպրոցական տվյալ նյութի շուրջը շարադրություն; տվյալ թեմայով շարադրություն **2** *verb* թեմային/նյութին համապատասխանեցնել

themselves |ð(ə)mˈsɛlvz| *pronoun* 1) իրենց 2) հենց իրենք 3) ինքն իրեն *(երբ չի նշվում տվյալ մարդու սեռը)*

then |ðen| **1** *adverb* 1) այն ժամանակ; այդ ժամանակ 2) հետո; ապա; այնուհետև 3) բացի այդ; և 4) հետևապես; ուրեմն **2** *noun* այն ժամանակը ◊ **by then** մինչ այդ; մինչև այն ժամանակը. **since then** դրանից ի վեր; այն ժամանակվանից ի վեր. **every now and then** ժամանակ առ ժամանակ **3** *adverb* այն ժամանակվա

thence |ðens| (նաև **from thence**) *adverb գրական անգլերեն* 1) *գրականագիտություն* այնտեղից 2) այստեղից; սրանից *(հետևում է)* 3) այն ժամանակվանից

thenceforth |ðensˈfɔːθ|, |ˈðensfɔːθ| (նաև **from thenceforth**) *adverb հնավանդ բանաստեղծական* այն ժամանակվանից; այսուհետև

theologian |θıəˈləʊdʒıən|, |-dʒ(ə)n| *noun* աստվածաբան

theological |θıəˈlɒdʒık(ə)l| *adjective* աստվածաբանական

theology |θıˈɒlədʒi| *noun* (հոգն. **-gies**) աստվածաբանություն

theorem |ˈθıərəm| *noun ֆիզիկա մաթեմատիկա* թեորեմ

theoretical |θıəˈrɛtık(ə)l| *adjective* տեսական; տեսաբանական; վերացական

theorist |ˈθıərıst| *noun* տեսաբան

theory |ˈθıəri| *noun* (հոգն. **-ries**) 1) տեսություն 2) բացատրություն

in theory տեսականորեն

therapeutic |ˌθɛrəˈpjuːtık| *adjective* 1) բուժական; թերապևտիկ; ներքնաբուժական 2) առողջարար; կազդուրիչ

therapy |ˈθɛrəpi| *noun* (հոգն. **-pies**) *բժշկություն* բուժում; թերապիա; ներքնաբուժություն

there |ðɛː|, |ðə| **1** *adverb* 1) այնտեղ; այդտեղ ◊ **Are you there?** Դուք լսո՞ւմ եք *(հեռախոսով խոսելիս)* 2) այս կողմում; ահա՛ 3) այդտեղ; այդ հարցում; այդ կետում 4) **(there is/are)** կա; կան **2** *exclamation* 1) ահա՜; ա՜յ; ապա՜; դե՜հ ◊ **there is a good fellow/boy (there is a good boy)** ա՜յ ապրես; կեցցե՜ս. **there it is!** ահա այսպես է դրությունը; ա՜յ քեզ բան. **there you are!** ահա թե որտե՛ղ եք դուք; ահա և դուք 2) (**there! there!**) դե-դե՛; դե՛հ, դե՛հ; բան չկա; հերիք է *(սփոփելու համար գործածվող)* **3** *noun* ◊ **up to there** մինչև այդտեղ; մինչև այնտեղ. **near there** մոտակայքում; այդ կողմերում

there and then անմիջապես; տեղում; տեղնուտեղը

thereabouts |ˈðɛːrəbaʊts|, |-ˈbaʊts| (նաև **thereabout**) *adverb* 1) մոտակայքում; մոտերքում 2) մոտավորապես; մոտավոր հաշվով

thereafter |ðɛːrˈɑːftə| *adverb գրական անգլերեն* 1) այն ժամանակվանից; դրանից հետո; այնուհետև 2) *հնացած* համաձայն դրան

thereat |ðɛːrˈæt| *adverb հնավանդ գրական անգլերեն* 1) այնտեղ 2) այն ժամանակ; երբ այդ տեղի ունեցավ 3) այդ պատճառով; այդ առթիվ

thereby |ðɛːˈbʌɪ| *adverb* դրա շնորհիվ; դրա միջոցով; դրա հետևանքով; այդ կապակցությամբ; այսպիսով; այսպես

therefor |ðɛːˈfɔː| *adverb հնավանդ* դրա համար

therefore |ˈðɛːfɔː| *adverb* ուստի; դրա համար; հետևաբար; հետևապես; ուրեմն

therefrom |ðɛːˈfrɒm| *adverb հնավանդ գրական անգլերեն* այնտեղից

therein |ðɛːrˈɪn| *adverb հնավանդ գրական անգլերեն* 1) այստեղ; այնտեղ; նրա մեջ; դրա մեջ 2) այդ տեսակետից; այդ կողմից

thereof |ðɛːrˈɒv| *adverb գրական անգլերեն* 1) *հնացած* սրա; դրա; նրա 2) սրանից; դրանից; նրանից

thereon |ðɛːrˈɒn| *adverb գրական անգլերեն* 1) *հնացած* սրա վրա; նրա վրա; դրա վրա 2) դրանից հետո

thereupon |ðɛːrəˈpɒn| *adverb գրական անգլերեն* 1) դրանից անմիջապես հետո 2) դրա հետևանքով; այդ պատճառով 3) *հնացած* դրա/նրա վրա

therewith |ðɛːˈwɪð| *adverb հնավանդ գրական անգլերեն* 1) դրա հետ; միաժամանակ 2) դրանից անմիջապես հետո; խսկույն

therewithal |ðɛːwɪˈðɔːl| *adverb հնավանդ* բացի դրանից; ի լրումն

therm |θəːm| *noun* թերմ *(ջերմության միավոր = 1.055 X 100000000 ջոուլի)*

thermal |ˈθəːm(ə)l| **1** *adjective* 1) ջերմային; ջերմական 2) տաք *(աղբյուրի մասին և այլն)* 3) տաքացնող; ջերմամեկուսիչ **2** *noun* 1) վերընթաց տաք հոսանք 2) տաք հագուստ *(հատկապես ներքին)*

thermic |ˈθəːmɪk| *adjective* ջերմային; ջերմական

thermodynamics |ˌθəːmə(ʊ)dʌɪˈnæmɪks| *plural noun ֆիզիկա* թերմոդինամիկա; ջերմուժականություն

thermometer |θəˈmɒmɪtə| *noun* ջերմաչափ

thermos |ˈθəːmɒs| (նաև **thermos bottle**) *noun* ջերմապահ; թերմոս

thermostat |ˈθəːməstæt| *noun* ջերմապահպանիչ; թերմոստատ

thesaurus |θɪˈsɔːrəs| *noun* (հոգն. **-sauri** |-rʌɪ| կամ **-sauruses**) 1) հոմանիշների բառարան; հոմանիշների և հականիշների բառարան 2) *հնացած* բառարան; հանրագիտարան

thesis |ˈθiːsɪs| *noun* (հոգն. **-ses** |-siːz|) 1) դրույթ; թեզիս 2) *փիլիսոփայություն* թեզ *(դիալեկտիկայում)* 3) դիսերտացիա 4) դպրոցական շարադրություն

Thessalonians |ˌtɛsəˈləʊnɪənz| *աստվածաշնչային* Թուղթ Թեսաղոնիկեցիներին *(առաջինը կամ երկրորդը)*

Thessaloníki |ˌθɛsələˈniːki| Թեսաղոնիկա; Սալոնիկ *(քաղաք Հունաստանի հյուսիսում)*

Thessaly |ˈθɛsəli| Թեսալիա *(շրջան Հունաստանի հյուսիսում)*

thew |θjuː| *noun բանաստեղծական* 1) մկանային ուժ 2) (**thews**) մկաններ

they |ðeɪ| *pronoun* 1) նրանք ◊ **they say** ասում են. **they who** նրանք, ովքեր 2) մարդիկ 3) նա; այդ մարդը *(երբ տվյալ մարդու սեռը չի նշվում)*

thick |θɪk| **1** *adjective* 1) հաստ; ստվար 2) թավ *(ձեռագրի/տպատառի մասին)* 3) թանձր; հոծ; խիտ; թավ; թանձրախիտ; թավուտ *(անտառի մասին և այլն)* 4) պղտոր; մշուշոտ; անթափանց; աղոտ; անպարզ 5) թանձր; մածուցիկ; կպչուն *(հեղուկի մասին)* 6) *խոսակցական* բթամիտ; հիմար 7) խուլ; խռպոտ 8) *խոսակցական* մոտիկ; մտերիմ; անբաժան 9) (**thick with**) լի; լիքը **2** *noun հազվադեպ* 1) թավուտ; թփուտ; մացառուտ 2) *փոխաբերական* կենտրոն; խորք; մեջտեղը; ամենախիտ տեղը ◊ **in the thick of sth** ամենախիտ տեղում; բուն խորքում; եռուն/բուռն շրջանում; թունդ շրջանում. **through thick and thin** բոլոր հանգամանքներում; լավ ու վատ ժամանակներում; չնայած բոլոր տեսակի խոչընդոտներին; առանց տատանվելու; հաստատակամորեն 3) բթամիտ; հաստագլուխ **3** *adverb* 1) սերտորեն; խիտ/հոծ կերպով; թանձր կերպով 2) առատորեն ◊ **too thick (a bit thick)** չափազանց; չափից ավելի 3) խռպոտ կերպով; անպարզ

thick as a brick խիստ բթամիտ

thick as thieves անբաժան; մտերիմ *(ընկերների մասին)*

thicken |ˈθɪk(ə)n| *verb* 1) թանձրանալ; խտանալ 2) թանձրացնել; խտացնել 3) աղոտանալ; պղտորվել; անպարզ դառնալ 4) ստվարանալ; հոծ դառնալ *(ամբոխի մասին)*

thickener *noun* խտացնող նյութ *(հեղուկը)*

thicket |ˈθɪkɪt| *noun* թավուտ; մացառուտ; թփուտ

thickhead |ˈθɪkhɛd| *noun խոսակցական* հաստագլուխ/բթամիտ մարդ

thickheaded |-ˈhɛdɪd| *adjective* հաստագլուխ; բթամիտ

thickness |ˈθɪknɪs| *noun* 1) հաստություն 2) շերտ; խավ 3) խտություն; թանձրություն 4) սերտություն

thickset |θɪkˈsɛt| *adjective* 1) թիկնավետ; ամրակազմ 2) խիտ տնկված

thick-witted (նաև **thick-skulled**) *adjective* թանձրամիտ; բթամիտ; հիմար

thief |θiːf| *noun* (հոգն. **thieves** |θiːvz|) գող

thieve |θiːv| *verb* գողանալ; գողություն անել

thievery |ˈθiːv(ə)ri| *noun* գողություն

thievish |ˈθiːvɪʃ| *adjective* գողաբարո; անազնիվ; գող; խարդախ; խորամանկ; զգույշ; գողավարի; գաղտագողի

thigh |θʌɪ| *noun* ազդր; զիստ

thigh bone *noun* ոլորոսկր

thill |θɪl| *noun* պատմական քեղի; կողափայտ; առեղ *(սայլի)*

thimble |'θɪmb(ə)l| *noun* 1) մատնոց 2) ծայրապանակ

thimbleful |θɪmb(ə)lfʊl|, |-f(ə)l| *noun* (հոգն. **-fuls**) մի մատնոց; մի փոքրիկ կում *(խմիչքի)*

Thimphu |'tɪmpuː|, |'θɪm-| (նաև **Thimbu**) Թիմփու *(Բութանի մայրաքաղաքը)*

thin |θɪn| **1** *adjective* (**thinner**, **thinnest**) 1) բարակ 2) նիհար; վտիտ; նվազ ◊ **thin as a lath** տաշեղի պես նիհար 3) նուրբ; բարակ; թեթև *(հագուստի մասին)* 4) բարակ *(ձեռագրի/տպատառի մասին)* 5) նոսր; ցանցառ *(մազերի մասին)* 6) սակավաթիվ; փոքրաթիվ *(հասարակության/ բնակչության մասին)* 7) ջրալի; ջրիկ; ջրախառն; ջրիկացած 8) բարակ *(ձայնի մասին)* 9) թույլ; թերի; ոչ հիմնավոր; անբավարար ◊ **that is too thin** դա խիստ անհամոզիչ է 10) նոսր; նոսրացած *(գազի/օդի մասին)* 11) անբնական; բռնազբոսիկ *(ժպիտի մասին)* **2** *adverb* բարակ կերպով **3** *verb* (**thinned**, **thinning**) 1) բարակել; նիհարել; նոսրանալ; բարականալ 2) բարակեցնել; նոսրացնել ◊ **thin down** նիհարել. **thin out** i) նոսրացնել *(բույսերը)* ii) նիհարել

thine |ðʌɪn| **1** *possessive pronoun հնացած* քո; քոնը **2** *possessive adjective* քո

thing |θɪŋ| *noun* 1) առարկա; իր; բան ◊ **good things** i) նյութական բարիքներ ii) քաղցրավենիք; քաղցրեղեն. **the right thing** (**quite the thing, the thing**) հենց այն, ինչ որ պետք է. **be not quite the thing** իրեն վատ զգալ; տրամադրություն չունենալ. **the last thing** վերջին խոսքը. **know a thing or two** ինչ-որ մի բան իմանալ; ինչ-որ մի բան կռահել; խորաթափանց լինել. **see things** զառանցել; ցնորական վիճակի մեջ ընկնել; հալյուցինացիայով տառապել. **make a good thing of sth** որևէ բանից օգուտ քաղել. **no such thing** ամենևին ոչ; ոչ մի նման բան. **among other things** ի դեպ; իմիջիայլոց; ի թիվս այլոց. **and things** և այլն 2) (**things**) անձնական իրեր; հագուստ; պարագաներ ◊ **take off one's thing** վերարկուն հանել; հանվել 3) անշունչ առարկա 4) էակ; մարդ; արարած *(փաղաքշական կամ արհամարհական՝ մարդու, կենդանու մասին)* ◊ **little thing** մանկիկ; պստլիկ. **old thing** բարեկամ; հոգյակ; աղավնյակ. **poor thing** խեղճ մարդ/կին. **dumb thing** հիմար արարք; հիմարություն 5) գործ; փաստ; դեպք; իրողություն; հանգամանք ◊ **above all things** նախ և առաջ; ամենակարևորը. **first thing** առաջին հերթին; ամենից առաջ. **things look promising** դրությունը բարենպաստ է; դրությունը հուսադրող է; դրությունը հույս է ներշնչում 6) (**one's thing**) սիրած զբաղմունքը; հետաքրքրությունը 7) (**the thing**) այն, ինչ պատշաճ է; այն, ինչ նորաձև է 8) գրական/երաժշտական երկ

think |θɪŋk| **1** *verb* (անցյալ և անցյալ դերբայ **thought** |θɔːt|) 1) կարծել; համարել ◊ **think little of** մեկի մասին մեծ կարծիք չունենալ; մի բանի մասին մեծ կարծիք չունենալ; մեծ նշանակություն չտալ. **think much/well of** մեկի մի բանի մասին մեծ կարծիքի լինել; բարձր կարծիք ունենալ; բարձր գնահատել. **think better of** i) մեկի/մի բանի մասին կարծիքը փոխել; մեկի մասին ավելի լավ կարծիքի լինել ii) միտքը փոխել 2) մտածել; խորհել; միտք անել; կշռադատել; խորհրդածել ◊ **think twice** լավ մտածել; մի լավ ծանրութեթև անել 3) (**think of/about**) հաշվի առնել; մտածել մի բանի մասին 4) պատկերացնել; մտքով անցնել; հասկանալ 5) մտադրվել; մտադրություն ունենալ; նկատի ունենալ • **think aloud** բարձրաձայն մտածել **think out** մտածելով գտնել; լուծում գտնել **think over** խորհել; խորհրդածել; կշռադատել **2** *noun* խոսակցական մտորում; մտածելը

think no end of (**think the world of**) մեկին շատ բարձր գնահատել

thinkable *adjective* 1) մտածելի; երևակայելի 2) կարելի; հնարավոր

thinker |'θɪŋkə| *noun* մտածող; մտավորական

thinking |θɪŋkɪŋ| **1** *adjective* մտածող; բանական **2** *noun* խորհրդածում; մտորում; մտածելը; մտածմունք; մտորմունք

think tank *noun* մտքի/մտավոր/հետազոտական կենտրոն; միջառարկայական միավորում; միջառակայական խումբ

third |θəːd| **1** *ordinal number* 1) երրորդ 2) երրորդ դասարան 3) երրորդ *(թվարկելիս)* **2** *noun* 1) (**a/one third**) երրորդ մաս; մի երրորդը; մեկ երրորդական մասը 2) *երաժշտություն* տերցիա

third class **1** *noun* 1) երրորդ կարգի առարկաներ/մարդիկ 2) *պատմական* երրորդ կարգի տոմս *(գնացքում, նավում)* **2** *adjective, adverb* երրորդ կարգի

third-degree **1** *adjective* երրորդ կարգի *(ամենասուր այրվածքների մասին)* **2** *noun* երկար ու տանջալից հարցաքննություն *(հատկապես ոստիկանության հրագործած)*

thirdly *adverb* երրորդ *(թվարկելիս)*

third party **1** *noun* երրորդ կողմ *(վեճի և այլն)* **2** *adjective* երրորդ կողմի

third person *noun* 1) երրորդ կողմ 2) տե՛ս **person**

Third World *noun* Երրորդ աշխարհ; զարգացող երկրներ *(Ասիայի, Աֆրիկայի, Լատինական Ամերիկայի զարգացող երկրներ)*

thirst |θəːst| **1** *noun* 1) ծարավ; ծարավություն; պապակ 2) *փոխաբերական* ծարավ; տենչ; փափագ **2** *verb հնացած* 1) ծարավ լինել; պապակել 2) *փոխաբերական* (**thirst for**) տենչալ; փափագել; ձգտել

thirsty |'θəːsti| *adjective* (**thirstier**, **thirstiest**) 1) ծարավ; ծարավի; պապակ 2) չորացած; ցամաքած; պապակ *(հողի և այլնի մասին)* 3) *փոխաբերական* ծարավի; փափագով/տենչանքով լի 4) ծարավ առաջացնող; ծարավեցնող

thirteen |θəː'tiːn|, |'θəːtiːn| *cardinal number* 1) տասներեք 2) տասներեք համարի; տասներեքերորդ չափսի 3) տասներեք տարեկան

thirteenth **1** *numeral* տասներեքերորդ **2** *noun* տասներեքերորդ մաս; մեկ տասներեքերորդ

thirtieth **1** *numeral* երեսուներորդ **2** *noun*

երեսուներորդ մաս; մեկ երեսուներորդ

thirty |'θə:ti| *cardinal number* (հոգն. **-ties**) 1) երեսուն 2) (**the thirties**) երեսնական թվականները; 29-ից մինչև 40 տարեկան հասակը 3) երեսուն տարեկան 4) երեսուն մղոն/ժամ

this |ðɪs| **1** *pronoun* (հոգն. **these** |ði:z|) սա; դա **2** *adjective* (հոգն. **these** |ði:z|) այս; այդ *(եզակի)* ◇ **this much** այսքան. **like this** այսպես; այս ձևով **3** *adverb* այսքան; այս աստիճան

thistle |'θɪs(ə)l| *noun* 1) *բուսաբանություն* ուղտափուշ; տատասկափուշ *(Carlina, Cirsium, Carduus, և այլ տեսակներ, ընտանիք Compositae)* 2) ուղտափուշ; շոտլանդիայի ազգային խորհրդանիշը

thistly *adjective* 1) ուղտափուշով ծածկված; տատասկոտ 2) փշոտ; փշավոր

thither |'ðɪðə| *adverb հնավանդ բանաստեղծական* այնտեղ; այն կողմ

thole |θəʊl| **1** *verb հնավանդ* տանել; հանդուրժել **2** *noun* թիակալ; թիաբուն; թիացից

Thomas, St. Սուրբ Թովմաս *(առաքյալ)*

thong |θɒŋ| **1** *noun* 1) կաշեփոկ; փոկ; մտրակ 2) տե՛ս **flip-flop** **2** *verb հնավանդ* մտրակով խփել; մտրակել

thoracic |θɔ:'ræsɪk| *adjective կազմախոսություն, կենդանաբանություն* կրծքային

thorax |'θɔ:ræks| *noun* (հոգն. **thoraxes** կամ **thoraces** |'θɔ:rəsi:z|) *կազմախոսություն, կենդանաբանություն* կրծքավանդակ

thorium |'θɔ:rɪəm| *noun քիմիա* (**Th**) թորիում

thorn |θɔ:n| *noun* 1) փուշ ◇ **a thorn in the flesh** ջղայնության/անախորժության սկզբնապատճառ; աչքի փուշ. **be/sit on thorns** փշերի վրա նստած լինել 2) դժվարություն; տհաճություն; անհարմարություն; անախորժություն 3) (**thorn bush/tree**) փշոտ թուփ; պլոճենի; սզնի 4) (**Þ, þ**) հնագույն ռունական տառի անունը

thorny |'θɔ:ni| *adjective* (**thornier, thorniest**) 1) փշոտ; փշավոր; ծակող 2) դժվար; դժվարին; փշալից; տատասկոտ 3) նուրբ; նրբանկատություն պահանջող; փափկանկատ *(թեմայի մասին և այլն)*

thorough |'θʌrə| *adjective* լիակատար; կատարյալ; հիմնավոր; հաստատուն

thoroughbred |'θʌrəbrɛd| **1** *adjective* 1) զտարյուն; ազնվացեղ *(ձիու մասին)* 2) *խոսակցական* բարեկիրթ; լավ դաստիարակված 3) *խոսակցական* բարձրորակ **2** *noun* 1) զտարյուն/ազնվացեղ ձի 2) *խոսակցական* բարեկիրթ մարդ 3) *խոսակցական* բարձրորակ իր

thoroughfare |'θʌrəfɛ:| *noun* 1) անցում; ուղանցում; երթևեկություն *(փոխադրամիջոցով)* ◇ **No thoroughfare** Անցում չկա 2) լայն փողոց/ճանապարհ; բանուկ փողոց; քաղաքի գլխավոր զարկերակը; քաղաքի մայրուղին

thoroughgoing |θʌrə'gəʊɪŋ| *adjective* 1) արմատական; հիմնավոր; վճռական; հիմնարար; խոչընդոտները հաղթահարող; ոչ մի արգելքի առաջ կանգ չառնող 2) իսկական; կատարյալ

thoroughly *adverb* 1) լիովին; ամբողջովին; մինչև վերջը; կատարելապես; միանգամայն; հիմնավորապես; հաստատապես; լիակատար կերպով 2) խնամքով

thorough-paced *adjective հնավանդ* 1) կատարյալ; հայտնի 2) վերին աստիճանի *(տխրահռչակ և այլն)*

those *pronoun* հոգնակի տե՛ս **that** դրանք

thou¹ |ðaʊ| *pronoun հնացած բանաստեղծական* դու

thou² |θaʊ| *noun* (հոգն. նույնը կամ **thous**) *խոսակցական* տե՛ս **thousand**

though |ðəʊ| **1** *conjunction* 1) թեև; թեպետ; չնայած 2) եթե նույնիսկ; թեկուզ ◇ **as though** կարծես թե; կարծես; ասես **2** *adverb* սակայն; այնուամենայնիվ; բայց և այնպես

thought¹ |θɔ:t| *noun* 1) միտք; մտածողություն; մտածմունք; գաղափար; որևէ բանի մասին մտածելը ◇ **collect one's thoughts** մտքերը հավաքել; կենտրոնանալ. **take thought** i) մտասուզվել; մտածմունքի մեջ ընկնել; մտածել *(մեկի մասին)* ii) հոգ տանել. **in thought** (**lost in thought**) մտքերի մեջ խորասուզված. **on second thoughts/thought** լավ մտածելուց հետո; մի լավ ծանրութեթև անելուց հետո 2) մտադրություն; դիտավորություն; ծրագիր 3) հոգատարություն; հոգածություն; ուշադրություն ◇ **show thought for** մեկի նկատմամբ ուշադրություն ցուցաբերել; հոգ տանել մեկի նկատմամբ 4) ◇ **a thought** մի քիչ; մի փոքր. **a thought more** մի քիչ ավելի

thought² *noun* անցյալ և անցյալ դերբայ տե՛ս **thought**

thoughtful |'θɔ:tfʊl|, |-f(ə)l| *adjective* 1) մտածող; խոհուն; մտածկոտ; մտազբաղ ◇ **be/become thoughtful** մտածել; միտք անել 2) (**thoughtful of**) հոգատար; ուշադիր 3) լրջախոհ 4) խորամիտ; խորախոհ; խորիմաստ; բովանդակալից *(գրքի մասին և այլն)*

thoughtless |'θɔ:tlɪs| *adjective* 1) անհոգ; անփույթ; անխոհեմ; թեթևամիտ 2) չմտածված; չկշռադատված 3) անուշադիր; անտարբեր; անհոգատար; անկարեկից *(դեպի ուրիշները)*

thoughtlessly *adverb* անհոգաբար; թեթևամտորեն

thousand |'θaʊz(ə)nd| *cardinal number* (հոգն. **-sands**կամ (թվականի կամ քանակորոշիչ բառի հետ) նույնը) 1) (**1000**) հազար 2) (**thousands**) եռանիշ թվեր *(1000-ից 9999-ը)* 3) (**thousands**) հազարավորներ; շատեր 4) *խոսակցական* մեծ քանակություն ◇ **one in a thousand** շատ հազվագյուտ; բացառիկ; հազարից մեկը. **a thousand times** հազար անգամ; բազմիցս; բազմաթիվ անգամ

Thousand and One Nights Հազար ու մի գիշեր

thousandfold *adjective* հազար անգամ ավելի մեծ; հազարապատիկ

thrall |θrɔ:l| **1** *noun բանաստեղծական, պատմական* 1) ստրուկ; գերի; գերյալ 2) ստրկություն **2** *verb* ստրկացնել

thralldom *noun* ստրկություն; ստրկացում

thrash |θræʃ| **1** *verb* 1) ծեծել; ծեծ տալ; քոթակել ◇ **thrash out** ուշադիր կերպով քննարկել; պարզել 2) գալարվել; ցնցվել; թպրտալ; դեսուդեն ընկնել 3) *մարզական* ջախջախել; հաղթել;

պարտության մատնել 4) կալսել 5) լուսաբանել *(հարցը և այլն)* **2** *noun* կատաղի շարժում

thrash over old straw *փոխաբերական* սանդում ջուր ծեծել; դատարկաբանությամբ զբաղվել

thrasher¹ |ˈθræʃə| *noun* 1) կալսիչ; կալսորդ 2) կալսիչ մեքենա; կալսաշղթա; կալսափայտ

thrasher² |ˈθræʃə| *noun կենդանաբանություն* ծաղրասարյակ; ծաղրահավիկ *(ընտանիք Mimidae)*

thread |θred| **1** *noun* 1) թել; դերձան 2) *խոսակցական* (**threads**) շորեր; հագուստներ 3) *փոխաբերական* թել; շարան; կապ 4) *համակարգիչներ* շարոց 5) (**screw thread**) փորակ; պտուտակաձև ակոս 6) գիծ **2** *verb* 1) թելել *(ասեղը)* 2) թելի վրա շարել *(ուլունք և այլն)* 3) դժվարությամբ առաջ գնալ; անցնելով դուրս գալ; խցկվելով անցնել; ճեղքելանցնել 4) փ:r սապարույր հանել; պտուտակաձև ակոս անել

hang by a thread/hair մազից կախված լինել
lose the thread, lose one's thread կորցնել մտքի թելը
pick up the thread of 1) վերսկսել 2) մեկի հետ ծանոթությունը նորոգել/թարմացնել
the fatal thread (the thread of life) կյանքի թելը
thread and thrum ամեն ինչ; և՛ լավը, և՛ վատը

threadbare |ˈθredbɛː| *adjective* 1) մաշված; հնամաշ 2) խղճուկ հագնված; ցնցոտիապատ 3) *փոխաբերական* ծեծված; տափակ; անհամացած; մաշված

threader *noun* պտուտակահան հաստոց

threadlike *adjective* 1) թելաձև; թելանման 2) մանրաթելավոր; թելաշատ

thready |ˈθredi| *adjective* (**threadier**, **threadiest**) 1) թելանման; բարակ 2) մանրաթելավոր; թելաշատ 3) հազիվ նշմարելի; շատ թույլ *(ձայնի մասին)* 4) *բժշկություն* հազիվ լսելի *(զարկերակի մասին)*

threat |θret| *noun* սպառնալիք; վտանգ

threaten |ˈθret(ə)n| *verb* սպառնալ; վախեցնել; ահ տալ

threatening *adjective* սպառնացող; սպառնալի; սպառնական; վախեցնող; սարսափեցնող

three |θriː| **1** *cardinal number* 1) երեք 2) եռյակ; երեք հոգուց բաղկացած խումբ 3) եռյակ; երեք առարկայից բաղկացած խումբ 4) երեք տարեկան 5) ժամը երեքը 6) երեք համարի; երրորդ չափսի 7) *թղթախաղ* երեքանոց **2** *noun* ◇ **in threes** երեք-երեք; եռյակներով

three-cornered *adjective* 1) եռանկյուն 2) եռակողմ; երեք կողմանի *(բանակցությունների/մրցության և այլնի մասին)* 3) *փոխաբերական* անճոռնի; անշնորհք; անհամաչափ

three-decker *noun* եռատախտակամած նավ

three-dimensional *adjective* 1) եռաչափ 2) *փոխաբերական* գունագեղ; մանրամասներով լի *(ստեղծագործության մասին)*

threefold |ˈθriːfəʊld| **1** *adjective* 1) եռապատիկ; եռակի 2) եռամաս; երեքմասանի **2** *adverb* երեք անգամ ավելի; եռապատիկ ավելի

threepence |ˈθrep(ə)ns|, |ˈθrʊ-|, |ˈθrʌ-| *noun* երեք պենս; երեք պենսանոց դրամ

threepenny |ˈθrep(ə)ni|, |ˈθrʊ-|, |ˈθrʌ-| *adjective* 1) երեք պենսանոց; գրոշանոց; կոպեկանոց 2) *փոխաբերական* շատ էժանագին; վատորակ

three-ply **1** *adjective* եռաշերտ **2** *noun* եռաշերտ նրբատախտակ

three-quarter *adjective* 1) երեք քառորդ; երեք քառորդանոց 2) երեք քառորդ դեմքով; դեմքի երեք քառորդ մասով *(դիմանկարի մասին)*

threescore |θriːˈskɔː| *cardinal number բանաստեղծական* վաթսուն ◇ **threescore and ten** յոթանասուն; յոթանասուն տարի

threnody |ˈθrenədi| *noun* (*հոգն.* **-dies**) թաղման երգ; ողբ

thresh |θreʃ| *verb* 1) կալսել 2) տե՛ս **thrash**

thresher |ˈθreʃə| *noun* 1) կալսիչ; կալսորդ 2) կալսիչ մեքենա; կալսաշղթա; կալսափայտ

threshold |ˈθreʃəʊld|, |ˈθreʃˌhəʊld| *noun* 1) շեմ; շեմք; սեմ ◇ **on the threshold of revolution** հեղափոխության նախօրյակին 2) շեմ; նախագավիթ; նախամուտք; նախադուռ 3) *մասնագիտական* շեմ *(ազդեցության/զգայունության շեմ)*

thrice |θrʌɪs| *adverb բանաստեղծական* 1) երեք անգամ; երիցս 2) *խոսակցական* շատ; չափազանց շատ

thrift |θrɪft| *noun* 1) տնտեսողություն; խնայողություն; տնտեսվարություն; խելամիտ գործածում 2) (*նաև* **savings and loan**) խնայողություն և փոխատվություն 3) *հնացած* բարգավաճում; ունևորություն

thriftless |ˈθrɪftlɪs| *adjective* շռայլ; վատնող; չտնտեսող

thrift shop (*նաև* **thrift store**) *noun* օգտագործված իրերի խանութ

thrifty |ˈθrɪfti| *adjective* (**thriftier**, **thriftiest**) 1) տնտեսող; տնտեսվար; խնայող; խնայողական 2) *հնացած* ծաղկուն; բարգավաճ; ունևոր

thrill |θrɪl| **1** *noun* 1) հրճվանք; խորը հուզմունք 2) (**thrills**) սենսացիա; ցնցող տպավորություն 3) դող; սարսուռ 4) թրթիռ 5) *բժշկություն* նյարդային դողոց; հուզմունք **2** *verb* 1) դող/հուզմունք առաջացնել; հուզել 2) ներքին հուզմունք զգալ; ներքին դող զգալ; հուզվել 3) դողալ; սարսռալ; ցնցվել *(վախից, ուրախությունից և այլն)*

thriller |ˈθrɪlə| *noun* զգայացունց ֆիլմ/վեպ; սենսացիոն ֆիլմ/վեպ *(հատկապես լրտեսական)*

thrive |θrʌɪv| *verb* (անցյալ **throve** |θrəʊv| կամ **thrived**; անցյալ դերբայ **thriven** |ˈθrɪv(ə)n| կամ **thrived**) 1) հարստանալ; հարստություն ձեռք բերել 2) ծաղկել; բարգավաճել; առաջադիմել 3) փթթել; փարթամ աճել; մեծանալ; լավ զարգանալ; ծաղկել

throat |θrəʊt| *noun* 1) կոկորդ; բուկ; ըմպան ◇ **a throat of brass** բարձր/կոպիտ ձայն. **clear one's throat** հազալով կոկորդը մաքրել. **cut one's own throat** իրեն կործանել/ոչնչացնել. **cut sb's throat** մեկին կործանել/ոչնչացնել 2) *բանաստեղծական* ձայն 3) նեղ անցք

throaty |ˈθrəʊti| *adjective* (**throatier**, **throatiest**) կոկորդի; կոկորդային

throb |θrɒb| **1** *verb* (**throbbed**, **throbbing**) 1) ուժգին բաբախել; տրոփել; ուժեղ զարկել;

թրթռալ 2) *փոխաբերական* ներքին դող զգալ; դողալ; հուզվել **2** *noun* 1) բաբախում; տրոփում; տրոփյուն 2) *փոխաբերական* հուզմունք; թրթիռ; դող

thrombosis |θrɒmˈbəʊsɪs| *noun* (հոգն. **-ses** |-siːz|) անոթախցանում; խից; արնախից

throne |θrəʊn| **1** *noun* 1) գահ; աթոռ 2) (**the throne**) թագավորական իշխանություն **2** *verb* *բանաստեղծական* 1) գահ բարձրացնել 2) բազմել; նստել

throng |θrɒŋ| **1** *noun* ամբոխ; բազմություն; խառնամբոխ; խռնում *(ժողովրդի)* **2** *verb* խռնվել; խմբվել; հավաքվել; խուռն բազմությամբ լցվել; խուռներամ գնալ; լիքը լցնել *(թատրոնը, փողոցը)*

throstle |ˈθrɒs(ə)l| *noun* երգեցիկ ճարյակ/տորրգիկ

throttle |ˈθrɒt(ə)l| **1** *noun* 1) *տեխնիկական* կարգավորող կափարիչ; փական; դրոսել 2) *հնացած* շնչափող **2** *verb* 1) խեղդել; խեղդամահ անել 2) շնչահեղձ/շնչասպառ լինել; խեղդվել 3) *տեխնիկական* արգելակել; կարգավորող կափարիչը փակել ◇ **throttle down** գազը պակասեցնել

through |θruː| **1** *preposition* 1) միջով; մի ծայրից մյուսը; արանքով 2) մեկից; միջոցով *(որևէ աղբյուրից, որևէ մեկից)* 3) սահմաններում; միջակայքում *(որոշակի)* 4) ներառյալ *(հատկապես ամսաթվերի մասին)* 5) ողջ ընթացքում 6) պատճառով; հետևանքով; շնորհիվ **2** *adverb* 1) սկզբից մինչև վերջ; ծայրից ծայր ◇ **be through with** վերջացնել; ավարտել; այլևս գործ չունենալ 2) ամբողջ հաստության միջոցով; միջաթափանց; մի ծայրից մյուսը; ծայրեծայր; ամբողջովին; ամբողջապես; ամբողջությամբ ◇ **be wet through** ամբողջությամբ թրջվել 3) *խոսակցական* այլևս անելիք չունեցող; ավարտված **3** *adjective* 1) ուղիղ; անմիջական; անտեղափոխ; միջանցական *(գնացքի/վագոնի մասին)* 2) ազատ *(անցման/մուտքի մասին և այլն)*

through and through ծայրեծայր; բազմակողմանիորեն

throughout |θruːˈaʊt| **1** *adverb* 1) ամբողջ ժամանակ; ամբողջ ընթացքում; սկզբից մինչև վերջ 2) ամենուրեք; ամեն տեղ; ծայրեծայր 3) ամեն կողմից; բոլոր տեսակետներից **2** *preposition* 1) միջով; ծայրեծայր ◇ **throughout the world** ամբողջ աշխարհում; աշխարհով մեկ 2) ամբողջ ընթացքում

throw |θrəʊ| **1** *verb* (անցյալ **threw** |θruː|; անցյալ դերբայ **thrown** |θrəʊn|) 1) նետել; գցել; շպրտել ◇ **throw oneself** նետվել; վրա ընկնել; հարձակվել. **throw light** լույս սփռել; լուսաբանել 2) հրելով բացել; հրելով մի կողմ տանել 3) գցել; տանել; շարժել *(գլուխը և այլն՝ որոշակի ուղղությամբ)* 4) նետել; գցել; ուղղել *(հայացք և այլն)* 5) շփոթեցնել; վշտացնել 6) մեջքի վրա պառկեցնել; հաղթել; գետնով տալ *(ըմբշամարտում)* 7) ծնել; ձագ բերել 8) վայր գցել; ցած նետել *(ձիավորին)* 9) ոլորել; հյուսել *(մետաքս և այլն)* 10) փոխել *(շապիկը՝ օձի մասին)* 11) դեսուդեն գցել • **throw about** շաղ տալ; վատնել; ցրիվ տալ **throw aside** դեն գցել; մի կողմ նետել **throw away** i) դեն գցել ii) զուր ծախսել; վատնել iii) կորցնել; ձեռքից բաց թողնել *(հարմար առիթը և այլն)* **throw back** i) ետ շպրտել ii) մերժել *(կտրուկ կերպով)* **throw down** i) *նաև փոխաբերական* վայր գցել; ցած գլորել; տապալել; իշխանությունից զրկել ii) քանդել *(շենքը)* **throw in** i) ավելացնել; ընդմիջարկել; մեջ գցել *(բառ, դիտողություն)* ii) *տեխնիկական* միացնել **throw off** i) դեն գցել; վրայից նետել; թոթափել; ազատվել; օձիքը ազատել ii) մերժել; չընդունել iii) հեռացնել; պաշտոնանկ անել iv) տապալել v) դուրս ժայթքել **throw on** վրան գցել; արագ հագնել *(վերարկու և այլն)* **throw open** լայն բացել; կրնկի վրա բանալ *(դուռը և այլն)* **throw out** i) դուրս նետել; դուրս գցել; դուրս քշել; վռնդել; արձակել ii) *տեխնիկական* անջատել iii) *փոխաբերական* ընդհատել; խանգարել; մտքի թելը կտրել **throw over** i) դեն շպրտել; դեն նետել; դեն գցել ii) թողնել; լքել *(ընկերներին)* iii) *տեխնիկական* փոխարկել; հոսանքափոխել iv) հրաժարվել *(ծրագրից և այլն)* **throw overboard** i) ջուրը/ծովը նետել ii) թողնել; լքել **throw up** i) արագ վեր բարձրացնել *(գլուխը, աչքերը և այլն)* ii) արագ կերպով կառուցել *(շենք, ամրություն)* iii) հրաժարվել; ձեռք քաշել; թողնել iv) ժայթքել v) *խոսակցական* փոխել; ետ տալ **2** *noun* 1) նետում; նետելը; նետման հեռավորություն 2) *մարզական* մեջքի վրա պառկեցնելը; գետնով տալը *(ըմբշամարտում)* 3) *տեխնիկական* շարժընթաց; շարժ ◇ **throw of piston** մխոցի մի շարժ. **the throw of the pointer** սլաքի խոտորում/շեղում

throwaway |ˈθrəʊəweɪ| **1** *adjective* միօգտագործման; միանգամյա *(ապրանքների մասին)* **2** *noun* միօգտագործման առարկա

thrum[1] |θrʌm| **1** *verb* (**thrummed**, **thrumming**) 1) ծնգծնգացնել; ճնկճնկացնել *(դաշնամուրով, կիթառով)* 2) մատներով թխկթխկացնել **2** *noun* զնգացնելը; ծլնգացնելը; ճնկճնկացնելը

thrum[2] |θrʌm| **1** *noun* *մանածագործություն* ծոպեր; ծայրաթելեր *(հենքի)* **2** *verb* (**thrummed**, **thrumming**) ծոպերով զարդարել

thrush[1] |θrʌʃ| *noun* *կենդանաբանություն* կեռնեխ *(ընտանիք Muscicapidae)*

thrush[2] |θrʌʃ| *noun* *բժշկություն* կաթնուկ; աֆտոզային բերանաբորբ

thrust |θrʌst| **1** *verb* (անցյալ **thrust**) 1) հրել; բոթել; մշտել; նետել *(ուժով)* ◇ **thrust oneself** նետվել; հրելով/բոթելով առաջ անցնել. **thrust oneself forward** իրեն մեջ գցել; աշխատել ուրիշների ուշադրությունը իր վրա գրավել. **thrust one's way** իր համար ուղի հարթել 2) զոռով անցնել; խցկվել; ներխուժել 3) ծակել; խոցել; խրել; մխել 4) խցկել; խոթել; կոխել; վարսել; խփելով ներս խրել • **thrust aside** ետ մղել; ետ հրել; վանել; չընդունել; մերժել **thrust from** վայր նետել; ցած թափել **thrust in/into** ներս կոխել; խոթել; խրել; մխել **thrust on** ստիպել; հարկադրել; դրդել **thrust oneself into** ներս խցկվել; թափանցել; աներեսությամբ կպչել **thrust out** դուրս քշել; վռնդել; վտարել **thrust through** խոցել; ծակել; ճեղքել-անցնել **thrust upon** վզին փաթաթել; պարտադրել **2** *noun* 1) հրոց; բոթոց 2) *փոխաբերական* հարված; հարձակում *(մեկի դեմ)* ◇ **a home thrust** դիպուկ հարված 3) հենարան; նեցուկ 4) *տեխնիկական* ճնշում

thud |θʌd| **1** *noun* թրմփոց *(որևէ ծանր բանի ընկնելուց)* **2** *verb* (**thudded**, **thudding**) թրմփալ;

թրմփոցով ընկնել
thug |θʌg| *noun* ավազակ; մարդասպան
thulium |'θ(j)u:lɪəm| *noun քիմիա* (**Tm**) տուլիում
thumb |θʌm| **1** *noun կազմախոսություն* բութ; բթամատ ◇ **under sb's thumb** *փոխաբերական* մեկի ազդեցության տակ; մեկի գերին **2** *verb* 1) բթամատով սեղմել; բութով հրել 2) թերթել *(գիրքը)* 3) կեղտոտել *(մատներով)* 4) անշնորհք կերպով մի բան անել
thumbprint |'θʌmprɪnt| *noun* 1) բութ մատի դրոշմ 2) առանձնահատկություն; բնորոշ գիծ
thumbscrew |'θʌmskru:| *noun* 1) *տեխնիկական* երկթև պտուտակամեր 2) *պատմական* բութ մատը ճզմող տանջանքի գործիք
thumbtack |'θʌmtæk| *noun* սևեռագամ; սևեռակ
thump |θʌmp| **1** *verb* 1) ծանր հարված հասցնել; թակել; ծեծել; բախել 2) հարվածել *(բռունցքով)* 3) աղմուկով նետել 4) խուլ ձայն առաջացնել; թրմփոցով վայր ընկնել 5) խուլ բաբախել *(սրտի մասին)* **2** *noun* 1) ծանր հարված 2) խուլ ձայն *(հարվածի)*
thumping |'θʌmpɪŋ| **1** *adjective* 1) տրոփող; տրոփուն; բաբախող 2) *խոսակցական* հսկայական; ահագին **2** *adverb խոսակցական* շատ; սաստիկ; չափազանց; չտեսնված
thunder |'θʌndə| **1** *noun* 1) որոտ; ամպի գոռոց 2) թնդյուն; դղրդյուն; աղմուկ 3) (**thunders**) սպառնալիք **2** *verb* 1) որոտալ; դղրդալ; գոռալ ◇ **it thunders** ամպը գոռում է 2) շանթ ու կայծակ արձակել; սպառնալ; գոռգոռալ
thunderbolt |'θʌndəbəʊlt| *noun բանաստեղծական* 1) որոտի ճայթյունով կայծակի հարված 2) *փոխաբերական* պարզ երկնքից որոտ; անսպասելի տհաճ բան 3) շեշտակի հարված
thunderclap |'θʌndəklæp| *noun* որոտի ճայթյուն
thundercloud |'θʌndəklaʊd| *noun* 1) ամպրոպաբեր ամպ 2) սպառնալիք
thunderer *noun* շանթ ու կայծակ արձակող; շանթաձիգ
thundering |'θʌnd(ə)rɪŋ| **1** *adjective* 1) որոտաձայն; խլացնող; խլացուցիչ 2) *խոսակցական* շատ մեծ; հսկայական; ահագին ◇ **thundering ass** կատարյալ ավանակ **2** *noun* ամպի գոռոց; որոտ
thunderous |'θʌnd(ə)rəs| *adjective* 1) ամպրոպային; ամպրոպի; ամպրոպաբեր 2) որոտընդոստ; բարձրագոչ 3) զորեղ; հզոր; ուժգին
thunderstorm |'θʌndəstɔ:m| *noun* ամպրոպ; փոթորիկ
thunderstruck |'θʌndəstrʌk| *adjective* կայծակնահար; շանթահար; շանթահարվածի պես
Thuringia |,θjʊə'rɪndʒɪə| Թյուրինգիա *(պատմական տարածք Գերմանիայում)*
Thursday |'θə:zdeɪ|, |-di| **1** *noun* հինգշաբթի **2** *adverb* 1) հինգշաբթի օրը 2) (**Thursdays**) հինգշաբթի օրերին
thus |ðʌs| *adverb բանաստեղծական, գրական անգլերեն* 1) այսպես; այսպիսով; այնպես որ ◇ **thus and thus** այսպես ու այսպես. **thus far** մինչև այստեղ; մինչև այժմ; առայժմ. **thus much** այդքան; այդչափ 2) դրա հետևանքով 3) առայժմ; մինչև հիմա
thwack |θwæk| **1** *verb* հարվածել; ծեծել; բոթակել **2** *noun* ուժեղ հարված
thwart |θwɔ:t| **1** *verb* 1) խանգարել; արգելք հարուցել; խափանել *(ծրագրերը և այլն)* 2) հակաճառել; հակառակել; հակառակ խոսել **2** *noun* 1) թիավարի նստարան *(մակույկի մեջ)* 2) լայնակի հեծան **3** *adjective* 1) լայնակի; խոտորնակի 2) հրասածի; կամակոր; չհնազանդվող
thy |ðʌɪ| (նաև **thine**) *possessive adjective հնացած, բարբառային* քո
thyme |tʌɪm| *noun բուսաբանություն* ուրց; ծոթոր; ծոթրին; կորթին *(Genus Thymus, ընտանիք Labiatae)*
thyroid |'θʌɪrɔɪd| *noun կազմախոսություն* 1) վահանագեղձ; վահանաձև գեղձ 2) վահանագեղձի կռճիկ
thyself |ðʌɪ'self| *pronoun հնացած բարբառային* դու ինքդ; ինքդ քեզ
Tiber |'tʌɪbə| Տիբր *(գետ Իտալիայի կենտրոնում)*
Tibet |tɪ'bɛt| Տիբեթ *(ինքնավար շրջան Չինաստանում)*
tibia |'tɪbɪə| *noun* (հոգն. **tibiae** |-bɪi:| կամ **tibias**) *կազմախոսություն* ոլոք; սրունքոսկր
tic |tɪk| *noun* 1) *բժշկություն* դիմացնցում; դիմամկանուների կծկում/ջղաձգություն; տիկ 2) առանձնահատկություն; բնորոշ գիծ
tick¹ |tɪk| **1** *noun* 1) տկտկոց *(ժամացույցի)* ◇ **to the tick** ճիշտ ժամանակին; ճշտապահ կերպով 2) *խոսակցական* բրիտանական մի րոպե; մի ակնթարթ 3) (**V**) եռանկյունանիշ; «ծիտիկ» **2** *verb* 1) տկտկալ; տկտկացնել *(ժամացույցի մասին)* 2) եռանկյունանիշ դնել; «ծիտիկ» դնել ◇ **tick off** սաստիկ հանդիմանել; շշպռել. **tick out** թխկթխկացնել *(հեռագրական սարքի մասին)*. **tick over** շրջել; դարձնել; պտտեցնել *(լծակը և այլն)*
tick² |tɪk| *noun կենդանաբանություն* տիզ *(ենթակարգ Ixodida)*
tick³ |tɪk| *noun* 1) մթել *(ներքնակի, բարձի)* 2) խտակտավ; տիկ *(գործվածքի)*
tick⁴ |tɪk| **1** *noun հնացած* վարկ; փոխառության հրավունք; պարտք ◇ **buy on tick** ապառիկ դնել. **run tick** ապառիկ վերցնել; պարտքով ապրել; պարտքերի մեջ խրվել **2** *verb* ապառիկ վերցնել; ապառիկ տալ
ticker |'tɪkə| *noun* 1) *խոսակցական* ժամացույց 2) հեռագրական սարք 3) *էլեկտրականություն* ընդհատիչ 4) *ռադիո* տիկեր; արագընդհատիչ
ticket |'tɪkɪt| **1** *noun* 1) տոմս; տոմսակ ◇ **return ticket** գնալ-գալու/վերադարձի տոմս. **through ticket** ուղիղ հաղորդակցության տոմս. **produce/show tickets** ներկայացրեք ձեր տոմսերը 2) ապրանքանիշ; պիտակ ◇ **price ticket/tag** գնապիտակ 3) *ամերիկյան* որևէ կուսակցության թեկնածուների ցուցակ *(ընտրությունների ժամանակ)* ◇ **be behind of one's ticket** իր կուսակցության ցուցակում ձայների փոքրամասնություն ստանալ 4) քարտ; տոմս; վկայական; անդորրագիր ◇ **ticket of discharge** *ռազմական* արձակման վկայական. **pawn ticket** գրավագիր 5) հայտարարություն *(տան պատին և այլն՝ վարձով տալու մասին)* **2**

verb (**-eted**, **-eting**) պիտակ կպցնել

not quite the ticket այն չէ; պետք եղածը չէ

the ticket *խոսակցական* հենց այն, ինչ պետք է

tickle |ˈtɪk(ə)l| **1** *verb* 1) խտղել; խուտուտ անել; խուտուտ տալ 2) քոր գալ; խուտուտ գալ 3) տկտկացնել; կտկտացնել 4) զվարճացնել; ուրախացնել; բավականություն պատճառել ◇ **tickle to death** ծիծաղից մեռցնել; չափազանց ուրախացնել. **be tickled pink** սաստիկ գոհ լինել; երջանիկ լինել; խիստ ուրախացած լինել 5) դուր գալ; մեկի ճաշակով լինել **2** *noun* խտղտանք; խուտուտ

tickler *noun* բարդ խնդիր; դժվար լուծելի հանելուկ; գլուխկոտրուկ

ticklish |ˈtɪklɪʃ| *adjective* 1) դյուրախուտուտ; խուտուտկան; խտղտան 2) նուրբ; նրբանկատ; նուրբ նկատառում պահանջող; փափկանկատ *(հարցի մասին և այլն)* 3) հեշտ նեղացող; շուտ վիրավորվող; նրբազգաց; դյուրազգաց

tidal |ˈtʌɪd(ə)l| *adjective* 1) մակընթացության և տեղատվության հետ կապված 2) մակընթացության ժամանակ մեկնող և ժամանող *(նավի մասին)*

tidal wave *noun* 1) տե՛ս **tsunami** 2) *փոխաբերական* ալիք; լայն տարածում

tidbit |ˈtɪdbɪt| (նաև **titbit**) *noun* 1) համեղ պատառ 2) հետաքրքրական նորություն

tide |tʌɪd| **1** *noun* 1) մակընթացություն և տեղատվություն ◇ **the high tide** մակընթացության ամենաբարձր կետը. **the low tide** տեղատվության ամենացածր կետը. **tide is falling** ջուրը պակասում է; ջրի մակարդակը իջնում է. **tide is rising** ջրի մակարդակը բարձրանում է. **the tide turns** իրավիճակը փոխվում է; դրությունը փոխվում է 2) *նաև փոխաբերական* հոսանք; ալիք ◇ **go with the tide** *փոխաբերական* հոսանքով լողալ; հոսանքի հետ գնալ; համակերպվել 3) տարվա եղանակ; շրջան; սեզոն **2** *verb հնացած* հոսանքով լողալ ◇ **tide over** օգնել; օգնություն ցույց տալ; ձեռք մեկնել; օգնել դուրս գալու դժվար իրավիճակից. **tide over** դժվարությունները հաղթահարել

tidewater *noun* 1) մակընթացության ջրեր 2) ծովափ 3) *որոշչային* առափնյա; ծովափնյա

tidings |ˈtʌɪdɪŋz| *plural noun բանաստեղծական* նորություններ; լուրեր; տեղեկություններ

tidy |ˈtʌɪdi| **1** *adjective* (**-dier**, **-diest**) 1) մաքուր; կոկիկ 2) կանոնավոր; մաքրասեր; կարգասեր 3) *խոսակցական* բավական մեծ; բավական; զգալի **2** *noun* (հոգն. **-dies**) 1) ծածկոց *(բազմոցի/բազկաթոռի թիկնակին)* 2) երեխայի գոգնոց 3) փոքր առարկաների տուփ **3** *verb* (**-dies**, **-died**) հավաքել; մաքրել; կարգի բերել

tie |tʌɪ| **1** *verb* (**tying**) 1) կապել; կապկպել; կապոտել; քուղապնդել; երիզապնդել *(կոշիկները և այլն)* 2) ամրացնել; միացնել; պնդացնել 3) ամրացվել; կապվել 4) կաշկանդել; պարտավորեցնել; կապել; սահմանափակել ◇ **tied to time** ժամանակով սահմանափակված 5) (**be tied**) շաղկապված/կապակցված լինել; սերտորեն առնչվել 6) *երաժշտություն* լեգատոյով միացնել *(նոտաները)* 7) *երաժշտություն* լեգատո նվագել/կատարել *(նոտաները)* 8) հաշիվը հավասարեցնել; ոչ-ոքի խաղալ ◇ **tie in with** i) կապվել ii) համապատասխանել. **tie up** միանալ; համախմբվել **2** *noun* (հոգն. **ties**) 1) կապ; հանգույց 2) *փոխաբերական* (**ties**) կապեր ◇ **ties/bonds of friendship** բարեկամական կապեր 3) (**ties**) կաշկանդող հանգամանքներ 4) փողկապ; վզկապ; վզկապ 5) լայնակի գցված գերան 6) *ամերիկյան, երկաթուղային* կոճ; փայտակոճ 7) հավասար հաշիվ *(քվեների/միավորների/խաղի մեջ)* 8) ոչ-ոքի *(խաղի մեջ)* 9) *երաժշտություն* լեգատո

Tien Shan |tjen ˈʃæn| (նաև **Tian Shan**) Տյան Շան *(լեռնաշղթա Ասիայում)*

tier |tɪə| **1** *noun* 1) հարկաշարք; թատերահարկ; կարգ 2) կառանակարժ; կարժ *(հաստ պարանի)* **2** *verb* հարկերով/շարքերով դասավորել

tierce |tɪəs| *noun* 1) տակառ *(մոտ 200 լիտր տարողությամբ)* 2) *երաժշտություն* տերցիա 3) *թրախաղ* տերց *(երեք մինույն տեսակի իրար հաջորդող խաղաթուղթ)* 4) (նաև **terce**) երրորդ ժամի ժամերգություն *(արևմտյան եկեղեցում)*

tiff |tɪf| **1** *noun խոսակցական* գժտություն; գժտվելը **2** *verb* թեթև լեզվակռիվ անել; նեղանալ; խռովել; գժտվել

tiger |ˈtʌɪgə| *noun* 1) *կենդանաբանություն* վագր *(Panthera tigris, ընտանիք Felidae)* ◇ **American tiger** (**Panthera onca**) *կենդանաբանություն* ամերիկյան հովազ; յագուար 2) խուլիգան; կովարար 3) *ամերիկյան* հավանության բացականչություններ

tigerish *adjective* վագրային; վագրին հատուկ; վայրագ; արյունարբու

tiger moth *noun կենդանաբանություն* գիշերային թիթեռ *(Arctia, ընտանիք Arctiidae)*

tight |tʌɪt| **1** *adjective* 1) սերտ; հոծ; խիտ; սեղմ 2) նեղ; սեղմող; ամուր կպած; կիպ նստած *(կոշիկների/հագուստի մասին)* 3) ձիգ; պինդ; պիրկ; պինդ/ամուր կապած; պինդ/ամուր ձգած *(հանգույցի և այլնի մասին)* 4) անթափանց; անթափանցիկ *(ջրի/օդի/լույսի համար և այլն)* 5) աղքատիկ; սուղ *(միջոցների մասին)* 6) դժվար; դժվարին; ծանր 7) զսպված; զուսպ *(վարվեցողության մեջ)* 8) հակիրճ; ամփոփ; ազդեցիկ *(գրվածքի մասին)* 9) կազմակերպված 10) սահմանափակ *(փողի/ժամանակի մասին)* 11) *խոսակցական* ժլատ; կծծի; պինդ 12) *խոսակցական* մի քիչ խմած; քեֆը տեղը **2** *adverb* 1) սերտորեն; կիպ 2) պինդ; ձիգ; ամուր կերպով 3) սեղմ; նեղ

run a tight ship խստորեն կառավարել կազմակերպությունը

tighten |ˈtʌɪt(ə)n| *verb* 1) սեղմել; ձգել; պրկել; ամուր քաշել 2) ձգվել; պրկվել; սեղմվել

tightfisted (նաև **tight-fisted**) *adjective խոսակցական* ժլատ; կծծի; ձեռքից պինդ

tightly 1 2 *adverb* ամուր կերպով; պիրկ

tights |tʌɪts| *plural noun* զուգագուլպա; տրիկո *(մարզական, թատերական)*

tightwad |ˈtʌɪtwɒd| *noun խոսակցական* կծծի; գծուծ; ժլատ մարդ

tigress |ˈtʌɪgrɪs| *noun* էգ վագր

Tigris |ˈtʌɪgrɪs| Տիգրիս *(գետ Ասիայի հարավարևմուտքում)*

tilbury |ˈtɪlb(ə)ri| *noun* (հոգն. **-buries**) *պատմա-*

կամ հնացած թերթև երկանիվ կառք

tilde |ˈtɪldə| *noun տպագրություն* տիլդա; ալիքանշան; փոխնշ *(~)*

tile |tʌɪl| **1** *noun* 1) կղմինդր 2) հախճապակ; հախճապակյե; հախճաղյուսիկ 3) կավե խողովակ *(դրենաժի համար)* 4) *խոսակցական* ցիլինդր *(գլխարկ)* **2** *verb* կղմինդրով ծածկել; հախճապակիով պատել

have a tile loose ծալը պակաս է; տախտակը պակաս է

tiling |ˈtʌɪlɪŋ| *noun* կղմինդրի ծածկ

till[1] |tɪl| **1** *preposition* մինչև ◇ **till now** մինչև այժմ. **till then** մինչև այն ժամանակ **2** *conjunction* մինչև որ

till[2] |tɪl| *noun* դրամարկղ; գզրոց *(խանութի վաճառասեղանի)*

till[3] |tɪl| *verb* մշակել; վարել; հերկել *(հողը)*

till[4] |tɪl| *noun երկրաբանություն* գլաքարային կավ *(որն առաջանում է սառցադաշտերի կամ սառցաշերտերի հալումից)*

tillable *adjective* հերկելի; վարելի; հերկելու; վարելու

tillage |ˈtɪlɪdʒ| *noun* 1) հողի մշակում 2) մշակված հող; վարելահող; վարած արտ; հերկած դաշտ; վար

tiller[1] |ˈtɪlə| *noun ծովային* ղեկալծակ

tiller[2] *noun* 1) հողագործ; երկրագործ 2) կուլտիվատոր; քար հանող և հողը փխրեցնող մեքենա

tiller[3] |ˈtɪlə| **1** *noun* ընձյուղ; շառավիղ; շիվ **2** *verb* ընձյուղ արձակել; շիվ տալ

tilt |tɪlt| **1** *verb* 1) թեքվել; շեղվել; ծովել; շուռ գալ; շրջվել 2) թեքել; շեղել; ծռել; շուռ տալ; շրջել; հակել 3) հակված լինել; հակվել; տրամադրված լինել 4) հակել; տրամադրել; հոժարեցնել 5) նիզակը շեղակի բռնած հարձակվել; նիզակը առաջաթեք բռնած հարձակվել 6) *փոխաբերական* հարձակվել; հարձակում գործել; մրցակցել *(խոսքով)* 7) ◇ **tilt at/against** i) *փոխաբերական* նիզակներ փշրել; տաքացած վիճել *(մի բանի շուրջը)* ii) պայքարել; կռվել մեկի հետ *(հատկապես նիզակախաղի մրցության ժամանակ)* **2** *noun* 1) թեքություն; թեք վիճակ 2) թեքում; հակում 3) *պատմական* նիզակն առաջաթեք բռնած հարձակում; նիզակի հարված

at full tilt (full tilt) ամբողջ ուժով; ամբողջ թափով

tilth |tɪlθ| *noun* 1) հողի մշակում 2) մշակված հող; վարելահող; վարած արտ; հերկած դաշտ

tilt yard *noun պատմական* զինախաղերի մրցարան; զինամարտի խաղասպարեզ

timber |ˈtɪmbə| **1** *noun* 1) փայտանյութ; փայտեղեն; շինափայտ; անտառանյութ 2) գերան; հեծան 3) բնորոշ գիծ; առանձնահատկություն **2** *verb* 1) փայտից շինել/կառուցել 2) ատաղձագործություն անել; ատաղձագործությամբ զբաղվել

timbered |ˈtɪmbəd| *adjective* 1) փայտե; փայտից; փայտաշեն 2) անտառոտ; անտառապատ; անտառաշատ

timbre |ˈtæmbə| *noun երաժշտություն* տեմբր; հնչերանգ

timbrel |ˈtɪmbr(ə)l| *noun հնավանդ* դափ; դահիրա

time |tʌɪm| **1** *noun* 1) ժամանակ 2) (**time for sth, to do something**) ժամ; պահ; հարմար ժամանակ *(որևէ բանի համար)* 3) ժամանակաշրջան; ժամանակ 4) ժամանակներ; կյանքի պայմաններ 5) կյանք; կյանքի ժամանակաշրջան 6) ժամկետ ◇ **sb's time is up** ժամկետը լրացել է. **do time** պատիժը կրել 7) (*սովորաբար* **times**) դարաշրջան; ժամանակաշրջան ◇ **time of peace** խաղաղ ժամանակաշրջան. **go with the times** ժամանակի հետ համաքայլ գնալ. **before one's time** առաջավոր; առաջադեմ. **behind one's time** հետամնաց; հետադեմ. **hard times** ծանր ժամանակներ. **time to come** ապագա; հետագա/գալիք ժամանակներ 8) հասակ; տարիք ◇ **at one's time of life** որևէ մեկի հասակում; որևէ մեկի տարիքում 9) անգամ ◇ **every time** ամեն անգամ. **at one time** միանգամից. **time and again** բազմիցս; հաճախակի. **times out of number** անթիվ/անհամար անգամ 10) *երաժշտություն* տեմպ; տակտ; չափ; ռիթմ ◇ **beat time** տակտ խփել; չափ տալ. **keep time** ճիշտ աշխատել *(ժամացույցի մասին)* **2** *verb* 1) ժամանակ նշանակել 2) հաջող ժամանակ ընտրել 3) ժամանակը հաշվի առնել; ժամանակի հետ հարմարեցնել; ժամանակին համապատասխան դարձնել 4) ժամանակը հավասարեցնել 5) տակտ խփել; չափ տալ

all in good time ամեն ինչ իր ժամանակին

at no time երբեք; ոչ մի ժամանակ

at odd times ի միջի այլոց; աշխատանքին ընդմեջ; մեկումեջ

at the same time միևնույն ժամանակ; միաժամանակ

at the time being ներկայումս; տվյալ պահին

at times երբեմն; մեկ-մեկ; մերթ ընդ մերթ

for a short time կարճ ժամանակով

for the time being առայժմ; առժամանակ

gain time ժամանակ շահել

have a good time հաճելի ժամանակ անցկացնել; լավ ժամանակ անցկացնել

have a high time հաճելի ժամանակ անցկացնել; զվարճանալ

have a rough time զրկանքներ կրել

idle/quander time (**loiter away time**) զուր ժամանակ վատնել; պարապ-սարապման գալ; թրև գալ

idle time *տեխնիկական* պարապուրդ. աշխատանքում

in a short time շուտով; մոտ ժամանակում

in bad time 1) ուշացած 2) ուշ ժամին

in due time իր ժամանակին; իսկը ժամանակին

in no time չափազանց արագ; վայրկենաբար; անմիջապես; իսկույն

in time, in good time իր ժամանակին; ճիշտ ժամանակին; պատեհ ժամին

it is high time (**it is time**) իսկը ժամանակն է; վաղուց ժամանակն է

make time կորցրած ժամանակը ետ շահել

observe time ճշտապահ լինել

on full time լրիվ աշխատանքային ժամով

some time or other երբևիցե; վաղ թե ուշ; մի գեղեցիկ օր

take your time! մի՛ շտապիր

time after time, time and again նորից ու նորից;

անընդհատ; պարբերաբար
time out of mind անհիշելի ժամանակներից
time was կար ժամանակ, երբ...
what time is it? what is the time? what o'clock is it? ժամը քանի՞սն է
while away the time ժամանակ անցկացնել; ժամանակ սպանել

time-consuming *adjective* ժամանակատար; շատ ժամանակ խլող

time-honored *adjective* դարերով սրբագործված

timekeeper |ˈtʌɪmkiːpə| *noun* 1) *մարզական* ժամաչափորդ; ճշտաչափորդ 2) ցուցակավար; հաշվառու 3) *հնացած* ժամացույց; ժամանակաչափ

timekeeping *noun* ժամանակաչափում

timeless |ˈtʌɪmlɪs| *adjective* 1) անժամանակ; տարաժամ 2) *բանաստեղծական* հավերժական; հավիտենական

time limit *noun* ժամկետ; ժամանակային սահմաններ *(որևէ բանի համար սահմանված/հատկացված ժամանակ)*

timeline (նաև **time line**) *noun* ժամանակի սանդղակ

timely |ˈtʌɪmli| *adjective* պատեհաժամ; ժամանակին արված; յուրաժամ; յուրաժամանակ; ճիշտ ժամանակին

time out *noun* 1) ազատ ժամանակ; հանգստի/հանգստանալու ժամանակ 2) *մարզական* ընդմիջում *(խաղի ժամանակ)*

timepiece |ˈtʌɪmpiːs| *noun* ժամացույց

timer |ˈtʌɪmə| *noun* ժամաչափիչ

times |tʌɪmz| *preposition* անգամ; բազմապատկած

time-server *noun* ժամանակին հարմարվող; հարմարվողական; պատեհապաշտ

timetable |ˈtʌɪmteɪb(ə)l| **1** *noun* 1) չվացուցակ 2) ժամանակացույց; ժամկետացանկ; հերթացուցակ **2** *verb* հերթադրել; նախատեսել; հերթացուցակ կազմել

timeworn (նաև **time-worn**) *adjective* 1) մաշված; հնացած; խարխլված; քայքայված; փտած 2) *փոխաբերական* հնացած; դարն անցած

timid |ˈtɪmɪd| *adjective* (**-ider**, **-idest**) քաշվող; ամաչկոտ; երկչոտ; վախկոտ

timidity |-ˈmɪdɪti| *noun* երկչոտություն; ամաչկոտություն

timing |ˈtʌɪmɪŋ| **1** *noun* 1) ժամանակի ընտրություն; ժամանակի հաշվում; կարգավորում; կանոնավորում 2) համաժամանակություն; միաժամանակություն 3) ժամկետ **2** *adjective* կարգավորող; կանոնավորող; բաշխիչ

Timor |ˈtiːmɔː| Թիմոր *(կղզի Հնդկական օվկիանոսում)*

timorous |ˈtɪm(ə)rəs| *adjective* երկչոտ; վախկոտ; անհամարձակ

Timothy *աստվածաշնչային* Թուղթ Տիմոթեոսին *(առաջինը կամ երկրորդը. Նոր կտակարանի գրքերից)*

timothy |ˈtɪməθi| (նաև **timothy grass**) *noun* *բուսաբանություն* ճիլ; կնյուն *(կերաբույս. Phleum pratense, ընտանիք Gramineae)*

timpani |ˈtɪmpəni| (նաև **tympani**) *plural noun* թմբուկներ; գոսեր

tin |tɪn| **1** *noun* 1) *քիմիա* (**Sn**) անագ 2) թիթեղ 3) թիթեղյա աման; թիթեղատուփ; պահածոյի տուփ 4) *ծածկալեզու* փող; դրամ 5) *ռազմական խոսակցական* տանկ 6) *հիմնականում բրիտանական* թավա **2** *verb* (**tinned**, **tinning**) 1) կլայեկել; անագապատել 2) պահածո դնել; պահածոյացնել **3** *adjective* 1) անագե 2) *խոսակցական* միջակ; ոչ լավ

tincture |ˈtɪŋ(k)tʃə| **1** *noun* 1) *դեղագործություն* թուրմ; դեղաթուրմ; ոգեթուրմ 2) նրբերանգ *(գույնի)* 3) կողմնակի համ **2** *verb* 1) ներկել; երանգ տալ *(որևէ բանի)* 2) տոգորել; ծծեցնել; հագեցնել; տալ *(համ, հոտ և այլն)*

tinder |ˈtɪndə| *noun* պատրույգ; թուղթ; փայտ *(կրակ վառելու համար)*

tindery *adjective* 1) հեշտությամբ բոցավառվող; դյուրավառ 2) դյուրագրգիռ; դյուրաբորբոք

tine |tʌɪn| *noun* ատամ; սուր ծայր *(եղանի, գաբանի)*

ting |tɪŋ| **1** *noun* զանգակի ձայն; զնգոց **2** *verb* զնգալ; զնգզնգալ

tinge |tɪn(d)ʒ| **1** *verb* (**tinging** կամ **tingeing**) 1) թեթևակի ներկել; երանգավորում տալ 2) *փոխաբերական* երանգ հաղորդել; թեթևակի ազդեցություն ունենալ; մի քիչ փոփոխել **2** *noun* 1) թեթև գունավորում; երանգավորում; երանգ 2) կողմնակի համ

tingle |ˈtɪŋg(ə)l| **1** *verb* 1) ականջներում զնգոց զգալ; ծակծկոց զգալ; մարմաջ/եռք զգալ; կսկծոց/այրուցք զգալ; կմթոց զգալ *(մարմնի թմրած անդամներում)* 2) ականջներում զնգալ 3) կսկծոց/ծակծկոց առաջացնել 4) վրդովվել; այրվել; վառվել *(ամոթից, զասումից)* 5) դողալ *(հուզմունքից)* **2** *noun* 1) ականջների զնգոց; ականջներում զնգոց զգալը 2) ծակոց; ծակծկոց *(մարմնի թմրած մասերում)* 3)

tinker |ˈtɪŋkə| **1** *noun* 1) պղնձագործ; կլայեկիչ; կլայեկարար; կլեկչի 2) նորոգող 3) փինաչի; անշնորհք մարդ 4) վատ աշխատանք; վատ արված գործ **2** *verb* 1) զոդել; կլայեկել; կարկատել; կպցնել 2) վատ աշխատել; գործը փչացնել ◊ **tinker with** մի բանի վրա չարչարվել; երկար ու բարակ զբաղվել; երկար բզբզել 3) մի կերպ սարքել; նորոգել

tinkle |ˈtɪŋk(ə)l| **1** *verb* 1) զնգալ; զրնգալ; զնգզնգալ; զանգը տալ; զնգացնել 2) *խոսակցական* միզել **2** *noun* 1) զնգոց; զրնգոց; զնգզնգոց *(զանգակի, բաժակների)* 2) *խոսակցական* միզում; միզելը

tinned *adjective* 1) անագի շերտով պատած; անագապատ 2) *հիմնականում բրիտանական* պահածո; պահածոյացրած

tinnitus |tɪˈnʌɪtəs|, |ˈtɪnɪtəs| *noun* *բժշկություն* ականջի խշշոց; ականջներում աղմուկ; ականջականչ; ականջների զնգոց

tinplate (նաև **tin plate**) **1** *noun* թիթեղ; անագապատ թիթեղ **2** *verb* անագապատել

tinsel |ˈtɪns(ə)l| **1** *noun* 1) փայլփլուք; փայլազարդ; կեղծ դրասանգ; նրբաթիթեղ; փայլաթիթեղ; տոնածառի զարդարանքներ 2) աստղնագործության մետաղաթել; կեղծ ոսկեթել/արծաթաթել 3) *փոխաբերական* արտաքին/կեղծ փայլ; էժանագին, բայց փայլուն բան; խաբուսիկ շքեղություն; խաբուսիկ փայլ **2** *adjective* կեղծ; խաբուսիկ; ցուցական **3** *verb* պսպղուն բաներով զարդարել; փայլազարդել

tinsmith |ˈtɪnsmɪθ| *noun* թիթեղագործ

tint |tɪnt| **1** *noun* 1) երանգ; գույն; նրբերանգ ◇ **the autumn tints** աշնանային երանգներ 2) նշույլ; հետք 3) մազի ներկ 4) մազերը ներկելը **2** *verb* 1) թեթևակի ներկել; գույն տալ; գունավորել; երանգ տալ; երանգավորել 2) մազերը ներկել

tintinnabulation |ˌtɪntɪnæbjʊˈleɪʃ(ə)n| *noun* զանգերի ղողանջ

tinware |ˈtɪnwɛː| *noun* թիթեղյա իրեր; անագե ամանեղեն

tiny |ˈtʌɪni| *adjective* (**-nier**, **-niest**) շատ փոքր; մանր; մանրիկ; պստլիկ; պուճուրիկ

tip[1] |tɪp| **1** *noun* 1) ծայր; կատար; գագաթ *(սարի և այլն)* ◇ **on the tip of one's tongue** լեզվի ծայրին. **on the tips of one's toes** ոտքի մատների վրա 2) ծայրապանակ; ծայրակալ **2** *verb* (**tipped**, **tipping**) 1) ծայրապանակ հագցնել/դնել 2) կատարները կտրել *(ծառերի և այլն)* 3) ծայրերը գունավորել 4) կտրել *(մազերը)* 5) *տպագրություն* ներսոսնձել *(լրացուցիչ էջ)*

tip[2] |tɪp| **1** *verb* (**tipped**, **tipping**) 1) թեքվել; մի կողմ ծռվել; խոնարհվել; հակվել; հավասարակշռությունից դուրս գալ 2) թեքել; մի կողմ ծռել; խոնարհել; հակել; հավասարակշռությունից հանել 3) թեթևակի հարվածել; դիպչել; հպվել 4) շուռ տալ; շրջել; թափել; լցնել; գցել; դատարկել ◇ **tip off** i) ամանը դատարկել ii) դատարկվել; շուռ գալ *(ամանի մասին)*. **tip out** դուրս թափվել; դատարկվել. **tip over** i) շուռ տալ; շրջել ii) շուռ գալ; շրջվել. **tip up** շրջել; շուռ տալ; ետ ծալել; ետ գցել; ետ բացել *(նստոցը և այլն)*. **tip-up** ետ ծալովի *(աթոռի մասին)* **2** *noun* 1) *բրիտանական* աղբանոց; աղբ թափելու տեղ 2) թեթև հարված; հպում; թեթևակի դիպչելը 3) թեքություն; թեք մակարդակ

tip[3] |tɪp| **1** *noun* 1) թեյանվեր; թեյափող; մանր դրամական նվեր 2) խորհուրդ; ակնարկ; ցուցում; նախազգուշացում ◇ **take my tip** հետևեցեք իմ խորհրդին. **straight tip** բարի/լավ խորհուրդ 3) մասնավոր կերպով ստացած գաղտնի տեղեկություն; ոչ պաշտոնական կերպով ստացած գաղտնի տեղեկություն **2** *verb* (**tipped**, **tipping**) 1) թեյանվեր/թեյափող տալ; հյուրասիրել 2) մասնավոր կամ ոչ պաշտոնական տեղեկություններ տալ; գաղտնի տեղեկացնել *(հատկապես բորսայական գործարքների, վարգարշավի ձիերի մասին)* ◇ **tip off** ակնարկել; նախազգուշացնել

tipcat |ˈtɪpkæt| *noun* *պատմական* չիլիկ; չիլիկախաղ *(մանկական խաղ)*

tip-off (նաև **tipoff**) *noun* ակնարկ; ակնարկություն; նախազգուշացում ◇ **give a tip-off** ակնարկել; ժամանակին նախազգուշացնել

tippet |ˈtɪpɪt| *noun* 1) ուսարկու; թիկնոց *(դատավորի, հոգևորականի)* 2) պալանտին; մորթե/թավշե կանացի թիկնոց

tipple[1] |ˈtɪp(ə)l| **1** *verb* հարբեցողություն անել; խմել; կոնծել **2** *noun* *խոսակցական* ոգելից ըմպելիք; խմիչք

tipple[2] *noun* 1) ընդունման հարթակ *(հանքահորի)* 2) վագոնաշրջիչ

tippler[1] *noun* հարբեցող; գինեմոլ

tippler[2] *noun* վագոնաշրջիչը աշխատեցնող բանվոր

tipsy |ˈtɪpsi| *adjective* (**-sier**, **-siest**) հարբած; խմած

tiptoe |ˈtɪptəʊ| **1** *verb* (**-toes**, **-toed**, **-toeing**) 1) մատների ծայրերի վրա քայլել 2) գաղտագողի անցնել; գողունի/ծածուկ մտնել **2** *noun* ոտքի մատների ծայրը ◇ **on tiptoe** i) ոտքի մատների վրա ii) *փոխաբերական* ծածուկ; գողտուկ; գաղտնի. **be on tiptoe with curiosity** հետաքրքրությունից այրվել

tip-top (նաև **tiptop**) **1** *adjective* գերազանց; հիանալի; առաջնակարգ **2** *noun* բարձրակետ; գագաթնակետ **3** *adverb* գերազանցորեն; հոյակապ/հիանալի կերպով

tirade |tʌɪˈreɪd|, |tɪ-| *noun* երկարաշունչ ճառ/խոսք; խրատաճառ

Tirana |tɪˈrɑːnə| (նաև **Tiranë**) Տիրանա *(Ալբանիայի մայրաքաղաքը)*

tire[1] |tʌɪə| *verb* 1) հոգնել 2) հոգնեցնել 3) (**tire of**) ձանձրացնել; տաղտկացնել; զզվեցնել ◇ **I am tired of** ձանձրացել եմ; զզվել եմ

tire[2] |ˈtʌɪə| (բրիտանական **tyre**) **1** *noun* 1) դող; անվադող ◇ **flat tire** i) օդը դուրս թողած անվադող ii) անհետաքրքիր մարդ 2) անիվի օղագոտի **2** *verb* դող հագցնել *(անիվի վրա)*

tired |tʌɪəd| *adjective* 1) հոգնած ◇ **tired out** միանգամայն ուժասպառ; հյուծված; տանջված 2) թարմությունը կորցրած; հնացած 3) ծեծված; անհետաքրքիր

tired of ձանձրացած

tireless |ˈtʌɪəlɪs| *adjective* անխոնջ; եռանդուն

tiresome |ˈtʌɪəs(ə)m| *adjective* 1) հոգնեցնող; հոգնեցուցիչ 2) ձանձրալի; ձանձրացուցիչ; տաղտկալի; հոգեմաշ; անհանգստացնող

tissue |ˈtɪʃuː|, |ˈtɪsjuː| *noun* 1) *կենսաբանություն* հյուսվածք 2) *փոխաբերական* միահյուսվածք; խառնահյուսվածք *(ստի և այլն)* ◇ **conjunctive/connective tissue** շարակցական հյուսվածք 3) տե՛ս **tissue paper** 4) շղարշ; նուրբ գործվածք

tissue paper *noun* 1) բարակ/նուրբ թուղթ *(հատկապես փաթեթավորման համար)* 2) ծխախոտաթուղթ 3) անձեռոցիկ

tit[1] |tɪt| *noun* *կենդանաբանություն* (**titmouse**) երաշտահավ

tit[2] |tɪt| *noun* *գռեհկաբանություն* պտուկ; ծծապտուկ

tit[3] |tɪt| *noun* ◇ **tit for tat** ակն ընդ ական; ատամն ընդ ատաման

Titan |ˈtʌɪt(ə)n| 1) *դիցաբանություն* Տիտան 2) *փոխաբերական* տիտան; հսկա; ածդահա

titanic[1] |tʌɪˈtænɪk| *adjective* տիտանական; հսկայական; վիթխարի

titanic[2] |tʌɪˈtænɪk| *adjective* *քիմիա* քառավալենտ տիտանին վերաբերող

titanium |tʌɪˈteɪnɪəm|, |tɪ-| *noun* *քիմիա* (**Ti**) տիտան

tithe |tʌɪð| **1** *noun* 1) մեկ տասներորդ մաս 2) *փոխաբերական* չնչին բաժին 3) *պատմական* տասանորդ *(եկեղեցական հարկ)* **2** *verb* 1) տասանորդ վճարել *(եկեղեցուն)* 2) *պատմական* տասանորդ գանձել; եկեղեցական հարկ դնել

titillate |ˈtɪtɪleɪt| *verb* 1) *փոխաբերական* խտղտել; գրգռել; հաճելի գրգիռ տալ; շոյել *(հատկապես սեռական առումով)* 2) *հնացած* խուտուտ անել; խուտուտ ածել

titlark |ˈtɪtlɑːk| *noun* *բարբառային կենդանաբանություն* (նաև **pipit**) մարգարտույտ *(երգեցիկ թռչուն)*

title |ˈtʌɪt(ə)l| **1** *noun* 1) վերնագիր; խորագիր; անուն; անվանում 2) (**titles**) տիտրեր 3) տիտղոս; կոչում 4) որևէ իրավունքի հիմունք; տիտղոս; նման իրավունքը հաստատող փաստաթուղթ **2** *verb* կոչել; անվանել

titled |ˈtʌɪt(ə)ld| *adjective* տիտղոսավոր; տիտղոս/կոչում ունեցող

titleholder (նաև **title holder**) *noun* մրցանակակիր; դափնեկիր; չեմպիոն

title role *noun* անվանադեր *(գործող անձի դերը, որի անունով կոչվում է պիեսը)*

titmouse |ˈtɪtmaʊs| *noun* (հոգն. **-mice** |-mʌɪs|) *կենդանաբանություն* երաշտահավ *(ընտանիք Paridae)*

titter |ˈtɪtə| **1** *verb* քմծիծաղել; քմծիծաղ տալ; քթի տակ ծիծաղել **2** *noun* մանր ծիծաղ; քմծիծաղ

tittle |ˈtɪt(ə)l| *noun* 1) ամենափոքր մասնիկ; հատիկ; փշուր; կաթիլ ◇ **not a tittle** մազաչափ անգամ; ամենևին; ոչ մի կաթիլ. **to a tittle** իսկ և իսկ; ճիշտ և ճիշտ; իսկը 2) *հնացած* կետ; գծիկ *(տառի գլխին)*

tittle-tattle |ˈtɪt(ə)ltæt(ə)l| **1** *noun* դատարկաբանություն; դատարկախոսություն; շաղակրատություն; բամբասանք; ասեկոսե **2** *verb* դատարկաբանել; շաղակրատել; բամբասել; ասեկոսեներով զբաղվել

tittup |ˈtɪtəp| **1** *noun* 1) ուրախություն; կայտառություն; աշխուժություն; ցատկոտելը 2) մանրաքայլ/շորորուն քայլվածք; շորոր տալով քայլելը 3) թեթև քառատրոփ արշավ *(ձիու)* **2** *verb* (**-tuped**, **-tuping** կամ **-tupped**, **-tupping**) [intrans.]1) ցատկոտել; ոստոստել; թռչկոտել; ուրախանալ 2) մանրաքայլել; շորորալ; շորոր տալ; մանր-մանր քայլել 3) թեթև քառարշավով գնալ *(ձիու մասին)*

Titus *աստվածաշնչային* Թուղթ Տիտոսին *(Նոր Կտակարանի գրքերից մեկը)*

tizzy |ˈtɪzi| *noun* (հոգն. **-zies**) 1) հուզմունք 2) *խոսակցական* վեցպեննանոց դրամ

to |tə|, |tʊ|, |tuː| **1** *preposition* 1) դեպի; ուղղությամբ; կողմը *(ցույց է տալիս ուղղություն, նպատակակետ)* ◇ **to this day** մինչև այսօր; առ այսօր; մինչ օրս 2) մինչև *(ցույց է տալիս գործողության/ժամանակի/քանակի/տարածության սահմանը)* 3) պակաս *(ժամը ասելիս)* 4) *(ցույց է տալիս որևէ առարկային կցելը/ամրացնելը/փակցնելը)* 5) *(ցույց է տալիս գործողության հետևանքով ստեղծված վիճակ, արդյունք, վիճակի փոփոխություն)* ◇ **fall to decay** քայքայվել; քանդվել; խարխլվել. **crumble to dust** հող ու մոխիր դառնալ; փոշիանալ. **run to seed** սերմակալել; կոշտանալ; դախանալ *(բույսի մասին)* 6) հանդեպ; նկատմամբ; հետ *(ցույց է տալիս որևէ մեկի հանդեպ վերաբերմունքը կամ հարաբերություն)* 7) *(ցույց է տալիս այն անձը, որին հանգում է գործողությունը, թարգմանվում է հայերենի տրական հոլովով)* 8) վերաբերող; առնչվող 9) *(ցույց է տալիս թվական, քանակական հարաբերություն)* ◇ **the score is 2 to 6** մարզական հաշիվը երկուս վեց է 10) համեմատ; համեմատած; հարաբերությամբ **2** *particle* 1) *(հանդես է գալիս որպես անորոշ դերբայի մասնիկ)* 2) համար; նպատակով *(անորոշ դերբայով որոշ դարձվածներում ցույց է տալիս նպատակ, թարգմանվում է նաև անորոշ դերբայի տրական հոլովով)* 3) պատճառով; արդյունքում *(ցույց է տալիս գործողության պատճառ)* 4) (**be about to**) պատրաստվել; մտադրվել *(խկույն որևէ բան անելու)* 5) *(օգտագործվում է անորոշ դերբայի փոխարեն՝ կրկնությունից խուսափելու նպատակով)* **3** *adverb* փակ; կիսափակ *(դռան մասին)* ◇ **shut the door to** դուռը փակել/ծածկել

bring to ուշքի բերել
come to ուշքի գալ
to and fro ետ ու առաջ
to be or not to be լինել թե չլինել

toad |təʊd| *noun* 1) *կենդանաբանություն* դոդոշ; գետնագորտ *(կարգ Anura)* 2) *փոխաբերական* գարշելի արարած

toadstool |ˈtəʊdstuːl| *noun* թունավոր սունկ

toady |ˈtəʊdi| **1** *noun* (հոգն. **toadies**) ստորաքարշ/քծնող մարդ; պնակալեզ **2** *verb* (**toadies**, **toadied**) ստորաքարշություն անել; քծնել

toast¹ |təʊst| **1** *noun* 1) բովված հացի կտոր/շերտ; կարմրացրած հացի կտոր 2) կենաց; բաժակաճառ ◇ **give/propose a toast** կենաց առաջարկել 3) կենացի հասցեատեր *(այն անձը/հաստատությունը/իրադարձությունը, որի պատվին կամ հիշատակին կենաց է առաջարկվում)* **2** *verb* 1) կտրտած հացը բովել/կարմրացնել 2) չորանալ; տաքանալ *(կրակի մոտ և այլն)* 3) չորացնել; տաքացնել *(կրակի մոտ և այլն)* 4) կենաց առաջարկել; կենաց խմել/ասել

toast² *verb* երաժշտությունը ուղեկցել ռիթմիկ խոսքով *(Ճամայկայի մասին)*

toaster *noun* բովիչ *(հացը բովելու, կարմրացնելու հատուկ հարմարանք)*

toastmaster |ˈtəʊs(t)mɑːstə| *noun* թամադա; սեղանապետ

tobacco |təˈbækəʊ| *noun* (հոգն. **-cos**) 1) ծխախոտ 2) *բուսաբանություն* (**tobacco plant**) ծխախոտաբույս *(Nicotiana tabacum, ընտանիք Solanaceae)*

tobacconist |təˈbæk(ə)nɪst| *noun* 1) ծխախոտագործարանի տեր 2) ծխախոտավաճառ; ծխախոտի առևտրով զբաղվող անձ

Tobago Տոբագո *(կղզի Կարիբյան ծովում)*

Tobit |ˈtəʊbɪt| *աստվածաշնչային* Թոբիթի գիրքը *(Հին Կտակարանի գրքերից մեկը)*

toboggan |təˈbɒg(ə)n| **1** *noun* ձեռնասահնակ/սահնակ **2** *verb* սահնակով սղղալ/սահել

Toby jug (նաև **toby jug**) *noun* գարեջրի գավաթ *(եռանկյունաձև գլխարկով հաստլիկ մարդու կերպարանքով)*

toccata |tə'kɑːtə| *noun երաժշտություն* տոկատա

tocsin |'tɒksɪn| *noun* ահազանգ; տագնապազանգ

tod |tɒd| *noun* 1) *շոտլանդական* աղվես 2) թուփ; թփաթուփ; մացառ

today |tə'deɪ| **1** *adverb* 1) այսօր 2) այժմ; հիմա; մեր օրերում **2** *noun* այսօրվա օրը

toddle |'tɒd(ə)l| **1** *verb* 1) տոտիկ-տոտիկ անել; ոտքերը քարշ տալով գնալ *(երեխայի մասին)* 2) *խոսակցական* զբոսնել; թափառել; թրև գալ **2** *noun* 1) տոտիկ-տոտիկ անելը 2) զբոսանք

toddler |'tɒdlə| *noun* քայլել սովորող երեխա

toddy |'tɒdi| *noun* (հոգն. **-dies**) 1) փունջ; ջերմօղի; պունշ 2) արմավենու հյութ; արմավօղի

to-do *noun խոսակցական* իրարանցում; խառնաշփոթություն; աղմուկ

toe |təʊ| **1** *noun* 1) ոտքի մատ; ոտնամատ ◇ **great/big toe** ոտքի բթամատ. **little toe** ոտքի ճկույթ. **from top to toe** ոտքից գլուխ. **tread on sb's toes** մեկի ամենացավոտ տեղին դիպչել; վիրավորել 2) ծայր; քիթ; ոտնաթաթի ծայր; կոշկածայր; կոշկաքիթ ◇ **turn one's toe out** ոտնաթաթերի ծայրերը դուրս շրջել *(քայլելիս)*. **turn up one's toes** ոտները մեկնել; մեռնել 3) սմբակի/կճղակի առջևի մասը 4) *տեխնիկական* կրնկակալ 5) (**toe in**) ոտնաթաթերի ծայրերը ներս շրջել *(քայլելիս)* **2** *verb* (**toes**, **toed**, **toeing**) 1) ոտքի ծայրով խփել; ոտքով հարվածել 2) գուլպայի քթերը գործել/կարկատել

make someone's toes curl *խոսակցական* ցնցել; տակնուվրա անել; խիստ հուզել *(հաճույք կամ զզվանք պատճառելով)*

toe cap |'təʊkæp| (նաև **toecap**) *noun* կոշկաքիթ; կոշկածայր

toff |tɒf| *խոսակցական արհամարհական noun* 1) ջենթլմեն; բարեկիրթ մարդ; բարձրաշխարհիկ մարդ ◇ **the toff** *փոխաբերական* հասարակության սերուցքը 2) պճնամոլ

toffee |'tɒfi| *noun* (հոգն. **-fees**) իրիս *(շաքարով ու կարագով պատրաստած քաղցրավենիք)*

tog |tɒg| *խոսակցական* **1** *noun* (**togs**) շորեր; շորեղեն; հագուստ; հագուստեղեն **2** *verb* (**togged**, **togging**) (**get togged up/out, be togged up/out**) հագնվել; զուգվել *(որոշակի առիթի համապատասխան)*

toga |'təʊgə| *noun* 1) տոգա; պարեգոտ; պատմուճան *(հին հռոմեացիների տղամարդու վերնազգեստ)* 2) պաշտոնական զգեստ

together |tə'gɛðə| *adverb* 1) միասին; միատեղ; միահամուռ; միասնաբար 2) միմյանց հետ; իրար հետ 3) միաժամանակ 4) անընդհատ; իրար ետևից; շարունակաբար ◇ **together with** i) միասին ii) միաժամանակ

togetherness |tə'gɛðənɪs| *noun* մտերմություն; մոտիկություն; հարազատություն; միասին լինելը

toggle |'tɒg(ə)l| **1** *noun* 1) երկարավուն փայտե կոճակ 2) կեռիկ; ճարմանդ; օղակեռ 3) *համակարգիչներ* երկդիրք փոխանջատիչ *(ստեղն)* **2** *verb համակարգիչներ* փոխանջատել; մի բանից մյուսին անցնել

Togliatti |tɒ'ljæti| Տոլյատի *(քաղաք Ռուսաստանում, Վոլգա գետի ափին)*

Togo |'təʊgəʊ| Տոգո *(պետություն Աֆրիկայի արևմուտքում)*

toil |tɔɪl| **1** *verb* 1) աշխատել; ծանր/տքնաջան աշխատանք կատարել; ճգնել 2) դժվարությամբ առաջ շարժվել **2** *noun* ծանր/չարքաշ աշխատանք

toiler *noun* աշխատավոր; բանվոր

toilet |'tɔɪlɪt| **1** *noun* 1) *հիմնականում ամերիկյան* զուգարան; արտաքնոց 2) հարդարվելը; զուգվելը; զարդարվելը; հագնվելը 3) արդուզարդ; արդուզարդի պարագաներ; հագուստ; զգեստ 4) զարդասեղան; արդասեղան *(հայելիով)* 5) *բժշկություն* վերքի մշակում 6) *բժշկություն* ծննդկանի մշակում **2** *verb* (**-leted**, **-leting**) *հիմնականում ամերիկյան* զուգարան տանել *(երեխային և այլն)*

toilet paper **1** *noun* զուգարանի թուղթ **2** *verb* (նաև **t.p.** կամ **TP**) զուգարանի թղթով փաթաթել *(կատակի համար)*

toiletries |'tɔɪlɪtri| *plural noun* հիգիենայի պարագաներ

toils |tɔɪlz| *plural noun բանաստեղծական նաև փոխաբերական* թակարդ; որոգայթ; ծուղակ; ցանց ◇ **taken/caught in the toils** թակարդի/ցանցի մեջ ընկած; կախարդված; հմայված

toilsome |'tɔɪls(ə)m| *adjective հնացված բանաստեղծական* ծանր աշխատանք պահանջող; ծանր; դժվար; հոգնեցուցիչ

token |'təʊk(ə)n| **1** *noun* 1) նշան; խորհրդանիշ ◇ **in token of** ի նշան; ի հիշատակ 2) հիշատակ; նվեր 3) *հնացած* հատկանիշ; նշանակ; նշան 4) *համակարգիչներ* կոդանշան 5) կտրոն; ժետոն **2** *adjective* 1) խորհրդանշանային; ձևական 2) տիպական; տիպար հանդիսացող

Tokyo |'təʊkɪəʊ| Տոկիո *(Ճապոնիայի մայրաքաղաքը)*

tolerable |'tɒl(ə)rəb(ə)l| *adjective* 1) տանելի; հանդուրժելի 2) գոհացուցիչ; բավական լավ; միանգամայն բավարար; համապատասխան; հարմար; ընդունելի

tolerance |'tɒl(ə)r(ə)ns| *noun* 1) հանդուրժողականություն; հանդուրժողություն; համբերատարություն 2) *տեխնիկական* թույլատրելի թերաչափ; թույլտվածք 3) դիմացկունություն; տոկունություն 4) դեղի/թույնի ներգործությունը լավ տանելը

tolerant |'tɒl(ə)r(ə)nt| *adjective* 1) համբերատար; համբերող; հանդուրժող; հանդուրժողական 2) *բժշկություն* դեղի/թույնի ներգործությունը լավ տանող 3) տոկուն; դիմացկուն; դիմացող

tolerate |'tɒləreɪt| *verb* 1) համբերել; հանդուրժել; տանել; դիմանալ 2) թույլատրել; թույլ տալ 3) դեղի/թույնի ներգործությունը լավ տանել

toleration |tɒlə'reɪʃ(ə)n| *noun* հանդուրժողականություն; հանդուրժում; հանդուրժողություն; համբերատարություն; դիմանալը

toll[1] |təʊl| **1** *noun* 1) տուրք; գանձում 2) քանակ; թիվ *(զոհվածների, վիրավորների)* 3) հետևանք; վնաս 4) աղունավճար; աղունավարձ *(հացահատիկը աղալու վարձ)* ◇ **take toll of** վնաս/կորուստ պատճառել **2** *verb* տուրք գանձել/վճարել

toll² |təʊl| **1** *verb* 1) զանգահարել; ժամկոչել; եկեղեցու զանգերը դանդաղ տալ/քաշել 2) հուղարկավորության զանգերը տալ 3) զնգալ **2** *noun* 1) ժամհարություն; կոչնակ խփելը; եկեղեցու զանգեր տալը 2) հուղարկավորության/թաղման զանգահարություն 3) զնգոց

tollgate *noun* ուղեփակոց; ուղեկալ *(որի մոտ տուրք են գանձում)*

tollhouse *noun* ուղետուրք գանձող տնակ/գրասենյակ *(կամուրջի/ճանապարհի կողքին)*

toluene |'tɒljʊi:n| *noun քիմիա* տոլուոլ

Tolyatti |tæl'l j jætt j i| Տոլյատի *(քաղաք Ռուսաստանում. ռուսերեն անվանումը)*

tom |tɒm| **1** *noun* 1) արու կատու 2) արու հնդուհավ 3) ◇ **tom Thumb** մատնաչափիկ; պստլիկ-ճստլիկ. **Blind tom** աչքակապուկ *(խաղ)*. **Tom, Dick and Harry** ամեն մեկը; ամեն ոք; ով հանդիպի 4) մեծ զանգի անուն; մեծ հրանոթի անուն **2** *verb* (**Tommed**, **Tomming**) *խոսակցական* արհամարհական ստրկահաճորեն վարվել *(սևամորթների մասին)*

tomahawk |'tɒməhɔ:k| **1** *noun* տոմահավկ *(կարմրամորթերի մարտական տապար)* ◇ **bury the tomahawk** (**bury the hatchet**) հաշտություն կնքել **2** *verb* 1) հարվածել/սպանել տոմահավկով 2) խիստ քննադատել

tomato |tə'mɑ:təʊ| *noun* (հոգն. **-toes**) *բուսաբանություն* պոմիդոր; լոլիկ *(Lycopersicon esculentum, ընտանիք Solanaceae)*

tomb |tu:m| *noun* 1) գերեզման; շիրիմ 2) տապանաքար; մահարձան; գերեզմանաքար 3) *բանաստեղծական* (**the tomb**) մահ

tomboy |'tɒmbɔɪ| *noun* տղայի շարժուձև ունեցող աղջիկ; չարաճճի աղջիկ

tombstone |'tu:mstəʊn| *noun* գերեզմանաքար; տապանաքար

tomcat **1** *noun* 1) արու կատու 2) *խոսակցական* կնամոլ; կնորս **2** *verb* (**-catted**, **-catting**) *խոսակցական* կանանց հետապնդել

tome |təʊm| *noun* հիմնականում կատակային հատոր; մեծածավալ գիրք

tomfool |tɒm'fu:l| **1** *noun հնացած* 1) հիմար; տխմար; ապուշ 2) խեղկատակ; ծաղրածու **2** *verb* խեղկատակություն անել; հիմարություններ անել; հիմար ձևանալ

tomfoolery |tɒm'fu:l(ə)ri| *noun* խեղկատակություն; ծաղրածություն

Tommy |'tɒmi| (նաև **tommy**) *noun* (հոգն. **-mies**) *խոսակցական* 1) Թոմի *(անգլիական զինվորի մականուն)* 2) ուտելիք; փոքրիկ հաց; բլիթ ◇ **brown Tommy** սև հաց 3) աշխատավարձի փոխարեն բանվորներին տրվող ապրանք

tommy gun *noun խոսակցական ռազմական* ավտոմատ հրացան

tomorrow |tə'mɒrəʊ| **1** *adverb* 1) վաղը 2) մոտ ապագայում; վաղը-մյուս օրը **2** *noun* վաղվա օրը; վաղը

as if there was no tomorrow առանց հետևանքների մասին մտածելու

Tomsk |tɒmsk| Տոմսկ *(քաղաք Ռուսաստանում, Սիբիրի հարավում)*

tomtit |'tɒmtɪt| *noun կենդանաբանություն* երաշտահավ; երգեցիկ թռչուն

tom-tom |'tɒmtɒm| *noun* 1) տամտամ *(թմբուկ)* 2) կոչնազանգ; գոնգ

ton¹ |tʌn| (հապվ. **t tn**) *noun* 1) տոննա ◇ **displacement ton** ջրածավալի/ջրվանումի տոննա. **metric ton** մետրական տոննա *(1000 կգ)* 2) *խոսակցական* (**a ton of, tons of**) ծանրություն; բազմություն ◇ **tons of people** հոծ բազմություն

ton² |tɒ˜| *noun* նորաձև ոճ/առաձնահատկություն

tonality |tə(ʊ)'nælɪti| *noun* (հոգն. **-ties**) 1) *երաժշտություն* տոնայնություն 2) *գեղանկարչություն* գույների ներդաշնակություն; գերակշռող երանգ

tone |təʊn| **1** *noun* 1) տոն; ձայնաստիճան; ձայն ◇ **deep tone** i) ցածր տոն; ցածր ձայնաստիճան ii) հագեցած երանգ *(գույնի)*. **high/thin tone** բարձր տոն/ձայնաստիճան. **angry tone** բարկացած հնչերանգ/տոն. **heart tones** *բժշկություն* սրտի տոներ 2) խոսքի երանգավորում; ելևէջ; ինտոնացիա; հնչողություն *(ձայնի)* 3) տոն; բնույթ; ոճ; որակ 4) միջավայր; տրամադրություն; մթնոլորտ; ոգի 5) *հնչյունաբանություն* հնչերանգ; տոն *(չինարենում և այլն)* 6) *գեղանկարչություն* գույների ներդաշնակություն; գերակշռող երանգ/գուներանգ 7) երանգ; նրբերանգ 8) *բժշկություն* տոնուս; լարում **2** *verb* 1) ներդաշնակել; ներդաշնակ լինել 2) ամրանալ; ձգվել *(մկանի և այլնի մասին)* 3) տոնը/գույնը փոխել; որոշ երանգավորում տալ *(ձայնին, գույնին)* 4) լարել *(երաժշտական գործիքները)* ◇ **tone down** մեղմացնել *(երանգը, ձայնաստիճանը)*. **tone up** i) ուժեղացնել; բարձրացնել *(ձայնաստիճանը)* ii) պայծառացնել *(երանգը)*

Tonga |'tɒŋə|, |'tɒŋgə| Տոնգա *(պետություն Խաղաղ օվկիանոսի հարավում)*

tonga |'tɒŋgə| *noun* թեթև երկանիվ կառք *(Հնդկաստանում)*

tongs |tɒŋz| *plural noun* (նաև **a pair of tongs**) ունելի; աքցան

tongue |tʌŋ| **1** *noun* 1) *կազմախոսություն* լեզու ◇ **dirty/foul/furred/coated tongue** փառակալած լեզու. **have a ready tongue** խոսքի տակ մնացող չլինել; սրախոս լինել; սրալեզու լինել; ճարպիկ լեզու ունենալ. **hold one's tongue** լռել; լուռ մնալ; լեզուն իրեն քաշել; չխոսել. **put out one's tongue** i) լեզու հանել; լեզու ցույց տալ *(ծաղրելով)* ii) լեզուն հանել *(բժշկին ցույց տալու համար)*. **have too much tongue** ինչ որ գլխում, այն էլ բերանում; անկեղծ/շիտակ լինել. **his tongue failed him** նրա լեզուն կապ ընկավ; նրա լեզուն պապանձվեց. **his tongue is too long for his teeth** նրա լեզուն չափազանց երկար է. **wag one's tongue** շաղակրատել; շատախոսել 2) լեզու; որոշակի լեզու; խոսելու ընդունակություն ◇ **the mother tongue** մայրենի լեզու. **glib tongue** ճարպիկ լեզու; սրախոս լինելը 3) խոսելաոճ 4) լեզու *(ուտելիք)* 5) լեզվակ *(փողային գործիքի և այլնի)* ◇ **tongues of flame** բոցի լեզվակներ 6) առեղ; քեղի *(սայլի/արորի երկար ձողը, որը լծում են լծկանին)* 7) սլաք *(կշեռքի)* **2** *verb* (**tongues**, **tongued**, **tonguing**) լիզել; լպստել

speak in tongues խոսել անծանոթ լեզուներով *(հոգեզալստական պաշտամունքի ժամանակ)*

the gift of tongues օտար լեզուներով խոսելու

շնորհ *(որը առաքյալների ժամանակ համարվում էր Սուրբ Հոգու շնորհներից մեկը)*

tongueless *adjective* լեզու չունեցող; անլեզու; խոսելու անընդունակ

tongue-tied *adjective* 1) թլվատ; թոթովախոս; ծանրախոս 2) լեզուն կապ ընկած; լեզուն պապանձված

tongue-twister *noun* շուտասելուկ *(դժվար արտասանելի հնչյունների զուգորդություն բառերի մեջ)*

tonic |ˈtɒnɪk| **1** *noun* 1) *բժշկություն* տոնուսը/տրամադրությունը բարձրացնող միջոց 2) (նաև **tonic water**) թարմացնող խմիչք 3) *երաժշտություն* հիմնական ձայներանգ/տոնը; տոնայնություն **2** *adjective* 1) *բժշկություն* տոնուսը բարձրացնող; կազդուրիչ 2) *երաժշտություն* տոնիկ; տոնիկական

tonight |təˈnʌɪt| **1** *adverb* այսօր երեկոյան; այս երեկո; այս գիշեր **2** *noun* այսօրվա երեկոն; այսօրվա գիշերը; այս գիշերը

tonnage |ˈtʌnɪdʒ| *noun* 1) տոննատարողություն; տարողությունը տոններով; տոննաժ 2) ըստ բեռնատարության վճարվող մաքս/տուրք

tonometer |tə(ʊ)ˈnɒmɪtə| *noun* 1) *երաժշտություն* կամերտոն 2) *բժշկություն* տոնոմետր *(արյան ճնշումը չափելու գործիք)*

tonsil |ˈtɒns(ə)l|, |ˈtɒnsɪl| *noun կազմախոսություն* նշագեղձ

tonsillitis |tɒnsɪˈlʌɪtɪs| *noun բժշկություն* նշիկների բորբոքում

tonsure |tɒnsjə|, |ˈtɒnʃə| **1** *noun եկեղեցական* տոնզուրա; կալուկ *(կաթոլիկ հոգևորականների գլխի գագաթի բոլորակաձև ածիլված տեղը)* **2** *verb* գլխի գագաթը բոլորակաձև ածիլել

tony |ˈtəʊnɪ| *adjective* (**tonier**, **toniest**) *խոսակցական ամերիկյան* ընտիր; խիստ նորաձև; առանձնահատուկ

too |tuː| *adverb* 1) չափազանց; չափից ավելի; անչափ ◊ **too good to be true** անհավատալի է; հավատալու բան չէ 2) *խոսակցական* սաստիկ; խիստ; շատ ◊ **I am only too glad** ես շա՜տ-շա՜տ ուրախ եմ 3) նույնպես; նաև; նմանապես; էլ; ևս 4) բացի այդ

tool |tuːl| **1** *noun* 1) գործիք 2) *փոխաբերական* շահագործվող անձ; գործիք *(ուրիշի ձեռքին)* 3) *համակարգիչներ* գործիք 4) *տեխնիկական* կտրիչ; հաստոց **2** *verb* 1) զարդանկար դրոշմատպել *(գրքի կազմի վրա)* 2) հատիչով մշակել; տաշել; շրջատաշել *(մետաղը, քարը)* 3) *խոսակցական* զբոսանքի գնալ *(մեքենայով)* 4) սարքավորել

play with edged tools 1) սուր դանակի հետ խաղալ 2) *փոխաբերական* վտանգավոր բան անել; կրակի հետ խաղալ

toolbar *noun համակարգիչներ* գործիքաշերտ

toolbox |tuːlbɒks| *noun համակարգիչներ* գործիքների արկղ

toot |tuːt| **1** *noun* 1) շեփորի/շչակի ձայն; սուլոց; ձայնային ազդանշան *(ավտոմեքենայի)* 2) *ամերիկյան* քեֆ; ուրախություն 3) *խոսակցական* կոկաին **2** *verb* փող փչել; փողհարել; սուլել; ձայնային ազդանշան տալ *(ավտոմեքենայի մասին)*

tooth |tuːθ| **1** *noun* (հոգն. **teeth** |tiːθ|) 1) *կազմախոսություն* ատամ ◊ **have a tooth out** ատամը հանել տալ; ատամը քաշել տալ 2) ախորժակ; ճաշակ; հավանելը 3) *տեխնիկական* ատամ; ատամիկ 4) (**teeth**) արդյունավետություն **2** *verb* 1) ատամներ սարքել; ատամնաձև կտրել 2) միակցվել *(ատամների միջոցով)*

fight tooth and nail կատաղորեն կռվել

toothache |ˈtuːθeɪk| *noun* ատամնացավ; ատամի ցավ

toothbrush |ˈtuːθbrʌʃ| *noun* ատամի խոզանակ

toothed *adjective* ատամնավոր

toothless *adjective* 1) անատամ 2) անարդյունավետ; չգործող

toothpaste |ˈtuːθpeɪst| *noun* ատամի մածուկ; ատամնաքսուք

toothpick |ˈtuːθpɪk| *noun* 1) ատամնափորիչ; ատամմաքրիչ; ատամի փայտիկ; քչփորիկ 2) *ծածկալեզու* մահակ; դագանակ 3) *ամերիկյան* սվին

tooth powder *noun* ատամնափոշի

toothsome |ˈtuːθs(ə)m| *adjective* 1) համեղ; համով; հաճելի; ախորժալի 2) *խոսակցական* հրապուրիչ; հմայիչ

tootle |ˈtuːt(ə)l| **1** *verb* 1) փող փչել; փողհարել; սրնգափող/ֆլեյտա նվագել 2) զբոսնել; թափառել **2** *noun* 1) փողի/շեփորի/սրնգի ձայն 2) զբոսանք

top[1] |tɒp| **1** *noun* 1) գագաթ; կատար; ծայր; գլուխ *(սարի և այլն)* ◊ **from top to toe** ոտքից գլուխ; ծայրից ծայր 2) (**tops**) տերևուք; սաղարթ *(արմատապտուղ բույսերի տերևները)* 3) *հիմնականում բրիտանական* ծայր; հեռավոր մաս 4) մարմնի վերին մասի հագուստ *(շապիկ, սվիտեր և այլն)* 5) կափարիչ; խուփ 6) (**tops**) ճտքակոշիկի ծալ; երկարաճիտ կոշիկ 7) (**the top**) բարձրագույն/գերագույն/վերին աստիճան ◊ **at the top of one's voice** ամբողջ ձայնով 8) ամենաբարձր/ամենապատվավոր տեղը; առաջին տեղը ◊ **the top of the class** դասարանի ամենաառաջավոր աշակերտը; դասարանի առաջին աշակերտը. **take the top of the table** սեղանի վերին ծայրին նստել; սեղանի գլխին նստել 9) *ծովային* կայմահարթակ; կայմագլուխ; կայմածայր; մարս 10) վերին մաս; վերևը ◊ **go over the top** i) *ռազմական* գրոհի նետվել *(խրամատներից)* ii) չափն անցնել 11) ծայր; սայր; ծայրաձող; սրաձող 12) *հանքաբանություն* հանքահորի վերնաշերտ; հանքաբերան; բերան *(հանքարանի)* **2** *adjective* 1) վերին; վերևի; ամենավերին; բարձրագույն 2) առավելագույն *(արագության և այլնի մասին)* **3** *verb* (**topped**, **topping**) 1) գերազանցել; անցնել 2) գագաթին հասնել; գագաթը բարձրանալ 3) վեր բարձրանալ; վեր խոյանալ; ավելի բարձր լինել; ավելի բարձրահասակ լինել; գլխավորել 4) ծածկել *(վերևից)* ◊ **topped with snow** ձյունով ծածկված; ձյունապատ գագաթով 5) գագաթը կտրել *(ծառի և այլն)* 6) *խոսակցական* գլխատել; կախել; կախաղան բարձրացնել 7) գերակշռել; որոշ մեծության/հասակի/քաշի հասնել ◊ **top off** զարդարել. **top up** լիքը լցնել; ավարտել; վերջավորել; պսակել **4** *adverb խոսակցական* (**tops**) ամենաշատը; առավելագույնը

top² |tɒp| *noun* (նաև **spinning top**) հոլ *(խաղալիք)* ◇ **old top** ծերո՛ւկ; ա՜յ հալևոր *(կոչական)* **sleep like a top** մեռածի պես քնել; մուշ-մուշ քնել

topaz |ˈtəʊpæz| *noun* տպազիոն; տոպազ; ծանրաքաշիկ *(կիսաթանկագին քար)*

topcoat |ˈtɒpkəʊt| *noun* վերարկու

top dog **1** *noun խոսակցական* հաղթող; հաղթանակ տանող; հաղթանակած կողմը **2** *adjective* գերիշխող; իշխող

tope¹ |təʊp| *verb հնացած բանաստեղծական* հարբեցողություն անել; գինեմոլությամբ զբաղվել

tope² |təʊp| *noun* (նաև **stupa**) գմբեթանման դամբարան *(բուդդայական)*

Topeka |təˈpiːkə| Տոպիկա *(ԱՄՆ-ի Կանզաս նահանգի մայրաքաղաքը)*

toper *noun* հարբեցող; գինեմոլ

top hat *noun* ցիլինդր *(գլանաձև գլխարկ)*

top-heavy *adjective* 1) վերին մասում ավելի ծանր; անկայուն; անհաստատ; երերուն 2) *խոսակցական* խիստ մեծ կրծքերով *(կնոջ մասին)*

top-hole *adjective հնացած խոսակցական* առաջնակարգ

topi¹ |ˈtəʊpi| (նաև **topee**) *noun* (հոգն. **-pis** նաև **-pees**) արևապաշտպան սաղավարտաձև գլխարկ

topi² |ˈtəʊpi| *noun* (հոգն. նույնը կամ **-pis**) *կենդանաբանություն* այծքաղ տոպի *(Damaliscus lunatus, ընտանիք Bovidae)*

topic |ˈtɒpɪk| *noun* թեմա; նյութ; առարկա *(քննարկման և այլն)*

topical |ˈtɒpɪk(ə)l| **1** *adjective* 1) հրատապ; անհետաձգելի; արդիական; այժմեական 2) թեմատիկ; թեմատիկական; ըստ թեմայի 3) տեղական; տեղական նշանակություն ունեցող 4) *բժշկություն* տեղային **2** *noun* նամականիշներ նամականիշների թեմատիկ հավաքածու

topknot |ˈtɒpnɒt| *noun* 1) մազափունջ; փոմփոլ 2) փետրափունջ; ժապավենափունջ

toplofty |tɒpˈlɒfti| *adjective խոսակցական* փքված; գոռոզ; ամբարտավան

topmast |ˈtɒpmɑːst|, |-məst| *noun ծովային* կայմաձող; վերնակայմ

topmost *adjective* 1) ամենաբարձր; բարձրագույն 2) կարևորագույն

topography |təˈpɒɡrəfi| *noun* 1) տեղագրություն 2) տեղագրագիտություն

topper |ˈtɒpə| *noun խոսակցական* 1) գագաթնակետ 2) ցիլինդր *(գլանաձև գլխարկ)* 3) *բրիտանական հնացած* հրաշալի մարդ; հիանալի բան

topping |ˈtɒpɪŋ| **1** *noun* 1) պատվածք; վրայի շերտ *(խմորեղենի և այլնի)* 2) վերին մաս; գլուխ; գագաթ 3) գագաթը կտրելը *(ծառի և այլնի)* 4) (**toppings**) կտրտած մասերը *(ծառի գագաթի և այլնի)* **2** *adjective հնացած* 1) *խոսակցական* գերազանց 2) ականավոր; աչքի ընկնող; նշանավոր; գերազանցող *(ուրիշներին)* 3) վեր բարձրացող; վեր խոյացող 4) մեծամիտ; ամբարտավան

topple |ˈtɒp(ə)l| *verb* 1) շրջվել; շուռ գալ; գլխիվայր ընկնել; շուռ գալու վտանգի տակ լինել; ընկնելու վտանգի տակ լինել 2) շրջել; շուռ տալ; գլխիվայր գցել; հավասարակշռությունից հանել

topsail |ˈtɒpseɪl|, |-s(ə)l| *noun ծովային* կայմահարթակի առագաստ

top secret *adjective* հույժ գաղտնի

topsy-turvy |ˌtɒpsɪˈtəːvi| **1** *adjective* 1) տակնուվրա արած; գլխիվայր շրջված 2) *փոխաբերական* խառնաշփոթ; քաոսային; խառնիխուռն **2** *noun* խառնաշփոթություն; խառնակություն; խառնիխուռն/անկարգ վիճակ **3** *verb* ամեն ինչ տակնուվրա անել **4** *adverb* տակնուվրա; թարս ու շիտակ

tor |tɔː| *noun* ապառաժոտ գագաթ *(լեռան)*

Torah |ˈtɔːrɑː|, |tɔːˈrɑː| *noun* 1) Հնգամատյան; Հնգագլուխ; Օրենք *(Հին կտակարանի առաջին հինգ գլուխը)* 2) թորա *(մագաղաթ, որի վրա գրված է հնգամատյանը կամ հատված դրանից)*

torch |tɔːtʃ| **1** *noun* 1) *պատմական* կերոն; լապտեր; ջահ 2) *փոխաբերական* (**the torch**) ջահ ◇ **electric torch** էլեկտրական լապտեր *(գրպանի)* 3) *տեխնիկական* զոդալամպ 4) *խոսակցական* հրկիզող **2** *verb խոսակցական* հրկիզել; կրակ տալ

torchlight |ˈtɔːtʃlʌɪt| *noun* 1) ջահի/կերոնի լույս 2) գրպանի լապտեր

toreador |ˈtɒrɪədɔː|, |ˌtɒrɪəˈdɔː| *noun* ցլամարտիկ; տորեադոր

torment **1** *noun* |ˈtɔːmɛnt| 1) չարչարանք; տառապանք; տանջանք 2) տանջանքի պատճառ/ակզբնաղբյուր **2** *verb* |tɔːˈmɛnt| 1) տանջել; չարչարել 2) բարկացնել; ջղայնացնել; գրգռել; անախորժություն պատճառել

tornado |tɔːˈneɪdəʊ| *noun* (հոգն. **-does** կամ **-dos**) 1) ուժեղ փոթորիկ; սաստիկ մրրիկ; պտտահողմ; թայֆուն 2) *փոխաբերական* պոռթկում; տարափ *(ծափահարությունների և այլնի)*

Toronto |təˈrɒntəʊ| Տորոնտո *(քաղաք Կանադայում)*

torpedo |tɔːˈpiːdəʊ| **1** *noun* (հոգն. **-does**) 1) տորպեդ; ստորջրյա ինքնաշարժ ական 2) *երկաթուղային* ճայթռիկ; ճայթուկ; պետարդա *(երկաթուղում վտանգի ժամանակ օգտագործվող ազդանշան)* 3) *կենդանաբանություն* (նաև **torpedo ray**) էլեկտրական կատվաձուկ 4) *որոշչային* տորպեդային; տորպեդավոր; ականակիր **2** *verb* (**-does**, **-doed**) 1) տորպեդել; տորպեդահարել 2) *փոխաբերական* ոչնչացնել; վիժեցնել; քայքայել; կործանել

torpedo boat *noun* ականակիր; ականանավ; տորպեդանավ

torpedo net *noun պատմական* հակաականային ցանց

torpid |ˈtɔːpɪd| *adjective* 1) ընդարմացած; անտարբեր; անգործունյա; թմրած; անզգայացած; հուլ; հեղգ 2) երկարատև քուն մտած; քնափության վիճակում *(կենդանիների մասին)*

torpor |ˈtɔːpə| *noun* 1) ընդարմացում; թմրածություն; անզգայություն 2) անտարբերություն; հուլություն; հեղգություն

torrent |ˈtɒr(ə)nt| *noun* նաև *փոխաբերական* հեղեղ; տարափ; բուռն հոսք

torrid |ˈtɒrɪd| *adjective* 1) շոգ; տոթ; կիզիչ 2) արևակեզ; կիզված; այրված; չորացած 3) բուռն; ուժգին; հուզառատ

torsion |ˈtɔːʃ(ə)n| *noun* ոլորում; գալարում; գելում

torso |ˈtɔːsəʊ| *noun* (հոգն. **-sos** կամ **-si** |-siː|) 1) իրան; մարմնաբուն 2) *արվեստ* մարմնաքանդակ; իրանաքանդակ 3) անավարտ գործ/ստեղծագործություն

tort |tɔːt| *noun իրավունք* քաղաքացիական իրավախախտում

tortilla |tɔːˈtiːjə| *noun* տորտիլյա; մեքսիկական լավաշիկ *(հատկապես եգիպտացորենի ալյուրից)*

tortoise |ˈtɔːtəs|, |-tɔɪz| *noun* 1) *նաև փոխաբերական,* կենդանաբանություն կրիա 2) *խոսակցական* դանդաղաշարժ բան 3) *պատմական* (նաև **testudo**) վահանների դասավորություն կրիայի տեսքով

tortoiseshell |ˈtɔːtəsʃɛl| *noun* կրիայի կիսաթափանցիկ պատյան *(որից զարդեղեն են պատրաստում)*

tortuous |ˈtɔːtʃʊəs|, |-jʊəs| *adjective* 1) ոլոր-մոլոր; ոլորապտույտ; օձապտույտ 2) *փոխաբերական* մանվածապատ; խրթին; խուսափողական; ոչ անկեղծ; նենգ

torture |ˈtɔːtʃə| **1** *noun* 1) կտտանք; խոշտանգում 2) տանջանք; չարչարանք 3) տանջանքի/չարչարանքի պատճառ **2** *verb* 1) տանջել; խոշտանգել; տանջելով հարցաքննել 2) չարչարել; տանջել 3) աղավաղել; խեղաթյուրել; աղճատել

torturer *noun* տանջող; չարչարող; դահիճ

Tory |ˈtɔːri| **1** *noun* (հոգն. **-ries**) 1) *պատմական* թորի; տորի *(թորիների կուսակցության անդամ)* 2) պահպանողական ◇ **high Tory** ծայրահեղ պահպանողական **2** *adjective* պահպանողական

tosh |tɒʃ| *noun խոսակցական ծածկալեզու* դատարկ/հիմար բան

toss |tɒs| **1** *verb* 1) գցել; նետել; շպրտել; վերև գցել; դեպի վեր նետել 2) վայր գցել; ցած նետել *(ձիավորին)* ◇ **toss off** մի շնչով անել; մի շնչով խմել. **toss up** վերև նետել *(մետաղադրամը)* 3) մետաղադրամ նետել *(որևէ բան որոշելու համար)* 4) ցնցվել; սասանվել; տարուբերվել; գնալ-գալ; բարձրանալ ու իջնել; վեր ու վար անել 5) վեր բարձրացնել; ետ գցել *(գլուխը, մազերը)* 6) վեր-վեր գցել; ցնցել *(նավը և այլն)* 7) տարուբերվել *(ալիքների վրա)* 8) անհանգիստ շուռ ու մուռ գալ *(հիվանդի մասին)* 9) թավալել; շրջել *(սննդը՝ որևէ հեղուկի մեջ)* **2** *noun* 1) նետում; գցում; նետելը; գցելը; ցնցելը 2) **(the toss, the toss of the coin)** դրամը վեր նետելով վիճակ գցելը 3) վեր բարձրացնելը; ետ գցելը *(գլխի, մազերի)* 4) ցնցում; հարված 5) խառնաշփոթություն; իրարանցում

tosspot |ˈtɒspɒt| *noun խոսակցական* հարբեցող; գինեմոլ

toss-up *noun խոսակցական* դրամը նետելը; դրամը վեր նետելով վիճակը գցելը *(գիր ու ղուշ խաղալիս)* ◇ **it is a toss-up** դա դեռ հարց է

tot¹ |tɒt| *noun* 1) փոքրիկ երեխա; ճուտիկ; պստլիկ 2) փոքր ըմպանակ; մի կում *(թունդ խմիչք)*

tot² |tɒt| **1** *verb* (**totted**, **totting**) 1) գումարել; միագումարել 2) կուտակել; հավաքել **2** *noun խոսակցական* մի քանի թվերի գումար/գումարում

total |ˈtəʊt(ə)l| **1** *adjective* 1) ամբողջ; բոլորը միասին վերցրած; միագումար; հանրագումարային 2) լրիվ; լիակատար; բացարձակ 3) համապարփակ; համընդհանուր; ընդհանուր **2** *noun* ամբողջը; գումարը; հանրագումար ◇ **grand totals** ընդհանուր գումար; հանրագումար **3** *verb* (**-taled**, **-taling**; բրիտ. **-talled**, **-talling**) 1) միագումարել; հանրագումարի բերել; հաշվելով գումարը գտնել 2) կազմել *(որոշ թիվ/քանակություն/գումար)* 3) հավասարվել; հավասար լինել; հասնել *(գումարի/թվի մասին)*

totalitarian |ˌtəʊtælɪˈtɛːrɪən|, |tə(ʊ)ˌtælɪ-| **1** *adjective* ամբողջատիրական; տոտալիտար **2** *noun* ամբողջատիրության կողմնակից

totalitarianism *noun* ամբողջատիրություն

totality |tə(ʊ)ˈtælɪti| *noun* ամբողջ գումարը/քանակը; գումարն ամբողջությամբ

totalizator |ˈtəʊt(ə)lʌɪzeɪtə| *noun* գրազահաշվեցույց; տոտալիզատոր *(ձիարշավների և այլն)*

totally *adverb* ամբողջովին; լիովին; կատարելապես

tote¹ |təʊt| **1** *verb խոսակցական ամերիկյան* 1) կրել; տանել; շալակել; քարշ տալ; քարշել; քաշել 2) փոխադրել **2** *noun* (նաև **tote-bag**) մեծ պայուսակ

tote² |təʊt| *noun խոսակցական* գրազահաշվեցույցով գրազ գալը; տոտալիզատորով գրազ գալը

totem |ˈtəʊtəm| *noun* տոտեմ; պաշտամունքի կենդանի/բույս *(որպես նախահայր)*

totter |ˈtɒtə| **1** *verb* 1) երերալ; օրորվելով քայլել 2) երերալ; ճոճվել; տարուբերվել 3) *նաև փոխաբերական* անհաստատ/անկայուն լինել; ընկնելու վտանգի տակ լինել **2** *noun* անհաստատ/երերուն քայլվածք

touch |tʌtʃ| **1** *verb* 1) շոշափել; դիպչել; կպչել; ձեռք տալ; շոշափելով զգալ 2) (**touch something to**) հպել; դիպցնել; քսել *(ձեռքը և այլն)* 3) սեղմել *(կոճակը)* 4) իրար կպչել/հպվել; սահմանակցվել; հասնել; սահմանակից/կպած լինել 5) փոխադարձ շփման մեջ լինել; իրար շփվել 6) *խոսակցական* հասնել *(որոշակի մակարդակի/աստիճանի/գումարի)* 7) ազդել; ազդեցություն թողնել 8) վերաբերել; առնչվել; առնչություն ունենալ *(որևէ բանի/մեկի հետ)* 9) *փոխաբերական* շոշափել *(թեմա, հարց և այլն)* 10) հուզել; սիրտը շարժել; որևէ մեկի ամենազգայուն տեղին դիպչել 11) դիպչել; հետք թողնել; թեթևակի վնասել ◇ **touched with frost** թեթևակի ցրտահարված; ցուրտը դիպած *(բույսի մասին)* 12) *ծածկալեզու* խաբել; խաբեությամբ ձեռք բերել/գցել • **touch at** *ծովային* մտնել *(նավահանգիստ)* **touch down** վայրէջք կատարել; ցած իջնել; գետնին դիպչել **touch off** i) ուրվագծել; ուրվանկար անել; նմանությունը նկատել/նշմարել ii) կրակել; արձակել *(հրանոթ)* iii) ավարտանշան տալ; հեռախոսի լսափողը դնել **touch on/upon** շոշափել; համառոտակի կանգ առնել *(որևէ հարցի վրա և այլն)* **touch sb to the quick** խիստ հուզել; խորը խոցել; խիստ վիրավորել; ցավոտ տեղին դիպչել **touch up** i) ուղղել; բարեփոխել *(նկարը, գրական երկը)* ii) վերջին նրբագիծը անել; ավարտել; վերջացնել **2** *noun* 1) շոշափում; շոշափելը; հպում; հպվելը; դիպչելը; շփվելը; կապ

◇ **in touch with** կապի/շփման մեջ *(մեկի, մի բանի հետ).* **keep in touch** կապ պահպանել *(մեկի հետ).* **gain touch** շփման մեջ մտնել 2) շոշափելով զգալը; շոշափելը ◇ **to the touch** շոշափելիս 3) սեղմում; հպում *(կոճակի, ստեղնի)* 4) ոճաձև; յուրաձևություն; գործելու եղանակ/ձև 5) գծիկ; գիծ; նրբագիծ; ստվերագծիկ; վրձնախազ; վրձնահարված ◇ **put the finishing touch** ավարտել; վերջին նրբագիծը անել 6) *հնացած* փորձ; ստուգում; փորձաքար 7) երանգ; թեթև արտահայտություն; նշույլ; հետք *(թախծի, տրտմության, դառնության և այլնի)* 8) *երաժշտություն* նվագահպում; տուշե 9) վարպետություն; հմտություն 10) թեթև նոպա/ախտաժամ *(հիվանդության)* 11) դիպցնելախաղ; բռնուկի; բռնոցի *(մանկական խաղ)* 12) ֆուտբոլի դաշտի սահմանային գծից դուրս գտնվող տարածությունը

out of touch անտեղյակ

touchable *adjective* շոշափելի

touch and go **1** *adjective* 1) անորոշ; անհաստատ; քիչ հավանական 2) անապահով; վտանգավոր **2** *noun* (հոգն. **touch-and-goes**) վայրէջք ու վերելք *(օդանավի թռիչքային շարժում, երբ այն վայրէջք կատարելով դիպչում է գետնին և անմիջապես նորից վերելք կատարում)*

touchdown |ˈtʌtʃdaʊn| *noun օդագնացություն* վայրէջք ◇ **make a touchdown** վայրէջք կատարել

touching |ˈtʌtʃɪŋ| **1** *adjective* հուզիչ; սրտաշարժ; սրտաճմլիկ **2** *preposition* վերաբերյալ; վերաբերմամբ; նկատմամբ; մասին

touch-me-not *noun* 1) *բուսաբանություն* պատնկաուկ *(Genus Impatiens, ընտանիք Balsaminaceae)* 2) անմատչելի/դյուրագայրաց մարդ; գերզգայուն մարդ; շուտ վիրավորվող մարդ 3) արգելված թեմա

touch screen (նաև **touchscreen**) *noun համակարգիչներ* հպումային էկրան

touchstone |ˈtʌtʃstəʊn| *noun* 1) փորձաքար; ոսկի փորձելու քար 2) *փոխաբերական* չափանիշ; տիպօրինակ; փորձաքար

touchwood |ˈtʌtʃwʊd| *noun հնավանդ* աբեթ

touchy |ˈtʌtʃi| *adjective* (**touchier**, **touchiest**) 1) շուտ վիրավորվող; հեշտ նեղացող; չափազանց զգայուն; գերզգայուն 2) նուրբ; զգայուն *(թեմայի մասին)*

tough |tʌf| **1** *adjective* 1) կարծր; կոշտ; պինդ; դիմացկուն; ամուր; ստվար; հաստ 2) պինդ; պիրկ; ձիգ *(թղթի մասին)* 3) կպչուն; մածուցիկ 4) ամրակազմ; պնդակազմ; դիմացկուն; տոկուն *(մարդու մասին)* 5) հաստատակամ; ինքնավստահ; անհողդողդ; աննկուն; համառ; տոկուն *(մարդու մասին)* 6) համառ; կամակոր; իր ասածի 7) *ամերիկյան* կոպիտ; խուլիգանական; փողոցային 8) կոշտ *(սննդի, հատկապես մսի մասին)* 9) դժվար; դժվարին; ծանր *(աշխատանքի/խնդրի/բնավորության մասին)* **2** *noun* խուլիգան; սրիկա; ավազակ

toughen *verb* 1) կարծրանալ; կոշտանալ; պնդանալ; ամրանալ 2) կարծրացնել; կոշտացնել; ամրացնել; պնդացնել 3) խստացնել; սաստկացնել *(կանոնները)*

toupee |ˈtuːpeɪ| *noun* ճաղատը ծածկելու կեղծամ

tour |tʊə| **1** *noun* 1) ուղևպտույտ; զբոսապտույտ; էքսկուրսիա; ճանապարհորդություն; ուղերթ 2) շրջայց 3) շրջագայություն *(երգիչների և այլնի)* 4) շրջանակ; ոլորտ *(պարտականությունների և այլնի)* **2** *verb* 1) ուղևպտույտ/զբոսապտույտ կատարել; ճանապարհորդել 2) շրջագայել; շրջել *(երգչի և այլնի մասին)*

tourer |ˈtʊərə| *noun* 1) զբոսաշրջային ավտոմեքենա 2) զբոսաշրջային ավտոմեքենայով ճամփորդող

tourism |ˈtʊərɪz(ə)m| *noun* զբոսաշրջություն; տուրիզմ

tourist |ˈtʊərɪst| **1** *noun* 1) զբոսաշրջիկ; տուրիստ; հովեկ 2) տե՛ս **tourist class** **2** *verb հազվադեպ* զբոսաշրջել; որպես զբոսաշրջիկ ճամփորդել

tourist class **1** *noun* զբոսաշրջիկների կարգ *(ամենաէժանը)* **2** *adjective, adverb* զբոսաշրջային կարգի

tournament |ˈtʊənəm(ə)nt| *noun* 1) *մարզական* մրցախաղ; մրցում 2) *պատմական* զինախաղ

tourney |ˈtʊəni|, |ˈtəːni| **1** *noun* (հոգն. **-neys**) *պատմական* զինախաղ; զինամրցում; ճիզակախաղ **2** *verb* (**-neys**, **-neyed**) զինախաղի/ճիզակախաղի մասնակցել

tourniquet |ˈtʊənɪkeɪ|, |ˈtɔː-| *noun բժշկություն* քուռ; լարան; տուրնիկետ *(արյունը կանգնեցնելու սեղմիչ)*

tousle |ˈtaʊz(ə)l| **1** *verb* խճճել; գզգզել *(մազերը)* **2** *noun* խճճում; գզգզում

tout¹ |taʊt| **1** *verb* ապրանքը պարտադրել **2** *noun* ապրանքը պարտադրող մարդ

tout² |tuː|, |tu| *adjective* ամբողջ; ողջ *(քաղաքը, դրա բնակչությունը և այլն)*

tow¹ |təʊ| **1** *verb* 1) քարշակել; բուքսիրել; քարշիչով քաշել *(կցաբեռը քարշակով իր հետևից տանել)* 2) իր հետևից քարշ տալ *(մարդու մասին)* **2** *noun* 1) քարշակում; քարշակելը; բուքսիրում; բուքսիրելը ◇ **in tow** քարշակվող; բուքսիրով; բուքսիրի վերցրած. **have/take in tow** i) քարշակել; բուքսիրի վերցնել; բուքսիրով քաշել ii) իր հետևից տանել. **have sb in tow** մեկին օգնել; իր խնամքի տակ առնել 2) *որոշչային* քարշակման; քարշակիչ; բուքսիրային

tow² |təʊ| *noun* 1) *մանածագործություն* մալանչ; փաթիլ 2) խծուծ

towage *noun* 1) քարշակում; բուքսիրում; բուքսիրի վերցնելը; բուքսիրով քաշելը 2) քարշակման/բուքսիրման վարձ; բուքսիրավարձ

toward |təˈwɔːd|, |twɔːd|, |tɔːd| **1** *preposition* (նաև **towards**) 1) դեպի; ուղղությամբ 2) հանդեպ; նկատմամբ; դեպի 3) հանուն; ի նպաստ; համար; նպատակով 4) կողմը; մոտ; մոտերքը; դեմ ◇ **toward evening** երեկոյան դեմ/իրիկնապահին **2** *adjective* |ˈtəʊəd| *հնավանդ* ընթացիկ; ընթացքի մեջ գտնվող

towel |ˈtaʊəl| **1** *noun* սրբիչ; երեսսրբիչ ◇ **throw in the towel** իրեն պարտված ճանաչել. **an oaken towel** մահակ; դագանակ **2** *verb* (**-eled**, **-eling**; բրիտ. **-elled**, **-elling**) 1) սրբիչով/երեսսրբիչով սրբել 2) *ծածկալեզու* ծեծել; քոթակել

tower |ˈtaʊə| **1** *noun* 1) աշտարակ; բերդ 2) կույտ; շեղջ; դեզ 3) ապաստարան; պատսպարան **2** *verb* 1) (**tower above/over**) վեր բարձրանալ; վեր խոյանալ 2) գերազանցել *(խելքով, հասակով)* 3) առանձնանալ

towering *adjective* 1) բարձրաբերձ; երկնահուպ; վեր խոյացող; շատ բարձր; բարձրացող 2) վիթխարի; ազդեցիկ; խիստ կարևոր 3) կատաղի; ծայրահեղ; շատ ուժեղ

Tower of Babel |'beɪb(ə)l| 1) Բաբելոնյան աշտարակ 2) բաբելոնյան աշտարակաշինություն

town |taʊn| *noun* 1) քաղաք *(ոչ մեծ)* ◊ **county town** կոմսության գլխավոր քաղաքը *(Անգլիայում)*. **corporate town** ինքնավարություն ունեցող քաղաք. **out of town** քաղաքից դուրս; գյուղում; քաղաքից բացակա. **town and gown** Օքսֆորդի/Քեմբրիջի համալսարանի ուսանողները և դասախոսների կազմը 2) քաղաքամեջ; քաղաք *(տվյալ քաղաքի գործարար կամ առևտրային հատվածը)* 3) տե՛ս **township** 4) *որոշչային* քաղաքացի; քաղաքային

town council *noun* քաղաքային խորհուրդ

town hall *noun* քաղաքապետարան; քաղաքային խորհրդարան

town planning *noun* (**city planning**) քաղաքների հատակագծում/նախագծում

townsfolk |'taʊnzfəʊk| *plural noun* (**townspeople**) քաղաքացիներ; քաղաքի բնակիչներ

township |'taʊnʃɪp| *noun* 1) քաղաքային վարչություն 2) *պատմական բրիտանական* ծուխ; ծխական համայնք 3) *ամերիկյան* գյուղաքաղաք; ավան *(սևամորթների)* 4) քաղաքի տարածքը

townsman |'taʊnzmən| *noun* (հոգն. **-men**) 1) քաղաքաբնակ; քաղաքացի 2) համաքաղաքացի

townspeople |'taʊnzpiːp(ə)l| (նաև **townsfolk**) *plural noun* քաղաքացիներ; քաղաքի բնակիչներ

towpath |'təʊpɑːθ| *noun* քարշուղի *(նավը ջրեզերքից քաշելու համար)*

towplane |'təʊpleɪn| *noun* քարշակման/բուքսիրային ինքնաթիռ

tow rope *noun* 1) քարշակառան 2) *օդագնացություն* գայդրոպ ձգապարան *(ճոպան, որ գցում են աերոստատից իջնելիս)*

toxic |'tɒksɪk| **1** *adjective* 1) թունավոր; թունալի 2) թույնի; թույների **2** *noun* թույն

toxicology |ˌtɒksɪ'kɒlədʒi| *noun* թունագիտություն; թունաբանություն

toxin |'tɒksɪn| *noun* թույն

toy |tɔɪ| **1** *noun* 1) խաղալիք; զվարճալիք *(հատկապես մանկական)* ◊ **make a toy of** մի բանով զվարճանալ 2) չնչին զարդ 3) փոքրիկ/աննշան բան 4) *փոխաբերական* խաղալիք; տիկնիկ *(մարդու մասին)* 5) *որոշչային* խաղալիքի; խաղալիքային; ոչ իսկական; տիկնիկային; շատ փոքրիկ **2** *verb* 1) խաղալ; զվարճանալ 2) շուռումուռ տալ; տրորել; ծալծլել *(որևէ բան՝ հուզմունքից)*

toy with 1) խաղ անել; խաղալ 2) *փոխաբերական* խաղ անել; անլուրջ վերաբերվել; լուրջ չվերաբերվել

Trabzon |'træbz(ə)n| Տրապիզոն *(քաղաք Սև ծովի ափին, ներկայումս՝ Թուրքիայում)*

trace¹ |treɪs| **1** *verb* 1) հետքերով գնալ/գտնել; հետքը գտնել; հետևելով հայտնաբերել; հետամուտ լինելով հայտնաբերել 2) *փոխաբերական* հետազոտել; քննել; ստուգել *(ծագումը, զարգացումը)* 3) գծել; գծագրել; ուրվագծել 4) նկատել; նշմարել **2** *noun* 1) հետք; ոտնահետք; դրոշմ; նշան 2) շավիղ; արահետ 3) չնչին քանակություն; հետքեր 4) տեղանքի գծագիր 5) գիծ; գծված նշան

trace² |treɪs| *noun* ձգափոկ; լծափոկ

kick over the trace ըմբոստանալ

tracer |'treɪsə| *noun* 1) լուսածրող/լուսագծող գնդակ; արկ 2) պատճենահան գծագրիչ 3) հետքացուցիչ *(ներկանյութ, ռադիոակտիվ նյութ)* 4) հետքացուցիչ *(որևէ առարկայի շարժման վերաբերյալ ազդանշաններ հաղորդող սարք)*

tracery |'treɪs(ə)ri| *noun* (հոգն. **-eries**) *ճարտարապետություն* նախշ; զարդանկար; զարդաքանդակ

trachea |trə'kiːə|, |'treɪkɪə| *noun* (հոգն. **-cheae** |-'kiːiː| կամ **-cheas**) *կազմախոսություն* շնչափող

tracing |'treɪsɪŋ| *noun* 1) ուրվագծված պատկեր; արտապատկեր; պատճենահան թղթի վրա արված գծագիր 2) ինքնագիր գործիքի միջոցով կատարված գրանցում 3) հետքերով գնալը/գտնելը; հետամուտ լինելով գտնելը; հետևելով գտնելը 4) տեղանքի գծագիրը անելը 5) տե՛ս **trace** 6) *մարզական* դահուկահետք; դահուկուղի

tracing paper *noun* պատճենահան գծագրաթուղթ

track¹ |træk| **1** *noun* 1) շավիղ; արահետ; գյուղական ճանապարհ; տրորված ուղի 2) *մարզական* ուղի; վազքուղի; արշավուղի *(վազելու, ավտոարշավի և այլնի համար)* 3) *մարզական* դահուկահետք; դահուկուղի 4) (**tracks**) հետք; հետքեր *(մարդու, կենդանու, մեքենայի)* ◊ **be in the tracks** *փոխաբերական* հետքերով քայլել; օրինակին հետևել. **be on the track** հետապնդել; հետքը գտնել. **keep track of** որևէ բանի հետևել; տեղյակ լինել; ուշադիր հետևել *(ինչ-որ բանի)*. **lose track of** հետքը կորցնել; թելը կորցնել *(մտքի և այլնի)* 5) թրթուրավոր շղթա *(տրակտորի, տանկի)* 6) երկաթուղագիծ; ռելսուղի; անվահետք ◊ **double track** երկգիծ երկաթուղի 7) *համակարգիչներ* շավիղ 8) շավիղ; կատարում *(երգ, երաժշտական կամ այլ ձայնագրություն սեղմասկավառակի և այլնի վրա)* **2** *verb* 1) հետևել; հետքը գտնել 2) երկաթուղի/ռելսուղի անցկացնել; ուղի հարթել 3) հետքեր թողնել 4) ուսապարանով քաշել 5) երկաթուղիով/ռելսուղիով գլորվել *(անիվների մասին)*

track² |træk| *verb* նավակը քարշակել ջրուղով

trackage |'trækɪdʒ| *noun* 1) ռելսային ուղեգծեր 2) *ամերիկյան* երկաթուղացանց; երկաթուղային ցանցի երկարությունը

tracker |'trækə| *noun* 1) խուզարկու; հետքը բռնող 2) նավաքարշ բանվոր 3) նավաքարշ շոգենավ; բուքսիր

trackless |'trækləs| *adjective* 1) անճանապարհ; ճանապարհազուրկ 2) չտրորված; չհարթված *(ճանապարհի մասին)*

trackway |'trækweɪ| *noun* 1) շավիղ; արահետ 2) երկաթուղագիծ

tract¹ |trækt| *noun* 1) շերտ; գոտի; տարածություն *(հողի, ջրի և այլնի)* 2) *բանաստեղծական* անընդմեջ ժամանակաշրջան 3) ուղի ◊ **the digestive tract** աղեստամոքսային ուղի; մարսողական համակարգ

tract² |trækt| *noun* տրակտատ; շարադրանք *(հատկապես կրոնական կամ քաղաքական թեմայով)*

tractable |ˈtræktəb(ə)l| *adjective* 1) լսող; եներարկվող; հնազանդ; հեշտությամբ համոզվող; հեզահամբույր 2) հեշտ մշակվող; դյուրակուռ 3) դյուրին; հեշտ

tractate |ˈtrækteɪt| *noun գրական անգլերեն* տրակտատ; գիտական շարադրանք

traction |ˈtrækʃ(ə)n| *noun* 1) քարշում; քաշում; ձգում; ձգելը 2) քարշուժ

tractor |ˈtræktə| *noun* 1) տրակտոր ◊ **caterpillar tractor** թրթուրավոր տրակտոր 2) *օդագնացություն* ձգապտուտակով ինքնաթիռ

trade |treɪd| **1** *noun* 1) առևտուր; առուծախ; վաճառք ◊ **home/domestic/inland trade** ներքին առևտուր. **foreign/overseas trade** արտաքին առևտուր. **free trade** ազատ առևտուր. **be in trade** առևտրով զբաղվել; խանութ պահել 2) արհեստ; ձեռարվեստ; զբաղմունք ◊ **by trade** մասնագիտությամբ; ըստ մասնագիտության 3) (**the trade**) միևնույն արհեստն ունեցող մարդիկ 4) *հավաքական* (**the trade**) առևտրականների դաս; վաճառականներ 5) տե՛ս **trade wind** 6) *որոշչային* առևտրական; առևտրային **2** *verb* 1) (**trade in sth with sb**) առևտուր անել 2) իր շահերին ծառայեցնել; օգտվել; օգուտ քաղել 3) փոխանակել; տալ-առնել

trade sth in փոխանակել գործածված ապրանքը նորով *(մասնակի վճարումով)*

trademark |ˈtreɪdmɑːk| **1** *noun* 1) առևտրանիշ; առևտրանշան 2) առանձնահատկություն; յուրահատկություն; բնորոշիչ գիծ **2** *verb* առևտրանշան տալ; առևտրանշանով մակնիշել

trader |ˈtreɪdə| *noun* 1) առևտրական *(հատկապես մեծաքանակ ապրանքների)* 2) առևտրանավ; առևտրային նավ

trade secret *noun* գործարար գաղտնիք

tradesman |ˈtreɪdzmən| *noun* (հոգն. **-men** |-mɛn|) 1) առևտրական; խանութպան *(հատկապես փոքրաքանակ ապրանքների)* 2) արհեստավոր

tradespeople |ˈtreɪdzpiːp(ə)l| *plural noun* առևտրականներ; վաճառականներ; խանութպաններ; առևտրական դաս

trade union (բրիտանական **trades union**) *noun* արհմիություն; արհեստակցական միություն

trade unionist (բրիտանական **trades unionist**) *noun* արհմիության անդամ

trade wind *noun* պասսատային քամի; պասսատահողմ; պասսատ

trading |ˈtreɪdɪŋ| *noun* առևտուր

tradition |trəˈdɪʃ(ə)n| *noun* 1) ավանդույթ; սովորույթ; սովորություն; կարգ 2) սերնդեսերունդ փոխանցվելը

traditional |trəˈdɪʃ(ə)n(ə)l| *adjective* 1) ավանդական; հնավանդ; սերնդեսերունդ անցնող 2) ընդունված; սովորութական; ավանդութական

traditionally *adverb* ավանդաբար

traduce |trəˈdjuːs| *verb* զրպարտել; չարախոսել; վատաբանել

traffic |ˈtræfɪk| **1** *noun* 1) երթևեկություն *(փողոցային, երկաթուղային և այլն)* 2) փոխադրում; փոխադրելը 3) փոխադրաբեռ 4) *համակարգիչներ* երթևեկ 5) ապօրինի առևտուր/վաճառք 6) *հնացած* առևտուր **2** *verb* (**-ficked**, **-ficking**) ապօրինի առևտրով զբաղվել; ապօրինի վաճառք անել; ապօրինի գործարք անել

trafficker |ˌtræfɪkə| *noun* 1) առևտրական 2) նենգափոխադրորդ

trafficking |ˈtræfɪkɪŋ| *noun* նենգափոխադրում

traffic jam *noun* խցանում *(երթևեկության)*

traffic light (նաև **traffic signal**) *noun* լուսակիր *(փողոցի)*

tragedian |trəˈdʒiːdɪən| *noun* 1) տրագիկ; ողբերգախաղաց; ողբերգու դերասան 2) ողբերգակ; ողբերգությունների հեղինակ

tragedy |ˈtrædʒɪdi| *noun* (հոգն. **-dies**) 1) ողբերգություն 2) աղետ; ողբերգություն; արհավիրք

tragic |ˈtrædʒɪk| *adjective* 1) ցավալի; վշտալի; ողբերգական 2) վշտահար; տառապալի 3) ողբերգության

tragical *adjective* 1) ողբերգության; ողբերգային; ողբերգական 2) սոսկալի; աղետալի; վշտալի; անհույս; ողբալի; ողբերգական

tragicomedy |ˌtrædʒɪˈkɒmɪdi| *noun* (հոգն. **-dies**) 1) տրագիկոմեդիա; ողբերգակատակերգություն 2) ողբերգազավեշտական դեպք

tragicomic *adjective* տրագիկոմիկական; ողբերգակատակերգական; ողբերգազավեշտական

trail |treɪl| **1** *noun* 1) հետք *(մարդու, կենդանու)* ◊ **be on the trail, follow the trail** հետքով գնալ; հետքով փնտրել 2) *բուսաբանություն* գետնատարած ընձյուղ 3) շարան; շարք 4) *նաև փոխաբերական* շավիղ; արահետ; ուղի 5) հրետանային առատամ **2** *verb* 1) քարշել; քարշ տալ; քաշել 2) բուքսիրել; բուքսիրով քաշել 3) կախ ընկնել; կախվել; քարշ գալ *(մազերի/բույսերի և այլնի մասին)* 4) հետքով գնալ; հետքով փնտրել 5) տորրել; ոտնատակ անել *(խոտը)* 6) տորրելով բանալ *(արահետ)* 7) հայտարարել; ծանուցել *(ֆիլմի/հաղորդման մասին)* 8) պարտվել

trailer |ˈtreɪlə| **1** *noun* 1) կցասայլ; կցավագոն 2) հայտարարություն; ծանուցում *(նոր ֆիլմը, հաղորդումն ազդարարելու նպատակով ցուցադրվող առանձին կադրեր)* 3) գետնատարած բույս **2** *verb* 1) նախօրոք գովազդել *(ֆիլմը կամ ծրագիրը՝ նրանից հատվածներ ցուցադրելով)* 2) կցասայլով փոխադրել

train |treɪn| **1** *verb* 1) սովորեցնել; կրթել; դաստիարակել; մարզել; պատրաստել 2) վարժեցնել *(կենդանիներին)* 3) մարզել; զարգացնել *(կարողությունները)* 4) ուղղություն տալ; որոշակի ուղղությամբ աճեցնել *(բույսը)* 5) մարզվել; պատրաստվել *(մրցության)* 6) (**train sth on**) նշան բռնել; ուղղել *(հրանոթը, տեսախցիկը որոշ ուղղությամբ)* 7) *հնացած* գնացքով գնալ 8) *հնացած* ձգել; գրավել; հրապուրել **2** *noun* 1) գնացք ◇ **by train** գնացքով; երկաթուղով. **fast train** ճեպընթաց գնացք. **slow train** դանդաղընթաց գնացք *(բոլոր կայարաններում կանգ առնող)*. **through train** ուղիղ հաղորդակցության գնացք. **boat train** շոգենավերի չվացուցակի հետ համաձայնեցված գնացք. **local train** մերձքաղաքային գնացք. **baggage/goods train** ապրանքատար գնացք. **mixed train** ապրանքամարդատար գնացք 2) շքախումբ; թափոր; երթ; հարսանեկան շքերթ; հարսանքավորներ 3) *ռազմական* գումակ 4) շարան; շարք; շղթա; քարավան 5) քղանցքատուտ; պոչ; փեշ *(կանացի զգեստի)* 6) պոչ *(սիրամարգի, գիսաստղի)* 7) *տեխնիկական* ատամնավոր փոխանցում; ատամնավոր անիվների համակարգ 8) առատամ *(հրասայլի՝ տանկի)*

catch the train հասնել գնացքին
down train Լոնդոնից մեկնող գնացք; մեծ քաղաքից մեկնող գնացք
take the train գնացք նստել; գնացքով գնալ
up train Լոնդոն մեկնող գնացք; կենտրոնական քաղաք մեկնող գնացք

trainee |treɪˈniː| *noun* 1) փորձնակ; ստաժոր *(նեղ մասնագիտությամբ կատարելագործվող մասնագետ)* 2) *ռազմական* մարզվող անձ; վարժանք անցնող անձ

trainer |ˈtreɪnə| *noun* 1) վերապատրաստող 2) *մարզական* մարզիչ; հրահանգիչ 3) կենդանիներ վարժեցնող անձ 4) *բրիտանական* (**trainers**) փափուկ մարզակոշիկներ

training |ˈtreɪnɪŋ| *noun* 1) վերապատրաստում; գործնական ուսուցում; պատրաստում; պատրաստություն ◇ **under training** ուսուցում/պատրաստություն անցնող; մարզվող 2) վարժեցում; վարժանք; ընտելացում; մարզում 3) *որոշչային* վարժական; մարզական

training ship *noun* վարժական նավ

trainman |ˈtreɪnmæn| *noun* (հոգն. **-men**) *ամերիկյան* 1) վագոնի ուղեկցորդ 2) *երկաթուղային* արգելակավար

train oil *noun* պատմական վորվան *(ծովային կենդանու ճարպ)*

trait |treɪ|, |treɪt| *noun* 1) նկարագիր; դիմագիծ; գիծ *(բնավորության)* 2) գծիկ; նրբագծիկ 3) հատկանիշ; առանձնահատկություն; բնորոշ գիծ

traitor |ˈtreɪtə| *noun* դավաճան; ուխտադրուժ

traitorous *adjective* դավաճանական; ուխտադրուժ

trajectory |trəˈdʒekt(ə)ri|, |ˈtrædʒɪkt(ə)ri| *noun* (հոգն. **-ries**) հետագիծ

tram |træm| (նաև **tramcar**) **1** *noun* տրամվայ ◇ **take a tram** տրամվայ նստել; տրամվայով գնալ. **get off the tram** տրամվայից իջնել **2** *verb* 1) տրամվայով գնալ 2) փոքրիկ բաց վագոններով դուրս հանել; փոքրիկ բաց վագոններով բացատարել *(հանքանյութը)*

trammel |ˈtræm(ə)l| **1** *noun* 1) (սովորաբար **trammels**) արգելք; խոչընդոտ; կապանք 2) ուռկան; ցանց 3) թռչուններ բռնելու ցանց 4) թեյնիկ կախելու կեռիկ *(բուխարիում)* **2** *verb* (**-meled**, **-meling**; բրիտ. **-melled**, **-melling**) 1) ուռկանով/ցանցով բռնել 2) խանգարել; արգելակել; խափանել

tramp |træmp| **1** *verb* 1) ծանր-ծանր քայլել; դոփելով/թփթփացնելով քայլել 2) թափառաշրջել; շրջմոլիկ լինել; շարունակ թափառել; թափառաշրջիկություն անել 3) ոտքով գնալ/ճամփորդել; թափառել; շրջել **2** *noun* 1) թափառաշրջիկ; շրջմոլիկ; թափառական 2) ծանր քայլերի ձայն; դոփյուն 3) երկար ու հոգնեցուցիչ ճանապարհորդություն ոտքով 4) *ծովային* բեռնատար նավ *(կանոնավոր երթուղի չունեցող)*

trample |ˈtræmp(ə)l| **1** *verb* 1) տրորել; կոխոտել *(խոտը, ցանքերը)* 2) ճզմել; տրորել *(խաղողը)* 3) ծանր-ծանր քայլել; դոփելով քայլել 4) (**trample on/over**) ոտնատակ տալ; ոտնահարել; անարգել; արհամարհել **2** *noun* *բանաստեղծական* 1) կոխոտում; կոխոտելը; տրորում; տրորելը 2) դոփում; դոփելը; դոփյուն 3) ոտնահարում; ոտնահարելը; անարգելը; արհամարհելը

tramway |ˈtræmweɪ| *noun* 1) տրամվայ 2) *բրիտանական* տրամվայի ռելսեր

trance |trɑːns| **1** *noun* 1) *բժշկություն* տրանս; խոր էքստազ; վերքաշվելը; վերացում 2) էքստազ; հիազմայլություն; հափշտակվածություն; սքանչանք 3) (**trance music**) տրանս երաժշտություն *(պարային երաժշտության ոճ)* **2** *verb* *բանաստեղծական* հափշտակության/տրանսի մեջ գցել

tranquil |ˈtræŋkwɪl| *adjective* հանդարտ; հանգիստ; անդորր; խաղաղ; անխռով

tranquility |-ˈkwɪlɪti| *noun* հանդարտություն; հանգստություն; անդորր; խաղաղություն; անխռովություն

tranquilize |ˈtræŋkwɪlʌɪz| (բրիտանական **tranquillize**) *verb* 1) հանգստացնել *(դեղամիջոցի մասին)* 2) հանգստացնող միջոց տալ 3) *բանաստեղծական* հանդարտեցնել; անդորրացնել; խաղաղեցնել

tranquilizer |ˈtræŋkwɪlʌɪzə| (բրիտանական **tranquillizer**) *noun* հանգստացնող միջոց

transact |trænˈzækt|, |trɑːn-|, |-ˈsækt| *verb* գործը վարել; անել; կատարել *(գործարքներ և այլն)*

transaction |trænˈzækʃ(ə)n|, |trɑːn-|, |-ˈsæk-| *noun* 1) վարում; վարելը; կատարում; կատարելը *(գործի)* 2) գործարք; գործ 3) (**transactions**) աշխատություններ; արձանագրություններ *(գիտական ընկերության)* 4) *համակարգիչներ* գործարք

transatlantic |trænzætˈlæntɪk|, |trɑːnz-|, |-ns-| *adjective* անդրատլանտյան

Transcaucasia |ˌtrænzkɔːˈkeɪʒə|, |ˌtrɑːnz-|, |-ˈkeɪzɪə| Անդրկովկաս

transceiver |trænˈsiːvə|, |trɑːn-| *noun* *ռադիո* հաղորդիչ-ընդունիչ

transcend |trænˈsend|, |trɑːn-| *verb* 1) սահմանն անցնել; այնկողմ գնալ *(որևէ բանից)* 2) գերազանցել; առաջ անցնել *(մեկից, մի բանից)*

transcendental |ˌtrænsenˈdent(ə)l|, |ˌtrɑːn-| *adjective* *փիլիսոփայություն* անդրանցական; այնկողմնային

transcribe |trænˈskrʌɪb|, |trɑːn-| *verb* 1) գրառել; գրանցել; արձանագրել 2) *հնչյունաբանություն* տառադարձել 3) *երաժշտություն* վերադաշնակել *(այլ ձայնի/գործիքի համար)*

transcript |ˈtrænskrɪpt|, |ˈtrɑːn-| *noun* 1) գրառում; արձանագրություն; աղագրություն 2) պատճեն; կրկնօրինակ 3) առաջադիմության թերթիկ *(աշակերտի, ուսանողի)*

transcription |trænˈskrɪpʃ(ə)n|, |trɑːn-| *noun* 1) գրառում; արձանագրություն 2) պատճեն 3) գրառելը; արձանագրելը; արտագրում; արտագրելը 4) վերադաշնակում *(այլ գործիքի, ձայնի համար)* 5) տառադարձում; տառադարձելը; տառադարձություն

transfer **1** *verb* |trænsˈfɜː| |trɑːns-| |-nz-|(**-ferred**, **-ferring**) 1) տեղափոխել; փոխադրել 2) տեղափոխվել *(այլ դպրոց, համալսարան և այլն)* 3) անցնել *(մեկ այլ թիմ. մարզիկի մասին)* 4) տեղափոխ կատարել *(մի փոխադրամիջոցից փոխադրվել մեկ ուրիշի)* 5) փոխանցել *(գումարը և այլն)* 6) նաև իրավունքը հանձնել; տալ 7) փոխադրանկար անել **2** *noun* |ˈtrænsfɜː| |ˈtrɑːns-| |-nz-| 1) փոխադրություն; տեղափոխություն; տեղափոխում; փոխադրում 2) փոխանցում; փոխադրում *(նաև փողի)* ◊ **carry out a transfer** փոխանցում/փոխադրում ձևակերպել. **transfer to the reserve** *ռազմական* պահեստազոր փոխադրելը 3) հանձնում; հանձնելը ◊ **transfer of authority** իրավունքները/լիազորությունները ուրիշին հանձնելը 4) փոխադրանկար 5) փոխադրանկարելը *(նկարի և այլնի փոխանցումը այլ մակերեսի)* 6) *երկաթուղային* տեղափոխ կատարելը; տեղափոխ; գնացքափոխ; նավափոխ

transferable |trænsˈfɜːrəb(ə)l|, |ˈtrænsf(ə)r-|, |trɑː-|, |-nz-| *adjective* փոխադրելի; փոխանցելի; փոխարինելի

transference |ˈtrænsf(ə)r(ə)ns|, |ˈtrɑːns-|, |-nz-| *noun* 1) փոխադրություն; տեղափոխություն; փոխադրում; տեղափոխում; փոխանցում; հանձնում; հանձնելը 2) *հոգեվերլուծություն* փոխանցում *(զգացմունքների)*

transfiguration |ˌtrænsfɪgəˈreɪʃ(ə)n|, |ˌtrɑːns-|, |-gjʊr-|, |-nz-| *noun* 1) կերպարանափոխում; կերպարանափոխություն; ձևափոխում; ձևափոխություն 2) *եկեղեցական* (**the Transfiguration**) Պայծառակերպություն

transfigure |trænsˈfɪgə|, |trɑːns-|, |-nz-| *verb* վերափոխել; ձևափոխել; կերպարանափոխել; փոխակերպել

transfix |trænsˈfɪks|, |trɑːns-|, |-nz-| *verb* 1) խոցել; ծակել 2) (**be transfixed**) քարացած/անշարժացած/պապանձված/կարկամած լինել

transform |trænsˈfɔːm|, |trɑːns-|, |-nz-| **1** *verb* 1) փոխակերպել; ձևափոխել; վերափոխել; կերպարանափոխել 2) փոխակերպվել; ձևափոխվել; վերափոխվել; կերպարանափոխվել 3) դարձնել; վերածել **2** *noun* |ˈtrænsfɔːm| |ˈtrɑːns-| |-nz-| *մաթեմատիկա լեզվաբանություն* 1) ձևափոխության արդյունք 2) ձևափոխության կանոն

transformation |trænsfəˈmeɪʃ(ə)n|, |trɑːns-|, |-nz-| *noun* 1) ձևափոխություն; կերպարանափոխություն; փոխակերպություն; փոխակերպում 2) վերածում; վերածելը 3) *էլեկտրականություն* հոսանքափոխություն

transformer |trænsˈfɔːmə|, |trɑːns-|, |-nz-| *noun* 1) *էլեկտրականություն* տրանսֆորմատոր; փոխակերպիչ; հոսանքափոխարկիչ 2) վերափոխող; փոխակերպող

transfuse |trænsˈfjuːz|, |trɑːns-|, |-nz-| *verb* 1) *բժշկություն* փոխներարկում կատարել; փոխներարկել *(արյունը)* 2) մի ամանից մյուսը լցնել/ածել *(հեղուկը)* 3) ուրիշին հաղորդել *(իր ոգևորությունը և այլն)* 4) համակել; հագեցնել; թափանցել

transfusion |trænsˈfjʊːʒ(ə)n, trɑːns-, -nz-| *noun* մի ամանից մյուսը լցնելը; մի ամանից մյուսը ածելը ◊ **transfusion of blood** արյան փոխներարկում

transgress |trænzˈgrɛs|, |trɑːnz-|, |-ns-| *verb* խախտել; ոտնահարել; զանցառել; անցնել *(սահմանը, օրենքը և այլն)*

transgression |-ˈgrɛʃ(ə)n| *noun* 1) զանցառություն; անօրինություն 2) խախտում; ոտնահարում *(սահմանի, օրենքի և այլնի)* 3) մեղք; հանցանք 4) *երկրաբանություն* առաջխաղացում; տրանսգրեսիա *(ցամաքի մի մասի հեղեղումը ծովի ջրերից)*

transience *noun* վաղանցիկություն; կարճատևություն; սրընթացություն

transient |ˈtrænsɪənt|, |ˈtrɑːns-|, |-nz-| **1** *adjective* 1) անցողիկ; վաղանցիկ; անցավոր; կարճատև; ժամանակավոր 2) անցնող; ուղևոր 3) *բժիշկ* անկայուն *(թունավոր նյութի և այլնի մասին)* **2** *noun* 1) ժամանակավոր անձ 2) կարճատև փոփոխություն *(լարման, հոսանքի, հաճախության)*

transistor |trænˈzɪstə|, |trɑːn-|, |-ˈsɪ-| *noun* տրանզիստոր

transit |ˈtrænsɪt|, |ˈtrɑːns-|, |-nz-| **1** *noun* 1) տարանցում; տրանզիտ *(ապրանքների կամ ուղևորների փոխադրումը մի պետությունից մյուսը մի երրորդ պետության միջով կամ մի կետից մյուսը՝ միջանկյալ կետերով)* 2) անցում; անցնելը; կտրել-անցնելը *(միջով, վրայով)* 3) *աստղագիտություն* միջօրեականով անցնելը 4) անկյունաչափ *(գործիք)* 5) *որոշչային* տարանցիկ; տրանզիտային **2** *verb* (**-sited**, **-siting**) անցնել *(հնչ-որ տեղով)* **3** *adjective* տարանցիկ

transition |trænˈzɪʃ(ə)n|, |trɑːn-|, |-ˈsɪʃ-| **1** *noun* 1) անցնում; անցնելը *(մի վիճակից մյուսը)* 2) կապող հատված *(գրվածքում երկու թեմա իրար շաղկապող բառ/պարբերություն)* 3) փոփոխություն; փոփոխում 4) անցման ժամանակաշրջան **2** *verb* անցնել; փոխակերպվել *(մի տեղից մյուսը, մի վիճակից մյուսը)*

transitional *adjective* անցման; միջանկյալ; միջակա

transitive |ˈtrænsɪtɪv|, |ˈtrɑːns-|, |-nz-| **1** *adjective* *քերականություն* անցողական *(բայի մասին)* **2** *noun* *քերականություն* անցողական բայ

transitory |ˈtrænsɪt(ə)ri|, |ˈtrɑːns-|, |-nz-| *adjective* վաղանցիկ; անցողիկ; կարճատև; ժամանակավոր

Transjordan |trænzˈdʒɔːd(ə)n|, |trɑːnz-| Անդրհորդանան

translate |trænsˈleɪt|, |trɑːns-|, |-nz-| *verb* 1) (**translate into**) թարգմանել 2) (**translate something into**) վերածել; դարձնել; վերափոխել/փոխարկել մի բանի 3) փոխադրել; տեղափոխել 4) հաղորդել; տարհաղորդել; վերահաղորդել *(ռադիոյով և այլն)* 5) բացատրել; մեկնաբանել 6) հանգեցնել *(մի բանի)* 7) թարգմանվել

translation |træns'leɪʃ(ə)n|, |trɑːns-|, |-nz-| *noun* 1) թարգմանություն ◊ **close/near translation** ճշգրիտ թարգմանություն; բնագրին մոտ թարգմանություն. **loose translation** ազատ թարգմանություն. **authorized translation** հեղինակազորված թարգմանություն; հեղինակի հավանությունը ստացած թարգմանություն 2) վերափոխում; փոփոխում; կերպարանափոխում 3) տեղափոխում; փոխադրում 4) բացատրություն; մեկնաբանություն 5) *ռադիո* հաղորդում; տարհաղորդում; վերահաղորդում 6) *խոսակցական* ձևափոխում; ձևափոխելը *(հին զգեստի)*

translator |træns'leɪtə|, |trɑːns-|, |-nz-| *noun* 1) թարգմանիչ 2) *համակարգիչներ* (**translator program**) փոխադրող ծրագիր

transliteration |-'reɪʃ(ə)n| *noun* *լեզվաբանություն* գրադարձություն; գրադարձ *(որևէ լեզվի գրային ձևերի կամ գրի փոխարկումը մեկ այլ լեզվի գրային համապատասխան ձևերով)*

translucent |træns'luːs(ə)nt|, |trɑːns-|, |-nz-| *adjective* լուսանցիկ; կիսաթափանցիկ

transmigrate |ˌtrænzmʌɪ'greɪt|, |trɑːnz-|, |-ns-| *verb* 1) վերաբնակվել *(այլ մարմնի մեջ. հոգու մասին)* 2) *հազվադեպ* գաղթել

transmigration |-'greɪʃ(ə)n| *noun* գաղթ; վերաբնակեցում

transmission |trænz'mɪʃ(ə)n|, |trɑːnz-|, |-ns-| *noun* 1) հաղորդելը; հաղորդում; փոխանցում 2) փոխանցում; փոխանցելը; ուղարկում; ուղարկելը 3) հաղորդում; հեռուստահաղորդում; ռադիոհաղորդում 4) *տեխնիկական* շարժահաղորդում; հաղորդակ 5) *որոշչային* հաղորդման

transmit |trænz'mɪt|, |trɑːnz-|, |-ns-| *verb* (**-mitted**, **-mitting**) 1) հաղորդել; ուղարկել; փոխանցել *(մարմնին, հիվանդությունը, լույս, հոսանք և այլն)* 2) հաղորդել; տարհաղորդել; վերահաղորդել *(ազդանշանները)* 3) վերարտադրել; արտահայտել; հաղորդել *(գաղափար, զգացումներ և այլն)*

transmitter |trænz'mɪtə|, |trɑːnz-|, |-ns-| *noun* 1) հաղորդիչ; ռադիոհաղորդիչ; հաղորդիչ մեխանիզմ 2) ուղարկող; առաքող; փոխանցող; փոխանցիչ 3) (նաև **neurotransmitter**) նյարդամիջնորդ

transmutation |trænzmjuː'teɪʃ(ə)n|, |trɑːnz-|, |-ns-| *noun* փոխարկում; փոխարկելը; վերածում; վերածելը ◊ **the transmutations of fortune** ճակատագրի անակնկալներ/վայրիվերումներ/փոփոխականություն

transmute |trænz'mjuːt|, |trɑːnz-|, |-ns-| *verb* փոխարկել; վերածել; դարձնել

transoceanic |ˌtrænsəʊʃɪ'ænɪk|, |trɑːns-|, |-nz-|, |-sɪ-| *adjective* 1) անդրօվկիանոսյան; օվկիանոսի այն կողմի 2) օվկիանոսը կտրող-անցնող

transom |'træns(ə)m| *noun* 1) լայնակի գցված գերան; շեղագերան; չորսու 2) վերնափեղկ; ապակեկալ *(դռան)* 3) (նաև **transom window**) վերնափեղկով պատուհան

transparency |træn'spær(ə)nsi|, |trɑːn-|, |-'spɛː-| *noun* (հոգն. **-cies**) թափանցիկություն; թափանցողություն; լուսանցիկություն

transparent |træn'spær(ə)nt|, |trɑːn-|, |-'spɛː-| *adjective* 1) թափանցիկ; պարզ; հստակ 2) *խոսակցական* անկեղծ; շիտակ; զգացումները թաքցնել չկարողացող 3) դյուրըմբռնելի; հստակ; պարզ; հասկանալի; ակնհայտ 4) թափանցիկ; բաց *(կազմակերպության և այլնի մասին)* 5) *համակարգիչներ* թափանցիկ

transpiration |-spɪ'reɪʃ(ə)n| *noun* 1) քրտինք; քրտնելը 2) բույսերի խոնավության գոլորշիացում

transpire |træn'spʌɪə|, |trɑːn-| *verb* 1) պատահել; տեղի ունենալ; կատարվել 2) հայտնաբերվել; հայտնի դառնալ; պարզվել; իմացվել 3) (**it transpires**) պարզվում է; բանից դուրս է գալիս 4) գոլորշիանալ; քրտնակալել; քրտինքի կաթիլներով ծածկվել 5) արտահոսել *(գազի մասին և այլն)*

transplant **1** *verb* |træns'plɑːnt| |trɑːns-| |-nz-| 1) վերաբնակեցնել 2) տեղափոխել; փոխադրել 3) փոխատնկել; ուրիշ տեղ տնկել *(բույսերը)* 4) *բժշկություն* փոխպատվաստել; փոխպատվաստում կատարել *(հյուսվածքների)* **2** *noun* |'trænsplɑːnt| |'trɑːns-| |-nz-| 1) փոխպատվաստում 2) փոխպատվաստված օրգան 3) տեղափոխված բույս 4) տեղափոխված անձ *(նոր տեղ կամ իրավիճակ)*

transport **1** *verb* |træn'spɔːt| |trɑːn-| 1) տեղափոխել; փոխադրել; փոխադրամիջոցով ուղարկել 2) գրավել; հափշտակել; խանդավառել ◊ **be transported** տարվել; հափշտակվել. **transported with joy** ուրախությունից իրեն կորցրած 3) *պատմական* աքսորել; արտաքսել **2** *noun* |'trænspɔːt| |'trɑːn-| 1) փոխադրում; տեղափոխում; տեղափոխելը 2) փոխադրամիջոց; տրանսպորտ 3) հափշտակություն; խանդավառություն; որևէ բանով տարվելը 4) *որոշչային* տրանսպորտի; տրանսպորտային; փոխադրման

transportation |trænspɔː'teɪʃ(ə)n|, |trɑːns-| *noun* 1) փոխադրում; փոխադրելը; տեղափոխելը *(փոխադրամիջոցով)* 2) փոխադրամիջոց; տրանսպորտ ◊ **automobile transportation** ավտոտրանսպորտ 3) *պատմական* աքսորում; արտաքսում 4) *որոշչային* փոխադրական; տրանսպորտային

transpose |træns'pəʊz|, |trɑːns-|, |-nz-| **1** *verb* 1) տեղափոխել; տեղաշարժել; տեղերը/կարգը փոխել; վերադասավորել 2) *քերականություն* փոխել *(բառերի շարադասությունը)* 3) վերափոխել; ձևափոխել **2** *noun* *մաթեմատիկա* փոխատեղված թվացանց *(որը ստացվում է նախնական թվացանցից՝ սյունակների և տողերի տեղերը փոխելով)*

transposition |trænspə'zɪʃ(ə)n|, |trɑːns-|, |-nz-| *noun* 1) տեղափոխում; տեղափոխություն; տեղերը/կարգը փոխելը; վերադասավորելը 2) *քերականություն* դրափոխություն; շարադասությունը փոխելը *(բառերի)*

transship |træns'ʃɪp|, |trɑːns-|, |-nz-| (նաև **tranship**) *verb* (**-shipped**, **-shipping**) վերաբեռնել; փոխաբեռնել

transshipment *noun* վերաբեռնում; վերաբեռնելը; փոխաբեռնում; փոխաբեռնելը

transversal |trænz'vəːs(ə)l|, |trɑːnz-|, |-ns-| *երկրաչափություն* **1** *adjective* լայնակի; թեք; շեղ **2**

noun հատող գիծ

transverse |trænzˈvəːs|, |trɑːnz-|, |-ns-| **1** *adjective* լայնությամբ; լայնքով **2** *adverb* լայնակի

transvestite |trænzˈvɛstʌɪt|, |trɑːnz-|, |-ns-| *noun* տրանսվեստիտ; հակառակ սեռին բնորոշ հագուստ կրող մարդ

Transylvania |ˌtrænsɪlˈveɪnɪə| Տրանսիլվանիա *(տարածք Ռումինիայում)*

trap¹ |træp| **1** *noun* 1) թակարդ; ծուղակ; որոգայթ; դարան; վարմ; մկան թակարդ ◊ **set a trap** թակարդ դնել/լարել 2) հոսակ; սիֆոն; ծծափող; ծծաքարշ *(տարբեր չափսի ծնկերով կոնաձև խողովակ, որն օգտագործվում է որպես հեղուկատար)* 3) դրենաժային/ջրաքաշման խողովակ 4) *փոխաբերական* թակարդ; ծուղակ; որոգայթ; դավ; մեքենայություն 5) *պատմական* թեթև երկանիվ կառք 6) ետ ծալովի դռնակ; իջեցվող դռնակ 7) *խոսակցական* բերան; ռեխ 8) *խոսակցական* ոստիկան 9) *խոսակցական* (**traps**) հարվածային գործիքներ **2** *verb* (**trapped**, **trapping**) 1) թակարդով բռնել; բռնել, որսալ 2) ծուղակի մեջ քաշել; ծուղակը գցել; որոգայթ լարել 3) (**be trapped**) դուրս գալ չկարողանալ; փակված լինել; ծուղակն ընկած լինել

trap² |træp| **1** *verb* (**trapped**, **trapping**) *հնացած* զուգել; վրան նախշած ծածկոց գցել; զարդարել *(ձիուն)* **2** *noun* 1) ձիու ծածկոց; սթար 2) *խոսակցական* ունեցած-չունեցած; անձնական իրեր

trap³ |træp| (նաև **traprock**) *noun երկրաբանություն* կճաքար; տրապ

trapdoor |træpˈdɔː| (նաև **trap door**) *noun* 1) դռնակ; ետ ծալովի դռնակ; իջեցվող դուռ; անցք; իջանցք 2) *համակարգիչներ* համակարգամուտ

trapeze |trəˈpiːz| *noun մարզական* (**flying trapeze**) ճոճաձող

trapezium |trəˈpiːzɪəm| *noun* (հոգն. **-zia** |-zɪə| կամ **-ziums**) *մաթեմատիկա* սեղան

trappings |ˈtræpɪŋz| *plural noun* 1) հանդերձանք; տոնական համազգեստ; զարդարանք *(զինվորական և այլն)* 2) ձիու հանդերձանք; հեծելասարք

trash |træʃ| **1** *noun* 1) *նաև փոխաբերական* մնացուկներ; մնացորդներ; տականքներ; թափուկներ; թափոններ; աղբ 2) անպետք բան; գածրորակ ստեղծագործություն; անորակ իրեր 3) անհեթեթություն; հիմարություն **2** *verb* 1) վնասել; ջարդել 2) դեն նետել; թափել 3) *համակարգիչներ* մաքրել *(սկավառակը)* 4) խիստ քննադատել 5) *համակարգիչներ* ջնջել

trashy |ˈtræʃi| *adjective* (**trashier**, **trashiest**) անպետք; անորակ; գածրորակ

traumatic |trɔːˈmætɪk|, |traʊ-| *adjective* 1) *բժշկություն* վնասվածքային; տրավմատիկ 2) ցավալի; վշտացնող 3) խորտակիչ; ջախջախիչ

travail |ˈtræveɪl| *բանաստեղծական* **1** *noun* 1) ծանր աշխատանք 2) երկունք; ծննդաբերության ցավեր **2** *verb* 1) ծանր աշխատանք կատարել 2) երկունքի ցավեր ունենալ; երկունքի մեջ լինել

travel |ˈtræv(ə)l| **1** *verb* (**-eled**, **-eling**; նաև հմմն. բրիտ. **-elled**, **-elling**) *noun verb*1) ճանապարհորդել; ճամփորդել; ուղևորություն կատարել 2) տեղաշարժվել; տեղափոխվել; շարժվել; շրջագայել 3) ընդունվել; սիրված լինել *(ստեղծագործության, ոճի և այլնի մասին)* 4) սահել; մի առարկայից մյուսին դառնալ *(հայացքի մասին)* 5) տարածվել *(ձայնի/լույսի մասին)* 6) միտքը բերել; վերհիշել; հաջորդաբար վերարտադրել *(մտքում, հիշողության մեջ)* 7) արընթաց շարժվել **2** *noun* 1) ճանապարհորդություն; ճամփորդություն; ուղևորություն; շրջագայություն 2) (**travels**) ճամփորդական նոթեր; ճանապարհորդության նկարագրություն 3) շարժում; տեղափոխություն; շարժընթաց *(մեքենայի և այլնի)* 4) *որպես ածական* ճամփորդական; ճանապարհորդական; փոքր չափսերի

traveled |ˈtræv(ə)ld| *adjective* 1) շատ ճանապարհորդություններ կատարած; շատ բան տեսած; փորձված; կոփված 2) բանուկ *(ճանապարհի մասին)*

traveler |ˈtræv(ə)lə| (*բրիտանական* **traveller**) *noun* 1) ճանապարհորդ; ճամփորդ; ուղևոր ◊ **commercial traveler** շրջիկ գործակատար; առևտրական շրջիկ գործակալ; կոմիվոյաժոր 2) *տեխնիկական* շարժական մեխանիզմ *(անվակ, վերամբարձ կռունկ և այլն)*

traverse |ˈtrævəs|, |trəˈvəːs| **1** *verb* 1) հատել; կտրել-անցնել; միջով անցնել 2) շրջանցել 3) շրջափել; արծարծել; քննարկել 4) առարկել; հակաճառել 5) *ռազմական* հորիզոնական նշանառում կատարել 6) *իրավունք* հերքել; ժխտել *(հակառակ կողմի պնդումը/փաստարկը)* **2** *noun* 1) անցում; անցնելը 2) շրջանց; շրջանցում; շրջանցելը 3) դարձնել; մարդակ; լայնադիր գերան; վերադրակ; լայնակի/խոտորնակ գիծ 4) արգելք; խոչընդոտ 5) *ռազմական* միջաթումբ; լայնակի պաշտպանական հողաթումբ 6) *ռազմական* հորիզոնական նշանառում 7) *իրավունք* հերքում; ժխտում *(հակառակ կողմի փաստարկի)* **3** *adjective* լայնակի; լայնադիր; լայնությամբ գցված

travesty |ˈtrævɪsti| **1** *noun* (հոգն. **-ties**) ծաղրանմանություն; ծաղրապատկեր; աղավաղում; ծաղրերգություն; ծաղր **2** *verb* (**-ties**, **-tied**) ծաղրապատկերել; ծաղրերգել; ծաղրական կերպով նմանեցնել; աղավաղել

trawl |trɔːl| **1** *verb* 1) ուռկանապարկով որսալ 2) ծովի հատակով քաշել *(ուռկանապարկը)* **2** *noun* ուռկանապարկ; մեծ ձկնորսացանց; պարկացանց

trawler |ˈtrɔːlə| *noun ծովային* ուռկանապարկակիր նավ; տրալեր

tray |treɪ| *noun* 1) սկուտեղ; մատուցարան; տեփուր 2) ոչ խոշոր տաշտ; տաշտակ 3) ափսե; պնակ *(հատկապես խոշոր)*

treacherous |ˈtrɛtʃ(ə)rəs| *adjective* 1) դավաճանական; մատնողական; ուխտադրուժ; նենգ 2) խախուտ; անվստահելի; անհուսալի; վտանգավոր *(հատակի/պայմանների և այլնի մասին)*

treachery |ˈtrɛtʃ(ə)ri| *noun* (հոգն. **-eries**) դավաճանություն; ուխտադրժություն

treacle |ˈtriːk(ə)l| **1** *noun* 1) օշարակ; ռուպ; մաթ; կերամաթ *(եփելով թանձրացած քաղցու)* 2) քծնանք; շողոքորթություն **2** *verb* մաթ/ռուպ/օշարակ քսել

tread |trɛd| **1** *verb* (անցյալ **trod** |trɒd|; անցյալ դերբայ **trodden** |ˈtrɒd(ə)n| կամ **trod**) 1) քայլել;

քայլ գցել/անել; գնալ; ճեմել 2) (**tread on**) կոխ տալ; կոխկրտել; տրորել; կոխոտել *(ոտքով)* 3) *փոխաբերական* ոտնահարել; ոտնատակ տալ; ճնշել; ճնշել • **tread down** կոխոտել; տրորել **tread in** կոխկրտելով մտցնել; ոտքի տակ տրորելով կոխել/խցկել *(մի բանի մեջ)* **tread in sb's footsteps** մեկի հետքերով գնալ; մեկի օրինակին հետևել **tread on/upon** ոտքը դնել մի բանի վրա; տրորել *(ոտքով)* **tread on/upon the heels of** կրնկակոխ հետևել **tread on air** ուրախությունից իրեն կորցնել **tread on sb's corns/toes** խիստ վիրավորել; ցավոտ տեղին դիպչել **tread out** i) տրորել; ճզմելով հյութը հանել ii) կոխրտելով հանգցնել *(կրակը)* iii) *ռազմական* ճնշել; ջախջախել **tread under foot** ոտնատակ տալ; ջախջախել; ոտնահարել; ոչնչացնել **2** *noun* 1) քայլք; քայլվածք; քայլեր 2) ոտնաձայն; դոփյուն 3) աստիճան *(սանդուղքի)* 4) անվադող; հեց *(անվի արտաքին շրջանակը)* 5) զույգ անիվների միջև եղած տարածությունը; երկու սռնիների միջև եղած տարածությունը; սռնամեջ

tread lightly զգուշությամբ գործել

treadle |ˈtrɛd(ə)l| **1** *noun* ոտնակ *(կարի մեքենայի և այլնի)* **2** *verb* ոտնակով աշխատեցնել; ոտնակը սեղմելով աշխատեցնել

treason |ˈtriːz(ə)n| *noun* (նաև **high treason**) դավաճանություն; մատնություն; ուխտադրժություն; երդմնազանցություն ◇ **high treason** հայրենիքի/պետական դավաճանություն

treasonable |ˈtriːz(ə)nəb(ə)l| *adjective* դավաճանական; ուխտադրուժ

treasure |ˈtrɛʒə| **1** *noun* նաև *փոխաբերական* գանձ; հարստություն **2** *verb* 1) գանձ/հարստություն կուտակել 2) գանձի պես պահել; գուրգուրել; աչքի լույսի պես պահպանել 3) բարձր գնահատել

treasurer |ˈtrɛʒ(ə)rə| *noun* գանձապետ; գանձապահ

treasury |ˈtrɛʒ(ə)ri| *noun* (հոգն. **-uries**) 1) գանձարան; գանձատուն; գանձանոց 2) դրամ; դրամական միջոցներ; հիմնադրամ; ֆոնդ 3) *փոխաբերական* գանձարան

treat |triːt| **1** *verb* 1) վարվել; վերաբերվել; վերաբերմունք ցուցաբերել ◇ **treat kindly** լավ վերաբերվել; մեկի նկատմամբ բարի լինել. **treat as a child** վարվել ինչպես երեխայի հետ; մեկին երեխայի տեղ դնել 2) (**treat sth as**) դիտարկել; համարել; ընդունել; դիտել *(որպես)* 3) բժշկել; բուժման ենթարկել; բուժել 4) մշակել մի բանով; ներգործությանը ենթարկել 5) քննարկել; քննել; մեկնաբանել 6) (**treat sb to**) հյուրասիրել; մեկի համար գնել *(ուտելիք, խմիչք)* 7) հրավիրել *(թատրոն և այլն)* 8) արժանացնել; շնորհել 9) (**treat oneself**) վայելել; օգտվել; ըմբոշխնել 10) բանակցություններ վարել **2** *noun* 1) հաճույք; մեծ բավականություն 2) հյուրասիրություն; պարգև; պատիվ տալը ◇ **Dutch treat** *խոսակցական* հավաքույթ/զվարճություն/ճաշկերույթ, որի համար յուրաքանչյուրը ինքն է վճարում. **stand a treat** հյուրասիրել; պատվել; մյուսների համար վճարել

treatise |ˈtriːtɪs|, |-ɪz| *noun* քննախոսություն; տրակտատ; գիտական շարադրություն/շարադրանք

treatment |ˈtriːtm(ə)nt| *noun* 1) վարմունք; վարվեցողություն; վերաբերմունք; վարվելը 2) բուժում; բուժելը 3) մշակում; վերամշակում *(քիմիական նյութերով և այլն)* 4) գործածում; բանեցնելը 5) պատկերում; նկարագրություն; մեկնաբանություն *(որևէ բանի՝ տվյալ ստեղծագործության մեջ)*

treaty |ˈtriːti| *noun* (հոգն. **-ties**) միջազգային պայմանագիր; դաշնագիր ◇ **be in treaty with** մեկի հետ բանակցություններ վարել

treble[1] |ˈtrɛb(ə)l| **1** *adjective* 1) եռամաս; եռեքմասանի 2) եռակի; եռապատիկ **2** *noun* եռապատիկ քանակ **3** *pronoun* երեք անգամ շատ **4** *verb* 1) եռապատկել 2) եռապատկվել

treble[2] *noun* դիսկանտ; մանկական բարակ ձայն

tree |triː| **1** *noun* 1) *բուսաբանություն* ծառ ◇ **hollow tree** փչակավոր ծառ. **family tree** տոհմածառ 2) *հնացած* կախաղան 3) *բանաստեղծական հնավանդ* խաչ; խաչափայտ 4) կաղապար *(կոշիկի)* 5) *համակարգիչներ* (**tree diagram**) ծառ; ծառանման կառուցվածք **2** *verb* (**trees**, **treed**, **treeing**) 1) հալածելով ծառի վրա քշել *(կենդանուն)* 2) փակուղու մեջ դնել; անելանելի դրության մեջ դնել 3) կաղապարի վրա քաշել

up a tree անելանելի վիճակում; ծուղակն ընկած; անելանելի դրության մեջ

tree frog *noun կենդանաբանություն* ծառի գորտ; ծառագորտ *(ընտանիքներ Hylidae and Rhacophoridae)*

treeless *adjective* ծառազուրկ; անտառազուրկ *(հողամասի մասին)*

trefoil |ˈtrɛfɔɪl|, |ˈtriːfɔɪl| *noun* 1) *բուսաբանություն* երեքնուկ; սիրի-սիրի; խնձորածաղիկ *(Genera Trifolium և Lotus, ընտանիք Leguminosae)* 2) *ճարտարապետություն* երեքնուկաձև զարդաքանդակ

trek |trɛk| **1** *noun* 1) արշավ; երթ; ծանր ճանապարհորդություն; հոգնեցուցիչ ճամփորդություն ◇ **go on the trek** արշավի դուրս գալ; արշավանքի ելնել 2) ռազմերթ; չվերթ 3) գաղթ; գաղթում; գաղթելը *(հատկապես ֆուրգոններով)* **2** *verb* (**trekked**, **trekking**) 1) արշավ/երթ/չվերթ կատարել 2) գաղթել; տարաբնակվել; արտաբնակվել 3) *հարավաֆրիկյան* քոչվոր կյանք վարել

trellis |ˈtrɛlɪs| **1** *noun* վանդակ; ցանց; ցանկաշար; ցանկավահան *(բույսերի փաթաթվելու համար)* **2** *verb* (**-lised**, **-lising**) ցանկաշար անել

tremble |ˈtrɛmb(ə)l| **1** *verb* 1) դողալ; դողդողալ; սարսռել; ցնցվել *(վախից, հուզմունքից)* ◇ **tremble all over** ամբողջ մարմնով դողալ; ցնցվել; սարսռել. **tremble with fear** ահից դողալ 2) դողդողալ; երերալ; նվաղել *(ձայնի մասին)* 3) ցնցվել; շարժվել; սասանվել *(գետնի մասին)* **2** *noun* 1) դող; դողդողում; դողդողալը; սարսուռ 2) (նաև **milk sickness**) թունավոր բույսերից առաջացած հիվանդություն *(կենդանիների)*

tremendous |trɪˈmɛndəs| *adjective* 1) ահագին; հսկայական; վիթխարի; սարսափելի; զարհուրելի; սոսկալի 2) *խոսակցական* հոյակապ; ցնցող; շշմեցուցիչ; հրաշալի

tremor |ˈtrɛmə| *noun* 1) դող; սարսուռ; ցնցում 2) (**earth tremor**) թույլ երկրաշարժ 3) դողդոջյուն; թրթիռ; ձայնի դողալը

tremulous |ˈtrɛmjʊləs| *adjective* 1) դողդողջուն; դողդողացող; դողացող *(ձայնի մասին)* 2) հուզումնալից; անհանգիստ; սրտատրոփ; սրտահույզ; դողահար; սարսափահար

trench |trɛn(t)ʃ| **1** *noun* 1) *ռազմական* խրամատ; խրամ 2) խրամատ; առվափոս 3) *որոշչային* խրամատի; խրամատային **2** *verb* 1) խրամատ/փոս փորել; խրամ/առվափոս փորել 2) փորել; բրել *(պարտեզը, արտը)* 3) (**trench on/upon**) ոտնձգություն անել; յուրացման փորձ կատարել; խլել

trenchant |ˈtrɛn(t)ʃ(ə)nt| *adjective* 1) խայթիչ; կծու 2) *հնավանդ բանաստեղծական* սուր; հատու; սրածայր

trend |trɛnd| **1** *noun* 1) միտում; ընդհանուր ուղղություն; տենդենց 2) նորաձևություն **2** *verb* 1) միտում/հակում ունենալ; որոշ ուղղություն ստանալ 2) շեղվել; թեքվել

trendy |ˈtrɛndi| *խոսակցական* **1** *adjective* (**trendier**, **trendiest**) խիստ նորաձև; գերժամանակակից **2** *noun* (հոգն. **trendies**) գերժամանակակից/գերնորաձև անձ

Trent |trɛnt| Տրենտ *(գետ Անգլիայում)*

trepidation |ˌtrɛpɪˈdeɪʃ(ə)n| *noun* 1) տագնապ; անհանգիստ վիճակ; վախ; անհանգստություն 2) *հնացած* դող; սարսուռ

trespass |ˈtrɛspəs| **1** *verb* 1) ոտնձգություն անել *(ուրիշի հողի/ունեցվածքի նկատմամբ)* 2) օրինազանցություն անել; խախտում/զանցառում թույլ տալ; ապօրինի մտնել որևէ տարածք; սահմանը խախտել 3) *փոխաբերական* պատշաճության սահմանն անցնել; չարաշահել; ի չարը գործ դնել *(համբերությունը, հյուրընկալությունը)* **2** *noun* 1) ոտնձգություն *(ուրիշի հողի/ունեցվածքի նկատմամբ)* 2) օրինազանցություն; զանցանք 3) չարաշահում; չարարկություն

trespasser *noun* 1) խախտում կատարող; ոտնձգություն անող; ուրիշի հողի սահմանը խախտող 2) իրավախախտիչ; իրավազանցիչ; օրինազանց անձ

tress |trɛs| **1** *noun* 1) խոպոպ; հյուս; ծամ 2) (**tresses**) արձակ երկար մազեր **2** *verb* *հնավանդ* մազերն արձակ թողնել

tressed *adjective* 1) հյուսած մազերով; ծամերով 2) հյուսած *(մազերի մասին)* 3) խոպոպած մազերով

trestle |ˈtrɛs(ə)l| *noun* 1) հիշոտնուկ; հիշուկ 2) հենասյուն *(կամրջի)*

trews |tru:z| *plural noun* 1) նեղ վանդակավոր տաբատ *(շոտլանդական)* 2) տաբատ; շալվար

trey |treɪ| *noun* (հոգն. **treys**) 1) երեքնոց *(խաղաթղթի)* 2) երեք միավոր *(զառի)*

trial |ˈtrʌɪəl| **1** *noun* 1) *իրավունք* դատավարություն; դատ; դատական քննություն; դատական վարույթ ◇ **bring to trial, put on trial** դատի ենթարկել; դատի տալ. **stand one's own trial** դատի տակ լինել. **state trial** պետական հանցագործի դատավարություն 2) փորձարկում; փորձ; փորձում ◇ **on trial** փորձնական ժամկետով; փորձնական ժամկետն անցնելուց հետո; փորձարկման մեջ/գործընթացում; փորձելու համար 3) փորձություն; դժբախտություն; փորձանք; գայթակղություն 4) փորձ; հանցափորձ 5) *որոշչային* փորձնական; փորձարկման; փորձի 6) ապրում **2** *verb* (**trialed**, **trialing**; բրիտ. **trialled**, **trialling**) փորձարկել; մրցել

triangle |ˈtrʌɪæŋg(ə)l| *noun* *մաթեմատիկա նաև փոխաբերական* եռանկյունի

triangular |trʌɪˈæŋgjʊlə| *adjective* 1) եռանկյուն; եռանկյունաձև 2) եռակողմ; երեքկողմանի

triathlon |trʌɪˈæθlɒn|, |-lən| *noun* *մարզական* եռամարտ

tribal |ˈtrʌɪb(ə)l| **1** *adjective* ցեղային; ցեղի; տոհմական; տոհմային; տոհմի **2** *noun* տոհմի/ցեղի անդամ

tribe |trʌɪb| *noun* 1) ցեղ; տոհմ 2) *խոսակցական* ընկերախումբ; խումբ 3) *խոսակցական* ընտանիք 4) *արհամարհական* փակ խմբավորում 5) *խոսակցական* (**tribes**) մեծ քանակություն; ամբոխ

tribesman |ˈtrʌɪbzmən| *noun* (հոգն. **-men**) տոհմի անդամ; տոհմակից; ցեղակից; ազգակից

Tribes of Israel *աստվածաշնչային* Իսրայելի ցեղերը

tribulation |ˌtrɪbjʊˈleɪʃ(ə)n| *noun* դժբախտություն; փորձանք; փորձություն; ձախորդություն; խոր վիշտ

tribunal |trʌɪˈbju:n(ə)l|, |trɪ-| *noun* 1) ատյան; դատարան 2) դատավորի տեղը

tribune[1] |ˈtrɪbju:n| *noun* (նաև **tribune of the people**) 1) *պատմական* տրիբուն *(Հին Հռոմում)* 2) տրիբուն; ականավոր գործիչ և հռետոր

tribune[2] |ˈtrɪbju:n| *noun* բարձրաբեմ; ամբիոն; ճառաբեմ; տրիբունա

tributary |ˈtrɪbjʊt(ə)ri| **1** *noun* (հոգն. **-taries**) 1) վտակ *(գետի)* 2) *պատմական* հարկատու **2** *adjective* 1) հարկ/տուրք վճարող; ստորադաս; ենթակա 2) օժանդակ; երկրորդական 3) վտակային

tribute |ˈtrɪbju:t| *noun* 1) հարկ; տուրք ◇ **lay under tribute** տուրք դնել; հարկահանման ենթարկել. **pay a tribute** i) հարկ/տուրք վճարել ii) *փոխաբերական* տուրք տալ; գնահատել. **floral tributes** նվեր՝ ծաղիկների տեսքով 2) արգասիք; արդյունք

trice |trʌɪs| *noun* ակնթարթ; վայրկյան ◇ **at/in a trice** վայրկենաբար; մի ակնթարթում

tricentenary |ˌtrʌɪsɛnˈti:nəri|, |-ˈtɛn-| *noun* (հոգն. **-aries**) երեքհարյուրամյակ; երեքհարյուրամյա տարեդարձ

triceps |ˈtrʌɪsɛps| *noun* (հոգն. նույնը) *կազմախոսություն* եռագլուխ մկան

trick |trɪk| **1** *noun* 1) խորամանկություն; խարդախություն ◇ **play a trick on sb** մեկին խաբել; մեկի գլխին խաղեր խաղալ. **play a nasty trick on** մեկի նկատմամբ ստորություն անել; մեկի գլխին չար խաղ խաղալ 2) խաղ; կատակ; հնարք ◇ **serve one a trick** մեկի գլխին խաղ խաղալ. **dirty/shabby tricks** չարամիտ խաղեր; ստոր արարքներ. **trick of the senses** զգայական պատրանք; զգայապատրանք. **tricks of fortune** ճակատագրի փոփոխականություն 3) հնարք; անպարկեշտություն; ֆոկուս 4) խաբկանք; պատրանք; զգայապատրանք 5) հնարք; հմտություն; խորամանկ արարք ◇ **know a trick worth two of that** ավելի լավ միջոց իմանալ; ավելի արդյունավետ միջոց իմանալ 6) բնորոշ գիծ; սովորություն 7) *թղթախաղ* առք; ձեռք; սակ *(հաղթաթղթով կամ մեծ թղթով կտրած ու միանգամով վերցրած խաղաթղթերը)* 8) մանր զարդ; մանր խաղալիք **2** *verb* 1) խաբել; մոլորեցնել; շփոթեցնել; մատների վրա խաղացնել 2) զուգել; զարդարել ◊ **trick out** խորամանկությամբ կորզել; խորամանկությամբ դուրս քաշել 3) (**trick someone into**) խորամանկությամբ ստիպել; խաբեությամբ հարկադրել 4) (**trick someone out of**) խորամանկությամբ/խաբեությամբ զրկել մի բանից **3** *adjective* 1) խաբուսիկ 2) անհուսալի; թերություն ունեցող

trickery |ˈtrɪk(ə)ri| *noun* (հոգն. **-eries**) 1) խաբեություն; խաբեբայություն; խարդախություն 2) խորամանկություն; ճարպիկ արարք

trickle |ˈtrɪk(ə)l| **1** *verb* 1) ծորալ; բարակ շիթով հոսել; կաթկթել ◊ **trickle out** *փոխաբերական* դուրս հոսել; դուրս ծորալ; տարածվել; թափանցել 2) ծորեցնել; կաթեցնել **2** *noun* բարակ շիթ; ծորում

trickster |ˈtrɪkstə| *noun* խաբեբա

tricksy |ˈtrɪksi| *adjective* (**-sier**, **-siest**) 1) խորամանկ; նենգ 2) չարաճճի; աշխույժ; ժիր

tricky |ˈtrɪki| *adjective* (**trickier**, **trickiest**) 1) բարդ; դժվար; դժվարին; խրթին 2) խորամանկ; ճարպիկ

tricot |ˈtrɪkəʊ|, |ˈtriː-| *noun* 1) տրիկո *(գործվածք)* 2) տրիկոտաժե սպիտակեղեն

tricycle |ˈtrʌɪsɪk(ə)l| **1** *noun* եռանիվ հեծանիվ **2** *verb* եռանիվ հեծանիվ վարել

trident |ˈtrʌɪd(ə)nt| *noun* եռաժանի

tried 1 *adjective* անցյալ և անցյալ դերբայ տե՛ս **try 2** *adjective* փորձված; ստուգված; վստահելի

triennial |trʌɪˈɛnɪəl| **1** *adjective* 1) եռամյա; երեք տարի տևող 2) երեք տարին մեկ կրկնվող **2** *noun* 1) եռամյակ; երեք տարվա ժամանակամիջոց 2) եռամյա տարեդարձ 3) եռամյա բույս

Trieste |triˈɛst| Տրիեստ *(քաղաք Իտալիայում, Ադրիատիկ ծովի ափին)*

trifle |ˈtrʌɪf(ə)l| **1** *noun* 1) չնչին/աննշան բան; մանրուք 2) չնչին քանակություն ◊ **a trifle** մի քիչ; թեթևակի 3) *խոհանոց* կրեմով ու դոնդողակով թեթև բիսկվիտ **2** *verb* 1) (**trifle with**) անլուրջ վերաբերվել; կատակել; կատակ անել 2) դատարկ բաներով զբաղվել; թեթևսոլիկ/անլուրջ պահել իրեն 3) (**trifle sth away**) իզուր/անտեղի վատնել *(ժամանակը, ուժերը)* 4) ձեռքի մեջ պտտեցնել/ խաղացնել

trifling |ˈtrʌɪflɪŋ| *adjective* 1) չնչին; աննշան; մանր; դատարկ 2) անարժեք

trig[1] |trɪg| *noun* *խոսակցական* տե՛ս **trigonometry**

trig[2] |trɪg| **1** *adjective* 1) հավաք; բարետես; կոկիկ; ձգված 2) զուգված; զարդարված; պճնված 3) ամրակազմ; պնդակազմ; առողջ **2** *noun* պճնամոլ/պաճուճամոլ մարդ **3** *verb* (**trigged**, **trigging**) պաճուճել; գեղեցկացնել

trigger |ˈtrɪgə| **1** *noun* 1) *ռազմական* շնիկ; ձգան *(հրազենի)* ◊ **pull the trigger** i) հրազենի շնիկը քաշել ii) *փոխաբերական* շարժման մեջ դնել 2) *տեխնիկական* իջուցիչ կեռ; ձգան; մղլակ **2** *verb* 1) հրահրել; պատճառ լինել/դառնալ 2) գործարկել *(սարքը)*

trigonometric |-nəˈmɛtrɪk| *adjective* եռանկյունաչափական

trigonometry |ˌtrɪgəˈnɒmɪtri| *noun* եռանկյունաչափություն

trihedral |trʌɪˈhiːdr(ə)l|, |-ˈhɛdr(ə)l| **1** *adjective* եռանիստ; եռակող **2** *noun* եռանիստ մարմին

trilateral |trʌɪˈlæt(ə)r(ə)l| **1** *adjective* 1) եռակողմ; երեք կողմանի; երեք կողմ ունեցող 2) եռակողմ; երեք կողմի մասնակցությամբ **2** *noun* եռանկյունի

trilingual |trʌɪˈlɪŋgw(ə)l| *adjective* 1) եռալեզու; երեքլեզվյան *(տեքստի և այլնի մասին)* 2) եռալեզվակիր; երեք լեզվով խոսող; եռալեզու

trill |trɪl| **1** *noun* 1) գեղգեղանք; դայլայլ 2) *հնչյունաբանություն* թրթռուն r հնչյունը **2** *verb* 1) գեղգեղալ; դայլայլել 2) r հնչյունը թրթռումով արտասանել

trillion |ˈtrɪljən| *cardinal number* (հոգն. **-lions** կամ (թվականի հետ) նույնը) 1) *ամերիկյան* տրիլիոն; երկիլիոն *(միլիոն անգամ միլիոն)* 2) *խոսակցական* (**trillions**) միլիոններ; անթիվ բազմություն 3) *հնացած բրիտանական* կվինտիլիոն *(միլիոն անգամ միլիոն անգամ միլիոն)*

trilogy |ˈtrɪlədʒi| *noun* (հոգն. **-gies**) եռագրություն; եռերգություն; եռապատում; եռերկ ստեղծագործություն

trim |trɪm| **1** *verb* (**trimmed**, **trimming**) 1) կտրել; խուզել; հավասար կտրել; հավասարեցնել; ուղղել *(խոտը, լամպի պատրույգը և այլն)* 2) *փոխաբերական* նվազեցնել; քչացնել *(ծախսերը)* 3) զարդարել; հարդարել; կոկել; կարգի բերել 4) *ծովային, օդագնացություն* հավասարակշռել 5) հարմարվել; իր հայացքները հարմարեցնել *(քաղաքական միտումներին)* 6) *խոսակցական, հնացած* փող կորզել/շորթել 7) *խոսակցական, հնացած* նախատել; կշտամբել 8) քաշը կորցնել **2** *noun* 1) զարդարանք; դրվագ; նախշ 2) շքեղ հագուստ; զարդ 3) կարգ; պատրաստություն; պատրաստ լինելը; վիճակ; կարգուկանոն ◊ **in good trim** լավ վիճակում. **in fighting trim** մարտի պատրաստ; մարտական պատրաստությամբ 4) *ծովային* նավարեռը նավի վրա հավասար բաշխումով տեղավորել **3** *adjective* (**trimmer**, **trimmest**) 1) կարգի բերած; կարգավորված; հարդարուն; հարդարված; կոկիկ; վայելուչ 2) պատրաստ վիճակում; պատրաստ

trimester |trʌɪˈmɛstə| *noun* եռամսյակ; եռամսյա ժամկետ

trimmer |ˈtrɪmə| *noun* պատեհապաշտ/հարմարվողական/համաձայնողական/հաշտվողական/անսկզբունքային անձ; օպորտունիստ

trimming |ˈtrɪmɪŋ| *noun* 1) խուզելը; կտրել-հավասարեցնելը 2) (**trimmings**) կտրած/խուզած մասեր 3) լրացում; հավելված 4) զարդ; դրվագ *(զգեստի)* 5) (**the trimmings**) գարնիր; ճաշալրաց; խավարտ 6) *տեխնիկական* հարդում; հարթեցնելը; մետաղածելվածքներից մաքրելը

Trinidad and Tobago |ˈtrɪnɪdæd|, |təˈbeɪgəʊ| Տրինիդադ և Տոբագո *(պետություն Կարիբյան ծովի կղզիների վրա)*

trinity |ˈtrɪnɪti| *noun* (նաև **the Trinity** կամ **the Holy Trinity**) (հոգն. **-ties**) 1) *քրիստոնեական եկեղե-*

գի Երրորդություն 2) եռյակ; երեքից բաղկացած խումբ

trinket |'trɪŋkɪt| *noun* մանր զարդ; զարդարանք; կախազարդ

trinomial |trʌɪ'nəʊmɪəl| **1** *adjective մաթեմատիկա* եռանդամ; երեք անդամից բաղկացած **2** *noun* եռանդամ

trio |'tri:əʊ| *noun* (հոգն. **-os**) 1) *երաժշտություն* տրիո; եռյակ 2) *կատակային* երեք հոգի; եռյակ 3) *օդագնացություն* ինքնաթիռների մի եռյակ

trip |trɪp| **1** *verb* (**tripped**, **tripping**) 1) սայթաքել; պլստալ; գայթել 2) մեկին ոտք գցել; մեկի առաջ ոտք գցել; սայթաքեցնել 3) *փոխաբերական* մեկին դավով վնասել/տապալել 4) (**trip up**) սխալվել; սխալ թույլ տալ; վրիպում կատարել 5) (**trip sb up**) մեկի սխալը բռնել; մեկի սուտը բռնել 6) արագ ու թեթև քայլել 7) շուռ տալ; շրջել 8) շղթայակցել; միակցել; միացնել; գործարկել; ակտիվացնել 9) ինքնաշխատ կերպով անջատվել; ավտոմատ անջատվել *(էլեկտրական սարքի մասին՝ վտանգի դեպքում)* 10) *խոսակցական* զգայապատրանքներ/հալյուցինացիա ունենալ *(թմրադեղի ազդեցության տակ)* **2** *noun* 1) կարճատև ճանապարհորդություն; ուղևորություն; զբոսարշավ ◊ **pleasure trip** զվարճարար զբոսանք; զվարճազբոսանք. **a round trip** որևէ տեղ գնալ-գալը. **make a trip** երթևեկել. **take a trip** ուղևորության գնալ; ուղևորություն կատարել 2) զբոսանք; որևէ տեղ գնալ-գալը 3) *հնացած* սայթաքում; սխալ քայլ; սխալ 4) սայթաքելը; սայթաքում; գայթելը 5) *խոսակցական* զգայապատրանք; հալյուցինացիա *(թմրադեղի ազդեցության տակ)* 6) ոգևորիչ բան; հուզիչ երևույթ 7) *տեխնիկական* շնիկ; մղլակ 8) *հնացած* թեթև արագ քայլվածք

tripartite |trʌɪ'pɑ:tʌɪt| *adjective* 1) երեք մասից բաղկացած; եռամաս 2) եռակողմ; երեք կողմի մասնակցությամբ ◊ **tripartite agreement** եռակողմ համաձայնություն; երեք պետությունների համաձայնություն

tripe |trʌɪp| *noun* 1) եղջերավոր կենդանու առաջին կամ երկրորդ ստամոքս 2) անպետք/զզվելի բան; աղբ

triple |'trɪp(ə)l| **1** *adjective* եռակի; եռապատիկ; եռապատկված **2** *predeterminer* եռապատիկ; երեք անգամ ավելի շատ **3** *noun* 1) եռյակ; երեք իրերի համաքածու 2) *մարզական* երեքական խաղացողներով մրցում **4** *verb* 1) եռապատկել 2) եռապատկվել

triplet |'trɪplɪt| *noun* երեքից մեկը; եռապատիկ

triplicate **1** *adjective* |'trɪplɪkət| եռակի; եռակողմ **2** *noun* |'trɪplɪkət| *հնավանդ* երեքից մեկը; երեք առարկաներից մեկը **3** *verb* |'trɪplɪkeɪt| եռապատկել

tripod |'trʌɪpɒd| *noun* 1) եռոտանի 2) եռոտանի կանկարա; կանկարա *(կաթսայի տակ դրվող)* 3) եռոտանի սեղան/աթոռ 4) *որոշչային* եռոտանի

Tripoli |'trɪpəli| 1) Տրիպոլի *(Լիբիայի մայրաքաղաքը)* 2) Տրիպոլի *(նավահանգստային քաղաք Լիբանանում)*

tripper |'trɪpə| *noun խոսակցական* զբոսաշրջիկ; զբոսարշավորդ

trisyllabic |-'læbɪk| *adjective* եռավանկ; երեք վանկանի

trite |trʌɪt| *adjective* տափակ; սովորական; ծեծված; մաշված

triumph |'trʌɪʌmf| **1** *noun* 1) հաղթանակ; մեծ հաջողություն; նվաճում; ձեռքբերում 2) ցնծություն; հրճվանք; հաղթատոն; շքեղ հանդես 3) *պատմական* տրիումֆ *(հաղթանակ տարած զորավարի հանդիսավոր դիմավորումը Հին Հռոմում)* **2** *verb* 1) հաղթանակ տանել; հաղթանակել; հաղթող լինել *(գաղափարների և այլնի մասին)* 2) (**trimph over**) ուրախանալ; հրճվել

triumphal |trʌɪ'ʌmf(ə)l| *adjective* հաղթական; հաղթանակի; հանդիսավոր

triumphant |trʌɪ'ʌmf(ə)nt| *adjective* 1) հաղթական; հաղթող 2) հրճվալից; ցնծագին

trivet |'trɪvɪt| *noun* 1) եռոտանի կանկարա; կանկարա *(մետաղյա հարմարանք, որ դրվում է թոնրի կամ օջախի վրա՝ իբրև կերակրի ամանների հենարան)* 2) եռոտանի սեղան/աթոռ 3) խաչերկաթ

trivial |'trɪvɪəl| *adjective* 1) տափակ; անհամ; ծամծմված; ծեծված; սովորական; առօրյա 2) չնչին; աննշան; անկարևոր; դատարկ

triviality |-'ælɪti| *noun* 1) տափակություն; ծեծվածություն; անհամություն; ծամծմվածություն; առօրեություն; սովորականություն 2) չնչինություն; աննշան լինելը; մանրուք; աննշան/չնչին բան

trochaic |trə(ʊ)'keɪɪk| *տաղաչափություն* **1** *adjective* մեծասարի; քորեյական **2** *noun* մեծասար; քորեյ *(երկվանկ բառ կամ անդամ, որի առաջին վանկը շեշտված է, երկրորդը՝ ոչ)*

trochee |'trəʊki:| *noun տաղաչափություն* մեծասար; քորեյ *(երկվանկ բառ կամ անդամ, որի առաջին վանկը շեշտված է, երկրորդը՝ ոչ)*

troglodyte |'trɒglədʌɪt| *noun* 1) անձավաբնակ/քարանձավաբնակ մարդ; տրոգլոդիտ *(անձավում բնակվող նախնադարյան մարդ)* 2) ճգնավոր; անապատական 3) հնաոճ մարդ; խիստ պահպանողական մարդ

Trojan |'trəʊdʒ(ə)n| **1** *adjective* 1) *պատմական* տրոյական 2) *փոխաբերական* համարձակ; խիզախ **2** *noun* 1) *պատմական* տրոյացի 2) *փոխաբերական* խիզախ/համարձակ մարդ

troll¹ |trəʊl|, |trɒl| *noun դիցաբանություն* տրոլ; տգեղ արտաքինով քարանձավաբնակ էակ

troll² |trəʊl|, |trɒl| **1** *verb* 1) ձուկ որսալ *(խայծը նավակի ետևից քարշ տալով)* 2) փնտրել; որոնել 3) հաջորդաբար երգել; մեկը մյուսին շարունակելով երգել **2** *noun* 1) ձուկ որսալը *(խայծը նավակի ետևից քարշ տալով)* 2) *համակարգիչներ* բարկացուցիչ էլեկտրոնային նամակ/հաղորդագրություն համացանցում *(որը նախատեսված է վրդովմունք առաջացնելու կարդացողների շրջանում)*

trolley |'trɒli| *noun* (հոգն. **-leys**) 1) երկաթուղային սայլակ; փոքրիկ վագոն կախուղիների համար 2) *բրիտանական* գնումների սայլակ 3) *էլեկտրականություն* տրոլել; հպանվակ 4) *ամերիկյան խոսակցական* տրոլեյբուս 5) ձեռնասայլակ *(փերեզակի)*

trolley bus |'trɒlibʌs| *noun* տրոլեյբուս

trolley car *noun ամերիկյան* տրամվայ

trollop |ˈtrɒləp| *noun հնացած կատակային* 1) պոռնիկ; վատահամբավ/թեթևաբարո կին 2) փնթի/թափթփված կին

trombone |trɒmˈbəʊn| *noun երաժշտություն* նվագափող; տրոմբոն

troop |tru:p| **1** *noun* 1) *ռազմական* դասակ 2) *ամերիկյան* հեծելավաշտ; էսկադրոն 3) (**troops**) զորքեր ◊ **armoured troops** զրահատանկային զորամասեր. **household troops** գվարդիա; գվարդիական զորամասեր. **review troops** զորատես կատարել 4) ամբոխ; բազմություն; խումբ 5) հոտ; նախիր **2** *verb* 1) հավաքվել; խմբվել; ամբոխվել; կուտակվել; խմբով գնալ 2) անցնել; քայլել *(շարքերով)* 3) *ռազմական* դասակների բաժանել

trooper |ˈtru:pə| *noun* 1) շարքային հեծելակ/հեծելազորային 2) շարքային տանկիստ 3) հեծելազորի ձի 4) *հիմնականում բրիտանական* զինվորականներ փոխադրող նավ

troopship ˈtru:pʃɪp| *noun* զինվորական նավ

trope |trəʊp| **1** *noun գրականագիտություն, լեզվաբանություն* դարձույթ; այլաբանություն; փոխաբերություն **2** *verb* դարձույթ/այլաբանություն/փոխաբերություն ստեղծել

trophy |ˈtrəʊfi| *noun* (հոգն. **-phies**) 1) գավաթ *(մարզախաղերում հաղթողին տրվող մրցանակ)* 2) հաղթանշան; ռազմավար; ավար

tropic[1] |ˌtrɒpɪk| **1** *noun* արևադարձ ◊ **the tropics** արևադարձային գոտիներ. **tropic of Cancer** Խեցգետնի արևադարձ. **tropic of Capricorn** Այծեղջյուրի արևադարձ **2** *adjective* արևադարձային; արևադարձի

tropic[2] |ˌtrəʊpɪk| *adjective* (նաև **trophic**) սնուցողական

tropical |ˈtrɒpɪk(ə)l| *adjective* 1) արևադարձային; շոգ և խոնավ 2) *գրականագիտություն, հնացած* փոխաբերական; պատկերավոր

tropism |ˈtrəʊpɪz(ə)m|, |ˈtrɒp-| *noun կենսաբանություն* դարձականություն; դարձություն

trot |trɒt| **1** *verb* (**trotted**, **trotting**) 1) վարգով գնալ 2) վարգով քշել 3) վազել; շտապել; մանրաքայլել ◊ **trot about** վազվզել; դեսուդեն ընկնել. **trot out** i) վարգը ցույց տալ *(ձիու)* ii) ասել; արտահայտել iii) ցուցադրել *(ապրանքներ և այլն)*. **trot sb round** *խոսակցական*ման ածել; ցույց տալ *(քաղաքը և այլն)* **2** *noun* 1) վարգ; արագ քայլք ◊ **at the trot** արագ; վազեվազ; շտապով. **keep sb on the trot** մեկին հանգիստ չտալ 2) *դպրոցական, խոսակցական* տողատակի թարգմանություն *(որպես հուշաթերթիկ)* 3) քայլել սովորող երեխա 4) *արհամարհական* պառավ

trotter |ˈtrɒtə| *noun* 1) վարգաձի 2) տոտիկներ *(ոչխարի, խոզի և այլն. որպես կերակուր)* 3) *կատակային* ոտք *(մարդու)*

trouble |ˈtrʌb(ə)l| **1** *noun* 1) անախորժություն; տհաճ բան; փորձանք ◊ **be in trouble** փորձանքի/դժբախտության մեջ լինել; ծանր դրության մեջ լինել. **get into trouble** փորձանքի մեջ ընկնել; գլխին փորձանք գալ. **look/ask for trouble** զոռով փորձանքի մեջ ընկնել 2) անհանգստություն; հուզմունք; հուզված վիճակ; տագնապ ◊ **give trouble** անհանգստություն/նեղություն պատճառել 3) հիվանդություն ◊ **heart trouble** սրտի հիվանդություն 4) *տեխնիկական* անսարքություն; անկարգինություն; խանգարում 5) հոգս; մտահոգություն; նեղություն; ճիգեր; ջանքեր ◊ **take the trouble** նեղություն կրել; իրեն նեղություն տալ; նեղություն հանձն առնել; չարչարվել. **take much trouble** ճիգ/ջանք թափել; ջանալ; աշխատել; ճգնել 6) թերություն; պակասություն; բաց; թերի կողմ 7) *քաղաքականություն* խռովություն; հուզում; խլրտում **2** *verb* 1) անհանգստացնել; տանջել; հանգիստ չտալ *(ցավի, կասկածի և այլնի մասին)* 2) (**trouble about/over/with**) անհանգստանալ; հուզվել; վրդովվել 3) ցավ պատճառել; ցավեցնել 4) անհանգստացնել; հանգիստը խանգարել; ձանձրացնել; հուզել; վրդովել 5) նեղություն տալ; դժվարություն պատճառել; հոգնեցնել *(աշխատանքով և այլն)* 6) *տեխնիկական* խախտել; խանգարել; վնասել 7) նեղություն կրել; նեղություն քաշել; իրեն նեղություն տալ *(որևէ բան անելու համար)*

troublemaker |ˈtrʌb(ə)lmeɪkə| *noun* խառնակիչ; խռովարար

troubleshoot *verb* անսարքությունները ուղղել

troubleshooter *noun* անսարքությունները ուղղող

troublesome |ˈtrʌb(ə)ls(ə)m| *adjective* 1) անհանգստություն պատճառող; անհանգստացնող 2) դժվար; դժվարին; նեղություն/հոգս պատճառող; ջանք պահանջող 3) անհանգիստ *(երեխայի/հիվանդի մասին)* 4) տանջալից; տանջող *(հազի մասին և այլն)* 5) հանգիստ չտվող; ձանձրացնող

trough |trɒf| *noun* 1) տաշտ; կերակրատաշտ; խմորատաշտ 2) ջրհորդան; փողրակ; նավդան 3) փոս ընկած տեղ; գոգ; իջվածք

trounce |traʊns| *verb* 1) ծեծել; ծեծ տալ; պատժել; թակել 2) խիստ պատժել/նախատել

troupe |tru:p| *noun* թատերախումբ; խումբ

trouper |ˈtru:pə| *noun* 1) դերասան; թատերախմբի անդամ 2) վստահելի/անտրտունջ անձ

trousers |ˈtraʊzəz| (նաև **a pair of trousers**) *plural noun* տաբատ; շալվար; անդրավարտիք

trousseau |ˈtru:səʊ| *noun* (հոգն. **-seaux** արտաս. նույնը, կամ **-seaus** |-səʊz|) օժիտ; բաժինք

trout |traʊt| *noun* (հոգն. նույնը կամ **trouts**) *կենդանաբանություն* կարմրախայտ; իշխան ձուկ *(Salmo, Salvelinus, ընտանիք Salmonidae)*

trowel |ˈtraʊəl| **1** *noun* 1) *շինարարություն* ծեփաբահիկ; ծեփակ; մալա; ծեփիչ ◊ **lay on with a trowel** i) հաստ շերտով քսել ii) *փոխաբերական* կոպիտ կերպով շողոքորթել; քծնել 2) պարտեզի գոգաթիակ **2** *verb* (**-eled**, **-eling**; բրիտ. **-elled**, **-elling**) ծեփիչով քսել/հարթել

truant |ˈtru:ənt| **1** *noun* 1) ծույլ/անբան մարդ; գործալիք ◊ **play truant** i) ինքնագլուխ բացակայել *(աշխատանքից)* ii) դասերը բաց թողնել; դասերի չգնալ; դասերից փախչել *(աշակերտի մասին)* 2) դասերից բացակայող աշակերտ; դասերին չհաճախող աշակերտ **2** *adjective* 1) ծույլ; պարապ; պարապ-սարապ; անգործ; անբան 2) դասերից բացակայող; դասերին չհաճախող **3** *verb* դասերին չհաճախել

truce |tru:s| *noun* 1) զինադադար 2) վերջ; դադար; ավարտ 3) կարճատև դադար/հանգիստ

truck[1] |trʌk| **1** *noun* 1) բեռնատար ավտոմեքենա; բեռնատար 2) *բրիտանական* բաց ապրանքատար վագոն 3) սայլակ; բեռնասայլակ 4) ձեռնասայլակ; փոքրիկ վագոն 5) անվիկ; փոքրիկ անիվ **2** *verb* 1) բեռնատար ավտոմեքենաներով փոխադրել; բաց վագոններով փոխադրել 2) բեռնատար վարել 3) *խոսակցական* անիվով քայլել; անվրդով գնալ

truck² |trʌk| **1** *noun* 1) *հնացած* փոխանակում; փոխանակելը 2) մանր ապրանք; մանրուք 3) *ամերիկյան* բանջարեղեն *(վաճառահանման համար աճեցվող)* 4) *խոսակցական* հնոտի; հին ու անպետք բաներ **2** *verb հնավանդ* 1) փոխանակել; փոխանակային արևտուր անել 2) բնամթերքով/ապրանքով վճարել *(աշխատավարձի փոխարեն)*

truck farm *noun* բանջարաբուծական ֆերմա

truckle¹ |ˈtrʌk(ə)l| *noun* փոքր տակառանման պանիր

truckle² *verb* ստորաքարշություն անել; քծնել

truculent |ˈtrʌkjʊl(ə)nt| *adjective* 1) կատաղի; վայրենի; վայրագ; դաժան; անողորմ 2) կոպիտ; խիստ; հարձակողական

trudge |trʌdʒ| **1** *verb* հոգնած/դժվարությամբ քայլել; հազիվհազ քարշ գալ **2** *noun* հոգնեցուցիչ զբոսանք; երկար ու դժվար ճանապարհ

trudgen |ˈtrʌdʒ(ə)n| *noun* թրեժեն *(լողալու հատուկ եղանակ. եռ քաշելով ու առաջ նետելով հաջորդաբար մեկ մի, մեկ մյուս ձեռքը)*

true |tru:| **1** *adjective* (**truer**, **truest**) 1) ճիշտ; ուղիղ; ստույգ; ճշմարիտ ◇ **come true** իրականանալ; իրագործվել; իրականում տեղի ունենալ 2) իսկական; չկեղծված; անկեղծ; անխարդախ 3) ճիշտ; ճշգրիտ; հավաստի *(պատճենի և այլնի մասին)* 4) ճշմարտացի; ճշմարիտ; անկեղծ; շիտակ 5) (**true to**) հավատարիմ; նվիրված 6) օրինական; վավերական ◇ **true copy** հաստատված պատճեն; ընդհանուր կանոնին համապատասխան; սահմանված կարգին համապատասխան 7) *հիմնականում հնացած* ազնիվ; անկեղծ **2** *adverb* 1) *հիմնականում բանաստեղծական* ճշտորեն; իսկությամբ; ճիշտ 2) ստույգ; ճշգրիտ կերպով 3) ճշմարտացի կերպով; ճշմարտորեն **3** *verb* (**trues**, **trued**, **truing** կամ **trueing**) ճիշտ հարմարեցնել/տեղադրել; ճիշտ դիրքով կանգնեցնել ◇ **true up** ստուգել; ճշտել; ուղղել; շտկել

true-blue *adjective* ջերմեռանդ կողմնակից; նվիրված հետևորդ *(կուսակցության, սկզբունքների)*

true-born *adjective* զտարյուն; իսկական; ուղղնածնով; բուն

true-life *adjective* իրապաշտական

truffle |ˈtrʌf(ə)l| *noun* 1) գետնասունկ 2) տրյուֆել *(կոնֆետ)*

truism |ˈtru:ɪz(ə)m| *noun* հանրահայտ ճշմարտություն; տափակություն; ծեծված բան

truly |ˈtru:li| *adverb* 1) ճշմարտորեն; ճշմարտացի կերպով 2) իրականում; իրոք; ճշմարտապես; իրոք որ; հիրավի; արդարև; իսկապես 3) ստույգ; ճշգրտորեն; ճիշտ; ճշգրիտ կերպով 4) անկեղծորեն 5) *հնացած* հավատարմորեն; հավատարմությամբ; նվիրված կերպով

yours truly Ձեզ անկեղծ նվիրված; Անկեղծորեն Ձեր *(նամակի վերջում)*

trump¹ |trʌmp| **1** *noun* 1) հաղթաթուղթ *(տվյալ խաղաբաժնում այն գույնի խաղաթուղթը, որը կտրում է մյուսներին)* ◇ **play a trump** հաղթաթուղթը գնալ. **turn up trumps** i) մեծահոգաբար վարվել; իրեն լավ դրսևորել ii) բարեհաջող վերջանալ 2) *խոսակցական հնացած* հիանալի մարդ; հոգի տղա **2** *verb* 1) հաղթաթղթով կտրել; հաղթաթուղթը գնալ 2) անիմաստ դարձնել; իմաստազրկել; գերազանցել; գերակշռել *(որևէ գաղափար՝ դրանից ավելի ազդու լինելով)* 3) խաբել ◇ **trump sth up** հնարել; հորինել; չեղած տեղից ստեղծել

trump² |trʌmp| *noun հնավանդ* 1) փող; շեփոր 2) փողի/շեփորի ձայն

trumpery |ˈtrʌmp(ə)ri| *հնավանդ* **1** *noun* (*հոգն.* **-eries**) խաբուսիկ փայլ; կեղծ շքեղություն; անպետք բան **2** *adjective* խաբուսիկ; կեղծ; ցուցական; անպետք

trumpet |ˈtrʌmpɪt| **1** *noun* 1) փող; շեփոր ◇ **blow one's own trumpet** պարծենալ; ինքնագովությամբ զբաղվել; իր գլուխը գովել 2) փողի/շեփորի ձայն 3) փողահար 4) լսափողակ; խոսափող 5) փողալայնուկ **2** *verb* (**-peted**, **-peting**) 1) *նաև փոխաբերականորեն* փող/շեփոր փչել 2) ազդարարել; հայտարարել; հաղորդել; տարածել; ամեն տեղ պատմել 3) գոռալ; բառաչել; շեփորել; փողհարել *(փղի մասին)*

trumpeter |ˈtrʌmpɪtə| *noun* 1) փողահար; փողահար; շեփորահար ◇ **be one's own trumpeter** պարծենալ; ինքնագովությամբ զբաղվել; իր գլուխը գովել 2) *կենդանաբանություն* փողհար *(թռչունի տեսակ. Psophia, ընտանիք Psophiidae)*

truncate |trʌŋˈkeɪt|, |ˈtrʌŋ-| **1** *verb* կտրել; կրճատել **2** *adjective* |ˈtrʌŋkeɪt| *բուսաբանություն կենդանաբանություն* կրճատված

truncheon |ˈtrʌn(t)ʃ(ə)n| **1** *noun* 1) ոստիկանի մահակ; դագանակ 2) մարշալական մական **2** *verb* մահակով ծեծել

trundle |ˈtrʌnd(ə)l| **1** *verb* 1) գլորվել; գլոր-գլոր շարժվել *(սայլի/մեքենայի մասին)* 2) ծանր-ծանր քարշ գալ **2** *noun* անվիկ

trunk |trʌŋk| *noun* 1) բուն; ծառաբուն *(ծառի)* 2) իրան; մարմնաբուն *(մարդու, կենդանու)* 3) կնճիթ *(փղի)* 4) ճամպրուկ; ճամփորդական սնդուկ 5) բեռնախցիկ *(մեքենայի)* 6) (նաև **trunks**) տղամարդու շորտեր 7) սյան առանցք 8) գլխավոր մասնաճյուղ 9) մայրուղի *(երկաթուղային)* 10) *խոսակցական* բթամիտ; դմբո; ապուշ 11) գլխավոր/հիմնական գիծ *(հեռախոսային, հեռագրային)* 12) *որոշչային* գլխավոր; հիմնական

trunk call *noun հնացած* միջքաղաքային հեռախոսազանգ

trunnion |ˈtrʌnjən| *noun տեխնիկական* դարձակ; դարձել; կցակ; ցապֆա *(մեխանիզմի մասերն իրար միացնող օղակ)*

truss |trʌs| **1** *noun* 1) *շինարարություն* փայտամած; ձողակառույց; ֆերմա 2) *բժշկություն* կալանդ; աղեկապ; բանդաժ 3) խուրձ; կապ *(խոտի, ծղոտի)* 4) ծաղկաբույլ; բույլ **2** *verb* 1) կապել; կապկպել; ամրացնել *(հատկապես թևերը)* 2) փայտամածներով/ձողակառույցներով հենարան տալ

trust |trʌst| **1** *noun* 1) վստահություն; հավատ 2) խնամակալություն 3) *բանաստեղծական* խնամակալ/պատասխանատու անձ 4) *բանաստեղծական* հույս; սպասում 5) *իրավունք* խնամառության հանձնելը *(գույքը)* 6) խնամառությանը հանձնված գույք 7) *հնացած* տրեստ *(ձեռնարկությունների միավորում)* 8) հիմնադրամ **2** *verb* 1) վստահել; հավատալ; հավատ ընծայել 2) (**trust someone with**) մեկին մի բան վստահել/հանձնել 3) (**trust someone/something to**) մեկին որևէ բան վստահել 4) հույսը դնել *(մի բանի վրա)*

have/put/repose trust in sb վստահել; հավատ ընծայել

on trust ապառիկ; պարտքով; վարկով

trust deed *noun* *իրավունք* հավատարմագիր; լիազորագիր

trustee |trʌsˈtiː| *noun* *իրավունք* 1) խնամակալ; խնամատար; հոգաբարձու 2) հավատարմատար; վստահյալ անձ

trustful |ˈtrʌs(t)fʊl|, |-f(ə)l| *adjective* դյուրահավատ; վստահող; հավատ ընծայող

trustworthy |ˈtrʌs(t)wəːði| *adjective* վստահելի; հուսալի; վստահության արժանի

trusty |ˈtrʌsti| **1** *adjective* (**trustier**, **trustiest**) *հնացած կատակային* հավատարիմ; վստահելի; ազնիվ; անխարդախ **2** *noun* (հոգն. **trusties**) արտոնյալ բանտարկյալ

truth |truːθ| *noun* (հոգն. **truths** |truːðz|, |truːθs|) 1) ճշմարտացիություն; անկեղծություն; ճշմարիտ լինելը 2) (**the truth**) ճշմարտություն ◇ **tell the truth** ճշմարիտն ասած; ճիշտն ասած; ճիշտը որ ասենք 3) ճշտություն; ճշգրտություն; համապատասխանություն

truthful |ˈtruːθfʊl|, |-f(ə)l| *adjective* 1) ճշմարտախոս; ճշմարտասեր; ճշմարտախոհ 2) ճիշտ; ճշմարտացի; ճշմարիտ; հավաստի

try |trʌɪ| **1** *verb* (**tries**, **tried**) 1) փորձել; փորձ անել 2) (**try for**) փորձել ունենալ; փորձել հասնել մի բանի 3) փորձարկել; փորձել; ստուգել; փորձեր կատարել 4) փորձել; հագնելով փորձել; չափսափորձել 5) փորձել կապվել; փորձել խոսել; փորձել կապ հաստատել *(հեռախոսով և այլն)* 6) հրել *(դուռը՝ պարզելու համար՝ արդյոք բաց է, թե ոչ)* 7) փորձել; փորձի ենթարկել *(մեկի համբերությունը)* 8) դատել; դատի ենթարկել; հետաքննություն կատարել 9) ջանալ; աշխատել; փորձել ◇ **try one's best** բոլոր ջանքերը գործադրել; անել հնարավորը; բոլոր ուժերով ջանալ 10) հոգնեցնել *(տեսողությունը և այլն)* 11) մաքրել; զտել *(մետաղները)* ◇ **try for** i) ձգտել ձեռք բերելու; ձգտել հասնելու *(դիրքի, պաշտոնի)* ii) փնտրել *(աշխատանք)* **2** *noun* (հոգն. **tries**) փորձ; փորձելը; աշխատելը; փորձարկում ◇ **have/make a try at** փորձել; աշխատել *(մի բանի վրա)*

trying |ˈtrʌɪɪŋ| *adjective* 1) ծանր; հոգնեցուցիչ; ձանձրալի; տաղտկալի; ջղայնացնող; անտանելի *(ուղևորության և այլնի մասին)* 2) զրկանքներով/դժվարություններով լի; ծանր *(վիճակի մասին և այլն)* ◇ **trying to the health** առողջության համար վնասակար

tsar (նաև **czar** կամ **tzar**) *noun* ցար; արքա

tsarina |zɑːˈriːnə|, |tsɑː-| (նաև **czarina** կամ **tzarina**) *noun* *պատմական* թագուհի *(ռուսական)*

tsetse |ˈtsɛtsi|, |ˈtɛtsi| (նաև **tsetse fly**) *noun* *կենդանաբանություն* ցեցե *(աֆրիկյան արյունախում ճանճ. Genus Glossina, ընտանիք Tabanidae)*

T-shirt (նաև **tee shirt**) *noun* կիսաթև շապիկ

tsunami |tsuːˈnɑːmi| *noun* (հոգն. նույնը կամ **-mis**) ցունամի

tub |tʌb| **1** *noun* 1) տաշտ; կոնք; թաս; հեղուկաման; ունկատական 2) տարա; տուփ *(սննդի՝ ստվարաթղթից, պլաստմասայից պատրաստված)* 3) *խոսակցական* լոգարան; վաննա 4) լայնաբերան տակառ *(յուղի, հալած ճարպի համար)* **2** *verb* (**tubbed**, **tubbing**) 1) լոգարանի մեջ լողանալ 2) լոգարանի մեջ լողացնել

tube |tjuːb| **1** *noun* 1) խողովակ; փող; հեղուկատար; գազատար 2) ճկասրվակ; պարկուճ *(ատամնամածուկի, կրեմի և այլնի)* 3) սրվակ *(շրթներկի և այլնի)* 4) *բրիտանական խոսակցական* (**the tube**) մետրո; մետրոպոլիտեն; ստորգետնյա երկաթուղի *(Լոնդոնում)* 5) *ռադիո* կաթոդային լամպ 6) *խոսակցական* (**the Tube**) հեռուստատեսություն **2** *verb* 1) խողովակի մեջ դնել; խողովակի միջով անցկացնել 2) խողովակներով մատակարարել

go down the tube լիովին ձախողվել

tuber |ˈtjuːbə| *noun* *բուսաբանություն* պալար; կոճղեզ; գնդարմատ

tubercle |ˈtjuːbək(ə)l| *noun* 1) *բուսաբանություն* ելունդ; պալարիկ *(տերևի վրա)* 2) *բժշկություն* պալարախտային թմբիկ; կոշտացման պալարիկ; հանգույց *(պալարախտի)*

tubercular |tjʊˈbəːkjʊlə| **1** *adjective* *բժշկություն* պալարախտի; տուբերկուլյոզային **2** *noun* պալարախտավոր; տուբերկուլյոզով հիվանդ

tuberculosis |tjʊˌbəːkjʊˈləʊsɪs| (հապվ. **TB**) *noun* *բժշկություն* տուբերկուլյոզ; պալարախտ

tuberose |ˈtjuːbərəʊz| *noun* *բուսաբանություն* բրաբիոն *(Polianthes tuberosa, ընտանիք Agavaceae)*

tuberous |ˈtjuːb(ə)rəs| (նաև **tuberose**) *adjective* 1) *բուսաբանություն* պալարային; պալարավոր; կոճղեզային; կոճղեզավոր 2) ելունդավոր; ելունդածածկ; ելունդներով պատած 3) *բժշկություն* պալարային

tubing |ˈtjuːbɪŋ| *noun* 1) *հավաքական* խողովակներ; խողովակաշար 2) *տեխնիկական* տյուբինգ

tubular |ˈtjuːbjʊlə| **1** *adjective* 1) խողովակաձև; խողովակավոր; գլանային; գլանաձև 2) *բժշկություն* խողովակավոր **2** *noun* (նաև **tubular tire**) խողովակավոր անվադող

tuck |tʌk| **1** *verb* 1) տակը մտցնել; տակը խցկել *(վերմակի եզրերը և այլն)* 2) մեջը դնել *(վերնաշապիկը և այլն)* 3) հավաքել; գլխարկի տակը մտցնել *(մազերի ծայրերը)* 4) տակը հավաքել; տակը ծալել; ծալապատիկ անել *(ոտքերը)* 5) պահել; թաքցնել 6) խցկել; մտցնել; խոթել *(գրպանի մեջ և այլն)* ◇ **tuck away** թաքցնել; թաքուն տեղ դնել; պահել. **tuck in/into** *խոսակցական* ախորժակով ուտել; «ներս անել». **tuck into** ներս կոխել; խցկել. **tuck up** վեր քաշել; քշտել; հավաքել *(փեշերը, թևերը)* 7) տակը ծալել; ծալել *(զգեստի փեշը և այլն)* 8) փոթեր/ծալեր անել; հավաքել *(զգեստի վրա)* 9) անկողնում տեղավորել; անկողին դնել *(հատկապես երեխային)* **2** *noun* 1) լայնակի ծալ/ծալվածք/ծալք *(զգեստի վրա)* 2) *խոսակցական* բրիտանական ուտելիք; քաղցրեղեն

tucker |ˈtʌkə| **1** *noun* 1) պատմական ժանյակե օձիք; կրծկալ *(պարանոցը և ուսերը ծածկելու համար)* 2) *խոսակցական* ուտելիք **2** *verb խոսակցական* 1) հոգնեցնել 2) ուժասպառ անել

tuck-in *noun խոսակցական հնացած* համեղ և կշտացնող ուտելիք

Tuesday |ˈtju:zdeɪ|, |-di| **1** *noun* երեքշաբթի **2** *adverb* 1) երեքշաբթի օրը 2) երեքշաբթի օրերին

tuft |tʌft| **1** *noun* 1) փունջ *(փետուրների, մազերի)* 2) կապուկ *(խոտի)* **2** *verb* փնջել; փունջ առաջացնել

tug |tʌg| **1** *verb* (**tugged**, **tugging**) 1) քաշել; ձիգ տալ; ձգել; քարշել *(ամբողջ ուժով)* 2) քարշել; բուքսիրել; բուքսիրով քաշել **2** *noun* 1) ձգում; ձգելը; ձիգ տալը; քաշելը ◊ **give a tug at sth** ձգել; ձիգ տալ; քաշել 2) (**tugboat**) քարշանավ; քարշակ; բուքսիրային նավ 3) ձգափոկ; քարշափոկ

tugboat *noun* քարշանավ; քարշակ; բուքսիրային նավ

tuition |tju:ˈɪʃ(ə)n| *noun* 1) ուսման վարձ 2) ուսուցում; դասավանդում *(հատկապես մասնավոր)*

tulip |ˈtju:lɪp| *noun բուսաբանություն* պարտիզական; վարդակակաչ *(Genus Tulipa, ընտանիք Liliaceae)*

tulle |t(j)u:l| *noun* շղարշ; շղարշանման գործվածք; տյուլ

tumble |ˈtʌmb(ə)l| **1** *verb* 1) վայր ընկնել; գլխիվայր ընկնել; թրմփալ; փովել *(սայթաքելով)* 2) նետվել; սլանալ; սուրալ 3) կտրուկ ընկնել; անկում ապրել *(գների և այլնի մասին)* 4) անկարգ վիճակի մեջ գցել; խառնել; ճմրթել; ճխլտել; խճճել; գզգզել *(մազերը, անկողինը և այլն)* 5) *խոսակցական* կենակցել; քնել 6) *խոսակցական* (**tumble to**) հասկանալ; կռահել; գլխի ընկնել; նկատել ◊ **tumble in/into** ներս ընկնել; ծանր շարժվելով ներս մտնել. **tumble out** դուրս թռչել; դուրս նետվել *(անկողնուց, սենյակից և այլն)* 7) շուռ գալ; շրջվել 8) գլուխկոնծի տալ; թավալգլոր տալ; թավալվել 9) շուռումուռ գալ *(անկողնում)* **2** *noun* 1) վայր ընկնելը; գլխիվայր ընկնելը; փովելը; թրմփալը 2) գլուխկոնծի տալը; թավալգլոր տալը 3) անկարգություն; խառնաշփոթություն

tumbledown |ˈtʌmb(ə)ldaʊn| *adjective* կիսաքանդ; կիսավեր; հնախարխուլ

tumbler |ˈtʌmblə| *noun* 1) բաժակ; ըմպանակ *(առանց պոչի)* 2) ակրոբատ; լարախաղաց 3) *կենդանաբանություն* տուրման; թավալթռիչ աղավնի 4) *տեխնիկական* դարձափոխման/ներսային մեխանիզմ

tumid |ˈtju:mɪd| *adjective* 1) ուռած 2) փքուն; ճոռոմ; վերամբարձ

tummy |ˈtʌmi| *noun* (հոգն. **-mies**) *խոսակցական* փոր; փորիկ *(մանուկ)*

tumor |ˈtju:mə| (բրիտանական **tumour**) *noun* ուռուցք

tumult |ˈtju:mʌlt| *noun* 1) աղմուկ; ժխոր; իրարանցում; աղմուկ-աղաղակ 2) վրդովմունք; հուզմունք; խառնաշփոթ; անկարգություն

tumultuous |tjʊˈmʌltjʊəs| *adjective* 1) աղմկարար; աղմկոտ; աղմկալի 2) անկարգ; խառնաշփոթ 3) հուզված; վրդովված

tumulus |ˈtju:mjʊləs| *noun* (հոգն. **-li** |-lʌɪ|, |-li:|) գերեզմանաթումբ

tuna¹ |ˈtju:nə| *noun* (հոգն. նույնը կամ **-nas**) *կենդանաբանություն* թյուննոս *(ձկան տեսակ. Thunnus և այլ տեսակներ, ընտանիք Scombridae)*

tuna² |ˈtju:nə| *noun* կակտուսի ուտելի պտուղ

tundra |ˈtʌndrə| *noun* տունդրա; մորատափան *(հյուսիսային բևեռային գոտու հարավային, անտառազուրկ շրջանը)*

tune |tju:n| **1** *noun* 1) մեղեդի; եղանակ ◊ **change one's tune, sing another tune** ուրիշ երգ երգել; տոնն իջեցնել; այլ կերպ խոսել; խեղճանալ; տոնը փոխել 2) ձայն; տոն 3) *երաժշտություն* ներդաշնակություն; լարք; լարված լինելը *(երաժշտական գործիքների)* 4) *փոխաբերական* համերաշխություն; համաձայնություն; ներդաշնակություն ◊ **in tune** i) լարած *(դաշնամուրի մասին)* ii) ճիշտ տոնով; հարմարվելով *(երգելու մասին)*. **out of tune** i) լարից ընկած *(դաշնամուրի, կիթառի և այլնի մասին)* ii) սխալ; ոչ ճիշտ տոնով; աններդաշնակ *(երգելու մասին)* **2** *verb* 1) լարել *(երաժշտական գործիքը)* 2) հնչել; սկսել նվագել/երգել 3) համապատասխանեցնել; համաձայնեցնել; ներդաշնակ դարձնել; հավասարակշռել ◊ **tune in** *ռադիո* համալարել; ընդունիչը համապատասխան ալիքի համար հարմարեցնել. **tune up** կարգավորել; կարգի բերել *(արտադրությունը, շարժիչը և այլն)*

tuneful |ˈtju:nfʊl|, |-f(ə)l| *adjective* մեղեդային; քաղցրալուր; ներդաշնակ; բարեհունչ

tuneless |ˈtju:nlɪs| *adjective* 1) աններդաշնակ; անբարեհնչուն 2) անձայն 3) խուլ; ոչ հնչեղ *(ձայնի մասին)*

tuner |ˈtju:nə| *noun* 1) լարող ◊ **a piano tuner** դաշնամուր լարող 2) էլեկտրական լարիչ; կիթառ լարելու էլեկտրոնային գործիք 3) համալարիչ; տյուներ

tungsten |ˈtʌŋst(ə)n| *noun քիմիա* (**W**) վոլֆրամ

tunic |ˈtju:nɪk| *noun* 1) պատմական տունիկա; պարեգոտ *(հույների, հռոմեացիների)* 2) *ռազմական* կիտել; տարազաբաճկոն *(զինվորական)* 3) *կենսաբանություն* թաղանթ; մաշկ; վերնամաշկ 4) *բուսաբանություն* թաղանթ *(սերմի)*

tuning fork *noun երաժշտություն* կամերտոն

Tunis |ˈtju:nɪs| Թունիս *(Թունիսի մայրաքաղաքը)*

Tunisia |tju:ˈnɪzɪə| Թունիս *(պետություն Աֆրիկայի հյուսիսում)*

tunnel |ˈtʌn(ə)l| **1** *noun* 1) թունել; գետնուղի 2) *հանքաբանություն* բովանցք; հորատանցք *(հանքարանի)* 3) *ռազմական* ականային ստորանցք 4) ծխանցք; ծխնելույզ 5) փակուղի **2** *verb* (**-neled**, **-neling**; բրիտ. **-nelled**, **-nelling**) 1) թունել անցկացնել; գետնուղի բացել 2) *ռազմական* ականային ստորանցքներ բացել

turban |ˈtə:b(ə)n| *noun* չալմա; գլխափաթթոց

turbid |ˈtə:bɪd| *adjective* 1) պղտոր *(հեղուկի մասին)* 2) մշուշապատ; անորոշ; խճճված; խառը

turbine |ˈtə:bʌɪn|, |-ɪn| *noun տեխնիկական* տուրբին

turbogenerator |ˌtə:bəʊˈdʒɛnəreɪtə| *noun տեխնիկական* տուրբոգեներատոր; տուրբինագեներատոր

turbot |ˈtə:bət| *noun* (հոգն. նույնը կամ **-bots**) *կենդանաբանություն* վահանաձուկ; տափակաձուկ *(Scophthalmus maximus, ընտանիք Scophthalmidae կամ Bothidae)*

turbulence |ˈtə:bjʊl(ə)ns| *noun* 1) մրրկայնություն; տուրբուլենտություն 2) *փոխաբերական* խլրտում; խռովություն; հուզում; անկարգություն; խառնակություն 3) մոլեգնություն; սաստկություն; անզսպություն

turbulent |ˈtə:bjʊl(ə)nt| *adjective* 1) մոլեգին; անհանգիստ; կատաղի; անհնազանդ; ըմբոստ; խռովարար; բորբոքված 2) *տեխնիկական* մրրկային; տուրբուլենտ; տուրբուլենտային 3) փոթորկալից; անհանգիստ

tureen |tjʊˈri:n|, |tə-| *noun* ապուրաման *(կափարիչով)*

turf |tə:f| **1** *noun* (հոգն. **turfs** կամ **turves**) 1) ճիմահող; կունձ; ճիմ 2) տորֆ 3) ◇ **the turf** ձիարշավ; ձիարշավի ուղի 4) *խոսակցական* բնակավայր; հայրենիք; տուն 5) գործունեության/ազդեցության ոլորտ **2** *verb* 1) ճիմել; ճիմապատել 2) *բրիտանական, խոսակցական* դուրս անել; վռնդել

turgid |ˈtə:dʒɪd| *adjective* 1) ուռած; փքված 2) փքուն; ճոռոմ *(ոճի մասին)*

Turin |tjʊˈrɪn| Թուրին *(քաղաք Իտալիայի հյուսիս-արևմուտքում)*

Turk |tə:k| *noun* 1) թուրք; թրքուհի ◇ **Young Turks** *պատմական* երիտթուրքեր 2) *հազվադեպ* հնացած մահմեդական

Turkey |ˈtə:ki| Թուրքիա *(պետություն Փոքր Ասիայում)*

turkey |ˈtə:ki| *noun* (հոգն. **-keys**) 1) *կենդանաբանություն* հնդկահավ; հնդուհավ *(Meleagris gallopavo, ընտանիք Meleagridae (կամ Phasianidae))* 2) հնդկահավի միս 3) ձախողված գործ/ներկայացում
talk cold turkey *ամերիկյան* ճշմարտությունը երեսին ասել; շիտակ խոսել

turkey cock |ˈtə:kɪkɒk| *noun* 1) հնդկաքաղաղ 2) *փոխաբերական* փքված մեծամիտ մարդ

Turkish |ˈtə:kɪʃ| **1** *adjective* 1) թուրքական 2) *պատմական* օսմանյան **2** *noun* թուրքերեն

Turkmenistan |tə:kˌmɛnɪˈstɑ:n|, |-ˈstæn| Թուրքմենստան *(պետություն Միջին Ասիայում)*

Turkoman |ˈtə:kə(ʊ)mən| (նաև **Turcoman**) *noun* (հոգն. **-mans**) թուրքմեն

turmoil |ˈtə:mɔɪl| *noun* աղմուկ; իրարանցում; անկարգություն; խառնաշփոթ

turn |tə:n| **1** *verb* 1) պտտեցնել; պտույտ տալ; պտտել 2) պտտվել; պտույտ գալ 3) շրջել; շուռ տալ; թեքել *(նաև էջը)* 4) շրջվել; շուռ գալ; թեքվել 5) ուղղել; կենտրոնացնել; ուղղորդել; դարձնել դեպի *(գլուխը, աչքերը, ուշադրությունը, ջանքերը և այլն)* 6) ոլորել *(ոտքը)* 7) աստառի կողմը շրջել; թարս շրջել; շուռ տալ *(հագուստը)* 8) դառնալ; մասնագիտանալ որոշակի ոլորտում ◇ **turn/go pale** գունատվել. **turn red** կարմրել; կարմրատակել; շիկնել *(դեմքի մասին)* 9) վերածվել; փոխակերպվել; փոխվել; փոփոխվել; դառնալ 10) վերածել; փոխակերպել; փոխել; դարձնել; ձևափոխել; փոփոխել 11) գույնը փոխել *(աշնանային տերևների մասին)* 12) բուրդել; լրանալ; հասնել *(որոշակի տարիքի)* 13) զզվանք առաջացնել 14) (**turn to**) անցնել մի բանի; սկսել զբաղվել մի բանով; սկսել մի բան; որևէ բան սկսել 15) անդրադառնալ; քննարկել 16) փչանալ; թթվել *(կաթի մասին)* 17) (**turn to**) դիմել մեկին; մեկի «դուռը թակել» 18) հղկել; տաշել; խառատել 19) թարգմանել 20) շուռ տալ; տակնուվրա անել 21) շուռ գալ; տակնուվրա լինել • **about turn!** ետ դա՛րձ

turn about շուռ գալ; շուրջը դառնալ; հակառակ կողմը դառնալ **turn against** i) ըմբոստանալ; հակառակվել ii) մեկի դեմ լարել; մեկի դեմ օգտագործել **turn aside** i) մի կողմ ուղղել; ուղղությունը փոխել; հեռացնել; թեքել; շեղել ii) հեռանալ; թեքվել; շեղվել **turn away** i) երեսը շուռ տալ; մյուս կողմը դառնալ; երես դարձնել ii) ներս չթողնել; հեռացնել *(հանդիսատեսներին և այլն)* **turn back** i) դուրս քշել; վռնդել ii) վերադառնալ; ետ դառնալ **turn down** i) մերժել; չընդունել *(առաջարկը)* ii) ետ ծալել; իջեցնել *(օձիքը և այլն)* iii) պակասեցնել; նվազեցնել *(լույսը)* iv) ճնշել; ստորացնել; նվաստացնել **turn in** i) անցողակի մտնել; մոտով անցնելիս մտնել; կարճ ժամանակով այցելել ii) *խոսակցական* պառկել քնելու **turn into** i) վերածվել մի բանի; դառնալ ii) վերածել մի բանի; դարձնել **turn off** i) փակել *(ծորակը)* ii) հանգցնել *(լույսը)* iii) անջատել *(հոսանքը)* iv) *բրիտանական* աշխատանքից հեռացնել v) լրիվ կատարել; անել-պրծնել; կատարել-վերջացնել vi) *խոսակցական* կախել **turn on** i) բաց անել *(ծորակը)* ii) վառել *(լույսը)* iii) միացնել *(հոսանքը)* **turn out** i) շուռ տալ; շրջել *(գրպանը և այլն)* ii) անջատել *(հոսանքը)* iii) հանգցնել *(լույսը)* iv) դուրս քշել; վռնդել v) արտադրել; թողարկել vi) դուրս գալ; պարզվել; որոշակի կերպով վերջանալ; որոշակի վերջ ունենալ vii) դուրս հանել; դուրս բերել; դուրս տանել viii) դուրս գալ ix) *խոսակցական* վեր կենալ *(անկողնուց)* **turn over** i) հանձնել; տալ ii) շուռ գալ; շրջվել; տակնուվրա լինել iii) շուռ տալ; շրջել; տակնուվրա անել iv) լավ մտածել; կշռադատել; ծանրութեթև անել **turn round** i) շուռ գալ; դառնալ; շրջվել ii) հայացքները/համոզմունքները փոխել **turn sth to account** օգուտ քաղել/ստանալ **turn up** i) վեր բարձրացնել ii) հանկարծակի գալ; անակնկալ կերպով հայտնվել/ժամանել **2** *noun* 1) պտույտ; դարձ; դարձապտույտ ◇ **take a bad turn** վատ ընթացք ստանալ *(գործերի մասին և այլն).* **to a turn** իսկ և իսկ; անհրաժեշտ չափով 2) դարձ; դարձում ◇ **at every turn** ամեն մի քայլափոխի; ամենուրեք 3) ոլորան; գալար *(գետի, ճանապարհի)* 4) խաչմերուկ; ճամփաբաժան 5) փոփոխություն; փոխվելը; զարգացում; ծավալվելը; անցում ◇ **take a turn for the better** դեպի լավը փոխվել; լավանալ; առողջանալ 6) ավարտ; վախճան; շրջադարձ 7) հերթ; հերթափոխ; հերթականություն ◇ **take turns** իրար փոխարինել; իրար հաջորդել 8) զբոսանք; պտույտ *(նաև մեքենայով)* ◇ **go for a turn, take a turn** զբոսանքի գնալ; զբոսնել 9) *խոսակցական* հոգեկան ցնցում 10) ծառայություն; օգնություն ◇ **do sb a good turn** լավ ծառայություն մատուցել; մեկին լավություն անել. **do sb an ill turn** արջի ծառայություն մատուցել; վնաս հասցնել մեկին. **one good turn deserves another** լավության դիմաց՝ լավություն 11) ոճ; գործելակերպ; գործելու եղանակ; մտածելակերպ 12) բնորոշ գիծ; բնավորություն; հակում; ձիրք ◇ **a turn for music**

երաժշտական ձիրք; երաժշտական ունակություններ 13) դարձվածք; դարձված; կառուցվածք *(խոսքի)* 14) հնարավորություն; հարմար առիթ; նպատակ ◇ **serve a turn** հարմար գալ; գործին ծառայել; բավարարել; ձեռնտու լինել; ձեռք տալ; նպատակին ծառայել; պիտանի լինել

turnabout |ˈtəːnəbaʊt| *noun* 1) կարուսել 2) շրջադարձ; բեկում; հեղաբեկում *(հայացքների, քաղաքականության և այլնի)*

turncoat |ˈtəːnkəʊt| *noun* ուրացող; դավաճան; թշնամու կողմն անցած մարդ; փախստական; դասալիք

turndown |ˈtəːndaʊn| **1** *noun* 1) մերժում; մերժելը 2) անկում; նվազում **2** *adjective* ծալովի; ետ ծալվող *(օձիքի մասին)*

turner |ˈtəːnə| *noun* խառատ

turnery |ˈtəːn(ə)ri| *noun* 1) խառատագործություն; խառատի արհեստ 2) խառատանոց; խառատի արհեստանոց 3) խառատագործական արտադրանք

turning |ˈtəːnɪŋ| *noun* 1) խաչմերուկ 2) շրջադարձ *(փողոցների)* 3) ոլորան; պտույտ *(գետի)* 4) դարձ; դարձում; պտույտ 5) հղկում; հղկելը; տաշում; տաշելը; խառատագործություն 6) *ռազմական* թևի շրջանցում

turning point *noun* 1) ճանապարհի շրջադարձ 2) *փոխաբերական* բեկումնային կետ; շրջադարձային պահ; շրջադարձ; բեկում; ճգնաժամ

turnip |ˈtəːnɪp| *noun բուսաբանություն* շաղգամ *(Brassica rapa, ընտանիք Brassicaceae)*

turnkey |ˈtəːnkiː| **1** *noun* (հոգն. **-keys**) *հնացած* բանտապահ; բանտապան **2** *adjective* լիավարտ; ամփոփ; ամբողջական *(ծառայությունների/ծրագրի/փաթեթի մասին)*

turnkey project լիավարտ ծրագիր

turnout |ˈtəːnaʊt| *noun* 1) հավաք; զորահավաք; ժողով; հավաքույթ 2) շրջադարձ; ոլորան *(ճանապարհի)* 3) թողարկված արտադրանք 4) գործադուլ 5) կառք ձիերով և լծասարքով

turnover |ˈtəːnəʊvə| *noun* 1) շուռ տալը; շրջելը 2) շուռ գալը; շրջվելը 3) *տնտեսագիտություն* շրջանառություն *(ապրանքների, փողի և այլնի)* 4) (**labour turnover**) կադրերի հոսունություն 5) *խոհանոց* խճողակով կլոր կարկանդակ

turnpike |ˈtəːnpʌɪk| *noun* 1) ուղեկալ *(որտեղ ուղետուրք է գանձվում)* 2) *ամերիկյան* մեծ ճանապարհ

turnstile |ˈtəːnstʌɪl| *noun* տուրնիկետ; պտուտակադռնակ *(մուտքի մոտ)*

turn-up *noun* 1) ծալ; ծալվածք *(շալվարի փողքերի)* 2) աղմուկ; իրարանցում 3) անակնկալ հայտնվելը

turpentine |ˈtəːp(ə)ntʌɪn| **1** *noun* բևեկն; բևեկնախեժ; սկիպիդար **2** *verb* բևեկնախեժ քսել; բևեկնախեժով մշակել

turpitude |ˈtəːpɪtjuːd| *noun գրական անգլերեն* ստորություն; անազնվություն; խայտառակություն

turquoise |ˈtəːkwɔɪz|, |-kwɑːz| *noun* 1) փիրուզ 2) *որոշչային* փիրուզե; փիրուզի 3) *որոշչային* փիրուզագույն

turret |ˈtʌrɪt| *noun* 1) փոքրիկ աշտարակ 2) *ռազմական* զրահաշտարակ; աշտարակ *(հրանոթային, գնդացրային)* 3) *օդագնացություն* պտուտահաստոց; տուրել *(գնդացրի)* 4) *որոշչային* աշտարակի; աշտարակային

turtle |ˈtəːt(ə)l| *noun կենդանաբանություն* կրիա *(ընտանիք Testudinidae)*

turn turtle շուռ գալ; շրջվել *(նավակի/նավի մասին)*

turtledove *noun կենդանաբանություն* տատրակ *(Streptopelia, ընտանիք Columbidae)*

turtleneck |ˈtəːt(ə)lnɛk| *noun* 1) բարձր կիպ օձիք 2) բարձր կիպ օձիքով շապիկ

tusk |tʌsk| **1** *noun* ժանիք *(փղի, վարազի, ծովափղի)* **2** *verb* 1) ժանիքներով փորել 2) ժանիքներով վիրավորել/խեթկել

tussle |ˈtʌs(ə)l| **1** *noun* կռիվ; պայքար; ըմբշամարտ; տուրուդմփոց; ծեծկռտոց **2** *verb* կռվել; պայքարել; ըմբշամարտի բռնվել; կռիվ անել; կռվել; ծեծկռտվել

tut |tʌt| **1** *exclamation, noun, verb* (**tut-tut**) ա՜խ; ա՜յ; վա՜յ; ա՜յ դու; է՜հ *(արտահայտում է անհամբերություն/վրդովմունք/կշտամբանք)* **2** *verb* ախուվախ անել

tutelage |ˈtjuːtɪlɪdʒ| *noun* 1) խնամակալություն; խնամատարություն; հոգացողություն; հովանավորություն 2) խնամակալության տակ լինելը 3) ուսուցում

tutelary |ˈtjuːtɪləri| (նաև **tutelar**) *adjective* 1) խնամակալական; խնամակալության 2) պաշտպանող; հովանավորող; խնամակալող; խնամող

tutor |ˈtjuːtə| **1** *noun* 1) մասնավոր ուսուցիչ 2) *հիմնականում բրիտանական* դասատու *(համալսարանում՝ նաև կարգապահությանը հետևող)* 3) *իրավունք* խնամակալ; հոգաբարձու **2** *verb* 1) ուսուցանել; դաս տալ 2) սովորեցնել; դաստիարակել; խրատել ◇ **tutor oneself** իրեն զսպել

tutorial |tjuːˈtɔːrɪəl| **1** *adjective* 1) դաստիարակչական; դաստիարակի; ուսուցանողի 2) ուսուցողական 3) խնամակալության; խնամակալական **2** *noun* 1) ինքնուսույց; ձեռնարկ 2) խորհրդակցություն; կոնսուլտացիա 3) ուսումնական շրջան

Tuva |ˈtuːvə| Տուվա *(ինքնավար հանրապետություն Ռուսաստանում)*

tuxedo |tʌkˈsiːdəʊ| *noun* (հոգն. **-dos** կամ **-does**) 1) տղամարդու երեկոյան պիջակ 2) տղամարդու երեկոյան կոստյում

TV *abbreviation* 1) television հեռուստատեսություն ◇ **TV commercial** գովազդային հոլովակ 2) transvestite

Tver |tvɛː| Տվեր *(քաղաք Ռուսաստանի եվրոպական մասում)*

twaddle |ˈtwɒd(ə)l| *խոսակցական* **1** *noun* դատարկաբանություն; դատարկախոսություն; շաղակրատություն **2** *verb հնացած* դատարկաբանել; դատարկախոսել; շաղակրատել

twain |tweɪn| *cardinal number հնացած* երկու; երկուսը; զույգ ◇ **in twain** երկու հավասար մասի; երկուսի

twang |twæŋ| **1** *noun* 1) զրնգուն թրթռացող ձայն; զնգոց *(ձգված լարի)* 2) ռնգային հնչյուն;

ոնգային արտասանություն; հնչերանգ *(հատկապես ամերիկացիների)* **2** *verb* 1) զնգալ; զրնգալ *(ձգված լարի պես)* 2) ոնգային արտասանությամբ քթի տակ խոսել

tweak |twiːk| **1** *verb* կսմթել; կմշտել; ճմկթել; կճմթել; ոլորել **2** *noun* կսմթոց; կմշտոց; ճմկթոց

tweed |twiːd| *noun* 1) տվիդ *(փափուկ բրդե գործվածք)* 2) (**tweeds**) տվիդից կարած հագուստ

tweet |twiːt| (նաև **tweet tweet**) **1** *noun* ծլվլոց; ճլվլոց; ճռվողյուն **2** *verb* ծլվլալ; ճլվլալ; ճռվողել

tweezers |ˈtwiːzəz| *plural noun* (նաև **a pair of tweezers**) ունելի; պինցետ *(մազեր հեռացնելու և այլնի համար)*

twelfth |twɛlfθ| **1** *ordinal number* տասներկուերորդ **2** *noun* 1) տասներկուերորդ մաս; մեկ տասներկուերորդ 2) տասներկուերորդ դասարան

twelve |twɛlv| *cardinal number* 1) (**12, xii, XII**) տասներկու 2) տասներկու հոգուց բաղկացած խումբ 3) տասներկու տարեկան 4) ժամը տասներկուսը 5) տասներկու չափս; տասներկու համար *(հագուստի և այլնի)* 6) (**the Twelve**) տասներկու առաքյալները

twelvemonth |ˈtwɛlvmʌnθ| *noun* *հնացած* մի տարի; տասներկու ամիս

twentieth **1** *numeral* քսաներորդ **2** *noun* քսաներորդ մաս

twenty |ˈtwɛnti| *cardinal number* (հոգն. **-ties**) 1) (**20, xx, XX**) քսան 2) (**twenties**) քսանականներ; քսանական թվականներ 3) քսան չափս; քսան համար *(հագուստի և այլնի)* 4) քսան դոլարանոց

twerp |twəːp| (նաև **twirp**) *noun* *խոսակցական* բռի/կոպիտ/անտաշ մարդ

twice |twʌɪs| *adverb* երկու անգամ; կրկնակի; կրկնապատիկ

twiddle |ˈtwɪd(ə)l| **1** *verb* 1) պտտեցնել; խաղացնել; շուռումուռ տալ *(ձեռքի մեջ)* 2) պարապ-սարապ ման գալ; թրև գալ **2** *noun* պտտում; շուռումուռ տալը

twig¹ |twɪg| *noun* փոքր ճյուղ; ոստ

hop the twig *խոսակցական* 1) հանկարծամահ լինել 2) թաքնվել վարկատուներից

twig² |twɪg| *verb* (**twigged**, **twigging**) *խոսակցական* 1) հասկանալ; գլխի ընկնել; կռահել; ըմբռնել 2) *հնացած* ուշադրությամբ դիտել; տնտղել; նկատել

twilight |ˈtwʌɪlʌɪt| **1** *noun* 1) մթնշաղ; աղջամուղջ; վերջալույս 2) *փոխաբերական* վերջալույս; անկում; մայրամուտ 3) *փոխաբերական* անորոշություն **2** *adjective* մթնշաղի; աղջամուղջի; կիսախավար; աղոտ

twill |twɪl| **1** *noun* *մանածագործություն* տվիլ *(շեղ գծերով գործվածք)* **2** *verb* տվիլ գործել

twin |twɪn| **1** *noun* 1) երկվորյակներ; երկվորյակներից մեկը 2) երկնմանակ; նմանակ; կրկնորդ 3) զույգ առարկա; զույգ կազմող առարկաներից մեկը **2** *adjective* 1) կրկնակի; երկակի; երկու մասից բաղկացած; զույգ 2) զույգ կազմող; միանման **3** *verb* (**twinned**, **twinning**) կապակցել; կապել; զուգակցել

twine |twʌɪn| **1** *noun* 1) բարակ թոկ; առասանակ; առատոուկ 2) ոլորում; ոլորելը; հյուսում; հյուսելը **2** *verb* 1) հյուսել; միահյուսել; ոլորել 2) փաթաթվել; պատատվել; գրկել 3) փաթաթել; պատատել

twin-engined (նաև **twin-engine**) *adjective* երկշարժիչ; երկմոտորանի *(ինքնաթիռի մասին)*

twiner *noun* *բուսաբանություն* պատատուկ; փաթաթվող բույս

twinge |twɪn(d)ʒ| **1** *noun* սուր/ծակող ցավ; նոպաներով ցավ ◇ **twinges of conscience** խղճի խայթ **2** *verb* (**twingeing** կամ **twinging**) 1) սուր ցավ զգալ 2) սուր ցավ առաջացնել

twinkle |ˈtwɪŋk(ə)l| **1** *verb* 1) առկայծել; շողշողալ; փայլփլել; փայլկտալ *(աստղի և այլնի մասին)* 2) կայծկտալ; պսպղալ; պեծին տալ *(աչքերի մասին)* 3) զարմանալ 4) արագ շարժվել; սահել *(պարողի ոտքերի մասին)* **2** *noun* 1) առկայծում; առկայծելը; շողշողում; շողշողալը; փայլփլում; փայլփլելը; փայլկտում; փայլկտալը 2) փայլ; փայլատակում; կայծկլտոց *(աչքերում)* 3) զարմանք 4) արագ շարժում; սահելը *(պարողի ոտքերի և այլնի)*

twirl |twəːl| **1** *verb* 1) պտտեցնել; պտտել; ոլորել 2) պտտվել 3) շուռումուռ տալ **2** *noun* 1) պտույտ; պտտվելը; ոլորում; ոլորելը 2) հողմապտույտ; հողմապտույտ շարժում

twist |twɪst| **1** *verb* 1) ոլորել; հյուսել; միահյուսել; մանել 2) պտտել; պտտեցնել 3) ծռվել; ծռմռվել 4) ծռել; ծռմռել 5) ոլորել *(ձեռքը)* 6) քամել; մզել *(լվացքը)* 7) ոլորվել; գալարվել; ոլոր-մոլոր գնալ 8) աղավաղել; խեղաթյուրել 9) *խոսակցական բրիտանական* խաբել; խորամանկություն բանեցնել 10) թվիստ պարել **2** *noun* 1) ոլորում; ոլորելը; հյուսում; հյուսելը; միահյուսելը; մանում; մանելը 2) թվիստ *(պար)* 3) ոլորան; պտույտ; ծռություն; ծռվածք; գալար 4) ոլորած թել; քուղ; առասան; պարան 5) ոլորուն հաց 6) ոլորում; հոդախախտում; հոդաթափություն 7) աղավաղում; խեղում; խեղաթյուրում 8) տարօրինակություն *(բնավորության և այլնի)* 9) առանձնահատկություն; բնորոշ գիծ 10) *տեխնիկական* քայլան *(պտուտակի)* 11) *խոսակցական* լավ ախորժակ

twist of the wrist 1) ձեռքերի ճարպկություն; հմտություն 2) ճարպկություն; արագաշարժություն

twist sb's arms *փոխաբերական* ոլորել մեկի թևերը; բռնություն գործադրել մեկի նկատմամբ

twister |ˈtwɪstə| *noun* 1) պտտահողմ; տորնադո 2) մանող/ոլորող *(բանվոր)* 3) ոլորող/մանող մեքենա 4) *խոսակցական* մտացածին բան; չափազանցում; չափազանցելը; խաբեբա; ստախոս 5) դժվար խնդիր/հարց

twit¹ |twɪt| *noun* *խոսակցական* ծիծաղելի/հիմար մարդ

twit² |twɪt| **1** *verb* (**twitted**, **twitting**) *հնացած* 1) հանդիմանել; կշտամբել; երեսով տալ *(հատկապես կատակով)* 2) ծաղրել; ձեռք առնել; կծու խոսքեր ասել; տնազ անել *(հատկապես կատակով)* **2** *noun* 1) լարված վիճակ; լարվածություն 2) հանդիմանություն; կշտամբանք 3) ծաղրանք; խայթող/կծու խոսք

twitch |twɪtʃ| **1** *verb* 1) ցնցվել; ջղաձգորեն ցնցվել 2) ձգել; ձիգ տալ; քաշել; պոկել-տանել **2** *noun* 1) ջղային ցնցում; ջղաձգություն 2) ձգում; ձգելը; ձիգ տալը

twitter |ˈtwɪtə| **1** *verb* 1) ծլվլալ; ճլվլալ; ճռվողել *(նաև մարդկանց մասին)* 2) դողալ/դողդողալ հուզմունքից **2** *noun* 1) ծլվլոց; ճլվլոց; ճռվողյուն 2) հուզմունքը ◊ **in a twitter** դողացող; հուզված վիճակում

two |tuː| *cardinal number* 1) (**2, ii, II**) երկու ◊ **two by two, two and two** զույգ-զույգ; զույգերով; երկու-երկու. **in two** i) երկու մասի; երկուսի ii) զատ-զատ; բաժան-բաժան. **in two twos** *խոսակցական* անմիջապես; իսկույն; երկու վայրկյանում. **put two and two together** պարզ եզրակացություն անել; գլխի ընկնել; հասկանալ բանի էությունը 2) երկյակ; զույգ; երկուսը; երկու հոգի 3) երկու տարեկան 4) ժամը երկուսը 5) երկու չափս; երկու համար *(հագուստի և այլնի մասին)*

two-dimensional *adjective* երկչափ

two-edged *adjective* 1) երկսայրի; երկբերան 2) *փոխաբերական* երկիմաստ; երկդիմի

two-faced *adjective* երկերեսանի; երկդեմ

twofold |ˈtuːfəʊld| **1** *adjective* 1) կրկնակի; կրկնապատիկ; կրկնապատկված 2) երկու մասից բաղկացած; երկմաս; երկտակ; երկուտակ **2** *adverb* կրկնակի; երկու անգամ ավելի; երկուտակ

two-handed *adjective* 1) երկու ձեռքով օգտագործելու *(սրի/գնդացրի մասին)* 2) երկու հոգով բարձրացնելու/շարժելու 3) երկու հոգով խաղալու *(խաղի մասին)*

twopence |ˈtʌp(ə)ns| *noun* 1) երկու պեննանոց դրամ; երկու պեննի 2) *խոսակցական* չնչին գումար

twopenny |ˈtʌp(ə)ni| **1** *adjective* 1) երկու պեննանոց; երկու պեննի արժեք ունեցող 2) *փոխաբերական* էժանագին; գրոշանոց **2** *noun* էժանագին գարեջուր

two-ply **1** *adjective* 1) երկուտակ; երկշերտ 2) կրկնակի *(արագության մասին)* **2** *noun* 1) կրկնաշերտ տախտակ 2) երկթել կաժ

two-seater *noun* երկտեղանի ավտոմեքենա/ինքնաթիռ

two-sided *adjective* երկկողմ; երկերես; երկկողմանի

two-star *adjective* երկուաստղանի *(հյուրանոցի/ռեստորանի մասին)*

two-way *adjective* 1) երկկողմանի 2) երկկողմ; երկու մասնակից ներգրավող

tycoon |tʌɪˈkuːn| *noun* *ամերիկյան խոսակցական* հարուստ գործարար; ջոջ; մեծավոր; խոշոր կապիտալիստ; արդյունաբերության մագնատ

tyke |tʌɪk| (նաև **tike**) *noun* 1) երեխա; մանկիկ 2) *հնացած բրիտանական* կոպիտ/անտաշ մարդ 3) խառնածին շուն

tympanum |ˈtɪmpənəm| *noun* (հոգն. **-nums** կամ **-na** |-nə|) *կազմախոսություն* թմբկաթաղանթ; միջին ականջ

type |tʌɪp| **1** *noun* 1) տարատեսակ; տիպ; դաս; տեսակ 2) տիպար; տիպական օրինակ; տիպիկ ներկայացուցիչ 3) *խոսակցական* տիպ; մարդ 4) *խոսակցական* (**one's type**) մեկի նախընտրած մարդու տեսակը; մեկի սիրած մարդկանց տեսակը 5) մարմնավորում; խորհրդանիշ 6) *տպագրություն* տպատառ; տառ; տառատեսակ **2** *verb* 1) ստեղնաշարել; գրամեքենայով հավաքել; մեքենագրել 2) *բժշկություն* տեսակը որոշել

typeface |ˈtʌɪpfeɪs| *noun* *տպագրություն* տառատեսակ

typescript |ˈtʌɪpskrɪpt| **1** *noun* մեքենագիր տեքստ; մեքենագրված ձեռագիր **2** *adjective* մեքենագիր; մեքենագրած

typesetter |ˈtʌɪpsɛtə| *noun* *տպագրություն* 1) գրաշար 2) տողաշար մեքենա

typesetting *noun* *տպագրություն* շարվածք

typewriter |ˈtʌɪprʌɪtə| *noun* 1) գրամեքենա 2) *հնացած* տե՛ս **typist** 3) *ամերիկյան ծածկալեզու* գնդացիր

typewriting *noun* 1) ստեղնաշարելը; մեքենագրելը; գրամեքենայով հավաքելը 2) մեքենագրություն; մեքենագրած ձեռագիր

typhoid |ˈtʌɪfɔɪd| (նաև **typhoid fever**) *բժշկություն* **1** *noun* որովայնային տիֆ **2** *adjective* տիֆային; տիֆի

typhoon |tʌɪˈfuːn| *noun* թայֆուն *(ուժեղ փոթորիկ)*

typhous *adjective* տիֆային; տիֆի

typhus |ˈtʌɪfəs| *noun* *բժշկություն* բծավոր տիֆ; բծատիֆ

typical |ˈtɪpɪk(ə)l| *adjective* 1) տիպիկ; բնորոշ; տիպական 2) *խոսակցական* իսկական; զուտ 3) խորհրդանշող

typically *adverb* 1) սովորաբար 2) բնորոշ կերպով; տիպականորեն

typify |ˈtɪpɪfʌɪ| *verb* (**-fies**, **-fied**) 1) բնորոշել; բնորոշ լինել; տիպիկ օրինակ լինել; տիպար լինել 2) խորհրդանշել; մարմնավորել

typing *noun* 1) ստեղնաշարելը; մեքենագրում; մեքենագրելը 2) մեքենագրված/մեքենաշարված տեքստ

typist |ˈtʌɪpɪst| *noun* մեքենագրուհի; մեքենագրող; ստեղնաշարող

typographer *noun* տպագրիչ; տպագրող

typography |tʌɪˈpɒgrəfi| *noun* 1) տպագրություն; տպագրական գործ; գրատպություն 2) էջի ձևավորում

typological |-əˈlɒdʒɪk(ə)l| *adjective* տիպաբանական

tyrannical |tɪˈrænɪk(ə)l|, |tʌɪ-| *adjective* 1) բռնակալական; բռնապետական; բռնակալի 2) *փոխաբերական* բռնացող; դաժան; անգութ

tyrannize |ˈtɪrənʌɪz| *verb* բռնակալություն անել; բռնանալ; տանջել; չարչարել; դաժանությամբ վարվել

tyranny |ˈtɪr(ə)ni| *noun* (հոգն. **-nies**) 1) բռնակալություն; բռնապետություն 2) դաժանություն

tyrant |ˈtʌɪr(ə)nt| *noun* բռնակալ; բռնապետ; բռնացող/կամայական/դաժան անձ

tyro |ˈtʌɪrəʊ| (նաև **tiro**) *noun* (հոգն. **-ros**) սկսնակ; նորեկ

Tyrol |tɪˈrəʊl| Տիրոլ *(երկրամաս Ավստրիայում)*

Tyumen |tjuːˈmen| Տյումեն *(քաղաք Ռուսաստանի Սիբիրյան մասում)*

tzigane |tsɪˈgɑːn| **1** *noun* (հոգն. նույնը կամ **-ganes**) գնչու; գնչուհի *(հատկապես Հունգարիայի)* **2** *adjective* գնչուական

Uu

U¹ |juː| (նաև **u**) *noun* (հոգն. **Us** կամ **U's**) 1) անգլերեն այբուբենի 21-րդ տառը 2) U-աձև; U տառի ձևը

U² |juː| *symbol քիմիա* (**uranium**) ուրան

U³ |juː| *adjective խոսակցական* բարձրաշխարհիկ

U⁴ |uː| *noun* պարոն *(դիմելաձև. ընդունված է Մյանմարում)*

ubiquitous |juːˈbɪkwɪtəs| *adjective* 1) ամենուրեք գտնվող 2) ամենուրեք եղող; համատարած; ամեն տեղ հանդիպող

udder |ˈʌdə| *noun* կուրծ *(կաթնասուն էգ կենդանիների կաթնագեղձը)*

Udmurtia |ʊdˈmʊətɪə| Ուդմուրտիա *(ինքնավար հանրապետություն Ռուսաստանի Դաշնությունում)*

Ufa |uːˈfɑː| Ուֆա *(Ռուսաստանի Դաշնության Բաշկիրտստան հանրապետության մայրաքաղաքը)*

UFO |juːɛfˈəʊ|, |ˈjuːfəʊ| *noun* (հոգն. **UFOs**) (**unidentified flying object**) ՉԹՕ; չճանաչված թռչող արարկա

Uganda |juːˈgændə| Ուգանդա *(պետություն Աֆրիկայում)*

ugh |ʊh|, |ʌh|, |əː|, |ʊx|, |ʌg| *exclamation խոսակցական* թու՜հ *(արտահայտում է զզվանք/սարսափ)*

ugly |ˈʌgli| *adjective* (**-lier, -liest**) 1) այլանդակ; անճոռնի; տգեղ 2) սպառնալից; սպառնալի; վտանգավոր 3) չար; թշնամական *(դեմքի արտահայտության, հայացքի մասին)* 4) զզվելի; գարշելի; նողկալի

uhlan |ˈuːlɑːn|, |ˈjuː-|, |ʊˈlɑːn| *noun պատմական* ուլան *(թեթև հեծելազորի զինվոր)*

Ukraine |juːˈkreɪn| (նաև **the Ukraine**) Ուկրաինա *(պետություն Արևելյան Եվրոպայում)*

Ukrainian |juːˈkreɪnɪən| **1** *noun* 1) ուկրաինացի; ուկրաինուհի 2) ուկրաիներեն **2** *adjective* ուկրաինական; Ուկրաինայի

ukulele |juːkəˈleɪli| *noun* ուկուլելե; հավայան կիթառ

Ulaanbaatar |uːlɑːn ˈbɑːtə| (նաև **Ulan Bator**) Ուլանբատոր *(Մոնղոլիայի մայրաքաղաքը)*

ulcer |ˈʌlsə| *noun* 1) *բժշկություն* խոց 2) *փոխաբերական* արատ; թերություն; պակասություն

ulster |ˈʌlstə| *noun* երկար լայն վերարկու *(տղամարդու)*

ulterior |ʌlˈtɪərɪə| *adjective* 1) այն կողմը գտնվող; հեռու ընկած; հեռավոր 2) ծածուկ; թաքուն; չդրսևորված; չբացահայտված

ultimate |ˈʌltɪmət| **1** *adjective* 1) վերջնական; վերջին; սահմանային 2) ամենահեռու; ամենահեռավոր 3) առավելագույն; ամենամեծ; ամենաբարձր; վերջնակետային; ծայրահեղ 4) առաջնային; սկզբնական; նախնական; տարրական 5) հիմնական **2** *noun* 1) լավագույն 2) վերջնական փաստ/սկզբունք 3) (**the ultimate**) ծայրակետ; գագաթնակետ

ultimately *adverb* 1) վերջնականապես; ի վերջո 2) հիմնականում

ultimatum |ʌltɪˈmeɪtəm| *noun* (հոգն. **-matums** կամ **-mata** |-tə|) վերջնագիր *(վճռական պահանջ ներկայացնող դիվանագիտական հայտարարագիր, որի չկատարելը սպառնում է պետությունների միջև դիվանագիտական հարաբերությունների խզմամբ կամ ուժի գործադրմամբ)*

ultra |ˈʌltrə| *խոսակցական* **1** *noun խոսակցական* ծայրահեղական *(ծայրահեղ հայացքների տեր մարդ)* **2** *adverb* չափազանց; խիստ; չափից դուրս

ultrasonic |ʌltrəˈsɒnɪk| *adjective տեխնիկական* գերձայնային; անդրաձայնային

ultrasound |ˈʌltrəsaʊnd| *noun* անդրաձայն

ultraviolet |ʌltrəˈvʌɪələt| **1** *adjective ֆիզիկա տեխնիկական* անդրմանուշակագույն; ուլտրամանուշակագույն **2** *noun* ուլտրամանուշակագույն ճառագայթում; հաճախապատկերի ուլտրամանուշակագույն մասը

ultra vires |ˌʌltrə ˈvʌɪriːz|, |ˌʊltrɑː ˈviːreɪz| *adjective, adverb իրավունք* իրավասությունների վերազանցումով; իրավասություններից դուրս

umber |ˈʌmbə| *noun* 1) ումբրա; թխահող; թխաներկ *(դարչնագույն հանքային ներկ)* 2) դարչնագույն

umbrageous *adjective* 1) ստվերոտ; ստվերաշատ 2) շուտ վիրավորվող; նեղացկոտ; կասկածամիտ

umbrella |ʌmˈbrɛlə| *noun* 1) անձրևանոց; հովանոց 2) *փոխաբերական* պաշտպանական ծածկոց; վահան; հովանի; պաշտպանություն 3) *որպես ածական* համապարփակ; համակողմանի; բազմակողմանի; բազմատարր; բազում բաղադրիչներից բաղկացած

umlaut |ˈʊmlaʊt| *լեզվաբանություն* **1** *noun* ումլաուտ **2** *verb* ումլաուտով ձևափոխել *(հնչյունը)*

umpire |ˈʌmpʌɪə| **1** *noun* 1) *մարզական* մրցավար 2) միջնորդ դատավոր; միջնորդ **2** *verb* 1) միջնորդ լինել; միջնորդ դատավոր լինել 2) *մարզական* մրցավար լինել

UN *abbreviation* United Nations Միավորված ազգերի կազմակերպություն; ՄԱԿ

unabashed |ʌnəˈbæʃt| *adjective* չշփոթված; իրեն չկորցրած; չվախեցած; անամոթ; անպատկառ

unabated |ʌnəˈbeɪtɪd| *adjective* առանց մեղմանալու; առանց թուլանալու

unable |ʌnˈeɪb(ə)l| *adjective* անկարող; անընդունակ; կարողությունից զուրկ

unabridged |ʌnəˈbrɪdʒd| *adjective* լրիվ; առանց կրճատումների; չկրճատված; լիակատար; ընդարձակ *(տեքստի մասին)*

unacceptable |ʌnəkˈsɛptəb(ə)l| *adjective* անընդունելի; անցանկալի; անախորժ; տհաճ

unaccomplished |ʌnəˈkʌmplɪʃt|, |-ˈkɒm-| *adjective* 1) անհմուտ; անվարժ; անճարտար; անտաշ; կոպիտ; անկիրթ 2) անավարտ; անկատար; թերավարտ

unaccountable |ʌnəˈkaʊntəb(ə)l| *adjective* 1) անբացատրելի; անհասկանալի; տարօրինակ 2) անկանխատեսելի *(մարդու, նրա վարքի մասին)* 3) անպատասխանատու

unaccustomed |ʌnəˈkʌstəmd| *adjective* 1) անսովոր; անվարժ; չվարժված 2) (**unaccustomed to sth**) անծանոթ; անտեղյակ; անիրազեկ

unadvisedly *adverb* անխոհեմաբար; անմտաբար; չմտածված կերպով

unaffected |ʌnəˈfɛktɪd| *adjective* 1) չվնասված; ազդեցություն չկրող; չազդված *(որևէ բանից)* 2) անկեղծ; անկեղծիք; անդիմակ; առանց ձևականությունների *(մարդու մասին)*

unaided |ʌnˈeɪdɪd| *adjective* 1) առանց օգնության արված; ինքնուրույն 2) անզեն *(աչքի մասին)*

unalterable |ʌnˈɔːlt(ə)rəb(ə)l|, |ʌnˈɒl-| *adjective* անփոփոխելի; փոփոխության չենթարկվող; հաստատուն

unaltered |ʌnˈɔːltəd|, |ʌnˈɒl-| *adjective* չփոփոխված; անփոփոխ

unambiguous |ʌnæmˈbɪgjʊəs| *adjective* միանշանակ; ճշգրիտ; ստույգ; երկրորդ իմաստ չենթադրող

unanimous |juːˈnænɪməs| *adjective* միաբան; համերաշխ; միաձայն; համամիտ; համաձայն

unanticipated |ʌnænˈtɪsɪpeɪtɪd| *adjective* չնախատեսված; չկանխատեսված; անսպասելի; անակնկալ

unapproachable |ʌnəˈprəʊtʃəb(ə)l| *adjective* 1) անմարդամոտ; անհաղորդասեր; անհասանելի *(մարդու/կազմակերպության մասին)* 2) *հնացած* անմատչելի; անառիկ 3) աննման; անզուգական

unarmed |ʌnˈɑːmd| *adjective* անզեն; զենք չունեցող; չզինված

unashamed |ʌnəˈʃeɪmd| *adjective* չամաչող; առանց ամոթի

unassuming |ʌnəˈsjuːmɪŋ| *adjective* համեստ; հանգիստ; խոնարհ; ոչ հավակնոտ; առանց հավակնության

unattached |ʌnəˈtætʃt| *adjective* 1) չաշխատող; անդամ չեղող *(որևէ կազմակերպությունում)* 2) չամրացված; չկապված 3) ամուրի; չամուսնացած

unavailing |ʌnəˈveɪlɪŋ| *adjective* անօգուտ; անօգտակար; անհաջող; ապարդյուն

unavoidable |ʌnəˈvɔɪdəb(ə)l| *adjective* անխուսափելի; անկանխելի

unaware |ʌnəˈwɛː| **1** *adjective* անգիտակ; անտեղյակ; չիմացող; չգիտցող **2** *adverb* տե՛ս **unawares**

unawares |ʌnəˈwɛːz| (նաև **unaware**) *adverb* 1) անզգուշաբար; պատահաբար; առանց դիտավորության 2) (**at unawares**) հանկարծակի; անսպասելիորեն; առանց նախազգուշացման; անակնկալ կերպով

unbalanced *adjective* 1) անհավասարաչափ բաշխված; անզուգակշիռ; անհավասարակշռված 2) անհավասարակշիռ; խանգարված *(մարդու բնավորության մասին)*

unbar |ʌnˈbɑː| *verb* (**-barred**, **-barring**) նիգը/սողնակը ետ տանել; բանալ *(դուռը, ճանապարհը և այլն)*

unbearable |ʌnˈbɛːrəb(ə)l| *adjective* անհանդուրժելի; անտանելի

unbeatable |ʌnˈbiːtəb(ə)l| *adjective* 1) անգերազանցելի 2) հոյակապ; հիանալի

unbeaten |ʌnˈbiːt(ə)n| *adjective* 1) չպարտված 2) չգերազանցված

unbecoming |ʌnbɪˈkʌmɪŋ| *adjective* 1) չսազող; անհամապատասխան 2) անվայելուչ; անպատշաճ; անհարմար; անտեղի; ոչ տեղին; անպատեհ *(վարքի/դիրքորոշման մասին)*

unbelief |ʌnbɪˈliːf| *noun* անհավատություն

unbelievable |ʌnbɪˈliːvəb(ə)l| *adjective* 1) անհավատալի; անհավանական 2) ապշեցուցիչ; շշմեցուցիչ

unbending |ʌnˈbɛndɪŋ| *adjective* 1) չճկվող; չթեքվող; անճկելի 2) անկոտրում; համառ; աննկուն; անհողդողդ; անդրդվելի 3) պարզ; հասարակ; ձևականությունից զերծ

unbiased |ʌnˈbʌɪəst| (նաև **unbiassed**) *adjective* անաչառ; անկողմնակալ

unbidden |ʌnˈbɪd(ə)n| *adjective* 1) ինքնակոչ; անկոչ; չկանչված 2) կամավոր; հոժարակամ 3) ինքնաբուխ; ինքնաբերական; ակամա *(մտքի/զգացումի մասին)*

unbind |ʌnˌbʌɪnd| *verb* (անցյալ, անցյալ դերբայ **-bound**) 1) արձակել; կապը քանդել 2) արձակել; բաց թողնել *(մազերը)* 3) ազատել *(բանտից, պարտավորություններից և այլն)*

unblemished |ʌnˈblɛmɪʃt| *adjective* անբասիր; անպարսավելի; անբիծ; չարատավորված *(անվան և այլն մասին)*

unblessed |ʌnˈblɛsɪd|, |ʌnˈblɛst| (նաև **unblest**) *adjective* 1) չօրհնված; օրհնությունից զրկված 2) դժբախտ; անբախտ; թշվառ 3) (**unblessed with**) չօժտված; չունեցող *(տվյալ հատկանիշը/շնորհքը)*

unborn |ʌnˈbɔːn| *adjective* դեռ չծնված; գոյություն չունեցող; ապագա; գալիք

unbound[1] |ʌnˌbaʊnd| *adjective* 1) չկապված; արձակ; արձակված *(մազերի և այլնի մասին)* 2) անկազմ *(գրքի մասին)* 3) *քիմիա* չկապված *(էլեկտրոնների մասին)*

unbound[2] անցյալ և անցյալ դերբայ տե՛ս **unbind**

unbounded |ʌnˈbaʊndɪd| *adjective* անսահման; անսահմանափակ; անծայրածիր

unbridled |ʌnˈbrʌɪd(ə)l| *adjective* սանձարձակ; անզուսպ; անսանձ; սանձազերծ

unbroken |ʌnˈbrəʊk(ə)n| *adjective* 1) անվնաս; չկոտրված 2) անընդհատ; շարունակվող; չխախտված; չդրժված; անխախտ 3) չհեծնած; հեծնելուն անսովոր *(ձիու մասին)*

unbuckle |ʌn'bʌk(ə)l| *verb* ճարմանդն արձակել

unburden |ʌn'bəːd(ə)n| *verb* բեռնաթափել; ի-ջեցնել; դատարկել *(բեռը)*

unbutton |ʌn'bʌt(ə)n| *verb* կոճակներն արձա-կել; կոճակները բաց անել

uncalled |ʌn'kɔːld| *adjective* 1) անկոչ; ինք-նակոչ; անհրավեր; չկանչված 2) անտեղի; ան-հարկի; առանց պատճառի 3) (**uncalled for**) ան-ցանկալի; չպահանջված *(մարդու վարքի մասին)*

uncanny |ʌn'kæni| *adjective* (**-nier**, **-niest**) խորհրդավոր; առեղծվածային; գերբնական; սարսափելի; սոսկալի; զարհուրելի; անսովոր; անբնական

uncared *adjective* լքված; անուշադրության մատնված; անխնամ

uncase |ʌn'keɪs| *verb* արկղից/տուփից հանել; պատյանից հանել; ծածկոցը վերցնել/հանել

unceasing |ʌn'siːsɪŋ| *adjective* անդադար; ան-ընդհատ; չընդհատվող; անընդմեջ; շարունակա-կան

uncertain |ʌn'səːt(ə)n|, |-tɪn| *adjective* 1) ան-որոշ; անստույգ; անհայտ; անհուսալի; փոփոխա-կան; անհաստատ 2) անվստահ; չհամոզված; տատանվող; վարանող

uncertainty |ʌn'səːt(ə)nti|, |-tɪnti| *noun* (հոգն. **-ties**) 1) անվստահություն; անհամոզվածու-թյուն; անվճռականություն; տարակուսանք 2) անորոշություն; անստուգություն

unchain |ʌn'ʧeɪn| *verb* 1) կապանքներն արձակել *(շան)* 2) շղթայազերծ անել; կապանքներից ազատել

uncivil |ʌn'sɪv(ə)l|, |-vɪl| *adjective* անքաղաքա-վարի; անկիրթ; հետամնաց; կոպիտ

unclasp |ʌn'klɑːsp| *verb* 1) ճարմանդն արձա-կել; բաց անել 2) թուլացնել *(գրկախառնությունը)* 3) բաց թողնել *(ձեռքից, գրկից)*

uncle |'ʌŋk(ə)l| *noun* 1) քեռի; հորեղբայր; մորեղ-բայր 2) մորաքրոջ/հորաքրոջ ամուսին 3) *հնացած խոսակցական* վաշխառու

unclean |ʌn'kliːn| *adjective* 1) անմաքուր; կեղ-տոտ; աղտոտ 2) անմաքուր; անազնիվ; բարոյա-զուրկ

unclear |ʌn'klɪə| *adjective* 1) անհայտ; անհս-տակ; անորոշ; անստույգ 2) չիմացող; կասկա-ծող; անվստահ

Uncle Sam |sæm| քեռի Սեմ *(ԱՄՆ-ի խորհր-դանիշը)*

unclose |ʌn'kləʊz| *verb հազվադեպ* 1) բացել 2) բացվել

uncoil |ʌn'kɔɪl| *verb* 1) գալարքը ետ տալ; գա-լարքը արձակել/քանդել 2) քանդվել; արձակվել

uncomfortable |ʌn'kʌmf(ə)təb(ə)l| *adjective* 1) անհարմար; ոչ հարմար; անհանգիստ; ան-ախորժ; տհաճ 2) անհարմար/անախորժ/ան-հանգիստ վիճակի մեջ գտնվող; անհարմարու-թյան/ամոթի զգացումով լի

uncommon |ʌn'kɒmən| **1** *adjective* 1) ոչ սո-վորական; արտասովոր; հազվագյուտ; բա-ցառիկ; հազվադեպ; սակավադեպ 2) *խոսակցա-կան* շատ; չափազանց; չափից դուրս **2** *adverb հնացած* շատ; չափազանց; չափից դուրս

uncompromising |ʌn'kɒmprəmʌɪzɪŋ| *ad-jective* 1) անզիջող; անկոտրում; անդրդվելի 2) խիստ; անգութ; անողոք

unconcern |ʌnkən'səːn| *noun* անտարբերու-թյուն; անտարբեր վերաբերմունք; անհոգություն

unconcerned *adjective* անհոգ; անտարբեր; անվրդով; անհոգ վերաբերմունք ցուցաբերող; չմտածող

unconditional |ʌnkən'dɪʃ(ə)n(ə)l| *adjective* անպայմանական; առանց պայմանի; բացար-ձակ; անվերապահ

unconditioned |ʌnkən'dɪʃ(ə)nd| *adjective* 1) անսահմանափակ; չսահմանափակված; բա-ցարձակ; անվիճելի; անառարկելի 2) առանց պայմանի/վերապահության 3) *բնախոսություն* ան-պայման; ոչ պայմանական; բնածին *(ռեֆլեքսի մասին)*

unconnected |ʌnkə'nɛktɪd| *adjective* 1) չկա-պակցված; անջատ 2) անկապ; կցկտուր; ան-շաղկապ; կիսատ-պռատ 3) ազդեցիկ հարա-զատներ չունեցող; ազգակցական կապեր չու-նեցող

unconquerable |ʌn'kɒŋk(ə)rəb(ə)l| *adjective* 1) անհաղթելի; անհաղթ; անպարտելի 2) *փոխա-բերական* անհաղթահարելի

unconscious |ʌn'kɒnʃəs| **1** *adjective* 1) ան-գիտակից; առանց գիտակցության; գիտակցու-թյունը կորցրած; ուշաթափ 2) ակամա; ինքնա-բերական; բնազդական; ոչ միտումնավոր 3) (**un-conscious of**) չգիտակցող; իրեն հաշիվ չտվող; անտեղյակ; անիրազեկ **2** *noun* (**the unconscious**) անգիտակցականը

unconsciously *adverb* անգիտակցաբար

unconstitutional |,ʌnkɒnstɪ'tjuːʃ(ə)n(ə)l| *ad-jective* 1) ոչ սահմանադրական 2) սահմանադ-րությանը հակասող

uncountable |ʌn'kaʊntəb(ə)l| *adjective* ան-հաշվելի; անթիվ; անհամար

uncouple |ʌn'kʌp(ə)l| *verb* 1) անջատել; բա-ժանել; միմյանցից հեռացնել 2) անջատվել; բա-ժանվել

uncouth |ʌn'kuːθ| *adjective* 1) անճոռնի; ան-տաշ; անքաղաքավարի; անկիրթ 2) տարօրինակ 3) կոպիտ; անշնորհք; անարվեստ *(արվեստի/լեզվի մասին)*

uncover |ʌn'kʌvə| *verb* 1) կափարիչը բացել/վերցնել; ծածկոցը վերցնել 2) գլխարկը հանել *(ի նշան հարգանքի)* 3) բացահայտել; հայտնա-բերել; վեր հանել *(գաղտնիքը և այլն)*

unctuous |'ʌŋ(k)tjʊəs| *adjective* 1) յուղոտ; յու-ղալի; ճարպոտ 2) կեղծ բարեպաշտա-կան; քաղցր-մեղցր; կեղծավոր; հաճոյասեր 3) պարարտ *(հողի մասին)*

uncurl |ʌn'kəːl| *verb* 1) քանդվել; բացվել *(խո-պոպների և այլնի մասին)* 2) քանդել; բացել

undated |ʌn'deɪtɪd| *adjective* չթվագրված; անթվակիր

undaunted |ʌn'dɔːntɪd| *adjective* անվախ; ան-վեհեր

undecided |ʌndɪ'sʌɪdɪd| **1** *adjective* 1) չորոշ-ված; չլուծված; չվճռված 2) տատանվող; անվճռակաՆ 3) անպարզ; տարտամ արտահայտված **2** *noun* տատանվող ընտրող

undecipherable |ʌndɪˈsʌɪf(ə)rəb(ə)l| *adjective* 1) անվերծանելի 2) անընթեռնելի *(գրվածքի մասին)* 3) անհասկանալի *(խոսքի մասին)*

undeniable |ʌndɪˈnʌɪəb(ə)l| *adjective* 1) անժխտելի; անհերքելի; անվիճելի; անուրանալի 2) գերազանց; հրաշալի

under |ˈʌndə| **1** *preposition* 1) ներքևում; ցածում; ստորև 2) տակ; տակը 3) հետևում; տակ *(դիմակի, ծածկույթի և այլն)* 4) ազդեցության/իշխանության/հսկողության տակ 5) օրոք; տարիներին *(մեկի կառավարման)* 6) ըստ; համաձայն 7) ավելի քիչ; պակաս 8) ենթակա; ենթարկվող 9) որոշակի բույսով ցանված *(արտի մասին)* **2** *adverb* 1) ներքևում; ցածում 2) ներքև; ցած 3) ջրի տակ **3** *adjective* 1) ներքին; ներքևի; ստորին; ցածի; տակի 2) անգիտակից *(անզգայացման պատճառով)*

bring under հնազանդեցնել; հպատակեցնել; սանձել; ենթարկել; ճնշել

go under 1) խորտակվել; սուզվել; ընկղմվել 2) կործանվել; կորչել; անհետանալ; չքանալ 3) սնանկանալ; աղքատանալ

keep under զսպած պահել; թույլ չտալ տարածվելու/արտահայտվելու

underact |ʌndərˈækt| *verb* դերը վատ/անհաջող կատարել; թույլ խաղալ

underbrush |ˈʌndəbrʌʃ| *noun* մացառանտառ; անտառաթփուտ; մատղաշ անտառ; թփուտ; մացառուտ

undercarriage |ˈʌndəkærɪdʒ| *noun* շասսի *(գետնի վրա շարժվելու օդանավի հարմարանք)*

underclothes |ˈʌndəkləʊðz| *plural noun* ներքնազգեստ; սպիտակեղեն *(հագնելու)*

undercurrent |ˈʌndəkʌr(ə)nt| *noun* 1) ստորջրյա հոսանք 2) *փոխաբերական* թաքուն/չդրսևորված միտում; պարզորոշ չարտահայտված կարծիք/տրամադրություններ

underdeveloped |ʌndədɪˈvɛləpt| *adjective* 1) թերզարգացած 2) տնտեսապես թույլ զարգացած 3) կիսատ երևակված *(ժապավենի մասին)*

underdog |ˈʌndədɒg| *noun* 1) թույլ մրցակից 2) ցածր կարգավիճակով մարդ

underdone |ʌndəˈdʌn|, |ˈʌndə-| *adjective* 1) թերակատար; կիսակատար; անավարտ; կիսատ 2) թերեփ; կիսատապակ; կիսախորով

underestimate **1** *verb* |ʌndərˈɛstɪmeɪt| թերագնահատել; արժանին չմատուցել **2** *noun* |ʌndərˈɛstɪmət| թերագնահատում; թերագնահատելը

undergo |ʌndəˈgəʊ| *verb* (**-goes** |-ˈgəʊz|; անցյալ **-went** |-ˈwɛnt|; անցյալ դերբայ **-gone** |-ˈgɒn|) ենթարկվել; կրել; տանել

undergraduate |ʌndəˈgrædjʊət| **1** *noun* ավարտական կուրսի ուսանող **2** *adjective* ավարտական; ավարտական կուրսի ուսանողների համար նախատեսված

underground **1** *adverb* |ʌndəˈgraʊnd| 1) գետնի տակ 2) ընդհատակյա կերպով; գաղտնի կերպով; ապօրինաբար **2** *adjective* |ˈʌndəgraʊnd| 1) ստորգետնյա 2) ընդհատակյա; գաղտնի 3) փորձարարական; այլընտրանքային *(արվեստի և այլնի մասին)* **3** *noun* |ˈʌndəgraʊnd| 1) ընդհատակյա/գաղտնի կազմակերպություն 2) փորձարար խումբ; այլընտրանքային ուղղություն *(արվեստում և այլն)* 3) *բրիտանական* (**the Underground**) մետրոպոլիտեն; մետրո *(հատկապես Լոնդոնյան)*

undergrowth |ˈʌndəgrəʊθ| *noun* մացառանտառ; անտառամերձ թփուտներ; մատղաշ անտառ; թփուտ; մացառուտ

underhand |ˈʌndəhænd| *adjective* գաղտնի; անդրկուլիսյան; անդրբեմյան; թաքուն; ծածուկ

underlie |ʌndəˈlʌɪ| *verb* (**-lying**; անցյալ **-lay**; անցյալ դերբայ **-lain**) 1) մի բանի տակ ընկած լինել; ներքևում լինել 2) հիմքում ընկած լինել; որևէ բանի տակ թաքնված լինել

underline |ʌndəˈlʌɪn| **1** *verb* 1) ընդգծել; ստորագծել 2) *փոխաբերական* ընդգծել; շեշտել; կարևորել **2** *noun* |ˈʌndəlʌɪn| ընդգծում; տակը քաշված գիծ

underling |ˈʌndəlɪŋ| *noun* *արհամարհական* ստորադասյալ; մանր պաշտոնյա

undermine |ʌndəˈmʌɪn| *verb* 1) ականափորել; տակը փորել *(ժայռի և այլնի)* 2) ականապատել; ականել; ականներ դնել 3) տակից ողողել; տակից ողողելով քանդել *(ափը)* 4) քայքայել *(առողջությունը)* 5) վնասել; աստիճանաբար փչացնել/թուլացնել *(նաև հեղինակությունը)*

undermost *adjective* 1) ամենացածր; ցածրագույն 2) ստորին

underneath |ʌndəˈniːθ| **1** *preposition, adverb* 1) ներքևը; ներքևում; ցածի մասում; տակը 2) *փոխաբերական* հետևում; տակը 3) տակից *(հագուստի)* **2** *noun* ներքևի/ստորին մաս

undernourished |ʌndəˈnʌrɪʃt| *adjective* թերսնված

underpants |ˈʌndəpæn(t)s| *plural noun* վարտիք *(հատկապես տղամարդու)*

underpay |ʌndəˈpeɪ| *verb* (անցյալ և անցյալ դերբայ **-paid**) ցածր վարձատրել; ցածր աշխատավարձ տալ

underrate |ʌndəˈreɪt| *verb* թերագնահատել; խիստ նվազեցնել; քիչ արժեք տալ; ցածր գնահատել

underscore **1** *verb* |ʌndəˈskɔː| 1) ընդգծել; ստորագծել 2) *փոխաբերական* ընդգծել; շեշտել; կարևորել **2** *noun* |ˈʌndəskɔː| ընդգծում; տակը քաշած գիծ

undersecretary *noun* (հոգն. **-taries**) նախարարի տեղակալ *(Անգլիայում և ԱՄՆ-ում)*

undershirt |ˈʌndəʃəːt| *noun* տակի շապիկ; ներքնաշապիկ

undersized |ʌndəˈsʌɪzd|, |ˈʌndə-| (նաև **undersize**) *adjective* 1) փոքրաչափս; թզուկային; գաճաճային 2) *ռազմական* ցածրահասակ; կարճահասակ

understand |ʌndəˈstænd| *verb* (անցյալ և անցյալ դերբայ **-stood** |-ˈstʊd|) 1) հասկանալ; ըմբռնել; ընկալել 2) հիմնովին իմանալ; տեղյակ/լավատեղյակ լինել; գիտենալ 3) մեկնաբանել; մեկնել; բացատրել *(որոշակի ձևով)* 4) ենթադրել;

կարծել; համարել; եզրակացնել 5) (**be understood**) ենթադրվել; հասկացվել *(առանց բացահայտորեն ասվելու)* 6) (**be understood**) ինքնին հասկանալի լինել

make oneself understood արտահայտվել; միտքը արտահայտել

understandable *adjective* 1) հասկանալի; ըմբռնելի 2) սպասելի; հասկանալի; բնական; տրամաբանական; ընդունելի

understanding |ʌndəˈstændɪŋ| **1** *noun* 1) հասկացողություն; ըմբռնողություն; հասկանալու ընդունակություն 2) խելք; բանականություն; ըմբռնելու կարողություն/ունակություն 3) մեկնաբանություն; մեկնաբանում; հասկացում; ըմբռնում *(տվյալ անձի)* 4) ըմբռնում; արտացոլվ/հանդուրժող վերաբերմունք 5) փոխադարձ համաձայնություն; փոխըմբռնում; համերաշխություն **2** *adjective* 1) հասկացող; խելացի; մեծահոգի; վեհանձն; հանդուրժող; ընդունող 2) *հնացած* ուշիմ; խելամիտ

mutual understanding փոխըմբռնում; փոխըմբռնողություն

understate |ʌndəˈsteɪt| *verb* 1) խիստ նվազեցնել; թերագնահատել; ներկայացնել որպես պակաս կարևոր; ներկայացնել որպես ավելի փոքր/վատ *(քան իրականում)* 2) մեղմասել; բացահայտորեն չարտահայտել; բացեիբաց չասել; մասամբ ասել; լռության տալ

understatement |ʌndəˈsteɪtm(ə)nt|, |ˈʌndə-| *noun* 1) խիստ նվազեցում/նվազեցնելը 2) լռության տալը/մատնելը; թերասություն

understudy |ˈʌndəstʌdi| **1** *noun* (հոգն. **-studies**) *թատրոն* փոխարինող; կրկնորդիչ **2** *verb* (**-studies**, **-studied**) *թատրոն* փոխարինել; կրկնորդել; կրկնորդ լինել

undertake |ʌndəˈteɪk| *verb* (անցյալ **-took**; անցյալ դերբայ **-taken**) 1) ձեռնարկել; նախաձեռնել; ձեռնամուխ լինել 2) պարտավորվել; պարտավորություն վերցնել; հանձն առնել; ստանձնել 3) երաշխավորել; երաշխավոր լինել

undertaker |ˈʌndəteɪkə| *noun* 1) ձեռնարկիչ; ձեռնարկող; նախաձեռնող 2) թաղման բյուրոյի տեր; դագաղագործ

undertaking |ʌndəˈteɪkɪŋ| *noun* 1) պարտավորություն; պարտավորվելը; հանձն առնելը; ստանձնում 2) ձեռնարկում; ձեռնարկելը; նախաձեռնություն; գործ 3) հուղարկավորության սպասարկում; դագաղագործություն *(որպես մասնագիտություն)* 4) թաղման բյուրո

undertone |ˈʌndətəʊn| *noun* 1) կիսատոն; կես տոն 2) կիսերանգ *(գույնի)* 3) *փոխաբերական* երանգ; ենթերանգ; որակ; բնույթ

undervalue |ʌndəˈvæljuː| *verb* (**-values**, **-valued**, **-valuing**) թերագնահատել; նվազեցնել

underwater |ʌndəˈwɔːtə| *adjective, adverb* ջրի տակի; ջրի տակ; ստորջրյա

underwear |ˈʌndəwɛː| *noun* սպիտակեղեն; ներքնազգեստ

underwood |ˈʌndəwʊd| *noun* մացառանտառ; մատղաշ անտառ; թփուտ; մացառուտ

underworld |ˈʌndəwəːld| *noun* 1) դժոխք; գեհեն; սանդարամետ; տարտարոս 2) հասարակության տականքներ

underwrite |ʌndəˈrʌɪt|, |ˈʌndərʌɪt| *verb* (անցյալ **-wrote**; անցյալ դերբայ **-written**) 1) ստորագրել 2) ապահովագրել

undeservedly |-vɪdli| *adverb* անիրավացիորեն; անարժանաբար

undesirable |ʌndɪˈzʌɪərəb(ə)l| **1** *adjective* անցանկալի; տհաճ; անախորժ; անհաճո; անհամապատասխան; անհարմար; անբարենպաստ **2** *noun* տհաճ/անախորժ/անցանկալի մարդ

undetermined |ʌndɪˈtəːmɪnd| *adjective* 1) անորոշ; չլուծված; չվճռված; չորոշված 2) անհայտ; անստույգ

undeveloped |ʌndɪˈvɛləpt| *adjective* 1) չմշակված *(հատկապես հողի մասին)* 2) անզարգացած; չզարգացած; հետամնաց; թերզարգացած

undisguised |ˌʌndɪsˈgʌɪzd| *adjective* անսքող; ակնհայտ; չքողարկված; անքող; բաց; բացահայտ

undisputed |ʌndɪˈspjuːtɪd| *adjective* անվիճելի; անառարկելի; անհերքելի; անժխտելի

undistinguished |ʌndɪˈstɪŋgwɪʃt| *adjective* ոչնչով աչքի չընկնող; աննշան; աննկատելի

undo |ʌnˈduː| **1** *verb* (**-does**; անցյալ **-did**; անցյալ դերբայ **-done**) 1) արձակել; կապը քանդել; բաց անել *(կապոցը և այլն)* 2) չեղյալ հայտարարել/համարել; անվավեր դարձնել/համարել; ոչնչացնել; լուծել *(արվածը, պայմանագիրը և այլն)* 3) *համակարգիչներ* ետարկել **2** *noun համակարգիչներ* ետարկում

undone |ʌnˈdʌn| **1** *adjective* անցյալ դերբայ տե՛ս **undo** **2** *adjective* 1) արձակված; չկապված; չկոճկած; չամրացված 2) անավարտ; կիսատ; անկատար; թերի 3) *կատակային* կործած; կործանված; խորտակված *(մարդու մասին)*

undoubted |ʌnˈdaʊtɪd| *adjective* անկասկածելի; անտարակուսելի; աներկբայելի; անտարակույս

undoubtedly *adverb* անկասկած; անկասկած կերպով; անտարակուսելիորեն

undreamed |ʌnˈdriːmd|, |-ˈdrɛmt| (*բրիտանական* **undreamt**) *adjective* երազում էլ չտեսած; անսպասելի; աներևակայելի

undress |ʌnˈdrɛs| **1** *verb* հագուստը/շորերը հանել; հանվել **2** *noun* 1) մերկություն 2) առօրյա հագուստ

undressed |ʌnˈdrɛst| *adjective* 1) հագուստը հանած; առանց վրայի հագուստի; չհագնված 2) չմշակված; անմշակ; թերամշակ *(կաշվի/քարի մասին)* 3) չվիրակապված; չկապված *(վերքի մասին)*

undue |ʌnˈdjuː| *adjective* 1) անժամանակ; տարաժամ; անտեղի; ոչ տեղին; անպատեհ 2) չափազանց մեծ; արտակարգ; չափից դուրս

unduly *adverb* 1) ոչ ճիշտ; սխալ; անիրավ կերպով 2) չափազանց; չափից դուրս

undying |ʌnˈdʌɪɪŋ| *adjective* անմահ; չմեռնող; մշտնջենական; հավերժական; հավիտենական; հավերժ; անվախճան

undying love հավերժական սեր

unearned |ʌnˈəːnd| *adjective* չվաստակած; անվաստակ; անաշխատ; առանց աշխատելու ձեռք բերած *(եկամուտի մասին)*

unearth |ʌnˈəːθ| *verb* 1) փորելով հողից հանել 2) գտնել; հայտնաբերել; երևան հանել; պեղել

unearthly |ʌnˈəːθli| *adjective* 1) ոչ երկրային; գերերկրային; գերբնական; գերմարդկային; խորհրդավոր; առեղծվածային 2) *խոսակցական* անպատեհ; խիստ անհարմար; տարօրինակ; արտառոց; անհեթեթ *(ժամի և այլնի մասին)*

uneasy |ʌnˈiːzi| *adjective* (**-easier**, **-easiest**) 1) անհանգիստ; հուզված; շփոթված; անհարմարության զգացումով լի; կաշկանդված 2) անհարմար; անախորժ; տհաճ

uneconomical |ˌʌniːkəˈnɒmɪk(ə)l|, |ˌʌnɛkə-| *adjective* չտնտեսող; վատնող

unemployed |ʌnɪmˈplɔɪd|, |-ɛm-| *adjective* 1) գործազուրկ; աշխատազուրկ 2) չգործածվող; չօգտագործվող; անզբաղ; ազատ *(առարկայի/ սարքի մասին)*

unemployment |ʌnɪmˈplɔɪm(ə)nt|, |-ɛm-| *noun* գործազրկություն

unendurable |ʌnɪnˈdjʊərəb(ə)l| *adjective* անտանելի; անհանդուրժելի

unequal |ʌnˈiːkw(ə)l| **1** *adjective* 1) անհավասար; ոչ հավասար; անհավասարաչափ; անհամազոր; ոչ համազոր; անհավասարարժեք 2) անարդար; անիրավացի; ոչ ճիշտ; անհամապատասխան 3) անկանոն; անհետևողական; հակասական 4) անհավասարակշիռ *(բնավորության մասին)* 5) անկարող; անընդունակ *(տվյալ գործը կատարելու)* **2** *noun* այլ կարգավիճակի մարդ

unequaled |ʌnˈiːkw(ə)ld| (*բրիտանական* **unequalled**) *adjective* չգերազանցված; անգերազանցելի; հավասարը չունեցող

unequivocal |ʌnɪˈkwɪvək(ə)l| *adjective* աներկիմաստ; ոչ երկիմաստ; աներկդիմի; աներկմիտ; աներկբա; պարզորոշ; պարզ; որոշակի

unerring |ʌnˈəːrɪŋ| *adjective* անսխալ; ճիշտ; անսխալական; չսխալվող

UNESCO |juːˈnɛskəʊ| (*նաև* **Unesco**) *abbreviation* United Nations Educational, Scientific and Cultural Organization ՄԱԿ-ի կրթության, գիտության և մշակույթի հարցերով կազմակերպություն

uneven |ʌnˈiːv(ə)n| *adjective* 1) անհարթ *(մակերեսի մասին և այլն)* 2) անհետևողական; անկանոն; անկարգ 3) անհավասար; անհավասարակշիռ *(բնավորության մասին)* 4) կենտ; անզույգ

unexceptionable |ʌnɪkˈsɛpʃ(ə)nəb(ə)l|, |ʌnɛk-| *adjective* անբացառելի; անպայման; կատարյալ; բացարձակ

unexpected |ʌnɪkˈspɛktɪd|, |ʌnɛk-| *adjective* անսպասելի; անակնկալ; հանկարծակի; հանկարծական

unfailing |ʌnˈfeɪlɪŋ| *adjective* 1) անվրեպ; անսխալ; անշեղ; անխոտոր; անբիծ; անաղարտ 2) նվիրված; հավատարիմ; անդավաճան 3) անփոփոխ; անսպառ; հաստատուն

unfair |ʌnˈfɛː| *adjective* անարդար; անիրավացի; անազնիվ; ոչ ճիշտ

unfaithful |ʌnˈfeɪθfʊl|, |-f(ə)l| *adjective* 1) անհավատարիմ; ուխտադրուժ; դավաճանական 2) դավաճանող *(ամուսնու կամ սիրեցյալի)*

unfamiliar |ʌnfəˈmɪlɪə| *adjective* 1) անհայտ; անծանոթ; անճանաչ 2) անսովոր; օտարոտի; տարօրինակ; ոչ բնորոշ 3) (**unfamiliar with**) անգետ; անտեղյակ

unfavorable |ʌnˈfeɪv(ə)rəb(ə)l| (*բրիտանական* **unfavourable**) *adjective* 1) անբարենպաստ; անբարեհաջող; աննպաստ 2) անձեռնտու; անհարմար

unfeeling |ʌnˈfiːlɪŋ| *adjective* 1) անսիրտ; անգութ; անկարեկից 2) անզգա; անզգայուն *(նյարդի մասին և այլն)*

unfeigned |ʌnˈfeɪnd| *adjective* անկեղծ; սրտաբուխ; սրտագին; բնական; ոչ շինծու; անբռնազբոսիկ

unfinished |ʌnˈfɪnɪʃt| *adjective* անավարտ; թերավարտ

unfit |ʌnˈfɪt| **1** *adjective* 1) անպետք; ոչ պիտանի; անհամապատասխան 2) անհմուտ; անհամապատասխան *(մարդու մասին՝ որոշակի գործի համար)* 3) ոչ լավ մարզավիճակում; չմարզված **2** *verb* (**-fitted**, **-fitting**) *հնացած* անպետքացնել; ոչ պիտանի դարձնել; փչացնել

unfold |ʌnˈfəʊld| *verb* 1) բանալ; բաց անել ծալածը; փռել; տարածել 2) բաց անել; հաղորդել; հայտնել *(գաղտնիքը)* 3) հայտնաբերել; մերկացնել; երևան հանել; բացահայտել *(մտադրությունները)* 4) բացվել; հայտնաբերվել; երևան գալ; բացահայտվել

unforgettable |ʌnfəˈɡɛtəb(ə)l| *adjective* անմոռանալի; անմոռաց; չմոռացվող; անմար

unforgivable |ʌnfəˈɡɪvəb(ə)l| *adjective* աններելի; անհանդուրժելի

unfortunate |ʌnˈfɔːtʃ(ə)nət| **1** *adjective* 1) դժբախտ; անբախտ; թշվառ; ձախորդ 2) անբարեհաջող; աննպաստ *(պայմանների մասին)* 3) անհաջող; անախորժ; չարաբաստիկ; ցավալի **2** *noun* դժբախտ/չարաբախտ մարդ; թշվառական; անհաջողակ/ձախորդ մարդ

unfortunately |ʌnˈfɔːtʃ(ə)nətli| *adverb* դժբախտաբար

unfounded |ʌnˈfaʊndɪd| *adjective* անհիմն; ոչ հիմնավոր; չհիմնավորված

unfriendly |ʌnˈfrɛn(d)li| *adjective* (**-lier**, **-liest**) 1) անբարյացակամ; անբարեհաճ; ոչ բարեկամական; թշնամական; անսիրալիր; ոչ սիրալիր 2) անբարենպաստ; տհաճ *(եղանակի և այլնի մասին)* 3) դժվար գործածելի

unfurl |ʌnˈfəːl| *verb* բանալ; բաց անել; տարածել *(ծալածը)*

ungainly |ʌnˈɡeɪnli| *adjective* անճոռնի; այլանդակ; անշնորհք

ungetatable *adjective* *խոսակցական* անմատչելի; հեռավոր; անհասանելի

ungovernable |ʌnˈɡʌv(ə)nəb(ə)l| *adjective* 1) անսանձելի; անզուսպ *(ծիծաղի և այլնի մասին)* 2) սանձարձակ

ungrateful |ʌnˈɡreɪtfʊl|, |-f(ə)l| *adjective* 1)

ապերախտ; անշնորհակալ; երախտամոռ 2) անշնորհակալ; ծանր; դժվարին *(աշխատանքի մասին)*

unguarded |ʌn'gɑːdɪd| *adjective* 1) անպաշտպան; չպաշտպանված 2) անշրջահայաց; անմիտ; անխոհեմ

unguent |'ʌŋgwənt| *noun* քսուք; քսադեղ

unhandsome |ʌn'hæns(ə)m| *adjective* 1) տգեղ; անհրապույր 2) անքաղաքավարի; անսիրալիր; կոպիտ 3) անազնիվ; տգեղ

unhandy |ʌn'hændi| *adjective* 1) անհարմար; չկառավարվող 2) անշնորհք; անճարպիկ; ծանրաշարժ

unhappily *adverb* 1) դժբախտ/վշտալի կերպով 2) դժբախտաբար; ցավոք

unhappy |ʌn'hæpi| *adjective* (**-pier**, **-piest**) 1) տխուր; վշտոտ; թախծոտ 2) (**unhappy at/about/with**) դժգոհ; չբավարարված 3) դժբախտ; ձախորդ; ապերջանիկ 4) անհաջող

unharmed |ʌn'hɑːmd| *adjective* անվնաս; ողջառողջ

UNHCR *abbreviation* United Nations High Commission for Refugees ՄԱԿ-ի փախստականների գծով գերագույն հանձնախումբ

unhealthy |ʌn'hɛlθi| *adjective* (**-healthier**, **-healthiest**) 1) վնասակար; վտանգավոր *(առողջության համար)* 2) վատառողջ; անառողջ; հիվանդոտ 3) *ռազմական խոսակցական* գնդակոծվող; վտանգավոր 4) հիվանդագին; աննորմալ; խանգարված; անհավասարակշիռ

unheard |ʌn'həːd| *adjective* 1) չլսված; չլսած; առանց լսելու 2) անլսելի; չլսվող 3) (**unheard of**) չլսված; անհայտ; անծանոթ

unholy |ʌn'həʊli| *adjective* (**-lier**, **-liest**) 1) պիղծ; անսուրբ; մեղսական 2) *խոսակցական* սարսափելի; սոսկալի *(աղմուկի/անկարգության մասին)*

unicellular |ˌjuːnɪ'sɛljʊlə| *adjective* *կենսաբանություն* միաբջիջ

unicorn |'juːnɪkɔːn| *noun* *դիցաբանություն* միեղջյուր; միաեղջյուր ձի

unification |ˌjuːnɪfɪ'keɪʃ(ə)n| *noun* 1) միավորում; միավորվելը 2) միասնացում; միասնականացում; միօրինակացում

uniform |'juːnɪfɔːm| **1** *adjective* 1) միատեսակ; միօրինակ; համաչափ; հավասարաչափ; միանման; միակերպ; համասեռ 2) մշտական; անփոփոխ **2** *noun* համազգեստ; տարազավոր զգեստ **3** *verb* 1) համազգեստ հագցնել 2) համասեռ դարձնել

uniformed *adjective* համազգեստ հագած

uniformity |juːnɪ'fɔːmɪti| *noun* (հոգն. **-ties**) միօրինակություն; միատեսակություն; միանմանություն

unify |'juːnɪfʌɪ| *verb* (**-fies**, **-fied**) 1) միավորել; միացնել; ամբողջացնել 2) միասնականացնել; միօրինակացնել 3) միավորվել; միանալ; ամբողջանալ 4) միասնականանալ; միօրինականալ

unilateral |juːnɪ'læt(ə)r(ə)l| *adjective* միակողմ; միակողմանի; մի կողմանի; միայն մի կողմից կատարվող

unimaginable |ʌnɪ'mædʒɪnəb(ə)l| *adjective* աներևակայելի; անըմբռնելի

unimpaired |ʌnɪm'pɛːd| *adjective* ձեռք չտված; անարատ; անվթար; անվնաս; չվնասված

unimportant *adjective* անկարևոր

unintelligible |ʌnɪn'tɛlɪdʒɪb(ə)l| *adjective* 1) անհասկանալի; անըմբռնելի; ոչ պարզ; անիմաստ 2) անընթեռնելի *(ձեռագրի մասին)*

unionist |'juːnjənɪst|, |-ɪən-| *noun* 1) արհմիության անդամ 2) արհմիության կողմնակից 3) *պատմական* ունիոնիստ; քաղաքացիական պատերազմի ժամանակ ֆեդերացիայի կողմնակից *(Իռլանդիային ինքնավարություն տալու հակառակորդ)*

Union Jack *noun* ՄԹ-ի դրոշը

Union of Soviet Socialist Republics (հպվ. USSR) *պատմական* Խորհրդային/Սովետական Սոցիալիստական Հանրապետությունների Միություն

unique |juː'niːk| **1** *adjective* անգյուտ; եզակի; միակ; աննման; նմանը չունեցող; անզուգական; անօրինակ; յուրահատուկ **2** *noun* *հնացած* անգյուտ/եզակի բան; անգյուտ/եզակի մարդ

unisex |'juːnɪsɛks| **1** *adjective* երկսեռ *(և՛ կանացի, և՛ տղամարդու. հագուստի, սանրվածքի և այլնի մասին)* **2** *noun* երկսեռ ոճ *(կանանց և տղամարդկանց համար)*

unison |'juːnɪs(ə)n| **1** *noun* 1) համաձայնություն; համերաշխություն; ներդաշնակություն ◇ **in unison** համերաշխաբար; համերաշխ 2) *երաժշտություն* ներդաշնակություն; դաշնաձայնություն **2** *adjective* ներդաշնակ

unit |'juːnɪt| *noun* 1) միավոր; չափի միավոր ◇ **thermal unit** ջերմության միավոր 2) *տեխնիկական* ագրեգատ; մեքենամիացք; կոմպլեկտ; լրակազմ 3) մաս; բաղադրամաս; բաղկացուցիչ մաս *(սարքի, կահույքի և այլնի)* 4) բնակարան; սենյակներ 5) բաժանմունք; բաժին *(հիվանդանոցում և այլն)* 6) *ռազմական* զորամաս; մաս 7) դաս; թեմա *(ուսումնական ծրագրի շրջանակներում)* 8) ոստիկանական մեքենա

unite |juː'nʌɪt| *verb* 1) միանալ; միավորվել; համախմբվել 2) միավորել; համախմբել; միացնել

united *adjective* 1) միավորված; միացված; միացյալ; միավորյալ 2) միասնական; համերաշխ; միաբան

United Arab Emirates (հպվ. UAE) Միացյալ Արաբական Էմիրություններ *(պետություն Պարսից ծոցի ափին)*

United Kingdom (հպվ. UK) (**United Kingdom of Great Britain and Northern Ireland**) Միացյալ Թագավորություն *(պետություն Արևմտյան Եվրոպայում)*

unitedly *adverb* բոլորը միասին; միացյալ ուժերով; միահամուռ կերպով

United Nations (հպվ. UN) *noun* Միավորված Ազգերի Կազմակերպություն; ՄԱԿ

United States (հպվ. U.S. կամ US) (**United States of America**) Ամերիկայի Միացյալ Նահանգներ; ԱՄՆ *(պետություն Հյուսիսային Ամերիկայում)*

unity |ˈjuːnɪti| *noun* (հոգն. **-ties**) 1) միասնություն 2) միություն; միաբանություն; համախմբվածություն; համերաշխություն ◇ **working class unity** բանվոր դասակարգի համերաշխություն 3) ամբողջություն; բաղադրություն; բաղկացություն 4) *մաթեմատիկա* մեկ; միավոր

universal |juːnɪˈvəːs(ə)l| **1** *adjective* 1) համընդհանուր; ընդհանուր 2) բազմակողմանի; համապարփակ 3) համապիտանի; համակիրառելի; ունիվերսալ 4) ամբողջական 5) տիեզերական; համաշխարհային 6) *լեզվաբանություն* համընդհանուր *(բոլոր լեզուների համար)* **2** *noun* 1) համընդհանուր առարկա/անձ 2) *լեզվաբանություն* ընդհանրույթ; լեզվական ընդհանրույթ; համընդհանուր լեզվաբանական օրենք

universe |ˈjuːnɪvəːs| *noun* 1) տիեզերք 2) ամբողջ աշխարհը 3) ոլորտ; բնագավառ; ասպարեզ *(հետաքրքրությունների, գործունեության)*

university |juːnɪˈvəːsɪti| *noun* (հոգն. **-ties**) 1) համալսարան 2) համալսարանականներ; համալսարանի ուսանողները և դասախոսական կազմը 3) համալսարանի տարածք/շենք

Unix |ˈjuːnɪks| (նաև **UNIX**) *noun* *առևտրանշան համակարգիչներ* Յունիքս *(տարածված բազմագործածողի, բազմառաջադրանք գործավարական համակարգ)*

unjust |ʌnˈdʒʌst| *adjective* անարդար; անիրավացի; անարդարամիտ

unkempt |ʌnˈkɛm(p)t| *adjective* 1) չսանրված; խճճված մազերով 2) փնթի; անմաքուր; թափթփված

unkind |ʌnˈkʌɪnd| *adjective* չար; չարակամ; դաժան; անգութ

unknown |ʌnˈnəʊn| **1** *adjective* անհայտ; ոչ հայտնի; չճանաչված; անծանոթ **2** *noun* 1) (**the unknown**) անհայտը; անհայտություն 2) անծանոթ անձ

unlace |ʌnˈleɪs| *verb* 1) կապերն արձակել; կապերը թուլացնել 2) կոշկաքուղը արձակել

unlawful |ʌnˈlɔːfʊl|, |-f(ə)l| *adjective* ապօրինի; անօրինական; հակաօրինական; արգելված

unlearned |ʌnˈləːnd|, |-ˈləːnɪd| *adjective* անուսում; անգրագետ; անկիրթ; տգետ

unleash |ʌnˈliːʃ| *verb* 1) կապն արձակել *(շան և այլն)* 2) սանձազերծել *(պատերազմ)* 3) *ռազմական* մարտի մեջ նետել

unleavened |ʌnˈlɛv(ə)nd| *adjective* անթթխմոր

unless |ʌnˈlɛs| *conjunction* եթե չ....; մինչև որ չ....

I will come unless I change my mind. Ես կգամ, եթե միտքս չփոխեմ:

unlettered |ʌnˈlɛtəd| *adjective* անկիրթ; անուսում; անգրագետ

unlike |ʌnˈlʌɪk| **1** *preposition* ի տարբերություն **2** *adjective* 1) ոչ նման; տարբեր 2) ոչ բնորոշ

unlikely |ʌnˈlʌɪkli| *adjective* (**-lier**, **-liest**) 1) քիչ հավանական; աննշմարտանման 2) լավ բան չխոստացող; անհրապույր; անշուք

unlimited |ʌnˈlɪmɪtɪd| *adjective* 1) անսահման; անծայրածիր; անչափ; չափազանց մեծ; անսահմանափակ 2) *բրիտանական* անսահմանափակ պատասխանատվությամբ *(ընկերության մասին)*

unload |ʌnˈləʊd| *verb* 1) բեռնաթափել; բեռը դատարկել 2) բեռնաթափվել; բեռնաթափ լինել; թողնել; ազատվել 3) *խոսակցական* ծախել; իրացնել *(էժան գնով)* 4) *ռազմական* պարպել; դատարկել; լիցքաթափ անել *(զենքը)* 5) արտահայտել; ազատություն տալ *(մտքերին, զգացմունքներին)*

unlock |ʌnˈlɒk| *verb* 1) կողպածը բանալ; բաց անել 2) *փոխաբերական* բանալ *(սիրտը)* 3) հասանելի/մատչելի/գործածելի դարձնել

unlooked-for *adjective* անսպասելի; չնախատեսված; անակնկալ

unlucky |ʌnˈlʌki| *adjective* (**-luckier**, **-luckiest**) ձախորդ; վատաբախտ; անհաջող; չարաբաստիկ

unmanly |ʌnˈmænli| *adjective* տղամարդուն անվայել; տղամարդուն ոչ հատուկ; վախկոտ

unmask |ʌnˈmɑːsk| *verb* 1) *փոխաբերական* դիմակը պատռել; դիմակազերծ անել; մերկացնել 2) դիմակը հանել 3) *ռազմական* ապաքողարկել

unmatched |ʌnˈmætʃt| *adjective* աննման; հավասարը չունեցող; անզուգական

unmeaning |ʌnˈmiːnɪŋ| *adjective* անիմաստ; անբովանդակ

unmeasured |ʌnˈmɛʒəd| *adjective* 1) չչափված; չորոշված; չսահմանված 2) *բանաստեղծական* անչափ; անսահման; չափազանց մեծ

unmindful |ʌnˈmʌɪn(d)fʊl|, |-f(ə)l| *adjective* անուշադիր; անփույթ; անտեղյակ; անհաղորդ; անգիտակ

unmistakable |ʌnmɪˈsteɪkəb(ə)l| (նաև **unmistakeable**) *adjective* ակնհայտ; ակներև; պարզ; բացահայտ; անտարակույս; անկասկածելի; անսխալ

unmoved |ʌnˈmuːvd| *adjective* 1) անտարբեր; անկարեկից; չզգացված; չհուզված 2) անդրդվելի; անկոտրում; անսասան 3) անշարժ; անփոփոխ; նույն դիրքում

unnatural |ʌnˈnætʃ(ə)r(ə)l| *adjective* 1) անբնական; ոչ բնական 2) արհեստական; շինծու; ճնռում; փքուն 3) հրեշավոր; հակաբնական

unnecessary |ʌnˈnɛsəs(ə)ri| **1** *adjective* 1) ոչ անհրաժեշտ; ավելորդ; անպետք 2) անպատեհ; անպատշաճ; անտեղի *(դիտողության մասին)* **2** *plural noun* (**unnecessaries**) անպետք բաներ

unnerve |ʌnˈnəːv| *verb* կամազուրկ անել; արիությունից/վճռականությունից զրկել; նյարդերը քայքայել; թուլացնել

unnoticed |ʌnˈnəʊtɪst| *adjective* 1) աննկատ; չնկատված; աննկատելի մնացած 2) աննկատելի; աննշմարելի

unnumbered |ʌnˈnʌmbəd| *adjective* 1) չհաշված; չհամարակալված 2) անհամար; անթիվ; անհաշիվ

unobtrusive |ʌnəbˈtruːsɪv| *adjective* զուսպ; ուշադրություն չգրավող

unoccupied |ʌnˈɒkjʊpʌɪd| *adjective* 1) չզբաղեցրած; դատարկ; ազատ *(բնակարանի և այլնի մասին)* 2) պարապ; պարապ-սարապ; անզբաղ *(մարդու մասին)*

unpack |ʌnˈpæk| *verb* 1) բաց անել; արձակել *(կապած իրերը, ճամպրուկը և այլն)* 2) փաթեթից հանել; փաթեթավորումը հանել 3) վերլուծել; բաղադրիչների բաժանել 4) *համակարգիչներ* ապափաթեթավորել

unpaid |ʌn'peɪd| *adjective* 1) չվճարված; չհատուցված; չվարձատրված 2) անվճար; անվարձ; առանց վարձատրության

unparalleled |ʌn'pærəlɛld| *adjective* անօրինակ; աննման; անզուգական

unpeople |ʌn'pi:p(ə)l| *verb* մարդազրկել; բնակչությունից զրկել; ամայացնել; անմարդաբնակ դարձնել

unpleasant |ʌn'plɛz(ə)nt| *adjective* 1) տհաճ; անհաճո; անախորժ; անդուրեկան; անդուր 2) անսիրալիր; անբարեհամբույր; կոպիտ

unpleasantness *noun* 1) անդուրություն; անդուրեկանություն; անհրապույր լինելը 2) տհաճություն; տհաճ բան; անախորժություն; թյուրիմացություն; վեճ; տարաձայնություն; գժտություն

unplug |ʌn'plʌg| *verb* (**-plugged**, **-plugging**) 1) խրոցակը հանել; անջատել *(էլեկտրական սարքը)* 2) *համակարգիչներ* հանել խրոցակը 3) խցանումը հանել; խոչընդոտից ազատվել 4) *խոսակցական* ցրվել; թարմանալ; հանգստանալ

unpopular |ʌn'pɒpjʊlə| *adjective* ժողովրդականություն չվայելող; ոչ ժողովրդական; հասարակական համակրանք չվայելող; չսիրված

unpracticed |ʌn'præktɪst| (բրիտանական **unpractised**) *adjective* 1) անփորձ; անհմուտ; անվարժ; անճարտար 2) չկիրառված; չկիրարկված

unprecedented |ʌn'prɛsɪdɛntɪd| *adjective* աննախադեպ; անօրինակ; աննախընթաց; չտեսնված

unpredictable |ʌnprɪ'dɪktəb(ə)l| *adjective* անկանխատեսելի

unprejudiced |ʌn'prɛdʒʊdɪst| *adjective* անկանխակալ; անկողմնապահ; անկողմնակալ; անաչառ

unpremeditated |ʌnpri:'mɛdɪteɪtɪd| *adjective* չկանխամտածված; ոչ դիտավորյալ; չկշռադատված

unpretending |ʌnprɪ'tɛndɪŋ| *adjective հնավանդ* առանց հավակնությունների; անհավակնոտ; համեստ; ոչ պահանջկոտ

unprincipled |ʌn'prɪnsɪp(ə)ld| *adjective* անսկզբունք; անսկզբունքային; բարոյազուրկ

unprofitable |ʌn'prɒfɪtəb(ə)l| *adjective* 1) անշահավետ; անօգտավետ; անշահութաբեր 2) անօգտակար; օգուտ չբերող *(գործողության մասին)*

unprovoked |ʌnprə'vəʊkt| *adjective* ինքնաբուխ; առանց դրդապատճառի

unpublished |ʌn'pʌblɪʃt| *adjective* 1) չհրատարակված 2) գործեր չհրատարակած *(հեղինակի մասին)*

unqualified |ʌn'kwɒlɪfʌɪd| *adjective* 1) համապատասխան որակավորում չունեցող *(որոշակի գործ անելու համար)* 2) անհամապատասխան; անհմուտ; անվարժ; անգիտակ *(որոշակի գործ անելու համար)* 3) անվերապահ; անառարկելի 4) պայմաններով չսահմանափակված 5) *խոսակցական* բացահայտ; ակնհայտ; բացարձակ; սուր կերպով արտահայտված 6) կտրական; կտրուկ *(մերժման/հրաժարման մասին և այլն)*

unquestionable |ʌn'kwɛstʃ(ə)nəb(ə)l| *adjective* անվիճելի; անառարկելի; անտարակուսելի; անհերքելի

unravel |ʌn'ræv(ə)l| *verb* (**-raveled**, **-raveling**; բրիտ. **-ravelled**, **-ravelling**) 1) արձակել; քանդել; իրարից բաժանել *(թելերը և այլն)* 2) արձակվել; քանդվել; իրարից բաժանվել *(թելերի և այլնի մասին)* 3) լուծել; բացատրել 4) փաթեթավորումը հանել 5) տապալվել; ձախողվել

unreadable |ʌn'ri:dəb(ə)l| *adjective* 1) անընթեռնելի; անվերծանելի *(ձեռագրի մասին)* 2) ձանձրալի; անհետաքրքիր *(ընթերցելու համար)* 3) անհասկանալի; անմեկնելի *(դեմքի արտահայտության մասին)*

unready |ʌn'rɛdi| *adjective* 1) անպատրաստ; չպատրաստված; անվարժ 2) *հնացած* ծանրաշարժ; դանդաղաշարժ; հապաղող

unreal |ʌn'rɪəl| *adjective* 1) անիրական; երևակայական 2) ոչ իրական; անիսկական; կեղծ

unrealizable |ʌn'rɪəlʌɪzəb(ə)l| *adjective* անիրագործելի; անկենսագործելի; անգործադրելի

unreasonable |ʌn'ri:z(ə)nəb(ə)l| *adjective* 1) անխելամիտ; ոչ խելացի; անխոհեմ 2) անչափավոր; չափից ավելի; չափազանց բարձր; անտրամաբանական *(գնի մասին և այլն)*

unreasoned |ʌn'ri:z(ə)nd| *adjective* 1) չմտածված; չկշռադատված 2) չհիմնավորված; չպատճառաբանված; անտրամաբանական; անբանական

unreel |ʌn'ri:l| *verb* 1) ետ անել; ետ տալ; ետ կծկել 2) արձակել *(փաթաթածը)*

unrelenting |ʌnrɪ'lɛntɪŋ| *adjective* 1) չթուլացող; չմեղմացող; անփոփոխ 2) անգութ; անողորմ; դաժան; անողոք; անկարեկից

unreliable *adjective* անվստահելի; անհուսալի

unremitting |ʌnrɪ'mɪtɪŋ| *adjective* անդադար; անդուլ; անդադրում; չդադարող; չընդհատվող; չթուլացող; հարատև; համառ

unreserve |ʌnrɪ'zə:v| *noun հնավանդ* 1) անկեղծություն; շիտակություն 2) անզսպություն; չզսպվածություն

unreserved |ʌnrɪ'zə:vd| *adjective* 1) բացարձակ; անառարկելի; անվիճելի 2) անկեղծ; շիտակ; բաց *(մարդու մասին)* 3) անզուսպ; չզսպված 4) չսահմանափակված *(պայմաններով, վերապահությամբ)* 5) չպատվիրված; չզբաղեցված

unrest |ʌn'rɛst| *noun* 1) խռովություն; անկարգություններ; խլրտում 2) անհանգստություն; տագնապ; հուզմունք *(մարդու)*

unriddle |ʌn'rɪd(ə)l| *verb հազվադեպ* լուծել; գուշակել; բացատրել; մեկնել

unrip |ʌn'rɪp| *verb* (**-ripped**, **-ripping**) *հազվադեպ* կարերը քանդել; պատռելով անջատել

unrivaled |ʌn'rʌɪv(ə)ld| (բրիտանական **unrivalled**) *adjective* անզուգական; անմրցակից; աննման; բացառիկ

unroll |ʌn'rəʊl| *verb* փռել; բաց անել; տարածել

unruffled |ʌnˈrʌf(ə)ld| *adjective* 1) կոկ; հարթ; ողորկ; սղալած *(մազերի մասին)* 2) հանդարտ; հանգիստ; անխռով; անվրդով

unruly |ʌnˈru:li| *adjective* (**-lier**, **-liest**) 1) անզուսպ; անսանձ; անկարգապահ; սանձարձակ 2) չենթարկվող *(մազերի մասին)*

unsavory |ʌnˈseɪv(ə)ri| (*բրիտանական* **unsavoury**) *adjective* 1) անհամ; տհաճ համ ունեցող 2) անախորժ; տհաճ; անդուրեկան; վանող

unscathed |ʌnˈskeɪðd| *adjective* անվնաս; չվնասված; չտուժած; ողջ-առողջ

unschooled |ʌnˈsku:ld| *adjective* 1) անուսում; տգետ; դպրոց չհաճախած 2) անվարժ; անփորձ 3) անկարգապահ 4) բնական; անսեթևեթ; անբռնազբոսիկ; ինքնաբուխ

unscrew |ʌnˈskru:| *verb* 1) պտուտակը հանել/թուլացնել; ետ պտուտակել 2) թուլանալ *(պտուտակի մասին)* 3) պտուտակները թուլացնելով հանել *(կափարիչը և այլն)*

unscrupulous |ʌnˈskru:pjʊləs| *adjective* անսկզբունքային; անազնիվ; անբարոյական; միջոցների մեջ խտրություն չդնող; անամոթ; անպատկառ

unseal |ʌnˈsi:l| *verb* կնիքը պոկել/հանել; բաց անել

unsearchable |ʌnˈsə:tʃəb(ə)l| *adjective* *բանաստեղծական* անըմբռնելի; անհասկանալի; անիմանալի; անբացատրելի

unseasoned |ʌnˈsi:z(ə)nd| *adjective* 1) չհամեմված; առանց համեմունքի *(սննդի մասին)* 2) չհասած; անհրաժեշտ ժամանակ չպահված; անպահորակ 3) *փոխաբերական* անփորձ; խակ; անվարժ

unseemly |ʌnˈsi:mli| *adjective* անպատշաճ; անվայելուչ; անպարկեշտ; անվայել

unseen |ʌnˈsi:n| *adjective* 1) առանց տեսնվելու; առանց նկատվելու; չտեսնված; չնկատված 2) անտեսանելի; աննկատելի 3) չկանխատեսված; չգուշակված; անսպասելի; անակնկալ

unselfish |ʌnˈsɛlfɪʃ| *adjective* անեսասեր; անեսապաշտ; անշահախնդիր; անշահասեր

unsettle |ʌnˈsɛt(ə)l| *verb* 1) հանգիստը խանգարել; հունից հանել; անհանգստացնել 2) անկարգություն մտցնել; կարգը խախտել

unsettled |ʌnˈsɛt(ə)ld| *adjective* 1) խանգարված; խախտված; անկարգ վիճակում; անկանոն 2) անհանգիստ; մտահոգ; նյարդայնացած 3) անկայուն; փոփոխական; չկայունացած *(եղանակի և այլնի մասին)* 4) չվճարված *(հաշվի և այլնի մասին)* 5) չլուծված; չվճռված; չորոշված *(հարցի մասին)* 6) չբնակեցված; անմարդաբնակ; անբնակ 7) *քիմիա* չպարզված; չզուլալված; պղտոր

unshakable |ʌnˈʃeɪkəb(ə)l| (*նաև* **unshakeable**) *adjective* անհողդողդ; անսասան; անդրդվելի; աներեր; հաստատուն

unshaken |ʌnˈʃeɪk(ə)n| *adjective* անսասան; հաստատուն; կայուն

unsheathe |ʌnˈʃi:ð| *verb* պատյանից հանել *(սուրը և այլն)*

unshod |ʌnˈʃɒd| *adjective* 1) բոբիկ; բոկոտն 2) չպայտված; անպայտ

unsightly |ʌnˈsʌɪtli| *adjective* 1) անհրապույր; անշուք; խղճուկ; անբարետես 2) տգեղ; այլանդակ; անճոռնի

unskilled |ʌnˈskɪld| *adjective* ոչ որակյալ; անվարժ; անհմուտ; անփորձ

unskillful |ʌnˈskɪlfʊl|, |-f(ə)l| *adjective* անճարպիկ; անճարտար; անհմուտ; անշնորհք; անճարակ

unsleeping |ʌnˈsli:pɪŋ| *adjective* 1) արթուն 2) զգոն; աչալուրջ

unsophisticated |ʌnsəˈfɪstɪkeɪtɪd| *adjective* 1) միամիտ; պարզամիտ; պարզ; հասարակ; պարզասիրտ; բնական; անմեղ 2) պարզունակ; հասարակ

unsound |ʌnˈsaʊnd| *adjective* 1) վատառողջ; թույլ; տկար; հիվանդոտ 2) անհուսալի; անապահով 3) անհիմն; չհիմնավորված 4) անվստահելի *(մարդու մասին)*

unsparing |ʌnˈspɛ:rɪŋ| *adjective* 1) անողոք; անողորմ; անխնա 2) առատաձեռն; ձեռնաբաց; վատնող; մսխող; շռայլ; չխնայող

unspeakable |ʌnˈspi:kəb(ə)l| *adjective* 1) անարտահայտելի; անասելի 2) *խոսակցական* շատ վատ; սարսափելի

unspecified |ʌnˈspɛsɪfʌɪd| *adjective* անորոշ; չնշված; չորոշված

unspoken |ʌnˈspəʊk(ə)n| *adjective* չարտասանված; չասված; չարտաբերված

unstable |ʌnˈsteɪb(ə)l| *adjective* (**-bler**, **-blest**) 1) անկայուն; անհաստատ; փոփոխական 2) անկայուն; խանգարված *(մարդու մասին)*

unsteady |ʌnˈstɛdi| *adjective* (**-steadier**, **-steadiest**) 1) անկայուն; անհաստատ; երերուն; խախուտ 2) փոփոխական; դյուրափոփոխ; անհուսալի; անապահով 3) անկանոն; անմիօրինակ

unstressed |ʌnˈstrɛst| *adjective* 1) *հնչյունաբանություն* չշեշտված; անշեշտ *(հնչյունի/վանկի մասին)* 2) չձգված; չպրկված; չլարված 3) չլարվող; սթրեսի չենթարկվող

unsubscribe *verb* *համակարգիչներ* բաժանորդագրությունը ավարտել *(փոստային ցուցակի մեջ)*

unsuccessful *adjective* անհաջող; անբարեհաջող

unsuitable |ʌnˈsu:təb(ə)l|, |-ˈsju:t-| *adjective* անհարիր; անհարմար; անհամապատասխան; անպատշաճ

untamable |ʌnˈteɪməb(ə)l| (*նաև* **untameable**) *adjective* 1) անսանձելի; անզսպելի; անզուսպ; անվերահսկելի 2) չընտելացվող *(կենդանու մասին)*

unthinkable |ʌnˈθɪŋkəb(ə)l| *adjective* անհավատալի; անճշմարտանման; աներևակայելի

unthinking |ʌnˈθɪŋkɪŋ| *adjective* չմտածված; թեթևամիտ; անշրջահայաց; անխոհեմ

untidy |ʌnˈtʌɪdi| *adjective* (**-tidier**, **-tidiest**) անկանոն; խառնիխուռն

untie |ʌnˈtʌɪ| *verb* (**-tied**, **-tying**) արձակել; կապը քանդել; կապը բաց անել

until |ən'tıl| *preposition, conjunction* մինչև; մինչև որ

untimely |ʌn'tʌımli| **1** *adjective* 1) անժամանակ; տարաժամ; վաղաժամ; անպատեհ 2) վաղաժամ; անժամանակ *(մահվան/ավարտի մասին)* **2** *adverb* հնացած անժամանակ; ոչ ժամանակին; վաղաժամ; տարաժամորեն

untiring |ʌn'tʌıərıŋ| *adjective* անխոնջ; չհոգնող; անդուլ

untold |ʌn'təʊld| *adjective* 1) անհաշիվ; անհամար 2) չպատմված; չասված *(պատմության և այլնի մասին)* 3) չբացահայտված *(գաղտնիքի մասին)*

untoward |ʌntə'wɔ:d|, |ʌn'təʊəd| *adjective* 1) անբարենպաստ; դժբախտ; ձախորդ 2) անպատեհ; անհարմար; անպատշաճ; անտեղի 3) անհնազանդ; համառ; կամակոր

untranslatable |ˌʌntræns'leıtəb(ə)l|, |ˌʌntrɑ:ns-|, |-z-| *adjective* անթարգմանելի; չթարգմանվող

untrue |ʌn'tru:| *adjective* 1) սխալ; ոչ ճշմարիտ; սուտ; կեղծ 2) անհավատարիմ; ուխտադրուժ 3) անհամապատասխան; չհամապատասխանող *(տիպօրինակին)* 4) ծուռ; անուղիղ; ծուռումուռ; թեք

untruth |ʌn'tru:θ| *noun* (հոգն. **-truths** |-'tru:ðz|, |-'tru:θs|) 1) սուտ; կեղծ նախադասություն 2) սուտ լինելը; կեղծիք

untwine |ʌn'twʌın| *verb* 1) բաց անել; քանդել *(խճճված, հյուսված)* 2) բացվել; քանդվել

untwist |ʌn'twıst| *verb* 1) ոլորքը քանդել; ոլորքը ետ տալ 2) քանդվել; արձակվել; բացվել *(ոլորքի մասին)*

unused *adjective* 1) չօգտագործված; չգործածված; չօգտագործվող; չգործածվող 2) (**unused to**) անսովոր; անվարժ

unusual ʌn'ju:ʒʊəl| *adjective* 1) անսովոր; ոչ սովորական; հազվագյուտ 2) արտասովոր; արտակարգ

unutterable |ʌn'ʌt(ə)rəb(ə)l| *adjective* 1) անարտահայտելի; անասելի; անպատմելի; աննկարագրելի 2) անարտասանելի

unvarnished |ʌn'vɑ:nıʃt| *adjective* 1) չլաքած; լաք չքսած; անջնարակ; չջնարակած 2) *փոխաբերական* անպաճույճ; բնական; պարզ; չգունազարդված; շիտակ *(խոսքի/շարժումնի մասին)*

unveil |ʌn'veıl| *verb* 1) ծածկոցը/քողը հանել; բաց անել; բանալ 2) հանդիսավոր կերպով բաց անել *(արձանը)* 3) բացահայտել; մերկացնել *(գաղտնիքը, ծրագրերը և այլն)*

unversed |ʌn'və:st| *adjective* (**unversed in sth**) անտեղյակ; անիրազեկ; անգետ; անփորձ

unvoiced |ʌn'vɔıst| *adjective* 1) չարտասանված; չարտահայտված 2) *հնչյունաբանություն* խուլ

unwanted |ʌn'wɒntıd| *adjective* անցանկալի; ավելորդ; անպետք

unwarrantable |ʌn'wɒr(ə)ntəb(ə)l| *adjective* անթույլատրելի; անհանդուրժելի; ոչնչով չարդարացված

unwearying |ʌn'wıərııŋ| *adjective* անխոնջ; չհոգնող; անդուլ

unwelcome |ʌn'wɛlkəm| *adjective* 1) անկոչ; ինքնակոչ 2) անցանկալի; անախորժ

unwell |ʌn'wɛl| *adjective* վատառողջ; անառողջ; թույլ; տկար

unwieldy |ʌn'wi:ldi| *adjective* (**-wieldier**, **-wieldiest**) ծանր; ծանրաշարժ; մեծածավալ; անճոռնի

unwilling |ʌn'wılıŋ| *adjective* անտրամադիր; անմտադիր; անհոժար; դժկամ

unwillingly *adverb* դժկամորեն; ակամա; չկամենալով; իր կամքին հակառակ; չկամությամբ

unwind |ʌn'wʌınd| *verb* (անցյալ և անցյալ դերբայ **-wound**) 1) ետ անել; ետ տալ; ետ կծկել; քանդել 2) ետ բացվել; քանդվել; ետ կծկվել

unwinking |ʌn'wıŋkıŋ| *adjective* 1) անթարթ; անքթիթ; սևեռուն 2) *փոխաբերական* զգոն; աչալուրջ

unwise |ʌn'wʌız| *adjective* անխելք; անմիտ; անխելամիտ; ոչ խելացի; անխոհեմ

unwittingly *adverb* ոչ դիտավորյալ; անզգուշաբար; պատահաբար; ակամա; ակամայից; ինքնաբերաբար; անգիտակցաբար

unwonted |ʌn'wəʊntıd| *adjective* անսովոր; ոչ սովորական; արտասովոր; հազվագյուտ; քիչ հանդիպող

unworldly |ʌn'wə:ldli| *adjective* 1) անտեղյակ; անգիտակ; ոչ այս աշխարհից 2) արտասովոր; չնաշխարհիկ 3) հոգեկան; հոգևոր

unworthy |ʌn'wə:ði| *adjective* (**-thier**, **-thiest**) 1) անարժան; ոչ արժանի 2) անվայել; անսազական; անազնիվ; ստոր *(լավահամբավ մարդու համար)* 3) անարժեք; անպետք

unwritten |ʌn'rıt(ə)n| *adjective* չգրված; գրի չառնված ◊ **unwritten law** չգրված օրենք

unyielding |ʌn'ji:ldıŋ| *adjective* 1) չճկվող; կարծր; չենթարկվող 2) անզիջող; անկոտրում; համառ 3) անհողդողդ; աննկուն; անընկճելի

unzip |ʌn'zıp| *verb* (**-zipped**, **-zipping**) 1) արձակել *(կայծակնաճարմանդը, շղթան)* 2) *համակարգիչներ* ապասեղմել; սեղմված վիճակից բաց անել *(նիշքը)*

up |ʌp| **1** *adverb* 1) վեր; վերև; դեպի վեր 2) վերևի հարկ; մի հարկ վերև 3) արթուն; վեր կացած 4) բարձր *(Արևի մասին)* 5) դեպի հյուսիս; հյուսիս 6) *բրիտանական* դեպի մայրաքաղաք; դեպի խոշոր քաղաք; մայրաքաղաքում; խոշոր քաղաքում 7) *բրիտանական* դեպի համալսարան; համալսարանում *(հատկապես Օքսֆորդում կամ Քեմբրիջում)* 8) ոտքի՛; վեր կա՛ց *(որպես հրահանգ)* 9) դեպի; մոտ 10) ավելի սաստիկ; ավելի ուժգին; ավելի բարձր; ավելի եռանդուն 11) առաջ; ավել *(միավորներով)* **2** *preposition* 1) վեր; դեպի վեր; վերև 2) մի ծայրից մյուսը; միջով *(փողոցի)* 3) գետն ի վեր; գետով դեպի վեր **3** *adjective* 1) վեր բարձրացող; վեր գնացող 2) անող; բարձրացող 3) բարձր; ուրախ *(տրամադրության մասին)* 4) *համակարգիչներ* սարքին; լավ աշխատող 5) վերջացող; ավարտին մոտ; սպառվող *(ժամկետի մասին)* **4** *noun* խոսակցական վերելք ◊ **ups and downs** վերելք և անկում; հաջողություն և անհաջողություն; վիշտ և ուրախություն. **the ups and downs of life** ճակատագրի/բախտի փոփոխականություն;

հեղհեղուկություն **5** *verb* (**upped**, **upping**) 1) *խոսակցական* արթնանալ; վեր կենալ; բարձրանալ; ոտքի ելնել 2) ավելացնել; բարձրացնել; ուժգնացնել; սաստկացնել 3) բարձրացնել *(գները և այլն)* 4) *խոսակցական* (**up with**) բարձրացնել; գետնից վերցնել

up-and-coming *adjective* 1) խոստումնալից; խոստումնառատ; հեռանկարային 2) *խոսակցական* համառ; հաստատակամ; նպատակամետ

upas |ˈjuːpəs| (նաև **upas tree**) *noun* 1) *բուսաբանություն* անչար; ուպասենի *(Antiaris toxicaria, ընտանիք Moraceae)* 2) ուպասենու թունավոր հյութը 3) *փոխաբերական* կործանարար; ազդեցություն

upbraid |ʌpˈbreɪd| *verb* մեղադրել; կշտամբել; նախատել *(որևէ բանի մեջ)*

upbringing |ˈʌpbrɪŋɪŋ| *noun* դաստիարակություն; դաստիարակելը; դաստիարակում; կրթում

upcountry *adverb, adjective* սահմաններից հեռու ընկած; երկրի խորքում գտնվող; դեպի երկրի խորքերը

update **1** *verb* |ʌpˈdeɪt| 1) *նաև համակարգիչներ* թարմացնել; նորացնել; ժամանակի պահանջներին համապատասխանեցնել; արդիականացնել 2) տեղյակ/իրազեկ պահել; վերջին տեղեկությունները հայտնել **2** *noun* |ˈʌpdeɪt| 1) թարմացում 2) թարմացված տարբերակ

upgrade **1** *verb* |ʌpˈgreɪd| 1) բարձրացնել *(կարգը, մակարդակը, պաշտոնը, աստիճանը)* 2) *համակարգիչներ* բարելավել; հզորացնել **2** *noun* |ˈʌpgreɪd| բարելավում

upgrowth |ˈʌpgrəʊθ| *noun* աճ; զարգացում

upheaval |ʌpˈhiːv(ə)l| *noun* 1) հեղաշրջում; խոր սոցիալական փոփոխություններ; կտրուկ տեղաշարժ 2) *երկրաբանություն* երկրակեղևի բարձրացում; շերտերի տեղաշարժ

uphill **1** *adverb* |ʌpˈhɪl| սարն ի վեր; դեպի վեր **2** *adjective* |ˈʌphɪl| 1) դեպի վեր գնացող; սարն ի վեր բարձրացող 2) *փոխաբերական* ծանր; դժվար **3** *noun* |ˈʌphɪl| զառիվեր; վերելք

uphold |ʌpˈhəʊld| *verb* (անցյալ և անցյալ դերբայ **-held**) 1) պաշտպանել; աջակցել; խրախուսել; կողմնակից լինել 2) հետևել; պահպանել *(ավանդույթները և այլն)* 3) բավարարել *(հայցը, պահանջը)* 4) վեր բարձրացնել; բարձր պահել

upholster |ʌpˈhəʊlstə|, |-ˈhɒl-| *verb* 1) երեսպատել; պաստառել *(կահույքը)* 2) կահավորել; պատել *(հատկապես որոշակի գործվածքով)*

upholsterer |ʌpˈhəʊlst(ə)rə|, |-ˈhɒl-| *noun* պաստառագործ; կահույքին պաստառ քաշող վարպետ

upholstery |ʌpˈhəʊlst(ə)ri|, |-ˈhɒl-| *noun* 1) պաստառացու կտորեղեն 2) պաստառագործություն

upkeep |ˈʌpkiːp| *noun* 1) պահում; պահպանում; պահելը; պահպանելը *(սարքին/նորոգ վիճակում)* 2) վերանորոգում 3) պահպանման/նորոգման ծախս

upland |ˈʌplənd| *noun* 1) լեռնոտ երկիր 2) երկրի լեռնային շրջանները

upper¹ |ˈʌpə| **1** *adjective* 1) վերին; վերևի; բարձրագույն 2) բարձրաստիճան; բարձրապաշտոն 3) հյուսիսային **2** *noun* կոշկերես; երեսացու *(կոշիկի երեսի կաշի)*

upper² |ˈʌpə| *noun* *խոսակցական* խթանող թմրադեղ *(հատկապես ամֆետամին)*

uppercase (նաև **upper case**) *noun* մեծատառ

uppermost |ˈʌpəməʊst| **1** *adjective* (նաև **upmost**) ամենավերին; ամենաբարձր; բարձրագույն **2** *adverb* ամենաբարձր դիրքում

Upper Volta Վերին Վոլտա *(Բուրկինա Ֆասո պետության նախկին (մինչև 1984 թ.) անվանումը)*

uppish |ˈʌpɪʃ| *adjective* *խոսակցական* գոռոզ; մեծամիտ; ամբարտավան

upraise |ʌpˈreɪz| *verb* վեր բարձրացնել; վեր պահել

upright |ˈʌprʌɪt| **1** *adjective* 1) ուղղահայաց; ուղղաձիգ; կանգուն; ուղիղ 2) ազնիվ; շիտակ; ուղղամիտ; արդարամիտ **2** *adverb* 1) ուղիղ; շիտակ; անկեղծորեն 2) ուղղահայաց/ուղղաձիգ կերպով; կանգուն **3** *noun* 1) հեցուկ; հենարան; հենակ; դիմհար 2) ուղղաձիգ դաշնամուր

uprise |ʌpˈrʌɪz| *verb* (անցյալ **-rose**; անցյալ դերբայ **-risen**) *հնացած բանաստեղծական* ելնել; բարձրանալ

uprising |ˈʌprʌɪzɪŋ| *noun* 1) ապստամբություն; ընդվզում 2) անկողնուց վեր կենալը 3) վերելք

uproar |ˈʌprɔː| *noun* 1) աղմուկ-աղաղակ; ժխոր; գոռգոռոց; իրարանցում 2) պոռթկում *(ծիծաղի)* 3) ցնցում; հուզումներ; իրարանցում

uproarious |ʌpˈrɔːrɪəs| *adjective* 1) աղմկալից; աղմկոտ; բարձրաձայն 2) խիստ ծիծաղելի; ծիծաղաշարժ; զավեշտալի

uproot |ʌpˈruːt| *verb* 1) արմատով պոկել; արմատահան/արմատախիլ անել 2) արմատներից կտրել; բնօրրանից հեռացնել 3) տեղափոխվել *(այլ տեղ ապրելու)* 4) *փոխաբերական* արմատախիլ անել; վերացնել

upset |ʌpˈsɛt| **1** *verb* (**-setting**; անցյալ և անցյալ դերբայ **-set**) 1) վշտացնել; անհանգստացնել; տհաճություն պատճառել; հիասթափեցնել 2) շուռ տալ; շրջել 3) ստամոքսի խանգարում առաջացնել; մարսողության խանգարում առաջացնել 4) խախտել կարգը **2** *noun* |ˈʌpsɛt| 1) անախորժություն; տհաճություն; վիշտ; վրդովմունք; հիասթափություն 2) ստամոքսի/մարսողության խանգարում 3) խախտում 4) անսպասելի փոփոխություն/արդյունք **3** *adjective* |ʌpˈsɛt| |ˈʌp-| 1) վշտացած; հիասթափված; անհանգիստ 2) խանգարված *(ստամոքսի/մարսողության մասին)*

upshot |ˈʌpʃɒt| *noun* ելք; ավարտ; վախճան; վերջ; արդյունք; եզրակացություն

upside down *adverb, adjective* 1) գլխիվայր շուռ տված; շրջված 2) *փոխաբերական* անկարգ/խառնաշփոթ վիճակում; տակնուվրա; գլխիվայր

upstairs **1** *adverb* |ʌpˈstɛːz| 1) դեպի վեր; սանդուղքն ի վեր 2) վերին հարկում 3) գլխում; հոգեկան առումով **2** *adjective* |ˈʌpstɛːz| վերին հարկի; վերին հարկում գտնվող **3** *noun* |ʌpˈstɛːz| վերին հարկը

upstream |ʌpˈstriːm| *adverb, adjective* |ˈʌpstriːm| հոսանքին հակառակ; հոսանքն ի վեր

upsurge |ˈʌpsəːdʒ| *noun* վերելք; աճ; ուժգնացում; ավելացում

up to date *adjective* 1) այժմեական; արդիական; արդի; նորագույն; վերջին պահանջներին համապատասխանող; վերջին զարգացումներըներառող 2) լավատեղյակ; քաջատեղյակ *(նորագույն զարգացումներին)*

up-to-the-minute *adjective* վերջին րոպեների; ամենաթարմ

upturn 1 *noun* |ˈʌptəːn| աճ; առաջընթաց; լավանալու միտում *(տնտեսական վիճակի)* **2** *verb* |ʌpˈtəːn| 1) վեր բարձրացնել; վեր պահել 2) շրջել; գլխիվայր շուռ տալ

upward |ˈʌpwəd| **1** *adverb* (նաև **upwards**) 1) դեպի վեր բարձրացող; դեպի վեր ուղղված; դեպի վեր գնացող 2) վեր; դեպի վեր 3) ավել; ավելի բարձր **2** *adjective* վերընթաց

Ur |əː|, |ʊə| Ուր *(հին շումերական քաղաք՝ Եփրատ գետի վրա)*

Ural Mountains |ˈjʊərəl| (նաև **the Urals**) Ուրալյան լեռներ *(լեռնաշղթա Ռուսաստանի հյուսիսում)*

uranium |jʊˈreɪnɪəm| *noun քիմիա* (**U**) ուրան

Uranus |ˈjʊərənəs|, |jʊˈreɪnəs| *աստղագիտություն* Ուրան *(մոլորակ արեգակնային համակարգում)*

urban |ˈəːb(ə)n| *adjective* քաղաքային; քաղաքի; քաղաքին բնորոշ

urbane |əːˈbeɪn| *adjective* բարեկիրթ; սիրալիր; քաղաքավարի; կրթված; կիրթ

urbanity |əːˈbænɪti| *noun* 1) բարեկրթություն; սիրալիրություն; քաղաքավարություն 2) քաղաքային կյանք

urbanization |-ˈzeɪʃ(ə)n| *noun* քաղաքայնացում; ուրբանացում

urbanize |ˈəːb(ə)nʌɪz| *verb* 1) քաղաքայնացնել; ուրբանացնել 2) բարեկրթել; քաղաքակրթել

Urdu |ˈʊəduː|, |ˈəːduː| *noun լեզվաբանություն* Ուրդու *(Պակիստանի պաշտոնական լեզուն)*

urethra |jʊˈriːθrə| *noun կազմախոսություն, կենդանաբանություն* միզանցք; միզածորան

urethral *adjective* միզածորանային

urge |ˈəːdʒ| **1** *verb* 1) համոզել; հորդորել; տրամադրել; ստիպել; պնդել; մղել 2) հանձնարարել; խորհուրդ տալ 3) շտապեցնել; առաջ մղել 4) (**urge someone on**) խրախուսել; քաջալերել; ոգևորել **2** *noun* խիստ ցանկություն; մղում; տենչանք

urgent |ˈəːdʒ(ə)nt| *adjective* 1) անհետաձգելի; հրատապ; խիստ կարևոր 2) համառ; պնդերես; թախանձագին

urine |ˈjʊərɪn|, |-rʌɪn| *noun բնախոսություն, բժշկություն* մեզ

URL *abbreviation համակարգիչներ* uniform (or universal) resource locator աշխատամիջոցների համընդհանուր տեղորոշիչ *(համացանցային հասցեներ նշելու չափորոշիչային եղանակ)*

urn |əːn| **1** *noun* 1) աճյունասափոր; աճյունակալ 2) սափոր; սկահակ 3) թեյաման; սրճաման *(եփելու/տաքացնելու համար)* **2** *verb հնացած* սափորի/աճյունասափորի մեջ դնել

urology |jʊˈrɒlədʒi| *noun բժշկություն* միզաբանություն; ուրոլոգիա

Ursa Major |ˌəːsə ˈmeɪdʒə| *աստղագիտություն* Մեծ Արջ *(համաստեղություն)*

Ursa Minor |ˈmʌɪnə| *աստղագիտություն* Փոքր Արջ *(համաստեղություն)*

Uruguay |ˈjʊərəgwʌɪ|, |uruˈɣwæj| Ուրուգվայ *(պետություն Հարավային Ամերիկայում)*

Urumqi |ʊˈrʊmtʃi| (նաև **Urumchi**) Ուրումչի *(քաղաք Չինաստանի հյուսիս-արևմուտքում)*

us |ʌs| *pronoun* 1) մեզ *(օբյեկտային հոլով)* 2) *խոսակցական* մենք

us and them (**them and us**) մերոնք և նրանք; մերոնք և ուրիշները; պառակտիչ; պառակտում առաջացնող

usable |ˈjuːzəb(ə)l| (նաև **useable**) *adjective* գործածելի; օգտագործելի

usage |ˈjuːsɪdʒ| *noun* 1) օգտագործում; գործածություն; գործադրություն; կիրառում; կիրառություն; կիրարկություն 2) ճիշտ կիրառություն/կիրարկություն/օգտագործում *(բառի)* 3) սովորույթ; սովորություն

USB flash drive *noun համակարգիչներ* թարթիկ; շրջույթային հիշողություն

use 1 *verb* 1) օգտագործել; գործածել; գործադրել; կիրառել 2) սպառել; ծախսել; վերջացնել 3) շահագործել; բանեցնել *(մարդուն)* 4) վերաբերվել; վարվել *(մեկի հետ)* 5) կրել *(անուն, ազգանուն)* 6) *խոսակցական* (**one could use**) կցանկանար; կուզենար; դեմ չէր լինի 7) *խոսակցական* ընդունել *(թմրադեղ)* 8) (**used to**) նախկինում ... էր; սովորաբար ... էր 9) (**be used to**) սովոր/ընտելացած/վարժված լինել 10) (**get used to**) վարժվել; ընտելանալ; սովորել **2** *noun* |juːs| 1) օգտագործում; գործածություն; կիրառում ◇ **free use** ազատ օգտագործում *(առանց սահմանափակումների)*. **in use** գործածության մեջ; գործածական; կիրառվող 2) կառավարում; վերահսկողություն *(հատկապես սեփական հոգու և մարմնի վերաբերյալ)* 3) օգուտ; օգտակար բան; միտք; իմաստ *(որևէ բան անելու)* 4) պարբերաբար ընդունելը *(թմրադեղ)*

be/fall out of use գործածությունից/կիրառությունից դուրս գալ; այլևս չօգտագործվել

be in use գործածության մեջ լինել; կիրառվել

make use of օգտագործել; օգտվել; գործածել

of no use անօգուտ; անիմաստ; անտեղի; անշահավետ

out of use գործածությունից դուրս եկած; չօգտագործվող; չգործածվող

put to use գործածության մեջ դնել; օգտագործվող դարձնել

used |juːzd| *adjective* 1) օգտագործված; գործածված; բանեցված; «երկրորդ ձեռք» 2) սովոր; ընտելացված; վարժված

useful |ˈjuːsfʊl|, |-f(ə)l| *adjective* օգտակար; պիտանի; օգտավետ; պետքական; լավ; բարերար

useless |ˈjuːslɪs| *adjective* 1) անօգուտ; անօգտակար; ապարդյուն; անպետք; զուր 2) *խոսակցական* անպետք; ոչ պետքական; անվարժ

user |ˈjuːzə| *noun* 1) *նաև համակարգիչներ* օգտագործող; գործածող; օգտվող 2) սպառող 3) թմրադեղ ընդունող 4) շահագործող; բանեցնող

user-friendly *adjective* հարմար; գործածական; օգտագործողին հարմար

username *noun համակարգիչներ* գործածողի անուն

usher |ˈʌʃə| **1** *noun* 1) հսկիչ; մուտքի տոմս ստուգող ծառայող 2) դռնապան; շվեյցար 3) արարողապետ; հանդիսապետ **2** *verb* 1) առաջնորդել; ուղեկցել; իրենց տեղերը ցույց տալ *(հրավիրվածներին, հանդիսատեսներին)* 2) *փոխաբերական* բերել; սկիզբը նախանշել

usual |ˈjuːʒʊəl| **1** *adjective* սովորական; ավանդական; մշտական **2** *noun խոսակցական* 1) սովորական բան 2) սովորական խմիչք

as usual ըստ սովորության

usually *adverb* սովորաբար; ընդհանրապես; առհասարակ

usurp |jʊˈzəːp|, |jʊˈsəːp| *verb* զավթել; բռնատիրել; հափշտակել; ապօրինի կերպով գրավել

usurpation |ˌjuːzəˈpeɪʃ(ə)n|, |ˌjuːs-| *noun* զավթում; բռնատիրում; հափշտակում

usurper *noun* բռնատեր

Utah |ˈjuːtɔː|, |-tɑː| Յուտա *(ԱՄՆ-ի նահանգ)*

uterus |ˈjuːt(ə)rəs| *noun* (հոգն. **uteri** |-rʌɪ|) *կազմախոսություն* արգանդ

utility |juːˈtɪlɪti| **1** *noun* (հոգն. **-ties**) 1) օգտակարություն; օգտավետություն; շահավետություն 2) (**public utility**) կենցաղային սպասարկում; կենցաղային սպասարկման հիմնարկներ 3) *համակարգիչներ* (**utility program**) օժանդակ ծրագիր **2** *adjective* կիրառական; գործնական; խիստ գործածական

utilize |ˈjuːtɪlʌɪz| *verb* օգտագործել; գործածել; կիրառել; բանեցնել

utmost |ˈʌtməʊst| **1** *adjective* ծայրահեղ; ծայրագույն; վերջին; առավելագույն; ամենամեծ; մեծագույն; բարձրագույն **2** *noun* (**the utmost**) բարձրագույն աստիճանը; ամենամեծը; առավելագույնը; սահմանայինը; ամեն հնարավոր բան

utter¹ |ˈʌtə| *adjective* 1) լրիվ; ամբողջական; կատարյալ; լիակատար; բացարձակ; բացառիկ; ծայրահեղ 2) վերին աստիճանի; գերագույն

utter² |ˈʌtə| *verb* 1) արտաբերել; արձակել *(ձայն, հնչյուն)* 2) արտասանել; ասել; բառերով արտահայտել

uvula |ˈjuːvjʊlə| *noun* (նաև **palatine uvula**) (հոգն. **-lae** |-liː|) *կազմախոսություն* լեզվակ

Uzbekistan |ʊzˌbɛkɪˈstɑːn|, |ʌz-|, |-ˈstæn| Ուզբեկստան *(պետություն Միջին Ասիայում)*

Vv

V[1] |viː| (նաև **v**) *noun* (հոգն. **Vs** կամ **V's**) 1) անգլերեն այբուբենի 22-րդ տառը 2) (**V, vee**) V տառի ձևը 3) հռոմեական հինգ թվանշանը

V[2] **1** *abbreviation* volt **2** *symbol* 1) *քիմիա* (**vanadium**) վանադիում 2) (**voltage**) լարում 3) (**volume**) ծավալ

vacancy |ˈveɪk(ə)nsi| *noun* (հոգն. **-cies**) 1) թափուր պաշտոն; ազատ տեղ 2) ազատ տարածություն; չզբաղեցրած տեղ 3) դատարկություն; դատարկ տարածություն 4) *ամերիկյան* վարձով տրվող շենք/սենյակ 5) պարապություն; անգործություն 6) անտարբերություն; ցրվածություն; մտացիրություն

vacant |ˈveɪk(ə)nt| *adjective* 1) դատարկ; չզբաղեցրած; ազատ *(շենքի/տեղի մասին և այլն)* 2) ազատ; թափուր *(պաշտոնի մասին)* 3) պարապ; պարապ-սարապ; անգործ; անբան *(կյանքի մասին)* 4) անտարբեր; չհետաքրքրված; ցրված; մտացիր; բացակա; անկյանք *(հայացքի մասին)* 5) անժառանգ *(գույքի/հողի մասին)* 6) *տեխնիկական* պարապ; դատարկ; չօգտագործվող *(մեքենայի ընթացքի մասին)*

vacate |veˈkeɪt|, |vəˈkeɪt| *verb* 1) ազատել *(տեղը, շենքը, պաշտոնը)* 2) հրաժարվել; թողնել *(պաշտոնը)* 3) *իրավունք* վերացնել; չեղյալ հայտարարել *(օրենքը, պայմանագիրը և այլն)*

vacation |vəˈkeɪʃ(ə)n|, |veɪ-| **1** *noun* 1) ◇ **long vacation** ամառային արձակուրդ 2) արձակուրդ 3) ազատելը; թողնելը **2** *verb* արձակուրդի գնալ; արձակուրդ անել

vaccinate |ˈvæksɪneɪt| *verb բժշկություն* պատվաստել; նախազգուշական պատվաստում կատարել

vaccination |-ˈneɪʃ(ə)n| *noun բժշկություն* պատվաստում; պատվաստելը

vaccine |ˈvæksiːn|, |-ɪn| *noun բժշկություն* պատվաստանյութ; պատվաստուկ

vacillate |ˈvæsɪleɪt| *verb* 1) ճոճվել; օրորվել; երերալ; տարուբերվել 2) տատանվել; երկմտել; վարանել; անվճռականություն դրսևորել

vacillation *noun* 1) տատանում; տատանվելը; ճոճում; ճոճվելը 2) անվճռականություն; փոփոխամտություն; հեղհեղուկություն

vacuole |ˈvækjʊəʊl| *noun կենսաբանություն* բջջախոռոչ

vacuous |ˈvækjʊəs| *adjective* 1) դատարկ; պարապ; աննպատակ *(կյանքի մասին)* 2) անարտահայտիչ; անմիտ *(հայացքի մասին և այլն)* 3) *հնացած* դատարկ

vacuum |ˈvækjʊəm| **1** *noun* (հոգն. **-uums** կամ **-ua** |-jʊə|) 1) անօդ/օդազուրկ տարածություն; դատարկություն; վակուում 2) *որոշչային* վակուումի; վակուումային 3) դատարկություն; կորուստ *(մեկի մահվանից հետո)* **2** *verb* փոշեծծիչով մաքրել

vacuum cleaner *noun* փոշեծծիչ; փոշեկուլ

vacuum tube *noun* 1) *ռադիո* էլեկտրոնային լամպ 2) *որպես ածական* լամպային; լամպավոր *(էլեկտրոնային լամպերի միջոցով գործող)*

vade mecum |ˌvɑːdi ˈmeɪkəm|, |ˌveɪdi|, |ˈmiːkəm| *noun* գրպանի տեղեկագիրք/ուղեցույց

Vaduz |væˈdʊts| Վադուց *(Լիխտենշտեյնի մայրաքաղաքը)*

vagabond |ˈvæɡəbɒnd| **1** *noun* 1) շրջմոլիկ; թափառաշրջիկ; անտուն/անօթևան մարդ 2) *խոսակցական հնացած* սրիկա; անպիտան մարդ **2** *adjective* թափառական; աստանդական; թափառաշրջիկ; անտուն; անօթևան **3** *verb հնավանդ* շրջմոլիկ լինել; թափառաշրջիկություն անել; թափառել

vagabondage *noun* շրջմոլիկություն; թափառաշրջիկություն; աստանդականություն

vagary |ˈveɪɡ(ə)ri| *noun* (հոգն. **-garies**) 1) քմահաճույք; քմայք; տարօրինակություն; քմահաճություն; տարօրինակ արարք/վարմունք 2) տարօրինակություն; անսպասելի փոփոխություն 3) ցնորական գաղափար; անհեթեթ միտք

vagina |vəˈdʒʌɪnə| *noun* (հոգն. **-nas** կամ **-nae** |-niː|) հեշտոց; բունոց

vagrancy *noun* շրջմոլիկություն; թափառաշրջիկություն

vagrant |ˈveɪɡr(ə)nt| **1** *noun* շրջմոլիկ; թափառաշրջիկ; թափառական մարդ **2** *adjective* 1) թափառական; թափառաշրջիկ 2) *փոխաբերական* թափառող; թափառուն; հածող 3) քոչվորական կյանք վարող; քոչվոր

vague |veɪɡ| *adjective* 1) անպարզ; անպարզորոշ; աղոտ; աննորոշ 2) մշուշապատ *(պատասխանի մասին և այլն)* 3) բութ; անարտահայտիչ; անմիտ *(հայացքի, դեմքի արտահայտության մասին)*

vaguely |ˈveɪɡli| *adverb* 1) աննորոշ կերպով 2) թեթևակիորեն

vain |veɪn| *adjective* 1) սնապարծ; սնափառ; փառամոլ; ինքնահավան; ինքնագոհ; պարծենկոտ 2) զուր; իզուր; ապարդյուն ◇ **in vain** իզուր; ապարդյուն; իզուր կերպով; ապարդյուն կերպով 3) դատարկ; ունայն; սին *(երազանքների/հաճույքների մասին և այլն)*

vainglorious *adjective* սնապարծ; սնափառ; փառամոլ; պարծենկոտ; ցուցամոլ

vainglory |veɪnˈɡlɔːri| *noun բանաստեղծական* սնափառություն; փառամոլություն; սնապարծություն; պարծենկոտություն; ցուցամոլություն

vale[1] |veɪl| *noun* 1) *բանաստեղծական* հովիտ 2) առու

vale[2] |ˈvɑːleɪ| *հնավանդ* **1** *exclamation* մնաս բարով **2** *noun* հրաժեշտ; հրաժեշտ տալը; բարի երթ մաղթելը; ողջերթի խոսք

valence |ˈveɪl(ə)ns| *noun քիմիա* արժեքականություն; վալենտություն

Valencia |vəˈlɛnsɪə|, |bæˈlenθjæ|, |-sjæ| 1) Վալենսիա *(շրջան և քաղաք Իսպանիայում)* 2)

Վալենսիա *(քաղաք Վենեսուելայում)*

valentine |ˈvæləntʌɪn| *noun* 1) նվեր; կատակային սիրատոմս/բացատրություն *(սուրբ Վալենտինի օրը ուղարկվող)* 2) սիրելի; սիրեցյալ

valerian |vəˈlɪərɪən| *noun* 1) *բուսաբանություն* աղբաղբուկ; կատվախոտ; վալերիան *(ընտանիք Valerianaceae)* 2) կատվախոտի/վալերիանի կաթիլներ

valet |ˈvælɪt|, |ˈvæleɪ| **1** *noun* 1) անձնական սպասավոր; սենեկասպասավոր 2) կախիչ; կախոց *(հագուստի)* 3) մեքենա կայանող **2** *verb* (**-eted**, **-eting**) որպես սպասավոր աշխատել

valetudinarian |ˌvælɪtjuːdɪˈnɛːrɪən| **1** *noun* 1) իր առողջությամբ շարունակ մտահոգված մարդ 2) հիվանդոտ/հիվանդ/վատառողջ մարդ **2** *adjective* հիվանդոտ; վատառողջ; շարունակ իր առողջությամբ մտահոգված

valiant |ˈvælɪənt| *adjective* վճռական; քաջարի; համարձակ

valid |ˈvælɪd| *adjective* 1) ճիշտ; ընդունելի; հիմնավոր; հիմնավորված; լավ փաստարկված; խելացի; ծանրակշիռ 2) *իրավունք* վավերական; օրինական; ուժի մեջ *(պայմանագրի մասին և այլն)*

validate |ˈvælɪdeɪt| *verb* 1) հաստատել; վավերացնել 2) *իրավունք* վավերական/օրինական ճանաչել; օրենքի ուժ տալ

validation |-ˈdeɪʃ(ə)n| *noun* հաստատում; հաստատելը; վավերացում; վավերացնելը

validity |vəˈlɪdɪti| *noun* 1) հիմնավորություն; հիմնավորվածություն; ծանրակշռություն; ծանրակշիռ/հիմնավորված լինելը 2) վավերականություն; օրինականություն

valise |vəˈliːz| *noun* 1) ուղեպայուսակ 2) *ռազմական* թիկնապայուսակ; իրատոպրակ

Valletta |vəˈlɛtə| Վալետա *(Մալթայի մայրաքաղաքը)*

valley |ˈvæli| *noun* (հոգն. **-leys**) հովիտ; հարթավայր

valor |ˈvælə| (բրիտանական **valour**) *noun* քաջություն; արիություն; հերոսություն; սխրագործություն

valorous *adjective* քաջ; քաջարի; հերոսական; սխրագործ

valuable |ˈvæljʊb(ə)l| **1** *adjective* 1) թանկարժեք; մեծարժեք; թանկագին 2) արժեքավոր; էական; կարևոր; նշանակալի **2** *noun* (**valuables**) թանկագին զարդեր; թանկարժեք իրեր

valuation |væljʊˈeɪʃ(ə)n| *noun* 1) գնահատում; գնահատելը; գնահատություն; գնահատական *(հատկապես մասնագետի տված)* 2) գին; արժեք

value |ˈvæljuː| **1** *noun* 1) արժեք; կարևորություն; նշանակություն; նշանակալիություն 2) գին; արժեք ◇ **exchange value** փոխանակային արժեք. **face value** անվանական արժեք. **relative value** հարաբերական արժեք. **surplus value** հավելյալ արժեք 3) (**values**) արժեքներ; արժեքային համակարգ *(տվյալ մարդու)* 4) *մաթեմատիկա* թվական արժեք/մեծություն 5) *երաժշտություն* նոտայի տևողություն 6) *լեզվաբանություն* նշանակություն; իմաստ *(բառի)* 7) արժեքներ; թանկարժեք առարկաներ/իրեր; էական կարևորություն ունեցող երևույթ **2** *verb* (**-ues**, **-ued**, **-uing**) 1) գնահատել; գին դնել; գին տալ 2) գնահատական տալ; գնահատել 3) բարձր գնահատել; մեծ նշանակություն տալ

value-added tax (հպվ. **VAT**) *noun* ավելացված արժեքի հարկ

valueless |ˈvæljʊlɪs| *adjective* անարժեք; արժեքազուրկ; արժեք չունեցող; անօգուտ

valve |vælv| *noun* 1) *տեխնիկական, կազմախոսություն* փական; կափույր; փեղկ *(խեցու և այլն)* 2) *ռադիո* էլեկտրոնային լամպ 3) *որոշչային* լամպային; լամպավոր *(էլեկտրոնային լամպերի միջոցով գործող)* 4) *որոշչային* փականի; կափույրի

vamp[1] |væmp| **1** *noun* 1) կոշկերես; կոշկի առաջային մասը; կոշկերեսի առաջին մասը 2) *երաժշտություն* հանպատրաստից հորինված նվագակցություն 3) կարկատան **2** *verb* 1) կոշկերեսը փոխել 2) կարկատել; կարկատան գցել; վերանորոգել; հնից նորոգել 3) հանպատրաստից նվագակցություն հորինել

vamp[2] |væmp| *խոսակցական* **1** *noun* տղամարդկանցից փող կորզող արկածախնդիր կին; գայթակղեցնող կին **2** *verb* 1) գայթակղեցնել; հրապուրել; պատրել 2) փող կորզել

vampire |ˈvæmpʌɪə| *noun* 1) վամպիր; արյունածուծ; հոգեգեշ; սատակ 2) *փոխաբերական* արյունուռուշտ/արնախում մարդ; վամպիր; կորզիչ; շորթիչ 3) *կենդանաբանություն* (**vampire bat**) խոշոր չղջիկ; վամպիր; ընտանիք Desmodontidae կամ Phyllostomidae

Van, Lake |væn| Վան *(լիճ պատմական Հայաստանի տարածքում, ներկայումս՝ Թուրքիայում)*

van[1] |væn| *noun* 1) վագոն *(ուղեբեռի, ապրանքատար գնացքի անձնակազմի)* 2) բեռնասայլ; ֆուրգոն

van[2] |væn| *noun* 1) *ռազմական* առաջապահ *(զինվորական ուժերի առջևից մարտական գործողություններ կատարող զորամաս)* 2) ավանգարդ; առաջավոր մաս *(հասարակական խմբի, դասակարգի, հասարակության)*

van[3] |væn| *noun* 1) *հնավանդ* քամհարող հովհար 2) *բանաստեղծական* թռչնի թև

vanadium |vəˈneɪdɪəm| *noun* *քիմիա* (**V**) վանադիում

Vancouver[1] |vænˌkuːvə| Վանկուվեր *(քաղաք Կանադայում)*

vandal |ˈvænd(ə)l| **1** *noun* 1) *պատմական* (**Vandal**) վանդալ 2) *փոխաբերական* վանդալ; բարբարոս; վայրագ մարդ **2** *adjective* բարբարոսական; վայրագ

vandalism |ˈvænd(ə)lɪz(ə)m| *noun* բարբարոսություն; վայրագություն; վանդալություն

vane |veɪn| *noun* 1) հողմացույց 2) թև *(ջրաղացի, հողմաղացի, պտուտակի)*

vanguard |ˈvængɑːd| *noun* 1) *ռազմական* ավանգարդ; առաջապահ ջոկատ 2) *փոխաբերական* ավանգարդ; առաջավոր մաս *(հասարակական խմբի/դասակարգի, հասարակության)*

vanilla |vəˈnɪlə| **1** *noun* 1) վանիլ 2) վանիլային պաղպաղակ 3) դեղնավուն սպիտակ գույն **2** *adjective* սովորական; հասարակ

vanish |ˈvænɪʃ| *verb* անհետանալ; անհայտանալ; չքանալ; կորչել

vanity |ˈvænɪti| *noun* (հոգն. **-ties**) 1) սնապարծություն; սնափառություն; փառամոլություն 2) *որպես ածական հեղինակի հաշվին տպագրող (հրատարակչի կամ հրատարակչության մասին)* 3) ունայնություն; դատարկություն; սնոտիություն 4) զարդասեղան; արդասեղան

vanquish |ˈvæŋkwɪʃ| *verb* 1) հաղթել; պարտության մատնել; նվաճել 2) *փոխաբերական* հաղթահարել; խեղդել *(զգացմունքները)*

vantage |ˈvɑːntɪdʒ| (սովորաբար **vantage point**) *noun* հարմար դիրք *(դիտումների համար)*

Vanuatu |ˌvænuːˈɑːtuː| Վանուատու *(պետություն Խաղաղ օվկիանոսի հարավ-արևմուտքում գտնվող կղզիների վրա)*

vapid |ˈvæpɪd| *adjective* 1) անալի; տափակ; անբովանդակ; անհետաքրքրական 2) անհամ; անալի

vapidity |væˈpɪdɪti| *noun* *փոխաբերական* անալիություն; անհամություն; անբովանդակություն; բովանդակազրկություն; տափակություն

vapor |ˈveɪpə| (բրիտանական **vapour**) **1** *noun* 1) գոլորշի; շոգի 2) գոլորշիներ; մեգ; մշուշ; մառախուղ 3) ցնորք; պատրանք; անիրական/երևակայական բան **2** *verb* 1) պարծենալ; գլուխը գովել; թոզ փչել 2) գոլորշիանալ; շոգիանալ

vaporize |ˈveɪpərʌɪz| *verb* 1) գոլորշիացնել; շոգիացնել 2) գոլորշիանալ; շոգիանալ

Varanasi |vəˈrɑːnəsi| Բենարես *(քաղաք Հնդկաստանում, Գանգես գետի ափին)*

variability |-ˈbɪlɪti| *noun* փոփոխականություն; փոփոխունություն

variable |ˈvɛːrɪəb(ə)l| **1** *adjective* 1) փոփոխական; անհաստատ; անկայուն; փոփոխուն 2) փոփոխելի; փոփոխվող; դյուրափոփոխ **2** *noun* 1) *մաթեմատիկա* փոփոխական մեծություն 2) *համակարգիչներ* փոփոխական

variance |ˈvɛːrɪəns| *noun* 1) տարբերություն; հակասություն; անհամատեղելիություն; անհարիրություն; անհետևողականություն 2) անհամաձայնություն; տարաձայնություն; վեճ; գժտություն ◇ **set at variance** կովեցնել; գժտեցնել; ընդհարում/բախում առաջացնել. **be at variance with** i) հակասել; անհամապատասխան լինել *(որևէ բանի)* ii) տարակարծիք լինել 3) *իրավունք* անհամապատասխանություն *(փաստաթղթերի)* 4) փոփոխություն

variant |ˈvɛːrɪənt| **1** *noun* տարբերակ; փոփոխակ; տարատեսակ **2** *adjective* տարբեր; զանազան; տարբերակային; փոփոխակային

variation |vɛːrɪˈeɪʃ(ə)n| *noun* 1) փոփոխություն 2) շեղում; խոտորում *(մագնիսական սլաքի)* 3) *մաթեմատիկա* վարիացիա; վարիացիոն հարաբերություն *(երկու մեծությունների)* 4) *երաժշտություն* վարիացիա; տարեղանակ

varicolored |ˈvɛːrɪˌkʌləd| (բրիտանական **varicoloured**) *adjective* գույնզգույն; բազմերանգ; երփներանգ

varied |ˈvɛːrɪd| *adjective* 1) տարբեր; զանազան 2) տեսակ-տեսակ; բազմազան; այլազան; խայտաբղետ; գույնզգույն

variegated |ˈvɛːrɪɡeɪtɪd|, |ˈvɛːrɪə-| *adjective* 1) գույնզգույն; բազմերանգ; երփներանգ; խայտաբղետ; խայտաճամուկ 2) բազմատարր; անմիատարր; այլազան

variety |vəˈrʌɪəti| *noun* (հոգն. **-ties**) 1) բազմազանություն; այլազանություն; զանազանություն 2) (**a variety of**) մի շարք; մեծ քանակություն 3) *կենսաբանություն* տարատեսակ; այլատեսակ 4) տարատեսակ; այլատեսակ; տարբերակ; փոփոխակ 5) վարյետե *(թեթև ժանրի ներկայացում)*

variform |ˈvɛːrɪfɔːm| *adjective* բազմաձև; տարբեր ձևեր ունեցող; այլազան; զանազան; բազմազան

various |ˈvɛːrɪəs| **1** *adjective* 1) տարբեր; զանազան 2) բազմազան; այլազան; բազմակողմանի 3) մի քանի; մի շարք **2** *adjective, pronoun* ոմանք

varlet |ˈvɑːlɪt| *noun* *պատմական* 1) սպասավոր; ծառա 2) *հնացած* սրիկա; ստոր/անարգ մարդ

varmint |ˈvɑːmɪnt| *noun* *բարբառային* 1) *որսորդություն* աղվես 2) *խոսակցական* դատարկապորտ; պարապ-սարապ թրև եկող մարդ; չար/անկարգ տղա; անպետք լակոտ

varnish |ˈvɑːnɪʃ| **1** *noun* 1) լաք 2) վերնիճ; ջնարակ 3) փայլ; փայլունություն 4) *փոխաբերական* արտաքին փայլ/շուք; սքողում; սքողելը; թաքցնելը **2** *verb* 1) լաքով ծածկել; լաքել; ջնարակել 2) փայլ տալ; շպարել 3) սքողել; կոծկել; սվաղել *(թերությունները)*

vary |ˈvɛːri| *verb* (**varies**, **varied**) 1) տարբերվել; զանազանվել; չհամընկնել 2) փոխվել; փոփոխվել; տատանվել 3) *երաժշտություն* վարիացիաներ կատարել/նվագել 4) փոխել; փոփոխել

vascular |ˈvæskjʊlə| *adjective* *կազմախոսություն, բժշկություն* անոթային

vase |vɑːz| *noun* սկահակ; ծաղկաման; վազա

Vaseline |ˈvæsɪliːn| **1** *noun* *առևտրանշան* վազելին **2** *verb* վազելին քսել

vassal |ˈvæs(ə)l| *noun* 1) *պատմական* վասալ; ավատառու 2) ճորտ; ծառա 3) *փոխաբերական* կամակատար; վասալ; կախյալ անձ 4) *որոշչային* վասալական; ավատառուական

vassalage *noun* 1) *պատմական* վասալական կախում 2) լիակատար կախում; ստրկություն

vast |vɑːst| **1** *adjective* 1) լայն; լայնարձակ; ընդարձակ; անսահման; անծայրածիր 2) հսկայական; շատ մեծ; անսահման *(ուրախության/հաճույքի մասին)* 3) մեծաթիվ; մեծաքանակ **2** *noun* *հնացած* հսկայական/ընդարձակ տարածություն

vastly *adverb* *խոսակցական* շատ; չափազանց

VAT |viːeɪˈtiː|, |væt| *abbreviation* *տնտեսագիտություն* value added tax ավելացված արժեքի հարկ

vat |væt| **1** *noun* 1) գուռ; մեծ տաշտ; կիսատակառ; ցիստեռն 2) լայնաբերան մեծ տակառ **2** *verb* (**vatted**, **vatting**) դնել/մշակել տակառի մեջ

Vatican City Վատիկան *(անկախ հոգևոր պետություն Հռոմ քաղաքի ներսում. Հռոմեական կաթոլիկ եկեղեցու նստավայրը)*

vaudeville |ˈvɔːdəvɪl|, |ˈvəʊd-| *noun* *թատրոն* 1) զավեշտախաղ; վոդևիլ 2) *ամերիկյան* վարյետե

(թեթև ժանրի ներկայացում)

vault¹ |vɔ:lt| **1** *noun* 1) կամար; գմբեթ ◇ **the vault of heaven** երկնակամար 2) *բանաստեղծական* երկնակամար; երկնագմբեթ; երկինք 3) կամարակապ շենք; կամարաձև շինություն; նկուղ; մառան 4) դամբարան ◇ **family vault** տոհմական/ընտանեկան դամբարան **2** *verb* կամարակապել; թաղ տալ

vault² |vɔ:lt| **1** *verb* ցատկել; ոստնել; ոստյուն կատարել *(ձողով՝ ձեռքերի վրա հենվելով և այլն)* **2** *noun* ցատկ; ոստյուն *(մի բանի վրա հենվելով, ձողով և այլն)*

vaulting |ˈvɔ:ltɪŋ| *noun* 1) կամար; կամարներ 2) կամարի կառուցում; կամարակապում 3) ոստյունախաղ *(ձիու մասին)*

vaulting horse *noun* *մարզական* ձիագերան; վարժագերան; նժույգ

vaunt |vɔ:nt| **1** *verb* պարծենալ; գլուխը գովել **2** *noun* *հնացած* պարծենկոտություն; ինքնագովություն

veal |vi:l| *noun* 1) հորթի միս 2) *որոշչային* հորթի մսից պատրաստած

vector |ˈvɛktə| **1** *noun* 1) *մաթեմատիկա, համակարգիչներ* վեկտոր 2) պարազիտակիր; վարակ տարածող *(միջատ և այլն)* 3) *մաթեմատիկա* վեկտորի; վեկտորային **2** *verb* ինքնաթիռն ուղղել *(որոշակի ուղղությամբ)*

vedette |vɪˈdɛt| (նաև **vidette**) *noun* 1) հեծյալ ժամապահ 2) հեծելազորային հերթապահ 3) աստղ; ականավոր գործիչ *(բեմի, հեռուստատեսության)*

veer¹ |vɪə| **1** *verb* 1) ուղղությունը փոխել *(կտրուկ)* 2) *փոխաբերական* փոխել *(հայացքները, միտքը, խոսակցության նյութը)* **2** *noun* ուղղության հանկարծակի փոփոխություն

veer² |vɪə| *verb* *հնացած ծովային* կամաց-կամաց բաց թողնելով թուլացնել; արձակել *(ճոպանը)*

veg¹ |vɛdʒ| *verb* (**vegges**, **vegging**, **vegged**) *խոսակցական* անգործություն անել; պարապություն անել

veg² |vɛdʒ| *noun* (հոգն. նույնը) *խոսակցական* (**vegetable**) բանջարեղեն

Vega² |ˈvi:gə| *աստղագիտություն* Վեգա *(երկնքի՝ պայծառությամբ հինգերորդ աստղը)*

vegan |ˈvi:g(ə)n| *noun* բուսակեր մարդ

vegetable |ˈvɛdʒtəb(ə)l|, |ˈvɛdʒɪtə-| **1** *noun* բանջարեղեն; բանջար; բույս ◇ **green vegetables** կանաչի; կանաչեղեն **2** *adjective* 1) բանջարեղենի 2) բուսական; բույսերի

vegetal |ˈvɛdʒɪt(ə)l| *adjective* *գրական անգլերեն* բուսական

vegetarian |vɛdʒɪˈtɛ:rɪən| **1** *noun* բուսակեր մարդ **2** *adjective* բուսակերական; բուսակերների

vegetate |ˈvɛdʒɪteɪt| *verb* 1) *փոխաբերական* բուսական կյանք վարել; գորշ/անբովանդակ ապրել; անիմաստ ապրել 2) *հնացած* աճել; բուսնել; մեծանալ

vegetation |vɛdʒɪˈteɪʃ(ə)n| *noun* 1) աճում; աճելը; բուսնելը; բուսաճություն; աճեցողություն; վեգետացիա *(բույսերի)* 2) բուսականություն; բուսաշխարհ; բուսական աշխարհ *(հատկապես տվյալ վայրի)* 3) *փոխաբերական* բուսական կյանք; բուսական կյանք վարելը; անբովանդակ/անիմաստ ապրելը 4) *որոշչային* բուսաճական; աճեցողական; վեգետացիոն

vegetative |ˈvɛdʒɪtətɪv|, |-teɪtɪv| *adjective* 1) բուսական; բույսերի 2) աճեցողական; սնուցողական; վեգետատիվ 3) *փոխաբերական* բուսական կյանք վարող; գորշ/անբովանդակ/անիմաստ կյանք վարող

vehemence *noun* 1) ուժ; ուժգնություն 2) կրքոտություն; կրակոտություն

vehement |ˈvi:ɪm(ə)nt| *adjective* 1) ուժեղ; ուժգին; վճռական 2) կրքոտ; կրակոտ; բուռն

vehicle |ˈvi:ɪk(ə)l| *noun* 1) փոխադրամիջոց *(ավտոմոբիլ, վագոն, կառք և այլն)* 2) արտահայտման/տարածման միջոց *(գաղափարների, մտքերի և այլնի)* 3) հաղորդիչ *(ձայնի, լույսի և այլնի)* 4) տարածիչ *(վարակի, գաղափարների և այլնի)* 5) *քիմիա* լուծիչ; լուծող նյութ

vehicular |vɪˈhɪkjʊlə| *adjective* 1) փոխադրելու; փոխադրական; փոխադրող 2) ավտոմոբիլային

veil |veɪl| **1** *noun* 1) քող; շղարշ; ծածկոց 2) *փոխաբերական* պատրվակ; քողարկում ◇ **take the veil** միանձնուհի/կույս դառնալ; մտնել կուսանոց 3) վարագույր; ծածկույթ; դիմակ **2** *verb* *փոխաբերական* քողարկել; շղարշել; սքողել; թաքցնել; քողով/շղարշով ծածկել

vein |veɪn| *noun* 1) *կազմախոսություն* արյունադարձ երակ; երակ ◇ **varicose veins** լայնացած/հանգրիճավոր երակներ 2) ջիղ; երակ; երակաթել; երակացանց *(տերևների, միջատների թևերի վրա)* 3) *փոխաբերական* ջիղ; ընդունակություն; շնորհք; հատկանիշ; տրամադրվածություն; հակում ◇ **be in the vein for sth** տրամադրված լինել *(մի բան անելու).* **in the same vein** նույն ոգով; նույն ձևով; նույն կերպ 4) *հանքաբանություն* երակ; հանքերակ

veined *adjective* երակաթելերով ծածկված

velar |ˈvi:lə| *հնչյունաբանություն* **1** *adjective* ետնաքմային; ետնալեզվային **2** *noun* ետնաքմային/ետնալեզվային հնչյուն

vellum |ˈvɛləm| *noun* 1) բարակ մագաղաթ 2) *ամերիկյան* պատճենահան թուղթ; կալկա; մոմաթուղթ 3) *որոշչային* ◇ **vellum paper** վելենյան/կաշեփայլ թուղթ. **vellum cloth** պատճենահան կտոր *(գծագրապատճենահանման համար)*

velocipede |vɪˈlɒsɪpi:d| *noun* մանկական եռանիվ հեծանիվ

velocity |vɪˈlɒsɪti| *noun* (հոգն. **-ties**) 1) արագություն 2) *ռադիո* հաճախություն; հաճախականություն

velour |vəˈlʊə| (նաև **velours**) *noun* 1) թավիշ; թավշամահուդ; վելյուր; պլյուշ 2) *հնացած* վելյուրե գլխարկ

velvet |ˈvɛlvɪt| **1** *noun* 1) (**silk velvet**) թավիշ ◇ **cotton velvet** վելվետ *(թավշանման բամբակե գործվածք)* 2) *խոսակցական* շահ; օգուտ; եկամուտ; շահում; առավելություն ◇ **be on velvet** *խոսակցական* ապահովված լինել; առավելություն ունենալ; նպաստավոր դիրք ունենալ **2** *adjective* թավշյա; թավշե; թաշվանման

venal |ˈvi:n(ə)l| *adjective* 1) կաշառելի; կաշառվող; ծախու 2) շահասեր; շահամոլ; շահադիտական; շահամոլական

venality |-'nælɪti| *noun* կաշառվածություն; վաճառվածություն; վաճառվողություն

vend |vɛnd| *verb* վաճառել; առևտուր անել; ծախել *(հատկապես սնունդ)*

vender *noun* վաճառող; վաճառորդ; ծախող; առևտրական; փերեզակ; շրջիկ առևտրական

vendetta |vɛn'dɛtə| *noun* վենդետա; արյան վրիժառություն

vendor |'vɛndə| (նաև **vender**) *noun* 1) *իրավունք* վաճառող; ծախող *(գույքի և այլնի)* 2) վաճառող *(անձ կամ կազմակերպություն)*

veneer |vɪ'nɪə| **1** *noun* 1) միաշերտ նրբատախտակ 2) արտաքին բարակ շերտ; երեսպատվածք; երեսվածք; վերնիճ; ջնարակ 3) *փոխաբերական* արտերևույթ բան; երևութականություն; խաբուսիկություն; արտաքին փայլ **2** *verb* 1) բարակ շերտով ծածկել; երեսպատել 2) *փոխաբերական* արտաքին փայլ տալ; երևութականություն տալ; թերությունները կոծկել

venerable |'vɛn(ə)rəb(ə)l| *adjective* 1) պատկառելի; պատվարժան; հարգելի ◇ **venerable age** պատկառելի հասակ 2) *եկեղեցական* պատվելի; սուրբ; տեր հայր *(քահանայի տիտղոս Անգլիայի եկեղեցում)*

venerate |'vɛnəreɪt| *verb* 1) խորին պատկառանք տածել; խորապես հարգել; ակնածել; հարգել; մեծարել 2) երկրպագել; պաշտել

veneration *noun* ակնածանք; պատկառանք; հարգում; հարգելը; երկրպագելը

venereal |vɪ'nɪərɪəl| *adjective* 1) *բժշկություն* վեներական 2) սեռական; սիրային

venereal disease *noun* վեներախտ; վեներական հիվանդություն

Venetian |vɪ'ni:ʃ(ə)n| **1** *adjective* վենետիկյան **2** *noun* վենետիկցի

Venezia |ve'nɛttsjæ| Վենետիկ *(իտալերեն անվանումը)*

Venezuela |ˌvɛnɪ'zweɪlə|, |bene'swelæ|, |-θwelæ| Վենեսուելա *(պետություն Հարավային Ամերիկայի հյուսիսային մասում)*

vengeance |'vɛn(d)ʒ(ə)ns| *noun* վրիժառություն; վրեժխնդրություն; վրեժ; վրեժ առնելը; վրեժ լուծելը

with a vengeance *խոսակցական* 1) ամբողջ ուժով; շատ խիստ; սաստիկ; չափազանց 2) մեծ քանակությամբ; առատորեն

vengeful |'vɛn(d)ʒfʊl|, |-f(ə)l| *adjective* վրեժխնդիր; վրեժխնդրական; վրիժառու; ոխակալ; քինոտ

Venice |'vɛnɪs| Վենետիկ *(քաղաք Իտալիայում)*

venison |'vɛnɪs(ə)n|, |'vɛnɪz(ə)n| *noun* եղջերվամիս; եղնիկի միս

venom |'vɛnəm| *noun* 1) թույն *(օձի, կարիճի և այլնի)* 2) *փոխաբերական* թույն; մաղձ; չարություն; դառնություն; ատելություն

venomous |'vɛnəməs| *adjective* 1) թունավոր 2) *փոխաբերական* թունոտ; թունալից; չարակամ

venous |'vi:nəs| *adjective* 1) *կազմախոսություն* երակային; երակի 2) *բուսաբանություն* երակավոր; խիտ երակաթելերով պատած

vent¹ |vɛnt| **1** *noun* 1) օդանցք; գազանցք; ջերմանցք 2) կափույր *(փողային գործիքի)* 3) *փոխաբերական* ելք; արտահայտում *(զգացմունքների)* ◇ **give vent to** ազատություն/ելք տալ *(զգացմունքին, գաղափարին)*. **give vent to one's feelings** սիրտը թեթևացնել; զգացմունքներին ելք տալ; զգացմունքներն արտահայտել. **find vent** (**find a vent**) ելք գտնել; արտահայտվելու եղանակ գտնել **2** *verb* 1) *փոխաբերական* ելք/ազատություն տալ *(զգացմունքներին և այլն)* 2) թափել *(զայրույթը և այլն մեկի վրա)* 3) արտահայտել; ցույց տալ 4) բաց թողնել; դուրս թողնել; արձակել *(հեղուկ, գազ և այլն)*

vent² |vɛnt| *noun* հագուստի բացվածք *(հատկապես վերարկուի ներքևի եռանկյուսում)*

ventilate |'vɛntɪleɪt| *verb* 1) օդափոխել *(շենքը, սենյակը)* 2) օդանցք բացել 3) *փոխաբերական* պարզաբանել; բազմակողմանի քննարկման ենթարկել; արծարծել *(հարցը և այլն)* 4) *հնացած* թթվածնով հագեցնել *(արյունը)*

ventilation *noun* 1) օդափոխություն; օդափոխում; օդափոխման հարմարանք 2) *փոխաբերական* պարզաբանում; քննում; բազմակողմանի քննարկում; քննելը *(հարցի և այլնի)* 3) մաքրելը; թթվածնով հագեցնելը *(արյունը)*

ventilator |'vɛntɪleɪtə| *noun* օդափոխիչ; օդանցք

ventral |'vɛntr(ə)l| *adjective կազմախոսություն, կենդանաբանություն* որովայնային; փորային

ventricle |'vɛntrɪk(ə)l| *noun կազմախոսություն* փորոք; խորշ *(սրտի և այլնի)*

ventriloquist |vɛn'trɪləkwɪst| *noun* որովայնախոս; փորախոս

venture |'vɛntʃə| **1** *noun* 1) խիզախում; ռիսկ; հանդուգն նախաձեռնություն; վտանգավոր ճանապարհորդություն; հնարավոր վտանգ 2) հանդուգն/համարձակ/վտանգավոր ձեռնարկում; սպեկուլյացիա **2** *verb* 1) խիզախել; հանդգնել; վտանգի ենթարկել 2) փորձել; փորձ անել; սիրտ անել; հանդգնել; համարձակվել 3) վտանգի/ռիսկի ենթարկել; վտանգի տակ դնել

at a venture բախտաբերի; բախտապավեն; հաջողության հույսով; ինչպես պատահի

venturer |'vɛntʃ(ə)rə| *noun հնավանդ* 1) արկածախնդիր անձ; արկածներ փնտրող անձ 2) *պատմական* առևտրական ընկերության անդամ վաճառական *(16-17 դդ.)*

venturesome |'vɛntʃəs(ə)m| *adjective* 1) վտանգավոր; հանդուգն 2) համարձակ; խիզախ; ձեռներեց 3) արկածախնդիր; բախտախնդիր

venue |'vɛnju:| *noun* վայր; տեղ *(համերգի, հավաքույթի կամ այլ միջոցառման անցկացման)*

Venus |'vi:nəs| *noun* 1) *դիցաբանություն* Վեներա *(սիրո հռոմեական աստվածուհի)* 2) *բանաստեղծական* (**a Venus**) գեղեցկուհի; գեղեցիկ կին 3) *աստղագիտություն* Արուսյակ; Վեներա *(մոլորակ)*

veracious |və'reɪʃəs| *adjective գրական անգլերեն* 1) ճշմարտասեր; արդարասեր; ճշմարտախոս 2) արժանահավատ; ստույգ; հավաստի

veracity |vəˈræsɪti| *noun* 1) համապատիություն; ճշտություն; արժանահավատություն; ստուգություն; ստույգ լինելը; ճշմարտություն 2) ճշմարտախոսություն; ճշմարտասիրություն

veranda |vəˈrændə| (նաև **verandah**) *noun* ծածկապատշգամբ; վերանդա

verb |vəːb| *noun* *քերականություն* բայ ◇ **intransitive verb** անանցողական բայ

verbal |ˈvəːb(ə)l| **1** *adjective* 1) բանավոր; բերանացի; խոսքային; բառային; միայն բառերով արտահայտված; միայն խոսքով 2) բառացի; տառացի 3) *քերականություն* բայական; բայակերտ 4) *քերականություն* բայածանցյալ **2** *noun* *քերականություն* 1) բայական խոսքի մաս 2) *քերականություն* բայի անդեմ ձև

verbally *adverb* բանավոր կերպով; բերանացի; միայն խոսքով

verbatim |vəːˈbeɪtɪm| **1** *adverb, adjective* բառացիորեն; բառ առ բառ **2** *adjective* բառացի; տառացի

verbose |vəːˈbəʊs| *adjective* երկարաբան; շատախոս; երկար ու բարակ խոսող; բազմախոս *(ոճի մասին)*

verdancy *noun* 1) դալարություն; կանաչություն 2) անփորձություն; անհմտություն; խակություն; տհասություն

verdant |ˈvəːd(ə)nt| *adjective* 1) կանաչ; դալար 2) վառ կանաչ 3) *փոխաբերական* անփորձ; խակ

verdict |ˈvəːdɪkt| *noun* 1) *իրավունք* դատավճիռ ◇ **return a verdict of unguilty, bring in a verdict of unguilty** մեղավոր/անպարտ ճանաչել 2) կարծիք; դատողություն

verdure |ˈvəːdjə|, |-jʊə| *noun* 1) կանաչ; կանաչ խոտ; կանաչապատ; կանաչին տվող 2) վառ կանաչ 3) կանաչություն; կանաչ լինելը

verge[1] |vəːdʒ| **1** *noun* 1) ծայր; շրթունք; պռունկ 2) *փոխաբերական* եզր; սահման; դուռ ◇ **on the verge of sth** որևէ բանի եզրին; որևէ բանի դուռը հասած 3) *բրիտանական* ճանապարհի կանաչ եզրաշերտ; ծաղկամարգի կանաչ եզրաշերտ; սիզամարգ **2** *verb* 1) (**verge to/towards**) մոտենալ; թեքվել 2) (**verge on/upon**) որևէ բանի եզրին լինել; որևէ բանի դուռը հասնել; որևէ բանի սահմանին մոտենալ 3) (**verge on/upon**) մոտենալ; հասնել; համընկնել

verge[2] *noun* եպիսկոպոսի/վանահոր գավազան

verge[3] |vəːdʒ| *verb* հակում ունենալ; նմանվել

verification |ˌverɪfɪˈkeɪʃ(ə)n| *noun* 1) ստուգում; ստուգելը; վավերացում; հաստատում 2) կատարվելը; իրականանալը *(գուշակության)* 3) հաստատվելը *(կասկածների)*

verify |ˈverɪfʌɪ| *verb* (**-fies**, **-fied**) 1) ստուգել 2) հաստատել; հավաստագրել; վավերացնել

verily |ˈverɪli| *adverb* *հնացած* իրոք; իսկապես; իրավ

verisimilar |-ˈsɪmɪlə| *adjective* ճշմարտանման; հնարավոր

verisimilitude |ˌverɪsɪˈmɪlɪtjuːd| *noun* ճշմարտանմանություն; հավանականություն

veritable |ˈverɪtəb(ə)l| *adjective* իսկական; ճշմարիտ

verity |ˈverɪti| *noun* (հոգն. **-ties**) 1) ճշմարտություն; իրողություն 2) իսկություն; իրականություն; ճշտություն; ստուգություն

verjuice |ˈvəːdʒuːs| *noun* 1) թթու հյութ *(խակ մրգերի)* 2) թթված; դժգոհ *(հայացքի մասին)*

vermeil |ˈvəːmeɪl|, |-mɪl| *noun* 1) ոսկեջրած արծաթ 2) *բանաստեղծական* կարմիր ներկ; խրուկաներկ *(ծծմբասնդիկից)*

vermicelli |ˌvəːmɪˈtʃeli|, |ˌveːm-|, |-ˈseli| *noun* վերմիշել

vermicide |ˈvəːmɪsʌɪd| *noun* որդահան/որդաթափ դեղամիջոց

vermiform |ˈvəːmɪfɔːm| *adjective* *կենդանաբանություն, կազմախոսություն* որդանման; որդնակերպ

vermifuge |ˈvəːmɪfjuːdʒ| *noun* *բժշկություն* հակաճիճվային դեղամիջոց

vermilion |vəˈmɪljən| (նաև **vermillion**) **1** *noun* 1) կարմիր ներկ; խրուկաներկ *(ծծմբասնդիկից)* 2) ալ կարմիր գույն **2** *adjective* ալ կարմիր **3** *verb* ալ կարմիր ներկել

vermin |ˈvəːmɪn| *noun* 1) *հավաքական, գյուղատնտեսություն* վնասատուներ; մակաբույծներ; պարազիտներ 2) *փոխաբերական* խուժան; հանցագործ տարր

verminous *adjective* 1) մակաբույծների միջոցով հաղորդվող 2) մակաբույծների միջոցով վարակված 3) *փոխաբերական* վնասակար; վնաս տվող

vermouth |ˈvəːməθ|, |vəˈmuːθ| *noun* վերմուտ *(գինու տեսակ)*

vernacular |vəˈnækjʊlə| **1** *noun* 1) մայրենի լեզու 2) տեղական բարբառ 3) մասնագիտական լեզու/եզրաբանություն/տերմինաբանություն 4) կիրառական ճարտարապետություն **2** *adjective* 1) մայրենի *(լեզվի մասին)* 2) տեղական *(բարբառի/բառի մասին և այլն)* 3) տվյալ վայրին հատուկ *(հիվանդության մասին)* 4) կիրառական *(ճարտարապետության մասին)*

vernal |ˈvəːn(ə)l| *adjective* գարնանային; գարնանը հատուկ

versatile |ˈvəːsətʌɪl| *adjective* 1) բազմակողմանի *(տաղանդի/հեղինակի մասին և այլն)* 2) շարժուն; ճկուն; հարմարունակ; համակերպվողական 3) փոփոխական; հեղհեղուկ *(տրամադրության մասին և այլն)* 4) բազմակիրառելի

verse |vəːs| **1** *noun* *գրականագիտություն* 1) բանաստեղծություն; ոտանավոր; չափածո խոսք ◇ **accentual verse** շեշտական տաղաչափություն. **in verse** չափածո 2) բանաստեղծության տուն 3) *հնացած* ոտանավորի տող 4) ◇ **blank verse** արձակ/անհանգ բանաստեղծություն **2** *verb* *հնացած* 1) բանաստեղծություններ/ոտանավորներ գրել 2) չափածո արտահայտել

versed |vəːst| *adjective* իրազեկ; բանիմաց; տեղյակ; փորձված; փորձառու

versification |-fɪˈkeɪʃ(ə)n| *noun* 1) տաղաչափություն; տաղաչափական արվեստ 2) ոտանավորի վերածելը *(արձակը)*

versify |ˈvəːsɪfʌɪ| *verb* (**-fies**, **-fied**) 1) ոտանավորներ գրել/հորինել 2) ոտանավորի վերածել; չափածո դարձնել *(արձակը)*

version |ˈvɜːʃ(ə)n| *noun* 1) տարբերակ; փոփոխակ; տարատեսակ; վարկած; մեկնակերպ 2) թարգմանություն *(տվյալ գործի)* 3) տեքստ *(թարգմանության, բնագրի)* 4) հրատարակություն *(տվյալ գործի)* 5) էկրանավորում; բեմադրություն; փոխադրում *(այլ ժանրի՝ ֆիլմի, ներկայացման և այլն)* 6) *բժշկություն* պտույտ *(սաղմի)*

versus |ˈvɜːsəs| (հապվ. **v.** կամ **vs.**) *preposition* 1) *իրավունք, մարզական* դեմ; ընդդեմ; հակառակ 2) ի հակադրություն; որևէ բանի համեմատությամբ

vertebra |ˈvɜːtɪbrə| *noun* (հոգն. **-brae** |-breɪ|, |-briː|) *կազմախոսություն* 1) ող; ողն; ողնոսկր 2) (**vertebrae**) ողնաշար

vertebral *adjective* *կազմախոսություն* ողնային; ողնաշարային ◊ **vertebral column** ողնաշար; ողնայուն

vertebrate |ˈvɜːtɪbrət| *կենդանաբանություն* **1** *noun* ողնաշարավոր կենդանի *(ենթատիպ Vertebrata, տիպ Chordata)* **2** *adjective* ողնաշարավոր

vertex |ˈvɜːteks| *noun* (հոգն. **-tices** |-tɪsiːz| կամ **-texes**) 1) գագաթ; բարձրագույն կետ 2) *կազմախոսություն* գլխագագաթ 3) *մաթեմատիկա* ամենաբարձր կետը; գագաթ

vertical |ˈvɜːtɪk(ə)l| **1** *adjective* 1) ուղղաձիգ; ուղղահայաց 2) ուղղաբերձ **2** *noun* 1) (**the vertical**) ուղղահայաց; ուղղաձիգ դիրք; ուղղահայաց գիծ 2) ուղղահայաց կառույցներ

verve |vɜːv| *noun* 1) պատկերավորություն; կենդանություն; գունեղություն; վերարտադրության ուժ; երևակայություն; ճշմարտացիություն *(նկարագրության)* 2) *հնացած* արվեստագետի/հեղինակի անհատականություն

very |ˈveri| **1** *adverb* 1) շատ; սաստիկ; խիստ ◊ **very well/good** շատ լավ; գերազանց. **very much** շատ-շատ; անչափ 2) այնքան ◊ **not very** ոչ այնքան; հսկի էլ 3) *(օգտագործվում է սաստկացման նպատակով)* ◊ **the very best** լավագույնը; լավագույններից լավագույնը 4) *(ընդգծում է մոտիկությունը/պատկանելիությունը)* ◊ **one's very own** i) մեկին ամենամոտիկը; ամենամտերիմը; ամենասիրելին; ամենաթանկագինը ii) սեփականը; իրենը **2** *adjective* 1) իսկական; իրական; զուտ; հենց; ճիշտ և ճիշտ; իսկ և իսկ ◊ **the very truth** զուտ ճշմարտություն 2) միևնույն; հենց նույն; ճիշտ նույն ◊ **this very day** հենց այսօր; այսօր իսկ. **at that very moment** հենց նույն րոպեին; ճիշտ նույն րոպեին 3) հենց միայն; ինքնին; նույնիսկ 4) ամենից; ամենա-

vesicate |ˈvesɪkeɪt|, |ˈviː-| *verb* *բժշկություն* թարախոտել; թարախակալել

vesicle |ˈvesɪk(ə)l|, |ˈviː-| *noun* *կենսաբանություն* բշտիկ; բուշտ

vesper |ˈvespə| *noun* 1) *եկեղեցական* երեկոյան աղոթք 2) (**vespers**) երեկոյան ժամերգություն 3) *եկեղեցական* (**vesper bell**) երեկոյան զանգահարություն; ժամհարություն; կոչնահարություն 4) *բանաստեղծական* երեկո 5) (**Vesper**) գիշերավար; Արուսյակ; երեկոյան աստղ *(Վեներա մոլորակի անունը գրքերում)*

vespertine |ˈvespətʌɪn|, |-tɪn| *adjective* 1) երեկոյան; իրիկվա 2) *բուսաբանություն* գիշերը բացվող 3) *կենդանաբանություն* գիշերային *(թռչունների մասին)*

vessel |ˈves(ə)l| *noun* 1) նավ; խոշոր նավ 2) *նաև կազմախոսություն* անոթ

leaky vessel բացբերան մարդ; գաղտնիք չպահող մարդ

weaker vessel *աստվածաշնչային նաև կատակային* դյուրաբեկ անոթ *(կնոջ մասին)*

weak vessel 1) *աստվածաշնչային* հողեղեն անոթ; մահկանացու էակ 2) անհուսալի/անվստահելի մարդ

vest |vest| **1** *noun* 1) ժիլետ; անթև բաճկոն/բաճկոնակ 2) *բրիտանական* ներքնաշապիկ 3) *եկեղեցական* զգեստ; զգեստավորություն **2** *verb* 1) (**vest in**) հանձնել; տալ; վստահել 2) *եկեղեցական* (**vest with**) շնորհել; օժտել *(իշխանությամբ և այլն)* 3) զգեստավորվել *(օրինակ՝ հոգևորականի/դերասանի մասին)* 4) *բանաստեղծական* զգեստավորել; հագցնել

Vesta |ˈvestə| *հռոմեական դիցաբանություն* Վեստա *(տան, օջախի հռոմեկան աստվածուհի)*

vested interest *noun* օրենքով ամրագրված իրավունք; կապիտալ ներդրում

vestee |veˈstiː| *noun* առջևի ներդիր *(կանացի զգեստի)*

vestige |ˈvestɪdʒ| *noun* 1) մնացուկ; վերապրուկ; հետք; նշան; նշույլ 2) *կենսաբանություն* թերաճուկ; թերաճ օրգան

vestment |ˈves(t)m(ə)nt| *noun* 1) *եկեղեցական* զգեստ; զգեստավորություն 2) *հնացած* զգեստ; հագուստ; հանդերձ

vest-pocket *adjective* 1) ժիլետի/բաճկոնակի գրպան 2) *որոշչային* գրպանի *(գրքի և այլնի մասին)*

vestry |ˈvestri| *noun* (հոգն. **-tries**) 1) *եկեղեցական* զգեստարան; հանդերձարան 2) աղոթատուն; ժողովարան 3) ծխականների ժողով

Vesuvius |vɪˈsuːvɪəs| Վեզուվ *(գործող հրաբուխ Իտալիայի հարավում)*

vet¹ |vet| **1** *noun* *խոսակցական* անասնաբույժ; կենդանիների վիրաբույժ **2** *verb* (**vetted**, **vetting**) ուսումնասիրել; քննել; հետազոտել

vet² |vet| *noun* *խոսակցական* տե՛ս **veteran**

veteran |ˈvet(ə)r(ə)n| *noun* 1) վետերան; հին ու փորձված զինվոր 2) ճակատային; ռազմաճակատային; պատերազմի մասնակից 3) *որոշչային* հին; փորձված; փորձառու 4) *որոշչային* ռազմադաշտում փորձ ձեռք բերած

veterinarian |ˌvet(ə)rɪˈneːrɪən| *noun* անասնաբույժ

veterinary |ˈvet(ə)rɪn(ə)ri|, |ˈvet(ə)nri| **1** *adjective* անասնաբուժական **2** *noun* (հոգն. **-naries**) *հնացած* անասնաբույժ

veterinary surgeon անասնաբույժ

veto |ˈviːtəʊ| **1** *noun* (հոգն. **-toes**) վետո; արգելք; վետոյի/արգելման իրավունք ◊ **put a veto on** արգելք/վետո դնել *(որևէ բանի վրա)* **2** *verb* (**-toes**, **-toed**) վետո/արգելք դնել; վետո/արգելք կիրառել

vex |veks| *verb* 1) ջղայնացնել; բարկացնել; զայրացնել; գրգռել; տհաճություն/արտնեղություն պատճառել; վրդովել 2) անհանգստացնել; հուզել 3) անընդհատ քննարկել; անընդհատ քննության ենթարկել

a vexed question շատ քննարկված հարց; վիճելի/ծեծված հարց

be vexed with sb/sth զայրանալ; բարկանալ; վշտանալ; վրդովվել

how vexing! ափսո՜ս; ի՜նչ տհաճ է; ի՜նչ անախորժ է

vexation |vɛk'seɪʃ(ə)n| *noun* 1) ջղայնություն; զայրույթ; բարկություն; վրդովմունք; սրտնեղություն 2) տհաճ/անախորժ հանգամանք; տհաճ բան; անախորժություն

vexed |'vɛkst| *adjective* 1) բարդ; կնճռոտ; դժվար լուծելի *(խնդրի մասին)* 2) նյարդայնացած; անհանգիստ; անհանգստացած

via |'vʌɪə| *preposition* 1) ճանապարհով; վրայով; միջով ◇ **via Moscow** Մոսկվայով 2) միջոցով; օգնությամբ *(ինչ-որ մեկի, որևէ սարքի և այլն)* ◇ **via the Internet** համացանցի/ինտերնետի միջոցով

viability |-'bɪlɪti| *noun* կենսունակություն; տոկունություն

viable |'vʌɪəb(ə)l| *adjective* 1) գործող; աշխատող; արդյունավետ 2) *կենսաբանություն* կենսունակ *(բջջի/բույսի/կենդանու/սաղմի մասին)*

viaduct |'vʌɪədʌkt| *noun* ուղեկամուրջ; վիադուկ

viand |'vʌɪənd| *noun բանաստեղծական* համեղ կերակուր; ուտելիք

vibrant |'vʌɪbr(ə)nt| *adjective* 1) եռուն; աշխույժ; բուռն 2) թրթռացող; թրթռուն 3) դողդոջուն; դղրդացող *(հուզմունքից, անհամբերությունից և այլն)* 4) հնչուն; ուժեղ *(ձայնի մասին)* 5) վառ; աչքի ընկնող *(գույնի մասին)*

vibrate |vʌɪ'breɪt| *verb* 1) (**vibrate with**) թրթռալ; ցնցվել; տատանվել; դղրդալ *(որևէ բանից)* 2) թրթռացնել; ցնցել; տատանել; դղրդացնել 3) (**vibrate with**) դողալ; դողդողալ *(հուզմունքից և այլն)* 4) հնչել; արձագանքել; արձագանք տալ *(ձայնի մասին)* 5) *ֆիզիկա* տատանվել 6) ճոճվել; տարուբերվել 7) ճոճել; տարուբերել

vibration |vʌɪ'breɪʃ(ə)n| *noun* 1) թրթիռ; թրթռում; վիբրացիա 2) *ֆիզիկա* տատանում; տատանվելը; ճոճում; ճոճվելը 3) *փոխաբերական* թրթիռ; դող 4) *խոսակցական* (**vibrations**) տրամադրություն; ընդհանուր զգացողություն *(մեկից մյուսին)*

vicar |'vɪkə| *noun* 1) *եկեղեցական* երեց; ծխական քահանա *(անգլիկան եկեղեցում. տասանորդ չստացող)* 2) առաջնորդական տեղապահ; փոխերեց; փոխանորդ 3) տեղակալ; փոխարինող

vicarage |'vɪk(ə)rɪdʒ| *noun* 1) քահանայի պաշտոն 2) քահանայի տուն

vicarious |vɪ'kɛːrɪəs|, |vʌɪ-| *adjective* 1) ուրիշին փոխարինող; ուրիշի փոխարեն գործող 2) ուրիշի փոխարեն արված ◇ **vicarious atonement** ուրիշի մեղքը քավելը

vice¹ |vʌɪs| *noun* 1) արատ; չարիք 2) անառակություն; անբարոյականություն; մոլություն 3) պակասություն; թերություն *(բնավորության)* 4) վատ սովորույթ; խեռություն *(ձիու)*

vice² *noun բրիտանական* տե՛ս **vise**

vice³ |ˌvʌɪsi| *preposition* տեղակալ; փոխարինող

vice⁴ |vʌɪs| (նաև **vice-**) *combining form* փոխ-

vice³ |'vʌɪsi| *preposition* տեղակալ; փոխարինող

vice⁴ |vʌɪs| (նաև **vice-**) *combining form* փոխ-

vice president *noun* փոխնախագահ

viceroy |'vʌɪsrɔɪ| *noun* փոխարքա; տեղապահ; կուսակալ *(պետության ծայրագավառը կառավարող բարձրաստիճան պաշտոնյա)*

vice versa |ˌvʌɪs 'vəːsə|, |vʌɪsə| *adverb* ընդհակառակը; հակառակը; հակադարձորեն

vicinity |vɪ'sɪnɪti| *noun* (հոգն. **-ties**) 1) մոտակայք; մերձակայք; շրջակայք 2) *հնացած* հարևանություն; մերձակայություն; մոտիկություն ◇ **in the vicinity** i) մոտերքում; մոտակայքում; մերձակայքում; մոտիկ ii) մոտ; մոտավորապես

vicious |'vɪʃəs| *adjective* 1) չար; դաժան; չարասիրտ; թշնամական; թունոտ; չարությամբ լի *(հայացքի/բառերի մասին)* 2) կատաղի; վայրի; վտանգավոր *(գազանի մասին)* 3) վտանգավոր; լուրջ 4) *բանաստեղծական* անբարոյական; անառակ; արատավոր 5) սխալ; ոչ ճիշտ; արատավոր *(ոճի/մեթոդների մասին և այլն)* 6) թերի; պակասավոր; թերություններով լի 7) սարսափելի; անտանելի; սաստիկ ◇ **vicious headache** սաստիկ/անտանելի գլխացավ 8) վատ սովորույթի *(ձիու մասին)* 9) կեղտոտ; ապականված *(ջրի/օդի մասին և այլն)*

vicissitude |vɪ'sɪsɪtjuːd|, |vʌɪ-| *noun* փոփոխականություն; հեղհեղուկություն; անկայունություն *(հատկապես հանգամանքների)*

victim |'vɪktɪm| *noun* 1) զոհ *(դժբախտ պատահարի, պատերազմի, խարդախության)* 2) զոհաբերություն; զոհ

fall victim to զոհ գնալ; զոհվել

victimize |'vɪktɪmʌɪz| *verb* զոհ դարձնել; զոհ ընտրել; դաժան վերաբերմունքի առարկա դարձնել

victor |'vɪktə| *noun* 1) հաղթող; հաղթանակ տանող; հաղթանակող 2) *որոշչային* հաղթական

Victoria |vɪk'tɔːrɪə| (նաև **victoria**) *noun* պատմական երկտեղանի թեթև կառք

Victoria, Lake Վիկտորիա *(Աֆրիկայի ամենամեծ լիճը)*

Victoria Falls Վիկտորիա ջրվեժ *(ջրվեժ Աֆրիկայում)*

Victorian |vɪk'tɔːrɪən| **1** *adjective* 1) վիկտորիան; վիկտորիական; Վիկտորիա թագուհու ժամանակաշրջանի *(1837-1901 թթ)* 2) *փոխաբերական* հնաձև; հնացած **2** *noun* վիկտորիական ժամանակաշրջանի անձ

victorious |vɪk'tɔːrɪəs| *adjective* հաղթանակած; հաղթանակ տարած; հաղթական

victory |'vɪkt(ə)ri| *noun* (հոգն. **-ries**) հաղթանակ; հաղթություն ◇ **gain/win the victory over** հաղթանակ տանել. **claim the victory** իր հաղթանակը հաստատել; պահանջել, որ իրեն հաղթող ճանաչեն

victual |'vɪt(ə)l| *հնացած* **1** *noun* սնունդ; ուտելիք; պարեն; պարենամթերք; պաշար **2** *verb* (**-ualed**, **-ualing**; բրիտ. **-ualled**, **-ualling**) 1) պարենավորել; մթերավորել; պարենով ապահովվել; պարեն մատակարարել 2) *հնացած* պարենավորվել; պարենամթերք/պաշար վերցնել

video |ˈvɪdɪəʊ| *noun* (հոգն. **-os**) 1) տեսահամակարգ 2) տեսատեղեկույթ *(ֆիլմ և այլն)* 3) տեսաերիզ; տեսաժապավեն 4) տեսահոլովակ *(փոփ կամ ռոք երաժշտախմբի)* 5) *բրիտանական* տեսաձայնագրիչ; տեսամագնիտաֆոն

videocassette recorder (հպվ. **VCR**) *noun* տեսաձայնագրիչ; տեսամագնիտաֆոն

videotape |ˈvɪdɪə(ʊ)teɪp| **1** *noun* 1) տեսաերիզ 2) տեսագրություն *(ֆիլմ և այլն)* **2** *verb* տեսագրել

vie |vʌɪ| *verb* (**vying**) (**vie with sb for sth**) մրցակցել; մրցել

Vienna |vɪˈɛnə| Վիեննա *(Ավստրիայի մայրաքաղաքը)*

Vientiane |ˌvjɛnˈtjɑːn| Վիենտյան *(Լաոսի մայրաքաղաքը)*

Vietnam |vjɛtˈnæm| Վիետնամ *(պետություն Հարավարևելյան Ասիայում)*

Vietnamese |ˌvɪɛtnəˈmiːz|, |ˈvjɛt-| **1** *adjective* վիետնամական **2** *noun* (հոգն. նույնը) 1) վիետնամցի; Վիետնամի բնակիչ 2) վիետնամերեն 3) *հավաքական* (**the Vietnamese**) վիետնամցիներ; Վիետնամի զորքեր; վիետնամական բանակ

view |vjuː| **1** *noun* 1) տեսադաշտ; տեսանելիություն; տեսածիր; դիտահորիզոն ◇ **be in view** i) տեսանելի լինել ii) նախատեսվել; ենթադրվել. **come into view** հայտնվել; երևալ; տեսանելի դառնալ. **come in view of** տեսնել մի բան *(դիրքը փոխելով)*. **pass from sb's view** աչքից կորչել; անհետանալ 2) տեսարան; բնապատկեր; բնատեսարան ◇ **dissolving views** մոգական պատկերներ *(մոգական լապտերով ցուցադրվող)* 3) բնապատկեր *(որպես արվեստի գործ)* 4) դիտում; զննում; քննում; դիտելով ծանոթանալը ◇ **on view** ցուցադրված. **to the view** բացեիբաց; հրապարակորեն. **private view** փակ դիտում *(ցուցահանդեսի և այլնի)* 5) (**point of view**) հայացք; կարծիք; տեսակետ; պատկերացում; գաղափար ◇ **in my view** իմ կարծիքով 6) մտադրություն; հեռանկարներ ◇ **with the view of, with a view of** նպատակով; նպատակ ունենալով; նկատի ունենալով. **have/keep in view** տեսադաշտից չկորցնել; տեսադաշտում պահել; նկատի ունենալ. **in view of** նկատի ունենալով; նկատի առնելով **2** *verb* 1) դիտել; դիտելով ծանոթանալ; զննել; քննել; քննություն կատարել 2) մոտեցում/վերաբերմունք ունենալ; մոտենալ; մտովին քննել

viewdata |ˈvjuːdeɪtə| *noun* *համակարգիչներ* տվյալների դիտում *(համակարգչային տվյալների ուղարկում հեռախոսային գծով և դիտում հեռուստատեսային էկրանի վրա)*

viewer |ˈvjuːə| *noun* 1) դիտորդ; դիտող; դետ; հսկող 2) հեռուստադիտող; հեռադիտող 3) դիտասարք *(դիապոզիտիվներ դիտելու համար)* 4) *համակարգիչներ* դիտիչ *(օժանդակ ծրագիր)*

viewfinder |ˈvjuːfʌɪndə| *noun* *լուսանկարչություն* դիտան; տեսադաշտ որոնող հարմարանք

viewless |ˈvjuːlɪs| *adjective* 1) անհեռանկար; անապագա; անհորիզոն 2) *բանաստեղծական* անտեսանելի; աներևույթ 3) որոշակի տեսակետ չունեցող; որոշակի կարծիք չունեցող; անսկզբունքային

viewpoint |ˈvjuːpɔɪnt| *noun* տեսակետ; տեսանկյուն; մոտեցում

vigil |ˈvɪdʒɪl| *noun* 1) արթուն մնալը; արթուն հսկելը ◇ **keep vigil** արթուն մնալ; հսկել; չքնել; հերթապահել *(հիվանդի մոտ, աղոթելու համար և այլն)* 2) *եկեղեցական* հսկում 3) (**vigil**) գիշերային հսկում 4) խաղաղ ցույց

vigilance |ˈvɪdʒɪl(ə)ns| *noun* 1) զգոնություն; զգաստություն; աչալրջություն; հսկում; հսկողություն 2) *բժշկություն* անքնություն

vigilant |ˈvɪdʒɪl(ə)nt| *adjective* զգոն; զգաստ; աչալուրջ; շրջահայաց

vigor |ˈvɪgə| (*բրիտանական* **vigour**) *noun* 1) եռանդ; կորով; ուժ; ուժեղություն; զորություն; առույգություն; կայտառություն 2) *իրավունք* իրավականություն; իրավազորություն

vigorous |ˈvɪg(ə)rəs| *adjective* 1) եռանդուն; գործուն; առույգ; աշխույժ; կայտառ; կորովի; ուժեղ; զորեղ; հուժկու 2) վճռական; հաստատամիտ 3) առողջ *(բույսի մասին)*

vigorously *adverb* վճռականորեն; եռանդով

Viking[1] |ˈvʌɪkɪŋ| **1** *noun* *պատմական* վիկինգ *(հին սկանդինավյան զինվոր/ծովահեն)* **2** *adjective* վիկինգների

Viking[2] |ˈvʌɪkɪŋ| *noun* ամերիկյան մարսագնաց

Vila |ˈviːlə| (նաև **Port Vila**) Վիլա *(Վանուատուի մայրաքաղաքը)*

vile |vʌɪl| *adjective* 1) չափազանց վատ; պիղծ; զզվելի; զազրելի; նողկալի; գարշելի 2) ստոր; անարգ; անազնիվ 3) *հնացած* չնչին; անկարևոր

vilify |ˈvɪlɪfʌɪ| *verb* (**-fies**, **-fied**) անարգել; վատաբանել; զրպարտել; մրոտել

villa |ˈvɪlə| *noun* 1) շքեղ ամառանոց; վիլլա 2) *բրիտանական* բրիտանական առանձնատուն *(քաղաքում կամ արվարձաններում)*

village |ˈvɪlɪdʒ| *noun* 1) գյուղ; ավան 2) *որոշչային* գյուղական; գյուղի

villager *noun* գյուղացի; գյուղական բնակիչ; շինական; ավանաբնակ

villain |ˈvɪlən| *noun* 1) սրիկա/անպիտան/ստոր/անարգ/չարագործ/ոճրագործ անձ 2) *պատմական* վիլլան *(ճորտ/կիսազատ գյուղացի՝ միջին դարերում)* 3) բացասական կերպար *(վեպի, ներկայացման)*

villainous |ˈvɪlənəs| *adjective* 1) ստոր; անազնիվ; ոճրագործ 2) *խոսակցական* զզվելի; զազրելի; գարշելի; անտանելի

villainy |ˈvɪləni| *noun* (հոգն. **-lainies**) 1) ստորություն; անազնվություն 2) չարագործություն; ոճրագործություն

villein |ˈvɪlən|, |-eɪn| *noun* ճորտ

Vilnius |ˈvɪlnɪəs| Վիլնյուս *(Լիտվայի մայրաքաղաքը)*

vim |vɪm| *noun* *խոսակցական* ուժ; եռանդ

vindicate |ˈvɪndɪkeɪt| *verb* 1) պաշտպանել; պաշտպանելով ապահովել *(իրավունքները, գործը և այլն)* 2) արդարացնել *(մեկի վարքագիծը/քաղաքականությունը և այլն)* 3) ապացուցել ճշմարտացիությունը/արդարացվածությունը

vindictive |vɪn'dɪktɪv| *adjective* 1) վրեժխնդիր; ոխակալ; քինոտ 2) վրեժխնդրական

vine |vʌɪn| *noun* 1) *բուսաբանություն* որթատունկ; խաղողի որթ/վազ *(Vitis and other genera, ընտանիք Vitaceae)* 2) գետնատարած/փաթաթվող բույս; պատատուկ

vinegar |'vɪnɪgə| *noun* 1) քացախ 2) *փոխաբերական* անհիրավիրություն; թթվածություն; մռայլություն

vineyard |'vɪnjɑ:d|, |-jəd| *noun* 1) խաղողի այգի 2) ոլորտ; ասպարեզ; բնագավառ

vinous |'vʌɪnəs| *adjective* 1) գինու; գինոտ; գինեհամ 2) գինովությունից/հարբելուց առաջացած 3) գինեներ 4) մուգ կարմիր; գինեգույն

vintage |'vɪntɪdʒ| **1** *noun* 1) խաղողաքաղ; խաղողի բերքահավաք 2) խաղողի բերք 3) գինի *(որոշակի տարվա բերքից, որոշակի խաղողի տեսակից պատրաստած)* **2** *adjective* 1) բարձրորակ գինու 2) բարձրորակ; լավագույններից մեկը

vinyl |'vʌɪn(ə)l| *noun* վինիլ

viola¹ |vɪ'əʊlə| *noun երաժշտություն* ալտ *(աղեղնավոր գործիք)*

viola² |'vʌɪələ| *noun բուսաբանություն* մանուշակ *(Genus Viola, ընտանիք Violaceae)*

violate |'vʌɪəleɪt| *verb* 1) խախտել; դրժել; ոտնահարել; կոպիտ կերպով խախտել *(օրենքը, իրավունքները, երդումը, պայմանագիրը և այլն)* 2) պղծել *(մեկի գերեզմանը և այլն)* 3) ներխուժել; խախտել *(լռությունը և այլն)* 4) բռնություն գործ դնել; բռնանալ 5) բռնաբարել

violation *noun* 1) կոպիտ խախտում; դրժում; զանցառում *(օրենքի, երդման և այլն)* 2) պղծում; պղծելը 3) բռնություն; բռնության գործադրում 4) բռնաբարում

violence |'vʌɪəl(ə)ns| *noun* 1) բռնություն; բռնարարք; բռնադատում 2) ուժ; ուժգնություն; սաստկություն

do violence to անարգել; վիրավորել; բռնություն գործ դնել; բռնադատել

violent |'vʌɪəl(ə)nt| *adjective* 1) ուժեղ; ուժգին; սաստիկ 2) կատաղի; մոլեգին; անզուսպ; բռնկվող *(բնավորության մասին)* 3) վառ; աչքի ընկնող *(գույնի մասին)* 4) բռնի *(մահվան/միջոցների մասին և այլն)*

violently *adverb* 1) բռնի կերպով/թափով 2) դաժանորեն

violet |'vʌɪələt| **1** *noun* 1) *բուսաբանություն* մանուշակ *(Viola, ընտանիք Violaceae)* 2) մանուշակի գույն; մանուշակագույն **2** *adjective* մանուշակագույն

violin |vʌɪə'lɪn|, |'vʌɪəlɪn| *noun* ջութակ

violinist *noun* ջութակահար; ջութակահարուհի

violoncello |ˌvʌɪələn'tʃɛləʊ|, |ˌvi:ə-| *noun երաժշտություն* (**cello**) թավջութակ

VIP *abbreviation* very important person հույժ կարևոր անձ

viper |'vʌɪpə| *noun* 1) *կենդանաբանություն* (**common viper**) իժ *(ընտանիք Viperidae)* 2) *փոխաբերական* օձ; օձի ծնունդ; իժ; ոխտադրուժ/նենգ մարդ

virago |vɪ'rɑ:gəʊ|, |-'reɪgəʊ| *noun* (հոգն. **-gos** կամ **-goes**) 1) կովարար/ջղաղ կին; իշխող կին 2) *հնացած* ամազոնուհի; կին մարտիկ

viral |'vʌɪr(ə)l| *adjective* վիրուսային

viral marketing *noun* վիրուսային շուկայավարում *(երբ հաճախորդները իրենք են համակարգչով տարածում տեղեկություն ապրանքի մասին)*

virgin |'və:dʒɪn| **1** *noun* 1) կույս; աղջիկ 2) անփորձ/նորելուկ մարդ 3) (**the Virgin**) Աստվածածին 4) միանձնուհի; կույս; միաբանուհի 5) (**the Virgin**) Կույս *(համաստեղություն)* **2** *adjective* 1) կույսի; կուսական; աղջկա 2) կույս 3) *փոխաբերական* մաքուր; անարատ; ձեռք չտված; կուսական; չգործածված 4) չթրծած *(կավի մասին)* 5) առաջին

virginal |'və:dʒɪn(ə)l| **1** *adjective* կուսական; մաքուր; անարատ **2** *noun* (**virginals**) վիրջինալ *(ստեղնային երաժշտական գործիք, որը գործածվում էր 16-17-րդ դարերում)*

Virginia¹ |vəˌdʒɪnɪə| Վիրջինիա *(ԱՄՆ-ի նահանգ)*

Virginia² |vəˌdʒɪnɪə| *noun* վիրջինյան ծխախոտ

Virgin Islands Վիրջինյան կղզիներ *(ԱՄՆ-ի տարածք Կարիբյան ծովում)*

virginity |və'dʒɪnɪti| *noun* 1) կուսություն; ամուրիություն; օրիորդ լինելը 2) միամտություն; անփորձություն; նորելուկ լինելը

Virgin Mary (**Mary**) Կույս Մարիամ; Սուրբ Կույս

Virgo |'və:gəʊ| *աստղագիտություն* Կույս *(համաստեղություն)*

virile |'vɪrʌɪl| *adjective* 1) առնական; ուժեղ; կենսունակ 2) հասունացած; առնականացած; չափահաս 3) արական; տղամարդու; տղամարդուն հատուկ

virility |vɪ'rɪlɪti| *noun* 1) առնականություն; արականություն 2) հասունություն; չափահասություն; սեռական հասունություն

virtual |'və:tjʊəl| *adjective* 1) փաստական; փաստացի; իրական; իսկական *(թեև ոչ ամբողջովին կամ պաշտոնապես տվյալ կոչումը չունեցող)* ◇ **virtual manager** իրական/փաստական ղեկավար 2) *համակարգիչներ* այլական; վիրտուալ

virtuality |-jʊ'ælɪti| *համակարգիչներ* թվացյալություն; այլականություն; թվացյալ/այլական իրականություն

virtually |'və:tjʊəli| *adverb* փաստորեն; փաստացի կերպով; իրապես; ըստ էության

virtual memory (նաև **virtual storage**) *noun համակարգիչներ* այլական հիշողություն; թվացյալ հիշողություն

virtual reality *noun համակարգիչներ* թվացյալ իրականություն

virtue |'və:tju:|, |-tʃu:| *noun* 1) առաքինություն; ազնվաբարոյություն; բարոյասիրություն 2) արժանիք; բարեմասնություն 3) ուժ; զորություն; ներգործություն; արդյունավետություն *(դեղամիջոցի և այլնի)* 4) հնարավորություն 5) մաքրաբարոյություն; ողջախոհություն; առաքինություն; պարկեշտություն; կուսություն; անարատություն

by/in virtue of շնորհիվ; միջոցով; հիման վրա

virtuoso |ˌvəːtjʊ'əʊzəʊ|, |-səʊ| *noun* (հոգն. **-si** |-si| կամ **-sos**) 1) վարպետ; վիրտուոզ 2) արվեստասեր; գեղարվեստասեր

virtuous |'vəːtjʊəs|, |-tʃʊəs| *adjective* 1) առաքինի 2) *հնացած* մաքրաբարո; ողջախոհ; պարկեշտ *(կնոջ մասին)*

virulence *noun* 1) *բժշկություն* թունավորություն; ախտածնություն; ախտահարույց կարողություն; վիրուլենտություն 2) *փոխաբերական* չարություն; թունոտություն; քինոտություն

virulent |'vɪrʊl(ə)nt|, |'vɪrjʊ-| *adjective* 1) թունավոր; ախտահարույց; վիրուլենտ 2) սուր վարակիչ; վտանգավոր; մահաբեր; մահ սպառնացող; մահացու *(հիվանդության մասին)* 3) *փոխաբերական* չար; թունոտ; թունալից; վիրավորական; թշնամական; չարակամ; դաժան

virus |'vʌɪrəs| *noun* 1) *բժշկություն* վիրուս; վարակահարուցիչ մանրէ 2) *խոսակցական* վիրուսային հիվանդություն 3) *փոխաբերական* վիրուս; թույն; վարակ; վատ ազդեցություն 4) *համակարգիչներ* (**computer virus**) վիրուս

visa |'viːzə| **1** *noun* վիզա; մուտքի թույլատրություն *(կառավարական)* **2** *verb* վիզա դնել

visage |'vɪzɪdʒ| *noun բանաստեղծական* 1) դեմք; երես 2) դեմքի արտահայտություն 3) տեսք; կերպարանք

viscosity |vɪ'skɒsɪti| *noun* (հոգն. **-ties**) 1) կպչունություն; մածուցիկություն 2) հարակցություն *(մոլեկուլների)*

viscount |'vʌɪkaʊnt| *noun* վիկոնտ; դերկոմս *(ազնվական տիտղոս)*

viscous |'vɪskəs| *adjective* կպչուն; մածուցիկ; թանձր

vise |vʌɪs| (բրիտանական **vice**) *noun տեխնիկական* մամլակ

visibility |vɪzɪ'bɪlɪti| *noun* տեսանելիություն

visible |'vɪzɪb(ə)l| *adjective* 1) տեսանելի; նշմարելի; նկատելի 2) *փոխաբերական* ակներև; ակնհայտ

vision |'vɪʒ(ə)n| **1** *noun* 1) տեսողություն ◇ **beyond our vision** մեր տեսադաշտից դուրս; մեր տեսողության սահմաններից դուրս 2) մտահորիզոն 3) կանխատեսություն; նախատեսություն; խորաթափանցություն; սրաթափանցություն 4) տեսիլ; պատկերացում *(ապագայի վերաբերյալ)* 5) տեսիլք; երազ; ուրվական 6) (**visions**) երևակայական պատկեր; մտապատկեր; երազանք; անուրջ; ցնորք 7) գեղատեսիլ պատկեր; գեղեցիկ մարդ **2** *verb հազվադեպ* պատկերացնել

visional *adjective* 1) տեսողական 2) երևակայական; կարծեցյալ

visionary |'vɪʒ(ə)n(ə)ri| **1** *adjective* 1) խորաթափանց; խելամիտ; կանխատեսող *(որևէ բան ծրագրող մարդու մասին)* 2) *հնացած* անգործնական 3) *հնացած* երևակայական; ցնորական; խաբուսիկ; անիրական; ֆանտաստիկ; ցնորամիտ 4) տեսիլքներ տեսնող 5) երազկոտ; անրջող **2** *noun* (հոգն. **-aries**) 1) երազող/անգործնական մարդ; երազող/ցնորող/անրջող մարդ; երևակայող; իդեալիստ 2) տեսիլք տեսնող մարդ; երազատես; ցնորատես

visit |'vɪzɪt| **1** *verb* (**-ited**, **-iting**) 1) այցելել; այցելության/այցի գնալ; հյուրընկալվել; հյուր լինել 2) *խոսակցական* զրուցել 3) այցելել; ներգործել; վրա հասնել *(հիվանդության/վտանգի և այլնի մասին)* **2** *noun* 1) այցելություն; այց ◇ **pay/make a visit** այցելել; այց կատարել. **be on a visit to** հյուրընկալվել; հյուր լինել 2) զրույց

visitant |'vɪzɪt(ə)nt| **1** *noun* 1) *բանաստեղծական* գերբնական էակ 2) տեսիլք; հայտնություն 3) *հնացած* այցելու; հյուր 4) չվող թռչուն **2** *adjective հնավանդ բանաստեղծական* այցելու

visitation |vɪzɪ'teɪʃ(ə)n| *noun* 1) այցելում; այցելելը; այց; այցելություն 2) հայտնություն; տեսիլք 3) տեսչական ստուգում; ստուգում; զննում; չեզոք պետության նավի խուզարկում/ստուգում *(պատերազմի ժամանակ)* 4) փորձություն; պատիժ

visitor |'vɪzɪtə| *noun* 1) այցելու; հյուր; հովեկ ◇ **summer visitor** ամառանոցավոր; հովեկ 2) *բրիտանական* տեսուչ 3) չվող թռչուն

visor |'vʌɪzə| (նաև **vizor**) *noun* 1) հովար *(գլխարկի առջևի մասից կիսաշրջանաձև առաջ ձգվող մաս)* 2) պատմական երեսակալ; սաղավարտի դիմապանակ

vista |'vɪstə| *noun* 1) հեռապատկեր; տեսարան *(ծառուղու միջից բացվող և այլն)* 2) *փոխաբերական* հուշերի շարան 3) ծառուղի; անտառուղի *(որևէ բանի հեռապատկերով)*

visual |'vɪʒjʊəl|, |-zj-| **1** *adjective* 1) տեսողական; օպտիկական 2) դիտողական; զննական; ցուցադրական *(պարագաների մասին)* **2** *noun* (**visuals**) դիտողական պարագաներ

visualize |'vɪʒjʊəlʌɪz|, |-zj-| *verb* 1) երևակայել; պատկերացնել; մտովի տեսնել 2) տեսանելի դարձնել

vital |'vʌɪt(ə)l| **1** *adjective* 1) էական; անհրաժեշտ; կարևորագույն; հիմնական; գլխավոր 2) կենսական 3) *հնացած* ճակատագրական; կործանարար; մահաբեր; մահացու 4) կենսառատ; կենսախինդ; կենսուրախ; ժիր; աշխույժ **2** *noun* կենսականորեն կարևորագույն օրգաններ *(սիրտը, թոքերը և այլն)*

vitality |vʌɪ'tælɪti| *noun* 1) կենսունակություն; եռանդ; դիմացկունություն 2) կենսական ուժեր; կենսականություն

vitamin |'vɪtəmɪn|, |'vʌɪt-| *noun* վիտամին

vitiate |'vɪʃieɪt| *verb գրական անգլերեն* 1) փչացնել 2) անվավեր դարձնել *(պայմանագիրը, համաձայնագիրը և այլն)*

vitreous |'vɪtrɪəs| *adjective* 1) ապակենման; ապակեկերպ 2) ապակյա; ապակու; ապակե

vitriol |'vɪtrɪəl| *noun* 1) *հնավանդ քիմիա* արջասպ ◇ **blue vitriol, copper vitriol** պղնձարջասպ. **green vitriol** երկաթարջասպ 2) *փոխաբերական* կծու ծաղրանք; խոցող հեգնանք; սարկազմ

vituperate |vɪ'tjuːpəreɪt|, |vʌɪ-| *verb հնավանդ* նախատել; պախարակել; հայհոյել; լուտանք թափել

vivacious |vɪ'veɪʃəs|, |vʌɪ-| *adjective* ուրախ; կենսուրախ; աշխույժ; կայտառ; ժիր *(հատկապես կնոջ մասին)*

vivid |'vɪvɪd| *adjective* 1) պայծառ; վառ *(լույսի/*

գույնի մասին) 2) կենդանի; վառ *(հուշերի/նկարագրության մասին)* 3) վառ; վառվռուն *(երևակայության մասին)* 4) *հնացած* աշխույժ; առույգ; կայտառ

vivify |ˈvɪvɪfʌɪ| *verb* (**-fies**, **-fied**) կենդանացնել; աշխուժացնել; կենդանություն տալ

viviparous |vɪˈvɪp(ə)rəs|, |vʌɪ-| *adjective կենդանաբանություն* կենդանածին

vixen |ˈvɪks(ə)n| *noun* 1) էգ աղվես 2) կռվարար կին; ջադու

viz. |vɪz|, |ˈneɪmli| *adverb* այսինքն; այն է; հատկապես

vizier |vɪˈzɪə|, |ˈvɪzɪə| *noun պատմական* վեզիր

Vladikavkaz |ˌvlædɪkæfˈkɑːs| Վլադիկավկազ *(Հյուսիսային Օսեթիայի մայրաքաղաքը)*

Vladimir |ˈvlædɪˌmɪə|, |vləˈdiːmɪə| Վլադիմիր *(քաղաք Ռուսաստանի եվրոպական մասում)*

Vladivostok |ˌvlædɪˈvɒstɒk| Վլադիվոստոկ *(քաղաք Ռուսաստանի հարավ-արևելքում)*

V-neck *noun* 1) եռանկյուն բացվածք *(շապիկի և այլնի)* 2) եռանկյուն բացվածքով հագուստ

vocable |ˈvəʊkəb(ə)l| *noun* բառ; բառական միավոր

vocabulary |və(ʊ)ˈkæbjʊləri| *noun* (հոգն. **-laries**) 1) բառային կազմ; բառապաշար; բառամթերք *(լեզվի)* 2) բառապաշար *(հեղինակի, մասնագիտական և այլն)* 3) բառացանկ; բառարան *(որևէ գրքի և այլնի)* 4) *փոխաբերական* բառապաշար; արտահայտչամիջոցներ 5) *ոռոչչային* բառարանային ◇ **vocabulary entry** բառահոդված

vocal |ˈvəʊk(ə)l| **1** *adjective* 1) ձայնային; ձայնի; ձայնական ◇ **vocal cords** ձայնալարեր 2) *հնչյունաբանություն* ձայնեղ; ձայնավոր 3) բանավոր 4) արտահայտվող; խոսող; բարձրաձայնող *(իր կարծիքները)* 5) հնչուն; հնչեղ 6) *երաժշտություն* երգեցողական; վոկալ; ձայնի համար **2** *noun* երգեցողական/վոկալ գործ

vocal cords (նաև **vocal folds**) *plural noun* ձայնալարեր

vocation |və(ʊ)ˈkeɪʃ(ə)n| *noun* 1) հակում; կոչում *(տվյալ գործին նվիրվելու)* 2) մասնագիտական զբաղմունք; մասնագիտություն; զբաղմունք; գործ; արհեստ

vocational |və(ʊ)ˈkeɪʃ(ə)n(ə)l| *adjective* 1) մասնագիտական; զբաղմունքի; զբաղմունքային ◇ **vocational school** մասնագիտական դպրոց 2) մասնագիտացված; հատուկ *(դպրոցի և այլնի մասին)*

vocative |ˈvɒkətɪv| *քերականություն* **1** *adjective լեզվաբանություն* կոչական *(հոլով)* **2** *noun* 1) կոչական հոլովով դրված բառ 2) (**the vocative**) կոչական հոլով

vociferate |və(ʊ)ˈsɪfəreɪt| *verb* գոռալ; բղավել; ճչալ; բողոքել; ձայնը բարձրացնել

vociferous |və(ʊ)ˈsɪf(ə)rəs| *adjective* 1) աղմկոտ; աղմկալի 2) աղմկարար

vodka |ˈvɒdkə| *noun* օղի

vogue |vəʊg| **1** *noun* 1) տարազ; մոդա; նորաձևություն 2) անուն; համբավ; հռչակ; հանրաճանաչություն; ժողովրդականություն ◇ **be in vogue** i) նորաձև/ընդունված լինել ii) համբավավոր/հանրաճանաչ լինել; անուն հանել. **acquire vogue** ժողովրդականություն ձեռք բերել **2** *adjective* նորաձև; ընդունված **3** *verb* (**vogued**, **vogueing** կամ **voguing**) պարել նորաձև կերպով

voice |vɔɪs| **1** *noun* 1) ձայն ◇ **chest voice** թավ/կրծքային ձայն. **head voice, high-pitched voice** բարձր/սուր ձայն. **at the top of one's voice** կոկորդով մեկ; շատ բարձր ձայնով 2) արտահայտող; արտահայտիչ; արտահայտչամիջոց *(որևէ մեկի, որևէ բանի)* 3) կարծիք; խոսք; տեսակետ 4) քվե; ձայնի իրավունք 5) խոսելու/երգելու ունակություն; ձայն 6) արտահայտում; արտահայտելը *(բառերով)* ◇ **give voice to** ասել; բարձրաձայն արտահայտել *(մի բան)* 7) (**voices**) ներքին թելադրանք *(զգացմունքների)* 8) ոճ; գրելաձև; խոսելաոճ *(տվյալ հեղինակի և այլնի)* 9) *քերականություն* բայասեռ; բայական սեռ ◇ **active voice** ներգործական սեռ. **passive voice** կրավորական սեռ. **middle voice** միջին/չեզոք սեռ **2** *verb* 1) բարձրաձայն արտահայտել; ասել; ձևակերպել 2) *հնչյունաբանություն* ձայնեղ արտասանել 3) *որպես ածական* (**voiced**) ձայնեղ

voice box *noun* կոկորդ; ըմպան

voiced *adjective հնչյունաբանություն* ձայնեղ

voiceless |ˈvɔɪslɪs| *adjective* 1) ձայնը կորցրած; ձայն չունեցող; անձայն 2) համր; անձայն; անխոս; լուռ ու մունջ 3) ձայնի իրավունք չունեցող; քվե չունեցող; ձայնազուրկ *(որևէ անձի, խմբի մասին)* 4) *հնչյունաբանություն* խուլ

voice mail (նաև **voicemail**) *noun* ձայնային փոստ

void |vɔɪd| **1** *adjective* 1) *իրավունք* անվավեր; օրինական ուժ չունեցող ◇ **null and void** օրինական ուժը կորցրած. **be void** անվավեր լինել 2) դատարկ; ազատ; չզբաղեցրած 3) (**void of**) զուրկ; զրկված 4) թափուր *(պաշտոնի մասին)* **2** *noun* 1) դատարկություն; դատարկ տարածություն 2) կորուստ; դատարկություն **3** *verb* 1) *բժշկություն* դատարկել *(աղիքները, միզապարկը)* 2) *իրավունք* անվավեր դարձնել; չեղյալ հայտարարել

voile |vɔɪl|, |vwɑːl| *noun* շղարշ *(գործվածք)*

volatile |ˈvɒlətʌɪl| **1** *adjective* 1) *քիմիա, տեխնիկա* ցնդող; ցնդական 2) *փոխաբերական* անհաստատուն; փոփոխամիտ; անկայուն 3) *համակարգիչներ* ցնդող *(համակարգչի հիշողության մասին)* **2** *noun* ցնդող նյութ

volatility |-ˈtɪlɪti| *noun* 1) անհաստատություն; անհաստատունություն; անկայունություն; փոփոխականություն 2) ցնդականություն; ցնդելիություն; ցնդողականություն

volcanic |vɒlˈkænɪk| *adjective* 1) հրաբխային; հրաբխական 2) բուռն; սաստիկ; ուժգին; փոթորկահույզ *(զգացումների մասին)*

volcano |vɒlˈkeɪnəʊ| *noun* (հոգն. **-noes** կամ **-nos**) 1) հրաբուխ ◇ **active volcano** գործող հրաբուխ. **dead/extinct volcano** հանգած հրաբուխ. **dormant volcano** չգործող հրաբուխ. **mud volcano** ցեխի հրաբուխ 2) *փոխաբերական* պայթյունավտանգ/չարտահայտված/ճնշված զգացում

volcanology |ˌvɒlkəˈnɒlədʒi| (նաև **vulcanology**) *noun* հրաբխաբանություն; հրաբխագիտություն

Volga |ˈvɒlgə| Վոլգա *(գետ Ռուսաստանի եվրոպական մասում, Եվրոպայի ամենաերկար գետը)*

Volgograd |ˈvɒlgəgræd| Վոլգոգրադ *(քաղաք Ռուսաստանում)*

volition |vəˈlɪʃ(ə)n| *noun* 1) կամք 2) ցանկություն; ցանկանալը; կամենալը ◊ **by/on/of one's own volition** սեփական ցանկությամբ

volley |ˈvɒli| **1** *noun* (հոգն. **-leys**) 1) համազարկ 2) *ամերիկյան* հաճախաձիգ կրակ 3) կարկուտ; տարափ *(քարերի, գնդակների, նախատինքների և այլնի)* 4) *մարզական* գնդակը թռչելիս ետ մղելը *(թենիսում)* **2** *verb* (**-leys**, **-leyed**) 1) *մարզական* գնդակը թռչելիս ետ մղել 2) համազարկով կրակել 3) *ամերիկյան* հաճախաձիգ կրակ վարել 4) կարկտի պես թափել; տեղալ

volleyball |ˈvɒlɪbɔ:l| *noun մարզական* վոլեյբոլ

volt[1] |vəʊlt|, |vɒlt| (հպվ. **V**) *noun էլեկտրականություն* վոլտ

volt[2] |vɒlt|, |vəʊlt| (նաև **volte**) **1** *noun* 1) խուսափանք; վոլտ *(սուսերամարտում)* 2) *մարզական* վոլտ *(ձիու կտրուկ շրջադարձը մանեժային ձիավարության ժամանակ)* **2** *verb* սուսերամարտ խուսափում կատարել

Volta |ˈvɒltə| Վոլտա *(գետ Աֆրիկայի Արևմուտքում)*

voltage |ˈvəʊltɪdʒ|, |ˈvɒltɪdʒ| *noun էլեկտրականություն* էլեկտրական հոսանքի լարում; վոլտաժ

voltaic |vɒlˈteɪɪk| *adjective* 1) *էլեկտրականություն* գալվանական 2) վոլտյան

voltmeter |ˈvəʊltmi:tə|, |ˈvɒlt-| *noun էլեկտրականություն* վոլտաչափ; վոլտմետր

volubility |-ˈbɪlɪti| *noun* 1) շատախոսություն; խոսելասիրություն; զրուցասիրություն 2) բառերի հեղեղ; բառազեղում

voluble |ˈvɒljʊb(ə)l| *adjective* շատախոս; զրուցասեր; ատաղ-խոսող

volume |ˈvɒlju:m| *noun* 1) հատոր; գիրք 2) գիրք; երկ 3) *պատմական* մագաղաթագալար; գլանաձև ձեռագիր 4) ծավալ 5) (*սովորաբար* **a volume of, volumes of**) մեծ քանակություն; շատություն ◊ **volumes of smoke** ծխի քուլաներ 6) տարողություն; տարողականություն 7) առատություն; ճոխություն *(ձայների)* 8) *երաժշտություն* ուժ; հնչեղություն; լիահնչունություն; ուժգնություն *(ձայնի)* **speak volumes** (**speak volumes for**) շատ բան ասել/արտահայտել; բազմանշանակ/պերճախոս լինել; վկայել

voluminous |vəˈlju:mɪnəs| *adjective* 1) մեծածավալ; մեծ; վիթխարի 2) ընդարձակ; ազատ; լայնարձակ; լայն *(հագուստի մասին և այլն)* 3) բազմահատոր 4) բեղմնավոր; արգասավոր *(հեղինակի մասին)*

voluntary |ˈvɒlənt(ə)ri| **1** *adjective* 1) կամավոր; հոժարակամ 2) կամավորական; կամավոր; անվճար *(առանց աշխատավարձի աշխատող)* 3) *բնախոսություն* կամային; ոչ ինքնաբերական 4) *իրավունք* միտումնավոր; գիտակցված; դիտավորյալ **2** *noun* (հոգն. **-taries**) *երաժշտություն* երգեհոնային մենանվագ

volunteer |ˌvɒlənˈtɪə| **1** *noun* կամավոր; կամավորական **2** *verb* 1) կամավոր գրվել *(զինվորական ծառայության)* 2) ցանկություն/պատրաստակամություն հայտնել *(մի բան անելու)* 3) առաջարկել *(օգնություն)* 4) ինքնակամ ասել/հայտնել

Volunteer State Կամավորների նահանգ *(ԱՄՆ-ի Թենեսի նահանգի մականունը)*

voluptuous |vəˈlʌptjʊəs| *adjective* 1) հեշտասեր; հեշտամոլ; ցանկասեր; ցանկամոլ; վավաշոտ; հեշտասիրական 2) ցանկագրգիռ; գիրգ *(կնոջ գեղեցկության/կազմվածքի մասին)*

vomit |ˈvɒmɪt| **1** *verb* (**-ited**, **-iting**) 1) փսխել;ործկալ 2) *փոխաբերական* ժայթքել; դուրս շպրտել ◊ **vomit curses** անեծք/լուտանք թափել **2** *noun* 1) փսխում; փսխելը;ործկում;ործկալը 2) փսխանք;ործանք 3) *հնացած* փսխադեղ; փսխեցուցիչ միջոց

voodoo |ˈvu:du:| **1** *noun* 1) կախարդություն; վհուկություն; հմայություն *(կրոնական պաշտամունք, կրոն, հատկապես սևամորթների)* 2) (**voodoo doctor/priest**) կախարդ; վհուկ **2** *verb* (**-doos**, **-dooed**) կախարդել; կախարդանքի ենթարկել; հմայել

voracious |vəˈreɪʃəs| *adjective նաև փոխաբերական* որկրամոլ; անկշտում; անհագ

Voronezh |vəˈrɒnɛʒ| Վորոնեժ *(քաղաք Ռուսաստանի եվրոպական մասում)*

vortex |ˈvɔ:tɛks| *noun* (հոգն. **-texes** կամ **-tices** |-tɪsi:z|) *նաև փոխաբերական* ջրապտույտ; հորձանուտ; հողմապտույտ; պտուտահողմ

votary |ˈvəʊt(ə)ri| *noun* (հոգն. **-ries**) 1) վանական; կուսակրոն 2) կողմնակից; պաշտպան; երկրպագու; նվիրյալ

vote |vəʊt| **1** *noun* 1) քվե; ձայն; ընտրաձայն ◊ **cast a vote** ձայն տալ; քվեարկել. **split one's vote** երկու թեկնածուի օգտին ձայն տալ 2) քվեարկում; քվեարկելը; քվեարկություն ◊ **put to the vote** քվեարկության դնել. **plural vote** մի մարդու՝ մի քանի տեղում քվեարկության մասնակցելը. **straw vote** ոչ պաշտոնական հարցում *(հասարակական կարծիքը պարզելու նպատակով)* 3) քվեարկությամբ ընդունված որոշում/կարծիք; քվե; ձայների մեծամասնությամբ ընդունված որոշում 4) քվեների ընդհանուր քանակը 5) ձայնի/քվեարկության իրավունք 6) քվեաթերթիկ; քվեաթուղթ **2** *verb* 1) քվեարկել; ձայն/քվե տալ 2) ձայների մեծամասնությամբ որոշել/վճռել 3) *խոսակցական* ընդունել; ճանաչել; խոստովանել 4) *խոսակցական* առաջարկել ◊ **vote down** i) տապալել *(առաջարկությունը)* ii) սև քվե տալ; չընտրել. **vote in** ձայների մեծամասնությամբ ընտրել *(որևէ տեղի համար)*

voter |ˈvəʊtə| *noun* ընտրող; քվեարկության մասնակից *(ընտրական իրավունք ունեցող)*

vouch |vaʊtʃ| *verb* երաշխավորել; երաշխավոր լինել; հաստատել

voucher |ˈvaʊtʃə| *noun* 1) հավաստագիր 2) ստացական 3) երաշխավոր; երաշխավորող անձ 4) երաշխավորում; երաշխավորություն

vouchsafe |vaʊtʃˈseɪf| *verb* 1) արժանացնել; արժանավորել; շնորհել 2) *հեգնական* բարեհաճել; հաճել; արժանացնել 3) հայտնել; բացահայտել *(տեղեկություն)*

vow |vaʊ| **1** *noun* երդում; խոստում ◇ **make/take a vow** երդում/խոստում տալ; երդվել **2** *verb* երդում/խոստում տալ

vowel |ˈvaʊəl| *noun* 1) ձայնավոր հնչյուն; ձայնավոր 2) ձայնավոր տառ

voyage |ˈvɔɪɪdʒ| **1** *noun* 1) ծովային ճանապարհորդություն; ուղևորություն 2) թռիչք *(ինքնաթիռով)* **2** *verb* ճանապարհորդել; ճամփորդել *(հատկապես ծովով կամ օդով)*

voyageur |ˌvwʌjəˈʒəː|, |ˌvɔɪə-| *noun* պատմական ճանապարհորդ; ուղևոր *(ծովով, գետով)*

Vulcan |ˈvʌlkən| *հռոմեական դիցաբանություն* Վուլկան *(հրի հռոմեական աստվածը)*

vulcanize |ˈvʌlkənʌɪz| *verb տեխնիկական* վուլկանացնել; վուլկանացման ենթարկել; ծծմբակարել *(ռետինը)*

vulgar |ˈvʌlgə| *adjective* 1) կոպիտ; բիրտ 2) գռեհիկ; անպատշաճ; վուլգար; հասարակ 3) *հնացած* ընդհանուր տարածում գտած; համատարած; ռամկական; հասարակ ժողովրդի; զանգվածային 4) *մաթեմատիկա* հասարակ *(կոտորակի մասին)*

vulgarian |vʌlˈgɛːrɪən| *noun* գռեհիկ/անկիրթ մարդ

vulgarity *noun* գռեհկություն

vulgarize |ˈvʌlgərʌɪz| *verb* 1) գռեհկացնել 2) տափակ/ծեծված դարձնել; անհամացնել

vulnerable |ˈvʌln(ə)rəb(ə)l| *adjective* խոցելի; արատավոր; պակասավոր

vulpine |ˈvʌlpʌɪn| *adjective* 1) աղվեսային; աղվեսի 2) խորամանկ; նենգ

vulture |ˈvʌltʃə| *noun* 1) *կենդանաբանություն* անգղ; գիշակեր թռչուն *(կարգ Accipitriformes)* 2) *փոխաբերական* կողոպտիչ; շահագործիչ; հափշտակիչ; գռփիչ անձ; գիշատիչ

Ww

W[1] |ˈdʌb(ə)ljuː| (նաև **w**) *noun* (հոգն. **Ws** կամ **W's**) 1) անգլերեն այբուբենի 23-րդ տառը 2) W տառի ձևը

W[2] **1** *abbreviation* 1) Wales 2) warden 3) watt 4) Wednesday 5) week 6) weight 7) Welsh 8) West/ Western 9) White *(անձնական գովազդերում)* 10) width 11) widowed *(անձնական գովազդերում)* 12) wife *(տոհմածառերում)* 13) women's *(հագուստի չափսի վերաբերյալ)* 14) *ֆիզիկա* work **2** *symbol* *քիմիա* (**tungsten**) վոլֆրամ

wad |wɒd| **1** *noun* 1) կտոր; գնդիկ; գունդ *(բամբակի, բրդի և այլնի)* 2) *որսորդություն* խից; խցկան 3) *ամերիկյան ծածկալեզու* կապոց *(փողի)* 4) *խոսակցական* մեծ քանակություն *(հատկապես փողի)* **2** *verb* (**wadded**, **wadding**) 1) գնդել; գունդ անել *(բամբակը և այլն)* 2) բամբակով լցնել; բամբակի միջադիր դնել; արանքները բամբակ դնել; բամբակից աստառ գցել 3) խցկան/խից դնել

wadding |ˈwɒdɪŋ| *noun* 1) աստառելը; միջադիր դնելը *(բամբակով)* 2) բամբակ; բուրդ; մազ; խծկոնք; միջադիր

waddle |ˈwɒd(ə)l| **1** *verb* օրորվելով քայլել; բադիկ-բադիկ քայլել **2** *noun* օրորվելով քայլելը; բադի քայլվածք

wade |weɪd| **1** *verb* 1) քայլել; անցնել *(ջրի, այլ հեղուկի միջով)* 2) (**wade through**) դժվարությամբ անցնել; դժվարությամբ առաջ գնալ *(ցեխի/ձյան միջով և այլն)* ◇ **wade in** մեկի վրա հարձակվել; մեկի վրա ճնշում գործ դնել; քննադատել. **wade into** պատահաբար հանդիպել; անսպասելիորեն գտնել/հայտնաբերել 3) (**wade through**) հաղթահարել *(որևէ դժվար/ձանձրալի բան)* **2** *noun* դժվարությամբ անցնելը

wader |ˈweɪdə| *noun* 1) ճահճային թռչուն 2) (**waders**) անջրանցիկ երկարաճիտ կոշիկներ *(ձկնորսների և այլնի)*

wafer |ˈweɪfə| **1** *noun* 1) վաֆլի 2) *եկեղեցական* նշխար 3) *պատմական* կնքամոմ 4) *համակարգիչներ* տակդիր *(սիլիցիումի մեկ մեծ բարակ շերտ)* **2** *verb* *հազվադեպ* կնքամոմով ամրացնել

waffle[1] |ˈwɒf(ə)l| *խոսակցական* **1** *verb* 1) վարանել 2) երկարաբանել; երկար-բարակ գրել **2** *noun* 1) վարանում 2) շատախոսություն; երկար-բարակ գրելը

waffle[2] |ˈwɒf(ə)l| **1** *noun* տաք վաֆլի **2** *adjective* վաֆլու *(գործվածքի մասին)*

waft |wɒft|, |wɑːft| **1** *verb* 1) քշել-տանել *(օդի միջով, ջրի վրայով)* 2) ճեղքել *(ջուրը, օդը)* 3) մեղմ սահել/սլանալ *(ջրի վրայով, օդի մեջ)* 4) լսվել; տարածվել *(ձայնի/հոտի մասին)* **2** *noun* 1) թեթև շարժում; սահում *(թևերի)* 2) թեթև փչելը/շունչ/ հոսանք *(քամու, հովի)* 3) տարածվող հոտ/բուրմունք 4) *ծովային* դրոշակով տրվող ազդանշան

wag[1] |wæg| **1** *verb* (**wagged**, **wagging**) 1) պոչը դեսուդեն շարժել; պոչը խաղացնել *(շան մասին)* 2) թափահարել; թափ տալ; ճոճել; տարուբերել; օրորել; շարժել 3) ճոճվել; տարուբերվել; օրորվել; շարժվել ◇ **wag one's finger** (**wag one's finger at sb**) մատով սպառնալ; մատը թափ տալ **2** *noun* արագ շարժում; թափահարում

wag[2] |wæg| *noun* *հնացած* կատակասեր/զվարճախոս/զվարճաբան մարդ ◇ **play wag** (**play the wag**) ժամանակը զբոսանքով անցկացնել; բացակայել *(աշխատանքից, դասերից)*

wage |weɪdʒ| **1** *noun* 1) ռոճիկ; աշխատավարձ; գործավարձ *(հատկապես բանվորներին տրվող)* ◇ **living wage** կենսապահովման նվազագույն աշխատավարձ. **cut/dock wages** աշխատավարձը պակասեցնել/կրճատել 2) վարձատրություն; հատուցում; արդյունք **2** *verb* 1) վարել; մղել *(պատերազմ)* 2) կատարել; անցկացնել *(քարոզարշավ)* 3) մտնել *(հակամարտության մեջ և այլն)* 4) պայքարել *(որևէ բանի համար)*

wager |ˈweɪdʒə| *noun, verb* 1) գրազ; խաղադրույք 2) գրազ գալ 3) վտանգի/ռիսկի ենթարկել *(որևէ բան)*

waggish |ˈwægɪʃ| *adjective* *հնացած* 1) կատակասեր; զվարճասեր; կատակաբան; չարաճճի 2) զվարճալի; կատակով կատարվող

waggle |ˈwæg(ə)l| **1** *verb* *խոսակցական* 1) թափահարել; ճոճել; տարուբերել; օրորել; շարժել 2) ◇ **waggle one's finger** մատով սպառնալ; մատը թափ տալ *(մեկի վրա)* 3) պոչը դեսուդեն շարժել/ խաղացնել; պոչը խաղացնել *(շան մասին)* 4) ճոճվել; տարուբերվել; օրորվել; շարժվել **2** *noun* արագ շարժում; թափահարում

wagon |ˈwæg(ə)n| (*բրիտանական* **waggon**) *noun* 1) *երկաթուղային* բաց վագոն; ապրանքատար վագոն 2) *հանքաբանություն* վագոնիկ *(կախոցիների համար)* 3) սայլ; սայլակ; ֆուրգոն ◇ **patrol wagon** *ամերիկյան* բանտարկյալներ տեղափոխող ծածկակառք; բանտարկյալներ տեղափոխող փակ ավտոմեքենա

wagoner |ˈwæg(ə)nə| (*բրիտանական* **waggoner**) *noun* 1) սայլապան; բեռնասայլորդ; դրոգապան 2) ◇ **the Wagoner** *աստղագիտություն* Կառավար *(համաստեղություն)*

wagtail |ˈwægteɪl| *noun* *կենդանաբանություն* պոչախաղիկ; խաղաստուտ *(թռչուն. ընտանիք Motacillidae)*

Wahhabism վահաբականություն *(ծայրահեղ պահպանողական շարժում իսլամում)*

waif |weɪf| *noun* 1) անտուն/անօթևան մարդ; անապաստան երեխա ◇ **waifs and strays** անապաստան երեխաներ 2) նետված իրեր; դեն գցված իրեր

wail |weɪl| **1** *noun* 1) ողբ; լաց ու կոծ; սուգ ու շիվան; լացուկոծ 2) ոռնոց *(քամու)* **2** *verb* 1) ողբալ 2) *բանաստեղծական* (**wail over sth**) սգալ; ողբաձայն երգել; կոծել; սուգ ու շիվան բարձրացնել

wain |weɪn| *noun* *հնավանդ* սայլ; կառք ◇ **the Wain, Charle's Wain** *աստղագիտություն* Մեծ արջ

wainscot |ˈweɪnskɒt| **1** *noun* պանել; պատի տախտակապատվածք **2** *verb* (**-scoted**, **-scoting**

կամ **-scotted**, **-scotting**) պաճելապատել

waist |weɪst| *noun* 1) իրան; մեջք; գոտկատեղ ◇ **slender waist** բարակ իրան/մեջք 2) բարակ իրան/մեջք 3) մեջքի շրջագիծ 4) իրանակալ; կորսաժ 5) նեղ մասը *(ջութակի, ավազե ժամացույցի և այլնի)*

waistcoat |ˈweɪs(t)kəʊt|, |ˈwɛskɪt| *noun* ժիլետ; բաճկոնակ ◇ **strait waistcoat** զսպաշապիկ

waist-deep (նաև **waist-high**) *adjective, adverb* մինչև գոտին; մինչև գոտկատեղը հասնող; գոտկատեղի բարձրության

waistline |ˈweɪs(t)lʌɪn| *noun* գոտկատեղ; մեջք

wait |weɪt| **1** *verb* 1) (**wait for**) սպասել ◇ **keep waiting** ստիպել սպասելու; սպասեցնել; սպասել տալ 2) հետաձգվել *(գործի մասին)* 3) *խոսակցական* մեկին սպասել *(ճաշելու)* ◇ **wait on/upon** *հնացած* ներկայանալ; այցելել *(մեկին)* 4) *բրիտանական* (**wait on/upon**) մեկի հույսին մնալ; մեկի հարմարությանը սպասել; մեկի բարեհաճելուն սպասել 5) (**cannot wait**) անհամբեր լինել; չկարողանալ դիմանալ մինչև ... 6) (**wait on/upon**) սպասարկել; ծառայել; մատուցել **2** *noun* 1) սպասում; սպասելը 2) դարանում նստելը/սպասելը ◇ **lay wait, lie in wait** դարանում սպասել; դարանամուտ լինել

waiter |ˈweɪtə| *noun* 1) մատուցող 2) սպասող; ակնկալող 3) սկուտեղ; մատուցարան

waiting list *noun* հերթացուցակ *(բնակարան ստացողների, որոշակի դպրոց ընդունվողների)*

waiting room *noun* 1) սպասասրահ; սպասարան 2) ընդունարան

waitress |ˈweɪtrɪs| *noun* մատուցողուհի; մատուցող կին

waive |weɪv| *verb* 1) հրաժարվել; չկիրառել; մի բանի կատարումը չպահանջել; զեղչել 2) ուշադրություն չդարձնել; նկատի չառնել; առանց ուշադրության թողնել

waiver |ˈweɪvə| *noun* 1) հրաժարում 2) հրաժարման փաստաթուղթ

wake[1] |weɪk| **1** *verb* (անցյալ **woke** |wəʊk| կամ **waked**; անցյալ դերբայ **woken** |ˈwəʊk(ə)n| կամ **waked**) 1) արթնանալ; զարթնել 2) *փոխաբերական* (**wake up to**) զգաստանալով գիտակցել; սկսել գիտակցել; սթափվել ու հասկանալ; ուշքի գալ ու հասկանալ 3) *փոխաբերական* (**wake sth up**) արթնացնել; զարթնեցնել; բորբոքել; գրգռել; կենդանացնել *(զգացումներ և այլն)* 4) *բարբառային* արթուն մնալ; հսկել; չքնել **2** *noun* հսկում; արթուն մնալը

wake up and smell the coffee *խոսակցական* տեղեկանալ իրավիճակի մասին *(թեկուզ տհաճ)*

wake[2] |weɪk| *noun* 1) նավահետք *(ընթացող նավի ջրային հետքը)* ◇ **in the wake** i) *ծովային* նավահետքերով ii) *փոխաբերական* մեկի հետքերով; կրնկակոխ 2) *փոխաբերական* հետևանք; արդյունք

wakeful |ˈweɪkfʊl|, |-f(ə)l| *adjective* 1) անքուն 2) արթուն 3) աչալուրջ; զգոն

waken |ˈweɪk(ə)n| *verb* 1) *բանաստեղծական* արթնանալ; զարթնել; սթափվել 2) արթնացնել

Wales |weɪlz| Ուելս *(ՄԹ-ի բաղկացուցիչ մասը)*

walk |wɔːk| **1** *verb* 1) քայլել; զբոսնել; ոտքով գնալ 2) պտտել; շրջել; շրջագայել 3) քայլով վարել/քշել *(ձին)* 4) քայլելով/քայլատրոփ գնալ *(ձիու մասին)* 5) հայտնվել *(ուրվականի մասին)* 6) *հնացած* ապրել; կյանք վարել 7) քայլեցնել 8) ուղեկցել; տանել; հասցնել *(քայլելով)* 9) հրելով տանել *(հեծանիվը)* • **walk about** զբոսնել; ման գալ **walk along** առաջ գնալ; առաջ շարժվել **walk away** i) գնալ; հեռանալ ii) տանել; հեռացնել **walk away from** i) հեշտությամբ առաջ անցնել ii) *խոսակցական* անվնաս դուրս գալ; անվնաս պրծնել **walk away with** i) վերցնել-տանել; թռցնել; գողանալ ii) հեշտությամբ գրավել/շահել **walk in** ներս մտնել **walk into** i) մտնել ii) *ծածկալեզու* հարձակվել; վրա պրծնել; խժռել; արագ և ախորժակով ուտել **walk off** հանկարծ գնալ **walk off with** վերցնել-տանել; թռցնել; գողանալ **walk out** *ամերիկյան* գործադուլ անել **walk out with** *գռեհկաբանություն* մեկի հետ ման գալ; անառակ կյանք վարել **walk over** i) մի բանի վրայով անցնել ii) հակառակորդին հեշտությամբ պարտության մատնել; հեշտությամբ հաղթել **walk up to** մեկին մոտենալ; մոտ գալ **2** *noun* 1) ոտքով գնալը; քայլելը; ման գալը; քայլով; քայլելով 2) զբոսանք *(ոտքով)* ◇ **go for a walk, take a walk** զբոսնել 3) քայլվածք; քայլաձև 4) ծառուղի; ճանապարհ; կածան *(ոտքով ման եկողների համար)* 5) զբոսանքի վայր 6) շրջայց; գնորդների տները շրջելը *(վաճառողի)*

walk sb off his legs մեկին քայլեցնելով ուժասպառ անել

walker |ˈwɔːkə| *noun* 1) լավ քայլող; ոտքով շատ ման եկող 2) մանկական թոնիր *(որով երեխան քայլել է սովորում)*

walking stick *noun* ցուպ; ձեռնափայտ; գավազան

walkout |ˈwɔːkaʊt| *noun ամերիկյան* գործադուլ

walkover |ˈwɔːkəʊvə| *noun* հեշտ ձեռք բերված հաղթանակ

wall |wɔːl| **1** *noun* 1) պատ; որմ; պարիսպ ◇ **dead/blank wall** խուլ/անլուսամուտ պատ. **drive to the wall** պատին սեղմել; անելանելի դրության մեջ դնել. **go to the wall** անհաջողություն կրել; սնանկանալ 2) պատնեշ; անջրպետ 3) *կազմախոսություն* միջնապատ; պատ **2** *verb* 1) շրջափակել; պարսպապատել; շուրջը պատ շարել ◇ **wall up** անցքը փակել 2) (**wall someone/something in/up**) փակի տակ դնել; կողպել

give sb the wall մի կողմ քաշվել; ճանապարհ տալ

take wall of ճանապարհ չտալ

wallet |ˈwɒlɪt| *noun* 1) դրամապանակ 2) *հնացած* փոքրիկ ճամպրուկ; կաշվե պայուսակ *(գործիքների համար և այլն)*

walleye *noun* աչքի հատ; բբի վրայի սպիտակ հատ

wallflower |ˈwɔːlflaʊə| *noun* 1) *բուսաբանություն* շահպրակ; դեղին շահոքրամ *(Cheiranthus cheiri, ընտանիք Brassicaceae)* 2) *խոսակցական* առանց պարընկերոջ մնացած կին; չշփվող մարդ *(պարահանդեսում, հավաքույթի ժամանակ)*

wallop |ˈwɒləp| *խոսակցական* **1** *verb* (**-loped**, **-loping**) ծեծել; դնգստել; քոթակել **2** *noun* 1) ուժեղ հարված 2) խորը ազդեցություն

wallow |ˈwɒləʊ| **1** *verb* 1) թավալվել; թավալ տալ *(ցեխի, կեղտոտ ջրի մեջ և այլն)* 2) խրվել;

թաղվել; լողանալ; լողալ ◊ **wallow in money** փողի մեջ լողալ; ոսկու մեջ թաղված լինել **2** *noun* 1) թավալվելը; թավալ գալը; թավալ տալը 2) թավալելը; թավալ տալը

wall painting *noun* որմնանկար

wallpaper |ˈwɔːlpeɪpə| **1** *noun* 1) պաստառ; որմնապաստառ; որմնաթուղթ ◊ **hang wallpaper** պատերը պաստառել; պաստառ քաշել; պաստառապատել 2) *համակարգիչներ* որմնապաստառ **2** *verb* պաստառել; պաստառապատել

Wall Street 1) Ուոլ Ստրիտ *(փողոց Նյու Յորքում, որտեղ գտնվում է բորսան և գլխավոր բանկերը)* 2) *փոխաբերական* ամերիկյան ֆինանսական կապիտալը

walnut |ˈwɔːlnʌt| *noun* 1) ընկույզ; պտուղ 2) *բուսաբանություն* (**walnut tree**) ընկուզենի *(Genus Juglans, ընտանիք Juglandaceae)* 3) ընկուզենու փայտ; ընկուզափայտ

walrus |ˈwɔːlrəs|, |ˈwɒl-| *noun կենդանաբանություն* ծովացուլ; ծովափիղ *(Odobenus rosmarus, ընտանիք Odobenidae)*

waltz |wɔːl(t)s|, |wɒl-| **1** *noun* վալս; շրջապար *(պարը և դրա համար նախատեսված երաժշտությունը)* **2** *verb* 1) վալս պարել; վալսել; շրջապարել 2) անլուրջ վերաբերվել/վարվել; անհոգ վարվել

wan |wɒn| *adjective* 1) գունատ; ուժասպառ; հոգնատանջ; տանջահար; սաստիկ հյուծված *(տեսքի մասին)* 2) անգույն; աղոտ; խամրած 3) թույլ *(ժպիտի մասին)* 4) անկենդան *(հայացքի մասին)*

wand |wɒnd| *noun* 1) դիրիժորի փայտիկ; դիրիժորական ձողիկ 2) գավազան; մական

wander |ˈwɒndə| **1** *verb* 1) (**wander over**) թափառել; թափառաշրջել 2) դեգերել; թափառել; ցրվել; հածել *(մտքերի/հայացքի մասին)* 3) մոլորվել; զառանցել 4) (**wander from**) շեղվել; հեռանալ 5) դավաճանել *(կողակցին)* **2** *noun* թափառում; դեգերում

wanderer *noun* թափառական; շրջմոլիկ

wanderlust |ˈwɒndəlʌst| *noun* ճանապարհորդության տենչ

wane¹ |weɪn| *verb* 1) նվազել; քարակել *(լուսնի մասին)* 2) պակասել; նվազել; ուժը կորցնել; թուլանալ

wane² *noun* 1) պակասում; նվազում ◊ **be on the wane** նվազել; պակասել; քչանալ; վերջանալու վրա լինել 2) *փոխաբերական* վերջալույս; ավարտ

wangle |ˈwæŋg(ə)l| *խոսակցական* **1** *verb* ձեռք գցել; ձեռք բերել; պոկել; խորամանկությամբ ձեռք բերել **2** *noun* խաբեությամբ/խորամանկությամբ ստանալը

wannabe |ˈwɒnəbi| *noun խոսակցական, արհամարհական* հետևորդ; մոլի երկրպագու

want |wɒnt| **1** *verb* 1) ցանկանալ; ուզենալ 2) ցանկանալ խոսել մեկի հետ; ուզենալ զրուցել մեկի հետ; ուզենալ խորհրդակցել մեկի հետ 3) (**be wanted**) փնտրվել *(կասկածյալի մասին)* 4) տենչալ; տարփալ; ցանկանալ *(որևէ մեկին)* 5) *խոսակցական, բրիտանական* կարիք զգալ *(մի բանի)* 6) *խոսակցական* հարկավոր լինել; պարտադիր է, որ; անհրաժեշտ է, որ; պետք է, որ 7) պակաս/պետք լինել; պակասը/կարիքը զգացվել 8) (**want out**) ուզենալ/ուզել դուրս գալ **2** *noun* 1) *հնացած* (**want of**) պակաս; կարիք; անհրաժեշտություն ◊ **for/through want of** որևէ բան չունենալու պատճառով; որևէ բանի պակասության պատճառով 2) ◊ **be in want of** մի բանի կարիք ունենալ; մի բանի կարիքը զգալ 3) (**wants**) կարիք; պահանջ 4) չքավորություն; չունևորություն 5) ցանկություն; իղձ; փափագ

wanting |ˈwɒntɪŋ| *adjective* 1) (**wanting in**) աղքատ; կարիքավոր; որևէ բանի պակասություն ունեցող 2) պակասող; պակաս; բացակայող

wanton |ˈwɒntən| **1** *adjective* 1) անմիտ; չարամիտ; առանց պատճառի; անիմաստ *(արարքի մասին)* 2) անբարոյական; անառակ; ցոփ *(կնոջ մասին)* 3) բուռն *(աճի մասին)* 4) սաղարթախիտ; շքեղ; ճոխ *(բուսականության մասին)* 5) կայտառ; զվարթ; կենդանի; աշխույժ 6) քմահաճ; կամակոր **2** *noun հնացած* անառակ/անբարոյական կին **3** *verb հնավանդ բանաստեղծական* 1) ուրախզվարթ խաղալ; չարաճճիություն/չարություն անել 2) անառակություն անել

war |wɔː| **1** *noun* 1) պատերազմ ◊ **the Great Patriotic War** Հայրենական մեծ պատերազմ. **World War II** Երկրորդ աշխարհամարտ; Երկրորդ համաշխարհային պատերազմ. **civil war** քաղաքացիական պատերազմ/կռիվներ. **cold war** սառը պատերազմ. **push-button war** մեքենայացված պատերազմ. **at war (at war with)** պատերազմական դրության մեջ. **wage/make/levy war with** պատերազմել; պատերազմ վարել. **unleash a war** պատերազմ սանձազերծել. **declare/proclaim war on, declare/proclaim war upon** պատերազմ հայտարարել. **go to war** զենք վերցնել; զենքի դիմել; պատերազմ գնալ; ռազմաճակատ մեկնել 2) պայքար; կռիվ ◊ **war of elements** փոթորիկ; տարերային աղետ **2** *verb* (**warred**, **warring**) *խոսակցական* պատերազմել ◊ **war down** նվաճել; տիրել; հպատակեցնել

warble¹ |ˈwɔːb(ə)l| **1** *verb* 1) երգել; դայլայլել 2) ճլվլալ; ծլվլալ; ճռվողել **2** *noun* դայլայլ

warble² |ˈwɔːb(ə)l| *noun կենդանաբանություն* մաշկային բոռի թրթուր

warbler |ˈwɔːblə| *noun* 1) երգեցիկ թռչուն 2) *խոսակցական* սուլող մարդ

war crime *noun* պատերազմական հանցագործություն

ward |wɔːd| **1** *noun* 1) հիվանդասենյակ; հիվանդանոցային սենյակ/պալատ 2) բանտախուց 3) քաղաքի վարչական շրջան 4) խնամակալության տակ գտնվող; խնամարկյալ 5) *հնացած* խնամակալություն **2** *verb* 1) (**ward off**) ետ մղել; կասեցնել *(հարվածը, գրոհը և այլն)* 2) (**ward off**) առաջն առնել; կանխել *(վտանգը, կարիքը և այլն)* 3) *հնացած* պաշտպանել; պահպանել; հսկել

warden |ˈwɔːd(ə)n| *noun* 1) պետ; վարիչ 2) *հնացած* պահակ; ժամապահ 3) բանտապետ; բանտապահ 4) *բրիտանական* տնօրեն *(որոշ դպրոցների)*

warder |ˈwɔːdə| *noun* 1) բանտապահ; բանտապետ 2) *հնացած* պահակ; ժամապահ

wardrobe |ˈwɔːdrəʊb| *noun* 1) զգեստապահարան; հանդերձապահարան 2) զգեստներ; «զգեստապահարան» *(տվյալ անձի)* 3) հանդերձարան

ware¹ |wɛː| *noun* 1) խեցեղեն; կավեղեն; կերամիկա 2) շինվածք; շինված բան; արտադրանք *(վաճառքի համար)* ◊ **brown ware** կավե ամանեղեն 3) (**wares**) ապրանք; արդյունաբերական արտադրանքներ ◊ **push one's wares** իր ապրանքը գովազդել

ware² |wɛː| *adjective հնացած* տե՛ս **aware**

ware³ |wɛː| (նաև **'ware**) *verb* զգուշանալ ◊ **ware!** զգո՜ւյշ; զգուշացե՛ք

warehouse **1** *noun* |ˈwɛːhaʊs| 1) պահեստ; ապրանքապահեստ 2) մեծածախ վաճառքի խանութ **2** *verb* |-haʊz| պահեստավորել; պահեստում պահել

warfare |ˈwɔːfɛː| *noun* պատերազմ; պատերազմ վարելու ձև/եղանակ ◊ **guerilla warfare** պարտիզանական պատերազմ. **naval warfare** ծովային պատերազմ

warhead |ˈwɔːhɛd| *noun* մարտագլխիկ; մարտական մաս

warily *adverb* զգուշությամբ

warlike |ˈwɔːlʌɪk| *adjective* ռազմական; ռազմասեր; ռազմատենչ; ռազմաշունչ

warm |wɔːm| **1** *adjective* 1) տաք; ջերմ; թեժ 2) տաք; հաստ *(հագուստի մասին)* 3) տաք; պայծառ *(գույնի մասին)* 4) *փոխաբերական* ջերմ; սրտագին; սրտառուչ; սիրալիր ◊ **get warm** i) տաքանալ; տաքացնել ii) *փոխաբերական* տաքանալ; զայրանալ; բորբոքվել; հուզվել. **warm with wine** գինուց գլուխը տաքացած 5) *հնացած* տաքացած; զայրացած; հուզված 6) թարմ; նոր *(հետքի մասին)* 7) հարուստ; ունևոր 8) ուժեղ *(հոտի մասին)* **2** *verb* 1) ջերմանալ; տաքանալ 2) տաքացնել; ջերմացնել 3) *փոխաբերական* (**warm up**) տաքացնել; զայրացնել; աշխուժացնել; հուզել; բորբոքել; ոգևորել 4) *փոխաբերական* (**warm up**) տաքանալ; զայրանալ; աշխուժանալ; հուզվել; բորբոքվել; ոգևորվել 5) (**warm up**) տաքանալ *(գործիքի մասին)*

warm-blooded *adjective* 1) կենդանաբանություն տաքարյուն; ջերմարյուն 2) *փոխաբերական* տաքարյուն; դյուրաբորբոք; կրքոտ

warmhearted *adjective* ջերմ; բարեսիրտ *(մարդու, նրա վարքի մասին)*

warmonger |ˈwɔːmʌŋgə| *noun* պատերազմի հրձիգ

warmth *noun* 1) տաքություն; ջերմություն 2) *փոխաբերական* սրտակցություն; սրտաբացություն 3) տաքարյունություն; դյուրաբորբոքություն 4) հուզմունք; զայրույթ

warn |wɔːn| *verb* զգուշացնել; նախազգուշացնել; ահազանգել

warning |ˈwɔːnɪŋ| *noun* 1) զգուշացում; զգուշացնելը; ահազանգ; ահազանգելը ◊ **give warning** զգուշացում անել; նախազգուշացնել. **take warning** զգուշանալ 2) նշան; նշանակ *(զգուշացնելու համար)* 3) նախազգուշացում *(աշխատանքից ազատելու մասին)*

warp |wɔːp| **1** *verb* 1) ծռվել; ծռմռվել; կորանալ 2) ծռել; ծռմռել; կորացնել 3) *փոխաբերական* խեղաթյուրել; աղավաղել; աղճատել 4) ջրաբեր տիղմով պարարտացնել **2** *noun* 1) ծռում; ծռվելը; ծռմռվելը; ծռվածք; թեքվածք 2) այլասերում; արատ *(բնավորության)* 3) *փոխաբերական* աղավաղում; խեղաթյուրում; աղճատում 4) հենք *(գործվածքի)* 5) *հնացած* ջրաբեր տիղմ

warrant |ˈwɒr(ə)nt| **1** *noun* 1) հրաման; օրդեր; հրամանագիր 2) հիմք; լիազորություն; երաշխագիր ◊ **warrant of attorney** լիազորագիր 3) երաշխիք; երաշխավորություն 4) արդարացում **2** *verb* 1) երաշխավորել 2) արդարացնել

warranty |ˈwɒr(ə)nti| *noun* (հոգն. **-ties**) 1) երաշխիք *(ապրանքի խափանման դեպքում այն փոխարինելու, անվճար նորոգելու կամ գումարը վերադարձնելու վերաբերյալ)* 2) երաշխիք; երաշխավորություն

warren |ˈwɒr(ə)n| *noun* ճագարաբուծարան; ճագարանոց

warring |ˈwɔːrɪŋ| *adjective* 1) պատերազմող ◊ **warring countries** պատերազմող երկրներ 2) հակասական; անհաշտելի

warrior |ˈwɒrɪə| *noun հիմնականում պատմական* ռազմիկ; զինվոր; մարտիկ

Warsaw |ˈwɔːsɔː| Վարշավա *(Լեհաստանի մայրաքաղաքը)*

Warsaw Pact Վարշավայի պայմանագիր

warship |ˈwɔːʃɪp| *noun* ռազմանավ; մարտանավ

wart |wɔːt| *noun* 1) գորտնուկ 2) խիլ; կոշտ *(ծառի բնի վրա և այլն)* 3) *խոսակցական* անդուր մարդ 4) արատ; թերություն; պակասություն

wary |ˈwɛːri| *adjective* (**warier**, **wariest**) զգույշ; ուշադիր; զգոն

wash |wɒʃ| **1** *verb* 1) լվանալ 2) լվացվել; երեսը/ձեռքերը լվանալ 3) լվացք անել; լվանալ *(սպիտակեղենը)* 4) իրեն լիզել *(կենդանու մասին)* 5) լվացվելուց չխունանալ 6) *փոխաբերական* քննադատությանը դիմանալ 7) քշել-տանել *(ջրի հոսանքի մասին)* 8) ողողել; ողողելով սրբել-տանել 9) ողողել *(ծովի և այլնի ափերը)* 10) պատել; համակել *(զգացումի մասին)* 11) բարակ շերտ քսել 12) ծփալ; ճղփալ; ճղփյունով զարկվել • **wash away** լվանալ; լվանալով մաքրել **wash down** i) լվանալ; մաքրել ii) ջուր խմել *(ուտելիքի վրայից)* **washed out** *փոխաբերական* հոգնած; թառամած; գույնը գցած; հյուծված **wash off** լվանալով հանել; մաքրել **wash up** լվանալ *(ամանները)* **2** *noun* 1) լվացում; լվանալը; լվացվելը ◊ **have a wash** լվացվել 2) լվացք; սպիտակեղեն *(արդեն լվացված կամ լվանալու համար)* 3) թրջոցուկ; դեղաթրջոց 4) ալիք *(հատկապես նավախելի ետևում)* 5) ճղփյուն; ծփյուն *(ալիքի)* 6) ջրաբերուկ; ողողակ *(ավազ, մանրախիճ և այլն)* 7) ձորակ; հեղեղատ ◊ **dry wash** ցամաքած հուն 8) լվացքաջուր; կեղտաջուր; լվացուր 9) *փոխաբերական* լղլղանք; ողողանք *(ջրիկ ապուրի, բաց գույնի թեյի մասին և այլն)* 10) բարակ շերտ

washbasin |ˈwɒʃbeɪs(ə)n| *noun* լվացարան

washboard |ˈwɒʃbɔːd| **1** *noun* 1) լվացքի տախտակ 2) անհարթ ճանապարհ **2** *verb* եզրերը անհարթեցնելը

washed-out *adjective* 1) խունացած; խունացված; գույնը գցած *(հագուստի և այլնի մասին)* 2) գունատ; հյուծված; գույնը գցած *(մարդու մասին)*

washer |ˈwɒʃə| *noun* 1) լվացող *(մարդու/մեքենայի մասին)* 2) լվացքի մեքենա 3) տափօղակ; մեջդիր *(պտուտակի կամ պնդօղակի գլխիկի տակ *դրվող մետաղե կլոր թիթեղիկ)*

washerwoman |ˈwɒʃəwʊmən| *noun* (հոգն. **-women**) լվացարարուհի

washing |ˈwɒʃɪŋ| *noun* լվանալու շորեր; լվացք

washing machine *noun* լվացքի մեքենա

Washington |ˈwɒʃɪŋtən| 1) Վաշինգտոն *(ԱՄՆ-ի մայրաքաղաքը)* 2) Վաշինգտոն; ԱՄՆ-ի նահանգ

washout *noun* 1) անձրևի պատճառով ձախողված միջոցառում 2) անհաջողություն; ձախողում 3) *ծածկալեզու* ձախորդ մարդ 4) ողողուտ; ողողվածք; ողողված տեղ

washroom |ˈwɒʃruːm|, |-rʊm| *noun ամերիկյան* զուգարան *(լվացարանով)*

washstand |ˈwɒʃstænd| *noun պատմական* լվացարան *(կախովի ջրամանով)*

washy |ˈwɒʃi| *adjective* (**washier**, **washiest**) 1) ջրալի; ջրոտ; ջրիկ; ջրախառն 2) անհամ; անհետաքրքիր 3) դժգույն; անգույն

Wasp |wɒsp| (նաև **WASP**) *noun* (**white Anglo-Saxon Protestant**) սպիտակամորթ բարեկեցիկ բողոքական ամերիկացի

wasp |wɒsp| *noun կենդանաբանություն* կրետ; բռետ; իշամեղու *(ընտանիք Vespidae)*

wassail |ˈwɒseɪl|, |ˈwɒs(ə)l|, |ˈwæ-| *հնացած* **1** *noun խոսակցական* 1) ոգելից խմիչքի տեսակ 2) թեթև խնջույք; կերուխում; կոնծաբանություն **2** *verb* քեֆ անել; խմել; զվարճանալ

wastage |ˈweɪstɪdʒ| *noun* 1) վատնում; շռայլում; մսխում 2) կորուստ; հոսակորուստ; սորակորուստ

waste |weɪst| **1** *verb* 1) վատնել; անտեղի ծախսել; շռայլել; մսխել *(փող, ժամանակ և այլն)* 2) ամայացնել; ամայի դարձնել; ավերել 3) (**waste away**) մաշվել; հյուծվել; հալումաշ լինել; նիհարել 4) ուժասպառ անել; հյուծել **2** *adjective* 1) բանեցրած; գործածած; օգտագործված; անպետք; ոչ պիտանի 2) ավելորդ; անտեղի; նետելու; թափելու 3) ամայի; անմարդաբնակ; խոպան; անմշակ ◇ **lay waste** ամայացնել; ավերել. **lie waste** խոպան/անմշակ լինել *(հողի մասին)* **3** *noun* 1) անօգուտ վատնում *(փողի, ժամանակի և այլնի)* ◇ **run to waste** անտեղի ծախսվել; վատնվել; չօգտագործվել 2) (**wastes**) դատարկ/ամայի տեղ; անապատ 3) անմշակ հող; պարապուտ 4) թափթփուկներ; մնացուկներ; թափոն; թափոններ 5) վնաս

wastebasket |ˈweɪs(t)bɑːskɪt| *noun* թղթաղամբյուղ; անպետք թղթեր գցելու զամբյուղ

wasted *adjective* 1) վատնած; մսխած; շռայլած 2) անարդյունավետ; անարդյունք; անարգասաբեր 3) թույլ; թուլացած; անուժ *(մարդու, մարմնի մասին վերաբերյալ)* 4) *խոսակցական* հարբած; թմրադեղերի ազդեցության տակ

wasteful |ˈweɪstfʊl|, |-f(ə)l| *adjective* շռայլ; վատնող

wastrel |ˈweɪstr(ə)l| *noun* 1) *բանաստեղծական* անպետք/անպիտան մարդ 2) *հնացած* անապաստան երեխա 3) խոտան; խոտանված ապրանք 4) շռայլ/վատնող մարդ

watch |wɒtʃ| **1** *verb* 1) հետևել; դիտել; հսկել ◇ **watch for** սպասել. **watch out** *ամերիկյան* նախազգուշանալ. **watch over** պահպանել 2) հսկել; պահակություն անել 3) (**watch out**) զգույշ/աչալուրջ լինել 4) *հնացած* չքնել **2** *noun* 1) ժամացույց *(ձեռքի)* ◇ **my watch is fast, my watch gains** իմ ժամացույցն առաջ է; իմ ժամացույցն առաջ է ընկնում. **my watch is slow, my watch loses** իմ ժամացույցը ետ է; իմ ժամացույցը ետ է մնում. **set the watch** ժամացույցը ուղղել. **by my watch** իմ ժամացույցով 2) դիտելը; հետևելը; դիտում; հսկելը 3) զգոնություն; աչալրջություն; ուշադրություն ◇ **keep watch** զգույշ/զգաստ լինել 4) *ծովային* հերթապահություն; պահ 5) պահակախումբ; պահակ ◇ **pass as a watch in the night** շատ շուտով մոռացվել; մոռացության տրվել; անհետ կորչել **be on the watch** 1) սպասել; ճամփա պահել; պատրաստ սպասել 2) զգուշանալ

watchdog |ˈwɒtʃdɒg| **1** *noun* 1) պահապան շուն 2) դիտորդ; դիտորդական խումբ **2** *verb* (**-dogged**, **-dogging**) հետևել; վերահսկել

watcher *noun* 1) պահապան; պահակ; հսկիչ 2) դիտող; դիտորդ

watchfire |ˈwɒtʃfʌɪə| *noun* ազդանշանի խարույկ

watchful |ˈwɒtʃfʊl|, |-f(ə)l| *adjective* 1) զգոն; աչալուրջ; զգույշ 2) *հնացած* արթուն; անքուն

watchmaker |ˈwɒtʃmeɪkə| *noun* ժամագործ

watchtower |ˈwɒtʃtaʊə| *noun* պահակադիտանոց; պահապանական աշտարակ

watchword |ˈwɒtʃwəːd| *noun* 1) կարգախոս 2) *հնացած* նշանաբառ; անցաբառ

water |ˈwɔːtə| **1** *noun* 1) ջուր ◇ **fresh/soft water** խմելու ջուր. **salt water** ծովի ջուր. **hot water** եռացող/տաք ջուր. **get into hot water, be in hot water** փորձանքի մեջ ընկնել. **cold water** i) սառը ջուր ii) *փոխաբերական* անհավանություն; հավանություն չտալը. **throw cold water on** *փոխաբերական* մեկի գլխին սառը ջուրը լցնել. **hard water** կոշտ ջուր. **standing water** չհոսող/կանգնած/լճացած ջուր. **hold water** i) անջրանցիկ լինել ii) *փոխաբերական* քննադատությանը դիմանալ. **blue water** բաց ծով. **by water** ջրով; ջրային ճանապարհով; նավով. **back water** i) հակառակ ուղղությամբ թիավարել; ետ թիավարել *(թիակներն իրենից հրելով)* ii) *փոխաբերական* խոստումը չկատարել 2) (**the waters**) հանքային ջրեր ◇ **drink the waters** բուժիչ ջրեր խմել 3) ջրային լուծույթ *(որևէ նյութի)* 4) արտասուք; քրտինք; թուք; մեզ ◇ **make/pass water** միզել 5) (**the water**) ջրային տարածք; լիճ; գետ; ծով 6) *որպես ածական* ջրային; ջրաբնակ 7) թանկարժեք քարի մաքրություն; ջուր ◇ **of the first water** մաքուր ջրի; պայծառ; անաղարտ *(ադամանդի մասին)* 8) մակընթացություն և տեղատվություն ◇ **high water** մակընթացության բարձրագույն կետը/մակարդակը; ջրերի հորդացում/հեղեղում. **low water** տեղատվության ամենացածր կետը/մակարդակը. **slack water** իջած ջուր; ցածր մակարդակի հասած ջուր *(տեղատվության ժամանակ)*. **in low waters** *փոխաբերական* ֆինանսական ծանր դրության մեջ **2** *verb* 1) ոռոգել; ջրել; ջուր անել 2) ջուր խմելու գնալ 3) անասուններին ջուր տալ; անասուններին ջրել 4) հոսել *(որոշակի վայրով. գետի մասին)* 5) արտասվակալել; արցունքոտվել 6) բերանի ջրերը գնալ; թուքը բերանը լցվել 7) ջուր ավելացնել; ջրիկացնել *(հատկապես գինին)* 8) թրջել; թա-

ցացնել
in smooth water հանգիստ; առանց դժվարության
it makes one's mouth water բերանի ջրերը վազում են; ախորժակը գրգռվում է
keep one's head above water *փոխաբերական* ջրի երեսին մնալ; վտանգից դուրս լինել; սնանկացումից խուսափել
smooth water խաղաղ հանգրվան
still waters run deep մարմանդ ջրից վախեցիր

Water Bearer Ջրհոս *(համաստեղություն)*

waterborne *adjective* 1) ջրային *(փոխադրամիջոցի և այլնի մասին)* 2) ջրի միջոցով տարածվող *(հիվանդության մասին)*

water buffalo *noun* կենդանաբանություն ախական գոմեշ *(Genus Bubalus, ընտանիք Bovidae)*

watercolor (բրիտանական **watercolour**) *noun* 1) ջրաներկ 2) ջրաներկ նկար

watercourse |ˈwɔːtəkɔːs| *noun* 1) գետ; գետակ; վտակ 2) հուն *(գետակի)*

waterfall |ˈwɔːtəfɔːl| *noun* ջրվեժ

waterfowl |ˈwɔːtəfaʊl| *plural noun* *հավաքական* ջրային որսաթռչուններ

waterfront |ˈwɔːtəfrʌnt| *noun* ափամերձ տարածք *(քաղաքի)*

watering can *noun* ցնցուղ; ջրցան *(բույսերը ջրելու համար)*

water lily *noun* *բուսաբանություն* ջրաշուշան; սափորուկ *(ընտանիք Nymphaeaceae)*

waterlogged |ˈwɔːtəlɒgd| *adjective* 1) ճահճացած 2) ջրով լցված *(նավի մասին)*

waterman |ˈwɔːtəmən| *noun* (հոգն. **-men**) 1) նավակավար; նավավար 2) թիավար

watermark |ˈwɔːtəmɑːk| **1** *noun* 1) ջրանիշ թղթի վրա 2) ջրի մակարդակի նշանագիծ **2** *verb* ջրանիշով նշել

watermelon |ˈwɔːtəmɛlən| *noun* *բուսաբանություն* ձմերուկ *(Citrullus lanatus, ընտանիք Cucurbitaceae)*

water polo *noun* ջրագնդակ *(խաղ)*

water power *noun* հիդրոէներգիա; ջրային էներգիա

waterproof |ˈwɔːtəpruːf| **1** *adjective* 1) անջրանցիկ 2) չկլանվող; չխունացող *(ներկի և այլնի մասին)* **2** *noun* 1) անջրանցիկ գործվածք 2) անջրանցիկ վերարկու/թիկնոց **3** *verb* անջրանցիկ դարձնել

watershed |ˈwɔːtəʃɛd| *noun* ջրբաժան գիծ; ջրբաժանք

waterspout |ˈwɔːtəspaʊt| *noun* 1) պտտահողմ; պտուտահողմ; թայթառ 2) ջրատար խողովակ; ջրհորդան; նավդան

watertight |ˈwɔːtətʌɪt| *adjective* 1) անջրանցիկ 2) *փոխաբերական* քննադատության դիմացող

waterway |ˈwɔːtəweɪ| *noun* ջրային ուղի *(ներքին)*

waterworks |ˈwɔːtəwəːks| *plural noun* 1) ջրմուղ կայան; ջրմուղային կառույցներ 2) *փոխաբերական* ծորակ; առվակ *(արցունքների մասին)*
turn on the waterworks *խոսակցական* լաց լինել; արցունքներ թափել

watery |ˈwɔːt(ə)ri| *adjective* 1) ջրալի; ջրոտ; ջրիկ 2) ջրային 3) անգույն; անբովանդակ 4) անձրևային; անձրևաբեր *(ամպերի մասին)* 5) արտասվակալող; արցունքակալվող; փայլքոտ

watt |wɒt| (հապ. **W**) *noun* *էլեկտրականություն* վատտ

wave |weɪv| **1** *verb* 1) ձեռքով անել 2) թափահարել; նշան անել *(ձեռքով)* 3) ծածանվել; օրորվել; ալեկոծվել; ծփալ; տատանվել 4) գանգրացնել; ալիքավոր դարձնել *(մազերը)* 5) ալիքավոր/գանգուր լինել *(մազերի մասին)* • **wave aside** i) իրենից վանել; ձեռքով մի կողմ քշել ii) *փոխաբերական* հրաժարվել *(մի բանից)* **wave back** ձեռքի շարժումով պատասխանել; ձեռքով պատասխան նշան անել **wave sb away** ձեռքի շարժումով մեկին հեռացնել; ձեռքի շարժումով մեկին թույլ տալ գնալու **2** *noun* 1) ալիք 2) ալեձևություն; ալիքավորություն 3) տատանում 4) թափահարում; արագ շարժում; նշան *(ձեռքով)* 5) *ռազմական* գրոհող շղթայաշար
the waves *բանաստեղծական* ծով; ծովեր

wavelength |ˈweɪvlɛŋθ|, |-lɛŋkθ| *noun* 1) *ֆիզիկա, ռադիո* ալիքի երկարություն 2) մտածելակերպ; գաղափարներ *(մարդկանց)*

waver |ˈweɪvə| *verb* 1) երերալ; տարուբերվել *(բոցի մասին և այլն)* 2) տատանվել; անվճռական լինել 3) սասանվել; սկսել տեղի տալ *(զորքի մասին)*

wavy |ˈweɪvi| *adjective* (**wavier**, **waviest**) 1) ալեձև; ալիքաձև; ալիքանման; ալիքավոր; գանգուր *(մազերի մասին)* 2) փոթորկալից; ալեծածան *(ծովի մասին)*

wax¹ |wæks| **1** *noun* 1) մեղրամոմ; մոմ ◇ **mineral wax** գետնամոմ; լեռնամոմ; օզոկերիտ. **sealing wax** զմուռս; կնքամոմ 2) ականջակեղտ; ականջաղտ *(ականջափողի պատերին գոյացող ճարպային նյութ)* **2** *verb* 1) մոմ քսել; մոմել 2) հեռացնել անցանկալի մազերը *(տաք մոմի օգնությամբ)*

wax² |wæks| *verb* 1) մեծանալ; աճման փուլում լինել *(լուսնի մասին)* 2) *հնացած, բանաստեղծական* մեծանալ; աճել 3) դառնալ ◇ **wax angry** զայրանալ

wax³ |wæks| *noun* *խոսակցական հնացած* *ծածկալեզու* զայրույթի պոռթկում; կատաղություն; ցասում ◇ **be in a wax** կատաղել; գազազել

waxen |ˈwæks(ə)n| *adjective* 1) մոմե 2) մոմի նման փափուկ ու լուսանցիկ

waxwork |ˈwækswəːk| *noun* 1) մոմե արձան 2) (**waxworks**) մոմե արձանների ցուցադրություն

waxy |ˈwæksi| *adjective* (**waxier**, **waxiest**) 1) մոմանման 2) *ծածկալեզու* տաքարյուն; դյուրագրգիռ

way |weɪ| **1** *noun* 1) միջոց; եղանակ; ձև; գործելակերպ ◇ **go/take/follow one's own way** ինքնուրույն գործել; իր ուզած ձևով անել. **have one's own way** իր ասածն անել; իր նպատակին հասնել; իրենը պնդել. **one way or another** այս կամ այլ կերպ; այսպես թե այնպես. **the other way** ուրիշ/այլ ձևով; այլ կերպ 2) ապրելակերպ ◇ **pay one's way** ապրել ըստ ունեցած միջոցների 3) (**ways**) բարքեր 4) սովորություն; վարվելաձև ◇ **in a family way** տնավարի; առանց պաշտոնականության; առանց ձևականությունների. **in the family way** հղի 5) ճանապարհ; ուղի ◇ **by the way** i) *փոխաբերական* ի միջի այլոց ii) ճանապարհին; ճամփորդության ընթացքում; ճանապարհով; ճանապարհի եզրին. **on the way** ճանապարհին. **out of the way** i) ճանապարհից դուրս; ոչ նույն ճանապարհի վրա ii) *փոխաբերական* անսովոր; արտասովոր; արտակարգ. **find the way** ճանապարհը գտնել; ընկնել; գալ; հասնել *(որևէ տեղ)*. **lose one's way, lose the way** մոլորվել; ճանապարհը կորցնել. **pick one's way** դժվարությամբ առաջ գնալ; ոտքը դնելու տեղ փնտրելով առաջ գնալ *(ցեխոտ ճանապարհով)*. **show the way** ուղեկցել; ճանապարհը ցույց տալ. **get under way** ճամփա ընկնել; ուղևորվել. **get out of someone's way** մեկի ճամփից դուրս գալ; առաջ գնալու հնարավորություն տալ; չխանգարել; արգելք չլինել. **be/stand in one's way** մեկի ճամփին կանգնել; խանգարել. **push one's way** հրելով/բոթելով առաջ անցնել; հրելով իր համար ճանապարհ հարթել. **thread one's way** դժվարությամբ առաջ գնալ; խցկվելով անցնել; անցնելով դուրս գալ. **make one's way** առաջ շարժվել; առաջ գնալ; իր համար ճանապարհ հարթել. **make way for** ճանապարհ տալ. **pave the way for** հող նախապատրաստել; ճանապարհը մաքրել; խոչընդոտները վերացնել. **put out of the way** *փոխաբերական* մեջտեղից վերացնել; ոչնչացնել; սպանել 6) հեռավորություն ◊ **a little way** ոչ հեռու; մոտիկ. **a long way (a long way off)** հեռու. **a way out** *նաև փոխաբերական* ելք 7) ուղղություն; կողմ 8) վայր; տեղ 9) վիճակ; դրություն 10) ընթացք; շարժում ◊ **under way** ընթացքի/շարժման մեջ. **gather way** տեղից շարժվել; մեկնել *(նավի մասին)*. **have way on** առաջ շարժվել 11) *ծածկալեզու* հուզված վիճակ; հուզմունք **2** *adverb* *խոսակցական* 1) հեռու 2) շատ; չափազանց 3) իսկապես; լրջորեն

be in a great way *խոսակցական* հուզված վիճակում լինել; հուզմունքի մեջ լինել

by way of 1) որևէ նպատակով; որևէ բանի համար 2) որպես; իբրև

give way 1) զիջել; տեղի տալ; համաձայնել 2) անձնատուր լինել *(վշտին և այլն)* 3) ճնշման տակ շարժվել; չդիմանալ; տեղի տալ 4) արժեզրկվել; գինը կորցնել *(արժեթղթերի մասին)*

in any way համենայն դեպս; ամեն դեպքում

in a way որոշ չափով; որոշ իմաստով

Milky way *աստղագիտություն* Ծիր Կաթին; Հարդագողի ճանապարհ

once in a way շատ հազվադեպ

wayfarer |ˈweɪfɛːrə| *noun* *բանաստեղծական* անցորդ; անցվոր; հետիոտն; ճամփորդ; ուղևոր

waylay |weɪˈleɪ| *verb* (անցյալ և անցյալ դերբայ **-laid**) 1) հետամտել; հետամուտ լինել; դարանակալել; դարան մտնել; դարանամուտ լինել 2) ընդհատել; խանգարել

wayside |ˈweɪsʌɪd| *noun* ճանապարհի եզր; ճանապարհի մի կողմը

way station *noun* *ամերիկյան, երկաթուղային* կիսակայարան

wayward |ˈweɪwəd| *adjective* քմահաճ; ինքնահաճ; կամակոր; իր ասածի; անկանխատեսելի

WC *abbreviation* *բրիտանական* water closet զուգարան

we |wiː| *pronoun* մենք

weak |wiːk| *adjective* 1) թույլ; տկար 2) անազդեցիկ; անհամոզիչ 3) անորակ; ցածրորակ 4) անկայուն; խախուտ; ոչ դիմացկուն 5) *փոխաբերական* թույլ; անվճռական 6) աղոտ; անպայծառ; թույլ *(լույսի մասին)* 7) ջրիկ; անհամ *(թեյի և այլնի մասին)* 8) անկյանք; սառը; առանց ոգևորության

weaken |ˈwiːk(ə)n| *verb* 1) թուլացնել 2) թուլանալ; տկարանալ 3) տեղի տալ; անձնատուր լինել

weakling |ˈwiːklɪŋ| *noun* 1) թույլ մարդ/կենդանի 2) թուլակամ/անողնաշար մարդ; թույլ կամքի տեր մարդ

weakly |ˈwiːkli| **1** *adverb* թույլ կերպով **2** *adjective* (**-lier**, **-liest**) թույլ; տկար; թուլակազմ; հիվանդոտ

weak-minded *adjective* թուլամիտ; տկարամիտ

weakness |ˈwiːknɪs| *noun* 1) թուլություն; տկարություն 2) արատ; պակասություն; բաց

weal[1] |wiːl| **wheal**) *noun* հարվածից կարմրած տեղ *(մարմնի վրա)*

weal[2] |wiːl| *noun* *գրական անգլերեն* բարիք; օգուտ; շահ ◊ **in weal and woe** թե՛ երջանկության, և թե՛ դժբախտության դեպքում

for the public weal (**for the general weal**) ընդհանուր բարօրության համար

wealth |wɛlθ| *noun* 1) հարստություն; ունեցվածք; կարողություն 2) *հնացած* բարեկեցություն 3) առատություն; լիություն; շատություն; մեծ քանակություն

wealthy |ˈwɛlθi| *adjective* (**wealthier**, **wealthiest**) հարուստ; ունևոր

wean[1] |wiːn| *verb* 1) կաթից/կրծքից կտրել *(երեխային, կենդանուն)* 2) ետ սովորեցնել; մոռացնել տալ

wean[2] |wiːn| *noun* *շոտլանդական* երեխա

weapon |ˈwɛp(ə)n| *noun* 1) զենք 2) *փոխաբերական* զենք; պայքարի միջոց ◊ **atomic weapons** ատոմային զենք

weapon of mass destruction *noun* զանգվածային ոչնչացման զենք

wear[1] |wɛː| **1** *verb* (անցյալ **wore** |wɔː|; անցյալ դերբայ **worn** |wɔːn|) 1) կրել; հագնել *(հագուստ)* 2) ունենալ *(տեսք, դեմքի արտահայտություն)* ◊ **sb wears well** լավ է պահպանվել 3) մաշել; տրորելով ծակել/բացել; գնալ-գալով բացել *(արահետ, ճանապարհ)* 4) (**wear on**) հյուծել; հոգնեցնել 5) դիմանալ *(հագուստի մասին)* 6) *խոսակցական* հանդուրժել; ընդունել • **wear away** i) մաշել; ջնջել ii) մաշվել; ջնջվել iii) դանդաղ անցնել *(ժամանակի մասին)* iv) գոյությունը քարշ տալ; կյանքը անցկացնել **wear off** i) ջնջել; սրբելով/տրորելով անցկացնել ii) ջնջվել; սրբվելով/տրորվելով անցնել iii) մեղմանալ; անցնել **wear on** դանդաղ ընթանալ; անցնել *(ժամանակի մասին)* **wear out** i) մաշվել ii) մաշել iii) հյուծել; ուժասպառ անել; հոգնեցնել iv) սպառվել; հատել *(համբերության մասին)* **2** *noun* 1) կրելը; հագնելը; գործածություն *(հագուստի)* ◊ **out of wear** մոդայից դուրս եկած; ոչ նորաձև 2) հագուստ; զգեստ 3) մաշում; մաշվելը; մաշվածք; մաշվածություն ◊ **wear and tear** մաշվածություն

wear[2] |wɛː| *verb* (անցյալ և անցյալ դերբայ **wore** |wɔː|) *նավագնացություն* նավը շրջել դեպի քամին

wearing *adjective* հոգնեցուցիչ; տաղտուկ; հոգեհան

wearisome |ˈwɪərɪs(ə)m| *adjective* 1) հոգնեցնող; հոգնեցուցիչ 2) տաղտկալի; ձանձրալի

weary |ˈwɪəri| **1** *adjective* (**wearier**, **weariest**) 1) հոգնած; խոնջացած 2) հոգնած; ձանձրացած 3) հոգնեցուցիչ; տաղտկալի **2** *verb* (**wearies**, **wearied**) 1) հոգնել; ձանձրանալ ◊ **weary for** կարոտել; մեկի կարոտը քաշել 2) հոգնեցնել

weasel |ˈwiːz(ə)l| **1** *noun* 1) կենդանաբանություն աքիս *(Mustela, ընտանիք Mustelidae)* 2) *խոսակցական փոխաբերական* խաբեբա; դավաճան **2** *verb* (**-seled**, **-seling**; բրիտ. **-selled**, **-selling**) խաբեբայությամբ հասնել մի բանի

weather |ˈwɛðə| **1** *noun* 1) եղանակ; մթնոլորտային վիճակ ◊ **fine weather** լավ եղանակ. **fair weather** պայծառ/պարզ եղանակ. **settled weather** կայուն եղանակ. **foul weather** վատ եղանակ. **severe weather** խիստ եղանակ. **flying weather** *օդագնացություն* թռիչքահարմար եղանակ *(թռիչքի համար բարենպաստ)*. **under the weather** i) *ծածկալեզու* ձախորդության/անհաջողության մեջ ii) վատառողջ 2) եղանակի տեսություն 3) վատ եղանակ; փոթորիկ; մրրիկ; հողմ **2** *verb* 1) հողմահարել; քայքայել; հողմահարության ենթարկել 2) եղանակի ազդեցությանը ենթարկվել; հողմահարվել; քայքայվել; հողմահարության ենթարկվել 3) լավ տանել; հաջողությամբ դուրս գալ; դիմանալ *(փոթորիկին, գրոհին, վտանգին և այլնին)*

make bad weather *ծովային* փոթորիկին վատ դիմանալ *(նավի մասին)*

make good weather *ծովային* փոթորիկին լավ դիմանալ *(նավի մասին)*

make heavy weather of մի բան դժվար համարել

weather-beaten *adjective* 1) փոթորիկներից վնասված 2) հողմածեծ; հողմահար *(դեմքի մասին)* 3) *փոխաբերական* կոփված *(մարդու մասին)*

weathercock |ˈwɛðəkɒk| **1** *noun* 1) հողմացույց 2) *փոխաբերական* անկայուն/փոփոխամիտ մարդ **2** *verb* դեպի քամին ուղղվել *(նավի/ինքնաթիռի մասին)*

weather station *noun* օդերևութաբանական կայան

weathervane |ˈwɛðəveɪn| *noun* հողմացույց

weave¹ |wiːv| **1** *verb* (անցյալ **wove** |wəʊv|; անցյալ դերբայ **woven** |ˈwəʊv(ə)n| կամ **wove**) 1) հյուսել; գործել; հինել *(գործվածք)* 2) (**weave sth into**) գործելով մաս դարձնել 3) հյուսել *(ծաղկաշղթա, զամբյուղ և այլն)* 4) *փոխաբերական* հորինել; հնարել; հերյուրել **2** *noun* գործվածքի/հյուսվածքի ոճ; գործվածքի/հյուսվածքի տեսակ

weave² |wiːv| *verb* ոլոր-մոլոր քայլել *(արգելքներից խուսափելու համար)*

weaver |ˈwiːvə| *noun* ջուլհակ; ջուլհակուհի

web |wɛb| **1** *noun* 1) սարդոստայն; ոստայն; ցանց *(հատկապես սարդի)* 2) *փոխաբերական* ոստայն; հերյուրանք; հնարանք *(ստի, մեքենայության)* ◊ **spider's web** սարդի ոստայն; սարդոստայն. **spin a web of deceit** ստի սարդոստայնով խճճել 3) տե՛ս **World Wide Web** 4) թաղանթ; մաշկ *(ջրային թռչունների կամ կենդանիների թաթերի)* 5) գործվածք; գործվածքի/կտորի թոփ 6) փակոց; պատնեշ; միջնորմ; կապ; հոդարկ 7) ժապավեն *(աղոցի, որևէ մեխանիզմի)* 8) *համակարգիչներ* համացանց; համաշխարհային ցանց **2** *verb* (**webbed**, **webbing**) ցանց կազմել; ցանցով պատել

webbed |wɛbd| *adjective* թաղանթավոր *(ջրային թռչունների թաթի, չղջիկի թևի մասին)*

webcam *noun* *համակարգիչներ* ցանցային տեսախցիկ

web-footed *adjective* թաղանթաթաթ; թաղանթավոր թաթեր ունեցող

weblog *noun* *համակարգիչներ* զրուցակայք

Webmaster (նաև **webmaster**) *noun* *համակարգիչներ* կայքարար; վեբմաստեր

Web page (նաև **web page**) *noun* *համակարգիչներ* կայքէջ

Web site (նաև **web site** կամ **website**) *noun* *համակարգիչներ* կայք; ցանցակայք

webzine *noun* *համակարգիչներ* ցանցային ամսագիր; ցանցամսագիր

wed |wɛd| *verb* (**wedding**; անցյալ և անցյալ դերբայ **wedded** կամ **wed**) *գրական անգլերեն հնավանդ* 1) ամուսնանալ; պսակվել 2) ամուսնացնել; պսակել 3) ներդաշնակել; համադրել; միացնել; զուգակցել; միմյանց կապել 4) (**be wedded to**) կցված; անբաժան *(որևէ տեսակետի և այլնի)*

wedding |ˈwɛdɪŋ| *noun* հարսանիք; պսակադրություն; հարսնախնջույք

wedge |wɛdʒ| **1** *noun* 1) սեպ; բութակ 2) շերտիկ; պատառիկ 3) սեպաձև խումբ *(մարդկանց, կենդանիների)* 4) տանկետկա *(կանացի կոշիկ)* **2** *verb* սեպով ամրացնել ◊ **drive a wedge between** *փոխաբերական* բաժանել; տարանջատել; սեպ խրել; գժտեցնել; պառակտել

wedgie |ˈwɛdʒi| *noun* *խոսակցական* տանկետկա *(կանացի ոտնաման)*

wedlock |ˈwɛdlɒk| *noun* ամուսնություն; ամուսնական կյանք

Wednesday |ˈwɛnzdeɪ|, |-di| **1** *noun* չորեքշաբթի **2** *adverb* 1) չորեքշաբթի օրը 2) չորեքշաբթի օրերին; յուրաքանչյուր չորեքշաբթի

wee |wiː| *adjective* (**weer** |ˈwiːə|, **weest** |ˈwiːɪst|) պստլիկ; շատ փոքր

weed |wiːd| **1** *noun* 1) մոլախոտ; որոմ 2) ջրային բույս 3) *խոսակցական* մարիխուանա 4) *խոսակցական* (**the weed**) սիգար 5) հալից ընկած ձի; քեծոտ ձի; յաբու 6) երկարահասակ ու նիհար մարդ **2** *verb* 1) քաղհանել ◊ **weed out** հեռացնել; զատել; մաքրել; ընտրել; ջոկել 2) (**weed something out**) հեռացնել; դուրս թողնել; չվերցնել *(թերի առարկան, աշխատանքը, աշխատողներին)*

ill weeds grow apace մոլախոտն արագ է աճում

weeds |wiːdz| *plural noun* (**widow's weeds**) սգազգեստ; սգաշոր

weedy |ˈwiːdi| *adjective* (**weedier**, **weediest**) 1) մոլախոտով ծածկված; մոլախոտից խեղդված 2) մոլախոտային; մոլախոտանման 3) նիհար ու թույլ; հիվանդոտ *(մարդու մասին)*

week |wiːk| *noun* 1) շաբաթ; յոթնօրյակ ◊ **in a week** i) մի շաբաթ հետո; մի շաբաթից ii) մի շաբաթվա ընթացքում; մի շաբաթում. **Holy week** *կրոն*

Ավագ/Զարչարանաց Շաբաթ 2) աշխատանքային օրեր *(երկուշաբթիից ուրբաթ)* 3) *բրիտանական խոսակցական* մի շաբաթ անց/հետո; մի շաբաթ անց այս օրը

weekday |ˈwiːkdeɪ| *noun* աշխատանքային/լի օր

weekend |wiːkˈɛnd|, |ˈwiː-| **1** *noun* շաբաթ-կիրակի; շաբաթվա վերջ; շաբաթավերջ; ազատ ժամանակ; ոչ աշխատանքային ժամանակ *(շաբաթ օրվանից մինչև երկուշաբթի)* **2** *verb խոսակցական* շաբաթ-կիրակին մի տեղ անցկացնել; շաբաթավերջը մի տեղ անցկացնել

weekender |wiːkˈɛndə| *noun* 1) շաբաթ-կիրակին որևէ տեղ անցկացնող մարդ 2) ճամփորդական պայուսակ; ճամպրուկ 3) շարժիչանավակ; մոտորանավակ; զբոսանավակ

weekly |ˈwiːkli| **1** *adjective* 1) շաբաթական; շաբաթը մեկ կատարվող; շաբաթը մեկ տեղի ունեցող 2) մի շաբաթվա **2** *adverb* 1) շաբաթը մի անգամ; շաբաթը մեկ 2) ամեն շաբաթ; յուրաքանչյուր շաբաթ **3** *noun* (հոգն. **-lies**) շաբաթական հանդես; շաբաթաթերթ

ween |wiːn| *verb հնացած* կարծել; մտածել

weep |wiːp| **1** *verb* (անցյալ և անցյալ դերբայ **wept** |wɛpt|) 1) լաց լինել; արտասվել; լալ; արցունք թափել 2) արտասվախառն/արցունքախառն/լալախառն ասել 3) *հնացած* (**weep for**) ողբալ; սգալ 4) կաթիլներով ծածկվել; խոնավանալ; թրջվել ◊ **weep away** լալ; շատ լաց լինել. **weep out** i) լալով ամոքել; լալով դուրս թափել ii) արցունքների միջով խոսել. **weep oneself out** կուշտ լաց լինել; շատ լալով հանգստանալ **2** *noun* լաց; լալը; արտասվելը

weeping |ˈwiːpɪŋ| *adjective* 1) լացող; արտասվող 2) խոնավ; թաց; կաթիլապատ 3) սգավոր; ճյուղերը կախած

weft |wɛft| *noun* 1) *մանածագործություն* միջնաթել; թեզան 2) *խոսակցական* գործվածք; կտոր

Wehrmacht |ˈvɛːrmaːxt|, |ˈveːɐmæxt| Վերմախտ *(նացիստական Գերմանիայի զինված ուժերը)*

weigh¹ |weɪ| *verb* 1) կշռել; կշռաչափել; քաշել 2) կշռվել *(իր քաշն իմանալու համար)* 3) կշռել; ծանրություն/քաշ/կշիռ ունենալ 4) մտահոգել; անհանգստացնել; հոգս պատճառել 5) *փոխաբերական* կշռադատել; ծանր ու թեթև անել 6) (**weigh sth against**) համեմատել 7) *փոխաբերական* կշիռ/հեղինակություն/կարևորություն ունենալ *(մարդու/երևույթի մասին)* • **weigh down** i) գերակշռել; ավելի ծանր քաշել ii) ծանրացնել; ծանրաբեռնել; ծանրությամբ ճնշել; ճնշել iii) *փոխաբերական* ծանրանալ; ճնշել; նեղել; տանջել iv) ծանրության տակ կռացնելով կախ գցել **weigh out** բաժին-բաժին կշռել; կշռելով հավասար բաժիններ անել; կշռելով չափել **weigh up** ծանր ու թեթև անել և վճռել; գաղափար կազմել **weigh upon** ճնշել; ծանրանալ; տանջել **weigh with** նշանակություն/կարևորություն/ազդեցություն ունենալ; ազդել

weigh² |weɪ| *noun ծովային* ◊ **under weigh** ճանապարհ ընկած; ճանապարհին

weight |weɪt| **1** *noun* 1) կշիռ; քաշ ◊ **by weight** (**by the weight**) քաշով. **atomic weight** ատոմական կշիռ. **unit/specific weight** տեսակարար կշիռ. **short weight** կշռի պակաս. **give light weight** թերակշռել. **put on weight** ծանրանալ; քաշով ավելանալ; կազդուրվել; գիրանալ; չաղանալ. **carry weight** *փոխաբերական* ազդեցություն/կշիռ ունենալ 2) ծանրություն; ծանր լինելը 3) կշռաքար 4) *փոխաբերական* բեռ ◊ **dead weight** i) հոգս; ծանրություն ii) սպանդային զանգված iii) ամբարձունակություն; բեռնունակություն iv) դատարկ փոխադրամիջոցի քաշ *(առանց բեռի)* 5) ծանր իր; ծանրություն 6) հոգս; նեղություն; գլխացավանք; պատասխանատվություն 7) հեղինակություն; հարգ; կշիռ; վարկ; համարում *(մարդու)* 8) կարևորություն; նշանակություն; կշիռ; արժեք *(երևույթի, սովորաբար մարդու վերագրած)* **2** *verb* 1) վրան ծանրություն դնել; վրան ծանր առարկա դնել *(թղթերի և այլնի)* 2) բեռնել; կշիռ/քաշ ավելացնել 3) կշիռ/ուժ տալ; կարևորել; արժևորել; մեծ նշանակություն տալ 4) *փոխաբերական* ծանրաբեռնել; ճնշել; նեղություն պատճառել 5) (**be weighted**) նախատեսված; դասավորված; հարմարեցված; դրված *(նպաստավոր կամ ոչ նպաստավոր վիճակում)*

weightless |ˈweɪtlɪs| *adjective* անկշիռ

weightlifting |ˈweɪtlɪftɪŋ| *noun մարզական* ծանր ատլետիկա; ծանրամարտ

weighty |ˈweɪti| *adjective* (**weightier**, **weightiest**) 1) ծանր; ծանրաքաշ 2) *փոխաբերական* ծանրակշիռ; ծանր; ազդու; կարևոր; լուրջ 3) հեղինակավոր; ազդեցիկ

weir |wɪə| *noun* ամբարտակ; ջրապատվար; ամբարտակված ջրավազան; ձկնարգել

weird |wɪəd| **1** *adjective* 1) խորհրդավոր; առեղծվածային; գերբնական 2) *խոսակցական* տարօրինակ; արտասովոր; արտառոց; անբնական 3) *հնացած* ճակատագրական **2** *noun հնացած շոտլանդական* բախտ; ճակատագիր **3** *verb խոսակցական* խորթացնել; վանել

the weird sisters *դիցաբանություն* ճակատագրի աստվածուհիները

welcome |ˈwɛlkəm| **1** *noun* 1) ողջույն ◊ **bid welcome** ողջունել 2) հյուրընկալություն; սիրալիր ընդունելություն ◊ **give a warm welcome** (**give a hearty welcome**) ջերմ/սրտագին ընդունելություն ցույց տալ. **wear out one's welcome, outstay one's welcome** մեկի հյուրընկալությունը չարաշահել **2** *exclamation* բարի գալուստ **3** *verb* 1) ողջունել 2) սիրալիր ընդունել; ջերմ դիմավորել 3) սիրով/սրտաբաց ընդունել *(որևէ մեկին, որևէ առաջարկություն)* **4** *adjective* 1) ցանկալի; հաճելի; սպասված ◊ **make sb welcome** մեկին սիրալիր ընդունել; մեկին գրկաբաց ընդունել 2) *ստորոգելիական* սիրով թույլատրելի; թույլատրվող ◊ **you are welcome, welcome** չարժե; խնդրեմ *(ի պատասխան շնորհակալության)*. **you are welcome!** բարով եք եկել; բարի գալուստ 3) *ստորոգելիական* հրավիրված; կանչված

weld¹ |wɛld| **1** *verb* 1) զոդել; եռակցել; զոդակցել 2) զոդվել; եռակցվել; զոդակցվել 3) *փոխաբերական* սերտ միացնել; համախմբել; միավորել; ներդաշնակել **2** *noun տեխնիկական* զոդում

weld² |wɛld| *noun բուսաբանություն* հափրուկ դեղին *(Reseda luteola, ընտանիք Resedaceae)*

welfare |ˈwɛlfɛː| *noun* 1) բարեկեցություն; բարօրություն; ապահովվածություն ◊ **social welfare** սոցիալական ապահովություն 2) *ամերիկյան նպաստ*; օժանդակություն; սոցիալական օգնություն

welfare state *noun* սոցիալական/բարեկեցության պետություն *(սոցիալական ապահովության համակարգով, անվճար կրթությամբ)*

welfare work *noun* սոցիալական ոլորտի բարելավում; պայքար կարիքավորների կյանքի բարելավման համար

well[1] |wɛl| **1** *adverb* (**better**, **best**) 1) լավ ◊ **well done!** ապրե՛ս; կեցցե՛ս. **very well** շատ լավ. **come off well** հաջողությամբ վերջանալ. **all is well** ամեն ինչ կարգին է; ամեն ինչ լավ է. **well enough** ոչինչ; վատ չէ 2) ճիշտ; իրավացի 3) բարեհոգաբար 4) սիրով; հավանություն տալով 5) հաջողությամբ; նպաստավոր կերպով 6) մի լավ; ինչպես հարկն է; հիմնավորապես 7) շատ; միանգամայն; լիովին; բավականաչափ; զգալիորեն ◊ **it may well be that ...** միանգամայն հնարավոր է, որ ...; շատ հավանական է, որ ... 8) մոտիկից; խորությամբ 9) հավանաբար; հավանորեն; ամենայն հավանականությամբ 10) հեշտությամբ; առանց որևէ դժվարության 11) իրավամբ; իրավացիորեն; արդարացիորեն; օրինավոր կերպով **2** *adjective* (**better**, **best**) 1) *նաև ստորոգելիական* հիանալի վիճակում; առողջ ◊ **perfectly/quite well** միանգամայն առողջ; շատ լավ. **stand well with sb** լավ հարաբերությունների մեջ լինել; մեկի հետ լավ հարաբերություններ ունենալ 2) լավ; ցանկալի; օգտակար **3** *exclamation* դե՜հ; դե՛; է՜հ; դե լա՛վ *(արտահայտում է զարմանք, սպասում, համաձայնություն, զիջում և այլն)* ◊ **well, who would have thought it?** դե՜հ, ո՞վ կմտածեր; դե՛, ո՞վ կպատկերացներ, որ այսպես կլինի. **well! well to be sure!** ա՛յ քեզ բան; ա՛յ թե ինչ. **well then! well now!** ի՞նչ կա որ; դե՛, հետո ինչ

as well 1) բացի այդ; դրան ավելացրած; նաև 2) նույն ձևով; նույն հաջողությամբ; նմանապես

as well as ինչպես նաև

well[2] |wɛl| **1** *noun* 1) հորատանցք; նավթահոր; հոր 2) *հնացած* աղբյուր; ակնաղբյուր 3) ջրհոր ◊ **Artesian/bore well** արտեզյան ջրհոր 4) ջրամբար 5) սանդղատուն; սանդղավանդակ 6) *փոխաբերական* սկիզբ տվող աղբյուր *(հումքի, գիտելիքների և այլնի)* **2** *verb* 1) (**well forth/out/up**) աղբյուրի պես հորդել; հոսել 2) ուժգնանալ; սաստկանալ; թեժանալ *(զգացումի մասին)*

well-adjusted *adjective* 1) լավ հարմարեցված 2) կայուն; հավասարակշիռ *(մարդու մասին)*

well-advised *adjective* խոհեմ; խելամիտ; ողջամիտ; խելացի

well-behaved *adjective* 1) կիրթ; բարեկիրթ; ենթարկվող; իրեն լավ պահող *(նաև երեխայի մասին)* 2) *համակարգիչներ* լավ չափորինակացված *(ծրագրի մասին)*

well-being *noun* բարեկեցություն; բարօրություն; քաջառողջություն; երջանկություն

well-born *adjective* ազնվատոհմ; ազնվազարմ; մեծատոհմիկ

well-bred *adjective* 1) բարեկիրթ; քաղաքավարի 2) զտարյուն *(կենդանիների մասին)*

well-disposed *adjective* (**well-disposed to/towards**) բարյացակամ; լավ տրամադրված

well-done **1** *adjective* 1) հաջող/լավ արված; լավ կատարված 2) լավ եփած/տապակած *(մսի մասին)* **2** *exclamation* կեցցե՛ս; ապրե՛ս

well-dressed *adjective* լավ/նորաձև հագնված

well-earned *adjective* արժանի; վաստակած

well-favored *adjective* գեղեցիկ; գրավիչ; հրապուրիչ; տեսքով; շնորհքով

well-fed *adjective* լավ/առողջ սնվող

well-groomed *adjective* 1) լավ հագնված 2) լավ պահված; լավ խնամված *(ձիու մասին)*

well-grounded *adjective* 1) հիմնավորված; լավ նախապատրաստված 2) գիտակ; լավատեղյակ; քաջածանոթ

well-informed *adjective* լավատեղյակ; քաջածանոթ; իրազեկ; գիտակ

wellington |ˈwɛlɪŋtən| (նաև **wellington boot**) *noun* ռետինե/պլաստմասսայե երկարաճիտ կոշիկ

well-kept *adjective* 1) կոկիկ; լավ վիճակում պահված 2) չհայտնված *(գաղտնիքի մասին)*

well-knit *adjective* 1) ամրակազմ; լավ կազմվածք ունեցող 2) *փոխաբերական* լավ մտածված; լավ կազմված

well-known *adjective* հանրահայտ; հանրածանոթ; հայտնի

well-nigh *adverb* *բանաստեղծական* համարյա; գրեթե

well-off *adjective* 1) ունևոր; ապահովված 2) նպաստավոր վիճակում; լավ պայմաններում

wellspring |ˈwɛlsprɪŋ| *noun* *բանաստեղծական* աղբյուր; ակնաղբյուր; ակունք

well-to-do *adjective* ունևոր; նյութապես ապահովված; կարող; բարգավաճ; ընչավոր

well-worn *adjective* 1) մաշված; հնացած 2) *փոխաբերական* ծեծված; տափակ

Welsh |wɛlʃ| **1** *adjective* ուելսական **2** *noun* 1) ուելսացի; Ուելսի բնակիչ 2) վալլերեն; վալական լեզու

Welshman |ˈwɛlʃmən| *noun* (հոգն. **-men**) ուելսացի; Ուելսի բնակիչ *(տղամարդ)*

welt |wɛlt| **1** *noun* 1) եզրազարդ; զարդեզր; ռանտ *(կոշիկի, հագուստի, գրպանի)* 2) հետք; շերտահետք *(մտրակի հարվածից)* 3) ուժգին հարված **2** *verb* 1) ռանտով կարել 2) ծեծել *(մտրակով)* 3) խարազանել *(շերտահետք թողնելով)*

welter[1] |ˌwɛltə| **1** *verb* *բանաստեղծական* թավալվել **2** *noun* խառնաշփոթություն; շփոթ

welter[2] |ˌwɛltə| *noun* *մարզական* (նաև **welterweight**) կիսամիջին քաշ

wen[1] |wɛn| *noun* 1) ճարպուռուցք; ճարպախալ 2) *փոխաբերական* գերբնակեցված քաղաք ◊ **the great wen** Լոնդոն

wen[2] |wɛn| (նաև **wyn**) *noun* ռունական տառ, որը հետագայում փոխարինվեց w տառով

wench |wɛn(t)ʃ| **1** *noun* *հնավանդ կատակային* 1) աղջիկ; երիտասարդ կին *(հատկապես գեղջկուհի)* 2) աղախին; սպասուհի 3) *հնացած* փողոցային կին; պոռնիկ **2** *verb հնացած* անառակություն/ անբարոյականություն անել

wend |wɛnd| *verb հնացած* գնալ; շարժվել; ընթանալ ◊ **wend one's way** ճանապարհ ընկնել; գնալ; ուղևորվել

werewolf |ˈwɛːwʊlf|, |ˈwɪə-|, |ˈwəː-| *noun* (հոգն. **-wolves**) մարդագայլ; գայլ դարձած մարդ; դարձվոր; փոխակերպուկ *(հեքիաթներում, առասպելներում, հատկապես լիալուսնի ժամանակ գայլի վերածվող)*

west |wɛst| **1** *noun* 1) արևմուտք 2) արևմտյան քամի 3) **(the West)** Արևմուտք *(Եվրոպան և Հյուսիսային Ամերիկան. հատկապես մշակույթի, տնտեսության իմաստով)* **2** *adjective* արևմտյան **3** *adverb* դեպի արևմուտք

West End Ուեստ Էնդ *(Լոնդոնի արևմտյան, արիստոկրատական թաղամասը)*

westerly |ˈwɛstəli| **1** *adjective, adverb* 1) արևմտյան; դեպի արևմուտք ուղղված 2) արևմուտքից փչող **2** *noun* 1) **(westerlies)** արևմտյան քամի 2) **(westerlies)** արևմտյան քամիների գոտի

western |ˈwɛst(ə)n| **1** *adjective* 1) արևմուտքում ապրող/գտնվող; արևմտյան; արևմուտք ուղղված 2) արևմուտքից փչող **2** *noun* (նաև **Western**) 1) արևմուտքի բնակիչ 2) *ամերիկյան* կովբոյական ֆիլմ/հաղորդում

Western Church Արևմտյան Եկեղեցի *(Քրիստոնեական Եկեղեցու այն մասը, որը պատմականորեն կազմում են Հռոմեական Կաթոլիկ Եկեղեցին, Անգլիկան, Լութերական և Բարեփոխված Եկեղեցիները)*

Westerner |ˈwɛst(ə)nə| (նաև **westerner**) *noun* արևմուտքի բնիկ *(սովորաբար ԱՄՆ-ի արևմտյան նահանգների)*

Westminster |ˈwɛstmɪnstə| 1) Վեստմինստեր *(Լոնդոնի մի թաղամասը)* 2) անգլիական խորհրդարանը 3) *փոխաբերական* քաղաքական ասպարեզ

West Virginia Արևմտյան Վիրջինիա *(ԱՄՆ-ի նահանգ)*

westward |ˈwɛstwəd| **1** *adjective* դեպի արևմուտք ուղղված **2** *adverb* (նաև **westwards**) դեպի արևմուտք; արևմտյան ուղղությամբ **3** *noun* արևմուտք; արևմտյան ուղղություն; արևմտյան շրջան

wet |wɛt| **1** *adjective* (**wetter**, **wettest**) 1) թաց; խոնավ; ջրոտ ◊ **get wet** թրջվել. **wet to the skin, wet through** ամբողջությամբ թրջված 2) անձրևոտ; անձրևային 3) տակը թրջած *(երեխայի մասին)* 4) ջրային; հեղուկային; ջրով/հեղուկով կատարվող 5) *բրիտանական խոսակցական* թույլ; անվճռական; հեղհեղուկ 6) *ամերիկյան* ոգելից խմիչքների վաճառքը թույլատրող ◊ **wet state** ոգելից խմիչքների վաճառքը թույլատրող նահանգ **2** *verb* (**wetting**; անցյալ և անցյալ դերբայ **wet** կամ **wetted**) 1) թրջել; թացացնել; խոնավացնել; ջրոտել 2) տակը թրջել *(երեխայի մասին)* **3** *noun* 1) թացություն; խոնավություն 2) **(the wet)** անձրևային եղանակ 3) *ծածկալեզու* կոնծաբանություն; ոգելից խմիչք 4) ոգելից խմիչքների օգտագործման կողմնակից 5) *բրիտանական, խոսակցական* անվճռական/անուժ/ հեղհեղուկ մարդ

wet nurse **1** *noun պատմական* ծծմայր; ստնտու **2** *verb* (**wet-nurse**) 1) ծծմայրություն անել; ծծմայր լինել 2) *խոսակցական* մամայություն անել; երեխայի պես խնամել

whack |wæk| *խոսակցական* **1** *verb* 1) ուժեղ/շեշտակի հարվածել 2) բաժանել; բաժին/մաս հանել 3) սպանել; մեռցնել **2** *noun* 1) ուժեղ/շառաչուն հարված 2) փորձ; փորձելը 3) *ծածկալեզու* բաժին; մաս ◊ **one's whack of sth** մեկի բաժինը *(անելիքը, դժվարությունները)*

whale[1] |weɪl| *noun* (հոգն. նույնը կամ **whales**) *կենդանաբանություն* կետ *(կարգ Cetacea)* ◊ **sperm whale** կաշալոտ

a whale of 1) *խոսակցական* մեծ քանակություն *(որևէ բանի)* 2) *խոսակցական* հիանալի արդյունք

very like a whale *հեգնական* ես էլ հավատացի; հենց այդ է որ կա; չէ՛ս խաբի

whale[2] |weɪl| *verb խոսակցական* ծեծել; ծեծ տալ

whaleboat |ˈweɪlbəʊt| *noun ծովային* 1) կետորսական նավ; կետորսանավ 2) վելբոտ; որսամակույկ; փրկամակույկ

whalebone |ˈweɪlbəʊn| *noun* կետոսկր

whale oil *noun* ծովային կենդանիների հալած ճարպ; վորվան

whaler |ˈweɪlə| *noun* 1) կետորսանավ; կետորսական նավ 2) կետորս

wharf |wɔːf| *noun* (հոգն. **wharves** |wɔːvz| կամ **wharfs**) նավակայան; նավամատույց

what |wɒt| **1** *pronoun* 1) ի՞նչ ◊ **what is it?** i) այս ի՞նչ է ii) ի՞նչ է պատահել; ի՞նչ է եղել. **what do you mean?** ի՞նչ նկատի ունեք. **what of it?** հետո՞ ինչ; ի՞նչ անենք; դրանից ի՞նչ եզրակացություն. **and what not** և այլն; և այդպես շարունակ 2) այն, ինչ; ինչը, որ 3) որ; ինչ 4) մասնագիտությամբ ի՞նչ; ի՞նչ մասնագետ 5) այն, ինչ; թե ինչ 6) ի՛նչ; ինչպիսի՛ *(բացականչական բառակապակցություններում)* ◊ **what bad luck!** ա՛յ քեզ փորձանք; ա՛յ քեզ դժբախտություն **2** *adjective* ինչ; որքան **3** *interrogative adverb* 1) որքանո՞վ; ինչքանո՞վ; ի՞նչ չափով 2) մոտ; մոտավորապես; աչքի չափով 3) *խոսակցական հնացած* այնպես չէ՞; ճիշտ չէ՞

know what's what իմանալ, թե ինչն ինչոց է; խելքը գլխին լինել; իր բանը լավ իմանալ; իր շահը լավ իմանալ

whatever |wɒtˈɛvə| **1** *relative pronoun, adjective* ինչ էլ որ; ինչպիսի էլ; ցանկացած; որը պատահի **2** *pronoun* 1) ոչ մի; որևէ ◊ **there is no doubt whatever** կասկած չկա; ոչ մի կասկած չկա 2) *խոսակցական* ինչ էլ որ պատահի; ինչ էլ որ տեղի ունենա; ամեն դեպքում 3) այդ ի՞նչ *(որպես հարցական դերանուն)* **3** *adverb* 1) ամենևին 2) *խոսակցական* ինչ էլ որ պատահի **4** *exclamation* ի՛նչ արած; այդպես էլ է պատահում

keep calm, whatever happens հանգիստ մնա, ինչ էլ որ պատահի; հանգիստ մնացեք, ինչ էլ որ պատահի

wheat |wiːt| *noun բուսաբանություն* ցորեն *(Genus Triticum, ընտանիք Gramineae)* ◊ **bulgur wheat** բլղուր. **summer wheat** գարնանացան ցորեն. **winter wheat** աշնանացան ցորեն. **Indian wheat** եգիպտացորեն

wheaten |ˈwiːt(ə)n| *adjective* 1) ցորենի ◊ **wheaten**

bread ցորենի հաց. **wheaten flour** ցորենի ալյուր 2) ցորենագույն; ցորնագույն; բաց դեղնավուն

Wheat State Ցորենի նահանգ *(ԱՄՆ-ի Կանզաս նահանգի մականունը)*

wheedle |ˈwiːd(ə)l| *verb* 1) շողոքորթել; շողոքորթությամբ/կեղծավորությամբ համոզել; գրավել 2) (**wheedle someone into doing something**) հաճոյանալ; շողոքորթությամբ աչքը մտնել; քծնելով համակրանքը շահել 3) (**wheedle something out of**) կեղծավորությամբ շորթել/ստանալ; շողոքորթելով դուրս քաշել

wheel |wiːl| **1** *noun* 1) անիվ; ակ ◊ **free wheel** ազատ անիվ *(հեծանիվի).* **potter's wheel** բրուտի անիվ. **spur wheel** ատամնավոր անիվ 2) *նաև փոխաբերական* շրջան; պտույտ 3) (**the wheel**) ղեկ; ավտողեկ 4) *օդագնացություն ծովային* ղեկանիվ *(նաև steering-wheel)* ◊ **the man at the wheel** i) ղեկակալ; ղեկավար ii) *փոխաբերական* ղեկավար 5) բախտի անիվ; երջանկություն 6) *խոսակցական* (**wheels**) մեքենա; ավտոմեքենա 7) հեծանիվ 8) պանրի գլուխ 9) *խոսակցական* տե՛ս **big wheel** **2** *verb* 1) գլորել; գլորելով/հրելով տանել *(անվավոր փոխադրամիջոցով)* 2) *խոսակցական* (**wheel something in/on/out**) դուրս բերել; հրապարակ հանել; ասպարեզ հանել *(հատկապես ծեծված մեկնաբանությունները)* 3) պտտվել; շրջաններ կատարել; շրջանաձև շարժվել 4) հեծանիվով գնալ

go on wheels հաջող գնալ; յուղի պես գնալ *(գործերի մասին)*

grease the wheels կաշառք տալ

the wheel of the Fortune բախտի անիվ

the wheels of state պետական մեքենա

wheels within wheels 1) բարդ մեխանիզմ 2) *փոխաբերական* գաղտնի շարժառիթներ/դրդապատճառներ

wheelbarrow |ˈwiːlbærəʊ| **1** *noun* միանիվ ձեռնասայլակ **2** *verb* ձեռնասայլակով տանել/փոխադրել

wheeler |ˈwiːlə| *noun* 1) անվագործ վարպետ 2) քեղաձի

wheeze |wiːz| **1** *verb* 1) դժվարությամբ/ծանր շնչել; խզխզացնել; խռխռալ; խռռացնել 2) խռխռացնելով քայլել; ծանր շնչելով քայլել **2** *noun* 1) ծանր շնչառություն; խզզոց; խռխռոց 2) պատմություն; միջոց 3) *բրիտանական, խոսակցական* հնարք; լավ միտք; հետաքրքիր գաղափար

wheezy *adjective* խռպոտ; խզզան; շնչարգելությամբ տառապող

whelm |wɛlm| *հնավանդ, բանաստեղծական* **1** *verb* ջրով ծածկել; ջրի տակն առնել; ողողել; կլանել; լափել **2** *noun* կուտակ; շեղջ

whelp |wɛlp| **1** *noun* 1) շան լակոտ 2) թուլա; ձագ; քոթոթ *(աղվեսի, գայլի, վագրի և այլն)* 3) *փոխաբերական* լակոտ; ինքնահավան երիտասարդ **2** *verb* 1) ցնկնել; ձագ բերել; լակոտներ ծնել 2) միտք հղանալ; նյութել; ծրագրել *(որևէ վատ բան)*

when |wɛn| **1** *interrogative adverb* 1) ե՞րբ 2) ո՞ր դեպքում; ի՞նչ պայմաններում; ե՞րբ **2** *relative adverb* 1) երբ; այն ժամանակ երբ ◊ **say when** *խոսակցական* երբ բավական լինի, ասացեք *(հատկապես խմիչք լցնելիս)* 2) երբ որ; այն բանից հետո, երբ 3) թեև; չնայած որ; մինչդեռ **3** *conjunction* 1) երբ; եթե 2) մինչդեռ

whence |wɛns| (նաև **from whence**) *գրական անգլերեն, հնավանդ* **1** *interrogative adverb* որտեղի՞ց **2** *relative adverb* 1) այնտեղ, որտեղից 2) ինչից; որտեղից *(հետևություն անելիս)*

whenever |wɛnˈɛvə| **1** *conjunction* երբ էլ որ; ամեն անգամ, երբ; հենց որ **2** *interrogative adverb* այդ ե՞րբ

where |wɛː| **1** *interrogative adverb* 1) ո՞ւր; ի՞նչ ուղղությամբ 2) որտե՞ղ 3) ◊ **where from** որտեղի՞ց. **where to** ո՞ւր 4) ինչի՞ն; ի՞նչ արդյունքների; ի՞նչ հետևանքների **2** *relative adverb* 1) այստեղ; այնտեղ; որտեղ 2) այն դեպքում, երբ; այն պարագայում, երբ **3** *conjunction խոսակցական* 1) որ; թե 2) մինչ; այն դեպքում, երբ; եթե **4** *noun* տեղ; վայր

whereabouts |wɛːrəˈbaʊts| **1** *interrogative adverb* որտե՞ղ; ո՞ր կողմերում **2** *noun* |ˈwɛːrəbaʊts| գտնվելու տեղը; ապրելավայրը; տեղը

whereas |wɛːrˈæz| *conjunction* 1) մինչդեռ; այնինչ; այն դեպքում, երբ 2) նկատի ունենալով; որովհետև; քանի որ

whereat |wɛːrˈæt| *relative adverb, conjunction հնավանդ, գրական անգլերեն* 1) ինչի վրա; ինչի համար; ինչու; ինչի մասին; դրա համար 2) այնուհետև; ապա

whereby |wɛːˈbʌɪ| *relative adverb* 1) օգնությամբ; միջոցով *(որևէ բանի)* 2) համաձայն որի 3) ինչպես; ինչով

wherefore |ˈwɛːfɔː| *հնավանդ* **1** *interrogative adverb* ինչի՞ համար; ինչու՞; ի՞նչ պատճառով **2** *relative adverb, conjunction* ինչի պատճառով; ինչի համար; ինչի արդյունքում

wherein |wɛːrˈɪn| *գրական անգլերեն adverb* 1) ինչում; ինչ բանում 2) որտե՞ղ; ի՞նչ տեսակետից; ի՞նչ առումով

whereof |wɛːrˈɒv| *relative adverb գրական անգլերեն* 1) ինչից; ումից 2) ինչի մասին; ում մասին

whereon |wɛːrˈɒn| *relative adverb հնավանդ* ինչի վրա; որի վրա

whereto |wɛːˈtuː| *relative adverb հնավանդ գրական անգլերեն* ինչի համար; ինչ նպատակով

whereupon |wɛːrəˈpɒn| *conjunction* որից հետո; այն ժամանակ

wherever |wɛːrˈɛvə| **1** *relative adverb* որտեղ էլ որ; ուր էլ որ **2** *interrogative adverb* այդ ու՞ր; արդյոք ու՞ր **3** *conjunction* միշտ, երբ; ամեն անգամ, երբ

wherewith |wɛːˈwɪð| *relative adverb հնավանդ, գրական անգլերեն* որով; ինչով; ինչ բանով

wherry |ˈwɛri| *noun* (հոգն. **-ries**) 1) նավակ; մակույկ 2) *բրիտանական* բեռնանավ; բարժա

whet |wɛt| **1** *verb* (**whetted**, **whetting**) 1) սրել; հեսանել 2) գրգռել; խթանել; սրել *(ախորժակը, ցանկությունը և այլն)* **2** *noun հնավանդ* 1) սրում; սրելը; հեսանում; հեսանելը 2) ախորժակ գրգռելու միջոց; մի ումպ ոգելից խմիչք

whether |ˈwɛðə| *conjunction* 1) թե; արդյոք ◊ **whether or not** այսպես թե այնպես 2) միևնույն է; անկախ այն բանից, թե ...

whetstone |ˈwɛtstəʊn| *noun* սրաքար; սրոցաքար; հեսան

whew |hwjuː|, |fjuː| *exclamation* ա՜յ քեզ բան; օհո՜; վա՜հ

whey |weɪ| *noun* շիճուկ; կաթնաջուր *(մակարդված կաթի հեղուկային մասը)*

which |wɪtʃ| **1** *interrogative pronoun, adjective* ո՞ր; ո՞րը; ո՞ր մի **2** *relative pronoun, adjective* որ; որը

whichever |wɪtʃˈɛvə| *relative adjective, pronoun* ինչ որ; որը որ; որն էլ որ

whiff |wɪf| **1** *noun* 1) թեթև շունչ; հոսանք *(բուրմունքի, օդի)* ◊ **I want a whiff of fresh air** մի քիչ թարմ օդ եմ ուզում շնչել 2) տպավորություն; նշույլ 3) ծխի փոքրիկ քուլա 4) թեթև նավակ **2** *verb* 1) փչել; զգացվել *(բուրմունքի/թարմության մասին և այլն)* 2) ծխի քուլաներ բաց թողնել; ծխել *(ծխամորճ)*

whiffle |ˈwɪf(ə)l| **1** *verb* 1) թեթև փչել *(քամու մասին)* 2) ցրել; ցիրուցան անել; ցաքուցրիվ տալ 3) ցրվել; ցիրուցան լինել 4) *ամերիկյան* տատանվել; վարանել; անվճռականություն հանդես բերել **2** *noun* օդի թեթևակի շարժում

Whig |wɪg| *noun* 1) *պատմական* վիգ *(վիգերի կուսակցության անդամ)* 2) *ամերիկյան պատմական* անգլիական տիրապետության դեմ ապստամբության կողմնակից 3) *ամերիկյան* լիբերալների կուսակցության անդամ

while |wʌɪl| **1** *noun* 1) ժամանակամիջոց; ժամանակ ◊ **between whiles** i) ժամանակ առ ժամանակ; մեկընդմեջ; մեկումեջ ii) միջև եղած ժամանակամիջոցներում. **a good while** երկար ժամանակ. **for a while** որոշ ժամանակ; ժամանակավորապես. **in a little while** շուտով; քիչ անց. **once in a while** ժամանակ առ ժամանակ; երբեմն; մեկ-մեկ. **a long while ago** շատ վաղուց. **not worth while, not worth sb's while** չարժե որ ...; նեղություն չարժե; թափած ջանքերին չարժե 2) (**a while**) որոշ ժամանակ; մի փոքր; մի քիչ **2** *conjunction* 1) այն ժամանակ, երբ; մինչ 2) մինչդեռ 3) չնայած; թեպետ; թեև **3** *relative adverb* մինչ; ընթացքում **4** *verb* ◊ **while away** ժամանակ անցկացնել; ժամանակ սպանել

the while մինչ այդ; այդ ընթացքում

whilom |wʌɪləm| *հնացած* **1** *adverb հնացած* մի ժամանակ; ժամանակով; նախկինում **2** *adjective* նախկին; առաջվա

whilst |wʌɪlst| *conjunction, relative adverb* քանի դեռ; մինչ; մինչև

whim |wɪm| *noun* քմահաճույք; քմայք

whimper |ˈwɪmpə| **1** *verb* 1) թնկթնկալ; նվնվալ; հեծկլտալ; վնգվնգալ; վնգստալ 2) *փոխաբերական* նվնվալ; գանգատվել **2** *noun* թնկթնկոց; նվնվոց; հեծկլտոց; վնգվնգոց; վնգստոց

whimsical |ˈwɪmzɪk(ə)l| *adjective* 1) արտառոց; տարօրինակ; արտասովոր; յուրօրինակ 2) քմահաճ; կամակոր; քմայքոտ

whimsy |ˈwɪmzi| (նաև **whimsey**) *noun* (հոգն. **-sies** կամ **-seys**) 1) արտառոցություն; արտասովորություն 2) տե՛ս **whim** 3) արտառոց բան

whine |wʌɪn| **1** *noun* 1) վնգվնգոց; վնգստոց 2) նվնվոց; գանգատ **2** *verb* 1) վնգստալ; վնգվնգալ 2) նվնվալ; լացակումած գանգատվել; տրտնջալ

whinny |ˈwɪni| **1** *noun* (հոգն. **-nies**) վրնջոց; վրնջյուն; մեղմ խրխնջոց **2** *verb* (**-nies**, **-nied**) վրնջալ; մեղմ խրխնջալ

whip |wɪp| **1** *noun* 1) մտրակ ◊ **good whip** լավ կառապան 2) *փոխաբերական* խթան 3) *խոհանոց* հարիչ *(սերի, ձվի, խմորի)* 4) տե՛ս **whipper-in** 5) (նաև **whip antenna**) մտրակաձման ալեհավաք 6) (**party whip**) կուսակցության կողմից խորհրդարանում նշանակված կազմակերպիչ 7) *բրիտանական* կուսակցական կազմակերպչի ծանուցագիրը *(խորհրդարանի նիստին ներկա լինելու անհրաժեշտության մասին)* 8) *խոհանոց* մուս *(քաղցրավենիք)* 9) *որսորդություն* շնապան; շնապահ **2** *verb* (**whipped**, **whipping**) 1) մտրակել; ծաղկել 2) հարել *(ձու, սեր)* 3) բորբոքելով հասցնել; գրգռելով հասցնել *(որոշակի վիճակի)* 4) *խոսակցական* հաղթել; գերազանցել *(հատկապես մարզիկի կամ թիմի մասին)* 5) փաթաթել 6) կարել; շրջակարել; մաքրակարել • **whip away** i) քշել; հալածել *(մտրակով)* ii) փախչել; ծլկել iii) խլել; ճանկել; կորզել; գողանալ; թռցնել iv) արագորեն հանել; արագ դուրս քաշել *(դանակը և այլն)* **whip in** քշելով մի տեղ հավաքել; քշել-հավաքել; միավորել; համախմբել **whip out** i) թափ տալ; մաքրել ii) խլել; դուրս կորզել; արագորեն հանել; արագ դուրս քաշել iii) դուրս թռչել; դուրս պրծնել; փախչել; ծլկել; ճողոպրել iv) արագ, կոպիտ և անսպասելի ասել; շպրտել **whip round** i) արագ շրջվել; անսպասելիորեն շուռ գալ ii) փաթաթել **whip sth off/out** արագ-արագ գրել; հապճեպ գրել **whip up** i) մտրակել; քշել; առաջ մղել ii) *փոխաբերական* բորբոքել; հրահրել; գրգռել; հուզել iii) խլել; շտապ վերցնել; արագ շարժումով բռնել iv) արագ բարձրանալ; վերև վազել

whipper-in *noun* (հոգն. **whippers-in**) *որսորդություն* շնապան; շնապահ

whippet |ˈwɪpɪt| *noun* 1) բարակ; որսկան շուն; քերծե 2) *պատմական* արագաշարժ թեթև տանկ

whir |wəː| (նաև **whirr**) **1** *verb* (**whirred**, **whirring**) դռռալ; աղմկել; դժժալ; բզզալ **2** *noun* դռռոց; աղմուկ; բզզոց; դժժոց *(թափահարվող թևերի, շարժվող մեքենաների)*

whirl |wəːl| **1** *verb* 1) պտտվել; պտույտ գալ; պտույտներ գործել 2) պտտել; պտտեցնել 3) սլանալ; սուրալ; վազել; թռչել ◊ **whirl away** i) սլանալ; հեռանալ ii) արագ տանել 4) արագ/շտապ տանել 5) խռովահույզ/խռովված/շփոթ լինել *(մտքերի մասին)* **2** *noun* 1) պտտում; պտույտ; պտտելը; հողմապտույտ; պտուտահողմ; հողմապտույտ շարժում 2) եռուզեռ; վազվզուք; իրարանցում 3) շփոթ; իրարանցում; սաստիկ հուզմունք; տագնապ; խռովք 4) քաղցրավենիք; խմորեղեն; կոնֆետ

whirligig |ˈwəːlɪgɪg| *noun* 1) հոլ 2) *նաև փոխաբերական* կարուսել

the whirligig of time ճակատագրի փոփոխականություն/անակնկալներ

whirlpool |ˈwəːlpuːl| *noun* 1) ջրապտույտ; հորձանուտ; հորձանապտույտ 2) *փոխաբերական* հորձանուտ; որոգայթ

whirlwind |ˈwəːlwɪnd| *noun նաև փոխաբերական* մրրիկ; պտուտահողմ; փոթորիկ ◊ **sow wind and**

reap whirlwind քամի ցանել, փոթորիկ հնձել; չարաչար պատժվել; իր փորած փոսն ընկնել

whisk |wɪsk| **1** *verb* 1) թռցնել-տանել; սրընթաց տանել; սլանալ; թռչել գնալ; սլանալ-գնալ; սրընթաց հեռանալ; ճողոպրել 2) քշել 3) հարել *(ձու, սեր)* 4) տարուբերել; թափահարել; արագ շարժել *(պոչը)* **2** *noun* 1) ծփոց; ծփափայտիկ; հարիչ *(ձու/սեր հարելու համար)* 2) փոքրիկ ավել 3) արագ շարժում; թափահարում

whisker |ˈwɪskə| *noun* 1) բեղ *(կատվի)* 2) (**whiskers**) այտամորուք

whiskey |ˈwɪski| *noun* (հոգն. **-keys**) վիսկի *(թունդ օղի)*

whisper |ˈwɪspə| **1** *verb* 1) փսփսալ; շշնջալ; փսփսալով խոսել 2) *բանաստեղծական* խշշալ; խշխշալ 3) քչփչալ; փսփսոցով վատ բաներ ասել; լուրեր/ասեկոսե տարածել; զրպարտել ◊ **it is whispered that** լուրեր են պտտվում, որ ... **2** *noun* 1) շշուկ 2) լուր; ասեկոսե

whist¹ |wɪst| *noun* վիստ *(թղթախաղ)*

whist² |(h)wɪst| *exclamation* *խոլանդական* (նաև **whisht**) սու՛ս

whistle |ˈwɪs(ə)l| **1** *noun* 1) սուլոց; շվոց 2) սուլիչ **2** *verb* 1) սուլել; շվացնել 2) սուլիչ փչել 3) մեղեդի սուլել 4) զրպարտել; չարախոսել; խոսք տեղ հասցնել

whit |wɪt| *noun* մի քիչ; շատ քիչ ◊ **no whit, not a whit, never a whit** բնավ; բոլորովին; ամենևին

white |wʌɪt| **1** *adjective* 1) սպիտակ; ճերմակ 2) գունատ; դժգույն ◊ **turn white** գույնը գցել; գունատվել 3) *փոխաբերական* անարատ; անմեղ; մաքուր; անբիծ 4) սպիտակ ծաղիկներով; սպիտակ պտուղներով *(բույսի մասին)* 5) բաց գույնի կեղևով; սպիտակ կեղևով *(ծառի մասին)* 6) թափանցիկ; ջինջ; պարզ *(ջրի/օդի/ապակու մասին և այլն)* 7) *բրիտանական* կաթով; սերով *(թեյի կամ սուրճի մասին)* 8) սպիտակամորթ; ճերմակամորթ 9) ալեհեր; ալեզարդ; սպիտակած *(մազերի մասին)* **2** *noun* 1) սպիտակ գույն; սպիտակություն; ճերմակություն ◊ **in white** սպիտակ հագած 2) սպիտակ հագուստներ; սպիտակ գործվածքներ 3) սպիտակ ներկ; սպիտականերկ *(հանքային)* ◊ **London white** կապարային սպիտականերկ/շպար. **Chinese white, zinc white** ցինկաներկ; ցինկային շպար/սպիտականերկ 4) սպիտակուց *(աչքի, ձվի)* 5) սպիտակ գինի **3** *verb* *հնացած* սպիտակեցնել; սպիտակ ներկել

as white as a sheet կտավի պես գունատ

whiteboard |ˈwʌɪtbɔːd| *noun* սպիտակ գրատախտակ

white-collar *adjective* գրասենյակային/մտավոր աշխատանքով զբաղվող

Whitehall |ˈwʌɪthɔːl| 1) Ուայթհոլ *(փողոց Լոնդոնում, որտեղ գտնվում են կառավարական հիմնարկներից շատերը)* 2) *փոխաբերական* անգլիական կառավարությունը; բրիտանական կառավարության պաշտոնական կառավարող շրջանները

White House 1) Սպիտակ տուն *(ԱՄՆ-ի նախագահի պաշտոնական նստավայրը)* 2) Սպիտակ տուն *(Ռուսաստանի խորհրդարանի շենքը)*

white lie *noun* փոքրիկ/անվնաս սուտ

whiten |ˈwʌɪt(ə)n| *verb* 1) սպիտակեցնել; սպիտակ ներկել 2) սպիտակել; ճերմակել 3) գունատվել

White Sea Սպիտակ ծով *(Ռուսաստանի հյուսիս-արևմուտքում)*

whitesmith |ˈwʌɪtsmɪθ| *noun* 1) թիթեղագործ 2) կլայեկիչ; կլայեկագործ

whitethorn |ˈwʌɪtθɔːn| *noun* *բուսաբանություն* (նաև **hawthorn**) ալոճենի; սզենի

whitewash |ˈwʌɪtwɒʃ| **1** *noun* 1) կրային լուծույթ *(պատերը սպիտակեցնելու համար)* 2) *փոխաբերական* (**whitewashing**) մարդուն արդարացնելու փաստեր; մարդուն ռեաբիլիտացիայի ենթարկող փաստեր; արդարացում 3) սպիտակեցում; սպիտակեցնելը *(առաստաղը, պատերը)* 4) *ամերիկյան, խոսակցական, մարզական* չոր-չոր հաղթած խաղ; կատարյալ հաղթանակ **2** *verb* 1) սպիտակեցնել *(առաստաղը, պատերը)* 2) *փոխաբերական* վերականգնել մեկի պատիվը/անունը; արդարացնել մեկին; փորձել արդարացնել մեկին 3) իրավունքները վերականգնել *(սնանկացած մարդու)* 4) *ամերիկյան, խոսակցական, մարզական* կատարելապես հաղթել հակառակորդին; չոր հաշվով հաղթել

whither |ˈwɪðə| **1** *interrogative adverb* *հնացած բանաստեղծական* 1) ու՞ր; ի՞նչ վիճակի; ի՞նչ աստիճանի 2) ո՞րն է ապագան; ի՞նչ է սպասում *(տվյալ երևույթին)* **2** *relative adverb* *հնացած, բանաստեղծական* 1) դեպի ուր; ուր 2) ուր էլ որ; որտեղ էլ որ

Whitsunday *noun* *եկեղեցական* Հոգեգալուստ; Հոգեգալստյան տոն

whittle |ˈwɪt(ə)l| *verb* 1) կտրել; տաշել *(դանակով)* ◊ **whittle away/down** i) տաշելով փոքրացնել ii) աստիճանաբար պակասեցնել/նվազեցնել/կրճատել; մինչև վերջ ջնջել; ոչնչացնել 2) տաշելով պատրաստել

whiz |wɪz| (նաև **whizz**) **1** *verb* (**whizzed**, **whizzing**) 1) սուլել; վզզալ; սուլոցով օդը ճեղքել 2) (**whiz through**) արագ-արագ անել; հապճեպ անել; արագ զբաղվել մի բանով 3) *խոսակցական* միզել **2** *noun* 1) սուլոց; վզզոց *(օդը ճեղքելուց առաջացած)* 2) *խոսակցական* (**wiz**) գիտուն; լավ հասկացող *(համակարգչից և այլնից)* 3) *խոսակցական* միզում

WHO *abbreviation* World Health Organization Առողջապահության համաշխարհային կազմակերպություն; ԱՀԿ

who |huː|, |hʊ| *pronoun* 1) ո՞վ; ու՞մ 2) ով; որ; որը; ում 3) *հնացած* նա, ով; ամեն ոք, ով

whoa |wəʊ| *exclamation* 1) թփռո՛ւ; կանգնի՛ր *(ձիերին ուղղված ձայնարկություն)* 2) *խոսակցական* օ՜հ բարև; օհո՜, այս ու՞մ եմ տեսնում

whodunit |huːˈdʌnɪt| (*բրիտանական* **whodunnit**) *noun* *խոսակցական* խուզարկուապատում; դետեկտիվ պատմություն/ներկայացում

whoever |huːˈɛvə| **1** *relative pronoun* ով էլ որ; ովևէ; ովնիցե; ով ուզում է լինի **2** *interrogative pronoun* ո՞վ

whole |həʊl| **1** *adjective* 1) ամբողջ; լրիվ; բովանդակ; ողջ 2) հնկյայական; բազմաթիվ; բազմաքանակ 3) ողջ; անվնաս; անվթար; ողջ-ողջ;

ողջանդամ 4) անապակ; անքաշ; երեսը չքաշած *(կաթի մասին)* 5) չմաղած *(ալյուրի մասին)* 6) առողջ **2** *noun* 1) ամբողջություն; մեկ ամբողջություն; ամբողջը ◊ **on/upon the whole** ընդհանուր առմամբ; ամբողջությամբ վերցրած 2) բոլորը; ամբողջը; ամեն ինչ 3) գումար; հանրագումար **3** *adverb խոսակցական* ամբողջովին; լիովին

wholehearted |həʊlˈhɑːtɪd| *adjective* անկեղծ; ամբողջ սրտով; ամբողջ հոգով

wholeheartedly *adverb* անկեղծորեն; ջերմորեն; ամբողջ սրտով; ամբողջ հոգով

wholesale |ˈhəʊlseɪl| **1** *noun* մեծածախ առևտուր ◊ **sell wholesale** մեծաքանակ/մեծածախ կերպով վաճառել; մեծածախ վաճառել **2** *adverb* 1) մեծաքանակ կերպով; մեծածախ 2) *փոխաբերական* զանգվածաբար; զանգվածորեն; մասսայաբար **3** *adjective* 1) մեծաքանակ; մեծավաճառք; մեծածախ 2) *փոխաբերական* զանգվածային; մասսայական; մեծ քանակով; մեծ մասշտաբներով **4** *verb* մեծածախ վաճառել; մեծաքանակ կերպով վաճառել

wholesaler *noun* մեծածախ վաճառական

wholesome |ˈhəʊls(ə)m| *adjective* 1) առողջարար; առողջ; օգտակար; կենարար; կազդուրիչ; բարերար 2) առողջ; օգտակար *(բարոյական առումով)*

wholly |ˈhəʊlli|, |ˈhəʊli| *adverb* լիովին; ամբողջովին; ամբողջությամբ

whom *pronoun* ում; որին ◊ **by whom** ում միջոցով. **to whom** ում; որին. **with whom** ում հետ; որի հետ. **of whom** ումից; որից; ում մասին; որի մասին

whoop |huːp|, |wuːp| **1** *noun* 1) բացականչություն; ճիչ; աղաղակ *(ուրախության)* 2) գոռում-գոչյուն; հայ-հույ անելը *(ուրախության)* 3) խեղդող հազ *(հատկապես կապույտ հազի ժամանակ)* **2** *verb* 1) հայ-հույ անել; գոռում-գոչյուն բարձրացնել; բացականչել; ճչալ *(ուրախությունից)* 2) խեղդվելով հազալ

whoopee |wʊˈpiː| *խոսակցական* **1** *exclamation* ջա՜ն; ուխա՜յ; է՜ֆ *(հաճույքի/բավականության/հիացման բացականչություն)* **2** *noun* |ˈwʊpi| ◊ **make whoopee** i) *ամերիկյան խոսակցական* աղմկալի կերպով զվարճանալ; բարձրաձայն ծիծաղել; քահ-քահ ծիծաղել ii) *խոսակցական* կենակցել

whooping cough |ˈhuːpɪŋ| *noun* կապույտ հազ

whore |hɔː| **1** *noun արհամարհական* 1) պոռնիկ; բոզ 2) վատահամբավ կին **2** *verb* պոռնկություն անել; մարմնավաճառությամբ զբաղվել

whortleberry |ˈwɜːt(ə)lˌb(ə)ri|, |-ˈbɛri| *noun բուսաբանություն* (նաև **billberry**) հավամրգի; հապալաս ◊ **bog whortleberry** կապույտ հապալաս. **red whortleberry** հապալաս

whose |huːz| **1** *interrogative possessive adjective, pronoun* ու՞մ; որի՞; որո՞նց **2** *relative possessive adjective* ում; որի; որոնց

why |wʌɪ| **1** *interrogative adverb* ինչո՞ւ; ինչի՞ համար **2** *relative adverb* թե ինչու **3** *exclamation* վա՜յ; վա՜հ; է՜հ; հե՜յ; ա՜յ քեզ բան; ի՞նչ ասեմ *(արտահայտում է զարմանք, վարանում, բողոք և այլն)* **4** *noun* (հոգն. **whys**) բացատրություն; պատճառ

wick¹ |wɪk| **1** *noun* 1) պատրույգ *(լամպի, մոմի)* 2) *բժշկություն* վիրախծուծ; տամպոն **2** *verb* ներծծել

wick² |wɪk| *noun* 1) ավան; քաղաք 2) *բրիտանական բարբառային* կաթնաֆերմա

wicked |ˈwɪkɪd| *adjective* (**-eder**, **-edest**) 1) չար; չարակամ; չարամիտ; չարանենգ; ապիրատ 2) անբարոյական; վնասակար; վնասակար; փչացած 3) *խոսակցական* անտանելի; անդուր 4) չարուկրակ; չարաճճի; աշխույժ 5) *խոսակցական* հիանալի; հոյակապ 6) *խոսակցական* շատ; չափազանց 7) բուսականությունն աղտոտող *(խոտերի մասին)*

wicker |ˈwɪkə| *noun* 1) հյուսելու համար ճյուղեր; շիվեր *(ուռենու և այլն)* 2) հյուսածո զամբյուղ

wickerwork |ˈwɪkəwəːk| *noun* հյուսվածեղեն; հյուսված իր; հյուսվածք *(ճյուղերից)*

wicket |ˈwɪkɪt| *noun* 1) դռնակ 2) պատուհան *(տոմսարկղի)* 3) *մարզական* դարպաս *(կրիկետ խաղում)* 4) պտուտադռնակ; տուրնիկետ 5) շարժական դռնակով պատուհան *(դարպասի/դռան մեջ)*

wide |wʌɪd| **1** *adjective* (**wider**, **widest**) 1) լայն 2) որոշակի լայնության; լայնքով; ըստ լայնության; լայնությամբ 3) լայն բաց արած; լայն բացված *(աչքերի մասին)* 4) ընդարձակ; լայնարձակ; լայնածավալ 5) հեռավոր 6) *հնչյունաբանություն* տե՛ս **lax** **2** *adverb* 1) լայնորեն; լայն կերպով 2) հեռու ◊ **wide of the truth** ճշմարտությունից հեռու. **wide from being ...** ամենևին չէ ... 3) ամենուրեք 4) նպատակի կողքով ◊ **wide of the mark** աննշանակետ/նպատակի կողքով; անտեղի **3** *noun* ◊ **broke to the wide** *խոսակցական* լրիվ սնանկացած; մինչև վերջը քայքայված

wide awake 1) արթուն; լրիվ արթնացած 2) զգույշ; շրջահայաց; խորամանկ

wide-awake |ˈwʌɪdəweɪk| *noun* փափուկ ֆետրից լայնեզր գլխարկ

widen |ˈwʌɪd(ə)n| *verb* 1) լայնացնել; ընդլայնել; ընդարձակել 2) լայնանալ; ընդարձակվել; ընդլայնվել

wide-ranging *adjective* լայն; բազմազան

widespread |ˈwʌɪdsprɛd|, |-ˈsprɛd| *adjective* լայնատարած; լայն կերպով տարածված; լայն տարածում գտած

widow |ˈwɪdəʊ| **1** *noun* 1) այրի կին; որբևայրի ◊ **grass widow** ամուսնու բացակայության պատճառով մենակ մնացած կին 2) այրի *(պարբերության կարճ վերջին տողը էջի կամ սյունակի սկզբում)* **2** *verb* այրիացնել

widower |ˈwɪdəʊə| *noun* այրի տղամարդ

widowhood |ˈwɪdəʊhʊd| *noun* այրիություն

width |wɪtθ|, |wɪdθ| *noun* 1) լայնություն; լայնք ◊ **in width** լայնքով 2) գործվածքի լայն կտոր; պաստառ 3) *տեխնիկական* բացվածք; արանք; կամրջամաս; սյունամեջ

wield |wiːld| *verb* 1) ձեռքին բռնել; ձեռքում ունենալ 2) տիրել; տիրապետել; իշխել; տիրապետել

Wien |viːn| տե՛ս **Vienna** Վիեննա *(գերմաներեն անվանումը)*

wife |wʌɪf| *noun* (հոգն. **wives** |wʌɪvz|) 1) կին; կողակցուհի; կողակից; կին ամուսին 2) *հնացած բարբառային* կնիկ

Wi-Fi **1** *abbreviation* Wireless Fidelity անլար համացանցային կապ **2** *verb* (**-Fies**, **-Fied**, **-Fying**) անլար համացանցային կապի համար հարմարեցնել; վայ-ֆայի համար հարմարեցնել

wig¹ |wɪg| *noun* կեղծամ; պարիկ

big wig կարևոր դեմք/անձնավորություն; հեղինակություն; ջոջամարդ

wig² |wɪg| *verb* (**wigged**, **wigging**) *խոսակցական հնացած* խիստ հանդիմանել

wight |wʌɪt| *noun* 1) *կատակային* մարդ; արարած; խեղճուկրակի մեկը 2) *բանաստեղծական* ոգի; ուրվական

wigwag |ˈwɪgwæg| *verb* (**-wagged**, **-wagging**) *խոսակցական* 1) ետուառաջ գնալ; այսուայնկողմ շարժվել 2) դրոշակներով ազդանշան տալ

wigwam |ˈwɪgwæm| *noun* վիգվամ *(հյուսիսամերիկյան հնդկացիների վրան)*

wiki *noun* վիկի *(կայք, որը կարելի է խմբագրել՝ անմիջապես տեսնելով արդյունքը)*

wild |wʌɪld| **1** *adjective* 1) վայրի; անմշակ; ոչ ընտանի; անձեռնասուն ◇ **grow/run wild** ազատ մեծանալ/աճել; առանց խնամքի մեծանալ; առանց հսկողության մեծանալ 2) վայրենի; բարբարոս; անքաղաքակիրթ 3) ամայի; անմարդաբնակ 4) անզուսպ; անկարգ; հախուռն; բուռն *(ոգևորության մասին և այլն)* 5) պատահական; անհիմն; հապճեպ; չմտածված; անփույթ; խելառ; անխոհեմ 6) փոթորկալից *(եղանակի մասին)* 7) համարձակ; վառ; բորբոքված; գրգռված *(երևակայության մասին)* 8) խելագար; խելացնոր; հուզված; կատաղած 9) ◇ **be wild about** մի բանի համար խելքը գնալ; մի բանի համար խելագարվել. **drive wild** կատաղության հասցնել; խիստ զայրացնել **2** *adverb* բախտաբերի; ինչ պատահի; պատահականորեն ◇ **shoot wild** բախտաբերի կրակել **3** *noun* 1) վայրի բնություն 2) ամայի վայր

wildcat |ˈwʌɪl(d)kæt| **1** *noun* 1) *կենդանաբանություն* վայրի կատու *(Felis silvestris, ընտանիք Felidae)* 2) *փոխաբերական* կատաղի կին **2** *adjective* վտանգավոր; ցնորական; անհնարին; անիրականանալի **3** *verb* նավթ որոնել; նավթի որոնողական աշխատանքներ կատարել

wilderness |ˈwɪldənɪs| *noun* 1) անապատ; ամայի վայր; անմշակ հող; խոպան 2) պարտեզի/քաղաքի անուշադրության մատնված մասը 3) (**wilderness of**) շատություն; մեծ քանակություն; բազմություն

a voice in the wilderness *աստվածաշնչային* անապատում կանչողի ձայնը

wilding¹ |ˈwʌɪldɪŋ| *noun խոսակցական* երիտասարդների հրոսակախմբի հասարակական անկարգություն

wilding² |ˈwʌɪldɪŋ| (նաև **wildling**) *noun բուսաբանություն* 1) վայրի ծառ 2) վայրի ծառի պտուղը

wildlife |ˈwʌɪl(d)lʌɪf| *noun* 1) կենդանական աշխարհ *(տվյալ տարածքի)* 2) կենդանի/վայրի բնություն

wildly *adverb* 1) կատաղորեն 2) ծայրահեղորեն

wile |wʌɪl| **1** *noun* խորամանկություն; խաղ; խաբեություն **2** *verb հնացած* (**wile away/into**) հրապուրել; գրավել; խորամանկությամբ/խաբելով որևէ տեղ տանել

will¹ |wɪl| *modal verb* (3rd sing. present **will**; անցյալ **would** |wʊd|) 1) *(որպես օժանդակ բայ՝ ապառնի ժամանակի երկրորդ և երրորդ դեմքերի համար)* 2) անհրաժեշտաբար; պարտադիր; անպայման *(որպես մոդալ բայ օգտագործվում է մտադրություն, վճռականություն, խոստում արտահայտելու համար)* 3) սովորաբար; ընդհանրապես; ժամանակ առ ժամանակ *(արտահայտում է սովորական կամ կրկնվող գործողություն ներկայում)* 4) հավանաբար; միգուցե; թերևս *(արտահայտում է ենթադրություն, հավանականություն)* 5) անամոթաբար; աներեսորեն; թարսի պես *(արտահայտում է տհաճություն որևէ մեկի վարքի պատճառով)*

will² |wɪl| **1** *noun* 1) կամք; կամքի ուժ ◇ **strong will** ուժեղ կամք 2) կամք; ցանկություն ◇ **free will** ազատ/բարի կամք; կամքի ազատություն. **ill will** չար կամենալը; չարակամություն. **against one's will** կամքի հակառակ. **of one's own free will** մեկի ազատ կամքով; իր սեփական ցանկությամբ; ինքնակամ. **with a will** ուժով; եռանդով. **work one's will** իր ասածը անել; իր նպատակին հասնել 3) գործողության ազատություն ◇ **at will** հայեցողությամբ; ըստ հայեցողության; ցանկությամբ 4) կտակ ◇ **make a will** կտակ անել **2** *verb* 1) կամենալ; ցանկանալ; կամք/ցանկություն ցուցաբերել 2) հարկադրել; ստիպել 3) կտակել

willing |ˈwɪlɪŋ| *adjective* 1) պատրաստ; սիրով պատրաստ *(մի բան անելու)* 2) հոժարակամորեն մի բան անող 3) ջանադիր; աշխատասեր; փութաջան; ջանասեր 4) հնազանդ; ենթարկվող *(ձիու մասին)*

will-o'-the-wisp *noun* 1) շրջմոլիկ հուր; թափառող կրակ 2) *փոխաբերական* անբռնելի/անորսալի մարդ

willow |ˈwɪləʊ| *noun* 1) *բուսաբանություն* ուռի; ուռենի *(Genus Salix, ընտանիք Salicaceae)* ◇ **weeping willow** լացող/սգավոր ուռենի; վարսավոր ուռենի. **wear the willow** մահը սգալ *(սովորաբար սիրելիի)* 2) ծեծան; զարկիչ *(կրիկետի համար)*

willowy |ˈwɪləʊi| *adjective* 1) ուռուտով ծածկված; ուռենաշատ 2) բարակ ու ճկուն; նուրբ *(մարդու մասին)*

willy-nilly *adverb* 1) կամա թե ակամա; ուզածչուզած 2) առանց մտածելու; առանց ծրագրելու

wilt¹ |wɪlt| **1** *verb* 1) թառամել; թոշնել 2) թառամեցնել 3) թուլանալ; տկարանալ; ուժից ընկնել **2** *noun* թորշոմախտ *(բույսերի վիրուսային կամ մանրէական հիվանդություն)*

wilt² |wɪlt| *verb noun հնավանդ* երկրորդ դեմք եզակի տե՛ս **will1**

wily |ˈwʌɪli| *adjective* (**wilier**, **wiliest**) նենգ; խորամանկ; խարդախ

win |wɪn| **1** *verb* (**winning**; անցյալ և անցյալ դերբայ **won** |wʌn|) 1) շահել; տանել 2) նվաճել; հաղթել; հաղթանակ տանել 3) ձեռք բերել; հասնել *(դժվարությամբ)* ◇ **win clear/free** նեղ վիճակից դժվարությամբ դուրս գալ; նեղ վիճակից դժվարությամբ ազատվել 4) իր նկատմամբ լավ տրամադրել; դեպի իրեն տրամադրել; նվաճել *(սեր, հարգանք և այլն)* 5) *հնացած* դժվարությամբ տեղ հասնել 6) արդյունահանել; հանել *(հանք)* • **win out** հաջողության հասնել **win over** իր կողմը թեքել; դեպի ինքը տրամադրել **win through** i) անցնել *(դժվարությամբ)* ii) հաղթահարել *(դժվարությունները, արգելքները)* **win upon** աստիճանաբար նվաճել; շահել *(համակրանք, ճանաչում և այլն)* **2** *noun* հաղթանակ

wince¹ |wɪns| **1** *verb* ցնցվել; կծկվել; ջղաձգվել *(ցավից)* **2** *noun* ցնցում; ցնցվելը; ընկրկում; ընկրկելը

wince² |wɪns| *noun* գլան, որով գործվածքը շարժվում է ներկամանի մեջ

winch |wɪn(t)ʃ| **1** *noun* ճախարակ *(բեռնամբարձ մեքենա)* **2** *verb* ճախարակով բարձրացնել

wind¹ **1** *noun* |wɪnd| 1) քամի; օդի հոսանք ◇ **adverse/contrary/head wind** հակառակ/հանդիպակաց քամի. **high/strong wind** ուժեղ քամի; հողմ. **against the wind** քամուն հակառակ; հողմընդդեմ. **down wind, before the wind** քամու ուղղությամբ; քամուն համընթաց. **close to the wind, near the wind** i) հնարավորին չափ քամուն հակառակ ii) *փոխաբերական* պատշաճության սահմաններում; անպատշաճության սահմանին մոտեցող 2) *փոխաբերական* գալիք; ապագա; լինելիք 3) *փոխաբերական* լուր ◇ **get wind of** մի բանի հոտն առնել; մի բանի մասին լսել. **take/get wind** տարածվել; հայտնի դառնալ 4) հոտ 5) շնչառություն ◇ **short/bad wind** հևոց. **get one's wind** շունչ առնել. **lose wind** հևալ; շնչասպառ լինել; շունչը կտրվել 6) դատարկ/անիմաստ խոսակցություն; պարծենկոտություն 7) *բժշկություն* գազեր; քամիներ *(աղիքներում)* 8) *երաժշտություն* (**winds**) փողային գործիքներ ◇ **brass wind** պղնձե փողային գործիքներ **2** *verb* |wɪnd| 1) հևալ; դժվարությամբ շնչել 2) հևոց առաջացնել; ստիպել հևալ/խեղդվել 3) հոտն առնել; հոտով գտնել *(մարդու, կենդանու)* 4) նախազգալ; մի բանի հոտն առնել 5) թույլ տալ շունչ առնելու 6) փող փչել; փողհարել

between wind and water ամենախոցելի տեղը

burn the wind խիստ արագ սլանալ; սուրալ

get the wind up *խոսակցական* վախենալ; սիրտը թուլանալ

put the wind up *ծածկալեզու* վախեցնել

raise the wind *ծածկալեզու, բրիտանական* փող ճարել; ֆինանսավորում հայթայթել

wind² |wʌɪnd| **1** *verb* (անցյալ **wound** |waʊnd|) 1) ոլորվել; գալարվել; պտտել; պտույտ տալ; պտտեցնել 2) փաթաթել; ոլորել *(ինչ-որ բանի շուրջը)* 3) կծկել; կծիկ անել 4) փաթաթվել; ոլորվել *(ինչ-որ բանի շուրջը)* 5) լարել *(մեխանիզմը)* 6) շուռ տալ 7) ճախարակով բարձրացնել 8) փաթաթել *(տեսաժապավենը և այլն)* • **wind around** i) շուրջը փաթաթել ii) շուրջը փաթաթվել **wind off** i) ոլորքը ետ անել; ոլորքը ետ տալ; քանդել; արձակել ii) քանդվել; արձակվել; ետ գալ *(ոլորքի և այլնի մասին)* **wind up** i) փաթաթել ii) լարել *(ժամացույցը, մեխանիզմը)* iii) բարձրացնել *(կարգապահությունը)* iv) վերջացնել; եզրափակել v) լուծարքի ենթարկել vi) լուծարքի ենթարկվել **2** *noun* 1) պտույտ; շրջապտույտ; դարձ; դարձում 2) գալար; ոլորք

windbreak |ˈwɪn(d)breɪk| *noun* հողմակործան/հողմաբեկ պատնեշ *(ցանկապատ կամ ծառեր)*

windbreaker |ˈwɪn(d)breɪkə| *noun* *առևտրանշան* քամու համար անթափանցիկ բաճկոն *(մորթուց, կաշվից և այլն)*

windchill (նաև **windchill factor** կամ **chill factor**) *noun* սառեցում քամիով

windfall |ˈwɪn(d)fɔːl| *noun* 1) կաթուկ; քամու թափած պտուղ 2) *փոխաբերական* անսպասելի հաջողություն

winding |ˈwʌɪndɪŋ| **1** *noun* 1) փաթաթում; փաթաթելը; փաթաթվելը 2) լուծարում *(ընկերության և այլնի)* 3) ոլորան; պտույտ; ոլորք; ծնվածք 4) գալարներ 5) *էլեկտրականություն* փաթույթ **2** *adjective* 1) ոլոր-մոլոր; գալարուն; ոլորուն; ոլորապտույտ; ծուռումուռ 2) պտուտակաձև; պարուրաձև

wind instrument *noun* փողային գործիք

windjammer |ˈwɪn(d)dʒæmə| *noun* *պատմական* *ծածկալեզու* առևտրական առագաստանավ

windlass |ˈwɪndləs| **1** *noun* ճախարակ; ոլորան *(բեռ բարձրացնելու, ջրհորից ջուր քաշելու համար)* **2** *verb* ճախարակով վեր բարձրացնել; ոլորանով վեր հանել

windmill |ˈwɪn(d)mɪl| **1** *noun* 1) հողմակ *(հողմաէլեկտրական սարք)* 2) հողմաղաց; քամաղաց **2** *verb* թևերով «հողմաղաց» վարժությունն անել

window |ˈwɪndəʊ| *noun* 1) պատուհան; լուսամուտ ◇ **blind/blank/dead/dummy/false/window** խուլ/կեղծ պատուհան. **gable window** ձեղնանցք; ձեղնապատուհան; ձեղնահարկի պատուհան. **bay window, bow window** լամբարաձև պատուհան. **French window** մինչև հատակը հասնող պատուհան. **wide-view window** լայն պատուհան երկաթուղային վագոնում. **shop window** խանութի ցուցափեղկ. **have everything in the shop window** *փոխաբերական* մակերեսային վերաբերմունք ունենալ; ամեն ինչին մակերեսորեն վերաբերվել 2) պատուհանի/լուսամուտի ապակի 3) պատուհանիկ *(տոմսարկղի և այլնի)* 4) ցուցափեղկ 5) *համակարգիչներ* պատուհան 6) (**window on/into/to**) պատուհան դեպի; հնարավորություն 7) ազատ ժամանակ; պատուհան

windowpane *noun* պատուհանի ապակի

windowsill (նաև **window sill**) *noun* լուսամուտագոգ; պատուհանի գոգ

windpipe |ˈwɪn(d)pʌɪp| *noun* շնչափող

windshield |ˈwɪn(d)ʃiːld| *noun* քամուց պաշտպանող առջևի ապակի *(ավտոմեքենայի)*

windsurfing |ˈwɪn(d)səːfɪŋ| *noun* առագաստավարում

windup **1** *noun* 1) ավարտ; ամփոփում 2) *բրիտանական, խոսակցական* զայրացնելու/նյարդայնացնելու փորձ **2** *adjective* լարելով աշխատող *(խաղալիքի/գործիքի մասին)*

windward |ˈwɪndwəd| **1** *adjective, adverb* 1) հողմակողմ; հողմաշունչ 2) քամու ուղղությամբ **2** *noun* հողմաշունչ կողմը

windy¹ |ˈwɪndi| *adjective* (**windier**, **windiest**) 1) քամոտ; քամաշատ 2) քամուն ուղղված; հողմածեծ 3) *բրիտանական* գազեր ունեցող *(մարդու/կենդանու մասին)* 4) երկար-բարակ; դատարկ; անբովանդակ *(խոսքերի մասին)* 5) *ծածկալեզու* վախկոտ; վախեցած; խուճապահար 6) *խոսակցական* շատախոս

windy² |ˈwʌɪndi| *adjective* ոլորապտույտ; ոլոր-մոլոր

wine |wʌɪn| **1** *noun* 1) գինի ◇ **green/new wine** մաճառ. **Adam's wine** ջուր. **in wine** հարբած; խմած 2) *խոսակցական* թեթև ուսանողական քեֆ **2** *verb* 1) գինով հյուրասիրել; գինի խմեցնել 2) գինի խմել

good wine needs no bush լավ ապրանքը գովելու կարիք չկա

winebibber |ˈwʌɪnbɪbə| *noun հնացված բանաստեղծական* հարբեցող; գինեմոլ

winemaker |ˈwʌɪnmeɪkə| *noun* գինեգործ

wing |wɪŋ| **1** *noun* 1) թև *(թռչունի, միջատի)* ◇ **on the wing** i) թռիչքի ժամանակ; թռչելիս ii) *փոխաբերական* ճանապարհին. **take wing** վեր ճախրել; թռչել-գնալ. **under the wing of** մեկի թևի տակ; մեկի հովանավորության տակ. **clip sb's wings** մեկի թևերը կտրել; թույլ չտալ լայն գործունեություն իրականացնել; սահմանափակել մեկի ազատությունը. **singe one's wing** *փոխաբերական* թևերը խանձել 2) թև; թևի միս *(թռչնի)* 3) *փոխաբերական* (**wings**) թռչելու միջոց; թռչելու կարողություն 4) թև *(հրշենքի)* 5) թևաշենք; կցաշենք 6) թև *(կուսակցության և այլն)* 7) *ռազմական* թև; կողմ; թևային խումբ 8) *թատրոն* (**the wings**) կուլիսներ; կողմնային դեկորացիաներ **2** *verb* 1) թռչել; սլանալ; օդով ճամփորդել; օդում ճանապարհ կտրել 2) նետել; արձակել; շպրտել *(ձեռքով)* 3) թևեր տալ; արագացնել ընթացքը 4) վիրավորել *(թռչունին)* 5) թևավորվել; ոգևորվել; թև տալ 6) *խոսակցական* (**wing it**) հանպատրաստից անել/ասել

winged *adjective* 1) թևավոր; թևեր ունեցող 2) *փոխաբերական բանաստեղծական* արագընթաց; արագաթև; սրաթև; սրաթռիչ 3) թև առած; ոգևորված

wingless *adjective* անթև; թևազուրկ

wink |wɪŋk| **1** *verb* 1) աչքով անել; թարթել; քթթել 2) (**wink at**) աչք փակել; չնկատելու տալ; մի բանի վրա մատների արանքով նայել 3) առկայծել; կայծկլտալ **2** *noun* 1) աչքով անելը; թարթում; թարթելը; քթթում; քթթելը; քթիթ ◇ **give a wink, tip somebody the wink** մեկին աչքով անել. **not sleep a wink, not get a wink of sleep** ոչ մի րոպե չքնել; աչքը չփակել. **forty winks** կարճատև քուն 2) ակնթարթ

in the wink of an eye մի ակնթարթում

winner |ˈwɪnə| *noun* 1) հաղթող; շահող; հաղթանակող; հաղթանակ տանող *(մրցակցության մեջ, խաղում)* 2) հաջողակ մարդ; հաջող/գրավիչ գործ

winning |ˈwɪnɪŋ| **1** *adjective* 1) հաղթող; հաղթած; հաղթանակ տարած *(մրցության մեջ)* 2) հաղթանակող; վճռական *(հարված, կրակոց և այլն)* 3) գրավիչ; հմայող; հմայիչ *(ժպիտի մասին և այլն)* **2** *noun* 1) շահած գումար 2) *հանքաբանություն* արդյունահանում

winnow |ˈwɪnəʊ| *verb* 1) քամհարել *(ցորենը)* 2) (**winnow away/out**) էրնել; քամուն տալով մաքրել 3) *փոխաբերական* (**winnow away/out**) մաղել; վատերը լավերից առանձնացնել; մաղելով ջոկել 4) *բանաստեղծական* փչել *(քամու մասին)*

winter |ˈwɪntə| **1** *noun* 1) ձմեռ ◇ **hard/severe winter** խիստ ձմեռ. **green/mild/open winter** մեղմ ձմեռ 2) *բանաստեղծական* (**winters**) կյանքի տարի **2** *adjective* 1) ձմեռային 2) աշնանացան 3) ուշահաս *(մրգերի մասին)* **3** *verb* 1) (**winter at/in**) ձմեռն անցկացնել; ձմեռել *(հատկապես թռչունների մասին)* 2) արածացնել; կերակրել անասուններին *(ձմեռ ժամանակ)*

wintergreen |ˈwɪntəgriːn| *noun* մշտադալար

Winter Olympics Ձմեռային Օլիմպիական խաղեր

winter sports *plural noun* ձմեռային մարզաձևեր

wintry |ˈwɪntri| (նաև **wintery**) *adjective* (**-trier**, **-triest**) 1) ձմեռային; ցուրտ 2) խիստ սառը; անտարբեր; անկյանք *(վերաբերմունքի/տոնի մասին)*

wipe |wʌɪp| **1** *verb* 1) մաքրել; սրբել; սրբելով/մաքրել 2) *ծածկալեզու* (**wipe at**) հարվածելու թափ վերցնել; ամբողջ ուժով հարվածել մեկին • **wipe away/off** սրբել; մաքրել; ջնջել **wipe out** i) մաքրել; ջնջել ii) քանդել; ոչնչացնել; հողին հավասարեցնել; երկրի երեսից ջնջել **wipe up** սրբել; սրբելով չորացնել **2** *noun* 1) սրբելը; մաքրելը; մաքրում; սրբելով չորացնելը ◇ **give something a wipe** մի քան մաքրել; սրբել; սրբելով չորացնել 2) թաց անձեռոցիկ 3) *ծածկալեզու* ուժեղ/թափով հարված

wire |wʌɪə| **1** *noun* 1) լար; մետաղալար ◇ **barbed wire** փշալար. **pull wires** *փոխաբերական* գաղտնի ազդեցություն գործադրել; գաղտնի զսպանակները սեղմել 2) *էլեկտրականություն* լար; հաղորդալար ◇ **naked wire** մերկ լար. **by wire** հեռագրով; հեռախոսով 3) *խոսակցական* հեռագիր **2** *verb* 1) մետաղալարով/հաղորդալարով միացնել; էլեկտրահաղորդալարերն անցկացնել 2) լարերով ամրացնել ◇ **wire in** *ծածկալեզու* եռանդուն գործի կպչել; ակտիվ կերպով որևէ գործի միջամտել 3) *խոսակցական* հեռագրել

wire-haired *adjective* կոշտ մազեր ունեցող; բիզ-բիզ մազեր ունեցող

wireless |ˈwʌɪələs| **1** *noun հնացած* 1) (**wireless set**) ռադիո 2) ռադիոգրամ; ռադիոգիր 3) *հաղորդակցման* ռադիոկապ *(հաղորդագրություն)* **2** *adjective* անլար

wireless |ˈwʌɪələs| **1** *noun հնացած* 1) (**wireless set**) ռադիո 2) ռադիոգրամ; ռադիոգիր 3) *համակարգիչներ* անլար ցանց/միացում **2** *adjective* անլար

wirepuller |ˈwʌɪəpʊlə| *noun խոսակցական, արհամարհական* խարդավան; խարդավանքների կազմակերպիչ *(քաղաքական գործչի մասին)*

wiring |ˈwʌɪərɪŋ| *noun* 1) էլեկտրական լարերի անցկացում 2) *էլեկտրականություն* էլեկտրացանց; էլեկտրալարերի ցանց 3) *ռազմական* մետաղալարերի փակոց; լարափակոց 4) *խոսակցական* նյարդային համակարգ; նյարդեր

wiry |ˈwʌɪəri| *adjective* (**wirier**, **wiriest**) 1) լարանման; կոշտ և դյուրաթեք 2) ջլուտ; դիմացկուն; տոկուն; անխոնջ

Wisconsin[1] |wɪsˌkɒnsɪn| Վիսկոնսին *(ԱՄՆ-ի նահանգ)*

wisdom |ˈwɪzdəm| *noun* 1) իմաստություն 2) խոհեմություն; ողջամտություն

in someone's wisdom *հեգնական* իր խելքով *(արված հիմար գործողության մասին)*

Wisdom of Solomon *աստվածաշնչային* Սողոմոնի իմաստություն

wisdom tooth *noun* իմաստության ատամ

wise[1] |wʌɪz| *adjective* 1) իմաստուն 2) խոհեմ; ողջամիտ 3) տեղյակ; իրազեկ ◊ **put sb wise to** *ամերիկյան* մեկին մի բան տեղեկացնել; մեկի աչքերը մի բանի նկատմամբ բաց անել

be none the wiser, come away none the wiser ոչնչով ավելի խելոք չլինել; խելք չհավաքել; առաջվանից ավելին չիմանալ

be wise after the event հետոին հաշվով իմաստուն լինել; խելքը գլուխը ուշ հավաքել; մեկի ետին խելքն է լավ

wise[2] |wʌɪz| *noun հնացած* կերպ; ձև ◊ **in no wise** բոլորովին ոչ; ոչ մի կերպ; ոչ մի ձևով. **in any wise** որևէ կերպով; որևէ ձևով. **in like wise** նման ձևով; նույն ձևով

wiseacre |ˈwʌɪzeɪkə| *noun հեգնական* գիտունիկ; խելքի տոպրակ; ամենագիտակ

wish |wɪʃ| **1** *verb* 1) ցանկանալ; տենչալ; փափագել; ըղձալ; ուզենալ ◊ **wish for** մի բան ցանկանալ; մի բանի ձգտել; մի բան տենչալ 2) ցանկություն պահել; մտքում իղձ ասել 3) մաղթել; բարեմաղթել; ցանկանալ **2** *noun* 1) իղձ; փափագ; ցանկություն 2) (**wishes**) մաղթանք; բարեմաղթություն; հորդորանք 3) ցանկություն; իղձ *(մտքում պահած)* 4) ցանկացածը; ուզածը; փափագածը *(որևէ մեկի)*

wishful |ˈwɪʃfʊl|, |-f(ə)l| *adjective* 1) ծարավի; ցանկությամբ լի *(մի բան անելու)* 2) անգործնական; անիրատեսական

wish-wash |ˈwɪʃwɒʃ| *noun խոսակցական* 1) անհամ/ջրալի ըմպելիք; լվացուք 2) շատախոսություն; շաղակրատանք; ջուր ծեծոց

wishy-washy |ˈwɪʃɪwɒʃi| *adjective* 1) ջրալի; անհամ *(թեյ, ապուր)* 2) տկար; թույլ; անզոր; աննյանք

wisp |wɪsp| *noun* 1) փունջ; խուրձ; կապուկ *(ծղոտի, խոտի և այլն)* 2) քուլա; փաթիլ; ծխագալար 3) չոփ; նիհար մարդ

wisteria |wɪˈstɪərɪə| (նաև **wistaria**) *noun բուսաբանություն* գլիցինիա; վիստարիա *(Genus Wisteria, ընտանիք Leguminosae)*

wistful |ˈwɪs(t)fʊl|, |-f(ə)l| *adjective* թախծոտ; տխուր; մտածկոտ; խոհուն *(հայացքի մասին և այլն)*

wit[1] |wɪt| *noun* 1) սրամտություն; արագամտություն; հնարամտություն 2) (**wits**) խելք; բանականություն; ուղեղ ◊ **mother wit** բնական խելք; առողջ միտք. **have a ready wit** (**have a quick wit**) ճարտարամիտ/հնարամիտ լինել. **have a slow wit** անհնարամիտ/անճարտարամիտ լինել. **out of one's wits** խելքը կորցրած; գժված; խենթացած 3) սրամիտ մարդ; արագամիտ անձ

wit[2] |wɪt| *verb* (**wot** |wɒt| , **witting**; անցյալ և անցյալ դերբայ **wist** |wɪst|) 1) գաղափար ունենալ 2) (**to wit**) նկատի ունենալով

witch |wɪtʃ| **1** *noun* 1) կախարդ; վհուկ 2) *խոսակցական* ջադու; պառավ 3) հմայիչ/թովիչ կին **2** *verb բանաստեղծական* կախարդել; հմայել; դյութել

witchcraft |ˈwɪtʃkrɑːft| *noun* կախարդություն; վհուկություն; հմայություն

witchery |ˈwɪtʃ(ə)ri| *noun* 1) տե՛ս **witchcraft** 2) հմայք; կախարդանք; թովչանք; գրավչություն

witch-hunt *noun* 1) *պատմական* կախարդուհիների հետապնդում; վհուկների հալածանք/որս 2) *խոսակցական* առաջադեմ տարրերի հետապնդում; տարբերվողների հալածանք

with |wɪð| *preposition* 1) հետ; համատեղ; մեկտեղ; միասին 2) նույն ուղղությամբ; համընթաց; զուգահետ *(ընթացքին)* 3) ընթացքում; հետ *(տարիքի, ժամանակի)* 4) որևէ բան ունեցող/կրող 5) որևէ բանի օգնությամբ; որևէ բանով 6) իրար դեմ; իրար հետ *(կռվելու մասին)* 7) մեկի պատասխանատվության տակ 8) հանդեպ; նկատմամբ; վերաբերյալ 9) աշխատող *(որևէ կազմակերպությունում)* 10) անդամ *(որևէ թիմի)* 11) մի բանով հիվանդացած/վարակված 12) որևէ բանից; որևէ բանի պատճառով ◊ **shiver with fear** վախից դողալ 13) *(գործողությանը զուգակցող հանգամանքները, գործողության բնույթը. թարգմանվում է գործիական հոլովով)* ◊ **with care** զգուշությամբ; խնամքով. **with energy** եռանդագին; եռանդով. **with all one's heart** ամբողջ սրտով. **with tears in one's eyes** արցունքն աչքերին; արտասվալից աչքերով. **with animation** ոգևորությամբ. **with emotion** հուզմունքով. **with thanks** շնորհակալությամբ 14) ◊ **covered with** ծածկված *(որևէ բանով)* 15) չնայած; հանդերձ

withdraw |wɪðˈdrɔː| *verb* (անցյալ **-drew** |-ˈdruː|; անցյալ դերբայ **-drawn** |-ˈdrɔːn|) 1) ետ վերցնել/քաշել; հեռացնել 2) վերցնել; հանել *(փող՝ հաշվից)* 3) զրկել *(արտոնությունից և այլն)* 4) հրաժարվել; ետ վերցնել *(ասածները)* 5) ետ քաշվել; հեռանալ; նահանջել 6) ծլկել; աննկատելիորեն հեռանալ; անհայտանալ ◊ **withdraw from action** i) կռվից դուրս գալ ii) կռվից դուրս բերել 7) ետ կանչել; ետ քաշել *(զորքերը և այլն)* 8) առանձնանալ; մեկուսանալ 9) հանել *(շրջանառությունից)* 10) թողնել *(թմրադեղ ընդունելը)*

withdrawal |wɪðˈdrɔː(ə)l| *noun* 1) հեռացում; հեռացնելը; ետ քաշելը; ետ կանչելը 2) ետ քաշվելը; հեռանալը 3) հանելը *(գումարը՝ հաշվից)* 4) ելք; ելք արված գումար *(բանկային հաշվից)* 5) հանելը *(շրջանառությունից)* 6) թմրադեղից հրաժարվելը

withdrawn **1** *adjective* անցյալ դերբայ տե՛ս **withdraw** **2** *adjective* չշփվող; մարդախույս; անմարդամոտ

wither |ˈwɪðə| *verb* 1) թառամել; թորշոմել; թոշնել; չորանալ 2) թուլանալ; մարել *(զգացմունքների մասին)* 3) չորացնել; թարմությունից զրկել 4) *փոխաբերական* կատակային ոչնչացնել; այրել; մոխիր դարձնել *(հայացքով)* ◊ **wither away** i) ուժասպառ լինել; թառամել; թոշնել; չորանալ ii) անկում ապրել

withers |ˈwɪðəz| *plural noun* վզակոթ *(կենդանիների)*

my withers are unwrung ինձ չի վնասում; իմ շահերին չի դիպչում; ինձ վնաս չի տալիս

withhold |wɪðˈhəʊld| *verb* (անցյալ և անցյալ դերբայ **-held** |-ˈhɛld|) 1) թաքցնել; ծածկել; գաղտնի պահել; չհայտնել; չհրապարակել 2) մերժել *(որևէ բան)* 3) (**withhold from**) իրեն զսպել; ձեռնպահ մնալ; խուսափել 4) հրաժարվել *(մի բանից)* 5) (**withhold from**) ետ պահել; չտալ 6) գանձել *(հարկը)*

within |wɪð'ɪn| **1** *preposition* 1) ներսում; ներսը ◊ **from within** ներսից 2) սահմաններում ◊ **within hearing** լսելիության սահմաններում. **within sight of** տեսանելիության սահմաններում. **within one's powers/abilities** մեկի ուժերին/կարողություններին համապատասխան 3) ոչ ավելի հեռու քան; մոտավորապես 4) ոչ ուշ քան; ընթացքում **2** *adverb* 1) ներսում 2) ներսից

without |wɪð'aʊt| **1** *preposition* 1) առանց ◊ **do/go without** առանց մի բանի դիմանալ/հարմարվել; առանց մի բանի յոլա գնալ 2) *բանաստեղծական* դուրս; դրսում; այնկողմ **2** *adverb* *հնավանդ բանաստեղծական* դուրսը; դրսից **3** *conjunction* *հնավանդ բարբառային* մինչև որ չ...; եթե միայն

withstand |wɪð'stænd| *verb* (անցյալ և անցյալ դերբայ **-stood** |-'stʊd|) 1) տանել; տոկալ; դիմանալ; ընդդիմանալ; դեմ կանգնել 2) *սովորաբար բանաստեղծական* դիմադրել

witless |'wɪtlɪs| *adjective* հիմար; անխելք; անմիտ

witness |'wɪtnɪs| **1** *noun* 1) ականատես; վկա ◊ **call sb to witness** վկայակոչել 2) վկա *(դատարանում և այլն)* 3) վկայություն; ապացույց **2** *verb* 1) վկա/ականատես լինել; տեսնել 2) հաստատել *(ստորագրությունը, փաստաթուղթը)* 3) ցուցմունք տալ; վկայություն տալ 4) մի բանի ժամանակը լինել *(տարեթվի/դարի մասին)* 5) հաշվի առնել; ուշադրություն դարձնել 6) (**witness to**) մի բանի մասին վկայել; մի բանի ապացույց լինել

witticism |'wɪtɪsɪz(ə)m| *noun* սրամիտ դիտողություն; սրամտություն

wittingly *adverb* գիտակցաբար; գիտակցորեն; դիտմամբ; դիտավորյալ կերպով

witty |'wɪti| *adjective* (**-tier**, **-tiest**) սրամիտ; հնարամիտ; հումորով

wizard |'wɪzəd| **1** *noun* 1) կախարդ; հրաշագործ; մոգ 2) գիտակ; հմուտ մասնագետ 3) *համակարգիչներ* խորհրդատու *(օժանդակ ծրագիր)* **2** *adjective* *խոսակցական, հնացած* հոյակապ

wizard! *ծածկալեզու* ամեն ինչ կարգին է; գերազանց է

wizened |'wɪz(ə)nd| *adjective* չորացած; ցամաքած; կնճռոտ; կուչ եկած

wobble |'wɒb(ə)l| **1** *verb* 1) օրորվել; ճոճվել; տարուբերվել; երերալ; շարժվել 2) ճոճել; տարուբերել; շարժել; օրորել 3) օրորվելով գնալ; ճոճվելով ընթանալ 4) դողդողալ; երերալ *(ձայնի մասին)* 5) *փոխաբերական* տատանվել; վարանել; երկմտել **2** *noun* 1) օրորվելը; ճոճվելը; տարուբերվելը 2) երերում; դողդոջյուն *(ձայնի)* 3) տատանվելը; վարանելը; երկմտանք

wobbly |'wɒbli| *adjective* (**-blier**, **-bliest**) 1) երերուն; անհաստատ; խախուտ 2) թույլ; ցնցվող *(մարդու, նրա ոտքերի մասին)* 3) անհաստատ; անկայուն; խախուտ

woe |wəʊ| *noun* 1) *բանաստեղծական, կատակային* վիշտ; դժբախտություն ◊ **woe is me!** վա՜յ ինձ. **woe be to him** անիծվա՛ծ լինի; անիծվի՛ նա 2) (**woes**) հոգսեր; մտահոգություններ

woebegone |'wəʊbɪgɒn| *adjective* վշտահար; վշտից ընկճված; մռայլ; դարդոտ

woeful |'wəʊfʊl|, |-f(ə)l| *adjective* վշտալի; ցավալի; տխրալի; ողբալի; խղճալի; ողորմելի

wold |wəʊld| *noun* պարապուտ; ամայավայր; անմշակ հողատարածություն

wolf |wʊlf| **1** *noun* (հոգն. **wolves** |wʊlvz|) 1) *կենդանաբանություն* գայլ *(Canis lupus, ընտանիք Canidae)* ◊ **cry wolf** *փոխաբերական* կեղծ տագնապ ստեղծել; կեղծ ահազանգ տալ 2) շատակեր; որկրամոլ 3) *խոսակցական* գայթակղիչ; սրտակեր *(տղամարդու մասին)* **2** *verb* լափել; կլանել; ագահաբար ուտել ◊ **wolf down** կուլ տալ; կլանել *(ուտելիքը)*

have a wolf by the ears անելանելի դրության մեջ լինել; ազատ գործելու հնարավորություն չունենալ

keep the wolf from the door քաղցի և թշվառության առաջն առնել; աղքատության դեմ պայքարել

wolfhound |'wʊlfhaʊnd| *noun* *կենդանաբանություն* ոչխարապահ շուն; գայլխեղդ գամփռ

wolfish *adjective* 1) գայլի; գայլային 2) կատաղի; չար; վայրագ

wolverine |'wʊlvəri:n| *noun* 1) *կենդանաբանություն* կուղիս; շատակերիկ *(թանկարժեք մորթով կենդանի. Gulo luscus, ընտանիք Mustelidae)* 2) *խոսակցական* (**Wolverine**) միչիգանցի

woman |'wʊmən| *noun* (հոգն. **women** |'wɪmɪn|) 1) կին ◊ **the new woman** նորադարձ քրիստոնյա կին. **peasant woman** գեղջկուհի. **play the woman** վախկոտություն անել; կնիկ լինել *(տղամարդու մասին)* 2) կին աշխատակից 3) ընկերուհի; կողակից; կողակցուհի 4) տնտեսուհի *(որևէ մեկի տանն աշխատող)* 5) կանացիություն 6) ա՛յ կին; ա՛յ կնիկ *(դիմելաձև)*

womanhood |'wʊmənhʊd| *noun* 1) կանացի հասունություն 2) կանացիություն 3) կանայք; իգական սեռ

womanish |'wʊmənɪʃ| *adjective* *արհամարհական* կնանման; կանացիակերպ; կանացի

womankind |'wʊmənkʌɪnd| *noun* կանայք; իգական սեռ

womanly |'wʊmənli| *adjective* կանացի; կանացիական *(նաև մարմնի մասին)*

womb |wu:m| *noun* 1) *կազմախոսություն* արգանդ 2) բուն; հիմք; ակունք; սկզբնաղբյուր

womenfolk |'wɪmɪnfəʊk| *plural noun* կանայք; իգական սեռ *(տվյալ ընտանիքի կամ համայնքի)*

won² |wɒn| *noun* (հոգն. նույնը) վոն *(Հյուսիսային և Հարավային Կորեաների դրամական միավորը)*

wonder |'wʌndə| **1** *noun* 1) զարմանք; զմայլանք; հափշտակություն ◊ **no wonder that** զարմանալի չէ, որ. **what a wonder?** ա՛յ քեզ զարմանք. **for a wonder** զարմանալիորեն; ի զարմանս; որքան էլ տարօրինակ լինի; որքան էլ զարմանալի լինի 2) սքանչելիություն; զարմանալիություն; զմայլելիություն 3) հրաշք; հրաշալիք; զարմանալիք; սքանչելիք ◊ **work wonders** հրաշքներ գործել; զարմանալի արդյունքների հասնել. **nine days' wonder** շուտ մոռացվող բան; կարճատև ցնցանորույթ/սենսացիա 4) զարմանալի դեպք/իրավիճակ **2** *verb* 1) ուզել իմանալ; հետաքրքրվել ◊ **I wonder** կուզենայի իմանալ, թե; տեսնես ... 2) տաբակուսել; կաս կածով վերաբերվել 3) զարմանալ; ապշել; զմայլվել

wonderful |ˈwʌndəfʊl|, |-f(ə)l| *adjective* զարմանալի; հրաշալի; զմայլելի; սքանչելի

wont |wəʊnt| **1** *adjective բանաստեղծական* սովորություն ունեցող; սովոր; ընտել **2** *noun գրական անգլերեն, կատակային* սովորություն; սովորույթ; վարժվածություն ◊ **use and wont** արմատավորված սովորություն **3** *verb* (3rd sing. present **wonts** կամ **wont**; անցյալ **wont** կամ **wonted**) *հնավանդ* 1) *խոսակցական* սովորություն ունենալ 2) վարժեցնել; ընտելացնել; սովոր դարձնել; վարժել *(մի բանի)*

wonted |ˈwəʊntɪd| *adjective բանաստեղծական* սովորական; մշտական; ամենօրյա

woo |wuː| *verb* (**woos**, **wooed**) 1) սիրատածել; կնոջ ետևից քարշ գալ; հետամտել; ձգտել մեկի սերը շահել; մեկի ձեռքը խնդրել; կնության ուզել 2) ձգտել ձեռք բերել; ձգտել; հետամուտ լինել *(հաջողության, փառքի և այլնի)*

wood |wʊd| *noun* 1) փայտ; փայտանյութ 2) վառելափայտ ◊ **chop wood** փայտ կոտրել 3) փայտից պատրաստված իրեր ◊ **in the wood** տակառում; տակառի մեջ. **from the wood** տակառից; տակառի *(գինու մասին)* 4) (**woods**) անտառուտ; ծառաստան; ծառուտ; փոքր անտառ ◊ **thick wood** խիտ/անանցանելի անտառ 5) ◊ **the wood** *երաժշտություն* փայտե փողային գործիքներ

be out of the wood վտանգից դուրս լինել
get out of the wood ծանր դրությունից դուրս գալ
take to the woods *ամերիկյան* պատասխանատվությունից խույս տալ; պարտականություններից կատարելուց խույս տալ

woodbine |ˈwʊdbaɪn| *noun* 1) *բուսաբանություն* (նաև **Virginia creeper, common honeysuckle**) ցախ-կեռաս 2) *ամերիկյան ծածկալեզու* անգլիական զինվոր

woodcock |ˈwʊdkɒk| *noun* (հոգն. նույնը) *կենդանաբանություն* անտառակտցար *(Scolopax, ընտանիք Scolopacidae)*

woodcraft |ˈwʊdkrɑːft| *noun* 1) փայտագործություն 2) անտառը և որսորդության պայմանները լավ գիտենալը

woodcut |ˈwʊdkʌt| *noun* 1) փորագրություն փայտի վրա 2) փայտի փորագրում; փայտի փորագրություն

woodcutter |ˈwʊdkʌtə| *noun* 1) անտառահատ; ծառահատ; փայտահատ 2) փորագրիչ; փայտի վրա փորագրող

wooden |ˈwʊd(ə)n| *adjective* 1) փայտե; փայտյա 2) կաշկանդված; անշարժ; անկյանք *(մարդու, նրա շարժումների մասին)* 3) կոպիտ; անշնորհք *(ոճի մասին)*

woodland |ˈwʊdlənd| *noun* անտառաշատ/անտառածածկ վայր

woodless *adjective* անտառազուրկ; անանտառ

wood louse |ˈwʊdlaʊs| *noun* (հոգն. **wood lice** |-laɪs|) *կենդանաբանություն* տամկաճճի; ճեպուկ; գլորուկ ճճի *(Oniscus և այլ տեսակներ, կարգ Isopoda)*

woodman |ˈwʊdmən| *noun* (հոգն. **-men**) *պատմական* 1) անտառապահ 2) անտառահատ

woodpecker |ˈwʊdpekə| *noun կենդանաբանություն* փայտփորիկ *(ընտանիք Picidae)*

woodwork |ˈwʊdwəːk| *noun* 1) փայտեղեն շինվածքներ; փայտից պատրաստված իրեր 2) փայտե մասեր *(դուռ, պատուհանի շրջանակ և այլն)*

woody |ˈwʊdi| *adjective* (**woodier**, **woodiest**) 1) անտառաշատ; ծառաշատ 2) փայտային; փայտանման

woof¹ |wʊf| **1** *noun* հա՛ֆ *(շան հաչոցի ձայնը)* **2** *verb* հաչել *(շան մասին)*

woof² |wuːf| *noun մանածագործություն* միջնաթել; թեզան

wool |wʊl| *noun* բուրդ; ասր ◊ **cotton wool, absorbent cotton wool** խոնավածուծ բամբակ

draw/pull the wool over sb's eyes մեկի աչքին թոզ փչել; մեկին խաբել
lose one's wool բարկանալ; զայրանալ

woolen |ˈwʊlən| (*բրիտանական* **woollen**) **1** *adjective* բրդե; բրդյա; բրդից; ասրե **2** *noun* բրդե հագուստ

woolly |ˈwʊli| (նաև **wooly**) **1** *adjective* (**-lier**, **-liest**) 1) բրդե; բրդյա 2) բրդոտ; մազոտ 3) բրդանման 4) անորոշ; շփոթ; խճճված 5) անհստակ *(ձայնի մասին)* 6) կոպիտ *(գեղանկարչության մասին)* 7) կոպիտ վրձնախազերով նկարված **2** *noun* (հոգն. **-lies**) 1) բրդեղեն; բրդից գործած հագուստ *(հատկապես սվիտեր)* 2) (**woollies**) տաք ձմեռային հագուստ; ձմեռային համազգեստ 3) ոչխար

word |wəːd| **1** *noun* 1) բառ ◊ **household word** գործածական բառ/արտահայտություն; ծանոթ անուն. **in a/one word** մի խոսքով; կարճ ասած. **word of mouth** i) խոսակցական լեզու ii) ոչ պաշտոնական քննարկում. **by word of mouth** բերանացի; բանավոր կերպով. **word for word** բառ առ բառ; բառացի. **on/with the word** անմիջապես. **in word and deed** խոսքով և գործով 2) բառույթ *(բառն իբրև ձևաբանական միավոր)* 3) (**words**) խոսքեր; ասածը; զրույց; խոսակցություն ◊ **have a word with** մեկի հետ զրուցել. **soft words** քնքշություններ; քնքուշ խոսքեր; քնքշանք. **fair words** հաճոյախոսություն; շողոքորթություն. **say a good word for** մեկի համար բարեխոսել; մեկի համար բարի խոսք ասել. **warm/hard/high/sharp/hot words** խիստ խոսքեր; մեծ վեճ/գժտություն; հայհոյանք; անպատիվ խոսքեր. **big words** սնապարծություն; պարծենկոտություն. **bandy words** խիստ վիճել; վիճաբանել; իրար հետ կռվել. **eat one's words** իր խոսքը ետ վերցնել. **speak the words of praise** գովել; գովաբանել. **say/speak the word** ցանկություն հայտնել 4) խոսք *(ի հակադրություն գործի)* 5) (**one's word**) մեկի պատմածը; մեկի վարկածը 6) (**one's word**) խոստում; երաշխավորություն ◊ **break one's word** խոսքը/խոստումը չկատարել 7) խոսք; տեքստ *(երաժշտական ստեղծագործության)* 8) լուր; տեղեկություն ◊ **send me word** ինձ տեղեկացրու; լուր ուղարկիր 9) հրաման ◊ **word of command** *ռազմական* զորահրաման; հրաման; կարգադրություն. **pass the word** հրամանը հաղորդել 10) նշանաբան; պայմանաբառ 11) *ռազմական* գաղտնաբառ 12) *համակարգիչներ* բառ *(տվյալների առանձին միավոր)* **2** *verb* 1) բառերով արտահայտել; ձևակերպել; համապատասխան բառեր գտնել; համապատասխան արտահայտություններ ընտրել 2) գրել; շարադրել **3** *exclamation* *խոսակցական* այդպես է; ճիշտ է

wordbook |ˈwəːdbʊk| *noun* բառարան; բառագիրք

word class *noun* խոսքի մաս

wording |ˈwəːdɪŋ| *noun* արտահայտման ձև/ոճ; տեքստ; ձևակերպում; խմբագրում *(փաստաթղթի)*

word-perfect *adjective* անգիր իմացող/հիշող

word picture *noun* պատկերավոր նկարագրություն

wordplay |ˈwəːdpleɪ| *noun* բառախաղ

word processing *noun* *համակարգիչներ* բառամշակում

word processor *noun* 1) *համակարգիչներ* բառամշակ 2) բառամշակ գործածող անձ

wordy |ˈwəːdi| *adjective* (**wordier, wordiest**) 1) բազմաբառ; երկարաբան 2) *հնացած* բառական; բառային; բառացի; բառերով արտահայտված

work |wəːk| **1** *noun* 1) աշխատանք; գործ; զբաղմունք ◇ **at work** i) աշխատանքի մեջ; աշխատելիս; գործով զբաղված ii) աշխատավայրում. **in work** աշխատանք ունեցող; աշխատող. **out of work** անգործ; գործազուրկ. **hard work** լարված/ծանր աշխատանք. **warm work** վտանգավոր/լարված աշխատանք. **outside work** բացօթյա աշխատանք; աշխատանք դրսում. **be hard at work** լարված աշխատել. **set to work** i) գործի անցնել; սկսել աշխատել ii) աշխատեցնել; գործի գցել. **do poor work** վատ աշխատել. **knock off work** աշխատանքն ավարտել. **be looking for work** աշխատանք փնտրել. **give somebody the works** i) *ամերիկյան ծածկալեզու* մեկին հետ կոպիտ վարվել; շահագործել ii) *ամերիկյան խոսակցական* սպանել; վերջը տալ 2) (**works, public works**) հասարակական աշխատանքներ *(շինարարություն և այլն)* ◇ **relief works** գործազուրկների համար հասարակական աշխատանքներ 3) աշխատավայր; գործավայր; ծառայատեղի 4) աշխատանքային գործիքներ 5) *աստվածաբանություն* (**works**) բարի գործեր 6) աշխատություն; երկ; ստեղծագործություն ◇ **research work** գիտահետազոտական աշխատություն/աշխատանք. **learned work** գիտական աշխատություն. **a beautiful/fine piece of work** գեղեցիկ/նուրբ գործ; գեղեցիկ իր. **work of art** արվեստի գործ. **complete works** երկերի լիակատար ժողովածու 7) գործ; գործողություն; արարք; վարմունք; արարմունք *(որևէ մեկի)* ◇ **bloody work** արյունոտ գործ. **make short work of** գործն արագ վերջացնել. **dirty work** կեղտոտ գործ; ստորություն 8) (**works**) երկեր; ստեղծագործություն; թողած ժառանգություն; ստեղծագործությունների ամբողջություն *(տվյալ հեղինակի)* 9) *ռազմական* (**works**) ամրաշինություն; շինություն 10) (**works**) շինություն; կառույց; կառուցվածք *(ճարտարապետական)* 11) (**works**) մեխանիզմ *(ժամացույցի և այլնի)* **2** *verb* (անցյալ **worked** կամ **wrought**) 1) աշխատել; գործ անել; ծառայել; պաշտոնավարել ◇ **work at low pressure** առանց եռանդի աշխատել; դանդաղկոտությամբ աշխատել. **work in oils** *գեղանկարչություն* յուղաներկով նկարել 2) աշխատել; մասնագետ լինել 3) (**work in**) աշխատել որոշակի նյութով/միջոցով/եղանակով *(արվեստագետի մասին)* 4) աշխատեցնել; ստիպել աշխատել 5) լուծել *(խաչբառ, մաթեմատիկական խնդիր)* 6) սարքին լինել; աշխատել *(մեքենայի մասին)* 7) թափով շարժվել; արագ-արագ շարժվել; ուժգնաբար շարժվել 8) ընթացքի մեջ դնել; վարել; շարժման մեջ դնել; աշխատեցնել; բանեցնել 9) արդյունավետ լինել *(ծրագրի/մեթոդի մասին)* 10) պատճառել; առաջացնել; ստեղծել; գործել; որոշակի արդյունքի հասնել 11) (**work on/upon**) ներգործել; գործել; ազդել *(մեկի զգացմունքների վրա)* 12) բորբոքել; հուզված վիճակի հասցնել 13) ճանապարհ բանալ; ճանապարհ բանալով դուրս գալ; առաջ գնալ; առաջ շարժվել; իր համար ճանապարհ հարթել 14) մշակել; շահագործման ենթարկել *(հանքաշերտը և այլն)* 15) շահագործել; շահագործման ենթարկել; վարել *(ձեռնարկություն)* 16) (**work loose/free**) արձակել; ազատվել • **work against** հակառակ գործել **work away** աշխատանքը շարունակել; շարունակ աշխատել; անխոնջ աշխատել **work in** i) ագուցել; մեջը դնել; մեջը գցել; մտցնել ii) համապատասխանել; համընկնել **work off** i) ծախծխել; իսպառ վաճառել; ծախել-վերջացնել ii) ազատվել; ցլվիսն ազատել iii) աշխատանքով հատուցել *(պարտքը)* **work off one's bad temper on** իր վատ տրամադրությունը մեկի վրա թափել **work out** i) կազմել; արտահայտվել *(որևէ թվով)* ii) լուծել *(թվաբանական խնդիր)* iii) սպառել; մինչև վերջ օգտագործել iv) մշակել *(ծրագիր, նախագիծ և այլն)* **work up** i) մշակել; մշակման ենթարկել ii) գրգռել; դրդել; հրահրել *(խռովություն և այլն)* iii) աստիճանաբար ստեղծել; մեծ ջանքերով հասնել *(մի բանի)*

repetition work մասսայական/զանգվածային արտադրություն

workable |ˈwəːkəb(ə)l| *adjective* 1) գործադրելի; աշխատանքի/մշակման համար պիտանի 2) կատարելի; իրագործելի; կենսագործելի; գործադրելի

workaday |ˈwəːkədeɪ| *adjective* 1) աշխատանքային; զբաղմունքային; ծառայողական 2) անհրապույր; միապաղաղ; ձանձրալի

workaholic |wəːkəˈhɒlɪk| *noun* *խոսակցական* աշխատամոլ; աշխատելու սիրահար *(ծանր աշխատանք սիրող անձ)*

workbook |ˈwəːkbʊk| *noun* 1) աշխատանքային տետր *(որում և՛ հանձնարարություններն են գրված, և՛ տեղ է թողնված դրանք կատարելու համար)* 2) *համակարգիչներ* աշխատանքային նիշք *(նիշք, որը պարունակում է իրար հետ կապված տարբեր տիպի աշխատաթերթեր)*

workday |ˈwəːkdeɪ| *noun* 1) աշխատանքային օր 2) աշխատանքային ժամեր

worker |ˈwəːkə| *noun* 1) բանվոր; աշխատող ◇ **manual worker** ֆիզիկական աշխատանք կատարող բանվոր. **intelectual worker** մտավոր աշխատանք կատարող անձ. **disabled worker** աշխատանքում հաշմանդամ դարձած բանվոր. **skilled worker** որակյալ բանվոր. **shock worker** հարվածային բանվոր 2) *մարքսիզմ* (**workers**) աշխատավորներ; բանվոր դասակարգ; պրոլետարներ 3) որոշակի ձևով աշխատող անձ 4) *խոսակցական* քրտնաջան/տքնաջան աշխատող 5) պատրաստող; ստեղծող

work force |ˈwəːkfɔːs| (նաև **workforce**) *noun* աշխատուժ

workhouse |ˈwəːkhaʊs| *noun* 1) *պատմական* աշխատանքային տուն 2) *ամերիկյան* ուղղիչ տուն

working |ˈwəːkɪŋ| **1** *adjective* 1) աշխատող; աշխատանք ունեցող; զբաղված 2) բանվորական; բանվոր; աշխատավոր ◇ **working class** բանվոր դասակարգ 3) բավարար; բավականաչափ *(գիտելիքի և այլնի մասին)* 4) աշխատանքային; աշխատանքի ◇ **working plan** աշխատանքային ծրագիր; աշխատանքային պլան 5) գործող; աշխատող; գործածվող *(մեքենայի մասին)* 6) բուռն շարժվող; ուժգին շարժվող **2** *noun* 1) աշխատանք; աշխատելը ◇ **working to rule** իտալական գործադուլ 2) (**workings**) մշակման վայր *(հանքահոր, քարհանք և այլն)* 3) մշակում; շահագործում 4) (**workings**) աշխատակերպ; աշխատաձև

working capital *noun* ֆինանսներ շրջանառու միջոցներ

working class **1** *noun* բանվոր/աշխատավոր դասակարգ **2** *adjective* աշխատավորների; բանվոր դասակարգի

workload |ˈwəːkləʊd| *noun* աշխատանքային բեռնվածություն

workman |ˈwəːkmən| *noun* (հոգն. **-men**) 1) բանվոր; աշխատավոր; աշխատող 2) որոշակի ձևով աշխատող անձ

workmanlike |ˈwəːkmənlʌɪk| *adjective* հմուտ; վարպետ

workmanship |ˈwəːkmənʃɪp| *noun* 1) հմտություն; վարպետություն 2) մշակում; մշակվածություն *(գործի)*

work of art *noun* արվեստի գործ

workout |ˈwəːkaʊt| *noun* 1) *մարզական* մարզում; մարզվելը 2) *ամերիկյան* *խոսակցական* փորձարկման/փորձնական ժամկետ

workplace |ˈwəːkpleɪs| *noun* աշխատավայր

worksheet |ˈwəːkʃiːt| *noun* 1) վարժությունների թերթիկ; հարցաթերթիկ *(ուսումնական)* 2) գրանցման թուղթ *(ընթացիկ աշխատանքը գրանցելու համար)* 3) *համակարգիչներ* աշխատանքային թերթ; աշխատաթերթ

workshop |ˈwəːkʃɒp| **1** *noun* 1) արհեստանոց; գործամաս; արտադրամաս 2) սեմինար; գործնական պարապմունք; քննարկում **2** *verb* ներկայացնել քննարկման *(պիեսը և այլն՝ նախքան բուն բեմադրումը)*

work-shy *adjective* աշխատանքից խույս տվող; ծույլ; գործատյաց

workstation |ˈwəːksteɪʃ(ə)n| *noun* 1) *համակարգիչներ* աշխատատեղ *(մեկ անձի)* 2) *համակարգիչներ* հզոր համակարգիչ

world |wəːld| *noun* 1) (**the world**) աշխարհ; երկրագունդ; երկիր; տիեզերք; արար-աշխարհ; բոլորը; մարդիկ; մարդկություն ◇ **the outer world** արտաքին աշխարհ. **the other world, the next world, the world to come** հանդերձյալ աշխարհ. **the nether/lower world** դժոխք; գեհեն; տարտարոս. **bring into the world** ծնել; աշխարհ բերել. **come into the world** ծնվել; աշխարհ գալ. **as the world goes** ներկայումս; ներկա պայմաններում. **so goes the world** այդպես է կյանքը; ահա թե ինչպես է լինում կյանքում. **tell the world** *ամերիկյան* բացեիբաց հայտարարել; ամենքին ասել; արարաշխարհին պատմել 2) (**the world**) հասարակայնություն; աշխարհ ◇ **the learned world** գիտական աշխարհ; գիտնականներ. **the literary world, the world of letters** գրական աշխարհ. **the animal world** կենդանական աշխարհ. **know/see the world** կյանքը ճանաչել; աշխարհ տեսնել; կյանքի փորձ ունենալ. **begin the world** կյանք մտնել; պաշտոնուղի սկսել. **come down in the world** բարոյալքվել; դիրքը կորցնել; ընկնել; տապալվել; ապադասակարգայնանալ 3) *որպես ածական* համաշխարհային; միջազգային 4) մարդամեջ; աշխարհամեջ; հասարակական միջավայր; մարդկային շփում 5) (**one's world**) մեկի կյանքը; մեկի աշխարհը 6) արտաքին աշխարհ 7) աշխարհիկ երևույթներ 8) շատություն; մեծ տարածություն ◇ **a world of troubles** բազմաթիվ հոգսեր. **a world of** մեծ քանակություն; «մի աշխարհ» 9) ◇ **what in the world** վերջապես դա ի՞նչ է; այդ ինչպե՞ս; ի՞նչ է նշանակում *(արտահայտում է խորը զարմանք)*

a world too much շատ; չափազանց

world without end ընդմիշտ; առհավետ

World Bank Համաշխարհային Բանկ

World Council of Churches (հպվ. **WCC**) Եկեղեցիների համաշխարհային խորհուրդ

world-famous *adjective* աշխարհահռչակ; հանրաճանաչ

World Health Organization (հպվ. **WHO**) Առողջապահության համաշխարհային կազմակերպություն

World Intellectual Property Organization (հպվ. **WIPO**) Մտավոր սեփականության համաշխարհային կազմակերպություն

worldly |ˈwəːldli| *adjective* (**-lier**, **-liest**) 1) աշխարհիկ; աշխարհային; երկրային; երկրավոր; ունայն 2) կենսասեր; փողասեր; երկրային հաճույքներ սիրող 3) փորձված; գործնական; առօրյա

world music *noun* ավանդական երաժշտություն *(հատկապես զարգացող երկրներից)*

world power *noun* մեծ տերություն

world war *noun* աշխարհամարտ; համաշխարհային պատերազմ

World War I Առաջին համաշխարհային պատերազմ; Առաջին աշխարհամարտ

World War II Երկրորդ համաշխարհային պատերազմ; Երկրորդ աշխարհամարտ

worldwide |ˈwəːl(d)wʌɪd|, |wəːl(d)ˈwʌɪd| **1** *adjective* համաշխարհային **2** *adverb* աշխարհով մեկ; ողջ աշխարհում

World Wide Web *համակարգիչներ noun* համաշխարհային ցանց; Համացանց

worm |wəːm| **1** *noun* 1) *կենդանաբանություն* որդ; ճիճու 2) *խոսակցական* ոչնչություն; ճիճու; ստոր արարած *(մարդու մասին)* 3) *տեխնիկական* որդնակ *(ատամնավոր անիվ)* 4) գալարուկ; պարուրակ **2** *verb* 1) (**worm into/through**) սողալ; սողալով ներս թափանցել; ներս սողոսկել ◇ **worm oneself into smb's confidence** մեկի աչքը մտնել; շողոքորթությամբ մեկի վստահությունը շահել 2) (**worm one's way into**) մտնել; սողոսկել *(կազմակերպություն, շրջապատ և այլն)* 3) խոսք քաշել; դուրս կորզել *(գաղտնիքը)* 4) ճիճվասպան դեղով մշակել *(կենդանուն)*

even a worm will turn ոչ մեկի համբերությունն անսահման չէ; ամեն ինչ չափ ու սահման ունի **the worm of concsience** խղճի խայթ

wormwood |ˈwəːmwʊd| *noun* 1) *բուսաբանություն* օշինդր; բարձվենյակ *(Genus Artemisia, ընտանիք Compositae)* 2) *փոխաբերական* դառնություն; ցավ; վշտի աղբյուր

wormy |ˈwəːmi| *adjective* (**wormier**, **wormiest**) 1) որդնոտ; որդնած 2) *խոսակցական* զզվելի; տհաճ; փսլնքոտ; խղճուկ *(մարդու մասին)*

worn |wɔːn| **1** *adjective* անցյալ դերբայ տե՛ս **wear1** **2** *adjective* 1) մաշված; հնացած; հալից ընկած; վնասված 2) հյուծված; հալից ընկած; հոգնած; տանջված; շատ հոգնած

worn out *adjective* 1) հոգնած; տանջված; հյուծված 2) մաշված; հնացած 3) ծեծված; հնացած; դարն ապրած

worrisome |ˈwʌrɪs(ə)m| *adjective* 1) անհանգստություն պատճառող 2) անհանգիստ; մտահոգ

worry |ˈwʌri| **1** *verb* (**-ries**, **-ried**) 1) անհանգստանալ; մտահոգվել; տագնապել; իրեն ուտել; տանջվել; չարչարվել 2) անհանգստացնել; մտահոգել; մտատանջել; հոգս պատճառել; տանջել; չարչարել 3) (**worried**) անհանգիստ; մտահոգ; մտահույզ; տագնապած 4) ձանձրացնել; տաղտկացնել; աներեսաբար կպչել; զահլա տանել 5) պատառոտել; քրքրել; բզկտել; դիմակայել *(ատամներով. շան մասին)* ◇ **worry along** դժվարությունները նկատի չառնելով առաջ շարժվել/գնալ; տոկալ 6) քաշքշել; ձգել; շուռումուռ տալ; մի բանի հետ խաղ անել **2** *noun* (հոգն. **-ries**) անհանգստություն; մտատանջություն; հոգս; մտահոգություն; պատասխանատվություն

worse |wəːs| **1** *adjective* ավելի վատ; վատթար; ավելի սաստիկ; ավելի սուր **2** *adverb* 1) ◇ **none the worse** էլ ավելի; ավելի շատ 2) ավելի վատ; ավելի սաստիկ; ավելի սուր 3) ավելին; և որ ավելի վատ է, ...; ի լրումն *(որևէ վատ բանի)* **3** *noun* (**the worse**) ավելի վատը; վատթարը ◇ **for the worse** դեպի վատը. **from bad to worse** ավելի ու ավելի վատ. **have the worse** պարտված լինել; պարտություն կրել; տապալվել. **put to the worse** հաղթել; պարտության մատնել

worsen |ˈwəːs(ə)n| *verb* 1) վատանալ; վատթարանալ 2) վատթարացնել; վատացնել

worship |ˈwəːʃɪp| **1** *noun* 1) պաշտամունք; երկրպագություն; երկրպագում; երկրպագելը 2) պաշտում; պաշտելը; պաշտամունք մատուցելը 3) ակնածություն; խոր ակնածանք 4) ժամերգություն; ժամասացություն ◇ **divine worship** եկեղեցական արարողություն 5) *հնացած* հարգանք; պատիվ ◇ **Your Worship** Ձերդ ողորմածություն **2** *verb* (**-shiped**, **-shiping**; նաև **-shipped**, **-shipping**) 1) երկրպագել; աստվածացնել; պաշտել; երկրպագություն մատուցել 2) *փոխաբերական* երկրպագել; պաշտել; շատ սիրել 3) հարգել; մեծարել 4) եկեղեցի հաճախել; եկեղեցական արարողության մասնակցել; աղոթել

worst |wəːst| **1** *adjective* 1) վատագույն; վատթարագույն; ամենավատ; ամենից վատ 2) ամենասուր; ամենասաստիկ; ամենավտանգավոր 3) ամենաանհարմար; ամենից անպատշաճ; ամենաանհաջող **2** *adverb* 1) ամենասաստիկ կերպով; ամենից սուր կերպով 2) ամենավատ կերպով; ամենից տհաճ կերպով **3** *noun* 1) ամենավատը; վատթարագույնը; վատագույնը ◇ **at worst, at the worst** վատագույն/վատթարագույն/ծայրահեղ դեպքում. **get the worst of it** պարտության մատնվել; պարտություն կրել 2) ամենից վտանգավոր մասը **4** *verb* հաղթել; պարտության մատնել; գերազանցել; մեկի նկատմամբ հաղթանակ տանել

worsted |ˈwʊstɪd| *noun* 1) գզած բրդի մանվածք; սանդերամաշկ բրդի մանվածք; մանած բուրդ 2) բրդեղեն; նուրբ բրդեղենի գործվածք

worth |wəːθ| **1** *adjective* 1) արժեցող; արժեք ունեցող *(փողով արտահայտված)* 2) արժեքավոր; արժանի ◇ **be worth** i) արժենալ; արժել ii) արժանի լինել. **what is it worth?** ի՞նչ արժե. **worth attention** ուշադրության արժանի 3) որոշակի կարողություն ունեցող; որոշակի ունեցվածքի տեր **2** *noun* 1) արժեք; արժողություն 2) արժանիք; արժանավորություն; հարգ; պատիվ ◇ **of little worth** սակավարժեք

worthily *adverb* ըստ արժանվույն; արժանավայել կերպով

worthless |ˈwəːθlɪs| *adjective* 1) անարժեք; ոչինչ չարժեցող 2) անարժան; անպետք *(մարդու մասին)*

worthwhile |wəːθˈwʌɪl| *adjective* արժեքավոր; կարևոր; նեղության/ուշադրության արժանի; իմաստ ունեցող; միտք ունեցող

worthy |ˈwəːði| **1** *adjective* (**-thier**, **-thiest**) 1) արժեքավոր; մեծարժեք 2) հարգարժան; հարգանքի արժանի 3) (**worthy of**) արժանի ◇ **worthy of remembrance, worthy to be remembered** հիշարժան; արժանահիշատակ; հիշվելու արժանի 4) պահանջներին բավարարող; համապատասխան **2** *noun* (հոգն. **-thies**) *արհամարհական, կատակային* արժանավոր/հարգարժան/ականավոր մարդ

would |wʊd|, |wəd| *modal verb* (3rd sing. present **would**) 1) անցյալ տե՛ս **will1** 2) *(որպես օժանդակ բայ օգտագործվում է պայմանական ձևի եզակի և հոգնակի 2-րդ և 3-րդ դեմքերում՝ պայմանականություն արտահայտելու համար)* ◇ **it would be better** ավելի լավ կլիներ 3) *(որպես օժանդակ բայ օգտագործվում է ստորադասական ձևի եզակի և հոգնակի 2-րդ և 3-րդ դեմքերում՝ ցանկություն, իղձ արտահայտելու համար)* 4) հավանաբար ... է; պետք է որ ... լինի *(որպես մոդալ բայ օգտագործվում է արտահայտելու համար հավանականություն, քաղաքավարի խնդրանք)* ◇ **would you help me, please?** ինձ չէի՞ք օգնի 5) *(որպես օժանդակ բայ օգտագործվում է՝ արտահայտելով ապառնին անցյալում ձևի եզակի և հոգնակի 2-րդ և 3-րդ դեմքերում՝ արտահայտելու համար ապառնի գործողություն, որի մասին խոսվել է անցյալում)* 6) *(որպես մոդալ բայ օգտագործվում է արտահայտելու համար համառություն, հաստատակամություն)* 7) *(որպես մոդալ բայ օգտագործվում է արտահայտելու համար կարծիք, կռահում,* *հույս)* 8) ◇ **I would rather** ես կգերադասեի; ավելի շուտ կցանկանայի; ես կնախընտրեի 9) *(որպես սպասարկու բայ օգտագործվում է անցյալում սովորաբար կրկնվող գործողություն արտահայտելու համար)*

would-be *adjective արհամարհական* 1) *խոսակցական* հավակնող; հավակնություն ունեցող; որևէ բանի ձգտումներով; որևէ բանի հավակնություններով; որևէ բանի մասին երազող; որևէ բանի ձգտող 2) ենթադրյալ; ենթադրվող; կարծեցյալ 3) կեղծ; շինծու

wound[1] |wuːnd| **1** *noun* 1) վերք ◇ **incised wound** կտրված վերք. **punctured wound** խոցավերք; թափանց վերք. **lacerated wound** պատառուն վերք. **vital/mortal wound** մահացու վերք. **search a wound** վերքը հետազոտել/քննել 2) վիրավորանք; անպատվություն **2** *verb* 1) վիրավորել; վերք հասցնել 2) *փոխաբերական* վիշտ/ցավ պատճառել; վիրավորել; խոցել

wound[2] *noun verb* այլընտրական անցյալ և անցյալ դերբայ տե՛ս **wind 1**

wound[3] *noun verb* անցյալ և անցյալ դերբայ տե՛ս **wind 2**

woven 1 անցյալ դերբայ տե՛ս **weave 2** *adjective* հյուսված; հորինված *(սյուժեի մասին)*

wrack[2] *noun* 1) *բուսաբանություն* ջրիմուռ; ծովատեղ *(Fucus, Ascophyllum and Pelvetia, կարգ Phaeophyceae)* 2) *հնացած* քայքայում; ավերում; սնանկացում; լիակատար ավերում ◇ **go wrack and ruin** քանդվել; կործանվել; քայքայվել; ավերվել

wrack[4] *noun հնավանդ բարբառային* կործանված նավ

wraith |reɪθ| *noun* ուրվական; ոգի; հոգի; տեսիլ *(մահացածի, մահամերձի)*

wrangle |ˈræŋg(ə)l| **1** *noun* վեճ; վիճաբանություն; խոսքակռիվ; հակաճառություն **2** *verb* 1) վիճել; վեճի բռնվել; խոսքակռիվ տալ; հակաճառել 2) *ամերիկյան* նախիր արածեցնել 3) տե՛ս **wangle**

wrangler |ˈræŋglə| *noun* 1) *ամերիկյան* ձիավոր նախրապան; կովբոյ 2) կենդանիներին վարժեցնող *(ֆիլմում նկարահանելու համար)* 3) կռվասեր/կռվարար մարդ

wrap |ræp| **1** *verb* (**wrapped**, **wrapping**) 1) (**wrap up**) փաթաթել; պատել 2) գրկել; գիրկն առնել 3) (**wrap something around**) ծածկել; պատել ◇ **wrap up** տաք հագնվել. **be wrapped up in** խորասուզված; կլանված 4) *համակարգիչներ* ինքնաշխատ կերպով նոր տող անցնել **2** *noun* 1) փաթաթան; փաթթոց 2) վրա բերվող փեշիկ/կիսաշրջազգեստ 3) շալ; թիկնոց; շարֆ 4) *փոխաբերական* (**wraps**) գաղտնիություն; գաղտնի պահելը 5) (նաև **body wrap**) մարմնի փաթաթում *(հոտավետ նյութերով)* 6) (նաև **nail wrap**) եղունգի ամրացում *(գեղեցկացման նպատակով)*

wrapper |ˈræpə| *noun* 1) փաթեթավորում; փաթաթվածք 2) փաթեթ; ծանրոցածրար; բանդերոլ 3) կազմաշապիկ *(գրքի)* 4) խալաթ *(կանացի տնային զգեստ)* 5) թիկնոց *(կանացի)* 6) լայն թեթև կիսավերարկու 7) երես; փաթաթան; ծածկոց; շապիկ

wrapping paper *noun* փաթեթավորման թուղթ

wrath |rɒθ|, |rɔːθ| *noun* ցասում; մոլեգնություն; սաստիկ զայրույթ; խիստ վրդովմունք

wrathful |ˈrɒθful|, |-f(ə)l|, |ˈrɔːθ-| *adjective բանաստեղծական* զայրացած; զայրալից; ցասկոտ; ցասումնալից

wreak |riːk| *verb* 1) առաջացնել; առաջ բերել *(մեծ վնաս)* 2) լուծել *(վրեժ)* 3) ազատություն տալ *(զգացմունքներին)* ◇ **wreak vengeance upon one's enemy** թշնամուց վրեժ լուծել

wreath |riːθ| *noun* (հոգն. **wreaths** |riːðz|, |riːθs|) 1) պսակ; ծաղկեպսակ; ծաղկաշղթա 2) քուլա; օղակ *(ծխի, ամպի)*

wreathe |riːð| *verb* 1) օղակել; գոտևորել; շրջանակել; պատել; փաթաթել 2) հյուսել *(ծաղկեպսակ)* 3) օղակ-օղակ բարձրանալ; քուլա-քուլա բարձրանալ *(ծխի/մշուշի մասին)* 4) պսակել; զարդարել; ծածկել; պատել ◇ **face wreathed in smiles** ժպիտով փայլող դեմք; ժպտուն/պայծառ դեմք

wreck |rɛk| **1** *noun* 1) խորտակում; վթարանք; վթարում; կործանում; վնասվածք *(նավի, ինքնաթիռի, մեքենայի)* ◇ **go to wreck** խորտակվել 2) խորտակված նավի կմախք/բեկորներ 3) մնացուկներ; մնացորդներ; փլատակ 4) ավերակ *(նաև մարդու մասին)* **2** *verb* 1) խորտակում/կործանում առաջացնել; ավերածություն առաջացնել; խորտակել; ջախջախել; ջրասույզ անել *(նավը)* 2) *փոխաբերական* խորտակել *(հույսերը)* 3) *փոխաբերական* տապալել *(ծրագրերը/պլանները)* 4) քայքայել *(առողջությունը)*

wreckage |ˈrɛkɪdʒ| *noun* 1) խորտակված նավի/ինքնաթիռի բեկորներ; վթարի ենթարկված գնացքի բեկորներ 2) փլատակներ; ավերակներ

wrecker |ˈrɛkə| *noun* 1) ավերող; ավերիչ; կործանող *(մարդու/առարկայի մասին)* 2) *քաղաքականություն* վնասարար 3) ավերակները թալանող 4) խորտակված նավեր կողոպտող; ավազակ 5) տեխօգնության/վթարային մեքենա 6) վերանորոգող բանվոր; վթարային բրիգադի բանվոր

wren |rɛn| *noun կենդանաբանություն* ցախսարեկ *(անտառային երգեցիկ թռչուն. ընտանիք Troglodytidae)*

wrench |rɛn(t)ʃ| **1** *noun* 1) ուժեղ ոլորում; թափով ձգում; հանկարծակի ձիգ տալը; ոլորելը 2) *փոխաբերական* վիշտ; ցավ; թախիծ; տխրություն *(անսպասելի անջատման)* 3) *տեխնիկական* պտուտակաբանալի; մանեկադարձակ 4) հոդախախտում 5) աղավաղում; աղճատում *(ճշմարտության և այլն)* **2** *verb* 1) ուժով/թափով ձգել; ոլորել; պոկել ◇ **wrench open** ջարդելով բաց անել; քաշել-պոկել *(դուռը)* 2) խախտել; հոդախախտել; դուրս գցել 3) աղավաղել *(փաստերը, իմաստը և այլն)*

wrest |rɛst| **1** *verb* 1) *նաև փոխաբերական* խլել; պոկել; դուրս կորզել *(ձեռքից)* 2) *հնացած* աղավաղել; սխալ մեկնաբանել *(օրենքը, տեքստը և այլն)* **2** *noun հնավանդ* դաշնամուր/քնար լարելու բանալի

wrestle |ˈrɛs(ə)l| **1** *verb* 1) *մարզական* ըմբշամարտել; գոտեմարտել; կոխ բռնել 2) *նաև փոխաբերական* պայքարել; մաքառել 3) դժվարությամբ կառավարել **2** *noun* 1) *մարզական* ըմբշամարտ; կոխ 2) համառ պայքար; մաքառում

wrestler *noun մարզական* ըմբիշ

wrestling *noun մարզական* ըմբշամարտ

wretch |rɛtʃ| *noun* 1) թշվառ/դժբախտ արարած ◇ **poor wretch** թշվառական 2) *խոսակցական* անպիտան/ստոր արարած; ստահակ; անզգամ 3) *կատակային* անպիտան; անպետքի մեկը

wretched |'rɛtʃɪd| *adjective* (**-eder**, **-edest**) 1) թշվառ; դժբախտ; խեղճ 2) խղճուկ; շատ վատ; անորակ 3) սաստիկ; սարսափելի 4) զայրագին; զայրալից

wriggle |'rɪg(ə)l| **1** *verb* 1) գալարվել; ոլոր-մոլոր տալ; ծռմռվել 2) գալարել; ոլոր-մոլոր շարժել; ծռմռել 3) *փոխաբերական* խուսափել; դուրս պրծնել; խույս տալ 4) (**wriggle along**) մուտք գործել; ներս սողոսկել; գալարվելով առաջ շարժվել 5) (**wriggle out of**) խուսափել; խուսանավել; գլուխը պրծացնել **2** *noun* 1) գալարում; գալարվելը; գալարվելով շարժվելը *(որդի մասին և այլն)* 2) *փոխաբերական* տեղում անհանգիստ շարժվելը; հանգիստ չնստելը; շուռումուռ գալը

wright |rʌɪt| *noun հնացած* վարպետ; արհեստավոր; պատրաստող

wring |rɪŋ| **1** *verb* (անցյալ **wrung** |rʌŋ|) 1) սեղմել; քամել; մզել 2) ոլորել *(կենդանու վիզը)* 3) սրտագին սեղմել *(դիմացինի ձեռքը)* 4) նեղել; սեղմել *(կոշիկի մասին)* 5) տանջել; չարչարել; քրքրել; ճնշել; ճմլել 6) դուրս կորզել **2** *noun* 1) սեղմում; սեղմելը; ճզմում; ճզմելը 2) քամելը; մզելը ◇ **give a wring** քամել; մզել

wrinkle |'rɪŋk(ə)l| **1** *noun* 1) կնճիռ; խորշոմ 2) *խոսակցական* մանր խնդիր; փոքրիկ դժվարություն 3) *խոսակցական* նորամուծություն; հետաքրքիր նորույթ; նոր եղանակ *(որևէ բան անելու)* **2** *verb* 1) կնճռոտել; կնճռապատել; խորշոմել 2) ծամածռվել; դեմք ընդունել; խոժոռվել; քիթումռութ անել 3) կնճռոտվել; կնճռապատվել

wrist |rɪst| *noun* 1) դաստակ 2) մանժետ; թևզանիք; բազկապատ; թևք

wristlet |'rɪs(t)lɪt| *noun* 1) ապարանջան 2) կաշեփոկ; թևի ժամացույցի ժապավեն

wristwatch |'rɪs(t)wɒtʃ| *noun* ձեռքի ժամացույց

writ[1] |rɪt| *noun* 1) գրավոր հրաման/կարգադրություն; ծանուցագիր 2) գրություն; գիր ◇ **Holy Writ** *կրոն* Սուրբ Գիրք 3) (**one's writ**) հեղինակություն

writ[2] |rɪt| *verb հնացած* անցյալ դերբայ տե՛ս **write**

write |rʌɪt| *verb* (անցյալ **wrote** |rəʊt|; անցյալ դերբայ **written** |'rɪt(ə)n|) 1) գրել ◇ **write small** մանր գրել 2) գրել իմանալ; գրաճանաչ լինել 3) լրացնել *(ձևաթուղթ)* 4) շարադրել; հեղինակել; գրել 5) *համակարգիչներ* գրանցել • **write down** i) գրի առնել; արձանագրել ii) մամուլում վատ արտահայտվել; արհամարհաբար գրել *(մեկի մասին)* **write off** i) հեշտությամբ գրել ii) նամակ ուղարկել iii) չեղյալ համարել; անվավեր դարձնել; ջնջել; հաշվից դուրս գրել iv) դուրս գրել որպես անհույս պարտք v) հաշվի չառնել **write out** արտագրել; լրիվ դուրս գրել **write oneself out** գրելով իրեն սպառել *(գրողի մասին)* **write up** i) մանրամասն նկարագրել ii) մամուլում գովել; գովեստով արտահայտվել iii) մինչև վերջ գրել; գրել-վերջացնել; մինչև նշված օրը գրել; մինչև ներկա օրը գրել *(հաշվետվությունը, օրագիրը)*

writer |'rʌɪtə| *noun* 1) գրող; հեղինակ ◇ **productive writer** բեղմնավոր հեղինակ. **editorial writer** լրագրի առաջնորդող հոդվածներ գրող 2) կոմպոզիտոր; երգահան 3) *պատմական բրիտանական* գրագիր 4) որևէ բան գրողը ◇ **present writer** այս տողերը գրողը; տողերիս հեղինակը

writhe |rʌɪð| **1** *verb* 1) կուչ գալ; կծկվել *(ցավից)* 2) կուչ բերել; կծկել 3) (**writhe in/with/at**) տանջվել; հալումաշ լինել *(ամոթից)* **2** *noun հազվադեպ* պտտում; ծռմռում

writing |'rʌɪtɪŋ| *noun* 1) գիր; գրություն; գրելը ◇ **in writing** գրավոր. **commit to writing** գրի առնել 2) գրական երկ; գիրք; հոդված 3) (**writings**) երկեր; գրվածքներ 4) փաստաթուղթ 5) ձեռագիր; գրելաձև

wrong |rɒŋ| **1** *adjective* 1) սխալ; ոչ ճիշտ; անարդար; անիրավացի; անիրավ ◇ **be wrong** իրավացի չլինել; սխալվել. **what is wrong?** ի՞նչ է պատահել. **go wrong** i) ճիշտ ճանապարհից դուրս գալ; մոլորության մեջ ընկնել ii) չհաջողվել 2) անցանկալի; անպատշաճ; անպատեհ 3) վատ; անսարք **2** *adverb* սխալ; անճիշտ **3** *noun* 1) սուտ; ոչ ճիշտ լինելը; անճշտություն; սխալ; մոլորություն ◇ **be in the wrong** սխալվել; անիրավացի լինել. **put sb in the wrong** մեկին որևէ բանի համար պատասխանատու դարձնել; մեղքն ուրիշի վրա գցել/բարդել. **right a wrong** սխալն ուղղել 2) չարություն; չարիք; վատություն; անարդարություն; անիրավություն ◇ **do smb wrong** մեկի նկատմամբ անարդար լինել 3) իրավազանցություն **4** *verb* 1) անարդար/անիրավացի լինել *(մեկի նկատմամբ)* 2) անարդար վարվել; չարություն անել; չարիք պատճառել

wrongful |'rɒŋfʊl|, |-f(ə)l| *adjective* անիրավ; անարդարացի; անօրինական; անօրեն

wrongheaded *adjective* իր մոլորությունների մեջ համառող; մոլորության մեջ ընկած; սխալ ճանապարհին

wrongly *adverb* սխալմամբ; սխալ

wroth |rəʊθ|, |rɒθ| *adjective հնացած* զայրացած; վրդովված

wrought |rɔːt| *adjective* կռած *(մետաղի մասին)*

wrought iron *noun* կռած երկաթ

wry |rʌɪ| *adjective* (**wryer**, **wryest** կամ **wrier**, **wriest**) 1) կծու; հեգնական; ծաղրական 2) ծամածռված *(դեմքի մասին)* 3) ծուռ; ծռված *(բերանի մասին)* 4) աղավաղված

WTO *abbreviation* World Trade Organization Առևտրի համաշխարհային կազմակերպություն

Wuhan |wuː'hæn| Ուհան *(խոշոր քաղաք Չինաստանի արևելքում)*

Wyoming |wʌɪ'əʊmɪŋ| Վայոմինգ *(ԱՄՆ-ի նահանգ)*

X[1] |ɛks| (նաև **x**) **1** *noun* (հոգն. **Xs** կամ **X's**) 1) անգլերեն այբուբենի 24-րդ տառը 2) *մաթեմատիկա* իքս; անհայտ մեծություն 3) անհայտ անձնավորություն **2** *verb* (**X's**, **X'd**, **X'ing**) 1) x նշանը դնել 2) չեղյալ դարձնել; չեղարկել

X[2] *symbol* մեծահասակների կարգ *(կինոնկարների մասին. 1990 թ. փոխարինվեց NC-17 նշանակումով)*

xenophobe *noun* օտարատյաց/օտարամերժ անձ

xenophobia |ˌzɛnəˈfəʊbɪə| *noun* օտարատյացություն; օտարամերժություն; այլամերժություն

Xerox |ˈzɪərɒks|, |ˈzɛ-| **1** *noun* *առևտրանշան* 1) լուսապատճենում 2) լուսապատճեն 3) լուսապատճենիչ *(լուսապատճենող սարք)* **2** *verb* (**xerox**) լուսապատճենել

Xian |ʃiːˈæn| (նաև **Hsian**) Սիան *(քաղաք Չինաստանի կենտրոնում)*

X-ray (նաև **x-ray** կամ **X ray**) **1** *noun* 1) (սովորաբար **X-rays**) իքս ճառագայթներ; ռենտգենյան ճառագայթներ 2) *որոշչային* ռենտգենյան **2** *verb* ռենտգենյան ճառագայթներով դիտել/զննել

xylography |zʌɪˈlɒgrəfi| *noun* *հազվադեպ* փայտափորագրություն

xylophone |ˈzʌɪləfəʊn| *noun* *երաժշտություն* քսիլոֆոն

Y¹ |wʌɪ| (նաև **y**) *noun* (հոգն. **Ys** կամ **Y's**) անգլերեն այբուբենի 25-րդ տառը

Y² **1** *abbreviation* յեն *(Ճապոնիայի դրամական միավորը)* **2** *symbol* *քիմիա* իտրիում

yacht |jɒt| **1** *noun* զբոսանավ; սպորտանավ; յախտա **2** *verb* զբոսանավով մամ գալ; սպորտանավային մրցության մասնակցել; զբոսանավով նավարկել

yachtsman |ˈjɒtsmən| *noun* (հոգն. **-men**) 1) զբոսանավի սեփականատեր 2) նավասպորտի վարպետ

yahoo¹ |jɑːhuː|, |jəˌhuː| *noun* *խոսակցական* 1) անտաշ; անասուն *(մարդու մասին)* 2) նողկալի արարած

yahoo² |jɑːˌhuː|, |jæ-| *exclamation* *(ուրախություն/հրճվանք արտահայտող բացականչություն)*

yak¹ |jæk| *noun* *կենդանաբանություն* յակ; եզնուղտ *(Genus Bos, ընտանիք Bovidae)*

yak² |jæk| (նաև **yack** կամ **yackety-yak**) *խոսակցական* **1** *noun* ձանձրալի/անհեթեթ խոսակցություն **2** *verb* (**yakked**, **yakking**) ձանձրալի խոսակցություն վարել

Yakutia |jæˈkʊtɪə| Յակուտիա *(հինգնավար հանրապետություն Ռուսաստանի արևելքում)*

Yakutsk |jæˈkʊtsk| Յակուտսկ *(Յակուտիայի ինքնավար հանրապետության մայրաքաղաքը)*

Yangtze |ˈjæŋtsi| Յանցզի *(խոշոր գետ Չինաստանում)*

yank |jæŋk| *խոսակցական* **1** *verb* ուժեղ ձգել; ձիգ տալ; քաշել-հանել; պոկել **2** *noun* ուժեղ ձգում; կտրուկ շարժում

Yankee |ˈjæŋki| *noun* *խոսակցական* 1) յանկի; ամերիկացի 2) *որոշչային* ամերիկյան

yap |jæp| **1** *verb* (**yapped**, **yapping**) 1) սուր/զիլ հաչել; կլանչել 2) *խոսակցական* շաղակրատել; շատախոսել **2** *noun* սուր/զիլ հաչոց

yard¹ |jɑːd| *noun* 1) յարդ *(= 91,4 սմ)* 2) (**yards of**) մեծ երկարություն 3) *ծովային* առագաստափայտ; առագաստակալ

by the yard մեծ քանակությամբ

yard² |jɑːd| **1** *noun* 1) բակ 2) *երկաթուղային* վագոնների տեսակավորման կայան *(նաև railway-yard)* 3) պահեստ **2** *verb* ներս քշել *(անասուններին)*

yardman |ˈjɑːdmən| *noun* (հոգն. **-men**) *երկաթուղային* դեպոյի բանվոր

yardmaster *noun* 1) *երկաթուղային* վագոնների տեսակավորման կայանի պետ; շարժակազմի նորոգակայանի պետ 2) գնացքներ կազմող

yarn |jɑːn| **1** *noun* 1) մանվածք; մանած թել 2) *խոսակցական* պատմվածք; պատմություն; զրույց; անեկդոտ ◊ **spin a yarn, spin yarns** հեքիաթ ասել; պատմություն անել **2** *verb* *խոսակցական* հեքիաթ ասել; պատմություն անել

yataghan |ˈjætəgæn| *noun* *պատմական* յաթաղան

yawl |jɔːl| *noun* *ծովային* յալ; քառաթի մակույկ; երկկայմ առագաստանավ

yawn |jɔːn| **1** *verb* 1) հորանջել 2) խոր բացվել; լայն բացվել; խորաբաց երևալ 3) հորանջելով մի բան ասել **2** *noun* հորանջ; հորանջում; հորանջոց

yaws |jɔːz| *plural noun* ոչ վեներական սիֆիլիս *(արևադարձային վարակիչ ուռուցքային հիվանդություն)*

yea¹ |jeɪ| *գրական անգլերեն, հնացած* **1** *adverb* այո **2** *noun* հաստատական պատասխան

yea² *adverb* *խոսակցական* (նաև **yay**) այսքան; այսչափ

year |jɪə|, |jəː| *noun* 1) տարի ◊ **bissextile/leap year** նահանջ տարի. **the New year** Նոր տարի. **see the New year in** Նոր տարին դիմավորել. **I wish you a happy New year** շնորհավոր Նոր տարի. **the year of grace** մեր թվագրության տարի. **in this year of grace** *հեգնական* մեր օրերում; մեր դարում. **from year to year, year by year** ամեն տարի; տարեցտարի. **year in year out** տարեցտարի. **this day year** ուղիղ մի տարի առաջ. **in the year one** շատ հին ժամանակներում; անհիշելի ժամանակներում. **school year** ուսումնական տարի 2) (**years**) տարիներ; տարիք; հասակ ◊ **in years** հասակն առած; հասակավոր; տարիքավոր; տարեց. **he is young for his years** նա իր տարիքի համեմատ երիտասարդ է երևում

yearbook |ˈjɪəbʊk|, |ˈjəː-| *noun* 1) տարեգիրք 2) շրջանավարտների ալբոմ

yearling |ˈjɪəlɪŋ|, |ˈjəː-| **1** *noun* մի տարեկան կենդանի; միամյա կենդանի **2** *adjective* մի տարեկան; միամյա

yearlong (նաև **year-long**) *adjective* ամբողջ տարին տևող/շարունակվող; տարեկան; մի տարի տևող

yearly |ˈjɪəli|, |ˈjəː-| **1** *adjective* տարին մի անգամ տեղի ունեցող **2** *adverb* ամեն տարի; տարին մի անգամ; տարին մեկ

yearn |jəːn| *verb* 1) (**yearn for/after**) կարոտել; կարոտ քաշել; կարոտից տանջվել; թախծել 2) ձգտել; մեծ ցանկություն ունենալ; ծարավի լինել

yeast |jiːst| *noun* թթխմոր; մակարդ; խմորիչ

yell |jɛl| **1** *noun* 1) ճիչ; աղաղակ; գոռում-գոչյուն 2) ոռնոց *(գայլի)* 3) *ամերիկյան* քաջալերանքի/խրախուսանքի բացականչություն *(ուսանողական մարզական մրցությունների ժամանակ յուրաքանչյուր քոլեջ ունի իր հատուկ բացականչությունը)* **2** *verb* 1) ճչալ; աղաղակել; գոռալ; գոռում-գոչյուն բարձրացնել 2) ոռնալ 3) ամբողջ խմբով բարձրաձայն կրկնել իր քոլեջի հատուկ բացականչությունը *(մարզական մրցությունների ժամանակ)*

yellow |ˈjɛləʊ| **1** *adjective* 1) դեղին; դեղնագույն 2) *փոխաբերական* նախանձոտ; խանդոտ; կասկածոտ 3) *խոսակցական* վախկոտ; թուլամորթ; անվստահելի **2** *noun* 1) դեղին գույն; դեղնություն 2) խոսակցական վախկոտություն; թուլամորթություն 3) ձվի դեղնուց **3** *verb* դեղնել; դեղին դառնալ; դեղնացնել; դեղին գույնով ներկել

yellowback |ˈjɛlə(ʊ)bæk| *noun պատմական* 1) էժանագին բուլվարային վեպ 2) ֆրանսիական վեպ *(դեղին կազմով)*

Yellowhammer State Ոսկեգույն փայտփորիկի նահանգ *(ԱՄՆ-ի Ալաբամա նահանգի մականունը)*

yellowish *adjective* դեղնավուն

Yellow Pages (նաև **yellow pages**) *plural noun* ձեռնարկությունների հասցեագիրք/հեռախոսագիրք; «դեղին էջեր»

Yellow River Դեղին գետ; Հուանհե *(Չինաստանի մեծությամբ երկրորդ գետը)*

yelp |jɛlp| **1** *noun* 1) հաչոց; կաղկանձ; վնգստոց 2) ճիչ; ճռավոց **2** *verb* հաչել; կաղկանձել; վնգստալ; ճչալ; ճղավել

Yemen |ˈjɛmən| Եմեն *(պետություն Արաբական թերակղզում)*

yen¹ |jɛn| *noun* (հոգն. նույնը) յեն *(ճապոնական դրամական միավորը)*

yen² |jɛn| *խոսակցական* **1** *noun* ձգտում; փափագ **2** *verb* (**yenned**, **yenning**) ձգտել; փափագել

Yenisei |ˌjɛnɪˈseɪ| Ենիսեյ *(խոշոր գետ Ռուսաստանի արևելքում)*

yeoman |ˈjəʊmən| *noun* (հոգն. **-men**) *պատմական* յոմեն; մանր հողատեր

yeoman's service օգնություն դժվարին դրության պարագայում; օգնություն անհրաժեշտության դեպքում

yeoman of the guard արքունական պահակախմբի անդամ/նպա

Yerevan |ˌjɛrɪˈvæn| (նաև **Erevan**) Երևան *(Հայաստանի Հանրապետության մայրաքաղաքը)*

yes |jɛs| **1** *exclamation* 1) այո՛; հա՛ 2) մի՞թե; իսկապե՞ս **2** *noun* (հոգն. **yeses** կամ **yesses**) հաստատում; համաձայնություն ◇ **say yes!** ձեր համաձայնությունը տվե՛ք. **yes and no** և՛ այո, և՛ ոչ; մասամբ այո՛, և մասամբ ո՛չ

yes-man *noun* (հոգն. **-men**) *խոսակցական* ամեն բանում համաձայնող մարդ; հաճոյանալու համար «այո» ասող մարդ; շողոքորթ/հաճոյակատար/ստորաքարշ մարդ

yesterday |ˈjɛstədeɪ|, |-di| **1** *adverb* երեկ ◇ **the day before yesterday** նախանցյալ օրը; երեկ չէ մյուս օրը **2** *noun* երեկվա օրը

yet |jɛt| **1** *adverb* 1) դեռ; դեռևս ◇ **there is yet time** դեռ ժամանակ կա. **much yet remains to be done** դեռ շատ բան կա չարված/անելու. **not yet** դեռևս ոչ 2) և; էլ; դեռ ավելին ◇ **more and yet more** ավելի և էլ ավելի. **he won't listen to me nor yet to her** նա ո՛չ ինձ է լսում, ո՛չ էլ նրան 3) արդեն ◇ **is he dead yet?** նա արդեն մեռա՞ծ է. **need you go yet?** դուք արդեն պետք է գնա՞ք 4) նույնիսկ; մինչև անգամ 5) մինչև այժմ ◇ **as yet** մինչև այժմ 6) այնուամենայնիվ; բայց և այնպես; չնայած/թեև...բայց և այնպես ◇ **it is strange and yet true** թեև տարօրինակ, բայց և այնպես ճիշտ է **2** *conjunction* բայց և այնպես; սակայն ◇ **yet what is the use of it all?** բայց և այնպես ինչի՞ է պետք այդ բոլորը. **he worked well, yet he failed** նա լավ աշխատեց, սակայն հաջողության չհասավ

yew |juː| *noun* (նաև **yew tree**) *բուսաբանություն* կարմրածառ; գեղձի; կենի *(Genus Taxus, ընտանիք Taxaceae)*

yield |jiːld| **1** *verb* 1) արտադրել 2) բերել; տալ *(եկամուտ, արդյունքը, բերք և այլն)* 3) զիջել; տեղի տալ; ենթարկվել ◇ **yield to the advice** մեկի խորհրդին հետևել 4) տալ; հանձնվել; անձնատուր լինել ◇ **yield oneself prisoner** գերի հանձնվել; հրաժարվել *(որևէ բանից)* **2** *noun* 1) արտադրողականություն; արդյունահանված արտադրանքի քանակ 2) բերք

yielding |ˈjiːldɪŋ| *adjective* 1) զիջող 2) փափուկ; դյուրաթեք; ճկուն; դյուրամշակ *(նյութի մասին)*

yogurt |ˈjɒgət|, |ˈjəʊ-| (նաև **yoghurt** կամ **yoghourt**) *noun* յոգուրտ; մածուն

yo-heave-ho *exclamation, noun* հո՜պ; հը՜ը; մեկ է՜լ *(միահամուռ աշխատանքի բացականչություն)*

yoke |jəʊk| **1** *noun* 1) լուծ 2) *փոխաբերական* լուծ; կապանք; շղթաներ; գերություն 3) լծված զույգ եզներ 4) անկտի *(դույլերի համար)* 5) կոկետկա *(կանացի զգեստի վերին կտրվածքը)* 6) պնդակ; պնդիչ; ամրուցիչ **2** *verb* 1) լծել; լուծ դնել 2) *փոխաբերական* միացնել; կապել; կապակցել 3) ստրկացնել; ճնշել; լծի տակ դնել 4) (**yoke together**) միանալ; զույգ կազմել; միասին մի բան անել

Yokohama |ˌjəʊkəʊˈhɑːmə| Յոկահամա *(քաղաք Ճապոնիայում)*

yolk |jəʊk| *noun* ձվի դեղնուց

yonder |ˈjɒndə| **1** *adverb հնացած բարբառային* այնտեղ; այնտեղ հեռվում **2** *adjective հնացած բարբառային* այն; այնտեղի; այնտեղ հեռվում երևացող **3** *noun* հեռու տեղ

you |juː| *pronoun* 1) դու *(նաև օբյեկտային հոլովը)* 2) քեզ ◇ **by you** քեզնով; քո կողմից. **to you** քեզ. **with you** քեզ հետ 3) դուք *(նաև օբյեկտային հոլովը)* 4) ձեզ ◇ **by you** ձեզնով; ձեր կողմից. **to you** ձեզ. **with you** ձեզ հետ 5) *(օգտագործվում է բացականչությունների ուժեղացման համար և հաճախ չի թարգմանվում)* ◇ **you fool!** հիմարի մեկը. **you boys, come here!** տղաներ, եկե՛ք այստեղ 6) *(թարգմանվում է անդեմ դարձվածքով)* ◇ **you never can tell** երբեք չի կարելի ասել; երբեք չես կարող ասել. **what are you to do with a child like this?** ինչ կարելի է անել այսպիսի մի երեխայի հետ 7) *հնացած* տե՛ս **yourself**

young |jʌŋ| **1** *adjective* (**younger** |ˈjʌŋgə| , **youngest** |ˈjʌŋgist|) 1) երիտասարդ; ջահել; պատանի; մատղաշ; մատղաշ 2) անփորձ 3) վերջերս եղած; նոր պատահած; նոր **2** *noun* 1) ձագ; ճուտ ◇ **with young** հղի; ծանրած *(կենդանիների մասին)* 2) (**the young**) ձագեր; սերունդ

youngling |ˈjʌŋlɪŋ| *noun բանաստեղծական* երեխա; մանուկ; ձագ; ճուտ; ձագուկ

youngster |ˈjʌŋstə| *noun* պատանի; պատանյակ

your |jɔː|, |jʊə| *possessive adjective* ձեր; քո

yours |jɔːz|, |jʊəz| *possessive pronoun* ձերը; քոնը ◇ **Yours of the 11th** Ձեր՝ ամսի 11-ի թվակիր նամակը. **yours is to hand** ձեր նամակը ստացված է. **some friends of yours** ձեր ընկերներից մի քանիսը

yourself |jɔːˈsɛlf|, |jʊə-|, |jə-| *pronoun* (հոգն. **-selves** |-ˈsɛlvz|) 1) դու ինքդ; դուք ինքներդ ◇ **you yourself said so, you said so yourself** դուք ինքներդ այդպես ասացիք. **by yourself** մենակ; միայնակ. **you cannot do it by yourselves** դուք ինքներդ այդ չեք կարող կատարել. **how's yourself** իսկ դուք ինչպե՞ս եք. **you are not quite yourself tonight** այսօր ձեր տրամադրությունը, կարծես, տեղը չէ *(վատ եք զգում)*. **be yourself** *ամերիկյան խոսակցական* ուշքի եկե՛ք; հանգստացեք 2) քեզ; ձեզ ◇ **have you hurt yourself** որևէ տեղդ ցավե՞ց. **dress yourself!** հագնվե՛ք

youth |juːθ| *noun* (հոգն. **youths** |juːðz|) 1) երիտասարդություն; պատանեկություն; երիտասարդական տարիներ 2) պատանի; երիտասարդ

youthful |ˈjuːθfʊl|, |-f(ə)l| *adjective* 1) պատանեկան; պատանի; երիտասարդական; երիտասարդ 2) ջահելավարդեմ; երիտասարդի տեսք ունեցող

yowl |jaʊl| **1** *noun* ոռնոց **2** *verb* ոռնալ

Yucatán |ˌjʊkəˈtɑːn| Յուկատան *(թերակղզի և շրջան Մեքսիկայում)*

Yugoslav |ˈjuːgə(ʊ)slɑːv|, |ˌjuːgə(ʊ)ˈslɑːv| **1** *noun* հարավսլավցի; Հարավսլավիայի բնակիչ **2** *adjective* հարավսլավական

Yugoslavia |ˌjuːgə(ʊ)ˈslɑːvɪə| Հարավսլավիա *(նախկին դաշնային պետություն Բալկաններում)*

Yukon |ˈjuːkɒn| Յուքոն *(գետ Ալյասկայում)*

Yule |juːl| *noun* *եկեղեցական* ծննդյան տոներ

Zz

Z[1] |zɛd|, ziː| (նաև **z**) *noun* (հոգն. **Zs** կամ **Z's**) անգլերեն այբուբենի 26-րդ տառը

Z[2] *symbol քիմիա* ատոմական համար

Zagreb |ˈzɑːgrɛb| Զագրեբ *(Խորվաթիայի մայրաքաղաքը)*

Zagros Mountains |ˈzægrɒs| Զագրոսի լեռներ *(լեռնաշղթա Իրանի արևմուտքում)*

Zaire |zɑːˈɪə| Զաիր *(Կոնգոյի Ժողովրդավարական Հանրապետության նախկին (մինչև 1998 թ.) անվանումը)*

Zambezi |zæmˈbiːzi| Զամբեզի *(գետ Աֆրիկայի արևելքում)*

Zambia |ˈzæmbɪə| Զամբիա *(պետություն Աֆրիկայի կենտրոնական մասում)*

Zanzibar |ˌzænziˈbɑː| Զանզիբար *(կղզի Աֆրիկայից արևելք՝ Հնդկական օվկիանոսում)*

zeal |ziːl| *noun* մեծ եռանդ; նվիրվածություն; փութաջանություն; նախանձախնդրություն

Zealand |ˈziːlənd| Զելանդիա *(Դանիայի ամենամեծ կղզին)*

zealot |ˈzɛlət| *noun* 1) մոլեռանդ; հետևորդ; կողմնակից; պաշտպան *(որևէ կրոնի/կուսակցության/այլ որոշ)* 2) ֆանատիկոս; մոլեռանդ/մոլեկրոն մարդ 3) պատմական նախանձահույզ

zealous |ˈzɛləs| *adjective* եռանդոտ; եռանդուն; փութաջան; նախանձախնդիր

zebra |ˈzɛbrə|, |ˈziːbrə| *noun կենդանաբանություն* զեբր; վագրաձի *(Genus Equus, ընտանիք Equidae)*

Zebulun |ˈzɛbjʊlən| (նաև **Zebulon**) *աստվածաշնչային* Զաբուղոն *(Հին Կտակարանում Իսրայելի ցեղերից մեկը)*

Zechariah |ˌzɛkəˈrʌɪə| *աստվածաշնչային* Զաքարիա *(Հին Կտակարանի մարգարեական գրքերից մեկը)*

zenith |ˈzɛnɪθ| *noun աստղագիտություն, փոխաբերական* զենիթ; գագաթնակետ

Zephaniah |ˌzɛfəˈnʌɪə| *աստվածաշնչային* Սոփոնիա *(Հին Կտակարանի մարգարեական գրքերից մեկը)*

zephyr |ˈzɛfə| *noun* 1) արևմտյան քամի 2) զեփյուռ; թեթև քամի; հով 3) մի տեսակ շապիկ *(բռնցքամարտիկի, թիավարի և այլն)* 4) զեֆիր *(գործվածք)*

zero |ˈzɪərəʊ| **1** *cardinal number* (հոգն. **-ros**) 1) *փոխաբերական* զրո; ոչինչ 2) *որոշչային* սկզբնական; սկզբի **2** *verb* (**-roes**, **-roed**) 1) զրոյացնել; զրոյի բերել *(սարքի ցուցմունքը)* 2) նշան բռնել *(կրակելու համար)*

zest |zɛst| *noun* 1) լրացուցիչ համեմունք; համ; հոտ 2) հաճույք; հրապույր; հետաքրքրություն 3) եռանդ; ոգևորություն; խանդավառություն ◊ **with zest** եռանդով; խանդավառությամբ 4) տենչ; տենչանք

zigzag |ˈzɪgzæg| **1** *noun* զիգզագ; կեռագիծ **2** *adjective* զիգզագաձև **3** *adverb* զիգզագաձև; զիգզագներով **4** *verb* (**-zagged**, **-zagging**) զիգզագներ անել

Zimbabwe |zɪmˈbɑːbwi|, |-weɪ| Զիմբաբվե *(պետություն Աֆրիկայի հարավ-արևելքում)*

zinc |zɪŋk| **1** *noun* 1) *քիմիա* ցինկ 2) *որոշչային* ցինկի; ցինկե; ցինկային **2** *verb* ցինկապատել

zip |zɪp| **1** *verb* (**zipped**, **zipping**) սուլոցով թռչել; վզզալ *(գնդակի մասին)* **2** *noun* 1) գնդակի սուլոց; վզզոց 2) պատռվող գործվածքի ճռթոց 3) *խոսակցական* աշխուժություն; եռանդ; կրակոտություն 4) շղթա; կայծակնաճարմանդ *(հագուստի)* 5) *համակարգիչներ* զիփ *(Ինչքային անվան ընդլայնման տեսակ, որը տրվում է խտացված տվյալներ պարունակող ինչքերին)* **3** *pronoun* (նաև **zippo**) *խոսակցական* ոչինչ

zip code |zɪp| (նաև **ZIP code**) *noun* փոստային ծածկագիր

zipper |ˈzɪpə| **1** *noun* տե՛ս **zip** **2** *verb* կայծակնաճարմանդով ամրացնել/կոճկել; շղթայով ամրացնել/կոճկել

zippy |ˈzɪpi| *adjective* (**-pier**, **-piest**) *խոսակցական* աշխույժ; ժիր; եռանդուն; կրակոտ

zloty |ˈzlɒti| *noun* (հոգն. նույնը, **-tys**) զլոտի *(դրամական միավոր Լեհաստանում)*

zodiac |ˈzəʊdɪæk| *noun աստղագուշակություն աստղագիտություն* կենդանակերպ

zone |zəʊn| **1** *noun* գոտի; շրջան ◊ **frigid zone** արկտիկական գոտի. **torrid zone** արևադարձային գոտի. **temperate zone** բարեխառն գոտի **2** *verb* գոտիների բաժանել

zoo |zuː| *noun խոսակցական* կենդանաբանական այգի; գազանանոց

zoological |ˌzuːəˈlɒdʒɪk(ə)l|, |ˌzəʊə-| *adjective* կենդանաբանական

zoologist *noun* կենդանաբան

zoology |zuːˈɒlədʒi|, |zəʊ-| *noun* կենդանաբանություն

zoom |zuːm| **1** *verb* 1) ուղղաձիգ վեր խոյանալ/սլանալ 2) *օդագնացություն* ուղղաձիգ վեր բարձրանալ 3) սլանալ; սուրալ *(ավտոմեքենայի/ինքնաթիռի մասին)* 4) հեռափոխել *(լուսանկարչական կամ տեսախցիկի կիզակետային հեռավորությունը փոխել)* ◊ **zoom in** մոտեցնել. **zoom out** հեռացնել **2** *noun* 1) ուղղաձիգ/շեշտակի վերելք 2) *օդագնացություն* ուղղաձիգ/շեշտակի վեր թռիչք **3** *exclamation* հո՛պ *(արտահայտում է հանկարծակի շարժում)*

zounds |zaʊndz| *exclamation հնացած* կատակային սատանան տանի; գրո՛ղը տանի

Zulu |ˈzuːluː| **1** *noun* 1) զուլուս; զուլու; ամազուլու *(աֆրիկյան ժողովուրդ, որը բնակվում է ՀԱՀ Նաթալ նահանգում)* 2) զուլուսերեն **2** *adjective* 1) զուլուսական 2) զուլուսերենի

Zurich |ˈzjʊərɪk|, |ˈtsyːrɪç| Ցյուրիխ *(քաղաք Շվեյցարիայում)*

Weights and Measures
Չափեր ու Կշիռներ

1. BRITISH AND AMERICAN, WITH APPROXIMATE METRIC EQUIVALENTS

Linear Measure

1 inch = 25.4 milimetres

1 foot = 12 inches = 0.3048 metre

1 yard = 3 feet = 0.9144 metre

1 (statue) mile = 1,760 yards = 1.609 kilometres

Square Measure

1 square inch = 6.45 sq. centimeters

1 square foot = 144 sq. inch= 9.29 sq. decimetres

1 square yard = 9 sq. foot= 0.836 sq. metre

1 acre = 4,840 sq. yd. = 0.405 hectare

1 square mile = 640 acres = 259 hectare

Cubic Measure

1 cubic inch = 16.4 cu. centimetres

1 cubic foot = 1,728 cu. in = 0.0283 cu. metre

1 cubic yard = 27 cu. ft. = 0.765 cu. metre

Capacity Measure

BRITISH

1 pint = 20 fluid oz. = 34.68 cu. in.= 0.568 litre

1 quart = 2 pints = 1.136 litres

1 gallon = 4 quarts = 4.546 litres

1 peck = 2 gallons = 9.092 litres

1 bushel = 4 pecks = 36.4 litres

1 quarter = 8 bushels = 2.91 hectolitres

AMERICAN DRY

1 pint = 33.60 cu. in. = 0.550 litre

1 quart = 2 pints = 1.101 litres

1 peck = 8 quarts = 8.81 litres

1 bushel = 4 pecks = 35.3 litres

AMERICAN LIQUID

1 pint = 16 fluid oz.= 28.88 cu.in. = 0.473 litre

1 quart = 2 pints = 0.946 litre

1 gallon = 4 quarts = 3.785 litres

Avoirdupois Weight

1 grain = 0.065 gram

1 dram = 1.772 grams

1 ounce = 16 drams = 28.35 grams

1 pound = 16 ounces = 7,000 grains = 0.4536 kilogram

1 stone = 14 pounds = 6.35 kilograms

1 quarter = 2 stones = 12.70 kilograms

1 hundredweight = 4 quarters = 50.80 kilograms

1 short ton = 2,000 pounds = 0.907 tonne

1 (long) ton = 20 hundredweight =1.016 tonnes

2. METRIC, WITH APPROXIMATE BRITISH EQUIVALENTS

Linear Measure

1 millimetre = 0.039 inch

1 centimetre = 10 mm. = 0.394 inch

1 decimetre = 10 cm. = 3.94 inches

1 metre = 10 dm. = 1.094 yards

1 decametre = 10 m. = 10.94 yards

1 hectometre =100 m.= 109.4 yards

1 kilometre =1,000 m. = 0.6214 mile

Square Measure

1 square centimetre = 0.155 sq. inch

1 square metre = 1.196 sq. yards

1 are = 100 square metres = 119.6 sq. yards

1 hectare =100 ares = 2.471 acres

1 square kilometre = 0.386 sq. mile

Cubic Measure

1 cubic centimetre = 0.061 cu. inch

1 cubic metre = 1.308 cu. yards

Capacity Measure

1 millilitre = 0.002 pint (British)

1 centilitre = 10 ml. = 0.018 pint

1 decilitre = 10 cl. = 0.176 pint

1 litre = 10 dl. = 1.76 pints

1 decalitre = 10 l. = 2.20 gallons

1 hectolitre = 100 l. =2.75 bushels

1 kilolitre = 1,000 l. = 3.44 quarters

Weight

1 milligram = 0.015 grain

1 centigram = 10 mg = 0.154 grain

1 decigram = 10 cg = 1.543 grains

1 gram = 10 dg = 15.43 grains

1 decagram = 10 g. = 5.64 drams

1 hectogram = 100 g = 3.527 ounces

1 kilogram = 1,000 g = 2.205 pounds

1 tonne (metric ton) = 1,000 kg = 0.984(long) ton

3.TEMPERATURE

Fahrenheit: water boils (under standard conditions) at 212° and freezes at 32°.

Celcius or centigrade: water boils at 100° and freezes at 0°.

Kelvin: water boils at 373.15 K and freezes at 273.15 K.

To convert Centigrade into Fahrenheit: multiply by 9, divide by 5, and add 32.

To convert Fahrenheit into Centigrade: subtract 32, multiply by 5, and divide by 9.

To convert Centigrade into Kelvin: add 273.15.

Խաչիկ Գրիգորյան
Զարուհի Գրիգորյան

Նոր Անգլերեն-Հայերեն Բառարան

«Անկյունաքար» հրատարակչություն
ԵՐԵՎԱՆ 2021

Khachik Grigoryan
Zaruhi Grigryan

New English-Armenian Dictionary

«Ankyunacar» publishing
YEREVAN 2021

Խմբագիր՝ Թեոֆանա Վարդանյան

Ձևավորումը՝ Արևիկ Գրիգորյանի

Տպագրությունը՝ «Անկյունաքար» հրատարակչության, կազմարարությունը՝
«Հայրապետ հատարակչության» տպարան

Տեղեկությունների համար դիմել.

«Անկյունաքար» հրատարակչություն

Հեռախոս. (37410) 253784

Էլեկտրոնային փոստ. info@ankyunacar.com

«Անկյունաքարի» հրատարակած անգլերեն-հայերեն բառարանները

Խ. Գրիգորյան, Ջ. Գրիգորյան
Անգլերեն-Հայերեն Արդի Բառարան, 2014,
114 000 բառ և արտահայտություն, ISBN 978-9939-850-06-1, 1126 էջ

Խ. Գրիգորյան
Անգլերեն-Հայերեն, Հայերեն-Անգլերեն Համառոտ Բառարան, 2014
30 000 բառ և արտահայտություն
Հինգերորդ, վերանայված հրատ., ISBN 978-99941-800-6-7, 550 էջ

Խ. Գրիգորյան
Հայերեն-Անգլերեն Համառոտ Բառարան, 2016
15 000 բառ և արտահայտություն
Չորրորդ, վերանայված հրատ., ISBN 978-9939-850-16-0, 238 էջ

Խ. Գրիգորյան
Անգլերեն-Հայերեն Համառոտ Բառարան, 2011
15 000 բառ և արտահայտություն
Չորրորդ, վերանայված հրատ., ISBN 978-99941-800-5-8, 325 էջ

Խ. Գրիգորյան
Անգլերեն-Հայերեն, Հայերեն-Անգլերեն Հատուկ Բառարան, 2005թ
հայերենը սովորողների համար
24 000 բառ և արտահայտություն
Երկրորդ հրատ., ISBN 99941-949-5-X, 512 էջ

Ս. Սեֆերյան, Ա. Լազարյան
Անգլերեն-հայերեն դարձվածաբանական բառարան, 2005
10 000 դարձվածային միավոր
Երկրորդ, վերանայված հրատարակություն, ISBN 99941-949-6-8, 336 էջ

Ս. Մ. Հ. Քոլին
Անգլերեն-հայերեն համակարգչային եզրերի բառարան, 2004
(Համակարգչային եզրերի (տերմինների) հայերեն մշակումը և
բացատրական տեքստի հայացումը ԽաչիկԳրիգորյանի)
Երկրորդ, վերանայված հրատարակություն, ISBN 99930-809-7-7, 388 էջ